1682 J.B. METZLER

Zusammengestellt
von Gerhard Wild

KINDLER
KLASSIKER

FRANZÖSISCHE LITERATUR

J.B. Metzler Verlag

Kindler Klassiker bietet Auszüge aus der dritten, völlig neu bearbeiteten Auflage von *Kindlers Literatur Lexikon*, herausgegeben von Heinz Ludwig Arnold.

Dr. Gerhard Wild, Professor an der Johann Wolfgang Goethe-Universität Frankfurt am Main, war Fachberater bei der 3. Auflage von *Kindlers Literatur Lexikon*.

MIX
Papier aus verantwortungsvollen Quellen
FSC® C013736
FSC www.fsc.org

Gedruckt auf chlorfrei gebleichtem, säurefreiem und alterungsbeständigem Papier

Bibliografische Information der Deutschen Nationalbibliothek
Die Deutsche Nationalbibliothek verzeichnet diese Publikation in der Deutschen Nationalbibliografie; detaillierte bibliografische Daten sind im Internet über http://dnb.d-nb.de abrufbar.

ISBN 978-3-476-04034-3

www.metzlerverlag.de
info@metzlerverlag.de

Einbandgestaltung: Finken & Bumiller, Stuttgart (Foto: picture alliance / dpa)
Satz: Dörlemann Satz, Lemförde
Druck und Bindung: Kösel, Krugzell

Printed in Germany

Inhaltsverzeichnis

Henri Frédéric **Amiel**

▪ geb. 27.9.1821 Genf (Schweiz)
▪ gest. 11.5.1881 Genf (Schweiz)

Nach frühem Tod der Eltern Erziehung in Genf; 1843–1848 Studium in Genf und Berlin, dort Bekanntwerden mit der deutschen Philosophie; Reisen in Frankreich und Italien; 1849 Professur für Ästhetik in Genf; 1854 Professur für Philosophie; Wegbereiter des späten deutschen Idealismus in der frankophonen Welt; wenige Veröffentlichungen (Gedichte und Essays) zu Lebzeiten; Verfasser eines postum veröffentlichten Tagebuchs, das für den Ich-Kult des späteren 19. Jh.s von großer Bedeutung war.

▪ Lit.: S. Pfister: Expansion et concentration dans la pensée d'A., 1971. ▪ J. Vuilleumier: Le complexe d'A., 1985.

Fragments d'un journal intime

(frz.; *Tag für Tag*, 2003, E. Frey) – Diese Tagebuchaufzeichnungen, einer der wirkungsmächtigsten Texte des Fin de Siècle, erschienen postum 1884. Sie entstanden, ohne dass der Autor sie später veröffentlichen wollte, während mehr als 30 Jahren und zählen zumal aufgrund ihrer Rezeption um die Wende zum 20. Jh., wo sie zum literarischen Kunstwerk und Kultbuch der Epoche stilisiert wurden, zu den bedeutendsten Werken des Genres.

Es handelt sich um höchst private, ungeordnete Kontemplationen eines sensiblen, romantischen, äußerst belesenen Mannes über seine weiteren, literarisch eher unbedeutenden Arbeiten; vor allem aber über seine ausgedehnten Lektüren, seine Beziehungen zu Wissenschaft und Gesellschaft und über literarische und politische Ereignisse. Als nach Amiels Tod eine Auswahl aus dem fast 17000 Seiten umfassenden Manuskript publiziert wurde, glaubte das geistige Europa darin sein Spiegelbild zu erkennen: das Bild von einem Endzustand, die Vorwegnahme der chaotischen Auflösung des bürgerlichen Zeitalters.

Für Amiel gibt es in der Welt des im Hegel'schen Sinne objektivierten Geistes keine nach außen wirkende Tat mehr, sondern nur noch die psychologisierende Innenschau. Er versteht darunter nicht mystisches In-sich-selbst-Versinken, sondern das geduldige Erforschen der eigenen Grenzen, Möglichkeiten und Methoden. Amiels ausgesprochenes Ziel besteht darin, sein »ideales Ich« zu verwirklichen, seinen »inneren Typus« auszuformen. Das Schreiben des Tagebuchs ist das »hygienische Verfahren«, das zu diesem Ziel führt – die vernünftige, anspruchslose und insofern resignative Selbstbeschränkung, die zu Kierkegaards und Nietzsches leidenschaftlicher Kampfansage an den Geist der bürgerlichen Epoche in eigenartigem Gegensatz steht, aber doch zu Einsichten von erschütternder Redlichkeit führt: »Meine Sünde ist die Entmutigung, mein Unglück die Unentschlossenheit, meine Göttin die Freiheit, meine Fessel der Zweifel, mein ewiger Fehler das Aufschieben, mein Idol die unfruchtbare Beschaulichkeit, mein üblicher Irrtum das Verkennen der Gelegenheit.« Oder: »Ich bin ein Denkorgan, weniger, ein innerer Sinn, ein Registrierapparat, kein Mensch.«

Spricht er von der ersehnten befreienden Tat, dann meint er die literarische Produktion. Seine »Tatlosigkeit«, an der er litt und deren ergreifender Ausdruck eben das Tagebuch ist, war wohl nicht allein die Folge seines allzu narzisstischen Wesens; er selber machte jedenfalls auch die Umwelt, in der er lebte, dafür verantwortlich, das calvinistisch-bourgeoise Genf: »Als ich mich mit Genf verheiratete, heiratete ich den Tod, den Tod meines Talents und meiner Freude.« Dieser Widerwille gegen ein intellektuell beschränktes Milieu führte zu einem Leben in völliger Isolation: »Ohne gestorben zu sein, bin ich ein Gespenst.« Aller gesellschaftlichen und persönlichen Bindungen ledig, lebte er fast ausschließlich der unerbittlichen Registrierung seines inneren Daseins. Dabei gab es nichts, was ihm Kraft zuführte, denn: »Der tiefste Grund all unserer Schmerzen ist eine Art Unglaube.«

Dieses 34-jährige Ausharren in einer hoffnungslosen Situation – Amiels Tagebuch setzt mit dem Ende des Jahres 1847 ein – verleiht dem introvertierten Diaristen des Bürgertums eine gewisse geistige Größe, die dem gedanklichen Ergebnis seines tagtäglichen Aufzeichnens für sich genommen fehlt. Seinen Widerhall erfährt der hier geäußerte Stoizismus und Pessimismus in der geistigen Auseinandersetzung bei den wichtigsten Autoren der Epoche. Paul ↗ Bourgets Theorie der »Décadence« gründet unter anderem auf der Lektüre von Amiels Tagebuch, in England setzte sich als einer der ersten Walter Pater mit seinem Ideengehalt auseinander; Nietzsche, Hofmannsthal, Kraus, Weininger und Tolstoj folgten. Im Bereich der romanischen Literaturen schließlich hätten neben zahllosen Romantexten auch die Ego-Dokumente eines Fernando Pessoa und einer Florbela Espanca kaum ohne die Rezeption Amiels entstehen können.

▪ Lit.: P. Gaxotte: Le Journal d'A., in: P. G., Le purgatoire, 1982, 91–100.

Christian Barth

Christine Angot

▪ geb. 7. 2. 1959 Châteauroux (Frankreich)

(d. i. Christine Schwartz) – Lernte ihren leiblichen Vater erst mit 14 Jahren kennen und übernahm nach der Anerkennung durch ihn den Nachnamen ›Angot‹; studierte Europarecht und Anglistik in Reims; parallel dazu erste schriftstellerische Versuche; 1990 Veröffentlichung ihres ersten Romans; seither Publikation von etwa ein Dutzend Romanen, die der Autofiktion zugerechnet werden; seit 1999 Lektorin im Verlag Stock; zählt neben Catherine Millet und Virginie Despentes zu den provokativen Schriftstellerinnen der französischen Gegenwartsliteratur.

▪ Lit.: M. Sadoux: C. A.'s Autofictions. Literature and/or Reality?, in: Women's Writing in Contemporary France, Hg. G. Rye, 2002, 71–81.

L'inceste

(frz.; *Inzest*, 2001, C. Ruzicska, C. Demoncy) – Der 1999 erschienene Roman, eine Aufarbeitung der homosexuellen und inzestuösen Erfahrungen der Autorin, lässt autobiographische Fakten und Fiktion eins werden. Die Ich-Erzählerin Christine ist wie die gleichnamige Autorin von Beruf Schriftstellerin, geschieden und Mutter der sechsjährigen Léonore. Sie hat sich in die zehn Jahre ältere Ärztin Marie-Christine verliebt und stürzt sich drei Monate lang in das Abenteuer einer kampfartigen, von Beginn an zum Scheitern verurteilten Beziehung. In Monologform beschreibt sie die Geschichte des Nichtloslassenkönnens von der Geliebten, der ständigen Trennungen und Wiederversöhnungen, des Wechselspiels zwischen Anziehung und Ablehnung und der Wut über ihre Abhängigkeit, die schließlich zum Bruch führt. Der Leser soll an ihrem selbstquälerischen Verarbeitungsversuch in aller Offenheit teilhaben. Erst zum Schluss erfährt er, welche Ursache ihre Bindungsunfähigkeit hat: inzestuöse Erfahrungen mit ihrem Vater, deren Verarbeitung ihr bisher nicht gelungen ist. Nachdem sie ihn im Alter von 14 Jahren kennengelernt hatte, hatte er sie nach eigenen Angaben physisch und psychisch missbraucht.

Bezeichnend ist die für die Offenlegung der Ohnmacht gegenüber Homosexualität und Inzest gewählte Form: »Drei Monate lang war ich homosexuell.« So beginnt der erste von drei Teilen, in dem die Erzählerin ihre kurze, aber dafür umso aufreibendere Beziehungsgeschichte beschreibt und die Homosexualität über ihre Wortwahl (»Der Test bestätigt es.«) zunächst als Krankheit darstellt, um dieser Aussage im nächsten Moment energisch zu widersprechen. Sie will Marie-Christine verlassen, bedrängt sie zu jeder Tages- und Nachtzeit per Telefon und beschimpft sie aufs Heftigste, wenn sie sie nicht zurückzuhalten versucht. Diese Zerrissenheit spiegelt sich in der völlig unstrukturierten Form wieder. Es herrscht Chaos auf allen Ebenen, das sich in Staccato-Sätzen, unendlichen Wiederholungen und einer willkürlichen Interpunktion niederschlägt. Der Erzählrhythmus ist atemlos, die Sprache sehr direkt, berechnend und hemmungslos, mal hysterisch, bisweilen unflätig, der Text im wahrsten Sinne des Wortes penetrant.

Der zweite Teil beschreibt die Auswirkungen der Trennung: »Nach der Homosexualität kam der Wahnsinn.« Die Erzählerin versucht, diesen ›Wahnsinn‹ zu analysieren und beschließt, Ordnung in ihre Gedanken und eine Struktur in den Text zu bringen. Sie kommentiert ihren Stil auf einer Metaebene: Ihre gezielte Interpunktion soll nicht länger verwirren, sondern Klarheit schaffen, um dem Leser, den sie als Teil des Schreibprozesses braucht, die Orientierung zu erleichtern. Ihre »inzestuöse mentale Struktur« veranlasst sie dazu, Elemente miteinander zu kombinieren, zu verbinden, was man nicht verbinden kann, und doch alles durcheinanderzubringen. Collageartig lässt die Erzählerin Auszüge aus einem Psychologielexikon einfließen und unterstreicht in den Definitionen u. a. von Inzest und Homosexualität die Passagen, die angeblich auf sie zutreffen.

Im dritten, vom Umfang her kürzesten Teil bezeichnet sie schließlich die Erfahrungen, die dem Buch den Titel gaben, und die als »Substrat« eingeordnet werden, als »der Grund. Auf dem sich eine Handlung realisiert«. Als sie ihren Vater, der in den Institutionen der Europäischen Union in Straßburg als Übersetzer arbeitete, endlich kennenlernte, war sie anfänglich von ihm und von seiner Bildung begeistert. Doch bereits nach einer Woche folgte eine maßlose Enttäuschung. Vom 14. bis zum 16. Lebensjahr band er sie sexuell an sich und ignorierte ihre kontinuierlichen Bitten, damit aufzuhören. Christine ist sich »sicher«, aus diesem Grund verrückt geworden zu sein und zieht Parallelen zu ihrer Beziehung mit Marie-Christine. Jedes Mal, wenn sie telefonisch mit ihr Schluss gemacht habe, sei es ihr unmöglich gewesen, das Getrenntsein konsequent durchzuhalten.

L'inceste gilt als Schlüsselroman in Angots Werk, dessen Missbrauchsthematik in den vorangehenden Büchern, die alle von Christine Angot handeln, bereits mehr oder weniger offensichtlich angeklungen ist. Die Autorin will ihren Roman jedoch nicht als Autofiktion verstanden wissen. Für sie zählt der aus dem dekonstruktivistischen Denken entlehnte Begriff der ›écriture‹: das Schreiben, in das ihre eigene Biographie als Material mit einfließt und das im Akt der Niederschrift »etwas in Gang setzt«. Schreiben ist »mehr als nur eine Sache. Schreiben ist alles. An der Grenze. Und zwar immer. Des Lebens, seiner selbst, des Stifts, der Größe und des Gewichts.« Inzest wird auf dieser künstlerischen Ebene zum Stilmittel.

L'inceste gehört zu den meistdiskutierten Werken zeitgenössischer Literatur in Frankreich und zog 1999 kontroverse Diskussionen vonseiten der Literaturkritik und der Leser nach sich. Vielfach wurde die Frage gestellt, ob es sich bei dieser Form von Text noch um Literatur handele. Die eindeutige Identifizierbarkeit der Personen wurde der Autorin zur Last gelegt; viele Leser unterschieden nicht zwischen Fiktion und Biographie und feindeten sie stark an. Sie sah sich schließlich gezwungen, ihren Wohnort von Montpellier nach Paris zu verlegen, und thematisierte die Reaktionen und ihre Verarbeitung in dem 2002 publizierten *Quitter la ville*, 2002 (Die Stadt verlassen). *L'inceste* ist ihr erster Roman, der ins Deutsche übertragen und sowohl für das Theater als auch in einer Hörspielfassung adaptiert wurde.

■ Lit.: A. Hughes: Moi qui ai connu l'inceste, je m'appelle Christine. Writing Subjectivity in C. A.'s Incest Narratives, in: Journal of Romance Studies 2, 2002, 65–77. ■ L. Demoulin: A. salue Guibert, in: Critique 58, 2002, 638–644. ■ C. Mavrikakis: A bout de souffle. Vitesse, rage et pornographie, in: Sites 6, 2002, 370–378.

Maja Lenz

Jean **Anouilh**

■ geb. 23. 6. 1910 Bordeaux (Frankreich)
■ gest. 3. 10. 1987 Lausanne (Schweiz)

Seit dem 10. Lebensjahr in Paris; Jurastudium an der Sorbonne; zweijährige Tätigkeit in einem Annoncenbüro, danach Sekretär von Louis Jouvet; seit 1932 freier Autor; wichtige Anregungen von Pirandello und ↗ Giraudoux; Meister in der Handhabung theatralischer Effekte aller Genres mit breitem Repertoire dramatischer Möglichkeiten von improvisatorischen Elementen bis zum klassischen Drama; einer der erfolgreichsten französischen Dramatiker des 20. Jh.s.

■ Übers.: Werke, 6 Bde, 1960.

■ Lit.: J. Theisen: J. A., 1972. ■ K. W. Kelly: J. A. An Annotated Bibliography, 1973. ■ J. Vier: Le théâtre de J. A., 1976. ■ E. Knight: Critique et vision littéraire dans le théâtre de J. A., 1995.

Eurydice

(frz.; *Eurydike*, 1956, J. Salvard, H. Flessa) – Das 1942 in Paris uraufgeführte Drama, das auf dem Orpheus-Mythos gründet, gehört zu den vom Autor sogenannten »pièces noires« (schwarzen Stücken).

Anouilhs Orpheus ist ein armer Caféhaus-Geiger, der mit seinem unbegabten Vater durch die Provinzstädte zieht, Eurydike und ihre Mutter sind Mitglieder einer Schauspieltruppe. Auf einem Bahnhof in der Nähe von Marseille hört Eurydike Orpheus' Geigenspiel, sucht den Musiker und entscheidet sich spontan, bei ihm zu bleiben. Orpheus, der seinem Vater versprochen hatte, ihn nie zu verlassen, entschließt sich ebenso schnell, gemeinsam mit ihr ein neues Leben zu beginnen. Die beiden Liebenden fahren nach Marseille. Doch sind beide unfähig, die Grenzen ihres Ichs zu überwinden. Eurydike entdeckt mit Schrecken, wie sehr Orpheus sie idealisiert und wie sehr er davon überzeugt ist, dass kein Mensch seiner Vergangenheit entkommen könne. Gerade weil sie, die kleine Provinzschauspielerin nicht ohne frühere Beziehungen, Orpheus über alles liebt, fühlt sie sich seinem Bild von ihr nicht gewachsen. Als ihre Vergangenheit in ihr neues Leben einzubrechen droht, flieht sie und kommt in einem plötzlich bremsenden Autobus ums Leben.

In Gestalt eines liebenswürdigen jungen Mannes greift nun der Tod selbst in die Handlung ein – einer der bei Anouilh seltenen Brüche mit den Regeln der Wahrscheinlichkeit. Wie im antiken Mythos darf Eurydike ins Leben zurückkehren – unter der einen Bedingung, dass Orpheus ihr eine Nacht lang nicht ins Gesicht schaut. Auf dem Bahnhof ihres ersten Zusammentreffens erhält Orpheus Eurydike zurück. Aber nun will er um jeden Preis die Wahrheit über ihre Vergangenheit erfahren und hält die Bedingung nicht ein. In einer surrealistischen Szene wird ihm die wirkliche Eurydike gezeigt: Er sieht ihre guten und schlechten Seiten, das Große und das Geringe an ihr. Doch diese Erkenntnis kommt zu spät. Durch sein Misstrauen hat er sie endgültig verloren. Noch einmal meldet sich der Tod zu Wort. Er versucht, Orpheus, der nach dem zweiten Hinscheiden Eurydikes zufrieden mit ihrem Schatten neben sich weiterleben will, davon zu überzeugen, dass vollkommene Liebe nur im Tode möglich sei. Nur er bewahre Leben und Liebe vor der Banalität.

Die romantische Todessehnsucht, die viele der jugendlichen Heldenfiguren Anouilhs charakterisiert, findet in diesem Stück ihren reinsten Ausdruck. Die Liebe zweier Menschen scheitert nicht an sozialen Widerständen oder der Unvereinbarkeit der Charaktere, sondern an dem Gegensatz von Ideal und Leben. Der Tod allein vermag Orpheus das wahre Gesicht Eurydikes zu enthüllen, das ihr das Leben niemals zu zeigen erlaubt hätte.

■ Lit.: M. Fuhrmann: Mythos als Wiederholung in der griechischen Tragödie und im Drama des 20. Jh.s, in: Terror und Spiel, Hg. M. F., 1971, 121–143.

Mechthild Heine

Antigone

(frz.; *Antigone*, 1956, F. Geiger) – Wie in seiner *Eurydice* und später noch in *Médée*, greift der Autor in diesem 1942 in Paris uraufgeführten Drama einen bekannten antiken Stoff auf: Kreon von Theben hat verfügt, dass der im Kampf um die Krone gefallene Ödipussohn Polynice als Landesverräter nicht bestattet werden darf. Seine Schwester Antigone widersetzt sich diesem Verbot, wird der Tat überführt und ist bereit, dafür den Tod hinzunehmen.

Anders als in der Tragödie des Sophokles stehen allerdings nicht mehr eine gottgegebene sittliche Ordnung und menschliches Gesetz im Widerstreit, da in Anouilhs götterloser Welt die Protagonisten das Gesetz ihres Handelns aus ihrer persönlichen Haltung zum Leben beziehen: Kreon aus der Bejahung, Antigone aus der Verneinung des Lebens bis in die letzte Konsequenz. Leben bedeutet für Kreon nicht mehr als eine bloße menschliche Vereinbarung, die der notwendigen Ordnung, der Verringerung der Absurdität, dem »kleinen Glück« zu dienen hat. Aber mit seiner letzten Weisheit, dass das Leben »vielleicht trotz allem nur das Glück« sei, liefert Kreon Antigone das entscheidende Argument für ihre Absage an dieses Leben. In dem großartigen Dialog, der den Mittelteil der Tragödie einnimmt, treffen diese unversöhnlichen Haltungen aufeinander.

Erstmals bei Anouilh steht der Heldin ein ebenbürtiger Antagonist gegenüber. Wenn Antigone von Kreon den Tod für ihre Tat verlangt, so erhebt sie damit zugleich Anspruch auf die Anerkennung ihrer Freiheit, das Leben zu verneinen. Wenn Kreon ihren Tod zu vermeiden sucht, so geschieht dies nicht, weil Antigone seine Nichte und die Verlobte seines Sohnes Hämon ist, sondern weil ihre Unbeugsamkeit die Gesetzmäßigkeit der durch Kreon repräsentierten menschlichen Ordnung in Frage stellt. Antigone lehnt den Kompromiss ab, der zur Lüge verpflichtet, vor allem aber das »kleine Glück«, das den Kompromiss belohnt: »Ihr ekelt mich an mit eurem Glück; mit eurem Leben, das man lieben soll um jeden Preis; wie Hunde seid ihr, die alles, was sie finden, belecken. Und dieses kleine Alltagsglück, wenn man nicht zu anspruchsvoll ist. Ich will alles, sofort – und ganz – oder ich lehne ab.«

Weil das Stück, wenn auch irrtümlicherweise, als ein Sieg der Staatsräson über die Freiheit ausgelegt werden konnte, durfte es noch während des Krieges aufgeführt werden, obwohl es wie andere zeitgenössische Bühnenwerke und Filme auch als Werk des Widerstands gegen die deutsche Okkupation zu lesen war. Im Gegensatz zu Orest in ↗ Sartres Stück *Les mouches*, 1943 (*Die Fliegen*, 1947, G. Baerlocher), dessen Freiheit zum Leben befreit, beansprucht Antigone ihre Freiheit als eine Freiheit zum Tod. Antigones Entscheidung ist der einzige Ausweg aus einer absurden Welt, der ihre Tat als Vorwand dient, eine bestehende Ordnung nicht anzweifeln zu müssen.

Diese Ambivalenz, die sich der eindeutigen Lesart verwehrt, äußert sich auch in der theatralischen Form. Zahlreiche zeitgenössische Anspielungen und Bühnenanweisungen rücken das Stück in bewusste Distanz zum antiken Mythos: Strickend, plaudernd und Karten spielend sitzen die Personen des Stücks auf der Bühne, während der Prologsprecher sie den Zuschauern vorstellt. Sie sprechen die Alltagssprache des 20. Jh.s und tragen moderne Kleider. Begriffe wie »Zigaretten, Autos, Bar« tauchen im Gespräch auf, und Kreon philosophiert in Hemdsärmeln über das Leben. Das Drama folgt formal der antiken Tragödie, indem es die Einheit der Zeit und des Ortes wahrt. Doch entfällt die Einteilung in Akte; Handlungszäsuren werden durch einen Sprecher markiert, dem Anouilh die Rolle des Chors überträgt.

■ Lit.: D. Rieger: A. oder Die Ambiguität des Erfolgs, in: Zeitschrift für französische Sprache und Literatur 95, 1985, 41–51. ■ J. Firges: J. A. ›Antigone‹ oder: Verlangen nach dem Absoluten, 2003.

Anneliese Botond

Médée

(frz.; *Medea*, 1949, J. Salvard) – Die Uraufführung dieser Tragödie, die zu den »pièces noires« (schwarzen Stücken) des Autors gehört, fand 1948 in Brüssel statt. Das Stück folgt inhaltlich stärker der Tragödie des Euripides als ↗ Corneilles gleichnamigem Werk (1635): Medea, von Jason verlassen, tötet aus Rache König Kreon und dessen Tochter, für die Jason sie verließ, und begeht Selbstmord, nachdem sie Jasons Kinder getötet hat.

Die Handlung setzt ein, als Medea erfährt, dass Jason sie verstoßen hat. Betreut von ihrer Amme, hofft sie zunächst auf seine Rückkehr. Doch als sie die Hoffnung aufgeben muss, steigert sich ihre Verzweiflung zur Rachsucht. Rückblickend wird von ihrer Beziehung zu Jason berichtet. Das zärtliche Mädchen, das sich nach Harmonie und Güte gesehnt hatte, war durch Jason ihrem Ideal einer absoluten Verschmelzung nahe gekommen, das die Liebenden wie »zwei kleine Brüder« aneinander band. Als ihre Liebe in einer sexuellen Vereinigung kulminiert, tritt auf paradoxe Weise ein trennendes Element zwischen sie: die Differenzierung in zwei andersgeschlechtliche Menschen. Noch als Jason ihr bereits entglitten ist, bleibt Medea an ihn gefesselt. Erst durch ihn konnte sie sich als Subjekt erfahren. Für Jason hingegen bedeutete das Leben an der Seite Medeas den Verlust seiner Freiheit. Die Verbindung mit Créuse, der Tochter Kreons, ist sein Versuch, durch Ordnung und Gesetz Schutz zu gewinnen vor Chaos und Absurdität der menschlichen Existenz.

Von Jason verlassen, überlässt sich Medea ganz dem Hass. Sie bereitet sich vor auf die »Hochzeit mit dem Verbrechen«. Ihre Rache besteht darin, sich nun dem zu unterwerfen, dem sie unterworfen war. In der Erinnerung an ihre Opfer – Créuse, der sie einen vergifteten Brautschleier schickt, und Jasons Kinder, mit denen sie sich verbrennt – soll Jason fortan stets an sie denken. Aber diese Rache erreicht ihn nicht mehr. Im Anblick des Scheiterhaufens vollzieht er eine unerwartete Wende: Ohne Illusionen will er künftig eine erträgliche Welt aufbauen helfen, in der die Bewohner Korinths ihr alltägliches, genügsames Leben führen können.

Anouilh hat die Fabel aus der Tragödie des Euripides übernommen, begründet aber den tragischen Konflikt wie den seiner *Antigone* mit der neuzeitlichen Frage nach menschlicher Selbstverwirklichung, mit der Verweigerung jeglicher Kompromissbereitschaft dem Leben gegenüber. Indem sie erfahrenes Leid durch die bedingungslose Hingabe an das Böse kompensiert, lotet Medea anders als Antigone dunklere, tiefere Bereiche des Menschlichen aus.

▪ Lit.: K. Kenkel: Medea-Dramen, 1979. ▪ M. Göbel-Uotila: Medea. Ikone des Fremden und des Anderen in der europäischen Literatur des 20. Jh.s, 2005. *Anneliese Botond*

L'alouette

(frz.; *Jeanne oder Die Lerche*, 1957, F. Geiger) – Das 1953 in Paris uraufgeführte Drama zählt zu Anouilhs bekanntesten Stücken. Es fügt dem Mythos von Jeanne d'Arc eine ironische und völlig unheroische Variante hinzu.

Die Titelheldin ist eine jener für Anouilhs Theater so charakteristischen Nein-Sagerinnen, die sich gegen den Lauf der Welt auflehnen. Gegenspieler Jeannes ist nicht nur der charakterschwache König, der sein Königtum mit der Staatsräson begründen und nicht auf eine himmlische Botin stützen will, sondern vor allem die hier das allgemeingültige Gesetz vertretende Kirche. Ihr subtilster Vertreter ist der spanische Inquisitor, der in Jeanne den gefährlichsten Feind der Kirche verfolgt: den Menschen, der im Vertrauen auf Gott sich selbst vertraut und so die Vermittlung der Kirche umgeht; den Menschen, der in Demut, Freundlichkeit und christlicher Nächstenliebe seinen Mitmenschen liebt, denn »wer den Menschen liebt, liebt Gott nicht«. Solange jemand wie Jeanne in mutigen Taten das größte Wunder Gottes sieht, solange ist die Idee der Kirche bedroht, solange bedarf die Kirche der Folter und des Henkers.

Anouilh zeigt sein ganzes handwerkliches Können, ja seine Virtuosität in Anordnung und Aufgliederung dieses umfangreichen Stoffs innerhalb eines einzigen fortlaufenden Akts. Das Stück ist als Jeannes Prozess konzipiert; von Anfang bis Ende sind alle in ihrem Leben wichtigen Personen auf der Bühne zugegen, um im gegebenen Augenblick vorzutreten und vor den Richtern mit Jeanne die verschiedenen Episoden aus ihrem Leben zu improvisieren. Diese für Anouilh typische Technik des Spiels im Spiel erlaubt es, die ganze Lebensgeschichte Jeannes in ihren Prozess einzublenden und so ein einheitliches und in sich bewegtes Ganzes zu schaffen.

Anouilh lässt seine Jeanne zunächst der Übermacht der gegnerischen Argumente weichen. Sie ist erst bereit, für die eigene Überzeugung zu sterben, als sie das Leben vor sich sieht, in das sie sich retten würde: das Leben einer Frau, die alles hinnimmt, versorgt mit einer kleinen Pension am Hof, geschminkt und naschhaft, vielleicht verheiratet. Diese Vorstellung ist ihr unerträglich, und so entscheidet sie sich für den Scheiterhaufen. Aber durch einen überraschenden Regieeinfall wendet Anouilh die Katastrophe in einen Triumph. Bevor der Vorhang fällt, geht die Hinrichtungsszene in die Szene der Königskrönung über. Denn »das wahre Ende der Geschichte Jeannes [...] ist nicht das gehetzte Tier in Rouen, sondern Jeanne in ihrem ganzen Ruhm«, »die kleine Lerche, die in Frankreichs Himmel ihr fröhliches und absurdes Lied singt, während schon die Flinten auf sie gerichtet sind«.

Schon der Titel, hinter dem niemand die Geschichte der Jungfrau von Orleans vermutet, macht Anouilhs Absicht deutlich: Wie die mythologischen und antiken Gestalten, die er auf die Bühne gebracht hat, entheroisiert er auch die französische Nationalheldin. Sie ist weniger eine Heilige als das schlichte Mädchen, das mit gesundem Menschenverstand und Tatkraft die eigenen Überzeugungen in die Tat umsetzt; ein Mädchen, für das »seine Geschichte ein wenig zu groß ist«.

▪ Lit.: R. Klesczewski: L'alouette, in: Das französische Theater vom Barock bis zur Gegenwart, Hg. J. von Stackelberg, Bd. 1, 1968, 301–321 und 415–418. ▪ I. Langemann: Die Darstellung der Jeanne d'Arc in A.s ›L'alouette‹, in: Die neueren Sprachen 18, 1969, 57–65. ▪ E. Rattunde: Die Bedeutung des Titelsymbols in A.s Drama ›L'alouette‹, in: Zeitschrift für französische Sprache und Literatur 81, 1971, 243–266. ▪ [o. V.]: Jeanne la pucelle. Une héroïne européenne, 1994. *Anneliese Botond*

Becket ou L'Honneur de Dieu

(frz.; *Becket oder Die Ehre Gottes*, 1961, F. Geiger) – In diesem 1959 in Paris uraufgeführten Stück greift der Autor das Thema seines bis dahin bedeutendsten Dramas, der Tragödie *Antigone*, noch einmal auf: Es behandelt den Zusammenstoß fest geglaubter, unerschütterlich vertretener Grundsätze, ohne die die Aufrechterhaltung der menschlichen Würde unmöglich ist, mit einer realpolitischen Weltklugheit, die im Namen der Vernunft alle Vorteile gewissenhaft abwägt und dabei bewusst Abweichungen von ihren eigentlichen Überzeugungen in Kauf nimmt. Anouilh demonstriert diesen Konflikt an der Unvereinbarkeit der Ehre Gottes, deren Diener Erzbischof Thomas Becket ist, mit der Ehre des Königs, die von Heinrich II. von England repräsentiert wird.

Thomas Becket ist der geistreich unbekümmerte, leichtsinnig-weltmännische Freund und Ratgeber des Königs. Als der König ihn, den Sachsen und Angehörigen des von den Normannen unterdrückten und verachteten Volkes, zum Kanzler macht, murren Adel und Geistlichkeit. Doch dank seiner spielerisch eingesetzten, immer überlegenen Klugheit bricht Becket alle Widerstände. Er, der genau wie der ihn bewundernde König nichts wirklich ernst zu nehmen scheint, weiß seinen Herrn geschickt für eine antikirchliche, die Macht des Staates mehrende Politik zu gewinnen.

In der Annahme, damit den Klerus noch fester in die Hand zu bekommen, ernennt Heinrich den widerstrebenden Kanzler zum Erzbischof-Primas von Canterbury. Aber nun zeigt sich, dass in Becket etwas verborgen ist, das vorher nur dunkel zu ahnen war: ein Mensch, der kein Genügen an der Macht gefunden hat, der vielmehr seit jeher verzweifelt auf der Suche nach einer Aufgabe gewesen ist, die ihn ganz ausfüllt. Sie findet er in der Verteidigung der Ehre Gottes, einer unantastbaren Ehre, die er fortan über die Ehre des Königs stellt. Mit unerbittlicher Strenge nimmt er die Pflichten seines neuen Amtes wahr und pocht auf die Rechte der Kirche, auch wenn dadurch die Macht des Königs Einbußen erleidet. Heinrich, in einer schmerzhaften Hass-Liebe zu Becket befangen, verbannt den Erzbischof. Der Primas geht in ein Kloster nach Frankreich. Die Versöhnungsszene zwischen dem König und Becket gehört in ihrer tragischen Ausweglosigkeit zu den Höhepunkten im Schaffen Anouilhs. Doch der Versuch der Versöhnung nimmt ein böses Ende. Als Becket nach England zurückkehrt, wird er vor dem Altar der Kathedrale von Canterbury von vier normannischen Baronen erschlagen. Damit ist der König von dem Zwang befreit, ihn hassen zu müssen. Obwohl er Beckets Tod herbeigewünscht hat, stellt er die Mörder vor Gericht: »Denn jedermann soll wissen, daß es unser königlicher Wille ist, zu allen Zeiten die Ehre Gottes und das Andenken unseres Freundes zu verteidigen.«

Die überragende Leistung Anouilhs beruht auf der vielschichtigen Charakterzeichnung seines Protagonisten. Beckets Leichtfertigkeit und Zynismus sind Zeichen einer großen geistigen Überlegenheit, die aber zugleich das Dilemma seines Charakters bedingt; denn in seinem Reden und Handeln verrät sich die melancholische Verzweiflung eines Mannes, dem alles, was gemeinhin den Ehrgeiz eines Politikers ausmacht, nicht genügt, weil es niemals den letzten und bedingungslosen Einsatz fordert und ihn wohl auch nicht lohnt. Als der König vermutet: »Alles, was bei dir nach Moral aussieht, ist im Grunde nichts anderes als Ästhetik«, kann Becket dies nur bejahen. Auch als Becket in seinem Bischofsamt eine ehrenhafte Aufgabe gefunden hat, weiß er zunächst nicht, ob sie vielleicht nur ein neues Spielzeug sei, und Anouilh gibt dem Zuschauer bis zum Schluss keine Deutung der wahren Beweggründe für diese rätselhafte Wandlung. Auf die Frage des Königs: »Und jetzt liebst du Gott?«, weicht Becket aus: »Jetzt liebe ich die Ehre Gottes.« Und zu sich selber sagt er nachdenklich: »Auch das wäre eine Möglichkeit gewesen, mein Gott, die Menschen lieben.«

Der Zweifel an den konventionellen Werten von Gesellschaft und Religion ist ihm gleichsam angeboren. Misstrauisch bemerkt er, dass er Vergnügen daran finde, sich vor Gott zu demütigen; denn möglicherweise ist gerade das Büßerhemd eine Maske der Eitelkeit. Und nicht ohne sophistische Spitzfindigkeit spricht er zu Gott: »Die Armen und die Mißgestalteten haben so viele Vorteile erhalten, von Anfang an. Sie besitzen Dich im Übermaß. Sie haben Dich ganz für sich allein, wie eine große Versicherung, deren Gebühr ihr Elend ist.« Und so kehrt er aus der Sicherheit seines Klosters in vollem Ornat zurück nach England, wohl wissend, dass er sterben wird.

Der Autor erfasst mit seinem Witz alle in gleicher Weise, den König, die Barone, den Papst und die Bischöfe, er treibt präzise Psychologie und enthüllt verlogene Haltungen. Anouilhs dramaturgische Routine wird nur selten als störend empfunden, da das Stück von der Sprache, von den Gestalten und ihrer gelungenen Differenzierung her deutlich als Einheit wirkt.

■ Lit.: B. Coenen-Mennenmeier: Untersuchungen zu A.s Schauspiel ›Becket‹, 1964. ■ G. Brenning: Erläuterungen zu T.S. Eliot ›Mord im Dom‹ und J.A. ›Becket oder die Ehre Gottes‹, [3]1980.

Nils-Hennig von Hugo

Guillaume **Apollinaire**

■ geb. 26.8.1880 Rom (Italien)
■ gest. 9.11.1918 Paris (Frankreich)

(d.i. Wilhelm Apollinaris de Kostrowitski) – Schulzeit in Monaco, ab 1898 in der Pariser Boheme; Reisen nach Holland, Bayern, Böhmen; 1901 Hauslehrer bei einer Adelsfamilie am Rhein; ab 1902 unterschiedliche Brotberufe; aus kommerziellen Gründen Verfasser und Herausgeber erotischer Literatur; Mitarbeiter von Zeitungen und Literaturmagazinen; ab 1913 Mittelpunkt eines Kreises junger Dichter, Musiker und Maler (Braque, ↗Picasso, Matisse, Dufy, H. Rousseau), auf die er in

Aufsätzen aufmerksam machte; als Kriegsfreiwilliger 1916 schwer verwundet; kurz vor seinem Tod 1918 Heirat mit Jacqueline Kolb; Überwinder des Fin de Siècle am Übergang zur Avantgarde (Futurismus, Surrealismus); Begründer der visuellen Poesie und Anreger der modernen und der surrealistischen Lyrik.

▪ Ausg.: Œuvres complètes de G. A., 4 Bde, Hg. M. Décaudin, 1965–1966.

▪ Lit.: S. Bates: G. A., 1967. ▪ A. Parinaud: A. 1880–1918. Biographie et relecture, 1994. ▪ A. Hicken: A., Cubism and Orphism, 2003. ▪ M. Décaudin: A. au jour le jour, 2003.

Les onze mille verges ou les amours d'un hospodar

(frz.; *Die elftausend Ruten*, 1970, R. Wittkopf) – Der 1907 erschienene erotisch-pornographische Roman wurde in Deutschland nach seinem Erscheinen im Jahr 1970 wegen seiner sado-masochistischen Tendenzen (Nekrophilie, Homosexualität und Skatomanie) als »gewaltpornographisch« vom Markt genommen.

Erzählt wird die Geschichte eines rumänischen Hospodars (Fürsten) mit dem anspielungsreichen Namen Mony Vibescu. Tatsächlich lebte im Rumänien des 19. Jh.s ein Adliger, der den Namen Bibescu trug; Apollinaire spielt jedoch mit der lautlichen Ähnlichkeit zu »vit-baise-cul« (»Der Schwanz küßt den Hintern«).

Fürst Vibescu ist der Frauen seines Heimatlandes überdrüssig geworden. Von der Idealvorstellung einer Pariserin nach Frankreich gelockt, ruft er der ihm noch unbekannten Culculine auf dem Boulevard Malesherbes einen den Inhalt des Romans vorwegnehmenden Schwur zu: »Hätte ich Sie in meinem Bett, würde ich Ihnen zwanzigmal hintereinander meine Liebe beweisen. Sollen die elftausend Jungfrauen oder auch elftausend Ruten mich strafen, wenn ich lüge«. Dies ist eine Anspielung auf die dem Romantitel zugrundeliegende Legende, wonach elftausend Nonnen sich mit der heiligen Ursula das Leben nahmen, um der drohenden Vergewaltigung durch die Hunnen zu entgehen. Nach ersten Orgien Vibescus mit Culculine und ihrer Freundin Alexine lernt der Frauenheld seinen künftigen Kammerdiener Cornabeux kennen. Um eine Erbschaft in Bukarest anzutreten, reisen die beiden nach Rumänien, nicht ohne sich unterwegs zu vergnügen: Im Zug kommt es zu einer exzessiven Szene zu viert, die mit dem brutalen Mord an zwei Begleiterinnen endet.

Der zweite Teil des Romans spielt vor dem Hintergrund des Russisch-Japanischen Krieges (1904 bis 1905). Nach einer Nacht mit Cornabeux wird Vibescu mitgeteilt, dass er zum Leutnant in der Armee des Generals Kouropatkine ernannt worden ist. In Port Arthur, das von den Japanern belagert wird, besuchen Cornabeux und Vibescu ein Bordell. Cornabeux zieht sich mit einer Farbigen zurück, Vibescu hat sich die Japanerin Kilyemu ausgesucht, für die er einen erheblichen Aufpreis zahlen muss. Culculine und Alexine sind inzwischen auch für ein Bordell in Port Arthur angeworben worden, da sie von ihren Pariser Verehrern wegen der Ausschweifungen mit Cornabeux und Vibescu verstoßen wurden.

Im Lazarett vergeht sich eine vampiristische Krankenschwester an den Verletzten und Toten. Als sich Vibescu daran beteiligt, nehmen die Japaner ihn fest und verurteilen ihn zum Tode. Am Tag seiner Hinrichtung lässt er sein Leben Revue passieren und erinnert sich an die erste Begegnung mit Culculine und an das Versprechen, das er ihr gegeben hatte. Jetzt erst versteht er, warum er sterben muss: »Er hatte es nicht zwanzigmal hintereinander gemacht, und der Tag war gekommen, da elftausend Ruten ihn dafür bestrafen sollten.« Schon bald nach dieser Erkenntnis erschlagen ihn elftausend Japaner mit Ruten.

Erotik und Pornographie stellen nicht nur einen wichtigen Schwerpunkt in der Literatur der Belle Époque dar, sondern auch in Apollinaires Werk. 1913 veröffentlichte er einen Katalog aller pornographischen Werke, die er 1908 im ›Giftschrank‹ der Pariser Bibliothèque Nationale lokalisieren konnte *(Icono-biobibliographie déscriptive, critique et raisonnée)* und trat auch als Herausgeber erotischer Literatur, z. B. der Werke des Marquis de ↗ Sade, in Erscheinung.

Dennoch ist *Les onzes mille verges* genauso wenig wie *Les exploits d'un jeune Don Juan* (*Die Großtaten eines jungen Don Juan*, 1989) von der Literaturwissenschaft ernsthaft wahrgenommen worden. Ansätze zur literaturwissenschaftlichen Auseinandersetzung neigten dazu, die pornographische Tendenz des Werks durch Aufprägung vermeintlicher Sinnzusammenhänge zu verklären. So hat W. Lustig versucht, die übergreifende Lebensgeschichte des Protagonisten als Parodie einer »Morgenlandfahrt eines modernen Sonnenritters« zu lesen, die mit einem »christusähnlichen Erlösertod endet«. Pornographische Texte sind jedoch dadurch charakterisiert, dass sie Handlungszusammenhänge lediglich als Alibi für das Aneinanderreihen beliebiger sexueller Szenen nutzen. Lustigs Theorie, die Struktur des Romans nehme Apollinaires Prinzipien moderner Kunst vorweg, wie er sie in seiner kunsttheoretischen Schrift *L'esprit nouveau et les poètes*, 1918 (Der neue Geist und die Dichter), formulierte, ist von der Literaturwissenschaft bislang nicht aufgegriffen worden.

▪ Lit.: W. Lustig: ›Les onze mille verges‹. A. zwischen Pornographie und ›Esprit Nouveau‹, in: Romanistische Zeitschrift für Literaturgeschichte 10, 1986, 131–153.

Tamara Trautner

Le bestiaire ou cortège d'Orfée

(frz.; *Bestiarium oder Das Gefolge des Orpheus*, 1959, K. Krolow) – Bereits 1908 hatte der Autor in der Pariser Zeitschrift *La Phalange* 18 epigrammatische Tiergedichte veröffentlicht, die er für die 1911 erschienene Buchausgabe um 12 Gedichte erweiterte.

Im Rückgriff auf die mittelalterliche Gattung des Bestiariums und die emblematische Literatur der Renaissance und des Barock leiten vier mit »Orpheus« überschriebene Gedichte vier Abschnitte mit Kurzgedichten ein, die jeweils einer Gruppe von Tieren gewidmet sind, den Säugetieren, den »Rädertieren, Maden, Insekten und Mikroben«, den Wassertieren und den Vögeln. In jedem der vier- bis fünfzeiligen Kurzgedichte wird ein Tier besungen oder kommt selbst zu Wort. Dabei steht die Fülle der angedeuteten mythologischen Bezüge im Kontrast zur schlichten Sprache des *Bestiaire*. Einige der mythologischen Verweise werden in einem kleinen, von Apollinaire selbst verfassten Anhang der Sammlung erläutert.

Der ursprüngliche Titel der Zeitschriftenfassung »La marchande des quatre saisons ou le bestiaire mondain« (»Die Händlerin der vier Jahreszeiten oder Das weltliche Bestiarium«) zeigt die Tierwelt noch ganz im Zeichen der sinnlich wahrnehmbaren Natur; in der Buchfassung signalisiert der Untertitel, dass der Autor die Sammlung in einen Rahmen einfügt, in dem das Dichten selbst zum Thema wird. Die Änderung des Titels und der ausdrückliche Bezug auf Orpheus verweisen auf den gesteigert autoreferentiellen Charakter des Werks, worin sich bereits wesentliche Tendenzen der späteren Werke Apollinaires ankündigen. Daher sind die Gedichte nicht bloß als charmante, oft sehr humorvolle Tiercharakterisierungen zu lesen, sondern das jeweilige Tier mit seinen zahlreichen symbolischen Bezügen und Konnotationen ist oft erst über den Bezug zum Orpheusmythos zu verstehen. Im Gedicht »La tortue« (»Die Schildkröte«) wird beispielsweise der Panzer erwähnt, aus dem Orpheus dem Mythos zufolge die erste Leier hergestellt habe. Im Abschnitt über die Lufttiere werden zuerst die Sirenen besungen, die durch ihren Gesang die Schiffer vom Weg abbringen. Als mythische Wesen stehen sie gleichsam für den Dichter selbst, dem hier wie im übrigen Werk und vor allem in dem Roman *L'enchanteur pourrissant*, 1909 (*Der verwesende Zauberer*, 1991), magische Fähigkeiten zugesprochen werden. Sie verweisen auf Apollinaires poetische Wirkungsabsicht, die er in einem Motto zum Ausdruck brachte, das er seinem Verleger für die Erstausgabe des *Bestiaire* vorschlug: »J'émerveille« (Ich verzaubere).

▪ Lit.: A. Favre: Bestiaire spirituel et bestiaire onirique dans la poésie moderne, in: Cahiers de l'Association Internationale des Études Françaises 31, 1979, 45 ff.

Tamara Trautner

Alcools

(frz.; *Alkohol*, 1976, J. Hübner, L. Klünner) – Der 1913 erschienene Gedichtband, der als eine der wichtigsten Lyriksammlungen der frühen Moderne und Hauptwerk des Autors gilt, versammelt Gedichte, die während eines Zeitraums von 15 Jahren entstanden sind. Von den 71 Texten erschienen die meisten bereits vor ihrer Überarbeitung für diesen Band in Zeitschriften und Anthologien. Apollinaire entschied sich gegen eine chronologische Ordnung der Gedichte und stellte Texte unterschiedlichster Formen und Themen nebeneinander.

Ein großer Teil der Gedichte hat einen autobiographischen Hintergrund. So entstanden die neun »Rhénanes« (»Rheinlieder«) um 1901/02, als Apollinaire im Rheinland lebte. Die Gedichte »La chanson du malaimé« (»Lied des Ungeliebten«) und »L'émigrant de Landor Road« (»Der Auswanderer von Landor Road«) charakterisierte er selbst als Beschreibung seiner unglücklichen Liebe zu der englischen Gouvernante Annie Playden. »Zone« (»Zone«), »Le pont Mirabeau« (»Der Pont Mirabeau«), »Marie« (»Marie«) und »Cors de Chasse« (»Jagdhörner«) wurden von seiner Beziehung zur Malerin Marie Laurencin inspiriert. Viele Gedichte kreisen in melancholischer Rückschau um das Thema Liebe, so das bekannteste Gedicht dieser Sammlung, »Le Pont Mirabeau«: »L'amour s'en va comme cette eau courante / L'amour s'en va / Comme la vie est lente / Et comme l'Espérance est violente« (»Die Liebe vergeht wie der Strom der wogt / Die Liebe vergeht – / wie das Leben stockt / Wie heftig die Hoffnung uns hinreißt und lockt«).

Die ästhetische und literarhistorische Bedeutung der *Alcools* erschließt sich jedoch jenseits dieses autobiographischen Horizonts. Die Texte weisen über die Poetisierung subjektiver Erlebniswelten hinaus in den Bereich zeitgenössischer künstlerischer und literarischer Erfahrungen. Die Vielzahl der anzitierten literarischen Quellen aus beinahe allen Epochen veranlassten Georges Duhamel, der Spuren von ↗ Baudelaire, ↗ Verlaine, ↗ Moréas, Heine, ↗ Rimbaud und vieler anderer Autoren entdeckte, in einer Rezension im *Mercure de France* gleich nach Erscheinen zu einer vernichtenden Kritik: »[Die Sammlung] verkauft Altes und schafft nichts Neues«. Das Aufgreifen literarischer Traditionen steht jedoch im Zentrum von Apollinaires Poetik. So erläutert er in einem Brief an J.-Y. Blanc am 18.10.1915 ein literarisches Konzept, das ↗ Baudelaires Idee einer sich ständig unter Rückbezug auf die Klassik erneuernden Moderne aufgreift: »Das Beste, um ein ausgewogener Klassiker zu sein, ist, sich am Puls seiner Zeit zu bewegen und dennoch nichts von dem aufzugeben, was unsere Vorgänger uns haben lehren können.« Diese Modernität manifestiert sich im Gegensatz zu den zeitlich vorausgehenden Symbolisten inhaltlich in einer Anerkennung des Alltäglich-Zufälligen als schöpferisches Initiationsmoment: »Nun bin ich trunken ich trank ja die ganze Welt«, heißt es mit deutlichem Bezug auf den Titel *Alcools* im letzten Gedicht »Vendémiaire« (»Weinmond«).

Die Forderung einer auf der Alltagssprache gründenden Poesie wird in »L'esprit nouveau et les poètes« (»Der neue Geist und die Dichter«) ausformuliert. Deutlich tritt in den *Alcools* die Auseinandersetzung mit den zeitgenössischen Avantgardebewegungen hervor. In dem berühmten Einleitungsgedicht »Zone« wird der Versuch erkennbar, durch das Aneinanderreihen unterschiedlicher, scheinbar zusammenhangloser Impressionen die in Kubismus und Futurismus entwickelten Konzepte der bildenden Kunst, Simultaneität und Polyperspektive, in die Dichtung zu übertragen – wenn etwa die Orte Koblenz, Rom, Amsterdam und Paris unmittelbar nacheinander als Ausgangspunkte unterschiedlicher Assoziationen aufgerufen werden. Der Verzicht auf jedwede Interpunktion in *Alcools* ist im Zusammenhang mit der von Marinetti und den italienischen Futuristen geprägten Formel der ›parole in libertà‹, der Forderung nach den aus grammatikalischen und syntaktischen Eingrenzungen ›befreiten Wörtern‹ zu sehen, wobei ein Aspekt nicht verleugnet werden darf: Da der Nichtmuttersprachler Apollinaire Satzzeichen ursprünglich deutlich abweichend von den geltenden Normen setzte, riet der Verleger dazu, diese ganz zu tilgen.

Alcools steht literarhistorisch am Übergang von den komplexen und symbolüberladenen lyrischen Konstruktionen des Fin de Siècle zu der ästhetischen Verjüngung in den Avantgardebewegungen. Denn obgleich darin moderne Gattungen wie das auf ↗ Baudelaire zurückgreifende Prosagedicht zu finden sind, begegnen sie häufig in traditionellen Metrik- und Reimschemata. Gerade als Kreuzungspunkt verschiedenster Einflüsse sind die *Alcools* daher eines der interessantesten Zeugnisse der von unterschiedlichsten Strömungen geprägten ausgehenden Belle Époque.

■ Lit.: K.-H. Stierle: Babel und Pfingsten. Zur immanenten Poetik von A.s ›Alcools‹, in: Lyrik und Malerei der Avantgarde, Hg. R. Warning/W. Wehle, 1982. ■ D. Alexandre: ›Alcools‹, en corps, 1999. ■ V. Krenzel Zingerle: A.-Lektüren, 2003. ■ A. Petruschke: Sprachen der fantaisie in der französischen Lyrik um 1913, 2004.

Tamara Trautner

Les peintres cubistes

(frz.; *Die Maler des Kubismus*, 1956, O. v. Nostitz) – Da im Gegensatz zu vielen anderen Kunstströmungen des 20. Jh.s dem Kubismus keine theoretischen Manifeste vorausgingen, hat dieser 1913 erschienene kunsttheoretische Essay für die ›neue Kunst‹ den Rang einer Programmschrift, die auch die Maler akzeptierten. Er besteht aus einem einleitenden Teil und aus Künstlerporträts von Pablo ↗ Picasso, Georges Braque, Jean Metzinger, Albert Gleizes, Marie Laurencin, Juan Gris, Fernand Léger, Francis Picabia, Marcel Duchamp und dem Bildhauer und Architekten Duchamp-Villon.

Apollinaire sieht im Kubismus drei »Tugenden der bildenden Form: die Reinheit, die Einheit und die Wahrheit« vollkommen verwirklicht. Es handelt sich für ihn deshalb auch weniger um eine neue Stilrichtung als um eine neue Kunst. »Der Kubismus unterscheidet sich dadurch von der früheren Malerei, daß er nicht eine Kunst der Nachahmung, sondern eine Kunst der Vorstellung ist, die sich bis zum Schöpferischen zu erheben sucht.« Ein anderer entscheidender Aspekt für die Bedeutung des Kubismus ist für Apollinaire die Neuformulierung eines Überwirklichen mit den Mitteln der Malerei: »Die Kunst der neuen Maler nimmt das unendliche Weltall zum Ideal, und diesem Ideal verdankt man ein neues Maß der Vollkommenheit, das dem Maler erlaubt, dem Gegenstand Proportionen zu verleihen, wie sie dem Grade an Plastizität, zu dem er ihn erheben möchte, gemäß sind.«

Apollinaire unterscheidet vier Richtungen des Kubismus: die »wissenschaftliche« (Picasso, Braque, Gleizes, Laurencin), die »naturhafte« (Le Fauconnier), die »orphische« (Delaunay, Léger, Picabia und Duchamp) und die »instinktive«. Im wissenschaftlichen und im orphischen Kubismus sieht er parallel laufende »reine«, d. h. in sich konsequente künstlerische Bemühungen, wobei er dem »Orphismus« (der Begriff ist wie Apollinaires Wortbildung »Surrealismus« in die Geisteswissenschaften eingegangen) offensichtlich den Vorrang gibt: »Die Werke der orphischen Maler sollen ein ungetrübtes ästhetisches Wohlgefallen hervorrufen, zugleich aber eine sinnfällige Konstruktion und eine sublime Bedeutung, das heißt: das Sujet wiedergeben. Das ist reine Kunst.« Das Orphische, das Poesie und strenge Gesetzmäßigkeit vereinigt, gilt Apollinaire als die höchste künstlerische Vollendung.

Die Bedeutung der kleinen Schrift liegt nicht in ihrem kargen faktischen und interpretativen Material, auch nicht darin, dass sie eine damals revolutionäre künstlerische Bewegung frühzeitig erkannte und unterstützte. Apollinaire verteidigte mit dem Kubismus die Kunst als Ausdruck einer Geistigkeit in ähnlicher Weise, wie es 1911 Kandinsky mit der Schrift *Über das Geistige in der Kunst* unternommen hat.

■ Übers.: A. zur Kunst. Texte und Kritiken 1905–1918, Hg. H. Düchting, 1989.

■ Lit.: V. Trione: Il poeta e le arti. A. e il tempo delle avanguarde, 1999.

Knut Nievers

Le poète assassiné

(frz.; *Der gemordete Dichter*, 1980, W. Widmer, P. Noack) – Die zwischen 1901 und 1915 entstandenen Erzählungen erschienen 1916, die Titelerzählung geht auf einen Entwurf von 1910 zurück, eine Weltuntergangsvision, die Apollinaire, als er den Erzählungsband 1914 ankündigte, völlig umschrieb.

In 18 kurzen Abschnitten wird über Geburt, Leben, Tod und Apotheose des Dichters Croniamantal berichtet. Von einem Vagabunden am Rand einer »von knorrig-krummen Bäumen und von Sträuchern gesäumten Landstraße« gezeugt, verliert Croniamantal seine Mutter Macarée bei seiner Geburt. Sein Stiefvater, der die schwangere Macarée geheiratet hatte und mit ihr nach Rom zum Papst gepilgert war, erschießt sich bald darauf, nachdem er in Monte Carlo sein ganzes Vermögen verspielt hat.

Croniamantal wird daraufhin von einem holländischen Gelehrten in Pflege genommen. Dort genießt der äußerst begabte Junge, der schon früh dichterische Fähigkeiten zeigt, eine Erziehung nach Art der Humanisten des 16. Jh.s. Als sein Pflegevater stirbt, geht Croniamantal nach Paris. Dort befreundet er sich mit einem Bildhauer, »Oiseau du Bénin« (Vogel der Langmütigen) genannt, schreibt freie Verse und Theaterstücke und verliebt sich in Tristouse Ballerinetta. Die verlässt ihn aber bald um des dichtenden Gecken Paponat willen. Der unglückliche Croniamantal verfolgt das Paar nach Deutschland, dann weiter nach Böhmen und schließlich nach Marseille, in der Hoffnung, Tristouses Liebe wiedergewinnen zu können.

Ausgelöst durch die Schmähschriften des deutschen, in Australien lebenden Agrarchemikers Horace Tograth werden inzwischen in aller Welt die Dichter verfolgt, ins Gefängnis geworfen und getötet. Croniamantal erreicht Marseille, als Tograth ebenfalls dort eintrifft. Vor dem von Tograth verführten Pöbel bekennt sich Croniamantal zur Dichtkunst und wird gelyncht, während sich Tristouse und Paponat an seinem Tod ergötzen. Die ehemalige Geliebte beerdigt Croniamantals Leichnam und kehrt nach Paris zurück. Hier wird sie von Paponat wegen eines Mannequins verlassen, legt Trauer um Croniamantal an und veranlasst den »Vogel der Langmütigen«, Croniamantal im Wald von Meudon, wo sich die Liebenden zum ersten Mal trafen, ein Denkmal zu setzen. Der Bildhauer errichtet dem Dichter »ein tiefsinniges Standbild aus Nichts, wie die Poesie und wie der Ruhm«, er gräbt ein Loch in den Boden, das er sodann auszementieren lässt: »so daß die Hohlform den Umriss von Croniamantal hatte, das Loch voll von seinem Geist war«.

Ein autobiographischer Anteil an dem Werk ist nicht zu verleugnen. Zweifellos haben die Malerin Marie Laurencin und Pablo ↗ Picasso bei den Figuren der Tristouse und des »Vogels der Langmütigen« Pate gestanden. So verwirrend die Lebensgeschichte Croniamantals, so vielfältig sind die Stilarten, in denen sie erzählt wird: Romantisches steht neben Groteskem, Obszönes neben Elegantem, Ernstes neben Burleskem. Apollinaire setzt sie, wie sein Freund Picasso in der Malerei, sehr bewusst ein. Er nutzt Motive der Ritterromane und Elemente der Diktion ↗ Rabelais' ebenso wie den lyrischen Ton der Romantiker und Formen des Journalismus. In einem fingierten Gespräch macht er sich über Theaterfachleute lustig und persifliert dramatische Formen. Doch das Vordergründige ist stets die Maske des Tiefsinns und der Vernunft. Das wird besonders deutlich in den letzten Kapiteln, die von der Verfolgung der Dichter und der Ermordung Croniamantals handeln und so auf die beständige Gefährdung der Kunst durch die Macht hinweisen.

Die übrigen Erzählungen haben erlebte oder fingierte Kuriosa zum Gegenstand und sind durchweg nur wenige Zeilen lang; sie waren bereits in Zeitschriften erschienen, ehe sie in diese Sammlung eingingen. Es sind Feuilletons in der Tradition Guy de ↗ Maupassants. An Geschichten Poes erinnert die umfangreichere Erzählung »Le Roi-Lune« (»Der Mondkönig«), in der Apollinaire Motive des Romans *Le roi vierge*, 1881 (Der jungfräuliche König), von Catulle ↗ Mendès übernimmt: Mit einer Mischung aus Furcht, Abscheu und Faszination wird dort eine Begegnung mit dem bayrischen König Ludwig II. erzählt, der in einer Alpengrotte irrsinnigen Lastern frönt. Der Band schließt mit der Geschichte »Cas du brigadier masqué, c'est-à-dire le poète ressuscité« (»Der Fall des verkleideten Korporals oder: Der auferstandene Dichter«), die Apollinaire 1916 hinzufügte, um der Sammlung einen Rahmen zu geben. Darin greift er noch einmal auf Motive und Personen der Titelerzählung zurück.

▪ Lit.: E. Leube: ›Le poète assassiné‹. Zum dichterischen Selbstverständnis bei A., in: Sprachen der Lyrik, Hg. E. Köhler, 1975, 526–546. ▪ R. R. Hubert: La présence du théâtre dans ›Le poète assassiné‹, in: Bérénice 3, 1981, 44–56.

Knut Nievers

Les mamelles de Tirésias

(frz.; *Die Brüste des Tiresias*, 1987, R. Kroll) – Als erstes »surrealistisches Drama der Literaturgeschichte« bezeichnet, wurde dieses Werk 1917 in Paris uraufgeführt. 1947 wurde es von Francis Poulenc unter demselben Titel als Oper vertont.

Dem Vorwort des Autors zufolge, das mit sechs den Schauspielern gewidmeten Preisgedichten den Erstdruck des Stücks einleitet, handelt es sich um ein schon 1903 entstandenes Frühwerk, dessen endgültige Fertigstellung jedoch auf die Jahre 1916 und 1917 zu datieren ist. Darin distanziert sich Apollinaire zwar von der aus der französischen Klassik überkommenen Poetik der »vraisemblance« (Wahrscheinlichkeit), doch bleibt ihm zufolge auch in *Les mamelles de Tirésias* ein Bezug zur Wirklichkeit erhalten. Die Relation zwischen Werk und Welt ist jedoch nicht mimetisch, die Wirklichkeit wird mit Hilfe der Phantasie nicht abgebildet, sondern interpretiert. In diesem Sinne ist auch der Neologismus »surrealistisch« zu verstehen: »Ich dachte mir, daß man zur Wirklichkeit selbst zurückkehren muß, jedoch ohne sie nach Art der Photographen nachzubilden. Als der Mensch das Gehen künstlich nachahmen wollte, schuf er das Rad, das keine Ähnlichkeit mit einem Bein hat. So betrieb er, ohne es zu wissen, Surrealismus.« In erweiterter Bedeutung wurde der Begriff des Surrealismus später im Kreis um André ↗ Breton zentral für die Programmatik einer ganzen Kunstrichtung.

Neben der Absicht, mit *Les mamelles de Tirésias* das Publikum zu interessieren und zu amüsieren (»d'intéresser et d'amuser«), betont Apollinaire auch die erzieherische Zielsetzung seines Stücks. Die Ernsthaftigkeit dieser Äußerung – das vom Krieg geschwächte Frankreich solle durch das Drama zur Wiederbevölkerung angeregt werden – wird allerdings bis heute angezweifelt. Der spielerische Charakter des Stücks kommt bereits im Bühnenbild zum Ausdruck: Laut Anweisung soll die aus Würfeln bestehende Dekoration die Assoziation des Würfelspiels »Sansibar« wecken, womit auf den Schauplatz, die Insel Sansibar, verwiesen wird.

Zu Beginn des ersten Aktes artikuliert Thérèse ihre Wut über ihr Hausfrauendasein und die Unterdrückung durch ihren Mann. Dabei lösen sich ihre Brüste – Luftballons, die sie ins Publikum fliegen lässt –, und gleichzeitig wächst ihr ein Bart. Sie verlässt nunmehr als »Tirésias« ihren Ehemann und wird als General und Abgeordneter gleichermaßen von Männern und von Frauen, die sie von ihrer Gebärpflicht befreit hat, umjubelt. Um Sansibar vor der drohenden Entvölkerung zu retten, hat der verlassene Ehemann zu Beginn des zweiten Aktes, dem ein kurzes Zwischenspiel vorausgeht, allein 40 090 Kinder zur Welt gebracht. Das drängende Problem ihrer Ernährung soll eine Kartenlegerin lösen, die dezidiert zur weiteren Vermehrung rät, bevor sie sich als Tirésias/Thérèse entpuppt und zu ihrem Ehemann zurückkehrt. Wieder lässt sie ihre Brüste ins Publikum fliegen und ermöglicht damit die Ernährung der vielen Kinder Sansibars: »Fliegt davon, Vögel meiner Schwäche / ernährt alle Kinder / Der Wiederbevölkerung«.

Die Kohärenz dieser Haupthandlung ist zwar wie die Wahrung der Einheit des Ortes und der Zeit als Zugeständnis an tradierte Theaterformen anzusehen; dennoch betreibt das Stück in subversiver Weise ihre Demontage, nicht zuletzt durch die Verwendung von Verfahren, die wenige Jahre zuvor schon Alfred ↗ Jarry programmatisch formuliert und eingesetzt hatte. Sie äußert sich etwa in der Tendenz zu grotesk komischen, jede Wahrscheinlichkeit außer Acht lassenden Episoden: Zwei Figuren werden im Streit darüber, ob sie sich in Paris oder Sansibar befinden, zweimal erschossen, um dann wiederzukehren; ein lebendiger Zeitungskiosk tritt auf, und eine einzige Figur, die mehrere Instrumente spielt, verkörpert das gesamte Volk Sansibars. Modernistisch ist auch die Häufung sinnloser Textfragmente in den Dialogen, die auf Dada und Surrealismus hindeutet.

Die Komik des gesamten Stücks entspringt vor allem den zahlreichen Wortspielen, ihren Mehrdeutigkeiten und Klangfiguren. Dramaturgische Besonderheiten lassen Apollinaire als Vorläufer des ›absurden Theaters‹ erscheinen.

■ Lit.: J. Grimm: G.A., in: J.G., Das avantgardistische Theater Frankreichs 1895–1930, 1982, 76–104. *Tamara Trautner*

La femme assise

(frz.; *Die sitzende Frau. Sitten und Wunder der Zeit. Eine Chronik Frankreichs und Amerikas*, 1992, L. Babylas) – Von diesem 1917 entstandenen und 1929 postum erschienenen Roman existiert eine zweite, von der ersten stark abweichende Fassung unter dem Titel *Mœurs et merveilles du temps – La femme assise – Chronique de France et d'Amérique* mit Zusätzen, Korrekturen und einer neuen Kapitelanordnung, die Jacqueline Apollinaire 1948 nach einem zweiten Nachlassmanuskript veröffentlichte.

Der Roman ist aus einem älteren Entwurf hervorgegangen, der unter dem Titel *Les clowns d'Elvire ou Les caprices de Bellone* (Die Narren Elvires oder Die Launen Bellones) 1918 zwar in einem Verlagskatalog angekündigt war, jedoch nie gedruckt wurde. Außerdem fügte der Autor zwei umfangreiche Kapitel über Leben und Sitten der amerikanischen Mormonen um die Mitte des 19. Jh.s hinzu und schließlich auch Teile seiner unter dem Titel »La vie anecdotique« (Anekdoten des Lebens) von 1911 bis 1918 im *Mercure de France* nach Art der Salons des 18. und 19. Jh.s geführten chronikartigen Rubrik über Neuigkeiten in Malerei und Literatur.

Auch wenn man von Apollinaires ›esprit nouveau‹ manche durch Überraschungseffekte und bewusste Stilbrüche erzielten spezifisch modernen Reize gewohnt ist, wirken die Anhäufung von Materialien und die willkürliche Verknüpfung zusammengeraffter Einfälle in diesem Roman disparat. Den Auftakt des Werkes bildet ein Bericht über das Leben der jungen Elvire Goulot aus Maisons-Laffite, der an pikareskes Erzählen erinnert: Die leidenschaftliche Pferdeliebhaberin Elvire ist von ungewöhnlicher erotischer Neugier. Als 15-jährige wird sie von einem erheblich älteren Arzt verführt, der sie bald darauf in Monte Carlo verlässt. Dort überredet sie der russische Advokat Replanoff, ihm nach Petersburg zu folgen, wo er sie wie seine verstorbene Tochter zu behandeln verspricht, sie stattdessen jedoch an eine Gesellschaft aristokratischer Wüstlinge verkauft. Sie wird die Mätresse eines Großherzogs, dessen Gelüste sie bei verschiedenen Orgien befriedigen muss. Sie entkommt ihm schließlich, debütiert in Paris in einem Varieté und verliebt sich in den jungen russischen Maler Nicolas Varinoff, der sie in die Boheme des Montparnasse einführt. Sie beginnt, selbst zu malen und macht die Bekanntschaft Pablo Canouris', des »Malers mit den himmelblauen Händen«, der – ein kaum verschlüsseltes Porträt ↗ Picassos – wie dieser in Malaga geboren ist. In seinem Wesen mischen sich Orient und Okzident, Albanien und Spanien auf seltsame Weise. Das folgende Kapitel beschreibt das Idyll des Vorkriegs-Montparnasse, des »Asyls der schönen und freien Einfachheit«, das für einen großen Teil der Pariser Literaten und Maler nach der ›Auswanderung‹ vom Montmartre zur turbulenten Oase geworden ist.

Als Nicolas einberufen wird, vertraut er Elvire Canouris an, dessen Geliebte sie wenig später wird. Ein junger Fremdenlegionär mit dem ›Kriegsnamen‹ Ovide du Pont-Euxin vermittelt ihr die Bekanntschaft mit seinem Großonkel, Otto Mahner, der in Salt Lake City aufgewachsen ist und sich deutlich an Elvires Großmutter Paméla Monsenergues erinnert. Elvire verliest den Brief eines Europa-Missionars der Mormonen, aus dem hervorgeht, dass sich ihre Großmutter als junges Mädchen 1851 einer Gruppe von Proselyten anschloss und nach Amerika auswanderte. Otto Mahner ergänzt diesen Brief durch einen Augenzeugenbericht über die bizarren Aufnahmeriten in Salt Lake City. Paméla erregte dort die Aufmerksamkeit des Propheten Lubel Perciman, willigte ein, seine 16. Frau zu werden, entzog sich ihm aber auf dem Höhepunkt der Hochzeitszeremonie – einem allegorischen Ballett der Vermählung Amerikas und Europas – durch die Flucht.

Im Gedenken an ihre Großmutter löst Elvire das Problem der Entscheidung zwischen Polygamie und Polyandrie nach wiederholten Zerwürfnissen und wechselnden Verhältnissen mit Canouris und dem aus dem Krieg zurückgekehrten Nicolas endlich auf ihre Weise: Einen invertierten Mormonismus praktizierend, hält sie sich dank der Macht, die der Krieg den Frauen verliehen hat, einen männlichen Harem, der aus einem piemontesischen Clown, einem literaturbeflissenen Studenten, einem Verstümmelten ohne Arme, einem Flieger namens Pentelemon und einem nordfranzösischen Granatendreher besteht: »Aber keiner ihrer Liebhaber besaß ihr Herz, das sie zwischen Mavise Bandarelle und Corail, der schönen Rothaarigen mit den haselnußbraunen Augen, teilte, deren Anblick so genau den eines Bluttropfens auf einem Degen beschwor.«

Das letzte Kapitel des Buches ist der zeremoniösen Darlegung der »religion de l'honneur« gewidmet, einer neuen Weltanschauung, die Anatole de Saintariste, ein Freund Ovides, einzuführen hofft. Er fällt jedoch im Zweikampf mit Moïse Deléchelle, einem vermeintlichen Spion, der eine nicht entschärfte Granate in Brot eingebacken aus der Stadt schmuggeln wollte.

Obwohl das kleine Werk nur einen abrupten Schluss zulässt, haftet ihm, ebenso wie zahlreichen Nachlasspublikationen Apollinaires, der Charakter des Fragmentarischen so deutlich an, dass man es als Roman im Rohzustand bezeichnet hat.

▪ Lit.: R. Guiette: Notes sur ›La femme assise‹, in: Romanica Gandensia 13, 1972, 185–189. *Hans-Horst Henschen*

Calligrammes

(frz.; *Kalligramme*, 1969, G. Henniger, L. Klünner) – Diese dritte und letzte Gedichtsammlung des Dichters, 1918 erschienen, setzt sich aus 82 Texten zusammen, die, anders als im vorausgegangenen Band *Alcools*, nahezu chronologisch geordnet sind. Die Gedichte sind poetischer Ausdruck einer durch das Erlebnis des Weltkrieges geprägten neuen Lebens- und Epochenerfahrung, wie der Untertitel »Poèmes de la paix et de la guerre« (»Gedichte vom Frieden und vom Krieg«) und die dort mitgeteilten Daten »1913–1916« signalisieren.

Auch die Titel der unterschiedlich umfangreichen Abschnitte »Ondes« (»Wellen«), »Étendards« (»Standarten«), »Case d'armons« (»Protzkasten«), »Lueurs des tirs« (»Mündungsfeuer«), »Obus couleur de lune« (»Mondfarbene Granate«) und »La tête étoilée« (»Das gestirnte Haupt«) weisen teilweise auf die ambivalente Erfahrung des Krieges hin: Diese ist einerseits von einem kriegsbegeisterten Optimismus, andererseits aber auch von Melancholie und Einsamkeit getragen. Ein Großteil der Gedichte wurde direkt an der Front geschrieben, der Abschnitt »Case d'armons« wurde dort sogar im Jahr 1915 zum ersten Mal publiziert.

Literarhistorisch ist die Sammlung wegen der darin unternommenen Formexperimente bemerkenswert. Das Gedicht »Les fenêtres« (»Die Fenster«), nur kurze Zeit nach dem vergleichbaren Einleitungsgedicht »Zone« der früheren Sammlung *Alcools* geschrieben, hat Apollinaire selbst wiederholt hervorgehoben und in einem Brief an Madeleine Pagès (30. Juli 1913) als Beginn einer »völlig neuen Ästhetik« charakterisiert. Ursprünglich dem Ausstellungskatalog der Berliner Delaunay-Ausstellung im Jahr 1913 vorangestellt, werden hier zentrale Programmpunkte der Kubisten in die Dichtung übernommen, so dass in Zusammenhang mit Apollinaire oft von »literarischem Kubismus« gesprochen wird. Das kubistische Konzept der Simultaneität wird hier sprachlich durch die Montage einzelner im Prinzip austauschbarer Satz- und Sinnfragmente verwirklicht, die keinen über die sukzessive Lektüre logisch erfassbaren Textsinn ergeben. Mit derselben Zielsetzung werden in einigen der sogenannten Konversationsgedichte (»poèmes-conversation«) Konversationsfetzen inkohärent aneinandergereiht: In »Arbre« (»Baum«) und »Lundi Rue Christine« (»Montag Rue Christine«) etwa steht weniger die Simultaneität visueller Eindrücke, sondern die Gleichzeitigkeit von aufgeschnappten Gesprächen im Vordergrund.

Die Kalligramme schließlich, die der Sammlung den Namen gaben, sind Textbilder oder Figurengedichte. Hier steht die typographische Anordnung der Wörter im Vordergrund, und diese graphische Strukturierung erschließt dem Leser den Sinn des Textes. So sind im Gedicht »Il pleut« (»Es regnet«) die Zeilen in Form fallenden Regens angeordnet; eine dem jeweiligen Thema analoge Gestaltung gilt ebenso für »La cravate et la montre« (»Die Krawatte und die Uhr«) und »La mandoline, l'œillet et le bambou« (»Die Mandoline, das Knopfloch und der Bambus«).

Die Tradition solcher Textbilder, welche von der Antike über die Barocklyrik bis zu ↗ Mallarmés »Un coup de dés« (»Ein Würfelwurf«) reicht, wird bei Apollinaire unter dem Einfluss der Avantgarde fortgeführt. Die italienischen Futuristen um Marinetti, zu denen Apollinaire Kontakte pflegte, hatten nicht nur eine Befreiung der Wörter aus traditionellen Grammatik- und Sinnvorstellungen, sondern auch deren freie Anordnung auf dem Papier propagiert. Der futuristische Leitsatz »parole in libertà« (Wörter in Freiheit) zielt auf eine ›Befreiung‹ der Sprache aus den alltagssprachlichen Zwängen. Dieses Prinzip gilt um so mehr für diejenigen Texte der *Calligrammes*, in denen selbst die in den Figurengedichten deutliche Verbindung von Form und Thematik aufgelöst ist, wie etwa in »Loin du pigeonnier« (»Fern vom Taubenhaus«).

Die futuristische Begeisterung für die um 1900 erfundenen Reproduktions- und Speichermedien wie Schreibmaschine, Phonograph und Kinematograph klingt nicht nur in dem Neologismus des Kalligramms an. Apollinaire hat vielmehr seine bewusste Anlehnung an die Futuristen auch in einem Brief an André Billy formuliert: »Was die Kalligramme angeht: in einer Zeit, in der die Typographie bei gleichzeitigem Aufkommen neuer Reproduktionsmittel, nämlich dem Kino und dem Phonograph, den Höhepunkt ihrer Karriere feiert, verherrlichen sie die Poesie der Verfechter des freien Verses und die Vervollkommnung der Typographie.« Das Streben nach einer solchen Erweiterung der poetischen Möglichkeiten verwirklicht sich also gerade durch derartige nicht-sprachliche Verfahren, wie sie im Titel der Sammlung anklingen, den der Autor ursprünglich schon vor Ausbruch des Krieges dem größten Teil der Figurengedichte hatte geben wollen. Diese zu Beginn des 20. Jh.s in vielen Bereichen feststellbare Annäherung und Überschneidung der Künste zeigt sich schließlich auch in Apollinaires Selbstaussage: »Auch ich bin ein Maler.«

▪ Lit.: I. Schleifenbaum: G. A. ›Ondes‹. Exemplarische Einzelinterpretationen zu ›Calligrammes‹, 1972. ▪ H. Meter: A. und der Futurismus, 1977. ▪ H.-R. Jauß: Die Epochenschwelle von 1912. G. A. ›Zone‹ und ›Lundi Rue Christine‹, 1986.

Tamara Trautner

Le flaneur des deux rives

(frz.; Der Flaneur an beiden Ufern) – Diese Pariser Skizzen, 1918 erschienen, beschreiben in kurzen Kapiteln melancholisch-stille Straßen des um die Wende zum 20. Jh. noch außerhalb der Bannmeile von Paris gelegenen Vorortes Auteuil, eine von zahlreichen Literaten häufig besuchte Buchhandlung in der Rue Saint-André-des-Arts, ein altes Haus in der Rue Bourbon-le-Château, das ein mit Apollinaire befreundeter Schriftsteller, Maurice Cremnitz, bewohnt, dem er während seiner Militärdienstzeit in Nizza und Nîmes erneut begegnet. Weihnachtslieder aller Provinzen Frankreichs, die der Autor in der Christnacht in der Rue de Buci hört, finden sich neben Beschreibungen der berühmten Pariser Literatencafés am linken Seine-Ufer, der großen Bibliotheken und der »köstliche[n] öffentliche[n] Bibliothek« der Bouquinisten an der Seine, einem stillen Klosterhof in der Nähe der Place Clichy, der die Druckerei beherbergte, in der der Typograph und Drucker Paul Birault im Auftrag des jungen deutschen Verlegers und Kunsthändlers Henry Kahnweiler die 104 mit Holzschnitten von André Derain illustrierten Exemplare der Luxusausgabe von Apollinaires Roman *L'enchanteur pourrissant*, 1909 *(Der verwesende Zauberer)*, anfertigte. Schließlich wird an bekannte, von Literaten und Malern häufig besuchte Restaurants erinnert, wie das von Michel Pons oder die Cave Vollard, wo Alfred ↗ Jarry, Claude Terrasse und Pierre Bonnard den *Almanach illustré du Père Ubu* entwarfen bzw. schrieben und ↗ Jarry Neuankömmlinge durch groteske, exzentrische Gesten zu erschrecken liebte, eine Erinnerung, die auch André ↗ Gide in seinem Roman *Les Faux-monnayeurs*, 1925 *(Die Falschmünzer)*, festhält.

»Baudelaire ist der erste gewesen, der in Europa den neuen Geist geatmet hat, aber er hat diesen modernen Geist nicht durchschaut, von dem er doch selbst durchdrungen war und dessen Keime er in einigen seiner Vorgänger entdeckte«, bemerkt Apollinaire 1917 in seiner Einführung zu einer Baudelaire-Ausgabe der »Bibliothèque des curieux«. In seinem Essay »L'esprit nouveau et les poètes«, 1918 (Der neue Geist und die Dichter) verweist er häufig auf diesen Autor, mit dem er die Vorliebe für das Überraschende, Bizarre, Regellose in der Kunst teilte. Und auch mit dem Begriff »Flaneur« knüpft Apollinaire an ↗ Baudelaire an, der unter dem Einfluss von E. A. Poe den Flaneur als vom fieberhaften großstädtischen Zivilisationsgetriebe zwar faszinierten, ihm aber dennoch nicht verfallenden Müßiggänger mit dem Habitus der Gelassenheit beschrieben hatte, dem sein Dahinschlendern, die distanzierte Absichtslosigkeit die überraschendsten Einsichten ermöglichen. Diesem Typus des Flaneurs gewinnt Apollinaire neue Reize ab: Seine »tableaux parisiens« beziehen sich auf eine Wirklichkeit, an der ihm vor allem die bizarre Verbindung von modernen und idyllischen Elementen ins Auge fällt.

Der *Mercure de France* hatte Apollinaire seit 1911 unter der Überschrift »La vie anecdotique« (Anekdoten des Lebens) eine eigene Rubrik eingeräumt, die er bis zu seinem Tode fortführte und aus der er einige Stücke – z. B. eines über den Schriftsteller Ernest La Jeunesse – umgearbeitet in den *Flaneur des deux rives* übernommen hat.

In den Miniaturen zeigt sich Apollinaires geistige Beweglichkeit, die ihn Anzeichen des Kommenden mit nahezu instinktiver Sicherheit erraten lässt, vor allem seine Schrift *Les peintres cubistes. Méditations esthétiques*, 1913 (Die Maler des Kubismus. Ästhetische Meditationen), und seine Hochschätzung Henri Rousseaus machen das hinreichend deutlich. Der Autor findet ebenso wie wenig später die Dadaisten Vergnügen an jenen zufälligen, bizarren Banalitäten, die als Sgraffiti auf zerfallenden Hausmauern überleben: »Sprach-Müll«, der bei ihm »poesiefähig« wird. Dieses Material ist in die »poèmes-conversations« der *Calligrammes* (1918) in erstaunlichem Maße eingegangen

Desgleichen ziehen ihn, wohl unter dem Einfluss der okkultistischen Neigungen seines Freundes Max ↗ Jacob, picardische Bilderrätsel, Praktiken wie das Aus-der-Hand-Lesen, überhaupt alle ungewöhnlichen und mysteriösen Begebenheiten an, denen die Aura des Magisch-Mythischen anhaftet. So ist er entzückt von einer kleinen hektographierten, zweiwöchentlich erscheinenden Zeitschrift des »Musée Napoléonien«, die vor dem Krieg mit einem Umfang von zwei Seiten zu drei Spalten von einem zehnjährigen Jungen herausgegeben wurde, oder von den Lebensgewohnheiten eines Bänkelsängers namens Alexandre Treutens, der, ursprünglich Schuhmacher von Beruf, sich von den Bürgermeistern der Vororte schriftlich die Berechtigung bestätigen ließ, während eines Tages die »profession de poète ambulant« auszuüben. »Das Wunderbare ist immer schön, ganz gleich, welches Wunderbare; es ist sogar nur das Wunderbare schön« (A. ↗ Breton, *Manifeste du surréalisme*) – diese ästhetische Hauptdoktrin des späteren Surrealismus kündigt sich in diesen Texten Apollinaires an.

▪ Lit.: J. Burgos: A. en somme, 1998. ▪ A. Boschetti: La poésie partout, 2001. ▪ L. Campa: A. critique littéraire, 2002.

Hans-Horst Henschen

Louis Aragon

▪ geb. 3. 10. 1897 Paris (Frankreich)
▪ gest. 24. 12. 1982 Paris (Frankreich)

(d. i. Louis Andrieux) – 1915–1918 Kriegsteilnehmer; dann Medizinstudium; nach Anfängen im Dadaismus mit ↗ Breton und ↗ Soupault Gründer der Bewegung des Surrealismus; ab 1927 Mitglied der Kommunistischen Partei Frankreichs; Ehe mit der Schriftstellerin Elsa Triolet; 1932 Abwendung vom Surrealismus; 1934 Kongress proletarischer Schriftsteller in Charkow; auf republikanischer Seite im Spanischen Bürgerkrieg, während der deutschen Okkupation Mitglied der Résistance; später Verlagsdirektor in Paris; Herausgeber der Zeitungen *Ce soir* und *Les lettres françaises*; umfangreiches literarisches Schaffen in allen Gattungen; wichtiger Vertreter des surrealistischen Romans; in seiner späten Lyrik der klassischen Tradition Frankreichs verpflichtet.

▪ Ausg.: L'Œuvre poétique, 7 Bde, 1989–1990. ▪ Œuvres romanesques complètes, 1997 ff.

▪ Lit.: W. Grübel: A., in: Kritisches Lexikon zur fremdsprachigen Gegenwartsliteratur. ▪ W. Babilas: Études sur L. A., 2 Bde, 2002. ▪ U. Hörner: Elsa Triolet und L. A., 2004.

Le paysan de Paris

(frz.; *Der Pariser Bauer*, 1996, L. Babilas) – Dieser erste surrealistische Roman des Autors erschien 1926 nach einem Vorabdruck seiner drei Teile 1924/25 in *La Revue Européenne* und *La Révolution Surréaliste*. Neben dem *Traité du style* (1928) ist *Le paysan de Paris* das Hauptwerk aus Aragons surrealistischer Zeit.

Die drei Teile stehen nur in lockerer Verbindung und bilden auch in sich keine strenge Abfolge. Aragon selbst charakterisierte das Ganze als eine Folge einfacher Spaziergänge, gemischt mit Reflexionen. Wie in ↗ Bretons zwei Jahre später veröffentlichtem Kurzroman *Nadja* (1928), dem zweiten Hauptwerk surrealistischer Prosa in Frankreich, basiert infolgedessen das Kompositions- und Schreibverfahren auf dem im *Manifeste du surréalisme* (1924) proklamierten ästhetischen Prinzip des Zufalls, der seine Macht in unvorhersehbarer Weise auf das Individuum in der Großstadt ausübt.

Der erste Teil des Buches enthält Beobachtungen, die Aragon in der Umgebung seiner Wohnung am Passage de l'Opéra am Boulevard Haussmann gemacht hat. Mit einer oft die Schreibweise des nouveau roman antizipierenden Nüchternheit der Beschreibung schildert Aragon die Örtlichkeiten, Läden, Hotels, Cafés, Friseurgeschäfte, Massageunternehmen, Bordelle, deren Besitzer und Klienten, wobei er die Reihenfolge seiner Erzählung, immer wieder ausgehend vom Zentrum der Passage, auf die Topographie zurückführt. Objektive Beschreibung ist aber nicht Aragons Ziel, sondern nur Mittel. Die Genauigkeit der Beschreibung bezweckt, die Löcher in der Realität und damit das Surreale aufzuspüren: »Die Menschen leben mit geschlossenen Augen inmitten magischer Abgründe.« Die von Dämmerlicht erfüllten Passagen sind Orte, an denen sich solche Abgründe in besonderem Maße auftun. Sie sind allerdings gefährdet: Als Aragon den Passage de l'Opéra beschreibt, steht dessen Abbruch bevor, weil er dem Ausbau des Boulevard Haussmann weichen muss. Ausführlich geht Aragon auf den Kampf der enteigneten Grundstücksbesitzer gegen die mächtigen Banken ein, den er metaphorisch als »bakterielles Drama« beschreibt. Hier zeigt sich bereits der spätere sozialistische Schriftsteller Aragon, der zur Abfassungszeit des Werks am Surrealismus zu zweifeln begann.

Der zweite Abschnitt beschreibt einen nächtlichen Spaziergang mit André ↗ Breton und Marcel Noll in die hügeligen Parkanlagen im Nordosten von Paris. Wie im ersten Teil fügt Aragon dem Text wieder collageartig Reklame-Schilder, Inschriften, Zeitungsausschnitte ein. Hier sind es vor allem die Inschriften einer Säule, auf der alle wichtigen Angaben über den Stadtteil um die Buttes-Chaumont verzeichnet sind. In diesem zweiten Teil erweist sich das Naturerlebnis als eine Hauptquelle surrealistischer Inspiration, ein Einfluss der deutschen Romantiker, die der Autor eingehend studiert hatte.

An einigen Stellen fasst Aragon seine theoretischen und philosophischen Gedanken zusammen, vor allem in der »Préface à une mythologie moderne« (Vorrede zu einer modernen Mythologie), in dem eingeschobenen kleinen »Lustspiel« (»saynète«) »L'homme converse avec ses facultés« (Der Mensch im Dialog mit seinen Fähigkeiten) sowie im dritten Teil, »Le songe du paysan« (Der Traum des Bauern). Es handelt sich um – oft verschrobene – Überlegungen, Gedankensplitter, wie sie damals im Kreis um Breton üblich waren; Aragons originärer Anteil daran ist deshalb schwer auszumachen. Die schriftstellerische Qualität des Autors zeigt sich in den eher erzählenden Passagen, in seinem deskriptiven Talent, seiner äußerst scharfen Beobachtungsgabe und seinem pointierten Stil.

Schwierig zu deuten ist der Titel des Buches, der sich vermutlich auf Aragon selbst bezieht: Der »Bauer« in der Großstadt verweist metaphorisch auf die »attente« – jenen idealen Spannungszustand ästhetischer Naivität, in dem der surrealistische Intellektuelle gegenüber der wahrgenommenen Realität der Großstadt verharren soll, um das Bekannte als Aufsehen erregend Neues erleben zu können.

■ Lit.: F. J. Albersmeier: Collage und Montage im surrealistischen Roman, in: Literatur und Linguistik 12, 1982, 46, 46–63. ■ R. Pfromm: Revolution im Zeichen des Mythos, 1985. ■ L. Vigier: A. Le paysan de Paris, 2004. *Knut Nievers*

Les voyageurs de l'impériale

(frz.; *Die Reisenden der Oberklasse*, 1952, H. Mayer) – Der 1947 erschienene historische Roman ist der dritte und zugleich literarisch anspruchsvollste Teil des vierbändigen Zyklus *Le monde réel* (Die wirkliche Welt), zu dem *Les cloches de Bâle*, 1934 (*Die Glocken von Basel*, 1936), *Les beaux quartiers*, 1936 (*Die Viertel der Reichen*, 1976), und *Aurélien*, 1944 (*Aurélien*, 1987), gehören. Aragon hatte ihn 1940 beendet und zwischen Januar und Juni 1940 in Teilen in der *Nouvelle Revue Française* veröffentlicht; 1941 erschien er zunächst komplett in amerikanischer Übersetzung und erst 1947 in unzensierter französischer Fassung.

Innerhalb seiner mittleren Schaffensperiode zeigt insbesondere *Les voyageurs de l'impériale*, wie erzählerisch anspruchsvoll und unkonventionell der Autor surrealistische Elemente mit der französischen Tradition des realistischen Romans verband und sich mit dem Dogma des Sozialistischen Realismus auseinandersetzte, der die analytische Form des Werks bestimmt. Zeitlicher Rahmen des Romans, der auf eine Entlarvung der gesellschaftlichen Verhältnisse in einer nach September 1938 (Münchner Abkommen) verschärften europäischen Krise abzielt, sind die Jahre zwischen der Pariser Weltausstellung von 1889 und dem Ausbruch des Ersten Weltkriegs 1914.

Die drei Teile des Romans erzählen die Lebensgeschichte der Hauptfigur Pierre Mercadier. Der erste Teil stellt den jungen Geschichtslehrer in seinem Bemühen dar, durch die Ehe mit Paulette d'Ambérieux, die Zeugung gemeinsamer Kinder, das Verfassen einer Arbeit über den schottischen Finanzmann John Law (1671–1729) und seinen Beruf gesellschaftlich Fuß zu fassen. Obwohl Erbe wohlhabender Eltern und durch die Heirat Mitglied einer alten Adelsfamilie, gerät Pierre binnen weniger Jahre in große Schwierigkeiten. Seine Börsenspekulationen scheitern während der Panama-Affäre, seine langjährige Arbeit als Gymnasiallehrer in der Provinz erfüllt ihn nicht, seine Freundschaft mit dem jüdisch-elsässischen Kollegen Meyer wird nicht gern gesehen, und sein Law-Buch kommt nicht voran. Zudem treibt ihn die Enttäuschung über seine Ehe in eine unglückliche Affäre mit Blanche Pailleron, die er während der langen Sommeraufenthalte auf dem Familiengut in Sainteville kennenlernt. Spontan entscheidet sich Pierre im Jahr 1897 dafür, sein bisheriges Leben aufzugeben; unangekündigt verlässt er Familie und Freunde.

Von Pierres längeren Aufenthalten in Venedig und im Spielerparadies Monte-Carlo erzählt der zweite Teil des Romans. Pierre hängt in der Lagunenstadt dem Traum des egozentrischen Individualismus nach und entdeckt durch die Begegnung mit den Arbeiterkindern Francesca und ihrem Bruder das Spiel als moralische Essenz des modernen Lebens. In Monte-Carlo wiederum verfällt der zeitlebens unpolitische Protagonist durch Reine de Brécy nicht nur einer neuen, erneut unglücklichen Liebe, sondern taucht auch ein in das politisch und moralisch dekadente großbürgerliche Milieu, das sich vor dem Hintergrund der außen- und innenpolitischen Krisen Frankreichs Anfang des 20. Jh.s zynisch dem Glücksspiel hingibt.

1908 unerkannt nach Paris zurückgekehrt, frequentiert Pierre im dritten Teil des Romans für längere Zeit das Bordell »Les Hirondelles«. Dessen Besitzerin Dora Tavernier – die bald eine skurrile Leidenschaft für ihn entwickelt – sowie ihr Mann, die Prostituierten des Etablissements und die in der Nachbarschaft wohnende Arbeiterfamilie Méré bilden den erzählerischen Rahmen für das Scheitern des ›letzten Individualisten‹ Pierre, der – auch wenn ihn Meyer bei sich aufnimmt und als Lehrer einer Privatschule engagiert – weitgehend isoliert sein Dasein fristet. In Rückblenden wird die Geschichte von Paulette und Pierres Kindern erzählt, die, durch seine Flucht verarmt, eine Familienpension eröffnet haben.

Insbesondere der Geschichte von Pierres Sohn Pascal, der inzwischen verheiratet ist und einen Sohn hat, widmet der Autor große Aufmerksamkeit. Pascal Mercadier trifft den Vater nicht mehr wieder; dessen letzte Versöhnungsgeste gegenüber der Familie bleibt vergeblich; schließlich stirbt Pierre im Wochenendhaus Doras außerhalb von Paris. Pascals Affäre mit Reine, der ehemaligen Geliebten des Vaters, zerbricht. In einem groß angelegten Spannungsbogen, der zahlreiche der im Roman eingeführten Einzelschicksale in einer militärisch-industriellen Spionagegeschichte im Sommer 1914 in Paris zusammenführt, enden *Les voyageurs de l'impériale* mit der Einberufung Pascals zu den französischen Truppen des Ersten Weltkriegs.

Gewiss hatte sich Aragon, Gründungsmitglied der surrealistischen Gruppe in Frankreich, schon früher zum Roman bekannt, der in Avantgarde-Kreisen gemeinhin als bürgerlich-konventionelle Gattung abgelehnt wurde. Lange Zeit vernachlässigt oder vereinfachend als politisch-doktrinär angesehen, gilt *Les voyageurs de l'impériale* inzwischen als zentraler Text zum Verständnis der französischen Literatur im Übergang von der Zwischenkriegszeit zum Zweiten Weltkrieg. Im Spiegel von Fin de Siècle und Belle Époque behandelt der Kommunist Aragon darin, literarisch und autobiographisch gebrochen, die aus seiner Sicht wichtigsten gesellschaftlichen Fragen am Ende der 1930er Jahre: bürgerlichen Mief und anti-bürgerliche Egozentrik, perspektivlose Republikfeindlichkeit und apolitische Autoritätsgläubigkeit, Antisemitismus, Ausbeutung der Arbeiterklasse, tyrannische Herrschaft und moralische Zerrüttung der politischen Klasse und der Großfinanz, den drohenden zweiten europäischen Krieg. Pessimistisch, hellsichtig und letztlich ohnmächtig erläutert der Roman die Gründe, die 1940 in Frankreich zum Scheitern der Dritten Republik und zum Aufkommen der Vichy-Kollaboration mit Nazideutschland führten.

Die Reise auf der *Impériale*, d.h. dem luxuriösen Oberdeck eines Omnibusses, führt die französische Gesellschaft in die Katastrophe. Kaum zufällig datierte Aragon die Fertigstellung der mit dem Ersten Weltkrieg endenden Romanerzählung auf den Tag vor dem Beginn des Zweiten Weltkriegs zurück (den 31. August 1939), was pointiert auf die Konstruktion des Romans – die Parallelisierung zweier Vorkriegszeiten – hinweist. In der amerikanischen Übersetzung des Romans von 1941 findet sich bereits das auf die gleiche Montagetechnik zurückgreifende, im Herbst 1939 verfasste Gedicht »Vingt ans après« (Zwanzig Jahre später), das Aragons Lyrik des Widerstands gegen die Vichy- und die Naziherrschaft in Frankreich einleitete.

■ Lit.: W.-D. Albes: Zwischenkriegszeit im Spiegel der Vorkriegszeit: ›Les Voyageurs de l'Impériale‹ (1940/1942/1947) von L. A., in: Zeitgeschichte und Roman im Entre-deux-guerres, Hg. E. Reichel/H. Thoma, 1993, 273–285. ■ S. Ravis-Françon: ›Les voyageurs de l'Impériale‹ d'A., 2001.

Frank Estelmann

Fernando Arrabal

■ geb. 11.8.1932 Melilla/Spanisch-Marokko (Spanien)

Kindheit geprägt vom Spanischen Bürgerkrieg, dem sein Vater als republikanischer Offizier zum Opfer fiel, und der Francodiktatur; Jurastudium in Madrid; wegen Blasphemieverdacht in Haft; 1955 aus politischen Gründen Exil in Paris; Verfasser von Lyrik, Romanen und politisch engagierten Theaterstücken; vereinigt als Dramatiker Elemente des epischen Theaters, des Absurden und des Surrealismus mit barocken Formelementen; Publikationen in spanischer und französischer Sprache.

▪ Lit.: B. Premer-Kayser: Das dramatische Werk von F. A., 1984. ▪ R. Schmolling: F. A., in: Kritisches Lexikon zur fremdsprachigen Gegenwartsliteratur. ▪ F. Cantalapiedra Erostarbe: El teatro de vanguardia de F. A., 1997.

Le cimetière de voitures

(frz.; *Autofriedhof*, 1963, K. Fischer) – Das Schauspiel in zwei Akten, 1961 in Paris uraufgeführt, gilt als das ambitionierteste Werk des Autors, wenngleich sein Schaffen erst mit *Architecte et l'empereur de l'Assyrie* seinen Höhepunkt erreicht.

Schauplatz dieser Groteske ist ein verrotteter Autofriedhof, in dessen Autowracks, die wie Hotelzimmer vermietet werden, verschiedene Gäste wohnen. Milos, ein Kellner mit untadeligen Manieren, bedient sie. Die Männer erhalten allabendlich einen Gutenachtkuss von der Prostituierten Dila, und auf Wunsch auch mehr. Im Mittelpunkt der zumeist pantomimischen Vorgänge steht Emanou, der Trompeter eines Terzetts, zu dem noch ein Klarinettist und ein Saxophonist gehören. Emanou wird von der Polizei gesucht, »weil es verboten ist, Musik zu machen«. Zunächst rettet Dila ihn vor seinen Verfolgern, dann wird er von Topé für Geld an Lasca und Tiossido verraten, die zu Beginn des Stücks stumm als Leistungssportler über die Bühne traben, sich im zweiten Akt aber als Polizisten entpuppen. Nach anfangs erfolgloser Suche treffen Verfolgter und Verfolger schließlich zusammen. Topé identifiziert Emanou mit einem Kuss. Als der stumme Fodère befragt wird, ob er Emanou kenne, verleugnet er ihn aus Angst. Emanou wird von den Polizisten in Kreuzform auf ein Fahrrad gebunden und grausam misshandelt. Milos muss helfen, das Fahrrad zu schieben.

Der Dialogtext wird häufig durch Szenenanweisungen für die pantomimischen Vorgänge unterbrochen. Statt einer einheitlichen Handlung werden Situationen aneinandergereiht, die äußerlich nur durch die Suche nach Emanou zusammengehalten werden. Diese Gestalt hat über den Namensbezug hinaus (hebr. Emanuel: »Gott mit uns«, Beiname Jesu) deutliche Parallelen zu Christus. So erinnert Topé an das Wunder der Brotvermehrung, wenn er sagt: »Seit damals, als du unser ganzes Publikum mit einem einzigen Laib Brot und einer einzigen Sardinenbüchse verköstigt hast, haben die was gegen dich.«

Arrabals Stück entwirft ein groteskes Modell von der Welt, deren Bewohner als dumm, grausam, ohne Kenntnis oder Empfinden für Ethik und Moral gezeigt werden. Milos ist je nach Lage und Stimmung Dila gegenüber sadistisch, zärtlich oder kriecherisch, sie wiederum kommandiert oder liebkost ihn, wie es ihr gerade passt. Jeder möchte den anderen beherrschen. Selbst der so sanftmütige Emanou, der jedem, der zuhören will, eine auswendig gelernte Predigt über die Freuden des Gutseins hält, überlegt mit seinen beiden ›Jüngern‹, ob man nicht den Job wechseln und lieber rauben und morden solle, statt zu musizieren. Nur weil es ihm schwierig erscheint, dieses Geschäft unauffällig zu betreiben, gibt er den Gedanken daran auf.

▪ Lit.: A.'s ›El cementerio de automóviles‹, Hg. M. Rees, 1991. ▪ A. Rodríguez Abad: ›El cementerio de automóviles‹ de F. A., in: Revista Hispano Cubana 11, 2001, 235–238.

Mechthild Heine

L'architecte et l'empereur de l'Assyrie

(frz.; *Der Architekt und der Kaiser von Assyrien*, 1971, K. Klinger) – 1967 in französischer Sprache uraufgeführt, in spanischer Fassung erst 1975 erschienen, ist diese szenische Collage in zwei Akten, der Shakespeares *The Tempest* als Folie zugrunde liegt, das erfolgreichste Stück des Autors.

Der »Kaiser von Assyrien«, der nach einer Flugzeugkatastrophe auf eine einsame Insel gelangt, und der »Architekt«, der hier wie ein Ureinwohner lebt, begegnen einander. Der Kaiser bringt mit der Sprache den Größenwahn der Moderne und die Macht der Zivilisation auf die Insel. Seine Versuche, den Architekten, der zunächst nur Tierlaute hervorbringt, zu belehren und ihm die Vorzüge von Zivilisation und Modernität zu verdeutlichen, geraten zur Farce und entlarven ihn als Hochstapler und Lügner: Während der Kaiser, der durch sein Wissen imponieren möchte, immer wieder kläglich scheitert, besitzt der Architekt, der ›Tiermensch‹, in seiner unmittelbaren Beziehung zur Natur die eigentliche Macht und kann sie nach Belieben demonstrieren, indem er es Tag und Nacht werden lässt, Berge versetzt oder Tieren Befehle erteilt.

Während der Architekt in diesem elementaren Sinne seinen Namen (Archi-tecte) gleichsam rechtfertigt, wird der Titel des Kaisers als bloße Maske durchschaubar: Zwar gibt er vor, wie Alexander zu herrschen, doch stellt sich heraus, dass er sich nur auf der Flucht vor seiner Existenz als Muttermörder befindet. Er ist ein kleiner Angestellter, dem die Inselsituation Gelegenheit bietet, seine Schwäche, Erbärmlichkeit, seine immer gleichen megalomanen, erotischen und perversen Träume zu erzählen und zum szenischen Spiel auszugestalten. Allein im ersten Akt stellen die beiden Protagonisten in wechselnden Rollenspielen z. B. Pferd und Reiter, Geliebter und Geliebte, Sohn und Mutter, Beichtvater und Beichtender, Elefant und Elefantenführer usw. dar. Man quält, liebt und hasst einander, denn trotz aller Demütigungen ist die Furcht vor der Einsamkeit stärker.

Im Zentrum des zweiten Aktes steht ein Gerichtsverfahren, das die beiden Protagonisten mit großer Spielfreude, mit allen Mitteln der grotesken Ironie und allen Varianten der Theaterkunst vom Bluff bis zur Katharsis inszenieren. Der Kaiser gesteht widerstrebend, seine Frau gequält, den Bruder missbraucht, seine Mutter ermordet und den Hunden zum Fraß vorgeworfen zu haben und verlangt seine Aburteilung: Der Architekt soll ihn töten und anschließend verspeisen. In einem mystisch-kannibalischen Akt verzehrt der Architekt den Kaiser und nimmt dabei zusehends dessen Aussehen und Gewohnheiten an. Die Metamorphose vom Architekten zum Kaiser ist kaum vollzogen, als man eine Explosion hört: Einziger Überlebender eines Flugzeugunglücks ist der Architekt; mit umgekehrten Vorzeichen ist am Ende wieder die Ausgangslage erreicht. Das Spiel kann von neuem beginnen.

Zahlreiche Szenen lassen das Stück als Psychodrama im Sinne der Freudschen Deutung des Ödipus-Dramas erscheinen und legen dementsprechende Schlussfolgerungen nahe. Vor allem die Adepten Freuds, Jungs und ↗ Lacans werden jedoch genau in dem Maße, in dem sie die Ereignisse des Dramas mit den Mitteln der Psychoanalyse ›definieren‹, Opfer einer raffinierten Strategie, die den gesamten Prozess des zweiten Aktes als Simulation, als Parodie des freudianischen Ödipus-Dramas inszeniert. Auf diese Weise wird die Konfusion, die die Protagonisten auf der Ebene des Prozessspiels selbst in allen Varianten vorführen, zu einem theatralischen Stilmittel. Die kannibalistische Mahlzeit, die die beiden Spieler am Ende vereinigt und das Paar auf groteske Weise durch Rollentausch zu neuem Leben erweckt, erscheint nicht nur als Parodie der aristotelischen Katharsis und des Freudschen Seelendramas, sondern darüber hinaus als ein respektlos karnevaleskes Spiel, das von dem Ernst der psychoanalytischen Hermeneutik selbst zu befreien sucht.

Weniger direkt als in anderen Werken Arrabals geht es aber auch hier um die Darstellung und Analyse von ›realistischen Albträumen‹, die die Protagonisten mit den Mitteln der Groteske ins Absurde steigern. Indem sie sich in allen möglichen Rollen spielen, verdeutlichen sie in jeder Phase dieser Rollenspiele die Analogien zwischen der Traumphantasie und verschiedenen Traditionen des Theaters. In dem Stück verwirklicht Arrabal nach einer Reihe früherer, tendenziell ähnlicher Versuche, in überzeugender Weise die Konzeption eines Theaters der Simulationen, das die Künstlichkeit des traditionellen japanischen Kabuki-Theaters und bestimmte Formen surrealistischer Traumspiele zum Vorbild nimmt, die bereits in den 1920er und 1930er Jahren Motive der Freudschen Traumanalyse verwenden, aber in einer spielerischen, dem eigentlichen Sinn dieser Analyse völlig entgegengesetzten Weise.

Wie häufig bei Arrabal dominieren neben dieser Traumästhetik die karnevaleske Verspottung der klassischen Theatertraditionen und zahlreiche intertextuelle Bezüge, die von der mittelalterlichen Farcenkomik über ↗ Rabelais, Quevedo und Goya bis hin zu Carroll, ↗ Lautréamont und nicht zuletzt ↗ Jarry reichen. Die besondere spanische Note, die Arrabal mit ↗ Picasso, Buñuel, Aub und Autoren der eigenen, jüngeren Emigrantengeneration wie Juan Goytisolo verbindet, liegt nicht zuletzt in der Auswahl und Behandlung der Themen: Erfahrungen der spanischen Kindheit, Erinnerungen an die Grausamkeiten des Bürgerkriegs, Zwänge und Tabus der katholischen Erziehung sowie die faschistische Propaganda und Verfolgung, die die gesellschaftskritische Tendenz und kompensatorische Funktion der Werke begründen. Nur vor dem gemeinsamen Hintergrund des Engagements spanischer Exilkünstler gegen den Faschismus kann man die Obsessionen des Autors, zugleich aber auch die karnevaleske Freude an den Tabuüberschreitungen, die ungeheure, spanisch-anarchistische Lust an den Provokationen und Blasphemien in ihrer ganzen Tragweite verstehen.

■ Lit.: V. Roloff: F. A. El architecto y el emperador de Asiria, in: Das spanische Theater, Hg. H. Wentzlaff-Eggebert/V. Roloff, 1988, 432–445. ■ R. Cassanelli: El cosmos de F. A., 1991. ■ M. Roser i Puig: Moral Games and Corrupting Justice in F. A.'s ›The Architect and the Emperor of Assyria‹, in: European Studies. Journal of European Culture, History and Politics 17, 2001, 209–224. *Volker Roloff*

Et ils passèrent des menottes aux fleurs

(frz.; *Und sie legten den Blumen Handschellen an*, 1971, K. Klinger) – Das 1969 in Paris uraufgeführte Drama ohne Akteinteilung mit einem Epilog löste wegen seiner unverhüllten Darstellung von Sexualität und Gewalt Theaterskandale aus. Das bekannteste Werk unter den Stücken von Arrabals ›Guerilla-Theater‹, die seine Politisierung widerspiegeln, verarbeitet Erlebnisse des Autors aus der Zeit seiner Haft in Spanien. Der Werktitel versteht sich als Hommage an den spanischen Dichter Federico García Lorca, der 1936 von der faschistischen Guardia Civil ermordet worden war. Das Stück entstand »anhand von Büchern, Berichten und authentischen Dokumenten« sowie »heimlichen Mitteilungen« von Häftlingen. Arrabal fordert für sein Stück einen unkonventionellen Beginn: Die Zuschauer werden von den Darstellern einzeln und im Dunkeln an ihre Plätze geleitet und so in die Situation eingeführt.

Das Stück spielt in einer spanischen Gefängniszelle während des Franco-Regimes, etwa 25 Jahre nach dem Bürgerkrieg. Amiel, Katar und Pronos, die bereits seit ihrer Jugend inhaftiert sind, vertreiben sich die Zeit mit Erzählungen ihrer Erinnerungen und Träume, die zumeist von allen Protagonisten szenisch dargestellt werden. So erfährt der Zuschauer nach und nach etwas von der Vorgeschichte und der seelischen Verfassung der Gefangenen, die ausnahmslos Opfer von Folter und Willkür sind: Katar wurde – wie wahrscheinlich Arrabals Vater – von seiner Frau denunziert und kann ihre psychische Quälerei nicht vergessen. Pronos verliert in der Gefängniszelle die Sprache, als man ihm zum Sterben einen Maulkorb anlegt; sein Todesurteil erweist sich jedoch als Irrtum und wird nicht vollstreckt.

Amiel, der unschuldig zum Tod durch Erfrieren verurteilt worden war, aber überlebt hat, erträgt sein Dasein nur, indem er in Tagträume flüchtet. In ihnen vermischen sich Erinnerungsfetzen mit Freiheitsvisionen, brutalen Rachegedanken und sexuellen Phantasien, die in poetischen Bildern dargestellt werden. Wie auch in den Träumen seiner Kameraden treten hier die Frauen Falidia, Imis und Lelia auf und spielen die Rollen von Prostituierter, Traumfrau und Gattin.

Die Dialoge der Gefangenen werden von der Stimme des Lautsprechers unterbrochen, der bald als brutaler Aufseher, bald als Kommentator fungiert. Eine Handlung entwickelt sich erst, als Tosan, dessen Prozess nach 25 Jahren endlich beginnen soll, in die Zelle der drei Männer verlegt wird. Die Stationen seines Leidenswegs, unterbrochen von Erinnerungen seiner Frau an glückliche Zeiten, werden szenisch dargestellt: Im Sprechzimmer des Gefängnisses tröstet ihn Falidia. Der vom Militär bestellte Anwalt quält ihn und teilt ihm schließlich mit, dass sein Tod beschlossene Sache sei. Bei der Nachricht von Tosans Verurteilung findet Pronos in äußerster Verzweiflung seine Sprache wieder. Falidia versucht, telefonisch bei Autoritäten des Regimes Gnade für ihren Mann zu erwirken. Aber selbst der Beichtvater des Staatschefs äußert, wie der General und ein Bankier, nur Hohn für die Bittstellerin. Tosan wird auf offener Bühne mit der Garotte stranguliert. In einer Prozession heben ihn die übrigen Figuren auf, umringen »den wieder lebendigen und glücklichen Tosan« und singen »vom Ende der Unterdrückung und dem Beginn eines neuen Zeitalters«.

Der eigentlichen Handlung folgt ein meist nicht aufgeführtes Happening, das Arrabal »Ritual« nennt: Freiwillige Zuschauer sollen mit Hilfe von Masken und Peitschen die Rollen von Peinigern und Opfern ausprobieren. So erfahren sie des Autors vehemente Anklage gegen Folter und politische Willkür am eigenen Leib. Das Stück oszilliert zwischen einem dokumentarischen Stück und einem Psychodrama, das die Traumata der Opfer nachzeichnet. Es wurde, wie die meisten Stücke Arrabals, von der Kritik äußerst negativ aufgenommen, und die Regisseure wurden häufig wegen Pornographie angezeigt. Beim Publikum der späten 1960er und frühen 1970er Jahre war das Stück jedoch ein Erfolg und machte den Autor über Frankreich hinaus bekannt.

■ Lit.: P. R. R. M. Defraye: Shocking the Audience. A Study of Audience in the Theatre with Special Reference to A., Handke and Brenton, 1997.

Doris Studeny

Antonin Artaud

- geb. 4. 9. 1896 Marseille (Frankreich)
- gest. 4. 3. 1948 Ivry-sur-Seine/Val-de-Marne (Frankreich)

Von nervösen Störungen überschattete Jugend; ab 1920 Schauspieler in Paris; Kontakt zu den Surrealisten; Mitarbeiter von bekannten Theaterleuten wie Dullin, Pitoëv und Jouvet, später Filmschauspieler und ab 1926 auch Regisseur; Reisen nach Mexiko und Irland; 1946–1948 in einer psychiatrischen Klinik; bedeutender surrealistischer Dichter, provokativer Erneuerer und Theoretiker des französischen Theaters; begründete das ›Theater der Grausamkeit‹.

■ Ausg.: Œuvres complètes, 30 Bde, 1970 ff.

■ Lit.: R. Bauer: A. A. Alchemie der Materie, 1998. ■ H. B. Mattheus: Über A. A., 2002. ■ U. Seegers: Alchemie des Sehens, 2003.

L'ombilic des limbes

(frz.; *Der Nabel des Niemandslands*, 1983, B. Mattheus) – Die 1925 erschienene Sammlung von Texten, Gedichten und Theaterstücken steht in engem Zusammenhang mit der Textfolge *Le pèse-nerfs*, 1925 (Die Nervenwaage), und den *Fragments d'un journal d'enfer*, 1926 (Fragmente eines Höllentagebuchs).

Artaud behandelt hier die auch im Briefwechsel mit Jacques Rivière (1923 bis 1924) diskutierte Problematik des Verhältnisses von Denken, Sprache und Materie. Der sprachliche Ausdruck und die begrifflich strukturierte Wirklichkeit, die durch ihn vermittelt wird, schaffen eine tiefe Kluft zum Leben und zur Realität. Es handelt sich dabei nicht um das subjektive Unvermögen, eine als klar empfundene Bedeutung sprachlich auszudrücken, sondern um die grundsätzliche Machtlosigkeit der diskursiven Sprache gegenüber dem Denken, das eigenen Gesetzmäßigkeiten gehorcht. Jeder Begriff ist Festlegung und Begrenzung. Er segmentiert, teilt auf und ist daher nicht geeignet, Realität erfahrbar zu machen.

Artaud hingegen will alle Antinomien (Geist/Körper, abstrakt/konkret u. a.) in der Einheit des Seins und der Totalität des »Fleisches« auflösen, wie sie für ihn vor der Dissoziation durch Sprache und Schreiben existieren. Dies trennt seine Sprachtheorie vom Surrealismus, der die Aufhebung aller Gegensätze in einem fiktiven Endzustand (»point suprême«) anstrebt. Gemeinsam mit dem Surrealismus wendet er sich gegen den Dualismus, der den abendländischen Rationalismus begründet. Sprache solle nicht mehr Darstellung und Abbild sein, sondern Verkörperung: »Ich möchte ein Buch machen [...] das wie eine offene Tür sein soll [...] eine Tür, die ganz einfach in die Realität mündet.« Konsequenterweise wird daher auch das ›Werk‹ abgelehnt, denn es impliziert bereits eine Trennung von Produzent und Produkt, ist eine vom Leben losgelöste Schöpfung.

Artaud gelangt zu einer ungewöhnlichen Ausdrucksintensität, weil er diese Widersprüche als ein seine eigene Person betreffendes, existenzielles Problem körperlich erfährt und erleidet. Diese Authentizität stellt seinen Beitrag zum Surrealismus dar, setzt ihn aber zugleich von diesem ab, da es sich bei ihm nicht um eine Geisteshaltung und um eine Unangepasstheit an Objekte, sondern um eine »Unangepasstheit an das Leben« handelt. Dennoch kann *L'ombilic des limbes* in vielerlei Hinsicht als surrealistisch gelten, durch die Revolte gegen die westliche Zivilisation, die Antirationalität, die Neigung zum Esoterischen, die Auffassung der Poesie als Erkenntnismittel.

Bei dem Bemühen, das Denken aus der Enge des Begrifflichen zu befreien, bedient sich Artaud zunächst, ehe er sein Theaterkonzept entwickelt, immer noch der Sprache. Die Auseinandersetzung zwischen Denken und Form wird jedoch zur Substanz der künstlerischen Inspiration der Texte selbst: Schlüsselwörter sind Trennung, Gitter, Bruch, Enteignung, Abwesenheit, Nichts, Loch. Die sprachliche Konvention wird durch die Verwendung der Begriffe aufgebrochen, »ohne die Unterstützung durch ihren vertrauten Sinn, ihr persönliches Substrat«. Indem sie aus ihrer statischen Festlegung gelöst, indem sie ohne Ersatz durch konkrete Bilder verkörperlicht werden, sollen die Begriffe auf ein Niveau gebracht werden, das Artaud »unterhalb von Sprache und Denken« ansetzt; zugleich sollen sie abstrakte und konkrete Sprachwirkungen erzielen und in den Assoziationsketten jeden dem Surrealismus oft anhaftenden Eindruck des Zufälligen vermeiden. Artauds bevorzugtes Ausdrucksmittel ist der Prosatext bzw. der Dialog als Theaterstück oder Brief, da das Gegenüber ihm am ehesten ermöglicht, das Gefühl des »Getrenntseins« zu überwinden.

Die von Artaud in den 1930er Jahren entwickelte, auf einer visuellen Zeichensprache basierende Theaterkonzeption ist als eine Weiterführung der in den frühen Werken ausgedrückten Erfahrungen anzusehen. Diese führen ihn zur Verwendung der Sprache in einem magischen, affektiven Sinn, zum Schrei, zur Lautfolge und zur Suche nach anderen, nonverbalen Ausdrucksformen.

▪ Lit.: T. Todorov: L'art selon A. A., in: T. T.: Poétique de la prose, 1971, 212–225. ▪ J. Garelli: A. et la question du lieu, 1982.

Barbara Mors

Aucassin et Nicolette

(afrz.; *Aucassin und Nicolette*) – Die anonyme ›chantefable‹ – eine in der altfranzösischen Literatur lediglich durch dieses Werk repräsentierte Gattung – entstand im ersten Viertel des 13. Jh.s. Das Erzählwerk, dessen inhaltliche Struktur Anklänge an die Abenteuerromane der byzantinischen Literatur (vgl. Heliodor) aufweist, besteht aus Prosaabschnitten und Gruppen assonierender Verse. Zu den eingeschobenen lyrischen Teilen sind Melodien überliefert.

Aucassin, der Sohn des Grafen Garin von Beaucaire, liebt Nicolette, ein gefangenes Sarazenenmädchen, das der Vizegraf der Stadt als Pflegetochter aufzieht. Da sein Vater der Verbindung nicht zustimmt, verweigert der Sohn die Erfüllung seiner ritterlichen Pflichten. Daraufhin veranlasst Graf Garin den Vizegrafen, Nicolette in einen Turm einzusperren. Als aber Feinde Garins Burg bedrohen, ringt Aucassin seinem Vater das Versprechen ab, Nicolette heiraten zu dürfen, wenn er in den Kampf ziehen soll. Der liebeskranke Aucassin gerät zunächst auf recht blamable Weise in Gefangenschaft. Die Sorge, Nicolette niemals wieder zu sehen, verleiht ihm jedoch plötzlich den nötigen Elan, den verdutzten feindlichen Grafen gefangen zu nehmen. Als der Vater allerdings von seinem halbherzig gegebenen Versprechen nichts mehr wissen will, lässt der enttäuschte Aucassin den Feind wieder frei und verpflichtet ihn sogar, seinem Vater möglichst viel Schaden zuzufügen, worauf Garin den ungeratenen Sprössling kurzerhand einsperren lässt. Der aus ihrem Gefängnis entflohenen Nicolette gelingt es jedoch, mit Aucassin durch eine Mauerritze des Turms, in dem er gefangen sitzt (eine Reminiszenz aus Ovids *Pyramus und Thisbe*) ein Liebesgespräch zu führen. Vor den Häschern flüchtet sie in den Wald, wo sie auf Aucassin wartet, der schließlich, als alle Nicolette für tot halten, von seinem Vater freigelassen wird. Auf seiner Suche nach Nicolette renkt sich Aucassin bei einem Sturz vom Pferd die Schulter aus. So findet ihn Nicolette, die ihn schnell wieder heilt.

Auf ihrer Flucht über das Meer gelangen die beiden in das merkwürdige Land Torelore, wo der Herrscher im Kindbett liegt, während die Königin mit dem gesamten Heer in einen unblutigen, aber komischen Krieg gezogen ist, der mit verfaulten Äpfeln, Eiern und Käse als Waffen geführt wird. Aucassin räumt recht drastisch mit diesen Zuständen auf. Nach einigen glücklichen Jahren werden die Liebenden bei einem Sarazenenüberfall getrennt in Gefangenschaft verschleppt. Ein Sturm verschlägt Aucassin glücklicherweise an die heimatliche Küste der Provence. Da der Vater mittlerweile gestorben ist, kann er sein gräfliches Erbe in Beaucaire antreten. Auch Nicolette hat Glück: Der König von Karthago erkennt sie als seine verlorene Tochter wieder. Verheiratungsplänen widersetzt sie sich jedoch erfolgreich. Als Spielmann verkleidet gelangt sie nach Beaucaire, wo sie den immer noch tatenlos jammernden Aucassin wiederfindet. Jetzt kann endlich Hochzeit gefeiert werden.

Das Gedicht ist äußerst dramatisch aus Monologen und Dialogen, gesungenen Versen und Prosaabschnitten komponiert und lässt oft an eine Pantomime als Vorlage denken. Seine eigenwillige Form ist aber sicher eine Erfindung des Autors. Erkennbar sind Einflüsse von Ovids *Pyramus und Thisbe* und ↗ Chrétiens *Lancelot* und *Yvain*. Die Handlung folgt in ihrer Struktur des ständigen Verlierens und Wiederfindens, mit ihren Seestürmen und Räuberüberfällen dem Schema des hellenistisch-byzantinischen Verfolgungs- und Trennungsromans, der das Schicksal eines Liebespaars schildert, das die böse Mitwelt nicht zusammenkommen lässt. Die lyrischen Passagen verraten Einflüsse der provenzalischen Lyrik, vor allem des Tagelieds und des ›jeu-parti‹ (Streitgespräch mit verteilten Rollen). An die Heldenepik erinnert nicht nur das Thema des Sarazeneneinfalls, sondern der hier verwendete Assonanzreim der lyrischen Partien, wobei hier jedoch nicht der epische Zehn- oder Zwölfsilbler, sondern der lyrische Siebensilbler vorgezogen wird. In der ganzen französischen Literatur hat sich kein zweites Beispiel dieser Gattung erhalten, obwohl diese ›chantefable‹ vermutlich nicht die einzige war. Die Regieanweisungen lassen darauf schließen, dass die lyrischen Teile als Gesang vorgetragen, die narrativen Teile rezitiert und die Dialoge – es sprechen immer nur zwei Partner, andere Anwesende bleiben stumm – durch verschiedene Stimmlagen charakterisiert wurden.

■ Ausg.: Aucassin et Nicolette, Hg. J. Dufournet, 1973.
■ Übers.: Die Geschichte von Aucassin und Nicolette, P. Hausmann, 1956.
■ Lit.: R. R. Grimm: Kritik und Rettung der höfischen Welt in der Chantefable, in: Höfische Literatur, Hofgesellschaft, höfische Lebensformen um 1200, Hg. G. Kaiser/J.-D. Müller, 1986, 363–386. ■ K. Brownlee: Discourse as ›Proueces‹ in ›Aucassin et Nicolette‹, in: Yale French Studies 70, 1986, 167–182.

Wolfgang Rössig

Jean-Antoine de **Baïf**

▪ geb. 19.2.1532 Venedig (Italien)
▪ gest. Oktober 1589 Paris (Frankreich)

Sohn des Archäologen und Übersetzers Lazare Baïf; mit ↗ Ronsard am Collège Coqueret; Mitglied der Dichtergruppe Pléiade; erwirkt bei Karl IX. die Gründung der ersten französischen Akademie für Dichtung und Musik (1570–1585); wichtiger Neuerer der französischen Renaissancelyrik.

▪ Ausg.: Œuvres complètes, Hg. J. Vignes, 2002 f.
▪ Lit.: J. Vignes: A. de B., 1999.

Quatre livres de l'amour de Francine

(frz.; Vier Bücher der Liebesgedichte an Francine) – Der Autor des 1555 erschienenen Gedichtzyklus in vier Büchern gehörte mit ↗ Ronsard zu den gelehrtesten unter den Dichtern der Pléiade, die um die Jahrhundertmitte eine Erneuerung der petrarkistischen Liebeslyrik anstrebten. Nach ↗ Du Bellays *L'Olive,* 1549 (Olive), Pontus de Tyards *Erreurs amoureuses,* 1549 (Irrungen der Liebe), und Ronsards *Amours de Cassandre,* 1552 (An Cassandra), sind die Gedichtzyklen Antoine de Baïfs die herausragenden Zeugnisse dieser vom Geist der Antike inspirierten Poesie. Nach *Amours de Méline,* 1552 (An Méline), stellen die drei Jahre später erschienen *Quatre livres de l'amour de Francine* den Höhepunkt von Baïfs Schaffen dar.

Die Gedichte dieser Sammlung sind nach formalen Gesichtspunkten angeordnet: Die Bücher 1 und 2 enthalten Sonette, die Bücher 3 und 4 Chansons. Die Thematik aller Gedichte entspricht weitgehend petrarkistischer Tradition: panegyrischer Lobpreis der Geliebten, Erinnerung an einzelne Episoden, flüchtiges Liebesglück oder hochstilisierte Alltagsszenen, vor allem aber das nie erfüllte Verlangen des Liebenden und seine nicht enden wollende Seelenqual.

Wenngleich er den Prinzipien der ›Nachahmung der Alten‹ folgte und daher Originalität nicht anstrebte, war Baïf immerhin der erste Dichter, der Alexandrinerverse verwendete. Mit seinen Bildern und Metaphern blieb er jedoch ebenfalls der Konvention verhaftet. Seine Inspiration weist auf die italienischen Petrarkisten sowie griechische, lateinische und neulateinische Dichter zurück. Dabei spannt sich der Bogen von der *Anthologia Graeca* über den römischen Rhetoriker Marullus zu den Klassikern der antiken Liebesdichtung: Catull, Tibull und Horaz. Daneben finden sich zeittypische Anleihen bei den hochgeschätzten italienischen Renaissancepoeten Sannazaro und Bembo. Neben Gelegenheitspoesie im besten Sinne begegnen Sonette, die den Schöpfungen ↗ Ronsards und ↗ Du Bellays kaum nachstehen. Baïf schrieb anmutig gefühlvolle, leicht melancholische Verse, die im Tonfall an die müde Eleganz der römischen Elegiker erinnern. Pathos oder große Emotionen lagen ihm fern; die Antithesentechnik Petrarcas verwendete er mit dezentem Raffinement. Nachdem er im 17. Jh. in Vergessenheit geraten war, wurde er zu Beginn des 19. Jh.s zusammen mit Ronsard und den übrigen Pléiade-Lyrikern wiederentdeckt.

▪ Lit.: T. Peach: Autour des ›Amours de Francine‹, in: Bibliothèque d'Humanisme et Renaissance 44, 1982, 81–95. ▪ J. Vignes: Normes et contradictions d'un genre. Les églogues de B., in: Bibliothèque d'Humanisme et Renaissance 48, 1986, 701–721.

Kurt Reichenberger

Honoré de **Balzac**

▪ geb. 20.5.1799 Tours (Frankreich)
▪ gest. 18.8.1850 Paris (Frankreich)

1816–1819 Jurastudium in Paris; Abbruch des Studiums, um Schriftsteller zu werden; Kolportageromane unter Pseudonym; 1825 Spekulationen als Verleger und Druckereiunternehmer, 1827 Bankrott, fortan literarische Produktion, um Schulden abzutragen; erfolglose Kandidaturen für das Parlament und die Académie française; Tod durch Erschöpfung infolge nächtlicher Überarbeitung als kommerzieller Schriftsteller; wichtiger Autor des Realismus mit ästhetisch ungleichgewichtiger Produktion, lange Zeit Lieblingsautor des französischen Bürgertums.

▪ Ausg.: Œuvres complètes, 12 Bde, Hg. P.-G. Castex, 1976–1981.
▪ Lit.: G. Picon: B. par lui-même, 1956 [dtsch. H. de B., 1984]. ▪ H. de B., Hg. H. U. Gumbrecht, 1980. ▪ J. Willms: B., 2007.

La comédie humaine

(frz.) – Ein 1845 vorgestellter Plan des gewaltigen Romanzyklus beinhaltet 137 Titel. Doch trotz äußerstem Fleiß und der unbeirrbaren Überzeugung von seiner Genialität konnte der Autor das beinahe übermenschliche Vorhaben, aus Realität und Imagination eine eigene Welt zu schaffen, nicht bewältigen. Am Ende seines Schaffens hatte er allerdings 91 Romane und Erzählungen realisiert, in denen rund 3000 Personen auftreten. Kennzeichnend für die Zykluskomposition ist die Wiederkehr der wichtigsten, zum einem großen Teil miteinander verwandten, verschwägerten, durch Liebe, Freundschaft oder Geschäft verbundenen Personen innerhalb eines sorgfältigen chronologischen Aufbaus.

Seit der Veröffentlichung der beiden Bände der »Scènes de la vie privée« (1830) reifte in Balzac die Idee, seine Romane und Erzählungen zu einem zusammenhängenden Komplex zu verbinden: Am Beispiel der französischen Gesellschaft der ersten Hälfte des 19. Jh.s wollte er ein repräsentatives Bild der menschlichen Gesellschaft vorführen. Der Titel *La comédie humaine*, der auf Dantes *La divina commedia*, 1472 *(Die Göttliche Komödie)*, anspielt und von Balzac im Vorwort (1842) mit der Universalität seines Unternehmens gerechtfertigt wird, taucht erst ab 1841 auf. Balzac verhandelte zu dieser Zeit mit einem Verlegerkonsortium über das Exklusivrecht zum Abdruck seiner sämtlichen bereits erschienenen und in Zukunft erscheinenden Werke.

In dem Werkkatalog werden die Romane drei Sammeltiteln untergeordnet: »Études de mœurs« (Sittenstudien), »Études philosophiques« (Philosophische Studien) und »Études analytiques« (Analytische Studien). Die erste, umfangreichste Gruppe ist ihrerseits untergliedert in »Scènes de la vie privée« (Aus dem privaten Leben), »Scènes de la vie de province« (Aus dem Provinzleben), »Scènes de la vie parisienne« (Aus dem Pariser Leben) , »Scènes de la vie politique« (Aus dem politischen Leben), »Scènes de la vie militaire« (Aus dem militärischen Leben) und »Scènes de la vie de campagne« (Aus dem Landleben). Jedem dieser Bücher liegt eine allgemeine Idee zugrunde: So sollen die »Scènes de la vie privée« zum Beispiel die »Kindheit, Jugend und ihre Fehler« zeigen, die »Scènes de la vie de province« die »Zeit der Leidenschaften, des Kalküls, der Interessen und des Ehrgeizes« darstellen.

Im Medium der Fiktion stellt Balzac die Dynamik der postrevolutionären Gesellschaft dar: Er zeigt Frankreich unter dem Empire, zur Zeit der Restauration und während der Julimonarchie. Als »Sekretär der Geschichte« will Balzac der offiziellen Geschichtsschreibung ein entscheidendes Kapitel hinzuzufügen – die Geschichte der Sitten. Er will in der *Comédie humaine* das Leben in seiner Totalität erfassen und die Geschichte im Blick auf ihre verborgenen Gesetzmäßigkeiten philosophisch durchdringen. Er kommentiert den Niedergang der Monarchie, den Aufbau und Missbrauch der parlamentarischen Institutionen, die fortschreitende Verbürgerlichung und das Anwachsen des Individualismus. Der Schauplatz seiner Romane wechselt zwischen Paris und der Provinz und ist durch jeweils typische Züge charakterisiert. Die Personen des Geschehens gehören überwiegend den gehobenen und mittleren Klassen an. Unter den Adligen gibt es sowohl hoheitsvoll-steife Träger alter Namen, Titel und Orden als auch heroischkomische Vertreter überlebter Vergangenheit, sowohl schwache und dekadente Jünglinge als auch zynische und elegante Dandys, sowohl Männer, die den Adel des Geistes zu repräsentieren suchen, als auch anpassungsfähige Opportunisten. Unter den adligen Frauengestalten sind zwar viele als Mütter, Gattinnen und Geliebte stark idealisiert, aber durch ihre verschiedenen Temperamente doch individuell charakterisiert. Gleichermaßen differenziert erscheinen die bürgerlichen Gestalten: Beamte, Richter und Notare; Finanzmagnaten, Bankiers und Geschäftsleute; Fabrikanten, Händler und Wucherer; Ärzte, Priester und Gelehrte; Künstler und Kritiker, Journalisten, Bohemiens und Kurtisanen. Keiner gleicht dem anderen, doch jeder verkörpert eine für seinen Beruf typische Lebensform. Indem Balzac mehrfach die Angehörigen des Adels und des Bürgertums in Familien zusammenschließt und ihre Geschichte über mehrere Generationen verfolgt, macht er die Rolle des einzelnen im übergreifenden Zusammenhang des gesellschaftlichen Auf- und Abstiegs deutlich. Balzacs Sicht der Bauern und ihrer Umwelt ist stark von romantisierenden Anschauungen geprägt, die Arbeiterklasse kommt nur sporadisch und relativ spät zur Sprache.

Charakteristisch für Balzacs Erzählweise sind die zahlreichen ausführlichen Beschreibungen des historischen Hintergrunds und des Milieus. Sie dokumentieren die Grundvorstellung des Autors von der Wechselbeziehung zwischen Charakter und Umwelt und verleihen den Texten eine unvergleichliche lebensweltliche Dichte. Neben der Einwirkung des Milieus auf die Menschen thematisiert die *Comédie humaine* jene andere von Balzac als zeittypisch angesehene Triebkraft: den Drang nach Bereicherung und sozialem Aufstieg. Durch diese Verbindung verschiedenartigster Elemente und Bestrebungen entsteht die verwirrende Mischung von Realistik und Romantik, die für die *Comédie humaine*, für Balzac und für seine Zeit bezeichnend und für ein Publikum bestimmt ist, das auch unterhalten werden will. Zeitgebunden ist auch Balzacs Theorie von der »fixen Idee«. Sie manifestiert sich in einer ganzen Reihe von Figuren, die als Verkörperungen irgendeiner Besessenheit dargestellt werden. Zwar liegen diese Charaktere oft jenseits der Grenzen des Wahrscheinlichen, aber gerade als isolierte Personen von absoluter Homogenität, als konzentrierte Fiktionen gehören sie zu Balzacs faszinierendsten Geschöpfen (etwa Goriot, Grandet oder Vautrin alias Jacques Collin).

Kaum ein anderer Romancier hat dem Geld einen so wichtigen Platz in seinem Werk zugeteilt wie Balzac, für den es die beinahe omnipotente Triebkraft des Handelns darstellt. Geld avanciert in der postrevolutionären Gesellschaft, in der formal alle gleich sind, zum Wert aller Werte: In der Abstraktion des Geldes beruht die Vergleichbarkeit aller Werte, die sich in der Sicht Balzacs von ihren traditionellen Bindungen (Familie, Monarchie, Religion) gelöst und eine neuartige gesellschaftliche Dynamik entfesselt haben. Eine hervorragende Rolle teilt Balzac auch der Liebe zu. Wo er sie als alles beherrschende Leidenschaft darstellt, idealisiert er sie zu einem Kult, den zu feiern nur wenige privilegierte Seelen berufen sind. Nicht als bloße Synthese verschiedener Kräfte, sondern in wirklicher, freilich oft verwirrender Komplexität, bewegt von Ehrgeiz, Berechnung, Gefühl und Leidenschaft stellt Balzac das Wesen, das Denken und das Handeln des Menschen dar. Seine Psychologie geht vom Physischen aus, er setzt vor allem auf die Beobachtung: Kleidung, Gesicht, Haltung der Menschen enthüllen ihren Charakter. Die Personen zeigen bei aller Typisierung dennoch eine Fähigkeit zu unberechenbarem Handeln, die sie lebendig und menschlich erscheinen lässt, widersprüchlich, engagiert, oft mittelmäßig, nicht ganz gut, nicht ganz böse, aber selten ganz unsympathisch.

Balzacs romantische, der Illuminationstheorie nahe stehende Metaphysik, wie sie insbesondere in Werken wie *La peau de chagrin*, 1831 *(Das Chagrinleder)*, oder *Séraphîta*, 1835 *(Seraphita)*, deutlich wird, ist von seinen Kritikern als naiv bezeichnet worden. Balzacs Bereitschaft zu jeder Art von Erfahrung, sei sie geistiger, seelischer oder sinnlicher Natur, führte fast notwendig zu Sprunghaftigkeit und sogar Widersprüchlichkeit in seinen Äußerungen. Seine Art zu erzählen, zu kommentieren und zu moralisieren ist nebeneinander und abwechselnd optimistisch und pessimistisch, idealistisch und materialistisch, gefühlvoll und zynisch, erbauend und sarkastisch, fromm und antiklerikal.

Die Welt der *Comédie humaine* ist in jeder Hinsicht geschichtlich bedingt. Die Entfesselung der menschlichen Leidenschaften hat ihren historischen Ausgangspunkt im Beginn der bürgerlichen Gesellschaft (bzw. in der Französischen Revolution). Die problematisch gewordene Beziehung zwischen Individuum und Gesellschaft inszeniert Balzac unter dem Vorzeichen des Kampfes zwischen Subjekt und System. Dem Leser, der selber die moderne Welt als undurchdringlich erfährt, präsentieren sich die Romanfiguren als Identifikationsfiguren. Dem gigantischen Stoff entspricht eine Sprache, die zugleich rhetorisch, sentimental, ungemein sinnlich und konkret ist in der Beschreibung des Äußeren – der Landschaft, des Hauses, der Umgebung, der physischen Erscheinung der Menschen. Balzac ist ein Meister der Überraschungseffekte: Lange und sorgfältig kann er eine Handlung vorbereiten, die in plötzlich sich überstürzenden Ereignissen ihren Höhe- oder Wendepunkt findet. Das gibt seinen mit Recht als »Szenen« bezeichneten Geschichten den dramatischen Charakter, wobei das Drama trotz aller hintergründigen Tragik letztlich doch weniger unter dem Vorzeichen des Tragischen als vielmehr unter dem des Komischen steht.

■ Lit.: A. Baron: B. ou l'auguste du mensonge, 1998. ■ L.E. Dickenson: Theatre in B.s ›La comédie humaine‹, 2000. ■ F. van Rossum-Guyon/S. Vachon: B. La littérature réfléchie, 2002. ■ M. Lucey: The Misfit of the Family. B. and the Social Forms of Sexuality, 2003. ■ A. Mura-Brunel: Silences du Roman. B. et le romanesque contemporain, 2004.

Ingrid Peter

Le dernier chouan ou la Bretagne en 1800

(frz.; *Die Königstreuen*, 1967, E. Sander) – Mit diesem 1829 erschienenen Roman, der 1845 unter dem Titel *Les chouans ou la Bretagne en 1799* [sic!] in die »Scènes de la vie militaire« aufgenommen wurde, kehrte Balzac endgültig zur Literatur zurück, nachdem er sich ohne Erfolg als Geschäftsmann versucht hatte. Von Freunden literarisch beraten, schrieb er, bereits eine Reihe historischer Romane planend, diesen Bericht über den Aufstand der königstreuen Bretagne gegen die revolutionäre Regierung im Jahr 1799.

Durch die Lektüre verschiedener Memoiren über die geschichtlichen Fakten der Chouannerie wohl informiert, aus eigener Anschauung Kenner der Bretagne, ihrer Landschaft und ihrer Bewohner, bemühte sich Balzac in Anlehnung an Walter Scott um eine wahrheitsgetreue Wiedergabe des historisch-geographischen Hintergrundes seines Romans, in dem sich der Bedeutungshorizont über die fiktionalisierten historischen Ereignisse konstituiert. Es geht hier, im Unterschied zu anderen zeitgenössischen historischen Romanen, nicht mehr darum, das große Individuum als Motor der Geschichte darzustellen; Balzac lässt sowohl teilweise stark typisierte Einzelne als auch Gruppen agieren.

Zu den Hauptpersonen gehören der Marquis de Montauran, Anführer der Chouans, politisch ein Mann von edelster und vornehmster Gesinnung, und die schöne Abenteurerin Mademoiselle de Verneuil, Spionin der Republik im Dienste Fouchés und zugleich romantische Heldin, die sich in den Widerspruch zwischen Liebe und Politik verstrickt. Sie kommt in die Bretagne, um den Marquis de Montauran zu bespitzeln, verliebt sich in ihr Opfer und wird damit ihrem Auftrag untreu. Als komplexe Figur, die aus der Aristokratie kommt und sich den Republikanern anschließt, steht sie im Zentrum der Macht, ohne diese jedoch zu beherrschen. Ihr romantisches Liebesideal wird ihr zum Verhängnis, während für Montauran Politik und Liebe keinen unauflöslichen Widerspruch darstellen, denn als Mann beherrscht er beide Sphären. Als Typus gehört er der Vergangenheit an, während Mademoiselle de Verneuil bereits Züge des modernen, durch Zerrissenheit gekennzeichneten Subjekts trägt. Am Ende finden beide den Tod.

In diesem ersten bedeutenden Roman nach Balzacs melodramatischen Jugendwerken spielt die später (1842) im Vorwort der *Comédie humaine* formulierte Grundthese von der Leidenschaft als der allgewaltigen Triebkraft des Menschen thematisch bereits eine führende Rolle. Darin vor allem unterscheidet sich das Werk vom sonst bewusst kopierten Scott und dessen puritanischer Vorstellung von der nur passiven gesellschaftlichen Rolle der Frau. Balzacs ferne Geliebte, Madame Hanska, schätzte diesen Roman besonders: »Das ist entschieden eine großartige Dichtung. [...] der ganze Cooper und der ganze Walter Scott sind darin, dazu eine Leidenschaft und ein Geist, der beiden abgeht. [...] Das Land und der Krieg sind mit einer Vollkommenheit und Accuratesse beschrieben, die mich (beim Wiederlesen) überrascht haben.«

Trotz einiger wohlwollender Rezensionen fand der Roman in der Erstfassung nur zögernden Absatz. Vielfach abgewandelt – des Autors politische Ansichten hatten sich inzwischen wesentlich geändert – erschien er 1834 unter dem Titel *Les chouans ou la Bretagne en 1799* im 13. Band der *Comédie humaine.*

■ Lit.: A. Camart-Nouvet: Amour, masque et secret dans ›Les chouans‹, in: L'année balzacienne, Nouvelle séries 8, 1987, 21–40. ■ M. Tilby: Roman du secret, secret du roman. La leçon du ›Dernier Chouan‹, in: Réflexions sur l'autoréflexivité balzacienne, Hg. A. Oliver, 2002, 133–153. ■ M. Tilby: Autour du ›Dernier Chouan‹. B. et Latouche lecteurs de ›Connal, ou les Milésiens‹ de Maturin, in: L'année balzacienne, 3ème série 2, 2002, 229–268.

Ingrid Peter / Brunhilde Wehinger

La maison du chat-qui-pelote

(frz.; *Das Haus zur ballspielenden Katze*, 1965, E. Sander) – Die Novelle erschien 1830 unter dem ursprünglichen Titel *Gloire et malheur. La maison du chat-qui-pelote* im zweiten Band der »Scènes de la vie privée«; 1842 wurde sie in die *Comédie humaine* aufgenommen. Das Werk, dessen Titel auf das Firmenschild eines alten Pariser Handelshauses anspielt, eröffnet die *Comédie* und ist – gemeinsam mit *Le chef-d'œuvre inconnu* – in ihrem Aufbau beispielhaft für Balzacs frühe Novellen.

Im Zentrum der Erzählung steht die Mesalliance zwischen der in einfachen Verhältnissen aufgewachsenen hübschen Kaufmannstochter Augustine und dem mondänen Maler Théodore de Sommervieux. Augustine heiratet Guillaume gegen den Willen ihrer Eltern und erfährt durch diesen Aufstieg in eine ihr fremde Welt, der sie sich nicht anzupassen vermag, »Ruhm« und »Elend«. Der an einen großzügigen, freien Lebensstil gewöhnte Maler lässt seine Frau schon bald nach der Hochzeit deutlich spüren, dass er seine Wahl bereut.

Die Ehe wird für Augustine zu einer Folge von Enttäuschungen. Ein dramatischer Höhepunkt der Erzählung ist die Begegnung der bürgerlichen, unerfahrenen Frau mit ihrer Rivalin, der skeptischen, weltgewandten Herzogin von Carigliano, an deren Edelmut sie vergeblich appelliert. Die Herzogin behandelt sie mit Herablassung. Sarkastisch bemerkt sie, einen sich gleichgültig gebenden Ehemann halte man nicht durch beständige Liebe, sondern nur durch List und Heuchelei. Augustine ist solchen Demütigungen nicht gewachsen und stirbt nach einigen Jahren in Verzweiflung.

Die beiden Hauptpersonen werden durch ausführliche Schilderungen ihrer gegensätzlichen sozialen Milieus eingeführt: auf der einen Seite die Aufgeschlossenheit des leichtlebigen Künstlers und Weltmanns, den Balzac der Gegenwart und der zerstörerischen Sphäre der Leidenschaft zuordnet, auf der anderen der engstirnige Händlergeist von Augustines Eltern, die die Vergangenheit, soziale Immobilität und Tradition verkörpern.

Bereits in diesem Frühwerk erweist sich Balzac als der Meister der realistischen Darstellung. Zumal in der minuziösen Beschreibung der Atmosphäre im Hause der Guillaumes ist die Erzählung den großen Romanen aus der mittleren Schaffensperiode ebenbürtig.

■ Lit.: W.-D. Stempel: L'homme est lié à tout. Bemerkungen zur Beschreibung bei B. anhand von ›La maison du chat-qui-pelote‹, in: H. de B., Hg. H. U. Gumbrecht, 1980, 309–337. ■ F. Schuerewegen: La toile déchirée. Texte, tableau et récit dans trois nouvelles de B., in: Poetique 17, 1986, 19–27. ■ M. Amar: Autour de ›La maison du chat-qui-pelote‹. Essai de déchiffrage d'une enseigne, in: L'année balzacienne 14, 1993, 141–155. ■ A. K. Wettlaufer: Pen vs. Paintbrush. Girodet, B. and the Myth of Pygmalion in Postrevolutionary France, 2001.

Ingrid Peter / KLL

Gobseck

(frz.; *Gobseck*, 1966, E. Sander) – Die Erzählung erschien 1830 im ersten Band der »Scènes de la vie privée« unter dem Titel »Les dangers de l'inconduite« (Die Gefahren des schlechten Betragens); 1842 wurde sie unter dem Titel *Gobseck* als eine der »Szenen aus dem privaten Leben« in den zweiten Band der *Comédie humaine* eingereiht. Für die spätere Konzeption der *Comédie* ist diese Erzählung von entscheidender Tragweite gewesen.

Die Erzählung ist im Paris der Restaurationszeit der 1820er Jahre situiert. Dem novellistischen Prinzip des frühen Balzac folgend, ist die zentrale Episode in eine Rahmenerzählung eingebettet. Gerüchte über die Liebschaft des jungen Grafen Ernest de Restaud und Camilles de Grandlieu (vgl. *Splendeurs et misères des courtisanes*, 1844) sind Anlass eines Berichts des Advokaten Derville (vgl. *Le colonel Chabert*, 1832, und *Le cousin Pons*, 1844) über die Lebensgeschichte des Jean-Esther van Gobseck.

Als Sohn einer Jüdin und eines Holländers in einer Vorstadt von Antwerpen geboren, hat sich Gobseck in Paris als Bankier niedergelassen, »ohne mehr Geräusch zu machen als eine Sanduhr«, denn trotz seines Millionenvermögens lebt er in bescheidenen Verhältnissen. Eines Tages ergibt es sich, dass er seinem Nachbarn Derville erzählt, was er von der Gräfin Anastasie Restaud, der Tochter des Nudelfabrikanten Goriot (vgl. *Le père Goriot*, 1834), weiß. Diese Frau ist einem skrupellosen Liebhaber, Maxime de Trailles, verfallen und vergeudet ihr Vermögen für ihn. Ihre heimlichen Besuche bei Gobseck führen dazu, dass auch ihr Mann, der von ihrer Untreue und Verschwendungssucht weiß, sie aber trotzdem noch liebt, die Bekanntschaft des Geldleihers macht und diesem vorsorglich seinen gesamten Besitz übereignet. Gobseck muss sich schriftlich verpflichten, das Geld für Restauds ältesten Sohn aufzubewahren und es ihm bei seiner Volljährigkeit auszuhändigen. Nach dem Tod des Grafen verbrennt jedoch seine Frau in der Meinung, er habe sie und ihre Kinder enterben wollen, seine sämtlichen Papiere, darunter auch das wertvolle Dokument.

Wäre Gobseck damit nicht mehr juristisch verpflichtet, dem jungen Grafen sein Vermögen zurückzuerstatten, so bewahrt er doch das Ethos eines objektiven Maklers, der Geld nicht um seiner selbst willen anhäuft, und überträgt Restaud seinen Besitz zurück. Zugleich ist er sich der Macht der Ökonomie in einer Gesellschaft bewusst, die die Privilegien des Geburtsadels durch das Geld ersetzt hat: »Ich bin reich genug, um die Gewissen derjenigen zu kaufen, die Minister an ihren Drähten tanzen lassen, von ihren Büroschreibern bis zu ihren Geliebten: ist das nicht Macht? [...] Solcher Männer gibt es in Paris etwa zehn, und wir alle sind unbekannte, heimliche Könige, die euer Schicksal in der Hand haben.«

Von den vom Dämon des Goldes Besessenen der *Comédie humaine* unterscheidet sich Gobseck insofern durch eine Redlichkeit, die ihn in moralischer Hinsicht über Wucherer wie den Baron Nucingen (*La maison de Nucingen*, 1838) oder die geldgierigen Kleinbürger Grandet (*Eugénie Grandet*, 1834) und Séchard (*Illusions perdues*, 1844) erhebt: »In ihm leben zwei Menschen: er ist geizig und philosophisch, klein und groß.«

Gobseck steht am Beginn von Balzacs Plan zur zyklischen Organisation der *Comédie*, der seit 1829 Gestalt gewann. So wird noch in dem bedeutenden Spätwerk *Splendeurs et misères des courtisanes* (1844) Gobsecks Tochter, die Edelkurtisane Esther »La Torpille«, Alleinerbin des Millionenvermögens des Bankiers werden, ohne es indes noch nutzen zu können. In der kurzen frühen Erzählung treten nicht nur wichtige Akteure des Gesamtzyklus auf, auch der moralische Antagonismus der Balzac'schen Charakterologie ist bereits angelegt. Anders als in den deutlich pessimistischen Spätwerken der 1840er Jahre folgt das allen Werken Balzacs zugrunde liegende ideologische Konzept der Herrschaft der Leidenschaften über das Individuum hier noch einer strikten Harmonieprämisse, die mit dem Verlust ethischer Gestaltungsspielräume in der französischen Lebenswirklichkeit allmählich gedämpft wird.

■ Lit.: O. Heathcote: From Cannibal to Carnival. Orality and Violence in B.'s ›Gobseck‹, in: The Modern Language Review 91, 1996, 53–64. ■ A. Schröder: Geld und Gesellschaft in B.s Erzählung Gobseck, in: Germanisch-Romanische Monatsschrift 49, 1999, 161–190. ■ D. Knight: From Gobseck's Chamber to Derville's Chambers. Retention in B.'s ›Gobseck‹, in: Nineteenth-Century French Studies 33, 2005, 243–257. *Gerhard Wild*

La vendetta

(frz.; *Vendetta*, 1965, E. Sander) – Die 1830 erschienene Erzählung hat Balzac in die »Scènes de la vie privée« aufgenommen. – Am Beispiel der unversöhnlichen Feindschaft zwischen den beiden Familien Piombo und Porta stellt Balzac die verhängnisvollen Folgen der korsischen Blutrache, der ›Vendetta‹, dar. Im Jahre 1800 flieht der Korse Bartolomeo di Piombo mit Frau und Tochter nach Paris, um dort seinen Landsmann Napoleon um Asyl zu bitten. Auf einen heimtückischen Überfall der Portas hin, bei dem sein Sohn ermordet worden war, hatte er nachts das Haus der Portas angezündet. Nur der jüngste Sohn Luigi konnte einem Gerücht zufolge aus den Flammen gerettet werden.

Unter der indirekten Protektion Napoleons wird Piombo bald zu einem einflussreichen Staatsmann, der sich als treuer Bonapartist jedoch 1814 von seinen Ämtern zurückzieht und fortan nur für seine schöne und kluge Tochter Ginevra lebt. Im Juli 1815, nach der Gefangennahme Napoleons und der zweiten Rückkehr der Bourbonen, begegnet Ginevra im Atelier ihres Zeichenlehrers Servin dem anziehenden Gardeoffizier Louis, der bei Waterloo verwundet wurde und sich als Vertrauter Napoleons vor den Royalisten verborgen halten muss. Zwischen den beiden entsteht eine starke Zuneigung. Trotz der Eifersucht ihres Vaters, der seine Tochter für sich allein besitzen will, stellt Ginevra Louis ihren Eltern als künftigen Ehemann vor. Entsetzt erkennen die Eheleute Piombo in Louis ihren Todfeind Luigi Porta, und Bartolomeo unterwirft Ginevra dem unerbittlichen Gesetz der Vendetta: »Du mußt zwischen ihm und uns wählen. Unsere Vendetta ist ein Teil unserer selbst. Wer nicht meine Rache zu der seinigen macht, gehört nicht mehr zu meiner Familie.«

Doch Ginevra ist ihrem Vater an Leidenschaftlichkeit und trotzigem Stolz ebenbürtig. Sie heiratet Luigi gegen den Willen Piombos, der sie daraufhin verstößt. Einige Jahre hindurch gelingt es Luigi und Ginevra, sich mit Gelegenheitsarbeiten ihren Lebensunterhalt zu verdienen, dann aber geraten sie in tiefstes Elend. Ginevra und ihr kleiner Sohn verhungern, Luigi stirbt, nachdem er dem alten Piombo noch Ginevras Haar mit den Worten überbracht hat: »Tot! Unsere beiden Familien mußten einander ausrotten, denn hier ist alles, was von ihr geblieben ist.«

Die epische Kurzform der Erzählung kommt dem dramatischen Ablauf der Geschehnisse entgegen, so dass der unaufhaltsame Untergang der Hauptfiguren in seiner tragischen Notwendigkeit noch unterstrichen wird. Die korsische Blutrache stellte für Balzac nur ein besonders extremes Beispiel für ein allgemein gültiges Gesetz der menschlichen Leidenschaft dar, dem alle seine Gestalten unterworfen sind und das denjenigen vernichtet, der sich von ihr beherrschen lässt. Auch Luigi und Ginevra gehen wie die übrigen idealisierten Liebenden Balzacs weniger an einer feindlichen Umwelt als an der Unbedingtheit und Ausschließlichkeit ihres Gefühls zugrunde. Die fatalistische Darstellung der Leidenschaft weist neben der engen Verflechtung von Einzelschicksalen mit zeitgeschichtlichen Ereignissen diese frühe Erzählung Balzacs bereits als ein typisches Werk der *Comédie humaine* aus.

▪ Lit.: F. Schuerewegen: La toile déchirée. Texte, tableau et récit dans trois nouvelles de B., in: Poetique. Revue de theorie et d'analyse litteraires 17, 1986, 19–27. ▪ C. Bernard: Raison et déraison vendettales dans ›La vendetta‹ de B. et ›Les frères corses‹ de Dumas, in: Stendhal, B., Dumas. Un récit romantique?, Hg. C. Massol, 2006, 265–281.

Heide Eilert

Le bal de Sceaux

(frz.; *Der Ball zu Sceaux*, 1965, E. Sander) – Die 1830 erschienene Erzählung, 1842 in die »Scènes de la vie privée« aufgenommen, spielt im aristokratischen Milieu der beginnenden Restaurationszeit. Graf de Fontaine, ein treuer Royalist, der unter dem Beinamen »Grand Jacques« am Aufstand der Vendée teilgenommen hatte, verkörpert im Gegensatz zu den ›Ewiggestrigen‹, für die die Zeit vor der Revolution stehen geblieben ist, einen neuen Typ des Aristokraten, der sich der gewandelten Zeit anpasst und als Anhänger Ludwigs XVIII. seiner großen Familie eine neue Existenz schafft, seine vorrevolutionären Prinzipien aber heimlich im Herzen bewahrt. Er gibt seiner Klasse ein in die Zukunft weisendes Beispiel und verheiratet seine Kinder an die Erben großer bürgerlicher Dynastien. Doch seine entzückende, verzogene jüngste Tochter, Émilie, mit Schönheit und Klugheit ebenso wie mit Hochmut begabt, schlägt mehrere vorteilhafte Partien aus, da sie nur einen zukünftigen Pair von Frankreich zu ehelichen gedenkt. Auf dem ländlichen Ball von Sceaux entdeckt sie durch ihr dreist gezücktes Lorgnon einen attraktiven Mann, dessen edle Attitüde sie gefangen nimmt und dem die adlige Geburt fraglos auf der Stirn geschrieben steht. Doch Maximilien Longueville verkauft Stoffe bei Werbrust & Cie. Émilie, ihrem Stolz verpflichtet, heiratet nun ihren alten Onkel, einen Admiral und Grafen von Kergarouet, muss aber zusehen, wie die Zeit und glückliche Umstände dem zurückgewiesenen Longueville alle Vorteile ihrer Klasse zuspielen.

Die Familie Fontaine ist fast schon modern zu nennen, gestattet sie doch ihrer eigensinnigen Jüngsten nahezu vollkommene Freiheit, die diese dann so hochmütig missbraucht, dass sie dem Leser als eine nicht sehr sympathische, einem anachronistischen Standesdünkel verhaftete junge Frau in Erinnerung bleibt, die ohne eine Ahnung von Liebe, dafür kokett und egoistisch ihr Leben durchmisst. Neben Émilies phantastischer und besonders zum Schluss hin recht forcierter Geschichte hat Balzac Gelegenheit, der gemäßigten Politik Ludwigs XVIII. (Politik der Einigung und Verschmelzung der herrschenden Klassen, der eine aristokratische Minderheit sich anschließt) seinen Beifall zu bekunden. Er erhofft mit seinem Fontaine »die allgemeine Versöhnung, aus der eine neue Zeit und glänzende Geschicke für Frankreich hervorgehen müssen«.

▪ Lit.: L. Frappier-Mazur: Idéologie et modèles greimassiens. Le double drame du ›Bal de Sceaux‹, in: Incidences 1–3, 1977, 50–60. ▪ J.-D. Ebguy: Pour un nouveau romanesque. La Problématique esthétique du ›Bal de Sceaux‹, in: L'année balzacienne, Nouvelle série 20, 1999, 2, 541–566. ▪ A. Goulet: Optiques. The Science of the Eye and the Birth of Modern French Fiction, 2006.

Ingrid Peter / KLL

Étude de femme

(frz.; *Frauenstudie*, 1953, O. Flake) – Die 1830 in der Frauenzeitschrift *La mode* erschienene Erzählung wurde 1842 Teil der »Scènes de la vie privée«. Balzac skizziert das Porträt einer jungen Frau, die, anmutig und tugendhaft, fromm und mondän zugleich, das ideale Frauenbild der Restaurationszeit verkörpert. Die schöne Marquise de Listomère ist mit einem eher unbedeutenden Mann verheiratet, ganz ihrem Beichtvater ergeben und versteht es, im Zeichen der Wohlanständigkeit ihre Gefühle zu zügeln.

Auf einem Ball lernt sie eines Tages einen jungen Mann kennen, der ihre Aufmerksamkeit auf sich zieht. Es ist der abenteuerlustige, in dieser Erzählung erstmals auftauchende Rastignac, der die junge Frau in höchste Verwirrung stürzt und ihre Tugendhaftigkeit unbeabsichtigt auf die Probe stellt. Nach einer angeregten Unterhaltung schreibt ihr Rastignac einen ehrerbietigen Brief, steckt aber versehentlich in den an sie adressierten Umschlag eine für Madame de Nucingen gedachte Liebeserklärung. Nichts ahnend öffnet Madame de Listomère den Brief und ist über die anmaßende Taktlosigkeit empört; doch beim Wiedersehen mit Rastignac kann sie ihre Gefühlsverwirrung nicht ganz verbergen. Der junge Mann fühlt sich geschmeichelt und ist einen Augenblick lang versucht, von der Situation zu profitieren, klärt dann aber den Irrtum auf, woraufhin sich die Düpierte gekränkt zurückzieht.

Das Interesse des Erzählers gilt vor allem der psychologischen Charakterisierung des Objekts dieser »Studie«, der Frau, die sich unvermittelt in der Lage befindet, auf einen nicht für sie bestimmten Liebesbrief zu reagieren: Madame de Listomère erlaubt sich eine, wenn auch nur kurze, Träumerei, um dann blitzartig die Entzauberung ihrer noch kaum eingestandenen Liebe schmerzlich zu erfahren.

▪ Lit.: J. Noiray: Images de la machine et imaginaire de la femme chez B., in: L'année balzacienne, Nouvelle série 20, 1999, 177–188. ▪ K. Kirkham: The Color-Line Dialectic. Problematics of Perception, Interpretation, and Representation in the Novels of B., 1999. *Brunhilde Wehinger*

Sarrasine

(frz.; *Sarrasine*, 1922, T. von Riba) – Die 1830 in *La Revue de Paris* erschienene Erzählung wurde 1844 in die »Scènes de la vie parisienne« aufgenommen. Balzac behandelt hier eines seiner zentralen Themen, die Frage nach einem auf einem Verbrechen beruhenden Vermögen.

Was ist Ursprung des unermesslichen Reichtums der Familie de Lanty? Woher kommt diese kosmopolitische, Musik liebende Familie? Wer ist der sonderbare Greis, der in ihrem prunkvollen Stadthaus herumgeistert? Warum wird er von allen Familienmitgliedern verwöhnt, von der Öffentlichkeit aber ferngehalten, als müsste man sich seiner schämen? Wer ist das Modell für den »auf einer Löwenhaut lagernden Adonis«, der auf einem prächtig gerahmten Ölgemälde im Familienbesitz dargestellt ist? Das sind die Fragen, die sich die Besucher eines von Madame de Lanty veranstalteten Balls stellen. Antwort darauf gibt der Ich-Erzähler seiner Begleiterin Madame de Rochefide am Tag danach. Er kennt des Rätsels Lösung, die er indes erst preisgibt, nachdem die junge Dame in den Pakt eingewilligt hat, die Geschichte zu hören und dem Erzähler dafür eine Liebesnacht zu gewähren.

Sarrasine ist der Name eines französischen Bildhauers, dessen Lebensgeschichte als Antwort auf die Frage nach der Identität des 100-jährigen Greises erzählt wird: Mitte des 18. Jh.s kommt Sarrasine nach Rom, wo er »seinen Namen zwischen dem Michelangelos und dem Bouchardons« einzutragen gedenkt. Stattdessen verliebt er sich gleich zu Beginn seines Rom-Aufenthalts in die stadtbekannte Primadonna Zambinella bzw. in ihre Stimme und erfährt die Abgründe seines Begehrens. Nichts ahnend, sich jeder Andeutung über die geschlechtliche Natur des auf den Bühnen des Kirchenstaates in Frauenrollen auftretenden »musicos« verschließend, erblickt der Bildhauer in Zambinella die Verkörperung der weiblichen Schönheit und entdeckt in ihr das Modell der antiken Statuen.

Doch die Primadonna genießt die Protektion des mächtigen Kardinals Cicognara, dem die Verliebtheit des naiven Franzosen schnell zu gefährlich wird. Noch bevor Sarrasine Zambinella entführen kann, muss er die Wahrheit über das seltsame Wesen hören, »das in keiner menschlichen Sprache einen Namen hat«. Sarrasine wird ermordet.

Damit endet die Binnenerzählung. Auf die Frage Madame de Rochefides nach dem Zusammenhang zwischen dieser grauenhaften Geschichte und der Familie de Lanty heißt es: Dieser oder diese Zambinella sei niemand anders als der Großonkel der Kinder von Madame de Lanty. »Ihr könnt jetzt wohl begreifen, was für ein Interesse Madame de Lanty hat, die Quelle eines Vermögens zu verbergen.« Die Zuhörerin verbietet dem Erzähler, das mit einem Tabu belegte Wort ›Kastration‹ auszusprechen, und der Abscheu, den das Vermögen der Lantys erregt, verhindert die Erfüllung des Paktes, den der verliebte Erzähler mit Madame de Rochefide geschlossen hat. Als müsse er für das Erzählen der Kastratenerzählung bestraft werden, entlässt sie ihn schweigend.

R. Barthes hat dieser komplexen Erzählung in *S/Z* (1970) eine detaillierte Strukturanalyse gewidmet und auf Zusammenhänge von Ökonomie, Sexualität und Kunst aufmerksam gemacht.

▪ Lit.: M. Serres: L'hermaphrodite. Sarrasine sculpteur, 1987. ▪ B. Didier: Logique du récit musical chez Stendhal et chez B., in: Stendhal, B., Dumas. Un récit romantique?, Hg. C. Massol, 2006, 137–147. ▪ E. Kafalenos: Narrative Causalities, 2006. ▪ S. C. Carpenter: Illusion et idéalisme dans ›La marquise‹ et ›Sarrasine‹, in: French Review 9, 2006, 749–759. ▪ B.s ›Sarrasine‹ und die Literaturtheorie. 12 Modellanalysen, Hg. N. Ueckmann u. a., 2011. *Brunhilde Wehinger*

Une passion dans le désert

(frz.; *Eine Leidenschaft in der Wüste*, 1958, G. Goyert) – Die 1830 in *La Revue de Paris* erschienene Novelle wurde zunächst den »Études philosophiques« (1837), schließlich aber den »Scènes de la vie militaire« (1846) zugeordnet. Die Gewalt der Leidenschaft, Grundmotiv des Balzac'schen Weltverständnisses, wird auch in dieser kurzen feuilletonistischen Novelle variiert, die ansonsten keinen Zusammenhang mit den Ereignissen und Figuren der *Comédie humaine* aufweist.

Durch die Vorstellung des berühmten Tierbändigers Martin – er gastierte 1829 in Paris – wird ein napoleonischer Veteran veranlasst, dem Erzähler von einem außergewöhnlichen Erlebnis zu berichten, das er während des ägyptischen Feldzugs (1798/99) in der Wüste hatte: Ein in arabische Gefangenschaft geratener Provenzale wagt die Flucht und gelangt zu einer Oase; doch die Grotte, in der er Schutz sucht, erweist sich als der Unterschlupf eines Leopardenweibchens. Da er keine andere Möglichkeit sieht, gegen die furchtbare Feindin zu bestehen, beschließt der Provenzale, sie zu zähmen. Seine Liebkosungen behagen dem Raubtier so sehr, dass es, einer »gebieterischen Kurtisane« gleich, diese bald aktiv einfordert. Ihre rasch erwachende Eifersucht veranlasst den Soldaten, die nunmehrige Gefährtin mit dem Namen seiner ersten Geliebten zu rufen. Bei einem unbeholfenen Ausbruchsversuch verfolgt ihn die Bestie und errettet ihn aus gefährlichem Treibsand. Als ihn das ergebene Tier liebkosend in den Schenkel beißt, tötet es der Soldat in einer Anwandlung falschen Misstrauens: »Es war, als hätte ich einen Menschen ermordet.«

▪ Lit.: D. R. Eastwood: B.'s ›A Passion in the Desert‹ as a Narrative Tragedy, in: Hypotheses. Neo-Aristotelian Analysis 25, 1998, 15–17. ▪ E. Del Panta: B. Effetti di ›cristallisation‹, in: Rivista di Letterature Moderne e Comparate 51, 1998, 171–188. ▪ J. W. Mileham: Desert, Desire, Dezesperance. Space and Play in B.'s ›La Duchesse de Langeais‹, in: Nineteenth-Century French Studies 31, 2003, 210–225. *Richard Mellein*

Le chef-d'œuvre inconnu

(frz.; *Das unbekannte Meisterwerk*, 1968, E. Sander) – Die phantastische Novelle mit der Gattungsbezeichnung »conte fantastique« erschien 1831 in der Zeitschrift *L'artiste*; im selben Jahr folgte die Buchausgabe; 1837 wurde sie vermutlich unter dem Einfluss ↗Gautiers überarbeitet. In die »Études philosophiques« wurde sie 1845 aufgenommen.

Ebenso wie *Gambara* (1837) und *La recherche de l'absolu* (1834) ist *Le chef-d'œuvre inconnu* nicht durch das Prinzip wiederkehrender Figuren aus anderen Werken mit dem Gesamtplan der *Comédie humaine* vernetzt, vielmehr handelt es sich bei zwei der Protagonisten um historische Gestalten der älteren Kunstgeschichte. Im Paris des frühen 17. Jh.s sucht der junge Nicolas Poussin den arrivierten flämischen Künstler Frans Porbus (François Pourbus le jeune) auf, der im Begriff ist, sein Gemälde der *Ägyptischen Maria* zu vollenden. Ein alter Herr, der (von Balzac erfundene) Maler Frenhofer, einziger Schüler des großen flämischen Manieristen Mabuse (Jan Gossaert), ist bei dem Atelierbesuch zugegen und tut sich durch besonders abfällige Kommentare über die nur handwerklich gute Arbeit des Kollegen hervor. Aus der Betrachtung des Kunstwerks entsteht ein ästhetisches Streitgespräch über das Verhältnis von Wahrnehmung zu Kunst, von bloßem Handwerk zu begnadetem Talent. Denn, so Frenhofers Forderung, das Absolute in der Kunst sei nicht in der naiven handwerksgerechten Vergegenwärtigung der Natur hervorzubringen, sondern nur in einem von geduldiger Reifung ins Werk gesetzten Transformationsvorgang: »Ihr begnügt euch mit der ersten Gestalt, die sich euch darbietet [...]; jene nie besiegten Maler lassen sich nicht durch Finten täuschen, sie harren aus, bis die Natur bezwungen ist, sich nackt und in ihrem wahren Gesicht zu offenbaren.«

Im Laufe der Unterhaltung kommt Porbus auf Frenhofers »unbekanntes Meisterwerk« zu sprechen, auf das Porträt der schönen Kurtisane Cathérine Lescault, genannt »La belle noiseuse« (der schöne Quälgeist), mit dessen Vollendung sich Frenhofer seit zehn Jahren quält. Solange der Künstler den vollkommenen malerischen Ausdruck nicht erreicht hat, solle kein Mensch das Werk zu Gesicht bekommen. Das Darstellungsproblem, mit dem Frenhofer so lange ringt, gründet im alten platonischen Gegensatz von Partikularem und absolut gesetzter Idee: »Es hat mir jetzt eines gefehlt, nämlich daß ich einer makellosen Frau begegnete, einem Körper, dessen Konturen von vollkommener Schönheit sind [...]. Aber wo wäre sie im Leben zu finden. [...] kurzum das Ideal zu sehen, dafür würde ich mein ganzes Vermögen hingeben.«

Drei Monate später überredet Porbus Frenhofer, ihm das Gemälde doch zu zeigen; im Gegenzug will er ihm Gillette, Poussins junge Geliebte, als Modell zuführen, die dem angestrebten Ideal so nahe komme. Widerwillig erklärt sich schließlich auch Gillette, die in der Malerei die größte Rivalin ihrer Liebe zu dem ehrgeizigen jungen Maler sieht, einverstanden, die Künstler in Frenhofers Atelier zu begleiten. Sichtlich beeindruckt von Gillettes Anmut, ist Frenhofer bereit, sein nach wie vor unvollendetes Werk den fremden Blicken preiszugeben. Doch die beiden Künstler erkennen auf der Leinwand lediglich das Gewirr ungezählter Überarbeitungen ohne kompositorische Struktur, in dem nur noch ein Fuß der abgebildeten Person erkennbar ist: »Sie standen versteinert vor diesem Fragment, das einer unglaublichen, langsamen, ständig fortschreitenden Vernichtung entgangen war. Der Fuß glich dem Torso irgendeiner Venus aus parischem Marmor, der sich inmitten der Trümmer einer eingeäscherten Stadt erhebt.« Die beiden Künstler vermögen Frenhofers Rauschzustand nur als fortgeschrittenen Wahn zu deuten, worauf der gekränkte Künstler eifersüchtig seine »Belle noiseuse« wieder mit einem Tuch bedeckt, »mit der ernsten Ruhe eines Juweliers, der seine Schubladen schließt, weil er glaubt, daß fingerfertige Diebe bei ihm« seien. Als Porbus am nächsten Tag Frenhofer aufsuchen will, erfährt er, dieser sei verstorben, nachdem er nachts alle seine Werke verbrannt habe.

Das Ideal Frenhofers ist der »effet du réel«, jene vollkommene Illusion der Wirklichkeit, die sich über die Niederungen des künstlerischen Handwerks erhebt und nach dem Absoluten strebt. In äußerster Verdichtung hat Balzac so eine Novelle geschaffen, die zum Paradigma neuzeitlichen Schöpfertums wurde. Der kompromisslose Kampf der hoffmannesken Gestalt Frenhofer um den idealen Ausdruck in der Kunst findet letztlich selbst unter den Künstlern keinen Widerhall, womit Balzac die nachrevolutionäre Dichotomie von Künstler und Handwerker aufgreift. Insofern spiegeln die Ateliergespräche Frenhofers und Porbus' die ästhetische Diskussion zwischen dem Akademismus und der sich seit ↗ Hugos *Préface de Cromwell* (1827) etablierenden französischen Romantik, die in Delacroix und Berlioz gerade ihre Wortführer gefunden hatte. Wie in den meisten philosophischen Studien spekuliert der Realist Balzac auch hier vor allem von den Romantikern angeregte Fragen aus: Die Auseinandersetzung mit Problemen der Kunst und die daraus herrührende Gefährdung des neuzeitlichen Subjekts münden wie in den Werken des von Balzac bewunderten E. T. A. Hoffmann in ästhetische Monomanie oder – wie im Fall Frenhofers – gar in Wahnsinn.

Das »unbekannte Meisterwerk« selbst, das in der Erzählung in genuin romantischer Tradition elliptisch umkreist wird, ohne je sichtbar zu werden, gerät zugleich zum Sinnbild für Unerreichbarkeit und Inkommunikabilität des ästhetisch Absoluten. Es wird zur Unsagbarkeitsmetapher eines künstlerischen Gelingens, das die Moderne selbst bezeichnet und für das diese – von F. Schlegels Konzept der Universalpoesie über ↗ Mallarmés nie ausgeführtes »livre« bis zu ↗ Prousts *Recherche* – stets neue Metaphern eines nur noch anvisierten absoluten Kunstwerks generiert. Nicht zuletzt deshalb fand Balzacs Novelle in der Postmoderne einen kongenialen Adepten in dem Nouvelle-Vague-Regisseur Jacques Rivette, der 1991 mit seinem bislang erfolgreichsten Film *La belle noiseuse/Capriccio* die seit der Romantik geführte Diskussion dergestalt ins Bild setzte, dass dem statischen Werkbegriff der Klassik das Konzept der Unabschließbarkeit, eines »Schaffens ohne Ende«, emphatisch entgegengesetzt wurde.

▪ Lit.: M. Brix: Frenhofer et les chef-d'œuvres qui restent inconnus, in: Écrire la peinture entre XVIIIe et XIX siècles, Hg. P. Auraix-Jonchière, 2003, 241–252. ▪ D. Knight: From Painting to Sculpture. B., Pygmalion and the secret of Relief in ›Sarrasine‹ and ›The Unknown Masterpiece‹, in: Paragraph 27, 2004, 1, 79–95. ▪ S. Swahn: Le chef-d'œuvre inconnu, récit hoffmannesque de B., in: Studia Neophilologica 76, 2004, 2, 206–214. ▪ J. Kear: ›Frenhofer, c'est moi‹. Cézanne's ›Nudes‹ and B.'s ›Le chef-d'œuvre inconnu‹, in: Cambridge Quarterly 35, 2006, 345–360. ▪ N. Valazza: La chair du chef-d'œuvre inconnu, in: Esprit créateur 47, 2007, 145–154.

Gerhard Wild

Les proscrits

(frz.; *Die Verbannten*, 1925, H. Maass) – Die 1831 in *La Revue de Paris* erschienene Erzählung wurde 1846 den »Études philosophiques« zugeordnet. – Im mittelalterlichen Paris des Jahres 1308 finden zwei Unbekannte – hinter dem Greis und dem jungen Godefroid verbergen sich der im Exil lebende Dichter Dante und der nach der Unterwerfung Flanderns (1305) durch Frankreich heimatlos gewordene Graf von Gent – Aufnahme im Haus des Polizeipräfekten Tirechair (›Schinder‹). Durch ihre außergewöhnliche Erscheinung und ihre zurückgezogene Lebensweise erregen sie den Verdacht der Gastgeber, die ihre wissenschaftlichen Studien für schwarze Magie halten. Eine Dienstbotin im Haus des Präfekten entpuppt sich als Comtesse Mahaut, die verschollene Mutter Godefroids. Nach dem Besuch einer Vorlesung des mystischen Theologen Sigier (Siger von Brabant) hat Godefroid eine Vision, die ihn an den Rand des Selbstmords treibt; er wird durch Dantes Dazwischentreten gerettet. In der Anerkennung und Wiedereinsetzung als Graf von Gent und in der Begegnung mit der Mutter offenbart sich für Godefroid zuletzt der tiefere Sinn seiner mystischen Suche nach dem Paradies.

Die Erzählung war zunächst als Auftakt seines *Livre mystique* (1835) geplant, mit dem Balzac eine Lücke in der französischen Literatur schließen wollte. In ihrem Zentrum steht der Vortrag über den inneren Zusammenhang der stufenweise und hierarchisch geordneten Sphären des Mineralischen, Belebten, Beseelten, Geistigen und Göttlichen. Er enthält Balzacs eigene religiöse Anschauungen, die – in Frontstellung zum herrschenden Pantheismus, der für Balzac nur eine andere Form des Atheismus war – den Versuch darstellen, die zeitgenössische Spannung zwischen Spiritualismus und Materialismus zu überwinden.

▪ Lit.: A. H. Pasco: ›Les proscrits‹ et l'unité du ›Livre mystique‹, in: L'année balzacienne, Nouvelle série 20, 1999, 75–92. ▪ M. Prévost: Ecrire la voyance. Présence de Dante Alighieri dans ›Les proscrits‹ de B., in: Etudes Littéraires 37, 2006, 87–98.

Richard Mellein

L'auberge rouge

(frz.; *Die rote Herberge*, 1969, G. Goyert, E. Sander) – Die 1831 erschienene Erzählung – eine Art ›Comédie du diable‹, in der Balzac dem Satan die Führung der Menschheit zuzuschreiben scheint – wurde 1846 in die »Études philosphiques« aufgenommen. Balzacs Beschäftigung mit Parapsychologie und Magnetismus äußert sich in den merkwürdigen Phänomenen, über die er einen der Gäste anlässlich einer Pariser Abendgesellschaft im Jahre 1819 scheinbar realistisch berichten lässt: Ein genussreiches Gastmahl mit vielen Geladenen gibt den malerischen Rahmen für eine jener schauerromantischen Erzählungen ab, wie Balzac sie zu jener Zeit der bitteren Skepsis und Ironie recht häufig ersann.

Ein junger Offizier, Prosper Magnan, kämpft verzweifelt, endlich aber siegreich gegen die minuziös ausgedachte Versuchung, einen reichen Fremden, mit dem er und sein französischer Gefährte das Zimmer in der »roten Herberge« von Andernach teilen, im Schlaf zu töten und zu berauben. Doch seine bloße Vorstellung dieser Tat geht in den Geist seines schlafenden Gefährten über, der dem Zwang unterliegt, das Verbrechen auszuführen, das Prosper nur gedacht hatte. Der wirkliche Mörder entkommt, wird reich und angesehen; der Mann, der in Gedanken mordete, erleidet die sühnende Todesstrafe.

Balzac, in kunstvoll angeordneter, vielseitiger Komposition geübt, beschränkt sich indes nicht auf das Problem des Gedanken-Verbrechens. Bei jenem Gastmahl geschieht das Unwahrscheinliche: Taillefer, einer der Gäste, wird an seiner Reaktion auf den lebhaften Bericht von einem mit erschreckender Menschenkenntnis und kriminalistischem Spürsinn begabten jungen Mann als der wahre Mörder erkannt. Doch niemand entlarvt ihn, niemand wagt es, die Illegitimität des Reichtums eines in der Restaurationsgesellschaft geachteten Bankiers zu thematisieren und Taillefer zur Rechenschaft zu ziehen. Das schafft weitere seelische Verwirrungen, denn unglücklicherweise ist der allzu neugierige junge Mann in die ahnungslose, unschuldige und reizvolle Tochter des Mörders verliebt. Ihm stellt sich die Gewissensfrage: Soll er versuchen, sie und ihre zwar reiche, aber blutbefleckte Mitgift zu erringen?

Die Antwort überlässt Balzac dem Leser, wünscht er doch, ihn nicht in erster Linie zu unterhalten, sondern zur Übung seiner geistigen und moralischen Kräfte anzuregen. *L'auberge rouge* enthüllt so die abgrundtiefe Zerrissenheit einer Gesellschaft, die Korruption und Verbrechen, solange diese nur zum Erfolg führen, in restaurative Wohlanständigkeit umdeutet.

■ Lit.: H.J. Lope: ›L'auberge rouge‹, in: Die französische Novelle, Hg. W. Krömer, 1976, 123–132, 356–358. ■ A.K. Mortimer: Secrets of Literature, Resistance to Meaning, in: Confrontations. Politics and Aesthetics in Nineteenth-Century France, Hg. K.M. Grossman/B. Monicat, 2001, 55–66. ■ S. Sprenger: Republican Violence, Old Regime Victims. B.'s ›L'auberge rouge‹ as Cultural Anthropology, in: Victims and Victimization in French and Francophone Literature, Hg. B. Norman, 2005, 119–135.

Ingrid Peter / Brunhilde Wehinger

Le colonel Chabert

(frz.; *Oberst Chabert*, 1966, E. Sander) – Nachdem die Erzählung 1832 unter dem Titel *La transaction* (Die Transaktion) erschienen war, wurde sie nach verschiedenen Änderungen 1844 in die »Scènes de la vie parisienne«, später in die »Scènes de la vie privée« der *Comédie humaine* aufgenommen. Verschiedene typische Balzac-Themen – die Enthüllung von Familiengeheimnissen vor der Justiz, die Charakterisierung einer skrupellosen, eitlen Frau, der Blick hinter die Kulissen des glorreichen Empire – sind hier zusammengeführt.

Chabert ist ein Überlebender des Kaiserreichs, der als napoleonischer Soldat militärische Einfachheit und Dynamik erlebt hat. In der Schlacht bei Eylau wurde er schwer verwundet und von der napoleonischen Armee als tot zurückgelassen. Nach einer langen Odyssee erscheint er wieder in Paris und versucht verzweifelt, seine Identität zu beweisen und Frau und Vermögen zurückzugewinnen. Doch in der Restaurationsgesellschaft ist für ihn kein Platz. Seine Geschichte erinnert an das Schicksal etlicher vermisster Offiziere der Großen Armee, die später nur mit Mühe ihre Bürgerrechte wiedererlangen konnten. In der juristischen Entwicklung des Falls verrät sich die Sachkenntnis, die Balzac als Sekretär des Anwalts Guillonnet-Merville erworben hat. Diesem Juristen ist die Gestalt des jungen Advokaten Derville nachgezeichnet, der sich des verzweifelten Chabert annimmt. Chaberts Frau, Rose, hat wieder geheiratet und sich als Gräfin Ferraud durch geschickte Spekulationen eine glänzende soziale Stellung verschafft, die durch die Rückkehr des Oberst bedroht ist. Deshalb ist sie darauf bedacht, ihn im Elend seiner Anonymität zu belassen, aus dem der tüchtige und wohlwollende Derville ihn vergeblich zu retten hofft.

In der Schilderung der Wiederbegegnung dieses Paares enthüllt Balzac zwei trotz ähnlicher Herkunft völlig gegensätzliche Charaktere: Rose, eine vulgäre und launische ehemalige Prostituierte, die sich von ihrem Kunden Chabert heiraten ließ, da sie auf seine Gefügigkeit vertraute; der Oberst, ein Findelkind, der sich in kriegerischen Zeiten als Soldat bewährte, doch ohne seinen Beruf in willenloser Gutmütigkeit und Schwäche verloren ist und gegen seine Natur, nur durch den Zufall eines abenteuerlichen Schicksals, in eine gewisse passive Größe hineingedrängt wird. Indem sie seine Liebe skrupellos ausnutzt und auf seine Schwäche baut, treibt Rose ihn allmählich zur endgültigen Selbstaufgabe. Hatte er zunächst gehofft, alles zurückerobern zu können, so beansprucht er bald nur noch »ein wenig Tabak und den Constitutionnel« und willigt schließlich ein, als Oberst Chabert totgesagt zu bleiben. Er verschwindet aus ihrem Leben und endet als obdach- und namenloser Vagabund verwahrlost und geistesgestört in einem Armenhospiz. Mit seiner sozialen Identität hat er auch seinen Namen verloren und trägt nur noch eine Kennnummer.

Unter den frühen Werken übt *Le colonel Chabert* die schärfste Kritik am Egoismus der Gesellschaft. In der endgültigen Fassung von 1835 tritt der sozialkritische Aspekt verstärkt hervor, in dem zwar hilfloses Mitleid für die Opfer mitschwingt, letzten Endes aber doch ein sarkastischer Pessimismus überwiegt.

▪ Lit.: G. Vincendeau: Unsettling Memories, 2001.

Ingrid Peter / Brunhilde Wehinger

La peau de chagrin

(frz.; *Das Chagrinleder*, 1972, E. Sander) – Der 1831 erschienene phantastische Roman in drei Teilen war das erste Erfolgswerk Balzacs. Spätere Auflagen sind Félix Savary gewidmet, Mitglied der Akademie und Lehrer an der École polytechnique, der Balzac bei der Abfassung in Fragen der Grenzwissenschaften beraten hat. 1846 wurde das Werk in die »Études philosophiques« der *Comédie humaine* aufgenommen, gemeinsam mit anderen Frühwerken wie *Sarrassine* (1830) und *L'auberge rouge* (1831), *L'enfant maudit* (1831), *Louis Lambert* (1832) und *La recherche de l'absolu* (1834). Wie Letztere deutet dieses Frühwerk bereits auf Balzacs Rezeption der deutschen Romantiker, vor allem des damals gerade in Frankreich höher als in Deutschland geschätzten E. T. A. Hoffmann, dem der Autor in der *Comédie* an mehreren Stellen seine Reverenz erwies.

La peau de chagrin ist eines der Meisterwerke des ›mystischen‹ Balzac, der hier mit seinem spirituellen Interesse an parapsychologischen Phänomenen in jene dunkle Domäne des ›Zeitalters der Vernunft‹ zurückblickt, die später unter dem Schlagwort einer »Dialektik der Aufklärung« (vgl. Adorno/Horkheimer) begriffen wurde: Innerhalb des ideologischen Konzepts der *Comédie humaine* verweisen Grenzphänomene wie Okkultismus und Mesmerismus ebenso wie die Darstellungen von psychisch gefährdeten Gestalten – so des Protagonisten Raphael de Valentin, eines künstlerisch begabten, trotz vielversprechender Anlagen zu Gefühlsüberschwang und Phantastik neigenden Melancholikers – auf eine dämonisch-irreale Komponente. Über den zentralen Gegenstand der Erzählung, das mit zauberischen Qualitäten ausgestattete Stück Lederhaut hinaus enthält der Roman leitmotivisch Hinweise auf eine höhere Wirklichkeit, die dem bürgerlich-positivistischen Denken unzugänglich bleiben muss: »Wäre ich so anmaßend gewesen […], so hätte ich gesagt, der Mensch korrumpiert sich durch Wissenschaft und läutert sich durch Dummheit. Das aber hieße, den Gesellschaften den Prozeß anzusagen.« Die skeptizistische Tendenz, die angesichts der Auffassung vom Realismus als Ausdruck reiner Welthaltigkeit mit dem Verweis auf ein Erklärliches antwortet, mündete zumal im späteren 19. Jahrhundert in der Erneuerung der phantastisch-psychologischen Erzählung (↗ Gautier, ↗ Maupassant, ↗ Villiers de l'Isle-Adam).

Die drei Teile des Romans erzählen das Schicksal des verwaisten Raphael de Valentin, Spross einer verarmten Adelsfamilie – in einer kunstvollen Schachtelung von media-in-res-Introduktion (»Le talisman«, »Der Talisman«) und nachgeholter Vorgeschichte (»La femme sans cœur«, »Die Frau ohne Herz«) bis hin zur tragisch-düsteren Auflösung der Haupthandlung (»L'agonie«, »Der Todeskampf«).

Die Handlung setzt im Jahr vor der Pariser Julirevolution von 1830 ein. Raphael de Valentin ist mit Eugène de Rastignac (u. a. aus den Romanen *Le père Goriot* und *Splendeurs et misères des courtisanes* bekannt) befreundet; dieser mit allen Wassern gewaschene Dandy hat ihn in den Salon der Gräfin Fœdora eingeführt. Dass die Gräfin gegenüber den Werbungen des sensiblen jungen Mannes gleichgültig bleibt, stürzt diesen in eine tiefe Lebenskrise. Der junge Aufsteiger Émile Blondet (u. a. vertreten in den Romanen *Illusions perdues*, *Les paysans*, *Splendeurs et misères des courtisanes*) hält Raphael, der sein letztes Geld im Casino verspielt hat, davon ab, durch den Sprung von einer Seinebrücke seinem Leben ein Ende zu setzen. Ihm erzählt Raphael im zweiten Teil seine Jugendgeschichte, die außer von musikalischen Studien vor allem von dem erfolglosen Versuch geprägt ist, auf der Basis der Theorien der spätaufklärerischen Okkultisten (Mesmer), Mystiker (Swedenborg) und Physiologen (Gall, Lavater, Bichat) eine »Theorie des Willens« zu entwickeln. Mit der Tochter seiner Hauswirtin, Pauline, verbindet den schwärmerischen jungen Mann eine geschwisterliche Liebe, die er in seiner Erzählung in Bilder von kindlicher Märchenhaftigkeit kleidet. Wenngleich in seinen materiellen Möglichkeiten beschränkt, übernimmt Raphael die Erziehung Paulines, die sich durch mannigfache künstlerische Begabung hervortut.

Im Kontrast dazu steht die dämonische Begegnung mit »dem weiblichen Rätsel« Fœdora, »einer Parisern, die zum Teil Russin ist«, deren Bild er einer Madonna gleich im Herzen trägt, bis sein Werben um die Gunst der zutiefst materialistischen Frau an seiner Mittellosigkeit scheitert. In seiner finanziellen Misere eilt ihm Pauline, die ihn selbstlos, doch ohne Erwiderung liebt, mit einem Darlehen zu Hilfe. Rastignacs wohlmeinende Ratschläge ermöglichen Raphael nicht, seiner materiellen Not zu begegnen. Trotz anfänglicher Skepsis kauft Raphael einem Trödelhändler einen Talisman ab, einen Fetzen Eselshaut, der mit einem Orakel in arabischer Schrift (von Balzac irrigerweise als Sanskrit bezeichnet) bedeckt ist. Der Spruch verheißt dem Besitzer die Erfüllung seiner Wünsche um den Preis seines Lebens: Mit jedem erfüllten Wunsch büßt der Besitzer einen Teil seines irdischen Lebens ein, versinnbildlicht durch die allmähliche Verkleinerung des Chagrinleders. Sein letztendliches Verschwinden werde mit dem Tod des Eigentümers zusammenfallen.

Anfangs ungläubig, dann verschwenderisch bedient sich Raphael der Wirkung des immer kleiner werdenden Leders, ohne dadurch zufriedener zu werden; unvorsichtig ausgesprochene Wünsche kosten ihn einen Teil der Zauberkraft, derer er nicht bedurft hätte, da er Erbe des riesigen Vermögens eines entfernten Verwandten wird. Den auf ein winziges Stück geschrumpften Talisman behütet er eifersüchtig. Die Empfehlung eines Scharlatans, durch Heilbäder sein Leben zu verlängern, zeitigt nicht den erhofften Erfolg. So lässt er das Lederstück von einem Orientalisten, schließlich von einem Chemiker untersuchen. Doch keiner der Versuche, mittels des menschlichen Ingeniums das Leder wieder zu vergrößern oder seinem Geheimnis auf die Spur zu kommen, fruchtet. Schließlich bedarf er des Talismans, um in einem Duell zu bestehen.

Als er seine letzte Stunde herannahen sieht, steht ihm wieder Pauline bei, die ihn zu heiraten bereit wäre. Novellistischer Höhepunkt ist die dramatische Aussprache zwischen Raphael und Pauline. Auf wenige Zeilen verdichtet, entwickelt Balzac hier aus Raphaels Versuch, Pauline die phantastische Kraft des Wunschleders zu erklären, den der Erzählung zugrunde liegenden psychologischen Konflikt – der Kanalisierung erotischen Begehrens in einem Gewinnstreben, das durch die monadische Vereinsamung Raphaels gesellschaftlich folgenlos bleibt. Diese letztlich bereits Freuds Sublimation des Sexus und Marx' Theorie des Warenfetischismus vorwegnehmende These bekräftigt Balzac in einem kurzen Epilog, der Fœdoras Materialismus dem unbewussten Eros Paulines – »bald Undine, bald Sylphide« – gegenüberstellt.

Der Publikumserfolg von *La peau de chagrin* war beträchtlich; die erste Auflage war innerhalb weniger Tage vergriffen, so dass noch im selben Jahr eine um weitere Erzählungen vermehrte Ausgabe unter dem Sammeltitel *Romans et contes philosophiques* erschien.

Wie Soret (27. Februar 1832), berichtet, kritisierte Goethe, der das Buch noch kurz vor seinem Tod las, man könne zwar gegen jede Einzelheit etwas einwenden, auf jeder Seite Verstöße gegen die Komposition und Extravaganzen finden, doch sei es unmöglich, darin nicht das Werk eines überdurchschnittlichen Talents zu erkennen.

Nach zahlreichen wenig gelungenen Verfilmungen durch Carré (Frankreich 1909 oder 1911), Baker (USA 1923), Hilpert (1939) und Zapa (Argentinien 1943) fand das Werk in dem leidenschaftlichen Balzac-Leser François Truffaut einen Adepten, der lediglich einzelne Motive – so die zerstörerische Liebe zu einer undurchsichtig-kalten, gleichwohl faszinierenden Femme fatale – auf subtile Weise in den Kriminalfilm *La sirène de Mississippi* (1969) einflocht.

■ Übers.: Die tödlichen Wünsche, E. A. Rheinhardt, 1922. ■ Der Talisman oder Das Chagrinleder, E. A. Rheinhardt, 2007.

■ Lit.: C. Bourget: Fantastique, allégorie et ironie dans ›La peau de chagrin‹, in: Nineteenth-Century French Studies 24, 1995/96, 74–83. ■ B. L. Knapp: B.'s ›La peau de chagrin‹. The Gambler's Quest for Power, in: Nineteenth-Century French Studies 27, 1998/99, 16–37. ■ G. Baker: Empiricism and Empire. Orientalist Antiquing in B.'s ›Peau de chagrin‹, in: Yearbook of Comparative and General Literature 51, 2003/04, 167–174. ■ A. Goulet: Optiques. The Science of the Eye and the Birth of Modern French Fiction, 2006.

Gerhard Wild

Le curé de Tours

(frz.; *Der Pfarrer von Tours*, 1966, E. Sander) – Die 1832 entstandene Erzählung wurde im selben Jahr unter dem Titel *Les célibataires* (hier im Sinne von ›die im Zölibat Lebenden‹) in die »Scènes de la vie privée« und 1843 endgültig als *Le curé de Tours* unter die »Scènes de la vie de province« aufgenommen.

Balzac beschreibt hier eine der durch Egoismus und Grausamkeit verursachten kleinen Tragödien, die sich unter der ruhigen Oberfläche des Provinzlebens abspielen. Diesmal schaffen die einander zuwiderlaufenden Interessen zweier Kleriker einen Konflikt, den Balzac einfallsreich und kritisch, in überlegen ironischer Sprache darstellt. Mit den beiden Priestern von Kloster und Kathedrale Saint-Gatien zu Tours (Balzacs Geburtsort) gesellt der Autor den etwa 40 geistlichen Herren der *Comédie humaine* ein äußerst konträres Paar zu: auf der einen Seite den unbedarften Abbé Birotteau, »dessen Gutmütigkeit bis zur Dummheit ging«, der seinen häuslichen Frieden und die Bequemlichkeit über alles liebt, auf der anderen Seite den zielstrebigen, ehrgeizigen Abbé Troubert, einen verhinderten Politiker, der es mit intelligenter Herrschsucht zum Bischof und »ungenannten Prokonsul der Touraine« bringt, ein Typ, den Balzac wie folgt kommentiert: »Heute stellt die Kirche keine politische Macht mehr dar und schlägt nicht mehr die Kräfte des Einsamen in ihren Bann. In diesem Fall hat das Zölibat den großen Fehler, daß es alle Eigenschaften des Menschen auf eine einzige Leidenschaft, den Egoismus, lenkt.« Mit Hilfe von Mademoiselle Gamard, einer der Cousine Lisbeth ähnlichen, bigotten alten Jungfer voll verbitterter Eigenliebe und Herrschsucht, vertreibt der listige Troubert den ahnungslosen Birotteau aus seinem mühsam als Erbe erkämpften Heim (dessen Interieur der Autor reizvoll zu schildern weiß); er entfremdet ihm alle Freunde und stößt ihn, der »weint vor Kummer über solche Schlechtigkeit, von der seine reine Seele nichts geahnt hatte«, schließlich in einsames Elend.

Typisch für die Darstellung der Religion und ihrer Diener in der *Comédie humaine* ist, dass Balzac, der den ehrenwerten Auftrag der Kirche im Allgemeinen nicht bezweifelt, sich andererseits nicht scheut, ihr geheimes

Machtstreben bloßzulegen und ihre Vertreter anschaulich mit nur allzu menschlichen Neigungen, Interessen und Lastern auszustatten.

■ Lit.: T. Kashiwagi: La trilogie des ›Célibataires‹ d'H. de B., 1983. ■ A. H. Pasco: The Tangible and the Intangible in B.'s ›Le curé de Tours‹, in: Currencies. Fiscal Fortunes and Cultural Capital in Nineteenth-Century France, Hg. S. Capitanio, 2005, 133–145. ■ A. Watts: Two Tales of One City. B. and the Decline of Tours, in: French Studies Bulletin 99, 2006, 37–40.

Ingrid Peter / KLL

La femme abandonnée

(frz.; *Die Verlassene*, 1966, E. Sander) – Die 1832 in *La Revue de Paris* veröffentlichte Erzählung, die reich an Beziehungen und Parallelen zu eigenen Erlebnissen des Autors ist, wurde 1842 in die »Scènes de la vie privée« aufgenommen.

Die Titelfigur, der die uneingeschränkte Sympathie des Autors gehört, ist Claire Beauséant, ein untadeliges, schönes, gütiges, rührendes Geschöpf, das nur für die Liebe lebt. Nach einer schweren Enttäuschung hat sie sich in die Einsamkeit des Landlebens zurückgezogen. Doch der junge Gaston de Nueil setzt ihrer ruhigen Resignation mit seiner feurigen Verliebtheit ein Ende und schenkt ihr fast ein Jahrzehnt neuen Liebesglücks, bis auch er, seiner Mutter gehorchend, die ehrbarere Bindung einer konventionellen Ehe auf sich nimmt. Bald enttäuscht und reumütig zu ihr zurückkehrend – die Vorzüge wahrer, von bürgerlichen Interessen nicht berührter Liebe werden offenbar –, sieht er sich abgewiesen und macht seinem Leben ein Ende. In diesem Selbstmord will Balzac das Schicksal der verlassenen Frau, die als Typus in der *Comédie humaine* immer wiederkehrt, gerächt sehen.

Die zunächst auf eine minuziöse Beschreibung der Vorgänge beschränkte Sprache steigert sich zu stilisierter Erhabenheit, wenn Balzac gegen Ende der Erzählung die Liebe zu einer Art Religion verklärt und deren ›Priesterinnen‹ mit dem Heiligenschein der Märtyrer umgibt. André Maurois veröffentlichte 1923 die Kurzgeschichte *Par la faute de M. de Balzac*, die den verhängnisvollen Einfluss von Balzacs *Femme abandonnée* zum Thema hat.

■ Lit.: J. Glasgow: Une esthétique de comparaison. B. et George Sand, 1977. ■ D. W. P. Lewis: Between the Sheets. The Perils of Courtship by Correspondence in B.'s ›La femme abandonnée‹, in: Nineteenth-Century French Studies 24, 1995/96, 296–305. ■ L. Bolzan: Segreti e bugie. B. sul cuore femminile, in: Rivista di letterature moderne e comparate 58, 2005, 33–57.

Ingrid Peter / KLL

Louis Lambert

(frz.; *Louis Lambert*, 1958, G. Goyert) – Der Roman erschien in erster Fassung 1832 ohne große Resonanz; die überarbeitete Fassung von 1833 enthält den »Traité de la volonté« (Abhandlung über den Willen), 1835 kamen ein Brief und die »Gedanken« des Protagonisten Lambert hinzu, die dem Werk einen verstärkt mystisch-magischen Sinn geben. Auf weitere abgeänderte Editionen von 1836 bis 1842 folgte 1846 die Aufnahme in die »Études philosophiques«. *Louis Lambert* ist Ausdruck der zeitgenössischen Suche nach einer Religion, die an die Stelle des Christentums treten und Antworten auf Fragen des von Zweifeln gequälten Individuums bieten könnte. In Balzacs Suche nach einer philosophischen Weltschau fällt während der Jahre 1831 bis 1835 das Interesse am Mystizismus auf.

Louis Lambert, ein von Madame de Staël geförderter Mitschüler am Collège de Vendôme, ist ein leidenschaftlicher Denker, der nur »aus seinem Inneren« lebt, handelt, sieht und empfindet – das Muster eines introvertierten Menschen und zum Scheitern verurteilt: Schon der frühreife, hochintelligente, mit hervorragendem Gedächtnis und lebhafter Phantasie begabte Schüler bleibt von seinen Kameraden unverstanden und verachtet. Später vertieft er sich in die Schriften Swedenborgs und gibt sich mystischen Meditationen über Welt und Leben hin. Als er sich in die reiche junge Jüdin Pauline de Villenoix verliebt, ist sein geistiges Gleichgewicht bereits gestört, und die Intensität seiner Leidenschaft vollendet das Werk der Auflösung: Am Vorabend seiner Hochzeit hat er dauerhaft einen tranceartigen Zustand von höherem Wahnsinn erreicht, den seine Frau für eine Art Engelsexistenz hält, für eine ununterbrochene Meditation in schönster innerer Klarheit.

Balzac hat der Konflikt zwischen Denken und Leben, zwischen Intellekt und Vitalität, zeitlebens beschäftigt. Lambert verkörpert Balzacs eigene Angst, seine Lebenskraft könne seinem Genius nicht gewachsen sein. Der »Traité de la volonté« – ein fiktives Werk Lamberts – baut nicht auf der geistig-physischen Doppelnatur des Menschen auf, sondern proklamiert, an Mesmers Theorien orientiert, einen Dualismus zwischen den Phänomenen Wille und Denken und spricht ihnen mit weitschweifiger Beredsamkeit den Charakter von »ätherischen Substanzen« (»Fluiden«) zu, die, elektrischen Strömungen, Licht- oder Wärmewellen ähnlich, vom Gehirn ausstrahlen. Denken findet Ausdruck in Ideen, die die innere Tätigkeit des Menschen ausmachen; Wille führt zu konkreten Taten und bezieht sich auf die Außenwelt. Es wird unterschieden zwischen dem inneren Menschen (»être actionnel«) und dem äußeren Menschen (»être réactionnel«). Das »être actionnel« ist dem an die Gesetze des Lebens und der Außenwelt gebundenen »être réactionnel« überlegen und vermag, durch den Willen in die Außenwelt projiziert, übernatürliche Erscheinungen sichtbar zu machen. Auf diese Weise erklärt der Verfasser des »Traité« nach eigener Einschätzung »wissenschaftlich« und »logisch«, doch nicht ohne lyrische Töne, mit verblüffendem und absurdem Absolutheitsanspruch okkultistische Fähigkeiten wie das ›zweite Gesicht‹ und wird nicht müde, immer neue Beispiele dafür anzuführen.

▪ Lit.: H. Hutchison: The Other Lambert Strether. Henry James's ›The Ambassadors‹, B.'s ›Louis Lambert‹, and J.H. Lambert, in: Nineteenth-Century Literature 58, 2003, 230–258. ▪ A. Goulet: Optiques. The Science of the Eye and the Birth of Modern French Fiction, 2006. *Ingrid Peter / KLL*

La bourse

(frz.; *Die Börse*, 1965, E. Sander) – Die Erzählung, 1832 erschienen, ist innerhalb der *Comédie humaine* den »Scènes de la vie privée« zugeordnet. – Der junge Maler Hippolyte Schinner, mit dem Kreuz der Ehrenlegion dekoriert, macht die Bekanntschaft verarmter adliger Nachbarinnen: einer Madame de Rouville und ihrer Tochter Adelaïde. Während er mit Adelaïde zarte Bande knüpft, bringen ihn Freunde dazu, an ihrer Ehrenhaftigkeit zu zweifeln. Als ihm eine bei ihr vergessene Börse nicht wieder ausgehändigt wird, verstärken sich die Zweifel. Doch alles klärt sich auf, als das Mädchen ihm die alte Börse gegen eine neue, liebevoll bestickte austauscht. Der Liebe, dem Glück, der Ehe steht nichts mehr im Weg.

Adelaïde und ihre Mutter stellen ihren Seelenadel unter Beweis, und die adligen Protagonisten widerlegen insgesamt den Verdacht der Bestechlichkeit. Im Vergleich zum sonstigen Ausmaß Balzac'scher Verwirrungen ist dies eine recht friedlich-harmlose Geschichte um einen »sanften und geduldigen Künstler«, der gern gute Ratschläge erteilt. Als sorgfältig gezeichnetes, gemäßigtes Sittenbild des gleichförmigen Alltags zweier Frauen, die in Gesellschaft einiger greisenhafter Besucher aristokratische Gepflogenheiten kultivieren, fügt sich die Erzählung dem großen Entwurf der *Comédie humaine* ein.

▪ Lit.: H.U. Gumbrecht/J.E. Müller: Sinnbildung als Sicherung der Lebenswelt, in: H. de B., Hg. H.U.G., 1980, 339–389. ▪ F. Schuerewegen: La toile déchirée. Texte, tableau et récit dans trois nouvelles de B., in: Poetique. Revue de theorie et d'analyse litteraires 17, 1986, 19–27. *Ingrid Peter / KLL*

Histoire des treize

(frz.; *Geschichte der Dreizehn*, 1967, E. Sander) – Die drei Erzählungen *Ferragus*, *La duchesse de Langeais (Die Herzogin von Langeais)* und *La fille aux yeux d'or (Das Mädchen mit den Goldaugen)* erschienen nach früherer Einzelveröffentlichung 1843 in den »Scènes de la vie parisienne«. Den Titel erläutert Balzac in einem Vorwort: Die Dreizehn sind die Mitglieder eines Geheimbundes, die nach dem Vorbild der Jesuiten und Freimaurer ein Zusammengehörigkeitsgefühl entwickeln, das sie zu den gefährlichsten Taten bereit macht und »stark genug, sich über jedes Gesetz hinwegzusetzen, kühn genug, alles zu wagen«. Der Autor entnimmt die »düstere Poesie des Geheimnisses«, die er der *Histoire des treize* geben wollte, der romantisierenden Trivialliteratur seiner Zeit; er will jedoch keine »Schauergeschichten« erzählen, sondern »sanfteste Abenteuer«, drei Episoden, »deren pariserischer Duft, deren groteske Gegensätze den Verfasser [...] am meisten zu fesseln vermochten«.

In der ersten Erzählung ist die Titelfigur Ferragus, das Haupt der »Zerstörer«, der geheime Mittelpunkt des Geschehens. Baron August de Maulincour liebt Clémence Desmarets, jedoch ohne Aussicht auf Erfolg, da Clémence ihrem Gatten Jules vorbildlich treu ist. Balzac entwirft das Bild einer glücklichen Ehe, die aber trotz der besten Absichten der Partner allmählich durch Verdächtigungen zerstört wird. Maulincour beobachtet nämlich, wie Clémence in einem verrufenen Viertel von Paris Besuche macht. Der heimliche »Geliebte«, den Maulincour vermutet, ist indessen ihr Vater Gratien Bourignard, genannt Ferragus, der nach abenteuerlichem Leben, langer Haft und Flucht noch immer von der Polizei gesucht wird. Maulincour teilt seine Entdeckung dem ahnungslosen und zunächst ungläubigen Jules mit, dem Clémence aus Sorge um die Sicherheit ihres Vaters die Besuche verschwiegen hatte. Die »Zerstörer« verüben erfolglos drei Mordanschläge auf Maulincour, der hierauf in geistige Umnachtung fällt. Clémence stirbt, da sie den Verdacht ihres Gatten nicht ertragen kann. Eine düstere Beerdigung und die unheimliche Beschreibung des greisenhaften, innerlich gebrochenen Ferragus bilden den Abschluss der melodramatischen Handlung.

In *La duchesse de Langeais* hat Balzac den ursprünglichen Entwurf einer *Histoire des treize* nahezu aufgegeben, da die phantastische Macht des Geheimbundes nun im Wesentlichen auf die Rahmenhandlung beschränkt bleibt. Die Diskrepanz zwischen der glanzvollen Vergangenheit und den gegenwärtigen dekadenten Lebensformen der Adelsgesellschaft des Faubourg Saint-Germain ist für Balzac der eigentliche Anlass zu der Erzählung, in der weitschweifige politische und soziale Reflexionen die Handlung zeitweilig überlagern. Trotz scharfer Kritik zeigt Balzac Sympathien für die Aristokratie und

Skepsis gegenüber einer uneingeschränkten Demokratie. Für die in den Salons von Saint-Germain beliebte Herzogin von Langeais ist die Liebe des Generals Armand de Montriveau, eines Mitglieds der Dreizehn, zunächst nur eine Kaprice, ein gesellschaftliches Spiel, das sie meisterhaft beherrscht. Das Spiel wird Ernst, als Armand, von einem Freund gewarnt, die Komödie der Herzogin durchschaut. Antoinette de Langeais, die erst wahrhaft zu lieben beginnt, als sich ihr Verehrer von ihr abzuwenden scheint, flieht in ein Kloster auf einer kleinen Insel im Mittelmeer. Der Versuch des verzweifelten Armand, nach jahrelanger Suche, die Nonne Antoinette mit Hilfe der Dreizehn zu entführen, wird durch ihren Tod vereitelt.

Die dritte und kürzeste Erzählung, deren Titel *La fille aux yeux d'or* bereits eine märchenhafte Atmosphäre evoziert, ist dem Maler Eugène Delacroix gewidmet, dessen Einfluss die farbenprächtige Schilderung der exotischen Wohnung Paquitas, des Mädchens mit den Goldaugen, zugeschrieben wird. Henri de Marsay, Aristokrat und Dandy, erlebt mit Paquita ein ebenso gefährliches wie pikantes Liebesabenteuer, das Paquita, Opfer ihrer eifersüchtigen Bewacherin, Henris lesbischer Halbschwester, der Marchesa de San-Real, mit dem Leben bezahlt. Der im Stil der *Contes drôlatiques (Tolldrastische Geschichten)* pointiert erotisch gestalteten Erzählung, deren künstlerischer Wert umstritten ist, geht eine soziologische Studie voraus, die zu den Meisterstücken der Prosa Balzacs gehört: eine Darstellung des Pariser Lebens, dessen Dynamik und Brutalität in dem Kampf um »Gold und Vergnügen« als ein infernalisches Schauspiel beschrieben wird. Balzac vergleicht seinen Aufriss der Gesellschaft mit den Höllenkreisen in Dantes *Divina commedia*, 1472 *(Göttliche Komödie)*. Der entsprechende Entwurf einer *Comédie humaine*, der in diesen Passagen aufblitzt, wurde indes im überwiegenden Teil der *Histoire des treize* noch nicht überzeugend verwirklicht. In dem Halbdunkel krimineller und geisterhafter Geschehnisse, die Balzac dem ursprünglichen Plan der geheimnisvollen Verschwörergeschichte schuldig zu sein glaubte, blieb es bei realistischen Ansätzen.

■ Lit.: D. Harvey: The Cartographic Imagination. B. in Paris, in: V. Dharwadker: Cosmopolitan Geographies, 2001, 63–87. ■ N. B. Roger: De 93 à l'Histoire des treize, in: Revue d'Histoire Littéraire de France 101, 2001, 51–69. ■ J. Abraham: Metropolitan Lovers. The Homosexuality of Cities, 2009. *Volker Roloff*

Le médecin de campagne

(frz.; *Der Landarzt*, 1977, E. Hirschberg) – Der Roman erschien 1833 und wurde 1846 in die »Scènes de la vie de campagne« aufgenommen. – Eine sparsame, in einem idyllischen Dorf in Savoyen angesiedelte Handlung liefert den Rahmen. Hier hat der menschenfreundliche und von einem missionarischen Bewusstsein getragene Doktor Benassis ein fortschrittliches Mustergemeinwesen aufgebaut. Er hat Wege und Straßen anlegen lassen, aufblühende Gewerbe- und Industriebetriebe herbeigezogen, eine funktionierende Verwaltung eingesetzt, die abergläubisch behüteten Kretins aus dem Dorf entfernt und durch die unentgeltliche Behandlung der Kranken selbst ein Beispiel menschlicher Solidarität gegeben. Der ehemals kaiserlich-napoleonische Offizier Genestas, der im Jahr 1829 dem Arzt einen Besuch abstattet, überzeugt sich, teils in den Gesprächen mit Benassis, teils durch eigene Anschauung, von den überragenden Leistungen dieses Mannes. Er gewinnt zuletzt dessen ganzes Vertrauen, so dass ihm der Arzt auch den Grund seines Rückzugs aus der großen Welt offenbart: Mit rastloser Tätigkeit sucht Benassis sein unerfülltes Herz zu betäuben, das einer unglücklichen Liebe nachtrauert. Nicht lange danach stirbt der Doktor; ein Brief von der einst geliebten Frau, dessen Inhalt aber dunkel bleibt, wird auf geheimnisvolle Weise zur Ursache seines plötzlichen Todes.

Anlass zu dem lose gefügten Roman war ein gescheitertes politisches Abenteuer Balzacs: Er hatte ohne Erfolg bei den Wahlen von 1831 kandidiert. Sein politisches Programm einer konservativen Reform zur Lösung der sozialen Konflikte auf dem Land erhielt hier eine literarische Form. Zugleich hoffte er, ein breites Publikum für das Elend der Bauern zu interessieren. Deshalb wählt er hier, im Gegensatz zu den schonungslosen Porträts in dem Spätwerk *Les paysans*, 1844 *(Die Bauern)*, vor allem in der Tradition der Bukolik stehende Darstellungen bäuerlich-ländlicher Güte, Herzenseinfachheit und Ehrbarkeit. Der »Apostel« Benassis erlöst als ein ›neuer Christus‹ durch das Opfer seines Lebens den missachteten und in Not lebenden Bauernstand. Er vertritt Balzacs eigenen, an J. de Maistre und L. Bonald geschulten Konservativismus; streng legitimistisch in der Grundlage kämpft er zugleich gegen das moderne allgemeine Wahlrecht und für eine – maßvoll erneuerte – soziale Hierarchie mit einer Elite an der Spitze.

Der Roman setzt sich größtenteils aus Dialogen und Schilderungen zusammen, in denen Balzac seine eigenen sozialen, politischen und religiösen Vorstellungen zum Ausdruck bringt. Den erbaulich-didaktischen Teilen und der sentimentalen Liebesromanze – der Roman ist den »verwundeten Herzen« gewidmet – wird eine zunächst nicht für dieses Werk bestimmte Episode hinzugefügt, in der ein alter, vom Krieg gezeichneter Haudegen panegyrisch seiner Napoleonverehrung Ausdruck gibt. Dieser willkürlich zwischen die trockenen politischen Diskussionen eingefügten Apotheose, in der der Napoleonkult der *Comédie humaine* einen Gipfel der Verklärung erreicht, verdankt der *Médecin de campagne* vermutlich seinen Ruhm und seine zahlreichen Auflagen.

■ Lit.: J. Malavié: Présence de la prière dans quelques ›romans catholiques‹ de B., in: Lettres Romanes 52, 1998, 235–260. ■ A.-M. Lefebvre: Satire sociale et création littéraire chez B. et chez Scribe. La mise en scène du personnage du médecin, in: L'année balzacienne, 3ème série 1, 2000, 347–374. ■ M. Tilby: A Private Drama of Sexual Identity. B.'s ›Le médecin de campagne‹, in: Nineteenth-Century French Studies 34, 2005/06, 235–251. *Ingrid Peter / KLL*

L'illustre Gaudissart

(frz.; *Der berühmte Gaudissart*, 1966, E. Sander) – Die Erzählung erschien 1833 im zweiten Band der »Scènes de la vie de province«. In Félix Gaudissart zeichnet Balzac den unsterblichen Typ des selbstbewussten, liebenswürdig-geschmeidigen Handelsreisenden, der nichts unverkauft lässt. Schon sein Name, abgeleitet vom lateinischen ›gaudere‹ mit der jovialen Endung auf ›art‹, ist ein Omen, zu dem sich »illustre« als ironische Ergänzung gesellt.

Zu Beginn der Erzählung wird Gaudissart als Prototyp einer Epoche großer Umwälzungen zwischen »Zeiten geistiger Auswertung« und »Zeiten materieller Auswertung« vorgestellt; es folgt ein minuziöses Porträt seiner äußeren Erscheinung, seiner Gewohnheiten und Begabungen. Er versteht es nicht nur, »seine Wirbelsäule mit soviel Grazie zu falten, daß sie wie aus Gummi« scheint, sondern er kann auch »mit der Beredsamkeit eines Warmwasserhahnes, den man nach Belieben dreht, gleichermaßen ohne Irrtum seine präparierte Kollektion von Phrasen, die unaufhörlich rinnen und auf das Opfer wie eine moralische Dusche wirken, unterbrechen und wiederaufnehmen«.

Nach einer einleitenden witzig-skeptischen Zeitkritik und düsteren Prophezeiungen für eine der Materie huldigende Zukunft schickt Balzac seinen Protagonisten zu einem Abenteuer aus, das dessen professionelle Eigenliebe empfindlich verletzt und als Farce aus der Touraine sogar ↗ Rabelais Ehre eintragen würde. Auf der Jagd nach Abonnenten für den saint-simonistischen »Globe«, die republikanische Zeitung »Mouvements« und sogar für eine Kinderzeitschrift und Lebensversicherungen gerät er in Vouvray in der Touraine an Monsieur Vernier persönlich, den angesehensten Mann, aber auch den berüchtigsten Schalk des Ortes. Dieser schickt ihn zu Margaritis, einem Verrückten, vor dem Gaudissart die ganze Kunst seiner vielseitigen Beredsamkeit entfaltet, dem er zwei Fässer Wein abkauft, die dieser gar nicht besitzt, und von dem er dann ohne Abonnement, aber hoch befriedigt von dannen zieht. Nachdem er von seinem Wirt die Wahrheit erfahren hat, fordert er »kochend vor Zorn« Vernier zum Duell. Eine groteske Schießerei mit langen Sattelpistolen, bei der nur eine Kuh in Lebensgefahr gerät, beendet Gaudissarts unrühmliches Abenteuer.

»In einer Nacht improvisiert«, ist *L'illustre Gaudissart* eine der amüsantesten Erzählungen Balzacs geworden. Selbst auf der Seite der glücklichen Spötter, zieht der Autor eine Fülle komischer Effekte aus dem Gegensatz zwischen der konservativen Skepsis und gut gelaunten Schalkhaftigkeit der Tourainebewohner und der eitlen Geschäftigkeit des fortschrittsgläubigen Schwätzers Gaudissart, der auch nach seiner schweren Niederlage von seiner Unschlagbarkeit so fest überzeugt ist wie zuvor.

■ Lit.: S. Felman: Folie et discours chez B. ›L'illustre Gaudissart‹, in: Stendhal et B., in: La province dans le roman, Hg. A. Chantreau, 1978, 175–184. ■ J. Pedraza: Boniments balzaciens. ›L'illustre Gaudissart‹, in: Langues du XIXe siècle, Hg. G. Falconer/A. Oliver/D. Spears, 1998, 69–81. ■ A. Watts: An Exercise in International Relations, or the Travelling Salesman in Touraine. B.'s ›L'illustre Gaudissart‹, in: Currencies. Fiscal Fortunes and Cultural Capital in Nineteenth-Century France, Hg. S. Capitanio, 2005, 161–173.
Ingrid Peter

Eugénie Grandet

(frz.; *Eugénie Grandet*, 1966, E. Sander) – Der 1834 erschienene Roman ist den »Scènes de la vie province« zugeordnet. Wie für viele Werke Balzacs, aber auch ↗ Stendhals und ↗ Flauberts, ist für *Eugénie Grandet* der Gegensatz zwischen dem Kapitalismus und Utilitarismus der Gesellschaft und der idealistischen Haltung des Einzelnen bestimmend. Die Protagonistin Eugénie, deren träumerische Natur mit dem Geiz ihres Vaters kontrastiert, gerät in Gefahr, am Egoismus der französischen Provinzgesellschaft zu zerbrechen.

Im Saumur der nachnapoleonischen Ära hat es der Böttchermeister Grandet nicht nur verstanden, mit Zähigkeit und Handwerkerfleiß ein großes Vermögen zu schaffen, sondern dieses durch geschickte Spekulationen in Millionenhöhe zu vermehren. In einem baufälligen Haus terrorisiert Grandet seine Frau und die Tochter Eugénie durch seine Habsucht. Grund zur Sorge ist für ihn auch, dass die schlichte und sanftmütige Eugénie durch den Tod der Mutter Alleinerbin eines großen Vermögens würde. Auch die Rivalität der Verehrer Eugénies nutzt er nur, um daraus persönlich Kapital zu schlagen.

Zu Eugénies Geburtstag findet sich überraschenderweise Grandets Neffe Charles ein. Dieser nach neuester Mode gekleidete Jüngling mit den Allüren eines Dandys weiß Eugénies Herz zu gewinnen. Als sich wenig später Charles' Vater in Paris wegen drohenden Bankrotts erschießt, unterstützt Eugénie den Geliebten mit ihren Ersparnissen. Die jungen Leute geloben sich ewige Treue, bevor Charles nach Ostindien aufbricht, um dort sein Glück zu machen.

Geschickt erweckt der alte Grandet nach außen den Eindruck, der Familie seines Bruders in der Notlage zu helfen, doch gleichzeitig gelingt es ihm, durch Finanzmanipulationen sein Kapital rechtzeitig aus dem Unternehmen zu ziehen, ohne dass dies ruchbar würde. Wütend muss er dann aber erkennen, dass Eugénie und ihre Mutter Charles großherzig unterstützt haben.

Nach dem Tod der Eltern harrt Eugénie, nun begehrte Alleinerbin eines Riesenvermögens, in der Hoffnung auf Charles vergeblich sieben Jahre aus. Dieser ist mittlerweile in Indien zwar unter dem Pseudonym Carl Sepherd als rücksichtsloser Sklavenhändler zu Geld gekommen und nach Paris zurückgekehrt, doch hat der Opportunist für die Aussicht auf einen Marquistitel und die entsprechenden gesellschaftlichen Verbindungen ein Mädchen der feinen Pariser Gesellschaft geheiratet.

Resigniert geht Eugénie eine Vernunftehe mit dem alten Gerichtspräsidenten Cruchot unter der Bedingung ein, in der Ehe ihre persönliche Freiheit zu behalten, kehrt aber bald in ihr früheres Elternhaus zurück. Nicht aus Geiz wie einst der Vater, sondern aus menschlicher Enttäuschung führt sie ein zurückgezogenes Leben und sucht, »außerstande, die Welt zu verstehen«, Trost in sozialen Aktivitäten.

Als »Werk über eine Frau, die in dieser Welt nicht von dieser Welt ist«, konzentriert sich dieser kurze Roman vor allem auf die Charaktere von Tochter und Vater, die gegensätzlicher nicht sein könnten. Doch sind Balzac nicht nur diese Charakterstudien von großer Wahrhaftigkeit gelungen. Gemäß dem realistischen Anspruch, den Menschen in seiner sozialen Wirklichkeit zu zeigen, stellt Balzac seine Charaktere in ein Ambiente von besonderer metaphorischer Qualität. Ein eindringliches Beispiel für Balzacs Erzählkunst ist die in der Eingangssequenz beginnende und sukzessive sich über den Roman erstreckende Darstellung des abgewohnten Hauses der Grandets; in ihrer melancholischen Düsterkeit an die Schauplatzgestaltung der Romantik erinnernd, gibt sie Anlass zur Charakteristik vor allem von Grandets Geiz. Solche Beschreibungen werden an mehreren Stellen wieder aufgegriffen und stellen so eine besondere Strukturierungsform des Romans dar.

Auch gelingt Balzac durch die Einbindung der Handlung in die Deskription oft eine fast filmische Inszenierung des Geschehens. In diesem Ambiente entfaltet sich im Wechsel von normsetzender Erzählerrede und subtiler Dialogführung die kleinbürgerliche Tragödie. Alle Gestaltungsmittel stehen im Dienst eines zentralen Erkenntnisinteresses: Gemäß Balzacs Doktrin sind alle Handlungen Spiegel der menschlichen Leidenschaften, die wie in der klassischen französischen Moralistik im Spannungsfeld zwischen Tugend und Laster angesiedelt sind. Zugleich ist *Eugénie Grandet* der Roman der französischen Provinz – ohne den dekadenten Einfluss der Großstadt, dem Charles Grandet ebenso erliegt wie die anderen jungen Männer in diesem fiktiven Kosmos, könnte sich laut Balzac die Erneuerung der Gesellschaft vollziehen.

■ Lit.: W. Hempel: Eugénie Grandets Leidensweg, in: Sinn und Sinnverständnis, Hg. K. Hölz/K. Stillers/C. Strosetzki, 1997, 172–178. ■ K. Marincic: ›Eugénie Grandet‹ d'H. de B. L'histoire secrète d'une écriture romanesque, in: Acta Neophilologica 33, 2000, 1–2, 49–60. ■ A. Hunter: The Peregrinations of ›Auld Robin Gray‹ and ›Eugénie Grandet‹, in: Etudes Ecossaises 7, 2001, 183–193. ■ M. Lucey: Legal Melancholy. B.'s ›Eugénie Grandet‹ and the Napoleonic Code, in: Representations 76, 2001, 1–26. ■ M. Lucey: The Misfit of the Family. B. and the Social Forms of Sexuality, 2003.

Gerhard Wild

La recherche de l'absolu

(frz.; *Die Suche nach dem Absoluten*, 1969, T. Bergner) – Der 1834 erschienene Roman ist den »Études philosophiques« zugeordnet. Das Haus Claës, eines der ältesten und angesehensten Handelsgeschlechter im flämischen Douai, steuert dem Ruin entgegen, denn das Oberhaupt der Familie, Balthazar Claës, hat sich auf Anregung eines polnischen Offiziers mit Leib und Seele der Entdeckung des »Absoluten« verschrieben. Die kostspieligen und langwierigen Versuche, die er der Zerlegung des Stickstoffs widmet, lassen ihn seine mit größter Geduld begabte Gattin Josephine und das Hauswesen vernachlässigen. Auch der Tod Josephines und die Verarmung können den besessenen Forscher nicht von seinem Wahn heilen. Erst drückende Schulden zwingen Balthazar, eine Beamtenstelle in der fernen Bretagne anzunehmen und das Haus der Tochter Marguerite anzuvertrauen, die ihm mit umsichtiger Klugheit und der Hilfe einiger Freunde der Familie den alten Glanz wiederzugeben versteht. Als Balthazar nach siebenjähriger Abwesenheit zurückkehrt und die prächtige Hochzeit seiner drei Kinder miterlebt, flammt seine unselige Leidenschaft durch einen Diamantenfund in dem verwaisten Labor von neuem auf. Als er stirbt – ein weiteres Mal verarmt –, lautet sein letztes, im Wahn gesprochenes Wort: »Heureka« (Ich habe gefunden).

In tragischer Ironie wird die Vergeblichkeit seiner Forschermühen um die Entdeckung des Steins der Weisen beleuchtet. Claës gehört in die Reihe der großen von einer Passion und einer Idee beherrschten Monomanen der *Comédie humaine*. Er ist als Naturforscher das, was Frenhofer als Maler, Gambara als Musiker, Louis Lambert als Mystiker oder Goriot als Vater sind, und geht wie diese an der Vehemenz seiner Leidenschaft zugrunde. Mit seiner Haus und Familie gefährdenden Goldsuche befindet sich Balthazar nicht in einem bewussten Spannungsverhältnis zur Gesellschaft. Der Besessene, dem Balzac auch eigene Züge gegeben hat, wird kraftvollen Schöpfernaturen wie Michelangelo, Paganini oder Beethoven beigesellt, die, »um der vom täglichen Leben fortgerissenen Masse aufzufallen, nur die eine Möglichkeit haben: über das Ziel hinauszugehen«.

Die Tatsache, dass der genialische Held dieses Romans kein Künstler, sondern Naturforscher ist, steht in engem Zusammenhang mit dem vom Autor nunmehr angestrebten Realismus. Die empirischen Wissenschaften werden vom Dichter als legitime Erkenntnismöglichkeit ernst genommen. Historisches Vorbild der Figur des Balthazar Claës ist der französische Keramiker und Chemiker Bernard Palissy (1510 bis um 1590), mit dessen Gestalt und Schriften sich der an Alchimie und Grenzwissenschaften interessierte Balzac ausgiebig beschäftigt hat. Der Naturforscher Claës, ein romantisch bizarrer Phantast, der einem wissenschaftlich längst widerlegten Phantom nachjagt, ist geprägt von den okkultischen, illuministischen und theosophischen Strömungen des ausgehenden 18. Jh.s.

▪ Lit.: J. Harari: The Pleasures of Science and the Pains of Philosophy, in: Yale French Studies 67, 1984, 135–163. ▪ M. L. Assad: Chaos Theory and Nineteenth-Century French Literature, in: Romance Language Annual 7, 1995, 7–12. *Richard Mellein*

La femme de trente ans

(frz.; *Die Frau von dreißig Jahren*, 1948, E. Noether) – Der 1835 in die »Scènes de la vie privée« aufgenommene Roman wurde aus sechs zwischen 1831 und 1834 erschienenen Erzählungen zusammengesetzt: »Premières fautes« (Erste Verfehlungen), »Souffrances inconnues« (Unbekannte Qualen), »A trente ans« (Mit dreißig), »Le doigt de Dieu« (Der göttliche Finger), »Les deux rencontres« (Zwei Begegnungen) und »La vieillesse d'une mère coupable« (Alter einer schuldigen Mutter). Für die *Comédie humaine* wurden die sechs Erzählungen überarbeitet und mit einer Widmung an den Maler Louis Boulanger unter dem glücklich gewählten Titel *La femme de trente ans* zu einem Werk zusammengefasst, das sich bis heute anhaltender Beliebtheit erfreut. Diese Vorgeschichte des Romans, der seine Entstehung sicher auch materiellen Erwägungen verdankt, erklärt zahlreiche Widersprüche und das unterschiedliche Niveau der einzelnen Kapitel. Immerhin scheint die Thematik der ursprünglichen Erzählungen für den Autor soviel Verbindendes besessen zu haben, dass sie sich leicht zu entscheidenden Episoden aus dem Leben einer einzigen Frau umarbeiten ließen.

Julie d'Aiglemont, eine intelligente und schöne Frau, begeht zu Beginn des Romans den Fehler, einen mittelmäßigen und grobschlächtigen Offizier zu heiraten, und findet – nach schrecklicher Ernüchterung in Schwermut dahinsiechend – einen Seelenfreund in dem seit Langem in sie verliebten englischen Arzt Lord Grenville. Dieser ist – ein Zugeständnis an die Anglomanie der Zeit – so edel, dass er stirbt, »um ihr das zu erhalten, was die Gesellschaft die Ehre einer Frau nennt«, verurteilt sie dadurch aber zu den »ungekannten Leiden«, von denen das zweite Kapitel berichtet. Diese Leiden werden (im dritten Kapitel, das von ↗ Stendhals Essay *De l'amour* beeinflusst ist) beendet durch das Glück einer erwiderten Liebe der inzwischen 30-Jährigen zu dem jungen Diplomaten Charles de Vandenesse, die Julies Gatte stillschweigend duldet. Verhängnisgleich folgt dem Ehebruch ein Gottesurteil: Die legitime Tochter Julies, Hélène, stößt den ihr vorgezogenen kleinen Bruder, der dem Verhältnis mit Vandenesse entstammt, ins Wasser.

In dem an bunten und rätselhaften Fügungen überreichen fünften Kapitel muss Julie miterleben, dass Hélène unter der seelischen Belastung dieses Brudermords mit einem Mann entflieht, der selbst einen Mord begangen hat (ihr Vater wird sie später als dessen Geliebte und als Mutter mehrerer Kinder unter dramatischen Umständen auf einem Korsarenschiff wiederfinden). Das letzte Kapitel zeigt die alternde Julie im Konflikt mit ihrer jüngsten Vandenesse-Tochter Moïna, die in Unkenntnis der Zusammenhänge nicht von ihrer Liebe zu einem legitimen Sohn Vandenesses – also zu ihrem Halbbruder – lassen will und dadurch ihrer Mutter, die ihre Verfehlungen tief bereut, den Todesstoß versetzt.

Bei dieser disparaten Szenenfolge standen sämtliche epischen Formen der Zeit – von den gefühlvoll-sentimentalen Liebesromanen in der Nachfolge von ↗ Chateaubriands *René* (1802) über die Schauergeschichte in der Manier Maturins (*Melmoth the Wanderer*, 1820) bis zum unfreiwillig komischen Trivialroman – Pate. Während spätere Kritiker – wie z. B. André ↗ Gide – den literarischen Wert dieser heterogenen Schöpfung infrage stellten, rühmte der zeitgenössische Kritiker Sainte-Beuve den Roman als »eine der realsten Schöpfungen Balzacs«.

▪ Lit.: E. Bordas: De l'héroïne à la lectrice. L'inscription du narrataire dans ›La femme de trente ans‹, in: Champs du signe. Sémantique, poétique, rhétorique 4, 1994, 85–94. ▪ C. Planté: Même histoire, autre histoire? Mères et filles dans ›La femme de trente ans‹ et ›Le lys dans la vallée‹, in: Genèses du roman. B. et Sand, Hg. L. Frappier-Mazur, 2004, 155–168. *Ingrid Peter / KLL*

Le père Goriot

(frz.; *Vater Goriot*, 1962, E. Sander) – Der Roman erschien zunächst in Fortsetzungen 1834/35 in *La Revue de Paris;* die zweibändige Buchausgabe folgte 1835. 1843 wurde *Le père Goriot*, mit der Widmung an Geoffroy-Saint-Hilaire, aber ohne die Vorreden der Erstausgabe, als neunter Band der *Comédie humaine* den »Scènes de la vie parisienne« eingefügt.

Balzac praktiziert hier zum ersten Mal das fiktionsstiftende Verfahren der wiederkehrenden Figuren:

Das Wiederauftauchen von Personen – hier Rastignac (erstmals in *Le peau de Chagrin*, 1831) und vor allem Vautrin – verleiht der dargestellten Wirklichkeit eine spezielle Tiefendimension durch den wechselseitigen Bezug der Einzelschicksale. Gemeinsam mit *Illusions perdues* (1843) und *Splendeurs et misères des courtisanes* (1838–1847) bildet *Le père Goriot* die Hauptachse der *Comédie humaine*.

Die Romanhandlung setzt Ende 1819 in der heruntergekommenen Pension von Madame Vauquer in der Rue Neuve-Saint-Geneviève am Pariser Rive Gauche unweit des Quartier Latin ein, wo eine bunt gemischte Mieterschar untergekommen ist. Neben dem blassen Fräulein Victorine Taillefer, Tochter eines reichen Geizkragens, lebt die unauffällige Madame Michonneau. Der aus dem Anjou zugereiste aufstrebende Jurastudent Eugène de Rastignac träumt vom gesellschaftlichen Aufstieg. Die Titelfigur, der alte Goriot, war früher ein wohlhabender Nudelfabrikant, der in der Revolution mit Spekulationen zu Geld gekommen ist. Nach dem Verkauf seiner Fabrik hat er sich mit einer stattlichen Rente in die Pension Vauquer zurückgezogen. Die Witwe Vauquer selbst hat sich eine Weile mit dem Gedanken getragen, den begüterten Mittfünfziger zu heiraten; doch stellt sich heraus, dass er jüngst offenbar immer mehr von seinem Vermögen eingebüßt hat. Gerüchten zufolge, die in der Pension die Runde machen, soll er kostspielige Liebschaften pflegen: Man hat verschiedentlich zwei elegante junge Frauen bei ihm gesehen. Die (von Balzac nach den Enthüllungsstrategien eine Kriminalromans zunächst vorenthaltene) Realität freilich sieht anders aus: Seine beiden anspruchsvollen Töchter haben gute Partien gemacht: Anastasie wurde durch ihre Heirat Gräfin de Restaud; Delphine heiratete den Finanzspekulanten und Wucherer Baron Nucingen (vgl. *La maison Nucingen*, 1838; *Splendeurs et misères des courtisanes*). Trotz einer reichen Mitgift bedürfen die beiden Frauen, die ihre Rollen im Glanz der vornehmen Gesellschaft spielen wollen, weiterhin der finanziellen Unterstützung des Vater, der aus blinder Liebe zu seinen Töchtern allmählich sein Vermögen weggegeben hat: Der dadurch unaufhaltsam vorangetriebene soziale Abstieg Goriots wird von Balzac durch den Wechsel in immer unattraktivere Räume der Pension Vauquer metaphorisch nachgezeichnet.

Rastignac stammt aus verarmtem Landadel und hofft, in geeignete Pariser Kreise zu gelangen, um rasch Karriere zu machen. Dabei berät ihn ein weiter Bewohner der Pension, Vautrin, dessen wahre Identität niemand ahnt: Bei dem verschlossenen und finsteren Zeitgenossen handelt es sich in Wirklichkeit um den von der Teufelsinsel entflohenen Sträfling Collin, der als Haupt der Pariser Unterwelt unter dem Namen Trompe-la-Mort (der selbst den Tod noch täuscht) einschlägig bekannt ist (vgl. *Illusions perdues*; *Splendeurs et misères des courtisanes*). Vautrin rät Rastignac, sich die Zuneigung von Fräulein Taillefer zu erschleichen, um in den Besitz des väterlichen Erbes zu gelangen; den älteren Bruder wolle er Rastignac gewaltsam vom Halse schaffen. Rastignac indes, der Skrupel vor dem gewissenlosen Plan hat, macht erfolgreich Goriots Tochter Delphine den Hof. Goriot richtet der Tochter mit seinem letzten Geld eine Wohnung in der Rue d'Artois ein, wo sie sich mit dem jungen Liebhaber trifft.

Vautrin, der dennoch seinen alten Plan weiterverfolgt, tötet tatsächlich Victorines Bruder in einem provozierten Duell. Doch die Polizei ist ihm bereits auf den Fersen. Madame Michonneau erkennt in Vautrin den gesuchten Collin wieder und denunziert ihn. In einer spektakulären Szene wird Vautrin als der einstige ›Bankier‹ der Bagnosträflinge, Jacques Collin, enttarnt.

Im Moment der Verhaftung gibt Collin zum ersten Mal in der *Comédie humaine* Zeugnis einer menschlichen Größe, die den Verbrecher über die meisten Charaktere des Romanwerks erhebt, was seine Festnahme zu einer Parodie auf die Ergreifung Christi macht: Indem er großmütig der Denunziantin Michonneau vergibt, erwirbt er sich die Sympathien der anderen Bewohner, die den Auszug der Verräterin »Fräulein Judas« fordern.

Noch weitere Mieter verlassen das Haus. Zunächst zieht Victorine Taillefer aus, die durch Vautrins Coup Millionenerbin geworden ist. Goriot hingegen, der mittlerweile in der billigsten Mansarde wohnt, siecht dahin. Rastignac und der befreundete Arzt Bianchon (vgl. *Le curé de village*, 1839) sind Zeugen seines Verfalls. Vergeblich ruft der Sterbende nach seinen Töchtern, muss aber schließlich erkennen, dass sie in seiner Bedürftigkeit jedes Interesse an ihm verloren haben, und stirbt als ein »Christus der Väterlichkeit«. Lediglich die leeren Kaleschen der arrivierten Töchter folgen dem Trauerzug.

Hatte Rastignac trotz Vautrins zynischer Belehrungen seine Skrupel noch nicht abgelegt, so streift er im Angesicht von Goriots jämmerlichem Ende seine moralischen Bedenken ab, entwickelt sich zum kalt berechnenden Karrieristen und adaptiert Vautrins Credo. Das Ende des Romans zeigt Bianchon und Rastignac, die sich nach der Rückkehr vom Friedhof Père Lachaise auf einer Anhöhe über dem Tal der Seine befinden. Mit den gleich einer Drohung herausgestoßen Worten »A nous deux maintenant« (»Und jetzt zu uns beiden!«) macht er sich zu seiner persönlichen Eroberung von Paris auf.

Die Thematik der bedingungslosen Vaterliebe verdankt der Shakespeare-Liebhaber Balzac dem *King Lear*. Als Märtyrer durch Vaterliebe wird Goriot zum Musterbeispiel von Balzacs Metaphysik. Als eigentliche Triebfeder des Weltgefüges fungieren – wie in allen Werken Balzacs – die Leidenschaften Geld, Macht, Liebe. Goriots Vaterliebe wird als pathologische Schwäche durchschaut: »Meine Töchter waren mein Laster.«

Die Romanhandlung ist eingebettet in üppige Schauplatzschilderungen, die mit dezidiert christlicher Metaphorik aufgeladen sind und so das Paris der Restaurationszeit als Jammertal stilisieren, in dem alle die revolutionäre Heilsemphase des »Strebens nach Glück« mit der Jagd nach Reichtum (»chasse de l'or«) gleichsetzen. Über allen steht einem Luzifer gleich Vautrin als gefallener Engel, der sich als Konkursverwalter einer korrumpierten Gesellschaft versteht. Er wird in den beiden Spätwerken – *Illusions perdues* und *Splendeurs et misères des courtisanes* – zum profilierten Gegenspieler einer sich durch individuelle Leidenschaften zersetzenden Bourgeoisie, in der der Dante-Liebhaber Balzac die Topoi von Purgatorium und Inferno aufgreift.

Balzac selbst hat *Le père Goriot* stets als seinen besten Roman angesehen.

■ Lit.: S. Pold: Panoramic Realism, in: Nineteenth-Century French Studies 29, 2000/01, 1/2, 47–63. ■ R. Bolster: B. ›Le père Goriot‹, 2000. ■ M.P. Ginsburg: Approaches to Teaching B.'s ›Old Goriot‹, 2000. ■ P. Brunel: Le sublime et le grotesque chez B. L'exemple du Père Goriot, in: L'année balzacienne 22, 2001, 2, 31–56. ■ R.M. Berrong: Vautrin and Same-Sex Desire in ›Le père Goriot‹, in: Nineteenth-Century French Studies 31, 2002/03, 1/2, 53–65. ■ A. Boutin: Sound Memory. Paris Street Cries in B.'s ›Père Goriot‹, in: French Forum 30, 2005, 67–78. *Gerhard Wild*

Un drame au bord de la mer

(frz.; *Ein Drama am Meeresstrande*, 1969, G. Goyert) – Die Erzählung erschien 1835, und wurde 1845 in die »Études philosophiques« aufgenommen. Das »Drama« spielt in Croisic, wo Balzac 1830 mit Madame de Berny Station gemacht hatte.

Dem jungen Louis Lambert und seiner Verlobten Pauline, zwei feinfühligen Menschen, die sich in aufgeschlossener Reisestimmung befinden, wird von ihrem Wegführer die Geschichte des bretonischen Fischers Cambremer erzählt: Um die Ehre seiner Familie und seinen unbescholtenen Namen zu retten, hat er seinen verbrecherischen Sohn wie eine Katze im Meer ertränkt. Die Mutter ist vor Kummer gestorben, er aber lebt als Einsiedler in einer Felsengrotte an der Küste, dem Meer zugewandt und gleichsam selbst zu Stein geworden. Seine abergläubischen Landsleute gehen ihm ängstlich aus dem Weg, damit sich nicht der starre Blick des »Mannes mit dem Gelübde« auf sie richte. Die düstere Schwermut dieser tragischen Geschichte, die Louis in seinem Brief an den Onkel auf die bretonische Landschaft überträgt, verändert die Wahrnehmung der zuvor noch von heiterer Stimmung erfüllten Reisenden.

Das Eremitendasein des alten Cambremer, wie lebendig begraben in der Felsengrotte mit dem Ausblick auf das unendliche Meer, Grab des Sohnes und Schauplatz des begangenen Verbrechens, ist kaum weniger konsequent als der heroische Tod klassischer Helden. Insofern erinnert der Konflikt zwischen Ehre und Vaterliebe an klassische Tragödien. Die düstere Landschaft mit Salzsümpfen, schroffen Felsenküsten und weiten Horizonten bildet ein echtes Balzac-Panorama. Ihre Bewohner geben dem Erzähler Gelegenheit, seine Sympathie für die Ärmsten der Armen kundzutun.

■ Lit.: M. le Yaouanc: Introduction à ›Un drame au bord de la mer‹, in: L'année balzacienne 7, 1966, 127–156.

Ingrid Peter / Brunhilde Wehinger

Séraphîta

(frz.; *Seraphita*, 1958, G. Goyert) – Die bereits 1823/24 als Entwurf entstandene Erzählung erschien 1835 in *Le livre mystique (Das mystische Buch)*; in der *Comédie humaine* wurde sie 1846 in die »Études philosophiques« eingefügt.

In einem düsteren Schloss im norwegischen Dorf Jarvis lebt im Winter 1799/1800 das geheimnisvolle androgyne Wesen Séraphîtus-Séraphîta, das der Familie des schwedischen Naturphilosophen und Theosophen Swedenborg entstammt. Sowohl der Gelehrte Wilfrid als auch Minna, die Tochter des Dorfpastors Becker, lieben und verehren die unirdische und unnahbare Gestalt. In langen Gesprächen, bei denen dem Pastor die Rolle des Skeptikers zufällt, offenbart ihnen Séraphîta das Mysterium ihrer Doppelgeschlechtlichkeit und Zugehörigkeit zu einer »Welt des Lichts«. Wilfrid und Minna finden in Liebe zueinander, als sie Zeugen der Verwandlung Séraphîtas in einen Seraphim werden, der alsbald in strahlender »Himmelfahrt« ihren Augen entschwindet: »Die unübersehbare Spannweite seiner schillernden Flügel bedeckte die Augen der Schauenden gleich einem wohltätigen Schatten, so daß sie den Blick erheben und ihn in seiner Herrlichkeit und vom jauchzenden Erzengel begleitet sehen konnten.« Während »draußen in seiner ganzen Pracht der erste Sommer des neunzehnten Jahrhunderts ausbrach«, treten die Liebenden »auf den Flügeln des Gebets« gemeinsam den Weg zu »Gott«, das heißt in die unendlichen Sphären des Geistes an.

Wie aus dem Vorwort (1842) zur *Comédie humaine* hervorgeht, suchte Balzac den von der Kritik gegen ihn erhobenen Vorwurf des Materialismus und Atheismus zu entkräften: »Als einige Leute sahen, wie viele Tatsachen ich anhäufte und sie schilderte, wie sie wirklich sind, das heißt mit der Leidenschaft als Grundelement, da haben sie sich sehr zu Unrecht eingebildet, ich gehörte der sensualistischen und materialistischen Schule an.« Mit *Séraphîta* wollte er eine »Antwort auf diese ziemlich leichtfertige [...] Beschuldigung« und zugleich ein Beispiel für die Möglichkeit einer nichtrealistischen, spekulativen poetischen Darstellungsweise geben. Sein Mystizismus bewegt sich eklektisch zwischen christlich-häretischem und gnostischem Gedankengut, orientalischer und fernöstlicher Philosophie und alchimistisch-okkultistischen Vorstellungen. Zarathustra, Moses, Pythagoras, Buddha, Konfuzius, Christus und schließlich Swedenborg, der dem Mystizismus der großen Weltreligionen die »reale« naturwissenschaftliche Grundlage hinzugefügt habe, folgen als Mystiker ein und demselben Prinzip, indem sie die Befreiung des Geistes (animus) und der Seele (anima) vom Körperlichen und Materiellen suchen: »Die Vereinigung aus dem Geist der Liebe und dem Geist der Weisheit versetzt die Kreatur in den göttlichen Zustand, in dem ihre Seele Frau und ihr Körper Mann ist, letzter Ausdruck des menschlichen Seins, wo der Geist über die Form siegt.« Die maskulin-feminine Zwitternatur Séraphîtas, »eines nach den streng angewandten Gesetzen Swedenborgs geformten vollkommenen Geschöpfes« (»Préface au Livre mystique«), darf als dichterisches Bild dieser unio mystica und des Mystizismus überhaupt gelten.

Balzacs naiv anmutende Spekulationen sind auf wahllos und oft verfälscht übernommenes Gedankengut gegründet. Es ist bezeichnend für diese naive Mystik, dass mit ihr eine Liebeserklärung an Madame Hanska verbunden wird, der das Werk auch gewidmet ist. Grillparzer kritisierte die darin entwickelten philosophischen Ideen, und die Zeitschrift *La Revue de Paris*, die 1834 zunächst die Veröffentlichung übernommen hatte, lehnte die Fortsetzung der Publikation mit der Begründung der »Unverständlichkeit« ab.

▪ Lit.: M. Delcourt: Deux interprétations romanesques du mythe de l'androgyne, Mignon et Séraphîta, in: Revue des langues vivantes 38, 1972, 228–240, 340–347. *Richard Mellein*

Le lys dans la vallée

(frz.; *Die Lilie im Tal*, 1968, E. Sander) – Der Roman erschien 1835 auszugsweise in *La Revue de Paris*, 1836 vollständig und ist Bestandteil der »Scènes de la vie campagne«.

Félix de Vandenesse schreibt auf Wunsch der von ihm umworbenen Comtesse de Manerville ein Liebesabenteuer nieder, das in seiner Seele »unauslöschliche Erinnerungen« hinterlassen hat. Nach einer einsamen Kindheit verliebt sich der 20-Jährige in die sanfte Madame de Mortsauf, die »Lilie im Tal«, die eine ebenso traurige Jugend verlebt hat. Für eine einzigartige, große Liebe scheint sie um so eher prädestiniert, als sie unverstanden und unerfüllt eine wenig glückliche Ehe mit dem royalistischen Grafen Mortsauf führt. Doch religiöse Überzeugung und eheliches Pflichtbewusstsein halten die Seelenfreundschaft mit Félix innerhalb der Grenzen einer konventionellen Moral. Bedingt durch seine beginnende politische Karriere befindet sich Félix häufig in Paris, und mit der Zeit entfremdet er sich der Freundin.

Als Madame de Mortsauf von seiner Liaison mit der mondänen Engländerin Arabelle Dudley erfährt, wird ihr plötzlich das Ausmaß ihrer unerfüllten Leidenschaft bewusst. Auch seine Beteuerung, sie sei auf ewig nur die »reine Geliebte seiner Seele«, hilft ihr nicht mehr: Sie geht an dem Konflikt zwischen ihrer Eifersucht und der Versuchung, sich dem Geliebten hinzugeben, zugrunde. In einem Abschiedsbrief klärt sie den Erschütterten über die geheimen Kämpfe auf, die sich unter ihrer anspruchslosen Zärtlichkeit verbargen. Nach dieser Beichte weist die Comtesse de Manerville in einer klugen, ironischen Antwort Félix' Liebe zurück, da er so stark vom Andenken an eine Tote gezeichnet sei.

Die Kritik nahm diesen Roman über die moralisch vollkommenste Frauengestalt Balzacs mit wenig Begeisterung auf. In einem Brief an Madame Hanska schrieb Balzac – auch hier auf der »Suche nach dem Absoluten« – über das Grundthema des Romans: »Der Kampf der Materie und des Geistes ist das Wesen des Christentums.« Diesen Kampf lässt Balzac Madame de Mortsauf ausfechten. In ihrem Hang zu mystischer Religiosität versucht sie, auch die Liebe zu einem von aller Sinnlichkeit freien, unirdischen Gefühl zu läutern. Echte künstlerische Spannung aber erwächst nicht aus dem Sieg der reinen Liebe, sondern aus der moralischen Verstrickung des Mannes. Präzis bis ins Detail gebunden an die Zeitereignisse – die ›Hundert Tage‹ Napoleons etwa spielen eine Rolle – und bestimmte Schauplätze, ist *Le lys dans la vallée* ein signifikanter Roman der *Comédie humaine*. Die Gestalten entstammen dem Hochadel; die Handlung spielt zwischen 1814 und 1820. Alltägliche Ereignisse – Geldsorgen, wirtschaftliche Spekulationen, Krankheitsdiagnosen – nehmen einen wesentlichen Platz ein. Das Indretal in der Touraine mit seinen Hügeln und Wassern, seiner verschwenderischen Natur und seinem milden Klima, bildet den pastoralen Rahmen.

Balzac wollte mit diesem Roman auch dem Vorwurf begegnen, er stelle nur skrupellose Frauen dar. Vor allem aber beabsichtigte er, Sainte-Beuves Roman *Volupté*, 1834 (Wollust), den er »schlecht geschrieben, schwach, fade, weitschweifig« nannte, mit einem eigenen Werk zu übertreffen und Sainte-Beuve zugleich dessen negative Kritik an seinem Roman *Recherche de l'absolu*, 1834 *(Die Suche nach dem Absoluten)*, zu vergelten.

▪ Lit.: H. J. Mazaheri: La symbolique de L'Orient dans ›Le lys dans la vallée‹, in: Dalhousie French Studies 43, 1998, 161–172. ▪ K. A. Comfort: Floral Emblems of Health in B.'s ›Le lys dans la vallée‹, in: Dalhousie French Studies 44, 1998, 31–38. ▪ C. Planté: Même historie, autre histoire? Mères et filles dans ›La femme de trente ans‹ et ›Le lys dans la vallée‹, in: Génèse du Roman, Hg. E. Bordas, 2004, 155–168. *Ingrid Peter*

Facino Cane

(frz.; *Facino Cane*, 1920, G. Goyert) – Die 1836 in der *Chronique de Paris* erschienene Erzählung ist Bestandteil der »Scènes de la vie parisienne«. Der Autor schildert hier das pittoreske Leben im Venedig des 18. Jh.s. mit seinen undurchsichtigen Geheimnissen, Liebeshändeln, Gewalttätigkeiten und Verschwörungen, ein Thema, das er 1839 in der »philosophischen Studie« *Massimilla Doni* nochmals aufgriff.

Die Rahmenhandlung spielt in Paris. Der Erzähler, ein junger Student, ist Gast und Beobachter einer Hochzeitsfeier, die in einem billigen Weinlokal des Arbeiterviertels, in dem er wohnt, stattfindet. Unter den drei blinden Musikanten, die zum Tanz aufspielen, fällt ihm das scharf geschnittene Gesicht des Klarinettisten auf. Der alte Mann, der von seinen Begleitern »Doge« genannt wird, erzählt ihm seine atemberaubende Lebensgeschichte: Er, Facino Cane, Fürst von Varese, letzter Nachkomme des berühmten Condottiere gleichen Namens und einst ein reicher und schöner venezianischer Patrizier, wurde als 20-Jähriger in Venedig eingekerkert, weil er den Gatten seiner Geliebten schwer verletzt hatte. Seit jeher von einer unbeherrschbaren Leidenschaft für das Gold besessen, entdeckte er im Verlies einen Zugang zum geheimen Staatsschatz von Venedig, raubte Gold und Diamanten, soviel er tragen konnte, und floh.

Unter falschem Namen lebte er glänzend in Paris, bis er erblindete und seinerseits von einer untreuen Geliebten seines Vermögens beraubt wurde. Zum Betteln gezwungen, hofft er jetzt, einen Begleiter zu finden, der ihn nach Venedig führt, wo er den Schatz erneut aufspüren will. Sein junger Zuhörer verspricht, mit ihm zu gehen. Aber im selben Winter stirbt Facino Cane in einer Pariser Blindenanstalt an einer banalen Erkältung.

Balzac kehrt mit dieser dichten, gedrängten Studie zur Darstellung jener manischen Bereicherungssucht zurück, die schon Charakter und Leben mancher seiner Romangestalten zerstörte. Die Halluzinationen des Blinden sind so phantastisch, dass hier, trotz der durchaus realistischen Rahmenhandlung, das ständig wiederkehrende Motiv der *Comédie humaine*, die berauschende Macht des Reichtums, einen Zug ins Phantastische erhält. Die Erzählung des blinden Facino Cane führt in die rational nicht zu begreifende Dimension einer großartigen Behextheit, und es ist sicher kein Zufall, dass der Erzähler selbst sich gleich zu Beginn in einer Reflexion über seine Technik mit einem arabischen Märchenerzähler vergleicht.

■ Lit.: E. Rashkin: Phantom Legacies. B.'s ›Facino Cane‹, in: Romanic Review 80, 1989, 4, 529–540. ■ J. O. Lowrie: Works Sighted in a Frame Narrative by B. ›Facino Cane‹, in: French Forum 15, 1990, 2, 149–167. ■ J.-D. Ebguy: Le récit comme vision. B. voyant dans ›Facino Cane‹, in: L'année balzacienne, Nouvelle série 19, 1998, 261–283. ■ T. Kashiwagi: La poétique balzacienne dans ›Facino Cane‹, in: L'année balzacienne, Nouvelle série 20, 1999, 567–574.

Ingrid Peter

L'enfant maudit

(frz.; *Das verfluchte Kind*, 1978, K. Büschel) – Die Erzählung erschien in zwei Teilen 1831 und 1836 in der *Revue de deux mondes* und wurde 1846 in die »Études philosophiques« aufgenommen, obwohl sie ursprünglich nicht zur *Comédie humaine* gehörte, sondern einen Teil eines früher geplanten Zyklus von Romanen nach der Art Walter Scotts bildete. Balzac hatte sich besonders für die Epoche der Religionskriege interessiert, über die er aus zeitgenössischen Werken informiert war. So beschreibt der erste Teil der Erzählung mit historischer Präzision den Hintergrund eines Eifersuchtsdramas aus dem 16. Jh., während der zweite Teil psychologische Betrachtungen über Vaterschaft und Erziehungsmethoden sowie über die Persönlichkeitsentwicklung des »verfluchten Kindes« enthält.

Der brutale Graf von Hérouville, ein enragierter normannischer Royalist, verdächtigt seine sanfte, tugendhafte Gemahlin Jeanne de Saint-Savin, die ihn geheiratet hat, um einen Hugenotten, den sie liebte, zu retten, ihm den Sohn ihres Geliebten untergeschoben zu haben. Schon die Eingangsszene zeigt Balzacs Neigung und Begabung für die Darstellung düster-dramatischer Ereignisse. Der Knabe Étienne wird verbannt und schmählich um seine Erstgeburtsrechte betrogen. Doch als nach dem Tod seiner Frau und des zweiten Sohnes der Graf um den Fortbestand seines Namens und seiner Familie fürchten muss, erinnert er sich des Verhassten und übergibt ihn dem Arzt Beauvaloir zur Pflege und Erziehung. In dessen Haus entwickelt sich alsbald eine idyllische, unschuldige und tiefe Liebe zwischen dem zarten, poetischen Étienne und Gabrielle, der Tochter des Arztes. Doch die Liebenden gehen an der rauen Umwelt zugrunde: Hérouville hat für seinen Sohn eine konventionelle Ehe arrangiert; als dieser sich tapfer zu Gabrielle bekennt, tötet der maßlose Wutausbruch des Vaters die beiden.

■ Lit.: F. Germain: L'enfant maudit, 1965. ■ R. Pyrczak: L'impossible symmétrie de ›L'enfant maudit‹. Enfance, croissance et ordre social selon B., in: B. pater familias, Hg. C. Bernard/F. Schuerewegen, 2001, 29–40.

Ingrid Peter / KLL

Les employés

(frz.; *Die Beamten*, 1967, E. Sander) – Ursprünglich als Porträt einer überlegenen Frau angelegt, erschien der Roman 1837 unter dem Titel *Une femme supérieure*, trägt aber als Bestandteil der »Scènes de la vie parisienne« seit 1846 den Titel *Les employés*. Die ursprüngliche Heldin wurde in der neuen Version zur Randfigur, und in den Mittelpunkt rückte der unbestechliche, tatkräftige und talentierte Ministerialbeamte Xavier Rabourdin.

Rabourdin rivalisiert mit dem unfähigen Baudoyer, der wie er zum Chef seiner Abteilung befördert werden will. Insgeheim arbeitet er den Plan einer Verwaltungsreform aus. Hinter seinen Ideen und Vorschlägen verbirgt sich Balzacs eigenes Engagement. Rabourdin fordert eine Reduzierung der Ämter und Beamten, Steuerreformen und ein Auswahlprinzip bei der Stellenbesetzung, in dem Persönlichkeit und Begabung mehr gelten sollen als gesellschaftliche Beziehungen.

Der junge Beamte hat alle Aussicht, zum neuen Chef seiner Ministerialabteilung ernannt zu werden. Seine liebenswerte, aber ehrgeizige Gattin Célestine sucht den Generalsekretär Des Lupeaulx unauffällig zu umgarnen. Doch auch sein Rivale Baudoyer hat eine Fürsprecherin, Madame Elisabeth Baudoyer. Sie hat dem Generalsekretär mehr zu bieten als harmlose Schmeicheleien und unschuldigen Flirt. Madame Baudoyer weiß die Beziehungen ihrer weitverzweigten Familie und ihren guten Kontakt zur Geistlichkeit geschickt für die Protektion ihres Mannes zu nutzen. Mit der Aussicht auf Geld und eine gesellschaftliche Karriere kann sie einen Mann wie Des Lupeaulx, der den Typus des skrupellosen Intriganten in Regierungs- und Verwaltungskreisen vertritt, ohne große Mühe für sich gewinnen.

Rabourdin arbeitet zudem seinen Gegnern in die Hände, indem er seinem ausgezeichneten, aber an sich schon gefährlichen Reformplan ein lückenloses Register aller wichtigen Pariser Beamten mit Beurteilungen ihres Charakters, ihrer Fähigkeiten und Schwächen beifügt. Dieses Register gelangt durch Intrigen zur Kenntnis seiner Kollegen und Vorgesetzten, woraufhin die erhoffte und verdiente Beförderung nicht ihm, sondern dem unfähigen, aber besser protegierten Baudoyer zuteil wird.

Der Roman ist, über die Karikatur bürokratischer Gesinnung hinaus, eine provozierende Diagnose der Missstände im Verwaltungsapparat der Bourbonen. Die Schilderung der Beamtenwelt, ihrer Hierarchie und ihres ›administrativen Stils‹ wird differenziert durch eine Reihe von Porträts eifriger, fauler, verbissener, jovialer, subalterner, naiver und schlauer Beamter. Heraus ragt die sorgfältig gezeichnet Gestalt des Bixiou, des geistreichen, zynischen Beobachters, dessen Kommentare und Bonmots der Autor mit offensichtlichem Vergnügen aufzeichnet. Urbild dieser Gestalt ist Balzacs Freund Henri Monnier, früher Schreiber im Justizministerium, dann Zeichner und Schriftsteller, dessen Witz und Talent Balzac schätzte und pries und dessen Lithographien *Mœurs administratives* und *Scènes de la vie bureaucratique* er wahrscheinlich die Anregung zu diesem Roman verdankte.

▪ Lit.: M.W. Scott: Variation between the First and the Final Edition of B.s ›Les Employés‹, in: Modern Philology 23, 1926, 3, 315–336. ▪ G. Moyal: La mise en pli: ›Les employés‹ de B., in: Études Littéraires 19, 1986, 1, 95–102. *Ingrid Peter / KLL*

Gambara

(frz.; *Gambara*, 1977, H.E. Jacob) – Die 1837 in der *Revue et Gazette musicale de Paris* veröffentlichte Erzählung erschien 1839 in Buchform und wurde 1846 in die »Études philosophiques« aufgenommen. – Gambara, exzentrischer Komponist und Erfinder eines phantastischen Instruments, des Panharmonicons, ist ein Pendant zu dem besessenen Maler Frenhofer des *Chef-d'œuvre inconnu*, 1831 *(Das unbekannte Meisterwerk)*. Die Anregung zur Gestalt Gambaras gab der Marquis de Belloy, den Balzac deshalb in der Widmung sogar als Mitverfasser anspricht: »Sie haben Gambara geschaffen, ich habe ihn nur bekleidet.«

Graf Andrea Marcosini ist in Marianna, die Frau des verwirrt genialischen Musikers Gambara, verliebt. Er verabredet sich häufig mit ihr im Restaurant des neapolitanischen Meisterkochs Giardini und spielt für kurze Zeit den Mäzen ihres Mannes, indem er ihm die besten Weine Italiens vorsetzt; denn Gambaras Leidenschaft ist das Trinken, und nur der Rausch versetzt ihn in jenen Zustand schöpferischer Produktivität, der ihn zum Entwurf einer »Musik der Zukunft« beflügelt. Nach sechs Jahren schickt Andrea die Geliebte wieder in das armselige Leben mit dem heruntergekommenen, vagabundierenden Genie zurück. Die Straßen entlang hört man das wunderliche Paar die sonderbaren Arien aus Gambaras nie aufgeführten Opern singen.

Ein groteskes Gegengewicht zu diesem unglücklichen musikalischen Prophetentum bilden die verkannten kulinarischen Künste des neapolitanischen Meisterkochs. Doch Hauptthema der Erzählung ist die Musik, und Balzac scheint in der damals aktuellen Kontroverse für und wider die Musik der Deutschen oder der Italiener die Partei der Deutschen bzw. Beethovens zu ergreifen. Wie dieser auf der Suche nach einem absoluten Kunstideal, ordnet Gambara die Musik sowohl den exakten Wissenschaften (Mathematik, Physik, Akustik) als auch der Kunst zu. Er negiert die traditionellen Regeln der Harmonielehre und stellt über die Beziehungen zwischen Ton, Gedanke und Gefühl eine Theorie auf, deren Anwendung in seinem Opus magnum ihn in den Verdacht bringt, wahnsinnig zu sein. Balzac verwendet besonders in den musiktheoretischen Erörterungen eine komplizierte technische und mit italienischen Ausdrücken durchsetzte Diktion. Die bizarre Erzählung erinnert in ihrer Synthese aus detailgetreuem Realismus und skurriler Phantastik an E. T. A. Hoffmann, den Balzac in seiner Einleitung ausdrücklich würdigt.

■ Lit.: M. Andréoli: Sublime et parodie dans les ›Contes artistes‹ de B., in: L'année balzacienne, Nouvelle série 15, 1994, 7–38. ■ K. Ley: Die Oper im Roman. Erzählkunst und Musik bei Stendhal, B. und Flaubert, 1995. ■ B. Didier: Logique du récit musical chez Stendhal et chez B., in: Stendhal, B., Dumas. Un récit romantique?, Hg. C. Massol, 2006, 137–147.

Ingrid Peter / KLL

Histoire de la grandeur et de la décadence de César Birotteau, marchand parfumeur, adjoint au maire du deuxième arrondissement de Paris, chevalier de la légion d'honneur

(frz.; *César Birotteau*, 1982, T. Bergner) – Den 1838 erschienenen Roman, der den »Scènes de la vie parisienne« zugeordnet ist, hat Balzac selbst zu Recht als ein Hauptwerk betrachtet. Der Roman ist in Analogie zu einem dreiaktigen Drama strukturiert. Sein pathetischer Haupttitel spielt auf ↗ Montesquieus Betrachtungen über die Ursachen von Größe und Untergang der Römer an und ist als ironischer Hinweis auf die Selbstüberschätzung des Protagonisten zu verstehen, der auf seinen Vornamen stolz ist.

Zu Beginn befindet sich César Birotteau, der Besitzer des Parfümerieladens »Rosenkönigin«, »auf dem Gipfel seines Glücks«. Er hat sich als Kaufmann durch die Herstellung neuer kosmetischer Mittel mit Zähigkeit und Geschick so weit hochgearbeitet, dass er mit Frau und Tochter ein zufriedenes Leben führen könnte. Die Auszeichnung zum Ritter der Ehrenlegion, die er seiner royalistischen Gesinnung verdankt, empfindet er als Krönung seines Lebens, doch die Freude darüber raubt dem biederen, aber ehrgeizigen und selbstgefälligen Kaufmann den Blick für die realen Möglichkeiten seines Geschäfts. Im Taumel des Erfolgs beschließt er gegen den Rat seiner Frau, seinen Laden zu erweitern und durch die Veranstaltung eines aufwendigen Balles in der Rangordnung der Gesellschaft noch höher zu steigen.

Der Notar Roguin, dessen Hinterlist der arglose Birotteau nicht durchschaut, überredet ihn zu einer gemeinsamen Grundstücksspekulation, bei der fast das gesamte Vermögen Birotteaus eingesetzt werden soll. Auf dem Ball, zu dem die Repräsentanten der Pariser Hautevolee geladen sind, erscheint auch Du Tillet, ein ehemals wegen Diebstahls entlassener Angestellter Birotteaus, der mit viel Geschick in den Kreisen der Hochfinanz Reichtum und Einfluss gewonnen hat. Birotteau ahnt nicht, dass Du Tillet, ein Meister der Intrige, die betrügerische Grundstücksspekulation ersonnen hat, um ihn zu ruinieren.

Die äußerlich glanzvolle Ballnacht wird vom Erzähler als »letztes Auflodern eines Strohfeuers«, »das Ende eines achtzehnjährigen, jetzt dem Verlöschen nahen Wohlstands« interpretiert. Es deutet sich die Peripetie des ›Dramas‹ an, dessen zweiter Akt Birotteau im Kampf mit seinem Schicksal zeigt. Für den Parfümeriehändler, der bislang nicht an unternehmerischer Redlichkeit gezweifelt hat, bricht eine Welt zusammen, als er erfährt, dass sein Vermögen von dem inzwischen geflohenen Roguin veruntreut wurde. Während seine Familie angesichts der Katastrophe Fassung bewahrt, verfällt César – genarrt von den Bankiers Nucingen und Du Tillet, die ihm helfen könnten, und sogar zurückgewiesen von dem Wucherer Gobseck – in einen Zustand dumpfer Betäubung. Der unvermeidliche Bankrott und das Konkursverfahren erscheinen ihm in seiner Erschöpfung am Ende fast wie eine Befreiung nach dem aussichtslosen Kampf um Kredite und die Prolongation der Wechsel. Den letzten Akt des ›Dramas‹ nennt Balzac in Anspielung auf die Katharsis der griechischen Tragödie »Césars Triumph«. Besessen von der Idee der Rehabilitation, kann Birotteau nach drei Jahren äußerster Entbehrung und harter Arbeit nicht nur alle Schulden zurückzahlen, sondern kurz vor seinem Tode auch noch den geschäftlichen Erfolg seines ehemaligen Angestellten und künftigen Schwiegersohnes Popinot erleben, der den Parfümeriehandel weiterführt.

Trotz der novellistischen Dichte der Ereignisse, die fast alle auf den Bankrott Birotteaus bezogen sind, belebt Balzac den Hintergrund des Roman-Geschehens – die Verhältnisse im Paris der 1830er Jahre – durch eine Fülle von Figuren aus fast allen Gesellschaftskreisen. Auch nahezu alle Formen des Geschäftslebens, vom Kleinhandel auf den Märkten bis zur Hochfinanz, sind mit Sachkenntnis dargestellt und in das Romangeschehen integriert. Sogar die Rezepte für die Parfümartikel, die Birotteau mit Hilfe des Chemikers Vauquelin entwickelt, und das detailliert beschriebene Konkursverfahren hat Balzac, dem es auf die Genauigkeit der sozialen Studie ankam, zum Teil wörtlich den Handbüchern seiner Zeit entnommen.

Das Modell für Birotteau war Bully, ein Parfümeriehändler, der im Jahre 1830 bei den Unruhen der Julirevolution sein Geschäft aufgeben musste. Auch das Schicksal Birotteaus erscheint als Folge der politischen und sozialen Unruhen der 1830er Jahre, in denen viele Geschäftsleute (bekanntlich auch Balzac selbst) das Opfer riskanter Spekulationen wurden. In seiner unglaublichen Ahnungslosigkeit, mit der er in das Unglück tappt, und seinem ungebrochenen Ehrgeiz nach der Katastrophe ist César Birotteau aber mehr als nur ein typischer Fall. Wie viele Protagonisten Balzacs ist er ein vom Wahn Besessener, tragisch in seinem naiven Glauben an die Integrität geschäftlicher Transaktionen, lächerlich in seiner Eitelkeit und Selbstgefälligkeit, solange er sich erfolgreich glaubt, und bemitleidenswert in seinem Missgeschick – im Sinne Balzacs das Abbild des Menschen in der Komödie des Lebens: »Birotteaus Unglück ist für mich das Unglück aller Menschen.«

■ Lit.: J. Frolich: L'effet Birotteau, grandeur et décadence, in: L'année balzacienne, Novelle série 11, 1990, 389–402. ■ A. Schröder: H. de B. César Birotteau 1837. Ein Lehrstück über den ökonomischen Entwicklungsstand der Julimonarchie, in: Literaturwissenschaftliches Jahrbuch der Görres-Gesellschaft 41, 2000, 161–183. ■ G. Falconer: B. historien des mentalités? in: Réflexions sur l'autoréflexivité balzacienne, Hg. A. Oliver/S. Vachon, 2002, 55–65.

Volker Roloff

La maison Nucingen

(frz.; *Das Haus Nucingen*, 1982, T. Schücker) – Die 1838 im Rahmen der »Scènes de la vie parisienne« erschienene Dialogerzählung ist Zulma Carraud, einer Freundin des Autors, gewidmet. Von Balzac als satirisches Pendant zu dem gleichzeitig entstandenen Kaufmannsroman *Histoire de la grandeur et de la décadence de César Birotteau* (1838) konzipiert, problematisiert das Werk – eingebettet in eine mit knappen Strichen gezeichnete Rahmenhandlung – Aspekte aus der Welt der Hochfinanz und des neureichen Großbürgertums.

Dem tragischen Untergang des »Märtyrers der kaufmännischen Redlichkeit« wird der skandalöse, mit höchst anrüchigen Geschäftspraktiken verbundene Aufstieg des elsässisch-jüdischen Bankiers Nucingen, der deutlich die Züge Rothschilds trägt, gegenübergestellt. Dieser »Elefant des Finanzwesens« versteht es, gerade im richtigen Augenblick einen Bankrott vorzutäuschen und so seine Gläubiger – nicht immer zu ihrem Schaden – zur Übernahme wertloser Aktienpakete zu zwingen. Mit solchen »Liquidationen à la Nucingen« vermehrt er nicht nur sein durch eine glückliche Spekulation auf die Schlacht von Waterloo erworbenes Kapital, sondern gewinnt auch das uneingeschränkte Vertrauen der Geschäftswelt, bei der er bald den Ruf eines »sehr ehrenhaften Mannes« genießt. Stillschweigend geduldeter Liebhaber von Nucingens Gattin Delphine (geborene Goriot) und mitverantwortlicher Eingeweihter in die Finanzoperationen des Hauses ist der temperamentvolle Bonvivant und ehrgeizige Karrierist Eugène de Rastignac. Eines ihrer Opfer, der in eine Liebesaffäre mit einer Tänzerin verstrickte Dandy Godefroid de Beaudenord, wird von den beiden skrupellos um sein Vermögen geprellt und zuletzt mit einer Stelle im Finanzministerium bedacht.

Diese nicht immer ganz durchsichtigen und für den Laien schwer verständlichen Vorgänge werden im Verlauf einer angeregten Unterhaltung zwischen vier Männern enthüllt, die der Erzähler durch die dünne Trennwand im Speisesaal eines Pariser Restaurants belauscht: Es handelt sich um den Emporkömmling und Zeitungsverleger Finot, den gerissenen Redakteur Blondet, den Spekulanten Couture und den bissigen, »misanthropischen Spaßmacher« Bixiou. Sein satirisches Talent prädestiniert ihn zum maliziösen Wortführer der Gruppe, und als scharfer Beobachter weiß er über die Intrigen und Affären der großen Gesellschaft bestens Bescheid. Diese vier »Condottieri des modernen Industriezeitalters« kommentieren die allgemeine, von fieberhafter Gewinnsucht geprägte Korruptheit, an der sie selbst teilhaben. Es ist Ausdruck bitterster Ironie, wenn gerade von dieser Tischrunde der Unterschied hervorgehoben wird, der im Urteil der Gesellschaft zwischen kleinen Betrügereien und großen Gaunerstücken gemacht wird: »Die Gesetze sind Spinnennetze, durch die die dicken Fliegen hindurchfliegen und in denen die kleinen hängenbleiben«, stellt Blondet resignierend und befriedigt zugleich fest.

Bei dem kurzen Werk handelt es sich um ein bewusst einseitiges, an Balzacs feuilletonistischen Arbeiten geschultes pessimistisches Zeitbild, eine Skizze der fortschreitenden Demoralisierung des Geschäftsgeistes, die er als Folge des in der Restaurationszeit und im ›juste milieu‹ jäh einsetzenden Kapitalismus begreift. Anders als die großen Romane der *Comédie humaine* werden hier keine Einzelschicksale dargestellt, und selbst die auch in anderen Romanen des Zyklus begegnenden Protagonisten Nucingen und Rastignac sind bewusst schwach konturiert.

■ Lit.: J.-L. Bourget: Ni du roman, ni du théâtre. ›La maison Nucingen‹, in: Poétique 8, 1977, 459–467. ■ A. Kotin: ›La maison Nucingen‹ ou le récit financier, in: Romanic Review 69, 1978, 60–71. ■ D. Dupuis: Du ›Neveu de Rameau‹ à ›La Maison Nucingen‹, in: L'année balzacienne, Nouvelle série 18, 1997, 221–234.

Richard Mellein

Le cabinet des antiques

(frz.; *Das Antiquitätenkabinett*, 1967, E. Sander) – Dem 1839 als Teil der »Scènes de la vie de province« erschienenen Roman liegen zwei überarbeitete und erweiterte Fragmente aus den Jahren 1836 und 1838 zugrunde. – Das traurige Schicksal eines jungen adligen Mannes aus der Provinz scheint geeignet, so meint der Moralist Balzac, »zu lehren, wie schädlich die reinsten Tugenden sein können, wenn es an Klugheit fehlt«. Untadelig sind die Tugenden, die der alte Marquis mit dem klingenden Namen Charles-Marie-Victor-Ange Carol d'Esgrignon in seinem seit 100 Jahren unveränderten, antiquierten Salon zur Schau trägt, in Gesellschaft einer verbitterten, aber stolzen Schar ebenso antiquierter Adliger. Die sich darüber mokierende, längst den Errungenschaften der Revolution und anderen Fortschritten huldigende Provinzstadt hat diesem Schauspiel den grausam treffenden Namen »Antiquitätenkabinett« gegeben.

In dieser musealen Umgebung wächst Victurnien auf, der von allen geliebte und verzogene junge Marquis d'Esgrignon, der Balzac'sche Prototyp eines gefährdeten jugendlichen Helden. Als ein Opfer der Tugend – freilich nicht seiner eigenen – gerät er in Paris auf die schiefe Bahn; er wird der Liebhaber der verführerischen Herzogin Diane de Maufrigneuse und wird eines Tages – auf Betreiben des neureichen Du Croisier, eines Feindes seiner Familie – wegen seiner enormen Schulden verhaftet. Unter höchst romantischen Umständen rettet ihn seine als Mann verkleidete Geliebte vor einem schlimmen Schicksal. Nach dem Tod des alten Marquis, der über die Schande seines Sohnes nicht hinwegkommen kann, überlässt Diane den jungen Mann einer Mesalliance mit der reichen Nichte seines Widersachers Du Croisier.

Balzac stellt den Niedergang des Hauses Esgrignon als die notwendige Folge der politischen und sozialen Halsstarrigkeit des alten Marquis dar, der mitten im Zeitalter der Restauration unbestechlich, ahnenstolz und pompös, jedoch ohne den durch die Revolution verlorenen Rückhalt an Besitz und Prestige eine glorreiche Vergangenheit zelebriert. Esgrignon ist eine der imposantesten Persönlichkeiten unter den Überlebenden jener anderen Epoche.

Angesichts der antiquierten Einstellung und geistigen Unbeweglichkeit des Provinzadels erfährt der ehrgeizige Sprössling Victurnien sein Dasein in der Provinz als ein Gefängnis, aus dem ihn sein Aufbruch nach Paris befreit. Die Anziehungskraft der Hauptstadt führt, wie Balzac im Vorwort von 1839 kritisch anmerkt, dazu, dass das Leben in der Kleinstadt im Zeichen der Mittelmäßigkeit steht und Paris zur Metropole des Außergewöhnlichen avanciert. Victurnien, der verwöhnte junge Adlige, ist jedoch unfähig, den großstädtischen Versuchungen zu widerstehen und sich in der Gegenwart, auf die ihn seine Erziehung nicht vorbereitet hat, zurechtzufinden. Als Versager kehrt er in die provinzielle Einöde zurück.

Gegenpol zum Antiquitätenkabinett ist der neureiche Geldadel, verkörpert durch den tatkräftigen Du Croisier, der gegen die Festung der adelsstolzen Selbstgefälligkeit zu Felde zieht und die Gleichheit vor dem Gesetz an Victurnien vollzogen sehen will. Bezeichnend sowohl für die Stellung Balzacs zum Adel als auch für den Geist der Zeit ist der Verlauf des Prozesses: Der König und seine Ratgeber halten es am Ende für unvereinbar mit ihrer Politik, einen jungen Adligen zum Galeerendienst zu verurteilen.

Innerhalb des als glatt und zynisch geschilderten Pariser Adels bereichert Victurniens Geliebte Diane den Reigen der gefährlichen großen Damen der *Comédie humaine*. In den Milieuschilderungen entfaltet Balzac seine genau beschreibende Phantasie und lässt auch die Randfiguren vor dem detailliert geschilderten Hintergrund ihrer Häuser und Wohnungen auftreten.

▪ Lit.: P. Larthomas: Sur le style de B., in: L'année balzacienne, Nouvelle série 8, 1987, 311–327. ▪ L. de Laguérenne: D'un portrait de Mademoiselle de Maupin à la duchesse de Maufrigneuse dans ›Le cabinet des antiques‹. Une lecture créatrice de B., in: L'année balzacienne, Nouvelle série 18, 1997, 413–422. ▪ G. Baker: Empiricism and Empire, in: Yearbook of Comparative and General Literature 51, 2003/04, 167–174.

Ingrid Peter / Brunhilde Wehinger

Le curé de village

(frz.; *Der Landpfarrer*, 1968, E. Sander) – Der Roman erschien 1839 als Feuilleton in drei Teilen, in Buchform erstmals 1841 und in revidierter Version 1845 in den »Scènes de la vie de campagne«. – Véronique wächst als Tochter einfacher, aber insgeheim reicher Eltern wohlbehütet und christlich erzogen in einem kleinen Ort nahe Limoges auf. Die heimliche Lektüre von ↗ Bernardin de Saint-Pierres *Paul et Virginie* hat in ihr schwärmerische Vorstellungen von der Liebe geweckt; ihre Ehe mit dem reichen, aber ältlichen Bankier Graslin wird daher eine Enttäuschung.

Während sie ihr erstes Kind erwartet, erregt die Hinrichtung eines jungen Arbeiters, den man des Mordes überführt hat, die Menschen in der Gegend. Véronique scheint auf geheimnisvolle Weise von diesem Vorkommnis betroffen. Nach der Geburt ihres Sohnes und dem bald darauf folgenden Tod ihres Gatten zieht sie sich auf ihr nahe gelegenes Gut zurück, um sich dort unter Anleitung des Abbé Bonnet nur noch den Werken christlicher Nächstenliebe zu widmen, für die der ebenso gütige wie geschickt seine Chance wahrnehmende Priester ihr Vermögen sehr gut gebrauchen kann.

Der Lebenswille Véroniques ist auf unerklärliche Art erschlafft, und auf dem Totenbett findet sie schließlich die Kraft zur befreienden Tat. Sie sühnt eine alte Schuld in Form eines öffentlichen Geständnisses: Jean Tascheron, der hingerichtete junge Arbeiter, ist der Vater ihres Kindes. Um mit ihr nach Amerika zu fliehen, hatte er einen Diebstahl und, als er dabei vom Hausbesitzer überrascht wurde, einen Mord begangen.

Balzac entwickelt in dem Roman mit dem Eifer eines Sozialreformers das Wohltätigkeitsprogramm des Pfarrers. Darüber hinaus wollte er mit dem vorliegenden Roman »eine Darstellung der katholischen Reue« geben. Die katholische Geistlichkeit, Sprachrohr langer Tiraden Balzac'scher Christlichkeit, wird hier stark idealisiert und dadurch unglaubwürdig. Die Geschichte Véroniques ist die einer langwierigen und problematischen Konversion: Véronique widersetzt sich bis zum Schluss der von Abbé Bonnet verkündeten Botschaft der Gnade. Die Atmosphäre der kleinen Stadt und der Véronique umgebenden Gesellschaft ist meisterhaft eingefangen; mit diesen Schilderungen erreicht der Autor das Ziel seiner großen *Comédie humaine*, »ein Gemälde der Sitten seiner Zeit« zu geben, wobei es ihm hier insbesondere um die thematische Verschränkung der gesellschaftlichen Arbeit und der religiösen Bemühung geht.

▪ Lit.: J. Küpper: B. und der ›effet de réel‹, 1986. ▪ P. Berthier: Le voile de Véronique, in: L'année balzacienne, Nouvelle série 19, 1998, 285–301. ▪ J. Malavié: Présence de la prière dans quelques ›romans catholiques‹ de B., in: Lettres Romanes 52, 1998, 235–260. *Ingrid Peter / Brunhilde Wehinger*

Les secrets de la princesse de Cadignan

(frz.; *Die Geheimnisse der Fürstin von Cadignan*, 1965, F. P. Greve, Überarbeitung von E. Sander) – Die Erzählung erschien 1839 und ist den »Scènes de la vie parisienne« zugeordnet. – Die ebenso schöne wie berüchtigte Diana von Maufrigneuse, eine der am häufigsten wiederkehrenden Gestalten der *Comédie humaine*, lebt nach der Julirevolution völlig zurückgezogen in Paris, nachdem ihr Mann, der vorzeitig gealterte Fürst von Cadignan, im Dienst der französischen Königsfamilie ins Ausland gegangen ist. Während eines Spaziergangs im Mai 1833 gesteht Diana der Marquise d'Espard ein »unglaubliches Geheimnis«. Trotz ihrer zahlreichen Liebesaffären sei sie niemals der wirklichen Liebe begegnet: »Alle Männer, die ich gekannt habe, fand ich klein, armselig, oberflächlich; keiner von ihnen hat mir die leiseste Überraschung gebracht [...]. Ich habe mich unterhalten, aber ich habe nicht geliebt.«

Bei einem Diner stellt die Marquise d'Espard Diana den berühmten Schriftsteller d'Arthez vor, einen durch sein zurückgezogenes Leben in der Liebe wie in den Gepflogenheiten der ›großen Welt‹ unerfahrenen »genialen Mann«, wie ihn Diana bislang vergeblich gesucht hat. Um d'Arthez zu erobern, folgt die Fürstin einem raffiniert ausgeklügelten Plan. Sie spielt ihm die unschuldige, zu Unrecht verleumdete Frau vor, »eine Jungfrau und eine Märtyrerin«, deren scheinbare Vergnügungen nur Rache für eine erzwungene unglückliche Ehe gewesen seien. Mit unerhörter Berechnung und Koketterie setzt Diana jedes Detail ihrer Kleidung, den Klang ihrer Stimme, ihr Mienenspiel und die Wahl der Gesprächsthemen ein, um d'Arthez in ihren Schlingen zu fangen. Dieser glaubt ihr so bedingungslos, dass auch die Verleumdungen Dianas durch ihre früheren Liebhaber ihm keinen Argwohn einzuflößen vermögen. Diana hat ihr Spiel gewonnen, das durch die Liebe zu d'Arthez eine gewisse Rechtfertigung erhält: »Wenn sie so grausige Lügen erfunden hatte, so war sie vom Wunsche getrieben, die wahre Liebe zu erfahren. Diese Liebe fühlte sie in ihrem Herzen anbrechen.«

In der an äußerer Handlung armen Erzählung konzentriert sich Balzacs Interesse auf die psychologischen Momente, die es einer so eitlen und mondänen Frau wie der Herzogin ermöglichen, den geistreichen d'Arthez in ihren Bann zu ziehen, »wie eine Katze, die eine Maus fängt«. Balzac zeichnet in diesem Verhältnis seine persönlichen Erfahrungen mit der Marquise de Castries nach. Doch hält im Fall Dianas dem Zynismus, mit dem Balzac ihre taktischen Manöver bloßlegt, die Bewunderung für ihre geistige Überlegenheit die Waage, die sie zu einer ebenbürtigen Partnerin des genialen d'Arthez macht. Balzac betont wiederholt den »ungeheuren Unterschied, der zwischen vornehmen Frauen, diesen Blumen der großen Welt, und den gewöhnlichen Frauen« des aufstrebenden Bürgertums besteht. Die Aristokratinnen des Faubourg Saint-Germain waren für ihn typische Repräsentantinnen einer absterbenden Gesellschaftsschicht, die ihn wegen ihrer Verfallssymptome und Auflösungserscheinungen besonders anzog. Innerhalb der *Comédie humaine* bildet die Koketterie der großen Damen darüber hinaus den Gegenpol zu der aufrichtigen und opferbereiten Liebe, die auf der niedrigsten Stufe der Gesellschaft gerade von Dirnen verkörpert wird.

▪ Lit.: M. Laffitte: Les secrets de la princesse de Cadignan. Féminité, vérité et roman, in: Revue Romane 28, 1993, 254–286. ▪ A. S. Moger: Dressing and Undressing the Princess of Cadignan. Female Drapery/Narrative Striptease, in: Romanic Review 95, 2004, 315–325. *Heide Eilert*

Pierrette

(frz.; *Pierrette*, 1977, R. Schapire) – Der Roman erschien 1840 in *Le Siècle* und wurde 1843 den »Scènes de la vie de province« zugeordnet. Er behandelt das Schicksal eines von seinen Pflegeeltern zu Tode misshandelten Waisenkinds. Balzac zeichnet hier vielleicht die rührendste seiner engelhaften Mädchengestalten.

Die 14-jährige Pierrette Lorrain wohnt als Dienstmagd im Haus ihrer Verwandten, des Geschwisterpaars Sylvie und Jérôme Rogron, in der Provinzstadt Provins. Nachdem ihr Vater 1814, ein Jahr nach ihrer Geburt, in der Schlacht von Montereau gefallen und ihre Mutter 1819 in jungen Jahren gestorben war, wird sie nach einem Aufenthalt bei den Großeltern in der Bretagne und dann im Armenspital in Nantes 1824 von den Rogrons ins Haus geholt, die sich dadurch Pierrettes Anteil am Besitz des Hauses sichern wollen.

Brigaut, ein Jugendfreund Pierrettes, der als Tischlergeselle in Provins arbeitet, begreift die unerträgliche Lage des geliebten Mädchens, das der altjüngferlichen

Bosheit der Madame Rogron hilflos ausgeliefert ist. Er alarmiert die gutherzige Großmutter. Als diese – inzwischen wieder zu Vermögen gekommen – in der Stadt eintrifft, befreit sie mit seiner Hilfe die schwer kranke Enkelin. Der Notar Auffray, ein anderer Verwandter, übernimmt nach Einberufung des Familienrats die Vormundschaft und stellt den abgesetzten Vormund Rogron unter Anklage. Aber die Ärzte, auch der aus Paris herbeigeholte berühmte Chirurg Desplein, können Pierrettes Leben nicht mehr retten. Sie stirbt an einem Aprilsonntag 1828 und vermacht ihr Erbteil Brigaut. Dieser verhindert die Autopsie der Leiche, die die Rogrons fordern, um ihre angebliche Unschuld an dem Tod des Kindes zu beweisen.

Als Vinet, der Verteidiger der Rogrons, 1830 als Deputierter der Liberalen in die Kammer einzieht, wird Rogron gleich zum Generalsteuerpächter ernannt. Doch Brigaut und der Arzt Martener, die »als einzige die furchtbare Wahrheit« kennen, können Pierrette und ihr Schicksal nicht vergessen. Um einer höheren Gerechtigkeit willen soll sie als Märtyrerin und als Opfer der menschlichen Bosheit im Gedächtnis der Leser weiterleben.

■ Lit.: A.K. Mortimer: Myth and Mendacity: B.s Pierrette and Beatrice Cenci, in: Dalhousie French Studies 51, 2000, 12–25. ■ A.H. Pasco: The Allusive Complex of B.'s ›Pierrette‹, in: French Forum 26, 2001, 3, 27–42.
Richard Mellein

Z. Marcas

(frz.; *Z. Marcas*, 1923, O. Flake) – Die 1840 erschienene Erzählung ist innerhalb der *Comédie humaine* den »Scènes de la vie politique« zugeordnet. – Kurz vor seiner Einschiffung nach den Malaiischen Inseln berichtet Charles Rabourdin von seinen Erinnerungen an einen geheimnisvollen Zimmernachbarn; dieser bewohnte eine jener armseligen Mansarden des Quartier Latin, wie er selbst sie im Jahr 1836 als Student der Rechte mit seinem Freund Juste, einem Medizinstudenten, geteilt hatte. Neben dem löwenhaften Aussehen ihres Nachbarn, das nur durch den resignierten Blick seiner sanften schwarzen Augen gemildert wurde, hatte sie von Anfang an sein Name fasziniert, der in Einklang mit seinem Träger zu stehen schien: »Das Z, das vor Marcas stand [...], dieser letzte Buchstabe des Alphabets rief irgendwie den Gedanken an etwas Verhängnisvolles hervor.« Durch seine offensichtliche Armut und einen spartanischen Lebensstil, der nicht zu seiner imposanten Erscheinung passen will, ruft Marcas die Neugier der beiden Studenten hervor. Es gelingt ihnen schließlich, mit ihm soweit bekannt zu werden, dass er ihnen seinen Lebensweg erzählt, der paradigmatisch für die Opfer steht, die Frankreichs Jugend zu bringen hat.

Marcas ist voll hochfliegender Pläne aus der Provinz nach Paris gekommen. Durch überragende Begabung und außergewöhnlichen Ehrgeiz hat er sich so umfassende juristische und historische Kenntnisse erworben, dass er, der zudem über ein ungewöhnliches Rednertalent verfügte, zum Staatsmann prädestiniert erscheint. So verwendet er sich während seiner Tätigkeit als politischer Redakteur für einen Abgeordneten in der Hoffnung, von diesem eine Anleihe zu erhalten und dadurch selbst ins Parlament gewählt werden zu können. Als Minister versagt der durch ihn lancierte Politiker ihm jedoch aus Rivalitätsdenken jede Hilfeleistung. Marcas trägt daraufhin zu seinem Sturz bei, verliert aber selbst durch hinterlistige Machenschaften des gestürzten Ministers seine Stellung. Im Jahre 1837 geht Marcas trotz allem auf ein dringliches Angebot des ehemaligen Ministers ein, der inzwischen seine Unentbehrlichkeit erkannt hat. Er erhält eine hohe Staatsstellung, doch wird die neu gewählte Regierung bereits drei Monate später gestürzt. Mittellos, von übermenschlicher Arbeitsleistung erschöpft, kehrt Marcas in seine Mansarde zurück. Kurze Zeit darauf erliegt er einem Nervenfieber. Charles und Juste aber befolgen seinen Rat und wandern aus.

Am Beispiel Marcas', dem er autobiographische Züge lieh, wollte Balzac jenen ohnmächtigen Kampf der Intelligenz gegen eine korrupte Gesellschaft demonstrieren, jenen »ungeheuren Verlust von Energie«, den er selbst während seiner ersten Pariser Jahre erfahren hatte. Die Erzählung stellt darüber hinaus seinen schärfsten Angriff gegen das Regime Louis-Philippes dar, in dem »die jungen tätigen und überlegenen Geister vom Gewicht der neidischen, unersättlichen und auf ihren Erfolg eifersüchtigen Mittelmäßigkeiten erdrückt werden«.

■ Lit.: O. Heathcote: Nécessité et gratuité de la violence chez B. ›Z. Marcas‹, in: L'année balzacienne, Nouvelle série 20, 1999, 153–168.
Heide Eilert

Une ténébreuse affaire

(frz.; *Eine dunkle Affäre*, 1968, E. Rechel) – Der 1841 erschienene Roman ist innerhalb der *Comédie humaine* den »Scènes de la vie politique« zugeordnet. – Nach der mysteriösen Entführung des kaiserlichen Senators Malin aus seinem Schloss Gondreville in der Champagne im Jahre 1806 lenken Angehörige der Pariser Geheimpolizei unter Corentin allen Verdacht auf vier ehemalige Emigranten, die Brüder Simeuse und Hauteserre, sowie auf Michu, den Verwalter von Gondreville. Die vier jungen Adeligen, die durch ihre Teilnahme an einer Verschwörung gegen Napoleon im Jahre 1803 ohnehin vorbelastet sind, werden zu Zwangsarbeit, der allen verhasste Michu jedoch zum Tode verurteilt. Unter Einsatz ihres Lebens gelingt es der schönen Laurence de

Cinq-Cygne, am Vorabend der Schlacht von Jena eine Audienz bei dem verhassten »Usurpator« Napoleon zu erhalten und ihm ein von Talleyrand abgefasstes Gnadengesuch zu überreichen. Napoleon wandelt das Urteil gegen die vier Vettern von Laurence in einen erzwungenen Eintritt in seine Armee um, der drei von ihnen das Leben kosten wird. Auf Michus Hinrichtung aber besteht er: »Sie müssen wissen, Mademoiselle, daß man für die Gesetze seines Landes fallen muß wie hier für seinen Ruhm.«

Das Geheimnis um die »dunkle Affäre« wird erst 30 Jahre später während einer Abendgesellschaft bei der Fürstin von Cadignan gelüftet: Der Premierminister Henri de Marsay deckt die Hintergründe einer Verschwörung gegen Napoleon auf, an der Fouché, Talleyrand, Sieyès und der entführte Senator Malin beteiligt waren, die mit einer Niederlage Napoleons bei Marengo gerechnet hatten. Da die Proklamationen des geplanten neuen Direktoriums bereits gedruckt waren und von Malin in Gondreville aufbewahrt wurden, hatte Fouché Angehörige der Staatspolizei zu dem Schloss entsandt, um alle belastenden Papiere vernichten und den geheimen Briefwechsel zwischen Ludwig XVIII. und Malin beschlagnahmen zu lassen. Damit wollte er einem Verrat Malins zuvorkommen. Durch die heimtückische Lenkung des Verdachts auf Michu und die vier Emigranten aber konnte sich der zynische Stutzer Corentin zugleich für eine tödliche Beleidigung rächen, die er 1803 während einer Hausdurchsuchung von Laurence hatte hinnehmen müssen.

Der spannend erzählten, dramatischen Handlung des Romans liegt ein historisches Ereignis zugrunde, die Entführung des Senators Clément de Ris durch sechs ehemalige ›Chouans‹ aus seinem Schloss Beauvais bei Tours im Jahre 1800. De Ris wollte angeblich nach einer Niederlage Napoleons im Italienfeldzug zusammen mit Talleyrand und Fouché die Macht ergreifen.

Thema des Romans ist somit – wie in Balzacs frühem Werk *Les Chouans*, 1829 *(Die Chouans)* – der aussichtslose Kampf der Königstreuen. Er wird auf dem Höhepunkt der Handlung zu der symbolischen Szene verdichtet, in der Laurence de Cinq-Cygne vor Napoleon die Knie beugt. Durch die Gegenüberstellung dieser beiden einander an Leidenschaft und Willensstärke ebenbürtigen Ausnahmemenschen gab Balzac in einem visionären Bild den Machtverhältnissen Frankreichs an einem Wendepunkt seiner Geschichte Ausdruck.

Balzac hat zwar die amazonenhafte Laurence de Cinq-Cygne der Diana Vernon aus Walter Scotts Roman *Rob Roy* nachgebildet, doch aufs Ganze gesehen sprengt er den Rahmen des historischen Romans Scott'scher Prägung. Früh schon bezeichnete man *Une ténébreuse affaire* als Kriminalgeschichte, und indem der Roman das Geheimnis einer undurchsichtigen, erst am Ende aufgeklärten Tat umkreist und das eigenmächtige Vorgehen der Polizei, insbesondere Corentins, aufgrund von Indizien und Zeugenaussagen schildert, nimmt er in der Tat Züge eines Geheimnisromans an, wie sie sich zeitgleich in E. A. Poes Erzählung *The Murders in the Rue Morgue* finden.

▪ Lit.: M. F. Taylor: Mythes des origines et société dans ›Une ténébreuse affaire‹ de B., in: Nineteenth-Century French Studies 14, 1985/86, 1/2, 1–18. ▪ O. Heathcote: B. at the Crossroads. The Emplotment of Terror in ›Une ténébreuse affaire‹, in: The Play of Terror in Nineteenth-Century France, Hg. J. T. Booker, 1997, 130–146.

Heide Eilert

La fausse maîtresse

(frz.; *Die falsche Geliebte*, 1965, E. Sander) – Die Erzählung erschien 1841 in *Le Siècle* und ist im ersten Band der *Comédie humaine* den »Scènes de la vie privée« zugeordnet. – Hauptmann Thaddée Paz, die männliche Hauptfigur der Erzählung, ist der Inbegriff des aus unwandelbarer Treue zu seinem Freund jeder Versuchung widerstehenden platonisch Liebenden. Schauplatz der Erzählung ist Paris, wo Paz, ein verarmter Aristokrat, mit seinem polnischen Freund Adam Laginski, der ihm zweimal im Krieg das Leben gerettet hat, als dessen freiwilliger Vermögensverwalter im Exil lebt. Adams bezaubernde französische Frau, Clémentine du Rouvre, versucht ihn zu verführen. Paz widersteht jedoch ihrer Koketterie, obgleich er sie liebt, und täuscht eine Liaison mit der Zirkusreiterin Malaga vor, die er als seine Geliebte ausgibt, wodurch er sich Adams liebevollen Spott und Clémentines Verachtung zuzieht. Als er die Situation nicht mehr ertragen kann, löst er entschlossen den Konflikt zwischen Leidenschaft und Freundestreue, indem er auf Frau und Freund verzichtet. Er täuscht eine Reise nach Russland vor und taucht unter Hinterlassung eines Briefes, in dem er Clémentine seine wahren Gefühle bekennt, in Paris unter.

Der unmittelbare Anlass zur Niederschrift dieser Erzählung war Balzacs sympathisierendes Interesse für die seit dem missglückten Unabhängigkeitskampf von 1830/31 im Pariser Exil lebenden Polen. Er schildert sie als glühende Patrioten mit starker Neigung zum Mystizismus. Ihr Repräsentant Laginski, der ein Leben in großem Stil führt, wird nur durch die Ehe und die eifrige Sorge des Freundes in Zaum gehalten. Balzac erzählt diese romantische Geschichte in der für ihn charakteristischen Weise: realistisch, unter Aufbietung einer Fülle bewundernswert genau beschriebener Details.

▪ Lit.: B. Westphal: Relire B. De ›La fausse maîtresse‹ à ›L'autre maîtresse d'Elisabetta Rasy‹, in: Revue de Litterature Comparée 67, 1993, 513–517. ▪ C.-P. Maestre: ›La fausse maîtresse‹, in: L'Esprit et les Lettres, Hg. F.-C. Gaudard, 1999, 303–309.

Ingrid Peter / KLL

Ursule Mirouët

(frz.; *Ursula Mirouet*, 1926, W. Benjamin) – Der Roman erschien 1841 als Teil der »Scènes de la vie de province«. – Der berühmte Arzt und Aufklärer Doktor Minoret, der sich im Jahr 1815 in Nemours zur Ruhe gesetzt hat, fasst sein Testament zugunsten seines Patenkindes, der bildschönen, vielseitig gebildeten Ursula Mirouët, und ihres Verlobten Savinien de Portenduère ab. Doch kurz vor seinem Tod im Jahre 1834 stiehlt einer seiner gesetzmäßigen Erben, der ebenso reiche wie habgierige Postmeister Minoret-Levrault, dieses Testament und entwendet die Ursula zugedachten Rentenverschreibungen, noch bevor die übrigen Erben, »gleich Krähen, die das Begraben eines Pferdes abwarten, um die Erde wegzuscharren und mit ihren Krallen und Schnäbeln aufzuwühlen«, herbeieilen können. Ursula lebt von nun an in ärmlichen Verhältnissen, in die sie sich mit außergewöhnlicher Sanftmut und Charakterstärke fügt. Doch dem von Gewissensbissen gequälten Postmeister ist sie ein ständiges Ärgernis, so dass er schließlich den mephistophelischen Notariatsschreiber Goupil dazu anstachelt, das junge Mädchen durch infame Beschuldigungen und Angriffe gegen ihre Ehre aus Nemours zu vertreiben. Ursula erkrankt infolge all dieser Beleidigungen und Drohungen schwer und wird in einem »Zustand körperlicher Erschöpfung, in der sie die Herrschaft über Seele und Geist verlor [...], der Schauplatz von kataleptischen Phänomenen«.

In nächtlichen Visionen erscheint ihr mehrmals ihr Pate Minoret, der sie über sein Testament und Minoret-Levraults Diebstahl aufklärt. Sie weiht nur den Priester Chaperon in ihre Visionen ein, der seine Schweigepflicht erfüllen muss. Doch kommen der Aufdeckung des Verbrechens das schlechte Gewissen des Postmeisters sowie ein Hinweis des Friedensrichters entgegen, der in einem Buch Minorets die Nummern der gestohlenen Rentenverschreibungen gefunden hat. Obwohl Ursula von einer Anzeige gegen Minoret-Levrault absieht, wird dieser doch auf andere Weise schwer bestraft: Sein einziger Sohn kommt bei einem Unfall ums Leben, wie Minoret es Ursula in ihren somnambulen Zuständen vorhergesagt hat, seine herrschsüchtige Frau Zélie aber stirbt in einer Nervenheilanstalt. Der völlig gebrochene Postmeister vermacht fast sein gesamtes Vermögen Ursula, die endlich Savinien de Portenduère heiraten und mit ihm nach Paris ziehen kann.

Balzac bezeichnete seinen Roman selbst als ein »Meisterwerk der Sittenschilderung«. Tatsächlich hat er in kaum einem anderen Buch die Analyse des Lasters und der Gemeinheit so weit vorangetrieben wie hier mit der Darstellung von Minorets Verwandten und deren Untergebenen. Die in den verschiedensten Abstufungen geschilderte Habsucht, jeweils nach Charakter, Temperament, Beruf oder gesellschaftlicher Stellung differenziert, lässt den Roman zu einem Bestiarium der menschlichen Bosheit werden. Die verheerenden Folgen des Lasters sind an den beiden physiognomischen Beschreibungen des Postmeisters abzulesen, die Balzac an den Anfang und das Ende des Romans gestellt hat. Deren bloße Gegenüberstellung zeigt den Verfall einer Persönlichkeit, die sich aus einem »glücklichen Narren« zu einem »alten, welken, wie vom Blitz getroffenen Baum« gewandelt hat. Den Vertretern des Lasters gegenüber sind, wie häufig bei Balzac, die moralisch integren Gestalten um Minoret zu blass geraten.

Die eigentliche Bedeutung des Romans liegt jedoch in seinen mystischen Aspekten, die Balzac im sechsten, zunächst mit »Précis sur le magnétisme« überschriebenen Kapital auch theoretisch zu begründen versucht hat. Während der Autor, der Theosoph und Anhänger der Lehre vom Magnetismus war, okkulte Phänomene zunächst isoliert dargestellt hatte *(Jésus-Christ en Flandre, Louis Lambert, Séraphîta)*, fügt er sie hier in eine realistische Handlung ein, an deren Verlauf sie entscheidenen Anteil haben. Durch die Überlagerung der Realität mit Erscheinungsformen des Übersinnlichen ist *Ursule Mirouët* ein Bindeglied zwischen den so verschiedenen Teilen der »Études de mœurs« und der »Études philosophiques« der *Comédie humaine*.

■ Lit.: J. Homayoun: La Conversion du Dr Minoret dans ›Ursule Mirouët‹ de B., in: Lettres Romanes 55, 2001, 53–66. ■ Y. Hsieh: Splendeurs et misères des mots: ›B. et la petite tailleuse chinoise‹ de Dai Sijie, in: Etudes Francophones 17, 2002, 93–105. ■ M. Tilby: B.'s Magnetic Saints. A Note on ›Ursule Mirouët‹, in: French Studies Bulletin 95, 2005, 12–15. *Heide Eilert*

Albert Savarus

(frz.; *Albert Savarus*, 1953, M. Krell) – Der 1842 erschienene Roman ist Teil der »Scènes de la vie privée« der großen *Comédie humaine*. – Albert Savarus, der illegitime Sohn des brabantischen Grafen Savaron de Savarus, verliebt sich in die italienische Herzogin Francesca von Argaiolo, die unglücklicherweise einem ältlichen Gatten angetraut ist. Ausdauernd liebend, auf die Vorsehung und den Tod des Alten hoffend, lässt sich Albert als Advokat in Besançon nieder, wo der Ehrgeizige sich bald einen glänzenden Ruf erwirbt und eine politische Karriere vor sich hat, die er einst der Geliebten zu Füßen legen will. Indessen verliebt sich zu seinem Unglück eine gegen mütterliche Tyrannei revoltierende 17-Jährige in ihn: Rosalie de Watteville, die ihn als Autor einer pseudonym veröffentlichten Novelle entlarvt. Unter dem Titel »Der Ehrgeizige aus Liebe« – eine Parallelgeschichte zum ganzen Roman – hat Albert sich Liebeserlebnis, -kummer und -hoffnung von der Seele geschrieben. Rosalie errät die Wahrheit, präzisiert ihren

Verdacht durch geschickte Überwachung von Alberts Korrespondenz, verhindert seinen sicheren Erfolg im Wahlkampf und vereitelt mittels einer infamen Brieffälschung seine Ehe mit der inzwischen verwitweten Herzogin von Argaiolo. Albert Savarus, für den Sinn und Ziel seines Lebens sich in Nichts auflösen, entschwindet als »Bruder Albert« in ein Trappistenkloster. Rosalie, die aus ihrer Bosheit keinen Gewinn gezogen hat, zieht sich auf ein Landgut zurück. Da sie ihrer Mutter den ihr zugedachten Salonlöwen Amadeus überlässt, kommt wenigstens diese Ehe zustande, die eine alternde Frau verjüngt und einen jungen Mann altern lässt.

In keinem anderen Werk spricht Balzac so bewusst von seiner eigenen Lebensproblematik wie in diesem Porträt eines unverstandenen großen Mannes, der der Bosheit seiner Mitmenschen zum Opfer fällt. Was Savarus seinem Freund anvertraut – »Dieser Kampf mit den Menschen und Dingen, in dem ich unaufhörlich meine Kraft und Energie erschöpft habe, in dem ich die Triebkraft des Willens verbrauchte, hat mich sozusagen innerlich ausgehöhlt« –, äußert Balzac auch in eigenem Namen: »Indem man Herz und Geist ermüdet, kommt man so weit, daß man das, was anfangs das Ziel des ganzen Lebens war, nicht mehr will.« In manchen Passagen lebt das große Thema der *Comédie humaine*, der Mensch, verzehrt und ausgebrannt von Willen, Begehren und Leidenschaft: »Sterbend am Ziel anlangen, wie jener Läufer der Antike! das Glück schauen und zugleich den kommenden Tod auf der Schwelle der Tür! die Geliebte erlangen in dem Augenblick, da die Liebe erlischt! Nicht mehr genießen können, wenn man das Recht gewonnen hat, glücklich zu leben!«

Offenkundig hat der Roman eine autobiographische Tendenz: Er ist eine pathetische Botschaft an die »geliebte Fremde« Madame Hanska, die – seit November 1841 Witwe – endlich Balzacs Leben verändern könnte. Aus der Ukraine kommt indes zunächst eine Absage. Auf die dadurch hervorgerufene Lebenskrise antwortet der Autor mit dem der angebeteten Polin gewidmeten Roman. Zugleich findet sein Talent zu realistischer Darstellung in den eigenbrötlerischen Bewohnern der Provinzstadt Besançon und ihren kleinlichen Interessen und Konflikten einen dankbaren Stoff. Mit dem mit Savarus befreundeten Abbé de Grancy hat Balzac überdies einen weiteren Vertreter der in seinem Œuvre zahlreichen verschlagenen und zugleich weltgewandten Pfarrerfiguren geschaffen. Die eifersüchtige und raffinierte, exzentrische und unheimliche Rosalie schließlich nimmt in der *Comédie humaine* einen hohen Rang unter den zahllosen bösen Frauen ein, die sie zwar nicht an Erfahrung, wohl aber an angeborenem, hartnäckigem Genie des Zerstörens übertrifft.

▪ Lit.: P. R. Duke: La muse maternelle dans ›Le lys dans la vallée‹ et ›Albert Savarus‹, in: B. pater familias, Hg. C. Bernard/F. Schuerewegen, 2001, 41–50. ▪ W. Hempel: Liebesbriefe in fremdem Namen vor, nach und bei H. de B., in: Archiv für das Studium der neueren Sprachen und Literaturen 156, 2004, 2, 305–332.

Ingrid Peter / KLL

Modeste Mignon

(frz.; *Modeste Mignon*, 2009, C. Vollmann) – Der Roman erschien 1844 in *Le journal des débats*, in der *Comédie humaine* 1845 ist er den »Scènes de la vie privée« zugeordnet.

Als der Kaufmann Charles Mignon, Comte de la Bastie, nach der Konsolidierung seiner Finanzen im Jahr 1829 aus Übersee nach Le Havre heimkehrt, findet er seine Tochter Modeste, obwohl sie die Zeit seiner Abwesenheit mit der erblindeten Mutter zurückgezogen – und streng bewacht im Kreis verlässlicher Freunde – verbracht hat, in eine romantische Liebesaffäre verstrickt. Wohl ließ sie es nach den unglücklichen Erfahrungen der älteren Schwester, die an der Seite eines Verführers das Elternhaus verlassen hat und tragisch ums Leben gekommen ist, nicht an der gebotenen Vorsicht fehlen, doch das Erbteil der deutschen Mutter – neben der »himmlischen« Blondheit ist ihr ein schwärmerischer Idealismus eigen – erwies sich als stärker. Sie hat sich, voller Begeisterung für seine Gedichte, in den Modedichter Baron de Canalis, in dem Balzac eines der »Häupter der romantischen Schule« darstellt, verliebt und mit ihm einen Briefwechsel begonnen. Ebenso blasiert wie zynisch, interessiert sich Canalis für die schöne Verehrerin erst, als er von der Millionenmitgift erfährt. Canalis hat ihre Briefe seinem Freund und Sekretär Ernest de la Brière zur Beantwortung übergeben. Ernest wird von dem mädchenhaften Enthusiasmus Modestes gerührt und bald von heftiger Liebe ergriffen.

Über den wahren Verfasser der Antwortbriefe aufgeklärt, straft Modeste Ernest zunächst mit Verachtung. Doch auf einem Jagdausflug fällt die Entscheidung: Modeste erkennt, dass allein Ernest von »wahrer Liebe« beseelt ist und weist sowohl Canalis als auch den Herzog von Hérouville, einen dritten Bewerber, zurück.

Balzac zeichnet hier optimistisch das Ideal einer auf Gefühl und Konvention gleichermaßen gegründeten Liebesheirat. Die vorbildliche Entscheidung der Heldin für den schüchternen, aufrichtigen Ernest reift als Resultat einer langen Reihe korrigierter Vorurteile und Täuschungen, eines Kampfes zwischen »Poesie und Wirklichkeit, Illusion und Gesellschaft«, wie er vor allem im deutschen Bildungsroman dargestellt worden ist.

Die Entscheidung zwischen dem »Poeten« und dem »Sekretär« ist literarhistorisch bedeutsam und nicht ohne polemische Akzente: In der Gestalt des abgewiesenen Poeten Canalis kritisiert Balzac die Kunst des Klassizismus, der rein ästhetischen Imagination, zugunsten des Handwerks. Halb Tasso, halb Mephisto, schwankt Canalis zwischen einem tragischen Mangel an Wirklichkeitssinn und einer teuflischen Skrupellosigkeit. Als Stratege seines Ruhmes, der überdies in einem korrupten konstitutionellen System politisch aktiv werden will, ist er in Balzacs Augen besonders suspekt.

Die überragenden Qualitäten des Romans beruhen vor allem auf der Plastizität seiner Charaktere. Nicht nur die ›idealen‹ Hauptgestalten Modeste, Ernest und Vater Mignon erfahren eine genaue und milieunahe Zeichnung, auch eine Reihe von Nebenfiguren beweist eine – mitunter humoristisch getönte – Lebendigkeit.

▪ Lit.: C. Planté: ›Modeste Mignon‹. Les Lettres, la voix, le roman, in: L'année balzacienne 20, 1999, 279–292. ▪ A. Oliver: (Im)Modeste Mignon. Un roman balzacien en déshabillé, in: Réflexions sur l'autoréflexivité balzacienne, Hg. S. Vachon, 2002, 155–167. ▪ T. Cave: Modeste and Mignon. B. Rewrites Goethe, in: French Studies. A Quarterly Review 59, 2005, 311–325.

Richard Mellein

Les paysans

(frz.; *Die Bauern*, 1965, E. Sander) – Der ab 1835 entstandene Roman erschien in zwei Teilen 1844 in *La Presse* (erster Teil) und 1855 in *La Revue de Paris* (zweiter Teil; in einer Redaktion der Witwe des Autors); im selben Jahr wurde er in die »Scènes de la vie de campagne« der *Comédie humaine* aufgenommen.

Im Mittelpunkt der Handlung steht das Gut Les Aigues in Burgund. Graf Montcornet, ein ehemaliger napoleonischer General, der mit dem Erwerb des Besitztums vergeblich versucht, auf dem Lande Fuß zu fassen, hat es im Sinne jahrhundertealter feudaler Kultur nach zwei Seiten hin zu verteidigen: gegen ein wucherisches kleinstädtisches Bürgertum und gegen die Landgier starrköpfiger, diebischer Bauern. Den Kampf und die Interessenansprüche der drei Lager beleuchtet der Erzähler von wechselnden Standpunkten aus.

Balzac spart nicht mit Kritik an den Vertretern der Feudalaristokratie, der dennoch seine Sympathie gehört. So wird der Gräfin vorgeworfen, nur mit eitler, sporadischer Mildtätigkeit die Not der Bauern anzugehen, dem Grafen, dass er durch die Aufhebung üblich gewordener Rechte, wie der Nachlese und des Holzsammelns, die alte straffe Ordnung wiedererrichten will und so seine Bauern in die Ungesetzlichkeit, ja in die Revolte drängt. Sie verschaffen sich das Ihre, indem sie die Verbote mit List umgehen.

Zum Exponenten des aufstrebenden Kleinbürgertums entwickelt sich der von Montcornet entlassene betrügerische Gutsverwalter Gaubertin, der als Bürgermeister den Bezirk in seine Gewalt bringt. Durch Schiebungen und andere unlautere Machenschaften gelingt es ihm, den ansässigen Holzhandel zu beherrschen, durch Landversprechungen und erpresserische Kredite bekommt er die Bauern in die Hand. Am Ende steht die Versteigerung des Guts an eine zwielichtige Spekulationsgesellschaft.

Durch den Verkauf und die darauf erfolgende Parzellierung ist Jahre später (1837) an die Stelle der harmonischen Schönheit des kultivierten Herrensitzes und seiner gepflegten Parkanlagen die »Kleinwirtschaft« getreten, die kahl geschlagene Landschaft gleich der »Musterkarte eines Schneiders«.

Der Journalist Émile Blondet (bekannt aus *Le cousin Pons*, 1847) kommentiert, als er an der Seite der inzwischen verwitweten und mit ihm wiederverheirateten Gräfin das Gut besucht, diese Veränderung mit Resignation und bitterer Ironie: »Das ist nun der Fortschritt! [...] Mein Gott, was wird in kurzem aus den Königen geworden sein! Aber was wird bei dem Stand der Dinge dann aus den Nationen selbst werden?«

Im Vergleich zu den vorangegangenen Romanen aus dem ländlichen Milieu, *Le médecin de campagne* (1833) und *Le curé de village* (1839), in denen Balzac sozialreformerische Helden utopisch-philanthropische Programme zur Rettung des Bauernstands entwickeln lässt, ist *Les paysans* bereits vom Pessimismus des Spätwerks geprägt. Mit frappierendem Scharfblick werden hier soziologische und ökonomische Sachverhalte und Wandlungen analysiert. Balzac sieht jetzt klar die Gefahren der nicht mehr aufzuhaltenden Auflösung des Feudalismus: die neuerliche, noch härtere Unterdrückung und Ausbeutung der Bauern durch die kapitalistische Bourgeoisie, die Unwirtschaftlichkeit der Bodennutzung durch fortschreitende Zerstückelung des Landes, die Zerstörung der alten, auf dem feudalen System gegründeten Kultur. Das Schicksal des Landadels erscheint an das der Bauern gebunden; entscheidend aber ist für Balzac in erster Linie nicht das Schicksal der Bauern, sondern die Zukunft des Feudalismus. Doch die sozialistische Lösung des Problems erscheint nur als apokalyptische Vision.

Das ideologische Gerüst wird in kraftvolle, mitunter krasse und harte Situationen und Vorgänge aufgelöst und weder durch weitschweifige Nebenhandlungen noch durch traditionelle Idyllen verschleiert. In der schonungslosen Darstellung der Bauern und Grundherren hebt sich der Roman von der Sozialromantik Lamennais' oder George ↗ Sands ab.

▪ Lit.: S. Swahn: Poétique des ›Paysans‹. L'anti-idylle dans un roman de B., in: L'année balzacienne 20, 1999, 217–227. ▪ F. Jameson: The Political Unconscious, in: The Novel. An Anthology of Criticism and Theory 1900–2000, Hg. D. Hale, 2006, 413–433.

Richard Mellein

Illusions perdues

(frz.; *Verlorene Illusionen*, 1952, O. Flake) – Der Roman erschien in den drei Teilen *Les deux poètes* (1837), *Un grand homme de province à Paris* (1839) und *Les souffrances de l'inventeur* (1843); eine gemeinsame Ausgabe folgte Ende 1843 (evtl. Frühjahr 1844) als achter Band der *Comédie humaine* in den »Scènes de la vie province« mit einer Widmung an Victor ↗ Hugo, mit dem Balzac seit Ende der 1830er Jahre befreundet war.

Das Romangeschehen ist in Paris und der Departementstadt Angoulême zwischen 1819 und 1829 angesiedelt. Bereits im Titel der *Illusions perdues* verweist Balzac auf den restlosen Verlust des Vertrauens in regenerierende Kräfte; das Werk ist wie ↗ Stendhals *Le rouge et le noir* das Dokument einer Resignation, wie sie von der französischen Gesellschaft nach der Abdankung Napoleons empfunden wurde. Wenngleich die nicht ganz neue Problematik der französischen Restauration auch von Stendhal, Hugo und ↗ Dumas behandelt wurde, ist die Art der Auseinandersetzung vor allem typisch für die Verdüsterung des Welt- und Menschenbildes beim späten Balzac.

Den gesellschaftlichen Zuständen, die schließlich zur Pariser Julirevolution führen sollten, gilt Balzacs Kritik, die vordringlich durch zwei gegensätzliche Dichterpersönlichkeiten zum Ausdruck kommt: Der idealistisch gesinnte Daniel d'Arthez erscheint als Gegenpol zu dem aufstrebenden Lucien de Rubempré, der in diesem Roman zum Protagonisten aufsteigt; die Handlung der *Illusions perdues* bereitet damit den fast gleichzeitig in Angriff genommenen Roman *Splendeurs et misères des courtisanes* (1839–1847) vor; das durch diese beiden Romane gebildete Diptychon ist Balzacs herausragendes Spätwerk. Handelt *Splendeurs et misères* von der Kommerzialisierung der Gefühle, so ist das zentrale Thema der *Illusions perdues* die an Marx gemahnende These von der Entfremdung des Geistes unter den Bedingungen der Industriegesellschaft, die am Beispiel eines Erfinders und eines Dichters gezeigt wird.

Teil I führt in die provinzielle Welt der »beiden Dichter« ein. Der ebenso knauserige wie durchtriebene alte Buchdrucker Nicolas Séchard übervorteilt seinen Sohn David, als es darum geht, ihm den Familienbetrieb zu übergeben. Er verpflichtet den Sohn, ihm eine exorbitante Leibrente zu zahlen, die das marode Unternehmen gar nicht abwirft, weil die lukrativen Druckaufträge an das modern ausgestattete Konkurrenzunternehmen der Brüder Cointet gehen. In dieser desolaten Situation arbeitet David an einem Patent zur Papierherstellung. Trost findet er in den Versen seines Freundes, des Dichters Lucien Chardon. Dieser ist der mittellose Sohn eines Apothekers und der Mademoiselle de Rubempré, deren aristokratischen Namen er annimmt, als er sich aufmacht, um in Paris zu arrivieren. Er leiht sich für seine Reise nach Paris 2000 Francs von David, der dafür einen Wechsel ausschreibt. Bald nach Luciens Abreise heiratet er dessen Schwester Ève.

Teil II zeigt den »großen Mann aus der Provinz in Paris«. In die große Welt der Salons wird Lucien durch den Baron Châtelet eingeführt. Bald erkennt Lucien die Hohlheit dieser Welt, sehnt sich beinahe nach den Frauen der Provinz zurück. Seine platonische Beziehung zu der verheirateten Anaïs de Bargeton, in deren Salon er verkehrt, führt zu Gerüchten, die durch Baron Châtelet geschürt werden, der ältere Rechte auf Anaïs anmeldet. Lucien muss sich mit Anaïs' Ehemann duellieren. Anaïs ihrerseits wird, als die feine Gesellschaft sie mit ihrem Galan aufzieht, Luciens überdrüssig und lässt ihn fallen, um sich wieder dem Baron zuzuwenden.

Lucien sinnt auf Rache, ohne die Möglichkeit dazu zu haben: Bald zeichnet sich das Ende seiner finanziellen Reserven ab. Literarische Projekte scheitern an den Verlegern, die rein kommerziell ausgerichtet sind und in einem unbekannten Dichter ein Risiko sehen. (Balzac, der mit seinen ersten verlegerischen Unternehmungen Schiffbruch erlitt und sich dadurch bis an sein Lebensende verschuldete, hat hier aus eigener bitterer Erfahrung ein realistisches Bild des literarischen Marktes gezeichnet.)

Lucien adaptiert indes die gesellschaftlichen Spielregeln, die ihn zusehends skrupellos werden lassen. Anfangs mit dem fortschrittlichen, doch erfolglosen Poeten Daniel d'Arthez freundschaftlich verbunden, lässt er diesen fallen, als er dem Journalisten Lousteau begegnet, der ihm den Zugang zur gewinnträchtigen Welt des Journalismus ermöglicht.

An die Stelle des romantischen Dichters tritt der Routineschreiber Lucien. Seine gewandte Feder lässt ihn über Nacht zum brillanten Theaterkritiker aufsteigen. Anlässlich einer Theateraufführung verliebt er sich in die Schauspielerin Coralie, die seine Geliebte wird. Die Kollegen umschmeicheln den gefürchteten Kritiker, der sich nun beträchtlicher Honorare erfreut. Doch mit dem Höhepunkt im privaten wie beruflichen Bereich erfolgt der Umschwung, da Lucien durch den raschen Erfolg Augenmaß und Eigenwahrnehmung einbüßt. Durch seine journalistischen Arbeiten bloßgestellte Aristokraten schmieden Ränke gegen ihn. Da der Aufsteiger Lucien sein Adelsprädikat legitimieren will, tut er sich mit den Monarchisten zusammen, stößt damit aber seine früheren liberalen Gönner vor den Kopf: Um seine horrenden Spielschulden abzutragen, lässt er sich darauf ein, das Buch seines früheren Dichterfreundes d'Arthez in seiner Kritik zu verunglimpfen, während Coralie, die ihn trotz seines zynischen Wandels weiterhin liebt, das Opfer von Theaterintrigen wird. Als sie bei einer ihrer Aufführungen ausgezischt wird, verliert sie ihr Engagement. Die gerade 19-Jährige stirbt wenig später seelisch gebrochen in den Armen Luciens. Um Coralies Schulden abzutragen, fälscht Lucien die Unterschrift Davids auf einigen Wechseln.

Teil III berichtet von den »Leiden des Erfinders« David Séchard. Völlig ruiniert flüchtet Lucien nach Angoulême zurück, wo er durch die in Paris gefälschten Wechsel den Machenschaften von Davids Konkurrenz, den Brüdern Cointet, Vorschub leistet. Da sich David Séchard ausschließlich auf die Fertigstellung seines Papierpatents konzentriert, hat er Ève die Organisation der Druckerei überlassen. Als diese dem Bankrott entgegengeht, weigert sich der alte Nicolas Séchard, den jungen Leuten beizuspringen. Als die gefälschten Wechsel auftauchen, wird David inhaftiert. Um ihm helfen zu können, tritt Lucien die Rechte von Davids Erfindung an die Brüder Cointet ab.

Zum Selbstmord entschlossen, flieht Lucien aus der Stadt. Auf der Landstraße begegnet er dem spanischen Priester Carlos Herrera. Herrera, der sich später (vgl. *Splendeurs et misères des courtisanes*) als der Exsträfling Jacques Collin alias Vautrin erweist, hält ihn nicht nur vom Freitod ab, sondern bedient sich des von der Welt enttäuschten Jünglings fortan zur Durchsetzung seiner eigenen Rache an der Gesellschaft.

Herrera bietet sich als Regisseur für Luciens Aufstieg an und gibt ihm Geld, um David aus der Schuldhaft zu befreien. Damit ist zwar der Verlust des Papierpatents nicht mehr zu verhindern, doch David und Ève können sich aufs Land zurückziehen. Mit dem falschen spanischen Priester Herrera wird sich Lucien de Rubempré nun ein zweites Mal aufmachen, um Paris zu erobern, wovon der Roman *Splendeurs et misères des courtisanes* handelt.

Durch das Prinzip der wiederkehrenden Figuren ist dieser späte Roman mit mehreren Werken der *Comédie* vernetzt; so treten neben Vautrin-Herrera u. a. der Dandy Eugène de Rastignac und der Bohémien Blondet in Erscheinung. Überlagert wird die teils im Zeitrafferverfahren erzählte äußere Handlung durch Balzacs enzyklopädische Tendenz, Handlung als Effekt des Ambientes plausibel zu machen. Hierfür bedient er sich einer narrativen Fenstertechnik: Exkurse über historische, soziale, wirtschaftliche, architektonische und technische Fragen dienen dazu, das Sosein der Figuren zu beleuchten. So gelingt es Balzac, ein im raschen Wandel befindliches Paris in der historischen Momentaufnahme nicht nur zu dokumentieren, sondern auch die ihren Leidenschaften unterworfenen Charaktere aus ihrem sozialen Gefüge heraus verstehbar zu machen. Ausführungen über den Journalismus, das Rechtswesen, die Welt des Theaters und den technischen Umbruch, der sich in Balzacs Epoche im Druckereiwesen vollzog, sind dabei nie Selbstzweck, sondern machen die Handlungsweisen der Protagonisten begreiflich. Noch Walter Benjamin hat auf Informationen der Romanwelt Balzacs verwiesen, als er am *Passagen-Werk*, der Studie über »Paris, die Hauptstadt des 19. Jahrhunderts«, arbeitete.

■ Lit.: A. Bresnick: The Paradox of Bildung. B.'s ›Illusions perdues‹, in: Modern Language Notes 113, 1998, 4, 823–850. ■ M. Lichtlé: B. ›Illusions perdues‹, in: Information littéraire 55, 2003, 3, 58–61. ■ P. Dufour: ›Illusions perdues‹. Une histoire des mœurs langagières, in: Information littéraire 56, 2004, 1, 14–23. ■ A. S. Byatt: The Death of Lucien de Rubempré, in: Kenyon Review 27, 2005, 1, 42–64. ■ P. Laforgue: Ruptures et interruptions dans le récit romantique. Quelques exemples tirés de Stendhal et de B., in: Stendhal, B., Dumas. Un récit romantique, Hg. L. Duasy, 2006, 193–202.

Gerhard Wild

La cousine Bette

(frz.; *Tante Lisbeth*, 1958, W. Widmer) – Der Roman erschien 1846 in den »Scènes de la vie parisienne« der *Comédie humaine* gemeinsam mit dem gleichzeitig konzipierten Roman *Cousin Pons*. Balzac hat beide Romane der Untergruppe »Die armen Verwandten« zugeordnet, die einen für die Entstehungszeit untypisch direkten Nexus zwischen Ökonomie und Sexualität herstellen; dieser äußert sich in beiden Romanen über die Frustrationen der bürgerlichen Ehe bzw. Ehelosigkeit und die daraus resultierenden Kompensationsformen, in denen sich der durch die Französische Revolution propagierte Glückanspruch des Individuums nicht einstellt. Ist es im Falle von *Le cousin Pons* der in der Akkumulation von Kunstwerken kristallisierte Warenfetischismus, so wird in *La cousine Bette* das Moment erotischer Frustration durch die Regulative der erotischen und finanziellen Intrige ergänzt, die Balzac auf breiter Ebene an exemplarischen Schicksalen erkundet.

Im Zentrum des Romangeschehens steht Baron Hulot, der es, aus bäuerlicher Familie stammend, unter Napoleon durch Tapferkeit bis zum Marschall brachte (vgl. *Les chouans*) und dann die schöne, ihm treu ergebene Adeline heiratete. Der Verlust seiner soldatischen Funktion in der nachnapoleonischen Restauration lässt ihn sich in erotische Abenteuer mit der Kurtisane Jenny Cadine flüchten, für die er das Vermögen seiner Frau vergeudet. Als Staatsrat zwar an der Schaltstelle der Macht, vermag der Berufssoldat keine Vorteile aus seiner politischen Position zu ziehen.

Als der bald 60-Jährige seine Gespielin an jüngere und einflussreichere Männer verliert, tröstet er sich mit der Jüdin Josépha, der Mätresse des neureichen Célestin Crevel, der bei César Birotteaus Bankrott dessen Parfümerie übernahm (vgl. *Histoire de la grandeur et de la décadence de César Birotteau*, 1838). Um sich dafür zu revanchieren, versucht der Emporkömmling, die Baronin Adeline Hulot zu verführen: Er informiert sie über die Seitensprünge Hulots, und da er um die desolate finanzielle Situation Hulots weiß, stellt er der Baronin für ihre Tochter Hortense eine Mitgift in Aussicht. Doch Adeline, die einzige von Balzac mit uneingeschränkter Sympathie bedachte Protagonistin, wehrt die Avancen entrüstet ab. Der eigentlich negative Charakter ist Adelines jüngere Cousine Bette, die sich in der Familie Hulot zur Intrigantin entwickelt hat. Nachdem sie als junges Mädchen alle Heiratsangebote ausgeschlagen hat, versuchte der Baron gutwillig, doch erfolglos, sie zu verheiraten, worauf sie aus Rachsucht alle Familienmitglieder bespitzelt und unter der Maske eines weiblichen Tartuffe geschickt manipuliert. Ihr aus der Kindheit herrührender Neid auf die schöne und ausgeglichene Adeline scheint zunächst gedämpft, da Bette sich in den mittellosen, aber vielversprechenden livländischen Bildhauer Wenceslaus Steinbock verliebt, den sie vor dem Selbstmord rettet.

Doch Wenceslaus wendet sich der jungen Hortense zu und pflegt als Künstler fortan den Müßiggang, um sich ausschließlich der jungen Frau zu widmen, mit der er auch Kinder hat. Das Liebesglück beschwört die Eifersucht Bettes herauf. Fortan treibt sie einem bösen Geist gleich den Ruin der Familie gezielt voran: »Im Handumdrehen ward Tante Bette so ein Mohikaner, dessen Fallen niemand entgeht, dessen Verstellung undurchdringlich ist und dessen rasche Entscheidung auf der unerhörten Vollkommenheit der Organe beruht.«

Eine willkommene Komplizin wird dabei ihre Nichte Valérie Marneffe, die neue Kurtisane des Barons, die sie geschickt manipuliert: »Bette und Valérie boten das ergreifende Schauspiel einer bei Frauen ebenso heftigen wie unwahrscheinlichen Freundschaft.« Valérie richtet den alten Mann durch immer neue Extravaganzen finanziell zugrunde. Zusätzliche Komplikationen entstehen durch den Brasilianer Baron Montez, der zunächst als Vetter Valéries in die Gesellschaft eingeführt wird, letztlich und vor allem zum Leidwesen Crevels aber nur ein weiterer Liebhaber der Kurtisane ist. Mit dem Eifer der frustrierten Jungfer agiert Tante Bette auch hier als Drahtzieherin.

Als Hortense und Wenceslaus, der kaum mehr künstlerisch arbeitet, in Geldschwierigkeiten geraten, verschafft Bette dem jungen Mann scheinbar uneigennützig einen Kredit und bringt ihn unter dem Vorwand, er solle eine Statue von Valéries Vater schaffen, mit der Kurtisane zusammen. Auch ihn verführt Valérie zu Tante Bettes Befriedigung und suggeriert in einem Brief, den sie Hortense zuspielt, sie sei von ihm schwanger. Wie mit Valérie vereinbart, spielt Bette die Entrüstete, um ihre Vertrauensstellung bei den Hulots nicht zu gefährden. Als Haushälterin der Hulots schafft sie Geld für Spekulationen beiseite, denn Valérie, die sich überdies von Hulots Rivalen Crevel aushalten lässt, wird von diesem mit Börsenratschlägen versorgt. Hulot verpfändet sogar seine Offizierspension und lässt sich zu finanziellen Unregelmäßigkeiten verleiten, die zu einem Staatsskandal führen. Von seiner allzeit hingebungsvollen Frau gedeckt, taucht er vorübergehend unter.

Als Valérie Crevel dem Brasilianer, der »es nie zu etwas bringen wird«, den Vorzug gibt und ihn heiratet, vergiftet Montez das Paar mit einem heimtückischen Hautgift, dessen Wirkung nur in Brasilien gelindert werden könnte. Höhepunkt der Episode, in der die Ehefrau der Kokotte verzeiht, ist ein Besuch der Baronin Adeline und ihres Sohnes. Valérie bereut angesichts der grässlichen Hautkrankheit, die ihren Körper allmählich zerfrisst, ihre Taten, beschwört gar Tante Bette, es ihr gleichzutun. Doch Bette kennt weiterhin nur ihre Rache.

Mittlerweile hat Adeline den Baron in einem seiner Verstecke ausfindig gemacht und holt ihn in den Schoß der Familie zurück; auch Hortense und Wenceslaus söhnen sich aus. Unter dem Eindruck des sich nun wieder einstellenden Familienglücks stirbt Bette – von Ärger verzehrt, von der ahnungslosen Familie betrauert.

Eines Nachts überrascht Adeline Baron Hulot im Bett der normannischen Küchenmagd Agathe, der er verspricht, sie zur Baronin zu machen. Schockiert bricht Adeline zusammen und haucht wenige Tage danach ihr Leben aus, worauf Hulot zur Enttäuschung seiner Kinder Agathe heiratet.

Alle Konflikte des Romangeschehens konzentrieren sich auf die zwei miteinander verschwägerten Familien Crevel und Hulot, womit Balzac bereits die theoretisch-thematische Anordnung von ↗ Zolas *Rougon-Macquart*-Zyklus vorwegnimmt, um die Dekadenz der französischen Gesellschaft der Julimonarchie exemplarisch am Beispiel des Verfalls einer Familie zu analysieren. Ihre Ursachen findet dieser Verfall in einer hier als pathologisch aufgefassten Triebhaftigkeit, von der lediglich die Baronin und ihre Kinder frei sind. Anders als im Naturalismus legt Balzac seiner Analyse der Leidenschaften noch kein medizinisches Modell zugrunde, sondern verweist über eine konsequent gehandhabte Semiotik zurück auf eine letztlich nach wie vor christlich-platonisch beeinflusste Ethik, die mit holzschnittartigen Oppositionen (innen-außen, gut-böse etc.) operiert.

Diesem Denken in Antagonismen entspricht das Verhalten der Protagonisten. So korrespondiert mit Hulots moralischer Dekadenz sein äußerer Verfall, den er durch Kosmetik und Kleidung ebenso maskiert wie der Luxus den Zerfall des Sozialkörpers, der unter dem Diktat der menschlichen Leidenschaften zum ›monstre social‹ stilisiert wird. So wird der Luxus zum symbolischen Kapital der bürgerlichen Gesellschaft, die in *La cousine Bette* brennspiegelartig fokussiert wird, um die Leidenschaften ihrer Repräsentanten – Politiker, Beamte, Wirtschaftsleute, Bankiers, aber auch Künstler, einfache Handwerker und Prostituierte – deutlich zu machen. Die epische Leistung Balzacs besteht insofern in der Konzentration auf die Familienstruktur, in der die in der Restaurationszeit nicht verwirklichte Solidarität der nachnapoleonischen Gesellschaft transparent wird.

■ Lit.: N. Aubert: En attendant les barbares. ›La cousine Bette‹, le moment populaire et féminin de ›La comédie humaine‹, in: Women in French Studies 8, 2000, 129–137. ■ A. Kablitz: Realism as a Poetics of Observation. The Function of Narrative Perspective in the Classic French Novel. Flaubert – Stendhal – B., in: What is Narratology? Questions and Answers Regarding the Status of a Theory, Hg. T. Kindt/H.-H. Müller, 2003, 99–135. ■ C. Baethge/J. Dubois: Fictions critiques. Erotique et politique dans ›La chartreuse de Parme‹ et ›La cousine Bette‹, in: Stendhal, B., Dumas. Un Récit romantique?, Hg. C. Massol, 2006, 283–299.

Gerhard Wild

Les comédiens sans le savoir

(frz.; *Die Komödianten wider ihr Wissen*, 1967, E. Sander) – Die 1846 unter den »Scènes de la vie parisienne« veröffentlichte Erzählung entstand aus drei älteren Skizzen. Mit Hilfe von verbindenden Texten und notwendigen Streichungen wurden sie zu einem Werk zusammengefügt, das seiner Struktur nach an das gesellschaftliche Panorama der Metropole Paris anknüpft, das ↗ Lesage mit seinem *Diable boiteux* (1707) erstmals entwickelte. Balzac, der unermüdliche Erfinder von ›Szenen‹ und ›Physiognomien‹, ist in seinem Element.

Der Maler Léon de Lora und der Karikaturist Bixiou – beide sind schon aus früheren Werken Balzacs bekannt – machen sich einen Spaß daraus, den ahnungslosen Provinzjüngling Sylvestre Gazonal ins Pariser Leben einzuführen. In einer Serie von kurzen, pittoresken Sketches treten Tänzerinnen, Sängerinnen und deren ältliche Verehrer, Künstler, Kurtisanen, Aristokraten, Journalisten, Politiker, Fabrikanten und andere Großstädter verschiedenster Herkunft und sozialer Stellung auf. Glanznummern sind der von der Einzigartigkeit seiner Kunst eloquentes Zeugnis ablegende Friseur oder jener fanatische Revolutionär, der nicht einmal während der Pediküre darauf verzichtet, die Vorzüge der Republik zu preisen, ferner die Wahrsagerin, die alles voraussagen kann außer den Glücksnummern der Lotterie, und die Kleiderhändlerin, die ihr Gewerbe mit Geldverleih und einem noch übler beleumundeten Nebengeschäft koppelt. So bewegt sich Gazonal innerhalb kurzer Zeit in sämtlichen Pariser Milieus, die Balzac in der Rolle des Historiographen des sozialen Lebens lebendig werden lässt, und blickt hinter manche Kulisse, die ihm und mithin den Lesern der kundige Autor zugänglich macht.

■ Lit.: M. Ambrière: B. homme de science(s). Savoir scientifique et système balzacien dans ›La recherche de l'absolu‹, in: B. L'invention du roman, Hg. C. Duchet, 1982, 43–55. ■ M. Bombart: Le sujet de l'écriture entre imitation et amour-propre. Portrait de l'auteur en Narcisse, in: Une histoire de la ›fonction-auteur‹ est-elle possible?, Hg. J. L. Nicole/F. Regard, 2001, 107–124.

Ingrid Peter / KLL

Splendeurs et misères des courtisanes

(frz.; *Glanz und Elend der Kurtisanen*, 1965, E. Sander) – Der Roman erschien in vier Teilen zwischen 1838 und 1847. Als inhaltliche Fortsetzung des Romans *Illusions perdues* (1837–1844) ist er Teil der »Scènes de la vie parisienne«. Verknüpft ist er ferner durch einzelne Figuren und Motive mit dem Roman *Le père Goriot* (1835) sowie den Erzählungen *Gobseck* (1830) und *La maison Nucingen* (1838). An den vier Teilen des Romans, die als Feuilletonabdrucke in Fortsetzungen in verschiedenen Tageszeitungen erschienen waren und ihrerseits teilweise auf ältere Entwürfe und Fragmente zurückgingen, hatte der Autor seit 1835 über zwölf Jahre gearbeitet; einen fünften Teil, der liegengebliebene Handlungsfäden des letzten erschienenen Teilbandes – zumal die Aktivitäten des ins bürgerliche Leben zurückgekehrten Exsträflings Vautrin – fortführen sollte, konnte Balzac nicht mehr realisieren. In die *Comédie humaine* wurde das Werk denn auch erst 1855, also nach Balzacs Tod, integriert. Als Romanzyklus im Zyklus der *Comédie* zählt *Splendeurs et misères* zu den imposantesten Werken in Balzacs Epos des Bürgertums.

Zwischen Kriminalgeschichte und Abenteuerroman situiert, ist dieser Roman stärker als andere Werke Balzacs zugleich von den ästhetischen Gesetzmäßigkeiten des französischen Feuilletonromans geprägt, der in dieser Epoche seine Hochblüte erlebte. Seine die Spannung forcierenden Hauptmerkmale sind kontinuierliche Handlungsumschwünge und eine Tendenz zur erzählerischen Verrätselung, die sich inhaltlich aus dem Ambiente – der Welt der Geheimpolizei und der Kriminellen – erklärt, vorzugsweise vertreten durch die eigentliche Hauptfigur des Romans: den Mann mit den vielen Gesichtern, Jacques Collin, genannt Trompe-la-Mort (der selbst den Tod täuscht), alias Vautrin, alias Carlos Herrera, dessen realhistorisches Vorbild François Vidocq war – dieser brachte es unter Bonaparte und Louis-Philippe vom entflohenen Kettensträfling zum Gründer der französischen Geheimpolizei, in späteren Jahren war er befreundet mit ↗ Hugo, ↗ Dumas, ↗ Sue und Balzac, der ihm jene reichen Detailkenntnisse des Polizeiwesens und der Unterwelt verdankte, die zumal in die drei Romane der Vautrin-Suite eingingen. Hinzu kommen zahlreiche unter verschiedenen Identitäten agierende Polizeispitzel und einige Kriminelle, die durch ihre pittoresken Spitznamen und Eigenheiten diesem Werk jene Plastizität verleihen, der es seine enorme Breitenwirkung verdankt.

Zu Beginn ausgerichtet auf die vier Hauptfiguren – die Kurtisane Esther, ihren Liebhaber Lucien, den Bankier Nucingen und den Kriminellen Vautrin –, entwickelt Balzacs Roman in seinen vier Teilen eine Handlungsstruktur, die trotz des Peripetienreichtums mit der Logik eines Schachspiels allmählich immer mehr Mitspieler eliminiert, um auf einen finalen Kampf hinzusteuern, in dessen Verlauf sich Vautrin-Collin vom zynischen Drahtzieher zum leidenden Helden von mythischer Größe wandelt.

Der erste Teil, »Comment aiment les filles« (»Die Liebe leichter Mädchen«), sollte ursprünglich unter dem Titel »Esther heureuse« erscheinen. Er handelt von der durch Vautrin-Collin für seine kriminellen Machenschaften genützten Liaison zwischen dem Poeten Lucien de Rubempré und der zur Kokotte verkommenen Bankierstochter Esther Gobseck. Vautrin war nach seiner Verhaftung (vgl. *Le père Goriot*) erneut der Polizei entkommen, er hatte sich nach Spanien abgesetzt, um unter der Identität des verstorbenen Geistlichen und Diplomaten Carlos Herrera nach Frankreich zurückzukehren. Er rettete den angesichts seiner Schulden verzweifelten Lucien (vgl. *Illusions perdues*) vor dem Selbstmord. Seitdem sieht Vautrin-Herrera in dem attraktiven, eleganten Jüngling sein Werkzeug, um gesellschaftlichen Einfluss zu erlangen. Vautrin verschafft sich auf dunklen Wegen die Finanzmittel. Mit dem Geld, das teils aus der gemeinsamen Kasse seiner einstigen Unterweltsgenossen stammt, versorgt er Lucien, der so allmählich korrumpiert wird: Vom Nutznießer führt der Abstieg des jungen Mannes zum Mitwisser von Collins Verbrechen und damit zum Mitschuldigen.

Unter Vautrins Einfluss wandelt sich Lucien zum Dandy, der die Pariser Gesellschaft beeindruckt und in höchste Kreise aufsteigt. Als Liebling der Damen der Gesellschaft genießt er bald die Gunst der reichen Erbin Clotilde de Grandlieu und wird zur grauen Eminenz im gesellschaftlichen Ränkespiel verschiedener Politiker.

Einem ›amour fou‹ gleich ist allein seine Liaison zu der Hure Esther frei von gesellschaftlicher Zweckbestimmung. Lucien zuliebe holte Vautrin diese aus der Gosse, brachte sie in ein Kloster, ließ sie erziehen und richtete ihr eine opulent ausgestattete Wohnung ein. An Esthers Seite stellt er, zugleich zum Schutz und zur Kontrolle, die Zofe Asia und die Köchin Europa, die er aus seiner halbkriminellen Verwandtschaft bzw. der Halbwelt der Pariser Vororte rekrutiert hat. Dass sich Lucien mit der aus Liebe zu ihm geläuterten Hure hier über Jahre hinweg heimlich trifft, bleibt der feinen Gesellschaft durch Collins umsichtiges Handeln verborgen.

Die von den jungen Leuten als »die Verwirklichung aller Träume« empfundene Liaison wird indes jäh gestört, als der Baron Nucingen sich in Esther verliebt, worauf Collin Esther dazu anhält, aus dem Bankier eine ungeheure Summe herauszuholen; das Geld benötigt Lucien, um seinen verlorenen Familiensitz zurückzukaufen, da die Familie Grandlieu dies zur Bedingung für die Verbindung mit Clotilde gemacht hat.

Im Zentrum des zweiten Teils, »À combien l'amour revient aux vieillards« (»Was sich alte Herren die Liebe kosten lassen«), steht das tragische Ende der Kurtisane Esther. Komplikationen entstehen durch Aktivitäten der Geheimpolizei, die von Nucingen informiert wurde. Collin gelingt es zwar, sich des Spitzels Contenson zu entledigen, doch der Polizeichef Corentin und sein korrupter Gehilfe, der Exsträfling Bibi-Lupin, bleiben ihm fortan auf den Fersen. Überdies denunziert Corentin den Aufsteiger Lucien bei Clotilde de Grandlieus Vater: Fortan bleiben dem Parvenu die Pforten des herzoglichen Palais verschlossen.

Allen Hindernissen zum Trotz treibt Collin-Herrera seine Doppelstrategie voran, Lucien in den Hochadel zu verheiraten und Nucingen mit Hilfe Esthers das Geld aus der Tasche zu ziehen. Nucingen stattet für sie einen Stadtpalast aus und kann sich den Genuss der erhofften Liebe doch nicht erkaufen: Esther, die es nicht verwindet, wieder in ihr früheres Dasein zurückzufallen, vergiftet sich, um sich dem Bankier nicht hingeben zu müssen. Dass sie ihr Vater, der Bankier Jean Gobseck, zur Alleinerbin eines Millionenvermögens eingesetzt hatte, erfährt sie nicht mehr.

Als Nucingen den Diebstahl von Rentenverschreibungen anzeigt, die er Esther übergeben hatte und die vom Personal entwendet wurden, als man die Leiche der Selbstmörderin auffand, richtet sich der Verdacht auf Collin und Lucien. Corentin, der Hinweise auf Collin-Herreras wahre Identität hat, ermittelt daher fälschlicherweise wegen Raubmordes. Doch der einst wegen Fälscherei bestrafte Collin reagiert mit kalter Brillanz: Er fingiert ein Testament, in dem Esther ihren gesamten Besitz ihrem Geliebten Lucien vermacht, und einen Abschiedsbrief Esthers, durch den – jedoch zu spät – die Raubmordtheorie widerlegt wird.

Der dritte Teil, »Où mènent les mauvais chemins« (»Wohin Abwege führen«), ist Collins Schicksal im Untersuchungsgefängnis und Luciens Ende gewidmet. In der Haft kommt Collins strategisches Genie zur vollen Entfaltung: Durch Kassiber instruiert er seine Tante (vormals Esthers Köchin) außerhalb des Gefängnisses; so kann er Druck auf jene Damen der Gesellschaft ausüben, die einst dem eleganten Lucien zugetan waren. Auch kann sich der falsche Pfarrer immer wieder erfolgreich der Finten der Polizei erwehren, die ihn als Collin-Vautrin überführen wollen.

Lucien jedoch hält dem Verhör nicht stand und denunziert Collin. Die Vorstellung, am kommenden Morgen seinem geistigen Vater und Komplizen gegenüberzutreten, lässt in ihm den Entschluss zum Selbstmord reifen. Er erhängt sich in der Zelle, ohne zu erfahren, dass der von Collin gefälschte Brief Esthers, der seine Unschuld erweist, aufgefunden wurde.

Da Collin im Besitz kompromittierender Briefe ist, kann seine Tante die einstige Geliebte Luciens, Madame de Sérisy, dazu bewegen, beim Polizeichef Camusot zu Luciens Gunsten vorstellig zu werden. Doch es gelingt ihr, die Lucien anbetete, nicht mehr, ihren Schützling zu retten. Lediglich die Verhörprotokolle, durch die Lucien Collin belastete, verbrennt sie vor den Augen des Polizeikommissars.

»La dernière incarnation de Vautrin« (»Vautrins letztes Abenteuer«) handelt von der allmählichen Wandlung Collins unter dem Eindruck von Luciens Tod (subtil hat Balzac im letzten Teil des Werks einige Hinweise eingeflochten, die Collins Verhalten auf homoerotische Neigungen zurückzuführen erlauben; ähnliche Hinweise waren bereits in *Le père Goriot* eingearbeitet). Die Nachricht von Luciens Selbstmord lässt Collin, der sich bislang mit Rücksichtslosigkeit und Intelligenz gegen die Gesellschaft behauptet hat, zusammenbrechen. Er beschließt, sich an Corentin, den er für Luciens Tod verantwortlich macht, zu rächen, indem er seine Fähigkeiten in den Dienst der Gesellschaft stellt.

Ein Plan Corentins, Collin auf dem Hof des Untersuchungsgefängnisses durch eine Gegenüberstellung mit ehemaligen Mitsträflingen als falschen Pfarrer zu überführen, schlägt fehl, da es Collin mit wenigen Worten gelingt, seine alte Führungsrolle in der Unterweltshierarchie wieder einzunehmen. So erfährt er auch von der bevorstehenden Hinrichtung des Korsen Calvi, mit dem zusammen er einst aus dem Zuchthaus von Rochefort geflohen war. Um seinen früheren Mithäftling zu retten und den Polizeispitzel Bibi-Lupin, der an dem Théodore Calvi zur Last gelegten Verbrechen beteiligt war, zu überführen, verschafft er sich mit Hilfe kompromittierender Briefe Clotildes de Grandlieu, Dianes de Maufrigneuse und Madame de Sérizys Gehör beim Generalstaatsanwalt Granlieu. In der Tat kann er Calvi vor der Guillotine bewahren und übernimmt das Amt Bibi-Lupins.

Deutlicher als andere Romane der *Comédie humaine* ist *Splendeurs et misères* den Randexistenzen gewidmet, die indes bis in die höchsten Gesellschaftsschichten einzudringen vermögen. Damit geht die Peripetienstrategie einher, die jederzeit den Sturz ins Unglück, aber auch Erhöhung und Rehabilitierung ermöglicht. Als Roman Vautrins ist das Werk schlechthin der Ausdruck einer latenten Harmonieprämisse, der Balzacs Weltsicht unterworfen, die sich am deutlichsten in der Glorifizierung Esthers, aber auch in der Bewertung Collins als Nachfahr des Empörers Luzifer äußert. So vermittelt diese wohl bestkonturierte Gestalt des Balzac'schen Kosmos zwischen der Gott verneinenden Kraft Mephistos und dem die Gesellschaft verneinenden Satanismus des späten 19. Jh.s. Andere Gestalten des Romans bleiben demgegenüber unkonturiert, wie der träumerische Lucien oder der in seiner Vergeblichkeit lächerliche Lustgreis Baron Nucingen.

Selbst gegenüber anderen Romanen Balzacs zeigt sich in *Splendeurs et misères* eine gesteigerte Auktorialität, die reine Handlung raffend verdichtet, um stattdessen der Amplifikation erzählerischer Erklärungen Raum zu geben. In solchen kommentierenden Erweiterungen betreibt der Autor zum einen Normagitation in der Nachfolge der Moralisten der französischen Klassik, von denen sich Balzac freilich als ›Sittenhistoriker‹ (chroniqueur des mœurs) durch eine mitunter die frühe Soziologie vorwegnehmende Kommentierungspraxis absetzt, die auf den grundlegenden Antagonismen von Ökonomie und Sittlichkeit sowie Macht und Leidenschaft beharrt.

Zum anderen tritt die reine Erzählhandlung gegenüber einem explikativen Enzyklopädismus zurück, der sich in zahlreichen weit ausholenden Exkursen über juristische, linguistische und historische Details äußert. Als Abbild gesellschaftlicher Vielschichtigkeit tritt stärker als in früheren Werken eine Vielsprachigkeit hinzu, die zumal in den Dialogen von der gehobenen Diktion der Aristokraten bis zu den metaphorischen Codes der Gaunersprache alle linguistischen Niveaus umfasst. Wie kaum ein anderer Roman spiegelt *Splendeurs et misères des courtisanes* somit eine als unauslotbar komplex gedachte Wirklichkeit in künstlerischer Vielfältigkeit, die in Balzacs Sprachkraft aufgehoben ist.

■ Lit.: R. M. Strozier: Genesis and structure of ›Splendeurs et misères des courtisanes‹, 1945. ■ T. W. Adorno: Noten zur Literatur II, 1961, 19–41. ■ R. Grutman: Le Roman glottophage, in: Règles du genre et inventions du génie, Hg. A. Goldschläger/Y. Martineau/C. Thomson, 1999, 29–44. ■ P. Brooks: Epistemophilia and the Collapse of the Restauration, in: Yale French Studies 101, 2001, 119–131. ■ A. S. Byatt: The Death of Lucien de Rubempré, in: The Novel 2, Hg. F. Moretti, 2006, 389–408. ■ M. Samuels: Metaphors of Modernity. Prostitutes, Bankers, and Other Jews in B.'s ›Splendeurs et misères des courtisanes‹, in: Romanic Review 97, 2006, 169–184.

Gerhard Wild

Le cousin Pons ou Les deux musiciens

(frz.; *Vetter Pons oder Die beiden Musiker*, 1924, O. Flake) – Nach dem Vorabdruck in *Le Constitutionnel* (Mai 1847) erschien der Roman 1847 als Teil der »Scènes de la vie parisienne« der *Comédie humaine*. Zunächst als längere Novelle mit dem Titel »Les deux musiciens«

konzipiert, bildet er gemeinsam mit dem gleichzeitig entstandenen Roman *La cousine Bette* (1846) die Abteilung »Les parents pauvre«.

Die Handlung ist im Pariser Musiker- und Antiquarsmilieu des Jahres 1844 situiert. Doch wird in *Le cousin Pons* im Gegensatz zu den Künstlernovellen der »Études philosophiques«, die das Problem ästhetischer Imagination als Grenzphänomen der menschlichen Seele aufzeigen, der Problemkreis des Kunstschönen auf zynisch-kalte Weise unter dem utilitaristischen Blickwinkel des Sitzes im bürgerlichen Leben durchleuchtet.

Im Zentrum der Erzählung steht der bald 60-jährige Sylvain Pons, dem als aufstrebendem musikalischen Talent die Akademie der Künste im Kaiserreich den begehrten Rompreis zugesprochen hatte. Doch die in jungen Jahren erweckten Hoffnungen fanden keinen Niederschlag in Genialität und Kreativität: Nach kaum gespielten Opern und Romanzen und einigen unveröffentlichten Partituren wandte sich Pons der Kapellmeisterei und dem Musikunterricht zu. Nicht sein Talent nämlich hatte Pons in Rom weiterentwickelt, sondern lediglich seine Vorliebe für Kunstgegenstände. Auf das leidenschaftliche Sammeln von Kunst und Antiquitäten konzentriert, hatte er sich für seinen Lebensunterhalt »auf sein Talent verlassen wie Huren auf ihre Schönheit«. Mit seinem Rückfall in musikalische Mittelmäßigkeit hat er sich seit Langem abgefunden und als Kriegsgewinnler der napoleonischen Umbruchszeit zu Spottpreisen bald 2000 Werke erworben, die mittlerweile ein Millionenvermögen darstellen. Seine Kunstschätze behütet er eifersüchtig als seinen »Schatz«. Äußerlich zufrieden lebt Pons im Pariser Armenviertel Marais und lässt sich mit scheinbarer Gleichmut auch die subtilen Boshaftigkeiten angesehener Verwandter gefallen, die seine Sammlermanie belächeln. Geachtet wird er allein von dem deutschen Musiker Schmucke, dem es in nicht geringerem Maße an Realitätssinn fehlt.

Erfolglos bemüht sich Pons, für seine Nichte Cécile, die Tochter des Gerichtspräsidenten Marville, eine Heirat mit dem unattraktiven, aber vermeintlich reichen Monsieur Brunner anzubahnen. Als die Heiratspläne scheitern, macht man Pons verantwortlich. In den besseren Kreisen deklassiert, erkrankt der sensible Greis.

Bei einem Krankenbesuch erkennt der Arzt den Wert der Sammlung. Fortan ist es einer habsüchtigen Meute aus der Nachbarschaft darum zu tun, den naiven Alten um sein Vermögen zu bringen: Die durchtriebene Concierge Cibot nutzt ihre Vormachtstellung im Viertel; sie übernimmt die Regie im Kampf um die Erbschaft und tut sich mit dem zum Antiquitätenhändler aufgestiegenen einstigen Dienstmann und Spediteur Rémonencq zusammen. Um den exakten Wert der Pons'schen Sammlung abzuschätzen, zieht man den skrupellosen jüdischen Antiquitätenhändler Elias Magus hinzu, der sich bereits als deren Besitzer in ein größeres Ladengeschäft träumt. Hinzu kommen als »ausdrucksvollste Darsteller des verschämten Elends der Stadt Paris« ein »junger Rechtsanwalt ohne Fälle und der Arzt ohne Patienten«, der im Marais eher schlecht als recht von seiner Kundschaft lebt und einen zahlungskräftigen Patienten wittert. Gleichzeitig arbeitet die von den Antiquitätenhändlern aufgestachelte Concierge bei dem ahnungslosen Schmucke darauf hin, Kernstücke der Sammlung zu verpfänden, um die Schulden des Schwerkranken zu begleichen. Doch bei der Transaktion betrügen Rémonencq und Magus gleichzeitig die Concierge. Der Advokat Fraisier, der Karriere in der hohen Jurisdiktion zu machen hofft, bespricht sich mit Pons einflussreichen Verwandten; angesichts des in Aussicht gestellten Vermögens ›entdeckt‹ Madame de Marville plötzlich ihr Mitgefühl für den armen Cousin. Fraisier stiftet die Concierge an, Pons' Testament, das den größten Teil der Sammlung dem Staat vermacht, zu vernichten. Dabei wird sie von Pons und Schmucke überrascht.

Pons' Tage sind nach den Aufregungen gezählt. Nach seinem Tod stürzt sich die raffgierige Meute auf den Miterben Schmucke, während der Advokat Fraisier im Auftrag der Verwandten das Testament anficht. Im Ränkespiel der Advokaten leistet Schmucke gutgläubig eine Unterschrift, durch die unwissentlich Fraisiers Machenschaften Tür und Tor geöffnet wird. Schmucke stirbt wenig später an einem Herzanfall, nachdem ihm die Klage der Verwandten Pons' zugestellt wird, die so die »Sammlung Pons« akquirieren; gegenüber dem schlitzohrigen Fraisier erweist sich die Familie erkenntlich, indem er auf Vermittlung des Gerichtspräsidenten Camusot (vgl. *Splendeurs et misères des courtisanes*) den Posten eines Friedensrichters erhält.

In dem Finale um den deutschen Musiker Schmucke (der in anderen Bänden der *Comédie* als Nebenfigur erscheint), die Motivparallelen zu Richard Wagners 1841 in Paris erschienener Musikernovelle »Das Ende zu Paris« aufweist, hat Balzac eine interne Spiegelung der Problematik des Romans (und letztlich auch des gesamten Zyklus) gestaltet: die Aussichtslosigkeit des ästhetischen Idealismus unter den Bedingungen des bourgeoisen Konkurrenzdenkens. Die Konzeption der Titelgestalt Pons wiederum vereinigt ästhetische Donquijoterie mit bourgeoisem Philistertum zu einer beißenden Kritik an der Fruchtlosigkeit eines hohlen Akademismus, der das Schöne zum Objekt des Kommerzes degradiert: »Frankreich versucht im Treibhaus der Wettbewerbe Künstler zu züchten, und wenn der Bildhauer, Maler, Graveur, Radierer, Musiker auf diesem mechanischen Weg hervorgebracht ist, kümmert es sich genauso wenig um sie, wie sich der Geck am Abend noch um die

Blume kümmert, die er tagsüber ins Knopfloch steckte.« So zielt Balzacs Kritik auf die Kategorie der Messbarkeit als zentralem Aspekt des bourgeoisen Fortschrittsoptimismus ab, der sich in doppelter Hinsicht im Begriff des Preises – als Auszeichnung und Tauschwert – niederschlägt.

Am Beispiel der zum Tauschwert degradierten Kunst exemplifiziert Balzac ein Jahrzehnt vor ↗ Flauberts *Madame Bovary* und ohne Kenntnis der Schriften Karl Marx' die Theorie der Fetischisierung von Ware, die ihrerseits psychoanalytisch zu deuten wäre: Die Supplementierung durch die Ware Kunst verweist im Sinne Freuds auf die Sublimation erotischer Bedürfnisse des gealterten Junggesellen Pons.

Zugleich hinterfragt Balzac in visionärer Weise die geschichtsphilosophische Konstruktion, die sich aus der Französischen Revolution ableitet: Mit der Ablösung der Aristokratie durch den dritten Stand tritt das Bürgertum nicht nur in dessen Rechte, sondern auch in seine Pflichten als Förderer und Bewahrer künstlerischer Leistungen ein, deren mediale Konsequenz der Übergang von den Kunstkabinetten der adeligen Dilettanten zu den öffentlich betriebenen Sammlungen wäre. Diese will Pons in seinem Testament verwirklichen, indem er seine Sammlung zum überwiegenden Teil dem Staat übereignet.

Der vom Protagonisten anvisierten epistemologischen Wende vom privatisierenden Ästheten zur Geburt des Museum verschließt sich in Balzacs Roman eine von persönlichen Leidenschaften dominierte Gesellschaft, der das Kunstschöne lediglich ein möglicher Tauschwert ist. Das epistemologische Moment der Sammleraktivität bestimmt denn auch den sprachästhetischen Impetus Balzacs, der in dem Bilderbogen des Pariser Armenviertels ein Wortmuseum des Pariser Argots begründet hat.

▪ Lit.: E. Bordas: Le rôle de la peinture dans ›Le cousin Pons‹, in: Australien Journal of French Studies 32, 1995, 19–37. ▪ G. L. Moyal: Inventaires du génie. Pons et Poussin, in: Règles du genre et inventions du génie, Hg. A. Goldschläger/Y. Martineau, 1999, 57–78. ▪ G. L. Moyal: Le faim de l'histoire. Réflexions sur l'autoreflexivité balzacienne, Hg. A. Oliver/S. Vachon, 2002, 97–118. ▪ S. Hiner: Fan Fashion in B.'s ›Le cousin Pons‹, in: Romance Studies 25, 2007, 175–187.

Gerhard Wild

Les cent contes drôlatiques

(frz.; *Tolldrastische Geschichten*, 1975, W. Widmer) – Etwa gleichzeitig mit der Idee zu seiner *Comédie humaine* entstand nach dem Vorbild der 1462 erschienenen Sammlung ↗ *Cent nouvelles nouvelles* (Hundert neue Novellen) Balzacs Plan, 100 Novellen in zehn Gruppen zu je zehn Geschichten zu schreiben, von denen er 1832, 1833 und 1837 insgesamt 30 veröffentlichte; zehn weitere erschienen postum. Angeregt durch die neue Rezeption von François ↗ Rabelais seit der Revolution, appellieren sie als Pastiche an die Kreativität der Leser, Balzacs produktives Spiel mit den literarischen Vorlagen der Renaissance genüsslich nachzuvollziehen.

»Es steckt tausendmal mehr Talent in einer Geschichte, die das Lachen fördert, als in all den Meditationen, Oden und leichenstrotzenden Trilogien, mit denen man unseren Geist zu nähren behauptet«, schrieb der Rabelais-Verehrer Balzac 1830 zur Begründung seines Versuchs, die alten »contes grivois« (schlüpfrigen Geschichten) wieder zu beleben. Die geeigneten Stoffe fand er in den französischen und italienischen Kurzerzählungen des Mittelalters und der Renaissance (Rabelais, Boccaccio, Poggio di Bracciolini, ↗ Brantôme, ↗ Marguérite de Navarre, Noêl de Fail und Béroalde de Verville). Kennzeichnend für Balzacs *Contes drôlatiques* ist die intensive sprachliche Gestaltung, die, teils von Rabelais' Stil geprägt, vor dem Hintergrund der zeitgenössischen Mittelalterdeutung tradierte Motive übernimmt, um in der literarischen Form des 16. Jh.s Erfahrungen des 19. Jh.s darzustellen. Dabei kopiert Balzac recht treffend das Vokabular und die typische Diktion Rabelais' im Bewusstsein, dass solche Wortakrobatik nicht nur die komische Wirkung erhöht, sondern auch durch die Stilisierung Derbheit und Taktlosigkeit salonfähig macht.

Von der fröhlichen Vitalität der einstigen Bewohner seines Landes überzeugt und begeistert, lässt er Ritter und Edelfrauen, Mönche und Nonnen, Bauern und Stallmägde ihrer erotischen Vergnügungen nicht müde werden. Immer ist es die Liebeslust, die die amüsantesten Intrigen heraufbeschwört. Naive und Eingeweihte, unzufriedene Ehefrauen, lebenshungrige Mönche, lustige Witwen und unternehmungsfreudige Galane begegnen einander zu munterem Zeitvertreib. In einigen Geschichten überwiegen Brutalität, Grausamkeit und Obszönität als Selbstzweck; meist aber wird die ›Unanständigkeit‹ der Situation mit dem zündenden Witz der Pointe vergolten, etwa wenn die in flagranti ertappte Sünderin ihren Ehemann beschwört: »Halt ein, du Unseliger, du bist im Begriff, den Vater deiner Kinder zu morden.« In anderen Erzählungen herrscht ein naiv-sentimentales Pathos. Heroisch ist der Widerstand eines jungen Helden in »Les frères d'armes«, von reiner Tragik die Verwandlung der stolzen Kurtisane Belle Imperia, die von wahrer Liebe erfasst wird, bittersüß die Geschichte der untadeligen Frau, die einem korrupten Fürsten zum Opfer fällt und vor Kummer stirbt; unheimlich sind schließlich Prozess und Tod des unwiderstehlichen Sarazenenmädchens, das als Dämon der Sinnlichkeit verbrannt wird.

Die berühmteste Ausgabe der *Contes drôlatiques* mit Illustrationen von Gustave Dorée erschien 1855.

■ Lit.: R. Favret: B. un autre Rabelais, in: Bulletin de l'Association des Amis de Rabelais et de la Devinière 5, 2000, 555–568. ■ A. M. Baron: Maternité et paternité drôlatiques, in: Genèses du roman, Hg. L. Frappier-Mazure, 2004, 169–178.

Ingrid Peter / Brunhilde Wehinger

Théodore de **Banville**

■ geb. 14. 3. 1823 Moulins/Allier (Frankreich)
■ gest. 13. 3. 1891 Paris (Frankreich)

1850–1852 Theaterkritiker der Zeitung *Pouvoir*, wurde entdeckt von Sainte-Beuve und beeinflusst von V. ↗ Hugo und T. ↗ Gautier; neben Lyrik erzählende Prosa (*Esquisses parisiennes*, 1859; Pariser Skizzen); für sein Werk interessanter poetischer Traktat *Petit traité de poésie Française* (Kleine Abhandlung über die französische Dichtung); Begründer und wichtigster Vertreter der parnassianischen Dichtung Frankreichs; wegen seiner eleganten Verse besonders geschätzt und häufig vertont.

■ Ausg.: Œuvres poétiques complètes, 8 Bde, Hg. P. J. Edwards, 1994–2002.

■ Lit.: A. Harms: T. de B., 1983. ■ R. Lacroix: T. de B., une famille pour un poète, 1990.

Odes funambulesques

(frz.; Seiltänzerische Oden) – Die Gedichtsammlung, die als eines der Hauptwerke der parnassianischen Lyrik in Frankreich gilt, erschien 1857. Nachdem Banville schon mit seinen ersten beiden Gedichtbänden, *Les cariatides*, 1842 (Die Karyatiden), und *Les stalactites*, 1846 (Die Stalaktiten), einen gewissen Bekanntheitsgrad erreicht hatte, gelang ihm mit den *Odes funambulesques* der endgültige Durchbruch als Dichter. Der Band enthält neben neuen Gedichten auch Texte (z. T. reine Gelegenheitslyrik), die bereits zuvor – anonym oder pseudonym – in verschiedenen Zeitschriften erschienen waren. Banville selbst hat die Sammlung 1859 überarbeitet und 1873 die endgültige Ausgabe, mit einem Kommentar versehen, herausgegeben.

Als Schüler von ↗ Gautier (1811–1872) zählt Banville zusammen mit Leconte de Lisle (1818–1894) zu den bedeutendsten Vertretern der Lyrik des Parnass. Diese Dichterschule wird gemeinhin als Reaktion gegen die Sentimentalität und den Subjektivismus der Romantik verstanden. Die Parnassiens verfolgten in Metrik und Reim die Ideale sprachlicher Formvollendung und objektiver Darstellung, auch und gerade in der Lyrik. Die Kunst hatte sich dieser Konzeption zufolge von den Banalitäten des Alltäglichen abzuwenden, um dem Prinzip des L'art pour l'art zu huldigen. Aus dieser antirealistischen Haltung heraus erklärt sich die dezidiert antibürgerliche Position der Parnassiens. Banville schreibt in der Einleitung zu seinem Kommentar der *Odes*: »Ich teile mit den Männern der 1830er-Generation den tiefverwurzelten und unversöhnlichen Hass gegen all das, was man ›Bürger‹ nennt.« Auch in den Gedichten selbst mokiert er sich immer wieder über die Oberflächlichkeit und Dummheit des »Bürgers«. Dieser wird zum Feind der Kunst stilisiert, welche ihm lediglich als Hintergrundfolie seiner Eitelkeiten diene.

Gegentypus zum Bürger ist der Künstler, der bei Banville vor allem in der Allegorie des Clowns auftaucht, so etwa in dem programmatischen letzten Gedicht »Le saut du tremplin« (Der Sprung vom Trampolin). Oft mit Attributen Christi oder Prometheus' versehen, leidet der Künstlerclown unter dem Unverständnis und der Plattheit seiner Umwelt, die er mit Hilfe seines Trampolins, der Kunstfertigkeit also, hinter sich lassen will: »Tremplin qui tressailles d'émoi / Quand je prends un élan, fais moi bondir plus haut, planche élastique!« (»Trampolin, du zitterst vor Erregung. / Setz ich zum Sprung an, lass mich / viel höher fliegen, federnde Bühne«). Das Streben nach dem von Platon herkommenden Ideal einer Gegenwelt führt Banville zur totalen Negation der Realität. Wie zur selben Zeit bei ↗ Baudelaire und wenig später bei ↗ Mallarmé wird allein die zweckfreie Idealität Ziel des künstlerischen Wollens: »Le clown sauta si haut, si haut, / Qu'il creva le plafond des toiles / Au son du cor et du tambour, / Et, le cœur dévoré d'amour, / Alla rouler dans les étoiles« (»Der Clown sprang so hoch, so hoch: / Er durchstach die Kuppel aus Stoff / Zum Klang des Horns und der Trommel / Und, das Herz von Liebe verzehrt, / Kreist er mit den Sternen«).

Dichtung ist bei Banville vor allem ein Spiel mit den Mitteln und Möglichkeiten der lyrischen Technik – eine Haltung, die ihm bei der zeitgenössischen Literaturkritik lediglich Spott und Verachtung einbrachte. Aufgrund ihres Strebens nach formaler Perfektion und ihrer Musikalität zählen die *Odes funambulesques* in ihrer Abwendung von Sentiment und Positivismus zu den einflussreichen Werken der beginnenden modernen Lyrik.

■ Lit.: P. Andres: La femme et ses métamorphoses dans l'œuvre de T. de B., 1993.

Ulrich Prill

Jules Amédée **Barbey d'Aurevilly**

■ geb. 2.11.1808 Saint-Sauveur-le-Vicomte/Manche (Frankreich)
■ gest. 23.4.1889 Paris (Frankreich)

Herkunft aus normannischem Adel; gründliche aristokratische Erziehung; Dandyexistenz in Paris; Verlust des elterlichen Vermögens; Schriftsteller und Journalist bei konservativen Journalen; in den letzten Lebensjahren unter Vormundschaft eines Geistlichen; zu Lebzeiten kaum gelesener Verfasser von Romanen und Erzählungen romantisch-phantastischen Charakters; wichtige literaturkritische Arbeiten über Dichter und Künstler seiner Zeit.

■ Ausg.: Les œuvres complètes, 17 Bde, Hg. J. Quesnel, 1926/27 [Nachdr. 1979].
■ Lit.: P. Avrande: B. d'A., 2000. ■ M.-F. Meloux-Montaubin: B. d'A., 2001.

L'ensorcelée

(frz.; *Die Gebannte*, 1948, H. Henning v. Voigt) – Der Roman erschien 1852 zunächst in der Zeitschrift *L'Assemblée nationale* unter dem Titel »La messe de l'abbé de la Croix-Jugan« (Die Messe des Abbé de la Croix-Jugan) und 1854 als Buch mit dem endgültigen Titel. Die Handlung ist in eine Rahmenerzählung eingebettet: Der aus der Normandie stammende Ich-Erzähler trifft auf einer Herbstreise durch seine Heimat in einer Schenke auf Maître Tainnebouy, der ihn von nun an auf seiner nächtlichen Reise durch die unheimlich wirkende Moorlandschaft von Lessay begleitet. Um Mitternacht hören die beiden Glockenschläge. Maître Tainnebouy berichtet, sie läuteten die Messe des Abbé de la Croix-Jugan ein, dessen Geschichte er daraufhin erzählt.

Zwei Handlungsstränge durchziehen diese Legende: zum einen die Biographie des Abbé Jéhoël de la Croix-Jugan, zum anderen das tragische Schicksal der in ihn verliebten jungen Jeanne Le Hardouey, einer mittellosen Adligen, die einen Bauern geheiratet hat. Bei Ausbruch der kirchenfeindlichen Französischen Revolution verlässt Jéhoël sein Kloster, um sich den oppositionellen Chouans anzuschließen. Nach der Niederlage der Royalisten im Jahre 1796 unternimmt er einen Selbstmordversuch, der allerdings fehlschlägt. Er gerät in Gefangenschaft der revolutionären »Blauen«, die sein Gesicht fürchterlich entstellen. Der Priester gelobt, Buße zu tun und kehrt in sein Kloster Blancheland zurück.

Jeanne, die ihn in der dortigen Kirche sieht, verfällt ihm – trotz (oder gerade wegen?) seines entstellten Gesichts – sofort, ja sie fühlt sich von einer dämonischen Macht beherrscht, die von ihm auszugehen scheint. Der Abbé aber hält an seinem Gelübde fest und erwidert ihre Liebe nicht. Die unglückliche Jeanne berichtet einer Vertrauten, der alten Clotte, von ihrer Leidenschaft. Herumstreifende, mit magischen Praktiken vertraute, gespenstergleiche Hirten verraten ihr Geheimnis schließlich ihrem Mann. Am nächsten Morgen findet man sie ertrunken auf. Die Bauern halten Clotte für die Schuldige und steinigen sie. Als der Abbé nach Ablauf seiner Bußzeit – ein weiteres Jahr ist vergangen – wieder eine Ostermesse lesen darf, erschießt ihn Jeannes Mann mit einer Kugel, die er aus der Bleifassung der Kirchenfenster gegossen hat. Am Ende des Romans wird die Rahmenerzählung wieder aufgenommen. Einem Augenzeugenbericht zufolge – so teilt Maître Tainnebouy dem Erzähler abschließend mit – kehrt der Geist des Abbé immer wieder in die Kirche zurück, um dort den vergeblichen Versuch zu unternehmen, die unterbrochene Messe zu beenden und dadurch Erlösung zu erfahren.

Der Roman sollte der erste einer Reihe weiterer Texte sein, die Barbey unter dem Titel »Ouest« (Westen) zusammenstellen wollte und die alle seiner Heimat, der Normandie, und der Chouannerie – der royalistischen Opposition, mit der der Aristokrat Barbey sympathisierte – gewidmet sein sollten. Das Projekt wurde jedoch nie verwirklicht. Nach eigenen Aussagen verfolgte Barbey mit seinem Roman ein doppeltes Ziel. Einerseits wollte er ein »livre normand« schaffen, und in der Tat bestimmt die Normandie mit ihrer Landschaft, ihrer spezifischen historischen Entwicklung, ihren Menschen und ihrer Sprache die Atmosphäre des Romans; sie wird zum Spiegel der Emotionen seiner Figuren, aber auch ihres Erzählers selbst. Andererseits bezeichnete Barbey *L'ensorcelée* in einem Brief als »ce livre, très catholique«. Religiöse Kategorien (Buße, Strafe, Erlösung usw.) bestimmen zwar tatsächlich scheinbar die Verhaltensweisen und das Schicksal der Protagonisten, offen bleibt jedoch die Frage, ob der Katholizismus überhaupt noch als ontologische Macht ernst genommen wird. Dagegen sprechen seine völlige Nivellierung durch die Darstellung magischer Erscheinungen des autochthonen ›Wunderbaren‹ der Normandie sowie seine Ästhetisierung und Unterordnung unter erzähltechnische Notwendigkeiten. *L'ensorcelée* sollte also nicht dogmatisch als ›roman catholique‹, sondern eher als literarisches Spiel mit verschiedenartigen phantastischen Versatzstücken gedeutet werden.

■ Lit.: A. Djourachkovitch: B. d'A. L'ensorcelée, 1998.

Ulrich Prill

Le chevalier Des Touches

(frz.; *Der Chevalier Des Touches*, 2014, C. Vollmann, G. Krämer) – Nach ↗ Balzac und ↗ Hugo handelt es sich bei dem 1864 erschienenen Roman um einen weiteren

Versuch einer historischen Darstellung der gescheiterten Revolte der »Chouans« Ende des 18. Jh.s. Die Handlung spielt in den letzten Jahren der bourbonischen Restauration (1814–1830) nach dem Sturz Napoleons. Die Mitglieder von Adelsfamilien, die die Revolution von 1792 bekämpft und schwere Leiden erduldet haben, leben nur noch von ihren Erinnerungen. Zwei alte Damen, Ursule und Sainte de Touffedelys, unterhalten sich über eine seltsame Begegnung des Pfarrers von Percy. Dieser hatte erzählt, dass er in einer stürmischen Winternacht von dem Chevalier Des Touches angesprochen worden sei, einem vor längerer Zeit auf geheimnisvolle Weise verschwundenen Edelmann, dem berühmtesten Anführer der Chouans, einer königstreuen Schar normannischer und bretonischer Aufständischer gegen die Revolution. Der inzwischen offenbar geistesgestörte Edelmann sei ihm in einem bemitleidenswerten Zustand begegnet, habe mit ihm einige Worte gewechselt und sei dann wieder im Dunkel verschwunden. Diese Geschichte wird für Mademoiselle de Percy – eine romantisch veranlagte, hässliche, maskuline Erscheinung, die am Chouans-Aufstand teilgenommen hat – zum Anlass, das berühmte und geheimnisvolle »Unternehmen der Zwölf« zur Befreiung des Chevalier Des Touches zu erzählen. Eine weitere Zuhörerin ist Aimée de Spens, die bei diesem Handstreich ihren Verlobten verloren hat.

Die Erzählung lässt die Vergangenheit wiedererstehen: Fast alle Männer waren gefallen oder emigriert, einige junge Aristokratinnen hatten sich auf Schloss Touffedelys zurückgezogen und umherstreifenden Chouans Asyl gewährt. Der mutigste der Rebellen sei jener Chevalier Des Touches gewesen, ein Mann von fast weiblich-schönem Äußeren und unbeschreiblicher Grausamkeit. Er überquerte in finsteren Nächten häufig mit einem kleinen Boot den Kanal, um die Nachrichtenverbindung zwischen den französischen Aufständischen und den Emigranten aufrechtzuerhalten. Eines Morgens kehrte er von dort mit einem Gefährten zurück, den man nur unter dem Namen »Monsieur Jacques« kannte. Zwischen Jacques und Aimée entstand in dieser Zeit der Furcht und des Schreckens eine tiefe Zuneigung. Als der Chevalier von den Revolutionären gefangen genommen wurde, beschlossen seine Kameraden, ihn vor der Guillotine zu retten. Ein erster Versuch in der Stadt Avranches, wo sie das unübersichtliche Gewirr eines belebten Marktes zur Befreiung nutzen wollten, schlug fehl. Beim zweiten, nun gelungenen Befreiungsversuch in Coutances fiel Jacques und wurde von seinen Gefährten in einem nahen Wald begraben. Aimée lebt seitdem zurückgezogen in einem Kloster.

In manchen Passagen ähnelt das Werk ↗ Hugos *Quatre-vingt-treize*, 1874 *(Dreiundneunzig)*, und ↗ Balzacs *Le dernier Chouan*, 1829 *(Der letzte Chouan)*, die ebenso wie Barbeys Roman *L'ensorcelée*, 1852 *(Die Gebannte)*, den Aufstand der Chouans als Romanstoff benutzten. Gegenüber früheren Werken Barbeys zeichnet sich dieser Roman durch eine größere Lebendigkeit der Darstellung aus.

▪ Lit.: Y. Nicolas: Plus épouse que mère. Psychoanalyse de ses œuvres romanesques de B. de A., 1986. *Helga Müller*

Les diaboliques

(frz.; *Die Teuflischen*, 1967, F. Dorn) – Im Vorwort der 1874 erschienenen Novellensammlung erläutert der Autor ironisch den Titel und die Wahl seiner Motive: Er glaube an die Realität des Teufels in einem Zeitalter, das sich zu Unrecht für fortschrittlich hält, und als christlicher Moralist fühle er sich verpflichtet, in »tragischen Zeichnungen« die Pranke des Bösen vor allem im Leben der mondänen Gesellschaft seiner Zeit sichtbar zu machen. Der Titel könne sowohl auf die einzelnen Geschichten als auch auf die Frauen bezogen werden, die in den Novellen eine Hauptrolle spielten, da die Frau ihrer Natur nach ihren Trieben – den bösen wie den guten – stärker unterworfen sei als der Mann. Der Autor entwirft für jede seiner Novellen einen Rahmen, skizziert eine Situation, porträtiert mehrere Anwesende und lässt jeweils einen von ihnen seine »teuflische« Geschichte berichten. Die Erzählungen werden entweder durch eine zufällige Beobachtung ausgelöst oder dienen als Beweis einer These.

In »Le rideau cramoisi« (Der rote Vorhang) berichtet der Erzähler von einem bekannten Dandy, den er auf einer schon geraume Zeit zurückliegenden Fahrt in der Postkutsche getroffen hat. Dieser Vicomte de Brassard wird ausführlich beschrieben und in einem wortreichen Rückblick auf seine militärische Vergangenheit vorgestellt (ein erzählerisches Mittel, dessen sich d'Aurevilly in fast allen Geschichten bedient). Während eines nächtlichen Pferdewechsels in einer Kleinstadt fällt dem immer neugierigen Erzähler ein einziges erleuchtetes Fenster mit einem »roten Vorhang« auf, das dem Vicomte, seinem überraschten Ausruf nach zu schließen, bekannt zu sein scheint. Der natürliche Anlass zu einer Geschichte ist gegeben: Vicomte de Brassard erzählt sein erstes Abenteuer, das er als junger Offizier in einer Garnison erlebte. Das Zimmer hinter dem »roten Vorhang« war der Schauplatz. Die Tochter seiner damaligen Wirtsleute, Alberte, hatte sich in Anwesenheit ihrer Eltern immer sehr kühl und unnahbar gegeben, bis sie eines Nachts unvermittelt in seinem Zimmer erschien, um sich wortlos seiner Liebe zu überlassen. Das Abenteuer wurde zur heimlichen Gewohnheit. Auf die Fragen des Liebhabers antwortete Alberte nur mit Umarmungen, und auf ebenso geheimnisvolle Weise starb sie einige Zeit später während eines Kusses, woraufhin er entsetzt die Flucht ergriff. Die beiden Reisenden versinken wieder in Schweigen, der Ruf des Kutschers ertönt, und die Fahrt wird fortgesetzt.

Ähnlich aufgebaut sind die anderen Novellen, »Le plus bel amour de Don Juan« (»Die schönste Liebe des Don Juan«), »Le bonheur dans le crime« (»Das Glück im Verbrechen«), »Le dessous de cartes d'une partie de whist« (»Mit verdeckten Karten bei einer Partie Whist«), »A un dîner d'athées« (»Ein Atheisten-Diner«) und »La vengeance d'une femme« (»Die Rache einer Frau«). In dieser letzten Novelle wendet sich d'Aurevilly an den Leser und polemisiert gegen die Kühnheiten der modernen Literatur. Allen gegenteiligen Behauptungen zum Trotz sei diese Literatur keineswegs ein wahres Abbild der Gesellschaft, da sie deren heimliche und unbestrafte Verbrechen zumeist verschweige. Mit »La vengeance d'une femme« wolle er noch ein letztes Beispiel für die »geistigen Verbrechen« des Zivilisationszeitalters geben: An dieser Geschichte einer spanischen Herzogin, die sich an ihrem Gatten rächt, indem sie, ohne Rang und Namen abzulegen, zur billigsten Pariser Prostituierten wird, sei nichts erfunden – außer der Erzählweise.

Barbey d'Aurevilly unterstreicht die Extravaganz und die raffinierte Perversität seiner Erzählungen durch einen schillernden, manchmal schneidend-ironischen, manchmal stürmisch-beredten deklamatorischen Stil. Die als Gegenstück zu den »Teuflischen« gedachten »Himmlischen« wurden nie geschrieben.

■ Lit.: P. Berthier: L'ensorcelée. Les diaboliques de B. d'A., 1987.

Hans Hug / KLL

Maurice Barrès

■ geb. 17. 8. 1862 Charmes-sur-Moselle/Lothringen (Frankreich)

■ gest. 4. 12. 1923 Neuilly-sur-Seine bei Paris (Frankreich)

Jurastudium an der Sorbonne; Freundschaft mit ↗ Mallarmé, A. ↗ France und J. ↗ Moréas; 1889–1893 Abgeordneter; Antisemit im Dreyfusprozess; 1906 Mitglied der Académie Française; galt seinen Zeitgenossen als einer der bedeutendsten französischen Autoren; ausgeprägter Fin-de-Siècle-Ästhetizismus und Dekadenzthematik; als Romancier vom großen bürgerlichen Roman (↗ Stendhal) beeinflusst; ab 1905 geistiger Wegbereiter der rechtsnationalen Action Française.

■ Ausg.: Œuvres, 20 Bde, Hg. P. Barrès, 1965–1966.

■ Lit.: I.-M. Frandon: B. tel qu'en lui-même, 1998. ■ S. Vajda: M. B., 2000.

Le culte du moi

Examen des trois idéologies

(frz.; Der Ichkult. Analyse dreier Lebensweisen) – Vor der Ausgabe als Trilogie waren die Romane *Sous l'œil des Barbares*, 1888 (Unter Beobachtung der Barbaren), *Un homme libre* (Ein freier Mann), und *Le Jardin de Bérénice*, 1891 (Der Garten der Berenice), bereits als Einzelbände erschienen. Wie Barrès im Vorwort andeutet, zeichnet die Trilogie die Entwicklung des Protagonisten Philippe nach, der mit stark autobiographischen Zügen versehen ist.

Der erste Teil stellt Philippe als einen jungen Mann vor, der sein Ich methodisch erforschen und entwickeln will. Er steht dabei in ständiger Auseinandersetzung mit den »Barbaren«, die als Chiffre für all das stehen, was man als Nicht-Ich bezeichnen kann. Das Ich definiert sich in Abgrenzung zum Bereich des Nicht-Ich als »die Art und Weise, in der unser Organismus auf die Außenreize und die Zwänge der Barbaren reagiert«. Und die einzig angemessene Reaktion auf die Umwelt ist für Philippe/Barrès die Kultivierung und Festigung des Ich. Philippe verfolgt dieses Ziel zunächst, indem er möglichst intensiv am Leben zu partizipieren versucht: Naturerlebnisse, Pariser Urbanität, Bildung – alles saugt er auf, alles soll seinem Ich dienen. Philippe glaubt indes sehr bald zu erkennen, dass die »Barbaren« dem Ich-Kult entgegenstehen und dass die wahre Pflege des Ich nur in der Abgeschiedenheit von der Welt richtig vollzogen werden kann.

Dem systematischen Programm der Befreiung und Entwicklung des Ich ist der zweite Band gewidmet. Philippe zieht sich mit seinem Freund Simon aus Paris zurück und lebt in der Einsamkeit der Insel Jersey. Um sein Ziel der Ich-Bildung zu erreichen, orientiert er sich an den *Exercitia spiritualia*, 1548 *(Geistliche Übungen)*, des Ignacio de Loyola (1491–1556). Der Ich-Kult entwickelt sich nun zu einer religiösen Obsession: »Die religiösen Orden haben ein Programm zur Pflege der Seele geschaffen, die Gott vollkommen lieben will; ein analoges Pflegeprogramm macht uns zur Anbetung des Ichs fähig.« Zusammen mit seinem Freund bemüht sich Philippe, sein bisheriges Leben, seine Eindrücke und Enttäuschungen zu verarbeiten. Dokument dieser Bemühungen ist ein Tagebuch, das in genauer Analyse die einzelnen Stufen der Ich-Bildung festhält.

Philippes Egoismus wird nun allerdings um ein entscheidendes Element erweitert: seinen aufkeimenden Nationalismus, seine Verbundenheit mit seiner Heimat Lothringen (wo auch Barrès geboren wurde), die er auf einer Reise für sich wiederentdeckt. Hier erkennt Philippe die Macht der Geschichte: Sie interpretiert er als ständigen Kampf um den Erhalt der regionalen Identität und parallelisiert so das Schicksal seiner Heimat mit seinem eigenen Schicksal: »Ich wurde mir meiner selbst bewusst, des Anteils an Ewigkeit, der in mir ruht.« Es ist indes nicht nur das Gefühl der Bindung an die Heimat, das von Philippe Besitz ergreift; hinzu kommt die Überzeugung, dass die Toten Einfluss auf das Leben ausüben. Das Ich ist nicht allein den Barbaren ausgesetzt, es muss sich auch mit seiner »inneren«, geschichtlichen Vergangenheit auseinandersetzen. Philippe kommt zu dem Fazit: »Ich bin nur ein Augenblick in der langen Entwicklung meines Seins.« Eine weitere Reise führt Philippe nach Venedig, architektonisch-geographisches Symbol der jahrhundertelangen Verteidigungsbemühungen gegen die »Barbaren«. Schließlich kehrt er zurück nach Paris, wo er seine bisherige Vita contemplativa in eine Vita activa überführen will, denn seine Überzeugung von der Verantwortung gegenüber der Heimat und den Toten lässt eine Fortsetzung des ausgeprägten Ich-Kults nicht länger zu.

Der Vita activa ist der dritte Teil der Trilogie gewidmet. Hier wird Philippes Bemühen geschildert, seine Erfahrungen mit dem eigenen Ich in Einklang mit den Erfordernissen eines aktiven Engagements zu bringen. Er orientiert sich dabei an der politischen Konzeption des Generals Boulanger. Dieser gesellschaftlichen Komponente steht eine erotische Erfahrung gegenüber. Philippe hatte in Paris Bérénice kennengelernt, in deren Landhaus er nun sein neues Leben beginnen will. Bérénice kommt dabei eine ähnliche Rolle zu wie der Beatrice Dantes. Sie strahlt nicht nur eine körperlich-erotische Anziehungskraft aus, sie ist auch Symbol für den Eros der Wissbegierde, der Erkenntnis der Welt. Philippe erträumt sich ein harmonisches Zusammensein mit dieser Frau, die ihn indes in eine tiefe Existenzkrise stürzt, als sie einen politischen Gegner heiratet (und bald darauf stirbt). In Anknüpfung an seine Theorie einer die Gegenwart bestimmenden Kraft der Toten gelingt es Philippe, seine Trauer in glückhafte Erkenntnis zu verwandeln. Bérénice bleibt, wie die Toten seiner Heimat, ein Teil seines Ich. Und aus dieser Gewissheit heraus gewinnt sein Leben eine neue Dynamik: Nun strebt er nicht mehr nach der Abgeschlossenheit im sterilen Tempel seines Ich, sondern will das Lebens in all seinem Facettenreichtum genießen.

Der Ich-Kult ist letztlich kein narzisshaftes Um-sich-selbst-Kreisen, er impliziert vielmehr eine streng einzuhaltende Methode der Selbsterkenntnis, die die Voraussetzung für eine aktive und sinnvolle Teilnahme am Leben ist. Philippe steht dabei stellvertretend für eine ganze Generation, die sich nach der Niederlage Frankreichs gegen Preußen und nach dem Sturz des Zweiten Kaiserreichs in einen dekadenten Egozentrismus geflüchtet hatte. Barrès verfolgt nicht zuletzt die didaktische Absicht, einen Weg aufzuzeigen, der aus diesem Egozentrismus heraus und zu einer aktiven Teilnahme am gesellschaftlichen und politischen Leben führt.

■ Lit.: A. Amend-Söchting: Ich-Kulte. Formen gebündelter Subjektivität im französischen Fin-de-Siècle-Roman, 2001.

Ulrich Prill

Marie Bashkirtseff

■ geb. 23.11.1860 Gawronzi (Ukraine)
■ gest. 31.10.1884 Paris (Frankreich)

(d.i. Maria Konstantinovna Bashkirtseva) – Russischer Abkunft; kam nach Aufenthalten in Deutschland mit ihrer Mutter nach Frankreich; Ausbildung als Malerin; zahlreiche Reisen; erst in Nizza, dann in Paris wohnhaft; Tod durch Tuberkulose; bedeutendste Tagebuchautorin des 19. Jh.s.

■ Lit.: C. Cosnier: M.B. Ich will alles sein, 1994.

Journal

(frz.; *Die Tagebücher der Marie Bashkirtseff von 1877–1884*, 1997, S. Voigt) – Eine Auswahl aus den Tagebüchern der Autorin erschien erstmals 1877. Die Aufzeichnungen, die sie im Alter von 14 Jahren begann und bis wenige Tage vor ihrem Tod kontinuierlich weiterführte, füllen 84 Hefte. Die bald nach ihrem Tod erschienene Auswahlausgabe hat zahlreiche als anstößig betrachtete Stellen eliminiert, vor allem Hinweise auf sexuelle Regungen der Schreiberin, um diese dem zeittypischen Idealbild des unschuldigen jungen Mädchens anzugleichen. Spätere Ausgaben weiterer Teile des Tagebuchs trafen nur auf geringe Resonanz.

Auf das attraktive, frühreife Mädchen, das sich durch ausgedehnte, aber planlose Lektüre eine Fülle disparater Kenntnisse erwarb und in altkluger Weise damit glänzte, setzten die Verwandten große Hoffnungen. Eine spektakuläre Heirat oder eine künstlerische Karriere sollte den Ruf der in der »guten Gesellschaft« wenig geachteten Familie verbessern. Schon die 14-jährige Marie kleidete und benahm sich in der Gesellschaft wie eine Erwachsene, später studierte sie Malerei und Bildhauerei und stellte seit 1880 mehrfach im »Salon« aus, der zentralen Pariser Kunstschau. Das Tagebuch schildert ihre Erfahrungen in den unterschiedlichen Milieus, in denen sie sich, bedingt auch durch viele Reisen, bewegte, hält vor allem aber minutiös die Stimmungen des jungen Mädchens fest, ihre Träume von Liebe und Ehe, ihre Versuche, die eigenen Gefühle zu analysieren, Gedanken über die weibliche Existenz.

Maurice ↗ Barrès, der Romancier des *Le culte du moi*, 1892 (Der Ichkult), der von der ausgeprägten Egozentrik Maries fasziniert sein musste, sorgte für die postume Veröffentlichung der Aufzeichnungen. Noch Simone de ↗ Beauvoir zitiert in *Le deuxième sexe*, 1949 *(Das andere Geschlecht)*, wiederholt aus dem *Journal*, das sie als Modellfall des intimen Tagebuchs junger Mädchen betrachtet.

■ Ausg.: Mon journal, Hg. G. Apostolescu, Bd. 1–11 ff, 1995 ff.
■ Lit.: M. Brink: Ich schreibe, also werde ich, 1999.

Albert Gier

Charles Baudelaire

■ geb. 9. 4. 1821 Paris (Frankreich)
■ gest. 31. 8. 1867 Paris (Frankreich)

Unglückliche Kindheit; nach Verweis aus dem Gymnasium wegen psychischer Krisen Privatunterricht; Jurastudium; 1841 Orientreise (Mauritius, Réunion); seit 1842 Boheme-Existenz in Paris; Verschwendung des erheblichen väterlichen Erbes in einem Jahr; ab 1844 unter finanzieller Vormundschaft der Familie; Freundschaft mit ↗ Balzac, ↗ Gautier, Sainte-Beuve, Delacroix, ↗ Nerval; Übersetzer von Poe; Entdecker Wagners für Frankreich; bedeutender Kritiker und Theoretiker der modernen Ästhetik; bedeutendster Lyriker französischer Sprache.

■ Ausg.: Œuvres complètes, 2 Bde, Hg. H. C. Pichois, 1976–1980.
■ Übers.: Sämtliche Werke, 8 Bde, Hg. F. Kemp, 1975–1992.
■ Lit.: J. P. Sartre: B., 1947 [B. 1953]. ■ P. Pia: B. par lui-même, 1958 [C. B. in Selbstzeugnissen und Bilddokumenten, 1958]. ■ C. Pichois/J. Ziegler: B., 1987.

Les fleurs du mal

(frz.; *Die Blumen des Bösen*, 1986, F. Kemp) – Bereits 1857, im Erscheinungsjahr des Gedichtzyklus, hatten sich Autor und Verleger vor Gericht wegen »Verhöhnung der öffentlichen Moral und der guten Sitten« zu verantworten. Das Urteil – eine Geldstrafe und die Tilgung von sechs Gedichten – wurde formell erst 1949 aufgehoben. Die Entstehungsgeschichte reicht bis in die literarischen Anfänge Baudelaires in den frühen 1840er Jahren zurück. Als Titel der Sammlung waren zunächst »Les Lesbiennes«, etwa 1845–1847 (Lesbianische Gedichte), später »Les limbes«, etwa 1848–1851 (*Die Vorhölle*, 1983), vorgesehen. Erst 1855 begegnet der endgültige Name in der Zeitschrift *Revue des Deux Mondes*. Die nach dem Gerichtsbeschluss zu tilgenden sechs Gedichte wurden in der zweiten Auflage (1861) unterdrückt, was Baudelaire zu einer völligen Neuordnung des Bandes veranlasste; 1866 wurden sie jedoch unter Umgehung der französischen Zensur erneut als *Les épaves* (Strandgut) in Brüssel publiziert. Als letztes Zeugnis der fortgesetzten Arbeit an den *Fleurs du mal* erschienen im selben Jahr in dem von Catulle ↗ Mendès herausgegebenen *Parnasse Contemporain* 16 teils bereits in *Les épaves* veröffentlichte »Nouvelles fleurs du mal« (Neue Blumen des Bösen).

Legt man für den Gesamtzyklus die zweite Auflage zugrunde, so ergibt sich folgende Anordnung: Nach einem Zueignungsgedicht findet sich die mit 87 Gedichten bei Weitem umfangreichste Gruppe »Spleen et idéal« (»Spleen und Ideal«). Daran schließen sich die »Tableaux parisiens« (»Pariser Bilder«), der Zyklus »Le vin« (»Der Wein«) sowie die Gruppen »Les fleurs du mal«, »Révolte« (»Aufruhr«) und »La mort« (»Der Tod«) an. Bereits die Titel dieser Sektionen suggerieren ein inhaltliches Verlaufsschema, vermittels dessen die *Fleurs du mal* als ›lyrischer Roman‹ des modernen Subjekts lesbar werden, ähnlich dem pseudoautobiographischen Schema, das zumal in petrarkistischen Gedichtsammlungen für die Kohärenzbildung bürgte. Auch über diese lebensweltlich-biographische Konturierung hinaus erweist sich die Organisation der Gedichte zum Zyklus als so durchdacht, dass die Forschung *Les fleurs du mal* wiederholt als das am strengsten komponierte Werk in der Geschichte der Lyrik bezeichnete.

Das Werk entspringt einer Grundspannung von Satanismus und Idealität, die ihre Ursache in Baudelaires ambivalentem Verhältnis zur Religion hat. Sein viel berufener Satanismus weist jedoch über die Romantik zurück auf mittelalterlich-christliche Denk- und Symbolfiguren. Auch seine Kritik am Fortschrittsoptimismus des 19. Jh.s basiert letztlich auf der hierin gründenden Überzeugung von einem gleich bleibenden Urzustand des Menschen, der als »vollkommenes Raubtier« seiner Natur nach satanisch verderbt sei. Auch die Vorstellung von der Erbsünde wird von Baudelaire über ihren traditionell religiösen Bedeutungsbereich hinaus erweitert, indem er sie – wiederum auf den Spuren der romantischen Weltanschauung – als Übergang von der Einheit in die Dualität auffasst: Gott entäußert sich in der Schöpfung und leitet damit seinen eigenen Niedergang ein. Dieser Sündenfall Gottes manifestiert sich im Antagonismus von Spiritualität und animalischer Existenz, im Verhältnis der Geschlechter zueinander und in der Liebe als »fürchterlichem Spiel«. Geistigkeit ist ihm Abbild der ursprünglichen Gottebenbildlichkeit und Effekt einer Reinheit, die im pädagogisch-gesellschaftlichen Ideal des Dandytums angestrebt wird. Was diesem sich stoisch gegen alle Kreatürlichkeit behauptenden Spiritualismus seine Würde bezeugt, ist das Bewusstsein des Schmerzes, jene Melancholie, für die Baudelaire den Begriff des

›spleen‹ prägte, der paradoxerweise Grundbedingung aller Schönheit ist – im Gegensatz zur Freude, einem ihrer »vulgärsten Ornamente«.

Aus dieser Spannung zwischen Melancholie und wollüstigem Verlangen nach Leben entfaltet sich der Reiz eines modernen, überraschenden, dissonantisch-bizarren Schönheitsideals. In zahlreichen Gedichten der ersten Gruppe wird diese Antinomie von »spiritualité« und »animalité« als immer neu sich anfachende, nie zum Stillstand kommende Dialektik von Aufschwung und Fall entfaltet, die nur im Leiden ausgehalten, aber nie überwunden werden kann. In Entsprechung zu den beiden Extremen dieser Bewegung organisiert der Dichter den Zyklus über die dualistische Semantik zweier Wortfelder: »azur« (himmelblau), »blancheur« (Weiße) und »pureté« (Reinheit) stehen »abîme« (Abgrund), »gouffre« (Schlund), »enfer« (Hölle), »ténèbres« (Düsterkeit) usw. gegenüber. Diese semantischen Felder ordnen den Bewusstseinsraum des lyrischen Ichs der *Fleurs du mal*. Oft treffen sie wie etwa in »L'aube spirituelle« (»Geistiges Morgenrot«) unmittelbar aufeinander: »Dem hingestreckten Menschen, der noch träumt und leidet, tut sich der Geistes-Himmel Bläue unerreichbar auf und saugend wie der Abgrund vertieft sie sich.«

Will man den Gedichtzyklus entlang seiner biographisch-inhaltlichen Auf- und Abstiegsmomente beschreiben, so ergibt sich für die Gesamtkonzeption folgendes Verlaufsschema: Nach einer Reihe von einleitenden Gedichten, die Fragen des Dichtertums und der Ästhetik behandeln, steht im Zentrum des ersten Zyklusteils eine beträchtliche Anzahl von Gedichten, die Frauen gewidmet sind. Vor allem in den an Baudelaires langjährige Geliebte Jeanne Duval gerichteten Gedichten erscheint Liebe als Verfallenheit an das in der Verführungskraft der Frau sich entfaltende dämonisierte Böse, während in den Gedichten für Madame Sabatier eine Idealisierung vorherrscht, die, aller »animalité« weit entrückt, ihr Gegenteil stets mitdenkt. An die Duval- und Sabatier-Subzyklen schließen sich die vier bekanntesten Gedichte Baudelaires an. Die unmittelbar aufeinanderfolgenden, formal heterogenen Texte mit dem Titel »Spleen« beschwören eine Atmosphäre von düsterer Melancholie herauf, die auf dem Menschen lastet und ihn in dumpfer Teilnahmslosigkeit und zermürbender Langeweile verzweifeln lässt. Um sie gruppieren sich eine Reihe weiterer Texte der Sektion »Spleen et Idéal«, etwa »Obsession« (»Besessenheit«), »Le goût du néant« (»Gefallen am Nichts«) oder »L'horloge« (»Die Uhr«), die den selbstquälerischen Glauben an die eigene Verdammnis bestärken, für den Baudelaire das Bild des Selbsthenkers findet. »Ich bin der Vampir meines eigenen Herzens – einer jener großen Verlassenen, die zu ewigem Lachen verdammt sind und die nicht mehr lächeln können!«

Die 18 Gedichte der zweiten Gruppe, »Tableaux parisiens«, haben Baudelaires Ruhm als Portalgestalt der Moderne begründet, die die zivilisatorischen, künstlichen Reize, aber auch die Problematik der modernen Großstadt poesiefähig gemacht hat. Paris wird für Baudelaire zum geheimnisvollen, von Straßenschluchten wie von »gewundenen Falten« durchzogenen Bereich, in dem alles, selbst das Grauen, den Flaneur faszinieren kann. Gedichte wie »Les sept vieillards« (»Die sieben Greise«), »Les petites vieilles« (»Die alten Weiblein«) oder »Les aveugles« (»Die Blinden«) skizzieren mit grotesken Federstrichen soziale Randgestalten. Diese Gruppe enthält auch ein weiteres berühmtes Gedicht Baudelaires, den »Rêve parisien« (»Pariser Traum«). Darin wird eine Traumlandschaft von vollkommener Künstlichkeit entworfen, in der sich Baudelaires heftiger Abscheu vor aller bloß kreatürlichen, organischen, wuchernden Regellosigkeit äußert.

Die fünf Gedichte der Gruppe »Le vin« gehören thematisch in den Umkreis der Schrift *Paradis artificiels*, 1860 *(Die künstlichen Paradiese)*, die den Wirkungen von Rauschgiften nachgeht. In »Le vin des chiffoniers« (»Der Wein der Lumpensammler«) wird der Wein mit dem Schlaf verglichen, den Gott all diesen »alten Verdammten« aus Reue schenkte, damit sie ihren Groll vergäßen. Aus dem Rausch, einem der wenigen Mittel, den »kranken Dünsten« dieser Welt zu entfliehen, gehen jene »Feste der Phantasie« hervor, die den Menschen in einen »Götterhimmel« fern der Banalität der Wirklichkeit entführen.

In den beiden folgenden Gruppen, »Les fleurs du mal« und »Révolte«, wird dem Grauen und der Verzweiflung ein neuer Reiz abgewonnen. Das Motiv der Besessenheit, des qualvollen Hin- und Herschwankens zwischen den beiden Polen der Geist- und der Tier-Natur des Menschen wird verstärkt: Im Gedicht »La destruction« (»Die Zerstörung«) projiziert sich diese Unruhe nach außen im Bild eines Dämons, der den Menschen, »dem Auge Gottes fern«, in verführerischer Gestalt durch »unabsehbar öde Ebenen des Grames« treibt. Dieser unablässige Kampf gegen die Verstrickung in schuldhafte Begierde schlägt endlich in die triumphierende »Bewusstheit im Bösen« und in den leidenschaftlichen Aufruhr der »Litaneien des Satan« um, die Satan als den »Wahlvater« jener feiern, »die in seinem schwarzen Zorn Gottvater aus dem irdischen Paradies verjagt hat«.

In der letzten Sektion »La mort« findet sich neben einigen Rollengedichten als Schlussgedicht des gesamten Zyklus das berühmte »Le voyage« (»Die Reise«). Es beschreibt die grenzenlose, von Neugier und Hoffnung unaufhörlich genährte Sehnsucht des Menschen nach fremden, chimärischen Ländern, nach Inseln der Phantasie, nach Unendlichkeit, nach »dem Neuen«. Ein imaginärer Chor von »wahren Reisenden« breitet den Schatz seines »bitteren Wissens« über eine Welt aus, die dem Dichter »Oase des Grauens in einer Wüste der Langeweile« wird. Nachdem diese eintönige, enge Welt durchschritten ist, die heute, gestern und morgen kaum mehr als das »langweilige Schauspiel der unsterblichen Sünde« bietet, bleibt dem rastlos auf der Suche nach neuen »Wunderfrüchten« vorwärts drängenden Reisenden nur noch ein Ziel – der Tod.

In formaler Hinsicht hält Baudelaire am gereimten Alexandriner fest und benutzt sogar überwiegend die klassische Sonettform; daneben finden sich Parodieformen religiöser Lyrik (Laude, Litanei) und Verfremdungen mittelalterlicher Gattungen und Strophenformen (Alba, Sirventes). Aber gerade diese Verbindung einer traditionellen Vers- und Strophenform mit neuen, überraschenden Inhalten ermöglicht jene Spannung, die Baudelaire dem Phänomen der Modernität zuschreibt. Das Flüchtige und Transitorische des Gegenwartsbewusstseins öffnet er auf einen künftigen Zustand hin, in dem alles Moderne Teil einer neuen Klassik wird. Mit diesem Begriff korrespondiert andererseits ein tiefer Endzeit-Pessimismus. Die *Fleurs du mal* sind sein Versuch, dieser Spannung standzuhalten. Ihre weltliterarische Bedeutung kann kaum überschätzt werden: Im Bereich der Lyrik, von den Symbolisten und Dekadenten über den Expressionismus bis zum Surrealismus und darüber hinaus haben sich alle folgenden Generationen immer wieder auf Baudelaire bezogen.

▪ Lit.: G. Hess: Die Landschaft in B.s Fleurs du mal, 1953. ▪ W. Benjamin: C. B., 1969. ▪ O. Sahlberg: B. und seine Muse auf dem Weg zur Revolution, 1980. ▪ P. Broome: B.'s Poetic Patterns. The Secret Language of the Fleur du Mal, 1999. ▪ J. A. Ward: Baudelaire and the Poetic of Modernity, 2001. *Hans-Horst Henschen / KLL*

Curiosités esthétiques

(frz.; *Ästhetische Merkwürdigkeiten*, 1977, G. Meister) – Die Sammlung von acht Aufsätzen über Malerei und Literatur, die in den Jahren 1845 bis 1859 entstanden und in Zeitschriften oder als Separatausgaben veröffentlicht wurden, erschien postum 1868. Auswahl und Anordnung der Aufsätze entsprechen einem älteren Plan Baudelaires. Die *Curiosités esthétiques* bilden, zusammen mit einer anderen Sammelpublikation des Autors, *L'art romantique* (1869), nur einen Bruchteil seiner ästhetisch-theoretischen Schriften.

Baudelaire versteht sich in diesen Aufsätzen als Theoretiker einer Kunst und Literatur der »modernité«. Die enge Verbindung, die Theorie und Dichtung in seinem Werk eingehen, ist von initiatorischer Bedeutung für die Lyrik des späten 19. und des beginnenden 20. Jh.s. Kritik heißt für Baudelaire nicht mehr wie noch im 18. Jh. ausschließlich Klassifizierung und Subsumierung eines Werks unter die Regeln und Gattungsbegriffe einer normativen Ästhetik, sondern ist selbst ein kreatives, vorwärts treibendes Element. »Um gerecht zu sein, das heißt, um überhaupt selbst zu Recht zu bestehen, muss die Kritik parteiisch, leidenschaftlich, politisch sein: sie muss einen exklusiven Standpunkt vertreten – aber den Standpunkt, der die weitesten Horizonte eröffnet.« Erste Umrisse gewannen seine Überlegungen bereits in den Aufsätzen des »Salon de 1846« (1845). Bei seiner Suche nach einer Definition des »Schönen« ließ er sich von dessen zeitgenössisch-romantischen Ausdrucksformen leiten. Im Zentrum seiner Kunsttheorie standen vorerst noch die romantischen Begriffe der »intimité« und »spiritualité«: »Wer Romantik sagt, sagt ›moderne Kunst‹ – das heißt Intimität, Geistigkeit, Farbe, Streben nach dem Unendlichen, ausgedrückt durch alle Mittel, die die Künste enthalten.«

Er feierte Delacroix als bedeutendsten Vertreter dieser Romantik, während er ↗ Hugo ablehnte und ihm Mangel an »imagination« vorwarf. »Imagination«, später einer der Zentralbegriffe der Ästhetik Baudelaires, ist nicht identisch mit Phantasie, auch nicht mit Sensibilität, sie ist die nahezu »göttliche« Fähigkeit, die geheimen Beziehungen der Dinge, ihre Korrespondenzen und Analogien unterhalb der »positiven Trivialität« ihrer Oberfläche zu erfassen. Zwei Kapitel des »Salon de 1859« (1859), »La reine des facultés« (Die Herrscherin der Fähigkeiten) und »Le gouvernement de l'imagination« (Die Beherrschung der Inspiration), beschreiben sie als »Königin des Wahren«, zu dem das »Mögliche« als eine seiner Provinzen gehöre: »Das ganze sichtbare Universum ist nur ein Magazin von Bildern und Zeichen, denen die Imagination entsprechenden Rang und Platz anweisen muss.«

Die ästhetische Schöpfung ist auf das »idéal« gerichtet, das, jeglichem Zugriff entzogen, nie ganz erreicht wird. Jedes Individuum hat zudem sein eigenes »idéal«, das in ihm die Sehnsucht wach hält, mit Hilfe der Imagination das Schöne aufzuspüren. Entscheidendes Kriterium der Kunst ist die Erinnerung als »Mnemotechnik des Schönen«, die den kleinsten wie den größten Welthorizont ins Bewusstsein holt. Ihr fällt die Aufgabe zu, die gegenwärtige Welt dichterisch zu fixieren, die im permanenten Schock erlebte Wirklichkeit durch die Imagination zu verwandeln und ihre eigentliche Schönheit zu dechiffrieren. Paris, die Hauptstadt des 19. Jh.s, diese »kolossale Masse von Menschen und Steinen«, wird für ihn zur Schicksalslandschaft, deren banale, moderne Reize ein weiteres Hauptelement seiner Ästhetik bilden. »Das Schöne ist immer bizarr [...]. Es enthält ein wenig Bizarrerie, naive Bizarrerie, ungewollt und unbewusst, und eben durch die Bizarrerie ist es gerade erst das Schöne.« (»Exposition universelle – 1855 – Beaux-Arts«).

Dieses Element des Bizarren korrespondiert bei Baudelaire mit dem Grotesken, das ihm als die reine, absolute Ausprägung des Komischen gilt. In einem der bedeutendsten Aufsätze der Sammlung, »De l'essence du rire et généralement du comique dans les arts plastiques«, 1855 (Über das Wesen des Lachens, insonderheit über das Komische in der Kunst), führt er das Lachen auf eine ehemalige »physische und moralische Degradation« zurück. Voraussetzung allen Lachens sei ein aus dem Stadium der geistigen Unschuld herausgetretenes Selbstbewusstsein, das – als erschrockenes »Flügel-Zusammenfalten« der Seele – die Erinnerung daran bewahrt. Wo immer in der Geschichte einer Nation sich eine ausgeprägte Begabung für Komik äußert, sei sie mit der »Intelligenz zum Bösen« verknüpft, die in ihr erst ihr eigentliches Ausdrucksmedium finde. »Das Lachen kommt von der Idee der eigenen Überlegenheit« (dem Gegenstand des Gelächters gegenüber), es ist »satanisch und demnach tief menschlich«, aber auch widerspruchsvoll, da es Zeichen eines unendlichen und unauflösbaren Zwiespalts sei: Es entstamme dem Bewusstsein der »Misere in Bezug auf das absolute Wesen, dessen ideelle Vorstellung der Mensch besitzt, – der Größe in Bezug auf die Tiere«. Der beständige Zusammenstoß dieser beiden einander entgegenwirkenden Beziehungen erzeuge das Lachen. Den vollkommenen Ausdruck dieses ausgehaltenen Widerspruchs und seiner »satanischen« Auflösung im Lachen findet Baudelaire in Charles Robert Maturins *Melmoth the Wanderer* (1820). Das Groteske ist für ihn eine Sonderform des Komischen, in der es sich mit dem Hässlichen und Abstoßenden verbindet. Diesen Zusammenhang stellt er an einigen Erzählungen E. T. A. Hoffmanns dar, vor allem an dessen *Prinzessin Brambilla* (1820), an der Pantomime, und, in den beiden Aufsätzen über Karikaturisten seiner Zeit (»Quelques caricaturistes français« und »Quelques caricaturistes étrangers«, 1857), an Zeichnungen und Stichen von Vernet, Daumier, Monnier, Grandville, Gavarni, Hogarth, Goya, Breughel u. a.

Dichtung als Versuch, das Menschliche zu retten, erfordere die Anerkennung der modernen Wirklichkeit – jedoch nicht so, dass sich die Dichtung auf moderne Attribute (in einem äußerlichen Sinne) beschränkt; vielmehr müsse die Spannung (zum »idéal«) ausgehalten und aus ihr kraft eines heroischen Entschlusses der dichterische Funke geschlagen werden. Die Gewalt dieser Anstrengung entspreche dem Grad der Ausgeliefertheit an Banalität und Mediokrität der zeitgenössischen politisch-gesellschaftlichen Wirklichkeit, der der Künstler, schon um der Rettung der Kunst willen, als Revolutionär gegenübertreten müsse. Doch der Verfall sei schon in die Kunst selbst eingedrungen, der Verlust der »imagination« lasse sie zum bloßen Arsenal kunstgewerblicher Gegenstände verkommen.

Im »Salon de 1859« werden die bisher diskutierten Probleme schärfer, ja aggressiver durchdacht. Neu ist die heftige Attacke gegen den Fortschritt, diese »große, moderne Idee«, die radikal abgelehnt wird, sofern sie lediglich die »fortschreitende Herrschaft der Materie« verbürgt. Dieser scheinbare Fortschritt, der sich auf dem Gebiet der Kunst in Gestalt der Fotographie anbahnt, führe lediglich zu einer »Verwirrung der Funktionen«: »Wenn die Industrie in die Kunst eindringt, wird sie deren tödlichste Feindin.« Die technische Reproduzierbarkeit und die »Dummheit der Masse« korrumpierten die kreative Phantasie, an der als der wesentlichen Kraft des modernen Künstlers festgehalten werden müsse.

Die Bedeutung, die Baudelaire innerhalb seiner Ästhetik und seiner Lyrik dem Begriff der »modernité« einräumt, beruht auf der Einsicht in die Geschichtlichkeit des Schönen selbst. In dem späteren Aufsatz »Le peintre de la vie moderne«, 1863 (Der Maler des modernen Lebens; nicht in den *Curiosités esthétiques* enthalten), entwickelt er eine »rationelle und geschichtliche Theorie des Schönen« (im Gegensatz zu einer Theorie des einen und absolut Schönen), die eine Dualität zweier grundlegender Variablen annimmt: »Das Schöne wird aus einem ewigen, unveränderlichen Element gebildet, dessen Quantität außerordentlich schwierig zu bestimmen ist, und aus einem relativen, bedingten Element, das, wenn man will, von dem Zeitabschnitt, der Mode, dem geistigen Leben, der Leidenschaft dargestellt wird.« Erst aufgrund dieser Einsicht konnte Baudelaire den Darstellungsproblemen der modernen Welt gerecht werden. Doch nicht nur der Darstellung, sondern ebenso der Erschaffung einer neuen Welt galt seine Dichter-Arbeit. Wie an seiner Kritik der Fotographie als Kunst deutlich wird, wollte er der lediglich technischen Bewältigung die bewusste Gestaltung verarbeiteter Bewusstseinsreize der Moderne entgegensetzen.

▪ Lit.: S. Spandonis: Puisque fantaisie il y a... Théorie de la fantaisie et écriture fantaisiste dans l'œuvre de B., in: La Fantaisie post-romantique, Hg. J. L. Cabanès/J.-P. Saïdah, 2003, 91–109. *KLL*

Les paradis artificiels

(frz.; *Die künstlichen Paradiese*, 1901, M. Bruns) – Der zweiteilige Essay, dem 1858 Vorabdrucke in der *La Revue Contemporaine* vorausgingen, erschien 1860.

Die Zeitschrift *Le Messager de l'Assemblée* hatte 1851 J. J. Moreau de Tours' Essay über die kreativitätssteigernde Wirkung von Wein und Haschisch abgedruckt, den Baudelaire in der Erstfassung von 1858 in seinem *Poème du haschisch* (Gedicht vom Haschisch) teils wörtlich verarbeitete. Bei der Neufassung des Haschisch-Essays ging es ihm aber nicht nur um eine detailliertere Behandlung des Themas, sondern vor allem um eine

Vertiefung der geistigen Problematik des Rauschmittelkonsums.

In der Erfahrung, dass es »Ausnahmezustände des Geistes und der Sinne« gibt, in denen der Mensch sich über sich selbst hinausgehoben fühlt und die ihm – da sie paradoxerweise oft gerade als Folge eines Missbrauchs seiner körperlichen oder geistigen Kräfte eintreten – wie eine unverdiente »Gnade« erscheinen müssen, sieht Baudelaire die Erklärung für das, was er den »goût de l'infini« (Hang zum Unendlichen) nennt, wobei »l'infini« bei Baudelaire für das geheimnisvolle, vom Dichter erstrebte »Andere« steht. Allerdings sieht er in dem Versuch, die Intensitätsmomente mit künstlichen Mitteln zu erzwingen, eine »Entartung des Unendlichkeitssinns«, wie er andererseits selbst in den Lastern des Menschen noch »den Beweis [...] für seinen Hang zum Unendlichen« erkennen will. Er charakterisiert die von den Narkotika erhofften Wirkungen als ein »falsches Ideal«. Damit steht sein Beitrag zur Haschisch-Diskussion seiner Epoche unter dem Zeichen der Moral, was ↗ Flaubert ihm zum Vorwurf machte.

Im dritten Kapitel (»Das Theater der Seraphim«) ist er trotzdem um eine objektive Beschreibung der physiologischen und psychischen Wirkungen dieser Droge bemüht, wie ihm auch moderne Pharmakologen noch bescheinigen. Baudelaire unterscheidet drei Stadien des Haschischrauschs: Das erste ist gekennzeichnet durch eine Lockerung der Assoziationen, die die Kommunikation mit nicht unter Rauschgifteinwirkung Stehenden zunehmend erschwert. Im zweiten Stadium treten Rauschhalluzinationen auf. Baudelaire lässt keinen Zweifel daran, dass es sich hierbei nicht um echte Halluzinationen handelt: Sie setzten auf der subjektiven Seite eine rege Einbildungskraft und auf der objektiven einen Vorwand voraus. Überhaupt seien die Rauscherlebnisse »immer auf den besonderen Ton der Persönlichkeit gestimmt. [...] Der Mensch wird der Bestimmung seines physischen und moralischen Temperaments nicht entwischen; das Haschisch wird für die Eindrücke und die vertraulichen Gedanken des Menschen ein Vergrößerungsspiegel sein – aber ein klarer Spiegel.« Das dritte Stadium wird als »eine stille unbewegte Seligkeit« beschrieben, aus der der Schmerz und die Idee der Zeit verbannt sind.

Die anfängliche Phase des Rausches korrespondiere – durch die Intensivierung des Form- und Farberlebens sowie ein erhöhtes Verständnis für die Allegorie und die Expansion des Raum- und Zeitgefühls – der dichterischen Erfahrung. Allerdings gebe die aus der gesteigerten Erlebnisfülle im Menschen hervorkeimende Idee der eigenen Überlegenheit dem Haschischrausch immer mehr den Charakter einer »siegreichen Monomanie«. Von der »wollüstigen Analyse« des Gewissensbisses über die Verwechslung der guten Vorsätze mit der Tat und die Gewissheit, der Bezugspunkt aller Dinge zu sein, trage ein »Sturm von Hochmut« das Ich bis zur Klimax der »Gott-Werdung« empor. Baudelaire beurteilt diese Form der Evasion negativ, nicht nur, weil sie zur Selbsttäuschung führt und in der Ernüchterung endet, sondern wegen der grundsätzlichen Immoralität des Versuchs, »etwas gegen nichts« einzuhandeln. Man hat diese Verurteilung der »künstlichen Paradiese« durch einen Dichter, der in seiner Ästhetik den Vorrang des Künstlichen vor dem nur Natürlichen verkündet, als einen »Rückfall ins Moralisieren« missverstanden. Wenn jedoch Baudelaire die durch Rauschgifte ermöglichte Evasion als Eskapismus wertet, so nicht wegen ihrer »Künstlichkeit«, sondern weil diese als wirklich erlebt wird und weil sie ihren Preis in der Schwächung des zum Freisetzen schöpferischer Kräfte unerlässlichen Willens fordert.

Die zentrale Bedeutung, die in Baudelaires dichterischem Werk den Paradieslandschaften der Erinnerung sowie dem Motiv des Traums zukommen, steht daher nicht im Widerspruch zu seiner Verwerfung der »künstlichen Paradiese«, denn das Neuartige seiner Dichtung liegt gerade in dem stets wachen Bewusstsein der Unwirklichkeit der Evasion, mithin in der Emphase gesteuerter Künstlichkeit.

Den zweiten Teil des Werkes bildet die teils wortgetreue, teils resümierend-analytische Übersetzung von De Quinceys autobiographischen *Confessions of an English Opium-Eater*, 1821/22 (*Bekenntnisse eines englischen Opiumessers*, 1840). Die von Baudelaire eingestreuten Kommentare betreffen weithin die Geistesart des englischen Autors, die er als der seinen verwandt empfand. So enthalten die *Paradis artificiels* im Kern die Ästhetik von Baudelaires dichterischem Schaffen.

▪ Lit.: T. Inoue: Une poétique de l'ivresse chez B., 1977. ▪ F. Hilton: B. in Chains. Portrait of the Artist as a Drug Addict, 2004.

Horst Ensslen / KLL

Journaux intimes

(frz.; *Mein entblößtes Herz*, 1946, F. Kemp) – Die Tagebuchaufzeichnungen entstanden in den Jahren 1855 bis 1866. Das von Baudelaires Verleger Auguste Poulet-Malassis aufbewahrte und gesichtete Manuskriptkonvolut, das außerdem noch Fragmente eines Notizbuchs enthält, wurde jedoch erst von Eugène Crépet in der Ausgabe der *Œuvres posthumes et correspondances inédites* (1887) vollständig veröffentlicht.

Zu unterscheiden sind zwei größere Komplexe: *Fusées*, ca. 1855–1862 *(Raketen)*, und *Mon cœur mis à nu*, ca. 1859–1866 *(Mein entblößtes Herz)*. Die einzelnen Manuskriptblätter enthalten unzusammenhängende Reflexionen und formelhafte, teilweise zur späteren

Ausarbeitung bestimmte Notizen, die sich nur in drei Fragmenten der *Fusées* zu größeren Gedankenkomplexen zusammenschließen. Der Charakter eines fortlaufenden, kontinuierlichen Journals ist nicht angestrebt. Der Autor formuliert in diesen »raketenhaften«, oft bis zur Unverständlichkeit verkürzten Aphorismen wesentliche Elemente seines künstlerischen Selbstverständnisses, seines Verhältnisses zum Christentum, zur Religion überhaupt und zu politisch-gesellschaftlichen Problemen. Der Anteil von im eigentlichen Sinn privaten Aufzeichnungen bleibt gering, wenn auch Baudelaire in seinen letzten Lebensjahren den Plan hegte, *Mon cœur mis à nu* als Grundlage einer größeren Autobiographie zu verwenden.

»Im Seelischen wie im Körperlichen habe ich immer die Empfindung des Abgrunds gehabt, nicht allein des Abgrunds des Schlafes, sondern auch des Abgrunds der Tätigkeit, des Traumes, der Erinnerung, der Begierde, des Bedauerns, der Reue, des Schönen, der Zahl usw. [...].« Diese Empfindung und die damit verknüpfte Metapher des Abgrunds (»abîme«), die eine auf den 23. Januar 1862 datierte Eintragung beschreibt, führt ins Zentrum des Baudelaire'schen Werks. Sie korrespondiert aufs engste mit der Verschlossenheit, mit dem »Gefühl eines in alle Ewigkeit einsamen Schicksals«. »Ennui« (Langeweile) und quälende Melancholie sind auch die Attribute der Grundstimmung der *Fleurs du mal*, 1857 *(Blumen des Bösen)*, für die der Autor im ersten Teil seines großen Gedichtzyklus den Begriff des »Spleen« gefunden hat.

Die beiden Tagebücher bieten eine Vielzahl von Zeugnissen für die willentliche, schließlich bis zu völliger hysterischer Zerrüttung führende Anstrengung, mit der Baudelaire jener »Herzensträgheit« entgegenzuarbeiten suchte: »Die Acedia, die Krankheit der Mönche. Das Taedium vitae«. Das wiederholte Scheitern – mit Hilfe ausgeklügelter Pläne zur »Hygiene, Lebensführung, Methodik« – lässt ihn sich in Gebete flüchten, in denen neben seinem Vater vor allem Edgar Allan Poe als Fürsprecher angerufen wird.

Der Wertschätzung Poes, mit dem er mehr als nur die Missachtung des traditionellen Begriffs der Inspiration teilte, kommt nur die eines anderen Autors gleich, Joseph de Maistres: »De Maistre und Edgar Poe haben mich denken gelehrt.« In allen mehr objektiven, von unmittelbar persönlichen Problemen absehenden Äußerungen der *Journaux intimes* finden sich tatsächlich Spuren der intensiven Lektüre dieser beiden Autoren, ohne dass deren Einfluss der eigenen Entfaltung hinderlich gewesen wäre. So gehen gerade Baudelaires antibourgeoises Bewusstsein, seine Sympathien für die Monarchie und seine leidenschaftliche Abneigung gegen alle demokratische Fortschritts- und Evolutionsbefangenheit auf Maistre und Poe zurück. »Es gibt nur drei Kategorien achtbarer Wesen: der Priester, der Krieger, der Dichter. Wissen, töten, schaffen.«

Auf der gedanklichen Grundlage solcher Wertvorstellungen entwickelt Baudelaire den Typus des »höheren Menschen«, des Dandy, wie ihn auch zahlreiche Zeitgenossen, vor allem aber ↗ Barbey d'Aurevilly und ↗ Gautier repräsentierten und beschrieben. Baudelaires Dandy ist weniger eine exzentrische, auf die Ausbildung der differenzierenden Nuance – selbst der modischen – versessene Randfigur gesellschaftlichen Lebens, sondern eher ein vergeistigter Stoiker, ein »gottloser«, auf seine eigene autonome Würde bedachter weltlicher Asket, ein Ungeheuer an Einsamkeit, Verschlossenheit und selbstbewusster »Auto-Idolatrie«: »Vor allem, ein großer Mensch sein, und ein Heiliger, um seiner selbst willen.« Diese Notiz verdeutlicht zugleich Baudelaires Bindung an christliche Denkkategorien, auf die sich seine leidenschaftliche Hervorhebung der im Schmerz, in der Leidensfähigkeit sich bezeugenden menschlichen Würde und – in der Negation – sein Satanismus, das herrische Bewusstsein der eigenen Erwähltheit zurückführen lassen. Im Dandy als Idealtypus kulminiert auch Baudelaires Spiritualismus, eine geistige Haltung, die sich aller kruden Naturwüchsigkeit, aller triebhaften Barbarei entschieden widersetzt.

Den engen Zusammenhang mit dem poetischen Schaffen schließlich bekunden zahlreiche Eintragungen zur eigenen Poetik, zu geplanten Werken und zu einer allgemeinen Theorie der Schönheit. Den Einfluss Poes widerspiegelnd, wird hier ein für die gesamte moderne Ästhetik bedeutsam gewordener Grundsatz formuliert: »Was nicht unmerklich entstellt ist, wirkt kühl und empfindungslos – hieraus ergibt sich, daß das Unregelmäßige, das heißt das Unerwartete, die Überraschung, das Erstaunen ein wesentliches und charakteristisches Merkmal des Schönen darstellen.«

▪ Lit.: J. J. Marchand: Sur ›Mon cœur mis à nu‹ de B., 1970. ▪ B. Howells: La vaporisation du moi. B.'s Journaux intimes, in: French Studies 42, 1988, 424–442. *Hans-Horst Henschen*

L'art romantique

(frz.; *Kunstkritik*, 1977, G. Meister) – Die Sammlung kritischer Schriften, deren Werktitel von den Herausgebern Théophile ↗ Gautier und Charles Asselineau stammt, erschien postum 1868. Ab 1852 hatte Baudelaire die Publikation seiner literatur- und kunstkritischen Schriften in Buchform erwogen. Er nannte seine Sammlung zunächst »Bric-à-brac« (Vermischtes), später »Curiosités esthétiques« (Ästhetische Merkwürdigkeiten). Dieser Titel sollte, über die innere Gliederung in einen literatur- und einen kunstkritischen Teil hinweg, die optische und stilistische Einheit der Kunst unterstreichen, entsprechend der Auffassung Baudelaires, dass es keine prinzipiellen ästhetischen Unterschiede zwischen den einzelnen Kunstarten gibt.

Den Hauptteil des Buches bilden die »Réflexions sur quelques-uns de mes contemporains«: Aufsätze über Victor ↗ Hugo, Auguste Barbier, Marceline Desbordes-Valmore, Théophile ↗ Gautier, Pétrus ↗ Borel, Gustave Le Vavasseur, Théodore de ↗ Banville, Pierre Dupont, Leconte de Lisle, Hégésippe Moreau. Daneben stehen Gelegenheitsartikel über Jean de Falaise, über »Les martyrs ridicules« (Die lächerlichen Martyrien) von Léon Cladel, über *Les misérables* von Hugo etc. und einzelne Essays, darunter »Madame Bovary«, »Richard Wagner et Tannhäuser à Paris«, »L'essence du rire« (Das Wesen des Lachens) und »Conseils aux jeunes littérateurs« (Ratschläge an junge Literaten). In einer Studie über Constantin Guys (»Le peintre de la vie moderne«, Der Maler des modernen Lebens) befasst sich Baudelaire mit dem Begriff der Moderne in der Kunst und mit dem Problem der Beziehung zwischen absoluter und relativer (zeitbedingter) Schönheit. Erst in der Synthese mit dem Stil einer Zeit, mit Geschmack und Mode gewinne die zeitlose überpersönliche Idee des Schönen Anschaulichkeit und könne von dem in der Zeit lebenden Menschen verstanden werden. Im selben Zusammenhang wird das Dandytum thematisiert, das Baudelaire in den Status einer eigenen Existenzform erhob. Der Dandy sei der eigentliche Held des modernen Lebens, da er allein mitten in einer industrialisierten, banalen Welt seine Person, sein Benehmen und Denken in den Dienst der Schönheit stelle. Stoizismus gegenüber der Außenwelt und eine fast religiöse Vergeistigung sind für Baudelaire die Kennzeichen des wahren Dandy.

Der Essay, der Baudelaires Kunstauffassung am eindrücklichsten zum Ausdruck bringt, ist »Richard Wagner et Tannhäuser à Paris«, zugleich das erste bedeutende Dokument der Wirkungsgeschichte Wagners in Frankreich. Nicht nur entspricht die Konzeption des musikalischen Dramas derjenigen Baudelaires von der Einheit aller Kunstformen, vielmehr ist auch Wagners dualistische Thematik, die im Zwiespalt zwischen Geist und Körper den Kampf zwischen Himmel und Hölle, zwischen Gott und Teufel begreift, dem dualistischen Weltbild Baudelaires und seiner *Les fleurs du mal* verwandt. Ein kleines, höchst geistreiches Kuriosum ist der Aufsatz »Conseils aux jeunes littérateurs« (Ratschläge für junge Literaten), in dem Baudelaire mit satirischer Finesse seinen jungen Kollegen die Grundsätze des Dichtens erläutert und gleichzeitig seiner eigenen hohen und strengen Auffassung der Kunst Ausdruck verleiht.

Baudelaires vorwiegend ästhetisch-philosophisch argumentierende Literaturbetrachtung bildet das Gegenstück zur psychologisch-moralistischen von Sainte-Beuve. Beide sind in ihrem Sinne beispielhaft für die Geistesgeschichte des 19. Jh.s. Baudelaire hält das künstlerische Schaffen für autonom: Es beruhe auf einem naturgegebenen Bedürfnis des Menschen nach Schönheit, das demjenigen der Vernunft nach Wahrheit oder des moralischen Willens nach Güte entspreche. Damit wendet er sich gegen die idealistische Philosophie, die die metaphysischen, ästhetischen und ethischen Bereiche des Geistes zu vereinheitlichen strebt. Seiner Betrachtungsweise liegt kein starres ästhetisches Schema zugrunde. Sein Vorgehen ist vielmehr streng phänomenologisch, sein Hauptinteresse gilt dementsprechend den Problemen der Form, auch wenn er in einzelnen Aufsätzen, etwa über *Les misérables* oder *Madame Bovary*, die Bedeutung der psychologischen und soziologischen Elemente in der Kunst hervorhebt.

In den *Œuvres posthumes* von 1887 und 1908 wurden weitere, bis dahin zum Teil unbekannte Aufsätze veröffentlicht, die später in *L'art romantique* aufgenommen wurden, darunter ein Artikel über Jules Champfleury, ein weit gediehenes essayistisches Fragment über *Les liaisons dangereuses* und vor allem eine satirische Studie über »L'esprit et le style de M. Villemain«. Diese Texte dokumentieren nicht nur Baudelaires hohes logisches Denkvermögen, seine sichere Urteilskraft, seine Überlegenheit in der Formulierung und Darlegung abstrakt-theoretischer Gedankengänge, sondern auch seine weit gespannten künstlerischen Interessen.

▪ Lit.: D. Combe: L'esthétique kantienne et la genèse de l'Art pur. B. et le romantisme, in: Modernité et romantisme, Hg. I. Bour/E. Dayre, 2001, 27–49. ▪ A. K. Wettlaufer: In the Mind's Eye. The Visual Impulse in Diderot, B. and Ruskin, 2003. *KLL*

Le spleen de Paris

(frz.; *Kleine Gedichte in Prosa*, 1979, C. Fischer) – Die Konzeption dieser postum 1869 erschienenen Sammlung von Prosagedichten geht auf das Erscheinungsjahr von *Les fleurs du mal* (1857) zurück, als der Autor unter dem Titel »Poèmes nocturnes« (Nachtstücke) zunächst sechs Prosagedichte als ›Gegenstück‹ zu diesem Gedichtzyklus veröffentlichte. Für welchen Gesamttitel der nach und nach erschienenen Einzeltexte sich Baudelaire endgültig entschieden hätte, ist ebenso ungewiss wie Inhalt und Anordnung der Sammlung.

Die Grenzen des Versgedichts scheinen dem Autor vor allem bei seinem Versuch bewusst geworden zu sein, in den »Tableaux parisiens« der *Fleurs du mal* Szenen und Eindrücke aus dem Pariser Großstadtmilieu wiederzugeben. Die Dissonanzen der modernen Welterfahrung waren nicht länger mit traditionellen Mitteln wie Reimklängen und strengem Strophenbau zu bannen. Es galt, neue sprachliche Ausdrucksmöglichkeiten für die Darstellung des spezifisch ›Modernen‹ der

Großstadtwelt zu finden, für jene Mischung aus Banalität und bizarrer Schönheit, wie er sie in den Graphiken von Constantin Guys verwirklicht fand. Baudelaire entwickelte eine Prosa, deren evokative Wirkung allein aus der Wahl der Bilder und ihrer syntaktischen Anordnung, aus einer der Sprache inhärenten Musikalität, hervorgehen sollte.

Obwohl er Aloysius ↗ Bertrands *Gaspard de la nuit,* 1842 *(Gaspard de la Nuit)* hinsichtlich der Form als unmittelbares Vorbild nennt, war er sich der Originalität seines Vorhabens bewusst: Er habe sich des Verfahrens, das Bertrand auf die Darstellung des »pittoresken Lebens der Vergangenheit« angewendet habe, zur Beschreibung eines »ganz bestimmten modernen und viel abstrakteren Lebens« bedient, wie es der »Aufenthalt in den riesigen Weltstädten, wo unzählige Begegnungen sich kreuzen«, vor Augen führe. So stellt das zeitgenössische Paris mit seinen Asphaltwüsten, Cafés, Parks und Jahrmärkten, mit seinem Kutschengerassel und Menschengewühl den Hintergrund für eine Gruppe von Prosagedichten dar, in denen der Dichter als distanzierter Zuschauer Großstadtszenen einfängt. Eine alte Frau fällt ihm auf, deren Hässlichkeit einem Kleinkind Schrecken einflößt, eine Witwe zieht in ihrer majestätischen Trauer sein Augenmerk auf sich, er beobachtet die Spiele und Streitereien der Kinder oder belauscht ihre Erzählungen; er schildert das Elend des Alters und der Armut.

Doch solche Szenen aus dem Pariser Leben bilden nur einen kleinen Teil der Prosagedichte. Die Sammlung zeichnet sich durch die Vielfalt der wiedergegebenen Erlebnisse, Beobachtungen, Stimmungen, Reflexionen und Traumvorstellungen aus. Diesem thematischen Reichtum entspricht die breite Skala der Formen, der Wechsel der Töne, dessen Kontrastwirkung von Baudelaire als Mischung des »Erschreckenden mit dem Buffonesken« intendiert war. *Le spleen de Paris* kennt nicht den strengen Aufbau der *Fleurs du mal.* Betrachtungen und lyrische Stimmungsbilder stehen neben Märchen und Phantasien, Anekdoten und Parabeln wechseln mit Liebesgedichten, mit Allegorien oder phantastischen Erzählungen ab, die den Einfluss E. T. A. Hoffmanns und E. A. Poes erkennen lassen.

Weitaus die meisten Prosagedichte beschreiben die leidvolle Existenz des Künstlers, sein ungestilltes Verlangen nach dem Unendlichen wie sein ›Duell‹ mit der Schönheit, in welchem er »vor Schrecken schreit, bevor er unterliegt«. Der Künstler erscheint als der Einsame und Fremde, unverstanden von der Menge wie von der Geliebten, die den in den Anblick der Wolken Versunkenen, in denen er Symbole des Unendlichen wahrzunehmen glaubt, brüsk in die Trivialität des Alltags zurückreißt, oder ihn wie einen »in der Falle gefangenen Wolf [...] im Grabe des Ideals« gefesselt hält.

Die Dialektik von »Ideal« und »Spleen« herrscht auch in den Prosagedichten vor. So glaubt sich der Dichter im ersten Teil von »La chambre double« unter der Einwirkung von Haschisch in einer »magischen Welt«. Sein Zeitgefühl ist ausgeschaltet, und er erlebt glückselige Stunden in einem »vergeistigten« Raum voller Harmonie. Das jähe Erwachen steigert den schneidenden Kontrast zwischen Traum und Wirklichkeit bis zum körperlichen Schmerz: »Weh! Ja! Die Zeit ist wieder erschienen [...], sie übt ihre rohe Gewaltherrschaft wieder aus. Und sie stößt mich, als ob ich ein Ochse wäre, mit ihrem Doppelstachel vorwärts. – He! Vorwärts, alter Esel! Schwitz nur, Sklave! Leb' doch, Verdammter!« Die Flucht in die »künstlichen Paradiese«, in den Rausch von Wein oder Haschisch, misslingt jedoch ebenso wie der Versuch, aus dem »Hospital« des Alltagslebens, dem »Aufenthalt des ewigen Ennui«, in ferne Länder auszubrechen. Die Kunst allein scheint Möglichkeiten der Rettung zu bieten. So preist er Liszt als den »Bacchuspriester der geheimnisvollen und leidenschaftlichen Schönheit« oder erzählt vom Ende des Hofnarren Fancioulle, der, einer Verschwörung wegen zum Tode verurteilt, im Angesicht seiner Henker zur höchsten Vollkommenheit komödiantischer Kunst gelangt. Doch für den im Kampf um das Ideal unterlegenen Dichter bleibt als letzter Ausweg der Tod, die »göttliche Ruhe«, das »einzige wahre Ziel des verabscheuungswürdigen Lebens«.

Bei aller thematischen Nähe zu *Les fleurs du mal*, die auch in zahlreichen sadistischen und misogynen Zügen zum Ausdruck kommt, suggerieren die Prosagedichte eine größere Objektivierung der individuellen Lebensproblematik des Dichters. Die epische Distanz kommt dem Hang zur Entpersönlichung der modernen Lyrik entgegen. Vor allem in solchen Stilmischungen, in der Hereinnahme des Epischen in die Lyrik, der Alltagsprosa in die Poesie, ist die bahnbrechende Leistung der Prosagedichte Baudelaires zu sehen. Von ↗ Rimbaud über die Grenzen der logischen Verstehbarkeit hinausgeführt, wurde die neu geschaffene Form des Prosagedichts für ↗ Jarry, Fargue, M. ↗ Jacob, ↗ Breton, ↗ Ponge, ↗ Michaux und ↗ Char zu einer bevorzugten Gattung der modernen Lyrik.

▪ Lit.: F. Nies: Poesie in prosaischer Welt. Untersuchungen zum Prosagedicht bei Aloysius Bertrand und B., 1964. ▪ J. A. Hiddleston: B. and Le Spleen de Paris, 1987. ▪ S. Murphy: Logiques du dernier B. Lectures du Spleen de Paris, 2003. *Heide Eilert*

Pierre Augustin Caron de Beaumarchais

■ geb. 24.1.1732 Paris (Frankreich)
■ gest. 18.5.1799 Paris (Frankreich)

Sohn eines Pariser Uhrmachers, Lehre in diesem Handwerk, Erfindung der sogenannten ›Unruhe‹; Zutritt zum Hof; Harfenlehrer der Töchter von Louis XV.; riskante finanzielle Transaktionen; Kauf eines Adelsprädikats; 1771 Häftling in Vincennes unter dem Verdacht, zwei Ehefrauen vergiftet zu haben; Geheimagent, königlicher Gesandter; 1789 Überwachung des Bastille-Abbruchs; 1792 Flucht wegen Waffenbesitzes nach Hamburg; Tod in Armut.

■ Ausg.: Œuvres, Hg. P. Larthomas, 1988.
■ Übers.: Theater, A. v. Chatte, 1921.
■ Lit.: M. Lever: P.-A. C. de B., 3 Bde, 1999–2004. ■ M. Flügge: Figaros Schicksal. Das Leben des P. B., 2001.

Le barbier de Séville ou La précaution inutile

(frz.; *Der Barbier von Sevilla*, 1976, G. Scheffel) – Mit dem am 23.2.1775 in Paris uraufgeführten Lustspiel in vier Akten, einer »scherzhaften Komödie«, überraschte der Autor sein Publikum, nachdem es ihm nicht gelungen war, sich mit zwei bürgerlichen Trauerspielen (*Eugénie*, 1767, und *Les deux amis ou Le négociant de Lyon*, 1770, Zwei Freunde oder Der Kaufmann von Lyon) einen Namen als Tragödiendichter zu machen. Tatsächlich erzielte er mit dem *Barbier von Sevilla* einen sensationellen Erfolg, der sich – nicht zuletzt durch die Vertonung Rossinis – bis in die Gegenwart fortsetzt. Die Komödie spielt in Sevilla, doch das zeitgenössische Publikum wusste, dass Paris gemeint war, und konnte in verschiedenen Anspielungen Beaumarchais' Verve bei der Verspottung der korrumpierten Justiz des Ancien régime wiedererkennen.

Dem alten Doktor Bartholo, der sich in sein Mündel Rosine verliebt hat, sekundieren seine einfältigen Diener und Rosines Musiklehrer Don Bazile. Ihnen stehen die beiden geistreichen jungen Männer, Figaro und der spanische Edelmann Almaviva, gegenüber. In Sevilla begegnet Almaviva seinem ehemaligen Kammerdiener Figaro wieder, der sich inzwischen selbständig gemacht, allerdings nichts von seiner spöttischen Intelligenz sowie seinem Vergnügen am Nichtstun verloren hat und dem jungen Grafen bereitwillig hilft, sich der schönen Rosine zu nähern. Das Unterfangen erweist sich angesichts der Vorsichtsmaßnahmen des heiratslustigen Doktors als schwierig, der das junge Mädchen weder aus den Augen verlieren noch aus dem Haus lassen will. Figaro, der geborene Intrigant, heckt zwei Pläne aus, die dem verliebten Grafen Zutritt zu seiner Schönen verschaffen, während diese nur darauf wartet, von ihrem eifersüchtigen Vormund befreit zu werden. Dem Duo Figaro-Almaviva gelingt es schließlich, den von Bartholo für seine Hochzeit mit Rosine bestellten Notar für die Trauung des jungen Paares zu gewinnen. Als der Alte von dem Plan erfährt, ist alles zu spät: Dank Figaros Einfallsreichtum kann die von Bartholo geplante, jeder Vernunft widersprechende Verbindung vereitelt und das junge Mädchen dem Vormund entrissen werden.

Die Dramaturgie steht ganz in der Tradition der Commedia dell'arte (Stegreifkomödie) und der volkstümlichen spanischen Komödie. Es dominieren Intrigenspiel, Mimik, Scherz und Komik. Die Figuren sind zwar den traditionellen Rollentypen verpflichtet, doch verfügen sie über eine an der großen französischen Komödientradition des 18. Jh.s geschulte Sprache, die durch geschliffene Dialoge und feine Wortspiele glänzt. Hinzukommt das seit ↗ Marivaux in diesem Komödientyp gängige Moment des ›Spiels im Spiel‹, durch das die Komödie sich gleichsam selbst zitiert und über die Medialität der Theaterkommunikation an den Intellekt der Zuschauer appelliert.

■ Lit.: E. Klein: Kontinuität und Diskontinuität in der sogenannten Trilogie von B., 1978. *Brunhilde Wehinger*

La folle journée ou Le mariage de Figaro

(frz.; *Der tolle Tag oder Figaros Hochzeit*, 1965, J. Kainz) – Das ab 1778 entstandene Stück konnte erst 1783 nach sechsjährigem Kampf gegen die königliche Zensur uraufgeführt werden. Es erzielte einen in der Geschichte des Theaters beispiellosen Erfolg und diente Mozart 1786 in der Bearbeitung Lorenzo da Pontes als Vorlage für seine bis heute erfolgreiche Oper *Le nozze di Figaro*.

Inhaltlich schließt die Komödie an *Le barbier de Séville* (1775) an. Drei Jahre sind seit der Hochzeit des Grafen Almaviva vergangen. Nun will Figaro, der agile Kammerdiener und Haushofmeister auf Schloss Aguas-Frescas in Andalusien, Suzanne, die Zofe der Gräfin, heiraten. Auf sie hat auch der Graf ein Auge geworfen, der es längst bereut hat, anlässlich seiner Eheschließung auf das ›Jus primae noctis‹ verzichtet zu haben. Mit der ihm eigenen Gewandtheit und seinem zuweilen an Aufsässigkeit grenzenden Selbstbewusstsein versucht Figaro, im Bund mit Suzanne und der von ihrem Gatten vernachlässigten Gräfin, die Absichten seines Herrn zu durchkreuzen. Dass Figaro seinerseits wegen einer Geldschuld mit einem Eheversprechen an die ältliche Marceline gebunden ist, kommt wiederum dem Grafen nur allzu gelegen. Das Wechselspiel von Verliebtheit, Begehren, Zurückweisung und Eifersucht wird zusätzlich verwirrt durch die frechen Streiche des

Pagen Chérubin, für dessen pubertären Charme sich die Gräfin empfänglich zeigt.

Als Figaro sein Eheversprechen einlösen soll, stellt sich heraus, dass Marceline seine Mutter ist. Doch Almaviva, der routinierte Libertin, gibt sein Spiel noch nicht verloren. Erst bei einem nächtlichen Rendezvous im Park, das ihm die scheinbar umgestimmte Suzanne in Aussicht gestellt hat, wird der Geprellte und tief Beschämte von seinem Vorhaben abgebracht. Er trifft dort auf seine eigene Frau, die Suzannes Kleidung angelegt hat, um mit dieser List den Treulosen für sich zurückzuerobern. Nach einer Serie von Missverständnissen, Irrtümern und Verwechslungen verzeiht die Gräfin dem ertappten, reuigen Sünder, der die Demütigung im Übrigen mit Charme und Haltung übersteht und nun die Einwilligung zu »Figaros Hochzeit« gibt.

Stärker als in Beaumarchais' erstem Stück ist die italienisch-spanische Komödie durch Elemente der Charakter- und Sittenkomödie bereichert. So treten die differenzierteren und lebensnäheren Hauptfiguren aus der Lustspieltypik deutlicher heraus. Da die gesellschaftskritischen Ansätze hier in provozierender Weise verschärft sind, war die Erstaufführung von *Le mariage de Figaro* ein hochpolitisches Ereignis. Was Beaumarchais seinem Figaro vor allem in dessen zornigem Monolog an gesellschaftskritischer Satire, an Verhöhnung der Autoritäten in den Mund legt, musste auf das Publikum wie die Quintessenz der aufklärerischen Doktrinen wirken. Der an den Grafen gerichtete Satz: »Ihr habt Euch die Mühe gegeben, geboren zu werden, weiter nichts; im übrigen ein ganz gewöhnlicher Mensch!«, konnte am Vorabend der Revolution wie eine Deklaration des Gleichheitsgedankens wirken. Zweifellos liegt in den Worten, mit denen Ludwig XVI. eine öffentliche Aufführung ablehnte, ein fataler Anachronismus: »Die Aufführung des Stücks wäre eine gefährliche Inkonsequenz, wollte man nicht zuvor die Bastille niederreißen.« In dem Sieg des Dienerpaars über die Privatinteressen eines Aristokraten kündigen sich zu historischer Stunde der Sieg der Menschenrechte und des Dritten Standes an.

Der Erfolg der Komödie beruht jedoch nicht allein auf der zündenden Aktualität der Parolen; er ist kaum weniger dem genial beherzten Rückgriff auf die traditionellen Elemente der volkstümlichen Intrigenkomödie zu verdanken, einer virtuosen, ebenso lebens- wie kunstvollen Dialogtechnik, einer raffinierten Handlungsführung und einer dekorativen Bühnenausstattung. Deutlich steht die Figur des Figaro in der stattlichen Reihe der Arlequins, Sganarelles, Scapins und Maskarills, jener pfiffigen Dienerfiguren, die sich über den ›gracioso‹ der spanischen Komödie bis zu Menandros und Plautus zurückverfolgen lassen. Die revolutionären Motive des Stückes haben hier gewissermaßen ihre literarische Wurzel.

Figaro ist, ebenso wie der Graf, eine typische Erscheinung des feudalen Systems: Seine besonderen Fähigkeiten gedeihen auf dem Boden dieser sozialen Ordnung, deren Missstände er benutzt, um sein Glück zu machen. Vielleicht spiegelt der versierte Intrigant Figaro noch überzeugender als der Ankläger Figaro die morsche Gesellschaft seiner Zeit. Das charmante, geistvolle Intrigenspiel entpuppt sich zugleich als schonungsloses Sitten- und Zeitbild. In dieser Ambivalenz liegt das Geheimnis der mitreißenden Wirkung, die das optimistische und zugleich kritische Stück noch heute auf das Publikum ausübt.

▪ Lit.: R. Warning: Komödie und Satire am Beispiel von B.s Mariage de Figaro, in: Deutsche Vierteljahrsschrift für Literaturwissenschaft und Geistesgeschichte 54, 1980, 547–563. ▪ S. Lecarpentier: Le langage dramatique dans la trilogie de B., 1998.

Richard Mellein

La mère coupable ou L'autre Tartuffe

(frz.; *Die Schuld der Mutter oder ein zweiter Tartuffe*, 1976, G. Scheffel) – Die Komödie ergänzt die ›spanischen‹ Stücke des Autors zur »Trilogie um Figaro« und wurde 1792 in Paris uraufgeführt.

Die Familie Almaviva hat sich inzwischen im Paris des Jahres 1790 ›bürgerlich‹ niedergelassen. Aus dem Grafen ist ein gelassener, würdiger Herr geworden, aus der Gräfin eine resignierte ältere Dame von engelhafter Frömmigkeit, aus Figaro ein verlässlicher, welt- und menschenkundiger Mann in mittleren Jahren; Suzanne, Figaros Frau, hat als brave Hausfrau die Träume der Jugend längst begraben.

Zu diesen bekannten Figuren gesellen sich noch Chevalier Léon, der freiheitsdurstige Sohn der Almavivas, der in Wahrheit einer außerehelichen Beziehung der Gräfin entstammt, und Florestine, ein sensibles junges Mädchen, das – ohne es zu ahnen – einem Seitensprung des Grafen sein Dasein verdankt. Um das Glück der beiden, die sich lieben, und den Frieden der ganzen Familie durch seine bösen Machenschaften zu stören, tritt Bégearss (Anagramm für Beaumarchais' verhassten Prozessgegner Bergasse) auf den Plan. Als ein geistiger Erbe von ↗ Molières Tartuffe schnüffelt er in den Geheimnissen der Familie, um sich durch eine Intrige an Florestine heranzumachen. Er entdeckt die Illegitimität des Patenkindes und versucht, Almaviva unter Hinweis auf die drohende Geschwisterehe zu erpressen. Doch Figaro, noch immer ein Meister der Intrige, stellt den Bösewicht. Die Ruhe und das Glück der Liebenden sind wiederhergestellt: Während die Gräfin, die »schuldige Mutter«, ohnmächtig daniederliegt, gesteht der Graf seinen Fehltritt ein und offenbart das Geheimnis von Léons Abstammung.

Wie aus dem 1797 hinzugefügten Vorwort hervorgeht, war sich Beaumarchais der Schwächen seines Stückes bewusst, glaubte aber, den veränderten Zeiten Rechnung tragen zu müssen: Die Aristokratie, der er einst den Spiegel vorgehalten hatte, existierte nicht mehr. Der Doppeltitel des Dramas deutet darauf hin, dass der Autor das empfindsame Pathos eines Richardson in die Molièresche Charakterkomödie einzuführen suchte. Die Komödie sollte nach dem Beispiel von ↗ Diderots bürgerlichen Rührstücken der Tragödie angenähert werden. Nur in der comédie larmoyante, dem bürgerlichen Rührstück, vermag die Hochzeit der Kinder die wechselseitige Verzeihung der ›Eltern‹ zu besiegeln. Das hat nichts mehr mit den Ehrvorstellungen der aristokratischen Gesellschaft zu tun, wohl aber mit den vernunftbegründeten Konventionen des bürgerlichen Lebens.

Herzenswärme und rührselige Tiraden auf der einen Seite, abgrundtiefe Schlechtigkeit auf der anderen sind die Elemente dieser dem bürgerlichen Trauerspiel nahestehenden Gattung des Melodrams. An einem exemplarischen Fall soll gezeigt werden, wie das Böse in die Sphäre anständiger Leute einbricht, wie sie sich zur Wehr setzen und den verdienten Frieden wiedererlangen. Da sich Beaumarchais einer Modegattung bedient hatte, wurde das Stück anfangs ein beachtlicher Erfolg. Mittlerweile wird es – anders als seine beiden früheren Komödien um Figaro – kaum noch aufgeführt, da man deren aggressiven Witz vermisst.

▪ Lit.: R. Runte: B.s La mère coupable, in: Kentucky Romance Quarterly 29, 1982, 181–189. ▪ S. Lecarpentier: Le langage dramatique dans la trilogie de B., 1998. *Richard Mellein*

Simone de **Beauvoir**

▪ geb. 9.1.1908 Paris (Frankreich)
▪ gest. 14.4.1986 Paris (Frankreich)

Herkunft aus streng katholischer Familie; Studium der Literatur und Mathematik an der École Normale Supérieure; 1926–1929 Philosophiestudium an der Sorbonne; eine der ersten Philosophielehrerinnen Frankreichs; Lebensgefährtin Jean-Paul ↗ Sartres; nach 1945 führende Intellektuelle Frankreichs; politisches Engagement im Algerien- und Vietnamkrieg sowie für die Straffreiheit der Abtreibung; Herausgeberin der Zeitschrift *Les temps modernes;* Autorin philosophischer Werke, Romane und umfangreicher autobiographischer Schriften; Begründerin der feministischen Theorie.

▪ Lit.: C. Card: The Oxford Companion to S. de B., 2003. ▪ E. R. Groszholz: The Legacy of S. de B., 2004. ▪ U. März: S. de B., 2013 [Biographie].

L'invitée

(frz.; *Sie kam und blieb*, 1953, E. Rechel-Mertens) – Der 1943 erschienene erste Roman der Autorin reflektiert in der Lebensauffassung der Protagonisten und ihrem existenziellen Freiheitsbewusstsein deutlicher als spätere Werke den Einfluss der Existenzphilosophie Jean-Paul ↗ Sartres. In der Handlung des Romans spiegelt sich auch das Milieu der intellektuellen Boheme in Paris zu Beginn des Zweiten Weltkriegs, das Ambiente Sartres und Beauvoirs.

Die Beziehung zwischen dem Schauspieler und Regisseur Pierre Labrousse und der Schriftstellerin Françoise Miquel entspricht den Vorstellungen Beauvoirs vom idealen Zusammenleben der Geschlechter. Pierres und Françoises Liebe ist auf die gegenseitige Anerkennung der Person und ihrer Freiheit gegründet und bewährt sich in rückhaltloser Aufrichtigkeit. In dieses Verhältnis zweier einander ebenbürtiger Menschen drängt sich störend die von Françoise in ihre Pariser Wohnung aufgenommene Xavière Pages. Widerspruchsvoll, zwischen Missmut und strahlender Laune, Hilflosigkeit und Trotz schwankend, enthüllt sich allmählich, dass ein schrankenloser Egoismus die bestimmende Triebfeder ihres Verhaltens ist. Sie versteht es, Pierres Eitelkeit zu reizen, ihn zu faszinieren und zu täuschen. Ehe er sie durchschaut und sich von ihr distanziert, sieht sich Françoise in die Rolle einer Rivalin gedrängt, die sich eines intriganten und eitlen Wesens nicht anders erwehren kann, als es mit seinen eigenen Mitteln zu schlagen. Bestürzt nimmt Françoise an sich selbst Regungen der Eifersucht und Triumphgefühle wahr, die sie auf den Einfluss Xavières zurückführt. Aus dem Hass, der sie schließlich überwältigt, zieht sie die äußerste Konsequenz: Sie tötet Xavière mit Gas.

Dank ihrer überdurchschnittlichen Befähigung zu kritischer Reflexion gelingt es Françoise, den Mord nachträglich zu rechtfertigen, ihn als Akt der Freiheit zu interpretieren, der sie mit sich selbst versöhnt. Sie bedient sich ihres analytischen Denkvermögens mit höchster Intensität und beurteilt jede Phase des Geschehens unter dem Gesichtspunkt der psychologischen und philosophischen Relevanz. Diese Neigung zur Reflexion, die sich durch ein dem Roman vorangestelltes Zitat aus Hegels *Phänomenologie des Geistes* (1807) ankündigt, verselbständigt sich stellenweise und mindert die Spannung, die sich ansonsten dem klaren, konzisen Stil verdankt, der dramatische Kraft entwickeln und z. B. in rasch aufeinander folgenden elliptischen Sätzen einen inneren Schock oder eine heftige Erregung der Figuren rhythmisch nachzeichnet.

▪ Lit.: M. N. Evans: Murdering ›L'invitée‹. Gender and Fictional Narrative, in: French Studies 72, 1986, 67–86. ▪ G. Shepherd: S. de B.'s Fiction, 2003. *KLL*

Le deuxième sexe

(frz.; *Das andere Geschlecht. Sitte und Sexus der Frau*, 1951, E. Rechel-Mertens, F. Montfort) – Die 1949 erschienene philosophische Untersuchung tritt für die Gleichberechtigung der Frau ein. Auf Biologie, Psychiatrie und Psychoanalyse gestützt, versucht die Autorin zunächst, die Besonderheit der weiblichen Physis und Psyche zu charakterisieren, um dann, anhand reichhaltigen Materials aus Soziologie, Geschichte und Literatur, jenes Bild der Frau zu analysieren, das jenseits von Verachtung oder Verherrlichung in Mythos und Gesetzgebung Jahrhunderte lang konstant geblieben sei.

In der gesamten überschaubaren Geschichte der Menschheit sei die Frau als das »Andere« bestimmt worden. Der Mann gelte als das Absolute, das Subjekt, das Wesentliche – sie nur als seine Ergänzung, als das Objekt und das Unwesentliche, das nicht durch sich selbst bestehe. Aber nicht die Natur habe die Frau zu dieser Unselbständigkeit verdammt. Die Frau als das »schlechthin Andere« sei ein Produkt der Zivilisation im weitesten Sinne; ihr Los sei ihr vom Manne zudiktiert worden. Selbständige, freiheitliche Frauen seien Ausnahmen in der Geschichte. Die Frauenemanzipation, die um die Wende zum 20. Jh. einsetzte, sei auf halbem Wege stehen geblieben, der historische Materialismus, der als erste philosophische Richtung der Frau Gleichberechtigung und damit einen würdigen Platz in der Gesellschaft als selbstverständlich zuerkannt habe, sei praktisch nicht verwirklicht worden.

Im zweiten Teil behandelt Beauvoir eingehend die psychische und physische Entwicklung und die spezifischen sozialen Probleme der Frau. Sie setzt sich kritisch mit der traditionellen Mädchenerziehung auseinander und entwirft Alternativen für eine künftige Pädagogik, die sie als Voraussetzung und Grundlage einer echten Emanzipation ansieht.

Beauvoir behauptet nicht, dass die Lebens- und Denkweisen von Mann und Frau je identisch werden könnten. Unterschiede bestehen und sollen bestehen. Aber die Frau solle die gleiche Würde besitzen und die gleiche Achtung genießen wie der Mann. Sie soll ein freies, selbständiges Wesen werden, ein Subjekt, das dem Mann ebenbürtig zu begegnen vermag. Die Autorin vertritt mit Nachdruck den Standpunkt, dass eine solche Entwicklung nicht nur die Frau, sondern in vieler Hinsicht auch den Mann befreien und soziale Probleme beseitigen werde, die aus dem hierarchischen Verhältnis von Mann und Frau entstanden sind.

Das Werk ist viel diskutiert und angegriffen worden, teils der praktischen Lösungen wegen, die Beauvoir vorschlägt – sie fordert neben der vollen beruflichen Gleichberechtigung Geburtenkontrolle und legale Abtreibung und tritt für eine freie Verbindung der Geschlechter ein –, teils wegen der rückhaltlosen Offenheit, mit der sie sexuelle Probleme behandelt.

Man hat Beauvoir vorgeworfen, ihr Buch sei von Männerhass diktiert und hinter ihrer empörten Absage an das lediglich duldende Wesen der Frau Komplexe gesucht. Aber so radikal und engagiert das Buch in seinen Absichten und Zielen sein mag, es beruht auf sachlicher Grundlagenforschung und leitet seine Folgerungen in erster Linie von ↗ Sartres Existenzphilosophie ab, in der Freiheit, Verantwortung und Tätigkeit die obersten Werte sind. Das Werk ist eine der geistigen Grundlagen der feministischen Theorie und der Gender Studies geworden.

■ Lit.: S. Heinämaa: Toward a Phenomenology of Sexual Difference, 2003. ■ Y. B. Raynova: S. de B. 50 Jahre nach dem Anderen Geschlecht, 2004.

Anneliese Botond

Les Mandarins

(frz.; *Die Mandarins von Paris*, 1955, R. Ücker-Lutz, F. Montfort) – Dem 1954 erschienenen Schlüsselroman kommt große Bedeutung für die ideologische Auseinandersetzung zwischen der freien Linken mit dem Kommunismus, zwischen Existenzialismus und Marxismus im Nachkriegsfrankreich zu.

Geschildert wird das Leben französischer Linksintellektueller am Ende des Zweiten Weltkriegs. Jean-Paul ↗ Sartre, Albert ↗ Camus, Arthur Koestler und Simone de Beauvoir selbst lassen sich in den Hauptfiguren Robert Dubreuilh, Henri Perron, Victor Scriasine und Anne Dubreuilh wiedererkennen. Was die Gruppe der Linksintellektuellen um ihre geistigen Führer, die ›Mandarins‹, zunächst zusammenhält, ist das gemeinsame Erlebnis der Résistance. Nach der Befreiung zerfällt die Gemeinsamkeit jedoch; Unterschiede in der politischen Auffassung und der Weltanschauung treten hervor. Die Hoffnung auf eine gesellschaftliche und politische Neuordnung unter Führung der Intellektuellen bleibt unerfüllt, weil sie nicht zur Einigkeit fähig sind. Roberts Versuch, die Intellektuellen in einer politischen Organisation zu versammeln, misslingt. Henris Zeitung »Espoir« (Hoffnung, fiktiver Name für das Résistanceblatt *Combat*) gerät unter fremden Einfluss. Die beabsichtigte Verwirklichung einer echten Volksfrontregierung wird durch Differenzen zwischen Henri und Robert zunichte gemacht. Henri, dem es um persönliche und politische Unabhängigkeit geht, möchte einen Bericht über stalinistische Arbeitslager veröffentlichen, weil er glaubt, dass die Wahrheit grundsätzlich aufgedeckt werden müsse. Robert dagegen will die Tatsachen verschweigen, um die Aufspaltung der Linken und eine Förderung des Antikommunismus zu verhindern. Gegen Ende des Romans finden Robert und Henri noch einmal zu gemeinsamer politischer Aktion. Sie hoffen, mit Hilfe einer neuen Zeitung den verlorenen Einfluss zurückzugewinnen.

Beauvoir arbeitet mit polyperspektivischen Erzähltechniken. Anne berichtet in Ichform, tritt aber in der Erzählung auch in der dritten Person auf. Dabei werden häufig neue Aspekte desselben Ereignisses enthüllt. Die Form der kombinierten Ich- und Er-Erzählung steht auch in engem Zusammenhang mit der intellektuellen, analytischen Grundhaltung des Romans. Die gedankliche Durchdringung erzählter Ereignisse ist zumindest ebenso wichtig wie die Handlung selbst – ein Strukturelement, das zugleich die intellektuellen Protagonisten in ihrem Wesen kennzeichnet: Sie alle leiden an dem Konflikt zwischen Denken und Handeln, einem Problem, das immer wieder zum Thema ihrer Gespräche wird. Entsprechend sind die Figuren konturiert: Henri führt den Kampf um seine persönliche Unabhängigkeit und die seiner Zeitung bis zum Bruch mit dem Freund Robert, aber aus Liebe zu einer Schauspielerin deckt er einen Nazikollaborateur, setzt sich der Gefahr der Erpressung aus und muss sich zeitweilig aus der Öffentlichkeit zurückziehen. Annes und Roberts Tochter Nadine tröstet sich über den Tod ihres Verlobten mit zahllosen Amouren; Anne versucht, sich durch die Beziehung zu einem Amerikaner, den sie mehrmals in den USA besucht, von ihrem bisherigen Leben zu lösen, ohne allerdings wirklich an eine Befreiung zu glauben.

Bürgerliche Werte werden hier nicht mehr in Frage gestellt; die Intellektuellen haben sie für sich schon außer Kraft gesetzt. Aber auch im existenzialistischen Wertesystem entdeckt Beauvoir Widersprüche, die in der inneren Determinierung ihrer Protagonisten gründen. Unabhängigkeit und Verfallensein, Freiheit und Bindung, Sexualität und Liebe, Wahrheit und Lüge, Aufbegehren und Unterwerfung sind untrennbar miteinander verbunden. Nur Robert, der seine Widersprüche gelöst zu haben scheint, stellt eine Ausnahme dar.

Beauvoirs Figuren wirken weniger konstruiert als jene Sartres. Erzählung und Reflexion fügen sich spielerisch ineinander, selbst analytische Gedankenschärfe ist mit Charme verbunden. Allerdings wirken die weiblichen Figuren stärker überzeichnet als die männlichen. Unbarmherzig werden die Selbsttäuschungen von Henris Geliebter Paule aufgedeckt und der Lächerlichkeit preisgegeben. Für ihre pathologische Unterwürfigkeit gegenüber Henri findet sich immer noch eine Steigerung. Da Anne, das Alter ego der Autorin, Paule mit einer an Hass grenzenden Leidenschaft verfolgt, wird sie zu einer der einprägsamsten Gestalten.

Auf breiter Ebene wird das intellektuelle Leben des Pariser Existenzialistenzirkels vorgeführt. So wird auch schon der 1952 während der Arbeit am Roman vollzogene Bruch zwischen ↗ Camus und Sartre behandelt, doch alternativ zur Realität lässt es Beauvoir hier zu einer Versöhnung kommen. Der Roman ist geprägt von dem Grundgedanken der existenzialistischen Philosophie Sartres, dass der Mensch jederzeit wählen könne und dass er mit seinem Leben einen Entwurf von sich selbst gebe. Hier dokumentiert *Les mandarins* besonders deutlich die für den Existenzialismus typische enge Verbindung zwischen Philosophie und Kunst.

■ Lit.: L. Vouldie: Mme S. de B. et ses ›Mandarins‹, 1955. ■ B. Larsson: La réception des ›Mandarins‹. Le roman de S. de B. face à la critique littéraire en France, 1988. *Knut Nievers / KLL*

Mémoires d'une jeune fille rangée

(frz.; *Memoiren einer Tochter aus gutem Hause*, 1960, E. Rechel-Mertens) – In dem 1958 erschienenen autobiographischen Werk erzählt die Autorin mit der ihr eigenen intellektuellen Redlichkeit aus ihrer Kindheit und Jugend bis zum Ende ihres mit 20 Jahren abgeschlossenen Philosophiestudiums. Ihre Lösung aus den Konventionen und Tabus des bürgerlich-katholischen Elternhauses stellt einen Modellfall ›existenzialistischer‹ Selbstbefreiung dar. Im Gegensatz zur jüngeren Schwester Poupette, die der Konfrontation mit der elterlichen Ordnung leichten Sinns aus dem Weg geht, durchläuft Simone einen geistigen Entwicklungsprozess, der sie immer klarer hinter die Vorurteile und Unstimmigkeiten ihrer Umgebung blicken lässt.

Die frühe Versenkung in die von der bigotten Mutter und dem patriotischen Vater sorgfältig zensierte Literatur entführt ihren unzufriedenen, ungeleiteten Geist in weltferne Bezirke. Mit neun Jahren will das Mädchen Nonne werden, mit zwölf hat sie den Glauben endgültig verloren und durchschaut, dass »alles in allem vornehmlich Frauen zur Kirche gingen«. Mit 15 steht der Entschluss fest, Schriftstellerin zu werden. Im Gymnasium und auf der Sorbonne schreitet sie zielbewusst von Prüfung zu Prüfung, von Diplom zu Diplom. Im letzten Studienjahr lernt sie Jean-Paul ↗ Sartre kennen, den sie als einen ihr überlegenen Geist betrachtet. Er vermag ihr die ersehnte philosophische Begründung für die mühselig errungene Freiheit zu geben. Neben Sartre sind es vor allem vier andere Menschen, deren unterschiedliche Haltung zum Problem der persönlichen Freiheit für Simones Entwicklung große Bedeutung gewinnt: Zaza, die die Befreiung aus der Enge der bürgerlichen Welt nicht wagt und sich dem Zynismus und der Selbstzerstörung überlässt; Stépha, die aufgrund ihres liebenswerten, natürlichen Wesens und ihrer realistischen Weltsicht einer solchen Befreiung nicht bedarf; Jacques, der zu unsicher und zu verklärt ist, um Simones Streben Sicherheit geben zu können; Herbaud, dessen labile, aber warmherzig-intellektuelle Art Simones Denken und Fühlen zu einer gewissen Harmonie verhilft.

Beauvoirs Geschichte der Abkehr vom bürgerlichen Wertesystem verbindet sich von Anfang an mit dem Problem der Frauenemanzipation. So unzweifelhaft die Autorin mit der Idee der Gleichberechtigung in ihren theoretischen Schriften Epoche gemacht hat – gerade hier, wo sie sich schrittweise verwirklicht, erweist sie sich mit ihrer rationalen Begabtheit am Leistungsideal des Mannes orientiert, dem sie mit fast streberhaftem Ehrgeiz nacheifert. Die sinnliche Intelligenz, die etwa Stépha repräsentiert, ist nicht ihre Stärke und nicht ihr Glück. Wie problematisch ihr Verhältnis zum weiblichen Körper ist, zeigt ihre prinzipielle Abneigung gegen die Mutterschaft, durch die sie sich in ihrer geistigen Selbstachtung verletzt sieht.

Beauvoirs Stil besitzt, insbesondere bei der Schilderung der Unwahrhaftigkeiten und Missstände der spätbourgeoisen Epoche, den luziden Charme unbestechlicher Rationalität. Das »unbesonnene Abenteuer«, von sich selbst zu sprechen, hat sie mit den beiden Bänden *La force de l'âge*, 1960 (*In den besten Jahren*, 1961), und *La force des choses*, 1963 (*Der Lauf der Dinge*, 1970), später fortgesetzt bis zur Beschreibung der Befreiung Frankreichs von der deutschen Besatzung 1944 und bis zum Ende des Algerienkriegs. In den geschilderten Phasen »geht es eher um die Verwirklichung als um die Formung meines Charakters«. Neben der Beschreibung und Analyse der eigenen Entwicklung treten nun, da sie inzwischen als Gefährtin Sartres und Schriftstellerin selbst im öffentlichen Leben steht, die Berichte über das politische und literarische Geschehen in den Vordergrund – aufschlussreich für das Verständnis ihres Romanwerks und gleichzeitig ein wichtiges Stück Zeitgeschichte. Besonders über Sartre, sein politisches Engagement (das wechselhafte Verhältnis zum Kommunismus), sein Denken und die Methode seiner literarischen Produktion werden Informationen gegeben, die von größtem Interesse für das Verständnis seines Werks sind.

■ Lit.: C. Monteil: S. de B. Le mouvement des femmes, 1995.

Richard Mellein

La vieillesse

(frz.; *Das Alter*, 1972, A. Aigner-Dünnwald, R. Henry) – Der 1970 erschienene Essay versteht sich als Dokumentation eines unpopulären und mit Vorurteilen behafteten Themas. Schon vor seiner Abfassung hatte Simone de Beauvoir sich in literarischer Form mit der individuellen Problematik des physischen Verfalls und des Leidens am Alterungsprozess befasst. In *Une mort très douce*, 1964 (Ein sanfter Tod), schildert sie den dramatischen Kampf ihrer Mutter gegen das Sterben. Der Novellenband *La femme rompue*, 1967 (Eine gebrochene Frau), umkreist das Thema des Älterwerdens aus der Perspektive der Frau. Im Epilog ihres Memoirenbandes *La force des choses*, 1963 *(Der Lauf der Dinge)*, verdichtet die Autorin die eigenen Empfindungen angesichts dieses näher rückenden Lebensabschnitts.

Die empörte öffentliche Reaktion auf dieses persönliche Bekenntnis wurde zum Anlass für eine systematische Auseinandersetzung mit dem Alter, das hier nun als soziales und politisches Phänomen behandelt wird. Den Phrasen von einer angeblichen Würde, etwa »der heiteren Gelassenheit des Alters«, mit denen die Gesellschaft das für sie heikle Thema zu beschönigen sucht, tritt Simone de Beauvoir mit dem Vorsatz entgegen, »die Verschwörung des Schweigens zu brechen«. Weil das Alter mit einem gesellschaftlichen Tabu belegt sei, lasse es sich »nur in seiner Gesamtheit erfassen; es ist nicht nur eine biologische, sondern eine kulturelle Tatsache«.

Aufbau und methodischer Zugriff setzen *La vieillesse* in Beziehung zu ihrem bahnbrechenden Essay *Le deuxième sexe*, 1949 *(Das andere Geschlecht)*. *La vieillesse* ist nach dessen Muster in zwei Teile gegliedert. Der erste Teil, »Von außen betrachtet«, behandelt objektive und kulturhistorische Fakten des Alters: Simone de Beauvoir referiert statistische Daten und Forschungsergebnisse aus Biologie, Gerontologie, Ethnologie, Geschichte und empirischer Sozialforschung. Das Kapitel über die Lebensbedingungen des alten Menschen im Lauf der Geschichte und seine Stellung in der Literatur umfasst die sogenannten primitiven Gesellschaften ebenso wie die historischen von der Antike bis zur Gegenwart. Neben die Darstellung physiologischer Faktoren des Alterungsprozesses tritt also im ersten Abschnitt des Essays eine Sozialgeschichte des Alters.

Auf die soziale Situation des alten Menschen konzentriert sich auch sein zweiter Teil. Hier stellt Simone de Beauvoir den objektiven Fakten die unmittelbar gelebte Erfahrung der körperlichen und seelischen Verfassung aus der Sicht der Betroffenen gegenüber. Sie schöpft aus einem überreichen Fundus persönlicher Aussagen zum Thema Alter und lässt vorwiegend Schriftsteller zu Wort kommen, aber auch Künstler, Politiker, frühgriechische Philosophen und zeitgenössische Intellektuelle. Sodann entwirft sie ein Panorama der individuellen Konfrontation mit dem Alter. Die Dokumente sind nach thematischen Gesichtspunkten zusammengestellt: z. B. »Bewältigung des Alters«, »Zeit, Aktivität«, »Alter und Alltag«. Als Repräsentanten des Alters porträtiert die Autorin unter anderen Michelangelo, ↗ Balzac, Verdi, Einstein, Clemenceau, Goethe, Freud, Aristoteles, ↗ Flaubert und Churchill, deren Aussagen bzw. Schicksale sie mit nüchternen, zuweilen auch melancholischen Kommentaren versieht und unter Hinweis auf gesellschaftliche Verhältnisse kommentiert.

Um der Fatalität des Alters zu entgehen, sieht Beauvoir zwei Lösungen. Im existenzialistischen Sinn empfiehlt sie dem Individuum »weiterhin Ziele zu verfolgen, die unserem Leben einen Sinn verleihen: das hingebungsvolle Tätigsein für einzelne, für Gruppen oder für eine Sache«. Der andere Lösungsvorschlag ist an die Gesellschaft gerichtet, deren »Alterspolitik ein Skandal« sei. Die Leistungsgesellschaft beschleunige nämlich den Alterungsprozess durch Ausbeutung und verweigere schließlich noch die materielle Absicherung nach Beendigung des Berufslebens. Folglich betrifft die sozialpolitische Lösung »das ganze System, und die Forderung kann nur radikal sein: das Leben verändern«. Auch die sozialistischen Länder, denen im Anhang ein eigenes Kapitel gewidmet wird, seien noch weit vom Soll-Zustand entfernt, der auf die Formel gebracht wird, dass »ein Mensch auch im Alter ein Mensch bleiben kann. In der idealen Gesellschaft [...] würde, so kann man hoffen, das Alter gewissermaßen gar nicht existieren«.

La vieillesse hatte nicht eine ähnlich große Resonanz wie *Le deuxième sexe*. Zwar begrüßte die Kritik das Werk als außerordentlich kenntnis- und lehrreiche Studie, bezweifelte aber, dass das Buch über akademische Kreise hinaus wirken werde. Die angebotenen Lösungsvorschläge wurden als zu vage zurückgewiesen. Der Existenzialphilosophie verpflichtet, hat Simone de Beauvoir den Essay mit marxistischen Tendenzen unterlegt, was ihr den Vorwurf eingetragen hat, eher den Widerspruch zweier Weltanschauungen zu verdeutlichen, als programmatische Ansätze diesseits der Grenze von Sozialutopien zu leisten. Unbestritten bleibt jedoch das Verdienst der Autorin, ein vernachlässigtes und verdrängtes Thema aufgegriffen zu haben.

▪ Lit.: R. Schottlaender: Das Alter – ein Thema von S. de B., in: Sinn und Form 38, 1986, 1215–1229. ▪ B. Ladimer: Colette, B., and Duras. Age and Women Writers, 1999.

Hanne Hauenstein-Pöppel

Tout compte fait

(frz.; *Alles in allem*, 1974, E. Rechel-Mertens) – In dem 1972 erschienenen autobiographischen Werk hält die Autorin ein letztes Mal Rückschau auf ihr eigenes Leben und führt den Leser dabei durch die Jahre 1963 bis 1971. Entgegen ihrer früheren Praxis folgt sie in diesem vierten Memoirenband nicht mehr der Chronologie, sondern ordnet das Erlebte bestimmten Themenkreisen zu: Freunde, Literatur und Kunst, Reisen, Politik. Bereits in der Anlage sprengt das Werk den Rahmen eines intimen Journals.

Zuweilen gibt dieser Lebensbericht offen Auskunft über Privates, zeigt in der aufmerksamen Beschreibung des geistig-politischen Geschehens der 1960er Jahre aber auch ein Stück miterlebter Zeitgeschichte. So berichtet Beauvoir über Reisen in die Sowjetunion, die sie an der Seite ↗ Sartres unternahm, den Empfang einer Schriftstellerdelegation bei Chruščëv, ihre Aufenthalte in der Tschechoslowakei und den ›Prager Frühling‹. Sie schildert das Schicksal Vietnams sowie ihre und Sartres Teilnahme am Russell-Tribunal. Es folgen Reiseberichte über Ägypten und Israel, den Besuch der Flüchtlingslager im Gaza-Streifen, Aufzeichnungen über den Sechs-Tage-Krieg und summarische Stellungnahmen zu den für sie enttäuschenden Entwicklungen etwa in Kuba und Algerien.

Sie lässt die Ereignisse des Pariser Mai 1968 Revue passieren und die von ihr und Sartre unterstützten Aktionen der linksgerichteten Intellektuellen. Trotz der Ereignisfülle versucht die Autorin – alles in allem – Bilanz zu ziehen, auch dort, wo sie über ihr Verhältnis zur Literatur, ihre Träume, ihre Beziehung zu Freunden, ihre schriftstellerische Arbeit berichtet: »Ich bin keine virtuose Schriftstellerin gewesen. Ich habe nicht – wie Virginia Woolf, wie ↗ Proust oder Joyce – das schillernde Spiel der Empfindungen wieder zum Leben erweckt. [...] Aber das ist auch nicht meine Absicht gewesen. Ich wollte mich existent machen für die anderen, indem ich ihnen auf die unmittelbarste Weise mitteilte, wie ich mein eigenes Leben empfand.«

Als Grundlinie ihres Lebens erkennt sie in diesem Buch eine ungebrochene Kontinuität: »Vor allem zwei Dinge haben meinem Dasein seine Einheit verliehen: der Platz, den Sartre niemals aufgehört hat in ihm einzunehmen. Und die Treue, mit der ich immer an meinem ursprünglichen Projekt festgehalten habe: Erkennen und Schreiben.«

▪ Lit.: S. Bainbrigge: Writing against Death. The Autobiographies of S. de B., 2005.

Hanne Hauenstein-Pöppel

Samuel **Beckett**

▪ geb. 13.4.1906 Foxrock (Irland)
▪ gest. 22.12.1989 Paris (Frankreich)

1923–1927 Französisch- und Italienisch-Studium in Dublin; unterstützte James Joyce; ab Ende der 1920er Jahre eigene schriftstellerische Tätigkeit (zunächst vor allem Lyrik); lehrte kurz in Belfast und Dublin; Magisterabschluss am Trinity College; ab 1937 in Paris; 1941 Anschluss an die Résistance, Flucht nach Südfrankreich; verfasste ab Ende der 1940er Jahre seine zentralen Romane; Übersetzer, später auch Regisseur seiner eigenen Werke; ab den 1960er Jahren Tätigkeit für Radio, Film und Fernsehen; in seinen Werken zunehmende Reduktion und Konzentration; 1969 Nobelpreis für Literatur, kritische Haltung gegenüber der Öffentlichkeit.

▪ Ausg.: The Grove Centenary Editions of S. B., 4 Bde, 2006.
▪ Übers.: Gesammelte Werke in Einzelbänden, 11 Bde, 1995.
▪ Lit.: P. J. Murphy: A Critique of B. Criticism, 1994. ▪ J. Knowlson: Dammned to Fame. The Life of S. B., 1996. ▪ R. Breuer: S. B. Eine Einführung, 2005. ▪ The Letters of S. B., 4 Bde, Hg. M. Dow Fehsenfeld/L. M. Overbeck, 2009 ff.

Das dramatische Werk

(engl., frz.) – Die erst 1947 einsetzenden dramatischen Dichtungen des Autors gewinnen in seiner zweiten Lebenshälfte zunehmend an Gewicht, erkunden bei fortschreitender Minimalisierung elementare Grundkonstituenten des Theaters und weisen diese als pure Spielformen aus. Letztere wollen die Welt weder abbilden noch deuten, vielmehr die Erfahrung des Scheiterns solcher Ansprüche unter gezielter Auslotung intermedialer Spielräume als letztes Refugium performativer Kunst nutzen. Ausgangspunkt für sein so konzipiertes Anti- und Metatheater sind die in den 1950er Jahren erschienenen großen Bühnenwerke, die seinen Weltruhm begründeten.

Sein erstes, 1947 entstandenes Bühnenstück, den Dreiakter *Eleutheria* (*Eleutheria*, 1996, S. Werle), sah Beckett noch als ein ›Nebenprodukt‹ seiner schriftstellerischen Arbeit. Verwandte und Freunde Victors, des weltüberdrüssigen Sohnes der bürgerlichen Familie Krap, versuchen erfolglos, diesen seiner Apathie zu entreißen. Danach wird ihm ein bis zum Selbstmord reichendes Spektrum von Möglichkeiten aufgezeigt, seinem Weltekel zu entkommen, doch Victor verweigert sich allen diesen Ratschlägen. Am Schluss liegt er auf fast dunkler Bühne in seinem Bett und »kehrt der Menschheit den Rücken zu«. Beckett hielt das Stück, dessen Publikation er zeitlebens verbot, für misslungen, hauptsächlich wegen der Fülle autobiographischer und philosophischer Bezüge.

Aus der Selbstkritik an diesem Werk entwickelte sich der radikale Neuansatz von *En attendant Godot*, 1952 (*Warten auf Godot*, 1953, E. Tophoven). Markante Züge seines weiteren dramatischen Schaffens treten schon hier klar zutage: der ostentative Verzicht auf die Einlösung aller traditionellen Erwartungen an das Drama, der gezielte Einsatz transverbaler Ausdrucksmittel, die Suggestion der Rekurrenz des Grundvorgangs. Die Intensivierung dieser Ansätze erfolgte durch deren punktuelle weitere Zuspitzung. Dieser Reduktionsprozess setzt bereits in *Fin de partie*, 1957 (*Endspiel*, 1959, E. Tophoven), ein. Aus dem Warten auf die Wende wird hier das noch frustrierendere Warten auf das Ende, und von den vier Personen ist nur noch eine voll bewegungsfähig. Hamms Geschichte des Scheiterns liefert das Kernthema für *Krapp's Last Tape*, 1958 (*Das letzte Band*, 1960, E. und E. Tophoven): die Unmöglichkeit der Identitätsfindung per Erinnerung. Pantomimische und akustische Effekte (Krapps Ringen mit der Tücke des Objekts, sein Schwelgen in sinnentleerten Klängen) sprengen die Grenzen des Worttheaters. Ähnliche Effekte, zusammen mit Gestik und Mimik, prägen auch *Happy Days*, 1961 (*Glückliche Tage*, 1963, E. und E. Tophoven), und das Klingelzeichen, das den Ablauf von Winnies Leben reguliert, antizipiert die in Becketts späteren Stücken oft als Strukturierungsmittel eingesetzten Licht- und Tonsignale.

Jenseits des Endes sind bereits die Akteure von *Play*, 1963 (*Spiel*, 1996, E. und E. Tophoven). Aus drei gleichförmigen Urnen ragen die Köpfe dreier Personen (eines Mannes zwischen zwei Frauen), die, ohne einander wahrzunehmen, teils simultan, teils abwechselnd vor sich hinsprechen, sobald und solange ein Scheinwerfer sie anleuchtet, der quasi als stummer Inquisitor fungiert. Aus ihren sich nur partiell ergänzenden fragmentarischen Äußerungen ergibt sich der Umriss eines früheren Dreiecksverhältnisses, wobei offen bleibt, inwieweit dessen Konsequenzen realer oder imaginärer Art waren. In den mehr von musikalischen als von semantischen Prinzipien getragenen, teilweise rekurrenten polyphonen Partien geht das Ensemble von Einzelstimmen über in reine Klangsequenzen. Wie gezielt Beckett diese Wirkung anstrebte, belegen seine 20 Vorentwürfe für dieses Szenario. Der Grund für sein fortan immer penibleres Insistieren auf Details bei allen Eigeninszenierungen seiner Stücke ist evident: Je knapper diese Kurzdramen (»playlets«; »dramaticules«) ausfallen, desto wichtiger wird ihre (auch choreographisch) präzise Umsetzung ins Audio-Visuelle. In *Come and Go*, 1965 (*Kommen und Gehen*, 1968, E. und E. Tophoven), verschwinden drei auf einer Bank sitzende Frauen (Flo, Vi und Ru) abwechselnd für eine Zeit lang in das die Bühnenmitte umgebende Dunkel. Die beiden Zurückbleibenden beurteilen das Los der jeweils Abwesenden als »verdammt«. Die Minimalform eines Bühnenstücks erreichte Beckett 1969 mit der 40-sekündigen Szene »Breath« (Atem), seinem Beitrag zu der erotischen Revue *Oh! Calcutta!* Auf einer mit allerlei Plunder übersäten Bühne hört man zwischen einem Geburts- und einem Todesschrei ein mühsames Ein- und Ausatmen.

Neue Varianten einzelner Komponenten seines Arsenals erprobte er in den 1970er Jahren. Als Akteure fungieren können jetzt auch einzelne Körperteile; so in *Not I*, 1973 (*Nicht Ich*, 1974, E. und E. Tophoven), ein im Dunkel schwebender Mund, aus dem eine weibliche Stimme in überhöhtem Sprechtempo und von Alltagsfloskeln durchsetzten Sprachfetzen ein tristes Frauenschicksal evoziert. Ein stummer, auf kommentierende

Gesten beschränkter Auditor (Zu- und Verhörer), dessen Einwirkung die Pausen und Selbstkorrekturen des Redestroms indirekt bezeugen, sucht zu dem unentwickelten Ich der maschinenhaft Sprechenden vorzudringen. In dem »Bruderstück« (Beckett) dazu, *That Time*, 1974 (*Damals*, 1976, E. Tophoven), sieht man das fächerartig von langen weißen Haaren umgebene, nur noch zu gelegentlichen Augenaufschlägen fähige Gesicht eines Greises, das sich am Schluss zu einem kryptischen Grinsen verzieht. Aus drei unsichtbaren Lautquellen ertönt von oben, links und rechts eine Stimme, die Erinnerungsfetzen aus drei Phasen seines Lebens zitiert.

Fragmentarische Jugenderinnerungen, nach dem Motto »Meine Geburt war mein Tod« überlagert von Reminiszenzen an Begräbnisse, bietet auch *A Piece of Monologue*, 1979 (*Ein Stück Monolog*, 1985, E. und E. Tophoven), und ebenfalls als »Theater im Kopf« ausgewiesen ist *Footfalls*, 1975 (*Tritte*, 1976, E. und E. Tophoven). Auf einem schmalen Lichtstreifen geht eine junge Frau (May) rastlos hin und her. Die aus dem Dunkel kommende Stimme ihrer Mutter verwickelt sie in einen Dialog, mündend in die Frage, ob die Tochter nie aufhören werde, »all das« in ihrem Kopf herumzuwälzen. Danach monologisiert die Mutter über den Grund von Mays offenbar pathologischem Gehzwang. Trotz vager Andeutungen über etwas Unfassbares, das ihr einst in einer Kirche widerfuhr, bleibt unklar, wie »es alles« angefangen hat. Zuletzt entwirft May aus narrativer Außensicht ein früheres Gespräch einer Mrs. Winter mit deren Tochter Amy, in dem die Mutter den Quellpunkt jenes »seltsamen« Geschehens lokalisiert: »in deinem Kopf (Pause). Es alles (Pause). Es alles«. Folgerichtig ist May am Schluss spurlos von der Bühne verschwunden.

Konzis visualisiert wird ein Gedächtnisprozess in *Rockaby*, 1981 (*Rockaby*, 1982, E. und E. Tophoven). Reglos sitzt eine schwarzgekleidete Frau in einem Schaukelstuhl, der sich im Rhythmus eines Gedichts über ihr Leben, gesprochen von ihrer auf einem Tonträger aufgenommenen Stimme, bewegt. Stimme und Bewegung halten gelegentlich inne, bis ein »weiter« aus dem Munde der Frau sie wieder in Gang setzt; schließlich kommen beide zum Stillstand. Der Kopf der Frau neigt sich nun nach vorn: Ihr Tod fällt mit dem Ende des Gedichts zusammen. Narrativ entfaltet wird der Hintergrund des in *Ohio impromptu*, 1981 (*Ohio Impromptu*, 1982, E. und E. Tophoven), gezeigten Tableaus. An einem Tisch sitzen zwei in lange schwarze Mäntel gehüllte weißhaarige Männer, »Leser« und »Zuhörer«, beide den Kopf auf die rechte Hand stützend. Gesteuert von Klopfzeichen des Zuhörers liest »Leser« diesem aus einem Buch stückweise die »traurige Geschichte« eines Vereinsamten vor. Als diese mit dem Satz »Es gibt nichts mehr zu sagen« endet, schließt »Leser« das Buch, die zum Weiterlesen auffordernden Klopfzeichen ignorierend. Daraufhin heben beide den Kopf und »schauen einander an. Starrend. Ausdruckslos«.

In dem Václav Havel gewidmeten Stück *Catastrophe*, 1982 (*Katastrophe*, 1982, E. Tophoven), wird der anscheinend willenlose Körper des auf einem Podium stehenden Protagonisten wie ein Stück Ton von einem Regisseur zu einer Pose geformt; zum Schluss soll sich ein Scheinwerfer auf seinen Kopf richten. Den Vorschlag der Assistentin, der Umgeformte könnte dabei den Kopf heben und sein Gesicht zeigen, weist der Regisseur als katastrophal für sein Konzept zurück. Doch eben dies geschieht. Die politische Bezugnahme ist ebenso klar wie die auf ein Beckett'sches Kernthema: künstlerisches Wollen im Bedingungsrahmen der Körperlichkeit. Diese Ambivalenz ermöglichte dem Autor ein politisches Engagement, vor dem er sonst zurückscheute.

Analoges gilt für sein letztes Bühnenstück, *Quoi où*, 1982 (*Was Wo*, 1984, E. und J. Tophoven), in dem Verhörsituationen inklusive angedeuteter Folter in musikalisch-lyrische Bezugsfelder (Schuberts *Winterreise* und Thomas Moores Gedicht »Oft, in the Stilly Night«) eingebettet sind. Vier in lange graue Umhänge gehüllte Gestalten (Bam, Bom, Bim und Bem) wollen in Wechselgesprächen herausfinden, ob der Ungenannte der »letzten fünf« bei früheren Verhören »etwas gesagt« hat. Die Frage wird abwechselnd verneint und bejaht, wobei sich in der zweiten Hälfte des Stücks das Informationsbegehren vom »Was?« auf das »Wo?« verlagert. Am Schluss konstatiert die quasi regieführende Grabesstimme Bams: »Ich bin allein. Im Jetzt, als ob es mich nicht gäbe«. Wie ein Resümee zentraler Grundmomente des Beckett'schen Theaters wirken die Schlusssätze dieses Stücks – zugleich die letzten, die Beckett für die Bühne schrieb: »Die Zeit vergeht. Das ist alles. Verstehe, wer kann. Ich mach' ab«.

Entfällt die akustische Dimension eines Bühnenstücks, wird dieses zur Pantomime, bei Wegfall des Visuellen zum Hörspiel. Erstere praktizierte Beckett mit *Acte sans paroles I* und *II*, 1957 und 1959 (*Spiel ohne Worte*, 1970, E. Tophoven), sowie in dem nach seinem Skript *Film* (1965) gedrehten gleichnamigen Stummfilm mit Buster Keaton. Die Reihe seiner Hörspiele setzt ein mit *All that fall*, 1957 (*Alle die da fallen*, 1957, E. Schöningh/E. Tophoven), wo die realistische Klangkulisse den inneren Monolog Mrs. Rooneys teils auslöst, teils durch diesen evoziert wird. In *Embers*, 1959 (*Aschenglut*, 1959, E. und E. Tophoven), wird die dem Selbstgespräch des Sprechers über seine Vergangenheit unterlegte Geräuschkulisse von diesem ausdrücklich herbeibefohlen. Von vornherein getilgt ist die Außenwelt in *Words and Music*, 1962 (*Worte und Musik*, 1962, E. Tophoven). Auf Befehl ihres Meisters Krak versuchen dort dessen Diener Joe (»Worte«) und Bob (»Musik«), über vorgegebene Themen (Trägheit, Liebe, Alter, ein Frauengesicht) zu improvisieren. Schließlich kapituliert »Worte« vor dem emotionalen Teil des Bewusstseinsstroms (»Musik«). *Cascando*, 1963 (*Cascando*, 1963, E. Tophoven) variiert diese Dreierkonstellation: Ein »Öffner« kann »Stimme« und »Musik« einzeln oder zusammen zum Zuge kommen lassen; wobei ihm selbst klar ist: »Man sagt, Er eröffnet nichts, er hat nichts zu öffnen, es ist in seinem Kopf«. Eine weitere Variante dieser Situation (modifiziert durch eine Besucherin sowie einen Anruf bei einem Arzt) bietet die unvollendete Hörspielskizze *Esquisse radiophonique*, 1973 (Hörspiel-Skizze I), in der der Part von »Stimme« unausgearbeitet blieb. Weiter gediehen ist das 1975 publizierte Hörspiel *Pochade radiophonique* (Hörspiel-Skizze II). Hier will ein Animateur, unterstützt von dem Folterer Dick, in einem von einer Sekretärin protokollierten Verhör der von dem lethargischen Fox repräsentierten Stimme (»vox«) ein Geständnis entringen. Sein Scheitern sucht er durch Protokollfälschungen zu kaschieren.

Mit *Eh Joe*, 1966 (*He, Joe*, 1966, E. und E. Tophoven), begann die Reihe von Becketts Fernsehspielen. In neun Schritten nähert sich die Kamera dem Gesicht eines Mannes, der einer aus ungesehener Quelle kommenden vorwurfsvollen Frauenstimme lauscht, die ihm diverse Versäumnisse vorhält. Je näher ihm die Kamera rückt, desto weniger kann er sich diesem selbstquälerischen Vorgang entziehen. In *Ghost Trio*, 1976 (*Geistertrio*, 1977, E. Tophoven), kommentiert eine weibliche Stimme, begleitet von Passagen aus Beethovens Fünftem Klaviertrio, eine stumme Handlung: In einem kahlen Raum wartet ein Mann, der einen Kassettenrekorder (mögliche Quelle der Musik) in Händen hält und gelegentlich aufsteht, um sich zu vergewissern, ob eine erwartete Besucherin eingetroffen ist. Statt ihrer erscheint ein in einem schwarzen Wachstuchmantel gehüllter Junge, der den Kopf schüttelt und wieder in den Korridor verschwindet, aus dem er gekommen ist. Daraufhin hebt der Mann den Kopf, und erst jetzt sieht der Betrachter sein verhärmtes Gesicht.

In *...but the clouds...*, 1977 (*... nur noch Gewölk*, 1977, E. und E. Tophoven), durchschreitet ein alter Mann einen Lichtkreis, in Hut und Mantel von der einen Seite, in einem langen Hausrock von der anderen. Während er in der Kreismitte ausruht, erscheint am Bildschirm das Gesicht einer Frau. Die Stimme des Mannes evoziert Erinnerungen an diese und zitiert dabei die Schlusszeilen von Yeats' Gedicht »The Tower«, denen das Stück seinen Titel verdankt. Wie ein visuelles Gedicht wirkt *Quadrat 1+2* (1981), das 1980 unter dem Titel »Square« geschriebene erste der minimalistischen, experimentellen Fernsehstücke, die Beckett in den 1980er Jahren für den Süddeutschen Rundfunk realisierte: Vier in bodenlange fließende Gewänder in den Farben Weiß, Blau, Rot und Gelb gehüllte Figuren, deren Gesichter durch Kapuzen verhüllt sind, durchlaufen – jede vom Klang eines anderen Perkussionsinstruments begleitet – nach dem gleichen starren Muster die Seiten und Diagonalen eines schräg auf dem Boden liegenden Quadrats, das sie sukzessive betreten und wieder verlassen. Abrupt umgehen dabei alle ein Loch im Schnittpunkt der Diagonalen (Beckett: der »Abgrund«). Im zweiten, durch eine kurze Bildabblendung vom ersten getrennten Teil erfolgt – laut Beckett »hunderttausend Jahre später« – ein weiterer Durchlauf, diesmal in zerknitterten grauen Gewändern und erheblich langsamer; die Musik ist ersetzt durch das Schlurfen von Pantoffeln. Am Schluss verschwinden alle Figuren nacheinander von der Bildfläche.

In Becketts letztem Fernsehstück, *Nacht und Träume*, 1983 (auch im Original deutschsprachiger Titel, 1990, E. Tophoven), schläft ein grauhaariger Mann an einem Tisch ein und träumt, während eine männliche Stimme bei abnehmendem Licht die Schlusstakte des titelgebenden Schubertlieds singt, von seinem »geträumten Selbst«. Letzteres erscheint in der gleichen Pose an der rechten oberen Ecke des Bildschirms. Eine körperlose rechte Hand legt sich sanft auf seinen Kopf, und als diese sich wieder zurückzieht, hebt der Geträumte langsam den Kopf. Die gleiche Hand führt jetzt einen Kelch an seine Lippen und ein Tuch an seine Stirn; daraufhin ergreift seine eigene rechte Hand die von außen kommende Rechte, seine Linke legt sich auf das verbundene Händepaar, sein Kopf auf die zum Tisch gesunkenen Hände. Jetzt legt sich eine körperlose linke Hand auf seinen Kopf. Der gesamte Vorgang wiederholt sich verlangsamt und in Nahaufnahme, schließlich werden das träumende und das geträumte Selbst langsam ausgeblendet.

■ Ausg.: Nacht und Träume. Gesammelte kurze Stücke, E. und E. Tophoven, 2014.

■ Lit.: R. Pountney: Theatre of Shadows. S.B.'s Drama 1956–1976, 1988. ■ J. Kalb: B. in Performance, 1989. ■ A. McMullan: Theatre on Trial. B.'s Later Drama, 1993. ■ R. Cohn: A B. Canon, 2005.

Wilhelm Füger

Mercier et Camier

(frz.; *Mercier und Camier*, 1972, E. Tophoven) – Der erst 1970 zur Veröffentlichung freigegebene Roman wurde in den Jahren 1946/47 verfasst. Als erster französischer Roman Becketts spiegelt er durch den Sprachwechsel die Absicht, das selbst gewählte Exil endgültig zu machen.

Der Roman besteht aus zwölf Kapiteln, wobei die Kapitel 3, 6, 9 und 12 nur eine stichwortartige Zusammenfassung der beiden jeweils vorangehenden Kapitel liefern. Das erste Kapitel beginnt mit den Worten: »Die Reise von Mercier und Camier kann ich erzählen, wenn ich will, denn ich war die ganze Zeit dabei.« Nach dieser Selbstlegitimation eines angeblich am Geschehen beteiligten Ich-Erzählers tritt dieser mehr und mehr in den Hintergrund. Die Handlung selbst lässt es als zweifelhaft erscheinen, ob er überhaupt dabei gewesen sein kann, denn in den meisten Szenen sind die beiden Protagonisten allein, und etwa 90 Prozent des Textes bestehen aus Gesprächen, wobei der Sprecherwechsel fast immer nur mit einem »sagte Camier« oder »sagte Mercier« markiert ist. Der Text, weitgehend ein Dialogroman, erzählt sich sozusagen »von selbst«, und die vermeintliche Augenzeugen-Authentizität des Ich-Erzählers entpuppt sich als Parodie traditioneller Authentifizierungsstrategien. Deutlich wird das an eingestreuten, den Erzählvorgang selbst kommentierenden Bemerkungen des Erzählers (»Was für ein fadenscheiniges Machwerk« oder »Ende des beschreibenden Abschnitts«), durch die die Romanwirklichkeit im Bewusstsein des Lesers immer wieder nicht als erlebt und erfahren, sondern als fiktional konstruiert enttarnt wird.

Erzählt wird die Reise der Freunde Mercier und Camier, die mit ihrer bürgerlichen Vergangenheit gebrochen haben – Camier war Privatdetektiv, Mercier treusorgender Familienvater –, und seither ein Leben als Stadt- und Landstreicher führen. Motiv und Ziel der Reise bleiben bis zum Schluss unklar. Im Grunde handelt es sich gar nicht um eine Reise, sondern um eine Kette von Aufbrüchen, die regelmäßig mit einer Rückkehr enden. Der denkerische Aufwand und die skurril anmutende Akribie ihrer Reisevorbereitungen stehen in groteskem Missverhältnis zur Ziellosigkeit und den Problemen der Reise selbst. Während der Reise verwickeln sich die Freunde ständig in zugleich tiefgründige und absurde Diskussionen, in die auch philosophische, literarische und theologische Assoziationen einfließen. Sie tun das mit einer fast verbissenen Hartnäckigkeit und Ernsthaftigkeit, deren Grundakkord Schmerz, Trauer und existenzielle Verzweiflung sind.

Unablässig geraten sie in ebenso bedrohliche wie komische Situationen, die eine gewisse Ähnlichkeit und Wiederholung zeigen. Schon beim ersten Aufbruch bekommen sie wegen ihres Fahrrads Probleme mit einem Parkwächter; auf einem ihrer Ausflüge erschlagen sie einen Polizisten, von dem sie sich bedroht fühlen; eine spätere Begegnung mit einem Polizisten geht gerade noch glimpflich aus. Überhaupt scheinen ihnen gesellschaftliche Spielregeln, staatliche Autorität oder lebensnotwendige Überlebensstrategien fremd oder sogar ein Gräuel zu sein. Selbst mit ihren wenigen gemeinsamen Besitztümern – Fahrrad, Sack, Wettermantel und Regenschirm – haben sie derartige Probleme, dass sie sich schließlich davon lösen. Im vorletzten Kapitel trennen sie sich, im letzten Kapitel begegnen sie unabhängig voneinander dem ebenso heruntergekommenen Watt, der Hauptfigur aus Becketts gleichnamigem Erzählwerk. Mit ihm stoßen sie gemeinsam auf Murphy an, den Protagonisten aus dem Debütroman ihres Autors. Am Ende sitzt Mercier allein auf einer Bank im Park, wo die gemeinsame »Reise« begonnen hat. Die Freundschaft scheint zerbrochen. Das Motiv der Reise, die zugleich Flucht und ziellose Suche, insofern von Anfang an zum Scheitern verurteilt ist, verdichtet der Roman in einer absurden Dialektik von ständiger Fluchtbewegung und einem Nicht-von-der-Stelle-Kommen zur existenziellen Metapher einer sisyphusartigen Sinn- und Identitätssuche und einer radikalen Verneinung der Welt, deren Messias der betrunkene Watt im letzten Kapitel ankündigt: »Er wird geboren, er ist aus uns geboren, derjenige, der nichts habend nichts haben will, außer, daß man ihm das Nichts, das er hat, läßt.«

Auf den mit 25-jähriger Verspätung erschienenen Roman reagierte die Literaturkritik zwiespältig. Dennoch erweist sich der Text in der Art, wie er die zentralen Themen Becketts rhapsodisch vorführt, als eine Art Einführung in das Gesamtwerk und als Vorausdeutung auf die späteren Romane und Prosatexte.

▪ Lit.: S. Houppermans: Le Roi des Echecs, in: S.B. Today/Aujourd'hui 14, 2004, 193–201. ▪ P. Gaffney: B. Belvedere College and Bor War Games, in: French Studies Bulletin 90, 2004, 11–13.

Heinz Vestner

Molloy

(frz.; *Molloy*, 1954, E. Franzen) – Der erste Band der Romantrilogie, die mit *Malone meurt*, 1951 (*Malone stirbt*, E. Tophoven, 1958), und *L'innommable*, 1953 (*Der Namenlose*, E. Tophoven, 1959), fortgesetzt wurde, erschien 1951.

Molloy, Malone, der Namenlose und ihre diversen Gegenspieler sind Inkarnationen eines Bewusstseins, das unermüdlich versucht, sich seiner selbst zu vergewissern, indem es sich literarisch unverfälscht artikuliert. Das Selbst müht sich innerhalb der gesamten Trilogie, die richtigen Worte zu finden, um ein für allemal schweigen zu können. Bereits für Molloy geht es nur noch darum, »zu Ende zu kommen«. Aus diesem Grund berichtet er über die vergebliche Suche nach seiner Mutter, in deren Bett er jetzt bewegungsunfähig liegt, ohne zu wissen, wie er dorthin gelangt ist. Er erinnert sich daran, dass schon zu Beginn seiner Reise eines seiner Beine steif war – ob es das linke oder das rechte war, bereitet ihm nachträglich Kopfzerbrechen – und dass er trotzdem sein Fahrrad bestieg, um die Stadt zu suchen, in der er seine Mutter vermutete. Unterwegs überfährt er einen Hund, dessen Eigentümerin, Madame Lousse, seine Festnahme verhindert: Sie will ihn sozusagen an Hundes statt annehmen, um die menschliche Ruine Molloy nach bürgerlichen Maßstäben zu restaurieren. Molloy erträgt ihre karitative Aufdringlichkeit nicht lange und sucht bei erstbester Gelegenheit – nun ohne Fahrrad – das Weite. Er schleppt sich über Ebenen, durchquert Wälder und macht für längere Zeit am Meer Station, wo er die Mathematik des »Steinelutschens« erkundet und feststellt, dass auch sein zweites Bein steif zu werden beginnt. Schließlich landet er, mittlerweile schon auf dem Bauch kriechend, in einem Straßengraben, wo ihn unbekannte Samariter finden und ins Zimmer seiner inzwischen offenbar verstorbenen Mutter bringen.

Molloys Geschichte endet also mit ihrem Anfang, ein Formprinzip, das auch den den zweiten Teil des Romans kennzeichnet, in dem der subalterne Bourgeois Jacques Moran über seine vergebliche Suche nach Molloy berichtet. Die Reise, die er im Auftrag eines mysteriösen Chefs namens Youdi per Fahrrad und in Begleitung seines vom ihm malträtierten Sohnes unternimmt, führt ins Leere. Am Ende kehrt Moran unverrichteter Dinge an seinen Ausgangspunkt zurück, ohne Fahrrad, frustriert und mit erlahmenden Beinen. Er hat Molloy nicht gefunden, aber er ist ihm zum Verwechseln ähnlich geworden, ja er ist vielleicht nur die Variation ein und derselben Figur.

Malone, der Protagonist des Romans *Malone meurt*, beginnt seinen Monolog dort, wo Molloy aufgehört hat. Wie dieser befindet er sich, ans Bett gefesselt, in einem unwirtlichen Zimmer. Gleich mit seinem ersten Satz gibt Malone jedoch zu erkennen, dass der Verfall seiner physischen Existenz wesentlich weiter fortgeschritten ist als der Molloys und dass daher seine Reflexionen noch unmittelbarer um das Nichts kreisen. Was von seinem Körper übrig geblieben ist, mustert er mit der gleichen interessierten Unvoreingenommenheit, mit der er seine im Zimmer verstreuten Utensilien inspiziert. Sein Intellekt ist ein völlig autonom funktionierender Apparat, für den das Gegenständliche nur als Material einer methodischen Selbstauslotung Bedeutung hat. Die meiste Zeit verbringt Malone mit dem Erzählen von Geschichten, die er, teils widerwillig, teils unverdrossen, mit abgelutschtem Bleistift in ein Schulheft einträgt. Der Wahrheitsanspruch des Erzählens wird jedoch fragwürdig, wenn Malone mit jeder seiner Geschichten Schiffbruch erleidet.

Der junge, um Kontakt mit natürlichem Leben bemühte Sapo, der alte verrückte Vagabund Macmann und die mit ihm liierte Lustgreisin Moll – sie alle sind Bestandteile eines erzählerischen Plans, den Malone abzuarbeiten hat, um dem Zustand des Schweigens näher zu kommen. Schließlich lässt er Macmann sterben, und als mit einem erlösungsgewissen »nichts mehr« sein Sprechen verebbt, scheint in Erfüllung zu gehen, was er zu einem früheren Zeitpunkt prophezeit hatte: »Dann wird es aus sein mit den Murphy, Mercier, Molloy, Moran und Malone und so weiter, es sei denn, daß es jenseits des Grabes weitergeht.«

In *L'innommable* wird dasselbe Motivrepertoire noch einmal auf die Momente der Fiktivität des Bewusstseins und des Verlöschens aller Kommunikationsakte hin zugespitzt. »Jenseits des Grabes« – diese Formel trifft auf die Situation des Namenlosen zu, der regungslos und unförmig inmitten eines unendlichen Raumes hockt und seinen Vorgängern Molloy und Malone, die auf Kreisbahnen um ihn rotieren, Beschimpfungen zuruft. Der Namenlose ist die äußerste Reduktion des Menschlichen auf das reine Denken. Auch er ist ein zur Erzeugung von literarischen Fiktionen verurteiltes Bewusstsein, auch er ein Erkenntnismodell von Becketts dichterischer Schaffensproblematik. Auch der Namenlose produziert Phantasiegeschöpfe, denen er Physiognomien, Eigenschaften, biographische Details andichtet, deren Identität er sich ausborgt, um seiner Namenlosigkeit zu entrinnen, während er andererseits – und darin zeigt sich die Absurdität seines Verhaltens – seiner totalen Absorbierung durch das Nichts, das Schweigen entgegenfiebert. Einer seiner Doppelgänger heißt Mahood und behauptet, einen Rundbau umkreist zu haben, aus dem die Anfeuerungsrufe seiner Familie drangen. Schließlich habe er die Tür erreicht und geöffnet – zu spät: Seine Angehörigen waren bereits an einer Fleischvergiftung gestorben. Der Namenlose bezeichnet diese Geschichte als Hirngespinst und Täuschungsmanöver. In Wirklichkeit hause Mahood in einem großen Krug, der als Blickfang für Gäste vor einem Restaurant stehe. Als der Namenlose erkennt, dass er sich mit Mahood nicht länger identifizieren kann, lässt er ihn unter den Tisch fallen. Dann erfindet er die Figuration seines künftigen Erloschenseins, den amorphen gespenstischen Worm.

Das Verstummen seines Erzählens bedeutet nicht, dass er sich des Schweigens versichert hätte. Es bleibt vielmehr bei der Vision: »... es wird ich sein, es wird das Schweigen sein, da wo ich bin, ich weiß nicht, ich werde es nie wissen, im Schweigen weiß man nicht, man muß weitermachen, ich werde weitermachen.« Die Ungewissheit darüber, wann Sprechen in Schweigen übergeht, die Unmöglichkeit, das Schweigen sprachlich zu artikulieren, die Sehnsucht nach der Sprachwerdung des Schweigens – in diesem Bannkreis der unaufhebbaren Widersprüche bewegt sich der Erzähler Beckett.

Dass der Schluss des dritten Romans gewissermaßen in den Anfang des ersten mündet, verleiht dem die Trilogie durchziehenden Motiv des Kreises formale Qualität. Beckett schreibt hier voller Skepsis gegen ein jahrhundertealtes Erzähl- und Sprachritual an: Die Trilogie versteht sich gleichsam als Quintessenz aller je geschriebenen Romane. Sprache wird von Beckett so konsequent in ihre Einzelbestandteile zerlegt, dass er an die Grenzen sprachlichen Gestaltens gerät. Mit *L'innommable* schien Beckett einen Punkt erreicht zu haben, über den hinaus Kunst nicht mehr möglich ist, nicht einmal als Antizipation des Schweigens. Becketts Romane sind insofern vieldeutige, paradoxe Chiffren einer postexistentialistischen Welt- und Selbstdeutung, Dokumente eines schöpferischen Martyriums: Erzählen zu müssen im Wissen, dass es nichts substantiell Neues mehr zu erzählen gibt. Wenn danach noch Werke entstehen konnten, so vor allem, weil gerade für Beckett die Kunst nicht am Ende war, solange sie ihr Ende zum Gegenstand der Kunst erhebt.

■ Lit.: C. Desormière: Sens de l'errance et errance du sens, 1992. ■ M. Burger: Endliches Dasein. Heideggers Daseinsanalyse und B.s Molloy, 2004. *Wilfried Dittmar*

En attendant Godot

(frz.; *Warten auf Godot*, 1953, E. Tophoven) – Das zweiaktige, 1952 publizierte und 1953 in Paris uraufgeführte Schauspiel wurde vom Autor 1954 unter dem Titel *Waiting for Godot* ins Englische übertragen. Es war einer der größten Erfolge der Nachkriegszeit, und die Faszination, die von diesem Stück ausgeht, hat sich seither nahezu ungebrochen fortgesetzt.

Protagonisten sind die beiden Tramps Estragon, genannt Gogo, und Wladimir, alias Didi, beide offensichtlich durch nichts anderes als die Langeweile des Wartens auf Godot miteinander verbunden. Sie sind nur vage charakterisiert: Gogo als egoistisch, rationalistisch, selbstgefällig, doch von Angstträumen geplagt, Didi als hilfsbereit, mitleidig, impulsiv und sangesfreudig. Als dynamisches Gegenstück zu dieser statischen Gruppe treten die beiden Reisenden Pozzo und Lucky auf, die im Verhältnis von Herr und Sklave zueinander stehen – ein Verhältnis, in dem Pozzo von seinem kadavergehorsamen Knecht nicht weniger abhängig ist als dieser von ihm, zumal als Pozzo im zweiten Akt als Blinder, Lucky als Stummer erscheint. Sie veranstalten – Pozzo mit grotesker Zirkuspathetik, Lucky mit grausigkomischen Tanz- und Denkvorführungen – ein Stück Theater auf dem Theater. Zweimal tritt ein namenloser Bote auf, der das Kommen Godots, seines Herrn, jeweils für den nächsten Tag ankündigt. Über Godot erfährt man kaum mehr, als dass Gogo und Didi sich mit ihm verabredet haben; doch über Grund und Zweck dieser Verabredung sind sich beide ebenso wenig im klaren wie über die Person Godots. War vielleicht Pozzo jener Godot? Wird er morgen, wird er überhaupt kommen? Sie wissen es nicht und warten weiter. Ob der Autor dieses Warten als positive Leistung oder als Torheit wertet, bleibt gleichfalls im Ungewissen. Das einzig Sichere ist, zu wissen, dass man wartet, auf Godot oder auf die Nacht, gleichviel. Es ist dieses Wissen, das in aller Unsicherheit einen Halt gibt.

Wenn das Stück eine besondere Position in der Theatergeschichte einnimmt, so vor allem aufgrund der äußersten Konzentration seiner dramaturgischen und sprachlichen Mittel. Das Dekor ist reduziert auf sparsamste Elemente: Eine Landstraße und ein kahler Baum – beides wesentliche Requisiten und Symbole auch des japanischen Nô-Theaters – bezeichnen den Ort des Geschehens. Der Dialog ist aller Funktionen entkleidet, die ihm bislang als dramatischem Medium zukamen: Er ist nicht mehr Träger einer Handlung, weder einer äußeren noch einer inneren, er schafft und löst keine psychologischen Konflikte, er bietet keine Deutung der Probleme menschlicher Existenz an. Alles bleibt, in ein kaum zu erahnendes transsubjektives Bezugssystem vage eingeordnet, in der Schwebe. Gerade in dieser Verweigerung einer eindeutigen Interpretation liegt die Kunst dieses Dramas. Unbestimmt wie der Raum erweist sich auch die dramatische Zeit, deren zäher Fluss lediglich durch die Zeichen der Natur – Sonnenuntergang, Mondaufgang und das Ausschlagen des kahlen Baumes – strukturiert wird. Selbst die Identität dieser Personen ist weder objektiv noch subjektiv gesichert.

Das Denken geschieht um seiner selbst willen. Es ist – Pozzo nennt es bei der Aufzählung von Luckys Talenten in einem Atemzug mit Tanz, Gesang, Deklamation – Spiel und Kunst und als solches der Ort möglicher Freiheit. In bald banal realistischen, bald burlesken oder von Tiefsinn und Ironie jäh durchblitzten Wechselreden der vier Hauptpersonen wird keine Erkenntnis zutage gefördert, kein Ausweg aus der problematischen Situation der Wartenden gefunden. Die Sprache kann in diesem Stück lediglich noch das Warten gliedern und die Langeweile dieses Wartens erträglicher machen. Der Dialog trägt daher nichts zur Klärung des Geheimnisses bei, das sich im zentralen Moment des Wartens verbirgt und in immer neuen Ritualen thematisch umspielt wird, ohne sich zur Gewissheit um das Kommen Godots zu verdichten.

■ Lit.: J.F. Louette: En attendant Godot, S.B., 2001. ■ L. Marvel: Readings on Waiting for Godot, 2001. *Gisela Hesse*

Fin de partie

(frz.; *Endspiel*, 1957, E. Tophoven) – Der Einakter, eine postapokalyptische Farce, wurde 1957 in London uraufgeführt. Wie in allen Werken Becketts wird die Situation des modernen Menschen als äußerstes Stadium der Regression ausgelegt, die zu keinem Ende kommen kann, weil das Ende schon überschritten ist. Diese Regression wird sichtbar am physischen Verfall der Figuren und ebenso in der oszillierenden Unbeweglichkeit der

Handlung, in den zu Belanglosigkeiten geschrumpften Ereignissen, in der Zusammenhanglosigkeit der Rede, in der Unmöglichkeit, Sinn zu erzeugen, im Zerfall der Form, die nur noch wie eine Parodie des klassischen Dramas wirkt.

Das Bühnenbild zeigt einen kahlen Raum mit trübem Licht. In der Mitte des Raums, in einem »mit Röllchen versehenen Sessel«, sitzt, zunächst wie eine Leiche mit einem Tuch zugedeckt, der blinde und gelähmte Hamm; ihm zur Seite sein Diener Clov, der nicht sitzen kann. Beide sind aufeinander angewiesen, da einerseits nur Clov Hamm füttern, andererseits Clov sich nur aus Hamms Vorräten versorgen kann. In zwei Mülleimern stecken Nagg und Nell, Hamms Eltern, die »verfluchten Erzeuger«, verkrüppelt, infantil, menschliche Ruinen.

»... Ende, es ist zu Ende, es geht zu Ende, es geht vielleicht zu Ende...«, sagt Clov zu Beginn des Stückes, und gleich darauf Hamm: »Ich bin dran. [...] Jetzt spiele ich.« Im Gegensatz zu den beiden Alten im Mülleimer, die ihren Verfall zu Ende leben, spielen Hamm und Clov ihr auf ein Minimum (ein Aufputschmittel am Morgen, ein Beruhigungsmittel am Abend) reduziertes Dasein. Ihr »Spiel« schafft, stärker als in den früheren Werken Becketts, einen gewissen Abstand zu ihrer latenten Verzweiflung, die nur hin und wieder und ohne dass dabei die Stimme erhoben würde, zum Ausdruck kommt. Das Bewusstsein ihrer Lage unterscheidet Hamm und Clov von den beiden Alten und von der Vergangenheit, die diese repräsentieren. Sie wissen, dass sie tot sind (Hamm: »Diese Nacht habe ich in meine Brust gesehen. Darin war eine kleine Wunde.« Clov: »Du hast dein Herz gesehen.« Hamm: »Nein, es lebte«), und sie wissen, dass sie nicht sterben können (Hamm: »Warum tötest du mich nicht?« Clov: »Ich weiß nicht, wie der Speiseschrank aufgeht.«). Es gibt keinen Ausweg, da eine Grenze überschritten ist, jenseits derer sich ein geistiges Niemandsland auftut, in dem Leben und Tod zu einer endlosen Agonie ineinander übergehen. Selbst die Furcht, es könnte das Leben sich noch einmal erneuern, aus einem Floh, den Clov entdeckt hat, eine neue Schöpfung entstehen, und die Hoffnung auf den Tod als Erlösung erweisen sich als grundlos. Sie gehören nur zu der Clownerie, als die das Weiterspielen inszeniert werden muss; denn das Ende wird nicht dargestellt, sondern gespielt.

Ausgestorben, bewegungslos, trüb wie der Innenraum ist auch die Außenwelt, die Clov auf Befehl seines Herrn ab und zu durchs Fenster mit dem Fernrohr beobachtet. Nirgends ist ausgesprochen, ob es durch eine katastrophale Zerstörung oder Entwicklung dazu gekommen ist. Allein an der Furchtbarkeit des *Endspiels* lässt sich die Furchtbarkeit der vorangegangenen Katastrophe ermessen. Die Vergangenheit mit allem, was in ihr den Menschen ausgezeichnet hat – Geist, Sprache, Geschichte, Bedeutung –, reicht nur als unbrauchbares Strandgut in die Zeit der Überlebenden hinein.

Wenn Hamm nörglerisch darauf besteht, dass Clov seinen Sessel genau in die Mitte des Raumes schieben soll, verzerrt Beckett die neuzeitliche Idee von der zentralen Stellung des Menschen im Kosmos ins Absurde. Und wenn Hamm am Schluss – als Clov reisefertig erscheint, als ob er ihn verlassen wolle – ein blutbeflecktes Taschentuch als einzigen Besitz behalten will, so liegt darin eine parodistische Anspielung auf das Schweißtuch Christi und den Erlösungsgedanken. Anders als z. B. Eugène Ionesco parodiert Beckett nicht bestimmte Aspekte des Lebens. Vielmehr erscheint bei ihm das Leben des modernen Menschen als eine Parodie vergangenen Lebens. Darin geht er weit über alle vergleichbaren Stücke des Absurden Theaters hinaus und verweilt nicht bei der Erforschung der wahrnehmbaren Wirklichkeit, sondern legt die Tiefenschichten des menschlichen Seins frei.

■ Lit.: J. P. Little: En attendant Godot and Fin de partie, 1981. ■ H. de Phalèse: B. à la lettre, 1998. ■ F. Noudelmann: B. ou la scène du pire, 1998.

Anneliese Botond

Comment c'est

(frz.; *Wie es ist*, 1961, E. Tophoven) – Der 1961 erschienene Roman wurde 1964 vom Autor ins Englische übersetzt.

Wie in *L'innommable*, 1953 *(Der Namenlose)*, steht auch hier ein Namenloser, dessen Identität im Stadium der Auflösung ist, unter dem Zwang, seine Situation in Worte zu fassen. Mit dem Gesicht im Dreck liegend, Konservendosen um den Hals gebunden, gibt er einen Bericht in drei Abschnitten: wie es »vor Pim«, »mit Pim« und »nach Pim« war. Pim ist ein kleiner, alter Mann, der sich dem Erzähler zugesellt hat und der ihn erkennen lässt, dass er nicht allein dem Schrecken des Nichts ausgesetzt ist. Bevor Pim auf der Bildfläche erschien, war der Erzähler von der Einmaligkeit seiner Einsamkeit überzeugt; nun wird ihm klar, dass er sich mitteilen kann. Er tut das freilich auf höchst seltsame Weise: Er sticht Pim mit einem Büchsenöffner, versetzt ihm Nierenschläge, um ihn zum Sprechen zu bringen, und hämmert auf seinen Kopf ein, wenn er schweigen soll. Schließlich verlässt der so Gequälte den Erzähler.

Einer Phantasmagorie von Heimsuchungen ausgesetzt, wünscht dieser sich Pims Rückkehr. Als ein anderer ihn ebenso quält, wie er zuvor Pim, begreift er, dass in dieser Welt jeder einmal Schinder, einmal Geschundener ist, und akzeptiert dies als eine Art von höherer Ordnung. Am Schluss gibt er freilich zu erkennen, dass er die ganze Zeit mit seinen Worten nur gespielt hat, dass sein Bericht vielleicht nur ein Produkt seiner Phantasie ist. Und nun beeilt er sich, das Ende seines Monologs in den Anfang einmünden zu lassen und zu jener Situation zurückzukehren, in der das einzig Gewisse die Ungewissheit ist.

Der Text verzichtet auf jede Interpunktion. Dennoch erlaubt es der abgehackte, scharfe Rhythmus der kurzen Absätze, den Wahrnehmungsfetzen eines Bewusstseins zu folgen, das sich nicht mehr in vorgegebenen Sprachstrukturen auszudrücken vermag und im Bestreben, nicht mehr Sagbares zu vermitteln, immer wieder von neuem anhebt, verändert, variiert. Hier werden Becketts aus der informellen Malerei gewonnenen Erkenntnisse für die Methode seines Schreibens wichtig: Unter Verzicht auf jeden Rest einer Fabel setzt der Autor ein relativ begrenztes Wortrepertoire ein, das unaufhörlich zerlegt und in immer neuen Variationen kombiniert wird, so dass die dadurch entstehenden Textvarianten den Leser vor die Aufgabe stellen, in den geringfügigen Abweichungen das (vorläufige) Ganze des Textes zu suchen.

Angesichts der in beständig anderen Kontexten wiederkehrenden Satzfragmente, die den Eindruck erwecken, der Text befände sich in ständiger Bewegung, verbietet es sich, diesen Roman als Einheit aufzufassen. Es geht nicht mehr darum, Bedeutung entstehen zu lassen, sondern darum, die Unabschließbarkeit des Schreibens durch die Variation eines begrenzten Wortschatzes vorzuführen.

▪ Lit.: S. Houppermans: S.B. and Compagnie; 2003. ▪ C.G. Willits: How It Is, The Epical Call at the Limits of Experience, in: S.B. Today 14, 2004, 579–593. *Jack D. Zipes / Brunhilde Wehinger*

Residua

(frz.; *Residua*, 1970, E. Tophoven) – Unter diesem Titel fasste der Autor 1967 die drei Prosatexte »Assez« (»Schluss jetzt«), »Imagination morte imaginez« (»Ausgeträumt träumen«) und »Bing« (»Bing«) zusammen; »Sans« (»Losigkeit«) rundete 1970 die Sammlung ab. Alle vier Texte, die im französischen Original zuvor einzeln veröffentlicht worden waren, sind Beispiele einer ins Extreme vorangetriebenen sprachlichen Formalisierungsleistung, die typisch für die Spätphase der abendländischen Avantgarde ist.

In »Assez« erzählt eine Ich-Erzählerin die Geschichte ihrer ziellosen Wanderung mit einem Mann. Im Erzählvorgang selbst wird zwar noch auf Gegenständlichkeit mittels abstrakter Kollektivbegriffe wie Himmel, Regen, Berge, Wälder, Blumen angespielt, aber sie erscheint quasi nur noch als Reflex im melancholischen Blick auf eine längst verschwundene Wahrnehmungswelt, die sich dem Leser entzieht. Heißt es am Textanfang »All das Vorhergehende vergessen«, so lautet der Schluss: »Ich mache mich nun daran, alles auszuwischen [...]. Schluß jetzt.« Im Hinblick auf die Texte, die Beckett vorher und nachher geschrieben hat, lässt sich dies zugleich als eine poetologische Äußerung des Autors verstehen: »Schluss jetzt« mit jeglicher Form des Erzählens, die eine Beschreibung erlebter oder wahrgenommener Realität suggeriert und vom Leser angeblich nur noch revisualisiert werden muss. Denn um die Visualisierung, deren referentieller Gegenstand die Wirklichkeit sei, ging es in aller bisherigen Erzählliteratur.

Der zweite Text, »Imagination morte imaginez«, ist die Absage an diese Tradition literarischer Wahrnehmungskommunikate. Ein textinterner Erzähler ist hier ebenso wenig greifbar wie ein vorstellbarer Raum, in dem sich so etwas wie Handlung entfalten könnte; Realität als referentieller Gegenstand der im Text evozierten Bilder und Vorstellungen ist gelöscht, nicht existent, »bis auf den Rundbau, ganz im Weißen«, der minutiös beschrieben wird. Im Innern dieser Rotunda geschieht nichts außer einem beständigen Wechsel des Lichts von Weiß zu Schwarz über verschiedene Graustufen hinweg, begleitet von einem Temperaturwechsel von großer Wärme bis zum Gefrierpunkt. In der Rotunda eingeschlossen sind zwei weiße Körper, Mann und Frau, in der Fötusstellung, auf der Seite liegend, Rücken an Rücken, Kopf an Steiß. Gelegentlich öffnet eines der beiden Wesen das linke, hellblaue Auge, das dann, »weit über Menschenmögliches hinaus offengehalten wird«. Das »gerade wahrnehmbare, sofort unterdrückte Zucken« auf ein kaum hörbares »Ah« hin verweist darauf, dass es in dieser Welt ohne Realität, Bewegung und Farben noch residuales »Leben« zu geben scheint.

Die hier beschriebene Wirklichkeit ist für den Leser nicht mehr verknüpfbar mit einem in seiner eigenen Wahrnehmungswelt verwurzelten Begriff von Leben und Welt. Der Text demonstriert auf diese Weise, was sein französischer und englischer Titel behaupten: Dass jegliche Art traditioneller Fiktionsbildung in der Literatur, die immer Illusionsbildung ist, »tot« sei, weil die Visualisierung der von fiktionalen Texten evozierten Bilder und Vorstellungen eine imaginative Leistung des Lesers ist. Beckett hat hier einen Text konstruiert, der dies dokumentiert und zugleich eine Art Minimalstruktur geliefert, die den Leser zwingen will, ihre »Leerstellen« und »Weltlosigkeit« mit und mittels seiner ureigensten Imagination kreativ aufzufüllen.

Noch deutlicher wird dies im dritten, dem kürzesten Text: In »Bing« sind die Texteinheiten nicht mehr Sätze mit Subjekt, Prädikat und Objekt, sondern sprachliche Sinneinheiten, die sich aus syntaktisch unverknüpften Wörtern und Wortgruppen aufbauen, auf ein Minimum reduziert sind und nach den Strukturprinzipien der Rekurrenz und Permutation ständig neu kombiniert und quasi seriell organisiert werden. Die rekurrenten Wörter »hop« und »bing« haben dabei offenbar eine Art Signalfunktion, um räumliche und akustische Vorstellungen zu evozieren. Ansonsten konstituiert der Text nur die abstrakte Vorstellung eines einzigen nackten, weißen Körpers in einem rechteckigen weißen Kasten, »ein Meter mal zwei« – eine Schwundstufe der Rotunda in »Imagination morte imaginez«. Selbst das »kaum hellblau fast weiß« der Augen erscheint nur noch als letzter Widerstandsrest in einem allgegenwärtigen »Weiß«, in dem ›Leben‹ nahezu ausgelöscht scheint, dass nur noch von »vielleicht eine Natur« gesprochen werden kann.

In »Sans« schließlich erscheint die serielle Methode der Permutation und Rekurrenz sprachlicher Setzungen noch einmal forciert. Hier werden 60 ›Satzeinheiten‹ so miteinander verbunden, dass sich insgesamt 120 Einheiten ergeben, die keinerlei hierarchische Binnenstruktur mehr erkennen lassen. Die autoreferentielle Bedeutung des Titels wird aus einer Formulierung in »Bing« evident, wo von »signes sans sens« (Zeichen ohne Sinn) die Rede war. Das immer wiederkehrende Wort ist jetzt »sans« in Fügungen wie endlos, lautlos, regungslos, spurlos. Die in den vorherigen Texten noch zwischen Weiß und Schwarz pulsierende Farbpalette hat sich nun auf Grau eingependelt. Von der Rotunda in »Imagination morte imaginez« und dem sargähnlichen Kubus in »Bing« bleiben hier noch »in vier Stücke auseinander wahre Zuflucht ausweglos verstreute Trümmer«. Inmitten einer undeutlichen ›Landschaft‹ befindet sich eine nicht genauer fassbare Figur gleichsam nach dem Zusammenbruch aller fiktionalen Gegenstandswelten.

Wer die *Residua* vor dem Hintergrund der abendländischen Schriftkultur liest, wird in der angestrebten Entropie der sprachlichen Setzungen, die nur noch sprachliche Minimalstrukturen zulässt, eine Art negativer Utopie erkennen: einen Zustand des reflektierenden Bewusstseins, wo Zufall, Notwendigkeit und Möglichkeit wieder oder noch einmal ein produktives Chaos bilden, dessen Neugestaltung innerhalb und außerhalb der Literatur endgültig dem Leser überantwortet wird. Die vier auffallend kurzen Texte sind den in der seriellen Musik und in der informellen Kunst der Epoche gängigen Strukturprinzipien der Reduktion, Variation und Permutation unterworfen. Mit den *Residua* treibt Beckett somit die Reflexion des literarischen Schreib- und Lesevorgangs in ein kaum noch nachvollziehbares Extrem, wo es nur noch die Frage nach der Ermöglichungsform einer Sprache zu geben scheint, über die Realität zu konstruieren wäre. Eben darin erblickte die Literaturkritik die herausragende Leistung Becketts, während ein breiteres Publikum weitgehend mit Verständnislosigkeit reagierte.

■ Lit.: J. Leigh: Another B. An Analysis of ›Residua‹, in: The Analysis of Literary Texts, Hg. R. D. Pope, 1980, 314–330. ■ A. Renton: Disabled Figures. From ›Residua‹ to ›Stirrings Still‹, in: The Cambridge Companion to B., Hg. J. Pilling, 1996, 167–183.

Heinz Vestner / KLL

Le dépeupleur

(frz.; *Der Verwaiser*, 1972, E. Tophoven) – Der französische Originaltitel des 1966 verfassten, aber erst 1970 erschienenen Prosatextes bezieht sich auf eine Gedichtzeile von A. de Lamartine: »Un seul être vous manque et tout est dépeuplé« (Da fehlt ein einziges Wesen, und schon ist alles entvölkert).

Der in einem wissenschaftlich-trockenen, um mathematische Genauigkeit bemühten Stil geschriebene Text liest sich wie ein Bericht über die Situation im Purgatorium und spielt mit literarhistorischen Reminiszenzen an Dante und Kafka. Schauplatz des Geschehens ist »das Innere eines niedrigen Zylinders mit einem Umfang von fünfzig Metern und einer Höhe von sechzehn wegen der Harmonie«, in den etwa 200 »Körper beider Geschlechter und jeden Alters vom Greise bis zum Kleinkind« eingepfercht sind, die »immerzu suchen, jeder seinen Verwaiser«. Ziel und Sinn dieser Suche bleiben unklar, »im trüben Leuchten der Decke hütet der Zenith noch seine Legende«. Boden und Wand des verschlossenen Zylinders bestehen aus Gummi oder Ähnlichem. Das einzige Inventar sind 15 Leitern, mit denen die eingeschlossenen »Körper« zu Nischen und Höhlen auf halber Höhe der kahlen Zylinderwand gelangen können, welche wabenförmig miteinander verbunden sind oder in toten Stollen enden. Das Licht innerhalb des Zylinders ist oszillierend gelblich, die Temperatur schwankt etwa alle vier Sekunden zwischen fünf und 25 Grad, der Raum ist erfüllt von einem »insektenförmigen Gezirpe«. Der Zylinderboden lässt sich in drei Zonen unterteilen: Zone 1 ist ein etwa ein Meter breiter Außenring, die Stellfläche für die Leitern, an denen ein Teil der Körper abwechselnd Schlange steht; Zone 2 ist ein 80 cm breiter Trampelpfad, auf dem sich ein Teil der Körper ständig im Gänsemarsch kreisförmig bewegt, und Zone 3 die verbleibende Fläche in der Zylindermitte, wo sich die Mehrheit der Zylinderpopulation befindet.

Unter den Bewohnern existiert eine Art unausgesprochener Hierarchie. Zu unterscheiden sind die »Nichtsucher« oder »Besiegten« (diejenigen, die mit angezogenen Knien regungslos an der Wand kauern), die »Sesshaften« (diejenigen, die sich nur noch bewegen, wenn sie aus ihrer Ecke vertrieben werden), die »Sucher-Luger« (diejenigen, die sich meist in Bewegung befinden, aber gelegentlich eine Ruhepause einlegen) und die »Kletterer« (diejenigen, die sich ständig in Bewegung befinden und versuchen, die Leitern hinauf oder hinunter zu klettern). Alle Aktivitäten in diesem Gewimmel auf engstem Raum (»ein Körper pro Quadratmeter«) folgen ausgeklügelten, strengen Regeln, gegen die immer wieder, wenngleich vergeblich, verstoßen wird, was ständig »Wut und Gewalttätigkeit« zur Folge hat.

Die Suchenden finden offenbar nie, was sie suchen, geben irgendwann auf, schließen sich der Gruppe der »Besiegten« an und verfallen – ein Grundmotiv Becketts – in totale Passivität wie Dantes Belacqua. Das scheint der Idealzustand innerhalb des Zylinders zu sein – wenn er von allen erreicht sein wird, wird der Zylinder endlich zur Ruhe kommen und ein Zustand vollkommener »Ordnung« erreicht sein.

Im Gegensatz zu fast allen anderen Texten Becketts lässt sich *Le dépeupleur* weitgehend allegorisch-symbolisch lesen, insofern der Text zweifellos als Allegorie der Conditio humana und der Menschheitsgeschichte konzipiert ist. Der Zylinder selbst bezeichnet offenbar die Erde oder das erkennbare Universum; die Zylinderdecke symbolisiert die Grenze menschlicher Wahrnehmung und Erkenntnis: »nur im Zylinder gibt es Gewißheit, und draußen nichts als Rätsel«. Dass den Eingeschlossenen ein Augenblick der Brüderlichkeit »ebenso fremd wie den Schmetterlingen ist«, verweist auf die Unmöglichkeit solidarischen Handelns im Horizont der Sinnlosigkeit. Die ständigen, aber vergeblichen Regelverstöße der »Sucher« konterkarieren die Dialektik von Freiheit und Determination in der abendländischen Philosophie. Die Leidenschaftslosigkeit, mit der all das von einem a-personalen Erzähler beschrieben wird, reflektiert ex negativo den radikalen Nihilismus Becketts, dessen Nährboden eine nicht eingestandene existenzielle Verzweiflung ist, die ihn immer neue Höllenszenarios erfinden lässt. Man hat daher *Le dépeupleur* als ein furchtbares Buch, eines der grauenhaftesten der modernen Literatur bezeichnet, als eine pessimistische Neukonzeption des platonischen Höhlengleichnisses zwischen Entzauberung und Mystifizierung.

■ Lit.: A. Weber Caflisch: Chacun son dépeupleur, 1994. ■ G. Hartel: »...the eyes take over...«. S.B.s Weg zum gesagten Bild, 2004.

Heinz Vestner

Mal vu mal dit

(frz.; *Schlecht gesehen schlecht gesagt*, 1983, E. Tophoven) – Wie alle späten Werke Becketts widersetzt sich der 1981 erschienene Prosatext eindimensionalen Deutungsansätzen. Vordergründig geht es darum, das Bildnis einer alten Frau »ganz in Schwarz« vor den Augen des Hörers/Lesers entstehen zu lassen. Sie lebt völlig allein in einer Hütte »in der inexistenten Mitte einer formlosen Gegend«, umgeben von einer von »Triften« durchzogenen »Steinöde«. Ab und zu verlässt sie das Haus, offenbar, um zu einem nahegelegenen Grab und wieder zurück zu gehen. Ansonsten besteht ihre Tätigkeit »stehend oder sitzend. Liegend oder kniend« darin, auf den Tod zu warten. Von den zwei Fenstern der Hütte aus verfolgt sie den Wechsel der Tages- und der Jahreszeiten, wobei in ihrem Blickfeld immer wieder die »Zwölf« auftauchen, die ebenso eine Anspielung auf biblische Motive sind wie die »Lämmer wegen der Weiße. Und aus anderen noch dunklen Gründen. Einem anderen Grund.«

»Schlecht gesehen« (wahrgenommen) und »schlecht gesagt« (beschrieben) wird sie von einem a-personalen Erzähler, der als Beobachter, Aufpasser, imaginärer Außenstehender, ›verwitweter‹ Blick, meistens jedoch – gleich der Kamera im Film – als »das Auge« fungiert: Es versucht beständig, seinen Gegenstand, die alte Frau, möglichst genau einzufangen, wobei Wahrnehmungswinkel und -perspektive von der Totale (Bewegungen der alten Frau über die Steinöde) bis zur Detailaufnahme (Hände, Mund, Haare) durchgespielt werden. Trotz wahrer Detailbesessenheit hat das Erzähler-Auge jedoch größte Schwierigkeiten, sein Wahrnehmungsobjekt visuell und sprachlich in den Griff zu bekommen. Je genauer es beobachten möchte, desto unschärfer, verschwommener wird das Bild der alten Frau. Auch die Imagination bei »geschlossenem Auge« kann die damit angestrebte Vervollständigung des Bildes der Frau nicht bewerkstelligen, so dass das »Auge« immer weniger zwischen »schlecht Gesehenem« und Imaginiertem unterscheiden kann: »Schon verwirrt sich alles. Dinge und Schimären. Verwirrt sich und hebt sich auf. Den Vorkehrungen zum Trotz. Wenn sie doch nur Schatten sein könnte. Unvermischter Schatten. Diese Alte. So sterbend. So tot. Im Tollhaus des Schädels und nirgends anders.«

Zwischen dem »Auge« als Wahrnehmungssubjekt und der Frau als konstruiertem und rekonstruiertem Wahrnehmungsobjekt besteht eine Beziehung, die zugleich dialektisch und aporetisch ist: Der Betrachter ist nur durch das Betrachtete anwesend und umgekehrt. Das eine benötigt das andere, um »existent« zu werden und sich in seiner jeweiligen Identität festhalten zu können. Die eigentliche »Erzählebene« ist deshalb erneut die Reflexion über die Unmöglichkeit, Realität und damit zugleich Identität sprachlich-fiktional entwerfen zu können – eine im Medium fiktionalen Sprechens unabschließbare Reflexion, weil sie ständig neue »Schimären« und »Trugbilder« hervorbringen muss. An einer zentralen Stelle heißt es: »So wahr es ist, daß Wirklichkeit – und wie das Gegenteil sagen? Jedenfalls diese zwei. So wahr, daß die beiden, die so sehr zwei waren, sich nun vermischen – [...]. So wahr ist es, daß beide Lügen sind. Wirklichkeit und wie das Gegenteil schlecht sagen? Das Gegengift.«

Endlich nichts mehr sehen, nichts mehr sagen zu müssen, endlich Schluss machen zu können mit den Worten und den damit erzeugten Bildern, diesen »Lügen«, das »Schlusswort« zu finden, das wäre das »Glück«, von dem am Schluss des Textes die Rede ist.

Angesichts der Radikalität, mit der Beckett dieses sein eigentliches Thema seit *Molloy* (1951) in *Mal vu mal dit* weiterverfolgt, entwickelt sich sein sprachlich-geistiges Universum auf einen hermetischen Zustand hin, der es letztlich unbeschreibbar macht.

■ Lit.: M. Tsushima: The Space of Vacillation. The Experience of Language in B., Blanchot and Heidegger, 2003.

Heinz Vestner

Frédéric **Beigbeder**

■ geb. 21.9.1965 Neuilly-sur-Seine (Frankreich)

Studium der Politologie, zehn Jahre Werbetexter einer angesehenen Pariser Werbeagentur; freier Schriftsteller seit seiner ›Marc-Maronnier‹-Trilogie (*Mémoires d'un jeune homme dérangé*, 1990, *Memoiren eines Sohnes aus schlechtem Hause*, 2001; *Vacances dans le coma*, 1994, *Ferien im Koma*, 2002; *L'amour dure trois ans*, 1997, *Die Liebe währt drei Jahre*, 2003); wurde mit Romanen bekannt, die aus der Situation des Insiders Konsumverhalten und Manipulationstechniken der nachbürgerlichen Gesellschaft Frankreichs artikulieren.

■ Lit.: K. Heyng: B., in: Kritisches Lexikon der romanischen Gegenwartsliteraturen, 2003.

99 francs

(frz.; *39,90*, 2001, B. Große) – Der 2000 erschienene Roman erzählt konsumkritisch Aufstieg und Fall des Werbetexters Octave Parango und ist zugleich als Selbstdenunziation des Autors angelegt, der selbst seit 1995 bei einer Agentur arbeitete und vorgab, mit diesem Buch einen Kündigungsgrund vorlegen zu wollen. Ergänzend zu seinem Roman publizierte er gemeinsam mit Jan Kounen (u.a. mit Bildmaterial fingierter Werbung) den Band *99F. Le manuel d'utilisation de la société d'hyperconsommation*. Die Handlung des Romans wurde 2007 in *Au secours pardon* fortgeführt.

Einem Light-Joghurt für die Firma ›Madone‹ (d.h. ›Danone‹) verdankt der Werbetexter Octave Parango seinen schnellen Aufstieg, allerdings leidet er zunehmend unter einer Luxuswelt der Drogen, der Prostitution und des Zynismus. Die Handlung folgt dem fünfaktigen Spannungsbogen der Tragödie: Die Exposition zeichnet aus der Ich-Perspektive das Bild einer werbeverwüsteten Zivilisation. Octaves psychischer Zusammenbruch wird aus der empathischen Du-Perspektive erzählt, sein Comeback im afrikanischen Motivationsseminar in einer neutraleren Er-Perspektive. Mit dem fingierten Selbstmord des Chefs Marc Marronnier wird die Wir-Perspektive seiner Karriere planenden Kollegen eingenommen – in der Scheinwelt Miami bereitet der Nachfolger seinen Aufstieg vor und begeht einen sinnlos-orgiastischen Mord. Schließlich hat der neue Chef seinen Weg zur Macht vollendet. In einer verblendet-idealistischen Motivationsrede wird er endgültig in die Schuld des Verwertungssystems verstrickt und schließlich wegen seines Mordes festgenommen. Das epilogische sechste Kapitel führt das Scheitern von Marc Marronniers Ausstieg und seiner idealen Liebe zu Sophie auf einer utopischen Insel vor.

Dass Buchpreis und -titel zusammenfallen, bezog Beigbeder explizit auch auf den ökonomisierten Buchmarkt und die französischen Buchpreise. Ironischerweise aber fallen Zynismus und Moralismus bei ihm wie seinem Kollegen ↗ Houellebecq zusammen, und mitten im Falschen erscheint das Wahre: In der Begegnung mit einer Prostituierten etwa blitzt das Liebesideal auf. ↗ Cioran wird als Vertreter für eine Welt der Autonomie zitiert, in der man für ein Komma zu sterben bereit wäre, und ausgerechnet in einem Streit um einen millionenschweren Werbeslogan ist dies der Fall. Die Agentur erhält für ihren Werbespot sogar einen Preis beim Festival von Cannes. Statt eines ideologiekritischen Gesellschaftsentwurfs führt Parangos Festnahme bei dieser Preisübergabe vor, wie die Kunst auf die Ästhetisierung des Kapitalismus mit ihrer Kapitalisierung der Ästhetik antwortet.

Der sprechende Name des Protagonisten, ›Parango‹ erinnert ebenso an ›Paranoia‹ wie an das französische Wort ›parangon‹ (Musterexemplar). Er verweist – ebenso wie sein Chef und Protagonist der vergangenen Romane, Marc Maronnier, der über seine Initialen mit einer Süßigkeit und deren Werbeslogan verknüpft wird – mit den ersten Sätzen auf eine blasse, auf Konsum und ›Branding‹ gegründete Identität: »Alles ist käuflich: die Liebe, die Kunst, der Planet Erde, Sie, ich. Ich schreibe dieses Buch, um gefeuert zu werden.«

Werbekritik wurde von Beigbeder bereits in seinen Beobachtungen der Spaßgesellschaft in *Mémoires d'un jeune homme dérangé*, 1990 (*Memoiren eines Sohnes aus schlechtem Hause*, 2001, B. Große), thematisiert. Schon dort spielte er mit dem Paradox, die Konsumwelt in einem Produkt zu kritisieren, das selbst zum Konsum stimulieren muss. Neu in Beigbeders Werk, das thematisch seinem Lebensalter folgt, ist hier indes die Geste des Ausbrechens. Gleiches gilt für die ökonomische Extremzustände symbolisierenden Schauplätze Afrika und Miami, schließlich die Insel »Ghost Island« als verfehlte Utopie. Die Aphorismen, Wortspiele und Zitate (u.a. von Huxley, Bukowski, ↗ Proust und Salinger) geben ebenso wie die eingeschobenen Werbesprüche und soziologischen Kommentare den extremen Stimmungsschwankungen zwischen manischem Zynismus und Melancholie ihren Stil. Der scheiternde Ausbruchsversuch von Maronnier endet deshalb zugleich elegisch mit ↗ Rimbaud-Zitaten und zynisch mit einer langen Sequenz bekannter Werbesprüche und einem fingierten Werbeabspann des Buchs.

Im Folgeroman *Au secours pardon* (2007) wird der in *99 francs* verhaftete Octave Parango freigelassen und reist im Zustand der Amnesie und Wurzellosigkeit, die seine Generation insgesamt kennzeichnet, als Talentscout für eine Kosmetikfirma nach Moskau, um ein passendes Model für die Werbekampagne des Unternehmens, »Das Ideal (weil Sie es sich wert sind)«, zu finden. Im übertragenen Sinn geht es also darum, eine neue Schönheit des Ideals zu finden und dies in einer Welt der russischen Neureichen und des orthodoxen Mystizismus. So sind Zitate u.a. von Dostoevskij und Turgenev eingearbeitet. In einer Welt der ›Castings‹ und der plastischen Chirurgie erscheint eine gesteigerte Körperlichkeit als letzte Utopie. Parangos zynische Potenz versagt schließlich im wörtlichen wie im übertragenen Sinn vor der rätselhaften Anmut der 14-jährigen Lena Doytcheva.

Im Gegensatz zu Michel Houellebecqs hochkulturfähigen Provokationen blieb Beigbeders ambivalente Rezeption weitgehend auf Zeitungsrezensionen beschränkt. Von ›Gesinnungskritik‹ abgesehen, die dem Autor weinerliche Nabelschau, Selbstdarstellung und seine Zugehörigkeit zum oberflächlichen, aber privilegierten Milieu der Pariser Elitevororte vorwarf, bezogen sich die Vorwürfe auf eine quotenorientierte ›Boulevardisierung‹ der Themen (Drogen, Medien- und Kapitalismuskritik, Sexualität, Lifestyle) und auf die fehlende Literarizität seiner Texte, die zwischen Autofiktion und Thesenroman stünden: Statt thematischer Entwicklung tendiere der Text zu eitlem Zitat und kalauerndem Aphorismus, statt der Entfaltung von Figuren zu pamphletartigen Schematisierungen.

Die enorme Resonanz zeigte jedoch auch: Diese Form einer nicht mehr autonomen Literatur ist erst in einem bestimmten postideologischen Moment möglich. Gesellschaftlich fallen Bourgeoisie und Boheme zum ›Bobo‹ zusammen, und damit auch Schick und Kritik. Auch die Popliteratur gibt hier ihren Anspruch auf Protest und Techniken der Neoavantgarden auf. In seinen besten Teilen führt Beigbeders Literatur diese Ausweglosigkeit selbstreflexiv und in einem ›angemessenen‹ Stil vor, nämlich skandal- und wirkungsorientiert wie eine Werbekampagne. Kontingente, nicht einer Idee untergeordnete Elemente und also literarischer Eigensinn haben bei ihm keinen Platz.

▪ Lit.: G.R. Besser: B., 99 francs, in: The French Review 75, 2001, 994–995. ▪ M. Ritzenhofen: Revoluzzer in Gucci, B. Surprise um jeden Preis, in: Dokumente 58, 2002, 79–84. ▪ K. Nonnenmacher: Cioran als Werbetexter? F.B.s Roman 99 francs. Inszenierung einer Warenbeichte als Beichtware, in: Europäische Verlage und romanische Gegenwartsliteraturen, Hg. G. Eggeling/S. Segler-Meßner, 2003, 218–238. ▪ S. van Wesemael: L'esprit fin de siècle dans l'œuvre de Michel Houellebecq et de B., in: Territoires et terres d'histoire, Hg. S. Houppermans u.a., 2005, 13–38.

Kai Nonnenmacher

L'égoïste romantique

(frz.; *Der romantische Egoist*, 2006, B. Große) – Der Titel des 2005 erschienenen Romans spielt auf Francis Scott Fitzgeralds 1920 unter dem Titel *This Side of Paradise* veröffentlichten Roman an. Beigbeder wählte dafür poetologische Motti, etwa eingangs von ↗ Aragon und Audiberti zum autobiographischen Schreiben, aber ebenso Dialoge aus einem Presseinterview, z.B.: »Tom Ford: Sind Sie glücklich? Karl Lagerfeld: So ehrgeizig bin ich nicht, Darling.«

Der Protagonist Oscar Dufresne erlebt in diesem fiktiven Tagebuch eine vorzeitige Midlife-Crisis. Er notiert zufällige Begegnungen, Stimmungsbilder und pointierte Momentaufnahmen ohne weitergehende dramaturgische Entfaltung, außerdem viele Lektüreerfahrungen des hochkulturellen Kanons (↗ Rousseau, ↗ Flaubert, ↗ Huysmans, ↗ Vian, ↗ Sollers, ↗ Houellebecq), nach Raoul Ruiz' ↗ Proust-Film etwa seine Erkenntnis, »dass es bei Proust um Reiche geht, die Nutten ficken, und um mondäne Schwule, die sich auspeitschen lassen. Auf einmal ist Proust gar kein Langweiler mehr!« Oscar unterscheidet sich charakterlich nicht von Beigbeders provozierend narzisstischem, weinerlichem, zynischem Personeninventar.

L'égoïste romantique ist ein typisches Übergangsbuch, das die kleine Form wählt, inhaltlich als Nachhall der größeren wirkt – der Protagonist aus *99 francs* (2000), Octave Parango, taucht ebenso auf wie die russischen Models des späteren Romans *Au secours pardon* (2007). Formal ist wie in *99 francs* und *Windows on the World* (2003; dtsch. 2004, B. Große) eine Serialisierung durch die Hauptkapitel eher angedeutet: zwei Durchläufe der Jahreszeiten, mit nicht eingelöstem ästhetischen Anspruch betitelt, etwa »Winter. Die klare Stille leuchtender Wasser«. Die Einträge während dieser zwei Jahreszyklen sind mit undatierten Wochentagen übertitelt. Selten ist das von Belang für den Inhalt, es wirft im Gegenteil einen monotonen Blick auf das notierte Leben. Erschütternd lakonisch formuliert Beigbeders Alter ego in einem völlig unpolitischen Kurzschluss von Weltgeschichte und Freizeitvergnügen das Ende seines hedonistischen Zeitalters: »11. September 2001. Die Twin Towers sind eingestürzt. Nachmittags Schwimmbad.«

2003, zwei Jahre vor Erscheinen von *L'égoïste romantique*, hatte Beigbeder einen der ersten Romane über diesen Terrorakt publiziert: Im titelgebenden Restaurant der Twin Towers, *Windows on the World*, werden die letzten beiden Stunden eines texanischen Immobilienmaklers und seiner beiden Söhne in nach Minuten gegliederten Kapiteln aus der Ich-Perspektive erzählt. Dort heißt es: »In zwei Stunden werde ich tot sein, aber vielleicht bin ich schon tot.« Während hier die Konfrontation zärtlicher Lebensrevue und respektvollem Gedenken mit einer harten Entlarvung einer ganzen Generation überzeugt, wirkt *L'égoïste romantique* wie die trotzige Wiederbelebung einer überlebten Epoche oder die verspätete Kompilierung eines Zettelkastens des Zeitschriftenchronisten Beigbeder.

Durch die Gattung der ›autofiction‹ erfuhr die Verknüpfung von autobiographischem mit fiktionalem Schreiben in Frankreich um die Jahrtausendwende eine überraschende Wiederbelebung. Vor diesem Hintergrund müssen Beigbeders Bücher, die allesamt mit heteronymen Identitäten spielen, gesehen werden. Wenn man überhaupt von einer Entwicklung im Verlauf des Buches sprechen kann, dann im abschließenden paradoxen Entschluss, in der Gesellschaft des Spektakels als »literarischer Zombie« zu verstummen (und diesen Entschluss zu publizieren). Die Initialen des Protagonisten, O. D., bedeuten in diesem Sinne »Overdone, Overdose«.

Die Rezeption konzentrierte sich auf das Episodische und Clowneske des als ›Roman‹ untertitelten Tagebuchs und übersah die monströs gewordene, vereinsamte Geselligkeit, den romantischen ›ennui‹, den melancholischen Weltschmerz. Auf eine Pressemeldung im *Parisien* über eine jahrelang nicht vermisste und unentdeckte Tote reflektiert O. D.: »Meine sterblichen Überreste würden nach einem Jahr unter einem Stapel alter *People*-Magazine entdeckt, und um den Todeszeitpunkt festzustellen, bedürfte es nicht der Karbon-14-Methode, sondern nur eines Blicks auf die letzte Nummer von *Voici*.«

■ Lit.: W. Asholt: Deux retours au réalisme? Les récits de François Bon et les romans de Michel Houellebecq et de F. B., in: Lendemains 107/108, 2002, 42–55. ■ M. Crépu: Journal littéraire. B., Guibourgé, Mérot, Jourde, in: La Revue des deux mondes 9, 2003, 167–174. ■ É. de Fautereau: L'égoïste romantique, B., in: Le français dans le monde 341, 2005, 57–58. ■ P. Canavaggio: L'égoïste romantique, in: La Revue des deux mondes 7/8, 2005, 188–189. ■ M. Viry: Les confessions d'un lama et le silence des imbéciles, in: La Revue des deux mondes 5, 2005, 161–168. ■ S. Wiedner: F. B. ou la morale d'un amour qui ne dure que trois ans, in: Lendemains 126/127, 2007, 109–117.

Kai Nonnenmacher

Jacques Henri **Bernardin de Saint-Pierre**

■ geb. 19. 1. 1737 Le Havre (Frankreich)
■ gest. 21. 1. 1814 Eragny-sur-Oise (Frankreich)

Ingenieurstudium; ausgedehnte Reisen nach Malta, Russland, Polen, Mauritius; ab 1772 Schüler und Freund von ↗ Rousseau; 1800 Direktor des Jardin des Plantes und Professor an der École Normale; Verfasser von Reiseberichten und naturwissenschaftlichen Studien; durch seine Naturauffassung einer der Begründer der französischen Frühromantik.

■ Ausg.: Œuvres complètes, 12 Bde, Hg. L. Aimé-Martin, 1818–1820. ■ Œuvres posthumes, Hg. L. Aimé-Martin, 1833–1836.
■ Lit.: A. Ngendahimana: Les idées politiques et sociales de B. de S.-P., 1999.

Paul et Virginie

(frz.; *Paul und Virginie*, 1987, K. Eitner) – Der 1788 erschienene Roman zählt zu den wichtigsten Dokumenten der französischen Vorromantik.

Auf der Île de France (heute: Mauritius) begegnet der Erzähler einem alten Mann, der zugleich als Binnenerzähler, Kommentator und Zeuge der Ereignisse innerhalb des kurzen Romans fungiert: Enttäuscht von den gesellschaftlichen Zuständen in ihrem Heimatland Frankreich führen Mme de la Tour und Marguerite mit ihren treuen Sklaven Domingue und Marie sowie ihren gleichaltrigen Kindern Paul, dem Sohn Marguerites, und Virginie, der Tochter von Mme de la Tour, auf der Île de France ein ruhiges und zurückgezogenes Leben. Paul und Virginie wachsen wie Geschwister in einer Atmosphäre gegenseitiger Zuneigung und Liebe heran. Nichts trübt den Frieden der kleinen Gemeinschaft, bis sich eine in Paris lebende Erbtante in einem Brief erbietet, der nunmehr 15-jährigen Virginie in Frankreich eine standesgemäße Erziehung angedeihen zu lassen. Die mittellose Mme de la Tour glaubt, wenn auch widerstrebend, ihrer Tochter die Annahme dieses scheinbar so glänzenden Angebots schuldig zu sein.

Virginie reist mit dem nächsten Schiff nach Frankreich. Besonders Paul leidet unter der Trennung und glaubt sich um sein größtes Glück betrogen. Seinen einzigen Trost findet er in der Unterhaltung mit dem alten Mann, der ihn Lesen und Schreiben lehrt, damit er wenigstens schriftlich mit Virginie in Verbindung bleiben kann. Seine Lieblingslektüre bildet bald Fénelons *Télémaque* (1699) »wegen seiner Beschreibung des ländlichen Lebens und der natürlichen Leidenschaften des Herzens«. In scharfem Gegensatz dazu stehen die korrupten Sitten im zeitgenössischen Frankreich, die Virginie in einem Brief schildert. Da sie sich nicht an das europäische Leben gewöhnen konnte und von ihrer Großtante enterbt wurde, kehrt sie auf die Île de France zurück. Doch kurz vor der Küste gerät das Schiff in Seenot. Virginie, der es das in Europa anerzogene Schamgefühl verbietet, die Kleider abzulegen und an Land zu schwimmen, ertrinkt vor den Augen Pauls und ihrer Angehörigen, die das sinkende Schiff von der Küste aus beobachten. Paul, Mme de la Tour und Marguerite überleben diesen Verlust nur kurze Zeit: Zurück bleibt allein der alte Mann, der das Los seiner unglücklichen Freunde beklagt.

Die minuziösen und anschaulichen Schilderungen der subtropischen Natur machen den Roman zum ersten Dokument des französischen Exotismus. Die Erzählung sollte als Teil der theoretischen *Études de la nature*, 1784 *(Betrachtungen über die Natur)*, die Harmonie im Walten der Natur, die gefühlsmäßige, nicht vom Verstand bestimmte Erkenntnis ihrer Gesetze anschaulich machen und eine große Utopie von der idealen Gesellschaft entwerfen. Doch wird das pastorale Idyll zum Bericht eines Abfalls: Die Zivilisation führt in die Katastrophe. Maßgeblich für die zeitgenössische Beliebtheit des exotischen Liebesromans war, dass man Virginie als vollkommene Verkörperung der Empfindsamkeit betrachtete. In einem zum Verständnis des Romans wichtigen Vorwort betont der Autor sein tiefes Misstrauen gegenüber jeder anderen Bildung als der »natürlichen« Herzensbildung. In Opposition zu aufklärerischen Konzepten und in Anlehnung an die Erziehungsideale von ↗Rousseaus *Émile* (1762) bezeichnet er die weibliche »Empfindsamkeit« als den entscheidenden kulturstiftenden Faktor.

Bernardin de Saint-Pierre war nachhaltig durch seinen Freund ↗Rousseau beeinflusst, dessen zivilisationspessimistisches und antikartesianisches Denken er übernahm. In den Gestalten der Sklaven Domingue und Marie kehrt der Topos vom ›edlen Wilden‹ wieder, eine Vorstellung, der manche Aufklärer eher misstrauisch gegenüberstanden, etwa ↗Voltaire, der die Idealisierung des Naturzustandes in einem Brief an ↗Rousseau ironisierte. In ↗Marmontels *Les Incas ou La destruction de l'empire du Pérou*, 1778 (Die Inka oder die Zerstörung von Peru), Sébastien ↗Merciers *L'homme sauvage*, 1767 (Der Wilde), und Bernardins späterem Werk *La chaumière indienne*, 1791 (Die Indianerhütte), wird der Topos hingegen erzählerisch breit ausgestaltet. Bernardin begründete die romantisierende Darstellung der Eingeborenen und der Natur der Neuen Welt, die vor allem in Südamerika die Debatte über eine nationale Identität für mehr als ein Jahrhundert prägte.

Der Roman fand rasch weite Verbreitung, inspirierte etliche Nachahmer und wurde in zahlreiche Sprachen übersetzt. Selbst ↗Chateaubriand, der Bernardin de Saint-Pierre geringschätzig einen »mittelmäßigen Charakter von durchschnittlicher Intelligenz« nannte, zeigt sich von ihm beeinflusst, besonders in der Darstellung eines mit religiösen Empfindungen verbundenen Naturgefühls und in der Gestaltung des ›Edlen Wilden‹. Noch Leconte de Lisle (1818–1894) bewunderte die Naturbeschreibungen des Romans, dessen Ruhm erst in der zweiten Hälfte des 19. Jh.s verblasste.

▪ Lit.: J.-M. Racault: Études sur ›Paul et Virginie‹ de B. de S.-P., 1986. ▪ F.B. Traore: Récit romanesque et univers religieux au temps des lumières françaises entre 1760 et 1789, 2000.

Annegret Martin

Béroul

▪ geb. zweite Hälfte 12. Jh. Frankreich
▪ gest. um 1200 Frankreich

(auch: Berox) – Kenntnis von der Existenz des Autors lediglich aufgrund der Selbstnennung (»Berox«) in dem einzigen mit ihm in Verbindung gebrachten Werk; Verfasser einer der wichtigsten Vorstufen der hochmittelalterlichen Tristan-Stofftradition.

Le roman de Tristan

(afrz.; *Tristan und Isolde*) – Diese nur fragmentarisch überlieferte Tristandichtung besteht aus zwei deutlich voneinander abgesetzten Teilen. Dabei bleibt umstritten, ob der Autor nur den ersten, archaischer wirkenden Teil oder beide Teile des Fragments verfasst hat. Ebenso umstritten wie die Autorschaft ist die Datierung. Die Annahme, das Werk sei »um 1191« entstanden, stützt sich auf eine Konjektur im Text; wird diese – wie von der neueren Forschung – in Zweifel gezogen, so kann der erste Teil bis in die Jahre »vor 1170« zurückdatiert werden.

Stoffgeschichtlich stellt das Fragment eine weiterentwickelte spielmännische Fassung dar, das einzige greifbare Zwischenglied zwischen *Tristrant*, dem frühen Roman Eilharts von Oberg und dem programmatischen Neubeginn des ↗Thomas d'Angleterre. Der Inhalt des ersten Teils deckt sich mit der Darstellung des *Tristrant*, womit Béroul der älteren, sogenannten spielmännischen Version folgt und nicht der modernen höfischen, die sein Zeitgenosse Thomas in seinem fragmentarischen *Tristan* einleitete.

Die Handlung setzt mit Isoldes und Tristans belauschtem Stelldichein im Baumgarten ein. Demnach fehlen die vorausgehenden Abenteuer (Kampf mit Morolt, Irlandfahrten, Drachenkampf), die ihren Höhepunkt und Abschluss in der Minnetrankszene finden.

Das Stelldichein endet mit einem Triumph der Liebenden, die vor den Lauschern, Marke und einem Zwerg, Feindschaft heucheln, um damit ihre Unschuld unter Beweis zu stellen. Doch das nachfolgende ›Bettsprungabenteuer‹ führt zur Aufdeckung des ehebrecherischen Verhältnisses und zur Verurteilung des Paares: Tristan, vom Liebesdrang besessen, springt in Isoldes Bett, obwohl Mehl zwischen ihre Betten gestreut wurde; eine alte Wunde bricht auf und hinterlässt auf Bett und Mehl ihre blutige Spur. Tristan kann sich der Hinrichtung entziehen und Isolde aus der Hand der Aussätzigen befreien, mit denen sie, einem grausigen Urteil Markes folgend, ihre verbotene Lust büßen soll. Das Paar entflieht vor den Häschern in den Wald, wo es ein Leben in Liebeseinheit, doch ohne deren gesellschaftliche Repräsentation führt – die Dialektik von Minneleid und Minnefreude kann selbst hier nicht aufgehoben werden. Ans Ende des Waldlebens schließt sich jener zweite Teil des Fragments an, der eine nur hier überlieferte Episode enthält: Marke lädt Isolde vor das Gericht des Artus, wo sie ihre Unschuld beeiden soll. Tristan, verkleidet als Aussätziger, erscheint, um der Geliebten beizustehen. Als ihr Pferd in einem sumpfigen Graben versinkt, nimmt er sie auf die Schultern und trägt sie durch die Furt. Nun kann Isolde vor Artus schwören, nie habe sie einen Mann zwischen den Schenkeln gehabt außer Marke, ihren Gemahl, und diesen Aussätzigen.

In dieser Episode verschränken sich das Aussätzigenmotiv und das Motiv vom betrügerischen Eid, das auch die höfische Version in anderer Ausformung kennt. Auf diese Weise wird die Maxime exemplifiziert, dass der Liebende der Geliebten wegen erkrankt und zum Lasttier wird. Möglicherweise erfuhr das Aussätzigenmotiv diese extensive Ausformung aufgrund seiner unterschwelligen Faszinationskraft. Die Schöne im Arm des Aussätzigen evoziert, was meist an der Minne verhüllt bleibt: die krasse Sexualität und die Ambivalenz der Gefühlsregungen, die sie hervorruft.

Im Hang zum Sensationellen, in den formelhaften Anreden ans Publikum, den Anspielungen auf allgemein bekannte Sentenzen und Erzählmotive erkennt man den spielmännischen Dichter und die Erwartungen seines Publikums. Kausale Verknüpfungen und eine psychologische Durchdringung der Handlung, wie sie die höfischen Tristandichter anstreben, sind seine Sache nicht. Aber dennoch: Das gut erfasste sinnliche Detail, das rasche, zuweilen hektische Tempo der Erzählung, die Leidenschaft, die aus den Versen schlägt, machen die Fassung Bérouls trotz des fragmentarischen Charakters zu einer eindrucksvollen Gestaltung des Tristanstoffes.

■ Ausg.: Le roman de Tristan, Hg. E. Muret, 1903.
■ Übers.: Tristan und Isolde, U. Mölk, 1962.
■ Lit.: G. Schoepperle: Tristan and Isolt. A Study of the Sources of the Romance, 1913.

Gerhard Schindele

Aloysius **Bertrand**

■ geb. 20.4.1807 Ceva/Piemont (Italien)
■ gest. 29.4.1841 Paris (Frankreich)

(d.i. Jacques-Louis-Napoléon Bertrand) – Sohn eines Lothringers und einer Italienerin; Schule und Jugend in Dijon; ab 1828 unbekannt und unter ärmlichen Bedingungen in Paris; mit seiner postum veröffentlichten Sammlung von Prosadichtungen Begründer dieser Gattung und Vorläufer ↗ Baudelaires, den er auch durch seine mittelalterlich geprägte Bildwelt inspirierte.

■ Ausg.: Œuvres complètes, Hg. H. Hart Poggenburg, 2000.
■ Lit.: F. Rude: A.B. 1971.

Gaspard de la Nuit

(frz.; *Gaspard de la Nuit*, 2002, R.G. Schmidt) – Diese erste Sammlung von Prosagedichten in der Geschichte der Literatur erschien 1842. Sie enthält bildhafte kleine Prosagedichte, eine Mischform zwischen dichterischer Prosa und freiem Vers, die vereinzelt in der Romantik verwendet wurde, u.a. von ↗ Chateaubriand. Da Bertrand dieser neuen literarischen Gattung erstmals ein ganzes Buch widmete, kann er als ihr eigentlicher Urheber gelten.

In einer Rahmenhandlung teilt der Erzähler mit, dass er eines Tages einem seltsamen Dichter namens Gaspard de la Nuit begegnet sei, der ihm von seinen mystischen Forschungen über das Wesen der Kunst erzählt habe. Plötzlich sei dieser geheimnisvolle Mann, in dem man ein Selbstporträt des mittellosen Autors vermuten kann, spurlos verschwunden, habe ihm aber ein Manuskript mit dem Titel »Fantaisies à la manière de Rembrandt et de Callot« hinterlassen. Ein zweites, mit »Gaspard de la Nuit« unterzeichnetes Vorwort erklärt den ungewöhnlichen Charakter des Werks, indem es zur bildenden Kunst in Beziehung gesetzt wird. Die Gedichte seien bewusst im Geist Rembrandts geschaffen und wollten gemäldehafte Wirkungen erzielen. Der Untertitel entstand also nicht bloß in Anlehnung an den damals in Frankreich hoch geschätzten E.T.A. Hoffmann (*Fantasiestücke in Callots Manier*, 1814–1815), sondern hat programmatischen Anspruch.

Das Werk ist in sechs Bücher eingeteilt, die jeweils sieben bis elf Prosagedichte umfassen: »Flämische Schule«, »Das alte Paris«, »Die Nacht und ihr Blendwerk«, »Die Chroniken«, »Spanien und Italien«, »Sylvae«. In einem Anhang folgen noch einzelne, der Mappe des Autors entnommene Stücke. Die Gedichte, denen jeweils ein Zitat als Motto vorangestellt ist, haben fast alle dieselbe Struktur; sie bestehen aus sechs ›Strophen‹ (couplets) von meist nur drei bis vier Zeilen. Diese knappe Form erfordert eine äußerste Dichte der Darstellung und sprachliche Präzision. Die Stoffe entstammen durchweg dem Arsenal der Romantik und sind oft von Victor ↗ Hugo inspiriert: Gotische Dome und Erker, Teufel und Hexen, Alchimisten und Salamander, Narren und Gespenster, Ritter und Zigeuner werden eindringlich beschworen und gemahnen an die Zauberwelt ↗ Nodiers und E. T. A. Hoffmanns. Die Texte enthalten kaum autobiographische Züge, sieht man von einigen Hinweisen auf Bertrands Heimatstadt Dijon ab.

Obwohl der romantische Dichterkreis in Paris die zum Teil schon einzeln in Zeitschriften veröffentlichten Gedichte begeistert las und Sainte-Beuve für die erste Buchausgabe eine ausführliche Einführung schrieb, blieb das eigentümliche Werk fast unbekannt, bis ↗ Baudelaire in der Vorrede zu *Le spleen de Paris* von 1868 Bertrand als einen Vorläufer der L'art pour l'art-Dichtung ehrte und bekannte: »Als ich, mindestens zum zwanzigsten Mal, den herrlichen ›Gaspard de la Nuit‹ durchblätterte [...], ist mir der Gedanke gekommen, etwas Ähnliches zu versuchen und auf die Beschreibung des modernen Lebens oder vielmehr eines modernen und abstrakten Lebens das gleiche Verfahren anzuwenden, das er auf die so seltsam malerische Darstellung des Lebens früherer Zeiten angewendet hat.«

Hervorzuheben ist schließlich Bertrands Wiederbelebung und Neuschöpfung seltener und prägnanter Ausdrücke mit der Absicht, die französische Sprache vor dem Verfall in philosophisch abstrakte Verflachung zu retten. Diese Gesuchtheit des sprachlichen Ausdrucks mit dem Ziel, besondere Wirkungen von Klang, Farbe und Plastizität zu erzielen, machen ihn zum Vorläufer der Wortkunst von ↗ Mallarmé, T. de ↗ Banville, ↗ Huysmans und Stefan George.

■ Lit.: M. Richard: La quête alchimique dans l'œuvre de A. B., 1986. ■ L. Bonenfant: Les atars romantiques du genre. Transfers génériques dans l'œuvre de A. B., 2002. *KLL*

Maurice **Blanchot**

■ geb. 22. 9. 1907 Quain/Saône-et-Loire (Frankreich)
■ gest. 20. 2. 2003 bei Paris (Frankreich)

Studium in Straßburg und an der Sorbonne; ab 1940 freier Schriftsteller und politischer Journalist, zunächst Autor der französischen Rechten, dann bis 1968 der Linken; während der Okkupation in der Résistance; stark beeinflusst von Kierkegaard und Kafka; nach den Romanen der Frühzeit literaturtheoretische Studien im Umkreis der Vorläufer des Surrealismus (↗ Sade, Kafka, ↗ Lautréamont); Bedeutung vor allem im Bereich der Sprachphilosophie.

■ Lit.: G. Poppenberg: Ins Ungebundene. Über Literatur nach B., 1991. ■ J. Derrida: Ein Zeuge von jeher. Nachruf auf M. B., 2003. ■ A. Gelhard: Das Denken des Unmöglichen, 2005.

Thomas l'obscur

(frz.; *Thomas der Dunkle*, 1987, J. Laederach) – Dieser erstmals 1941 veröffentlichte Roman erschien 1950 in einer stark veränderten Fassung, in deren Vorwort der Autor auf die Änderungen gegenüber der ersten Ausgabe hinweist: Die Handlung sei gekürzt, die Sprache gestrafft. Durch Streichung zahlreicher Attribute sei das Hauptwort nicht mehr eindeutig bestimmt, sondern enthülle einen »Kern von unendlichen Bedeutungen«. Der Roman vereinigt alle literarischen Strömungen des 20. Jahrhunderts. Was immer von ↗ Proust, Kafka, Joyce, den Surrealisten, Existenzialisten und den Vertretern des nouveau roman an psychologischen Gehalten, ästhetischen Formprinzipien und an geistigem Stoff neu in die Literatur eingebracht wurde, wird hier in einer eigenwilligen Weise verarbeitet, die vor allem Schreibtechniken und Wahrnehmungsweisen des Surrealismus noch zu überbieten versucht.

Der Inhalt des Werks kann als ein durch Inkonsistenzen und Leerstellen geprägter Traumbericht des Titelhelden aufgefasst werden. Bezeichnend hierfür ist der systematische Einsatz der Technik des Bewusstseinsstroms, der die Grenzen von Traum und Realität, Denken und Wahrnehmen, Gegenwart und Vergangenheit verschwimmen lässt. Am Anfang glaubt der Leser sich noch in einer vertrauten Wirklichkeit: »Thomas setzte sich und schaute aufs Meer«, so beginnt der Roman. Als geübter Schwimmer wagt Thomas sich weit hinaus, gerät aber in unerwartete Strömungen, die seine Kräfte lähmen und in denen er sich wie ertrunken fühlt. Von nun an schwimmt er wie »ein flossenloses Ungeheuer« in einer »unbestimmten Region«. Mit großer Mühe gelingt es ihm, sich diesem Zustand hinzugeben und mit »Bitternis ganz in sich zu ertrinken«. Am Schluss des ersten Kapitels steht Thomas verwandelt wieder am Ufer. Weit entfernt sieht er einen Schwimmer, mit dem er sich »auf ganz intime Weise« verbunden fühlt. Ist es sein anderes Ich, das da untergeht? Hier beginnt die Verdoppelung, die Negation des Seins und die Negation des Nichts, die »Abwesenheit der Abwesenheit«. Die Nacht, »wie aus einer Wunde des Denkens hervorgegangen«, umfängt den dunklen Thomas, der in einen Keller mit unüberwindlichen Mauern eingeschlossen ist. Als Schatten oder Phantom, seiner Sinne beraubt, nimmt er Kontakt auf mit der Leere, dem fremdesten Fremdling unter den Gästen seines Hotels. In seinem Zimmer fühlt er sich bei der Lektüre eines Buches von einem Wort belauert, ja von allen Wörtern, die sich, »einer Reihe Engel gleich, bis zur Unendlichkeit, bis zum Auge des Absoluten« öffnen. Eines der Wörter wird zur riesenhaften Ratte, die ihn beißt und schlägt. In der zweiten Nacht begleitet ihn eine Katze durch einen Tunnel und gibt in einem Monolog ein schreckliches Bild von ihrem verlorenen Ich und ihrem Tod. Selbst die Begegnung mit Anne, die sich in einer Antiwelt aus Schweigen, Leere, Verlassenheit und Irrealität bewegt, wird für ihn zu einer »entsetzlichen« und »ereignislosen Geschichte«. Ihre Agonie und ihr Tod sind zugleich Thomas' eigene Erlebnisse, »seine Realität in der Form des Nichts«. Selbst wenn er durch eine Frühlingslandschaft geht, sind die Bäume ohne Früchte, die Blumen ohne Blüten und die Vögel singen mit stummen Stimmen. Eine Menschenflut ergießt sich »bis zu den Enden der Welt [...], indes die ungeheure Masse der Dinge unter einer Aschenwolke zusammensinkt«. Mit diesem Einsturz der Welt und Gegenwelt scheint die »tödliche Kraft des Wortes«, aber auch »das Ungenügen der Sprache und des Denkens« erwiesen.

▪ Lit.: R. Stillers: M. B. ›Thomas l'obscur‹, Erst- und Zweitfassung als Paradigma des Gesamtwerks, 1979. ▪ K. Hölz: Destruktion und Konstruktion. Studien zum Sinnverstehen in der modernen französischen Literatur, 1980. *Josef Theisen*

Le Très-Haut

(frz.; *Der Allerhöchste*, 2011, N. Mälzer-Semlinger) – Der Originaltitel des 1948 erschienenen Romans ist die französische Umschreibung für Gott und verweist auf die göttliche Struktur des Gesetzes sowie auf den Ich-Erzähler Henri Sorge, der damit identifiziert wird.

Der junge Protagonist arbeitet als Archivar des Geburtsregisters in einer (nicht weiter benannten) Großstadt, als diese von einer verheerenden Seuche heimgesucht wird. Zugleich gibt es Revolten und Umsturzbestrebungen, die brutal niedergeschlagen werden. Dabei ist völlig unklar, ob Revolte und Epidemie nicht vom Staat inszeniert sind, um auf diese Weise der eigenen Ordnung erst einen Sinn zu verleihen. Staat und Gesellschaft weisen immer größere Verfallserscheinungen auf, bis hin zur apokalyptischen Stimmung am Schluss.

Das große Mietshaus, in dem Sorge wohnt, wird zum Zentrum der Ereignisse und mutiert zu einer Art Pesthaus, in dem allerlei obskure Figuren leben, wie zum Beispiel der Untergrundkämpfer und Verschwörer Bouxx. Freilich handelt der, ohne es zu wissen, im Interesse des Machtapparates, den er zu überwinden versucht. Denn dieser, unfehlbar und allwissend, schafft sich seine Gegner, um sie bekämpfen zu können.

Die staatliche Paranoia wird zur Grundstruktur der gesamten Gesellschaft, wie unter anderen das Motiv des Blicks zeigt, das sich durch den Text zieht. Sorge sieht sich von Spionen umgeben, und eine wichtige Rolle spielen Fotographien, die jeden und alles durchdringende und fixierende Blicke aussenden. Das Moment der Totalisierung, konstitutiv für diesen Staat, führt paradoxerweise zwangsläufig zu Exzessen, zur Selbstübersteigung und gar zu seiner Auflösung. Die kritische Auseinandersetzung mit der Struktur des Staates gehört zu den Hauptanliegen des Romans mit seinen Parallelen zur Hegel'schen Staats- und Rechtsphilosophie.

Als weitere Referenz liegt dem Text Aischylos' *Oresteia* zugrunde, zumal er das Verhältnis zwischen den Institutionen Staat, Familie und Tod problematisiert. Sorge ist ein Orest, der versucht, dem Gesetz zu entkommen und sich von ihm zu emanzipieren, während er sich immer weiter in dessen Dynamik verstrickt: »Denn darin lag die Würde des Gesetzes: sich zu verbergen und sich zu zeigen. Wenn man es nicht sah, wusste man, es war das Gesetz; wenn man es sah, wusste man nicht mehr, ob man noch man selbst war.« Sorges rachsüchtige Schwester Louise, in deren Zimmer das Bild des Vaters wie auf einem Altar thront, ist Elektra. Das Verhältnis der Geschwister zur Mutter ist stark entfremdet, und der autoritäre Stiefvater, ein hoher Funktionär des absoluten Staates, ist eine Aigisthosfigur.

Parallel zu den politischen Ereignissen zersetzt sich Sorge physisch und geistig. In seinem Namen, der nur dreimal genannt wird, klingt auch Heideggers Begriff der Sorge an, der eine Vorstruktur des Daseins bezeichnet, nämlich dessen Verhältnis zur eigenen Endlichkeit. Sorges Wahrnehmung wird immer halluzinatorischer und erlangt zugleich eine eigentümliche Klarheit und Selbsterkenntnis. Er identifiziert sich nicht mehr mit seiner Arbeitsstelle, die er verlässt, jedoch unweigerlich und in zunehmendem Maße mit der Ewigkeit und Wahrheit des Staates und vor allem des Gesetzes. Am Schluss wird er von seiner Krankenschwester Jeanne, zu der er ein qualvolles Verhältnis unterhält, als der »Allerhöchste«, »Einzige« und »Oberste« bezeichnet. Kurz darauf erschießt sie ihn. Paradox ist, dass Sorge just in dieser Todesszene sein größtes Selbst-Bewusstsein erlangt. Seine letzten Worte – die auch die letzten des Buches sind – ermöglichen erst die in der Vergangenheit geschilderte Ich-Erzählung: »Jetzt, es ist jetzt, dass ich spreche«.

▪ Lit.: M. Foucault: La pensée du dehors, 1966. ▪ P. Köppel: Die Agonie des Subjekts, 1991. ▪ T. Obergöker: Totalitär krank. Krankheit und absoluter Staat in M. B.s ›Le Très-Haut‹, 2004. ▪ S. Gerouleanos: Transparency Thinking Freedom (B.'s The Most High), 2007. ▪ C. Jentzsch: ›Der Allerhöchste‹ von M. B.: ein Schlüsselwerk des 20. Jahrhunderts, in: die horen 56, 2011, 4, 267–272. *Léonce Lupette*

L'entretien infini

(frz.; *Das Unzerstörbare. Ein unendliches Gespräch über Sprache, Literatur und Existenz*, 1991, H.-J. Metzger,

B. Wilczek) – Die Essaysammlung aus dem Jahr 1969 vereint verschiedene literaturtheoretisch ausgerichtete Zeitschriftenbeiträge, die ab Mitte der 1950er Jahre erschienen waren. Sie stellt eine Fortsetzung und Zuspitzung früherer Überlegungen Blanchots dar (vgl. *Comment la littérature est-elle possible?* 1942; *La littérature et le droit à la mort*, 1947/48; *L'espace littéraire*, 1955; *Le livre à venir*, 1959), deren Ursprung in der nach dem Zweiten Weltkrieg aktuellen Frage nach gesellschaftlichem Status, Funktion und Möglichkeitsbedingungen von Literatur im Angesicht der historischen Katastrophe liegt (u.a. Jean-Paul ↗ Sartre: *Qu'est-ce que la littérature?* 1947; Roland Barthes: *Le degré zéro de l'écriture*, 1953). Der komplexe Gedankengang wird mittels einer als ›unendliches Gespräch‹ konzipierten Kombination essayistischer Passagen sowie der bruchstückhaften Unterredung ungenannt bleibender Gesprächspartner in drei großen Kapiteln entfaltet, wobei die literarische Reflexion in diesem auf Pluralität und Differenz abzielenden ›Dialog‹ eng mit sprach- und geschichtsphilosophischen Fragestellungen verknüpft wird. Blanchots vom Prinzip der Wiederholung gekennzeichnetes Schreiben entwickelt sich demgemäß in kreisförmigen Denkbewegungen, welche die diskutierten Begriffe stets neu kontextualisieren und transformieren, ohne eine inhaltliche Synthese anzustreben. Der kritische Bezug auf Autoren wie ↗ Mallarmé, Nietzsche, Heidegger, Levinas u.a. kann als weiteres Spezifikum dieser nicht nur in ihrer Vermengung von literarischem und die Literatur reflektierendem Diskurs für das letzte Drittel des 20. Jh.s modellgebenden Praxis angesehen werden.

Der laut Blanchot unaufhörlich Bedeutungsdifferenzierungen generierende Schreibprozess (Kap. I: »La parole plurielle – parole d'écriture«) problematisiert dabei die Möglichkeit eines als begriffliche Dialektik (Hegel) gedachten und von bedeutungsstabilen Identitätsvorstellungen geprägten sprachlichen Zugangs zur Welt. Der paradoxe Fluchtpunkt literarischer Artikulation – Blanchot spricht von ›Begehren‹ – ist demnach das in der Sprache Uneinholbare, in Blanchots Diktion das Dunkle und Unbekannte, die in einem Raum des Außen angesiedelte Alterität. Dieser Raum erschließt sich dem Menschen nur selten, etwa in der Todeserfahrung als sprach- und sinnlose Ohmacht, oder, wie Blanchot in Anlehnung an Levinas formuliert, in der Begegnung mit dem Anderen, dessen Antlitz Ausdruck irreduzibler, sprachlich unüberbrückbarer Fremdheit ist. Diesen und anderen ethischen Grenzerfahrungen (Kap. II: »L'expérience-limite«) antwortet nach Blanchot eine poetische Grenzerfahrung, ein Schreiben an der Grenze beziehungsstiftenden Sinns, die im literarischen Text mehr als einmal überschritten wird. Die Sprache der Dichtung wird damit zu einem ›neutre‹, zu einer neutralisierenden Dynamik, die bestehende Sinnsysteme unterläuft – Blanchot spricht auch von der Literatur als Frage. Als das Unaufhörliche, als das Diskontinuierliche und als Wiederholung, so für Blanchot wesentliche, wenn auch widersprüchliche Modalitäten literarischen Sprechens, unterminiert das Schreiben die Vorstellung vom Subjekt als sinnstiftendem Urheber der Schrift sowie jegliche historische bzw. politische Ordnungsmodelle – und macht dabei auch vor der Literatur selbst, z.B. dem kanonisierten Begriff vom Buch als Träger der Kultur, nicht halt (Kap. III: »L'absence de livre«).

Diese Auffassungen Blanchots waren für die Überlegungen zahlreicher französischer Philosophen, Schriftsteller und Literaturtheoretiker seit den 1960er Jahren maßgeblich. Dies gilt insbesondere für Michel Foucault, dem Blanchot einen eigenen Text gewidmet hat (*Michel Foucault tel que je l'imagine*, 1986), und seinen Diskurs-Begriff, aber auch Jacques Derrida (vgl. seinen Begriff der ›différance‹), Paul de Man, Roland Barthes u.a. haben Maurice Blanchot immer wieder als reflexiven Konterpart gesucht und in Texten gewürdigt (z.B. J. Derrida: *Demeure. Maurice Blanchot*, 1998).

▪ Lit.: F. Collin: M.B. et la question de l'écriture, 1971. ▪ G.L. Bruns: M.B. The Refusal of Philosophy, 1997. *Andreas Gelz*

Luc Boltanski

▪ geb. 4.1.1940 (Ort unbekannt)

In den 1960er Jahren Studium der Soziologie und erste Forschungsarbeiten am Centre de Sociologie Européenne unter der Leitung von Pierre Bourdieu und Raymond Aron; in den 1970er Jahren zunächst Assistent an der École des Hautes Études en Sciences Sociales (EHESS) in Paris; Forschungsdirektor an der EHESS; Zunächst stark von seinem Lehrer Bourdieu geprägt, distanziert er sich in den 1980er Jahren von ihm und nimmt Elemente des Pragmatismus und der kommunikationstheoretischen Handlungstheorie in seine Soziologie auf.

Énigmes et complots

(frz.; *Rätsel und Komplotte. Kriminalliteratur, Paranoia und moderne Gesellschaft*, 2013, C. Pries) – Das 2012 erschienene Werk beschäftigt sich aus sozialwissenschaftlicher Sicht mit den Gattungen Kriminal- und Spionageroman. Den historischen Hintergrund bildet ihr zeitgleiches Aufkommen mit den modernen Nationalstaaten und den Sozialwissenschaften Ende des 19. und Anfang des 20. Jh.s.

Im einleitenden Kapitel wird eine soziologisch-reflexive Theorie der Wirklichkeit skizziert. Realität versteht der Autor als durch komplexe institutionelle Gefüge geformt und durch die Sozialwissenschaften mitgestaltet, also konstruiert. Das Interesse des Soziologen an Kriminalliteratur betrifft den Umstand, dass die Erzählungen dieser Gattungen von einer rätselhaften Ereigniskette ausgehen, die Risse in der als ›normal‹ erlebten Wirklichkeit verursachen. Letztere wird daraufhin rätselhaft. Die kriminalistische Untersuchung dient dazu, nicht nur dem Sinn des Rätsels auf den Grund zu gehen und den Fall aufzuklären, sondern den Sinn der konstruierten Realität selbst zu erschließen.

Boltanski stellt in seiner »Untersuchung über Untersuchungen«, wie der französische Untertitel lautet, zwei Fragen. Die erste lautet: Wie kann man die Frage nach der Bedeutung von Ereignissen oder Tatsachen, die sowohl die kriminalistische Ermittlung als auch sozialwissenschaftliche Forschung leitet, vergleichen? Zwischen Kriminalroman und soziologischer Forschung scheint eine Affinität in Bezug auf die Methoden vorzuliegen. Die zweite Frage betrifft den Spionageroman und lautet: Ist die Suche nach einer »Realität hinter der Realität«, wie sie für eine Theorie der Verschwörung typisch ist, mit sozialwissenschaftlicher Theoriebildung vergleichbar? Diese Fragen macht Boltanski an drei Phänomenen fest: dem rätselhaften Ereignis, dem Komplott (bzw. der Verschwörung) und der wahnhaften Deutung der Realität, die sich im Krankheitsbild der Paranoia verdichtet.

Im ersten Teil seines Buches arbeitet er die unterschiedlichen Voraussetzungen heraus, die zur literarischen Gestalt des Kriminalromans geführt haben. Als wichtige Voraussetzung der erfolgreichen Ausbreitung des Genres führt er das Vorhandensein einer demokratischen Öffentlichkeit an, in der Skandale und Affären zum Diskurs über Werte wie Gleichheit, Gerechtigkeit und Vertrauen in die Redlichkeit institutionell handelnder Personen genutzt werden können. Dem Rätsel als treibendem Moment der Erzählung kommt aus Boltanskis Sicht die Funktion zu, einen Riss in der Realität zu symbolisieren. Reale Ungleichheit trotz formaler Gleichheit wird sichtbar gemacht über die ausgelöste Skandalisierung der Öffentlichkeit durch die kriminalistische Ermittlung. Gleichzeitig tragen die Figuren des privaten Ermittlers sowie des öffentlich bediensteten Kommissars dazu bei, dass der Riss in der Realität sich nicht zur Auflösung des sozialen Gewebes ausweitet. Die Aufklärung dient der symbolischen Stabilisierung einer Normalität, in der reale Ungleichheit sich systematisch reproduziert und die Verfehlungen einer mächtigen Elite keinen Anlass zu tiefgreifenden Veränderungen oder einem Umsturz bieten.

Boltanski geht auf die zwei Grundtypen des Kriminalromans ein, die in Holmes und Maigret ihre Archetypen gefunden haben. Der private Ermittler aus England operiert in einem durch krasse soziale Differenzen gekennzeichneten Umfeld. Eine kleine aristokratisch-großbürgerliche Elite hält in einer demokratischen Massengesellschaft weiterhin diskret die Fäden in der Hand. Die Legitimität dieser Machtordnung wird durch eine nietzscheanische Herrenmoral bzw. sozialdarwinistische Argumente begründet. Der Machtanspruch des Milieus wird durch die Figur des Ermittlers und seine Ermittlungsmethoden nicht in Frage gestellt.

In der französischen Variante des Kriminalromans spiegelt sich Boltanski zufolge auch die im Vergleich zu Großbritannien anders verlaufene Genese des Nationalstaates wider. Hier ist es die kleinbürgerliche Beamtenschaft, die für institutionelle Stabilität sorgt, während die politischen Eliten häufig wechseln und Brüche in der Regierungsform erzeugen. Der kleine Beamte bewahrt sich sein Misstrauen gegenüber den Seilschaften der Macht. Er tut sich nicht durch Genialität hervor, sondern vielmehr durch feste Gewohnheiten und Biederkeit. Seine Skepsis gegenüber der Macht vermag er in taktische Schläue gegenüber menschlicher Schwäche im Allgemeinen umzusetzen, ohne jemals die institutionelle Ordnung infrage zu stellen.

Im anschließenden Teil setzt sich Boltanski mit dem ebenfalls im frühen 20. Jh. entstandenen Spionageroman auseinander. Dieses Genre radikalisiert die Frage nach der Realität noch weiter. Die Untersuchung geht stets von einer »Realität hinter der Realität« aus, deren symbolische Funktion nicht mehr die Stabilisierung einer nationalstaatlich verfassten sozialen Wirklichkeit ist. Die Nähe zur Paranoia, die sich als Diagnosebild ebenfalls zu Beginn des 20. Jh.s ausbreitet, lässt keine Form der Eingrenzung des Deutungswahns zu. Konsequenterweise verbindet Boltanski seine Analyse der Paranoia als ein soziales und politisches Phänomen auch mit einer Darstellung bekannter, häufig antisemitischer Verschwörungstheorien. Er zeichnet die ideologische Nähe der ersten Spionageromane zu diesen Theorien nach.

Schließlich analysiert der Autor sozialwissenschaftliche Theorien wie den methodologischen Individualismus und die Netzwerktheorie auf Analogien zu verschwörungstheoretischen Ansätzen hin. Sowohl handlungstheoretische als auch strukturalistische Ansätze entwerfen ja theoretische Vorstellungen von einer »Realität hinter der Realität«, von Akteuren mit je eigenen Interessen und Strukturen, die das Handeln bestimmen.

Die Nähe von Paranoia, Krimi- und Spionageliteratur zur Soziologie wird im letzten Teil allerdings wieder relativiert. In ihm analysiert Boltanski formale Unterschiede zwischen diesen Gattungen (sowie dem investigativen Journalismus) und der akademischen soziologischen Forschung. Dieser letzte Abschnitt macht noch einmal deutlich, worin die Besonderheit des Zugangs besteht, den der Autor entwickelt. Nicht die Fiktion wird einer sozialwissenschaftlich abgesicherten Realität gegenübergestellt; vielmehr wird über eine Auseinandersetzung mit den Gattungen Kriminal- und Spionageroman ein kritischer Zugang zu dem geschaffen, was Realität in der Moderne überhaupt bedeuten kann.

▪ Lit.: L. Boltanski: Soziologie und Sozialkritik, 2010. ▪ R. Celikates: L. B., Meisterdetektiv, in: Merkur 68, 2014, 1, 46–51.

Klaus Neundlinger

Yves Bonnefoy

▪ geb. 24.6.1923 Tours (Frankreich)

Studium der Mathematik in Poitiers, der Philosophie und Kunstgeschichte an der Pariser Sorbonne; 1967 Redakteur der Literaturzeitschrift *L'Ephémère*; 1981 Professor am Collège de France; neben Studien zu Literatur (Shakespeare, Yeats, Rimbaud, Mallarmé) und Kunst (Giacometti), Übersetzungen (Shakespeare), Essays und ein Roman: *L'arrière pays*, 1972 (Hinterland); bedeutender, dem Surrealismus nahestehender Lyriker.

▪ Lit.: U. Steller: Y. B.s Poetik der Wahrheit, 1997. ▪ C. Wenner: Y. B., in: Kritisches Lexikon zur fremdsprachigen Gegenwartsliteratur.

Das lyrische Werk

(frz.) – Yves Bonnefoys lyrisches Werk beginnt sehr früh mit einem kleinen Zyklus von surrealistischen Prosagedichten, *Anti-Platon* (1947), in dem einige der späteren Themen seiner Lyrik bereits anklingen. Von Anfang an zeigt sie eine Tendenz zur zyklen- oder suitenhaften Gliederung, die das einzelne Gedicht in einen größeren Zusammenhang stellt. Jeder seiner Gedichtbände hat ein eigenes Klima, eine unverwechselbare Atmosphäre; jeder ist genau komponiert in thematischer Entfaltung und Verspannung. Die Komposition erscheint jeweils als Ergebnis eines halb unbewussten, halb gesteuerten Wachstumsprozesses; am Ende jedenfalls ergibt sich so etwas wie eine Konfiguration. Der Dichter materialisiert in diesen Zyklen nicht eine unverrückbare Gestalt, sondern präsentiert ein Werk, das sich im Moment der Rezeption zugleich verdeutlicht und wandelt.

Der Gedichtband *Du mouvement et de l'immobilité de Douve*, 1953 (Von der Bewegung und der Unbeweglichkeit Douves), evoziert einen Zwiespalt, der als Wesensbestimmung einer mit dem rätselhaften Namen Douve bedachten Gestalt begriffen werden soll. In die gleiche Richtung zielt ein (leicht verändertes) Zitat aus der *Phänomenologie des Geistes*, 1807, von Hegel, das dem Band als Motto voraussteht: »Aber das Leben des Geistes erschrickt nicht vor dem Tode und sucht sich nicht rein zu bewahren vor ihm. Sondern es erträgt ihn und erhält sich in ihm.« Dem Wortsinn nach ist Douve ein Wassergraben um ein Schloss; mitzuhören sind jedoch Anklänge an »douce«, die Sanfte, wie an »louve«, Wölfin, gelegentlich wird dieses Wesen auch als Mänade charakterisiert oder als Kassandra angeredet. Douve ist ein weibliches Inbild, das in den Gedichten schemenhaft geträumt und real zugleich wird, menschlich und unmenschlich; eine Frau und zugleich eine Landschaft; wie Gérard de Nervals Aurélia eine einweihende Macht, durch die der Dichter die zerrissene Einheit des Todes-im-Leben, des Lebens-aus-dem-Tode erfährt.

Die Gedichte sind meist kurz und strophisch gegliedert, die Verse in freiem Wechsel reimlos, gereimt oder assonierend; die Fügung ist reihend, der Ton beschwörend, drängend; das Ganze hat auch etwas von Exorzismus. Einige der Gedichte bestehen aus kurzen Prosaabschnitten, die spüren lassen, wie der Gedichtband sich von der Vorstufe einer Erzählung abgelöst hat. Von dieser damals aufgegebenen Erzählung hat sich durch Zufall das Fragment des Schlusses erhalten, das Bonnefoy unter dem Titel *L'Ordalie*, 1975 (Das Gottesurteil), veröffentlicht hat.

Dem zweiten Gedichtband *Hier regnant désert*, 1958 (*Herrschaft des Gestern: Wüste*, 1969, F. Kemp), hat Bonnefoy ein (frei resümierendes) Zitat aus Hölderlins Hyperion vorangestellt: »Du willst eine Welt, sagte Diotima. Darum hast du alles, und du hast nichts.« Dieses Buch trägt alle Zeichen einer Lebenskrise, die doch als private Erfahrung nirgends beredet wird. Der dialektische Zwiespalt hat sich verschärft, die Düsternis, die Verlorenheit haben zugenommen, die Wüste wächst. Jedes von Bonnefoys Gedichtbüchern reflektiert in einigen Gedicht auch seine jeweilige Poetik – diese heißt: »L'imperfection est la cime« (»Das Unvollkommene ist der Gipfel«); womit gesagt sein soll, dass jede vermeintlich endgültige Vollkommenheit vom Tode gezeichnet ist: Sie ist das unfruchtbar Verschlossene, das es, um der Hoffnung willen, zu zerstören gilt. Der Schlussteil des Buches trägt die Überschrift: »A une terre d'aube«; gemeint ist Delphi als eine Frühlicht-Erde. In dem Gedicht »Le pays découvert« (Das Land, das wir entdeckten), wird das Zeitliche, das Irdische (das »Hiesige«, wie Rilke sagen würde) als Gegenwart, als Halt im Hinfälligen erfahren: »L'étoile sur le seuil. Le vent, tenu / Dans les mains immobiles de la mort. / La parole et le vent furent de longue lutte, / Puis le silence vint dans le calme du vent. // Le pays découvert était de pierre grise. / Très bas, très loin gisait l'éclair d'un fleuve nul. / Mais les pluies de la nuit sur la terre surprise / Ont réveillé l'ardeur que tu nommes le temps« (»Der Stern auf der

Schwelle. Der Wind gehalten / von reglosen Händen des Todes. / Wort und Wind waren lange ein Streit, / dann kam das Schweigen mit der Stille des Windes. // Das Land, das wir entdeckten, war aus grauem Stein. / Sehr niedrig lag, sehr fern der Blitz eines nichtigen Flusses. / Die Regen aber, die zur Nacht die Erde überraschten, / haben die Inbrunst geweckt, die du die Zeit nennst«). Wozu Dichtung? Es geht nicht um das »Werk«, es geht nicht um das »Machen«. Gottfried Benn, Paul Valéry und die Poetik, die sie vertreten, sind Bonnefoy ein Ärgernis. Sie leugnen und vereiteln in seinen Augen das, wodurch Dichtung Wegzehrung sein könnte. Der Dichter ist ausgesetzt, aber er ist unterwegs auf etwas hin, das mancherlei Namen führt: Présence (Gegenwart, Anwesenheit, Da-Sein), vrai lieu (wahrer Ort), une terre (eine Erde), l'ouvert (das Offene), le simple (das Einfache).

In jedem der ersten drei Gedichtbücher Bonnefoys, die im Rückblick eine Art Triptychon bilden, ordnen sich die Texte um eine beherrschende Mitte. Im ersten Buch ist dies Douve, ein dämonisches Phantom. Im zweiten ist die Mitte ausgeräumt, bedrohlich wachsende Öde, die sich zuletzt in eine Lichtung verwandelt – auf der im dritten Buch eine neue Gestalt erscheint, um als Gefährtin fortan gegenwärtig zu bleiben.

Pierre écrite, 1965 (*Beschriebener Stein und andere Gedichte*, 2004, F. Kemp) enthält eine Reihe von Liebesgedichten, in denen eine Genesung erzählt wird. Der Ort ist ein Garten, fast jener, »dessen Pforten der Engel ohne Wiederkehr verschloß«. Zugleich sind dort allenthalben Steine aufgerichtet, auf denen Epitaphe stehen. Diese Grabinschriften sind Botschaften der Toten; sie »sprechen«, so wie die »Une voix« (Eine Stimme) überschriebenen Gedichte, denen wir bei Bonnefoy immer wieder begegnen. Wer da spricht, wissen wir nicht – meist eine sich erinnernde Tote. Was sie spricht, bleibt Anspielung, schattenhaft; dennoch Botschaft, deren uns vielleicht betreffenden Sinn wir mit Sicherheit verfehlen, wenn wir sie rasch entschlüsseln wollen. Leitmotivisch und zwanglos zugleich, zeichnen sich diese Texte durch eine besondere Abstraktheit aus, die sich dem Leser nur durch stetige Steigerung der eigenen Sensibilität und geduldigen Umgang mit dem Text erschließt, ohne dass sich ihr Gehalt dadurch konkreter vermitteln ließe.

Der Band *Dans le leurre du seuil*, 1975 (*Im Trug der Schwelle*, 1984, F. Kemp), übersteigt noch die Formprinzipien der früheren zyklischen Anordnung: Er ist in sieben große Sätze oder Gesänge gegliedert und schreitet gleichsam symphonisch in Stücken, Blöcken, in Schüben fort. Diese Dichtung Bonnefoys markiert – wie T.S. Eliots *The Waste Land*, 1922 *(Das wüste Land)*, wie Rilkes *Duineser Elegien*, 1923, oder Saint-John Perse' *Amers*, 1957 *(See-Marken)* – ein Datum, als müsste immer wieder einer sich ganz zusammennehmen, um die Epoche gültig zu resümieren. Bonnefoy ist ein Liebender, und die Liebe bringt in ihm eine hermetische Philosophie hervor: Liebe ist Gespräch, ein gemeinsames Tun; dadurch gelingt ein weiterer Schritt ins Offene. Form wird gewonnen aus unentwegter Infragestellung von Form: Wie bringen wir lebend, sprechend das Unendliche und das Flüchtige zusammen? Wie erfahren wir, eins im andern, eines als das andere, das Zerstreute und das Untrennbare? Und wie widerstehen wir der Versuchung, den ekstatischen Vorgriff des dichterischen Augenblicks als endgültige Versöhnung zu interpretieren? Das Sagbare in dieser Dichtung ist widerständig – ist Brücke nur dann, wenn es in seinem auch trügerischen und abweisenden Charakter bewusst erfahren wird.

Auch der Gedichtband *Ce qui fut sans lumière*, 1987 (*Was noch im Dunkel blieb*, 1994, F. Kemp), ist wieder in Suiten gegliedert und umgreift einen Lebensabschnitt. Der Ton ist zurückgenommen, gedämpfter, der Prosa näher; freie, reimlose Verse, strophenhaft unterteilt oder rezitativartig fortlaufend. Es ist wieder der Formenschatz des vorhergehenden Bandes. Einige Gedichtüberschriften – »Une pierre« (Ein Stein), »La voix encore« (Die Stimme noch) verweisen auf Vorausgegangenes, das die Verse aufgreifen und abwandeln. Bonnefoy spricht zu einer Lesergemeinde, der seine Themen vertraut sind. Dem nachdenklichen, eindringlichen, doch nie bedrängenden Ton entspricht die traumhafte Art, wie die Bilder auftauchen, entgleiten, sich überlagern, eines im andern aufscheint. Folgerichtig ist als leitmotivische Metapher diese Bandes die Barke: Alles ist Fahrt, flussaufwärts, von Ufer zu Ufer. Gleich eingangs der Mann, die Frau; dann das Boot der beiden Schläfer, an dessen Bug das Kind ein Reisigfeuer entzündet.

Gleichzeitig mit diesem Gedichtband erschien ein Prosasammelband: *Récits en rêve*, 1987 (*Berichte im Traum*, 1990, F. Kemp). Er enthält Erinnerungen, Betrachtungen, Parabeln, Prosagedichte und »divagations« (Abschweifungen). Die hier erzählten Träume sind keine romantischen Träumereien, sondern Versuche, das Anderswo im Hier wahrzunehmen, aufmerksam, geduldig, hoffend, liebend; und unsere so prekäre Wirklichkeit nicht zu verfehlen, sei es durch die Ausschließlichkeit eines Glaubens oder durch zynischen Pragmatismus. Es geht nicht um Poesie an sich, sondern um Vergegenwärtigung durch Poesie, jetzt, hier, miteinander; um einen »Zuwachs an Wahrnehmung« in den Worten.

Im Jahr 2002 veröffentlichte Bonnefoy *Les planches courbes* (*Die gebogenen Planken*, 2004, F. Kemp). Auch in dieser Sammlung bleibt er seinem Motto treu, wonach Dichtung das sei, was die Wörter überschreitet. Bei scheinbar klarer metrischer Gliederung zielen diese Gedichte auf das Nichtfassliche und Flüchtige, das von den Bezeichnungen unserer Alltagssprache längst nicht mehr getragen wird. In traumhaften Bildern erprobt der

Dichter das Verfahren der Kombinatorik von Bedeutungen. Erst in spezifischen Konstellationen entfalten die Worte ihren Sinn, der Zwischenraum der Worte selbst erzeugt jene poetische Kraft, die in dieser Lyrik ein Erbe des Surrealismus ist, aus dem Bonnefoy hervorging.

Zuletzt erschienen *La longue chaîne de L'ancre*, 2008 (*Die lange Ankerkette*, E. Edl, W. Matz, 2014), und *Raturer outre*, 2010 (*Streichend schreiben*, E. Edl, W. Matz, 2012).

▪ Übers.: Beschriebener Stein und andere Gedichte, zweisprachige Ausw., F. Kemp, 2004.

▪ Lit.: A.V. Williams: The Double Cipher. Encounter Between Word and Image in B., Tardieu and Michaux, 1990. ▪ S. Koban: Mallarmés Schatten, 2002. *Friedhelm Kemp / KLL*

Pétrus **Borel**

▪ geb. 26.6.1809 Lyon (Frankreich)

▪ gest. 14.7.1859 Mostaganem (Algerien)

(d. i. Joseph-Pierre Borel d'Hauterive) – Nach Architekturstudium Hinwendung zur Literatur; um 1830 einer der herausragenden Literaten, bekannt durch sein exzentrisches Auftreten; Anführer der Literatengruppe Les Bousingos, der auch ↗ Nerval und ↗ Gautier angehörten; um 1840 verarmt; Tätigkeit in der algerischen Kolonialverwaltung; wichtiger Vertreter der ›entfesselten‹ französischen Romantik mit Einfluss auf den jungen ↗ Baudelaire.

▪ Ausg.: Œuvres complètes, 3 Bde, Hg. A. Marie, 1922 [Nachdr. 1967].

▪ Lit.: J.-L. Steinmetz: P.B., vocation ›poète maudit‹, 2002.

Champavert

(frz.; *Passereau der Student*, 1990, E.-M. Thimme) – Die sechs 1833 erschienenen Erzählungen sind ein Höhepunkt der französischen Schauerromantik. Sie werden mit einer »Notice« eingeleitet und enden mit einem Bericht über die näheren Umstände von Champaverts Freitod. Borel, der sich selbst den Beinamen »Lykanthrop« (Wolfsmensch) gab, spielt in dieser Sammlung mit den gängigen Elementen der Schauerromantik, die bereits auf dem Titelblatt der Erstausgabe vereint waren: Guillotine und Totenschädel stehen für den makabren Geschmack an Leid und Tod; die Verbindung von Liebe und Tod signalisiert das Bild eines Fährmanns (Charon), der eine nackte Frau ertränkt. Die »Notice« gibt sich als Einleitung des Herausgebers der Werke Champaverts aus, der sich unter mysteriösen Umständen auf einem Pferdeschlachthof das Leben genommen habe. Die sich daran anschließende biographische Skizze Champaverts zeichnet in groben Zügen das Leben des Autors Borel nach.

Die erste Geschichte, »Monsieur de L'Argentière, l'accusateur« (»Monsieur L'Argentière, Staatsanwalt«), variiert einen der Lieblingstopoi der Schwarzen Romantik, das Motiv der ›verfolgten Unschuld‹: Eine unschuldige junge Frau wird nach einer Vergewaltigung schwanger und tötet ihr Kind. Sie wird festgenommen, unter grausig-genau geschilderten Umständen gefangen gehalten und endet schließlich auf dem Schafott. Höhepunkt der Perversion: Der Vergewaltiger, der Staatsanwalt selbst, wohnt der Hinrichtung sadistisch-genießerisch bei. Vorbild dieser Geschichte ist Victor ↗ Hugos Erzählung »Le Dernier jour d'un condamné«, 1828 (»Des Verurteilten letzter Tag«), ein leidenschaftliches Plädoyer gegen die Todesstrafe.

»Jacquez Barraou, le charpentier« (»Jacquez Barraou, der Zimmermann«) spielt in Havanna und berichtet von einer grausam endenden Dreiecksgeschichte. Die Erzählung »Don Andréa Vésalius, l'anatomiste« (»Andrea Vesalius, der Anatom«) entführt den Leser in die Welt des spätmittelalterlichen Madrid. Der Anatom Don Andréa tötet die Liebhaber seiner jungen Frau, um an ihren Körpern die grausigsten anatomischen Experimente durchzuführen. Die junge Frau entdeckt die Leichen ihrer Geliebten, stirbt vor Entsetzen und wird schließlich selbst von ihrem Mann zerstückelt. Die unheimliche Atmosphäre der blutigen Voodoo-Kulte Jamaikas thematisiert die Erzählung »Three fingered Jack, l'obi« (»Dreifinger-Jack Obi«), die sich wiederum an einem Text Victor Hugos (»Bug-Jargal«, 1832), orientiert. »Dina, la belle juive« (»Die schöne Jüdin Dina«) spielt im spätmittelalterlichen Lyon. Dina, eine Vorläuferin der Femme fragile des ausgehenden 19. Jh.s, wird von einem Fährmann vergewaltigt, der danach vorgibt, sie aus dem Wasser gezogen zu haben, um so die ausgesetzte Belohnung zu kassieren. Die Erzählung von »Passereau, l'écolier« (»Student Passereau«) kreist um die Phantastereien eines jungen Studenten, der seine angeblich untreue Geliebte tötet. Dann duelliert er sich mit dem Liebhaber und bittet schließlich den Henker in geziert-höflichen Worten um den Tod. In der letzten Novelle, »Champavert, le lycanthrope« (»Champavert, der Wolfsmensch«), werden die Umstände von Champaverts Freitod ausgebreitet und mit Versatzstücken des romantischen Horrorkabinetts (Leichenschändung, Mord, Selbstmord in ekelhaftem Szenarium) ausgemalt.

Borel focussiert viele romantische Themen und Motive: Exotismus und Lokalkolorit, Mittelalter und Ruinenpoesie, romantisches Freiheitsstreben und tiefen Weltschmerz, outrierte Liebe, aber auch romantische Ironie. Dabei ist er stets auch distanzierter und kommentierender Beobachter des eigenen literarischen Diskurses. Mit vielen seiner Themen steht er in der Nachfolge de ↗ Sades. Stilmittel wie Neologismen, Fachvokabular, Vermischung mehrerer Sprechweisen, abgelegene Semantik und eine verschachtelte Syntax verraten die Nähe zu ↗ Hugos Forderung nach romantischer Entgrenzung, und damit Borels dezidiertes Bemühen um Schock, um »stupore«, ganz in der Tradition des literarischen Manierismus.

▪ Lit.: O. Rossignot: P. B., l'écriture du mal, 2000.

Ulrich Prill

Paul **Bourget**

▪ geb. 2. 9. 1852 Amiens (Frankreich)
▪ gest. 25. 12. 1935 Paris (Frankreich)

Journalist und Schriftsteller; weltanschaulicher Wandel in den 1890er Jahren vom weltmännischen Kulturphilosophen zum katholisch geprägten Moralisten; in erster Linie Prosaautor mit Vorliebe für den klassischen psychologischen Roman Frankreichs, große zeitgenössische Wirkung; als Essayist von internationaler Bedeutung für die frühe Moderne durch die Übertragung naturwissenschaftlich-psychologischer Thesen auf die Kultur.

▪ Ausg.: Œuvres complètes, 11 Bde, 1899–1911.
▪ Lit.: F. Schirosi: P. B., 1976. ▪ M. G. Martin-Gistucci: P. B. et l'Italie, 1985.

Essais de psychologie contemporaine

(frz.; *Psychologische Abhandlungen über zeitgenössische Schriftsteller*, 1903, A. Köhler) – Die kulturkritischen Essays erschienen zuerst 1881/82 in der *Nouvelle Revue* und 1883 als Buch, in der die Sammlung um die *Nouveaux essais de psychologie contemporaine* (1885) erweitert wurde. Die fünf Essais analysieren mit ↗ Baudelaire, Renan, ↗ Flaubert, Taine und ↗ Stendhal bekannte zeitgenössische Autoren nicht unter dem Blickwinkel ihrer literarischen Qualität, sondern mit dem Ziel, »Beobachtungen zu Papier zu bringen, welche dem Geschichtsschreiber des sittlichen Lebens während der zweiten Hälfte des neunzehnten Jahrhunderts zur Unterlage dienen können«. Bourget greift daher lediglich einzelne Aspekte ihrer Werke heraus, um, ausgehend von deren Interpretation, die geistige Situation seiner Zeit zu beleuchten.

An ↗ Baudelaire hebt er, charakteristisch für seine essayistische Methode, lediglich drei Gesichtspunkte hervor, die er voneinander ableitet: Baudelaires Hang zu Erotomanie und Ausschweifung und seine Tendenz zur analytischen Durchdringung der eigenen Gefühlswelt werden in einem ersten Abschnitt als Merkmale eines Menschentyps dargestellt, den diese doppelte Neigung zu jenem Lebensekel führt, »der seit langer Zeit eine Menschenseele bis zum Überschäumen erfüllt«. Zusammen mit einer Abhandlung über Baudelaires Pessimismus münden diese Überlegungen Bourgets in den wichtigsten Teil des Werks, eine Interpretation des Zeitphänomens ›Dekadenz‹. Sie ist ihm Zeichen einer Gesellschaft, die nicht mehr lebensfähig ist, weil das einzelne Glied sich in ihr über die Gesamtheit erhebe. Diese vergleicht er – hierin durchaus an seinen theoretischen Vorgängern, ↗ Gautier und Nisard, orientiert – mit Stilphänomenen der silbernen Latinität, in der das einzelne Element einer syntaktischen Konstruktion sich gegenüber dem Satz emanzipiert, in dem es steht. Für Bourget ist Baudelaire ein paradigmatischer Autor der Ästhetisierung dieses Auflösungsvorganges, weil er die »moralische Atmosphäre« seiner Epoche widerspiegele.

Ganz anders, doch vom gleichen stark aristokratisch geprägten antidemokratischen Standpunkt aus, deutet Bourget den Religionsphilosophen Renan: In ihm sieht er eine glückliche, von den französischen Zeitgenossen freilich nicht erkannte Verbindung romanisch-französischer Einbildungskraft und gründlicher deutscher philosophischer Schulung als hervorragende Voraussetzung seines Schaffens. Renans Werk strebe nach einer Synthese der philosophischen Richtungen. Das Ziel seines Eklektizismus sei die Erneuerung des in Frankreich bedeutungslos gewordenen Christentums. Bourget dienen diese Gedanken als Ausgangspunkt für die französische Erneuerung – insbesondere nach der nationalen Katastrophe von 1870: »Wir haben schon heute in Renan das Beispiel einer religiösen Veranlagung, welche unter den schwankenden Gläubigen jener furchtbaren Zeit wieder eine Einigkeit herstellen könnte.« Die Erneuerung ist für Bourget von einem politischen Wechsel abhängig, von einer konservativen Revolution – darin stimmt der Dekadenzkritiker Bourget mit dem Dekadenzwegbereiter ↗ Baudelaire überein: »Jede Zivilisation ist das Werk von Aristokraten [...]. Um zu erkennen, daß das allgemeine Stimmrecht dem hervorragenden Menschen gewöhnlich feindlich ist, braucht man keine große analytische Fähigkeit.«

↗ Flaubert wird zum Romancier, der die Macht einer Denkungsart kritisiert, die die Entfaltung wirklichen Lebens verhindert und die Wissenschaft aus der eigentlichen Lebenspraxis löst. Diese Analyse konvergiert mit den Thesen des Baudelaire-Essays. Auch der Historiker Taine wird als ein exemplarischer Vertreter eines Wissenschaftsbegriffs gedeutet, der die Dichotomie von Glauben und Wissen aufhebt. Da für Bourget der politische Philosoph Taine die Theorie vom Staat als einem hierarchisch strukturierten Organismus vertritt, fügt sich dieser auch in das organologische Metaphernkonstrukt seiner Dekadenztheorie. Ähnliche Zeiterscheinungen werden auch an ↗ Stendhals Werk festgemacht, das in seiner psychologischen Gestaltung Vorbild des Romanciers Bourget wurde: die Vereinzelung von der Gesellschaft entfremdeter Helden und ein tief pessimistisches Lebensgefühl. Stendhal ist für Bourget ein geistiger Aristokrat, der seine Hauptfiguren mit dem Lebensüberdruss einer betrogenen Generation ausstattet und sie zu seiner eigenen pessimistischen Erkenntnis führt, dass ein Jahrhunderte andauernder Prozess der Zivilisation weder die urwüchsigen Leidenschaften noch die Wildheit der menschlichen Art habe kultivieren können.

Bourget nimmt die Verfasstheit der »hervorragendsten Intelligenzen« als Beleg für eine Mentalität seiner Zeit, für eine tief empfundene, die unterschiedlichsten Schattierungen erfassende Analyse der zeitgenössischen Décadence. Gerade hierdurch übten die *Essais* einen wesentlichen Einfluss auf das Fin de Siècle aus, zunächst vor allem auf J.K. ↗ Huysmans, in dessen Schlüsselroman *À Rebours*, 1884 *(Gegen den Strich)*, Bourgets Gedanken bis hin zur Parodie wiederkehren. Auf Oscar Wilde und die Brüder Heinrich Mann und Thomas Mann übten die in den *Essais* entwickelten Gedanken, vor allem die Vorstellung von der sterbenden Kultur und von der Verantwortung der geistigen Elite einer Nation, dieselbe Faszination aus wie auf die iberoromanische Kultur: Von José Asunción Silva über Fernando Pessoa bis hin zum Jorge Amado der späten 1920er Jahre ist die Ausstrahlung des Werks spürbar. Schließlich wären auch die kulturkritischen Schriften Max Nordaus – zumal was die Übertragung pathologischer Denkmodelle auf die Kunst angeht – ohne Bourgets Zeitanalyse kaum denkbar.

■ Lit.: U. Schulz-Buschhaus: B. oder die Gefahren der Psychologie, des Historismus und der Literatur, in: Lendemains 8, 1983, 36–45. ■ M. Matucci: Les essais de B., entre pessimisme et décadence, in: Lettres et réalités, 1988, 163–190. *Gerhard Wild*

Le disciple

(frz.; *Der Schüler*, 1893, anonym) – Der 1889 erschienene Roman kann gelesen werden als eine mit wissenschaftlicher Genauigkeit verfasste Studie über die unheilvollen Auswirkungen, die die Theorie eines berühmten Denkers haben kann, wenn einer seiner Schüler sie in der Praxis konsequent anwendet: Charlotte de Jussand wurde vergiftet aufgefunden, und Robert Greslou, der junge Hauslehrer der Familie, wird unter Mordverdacht verhaftet. In seiner Zelle schreibt er eine Rechtfertigung, die er seinem verehrten Lehrer, Adrien Sixte, durch seine Mutter zustellen lässt. Der Gelehrte erkennt bei der Lektüre mit tiefer Erschütterung, dass er die Katastrophe durch seine Lehren indirekt verschuldet hat. Robert hat die junge Charlotte systematisch verführt, wobei der Wille, die aus seiner niedrigen Herkunft resultierenden Minderwertigkeitskomplexe zu kompensieren, dabei die treibende Kraft war. Vor allem aber wollte er seinem Lehrer beweisen, dass man auch im Leben nach der Methode der empirischen Psychologie vorgehen könne.

Wie ein experimentierender Wissenschaftler hat er täglich die Ergebnisse seiner Unternehmung notiert. Als er sich jedoch in sein Opfer verliebte, resultierten daraus Komplikationen, die ihn überwältigten. Bevor Charlotte Roberts Drängen nachgab, hatte sie mit ihm verabredet, dass sie beide aus dem Leben scheiden würden. Als er dazu nach der gemeinsam verbrachten Nacht nicht mehr bereit war, und die enttäuschte Charlotte zudem noch Aufzeichnungen fand, aus denen hervorging, dass sie nur Objekt eines anfänglich leidenschaftslos betriebenen Experiments war, entschloss sie sich zum Freitod. Der zutiefst bereuende Robert unternimmt nichts zu seiner Verteidigung. Charlottes Bruder André, der die wirklichen Zusammenhänge ahnt, enthüllt vor dem Gericht zwar Roberts Unschuld, schießt ihn aber nach seiner Freilassung nieder, weil er ihn für den Tod seiner Schwester verantwortlich macht. Während Roberts Mutter an der Leiche ihres Sohnes wacht, kommen seinem vom Gefühl der Mitschuld gepeinigten Lehrer, dem Atheisten Sixte, die ersten Worte des Vaterunsers wie von selbst über die Lippen. Das Modell für Adrien Sixte soll übrigens Taine gewesen sein.

Dem Roman – einer leidenschaftlichen Anklage gegen den wissenschaftlichen Positivismus, dem Bourget in seiner Jugend selbst nahestand – verdankt der Autor den Ruf, nach ↗ Stendhal einer der bedeutendsten Vertreter des psychologischen Realismus in der französischen Romanliteratur zu sein. Bourgets vor seiner Schriftstellerei betriebenen ausgedehnten medizinischen und philosophischen Studien waren nicht ohne Einfluss auf seine künstlerischen Methoden. »Präzise Forschungen in der Psychologie sind für die Ethik, was die Anatomie für die Therapeutik ist«, schrieb er einmal mit Bezug auf sein literarisches Werk. Da Literatur nach seiner Ansicht angewandte Psychologie sein soll, sucht er alle nur denkbaren und erwägenswerten Beweggründe seines Helden zusammen und analysiert sein Milieu und seine Erbmasse. In seinem interessanten Vorwort warnt er den jugendlichen Leser, sich mit einer der beiden Hauptfiguren, Sixte oder Greslou, zu identifizieren: »Sei weder der brutale Positivist, der die Welt der Sinne mißbraucht, noch der hochmütige und früh verdorbene Sophist, der die Welt des Geistes und des Gefühls mißbraucht.«

■ Lit.: Y. Harz: Le roman psychologique de P.B. à Jacques Chardonne, 2000. *Rose Bachem-Alent*

Pierre de Bourdeille, Seigneur de **Brantôme**

■ geb. 1537 Périgord (Frankreich)
■ gest. 15.7.1614 Brantôme/Dordogne (Frankreich)

Während des größten Teils des Lebens Soldat; im Gefolge des Duc de Guise Beteiligung an Feldzügen in Italien, Spanien, Portugal, England, Nordafrika und Malta; Höfling Karls IX. und Heinrichs III.; 1582 vom Hof verbannt; 1584 Sturz vom Pferd; als Invalide auf seinem Schloss Brantôme Niederschrift von Memoiren, einem wichtigen Dokument der Hofkultur des ausgehenden 16. Jh.s.

■ Ausg.: Recueil des dames, poésies et tombeaux, Hg. E. Vaucheret, 1991.
■ Lit.: J.-M. Dousseau: B., 1986. ■ M. Lazard: P. de B., Seigneur de B., 1995.

Vies des dames galantes

(frz.; *Das Leben der galanten Damen*, 1930, E. T. Kauer) – Das umfangreiche Memoirenwerk, das ab 1589 entstand, aber erst 1665 im Druck erschien, ist thematisch gegliedert in Bett- und Klatschgeschichten der »dames galantes«, die weniger frivolen »Vies des dames illustres de France de son temps«, die »Vies des hommes illustres et grands capitaines« sowie ein Buch über denkwürdige Duelle am französischen Hof.

Die *Vies des dames galantes* enthalten Elemente einer Chronique Scandaleuse des 16. Jh.s. Zwar werden, abgesehen von den betreffenden Liebhabern, keine Namen genannt, doch sind die Begleitumstände meist so deutlich geschildert, dass eingeweihte Kreise über die Identität der Beteiligten nicht im Zweifel sein konnten. Brantôme ordnet seine Materie systematisch: Über die Damen, die sich in Liebesabenteuer einlassen und ihren Ehegatten Hörner aufsetzen (I); Über die Frage, was in der Liebe den größten Lustgewinn verschafft (II); Vom Charme schöner Beine (III); Von den Reizen der reiferen Jahrgänge (IV); Über die Vorliebe der Frauen für tapfere Männer und deren Hang für mutige Frauen (V); Von den fatalen Folgen indiskreter Prahlerei (VI) und Über die Frage, wer wohl am hitzigsten sei: Ehefrauen, Witwen oder junge Mädchen (VII). Nach dem Motto »Naturalia non sunt turpia« (Was natürlich ist, kann nicht schändlich sein) werden die Themen mit einer natürlichen Obszönität behandelt.

In struktureller Hinsicht besteht eine entfernte Ähnlichkeit mit den frühen Essais seines Zeitgenossen ↗ Montaigne, aber auch mit den Novellen der ↗ Marguérite de Navarre. Der Autor stellt Thesen auf, die mit exemplarischen, aber schlüpfrigen Geschichten bewiesen werden. Diese Verknüpfung resultiert aus einer Art Analogie- bzw. Kontrastdenken. Eine jede der Anekdoten erfährt durch die ihr folgende eine Bestätigung oder eine Korrektur: Entweder wird die Verbindlichkeit des zu Grunde gelegten Erfahrungssatzes bestätigt oder in Frage gestellt. So können tendenziell gleichartige Liebesabenteuer einen bald komischen, bald tragischen, häufig blutigen Ausgang nehmen. Brantômes Memoiren waren ursprünglich nur in Form von Manuskripten verbreitet. Erst im späten 17. Jh. kam in Leiden die erste Buchausgabe heraus, der bald weitere folgten. Im 20. Jh. erlebten die *Vies des dames galantes* eine Renaissance.

■ Lit.: A. Grimaldi: B. ou le sens de l'histoire, 1971. ■ C. Ruiz García: Erasmo, Rabelais y B., dos rostros del libertinismo y el libertinaje del siglo XVI, in: Anuario de letras modernas 11, 2002, 61–80. ■ D. E. Polachek: A la recherche du spirituel, in: Romanic Review 94, 2003, 227–243.

Kurt Reichenberger

Michel **Butor**

■ geb. 14.9.1926 Mons-en-Barœul (Frankreich)

(d. i. Michel Marie François Butor) – Studium der Philosophie und Philologie an der Sorbonne; Französischlehrer in Ägypten, England, Griechenland und in der Schweiz; Verlagslektor bei Gallimard in Paris; Professuren in Vincennes und den USA; bedeutender Vertreter des nouveau roman.

■ Lit.: R. Caspary: M. B., in: Kritisches Lexikon zur fremdsprachigen Gegenwartsliteratur. ■ Y. Lancry: M. B. ou la résistance, 1994. ■ D. Maréchal: Virgile et M. B. De l'épopée mythique au roman mythique, 1994. ■ J. La Mothe: B. en perspective, 2002.

L'emploi du temps

(frz.; *Der Zeitplan*, 1960, H. Scheffel) – Der 1956 erschienene Roman spielt, wie einige weitere Hauptwerke des französischen nouveau roman, als dessen konsequentestes Beispiel er gilt, mit den Schemata eines Kriminalromans.

Beschrieben wird der Versuch eines jungen Franzosen, Jacques Revel, sich mit einer englischen Industriestadt namens Bleston vertraut zu machen, in der er ein Jahr hindurch als Auslandskorrespondent arbeitet, um seine Sprachkenntnisse zu verbessern. Über der dumpfen, dunstverhangenen Stadt, die sich seinen Anstrengungen, eine genaue Vorstellung von ihr zu gewinnen, zäh widersetzt, liegt eine unbestimmte Aura von Verdacht und Mord. Ein sonntäglicher Ausflug in die ländliche Peripherie schlägt fehl: »Von diesem Tage an hatte ich begriffen, daß Bleston keine Stadt ist, die durch einen Gürtel von Befestigungsanlagen oder Alleen eindeutig begrenzt ist und sich klar von dem Hintergrund der Felder und Wiesen abhebt, sondern daß sie wie eine Lampe im Nebel das Zentrum eines Hofes ist, dessen diffuse Fransen sich mit denen anderer Städte vermischen.« Auf den Fenstern einer alten Kathedrale, die Revel häufig besucht, hat ein französischer Maler den biblischen Brudermord und Bleston als eine Gründung Kains dargestellt. Ein mutmaßlicher Brudermord der jüngsten Vergangenheit, der in einem zufällig gekauften Kriminalroman mit dem doppeldeutigen Titel »Der Mord von Bleston« behandelt wird, spielt auch in allen Unterhaltungen mit den wenigen Menschen eine Rolle, die Revel durch die Vermittlung seines Arbeitskollegen Jenkins kennenlernt. Merkwürdige Übereinstimmungen mit Begebenheiten, von denen die Schwestern Rose und Anne erzählen, bringen ihn auf eine Spur: Er versucht, die Hintergründe der Kriminalgeschichte zu ergründen und hält sich dabei für einen Bundesgenossen des Autors, dessen Bekanntschaft er wenig später macht.

In seinen Aufzeichnungen untersucht Revel mit größter Akribie jedes Wort, jede Geste, jede Formulierung und jeden Vorfall, um Licht in das vermeintliche Dunkel zu bringen. Ein ungeklärter Unfall des Kriminalschriftstellers erscheint ihm als Mordversuch. Alle konkreten Anhaltspunkte erweisen sich jedoch als nichtig und führen lediglich in die Irre. Anhand geringfügiger Begebenheiten des Alltags entspinnt sich ein leidenschaftlich geführter Kampf zwischen Revel und dieser Stadt, die ihm als mythisches Labyrinth entgegentritt. Als Revel in einem symbolischen Akt die Stadt in effigie verbrennt, löst er damit eine Reihe mysteriöser Brandstiftungen aus. Umgekehrt erscheint sein Schicksal in dieser Stadt als Emanation ihrer Rache. Im Verlauf dieses Kampfes enthüllt sich langsam das Gesicht der Stadt, deren letztes Geheimnis der junge Franzose als unbestimmten Todestrieb und als Wunsch nach Erlösung deutet. Ohne ein greifbares Ergebnis tritt er schließlich die Rückreise an.

Die Struktur dieses Romans ergibt sich aus der besonderen Behandlung der Zeit (»emploi du temps«). Der Roman ist als Tagebuch in Ichform geschrieben. Jede der objektivierten Erinnerungen aber ist vielschichtig. Geschehendes überlagert Geschehenes, spätere Erkenntnisse und Einsichten vermischen sich mit früheren. Butor trennt durch fortlaufende Zeitangaben die Dimensionen des erzählten Geschehens und des Erzählens, die ja selbst wiederum die Ebene eines neuen Geschehens ist, und bezieht sie aus diesem Abstand aufeinander. Er führt die Erzählung, deren Niederschrift er Revel sieben Monate nach seiner Ankunft in Bleston beginnen lässt, bis zum Zeitpunkt seiner Abreise, in dem Erzähltes und Erzählung als Gleichzeitigkeit zusammentreten, so dass die Ereignisse dieses einen Jahres objektiv und subjektiv als Ganzes erscheinen – als Versuch, die Schichten der Erinnerung aufzulösen, um so einem Geschehen als Geschehenem auf die Spur zu kommen, was sich aber letztlich nicht verwirklichen lässt.

■ Lit.: P. Brunel: L'emploi du temps. Le texte et le labyrinthe, 1995.

KLL

La modification

(frz.; *Paris–Rom oder Die Modifikation*, 1958, H. Scheffel) – Der 1957 erschienene Roman gilt als eines der Hauptwerke des französischen nouveau roman.

Léon Delmont, ein 45-jähriger Geschäftsmann in Paris, Direktor der französischen Vertretung der italienischen Schreibmaschinenfirma Scabelli, der gewöhnlich einmal monatlich zu beruflichen Konferenzen mit seinen Vorgesetzten nach Rom reist, spricht von sich in der zweiten Person: »Du bist allein im Abteil mit den beiden jungen Eheleuten, die hier nicht aussteigen, die weiterfahren bis Syrakus.« In einer bürgerlich-konventionellen, materiell gesicherten, aber zunehmend verödenden Ehe mit seiner Frau Henriette und vier Kindern lebend, unternimmt er seine regelmäßigen Rom-Reisen schließlich um so bereitwilliger, als seine römische Geliebte, Cécile Darcella, eine junge, in Italien aufgewachsene Französin, ihn die feindselige Gleichgültigkeit seiner Familie vergessen lässt. Nach einer Frist von nahezu zwei Jahren, während der die verschwiegene Beziehung ihn zwingt, einen Berg von Notlügen, Feigheit und wachsender Entfremdung aufzutürmen, entschließt er sich, für Cécile, die nach Paris zurückkehren möchte, eine Stellung zu suchen, mit ihr zusammenzuleben und sich von seiner Familie zu trennen. Eine außerhalb der regelmäßigen Geschäftsbesuche ohne Wissen Céciles unternommene Rom-Reise soll sie davon unterrichten und die lange aufgeschobenen Entscheidungen endlich verwirklichen.

Die mehr als 20-stündige Bahnfahrt wird zum zeitlichen Rahmen einer zunächst noch kontrollierten, im weiteren Verlauf der Reise sich jedoch überstürzenden Flut von quälenden, zwanghaft wiederkehrenden und einander überlagernden Erinnerungen, schließlich zum Epitaph des ursprünglichen gewaltsamen Entschlusses, »der nun [...] langsam verwelkt und verdorrt, der sich weiter verwandelt, ohne daß du dieser jammervollen Auflösung Einhalt zu gebieten vermöchtest«. Resignierend muss er erkennen, dass er Cécile nicht um ihrer selbst willen liebt, sondern »nur in dem Maße, in dem sie für [ihn] das Gesicht Roms, seine Stimme und seine Verlockung ist«. Er wird – das ist die ›Modifikation‹, die sich vollzieht – ein Zusammentreffen mit ihr vermeiden und die Leere, die dreitägige Frist bis zur Abreise, mit der Niederschrift eines Berichts füllen, der diesem schmerzlichsten Abschnitt seines Abenteuers Form geben soll.

»Du mußt deine Aufmerksamkeit auf die Dinge lenken, die deine Augen sehen, den Türgriff, das Gepäcknetz mit den Koffern, die Photographie mit der Gebirgslandschaft [...] auf all das, um der inneren Bewegung, dem gefährlichen Aufrühren und Wiederkäuen von Erinnerungen ein Ende zu setzen.« Aus dieser Intention entwickelt sich das verschachtelte Nebeneinander einer nüchtern beschriebenen Objektwelt (das Eisenbahnabteil, die wechselnden Passagiere, vorbeiziehende Bahnhöfe und Landschaften) und einer fluktuierenden Erinnerungswelt, die dennoch in zwanghaften Kreisen immer erneut auf frühere, ähnliche Reisen, nach Rom oder Paris, mit Henriette oder Cécile, fixiert ist. Rom, zunächst nur vordergründiges Ziel, wird darin immer mehr zum mythischen Symbol der Undurchdringlichkeit und zur Metapher der Verlockung in Gestalt Céciles und damit eines Begehrens, das »nicht ein Weg ist, der zu einem Ziel führt, sondern dazu bestimmt ist, sich im Sand unseres Alterns zu verlieren«.

Der Roman setzt Butors Tendenz fort, begrenzte Wirklichkeitsbereiche als Substrate kollektiver Zivilisations- und Lebensformen vorzustellen, die ihm als grundlegend für die zeitgenössische antiindividualistische Welt- und Wirklichkeitserfahrung erscheinen. In *La modification* zeigt sich dies gleichsam objektiviert: »Es war absolut nötig, daß die Erzählung vom Standpunkt eines Menschen her geschah. Da es sich um eine Bewußtwerdung handelte, sollte der Mensch nicht Ich sagen. Ich benötigte einen inneren Monolog unterhalb der Oberfläche dessen, was dieser Mensch selber sagen kann, in einer Zwischenperson zwischen der ersten und dritten Person.«

■ Lit.: P. A. Struebig: La structure mythique et ›La modification‹, 1995. *KLL*

Degrés

(frz.; *Stufen*, 1964, H. Scheffel) – Der Erzähler des 1960 erschienenen Romans, Pierre Vernier, Lehrer für Geschichte und Geographie an einem Pariser Gymnasium, fasst den Plan, den zeitlichen Verlauf des eben beginnenden Schuljahres in möglichst genauen Aufzeichnungen über eine seiner Klassen, eine Sekunda mit etwa 30 Schülern, abzubilden. Um das für ihn vorerst noch anonyme Kollektiv aufzuschlüsseln, geht er zunächst den verwandtschaftlichen Beziehungen nach, die einen Teil der Schüler mit ihren Lehrern verbinden.

Es gelingt ihm, sein Personenreservoir in mehreren, nach dem Grad der Verwandtschaft an Bedeutung abgestuften Dreiergruppen zusammenzufassen, deren wichtigste aus ihm selbst, seinem Schwager Henri Jouret, der die Klasse in Französisch, Griechisch und Latein unterrichtet, und ihrem gemeinsamen Neffen Pierre Eller besteht. Eine zweite Gruppe bilden der Englischlehrer René Bailly und seine beiden Neffen Alain Mouron und Michel Daval, während sich alle anderen Gruppen nur auf Grund ganz entfernter Verwandtschaftsverhältnisse oder Namensgleichheiten konstruieren lassen. Um innerhalb dieses Materials einen festen Bezugspunkt zu setzen, stellt er seinen Neffen Pierre Eller ins Zentrum der Aufzeichnungen, die an einem bestimmten Zeitpunkt einsetzen, einer Unterrichtsstunde am 12. Oktober 1954, deren Thema die Entdeckung und Eroberung Amerikas ist. Die Aufzeichnungen lassen sich nur unter großen Schwierigkeiten fortführen, da sich herausstellt, dass die Vielzahl der erforderlichen Auskünfte und Fakten und die Unmöglichkeit, die Bewegungen der Individuen außerhalb der Gruppe, die sie als Schulklasse bilden, zu koordinieren, den Abstand zwischen jener als »unbewegliche Erzählgegenwart« gesetzten Anfangsstunde und dem Zeitpunkt ihrer Fixierung unaufhaltsam vergrößern.

Der »mehr und mehr verzerrte Kalender dieses Berichts« wird in zunehmendem Maße mit Einschüben, Parenthesen und Vorausnahmen früherer oder späterer Phasen durchsetzt, in denen aus den Tagesläufen der wichtigsten Lehrer und Schüler, ihren Familienverhältnissen, Ferienbeschäftigungen, Stundenplänen und aus dem Unterrichtsstoff, wie ihn die Lehrpläne vorschreiben, die Totalität der Lebensäußerungen innerhalb eines bestimmten Realitätsausschnittes rekonstruiert werden soll. Zudem findet die ungeheure Akribie, die der Erzähler an die Erforschung geringfügigster Details verwendet, ihre Grenzen am Horizont seiner Erfahrungsmöglichkeiten. Als das Unternehmen zu stocken beginnt, sichert er sich Pierre Eller als Helfer, den seine kameradschaftliche Vertrautheit mit den meisten seiner Mitschüler befähigt, weitere Lücken und Hohlräume auszufüllen.

Der zweite Teil des Buches wird von Eller erzählt, und zwar in direkter Umkehrung des zu Beginn eingeführten Anredeverhältnisses: War die Ich-Du-Beziehung des ersten Teils noch aus der realen Lehrer-Schüler-Konstellation verständlich zu machen, so erhöht der zweite Teil des Werks den Grad der Fiktivität und der Brechung; Pierre Eller– als von einem anderen Erzähler gesteuertes Medium – sieht sich einem Text gegenüber, den er als Verniers Werkzeug fortsetzt, der sich fortan bemühen muss, die Dinge aus Ellers Blickwinkel zu sehen. Pierre Ellers Mitarbeit wird jedoch vereitelt, als seine Mitschüler an seiner »Spionagearbeit« Anstoß nehmen, von der sie annehmen müssen, dass sie gegen sie gerichtet ist. Pierre Eller bricht alle Beziehungen zu seinem Onkel ab. Da Vernier zudem gegen Ende des Schuljahres erkrankt – die Aufzeichnungen haben, von wenigen Vorwegnahmen abgesehen, noch kaum den Zeitraum von zwei Monaten erfasst –, übernimmt sein Schwager Henri Jouret die Rolle des Mitarbeiters. Alle Aussagen dieses dritten Abschnitts beziehen sich nun auf Pierre Eller, wenngleich sie hauptsächlich um Vernier kreisen, der auf den beiden vorangehenden »Stufen« nicht selber »Objekt« werden konnte. Aber auch Jourets Anstrengungen bleiben erfolglos.

Der Schlussteil des Berichts verdeutlicht ein zugrunde liegendes mythisches Modell, auf das sich die Gesamtheit der angehäuften Fakten, Informationen und Protokolle auszurichten scheint: »Es [das Werk] ist eine Ruine; bei der Errichtung dieses Turmes, von dem aus man hätte Amerika sehen sollen, hat sich etwas gebildet, das ihn hat explodieren lassen; [...] deshalb ist das einzige, was ich angesichts dieser Trümmer eines Bewusstseins, angesichts der Andeutung einer zukünftigen Musik zu tun vermag, sie ein wenig abzustützen.« Es ist das Bild des babylonischen Turmbaus, der, obwohl durch die Arbeit und die Erkenntnisse von Generationen aufeinandergetürmt, dennoch Fragment bleibt.

Wie in seinem früheren Roman *L'emploi du temps*, 1956 (*Der Zeitplan*, 1960), gilt auch in *Degrés* das Interesse des Autors der Fixierung eines träge und unaufhaltsam verrinnenden Zeitstroms, der in verschiedenen »Graden der Geschichtlichkeit« und in verschiedenen Graden der Präsenz ins Bewusstsein eines Erzählers dringt, der einen bestimmten Augenblick als Brennpunkt inmitten eines Feldes von Vorstellungen und Wahrscheinlichkeiten wählt. Dabei wird die lineare Konzeption des Romans fallengelassen zugunsten einer »polyphonen Schreibweise«, die der Autor theoretisch aus der Tatsache ableitet, dass der klassisch-bürgerliche Begriff des Individuums als überwundene historische Kategorie aufgegeben werden und der Roman sich statt dessen der größeren kollektiven Beziehungen, der Gruppen und Verbände annehmen müsse, in die das Individuum nun von vornherein integriert sei.

▪ Lit.: B. Kuhn: A la recherche du livre perdu, 1994. ▪ J. Duffy: Signs and Designs. Art and Architecture in the Work of B., 2003.

Hans-Horst Henschen

Portrait de l'artiste en jeune singe

(frz.; *Bildnis des Künstlers als junger Affe*, 1986, H. Scheffel) – Der 1967 erschienene experimentelle Prosatext ist nur schwer einer Gattung zuzuordnen. Der Autor verarbeitete darin Erinnerungen an seinen ersten prägenden Auslandsaufenthalt. Über die Vermittlung des ungarischen Paracelsus- und Alchimie-Spezialisten Doktor Hunwald, im Text Dr. H. genannt, erhielt er 1950 eine Einladung auf Schloss Harburg bei Donauwörth, um dort während seiner Ferien den Grafen Wedel in Französisch zu unterrichten. Er nahm dieses Angebot an und entdeckte »in der zweitgrößten Privatbibliothek Deutschlands mit einem Bestand von 140 000 Bänden« die für ihn neue faszinierende Seite eines kulturellen Deutschland, die ihm durch die Kriegserfahrungen und das Bild der Naziherrschaft bisher verdeckt geblieben war.

Im ersten Teil wird der Hintergrund der Deutschlandreise geschildert. Als Jugendlicher machte Butor in der Bibliothek seiner Großmutter durch das Werk *Philosophie der Natur von drei alten weltberühmten Philosophen Arthephius, Flamel & Synesius* Bekanntschaft mit der Alchimie; als junger Philosophiestudent verschaffte er sich Einlass in die intellektuelle Szene von Paris, lernte Dr. H. kennen und stellte über ihn den Kontakt nach Deutschland her. Der zweite, mit »Reise« überschriebene Teil enthält die eigentliche Aufenthaltsbeschreibung. In sieben Wochen erkundet der 24-jährige Butor die Harburg und ihre grausigen Archive, zieht sich zu intensiver Lektüre in seine Zelle zurück und besucht mit dem Grafen Wedel andere Schlösser in der Umgebung. Nachts wird er in alchimistischen Träumen von Vampiren und in Tiere verwandelten Menschen geplagt, im Traum von einem Vampir in einen Affen verwandelt und vor seiner Rückverwandlung Zeuge grausamer Ereignisse.

Der Untertitel »Capriccio« gibt bereits einen Hinweis auf den Aufbau des zweiten Teils: »Ein Capriccio ist die freie Entfaltung eines vorgegebenen Themas.« (*Curriculum vitae*, 1996) Bei dem »vorgegebenen Thema« handelt es sich um Butors autobiographische Aufzeichnungen, bei der »freien Entfaltung« um seine zahlreichen Träume auf der Harburg. Nach dem Vorbild von *Tausendundeine Nacht (Alf laila wa-laila)* wird das Tagesgeschehen von einer fortgesetzten Traumhandlung unterbrochen.

Diese fragmentierende Erzählweise wird optisch untermalt: Das realitätsnahe Tagesgeschehen steht in Versalien, die Traumhandlung zur Betonung der Realitätsferne in Kursivschrift. Als Übergang zwischen Tag und Nacht dienen das abendliche Kartenspiel mit dem Grafen Wedel und das Legen von Patiencen, deren Namen sich jeweils auf ein bestimmtes Buch beziehen. Die alchimistische Lehre und ihre symbolische Sprache sind omnipräsent. So spielt beispielsweise die Zahl 7 eine leitmotivische Rolle: Auf sieben Tagesberichte folgen sieben Träume, der Graf legt sieben Patiencen. Allgegenwärtig ist auch das Thema der Imitation, beginnend mit dem Titel, eine Variation von Joyce' *Portrait of the Artist as a Young Man* und Dylan Thomas' *Portrait of the Artist as a Young Dog*. Butors Affe steht nach dem Verständnis der mittelalterlichen Ikonographie einerseits für den Inbegriff des Alchimisten, des spielerisch Nachahmenden. Andererseits verkörpert er Thot, den ägyptischen Gott der Schrift. In den 1990er Jahren führte Butor dieses Spiel mit dem Titel in zwei kurzen Texten fort: *Portrait de l'artiste en jeune escargot*, 1990 (Porträt des Künstlers als junge Schnecke), und *Portrait de l'artiste en salopette*, 1996 (Porträt des Künstlers als Schlampe).

Das kunstvoll komponierte Werk enthält eine Fülle von Zitaten und Anspielungen. Butor jongliert mit Begriffen aus Musik, bildender Kunst, Architektur und Astrologie. Den Schlüssel zum Verständnis des Textes liefert er in seinem Essay »L'alchimie et son langage« (*Répertoire I*, 1960; »Die Alchemie und ihre Sprache«, 1984, H. Scheffel): »Der Leser, der den Gebrauch eines einzigen Wortes an einer bestimmten Stelle verstehen will, kann es nur, indem er allmählich eine einstige geistige Struktur wiederherstellt.«

▪ Lit.: M. Calle-Gruber: Portrait de l'artiste en dieu Thot, in: New Novel Review 1, 1994, 2, 16–29. ▪ E. Hoft-March: Truth or Literary Consequences. B.'s Confessions of a Portraitist, in: Neophilologus 78, 1994, 3, 361–370. *Maja Lenz*

Dialogue avec 33 variations de Ludwig van Beethoven sur une valse de Diabelli

(frz.; Dialog mit 33 Variationen von Ludwig van Beethoven über einen Walzer von Diabelli) – In dem 1971 veröffentlichten Essay setzt sich der Autor wie in den Essaysammlungen *Repertoire I–V* (1960–1982) erneut mit dem Werk eines Künstlers auseinander, in diesem Falle mit dem eines Komponisten.

Die Idee zu *Dialogue* entstand anlässlich eines Konzerts mit Beethovens Diabelli-Variationen am 17. September 1970 in Lüttich. Der belgische Komponist Henri Pousseur hatte Butor gebeten, einen Vortrag über das Werk zu halten, um das nur 50-minütige Konzert zu verlängern. Butor stellte sich dieser Herausforderung in Form einer »concert-conférence«, die es ihm ermöglichte, die Interpretation der Diabelli-Variationen durch die Pianistin Marcelle Mercenier, der *Dialogue* gewidmet ist, jederzeit mit seinen Kommentaren unterbrechen zu können.

Der schriftlich fixierte Text folgt der mündlichen Fassung, wird jedoch um eine Ebene erweitert. Auf der ersten Ebene, den jeweiligen ›Interventionen‹, gibt Butor seine Anmerkungen während des Konzerts wieder. Auf einer zweiten Ebene, den »Glossen«, nimmt er dazu Stellung und gibt Kommentare, Erläuterungen und Interpretationen, die weit über die musikalische Analyse hinausreichen. Ausgangspunkt der Diabelli-Variationen war 1821 der Auftrag des Musikverlegers Anton Diabelli an etwa 50 Komponisten, die Variation eines Walzers anzufertigen. Beethoven reagierte zunächst ablehnend, erkannte dann aber den Reiz der Aufgabe und komponierte nicht nur eine, sondern innerhalb von zwei Jahren 33 Variationen des Walzers. Diese Vielseitigkeit veranlasste Butor seinerseits, in einen Wettstreit mit Beethoven zu treten.

Auf verschiedenen Ebenen rivalisiert der Schriftsteller mit der Beethoven-Partitur, spielt mit Symmetrie, Spiegelbild und Reflexion. Entsprechend komplex ist der Aufbau des *Dialogue*. Die »Proposition« erläutert eingangs das Thema und findet ihr Echo in der im »Envoi« beschriebenen 33. Variation, dem »Tempo di Minuetto moderato«. Die dazwischen liegenden 32 Variationen werden in zwei Hälften (»Versants«) eingeteilt und unter den Stichworten »Exposé«, »Exécution« und »Reprise« je dreimal thematisiert. Weiter untergliedert werden die »Versants« in je zwei Oktaven, die ihrerseits in je zwei Tetrachorde unterteilt sind und, in letzter Instanz, in Subgruppen von je einer Haupt- und drei Nebenvariationen zerfallen. Diese Strukturierung erlaubt es Butor, den Walzer nach den unterschiedlichsten Gesichtspunkten zu beleuchten. Technische Analyse und emphatische Meditation gehen fließend ineinander über, die Musik beflügelt sein Vorstellungsvermögen, das Bilder aus vielerlei Bereichen hervorbringt. Butor liefert musikhistorische Exkurse, webt Literaturzitate aus den Werken von Shakespeare, ↗ Rousseau, ↗ Rabelais u. a. ein, spielt mit Gestalten aus der Mythologie, mit Zahlen und mit der Vieldeutigkeit der Begriffe. Er erzeugt damit zugleich Aufklärung und Verwirrung und stellt den Leser vor detektivische Aufgaben. Diese Ambiguität ist charakteristisch für die Literatur des nouveau roman, zu der neben Nathalie ↗ Sarraute, Alain ↗ Robbe-Grillet u. a. auch Butor gerechnet wird. Der Schriftsteller erweitert die Variationen des Musikers ins Unendliche und erzielt beim Leser so den gleichen Effekt wie der Komponist beim Zuhörer: Die Unmöglichkeit, das Werk, ein sich ständig selbst erneuerndes Rätsel, in seiner Gesamtheit auszuschöpfen, animiert zum stetig neuen Zuhören und Lesen.

Das Experiment der »concert-conférence«, das anfänglich zur Irritation und gar zum Protest des Publikums geführt hatte, wiederholte Butor mehrfach. 2001 erschien eine Neuauflage von *Dialogue*, erweitert um den Text »Le château du sourd«, 1999 (Das Schloss des Tauben), und bereichert um eine CD mit der Aufnahme der Diabelli-Variationen in einer Interpretation durch den Pianisten Jean-François Heisser.

▪ Lit.: J. LaMothe: L'architexture du rêve. La littérature et les arts dans la matière des rêves de M. B., 1999. *Maja Lenz*

Albert Camus

- geb. 7.11.1913 Mondovi (Algerien)
- gest. 4.1.1960 Villeblevin (Frankreich)

Philosophiestudium, Promotion; Schauspieler und Bühnenautor; während der deutschen Okkupation Mitarbeit in der Résistance, Mitbegründer der linken Zeitung *Combat*; 1957 Literaturnobelpreis; Verlagsleiter bei Gallimard; Tod bei einem Autounfall; Autor wichtiger Romane, Essays und Theaterstücke, die um die Frage der Conditio humana in einer als absurd erkannten Wirklichkeit kreisen; Hauptautor des französischen Existenzialismus.

■ Ausg.: Œuvres complètes, 9 Bde, Hg. R. Grenier, 1983–1985.
■ Lit.: B. Sändig: A. C. Autonomie und Solidarität, 2004. ■ M. Meyer: A. C. Die Freiheit leben, 2013.

L'envers et l'endroit

(frz.; *Licht und Schatten*, 1958, G. u. G. Meister) – Die erste Publikation des Autors, eine Sammlung von fünf 1937 erschienenen Essays, entstand während seiner Reisen durch Afrika, Italien, Spanien, Österreich und die Tschechoslowakei. In den jeder Dramatik entbehrenden, durchsichtigen ›Situationen‹ wollte Camus jene »ganze absurde Einfachheit der Welt« veranschaulichen, die 1942 in *Le mythe de Sisyphe (Der Mythos von Sisyphus)* Ausgangspunkt einer eigenen philosophischen Vision werden sollte.

Der erste Essay, »Die Ironie«, beschreibt die Schicksale dreier Menschen, denen das Alter dieselbe komödiantische Pflicht auferlegt: Der Einsamkeit ausgeliefert, müssen sie um die Anteilnahme ihrer Umwelt betteln. Eine halbseitig gelähmte, zur Unbeweglichkeit verurteilte Frau, die sich in den Glauben an Gott flüchtet, findet in einem nicht zur Familie gehörenden, höflichen jungen Mann endlich einen Zuhörer, der sie jedoch bald verlässt, um einer Verabredung folgend mit den jüngeren Familienmitgliedern ins Kino zu gehen. Ein alter Mann versucht, mit nicht endenwollenden Erzählungen aus seiner Jugend im Café einige jüngere Gäste an sich zu fesseln, doch Billard- und Kartenspiel üben eine stärkere Anziehung aus. Eine Großmutter glaubt, sich durch geradezu tyrannische Pflichtanmaßung in ihrer Familie unentbehrlich zu machen. Als sie ernsthaft erkrankt, sind ihre Enkel keineswegs beunruhigt; und der Tod der Alten bestärkt sie nur in der Vermutung, die Großmutter habe ihnen »das letzte und ungeheuerlichste Theater« vorgespielt.

Der überwältigenden Verschlungenheit von Leben und Tod als »Vorderseite« und »Rückseite« des Lebens geht auch der letzte, titelgebende Essay nach. Eine eigenwillige ältere Frau verwendet eine ihr unvermutet zugefallene kleine Erbschaft dazu, sich eine prunkvolle Gruft zu kaufen, die sie fortan häufig besucht: »Auf diese Weise sich selbst gegenübergestellt, was sie war mit dem vergleichend, was sie sein sollte, die Glieder einer stets abbrechenden Kette wiederfindend, erkannte sie mühelos die geheimen Absichten der Vorsehung.« Eines Tages findet sie das noch leere Grab geschmückt vor. Und bald darauf wird die Sterbende von ihrer Tochter bereits ins Totenhemd gekleidet, obwohl sie noch bei Bewusstsein ist: »Es ist seltsam, wie wir von Menschen umgeben sind, die es eilig haben.«

Die Kehrseite (l'envers) der Todesbereitschaft beschreibt der Essay »Die Freude am Leben«. Schon der 22-jährige Camus ist von den schöpferischen Reizen des Reisens fasziniert, das alle bürgerliche »Staffage« außer Kraft setzt und den Menschen aus den Masken hervortreibt, hinter denen sich seine Angst verbirgt. Eine grenzenlose Offenheit seines Wesens erfährt der Autor bestürzt in einem Café auf Ibiza beim Anblick einer jungen Frau, die unförmig dick, lediglich mit einem durchsichtigen gelben Netz bekleidet, einen obszönen, sich zu rhythmischer Ekstase steigernden Tanz aufführt. »Klebrig von Schweiß stand sie in der Mitte […] mit ihrer dummen, niedrigen Stirn und ihrem hohlen Blick glich sie einer aus dem Wasser steigenden widerlichen Göttin. Inmitten der sie umbrausenden Freude bot sie mit der Verzweiflung ihrer leeren Augen und dem zähen Schweiß ihres Leibes gleichsam das schändliche und begeisternde Bild des Lebens.«

Die frühen Essays durchzieht eine Emphase des Hingegebenseins an das vom Mittelmeer inspirierte Leben. *L'envers et l'endroit* umschließt eine Welt, »die über dem Menschen zusammenschlägt« und auch seine Verzweiflung einbezieht. Im Vorwort zur Neuausgabe von 1957 betont Camus, es sei der Ausgangspunkt für alle seine späteren Werke, und sogar jenes Buch, von dem er vorerst nur träume, werde »auf diese oder jene Art ›L'envers et l'endroit‹ gleichen und von einer gewissen Art Liebe handeln«.

■ Lit.: M. P. Kuo: La dignité de l'homme dans Révolte dans les Asturies, l'envers et l'endroit et Noces. Œuvre de jeunesse d'A. C., 1998.

Hans-Horst Henschen

La mort heureuse

(frz.; *Der glückliche Tod*, 1972, E. Rechel-Mertens) – Bereits in diesem teilweise autobiographischen und fragmentarischen Debütroman, der zwischen 1936 und 1938 entstand, aber erst 1971 in den *Cahiers Albert Camus* postum veröffentlicht wurde, formuliert der Autor eine Absage an das christliche Verständnis vom Tod und setzt der Vorstellung vom Jenseits antithetisch die Vereinigung mit dem »Reich dieser Welt« entgegen. Schon hier kündigt sich die Thematik an, die anschließend in *L'étranger*, 1942 *(Der Fremde)*, unter dem Vorzeichen eines zugespitzten Bewusstseins von der Absurdität des menschlichen Daseins fortgeführt wird.

Der aus zwei Teilen bestehende Roman beginnt mit einem Mord: Mersault, einfacher Angestellter eines Handelsunternehmens in Algier, tötet im Anschluss an ein Gespräch über das Bedürfnis, glücklich zu leben, den mit ihm befreundeten, an den Rollstuhl gefesselten und zum Selbstmord bereiten Zagreus und bemächtigt sich seines Vermögens. In Rückblenden skizziert der Erzähler Mersaults Lebensgeschichte, die Belanglosigkeit seines Alltags und die Sinnlosigkeit seiner monotonen Büroarbeit; den Tod seiner Mutter, mit der Mersault in einem Arbeiterviertel von Algier auf kleinstem Raum eine entbehrungsreiche Kindheit und Jugend verbracht hat; seine Beziehung zu Marthe, die ihn mit Zagreus bekannt macht, sowie zu den wenigen Nachbarn (die in ähnlicher Konstellation in *L'étranger* wieder auftauchen).

Im zweiten Teil unternimmt Mersault eine Reise nach Mitteleuropa, vermisst aber die algerische Sonne und leidet unter dem Gegensatz zur mediterranen Welt. Nach Algerien zurückgekehrt, genießt er in einer idyllisch gelegenen Villa mit drei jungen Mädchen ein von Arbeit und Geldsorgen befreites Dasein, beendet das Experiment dieser Lebensgemeinschaft jedoch, da diese von ihm die Bereitschaft zur Kommunikation und zur Mitteilung seiner Gefühle verlangt. Er geht eine ihm völlig gleichgültige Ehe ein und zieht sich schließlich in ein einsames Haus am Meer zurück, wo er, seit dem Mord an Zagreus unter Fieberanfällen leidend, nach kurzer Zeit in Einklang mit der grandiosen Natur stirbt.

Ähnlich wie Meursault in *L'étranger* ist auch Mersault in *La mort heureuse* auf seiner Suche nach dem Glück mit dem Gedanken an den Tod als absurdem Eingriff in die Existenz konfrontiert. In glücklichen Bildern beschwört Camus den mediterranen »Mittag« und thematisiert das Leben jenseits der Begrenzungen des Alltags, in Einsamkeit und in Übereinstimmung mit der Natur als Voraussetzung eines »glücklichen«, weil – wie der zweite Teil des Romans überschrieben ist – »bewußten Todes«.

▪ Lit.: A. Naaham: La mort et C., 1980. *Brunhilde Wehinger*

Caligula

(frz.; *Caligula*, 1959, G. Meister) – Bereits in seinem ersten, 1938 entstandenen, 1942 erschienenen und 1945 in Paris uraufgeführten Schauspiel schlägt der junge Autor das Thema an, das ihn auch in fast allen seinen späteren Werken beschäftigen wird: die Konfrontation des Menschen mit seinem als absurd erkannten Dasein und die mögliche, jedoch aussichtslose Auflehnung gegen diese Gegebenheit.

Durch den Tod seiner inzestuös geliebten Schwester Drusilla kommt dem jungen Gaius Caligula, einem »bis dahin liebenswerten Kaiser«, die Begrenztheit des Lebens zum Bewusstsein: »Die Menschen sterben, und sie sind nicht glücklich.« Diese lapidare, eher melancholische Erkenntnis wird fortan sein eigenes Leben und das seiner Untertanen bestimmen. Aus Protest gegen den Hass und die Dummheit der Götter, der unvernünftigen Herrscher über eine Welt, die »in ihrer jetzigen Gestalt nicht zu ertragen ist«, beschließt Caligula, »in der Wahrheit« zu leben und Rom eine grenzenlose Freiheit zu geben; damit geht jedoch das unaufhaltsame Streben nach der Verwirklichung seines Allmachttraumes und die Entfesselung seines zerstörerischen Potenzials einher. Caligulas ausgeklügeltes, gleichermaßen revolutionäres wie absolutistisches Programm scheint fürs Erste etwas Überzeugendes zu haben: Er verspricht die Ausrottung der Lüge, die Entlarvung der »falschen Vernunft«, heuchlerischer Konventionen und unverdienter Privilegien. Die Plebs begrüßt die Enteignung der Patrizier, ihre Demütigung und sogar ihre Ermordung, denn es leuchtet ein, dass es »keine tiefe Leidenschaft ohne eine gewisse Grausamkeit« gibt. Die Anerkennung, die sein verbrecherisches Experiment erntet, und die Verachtung jener, die ihm Beifall spenden, steigern Caligulas Cäsarenwahn soweit, dass er sich – grotesk verkleidet – als »Göttin Venus« anbeten lässt, verlangt, dass man ihm den Mond herbeischaffe, und dass sein furchtbares Wirken mit dem der Pest verglichen wird. Das Vernichtungswerk ist seine Berufung: Da alle Welt schuldig ist, muss alle Welt bestraft werden. Caligula erwürgt seine frühere Geliebte Caesonia, die ihm vorhält, dass das Glück nicht von Zerstörung lebe und kommt an ihrem Totenbett schließlich zu der zynischen Einsicht, dass Töten nicht die richtige Lösung sei.

Inzwischen wächst der Widerstand. Die von Caligula gedemütigten und terrorisierten Patrizier haben sich zur Verschwörung zusammengeschlossen: Unter Führung des besonnenen Cherea dringen sie in Caligulas Gemach ein, um den in einem vehementen Ausbruch verzweifelt das Unmögliche begehrenden Herrscher – den Mond zu besitzen und Ruhe zu finden – aus der Welt »in die Weltgeschichte« zu befördern. Angesichts der Ausweglosigkeit bleibt ihm nur noch die Verachtung. Mit der zugleich angewiderten und provozierenden Feststellung »Noch lebe ich!« empfängt er – das Leben wie den Tod verachtend – die Dolchstöße, »weil er erkannt hat, daß kein Mensch sich allein zu retten vermag und daß die Freiheit nicht auf Kosten der anderen verwirklicht werden kann«.

Camus, der dieses Stück nach der Lektüre von Suetons *De vita Caesarum* für das von ihm gegründete

Theater in Algier schrieb (wo es allerdings nie aufgeführt wurde), hat sich im Vorwort zur späteren Buchausgabe gegen eine philosophische oder politische Interpretation des Caligula gewehrt und dabei doch selbst die beste existenzphilosophische Analyse dieser »Tragödie der Erkenntnis« geliefert, die er als die »Geschichte eines Selbstmords auf höherer Ebene und zugleich die Geschichte des menschlichsten und tragischsten aller Irrtümer« charakterisierte. Obwohl von einem jungen Schauspieler und Regisseur für das Theater geschrieben, lässt die Anlage des Stücks eher philosophische als dramaturgische Ambitionen erkennen. Fast alle Figuren sind Träger von Ideen, Verkünder aller denkbaren – also auch der positiven – Möglichkeiten, das Leben in der Absurdität zu bestehen. Gestalten wie dem Patrizier Cherea und dem Dichter Scipio mit ihren zwar höchst eigenwilligen, doch humanistisch fundierten Weltanschauungen wird man in späteren Werken Camus' wiederbegegnen. Die Dialoge sind auffallend knapp, doch reich an Sentenzen und daher eher statisch als handlungsbewegend. Das Geschehen verläuft von Anfang an auf den unausweichlichen Ausgang zu: den Tod Caligulas. Sein letzter Monolog gehört zweifellos zu Camus' stärksten Bühnenszenen.

▪ Lit.: M. Fleischer: Zwei Absurde. C.s ›Caligula‹ und ›Der Fremde‹, 1998. ▪ G. Hima: Mörderische Poesie. Nero und Caligula, 2000. *Gert Woerner / Brunhilde Wehinger*

Le mythe de Sisyphe

(frz.; *Der Mythos von Sisyphos*, 1950, H.G. Brenner, W. Rasch) – Ausgangspunkt dieses wegweisenden philosophischen Essays, der zwischen 1936 und 1941 entstand und 1942 erschien, ist die existenzielle Erfahrung des Absurden, wie Camus sie in vielen seiner Werke dichterisch gestaltet hat. Sie geht hervor aus der Konfrontation des selbstbewussten menschlichen Geistes mit der ausschließlich dinghaften, undurchdringlichen Faktizität der gegebenen Welt, die jeglicher Transzendenz entbehrt. Sie wird erfahren als unüberbrückbare Diskrepanz zwischen Ich und Nicht-Ich, zwischen Hoffnung und Wirklichkeit, zwischen Intention und Ergebnis. Angesichts dieses Missverhältnisses erhebt sich die Frage, ob das Leben überhaupt wert sei, gelebt zu werden, ob nicht der Selbstmord die einzig mögliche Konsequenz darstelle. Dieser Weg ist jedoch dadurch verschlossen, dass das Absurde gerade in der bewusst gewordenen Konfrontation zwischen dinghafter Welt und menschlichem Geist entsteht, also »von Mensch und Welt gleichermaßen bedingt« ist. Im Falle des Selbstmords wäre mit dem Verschwinden des Menschen als dem einen Pol des Absurden auch die absurde Situation selbst aufgehoben, eine Aufhebung allerdings, die eine wirkliche Überwindung verhindern würde. So wenig das Absurde auf jene Weise bewältigt werden kann, so wenig kann es idealistisch überwunden oder religiös transzendiert werden.

Da eine Rechtfertigung des Menschen außerhalb des Spannungsfelds zwischen Welt und Bewusstsein negiert wird, muss ein Weg gefunden werden, in der gegebenen Welt die nur immanent bestimmbare, von einer absolut gesetzten Wertordnung unabhängige Würde des Menschen zu verwirklichen. Dieses für Camus stets zentrale Problem der Würde des Menschen weist schon in der Fragestellung auf eine neue Ethik, die im Kern die selbstzweckhafte Revolte gegen die Absurdität als einzig mögliche Verhaltensweise darstellt. Sie äußert sich in der entschlossenen Tat und in der größtmöglichen Lebensintensität, an deren Nutzlosigkeit in Bezug auf die Unveränderlichkeit der Welt kein Zweifel bestehen kann, in der der Mensch aber eine besondere Art der Selbstverwirklichung findet. In der Revolte schlägt also die absolute Verneinung um in die absolute Bejahung der gegebenen Welt: »Diese Revolte gibt dem Leben seinen Wert«, und »so wird die Hölle der Welt schließlich zum Königreich«.

Als Konsequenz für die praktische Lebensgestaltung ergibt sich: Der Wert menschlicher Handlungen bemisst sich nicht nach unbekannten Normen, sondern allein nach ihrer Intensität. Der Wert menschlichen Tuns ist nicht innerhalb absoluter Horizonte zu bestimmen, sondern er liegt in sich selbst und wächst mit zunehmender Leidenschaft und Lebensintensität. Ziel des Handelns ist ein Maximum an Erfahrung in allen Lebensbereichen; vor allem in der Kunst, wo das produktive Schaffen doppeltes Leben bedeutet. Diese Auffassung projiziert der Autor in den antiken Mythos von Sisyphos hinein, dessen Tun gerade in seiner verbissenen Sinnlosigkeit als Revolte erscheint.

Camus vollzieht in diesem Essay den ersten wichtigen Schritt seines Denkens von der Erfahrung der Absurdität zur Revolte, die hier noch ganz selbstzweckhaft gedacht ist. Erst in späteren Werken zeichnet sich die nie endgültig zu verwirklichende Möglichkeit ab, auch zu mitmenschlicher Kommunikation und Solidarität vorzudringen. Im Angriff gegen alle vernünftige Welterklärung und in der Auseinandersetzung mit den »quälenden Themen des absurden Denkens« fühlt sich Camus solidarisch mit Nietzsche, Kierkegaard, Heidegger, Jaspers, in manchen Zügen sogar mit Scheler und Husserl. Doch verwirft er jeden Ausweichversuch vor der Absurdität des Lebens: Kierkegaards und Gabriel Marcels Rettung durch den Glauben, Husserls Ideenschau, die rationalistischen Ansätze Merleau-Pontys und – mit allem Nachdruck – ↗ Sartres »Sein der Transzendenz«.

In der Beschränkung des Denkens auf bloße Darstellung und Beschreibung vollzieht sich für Camus der Übergang zur Kunst (vgl. das Kapitel »Philosophie und

Roman«). Das absurde Kunstwerk ist Ergebnis eines langen intellektuellen Dramas; es verzichtet darauf, eine (illusorische) Welt erschaffen zu wollen, und verdeutlicht »die Resignation, mehr sein zu wollen als die Einsicht, die die Erscheinungen in das Werk umsetzt und das, was keine Vernunft hat, mit Bildern zudeckt«.

▪ Lit.: W. Neuwöhner: Ethik im Widerspruch, 1985.

Werner Arnold

L'étranger

(frz.; *Der Fremde*, 1948, G. Goyert, H.G. Brenner) – Der 1942 erschienene Roman ist das meistgelesene Werk des Autors.

Meursault, ein kleiner französischer Angestellter in Algier, beginnt seinen Bericht in dem Augenblick, als er an das Totenbett seiner Mutter gerufen wird, die er vor Jahren in einem Altersheim außerhalb der Stadt untergebracht hat, »da sie sich nichts mehr zu sagen hatten«. Er nimmt zwei Tage Urlaub, fährt in das kleine Dorf, hält eine Nacht lang die Totenwache, wobei er, durch die Reise und die Hitze ermüdet, Zigaretten raucht und Kaffee trinkt und sogar einige Male einschläft. Mit derselben Teilnahmslosigkeit folgt er dem Trauerzug und kehrt dann nach Algier zurück. Am nächsten Morgen trifft er beim Baden seine Arbeitskollegin Maria, sieht sich mit ihr einen Film an und verbringt anschließend die Nacht mit ihr. Ein paar Tage später bittet ihn sein Zimmernachbar Raymond, ihm einen Brief zu entwerfen und lädt ihn zum Dank eines Sonntags ans Meer ein. Am Strand begegnen die beiden einem Araber, dem Bruder von Raymonds Freundin, mit der er einen Streit gehabt hat. Der Mann bedroht ihn, und es kommt zu einem kurzen Handgemenge. Meursault hatte zuvor Raymonds Revolver an sich genommen, um eine unbesonnene Tat zu verhindern. Später trifft er zufällig noch einmal allein auf den Araber, der bei seinem Herannahen ein Messer zieht. Instinktiv greift Meursault nach dem Revolver. »Ich fühlte nur noch die Zymbeln der Sonne auf meiner Stirn und undeutlich das leuchtende Schwert, das dem Messer vor mir entsprang. Dieses glühende Schwert wühlte in meinen Wimpern und bohrte sich in meine schmerzenden Augen. Da geriet alles ins Wanken. Vom Meer kam ein starker, glühender Hauch. Mir war, als öffnete sich der Himmel in seiner ganzen Weite, um Feuer regnen zu lassen.« Halb betäubt schießt er den Araber nieder, wird des vorsätzlichen Mordes angeklagt, für schuldig befunden und zum Tode durch das Beil verurteilt. Während seiner letzten Tage bereitet er sich auf den Tod vor. Die Tröstungen des Priesters weist er zurück.

Der in der ersten Person erzählte Roman unterscheidet sich von traditionellen Ich-Erzählungen durch die absichtliche Ausschaltung der bei dieser Erzählhaltung sonst üblichen Reflexion der Umwelt im Bewusstsein des Erlebenden. Meursault interpretiert die Vorgänge nicht; es scheint, als beträfen sie ihn nicht. Die Welt, die er sieht, ist vordergründig und flächenhaft, er selbst bleibt eine Gestalt ohne Tiefendimension. Er sagt zwar »ich«, aber dieses Ich bleibt substanzlos. ↗ Sartre weist in seiner Interpretation des Werks auf ein Bild aus dem Mythos von Sisyphos hin, das diese »Unmenschlichkeit des Menschen«, wie er sagt, gleichnishaft demonstriert. »Ein Mensch spricht hinter einer Glaswand ins Telefon; man hört ihn nicht, man sieht nur sein sinnloses Mienenspiel.«

Meursaults Bericht zerfällt in einzelne Begebenheiten, die er nicht in einen kausalen Zusammenhang bringt, sondern nur mechanisch registriert. Kurze Sätze, bloße Feststellungen, wo man ein Engagement, einen Gefühlsausdruck erwartet, reihen sich in bewusst monotoner Folge aneinander. Leitmotivisch durchziehen die Erzählung Wendungen wie »Ich wußte es nicht«, »Das war mir gleichgültig« oder »Das bedeutete nichts«. Ebenso wie seiner Berichterstattung fehlt Meursaults Leben der Sinnzusammenhang. Es besteht aus einer Aneinanderreihung von zufälligen Geschehnissen in einer ständigen Gegenwart. Im Verlauf des Prozesses wird seine Vorgeschichte noch einmal aufgerollt und dabei bis zur Unkenntlichkeit verzerrt. Aufgrund der herkömmlichen Annahme, dass zu einer Handlung Absicht und Plan gehören, wird nun in alles, was ohne irgendeine innere Gesetzmäßigkeit geschehen war, eine falsche Kausalität hineininterpretiert. Die Gefühllosigkeit, die Meursault am Tag der Beerdigung seiner Mutter zur Schau trug, die Tatsache, dass er am nächsten Morgen eine Liebesbeziehung aufnahm, der dubiose Brief, den er für Raymond, einen Mann von zweifelhafter Moral, schrieb – alle diese Einzelheiten werden als Zeichen einer kriminellen Veranlagung gewertet, die Meursault notwendig zu einem vorsätzlichen Mord treiben musste. Seine Erklärung, er habe nicht die Absicht gehabt, den Araber zu töten, Schuld daran trage vielmehr die Sonne, ruft nur Gelächter hervor. Meursault hat den Eindruck, dass die Gerichtsverhandlung mit seiner Person eigentlich nichts mehr zu tun hat und dass sich sein Schicksal ohne Zusammenhang mit seiner Tat vollzieht. Wieder allein in seiner Zelle, wird ihm plötzlich in einem beinahe triumphal erlebten Augenblick der Erleuchtung bewusst, dass die Gewissheit der eigenen Existenz die einzige Erkenntnis ist, die er angesichts des Todes zu gewinnen vermag.

Im selben Jahr wie das philosophische Hauptwerk *Le mythe de Sisyphe (Der Mythos von Sisyphus)* veröffentlicht, gab der Roman dem Lebensgefühl einer Generation Ausdruck, die in zwei Weltkriegen den Zusammenbruch der bis dahin gültigen Ordnung erfahren hatte.

Camus selbst hat die Haltung einer »zärtlichen Gleichgültigkeit« gegenüber einer absurden Welt, wie sie sich in dem Roman *La mort heureuse (Der glückliche Tod)* aus dem Jahr 1937 abzeichnet (1971 postum veröffentlicht), in dem späteren Roman *La peste*, 1947 *(Die Pest)*, überwunden.

Die große Sympathie, die Meursault bei den Lesern erweckte, beweist die Symbolkraft dieser Gestalt, die zugleich als Protagonist und als Opfer einer absurden Welt erschien. Mit zum Teil nur wenig abgewandelten Zügen und in unverkennbar nachempfundener Sprachform trat der »Fremde« in der französischen Nachkriegsliteratur der 1950er Jahre wiederholt in Erscheinung.

■ Lit.: J. Baishanski: L'Orient dans la pensée du jeune C., 2002. ■ P. V. Zima: Der gleichgültige Held. Textsoziologische Untersuchungen zu Sartre, Moravia und C., 2004.

Margarete Bormann

Le malentendu

(frz.; *Das Mißverständnis*, 1959, G. Meister) – Das 1944 in Paris uraufgeführte Schauspiel in drei Akten gestaltet das Thema von der Heimkehr des verlorenen Sohnes. Aber in einer Welt ohne Gott und Erlösung tritt ein Missverständnis an die Stelle des frohen Wiedererkennens und ein mörderischer Schlaftrunk an die Stelle des Freudenmahls.

Die Fabel des Stücks wird schon in *L'étranger*, 1942 *(Der Fremde)*, erzählt, wo der zum Tode verurteilte Meursault unter seinem Strohsack in seiner Zelle einen Zeitungsartikel entdeckt: Nach 20 Jahren Abwesenheit kehrt Jan zu seiner Mutter und seiner Schwester Martha zurück, die in einem verlorenen Regen- und Schattenland ohne Horizont ein einsames Gasthaus bewirtschaften. Reich und glücklich verheiratet kommt er aus einem sonnigen Land, getrieben von dem Verlangen, seine Familie wiederzufinden. Er gibt sich jedoch nicht gleich zu erkennen, sondern wartet auf ein Zeichen der Liebe, auf das richtige Wort. Doch die beiden Frauen, die seit Jahren alle ihre reichen Gäste töten und berauben, um selbst ein neues Leben beginnen zu können, sehen in ihm nur ein Opfer. So waltet ein unheimliches Missverständnis in ihren Gesprächen, in denen sich die Sprache der Mörderinnen mit der des Wartenden mischt. Sowohl die Mutter, die vor dem Mord zögert, als auch den Sohn befällt eine leise Vorahnung. Die einzige freundliche Geste ist eine Tasse Tee, die Martha ihrem Bruder bringt – es ist der Schlaftrunk, der seinen Tod vorbereitet. Nachdem die beiden Frauen den Ermordeten in den Fluss geworfen haben, enthüllen ihnen dessen Papiere die Wahrheit. Damit hat die Mutter ihre nur durch emotionale Versteinerung erlangte Ruhe verloren. Sie muss erkennen, dass sie wieder fähig ist zu leiden: »Ach ich habe meine Freiheit verloren, und die Hölle hat begonnen!«

Beide Frauen gehen freiwillig in den Tod. Doch Martha rechtfertigt zuvor ihre Tat mit der Grausamkeit des Lebens: Sie erklärt, dass sie ihren Bruder auch getötet hätte, wenn sie ihn erkannt hätte; denn sie hasse ihn wegen seines glücklicheren Lebens und weil er ihr zuletzt die Mutter genommen habe. Für sie ist jede Bindung nur ein Missverständnis, der Mensch im Leben wie im Tod heimatlos und ohne Frieden. »Denn, nicht wahr, Heimat kann man diese zähe, lichtlose Erde nicht nennen, in der man blinden Tieren zur Nahrung dient.« Sie erklärt Jans unglücklicher Frau Maria, dass das einzig mögliche Glück darin bestehe, gefühllos wie ein Stein zu werden. In einer absurden Welt hängt das Geschehen letztlich von Zufällen ab. Der alte Knecht, Verkörperung des Schicksals, ist stumm. Nur zum Schluss öffnet er den Mund – zu einem kategorischen »Nein«, mit dem er der allein zurückgebliebenen, hilflosen Maria Mitleid und Unterstützung verweigert.

Die dramatische Spannung liegt in den Dialogen. Die Sprache, die eine Verbindung zwischen der gehobenen Sprache der Tragödie und der Umgangssprache anstrebt, muss in ihrer Exaktheit und ihrer durch den Intellekt gefilterten Leidenschaft keinen Vergleich mit Camus' Prosa scheuen.

■ Lit.: K. Bahners: Das Missverständnis, 1984. *KLL*

La peste

(frz.; *Die Pest*, 1948, G. Meister) – Der 1947 erschienene allegorische Roman verarbeitet die Erfahrungen des Autors im Zweiten Weltkrieg und seine Tätigkeit in der Résistance.

In der fiktiven algerischen Stadt Oran mehren sich die Anzeichen einer Seuche, die aber von den Bürgern zunächst mehr staunend als beunruhigt zur Kenntnis genommen werden: Immer zahlreicher werdende Ratten kriechen aus ihren Schlupfwinkeln hervor und sterben auf Straßen, Plätzen und in Hauseingängen. Als man endlich das gefürchtete Wort Pest öffentlich auszusprechen wagt, hat die Krankheit schon eine Reihe von Opfern gefordert. Der Arzt Rieux, der sich erst gegen Ende des Romans als Verfasser zu erkennen gibt, deutet als einer der ersten die Vorzeichen richtig, fordert die Stadtverwaltung zu Gegenmaßnahmen auf und versucht in unermüdlichem Einsatz, so viele Menschenleben wie möglich zu retten. Seine kranke Frau hat er vor Ausbruch der Seuche in ein Sanatorium außerhalb von Oran gebracht. Scheinbar in Sicherheit, stirbt sie dennoch. Ihr Tod ist ein Modellfall für die von Camus behauptete »Absurdität« des Daseins, die, in Gestalt des über Oran hereingebrochenen Kollektivschicksals, Rieux, den Prototyp des aufgeklärten Skeptikers, zum Widerstand herausfordert. Rieux kämpft ohne Illusionen – gleichsam als ein Sisyphos, der sich mit den Leidenden solidarisch erklärt.

Camus schildert den Verlauf der Seuche unter zwei Aspekten. Er zeigt ihre Auswirkungen auf das moralische Klima dieser »reiz-, pflanzen- und seelenlosen Stadt«, die das Gefühl für den Tod verloren hatte, und er führt die exemplarischen Reaktionen einer Reihe von Einzelpersonen vor, die sich mit der allgemeinen Tragödie nicht abfinden wollen oder sie zu rechtfertigen, ja zu nutzen verstehen. Der Pariser Journalist Rambert wird von der Seuche überrascht und darf die unter strenger Quarantäne stehende Stadt nicht verlassen. Alle Versuche auszubrechen, um zu der von ihm geliebten Frau zu gelangen, schlagen fehl. Er, der zunächst sagt: »Ich habe genug von den Leuten, die für eine Idee sterben, mich interessiert nur noch, von dem zu leben und an dem zu sterben, was ich liebe«, wird schließlich zum Altruisten. Er schließt sich den freiwilligen Hilfstrupps an, die in lebensgefährlichem Einsatz die Ärzte unterstützen. Auch Gand, ein kleiner Büroangestellter, findet in der allgemeinen Katastrophe eine sinnvolle Tätigkeit. Jahrelang hat er in einsamer Zurückgezogenheit gelebt, ein Kleinbürger, der an einem Roman schreibt, über dessen ersten Satz er nie hinausgekommen ist. Unter dem Eindruck des Schreckens löst er sich von dieser absurden Betätigung und baut die zivilen Hilfstrupps auf. Cottard ist Nutznießer der Situation: eines Verbrechens beschuldigt, wollte er Selbstmord begehen, wurde gerettet und lebt nun in relativer Freiheit, da die Polizei andere Aufgaben hat, als Verbrecher zu jagen. Als die Pest überwunden ist, verschanzt er sich in seiner Wohnung und wird im Verlauf eines Feuergefechts von der Polizei erschossen. Für den Jesuitenpater Paneloux ist die Pest ein Gottesgericht, das gerechterweise auf die Sünder herabkommt. Erst der Tod eines unschuldigen Kindes trifft den religiösen Fanatiker so nachhaltig, dass er sich nun auf eine – kaum weniger anfechtbare – Position rettet, die des unbedingten sich selbst verleugnenden Glaubens daran, dass »die Wahrheit aus der augenscheinlichen Ungerechtigkeit hervorbrechen wird«. Er stirbt an der Pest, nachdem er sich den Sanitätstrupps angeschlossen hat.

In Tarrou, von dessen Herkunft und Ziel man zunächst wenig erfährt und der sich vom beobachtenden Außenseiter zum Kämpfer wandelt, findet Rieux einen Freund. Tarrou hatte sein Zuhause verlassen, als er erfuhr, dass sein Vater, ein Staatsanwalt, Menschen dem Tod auslieferte. Seine Ablehnung gegen alles, »was von nah oder fern aus guten oder schlechten Gründen tötet oder rechtfertigt, daß getötet wird«, und die ihn tief bewegende Frage, ob man ein »Heiliger ohne Gott« sein könne, machen aus dem stillen, resignierten Individualisten einen aktiven Helfer. Sein Tod scheint absurd: Als die Bevölkerung von Oran bereits die Befreiung von der Seuche feiert, ist er einer der letzten, die an ihr sterben. Der Roman hat einen pessimistischen Ausklang, da Rieux weiß, dass der Sieg nicht endgültig ist.

Dass er in seiner Allegorie die Pest als unabänderliche Schicksalsmacht, als Conditio humana und nicht als ein nach seinen geistigen und historischen Grundlagen zu analysierendes Phänomen deutete, rief Kritiker wie ↗ Sartre auf den Plan, der Camus mangelndes historisches Verständnis vorwarf, ja seinen eigenen berühmt gewordenen Einwand gegen die Geschichte als schlechthin unverbindlich, als Flucht auf höchster Ebene bezeichnete. In dem vier Jahre später erschienenen Essay *L'homme révolté (Der Mensch in der Revolte)* widersprach Camus dezidiert der von Hegel hergeleiteten Idee einer wertneutralen Historie. Gegen diese Deutung der Geschichte setzt er mit Kierkegaard die Entscheidung eines ethischen Individuums, das seine Teleologie in sich trägt. Die Herausforderung des absurden Weltempfindens beantwortet er mit der moralischen Kraft des Einzelnen und fand damit weltweite Resonanz, nicht zuletzt, weil er selbst sie gelebt hat.

■ Lit.: H. R. Schlette: Erkenntnis und Erinnerung. C.s Pest-Chronik. Interpretation und Aktualiät, 1998. *Knut Nievers*

L'état de siège

(frz.; *Der Belagerungszustand*, 1955, H.H. Hausser) – Das 1948 in Paris uraufgeführte Schauspiel in drei Teilen ist eine Art Lehrstück über die Beziehungen zwischen Terror, versklavender Angst und befreiendem Mut zum Widerstand, das in Deutschland ein lebhafteres Echo als in Frankreich fand.

Über der Stadt Cadiz zieht ein Komet am Himmel auf. Verstört glaubt die auf dem Marktplatz versammelte Menge, der Weltuntergang sei gekommen. Doch als der Gouverneur eine Botschaft verkünden lässt, die das Volk beruhigen soll, gehen die Menschen wieder ihrer Arbeit und ihren Vergnügungen nach. Plötzlich aber sinken einige zu Boden, und ein Arzt stellt fest, dass sie an der Pest gestorben sind. Panik bricht aus. Ein Priester fordert die entsetzte Menge auf, in der Kirche für ihre Sünden zu büßen, die diese Geißel Gottes über sie gebracht hätten; eine Hexe bietet Kräuter als Heilmittel an; der Gouverneur und die Alkalden lassen die Armenviertel sperren, da sich dort die Seuche am schnellsten verbreitet. Blind vor Angst und Schrecken versucht jeder, sich in Sicherheit zu bringen.

Da erscheinen ein Mann und eine Frau: ein Unteroffizier als die personifizierte Pest und seine Sekretärin, der Tod. In einem »legalen« Akt entmachten sie den Gouverneur, der sich als »König der Dauerhaftigkeit«

bezeichnet, und zwingen der hysterischen Masse ein Gewaltsystem auf: »Ein Mal, und Sie sind verdächtig. Zwei, und schon sind Sie angesteckt; drei, und die Streichung ist vorgenommen. Nichts könnte einfacher sein.« Die Frau führt Buch über Leben und Tod. Sie beseitigt auf Anordnung des Mannes einen Menschen nach dem anderen, indem sie die Namen in ihrem Notizbuch durchstreicht. Unterstützt durch das Verhalten der um ihr Leben Fürchtenden, breitet sich die Tyrannei der Pest immer weiter aus. Der Nihilist und Trunkenbold Nada, dessen Zynismus weder vor dem Leben noch vor dem Tod haltmacht, dient ihr ohne Furcht. Diego hingegen, ein junger, lebensfroher Mann, der nicht an das Unglück glauben kann und anfangs wegen seiner Liebe zu Victoria fliehen wollte, kehrt um und bekämpft die Pest, indem er versucht, entgegen den Anordnungen des todbringenden Paares Mitleid, Liebe und Mut zu vermitteln. Als die Sekretärin des Tyrannen seinen Widerstand bemerkt, verrät sie ihm ein Geheimnis: »Soweit ich mich zurückerinnern kann, hat es immer genügt, daß ein Mensch seine Angst überwand und sich auflehnte, damit es im Räderwerk zu hapern begann. Ich sage nicht, die Maschine bleibe stehen, noch lange nicht. Aber es fängt an zu hapern, und manchmal versagt sie dann am Schluß wirklich.«

Diegos Beispiel ermutigt die anderen, Widerstand zu leisten. Er wird ihr Anführer, und die Tyrannei erleidet die ersten Niederlagen. Da setzt die Pest gegen Diego die Mittel der Erpressung und der Versuchung ein. An der Bahre, auf der Victoria im Sterben liegt, soll er entscheiden, ob er mit ihr weiterleben will, während die anderen Menschen zugrunde gehen, oder ob er sich für die Freiheit aller opfern will. Die Sekretärin führt ihn in Versuchung: »Man kann nicht glücklich sein, ohne den anderen Leid zuzufügen. So will es die Gerechtigkeit dieser Welt.« Doch Diego lehnt diesen Kompromiss ab und wählt den Tod. Während er niederstürzt, erhebt sich Victoria von ihrer Bahre. Sie klagt ihn an: »Du hättest selbst dem Himmel zum Trotz mich wählen müssen. Du mußtest mich der ganzen Erde vorziehen.« Diego weist sie zurecht: »Ich bin im reinen mit dem Tod, darin liegt meine Stärke. Aber es ist eine Stärke, die alles andere verzehrt. Das Glück findet keinen Raum darin.« Besiegt verlässt die Pest die Stadt. Angesichts der erneut einziehenden Mittelmäßigkeit stürzt sich der Kollaborateur Nada ins Meer.

Das Stück entstand in Zusammenarbeit mit Jean-Louis Barrault, der Anfang der 1940er Jahre beabsichtigte, Daniel Defoes *A Journal of the Plague Year*, 1722 *(Die Pest in London)*, zu dramatisieren. Als er von Camus' Arbeit an dem Roman *La peste (Die Pest)* erfuhr, bat er diesen um Mitarbeit. Obwohl hinsichtlich des Inhalts und der Figuren gewisse Übereinstimmungen bestehen, ist das Schauspiel keine Bearbeitung des Romans. Handlung und Schauplatz sind verändert. Während die Pest im Roman verschwindet, wie sie gekommen ist, bedarf es im Drama eines Selbstopfers, um sie zu vertreiben. So unterschiedlich die Bedeutung der Pest interpretiert wurde – beispielsweise als Macht, gegen die die natürliche Ordnung verteidigt werden muss –, in beiden Werken wird sie als ein Übel dargestellt, das die menschliche Gesellschaft bedroht und den Einzelnen zur Stellungnahme herausfordert. Camus zeigt verschiedene Verhaltensweisen angesichts dieser Grenzsituation; seine Sympathie gehört unverkennbar dem Menschen, der für die Gemeinschaft kämpft und sein persönliches Glück hintanstellt.

L'état de siège ist ein Versuch, »totales Theater« zu machen. Dies zeigt sich sowohl in der chorischen Einbeziehung der Volksmenge, des Kollektiverlebens, ins Drama, als auch in der an die Simultanbühne anknüpfenden Gleichzeitigkeit der Szenen sowie in der dramaturgischen Mischung von Tragödie, Komödie und Farce: »Es handelt sich nicht um ein Stück von herkömmlicher Bauart, sondern um ein Schau-Spiel, das offen bestrebt ist, alle Ausdrucksformen des Theaters heranzuziehen, den lyrischen Monolog so gut wie das kollektive Theater, die Pantomime, das einfache Zwiegespräch, die Posse und den Chor.« Dabei greift Camus auf Verfahren der Moralitätenspiele des Mittelalters zurück.

▪ Lit.: H. W. Wittschier: A. C. und Antonin Artaud. Zum Verständnis von L'état de siège, in: Romanistisches Jahrbuch 23, 1972, 137–149.

Mechthild Heine / Brunhilde Wehinger

Les justes

(frz.; *Die Gerechten*, 1959, G. u. G. Meister) – Ausgehend vom Standpunkt der Existenzphilosophie des Autors soll das 1949 in Paris uraufgeführte Schauspiel in fünf Akten Sinn und Konsequenzen des ›gerechten Mordes‹ am Verhalten einiger Sozialrevolutionäre erhellen. Das streng gebaute Dialogstück greift auf einen historischen Stoff zurück, auf das 1905 von Anarchisten verübte Attentat auf den russischen Großfürsten Sergej.

Der mit dem Werfen einer Bombe beauftragte Attentäter Kaliayev schreckt im entscheidenden Moment vor der Tat zurück, weil sich zwei Kinder in Begleitung des Großfürsten befinden. Nach diesem gescheiterten Attentatsversuch kommt es innerhalb der Gruppe zu einer leidenschaftlichen Diskussion über Ziel und Rechtfertigung des politischen Umsturzes. Während Dora, Annenkov und Voinov Kaliayevs Weigerung, das neue Zeitalter mit einem Kindermord einzuleiten, grundsätzlich bejahen, tritt ihnen in Stepan Fedorov ein unerbittlich Andersdenkender gegenüber. Stepan, ein zweiter Robespierre, misst das Leben der zwei Kinder des Großfürsten an dem Tod von tausend anderen, die nun weiterhin jährlich verhungern werden. Er macht sich zum Protagonisten derer, die im Glauben, eine bessere Zukunft schaffen zu können, alle bestehenden Wertvorstellungen relativieren und alle Einzelschicksale als Werkzeuge einer abstrakten Gerechtigkeit betrachten. Kaliayev hingegen vertritt die Auffassung von der Gleichwertigkeit jedes Menschenlebens. Er ist überzeugt davon, dass ein als notwendig erkannter, aber moralisch nicht zu rechtfertigender Mord nur durch den Tod des Mörders gesühnt werden könne. Selbst um den Preis des eigenen Ichs sei der einzig vertretbare Antrieb zur Revolte die Achtung vor dem Leben.

Nach einem zweiten, diesmal erfolgreichen Anschlag auf den Großfürsten willigt Kaliayev in seinen eigenen Tod ein. Er unterliegt nicht der Versuchung, sein Leben durch den Verrat an seinen Kameraden zu retten und lehnt die von der Großfürstin, einer gläubigen Christin, in Aussicht gestellte Begnadigung ab. Als die Nachricht von seiner Hinrichtung bei den Freunden eintrifft, erklärt Dora, die Kaliayev liebte und seine Gesinnung teilt, sie selbst wolle die nächste Bombe werfen.

Das Stück stellt Camus' Replik auf ↗ Sartres thematisch verwandtes Drama *Les mains sales*, 1948 *(Die schmutzigen Hände)*, dar, ist jedoch in seiner Aktionsarmut didaktischer. Von der These geleitet, dass ein abstraktes ideologisches Denken zur Despotie führen muss, weil es den Terror in seine Rechnung einbezieht, formuliert Camus damit bereits das Zentralproblem seines 1951 veröffentlichten Essays *L'homme révolté (Der Mensch in der Revolte)*.

▪ Lit.: P. Forest: C. Étude de L'étranger, La peste, Les justes, La chute, 1992. *KLL*

L'homme révolté

(frz.; *Der Mensch in der Revolte*, 1953, J. Streller) – Das 1951 erschienene philosophisch-gesellschaftskritische Werk erörtert die Situation des modernen Menschen, der sich in einer Welt des Verbrechens und der Ideologien gegen absolute Ansprüche aller Art zu behaupten und vor Entwürdigung zu retten versucht. Diese Forderungen erreichen im politischen Mord, der einerseits das Recht auf Leben anerkennt und andererseits dieses Recht einem andern bestreitet, ihren Höhepunkt und führen zur existenziellen Grunderfahrung des Absurden. In dieser Situation ist »das Erste und einzig Evidente [...] die Revolte«. Revolte ist hier nicht als eine nur verneinende Empörung aufgefasst, sondern als ein zur Daseinsgewissheit führender Akt: »Ich revoltiere, also bin ich«, heißt es in Anlehnung an das Axiom von ↗ Descartes. Während Camus in *Le mythe de Sisyphe*, 1942 *(Der Mythos von Sisyphus)*, diese Erfahrung als die des Individuums dargestellt hat, untersucht er hier die geschichtlichen Dimensionen der Revolte. Denn wie in der Neuzeit die Geschichte allmählich an die Stelle Gottes getreten ist, so kann der Mensch der Gegenwart – von einem Leben in der Gnade durch Jahrhunderte politischer, industrieller und sozialer Revolution getrennt – nur noch im Vollzug der Geschichte seinen Sinn verwirklichen. Der Autor hebt in diesem Zusammenhang hervor, dass der in der Revolte angestrebte Wert – im Gegensatz zu dem stets für den Einzelmenschen verständlichen cogito Descartes' – nur innerhalb einer solidarischen menschlichen Gemeinschaft verwirklicht werden kann: »Ich empöre mich, also sind wir.«

Die historische Bewegung der Empörung beginnt für Camus im eigentlichen Sinn im 18. Jh. als »metaphysische Revolte«, die durch Leugnung der Teleologie des Menschen und der Schöpfung die Einheit des rationalen Menschen mit der irrationalen Welt zu erreichen sucht. Die Revolution, die mit der Geschichte ringt, diese jedoch verabsolutiert und darin der antimetaphysischen Bewegung vergleichbar ist, die in ihrem Kampf gegen Gott die Natur und das Böse verabsolutieren musste, bleibt jedoch problematisch, da »die Revolution als solche den Vorrang hat vor denen, die sie retten soll«. Camus' Lesart der zwei Jahrhunderte nachrevolutionärer Geschichte begründet nicht nur seine Kritik am Nihilismus, sondern auch die Hypothese, dass das ursprüngliche Ziel der Revolte in der Geschichte zunehmend verraten wurde: bei ↗ Sade und den Romantikern, bei Dostoevskij, Stirner, Nietzsche, ↗ Lautréamont und den Surrealisten, bei ↗ Rousseau, Saint-Just, Hegel und Marx, den russischen Anarchisten und schließlich auch bei Lenin und Stalin. Camus bezweifelt die vor allem von ↗ Sartre in der Nachfolge Hegels behauptete Vorstellung einer Absolutheit der Geschichte und die Vernünftigkeit dessen, was im Laufe der Geschichte realisiert wurde. Dezidiert wendet er sich von einer Geschichtsauffassung ab, die im Zeichen des Nihilismus als »Nachfolger« Gottes inthronisiert worden sei und mit überirdischen Hoffnungen vertröste. Eine moderne Revolution sei daher gezwungen, zu den Quellen der Revolte zurückzukehren, um nicht in Kraftlosigkeit und Sterilität zu enden.

Die reine Form der Revolte sieht Camus in der Kunst, der »in Form gebrachten Forderung nach Unmöglichem. Der Künstler erschafft die Welt auf seine Rechnung neu.« Kunst sei also weder formalistische Flucht noch Verstümmelung der Realität, sondern das Dritte, das es ermöglicht, den Widerspruch zu leben und ihn dann zu überwinden, im Widerspruch die Einheit zu finden und der das Menschenleben beherrschenden Macht des Leidens Grenzen zu setzen.

In *L'homme révolté* verknüpft Camus den Existenzialismus mit den Quellen der freiheitlichen Revolution, mit der Pariser Kommune, dem Syndikalismus von

Pelloutier, Sorel oder Simone Weil, mit dem Kampf der Kronstädter Matrosen um die Autonomie der Sowjets und mit dem Anarchismus der Mittelmeerländer. Wie dieses Werk zum Ausdruck bringt, dass das europäische Denken noch nach den Prinzipien menschlichen Handelns sucht, so bezeugt es ebenso den Verzicht auf die Wirksamkeit geschichtlicher Aktion, in der erst der Mensch seine Maßstäbe erschaffen und verstehen könne.

Camus' Verzicht auf eine aktive Gestaltung der Geschichte hat 1952 zum Bruch mit Sartre geführt, der ihm sterilen Purismus und asoziales Verhalten vorwarf. Aber in der Fixierung des Gegensatzes von Künstler und Eroberer, des Widerspruchs zwischen der Bewegung der Revolte und den Depravationen der Revolution in Knechtschaft, Lüge und Terror, des Konflikts von Mensch und Geschichte liegt an sich schon eine hartnäckige Forderung, die mit der Ablehnung jeder Utopie den Menschen auf die Gegenwart und damit auf sein Handeln in der Gesellschaft verweist.

▪ Lit.: R. Gay-Crosier: L'homme révolté cinquante ans après, 2001. ▪ L. Dubois: A. C. La révolte, 2001.

Günther Hillmann / Brunhilde Wehinger

La chute

(frz.; *Der Fall*, 1957, G. Meister) – Der als »Bericht« bezeichnete Roman erschien 1956. In einer Amsterdamer Hafenkneipe, die in Anspielung auf Dantes »Inferno« als »Hölle« bezeichnet wird, macht ein Pariser Tourist die Bekanntschaft eines französischen Rechtsanwalts, der ihm seine Geschichte erzählt. Der Zuhörer ist stets gegenwärtig, ohne dass ihm eigene Repliken eingeräumt werden. Der ehemalige Advokat Jean-Baptiste Clamence stellt sich als »Buß-Richter« vor. Dieses offensichtliche Paradoxon wird durch andere unterstrichen, z. B. durch die Diskrepanz zwischen verkommener äußerer Erscheinung und gepflegtem Konversationsstil. Seine Selbstcharakteristik lautet: »Mein Beruf ist doppelt, wie der ganze Mensch.« Als Symbol seines Lebens hat er den Januskopf gewählt.

Mit Vorliebe hatte er sich als Anwalt in Paris Fällen zugewandt, die außer juristischem Können auch Großmut, Mitgefühl und Selbstlosigkeit von ihm forderten. Seine Selbstsicherheit wird eines Tages erschüttert, als er auf einem nächtlichen Gang hinter sich ein sarkastisches Lachen hört, das aus dem Nichts kommt, ihn aber doch verfolgt, und das er schließlich aus sich selbst zu vernehmen glaubt. Sein Einverständnis mit sich selbst und der Welt wird problematisch, der Drang zur Selbstanalyse stürzt ihn von seiner Höhe herab, auf der er bis dahin unangefochten gelebt hat. Er erkennt, dass seine Bescheidenheit nur der Selbstbeweihräucherung, seine Demut nur der Herrschsucht diente: Seine angeblichen Tugenden erweisen sich als verkappte Laster. Besonders schwer wiegt für ihn bei seiner Gedächtniserforschung der tödliche Sprung einer jungen Frau in die Seine, den er als Einziger beobachtet hat, ohne einen Rettungsversuch zu unternehmen. Er verliert das sichere Bewusstsein eigener Immunität und Größe, bemüht sich aber verzweifelt, der Anklage durch das eigene quälende Gewissen zu entgehen. Sein Vergehen besteht darin, sich im entscheidenden Augenblick herausgehalten zu haben; die zu büßende Schuld entspricht seiner Unentschiedenheit, seiner Teilnahmslosigkeit – eine der Voraussetzungen für das Funktionieren der menschlichen Hölle.

Die Konsequenzen aus dieser Selbsterforschung legt er seinem Partner in langen Monologen von geschliffener Logik dar: In einer Zeit, in der Gott nicht mehr in Mode ist und kein Gesetz als absoluter Maßstab existiert, erhebt sich jeder zum Richter über alle anderen. Doch diese Richter aus Anmaßung fallen früher oder später selbst in den Stand der Büßer zurück. Clamence kehrt den Sachverhalt um: Er wird in einer fortwährend wiederholten Beichte und Buße allen künftigen Richtern das Schwert aus der Hand nehmen. In der Pose Satans fasst er diese Beichte jedoch so ab, dass sie für jeden zum Spiegel des eigenen Lebens wird und er selbst zum Richter aller: »Wie berauschend ist es doch, sich als Gott-Vater zu fühlen und unwiderrufliche Zeugnisse über schlechten Lebenswandel auszuteilen. Von meinen wüsten Engeln umgeben, throne ich am höchsten Punkt des holländischen Himmels und beobachte wie die aus Nebeln und Wasser auftauchenden Scharen des Jüngsten Gerichts zu mir emporsteigen.« Clamence erhebt sich zum satanischen Herrscher einer Welt, die im Zustand der Gleichgültigkeit und Unentschiedenheit verharrt. Er verkehrt einen wichtigen Grundsatz der christlichen Moral ins Gegenteil: »Richtet, auf daß ihr nicht gerichtet werdet.« Indem er darauf das Gebäude einer ›negativen‹ Theologie errichtet, denkt er das moderne Dasein ohne Gott konsequent zu Ende und führt es ad absurdum.

Camus hat sich gegen den Vorwurf verteidigt, ein Philosoph des Absurden zu sein. Immer versuche der Mensch, durch das Absurde der Bedrängnis zu entgehen, indem er die Herausforderung annimmt, bejaht und dadurch in gewissem Sinne überwindet.

▪ Lit.: R. Gay-Crosier: Textes, intertextes, contextes autour de ›La chute‹, 1993.

Werner Arnold / Brunhilde Wehinger

L'exil et le royaume

(frz.; *Das Exil und das Reich*, 1958, G. Meister) – Die Antithese, die der Titel der sechs Novellen umfassenden, 1957 erschienenen Sammlung vorgibt, verweist auf die anthropologischen Konstanten von Einsamkeit und

Gemeinschaft. Sprachlich kommt diese Antithese in der Ähnlichkeit der beiden Wörter »solidaire« (gemeinsam) und »solitaire« (einsam) zum Ausdruck. Eines von beiden hat der aus seinem selbst gewählten Bretterverschlag-Exil in das Reich der »Seinen« zurückkehrende Maler Jonas in »Jonas ou L'artiste au travail« (»Jonas oder Der Künstler bei der Arbeit«) mit winziger Schrift auf eine große weiße Leinwand gekritzelt; welches aber, ist nicht genau zu entziffern. Es bleibt also offen, ob der unter seiner Berühmtheit leidende Künstler sich für die Einsamkeit außerhalb des Familienverbandes und der Öffentlichkeit oder für die Geborgenheit, die Teilnahme an der Gemeinschaft entschieden hat. Camus bezieht die Suche seines Helden nach einer zwischen Kunst und Leben vermittelnden Sphäre symbolisch auf das Modell des alttestamentlichen Jonas, der sich durch die Flucht auf das Meer seiner göttlichen Sendung entziehen will.

Die Novelle »La femme adultère« (»Die Ehebrecherin«) thematisiert die ekstatische Naturhingabe als eine Möglichkeit der momentanen Befreiung aus der konventionellsten Gemeinschaft, der Ehe. Für Janine, die unbefriedigte Frau eines in jeder Hinsicht mittelmäßigen Geschäftsmannes, beginnt sich auf einer gemeinsamen Reise in den Süden Algeriens beim Anblick der sich unter einem leeren Himmel erstreckenden, geschichtslosen Wüste »ein von Jahren der Gewohnheit und der Langeweile geschürzter Knoten langsam zu lösen«. Es wird ihr bewusst, »daß ihr dieses Reich seit Anbeginn der Zeiten verheißen war und daß sie es dennoch nie besitzen würde, nie mehr, außer vielleicht in diesem flüchtigen Augenblick, da sie die Augen wieder aufschlug, den mit einemmal unbeweglichen Himmel gewahrte und die Fluten erstarrten Lichts«.

In »La pierre qui pousse« (»Der treibende Stein«) muss sich der in einer brasilianischen Urwaldstadt stationierte französische Ingenieur d'Arrast die ihm zunächst verweigerte Aufnahme in die Gemeinschaft erst verdienen. Von den am Vorabend eines kirchlichen Festes stattfindenden heidnisch-kultischen Tänzen der Ureinwohner wird er als Fremder ausgeschlossen. Als am nächsten Morgen ein Schwarzer, der das Gelübde abgelegt hat, einen riesigen Stein zur Kirche zu tragen, von den Tänzen und Ausschweifungen ermüdet, unter der ungeheuren Last auf halbem Wege zusammenbricht, nimmt d'Arrast den Stein auf. Er trägt ihn jedoch nicht in die Kirche, sondern zur Hütte des Eingeborenen und wirft ihn dort auf das glimmende Herdfeuer, »mit verzweifelten Atemzügen den wiedererkannten Geruch der Armut und der Asche« einsaugend und eine »geheime, keuchende Freude« verspürend. Er wird daraufhin als Gast in den Kreis der armen Hüttenbewohner aufgenommen.

In »Les muets« (»Die Stummen«) bleiben die Arbeiter einer Fassbinderei in einer algerischen Hafenstadt stumm, als sie nach 20-tägigem erfolglosen Streik wieder an ihre Arbeitsplätze zurückkehren müssen. Kränkung und Demütigung hat sie ins Schweigen gedrängt. Dennoch verspüren sie das Bedürfnis, Anteilnahme zu zeigen, als die kleine Tochter des Fabrikanten einen Ohnmachtsanfall erleidet und die Sirene eines Krankenwagens die Gleichförmigkeit ihres Arbeitstages unterbricht. Die Novelle endet indes nicht mit einer wiedererlangten Form der Verständigung, sondern mit der Sehnsucht, auszuwandern, ins Exil zu gehen.

In »L'hôte« (»Der Gast«) weigert sich Daru, Lehrer an einer abgelegenen Volksschule auf dem algerischen Hochplateau, einen als Mörder festgenommenen Algerier an die Justiz auszuliefern. Der Ortsgendarm hat ihm den Gefangenen mit dem Befehl überlassen, jenen in der nächsten Gemeinde dem Richter zu übergeben. In einem – weder vom Gendarmen noch von dem Algerier und seinen Angehörigen verstandenen – Akt der Menschlichkeit löst Daru dem Mann die Fesseln, gibt ihm zu essen und hofft im Übrigen, dass er davonlaufen wird. Als er am anderen Morgen noch da ist, führt Daru ihn bis an den Rand der Hochebene und überlässt ihm dann die Wahl zwischen zwei Wegen: dem ins Gefängnis und dem in die Freiheit. Nach kurzem Zögern entscheidet sich der Algerier für den Weg ins Gefängnis. In sein Haus zurückgekehrt, liest Daru, von ungelenker Hand an die Wandtafel geschrieben, die drohenden Worte: »Du hast unseren Bruder ausgeliefert. Das wirst du büßen.«

Die Novelle »Le renégat ou Un esprit confus« (»Der Abtrünnige oder Ein verwirrter Geist«) handelt vom Scheitern eines Missionars in der Wüstenstadt Taghâza. Glaubensfanatismus und Geltungsbedürfnis drängen einen jungen Priester zum Missionsdienst bei einem barbarischen Wüstenstamm. Aber er unterliegt selbst – und damit auch sein Gott, dem er nun vorwirft, dass er »weder schlage noch töte«. Auf dem Tiefpunkt seiner Erniedrigung, nachdem die Stammesmitglieder ihm die Zunge herausgeschnitten haben, schlägt seine Verzweiflung um in freiwillige Verehrung des »größeren Herrn«, des Fetischs, der Verkörperung des absolut Bösen, und er lauert dem nach ihm ausgesandten Missionar, der ihn ablösen soll, auf, um ihn zu töten.

Ursprünglich sollte am Anfang der Novellensammlung der Roman *La chute*, 1956 *(Der Fall)*, stehen, den Camus dann aber seiner Länge und Gewichtigkeit wegen einzeln veröffentlichte. Zwischen dem Roman und der Novelle besteht eine enge Beziehung, da es sich in beiden Fällen um Geständnisse exemplarischen Scheiterns handelt.

■ Lit.: B. Fitch: C. nouvelliste, 1973. ■ K. Kreiner: Exil und Reich als Grundpole im Denken A. C.s und Ernst Blochs, 1985. ■ E. Noetinger: L'imaginaire de la blessure, 2000.

Hans-Horst Henschen / Brunhilde Wehinger

Le premier homme

(frz.; *Der erste Mensch*, 1995, U. Aumüller) – In dem vor 1960 entstandenen, aber erst 1994 erschienenen autobiographischen Roman besucht der 40-jährige Jacques Cormery, Alter ego des Autors, das Grab seines Vaters, der kurz nach Ausbruch des Ersten Weltkriegs in Nordfrankreich gefallen ist. Als dem 1913 geborenen Sohn bewusst wird, dass sein Vater, den er nie gekannt hat und der ihm bisher gleichgültig gewesen ist, zum Zeitpunkt seines Todes jünger war, als er selbst jetzt ist, empfindet er das Mitleid und die Empörung eines Erwachsenen angesichts eines unschuldig getöteten Kindes und beschließt in einem Akt des Aufbegehrens »gegen die tödliche Weltordnung«, sich auf die Suche nach Daseinsspuren seines Vaters zu begeben. Zu diesem Zweck kehrt er nach Algerien, in das Land seiner Kindheit, zurück, wo er seine Mutter und deren Bruder Ernest aufsucht.

Statt auf Spuren seines Vaters stößt er indes auf Spuren seiner eigenen Existenz. Den dadurch ausgelösten Erinnerungsprozess zeichnet der Roman nach, indem er zwei Zeitebenen, die des nach Algerien zurückgekehrten erinnernden Ichs und die des seine Kindheit und Jugend durchlaufenden erinnerten Ichs, durch die Technik der Rückblende miteinander verknüpft.

Die in der Erinnerung wiederauflebende Kindheit ist überschattet von bitterer Armut: Nach dem frühen Tod ihres Mannes lebt Jacques' Mutter Catherine zusammen mit ihren Brüdern und ihren beiden Söhnen in einem Armenviertel von Algier. Catherine ist schwerhörig, besitzt keine Schulbildung und verdient ihr weniges Geld als Putzfrau. Aus diesen bedrückenden Verhältnissen wird der begabte Jacques durch die Hilfe seines Volksschullehrers, M. Bernard, erlöst, der dafür sorgt, dass der Junge ein Stipendium für das Gymnasium erhält. Bildung ermöglicht Jacques schließlich den Ausbruch aus dem engen Milieu und der Anonymität seiner Herkunft.

Der Text erzählt, wie Jacques' Nachforschungen allmählich die Wurzeln seiner eigenen Herkunft freilegen. Das von den Franzosen ab Mitte des 19. Jh.s mühselig und unter großen Verlusten besiedelte Algerien stellt sich als archaisches und geschichtsloses »Land des Vergessens« dar, in dem die Siedler – nicht wenige waren Enttäuschte der gescheiterten Revolution von 1848 – ihre Vergangenheit aufgegeben haben und in dem der junge Jacques sich vorkommt, als wäre er der »erste Mensch«, vaterlos und unbelastet von jeglicher geschichtlichen Erfahrung. In der Gegenwart des erinnernden Ichs indes erweist sich die Geschichtsenthobenheit des Landes als Illusion. Ein während des Besuchs von Jacques verübtes Bombenattentat vor der eigenen Haustür verweist auf die mit zunehmender Gewalt ausgetragenen Konflikte zwischen den Algeriern und den verhassten französischen Kolonialherren und somit auf die Brisanz der aktuellen geschichtlichen Situation (die schließlich nach einem blutigen Krieg 1962, also nach dem Tod des Autors Camus, zur Unabhängigkeit Algeriens führen sollte).

Im Spannungsfeld von Geschichtslosigkeit und brennender historischer Aktualität erweist sich auch Jacques' private Existenz als höchst prekär: Sein Vater ist durch seine Herkunft sowohl Unterdrückter als auch Unterdrücker – als vor den Deutschen 1871 geflohene Elsässer erhielten seine Eltern in Algerien den Grundbesitz getöteter Aufständischer zugewiesen. Auch Jacques' Verhältnis zu seiner Mutter, dem emotionalen Zentrum des Texts, ist ambivalent. Zwar bestand zwischen beiden stets eine, wenn auch unausgesprochene, so doch tiefe und innige Liebe, doch Catherine ist durch ihre Bildungslosigkeit und ihre Behinderung Welten von ihrem Sohn entfernt, und Kommunikation zwischen ihnen erscheint kaum möglich.

Innerhalb von Camus' Gesamtwerk nimmt der Text eine Sonderstellung ein. Er blieb unvollendet und weicht stilistisch (in Wortwahl und Satzbau) teilweise erheblich von den vollendeten Werken ab. Entscheidender Unterschied zu den anderen Texten ist die Figur des Vaters. War Camus' früheres Werk durch ein weitgehendes Fehlen des Vater-Prinzips gekennzeichnet, so steht der autobiographische Roman geradezu unter dem väterlichen Zeichen: Der Erzählvorgang entsteht aus der Begegnung mit dem Tod des Vaters am Kriegsgrab in Saint-Brieuc, und er vollzieht sich als Suche nach dem eigenen Ich. Diese Suche ermöglicht Camus einen neuen Blick auf die verlassene Heimat Algerien. Zum ersten Mal in seinem Werk werden Araber nicht als amorphe Masse, sondern als Individuen dargestellt. Auch die Geschichte des Landes gerät in den Blick. Erzählt wird sie aus der Perspektive der französischen Siedler, doch ohne der arabischen Seite unrecht zu tun.

Camus' in einem Anhang abgedruckten Skizzen und Entwürfe stellen nicht nur eigene Gewissheiten in Frage, sondern auch traditionelle Erzählverfahren. So möchte er am liebsten auf jeglichen Kunstanspruch verzichten. Das Buch, so heißt es in den Skizzen, müsse unvollendet bleiben. Symptomatisch für das zerstörte Vertrauen in die Möglichkeit des Erzählens ist die poetologische Funktion der Mutter. Sie wäre die ideale Rezipientin des Textes, kann diesen aber als Analphabetin gar nicht lesen. Aus den Skizzen geht hervor, dass Camus in *Le premier homme* einen ständigen Dialog mit seiner Mutter führt, der freilich trotz aller Liebe aufgrund der kulturellen Differenz zwischen Mutter und Sohn dazu verurteilt ist, ins Leere zu laufen.

Der Text stellt in seiner Brüchigkeit und in seiner (will man dem Autor Glauben schenken) elementaren Unabgeschlossenheit einen Wendepunkt in Camus' Schaffen dar. Diesen Wendepunkt zu überschreiten, war dem Autor nicht vergönnt: Bei seinem tödlichen Autounfall am 4. Januar 1960 trug er das unabgeschlossene Manuskript in seiner Tasche.

■ Lit.: J. Sarocchi: Le dernier C. ou ›Le premier homme‹, 1995. ■ L. Dubois: ›Le premier homme‹. Le roman inachevé d'A. C., in: Les trois guerres d'A. C., Hg. L. D., 1996, 178–192. ■ L. Dubois: A. C. et la guerre de 1914–18, in: Les trois guerres d'A. C., Hg. L. D., 1996, 193–218. ■ ›Le premier homme‹ en perspective, Hg. R. Gay-Crosier, 2004. *Thomas Klinkert*

Odile **Caradec**

■ geb. 15. 2. 1925 Brest (Frankreich)

Bibliothekarin an einem Gymnasium in Poitiers; nach ihrer Pensionierung Cellistin in einem Kammermusikensemble; ab den 1960er Jahren Veröffentlichung eines umfangreichen lyrischen Werks, darunter auch französisch-deutsche Gedichtbände; Zusammenarbeit mit bildenden Künstlern und Illustratoren.

■ Lit.: R. Sabatier: La poésie du XXe siècle 3, 1988, 335–336.

En belle terre noire – In schöner schwarzer Erde

(frz., dtsch.) – Der 2008 zweisprachig publizierte Gedichtzyklus umfasst 74 reimlos und heterostrophisch organisierte Gedichte, von denen ein Großteil bereits zwischen 1996 und 2006 in Zeitschriften und anderen Werken der Lyrikerin veröffentlicht wurde. Die deutschen Fassungen stammen von R. Fischer. Die Wahrnehmung des alternden Körpers, Krankheit und Tod bestimmen den thematischen Schwerpunkt der vier Gedichtgruppen, die, im freien Rückgriff auf die Tradition des Sinnbilds, von Illustrationen ergänzt werden. Entschiedener als in früheren Werken Caradecs weist die konkrete Beobachtung des Alltäglich-Persönlichen über sich hinaus und erzeugt ein dichtes Netz von Analogien und intertextuellen Referenzen, in dem mythische und mystische Motive aus dem ikonographischen Arsenal der alten Naturreligionen, des Christentums und der antiken Mythologien, aber auch Figuren des barocken ›memento mori‹ und Elemente ostasiatischer Totenbücher untereinander in Beziehungen treten.

In synästhetischen Bildern beschwört das lyrische Ich den Zerfall des eigenen, von Alter und Osteoporose gezeichneten Körpers und wendet sich immer wieder den Stätten der Toten zu: »Beim Spaziergang über den Friedhof / verschlinge ich alle Toten / ich lasse keinen aus // Ich beiße herzhaft / in die Bindestriche zwischen den Daten / [...] und ich werde unendlich groß, ich werde tausendjährig / ich gehe schwanger mit einem ganzen Feld von Toten«. Die Erfahrung der Natur – die sich in dem ebenfalls bilingualen Gedichtband *Vaches Automobiles Violoncelles – Kühe, Autos, Celli* (1996) noch über die hingebende Betrachtung der bretonischen Landschaft in einer »Ode an das Heidekraut« realisiert – wird in eine Ort- und Zeitlosigkeit überführt und zur treibenden Kraft für ein stetiges Werden und Vergehen erweitert. Schon das Kernmotiv des »feuchten Humus« von Friedhofserde setzt eine Art magische komplementäre Beziehung von Fruchtbarkeit und Verwesung, von Leben und Tod frei, die in den formalrhetorischen Möglichkeiten des Oxymorons – der beherrschenden Figur des Zyklus – eine strukturbildende Entsprechung findet.

In amplifikatorischer Weise spielt Odile Caradec den etymologischen Zusammenhang von ›humus‹ und ›homo‹ aus: Korrespondierend mit den von der französischen Künstlerin Claudine Goux geschaffenen Illustrationen, die Züge mexikanischer Totentanz-Darstellungen mit einem archaisierenden Register aus dem Bildbereich mythologischer Erd- und Muttergottheiten vereinen, stellt der gesamte Gedichtzyklus durch die Variation eines schillernden Repertoires von Fruchtbarkeits- und Wachstumssymbolen unterschiedlicher kultureller Herkunft Analogien zu den antiken Agrar- und Aussaatkulten her, so dass zugleich das mehrfach aufgerufene Reich der Toten eine mehrdeutige Erweiterung erfährt. In »Den Fluß überqueren« aus der Gedichtgruppe »Persönliches Notizbuch« etwa wird der Fluss Clain in der Gegend von Poitiers – der Heimat der Autorin – in den mythischen Bedeutungshof der Unterweltfahrt übertragen (»Jeden Tag überquere ich den von Regen angeschwollenen Fluß / langsam schiebt er sich unter den Bögen der Brücke hindurch / die aussieht wie eines Toten Rücken / und hinter mir geht mein Bruder der Tod«). Ähnlich wie im griechisch-antiken Kult der Persephone, die als Unterweltherrscherin, aber auch als Abbild einer immerwährenden vegetativen Lebenskraft fungiert, rückt das bei Caradec vermittelte Totenreich in die Nähe der fruchtbringenden Erde. Diese grundlegende Ambivalenz ist bereits – analog zum Persephone-Mythos – im Leitmotiv des Apfels angelegt: Als Todesbote und Symbol für Fruchtbarkeit und Leben zugleich (»pflanzt [...] Apfelbäume / auf den Pfaden der Toten / und erfindet Zaubergießkannen«) suggeriert dessen bewusst übernommene Doppelwertigkeit eine geheimnisvolle Harmonie von zwei sich gegenseitig bedingenden und ergänzenden Prinzipen.

Die Engführung zwischen der Wahrnehmung der eigenen Körperlichkeit und einem mythopoetisch ausgedeuteten Bereich der Vegetation und der zyklischen Naturerscheinungen spiegelt die Suche nach einem höheren, sich im Unendlichen transzendierenden Organismus wider. Das Stichwort der »Substanzverwandlung« spielt in diesem Kontext nicht allein auf die christliche

Transsubstantiationslehre an, sondern impliziert im freien Rückgriff auf mystisch-theologische Farbattribuierungen und Symbole (Rot und Schwarz, Blut und Wein, Regen und Feuer, Himmel und Erde) darüber hinaus den Ritus der Hierogamie (hieros gamos: griech. ›heilige Hochzeit‹), das Urbild einer sympathetischen Vereinigung der Gegensätze in einem einzigen kosmischen Wirken (»Ich denke an die Blutfontäne, zu der ich geworden bin / ich möchte, daß dieser Strahl mich hinausschleudert / aus meiner Knochenfestung [...] / mein Blut soll sich in freier Luft entfalten / wie ein Auerhahn / beim stolzen Hochzeitstanz«).

Das verbindende Element für den Zugang zu diesem rational nicht fassbaren Erfahrungs- und Darstellungsbereichs schließlich bildet die schöpferische Kraft der Poesie. Der im umfangreichen Gesamtwerk Caradecs topische Rekurs auf Dichtung und den Dichtungsvorgang selbst generiert hier das geradezu orphische Denkmodell eines ursprünglichen, sich stets neu erzeugenden Wirkens: »Die ersten Gedichte sind das Ergebnis des Urknalls / sie haben dieselbe nicht zu unterdrückende Kraft [...] / Die langen Strophen der Gedichte verlängern / die Linien in unseren Händen / Sie treffen auf die Zeitzonen / dann verlieren sie sich in den dumpfen Harmonien / der unsichtbaren Welten«. Der in synästhetischen Versen besungene Rhythmus des Universums (»so ist die Partitur immer neu und intakt«) definiert die Funktion des Poeten als hypothetische Vermittlung zwischen Mensch und Kosmos, zwischen dem Sinnlich-Erfahrbaren und dem Unsagbaren. So ist es die vor allem in den Trinksprüchen und Leichenreden der letzten Gedichtgruppe (»Auf, ihr Toten!«) in Erscheinung tretende Dichterin selbst, die ihre Stimme erhebt zu einem hymnischen Aufruf an das Absterben der alten und die Geburt einer neuen Welt: »Das Gedicht des neuen Jahres wird in den Adern / derer pulsieren, die voll irrer Hoffnung / einen Schlüssel trägt, die Welt zu öffnen«.

Volker Schneider

Emmanuel **Carrère**

■ geb. 9.12.1957 Paris (Frankreich)

Studium der Politologie in Paris; zunächst Filmkritiker; 1982 Monographie über Werner Herzog; Mitwirkung als Drehbuchautor und Regisseur bei zahlreichen Filmen in international bekannter Besetzung (Claude Miller, Daniel Auteuil); sein erster Roman *L'amie du jaguar* (1983) war ein großer Erfolg; einige zum Teil preisgekrönte Romane, daneben Essays, Filmdrehbücher.

■ Lit.: V. Amiel/Y. Tobin: Entretien avec E.C., in: Positif. Revue Mensuelle de Cinéma, 2004, 517, 23–26.

L'adversaire

(frz.; *Amok*, 2001, I. Gabler) – Emmanuel Carrère gehört zu jenen französischsprachigen Gegenwartsautoren, die, statt den formalistischen Experimenten des nouveau roman zu folgen, die narrativen Möglichkeiten dokumentarischen Erzählens ergründen. So verwischt er auch in diesem Roman aus dem Jahr 2000 in der Schilderung von Gefühlen und Situationen die Grenzen zwischen fiction und non-fiction. Das Werk kann als eine mit romanesken Mitteln aufbereitete Reportage über einen Kriminalfall gelesen werden, der sich in der französischsprachigen Schweiz Anfang der 1990er Jahre abgespielt hat. Zulässig ist aber auch eine Lektüre, die darin einen Roman sieht, der sich eines realgeschichtlichen ›fait divers‹ bedient, um die Möglichkeiten und Schwierigkeiten des literarischen Erzählens auszuleuchten.

Im Zentrum der Handlung steht der Versuch eines offenbar mit dem Autor identischen Erzählers, das mysteriös geführte Doppelleben von Jean-Claude Romand aufzuklären. Dieser hatte realgeschichtlich in einem Amoklauf seine Eltern, seine Frau Florence und seine Kinder Antoine und Caroline umgebracht, und zwar kurz bevor diese erkannt hätten, dass er ihnen seine Existenz als angesehener, für die Weltgesundheitsorganisation (WHO) in Genf arbeitender Forscher nur vorgespielt hat. Die erheblichen Geldsummen, um die er Familie und Freunde im Verlauf von 20 Jahren unter dem Vorwand betrogen hat, sie bei Schweizer Banken vorteilhaft anzulegen, hat er in Wahrheit – wie sich nach der Tat herausstellt – zur Aufrechterhaltung seiner Doppelexistenz ausgegeben: seines aufwendigen Lebenswandels, seines Hauses und seiner Geliebten. Spannend erzählt und Stück für Stück enthüllt, ist diese im Grunde unglaubwürdige, aber ›reale‹ Geschichte für einen großen Teil der Faszinationskraft von *L'adversaire* verantwortlich. Wie gelingt es einem Mann mit einer ungeheuren Energie zur Lüge – die aus der Zeit seines Medizinstudiums in Lyon herrührt, als er auf unerklärte Art und Weise beschloss, nicht bei einem Examen zu erscheinen –, eine nach Außen absolut einwandfreie bürgerliche Existenz vorzutäuschen? Wie kann ihm dies sogar gegenüber den ihm nahestehenden Menschen wie seiner Frau, seinen Kindern, seinen Freunden, seiner Geliebten gelingen?

Die Spannung, die diese Geschichte im Leser hervorruft, wird in *L'adversaire* durch den Einsatz klassischer Reportage-Elemente des Erzählens verstärkt. Carrère zeichnet im Fokus auf die Perspektiven von Beteiligten das ungläubige Staunen derer nach, die – vom Erzähler nach Einzelheiten befragt – sich im Nachhinein an die Momente und Begegnungen mit Romand erinnern, die ihnen Anlass zur Sorge oder zum Misstrauen hätten geben können. Dem Leser wird dabei immer deutlicher, mit welchem Geschick Romand seine Fassade von Normalität aufrecht erhalten hat. Unklarer wird allerdings zunehmend, warum er sie überhaupt aufgebaut hat. Tag für Tag, während man ihn am Arbeitsplatz wähnte, verbrachte er mit Buchlektüren auf Autoparkplätzen, einsamen Waldspaziergängen oder (später) mit der Geliebten.

Selbst ratlos, sucht der Erzähler im Verlauf der Erzählung das persönliche Gespräch mit dem zu diesem Zeitpunkt noch in Untersuchungshaft sitzenden Romand, der sich nach der Tat vergeblich selbst umzubringen versuchte. In einem an den »Akteur und einzigen Überlebenden« der Tragödie gerichteten Brief fragt er, welche Gefühle Romand zu solchen Handlungen veranlasst hätten. Sein Interesse sei nicht auf Sensationslust zurückzuführen. Vielmehr sähe er in Romand mitfühlend einen Menschen, der von Kräften, die ihn überstiegen, in die Enge getrieben worden sei. Aus den erst zögerlichen, dann mitteilsamen Antworten Romands spinnt sich dann der weitere Verlauf des Berichts (récit). Die narrative Klammer stellt die Wiedergabe der Gerichtsverhandlungen gegen Romand dar, denen der Erzähler als für die Zeitschrift *Le Nouvel Observateur* berichtender Journalist beiwohnt. Parallel zum Gerichtsprozess rollt dann auch *L'adversaire* die ›Akte Romand‹ auf: von der Familiengeschichte seiner Eltern bis hin zur katastrophalen Auflösung der Geschichte im Mord.

Französische Romanautoren haben seit den realistischen Romanen des 19. Jh.s die Tagespresse genutzt, um darin Anekdoten des gesellschaftlichen Lebens zu finden und zu Romanen zu gestalten. ↗ Stendhals *Le rouge et le noir* (1830) oder ↗ Flauberts *Madame Bovary* (1857) basieren beispielsweise auf solchen ›faits divers‹. Die Schwierigkeit, die der Text Carrères bietet, liegt dagegen nicht in der literarischen Inspirationskraft des Schwerverbrechers, die der Romancier ergründet, nachdem er – wie berichtet wird – im Januar 1993 einen ersten dem Fall Romand gewidmeten Artikel in der Tageszeitung *Libération* gelesen hat. Selbstreflexiv bringt Carrère vielmehr auch die Umstände, unter denen er selbst mit dem Fall Romand in Kontakt kam, in seinen Bericht mit ein. Es ließe sich in diesem Zusammenhang behaupten, dass er unaufhörlich zögert, sich in die fiktionale Welt seines eigenen Werks zu begeben. Jedenfalls ist die Ablehnung des Voyeurismus konstitutiv für die behutsame Einsicht in die Geschichte des Protagonisten und gibt dem Roman die Aura ethischen Anstands. Von reißerischen Formen journalistischer Reportageformate wird, mit dem Fokus auf den in die Geschichte implizierten Erzähler, bewusst Abstand genommen. Letztlich geht es in *L'adversaire* also nicht nur um die Entdämonisierung des ›Widersachers‹ (also des biblischen Teufels), sondern auch darum, in den Morden Romands deren menschliche Beweggründe zu suchen und das Kapitalverbrechen als einen Teil bürgerlicher Realität anzuerkennen. Neben dem journalistischen Erzähler wird auch der Leser zu einer im Text problematisierten Instanz. Dessen massenmedial vermittelte Sensationswut steht auf dem moralischen Prüfstein des neuen Realismus in der Gegenwartsliteratur, dessen Anliegen *L'adversaire* beispielhaft verdeutlicht.

L'adversaire ist unter gleichem Titel 2002 von Nicole Garcia verfilmt worden.

▪ Lit.: F. Wagner: Le ›Roman‹ de Romand (à propos de L'Adversaire, d'E. C.in: Roman 20–50. Revue d'Etude du Roman du XXe Siècle 34, 2002, 107–124. ▪ E. N. Marion: The Narrator-Perpetrator and the Infectious Crime Scene: E. C.'s L'Adversaire, in: Violence in French and Francophone Literature and Film, Hg. J. Day, 2008, 59–70. *Frank Estelmann*

D'autres vies que la mienne

(frz.; Andere Leben als das meine) – Innerhalb weniger Monate wird der Erzähler dieses 2009 erschienenen autobiographischen Romans mit den beiden Ereignissen konfrontiert, die ihm am meisten Angst machen: mit dem Tod eines Kindes für seine Eltern, den er während der Tsunami-Katastrophe im Dezember 2004 in Thailand aus der Nähe miterlebt, und mit Tod einer jungen Frau, der Schwester seiner Lebensgefährtin, für deren Kinder und Mann. Vom Großvater des getöteten Kindes dazu veranlasst, stellt er sich seinen Ängsten und seinem Beruf als Schriftsteller und schreibt seine Erfahrungen in *D'autres vies que la mienne* nieder.

In Erwartung ihrer bevorstehenden Trennung fahren der autobiographische Erzähler von *D'autres vies que la mienne* und seine Lebensgefährtin Hélène, gemeinsam mit ihren jeweiligen beiden Kindern, in ein Bungalow-Hotel nach Sri Lanka, um dort im Jahr 2004 zusammen Weihnachten zu verbringen. Als der Tsunami die Hotelanlage und das Umland unter sich begräbt, stirbt in den Fluten Juliette, die Tochter eines französischen Paares, das sie vor Ort kennengelernt haben. Vom Leid und der allgemeinen Trauer einander wieder näher gebracht, macht das von der Katastrophe verschonte Paar sich gemeinsam mit den verzweifelten Eltern auf die Suche nach der von den Fluten fortgeschwemmten Leiche Juliettes, die schließlich in Colombo gefunden wird. Dabei lernen sie weitere Europäer kennen, die ähnliche Trauerfälle zu verkraften haben und in ähnlichem Ausnahmezustand Orientierung finden müssen. Haben sie zunächst vom Großvater Juliettes, Philippe, die Geschichte von dessen seit Langem bestehender Faszination für Ceylon erfahren, erzählt ihnen nun auch die junge Engländerin Ruth ihre Liebesgeschichte mit dem von den Fluten weggerissenen Tom, nach dem sie verzweifelt sucht. Dass der Erzähler selbst Autor ist, trägt zu diesen Bekenntnissen, die ihm gegenüber gemacht werden, bei.

Der Erzähler verfasst seinen Bericht in der Retrospektive. Er versucht durch besonders einprägsame Bilder, die er im Kopf hat, markante Sätze, die er nicht vergessen kann, und durch die Erinnerung an Gespräche, die vor Ort geführt wurden, die zurückliegenden Ereignisse zu rekonstruieren. *D'autres vies que la mienne* ist keine objektivierende Reportage über das erzählte Geschehen, sondern der Versuch, Trauer auf emphatische Weise schreibend nachzuvollziehen: Der Roman berührt dabei eines der Hauptthemen des Autors: den plötzlichen Einbruch katastrophaler Ereignisse in das Leben. Dafür leiht der Erzähler seine Stimme buchstäblich anderen Menschen, deren Erfahrungen und Gedanken den Stoff des Romans gestalten.

Psychologische Momente prägen auch den folgenden, längeren Teil von *D'autres vies que la mienne*. Zurück in Paris, erfährt der Erzähler vom schweren Krebsleiden Juliettes, der Schwester seiner Lebensgefährtin. Aus der Nähe erlebt er in den folgenden Monaten nicht nur das Sterben Juliettes mit, sondern auch die ganz verschiedenen Weisen, wie deren Umfeld damit umgeht. Besondere Aufmerksamkeit findet der Mann Juliettes, Patrice, der die drei Töchter der Familie versorgt; seine erschütternde Einfachheit im Umgang mit dem Sterben der geliebten Frau steht im Zentrum. Zwischendurch mit Aufträgen auf Filmfestivals, als Autor oder als Drehbuchautor für die Verfilmung seines Romans *La moustache*, 1986 (*Der Schnurrbart*, 1989), beschäftigt, sucht der Erzähler nach der Beerdigung Juliettes ihren ehemaligen Arbeitskollegen Etienne Rigal auf, der mit ihr als Untersuchungsrichter in Vienne (Isère) gewirkt hat. Mehr und mehr fokussiert die Erzählung nun auf den in Lyon lebenden Etienne, der bei einem lange zurückliegenden Krebsleiden ein Bein verloren hat. Etiennes Geschichte wird minutiös nacherzählt. Besonderes Interesse wecken auch die Ausführungen über seine Zusammenarbeit mit Juliette. Unter Anfeindungen und gegen die staatlichen Autoritäten war es beiden Untersuchungsrichtern gelungen, eine Initiative für den Verbraucherschutz erfolgreich durchzufechten. Die Wiedergabe von Etiennes Erzählungen gibt Anlass zu einem nachdenklich stimmenden Bild der Überschuldungsproblematik in der französischen Gesellschaft. Danach werden die letzten Monate im Leben Juliettes noch einmal aus ihrer eigenen Perspektive erzählt. Schließlich wird der Erzähler am Ende des Romans mit der Schwangerschaft seiner Lebensgefährtin konfrontiert, woraufhin er beschließt, die Arbeit an einem anderen, stark autobiographischen Roman, *Un roman russe*, 2007 (*Ein russischer Roman*, 2008), aufzunehmen. Erst danach widmet er sich wieder den Erinnerungen an den Tsunami in Sri Lanka. Im Ergebnis folgt der Konfrontation mit seinen eigenen Dämonen in *Un roman russe* die Konfrontation mit den Leben anderer, auf die *D'autres vies que la mienne* bereits im Titel verweist.

Carrère konstruiert in diesem Werk mit den dokumentarischen Mitteln der Reportage und des Interviews, den epischen Mitteln des Perspektivenwechsels, der Vielstimmigkeit und der Dramatisierung sowie im Rückgriff auf die eigene fragmentarische, assoziative Erinnerung als Beteiligter eine Erzählung über Leiden und Trauer. Die narrative Klammer, die die beiden Hauptgeschichten des Romans zusammenhält, ist zufällig: der gleiche Vorname des im Tsunami ertrunkenen Kindes und der an Krebs sterbenden Untersuchungsrichterin. Daraus wird eine grandios erzählte Geschichte über den Umgang mit traumatischen Ereignissen gestaltet, in der Carrère seine eigene Rolle als Schriftsteller problematisiert. Als Drehbuchautor, so der Erzähler, sei es Teil seines Berufs, nicht vor Übertreibung und Melodramatik zurückzuschrecken. Dennoch sei er in diesem Werk anders verfahren. Tatsächlich geht es in *D'autres vies que la mienne* nicht um die melodramatische Darstellung der Lebensrealitäten anderer, sondern darum, im Blick, der darauf geworfen wird, versteckte Zufälle zu entdecken, die diesen Realitäten eine literarische Tiefe verleihen. Dennoch wird Mühe darauf verwendet, die Stimmen der Beteiligten zur Geltung zu bringen. Der Roman folgt beispielsweise der Chronologie und dem Inhalt der Lebensgeschichte Etiennes, wie dieser selbst sie diktiert. Wie schon *L'adversaire* (*Amok*, 2000), handelt der Text von der Schwierigkeit des dokumentarischen Erzählens und von der Gefahr literarischer Überformung und sensationalistischer Ausschlachtung.

Frank Estelmann

Leonora Carrington

- geb. 6.4.1917 Clayton Green/Lancashire (Großbritannien)
- gest. 25.5.2011 Mexiko Stadt (Mexiko)

1936 Malunterricht an der Londoner Akademie; verfasste erste Texte; lernte den Maler Max Ernst kennen, mit dem sie gegen den Willen ihrer Eltern England verließ; Ausstellungen im Umkreis der Surrealisten; 1938 mit Ernst in Südfrankreich, bei seiner Internierung 1939 schwere Depressionen; Flucht nach New York; 1944 in Mexiko-Stadt, Beschäftigung mit präkolumbischer Kunst; hatte als Malerin zahlreiche offizielle Aufträge; verfasste Theaterstücke und Erzähltexte im Umkreis des Surrealismus.

▪ Lit.: R.R. Hubert: L.C. and Max Ernst, in: New Literary History 22, 1991, 715–745. ▪ A.R. Domenella: L.C. Escritora surrealista, in: Revista del Centro de Ciencias del Lenguaje 8, 1992, 49–59. ▪ M. Antle: Mise au point sur les femmes surréalistes, in: Romance Notes 34, 1993, 119–133. ▪ I. Chessid: The Martyred Muse, in: Synthesis 1, 1995, 119–132. ▪ A.R. Domenella: L.C. en sus ochenta, in: Debate Feminista 8, 1997, 359–363.

Die Erzählungen

(frz., engl.) – Carringtons erste erzählerische Versuche reichen bis in ihre englischen Jugendjahre zurück, wo sie neben ihrem Malstudium ein Ausdrucksmedium suchte, das ihr erlaubte, den Zwängen der nachviktorianischen Gesellschaft zu entgehen. Die Erzählungen blicken anders als ihre Theaterstücke, die 1951 von dem großen surrealistischen Dichter Yves Bonnefoy ins Französische übertragen wurden, auf eine verworrene Textgeschichte zurück, denn mit wenigen Ausnahmen handelt es sich um in Französisch verfasste Werke, die später in Carringtons Muttersprache übersetzt wurden. Selbst die 1937 noch in Englisch entstandene Erzählung *The House of Fear*, 1977 (*Haus der Angst*, 2008, H. Becker), erschien erstmals 1938 in der französischen Version mit einem Vorwort ihres damaligen Lebensgefährten Max Ernst. Es folgten die Sammlungen *La dame ovale*, 1939 (*Die ovale Dame*, 1982, H. Becker), und *En bas*, 1945 (*Unten*, 1981, E. Jacoby), schließlich die frühen ursprünglich in Englisch verfassten Texte *Le cornet acoustique*, 1974/*The hearing trumpet*, 1977 (*Das Hörrohr*, 1980, T. Spengler), und *La débutante*, 1978 (*Die ovale Dame*, 1982, H. Becker). Die in *Pigeon vole. Contes retrouvés*, 1986 (Flieg Taube) veröffentlichten Erzählungen wiederum, die Werner Spies in Max Ernsts Papieren auffand, entstammen der Frühzeit Carringtons in St. Martin Ardèche und sind ursprünglich in Französisch verfasst; sie sind bislang ebenso wie der von dem Surrealisten Henri Parisot in dessen französischer Version erstveröffentlichte Roman *La porte de pierre*, 1976 (Die steinerne Pforte) bislang nicht ins Deutsche übersetzt.

Wenngleich die sporadisch herausgegebenen Erzählbände jeweils Texte aus unterschiedlichen Lebensabschnitten enthalten, so kennzeichnen sämtliche Erzählungen zwei auch für Carringtons Malerei charakteristische Momente: die ästhetische Identifikation mit dem klassischen Surrealismus und eine diesen motivierende autobiographische Tendenz.

Bereits die schon 1937 entstandene Erzählung »La débutante« enthält zahlreiche Hinweise auf Carringtons Erlebnisse als junges Mädchen, das in die von Zwängen bestimmte englische Gesellschaft hineingeführt werden soll. Im Zentrum der Erzählung steht ein Mädchen, das sich mit einer Hyäne anfreundet. Um die ›Mesalliance‹ mit dem Außenseiter unter den Tieren zu skandalisieren, stülpt sie dem Tier eine Maske mit dem Gesicht ihrer Bonne über. Doch die Unfähigkeit – oder der Unwille – der Hyäne, Kuchen zu essen, beendet die Maskerade. Auch »La dame ovale« (»Die ovale Frau«), deren Hauptmotive auffallende Parallelen zu einem Selbstporträt der Künstlerin aufweisen, handelt von einem einsamen Mädchen. Aus Abscheu vor ihrem Vater tritt es in den Hungerstreik. Eine Besucherin erlebt im Zimmer des Mädchens eine surreale Szenerie verbotener Spiele mit dem Schaukelpferd Tartar. Als sich das Mädchen trotz des väterlichen Verbots in ein Pferd verwandelt, wird es entdeckt und bestraft.

Beispielhaft dafür, wie lebensweltliche Elemente in Literatur aufgingen, ist die 1943 entstandene Erzählung »En bas« (»Unten«). Sie geht zurück auf die traumatischen Ereignisse um Carringtons durch ihre Familie betriebene Einweisung in eine spanische Nervenklinik, die dem Zweck dienen sollte, sie vom Surrealistenzirkel zu isolieren. »Unten« beschreibt die Demütigungen, denen die emanzipierte junge Frau 1940 in der Klinik ausgesetzt war. Nach monatelangen Quälereien und trotz der Verabreichung von Halluzinogenen, die ihren Willen brechen sollten, entwickelte sie einen Fluchtplan. Allein die Vorspiegelung eines im bürgerlichen Sinne ›Normalseins‹ ermöglichte den Weg aus dem Gefängnis, in dem sie sich zugleich von ihren beiden Vätern – dem leiblichen und dem geistigen Vater (Max Ernst) – emanzipierte.

Die späte Erzählung »Le cadavre exquis«, 1971 (»Der erlesene Leichnam«), greift im Titel ein beliebtes Element der surrealistischen Produktionsästhetik auf, das zufällige Aneinanderreihen von Wörtern zur Textgestaltung: Zugleich ist der ›erlesene Leichnam‹ der eines gehetzten Familienvaters, der in seiner Geschäftigkeit an Herzversagen stirbt, während die Mutter aus Gram vereinsamt, bis sie sich mangels Lebensmitteln im Haus schließlich selbst in einem Kühlschrank einfriert.

Nicht selten handeln Carringtons Geschichten von Grenzgängern und romantischen Randexistenzen, denen für Augenblicke die Epiphanie jenes Wunderbaren zuteil wird, dem der französische Surrealismus anhing. Dem ästhetischen Arsenal der Dadaisten und Surrealisten entstammen allerlei Abartigkeiten wie fleischfressende Kaninchen, abstoßende Speisen oder Sirenen, die als Chorknaben verkleidet sind, dem Arsenal der ›Gothic Novel‹ Ratten und Fledermäuse. Ein spielerischer Umgang mit Märchenmotiven (Verwandlungen, Zahlenmagie) geht auf die Kunstmärchen der Romantik zurück. Häufig in der Ich-Form verfasst und in eine unbestimmte Atmosphäre getaucht, gleichen die Geschichten Halluzinationen und Tagträumen. Auch in ihren Theaterstücken griff Carrington auf das Motivrepertoire der Erzählungen zurück.

▪ Übers.: Die Windsbraut. Bizarre Erzählungen, Vorw. von A. Breton, Hg. H. Becker, 2009.
▪ Lit.: J. Chénieux-Gendron: Hermétisme et surréalisme dans les œuvres de L.C., in: Proceedings of the Xth Congress of the International Comparative Literature Association, Hg. A. Balakian, 1985, 512–518. ▪ G. Feman: The Methodology of the Marvelous, in: Symposium 42, 1989, 329–339. ▪ S. Assa: Gardens of Delight or, What's Cookin'?, in: Studies in Twentieth Century Literature 15, 1991, 213–227. ▪ Apropos L.C., Hg. T. Spengler, 1995. ▪ A. Trimarco: La follia. Per esempio, L.C., in: Per una topografia dell'Altrove, Hg. M.T. Chialant, 1995, 37–47. *Gerhard Wild*

Giacomo Girolamo **Casanova, Chevalier de Seingalt**

▪ geb. 2.4.1725 Venedig (Italien)
▪ gest. 4.6.1798 Schloss Dux/Böhmen (Tschechien)

Studium der Theologie und Rechte in Padua, Promotion mit 16 Jahren; 1755 in Venedig wegen Ketzerei in Haft, 1756 Flucht; 1757 Lotteriedirektor in Paris; 1763 Ablehnung einer Erzieherstelle im Kadettenkorps bei Friedrich II.; Kontakt zu ↗ Voltaire und Albrecht von Haller; 1774 Geheimagent des Dogen in Venedig; 1785 Bibliothekar des Grafen Waldstein in Dux; zahlreiche naturwissenschaftliche, theologische und philosophische Arbeiten sowie eine italienische Übersetzung der *Ilias*.

▪ Lit.: H. Scheible: Mythos C., 2003. ▪ Smiler, A.P.: Challenging C. Beyond the Stereotype of the Promiscuous Young Male, 2012.

Ikosameron

(frz.; *Eduard und Elisabeth, oder Die Reise in das Innere unseres Erdballs*, 1968, H. von Sauter) – Dieser phantastische Roman aus spätaufklärerischem Geist erschien 1788. In der Enge des böhmischen Schlosses Dux träumte sich der Abenteurer, Diplomat und Weltmann gegen Ende seines ereignisreichen Lebens noch einmal in die Welt der aristokratischen Salons mit ihren Gelehrtendisputen und literarischen Invektiven hinein. Das Ergebnis war ein Reiseroman von kolossalem Umfang, formaler Strenge und intellektueller Bizarrerie.

Protagonisten des Werks sind die zwölfjährige Elisabeth und ihr zwei Jahre älterer Bruder Eduard. Im Jahre 1533 erleiden die beiden englischen Kinder im nördlichen Atlantik Schiffbruch, retten sich in eine Holzkiste und werden auf der Höhe der Lofoten in den Malstrom gerissen, durch den sie unaufhaltsam ins Erdinnere gesogen werden. Hier entdecken sie eine wunderbare Gegenwelt, die von einer Sonne im Zentrum der als Hohlkugel gedachten Erde beschienen wird. In diesem unterirdischen Reich leben die sogenannten Megamikren, androgyne Wesen, deren Staatsform und Lebensweise Casanova zum Anlass für mannigfache politische, theologische, naturwissenschaftliche und philosophische Erörterungen nimmt. Die unterirdische Welt, in der sich Eduard und Elisabeth während der folgenden 81 Jahre aufhalten, trägt deutliche Züge eines (unter-)irdischen Paradieses. Durch eine Explosion werden die beiden Gäste schließlich wieder an die Erdoberfläche geschleudert, finden sich in der Nähe von Triest wieder und kehren über Venedig nach England zurück. Hier machen sie die seltsame Entdeckung, dass sie jung geblieben sind, während ihre Eltern auf irdische Weise alterten. Vor einer Gesellschaft von kultivierten Adeligen berichtet Eduard an 20 aufeinanderfolgenden Tagen die Erlebnisse der Geschwister, die dann jeweils durch gelehrte Diskussionen kommentiert werden (daher *Ikosameron*, das »Zwanzigtagewerk«).

Dieser erzählerische Rahmen dient Casanova dazu, aufklärerische Konzeptionen über Staatswesen und Wissenschaft zu verbreiten und vor allem seinen Kampf gegen den Aberglauben voranzutreiben. So geht der eigentlichen Abenteuerhandlung ein umfangreicher Kommentar der ersten drei Kapitel der Genesis voraus. Die daraus abgeleitete Hypothese, Gott habe den Menschen zweimal erschaffen, dient dem Romancier als biblische Begründung seiner Theorie der Megamikren, deren Androgynie er ebenfalls aus seiner Lesart der ersten Bücher Moses herleiten kann. Casanovas philologisch-visionäre Begabung mag man in diesem Zusammenhang daran ermessen, dass erst neuere bibelkritische Forschungen erweisen konnten, dass sich im Schöpfungsbericht offenbar tatsächlich zwei divergierende Quellen überlagern: Casanovas Versuch, die Widersprüche des Urtextes ›ernst zu nehmen‹, mündet in der Hypothese, das »Paradies« im Innern der Erde zu lokalisieren, und dort eine Parallelrasse – die Megamikren anzusiedeln.

Beim *Ikosameron* handelt es sich also um weitaus mehr als um einen weiteren der gerade im 18. Jh. so beliebten Reiseromane. Mehr noch als seine vielbändigen Memoiren sollte es das sein, was der Literat Casanova in die Waagschale der schönen Literatur zu werfen gedachte: »Da packte mich die Lust, mich zum Schöpfer einer neuen Welt aufzuwerfen, eines neuen menschlichen Geschlechts, einer neuen Religion […]«. Vorstudien und Pläne lassen sich bis 1782 zurückverfolgen, also in die letzten venezianischen Jahre Casanovas. Den ursprünglichen Plan, das Werk in Italienisch abzufassen, ließ er – wohl zugunsten der Internationalität des Französischen – bald fallen. Anregungen, die Casanova in seiner umfangreichen, von Dux aus quer durch Europa geführten Korrespondenz keineswegs verleugnet, empfing das Werk nicht nur von Defoe und Swift, sondern vor allem von Ludvig Holbergs *Nicolai Klimii iter subterraneum*, 1741 *(Niels Klims unterirdische Reise)*, und der Erzählung *Micromégas*, 1752, seines Freundes ↗ Voltaire, ganz zu schweigen von Bacon, Campanella und Morus, deren staatsphilosophische Erörterungen sich hier spiegeln. Dass Casanovas Wunsch, durch dieses Werk literarische Unsterblichkeit zu erlangen, unerfüllt blieb, liegt an einer theologisch argumentierenden, missgünstigen Rezension (1789) und vor allem am Publikationsdatum kurz vor der Französischen Revolution, die einige der von Casanova aufgeworfenen Fragen aufhob.

Das in modernen vollständigen Ausgaben an die 1200 Seiten umfassende Opus blickt auf eine ebenso verwickelte Editionsgeschichte zurück wie Potockis *Handschrift von Saragossa*, mit der es auch das Schicksal eines lange Zeit verkannten Meisterwerkes der Übergangszeit zum 19. Jh. teilt: Die editio princeps zählt zu den rarissima der europäischen Bibliotheken. Dennoch scheint einige Autoren des 19. und 20. Jh.s wenigstens indirekt Kunde von Casanovas phantastischen Fahrten erreicht zu haben. So hat Edgar Allan Poe die Thematik des Malstroms in der Erzählung *A Descent into the Maelström*, 1841 *(Hinab in den Maelstrom)*, aufgegriffen, und Jules Verne profitiert von der Unterweltsfahrt in seiner *Voyage au centre de la terre*, 1873 *(Reise zum Mittelpunkt der Erde)*. Als begeisterter deutscher *Ikosameron*-Leser der Nachkriegszeit hat sich schließlich kein geringerer als Arno Schmidt geäußert, der – selbst ein Kenner der ›idealen Literatur‹ des 18. Jh.s – im Zusammenhang mit seinen Arbeiten zu Poe und Verne (vgl. *Nachrichten von Büchern und Menschen* und *Zettels Traum*) noch lange vor der ersten deutschen Übertragung auf das Werk aufmerksam machte.

▪ Lit.: H. Bertram: Die Zerstörung der Utopie. Die Installierung von Erbsündefreiheit, Inzestutopie und ungehemmtem technischen Fortschritt in Casanovas Roman ›Icosameron‹, 1992. ▪ L. Leibacher-Ouvrard: C. et l'utopie de l'indifférence, in: French Review 67, 1994, 3, 432–444. ▪ L. Leibacher-Ouvrard: Sans cause ni conséquence, in: Symposium. A Quarterly Journal of Modern Literature 48, 1994, 1, 63–77. ▪ C. Craig: Utopia and the Body. Gender and Androgyny in C.s Icosaméron, in: New Perspectives in Italian Cultural Studies, Hg. L. Hairston/S. Ross, 1996, 121–131. ▪ G. Lahouati: C. L'art de la fuite, in: Recherches et Travaux 61, 2002, 49–63. *Gerhard Wild*

Histoire de ma vie

(frz.; *Geschichte meines Lebens*, 1964–1967, H. v. Sauter) – Die im Originaltext nahezu viertausend Seiten umfassenden Lebenserinnerungen entstanden ab 1790 auf Schloss Dux in Böhmen und wurden erstmals 1960 bis 1962 veröffentlicht. Etwas resigniert und vereinsamt macht sich der berühmte Literat und Abenteurer im Alter von 65 Jahren an die Niederschrift der entscheidenden vier Dezennien (1734–1774) seines wechselvollen Lebens. Der Bericht setzt ein, als das bei der Großmutter aufgewachsene Schauspielerkind mit acht Jahren in eine Schülerpension nach Padua gebracht wird, und er bricht ab, ehe der fast 50-Jährige, der 18 Jahre zuvor auf verwegene Weise aus dem Gefängnis der venezianischen Staatsinquisition (den »Bleikammern« unter dem Dach des Dogenpalastes) ausgebrochen war, mit Erlaubnis des Senats in seine Heimatstadt zurückkehrt. Nach dem ursprünglichen Plan sollte die Lebensdarstellung bis 1797 reichen, also bis in die glanzlose Gegenwart des Schreibers, die den ganzen Bericht hindurch immer wieder zu schmerzlichen Reflexionen Anlass gibt.

Casanova bringt es vom lernbegierigen und begabten Schüler zum Lizentiaten und Doktor beider Rechte. Vom Kardinalsekretär in Rom, dessen aussichtsreiche Karriere durch ein Missgeschick abgebrochen wird, wechselt er zum galanten Paradeoffizier, vom Theatergeiger zum Kabbalisten und Protegé einflussreicher Senatoren, vom halbkriminellen Libertin und Spieler zum Edelmann, Salonlöwen und Dichter in Paris, vom Staatsgefangenen der Republik Venedig zum Lotterieeinnehmer des französischen Königs, zum Unterhändler Frankreichs bei Devisentransaktionen in Holland und hochstaplerischen »Eingeweihten« einer reichen Okkultistin. Als er 1759 Paris verlässt und Savoyen, Südfrankreich, Italien und die Schweiz bereist, steht er – auch materiell – im Zenit seines bewegten Lebens. In London (1763–1764) überfällt ihn eine Ahnung der bevorstehenden Lebenswende. Sein weiterer Weg, der ihn über Berlin, Petersburg, Moskau, Warschau, Wien, Paris, Barcelona, Madrid, Florenz nach Triest führt, wo ihn die Begnadigung aus Venedig erreicht, ist tatsächlich zusehends von geringerem Erfolg begleitet.

Casanovas Lebensgeschichte ist in kulturhistorischer Hinsicht von einer schier unerschöpflichen Ergiebigkeit, da sie ein monumentales Fresko des politischen und gesellschaftlichen Lebens des Zeitalters vor der Französischen Revolution darstellt. Republik und Stadt Venedig erscheinen hier am Ende der Epoche der politischen Unabhängigkeit, in einer Zeit des allmählich verlöschenden Glanzes. Mit ihren Theatern und ihrer hoch angesehenen Prostitution sind sie jedoch ein Lustbarkeits- und Amüsierzentrum von europäischem Rang. Neben kleineren Lokalbildern liefert Casanova auch von anderen bedeutenden Städten treffende Skizzen der jeweiligen Lebensgewohnheiten und Regierungen.

Die namhaftesten Männer und Frauen der Zeit, deren Bekanntschaft der gesellschaftlich gewandte Abenteurer machte, werden lebensnah vorgestellt: die Päpste Benedikt XIV. und Clemens XIII., die Kardinäle Acquaviva und de Bernis, Kaiserin Maria Theresia, König Ludwig XV., Friedrich der Große, die Zarin Katharina II., König Georg III., Madame Pompadour, ↗ Voltaire, ↗ Crébillon

d. Ä., Fontenelle, d' Alembert, ↗ Rousseau, Haller, Winckelmann, S. Johnson, da Ponte, Metastasio, B. Franklin sowie die gefeiertsten Schauspieler und Sänger, Mätressen, Kurtisanen und Abenteurer (unter ihnen Cagliostro und Graf Saint-Germain), die gleichermaßen um die Gunst der Höfe und Salons wetteifern. Die Porträts leben von bizarren, scheinbar nebensächlichen Details, die das wahre Wesen dieser Persönlichkeiten oft plastisch hervortreten lassen.

Der erotische Bereich dieser Memoiren, der nach wie vor ihren und Casanovas Ruf zu Unrecht begründet, nimmt sich verglichen mit der Breite der Zeitbilder verhältnismäßig schmal aus. Zwar bekennt der allen Genüssen zugeneigte und mit außergewöhnlicher Virilität ausgestattete Lebemann unumwunden: »Die sinnlichen Genüsse zu kultivieren, bildete die Hauptbeschäftigung meines ganzen Lebens; niemals hat es für mich etwas Wichtigeres gegeben.« Doch ist dieses Bekenntnis eher als Ausdruck der sensualistischen Weltauffassung des zu Ende gehenden galanten Zeitalters zu sehen. Casanova zeigt sich nirgends pervertiert, selten zynisch, kaum gewalttätig oder lasziv. Die Frauen, die sich ihm hingeben, vergisst er auch nicht, wenn er sich längst von ihnen abgewandt hat, oft sorgt er für ihre materielle Zukunft und die ihrer Kinder. Casanova liebt die Frauen um ihrer selbst willen, instinktiv und ohne Hintergedanken. Nur in der Ekstase, zu der er sie »verführt«, kann er selbst höchstes Glück empfinden. Hat er es auch in schnellem Wechsel mit den verschiedenartigsten Partnerinnen aus allen Schichten zu tun (die mit geradezu entwaffnender Unbefangenheit ausgebreiteten Einzelheiten sind kulturgeschichtlich ebenfalls höchst bedeutsam), verliert er dennoch nie aus den Augen, was er in der Liebe eigentlich sucht: die vollendete seelisch-körperliche und »sympathetische« Harmonie. Zwischen zahlreichen Affären finden sich immer wieder Liebeserlebnisse von außergewöhnlicher Zartheit und überraschender Aufrichtigkeit.

Doch mit den Jahren werden solche Begegnungen seltener, dem Gealterten schließlich bleibt nur die Erinnerung: »Selige Augenblicke, die ich nicht mehr erhoffen darf, deren teure Erinnerung mir aber nur der Tod allein rauben kann!«

Aus literarhistorischer Sicht steht Casanovas Werk in der Nähe der autobiographischen Schriften eines ↗ Rousseau, ↗ Beaumarchais und ↗ Restif de la Bretonne. Doch war es von Anfang an starken Zweifeln hinsichtlich seiner Glaubwürdigkeit ausgesetzt, da die verwendeten Dokumente unmittelbar nach der Niederschrift vernichtet wurden. Erst neuere Forschungen erbrachten die Beweise für die Authentizität, der manche Irrtümer und Verwechslungen keinen Abbruch tun. Dies schließt nicht aus, dass der Autor, ungeachtet aller Bemühungen um Aufrichtigkeit, nicht auf eine gewisse Stilisierung seiner Person verzichtet hat.

Die *Histoire de ma vie* enthält in Anlehnung an den Schelmenroman klar erkennbare pikarische Elemente (Antiheroismus, Antiidealismus, die Rolle des Zufalls und des Glücksspiels, Optimismus und Selbstvertrauen des Helden, der schnelle Wechsel der Affekte, Welt als »Welttheater«). Als Bekenntnis individuellen Scheiterns wird das Werk so zugleich satirischer Zeitspiegel. Casanovas nüchterner, bald räsonierender, bald allegorisierender Stil ist ein mit Venezianismen durchsetztes Französisch, das – ganz im Gegensatz zur Eleganz des Autors – eher spröde wirkt, aber gerade dadurch am deutlichsten den Aufklärer durchscheinen lässt. Einerseits weist sich der Autor als Produkt seiner Zeit, des ausgehenden Ancien régime, aus, andererseits bedeutet dies bei ihm keinen Widerspruch zu einem tief verwurzelten Gottvertrauen, einer unbekümmerten Selbstsicherheit und nichtfatalistischer Schicksalsergebenheit. Mit der Revolution, deren gesellschaftliche Berechtigung er nicht anzweifelt, sieht er das Ende einer Ära anbrechen, die mit ihrem Glanz und ihrer Korruption letztlich den idealen Nährboden für seine eigene abenteuerliche Existenz bildete.

Bei aller Kritik fand Casanovas Werk immer wieder offene Bewunderer, wie Tieck, Heine, Taine, Hofmannsthal, Stefan Zweig, F. G. Jünger. Von Hebbel stammt vielleicht die prägnanteste Würdigung: »Wer noch im 68sten Jahre so schreiben konnte, der durfte so leben.«

■ Lit.: F. Serra: C. autobiografo, 2001. ■ C. Cave: Le moi, le monde, 2002.

Richard Mellein

Jacques Cazotte

■ geb. 17.10.1719 Dijon (Frankreich)
■ gest. 25.9.1792 Paris (Frankreich)

Erziehung im Jesuitenkolleg Dijon; ab 1740 in Paris; 1747 Angestellter der Marineverwaltung in Martinique; 1761 freier Schriftsteller in Paris; Mitglied der Illuminaten und okkultistischer Kreise; als Feind revolutionärer Bestrebungen und überzeugter Monarchist Tod durch die Guillotine; Verfasser eines heroisch-komischen Epos in der Nachfolge Ariosts; mit anti-aufklärerischen Geister- und Teufelsgeschichten Begründer der phantastischen Literatur in Frankreich.

■ Lit.: A. Bocattin: J. C. et la Querelle des bouffons, 1991.

Le diable amoureux

(frz.; *Biondetta, der verliebte Teufel*, 1924, F. Blei) – Als Teil der *Œuvres badines et morales* (Scherzhafte und moralische Werke) erschien die phantastische Erzählung

1772 und in überarbeiteter Form 1776. Unter dem allegorischen Mantel einer Liebes- und Zaubergeschichte warnt der Verfasser vor den Gefahren der Anziehungs- und Täuschungskraft der »bösen Mächte«.

Die Parabel erzählt von dem exaltierten jungen spanischen Adligen und Offizier Don Alvare de Maravilla, der aus Übermut und Neugierde den Teufel in den Ruinen von Portici beschwört. So erlangt er die Begleitung eines zunächst als Spanielhündchen, dann als Page und schließlich als wunderschöne Frau (Biondetta) verkleideten Geistes, zu dem er sich zunehmend hingezogen fühlt. Ein ausschweifendes, abenteuerreiches Leben vermag diese außerordentliche Zuneigung nicht zu trüben, zumal ihn Biondetta davon überzeugt, sie sei eine Sylphide, eine Luftkreatur, die nur aus Liebe zu ihm einen menschlichen Leib angenommen habe. Alvare beschließt, sie zu heiraten und fährt trotz mehrfacher wundersamer Verzögerungen mit ihr zu seiner Mutter nach Spanien zurück. Biondetta gelingt es, trotz seines durch Ehrgefühl bedingten Widerstands, eine Liebesnacht mit ihm zu verbringen, in deren Verlauf sie sich ihm in ihrer wahren teuflischen Gestalt zu erkennen gibt. Ob sich Alvare in ihren Armen tatsächlich mit den von ihr verlangten Worten: »Mein lieber Belzébuth, ich bete dich an«, zum Teufel bekennt, bleibt ungewiss.

Biondetta verschwindet, und der verstörte junge Mann erreicht Heim und Mutter, um dort zu erfahren, dass sein ganzes Abenteuer aus lauter Unstimmigkeiten und Sinnestäuschungen bestand und dass er mittels Reue und Gehorsam gegenüber den Vertretern des ›Guten‹ – etwa seiner Mutter und dem Doktor der Theologie Quebracuernos (Hörnerbrecher) – das aus seiner Geistesverwirrung stammende Unheil abwenden kann. Der Schluss der Erzählung variiert von Edition zu Edition: Eine erste Fassung lässt Alvare dem Teufel verfallen, in der Ausgabe von 1772 vertreibt er Biondetta. Erst die Fassung von 1776 liefert den zweideutigen, teils geträumten, teils für wahr gehaltenen Schluss.

Die Erzählung hat zu verschiedensten Spekulationen Anlass gegeben, besonders hinsichtlich der Authentizität der darin vermittelten okkulten Doktrinen. Gérard de ↗ Nerval wies 1845 in seiner Einleitung zur Ausgabe des *Diable amoureux* auf Cazottes prophetische und illuministische Gaben hin sowie auf seinen tiefen, von der Sekte der Martinisten beeinflussten katholischen Glauben. In diesem Licht erscheint Cazottes Werk als düsteres Initiationsspiel mit dennoch möglichem guten Ausgang. Der Autor hatte sich jedoch schon in früheren Werken wie *La patte du chat*, 1741 (Die Katzenpfote), *La veillée de la bonne femme*, 1752 (Die Nachtwache der guten Alten), und *Ollivier*, 1763, als Skeptiker und Parodist zu erkennen gegeben, so dass fraglich bleibt, ob die Intention dieses Werkes als ernsthaft warnend oder eher humoristisch-satirisch zu deuten ist.

Satanismus war im 18. Jh. ein beliebtes Motiv, wie die literarischen Erfolge von dämonologisch angehauchten Werken wie etwa Alain-René ↗ Lesages *Le diable boiteux*, 1707 *(Der hinkende Teufel)*, *Les lettres cabalistiques*, 1737 (Die kabbalistischen Briefe), des Marquis d'Argens oder Abbé Montfaucon de Villars' *Le comte de Gabalis*, 1670 (Der Graf von Gabalis), beweisen, denen schlüpfrigere Werke wie *Le sylphe*, 1730 (Der Sylph), von ↗ Crébillon fils oder *L'amant salamandre*, 1757 (Der Salamander als Liebhaber), des Abbé Cointreau verpflichtet sind. Cazotte selbst zitiert das im Grunde skeptisch orientierte Werk *De betoverde wereld*, 1691 (Die bezauberte Welt), des niederländischen Pastors Balthasar Bekker, das 1694 unter dem Titel *Le monde enchanté* auf Französisch erschien.

Der Verführungskunst Biondettas setzt Alvare – oft von scheinbar äußeren Zufällen unterstützt – sein Ehrgefühl, nicht jedoch seine Erkenntnis entgegen: Das Abenteuer stellt eine Psychomachia, einen Kampf um die menschliche Seele dar, bei dem ungeduldige Neugierde und Hingabe an eine Leidenschaft zu allen anderen führen kann – sexuelle Ausschweifung, Spieltrieb, Mord- und Rachegelüste, Ungehorsam, Unvorsicht und zuletzt womöglich zur Abwendung von Gott und Seelenheil. Dabei behält die Verführung durchweg einen geradezu arglosen Charakter und eine naive Offenheit: Alvare täuscht sich nie über Biondettas außernatürliche Herkunft, noch vergisst er das ominöse »Che vuoi?« (»Was willst du?«), das er bei der Schrecken einflößenden ersten Begegnung mit dem Teufel in Portici zu hören bekam, so dass er seine Wahl zwischen Gut und Böse, zwischen Gott und Teufel, zwischen moralischem Gehorsam und libertiner Ausschweifung in vollem Wissen als freiwilligen Akt tätigen kann.

Cazottes Zeitgenossen dechiffrierten Episoden wie die Erscheinung des Teufels (mit Kamelkopf) in Portici als christlich metaphorisiertes Begehren. Ambivalent bleibt jedoch die Darstellung Biondettas: Die Frau aus Tau, Luft und Regenbogensplittern war nichts anderes als eine Emanation aus dem schwärzesten Abgrund. Solche Züge weisen weit in das 19. Jh. voraus und verleihen diesem Werk einen Charme, dem sich auch die Nachwelt nicht entziehen konnte. Besonders die Romantiker E. T. A. Hoffmann, Charles ↗ Nodier und Théophile ↗ Gautier, aber auch ↗ Baudelaire und noch ↗ Apollinaire schätzten und benutzten das Werk. Im 20. Jh. stieß es im Gefolge der Tiefenpsychologie und des Neo-Okkultismus auf erneutes Interesse.

▪ Lit.: M. Bernoussi: Le roman noir français dans la seconde moitié du XVIIIe siècle, 1995.

Monika Grünberg-Dröge

Louis-Ferdinand **Céline**

▪ geb. 27.5.1894 Asnières (Frankreich)
▪ gest. 2.7.1961 Meudon bei Paris (Frankreich)

(d. i. Louis Destouches) – Mit zwölf Jahren Fabrikarbeiter; Soldat im Ersten Weltkrieg; Medizinstudium; Armenarzt in Paris; als Schiffsarzt Reisen nach Afrika und Amerika; Anhänger der Vichy-Regierung, 1944 als Kollaborateur mit antisemitischen Tendenzen verurteilt; gegen Kriegsende Gast der Naziregierung; 1945 Flucht nach Dänemark; 1951 Aufhebung des Urteils und Rückkehr; bedeutender Romancier und politischer Essayist.

▪ Ausg.: Œuvres complètes, 2 Bde, Hg. H. Godard, 1982. ▪ Lettres, Hg. H. Godard/J.-P. Louis, 2009.

▪ Lit.: J.-C. Renard: C., les livres de la mère, 2004. ▪ U. Geyersbach: L.-F. C., 2008. ▪ H. Godard: C., 2011.

Voyage au bout de la nuit

(frz.; *Reise ans Ende der Nacht*, 2003, H. Schmidt-Henkel) – Inhalt des 1932 erschienenen Romans – die erste unzensierte Fassung erschien 1962 – ist die Lebensgeschichte des Ich-Erzählers Ferdinand Bardamu in Form einer »großen Reise«, die zugleich die Geschichte seines Scheiterns ist.

Zu Beginn muss der Medizinstudent Bardamu sich sein Studium durch entwürdigende Hilfsarbeiten zusammensparen. In einem Gemisch aus Trotz und Enthusiasmus meldet er sich im Ersten Weltkrieg als Freiwilliger und lernt einen »apokalyptischen Kreuzzug« kennen, der sämtliche Moralvorstellungen erschüttert und ihm nur zur Vernichtung der lästigen Armen erfunden zu sein scheint. Auf einem Himmelfahrtskommando begegnet er dem Deserteur Robinson, einem gesellschaftlichen Außenseiter, der Bardamus Hass auf den Krieg und die Verlogenheit der bürgerlichen Gesellschaft teilt. Als eine Art Alter ego schlägt er zufällig dieselbe Reiseroute ein und begegnet ihm immer wieder. Während der Erzähler zu Reflexion und Passivität neigt und der gesellschaftlichen Gewalt hilflos ausgeliefert ist, drängt es Robinson zur Tat: Er ist Rebell und potenzieller Mörder, der sich im Kampf ums Überleben skrupellos durchzuschlagen versucht.

Nach dem Krieg geht Bardamu ins tropische Afrika, weil man dort angeblich besser zu Geld kommt, erlebt Lüge und Elend des Kolonialismus und wird schließlich schwer krank von Eingeborenen – die nicht weniger vertrauenswürdig, weil genauso arm wie die Weißen sind – auf eine Galeere verschachert, auf der er nach Amerika gelangt. Wie er sich den Eingang in dieses vermeintliche Paradies ermogelt, ist ein Musterbeispiel von Célines zynischer Real-Phantastik: Weil er weiß, welchen Wert die Amerikaner Effizienz, Zahlen und Statistik beimessen, entwickelt Bardamu eine Methode, Flöhe nicht nur zu zählen, sondern gleichzeitig nach Geschlecht und Nationalität zu klassifizieren. Damit wird er für die statistische Abteilung der Einwanderungsbehörde unentbehrlich. Nachdem der unstete, mit den gesellschaftlichen Verhältnissen unzufriedene, von innerer Unrast geplagte Protagonist die Neue Welt in ihren Höhen und Tiefen – die Höhen nur von unten gesehen – kennengelernt hat, kehrt er nach Frankreich, den Ausgangspunkt seiner pikaresken Reise, zurück. Er beendet sein Medizinstudium und wird Armenarzt in den Pariser Vororten. Hier erlebt er, was nach Célines Erfahrung das menschliche Dasein ausmacht: Armut und daraus folgend Hass, Gemeinheit, Verbrechen. Robinson, dem er schon in Afrika und Amerika wiederbegegnet war, ist nun eindeutig derjenige, der sein immer neues Scheitern bewirkt. Doch als diese Doppelgängerfigur von einer ehemaligen Geliebten niedergeschossen wird, versöhnt sich Bardamu mit dem Sterbenden.

Voyage au bout de la nuit gehört in die Reihe jener Werke, mit denen um 1930 unter dem Eindruck der Weltwirtschaftskrise und des sich ausbreitenden Faschismus die französische Literatur zur Zeit- und Gesellschaftsproblematik fand. Céline verknüpft hier das traditionelle Reisemotiv mit einer radikalen Zivilisationskritik. Ausgehend von der Erfahrung des Ersten Weltkriegs, den der Ich-Erzähler als Zusammenbruch des tradierten Weltbildes und als Bestätigung seines unwiderrufenen Zweifels an der »Macht der Vernunft« erlebt, stellt der Roman aus der Sicht und in der schonungslosen, provokanten, teils obszönen Sprache eines perspektivlosen Anti-Helden die gesellschaftlichen Herrschaftsverhältnisse in den drei Kulturkreisen Frankreich, afrikanische Kolonialgesellschaft und USA dar.

Um die höllisch-reale Menschenwelt so, wie er sie sah und empfand, adäquat erstehen lassen zu können, schuf Céline eine eigene Sprache, die – auf kunstvoll variierten Stilbrüchen beruhend – sowohl die Umgangssprache als auch die literarische Hochsprache (diese als Mittel der Ironie) virtuos und auf intensive Wirkung zielend verwendet. Man könnte von einem zu Handlung und Sprache geronnenen Aufschrei sprechen. Der Roman steht gleichwertig neben den im selben Jahrzehnt entstandenen Werken ↗ Malraux', Bernanos' und ↗ Aragons, von denen er sich aber durch die Eindrücklichkeit unterscheidet, mit der er die verkehrten Weltverhältnisse denunziert. Was ein halbes Jahrzehnt später der Existenzialismus in ein zusammenhängendes Denksystem brachte, wird von Céline noch unwirsch hinausgebrüllt. Doch ist die Wirkung seiner frühen Romane – trotz der kritikwürdigen politischen Einstellung ihres Autors zum Faschismus – auf die Dichtung ↗ Sartres, ↗ Camus' und Cayrols unverkennbar.

▪ Lit.: A. Blank: Literarisierung von Mündlichkeit. L.-F. C. und Raymond Queneau, 1991. ▪ J.-F. Lavis: Une écriture des excès, 1997.

Walter Heist / Brunhilde Wehinger

Blaise Cendrars

▪ geb. 1.9.1887 La Chaux-de-Fonds (Schweiz)
▪ gest. 21.1.1961 Paris (Frankreich)

(d.i. Frédéric Sauser-Hall) – Sohn eines Schweizers und einer Schottin; mit 15 Jahren Verlassen der Familie; Asienreise; Abbruch eines Medizinstudiums in Bern, Imker und Jongleur in Paris; Reise über Russland nach Amerika, Landarbeiter in Kanada; Fremdenlegion, Verlust der rechten Hand; Autor in Paris im Umkreis der Pariser Avantgarde (Freundschaft mit Apollinaire); umfangreiches, alle Gattungen umfassendes Schaffen, das über den Surrealismus hinausweist.

▪ Ausg.: Œuvres complètes, 8 Bde, 1960–1965. ▪ Œuvres autobiographiques complètes, 2 Bde, Hg. C. Leroy, 2013.
▪ Lit.: M. T. de Freitas: B. C. et les arts, 2002. ▪ B. C. Je suis l'autre, Hg. Centre d'études B. C., 2004.

Das lyrische Werk

(frz.) – Das erste veröffentlichte Gedicht des Autors, das 205 Verse lange »Les Pâques à New York«, 1912 (»Ostern in New York«), entstand während einer einzigen Nacht in dieser Metropole der Moderne. Es demonstriert bereits, dass die Reimbildung dem gewaltigen Impuls, der in fast jeder Zeile des Gedichts schlägt, nicht standzuhalten vermag.

Wie in seinem bedeutendsten Gedicht *La Prose du Transsibérien et de la petite Jehanne de France*, 1913 (*Die Prosa vom Transsibirischen Express und von der kleinen Jehanne von Frankreich*, 1998, M. Killisch-Horn), weist der Titel auf die Verschmelzung eines Gegensatzpaars hin: das religiöse Erlebnis innerhalb einer vollends weltlichen Umgebung: »Herr, das Licht der Verheißung ist ausgebrannt, / Aber ein grelles Licht brennt auf der Reklamewand, / Und vielleicht birgt diese festlich erleuchtete Bank / Dein geronnenes Blut in ihrem Panzerschrank. / Die Straßen sind leer geworden und in tieferes Schwarz gesunken. / Ich taumele über den Gehsteig wie betrunken. / Ich habe Angst vor den Schlagschatten der Hauswände«. Die Leere, von der hier das – in allen Gedichten Cendrars' sich autobiographisch gebärdende – lyrische Ich berichtet, ist real und metaphorisch zugleich; eine Kombination verschiedener Wirklichkeitsebenen, die sich einzig aus dem dichterischen Impuls und der daraus resultierenden Metaphorik entschlüsseln lässt.

In *La Prose du Transsibérien* ist es Cendrars gelungen, sich von dem zuvor absolut angewandten Postulat schlagkräftiger Originalität teilweise zu lösen und in der Nüchternheit eines poetischen Diskurses seinen eigenen neuen Ton zu finden. In den meisten seiner Gedichte vermengt er zentrale Elemente des Kubismus und Futurismus, insbesondere die vielgestaltige Darstellung von Aspekten des modernen Lebens und deren gleichzeitige ästhetische Überhöhung: »Ich bin ein Monsieur der in märchenhaften Expresszügen immer dieselben Europas durchquert und verzagt aus dem Fenster guckt«, heißt es in »Ma danse« (»Mein Tanz«), einem gleichfalls 1914 entstandenen und in den Zyklus *Dix-neuf poèmes élastiques*, 1919 (Neunzehn elastische Gedichte), eingeordneten Gedicht.

In *La Prose du Transsibérien* geht die poetische und zugleich reale Reise in das vorrevolutionäre Zarenreich. Dabei wird der Vorgang des Reisens selbst Gegenstand des Gedichts, und einzelne Orte werden zusammen mit den ihnen eingeschriebenen Erlebnissen aus der Perspektive der Durchreise reflektiert: »Wer reist soll die Augen schließen / [...] Ich erkenne mit geschlossenen Augen alle Länder an ihrem Geruch / Und ich erkenne alle Züge am Geräusch das sie machen / die europäischen Züge gehen im Viertakt und die aus Asien im Fünf- oder Siebentakt / Andere gehen gedämpft wie ein Wiegenlied / Manche erinnern mich mit ihrem monotonen Geräusch an die schwere Prosa von Maeterlinck«. In das Gedicht ist wiederholt die Frage: »Blaise, sag, sind wir sehr weit von Montmartre?«, der Reisebegleiterin des Dichters eingeblendet, der »petite Jehanne de France«, einer zartbesaiteten Prostituierten, deren Name auf die Jungfrau von Orléans anspielt.

Die »auf Reisen 1887–1923« entstandene Sammlung *Documentaires* (Dokumentarisches), erschienen in *Poésie complètes* (1944), belegt Cendrars' Poetik einer chronologischen Bestandsaufnahme des Wahrgenommenen. Ursprünglich »Kodak« genannt, musste der Verfasser nach Einsprüchen des Fotokonzerns diesen adäquaten Titel aufgeben. Die Bilder treffen hier fast ungefiltert auf die Netzhaut, verlangen aber gerade deshalb nach gründlicher Sondierung und überlegter Komposition, die nur teilweise gelingt. »Maison Japonaise« (»Japanisches Haus«), der vierte Text einer kleinen Gedichtgruppe innerhalb der *Documentaires* mit dem Titel »Îles« (»Inseln«), zeigt, wie unbedeutend ein solches Dokument ausfallen und in der Tat mit einer blassen Fotographie verglichen werden kann, die man gleich nach dem Betrachten wieder vergisst: »Bambusrohre / leichte Bretter / Über Rahmen gespanntes Papier / Es gibt keine Möglichkeit richtig zu heizen«.

Das lyrische Werk Cendrars' ist größtenteils in den Jahren 1912 bis 1924 entstanden. Mit jedem Jahr seiner Entwicklung näherte sich der Autor seiner epochalen Prosa, die ihren frühen Höhepunkt mit dem Roman *Moravagine* erreichte. Dass sich in der Lyrik bereits die Tendenz zu epischen Formen abzeichnet und die Texte oft als Prosagedichte aufzufassen sind, mag erklären, dass sie meist im Schatten der großen Romane stehen. So war die epische Großform für Cendrars offenbar die Konsequenz aus den Formexperimenten seiner frühen Lyrik.

▪ Übers.: Gedichte, 3 Bde, J. Schroeder/H. Hinderberger, 1976–1978.
▪ Lit.: G. Orlandi Gerenza: Lo spazio epico nella poesia d'avanguardia, 2000. *Ernst Mannheimer*

Moravagine

(frz.; *Moloch. Das Leben des Moravagine*, 1961, L. Frauendienst) – Der 1917 entstandene Roman erschien 1926. In der Schweizer Anstalt für Geisteskranke »Sanatorium Waldensee« erweckt der Patient Nr. 1731 das besondere Interesse des jungen Mediziners Raymond la Science, der hier nach eben bestandenem Examen seine erste Stellung antritt. Der Kranke heißt Moravagine und ist der letzte Sprössling der mächtigen Familie G...y, den einzigen Nachkommen des letzten Königs von Ungarn. Als Waise verbrachte Moravagine seine Kindheit im Schloss der Vorfahren, von den Österreichern streng bewacht. Sechsjährig wurde er mit der österreichischen Prinzessin Rita verheiratet, die ihn von Zeit zu Zeit besuchte. In einem Anfall von Wahnsinn tötete er zwölf Jahre später (1884) das Mädchen auf bestialische Weise, wurde ins Gefängnis gesperrt und schließlich in die Anstalt abgeschoben.

Raymond la Science beschließt aus wissenschaftlichem Interesse, Moravagine zur Flucht zu verhelfen. »Was bedeutet mir ein Mord mehr oder weniger auf dieser Welt ... Endlich sollte ich mit einer menschlichen Bestie zusammen sein, ihr Leben teilen, sie begleiten, beobachten.« Kaum in Freiheit, vergewaltigt und tötet Moravagine ein kleines Mädchen. Auf Umwegen fliehen Raymond und sein ›Freund‹ nach Berlin, wo Moravagine Musik studiert, »weil er hoffte, damit dem Urrhythmus näherzukommen und den Schlüssel zu seinem Wesen, eine Rechtfertigung für sein Dasein zu finden«. Er wird enttäuscht und tobt sich in einer Serie von Morden aus, die ihn als »Jack the Ripper« berüchtigt macht. Raymond und Moravagine fliehen nach Russland, wo »der Idiot« als Mitglied des Zentralkomitees während der Revolution eine führende Rolle einnimmt. Nach deren Scheitern (1907) reisen die beiden nach Amerika, das sie kreuz und quer durchstreifen. Bei den Blauen Indianern am Amazonas steht Moravagine im Zentrum eines religiösen Ritus, den er zu sexuellen Orgien und einem furchtbaren Blutbad unter den Frauen ausarten lässt. Seiner eigenen, vom Ritus bestimmten Opferung kann er sich nur durch die Flucht entziehen.

Mit Raymond kehrt er nach Europa zurück, lernt das Fliegen und nimmt als Pilot am Ersten Weltkrieg teil. Raymond verliert Moravagine aus den Augen. »Warum ließ er sich nicht blicken? Er hätte die Sache mit diesem Krieg im Handumdrehen und ein für allemal erledigt. Warum stand er nicht an der Spitze dieses allgemeinen Gemetzels [...]?« Durch einen Zufall findet der verwundete Raymond den nun morphiumabhängigen Moravagine in der Geistesanstalt von Sainte-Marguerite wieder, wo »der Idiot« 1917 an einem Gehirntumor stirbt, ein riesiges Konvolut an Manuskripten zurücklassend, darunter ein Wörterbuch, das die 200 000 wichtigsten Bedeutungen des einzigen Wortes der Marssprache (»Ke-re-kö-kö-ko-kex. Es bedeutet alles, was man will«) verzeichnet. Raymond la Science wird später als Rebell in Spanien verhaftet und zum Tode verurteilt.

Mit großen Unterbrechungen hat der Moravagine-Stoff Cendrars von 1912 bis 1926 beschäftigt. »Unter dem Eindruck der ersten sensationellen Erfolge der Fliegerei und der Lektüre von Fantômas« plante der Autor ursprünglich einen großen Abenteuerroman in 18 Bänden unter dem Titel »Der König der Lüfte«. Für die Endfassung, die einen vom Zerstörungswahn besessenen, genialischen Geisteskranken zum Helden hat, scheint das Kriegserlebnis von entscheidender Bedeutung geworden zu sein. Obwohl Cendrars die Krankheitsgeschichte Moravagines mit quasi wissenschaftlicher Exaktheit – oft in psychoanalytischer und medizinischer Terminologie – schildert, kommt es ihm offensichtlich weniger auf den Einzelfall an. In *Moravagine* will der Autor vielmehr den Geist einer Epoche (so der Titel des ersten Kapitels) charakterisieren. Die Geisteszerstörung geht nicht von dem bestialischen Helden aus; die Gestalt des Moravagine wird vielmehr, da sein Wahnsinn Methode hat, als geniale und epochale Erscheinung aus der Masse der Geisteskranken herausgehoben.

Für Cendrars besitzen so unterschiedliche Phänomene wie die Russische Revolution, indianische Opferriten oder die Erfindung des Flugzeugs etwas Gemeinsames: Sie entspringen und gipfeln in Zerstörung und in Tod. Ein destruktiver »Urrhythmus« scheint die Menschheit, sei es auf primitiver, sei es auf einer höchst entwickelten Kulturstufe, ständig in die gleiche Richtung zu treiben. Die Form des Werks versucht dem zu entsprechen. Eine zerrissene, oft wie gehetzt wirkende Sprache wird rhythmisch geordnet, die chaotische, sprunghafte Erzählung einer strengen methodischen Gliederung unterworfen. So kommt unmittelbar etwas zum Ausdruck von jener eigenartigen Mischung aus Rausch und Methode, Mythos und Wissenschaft, in der Cendrars fasziniert und abgestoßen zugleich den »Geist einer Epoche« erblickt, für die der Roman typisch erscheint.

▪ Ausg.: Moravagine. Monsterroman, Komm. S. Zweifel, 2014.
▪ Lit.: J. Bessière: Le roman du poète. Rilke, Joyce, C., 1995.
Knut Nievers / KLL

Bourlinguer

(frz.; Bourlinguer) – Die 1948 erschienenen, inhaltlich unverbundenen Prosatexte, denen autobiographische Erfahrungen zu Grunde liegen, experimentieren mit der seit dem 18. Jh. in Frankreich beliebten Form der Reisebeschreibung. Venedig, Neapel, La Coruña, Bordeaux, Brest, Toulon, Antwerpen, Genua, Rotterdam, Hamburg und Paris sind die wichtigsten Stationen. Obgleich Cendrars *Bourlinguer* im Alter von 61 Jahren verfasste, lässt sich noch immer jene Lust am Leben entdecken, die bereits sein frühes Werk kennzeichnet: Sein Held zeigt sich als Liebhaber guter Küche und starker Getränke, üppiger Frauen und aller gewöhnlichen und ungewöhnlichen Ereignisse, die öffentlich oder verborgen, in den Cafés, Zügen, Schiffen, Buden, Bibliotheken und in der menschlichen Psyche zu beobachten sind. Diese Lebenslust äußert sich auch in einer neugierigen Offenheit gegenüber allem Lebendigen, da der Autor das Leben als einen Prozess versteht, der nahezu gewalttätig Energien freisetzt.

Leben und Werk Cendrars' manifestieren sich in diesem Werk als Einheit. Während seine ersten Arbeiten nur verschlüsselt und lückenhaft Auskunft über den Autor geben, finden sich hier umfassende Hinweise auf sein Leben und seine geistige Entwicklung. Es entsteht das Bild eines Menschen, der sich nie festlegen kann. Er interessiert sich nicht für berühmte Orte oder Sehenswürdigkeiten, sondern sucht das Einzigartige, den Pulsschlag des Lebens in all seinen Phänomenen. *Bourlinguer* erscheint daher als eine Art moderner Odyssee des Geistes. Nach Aussage des Autors lässt sich darin die Spur seines Lebens verfolgen, vor allem in »Genua«, dem zentralen und längsten Text, der sich aufgrund seiner außerordentlichen Dichte als ein selbständiges Ganzes aus dem Band herauslösen ließe.

Cendrars bearbeitet seine Reiseimpressionen nicht stilistisch, sondern versucht, Gesehenes unmittelbar wiederzugeben. Er erzählt, als sei er unterwegs, und wenn er in leidenschaftlicher Anteilnahme über etwas berichtet, kreiert er sprachliche Wendungen, mit denen er – auch durch ständige Wiederholung – das Erlebte nachdrücklich und einprägsam charakterisiert. In seinem Hang zur Improvisation gibt er dem jeweiligen Impuls sofort nach: Er lässt der Einbildungskraft, der Erinnerung, dem Wort freien Lauf und ist immer auf der Suche nach dem treffenden, einmaligen Ausdruck. Das Herumvagabundieren fasziniert ihn, und seine Schreibweise scheint sich aus einem ständig sich erneuernden Energievorrat zu speisen. Gelegentlich langatmig, wenig geradlinig, aber immer dicht und geschmeidig, spiegelt sie das bewegte Leben eines Autors, der das Staunen der Surrealisten aus dem Faszinationsraum Paris auf den Erdball ausweitet und in unbedeutenden Details das Wunderbare entdeckt.

■ Lit.: M. Mourier: Bourlinguer, in: B.C. 20 ans après, Hg. C. Leroy, 1983, 95–108. *Judith H. Kaufmann / KLL*

Madame Thérèse, emmène-moi autour du monde

(frz.; *Madame Thérèse*, 1962, J. Schroeder) – Der 1956 erschienene Roman spielt Anfang der 1950er Jahre in Paris und schildert das ereignisreiche letzte Lebensjahr der 79-jährigen Schauspielerin Thérèse Églantine alias Theresa Espinosa, einer Theaterbesessenen und Absinthtrinkerin, die alle Höhen und Tiefen des Daseins durchmessen hat und nun ihre letzten Triumphe als Star einer grotesken, monströsen Grand-Guignol-Operette feiert.

Ein zu Beginn geschildertes Liebesabenteuer mit dem am ganzen Körper tätowierten entsprungenen Fremdenlegionär Jean-Jean, genannt Jean de France alias Karacho, den sie irgendwo aufgegabelt und in ein Stundenhotel geschleppt hat, stachelt sie auf, ihre Hauptrolle in der Operette »Madame Kanaille« – »Meisterwerk des schwarzen Humors! Neueste Komödie von Guy de Montauriol. Drei Akte irres Gelächter, die zu denken geben [...]« – zu einer exzessiven Apotheose des Lebens in all seiner Komik und Scheußlichkeit zu gestalten. Einer spontanen Eingebung folgend, gibt sie dem Stück ein neues, unerhörtes Schlussbild, indem sie sich in ihrer ganzen abstoßenden Nacktheit dem Publikum präsentiert und dazu die Jammerballade der alten Helmschmiedin von François Villon rezitiert: »Und die Zuhörer, befremdet erst, dann ergriffen, ließen sich an den äußersten Rand des Enthusiasmus tragen, wo man weiter nur noch den Verstand verlieren kann.«

Das »wie mit dem Maschinengewehr geschriebene Stück« hat einen riesigen Erfolg, läuft monatelang in Paris, wird an den Broadway exportiert und bringt Thérèse und ihrem Theaterdirektor Félix Juin ein ungeheures Vermögen ein, bis Thérèse nach einigen Monaten des ausschweifendsten Lebens-, Alkohol- und Liebesgenusses mit ihrem Liebhaber eines Morgens von einem Kirschbaum fällt, sich die Beine bricht und an einem Hornissenstich stirbt. Jean-Jean plündert danach ihr Bankkonto und wird, nachdem er seinen ehemaligen Kameraden in Nordafrika ein unüberbietbar wildes Fest gegeben hat, verhaftet und eingesperrt. Rund um Thérèse und das Stück, in dem sie ihr makabres Comeback feiert, gruppiert sich eine Unzahl von Figuren aus der Pariser Unterwelt und der High Society: der korrupte Polizeikommissar »Goldenes Vlies«, der homosexuelle Bühnenbildner Coco, sein Freund Guy, der Autor des Stücks, der Kritiker Jean-Baptiste Kramer und sein Opfer, der Schwarzhändler und »schöne Capitaine« Émile, der (wahrscheinlich) von Kramer ermordet wird, dazu eine riesige Menschenmenagerie von Trinkbrüdern, Vagabunden, Schauspielern, desertierten US- und Legionssoldaten, geistig Gestörten, Behinderten und Strichjungen.

Eingeblendet in die Haupthandlung sind die Lebensberichte dreier Figuren: Die Geschichte des Capitaine

Émile, der vom Straßenjungen zum mit dem Kreuz der Ehrenlegion dekorierten Fallschirmjägerhauptmann aufsteigt und nach dem Krieg einen ausgedehnten Schwarzhandel treibt; das unglaublich wilde Leben der Thérèse, das sie während einer Nacht auf der Polizeiwache der von ihr protegierten Schauspielerin Papayanis erzählt; schließlich die Berichte über das Vorleben von Thérèses Freundin, der »Präsidentin«, einer schönen Frau ohne Beine, die, in Ungarn geboren, als Haremsdame in Nordafrika die Legionäre verrückt machte, entführt wurde und nun steinreich in Paris lebt.

Das Buch, von Cendrars selbst als Schlüsselroman bezeichnet, steht in der Tradition der Paris-Romane und ist eine Hymne auf das Leben im modernen Babylon in all seiner Grausamkeit, Schönheit und Intensität. Der Erzählduktus ist dementsprechend rapide und atemlos, voller Aufzählungen grotesk-schmutziger Details, strotzend von Kraftausdrücken und extremen Übertreibungen.

■ Lit.: M. Touret: B.C. Le désir du roman, 1999.

Jörg Drews / KLL

Les cent nouvelles nouvelles

(frz.; *Die hundert neuen Novellen*) – Die erste bedeutende Novellensammlung in französischer Sprache, entstanden zwischen 1456 und 1467 am burgundischen Hof, wurde 1486 erstmals gedruckt. Versuche, Antoine de ↗ La Sale als Verfasser zu identifizieren, haben wenig Beifall gefunden.

Der unbekannte Autor widmet sein Werk in der Vorrede Herzog Philipp dem Guten von Burgund. Er bezieht sich ausdrücklich auf das *Decamerone* Boccaccios, das er »Le livre de Cent Nouvelles« nennt. Während Boccaccio jedoch Ereignisse schildert, die vor langer Zeit in Italien geschehen sind, will er Begebenheiten der jüngsten Vergangenheit aus Frankreich und den Nachbarländern aufzeichnen; daher der Titel »Die hundert neuen Novellen«.

Für die meisten seiner Geschichten existieren allerdings literarische Vorbilder; etwa 15 sind aus den *Facetiae* (Anekdoten) Poggios übernommen, andere stimmen mit altfranzösischen Fabliaux (Schwankerzählungen) überein. Im Unterschied zu Boccaccios Werk sind die *Cent nouvelles nouvelles* nicht in eine Rahmenerzählung eingebettet. Dafür werden in den Titeln die meisten Novellen einer Persönlichkeit des burgundischen Hofes zugeschrieben: So wird als Erzähler von immerhin 36 Geschichten Herzog Philipp genannt, und mehrmals begegnen auch Antoine de La Sale und der anonyme Verfasser selbst. Die Geschichten der verschiedenen Gewährsleute sind alle im gleichen Stil geschrieben, und es gibt keine Erzählerkommentare, die den angeblichen Urheber als Person hervortreten ließen.

Wichtigstes Thema der Sammlung ist die (meist außereheliche) Liebe, verstanden als Befriedigung des sexuellen Verlangens. In der Tradition der misogynen Literatur des Mittelalters erscheinen die Frauen als unersättlich: Eine junge Ehefrau beklagt sich darüber, dass das Glied ihres Mannes zu klein sei; er macht ihre Verwandten zu Schiedsrichtern, seine Frau aber verweist auf einen jungen Esel, der im Alter von einem halben Jahr schon viel besser ausgestattet sei (Novelle LXXX). Zahlreiche Novellen schildern, wie geschickt die Frauen ihre Männer hintergehen oder sich durch List vor der Entdeckung durch den eifersüchtigen Gatten schützen. Während allerdings ein Goldschmied wahrhaft diabolische Rache an einem Priester nimmt, den er mit seiner Frau überrascht hat (Novelle LXXXV, entspricht einem Fabliau des Gautier Le Leu), handelt ein anderer Ehemann, der seine Frau in flagranti ertappt, mit dem Ehebrecher seelenruhig eine Entschädigung von zwölf Maß Weizen aus und zieht sich dann zurück, denn wenn der andere zahlt, darf er seine Sache auch zu Ende bringen (Novelle XLIII). Die Männer, die ihrerseits keine Gelegenheit zum Ehebruch auslassen, werden kaum positiver dargestellt als die Frauen; allerdings dominiert – vor allem bei der Schilderung sexueller Vorgänge – eindeutig die männliche Perspektive.

Die Geschichten sind meist kurz und oft auf eine Pointe, einen witzigen prägnanten Ausspruch oder dergleichen angelegt. Von dem burlesken Grundton der Sammlung heben sich nur wenige tragisch endende Novellen ab (z.B. Novellen LXIX, XCVIII). Oft ist die Frage diskutiert worden, ob die *Cent nouvelles nouvelles* als realistische Literatur zu betrachten sind. Diese Charakterisierung können sie jedoch ebenso wenig für sich in Anspruch nehmen wie die idealisierende höfische Dichtung, deren Gegenpol sie darstellen. Wie schon in den mittelalterlichen Fabliaux erscheint der Mensch als ausschließlich von seinen Trieben beherrscht, vor allem dem übermächtigen sexuellen Verlangen gegenüber sind Gefühl und Verstand machtlos. Diese Darstellung ist ebenso einseitig wie die schwärmerisch-vergeistigte Liebeskonzeption der Ritterromane. Aus den zahlreichen Geschichten etwa, die von lüsternen, ehebrecherischen Priestern handeln, können keine pauschalen Schlüsse über die Moral des damaligen Klerus gezogen werden. Wenn auch die Texte vielfältige Einblicke in die Lebenswelt des 15. Jh.s gewähren, darf man sie nicht als realistische Schilderungen missverstehen.

■ Ausg.: Les cent nouvelles nouvelles, Hg. P. de Vigneulles, 1972.
■ Übers.: Die hundert neuen Novellen, A. Semerau, 1965.
■ Lit.: R. Dubuis: Les cent nouvelles nouvelles et la tradition de la nouvelle en France au moyen âge, 1973. ■ R. Zehnder: Les modèles latins des cent nouvelles nouvelles, 2002.

Albert Gier

La chanson de Roland

(afrz.; *Das Rolandslied*) – Um 1100 entstanden, ist das Rolandslied das bedeutendste Werk der altfranzösischen Heldendichtung. Die maßgebliche Handschrift (Oxford) des anonymen Werks stammt aus dem zweiten Viertel des 12. Jh.s; doch ist die anglonormannisch gefärbte Sprache dieses Manuskripts wahrscheinlich nicht die des Originals.

Seit sieben Jahren kämpft Karl der Große siegreich gegen die Mauren in Spanien. Marsilius, König von Saragossa, bittet ihn um Friedensverhandlungen, freilich mit dem Hintergedanken, nach dem Abzug Karls aus Spanien alle Verträge zu brechen. Als Karl sich überlegt, welchen seiner Paladine er zu den Verhandlungen schicken soll, schlägt Roland völlig arglos seinen Stiefvater Ganelon für das gefährliche Unternehmen vor. Ganelon glaubt, Roland wolle ihn böswillig ins Verderben schicken, und beschließt bittere Rache. Er nimmt Karls Auftrag an, verbündet sich aber mit Marsilius und schlägt ihm vor, Karls Nachhut, in der sich dessen beste Kämpfer befinden, zu überfallen. Auf dem Rückzug Karls aus Spanien gerät seine Nachhut im Engpass von Roncevaux in den Hinterhalt. Trotz heldenhaften Kampfes müssen die Christen sich der Überzahl der Heiden beugen. Olivier rät Roland, durch einen Stoß in das Horn Olifant König Karl und das Heer zurückzurufen. Bis kurz vor seinem Tod weigert sich Roland jedoch stolz, dem Rat zu folgen. Als Karl endlich zum Schlachtfeld zurückkehrt, sind die Helden gefallen. Durch ein Wunder steht die Sonne still, so dass er an einem überlangen Tag die Heiden bis nach Saragossa zurückschlagen kann. Dort kommt Baligant, der oberste Fürst der Heiden, von Marsilius schon lange erwartet, den Mauren zu Hilfe. Eine neue große Schlacht entbrennt, die schließlich mit dem Sieg Karls endet. Von Gram über Rolands Tod erfüllt, kehrt er nach Aachen zurück und lässt den Verräter Ganelon vierteilen. Aude stirbt, als sie vom Tod ihres Verlobten Roland erfährt. Bramidoine, Marsilius' Witwe, empfängt die Taufe.

Das Werk besteht aus 4002 Zehnsilblern, die in ›Laissen‹, d. h. in jeweils durch Assonanz verbundene Versgruppen gegliedert sind. Während der Stil im Allgemeinen schlicht und nüchtern ist, nimmt er in den Kampfszenen durch Reihungen und topische Wiederholung von Sätzen oder Satzteilen eine eindrucksvolle rhetorische Strenge an; einzelne Episoden erreichen so ungewöhnliche Eindringlichkeit, etwa der Abschied Rolands von seinem sterbenden Freund Olivier, die Segnung der Toten durch den schwer verwundeten Erzbischof Turpin oder die Szene, in der Karl der Große den Leichnam seines Neffen Roland unter den Toten entdeckt.

Grundthemen des Epos sind der Kampf zwischen Heiden und Christen und das Wechselspiel von Heimtücke und aufopfernder Tapferkeit. Daneben liegen dem Dichter zwei Dinge besonders am Herzen: zum einen die Darstellung der Anhänglichkeit der Franken an ihre Heimat, die »dulce France« (süßes Frankreich), die »Tere Maior« (großes Land oder Land der Ahnen), zum anderen die Charakterisierung Rolands als eines in Schlachten verwegenen, aber oft unbedachten und bis zur Vermessenheit stolzen Streiters, dessen Maßlosigkeit die kluge Umsicht des brüderlichen Freundes Olivier gegenübergestellt wird.

Zahlreiche Fragen um die Entstehung des Rolandsliedes sind ungeklärt, etwa ob der im letzten Vers erwähnte Turold der Schreiber, der Sänger oder der Verfasser ist; ob sich, im letztgenannten Fall, seine Tätigkeit auf die Verschmelzung vorhandenen Materials beschränkte oder ob das Werk eine geniale Eigenschöpfung darstellt. Auch über Entstehungsort und -zeit herrscht keine Einmütigkeit. Die Datierung schwankt zwischen 997 und 1130; man neigt heute dazu, das Epos in der vorliegenden Sprachform kurz vor 1100 anzusetzen.

Mit der Unsicherheit der Datierung hängen das Problem des historischen Hintergrundes und die Frage nach dem historischen Wahrheitsgehalt des Textes zusammen. Karl der Große befand sich im Jahr 778 in Spanien, wo er die Streitigkeiten einiger maurischer Fürsten beilegen sollte; beim Rückzug durch die Pyrenäen wurde seine Nachhut von baskischen Räubern aufgerieben. In drei Punkten also weicht der Dichter von den geschichtlichen Tatsachen ab: Er übertreibt das Ausmaß des Kampfgeschehens, macht anstelle der Basken die Mauren zu Karls Kampfgegnern und schildert einen niemals erzielten gewaltigen Sieg über die Gesamtheit der Mauren. Dennoch wurde die Frage, ob das Lied ein historisches Epos sein will, von der Kritik des 19. Jh.s bejaht; sie sah in dem Lied, wie allgemein in der französischen Epik, übereinstimmend das letzte Glied einer (heute verlorenen) langen, zuerst fränkischen, dann lateinischen und französischen Dichtungs- und Sagentradition, deren Gesänge und Berichte sich um aktuelle historische Ereignisse rankten und ein Produkt dieser Zeit darstellten. Da das Epos die Atmosphäre eines ›Heiligen Krieges‹ vermittelt, sah man im Rolandslied eine Verherrlichung der Kreuzzüge. Die dem Geist religiöser Eroberung ursprünglich fremden Elemente – der Preis der Loyalität und Treue – wären dann, zur Verherrlichung des kämpferischen Glaubens, älteren Stoffen entnommen worden. Bedenkt man aber, dass die Idee einer Vernichtung der Ungläubigen schon lange vor 1095 entstanden ist und dass das Rolandslied keinerlei ausdrücklichen Hinweis auf die Kämpfe im Heiligen Land enthält, sondern ausschließlich die Unternehmungen Karls des Großen in Spanien zum Thema hat, so wird man zu dem Schluss kommen, dass der Verfasser eher von der Reconquista als von den Kreuzzügen zu seinem Werk angeregt worden ist. Ein neuerer Deutungsversuch interpretiert das Werk als kompensatorische Aufarbeitung der offenbar traumatisch wirkenden Niederlage der fränkischen Nachhut in den Pyrenäen. Die Literarisierung bewirkt eine deutliche Entstellung der historischen Fakten, die aus Besiegten Märtyrer und aus Siegern Helfer des Satans macht. Das dem Werk zugrundeliegende Debakel der Franken wird so zur heilsgeschichtlich relevanten Heldentat umstilisiert.

Das Rolandslied kann nur im Zusammenhang mit der großen Tradition der antiken epischen Poesie angemessen gewürdigt werden. Die These der Romantik, der man die ›Entdeckung‹ des Epos zu Anfang des 19. Jh.s verdankt, das Werk sei die originale Schöpfung eines naiv-unmittelbar sich äußernden Geistes, wird von der Forschung nicht geteilt. Das Lied übte einen kaum abzuschätzenden Einfluss auf die nachfolgenden Literaturen in Frankreich und England aus. Die beiden bedeutendsten Nachdichtungen des Mittelalters sind der altfranzösische Pseudo-Turpin (1147–1168) und die mittelhochdeutsche Fassung des Pfaffen Konrad (um 1170). Auch die italienische Renaissance und das Siglo de Oro in Spanien haben den Stoff wieder aufgegriffen.

▪ Ausg.: La Chanson de Roland, Hg. C. Segre, 1989.
▪ Übers.: Das Rolandslied. Das älteste französische Epos, W. Hertz, 1985.
▪ Lit.: I. Nolting-Hauff: Zur Psychoanalyse der Heldendichtung. Das Rolandslied und die einfache Form ›Sage‹, in: Poetica 10, 1978, 429–468.

Brigitte Schlieben-Lange

René **Char**

▪ geb. 14. 6. 1907 L'Isle-sur-Sorgue/Vaucluse (Frankreich)
▪ gest. 19. 2. 1988 Paris (Frankreich)

Kindheit und Jugend in der Provence; ab Ende der 1920er Jahre in Paris, dort bis 1938 Mitglied der surrealistischen Gruppe; in erster Linie Lyriker; während der Okkupation Offizier einer in der Provence operierenden Résistance-Einheit und Verfasser von Résistance-Lyrik.

▪ Ausg.: Œuvres complètes, 1983.
▪ Lit.: F. Wolffheim: R. C., in: Kritisches Lexikon zur fremdsprachigen Gegenwartsliteratur. ▪ K. Münchberg: R. C. Ästhetik der Differenz, 2000.

Seuls demeurent

(frz.; *Es bleiben aber*, 1959, J. Hübner) – Die zwischen 1938 und 1944 entstandenen Gedichte und lyrischen Aphorismen erschienen 1945 und wurden 1948 in die Sammlung *Fureur et mystère (Zorn und Geheimnis)* aufgenommen. Nach dem Schweigen des Lyrikers während des Krieges leitet *Seuls demeurent* eine Reihe von Veröffentlichungen ein, die aus surrealistischen Anfängen (z. B. *Le marteau sans maître*, 1934; *Der herrenlose Hammer)* in Richtung moderner Klassik gewachsen sind und den Ruhm René Chars begründen.

Diese Lyrik ist ›dunkel‹, insofern sie die Dichtungstradition von Horaz über die alten Epigrammatiker bis zu ↗ Rimbaud und ↗ Mallarmé aufnimmt. Sie löst sich zuweilen nicht nur aus jedem rationalen Kontext, sondern auch von jedem Bezug zur sprachlichen Realität und ist bewusst gegen die gewohnten Strukturen, gegen die Eloquenz geschrieben. Aus ihrer elliptischen Sprödigkeit gehen das poetische Wort und das dichterische Bild unverbraucht, ursprünglich und vieldeutig hervor. Der Titel geht möglicherweise auf Hölderlins »Was bleibet aber, stiften die Dichter« zurück. Zu den frühesten Stücken gehören das große hymnische Gedicht »Le visage nuptial«, 1938 (»Das bräutliche Antlitz«), das auch dem mittleren Teil der Sammlung die Überschrift gab, sowie »Conduite und Gravité«, 1938 (»Betragen und Würde«). In freien Rhythmen und einer klangreichen, modernen ›dunklen‹ Metaphorik gestaltet Char in »Le visage nuptial« einen Augenblick der Hoffnung und Erfüllung: »Alles reißt dich mit fort, unterwürfige Trauer. / Ich liebe.«

Den ersten Teil des Werkes bildet die zwischen »Argument«, 1938, und »Liberté«, 1944 (»Freiheit«), entstandene Reihe von Prosastücken »L'avant-monde« (»Die Voraus-Welt«). Die gleichsam aus dem Nichts herauskristallisierten Metaphern, Ellipsen und assonierenden Wortfolgen fügen sich zu rhythmisch abgestimmten Satzbögen, gedrängten Formeln und Aphorismen und schließlich zum Prosagedicht zusammen. Sie folgen nicht automatischer Assoziation, sondern schaffen jenseits der Realität Bedeutung, Stimmung, Bewegung und Sinn, denn das dichterische Wort »stellt mit seiner leiblichen Gegenwart die leibliche Welt wieder her, aus der es stammt«. Es sagt nicht aus, sondern handelt. Deutbar ist Chars Metaphorik dann, wenn sie sich auf die Dichtung und den beinahe sakralen Anspruch des Dichters bezieht. Eingeblendet werden in »L'avant-monde« wie in die parallel entstehenden *Feuillets d'Hypnos 1943/44*, 1946 *(Hypnos)*, Hinweise auf den Weltkrieg und die Situation des Widerstandskampfes, so in »Chant du refus« (»Lied von der Weigerung«), mit dem der Widerstandskämpfer Char den »Antritt des Partisanen« proklamiert: »Der Dichter ist für lange Jahre ins Nichts des Vaters zurückgekehrt[...] Der das Leiden in Brot verwandelte ist nicht mehr sichtbar in seinem flammenden Scheintod.«

Den dritten Teil der Sammlung bilden lyrische Aphorismen. »Partage formel«, entstanden 1941/42 (»Unanfechtbarer Anteil«), ist eine Dichtungstheorie, die weniger Chars poetische Verfahrensweise begründet, als dass sie die ethische Rechtfertigung des Dichters in einer Welt vermittelt, die nur noch den handelnden und kämpfenden Menschen zu fordern scheint. Dabei erkennt Char auf dem Weg einer von Heraklit inspirierten »erregenden Vereinung der Gegensätze« gerade im Dichten die moralische Aktion. Der Dichter ist ein »Magier der Unsicherheit«, der der Realität Widerstand leistet. Einer Gegenwelt verhaftet, muss er in Kategorien der Negation denken: »Ich bin der Dichter, Führer zum trockenen Brunnen, den deine Fernen speisen, o meine Liebe.« Dieser Gegenpol zur Wirklichkeit ist der Ursprung alles Seienden und utopische Hoffnung für den Menschen zugleich, sein Symbol ist wie bei Heraklit das Feuer: »Von deinem flammenden Fenster aus erkenn ich in den Zügen dieses subtilen Scheiterhaufens den Dichter, Karren voll Schilfrohr, das brennt, vom Unverhofften begleitet.« Die dichterische Phantasie bleibt »unanfechtbarer Anteil« des Menschen. Sie garantiert, entgegen aller aktuellen Sprachskepsis, die Unverbrauchtheit des Worts und rettet die immer wieder bedrohte Integrität des Menschen.

■ Lit.: K. Bibiella: Bilder für eine Ästhetik der Gegenschöpfung. Peter Huchel und R. C., 2003. *Johanna Woltmann-Zeitler*

Feuillets d'Hypnos

(frz.; *Hypnos. Aufzeichnungen aus dem Maquis (1943/44)*, 1958, P. Celan) – Die 1946 erschienenen, Albert ↗ Camus gewidmeten, aphoristischen Notizen entstanden während der Okkupation Frankreichs und sind Ausdruck der illusionslosen Einsicht in die Erniedrigung und Enthumanisierung des Lebens angesichts des faschistischen Terrors. Char verstand die *Feuillets d'Hypnos* als Äußerungen eines sich »seiner Pflichten bewußten, in Bezug auf die ihm innewohnenden Kräfte Zurückhaltung übenden Humanismus«. Obwohl begrifflich nicht fixierbar, will sich dieser ›offene‹ Humanismus »das Unbetretbare als Spielraum für die Phantasie seiner Sonnen freihalten«.

Viele der mehr als 200 Aphorismen umschreiben dieses »Unbetretbare« als einen Bereich des Unverhofften, des Möglichen, der Hoffnung, »des Wasserfadens zu einem Morgen der Ströme«, der »Enklave der Unvorhersehbarkeiten und Metamorphosen, die es zu verteidigen und aufrechtzuerhalten gilt«. Einige längere Abschnitte verdeutlichen den gefährlichen, risikoreichen Kampf der Widerstandskämpfer gegen den Verrat in den eigenen Reihen oder den quälenden Gewissenskonflikt angesichts von Folterungen und Geiselerschießungen. Daraus lässt sich erahnen, in welchem Ausmaß dem Werk die Erfahrungen des Autors und Partisanen zu Grunde liegen, der im Hinblick auf die zahlenmäßige Überlegenheit des Feindes zu Maßnahmen gezwungen ist, die nur durch die Hoffnung auf das »von seinem Herzen als Freiheit Imaginierte« gerechtfertigt werden. Diese Abschnitte des Bandes bilden seine geheime Mitte, von der alle Impulse ausstrahlen.

Char lässt jedoch den aktuellen Anlass seiner Aufzeichnungen zu weit hinter sich, als dass man von einem »Kriegstagebuch« sprechen könnte. Sein Sprachstil ist von den Einflüssen des Surrealismus nachhaltig geprägt, zumal von dessen Verfahren der Bildverschränkung und Bildgewinnung aus weit entfernten Wirklichkeitsbereichen. Gewandelt hat sich allerdings die Funktion dieser Verfahren, die eine schockartige Verästelung von konventionellen – sprachlichen wie realen – Zusammenhängen zu erreichen suchten. Bei Char werden sie zu bloßen Mitteln auf dem Weg zu einer Dichtung, die dem Autor unmissverständlich die Aufgabe aufbürdet, das »Fortleben des dünnen Rinnsals von Traum und Evasion« zu verbürgen. Der folgende kurze Text, eine Art Epitaph der Sammlung mit dem Titel »Eichenrose«, mag die poetische Verdichtungsarbeit Chars verdeutlichen, die Bedeutungen ohne jede ›Dunkelheit‹ erzeugt: »Einverständnis mit dem Engel, unsere allererste Sorge. (Der Engel: dasjenige, das im Innern des Menschen das vom erhabensten Schweigen gesprochene Wort, die keinerlei Wertung unterliegende Bedeutung freihält von allem Zugeständnis an das Religiöse. Der Lungen-Stimmer, der die nährenden Reben des Unmöglichen vergoldet. Kennt das Blut, weiß nichts von Himmelsdingen. Der Engel: die im Norden des Herzens sich neigende Kerze.)«

Die aphoristische Prosaphrase, die eigentlich kurze, begriffliche Inhalte vollständig in Bilder und Imaginationen verwandelt, entwickelte Char zu seiner ureigensten Form. In späteren Aphorismensammlungen – *A une sérénité crispée*, 1951 (Einer harschen Heiterkeit), oder *La bibliothèque est en feu*, 1956 *(Die Bibliothek in Flammen)* – hat er die Komplexität der Aussage noch gesteigert.

■ Lit.: M. E. Eichbauer: The Poetry's Self-Portrait, 1992.

Hans-Horst Henschen

François René Vicomte de **Chateaubriand**

■ geb. 4. 9. 1768 Château de Combourg/Saint Malo (Frankreich)
■ gest. 4. 7. 1848 Paris (Frankreich)

Herkunft aus altem bretonischen Adel; Teilnahme an Kämpfen der königstreuen Truppen des Prinzen Condé, Verwundung; Exil in Brüssel und London; 1798 Bekehrung zum Katholizismus; nach dem napoleonischen

Staatsstreich 1800 Rückkehr nach Frankreich; 1803–1804 Gesandtschaftssekretär und Minister unter Bonaparte; 1823 Außenminister unter Ludwig XVIII., Gesandter in Berlin, London, Rom; bedeutender Romancier, Lyriker und theoretischer Vordenker der französischen Romantik.

■ Ausg.: Œuvres complètes, 12 Bde, 1859–1861.

■ Lit.: J.-P. Clément: C. Biographie morale et intellectuelle, 1998.

Atala

(frz.; *Atala*, 1962, T. Geissler) – Der 1801 erschienene Roman gilt als eines der maßgeblichen Werke der französischen Romantik und begründete den Ruhm seines Autors. Es wurde zusammen mit der thematisch verwandten Erzählung *René* 1802 in Chateaubriands *Le génie du christianisme (Geist des Christentums)* aufgenommen.

Der greise und blinde Indianerhäuptling Chactas erzählt seinem Adoptivsohn René, einem jungen, im amerikanischen Exil lebenden Franzosen, von seiner Begegnung mit Atala, der Tochter eines Weißen und einer Indianerin, von der gemeinsamen Flucht, den unschuldig-glücklichen Tagen in den Savannen und dem jähen Ende der Beziehung. Zwar liebt die blonde Christin Atala den romantisch-wilden, den »Göttern seiner Hütte treuen« Chactas, doch ist sie der Heiligen Jungfrau versprochen und entzieht sich schließlich der Entscheidung zwischen einem frommen und einem natürlichen Leben, indem sie freiwillig in den Tod geht.

Die verschiedenen Versionen – die endgültige Fassung erschien 1805 – gestatten ein kritisches Studium der geistigen und künstlerischen Entwicklung des Autors. Unverkennbar ist, dass das Werk in den ersten Revolutionsjahren von einem Anhänger ↗ Rousseaus geplant, aber schließlich 1801 von einem überzeugten Verteidiger des Christentums veröffentlicht wurde. Hieraus resultiert auch der deutliche Widerspruch zwischen dem stilisierten indianischen Lokalkolorit, der pittoresken Szenerie eines ungebundenen Naturdaseins einerseits, und der Verherrlichung des Missionsideals in der Darstellung der zu christlichen Bauern zivilisierten ›Rothäute‹ andererseits. Atala verkörpert ein christliches Idealbild, und mit seiner Neigung zu ganz unindianischen Reflexionen scheint Chactas von europäisch kultivierter Wesensart geprägt. Sein Leiden entspricht dem Weltschmerz der Romantiker.

Eigene Erlebnisse des begeisterten Amerikafahrers gaben die erste Anregung zu diesem Werk. Zudem schöpfte Chateaubriand aus zahlreichen Reisebüchern und Missionarsberichten, aus der blühenden exotischen Literatur des 18. Jh.s sowie aus Spezialwerken über Flora, Fauna, Topographie und Geschichte Nordamerikas. Wenngleich er mit den geographischen, historischen und ethnographischen Realien frei umging, mindert das nicht die Wirkung der Atmosphäre. Das literarische Dekor fremder Pflanzen und Tiere, indianischer Sitten und Ausdrücke und unberührter, zauberhafter Landschaften spiegelt die Tradition des exotischen Romans wider: Bereits der Titel verweist auf ↗ Rousseau und insbesondere auf ↗ Bernardin de Saint-Pierres *Paul et Virginie* (1788). Was *Atala* von den exotischen Romanen des 18. Jh.s unterscheidet, ist die Form: Das Werk ist ein teils deskriptives, teils dramatisches Prosagedicht, dessen melodisch ausgewogene Sätze zu einer harmonisch-rhythmischen Komposition verarbeitet sind.

Das Werk rief Kritik und Begeisterung hervor, aber auch Skandale, da es der jungen Generation im napoleonischen Zeitalter ihre Ohnmacht bewusst machte und zugleich ein literarisches Identifikationsangebot darstellte. Die gesamte lesende Welt kannte die Liebesgeschichte der beiden ›Wilden‹, deren Übersetzung in viele Sprachen das Echo eines Werks widerspiegeln, das seinen Rang in der Weltliteratur durch seinen vorbildlichen französischen Stil behauptet.

■ Lit.: R. Galle: Melancholie und Lebensbeichte. Atala, René, in: R. G.: Geständnis und Subjektivität, 1986, 175–192.

Ingrid Peter / Brunhilde Wehinger

René

(frz.; *René*, 1962, T. Geissler) – Zusammen mit *Atala* wurde diese längere Erzählung ursprünglich als Teil des Indianerepos *Les Natchez*, 1826 *(Die Natchez)*, konzipiert. Beide Texte wurden jedoch bereits 1802 innerhalb des Werkes *Génie du christianisme (Geist des Christentums)* veröffentlicht. Autobiographischer Hintergrund der Erzählung ist Chateaubriands Amerikaaufenthalt 1791/92.

René, der in einem Schloss aufgewachsen ist, das dem bretonischen Combourg gleicht, wo Chateaubriand seine Kindheit verbrachte, lebt bei dem Indianerstamm der Natchez, deren Dasein als vollkommene Idylle erscheint. Mit seiner indianischen Frau hat er wenig Kontakt, er sucht melancholisch die Einsamkeit der Wälder. Schließlich berichtet er den Freunden, d. h. seinem Adoptivvater, dem Indianerführer Chactas und dem Missionar Pater Soüel, von seinem bisherigen Leben, das geprägt war von Furcht und Gehemmtheit, Vaterhass und der engen Bindung an die Schwester Amélie.

Mit der Schwester teilte er große romantische Naturerlebnisse, erfüllt von persönlichem Weltschmerz und starkem religiösen Empfinden. Der Verlust des Vaters hatte nur Bedeutung als Erfahrung mit dem Tod. Das Klosterleben zog ihn an, doch konnte er sich nicht zum Ordenseintritt entschließen. Um seinen Weltschmerz zu überwinden, begibt er sich auf Reisen, ohne jedoch in eine lebendige Beziehung zur Welt treten zu können. Die Bekanntschaft mit Italien und dem alten Schottland macht ihm die Sinnlosigkeit der bisherigen geschichtlichen Entwicklung und das Unglück der menschlichen Existenz bewusst. In sein Vaterland zurückgekehrt, führt er ein völlig abgeschiedenes Leben, erfüllt von Regenerationssehnsucht, Versuchen, die Einsamkeit zu überwinden und Reflexionen über die Trauer, die der ungenügenden natürlichen und sozialen Ordnung entspringt.

Erst die Wiederbegegnung mit Amélie beendet seine Isolation. Der dadurch erreichte Ruhezustand ist aber nur von kurzer Dauer: Amélie erkennt die Liebe zu ihrem Bruder als inzestuös und flieht ins Kloster. Dieser Entschluss und der Tag ihres Gelübdes bedeuten für René, der bei der Zeremonie zugegen ist, Tiefpunkte seiner Existenz, die er sich bewusst macht, indem er Passagen aus dem Buch Hiob, den Psalmen und anderen biblischen Büchern zitiert. Im Zustand höchster Trauer will er seinem Leben ein Ende setzen, beschließt dann jedoch, ins »unschuldige« Amerika auszuwandern. Vor seiner Abfahrt verbringt er eine romantisch gezeichnete Sturmnacht in der Nähe des Klosters, in das Amélie eingetreten ist. Später erfährt er durch einen Brief der Priorin vom Tod seiner Schwester. Chactas Versuche, ihn zu trösten, und die Ermahnungen Pater Soüels, der Melancholische sei für seinen Zustand selbst verantwortlich, vermögen René nicht aus seiner schmerzlichen Trauer zu reißen. Einige Zeit nach dem Gespräch mit seinen Freunden wird er bei einem Massaker getötet.

Im Vordergrund dieser Lebensbeichte stehen das Leiden an sich selbst, das hochromantische Ungenügen an der Welt und die Unfähigkeit zu lieben, ohne dass die eigentlichen Ursachen erfasst werden können. Alle Mächte der Daseinsbewältigung bis hin zur Religion versagen vor der Gewalt des zum äußersten, unheilbaren Weltschmerz gesteigerten Leids, das durch den Kontrast zwischen einer überreichen Innen- und einer sinnentleerten Außenwelt hervorgerufen wird.

Die Sprache des Werks ist von rhetorisch-pathetischer Schönheit und kann als lyrische Prosa bezeichnet werden. Ein überaus strenger formaler Aufbau weist jedem Detail der romantischen Weltsicht und jeder Passion einen genau bemessenen Raum zu. Wenn *René* auch nicht sofort mit derselben Intensität rezipiert wurde wie *Atala*, ist es doch aufgrund seiner Wirkung auf Byron und ↗ Lamartine zu einem der wichtigsten Werke der Romantik geworden. ↗ Musset, ↗ Nerval, Puškin, George ↗ Sand und sogar der gegenüber Chateaubriand skeptische Sainte-Beuve wurden dadurch tief beeinflusst.

▪ Lit.: M. Fumaroli: C.: poésie et terreur, 2003.

Christian Schäfer / KLL

Les aventures du dernier Abencérage

(frz.; *Der Letzte der Abencerragen*, 1949, D. Bräutigam) – Die 1826 erschienene Novelle begründete das romantische Spanienbild der französischen Literatur des 19. Jh.s. Entstanden war sie bereits in den letzten Jahren des Ersten Kaiserreichs, doch hielt der Autor, solange »die Ruinen von Saragossa noch rauchten«, eine literarische Verherrlichung der spanischen Vergangenheit für inopportun. Das Vorwort der Erstausgabe erklärt die Verzögerung mit politischen Ursachen.

Die letzte Etappe seiner Reise von Paris nach Jerusalem (1806/07; beschrieben in *Itinère de Paris à Jérusalem*, 1811; Reise von Paris nach Jerusalem) führte Chateaubriand nach Spanien. Vor allem Granada, wo sich die Spuren des maurischen Mittelalters am deutlichsten zeigten, schien ihm »etwas Sinnesfreudiges, Religiöses und Kriegerisches zugleich zu atmen«. An der Seite seiner Lebensgefährtin Nathalie de Noailles phantasierte er über die Abenteuer des letzten Abencerragenfürsten Aben-Hamet, der »in sich die Schönheit, Tapferkeit, Ritterlichkeit und Großmut seiner Ahnen mit jenem sanften Widerschein, jenem leichten Anflug von Trauer vereinte, den ein mit Edelmut ertragenes Unglück verleiht«. Der maurische Held, der mit allen romantischen Zügen ausgestattet ist, die sein Schöpfer an sich selbst liebte, kehrt aus Afrika in das verlorene Land seiner Väter zurück. Hier verliebt er sich in Doña Blanca, die ihm ewige Treue schwört. Ihre Liebe kann jedoch keine Zukunft haben, da Blanca die Nachfahrin der Sieger ist. So kehrt Aben-Hamet, getrieben von den Schatten einer blutigen Vergangenheit, in die Wüste zurück.

Das historische Material entnahm Chateaubriand Florians *Précis historique sur les Maures d'Espagne*, 1791 (Historisches Handbuch der Mauren in Spanien), das auch E.T.A. Hoffmann verwendete. Die Begeisterung für das exotische Spanien, das Land der Ehre, der Abenteuerlust, der Leidenschaften und des heiligen Zorns im Dienst des Kreuzes, teilte Chateaubriand sowohl mit literarischen Vorfahren als auch mit Zeitgenossen. Ein romantisch überhöhter Erzählstil und melodramatische Anklänge an die altspanische Literatur sollten die Atmosphäre maurischer Vergangenheit vergegenwärtigen.

▪ Lit.: P.H. Dubé: C.s ›Les aventures du dernier Abencérage‹, 1989.

Ingrid Peter / KLL

Les Natchez

(frz.; *Die Natchez*, 1982, K. Zell, O. Sahlberg) – Der umfangreiche Roman, der eine komplexe Entstehungsgeschichte hat, erschien 1826 in zwei Teilen. Der auch in den beiden indianischen Erzählungen *René* und *Atala* begegnende Protagonist René, ein melancholischer

Franzose und Alter ego des jungen Chateaubriand, erreicht auf seiner Suche nach der Ursprünglichkeit der Neuen Welt das Land der Natchez am Unterlauf des Mississippi. Er wird von Chactas, einem der Ältesten, als Adoptivsohn aufgenommen und schließt mit Outougamiz, dem Bruder des Indianermädchens Céluta, einen Freundschaftspakt. Célutas heimliche Liebe zu René wird von dem Stammensangehörigen Onduré eifersüchtig beobachtet. Onduré paktiert mit dem weißen Abenteurer Fabriano und unterstützt dessen dunkle Geschäfte. Auf Betreiben Ondurés kommt es zu einer blutigen Schlacht zwischen Indianern und den Franzosen der Festung Rosalie. Aus Dankbarkeit gegenüber Outougamiz, der ihn aus der Gefangenschaft befreite, heiratet René Céluta. Die Verbindung vermag jedoch seine tiefe Melancholie, seinen Weltschmerz, der durch die Nachricht vom Tod der geliebten Schwester Amélie noch verstärkt wird, nicht zu lindern. Für Renés zerrissene Seele gibt es keine Heilung. Die Verleumdungen des Verräters Onduré, der René für den Tod des Häuptlings verantwortlich macht, ihm Jagdfrevel vorwirft und die Taufe seiner Tochter missdeutet, führen schließlich dazu, dass er in den Kampf gegen die Indianer von Illinois geschickt und bei seiner Rückkehr von Onduré getötet wird. Céluta begeht Selbstmord. Während dieser Zeit verbünden sich alle Stämme zum Kampf gegen die Weißen. Vor einem Vergeltungsschlag der Franzosen müssen die Natchez fliehen.

Der dramatische Schlussabschnitt reflektiert den Indianerkrieg in Louisiana, durch den die Natchez-Indianer 1721 mit wenigen Ausnahmen vertrieben und versklavt wurden. Chateaubriand stützte sich bei der Abfassung auf zahlreiche geschichtliche Quellen. Die ›heile‹ Welt der Ureinwohner, in welche die Europäer als Zerstörer einbrachen, war für Chateaubriand ein kritisches und utopisches Modell, ein Spiegel, um der eigenen naturentfremdeten und von sozialen Gegensätzen zerrissenen Welt das Bild eines verlorenen und noch nicht wiedererrungenen Paradieses vorzuhalten. Eine deutliche Zäsur trennt die beiden Teile des im Zeichen von Zerstörungswillen, Faszination an Qual und Folter sowie exaltierter Leidenschaft stehenden Werks. Im ersten Teil dominieren Elemente des mythischen und religiösen Vorstellungsbereichs, während der zweite eine deutlich straffere Handlung aufweist.

Es gilt als wahrscheinlich, dass Chateaubriand noch vor der Revolution einen ersten Entwurf fertigstellte, diesen aber als stilistisch unzureichend erkannte und auf seiner Amerikareise Material aus eigener Anschauung sammelte. Die frühere Version ging mit Ausnahme weniger Fragmente während der Revolution verloren. Ein zweites Manuskript entstand im englischen Exil mit einem Umfang von über 2000 Folioseiten. Die berühmten Erzählungen *Atala* und *René* waren ursprünglich Episoden aus den *Natchez*, wurden jedoch gesondert veröffentlicht. Aus dem englischen Entwurf, der erst 1816 oder 1817 nach längeren Nachforschungen wiedergefunden wurde, gingen lediglich einige Naturbeschreibungen in die definitive Fassung ein.

▪ Lit.: P. Moisan: Les Natchez de C., 1999. *Renate Luscher*

Les mémoires d'outre-tombe

(frz.; *Erinnerungen*, 1968, S. v. Massenbach) – Gegen den Willen des Autors wurde die autobiographische Schrift ab 1848 in der Pariser Zeitschrift *La Presse* vorabgedruckt. Buchausgaben in 20 bzw. in sechs Bänden erschienen 1848 bis 1850 in Brüssel. Das Verbot Chateaubriands, das Werk zu seinen Lebzeiten zu veröffentlichen, sollte, fern jeder überlegenen Altersweisheit, die Fiktion erhärten, der romantische Genius könne dem Wirken des eigenen Ich gleichsam von jenseits des Grabes zuschauen. Die Begründung der ›Outre-tombe‹-Literatur entsprang einer der späteren Romantik und ihren dekadenten Nachströmungen eigenen Neigung, in allem Zeitlichen den Vorgeschmack des Verfalls zu spüren. Sinn der groß angelegten Selbststilisierung war es, die beständig beschworene und stets melancholisch ausgekostete Vergänglichkeit in literarischen Nachruhm umzusetzen. Teile der Autobiographie, die Kindheit, Jugend und Emigrationszeit zum Inhalt haben, lagen bereits 1826 im Manuskript vor. Der Dichter hatte diesen Abschnitt, der in überarbeiteter Form den ersten Teil des späteren Gesamtwerks bildet, vermutlich im Jahr 1809 begonnen. Die verklärende Darstellung der Kinderjahre, die der später ausgesprochen standesbewusste Adlige in Gesellschaft der schwärmerischen Schwester Lucile auf dem düsteren bretonischen Schloss Combourg verbrachte, gehört zu den lyrischen Höhepunkten dieses an poetischen Glanzstellen reichen Werkes.

Nach dem Rückzug aus der Politik begann Chateaubriand rückblickend sein Leben bis 1841 nach Wirkungsbereichen abzustecken. Dass er neben die »Karriere des Reisenden und Soldaten«, des »Schriftstellers« und des »Staatsmanns« nicht gleichrangig jenen Bereich treten lässt, in dem er ebenfalls große Erfolge errang, den Umgang mit berühmten Frauen seiner Zeit, entsprach dem gewollten Öffentlichkeitsbezug, der jede Geste, jedes Wort, jede Tat dem Privaten, Zufälligen entziehen sollte: Das »Drama seines Lebens« sei das »Drama Frankreichs«. Die spanische Intervention von 1823, die in seine kurze Außenministerzeit fiel und von ihm, dem Legitimisten, als »Kreuzzug gegen den Liberalismus« befürwortet wurde, nennt er »meinen spanischen Krieg«. Die Inthronisation Pius' VIII., die er in Rom miterlebte, war ihm zugleich Bestätigung ›seiner Bestimmung‹ und ›seines Papstes‹. Doch so tief er von der Bedeutung seiner politischen Mission durchdrungen war, so gut wusste er auch, dass er die Maßstäbe staatsmännischer Kunst von einem Größeren bezog. Seine Auseinandersetzung mit Napoleon, dem er unerschrocken entgegentrat, enthüllt weit mehr als nur die Rivalität zweier großer Einzelgänger.

Chateaubriands letzte Ruhestätte ist ein Felsengrab vor der bretonischen Küste von Saint-Malo, das, so hatte es der Dichter verfügt, keinen Namen und keine Inschrift trägt. Es ist ein Ort bewusst zur Schau gestellter Abgeschiedenheit und sollte dem Andenken eines Schriftstellers die letzte Weihe geben, der unendliche Mühe darauf verwandte, der Nachwelt das Bild einer ganz vom Gefühl des eigenen Wertes durchdrungenen Persönlichkeit zu hinterlassen. Von diesem bis zur Megalomanie gesteigerten Selbstwertgefühl bezog Chateaubriand das Recht, die Regungen und Äußerungen des eigenen Ich zum Maßstab der Beurteilung teils mitgestalteter, teils zufällig erlebter Ereignisse zu machen. In der Retrospektive stilisiert Chateaubriand das eigene Dasein zum Kunstwerk, zu einem Produkt selbstherrlichen, schöpferischen Kalküls. Mit Faszination, in die auch immer Ablehnung gemischt war, begegneten spätere Generationen diesem Phänomen grenzenloser Eitelkeit und Ichbezogenheit, die einen, so wird berichtet, im persönlichen Umgang sehr natürlichen Menschen von sich sagen lässt: »Wenn ich dazu bestimmt war zu leben, so hatte ich in meiner Person die Grundsätze, die Ideen, die Ereignisse, die Katastrophen, das Heldenlied meiner Zeit darzustellen, umso mehr, als ich eine Welt enden und beginnen sah und als die gegensätzlichen Charaktere dieses Endes und dieses Beginns in meine Ideen gemischt waren.«

Wenngleich der Wert der *Mémoires d'outre-tombe* ihrer Konzeption nach nicht in der sachlichen Berichterstattung der Zeitereignisse liegen konnte, so sicher in der Dokumentation eines für die französische Geistesgeschichte höchst wesentlichen Vorgangs, nämlich der immer entschiedener sich artikulierenden Überzeugung von der gesellschaftlichen Funktion des Schriftstellers.

▪ Lit.: J.-C. Cavallin: C. Cryptique ou les confessions mal faites, 2003. *KLL*

André **Chénier**

- geb. 30.10.1762 Galata (Karaköy), Istanbul/ Konstantinopel (Türkei)
- gest. 25.7.1794 Paris (Frankreich)

Ab 1765 in Paris; Bildung im ›Collège de Navarre‹; Militärkarriere abgebrochen; 1783/84 Schweiz- und Italienreise; 1787–1790 Botschaftssekretär in London; zunächst Anhänger der Revolution, später Kritiker des jakobinischen Terrors; Mitverfasser der Verteidigungsrede Ludwigs XVI.; wurde als eines von Robespierres letzten Opfern enthauptet; veröffentlichte zu Lebzeiten nur zwei Gedichte; ab 1819 Wiederentdeckung durch die Romantiker; mythisiert durch U. Giordanos Oper *Andrea Chénier* (1896); gilt inzwischen als bedeutendster französischer Lyriker des späten 18. Jh.s.

▪ Ausg.: Les chefs-d'œuvre lyriques d'A. C., Hg. A. Dorchain, 1907.
▪ Lit.: J. M. Goulemot: A. M., 2005.

Bucoliques

(frz.; Bukolische Gedichte) – Die 27 Gedichte in Alexandrinern, die 1819 erschienen, waren während Chéniers gesamter literarischer Tätigkeit entstanden, wurden jedoch erst postum in Auswahl zusammen mit anderen Dichtungen veröffentlicht.

Die Hirtengedichte sind von Chéniers literarischem Programm der ›imitation inventrice‹, einer schöpferischen Nachahmung der Antike, geprägt. Homer, die griechischen Lyriker, Vergil, Lukrez und die elegischen Dichter Roms waren die Vorbilder für seine Idyllen. Mit der Bezeichnung *Bucoliques* wollte er sich von der ›modernisierten‹ Form der Schäferdichtung der französischen Renaissance und der Klassik abheben und direkt auf die antike Tradition zurückgehen. Von daher lässt sich die inhaltliche Vielfalt seiner Gedichte erklären: Es sind einmal an Theokrit und Vergil anknüpfende Hirtendialoge (»Arcas et Bacchylis«) und Gespräche zwischen einem jungen Hirten und dem geliebten Mädchen, die als Liebesklage (»Mnazile et Chloé«) oder als Liebeswerbung (»L'Oaristys« – Unterhaltung zwischen Daphis und dem Mädchen Naïs) konzipiert sind. Hierher gehört auch das letzte, »La liberté«, überschriebene Gedicht: Aus dem Vergleich zwischen einem freien und einem unfreien Hirten geht hervor, wie die Freiheit den Menschen erhöht, Unfreiheit ihn erniedrigt.

Ein anderer Teil der *Bucoliques* greift Stoffe aus Ovids *Metamorphosen* auf: der Bericht über die Kindheit der Proserpina in Sizilien, die Darstellung des durch die Liebe hervorgerufenen Wahnsinns der Pasiphaë, der Raub der Europa durch Zeus (»L'enlèvement d'Europe«), die Geschichte der Medea, die Entführung des Bacchus auf das Meer (Imitation d'Ovide). In »La mort d'Hercule« (Der Tod des Herkules) manifestiert sich Chéniers Kunst der Szenenbeschreibung, wenn er den zum Sterben entschlossenen Herkules auf dem Scheiterhaufen aufgerichtet zeigt. Die beiden Bacchus und Diana gewidmeten Gedichte rufen feierlich die Gottheiten an und beschwören ihre Taten (Liebe des Bacchus zu Ariadne auf Naxos; Warnung, sich den Zorn der Jagdgöttin zuzuziehen, wie es einst der Jäger Aktäon getan hat). Daneben ragen einige Stücke mit stark epischem Charakter hervor, wie »Le retour d'Ulysse«, das die Rückkehr des Odysseus und die Tötung der Freier behandelt.

Auch in »L'aveugle« (Der Blinde) ist ein erzählerischer Vorgang mit dramatischer Kraft gestaltet: Zwei Hirtenjungen nehmen einen namenlosen, vom Schicksal verfolgten Blinden auf. Durch ihre Anteilnahme wird der Alte zunehmend gelöster, und er hebt zu einem großen Gesang an. Sein Lied beschwört die Götterwelt und gipfelt in der Schilderung des Kentaurenkampfes. Die Jungen erkennen in dem Blinden den großen Homer.

»Le mendiant« (Der Bettler) ist als Parallele zur Odysseus-Nausikaa-Episode aus dem sechsten Buch der Odyssee gestaltet. Von strenger tektonischer Gliederung zeugen die Aufeinanderfolge der einzelnen Teile des Gedichts Hylas, ihre gegenseitige zahlenmäßige und inhaltliche Zuordnung: Drei Nymphen verzaubern den wasserholenden Hylas und ziehen den schönen Jüngling zu sich hinab. Ein ähnliches Thema, den Tod eines schönen jungen Menschen, behandelt Chénier in »La jeune Tarentine« (Die junge Tarenterin): Auf der Überfahrt zu ihrem Bräutigam nach Sizilien wird ein junges Mädchen von Winden ins Meer gerissen. Nach dem Vorbild des antiken Threnos (Totenklage) beklagt die Natur den Tod der jungen Braut. Die Meeresgöttin Thetis befiehlt den Nereiden, den Leichnam in einem Grabmal zu bergen.

»Néœre« ist der Todesgesang eines Mädchens, das von ihrem Geliebten verlassen wurde. Aus ihrer Klage spricht die Sehnsucht, sich ihm nach dem Tod in der Natur oder in Lichterscheinungen über dem Meer zu nähern. Tiefe menschliche Bewegung spricht aus »Le malade« (Der Kranke): Ein Vater fleht die Götter um die Heilung seines todkranken Sohnes an, der aus Liebe zu Daphne sterben will. Er wird geheilt, als sie ihn erhört. Im Eingangsgedicht ruft der Dichter in einer hymnenartigen Apostrophe die als Jungfrau dargestellte »Poésie« an.

Die *Bucoliques* fügen sich in die Strömung des Klassizismus ein, der sich in der zweiten Hälfte des 18. Jh.s besonders auf dem Gebiet der bildenden Kunst und der Architektur manifestierte. Die Hinwendung zum klassischen Altertum ist auch bei Chénier als Sehnsucht nach dem ›Einfachen‹ und ›Ursprünglichen‹ zu verstehen, als Suche nach einer heilen Welt. Immer wieder öffnet sich in seinen Gedichten der Blick auf die idyllische Landschaft eines Arkadiens, eines poetischen Idealraums, in dem sich eine schöne Natur, edle Menschen und die Gegenwart von Göttern zu einem harmonischen Ganzen verbinden. Obwohl Chénier im engeren Sinn kein Vorläufer der Romantik war, sahen ↗ Chateaubriand, ↗ Lamartine, ↗ Hugo u. a. in ihm ein Vorbild.

Neben der Sammlung *Bucoliques* existieren die Fragmentgruppen »Bucoliques inachevées« (unvollendete bukolische Gedichte), die acht Gedichtentwürfe mit Bemerkungen des Autors enthalten, darunter das um das Pygmalion-Motiv kreisende Gedicht »Le groupe de marbre« (Die Marmorgruppe) und »L'esclave« (Der Sklave), dazu die 23 »Fragments de bucoliques«, die hauptsächlich antike Sagenstoffe behandeln, und die »Sujets de bucoliques« (19 skizzenartige Entwürfe).

▪ Lit.: E. Pich: La condition poétique d'après les ›Bucoliques‹ d'A. C. et les ›Poèmes antiques‹ de Leconte de Lisle, in: Cahiers de l'Association Internationale des Études Françaises 42, 1990, 265–282. ▪ Y.-A. Favre: Le vers de C. La musique et la danse, in: Cahiers de l'Association Internationale des Études Françaises 42, 1990, 283–297. ▪ D. R. Gamble: ›Des sentiments si nôtres‹. Stylisation and Dramatisation in the ›Bucoliques‹ of A. C., in: Lumen 21, 2002, 131–142.

Christiane Leube

Giorgio de **Chirico**

▪ geb. 10. 7. 1888 Volos/Thessalien (Griechenland)
▪ gest. 19. 11. 1978 Rom (Italien)

Bruder des Surrealisten Alberto Savinio; Kunststudium bei Klinger in München; Bekanntschaft mit Picasso und Raynal, Förderung durch Apollinaire, später Kontakt mit Cocteau, Breton und den Surrealisten; einer der bedeutendsten italienischen Maler des 20. Jh.s; wichtige Beiträge zum Surrealismus durch Arbeiten über Malerei und Ästhetik, Gedichte, Memoiren (*Memorie della mia vita*, 1945), Erzählungen und zwei Romane.

▪ Lit.: A. Verger: G. de C. entre peinture et écriture, 1996.

Das erzählerische Werk

(frz.) – Die literarischen Versuche des surrealistischen Malers, der sich wie etliche seiner Kollegen – Ernst, Dalí, Picasso, Magritte, Duchamp, Picabia – auch als Schriftsteller betätigte, reichen bis in seine Münchner Lehrjahre zu Beginn des 20. Jh.s zurück. Er zeigt sich in diesen Texten ebenso originell wie als Maler. In mancher Hinsicht handelt es sich schon bei seinen Juvenilia um ausgesprochene Vorwegnahmen. Die französischen Surrealisten veröffentlichten seine Texte als den Werken Bretons, Soupaults und Éluards ebenbürtig in der Zeitschrift *La révolution surréaliste*, der erste seiner Romane, *Hebdomeros*, 1929 (*Hebdomeros*, 1969, B. Weidmann), erschien in ihrer Zeitschrift *Bifur* und wurde von Breton als ein Hauptwerk surrealistischer Poesie begrüßt. Eine spätere literarische Arbeit, »Sur le silence« (Über das Schweigen), nahm Picasso 1934 in seine Zeitschrift *Minotaure* auf.

Wenn sich die Produktionsästhetik der Surrealisten durch das psychologische Moment des Fremdseins und das poetische Verfahren des Fremdmachens des scheinbar Alltäglichen auszeichnet, so ist für Chirico charakteristisch, dass er diesem Moment der Fremdheit von Beginn seiner Produktion an Rechnung trug, indem er seine poetischen Schriften durchweg auf Französisch verfasste, das nicht seine Muttersprache war: Lediglich für Fachliteratur – Abhandlungen über Maltechnik und Kunstgeschichte – und seine Memoiren verwendete er das Italienische.

Außer der Autobiographie und in der Jugend einigen lyrischen Texten verfasste er Zeit seines Lebens erzählende Prosa, doch nähern sich auch seine lyrischen Texte formal der von Baudelaire und den französischen Symbolisten gepflegten Gattung des Prosagedichts an. Die Fluktuation zwischen lyrischen Partien und genuiner Erzählung blieb eines der formalen Merkmale in dieser vier Jahrzehnte umspannenden Arbeit. Ein anderes Charakteristikum hatte seine Ursache in seiner Befähigung und Berufung zur Malerei: Bedeutet Malerei das Vorzeigen von Erzählmotiven, so ist für Chirico das Erzählen ein Denken in Bildern und Ausstellen von Träumen. Das ›anekdotische‹ Moment einer Malerei, die elliptische und kryptische Geschichten erzählt, ist zugleich die eine thematisch zentrale Seite seines Schreibens. Die andere ist die Kunst selbst: Leitmotivisch rekurriert dieses Erzählwerk auf die Person und Situation des Künstlers, des Malers und des Menschen Chirico. Denn wo das autobiographische Feld dieses Werks sich als stark verrätselt erweist, kehrt dieses zugleich eine mitunter fast essayistisch-explikative autoreferentielle Komponente hervor: In allen Texten des Malers Chirico geht es um den Status der Kunst im Leben, um Entstehung und Mächtigkeit des Imaginären und die Conditio humana des Künstlers, der dieses Imaginäre ins Werk setzt.

Diese thematischen Tendenzen zeigen sich schon in dem ersten, um 1911 entstandenen Prosatext, »Une vie« (Ein Leben), der seine späte Publikation 1924 der Begeisterung der Surrealisten verdankt: Das Prosastück lässt noch den Geist der ›Rêveries‹ (Träumereien) des Fin de Siècle erkennen, in denen sich ein schreibendes Ich seiner selbst zu vergewissern sucht. Es ist die Situation des Erwachens aus einem Traum, dessen Bilder in die Wirklichkeit getragen werden und die Dingwelt zu überlagern beginnen: Zimmer und Außenwelt, Einrichtungsgegenstände und Natur scheinen hier in Wahrnehmungs- und Assoziationsfolgen verschränkt, die jenseits alltäglicher Logik situiert sind. Die Traumarbeit erzeugt Erzählfragmente und schiebt sie ineinander. Zugleich beinhaltet das Prosastück alle späteren Themen des Malers und Autors Chirico: Zur Rumpelkammer verkommene Interieurs mit den Requisiten einer ihres philologischen Gehalts depravierten Antike, ein menschenleerer Bahnhof, die entvölkerte Piazza, die langen Schatten des Nachmittags und schließlich die Lokomotiven, die die Erinnerung an den Vater, einen Eisenbahningenieur, wachhalten.

Noch deutlicher anekdotisch ist der von Breton programmatisch als erster Beitrag für *La révolution surréaliste* veröffentlichte Traumtext »Un rêve« (Ein Traum). Wieder sind es die auch in den Gemälden erscheinenden Bildmotive, die Chiricos Metaphorik ebenso charakteristisch wie manieriert erscheinen lassen: Piazza, Landhaus, Gewitterhimmel, Baumaschinen, in Baugerüste gekleidete Kastelle, im Verfall befindliche Kunstwerke – sie umschließen ein- und denselben Redegegenstand: Letztlich ist es wieder der Autor selbst, der sich in jene paradiesisch-glückliche Kindheit im thessalischen Volos träumt, die er mit seinem zu früh verstorbenen Vater teilte. Die Dominanz der Kindheitserinnerungen wird auch in der Erzählung »Le fils de l'ingenieur« (Der Sohn des Ingenieurs) kaum verhüllt. Als sie 1928 in einer Monographie über Chirico abgedruckt wurde, arbeitete dieser am Roman *Hebdomeros*, dessen Keimzelle der kurze Text war.

Hebdomeros erscheint darin als Reisender, der über seine Umwelt reflektiert: Mit zwei Begleitern betrachtet er zu Beginn die Szenerie in einem großen Saal. Im Grunde seines Wesens einsam, fühlt er sich unverstanden. Der Gang durch eine Stadt wird zur Seelenreise, auf der sich Hebdomeros, durch Kasernen und Café wandernd, alter Bekannten oder durchlebter Situationen erinnert. Dazwischen wendet sich der träumende Protagonist in Reden an eine immer größer werdende Anhängerschaft. Seine Warnungen an die Zuhörer vor den Gefahren eines falschen Lebens dienen dazu, das Gespräch auf den Sinn der menschlichen Existenz zu richten. In der Einsamkeit seines Zimmers denkt er an den Vater zurück, und erblickt sinnierend das Bild seiner Mutter, die sich ihm als die Unsterblichkeit zu erkennen gibt, woraufhin Hebdomeros auf einem Schiff aufs offene Meer fährt.

Der Roman transformiert Kindheitserlebnisse in einen Tagtraum: Die Tätigkeit des geliebten Vaters, das Fremdheitsgefühl des italienischen Jungen zwischen Türken und Griechen, das hybride Ambiente der expandierenden modernen Stadt Volos, die mit der Argonautensage in Verbindung steht, und ihre antiken Sedimente werden zum Ausgangspunkt traumhafter Überschreib- und Verschiebungsvorgänge, die eine Flut sich ständig wandelnder Szenen und Bilder auslösen.

Bereits der junge Chirico war von Nietzsche begeistert, und so verwundert es nicht, dass sein Alter ego Hebdomeros eine von nietzscheanischem Bombast inspirierte Rede an seine Verehrer und die Leser des Romans hält. Der Erzähler hingegen wahrt ironische Distanz, die sich in bewussten Stilbrüchen zeigt. 1935 bot der Autor Jean Paulhan für die *Nouvelle Revue Française* einen zweiten, in Arbeit befindlichen Roman als »Fortsetzung« des *Hebdomeros* an. 1940 erschien unter dem Titel »Il signor Dudron« (Der Herr Dudron) ein Auszug aus diesem Roman, an dem Chirico danach nur sporadisch weiterschrieb. Nach Anfängen in italienischer Sprache begab sich der Autor bald wieder auf das literarisch sicherere Terrain des Französischen. Trotzdem dauerte es über ein halbes Jh., bis *Monsieur Dudron* (*Monsieur Dudron*, 2002, W. Fellenberg) 1998 in einer vollständigen Ausgabe erschien.

Gegenüber der gelegentlich durchaus bewusst entlang psychoanalytischer Muster entwickelten Phantasmagorie des *Hebdomeros* erweist sich dieser letzte Erzähltext Chiricos als Nachklang der Künstlerromane des 19. Jh.s. Herr Dudron ist Ästhet in der Nachfolge der Dandys, die Huysmans', Wildes oder Schnitzlers Werke bevölkern, deren sich auflösende Wirklichkeitssicht er teilt. In der ursprünglichen Namensform des Protagonisten, »Dusdron« – Anagramm aus »Sud-Nord« –, klingt nicht nur die von Pierre Reverdy gegründete surrealistische Zeitschrift *Nord-Sud* (1917/18) an, es verbinden sich auch die beiden ästhetischen Komponenten, die der Künstler Chirico in seiner Arbeit in Einklang zu bringen versuchte: germanische Intellektualität und mediterranen Sensualismus. An die Stelle der Aufarbeitung der Kindheit schiebt sich eine idealisierte Gegenwart: Chiricos mediterrane Existenz an der Seite der Autorin Isabella Far, die eine ähnliche Rolle spielt wie Gala im Werk Salvador Dalís. Isabella, Chirico selbst und Dudron sind die Hauptpersonen dieser Kunstgespräche und der durch zahlreiche surreale Effekte kaum nachvollziehbaren Handlung. Verbindendes Element zum übrigen Erzählwerk ist das Schwanken zwischen Traum und Realität – etwa als Dudron in einer modernen italienischen Stadt einer nordischen Walküre begegnet, mit der er sich fortan im Dialog auseinanderzusetzen hat. Norden und Süden bestimmen diese Gespräche, die den größeren Teil des Werks ausmachen. War *Hebdomeros* noch ein Werk der Vergangenheitsbewältigung, so ist *Monsieur Dudron* das Werk der Selbstvergewisserung eines Künstlers, der sich gefunden hat.

■ Lit.: A.-M. Christin: Hebdomeros. Théâtre de mémoire, in: Littérature 65, 1987, 20–36. ■ N. Cicchi: Le Peintre et son génie chez l'écrivain: The Painting-Writing Relationship in the Literary Works of G. de C., in: Literature and Visual Arts in the Twentieth Century, Hg. D. Carpi, 2001, 105–119. ■ M. Mourier: G. de C. Monsieur Dudron, 2004. *Gerhard Wild*

Chrétien de Troyes

■ geb. um 1140 Champagne (Frankreich)
■ gest. um 1190 Flandern

(auch: Chrestien de Troyes) – Vermutlich in der Champagne geboren; Anfang der zweiten Hälfte des 12. Jh.s an einer der nordfranzösischen Kathedralschulen als Jurist ausgebildet; Abenteuerroman *Guillaume d'Angleterre* im Auftrag des südenglischen Adelsgeschlechts Lovel, spätere Werke im Umkreis von Henri II. Plantagenet sowie im Auftrag von Marie de Champagne und Philipp von Flandern; Lyriker und Verfasser einer bis auf die Episode »Philomena« nicht erhaltenen Bearbeitung von Ovids *Metamorphosen* und der *Ars amatoria* sowie eines ebenfalls verschollenen *Tristan*-Romans; Wirkung des von ihm begründeten Artusromans reichte in Mittelalter und früher Neuzeit von Armenien bis Portugal und von Sizilien bis Island; zahlreiche direkte Fortsetzungen seines *Contes del Graal* in Frankreich durch Pseudo-Wauchier, Manessier, Wauchier de Denain und Gerbert de Montreuil; Übernahme von Werkpartien in den frühen Prosaromanen (*Erster Prosazyklus* des Pseudo-Robert de Boron, *Lancelot du Lac*, *Postvulgatagralsroman*); mittelhochdeutsche Übersetzungen durch Hartmann von Aue, Umarbeitung seines Gralromans durch Wolfram von Eschenbach; Neurezeption in Romantik (Friedrich de la Motte Fouqué, Eduard Stucken, Richard Wagner, Joan Maragall) und Moderne (Tankred Dorst, Dieter Kühn).

■ Ausg.: Sämtliche erhaltenen Werke nach allen bekannten Handschriften, 4 Bde, Hg. W. Foerster, 1884–1899 [Nachdr. 1965]. ■ Lit.: S. Hofer: C. d. T. Leben und Werk des altfranzösischen Epikers, 1954. ■ D. Kelly: C. d. T. An Analytic Bibliography, 2002.

Die Artusromane

(afrz.) – Die fünf arthurischen Versromane von Chrétien de Troyes – *Érec et Énide*, *Cligès*, *Le chevalier de la charrete*, *Yvain* und *Li contes del Graal* – markieren den Höhepunkt der altfranzösischen Literatur des Hochmittelalters.

Die Geschichten um König Artus (›matière de Bretagne‹) waren in Frankreich bereits seit dem 11. Jh. in mündlicher und schriftlicher Form in Umlauf. Erst Chrétien de Troyes verschmolz in seinen fünf Versromanen im letzten Viertel des 12. Jh.s Elemente der keltischen Folklore, des byzantinischen und des antiken Romans, der Heldenepik, der provenzalischen Minnedichtung und der religiösen Literatur und schuf damit eine neue Erzählgattung, die zur Grundlage für alle weiteren Entwicklungen des europäischen Romans wurde: für die Prosaromane des 13. Jh.s, für den Ritterroman der Frühen Neuzeit bis hin zu Cervantes.

Chrétiens Artusromane weisen zwar auf Motive der Folklore, auch auf Vorläufer wie den mittellateinischen Historiographen Geoffrey of Monmouth, den Anglonormannen Wace und die altfranzösischen Lais der Marie de France zurück; doch Chrétiens in der Literaturgeschichte einmalige Leistung besteht in der ästhetischen und ideologischen Vereinheitlichung, die sich auf alle Werkebenen bezieht. Sie begründet Chrétiens Anspruch, nicht nur einer der Gründerväter des europäischen Romans zu sein, sondern auch der erste Literat im neuzeitlichen Sinne.

Die Handlungsstruktur aller fünf Werke beruht auf einem zweiteiligen Kompositionsschema, das seit Hugo Kuhn als Doppelweg oder doppelter Kursus bezeichnet wird und dem die zentralen Motive von Gewinn, Verlust und Wiedergewinnung von Frau, Reich und ritterlichem Ansehen zugrunde liegen. Zentrales Thema des Romantyps ist der charakterliche Entwicklungsgang eines idealen Ritters. Stärker als auf die traditionellen Qualitäten der Stärke, Tapferkeit und Höflichkeit zielt das bei Chrétien entfaltete Tugendsystem vor allem auf ein durch augustinische Wertvorstellungen geprägtes Humanitätsideal ab, das Komponenten wie Bescheidenheit, Treue, Standhaftigkeit, maßvolles Verhalten und die Fähigkeit zum Mitleid beinhaltet. Der Erwerb dieser Qualitäten vollzieht sich in *Erec*, *Yvain* und *Cligès* auf der Handlungsebene über mehrere Vervollkommnungsstufen. Die einzelnen Episoden des Romantyps sind insofern nicht austauschbar, als sie symbolhaft auf den ethischen Entwicklungsstand des Helden verweisen.

Die Gewinnung eines Königreichs und einer ebenbürtigen Gattin ist wesentlich an die Aufnahme des Protagonisten in den Kreis der besten Ritter geknüpft, für den in Chrétiens Romanen die Tafelrunde von König Artus symbolhafter Ausdruck ist. Virtuelles Zentrum der Handlung ist stets der Hof des sagenhaften britischen Königs. Von hier ziehen die Helden der Chrétien'schen Romane aus, um Taten zu vollbringen, die sich zugleich an einer christlichen Verhaltensethik und dem Ideal der sittlichen Vervollkommnung unter dem Einfluss der höfischen Liebe orientieren. Die in der Fremde von einem noch anonymen Helden (der »Löwenritter«, der »Karrenritter«) bewirkten Taten werden dem Artushof gemeldet, der so zum ethischen Referenzpunkt wird und an dem die gesellschaftliche Anerkennung des Jungritters durch Herrscherwürde und Heirat erfolgt. Eine Krise bewirkt den vorübergehenden Verlust des erreichten Status. Im *Chevalier de la charrete* und in den *Contes del Graal* modifiziert Chrétien dieses Schema durch die mehr oder weniger verhaltene Reduktion der vorbildhaften Bedeutung des Artushofs, wobei gelegentlich Skepsis gegenüber der normbildenden Macht des arthurischen Königtums wahrnehmbar wird.

Nahezu alle Handlungssequenzen folgen dem auf die einfache Form eines Zaubermärchens zurückweisenden Schematismus von Schaden, Kampf, Sieg und Belohnung bzw. Auszeichnung des Helden. Dieser schlichte Antagonismus von Gut und Böse, der sowohl die übergreifende biographische Struktur der Romane als auch die einzelnen Episoden bestimmt, wird indes in allen Romanen Chrétiens merklich komplexer sowohl durch die Vervielfachung der Episoden wie auch durch die Verzögerung des Finales und vor allem durch eine kunstvolle, auf Motivsymmetrien und Parallelbildungen beruhende Schachtelung voneinander unabhängiger Handlungssequenzen. In den späteren Romanen führt dieses Schachtelungsprinzip zur Ausbildung autonomer Handlungsstränge, die der erzählten Welt eine illusionistische Tiefendimension verleihen, durch die sich der von Chrétien geschaffene Romantyp merklich von den einfachen Erzählformen des früheren Mittelalters abhebt.

Chrétiens Artusromane thematisieren die Frage nach der Stellung des aristokratischen Helden in einem christlich bestimmten Kosmos. Auf unterschiedliche Weise zeigen die Abenteuerreihen die Selbstfindung des Individuums entlang einer christlichen Verhaltensethik, die zuweilen in Konflikt mit den heterodoxen Anschauungen der provenzalischen Minne-Ideologie und der heidnischen Feenwelt keltischen Ursprungs gerät. Und jeweils auf verschiedene Weise wird in allen Texten – sei es explizit oder auf der Ebene narrativer Symbolstrukturen – die Möglichkeit des Ausgleichs zwischen ritterlicher Vervollkommnung und Minne als gesellschaftliches, individualpsychologisches und philosophisch-religiöses Problem erörtert. Wenngleich die erzählte Welt sich in vielen Details auf die aristokratische Wirklichkeit des Hochmittelalters bezieht, nimmt sie doch zahlreiche exotische, märchenhafte oder gar phantastische Elemente auf, die den höfischen Roman von der trivialen Abbildung einer vorgefundenen Wirklichkeit absetzen.

Die Artusromane Chrétiens lassen auf ein intellektuelles, literarisch anspruchvolles Publikum schließen, wie Chrétien es am Hof seiner ersten Gönnerin Marie de Champagne vorfand. Unter ihrem Einfluss scheint Chrétien den Artusstoff, den noch der normannische Hof unter Henri Plantagenet und Eleanor von Aquitanien als Medium der mythischen Selbstdefinition sehen wollte, umgedeutet zu haben: Deutlich sichtbar ist in Chrétiens Umgang mit der ›matière de Bretagne‹ eine spielerische Distanziertheit, die sich ironisch über den Gegenstand erhebt und hohe Anforderungen an das Publikum stellt, indem sie subtil auf den Fiktionscharakter des Textes verweist. Die Tendenz hierzu bleibt selbst in dem für den religiös eingestellten Hörer- und Leserkreis verfassten Spätwerk *Li contes del Graal* wahrnehmbar.

Der Protagonist des Romans *Érec et Énide* (6958 Verse, um 1184–1186; *Erec und Enide*, 1987, A. Gier) gelangt bei dem Versuch, eine ihm und der Königin Guinièvre von einem Zwerg und seinem ritterlichen Herrn zugefügte Beleidigung zu bestrafen, in das Haus eines heruntergekommenen Vasallen. Um gegen den unbekannten Ritter im Turnier antreten zu können, leiht sich Érec von dem Vasallen eine Rüstung und tritt mit dessen Tochter Énide, die er im Gegenzug zu heiraten verspricht, gegen den Beleidiger an. Nach langem Kampf siegt Érec und schickt den Besiegten an den Artushof, wo er sich Guinièvre unterwerfen muss. Nachdem man am Hof prunkvoll Érecs Heirat mit Énide gefeiert hat, zieht sich das Paar in eine trügerische Zweisamkeit zurück, die dem Protagonisten erst durch die Kritik Énides bewusst wird: Hinter seinem Rücken beklage man seine »récréantise« (Bequemlichkeit), die ihn davon abhalte, Rittertaten zu bestehen. Die damit ausgelöste Krise leitet den wesentlich längeren zweiten Teil ein, in dessen Verlauf Érec seine verlorene Ritterehre durch zwei Serien immer schwierigerer Kämpfe erneut erwerben muss, wobei die ihn begleitende Gattin als Einsatz auf dem Spiel steht. Die einzelnen Episoden sind durch Leitmotive und wiederkehrendes Personal kunstvoll aufeinander bezogen: Zweimal verliebt sich ein Ritter in Énide und will sie gewaltsam zu seiner Frau machen, zweimal kämpft Érec gegen den irischen König Guivret le Petit, zweimal hat sich das Paar gegen zunächst drei, dann fünf Räuber zur Wehr zu setzen. Obwohl er seiner Frau bei Strafe verboten hat, mit ihm zu sprechen, warnt ihn die liebende Gattin bei mehreren Gelegenheiten vor drohender Gefahr. Er bestraft sie während der Abenteuerfahrt durch demütigende Arbeiten.

Die steigernde Reprise der bisherigen Abenteuer und Entbehrungen des Paares stellt das abschließende Abenteuer »Joie de la Cort« (Hofesfreude) auf dem verwunschenen Schloss Brandigan dar. Hier herrscht der Ritter Mabonagrain, der seiner selbstsüchtigen Freundin versprochen hat, so lange mit ihr in dem Schlossgarten zu bleiben, bis ein Ritter ihn besiege. Deutlich hat Chrétien hier die frühere krisenhafte Situation des Paares Érec und Énide gespiegelt. Érecs abschließender Sieg beendet den grausamen Brauch, nach dem die besiegten Ritter enthauptet und ihre Damen zur Arbeit in der Weberei des Schlosses gezwungen wurden: Nicht nur die Freundinnen der 80 bis dahin von Mabonagrain erschlagenen Ritter, auch Mabonagrain selbst und seine mittlerweile einsichtig gewordene Freundin finden Aufnahme am Hof von Artus, von wo aus Érec mit Énide aufbricht, um nach dem Tod seines Vaters die Königswürde zu übernehmen.

Cligès, Chrétiens zweiter Roman (6784 Verse, um 1185; *Cligès*, 2006, I. Kasten), ist mit der arthurischen Thematik nur locker verbunden. Hier kombiniert Chrétien das im *Érec* entwickelte Romanmodell mit seiner rigiden Kompositionsstruktur in einer literarhistorisch folgenreichen Weise mit byzantinischen und antikisierenden Themen, die gerade in den kommenden Jahrhunderten zumal im Ritterroman des 16. Jh.s besondere Virulenz erlangen sollen. Der erste Teil behandelt die Brautwerbefahrt des griechischen Prinzen Alixandre. Auf der Überfahrt in die Bretagne begleitet er als einziger junger Ritter Artus und verliebt sich in Soredamors, die Schwester von Artus' Neffen Gauvain, die er nach Heldentaten im Dienst von Artus als Gattin heimführen darf. Aus der Ehe entspringt nach dreizehn Monaten ein Sohn, Cligès. Während Alixandres langer Abwesenheit ist in Griechenland dessen jüngerer Bruder Alis zum König erhoben worden. Als Alixandre zurückkehrt, muss sich Alis verpflichten, nicht zu heiraten, um so die Herrschaft des rechtmäßigen Thronfolgers Cligès zu gewährleisten. Nach dem Tod seiner Eltern zieht Cligès nach Byzanz, wo der wortbrüchige Alis die deutsche Prinzessin Fenice heiraten will. Cligès begleitet ihn auf seiner Brautwerbefahrt nach Köln und verliebt sich in Fenice. Mittels eines Zaubertranks kann sich diese ihrem Gemahl Alis entziehen, während Cligès zahlreiche Kämpfe in Deutschland und England zu bestreiten hat und schließlich nach Konstantinopel zurückkehrt, um Fenice mit Hilfe eines Zaubertranks zu entführen. Mit Hilfe eines weiteren Zaubertranks kann Fenice Krankheit und schließlich auch ihren Tod vortäuschen. Als Alis aus Gram stirbt, kann Cligès endlich als Kaiser mit Fenice nach Konstantinopel zurückkehren.

Den Roman *Le chevalier de la charrete* (7134 Verse, zwischen 1186 und 1189; *Der Karrenritter*, auch: *Lancelot*, 1973, H. Jauss-Meyer) brachte Chrétien nicht selbst zum Abschluss. Der von Geoffrey de Lagny vollendete Roman pointiert in einer kaum noch zu überbietenden Weise die Absolutheit des Minnegedankens am Beispiel des ›besten Ritters‹ Lancelot, der bis zur Selbstaufgabe Guinièvre, die Gattin seines Lehnsherren Artus, liebt. Mit seinen ersten Romanen scheint Chrétien die Möglichkeiten einer Verknüpfung von Liebe und Rittertum bzw. individuellem Streben und gesellschaftlichem Anspruch weitgehend ausspekuliert zu haben. Der Roman *Le chevalier de la charrete (Lancelot)* stellt demgegenüber ein Experiment dar, dessen inhaltliche Brisanz vor dem Hintergrund der hochmittelalterlichen Weltanschauung die Aporien und Paradoxien des Romankonzepts offenbart. Das Ideal der Tafelrunde, die Gemeinschaft der Besten, gerät insofern ins Wanken, als mit Lancelot erstmalig ein dezentrierter Held auftritt, der bereit ist, gesellschaftliche Anerkennung und Ritterehre einem subjektiven Ideal des Minnediensts für eine nach hochmittelalterlichen Maßstäben unerreichbare Frau zu opfern. Anders als Artus selbst und – mit Ausnahme Gauvains – die Ritter der Tafelrunde macht er sich auf, um die Königin, die der Erzschurke Meleagant ungehindert entführte, zu befreien. Während der Verfolgung nach Gorre, dem »Land von welchem niemand wiederkehrt«, verliert Lancelot im Kampf sein Pferd und muss, um seinen Weg fortsetzen zu können, den von einem Zwerg gelenkten Karren besteigen, was für den Ritter gleichbedeutend mit Schande ist, da auf diesem Gefährt sonst die verurteilten Verbrecher zum Richtplatz gebracht werden. Höhepunkt der in ihrem Schwierigkeitsgrad sich wieder steigernden Kämpfe und Prüfungen des Karrenritters ist der Eintritt in das Land Gorre, das nur über zwei schier ungangbare Passagen zu erreichen ist: die Unterwasserbrücke, an der Gauvain scheitert, und die Schwertbrücke, über die Lancelot nach Gorre gelangt. Durch Intrigen Meleagants gerät Lancelot zweimal in Gefangenschaft, kommt jedoch – so die Fortsetzung des Romans durch Geoffrey de Lagny – mit Hilfe von Meleagants Schwester rechtzeitig frei, um am Hof von Artus mit Meleagant um die Königin zu kämpfen und ihn zu töten.

Die Grundkonstellation vom liebenden Ritter und der gesellschaftlich höhergestellten, verheirateten Frau verspiegelt in dem Roman einerseits ein Ideal der südfranzösischen Minnetheorie – jedoch geriet es Chrétien von Anfang an gelegentlich fast zur Parodie: Das arthurische Strukturmodell mit seinen Motivparallelismen ermöglicht es ihm, Lancelot in immer neuen prekären Situationen mitunter sogar zu ironisieren. Andererseits weist Lancelot merkliche Züge eines an Christus gemahnenden Dulders auf, die dazu führten, dass die Schwertbrücken- und Karrenepisoden bereits im 13. Jh. auch als Predigtexempel verwendet wurden. Da die Aporie des Minnekonzepts schon in Chrétiens drittem Roman zu einer Aufspaltung der in *Érec*, *Yvain* und *Cligès* aufeinander zugeordneten ideologischen Kategorien Liebe, Ehre und Herrschaft führt, bildet der damit sich abzeichnende Typus eines individualistisch gegen die Normen der Gesellschaft gewendeten Protagonisten den Neuansatz für die Romanentwicklungen, deren psychologischer Problemreichtum über das Mittelalter hinausweist.

Der Roman *Yvain ou le chevalier au lion* (6818 Verse, zwischen 1180 und 1189; *Der Löwenritter*, auch: *Yvain*, 1962, I. Nolting-Hauff) ist als Antithese zu dem ersten Chrétien'schen Artusroman zu lesen. Érecs Rückzug in die Minne korrespondiert mit Yvains Flucht vor seiner Verantwortung als Ehemann und Landesherr: Angeregt durch die Erzählung eines gescheiterten Abenteuers beschließt der Artusritter Yvain, das sogenannte Brunnenabenteuer zu versuchen. Anders als zahlreichen Rittern vor ihm, die es das Leben kostete, gelingt es ihm, den Bewacher des Brunnens zu besiegen und zu töten. Er verliebt sich in Laudine, die Witwe des Brunnenwächters und Landesherrin. Durch die Vermittlung der Zofe Lunete kommt die Verbindung mit der Landesherrin zustande. So endet der erste Abenteuerkursus mit der Heirat, dem Erwerb der Herrschaft und der Anerkennung durch die höfische Gesellschaft. Der Artusritter Gauvain, Vorbild an Courtoisie und Heldenmut, ermahnt Yvain, sich nach der Heirat, anders als Érec, nicht dem Müßiggang hinzugeben und so seine Ritterehre zu verspielen. Yvain nimmt für ein Jahr Abschied von Laudine, versäumt aber über seinen Turniererfolgen, rechtzeitig zurückzukehren. Von seiner Frau des Treuebruchs beschuldigt und verstoßen, verfällt Yvain in Melancholie. Fern der höfischen Welt führt er ein Dasein als Waldtor. Vom Wahnsinn heilt ihn schließlich eine Burgherrin durch eine Wundersalbe der Fee Morgue. Im Gegenzug verteidigt der geheilte Yvain die Burgherrin gegen einen kriegerischen Nachbarn. In der darauf folgenden Sequenz steht er einem Löwen gegen einen Drachen bei. Fortan folgt ihm das dankbare Tier und kommt dem Helden in mehreren gefährlichen Situationen zu Hilfe. Yvain kehrt an den Zauberbrunnen zurück. Als er sich in einem Anfall von schwermütiger Erinnerung an Laudine das Leben nehmen will, versucht der Löwe, es ihm gleich zu tun. Später findet er Lunete in einer Kapelle, in die sie von treulosen Vasallen Laudines eingesperrt worden ist. Er erfährt, dass seine Frau den Intrigen ihrer Vasallen schutzlos ausgeliefert ist, und verspricht, rechtzeitig zum Tag des gegen sie angesetzten Gottesgerichts zur Stelle zu sein. Auf dem Weg zu dem Gerichtstermin bezwingt er den Riesen Harpin, rettet Lunete vor dem drohenden Scheiterhaufen, kämpft für eine Grafentochter, besteht eine weitere Probe in der Burg Pesme Aventure (Zum schlimmen Abenteuer). Schließlich stehen sich, ohne einander zunächst zu erkennen, die Freunde Yvain und Gauvain im Entscheidungskampf gegenüber, um sich erst in einer Pause des erbitterten Duells zu erkennen, worauf sie den Kampf unentschieden abbrechen. Mit Laudine söhnt sich der »Löwenritter« Yvain, wiederum durch Lunetes Vermittlung, bei einer weiteren Rückkehr an den Zauberbrunnen aus.

Der unvollendete Roman *Li contes del Graal* (9698 Verse, um 1190, *Perceval oder Die Geschichte vom Gral*, 1929, K. Sandkühler) thematisiert auf breiter Front die Suche nach authentischen Werten. Dass sich diese Sinnsuche nicht notwendigerweise im Erwerb von Frau und Herrschaft erfüllt, war bereits in den Aporien des *Chevalier de la charrete* evident geworden, in dem das bedingungslos gelebte Minnedenken provenzalischer Herkunft in einen unauflöslichen Konflikt mit dem feudalistischen Loyalitätskonzept treten musste. Der späteste Artusroman Chrétiens forciert die Frage nach der Wertigkeit von Minne, Heldenmut und Herrschaft mit Blick auf den Gottesbezug des Individuums. Wie seinen Lancelot hat Chrétien auch den Protagonisten Perceval in räumlicher und weltanschaulicher Distanz zum arthurischen Ideal entworfen, was die Komposition des früheren Erzählmodells verkompliziert. Die nun offenbar als unzulänglich empfundene innerweltliche Ausrichtung eines ausschließlich an Liebe und Abenteuer ausgerichteten Rittertums bedingt den Einbezug einer geheimnisbehafteten, religiös akzentuierten Gegenwelt. (Äußerer Anlass für die Hinwendung zu einem stärker religiös inspirierten Artusroman dürfte Chrétiens Wechsel von seiner früheren intellektuellen Mäzenin Marie de Champagne an den eher spirituell orientierten Hof des Kreuzfahrers Philipp von Flandern gewesen sein.) Die Welt des Heiligen Grals tritt in ideologische Opposition zum Artushof und damit zu dem Minne-Abenteuer-Ideal, dessen Problematik sich bereits im *Lancelot* zeigte.

Neu gegenüber den vier früheren Romanen ist die Einbeziehung der Kindheitsgeschichte des Helden. Der wächst in der walisischen Einöde auf und beschließt eines Tages unter dem Eindruck der Begegnung mit drei Artusrittern, die er in ihren glänzenden Rüstungen für Engel hält, Ritter zu werden. Das eigentliche Thema des gesamten Romans ist der damit einhergehende – zugleich den neuzeitlichen Erziehungs- und Bildungsroman vorwegnehmende – allmähliche intellektuelle und emotionale Werdegang vom ungebildeten Waldtoren zum untadeligen Ritter, dem aufgrund seiner familiären Anlage und göttlicher Vorsehung die Würde des Gralskönigtums vorbestimmt ist.

Percevals Auszug zeitigt zahlreiche komische, mitunter auch fatale Situationen, da er sich buchstabengetreu an drei Ratschläge zu halten versucht, die ihm seine Mutter als Verhaltensregeln in der höfischen Welt mitgab: So raubt er gleich zu Beginn seiner Wanderschaft einem Mädchen einen Kuss und den Ring ihres Geliebten, der daraus folgert, es sei ihm untreu geworden. Später wird er, aufgrund einer anderen Verhaltensregel seiner Mutter, im Gralsschloss die entscheidende Mitleidsfrage nicht stellen und sich so zunächst für die ihm vorbestimmte Erlöserwürde disqualifizieren. Die ersten Abenteuer Percevals weisen indes auf diese spirituelle Vorbestimmung nicht hin: Fast beiläufig tötet er durch einen seiner Wurfspieße den »Roten Ritter«, der Artus einen goldenen Becher raubte, und nimmt die Rüstung des Erschlagenen an sich. In der Burg des alten Edelmanns Gornemants wird er in der Waffenpraxis unterwiesen. Im Schloss Belrepeire unterrichtet ihn Blancheflor, Gornemants' Nichte, in höfischem Verhalten. Beide verlieben sich ineinander. Er besiegt für sie die Ritter Clamadeu und Engyngerons und schickt sie zum Artushof. Nach dem Abschied von Blancheflor gerät Perceval in das Gralsschloss, wo während des Abendessens mit dem kranken Fischerkönig eine Prozession mit einem als ›graal‹ bezeichneten Gegenstand und einer blutenden Lanze an ihm vorüberzieht. Da er es versäumt, nach deren Bewandtnis zu fragen, verflucht ihn anderntags eine Botin aus dem Gralsschloss. Auf dem Weg zu Artus besiegt er den Ritter Orguillos de la Lande und rettet dadurch dessen Freundin (der er einst Kuss und Ring raubte). Am Artushof schmäht Perceval nochmals eine Botin des Grals. Er beschließt, nicht zu ruhen, bevor er die Gralsburg wiedergefunden hat, vergisst aber über der jahrelangen Suche Gott, bis er an einem Karfreitag in eine Einsiedelei gelangt, wo ihn ein Einsiedler im Glauben unterweist und ihm wegen des Todes seiner Mutter und wegen seines Verhaltens in der Gralsburg schwere Vorwürfe macht. Die Percevalhandlung endet offen, als der Protagonist bei dem Eremiten Buße getan hat und geläutert aufbricht, um den Gral zu finden.

Ab Vers 6518 handeln die *Contes del Graal* nur noch von Gauvain, der als einziger Artusritter nicht dem Ruf der Gralsbotin folgte: Er wird von Guingambresil verleumdet und muss versuchen, diesen Streitfall zu regeln. Das letzte Drittel von Chrétiens Romanfragment behandelt die Abenteuer Gauvains auf dem Weg zu dem Gerichtskampf. Gauvain kämpft im Dienste eines Mädchens gegen Meliant le Lis. Es schließen sich Abenteuer in der Stadt seines Feindes Guingambresil und in einem verzauberten Schloss an. Nach weiteren Zweikämpfen endet das Werk, als ein Bote die Nachricht von Gauvains Kampf mit dem Ritter Guiromelant am Artushof meldet.

Gleichsam als Alternative zur Ritterkarriere des Protagonisten Perceval hat Chrétien in dem Spätwerk das Gewicht auf die Abenteuer der Ritters Gauvain gelegt und die bislang auf den jeweiligen Protagonisten hin geordnete Erzählung zum Doppelroman ausgeweitet, ohne selbst das Schicksal seines Gralssuchers Perceval zu Ende zu erzählen. Für eine Lesart der beiden in den *Contes del Graal* berichteten Heldenschicksale als alternative Karrieren, nämlich als eines stärker weltlich oder eher geistlich orientierten Lebenswegs, spricht vor allem die gleichwertige und differenzierte Episodengestaltung beider Handlungsstränge.

▪ Ausg.: Les romans de C. d. T. d'après la copie Guyot, 5 Bde, Hg. M. Roques, 1955 ff.

▪ Lit.: H. Kuhn: Érec, in: Festschrift Paul Kluckhohn und Hermann Schneider gewidmet zu ihrem 60. Geburtstag, 1948, 122–147. ▪ E. Köhler: Ideal und Wirklichkeit in der höfischen Epik, 1956. ▪ W. Haug: Das Land, von welchem niemand wiederkehrt. Mythos, Fiktion und Wahrheit in C.s ›Chevalier de la Charrette‹, im ›Lanzelet‹ Ulrichs von Zatzikhoven und im Lancelot-Prosaroman, 1978. ▪ R. J. Dragonetti: La vie de la lettre au moyen âge. Le conte du Graal, 1980. ▪ T. Topsfield: C. d. T., 1981. ▪ W. Haug: C. d. T.' Érec-Prolog und das arthurische Strukturmodell, in: W. H.: Literaturtheorie im deutschen Mittelalter, 1985, 91 ff. ▪ B. Panvini: Il ›Cligès‹ di C. d. T., 1986. ▪ E. Baumgartner: C. d. T. ›Le chevalier au lion‹, 1988. ▪ B. Cazelles: The Unholy Grail. A Social Reading of C.'s ›Conte du Graal‹, 1996. ▪ J. J. Duggan: The Romances of C. d. T., 2001. *Gerhard Wild*

Christine de Pizan

▪ geb. 1365 Venedig (Italien)
▪ gest. um 1430 Poissy (Frankreich)

Tochter des Hofastrologen von Karl V. von Frankreich; wurde im Alter von 15 Jahren verheiratet, früh verwitwet; verfasste zunächst Liebeslyrik, um die materielle Versorgung ihrer Kinder zu sichern, später auch feministisch eingestellte Prosaschriften und eine Polemik gegen den *Roman de la rose* von ↗ Guillaume de Lorris und Jean de Meung; Förderung durch die burgundischen Mäzene Jean de Berry, Philipp der Kühne und Isabeau de Bavière; nach der Schlacht von Agincourt 1415 Eintritt in ein Kloster.

▪ Lit.: C. C. Willard: C. Her Life and Works, 1984. ▪ C. de P. 2000. Studies on C. de P. in Honour of Angus J. Kennedy, Hg. J. Campbell, 2000.

Le livre de la cité des dames

(afrz.; *Das Buch von der Stadt der Frauen*, 1986, M. Zimmermann) – Ziel der von 1404 bis 1405 entstandenen Prosaschrift war es, das Selbstbewusstsein der zeitgenössischen Frauen zu stärken. Die Autorin setzte sich darin entschieden gegen die frauenfeindliche Literatur zur Wehr, die gerade im Spätmittelalter besonders zahlreiche Blüten trieb: »In meinem Innern war ich verstört und fragte mich, welches der Grund, die Ursache dafür sein könnte, dass so viele und so verschiedene Männer, ganz gleich welchen Bildungsgrades, dazu neigten und immer noch neigen, in ihren Reden, Traktaten und Schriften derartig viele teuflische Scheußlichkeiten über Frauen und deren Lebensumstände zu verbreiten.« Doch bislang hätten sich die Frauen nie gegen die üble Nachrede der Männer zur Wehr gesetzt: »Die Frauen, gutmütig und ohne Falschheit, haben das göttliche Gebot der Langmut befolgt und gelassen die schweren Beschimpfungen erduldet, die ihnen in Rede und Schrift, völlig zu Unrecht, zugefügt wurden.«

Christine beschränkt sich nicht darauf, in einem moralischen Traktat die haltlosen Anschuldigungen zurückzuweisen, denn diese »Bosheiten, die allerorts über die Frauen verbreitet werden, fallen letzten Endes auf die Verleumder und nicht auf die Frauen zurück«, sondern beschreibt die Erscheinung dreier gekrönter Frauen, die sich als allegorische Figuren der ›Raison‹ (Vernunft), der ›Droiture‹ (Rechtschaffenheit) und der ›Justice‹ (Gerechtigkeit) zu erkennen geben. Sie wollen Christine Trost spenden, die nach der Lektüre der um 1300 entstandenen *Lamentationes Matheoli* (Die Klagen des Matheolus), einer besonders üblen Tirade gegen die Frauen, an sich und ihrem Geschlecht zu zweifeln beginnt. Gleichzeitig fordern sie sie auf, eine Stadt zu errichten, die allen »hochherzigen und rechtschaffenen Frauen einen Ort der Zuflucht, eine umfriedete Festung gegen die Schar der boshaften Belagerer« bieten soll. Als Baumaterial dienen die rühmenswerten Taten und Werke von Frauen. In einem Frage- und Antwortspiel liefern die drei Damen die nötigen Argumente und Beispiele für die tagtäglichen Auseinandersetzungen mit frauenfeindlichen Denkweisen, damit die Baumeisterin Christine daraus starke Mauern, Türme und Kastelle und dahinter Häuser und Paläste bauen kann.

Viele dieser Argumente muten erstaunlich ›modern‹ an. Gegen die Behauptung, Frauen taugten nur dazu, »Männer zu umarmen und Kinder großzuziehen«, führt die ›Raison‹ an, dass Frauen sich in allen bisher Männer vorbehaltenen Bereichen einsetzen könnten: »Vorausgesetzt sie sind willens, sich ernsthaft mit diesen Dingen zu beschäftigen, werden diese ihnen ebenso geläufig wie den Männern, und wenn sie sich ernsthaft ins Zeug legen, dann können sie ewigen Ruhm erlangen, dessen Besitz den vorzüglichsten Männern sehr angenehm ist.« Auch den Vorwurf einer geringeren weiblichen Intelligenz lässt ›Raison‹ nicht gelten und plädiert für gleichberechtigte Erziehung: »Wenn es üblich wäre, die kleinen Mädchen eine Schule besuchen und im Anschluß daran, genau wie die Söhne, die Wissenschaften erlernen zu lassen, dann würden sie genauso gut lernen und die letzten Feinheiten aller Künste und Wissenschaften ebenso mühelos begreifen wie jene [...]. Je stärker die Frauen den Männern an Körperkraft unterlegen, je schwächer und je weniger geschickt sie zu gewissen Dingen sind, desto größere Klugheit und desto mehr Scharfsinn entfalten sie überall dort, wo sie sich wirklich ins Zeug legen.«

Die Exempla, die den Aussagewert der Behauptungen illustrieren sollen, verraten den Einfluss von im Mittelalter beliebten Sammlungen wie der des Valerius Maximus, des *Speculum historiale* von Vinzenz von Beauvais und der *Legenda aurea* des Jacobus de Voragine, die Christine in ihrem Sinne bearbeitete. Zahlreiche Frauengeschichten sind aus Boccaccios Werk *De claris mulieribus* (Über berühmte Frauen) entlehnt, das 104 anekdotenhafte Kurzbiographien zu großen Frauengestalten, überwiegend aus der Frühgeschichte und der Antike, enthält. Stets warnt Christine die Frauen eindringlich davor, den Pfad der Tugend zu verlassen und der ›sündigen‹ Liebe nachzugeben, wohl wissend, wie eng die Grenzen der Frau in ihrer Zeit gesteckt sind, denn »die Rechnung bezahlt immer nur ihr«. Die Stadt der Frauen wird nur durch die Tugendhaftigkeit ihrer Bewohnerinnen, mittels derer sie allen Anschuldigungen der Männer trotzen können, Bestand haben.

Im Jahre 1521 erschien in London die englische Übersetzung *The Boke of the Cyte of Ladys*, die von der Popularität dieses Werks zeugt.

▪ Ausg.: Le livre de la Cité des Dames, Hg. E. Hicks, 1986.
▪ Lit.: J. S. Holderness: Castles in the Air? The Prince as Conceptual Artist, in: Healing the Body Politic. The Political Thought of C. de P., Hg. K. Green, 2005, 161–175. ▪ M. G. Dawson: Weeping, Speaking, and Sewing. Teaching C. de P.'s ›The City of Ladies‹, in: Studies in Medieval and Renaissance Teaching 12, 2005, 5–26.

Wolfgang Rössig

Émile Michel **Cioran**

▪ geb. 8.4.1911 Răşinari (Rumänien)
▪ gest. 20.6.1995 Paris (Frankreich)

Sohn eines orthodoxen Priesters; Philosophiestudium in Bukarest und Berlin; ab 1940 in Paris; zunächst von Spengler und Nietzsche beeinflusste, von tiefem Pessimismus geprägte Essays; ab 1940 französischsprachig; bedeutender Essayist mit umfangreichem kulturkritischem Werk.

▪ Übers.: Werke, F. Leopold/F. Bondy, 2008.
▪ Lit.: U. Schoeter: E. M. C., in: Kritisches Lexikon zur fremdsprachigen Gegenwartsliteratur. ▪ G. Balan: E. C. La lucidité libératrice, 2003. ▪ B. Mattheus: C. Porträt eines rasenden Skeptikers, 2007.

Précis de décomposition

(frz.; *Lehre vom Zerfall*, 1953, P. Celan) – »Negative Übungen« lautete der Arbeitstitel der aus sechs Teilen bestehenden, mehrmals umgeschriebenen Essay-Sammlung aus dem Jahr 1949, der ersten, die der als hervorragender Stilist geltende Kulturkritiker in französischer Sprache verfasste. Die sein gesamtes Werk kennzeichnende Argumentations- und Schreibweise der Essays – aphoristisch, subjektiv und diskontinuierlich – bringt Cioran, der sich in Personalunion als Mystiker und Skeptiker versteht, dem Typus des Künstler-Philosophen nahe.

Der Aufriss der Negativität, den die Essays auch im Blick auf den moralischen Zusammenbruch der vorangehenden Jahrzehnte skizzieren, ist in doppelter Hinsicht dem Zerfall gewidmet: der Zertrümmerung der Welt durch den Menschen, der nun »reif zum Verschwinden« sei, und einem Denken der Negativität, das eine De-Komposition der Erscheinungen und Sinn-Systeme beabsichtigt. Dieses Denken soll, so fordert Cioran, die das Nichts verbergende Illusion in allen Erscheinungen bloßlegen; es soll zu einer Leere hinführen, der die Fülle des Seins innewohnt.

Für Cioran weist die Formulierung »ich war, ich bin, ich werde sein« auf ein Problem der Grammatik hin, nicht auf eines der Existenz. Die Vorstellung von Identität, Geschichtlichkeit und Fortschritt, aber auch Taten, Worte und Ideen betrachtet der Autor als integralen Bestandteil der grundlegenden Täuschung des Menschen. Nur wegen dieser fundamentalen Täuschung sei jedoch der Mensch lebens- und handlungstüchtig. Zugleich aber bedeute sie eine unaufhörliche »Versündigung am Sein«. Diese Ambiguität, ein Leitmotiv seines Denken, verfolgt der *Précis* im Hinblick auf eine Eigenschaft, die nach Ciorans Ansicht zur Definition des Menschen taugt: den Dogmatismus. Nicht nur in der Abwendung des Menschen vom Nichts, sondern auch in seiner Hingabe an fixe Ideen und Dogmen sieht Cioran eine Voraussetzung für Leben und Wirksamkeit des Menschen. Den Verlust der Dogmen versteht er als einen Selbstverlust, der sich als Gleichgültigkeit äußere: »Nun läßt er alles gelten und verhüllt mit seiner Toleranz nicht nur geringfügige Vergehen, sondern sämtliche Verbrechen.«

Zugleich aber machen die Fähigkeit zur Anbetung und zum Glauben sowie die Fähigkeit zur Konstruktion religiöser und politischer Ideologien und Doktrinen den Menschen in den Augen Ciorans zu einem potenziellen Mörder. In der menschlichen Sehnsucht nach Gewissheit und in der Bereitschaft, diese zu verbreiten und zu verteidigen, sieht Cioran den Grund von Folter und Mord. Der Dauerzustand des »dogmatischen Schlafs«, in dem sich der Mensch befinde, erfasse selbst den Skeptiker, der, in seine Zweifel verliebt, zu einem »Fanatiker der Skepsis« werde. Aufgabe des »orthodoxen« Skeptikers sei es, jede Gewissheit – auch die der Negativität – zu zerstören. Er personifiziere die Haltung der Unbeständigkeit: »Sehen wir also zu, daß keinerlei Gott sich in unsern Gedanken ansiedelt.« Um dieses »wahre Wissen« zu bezeichnen, greift Cioran zu einem paradoxen Bild: dem »Wachbleiben im Dunkeln«.

▪ Lit.: M. Jarrety: La morale de l'écriture. Camus, Char, C., 1999.

Birgit R. Erdle

La chute dans le temps

(frz.; *Der Absturz in die Zeit*, 1972, K. Leonhard) – In der doppelten Anspielung auf Luzifer und die Sintflut beschreibt die 1964 erschienene Essay-Sammlung die Geschichte des »zweifach stürzenden« Menschen: Dem Absturz in die Zeit, der Individualisierung und Historisierung des Menschen also, folgt der Sturz aus der Zeit, seine Ent-Historisierung. Aus einer Position der Negativität und beeinflusst von Kierkegaard, Schopenhauer, Šestov und Bergson formulieren die neun zyklisch verknüpften Essays eine radikale Kritik der Idee der Entwicklung und des Wirklichen. Die fragmentarische, repetitive Struktur der Texte, die die Ausbildung von Geschlossenheit, Linearität und Systematik verwehren und eine persönliche mit einer transhistorischen Perspektive verbinden, spiegelt diese Kritik auch formal wider.

Der einleitende Essay »Der Baum des Lebens« fordert dazu auf, die Zugehörigkeit des Menschen zum »Außerhalb« anzuerkennen – zum Außerhalb Gottes und der Wirklichkeit wie auch des eigenen Selbst. Cioran definiert den Menschen als den, der – im Gegensatz zu Gott – nicht ist, und das Individuum als die »Bruchstelle und Aufspaltung des Seins«. Die Unnatürlichkeit des Menschseins konstatierend, versteht er die »Heillosigkeit der eigenen Daseinsform« als Signum der individuellen wie der kollektiven Geschichte. Innerhalb der Schöpfung nehme der Mensch den Status eines »inneren Emigranten«, einer »Häresie« ein, was ihn dazu triebe, überlebensgroß erscheinen zu wollen. Die Deutung des Fortschritts als eine moderne Version des Sündenfalls gibt die Grundlage ab für sein Bild des Zivilisationsmenschen. Gestützt auf die menschliche »Hinneigung zum Unwirklichen und Unnützen«, diene die Zivilisation dazu, sich am Leben ebenso wie am Tod vorbeizuschwindeln. »Denaturierung« werde als gültiges Prinzip nicht nur durch die Verfälschungen des »Ursprünglichen« als Folge von Wissenschaft und Technik festgeschrieben, sondern auch durch den Versuch, jemand oder etwas zu sein sowie durch das Produzieren und Besitzen. Dies führt zum zentralen Grundsatz von Ciorans Denken der Negativität: zur Forderung nach einer Entsagung, die in der Weigerung besteht, sich einen Namen zu geben und sich »mit der Welt zu amalgamieren«.

Die Passion des Zweifelns, in der sich dieses Entsagen äußert, grenzt Cioran in dem Essay »Skeptiker und Barbar« von der Verneinung ab. Die Physiognomie des häretischen sprunghaften Zweiflers, dessen Verneinung im Namen von etwas geschieht, unterscheidet er von der des orthodoxen konsequenten Zweiflers. Der orthodoxe Zweifel richte seine Verneinung auch gegen sich selbst und stelle so eine Nähe zur Mystik her, die das nach der Gottheit beginnende Nichts berührt. Die Bejahung und der Glaube dagegen wurzelten in einem »barbarischen Urgrund«. Die Tugenden der Barbaren bestünden in eben dem, was der orthodoxe Zweifel permanent zu destruieren versuche: Eindeutigkeit, klare Unterscheidung, Parteilichkeit. Deshalb sei das »Heimweh nach der Barbarei« das »letzte Wort einer jeden Zivilisation« und auch des Skeptizismus selbst.

Dem Essay »Ist der Teufel ein Skeptiker?« liegt die These zu Grunde, dass der Skeptiker an sich selbst Verrat übe aufgrund der Parteilichkeit, die seiner Verachtung der Welt und der Menschen innewohnt. Das Begehren, aus der Namenlosigkeit herauszutreten, analysiert der Essay »Der Ruhm – Wunschtraum und Schrecken«. Jede Form von Angesehenheit stellt für Cioran das Trugbild der ewigen Dauer in säkularisierter Form dar. Als bloße Variante dieses Trugbilds betrachtet er den Wunsch nach einer Tilgung des eigenen Namens. In seinen Bemerkungen »Über die Krankheit« wird der Kranke als Abtrünniger beschrieben, während der Gesunde »den Objekten gleich« sei. Bewusstsein und Krankheit sind für Cioran notwendig aneinander gekoppelt.

Im Mittelpunkt des Essays »Die älteste Furcht« steht die Deutung des Verfalls als Ent-Täuschung, als Austritt aus der Naivität. Cioran erläutert sie anhand seiner Interpretation der Tolstoj-Erzählung »Smert' Ivana Il'iča«, 1886 (»Der Tod des Iwan Iljitsch«). Er beschreibt Iljitsch als eine Figur, die, eingeschlossen in ihr durchschnittliches, belangloses Leben, leidet und stirbt und ihr Sein erst in ihrer Zerstörung erhält. Den naiven Glauben an die Lüge der Mannigfaltigkeit erkennt Cioran als Grund jedes Handelns und Gestaltens. Die Nachtseite dieser Illusion bestimmt er als Geistesabwesenheit und Gleichgültigkeit, als einen »Sturz in den Abgrund der Neutralität«. Die sich in diesem Zustand des »cafard« herstellende Einheit nivelliere alles Individuelle und erweise sich so als eine totale und totalitäre Indifferenz: Die Unterscheidung zwischen Wirklichem und Illusionärem töte jegliche Vielfalt der Erscheinungs-Welt.

Der abschließende Essay »Aus der Zeit herausfallen« kreist um die dem Zweifel inhärente Dialektik, die diesen selbst annulliert. Der Text ist – wohl im bewussten Rekurs auf ↗ Descartes' *Discours de la méthode*, 1637 (*Abhandlung über die Methode des richtigen Vernunftgebrauchs*) – in der Ich-Perspektive formuliert. Er handelt vom Entzug der Zeit und weist auf, dass auch ein Zustand »negativer Ewigkeit« das menschliche Verurteiltsein zur Zeitlichkeit fortsetze – der Sturz des Menschen werde nicht aufgehoben, sondern redupliziert.

■ Lit.: N. Dodille: Lectures de C., 1997. *Birgit R. Erdle*

Écartèlement

(frz.; *Gevierteilt*, 1982, B. Mattheus) – Ihren Titel verdankt die 1979 erschienene Essay-Sammlung einer gängigen mittelalterlichen Hinrichtungs- und Todesart. Das Werk setzt sich aus fünf Teilen zusammen, die der gedanklichen Destruktion der Welt dienen. In formaler Hinsicht stellen die Texte eine Verknüpfung von Aphorismus, Abhandlung, Poesie und Fragment dar. Thema der Beiträge, die eine radikale Kritik der Geschichte formulieren, ist die Abwesenheit von Substanz, Sinn, Kohärenz und Gegenwärtigkeit.

Der einleitende Essay »Die zwei Wahrheiten« geht aus von einer gnostisch beeinflussten Legende, der zufolge der Ursprungspunkt der Geschichte in einem Moment der Langeweile und der Unentschlossenheit begründet liegt. Daraus leitet Cioran das Bedürfnis des Menschen nach Wahrheit, Eindeutigkeit und Parteilichkeit ab. Die spätbuddhistische Unterscheidung zwischen »wahrer« und »verhüllter, irriger Wahrheit« aufnehmend, beschreibt Cioran die »wahre Wahrheit« als einen radikalen Verstoß, indem sie nämlich die Negation jeder Wahrheit und auch die Negation der Idee der Wahrheit einbegreifen kann. Als wahre Wahrheiten können also die beschrieben werden, die »nicht zu leben gestatten«. Die Geschichte indessen führe nur »irrige Wahrheiten« mit sich, indem sie Wesen, Substanz und Sinn verteile und die Illusion des Fortschreitens aufrechterhalte. Doch die Essenz, die Cioran der Geschichte zuzugestehen bereit ist, liegt in ihrer Perpetuierung des Betrugs, der Verblendung, welche dazu verhilft, in der Zeit zu leben.

Der Essay »Der Memoiren-Freund« befasst sich mit der französischen Salon-Kultur des 18. Jh.s, deren Signatur Cioran in ihrer Künstlichkeit und Ironie sieht, in ihrer Zukunftslosigkeit und in der Dekadenz ihrer Klarsicht, die sich der Leere ihrer Idole nicht verschließen kann. Die Ironie gründe auf einem »enttäuschten, unerfüllten Verlangen nach Naivität«. Cioran versteht den »Verfall der Bewunderung« als Teil einer umfassenden Ent-Täuschung. Naivität hingegen bilde die Voraussetzung nicht nur der Bewunderung, sondern auch der Achtung, der Anerkennung von Einzigartigkeit und Individualität.

Der Essay »Nach der Geschichte« betrachtet die Historie unter dem Blickwinkel einer Demütigung und Zerstörung des Seins, als vergängliches Zwischenspiel, als »Verirrung«. In Anspielung auf den Prometheus-Mythos deutet Cioran die Geschichte im Sinne einer vom Menschen selbst hervorgebrachten Maschinerie, die zurückschlägt, den Menschen schwächt und ihn endlich zerstört. Selbst die Möglichkeit eines verfehlten Paradieses, also die Möglichkeit einer negativen Utopie, sei dieser Zerstörungskraft der Geschichte unterworfen. Für Cioran müsste der Versuch eines tiefgründigen Lebens absehen von Selbstausdruck, Wirkungswille und Kennzeichnungswut. Wird der gänzlich ent-täuschte nachgeschichtliche Mensch, »ein völlig vakantes Wesen«, vielleicht nur ein »vollkommen ernüchterter Troglodyt«, dazu imstande sein?

Diese zweifelhafte Vision greift der Essay »Dringlichkeit des Schlimmsten« auf. Mit seiner Kritik an der Aufklärung will Cioran zugleich die wesentliche Illusion der Moderne treffen: jene Erblindung nämlich, welche in der Zukunftsgläubigkeit liegt, die auf dem der Geschichte inhärenten Möglichen beharrt. Mit seiner mythischen Erzählung vom Menschen als Untier, das, Opfer und Täter zugleich, die Welt zum »Getöse eines babylonisierten Planeten« entartet hat, zum Verschwinden prädestiniert ist, aus der Unschuld verstoßen, will Cioran die Begründung dafür geben, dass die Selbstzerstörung des Menschen und der Geschichte nicht nur unabwendbar, sondern auch dringlich sei. Indem die Idee des Unabwendbaren »einen metaphysischen Rest« enthält, bilde sie die einzige noch mögliche Öffnung zu einem »Schein von Absolutem, ohne den niemand existieren kann«.

Der letzte Abschnitt der Sammlung, »Ansätze zum Taumel«, besteht aus Aphorismen, Episoden-Schilderungen und häretischen Gebeten, die eine Auseinandersetzung mit Buddhismus, *Talmud* und Kabbala erkennen lassen. Ihre fragmentarische Form reflektiert Ciorans Idee eines lediglich in der Zunahme von Inkohärenzen bestehenden Fortschritts. Die Gedankenführung des Autors nimmt die diskursive Praxis dieser Strömungen durch die beständige Wiederholung zweier gegeneinander gerichteter, doch eine Einheit bildender Prozesse auf: die mystische Suche nach einem Absoluten und die Erosion dieses Absoluten durch den »orthodoxen« Zweifel, der die positive ebenso wie die negative Bestimmung des Absoluten, seine Verfestigung, verhindern soll. Cioran anerkennt die grundlegende Zusammengehörigkeit von Illusion und Welt. Doch philosophisches Reflektieren bedeutet für ihn festzustellen, »daß alles unmöglich ist«. Damit benennt er die grundlegende Aporie, um die sein gesamtes Werk kreist.

■ Lit.: T. Stölzel: Ein Säulenheiliger ohne Säule. Begegnungen mit C., 1998.

Birgit R. Erdle

Paul Claudel

■ geb. 6. 8. 1868 Villeneuve-sur-Fère/Aisne (Frankreich)
■ gest. 23. 2. 1955 Paris (Frankreich)

1886 Bekehrungserlebnis ausgehend von ↗ Rimbauds Dichtung, Rückkehr zum Katholizismus; Bekanntschaft mit ↗ Mallarmé und ↗ Schwob; Jura- und Politikstudium; 1898–1934 im diplomatischen Dienst (USA, China, Deutschland, Italien; Gesandter in Tokio, Washington, Brüssel); danach zurückgezogenes Leben in Paris und in der Dauphiné; bedeutendster Dichter der katholischen Erneuerungsbewegung (renouveau catholique); alle Gattungen umfassendes, vor allem im dramatischen Bereich bedeutendes Werk.

■ Lit.: Y. Daniel: P. C. et l'empire du milieu, 2003.

Tête d'Or

(frz.; *Goldhaupt*, 1959, E. M. Landau) – Das 1889 entstandene symbolistische Drama in drei Teilen erschien 1890 anonym, da der Autor von Seiten der religionsfeindlichen Kreise um den Kriegsminister Berteaux mit Nachteilen für seine Diplomatenkarriere rechnen musste. Aus den gleichen Gründen verzichtete er 1911 auch auf die Publikation des Dramas *L'otage (Der Bürge)*. Eine 1890 bis 1895 überarbeitete definitive Fassung von *Tête d'Or* wurde 1901 herausgegeben. Das Stück kombiniert die symbolistische Bühnenform mit Elementen des spätmittelalterlichen und barocken religiösen Dramas.

Während Simon Agnel mit seinem Spaten die Grube ausmisst, in der er seine Geliebte bestatten will, nähert sich ihm Cébès. Das Erlebnis des Todes veranlasst die beiden zu einem langen Gespräch über das Wesen der Conditio humana. Bald darauf wird das Land von überlegenen feindlichen Armeen bedroht, und der Kaiser irrt ruhelos durch seine Gemächer. Simon Agnel überwindet seine Schwermut, als er – jetzt unter dem Namen Tête d'Or – an der Spitze der Verteidiger steht. Während der Kaiser und seine Tochter stündlich die Nachricht von der entscheidenden Niederlage seiner Truppen erwarten, verkündet ein Bote deren triumphalen Sieg. Die feindlichen Armeen hatten Tête d'Ors Mut und genialer Kampfesführung nichts entgegenzusetzen. Doch folgt auf seinen Siegesrausch und die Erwartung eines triumphalen Empfangs in der Heimat die Ernüchterung: Der junge Cébès, der sich ihm ganz verschrieben hatte, stirbt in seinen Armen. Das Unvermögen, Cébès' Leben zu retten, stachelt ihn zu neuen, irrwitzigen Formen der Selbstbestätigung an, und von grenzenloser Machtgier erfüllt, drängt er den Kaiser zur Abdankung. Als dieser auf seinen Rechten beharrt, tötet ihn Tête d'Or und vertreibt die Prinzessin, die nun mittellos im Ausland umherirrt.

Im Vollgefühl seiner Macht zieht der nun zum König gekrönte Tête d'Or nach Asien, um seinen Ruhm und die Macht des Reiches zu vergrößern. Zusammen mit seinen Heerführern verfolgt er erwartungsvoll den Ausgang der entscheidenden Schlacht. Doch vor der Übermacht des Feindes müssen seine Truppen fliehen. Auch die verstoßene Prinzessin ist inzwischen auf ihren Irrfahrten zum Ort des Kampfes gelangt. Von Hunger gequält, bittet sie einen Deserteur um Hilfe. Dieser verhöhnt sie jedoch und nagelt ihre Hände an einen Baum. Ihr stilles Leiden entgeht der Aufmerksamkeit des Bannerträgers, der sich, vor der feindlichen Übermacht zurückgewichen, ganz in ihrer Nähe befindet und dort den Ausgang des Kampfes abwartet. Mit Entsetzen sieht er, wie eine Gruppe von Heerführern Tête d'Ors regungslosen Körper aus der Schlacht trägt. Den Tod vor Augen, bittet Tête d'Or seine Mitstreiter, sich in Sicherheit zu bringen. Als er allein ist, vernimmt er in der gespenstischen Stille das leise Stöhnen der Prinzessin. Er schleppt sich zu ihr und entfernt die Nägel aus ihren Händen. Mit letzter Kraft bestimmt er sie kurz vor ihrem Tod zur Königin.

Die Symbolik des Stücks ist vieldeutig. Im Gegensatz zur frühen Charakterisierung als heidnisches, von der Theologie der späteren Werke noch fast ganz unberührtes oder als gänzlich zusammenhangloses und unverständliches Werk, betont die neuere Forschung den religiösen Grundgehalt. In der Tat verweisen der hymnische Charakter wie auch die der *Bibel* verhaftete Bildwelt der Sprache auf den religiösen Duktus des Dramas. Von besonderer Bedeutung ist dabei Tête d'Ors Wandlung. Hatte er sich zunächst gegen die von Kaiser und Prinzessin verkörperte, historisch fundierte Ordnung aufgelehnt und sie in der Überzeugung zertrümmert, sich Gesetz und Macht aus eigener Kraft geben zu können, so erkennt er in seinem Scheitern, das gleichzeitig den Niedergang des Übermenschen symbolisiert, die Nichtigkeit seines Strebens, überwindet sich selbst und erhebt seine Widersacherin, die Symbolfigur der geduldig leidenden Kirche, zur Herrscherin. Versteht man auch dieses Drama Claudels als Ausdruck seines Bekehrungserlebnisses, liegt es nahe, die Hauptgestalten in *Tête d'Or* als vier auf die Bühne projizierte, der Darstellung eines inneren Konflikts dienende, allegorische Figuren zu deuten, die auf ihren Autor zurückverweisen.

■ Lit.: M. Lioure: Tête d'Or de P.C., 1984. *Werner Oswald*

Le livre de Christophe Colombe

(frz.; *Das Buch von Christoph Columbus*, 1930, E.M. Landau) – Das Schauspiel bzw. szenische Oratorium wurde 1927 abgeschlossen und mit Musik von Darius Milhaud 1930 in Berlin uraufgeführt; eine definitive Fassung erschien 1935. Im Mittelpunkt des Werks steht die Frage nach der Rechtfertigung der Entdeckungsfahrt. Der innere Zusammenhang zwischen den Errungenschaften der Neuzeit und der Auflösung der alten religiösen Ordnungen bewegte Claudel zumal in seinem Spätwerk. Er gestaltet hier das Problem der Eroberung unter theologischem Aspekt, an dem gemessen eine realistische Darstellung der historischen Wirklichkeit unwesentlich erscheint. Das endgültige Urteil wird schon zu Anfang vom Sprecher gefällt: »Denn er [Columbus] ist es, der Gottes weite Erde erneut vereinigt hat, der sie als eine einzige Kugel unter das Kreuz gestellt hat.«

Der erste Teil setzt die Vorbereitung des Unternehmens und die eigentliche Entdeckungsfahrt in Szene. Columbus hat gegen Engstirnigkeit und Unverstand in seiner Umgebung zu kämpfen. Ihn unterstützt nur die Königin Isabella: Erfüllt von der nationalspanischen Mythologie um den Apostel Jakobus (Santiago), erkennt sie die wahre Bedeutung des Unternehmens. Als Schutzheiliger Spaniens bürgt Santiago nicht nur für die Mehrung spanischen Ruhms durch die Entdeckung Amerikas; er ist als religiöse Instanz zugleich Garant der himmlischen Sendung des Entdeckers: Während die Fahrt selbst den Gefährten nur als Absturz ins Nichts erscheint, erkennt Columbus, dass das Nichts eine notwendige Durchgangsstation zu neuer, umfassender Welterkenntnis ist. Der zweite Teil zeigt Columbus' Stern im Sinken. Zu äußeren Rückschlägen kommt der Tod seiner Beschützerin Isabella. Der Schluss, der sich am weitesten von einer realistischen Darstellung entfernt, gestaltet sich zu einer Apotheose des gedemütigten Eroberers, dessen »Neue Welt« als Pforte zur »Ewigen Welt« erkannt wird.

Anders als etwa Péguy hat Claudel nie einen strengen Welt-Gott-Dualismus gelten lassen. Vielmehr ist der Mensch für ihn in einen um Gott als Mittelpunkt geordneten Kosmos hineingeboren. Diese Ordnungsidee lebt in der Gestalt des Columbus, der die disparaten Teile der Welt zum höheren Ruhm Gottes vereinigt. Er demonstriert Claudels transzendente Deutung, die den Menschen aus Gottes Walten heraus interpretiert. Die Handlung wird durch eine Reihe von meisterhaft gehandhabten Mitteln zur Erzeugung epischer Distanz verfremdet: einmal durch die Fiktion, dass die Einzelszenen Teile eines »Buchs« über Kolumbus seien, sodann durch Dialoge des Protagonisten mit dem Erzähler und schließlich durch den Chor, den Repräsentanten der Nachwelt, vor deren Forum sich Columbus zu verantworten hat.

■ Lit.: C. J. Lambert: The Empty Cross. Medieval Hope, Modern Futility in the Theatre of Maurice Maeterlinck, P. C., August Strindberg and Georg Kaiser, 1990. *Werner Arnold*

Jeanne d'Arc au bûcher

(frz.; *Johanna auf dem Scheiterhaufen*, 1950, H. Reinhart) – Das dramatische Oratorium mit Musik von Arthur Honegger wurde in deutscher Sprache 1938 in Basel, auf Französisch 1939 in Orléans erstaufgeführt. Ähnlich wie in *Le livre de Christophe Colomb*, 1930 *(Das Buch von Christoph Columbus)*, ist ein Buch, in dem der Mönch Dominique das Leben der Nationalheldin Jeanne d'Arc aufgezeichnet findet, Mittel der epischen Distanzierung. Im Augenblick unmittelbarer Todeserwartung blickt Johanna auf die entscheidenden Stationen ihrer irdischen Wanderschaft zurück; sie beginnt mit den ihr zeitlich am nächsten stehenden Ereignissen und schließt mit den fernen Tagen ihrer Berufung in Domrémy.

In Form einer grotesken Parodie lässt Claudel den Prozess noch einmal auf der Bühne Revue passieren. Jeanne hat sich vor einer richterlichen Instanz zu verantworten, deren Vertreter – allegorische Gestalten in den Masken des Schweins, des Schafs und des Esels – ein vorgefasstes Urteil fällen, ohne die Angeklagte zum Widerruf zwingen zu können. Dass die Heldin im Kampf gegen die Engländer einem aus Gewinnsucht inszenierten Verrat zum Opfer fiel, enthüllt die Szene, in der ein burgundischer Adliger, derselbe, der sie in Compiègne gefangen setzte, Johanna als letzten Einsatz im Kartenspiel preisgibt.

Die Vergegenwärtigung des Triumphs von Reims und der Berufung in Domrémy dient Claudel dazu, den Stellenwert individuellen Lebens in der christlichen Heilsgeschichte aufzuzeigen. »Große Menschen sind lebende Gleichnisse«, schrieb er 1926. In diesem, in Anlehnung an mittelalterliches Analogiedenken entwickelten, das Dasein »sub specie aeternitatis« enträtselnden Sinn, will Claudel auch die von Jeanne d'Arc erfüllte historische Sendung als Gleichnis eines am Einzelschicksal vollzogenen göttlichen Heilsplans verstanden wissen. In der letzten Szene – Johanna in Flammen – verkündet die Stimme Marias die Annahme dieser »reinen Flamme« als Sinnbild einer allen Eigenwillen überwindenden Opferbereitschaft. Das Beispiel dieses siegesgewissen, den mutigen Einsatz für die Sache Frankreichs rechtfertigenden Sterbens verleiht Johanna in den Augen Claudels die Würde einer Schutzherrin der Nation. In großen, teilweise lateinischen Partien des Chors beweist Claudel die meisterhafte Beherrschung einer dem religiösen Gehalt seines Werks angemessenen Dramenform.

■ Lit.: P. Lécroart: Jeanne d'Arc de P. C. et d'Arthur Honegger, 1993. *Werner Arnold / KLL*

Philippe Claudel

■ geb. 2. 2. 1965 Dombasles-sur-Meurthe (Frankreich)

Ab 1983 Studium der Literatur-, Kunst- und Filmgeschichte an der Universität Nancy, Promotion; Gefängnislehrer in Nancy; Lehrtätigkeit an der Université de Nancy II (Université de Lorraine), Professor am Institut européen du cinéma et de l'audiovisuel; 1999 Debüt mit *Meuse l'oubli* (*Flore*, 2007, M. Heinz); Drehbuchautor, Regisseur von *Il y a longtemps que je t'aime* (2008; *So viele Jahre liebe ich dich*) und weiteren erfolgreichen Spielfilmen; Autor (und Dramaturg) von Theaterstücken, Erzählbänden, Reportagen und Romanen.

Les âmes grises

(frz.; *Die grauen Seelen*, 2006, C. Seiler) – Im Zentrum des stilistisch nüchtern, szenisch erzählten, 2003 erschienenen historischen Romans steht der Mord an der zehnjährigen Belle. Die Handlung spielt im Dezember 1917 in einem französischen Provinzstädtchen. Der Verdacht fällt unmittelbar auf zwei französische Deserteure, die aufgegriffen und vorschnell als Schuldige identifiziert werden. Ebenfalls im Mysteriösen bleibt der Tod der jungen Dorfschullehrerin Lysia Verhareine. Erst nach und nach wird klar, dass es sich beim Erzähler des Textes, der Licht in beide Fälle bringen will, um einen inzwischen im Ruhestand befindlichen Polizeiinspektor handelt.

Wie viele andere zeitgenössische Romane mit historischen Stoffen lebt auch *Les âmes grises* von einer kriminalistischen Handlung. Den zwielichtigen Gestalten der staatlichen (Richter Mierck) und militärischen Justiz (Oberst Matziev) geht es um ein schnelles Ende der ›Affäre‹ um Belle, nicht um deren Aufklärung; auch vor Folter schrecken sie nicht zurück. Unter den Figuren befinden sich auch unschuldige Opfer wie das ermordete Kind Belle oder die in den Selbstmord getriebene Lysia – ihr Geliebter war an der Front den ›Heldentod‹ gestorben.

Allerdings fehlen *Les âmes grises* einige konventionelle Merkmale des Kriminalromans. So bleiben die historischen Ereignisse vage. Auch bringen die geradezu obsessiven Recherchearbeiten des Erzählers, der den Auftrag vor allem dazu nutzt, seine eigene Geschichte aufzurollen, kaum mehr Klarheit. Er ist der Überzeugung, dass die Welt, wie es ja auch der Titel des Romans sagt, vor allem aus »ganz schön grauen Seelen« bestehe, deren Beweggründe für andere zumeist unergründlich bleiben. Am Ende zeigt sich, dass nie erkannt worden ist, wer den Mord an Belle wirklich verübt hat, und dass auch die Person des Erzählers selbst in den Strudel von Verantwortung und schuldhafter Verstrickung hineingezogen wurde. Der Roman endet mit der Ankündigung des Erzählers, Selbstmord zu begehen.

Die Bedeutung, die der Erste Weltkrieg als historischer Hintergrund für den Roman hat, ist offenkundig, auch wenn dieser stets nur als »der Krieg« oder »das große Massaker« bezeichnet wird und der dokumentarische Wert von *Les âmes grises* ausgesprochen schwach ist. Dennoch ist dieser Krieg quasi als Geräuschkulisse omnipräsent, denn die Orte der Handlung liegen nahe der Front. Feldlazarette und auch die Geschichte der beiden des Mordes an Blanche bezichtigten Deserteure, von denen sich der eine erhängt und der andere exekutiert wird, wecken Erinnerungen an historisch verbürgte Ereignisse, die standrechtliche Erschießung von Befehlsverweigerern des Ersten Weltkriegs. Der gealterte Erzähler, der durch die berichteten Ereignisse selbst traumatisiert wurde, wird im Verlauf des Romans zum privilegierten Beobachter, der sich die Frage nach der individuellen wie kollektiven Erinnerung stellen muss, um die übriggebliebenen Spuren der Vergangenheit zu entschlüsseln. Dies verbindet diesen Roman mit Claudels *Le rapport de Brodeck*.

Einige Kritiker haben in *Les âmes grises* auch den Versuch gesehen, mit filmischen Erzählmitteln die Erbschaft des realistischen Romans des 19. Jh.s anzutreten, der oft – wie in ↗ Stendhals *Le rouge et le noir* oder in ↗ Flauberts *Madame Bovary* – um kriminalistische Ereignisse kreist. Schließlich trägt auch die Anlehnung des Romantitels an Gogol's *Mërtvye duši* dieser literarischen Erbschaft Rechnung. Der Roman, der für den literarischen Durchbruch des Autors sorgte, wurde 2005 unter der Regie von Yves Angelo verfilmt.

Frank Estelmann

Le rapport de Brodeck

(frz.; *Brodecks Bericht*, 2009, C. Seiler) – Auch der 2007 erschienene Roman ist einem historischen Thema gewidmet, dem Zweiten Weltkrieg, dem Holocaust und der Kollaboration der Franzosen mit den Deutschen ab 1940. Anders als in einem historischen Roman klassischer Prägung hat Claudel die historische Erzählung als Parabel bzw. als eine Art historisches Lehrstück gestaltet.

Die Geschichte um die Hauptfigur Brodeck, der im Rückblick von seinem Leben berichtet, spielt in einem ungenannten Dorf, vermutlich im Osten Frankreichs, wo man einen alemannischen Dialekt spricht. Auch die zeitlichen Bezüge sind vage, wobei allerdings Verweise auf Denunziation und Deportation, den »Krieg«, die Besetzung des Landes durch »Fratergekeime« genannte Truppen um den Kommandanten Adolf Buller und die wenngleich nicht näher lokalisierten »Lager«, die Brodeck überlebt hat, deutlich erkennbare, historische Anspielungen sind.

Anlass des Erzählens ist der Mord an Brodecks rätselhaften Alter ego, der im französischen Original »Anderer« genannt wird. Der Protagonist hat vom Stadtrat den Auftrag erhalten, die Zusammenhänge des in der französischen Version als »Ereigniës« bezeichneten Mordes an diesem Fremden niederzuschreiben. Brodeck fertigt diesen Bericht pflichtgemäß an. Das Manuskript aber wird am Ende des Romans von Orschwir, dem Bürgermeister des Dorfes, in einem Akt der Bücherverbrennung zerstört. Als Vertreter eines schulderfüllten Alltagsbewusstseins, das die gesamte Dorfgemeinschaft prägt, tritt dieser für das Vergessen von Krieg, Besatzung, Deportation und der auch von ihm verübten Verbrechen ein.

Der Titel des Romans ist irreführend, denn bei dem Buch handelt es sich keineswegs um Brodecks ›Bericht‹ (frz. ›rapport‹), sondern es besteht vielmehr aus dem Bekenntnis Brodecks (frz. ›confession‹), also gerade dem nicht öffentlichen Teil seiner Erinnerungen. Die Enthüllungen dienen vor allem der subjektiven Erinnerung an das ihm selbst und anderen zugefügte Leid, von dem die Leser auf weitgehend konfus erzählte, fragmentarische und assoziative Weise erfahren. Dabei erzählt Brodeck, der immer wieder Rückblicke in seine Kindheit und Jugend unternimmt, von Diskriminierung und Verfolgung in »der Hauptstadt«, die ihn zum Studienabbruch zwangen, von der Deportation unter unwürdigen und mörderischen Bedingungen, und der langen fürchterlichen Zeit im Lager, die er u. a. als ein auf allen Vieren kriechender »Hund Brodeck« eines Lager-Kommandanten und durch das Säubern der Latrinen überlebte. Nach seiner Befreiung trifft Brodeck im Dorf seine inzwischen von Besatzern und Dorfbewohnern mehrfach vergewaltigte und danach vollkommen verstummte Frau wieder und nimmt das Kind, das zur Welt kommt, als das seine an.

Brodeck schildert eindringlich die Atmosphäre des bleiernen Schweigens und Verdrängens innerhalb der eingeschworenen Dorfgemeinschaft. Diese kann schließlich das Auftauchen des außergewöhnlichen Sonderlings »Anderer« nicht ohne Weiteres hinnehmen; er wird umgebracht, nachdem er im Rahmen einer Kunstausstellung im Gasthaus einige Porträts von Dorfbewohnern ausgestellt hat, auf denen Brodeck und die anderen glaubten, auf mysteriöse Weise die Missetaten der Porträtierten erkennen zu können.

Schon die zahlreichen Referenzen auf die Deportationen auch der französischen Juden, auf das nationalsozialistische KZ-System und auf die sogenannten Kollaboration des Vichy-Regimes in Frankreich mit den Nationalsozialisten sind Hinweise auf die Kultur des Krieges und der Gewalt im 20. Jh. Insbesondere die psychologisch feinfühlige Erzählung von »Anderer« zeigt die Kontinuität dieser Kultur in der Geschichte Frankreichs auch nach 1945, die geprägt ist von der allgemein verbreiteten Mentalität des Verschweigens und Verdrängens. Entsprechend desillusioniert ist auch das Ende des Romans, der im Stil des ›roman noir‹ mit seinen, auch sonst für den Autor typischen Erzähltechniken verfasst ist. Nachdem Brodecks Bericht verbrannt worden ist, verlässt die Familie das Dorf.

Als Fiktionalisierung persönlicher Zeugenschaft, durch die selbst Zeugnis abgelegt wird von einer Periode der kollektiven Geschichte, bieten sich verschiedene Vergleichsmöglichkeiten mit einer Reihe neuerer französischer Werke an, deren Thema ebenfalls die Periode der 1930er bis 1950er Jahre ist, etwa mit Jonathan ↗ Littells *Les Bienveillantes*. Auch Augenzeugenberichte von KZ-Überlebenden sind intertextuell in Brodecks Bekenntnis eingewoben, und Primo Levi und dessen *Se questo è un uomo* werden im Nachwort der französischen Ausgabe des Romans sogar ausdrücklich erwähnt. Als Vorbild für das bekenntnishafte Schreiben Brodecks könnten wiederum Jean-Jacques ↗ Rousseaus ebenfalls im Nachwort angesprochene *Confessions* gedient haben. Kontextuell hingegen kann *Le rapport de Brodeck* als ein literarischer Rahmen in Frankreich verstanden werden, in dem intensiv, kontrovers und öffentlich die Frage nach dem angemessenen kulturellen Gedächtnis für die Kriege des 20. Jh.s diskutiert wird.

Der renommierte Comiczeichner Manu Larcenet hat 2015 seine Version von *Le rapport de Brodeck* als ›graphic novel‹ veröffentlicht. *Frank Estelmann*

Jean Cocteau

■ geb. 5. 7. 1889 Maisons-Laffitte/Yvelines (Frankreich)
■ gest. 11. 10. 1963 Milly-la-Forêt/Essonne (Frankreich)

Journalist und Zeichner; Bekanntschaft mit A. de Noailles, C. ↗ Mendès, J. Lemaître, R. Radiguet; Freundschaft mit ↗ Gide, Rilke, ↗ Proust, Stravinskij, Milhaud, S. Diaghilev, G. de ↗ Chirico, ↗ Apollinaire und M. ↗ Jacob; zahlreiche Reisen; ästhetische Vielfalt des Gesamtwerks: musikalische Kompositionen, Graphik, Malerei, Bühnenbilder, Choreographie; bedeutende Avantgardefilme, umfassende literarische Produktion (Romane, Theaterstücke aller Gattungen, Feuilletons, Autobiographie); Schlüsselfigur der Pariser Avantgarde der Zwischenkriegsära.

■ Ausg.: Œuvres complètes, 11 Bde, 1947–1952.
■ Übers.: Werkausgabe, 12 Bde, Hg. R. Schmidt, 1988.
■ Lit.: H. Klüppelholz: J. C., in: Kritisches Lexikon zur fremdsprachigen Gegenwartsliteratur. ■ C. Arnaud: J. C., 2003.

Le Potomak

(frz.; Das Potomak) – Die 1913/14 entstandene Sammlung von Erzähltexten, Fabeln, allegorischen Geschichten und Aphorismen erschien 1919, in der endgültigen Fassung 1924. Das vielfältige, schwer zu beurteilende Werk ist ein Zeugnis für die Experimentierfreude der Pariser Avantgarde vor dem Ersten Weltkrieg. Vom Autor selbst mit zahlreichen Illustrationen versehen, handelt es sich um eine gezeichnete Satire in der Tradition der Bilderzählungen. Stärker als bei den Vorläufern aus dem 19. Jh. (Daumier) bilden indes Text und Bild eigene Sinnschichten, die den rein illustrativen Charakter zu Gunsten von intermedialen Spielformen sprengen, wie sie in den 1920er Jahren Max Ernst in seinen Bildromanen erprobte.

Cocteau entwickelt in *Le Potomak* eine antibourgeoise Privatmythologie, in deren Zentrum eine Reihe von Phantasiewesen steht. Das titelgebende »Potomak« selbst ist ein Fabeltier, über das eine unveröffentlichte Zeichnung im Brüsseler Manuskript des Werks Auskunft gibt: Das Blatt zeigt ein dickes, schwammiges Ungeheuer, das in einem Aquarium gehalten wird. Dieses Aquarium befindet sich in einem Gewölbe unter der Kirche Sainte-Madeleine zu Paris. Es ist das erste jener sprachbegabten, tierischen, im Kern guten Fabelwesen, die in Cocteaus späteren Werken immer wieder auftauchen und deren Aufgabe es ist, die Menschen zu prüfen.

Kernstück von *Le Potomak* ist jedoch das »Album des Eugènes« (Album der Eugens): »Zuerst lernte ich die Eugens kennen. Ohne Text habe ich das Album der Eugens gezeichnet. Durch sie habe ich die Notwendigkeit erfahren zu schreiben.« Bei den »Eugènes« handelt es sich um üble Gestalten, die die »Mortimers« aus der Ruhe bringen. In den Mortimers, einem biederen Touristenehepaar, und den boshaften Eugens, die die Mortimers verfolgen, hat Cocteau zwei Seiten des spießigen Bürgertums der Belle Époque dargestellt – in einer Geschichte, »die, zu einem guten Ende gebracht, nur desto schlimmer endet«. Um das Album hat Cocteau Texte gruppiert, die tagebuchartig, in Form von Aphorismen, Briefen oder auch Gedichten in einem nur lockeren Zusammenhang stehen.

Vieles in dem Werk nimmt bereits spätere Entwicklungen vorweg. Surrealistische Verfahren antizipierend, erfindet Cocteau das Personal des Werks, dessen phantastisch anmutende Namen (z. B. Persicaire = pfirsichblättriger Knöterich) Cocteau auf den Kräutertöpfen einer normannischen Apotheke gelesen hatte. Auch scheint er die abstrusen Eigenschaften seiner Fabelwesen aus diesen Namen improvisierend entwickelt zu haben; teils dürften sie dem Zeichner Cocteau – die ›automatischen Schreibweisen‹ des Surrealismus vorwegnehmend – in den Sinn gekommen sein, wenn er irgendwelche Kritzeleien zu Papier brachte. Mit den spießbürgerlichen Eugens und ihren Gefährtinnen, den »Beschnüfflerinnen«, hat er der Angst, der seelischen Leere, der Furcht vor einer tragischen Zukunft Gestalt verliehen: Cocteau selbst wollte *Le Potomak* auch als Ahnung des drohenden Krieges verstanden wissen. Zentrale Themen der späteren Werke – Verwandlung, Tod als Erlösung und die Suche nach dem Poetischen – sind bereits angelegt. In Phantasiegestalten wie Argémone und Persicaire sind überdies jene Psychagogen vorgeprägt, die (wie Heurtebise in *Orphée*) dem Dichter den Abstieg in die mythische Unterwelt weisen; diese selbst ist in Potomaks Aquarium unter der Madeleine-Kirche persifliert.

Bei allen zukunftsweisenden Momenten ist *Le Potomak* Ausdruck einer tiefen Krise. In die Entstehungszeit des Werks fällt die für die künstlerische Entwicklung des jungen Cocteau entscheidende Bekanntschaft mit Igor Stravinskij, dessen Ballett *Le sacre du printemps* (1913) gerade einen Theaterskandal ausgelöst hatte und dem *Le Potomak* gewidmet ist. Cocteau, durch außerordentlich rasche Erfolge verwöhnt, begann am Publikum und an seiner bisherigen Produktion zu zweifeln: »Was dir das Publikum vorwirft, das entwickle, denn das bist du«, stellt er in *Le Potomak* fest. Im 1916 dazu verfassten »Prospectus« schreibt er in einem Abschnitt unter dem Titel »Esthétique du minimum« (Ästhetik des Minimums): »Damals ergriff mich die heftigste Abneigung gegen das Pittoreske« und »... das Senkblei wurde mein bevorzugtes Fortbewegungsmittel«.

So wurde *Le Potomak* das erste, wenngleich chaotischste Werk des ›neuen‹ Cocteau, der es als »ein einziges Vorwort« bezeichnete, als Prolog zu den Werken des reifen Autors. 1939 schrieb Cocteau eine Fortsetzung unter dem Titel *La fin du Potomak* (Potomaks Ende), wiederum unmittelbar vor Ausbruch eines Krieges. Auch jetzt sind es die ›Eugens‹, die in Europa die Oberhand gewinnen, jene barbarischen Spießer, die diesmal in Hitler, auf den Cocteau klarsichtig verweist, ihre potenzierte Verkörperung gefunden haben.

▪ Lit.: D. Gullentops: Écriture et création, 2001.

Knut Nievers / KLL

Thomas l'imposteur

(frz.; *Thomas der Schwindler*, 1954, F. Kemp) – Der Roman, in dem Kriegserlebnisse des Autors verarbeitet sind, erschien 1923. Die Wirren des Ersten Weltkriegs kommen der verwitweten Prinzessin Clémence de Bormes nicht ungelegen. Sie wittert im Krieg das große Abenteuer und organisiert eine Sanitätskolonne, die Verwundete von der Front nach Paris transportiert. Zu der Gesellschaft stößt Guillaume Thomas, der sich nach seinem Geburtsort »Thomas von Fontenoy« nennt. Bei Kriegsanbruch 16 Jahre alt, hat er sich eine Uniform geliehen und gibt sich als Neffe des berühmten Generals von Fontenoy aus. Er gehört zu einer Sorte von Schwindlern, »der man eine Sonderstellung einräumen muss. Sie leben halb im Traum«. Guillaume glaubt mit schlafwandlerischer Sicherheit an sein eigenes Spiel: »Er hielt sich für etwas, das er nicht war, wie ein Kind sich für Kutscher oder Pferd hält.«

Nach Beendigung der Bergungsexpeditionen verschafft Pesquel-Duport, Direktor einer Zeitung und geduldiger Verehrer der Prinzessin, seinem vermeintlichen Rivalen einen Posten an der belgischen Front. In Wirklichkeit indes wird Guillaume von Henriette, der Tochter der Prinzessin, geliebt. In Nieuport wird er das beliebte Maskottchen der Marinefüsiliere. Mit einer von Pesquel-Duport organisierten Theatergruppe kommen die Prinzessin und ihre Tochter an die Front und besuchen ihn. Wenig später unternimmt er einen nächtlichen Meldegang, stößt auf eine feindliche Patrouille und flieht. »Da traf ihn ein grässlicher Stoß wie von einem Stock vor die Brust. Er fiel um. Er wurde taub, blind.

›Eine Kugel‹, dachte er. ›Ich bin verloren, wenn ich mich nicht tot stelle.‹ Aber Wahn und Wirklichkeit waren nur noch eins in ihm. Guillaume Thomas war tot.«

Wie Thomas Manns *Felix Krull* (1922/1954) und *Der Zauberberg* (1924) situiert sich diese Geschichte eines Hochstaplers als ironische Studie über die Scheinhaftigkeit und die Jagd nach Glück in der Gesellschaft zu Beginn des 20. Jh.s. Für Guillaume und die Prinzessin de Bormes ist der Zustand der Welt und somit auch der Krieg nur ein ästhetisches Phänomen. So erweist sich Guillaume auch als Erbe der Dandys.

Der Roman beeindruckt durch seine kühle Eleganz, die suggestive Kraft der Bilder und den an die Technik des Films erinnernden raschen Szenen- und Einstellungswechsel. Cocteau hat mehrfach darauf hingewiesen, dass er mit seiner zur Zeit der Dada-Bewegung erstaunlich ›klassischen‹ Schreibweise dem Beispiel seines früh verstorbenen Freundes R. Radiguet gefolgt ist. So, wie dessen Romane bewusst an die Erzähltradition klassischer Meisterwerke anknüpfen, hat auch *Thomas l'imposteur* ein berühmtes Modell: ↗ Stendhals *La chartreuse de Parme*, 1839 *(Die Kartause von Parma)*. Die Verwandtschaft der beiden Romane ist nicht nur stilistischer Natur. Guillaume erinnert mit seinem jugendlichen Charme an Fabrice del Dongo, und auch die Prinzessin de Bormes und die Herzogin Sanseverina, Pesquel-Duport und der Graf Mosca ähneln sich in manchen Zügen. Neu ist dagegen das bei ↗ Stendhal nicht vorgebildete Thema des Schwindlers und Schauspielers als zeittypische Weiterentwicklung der Fin-de-Siècle-Existenzen. Guillaumes leitmotivisch betonte kindliche Unschuld ist für Cocteau ein wesentliches Kennzeichen des Künstlers, der im Rollenspiel gesteigerte Authentizität erlangt und so Momente höchster Intensität erlebt und erzeugt. Die poetische Einbildungskraft des Schwindlers vertauscht Sein und Schein. Als möglichen Untertitel von *Thomas l'imposteur* schlug Cocteau einmal vor: »Eine Sekunde mit einem unbekannten Dichter«.

▪ Lit.: P. Chanel: Sur ›Thomas l'imposteur‹, in: Cahiers J.C. 2, 1971, 83–90.

Paul Mog

Orphée

(frz.; *Orpheus*, 1959, F. Hardekopf) – Bei der 1926 uraufgeführten Tragödie in 13 Szenen handelt es sich um eine moderne, freie Adaption des antiken Orpheusmythos, die ihre Wirkung einer vom Surrealismus beeinflussten Verzauberung der Dinge und der szenischen Vorgänge verdankt. Berühmtheit erlangte das Stück durch die vom Autor selbst realisierten Filmversionen (1949 und 1960), die diese zauberhaften Elemente in idealer Form zur Geltung bringen.

Auf der Höhe seines Ruhms hat sich der thrakische Dichter Orpheus in sein Landhaus zurückgezogen. Dort empfängt er von einem »sprechenden Pferd«, das ihm eines Tages zugelaufen war, Botschaften (»aus meiner Tiefe«), so den Satz: »Steigst aus unterirdischem Dunkel zurück, Eurydike, charmante Kameradin« – laut Orpheus einer »der aufwühlendsten Sätze der Weltliteratur«, hinreißend genug, »um die gesamte existierende Poesie von Grund auf umzuwälzen«. Der dem sprechenden Pferd zärtlich zugeneigte Orpheus vernachlässigt Eurydike. Darüber gibt es täglich Ehestreit, in dessen Verlauf Eurydike Glasscheiben zerschmettert, die der Glaser Heurtebise ersetzen muss. Als Orpheus eines Tages in die Stadt geht, um den zitierten Satz für den Sängerwettbewerb einzureichen, wird Eurydike von der Oberpriesterin der Bacchantinnen, Aglaonice, hinterlistig vergiftet. Der Tod, »Madame la Mort«, tritt mit zwei als Chirurgen gekleideten Gehilfen, Azrael und Raphael, durch den Spiegel auf und entführt Eurydike in die Unterwelt. Da Madame la Mort ihre Handschuhe vergessen hat, steht dem verzweifelten Orpheus der Weg in den Hades offen. Er kehrt mit Eurydike zurück, die ihm unter der Bedingung wiedergegeben wird, dass er sie nicht anschauen darf. Wie zu erwarten, kommt es zwischen den Eheleuten zum Streit; Orpheus stolpert und sieht Eurydike an, die ihm nun endgültig genommen ist.

Angeführt von Aglaonice, die in dem von Orpheus zum Wettbewerb eingereichten Satz ein kompromittierendes Anagramm entdeckt zu haben glaubt, nähert sich eine aufgebrachte Menge dem Haus. Heurtebise möchte Orpheus retten, doch der Dichter will der geliebten Eurydike in den Tod folgen. Er geht hinaus, und einen Augenblick später rollt sein wehklagender Kopf ins Zimmer. Heurtebise stellt das Haupt auf einen Sockel, der für die Büste des Dichters bestimmt war. Eurydike taucht wiederum aus der Unterwelt auf, um den unsichtbaren Körper des Gatten mit sich zu nehmen. Ein Polizeikommissar soll den Fall untersuchen. Der Verdacht fällt auf Heurtebise, der im Verlauf des Verhörs durch den Spiegel verschwindet. Auf die Fragen des Kommissars antwortet nun der Kopf des Orpheus. »›Also, Sie heißen?‹ – ›Jean Cocteau.‹« Der Kommissar und sein Schreiber nehmen den Kopf des inzwischen rehabilitierten Dichters als Denkmal mit und verlassen das Haus. Orpheus und Eurydike kehren mit Heurtebise, den sie nun als ihren Schutzengel erkannt haben, zurück, da ihnen das Haus als ewige Wohnung angewiesen worden ist. Orpheus betet: »Lieber Gott, [...] wir danken Dir, dass Du mich erlöst hast, weil ich der Poesie gedient habe und weil die Poesie und Du ein und dasselbe sind. Amen.«

Obwohl Cocteau das Schauspiel eine Tragödie nennt, gleicht es eher einer Farce. Das Tragische liegt für den Autor wohl darin, dass erst durch den Tod das Poetische ganz frei wird, weil die Lebenden durch das Wunderbare, das Unglaubliche eher irritiert und gestört werden, als dass sie es wahrnehmen können. Eine nervöse Spannung bestimmt das Stück vom ersten Satz an: »Wir spielen auf sehr hochgespanntem Seil und ohne Rettungsnetz. Und das geringste zur Unzeit einsetzende Geräusch könnte uns das Leben kosten«. Erst in der letzten Szene geht dieser Zustand in Gelassenheit über, als Heurtebise sagt: »Vielleicht kommen wir jetzt endlich zum Mittagessen.«

In seiner Filmversion hat Cocteau dem Motiv der Todessehnsucht des Dichters, das im Schauspiel nur anklingt, größeres Gewicht gegeben. Nicht mehr, um Eurydike zu folgen, will Orpheus sterben, er ist vielmehr in den Tod selbst verliebt, der auch hier als schöne Frau auftritt. Cocteaus Botschaft tut dies keinen Abbruch: muss doch der Dichter mehrmals sterben, um ein Poet zu werden, da sich erst in der Ruhe des Todes das Poetische ganz entfalten kann.

■ Lit.: K. Rave: Orpheus bei C., 1984. *Knut Nievers*

Les enfants terribles

(frz.; *Kinder der Nacht*, 1953, F. Kemp) – Der Roman, den der Autor innerhalb von drei Wochen niederschrieb, erschien 1929.

Ohne sich der eigenen Schönheit bewusst zu sein, ohne Sinn für die Realität und jenseits jeder Vorstellung von Gut und Böse, »frisch bis zum Verbrechen«, leben die Geschwister Paul und Elisabeth in einem seltsamen Spannungsverhältnis. Hass überlagert ihre naiv-inzestuöse Liebe; der rüde Schülerjargon, in dem sie sich unterhalten, verdeckt die Traumsubstanz, die das eigentliche Medium ihres Zusammenlebens ist. Paul ist eines jener Kinder, die in der Schule statt Grammatik, Rechnen und Geschichte einen Halbschlaf erlernen, in dem sie selbst außer Reichweite sind, die Gegenstände aber ihren ›wahren‹, magischen Sinn erhalten. In Elisabeth, der älteren Schwester, hat das Genie der Kindheit sich bis zur Dämonie gesteigert. Als Wächterin des »Tempels« wird sie zum schwarzen Todesengel – eine Figur, die sich mit ↗ Racines Athalie messen kann.

Das gemeinsame Reich der Geschwister beginnt in ihrem Zimmer. Inmitten einer obligatorischen Unordnung, in einer von Traum, Hypnose und Somnambulismus geprägten Atmosphäre, zu der die rot verhängte Lampe und die Schatzschublade als rituelle Requisiten gehören, spielen sie allabendlich ihr »Spiel«: Sie entgleiten der Wirklichkeit. Zwei Freunde, Gérard und Agathe, sind in dem Zimmer zugelassen. Durch diese Adepten ihrer Mysterien werden die Kinder in ein neues Kräfteverhältnis gestellt: Gérard überträgt seine anfängliche Liebe zu Paul auf Elisabeth, Agathe die ihre von Elisabeth auf Paul. Während dieser, ohne sich darüber klar zu sein, Agathes Zuneigung erwidert, ahnt Gérard, dass niemand jemals Elisabeth, die »Jungfrau des Tempels«, besitzen wird. Der Tod eines reichen, ganz der Realität zugewandten jungen Mannes, mit dem Elisabeth sich verlobt hat und der einen Tag nach der Hochzeit stirbt, fügt sich dieser Konstellation folgerichtig ein: Nur als Toter kann er in die Gemeinschaft eingehen.

Die vier beziehen das weitläufige Palais des Verstorbenen und erschaffen sich in einer langen Galerie mit »ungewissen Schatten« ihr Reich. Als Paul seine Liebe zu Agathe entdeckt, verhindert Elisabeth die Verbindung, indem sie die »bürgerlichen« Wesen Agathe und Gérard einander zuspielt, und alle fügen sich ihr. Da tritt Dargelos auf, ein animalisch-schöner, starker Mensch, der Pauls Idol ist und für ihn zum Schicksalsgott wird. Er hat Paul einst mit der »weißen Kugel«, einem Schneeball, verwundet; nun schickt er ihm, nach Jahren und wieder wie zum Spiel, die »schwarze Kugel« ins Haus, eine tödliche Droge. Aber noch kurz vor seinem Tod, als Paul endlich Agathe seine Liebe gestehen kann und er Elisabeths wahre Natur erkennt, reißt ihn die stärkere Schwester an sich. Noch einmal zwingt sie ihn in ihr »Spiel«, in dem er für Agathe unerreichbar wird und in dem sich nun die Schwester für immer mit ihm vereint: Sie tötet sich durch einen Revolverschuss.

In den beiden Vorstufen zu diesem Roman, *Le grand écart*, 1923 *(Die große Kluft)*, und *Thomas, l'imposteur*, 1923 *(Thomas der Schwindler)*, ist das Thema vom Genie der Kindheit noch eingehüllt in eine fast mondäne Verkleidung und wird durch stilistische Mittel noch bewusst auf Distanz gehalten. In seinem Meisterwerk *Les enfants terribles* lässt Cocteau es unverhüllt zutage treten und verleiht ihm die Aura des Tragischen. An die Stelle verspielten Charmes tritt hier der dunkle Zauber, in dessen Schatten der Tod haust. Die Wirklichkeit ist nur noch das Sprungbrett, von dem er sich in ein mysteriöses Traumreich abstößt. Das Buch führt den Leser in ein Reich, zu dem nur das besondere Genie der Kindheit und das Genie des Dichters Zugang finden. Es ist ein nächtliches, gefährliches Reich, in dem die Natur hervorbringt, was sonst nur die Droge erzeugen kann: den wunderbaren Wachtraum, das schwerelose Schweben in einer magisch verwandelten Wirklichkeit.

■ Lit.: F. Cipriani: Il romanzo d'infanzia in Francia (1913–1929), 2000. *Anneliese Botond*

Les parents terribles

(frz.; *Schreckliche Eltern*, 1982, A. Zaschke) – Das Schauspiel in drei Akten, nach dem Urteil vieler Kritiker das beste Stück des Autors, wurde 1938 in Paris uraufgeführt.

Georges, Yvonne, Michel und Léonie sprechen sich gegenseitig ab, erwachsen zu sein. Sie haben sich ihr Leben in einem schwer benennbaren, von Illusionen, Vorurteilen, Missverständnissen, Verfehlungen, Träumen und Weltfremdheit bestimmten Bereich eingerichtet. Bezeichnenderweise nennen diese ›Kinder‹ ihre Wohnung einen Zigeunerwagen. Georges beschäftigt sich mit Erfindungen, die nie ein realisierbares Stadium erreichen, die zuckerkranke Yvonne hat sich seit der Geburt ihres Sohnes Michel von Georges abgewandt und lebt in einem fast inzestuösen Verhältnis mit ihrem Sohn. Michel, ein Taugenichts, vernachlässigt seine Studien. Léonie war mit Georges verlobt, bis dieser sich unerwartet für ihre Schwester Yvonne entschied. Seitdem ist sie die immer Opferbereite, teilt ihr ererbtes Vermögen mit der Familie, verhindert, dass der chaotische Haushalt unerträglich wird und schlichtet Streitigkeiten.

Unter der Oberfläche von Familienidylle, Kameraderie und Kumpanei sammelt sich allmählich Zündstoff für dramatische Entwicklungen. Michel bringt die Tragödie in Gang, als er eines Nachts nicht nach Haus kommt. Yvonne kommt vor Angst fast um: Sie vergisst, Zucker zu sich nehmen, nachdem sie eine zu große Menge Insulin gespritzt hat. Als Michel endlich zurückkehrt, erzählt er überglücklich von seiner ersten Liebe und ist tief enttäuscht, dass Yvonne seine Freude nicht teilt. Aus einem ganz anderen Grund ist Georges erschüttert. Er entnimmt Michels Erzählung, dass dessen Geliebte identisch ist mit dem Mädchen Madeleine, das er seit einiger Zeit aushält. Während die Familie Michels Geliebte besucht, sorgt Léonie dafür, dass Georges mit Madeleine sprechen kann. Der eifersüchtige Georges zwingt das junge Mädchen, auf Michel zu verzichten. Als dieser erfährt, dass Madeleine an einen anderen Mann gebunden ist, übermannt ihn die Verzweiflung, während Yvonne in dem Glauben, ihren Sohn wiederzuhaben, glücklich ist. Doch statt Ordnung zu schaffen hat Léonie das Chaos nur vergrößert, denn Michel hasst seine Mutter und seinen Vater. Schließlich überzeugt Léonie Yvonne und Georges, dass Michel und Madeleine zusammengehören. Michel wird darüber aufgeklärt, dass man ihn belogen habe, um ihn auf die Probe zu stellen, in Wirklichkeit sei ihm Madeleine treu. Während sich die beiden in die Arme sinken, stirbt Yvonne an einer Überdosis Insulin. Diesen rührseligen Schluss fängt Cocteau durch eine komödiantische Pointe auf. Es klingelt an der Tür. Doch statt den erwarteten Arzt anzukündigen, sagt Léonie: »Das war die Putzfrau. Ich habe ihr gesagt, es gebe nichts zu tun, alles sei schon in Ordnung gebracht.«

Cocteau wollte mit dem Stück das Boulevardtheater erneuern, indem er im engen Rahmen eines Kammerspiels Konflikte von antiken Ausmaßen entfaltet. Trotzdem ist das Stück keine Tragödie; Cocteau bezeichnete es vielmehr bald als Komödie, bald als Melodram oder Vaudeville. Um dem Boulevardtheater gerecht zu werden, beschränkt er sich auf fünf Personen. Die Bühnenausstattung ist karg, die Fabel einfach. Obwohl der Pariser Stadtrat das ›blutschänderische‹ Stück von der städtischen Bühne verbannte und es in einem Privattheater weitergespielt werden musste, wurde es ein außerordentlicher Erfolg. Thematisch ist es eng verwandt mit Cocteaus Roman *Les enfants terribles* (1929). In der Art und Weise, in der antike Motive – vor allem der Antigonestoff und der Ödipusmythos, ohne dass ein bestimmter Stoff konkret greifbar würde – manieristisch verfremdet werden, spiegelt das Werk surrealistische Einflüsse wider.

■ Lit.: H.-J. Köster: J.C. Les parents terribles, 1977.

Knut Nievers

Journal d'un inconnu

(frz.; *Tagebuch eines Unbekannten*, 1957, J. Piron) – Der dem Gelehrten René Bertrand gewidmete Band mit tagebuchähnlichen, locker um thematische Schwerpunkte gruppierten Aufzeichnungen erschien 1952 und enthält in 21 längere oder kürzere Abschnitte gegliederte Reflexionen. Die meisten Texte stehen in Zusammenhang mit der Arbeit des Dichters, seinen Werken und deren Aufnahme beim Publikum. Cocteau stellt Überlegungen an zur Sondermoral des Künstlers, der sich als »Vehikel« dessen, was durch ihn ans Licht drängt, »unablässig pflegen, säubern, ölen, überwachen, überprüfen muß, damit er zu der sonderbaren Aufgabe tauge, die man von ihm verlangt«. Er äußert sich kritisch zur Psychoanalyse, die nur zu »armen Behausungen« des Seelischen Zugang habe, diskutiert die Möglichkeit parapsychologischer Phänomene, wendet sich gegen die Todesstrafe, die »unter dem Schutz der Gesetzgebung einen legalen Mord anstrebt«, erinnert sich an den von François ↗ Mauriac gegen ihn erhobenen Vorwurf der Gotteslästerung anlässlich der Aufführung seines Stücks *Bacchus* (1951), formuliert einige Gedanken über die Probleme der Medien Theater und Film und macht sich über die tiefsinnigen Auslegungen seiner eigenen Filme lustig, ohne sie jedoch als falsch abzulehnen. Erwähnt werden auch die Freunde Maurice Sachs, Claude Mauriac und André ↗ Gide, die ihn bestahlen, täuschten oder ärgerten, doch klagt er sie nicht an, denn »in einer Zone, wo der Rechtsstreit um Verantwortlichkeit nicht existiert, sind Richter und Angeklagter gleichermaßen verantwortlich und nicht verantwortlich«.

Mit einem kleinen Essay über die Freundschaft, die er höher als die Liebe stellt, einigen Maximen zur Künstlermoral und einem Postskriptum mit Notizen von einer Griechenlandreise endet das Buch, das eine Art Selbstbefragung im Plauderton darstellt. Cocteau versucht, in geistreicher Weise über sich selbst zu sprechen. Er möchte zwischen dem »Sichtbaren«, das heißt der äußerlichen, der Welt zugekehrten und Missverständnissen ausgesetzten Seite der Kunst und des Künstlers, und dem »Unsichtbaren«, das sich »hinter den Bildern der Sichtbarkeit verbirgt«, vermitteln und die Beziehungen zwischen beiden Sphären klären. Er glaubt, dass »meine aus lächerlichen Legenden zusammengesetzte Sichtbarkeit meine Unsichtbarkeit schützt, sie umschließt wie ein fester, blitzender Panzer, der unbeschadet Schläge hinnehmen kann«. Weniger in endgültigen Urteilen als in Form verbindlich-heiterer Erwägungen, Erinnerungen und Kommentare beschäftigt er sich mit dem Problem des Ruhms und der öffentlichen Geltung seines schriftstellerischen Wirkens. »Wahrscheinlich bin ich der unbekannteste und zugleich berühmteste Dichter.«

Bei aller spielerischen Leichtigkeit der Gedankenführung und des Tons enthält Cocteaus *Journal* viele Überlegungen zur Situation des Künstlers in der Moderne und manche Aufschlüsse über das Werk des Dichters selbst.

■ Lit.: B. Picard du Chambon: Fiction et autobiographie dans les romans de J. C., 1998. *Jörg Drews*

Albert Cohen

■ geb. 16. 7. 1895 Korfu (Griechenland)
■ gest. 7. 10. 1981 Genf (Schweiz)

Jüdischer Abstammung; Schulzeit in Marseille, Jurastudium in Genf, danach Diplomat und Vertreter der zionistischen Organisation im Völkerbund; in den 1930er Jahren Weiterentwicklung des Romans jenseits der herrschenden Strömungen, häufig jüdische Themen.

■ Lit.: P. Zard: La violence dans l'œuvre d'A. C., 2002. ■ P. Zard: Visages d'A. C., 2003.

Solal-Tetralogie

(frz.) – Der 1930 erschienene Roman *Solal* (*Solal*, 1932, F. Hessel/H. Kauders) bildet zusammen mit den drei Folgebänden *Mangeclous*, 1938 (*Eisenbeißer*, 1984, E. Helmlé), *Belle du Seigneur*, 1968 (*Die Schöne des Herrn*, 1983, H. Kossodo), und *Les Valeureux*, 1969 (*Die Tapferen*, 2005, A. Spingler), eine Tetralogie. Über einen Zeitraum von fast vier Jahrzehnten entstanden und mehrfach umgearbeitet, stellen die vier Teile einen zusammenhängenden, sich vielfach transformierenden, polyphonen Roman dar, der einen virtuosen Abgesang auf die zusammenbrechende europäische Kultur in den 1930er Jahren am Vorabend des Zweiten Weltkriegs entwirft.

Protagonist des autobiographisch geprägten Zyklus und zentraler Bezugspunkt der verflochtenen Erzählhandlung ist der als Sohn eines Rabbiners auf der griechischen Insel Céphalonia geborene Solal. Im Zeichen dieses Namens, in dem sich ›soleil‹ (Sonne) und ›solitude‹ (Einsamkeit, Wüste), Auserwählung und Ausgeschlossensein, überlagern und verdichten, steht Solals Geschichte. Sie schlägt einen Bogen vom mühsam erkämpften gesellschaftlichen Aufstieg als diplomatischer Vertreter Frankreichs im Völkerbund zu Genf bis zum unaufhaltbaren Ausschluss aus dem öffentlichen Leben infolge des zunehmend aggressiven Antisemitismus der christlichen Umgebung in den 1930er Jahren.

Der erste der vier Bände, *Solal*, schildert, wie der halbwüchsige Solal aus der Tradition seiner seit dem 16. Jh. in Griechenland ansässigen Familie und der Gewöhnung an das Unglück, das er in seiner Mutter verkörpert sieht, ausbricht. Er lässt die sephardische Wärme und Intensität des Getto-Lebens auf Céphalonia hinter sich, entzieht sich der verehrenden Liebe seiner zahlreichen Onkel, indem er Adrienne de Valdonne, die Frau des französischen Konsuls, verführt und mit ihr zunächst nach Italien, dann in die Schweiz flieht. Sie verschafft ihm Eintritt in das selbstgewisse, christlich-bürgerliche Establishment Genfs. Dort macht der »Seiltänzer des Erfolgs ohne gesellschaftliches Netz« eine glanzvolle, aber stets bedrohte Karriere im diplomatischen Dienst.

Solal ist eine facettenreiche, ironisch-sentimentale Figur: Er ist der Auserwählte, Elende, Unschuldige, Stolze, Leidenschaftliche, Großzügige, Unmäßige, zugleich glänzender König und abstoßender, schmutziger Verfolgter, ein auf Erlösung hoffender Erlöser. Er ist der tragische Held, an dem die Labilität seiner gesellschaftlichen Zugehörigkeit in der christlich-bürgerlichen Welt Genfs vorgeführt wird. Sein Versuch, die Welt des orientalischen Judentums mit der des Genfer Bürgertums zu verbinden, führt zu einem Doppelleben: »Eine biblische Stadt regt sich unter der Wohnstätte Seiner Excellenz. Tags im Ministerium, in der Kammer, in den Sitzungen der Partei. Nachts geh ich in mein Land« – in die Kellerräume seines Hauses, in denen er seine Verwandten versammelt hat. Als seine Frau, Aude de Maussane, diesem Geheimnis auf die Spur kommt, verlässt sie ihn, um ihn zur Entscheidung zwischen den beiden Welten zu zwingen. Solal folgt ihr in das Haus ihrer Großeltern. Dort trifft er – inzwischen konvertiert zum katholischen Glauben, einsamer und gequälter denn je – auf die höhnische Verachtung der christlichen »Mehrheitsleute«. Der Roman endet mit einer schmerzlichen Parodie des biblischen Auferstehungsmythos: Der von eigener Hand getötete und zum lebendigen Messias verwandelte Solal

»erhob sich und vergaß sein vergangenes Leben«. Geleitet von den verspotteten »Irrwanderern mit den Hoffnungsaugen«, begibt sich Solal »in das Morgen und in seinen wunderbaren Untergang«.

Im Mittelpunkt von *Mangeclous* und dem ursprünglich in den dritten Teil der Tetralogie *(Belle du Seigneur)* integrierten, dann aber separat publizierten Roman *Les Valeureux* steht die Familie Solals, vor allem das mediterrane Getto-Leben seiner fünf Onkel. Angeführt von ihrem selbsternannten Oberhaupt Pinhas Solal, genannt »Mangeclous« oder auch »König der Lügner«, kreuzen die fünf »Tapferen« – neben Pinhas der greise Saltiel, der kleine Salomon, Michael der Verführer und Mattathias der Geizige – wiederholt den Lebensweg Solals. Sie reisen nach Genf, vertreten beim Völkerbund die Interessen einer imaginären jüdischen Republik, verfassen Memoranden an die europäischen Regierungen, planen ein Komitee gegen den Antisemitismus, drängen darauf, »große Dokumente« zu unterzeichnen, und gründen eine Universität, um Kurse über die Kunst der Verführung abzuhalten. Begabt mit einer an Corneille, Montaigne, Rabelais und Villon geschulten Rhetorik und einer theatralischen Lust an der wortmächtigen Erzeugung von Täuschungen und Maskeraden, verkörpern die »fünf Tapferen« jene subproletarischen Emigranten, die für Solal zu lebenden Zeichen seiner Herkunft werden, zu Zeichen der Marginalität, aber auch familiärer Zugehörigkeit und kultureller Werte.

Der im Genf der späten 1930er Jahre spielende Roman *Belle du Seigneur* knüpft an das Ende von *Mangeclous* an: Verkleidet als hässlicher, zerlumpter alter Mann probt Solal, nun Untergeneralsekretär (oder, wie er sich selbst nennt: »Untergeneralhanswurst«) im als politisch-gesellschaftliches Marionettentheater geschilderten Apparat des Völkerbundes, die Verführung Arianes, der schönen Ehefrau seines beförderungssüchtigen Diplomaten-Kollegen Adrien Deume. Als Rede- und Verwandlungskünstler, der den Glanz der Anfänge und Auftritte liebt, die Erotik der Macht jedoch verachtet, ist Solal eine Don-Juan-Figur: ein Verführer, den seine Erfolge enttäuschen und der dem Ideal der absoluten, erlösenden Liebe folgt. Doch als Solal aus dem diplomatischen Dienst entlassen wird und seine französische Staatsbürgerschaft verliert, was dem gesellschaftlichen Tod gleichkommt, wird die totale Liebe Solals und Arianes mehr und mehr zum Exil zweier Parias. Sie erstarrt zu einem erlesenen leblosen Kunstwerk, zu einem perfekt inszenierten Ritual. In der Tragödie dieser Liebe, die mit dem Selbstmord der beiden Liebenden in einem Genfer Hotelzimmer endet, spiegelt sich die Tragödie des politischen und moralischen Zusammenbruchs der europäischen Kultur.

Die Figur Solals ist jedoch nicht nur als erlösungshungriger, ein ständiges Wechselspiel von Mystifikation und Entmystifikation der Liebe betreibender Don Juan konzipiert. Indem sie auf bestimmte ethische Werte verweist, trägt sie auch Züge Moses, des biblischen Gesetzgebers. Von seinem Vater, dem Rabbiner Gamaliel, lernt Solal: »Lass dich später von unserer Missgestalt nicht abstoßen, wir sind das Menschheitsungeheuer, denn wir haben der Natur den Krieg erklärt.« Neben den Themen der messianischen Erwartung, der Ausgrenzung und des Exils bildet dieses Thema eines Gottes der Anti-Natur, dessen Gesetze sich den Naturgesetzen des Siegens und Mordens entgegenstellen, den ideengeschichtlichen Untergrund des Romans.

Die Tetralogie entwirft keine lineare Ereignisfolge. Vielmehr entsteht eine Bewegung, in der sich die Episoden unablässig selbst fortzeugen. Das Erzählen wird so selbst zu einem Tanz, zu einem Verwandlungskunstwerk – einem überschäumenden rhetorischen Fest, in dem Psalmverse, pathetische Metaphern, groteske, märchenhafte und abenteuerliche Geschichten, Wortspiele, zelebrierte Sentenzen, theatralische und ironische Dialoge ineinander verschlungen sind. Dies dient einer fortgesetzten Verführung, die auch den Leser einschließt. Cohens vielstimmiges, kaleidoskopisches Erzählen steckt voller Anspielungen auf die europäische Literatur der Moderne (u. a. auf Werke von Tolstoj, Cervantes, Zangwill, Rabelais, Choderlos de Laclos, Proust) und zitiert zahlreiche orientalische und okzidentale Mythen. Insofern lässt sich der Romanzyklus durchaus als ein kulturelles Archiv der Moderne betrachten, das unerwartete Funde bereithält. Erzählelemente aus den biblischen Schriften (z. B. der Purim-Erzählung) mit Momenten chaplinesker Komik verschmelzend, dabei immer wieder antisemitische Klischees satirisch entlarvend, formulieren die vier Teilbände einen sarkastischen Kommentar zur Tragödie der jüdisch-christlichen Koexistenz im von kleingeistiger Selbstbezogenheit, Langeweile und der Sehnsucht nach religiöser Erweckung gezeichneten Europa in der Zeit zwischen den Weltkriegen.

Als *Belle du Seigneur* 1968 in Frankreich erschien, wurde Cohen für einen genialen, verspäteten Debütanten gehalten – die beiden vor 1939 veröffentlichten Teile der Tetralogie (*Solal* und *Mangeclous*) waren in völlige Vergessenheit geraten. In Deutschland fand die 1932 publizierte Übersetzung von *Solal*, an der der Schriftsteller Franz Hessel beteiligt war, begeisterte Resonanz, bevor sie im März 1933 verboten wurde.

▪ Lit.: A. Monnerie-Goarin: ›Belle du Seigneur‹ d'A. C., 1999. ▪ R. Elbaz: A. C., ou la pléthore du discours narratif, 2000. ▪ L. Michon-Bertout: L'écriture de l'histoire dans l'œuvre d'A. C., 2005.

Birgit R. Erdle

Benjamin Constant

■ geb. 25.10.1767 Lausanne (Schweiz)
■ gest. 8.12.1830 Paris (Frankreich)

(d.i. Henri Benjamin Constant de Rebecque) – Hugenotte; Studium in England und Deutschland; Dienst am Braunschweiger Hof; Begeisterung für die Revolution, ab 1796 in Paris; 1802 Verbannung durch Bonaparte; mit seiner Förderin und Freundin Germaine de ↗ Staël im Exil in Deutschland und 1805 bis 1807 in Coppet; nach Bonapartes Verbannung endgültig in Frankreich; Abgeordneter und Führer der liberalen Partei, 1830 Staatsrat; staatstheoretische und gesellschaftsphilosophische Schriften; einer der Begründer des psychologischen Romans.

■ Ausg.: Œuvres complètes, Hg. P. Delbouille, 1993 ff.
■ Lit.: D.M. Wood: B.C. A Biography, 1993. ■ N. Campagna: B.C. Eine Einführung, 2003.

Adolphe

(frz.; *Adolph*, 1988, T. Baldischwieler) – Die eigentliche Geschichte des 1816 erschienenen, in Ichform geschriebenen Romans wird vom Vorwort eines fingierten Herausgebers eingeleitet. Er gibt vor, es handle sich um die Niederschrift eines inzwischen verstorbenen und vergessenen Sonderlings, die durch Zufall in fremde Hände gelangt sei. Zwei Briefe moralisierenden Inhalts, der erste von einem fingierten Leser, der Adolphe gekannt haben will, der zweite wiederum vom Herausgeber, beschließen das Werk.

Aus Langeweile und Geltungssucht umwirbt Adolphe, der sich auf einer Bildungsreise in Deutschland befindet, Ellénore, die langjährige Mätresse des Grafen von P**. Sie ist eine polnische Emigrantin, die mit dem Grafen zwei Kinder hat und sich trotz der illegitimen Verbindung in hartnäckigem Kampf gegen die öffentliche Meinung gesellschaftliches Ansehen erworben hat. Indem sie dem jungen Verehrer Widerstand leistet, schürt sie dessen Leidenschaft umso mehr. Ellénore, für die Adolphes Verhalten etwas völlig Neues ist, glaubt am Ende selbst an diese Liebe und verlässt den Grafen und ihre Kinder. Damit verzichtet sie auf ihre gesellschaftliche Stellung und den Anspruch auf ein geordnetes Leben. Adolphe sieht sich so aus der Rolle des Verehrers und Liebhabers in die des Beschützers und Lebensgefährten versetzt. Aus Aversion gegen die öffentliche Moral hält er zu ihr, obwohl sie ihn nun kaum noch von ihrer Seite weichen lässt. Adolphes Vater, der sich um die Karriere seines Sohnes sorgt, versucht, Ellénore aus Paris zu vertreiben, wohin sie ihrem Freund gefolgt ist. Adolphe flieht mit ihr, verspricht jedoch seinem Vater in einem Brief, dass er mit Ellénore brechen wird, sobald sie seines Schutzes nicht mehr bedarf. Die beiden verbringen ein Jahr in Deutschland – Adolphe in hypochondrischer, selbstquälerischer Unentschlossenheit, weder zur Liebe noch zur Trennung fähig, Ellénore in verzweifelter Ungewissheit über die Gefühle ihres Freundes.

Danach begleitet Adolphe Ellénore nach Polen, wo sie das Erbe ihres verstorbenen Vaters antreten soll. Ihre gesellschaftliche Stellung ist damit von neuem gesichert; Adolphe lebt auf ihren Gütern als ihr Gast. Ein Freund des Vaters, den er in Warschau besucht, führt ihm die Lächerlichkeit seiner gegenwärtigen Lage so drastisch vor Augen, dass Adolphe schriftlich einwilligt, sich von Ellénore zu trennen. Dieser Brief wird Ellénore in die Hände gespielt, sie erkrankt kurz darauf und stirbt. Adolphe bleibt in tiefer Ratlosigkeit zurück, unfähig, die herbeigesehnte Freiheit um diesen Preis zu genießen.

Das Interesse der Leserschaft galt lange Zeit vor allem den biographischen Hintergründen des Werks. Constant schrieb das Werk im Spätherbst 1806 in Rouen und auf Schloss Acoste bei Meulan, wo er mit Madame de ↗ Staël unter dem Eindruck einer beendeten Leidenschaft lebte, von der er sich nicht freizumachen vermochte. Sein innerer Konflikt spiegelt sich in diesem knapp 100 Seiten umfassenden Roman, einem Musterbeispiel psychologischer Bekenntnisdichtung. Constants erst 1895 veröffentlichte Tagebücher *(Journal intime)* trugen zur detaillierten Entschlüsselung des Werks wenig bei. Vor allem konnte die weibliche Hauptgestalt Ellénore nicht auf ein eindeutiges Vorbild festgelegt werden. Schließlich erkannte man den fiktiven Charakter dieser Selbstdarstellung, die mit Autobiographie im engeren Sinn nichts zu tun hat.

Constants Roman konzentriert sich ausschließlich auf die beiden Hauptfiguren und die Entwicklung ihrer Gefühlswelt, die Umgebung der Protagonisten gewinnt dagegen mit Absicht keine Konturen. So ist *Adolphe* die nüchterne, aber hinsichtlich der Seelenregungen der Figuren detaillierte Analyse einer Liaison am Beginn des romantischen Zeitalters. Die wissenschaftliche Erforschung der menschlichen Seele führt hier zur gesteigerten Beachtung des psychologischen Blickpunkts. Im Zuge dieser Entwicklung wurde *Adolphe* mit Verspätung als frühes Meisterwerk des psychologischen Romans erkannt.

■ Lit.: D.M. Wood: B.C. Adolphe, 1987. *KLL*

Tristan **Corbière**

▪ geb. 18.7.1845 Coatcongar/Bretagne (Frankreich)
▪ gest. 1.3.1875 Morlaix/Bretagne (Frankreich)

(d.i. Édouard-Joachim Corbière) – Asthma und Gelenkrheumatismus seit dem 16. Lebensjahr; kurze Reisen in die Provence und nach Italien, sonst ausschließlich in der Bretagne; 1872 aus Liebe zu einer italienischen Schauspielerin in Paris; schrieb für verschiedene Zeitungen; zu Lebzeiten kaum beachtet; von ↗ Verlaine als einer der ›verfemten Dichter‹ (poète maudit) entdeckt; als Lyriker von großem Einfluss auf ↗ Laforgue und nachfolgende Lyrikergenerationen.

▪ Ausg.: Œuvres complètes, 1970.
▪ Lit.: H. Laroche: T. C. ou les voix de la corbière, 1997.

Les amours jaunes

(frz.; *Gelbe Leidenschaften*, 1985, R. Kiefer, U. Prill) – Der Titel der 1873 erschienenen Gedichtsammlung bedeutet soviel wie welke, matte, trübe, missmutige Liebschaften. Missmut, Trübsinn, auch Spott, Frechheit, Zynismus, Ekel und Lästerung charakterisieren daher die ersten vier Abteilungen des Buches: Pariser Gedichte, Reisebilder aus Italien, parodistische Serenaden und witzige Sonette. Corbière gefällt sich hier in allerlei Posen und Grimassen und trägt oft eine gespielte Kaltschnäuzigkeit zur Schau. Mit diesen ironisch-sentimentalen Bravourstücken steht er etwa zwischen Alfred de ↗ Musset und Jules ↗ Laforgue.

Einen energischen lyrischen Realismus bekunden die in den Abteilungen »Armor« (Armor) und »Gens de mer« (Leute von der See) enthaltenen Gedichte, die Themen und Gestalten der armorikanischen Küste und der bretonischen Seefahrt behandeln. Corbière tritt hier gewissermaßen in die Nachfolge seines Vaters Édouard, der 1832 mit *Le négrier* (Der Kutter) einen der frühesten Marineromane veröffentlichte und dem der Sohn unter Bezugnahme auf eben dieses Buch seine Gedichtsammlung gewidmet hat. Auffällig sind Elemente der Ballade, des Volkslieds und der Litanei, wobei die Diktion der meist monologisch angelegten oder mit rascher Rede und Gegenrede durchsetzten Stücke in Syntax und Wortwahl eine starke Neigung zur Verwendung der Umgangssprache, des Dialekts und Argots zeigen. Eindrucksvoll ist die Schilderung eines buckligen Matrosen im Bordell; ein unbestreitbares Meisterwerk »La rapsodie foraine et Le pardon de Sainte-Anne« (»Die Jahrmarkts-Rhapsodie und Die Wallfahrt zur Heiligen Anna«): In 59 gereimten Vierzeilern, die etwas vom Vortrag eines Leierkastenmanns oder Moritatensängers an sich haben, schildert der Dichter das rührend-klägliche, Mitleid heischende Schauspiel der Wallfahrer, die zum 27. August für drei Tage in La Palud zusammenkommen, um in der Kapelle der heiligen Anna Beistand und Heilung zu erbitten. Der Autor tritt hier in Wettstreit mit der fromm-barbarischen Einfalt der bretonischen Kalvarienberge. Zu Recht hat man Corbière um dieses Gedichts willen gelegentlich mit ↗ Villon verglichen.

▪ Lit.: F. Le Chanu: T. C. Le bestiaire Corbiérien des Amours jaunes, 1993. ▪ A. Barc: T. C. en 1995. Lire Les amours jaunes 150 ans après la naissance du poète, 1995.

Friedhelm Kemp

Pierre **Corneille**

▪ geb. 6.6.1606 Rouen (Frankreich)
▪ gest. 1.10.1684 Paris (Frankreich)

Jurastudium; bis 1650 häufig unterbrochene Tätigkeit als Advokat in Rouen; zeitweise einer der fünf Auftragspoeten Richelieus; zunächst Verfasser spanisch beeinflusster Lustspiele; Streit um sein Stück *Le Cid* (1636), das von der Académie française verurteilt wurde; 1659 Rückzug nach Rouen; letzte Schaffensjahre überschattet von Rivalität mit ↗ Racine; neben diesem und ↗ Molière bedeutendster französischer Dramatiker.

▪ Ausg.: Œuvres complètes, 3 Bde, Hg. G. Couton, 1984.
▪ Lit.: M. R. Margitic: C. comique, 1982. ▪ J. L. Joye: Amour, pouvoir et transcendance chez P. C., 1986.

Clitandre ou L'innocence délivrée

(frz.; Clitandre oder Die befreite Unschuld) – In der 1631 uraufgeführten fünfaktigen Tragikomödie wird der in königlicher Gunst stehende Rosidor von den beiden Prinzessinnen Caliste und Dorise leidenschaftlich begehrt. Die Dreieck-Situation kompliziert sich dadurch, dass sich zwei weitere Liebhaber, Pymante und Clitandre, ins Spiel mischen, das an Duellen und Einkerkerungen, an Verwundeten, maskierten Mördern und verkleideten Damen sogar die wildbewegten elisabethanischen und spanischen Dramen überbietet. Trotz Mord und Totschlag vereinigt der Schluss des Stücks zwei von der turbulenten Handlung nur wenig mitgenommene Paare.

Die stilistische und szenische Schlichtheit seiner Komödie *Mélite* (1629) hatte Corneille viel Kritik eingetragen, und so versuchte er, den Zeitgeschmack mit einem Eifersuchtsdrama zu treffen, das den Überschwang des melodramatischen Theaters auf die Spitze treibt. Das Werk unterscheidet sich in nichts von den zeitgenössischen Stücken Jean de Mairets oder Jean de Rotrous. Charakteristisch für alle Dialoge ist ein äußerst forcierter Stil mit preziösen Wendungen und manieristischer

Verrätselung. Dabei überlässt sich der später so streng auf die richtige Zäsur seiner Alexandriner bedachte Corneille hier noch seiner spontanen Neigung zu freieren Rhythmen. Bemerkenswert ist die selbstbewusste Vorrede, in der sich der Autor zum ersten Mal mit den berühmten dramaturgischen Regeln des Aristoteles auseinandersetzt, die ihn sein Leben lang beschäftigten, obwohl er sich in diesem völlig antiklassischen Schauspiel noch keineswegs um ihre Einhaltung bemüht.

▪ Lit.: S. R. Baker: Dissonant Harmonies. Drama and Ideology in Five Neglected Plays of P. C., 1990. *Ingrid Peter*

La galerie du palais ou L'amie rivale

(frz.; Die Galerie du Palais oder Die Freundin als Rivalin) – Die Handlung der dritten Komödie des jungen Autors, eines 1634 in Paris uraufgeführten fünfaktigen Versdramas, geht noch nicht über Liebesgeplänkel im Stil der Epoche hinaus. Lysandre liebt Célidée, während Dorimant Hippolyte für sich zu gewinnen sucht, deren heimliche Zuneigung aber Lysandre gilt, woraus sich Missverständnisse ergeben: Célidée befolgt den hinterlistigen Rat der Freundin, ihren Verehrer zu prüfen, indem sie plötzlich Gleichgültigkeit heuchelt. Der verzweifelte Lysandre täuscht daraufhin glühende Liebe zu Hippolyte vor, um Célidées Gefühle zu ergründen. Die allgemeine Verwirrung, zu der die mit klugen Ratschlägen sich einmischenden Eltern und lustig-listige Bediente ihren Teil beitragen, endet natürlich mit der Versöhnung beider Paare und einer Doppelhochzeit.

Seinen Titel, seinen Erfolg und nicht zuletzt seine theatergeschichtliche Bedeutung verdankt das im Grunde anspruchslose Frühwerk einigen pittoresken Szenen, deren Schauplatz die bekannte Galerie du Palais ist, der Flügel des Justizpalastes, in dem zur Zeit des Dichters die angesehensten Pariser Kaufleute angesiedelt waren. Corneille lässt die Kunden des Tuch- und Kurzwarenhändlers über Modefragen debattieren und die an der schönen Literatur Interessierten vor den Auslagen des Buchhändlers ironisch oder schwärmerisch über die letzten Neuerscheinungen urteilen. Obwohl überspitzt formuliert, geben diese Anspielungen doch Aufschluss über den Zeitgeschmack. Daher gilt das Stück als die erste französische Komödie mit realistischem Handlungsort, realistischer Handlungszeit (jeder Akt entspricht einem Tag) und aktuellem Zeitbezug. Als weitere Innovation kommt die ›Verinnerlichung‹ hinzu. Nicht ein äußerer Anlass führt zu den amourösen Konflikten der Akteure, sie ergeben sich vielmehr allein aus ihrer psychologischen Disposition und der Personenkonstellation.

Ferner bereicherte Corneille das Personal des französischen Dramas um die aus der antiken Komödie übernommene Figur der Amme. Diese erste französische Bühnenzofe ist Hippolytes Vertraute Florice. Zwar hat sie noch immer die gleichen Funktionen wie die Amme in der Antike – nämlich als Intrigen fördernde Komplizin ihrer Herrschaft und als Mittlerin zwischen Autor und Publikum –, doch wirkt sie viel lebendiger und anziehender. Sie kann in den amourösen Intrigen eine aktive Rolle spielen, ja sogar den jungen Damen, bei denen sie in Diensten steht, zur gefährlichen Konkurrentin werden. In seinem nächsten Stück, *La suivante*, 1634 (Die Zofe), stellte Corneille eine solche attraktive und raffinierte Gesellschafterin in den Mittelpunkt, scheiterte allerdings an der Banalität und Unwahrscheinlichkeit der Handlung.

▪ Lit.: A. Le Corbeiller: C. intime, 1936. *KLL*

L'illusion comique

(frz.; *Spiel der Illusionen*, 2001, S. Werle) – (frz.; Komödie der Täuschungen) – Aufgrund der gut durchdachten dramaturgischen Effekte, des raffinierten Spiels mit Sein und Schein und nicht zuletzt einer gesteigerten Selbstbezüglichkeit, in der die Macht des Theaters auf der Bühne vehement vertreten wird, verdient die fünfaktige, 1635 uraufgeführte Komödie innerhalb des Frühwerks des Autors größere Aufmerksamkeit.

Der Bürger Pridamant befindet sich auf der verzweifelten Suche nach Clindor, seinem vor vielen Jahren von zu Hause geflohenen Sohn. Er trifft den Zauberer Alcandre, der in den folgenden vier Akten kraft seines Zauberstabs vor den Augen Pridamants einige Episoden aus dem Leben Clindors vorbeiziehen lässt, die scheinbar nur lose miteinander verknüpft, doch alle auf einen einzigen Bezugspunkt hin orientiert sind. Nach jedem Akt spiegeln sich die Erlebnisse des Sohns in den erregten Reaktionen des Vaters. Am Ende wird in einer Art Epilog das Spiel wieder auf die Figuren des Prologs, Pridamant und Alcandre, zurückgelenkt.

Clindor ist Diener und zugleich Nebenbuhler des Maulhelden Matamore (»Mohrentöter«), eines französischen Nachfahren des Prahlhans der lateinischen (vgl. Plautus' *Miles gloriosus*; *Der aufschneiderische Offizier*) und italienischen Komödie. Clindor gelingt es, seine beiden Rivalen, Matamore und Adraste, zu übertrumpfen und die Gunst Isabelles zu gewinnen, deren Unbestechlichkeit und Selbstbewusstsein auf spätere Heldinnen des Tragikers Corneille vorausweist. Am Ende des vierten Akts bereitet Isabelle ihre Flucht mit Clindor vor, doch geht die Handlung in eine tragische Szene über, die in der Ermordung Clindors gipfelt. Dem verzweifelten Vater enthüllt Alcandre das Geschehen jedoch als theatralische Illusion, als bloßes Spiel: Clindor und Isabelle, die sich nach ihrer Flucht einer Schauspielgruppe anschlossen, haben nur den Ausschnitt aus einer Tragödie vorgeführt. Alcandre überzeugt den besorgten Pridamant vom Glanz und der gesellschaftlichen Bedeutung des Theaters, und dieser begibt sich nun eilends nach Paris, an die Stätte des erfolgreichen Wirkens seines Sohns.

Vor allem an Matamore entfaltet sich Corneilles komische Phantasie: Den übertriebenen Dimensionen, die Matamores Federbusch, Rapier und Schnurrbart haben, entsprechen seine Reden, deren rhetorischer, an eingebildeten Heldentaten sich begeisternder Überschwang in wirkungsvollem Kontrast zu seiner schlotternden Ängstlichkeit steht. Mit der Blässe der meisten übrigen Figuren und ihrer konventionellen Sprache versöhnt die auf Überraschungen und spannende Höhepunkte berechnete Handlung. Im letzten Teil der *Illusion comique* wird Corneilles überlegener dramaturgischer Einfallsreichtum deutlich: Das Kunstmittel eines Spiels im Spiel, eines Theaters im Theater, löst in geistreicher Weise ein tragisches Geschehen aus. Dass Corneille damit den Versuch unternahm, die Gebildeten seiner Zeit dem Theater zuzuführen, bestätigt das abschließende Plädoyer Alcandres zugunsten der dramatischen Kunst. Aber die typisch barocke Vermischung des Komischen und des Tragischen, der Phantasie und der Wirklichkeit widersprach jener zur französischen Klassik hinführenden Tendenz, die auf Reinheit der Gattungen drang und auch Corneilles Komödie bald zu Unrecht der Vergessenheit überantwortete.

■ Übers.: Spiel der Illusionen, S. Werle, in: Programmheft des Stadttheaters Gießen, 2001.

■ Lit.: L. Picciola: C. et la dramaturgie espagnole, 2002. ■ S. Winter: Miracles de l'art. Barocke Theatralität bei P. C., in: Romanische Forschungen 119, 2007, 73–86. *KLL*

Médée

(frz.; *Medea*, 1989, C. Bertram) – Die fünfaktige, auf ein gleichnamiges Drama von Seneca zurückgehende Tragödie wurde 1635 in Paris uraufgeführt. Trotz sprachlicher Preziosität und Überladenheit lässt sich in ihr bereits der verhalten-pathetische Sprachstil des künftigen ›Vaters der französischen Tragödie‹ erkennen.

In Korinth haben Medea und Jason nach der Eroberung des Goldenen Vlieses Zuflucht gefunden. Der skrupellose Jason will die Gefährtin verlassen und Kreusa, die eitle und selbstsüchtige Tochter König Kreons, heiraten, um sein Heroentum mit der Königswürde von Korinth zu krönen. Als Kreon die Verbannung Medeas und ihrer Kinder fordert, vermag Jason für die Mutter einen eintägigen Aufschub und Schonung für seine Söhne zu erwirken. Die von ihren Leidenschaften beherrschte Zauberin aber nutzt diesen Tag, um den Verrat zu vergelten: Die Rivalin verbrennt in den »unsichtbaren« Flammen eines giftgetränkten Kleides, ebenso der zu Hilfe eilende König. Nachdem sie ihre Kinder mit eigener Hand ermordet hat, entführt ein Drachenwagen die Mutter in die Lüfte. Anders als in Senecas Werk steht am Ende der Freitod des verzweifelten Jason, der die Rache den Göttern überlässt.

In einer Widmung verteidigt Corneille das schmale Werk, in dem die Heldin »in ihrer ganzen Boshaftigkeit« und das »Verbrechen in seinem Triumphwagen« aufgezeigt werden sollen. Er hebt hervor, dass es in der Dichtung vor allem auf die »Wahrscheinlichkeit« des Dargestellten ankomme und somit auf die angestrebte Einfachheit und Klarheit der Handlungsführung. Als gleichrangig stellt er daneben das Prinzip der »Nachahmung«: Es genüge ihm, dass die Charaktere »ihre Rechtfertigung entweder in der geschichtlichen Tatsächlichkeit finden oder in der allgemeinen Vorstellung der Alten«. Gegenüber der Vorlage weist *Médée* eine deutliche Umakzentuierung auf. An die Stelle von Senecas stoischem Blick auf die verderbliche Macht subjektiver Leidenschaft tritt die verallgemeinernde Frage nach der menschlichen und politischen Dimension des Bösen. Keine der Hauptgestalten ist positiv gezeichnet, alle erscheinen hemmungslos auf die Befriedigung ihres Ehrgeizes bedacht. Corneilles Ideal der Selbstbeherrschung scheint hier im Negativ gespiegelt. Gerade dadurch wird vor allem die Figur der Medea zu einer der ›modernsten‹, von Existenzängsten gequälten Figuren seines Theaters.

■ Lit.: R. C. Knight: C.'s ›Médée‹. Almost a Classical Tragedy, in: Romance Studies 4, 1984, 17–27. ■ B. Foccroulle: Medeamaterial, 1992. *Richard Mellein*

Le Cid

(frz.; *Der Cid*, 1957, A. Luther) – Die glanzvolle Uraufführung der fünfaktigen Tragikomödie im Jahr 1636 war für die Karriere ihres Autors von entscheidender Bedeutung. Den der spanischen Geschichte des 11. Jh.s entnommenen Stoff hatten während der vorangegangenen fünf Jahrhunderte bereits unzählige Legenden, Romanzen, Chroniken, Epen und Theaterstücke behandelt. Der kastilische Edelmann Rodrigo Diaz, der den maurischen Beinamen »Cid« (Herr) bekam, wurde zum Symbol der spanischen Reconquista und zum Inbegriff der Loyalität gegenüber dem königlichen Dienstherrn.

Am kastilischen Hof wird der alte, ehrbare Don Diègue zum Prinzenerzieher bestimmt. Das beschwört eine Krise herauf, weil sein Rivale, der arrogante Don Gomez, sich dazu hinreißen lässt, den stolzen Alten öffentlich zu ohrfeigen. Der unvermeidliche Kampf um die verletzte Ehre überträgt sich von den Vätern auf die Kinder, auf Don Diègues tapferen Sohn Rodrigue und Don Gomez' Tochter Chimène. Trotz ihrer gegenseitigen Liebe schwankt Rodrigue nur kurz zwischen seiner Neigung und der heiligen Pflicht, den Vater zu rächen, und wählt die einzig mögliche Lösung, die ihm zugleich seine Ehre und die Achtung der Geliebten bewahrt: Er tötet den Beleidiger seines Vaters. Seine Verzweiflung darüber, durch diese Tat die Geliebte zu verlieren, erhöht noch seinen Ruhm. Nun ist es an der nicht weniger leidenden Chimène, zu beweisen, dass sie Rodrigues' würdig ist: Sie fordert vom zögernden König, dass er ein gerechtes Urteil über den Mörder ihres Vaters verhänge und besteht darauf, auch als Rodrigue nach einem Sieg über die plötzlich einfallenden Mauren zum Nationalhelden wird. Don Sanche soll in ihrem Auftrag ihre Familienehre verteidigen. Erst als Rodrigue ihn im Duell besiegt, aber edelmütig verschont, verzichtet sie, vom König ermuntert, auf weitere Rache. Nun steht dem Paar eine glückliche Zukunft offen.

In einer Zeit, in der das spanische Barocktheater in Mode war, konnte es nicht verwundern, dass Corneille sich ein spanisches Stück zum unmittelbaren Vorbild nahm: *Las mocedades del Cid*, 1618 (Die Jugendjahre des Cid), von Guillén de Castro, einem Schüler von Lope de Vega. Gegenüber diesem Stück zeichnet sich *Le Cid* durch eine Vereinfachung und Konzentration aus, die durch die Streichung von Episoden und Randfiguren bewirkt wurde. Die Handlung von Corneilles *Cid* ist ereignisreich, ohne konfus zu wirken. Dank weitgehender Berücksichtigung der seit Jean de Mairets *Sophonisbe* (1634) wieder in Gebrauch gekommenen Regel der Einheit von Ort und Zeit erfuhr die seit 1625 beliebte Gattung der Tragikomödie, die mittlerweile zum Roman auf der Bühne entartet war, hier ihre entscheidende Verwandlung. Corneille gelingt es, die bei Guillén de Castro etwa drei Jahre umfassenden Ereignisse auf die von der klassischen Doktrin geforderten 24 Stunden zu konzentrieren, indem er die dramatischen Auseinandersetzungen zu Konflikten einander entgegengesetzter Gefühle der Protagonisten verdichtet. So wird die äußere Handlung selbst zum Rahmen, in dem Corneille die psychischen Konflikte seiner Charaktere ausbreitet.

Weil sich der Autor allein an dem auf autonomer Entscheidung beruhenden Handeln der Personen orientiert, modernisiert er zugleich den altspanischen Stoff. Sein *Cid* entspricht dem höfisch-heroischen Ideal, das die Zeitgenossen entzückte und das alle seine späteren Tragödien bestimmte. Die fast kultische Feier der Kühnheit und Tugend edler Helden, die eine von barocken stilistischen Raffinessen geprägte Sprache sprechen und jeden Kampf bestehen, erklärt den triumphalen Erfolg der ersten Aufführungen.

Durch eine überheblich formulierte Epistel löste Corneille im Februar 1637 die »Querelle du ›Cid‹« (Streit über den *Cid*) aus. Mairet antwortete mit sechs Stanzen, die den Autor des Plagiats bezichtigen, Scudérys gelehrte Dissertation »Observation sur le Cid« (Einwand gegen den *Cid*) erhob dann die gefährliche Anklage des Verstoßes gegen die dramatischen Regeln. Diese Argumente tauchten, neben Lob und Tadel, auch in der endgültigen Stellungnahme der Académie française wieder auf. Corneille sah sich veranlasst, fortan in den Vorworten seiner Stücke die klassischen Regeln des Dramas eingehend zu diskutieren. Auch wenn die literarische Kontroverse im Einzelnen ärgerlich gewesen sein mag, hat sie doch wesentlich zum Ruhm von Autor und Werk beigetragen.

■ Lit.: W. Floeck: ›Las mocedades del Cid‹ von Guillén de Castro und ›Le Cid‹ von P. C., 1969. *Ingrid Peter*

Horace

(frz.; *Horatius*, 1929, K. H. Gaedertz) – Der Autor verdankt den altrömischen Stoff der 1640 uraufgeführten fünfaktigen Tragödie dem Bericht des Livius (*Ab urbe condita libri* 1, 23–27), aus dem er den Handlungsverlauf sowie die Charakterisierung der wichtigsten Personen übernommen hat.

Der Streit um die Vorherrschaft zwischen den benachbarten Städten Rom und Alba Longa soll zur Vermeidung weiteren Blutvergießens durch den Kampf zwischen je drei Vertretern beider Parteien entschieden werden. Das bedeutet neue Hoffnung für die miteinander verschwägerten Familien der römischen Horatier und der Curiatier aus Alba, vor allem für Curiaces Schwester Sabine, die Frau des jungen Horace, und für dessen Schwester Camille, die mit Curiace verlobt ist. Da trifft die Nachricht ein, dass Horace und seine beiden Brüder auserwählt worden seien, für Rom zu kämpfen, während Alba die drei Curiatier zur Verteidigung ihrer Ehre bestimmt hat. Die Reaktion der Betroffenen ist bezeichnend für ihre unterschiedlichen Charaktere: Curiace empfindet Verzweifelung angesichts der Vorstellung, auf Leben und Tod gegen den Mann seiner Schwester und dessen Brüder kämpfen zu müssen. Horace kennt derartige Skrupel nicht. Ihm geht der Dienst am Vaterland über alles, und von dem schweren, ehrenvollen Auftrag erwartet er eine Erhöhung seines Ruhms. Mit den lapidaren Worten: »Ich kenne euch nicht mehr«, löst er die Familienbande auf. Curiace antwortet: »Ich kenn' euch noch; das ist es, was mich tötet.« Camille und Sabine sehen sich vor eine tragische Alternative gestellt: Wie auch immer der Kampf ausgeht, werden beide einen geliebten Menschen verlieren. Vergeblich versuchen sie, die Krieger durch Bitten und Tränen zu erweichen. Der alte Horace bricht die dramatische Abschiedsszene schroff ab.

Zunächst scheint es, als würden die Horatier unterliegen. Zwei der Brüder sind erschlagen, und Horace soll geflohen sein. Der Vater schwört, den Feigen mit eigener Hand zu töten. Doch die Flucht erweist sich als List, mit der es Horace gelingt, die drei Curiatier zu besiegen. Rom triumphiert, der Stolz des alten Horace ist grenzenlos. Camille aber tritt, im Schmerz um den geliebten Curiace, dem siegreichen Bruder wie eine Rachegöttin entgegen und verflucht ihn und Rom, worauf Horace sie in seiner Empörung über ihren Verrat an der Vaterstadt mit dem Schwert durchbohrt. Über den Mörder soll der König selbst das Urteil sprechen. In einer glänzenden Rede plädiert der alte Horace vor Gericht dafür, seinen Sohn von Schuld freizusprechen, da er die Tat im Eifer für die Ehre des Vaterlands begangen habe. Aus Dankbarkeit für seine großen Verdienste um Rom gewährt König Tullius dem jungen Horace das Leben und gebietet ihm, dem Staat weiterhin treu zu dienen.

Corneilles erste Römertragödie verdankt ihre Entstehung den Streitigkeiten um den 1636 uraufgeführten *Cid*, dessen literarische und politische Aspekte die Wahl des Stoffs, die Regeltreue und den ideellen Gehalt des neuen Werks bestimmten. Mit *Horace* hat Corneille ein Drama gestaltet, das sich streng an die aristotelischen Regeln hält. Die Beschränkung auf 24 Stunden dramatischer Zeit verleiht der Tragödie eine über Hoffnung, Furcht und Ungewissheit zu Entsetzen sich steigernde Spannungsintensität, während der im ganzen Stück gleichbleibende Schauplatz den Bürgerkriegskonflikt auf den engen Kreis zweier Familien reduziert. Die Handlungseinheit, die durch eine lockere »unité d'intérêt« (Interesseneinheit) ersetzt ist, bleibt, wie Corneille in seinem Vorwort (»Examen d'Horace«) selbst einräumt, problematisch: Das Stück zerfällt in zwei fast selbständige Teile, deren erster, bis zur Hälfte des vierten Akts, die Gefahr, den Kampf und Sieg Roms beinhaltet, während der zweite Teil, die Gerichtsverhandlung über den Mord an der Schwester, mit dem Vorhergehenden nur lose zusammenhängt. Der erste Teil ist in seiner Knappheit und dramatischen Steigerung vorbildlich für die Form des klassischen französischen Dramas, der zweite wurde trotz seiner zugestandenen poetischen Vorzüge von der Kritik missbilligt.

Die Handlung konzentriert sich auf die Prüfung des Horace, der sich zwischen patriotischer Pflicht und individuellem Streben entscheiden muss. An seiner Seite stehen mit Curiace, der sich trotz seiner Tapferkeit auch seine Sensibilität bewahrt hat, und Sabine zwei pathetische Tragödienhelden alten Stils, die völlig passiv bleiben. Camille hingegen nimmt am dramatischen Geschehen teil und gleicht in der Absolutheit ihrer unbesiegbaren Leidenschaft ↗ Racines Heldinnen. Der alte Horace verkörpert den traditionellen Bühnentyp des edlen Vaters mit sehr persönlichen Zügen. Leitmotiv der Handlung ist der Widerstreit der Pflichten gegenüber Familie und Staat. Das höhere Recht wird letzten Endes dem Staat zuerkannt. Gemäß dem sich in Frankreich stabilisierenden Absolutismus propagiert Corneille damit die Verabsolutierung der Staatsräson: Es verwundert kaum, dass das Werk dem allmächtigen Kardinal Richelieu gewidmet war.

Im Kontext von Corneilles Gesamtwerk verkörpert Horace die höchste Steigerung eines absoluten, selbstbezogenen, in sich befangenen Heldentums, das ihn, stärker noch als Rodrigue in *Le Cid*, auf dem Höhepunkt seiner Größe mit einem Gefühl unnahbarer, lebensfeindlicher Einsamkeit umgibt, derer er sich zudem voll bewusst ist. Im Wissen um sein Scheitern ist das eigentlich Tragische des Dramas verankert.

▪ Lit.: R. C. Knight: ›Horace‹ de C., 1981. *Ingrid Peter / KLL*

Cinna ou La Clémence d'Auguste

(frz.; *Cinna*, 1880, A. Laun) – Der Stoff der fünfaktigen, 1642 in Paris uraufgeführten Tragödie geht auf eine Seneca-Passage (*De clementia*, 1, 9) zurück, die ↗ Montaigne in den *Essais* (1, 23) kommentiert. Als weitere Quelle diente eine in der *Rhōmaikē historia (Römische Geschichte)* des Cassius Dio wiedergegebene Unterredung zwischen Augustus, Agrippa und Maecenas. Eine eigene Erfindung Corneilles ist die, seiner Vorstellung von der römischen Frau entsprechende, »bewundernswerte Furie« Aemilie, der ihre – allerdings missverstandene – Ehre über alles geht.

Aemilie, die Tochter des von Augustus geächteten Toranius, will ihren Vater rächen und ist dafür bereit, das Leben ihres Geliebten Cinna, der ihren Plan verwirklichen soll, aufs Spiel zu setzen. Cinna seinerseits plant mit Maxime eine Verschwörung gegen Kaiser Augustus, der sich mit dem Gedanken der Abdankung trägt. Cinna und sein Verbündeter Maxime werden zum Kaiser gerufen. Während sie glauben, ihr Plan sei entdeckt, erbittet Augustus nur ihren Rat wegen seiner Abdankung und der Frage, ob am Ende des Bürgerkriegs die Republik wiederaufgerichtet werden solle. In Übereinstimmung mit dem gemeinsamen Plan versucht Maxime, den Kaiser zur Abdankung zu bewegen, erkennt jedoch in dem Gespräch, dass Cinna ganz andere Absichten verfolgt. Da Maxime gleichfalls in Aemilie verliebt ist, fühlt er sich verraten und zieht sich aus der Konspiration zurück. Maximes freigelassener Sklave Euphorbe verrät dem Kaiser die Pläne der Verschwörer und gibt vor, Maxime habe sich aus Reue ertränkt. Augustus lässt Cinna zu sich kommen. Aemilie beschließt, Selbstmord zu begehen, wenn die Verschwörung scheitern sollte. Als Maxime ihr vorschlägt, mit ihm zu fliehen, lehnt sie dies ab. Während sich Cinna vor dem Kaiser verantwortet, erscheint Aemilie und erklärt sich zur Urheberin des Komplotts. Auch Maxime tritt auf und enthüllt Euphorbes Betrug. Trotz seiner Verzweiflung ringt sich Augustus nach einem langen Monolog dazu durch, alle Beteiligten zu begnadigen, und Cinna mit Aemilie zu verheiraten.

Augustus, die Inkarnation von Corneilles Ideal der Selbstbeherrschung, wird im Laufe des Stücks zu einer Idealfigur von echter Größe und Güte, zur eigentlichen Hauptgestalt, die den Titelhelden an den Rand spielt. Der innere Kampf eines absoluten Herrschers, der die blutige Vergangenheit begraben und Frieden schaffen will, forderte das zeitgenössische Publikum zu einer Auseinandersetzung mit dem Begriff der absoluten Macht heraus. Augustus gegenüber wirkt Cinna wie ein Verschwörer ohne politische Überzeugung, kühn in seinen Worten, aber höchst unentschlossen, wenn es um Taten geht. Obwohl das Gebot der Einheit von Zeit, Ort und Handlung Corneille zu großer Konzentration des Stoffs zwang, bleibt das Geschehen überschaubar. Die Lösung des dramatischen Konflikts geschieht allein durch die innere Wandlung der handelnden Personen: Der Kaiser ringt sich zur Großmut durch, die Verschwörer bereuen. Der Stoff wurde von Corneille in formaler und stilistischer Hinsicht mit größter Sorgfalt ausgearbeitet. Höhepunkte seiner Rhetorik sind die eloquenten politischen Reden sowie die lyrischen Verse, die Aemilies Gefühlsstärke erkennen lassen.

In *Cinna* werden zwei für Corneilles spätere Tragödien charakteristische Prinzipien betont: zum einen der Vorrang ethischen Handelns vor persönlichen Leidenschaften und zum anderen die Notwendigkeit, Selbstbeherrschung zu üben. Als Huldigung an das imperiale Rom und als moralisch-politisches Lehrstück war die Tragödie ein ausgesprochenes Modestück und in einer Zeit, in der die vornehme Gesellschaft sich beständig mit Intrigen beschäftigte, auch von zündender Aktualität. Ihr vorbildlicher klassischer Aufbau und ihre Sprachkunst haben ihr bis heute einen Platz im Repertoire französischer Bühnen gesichert.

▪ Lit.: E. Méron: Tendre et cruel C., 1984. ▪ P. Ronzeaud: C. ›Cinna‹, ›Rodogune‹, ›Nicomède‹, 1998. *Ingrid Peter / KLL*

Polyeucte

(frz.; *Polyeukt, der Märtyrer*, 1874, A. Benda) – Den Stoff zu diesem Märtyrerdrama, das im Winter 1642/43 uraufgeführt wurde, entnahm der Autor einer Heiligenvita des spätbyzantinischen Kompilators Symeon Metaphrastes (10. Jh.), die gekürzt in seiner unmittelbaren Vorlage, der *Vitae sanctorum* (Heiligenleben) des Deutschen Surius (16. Jh.), enthalten war.

Zwei Themen bestimmen die Handlung: die Bekehrung des Protagonisten zum Christentum und das Dreiecksverhältnis Polyeucte, Pauline und Sévère. Der armenische Adlige Polyeucte wird von seinem Freund Néarque gedrängt, sich taufen zu lassen, zögert aber wegen seiner Gattin Pauline, deren Vater Felix – römischer Statthalter in Armenien – den von Pauline geliebten unbegüterten Sévère zugunsten Polyeuctes abgewiesen hatte. Als Sévère – wie ein Traum es Pauline verkündet – unerwartet als Günstling des Kaisers Decius (249–251) und als Sieger über die Perser zurückkehrt, fürchtet der kleinmütige Félix die Rache des Abgewiesenen, dessen edle Gesinnung jedoch keinen Gedanken an Vergeltung aufkommen lässt.

Von der Gnade erleuchtet, bekennt sich Polyeucte öffentlich zu seinem Glauben, zerreißt das kaiserliche Edikt, das Christenverfolgungen anordnet, und zerschlägt die heidnischen Götterbilder. Weder das harte Urteil des Statthalters noch Néarques Martyrium oder Paulines Bitten können ihn umstimmen. In den berühmten schwärmerischen Stanzen des vierten Aktes, die den dramatischen Vers durchbrechen, feiert er seinen neuen Glauben und geht – Inbegriff der Vereinigung von stoischer und christlicher Moral, der beiden von Corneille gepriesenen Tugendsysteme – seinen Weg bis zum Martyrium. Félix, der ihn nach langem Zögern in den Tod geschickt hat, wird danach ebenso wie Pauline unerwartet und unmotiviert von der Gnade erfasst.

In Polyeucte, der Verkörperung christlicher Tugenden, erreicht der makellose Held Corneilles seine Vollendung. Dass die Figur dennoch als dramatisch unbefriedigend bezeichnet wurde, liegt daran, dass die komplexe Handlung des Stücks zu wenig von der Hauptgestalt bestimmt ist. Die dramatische Bewegung geht weitgehend von den Nebenpersonen aus, die zur Auseinandersetzung mit der Vorbildlichkeit des Helden gezwungen werden. Ohne ihre Liebe zu Sévère zu vergessen, hatte sich Pauline aus Pflichtgefühl gegenüber dem Vater Polyeucte zugewandt. Nach der Wiederbegegnung mit Sévère verbirgt sie ihre Gefühle nicht, stellt sich aber auf Polyeuctes Seite. Damit entfaltet sich die für Corneille typische Dialektik zwischen Liebe und Ehre: Die Liebe steht zwar jenseits und über der Ehre, wird aber in der Form ihrer Äußerungen immer von der Ehre bestimmt. Paulines edlen Regungen entspricht der Charakter des idealistisch gesinnten Sévère, der Pauline in ihrem Pflichtbewusstsein begreift und deshalb für Polyeucte eintreten kann: »Zweifellos besitzen eure Christen, die man vergebens verfolgt, etwas, das das Menschliche übersteigt. Ich befürworte indessen, daß jeder seine Götter habe, daß er sie verehre auf seine Weise und ohne Furcht vor Bestrafung.« *Polyeucte* ist jedoch kein traditionelles Märtyrerdrama. Durch Paulines Verhalten und ihre Argumentation wird vielmehr dem Diesseits eine eigene moralische Wichtigkeit zugebilligt. Corneilles Drama kann daher als »Rechtfertigung des Diesseits, der eigenen Würde weltlicher Tugenden und der autonomen Moral der weltlichen Staatsmacht« interpretiert werden.

Die Wahl eines Themas aus dem Bereich der christlichen Religion forderte die zeitgenössische Kritik in doppelter Hinsicht heraus: Streitbare Christen erblickten darin eine Profanisierung von Glaubensinhalten, säkular gestimmte Geister sahen sich einem Unbedingtheitsanspruch gegenüber, der die glückliche Synthese zwischen Religion und weltlichem Leben im barocken und absolutistischen Frankreich in Frage zu stellen schien. Die Botschaft des Stücks, den unter der königlichen Zentralgewalt von jeder politischen Verantwortung ausgeschlossenen Menschen auf die Möglichkeit der Selbstverwirklichung in einem staatsfreien Raum hinzuweisen, blieb unverstanden.

Corneilles Meisterwerk wurde nicht nur von den Zeitgenossen kritisch aufgenommen. Noch in einem berühmten Epigramm ↗ Voltaires ist die ablehnende Haltung spürbar. Erst mit dem Napoleonischen Zeitalter und seinem Bedürfnis nach Heroenverehrung begann sich diese Einstellung zu ändern. Für ↗ Chateaubriand war *Polyeucte* ein Beispiel für die Intensität der Gefühlswerte, die ihren Ursprung in der Leidenschaft des Glaubens haben. Goethe, Ranke und insbesondere Nietzsche gehörten zu Corneilles Bewunderern, und noch im 20. Jh. hatte er Bedeutung für die geistige Entwicklung so wesensverschiedener Schriftsteller wie ↗ Sartre oder Péguy, der gerade in Polyeuctes heroischer Überwindung der Zeitlichkeit ein Gegenbild zum eigenen Dekadenzbewusstsein fand.

■ Lit.: M. R. Margitic: Cornelian Power Games, 2002. *KLL*

Rodogune, princesse des Parthes

(frz.; *Rodogyne*, 1962, R. A. Schröder) – Die fünfaktige Tragödie, das berühmteste Werk des Autors, wurde 1644 uraufgeführt und basiert auf der *Rhōmaikē historia (Römische Geschichte)* des Appianos (um 160 n. Chr.). Corneille überschreitet darin die Grenzen seiner klassischen Tragödien, die das Böse und Grauenhafte nur innerhalb der Schranken einer göttlich gebundenen, moralischen Weltordnung geduldet hatten. Gegenstand von *Rodogune* ist der keinerlei ethische Bindungen anerkennende Ausnahmemensch. Der Wille zu politischer Macht ist entscheidender Antrieb für das Handeln der Protagonistin.

Cléopâtre, die Witwe des syrischen Königs Nicanor, hat ihre Söhne, die Zwillingsbrüder Antiochus und Séleucus, aus Ägypten zurückrufen lassen. Sie will bekanntgeben, welcher von beiden der Erstgeborene ist. Gemäß einem Vertrag mit den Parthern soll er die Krone des Reichs erhalten und mit Rodogune verheiratet werden, der Schwester des Partherkönigs, der Nicanor einst zum Gefangenen gemacht hatte. Rodogune war Nicanor einst nach Syrien gefolgt, wo er einem Mordanschlag der eifersüchtigen Königin zum Opfer fiel. Cléopâtres Eifersucht zielt nun auf den Tod der Nebenbuhlerin, und sie verspricht demjenigen ihrer Söhne die Herrschaft, der diese Mordtat vollbringt. Antiochus und Séleucus, die beide Rodogune lieben und deren Charakter eine solche Tat fernliegt, weisen das Ansinnen zurück. Die Situation wird dadurch kompliziert, dass Rodogune, die Antiochus liebt, ihrerseits als Preis für ihre Liebe von den Brüdern die Tötung der Mutter verlangt. Ihre moralische Überlegenheit zeigt sich jedoch darin, dass sie, von Antiochus besänftigt, nicht auf ihrer Forderung besteht. Cléopâtre lässt nun zunächst den widerspenstigen Séleucus vergiften. Da jedoch auch Rodogune und Antiochus ihrem Machtstreben gefährlich werden könnten, plant sie, die beiden bei ihrer Hochzeit durch Gift zu beseitigen. Die Nachricht von Séleucus' Tod erweckt Antiochus' Argwohn. Als Rodogune Cléopâtre die Schuld an der Tat gibt und diese ihre Pläne scheitern sieht, trinkt sie selbst das Gift und wird sterbend hinweggeführt. Vergeblich hatte sie gehofft, Antiochus doch noch täuschen und mit in den Tod nehmen zu können.

Im Unterschied zur klassischen Katharsis bewirkt die Katastrophe hier keine Wiederherstellung der moralischen Weltordnung, allenfalls das Scheitern eines amoralischen Menschen. Corneille hat den Adel, der sich in der Herrscherleidenschaft der orientalischen Königin verbirgt, hervorgehoben und *Rodogune* den meisten seiner anderen Werke vorgezogen. Die Beurteilung durch die Nachwelt fiel indes zwiespältig aus, wie die Urteile Lessings, ↗ Voltaires und A. W. Schlegels belegen. Neuere Kommentatoren wie R. Caillois und O. Nadal haben den Charakter Cléopâtres im Sinne von Nietzsches ›Übermenschen‹ gedeutet, sind damit allerdings auf entschiedene Kritik gestoßen: Zwischen dem Amoralismus der zweiten Hälfte des 19. Jh.s und der aristokratisch-christlichen Weltsicht Corneilles existiere kaum eine Analogie.

Tatsächlich bedeutet *Rodogune* für das französische Drama einen Bruch mit der stoisch-christlichen Tradition. Tragik geht in diesem Stück vielfach in eine reine Phänomenologie des Hasses über, ohne dass dadurch jedoch der Charakter Cléopâtres tangiert würde. Cléopâtres Pläne sind monströs; eine rationale Rechtfertigung für ihr Handeln sucht sie kaum. Ihre großen Ziele lassen sie ausschließlich als Repräsentantin eines amoralischen Willens zur Macht erscheinen, nicht aber als Sünderin, die der Gnade bedarf. In dieser heillosen Welt des heroischen Lasters weist nur die in ihrer Wirkung ungleich schwächere reine Bruderliebe auf die Gültigkeit einer im Christentum fundierten sittlichen Ordnung hin.

Damit war eine neue Stufe der Corneille'schen Tragödie erreicht, deren Handlungslinien nun weit verschlungener als in den bisherigen Stücken sind. Erstmals hat der Autor hier die Technik der Überraschungseffekte bewusst eingesetzt. Damit hängt auch die von den klassischen Regeln abweichende Spannungsverteilung zusammen, die den Höhepunkt des dramatischen Geschehens nicht mehr im dritten, sondern ausnahmsweise im fünften Akt vorsieht. Der Stoff der Handlung ist demzufolge sehr ungleich auf die einzelnen Akte verteilt. Die Dynamik der charakterlichen Entwicklung ist bei einigen Figuren außerordentlich (wie bei Rodogune, die zwischen Hass und Liebe schwankt), andere Gestalten (wie Cléopâtre) sind dagegen statisch angelegt. Trotz der spannungsreichen Handlung entfalten sich die Charaktere eher durch reflektierende Gespräche als durch Aktionen. Viele Stellen des Stücks weisen auf die analytische Dramentechnik des 20. Jh.s voraus.

▪ Lit.: P. Ronzeaud: C. ›Cinna‹, ›Rodogune‹, ›Nicomède‹, 1998.

Christian Schäfer

Andromède

(frz.; *Die errettete Unschuld oder Andromeda und Perseus in einem Singspiel vorgestellt*, 1679, J. P. Foertsch) – Hauptquelle der im Auftrag des Kardinals Mazarin geschriebenen fünfaktigen Tragödie, die 1650 in Paris uraufgeführt wurde, ist der Andromeda-Mythos, wie ihn Ovid im vierten und fünften Buch seiner *Metamorphoseon libri* (ca. 2–8 n. Chr.; *Metamorphosen*) darstellt: Andromède, Tochter des äthiopischen Königs Céphée, soll Neptun geopfert werden, weil ihre Mutter Cassiope die Meeresnymphen beleidigt hat. An einen Felsen gekettet, erwartet sie ihr Ende. Doch Persée, der zuvor die Medusa bezwang und nun deren Schlangenhaupt unter seinem Schild verborgen mit sich führt, befreit sie. Die dankbaren Eltern geben Andromède dem Retter zur Frau. Der äthiopische Prinz Phinée, dem sie ursprünglich versprochen war, bricht mit seinen Soldaten in die Hochzeitszeremonie ein und versucht, Persée zu töten. Im aussichtslosen Kampf gegen die Übermacht holt Persée im letzten Moment das Schlangenhaupt hervor, durch dessen Anblick die Feinde in Statuen verwandelt werden. Die Götter entrücken das edle Paar mitsamt den Eltern von der Erde, die ihrer unwürdig ist, in den Himmel, wo sie als Sternbilder heute noch zu sehen sind: Perseus und Andromeda, Kepheus und Kassiopeia.

Wie Corneille im Prolog ausführt, weicht seine Version in einigen Details vom überlieferten Mythos ab. Dem Regelsystem der Epoche angepasst, ist *Andromède* ein der manieristischen Maschinendramaturgie huldigendes Schaustück für die Hofgesellschaft im italienischen Stil, mit Rezitativen und Gesang, mit einer imposanten, donnernden und blitzenden Bühnenmaschinerie und Götterflügen vom Olymp zur Erde. Jupiter, Juno, Neptun, Merkur und Venus, acht Winde und drei Nereiden demonstrieren zu gegebener Zeit die das Schicksal wendende göttliche Gewalt. Im Prolog geben sich der auf feurigem Wagen einherrasende Sonnengott und Melpomene, die Muse der Tragödie, ein Stelldichein zum zweistimmigen Loblied auf den »jüngsten und größten der Könige«, den achtjährigen Ludwig XIV. Ein weiteres Zugeständnis an die Hofgesellschaft ist, dass Andromède den affektierten Heldinnen der Moderomane jener Zeit in nichts nachsteht. Von den zauberstarken Armen eines sanft gesinnten, schmachtenden Persée der Gefahr entrissen, singt sie gemeinsam mit ihrem Retter ein preziöses Liebesduett und macht darauf ihrem bisherigen Bräutigam Phinée die bittersten Vorwürfe, weil er, unfähig, sie zu retten, nicht einmal bereit war, für sie zu sterben.

Im Vorwort versucht Corneille unter Berufung auf Aristoteles und andere antike Vorbilder zu beweisen, dass die in den Dramentext eingearbeiteten Orakel, vorgelesenen Briefe und eingeflochtenen Stanzen als Zugeständnis an das Publikum den strengen Regeln der klassischen Dramaturgie nicht widersprechen. Unübersehbar ist jedoch, dass er sich gern der gefälligen Form bediente, um auch sein lyrisches Können zur Geltung zu bringen.

▪ Lit.: R. Guarino: La tragedia e le macchine, 1982.

Ingrid Peter / KLL

Nicomède

(frz.; Nikomedes) – Die fünfaktige, 1651 uraufgeführte Tragödie greift wie die bedeutendsten Stücke des Autors aus den 1640er Jahren auf eine Vorlage aus der römischen Geschichte zurück. Die Umrisse der Fabel übernahm Corneille von dem lateinischen Historiker Iustinus (ca. 2. Jh. n. Chr.) und erweiterte sie durch Anleihen bei griechischen und anderen römischen Geschichtsschreibern.

Nicomède, Schüler Hannibals und Eroberer weiter Teile Asiens, kehrt an den bithynischen Hof zurück, als er von Intrigen seiner Stiefmutter Arsinoé erfährt. Diese hatte Rom die Auslieferung des flüchtigen Hannibal versprochen, wodurch sie seinen Selbstmord verursacht, aber ihren in Rom erzogenen Sohn zurückerhalten hatte. Prusias, der König von Bithynien, fürchtet Nicomèdes Macht, die für ihn schon als solche die Möglichkeit künftiger Verbrechen in sich birgt. Um seinen Sohn politisch auszuschalten, stellt er ihn dem römischen Gesandten Flaminius gegenüber. Durch dessen Forderung, seinen Halbbruder Attale als Thronfolger zu bestimmen, lässt sich Nicomède zu schweren Vorwürfen hinreißen. Ein weiterer Schachzug von Flaminius und Prusias ist der Versuch, für Attale die Nicomède ergebene armenische Königin Laodice zu gewinnen, die jedoch ein solches Ansinnen zurückweist. Nachdem in einer großen Auseinandersetzung zwischen Prusias, Nicomède und Arsinoé die gegenseitigen Anschuldigungen offen zur Sprache gekommen sind und Nicomède die ihm auferlegte Wahl zwischen Thron und Laodice zurückgewiesen hat, leitet Attale die Versöhnung ein. Er verzichtet zugunsten seines Bruders auf den Thron. Dieser bietet seinerseits Attale den Thron an und eröffnet dem nun kompromissbereiten Flaminius die Möglichkeit einer Allianz mit Rom.

Corneille behandelt hier das Problem nationaler Widerstände gegen die römische Macht sowie die politischen Intrigen und internen Rivalitäten, die die einheimischen Herrscherfamilien gegenüber dem aufsteigenden Rom in ungünstigem Licht erscheinen lassen: »Mein Hauptziel war, die Politik der Römer außerhalb ihres direkten Machtbereiches zu zeichnen.« In dem Stück treffen verschiedene Interessen aufeinander, die von Corneille alle als berechtigt und »tugendhaft« dargestellt werden: die vom Ehrgeiz diktierten Intrigen der Arsinoé, der zweiten Frau des Prusias, die ihren und Prusias' Sohn Attale zum Thronfolger bestimmen will; der Rechtsanspruch des älteren Sohns Nicomède auf den Thron und seine Bewerbung um Laodices Hand; schließlich die Absicht des Flaminius, die Verbindung von Bithynien und Armenien im Interesse Roms zu zerschlagen.

Mit Nicomède hat Corneille einen neuen Typus des dramatischen Helden geschaffen, der nicht mehr die aristotelische Mischung aus Stärken und Schwächen verkörpert. Unter den Personen des Stücks, deren Charaktere sich kaum entwickeln, ragt Nicomède durch die Erhabenheit seiner Gefühle, seine Großherzigkeit und Beherrschtheit hervor, eine Idealgestalt der Epoche, deren moralische Vorzüge von ↗ Descartes bereits im *Traité des passions*, 1649 (Über die Leidenschaften), formuliert wurden. Diese undramatische Konzeption eines neostoischen Helden, der nur Bewunderung erweckt, ist in Corneilles späteren Stücken nicht mehr zu finden.

Von der klassischen Tragödie weicht Corneille durch den glücklichen Ausgang ab, aber auch durch einige lustspielartige Szenen und den teilweise galanten Ton, so dass die Bezeichnung Tragikomödie zutreffender ist. Das Werk wurde ein so großer Erfolg, dass noch ↗ Molière es 1658 für seine erste Vorstellung vor dem König im Louvre wählte.

▪ Lit.: P. Ronzeaud: C. ›Cinna‹, ›Rodogune‹, ›Nicomède‹, 1998.

Renate Luscher

Œdipe

(frz.; Ödipus) – Die auf Anregung des Finanzministers Fouquet verfasste und ihm gewidmete fünfaktige Tragödie wurde 1659 in Paris uraufgeführt. Als Vorlagen dienten Stücke von Sophokles und Seneca, allerdings erweitert um eine Liebeshandlung nach dem Geschmack der Zeit: Dirke, die ehrgeizige Tochter des Laius und Ödipus' Schwester, will ihrem Anspruch auf den nach der Tötung ihres Vaters verwaisten thebanischen Thron durch Heirat mit Theseus, dem Herrscher von Athen, Nachdruck verleihen. Der von Angst getriebene Ödipus plant jedoch, sie mit dem unbedeutenden Aemon zu verheiraten. Als er versucht, vom Orakel die Ursache der Pest in Theben zu erfahren, gibt ihm Laius' Schatten die zweideutige Antwort, ein »Nachkomme aus seinem Blut« müsse sich für den ungesühnten Königsmord opfern, erst dann werde die Stadt von der Seuche befreit. Dem nun entbrennenden Wettstreit zwischen der opferwilligen Dirke und Theseus, der sich zu ihrer Rettung als totgeglaubter Sohn des Laius ausgibt, setzt die Entlarvung der wahren Identität des »Usurpators« Ödipus ein Ende. Nach dem Selbstmord Jokastes reißt sich Ödipus die Augen aus: nicht in einem Akt der Selbstbestrafung und Sühne, sondern des freiwilligen Opfers für das Heil seiner Untertanen.

Corneille vollzieht hier die entscheidende Neuinterpretation des Ödipus-Mythos, die auch spätere Bearbeiter des Themas übernahmen. Doch treibt er die Modernisierung des Stoffs noch weiter. Zwar hat der zeitgenössische Theoretiker d'Aubignac die Liebesnebenhandlung kritisiert, weil sie zu einer formalen Zweiteilung und somit zur inhaltlichen Dezentrierung der Dramenstruktur führe. Doch erfüllt sie eine dramaturgische Funktion im Sinne der klassischen Ästhetik, da dem Publikum durch den letzten Auftritt von Theseus und Dirke der drastische Anblick des blutenden Ödipus erspart bleibt. Sie schafft auch die Verbindung von Politik und Liebe, eine der wichtigsten dramatischen Antriebskräfte des klassischen französischen Theaters. Darüber hinaus aktualisiert Corneille den Mythos in der großen Rede des Theseus am Ende des dritten Akts – eine flammende Kritik am Prädestinationsglauben und zugleich ein Plädoyer des Autors für die Willensfreiheit, die den Menschen zum Herren über sein Geschick macht.

▪ Lit.: W. Theile: Stoffgeschichte und Poetik. Literarischer Vergleich von Ödipus-Dramen, in: Arcadia 10, 1975, 34–51.

Jutta Fonrobert

Discours de l'utilité et des parties du poème dramatique. Discours de la tragédie et des moyens de la traiter selon le vraisemblable ou le nécessaire. Discours des trois unités d'action, de jour et de lieu

(frz.; Abhandlung über den Nutzen und die Einteilung des Dramas. Abhandlung über die Tragödie und ihre Behandlung gemäß der Wahrscheinlichkeit oder Notwendigkeit. Abhandlung über die drei Einheiten von Handlung, Zeit und Ort) – Die theoretischen Essays erschienen 1660 als Einleitungen zu den drei Bänden der Werkausgabe des Autors, der sich zeitlebens in den Rahmentexten seiner Dramen mit ästhetischen Theorien auseinandergesetzt hatte und hier in systematischer Form die Quintessenz seiner Ansichten über das Drama präsentiert. Als Mann der Praxis gesteht er, dass ihn diese »äußerst mühsame Arbeit über einen äußerst schwierigen Gegenstand« mehr Mühe gekostet habe als das Schreiben seiner Stücke. Er beruft sich jedoch auf seine Theatererfahrung, die ihm eine bessere Position sichere als den Gelehrten, etwa d'Aubignac, Verfasser der einige Jahre zuvor erschienenen *Pratique du théâtre*, 1657 (Theaterpraxis). Die von Corneille im soliden Gewand einer gelehrten Dissertation vorgetragenen ästhetischen Prinzipien lassen den aus früheren Vorworten und Avertissements bekannten Polemiker erkennen, der Erfahrungen aus seiner Theaterpraxis in die Theorie einbezieht. Zwar gründet sich auch seine Poetik auf Aristoteles und Horaz, doch ist er der Meinung, jeder Autor habe das Recht, deren Theorien auf seine Weise zu interpretieren: Das ist bereits der Standpunkt, den später Perrault und seine Anhänger in der ›Querelle des Anciens et des Modernes‹ (Streit zwischen den Alten und den Modernen) gegenüber Boileau vertreten. Da es Sinn des Theaters sei, zu unterhalten, müssen sich die dramaturgischen Regeln als praktische Hilfsmittel diesem Ziel unterordnen. So empfiehlt er die Stanze als Mittel, um den Alexandriner, den klassischen Tragödienvers, aufzulockern.

Während die traditionelle Lehrmeinung den moralischen Nutzen des Theaters zum obersten Prinzip erhob, will Corneille diesen Nutzen als eine bei einem Publikum mit gesunden Instinkten selbstverständliche Folge des Vergnügens am Spiel sehen. Die klassische Konzeption der dramatischen Handlung empfindet er als logisch und erklärt ihre Gliederung – Exposition, Entwicklung der Krise und deren Lösung – für ebenso verbindlich wie die Forderung nach fortschreitender Bewegung (ohne lange Berichte und Monologe) und das Bemühen, die Katastrophe so lange wie möglich hinauszuzögern.

Hinsichtlich der drei Einheiten will Corneille dem Dramaturgen größtmögliche Freiheit lassen. Obwohl die Wahrung der Einheit von Handlung und Zeit seiner Phantasie oft Zügel angelegt hat, betrachtet er sie doch als eine Möglichkeit, dem Zuschauer die Illusion des wirklichen Lebens zu vermitteln. Die Forderung nach Einheit des Ortes behandelt er freilich mit einiger Ironie: Sie widerspreche oft dem modernen Wunsch nach Wahrscheinlichkeit und sogar den guten Sitten. In diesem Punkt ermutigt er den Tragödiendichter zum Vertrauen auf sich selbst und plädiert für einen geschickten Ortswechsel dort, wo er notwendig scheint.

Mit seinen subtilen Erörterungen der Wahrheit, Wahrscheinlichkeit und Notwendigkeit im Bühnengeschehen, die ihn als glänzenden Aristoteles-Kommentator ausweisen, setzt sich Corneille in Opposition zur anerkannten Doktrin. Seine Neigung, im Dienst einer höheren poetischen Wahrheit auch Unwahrscheinlichkeiten zu gestatten, begründet er zum einen aus der antiken Poetik, zum anderen beruft er sich auf die für ihn selbst entscheidenden Kriterien: die dramatische Wirkung und die Reaktion der Zuschauer. Er befreit sich von Aristoteles' Forderung nach »gemischten Charakteren« und von dem damit zusammenhängenden Problem der »Reinigung der Affekte«, einer Formulierung, die von Corneilles Zeitgenossen im Sinne einer »moralischen Lektion« interpretiert wurde. Für ihn müssen »Mitleid und Furcht« nicht Hand in Hand gehen. Diese eigenwillige Anschauung stützt er durch zahlreiche Beispiele, vorwiegend aus eigenen Werken. Auch seine noch weitaus revolutionärere Idee, dass der Held einer Tragödie nicht unbedingt adeliger Herkunft sein müsse, deutet sich hier bereits an.

■ Lit.: G. Forestier: C. Le sens d'une dramaturgie, 1998.

Ingrid Peter

Sophonisbe

(frz.; Sophonisbe) – Die Tragödie in fünf Akten, die einer Episode aus Livius' *Ab urbe condita (Römische Geschichte seit Gründung der Stadt)* folgt, wurde 1663 uraufgeführt. Hasdrubals Tochter Sophonisbe ist mit Massinissa verlobt, wird aber vom Vater dem Numiderfürsten Syphax zur Ehe gegeben, um dessen Bündnis mit den Römern zu verhindern. Im Kampf den römischen Legionen unterlegen, werden beide gefangen genommen; Sophonisbe nimmt sich das Leben, um der Schande einer Auslieferung nach Rom zu entgehen.

Corneille wollte mit *Sophonisbe* eine eigenständige, von Trissino, Mairet und anderen Vorgängern unabhängige Tragödie schaffen. Von Mairets gleichnamigem Stück (1635) unterscheidet sich das Drama dadurch, dass die wichtigsten Stationen der Handlung genau der römischen Geschichtsschreibung folgen. Zudem hat Corneille eine umfangreiche Nebenhandlung erfunden, die dazu dient, das Geschehen zu motivieren und die

Charaktere zu profilieren: Éryxe, die Königin von Getulien, ist Gefangene der eifersüchtigen Sophonisbe. Massinissa befreit sie, doch statt ihr gegenüber sein früheres Versprechen zu erfüllen, drängt er Sophonisbe zur Heirat und gibt vor, sie nur dadurch vor den Römern schützen zu können. Éryxe, die kaum einmal ihre kühle Beherrschung verliert, verbirgt ihre Enttäuschung vor Massinissa. Sie kennt keine Rachegefühle gegenüber der Rivalin, in der sie stets die Königin achtet. Nach Sophonisbes Tod wird sie vom römischen Feldherrn Laelius gebeten, Massinissas Verirrung mit Milde zu beurteilen und ihn erst an seinem künftigen Verhalten zu messen.

Éryxe vereint absolute persönliche Würde und politische Klugheit; sie verkörpert eine Idealkönigin im Sinne Corneilles. Sophonisbe dagegen ist eine ambivalente Figur, deren hartnäckigem Streben nach Unabhängigkeit und Freiheit ebenfalls die Sympathie des Autors gilt. Noch im Untergang versucht sie, einen Bereich unbedingter Freiheit zu bewahren – sei es durch Grausamkeit, Intrige, Verrat, schließlich durch den Tod. Vergeblich fordert sie die gleiche fanatische Haltung erst von Syphax, dann von Massinissa. Sie opfert dem Mythos Karthago den Frieden des Landes, das Königreich ihres Mannes, ihre Ehe und ihr eigenes Leben. In maßlos scheinendem Stolz identifiziert sie sich mit dem Wohl ihrer Vaterstadt. Durch herrische Anmaßung, Eifersucht und Hass werden die bedenklichen Züge der Protagonistin ins Extreme gesteigert. Die Konfrontation dieses Charakters mit der politischen Notwendigkeit und Klugheit, wie sie die Römer vertreten, markiert die politische Grenzsituation: Hinter dem durch persönliche Unzulänglichkeit verschuldeten Untergang der nordafrikanischen Reiche wird der Aufstieg eines neuen Imperiums sichtbar.

Sophonisbe ist, wie alle Tragödien aus Corneilles letzter Schaffensperiode, ein Werk der historischen und politischen Moral. Trotz ihrer sprachlichen Schönheit traf die Tragödie nicht grundlos auf den heftigen Widerstand der Kritik. Stärker als durch den negativen Charakter seiner Protagonistin wird die Qualität des Stücks durch dramaturgische Schwächen beeinträchtigt. Die Motivation der Handlung bleibt mehrdeutig. Sophonisbes Eifersuchtsdrama beherrscht die ersten drei Akte, während sich der politische Konflikt nur schwach entfaltet, ohne die Dimension des Tragischen zu erreichen.

▪ Lit.: S. R. Baker: Dissonant Harmonies. Drama and Ideology in Five Neglected Plays of P. C., 1990.

Johanna Woltmann-Zeitler

Othon

(frz.; Otho) – Nach *Sertorius* (1662) und *Sophonisbe* (1663) wandte sich der Autor mit dieser 1664 uraufgeführten fünfaktigen Tragödie erneut einer von Tacitus überlieferten Episode der römischen Geschichte zu. Kaiser Galba, unentschlossen und schwach, sieht sich in einer bedrohlichen politischen Lage von drei Ratgebern umgeben, dem intriganten Vinius, dem rücksichtslosen Lacus und dem ehrgeizigen Martian, die in gegenseitigem Misstrauen ein verstecktes Ränkespiel treiben, um die eigene Macht zu festigen. Sie waren Otho, dem ehemaligen Gouverneur unter Nero, in der Gunst Galbas zuvorgekommen, und so versucht dieser nun, durch die Heirat mit Vinius' Tochter Pauline seine Position zu verbessern. Entgegen seiner ursprünglichen Absicht lässt er sich jedoch von Vinius überreden, um Camille, Galbas Nichte und Roms zukünftige Kaiserin, zu werben. Darauf entbrennt ein Machtstreit zwischen Lacus und Martian einerseits, die den schwachen Piso als Galbas Nachfolger und Camilles Ehemann vorschlagen, und Vinius andererseits, der Otho unterstützt. Als Galba sich für Piso entscheidet, stellt sich Otho an die Spitze der Truppen, Lacus erschlägt in ohnmächtigem Zorn seinen Gegenspieler Vinius, dann tötet er Galba und sich selbst. Otho wird zum Kaiser ausgerufen, und ein neuer Abschnitt der Geschichte beginnt.

Das Stück kann kaum als Tragödie im traditionellen Sinn aufgefasst werden, da es weder einen erhabenen Helden noch eine Katastrophe aufweist, sondern eine Gruppe durchschnittlicher Charaktere in einer geschichtlichen Situation vorführt: Parallelen zu zeitgenössischen politischen und privaten Ereignissen um Ludwig XIV. sind dabei kaum zu übersehen. Die Frauen Pauline und Camille sind die einzigen Gestalten, die als Verkörperungen der Corneille'schen Tugenden angelegt sind.

Boileau kritisierte das Werk in *L'art poétique*, 1674 *(Die Dichtkunst)*, in vernichtender Weise, da es auf »verstandeskalten Schlussfolgerungen« basiere und es ihm an bühnenwirksamer Handlung und Pathos fehle. Erst im 20. Jh. erfuhr es eine gerechtere Bewertung als Geschichtsszene, in der Machtwille, Liebe und Eifersucht ineinanderspielen.

▪ Lit.: S. R. Baker: Dissonant Harmonies. Drama and Ideology in Five Neglected Plays of P. C., 1990. *Renate Luscher*

Tite et Bérénice

(frz.; Titus und Berenice) – 1670 wurde das Werk unter der irreführenden Gattungsbezeichnung »heroische Komödie« in Paris uraufgeführt. Die Bezeichnung lässt sich nur dadurch rechtfertigen, dass der unglückliche Ausgang durch die Kraft der Resignation etwas gemildert wird. Wie so oft wählte Corneille eine Episode aus der römischen Geschichte; die er dem von Ioannes Xiphilinus hergestellten Auszug aus der *Rhōmaikē historia (Römische Geschichte)* des Cassius Dio (um 155–235) entnahm.

Domitie liebt Domitian, soll aber aus politischen Gründen seinen Bruder, den Kaiser Titus, heiraten. Aus Machtstreben willigt sie in die Verbindung ein. Domitian will die jüdische Königin Bérénice zum Bleiben bewegen, um dadurch Domitie von Titus zu trennen und für sich zu gewinnen. Domitie sieht in Bérénice zwangsläufig eine Gegnerin. Da der römische Senat und das Volk eine Ehe von Titus und Bérénice zwar im Augenblick, möglicherweise aber aus Angst vor orientalischer Despotie nicht längerfristig billigen würden, entschließen sich die beiden zur Trennung. Titus verzichtet aber auch auf Domitie, die sich nun mit Domitian verbinden kann, ohne dass ihr durch eine Nebenbuhlerin der Platz der Kaiserin genommen worden wäre.

Tite et Bérénice stellt eine erneute Abwandlung des bei Corneille beherrschenden Konflikts zwischen Streben nach Macht und der Erfüllung durch Liebe dar. In dramaturgischer Hinsicht beherrscht das Protagonistenpaar Titus und Bérénice das Geschehen nicht allein. Bedingt ist dies möglicherweise durch die historischen Quellen, in denen sich der Hinweis findet, dass Domitia, die Tochter Corbulons, später Domitians Ehefrau wurde. Wahrscheinlich wurde das Paar Domitian–Domitie deshalb in *Tite et Bérénice* eingeführt, nimmt dort aber eine bedeutende Stellung ein.

Im Gegensatz zu ↗ Racines Behandlung des Bérénice-Stoffs ist Corneille die Gestaltung der reinen Resignation, die die Liebe als ein Ausschließliches nur in der Erinnerung bewahren will, nicht gelungen. Unzweifelhaft ist jedoch, dass sein Werk nicht von ↗ Racine abhängig ist und auch nicht das Thema von dessen eine Woche vor *Tite et Bérénice* uraufgeführter *Bérénice* plagiiert hat. Die Auseinandersetzung zwischen den beiden Dichtern um die Vorherrschaft auf dem Gebiet der Tragödienkunst wurde bei dieser gleichzeitigen Gestaltung desselben Stoffs zugunsten ↗ Racines entschieden, ein Urteil der Zeitgenossen, das der distanzierte Blick der Nachwelt mit Modifikationen bestätigt hat.

▪ Lit.: C. Gossip: ›Tite et Bérénice‹, in: Form and Meaning, Hg. W. D. Howarth, 1982, 115–126. *Christian Schäfer*

Suréna, général des Parthes

(frz.; Surena, General der Parther) – Quellen für die 1674 uraufgeführte Tragödie in fünf Akten waren Plutarchs Crassus-Biographie und die unter dem Namen von Appianos überlieferte Darstellung des parthischen Kriegs, die tatsächlich einen Auszug aus Plutarch darstellt. »Suréna« ist eigentlich kein Personenname, sondern Bezeichnung für das erbliche Amt des persischen Kronfeldherrn, des höchsten nach der Königswürde. Unklar ist, ob die Verwechslung mit einem Personennamen nicht schon bei Plutarch vorliegt. Der Inhaber dieses Amtes, der Crassus bei Carrhae besiegte, hatte Mithridates beseitigt und dessen Bruder Orodes auf den Thron gesetzt. Abgesehen von diesen Voraussetzungen ist die Intrige in Corneilles *Suréna* freie Erfindung des Dichters. Auch fand der historische Suréna seinen Tod nicht durch einen hinterhältigen Mordanschlag, sondern durch den Henker, als seine Macht bedrohlich geworden war.

In Corneilles Drama soll Suréna als Lohn für seine Verdienste um das Königshaus mit Orodes' Tochter, der Prinzessin Mandane, verheiratet werden. Er liebt jedoch die für den Kronprinzen Pacorus bestimmte armenische Prinzessin Eurydice, die er als Gesandter in Armenien kennengelernt hatte, als das Land für den Krieg gegen Rom gewonnen werden sollte. Eurydice erwidert Surénas Liebe und ist lediglich aus Gründen der Staatsräson bereit, mit Pacorus eine Ehe einzugehen. Vergebens versucht Pacorus von ihr und Suréna Schwester Palmis, die ihn unerwidert liebt, zu erfahren, worin der Grund für Eurydices Kälte liegt und wer möglicherweise sein Nebenbuhler ist. Erst als Suréna die Heirat mit Mandane ablehnt, wird der Hintergrund deutlich. Nun sucht Orodes – während Pacorus lediglich auf seinen individuellen Vorteil bedacht scheint – mit der Kraft seiner persönlichen und königlichen Autorität die Liebenden in die aus Gründen der Staatsräson notwendigen, von ihnen nicht gewünschten Ehen zu drängen, hat aber damit nur halben Erfolg. Auf Eurydices Verlangen schlägt Suréna die Heirat mit Mandane weiterhin aus. Er wird daraufhin verbannt und, als er sich vom Hof fortbegeben will, durch einen Pfeilschuss aus dem Hinterhalt ermordet. Eurydice stirbt aus Erschütterung über dieses Ende.

Das Drama gestaltet den vielfach dargestellten klassischen Konflikt von Liebe und Staatsräson. Suréna entscheidet sich für die Liebe. Suréna und Eurydices Gegenspieler – nicht der mediokre Pacorus, sondern der tatkräftig-kluge König Orodes, vielleicht ein Abbild Ludwigs XIV. und Spiegelung der Problematik des absolutistischen Königtums – sieht dagegen, dass Suréna Aufbegehren den durch die militärischen Erfolge nach außen wiederhergestellten Staat von innen her zu zerstören droht. Im Gegensatz zu den idealisierten Helden Suréna und Eurydice, die sich stark von ihren Emotionen leiten lassen, ist der realistisch gezeichnete König derjenige, der den Konflikt zwischen Humanität und Freundschaft einerseits und Staatsräson andererseits durchleidet.

In diesem letzten Werk, einem Produkt dichterischer Resignation, versuchte Corneille, sich dramaturgische Errungenschaften ↗ Racines, wie die Ablösung einer handlungs- und spannungsreichen Aktion durch den psychologischen Konflikt, für das eigene Bühnenschaffen anzueignen. *Suréna* ist lyrischer, melodiöser, freilich auch handlungsärmer als alle früheren Tragödien Corneilles. Der Gegensatz zu ↗ Racine zeigt sich in der Auffassung der Liebe, die als zentrales Thema dieser Tragödie noch immer von typischen Momenten Corneilles bestimmt ist: Schon die Existenz der Liebe kann eine gefährliche Verletzung der nach wie vor bejahten, durch die Idee des absoluten Königtums bestimmten gesellschaftlichen Ordnung sein. Ebenso wenig ist der Herrschaftsanspruch der beiden Liebenden aufgegeben, Liebe nicht reine Racinesche Passion geworden. Dieser Beherrschungswille, der auch die Negation und Vernichtung des anderen bejaht und einschließt, ist möglicherweise aus dem aristokratischen Charakter der Helden abzuleiten. Trotz ihrer außerordentlichen sprachlichen Schönheit ist die Resonanz der letzten Tragödie Corneilles auf der Bühne sehr gering geblieben. Bedeutend war jedoch der Einfluss von *Suréna* auf ↗ La Fayettes Romane. Bis in einzelne Züge finden sich Parallelen zwischen der *Princesse de Clèves*, 1678 *(Die Prinzessin von Clèves)*, und Corneilles Spätwerk.

▪ Lit.: P. Ronzeaud: C. ›Le Cid‹, ›Othon‹, ›Suréna‹, 1989.

Christian Schäfer

Thomas **Corneille**

▪ geb. 20.8.1625 Rouen/Seine-Maritime (Frankreich)
▪ gest. 8.12.1709 Les Andelys/Eure (Frankreich)

Jüngerer Bruder Pierre ↗ Corneilles; der Familientradition folgend zunächst Jurist; widmete sich dann ausschließlich der Literatur; Verfasser von 19 Komödien nach modischem spanischen Vorbild (1647–1655) und 18 von ↗ Racine und seinem Bruder beeinflussten Tragödien; nach ↗ Molières Tod 1673 Hauptautor für dessen Theatertruppe; Opernlibretti für Lully; 1684 mit De Visé Herausgeber der Zeitschrift *Le Mercure galant*; sprachwissenschaftliche Arbeiten.

▪ Lit.: D. A. Collins: T. C., 1966.

Le comte d'Essex

(frz.; *Der Graf von Essex*, 1747, P. v. Stüven) – Als die Tragödie im Jahr 1678 – zu einer Zeit, als ↗ Racine, Pierre ↗ Corneille und Quinault nicht mehr für die Bühne schrieben – in Paris uraufgeführt wurde, brachte sie ihrem Autor Erfolg und Beifall und gilt seither als sein bestes Stück. Es behandelt den historisch belegten und in allen großen Literaturen des Barock verarbeiteten Stoff um Robert Devereux, Graf von Essex, den langjährigen Günstling der Königin Elisabeth, der im höfischen Ränkespiel in Ungnade fiel und 1601 wegen Hochverrats hingerichtet wurde. Thomas Corneille gestaltet daraus einen höfischen Liebeskasus. Die tragische Entwicklung nimmt ihren Ausgang, als Essex – der leidenschaftlichen Liebe der Herrscherin müde – sich der Hofdame Henriette zuwendet. Henriette heiratet jedoch den Minister Tyrone und wird dadurch Herzogin von Irton. Die Eifersucht treibt Devereux zu einem Staatsstreich gegen den Minister; der Plan wird jedoch entdeckt und als Verschwörung gegen die Königin ausgelegt. Zu stolz, die Wahrheit zu bekennen, bezahlt der Graf von Essex seine Liebe mit dem Leben und krönt seinen tragischen Tod mit dem oft zitierten Vers: »Le crime fait la honte, et non l'échafaud.« (Das Verbrechen zeugt Schande, nicht das Schafott.)

Der für sein Imitationstalent berühmte jüngere Corneille schöpfte hier mit Geschick aus den Einfällen und der Erfahrung seiner Vorgänger, indem er sich das gleichnamige Stück von La Calprenède (1610–1663) zum Vorbild wählte und der wenig erfolgreichen Tragödie *Suréna* (1674) seines älteren Bruders wertvolle Anregungen für die Entwicklung einer von Eifersucht und Staatsräson belasteten Liebesbeziehung im höfischen Milieu entnahm. Überdies machte er sich auf geschickte und der Qualität des Stückes zuträgliche Weise bestimmte dramaturgische Kunstgriffe Racines zu eigen. So gelang es ihm, seinen Stoff in eine plausibel angelegte, vorbildlich einfache dramatische Handlung zu gliedern. Thomas Corneilles Kunst war die eines virtuosen Epigonen, der die Werke Racines und Pierre Corneilles mit großem Talent nachzukonstruieren verstand.

Ingrid Peter

Claude-Prosper Jolyot de **Crébillon**

▪ geb. 14.2.1707 Paris (Frankreich)
▪ gest. 12.4.1777 Paris (Frankreich)

Sohn des Dramatikers Prospert Jolyot de Crébillon; Wohnort hauptsächlich Paris; ab den 1730er Jahren Umgang mit den ›philosophes‹ (u. a. d'Alembert, ↗ Diderot, ↗ Voltaire); Zugang zu aristokratischen Kreisen; ab den 1740er Jahren galt er als führender Erzähler Frankreichs, in mancher Hinsicht als Vorläufer ↗ Voltaires; vor allem wegen seiner erotischen Romane geschätzt.

▪ Ausg.: Œuvres complètes, Hg. J. Sgard, 1999 ff.
▪ Übers.: Das Gesamtwerk, 8 Bde, Hg. E. Loos, 1968–1970.
▪ Lit.: J. Sgard: C. le libertin moraliste, 2002.

Les égarements du cœur et de l'esprit ou mémoires de M. de Meilcour

(frz.; *Irrwege des Herzens und des Verstandes oder Die Memoiren des Herrn v. Meilcour*, 1968, E. Höhnisch) – Der 1736 bis 1738 erschienene Roman thematisiert die erotischen und gesellschaftlichen Jugenderlebnisse des fiktiven Memoirenautors Meilcour. Mit der Sensibilität, aber auch mit aller Unerfahrenheit eines 17-Jährigen verehrt er zunächst eine Freundin seiner Mutter, die Marquise de Lursay, und findet bei dieser Frau zarte Gegenliebe. Während er sie noch umwirbt, verliebt er sich in eine gleichaltrige Schönheit, die undurchschaubar und zurückhaltend ist. Schwankend zwischen unmittelbarem Gefühl, den ehrgeizigen Plänen seines gesellschaftlichen Geltungsdrangs und seinem sinnlichen Begehren fühlt er sich abwechselnd von beiden Frauen angezogen. Seine Gefühle für die eine steigern sich jeweils durch die Enttäuschungen, die ihm die andere bereitet. Als die nichtsahnende Marquise zu befürchten beginnt, dass er einer älteren Kokotte verfallen könnte, wird sie Meilcours Geliebte – ohne zu wissen, dass sie für ihn inzwischen nur noch ein Objekt der Begierde ist. Meilcour erkennt jedoch ihre Überlegenheit und ihren inneren Wert; in die Befriedigung, sein Ziel erreicht zu haben, mischt sich das Gefühl von Schuld und doppelter Untreue.

Die Genauigkeit, mit der hier seelische Schwankungen aufgezeichnet werden, hat dem jüngeren Crébillon in der Literaturgeschichte den Ruf eines Vorläufers des modernen Romans eingebracht. Gemäß dem im Vorwort entwickelten Programm wollte er weder in der Figur des Protagonisten noch in der Form »romanhaft« Außerordentliches darstellen, sondern lediglich ein typisches Bild einer bestimmten psychischen Verfassung. Crébillon dokumentiert den Verfall der Adelsgesellschaft des Ancien régime mit der Genauigkeit eines Seismographen. In einer Ambivalenz zwischen Selbstgefälligkeit und schlechtem Gewissen treten aristokratische Romanfiguren auf, die in ähnlich mitleidloser Weise vorgeführt werden wie Jahre später in Laclos' *Liaisons dangereuses*, 1782 *(Gefährliche Liebschaften)*.

■ Lit.: G. Paray-Clarke: La féerie érotique, 1999.

Gerda Utermöhlen / KLL

Le sopha

(frz.; *Das Sofa*, 1983, E. Sander, E. Höhnisch, W. Pokorny) – Die 1742 erschienene Erzählung knüpft an die arabischen Märchen aus *Tausendundeiner Nacht* an, die durch A. Gallands Übersetzung (1704–1717) in Frankreich beliebt geworden waren.

Der bornierte Sultan Schah Baham ist ein Enkel jenes mordlustigen Schah Riar, den Scheherazade mit ihren arabischen Märchen zu besänftigen verstand. In *Le sopha* hat allerdings der Erzähler Amanzéi lediglich die Langeweile des Sultans zu vertreiben, sein Leben steht nie auf dem Spiel. Als Brahmane, der an die Seelenwanderung glaubt, kann er von seiner früheren Existenz als Sofa in Agra (Deckname für Paris) berichten: Zur Strafe für seinen lasterhaften Lebenswandel hatte der Gott Brahma Amanzéis Seele in ein Sofa gebannt und beschlossen, dass sie erst dann wieder in ihren menschlichen Körper zurückkehren dürfe, wenn sich auf dem Sofa ein »unschuldiges« Liebespaar zusammenfinde. Die lange Zeit dieser Verbannung und das, was Amanzéi als Sofa-Seele erlebt, ist Gegenstand der Erzählung.

Amanzéi, Zeuge und Handlungsort zugleich, demonstriert in zehn Episoden seine zu Beginn ausgesprochene Erkenntnis, »daß es recht wenige Frauen gibt, die in den Augen ihres Sofas tugendhaft sind«. Seine in kühlem Ton vorgetragenen Beobachtungen und Kommentare verraten ein moralistisches Engagement, das sich nicht mit einer augenzwinkernden Schilderung von schlüpfrigen Geschichten aufhält. Die vor allem von den Moralisten des 17. Jh.s immer wieder formulierte Spannung zwischen Sein und Schein, Tugend und Laster kehrt in Crébillons Liebespsychologie als Gegensatz von vertrauensvoller, dauerhafter Liebe und flüchtiger Sinnlichkeit wieder. Das Sofa ist der Ort, wo sich eine Reihe von Personen, die in typenhafter Allgemeingültigkeit dargestellt werden, im doppelten Sinn des Wortes enthüllt. Ein weiblicher Tartuffe von finsterer Lasterhaftigkeit und eine käufliche Tänzerin illustrieren zunächst mit ihren jeweiligen Partnern die Fehlform rein körperlicher Beziehungen.

Erst das Liebespaar Phénime – Zulma in der vierten Episode verwirklicht das Ideal wahrer Liebe, das in den Romanen des 17. Jh.s literarisiert worden war. Die Tatsache, dass es sich um die Bindung an eine verheiratete Frau handelt, ist geradezu die notwendige Voraussetzung dafür, weil nach der nichtbürgerlichen Liebesdoktrin Liebe und Ehe unvereinbar waren. Protagonisten von vier weiteren Geschichten sind der impotente Lebemann Mazulhim und die Kurtisane Zulica, die zur gleichen Zeit mehrere Liebhaber hat. Trotz dieses schweren Verstoßes gegen die Regeln der höfischen Liebe entwirft sie von sich das Bild einer vollendeten Dame und liefert sich dadurch dem kalten Hohn Mazulhims und seines Freundes Nassès aus. Auf die gnadenlose moralische Hinrichtung folgt ein heiterer Epilog, in dem Almanzéi sich in seine junge Besitzerin verliebt und vergeblich versucht, eine Vereinigung zu verhindern, die ihn aus seiner möblierten Existenz erlöst.

Zu Unrecht hat man Crébillons *Le sopha* fast ausschließlich der erotischen Literatur zugeordnet, ohne seine erzählerische Meisterschaft zu würdigen. Der Rahmen des Textes ist überaus kunstvoll mit den erzählten Geschichten verwoben, da der Sultan Amanzéi ständig ins Wort fällt, ohne Erfolg dessen Hang zum sentenziösen Moralisieren beklagt und Wert auf andere Details legt, als sie der Erzähler preisgeben will. Auf diese Weise wird der Erwartungshorizont des Lesers immer wieder ironisch gespiegelt und die Aufmerksamkeit vom erzählten Vorgang auf den Vorgang des Erzählens gelenkt. Der Verdruss des Sultans über Almanzéis Erzählstil beschreibt die Reaktion einer Leserschicht, der das Ineinander von erotischer Handlung und in einen kritischen Kommentar mündender psychologischer Analyse einen problemlosen Genuss unmöglich macht. Nicht zuletzt beruht der hohe Rang von Crébillons Erzählung darauf, dass sie weder Erotik noch moralische Norm verabsolutiert. Vielmehr eignet sich der Autor die philosophisch-ästhetischen Grundsätze aufklärerischer Erzählkunst an, indem er auf unterhaltsame Weise die Frage nach der Erzählbarkeit der thematisierten Gegenstände stellt und damit auch auf die Problematik der Fiktion selbst eingeht.

▪ Lit.: C. Schamel: Vom Kampf der Geschlechter zur Utopie des Ausgleichs, 1999.

Paul Mog / KLL

René Crevel

▪ geb. 10.8.1900 Paris (Frankreich)
▪ gest. 18.6.1935 Paris (Frankreich)

1924 mit I. Goll und J. Delteil Gründung einer surrealistischen Vereinigung unabhängig von ↗ Breton, dessen Gruppe er später beitrat; 1934 Ausschluss aus der Kommunistischen Partei Frankreichs; verkörperte als unheilbar Tuberkulosekranker für seine Generation das ›mal du siècle‹ (Weltschmerz); Tod durch Selbstmord. Philosophische und ästhetische Arbeiten, eine der frühesten Studien über ↗ Dalí; vor allem Lyrik und Romane, die in sarkastischer Weise die bürgerliche Kultur der 1920er Jahre reflektieren.

▪ Lit.: J.-M. Devésa: R.C. ou l'esprit contre la raison, 2002.

La mort difficile

(frz.; *Der schwierige Tod*, 1930, H. Feist) – Der 1925 erschienene dritte Roman des Autors enthält wie die beiden vorangegangenen – *Détours*, 1924 (Umwege), und *Mon corps et moi*, 1925 (Mein Körper und ich) – zahlreiche kaum verschlüsselte autobiographische Details.

Der nächtliche Monolog des Erzählers, des Parisers Pierre Dupont in einem Schweizer Gebirgshotel, ist zugleich Beichte, Meditation und lyrisches Selbstporträt: »[...] ich bin allein, mit leeren Händen, leerem Herzen. Ich bin allein.« Von seiner selbstgerechten, gefühlskalten Mutter verächtlich als »dégénéré« bezeichnet, liebt er den jungen, animalischen Amerikaner Arthur Bruggle, der sich als Komponist einen Namen gemacht hat. Verständnis und Hilfe findet Pierre nur bei der jungen Malerin Diane Blok, die ihn liebt, sich jedoch mit seiner platonischen Zuneigung begnügen muss. Ihre Mütter tyrannisieren Diane und Pierre und quälen sie mit beständigen Hinweisen auf mögliche Folgen ihrer erblichen Belastung: Madame Duponts Gatte ist psychisch krank und lebt in einer Klinik. Madame Blok ist die Witwe eines Russen, der sich – wie der Vater des Autors – erhängt hat. Bruggles Egoismus und Grausamkeit, seine Abenteuer mit allerlei »interessanten« jungen Leuten der intellektuellen Szene, treiben Pierre eines Abends, nachdem er das Haus seiner Mutter endgültig verlassen hat, zum Selbstmord. Höhepunkt des Romans ist eine Unterredung Pierres mit Diane kurz zuvor: Zwischen ihnen entstehen beständig Missverständnisse, und trotz allen guten Willens, sich zu lieben, können sie einander nicht helfen.

Die schlicht konstruierte Erzählung besteht aus wenigen Szenen, meist Gesprächen, die von längeren Beschreibungen durchsetzt sind. Auffällig ist eine starke Neigung zur antibürgerlichen Satire, die in Crevels späteren Werken noch schärfer hervortritt und sich dort zu einem lyrisch-orgiastischen Pamphletismus steigert.

▪ Lit.: J.-M. Devésa: R.C. et le roman, 1993.

Friedhelm Kemp

Le roman cassé

(frz.; Der zerborstene Roman) – Der Roman, der auf zeitgeschichtliche Ereignisse wie die Dreyfus-Affäre Bezug nimmt, erschien 1936. Nach den früheren Romanen und Essays, in denen sich Crevel polemisch gegen das französische Bürgertum wendete, stellt auch sein letztes Werk deren Institutionen und Werte vor dem Hintergrund eines erkennbaren Gegenentwurfs in Frage.

Die Fassung des 1934 begonnenen Textes geht aus einer Sammlung von Manuskripten hervor, die Tristan ↗ Tzara postum unter dem Titel *Le roman cassé* veröffentlicht hat. Als Variante der surrealistischen ›écriture automatique‹ lässt der Roman in Form eines durchgehenden Monologs einen Ich-Erzähler zu Wort kommen, dessen Erzählfluss der ebenso selbstgefälligen wie denunzierenden Entwicklung eines Plädoyers für den des Mordes angeklagten Schwiegersohn entspricht.

Dieser Lump, auf den es »weniger zu setzen gibt als auf das Blei, das er in den Wanst eines anderen geschossen hat«, war von dem Erzähler selbst im Zentrum des französischen Finanzwesens untergebracht worden. Beauftragt mit der Verwaltung von Staatsanleihen, hatte er es nicht nur gewagt, den russischen Zaren »an der Nase herumzuführen«, sondern hatte sich auch von einem Juden »beschnuppern lassen«. Schließlich hatte der Schwiegersohn des Erzählers an dem Hochstapler »im Stand der legitimen Verteidigung« Gerechtigkeit für dessen Habsucht geübt.

Der Erzähler bringt eine Reihe von zwischen Seife versteckten Dokumenten glücklicherweise vor der Durchsuchung in Sicherheit. Als »Geist der Gesetze« ist er selbst mehr als zuvor für die Allianz der Französischen Republik mit dem Zaren, bietet sich der hohen Finanz doch im Gegenzug für gewährte Anleihen die Möglichkeit, hübsche kleine Gewinne zu machen, die russischen Schafe »etwas zu scheren«. Und schließlich ist die französische Gesellschaft vor den nun zwischen Tod, Sibirien und Exil wählenden Herren Revolutionären und ihrem sich eventuell über die russische Steppe ausweitenden Sieg über Religion, Familie und Hauptstadt geschützt. Dank »kleiner Rückvergütungen« geht es für den – auch als Erfinder einer Stiefelette mit Knöpfen allseits anerkannten – Erzähler nun darum, »das Ohr des Gerichts zu haben«. In dem bevorstehenden moralischen Duell mit der Witwe und ihrem einen Wasserkopf tragenden Halbwaisen, »wird«, so der Erzähler, »die Jury verstehen, dass unsere Familie die Tugend und Intelligenz einer Bourgeoisie verkörpert, die dazu bestimmt ist, Frankreich, die Welt, zu regieren«.

Mit einer Fülle von bildlichen Redewendungen und sprachlichen Plattitüden wendet sich der Ich-Erzähler wechselweise an seine Frau und seine Tochter und weist im Zuge einer unpersönlichen, distanzierten Anrede einem imaginierten Geschworenengericht genauso wie dem Leser eine Rolle zu. Die zwischen Selbstdarstellungen, familiengeschichtlichen Enthüllungen, politischen Bekenntnissen und zeitgeschichtlichen Ereignissen eingestreute Romanhandlung setzt die erstarrten Strukturen der französischen Gesellschaft nahezu bühnenwirksam in Szene.

▪ Lit.: L. Wasselin: C., la question du roman, in: Faites entrer (l'infini) 36, 2003, 27–29.

Andrea Stahl

Charles Cros

▪ geb. 1.10.1842 Fabrezan/Aude (Frankreich)
▪ gest. 9.8.1888 Paris (Frankreich)

Unterrichtete in seiner Jugend Chemie, Physik und Sanskrit; einer der Erfinder der Farbfotographie und des Phonographen; Abbruch eines Medizinstudiums zugunsten der Literatur; Bohemeleben; Umgang mit ↗ Verlaine und ↗ Rimbaud; Mitarbeiter verschiedener Zeitschriften; 1874 Chefredakteur der *Revue du Monde Nouveau*; Vorläufer des Symbolismus.

▪ Ausg.: Œuvres complètes, 1954.
▪ Lit.: L. Forestier: C. C., 1988.

Le coffret de santal

(frz.; Die Sandelholztruhe) – 1873 als einziger zu Lebzeiten des Autors erschienen, verrät der Gedichtband den Einfluß der poetischen Muster der Romantiker und der Parnassiens, aber auch anderer, älterer wie modernerer Stile. Das Repertoire reicht vom Volkslied bis zum hingetuschten Impromptu, vom Gassenhauer bis zum formstrengen Sonett. Cros ist ein Dichter der Boulevards, der Cafés, der Halbwelt, der Boudoirs, der ›grünen Stunde‹ des Absinth. Anderseits bekundet er, wie schon der Titel des Gedichtbandes erkennen lässt, eine Vorliebe für den Prunk und Plunder des Orients.

Der Band ist Nina de Villard (gestorben 1884) gewidmet, die mit zahlreichen Dichtern und Malern der Epoche befreundet war. Viele Gedichte beziehen sich auf schöne, verführerische Frauen, die Cros gerne mit Löwen-, Tiger-, Panther- oder Jaguarweibchen vergleicht. Andere sind nur leichtsinnig, flatterhaft, kokett, dabei aber immer sinnlich. Cros gehört wie Heine und ↗ Musset zu den sentimentalen Dichtern, die sich in die Ironie retteten: Die auf den Nutzen bedachte Welt ist abscheulich, die Musik der Verse trägt der Wind davon; dennoch gibt es sehr fern, unerreichbar, eine höchste, absolute Wahrheit. So bleibt die Erinnerung an die »Heures sereines« (Heitre Stunden): »Viele Geheimnisse habe ich erforscht, Zauberbücher und die Gesetze der Elemente. Die toten Wörter, die strengen Zahlen ließen meine Hoffnungen gelähmt zurück; die Liebe öffnete mir ihre Paradiese, und ihre Pantherkatzen umarmten mich. Immer noch entzieht die Macht der Magie sich meinen Händen. In den Jasmin haben die Disteln ihren Hass gemischt. Ich weine nicht; denn das erträumte Schöne hat, vor dem Grab, mir helle Stunden bereitet.«

Anklänge, Nachklänge, Variationen sind bei Cros unverkennbar, aber auch Vorklänge auf Jules ↗ Laforgue und Alfred ↗ Jarry sowie Chansonniers wie Aristide Bruant und Jehan Rictus. Cros ist formbewusst, ein Verskünstler, der die verschobene Zäsur, das Enjambement, den überraschenden, den nachdrücklichen, den skurrilen Reim genauso liebt wie das leicht Verzogene und scharf Gebrochene.

Auffällig ist seine Nähe zum Impressionismus. Er war mit Manet und Degas befreundet, und Manet illustrierte sein einziges längeres Gedicht, »Le Fleuve« (Der Fluss).

Le coffret de santal umfaßt in der zweiten Ausgabe von 1879 sechs Abteilungen, die eine äußere Ordnung jedoch nur vortäuschen. Nur 20 Sonette und 15 Zehnzeiler in paarweise gereimten Alexandrinern bilden jeweils eine geschlossene Folge. Bei diesen ›dixains‹ handelt es sich um mehr oder minder parodistische Miniatur-Genrebilder aus dem Pariser Alltag und dem Kleine-Leute-Milieu der Banlieue, in der Manier François Coppées, dessen Erfindung die Gattung des ›dixain réaliste‹ war. Hier wetteifert Charles Cros mit Paul ↗ Verlaine und Nina de Villard, in deren Salon beide Dichter verkehrten. Prosagedichte (»Fantaisies en prose«; Phantasien in Prosa) beschließen den Band; darunter drei Stücke über Aquatintablätter von Henry Cros, dem Bruder des Dichters. Die beiden letzten Texte, »L'heure verte« (Die kalte Stunde) und »Rancœr lasse« (Müdigkeit), schlagen einen bekenntnishaft persönlichen Ton an und ziehen ein melancholisches Fazit.

■ Lit.: E. Dardani: C. C., l'inventeur d'un monde nouveau, 1981.

Friedhelm Kemp

Savinien Cyrano de Bergerac

■ geb. 6.3.1619 Paris (Frankreich)
■ gest. 28.7.1655 Paris (Frankreich)

(d. i. Hector-Savinien Cyrano) – Stammte aus dem Beamtenadel; Soldat, 1640 schwer verwundet; in Paris Studium der Philosophie zusammen mit ↗ Molière bei Gassendi; Verfasser seinerzeit beliebter Theaterstücke und eines utopisch-satirischen Romans; um 1900 Renaissance seines Werks als Folge von ↗ Rostands Theaterstück *Cyrano de Bergerac*, das Episoden seines Lebens romantisch dramatisiert.

■ Ausg.: Œuvres complètes, Hg. A. Blanc, 2001 ff.
■ Lit.: J.-C. Darmon: Le songe libertin. C. de B., 2004.

L'autre monde. 1. Les estats et empires de la lune. 2. Les estats et empires du soleil

(frz.; *Die Reise zu den Mondstaaten und Sonnenreichen*, 1962, M. Schimper) – Die beiden Teile des ab etwa 1648 entstandenen utopischen Doppelromans erschienen 1657 und 1662. Unmittelbare Anregungen zu diesem Werk gaben Vorlesungen, die Pierre Gassendi 1642/43 in Paris vor einem Kreis junger Intellektueller hielt. In deren Verlauf kam er auf ein Lieblingsthema der gebildeten Gesellschaft seiner Zeit zu sprechen: das Leben auf dem Mond. Die phantastische Möglichkeit eines Aufenthalts auf dem Erdtrabanten inspirierte Cyrano de Bergerac zu seiner Beschreibung eines fiktiven Mondbesuchs.

Vom Marktplatz in Quebec (Kanada) aus erreicht der Erzähler Cyrano mit einem von Raketen angetriebenen Luftfahrzeug beim dritten Startversuch den Bereich der Anziehungskraft des Mondes und wird, nachdem die Antriebsraketen ausgebrannt sind und die »Raumkapsel« zur Erde zurückgefallen ist, von ihm angesogen. Er landet in der Gegend, in der sich das irdische Paradies befindet, wird jedoch wegen seiner respektlosen Bemerkungen gegenüber den biblischen Gestalten, die dort versammelt sind, daraus vertrieben und gerät in die Gewalt des kentaurenartigen Mondvolks. Man hält ihn für einen Affen und stellt ihn öffentlich zur Schau. Der Dämon des Sokrates nimmt sich seiner an, unterrichtet ihn in der lunaren Lebensführung und bringt ihn an den Hof der Königin, wo man ihn allerdings zu einem anderen »Affen« in den Käfig steckt.

Cyrano erkennt in seinem Mitgefangenen den Spanier Domingo Gonzales – den Mondreisenden aus Francis Godwins Roman *The Man in the Moone*, 1638 *(Der Mann im Mond)* –, der mit Hilfe abgerichteter Vögel hierher gelangt ist. Da die beiden zur allgemeinen Enttäuschung keine Nachkommen zeugen, entbrennt unter den Wissenschaftlern ein Streit darüber, ob Cyrano, wie er behauptet, ein Mensch sei oder ein Papagei ohne Federn. Konzile werden einberufen, auf denen Cyrano seine Kenntnisse der irdischen Philosophie unter Beweis stellen soll, für seine Ausführungen über die Lehre des Aristoteles und über kosmische Fragen aber nur Gelächter erntet. Schließlich wird er dazu verurteilt, abzuschwören, dass er sich auf dem Mond befinde. Danach ist er frei. Sein Verteidiger, der Dämon des Sokrates, nimmt ihn wieder in seine Obhut und macht ihn mit den Mondphilosophen bekannt, in deren Kreis Cyrano seine Zeit fortan mit Disputen über alle erdenklichen Probleme der Physik, der Ethik, der Religion und der Humanität verbringt. Er weiß seinen Standpunkt stets so imponierend zu vertreten, dass eine Hofdame ihm zuliebe den christlichen Glauben annehmen und mit ihm zur Erde reisen will. Doch Cyrano zieht es vor, die Rückreise in Gesellschaft eines Freigeistes anzutreten, der Gott geleugnet hat und zur Strafe dafür in die Hölle befördert wird. Cyrano klammert sich an dem Missetäter fest, durchfliegt mit ihm das All, lässt ihn aber rechtzeitig los, bevor dieser durch einen Vulkan in die Hölle fährt. Irgendwo in Italien findet er sich wieder.

Den direkt anschließenden, aber etwa sieben Jahre später entstandenen Roman *L'histoire comique des estats et empires du soleil* wollte Cyrano als Memoiren des Sokrates-Dämons ausgeben, erzählte dann jedoch auch diese Reise als eigenes Erlebnis. Dennoch scheint statt des ›Feuerkopfs‹ aus Bergerac ein abgeklärter Philosoph zu schreiben. Statt grotesker, die irdische Wirklichkeit parodierender Einrichtungen trifft der Autor auf der Sonne allegorische Idealstaaten (Reich der Vögel, Reich der Bäume) an, wie sie traditionell für utopische Romane charakteristisch sind. Diese bilden den Rahmen für weitläufige philosophische Erörterungen, u. a. mit Tommaso Campanella, dem nach seinem Tode konsequenterweise ins Sonnenreich versetzten Verfasser von *La città del sole*, 1602 *(Der Sonnenstaat)*.

Cyranos Werk gilt als ein Gipfelpunkt der utopischen Literatur des Barock und ist gleichzeitig eine romanhafte Enzyklopädie des zeitgenössischen Wissens. Gassendi, damals Philosoph der Avantgarde, ist – wenigstens in der Mondreise – Cyranos Idol. Im Laufe der Jahre scheint er sich von dessen Denken gelöst zu haben und entwickelt in der Sonnenreise kartesianische Gedankengänge (↗ Descartes). Die ebenso unterhaltsame wie lehrreiche *Histoire comique* sowie Cyranos fortschrittliche, humanitäre Denkweise als Gegner von Krieg und Todesstrafe fanden bei den Zeitgenossen und den nächsten Generationen große Anerkennung. Die Vertreter freigeistiger Reiseliteratur – Swift, ↗ Voltaire, ↗ Casanova – hatten offenbar Kenntnis von dem Werk.

■ Lit.: A. Gipper: Wunderbare Wissenschaft. Literarische Strategien der naturwissenschaftlichen Vulgarisierung in Frankreich, 2002.

KLL

Salvador Dalí

■ geb. 11.5.1904 Figuères (Spanien)
■ gest. 23.1.1989 Figuères (Spanien)

(d.i. Salvador Felipe Jacinto Dalí i Domènech) – 1921 Studium der Malerei in Madrid; Freundschaft mit García Lorca und Buñuel; erste Gedichte und Prosastücke in Avantgardezeitschriften; 1929 Drehbuch zu Buñuels Films *Un chien andalou (Ein andalusischer Hund)*; Bekanntschaft mit Ernst, ↗ Chirico, ↗ Picasso, ↗ Breton, ↗ Éluard; in den 1930er Jahren Aufstieg zum Repräsentanten des Surrealismus; 1932 Begegnung mit ↗ Lacan in Paris, 1936/37 mit Freud in London; Zusammenarbeit mit Walt Disney und Alfred Hitchcock; nach der ersten Atombombenexplosion Hinwendung zum mystischen Katholizismus; 1974 Gründung eines eigenen Museums in Figuères; bedeutendster surrealistischer Künstler mit umfangreichem, nicht hinlänglich gewürdigtem literarischen Werk.

■ Ausg.: Obra completa, 8 Bde, Hg. A. Sánchez Vidal, 2003–2006.
■ Lit.: V. Fernández: El joven D. Aprendiz de pintor, aprendiz de escritorin, in: Revista de Occidente 213, 1999, 89–96. ■ B. Bravo Cela: Un pintor que escribió, in: Cuadernos Hispanoamericanos 649/650, 2004, 121–127.

La vie secrète de Salvador Dalí

(frz.; *Das geheime Leben des Salvador Dalí*, 1984, R. Schiebler) – Die romanhafte Autobiographie erschien – wie der zeitgleich entworfene Roman *Visages cachées (Verborgene Gesichter)* – 1942 zunächst in der englischen Übersetzung des amerikanischen Journalisten Haakon Chevalier; das französische Originalmanuskript wurde erst 1952 veröffentlicht.

Als Gattungsbezeichnung für dieses Werk wäre der Terminus ›imaginäre Autobiographie‹ angebracht. Auf 500 Druckseiten beschreibt Dalí seinen Werdegang aus der Perspektive des Genies, das zu werden er im Alter von sieben Jahren beschlossen hatte. Anders als in konventionellen Autobiographen kommt die Situation des retrospektiv schreibenden Künstlers hier vor allem in der Weise zur Geltung, dass Dalí auf der Höhe seines Ruhms – nach der Anerkennung des künstlerischen Enfant terrible in der Neuen Welt – sein Vorleben unter dem Blickwinkel der Vorsehung als sinnhaften Aufstieg zum Jahrhundertkünstler stilisiert. Durch die Fülle eigener Genialität traumatisiert, scheint er bereits in seiner – durch den Tod des älteren Bruders und das ambivalente Verhältnis seiner Eltern überschatteten – Kindheit berufen, dereinst ›Dalí‹ zu werden. Wie in einer Heiligenvita finden sich Zeichen wunderbarer Vorbestimmung; so scheint die spätere Lebensgefährtin Gala mit ihren »Neunte-Symphonie-Gesichtszügen« »wunderbarerweise« dazu ausersehen, den erlösungsbedürftigen Erlöser Salvador zu erretten. Ihr gesellen sich in Dalís surrealistisch verfremdeter »Erinnerung« weitere Mädchen – Ursulita, Dullita und Galuschka – hinzu, über deren reale Existenz zu spekulieren angesichts Dalís mit Imagination durchtränkter Rede müßig wäre. Doch bleibt das Moment totaler Hingabe an die vom Schicksal bestimmte Frau eines der Leitmotive. Bewusste Annäherungen an die Parsifal- und Tristanmythologie sind angesichts von Dalís intensiver Auseinandersetzung mit den Werken Wagners in den 1940er Jahren kaum von der Hand zu weisen.

Das in konventionellen Künstlerautobiographien breit ausgeführte Motiv des Bildungskanons ironisiert Dalí, wenn er nach der Lektüre von Nietzsches *Also sprach Zarathustra* (1883–1885) feststellt, dass er derartige Dinge besser könne, während ihn sein völliges Nichtverstehen von Kants Schriften bereits mit tiefer Befriedigung erfülle.

Die Fiktion einer Autobiographie wird von Dalí im weiteren Verlauf des Textes dadurch aufrechterhalten, dass er immer wieder geschickt auf reale Personen und Sachverhalte – die Begegnungen mit García Lorca, ↗ Éluard, ↗ Breton, Freud, ↗ Lacan und anderen – verweist und, davon ausgehend, die Realität neu imaginiert. Das Prinzip dieser Spielart von Surrealismus formuliert Dalí selbst: »Bei mir mußte der Betrachter notwendigerweise an die Realität des Gegenstandes glauben, der von elementarer, weil biologischer Natur war. Und es war das Gegenteil der Aufweichung gewisser abstrakter Gemälde, die immer noch stumpfsinnig wie blinde Motten gegen die längst erloschenen Lampen des neuplatonischen Lichts prallen.«

Dass Dalí – wie auch in seinen Gemälden – auf die Kulturgeschichte aus der ›Marsperspektive‹ blickt und zumal die Literatur als ironischen Rahmen der eigenen Vita absorbiert, wird evident, wenn er die Anfänge seiner Liebe zu Gala von der ersten Begegnung über den ersten Kuss bis zur totalen Ekstase des Paares in der kargen, aber von Dalí in seinen Gemälden immer wieder verherrlichten katalanischen Landschaft schildert. Denn auch diese Episoden enthüllen sich schließlich als musealisierte Schemata, als Fragmente einer seit der Troubadourdichtung stilisierten Symptomatik der Entstehung von Begehren. Bretons Roman *Nadja* (1928) und die Lyrik des zur Abfassungszeit längst ausgestochenen Rivalen Paul Éluard noch überbietend, stilisiert er den Ehebruch mit dessen Frau Gala zum kosmischen Ereignis nach dem Modell von *Tristan und Isolde*, deren Begegnung den Surrealisten als Selbstverwirklichung vorbei an allen bürgerlichen Konventionen galt.

Selbst der sich am Ende des Werks ankündigende Wechsel nach Amerika wird nur beiläufig als Folge des politischen Desasters gesehen, das sich mit Hitlers

Machtergreifung und dem Spanischen Bürgerkrieg ankündigt und im Zweiten Weltkrieg gipfelt. Für Dalí sind diese äußeren Ereignisse lediglich Indizien dafür, dass Europa seine Rolle als kultureller Vorreiter verwirkt habe, wofür García Lorcas Ermordung durch die Falangisten (1936) nur eines von vielen Zeichen ist. Freilich gründet auch dieses apokalyptische Denken in einer letztlich konventionellen Polemik des Surrealismus. Als Konsequenz dieser surrealistischen Weltauffassung sollte die Fackel der Avantgarde fortan die Neue Welt erhellen, eine Mission, die Dalí nach dem Motto »per aspera ad astra« als neue Herkulesarbeit literarisierte.

Diese surrealistischen ›confessiones‹ schließen nach einem kurzen Bericht über Dalís erste skandalträchtige, aber publikumswirksame Auftritte in New York mit einer Eloge auf seine »kritisch-paranoische« Methode, in der er die im Lauf der Jahrhunderte zerfaserten Wissenschaften synthetisieren will, und mit einer Absage an jede andere als Dalís eigene Metaphysik, als deren unverbrüchliche Inspirationsquelle er Gala verherrlicht. In den letzten Kapiteln bekennt sich der Autor schließlich bewusst zur Ästhetik des Renaissance-Manierismus. Wie Dalís Gemälde mit manieristischen Techniken den Betrachter in Erstaunen versetzen wollen, so ist auch seine imaginäre Biographie auf die Überwältigung des Lesers durch rhetorische Effekte und kühne Metaphern und seine Verwirrung durch die Erzeugung von Vieldeutigkeiten angelegt. Als weitere intermediale Aussageebene treten dem Text beigegebene Abbildungen hinzu, die Dalís neues Betätigungsfeld der späteren Jahre, die Buchillustration, ankündigen.

▪ Lit.: D. Vilaseca: The Apocryphal Subject. Masochism, Identification, and Paranoia in S.D.'s Autobiographical Writings, 1995. ▪ V. Roloff: Surrealismus und Intermedialität in ›La vie secrète de S.D.‹, in: Un segle de poëtes-pintors. Zeitschrift für Katalanistik 21, Hg. G. Wild/S. Winter, 2008. *Gerhard Wild*

Visages cachés

(frz.; *Verborgene Gesichter*, 1983, R. Hermstein) – Der Roman erschien 1944 zunächst in der englischen Übersetzung des Journalisten Haakon Chevalier, während das vom Autor in französischer Sprache diktierte Original erst 1973 veröffentlicht wurde.

Der Roman spielt in Frankreich vor dem Ausbruch des Zweiten Weltkriegs. Im Zentrum der Handlung stehen die Aristokraten Hervé de Grandsailles und Solange de Cléda; das zentrale Thema, das bereits im Titel anklingt, ist ihre psychologisch wie erotisch komplexe Beziehung. Denn obwohl sie einander begehren, benötigt Grandsailles jede Art von stimulierenden Maskierungen, um sich erotisch verwirklichen zu können. Ins Blickfeld gelangen auch Aristokratie und Großbourgeoisie, die den Künstler Dalí in materieller Hinsicht gefördert haben und deren äußere Dekadenz zu Beginn des Werks durch den Verlust ererbter Besitzungen zum Ausdruck kommt: Von seinem großen Anwesen vor Paris blieb Grandsailles nur ein Wald mit Korkeichen (einem Symbol der Selbsterneuerung); und obwohl der Graf Solange auf Distanz hält, sie demütigt und auch gelegentlich betrügt, hofft sie, ihrem Geliebten einst der verlorenen Besitz wieder verschaffen zu können. In dem aussichtslosen Kampf des alten Adels gegen das junge Kapital werden beide von dem grenzenlos loyalen Notar Girardin unterstützt.

Das Werk ist im Stil eines Gesellschaftsromans der Jahrhundertwende gehalten und behandelt vor allem die Sitten und Unsitten der ›besseren‹ französischen Gesellschaft der Zwischenkriegsära, wie sie zumal im Zirkel der Surrealisten um ↗ Breton und ↗ Éluard selbstverständlich waren: Trinkgelage, Rauschgiftexzesse, Partnertausch, Seitensprünge und gleichgeschlechtliche Beziehungen. Neben dem Grafen und Solange figurieren Grandsailles Nebenbuhler Dick d'Angerville, die amerikanische Millionärin Barbara Stevens, ihre Tochter Veronica und deren Verehrer, der Kampfflieger John Randolph alias »Baba«. Veronica pflegt eine paraerotische Beziehung zu ihrer Mutter und lässt sich dann mit ihrer Gesellschaftsdame ein, der Polin Betka, von der sie später mit Cécile Goudreau während einer Opiumorgie betrogen wird. Grandsailles bricht inzwischen mit Solange, da es sein männlicher Stolz nicht zulässt, dass sie den verlorenen Familienbesitz Moulin des Sources zurückgekauft hat.

Diese erotischen Rochaden werden von den politischen Tagesereignissen überschattet: Randolph wird mit seinem Flugzeug im Spanischen Bürgerkrieg abgeschossen und trägt seitdem eine Ledermaske, die seine Schädelverletzungen kaschiert. In Bewegung geraten die Ereignisse im zweiten Teil des Romans, wo die dekadente Pariser Schickeria unter den Hammerschlägen des Zweiten Weltkriegs auseinanderstiebt. Grandsailles betätigt sich nach dem Einmarsch der Wehrmacht vordergründig als Kollaborateur. Er begleitet den Fürsten Orminy, der sich auf sein Landgut bei Casablanca absetzt, um zum Schein für das Vichy-Regime in Nordafrika die Erhöhung von Rohstoffimporten zu betreiben. Zugleich mobilisiert er insgeheim den Widerstand gegen die Kollaborationsregierung und sabotiert die in der Umgebung seines Familiensitzes von den Deutschen betriebene Industrialisierung.

Mit Randolphs Hilfe gelangt er in geheimer Mission nach Malta. Danach wird Randolph über Kalabrien abgeschossen, wohin er einige Agenten fliegen soll, überlebt den Absturz jedoch, wie sich später herausstellt. Wieder in Marokko, wird für Grandsailles die Situation allmählich unhaltbar. Als die der Vichy-Regierung ergebene Gendarmerie ihm und Orminy auf die Spur kommt, sprengt sich Orminy mit seiner Jacht in die Luft, um den Verdacht auf sich zu lenken. Grandsailles setzt sich mit einigen Freunden in letzter Minute nach Buenos Aires ab. Er heiratet Veronica, ohne sie zu lieben, während der wieder aufgetauchte Randolph ihr erfolglos den Hof macht. Grandsailles lässt sich mit ihr auf der Hazienda der Stevens in Palm Springs nieder, nicht ohne weiterhin Solange mit Liebesbriefen zu gängeln. Diese harrt im besetzten Frankreich auf dem Landgut aus, wo sie und der Notar Girardin immer stärker unter Druck der Besatzer geraten. Als sich Girardin, der für die Résistance arbeitet, weigert, seine Gefährten und ihre Pläne an die Gestapo zu verraten, wird er hingerichtet.

Grandsailles kehrt nach Europa zurück, wo er von dem Kollaborateur und Kriegsgewinnler Broussillon gegen Solange aufgehetzt wird in der Hoffnung, auf diese Weise im Nachkriegsfrankreich politische Macht zu erlangen. Solange hatte trotz Grandsailles' Heirat mit Veronica zuverlässig seine Interessen vertreten und wird nun das Opfer seines verderblichen mentalen Einflusses: Nach längerer Krankheit stirbt sie. In der letzten Szene muss sich Grandsailles die Vorwürfe seiner einstigen Gouvernante, die ihn treu durch sein Leben begleitet hatte, gefallen lassen. Seine Schuld bestehe darin, durch seine »Unfruchtbarkeit« kulturelle Traditionen wie materiellen Besitz den Unbilden der Geschichte ausgeliefert zu haben.

Namen und Eigenschaften der Protagonisten hat Dalí – einer seiner Phobien entsprechend – von Insekten abgeleitet: Cléda geht zurück auf den Schmetterling Cledonia frustrata, Grandsailles wird, seiner dämonischen Rolle entsprechend, als Totenkopfnachtfalter bezeichnet. Zugleich ist *Visages cachés* ein Schlüsselroman, der bis in die Nebenrollen mit hochkarätigen Personen der Intellektuellenszene im Paris der 1930er Jahre besetzt ist: Neben Prominenten wie den Mäzenatinnen Caresse Crosby und Marie-Laure de Noailles, den Malern Manuel Ortiz und José María Sert, der Modeschöpferin Coco Chanel, den Dichtern Federico García Lorca, Ernest Hemingway und Paul ↗ Valéry taucht unter dem leicht zu dechiffrierenden Pseudonym Alcan auch der junge Jacques ↗ Lacan auf, der seine Weiterentwicklung der Freud'schen Psychoanalyse letztlich dem geistigen Austausch mit Dalí verdankte. Insofern besitzt die Titelmetapher der »Verborgenen Gesichter« zumindest noch eine weitere Dimension. In der künstlerischen Produktion fällt der Roman mit Dalís Bestrebungen des New Yorker Exils der 1940er Jahre zusammen, das künstlerische Verfahren einer ins Verblüffende gesteigerten Wirklichkeit auch außerhalb der Malerei zu erproben; in Film, Theater, Ballett, Oper und Modedesign.

■ Lit.: O. Barrero Pérez: La novela censurada de S. D. ›Rostros ocultos‹ (Hidden Faces), in: Salina. Revista de Lletres 1990, 5, 51–54.

Gerhard Wild

Marie Darrieussecq

■ geb. 3.1.1969 Bayonne (Frankreich)

Studium der Literaturwissenschaft an der Ecole Normale Superieure in Paris; 1996 Dozentin an der Universität Lille; 1997 Promotion über *Moments critiques dans l'autobiographie contemporaine, l'ironie tragique et l'autofiction chez Serge Doubrovsky, Hervé Guibert, Michel Leiris et Georges Perec*; seit 1998 Schriftstellerin; zählt zu den wichtigsten und meistübersetzten Schriftstellerinnen der jungen Generation.

■ Lit.: C. Sarrey: Fictions contemporaines au féminin, 2002. ■ S. Jordan: Contemporary French Women's Writing, 2004.

Truismes

(frz.; *Schweinerei*, 1997, F. Heibert) – Den 1996 veröffentlichten Roman verfasste die Autorin nach eigenen Angaben innerhalb von sechs Wochen aus Wut auf die moderne Gesellschaft. Inspiriert wurde sie dabei von Franz Kafka und Georges ↗ Perec.

Eine zum Schwein mutierte Frau erzählt rückblickend in einem Monolog ihre Geschichte, die zunächst ganz harmlos beginnt. Als arbeitslose junge Frau verdingt sie sich in einer Parfümerie mit angeschlossenem Massagesalon. Schon bald bietet sie Dienste an, die über den gewöhnlichen Service hinausgehen, und erwirbt sich damit das immer größer werdende Ansehen bei ihrem Vorgesetzten und ihren Kunden, das sich jedoch nicht in der Bezahlung niederschlägt. Für sie selbst ist dieser Extraservice als Prostituierte, die mit immer perverseren Praktiken konfrontiert wird, selbstverständlich.

Gleichzeitig stellt sie beunruhigende Veränderungen an ihrem Körper fest, die sie nicht einordnen kann, ihre Attraktivität in einem frühen Stadium jedoch steigern. Sie nimmt stark zu, ihre Haut wird rosig, zunehmend dicker, die Menstruation bleibt aus, ihr wachsen ein Rüssel, sechs Brüste und ein Ringelschwanz. Sie entwickelt eine Abneigung gegen Schweinefleisch, die in einer allgemeinen Fleischphobie kulminiert und dazu führt, dass sie sich ständig übergeben muss. Zu ihren Hauptnahrungsmitteln zählen rohes Obst und Gemüse, die Blumen, die ihr zufriedene Kunden mitbringen, schließlich Eicheln und frisches Gras: Sie hat sich in ein Schwein verwandelt.

Doch kaum ist der Metamorphoseprozess abgeschlossen, wird das anziehend gesunde Aussehen zunehmend abstoßender und verwahrloster, die rosige Haut bekommt graue Flecken, der soziale Abstieg erfolgt ebenso schnell wie die einstige Karriere, ihr Freund setzt sie vor die Tür. Von diesem Moment an schwankt ihr Daseinszustand je nach Umgebung. Mal bleibt sie Schwein, in den wenigen Augenblicken, in denen sie ihre Menschenwürde zurückerlangt, findet die Rückverwandlung zum Menschen statt. Sie erlebt, wie sie es nennt, zahlreiche Abenteuer, wird unter anderem als Maskottchen für die Zwecke eines rechtsextremen Parteichefs à la Jean-Marie Le Pen benutzt, der für ein gesünderes Frankreich wirbt und eine rigorose Ausländerpolitik betreibt. Die vorweggenommene Jahrtausendwende erlebt sie als Überraschungsgast einer seiner wilden Orgien, die in einem Blutbad endet. Die Ereignisse überschlagen sich, der neue Präsident wird selbst zum Verfolgten, auf eine rechtsextreme Regierung folgen Anarchie, Krieg, Terror, Hungersnöte. Präsident wird Marchepied, ein ehemaliger Psychiatriepatient. Tierschutz wird auf einmal großgeschrieben, während Menschen ohne Skrupel beseitigt werden. Schließlich lernt sie Yvan, den Chef der Kosmetikkette Wolfado kennen, dessen Produkte sie ehemals selbst verkauft hatte. Beide werden ein Liebespaar. Auch Yvans Körper ist regelmäßig Veränderungen unterworfen: Bei Vollmond verwandelt er sich in einen blutrünstigen Wolf, der Passanten oder eigens bestellte Pizzalieferanten tötet und verschlingt. Dies wird ihm schließlich zum Verhängnis. Er wird entdeckt und getötet, doch die einstige Verkäuferin kann sich zum Landhaus ihrer Mutter retten, die dort mit dem ehemaligen Generaldirektor der Parfümerie eine illegale Schweinezucht betreibt. Selbst vom Schlachtmesser bedroht, setzt sie sich zur Wehr, tötet beide und lebt fortan glücklich mit ihren Artgenossen in der Natur.

Die Autorin stellt in dieser ironischen Fabel, die in jeder Hinsicht vom Exzess geprägt ist und zahlreiche Interpretationsmöglichkeiten bietet, mittels der Metamorphose eine sexualisierte, gewalttätige und rücksichtslose Welt an den Pranger. Der französische Titel *Truismes* (Binsenwahrheiten) spielt mit der lautlichen Nähe zu ›truie‹ (Sau) und weist von Anfang an auf die Doppelgründigkeit der Geschichte hin, die in der Sprache reflektiert wird. Der naive Ton, mit dem die Protagonistin ohne Namen und Vergangenheit die Geschichte erzählt, als handele es sich bei den einzelnen Vorkommnissen um völlig normale Begebenheiten, entwickelt sich im Verlauf der Fabel weiter. Um zu überleben, ist sie gezwungen, sich mit Hilfe einer eigenen Sprache, die sie sich erarbeiten muss und die zunehmend komplexer und poetischer wird, eine persönliche Identität zu verschaffen.

Marie Darrieussecq will nach eigenen Angaben mittels neuer experimenteller Formen einer modernen Zeit gerecht werden. Ihr Erstling traf in Frankreich auf große Resonanz, wurde in kurzer Zeit über 300 000 Mal verkauft und in 34 Sprachen übersetzt.

▪ Lit.: M. Sadoux: M.D.'s Truismes. Hesitating between Fantasy and Truth, in: Journal of the Institute of Romance Studies 7, 1999. ▪ S. Jordan: Saying the Unsayable. Identities in Crisis in the Early Novels of M.D., in: Women's Writing in Contemporary France, 2002. ▪ C. Bota: M.D. et ses Truismes, 2005.

Maja Lenz

Alphonse Daudet

▪ geb. 13.5.1840 Nîmes (Frankreich)
▪ gest. 16.12.1897 Paris (Frankreich)

1856 Lehrer am Gymnasium Alais, 1857 in Paris; seit 1860 Zugang zu literarischen Salons; 1860–1865 Sekretär des Ministers Duc de Morny; als dessen Begleiter Reisen nach Südfrankreich, Algerien und Korsika; nach Mornys Tod freier Schriftsteller; vor allem wegen seiner humoristisch-realistischen Erzählweise einer der erfolgreichsten Autoren des Second Empire.

▪ Ausg.: Œuvres, 3 Bde, 1986–1994.
▪ Lit.: A. Dufief: A.D. romancier, 1997.

L'Arlésienne

(frz.; *Neue Liebe*, 1877, G. Ritter) – Das Prosadrama in drei Akten, das auf der gleichnamigen Erzählung aus Daudets Sammlung *Lettres de mon moulin* (1887) basiert, wurde 1872 uraufgeführt.

Die tragische Liebesgeschichte ist im bäuerlichen Milieu der Provence angesiedelt. Im Zentrum des Stückes steht Frédérí, der etwa 20-jährige, gut aussehende Sohn aus einer wohlhabenden Bauernfamilie in der Provence, der sich rettungslos in die ›Arlesierin‹ verliebt hat, ein Bauernmädchen, das allerdings weder in der Erzählung noch im Theaterstück selbst in Erscheinung tritt. Er bemüht sich allerdings erfolglos um ihre Gunst, denn sie hat bereits eine sexuelle Beziehung zu einem Knecht, was Frédérí bei einer Auseinandersetzung von diesem selbst erfährt.

Enttäuscht und verzweifelt verlässt Frédérí sein Elternhaus, um fortan zum Leidwesen seiner Mutter Rose Mamaï ein Hirtenleben zu führen. Die Mutter kann Frédérí jedoch zur Rückkehr bewegen, als sie sich schweren Herzens entschließt, die wegen ihres Lebenswandels wenig angesehene Arlésienne bei sich aufzunehmen. Schließlich will Frédérí das Bauernmädchen Vivette heiraten, das ihn schon lange Zeit liebt, ohne ihn jedoch wirklich von seiner Leidenschaft für Arlésienne heilen zu können. Auf dem Bauernhof leben außerdem der alte Hirte Balthazar, der im Stück als Kommentator und Sprachrohr des Autors fungiert, und der von allen umhegte L'Innocent, Frédérís jüngerer, geistig zurückgebliebener Bruder, dem eine Zigeunerin prophezeite, dass Frédérí sterben werde, sobald L'Innocent seinen vollen Verstand erlange. So schwebt ein tragisches Verhängnis über der Familie, das tatsächlich an dem Tag über Frédérí hereinbricht, an dem L'Innocent beginnt, seine Umwelt mit wachem Sinn wahrzunehmen.

Frédérís Eifersucht regt sich aufs Neue, als er vom Plan des Knechts, seines alten Rivalen, erfährt, Arlésienne vom Hof zu entführen. Nur mit Mühe kann man

Frédérí davon abhalten, den Rivalen zu töten. Angesichts seiner hoffnungslosen Lage wählt er den Freitod. Während L'Innocent sich seiner Identität bewusst zu werden beginnt und seinen wahren Namen, Janet, ausspricht, stürzt sich Frédérí verzweifelt vom Heuboden des Gehöfts.

Die Intrige der zugrunde liegenden, nur wenige Seiten umfassenden Erzählung hat Daudet durch zusätzliche Figuren – z. B. Balthazar, Janet – und Motive – etwa die Prophezeiung der Zigeunerin – erweitert und damit inhaltlich wie formal dem Konzept einer klassischen Tragödie angenähert. So erfüllt sich, wie der Zuschauer erwartet, das Orakel, das vom Unglück der Familie kündet. Die unentwirrbare, psychologisch bedingte Verstrickung, die mit dem Tod Frédérís endet, findet damit ein Pendant im Verhängnis der Prophezeiung, die sich einer modernen individualpsychologischen Deutung des tragischen Helden zu widersetzen scheint. Das Stück transponiert insofern Elemente der klassischen Schicksalstragödie ins provenzalische Umfeld, ohne dass die für den damals herrschenden Realismus und beginnenden Naturalismus so wichtigen Momente des Milieus und der Umwelt bereits als bestimmende Faktoren der Figuren zum Tragen kämen. So weist L'Innocents geistige Behinderung nicht so sehr realistische Züge als vielmehr metaphysische Qualitäten auf.

Auch die Welt der Provence ist noch frei von den naturalistischen Implikationen der Dumpfheit und Rückständigkeit. Anders als etwa in dem Romanzyklus *Les Rougon-Macquart* (1871–1893), den ↗ Zola etwa zur gleichen Zeit in Angriff nahm, behandelte Daudet die Provence, ihre Bewohner und Gebräuche hier noch ähnlich folkloristisch wie drei Jahre früher in seinem populärsten Werk, den *Lettres de mon moulin*.

Anfangs wurde das Drama vom Publikum abgelehnt, was auch auf die Schauspielmusik von Georges Bizet zurückzuführen war: Vor dem Hintergrund der damaligen Auseinandersetzungen um Richard Wagner riefen Bizets ungewohnt moderne Harmonik, Melodik und Instrumentierung in Frankreich zunächst Befremden hervor. Auch dürfte das bäuerliche Ambiente des Stücks Anlass für die anfängliche Zurückhaltung gegeben haben: *L'Arlésienne* fügte sich kaum in die künstlerischen Interessen des Großstadtpublikums, das gerade begann, die Auswirkungen des deutsch-französischen Krieges und der Pariser Commune zu bewältigen. Komponist wie Autor waren über den Misserfolg überrascht, der für Bizet Anlass war, sich verstärkt der Oper zuzuwenden. Der von künstlerischen Selbstzweifeln bedrängte Daudet indes, dessen Theaterstück *Lise Tavernier* Anfang 1872 ebenfalls durchgefallen war, wandte sich von der Bühne ganz ab. Er verlegte sich auf Romane und Erzählungen und schuf ein Erzählwerk von großem Facettenreichtum.

■ Lit.: M. Hays: Suggestions about the Social Origins of Semiotic Practice in the Theatre, with the Example of D.'s ›Arlésienne‹, in: Modern Drama 24, 1981, 367–378. ■ A.-S. Dufief: A. D: Roman, théâtre, in: Revue des Lettres Modernes 1, 2003, 13–29.

Gerhard Wild

Les aventures prodigieuses de Tartarin de Tarascon

(frz.; *Tartarin von Tarascon*, 1979, T. Fein) – Der 1872 erschienene Roman wird geprägt durch die Fülle abenteuerlicher und komischer Überlieferungen über Tartarin, der – aus einer Gegend stammend, die für ihren Reichtum an alten Sagen und Volksmärchen bekannt ist – den Typus des prahlerischen und zugleich naiven Provenzalen verkörpert. Literarisches Vorbild dafür war, wie der Autor nie verleugnet hat, Cervantes' *Don Quijote* (1605–1615).

In seinem Haus am Stadtrand bewahrt Tartarin ein Arsenal von Jagdwaffen auf, dazu Trophäen und natürlich auch Bücher, vor allem die Romane James Fenimore Coopers, die Reiseberichte von James Cook und alle Jagdliteratur, derer er habhaft werden konnte. Denn wie alle Provenzalen frönt er der Jagdleidenschaft, die jedoch durch das fast völlige Fehlen von jagdbaren Tieren beeinträchtigt wird, so dass man schließlich übereinkommt, den letzten lebenden Hasen der Provence, den man durch den Beinamen ›Le Rapide‹ (Der Flinke) mythisiert hatte, unter Naturschutz zu stellen und stattdessen fortan die eigenen Mützen in die Luft zu werfen und mit Flintenschüssen zu durchlöchern.

Tartarin genießt als bester Mützenjäger besonderes Ansehen. Als eines Tages ein Zirkus vor dem Schlossplatz von Tarascon gastiert, tut sich Tatarin durch besondere Furchtlosigkeit hervor, da er als einziger vom Gebrüll eines Löwen unbeeindruckt bleibt, der in seinen Käfig ohnehin nicht sonderlich gefährlich ist. Die Episode begründet Tartarins lokalen Ruhm als Löwenbezwinger und ist eine Referenz an Cervantes, der ein in seiner Peripetienarmut ähnlich komisches Löwenabenteuer in seinen *Don Quijote* einbaute. Inspiriert durch die Lektüre von Reisebeschreibungen bricht Tartarin nach Algerien zur Löwenjagd auf, was Anlass zu einer weiteren Cervantes-Referenz gibt, da dieser fünf Jahre (1575–1580) als Sklave in Algier zubrachte: »O Miguel Cervantes Saavedra, wenn es wahr ist, daß an Plätzen, wo bedeutende Männer geweilt, etwas von ihnen in der Atmosphäre verbleibt bis ans Ende der Zeiten, so muß, was von deiner Seele am Barbareskenstrand verharrt, vor Freude erbeben, wenn du Tartarin von Tarascon an Land gehen siehst, diesen wunderbaren Südfranzosen, in dem beide Helden deines Buches, Don Quijote und Sancho Pansa, inkarniert sind.«

Die unexotische Wirklichkeit Afrikas kollidiert fortan kontinuierlich mit Tartarins Abenteuerromantik. Die französische Kolonie Algier präsentiert sich dem als Araber verkleideten Südfranzosen schon als viel zu kultiviert, und der Versuch, einen Löwen zu finden, erweist sich allenthalben als Problem. Tartarin tröstet sich vorübergehend mit einer exotischen Schönen. Später fällt er einem vermeintlichen Prinzen zum Opfer, der ihn um sein Geld betrügt. Auch die Löwenjagd, die er schließlich doch noch unternimmt, wird zum Desaster. Das einzige Exemplar der Gattung Löwe, das er in Algerien antrifft und in Verkennung der wahren Umstände zur Strecke bringt, ist (wie auch schon bei Cervantes) ein zahmes und sogar blindes Tier, das von einem Bettler für Geld zur Schau gestellt wird. Die vermeintlich heldenhafte Tötung dieses Löwen bringt Tartarin in Konflikt mit dem Gesetz. Zur Begleichung einer Geldbuße muss er seine gesamte Ausrüstung verkaufen. Ein Kamel, das eine unverbrüchliche Liebe zu ihm gefasst hat, folgt dem demoralisierten Protagonisten zurück nach Frankreich. Hier sorgt es ebenso wie das mit der Post vorausgeschickte Löwenfell in Tarascon für beträchtliche Aufregung und begründet bei den Bewohnern der Stadt Tartarins Ruhm als Großwildjäger und Forscher. Ungeachtet der erfahrenen Ernüchterung und Demütigung beginnt Tartarin folglich erneut mit aufschneiderischen Erzählungen von seinen imaginären Erlebnissen als Großwildjäger.

Der Erfolg, der dem Roman bei seinem Erscheinen beschieden war, gab Anlass zu zwei Fortsetzungen, die mit ähnlichen Motiven arbeiten: *Tartarin sur les Alpes*, 1885 (*Tartarin in den Alpen*, 1986, S. Born), zeigt die Hauptfigur als Vorsitzenden des Alpinistenvereins von Tarascon. Tartarin hat hier neben einer Bergbesteigung eine Reihe witziger Abenteuer zu bestehen. Sie gipfeln in seiner Rückkehr nach Tarascon, wo er in eine Totenfeier hineinplatzt, die die Tarasconeser für ihn als vermeintlich am Mont Blanc Abgestürzten abhalten.

Port Tarascon, 1890 (*Port Tarascon*, N. Rümelin, 1890), verlegt die Handlung auf eine polynesische Insel, die sich die Bürger Tarascons von einem Hochstapler verkaufen ließen. Während die Inbesitznahme der Insel und Tartarins Hochzeit mit einer Ureinwohnerin noch auf karnevaleske Weise den Kolonialismus des späten 19. Jh.s karikieren, nimmt die Handlung gegen Ende des Werks eine tragische Wendung, als deren Vorbild Cervantes' Insel-Episode im zweiten Band des *Quijote* durchscheint. »Gouverneur« Tartarin und seine Gefährten werden nach Frankreich deportiert, wo Tartarin sich wegen verschiedener Delikte vor Gericht zu verantworten hat. Obgleich er schließlich freigesprochen wird, verlässt er Tarascon, nachdem er Vermögen wie Ansehen eingebüßt hat. Da er fern seiner Vaterstadt nicht leben kann, stirbt er kurz darauf, weil er – wie Cervantes' Protagonist – seinen romantischen Hang zum Abenteuer als Wahn erkennt.

Daudets ironisch-witziger Stil und seine Lust am Fabulieren machen die *Tartarin*-Romane zu einer zugleich realistischen und grotesken Huldigung an die Menschen im Süden Frankreichs, die hier in ihrer ganzen Lebensfreude eingefangen sind. Referenzen an Cervantes, dessen Vorbild immer wieder erkennbar wird, und die ironische Diskrepanz zwischen der Realität und der Reiseliteratur, die sich bis zu Zitaten aus dem *Baedeker* erstreckt, machen alle drei Werke darüber hinaus zu reizvollen Literaturromanen mit besonderem Humor.

■ Lit.: M. Sachs: A. D.s' ›Tartarin Trilogy‹, in: Modern Language Review 61, 1966, 209–217. ■ J.-H. Bornecque: Aventures prodigieuses de ›Tartarin de Tarascon‹, 1968. ■ L. Corman: ›Tartarin de Tarascon‹ du roman de D., in: L. C.: Types morphopsychologiques en littérature, 1978, 48–53. *Gerhard Wild*

Lettres de mon moulin

(frz.; *Briefe aus meiner Mühle*, 1960, A. Seiffert) – Die 1887 erschienene Sammlung provenzalischer Erzählungen, die den literarischen Ruhm des Autors begründete, ist auch heute noch sein meistgelesenes Werk. Die im Titel gewählte Bezeichnung »Briefe« ist nicht zutreffend, da die Briefform in keiner der Erzählungen durchgehalten, sondern nur durch rahmende Floskeln angedeutet wird. Diese Kommunikationssituation stiftet jedoch wie der im Werktitel vorgegebene Entstehungsort, eine alte Windmühle in Fontvieille in der Provence, die literarische Fiktion: »Von hier aus schreibe ich Ihnen, meine Tür weit dem Sonnenlicht geöffnet. [...] Kein Geräusch, kein Lufthauch im Lavendel, kaum von Zeit zu Zeit der Ton einer Pfeife, ein Schellenklingeln der Esel auf der Landstraße.« Tatsächlich wurden die *Lettres de mon moulin* in Paris geschrieben. Einige der Erzählungen gehen auf mündliche Erzählungen von Paul Arène zurück, wie sich aus Daudets Notiz- und Manuskriptbüchern von 1868/69 schließen lässt.

Von einigen Reiseskizzen aus Algerien und Korsika abgesehen, gibt die südfranzösische Landschaft mit ihren liebenswerten, skurrilen, schlauen oder dickköpfigen Bewohnern die beherrschenden Themen ab, die auf Zeitgenössisches ebenso wie auf Historisches zurückgreifen. Der inhaltlichen Spannweite entspricht die Vielfalt der Erzählformen. Prosaballaden und mit Märchenmotiven durchsetzte, fabelartige Geschichten sind etwa die Erzählung vom Mann mit dem goldenen Gehirn (»La légende de l'homme à la cervelle d'or«) oder die von der Ziege, die aus übermäßigem Freiheitsdrang die sichere, saftige Wiese des Monsieur Seguin mit der wilden Bergwelt vertauscht und dort vom Wolf gefressen wird (»La chèvre de Monsieur Seguin«). Daneben stehen realistische Schilderungen über das harte, karge Leben in der Camargue und kunstvoll gestaltete Volkslegenden wie »La mule du Pape« (»Der Maulesel des Papstes«): Ein Maulesel, das Lieblingstier eines der Avignoner Päpste, wird mit edlem französischem Wein getränkt; Tristet Védène, ein schlauer Bursche, bietet sich als Pfleger an, um selbst in den Genuss des köstlichen Getränks zu kommen. Der übervorteilte Esel lebt fortan mit dem Gedanken an die Stunde der Rache, die ihm am Ende seiner Tage auch wirklich schlägt: »[...] und so fürchterlich schlug er aus, daß man in Pampérigouste selbst den Dampf sah, einen Wirbelwind von blondem Dampf, über den hinweg eine Ibisfeder flatterte, alles, was von dem unglückseligen Tristet Védène übrigblieb. Es gibt kein schöneres Beispiel geistlichen Zorns.«

In »L'élixier du R.P. Gaucher« (»Das Elixier des R.P. Gaucher«) überliefert Daudet augenzwinkernd eine der schon im provenzalischen Mittelalter beliebten Erzählungen über die doppelte Moral der Mönche. Diese beten unverdrossen für das Seelenheil eines der Trunksucht verfallenen Klosterbruders, der durch den Verkauf seines nach einem Geheimrezept gebrauten Likörs das Kloster vor dem wirtschaftlichen Ruin bewahrt. Die Erzählung »Le secret de maître Cornille« (»Meister Cornilles Geheimnis«) handelt von einem stolzen Müller, dem einst Daudets Mühle gehörte und der sich mit seinem Dickschädel erfolgreich gegen die Konkurrenz einer modernen Mehlfabrik durchsetzt.

Ein Meisterstück ist in der Erzählung »Le curé de Cucugnan« (»Der Pfarrer von Cucugnan«) die humoristische Darstellung der Bauernschläue eines Landgeistlichen, der seine Pfarrkinder auf den Pfad der Tugend bringen will. Eines Sonntags besteigt er die Kanzel und erzählt, er habe in einer Vision alle seine Pfarrkinder im höllischen Feuer und von dessen Flammen gepeinigt gesehen. Seit jenem denkwürdigen Sonntag sind die Bewohner von Cucugnan meilenweit im Umkreis für ihre Tugend bekannt.

Daudets bildkräftiger Stil, dessen verspielte Anmut, wie die vielen Korrekturen beweisen, das Ergebnis eines strengen Formwillens ist, setzte Maßstäbe für die ästhetischen Kategorien des literarischen Impressionismus. Weniger programmatisch als Frédéric Mistral, der mit seinen philologischen Arbeiten und seiner Dichtung eine Renaissance der provenzalischen Sprache und Literatur anstrebte, trug er mit den *Lettres de mon moulin* seinen Teil zur poetischen Unsterblichkeit der Provence bei. Er bezeichnete sein Werk selbst als »eine sonderbare Mischung aus Phantasie und Realität«, wobei er die Wirklichkeit zwar stets mit warmherziger Anteilnahme, aber nie ohne amüsierte Ironie beschreibt.

■ Lit.: J.-L. Vissière: Notes Towards a Tragic Reading of D.s ›Lettres de mon moulin‹, in: Kaleidoscope, Hg. G. Falconer, 1996, 193–199.

Barbara Schaper

Louis-René Des Forêts

■ geb. 28.1.1918 Paris (Frankreich)
■ gest. 30.12.2000 Paris (Frankreich)

Während des Studiums der Politikwissenschaften Verfasser von Musik- und Literaturkritiken; Engagement in der Résistance; in den 1940er Jahren erste literarische Versuche; in den 1950er Jahren mit ↗ Queneau Begründer der *Encyclopédie de la Pléiade*; 1967 Gründung der Zeitschrift *L'ephémère* mit P. Celan, Y. ↗ Bonnefoy, Gaëtan Picon und M. ↗ Leiris.

■ Lit.: J.T. Naughton: L.-R.D.F., 1993.

La chambre des enfants

(frz.; *Das Kinderzimmer*, 1989, F. Kemp) – Die erste Erzählung der 1960 erschienenen Sammlung, »Les grands moments d'un chanteur« (»Die großen Augenblicke eines Sängers«), lässt sich als Parabel über den betrügerischen Schein der Kunst lesen. Anna Fercovitz liebt die Stimme des Sängers Frédéric Molieri, dem sie mit ihrer Bewunderung zur Last fällt, obwohl er sie als Mensch und Mann enttäuscht. Molieri, der die längste Zeit seines Lebens ein unauffälliger Oboist in einem Opernorchester war, hatte sich eines Tages, als man für einen erkrankten Darsteller des Don Giovanni in Mozarts gleichnamiger Oper einen Ersatz benötigte, unerwarteterweise als einzigartiger Künstler erwiesen, der bald auf den bedeutendsten Bühnen Europas auftritt. Anna und der Erzähler werden Zeugen einer ebenso unbegreiflichen wie konsequenten ›Rückverwandlung‹: Angewidert von seinem Ruhm und einer Liebe, die seiner Stimme und nicht ihm gilt, zerstört Molieri durch ein bis zur Karikatur getriebenes würdeloses Gehabe und vorsätzliches Falschsingen öffentlich das Bild vom genialen Sänger, um in die Authentizität seiner Mittelmäßigkeit zurückzukehren.

»Une mémoire démentielle« (»Ein wahnhaftes Gedächtnis«) ist ein sehr persönliches Bekenntnis. Die Erzählung beschreibt den Versuch, das zentrale Ereignis einer Jugendkrise durch schrittweise Rückerinnerung zu verarbeiten: Ein 14-Jähriger, der in einem von Geistlichen geleiteten Internat durch ein Fehlverhalten als Angeber dasteht, beschließt, fortan mit seinen Mitschülern kein Wort mehr zu wechseln. Die unabsehbaren Schwierigkeiten, die dieser Entschluss heraufbeschwört, werden in einer Reihe von Sequenzen vorgeführt, in denen erinnerte Realität, Träume und Wünsche des erinnernden Ichs ein oft schwer zu trennendes Konglomerat bilden. Der Schreibende, heißt es zuletzt, »erfuhr die komischen Qualen des Literaten. Ich bin dieser Literat. Ich bin dieser Wahnsinnige. Doch ich war vielleicht dieses Kind.«

Auch die Erzählung »Dans un miroir« (»In einem Spiegel«) bietet ein quälendes Verwirrspiel kaum logisch nacherzählbarer Gedankensplitter. Sie zieht den Leser in ein Labyrinth von Unterstellungen, Verdächtigungen, Geständnissen, Erfindungen, Lügen, durch die zwei, drei, vielleicht vier Menschen einander unentwegt zu fangen und zu entlarven versuchen. Je mehr man dem anderen gegenüber gern man selbst wäre, desto weniger kann man sich in dem Spiegel erkennen, den er einem vorhält. Die Figuren vermitteln ihre Vorstellung von sich, doch auch das Bild, das sich die anderen von ihnen machen. Die verzweifelten Bemühungen und Winkelzüge, sich selbst im Umgang mit dem anderen zu vergewissern, münden in Aporien, aus der sich die Figuren nur durch die Flucht in immer neue Fiktionen retten können.

In den Erzählungen wird nicht geradlinig berichtet, vielmehr wird der Bericht mehr oder minder ›inszeniert‹ und durch häufigen Standpunktwechsel in Frage gestellt. Nicht umsonst umkreisen drei der Erzählungen eine schweigende Person und ihr erinnertes oder vorgestelltes Verhalten, als gäbe es gegen die Täuschungen der Sprache nur eine Zuflucht: das Schweigen. Derart überakzentuiert, verkehrt sich dieses Schweigen, weil jedes Verhalten andern gegenüber als Mitteilung verstanden wird, in eine von hinterhältigen Bedeutungen überladene Form des Redens.

Die Titelerzählung ist wohl die rätselhafteste. Auch hier schweigt jemand, aber der Leser erfährt nicht wer, noch ob es ihn überhaupt gibt. Er hört nur die offensichtlich verstellten Stimmen der Kinder, die den Schweigenden zum Reden bringen wollen, bis (wie sich am Ende herausstellt, in einem Traum) dem hinter der Tür zum Kinderzimmer Lauschenden zuletzt der Verdacht kommt, dieser Mensch ohne Worte, der allen Späßen und Listen so beharrlich Widerstand leistet, sei niemand anders als er selbst.

Die Geschichten lassen sich sehr unterschiedlich verstehen: als Denunziationen der Selbstwahrnehmung mittels der Sprache; als gescheiterte Versuche, jener Lebenslügen habhaft zu werden, deren Inszenierung dem Ich seine Authentizität verbürgen soll; als Versuche einer hyperkritischen Einbildungskraft, durch immer neue Zurüstungen auf die Spur einer Wahrheit zu geraten, die derjenige mit Sicherheit verfehlt, der die Sprache statt als Mittel und Werkzeug als Selbstzweck behandelt.

Die 1960 erschienene Erstausgabe enthielt als Verlegenheitslösung, die in späteren Auflagen rückgängig gemacht wurde, noch die Erzählung »Un malade en forêt« (»Ein Kranker im Wald«), eine 1945 entstandene Episode aus den Kämpfen der Résistance.

▪ Lit.: J. Rodaut: Encore un peu de neige. Essai sur ›La chambre des enfants‹ de L.-R. D. F., 1996.

Friedhelm Kemp

Ostinato

(frz.; *Ostinato*, 2002, F. Kemp) – Die Gattungszugehörigkeit des 1997 erschienenen autobiographischen Werks ist schwer und vielleicht gar nicht zu bestimmen; das Buch selbst enthält keine Gattungsbezeichnung. Der Text besteht aus einer Reihe von Fragmenten verschiedener Länge (von einem Satz bis zu zwei Seiten) und unterschiedlichen Charakters (Prosagedicht, Erzählung, Beschreibung, Erinnerung, Reflexion), bei denen die Grenze zwischen autobiographischem Bericht und fiktiver Erzählung nicht klar zu ziehen ist. Ab 1984 erschienen Fragmente des Projekts *Ostinato* teils in Zeitschriften, teils als gesonderte Buchpublikation, die aber nicht alle in das Buch von 1997 aufgenommen wurden. Das ist als Teil des Konzepts zu verstehen. Die autobiographische Intention stößt aus strukturellen Gründen – das Leben des Schreibenden ist noch nicht beendet – auf die wesentliche Unabschließbarkeit und Unvollendbarkeit des Textes, »dessen provisorischer Zustand jede Möglichkeit einer strengen Gliederung ausschließt und seiner Natur nach keinen Ausblick auf einen Abschluß gestattet«. So steht er in einer Linie mit den das autobiographische Projekt kritisch reflektierenden Texten von M. ↗ Leiris, R. Barthes oder N. ↗ Sarraute. Des Forêts selbst sprach gelegentlich von einem »zerstückelten Selbstporträt«.

Der Text besteht aus zwei Teilen. Der erste, etwa drei Viertel des Buchs umfassende hat keine Überschrift; das letzte Viertel ist mit »Nachher« überschrieben und in vier weitere Unterkapitel unterteilt. Der erste Teil besteht großenteils aus Bruchstücken eines autobiographischen Berichts – »zufällige Umrisse, eine Art Spuren, flüchtige Lebenslinien, falsche Reflexe und zweifelhafte Zeichen«.

Diese Autobiographie ist nicht der zusammenhängende Bericht eines Lebensganzen, sie besteht aus Erinnerungssplittern und Reflexionsfragmenten. Es finden sich aber auch Spurenelemente der großen Exempla autobiographischer Texte: der Gute-Nacht-Kuss der Mutter (↗ Proust); die Verbindung von Lust und Züchtigung (↗ Rousseau) und der Birnendiebstahl (Augustinus). Der Gegensatz von religiösem und weltlichem Leben erscheint hier in der Klostererziehung und der Militärzeit; er führt die Figur des Lebens als Kampf ein, der als spiritueller einer gegen sich selbst und als militärischer einer gegen die Nazis in der Résistance ist. Die Toten und ihre Tode, der des Vaters und der Mutter, der des Freundes im Krieg und vor allem der der Tochter, haben den strukturellen Ort der Konversion, die ein Leben in ein Vorher und ein Nachher unterteilen: »die eine Sekunde des Blitzstrahls, der niederfuhr, traf, entwurzelte, ins lebendige Fleisch schnitt, alles zerfetzte […].« Die Konversion ist nicht die Öffnung auf eine neues Leben, sondern ein absoluter Verlust, eine ›privation essentielle‹ (ein Entzug des Wesentlichen). So werden das Individuelle und das Kollektive, das Private und das Politische, die Lebensgeschichte und die Weltgeschichte auf diskrete Weise ineinandergeblendet.

Der zweite Teil besteht aus Reflexionen über die Sprache und das Schreiben, über die Zeit und die Erinnerung, über die Wahrhaftigkeit und die Fiktionalität eines autobiographischen Zeugnisses und über die Bedingungen der Möglichkeit des ersten Teils. Das Private, von dem die Autobiographie handelt, ist die ›privation essentielle‹, der dunkle Grund des Entzugs und der Abwesenheit, durch die »das Verlangen, die Kunst zu sprechen verlorengingen«, die aber offenbar doch einen Ausdruck sucht. Diesem Paradox ist das Buch abgerungen; ihm versucht es Gestalt zu geben. Deshalb kreist es in seinem zweiten Teil unaufhörlich um die Frage der Sprache und ihres Verhältnisses zur Erinnerung und zum Vergessen: »dass die Worte hier dem Ruf der Erinnerung nicht mehr antworten«. Es ist, als wäre diese Autobiographie nicht auf die Erinnerung der Vergangenheit und des gelebten Lebens aus, sondern auf deren Vergessen.

■ Lit.: D. Rabaté: L.-R. d. F. La voix et le volume, [2]2002. ■ I. Maclachlan: Rhythms of Memory in L.-R. d. F.'s ›Ostinato‹, in: Nottingham French Studies 41, 2002, 40–48. ■ D. Rabaté: Portrait de l'ecrivain en troisième personne, in: Critique 668/669, 2003, 70–82. *Gerhard Poppenberg*

Bonaventure Des Périers

■ geb. um 1510 Arnay-le-Duc/Beaune, Côte-d'Or (Frankreich)
■ gest. um 1544 Lyon (Frankreich)

(Pseudo. Thomas de Clerier) – Herkunft aus Burgund; in den 1530er Jahren offensichtlich in Lyon, dem Zentrum humanistischer Bildung; hörte Vorlesungen der großen Reformatoren und Humanisten Pierre-Robert Olivétan und Jacques Lefèvre d'Étaples; 1536 Kammerherr von ↗ Marguérite de Navarre, deren Hauptwerk *L'Heptaméron* er ins Reine schrieb; bedeutender Vertreter der französischen Renaissance mit deutlich religionskritischer Tendenz.

■ Lit.: C. A. Mayer: Lucien de Samosate et la Renaissance française, 1984, 165–190.

Le cymbalum mundi, en françoys, contenant quatre dialogues poétiques, fort antiques, ioyeux et facetieux

(frz.; Die Welten-Schelle) – Bei den vier satirischen Dialogen, die 1537 unter dem Pseudonym Thomas de Clerier und als angebliche Übertragung einer lateinischen Vorlage erschienen, handelt es sich um ein allegorisch verschlüsseltes Pamphlet im Stil von Lukian, das zu seiner Zeit beträchtliches Aufsehen erregte. Unter der Maske harmloser Dialoge sind diese Allegorien, Anagramme und Parabeln eine scharfe, in der Zeit der Reformation und Gegenreformation nicht ungefährliche Satire auf die Kirche und ihre Dogmen. Anspielungen auf die Kämpfe zwischen Calvinisten und Katholiken sind deutlich erkennbar. Des Périers kritisiert die Intoleranz dieser Gruppen in einem sarkastischen, an ↗ Rabelais erinnernden Ton.

Im ersten Dialog behauptet Merkur, den der Autor vermutlich für Jesus Christus sprechen lässt, von Jupiter (Gott Vater) geschickt worden zu sein, um ein Buch neu binden zu lassen. Dieses wird ihm jedoch in einer Herberge von zwei jungen Spaßvögeln gestohlen, die den Leuten versprechen, sie gegen ein Entgelt in das »Buch der Unsterblichkeit« einzutragen. Offensichtlich karikiert der Autor in diesem Dialog das Ablasswesen der katholischen Kirche, wobei die beiden jungen Leute die Ablassprediger repräsentieren. Der zweite Dialog behandelt den Streit der Theologen um die eine ›wahre‹ Religion. Die Gesprächspartner sind Trigabus (»triple gabeur«, der dreifache Spaßmacher), Rhetulus (Anagramm für Lutherus), Cubercus (Bucerus) und Drarig (Girard, der Familienname des Erasmus von Rotterdam). Sie alle suchen nach dem Stein der Weisen, dem Sinnbild der Wahrheit. Der als alter Mann verkleidete Merkur hat diesen Stein aber bereits in viele kleine Stücke zerbrochen zum Zeichen dafür, dass es nicht nur eine Wahrheit gibt. Er erteilt den Suchenden den Rat, lieber in der Welt gut und hilfreich zu sein, als einer utopischen letzten Wahrheit nachzujagen. Im dritten Dialog entpuppt sich ein gestohlenes Buch als das »Buch der Schicksale«, das mit satirischen Ausfällen gegen Astrologen und Wahrsager endet, die behaupten, den Menschen ihr Geschick voraussagen zu können.

Am berühmtesten und literarhistorisch bedeutsamsten wurde der vierte Dialog, der auf eine von Ovids *Metamorphosen* zurückgeht. Hier unterhalten sich zwei Hunde, die dadurch, dass sie ihren in einen weißen Hirsch verwandelten Herrn Actéon verschlangen, die Redegabe erhalten haben. Der eine Hund, Hylactor, ist begierig darauf, mit seiner Gabe zu glänzen und bei den Menschen zu Ehren zu gelangen; der klügere Pamphagus dagegen möchte sogleich wieder ein gewöhnlicher Hund sein, denn er verabscheut die menschliche

Sensationslust und den weltlichen Ruhm, die nur von kurzer Dauer sind. Wie Erasmus von Rotterdam wendet sich Des Périers hier gegen die Neigung seiner Zeitgenossen, aus Opposition oder Eitelkeit ihre Thesen zu verkünden, um des Streites willen zu streiten und sich mit leeren Phrasen Gehör zu verschaffen. Auf das Motiv des Hundegesprächs griff Cervantes in der letzten seiner *Novelas ejemplares* zurück.

In seinen zeitkritischen Allegorien erweist sich Des Périers als Vertreter jener religiösen Skepsis, die sich in Frankreich seit dem Eindringen des reformatorischen Gedankenguts auszubreiten begann. Da seine Zeitgenossen die Anspielungen verstanden, wurde ihm der Prozess gemacht. Aber als »valet de chambre« am Hof der humanistenfreundlichen ↗ Marguerite de Navarre hatte er mächtige Fürsprecher und ging frei aus; nur Jehan Morin, der Drucker des *Cymbalum mundi*, wurde verurteilt. Das Werk selbst wurde bis auf ein einziges Exemplar, das diesem Schicksal entging, vom Henker verbrannt.

■ Lit.: W. Börner: Das ›Cymbalum mundi‹ des B. D. P., 1980.

Ulrich Fleischmann

René Descartes

■ geb. 31.3.1596 La Haye/Touraine (Frankreich)
■ gest. 11.2.1650 Stockholm (Schweden)

1606–1614 Besuch des Jesuitenkollegiums in La Flèche; 1615–1616 Studium der Jurisprudenz in Poitiers; nach kurzem Militärdienst Arbeit an mathematischen und physikalischen Projekten; verschiedene Reisen durch Europa, danach Wohnsitz in Paris bis 1630; 1630–1649 Aufenthalt in den Niederlanden, Beschäftigung mit metaphysischen und erkenntnistheoretischen Fragen; 1649 Eintritt in den Dienst der Königin Christina von Schweden; 1650 Tod infolge einer Lungenentzündung.

■ Ausg.: Œuvres, 13 Bde, Hg. C. Adam/P. Tannery, 1982.
■ Lit.: S. Gaukroger: D. An Intellectual Biography, 1995. ■ D. Perler: R. D., 2006.

Discours de la méthode pour bien conduire sa raison et chercher la vérité dans les sciences

(frz.; *Bericht über die Methode, die Vernunft richtig zu führen und die Wahrheit in den Wissenschaften zu erforschen*, 2001, H. Ostwald) – Mit dieser Schrift, die dem Verfasser schon kurz nach ihrem Erscheinen 1637 internationalen Ruhm eintrug, zielt Descartes auf eine radikale methodische Erneuerung der Wissenschaften ab. Das aristotelisch-scholastische Wissenschaftssystem soll durch ein neues, das sich an der mechanistischen Physik und an der dualistischen Metaphysik orientiert, überwunden werden. Gleichzeitig soll auch einem wissenschaftlich ungebildeten Leser gezeigt werden, wie er mit Hilfe des gesunden Verstandes (»le bon sens«) und einer klaren Methodologie sicheres Wissen gewinnen kann.

Das konzise, sprachlich elegante Werk, das sechs Teile umfasst, führt in die Methodenlehre ein und wendet sie auf einige Kernprobleme an. Descartes erläutert daher in den ersten beiden Teilen die methodischen Grundregeln und diskutiert dann die zu seiner Zeit umstrittensten Probleme: die Regeln der Moral (dritter Teil), die Existenz Gottes und der menschlichen Seele (vierter Teil), das Verhältnis von Mensch und Tier (fünfter Teil) und die Aufgabe der Wissenschaften (sechster Teil). Sämtliche Diskussionen bauen auf früheren naturwissenschaftlichen Untersuchungen auf und bereiten die metaphysischen Analysen der späteren Werke *(Meditationes* und *Principia philosophiae)* vor. Im Gegensatz zu diesen Werken wendet sich der *Discours* aber an ein breites Publikum und ist daher in französischer Sprache verfasst.

Eine methodische Erneuerung erfordert Descartes zufolge zunächst eine Überwindung des zur Doktrin erstarrten Aristotelismus. Dies bedeutet zum einen, dass die Tradition der Aristoteles-Kommentierung aufgegeben werden muss; nur eine empirische Untersuchung der Natur bringt die Wissenschaften voran. Zum anderen muss auch das aristotelische Begriffssystem überwunden werden. Die Rede von Formen und Zielursachen ist nämlich obskur und muss durch die Begriffe der mechanistischen Physik ersetzt werden. Nur mit diesem neuen Begriffssystem lassen sich die empirischen Befunde korrekt auswerten.

Doch welche methodischen Regeln muss man in einer empirisch fundierten Untersuchung beachten? Descartes nennt vier Grundregeln. Erstens darf man nur das akzeptieren, was mit Evidenz erfasst wird; zweitens müssen alle Probleme derart zerlegt werden, dass man auf das Evidente zurückgehen kann; drittens gilt es, einer Ordnung zu folgen und schrittweise vom Evidenten und Einfachen zum Komplexen überzugehen; viertens schließlich müssen alle Problemaspekte möglichst vollständig aufgezählt werden. Dies sind natürlich sehr allgemeine Regeln, die mit Blick auf einzelne Wissensgebiete – etwa die Physik oder die Medizin – noch zu spezifizieren sind. Doch sie verdeutlichen, dass Descartes' Methodenlehre von zwei Grundgedanken geleitet ist. Zunächst ist der Evidenzgedanke von zentraler Bedeutung: Wissen lässt sich nur auf evidenter und damit auch unbezweifelbarer Grundlage gewinnen. Eine bloß wahrscheinliche und deshalb jederzeit anfechtbare Grundlage taugt nicht als Fundament der Wissenschaften. Darüber hinaus ist die Methodenlehre auch von einem analytischen Grundgedanken geprägt: Nur eine strenge Zerlegung der Probleme in die einfachsten Bestandteile und eine Analyse des Verhältnisses von einfachen und komplexen Teilen verschafft eine wissenschaftliche Erkenntnis. Ein synthetisches Verfahren, bei dem verschiedene Probleme und Lösungsstrategien einfach zusammengefasst werden, versperrt den Blick auf die Struktur der einzelnen Probleme.

Das Vorbild für ein streng analytisches Verfahren ist die Mathematik, bei der man jeweils auf erste, evidente Axiome zurückgeht und aus diesen weitere Sätze ableitet. Doch wie verhält es sich mit der Moral, die kein axiomatisches System ist? Descartes ist sich bewusst, dass es in diesem Bereich kein analytisches Verfahren gibt, das eine Einsicht in moralisch gebotene oder verbotene Handlungen liefern könnte. Er vertritt daher die These, dass man nur von einer provisorischen Moral (»morale par provision«) sprechen sollte, die aus einigen interpretationsbedürftigen Grundregeln besteht und nicht wie ein axiomatisches System endgültig feststeht. Diese Regeln lauten: Erstens sollte man sich an den etablierten Sitten und Bräuchen ausrichten; zweitens sollte man in der Wahl von Handlungen fest und entschlossen sein; drittens sollte man sich bemühen, aktiv Entscheidungen zu treffen; viertens sollte man den Verstand so weit wie möglich schärfen, um die besten Handlungen erkennen zu können. Auch diese Regeln sind allgemein und vage gehalten, aber sie zeigen, dass Descartes in der Moral kein prinzipienorientiertes Projekt vertritt. Er fordert nicht, dass man erste, universale moralische Prinzipien bestimmen und begründen sollte. Er fasst moralisches Handeln vielmehr als ein aktives, regelgeleitetes Handeln auf, das sich am guten Leben orientiert. Welche Regeln zu befolgen sind, lässt sich nur im Kontext von bewährten Sitten und Bräuchen sagen.

Im Gegensatz zur Moral lassen sich in der Metaphysik einige Grundthesen klar beweisen. Eine der Kernthesen lautet: Der Geist ist real vom Körper verschieden und kann auch dann weiter existieren, wenn der Körper nicht mehr existiert. Zum Beweis dieser These wendet Descartes die berühmte Zweifelsmethode an, die er in den späteren *Meditationes* (1641) weiter ausführt: Ein denkender Geist kann an allem zweifeln (auch an der Existenz eines Körpers, der angeblich mit dem Geist verbunden ist), jedoch nicht an der Tatsache, dass er denkt. Daher ist »Ich denke, also bin ich« ein unbezweifelbarer Satz und das erste Prinzip der Philosophie. Ein weiteres Prinzip ist für Descartes der Satz »Gott existiert«. Der Gedanke an Gott vergegenwärtigt nämlich ein absolut vollkommenes Wesen. Etwas Unvollkommenes wie der menschliche Geist kann aber nicht die Ursache für diesen Gedanken sein, denn eine Ursache muss mindestens so vollkommen sein wie ihre Wirkung. Daher kann nur Gott als vollkommenes Wesen die Ursache für den Gedanken an Gott sein; also muss Gott existieren. Mit diesem Gottesbeweis legt Descartes die Grundlage für ein metaphysisches Programm, das für alle Wissenschaften verbindlich ist. Was auch immer eine Wissenschaft untersucht, sie muss immer beachten, dass es in der Welt nur drei Arten von Dingen gibt: Gott als absolut vollkommene Substanz; den menschlichen Geist als eine zwar unvollkommene, aber unsterbliche, denkende Substanz; den Körper als eine ausgedehnte, vergängliche Substanz.

Daraus ergibt sich sogleich eine Konsequenz für den Status der Tiere. Da sie keinen Geist haben, sind sie bloße Körper und gehören somit in das Reich der ausgedehnten Substanz. Wir dürfen ihnen streng genommen keine Wünsche, Absichten oder Gefühle zuschreiben. Sie sind nichts anderes als raffiniert gebaute Maschinen, die nach den Gesetzen der mechanistischen Physik funktionieren. Aufgrund dieser These, die eine Kluft zwischen Menschen und Tieren aufreißt, gehört der *Discours* auch heute noch zu den umstrittensten philosophischen Texten der frühen Neuzeit. Er verdeutlicht, dass eine Methodenlehre, die nur die eigenen geistigen Zustände als unbezweifelbar und absolut evident akzeptiert, zwar ein sicheres Wissensfundament bietet, gleichzeitig aber den eigenen Geist radikal von der körperlichen Welt abtrennt und alles Nicht-Geistige auf körperliche Maschinen reduziert.

■ Lit.: D. Garber: D.' Metaphysical Physics, 1992. ■ D. Des Chene: Spirits and Clocks. Machine and Organism in D., 2001. ■ S. Gaukroger: D.' System of Natural Philosophy, 2002.

Dominik Perler

Robert **Desnos**

- geb. 4.7.1900 Alençon (Frankreich)
- gest. 8.6.1945 Terezín (Tschechien)

1919 Debüt mit Gedichten in ↗ Bretons Zeitschrift *Littérature*; früher Anhänger der surrealistischen Bewegung; ideales Medium für Hypnoseexperimente, ›automatische‹ Schreibweisen, Traumprotokolle und Visionen; Verfasser für den Rundfunk (*Complainte de Fantomas*, 1933, Fantomas' Klage); 1939 Kriegsteilnehmer; Résistance; 1944 Verhaftung durch die Gestapo; Tod durch Typhus nach der Befreiung des KZs Theresienstadt; bedeutender Lyriker des Surrealismus.

■ Ausg.: Œuvres, Hg. M.-C. Dumas, 1999.
■ Lit.: K. Conley: R.D. Surrealism and the Marvellous in Everyday Life, 2003.

Corps et biens

(frz.; Mit Leib und Seele) – Der 1919 bis 1929 entstandene, in 13 Gruppen eingeteilte Gedichtzyklus aus der Periode der surrealistischen Hochblüte erschien 1930. Eröffnet wird die Sammlung durch die 1919 entstandenen Gedichte »Le fard des Argonautes« (Die Schminke der Argonauten) und »L'ode à Coco« (Die Ode an Coco), die beide in klassischen Alexandrinern abgefasst sind. Die mythologischen Gestalten des Argonautenzuges erscheinen teils verfremdet, teils durch obszöne Attribute pervertiert. Der exotische Hauch von ↗ Rimbauds *Le bateau ivre*, 1883 *(Das trunkene Schiff)*, durchweht die 26 Strophen von »Le fard des Argonautes«. Während dieses Gedicht eher in der Nachfolge der Symbolisten als am Anfang des Surrealismus steht, treten in »L'ode à Coco« die surrealen Elemente bestimmter hervor: Coco ist ein grüner Papagei, eine Kokosnuss, Loths Weib, die Hure mit zerfallener Schminke.

Die drei folgenden, 1923 entstandenen Textgruppen mit den kaum übersetzbaren Titeln »Rrose Sélavy«, »L'aumonyme« (Almosonymie) und »Langage cuit« (Sprache gekocht) zeigen die ungehemmte Entfaltung surrealistischer Wortspiele und Sprachexerzitien. Aus »Sélavy« (ein Pseudonym, mit dem Marcel Duchamp seine surrealistischen Texte signierte) und anderen Wortgebilden entstehen durch Umstellungen, Silbentausch und Ausnutzung homophoner Effekte neue Sinn- und Unsinnswörter, Anagramme, absurde Aphorismen. Lettristische Anordnungen und beigegebene Noten ergänzen mit optischen Mitteln die magische Beschwörung des Wortes. »Damit war der Sprache«, so René Bertelé im Vorwort, »eine Kur der intellektuellen Erschlaffung verordnet.«

In der nächsten Gedichtgruppe, »A la mystérieuse« (An die Mysteriöse), verzichtet Desnos auf solche Spielworte, auch auf Reim und Versmaß, um in freier rhythmischer Prosa seine Sprache, seinen Akzent, »die Stimme des Robert Desnos«, zu finden. Sein Thema ist die Liebe. Der Dichter redet die Traum- und Schlafgeliebte an, setzt sie in Beziehung zum kosmischen Geschehen, zu allem Wunderbaren der Welt. Diese Lyrik steht ↗ Nerval sehr nahe. In »Les ténèbres« (Finsternis) schleicht sich das surrealistische Paradigma wieder ein. »Wanderpferde« brechen auf im »Galopp zerbrochener Gläser und knirschender Wandschränke«.

Eine Gruppe für sich bildet das Gedicht »Sirène-Anémone« (Anemonen-Sirene) von 1929, in dem sich Phantasie, Traum, Erlebnis und Abenteuer mischen. Liebesklage, Sang und Hymne des Dichters kreisen um das imaginäre, herrliche, furchtbare Wesen der Anemonen-Sirene. Das Gedicht »L'aveugle« (Die Blinde) greift in Inhalt und Form auf eines der bekanntesten Gedichte aus ↗ Baudelaires »Tableaux Parisiens« (»Pariser Bilder«) in *Les fleurs du mal* zurück. Aus Baudelaire'schem Geist schöpft Desnos das strenge Versmaß und die makabre Mischung aus Tod, Verbrechen und Liebe.

Den Schluss bildet das auf den 4.11.1929 datierte Gedicht »À Florence« (An Florence), in dem die Themen der Sammlung – Liebe, Abschied und Ende – noch einmal konzentriert sind. Erst hier erscheint der Titel der ganzen Sammlung, *Corps et biens*: »Ich verzeichne deinen Namen jenseits der anonymen Trauer! Wo so viele Geliebte mit Leib und Gut und Seele untergingen!« Reminiszenzen an Baudelaire durchziehen das Gedicht bis zum Ende: Schiffbruch, Abgrund, Hoffnungslosigkeit und schließlich der Wein als Nothelfer aus der Verzweiflung. Das Schlussgedicht bedeutete zugleich den Abschied von der surrealistischen Gruppe, von der sich Desnos 1930 trennte.

■ Lit.: M.-C. Dumas. Études de ›Corps et biens‹, 1984.

Josef Theisen

Denis Diderot

■ geb. 5.10.1713 Langres/Haute-Marne (Frankreich)
■ gest. 30.7.1784 Paris (Frankreich)

Beginn der Schriftstellerexistenz gegen elterlichen Willen; Bekanntschaft mit d'Holbach, Condillac, ↗ Rousseau und d'Alembert; 1746 Übersetzung von Chambers englischer Enzyklopädie, die er mit d'Alembert zu einem Unternehmen von epochaler Bedeutung erweiterte; 1749 Haft wegen Verbreitung atheistischer Ideen; 1773 auf Einladung Katharinas II. in Russland; breites schriftstellerisches Œuvre; daneben Musiker; bedeutendster Vertreter der französischen Aufklärung.

■ Ausg.: Œuvres complètes, 24 Bde, 1975 ff.
■ Lit.: A. Cherni: D. L'ordre et le devenir, 2002.

Les bijoux indiscrets

(frz.; *Die geschwätzigen Kleinode*, 1978, M. Fontius) – Der 1748 erschienene Roman, dessen zentrales Motiv der »sprechenden Juwelen« bereits aus altfranzösischen Kurzerzählungen (Fabliaux) bekannt ist, steht in der Tradition der Zaubergeschichten von *Tausendundeine Nacht*, die sich im Frankreich der Aufklärung großer Beliebtheit erfreuten. Dem Motiv des im Titel genannten »Kleinods« kommt in der erzählten Geschichte jedoch eine doppelte Bedeutung zu: im wörtlichen Sinne als Schmuckstück mit magischen Eigenschaften, zum andern als Metapher für das weibliche Geschlechtsorgan.

Mangogul, der Sultan des Kongoreichs, lässt sich aus Langeweile auf den Rat seiner Favoritin vom Hofzauberer einen magischen Ring geben, der es ihm ermöglicht, alles, was am Hof passiert, in Erfahrung zu bringen, insbesondere die Liebesabenteuer der Damen seines Hofstaates. Sobald er den Edelstein des Zauberrings auf das »Kleinod« einer Frau richtet, wird diese veranlasst, alle ihre Liebesaffären zu enthüllen. Der weitere Verlauf des Romans ist vor allem von den unfreiwilligen intimen Bekenntnissen bestimmt, zu denen Mangogul die Frauen vorzugsweise bei öffentlichen Anlässen nötigt.

Die vordergründigen Zugeständnisse an den literarischen Zeitgeschmack, an Libertinage und Orientalismus, erweisen sich schon in Diderots frühestem Roman lediglich als Rahmen zu aufklärerischer Propaganda über eine Fülle von Themen. So nimmt er in seinen Ausführungen über Schlaf, Traum und Unterbewusstsein Erkenntnisse der modernen Tiefenpsychologie vorweg. Wie die bekannteren späteren Romane entfaltet das galante Werk bei aller Eleganz eine implizite Literaturtheorie, vor allem des Romans und des Theaters. In einer Zeit, als ganz Frankreich in Abenteuer- und Intrigenromanen schwelgte, diskutierte Diderot die klassischen Postulate der Wahrscheinlichkeit der Darstellung und der Schlichtheit der Handlung, um sie in der erzählerischen Praxis der *Bijoux indiscrets* zu verwerfen.

Seine Kritik des damals in ganz Europa bewunderten klassischen französischen Dramas hat den Anstoß zu Lessings *Hamburgischer Dramaturgie* gegeben. Nicht die Antike, postuliert Diderot, sondern die Natur solle dem Dramatiker, wie übrigens auch dem Schauspieler, als Vorbild dienen, weshalb er die Lehre der drei Einheiten (des Ortes, der Zeit und der Handlung) als wirklichkeitsfern verwirft. Wie auch in seinen Überlegungen zu Fragen der Philosophie, der Jurisprudenz und der Wirtschaft zeigt er sich als enzyklopädischer Geist und Wegbereiter der Moderne.

■ Lit.: J. Lietz: Je savais tout cela. Bemerkungen zur Rolle des Zuhörers in zwei Erzählungen von D., in: Romanistisches Jahrbuch 34, 1983, 118–135. ■ G. Cammagre: Une poétique de la connaissance. D. et le rêve, in: Recherches sur D. et sur l'Encyclopédie 33, 2002, 137–145.

Judith H. Kaufmann / KLL

La religieuse

(frz.; *Die Nonne*, 1978, C. Gersch) – Den historischen Hintergrund des um 1760 entstandenen und 1796 postum erschienenen Briefromans bildet ein Ereignis, das im Jahr 1758 Aufsehen erregte: der Prozess um die Aufhebung des Gelübdes der Nonne Suzanne Simonin. Diderot, den seine eigenen Schilderungen selbst zu Tränen gerührt haben sollen, bemerkte später, es sei »niemals eine blutigere Satire über die Klöster geschrieben worden«.

Suzanne Simonin, ungeliebtes außereheliches Kind einer einflussreichen Familie, wird von Mutter und Stiefvater als junges Mädchen unter Drohungen gezwungen, den Schleier zu nehmen. Auf der ersten Station ihres Martyriums, dem Kloster von Sainte-Marie, hat sie es mit einer raffinierten, scheinheiligen Oberin zu tun, die ihr mit falscher Freundlichkeit und Schmeicheleien das Klosterleben schmackhaft zu machen sucht. Suzanne unterzieht sich zwar der Zeremonie der Einkleidung, beschwört aber durch die mutige öffentliche Ablehnung der Profess einen Skandal herauf. Im Kloster von Longchamp, wo sie von Neuem auf die Gelübde vorbereitet werden soll, gerät sie nacheinander an zwei grundverschiedene Oberinnen: eine ›Heilige‹, deren Güte und Menschlichkeit sie mit der Kirche und dem Kloster fast zu versöhnen vermag, und, nach deren baldigem Tod, an eine intrigante, jansenistisch gesonnene Sektiererin, die sie mit Entbehrungen, Züchtigungen und Kerkerhaft sadistisch quält. Vorsichtig eingeleitete Kontakte zur Außenwelt ermöglichen es ihr schließlich, einen Prozess auf Widerruf des inzwischen unter Zwang abgeleisteten Gelübdes anzustrengen, den sie allerdings verliert. Doch die intensiven Bemühungen ihres Anwalts Manouri und das Einschreiten des Generalvikars bewirken die Einweisung in ein anderes Kloster. In St. Eutrope regiert eine Oberin mit homoerotischen Neigungen, die Suzanne sogleich zur Favoritin erhebt. Suzannes anfängliche Ahnungslosigkeit weicht nach den Drohungen ihres Beichtvaters einer furchtbaren Gewissensnot, aus der sie erst die mit Hilfe des jungen Geistlichen Dom Morel bewerkstelligte endgültige Flucht aus dem Kloster befreit.

Besonders der Schlussteil dieses Briefromans ist mit sicherem psychologischen Gespür geschildert. Der um nachträgliche, an die Adresse des Empfängers gerichtete Erläuterungen erweiterte Erlebnisbericht der fiktiven Erzählerin erreicht hier ein Höchstmaß an Eindringlichkeit und Objektivität. Auch nimmt die Handlung Momente eines barocken Märtyrerdramas auf, das Diderot – wie Richardson in seiner *Pamela* – travestiert, um so die Kirche mit ihren eigenen Waffen zu schlagen. Entscheidend ist, dass die Nonne nicht in ein amouröses Abenteuer verstrickt ist und keinem Konflikt zwischen Liebeserfüllung und Bindung an das Gelübde ausgesetzt wird – darin unterscheidet sich dieser kämpferisch-aufklärerische Protest von anderen zeitgenössischen Klostergeschichten –, sondern als frommes und gottesfürchtiges Wesen allein an der Unmenschlichkeit und ›Unchristlichkeit‹ der Klosterinstitution zu zerbrechen und schließlich auch an ihrem Glauben irre zu werden droht.

Die philosophische Grundlage des Romans bildet der von Aristoteles überkommene Aufklärungsglaube an die gesellschaftliche Bestimmung der menschlichen Natur. Diderot ist davon überzeugt, dass die klösterlichen Gelübde eine Verkümmerung und Depravation des Menschen hervorrufen müssen, die weder mit humanistischen noch mit christlichen Wertvorstellungen vereinbar sind.

■ Lit.: K. Dirscherl: Ist D.s ›Religieuse‹ ein antireligiöser Roman?, in: Zeitschrift für französische Sprache und Literatur 88, 1978, 1–27. ■ V. Sage: D. and Maturin, in: European Gothic, Hg. A. Horner, 2002, 55–70. *Werner Krauss / KLL*

Ceci n'est pas un conte

(frz.; *Das ist gar keine Erzählung*, 1962, F. Herse) – Das eigentliche Thema der 1773 erschienenen Erzählung ist der Erzählvorgang selbst, d. h. das Gespräch zwischen Erzähler und Zuhörer. Das vermutlich schon 1772 entstandene Werk konnte wegen zahlreicher Anspielungen auf lebende Personen in Frankreich zunächst nicht veröffentlicht werden. So erschien es zuerst in Melchior Grimms *Correspondance littéraire*, die nur im Ausland kursierte. Wiederentdeckt wurde die Erzählung von ↗ Balzac, der sie im Vorwort zu *Les parents pauvres* (1847) als Diderots Meisterwerk pries.

In der ersten von zwei Erzähleinheiten schildert der Autor, wie eine gefühllose Kurtisane ihren Liebhaber betrügt und ausbeutet. Tanié, ein armer und seit seiner Kindheit herumgestoßener Provinzler, ist Madame Reymer, einer umworbenen Schönheit aus dem Elsass, leidenschaftlich verfallen. Er scheut keine noch so erniedrigende Arbeit, um das zur Erfüllung ihrer Ansprüche nötige Geld zu verdienen. Schließlich wandert er sogar nach Amerika aus, um für sie Reichtum zu erwerben; zuvor nimmt er ihr jedoch das Versprechen ab, während seiner Abwesenheit keine Verbindung einzugehen, die sie für immer voneinander trennen würde. Zum Schein fügt sich Madame Reymer seiner Bitte. Zehn Jahre lang lebt sie ohne Skrupel von Taniés regelmäßig geschicktem Geld, geht jedoch zahlreiche Liebesbeziehungen ein. Als Tanié als wohlhabender Mann zurückkehrt, kann er ihre Habsucht auf die Dauer nicht befriedigen. Er fügt sich ein weiteres Mal und begibt sich verzweifelt auf eine Reise nach Kanada, um noch mehr Geld herbeizuschaffen. Schon nach wenigen Tagen erkrankt er an einem Fieber, das zu seinem Tod führt.

Der zweite Teil der Erzählung variiert dieses Thema mit vertauschter Geschlechterzugehörigkeit: Eine selbstlose Frau geht an einem egoistischen Mann zugrunde. Fräulein de la Chaux, ein Mädchen aus guter Familie, verlässt die Geborgenheit ihres Elternhauses für einen Mann namens Gardeil und opfert ihm Vermögen und Ehre. Viele Jahre lang studiert sie, um ihrem Geliebten einen Teil seiner Arbeit abnehmen zu können. Ohne Rücksichtnahme lässt er zu, dass sie ihre Gesundheit für ihn ruiniert. Als sie in seinen Augen ihre Attraktivität verloren hat, verlässt er sie. Da auch ihre Familie sie zurückweist, stirbt sie nach Jahren der Sorge, der Krankheit und des Elends einsam in einer Dachkammer, während Gardeil als angesehener Arzt im Wohlstand lebt.

Diderots Erzählungen sind Vorläufer der modernen Kurzgeschichte, deren Charakteristikum, die äußerste Konzentration aller Mittel auf eine Pointe, bereits voll ausgeprägt ist. Der Wechsel von Rede und Gegenrede von Erzähler und fiktivem Zuhörer erinnert an knappe dramatische Szenen: Jede Unklarheit und jedes überflüssige Detail sind vermieden.

■ Lit.: R. Galle: Szenarien der Ohnmacht im Zeitalter der Aufklärung, in: Leib-Zeichen. Körperbilder, Rhetorik und Anthropologie im 18. Jh., Hg. R. Behrens/R. G., 1993, 103–123. ■ D. Fourby: Ethics and Otherness. An Exploration of D.'s Conte moral, in: Studies in Eighteenth-Century Culture 27, 1988, 283–306. *Judith H. Kaufmann*

Le neveu de Rameau

(frz.; *Rameaus Neffe*, 1979, C. Gersch) – Die Dialogerzählung, bereits um 1762 begonnen und bis 1774 überarbeitet, wurde zunächst in der deutschen Übersetzung Goethes bekannt (1805), dem eine Abschrift aus der Petersburger Eremitage – dort entdeckt von seinem Jugendfreund Maximilian Klinger, damals General im Dienst des Zaren – durch die Vermittlung Schillers und Melchior Grimms in die Hände fiel. Nach dem Verschwinden dieser Abschrift erschienen 1821 und 1823 erste, nur unzulängliche französische Fassungen. Vollständig erschien das Werk erst 1891, nachdem Georges Monval durch Zufall das Original aus dem Jahr 1774 in einem Pariser Antiquariat entdeckt hatte.

Jean-François Rameau, ein Neffe des bekannten Komponisten und Zeitgenosse Diderots – man nannte ihn auch den ›verrückten‹ Rameau –, trifft im Café de la Régence im Palais Royal mit dem Ich-Erzähler zusammen und führt mit ihm, umgeben von Schachspielern und Müßiggängern, eine lebhafte Unterhaltung, die um die Grundfragen von Individuum und Gesellschaft, Kunst und Moral kreist. Im Plauderton weltmännischer Gelassenheit wird dabei die Widersprüchlichkeit der menschlichen Natur ironisch aufgedeckt. Rameau, das pockennarbige, hässliche Pariser Original, ein Nachfahre des ›Parasiten‹ der antiken Komödie, der sich mit charakteristischer Selbstironie als »armer Teufel im Harlekinsgewand« bezeichnet, rühmt sich ohne Heuchelei seiner würdelosen Existenz im Dienst der Reichen. Dem philanthropischen Moralismus seines Gesprächspartners setzt er seinen illusionslosen Realitätssinn entgegen, der die Erde für ein einziges Narrenhaus hält. Gleichermaßen betroffen von so offen zur Schau getragener Verworfenheit und Wertblindheit wie von der Wahrheit und Unabwendbarkeit dieser skeptischen Weltsicht, bekennt der Philosoph: »Ich litt.« Zwar entpuppt sich auch Rameau schließlich als enttäuschter und innerlich vereinsamter Idealist, doch überspielt er die weiche Stimmung, die ihn am Ende des Dialogs zu überkommen droht, mit einer Gebärde der Selbstironie: »Hätte ich doch dieses Elend noch wenigstens vierzig Jahre zu ertragen! Wer zuletzt lacht, lacht am besten.«

Aus Rameaus zynischem Blickwinkel beschreibt Diderot die Atmosphäre des mondänen Zirkels zweifelhafter Literaten und Schauspielerinnen, die sich um den vermögenden Steuerpächter Bertin geschart haben. Rameau verachtet diesen Kreis, wie alle, denen er seine Dienste gegen Geld anbieten muss. Diderot will hier die sogenannten »Antiphilosophen« (Palissot, Poinsinet, Fréron) treffen, die unter einflussreicher Protektion und in breiter Front mit Pamphleten und Schmähschriften gegen die aufklärerischen Philosophen Diderot, d'Alembert und ↗ Voltaire aufgetreten waren.

Von besonderem Reiz sind die eingestreuten Genreszenen, die das Bild eines großstädtischen Alltags zeichnen: die Karikatur von Rameaus Klavierstunden bei Standestöchtern und die beiden musikalischen Pantomimen, mit denen der geniale Komödiant in grotesker Verzückung einen Violin- und Klavierspieler und schließlich ein ganzes Orchester imitiert. Daneben entwickelt Rameau eine neue, am ›echten‹ und ›wahren‹ Gefühlsausdruck orientierte Musiktheorie in Auseinandersetzung mit der akademischen Richtung Lullys und Rameaus. Hier wird für Momente die Tragik des ›Spätgeborenen‹ offenbar, dem die Berühmtheit des Onkels ein dauernder Ausweis für die eigene Nichtigkeit ist.

Indem Diderot einen Geniebegriff entwickelt, der eine seit der Antike gültige Position verlässt und den außerordentlichen Menschen der Verpflichtung zu moralischer Integrität entzieht, weist er schon auf das genialische Menschenbild der Frühromantik voraus. Nicht umsonst hat E. T. A. Hoffmann in seinem ersten Werk, *Ritter Gluck* (1809), auf Struktur und Motive des *Neveu de Rameau* zurückgegriffen. Bedeutsam wurde der Nachwelt diese »deuxième satire« Diderots auch, weil sie seismographisch die Gebrechen und die Dekadenz der vorrevolutionären Gesellschaft abbildet. Hegel bezog sich in der *Phänomenologie des Geistes* (1807) in den Kapiteln über die Welt des sich entfremdeten Geistes auf Diderots Dialog, um daran seine Diagnose der Moderne zu erläutern. Noch 1961 las Michel Foucault in seiner *Histoire de la folie à l'âge classique (Wahnsinn und Gesellschaft)* Diderots Text als Dokument für die Nachtseite der Aufklärung.

▪ Lit.: H. R. Jauß: Der dialogische und der dialektische ›Neveu de Rameau‹, in: Das Gespräch, Hg. K.H. Stierle/R. Warning, 1984, 393–419. ▪ C. A. Roche: En littérature comme en musique de Rameau au ›Neveu de Rameau‹, 2004. *Richard Mellein / KLL*

Jacques le fataliste et son maître

(frz.; *Jacques, der Fatalist, und sein Herr*, 1967, J. Ihwe) – Bereits 1773 bis 1775 entstanden, erschien der Roman erst 1796 in französischer Sprache, nachdem Melchior Grimm bereits 1778 bis 1780 Auszüge in der *Correspondance littéraire* veröffentlicht hatte. Es handelt sich um das Musterbeispiel eines Dialogromans, wie ihn die französische Aufklärung gern als Medium der gefälligen Diskussion und Verbreitung philosophischer Thesen verwendete. Das Thema des Fatalismus, der Kontingenz und Willkür menschlichen Handelns, wird im Dialog des Dieners Jacques mit seinem Herrn und zugleich im Verlauf der schwach konturierten Rahmenhandlung sowie einer Reihe von Binnenerzählungen ausgelotet.

Der Diener Jacques und sein adliger Herr reisen mit unbestimmtem Ziel und ohne ersichtlichen Zweck zu Pferd durch Frankreich. Die beiden diskutieren, wenn sie nicht gerade über die amourösen Abenteuer des Dieners plaudern, bei jeder sich bietenden Gelegenheit über das Problem der Willensfreiheit. Paradoxerweise ist der weltgewandte, tatkräftige und vorwitzige Jacques Anhänger eines stoischen Fatalismus und betont bei allem, was passiert, es stünde in der großen himmlischen Schicksalsrolle geschrieben, während sich sein blasierter Herr zur Freiheit des Willens bekennt, ohne von ihr im Leben wirklich Gebrauch zu machen. Aus diesen gegensätzlichen Ansichten und Temperamenten entwickelt Diderot eine stark mit kritischen Elementen durchsetzte Darstellung des Herr-Knecht-Verhältnisses. Der Herr »wußte nicht, was er ohne seine Uhr, ohne Tabaksdose und ohne Jacques anfangen sollte. Das waren die drei großen Hebel seines Lebens, welches er damit zubrachte: Tabak zu nehmen, nachzusehen, wieviel Uhr es sei, und Fragen über Fragen an Jacques zu richten.« Der lebenskluge Diener dagegen wäre sehr wohl imstande, ohne seinen Herrn auszukommen, bleibt ihm aber nicht nur aus Gutmütigkeit treu, sondern auch aufgrund des intrikaten Verhältnisses zwischen Herr und Knecht.

Die dritte Hauptperson, der stark in den Vordergrund tretende Erzähler, befindet sich gleichfalls in einem Dilemma zwischen Freiheit und Notwendigkeit. Einerseits verfügt er über die Freiheit, die Geschichte nach seinem Belieben zu erzählen, auf der andern Seite aber fühlt er sich streng der Wahrheit verpflichtet. Um die Authentizität seines Berichts zu stützen, stellt er Erwägungen über Lücken in seinen Quellen an und diskutiert die Verlässlichkeit dreier Manuskripte, die unterschiedliche Schlussfassungen der Lebensgeschichte seiner Helden bieten. Der Fortgang der äußeren Ereignisse wird immer wieder vom Erzähler selbst unterbrochen, der sich mit ironischen Kommentaren, Reflexionen, erzähltechnischen Überlegungen und Hinweisen auf das weitere Schicksal der Romanhelden zu Wort meldet und zunehmend den Leser in den Erzählvorgang einbezieht. Dabei spielt er mit den traditionellen Lesererwartungen, in der Absicht, Illusionen zu zerstören und den Leser zum kritischen Mitdenker zu erziehen. Das Resultat, eine scheinbar willkürliche Zeit- und Handlungsstruktur, bezeugt den unmittelbaren Einfluss von Laurence Sternes *Tristram Shandy* und Cervantes' *Don Quijote*. Unbedeutende Zufälligkeiten, die in das Geschehen einbezogen werden, um den Anschein der Wirklichkeitstreue noch zu erhöhen, tragen entscheidend zu der von Diderot mit überlegener Ironie gestalteten Vielschichtigkeit der Handlung bei, die der Komplexität des Lebens weit eher entspricht als die traditionelle Form des Romans.

Neben der philosophischen Position ist es tatsächlich das Experimentieren mit der Romanform, das *Jacques le fataliste* in die Reihe der von Cervantes begründeten Antiromane stellt, die nach der Erzählbarkeit der wahrgenommenen Welt und damit nach der Wahrhaftigkeit sprachlich begründeten Erlebens fragen. So ironisiert Diderot nicht nur den allwissenden auktorialen Erzähler, sondern liefert mit seiner Erzählung auch eine Geschichte der Romantheorie.

■ Lit.: R. Warning: Illusion und Wirklichkeit in ›Tristram Shandy‹ und ›Jacques le fataliste‹, 1965. ■ K. D. Ertler: Notwendigkeit und Kontingenz im Erzählsystem von D.s ›Jacques le fataliste et son Maître‹, in: Romanistische Zeitschrift für Literaturgeschichte 24, 2000, 9–23.

Jörg Drews / KLL

Joachim Du Bellay

■ geb. 1522 Schloss Turmelière/Anjou (Frankreich)
■ gest. 1. 1. 1560 Paris (Frankreich)

Herkunft aus einem berühmten Adelsgeschlecht; 1547 Jurastudium am Collège Coqueret in Paris, gemeinsam mit den künftigen Dichtergefährten ↗ Ronsard und ↗ Baïf; 1553–1557 Sekretär des Kardinals Jean Du Bellay in Rom; letzte Jahre in Paris als Hofdichter neben Ronsard; Verfasser einer der einflussreichsten Renaissancepoetiken, Lyrik im petrarkistischen Stil; bedeutender Lyriker der Renaissancedichtergruppe Pléiade.

■ Ausg.: Œuvres complètes, Hg. O. Millet, 2003 ff.
■ Lit.: J. Rieu: L'esthétique de D. B., 1995.

La deffence et illustration de la langue françoyse

(frz.; *Défense et illustration de la langue française. Verteidigung und Rühmung der französischen Sprache*, 1920, E. Lommatzsch) – Diese 1549 erschienene sprachpolitische und dichtungstheoretische Programmschrift entstand als Replik auf Thomas Sebillets *Art poëtique françois* (1548). Pamphlet, Plädoyer und Poetik in einem, gilt sie neben ↗ Ronsards *Abrégé de l'art poëtique françois* und seinen Vorworten zu dem Epos *Franciade* als wichtigstes Dokument der literarischen Schule der Pléiade.

Du Bellay bescheinigt der bis dahin als ›barbarisch‹ abgewerteten Umgangssprache die Fähigkeit zu künstlerischem Ausdruck und behauptet, sie bedürfe nur noch einer Bereicherung des Vokabulars und einer bewussten Pflege des Stils, um zu einem brauchbaren Instrument für den Künstler zu werden. Hierzu empfiehlt er, neben der Wiederbelebung ungebräuchlicher und archaischer Wörter, Anleihen bei verschiedenen Dialekten und bei der Fachsprache des Handwerks und gibt Anleitungen, wie mit Vorsicht und Einfühlungsvermögen neue Begriffe geprägt werden können, beispielsweise durch Zusammensetzungen und durch Ableitung von Stammwörtern der eigenen Sprache oder solchen lateinischen und griechischen Ursprungs. Ein gepflegter Stil habe sich an antiker Syntax und Rhetorik zu orientieren. Unerlässlich ist für Du Bellay neben der Inspiration die Beherrschung des poetischen Handwerks, die ohne sorgfältige Arbeit (Lektüre, Reflexion, Korrektur, Kritik) und ohne Kenntnis der Gesetze von Reim, Vers und Strophe nicht zu erlangen sei.

Die Formen der bisherigen französischen Dichtung (Ballade, Rondeau, Chanson, Chant royal, Virelai) werden zugunsten solcher aus dem Bereich der griechischen und lateinischen Literatur (Epigramm, Elegie, Epistel, Ekloge, Satire, Ode, Tragödie, Komödie, Epos) verworfen. Besonderer Gunst erfreut sich das italienische Sonett. Die scharfe Wendung gegen die französische Literatur der Zeit, speziell gegen ↗ Marot und seine Schule, entspringt dem Ehrgeiz, der mit Dante, Petrarca und Boccaccio bereits allgemein vorbildlich gewordenen italienischen Literatur etwas Gleichwertiges in der eigenen Sprache gegenüberzustellen.

Die angestrebte Reform der Sprache und der literarischen Formen und Gattungen steht im Zeichen der Imitation der Antike, die in Italien zu einer neuen literarischen Blüte geführt hatte. Bezeichnend für Du Bellays Verständnis dieses Imitationsbegriffes ist seine Ablehnung bloßer Übersetzungen griechischer und römischer Texte. Imitation soll vielmehr Adaption und Assimilierung sein; sie solle ein Verständnis für das Wesen der antiken Poesie entwickeln, das sie befähigt, unter den Vorbildern solche auszuwählen, die sich eignen, die künstlerische Kraft der eigenen Sprache zu erproben.

Du Bellay war keineswegs der erste, der diese Forderungen erhob. Verglichen mit Geoffroy Torys Abhandlung *Champfleury* (1529), die den Wert der Volkssprache gegenüber den vom Humanismus propagierten alten

Sprachen hervorhebt, enthält seine Programmschrift im Einzelnen kaum neue Gedanken. Doch kommt ihr das Verdienst zu, die verschiedenen Themen und Argumente systematisch zusammengefasst und die Abkehr von der Vergangenheit eingeleitet zu haben.

■ Lit.: S. Hanon: La deffence et illustration de la langue française par J. D. B., 1974. *Ingrid Peter / KLL*

L'Olive

(frz.; Olive) – Dieser erste geschlossene Sonettzyklus in französischer Sprache erschien 1549. Unter dem Titel *Cinquante sonnetz a la louange de l'Olive* (50 Sonette Olive zu Ehren) umfasste das Werk zunächst 50 Sonette, die zweite, 1550 veröffentlichte Ausgabe *L'Olive augmentée* war auf 115 Sonette angewachsen.

Du Bellay veröffentlichte seine erste Gedichtsammlung gleichzeitig mit seinem Dichtungsmanifest *La deffence et illustration de la langue françoyse* und zeigt den jungen Dichter noch ganz im Bannkreis der italienischen Renaissancedichtung. So handelt es sich bei über der Hälfte aller Gedichte um mehr oder weniger freie Bearbeitungen italienischer Vorlagen. Insbesondere der Einfluss Petrarcas, aber auch Ariosts und anderer heute vergessener Autoren ist überall zu spüren. Wie Petrarcas *Canzoniere* (1470) ist auch *L'Olive* zu Ehren einer Frau verfasst. Ungewiss ist, ob sich hinter dem Namen eine wirkliche Geliebte oder eine Idealgestalt verbirgt. Manche halten ihn für das Anagramm des Namens einer gewissen Demoiselle Viole, andere wollen in der Titelgestalt Olive de Sévigné, eine Cousine Du Bellays, sehen. In Analogie zu Petrarcas berühmtem Wortspiel »Laura – lauro« (Lorbeerbaum) vergleicht Du Bellay seine Olive mit dem Olivenbaum. In immer neuen, preziösen Wendungen besingt der Dichter ihren Reiz, ihre körperliche Schönheit und ihre geistige Anmut und vergleicht sie mit Sternen und Göttern: Ein ganzer mythologischer Kosmos gruppiert sich um das Bild der Geliebten. Die größten Kostbarkeiten und Schönheiten der Natur werden zu Ehren Olives genannt, die – unerreichbar wie Laura – die Liebe des Dichters in Herzensqual, Trauer und Todessehnsucht verwandeln.

Neben einer Vielzahl von Gedichten, die die Mittelmäßigkeit ihrer Vorbilder nicht verleugnen und deren rhetorische Glätte die Leidenschaftlichkeit des Gefühlsausdrucks zügelt, treten Sonette, die der Kühnheit ihrer Bilder und Empfindungen wegen zum klassischen Schatz französischer Lyrik zählen, so das berühmte 83. Sonett, in dem Du Bellay seine angevinische Heimat der Schönheit Indiens zur Seite stellt. Das 113. Sonett, aber auch zahlreiche andere Texte der Sammlung, erweisen sich als Echo platonischer Weltvorstellung. Der Zykluscharakter wird durch die formale Homogenität noch unterstrichen. Die Sonette sind durchweg in zehnsilbigen Versen geschrieben, aber im Gegensatz zu dem strengeren Ebenmaß der 1558 erschienenen *Regrets* (Klagegesänge) wird das Reimschema der Quartette und Terzette nach dem Vorbild der Italiener virtuos variiert.

Auf den Erfolg von *L'Olive* folgte in Frankreich eine Flut petrarkistischer Poesie. Du Bellay begegnete ihr mit dem satirischen Gedicht *Contre les Pétrarquistes* (in *Jeux rustiques*, 1558), verfasste aber selbst weiterhin Verse in dem von ihm verspotteten Stil.

■ Lit.: Y. Bellenger: Le temps et les jours dans quelques recueils poétiques du XVIe siècle, 2002. *Ingrid Peter / KLL*

Le premier livre des antiquitez de Rome

(frz.; *Die Ruinen Roms*, 1980, H. Knufmann) – Die 1558 erschienene Sammlung von 47 Sonetten, der trotz der impliziten Ankündigung im Titel keine zweite folgte, entstand 1553 während einer Romreise, die der Wortführer der Pléiade in Begleitung des Kardinals Jean Du Bellay unternahm. Das bestimmende Thema der Gedichte ist die Klage über den Niedergang geschichtlicher Größe, für den das Schicksal Roms das eindringlichste Beispiel bot (ein in Italien bereits häufig verwandtes literarisches Motiv). Doch wird der melancholische Blick zum Motor einer Denkbewegung, die gezielt auf das Vergangene als Ausgangspunkt zur lyrischen Neuschöpfung zugreift und aus ihr ein neuzeitliches Bewusstsein des eigenen Vermögens erzeugt. Du Bellay rühmt sich, als erster Franzose »den Ruhm des Volkes im langen Gewande« (Vergil, *Aeneis* I, 282) besungen zu haben (Sonett 32). Ausdruck des neuen Bewusstseins ist denn auch die Aneignung der Fragmente klassischer Bildung, ihrer Themen, formalen Muster und Gattungen. Geschickt bedient sich Du Bellay aller ihm bekannten Vorläufer (u. a. Horaz, Vergil, Properz, Petrarca), indem er ihre Bilder, Vergleiche und mythologische Anspielungen teils wörtlich, teils leicht abgewandelt übernimmt. So entlehnt er die Quartette des berühmten sechsten Sonetts direkt bei Vergil (*Aeneis* VI, 781–787), mit Ausnahme der letzten beiden von Horaz' *Epoden* inspirierten Zeilen: »Rome seule pouvait à Rome ressembler / Rome seule pouvait faire Rome trembler.« (»Nur Rom konnte Rom gleichen / Nur Rom konnte Rom zittern machen.«)

In ähnlicher Weise lassen sich die Quellen eines jeden Sonetts in römischen, italienischen oder neolateinischen Quellen nachweisen. Es wäre falsch, hier von Plagiaten zu sprechen, denn erst mit der Romantik wurde Originalität eines der wesentlichen Kriterien der Dichtkunst. Vielmehr handelt es sich um ›Imitatio‹, um die bewusste und kreative Übernahme poetischer Bilder, die als der eigenen Epochen angemessene Ausdrucksformen empfunden werden.

Den Ruf, der Meister des französischen Sonetts zu sein, errang Du Bellay durch die souveräne Beherrschung einer Form, die sich allein schon durch ihren Strophenbau als geeignetes Ausdrucksmittel für die Antithese von Vergangenheit und Gegenwart, Größe und Untergang, Bewunderung und Klage erwies.

■ Lit.: B. Vinken: D.B. und Petrarca, 2001. *Ingrid Peter*

Songe

(frz.; *Traum*, 1976, E. Deger) – Die zwischen 1553 und 1557 entstandene, 1558 erstmal gedruckte Sonettfolge gestaltet eine allegorische Traumvision, in der Roms Niedergang und seine für den Humanisten schmerzliche Verwahrlosung dargestellt wird. Die Werke des Menschen, Symbole einstiger Macht, sind einem unaufhaltsamen Verfall preisgegeben. Unterhöhlt, zerfressen vom ›Zahn der Zeit‹, brechen sie schließlich auseinander: eine prunkvolle Säulenhalle, ein von goldenen Löwen getragener Obelisk, die ragende Wölbung eines Triumphbogens. Im Taumel der Vernichtung bleiben desolate Ruinenfelder als Landschaft des Grauens zurück, die zum Schauplatz Schrecken erregender Ereignisse wird. Den Auftakt bilden Unheil verkündende Vorzeichen: Die dodonische Eiche fällt unter mörderischen Axthieben; die kapitolinische Wölfin haucht unter den Jagdspießen der Verfolger ihr Leben aus; der Adler der siegreichen römischen Legionen stürzt vom Blitz getroffen zur Erde.

Auf die Evokationen antiker Größe folgen Symptome einer Sittenverderbnis, die gleichsam als Ursache des Verfalls gesehen werden. Dem Dunstkreis eines Gewässers, das die Mauern eines ehrwürdigen Palastes unterhöhlt, entsteigt drohend das apokalyptische Untier mit den sieben Köpfen; Palme und Ölzweig entfallen den schwachen Händen eines gebrechlichen, vom Alter gebeugten Flussgottes; der Lorbeerkranz auf seinem Haupt ist verdorrt. Anklagend erhebt eine Frauengestalt ihre Stimme. Die Flamme des Opferfeuers auf den Altären wird im Goldregen erstickt, der Weihrauchduft verwandelt sich in schwefligen Gestank; verschreckte Flussnymphen irren umher und suchen sich des Ansturms lasziver Satyrn zu erwehren. Einem Fazit gleich versinkt am Ende ein Schiff in den Fluten und eine hochragende Stadt stürzt in sich zusammen. Diese apokalyptische Traumvision wird von einer Art Rahmen umschlossen: Im ersten Sonett verheißt ein Dämon dem in Schlaf versinkenden Dichter Einblick in die Unbeständigkeit und Nichtigkeit der Welt. Am Schluss sieht er die Schwester des Riesen Typheus aus der Menschheit eine gewaltige Trophäe errichten. Sie tritt an zum Kampf gegen die Götter und wird, wie einst Capaneus beim Sturm auf die Mauern Thebens, vom Blitzstrahl Jupiters erschlagen. Der Dichter erwacht.

Kompositionsprinzip ist die additive Reihung. Das darzustellende Sujet – langsamer Verfall und plötzliche Katastrophe – wird an exemplarischen Beispielen vorgeführt. Zusammenbrechende Fassaden und berstende Gewölbe wechseln mit anderen Untergangssymbolen. Symptomatisch für die Aura der Verlassenheit ist die Geräuschlosigkeit, mit der alles vor sich geht. Die einzigen Laute, die die unheimliche Ruhe durchbrechen, das Ächzen des Eichbaums unter den Axthieben, das Todesröcheln der Wölfin oder die misstönenden Schreie der Satyrn, erhöhen die nervöse Spannung und lassen die Ruinenlandschaft für Augenblicke zu gespenstischem Leben erwachen. Der verdorrte Lorbeerzweig, schwefliger Gestank und umgestürzte Sitze sind die beunruhigenden Embleme einer infernalischen Totenwelt.

All diese signifikanten Komponenten unterliegen einem allegorischen Gesamtkonzept. Du Bellay schildert ein Vorhandenes, weitet es aber aus in historische Dimensionen. Die Antithetik von Einst und Jetzt wird durch entsprechende Epitheta akzentuiert, die Krisis des Übergangs durch adverbiale Signale hervorgehoben. Indem der Dichter allegorische Gründe für den Verfall anführt, gibt er zugleich eine Sinndeutung der düster-erregenden Phantastik des Traums. Grundlegendes sprachliches Strukturmuster ist die allmähliche Metamorphose. Diese konkretisiert sich in der distinktiven Verwendung der Tempora.

Als literarisches Vorbild ist auf Petrarca verwiesen worden, Thematik, Stil und kompositorische Gestaltung sind indessen eigenständig. In seiner für die Zeit neuartigen Konzeption darf Du Bellays *Songe* als typisch für die manieristische Krisenstimmung in der zweiten Hälfte des 16. Jh.s angesehen werden. Seine apokalyptische Traumvision hat auffallende Entsprechungen in der bildenden Kunst der Zeit. Die Nachwirkung war bedeutend, verflachte aber im Laufe der Zeit von den Dissonanzen endzeitlicher Kataklysmen zur elegischen Stimmungsmalerei einer anempfundenen Ruinenromantik.

■ Lit.: E. Benson: D. et la perception onirique de l'histoire. Pour une lecture interprétative du Songe, in: Nouvelle revue du 16e siècle 4, 1986, 51–65. *Kurt Reichenberger*

Les regrets

(frz.; *Klagelieder*, 1976, E. Deger) – Der 1558 erschienene bedeutendste Gedichtzyklus des Autors umfasst 191 Sonette in Alexandrinern, ein lateinisches Eingangsepigramm, eine Widmung in 27 zehnsilbigen Vierzeilern und ein Anfangssonett des Verfassers »A son livre« (An sein Buch).

Die *Regrets* sind poetischer Ausdruck von Du Bellays Enttäuschung über seinen als Exil empfundenen Italienaufenthalt. Von Ovids Exildichtung *Tristia* (Trauergesänge) inspiriert, scheinen unter dem Konzept der ›Imitatio‹ antiker Vorbilder auch Spuren der klassischen Werke von Horaz, Catull, Vergil, Properz und Lukrez durch. Doch stehen deren Bilder nun in neuem Licht: die im Mondlicht tanzenden Musen, der Gesang des sterbenden Schwans, das nach langer Reise heimkehrende Schiff. Du Bellay selbst stilisiert sich im 31. Sonett zu einem zweiten Odysseus oder Jason, den die Sehnsucht nach der Heimat quält.

Trauer und Schmerz führen ihn aber nicht nur zu elegischen Tönen. Mit der kritisch-aggressiven Schilderung seiner Umwelt begründet er die moderne Form der Satire. Zudem eröffnet er der bisher vor allem für Liebeselegien verwendeten Form des Sonetts neue Möglichkeiten, wobei er bei dieser Verbindung von Sonettform und burleskem Inhalt bereits auf italienische Vorbilder der komisch-realistischen Lyrik des 14. Jh.s zurückgreifen konnte. Überdies dürfte er während seiner römischen Jahre die frivolen Sonette Ariosts und die gegen Päpste und Kardinäle gerichteten Spottgedichte seines Zeitgenossen Berni kennengelernt haben. In entscheidenden Jahren der Geschichte des Papsttums war Du Bellay Zeuge der Wahl zweier Päpste und der zahlreichen damit in Zusammenhang stehenden Intrigen. Während vom alten Rom nur ein Steinhaufen blieb, vergnügte sich im Rom seiner Tage »la grande bande lascive de Vénus« (»die so zahlreiche, lüsterne Gefolgschaft der Venus«). Sein Spott ergießt sich auch über das pompöse Rom der Paläste, wo das Leben in nicht enden wollenden Festen verrauscht. Im üppigen Prunk der Renaissancepäpste vermag der französische Adlige nur fehlenden Geschmack zu entdecken. Zahlreiche persönliche Anspielungen haben den *Regrets* auch Feindseligkeiten eingetragen.

Du Bellays poetisches Verdienst ist nicht nur die ihm allenthalben gern zugestandene Leichtigkeit und Grazie, die geschmeidige Anverwandlung fremder Bilder und Metaphern; es ist vor allem seine Gabe, einen komplizierten Gedanken, ein vielfältiges Bild, eine beziehungsreiche Erkenntnis in eine prägnante Zeile zu verdichten oder eine ganze Handlung mit einer präzisen Geste, einem konkreten Detail heraufzubeschwören. Auffallend ist sein Blick für das Pittoreske, und gern bedient er sich des rhetorischen Arsenals: In Paradox und Antithese werden die seinem Schaffen zugrunde liegenden Antinomien (Frankreich – Rom; Antike – Gegenwart) betont. Die Einheitlichkeit des Themas zwingt zur Konzentration und zur Beschränkung auf nur wenige Variationen der Sonettform.

In der Klassik fiel die Sammlung – wie die gesamte Dichtung der Pléiade – dem Vergessen anheim; erst Sainte-Beuve brachte sie 1828 mit seinem *Tableau de la poésie française au XVIe siècle*, 1828 (Panorama der französischen Poesie des 16. Jh.s), wieder in Erinnerung.

■ Lit.: F. Argod-Dutard: L'écriture de J. D. B., 2002. *KLL*

Édouard **Dujardin**

■ geb. 10. 11. 1861 Saint-Gervais/Loir-et-Cher (Frankreich)
■ gest. 31. 10. 1949 Paris (Frankreich)

Schüler und Freund ↗ Mallarmés, aktiver Propagandist des Symbolismus und der Theorien R. Wagners in Frankreich, Vermittler der ästhetischen Idee des Fin de Siècle; 1885 Mitgründer der *Revue Wagnérienne;* 1886 *Revue indépendante*; 1904–1913 Chefredakteur der *Revue des idées*, 1917 der *Cahiers idéalistes;* 1913–1922 Dozent für Religionsgeschichte an der Sorbonne; umfangreiches, kaum rezipiertes dramatisches und lyrisches Schaffen; verwendete als erster Erzähler den inneren Monolog.

■ Lit.: S. Buck: E. D. als Repräsentant des Fin de Siècle, 1987.

Les lauriers sont coupés

(frz.; *Die Lorbeerbäume sind geschnitten*, 1984, I. Riesen) – In einem einzigen Monolog schildert der kurze, 1888 erschienene Roman die unglückliche Liebe des Studenten Daniel Prince zu der Schauspielerin Léa d'Arsay. Für den Stil charakteristisch sind syntaktische Verkürzungen und Satzreihungen ohne Konjunktionen. Die Sätze sollen – so Dujardin – möglichst einfach, direkt und unkonstruiert sein, jeweils Einzelmotive bilden, die ein Gefühl (»une signification émotionelle«) zum Ausdruck bringen und ohne logische Verbindung nebeneinander stehen.

Der Roman blieb in Frankreich zunächst unbeachtet, bis James Joyce ihn als Vorbild für den inneren Monolog seines *Ulysses*, 1922, bezeichnete. Joyce machte 1920 Valéry ↗ Larbaud mit dem Roman bekannt. Beiden ist zu verdanken, dass 1924 eine Neuauflage gedruckt wurde, für die Larbaud ein rühmendes Vorwort schrieb. Während die angelsächsische Literaturkritik dem Roman zeitweise jegliche literaturgeschichtliche Relevanz absprach, andererseits sein literarischer Rang in Frankreich durch Larbaud erheblich überschätzt wurde, wird er inzwischen angemessener gewürdigt. Im Fahrwasser der französischen Fin de Siècle-Romanciers und der Symbolisten wollte Dujardin, ein Schüler ↗ Mallarmés, den Roman zum Ort lyrischen Sprechens erheben, weshalb er die narrative Form auf den inneren Monolog hin vorangetrieben hat. Auch hat er Joyce mit der französischen Fin de Siècle-Literatur bekannt gemacht.

1931 veröffentlichte Dujardin seinen Essay *Monologue intérieur*, 1931 (Der innere Monolog), in dem er die Geschichte und Form des inneren Monologs beschreibt – trotz mangelnder Objektivität eine wichtige literaturgeschichtliche Quelle für die Periode von 1885 bis 1930.

▪ Lit.: K. Mac Killigan: E.D. Les lauriers sont coupés and the Interior Monologue, 1977. *Hans-Horst Henschen*

Alexandre **Dumas fils**

▪ geb. 27.7.1824 Paris (Frankreich)
▪ gest. 27.11.1895 Marly-le-Roi/Paris (Frankreich)

Unehelicher Sohn von Alexandre ↗ Dumas père; früher Zugang zu literarischen Zirkeln in Paris; Reisen nach Afrika und Spanien; Begründer des modernen Gesellschaftsdramas, Verfasser von romantischen, häufig selbst dramatisierten Romanen und Theaterstücken mit umstrittenen Themen, deutlich sozialem Anspruch und Sympathien für Unterschicht und Halbwelt.

▪ Lit.: A. Maurois: Les trois D., 1957. ▪ L.R. Schehr: Rendering French Realism, 1997.

La dame aux camélias

(frz.; *Die Kameliendame*, 1907, O. Flake) – Die vom Autor selbst dramatisierte und 1852 in Paris uraufgeführte Fassung des 1848 erschienenen Romans machte ihn über Nacht berühmt, eroberte die Bühnen Europas und diente als Vorlage für Verdis Oper *La Traviata* (1853). Über ein Dutzend Verfilmungen belegen, dass das erste französische Sittendrama zugleich auch das langlebigste ist.

Die edle Kurtisane, die dem arrivierten Bourgeois die Flucht in eine erotische Wunschwelt ermöglicht und sich schließlich der bürgerlichen Familienmoral opfert, gehört zum Themenrepertoire der Unterhaltungsliteratur des 19. Jh.s. Die Protagonistin Marguérite Gautier verkörpert den seit der Romantik literarisch etablierten Typ der rückhaltlos liebenden, hochherzigen Sünderin, die bereits in den Erzählungen ↗ Mussets und den Romanen ↗ Balzacs stets mit mehr Sympathie behandelt wurde als die Vertreter jener bürgerlichen Gesellschaft, von der sie ausgenutzt und ausgegrenzt wurde.

In Dumas' Roman (und Stück) wird diese Figur sentimentalisiert. Marguérite revoltiert nicht gegen die institutionalisierten moralischen Regeln, sondern gewinnt allen Heroismus aus dem Opfer, das sie diesen Regeln bringt. Sie liebt Armand Duval, einen jungen Mann aus gutem Hause, mit einer Liebe, wie sie ihr bisher unbekannt war, und gibt um seinetwillen ihr früheres Leben auf. Als ihr vom Vater ihres Geliebten der Vorwurf gemacht wird, sie stehe Armands Glück im Wege und schädige das Ansehen der ganzen Familie, beugt sie sich den Forderungen der Gesellschaft, die keine ehemalige Kurtisane in ihren Kreisen dulden will, und kehrt in ihr altes Milieu zurück. Außer dem Trennungsschmerz erträgt sie auch noch die verzweifelte Verachtung des Geliebten, der die Ursache für ihr Verhalten erst erfährt, als sie – an Tuberkulose erkrankt – bereits im Sterben liegt. Die Versöhnungsszene kurz vor Marguérites Tod ist der Höhepunkt des an bewegenden Effekten reichen, pathetischen Stückes.

▪ Lit.: H. Felten: Ungeliebte Kameliendame, in: Aufsätze zur Literaturgeschichte in Frankreich, Belgien und Spanien, Hg. H.J. Lope, 1985, 13–27. *KLL*

Alexandre Davy de la Pailleterie **Dumas père**

▪ geb. 24.7.1802 Villers-Cotterets/Aisne (Frankreich)
▪ gest. 5.12.1870 Puys bei Dieppe/Seine-Maritime (Frankreich)

Sohn eines Generals der Revolutionszeit; Tätigkeit bei einem Advokaten; 1822 in Paris beim Herzog von Orléans; seit dem ersten großen literarischen Erfolgs 1829 professioneller Schriftsteller; Verschwendung des durch seine Werke erworbenen Vermögens, Tod in Armut und Vergessenheit; neben erfolgreichen Vaudevillestücken 300 Romane, deren bekannteste zum Schatz der bürgerlichen Lesekultur zählen.

▪ Lit.: A. Maurois: Les trois D., 1957. ▪ O. de Clève: A.D., 2000.

Les trois mousquetaires

(frz.; *Die drei Musketiere*, 1936, E.T. Kauer) – Der 1844 zunächst als Fortsetzungsroman im Feuilleton der Zeitung *Le Siècle* erschienene historische Roman entstand unter Verwendung der apokryphen *Mémoires d'Artagnan*, 1701/02 (Memoiren d'Artagnans), von Courtilz de Sandras in Zusammenarbeit mit dem Historiker Adrien Maquet. Dumas orientiert sich mit diesem ›Mantel- und Degenroman‹ am Vorbild der historischen Romane des seinerzeit in Frankreich beliebten Walter Scott. Als Fortsetzungsroman hat das Werk eine von zahllosen kurzen Episoden bestimmte peripetienreiche Struktur.

Der Roman spielt zur Zeit Ludwigs XIII., in einer bewegten, von politischen Unruhen und Palastintrigen gekennzeichneten Epoche. D'Artagnan, ein verwegener junger Mann aus der Gascogne, bricht im Jahr 1625 nach Paris auf, um dort sein Glück zu suchen. Um ihn gruppieren sich die drei befreundeten königstreuen Musketiere Aramis, Athos und Porthos. Sie verkörpern jeweils einen bestimmten Typus: Aramis ist ein ehemaliger Geistlicher, der durch ein galantes Abenteuer von seinem Weg abkam und sich durch seinen Hang zu jesuitischer Spitzfindigkeit, aber auch durch heimliche Liebschaften und soldatische Begeisterung auszeichnet; Athos spielt die Rolle des edlen Ritters, der aus Verzweiflung über die gescheiterte Ehe mit einer Abenteurerin als Musketier in den Dienst des Königs getreten ist; Porthos schließlich verkörpert den naiven, hünenhaften Helden. Als d'Artagnan in Paris eintrifft, schließt er sich den drei Musketieren an, die mit der Garde des Kardinals Richelieu im Streit liegen und soeben siegreich ein Handgemenge überstanden haben. Gemeinsam verfolgen sie die Spionin des ehrgeizigen Kardinals, Mylady de Winter, die sich später als die ehemalige Frau von Athos erweist und haarsträubende Intrigen gegen die drei Musketiere, die Gegner des Kardinals, inszeniert.

Das größte Abenteuer haben die Musketiere im Zusammenhang mit einem besonders heimtückischen Plan Richelieus zu bestehen: Mylady de Winter soll im Auftrag Richelieus Anna von Österreich, die spanische Gemahlin Ludwigs XIII., kompromittieren. Der Königin wird eine Liebesaffäre mit dem Herzog von Buckingham nachgesagt, dem sie zwölf Diamantspangen geschenkt hatte, ursprünglich ein Geschenk des Königs an sie. Der Kardinal Richelieu, der die ›ausländische‹ Königin ins Verderben stürzen will, arrangiert, dass der König von seiner Frau verlangt, sie solle diesen Schmuck bei einem Hofball tragen. Während Mylady de Winter im Auftrag Richelieus in England agiert, reiten die vier Freunde ebenfalls nach England, um den Schmuck rechtzeitig zu beschaffen und die Ehre der Königin zu retten. Bevor Mylady in die Hände der Musketiere fällt, lässt sie den Herzog von Buckingham, der mit den protestantischen Gegnern Richelieus in La Rochelle verbündet ist, im Auftrag Richelieus ermorden und die Kammerzofe der Königin Anna, Constance Bonacieux – d'Artagnans Geliebte – vergiften. Der Roman endet mit der Hinrichtung der unnahbar schönen, dämonischen Spionin.

Der beispiellose Erfolg des oft verfilmten Werks beruht auf der geschickt konstruierten Handlung und dem Erfindungsreichtum Dumas', der es verstand, ein äußerst bewegtes, wenn auch kaum auf historischen Tatsachen beruhendes Bild der Epoche Ludwigs XIII. zu entwerfen. Die effektvollen Dialoge, die dramatische Spannung, das schillernde Lokalkolorit und die einfachen, in sich stimmigen Charaktere haben diesen Roman zum meistgelesenen seiner Gattung gemacht. Dumas hat ihn später zu einer Trilogie ausgebaut, deren weitere Bände, *Vingt ans après*, 1845 (*Zwanzig Jahre nachher*, 1845), und *Vicomte de Bragelonne*, 1850 (*Der Graf von Bragelonne*, 1850), die spezifische, jugendliche Bewegtheit und Abenteuerlust der *Trois mousquetaires* vermissen lassen.

▪ Lit.: M. Picard: Pouvoir du feuilleton ou d'Artagnan anonyme, in: Littérature 50, 1983, 55–76. ▪ L. Lackey: The Death of D'Artagnan. D.' Realistic Musketeers, in: English Language Notes 41, 2004, 3, 41–50. *Brunhilde Wehinger / KLL*

Le comte de Monte-Cristo

(frz.; *Der Graf von Monte Christo*, 1961, E.T. Kauer) – Der Roman erschien zunächst von 1845 bis 1846 als Fortsetzungsroman im Feuilleton des *Journal des débats*.

Der Seemann Edmond Dantès möchte im Jahr 1815 nach der Rückkehr von einer Handelsreise schöne Katalanin Mercédès heiraten. Zwei schurkische Freunde, Fernand, der ihn um seine Verlobte betrügen will, und Danglars, der auf den aufstrebenden jungen Offizier hochgradig neidisch ist, denunzieren ihn fälschlich der Napoleontreue. Am Tag seiner Hochzeit wird Edmond verhaftet und von dem jungen, ehrgeizigen Magistraten Villefort verurteilt, weil dieser befürchtet, durch Edmond könnte bekannt werden, dass er selbst der Sohn eines alten Napoleon-Anhängers ist. Edmond wird schließlich ins berüchtigte Château d'If gebracht. Nach 14 Jahren gelingt ihm durch die Hilfe seines Mitgefangenen Abbé Faria die Flucht, indem er sich in den Leichensack seines gerade verstorbenen Freundes einnähen lässt. Dieser hatte ihm vor seinem Tod den Ort verraten, an dem auf der Insel Monte Christo ein ungeheurer Schatz vergraben liegt, der Edmond in die Lage versetzt, als Graf von Monte Christo Rache an seinen Widersachern zu nehmen, wobei er unerbittlich vorgeht.

Der *Graf von Monte Cristo* ist ein fesselnder Roman voll abenteuerlicher Verwicklungen, deren konventionell-romantischer Charakter durch die lebhafte und spannende Schilderung aufgewogen wird. Dumas lässt seiner Phantasie freien Lauf und kümmert sich wenig um die Glaubwürdigkeit seiner Geschichten. Neuartig ist die Figur eines Helden, dessen geradezu märchenhaft anmutende Allmacht nicht mehr auf Tugend und Tapferkeit, sondern auf Reichtum beruht. Obgleich seine Zeitgenossen die psychologische Unwahrscheinlichkeit der Charaktere und der Vorgänge tadelten, wurde der Roman ein klassischer Lesestoff des bürgerlichen Zeitalters und immer wieder für das Theater bearbeitet oder verfilmt.

▪ Lit.: V.V.G. Frigerio: Le devoir et la volonté. L'éthique du héros dans Le comte de Monte-Cristo, 1998. *KLL*

Marguerite Duras

▪ geb. 4.4.1914 Gia Dinh (Vietnam)
▪ gest. 3.3.1996 Paris (Frankreich)

(d.i. Marguerite Donadieu) – Ab 1932 in Frankreich; Jura-, Politik- und Mathematikstudium in Paris; während der Okkupation Mitglied der Résistance; Deportation nach Deutschland; nach dem Krieg Journalistin beim *Observateur*; umfangreiches, komplexes, von US-amerikanischen Autoren beeinflusstes Erzählwerk mit stark autobiographischen Zügen; daneben auch Filmdrehbücher.

▪ Ausg.: Œvres complètes, 4 Bde, Hg. G. Philippe, 2011–2014.
▪ Lit.: W. Leiner: M.D. Perspectives de réception, 2003. ▪ M.D., in: L'Herne, 2005. ▪ L. Adler: M.D., 2013.

La douleur

(frz.; *Der Schmerz*, 1986, E. Helmlé) – Die sechs autobiographischen, erst 1985 veröffentlichten Prosatexte sind Zeugnisse der widersprüchlichen Erfahrung des Nationalsozialismus. Sie waren bereits 1944/45 entstanden, in der Umbruchsphase während der Befreiung Frankreichs von der deutschen Okkupation, und von dieser Übergangszeit handeln sie.

An ihrer eigenen Person will Duras nüchtern und genau zeigen, wie Schuld und Unschuld sich berühren und bis zur Unkenntlichkeit ineinanderschieben. In der Titelerzählung hofft die Erzählerin auf die Rückkehr ihres als Mitglied der Résistance verhafteten und nach Buchenwald deportierten Mannes Robert L. Sie befindet sich in einem qualvollen Zustand des Wartens, der »die eingeäscherte Zivilisation und das gesamte Denken, das seit Jahrhunderten angehäufte Denken« ganz hinter sich gelassen hat. Der Name Robert L. steht für Robert Antelme, den Autor des Buches *L'espèce humaine*, 1947 *(Das Menschengeschlecht)*. Er kehrt schließlich aus dem Konzentrationslager zurück, unvorstellbar schwach. Es folgen die langwierigen, tagtäglichen Versuche, Robert L. vor dem Tod zu retten. Als er sich nach vielen Wochen etwas erholt hat, verlässt sie ihn.

Die Beschreibung des abgemagerten, zerschundenen Körpers Robert L.s ähnelt in ihrer quälend-langsamen Genauigkeit der Schilderung, die Duras in der Erzählung »Albert des Capitales« (»Albert vom Capitales«) von der Folter eines Denunzianten gibt. Diese Folterung, die von der Widerstandskämpferin Thérèse beaufsichtigt wird, ist der verzweifelte Versuch, ein gerechtes Gleichgewicht wieder herzustellen: »Thérèse, das bin ich«, schreibt Duras. »Draufhauen, bis er seine Wahrheit ausspritzt, seine Scham, seine Angst, das Geheimnis dessen, was ihn gestern allmächtig, unangreifbar, unberührbar machte.« Am Ende legt der Denunziant ein absurdes Geständnis ab: Er bestätigt die grüne Farbe der Ausweiskarte, die ihm zum Eintritt bei der Gestapo verhalf.

Die fast unerträgliche Nähe zwischen Opfer und Täter kennzeichnet auch die zwiespältige Beziehung der Erzählerin zu einem faschistischen Milizionär (»Ter le milicien«, »Ter der Milizionär«; »L'ortie brisée«, »Die geknickte Brennessel«) und zu jenem deutschen Gestapomann, der ihren Mann Robert L. verhaftet hat. Ihn, den kunstliebenden »Monsieur X«, den »Totenlieferanten«, trifft sie beinahe täglich, um den Kontakt zu ihrem Mann nicht völlig zu verlieren und um für die Résistance wichtige Informationen über Aktivitäten der Gestapo zu erhalten (»Monsieur X, dit ici Pier Rabier«, »Monsieur X, hier Pierre Rabier genannt«).

»Aurélia Paris«, die letzte Erzählung, handelt wiederum vom angstvollen, erstarrten Zustand des Wartens, dem Stillstand der Zeit: In einer leergeräumten Wohnung erwarten eine alte Dame und ein verlassenes jüdisches Kind die Befreiung durch die Alliierten oder das Eintreffen der deutschen Polizei.

In ihrer »phänomenalen Unordnung des Denkens und des Fühlens« verfolgen die Erzählungen die Spur einer tiefen, fortan der eigenen Person eingeprägten Ambivalenz: »Wir gehören zur Rasse derer, die in den Krematorien verbrannt werden, und zu den Vergasten von Maidanek, wir gehören auch zur Rasse der Nazis.« Bloße Empörung ist für Duras keine angemessene Haltung den Opfern des Nationalsozialismus gegenüber; vielmehr ist der Blick auf die Opfer für sie immer auch damit verbunden, den potenziellen oder tatsächlichen Täter in sich selbst zu entdecken. Die Autorin berührt damit ein Thema, das erst zu Beginn der 1990er Jahre Resonanz in der französischen Öffentlichkeit findet: die Geschichte der Kollaboration.

▪ Lit.: Sudaka-Bénazéraf: La douleur, Hiroshima mon amour de M.D., 1995. ▪ R. Felka: La douleur. Zeugnis oder Literatur, in: R.F.: Vorläufig Beiseitegelegtes, 2000, 91–127. *Birgit R. Erdle*

Cahiers de la guerre et autres textes

(frz.; *Hefte aus Kriegszeiten*, 2007, A. Weber) – Das Tagebuch erschien 2006. Im Vorwort zu ihren Kriegserinnerungen *La douleur* hatte Marguerite Duras 1985 von »blauen Schränken« in ihrem Landhaus in Neauphle-le-Chateau berichtet, wo sie auf längst vergessene Hefte gestoßen sei, darunter auch das Manuskript des Kriegsjournals. Die Existenz dieses Konvoluts wurde zunächst bezweifelt und eine geschickte Selbstinszenierung vermutet, wie sie typisch für die Schriftstellerin war, denn Leben und Literatur gingen bei Marguerite Duras immer ineinander über. Doch noch vor ihrem Tod übergab Duras die zum Teil stark zerfledderten Notizbücher dem Institut ›Mémoires de l'édition contemporaine‹ und befürwortete damit indirekt eine Veröffentlichung. Die von Corpet und Bogaert sorgfältig edierten Texte entstanden zwischen 1943 und 1949. Es handelt sich um Erinnerungen, Erlebnisse, Porträts und frühe Varianten einiger Romane und Erzählungen, die zum Teil wörtlich in spätere Werke eingingen. Neben der ersten Fassung von *La douleur* (1985) findet sich hier die Keimzelle für den späteren Welterfolg *L'amant* (1984), außerdem Entwürfe zu *Un barrage contre le pacifique* (1950), *Le marin de Gibraltar* (1952) und *Madame Dodin* (1954).

Der Band ist ein Zeugnis eines sehr persönlichen Prozesses: wie die sich unbeirrbar vorantastende Duras einen Ton fand und Stoffe resümierte, die den Grundstein ihres künstlerischen Schaffens legen sollten. »Aus keinem anderen Grund schreibe ich (diese Erinnerungen) auf als aus diesem Ausgrabungsinstinkt heraus«, erklärte sie.

Schon in den *Cahiers* verwob Duras autobiographische Erlebnisse mit erfundenen Elementen, machte Verletzungen und erlittenen Schmerz zum Ausgangspunkt literarischer Recherchen, arbeitete mit assoziativen Verknüpfungen und elliptischen Satzgebilden, kleidete eher sparsam als wortgewaltig die Szenerien aus. Ihr Stil ist manchmal spröde, dann glasklar, mitunter tastend, als probiere sie bestimmte Erzählhaltungen erst einmal aus. Ihr wildes Leben ist in Ansätzen zu ahnen: Mit brutaler Offenheit erzählte sie von ihrem gewalttätigen älteren Bruder und der gefühlskalten Mutter, der Totgeburt ihres ersten Sohnes und ihren unbändigen Liebeswünschen.

Vor dem Hintergrund des Werks sind die Verwandlungen bestimmter Figuren besonders aufschlussreich: So ist Léo, der Vorläufer des Geliebten aus *L'amant*, unmittelbarer und roher als der elegante chinesische Verführer aus dem 40 Jahre später entstandenen Roman, was mit der hier noch spürbaren starken Ambivalenz der Ich-Erzählerin zusammenhängt. In der Urfassung hat es die 15-jährige Marguerite nämlich mit einem pockennarbigen Einheimischen zu tun, dessen Äußeres sie trotz seines rohseidenen Anzugs und der ausgesuchten Manieren abstößt. Seine erotische Anziehungskraft beruht ausschließlich auf seinem Auto, von entgleisenden sexuellen Begegnungen, wie sie *L'amant* durchziehen, findet sich keine Spur. In einer der eindringlichsten Szenen versucht Léo, von den Brüdern nur »der Fötus« genannt, die Erzählerin auf den Mund zu küssen. Sie ist so von Abscheu überwältigt, dass sie stundenlang ausspucken muss: »Ich fühlte mich bis in die Seele hinein vergewaltigt.«

Bedrängende Intensität entsteht auch in den Beschreibungen der Gewaltausbrüche: Züchtigungen der Tochter durch die Mutter und den älteren Bruder sind an der Tagesordnung, was sie mit einer Mischung aus Hass und Fatalismus hinnimmt. Schon in dieser Version wird das gespenstische Einverständnis der Mutter, einer naiven, zugleich ausbeuterischen Kindfrau, mit ihrer Tochter deutlich. Eng mit der Mutter verwandt ist eine weitere Frauenfigur, die durch die *Cahiers* geistert: die überzeugte Kommunistin Théodora. Ihre aufrechte politische Haltung ist von einer gnadenlosen Härte und Unnahbarkeit durchdrungen. Quälend genau wird ihre Befehlshabe bei der Folterung eines Kollaborateurs beschrieben. In die rauschhafte Gewalt schleicht sich ein Lustmoment ein: Es sind diese Übergänge, die Duras so entlarvend auszuleuchten wusste.

Entgegen ihrer Behauptung im Vorwort zu *La douleur* hatte Duras das Manuskript aus dem blauen Schrank doch noch verändert und vor allem einige haarsträubende politische Aussagen getilgt. In der späteren Fassung fehlen die hasserfüllten Bezichtigungen de Gaulles, der nach ihrem Eindruck die Rolle der Résistance abwertete, die Deportierten dem Vergessen überantwortete und sich als Sieger feiern ließ. Er sei kaum besser als Hitler; »keinerlei Unterschied, außer was das Wesen des Grundmythos angeht: jenseits des Rheins das Ariertum, hier der liebe Gott«. Ein kleiner Höhepunkt der frühen Aufzeichnungen ist ein kurzer Text über den Tod des Vaters, den die Mutter sterbenskrank allein in Frankreich zurückließ. Nur dieses eine Mal taucht der Verlust des Vaters in Duras' literarischem Werk auf. Zärtlich und behutsam wird von seinem Ende in völliger Abgeschiedenheit erzählt. Das Ausmaß der Einsamkeit, die Marguerite Duras' gesamte Kindheit überwölbte und möglicherweise zum Auslöser ihres Schreibens wurde, wird in der sanft-lapidaren Beschreibung auf einen Schlag deutlich. *Maike Albath*

Moderato cantabile

(frz.; *Moderato cantabile*, 1959, L. Gescher, W.M. Guggenheimer) – Der kleine 1957 erschienene Roman steht in unverkennbarer Nähe zum französischen nouveau roman.

In einer Stadt am Meer lebt Anne Desbaresdes mit ihrem kleinen Jungen in einer abgelegenen Villa. Jeden Freitag begleitet sie das Kind in die Klavierstunde. Einmal, während der Junge wieder und wieder ein Moderato cantabile repetieren muss, gellen von der Straße her Schreie. Im nahen Arbeitercafé liegt die blutüberströmte Leiche einer Frau; ihr Geliebter, der sie möglicherweise auf ihren eigenen Wunsch hin erschossen hat, versucht, den Polizisten zu entkommen. Auch Anne betritt das Café. Im Verlauf des anhaltend schönen Wetters wird sie immer wieder an den Schauplatz des Mordes zurückkehren, der auf sie eine unerklärliche Anziehungskraft ausübt, und sich mit einem Unbekannten über die mutmaßlichen Begleitumstände der Verzweiflungstat unterhalten. Nach und nach verschwimmen die Grenzen zwischen der eigenen Existenz und dem Schicksal der getöteten Frau. In Annes Beziehung zu Chauvin scheint sich die Beziehung der Toten zu ihrem Mörder wiederholen zu wollen. Verwirrt von der unheimlichen Faszination, die von diesem Mann ausgeht, von dem Wein und der tristen, stickigen Atmosphäre des Cafés, bricht Anne in der letzten der acht unverbundenen Szenen in einen Angstschrei aus. Chauvin fasst den Bann, der über ihnen beiden liegt, in die Worte: »Ich wollte, du wärest tot.« Dennoch weicht Anne, ihrer inneren Auflehnung gegen ein monotones Wohlstandsleben zum Trotz, dem Abenteuer aus: Es bleibt bei einem in Gedanken vollzogenen Ehebruch.

Annes Irritation, die sie zuletzt sogar der eigenen Individualität unsicher werden lässt, überträgt sich unversehens auf den Leser. Diesen Elementen fügt die Autorin einen empfindsam-romantischen Zug hinzu. Die Tristesse, die ihre Helden erfüllt, ist die äußere Gebärde für eine unbestimmte Erwartung, in der alle leben: der Erwartung der ganz großen und wohl gänzlich irrealen Liebe, die allein sie vielleicht aus dem Rhythmus ihrer alltäglichen Welt erlösen könnte.

Auf die Nähe des Romans zum nouveau roman verweist die Einbeziehung der kriminellen Sphäre, die psychische Identifizierung der Heldin mit dem Verbrechen, der Verzicht auf die Allwissenheit des Erzählers, die Beschränkung auf den sogenannten Dingrealismus, also auf die bloße Schilderung und leitmotivische Hervorhebung sichtbarer, alltäglicher Dinge und Vorgänge, und die schmucklose, ja asketische Sprache, die parataktisch Aussage an Aussage reiht.

■ Lit.: J.-L. Pautrot: La musique oubliée. La nausée, L'écume des jours, Á la recherche du temps perdu, Moderato cantabile, 1994. ■ D. Barbéris: Moderato cantabile, l'amant de M. D., 1997.

KLL

Hiroshima mon amour

(frz.; *Hiroshima mon amour*, 1961, W. M. Guggenheimer) – Die 1960 publizierte Novelle zu dem gleichnamigen Spielfilm, der 1959 unter der Regie von A. Resnais entstanden war, brachte Duras Weltruhm ein und etablierte sie als Filmautorin. In Dialogform verfasst und im Stil des nouveau roman komponiert, kreist die Novelle in einer sich suggestiv wiederholenden, kühlen Sprache um das Thema des Erinnerns und des Vergessens.

Im Mittelpunkt steht die Begegnung einer französischen Frau mit einem japanischen Mann und die Konfrontation zweier Orte der Verwüstung, die sie in sich tragen: Nevers und Hiroshima. Diese Begegnung ereignet sich im August 1957 in Hiroshima, am Vorabend der geplanten Abreise der Französin nach Paris. Während Hiroshima, Geburtsort des Mannes und Drehort eines Films über den Frieden, in dem die Frau die Rolle einer Krankenschwester spielt, der Name für den massenhaften Atomtod ist, steht Nevers, die Geburtsstadt der Französin, für einen tief greifenden Liebesschmerz der Frau: Bei der Befreiung Frankreichs wird ihr erster Liebhaber, ein deutscher Soldat, erschossen, sie selbst geschoren, durch die Stadt geführt und in einen Keller gesteckt. So bedeutet die Begegnung der beiden, aus der eine Liebesgeschichte wird, die Konfrontation zweier Traumatisierungen: »Ortsnamen haben sie, Namen, die keine sind.«

Unablässig versuchen beide, in ihrer Liebesbeziehung die Erlebnisse in ihren Heimatstädten zu vergessen und zugleich gegen dieses Vergessen anzukämpfen. Die Versicherung der Frau, sie habe in Hiroshima »alles gesehen« – das Hospital, das Museum mit seinen Nachbildungen, die Wochenschauen –, bestreitet der Mann und wiederholt hartnäckig, sie habe gar nichts gesehen. Der Dialog, der zwischen den beiden entsteht, kreist auch um die Logik der Bilder: um die Illusion, die sie tragen, um das Vergessen, das ihnen innewohnt, und um das, was sie verbergen. Absicht der Autorin ist es, die »Nevers« und »Hiroshima« genannten Geschichten in der Liebeserzählung ineinander zu schreiben, um einen neuen, noch unbeschriebenen Ort der Erinnerung zu finden, der die Unmöglichkeit des Sprechens über Hiroshima reflektiert.

■ Lit.: C. Bange: Die zurückgewiesene Faszination, 1987. ■ C. Carlier: M. D., Alain Resnais, Hiroshima mon amour, 1994. ■ J. Sudaka-Bénazéraf: La douleur, Hiroshima mon amour de M. D., 1995.

Birgit R. Erdle

Le ravissement de Lol V. Stein

(frz.; *Die Verzückung der Lol V. Stein*, 1966, K. Zimmer) – In dem 1964 erschienenen Roman entwickelt die Autorin ihr Konzept eines dezentrierten Schreibens weiter, das im Kontext des nouveau roman und eines weiblichen Schreibens zu verorten ist.

Der wie die meisten ihrer Texte am Rande des Meeres – in einem Haus, einem Park, einem Kasino, einem Zugabteil, einem Roggenfeld – spielende Roman schildert die Geschichte einer Frau namens Lol V. Stein, deren Fluchtpunkt das Geschehen einer Nacht im Ballsaal des Kasinos von T. Beach bildet. Im Laufe dieser Nacht wird Lol V. Stein von ihrem Verlobten Michael Richardson verlassen. Er tanzt die ganze Nacht mit Anne-Marie Stretter – Hauptfigur des Romans *Le vice-consul*, 1965 (*Der Vize-Konsul*, 1967, W. M. Guggenheimer) –, um im Morgengrauen mit ihr wegzugehen.

Dieses Geschehen gräbt sich in Lols Körper ein und verstärkt ihre Krankheit, die von einem schwer fassbaren Mangel herrührt: einer für sie charakteristischen, eigenartigen Flüchtigkeit und Transparenz. Lol V. Stein ist eine Figur, die »sich täglich an alles zum ersten Mal erinnert«, als gäbe es zwischen den Tagen »unergründliche Abgründe des Vergessens«. Der Name Lol V. Stein bezeichnet demnach nicht eine Romanheldin im Sinn traditioneller Erzählformen, sondern eher einen Ort, »an dem es spukt« und der unablässig ins Nichts gezogen wird. Mit diesem Namen verbindet sich der Ort eines Schreibens, welches Ordnungen der Zeit und des Verhaltens und Konventionen der Erzählung durchkreuzt – ein Ort sinnwidrigen Schreibens, den Duras als einen weiblichen versteht: »Wir schreiben nicht am selben Ort wie die Männer. Und wenn die Frauen nicht am Ort des Sehnens schreiben, dann schreiben sie nicht, sondern sie plagiieren.«

Anfang und Ende der Geschichte Lols bleiben ebenso ungesichert wie das Wissen des sich in mehrere Berichterstatter aufspaltenden Erzählers. Nach ihrer Heirat mit Jean Bedford, einem zufälligen Passanten, verlässt Lol ihren Geburtsort S. Thala und zieht nach U. Bridge. Dort lebt sie – frei von dem Willen, zu sein oder zu handeln, gleichgültig und unauffällig – zehn Jahre lang, bringt drei Kinder zur Welt und bewahrt in ihrem Haus eine strenge, glasklare Ordnung. Dann kehrt sie nach S. Thala zurück und inszeniert mit Hilfe ihrer Jugendfreundin Tatiana Karl und deren Liebhaber Jacques Hold eine exakte Wiederholung der Ereignisse jener Nacht im Kasino von T. Beach. Lols Wiederholung enthält allerdings eine entscheidende Differenz: Sie läuft nicht auf die Etablierung eines Paares hinaus, das den Dritten ausschließt; sondern der Dritte ist, als Name, Stimme oder Blick, stets mit anwesend.

Lol V. Steins Haltung wurde als Widerstand gegen gesellschaftliche Normen gedeutet, ihr ›ver-rückt‹ Sein als Anfang eines individuellen Befreiungsprozesses. Der Roman zeigt zahlreiche Berührungspunkte zur zeitgenössischen intellektuellen Diskussion in Frankreich, vor allem zur feministischen und zur psychoanalytischen Theoriebildung. Die folgenden Romane *Le vice-consul* und *L'amante anglaise*, 1967 (*Die englische Geliebte*, 1984, R. Wyss), vor allem aber der fünf Jahre später erschienene Prosatext *Détruire, dit-elle* (*Zerstören, sagt sie*, 1969, W. Boehlich) lassen erkennen, wie sich das politische und gesellschaftliche Engagement der Autorin, die 1950 aus der KPF ausgeschlossen worden war, im Kontext der Ereignisse des Pariser Mai 1968 verschob.

▪ Lit.: J. Lacan: Hommage fait à D. du ›Ravissement de Lol V. Stein‹, in: M. D., par M. D., Hg. J. L. u. a., 1975, 93–99. ▪ T. Ton-That: ›Le ravissement de Lol V. Stein‹ de M. D., 2005.

Birgit R. Erdle

L'amant

(frz.; *Der Liebhaber*, 1985, I. Rakusa) – Der 1984 erschienene autobiographische Roman, der zum ersten Bestsellererfolg der Autorin wurde, ist der Versuch einer Selbstanalyse und zugleich magischer Entwurf der eigenen Kindheit in momentanen, bildhaften Sequenzen. Die Erzählung entfaltet sich zwischen zwei metaphorisch aufgeladenen Geschehnissen – der Überquerung des Mekong-Flusses auf dem Weg nach Saigon und der Ozeanpassage auf dem Weg nach Paris. Dazwischen liegt die Liebesbegegnung der jungen Duras mit einem chinesischen Mann, in deren Darstellung Szenen verwoben sind, die von der Familie der Autorin handeln, von ihrem gemeinsamen Haus am brechenden Flussdamm in Indochina, von einem Pensionat, vom Tod und von Bekanntschaften in Paris. Der stete Wechsel von Handlungsorten und Zeitebenen, von Vergangenheits- und Präsensform, personaler und Ich-Perspektive erzeugt eine Gegenwart aus verwischten, flüchtigen Bildern mit unscharfen Rändern, deren Atmosphäre sich aus Gerüchen, Farbschattierungen, Stimmen und Geräuschen zusammensetzt.

Am Anfang des Erinnerungsprozesses, der diskontinuierlich verläuft, aber keiner deutlichen Absicht folgt, steht die Erfindung eines Bildes: denn das Foto von jener Kind-Frau, die den Mekong-Fluss überquert, ist nie entstanden, es existiert nicht. Doch gerade die Leere dieses fehlenden Bildes, das ihr erstes Liebeserlebnis und zugleich den Beginn ihres Alters festgehalten hätte, initiiert den Erzählfluss.

Erst als die junge Frau beschließt, sich endgültig von ihrem Liebhaber zu trennen, kann sie ihre Absicht verwirklichen, sich dem Schreiben zu widmen. Ebenso ist für die Erzählerin die dauernde Abwesenheit der Mutter und der beiden Brüder – ihre Metamorphose zur »Schreibschrift« – die Voraussetzung ihrer erinnernden Erfindung, denn als sie noch lebten, habe sie »um sie herum geschrieben, um diese Dinge herum, ohne bis zu ihnen vorzudringen«. Ihrer Liebe zu ihrem schwachen und ängstlichen jüngeren Bruder steht ihr ohnmächtiger Hass auf den älteren Bruder gegenüber, der von der Mutter abgöttisch geliebt wird. Seine Lebendigkeit, die das animalische Gesetz verkörpert, bedroht das Leben des kleinen Bruders. Dabei vermischt sich im Blick der Erzählerin die unerträgliche Dominanz des großen Bruders mit der grausamen Allgegenwart des Krieges: »Ich sehe den Krieg in denselben Farben wie meine Kindheit. Ich verwechsle die Kriegszeit mit der Herrschaft meines älteren Bruders […]. Der Krieg erscheint mir wie er: Er breitet sich überall aus, dringt überall ein, stiehlt, nimmt gefangen, ist allgegenwärtig, mit allem vermischt, in alles verwickelt, anwesend im Körper.«

Die von Duras gewählte autobiographische Erzählweise sucht an verborgene Übergangsstellen von Familiengeschichte und politischer Geschichte zu rühren und zugleich ein sich verlierendes ›flüchtiges Sprechen‹ zu bewahren. Die Konturen der Figuren, die Linearität des Geschichtsverlaufs, die Authentizität und Ereignishaftigkeit des erzählten Geschehens und schließlich sogar die Erzeugung von Sinn lösen sich auf: »Die Geschichte meines Lebens gibt es nicht. So etwas gibt es nicht. Es gibt nie einen Mittelpunkt. Keinen Weg, keine Linie. Es gibt weiträumige Orte, von denen man glauben macht, es habe hier jemanden gegeben, das stimmt nicht, es gab niemanden.«

■ Lit.: A. Armel: M.D. et l'autobiographie, 1990. ■ D. Denès: Étude sur M.D. ›L'amant‹, 1997. ■ D. Barbéris: ›Moderato cantabile‹, ›L'amant‹ de M.D., 1997.

Birgit R. Erdle

Jean Echenoz

▪ geb. 26.12.1947 Orange/Vaucluse (Frankreich)

1966–1970 Soziologie-Studium, 1974–1976 Studium der Klinischen Psychologie; ab 1984 ausschließlich Schriftsteller; Etikettierung seiner Romane als ›romans impassibles‹ wegen ihrer an ↗ Flaubert erinnernden Teilnahmslosigkeit; mit anderen ›Minimalisten‹ Überwinder des ›nouveau nouveau roman‹, ohne hinter dessen Theoriepotential und Reflexionsniveau zurückzufallen.

▪ Lit.: I. Beisenkötter: J. E., in: Kritisches Lexikon zur fremdsprachigen Gegenwartsliteratur. ▪ C. Jérusalem: J. E.: Géographies du vide, 2005. ▪ S. Houppermans: J. E. Etude de l'oeuvre, 2008.

Lac

(frz.; *See*, 1991, C. Baumann, G. Lerch) – Mit dem 1989 erschienenen Roman, der 1990 den Europäischen Literaturpreis erhielt, lag der letzte Teil einer Roman-Trilogie vor, die mit *Cherokee*, 1983 (*Cherokee*, 2004, E. Helmlé), begann und mit *L'équipée malaise*, 1986 (*Ein malaysischer Aufruhr*, 1989, A. C. Sulzer), fortgesetzt wurde. Gemeinsam ist diesen Texten, dass sie bekannte Genres der Trivial- und Unterhaltungsliteratur aufgreifen und sie spielerisch abwandeln bzw. verfremden: »*Cherokee* hat mit dem Genre des Roman Noir gespielt, *Ein malaysischer Aufruhr* mit der Tradition des Abenteuerromans, *See* mit der des Spionageromans«, so der Autor 1992 in einem Interview.

Lac erzählt die Geschichte des Insektenforschers Franck Chopin, der nebenberuflich als Geheimagent tätig ist. Chopin verliebt sich in Suzy Clair, die mit ihrem Sohn in einem Pariser Vorort lebt. Ihr Mann Oswald, Mitarbeiter im Außenministerium, ist seit einigen Jahren spurlos verschwunden. Nach seiner Begegnung mit Suzy erhält Chopin den Auftrag, den Sowjet-Funktionär Vital Veber zu observieren, der in einem Pariser Luxushotel wohnt. Die Observierung ergibt, dass Veber sich mit Suzy trifft, die sich von ihm Hinweise auf den Verbleib ihres Mannes erhofft. Chopin ist durch ihr unerwartetes Auftauchen konsterniert und gerät in eine Falle. Nach seiner Befreiung stellt sich heraus, dass einer der engsten Mitarbeiter von Vital Veber Suzys vermisster Ehemann Oswald ist, der zum sowjetischen Geheimdienst übergelaufen war und nun erneut die Fronten wechselt. Die Aktion ist ein von langer Hand geplantes Tauschgeschäft – im Gegenzug läuft Chopins Vorgesetzter Oberst Seck zu den Sowjets über – und hat einen politischen Hintergrund: Die Desertion seines Mitarbeiters bedeutet das Ende von Vebers Karriere und kommt seinen politischen Gegnern zugute. Der Ausgang der Beziehung zwischen Chopin und Suzy bleibt offen.

Wer den Roman als Spionageroman liest, wird enttäuscht, denn die Auflösung der Intrige hat rein formalen Charakter. Der Text gibt keine Auskunft über den Hintergrund der politischen Handlung und über die persönlichen Motive der Handelnden. Er steht also im Zeichen eines Mangels: Von den Erscheinungen der Romanwelt kommt nur die Oberfläche in den Blick, das Was, nicht aber das Warum. Dem affirmativen Gestus, der einem Trivialgenre wie dem Agentenroman à la Ian Fleming mit seiner *James-Bond*-Serie durch Befriedigung der Lesererwartung und Bestätigung überkommener Wertsysteme eignet, verweigert sich der Roman. Stattdessen gewinnt die scheinbar funktionslos gewordene Oberfläche zeichenhaften Charakter. Bevorzugte Orte des Geschehens sind die Pariser Vorstadt, das Hotel, das Einkaufszentrum, der Schlachthof, die Wohnsiedlung an der Autobahn, Chiffren der Anonymität und fehlenden Verortung des Menschen in der spätindustriellen urbanen Lebenswelt.

Auch die Fotographie und das Fernsehen lassen sich als solche Chiffren auffassen: Vor seiner Begegnung mit Suzy hatte Chopin lose erotische Beziehungen zu zwei Frauen, einer Fernsehsprecherin und einer Modefotographin. Aufgrund ihrer beruflich bedingten Präsenz in den Massenmedien »erhielt Chopin, wenn sie von ihm weggingen, manchmal indirekt Nachricht von ihnen«. Die indirekte, durch moderne Massenmedien vermittelte Nähe zu den beiden zieht Chopin dem direkten Kontakt vor, er empfindet sie als beglückender und authentischer, trotz oder gerade wegen ihres Simulationscharakters. Handlungsraum und technische Hilfsmittel sind nicht wie im Agentenroman bloßes Dekor mit Luxuskonnotation, sondern verweisen auf eine jenseits der Handlung liegende Sinnebene.

Solche und ähnliche Merkmale lassen hinter der scheinbar exklusiven, spielerischen Aufmerksamkeit, die der Text der Oberfläche widmet, als Tiefenebene die moderne, medialisierte und mediatisierte Lebenswelt in ihrer Brüchigkeit und Fragwürdigkeit erkennen. Ob man den Text als Ausdruck der »Trauerarbeit der Moderne« (W. Asholt, 1994) liest oder in ihm das »Frohlocken des Schriftstellers« (O. Bessard-Banquy, 1995) entdecken mag, der endlich von den Zwängen der symbolistischen, formalistischen oder strukturalistischen Schulen befreit sei und somit dem von religiösen und marxistischen Dogmen gelösten Menschen entspreche – in jedem Fall ist der Roman ein Beispiel dafür, wie der Rückgriff auf die Populärkultur der Gegenwartsliteratur nach der Krise der Avantgarde neue Perspektiven eröffnen kann. Der Roman lässt sich scheinbar auf die Oberflächenfixiertheit unserer Zeit ein, unterläuft diese aber, indem er, ohne zu moralisieren, den Blick auf Phänomene richtet, die im postindustriellen Glanz der Metropolen und in der simulierten Wirklichkeit der Massenmedien verleugnet werden.

▪ Lit.: W. Asholt: Trauerarbeit der Moderne in Romanen von François Bon, J. E. und Marie Redonnet, in: Intertextualität und Subversivität, Hg. W. A., 1994, 303–314. ▪ O. Bessard-Banquy: Le parti pris d'E., in: Critique 1995, 1056–1073. ▪ C. Jérusalem: J. E. Géographies du vide, 2005. *Thomas Klinkert*

Au piano

(frz.; *Am Piano*, 2004, H. Schmidt-Henkel) – Der 2003 erschienene Roman macht ähnlich wie die ›biofiction‹ *Ravel*, 2006 (*Ravel*, 2007, H. Schmidt-Henkel), das Leben eines Musikers zum Thema und untergräbt im Spiel mit verschiedenen Fiktionsebenen gängige Wirklichkeitsvorstellungen. In sinnfällig an Dante erinnernder Sphärenteilung werden Leben, Tod und Nachleben des erfolgreichen Konzertpianisten Max Delmarc erzählt, der zu Lebzeiten ständig von seinem Begleiter Bernie daran gehindert wird, seine chronische Bühnenangst in Alkohol zu ertränken. Als Opfer eines Raubmords wacht Delmarc in einem sanatoriumsähnlichen »Orientierungszentrum« auf, wo ihm sein Betreuer Béliard mitteilt, eine Kommission werde ihn je nach Aktenlage dem ›Park‹, einer paradiesischen, aber langweiligen Idylle, oder dem regnerischen und versmogten ›Stadtbereich‹ zuweisen, der wie Paris aussieht.

Nach einer kosmetischen Operation, die die tödlichen Wunden kaschiert und sein Aussehen verändert, wird Delmarc mit zwei Auflagen in die urbane Zone entlassen: Der alte Beruf und der Kontakt zu früheren Bekannten sind verboten. Als ›Paul Salvador‹ wird er Mixer in einer drittklassigen Bar, bis Bernie ihn wiedererkennt und als Pianisten an ein elegantes Nachtlokal vermittelt. Vom Zentrum abkommandiert, sucht Béliard vergeblich eine aus dem Park geflüchtete Frau und sieht resigniert über den doppelten Regelverstoß hinweg. Nachdem er sich unter Bernies und Delmarcs Obhut von Depression und Trunksucht erholt hat, erteilt er Delmarc eine letzte Lektion: Dieser muss mit ansehen, wie Béliard ausgerechnet Rose, nach der sich der Pianist in seinem frauenlosen Leben verzehrt hatte und die jetzt erreichbar scheint, für immer in den Parkbereich zurückleitet. Mit maliziöser Kälte entgegnet Béliard dem protestierenden Delmarc: Eben dies mache den Stadtbereich, gemeinhin auch Hölle genannt, aus.

Auffallend in *Au piano* ist das Netz ironischer Referenzen: Zum Service-Personal des komfortabel gestalteten ›Purgatoriums‹ gehören Dean Martin und Doris Day, was Echenoz für Anspielungen auf Musik, Kino oder eigene Romane (*Les grandes blondes*, 1995; *Die großen Blondinen*, 2002, H. Schmidt-Henkel), aber auch für ein Spiel mit dem Leser nutzt: Klischees wie das des ›Frauenhelden‹ werden erst bedient und dann enttäuscht; Kapitel 18, das einzig aus dem Satz »Liebesnacht mit Doris Day« besteht, regt wiederum die Phantasiebildung an. Damit spielt *Au piano* das Potential eines ›als-ob‹ aus und ironisiert wie andere ›romans minimalistes‹ die Mechanismen literarischer Fiktionsbildung.

▪ Lit.: C. Jérusalem: Variations ›Au piano‹ de J. E. Ni tout à fait le même ni tout à fait un autre, in: Critique 59, 2003, 223–231. *Susanne Schlünder*

Ravel

(frz.; *Ravel*, 2007, H. Schmidt-Henkel) – Zwischen literarischer Fiktion und der Wirklichkeit der musikalischen Avantgarde behandelt der 2006 erschienene Roman in einer fotographisch-minimalistischen Erzählweise die letzten zehn Lebensjahre des Komponisten Maurice Ravel. Dieser bricht zu einer Tournee in die USA auf. Gereist wird mit allem Aufwand, den der – bereits zu Lebzeiten – bekannteste französische Musiker aller Zeiten als geistiger Nachfahr der Dandys des Fin de Siècle sich selbst auferlegt, gerüstet mit 60 Hemden, 20 Paar Schuhen, 75 Krawatten und 25 Pyjamas, im Luxusliner »France«. Er lernt Chaplin und Gershwin kennen und gibt, einem gnadenlosen Lebensrhythmus folgend, der seinen Zoll im Schwinden physischer Spannkraft und musikalischer Kreativität fordert, Konzerte in 25 Orten zwischen Ost- und Westküste. Nach seiner Rückkehr in das unkomfortabel, aber individuell eingerichtete Haus in Montfort l'Amaury vor Paris und Ferien im Baskenland nimmt Ravel, dem konservative Juroren um die Wende zum 20. Jh. fünfmal den ›Prix de Rome‹ versagten (damals die höchste Auszeichnung für junge französische Komponisten), in Oxford die Ehrendoktorwürde entgegen. Er komponiert nicht nur, gleichsam nebenbei, sein bekanntestes Stück *Boléro*, sondern arbeitet an seinen großartigen Spätwerken, den beiden durch die Erfahrung des Jazz beeinflussten Klavierkonzerten. Das erste dieser Konzerte, das *Concert pour la main gauche*, ist eine Auftragsarbeit für den Bruder des Philosophen Ludwig Wittgenstein, Paul, der nach einer Kriegsverletzung Werke für die linke Hand in Auftrag gibt. In Echenoz' Lesart wird der Umstand, dass der Auftraggeber sich anfangs von dem Werk eher enttäuscht zeigte, um den Schnörkel bereichert, Wittgenstein habe – in Virtuosenmanier des 19. Jh.s – den Klavierpart bei der Uraufführung um etliche Zutaten ergänzt, was den sonst so zurückhaltenden Ravel dazu gebracht habe, den Ausführenden zu beschimpfen: »Interpreten sind Sklaven!« 1932 hat Ravel in Paris einen folgenschweren Taxiunfall. Eine Kopfverletzung beeinträchtigt ihn selbst nach Genesung und Sanatoriumsaufenthalten so weitgehend, dass er unfähig zu einfachsten Verrichtungen wird, geschweige denn zum Komponieren. In Konzerten erkennt er seine eigenen Werke nicht mehr wieder. Er verstummt als Opfer und Zeuge seines Verfalls: »Meine Ideen kommen nicht mehr aus meinem Kopf.« Eine Gehirnerkrankung, die ihm die physische Koordination erschwert, soll 1937 durch eine Operation geheilt werden, doch wenige Tage danach stirbt er.

Echenoz' *Ravel* knüpft an das aus dem 19. Jh. überkommene Genre des Musikerromans an, der noch im 20 Jh. bedeutende fiktionale Werke wie Thomas Manns *Dr. Faustus* und Romain ↗ Rollands *Jean Christoph*, aber auch Romanbiographien wie Werfels *Verdi* hervorbrachte. Gegenüber diesen erweist sich *Ravel* als bewusst elliptische Reduktionsform. Ravel selbst war nur wenige Jahre vor Echenoz' Roman Gegenstand eines besonders hybriden Experiments im Bereich des Filmessays: Larry Weinsteins *Ravel* (Frankreich/Kanada 2001) darf als ein Vorläufer eines gegen den Strich romantisierender Künstlerbiographien stilisierten Essays gelten. Da über Ravels Privatleben kaum etwas bekannt ist, war es Echenoz möglich, die Ravel-Legende als Ausgangspunkt einer Schreibbewegung zu wählen, die leitmotivisch auf die zwei zentralen, aller Kunst inhärenten Momente zurückverweist: auf den Stil und die Fiktion. Als dritter thematischer Komplex erscheint durchgängig der Gegensatz von Geistigkeit und körperlicher Existenz.

Fiktion und Stil beschäftigen den Protagonisten Ravel und weisen zugleich auf Echenoz' Ästhetik zurück: Als Ravel seinen *Bolero* komponiert, deutet er dessen Machart in einem Sinne, die an den Prinzipien von Leitmotiv, Variation und Steigerung orientiert ist: »Es hat keine Form in eigentlichem Sinne, es kommt ohne Entwicklung und ohne Modulationen aus, besteht aus nichts als Rhythmus und Arrangement.« In dieser die Erzählweise Echenoz bestimmenden Kompositionsweise Ravels äußert sich die Maschinenästhetik der Avantgarden.

Das Moment der Fiktion wird thematisch, als der Protagonist Ravel kurz vor seinem Tode nach Marokko reist und gebeten wird, »etwas Arabisches zu schreiben« – »das wäre dann viel arabischer als alles hier«. Die lückenhaften Informationen über das Privatleben des historischen Ravel erlauben es, der Kunstfigur ein geheimes Leben anzudichten, in dem die Geigerin Hélène Jourdan-Morhange ebenso spekulativ ist wie es die Abenteuer des Musikers mit irgendwelchen ›Halbweltmädchen‹ sind.

Gerade der vom historischen Ravel über sein Innenleben gebreitete Schleier von Ironie und Eleganz wird daher in einem doppelten Sinne literaturstiftend, insofern er das Fabulieren über Leerstellen ebenso fördert wie Echenoz' minimalistische Ästhetik, die sich den Klischees der Ravel-Vita versagt. So entsteht die semifiktionale Schreibweise aus einer doppelten Dichotomie, dem Gegensatz von Kunst und Öffentlichkeit und der Diskrepanz von Öffentlichkeit und Intimität, die sich umso vehementer artikulieren, als sich der historische wie der fiktive Ravel jeder Aufmerksamkeit um seine Person versagt.

Wie Ravels Kompositionsweise wird das Schreiben von Leitmotiven strukturiert, die innerhalb des Diskurses der Ravel-Legende einen roten Faden bilden: Ravels ›nuits blanches‹, also seine durch den Ersten Weltkrieg bedingte Schlaflosigkeit, die Besuche der wenigen persönlichen Freunde, die permanent gerauchten Gauloises-Zigaretten und schließlich Ravels selbst in die Arbeitsweise hineingetragenes Dandytum, das als Akt der Theatralisierung der Persönlichkeit eine Form der Fiktion innerhalb der Lebenswelt bildet. Dieser entspricht auf der Ebene des Erzählerdiskurses der strukturbildende Refrain »man muss die Geschichte nicht glauben«.

Ohne dies – anders als Sachbücher – eigens zu thematisieren, griff Echenoz immer wieder in den dokumentarischen Fundus, dessen Requisiten er gleichsam gegen den biographischen Konventionalismus als Inzitationsmoment der novellesken Faktur wählte: Ein Photo, das den Lastwagenchauffeur Ravel 1916 an der Front zeigt, kann dabei ebenso zum Auslöser von Fiktion werden wie das Gästebuch der »France«, eine Marmorbüste in der Pariser Oper oder eine in späten Jahren angefertigte Grammophonaufnahme des Streichquartetts. Sie stellen ein lebensweltliches Pendant zu den thematischen Generatoren des nouveau roman dar.

Die Opposition von Geistigkeit und physischem Leben scheint leitmotivisch als mitunter bemitleidenswert komische Fremdbestimmung des Protagonisten durch seine Körperlichkeit auf. Echenoz überbietet die ironisch-ausgezehrte Stillage seines Romans nämlich durch einen kruden Detailrealismus, etwa in der Eingangsszene, die den großen Komponisten in der Badewanne in seinem Haus in Montfort zeigt: »Es ist bedauerlich, das warme Wasser zu verlassen, in dem ausgefallene Haare sich zwischen abgeriebenen Hautpartikeln um Seifenblasen ringeln […].« Dieses leibliche Moment, das letztendlich bereits das Scheitern des Künstlers an seiner Physis präfiguriert, das Dandytum, das Ravel aus dem Fin de Siècle in die Moderne gerettet hatte, wird zur ästhetischen Marke des Textes. Leben wird als Selbstwahrnehmung des Künstlers erzählt. Der strukturbildende Gegensatz von Geistigkeit und physischem Leben bedingt den Kontrast zwischen dem Sensualismus von Ravels Kunst und dem ironisch-kühlen Bericht aus der Perspektive einer Kamera. So erweist sich Echenoz' *Ravel* als genuine Studie über das avantgardistische Künstlertum im Dilemma zwischen Geistigkeit und äußerem Anspruch.

■ Lit.: L. Coverdale/E. G. Reeves/A. Waters: J. E. Ravel, an Excerpt, in: Literary Review. An International Journal of Contemporary Writing 50, 2007, 10–29. *Gerhard Wild*

Courir

(frz.; *Laufen*, 2009, H. Schmidt-Henkel) – Der 2008 veröffentlichte Roman *Courir* entwirft erneut ein fiktionales Porträt entlang biographischer Fakten. Der Protagonist des Romans ist der tschechische Langstreckenläufer Emil Zatopek, dessen Karriere in dem historischen Zeitraum zwischen dem Einmarsch der deutschen Armee in die »Resttschechei« 1939 und den Jahren nach dem Prager Frühling erfolgt, Zeiten geprägt von Gräueltaten, Unterdrückung und politischen Umbrüchen.

Als Sohn eines einfachen Tischlers arbeitet Zatopek in der Schuhfabrik »Bata«, um sich sein abendliches Chemiestudium zu finanzieren. Sport ist für ihn nicht mehr als eine lästige Zeitverschwendung, zu der er sich jedoch hin und wieder von seinen Freunden überreden lässt. Es ist seine Gutmütigkeit, die ihn nachgeben lässt, und sein stetes Lächeln mit den großen Zähnen, das den Jungen sympathisch macht. Gezwungen durch seinen Arbeitgeber »Bata« und die Auflagen der deutschen Besatzungspolitik, nimmt Emil an seinen ersten Läufen teil. Die Abneigung gegenüber sportlichen Wettkämpfen wandelt sich in Gefallen und der 17-jährige beginnt zu trainieren. Bei seinen täglichen Laufeinheiten geht Emil stets an die Grenzen seiner körperlichen Belastbarkeit, wobei er nicht nur seine Ausdauer trainiert, sondern vor allem seine Schnelligkeit. Diese ungewöhnliche Taktik bringt ihm trotz seines eigenwilligen Laufstils schnell die ersten Erfolge in Wettkämpfen sowie Landesrekorde ein und beschert ihm den Ruf des Erfinders des Schlusssprints.

1945 werden die deutschen Besatzer durch die sowjetische Armee niedergeworfen, und der Kommunismus hält Einzug in das politische System der Tschechoslowakei. Emil tritt in das tschechischen Militär ein, beginnt eine Offizierskarriere und fängt wieder an zu laufen. Ein phänomenaler Siegeszug folgt, der im dreifachen Olympischen Gold in Helsinki gipfelt. Die stets in Rot, der Farbe der proletarischen Revolution laufende »tschechische Lokomotive« Emil Zatopek scheint unbesiegbar. Über sechs Jahre lang ist er der schnellste Langstreckenläufer, wird als Nationalheld gefeiert und innerhalb des Militärs befördert, bleibt aber bescheiden. Das kommunistische System benutzt ihn als Aushängeschild, als Vorzeigeathleten, den es um keinen Preis an das Ausland verlieren möchte. Nur unter Staatsaufsicht dürfen Emil und seine Frau Dana, eine erfolgreiche Speerwerferin, das Land hin und wieder zu Wettkämpfen verlassen. Als Mitglied der Kommunistischen Partei geht Emil konform mit den politischen Richtlinien seines Landes; redegewandt und sprachbegabt, nimmt er die Manipulation seiner Interviews und die vorgegebene Reden stillschweigend hin und wandelt seinen inneren Unmut in sportliche Höchstleistungen.

Als der »unvergleichbare« Emil schließlich anfängt zu verlieren, beendet er seine Karriere. Nach dem Tod des Staatspräsidenten Gottwald beginnt der tschechische Kommunismus liberaler zu werden – eine Wandlung, die Zatopek unterstützt, indem er das *Manifest der 2000 Worte* unterzeichnet. Als 1968 sowjetische Truppen einrücken, um die neu gewonnenen tschechischen Freiheiten einzudämmen, lässt er sich ein weiteres Mal überreden und fordert, als Wortführer der Demonstranten, die Soldaten auf, den Frieden zu wahren. Es folgen Jahre der Zwangsarbeit, bis Emil wieder nachgibt und ein Papier unterschreibt, in dem er seine revolutionäre Haltung gegenüber dem Regime bereut und gleichzeitig beteuert, wie gut es ihm in den letzten Jahren ergangen ist. Wieder rehabilitiert, arbeitet er in der zentralen Sportdokumentation von Prag.

Echenoz gibt sich als Beobachter, selten als Kommentator. Seine reine, klare Ausdrucksweise kontrastiert mit dem unsauberen, schweren Laufstil Zatopeks und beschreibt ihn doch in seinem Innersten. Ab der ersten Seite des Romans dreht sich alles um das Phänomen der Fortbewegung: Die Fahrzeuge der Armee werden genauestens beschrieben; auch die Schuhproduktion wird thematisiert. »Laufen« ist nicht nur der Titel des Romans sondern das Wort, das Echenoz im gesamten Werk mit den meisten Adjektiven ausstattet. Emil Zatopek wird einer physiologischen Untersuchung unterzogen. Nicht die Gefühlswelt des Protagonisten, sondern sein Name wird in seine Einzelteile, seine Silben und Buchstaben zerlegt und auf seine Funktion, seine Bedeutung hin untersucht. Nicht Emils Gedanken, sondern sein Gesichtsausdruck wird bis in das kleinste Detail studiert. Gerade durch diese Vorgehensweise macht Echenoz Schmerz und Willenskraft sichtbar und schafft eine Nähe zum Protagonisten. Parallel zeichnet der Autor eine Parabel der politischen Ereignisse, in denen Krieg und Kommunismus Zatopeks Leben durchkreuzen und begleiten. Die deutsche Besetzung Böhmens und Mährens wird in den Kapitelanfängen des Romans geschildert. Der darauf folgende Kommunismus greift als lenkende Macht überall ein.

Über Zatopek ist viel berichtet und gesagt worden; der Läufer selbst hat geschrieben und in Interviews Auskunft gegeben. Echenoz hält sich an die vielen Daten und Fakten und legt zwischen sie sein feines, nah an der Wahrscheinlichkeit konstruiertes Netz der Fiktion.

Eva Christina Hamann

Paul Éluard

- geb. 14.12.1895 Saint-Denis bei Paris (Frankreich)
- gest. 18.11.1952 Charenton-le-Pont/Val-de-Marne (Frankreich)

(d.i. Eugène Grindel; Pseudo. Didier Desroches, Brun) – 1912 wegen eines Lungenleidens in Davos; 1914 Soldat; 1918 Kontakt mit J. Paulhan, ↗ Breton, ↗ Aragon, ↗ Soupault; Mitbegründer des Surrealismus; 1924 Reise nach Südostasien; während der Okkupation Dichter der Widerstandsbewegung und Mitherausgeber der illegal erscheinenden *Les lettres françaises;* nach dem Krieg Reisen nach Italien, Jugoslawien, Griechenland, Polen, Tschechien; neben ↗ Desnos bedeutendster Lyriker des Surrealismus.

▪ Ausg.: Œuvres complètes, 2 Bde, Hg. M. Dumas/L. Schéler, 1979.
▪ Lit.: N. Boulestreau: La poésie d'É., 1985.

La rose publique

(frz.; *Die öffentliche Rose*, 1963, M. Hölzer) – Die 1934 erschienene Gedichtsammlung ist Gala gewidmet, die er 1912 in einem Schweizer Sanatorium kennengelernt hatte und 1917 heiratete und die sich 1929 Salvador Dalí zuwendete. 1930 traf er die Tänzerin Nusch, alias Maria Benz aus Mühlhausen, die 1934 seine zweite Frau wurde. Ihr galten seither seine Liebesgedichte, vor allem in *La vie immédiate*, 1932 *(Das unmittelbare Leben)*, *La rose publique*, *Facile*, 1935 (*Die öffentliche Rose*, Leicht), *Les yeux fertiles*, 1936 *(Die fruchtbaren Augen)*, und *Le livre ouvert*, 1940/42 (Das offene Buch).

Fast alle Gedichte Éluards sind Liebesgedichte. Doch die Geliebte des Surrealisten ist ein Produkt der Kontingenzerfahrung des modernen Lebens. Sie ist dem Dichter ständig wandelbare Gegenwart – die »öffentliche Rose«, nackt, offen und ewig nur in der Entzückung des Augenblicks. So schenkt sie Freiheit; auch die schmerzliche, sie um einer anderen willen zu verlassen. Dieses Moment der Freiheit und Offenheit übertrug Éluard in die Struktur seiner Dichtung, der zwar die klassischen Formen fremd sind, die aber deswegen nicht formlos ist. Seine Gedichte bestehen aus Wortgruppen, die sich zu Reihen und Zirkeln fügen, aus Sätzen, Versen, Bildern, die einzeln, zu wenigen, zu vielen, in langen Reihen erscheinen können oder auch zu strophischen Gebilden, größeren Suiten oder Zyklen und ganzen Büchern zusammentreten. Die Syntax bevorzugt einfache, gebräuchliche Figuren der gesprochenen Rede, mit einer starken Neigung zu Ellipse und Anakoluth. Selten wird der Reim verwendet, Satzzeichen fehlen meist; die sehr subtile Gliederung erfolgt durch rhythmische, euphonische Mittel, durch thematische Korrespondenzen und Variationen. Gemäß der surrealistischen Forderung, das moderne Leben mit allen Fasern aufzunehmen, wird alles in diesen Gedichten Bewegung, Übergang und Verwandlung. So durchzieht Éluards Poesie ein vollkommen eigener Atem, der das Französische von den Zwängen seiner Klassizität erlöst. Sinn erobert sich nur aus der Verschwendung, aus der Verschiebung von Sinn hin zu einer Vieldeutigkeit, die genuin surrealistisch ist – als »dépaysement«, als jene »Ent-Heimatung« der Worte, Begriffe und sprachlichen Formeln hin zur Utopie der Freiheit und Offenheit, die dem Surrealisten die Liebe selbst verbürgt.

Wie schon bei den Troubadours, den Petrarkisten und erst recht bei den Romantikern verwandeln dichterisch Liebende einander in menschlichere Menschen; sie liefern sich bessere Gründe, das Leben lebenswert zu finden; sie stiften eine neue, hellere, reinere Welt. Voraussetzung ist für Éluard, dass die Liebe alles sei: nicht die transzendierende der Sehnsucht, nicht die galante der Eroberung, sondern die der schrankenlosen Gewährung und Gabe; ganz diesseitig und ganz sinnlich.

Manche Überschriften in der *Rose publique* lassen erkennen, dass hier so etwas wie ein Programm vorgetragen wird: »Eine immer neue, immer andere Persönlichkeit, die Liebe, Geschlecht mit Geschlecht verschmolzen in ihrem Widerspruch, erhebt sich unaufhörlich aus der Vollkommenheit meiner Begierden. Jede Vorstellung des Besitzes ist ihr notwendig fremd.« Gerade in der Hinordnung seiner lyrischen Begabung auf die Geliebte, die die Freiheit der lyrischen Sprache inspiriert, erweist sich Éluard als der reichste und zugänglichste, wohl auch als der menschlichste unter den Surrealisten.

▪ Lit.: D. Baudouin: ›La vie immédiate‹, ›La rose publique‹ d'É., 1973. ▪ A. G. B. Darroch: P. É's ›La rose publique‹, 1975.

Friedhelm Kemp

Poésie et vérité 1942

(frz.; *Dichtung und Wahrheit 1942*, 1963, L. Klünner) – Der Titel der 1942 erschienenen Gedichtsammlung, einer Broschüre von 28 Seiten, kaum handtellergroß, konnte damals nur als ein Schrei der Empörung vernommen und angesichts der Okkupation durch die deutsche Wehrmacht als ironische Anspielung auf Goethes *Dichtung und Wahrheit* verstanden werden. Sie enthält insgesamt 16 Gedichte, von denen sieben bereits ein Jahr zuvor unter dem Titel *Sur les pentes inférieures* (Auf den unteren Hängen) mit einem einleitenden Text von Jean Paulhan erschienen waren. Sie wurde 1943 in Algier nachgedruckt, in Nordafrika und den alliierten Ländern verbreitet und über der besetzten Zone von englischen Flugzeugen abgeworfen. Die Gedichte wurden dann, um andere vermehrt, während des Krieges und nachher wiederholt neu aufgelegt.

Über das Ziel, das Éluard mit dieser Sammlung und mit einigen weiteren verfolgte, hat er sich später in einem Nachwort zu der fünften und siebten Auflage in *Au rendez-vous allemand*, 1944 (Zum deutschen Stelldichein), formuliert. Es galt, »um der Besatzung zu schaden, die freie Äußerung wiederzufinden. Und überall in Frankreich antworten sich die Stimmen, die singen, um die dumpfen Einflüsterungen des Tieres zu übertönen, auf daß die Lebendigen siegen und die Schmach getilgt werde. Singen, kämpfen, schreien, sich schlagen und sich retten.«

Éluard und seine Freunde, die Dichter und Maler des Surrealismus, gehörten seit langem größtenteils der kommunistischen Partei an. Schon 1937 hatte Éluard, während ↗ Picasso sein großes Bild für den spanischen Pavillon der Pariser Weltausstellung malte, ein berühmt gewordenes Gedicht auf die im Spanischen Bürgerkrieg von der deutschen Luftwaffe zerstörte Stadt Guernica verfasst, das in der Sammlung *Cours naturel*, 1938 (Lauf der Dinge), erschien. Es folgten die düsteren Verse der »fahlen Vorkriegszeit«, der Zeit des »grauen Krieges gegen die ewigen Wunder«, die Éluard in *Le livre ouvert*, 1940/42 (Das offene Buch) veröffentlichte.

Die Gedichte in *Poésie et vérité 1942* bilden den Höhepunkt des politischen Engagements Éluards, der eigentlich als apolitischer Dadaist begonnen hatte und seine großartigsten Werke in der surrealistischen Liebeslyrik vollbrachte. Spätere engagierte Gedichte der Nachkriegszeit weisen selbst bei einem so begabten Lyriker wie Éluard die Mechanik politischer Rhetorik auf und streifen nicht selten den Kitsch. Sie stehen nicht unter dem Druck der Not, und es fehlt auch meist das erotische Moment, aus dem heraus Éluard allein glaubwürdig ins Soziale ausgreift und fortschreitet. Das im Sommer 1941 niedergeschriebene Einleitungsgedicht zu *Poésie et vérité 1942*, »Liberté« (Freiheit), das zuerst die Überschrift »Une seule pensée« (Ein einziger Gedanke) trug, ist, seinem eigenen Bericht nach, als ein Gedicht auf Nusch, Éluards zweite Frau, entstanden, deren Name die Kette der Vierzeiler beschließen sollte.

■ Lit.: M.-R. Guyard: Le vocabulaire politique de P. É., 1974. ■ L. Schéler: L'amour en guerre, in: Europe. Revue de Littérature Mensuelle 642, 1982, 160–166. *Friedhelm Kemp*

Annie Ernaux

■ geb. 1. 9. 1940 Lillebonne bei Le Havre/Normandie (Frankreich)

(d. i. Thérèse Blanche Duchesne) – Entstammt dem Arbeitermilieu; studierte und lehrt Literatur; umfangreiches, mehrfach ausgezeichnetes (auto-)biographisches Werk, u. a. Bildungsroman-Trilogie, Porträts von Vater (*La place*, 1983) und Mutter (*Une femme*, 1987); verknüpft ›Geschichte‹ mit ›Geschichten‹, die Soziologie Bourdieus mit Literatur; ›Ethnotexte‹ (1993–2000) und persönliches Bekenntnis, sei es intimer Details oder zuletzt der eigenen Brustkrebserkrankung.

■ Lit.: E. Kimminich: A. E., in: Kritisches Lexikon zur fremdsprachigen Gegenwartsliteratur. ■ C. Sarrey-Strack: A. E., in: Metzler Autorinnen Lexikon, Hg. U. Hechtfischer/R. Hof/I. Stephan/F. Veith-Wild, 1998, 165–166. ■ L. Thomas: A. E. An Introduction to the Writer and her Audience, 1999. ■ R. Böhm: A. E. Von Glück und Entfremdung, in: Französische Literatur der Gegenwart. Ein Autorenlexikon, Hg. P. Metz/D. Naguschewski, 2001, 86–89. ■ A. E. Une œuvre de l'entre-deux, Hg. F. Thumerel, 2004.

La place

(frz.; *Das bessere Leben*, 1986, B. Scriba-Sethe) – Die 1983 erschienene Erzählung schildert, aus der Sicht der sozial aufgestiegenen Autorin, die Lebensgeschichte ihres Vaters, der, aus sehr ärmlichen Verhältnissen stammend, sich einen bescheidenen ›Platz‹ als Gastwirt in einem Arbeiterviertel einer nordfranzösischen Kleinstadt gesichert hatte. Anlass für Annie Ernaux, das karge, den Gesetzen der puren Notwendigkeit unterworfene Leben des Vaters in bewusster Nüchternheit festzuhalten, war dessen Tod, der zeitlich mit ihrer Ernennung zur Studienrätin zusammenfiel. Die Sachlichkeit der chronologischen Abfolge verleiht der Erzählung eine behutsame Strenge und macht den Leser mit einer Welt vertraut, in der kein überflüssiges Wort die Monotonie des arbeitsamen Tagesablaufes unterbricht. Während sich die Tochter bereits als Mädchen in die Welt der wenigen, dank der Schule zugänglichen Bücher zurückzieht, sind die Eltern darauf bedacht, den Platz, der ihnen in der sozialen Hierarchie zugewiesen worden ist, gewissenhaft auszufüllen; sie verdrängen die bäuerliche Herkunft und versuchen, dem Proletarierdasein zu entrinnen und dafür als Kleinbürger anerkannt zu werden. Dem Vater wird eine tägliche Anstrengung abverlangt, damit er die einmal erreichte soziale Anerkennung nicht verliert. In beständiger Angst vor dem sozialen Abstieg können sich die Eltern weder an den Schulerfolgen der Tochter erfreuen noch ihren erreichten Lebensstandard genießen.

Die Erzählerin thematisiert die Entfremdung und soziale Distanz zu ihren Eltern, die sich aus ihrer Bildung und bürgerlichen Heirat ergeben, und unternimmt den Versuch, den ›Verrat‹ an ihrem Vater, dem Bildung und der Zugang zu Kunst und Literatur versagt blieben, zu sühnen, indem sie auf jede Poesie der Erinnerung verzichtet, auf das Schöne, das in den Augen des Vaters unerlaubter Luxus war. Aber gerade in der Grenzerfahrung des gegenseitigen Unverständnisses und aus der Bejahung der Differenz heraus gelingt es der Erzählerin, sich ihrem Vater, dessen Universum sie verlassen hat, erneut zu nähern. Ohne sein Andenken literarisch zu verklären und ihn im Nachhinein für die bürgerliche Welt, die ihn zeitlebens diskriminiert hat, zu vereinnahmen, wird sie ihrem Vater und seiner Lebenswelt in der gebotenen Schlichtheit gerecht.

▪ Lit.: M. Bacholle: Un passé contraignant. Double bind et transculturation, 2000. *Brunhilde Wehinger*

Passion simple

(frz.; *Eine vollkommene Leidenschaft. Die Geschichte einer erotischen Faszination*, 1992, R. M. Hartig) – Die kurze Ich-Erzählung erschien 1991 im Anschluss an eine Affäre der Autorin mit einem verheirateten russischen Diplomaten, deren autobiographisches Substrat mit der Tagebuchpublikation *Se perdre*, 2001 (*Sich verlieren*, 2004), ›enthüllt‹ werden sollte. Figuriert der Liebhaber dort unter dem Namenskürzel S., wird er hier mit dem Initial A. eingeführt, was auf einen gegenüber dem Tagebuch höheren Grad an Verfremdung und Fiktionalisierung schließen lässt.

Gegliedert in vier größere Erzählblöcke, reiht der Text lose Absatz an Absatz, zunächst im Vergangenheitstempus als von leise ironischem Unterton getragene Rückschau, in der (heute) erzählendes und (damals) erlebendes Ich uneins sind, erst nach dem ›Entlieben‹ im Präsens.

Als reine Introspektion ist der Bericht das beklemmende Dokument einer Besessenheit, die atemlose Geschichte einer sprichwörtlichen ›Passion‹ – seltsam konterkariert nur durch die Kargheit der Sprache, den nüchtern protokollierenden Stil der für Ernaux typischen ›écriture plate‹, die »unterhalb der Literatur« ungeschönte ›Transkription‹ des real Erlebten sein will. Jenes Wechselspiel von Fakt und Fiktion führt zum Nach-Leben der Leidenschaft in einer (letztlich autoerotischen) ›Lust am Text‹, die in selbstreflexiven Exkursen erkundet wird, bis zur Ent-Äußerung des Ichs, das sich – ähnlich wie zuvor im Liebesakt – an das Schreiben buchstäblich ›verliert‹.

Unter dem sezierenden Blick der Erzählerin mutet ihre ›amour fou‹ umso melodramatischer an: das endlose Kreisen der Gedanken um das Epizentrum des abgöttisch Geliebten, das zermürbende Warten vor dem Telefon, die von Verlustängsten geplagten Tagträume. In der Spannung von Präsenz und Absenz des Fremden, der schemenhaft bleibt wie ein Phantom, entfaltet sich der quälende innere Monolog der Protagonistin, die ›Geschichte‹ ihrer Liebe, die, metonymisch an die Stelle der Liebe selbst gerückt, die trostlose Wirklichkeit überschreibt.

Prominente Vorläufertexte finden sich bei ↗ Proust, ↗ Breton und ↗ Beauvoir. Indes initiiert die Erzählung eine Serie transgressiver »Intimographien« (Struve 2005) weiblichen Begehrens, die im literarischen Frankreich der Jahrtausendwende enorme Popularität erzielten. Gründeten Skandalerfolge wie Virginie Despentes' *Baise-moi* (1994), Catherine Millets *La vie sexuelle de Catherine M.* oder Nelly Arcans *Putain* (2001) jedoch allesamt auf Romandebüts, so ist *Passion simple* mit 300 000 verkauften Exemplaren allein in Frankreich das Werk einer arrivierten Bestseller-Autorin, die offenbar mit großer Detailfreude Einblicke in ihre Bettgeheimnisse gewährt. In *Se perdre*, das noch vereindeutigt, was sie hier vorerst im Vagen belässt, trieb sie die Transparenz bis zur Entblößung voran. Diese Bekundung von Intimität lässt Ernaux zur Vorläuferin und Vertreterin jener ›génération sous X‹ werden, die in ›Fiktionen des Faktischen‹ Authentizität weniger verbürgt als vielmehr inszeniert, den Voyeurismus des Lesepublikums zugleich bedient und desillusioniert.

▪ Lit.: C.-L. Tondeur: Erotica/Pornorotica. ›Passion simple‹ d'A. E., in: Thirty Voices in the Feminine, Hg. M. Bishop, 1996, 199–207. ▪ E. R. Viti: P. S. ›Passion simple‹ as Postscript, in: Women in French Studies 8, 2000, 154–163. ▪ K. Struve: ›Les artistes de l'intime‹. Erotische Körper im Spannungsfeld zwischen Intimität und Öffentlichkeit bei Christine Angot, Catherine Millet und A. E., 2005. *Tanja Schwan*

François de Salignac de la Mothe Fénelon

▪ geb. 6.8.1651 Schloss Fénelon/Périgord (Frankreich)
▪ gest. 7.1.1715 Cambrai (Frankreich)

Theologiestudium in Cahors und Paris; Schüler Bossuets; 1675 Priester; 1689 Erzieher des Dauphin; 1693 Aufnahme in die Académie française; 1695 Erzbischof von Cambrai; 1697 Streit um seine Schrift *Explication des maximes des Saints*, 1699 von der Kurie verurteilt; 1699 von Ludwig XIV. nach Cambrai verbannt; Verfasser literaturkritischer, theologischer und politischer Schriften.

▪ Ausg.: Œuvres, 2 Bde, Hg. J. Le Brun, 1983–1997.
▪ Lit.: P. Sellier: Essais sur l'imaginaire classique, 2003.

Suite du quatrième livre de l'Odyssée d'Homère

(frz.; *Die Abenteuer des Telemach*, 1984, F. F. Rückert) – Der 1695/96 entstandene Bildungsroman in 18 Büchern erschien 1699 ohne Autorisation des Verfassers in Brüssel und Den Haag und wurde später unter dem Titel *Les aventures de Télémaque* bekannt.

Fénelons Hauptwerk, das er selbst als Prosaepos ansah, steht in der Tradition des spätantiken Abenteuerromans und war zunächst als pädagogisch sinnvolle Unterhaltungslektüre für den Thronfolger bestimmt. Der Geist der *Aithiopika* Heliodors war um die Jahrhundertmitte in den Romanen der Mlle de Scudéry und La Calprenèdes mit spektakulärem Erfolg zu neuem Leben erweckt worden. Ähnlich wie dort bilden auch bei Fénelon verwegene Kämpfe und Reisen, Schiffbrüche und Liebesabenteuer den Rahmen. Die Verlagerung der Reiseabenteuer in die antike Welt gab dem Autor Gelegenheit, seinem Schüler aus angemessener Distanz die Grundprinzipien herrscherlichen Verhaltens und fürstlicher Gesinnung nahezubringen.

Inhaltlich knüpft Fénelons Roman an das vierte Buch der *Odyssee* an. In Sorge um den Spätheimkehrer Odysseus macht Telemachos sich auf die Suche nach seinem Vater, begleitet von der göttlichen Athene in der Gestalt des Mentor. Durch einen Sturm auf die Insel der Kalypso verschlagen, berichtet der Jüngling von seinen ergebnislos verlaufenen Suchaktionen in Ägypten (Buch II), Phönizien (Buch III), Zypern (Buch IV) und Kreta (Buch V). Als Kalypso, des Wartens auf Odysseus überdrüssig, sich leidenschaftlich in dessen Sohn verliebt, Telemachos selbst hingegen von Eucharis, einer ihrer Nymphen, bezaubert ist, dringt der kluge Mentor, um weitere Komplikationen zu verhindern, auf sofortige Abreise. Die Seefahrer gelangen nach Salente, dem Herrschaftsbereich des Idomeneus (Buch VIII). Wie schon in Ägypten und auf Kreta werden sie auch hier in die politischen Ereignisse verwickelt. Mentor berät den König bei inneren Reformen (Buch X); Telemachos schließt sich dem Feldzug gegen die Daunier an und verrichtet seine ersten Waffentaten (Buch XI–XIII). Ein nach antikem Vorbild unternommener Abstieg in die Unterwelt ist erfolglos, Odysseus bleibt unauffindbar (Buch XIV). Nach weiteren Kämpfen (Buch XV–XVI) verliebt sich Telemachos in Antiope, die Tochter des Idomeneus, seine spätere Gattin (Buch XVII). Nach Ithaka zurückgekehrt, findet er schließlich seinen Vater wieder; Mentor enthüllt sich als Pallas Athene (Buch XVIII).

Fénelon war ein guter Kenner der Antike und ein hervorragender Pädagoge. In Anlehnung an die in seinem *Traité de l'éducation des jeunes filles*, 1687 (Über die Erziehung junger Mädchen), entwickelte Methode will er auch im Roman auf gefällige Weise belehren. Der Gedanke, seinen Zögling unter Wahrnehmung psychologischer Identifikations- und Projektionsmöglichkeiten auf eine literarische Bildungsreise zu schicken, überzeugt durch geniale Einfachheit. Fénelon wollte ihm vermutlich über die Konfrontation mit konkreten Lebenssituationen eine ausgewogene humanistische Bildung und eine Einführung in die hohe Kunst des Regierens vermitteln – jede Episode konnte Anlass zu einem pädagogischen Gespräch werden.

Aber nicht nur der Sohn des Königs, sondern auch ein breiteres Publikum fand offenbar Gefallen an einer solchen Unterweisung in Romanform. Für die Beliebtheit des *Télémaque*, die sich in einer Vielzahl von Ausgaben und Übersetzungen niederschlägt, lassen sich vor allem drei Gründe anführen. Zunächst der Stil des Romans: Fénelon war nicht nur ein sachkundiger Führer durch die Welt der Antike, sondern auch ein brillanter Erzähler; seine Diktion ist gewählt, der Duktus seiner Sätze von vornehmer Eleganz. Darüber hinaus betonte er sehr effektvoll die gefühlsmäßige Komponente in der Schilderung des Seelischen, und schließlich enthielt das Werk eine Menge progressiver Ideen. Zwar steht der kirchliche Grandseigneur Fénelon nach wie vor auf dem Boden einer absoluten Monarchie mit gesicherten Standesprivilegien, doch sind fortschrittsgläubige Ansätze unverkennbar: Das Verlangen nach einer Politik des Friedens, das Ansinnen, der Fürst solle dem Wohl seines Volkes leben, und nicht zuletzt die Forderung, die absolute Machtvollkommenheit sei gesetzlich einzuschränken, sind deutliche Anzeichen für den zu bevorstehenden Gesinnungswandel. Anlage und Zielsetzung des Romans, zumal die Absicht, dem Thronfolger Vorzüge und Nachteile der verschiedenen Staatsformen sichtbar zu machen, boten dem Autor Gelegenheit, an schlechten, d. h. für ihn absolutistischen Herrscherfiguren Kritik zu üben und ihnen ein Idealbild des Fürsten entgegenzuhalten: fromm, loyal, friedliebend, sparsam, unempfänglich für dreiste Schmeichelei, ein Freund der Untertanen, ohne sich gemein zu machen.

Aber derartige Gedanken ließen sich auch als verdeckte Kritik an der Regierungsweise des Sonnenkönigs lesen. Bei der Vorliebe der Zeitgenossen für romanhafte Verschlüsselung und die Mode des literarischen Porträts konnten Identifikationen kaum ausbleiben: In Idomeneus glaubte man in mehr als einer Hinsicht Ludwig XIV. zu erkennen. Auf dem Höhepunkt seiner Macht hätte das wenig ausgemacht; angesichts der Krise aber, in der sich Frankreich seit 1680 befand, musste solche Erkenntnismöglichkeit schwerwiegende Folgen haben. Die Fortführung des *Télémaque* wurde auf Anordnung des Königs untersagt, obwohl Fénelon eine kritische oder satirische Absicht bestritt. Das spätere Erscheinen der nicht autorisierten Ausgabe erwies sich, zumal in Verbindung mit der Affäre um eine theologische Schrift Fénelons, als verhängnisvoll: Der Autor fiel in Ungnade. Im Verständnis des 18. Jh.s legitimierte diese Tatsache seinen *Télémaque* als vorrevolutionäres Manifest.

▪ Lit.: V. W. Kapp: ›Télémaque‹ de F., 1982. ▪ P. Sellier: Essais sur l'imaginaire classique, 2003. *Kurt Reichenberger*

Gustave **Flaubert**

▪ geb. 12. 12. 1821 Rouen (Frankreich)
▪ gest. 8. 5. 1880 Croisset bei Rouen (Frankreich)

1841–1843 erfolgloses Jurastudium in Paris; nach 1843 wegen Epilepsie kein geregelter Beruf; Reisen, u. a. Korsika, Italien, Griechenland, Nordafrika, Orient; ab 1846 in Croisset (Normandie) freier Schriftsteller mit strengem Arbeitsrhythmus und freiwilliger Isolation; durch konsequente stilistische Suche Wegbereiter der modernen Erzählkunst (Proust, nouveau roman); Höhepunkt des Realismus in Frankreich.

▪ Ausg.: Œuvres, 2 Bde, Hg. A. Thibaudet/R. Dumesnil, 1977–1979.
▪ Übers.: Werke, 8 Bde, E. A. Rheinhardt u. a., 1979.
▪ Lit.: L. M. Porter: A. G. F. Encyclopedia, 2001. ▪ B. Vinken: F. Durchkreuzte Moderne, 2009.

Die Erzählungen

(frz.) – Neben seinen bedeutenden Romanen und einer umfangreichen Korrespondenz hat Gustave Flaubert zahlreiche Jugendwerke und Erzählungen verfasst, die jedoch weniger bekannt sind. Dabei gelten vor allem die 1877 unter dem Titel *Trois Contes* (*Drei Erzählungen*, 1966, E. Rechel-Mertens) veröffentlichten Erzählungen »Un cœur simple« (»Ein schlichtes Herz«), »La Légende de saint Julien l'hospitalier« (»Die Legende von Sankt Julian dem Gastfreien«), »Hérodias« (»Herodias«) und die Jugendarbeiten *Mémoires d'un fou*, 1938 (*Erinnerungen eines Irren*, 1982, T. König) und *Novembre*, 1942 (*November*, T. König, 1982), zum Teil als Vorarbeiten und Synthesen seiner großen Romane, da sich viele seiner Themen und Stile bereits hier finden lassen. Die Erzählungen, die sich nicht immer an die Gattungsregeln halten, handeln, jede auf ihre Art, von den Empfindungen, der Grausamkeit und Langeweile, dem Grotesken des Lebens und zitieren gleichzeitig auch romantische Gemeinplätze an.

Flaubert schöpft dabei aus einem umfangreichen Repertoire an Legenden und Mythen, aus der *Bibel* und aus der Literatur. So dienten für »Saint Julien« und »Hérodias« Fensterbilder der Kathedrale in Rouen als Inspirationsquellen, auf denen die Legende des heiligen Julian, das Fest des Herodias, der Tanz der Salomé und die Enthauptung Johannes des Täufers dargestellt sind. Fiktive Elemente werden dabei oftmals mit autobiographischen Referenzen gepaart, wie zum größten Teil aus Briefen von und an Flaubert entnommen werden kann. Diese autobiographischen und autoreferentiellen Hinweise und Elemente finden sich auch in seinen anderen Werken wieder. So entdeckt man Flauberts Bekannte und platonische Geliebte Elisa Schlésinger in der Figur der Marie *(Mémoires d'un fou)*, Flauberts Amme und Haushälterin Julie in Félicité (»Un cœur simple«), während die Orte und Landschaften an Flauberts normannische Lebensorte wie Trouville und Croisset angelehnt sind. Bei diesen literarischen Spielen mit Ort und Zeit vertreten die drei 1877 zusammen veröffentlichten Erzählungen die damalige Gegenwart (»Un cœur simple«), das Mittelalter (»Saint Julien«) und die Antike (»Hérodias«), während es sich bei den postum erschienenen Erzählungen *Mémoires* und *Novembre* um tagebuchartige Schriften von Ich-Erzählern noch in der Art romantischer Bekenntnisliteratur handelt.

»Un cœur simple« beschreibt über einen Zeitraum von etwa 50 Jahren das schlichte Leben der Dienerin Félicité, ihre Treue und Einfältigkeit, ihre Demut, ihr trauriges Schicksal in einem schlichten, langweiligen Umfeld. Am Ende findet sie nach langer Krankheit durch ihre Frömmigkeit ihren Frieden im Tod. Dabei wird ein Milieubild des Landlebens um 1800 geliefert, das Leben des Kleinbürgertums. – »La légende de saint Julien l'hospitalier« erzählt in drei Etappen die zeitlose Geschichte Julians, des grausamen Königssohns, der zum glücklichen Ehemann und schließlich, nach dem ungewollten, aber prophezeiten Mord an seinen Eltern, zum reuigen Büßer und Märtyrer wird. – »Hérodias« ist eine Variante der Geschichte vom letzten Tag Johannes des Täufers, der durch Herodias Befehl, auf Wunsch seiner Stieftochter Salomé hin, geköpft wird, wobei die Betonung weniger auf dem Religiösen, sondern auf den für Flaubert typischen Beschreibungen des historischen Kontextes liegt.

In den *Mémoires d'un fou* bringt ein Ich-Erzähler, wie er selbst sagt, einfach alles aufs Papier, was ihm in den Sinn kommt, seine Ideen mit seinen Erinnerungen, seinen Empfindungen, seinen Träumen, seinen Launen: »alles, was durchs Denken und durch die Seele zieht«. Es ist die »Geschichte seines Lebens«, wobei für ihn sein Leben nicht in den Tatsachen, sondern in seinem Denken liege. – Auch in *Novembre* geht der Ich-Erzähler noch einmal langsam alle Dinge seines Lebens durch: »Ideen, Leidenschaften, Tage höchster Erregung, Tage der Trauer, hoffnungsfrohes Herzklopfen, quälende Ängste.«

Es handelt sich bei allen fünf Erzählungen um das Schicksal einzelner Personen. Sie alle sind Einzelgänger, isoliert, wie Felicité, die ihrer alltäglichen Routine wie ein Automat nachgeht, Julian, mordlüsterner Jäger und dann reuiger Büßer, Johannes als animalisch wirkender Prediger. Ihnen allen dient in ihrem Leben letztlich der Glaube als Halt. Ebenso setzen sich die Ich-Erzähler jeweils als Einzelgänger von ihrer Umwelt auf überhebliche, eitle Art und Weise ab, machen sich über Mensch und Liebe lustig und geben sich ihren Träumereien und Hirngespinsten hin.

Mémoires und *Novembre* waren ihrerseits ursprünglich nicht für die Öffentlichkeit gedacht, sondern für Flauberts Freund Alfred Le Poittevin *(Erinnerungen)* und für die Gebrüder Goncourt *(November)*. Liest man einige erotisch-intime, dennoch einem poetischen Stil verhaftete Passagen, wird dies schnell verständlich. So spricht der Ich-Erzähler voll Begierde – und gleichzeitig voll Abscheu vor der Triebhaftigkeit des Menschen – von seiner »von ihrem Speichel feuchten Lippe«, die prickelt und ihn kratzt, und den »an denselben Stellen geschwollenen Muskeln«, die aneinander kleben und sich gegenseitig eindrücken. Die immer wieder durchscheinende Zwiespältigkeit äußert sich oft in solchen Bekenntnissen, in seiner Verzweiflung, seiner Schizophrenie. Für ihn schlägt Wollust in Wahn um, Lust in Marter, und die Liebe ist »zugleich das Erhabenste aller Dinge oder die Närrischste aller Dummheiten«.

Abgesehen von möglichen Einblicken in Flauberts (Innen-)Leben, die hier durchscheinen und in seinen Briefen kommentiert werden, gilt das Interesse den Gedanken über das Schreiben und über den Schreibprozess selbst und dem Phänomen der Erinnerung. Das Niederschreiben wird zur retrospektiven Neuerfindung von Geschehenem, welches mit den späteren Ereignissen, den Erfahrungen, dem Unbewussten und Unterbewussten gekoppelt wird. Trotz möglicherweise entstehenden Verfälschungen von Fakten gewinnt die Vergangenheit für die Ich-Erzähler durch die Erinnerung in der Gegenwart erneut an Bedeutung, liefert eine weitere Realitätsebene. So wird dem Ich-Erzähler aus *Mémoires* seine Liebe zu Marie tatsächlich erst in seiner Erinnerung bewusst. Nicht zuletzt wird damit auch die Rolle des Unbewussten, welches Sigmund Freud wenige Jahre später wissenschaftlich beleuchten sollte, in den Vordergrund gerückt.

Von besonderem stilistischem Interesse ist bei *Novembre* auch die zweite Erzählerinstanz, die die erste kommentiert und das Erzählte ebenfalls reflektiert und variiert. Auch die Geschichte der Prostituierten Marie beschreibt die Erzählung wiederum aus personaler Sicht. Erinnerung wird also zum subjektiven Faktor, Geschichte wird relativiert. Mit diesen verschiedenen Erzählperspektiven, seinem auch später immer wieder innovativ eingesetzten ›style indirect libre‹, lädt Flaubert seine Leserschaft schließlich ebenfalls zu solchen Gedankenspielen ein.

Bei diesen Gedankenexperimenten und Erzählungen sticht Flauberts Freude an sezierenden Beschreibungen hervor: Es sind die detaillierten Beschreibungen, die mit den jeweiligen Personen verbunden sind und zunächst wie schmückendes Beiwerk erscheinen. Sie besitzen jedoch meist auch Symbolcharakter wie die detaillierte Beschreibung der Gegenstände in »Un cœur simple«, die gleichzeitig die Armut Felicités symbolisierten, die Ausführungen der intimen Begegnung mit einer Prostituierten in *Novembre*, die Schilderungen der Jagd und des pestkranken Heilands in »Saint Julien«, die historischen Beschreibungen in »Herodias«, die weitschweifigen Gedanken und Erinnerungen in *Mémoires d'un fou*. Diese Darstellungsart wird der Beobachter Flaubert dann in *Madame Bovary* (1857) zu seinem Höhepunkt führen, was ihm das Attribut eines Sezierers verschafft und den Realismus des 19. Jh.s in Frankreich prägt.

Neben den erwähnten Quellen orientierte sich Flaubert an Schriftstellern wie Chateaubriand, Dumas père, Victor Hugo, Lamartine, Musset, Bernardin de Saint-Pierre und George Sand. Dabei verwendet er auf seine Art romantische Gemeinplätze wie Wahn und Genie, die Liebe und ihre zahllosen »Liebesarten im Leben für den Menschen!«, Erotismus und Exotismus, wenn er beispielsweise in *Novembre* den unermesslichen Wald Indiens mit seinen Tigern und Elefanten, seinem Gold und den Lotosblüten darstellt oder Religion, Glaube, Märchenhaftes, Legenden und Mythen kombiniert.

Die verschiedenen romantischen Eigenheiten wie der ›ennui‹ (Baudelaire), die Langeweile und Tragik des Lebens, die Gleichgültigkeit und Desillusionierung, Flauberts apokalyptischer Blick auf die Menschheit und die Ausschweifungen der Gesellschaft lassen in den Erzählungen eine pessimistische Weltsicht durchscheinen, die für Flaubert durch die Kunst als absolute Wahrheit und durch das Schreiben gebannt werden soll. Andererseits kritisiert Flaubert zugleich das romantische Bewusstsein und dessen klischeehafte Gemeinplätze durch seine realistische Schreibweise, seine präzisen Darstellungen der routinierten Gewohnheiten, der Platituden und Banalitäten der Gesellschaft, die sich beispielhaft in verschiedenen Unterhaltungen seiner literarischen Figuren widerspiegeln und die er dann in seinem *Dictionnaire des idées reçues*, 1911 *(Wörterbuch der Gemeinplätze)*, exemplarisch gesammelt hat.

Flauberts literarische Kompositionen sind so zu Klassikern der Weltliteratur, seine inhaltlichen und formellen Experimente zu literarischen Vorbildern für viele nachfolgende Texte und Filme geworden, die auch den nouveau roman um Michel Butor, Alain Robbe-Grillet und Nathalie Sarraute inspiriert haben.

▪ Lit.: J. Bruneau: Les débuts littéraires de G. F. 1831–1845, 1962. ▪ T. Unwin: Art et infini, 1991. ▪ T. Unwin: Memoires d'un fou, 2001. ▪ A. Clamor: F.s Schreiblabor, 2002.

Isabel Maurer Queipo

Madame Bovary

(frz.; *Madame Bovary*, 1975, A. Schurig) – Der 1857 als Buch und ein Jahr zuvor in Fortsetzungen in der *Revue de Paris* erschienene berühmte Roman, an dem Flaubert von 1851 bis 1856 unermüdlich arbeitete, geht auf eine wahre Begebenheit zurück: den Selbstmord der Delphine Delamare, die einer Zeitungsnotiz zufolge in dem normannischen Dorf Ry – nicht weit von Rouen – mit einem unbedeutenden Landarzt verheiratet war, die Ehe brach, Schulden machte und sich 1848 vergiftete.

Der Schüler Charles Bovary, der als Neuer schüchtern in die Klasse eines Provinzgymnasiums kommt, erträgt den Hohn seiner Kameraden mit derselben Geduld, mit der er später eine Laufbahn als Landarzt verfolgen und dem Plan seiner Mutter zustimmen wird, eine 45-jährige Witwe wegen ihrer Rente zu heiraten. Die Begegnung mit der jungen Emma Rouault, die er bei einer Visite im Nachbardorf kennenlernt, erscheint ihm als die Wende zu einem glücklicheren Leben, zumal ihm der Tod seiner Frau bald eine zweite Heirat ermöglicht. Emma, die wohlbehütete Tochter eines reichen Bauern, wurde in einem Kloster erzogen; die Abgeschiedenheit einer äußerlich ereignislosen Jugend hat das empfindsame Mädchen für romantische Träumereien empfänglich gemacht. Minderwertige, rührselige Romane, aber auch die Werke Scotts, Chateaubriands und Bernardin de Saint-Pierres haben Emmas lebhafte Phantasie beflügelt und ihr Bewusstsein mit Wunschbildern erfüllt, deren Scheinhaftigkeit sie nie durchschauen wird. Schon in den ersten Wochen ihrer Ehe bedrückt sie die Monotonie des Alltags umso mehr, als Charles seinen Dienst als Landarzt mit gelassener Selbstverständlichkeit und dumpfer Betriebsamkeit versieht. Eine Einladung des Marquis d'Andervilliers zu einem festlichen Diner wirkt sich verhängnisvoll aus, da sie Emmas Glauben an die Existenz der von ihr erträumten schöneren Welt bestärkt und eine Nervenkrise auslöst. Charles, der die Krankheit seiner Frau nicht begreift, glaubt, dass die Übersiedlung in das Dorf Yonville-l'Abbaye und der damit verbundene Klimawechsel ihr helfen könnten.

Der neue Ort, an dem der Apotheker Homais mit seinen fortschrittlichen antiklerikalen Parolen als ›Voltairianer‹ eine gewichtige Rolle spielt, scheint ein wenig Abwechslung zu bringen, zumal der Notariatsangestellte Léon sich in aller gebotenen Höflichkeit um Emmas Gunst bemüht. Emma, die durch die Geburt einer Tochter vorübergehend abgelenkt ist, sich aber kaum über das »Kind von Charles« freuen kann, gefällt sich einige Zeit in der Pose der tugendhaften Frau. Léon, der dieses Spiel nicht durchschaut, verlässt Yonville, überzeugt von der Hoffnungslosigkeit seiner Liebe. Der zunehmende Hass auf ihren Mann – »die Selbstverständlichkeit, mit der er annahm, daß er seine Frau glücklich mache, empfand sie als Schwachköpfigkeit und Kränkung« – fördert ihre latente Bereitschaft zum Ehebruch.

Als sie Rodolphe Boulanger, einen wohlhabenden Gutsherrn und Schürzenjäger, kennenlernt, scheinen sich Emmas Träume zu verwirklichen. Sie genießt die Liebe des über die schnelle Eroberung erstaunten Rodolphe. Höhepunkt der Beziehung ist ein gemeinsamer Waldritt, der durch das Gefühl der Liebeserwartung zu einem tief empfundenen Naturerlebnis wird – ein Beispiel für den ›perspektivischen‹ Stil Flauberts, der die Landschaft mit den Augen der Liebenden zu beobachten scheint. Doch Rodolphe zerstört Emmas Hoffnungen und weist ihre hochfliegenden Fluchtpläne zurück.

Immer rascher folgen für sie nun flüchtige Befriedigung und Enttäuschung, immer deutlicher zeigt sich die Diskrepanz von Traum und Wirklichkeit. Bei einem Theaterbesuch in Rouen trifft sie Léon wieder. Sie wird seine Geliebte und besucht ihn jeden Donnerstag in der Stadt unter dem Vorwand, Klavierstunden zu nehmen. Doch auch dieses Vergnügen weicht allmählich dem Überdruss an der faden Gewöhnlichkeit solcher Rendezvous. Als der Wucherer Lheureux die Bezahlung der Luxusartikel, die Emma bei ihm in verschwenderischer Laune gekauft hat, gerichtlich einfordert, erkennt sie die Ausweglosigkeit ihrer Lage. Sie vergiftet sich mit einem Fläschchen Arsen, das sie aus Homais' Apotheke entwendet hat. »Dumpfes lateinisches Silbengemurmel« des Priesters und das frivole Lied eines Bettlers begleiten den qualvollen Todeskampf. Einige Wochen später entringt sich dem verzweifelten Charles »das einzige große Wort, das er jemals ausgesprochen hat: Das Schicksal ist schuld.«

Die bedrückende, lähmende Fatalität allen Geschehens entsteht durch die Kreisbewegung, die die Ereignisse stets auf die Langeweile (›ennui‹) des Provinzalltags zurückführt und über alle Versuche zu spotten scheint, diesem Zwang der Dinge zu entweichen. Flauberts Stil erzeugt eine Atmosphäre der Unbewegtheit; die Beschränkung auf wenige typische Schauplätze – die Häuser von Yonville, die Postkutsche aus Rouen, Homais' Apotheke, die Wirtschaft »Lion d'or« und Emmas Zimmer – entspricht der Enge des Bewusstseins, die durch die Nüchternheit des Berichts nachhaltig denunziert wird: Beispielhaft für Flaubert Kunst der kommentarlosen Enthüllung spießbürgerlicher Borniertheit ist die Szene der Landwirtschaftsausstellung, in der die Festtagsreden mit Rodolphes Liebeswerben, die offizielle Phraseologie mit Gefühlsklischees kontrastieren.

Angesichts ihrer Schönheit und Eleganz wirkt Emmas Bemühen, sich von ihrer banalen Umwelt zu distanzieren, verständlich. Wie eine Pflanze, die auf dem kargen Boden nicht gedeihen kann, ihr Lebensrecht aber nicht aufgeben möchte, wehrt sie sich gegen die Verkümmerung ihres Empfindungsreichtums. Die Befriedigung der sexuellen Wünsche zwingt sie zum Bruch mit den bürgerlichen Konventionen. Dennoch ist sie weder eine tragische Heldin noch die Verfechterin weiblicher Emanzipation. Als Opfer einer irregeleiteten Phantasie wird sie zur exemplarischen Figur einer Zeit, deren Entseelung sich in der Trivialität einer falsch verstandenen Gefühlsromantik verrät. Die Sachlichkeit, mit der Flaubert die sentimentale Empfindungswelt des Bürgertums, die Verflachung des Denkens und die Banalität der sprachlichen Äußerungen analysiert, wurde schon von den Zeitgenossen als ein Wendepunkt in der Geschichte des Romans begriffen.

Flauberts Korrespondenz gibt Auskunft über die »grauenhaften Anstrengungen der Kunst«, zu denen ihn die minuziöse Reproduktion der »niederen Wirklichkeit« des Stoffes gezwungen habe. Wie oft er Notizen zu dem Roman wieder verwarf, wie viel er nach überlauten Leseproben wieder geopfert hat, zeigen die Skizzenbücher und Manuskripte, die später veröffentlicht wurden und der Stilforschung exemplarische Aufschlüsse über seine Arbeitstechnik gaben. Nicht weniger sorgfältig war die dokumentarische Vorbereitung, die durch eine Fülle von Dispositionen, Lage- und Zeitplänen sowie Expertisen zu medizinischen und technischen Details belegt ist. Indem Flaubert seine eigene, lebenslang bekämpfte Neigung zu romantischer Überhöhung des Lebens objektiviert, wendet er erstmals konsequent wissenschaftliche Methoden innerhalb einer Kunstform an, die bis dahin vielen noch als die Domäne einer naiveren Inspiration gegolten hatte. Ansätze zu exakter Deskription finden sich zwar schon bei Balzac, ebenso die Theorie, dass dem Roman nunmehr der Rang einer sozialen Studie zukäme. Doch wirkt Flauberts Stil ungleich systematischer, bis in die feinsten Verästelungen der Handlung durchdacht, wie das Ergebnis eines komplizierten mathematischen Kalküls. In einer berühmten, recht ambivalenten Kritik (im *Moniteur*, 1857) vergleicht Sainte-Beuve die Romantechnik Flauberts mit der Zergliederung einer Leiche: »M. Gustave Flaubert, der Sohn und Bruder ausgezeichneter Ärzte, führt die Feder wie andere das Skalpell.« Eine zeitgenössische Karikatur zeigt Flaubert, wie er mit dem Instrument des Chirurgen das blutende Herz Emma Bovarys aufspießt, um es unter die Lupe zu nehmen.

Trotz seiner Distanziertheit konnte ›der Anatom‹ sich bis zur Selbstaufgabe in die Bewusstseinslage und Gefühlswelt seiner Figuren versetzen: »Als ich die Vergiftung der Emma Bovary beschrieb, fühlte ich den Geschmack des Arsen auf meiner Zunge«, bekennt er, und auf die Frage nach der »wahren Madame Bovary« antwortet er: »Madame Bovary – das bin ich selbst.« Die Spannung zwischen Identifikation und Distanz, die die Beziehung des Erzählers zur Protagonistin kennzeichnet, führt nicht nur zu neuen erzähltechnischen Mitteln wie der erlebten Rede (»discours indirect libre«), sondern erscheint auch typisch für Flauberts einerseits pathetische, andererseits ironische Schreibweise. So ist denn auch sein Bemühen um einen Stil, in dem jedes Wort und jeder Satz der Gesamtkonzeption entsprechen und sich in den unverwechselbaren Klang und Rhythmus einer der Lyrik nacheifernden Prosa einfügen sollten, sehr verschieden beurteilt worden.

Die Veröffentlichung des Romans in der *Revue de Paris* ab dem 1. Oktober 1856 weckte das Misstrauen der staatlichen Zensurbehörde, zumal bekannt geworden war, dass die Herausgeber – gegen den lebhaften Protest des Autors – Streichungen vorgenommen hatten. Es kam zu einem spektakulären Prozess, in dem die Anklage auf »Verstoß gegen die öffentliche Moral, die guten Sitten und die Religion« lautete. Wenn auch das Gericht den Argumenten des Staatsanwalts, der die »Laszivität« einzelner Stellen und die »unmoralische« Tendenz des ganzen Romans für bewiesen ansah, nicht folgte und Flaubert wie auch die mitangeklagten Herausgeber der Zeitschrift freisprach, blieb der Dichter, dem in der gnädig formulierten Urteilsbegründung die »Grenzen der Literatur« vorgehalten wurden, tief gekränkt und gewarnt. Der Erfolg der Buchausgabe, die 1857 ohne Kürzungen erschien, war allerdings mit Hilfe des Prozesses gesichert, doch die Gunst des breiten Publikums wandte sich schon bald Feydeaus anspruchsloserem, Motive der *Madame Bovary* variierenden Roman *Fanny* (1858) zu.

Nur von wenigen Kritikern fühlte sich Flaubert verstanden. Zu ihnen gehörte Baudelaire, der den »nervösen, bildhaften, subtilen und exakten Stil« lobte, der sich deutlich von dem trivialen Vorwurf des Stoffes abhebe. Als Jules de Gaultier im Jahr 1892 den sogenannten »Bovarysme«, das fatale Missverhältnis von Wunschbild und Wirklichkeit, als eine typische, weitverbreitete Lebenshaltung beschrieb, war der Rang des Romans als klassisches und exemplarisches Werk bereits unbestritten. Für Maupassant, Zola, Proust und Heinrich Mann wurde es zum absoluten Maßstab des eigenen Schaffens. Für alle Späteren, wie die Autoren des nouveau roman und selbst für Kritiker wie Sartre, war es ein Bezugspunkt, an dem die Entwicklung des modernen Romans gemessen werden konnte, ja musste.

■ Lit.: R. Warning: Die Phantasie der Realisten, 1999. ■ C. Jünke: Die Polyphonie der Diskurse. Formen narrativer Sprach- und Bewusstseinskritik in G.F.s ›Madame Bovary‹ und ›Éducation sentimentale‹, 2003. *Volker Roloff*

Salammbô

(frz.; *Salammbô*, 1908, F. v. Oppeln-Bronikowski) – Der 1863 erschienene historische Roman erzählt die Geschichte der aufständischen Söldner, die sich nach Abschluss des Ersten Punischen Kriegs (264–241 v. Chr.) aus Enttäuschung über den geringen Lohn gegen Karthago wenden, die Hauptstadt mit Hilfe afrikanischer Stämme bedrohen, am Ende aber von Hamilkar Barkas vernichtend geschlagen werden.

Schauplatz der ersten Szene sind die »heiligen« Gärten Hamilkars in Megara, einem Vorort Karthagos. Die vom Krieg gegen Rom zurückgekehrten Söldner feiern den Jahrestag ihres Sieges am Eryx. Das üppige Behagen des exotischen Mahls, das Flaubert in homerischer Breite beschreibt, verwandelt sich in betrunkene Aufsässigkeit: Der ehemalige Sklave Spendius, ein Grieche, schürt den Unwillen gegen die Führer Karthagos, die bislang den Sold verweigerten. Mit der nächtlichen Erscheinung Salammbôs, der Tochter Hamilkars, die klagend die verwüsteten Gärten durchstreift, rücken auf der Seite der ›Barbaren‹ der von Salammbô faszinierte Libyer Mâtho und der numidische Häuptling Narr'Havas in den Brennpunkt der Ereignisse. Politisch-militärische und magisch-religiöse Vorgänge sind von Anfang an ineinander verschlungen. Während das Heer der Söldner nach einer Episode des Rückzugs und Verhandlungen im Wüstenort Sicca wieder bedrohlich vor den Toren Karthagos lagert, dringen Spendius und Mâtho auf Schleichwegen in die Stadt, um den Macht verleihenden Schleier der Tanit aus dem Tempel der Mondgöttin zu rauben. Mit der Entführung des Schleiers scheint Karthago verloren und Salammbô, als Priesterin der Göttin Tanit geweiht, dem Besitzer des Fetischs und Führer des Aufstandes Mâtho verfallen. Obwohl Hamilkar in der Schlacht von Macar siegt, sieht Karthago einer tödlichen Belagerung entgegen. Salammbô wagt sich daher widerstrebend in das Zelt Mâthos, um auf Anraten der Priester den Schleier der Tanit zurückzuholen: Die Liebesszene bildet den vieldeutigen Höhepunkt und die Wende der bislang unentschiedenen Kämpfe. Mit der Erfüllung seiner Liebe sinkt die Macht des um den Schleier betrogenen Libyers, von dem seine Truppen abfallen.

Unterdessen scheint der Widerstand Karthagos durch fortgesetzte Belagerung, Hungersnot und Wassermangel schon fast gebrochen. Um den Zorn des großen Baals zu besänftigen, werden Kinder vornehmer Familien geopfert. Mit dem erlösenden Regen gelingt es Hamilkar, weitere Truppen auf dem Schiffsweg einzusetzen und durch taktische Manöver die Rebellen einzuschließen. Der Rest des von Hunger und Durst erschöpften Söldnerheers wird auf grausame Weise getötet, der bei Tunis gefangene Mâtho als »letzter der Barbaren« zu Tode gefoltert. Salammbô stirbt beim Anblick seiner Qualen.

Die Umrisse der äußeren Handlung können die freskenhafte Komposition und sinnbildliche Struktur des Romans nicht verdeutlichen. Die rasche Situationsabfolge verstärkt den Eindruck sinnloser Dynamik und Fatalität der undurchschaubaren geschichtlichen Mächte; dagegen stehen jedoch Naturbilder sphinxhafter Erstarrung, zeitloser Ruhe und zeremonieller Gleichförmigkeit neben genauen Beschreibungen religiöser Kultformen und Kultstätten: Flaubert evoziert den archaischen Glauben an Naturgottheiten wie die Mondgöttin Tanit und den menschenfressenden Moloch, den Gott der glühenden Sonne, an Tiergötter wie den schwarzen Python und die in Glaskugeln gehüteten Fische der Familie Barkas und nicht zuletzt den Glauben an die tödliche Macht eines Fetischs wie den Schleier der Tanit. Die Priesterin Salammbô erscheint in magischen Augenblicken als Inkarnation Tanits, Mâtho als Moloch. Der mythololgische Rahmen, in dem auch Farben und Gesten symbolische Bedeutung erhalten, rückt den historische Roman in die Nähe eines epischen Gedichts; grandiose Landschaftsbilder, grauenvolle Schlachtbeschreibungen, religiöse Mysterien und realistische Details werden zu jener »objektiven Poesie« stilisiert, die Flaubert als Ideal seiner Kunst ansah.

Das Werk befremdete einen Teil der zeitgenössischen Kritik, der nach *Madame Bovary* ein weiteres Werk der ›realistischen Schule‹ erwartet hatte. Betroffener fühlte sich der Autor von Rezensionen, die die historische und künstlerische Glaubwürdigkeit des Werks in Zweifel zogen. Die zunächst erwogenen Titel »Les mercenaires« (Die Söldner) und »Carthage« zeigen den Versuch, monumentale historische Vorgänge, Massenszenen und Kampfgeschehen mit der ruhigen Geste des unparteiischen Zuschauers zu schildern. Wollten einige Kritiker in dem Werk einen Irrweg des historischen Romans sehen, so war für Flaubert die »Wiederbelebung der Vergangenheit« eine künstlerische und zugleich wissenschaftliche Aufgabe, der er sich fünf Jahre lang (ab 1857) widmete. Es galt, sowohl die historischen Quellen (vor allem Polybios), die Mythenforschung (F. Creuzer) und die moderne Geschichtsschreibung (Michelet) kritisch zu prüfen als auch die neuesten Ergebnisse der Archäologie zu nutzen. Um sich die Topographie Karthagos zu veranschaulichen, unternahm Flaubert 1858 eine Studienreise nach Tunesien.

Gefallen an der distanzierten Gestaltung des exotischen Themas fanden die Lyriker des Parnass. Zahlreiche Imitationen bezeugen die bis um 1900 zunehmende Wirkung des Romans. *Salammbô* bietet auch Anlass zu psychoanalytischen Deutungen, zur Diskussion des historischen Romans und nicht zuletzt zur Problematik des Orientalismus, der Flauberts exotische Werke miteinander verbindet.

▪ Lit.: B. Gagnebin: F. et Salammbô. Genèse d'un texte, 1992. ▪ V. Durr: F.'s Salammbô. The Ancient Orient as a Political Allegory of Nineteenth-Century France, 2002.

Volker Roloff

L'éducation sentimentale

(frz.; *Lehrjahre des Herzens*, 1957, W. Widmer) – Dem 1869 erschienenen Roman ging ein Jugendwerk gleichen Titels aus dem Jahre 1845 voraus, das der Autor wegen stilistischer Mängel nie publiziert hat und das erst 1910 bekannt wurde. Trotz des großen Erfolgs der *Madame Bovary* hielt Flaubert seine zweite *Éducation sentimentale*, an der er mehrere Jahre lang gefeilt hatte, für sein bestes Werk.

Voller Pläne und Hoffnungen kommt der Student Frédéric Moreau 1840 aus der Provinz nach Paris. Das empfindliche und schwankende Gemüt des jungen Mannes, der vage künstlerische und gesellschaftliche Ambitionen hegt, wird schon bald von einer Leidenschaft überwältigt, deren Gaukelspiel seine Einbildungskraft jahrelang gefangen nimmt und seine Tatkraft lähmt. Wie einen Traum, dessen Verwirklichung oft ganz nahe scheint, erlebt Frédéric die Liebe zu Madame Arnoux, der Frau eines Kunsthändlers am Montmartre. Die behutsamen, zwischen Sympathie und Distanz zu Frédéric wohlausgewogenen Reaktionen dieser liebenswerten Frau, die ihrem Mann im Grunde nicht zugetan ist, hat Flaubert in den feinsten Nuancen dargestellt: Madame Arnoux ist die einzige Figur des Romans, die der Desillusionierung bis zuletzt entzogen bleibt.

Durch den armen, aber ehrgeizigen Freund Deslauriers, der als Advokat zu Macht und Reichtum gelangen will, gerät Frédéric in eine Gesellschaft revolutionär gesinnter Künstler und Journalisten (Pellerin, Régimbart, Hussonnet, Dussardier), die in der politisch unruhigen Zeit kurz vor 1848 ihre Ambitionen und Illusionen in die Tat umsetzen wollen. Den Revolutionären steht die Gruppe der Konservativen um den Großaktionär Dambreuse und seinen skrupellosen Helfer Roque gegenüber. Der auf Erfolg und sozialen Rang bedachte Frédéric ist geblendet von dem äußeren Glanz dieser innerlich korrupten Gesellschaft. Gegenüber Dambreuse, dem Träger sämtlicher Verdienstkreuze des Staats, erscheint der bankrottierende Geschäftemacher Arnoux, der sich erst als Kunsthändler, dann als Unternehmer versuchte, noch sympathisch, obwohl er seine Frau, für die Frédéric alles gegeben hätte, betrügt. Durch ihn lernt Frédéric, der in seiner »inaktiven Leidenschaft« für Madame Arnoux verharrt, die Kurtisane Rosanette kennen, die sein sinnliches Begehren stillt. Die Ausflugsfahrt der beiden Verliebten durch den Wald von Fontainebleau gehört zu den stilistischen Meisterstücken Flauberts. Begeistert von dieser wenn auch flüchtigen Liebe empfindet Frédéric die – wie er glaubt – reine, fast mythische Poesie des Waldes, ohne durch die banalen Worte Rosanettes entzaubert zu werden; nur der Leser erkennt das krasse Nebeneinander von tiefstem Gefühl und Trivialität.

Die Kontraste verschärfen sich in dem Maße, in dem das politische Zeitgeschehen für das private Schicksal der Figuren und den Gang des Romans bestimmend wird. Noch während der Vergnügungsfahrt bricht in Paris die Revolution aus (1848), doch sehr bald wird die revolutionäre Begeisterung von maßloser Enttäuschung über die siegreiche Reaktion verdrängt. Beim Staatsstreich Louis Napoléons (1851) muss Frédéric, noch deprimiert nach einem missglückten Rendezvous mit Madame Arnoux, mitansehen, wie der ehrenhafteste der Revolutionäre, Dussardier, von dem Fanatiker Sénécal ermordet wird: »Jetzt töten sie unsere Republik.« Frédérics Flucht in die Heimatstadt Nogent, wo er seine Jugendfreundin Louise zu treffen hofft, endet mit einer Enttäuschung: Louise hat sich gerade mit Deslauriers verheiratet. Selbst seine Leidenschaft für Madame Arnoux wird mit der Zeit, die sich als alles beherrschende Macht erweist, gedämpft. Nach 20 Jahren, die der Roman übergeht, trifft der zu völliger Indifferenz und Mittelmäßigkeit abgesunkene Frédéric Madame Arnoux wieder – ein melancholischer Epilog: »Wie glücklich wären wir gewesen.«

Die stete Koinzidenz von privatem und historischem Geschehen, persönlichem Desillusionierungsprozess und politischem Scheitern ist von grundlegender Bedeutung für die *Éducation sentimentale*, deren Titel eine Ironie enthält, die in der deutschen Übersetzung *Lehrjahre des Gefühls* nicht ganz zum Ausdruck kommt. Das Motiv vom verschiedenen Weg zweier Freunde (Frédéric und Deslauriers), das das private Geschehen bestimmt, lag schon der ersten Fassung des Romans zugrunde. Dort sind lediglich die Rollen der beiden Protagonisten (dort heißen sie Henry und Jules) vertauscht: Der reiche Henry ist im Gegensatz zum reichen Frédéric zugleich Tatmensch, während der arme Jules obendrein ein vereinsamter Dichters ist. Dieses seiner Herkunft nach romantische Motiv dient Flaubert in beiden Fassungen des Romans zur Darstellung der Polarität und Unvereinbarkeit von ›sentiment‹ und ›volonté‹ (Gefühlsbegabung und Willenskraft). Henry wie Frédéric erleiden das Schicksal einer unglücklichen Liebe, die sie mit dem Problem des Ehebruchs konfrontiert.

Als biographische Voraussetzung der beiden Fassungen erkannte man die Liebe des erst 15-jährigen Flaubert zu Elisa Schlésinger. Doch schon die erste Fassung des Romans zeigt, wie konsequent sich der Autor von dem Jugenderlebnis distanziert – bereits diese Version ist die Geschichte der verlorenen Illusionen, in denen der Einfluss von Balzacs Roman *Illusions perdues*, 1843, deutlich wird. Während in der ersten Fassung das Scheitern der beiden Freunde nur privates Geschick bleibt, spiegelt es in der zweiten Fassung das Alltagsleben einer ganzen Generation.

Um dieses anonyme Schicksal und den historischen Zeitablauf darzustellen, griff Flaubert zu künstlerischen Mitteln, die für die Entwicklung des modernen Romanstils grundlegend wurden. Proust sah in ihnen eine neue und in sich vollkommene Art, die Dinge zu betrachten. Das ständige Fließen und Vergehen der Zeit, des eigentlichen Trägers der Ereignisse, wird dem Leser durch die Technik des Überspringens (»la technique du blanc«) suggeriert, die Lücken in der Romanhandlung lässt. So entsteht eine akausale Situationsfolge, die die Determiniertheit von Menschen und Vorgängen durch die Form in Frage stellt. Das Formbewusstsein Flauberts, das fast einer Religion der Kunst gleichkommt, bildet das Gegengewicht zur Schicksalhaftigkeit und Absurdität der politischen Ereignisse, die den Autor zur schärfsten Kritik herausforderten.

Das Ziel von Flauberts Ästhetik, die objektivierte Poesie, deren Prinzipien »impassibilité« und »impartialité« (Kaltblütigkeit und Unparteilichkeit des Autors gegenüber der dargestellten Handlung) sind, ist in der *Éducation sentimentale* verwirklicht. Doch erst Leser im 20. Jh. (Proust, Lukács, Thibaudet, W. Benjamin) erkannten die überragende künstlerische Bedeutung des Romans, dessen Desillusionierungscharakter die meisten Zeitgenossen Flauberts abgestoßen hatte.

Zeitroman im doppelten Sinne – als Darstellung der Gesamtwirklichkeit einer bestimmten Zeit und in der Verwendung der Zeit als Strukturelement – führt zwangsläufig zu einer Zurücknahme des Individualgehalts. Nur die Negativität des Protagonisten, der hauptsächlich als Bezugspunkt fungiert, ermöglicht die umfassende Phänomenologie der Epoche. So ist die *Éducation sentimentale* weit mehr als eine bloße ›Anatomie‹ der Gesellschaft oder Kritik am engstirnigen Bourgeois: Als ein Werk der objektiven Ironie, die Lukács die »negative Mystik der gottfernen Zeiten« (*Theorie des Romans*, 1915) nennt, und als Sprachkunstwerk höchsten Ranges hat sie neue stilistische Möglichkeiten erschlossen.

▪ Lit.: D. A. Williams: The Hidden Life at Its Source. A Study of F.'s L'éducation sentimentale, 1987. ▪ C. Jünke: Die Polyphonie der Diskurse. Formen narrativer Sprach- und Bewusstseinskritik in G. F.s ›Madame Bovary‹ und ›Éducation Sentimentale‹, 2003.

Volker Roloff

La tentation de Saint-Antoine

(frz.; *Die Versuchung des heiligen Antonius*, 1909, F. P. Greve) – Der 1874 erschienene Roman bearbeitet die Legende vom heiligen Antonius. Sie beruht auf der Biographie des Athanasius, der als theologischer Zeitgenosse das Leben des ersten mönchischen Eremiten beschrieben hatte. Der Aufbruch zur vollkommenen Askese und Einsamkeit wurde sowohl in der Hagiographie als auch in Flauberts Roman zu dem mehr oder weniger problematischen Mittelpunkt der Legende. Aus ihm ergab sich das Thema der Versuchung, das vor allem in den bildlichen Darstellungen seit dem Spätmittelalter als besonderes Merkmal der Antonius-Gestalt erscheint.

Der Inhalt von Flauberts Roman, berichtet aus der Perspektive des Antonius, der den Ort der Handlung, eine Hütte in der Wüstenlandschaft Oberägyptens, nur in seiner Phantasie verlässt, unterscheidet sich freilich von dem der mittelalterlichen Legenden. Der Gegensatz von asketischer Strenge, die sich bei Antonius bis zur Empfindung des Nichts steigert, und der wuchernden Phantasie, die sich in prunkvollen Bildern des Reichtums, der Macht und Schönheit üppig entfaltet, bestimmt nicht nur den Inhalt des weitgehend dialogischen Romans, sondern ebenso seine divergierenden Stilmittel. Gedankliche Abstraktion in philosophischen Gesprächen, Diskussionen und dramatische Szenen wechseln mit lyrischen Episoden oder Prosagedichten voll suggestiver Metaphorik. Verschiedene Gestalten beleben die Einbildungskraft des durch die Askese ermatteten Antonius. Häretiker, die sich in einer Zeit dogmatischer Unsicherheit (Konzil von Nicäa, 325 n. Chr.) bekämpfen, Gnostiker, Arianer, Montanisten, schließlich auch Götter der Antike, Buddha, Isis, die Sphinx u. a. erscheinen, um Antonius zu verwirren. Gefährlich werden ihm die Gespräche mit Hilarion, seinem ehemaligen Schüler, der in Gestalt eines Zwerges auftritt und am Ende ebenfalls als Werkzeug des Teufels erkennbar ist.

Nicht weniger betäubend wirken die sinnlichen Verführungen, unter ihnen die Erscheinung der Königin von Saba, deren Glanz und Schönheit den Heiligen blenden sollen. In dem gemeinsamen Auftreten des Todes und der Wollust, die in der endlosen Reihe der Gespenster und Dämonen besonders auffallen, wird ein Grundgedanke des Romans sichtbar: die Vorstellung der sich durch Destruktion regenerierenden Natur, der zur Bildung neuer Formen notwendigen Auflösung der Materie, der paradoxen Synthese von Fruchtbarkeit und Tod. Am Ende preist Antonius, der lange Zeit nahezu passives Medium der Halluzinationen bleibt, selbst die Schöpfungskraft des Lebens; eine eher naturreligiöse als christliche unio mystica mit der Materie. Ein mehrdeutiges Schlussbild, das in der Sonnenscheibe erstrahlende Antlitz Christi, beendet den nächtlichen Spuk.

Die *Tentation* blickt auf eine 15-jährige Genese zurück. Zur Veröffentlichung entschloss sich Flaubert erst nach einer gründlichen Revision der älteren Versionen (1849 und 1856). Einzelne Motive, z. B. die Dialoge mit dem Tod und dem Teufel oder das Thema der Versuchung, erschienen bereits in Jugendwerken seit 1837. Spürbar ist der Einfluss der Teufelsdarstellungen in Byrons *Caïn* und Goethes *Faust*, den Flaubert in Nervals Übersetzung (1828–1840) kannte; auch hat ihn ein Antoniusbild von Breughel zur Gestaltung des Themas angeregt, das er in der Galerie des Palastes Balbi Senarega während einer Italienreise 1845 in Genua sah.

Obwohl die Dichterfreunde Maxime Du Camp und Louis Bouilhet 1849 dazu geraten hatten, das nach ihrer Ansicht misslungene Werk ins Feuer zu werfen, kam Flaubert 1856 auf die *Tentation* zurück. Zahlreiche Kürzungen sowie Erinnerungen an die Orientreise von 1849 bis 1851 bestimmen die Fassung von 1856, von der einige Fragmente in Théophile Gautiers Zeitschrift *L'Artiste* erschienen sind. Einschneidender sind die Veränderungen der letzten Fassung, die Flaubert von 1869 bis 1872 zu Ende führte, die sich durch zunehmende Konzentration des Stoffes und der für Flaubert typischen Sorgfalt der Stilisierung auszeichnet.

Von einigen Zeitgenossen des Dichters als Konglomerat heterogener und anachronistischer Ideen vernichtend kritisiert, fand das Werk Anerkennung durch Hippolyte Taine, Ernest Renan und Auguste Sabatier. Flaubert hat hier die ›romantischen‹ Themen seiner frühen Werke nicht durchweg verdrängt, sondern im Zuge künstlerischer Umgestaltung unter neuen Aspekten weiterverfolgt. In der Gestalt des heiligen Antonius wollte er – mehr noch als in *Madame Bovary* oder *Salammbô* – Analogien zu seiner eigenen Existenz erkennen: Antonius erscheint in seinem verzweifelten Kampf mit den Dämonen seiner Phantasie als Sinnbild des einsamen, in Bildern und Visionen befangenen, um den Ausdruck ringenden Künstlers.

▪ Lit.: U. Harter: Die Versuchung des heiligen Antonius. Zwischen Religion und Wissenschaft. F., Moreau, Redon, 1998. ▪ M. C. B. Neiland: La tentation de Saint Antoine and the Works of F., 1999. ▪ L. R. Schehr: Figures of Alterity. French Realism and Its Others, 2003.

Volker Roloff

Bouvard et Pécuchet

(frz.; *Bouvard und Pécuchet*, 1980, T. Dobberkau) – Der zwischen 1872 und 1880 entstandene Roman erschien unvollendet postum 1881. Diese Fassung beinhaltet den fast vollständigen, aus zehn Kapiteln bestehenden ersten Teil des Werks. Die Entstehung steht im Zusammenhang mit dem als zweiten Teil geplanten *Dictionnaire des ideés reçues*, 1911 (*Wörterbuch der Gemeinplätze*, D. Mülder, 1968), in dem Flaubert bürgerliche Denkweisen in ironischer Absicht zusammentrug, aber in erster Linie stellt der Roman eine tiefgreifende Auseinandersetzung und Abrechnung mit den Denk- und Wissenschaftssystemen des 19. Jh.s dar.

Problematisiert wird das gesamte kulturelle Wissen des 19. Jh.s. Dabei geht es weniger um die Abenteuer von Bouvard und Pécuchet, sondern um die Frage, ob Erkenntnis vor dem Hintergrund einer neuen Organisation der Einzelwissenschaften noch möglich ist. *Bouvard et Pécuchet* ist aber auch ein Roman über Literatur und muss jener Tradition zugeordnet werden, die von Cervantes begründet und von Sterne und Diderot fortgesetzt wurde. Diese Bedeutung wurde lange Zeit übersehen, und dem Werk wird heute noch mit Misstrauen begegnet, was sicher durch die hier skizzierten Fragestellungen mitbedingt sein mag.

Im Gegensatz zu anderen Romanen Flauberts sind hier nicht die Schicksale der Romangestalten wichtig, sondern die von ihnen vertretenen Ideologeme. *Bouvard et Pécuchet* kann in zwei Haupthandlungen gegliedert werden. Die erste und wichtigste, weil sie den eigentlichen Gegenstand des Romans bildet, ist jene der verschiedenen Studiengebiete, die sich Bouvard und Pécuchet im Laufe ihres Lebens erarbeiten wollen; sie ist durch 13 stereotyp aufgebaute und austauschbare Elementarsequenzen konstituiert. Die zweite ist jene, die sich im Privatleben der beiden Hauptfiguren auf der nichtwissenschaftlichen Seite abspielt, wobei die Grenzen zwischen den Handlungsebenen bzw. ihre Motivationsausgänge oft fließend sind.

Auf der ersten Handlungsebene befassen sich die Protagonisten mit folgenden Gebieten: 1. Landwirtschaft und Gärtnerei, 2. Chemie und Medizin, 3. Geologie und Astronomie, 4. Archäologie, 5. Historiographie, 6. Literatur, 7. Politik, 8. Gymnastik, 9. Magie, 10. Philosophie, 11. Mystik und 12. Pädagogik (hier begegnen alle Wissensgebiete noch einmal in der Lehre). Jede einzelne Handlungssequenz ist durch den Beginn, die

Ausführung und das Scheitern der wissenschaftlichen Tätigkeit gekennzeichnet. Die Motivation, sich mit den unterschiedlichen Wissenschaften zu befassen, kann entweder auf der theoretischen Ebene liegen, wenn die Protagonisten z. B. feststellen, dass sie, um im Bereich der Archäologie weiterkommen zu können, historisches Wissen benötigen, oder im Bereich des Privatlebens, wenn sie sich z. B. beim Beobachten der Sterne, bei der Geologie oder beim Erleben einer Messe der Mystik widmen.

Bei all diesen Beschäftigungen zeigen die beiden einen hohen Grad an Identifikation mit den jeweiligen Wissenschaften, wobei Bouvard immer der gemäßigte ist, der die Tätigkeiten als Zeitvertreib sieht, im Gegensatz zu Pécuchet, der sie professionell, verbissen und radikal betreibt: Widmen sich die beiden ›Gelehrten‹ der Mystik, übt Pécuchet Selbstkasteiung, befassen sie sich mit der Geologie, tragen sie beide das Gewand der Geologen, interessieren sie sich für Literatur, suchen sie Inspiration und kleiden sich wie Künstler usw. Die Ergebnisse dieser Tätigkeiten sind aber immer mit dem Stigma des Scheiterns behaftet. Den Protagonisten gelingt es nicht, zu kohärenten und sinnvollen Ergebnissen zu kommen, sei es aus Unvermögen, aus Wissensmangel oder aufgrund der Unmöglichkeit, ein Wissensgebiet vollständig zu erforschen, was in der für die Geistesgeschichte des 19. Jh.s typischen Zersplitterung des Wissens begründet liegt. Aber nicht nur im theoretischen Bereich erleben Bouvard und Pécuchet bittere Niederlagen, sondern auch im Privatleben, als sie, ausgehend von einem stark ausgeprägten Sendungsbewusstsein und Geltungsbedürfnis, ihre Ergebnisse ihren biederen Nachbarn vorstellen wollen: Sie ernten Spott und Ablehnung bis hin zu Feindschaft.

Die zweite Handlungsebene konzentriert sich auf das Leben der beiden in Paris, wo sie als Bürogehilfen arbeiten, die parodistische abenteuerliche Umzugsreise von Paris nach Chavignolles, Bouvards Antritt einer Erbschaft, die Idealisierung des Landlebens, die Führung des Haushalts, die Teilnahme am Dorfleben, die Revolution von 1848, die Liebesaffären der Hauptfiguren und schließlich ihr Ende als Behörden-Schreiberlinge, eine stumpfsinnige Tätigkeit, die sie nach all den Misserfolgen gerne ausüben.

Flaubert ist der Erste, der sich meisterhaft mit dem Thema der Repräsentation und dem problematischen Verhältnis zwischen Oberflächen- und Tiefenstruktur, Ähnlichkeiten und Differenzen, Sichtbarem und Unsichtbarem auseinandersetzt. Flaubert entlarvt, dass das, was sich hinter den Repräsentationen verbergen mag, nicht ausreicht, um zur Erkenntnis zu gelangen, und dass eine Fragmentierung des Wissens eingesetzt hat und Erkenntnis in einer Totalität kaum oder gar nicht möglich ist. Damit stellt er auch die Geschichtsschreibung in Frage. Er veranschaulicht das Problem, indem er Bouvard und Pécuchet die Geschichte eines gewissen unbedeutenden Duc d'Angoulême verfassen lässt. Bei ihren Recherchen begegnen sie einer Lithographie des Kurfürsten (Oberfläche 1a). Dort wird er in Uniform mit dem Band der Ehrenlegion und etwas lächerlich dargestellt. Sie stellen nun einen Plan auf (Oberfläche 2), der natürlich mit der Geburt des Kurfürsten beginnt und die unterschiedlichen Phasen seines Lebens bis zum Ende seiner Karriere verfolgt. Sein Privatleben bleibt weitgehend ausgespart. Die Forscher stoßen auf ein zweites Porträt des Kurfürsten (Oberfläche 1b), auf dem der Kurfürst als Oberst und ganz anders als auf dem ersten Porträt abgebildet ist. Nun sind die Protagonisten am Ende ihrer Weisheit, da sie die zwei unterschiedlichen Versionen der gleichen Person nicht vereinbaren können.

Als Konsequenz bleibt nur die Feststellung, dass die Geschichte nicht ohne die Hilfe von anderen benachbarten Wissenschaften, wie etwa der Psychologie, auskommt. Und noch viel wichtiger ist die Feststellung, dass die Geschichtswissenschaft ohne die Phantasie gar nicht funktionieren kann und einer Fiktionalisierung unterliegt.

Flaubert steht mit seinem historischen und Wissenschaftsskeptizismus am Anfang einer von Walter Benjamin, später von Le Goff und Hayden White ausformulierten Richtung der Geschichtswissenschaft: Er entlarvt die Geschichtsschreibung als Konstrukt, insofern die Wirklichkeit nicht als gegeben, sondern als eine zu gewinnende verstanden wird und sich jeder Anordnungsversuch als Fiktion entpuppt. Letztlich ist *Bouvard et Pécuchet* ein parodistischer Roman, in dem die romantische Ideologie und Kunst insgesamt in ihrer Überzogenheit und Untauglichkeit bloßgelegt werden und das bürgerliche Leben in seiner Heuchelei und seinem Drang nach Geld und Opportunismus entlarvt wird.

▪ Lit.: D. Giersberg: Je comprends les Werther. Goethes Briefroman im Werk F.s, 2003. ▪ R. Queneau/M. Polizzoti: ›Bouvard and Pécuchet‹, 2005. ▪ H. Kenner: F., Joyce and Beckett. The Stoic Comedians, 2005.

Alfonso de Toro

Anatole France

- geb. 16.4.1844 Paris (Frankreich)
- gest. 12.10.1924 La Bechellerie/Touraine (Frankreich)

(d. i. Jacques-François Anatole Thibault) – Lektor im Verlag Lemerre; später Bibliothekar; 1888–1893 Literaturkritiker von *Temps;* 1909 Reise nach Südamerika, 1921 nach England; zwischen 1890 und 1910 maßgebliche literarische Autorität in Frankreich; Verfasser zahlreicher Erzählungen und Romane, die die französische Kultur des Fin de Siècle und den zeittypischen Exotismus spiegeln.

▪ Ausg.: Œuvres, 4 Bde, Hg. M.-C. Bancquart, 1984–1994.
▪ Lit.: M.-C. Bancquart: A. F., 1994.

Le crime de Sylvestre Bonnard, membre de l'institut

(frz.; *Sylvester Bonnard und sein Verbrechen*, 1885, E. Alsberg) – Dieser erste bedeutende Roman des Autors, 1881 in Form eines fiktiven Tagebuchs erschienen, ist bereits in der 1879 in *La Revue Alsacienne* veröffentlichten Novelle *La Fée* präfiguriert und ein Dokument der Distanzierung vom Naturalismus, die neben Anatole France auch eine Reihe weiterer Autoren gegen Ende der 1870er Jahre vollzogen.

Der Inhalt des Tagebuchberichts des alten Wissenschaftlers und Bibliophilen Sylvestre Bonnard gliedert sich in zwei Abschnitte. Im ersten Teil – »La bûche« (Das Weihnachtsscheit) – schickt Bonnard der im gleichen Hause mit ihrem Kind in einer Dachwohnung lebenden Witwe eines Kalenderverkäufers, von deren Armut er erfährt, zu Weihnachten die traditionelle »bûche«. Jahre später erhält er von ihr, die er als Fürstin Trépof nicht wiedererkennt, ein kostbares lange gesuchtes Manuskript in einer ausgehöhlten »bûche« zum Geschenk.

In der zweiten Episode – »Jeanne Alexandre« – erkennt Bonnard in einem Waisenkind, das bei einer befreundeten Familie die Ferien verbringt, ehe es wieder ins Internat unter die Herrschaft des Vormunds und einer altjüngferlichen, gehässigen Erzieherin zurückkehren muss, die Enkelin seiner Jugendgeliebten Clémentine. Bonnard nimmt sich des Mädchens an, arrangiert seine Flucht aus dem Internat und entgeht den rechtlichen Konsequenzen, da der bisherige Vormund seinerseits aufgrund von Unregelmäßigkeiten das Weite sucht. Bonnard wird Vormund. Jeanne, die sich bald mit einem seiner Schüler verlobt, soll durch den Verkauf von Bonnards Bibliothek eine Mitgift erhalten. Da er sich von einigen besonders wertvollen Stücken nicht trennen will, schafft er diese heimlich beiseite: Das ist sein »Verbrechen«, da er auf diese Weise sein Mündel ›bestiehlt‹. Schließlich lebt er auf dem Lande, macht botanische Entdeckungen, die längst bekannt sind, und erlebt das Glück des jungen Paares, den Tod des ersten Kindes und das Aufkeimen neuen Glücks.

Der Abstand zum realistisch-naturalistischen Roman äußert sich in der Entwicklung einer subjektiveren, imaginationsbestimmten Romanform. Charakteristisch hierfür ist die Struktur der beiden locker verbundenen Episoden, die Betonung von Nebenepisoden oder Nebenfiguren, ein spielerischer Umgang mit phantastischen Elementen und das Auftreten von die Handlung lenkenden ›Zufällen‹, aber auch die unwillkürlich hervorbrechende Spontaneität des Bücherwurms Bonnard. Der Protagonist ist durch seine Güte, eine fast kindlich anmutende Naivität und eine ausgeprägte Fähigkeit zur Selbstrelativierung charakterisiert, die ihn als handelnde Figur dem Fatalismus der naturalistischen Weltsicht entziehen. Durch die Tagebuchperspektive des Ich-Erzählers wird ein allgegenwärtiger Humor, der sich aus englischen Quellen (Sterne, Dickens, Bulwer-Lytton), aber auch aus Cervantes' Werken speist, zu einem Stilmerkmal des Romans. Der Autor wertet in lächelndem Wohlwollen das Unbedeutende auf, begegnet der Beschränktheit mit Verständnis und reduziert aufgeblasene Größe. Sein Humor ist damit Ausdruck eines Denkens, das auf Toleranz und harmonische Ganzheit zielt. Humorvoll ironisch ist auch der Titel gemeint.

Le crime de Sylvestre Bonnard kann als Grundtypus für die folgenden Werke des Autors gesehen werden. Es schlägt den Grundakkord seines Denkens an, wenn sich auch Skepsis und Ironie später verschärfen werden, und zeigt nicht zuletzt wohl ein Bild des Autors selbst zwischen lächelnder Weisheit und Engagement. Als Attitüde oberflächlicher bürgerlicher Selbstzufriedenheit gedeutet, erschien diese Haltung freilich der nachfolgenden Generation bald nicht mehr zeitgemäß.

▪ Lit.: U. Bähler: De la place du sujet individuel à l'époque scientiste. Le crime de Sylvestre Bonnard, 1998.

Winfried Kreutzer

Jean Froissart

▪ geb. 1337 Valenciennes/Hennegau (Belgien)
▪ gest. um 1410 Chimay (Belgien)

Entstammt einer Kaufmannsfamilie; zahlreiche Reisen in England und Nordfrankreich; ab 1361 am englischen Hof als Sekretär von Philippa von Lancaster; nach deren Tod zunächst Händler, später Dorfgeistlicher, schließlich Kaplan verschiedener französischer Adeliger; setzt als Lyriker den Stil ↗ Guillaume de Machauts fort; bedeutender Historiograph des französischen Spätmittelalters und Vermittler hochmittelalterlicher Ideale in der Frühen Neuzeit.

▪ Ausg.: Œuvres, Hg. J. M. B. C. Kervyn de Lettenhove, 1867–77.
▪ Lit.: P. F. Dembowski: J. F., 1983.

Méliador

Le chevalier du soleil

(afrz.; Meliador, der Sonnenritter) – Um 1365 entstanden und vor 1383 überarbeitet, blieb dieser bedeutendste Artusversroman des Spätmittelalters mit über 31000 Versen unvollendet.

Der Ritter Camel verliebt sich in Hermondine, die einzige Tochter des Königs Hermond von Schottland. Hermondine will seine Liebe nicht erwidern, da sie erfahren hat, daß Camel unter Somnambulismus leidet. So bemächtigt sich Camel ihres Onkels Loth, um sie durch Erpressung umzustimmen. Auf den Rat von Loths Schwester Florée, in deren Obhut sich Hermondine befand, erbittet diese fünfzehn Tage Bedenkzeit, in denen sie die Heiratsangebote von drei Königs- und zwei Herzogssöhnen entgegennimmt. Sie verkündet, sie werde den Ritter heiraten, der sich das größte Ansehen am Artushof erwirbt. Erfolgsgewiss lässt Camel den gefangenen König Loth frei. An Pfingsten veranstaltet Artus in Carlion ein Hoffest, bei dem der junge Herzogssohn Méliador aus Cornwall zum Ritter geschlagen wird und sich im Turnier hervortut. Zu diesem Fest erscheinen sechs Ritter in Begleitung eines Herolds, der einen Schild mit Hermondines Porträt trägt, und verkünden den Beginn der Abenteuersuche, die über die Brautwerbungen entscheiden soll. Méliador beschließt, sich an der Abenteuersuche zu beteiligen und macht sich, zu Hermondines Ehre in Blau mit einer goldenen Sonne auf dem Wappenschild gerüstet, auf den Weg, um eine Reihe typischer Ritterabenteuer zu bestehen. So gelangt er nach Carmelin, wo Camel auf Hermondines Geheiß das Land gegen alle fahrenden Ritter verteidigen soll. Inzwischen schickt Méliador alle Ritter, die er besiegt, zum Artushof, wo sie von seinen Taten berichten, so die Taten des normannischen Ritters Agamanor und des italienischen Helden Gratien, der Florée aus der Gewalt des Ritters Bégot rettet. Gratien kämpft mit Camel, wird aber zum Leidwesen Florées besiegt. Beim folgenden Turnier tut sich Méliador hervor, weshalb Florée ihn heimlich zum Gegner von Camel auswählt. Zugleich erweckt die Drahtzieherin in Camel das Bedürfnis, sich mit Agamanor zu messen. Bei einem von Florée arrangierten Zweikampf wird Camel von Méliador, der selbst schwer verwundet ist, getötet. Wieder genesen, unterstützt er die schutzlose Erbin von Montrose, in deren Dienst er eine Reihe von Kämpfen besteht. Bei einem ursprünglich eigens für Méliador arrangierten Turnier in Tarbonne, der Vaterstadt Méliadors, wird Agamanor als bester Ritter ausgezeichnet und verliebt sich in Phénonée, Méliadors Schwester.

Méliador hat sich unterdes nach Schottland begeben, um, als Juwelier verkleidet, seine nach wie vor unbekannte Geliebte für einen Moment von Angesicht zu Angesicht zu erblicken. Nach einem weiteren glanzvollen Turnier in Signandon kann sich Agamanor Zutritt bei Phénonée verschaffen, indem er sich als Maler ausgibt. Er malt eine Bilderserie um den Roten Ritter (sein ritterliches Pseudonym) für die Angebetete und gesteht ihr seine Liebe. Es schließen sich eine Reihe von Abenteuern Méliadors an, die den Helden nach Irland führen, dessen ritterliche Kultur an mehr als einer Stelle deutlich negativ charakterisiert wird. Hier kämpft Méliador gegen Dagor, den besten irischen Ritter, den er zusammen mit Sagremor, dem jungen Sohn des unhöfischen Königs Sicamont, an Artus' Hof nach Carlion schickt. In einem weiteren Intermezzo werden nun deren Erlebnisse und ihre Einführung in die höfische Kultur dargestellt. Sagremor macht als erster irischer Ritter seine Erfahrungen mit der höfischen Minne, was zu Missverständnissen führt, da er mit der weitgehend indirekten Form der Brautwerbung um die geliebte Sebille anfängliche Schwierigkeiten hat. Inzwischen ist in Irland nach Sicamonts Tod Bondigal zum neuen König gewählt worden, da man Sagremor für tot hält.

Da das Manuskript des Romans unvollendet überliefert ist, kann hier nur vermutet werden, dass Sagremor nach weiteren Kämpfen den Thron von Irland und die Hand von Sebille erlangt. Méliador kann schließlich nach weiteren Kämpfen – so gegen Agamanor – Hermondine als Frau heimführen, während Agamanor und Phénonée – genauso wie eine Reihe weiterer Figuren – ebenfalls ein Paar werden.

Diese ineinander verschlungenen Handlungsstränge führt Froissart nach einem verblüffend einfachen ›Rezept‹, einer unendlich vervielfältigten Handlungsstruktur des klassischen Artusromans, zum Ende. Diese Vervielfältigung der gleichartigen Liebes- und Ritterhandlungen weist ebenso auf eine deutliche Anlehnung an den arthurischen Prosaroman hin wie die Verwendung des ›entrelacement‹, der Parallelführung und planvollen Verknüpfung mehrerer an sich unabhängiger Erzählfäden. Die Integration von lyrischen Einlagen, die, wie vermutet wurde, erst in der späteren Redaktion eingefügt wurden, weist zurück auf den 150 Jahre älteren *Tristan en prose*. Froissart adaptiert freilich nur Formgesetze des Prosaromans, nicht dessen tragisches Weltgefühl. Vielmehr handelt es sich bei *Méliador* um ein sehr artifizielles Werk, mit dem die Artusversgattung in Frankreich ausklingt.

▪ Ausg.: Méliador, 3 Bde, Hg. A. Longnon, 1895–1899.
▪ Lit.: P. Dembowski: F. and his Méliador, 1983.

Gerhard Wild

Émile Gaboriau

- geb. 9.11.1832 Saujon/Charente-Maritime (Frankreich)
- gest. 1.10.1873 Paris (Frankreich)

Ab Beginn der 1860er Jahre in Paris; zunächst Privatsekretär bei P. Féval, später Journalist für kleinere Tageszeitungen wie *La Vérité*, *Le Tintemarre*, *Le Progrès*; ab 1866 freier Autor von etwa einem Dutzend im Polizei- und Gerichtsmilieu situierten Romanen; Schöpfer des französischen Kriminalromans und Vorläufer Conan Doyles.

▪ Lit.: N. E. Curry: The Life of E. G., 1971.

L'affaire Lerouge

(frz.; *Die Affäre Lerouge*, 1970, E. Stark) – Der erste Kriminalroman der französischen Literatur erschien 1866 mit nur geringer Resonanz als Fortsetzungsdruck in der Zeitschrift *Le Pays*, doch die wenige Monate später wiederholte Publikation im Feuilleton von *Le Soleil* konnte einen außerordentlichen Leseerfolg verbuchen. Der Roman nimmt literaturgeschichtlich eine Mittlerstellung ein zwischen *The Murders in the Rue Morgue*, 1841 *(Der Doppelmord in der Rue Morgue)*, des damals gerade in Frankreich vielgelesenen Edgar Allan Poe und *A Study in Scarlet*, 1887 (Studie in Scharlachrot), dem ersten Sherlock-Holmes-Roman von A. Conan Doyle. Schauplatz der Handlung ist das abgelegene Haus der Witwe Lerouge im Dorf La Jonchère in der Nähe von Paris. Dort wird die Besitzerin einige Tage nach dem Faschingsfest ermordet von der Polizei aufgefunden. Die Wohnung befindet sich in chaotischer Unordnung, was zunächst auf einen Raubmord hinzudeuten scheint. Erste Zeugenvernehmungen ergeben lediglich, dass die gut situierte Witwe sehr zurückgezogen lebte, im Dorf als recht misstrauisch galt und erst zwei Jahre zuvor aus der Normandie dorthin gezogen war. Daburon, der Untersuchungsrichter, und Gévrol, der Chef der Pariser Kriminalpolizei, übertragen den Fall dem Amateurdetektiv Tabaret. Äußerlich unscheinbar und bereits über 60 Jahre alt, hat dieser ehemalige Angestellte des Pfandleihamtes sein kriminalistisches Hobby als bibliophiler Sammler und Leser von Kriminalgeschichten begonnen, die er in Antiquariaten aufgestöbert hatte. Er ist gewissermaßen der Archetyp jener kauzigen Gestalten, die künftig als Detektive der Kriminalromane agieren.

Ohne dass seine Umwelt bisher davon Notiz genommen hätte, konnte Tabaret der Polizei gerade in den undurchsichtigsten Affären gelegentlich gute Dienste leisten. So liefert er auch hier innerhalb kürzester Zeit ein Profil des Mörders: Es handle sich um einen der Witwe bekannten, elegant gekleideten jungen Mann, der einen Raubmord lediglich vorgetäuscht, den Mord in Wirklichkeit jedoch begangen habe, um für ihn wichtige Briefe verbrennen zu können, die sich im Besitz des Opfers befanden. Der Fall scheint einer Lösung näher zu kommen, als einer der Bewohner in Tabarets Mietshaus, der junge Rechtsanwalt Noël Gerdy, dem Detektiv anvertraut, dass die ermordete Witwe Lerouge einst seine Amme gewesen und er das Opfer eines Kindstausches geworden sei. Seine angebliche Mutter, Madame Gerdy, sei die Geliebte des Grafen Commarin gewesen und habe etwa zur gleichen Zeit wie die ungeliebte Ehefrau des Grafen von diesem ein Kind erwartet, Noëls Halbbruder Albert. Durch den Kindstausch, bei dem die Witwe Lerouge eine wichtige Rolle gespielt habe, sei er, Noël, um sein legitimes Erbe betrogen worden. Nun ist Tabaret davon überzeugt, dass Albert de Commarin, den Noël über den Inhalt der Briefe in Kenntnis gesetzt hatte, die Tat beging, um die einzige Zeugin des Kindstausches zu beseitigen. Albert, der zunächst für die Tatzeit kein Alibi angeben will, wird verhaftet und verhört. Seine Geliebte, Claire d'Arlange, bezeugt indes, dass er zur Tatzeit bei ihr gewesen sei, sie aber nicht durch seine Aussage habe kompromittieren wollen.

Tabaret nimmt daraufhin die Ermittlungen wieder auf und findet heraus, dass nicht Albert, sondern Noël der Mörder ist. Als er Tabaret von den Briefen erzählt hatte, hatte er verschwiegen, dass der Kindstausch zwar geplant, aber nicht durchgeführt wurde. Um doch noch in den Genuss der Erbschaft zu gelangen, hatte er den Plan entwickelt, die Witwe Lerouge zu ermorden, die Briefe zu vernichten, die die wahren Familienverhältnisse klarstellten, und anschließend den Verdacht auf Albert zu lenken. Der enttarnte Mörder entzieht sich der Verhaftung durch Flucht und begeht Selbstmord, als er von der Polizei gestellt wird. Mit der abschließenden Heirat von Albert und Claire folgt der Roman dem für Pariser Feuilletons der Epoche charakteristischen Verlangen des Publikums nach einem bürgerlichen Normen gemäßen, wirkungsvollen Abschluss. Die Handlung des Romans weist noch die für Feuilletonromane typischen melodramatischen Züge auf. So wird die Handlung des Falles durch einer Reihe psychologischer Momente verkompliziert: Zum einen ist Tabaret als väterlicher Freund des Mörders Noël emotional voreingenommen, zum andern leidet der Untersuchungsrichter Daburon unter seiner unerwiderten Zuneigung zu Alberts Geliebten. Mit diesen romantisierenden Handlungseffekten, den ausführlichen Schilderungen von Interieurs und Schauplätzen der Handlung kommt Gaboriau dem Publikumsgeschmack ebenso entgegen wie mit dem Motiv des Kindstausches, einem typischen Versatzstück des berühmtesten, zwei Jahrzehnte zuvor entstandenen Feuilletonromans *Les mystères de Paris* von Eugène ↗ Sue. Auch die Erzählperspektive des Werks ist dieser Gattung noch stärker als dem Detektivroman verpflichtet, da der Leser über Täter, Motive und Hintergrund durch den allwissenden Erzähler mehr erfährt als der Detektiv selbst.

Dass der Roman eine vermittelnde Position zwischen Unterhaltungsroman und moderner Kriminalgeschichte einnimmt, ist vor allem auf die Art der Individualisierung der Detektivfigur zurückzuführen. Zwar kommt der schrullige Tabaret weder an Scharfsinn noch an Genialität Poes Detektiv Dupin aus *The Murders in the Rue Morgue* gleich, gewinnt jedoch durch menschliche Züge, die Dupin fehlen, an Profil. Seine Gestalt beeinflusste die Konzeption der späteren Detektivfiguren eines Conan Doyle, E.S. Gardner, G.K. Chesterton und noch Vázquez Montalbán.

■ Lit.: E. Schulze-Witzenrath: G. und die Entstehung des ›roman policier‹, in: E.S.-W.: Literatur und Kriminalität, 1983, 155–183. ■ M. Silver: Putting the Court on Trial, in: Journal of Popular Culture 36, 2003, 4, 853–885. *Sabine Wild*

Tristan Garcia

■ geb. 25.11.1981 Toulouse (Frankreich)

Aufgewachsen in Algerien, Chartres und Toulouse; Studium der Philosophie an der renommierten École Normale Supérieure in Paris; Promotion; ab 2004 Dozent für Philosophie an der Universität von Amiens.

La meilleure part des hommes

(frz.; *Der beste Teil der Menschen*, 2010, M. Kleeberg) – Das Romandebüt von 2008 thematisiert das Agieren und Interagieren von vier Personen im soziokulturellen Klima der 1980er und 1990er Jahre, jener Epoche, für die die französische Kritik den Begriff ›les années Sida‹ (Die Aids-Jahre) geprägt hat. Aus einer rückblickenden Perspektive der Jahrtausendwende zieht Tristan Garcias Erzählerin, die Journalistin Elizabeth Levallois, die sich in Paris kreuzenden Wege ihres engeren Bekanntenkreises nach, dessen Angehörige sich im Laufe der Jahre privat und ideologisch entfremden. Während Elizabeths Geliebter Jean-Michel Leibowitz, ein verheirateter Universitätsprofessor und Sohn eines Auschwitz-Überlebenden, in den späten 1980er Jahren zur Leitfigur einer neuen Intellektuellenkultur avanciert, die sich in Abgrenzung zur offiziellen Kulturpolitik der Ära Jack Lang und nach dem Tod der Ikonen Jean-Paul ↗ Sartre und Michel Foucault einer Neuorientierung stellen muss, initiiert der in der korsischen Linken sozialisierte Journalist Dominique Rossi die erste Emanzipationsbewegung der im Zeitalter von Aids verstärkt marginalisierten Homosexuellen.

Durch Elizabeth lernt der HIV-positive Dominique den jüngeren William kennen, der aus der Provinz nach Paris gekommen ist und dort in Hinterhofkneipen das Leben eines postmodernen ›poète maudit‹ führt. Die ungleichen Männer verlieben sich und erleben zusammen »La Grande Joie« (die Große Freude) zwischen hedonistischem Nachtleben und einer wachsenden Politisierung der homosexuellen Subkultur. »Man fickte, man war politisch. Das war individuell, privat – aber da man schwul war, war das Private öffentlich.«

Mit dem Scheitern ihrer Beziehung Anfang der 1990er Jahre verdichtet sich ebenso drastisch der Konflikt im Ethisch-Politischen. William macht sich einen Namen in der audiovisuell geprägten Medienlandschaft als Skandalautor, der Positionen von Foucault, Georges Bataille und Spinoza zu konfusen Theorien synkretisiert, zugleich ist er von der Obsession getrieben, Dominique zu »zerstören«. Parallel erklärt Leibowitz in seiner Streitschrift »Échec de l'intelligence, intelligence de l'échec« (Scheitern der Intelligenz, Intelligenz des Scheiterns) den »ideologischen Bankrott« zum Symptom seiner Epoche, wobei er insbesondere William zur emblematischen Figur einer zunehmenden Nivellierung der westlichen Kultur erhebt. Der rhetorische Chiasmus des Titels ist jedoch auch als Sinnbild für die wachsenden Antagonismen und inneren Widersprüche der Protagonistenkonstellation zu verstehen: So wie Leibowitz zwischen bürgerlichem Familienleben und der Affäre mit Elizabeth pendelt und vom linksliberalen Lager immer mehr zur politischen Rechten tendiert, trägt das ehemalige Homosexuellen-Paar seinen persönlichen »Krieg« im Fernsehen und im Internet aus. Die Spannung eskaliert, als der nun ebenfalls mit dem HI-Virus infizierte William die aus den USA importierte Idee des »barebacking« (ungeschützter Geschlechtsverkehr trotz HIV-Infektion) propagiert: »Aids war eine wahre Chance, das gehörte nur uns, den Schwulen.«

Was für den im Kampf gegen Aids engagierten Dominique letztlich das Versagen der sexuellen Emanzipation bedeutet, manifestiert sich im Denken Williams als paradoxe Verbindung zwischen irrationaler Todessehnsucht und politischem Aktionismus: So dient ihm die Erfahrung der Krankheit als letzte identitätsstiftende Auflehnung gegen gesellschaftliche und familiäre Konventionen.

Als auf dem Höhepunkt des Israel-Palästina-Konflikts schließlich der von William protegierte Ali, Sohn eines bekannten Islamisten, zur neuen Stimme der Homosexuellen-Szene aufsteigt, verstrickt sich Leibowitz in wirren Analogien zwischen Homosexualität, Antisemitismus und der neuen Linken. Die »dialektischen Salti«, die der Intellektuelle noch an Jacques Derrida bewundert (»er sagt das Gegenteil des Gegenteils und landet immer auf den Füßen«), gelingen ihm nicht mehr:

In der öffentlichen Wahrnehmung ist er nunmehr ›persona non grata‹.

Der letzte Teil des Romans nimmt die Jahre nach den Anschlägen vom 11. September 2001 zum Anlass einer ethisch-moralischen Revision und eines Rückbezugs auf die eigenen Wurzeln. Nachdem Leibowitz seine Positionen öffentlich relativiert und sich mit Dominique, dem früheren Weggefährten aus dem linken Spektrum, versöhnt hat, kehrt der schwerkranke William in die elterliche Provinz zurück, wo er, nur von Elizabeth begleitet, stirbt. Auch Dominique, bei dem die Krankheit noch nicht ausgebrochen ist, zieht es zurück in seine Heimat Korsika. Leibowitz schließlich verlässt Elizabeth endgültig und macht in der Politik unter der gerade formierten Regierung Sarkozy Karriere.

Tristan Garcias Erzählerin, die weniger als handelnde Person in Erscheinung tritt denn vielmehr als vermittelnde Instanz die unterschiedlichen Stimmen bündelt, legt in ihrer Retrospektive Rechenschaft über einen Prozess der Selbstfindung ab, der innerhalb seiner Epoche nicht ohne innere und äußere Widersprüche verläuft. Die leitmotivisch variierte figura etymologica »part« (Teil, Anteil) und »parti« (Partei) reflektiert dabei die Aporien wie auch den Versuch, seinen persönlichen »Teil« im Leben zu finden und dies mit dem politisch-moralischen »Parteiergreifen« in Einklang zu bringen. Die aphoristisch anmutenden Fragmente des letzten Kapitels lassen die Frage, ob der der Nachwelt in Erinnerung bleibende »beste Teil des Menschen« in seinen Taten und Worten oder in seinen inneren Werten begründet liege, bezeichnenderweise offen. Das Romanende dient Elizabeth schließlich auch dazu, die eigene Rolle zu problematisieren.

Wenngleich Tristan Garcia den Fiktionalitätsstatus seiner Protagonisten betont hat, sind deutliche Anspielungen auf Schlüsselfiguren des behandelten Zeitrahmens nicht abzustreiten (z. B. auf Alain Finkielkraut als Prototyp des medial präsenten Intellektuellen, den Aids-Aktivisten Didier Lestrade oder den Romancier Guillaume Dustan). In dem Anspruch, die exemplarische Geschichte menschlicher Handlungsmuster im Kontext einer Epochenschwelle zu erzählen, muss dies jedoch auch im Gesamtgefüge eines Werkes betrachtet werden, das mit intertextuellen Referenzen auf Denkmodelle, Diskurse, Erzählstrategien und Topoi der 1980er und 1990er Jahre durchwebt ist. Analog zur epochenspezifischen Modegattung der ›Autofiktion‹ (nach Serge Doubrovsky) inszeniert der viel beachtete Debütroman mit der ›écriture‹ Elizabeths und dem ständigen Rekurs auf Zeitschriften, Polemiken und Buchprojekte nicht zuletzt ein Spiel mit postmodernen Vertextungsverfahren zwischen Selbstaussprache und bemühter Zeitdiagnose. *Volker Schneider*

Paul Gauguin

- geb. 7. 6. 1848 Paris (Frankreich)
- gest. 8. 5. 1903 Atuona, Hiva Oa/Marqesasinseln/Polynesien (Frankreich)

Vaterlose Kindheit in Chile; 1855 Rückkehr der Familie nach Orléans; 1865 Schiffsjunge; 1868 Kriegsmarine; Gehilfe eines Börsenmaklers in Paris; sorgenfreies Dasein durch geschickte Spekulationen zum Börsenkrach 1883; in den 1880er Jahren Maler; Freundschaft mit Van Gogh und Pissarro, Bekanntschaft mit ↗ Mallarmé und ↗ Mirbeau; bei Charles Morice und ↗ Huysmans als literarische Figur gestaltet; 1891 Auswanderung nach Tahiti.

▪ Lit.: D. Wildenstein: G., 2 Bde, 2002.

Noa Noa

(frz.; *Noa Noa*, 1908, L. Wolf) – Die 1892 bis 1895 entstandenen autobiographischen Aufzeichnungen erschienen 1897 in der vielgelesenen *Revue Blanche*. Enttäuscht von den Misserfolgen seiner Ausstellungen und unter finanzieller Not leidend, hatte der Maler Paul Gauguin 1891 Frankreich verlassen, um nach Tahiti zu gehen: »Ich fahre nach Tahiti, einer kleinen Insel im Ozean, wo man noch ohne Geld leben kann. In Europa bereitet sich für das kommende Geschlecht eine furchtbare Zeit vor: die Herrschaft des Goldes. Alles ist verfault, die Menschen und die Kunst.« Hinter dem Entschluss, unter den Südsee-Insulanern zu leben, stand die Hoffnung, an die unverschütteten Ursprünge des Lebens zurückkehren zu können und zugleich die Ursprünge des eigenen Schaffens zu entdecken. Der Entschluss des 43-jährigen, sich auf Tahiti niederzulassen, war sein konsequenter Schritt auf dem Weg künstlerischer Verwirklichung. 1893 kehrte er für kurze Zeit nach Frankreich zurück, 1895 ging er endgültig nach Tahiti.

Die dort entstandenen, später teilweise von dem symbolistischen Dichter Charles Morice überarbeiteten Notizen schildern Gauguins ersten Aufenthalt auf der Südseeinsel. In Papeete erlebt er die Beerdigung des letzten Maori-Königs, und er muss erkennen, dass auch hier bereits die Zivilisation angekommen ist: »Das Leben in Papeete wurde mir schnell zur Last. Dies war ja Europa – das Europa, von dem ich mich befreit zu haben glaubte –, nur noch vergröbert durch die Spielarten des kolonialen Snobismus.« Gauguin flieht in das Innere der Insel und findet hier endlich das Land seiner Sehnsucht: »noa noa« – duftende Erde. Dort lebt er unter Menschen, die ihn nach anfänglichem Misstrauen in ihre Gemeinschaft aufnehmen, lernt ihre Sprache und übernimmt ihre Gewohnheiten. Er berichtet, wie er körperliche Verweichlichung und Verdorbenheit des Geistes, für ihn gleichbedeutend mit europäischer Zivilisation, hinter sich lässt. Auf einer seiner Reisen durch die Insel begegnet er Tehura, die ihm von ihrer Familie als »Vahine« (Geliebte) zugeführt wird. Sie wird zu seiner Führerin. Von ihr geleitet, findet er Zugang zum Leben der Inselbewohner und lernt ihre Geschichte und Mythen kennen.

Da *Noa Noa* – anders als Gauguins auf Tahiti entstandene Bilder – nicht frei von Schwärmerei ist, hat man das Buch auch als Zeugnis einer Südseeromantik missverstanden, wie sie zivilisationsmüde Europäer bisweilen zu erfassen pflegt. Gauguin war jedoch der erste europäische Künstler, der auf der Suche nach Ursprünglichkeit des Lebens und der Kunst der Zivilisation den Rücken kehrte und sich einer nach damaliger Vorstellung ›primitiven‹ Kultur zuwandte. Während Cézanne und Van Gogh in Südfrankreich eine Landschaft entdeckten, die ihnen Einfachheit der Formen und Glut der Farben eingab, hatte er in der Bretagne und in der Provence vergeblich nach jenen Kräften gesucht, mit deren Hilfe er den Sensualismus des Impressionismus überwinden konnte. Was er auf Tahiti entdeckte, in *Noa Noa* schildert und auf seinen Bildern zeigt, ist nicht exotische Sensation, sondern ein neues Menschenbild.

▪ Lit.: W. V. Andersen: G.'s Paradise Lost, 1971. ▪ L. v. Lewandowski: Die Wahrheit über G., 1973. *Knut Nievers*

Théophile **Gautier**

▪ geb. 31.8.1811 Tarbes/Hautes-Pyrénées (Frankreich)
▪ gest. 23.10.1872 Neuilly-sur-Seine (Frankreich)

Mit 18 Jahren Schüler des Malers Rioult; in der Literatur Hinwendung zur Romantik; Engagement für V. ↗ Hugo in der Auseinandersetzung um dessen Stück *Hernani* (1830); Mitglied des Dichterzirkels Jeune-France; ab 1836 Journalist; Freundschaft mit G. ↗ Flaubert, den Brüdern ↗ Goncourt, Renan, ↗ Baudelaire, ↗ Zola; umfangreiches Schaffen als Kunst- und Literaturkritiker (Begründer der L'art pour l'art-Ästhetik), Erzählungen und Romane im Bereich der Schauerromantik; bedeutende romantische Lyrik.

▪ Ausg.: Œuvres complètes, Hg. A. Montandon, 2003 ff.
▪ Übers.: Gesammelte Werke, 14 Bde, 1925–1926, G. Betz.
▪ Lit.: C. Girodias-Majeune: T. G. poète, poésie, poétique, 2001. ▪ S. Guégan: T. G., 2011.

Mademoiselle de Maupin

(frz.; *Mademoiselle de Maupin*, 1903, I. Ewers-Wunderwald) – Der 1835 erschienene Roman greift auf das abenteuerliche Leben einer historischen Figur zurück: Madeleine de Maupin (1670–1707) hatte ihren Mann verlassen, eine Nonne entführt und das Kloster in Brand gesteckt; danach verloren sich ihre Spuren. Von dem ursprünglichen Plan aus seiner Jugend behielt Gautier nur wenig bei: das Motiv der Verkleidung und das plötzliche Verschwinden am Schluss. Stattdessen entwickelt er aus dem historischen Faktengerüst eine Verwechslungsgeschichte im Paris der 1830er Jahre, die das Thema der erotischen Wahlverwandtschaft mit dem Motiv der Suche nach idealer Schönheit verbindet.

Orlando d'Albert, ein junger Maler und Dichter, wird von einem Freund in einen Gesellschaftskreis eingeführt, in dem ein ständiger Wechsel der Beziehungen zum guten Ton gehört. Hier lernt er die schöne, geistreiche Rosette kennen, träumt allerdings weiterhin von einem romantischen Bild vollendeter Schönheit. Als Rosalinde de Maupin, als Mann verkleidet und unter dem Namen »Théodore«, von einer Reise zurückkehrt, verlieben sich d'Albert und Rosette beide in sie/ihn. Rosette bringt »den schönen Kavalier« in große Verlegenheit, als sie ihn, der sich ihrer Liebesbeteuerungen kaum noch erwehren kann, zu einem Schäferstündchen verführt. Sie werden dabei überrascht, und »Théodore« soll Rosette nun heiraten. Sie flieht, führt ihr Leben als Mann weiter und gerät immer tiefer in eine eigenartige Denk- und Empfindungswelt zwischen den Geschlechtern hinein. Zwischen Männer- und Frauenfreundschaften wechselnd, wählt sie sich schließlich d'Albert als Geliebten. Noch in derselben Nacht besucht sie auch Rosette und gewährt ihr die ersehnte körperliche Nähe. Am folgenden Morgen ist sie verschwunden. In einem Brief nimmt sie Abschied von d'Albert: »Ich habe aufs liebenswürdigste Ihren Traum verwirklicht.« Mit ihr hatte d'Albert sein Ideal vollendeter Schönheit gefunden. Das amouröse Versteckspiel zwischen Rosalinde und Orlando wie auch deren Namen hat Gautier aus Shakespeares Komödie *As You Like It*, 1599 *(Wie es Euch gefällt)*, übernommen. Der Ausspruch »wie es Euch gefällt« wird im Roman zur frivolen Parole lockerer Lebensart.

Der hauptsächlich in Briefform gehaltene Roman verzichtet auf eine klare Handlungsentwicklung: Mehr als einmal verwirren sich die Fäden. Seine eingestandene Lässigkeit in formalen Fragen ermöglicht Gautier die Entfaltung eines hymnisch-lyrischen Prosastils, den Sainte-Beuve lobend hervorhob. In stilistischer Hinsicht erinnert das Werk an die für Gautiers Freund Heinrich Heine typische Mischung aus Gefühlsbetontheit und Ironie (auch diese ist ein ›Verkleidungsspiel‹).

Bei seinem Erscheinen ein Misserfolg, wurde der Roman ein Jahrzehnt später bei seiner Neuauflage als bedeutende Leistung der romantischen Dichtung herausgestellt. Von besonderer Bedeutung für die literarischen Entwicklungen des 19. Jh.s war das Vorwort, in dem der Dichter zum ersten Mal das Prinzip des L'art pour l'art postulierte: »Es gibt nichts wirklich Schönes, als was zu nichts dient. Alles, was nützlich ist, ist häßlich. Ich schätze solche, die mit Kegeln spielen, ebenso hoch ein wie solche, die gute Verse machen.« In d'Albert hat Gautier einen Künstler geschildert, der nach diesen Prinzipien lebt – den von ↗ Baudelaire später verherrlichten Dandy.

■ Übers.: Mademoiselle de Maupin, C. Vollmann, 2011.

■ Lit.: M. Barsoum: T. G.'s ›Mademoiselle de Maupin‹. Toward a Definition of the Androgynous Discourse, 2001.

Michael Schönhals / KLL

Émaux et camées

(frz.; *Emaillen und Kameen*, 1919, O. Hauser) – Die Gedichtsammlung, deren Gesamtkonzeption sich über einen Zeitraum von nicht weniger als 30 Jahren erstreckte, erschien zunächst 1852. Diese Ausgabe enthielt 18 Stücke. In den folgenden Ausgaben wurde ihre Zahl langsam, aber stetig vermehrt. Die Ausgabe von letzter Hand aus dem Jahr 1872 enthielt 47 Stücke.

Der Titel der Sammlung evoziert leuchtende Emailfarben und kostbare geschnittene Steine, und tatsächlich erweckt die Lektüre den Eindruck einer bunten Vielfalt von Gedichten, die wie kostbare Steine mit äußerster Sorgfalt bearbeitet wurden. Wesentlichen Anteil haben dabei die exotischen und folkloristischen Themen, für die Gautier sich auf seinen ausgedehnten Reisen in Spanien und Italien Anregungen holte. Die Texte italienischen Gehalts sind wie »Rondalla« (»Rundtanz«) mit Tanz und Musik verknüpft; die »Variations sur le carnaval de Venise« (»Variationen über den Karneval von Venedig«) schließlich nehmen direkt auf das Konzerterlebnis des »Teufelsgeigers« Paganini Bezug. Spanisch inspirierte Gedichte fügen sich in die seit dem frühen 19. Jh. in ganz Europa (Hoffmann, W. Irving, Gogol, ↗ Mérimée) verbreiteten Klischees vom exotischen Andalusien. Typisch dafür sind orientalisierende Genreszenen wie »Ce que disent les hirondelles« (»Erzählung der Schwalben«), »La Fellah« (»Die Felachin«) und »L'esclave noir« (»Der Morensklave«).

Ein zentrales Thema sind Hymnen auf die weibliche Schönheit wie in »Le poème de la femme« (»An die Frau«) und »Symphonie en blanc majeur« (»Symphonie in Weiß«). Eine nicht zu verkennende Affinität zur trivialeren Romantik weist die naive Geständnislyrik in Stücken wie »Apollonie« (»Apollonia«) und »A une robe rose« (»An ein rosafarbenes Kleid«) auf. Daneben stehen erotische Geständnisse und persönliche Impressionen aus dem Künstlerleben wie »La mansarde« (»De Mansarde«) und »La bonne soirée« (»Gelungener Abend«). Bemerkenswerte viele Texte beziehen sich – wie »Après le feuilleton« (»Nach dem Feuilleton«) – autoreferentiell auf die Materialität des Schreibens und den poetische Schöpfungsvorgang. Doch auch die charakteristischen, an Byron und ↗ Musset erinnernden Obertöne romantischer Ironie und eine Vorliebe für exotische Themen wie bei ↗ Chateaubriand fehlen hier nicht. Gedichte wie »Carmen« oder »Inès de las Sierras« lassen an den Spanienkult ↗ Mérimées denken, »Le souper des armures« (»Mahl der Rüstungen«) an eine Ritterromantik in der Art Victor ↗ Hugos.

Gautier hat seine Kunstauffassung in den Gedichten »Préface« (»Vorwort«) und »L'art« (»Die Kunst«) programmatisch formuliert, die zugleich eine Wendung gegen die Romantik und ihre moralischen, politischen und sozialen Tendenzen bedeuten. Er proklamiert die Richtung des »l'art pour l'art«, eines durch kein außerkünstlerisches Engagement getrübten Schönheitskults. Nur das Kunstwerk, geformt aus widerstrebendem Material, habe Ewigkeitswert. Auf diese Idee eines unvergänglichen Schönen bezogen, sucht Gautiers Lyrik eine objektive, gegen den romantischen Subjektivitätskult gerichtete Darstellung von großem formalen Raffinement. Seine besondere Vorliebe gilt der intermedialen Umsetzung von Kunst zu Kunst, bei der Motive des Malers oder Bildhauers in dichterische Sprache umgesetzt werden. Eine gewisse Künstlichkeit verbindet sich mit Bildungsreminiszenzen wie den ständigen Anspielungen auf fremde Werke. Seine Dichtungstheorie gewann entscheidenden Einfluss auf die Dichtergruppe der Parnassiens um Leconte de Lisle. Bedeutung hatte er auch für ↗ Baudelaire, der ihm *Les fleurs du mal* widmete.

■ Lit.: C. G. Schick: Seductive Resistance. The Poetry of T. G., 1994.

Kurt Reichenberger

Le capitaine Fracasse

(frz.; *Der Capitän Fracasse*, 1864, A. Kretzschmar) – Die Handlung des 1863 erschienenen Romans, der Traum und Theatralität thematisiert, spielt während der Regentschaft Ludwigs XIII. Gautier evoziert eine fast schon dekadente Atmosphäre des »ennui«, die mit Zitaten aus seinem Gedicht »Le château du souvenir« (»Schloss der Erinnerung«, in: *Émaux et Camées*, 1852) mehr an ein breit angelegtes Prosagedicht als an einen Roman erinnert.

In einem abgelegenen Schloss in der Gascogne lebt der letzte Nachkomme der Sigognacs in seinen melancholischen Träumen. Eines Abends bittet eine Truppe fahrender Schauspieler um Einlass. Es gelingt ihnen, den Baron, der starke Parallelen mit Gautiers Selbstdarstellung in seiner Autobiographie (1867) erkennen lässt, aufzuheitern, so dass er sich sogar zur Mitreise überreden lässt. Hatte er bis zu diesem Moment alles Banale gemieden, so freundet er sich nun mit den Schauspielern an, die direkt aus einer Komödie Shakespeares zu stammen scheinen. Nach dem Tod eines der Akteure übernimmt Sigognac dessen Rolle und besiegelt diese Verwandlung mit einem neuen Namen: Kapitän Fracasse. Er fühlt sich wie aus einem Gefängnis befreit, da er jetzt seine wahre Persönlichkeit entdeckt hat. Sein neues Glück scheint vollkommen, als sich seine Liebe zu der jungen Schauspielerin Isabelle erfüllt. Die Schauspieltruppe erlebt zahlreiche Abenteuer im Stil der populären Mantel- und Degenromane. Schließlich wird Isabelle vom Herzog von Vallombreuse entführt. Die Schauspieler belagern daraufhin sein Schloss, befreien Isabelle, und Sigognac besiegt in einem Zweikampf den Herzog, der schwer verletzt zurückbleibt.

Immer phantastischer entwickelt sich die weitere Handlung. Der Vater des Herzogs taucht auf, um seinen totgeglaubten Sohn zu bestatten. Plötzlich aber erkennt er in Isabelle seine Tochter, die als Kind entführt worden war. Gleichzeitig beginnt Sigognacs Rückverwandlung: Da er glaubt, den Herzog getötet zu haben, trennt er sich von seinen Freunden und kehrt in sein Schloss zurück. Dort hat sich nichts verändert, sein Leben gleicht dem vor Beginn seiner Abenteuer so genau, dass er selbst glaubt – auch hier ist die Anspielung an Shakespeares Komödien unübersehbar – alles nur im Traum erlebt zu haben. Sigognac verfällt einem Fatalismus, der seine anfängliche Melancholie noch zu überbieten scheint. Sein Pessimismus mündet in Selbstmordgedanken, und seine Verzweiflung wird so überzeugend dargestellt, dass der nun folgende, glückliche Schluss des Romans wie ein Zugeständnis an den Geschmack des Publikums eines Feuilletonromans wirkt: Der Herzog von Vallombreuse ist in Wirklichkeit nicht tot, seine leidenschaftliche Liebe zu Isabelle hat sich in geschwisterliche Zuneigung verwandelt, und er versöhnt sich sogar mit Sigognac, der nun Isabelle heiraten kann.

Vorbilder des Romans sind ↗Scarrons *Le Romant comique* (1651), vor allem aber Gautiers eigene Texte *Mademoiselle de Maupin* und *Avatar*, wobei die Handlungsstruktur eher an *Avatar*, die deskriptiven Passagen eher an *Mademoiselle de Maupin* erinnern. Letztere sind es auch, die den literarischen Wert des Werkes ausmachen. Gautier hat in seinem Vorwort betont, dass es ihm um diese pittoreske Komponente und weniger um die psychologische Durchdringung seiner Figuren ging, indem er es als »rein an der Malerei orientiertes Werk« bezeichnete.

▪ Lit.: M. Naumann: Kapitän Fracasse, in: M. N.: Prosa in Frankreich, 1978, 150–158. ▪ D. Sangsue: Le récit excentrique. G., de Maistre, Nodier, 1987.

Ulrich Prill

Anna Gavalda

▪ geb. 9.12.1970 Boulogne-Billancourt (Frankreich)

Wuchs mit drei Geschwistern auf dem Land auf; nach der Trennung ihrer Eltern mit 14 Jahren Besuch einer katholischen Privatschule; Studium der Literatur in Paris; 1993–2002 Französischlehrerin; ab 2002 freie Schriftstellerin; lebt mit ihren beiden Kindern in dem Pariser Vorort Melun.

Ensemble, c'est tout

(frz.; *Zusammen ist man weniger allein*, 2005, I. Kronenberger) – Mit dem 2004 publizierten Roman knüpfte die Autorin sowohl an Themenbereiche wie die Schwierigkeit des Zusammenlebens als auch an den Erfolg ihrer Erzählungen an.

Der Roman erzählt die Geschichte von vier grundverschiedenen, vom Leben gebeutelten Menschen, deren Schicksale innerhalb eines Jahres allmählich miteinander verwoben werden. Die 83-jährige Paulette Estafier ist gesundheitlich stark angeschlagen und wehrt sich vergeblich dagegen, aus ihrem Haus in ein Altenheim abgeschoben zu werden. Ihr Enkel Franck (34) arbeitet als Souschef in einem Feinschmeckerrestaurant und findet neben seinem aufreibenden Beruf und der Betreuung seiner Großmutter kaum Zeit für ein Privatleben. Er wohnt bei Philibert Marquet de La Durbellière (36), dem letzten Spross einer verarmten Adelsfamilie, in einer riesigen, renovierungsbedürftigen Wohnung voller alter Möbel und Bilder in Paris, die den beiden bis zur Beilegung von Testamentsstreitigkeiten der Adelsfamilie zur Verfügung steht. Philibert verfügt über präzise Geschichtskenntnisse, ist sehr schüchtern, wirkt linkisch, unbeholfen und bringt in der Gegenwart einer Frau keinen ganzen Satz heraus, ohne zu stammeln. Auf Sicherheit und Kontinuität angewiesen, nimmt er nur den nötigsten Kontakt zur Außenwelt auf, verkauft Postkarten in einem Museum und wohnt in der Nachbarschaft von Camille (26), einer künstlerisch begabten, magersüchtigen jungen Frau, die ihr Zeichentalent brachliegen lässt und stattdessen nachts in einer Putzkolonne arbeitet, um ihren Lebensunterhalt zu verdienen.

Die vier Erzählstränge laufen bei Philibert zusammen, der über seinen Schatten springt und einen für seine Verhältnisse revolutionären Schritt unternimmt: Er holt die kranke Camille aus ihrer eiskalten Dachwohnung zu sich und quartiert sie vorübergehend bei sich ein. Damit lernt Camille Franck kennen, der sich zunächst heftig gegen die neue Mitbewohnerin wehrt. Als eingefleischter Junggeselle, der wechselnde Frauenbekanntschaften pflegt, keine feste Bindung eingehen will und dessen einzige persönliche Beziehung die zu seiner schlagfertigen Großmutter Paulette ist, scheut er den weiblichen Eindringling in ihren Männerhaushalt. Doch die drei raufen sich zusammen und stellen letztlich fest, dass sich Probleme gemeinsam besser in den Griff bekommen lassen und sich selbst für scheinbar auswegslose Situationen zusammen eine Lösung finden lässt. Als letzte Mitbewohnerin zieht auch Paulette in die geräumige Wohnung ein. Indem sie für Camille nackt Model steht, gelingt es ihr, dem Mädchen zu vermitteln, dass es nichts gibt, vor dem man sich schämen oder das man verbergen müsse. Nur im offenen Dialog miteinander kann Vertrauen entstehen, das letztlich aus der Einsamkeit führen kann.

Die durch Philibert eingeläuteten Veränderungen führen dazu, dass die eingefahrenen Situationen der einzelnen Protagonisten aufbrechen und für jeden eine neue Perspektive eröffnen: Camille und Franck finden zueinander. Philibert überwindet seine Lebensangst, gewinnt das nötige Selbstbewusstsein durch ein Theaterengagement und ist endlich in der Lage, eine Beziehung einzugehen. Paulette stirbt nach einer erfüllten, gemeinsam verbrachten Zeit im Wissen, dass ihr Enkel seinen Weg gehen wird.

Das moderne Großstadtmärchen wird in einer dialoghaften Umgangssprache erzählt. Gavalda, die nach eigenen Angaben unterhalten und keine Botschaft vermitteln möchte, traf mit ihrer humorvollen, direkten und realitätsnahen Schreibweise den Nerv der Zeit. Ihr Erzähler zeichnet ein teils ironisches, teils liebevolles, zugleich verständnisvolles und einfühlsames Porträt der unterschiedlichen Protagonisten. Die vermeintliche Leichtigkeit, die sie durch den gekonnten Einsatz von Mündlichkeit erzielt, steht in den Augen der Literaturkritik im Kitschverdacht, konnte jedoch ein über die französischen Grenzen hinaus enthusiastisches Publikum überzeugen und wurde zum internationalen Bestseller. 2006 wurde das Buch mit bekannten Darstellern in den Hauptrollen unter der Regie von Claude Berri verfilmt.

▪ Lit.: F. Baumann/Y. Tobin: Entretien avec Audrey Tautou. Je me mets inconsciemment dans l'humeur du rôle, in: Positif. Revue Mensuelle de Cinéma 553, 2007, 29–32. *Maja Lenz*

Jean Genet

- geb. 19.12.1910 Paris (Frankreich)
- gest. 15.4.1986 Paris (Frankreich)

Entbehrungsreiche Kindheit; mit 15 Jahren in der ›Besserungsanstalt‹ Mettray; Fremdenlegion; Obdachloser in mehreren Ländern, häufige Gefängnisaufenthalte; auf Fürsprache von ↗ Sartre und ↗ Cocteau von lebenslänglicher Haft begnadigt; später Buchhändler in Paris; Dramen und erzählende Prosa stark autobiographisch, thematisch provokativ; bildreiche, von Rotwelsch und Argot durchsetzte Sprache.

▪ Ausg.: Œuvres complètes, 6 Bde, 1976–1991.
▪ Übers.: Werke in Einzelbänden, G. Erdler/M. Grisebach, 2004 ff.
▪ Lit.: M. Redonnet: J.G. Le poète travesti, 2000. ▪ N. Fredette: Figures baroques de G., 2001. ▪ P. Gaitet: New Readings of J.G., 2003.

Les bonnes

(frz.; *Die Zofen*, 1957, G. Hock) – Die Geschehnisse des 1947 uraufgeführten und 1948 im Druck erschienenen Einakters sind auf der Grenze zwischen perversem Traum und grausiger Wirklichkeit angesiedelt. Wie so oft in Genets Dramen beruht die Wirkung des Werks auf der zugleich mystischen und erotischen Faszination eines Verbrechens.

Die beiden Zofen Claire und Solange sind Schwestern. Sie haben durch anonyme Briefe Monsieur ins Gefängnis gebracht. Obgleich unschuldig, ist er für sie nun der glorreiche Verbrecher geworden, den sie in ihren heimlichen Träumen in die Strafkolonie begleiten, um ihn desto besser lieben zu können. Sie haben beschlossen, Madame zu ermorden, die sie zugleich lieben und hassen und deren Existenz für das bürgt, was sie nicht sein wollen: Domestiken, bis in ihr Inneres hinein hässliche, arme, elende Wesen. Um den Giftmord zustande zu bringen, proben sie ihn zunächst und spielen abwechselnd sich selbst und ihre Herrin, so wie sie Madame wahrnehmen: Spiegelverkehrt wird die durch Schönheit und Güte gekennzeichnete Welt Madames zur Welt der Zofen, in der Hässlichkeit und Bosheit vorherrschen. Wie im gesamten Werk Genets ist auch in *Les bonnes* die Spiegelmetapher omnipräsent.

Zu Beginn des Stücks steht Claire im Kleid der gnädigen Frau vor Solange, die ihr beim Ankleiden behilflich ist. Claire spielt die grausame, höhnische Herrin, die aus ihren Dienerinnen nun tatsächlich kriechende Domestiken macht. Zugleich geht in diese Mordzeremonie die Hassliebe der Schwestern ein, die sich gegenseitig Abbild und Spiegel sind, in dem jede sich selbst liebt und hasst. Sie sind sowohl Rivalinnen als auch die innig Vereinten, die davon träumen, gemeinsam in die Strafkolonie zu gehen: als Verbrecherin und als die Heilige, die sie begleitet. Doch ihr Spiel, ein ständiger Wechsel zwischen Illusion und Wirklichkeit, wird durch einen Telefonanruf unterbrochen: Monsieur wird völlig überraschend aus dem Gefängnis entlassen, und die entsetzten Zofen laufen Gefahr, entlarvt zu werden. Überdies lässt Madame den vergifteten Abendtrunk unberührt. Sie sind um die »Schönheit des Verbrechens« betrogen, mit dem sie der Armseligkeit ihres realen Dienstbotenlebens entrinnen wollten. Aber mitten in der Angst und der Mutlosigkeit legt Claire wieder das Kleid der Herrin an. Sie bereitet nochmals die Zeremonie vor, und diesmal wird sie zu Ende gespielt. Claire lässt sich von ihrer Schwester den vergifteten Tee reichen und erhebt sie so zur Verbrecherin, die sie, in einer mystischen Verbindung, als Tote ins Gefängnis begleiten wird.

Die Doppeldeutigkeit der Charaktere und der Motive des Handelns, das Gemisch aus Schein und Wirklichkeit, aus Liebe und Hass, Lust und Grauen, Ekstase und nüchternem Scharfsinn hält die Vorgänge in einem verwirrenden, hintergründigen Halbdunkel. Die Lust am Verbrechen und am Tod, das Ineinanderspiel von Verdrängung und Ersatzhandlung, von sadistisch und masochistisch höchst real erlebter Wunschwelt, gewinnt in Genets Sprache und szenischer Konzeption, die fast alle Regeln des klassischen französischen Dramas befolgt, beängstigende Realität.

▪ Lit.: R. Mountasar: La poétique dans ›Les bonnes‹ de J. G. Essay d'analyse stylistique, 1999. *Anneliese Botond / KLL*

Notre-Dame-des-fleurs

(frz.; *Notre-Dame-des-fleurs*, 1960, G. Hock) – Der 1948 erschienene Roman entstand ab 1942 im Gefängnis von Fresnes und ist, genau wie Genets erste Dichtung, die Elegie »Le condamné à mort«, dem 1939 hingerichteten Freund Maurice Pilorge gewidmet, »dessen Tod mir noch immer das Leben vergällt«. Möglicherweise ist Pilorge das Modell für die Titelfigur, Notre-Dame, der einen Rentner ermordet und beraubt hat. Wegen Rauschgifthandels verhaftet, gesteht der jugendliche Mörder seine Tat, widerruft danach zwar sein Geständnis, aber der Mord kann ihm nachgewiesen werden. Er wird zum Tode verurteilt und hingerichtet. Die Hauptfigur des Romans, der unter Homosexuellen, Zuhältern, Dieben und Kriminellen des Montmartre spielt, ist jedoch nicht er, sondern Divine (mit bürgerlichem Namen Louis Culafroy), ein Strichjunge und der Geliebte des Zuhälters und Diebes Mignon und des Mörders Notre-Dame. Von Divine wird zumeist in der weiblichen Form gesprochen: »Bis jetzt hatte sie nur Männer geliebt, die stärker waren als sie und um ein weniges, um ein Haar älter und muskulöser. Da kam jedoch Notre-Dame-des-fleurs, der physisch und geistig die Gestalt einer Blume hatte: Und sie verknallte sich in ihn.«

Genet schildert Divines ›Bekehrung‹ zur Homosexualität, ihren Aufstieg zum beliebtesten Strichjungen vom Montmartre, ihren körperlichen und seelischen Verfall und ihren Tod an der Schwindsucht. Divine wird von Eifersucht und Kummer zerfressen, von ihren Liebhabern verlassen, ihrer Jugend und ihrer Schönheit beraubt: In einer grotesken Szene krönt sie sich mit ihrem künstlichen Gebiss. Doch je mehr sie leidet, desto mehr lässt Genet sie als Märtyrer(in) erscheinen. Der Spitzname Divine (die Göttliche) wird immer mehr zum Wesensmerkmal des von dem Ich-Erzähler glühend verehrten Strichjungen. Für Genet hat diese Apotheose nichts Blasphemisches. Divine und Notre-Dame werden nicht nur mit Heiligen verglichen, sondern sie selbst sind – wenngleich nicht in christlichem Sinne – sakral. In einem Augenblick religiöser Verzückung ruft Divine: »Herr, ich bin einer Deiner Auserwählten«, und »für die Dauer einiger Schritte zog Gott ihn zu seinem Thron hinan«. Selbst Notre-Dames Gerichtsprozess überhöht Genet zu einer religiösen Zeremonie, auf deren Höhepunkt der Mörder mit dem Mariennamen als Muttergottes erscheint.

Solche Passagen sind nicht als Parodie zu verstehen. Für Genet offenbart sich Sakrales im Sakrileg, Religiöses in seiner Travestie, so wie das eigentliche Wesen seiner Figuren in deren Verkleidungen erscheint (Transvestiten). Zu sich selbst finden bedeutet für Genet: ein anderer werden, einem anderen sein Eigenstes, seine Gesten stehlen, Mimesis. Gänzlich erreicht werden kann die Identität erst im Tod, doch es kommt darauf an, schon im Leben abzusterben. Auch Culafroys Dignität steigert sich mit seinem Verfall.

Bereits dieser erste Roman Genets weist die komplizierte thematische und formale Schichtung seiner späteren Werke auf. Die Erzählung wird auf mehreren Zeit- und Handlungsebenen geführt. Alle Sprachniveaus von Argot und pornographischem Vokabular bis zu einer mystisch-ekstatischen Metaphorik finden Verwendung. Passagen äußerster Derbheit und Grausamkeit wechseln mit solchen von größter Zartheit und Sensibilität, während die Gefängnisgegenwart dem Text durchgängig eingeschrieben bleibt. Unter dem Vorwurf der Pornographie war der Roman wiederholt Gegenstand gerichtlicher Prozesse. ↗ Sartre indes, dessen Schrift *Saint Genet, comédien et martyr*, 1952 (Saint Genet, Komödiant und Märtyrer), wesentlich zum Verständnis von Genets Werk beitrug, sah in *Notre-Dame-des-fleurs* einen der bedeutendsten Romane des 20. Jh.s.

▪ Lit.: F. Leca: Le sexe des anges. Les genres en question dans les récits de J. G., de ›Notre-Dame-des-fleurs‹ à ›Journal du voleur‹, 1994. *Knut Nievers / KLL*

Journal du voleur

(frz.; *Tagebuch eines Diebes*, 1961, G. Hock, H. Voßkämpfer) – Der autobiographische Roman erschien 1949, nachdem im Jahr zuvor eine von ↗ Cocteau und ↗ Sartre ausgearbeitete und von zahlreichen französischen Schriftstellern unterzeichnete Petition an den

Präsidenten der Republik, Vincent Auriol, den des Diebstahls und der Prostitution angeklagten Genet vor der Verurteilung zu lebenslänglicher Zwangsarbeit gerettet hatte. Sein im *Journal du voleur* ausgebreitetes, jedoch nicht verbürgtes Strafregister verzeichnet für den Zeitraum von 1937 bis 1943 13 Haftstrafen und die Ausweisung aus fünf Ländern. Der Abschluss des Sartre gewidmeten Romans, der zeitlich etwa mit der Gewährung der Amnestie zusammenfällt, markiert zugleich eine deutliche Zäsur in der künstlerischen Entwicklung Genets: Bereits 1951 hatte er der Publikation seiner Romane und Gedichte in einer von Sartre mit dem voluminösen Essay *Saint Genet, comédien et martyr* (Saint Genet, Komödiant und Märtyrer) eingeleiteten Edition seiner *Gesammelten Werken* (1951 bis 1953) zugestimmt, als hielte er mit dem, was einer Rückkehr ins bürgerliche Leben ähnelte, auch seine literarische Produktion für abgeschlossen. Doch schuf er danach noch eine Reihe von Theaterstücken, die den ihm bis dahin anhaftenden Ruf eines Delinquenten und Pornographen widerlegten.

»Ich wurde am 19. Dezember 1910 in Paris geboren. Als Zögling der öffentlichen Fürsorge war es mir unmöglich, meine Herkunft zu erfahren. Mit einundzwanzig Jahren erhielt ich eine Geburtsurkunde. Meine Mutter hieß Gabrielle Genet. Mein Vater war unbekannt.« Unter der Obhut von Pflegeeltern in Südwestfrankreich aufgewachsen, vagabundiert er als 20-jähriger durch Spanien, hält sich geraume Zeit im Armenviertel von Barcelona und Marseille unter Bettlern, Prostituierten, Zuhältern, Strichjungen, Dieben und Ganoven auf, wird bei der Rückkehr an der französischen Grenze inhaftiert, verlässt »nach zahlreichen Gefängnisaufenthalten« Frankreich und durchstreift dann halb Europa. Das nationalsozialistische Deutschland durchquert er um so widerwilliger und eiliger, als ihm, dem gesellschaftlich Geächteten, die »Gesetze der geläufigen Moral«, die zu negieren ihm Bedürfnis ist, hier nicht mehr in Kraft, nicht länger die Basis des öffentlichen Lebens zu sein scheinen.

»Wenn der Schuldige Mut hat, entschließt er sich, der zu sein, den das Verbrechen aus ihm gemacht hat.« Genet bezieht seine ganze spätere Entwicklung auf diesen initiatorischen Moment der bewussten ›Entscheidung‹ für das Verbrechen, die die Distanz zur Gesellschaft unabsehbar vergrößert. »Je schonungsloser die Einschnitte, desto schöner, sprühender werde ich sein.« Identifikation mit den brutalsten, »schönsten und unglücklichsten Verbrechern« verbindet sich mit einer paradoxen Umwertung von Diebstahl, Verrat und Homosexualität, – den »drei Tugenden, die ich als theologische einsetze«.

Indem Genet entschlossen eine Welt zurückweist, die ihn selbst zurückgewiesen hat, wird ihm der Begriff der Heiligkeit zum ›principium individuationis‹, zum Ausdruck für eine Haltung, die, die »Sünden der Welt« auf sich nehmend, die »Anerkennung des Bösen« erwirkt. Die von hier aus mit Radikalität vorangetriebene existenzielle Selbstentblößung ist weit von jener pornographischen Literatur entfernt, mit der man sein Werk gleichsetzen wollte.

Genets *Journal* ist weniger Tagebuch im Sinn einer unter dem Diktat äußerer Chronologie gereihten Abfolge von Erlebnissen oder anekdotischen Begebenheiten als vielmehr romanhafte, poetische Stilisierung einer Entwicklung, der die Vergangenheit nur als Vorwand dient, um an der eigenen Legende zu weben. Nachweislich war weder das Leben noch das »Milieu« sein Lehrmeister, sondern die moderne Literatur. Sie erlaubte es ihm schließlich auch, die Spuren seines Lebens zu verwischen. Bei seiner Legendenbildung, zu der ↗ Cocteau und ↗ Sartre erheblich beigetragen haben, geht es um Provokation und Entstellung, um die Apologie von Homosexualität, Gewalt und Verrat, um die »Schönheit des Verbrechens«.

Während Genet bis in die 1960er Jahre als Skandalautor galt und von der breiten Öffentlichkeit sowie den gesellschaftlichen Institutionen verfemt wurde, zeichnete sich in der Genet-Rezeption der 1970er Jahre eine Veränderung ab: Mittlerweile gilt der Autor als ›poète maudit‹, als einer jener verfemten Dichter, deren Tradition über ↗ Rimbaud, ↗ Verlaine und ↗ Sade bis zu ↗ Villon zurückreicht.

■ Lit.: S. Schrader: Mon cas n'est pas unique. Der homosexuelle Diskurs in französischen Autobiographien des 20. Jh.s, 1999.

Hans-Horst Henschen

Le balcon

(frz.; *Der Balkon*, 1988, P. Krumme) – Das 1956 im Druck erschienene und 1957 in London uraufgeführte Schauspiel, das in oft schockierender Weise nach der Bedeutung von Theatralität in der Gesellschaft fragt, spielt im »Haus der Illusion«, dem Bordell »Der große Balkon«. Hier ist der Treffpunkt ganz durchschnittlicher Bürger, insgesamt recht ängstlicher Männer, die dorthin kommen, um sich in geliehenen Gewändern und in einem entsprechenden Dekor in die Gestalten zu verwandeln, die sie sein möchten: in den Bischof, dem sein Beichtkind Todsünden und Verehrung zuträgt; in den Richter, der die Diebin vom Henker auspeitschen lässt; in den General hoch zu Ross, der selber den Nachruf auf seinen heroischen Tod verfasst; in Christus am Kreuz, in einen Bettler oder Leichenschänder.

Die ersten vier Bilder zeigen den ›Betrieb‹ im »Haus der Illusion«, ›Kunden‹ auf der perversen Suche nach der »absoluten Würde« oder vielmehr nach dem unverrückbaren Bild dieser Würde, mit dem sie in die

Nachwelt einzugehen wünschen. Zwar ist diese Würde nur eine Illusion, aber gerade als solche kann man sie besitzen und genießen, denn in der Wirklichkeit geht die Gleichung Ich = Bischof oder Ich = Dieb niemals auf. Jede Würde ist in diesem Sinn nur eine Illusion; und diese Illusion, nachvollzogen in der Verkleidung, macht eine temporäre Realitätsfülle möglich, wie sie in der Wirklichkeit nicht zu erreichen ist.

Im fünften Bild empfängt Irma, die Besitzerin des Hauses, ihren Freund, den Polizeipräfekten, dessen Amt es ist, die Würdenträger des Staates, an ihrer Spitze die Königin, gegen die gerade in der Stadt ausgebrochene Revolution zu schützen, die vom ersten Bild an durch Maschinengewehrfeuer akustisch präsent ist. Da er als Repräsentant der Staatsgewalt für den Erhalt von Staat und Kirche bürgt, garantiert er auch die Illusion. Er weiß, dass selbst die Revolte nur ein Spiel ist, eine Würde, mit der sich das Volk schmückt, ohne sich wirklich damit zu identifizieren. Es ist ebenso der Illusion verfallen wie die Würdenträger, gegen die es in den Kampf zieht.

Der Königspalast steht in Flammen; die Notabeln sind verschwunden oder umgekommen. In dieser kritischen Situation lässt der Polizeichef den falschen Bischof, den falschen General und den falschen Richter aus dem Bordell kommen und präsentiert sie, an ihrer Spitze Irma als Königin, auf dem Balkon den Volksmassen. Mit diesen falschen Würdenträgern zeigt er dem Volk aber auch – und damit überwindet er den Aufstand – die neue ›Jeanne d'Arc‹ der Revoltierenden, die er durch List in seine Gewalt gebracht hat und die er nun erschießen lässt, um sie als Märtyrerin für seine Zwecke einzuspannen.

Die falschen Würdenträger verlangen nun danach, die Macht, die ihnen ihre Würde verleiht, dem Volk und selbst dem Polizeipräfekten gegenüber geltend zu machen. Sie wollen handeln. Doch der Polizeipräfekt wird ihnen beweisen, dass sie es nicht vermögen. Die wirkliche Tat, die etwas Neues beginnen lässt, ist ihnen verwehrt, sie können höchstens ihre Würde handeln lassen. Nur der Polizeipräfekt, der sie ihnen verliehen hat, kann noch handeln. Doch beginnt auch er des Handelns müde zu werden; auch ihn verlangt es nun, ein Kolossalbild seiner selbst, seine Würde, entstehen zu lassen. Er wartet darauf, zum Vorbild für ein Rollenspiel im Bordell zu werden, wie der Bischof, der General, der Richter. Und das geschieht zum Schluss. Ein Kunde, Roger, der ehemalige Revolutionär, kommt in den »Großen Balkon« und verlangt Kleider und eine Perücke, wie der Polizeichef sie trägt, den er nun repräsentiert, indem er sich selbst verstümmelt.

Die komplexe Struktur des Stücks, in dem sämtliche Figuren doppelte Rollen spielen, beruht auf der Vielfalt von Spiel- bzw. Realitätsebenen. Das Thema des Ganzen ist am Ende das Theater selbst: »Der große Balkon« ist das Bordell, in dem das Leben nachgespielt wird; alles – auch der gesellschaftliche Konflikt, die Revolution – wird als Spiel begriffen. Obgleich Genet mit *Le balcon* bereits zu seiner eigentlichen Theaterform gefunden hatte, erfuhr er seine endgültige Anerkennung erst drei Jahrzehnte danach, als das Werk anlässlich seines 75. Geburtstages in das Repertoire der Comédie française aufgenommen wurde.

▪ Lit.: F. Hoffmann: G. Der gebrochene Diskurs. J. G.s Theater im Licht der Philosophie Michel Foucaults, 1984. ▪ S. Winter: Spielformen der Lebenswelt. Zur Spiel- und Rollenmotivik im Theater von Sartre, Frisch, Dürrenmatt und G., 1995.

Anneliese Botond / KLL

Les nègres

(frz.; *Die Neger, eine Clownerie*, 1962, K. Hock, B. Poller) – Im Zentrum des 1958 veröffentlichten und 1959 uraufgeführten einaktigen Schauspiels steht die am Ende der französischen Kolonialzeit provokative These, der »Neger« – stellvertretend für alle Unterdrückten, Verachteten, Ausgestoßenen – sei ein ›Produkt‹ der weißen Gesellschaft.

Was sich auf der Bühne abspielt, gleicht eher einer mystischen Kulthandlung als einer Clownsposse. In Anwesenheit eines Hofstaates – einer Karikatur der weißen Gesellschaft (Königin, Kammerdiener, Missionar, Richter, Gouverneur) – vollzieht eine Gruppe von schwarzen Männern (Ville de Saint-Nazaire, Village, Archibald, Diouf) und Frauen (Vertu, Bobo, Félicité, Neige) ein geheimnisvolles Opferritual, in dessen Mittelpunkt ein mit Tüchern verhängter Katafalk steht. Er birgt angeblich die Leiche einer von den Farbigen ermordeten weißen Frau, und das nach festgelegten Regeln ablaufende Ritual, für dessen strenge Einhaltung der »Spielleiter« Archibald verantwortlich ist, hat die Darstellung dieses Mordes zum Inhalt.

Village ist an diesem Abend dazu ausersehen, den Mörder zu spielen, während der Vikar Diouf das Opfer darstellen soll. Die Verteilung der Rollen wird mit hinterhältiger Absicht vorgenommen: Village zeichnet sich durch seine Leidenschaft für weiße Frauen aus, Diouf predigt Versöhnung zwischen den Rassen; der eigentliche Sinn des Rituals aber ist, in den Herzen der Farbigen den Hass auf die Weißen wach zu halten. Die Dramatik des Stücks entwickelt sich nun weniger aus der sich steigernden Ekstase der rituellen Handlung als vielmehr aus deren Störungen. So greift der Hofstaat kommentierend ein und lenkt die Aufmerksamkeit herrschsüchtig auf sich. Überdies weigern sich die Farbigen, den Regeln der Zeremonie zu folgen, teilweise kommen persönliche Gefühle ins Spiel. So entwickelt sich eine

Hassliebe zwischen dem Mörder Village und der Prostituierten Vertu. Neiges Eifersucht stört das Ritual ebenso wie Vertus Besorgnis um Village, der sich beim rituellen Nachvollzug des Mordes an der weißen Frau allmählich in die Rolle eines Lustmörders hineinzusteigern droht und sich daher weigert, das Ritual zu Ende zu führen.

Dieser vielschichtige Handlungsablauf wird noch durch ein Geschehen verkompliziert, das sich hinter den Kulissen abspielt und über dessen Verlauf Ville de Saint-Nazaire von Zeit zu Zeit Bericht erstattet: die Verurteilung und Hinrichtung eines Verräters. Um diese Tat zu ahnden, steigt der Hofstaat zu einer »Strafexpedition in die Kolonien« von seiner Empore herab. Als Ville de Saint-Nazaire die Hinrichtung des Verräters mitteilt, nehmen die Mitglieder des Hofstaats die weißen Gesichtsmasken ab und geben sich als Farbige zu erkennen. Auch der Katafalk ist inzwischen enthüllt worden: Er besteht aus zwei leeren Stühlen. Nachdem Ville de Saint-Nazaire den Schwarzen die Ankunft eines neuen Führers verkündet hat, der an die Stelle des Verräters getreten ist, setzt der Hofstaat die weißen Masken wieder auf, wird von den Schwarzen in einen Hinterhalt gelockt und auf bestialische Weise umgebracht. Am Schluss öffnet sich im Hintergrund der Bühne ein schwarzer Vorhang und gibt wie am Anfang des Stücks den Blick frei auf einen Katafalk, um den die Schwarzen versammelt sind. Das Ritual kann von neuem beginnen. Auch das Liebespaar Village und Vertu, das den Hass vielleicht überwinden könnte, wendet sich – unter den Klängen des Menuetts aus Mozarts *Don Giovanni* – dem Ritual zu.

Les nègres ist Genets komplexestes und umstrittenstes Stück. Der Autor schrieb in einer Vorbemerkung: »Eines Abends bat mich ein Schauspieler, ein Stück zu schreiben, in dem nur Schwarze auftreten sollten. Aber was ist denn eigentlich ein Schwarzer? Und vor allem: was für eine Farbe hat er?« Tatsächlich forderte er für das Stück ausschließlich farbige Schauspieler und ein weißes Publikum, oder zumindest einen Weißen, einen Schwarzen mit weißer Maske oder eine weiße Puppe unter den Zuschauern. Daher versuchte er auch, die deutsche Erstaufführung, die ausschließlich mit weißen Schauspielern stattfinden sollte, zu verhindern.

Bei der Frage um die Farbe geht es Genet auch um die Frage nach den Lebensbedingungen der Farbigen bzw. der Minderheiten in der weißen Gesellschaft überhaupt. Eine solche Auffassung ermöglicht es auch, *Les nègres* in den Kontext seiner früheren Werke zu stellen. Tatsächlich begegnen Grundthemen, die ebenso wie die Durchführung an frühere Dramen erinnern. Wie alle ›Helden‹ Genets wollen auch die Schwarzen bis zur Selbstaufgabe das verkörpern, wofür die Gesellschaft sie hält, nämlich für eine marginale Gruppe, der eine eigene Identität verwehrt ist, und wie in den früheren Stücken erscheint die Hoffnung auf Befreiung trügerisch. Die dramaturgische Konstruktion ist in einer Weise aufgefächert, als wolle der Autor eine in einer unendlichen Folge von Spiegeln gebrochene Weltsicht einfangen. Zugleich verdichtet er gegenüber den früheren Werken die kultischen und magischen Elemente des Spiels und der Sprache.

Obwohl das Stück nicht eigentlich gesellschaftskritisch ist, darf es doch auch nicht unpolitisch genannt werden. Die Clownerie sollte, wie Ville de Saint-Nazaire sagt, von dem eigentlichen Geschehen hinter der Bühne, der Hinrichtung des Verräters ablenken. Darin hat man nicht bloß eine weitere Brechung des Spielgeschehens zu sehen, sondern einen Verweis auf die Wirklichkeit jenseits des Theaters.

■ Lit.: B. Boisseron/F. Ekotto: G.s ›The Blacks‹. And Why Does One Laugh at a Negro?, in: Paragraph. A Journal of Modern Critical Theory 27, 2004, 98–112. *Knut Nievers / KLL*

Les paravents

(frz.; *Die Wände*, 1980, H.G. Brenner) – Die 1961 erschienene Szenenfolge in 17 Bildern ist Genets letztes Theaterstück und zugleich sein umfangreichstes Bühnenwerk, dessen Aufführung ungekürzt sechs bis acht Stunden dauern würde und das annähernd 100 Personen umfasst. *Les paravents* nimmt auf den Algerienkrieg Bezug, ist aber kein Historienstück oder Dokumentartheater. Auf vier übereinander angeordneten Spielebenen agieren Schauspieler abwechselnd oder gleichzeitig. Hauptfigur ist Said – wenn auch nicht im herkömmlichen Sinn, denn über weite Strecken scheint der Autor ihn ganz vergessen zu haben –, »der ärmste Sohn des Landes«. Am Anfang des Stückes ist er mit seiner Mutter auf dem Weg zu seiner Hochzeitsfeier. Er hatte keine Wahl: Als dem Ärmsten bleibt ihm nur Leila, die »häßlichste und billigste Tochter des Landes«. Saids Lebensweg ist von Station zu Station ein beständiger Abstieg: Er wird zum Landstreicher und Dieb, die Dorfbewohner strafen seine Familie mit Verachtung, seine Mutter wird daran gehindert, an den Klageriten für den Führer der arabischen Aufständischen, Si Slimane, teilzunehmen. Saids Mutter sieht sich dadurch darin bestätigt, ihren Sohn, der ganz in der »Reinheit der Niedertracht« bleibt, zu unterstützen. Als Said am Ende den Aufstand verrät, bereiten die Dorfbewohner ihm einen ›triumphalen‹ Empfang. Als er sich feige entziehen will, wird er erschossen. Saids Laufbahn entspricht in mancher Hinsicht dem Leidensweg Christi, wo der Tiefpunkt mit der Erhöhung koinzidiert. Dem schimpflichen Tod Christi am Kreuz entspricht Saids schmähliche Tötung durch die Kugeln arabischer Freischärler. Genet parodiert nicht den christlichen Mythos, sondern setzt seine private Mythologie zu ihr in Beziehung.

Mit der Dramaturgie von *Les paravents* gelingt Genet auf der Bühne jene vielschichtige Themendurchführung, die er früher bereits in seinen Romanen verwirklicht hatte. Handlungs- und Sinnschichten werden als Spielebenen und Podeste sichtbar gemacht. Die von Genet vorgeschriebenen Papierwände, auf die die Darsteller Handlungsabbreviaturen und Symbole malen und durch die im Schlussbild die Toten ins Jenseits eintreten, sind nicht nur Kulissen oder Bühnenversatzstücke, sondern Darstellungsflächen für Reflexionen über das Schauspiel. Die Realität ist also schon durch den Bühnenaufbau in ein Phantasiefeld verwandelt oder in ein Spiegelkabinett, in dem der Mensch angesichts einer Welt vielfältig gebrochener Erscheinungen in die Irre geht.

Wie in Genets früheren Stücken lassen sich zwei Personengruppen unterscheiden: die Unterdrücker und die Unterdrückten, hier französische Kolonialherren und Algerier. Si Slimane, der Anführer der Aufständischen, ist beseitigt worden, aber sein Nachruhm treibt den Aufruhr stärker voran als es der Lebende hätte tun können. Im Kampf gegen die Unterdrücker werden sogar Warda, eine wahrhaft königliche Prostituierte, und ihre Mädchen als Mitstreiterinnen aufgenommen, da sie den abgekämpften Soldaten Freude schenken. Nachdem der Aufstand gelungen ist, werden sie von den Arabern wieder geächtet, was für Genet bedeutet, dass ihre eigentliche Würde wiederhergestellt wird. Nur Said, seine Mutter und Leila bleiben außerhalb des Aufstandes, aus jeglicher Gesellschaft ausgestoßen. Saids Einsamkeit ist die größte. In der Schlussszene warten die Verstorbenen im Jenseits vergeblich auf ihn. Er ist schon bei den Toten, denn nach Genets Auffassung ist er der Vollkommenste, da er alles Menschliche abgestreift hat.

Les paravents vereinigt zahlreiche Aspekte aus Genets früherer Dramenproduktion. Als das Werk veröffentlicht wurde, spaltete der Algerienkrieg die französische Öffentlichkeit in zwei Parteien, von denen keine seine Behandlung des Krieges für angemessen hielt. Man hat das Drama als Ersatz der Revolution durch die Imagination gedeutet. Die Faszination von Genets Theater und dessen ästhetischen Spiel- und Festcharakter geht nach wie vor einher mit einer Provokation, die darauf beruht, dass es dem Autor gelingt, das Abstrakte konkret darzustellen, das Nichts sinnlich wahrnehmbar zu machen.

▪ Lit.: C. Finburgh: Facets of Artifice. Rhythms on the Theatre of J. G., in: French Forum 27, 2002, 73–98. ▪ D. Wilkerson-Barker: The Space of the Screen in Contemporary French and Francophone Fiction, 2003.

Knut Nievers / KLL

Gervais du Bus

▪ geb. vor 1300 Frankreich
▪ gest. um 1339 Frankreich

(auch: Guillaume du Bus) – Normannischer Abstammung; im ersten Viertel des 13. Jh.s. Rechtsgelehrter in Kanzlei von Philipp dem Schönen; bedeutender Moralist und Satiriker des französischen Spätmittelalters.

Le roman de Fauvel

(afrz.; Der Roman von Fauvel) – Der zweiteilige satirische Versroman in 3280 Achtsilblern entstand 1310 und 1314. Der Autor der umfassenden Satire unterzeichnete nur das zweite Buch (in Form eines Rätsels). Man nimmt daher an, dass noch ein weiterer Verfasser an dem Roman gearbeitet hat. Neben seinen außerordentlichen stilistischen Qualitäten ist der *Fauvel*-Roman neben dem altfranzösischen ↗ *Roman de Renart* in der Schärfe und Prägnanz seiner Satire ein bedeutendes Zeitdokument der Dekadenzerscheinungen des ausgehenden Hochmittelalters.

Wie in anderen Werken dieser Zeit muss als Ziel der Satire des *Roman de Fauvel* der wichtigste politische Konflikt der Epoche, der erbitterte Machtkampf zwischen Papsttum und Monarchie, gesehen werden. In der Auseinandersetzung zwischen dem französischen König Philipp IV. (»dem Schönen«, Regierungszeit 1285–1314) und Papst Bonifaz VIII., die 1303 in der Gefangennahme des Papstes und 1309 in der Übersiedlung Clemens' V. nach Avignon, in französisches Hoheitsgebiet, gipfelte, verteidigte Gervais du Bus den Standpunkt der Kirche. Im Gegensatz zu Dante, der um 1310 in *De monarchia libri tres* offen die Unabhängigkeit der weltlichen Macht forderte, musste Gervais du Bus als Notar der königlichen Kanzlei seiner Streitschrift die Form einer allgemein moralisierenden Allegorie geben, deren politische Aktualität nicht unmittelbar sichtbar ist, zumal er auch Missstände innerhalb der Kirche geißelt.

Der Esel Fauvel, eine allegorische Gestalt von fahlroter Farbe (die Farbe der Eitelkeit), deren Name aus den Anfangsbuchstaben ihrer sechs Haupteigenschaften – ›flatterie‹ (Schmeichelei), ›avarice‹ (Geiz), ›vilenie‹ (Gemeinheit), ›varieté‹ (Unbeständigkeit), ›envie‹ (Neid) und ›lâcheté‹ (Feigheit) – zusammengesetzt ist, hat sich die weltlichen und geistlichen Fürsten untertan gemacht. Die Ordnung der Welt hat sich verkehrt, seitdem der Mensch Fauvel als Herrn anerkannt hat; desgleichen hat die geistliche Macht (die Sonne) gegenüber der weltlichen (dem Mond) an Einfluss und Ansehen eingebüßt. Die Schwäche des Papsttums äußert sich u. a. darin, dass nun der König, nicht mehr die Kirche, den ›Zehnten‹ in Empfang nimmt und dass der Papst den neuen Herrscher Fauvel mit seinem Vermögen unterstützt. Während die Geistlichkeit in Luxus schwelgt, eignen sich die Gerichte des Königs die Gewalt über den Klerus an. Die Überheblichkeit und Bosheit der weltlichen Herrn führt überdies dahin, dass die Gleichheit aller Menschen vergessen und der Nächste missachtet wird. Die Taten Fauvels bieten außerdem Anlass zu Exkursen über das Ende der Welt und die Stellung des Menschen in der Welt (als Mikrokosmos, der die Ordnung des Makrokosmos widerspiegelt), Reden, die von den allegorischen Gestalten Fortuna, Vaine Gloire (Eitler Ruhm), Melancholie und Natur gehalten werden.

Im zweiten Buch bricht Fauvel in die Hauptstadt Makrokosmos auf, um Fortuna zu heiraten und endgültig ihrer Huld sicher zu sein. Nachdem sie ihn abgewiesen und ihm in einer langen Rede von ihrer Herkunft (sie ist die Schwester der »Weisheit« und Tochter des obersten Herrn) und von ihrer Herrschergewalt über alles Veränderliche und Zeitgebundene berichtet hat, heiratet er auf ihren Rat Vaine Gloire. Mit ihr zeugt er unzählige ›Fauveaus‹, die zerstörerisch in die schönsten Länder der Erde einbrechen. Auch Frankreich, der »schöne Garten voller Anmut, in dem Gott die Lilie des Königtums pflanzte und vorzüglich den Samen für die Blume des Christentums säte«, wird ein Opfer der Verwüstungen Fauvels und seiner Nachkommenschaft. Die »Lilie der Jungfräulichkeit« (Jungfrau Maria), so schließt der Autor sein Werk, »möge die Blume Frankreichs retten« und Fauvel, der nicht unsterblich ist, unschädlich machen.

Die im normannischen Dialekt geschriebene Satire wurde vom *Roman de la rose* des Guillaume de Lorris/ Jean de Meung und dem Testament des Jean de Meun angeregt. Weitgehende Übereinstimmungen mit Jacquemart Gielees *Renart le nouvel* (zweite Hälfte des 13. Jh.s) deuten auf einen direkten Einfluss hin; sie könnten allerdings auch auf der Benutzung gemeinsamer Quellen beruhen. Die scharfe Kritik zeitgenössischer Zustände im *Roman de Fauvel* fand zur Zeit der Veröffentlichung einen breiten Widerhall; mehrere Autoren des 14. Jh.s führten das Werk fort. So entwickelte bereits 1316 Raoul Chaillou de Pesstain (gest. 1337) das Werk nicht nur dichterisch, sondern auch musikalisch weiter. Diese vielgestaltigen musikalischen Formen (Conductus, Motette) der Fauvel-Handschriften stellen die kongeniale Ergänzung des satirischen Textes dar.

■ Ausg.: Roman de Fauvel, Hg. A. Långfors, 1914–1919.
■ Lit.: P.A. Becker: Fauvel und Fauvelliana, 1936. ■ H.R. Jauss: Untersuchungen zur mittelalterlichen Tierdichtung, 1959.

Rose Bachem-Alent / Gerhard Wild

Michel de **Ghelderode**

■ geb. 3.4.1896 Ixelles (Belgien)
■ gest. 1.4.1962 Brüssel (Belgien)

(d.i. Adémar Adolphe Louis Martens) – Von flämischer Abstammung; Seemann, Soldat, Journalist, zuletzt Archivbeamter; Dramaturg des flämischen Volkstheaters; umfangreiches Œuvre; erzählerisches Werk und Dramen in der Nachfolge des Expressionismus mit stark mystischem Einschlag; daneben essayistische Texte und Arbeiten zu Volkskunde und Geschichte.

■ Ausg.: Théâtre, 6 Bde, 1979–1982.
■ Lit.: J. Blancart-Cassou: Le rire de G., 1987. ■ R. Beyen: Bibliographie de M. de G., 1987.

Fastes d'enfer

(frz.; *Ausgeburten der Hölle*, 1950, F. Montfort) – Der 1949 uraufgeführte und 1950 im Druck erschienene Einakter zeigt den Autor als Erben von Symbolismus und Expressionismus und ihrer gesteigerten Sensibilität für menschliche Grunderfahrungen. Erfahrungen von Atheismus, Machtgier und Hilflosigkeit fasst er in ein kurzes episches Spiel, das die frühchristliche Legende vom Antichrist aufnimmt.

In einem Bischofspalast in Altflandern vollzieht sich eine makabre Totenfeier. Nach dem Tod des Bischofs Jan en Eremo (Johannes in der Wüste) versammelt sich der Klerus, ein hierarchischer Klüngel, der von Gefräßigkeit, Falschheit und Feindseligkeit beherrscht ist, um den päpstlichen Gesandten zu erwarten. Kirchenpolitische Erwägungen veranlassen den Nuntius, einen Vertreter zu schicken. Als dieser endlich eintrifft, wird er von den Priestern und dem vor dem Palast versammelten Pöbel mit Verachtung und Hass empfangen. Die Gründe für dieses Verhalten erfährt man aus der Lebensgeschichte des Verstorbenen: Zur Pestzeit war er als neuer Heiland und Antichrist in die Stadt gekommen und hatte den Bischofsthron usurpiert; Rom hatte den Betrug gebilligt. Die Todesursache des Bischofs bleibt jedoch zunächst unklar. Schrecken verbreitet sich, als sich plötzlich die Totenkammer öffnet und Jan en Eremo im Bischofsornat hervortritt. Nur scheinbar war der Antichrist als Sohn der Kirche gestorben. Um seinen endgültigen Tod zu finden, muss er sich in einem grauenerregenden Todeskampf erst der Hostie entledigen, die beim Empfang des Sterbesakramentes in seinem Halse stecken geblieben ist. Doch das Geschehen wird nicht tragisch gedeutet, vielmehr schlägt das Grauen in Gelächter um.

Ghelderodes Welt ist eine Bühne, auf der erbärmliche Marionetten agieren. Klerus, Bischof und Pöbel tragen gleichermaßen die verzerrenden Züge des Bösen, sind Ausgeburten der Hölle. Diese Hölle ist ein Ort des Lasters und der Angst, wie sie auch auf den Bildern von H. Bosch, P. Bruegel oder James Ensor – Flamen wie Ghelderode – dargestellt ist. Grauen und Blasphemie beherrschen die Szene. Gott scheint abwesend. Doch gerade in den Fratzen und Karikaturen werden auch Gegenbilder deutlich, erweist sich das Stück als religiöses Theater.

■ Lit.: M. de G. et le théâtre contemporain, Hg. R. Beyen, 1980.

Judith H. Kaufmann

Alberto **Giacometti**

- geb. 10.10.1901 Borgonovo/Stampa im Bergell, Graubünden (Schweiz)
- gest. 11.1.1966 Chur (Schweiz)

Einfluss und erster Kunstunterricht durch Maler seiner Familie: Vater Giovanni und Onkel Augusto Giacometti, Patenonkel Cuno Amiet; begann mit fünf Jahren zu zeichnen und zu malen; kopierte von der Schulzeit an alte Meister; 1919 Kunststudium in Genf, 1920/21 Studienreise durch Italien; ab 1922 Studium des Aktzeichnens und der Bildhauerei an der Académie de la Grande Chaumière in Paris; lebte seither vor allem in Paris; besuchte häufig das Bergell; 1925 erste Beteiligung an einer Ausstellung; schloss sich 1930 für einige Jahre den Surrealisten um André ↗ Breton an; veröffentlichte erste Texte; 1932 erste Einzelausstellung in Paris; 1934 erste Galerieausstellung in New York; Bekanntschaft mit vielen berühmten Malern und Schriftstellern; wegen der deutschen Besetzung 1941–9145 in der Schweiz; 1945 bis zum Tod vorwiegend in Paris; ab 1948 internationale Anerkennung; 1956 im französischen Pavillon auf der Biennale in Venedig; 1956 erste große Retrospektive; 1962 Skulpturenpreis auf der Biennale in Venedig; 1963 Magenkrebs; 1964 Guggenheim International Award; 1965 Reise nach New York; Großer Nationaler Kunstpreis Frankreichs; Ehrenpromotion in Bern.

■ Ausg.: A.G.: Schriften, Fotos, Zeichnungen. Essais; Photos; Dessins, Hg. E. Scheidegger, 1958. ■ A.G.: Werke und Schriften, Hg. C. Vitali, 1998. ■ A.G.: Gestern, Flugsand. Schriften. Mit einleitenden Texten von Michel Leiris und Jaques Dupin, 1999.

■ Lit.: J.P. Sartre: Les Peintures de G., 1954 [Derrière le miroir 65]. ■ J. Genet: L'atelier d'A.G., 1958. ■ J. Dupin: A.G. 1962. ■ F. Meyer: A.G. Eine Kunst existentieller Wirklichkeit, 1968. ■ M. Wolf: G. as a Poet, in: Arts Magazine 48, 1974, 38–41. ■ J. Lord: G. A Biography, 1985 [dtsch.: A.G. Der Mensch und sein Lebenswerk, 1987]. ■ L. Aragon mit anderen: Wege zu G., Hg. A. Matthes, 1987. ■ Y. Bonnefoy: A.G. Biographie d'une œuvre, 1991.

Écrits

(frz.; *Gestern, Flugsand. Schriften*, 2006, M. Hoffmann-Dartevelle, A. Lonmon) – Die zwischen 1931 und 1965 entstandenen vermischten Briefe, Gedichte, Essays, Interviews, Prosagedichte und Stellungnahmen erschienen unter dem Titel *Écrits* erstmals 1990 gemeinsam; Vorabdrucke der einzelnen Texte waren in den wichtigsten Zeitschriften der Avantgarde (*Derrière le miroir*, *Le surréalisme au service de la révolution*, *Labyrinthe*, *Minotaure* etc.) erschienen. Diese Schriften begleiteten bzw. kommentierten somit Giacomettis Schaffen von den Anfängen bis zu seinen letzten Arbeiten. Obwohl der Bildhauer und Maler gelegentlich lieber schreiben als modellieren und malen wollte, hat er – anders als ↗ Picasso, ↗ Dalí, Miró und Max Ernst – Pläne dieser Art nie konsequent ausgeführt, da es ihm schwerfiel, für das, was er schreiben wollte, angemessene Worte zu finden; zugleich reiht er sich aber in die Gruppe jener multilingualen Maler-Autoren, die im fremdsprachigen Ambiente der Avantgarde-Metropole Paris doch Anlass fand, an die Stelle plastischer und bildnerischer Ausdrucksmittel Schrift und eine fremde Sprache zu setzen. Doch seine literarischen und essayistischen Texte rangieren nach wie vor hinter seinem bildnerischen Werk, das zu den wichtigsten Zeugnissen eines Einzelgängers in der Moderne wurde, der sich früh vom bunten spätimpressionistischen Malstil seiner Vätergeneration löste und, nach einer kurzen Zugehörigkeit zur surrealistischen Bewegung, den markanten grauen Stil seiner schlanken, hohen Bronzeplastiken mit den deutlichen Spuren der manuellen Modellierung entwickelte.

Ganz in der Fragmentkultur der Avantgarde aufgehoben, hat fast alles, was Giacometti schrieb, ephemeren, skizzenhaften Charakter. Die *Écrits* versammeln in dieser Art eine bunte Folge von kurzen Essays; Traumphantasien, kleine Gedichte, Szenen und gelegentliche Auseinandersetzungen mit anderen Malern und Bildhauern. Vielfach beteiligte er sich mit mehr oder weniger ausführlichen Essays an öffentlichen Umfragen. Eine dieser Antworten ist mit »Meine Wirklichkeit« überschrieben; es heißt darin, dass er mit seiner Kunst überleben wolle und »so frei und so wuchtig wie möglich« sein möchte, um »meinen eigenen Kampf zu führen, aus Spaß?, aus Freude? am Kampf, aus Spaß am Gewinnen und Verlieren«. In dieser Selbstdarstellung erscheint seine existenzialphilosophische Zeitgenossenschaft mit ↗ Sartre und ↗ Genet.

Kleine poetische Miniaturen mit manchem Wortwitz stammen vor allem aus der Phase seiner Annäherung an den Surrealismus, der seinem Anspruch gemäß die Trennung zwischen den Künsten und die Spezialisierung der Künstler aufheben wollte: »Wir sind / glatt nackt / la si do / re mi // und dann / schieß / grau«. Dieses kleine Gedicht des italienischstämmigen Giacometti spielt im Französischen mit den Anklängen an italienische Wörter und möglichen Doppeldeutigkeiten: »Nus sommes / nus lisses / la si do / ré mi. // et puis / tire / gris«. Das Gedicht beginnt mit dem doppeldeutigen »nus« (nackt) und italienisch gesprochen wie französisch »nous« (wir) und endet mit der Farbe »gris« (grau), was lautlich anklingt an »cris« (Schrei). Surrealistisch auch der Anfang eines kurzen Prosatextes: »Alles geschieht wie im Traum. Ich bin eine Nebelwolke, gestern war ich eine Pflanze, ein Blatt [...]«.

Aus diesem Kontext sind auch die verblüffenden typischen Umsetzungsprozesse: In einem Dialogspiel gibt Giacometti auf ↗ Bretons Fragen Antworten, die die surrealistischen Assoziationen ins Beliebige steigern: »B. Was ist Kunst? G. Eine weiße Muschel in einer Wasserschüssel. [...] B. Was ist dein Atelier? G. Zwei kleine gehende Füße.« An diese frühe Phase erinnern auch spätere Prosastücke wie »Ein Blinder steckt die Hand aus in der Nacht [...]«.

Weitere Texte entstammen erst postum bekannt gewordenen »Notizen«, ein »Sammelsurium fixer Ideen, hingeworfen in herrlicher Unordnung« (Dupin). Diese Fragmente begleiten gemeinsam mit den Werkkommentaren das gesamte Schaffen Giacomettis. Die längsten Stücke sind zwei chronologische Kommentare zu seinem Werk für eine Ausstellung in der Galerie Pierre Matisse in New York von 1948 und 1950, in denen deutlich wird, wie sehr Giacometti seine Kunst und seine Schriften ganz dem Erleben verdankt hat.

Die letzte »Notiz« wurde im Herbst 1965 niedergeschrieben: »Also mach ich Schluß, Fischgräten im schwarzen Meerwasser, das mich umgibt.« Wieder spielt der Schweizer mit den Echos der fremden Sprache: Der Gleichklang von »je m'arrête« (ich mache Schluss) mit »arêtes de poisson« (Fischgräten) verweist metaphorisch auf das Bewusstsein, sterben zu müssen. Magerkeit und der allmähliche Verfall im Endstadium des Krebsleidens sind darin pointiert enthalten.

Ergänzt werden die *Écrits* durch eine Reihe von Interviews, die vor allem das bildnerische Werk kommentieren. Ähnlich wie fast alle großen Maler und Bildhauer der Moderne hat auch Giacometti neben diesen essayistischen Arbeiten und seiner am Rande des Surrealismus situierten experimentellen Lyrik und Prosa in verschiedenen Lebensabschnitten Erinnerungen verfasst. In all diesen Zeugnissen kommt ein fast barockes Lebensgefühl zum Ausdruck, das sich indes immer wieder zwischen den Polen von Einsamkeit und Geselligkeit, Angst und Freude situiert.

■ Lit.: J. Dupin: Une écriture sans fin, in: A.G.: Écrits, 2001, XIII–XXV. ■ M. Leiris: G. oral et écrit, in: A.G.: Écrits, 2001, IX–XII. ■ G. Wild: Klang-Figuren. Zur polyglotten Lyrik surrealistischer Maler-Dichter (Miró, Ernst, Duchamp, G.), in: Zeitschrift für Katalanistik 21, 2008.

Helmut Göbel

André Gide

■ geb. 22.11.1869 Paris (Frankreich)
■ gest. 19.2.1951 Paris (Frankreich)

Ab 1890 im Kreis um Mallarmé; mit J. Schlumberger, J. Copeau und J. Rivière Gründung der angesehenen *Nouvelle Revue Française*; Reisen durch Afrika und Russland; trotz des Nobelpreises (1947) stand sein Werk 1952 auf dem Index; Essayist und Verfasser wichtiger Tagebücher und Dramen; Erneuerer des psychologischen Romans; Korrespondenz mit ↗ Proust, ↗ Claudel, Rilke, ↗ Valéry, ↗ Giono u.a.; einer der einflussreichsten französischen Autoren des 20. Jh.s.

■ Ausg.: Œuvres complètes, 17 Bde, 1932–1954.
■ Übers.: Gesammelte Werke, 12 Bde, Hg. R. Theis, 1990–2000.
■ Lit.: M. Sagaert: A.G., 2002.

Les cahiers d'André Walter

(frz.; *Die Aufzeichnungen und Gedichte des André Walter*, 1969, G. Kluge) – Die 1891 anonym erschienene Erzählung wird von einer Erklärung des ›Herausgebers‹ P.C. (Pierre Chrysis, Pseudonym des Fin de Siècle-Dichters Pierre ↗ Louÿs) eingeleitet. Sie klärt über die Umstände der ›Auffindung‹ dieser Schriften auf und enthält biographische Angaben über den angeblichen Autor, den halb deutsch-, halb bretonischstämmigen André Walter, der gerade 20-jährig im Wahnsinn gestorben sei. 1892 folgte ein Band mit André Walter zugeschriebenen *Poésies d'André Walter*. Obwohl die Autorschaft Gides bald bekannt wurde, erschien erst 1930 eine Ausgabe unter eigenem Namen, in deren Vorwort sich Gide sehr distanziert zu diesem Frühwerk äußerte.

Hintergrund des Textes ist die Jugend André Walters, der zusammen mit seiner Mutter und seiner Cousine Emmanuèle in einer von ständigen Lektüren und sehr verinnerlichter protestantischer Frömmigkeit geprägten Atmosphäre aufgewachsen ist. Der Tod der Mutter zerreißt dieses seltsame Idyll; die innig und verhalten geliebte jüngere Cousine heiratet, André zieht sich in die Bretagne zurück, um hier seine Gefühle in einen Roman zu fassen, als dessen Helden er die Gestalt des Allain als Abbild des eigenen Ich konzipiert. Das Werk umfasst zwei Hefte: Das »Weiße Heft« beschwört die Erinnerungen an die auf immer verlorene Zeit mit Emmanuèle, das »Schwarze Heft« ist den gedanklichen, seelischen und metaphysischen inneren Kämpfen Allains gewidmet. Parallel zur Schilderung von Allains Wahnsinn fällt auch André in geistige Umnachtung, so dass seine Aufzeichnungen in delirierenden Formulierungen und Traumbildern enden.

Der prägende Einfluss von Goethes *Werther* lässt die individuellen Züge der *Cahiers* im Kontrast deutlich hervortreten: Die Liebe liegt allein in der Vergangenheit und der Erinnerung; in die Zukunft weist lediglich die gescheiterte Fiktion mit Namen Allain. Die Irrungen der Seele des Helden Allain/André finden auf einer abstrakten Ebene der Lektüren und der Musik statt, ohne jeden realen Dialog. Trotz des Versuchs, Ordnung in die quälenden Dissonanzen des Geistes zu bringen, gewinnen die zentrifugalen Kräfte unaufhaltsam die Oberhand. Dem entsprechend ist die Sprache uneinheitlich, reich an Brüchen, Andeutungen und vor allem an Zitaten: Biblische, literarische, philosophische Fragmente in unübersetztem Griechisch, Deutsch, Italienisch und Latein erschweren die Lektüre. Dazwischen scheinen in Sätzen, die teilweise wie Befehle an das Selbst anmuten, die rationale Einsicht und der Wille Andrés hervor. In tief empfundenen Gebeten artikulieren sich das Bewusstsein der eigenen Schwäche und die Sehnsucht nach Harmonie und Erlösung. Über allem steht die erst allmählich eingestandene, ›sündige‹ und doch ätherisch reine Liebe zu Emmanuèle, während die bretonische Landschaft ein passendes Dekor zum Kampf der Seele gegen die Urfluten der Träume, Erinnerungen und Wahnbilder abgibt. Die Gedichte (die Gide aus seinem herben Urteil von 1930 ausnahm) stellen in ihrer regelmäßigen, schlichten Form einen Gegenpol zu den *Cahiers* dar. Sie besingen die verklärten Erinnerungen an die Kindheit, das Licht, die ersehnte Idylle, die zarte Liebe und drücken einen verhaltenen Schmerz aus.

Die *Cahiers d'André Walter*, denen der literarische Erfolg versagt blieb, gehören aufgrund der dort geschilderten minuziösen Selbstbeobachtung in die geistesgeschichtliche Nachbarschaft der frühen Schriften von Maurice ↗ Barrès (*Le culte du moi*, 1888–1891), betonen jedoch dort, wo Barrès Regel und Ordnung setzt, den Zweifel, die Aporie und die gescheiterte Objektivierung. Diese in Form und Inhalt spürbare Auflösung, die Mehrschichtigkeit des inneren Erlebens, die reichen literarischen Anspielungen und das Bemühen um imaginative Vergegenwärtigung der Erinnerung nehmen erzählerische Mittel des 20. Jh.s vorweg. So weist André Walters Erleben, bereits das Unbewusste einbeziehend, auf die psychische Verfassung der Helden und Reisenden, die bei ↗ Proust und Joyce auf den Irrwegen seelischer Landschaften wandeln.

■ Lit.: W. Geerts: Le silence sonore. La poétique du premier G., entre intertexte et metatexte, 1992. *Christoph Dröge*

Le voyage d'Urien

(frz.; *Die Reise Urians*, 1955, M. Schaefer-Rümelin) – Die Erzählung, die 1893 als Buchausgabe mit Illustrationen von Maurice Denis erschien, zählt zu jener experimentellen Prosa, die vor allem das französische Fin de Siècle als Übergangsgenre zwischen Lyrik, Erzählung und Tagebuch entwickelte. In der neuesten Forschung kommt diesem ›deambulatorischen‹ bzw. ›peregrinatorischen‹ Erzähltyp eine zentrale Stellung an der Wende zum modernen Roman zu. So handelt es sich bei Gides *Voyage d'Urien* um ein fiktives Reisejournal, dessen locker gefügte Struktur die problemlose Integration von heterogensten literarischen Formen und vor allem die systematische Durchmischung erlebter und erinnerter Wahrnehmung mit den Fragmenten literarisch-künstlerischer Erfahrung erlaubt.

Weder Anlass noch Ziel von Uriens Reise werden deutlich: »Wir waren des Gedankens überdrüssig, wir sehnten uns nach dem Handeln.« Eine verschüttete Erinnerung an eine Existenzform, in der Freiheit mit Wirklichkeit und Schönheit verbunden war, ist Ausgangspunkt für die Reisesehnsucht. Der erste Teil des Journals (»Prélude«) schildert die verheißungsvolle Abreise und in verschiedenen Stationen die Erlebnisse in einer betörenden Welt der schwimmenden Inseln, Sirenen und orientalischen Traumlandschaften, in welcher die Reisenden einer Fülle von ästhetischen und erotischen Versuchungen ausgesetzt sind.

Im zweiten Teil, »La mer des Sargasses« (Sargassosee), gelangen sie in eine brackige Tanglandschaft, in der sie von unerklärlichem Lebensüberdruss (»ennui«) befallen werden, einer Leere, die Uriens Freundin Ellis mit der Lektüre metaphysischer Schriften (Kant, Leibniz) ausfüllt. Urien versenkt diese Schriften voll Verachtung im Meer. Rückblickend auf die an die Reise gestellten Erwartungen, zieht er eine desillusionierende Zwischenbilanz: Der Abschied vom inaktiven Leben erscheint jetzt als sinnlos, da es nicht gelungen ist, sich einem schöneren Dasein zu öffnen.

Im dritten Teil, »Voyage sur une mer glaciale« (Fahrt im Eismeer), gelangen die reisenden Protagonisten ins Eismeer, dessen abstrakte Schönheit sie unter herben Entbehrungen kennenlernen. Die Inuit erscheinen als puritanisch-asketische Gegenbilder zu den sinnenfreudigen Bewohnern der exotischen Regionen aus dem ersten Abschnitt des Werks. Am Ende der Reise stehen, bildhaft dargestellt, Verzweiflung und Desillusion: Auf einer Eismauer findet man die Worte »Hic desperatus« eingraviert, und ein eingefrorener Leichnam, den Urien und seine Gefährten freilegen, hält ein unbeschriebenes Blatt Papier in den erstarrten Händen: »Diese Enttäuschung war uns überaus schmerzlich, denn jetzt hatte unsere Neugier kein Ziel mehr […] hätten wir vorher gewußt, daß es das war, was wir schließlich sehen würden – vielleicht hätten wir uns gar nicht auf den Weg gemacht.«

Gide vermischt hier lyrische und epische Formen unterschiedlicher literarischer Abkunft: Der Irrfahrten-Topos des Abenteuerromans, der Thesencharakter des philosophischen Romans der Aufklärung, moderne Tagebuchform und Reisechronik verbinden sich in seinem Bericht, in dem ein versteckter, in eine halb romaneske Fabel integrierter Traktat sichtbar wird.

Gide hält im Leser das Bewusstsein der Fiktivität beständig wach. Figuren und Räume stehen nicht in einem individuellen Motivationszusammenhang, sondern werden transparent für eine davon unabhängige Thematik. Stärker noch als ↗ Baudelaire begreift er die ausgedehnten Landschaftsschilderungen, wie er 1893 in einem Brief an ↗ Valéry deutlich macht, als Seelenlandschaften (»paysage d'âme«).

Die Symbolik der Reise mit ihrem Aufbruchspathos, ein Thema, das Gides gesamtes Werk durchzieht, gehört zum Kernbestand der literarischen Motivik des europäischen Fin de Siècle-Romans. Psychologisch ist sie durch das Bedürfnis nach Evasion motiviert und trägt Züge einer epochenspezifischen Symptomatik, deren Ursache in einem seit der Romantik als unaufhebbar empfundenen Gegensatz von Kunst und Leben liegt. So kann das Werk als Psychogramm seiner Epoche gelesen werden, einer Epoche, deren Literaturmüdigkeit in den Wunsch nach Aufbruch und Aktion umschlägt.

■ Lit.: C. Angelet: Symbolisme et invention formelle dans les premiers écrits de G., 1982. *Ulrich Hubert / Gerhard Wild*

Paludes

(frz.; *Paludes. Die Sümpfe*, 1905, F. P. Grewe) – Der 1895 erschienene Roman entstand nach der Rückkehr des Autors von seiner ersten Nordafrika-Reise. Unter dem Eindruck der befreienden Erfahrungen, die ihm seinen Aufenthalt in Algerien und Tunesien als Wende seines Lebens erscheinen ließen, schrieb er eine heiter-böse Satire auf das ihm nun ferngerückte Leben in Pariser Literatenkreisen, das er selbst von 1891 bis 1893 geführt hatte. Der Roman besteht aus den Tagebuchaufzeichnungen des Protagonisten und Ich-Erzählers und den Bruchstücken eines kleinen symbolistischen Romans, »Paludes«, in dem der Erzähler sein Leben, seine Umgebung und seine Freunde darstellen möchte: Tityrus, eine Gestalt aus Vergils *Bucolica*, ist der Held dieses Romans im Roman. Er lebt in einem ganz von Sümpfen umgebenen Turm; seine Existenz ist so ereignislos, angstvoll und ärmlich wie die Existenz des – ebenfalls Tityrus genannten – Romanautors, der seinem Helden zu gleichen scheint und seinen Tag wie dieser mit feinsinnigen Nichtigkeiten zubringt: damit, eine Pflanze zu beobachten, die er in »Paludes« schildern will, oder ungewöhnliche neue Epitheta zu einem Substantiv zu finden.

Dabei lebt der Tagebuchschreiber sein Leben durchaus ernsthaft, allerdings zunehmend von Zweifeln geplagt. Krampfhaft versucht er, Bewegung und Spontaneität in seine Existenz zu bringen, fordert »Wir müssen versuchen, unser Dasein ein wenig mannigfaltiger zu machen!« – und scheut dann vor einer Reise nur deshalb zurück, weil es ihm zu mühsam ist, durch die großen Pariser Vorstädte zu reisen, um aufs Land zu gelangen. Er bleibt gefangen in seinem literarischen Geschäft, dessen Substanzlosigkeit er selbst oft spürt; die einzigen – an sich nichtigen – Aufregungen gibt es, als in einer Gesellschaft bei seiner Freundin Angèle eine Diskussion um »Paludes« aufkommt. Über das noch unfertige Werkchen äußern die Anwesenden die unsinnigsten Ansichten; jeder will etwas anderes in dem Buch sehen und verurteilt oder lobt dessen Konzeption und Absicht, obwohl er es nicht kennt.

Der Erzähler will mit seinem Buch »beunruhigen«, aber: »Ich gebe mir die größte Mühe – und beunruhige niemanden als mich selbst.« Auch eine kleine Reise mit Angèle, zu der er sich endlich doch entschließt, bringt kein intensives Erleben; die ganze Ausbeute besteht wieder in einigen – mageren – poetischen Notizen, und als Angèle nach seinen Klagen über die »Unfruchtbarkeit« ihrer Beziehung bei ihm übernachten will, wehrt er auch dies feinsinnig ab: »Sie sind, glauben Sie's mir, sehr zart, und an Sie habe ich gedacht, als ich seinerzeit, erinnern Sie sich, den Satz schrieb: ›Sie fürchtete die Wollust als etwas zu Starkes, das sie vielleicht tödlich verletzt hätte.‹« Am Ende der wenigen Tage, die geschildert werden, gibt er die Arbeit an »Paludes« auf und beginnt ein neues Projekt, das er wohl ebenso wenig realisieren wird wie das vorherige. Tityrus kann nicht schreiben, weil er auch nicht leben kann; er ist ein schwacher, zweifelnder Literat, »gehemmt durch den Gedanken, der [...] jede Tat lähmt«. Seine schwächliche Lamentatio, dass »es unserem Leben an wahrhaft Abenteuerlichem fehlt«, zeigt jedoch schon das – eigentlich Gide'sche – Verlangen nach einer ›wirklichen‹ Tat, deren Keim nicht im Gedanken erstickt wird.

Gide porträtiert in *Paludes* mit zarter Raffinesse, mit distanzierter Boshaftigkeit und überlegener Heiterkeit seine einstige Literatenexistenz, aus deren »Sümpfen« er sich später befreite, nicht zuletzt dadurch, dass er sich seines puritanistischen Moralismus' entledigte und seine Homosexualität akzeptierte. Durch das Büchlein weht die »modrige Stickluft der Salons und Cénacles«, doch gerade durch die reflektierte Anwendung symbolistischer Technik, die überdeutliche Demonstration der dünnblütigen Tiefsinnigkeit des Tityrus entlarvt Gide den dekadenten Literaturzirkus des Fin de Siècle mit bösem Humor.

Für Nathalie ↗ Sarraute gehört *Paludes* zu den Wegbereitern des nouveau roman, den sie in ihrem Buch *L'ère du soupçon*, 1950 *(Das Zeitalter des Misstrauens)*, u. a. unter Bezugnahme auf Gide, ↗ Proust, Kafka und Joyce fordert, und auch Roland Barthes verteidigte die literarische Modernität dieses Werkes.

■ Lit.: A. Maler: Europäische Romane der klassischen Moderne, 2000. *Jörg Drews*

Les nourritures terrestres

(frz.; *Uns nährt die Erde*, 1930, H. Prinzhorn) – In insgesamt acht Büchern versammelt das lyrische Prosastück, das 1897 erschien und 1927 in einer revidierten und erweiterten Neuauflage veröffentlicht wurde, Aphorismen, Maximen, eingestreute Rondos und Balladen, eine längere Erzählung (Ménalques Leben) und ein Reisetagebuch, in dem vor allem die als Befreiung erfahrene Nordafrikareise (1893–1894) des Autors festgehalten ist. Das dichterische Ich ist auf drei Personen verteilt: den Rückschau haltenden Ich-Erzähler Nathanaël, seinen imaginären, nur als Postulat zu verstehenden Schüler, den er »ins Leben hineinzeugen« möchte, und die Idealgestalt Ménalque, von der der Erzähler alles gelernt hat, was er seinerseits an Nathanaël weitergibt.

Auf die »Erwartung« des ersten Buchs folgt im zweiten, beginnend mit dem Titelwort »nourritures« (Nahrung), die Darstellung der neuen Lehre, deren radikaler Bruch mit der Konvention bereits auf die Ethik des *Immoraliste* (*Der Immoralist*, 1902) hinweist: »Nathanaël, ich glaube nicht mehr an die Sünde.« Das dritte und siebte Buch sind Reisetagebücher, in denen das leidenschaftliche und sinnenfrohe Leben beschworen wird. Das ganze vierte Buch, das sich in seiner Geschlossenheit von den anderen Teilen unterscheidet, ist das Kernstück der *Nourritures* und Ménalques Leben gewidmet. Er selbst berichtet davon, so dass das Erzähler-Ich unmerklich zum Ich Ménalques wird. Ménalque ist das überragende Sinnbild des angestrebten Ideals, der Wanderer ohne Bindungen und Ziele, der im »Hier und Jetzt« lebt und der Reflexion misstraut, weil sie das Handeln verhindert.

Im fünften, sechsten und achten Buch schildert der Erzähler den schwierigen Prozess seiner eigenen »Entschulung«, durch die er alles vergessen wollte, was er »mit dem Kopfe gelernt hatte«, und die ihn seinem Ziel, der Wiedergewinnung der Naivität und einer vollständigen, wollüstigen Hingabe an das Leben, näherbringen sollte. »Das Höchstmaß alles Menschlichen in sich aufnehmen« – dieser Satz, schon 1894 im *Journal* formuliert, steht im Mittelpunkt nicht nur dieses Buches, er ist das Schlüsselwort für alle nachfolgenden Werke Gides. Doch eine allzu passive Aufnahmebereitschaft mündet schließlich in die Dissoziierung des Ichs, in Substanzverlust (»… in diesem Buch ist niemand«).

Nachweisbar sind die Einflüsse Goethes, Whitmans und Wildes; nur derjenige Nietzsches, der am offensichtlichsten zu sein scheint, wird von Gide selbst im Vorwort von 1927 mit dem Hinweis bestritten, er habe diesen Philosophen zur Zeit der Niederschrift noch nicht gekannt. Der Vielfalt der Empfindungen und dem Ausleben aller Möglichkeiten der individuellen Natur entspricht die Formenvielfalt, die jedoch nicht mit einem Mangel an kompositioneller Strenge zu verwechseln ist. Im Gegenteil weist das Werk eine deutlich erkennbare Struktur auf, die sich um das vierte Buch (die Geschichte Ménalques) zentriert.

Die *Nourritures terrestres* waren »das Buch […] eines Rekonvaleszenten« (Vorwort, 1927), die überschwängliche Reaktion des von schwerer Krankheit (Tuberkulose) Genesenen. Die narzisstischen Selbstbespiegelungen der Jugendwerke sind einem durch die seelische Krise neu gewonnenen Bedürfnis gewichen, alle Formen des Lebens zu erfahren. Narziss hat den Spiegel zerbrochen, aus dem Analytiker ist der Moralist und Ästhet geworden, der sich in einem Akt psychologischer und künstlerischer Selbstbefreiung aus der Bindung protestantisch-dualistischer Sündenverstrickung löst (Bejahung der Homosexualität) und gleichzeitig den Bruch mit den erstarrten Formen der parnassischen und symbolistischen Poetik vollzieht.

Aufgrund einer vorwiegend negativen zeitgenössischen Kritik blieb dem Werk die Anerkennung bis in die 1920er Jahre versagt, dann aber sollte es zu einem der berühmtesten und wirkungsmächtigsten Texte des 20. Jh.s werden. 1935 erschienen die *Nouvelles nourritures*, eine Rechtfertigung des sozialen Engagements, das Gide zum Kommunismus geführt hatte. In entscheidender Weise an das Frühwerk anknüpfend, begründet er hier die Mitmenschlichkeit in der individualistischen Aversion gegen den als Fessel empfundenen Besitz. »Alles Glück scheint mir verhaßt, das man nur auf Kosten des anderen erreicht. […] Jeder ausschließliche Besitz ist mir zuwider geworden; ich finde mein Glück im Fortgehen, und der Tod wird mir nicht viel aus der Hand nehmen.«

■ Lit.: D. Maleuvre: G., Nietzsche and the Ghost of Philosophy, in: Mosaic 33, 2000, 77–94. *Helgard Brauns / KLL*

L'immoraliste

(frz.; *Der Immoralist*, 1905, F. P. Greve) – Der 1902 in einer limitierten Ausgabe erschienene Roman handelt von Michel, dem Sohn eines wohlhabenden, ausschließlich historisch-philologischen Privatstudien nachgehenden Orientalisten und Archäologen. Im Alter von

25 Jahren geht er auf den dringenden Wunsch seines sterbenden Vaters eine Ehe ein, ohne seiner jungen Frau Marceline zunächst mehr als konventionelle, leidenschaftslose Zuneigung entgegenzubringen. Die protestantisch-asketische Strenge seiner früh verstorbenen Mutter und das weltabgewandte Wissenschaftsideal seines Vaters haben Michel bis dahin die Realität vor allem in »Ruinen oder Büchern« aufsuchen lassen.

Auf seiner Hochzeitsreise, die ihn zunächst nach Algerien führt, erkrankt er in Biskra an Tuberkulose, und die lange Rekonvaleszenz weckt in ihm ein leidenschaftliches Bedürfnis nach körperlicher Gesundheit. Der Wunsch, den »authentischen«, von den Verkrustungen gesellschaftlich-puritanischer Zwänge entbundenen Menschen in sich zu befreien, belebt jedoch nicht nur die sinnliche Seite seines Verhältnisses zu Marceline, sondern auch eine ihm unbewusste, latente Homosexualität, die ihn die Gesellschaft halbwüchsiger Araberjungen aufsuchen und genießen lässt. Nach Paris zurückgekehrt, erwerben Michel und Marceline ein großes Landgut in der Normandie, La Morinière, und verbringen dort den Sommer. Eine ihm für den Winter am Collège de France angetragene Vorlesungsreihe benutzt Michel dazu, »die Unkultur zu erheben und ihre Apologie aufzustellen«, und zwar am Beispiel Athalarichs, jenes jungen Gotenkönigs, der im Alter von 18 Jahren nach wilden, alle Konventionen sprengenden Ausschweifungen starb. Michels eigene Ruhelosigkeit vertieft sich, als Marceline ihn über ihre Schwangerschaft informiert, während sein skandalumwitterter Freund Ménalque, unverhohlener Anhänger eines anarchischen Individualismus, ihm spöttisch vorwirft, ein »ruhiges Glück des Herdes« gewählt zu haben.

Im quälenden Bewusstsein, nach kurzer, unvollkommener Befreiung wieder in ein Netz vage tolerierter Bindungen zurückzusinken, gibt Michel seine Vorlesungen auf und kehrt mit Marceline auf sein Landgut zurück. Dort verstrickt er sich in eine undurchsichtige Affäre mit mehreren jungen Pächterssöhnen, an deren Wilddiebereien er sich heimlich beteiligt. Als Marceline eine Fehlgeburt erleidet und wenig später ebenfalls an Tuberkulose erkrankt, bietet Michel La Morinière zum Verkauf an und reist mit ihr zunächst in die Schweiz. Von Konventionen und Rücksichten immer weniger gehemmt, führt er nun seine kranke Frau in einer hektischen Reise, die nahezu sein ganzes Vermögen verschlingt, durch Italien und Sizilien zurück nach Biskra, den Ort seiner eigenen Genesung. Marceline stirbt jedoch, während er seiner bisher verdrängten Homosexualität im Kreise der Gefährten seiner ersten Reise nachgibt.

Michel scheitert in offenem Anarchismus, auf der Suche nach »neuen Daseinsgründen«. Die Nähe zu Nietzsche, dessen Einfluss Gide als »Behinderung« interpretiert hat, macht sich vor allem im letzten Abschnitt des Buchs bemerkbar: Michels Reise an der Seite der schwer kranken Marceline bildet eine direkte Parallele zu Nietzsches Antithese von aufsteigendem und niedergehendem Leben, und Michels Forderung nach »starken Freuden für die Starken und schwachen Freuden für die Schwachen, die die starken Freuden verletzen würden« korrespondiert mit Nietzsches Ableitung moralischer Werte aus psychologischen »Bedürfnissen«. Charakteristisch dafür ist, dass Gide hier auf die autobiographische Erzählweise verzichtet. An ihre Stelle tritt die Präsentation »einiger sehr drängender Ideen von sehr allgemeinem Interesse«, die von seinen Protagonisten in einem Dialog jenseits moralischer Wertung ausgetragen werden.

■ Lit.: H. Hutchinson: Théories et pratique de l'influence dans la vie et l'œuvre immoraliste de G., 1997.

Hans-Horst Henschen / KLL

Les caves du Vatican

(frz.; *Die Verließe des Vatikan*, 1922, D. Bassermann) – Den historischen Hintergrund des 1914 erschienenen Romans, zu dem 1950 auch eine Bühnenfassung veröffentlicht wurde, bildet das 1893 lancierte Gerücht, Freimaurer hätten Papst Leo XIII. inhaftiert und an seiner Stelle einen Strohmann eingesetzt – eine Falschmeldung mit dem Ziel, vermögenden Katholikinnen Spenden für seine Befreiung zu entlocken.

Die beiden ersten der fünf nur lose miteinander verknüpften Bücher behandeln die Auseinandersetzung zwischen dem Freimaurer Anthime Armand-Dubois und seinem in Rom lebenden Schwager, dem Grafen Julius von Baraglioul, einem katholischen Romanschriftsteller. Anthime, der seinen Unglauben in immer heftigeren Auseinandersetzungen gegen seine fromme Familie behauptet, wird – fast gegen seinen Willen – in Rom durch ein Wunder von seinem Ischiasleiden geheilt, bekehrt sich zum Glauben und schreibt ab sofort für klerikale statt für liberale Zeitungen. Durch Geldsorgen, die ihm bisher die Freimaurerloge abgenommen hatte, ernüchtert, kehrt er aber später dem Christentum wieder den Rücken.

Julius von Baraglioul soll im Auftrag seines sterbenden Vaters dessen illegitimen Sohn, einen gewissen Lafcadio Wluiki, finden, der nach einem Besuch bei dem Sterbenden einen Teil seines Vermögens erbt. Das dritte Buch führt in die Gascogne, nach Pau, wo ein internationaler Ring von Hochstaplern – unter ihnen auch Protos, ein heruntergekommener Schulkamerad Lafcadios – sein Unwesen treibt. Protos verbreitet das Gerücht von der Verschwörung gegen den Papst. Julius' zweiter Schwager, der Apotheker Amédée Fleurissoire, will dem Papst persönlich zu Hilfe zu eilen. Kaum ist er in Rom eingetroffen, wird er von Protos und seinen

Helfern überwacht und an der Nase herumgeführt, bis er eines Tages während einer Eisenbahnfahrt von Rom nach Neapel den Tod findet: Er wird das Opfer des zufällig mitreisenden Lafcadio, der an dem Unschuldigen seine Theorie eines perfekten, weil völlig unmotivierten Verbrechens erproben will. Genau wie er einst in Paris aus einer Laune heraus zwei Kinder vor dem Feuertod rettete, nutzt er jetzt die Gelegenheit zum Verbrechen. Protos jedoch ist Zeuge des Verbrechens geworden und erpresst Lafcadio dazu, sein Komplize zu werden.

Das fünfte Buch ist ganz Lafcadio gewidmet, dem Prototypen des jugendlichen Immoralisten. Ihm verdankt das Werk seine Berühmtheit. Kaltblütig unterhält sich Lafcadio unmittelbar nach dem Mord mit Julius, den die Meldungen in den Tageszeitungen auf die Idee zu einem Roman gebracht haben, dessen Held einen Mord ohne Motiv begeht. Als Protos irrtümlich angezeigt und an seiner Stelle ins Gefängnis geworfen wird, gerät Lafcadio in Bedrängnis. Hatte er stets geglaubt, Herr seiner Entschlüsse und Handlungen zu sein, so muss er nun feststellen, dass er das Gefühl der Verantwortung für ihre Folgen nicht abschütteln kann. Jetzt, da Amédée tot ist, hat er im Bewusstsein Lafcadios den vollen Wert einer menschlichen Persönlichkeit erlangt, die vernichtet zu haben ihm zur unerträglichen Qual wird. Hinzu kommen unerwartet heftige Gewissensbisse angesichts der Tatsache, dass Protos unschuldig im Gefängnis sitzt. Graf Julius, dem er sich anvertraut, weiß für ihn nur eine Rettung: den Weg zum Glauben, zu Beichte und Absolution, und dann die Flucht. In derselben Nacht bekennt Geneviève, Julius' älteste Tochter, Lafcadio ihre Liebe, ihr Mitleid und ihre Angst. Welchen Weg er am Morgen nach der Liebesnacht gehen wird, bleibt am Ende des Romans offen.

Gide hat das Buch eine ›sottie‹ genannt, in der Inkonsequenz und Ausnahme die Regel sind. Das in den Grundzügen grotesk-satirische Werk geht mit blendendem Scharfsinn, sprühender Ironie und unbeirrbarer Vorurteilslosigkeit den praktischen Konsequenzen gewisser gedankenlos akzeptierter Ideale, festgefahrener Glaubensvorstellungen und starrer Theorien nach, auf die sich das Moralsystem des ausgehenden 19. Jh.s stützte. Bei seinem Erscheinen rief es äußerst widersprüchliche Reaktionen hervor. Während z. B. ↗ Proust von der Gestalt des Lafcadio fasziniert war und die Komposition des Romans bewunderte, führte das Buch zum endgültigen Bruch zwischen Gide und ↗ Claudel. Aus heutiger Sicht gilt *Les caves du Vatican* als avantgardistisches Werk, das wegweisend für die moderne Romankonzeption wurde.

▪ Lit.: J. Graf-Bicher: Funktionen der Leerstelle. Untersuchungen zur Kontextbildung im Roman am Beispiel von ›Les filles de joie‹ von Guy des Cars und ›Les caves du Vatican‹ von G., 1983.

Ursula Blatter / KLL

La symphonie pastorale

(frz.; *Die Pastoral-Symphonie*, 1987, G. Scheffel) – Ein zentrales Motiv der 1919 erschienenen Erzählung ist das Wort des Evangeliums, wonach der Blinde nicht sündigt. Ein protestantischer Pfarrer erzählt in tagebuchartigen Eintragungen, wie er eines Tages in eine ärmliche Hütte zu einer im Sterben liegenden alten Frau gerufen wird. Bei seinem Eintreffen ist sie jedoch bereits tot. Ihre einzige Hinterbliebene ist ihre Nichte Gertrude, ein verwahrlostes, blindes 15-jähriges Mädchen, das stumm in der Ecke kauert. In einem spontanen Akt der Nächstenliebe nimmt der Pfarrer sie mit nach Hause. Gegenüber seiner Frau Amélie, die von der Last, die ihr zu ihren eigenen fünf Kindern aufgebürdet wird, wenig angetan ist, beruft er sich auf das Gleichnis vom verirrten Schäflein (Mt 18,12). Als Gertrude nach langem geduldigem Bemühen zum ersten Mal lächelt, erfasst ihn »ein Elan der Dankbarkeit«. Von nun an wandelt sich Gertrude zusehends in ein menschlich ›gesittetes‹ Wesen. Aus der Welt, wie der Pfarrer sie ihr darstellt, sind »das Böse, die Sünde und der Tod« verbannt. Eines Tages jedoch, nach einem Konzert, will sie wissen, ob das, was man sehe, ebenso schön sei wie die Pastoralsymphonie, die sie eben gehört habe. Die ausweichenden Antworten des Pfarrers wecken in ihrer Seele die ersten Zweifel an der Vollkommenheit der Welt und der Menschen.

Unterdessen bahnt sich zwischen Jacques, dem Sohn des Pfarrers, und Gertrude eine innige Beziehung an. Der eifersüchtige Vater trennt die Liebenden und bemäntelt seine Maßnahme mit der Verantwortung, die er für die ihm anvertraute Seele trage. In ›blindem‹ Selbstbetrug redet er sich ein, immer noch aus christlicher Nächstenliebe zu handeln. Geflissentlich überhört er die Anspielungen seiner vergrämten Frau. Außer ihm selbst weiß jeder, dass ihn seine egoistische Liebe zu Gertrude ›blind‹ macht. Als sie nach einem operativen Eingriff das Augenlicht wiedererhält, erkennt sie die ›Sünde‹ und die ›Wahrheit‹. Als sie Jacques sieht, weiß sie, dass sie nur ihn liebt und nicht den Pfarrer. Sie bezieht das Bibelwort »Die Sünde bekam Leben, und ich starb« auf sich und ertränkt sich. Jacques, der sich zum Katholizismus bekehrt hat, tritt in einen Orden ein. Völlig verstört bleibt der Pfarrer zurück.

Durch die Einführung eines Erzählers, der die Ereignisse aus seiner Sicht darstellt, hat der Verfasser auf den allwissenden Standpunkt verzichtet. Um die Fiktion glaubhaft zu machen, hat er selbst den Stil der pastoralen Herkunft des Berichterstatters weitgehend angeglichen: Das Vokabular ist bewusst mit moralisierenden Wendungen und biblischen Vergleichen durchsetzt. Trotzdem bleibt die Präsenz des Autors bis zur Selbstentlarvung des Pfarrers in jeder Zeile spürbar. Das Werk stieß bei seinem Erscheinen auf heftige Kritik der Hugenotten, die vor allem der Gide'schen Auslegung bestimmter Bibelstellen galt. Ein anderer Teil der Leser zeigte sich befremdet darüber, dass der Verfasser des *Immoraliste* und der *Caves du Vatican* nach dem Bruch mit ↗ Claudel noch einmal ein religiöses Thema behandelte. Gide selbst erklärte dazu, *La symphonie pastorale* sei »seine letzte Schuld gegenüber der Vergangenheit«.

▪ Lit.: S. M. Sprenger: G.'s Narcissm, in: Echoes of Narcissus, Hg. L. Spaas, 2000, 151–165. *Josef Theisen*

Les faux-monnayeurs

(frz.; *Die Falschmünzer*, 1928, F. Hardekopf) – In seiner Widmung an Roger ↗ Martin du Gard bezeichnete der Verfasser den 1925 erschienenen Roman bescheiden und selbstkritisch als seinen »ersten Roman«. Auf die *Faux-monnayeurs* wäre ein Satz Musils aus dessen Notizen zum *Mann ohne Eigenschaften* anwendbar: »Die Geschichte dieses Romans kommt darauf hinaus, daß die Geschichte, die in ihm erzählt werden soll, nicht erzählt wird.« Gegenstand des Romans ist nämlich nicht ein Komplex von Begebenheiten, die ein Erzähler umsichtig angeordnet hat, sondern die in die Struktur des Werkes selbst verlagerte Diskrepanz »zwischen den Tatsachen, die von der Realität vorgeschlagen werden, und der idealen Realität«. Der Roman wird um die Dimension der Kritik an seiner eigenen Form erweitert, indem Gide als zentrale Figur den Romanautor Édouard einführt, der nicht nur – wie der reale Autor – ein Tagebuch führt, in dem er seine Reflexionen über die Möglichkeiten festhält, einen modernen, d. h. »reinen« bzw. »abstrakten« Roman zu schreiben, sondern auch den Plan verfolgt, einen Roman mit dem Titel »Les faux-monnayeurs« zu verwirklichen, was ihm indes nicht gelingt. Im »Kampf zwischen dem, was die Wirklichkeit diesem Romancier bietet, und dem, was er seinerseits daraus zu machen bestrebt ist«, ist ihm noch ein weiterer Erzähler übergeordnet. Dieser zweite Erzähler hat Édouard nur die Möglichkeit der ungleich größeren Distanz zu den handelnden Personen voraus.

Das, was Édouard nun als eigentliche, ›erste‹ Realität zur Verfügung steht, ist die Welt einiger junger Pariser Gymnasiasten um 1910 – Bernard Profitendieu, Olivier Molinier, Lucien Bercail – die dabei sind, sich von ihren großbürgerlichen Familien zu emanzipieren, d. h. eigene Vorstellungen von Ethik und Kunst zu entwickeln. Hinzu treten Ereignisse und Personen aus dem Umkreis eines Knabenpensionats unter der Leitung der frömmlerischen Familie Vedel-Azaïs. Robert de Passavant, ein erfolgreicher Literat mit homosexuellen Neigungen, benutzt die ersten schriftstellerischen Versuche von Bernard und Olivier, die kurz vor dem Examen stehen, um sich ihnen zu nähern. Wenn Édouard bei dem Begriff der Falschmünzerei zunächst an die unauthentische Sprache seiner hochstapelnden Schriftstellerkollegen (Passavant) gedacht hatte, so erweitert sich ihm der Sinn des Wortes zur Bezeichnung des Falschen und Unechten in allen Lebensbereichen. Nicht nur im Bereich der Sprache, insbesondere der Sprache des zu schreibenden modernen Romans, findet die ökonomische Metaphorik Anwendung, indem die Sprache mit dem Geld verglichen und mithin als krisenanfällig und unzuverlässig identifiziert wird, sondern auch ein weiterer Grundwert der krisengeschüttelten bürgerlichen Gesellschaft unterliegt der Falschmünzerei: die Vaterschaft. Bernard Profitendieu muss feststellen, dass sein Vater, ein Mann des Gesetzes, nicht sein richtiger Vater ist.

Unter den Pensionskameraden von Bernard ereignen sich bald Fälle von Geldfälschung, mit denen unbekannte Drahtzieher im Hintergrund die Familien der Schüler zu erpressen versuchen. Hinzu kommt der »befohlene« Selbstmord eines Édouard nahestehenden Schülers, Boris, den seine Kameraden, die »Falschmünzer«, um des Zeitvertreibs willen zu einer tödlich endenden Mutprobe mit der Pistole überreden.

In welchem Maß Gide sein Werk als Roman über das Romanschreiben konzipiert hat, verdeutlicht ein Eintrag in Édouards Tagebuch, das ein gutes Drittel des Romans einnimmt: »Mein Roman hat kein Thema [...] also präzisieren wir: es handelt sich in ihm um ein einziges, spezielles Thema [...] Einen ›Ausschnitt aus dem Leben‹ wollte der naturalistische Roman geben. Der große Fehler dieser Schule bestand darin, diese programmatischen Scheiben vom Brote der Realität in einer stets gleichbleibenden Dimension, nämlich der Zeit nach, der Länge nach, abschneiden zu wollen. Warum nicht auch einmal der Breite nach? Oder der Tiefe nach? Was mich betrifft, ich möchte überhaupt nichts abschneiden! Verstehen Sie mich: ich möchte eine Totalität von Erscheinungen in meinen Roman eintreten lassen.« Die Konzeption eines in Analogie zur abstrakten Malerei oder Musik ›reinen‹ Romans, den er zwar nicht ausführt (wohl aber der ihn dirigierende zweite Erzähler), nötigt ihn auch zu einer Konsequenz, die den überraschend offenen, im traditionellen Sinne nicht zwingenden Schluss des Buches begründet: »Herr Y. behauptet, ein guter Romanschreiber müsse, bevor er sein Werk beginne, schon genau wissen, wie es enden werde. Ich, dessen Erzählung sich aufs Geratewohl verzweigen und verwickeln darf, bin der Meinung, daß das Leben uns niemals etwas vorschlägt, was sich nicht, ebenso gut wie als Ziel, auch als neuer Ausgangspunkt auffassen ließe. ›Könnte fortgesetzt werden‹ [...] das müßten die letzten Worte meiner ›Falschmünzer‹ sein.«

Gide veröffentlichte neben dem Werk ein Konvolut von Notizen zur Theorie und Technik des Romans, die während der Arbeit entstanden waren, das *Journal des faux-monnayeurs* (1926) – als Roman eines Romans vergleichbar mit Thomas Manns *Entstehung des Doktor Faustus* (1949). Die Notwendigkeit dieses Journals begründet eine der Hauptfiguren der *Faux-monnayeurs* damit, dass im Hinblick auf eine kritische Revision der epischen Mittel die Entstehungsgeschichten der Werke (»Notizkalender ihres Reifwerdens«) nahezu interessanter sein müssten als die Werke selbst.

Mit den Hauptwerken von ↗Proust, Musil, Joyce und Faulkner gehört Gides Roman zu den großen Initiativleistungen der modernen Epik, die insgesamt die traditionelle Erzähltechnik verwerfen und sie durch programmatische Reflexion über ihr Medium, die erzählende Sprache, neu gestalten.

▪ Lit.: M. Tilby: Les faux-monnayeurs, 1981. ▪ A. Goulet: Voyages romanesques, in: Bulletin des amis d'A. G. 31, 2003, 171–182.

Hans-Horst Henschen

Œdipe

(frz.; *Oedipus*, 1931, E. R. Curtius) – Das Schauspiel in drei Akten, 1931 veröffentlicht und im selben Jahr uraufgeführt, basiert auf der klassischen Tragödie gleichen Titels des Sophokles. Insbesondere der Expositionsakt orientiert sich noch weitgehend an der antiken Vorlage, wenngleich hier – ungewöhnlich bei Gide – soziale Bezugspunkte unüberhörbar sind: Die tiefe Kluft zwischen »der Macht einiger und dem Elend der größten Zahl« erklärt der Volkschor mystisch, Tiresias als von Gott herrührend. Der Seher Tiresias ist der politische Gegenspieler des Oedipus, der im Eingangsmonolog sein persönliches »Glück« – zentrales Wort der Dichtung – nur zögernd und widerstrebend der Regie Gottes überantwortet. Folgerichtig führt dann Tiresias als Sprachrohr Gottes das Unglück des Volkes, die Pest, ausschließlich auf die mangelnde Gottergebenheit des Königs zurück und hat dabei das nur auf seine bürgerliche Sicherheit und Sattheit bedachte Volk ebenso wie Jokaste und deren Bruder, den Realpolitiker Kreon, auf seiner Seite.

Im zweiten Akt löst sich Gide am entschiedensten von seiner Vorlage. Hier treten die vier Kinder des Oedipus als neue Figuren auf und werden in psychologischen Skizzen vorgestellt, wobei jeweils gewisse Züge des Vaters an ihnen sichtbar werden. Die einander ähnlichen Brüder Eteokles und Polynikes, moderne Intellektuelle, entmythologisieren in ihren Oden den Drachen, sprechen von Verdrängung und erinnern mit ihren inzestuösen Neigungen an eine zentrale Konstellation des Stoffes. Die dümmlich-lebensfrohe Ismene ist ihrer Schwester Antigone, die Gott ebenso bedingungslos liebt wie ihren Vater, polar zugeordnet. Oedipus gibt sich als progressiver Staatsmann zu erkennen, den der Mystizismus und die Moral des Priesters nur langweilen und der jegliche Dogmatik ersetzt sehen will durch das programmatische Losungswort *l'homme* (der Mensch), das schon im Motto aus Sophokles' *Antigone* zitiert wird. Im letzten Drittel des Stücks vollendet Oedipus sein Geschick, indem er sich vollständig von Gott, den er des Verrats bezichtigt, lossagt und als Pilger seinen Weg unter die Menschen antritt, nur begleitet von Antigone, die gleichfalls dem Gott des Tiresias den Rücken kehrt, um nur noch dem Gesetz ihrer Vernunft und ihres Herzens zu folgen.

Oedipus, »fils d'ivresse« (»Sohn der Trunkenheit«), erscheint als Repräsentant eines rigorosen Individualismus, der sich unter dem Signum der Freiheit und des Fortschritts dem Banne jedes geschlossenen, also konservativen Religionssystems entzieht. Wenn sich der bedingungslos die Wahrheit des eigenen Lebens suchende Protagonist bereitwillig zu der (vermeintlichen) Tatsache bekennt, ein Bastard zu sein, wird damit die notwendige Ablehnung der beengenden und bedrängenden Familienbande aufs deutlichste demonstriert. Alle gesellschaftlichen Verpflichtungen und Normen, so will das Drama glauben machen, sind abzulehnen, da sich hinter ihnen nur Heuchelei, Pharisäertum oder, im günstigsten Fall, ein fad-bourgeoises Glück verbirgt.

Gides subjektive Ausdeutung bringt notwendigerweise eine Reduktion der stofflichen Fülle mit sich. Entstanden in der Phase, in der er zunehmend deutlicher seine Sympathien für den Kommunismus bekundet, gewinnt sein Stück eine thesenhafte, wenngleich utopische Zuspitzung und programmatische Schärfe, unterstrichen durch die raffiniert vereinfachte, auf jeglichen rhetorischen Ballast verzichtende Form.

▪ Lit.: J. Brenner: A Rouen, au printemps 1943, on ne joua pas Oedipe…, in: Bulletin des amis d'A. G. 29, 2001, 575–585.

Helmut Steinkogler

Jean **Giono**

- geb. 30. 3. 1895 Manosque/Alpes-de-Haute-Provence (Frankreich)
- gest. 9. 10. 1970 Manosque/Alpes-de-Haute-Provence (Frankreich)

Gelegenheitsarbeiter, später Direktor der Sparkasse in Manosque; lebte ausschließlich in der Provence; im Krieg Pazifist, während der Okkupation als Kollaborateur angefeindet, 1944–1947 Publikationsverbot; wichtiger neuerer französischer Autor der Provence (erzählende Prosa, Drama); große Leserschaft außerhalb Frankreichs.

▪ Ausg.: Œuvres romanesques complètes, 6 Bde, 1983.
▪ Lit.: L. Heller-Goldenberg: Le contadour, 1972. ▪ M. Gramain: J. G., Bd. 1: Critique 1924–1944, 2002. ▪ D. Grosse: J. G. Violence et création, 2003.

Colline

(frz.; *Der Hügel*, 1932, G. Cramer) – Der 1929 erschienene Roman eröffnet die ›Pan-Trilogie‹, die durch die folgenden Bände *Un de Baumugnes*, 1929 (*Der Berg der Stummen*, 1933), und *Regain*, 1930 (*Ernte*, 1931), komplettiert wurde. Dargestellt wird eine tiefe und ursprüngliche Verbundenheit bäuerlicher Menschen mit der Natur, die von der Allgegenwart des antiken Hirtengottes erfüllt ist. Das eigentliche Thema des Romans ist die Abwendung des Gottes von einer kleinen bäuerlichen Gemeinschaft, seine Rückkehr und Versöhnung. Gerade die plötzliche Unterbrechung macht hier den einen, einigenden Lebensstrom sichtbar, der Tier, Pflanze und Stein, den Himmel, die Erde und die Menschen gleichermaßen durchströmt.

In einem kargen Hügelland der Provence befinden sich vier Höfe, weitab von der Stadt. Der älteste unter den 13 Bewohnern, Janet, der mit den geheimen Mächten der Erde vertraut ist und kraft seines Wissens das Oberhaupt der Bauern war, liegt im Sterben; es ist, als ob mit seiner Krankheit die kleine Gemeinschaft zerfalle, als ob die dunklen Kräfte der Erde, aus ihrem Bann gelöst, nun über die Menschen hereinbrächen. Die Leben spendende Quelle versiegt, eine schwarze Katze geht um, ein Kind erkrankt, und am Ende bricht ein großes Feuer aus, das sich über das dürre Land wälzt und die Gehöfte bedroht. Aber im Kampf gegen das entfesselte Element finden die Männer zu ihrer Eintracht zurück, und der Bauer Jaume erweist sich als derjenige, der in Janets Nachfolge hineinwachsen wird. Janet, den sie verdächtigt hatten, er habe das Unheil über sie gebracht, stirbt; das Wasser der Quelle kehrt zurück und mit ihm das ruhige Einvernehmen der Bauern mit der Erde.

Die dargestellte Natur ist voller Saft, Farbe und Klang. Sie ist nicht nur vertraut und idyllisch, sondern stellt immer zugleich eine geheimnisvolle Kraft dar, deren Zeichen nur der Kundige versteht. Der Aberglaube der Bauern zeigt nur die Oberfläche eines tieferen, magischen Wissens. Je stärker die Gestalten des Romans aus dieser Kraft leben, desto mehr gewinnen sie an Relief. Neben Janet, der wie ein Zauberer erscheint, ist der debile Gagou, der mit seinen animalischen Instinkten unmittelbar der Erde gehorcht, am eindringlichsten geschildert.

Die syntaktisch verkürzte und vereinfachte Redeweise der Bauern wird zum Stil erhoben. Ihre Sprache ist bildhaft, spontan und wie sie selbst voll natürlicher Poesie.

▪ Lit.: B. Nelson: ›Colline‹, 1986. ▪ G. Yang: Paysage, corps, parole chez G. Une lecture thematique de la ›Trilogie de Pan‹, 1993. ▪ P. Poïana: Le Style apocalyptique de ›Colline‹, in: La Revue des Lettres Modernes 1229–1238, 1995, 17–44.

Anneliese Botond

Girart d'Amiens

▪ geb. Mitte 13. Jh. Frankreich
▪ gest. um 1300 Frankreich

Autor normannischer Abstammung; keine weiteren Hinweise auf die Lebensumstände auffindbar; anhand der Widmung in seinem wichtigsten Roman lassen sich Beziehungen zum Herrscherhaus Plantagenêt im späten 13. Jh. vermuten; Verfasser einer umfangreichen Prosakompilation der Karlsepen *(Histoire de Charlemagne).*

Escanor

(afrz.; Escanor) – Dieser 26 000 Verse umfassende letzte Artusversroman des 13. Jh.s wurde zwischen 1279 und 1282 verfasst, wie sich aus der Widmung des Werks an Eleonore von Kastilien und Eduard I. aus dem Hause Plantagenêt ableiten lässt. Während ihrer hundertjährigen Herrschaft in England nahm diese Familie stets großen Anteil an der Entstehung und Förderung der Artusromane, welche neueren Forschungen zufolge als Propagandatexte in die dynastische Politik des Hauses einbezogen sind.

Um für seine Tochter Andrivete einen standesgemäßen Ehemann zu finden, lässt der König Canor von Northumberlande ein Turnier in der Stadt Bauborc (Bamborough) abhalten, das Artus' Seneschall Keu gewinnt. Ein sich anbahnendes Liebesverhältnis von Andrivete und Keu wird durch Ayglin, Canors Bruder, der nach dessen Tod die Macht übernehmen will, mittels eines gefälschten Briefes unterbunden, woraus Missverständnisse zwischen den Liebenden resultieren. Ayglin versucht Andrivete mit einem rangmäßig tief stehenden Kandidaten zu verheiraten, wodurch er hofft, Kontrolle über Canors Erbe ausüben zu können, während durch Keus Heirat das Reich ein Lehen von König Artus würde. Schließlich ist es Artus zu verdanken, der mit einem Heer gegen Bauborc zieht und mit Zustimmung der Bewohner Northumberlandes Ayglin unterwirft, dass Keu nicht nur die geliebte Andrivete, sondern auch das Reich Northumberlande gewinnt.

Neben der Liebeshandlung um Keu gewinnt vor allem im zweiten Teil des Werkes die Handlung um Gauvain und seinen Bruder Girflet stärkeres Profil: Aus der Tatsache, dass Girflet den Ritter Bel Escanor fast getötet hätte, entsteht eine Familienfehde. Da fälschlicherweise Gauvain der Tat verdächtigt wird, versucht das Sippenoberhaupt Grant Escanor, sich seiner zu bemächtigen und entführt, als ihm Gauvain entwischt, aus Rache Girflet in die Stadt Traverses, die daraufhin von Artus belagert wird. Es kommt zu einem Entscheidungskampf zwischen Gauvain und Bel Escanor. Nach einem Sieg Gauvains steht der Versöhnung der Familien nichts mehr im Wege. Keineswegs unproblematisch bleibt das Ende des Werkes: Während Girflet die Herrin von Traverses heiratet, erreicht Bel Escanor die Nachricht vom Tod seiner Frau, worauf er das Rittertum aufgibt und schließlich als Einsiedler stirbt. Girflet und seine Frau errichten ihm ein prächtiges Grabmal.

Das klassische Schema des Artusromans, wie es in den Werken von ↗ Chrétien de Troyes vorliegt, wird in *Escanor* in einer so unkonventionellen Weise erfüllt, dass man hier gelegentlich geneigt ist, an eine Kritik der epochentypischen Entartungen des Rittertums zu denken. Erzähltechnisch bemerkenswert ist vor allem die Verwendung des ›entrelacement‹, d.h. die Vermehrung von auf die Haupthandlung bezogenen Handlungssträngen, ein Verfahren, das in Chrétiens *Li contes del Graal* und dann bevorzugt in den Prosaromanen zur Anwendung gelangt. Allerdings verbinden sich die beiden Haupthandlungen des *Escanor*, denen annähernd das gleiche Gewicht zukommt, nur beiläufig, so dass es angebracht erscheint, von einem Doppelroman zu sprechen. Neben Escanor sind hier mindestens zwei weitere Protagonisten, Keu und Gauvain, ständig in eigene Handlungsfolgen verwickelt, die gelegentlich den Titelhelden der Erzählung in den Hintergrund drängen. Für eine Beeinflussung durch den Prosaroman, vor allem durch den ›Tristan en prose‹, dem Girart die Gestalt des Ritters Dinadan entlehnt haben dürfte, spricht neben dem resignativen Schluss des Werks auch die im *Escanor* ausgebreitete Skepsis gegenüber dem ritterlichen Dasein.

Man hat diesen späten Artusroman als epigonal bezeichnet. Bemerkenswert ist eine gelegentlich ausgesprochen kritische Einstellung des Autors gegenüber dem Abenteuerschematismus der Gattung, so etwa wenn die Artusritter nach einem eintägigen Turnier, dessen brutale Gepflogenheit Girart verschiedentlich in Frage stellt, diskutieren, wer der Sieger sei. Dabei machte er sich geschickt die Perspektive der am Rande des Geschehens beteiligten Figuren zueigen. So beklagt ein Mädchen, das Zeuge eines Ritterkampfes wird: »Si cruez juz / Ne fu en cest siecle trouvez« (»So grausames Spiel ward nie auf dieser Welt erdacht«). Doch auch die Akteure haben in Girarts Roman Momente der Einsicht in die Sinnlosigkeit des zum Gemetzel verkommenen Sports: »Bien sunt aveugle li chevalier de la Bretagne, car l'uns l'autre ocist et mehaigne« (»Gar blind sind die bretonischen Ritter, die einander morden und verwunden«). Auch die Liebesthematik des Artusromans hat hier an Faszinationskraft verloren: Denn wenngleich Keu die geliebte Frau schließlich gewinnt, ist die Verbindung zunächst von der kaltblütig berechnenden Machtpolitik Ayglins überschattet. Anders als in den klassischen Werken Chrétiens haben die ritterlichen Wertbegriffe der Ehre und der Minne in *Escanor* die heilsstiftende Integrationskraft ritterlicher Bewährung verloren.

▪ Ausg.: Escanor, 2 Bde, Hg. R. Trachsler, 1994.
▪ Lit.: B. Schmolke-Hasselmann: Der arthurische Versroman von Chrestien bis Froissart, 1980. *Gerhard Wild*

Jean Giraudoux

▪ geb. 29.10.1882 Bellac/Haute Vienne (Frankreich)
▪ gest. 31.1.1944 Paris (Frankreich)

(d.i. Maurice Cordelier Andouard) – 1903 Germanistikstudium an der École Normale Supérieure und Sorbonne in Paris, Staatsexamen; 1905 Stipendiat in Deutschland; Erzieher im Hause des Herzogs von Sachsen-Meiningen; 1906 Dozent in Harvard; danach Privatsekretär und Feuilletonist bei *Matin*; 1910 Diplomat in Russland und im Orient; Pressechef des Außenministeriums in Paris, 1939 Propagandaminister; einer der großen Theaterautoren der Zwischenkriegsepoche.

▪ Ausg.: Théâtre complet, 16 Bde, Hg. J. Body, 1982. ▪ Œuvres romanesques complètes, Hg. J. Body, 1990 ff.
▪ Lit.: J. Body: J.G., 2004.

Amphitryon 38

(frz.; *Amphitryon 38*, 1938, H. Feist) – Grundlage dieser 1929 erschienenen Komödie in drei Akten ist der bereits von ↗ Molière und Kleist dramatisierte Mythos von Jupiter, der sich der schönen Alkmene in Gestalt ihres Mannes Amphitryon nähert. Merkur – bei Giraudoux als echter Götterbote auftretend – hat auf Befehl seines Herrn noch vor Tagesanbruch in Theben das Gerücht ausgestreut, dass der große Götterfürst in der kommenden Nacht Alkmene aufsuchen werde. Als er diese Nachricht auch in Amphitryons Haus trägt, bittet die treue Ehefrau Alkmene ihn flehentlich, Jupiters Gunst von ihr abzuwenden. Merkur will und kann jedoch nicht helfen, dagegen bietet Leda, die sich an eben diesem Tag in Theben aufhält, ihre Dienste an. Sie belehrt ihre Nachfolgerin in Jupiters Gunst, dass der Götterfürst der geliebten Frau immer in Form dessen erscheine, was sie am meisten liebe; dass er ihr also, wenn Alkmene nichts so sehr wie ihren Gatten liebe, in Amphitryons Gestalt entgegentreten werde. Die beiden verfallen auf eine List: An Alkmenes Stelle will Leda Jupiter-Amphitryon im dunklen Gemach empfangen. Allerdings lassen sich die Götter nicht so leicht täuschen: Der wahre Amphitryon kehrt heim und eilt, von Alkmene ermuntert, als vermeintlicher Jupiter in Ledas Arme. Nachdem aber dann Alkmene den Heimkehrer näher geprüft und als ›echt‹ erkannt hat, beschließen die beiden, dem Gott gemeinsam entgegenzutreten und ihre Liebe gegen die göttliche Willkür zu verteidigen. Jupiter aber entrückt Amphitryon und enthüllt Alkmene unter vier Augen sein Geheimnis, schenkt ihr jedoch gleichzeitig die Gunst des Vergessens, um so zu verhüten, dass ihre eheliche Treue unter dem Einfluss seines göttlichen Glanzes nun doch noch ins Wanken gerät.

Der Amphitryon-Mythos, dem eine abwechslungsreiche Rezeptionsgeschichte beschieden war, wurde bereits in der Antike sowohl als Tragödie als auch als Komödie literarisch gestaltet. Indem Giraudoux seinem Stück, das er unverwechselbar als Komödie konzipierte, die Zahl 38 hinzufügt, spielt er auf die beachtliche Vielfalt der Stoffbearbeitungen an und setzt bei seinem Publikum eine gewisse Vertrautheit mit dem Mythos »von der Versuchung des vollkommenen Paares durch den einsamen Gott« voraus. Die ironisch eingesetzte Zahl 38 erhebt indes weder Anspruch auf Verifizierbarkeit, noch kann sie als völlig falsch betrachtet werden.

Dass Giraudoux als Kenner der deutschen Literatur *Amphitryon 38* nicht nur als eine Replik auf ↗ Molière, sondern insbesondere als »Lustspiel nach Kleist« und damit als Gegenkonzept entwarf, eröffnete ihm einen Spielraum, der es ihm ermöglicht, auf die alten Fragen nach Identität und Rolle, Liebe und Ehe, Gott und Mensch neue Antworten zu finden. Während in Kleists *Amphitryon* dem menschlichen Glück kaum mehr eine Chance eingeräumt wird, gibt es für Giraudoux' *Amphitryon* die weiterführende Hoffnung auf eine Heilungsmöglichkeit nach der Katastrophe. Insbesondere in den Gesprächen zwischen Alkmene und Jupiter, die als unvergleichliche Sprachspiele im Selbstverständlichen und Vertrauten überraschend neue Bedeutungen aufscheinen lassen, begegnen sich die Welt der Menschen und das Universum der Götter; und wenn in Alkmenes Liebe zu ihrem Gatten der Zauber der Wirklichkeit gegen die Zauberei der Götter ausgespielt wird, vollzieht Giraudoux' *Amphitryon* einen komödienhaften Wechsel: die Befreiung der Menschen von der Allmacht und Willkür der Götter.

■ Lit.: J. Voisine: Trois Amphitryon (Kleist, Henzen, G.), 1993.

Werner Arnold / Brunhilde Wehinger

La guerre de Troie n'aura pas lieu

(frz.; *Der trojanische Krieg findet nicht statt*, 1946, B. v. Borresholm) – Der Raub Helenas ist in dem 1935 uraufgeführten zweiaktigen Schauspiel – im Gegensatz zur Darstellung in der *Ilias* – nicht die eigentliche Ursache des Trojanischen Krieges, sondern nur ein zufälliger, theaterwirksamer Anlass zu diesem Konflikt. Den Mythos bzw. die klassische Textvorlage nutzt Giraudoux als Fundus, der dramatische Situationen und archetypische Figuren bereithält.

Die Handlung spielt am Vorabend des Krieges. Hektor, soeben kriegsmüde von einem Feldzug heimgekehrt, ist bestürzt über die durch den Raub Helenas heraufbeschworene neue Krise und setzt alles daran, sie beizulegen. Aber er stößt bei seinem Volk auf Widerstand: Die trojanischen Greise, an ihrer Spitze Priamus, sind Helenas Schönheit verfallen und nicht bereit, sie den Griechen wieder zurückzugeben. Aufgewiegelt durch die Hasstiraden des chauvinistischen Literaten Demokos, fordern sie den Krieg. Den gedanklichen und dramatischen Höhepunkt des Schauspiels bildet die Begegnung zwischen Hektor und dem griechischen Unterhändler Ulysses. Ihm legt Giraudoux, der als Berufsdiplomat Gelegenheit hatte, die Verhandlungen nach dem Ersten Weltkrieg aus nächster Nähe zu verfolgen, seine politischen und weltanschaulichen Ansichten in den Mund und erhebt ihn damit zur geistigen Schlüsselfigur des Stücks. Ulysses ist zutiefst von der Unvermeidbarkeit des Krieges überzeugt.

Nicht ein einzelner Anlass, sondern »eine gewisse allgemeine Geneigtheit, die von der entsprechenden Atmosphäre und einer jeweiligen Stimmung in der Welt abhängt«, ist die wahre Ursache aller kriegerischen Auseinandersetzungen. Trotzdem versuchen Hektor und Ulysses, »das Schicksal zu überlisten« und kommen überein, dass Helena von Ulysses auf friedlichem Wege nach Athen zurückgeführt werden soll. In dem Augenblick jedoch, als beide das Schiff betreten wollen und Hektor schon ausruft: »Der trojanische Krieg findet nicht statt«, stürzt der Fanatiker Demokos dazwischen und sucht Helenas Einschiffung zu verhindern. Hektor, der den Erfolg seiner diplomatischen Bemühungen mit Ulysses gefährdet sieht, entschließt sich, Demokos um des allgemeinen Friedens willen zu opfern, und ersticht ihn. Der Tumult wird allgemein und steigert sich noch, als der sterbende Demokos in blindem Griechenhass nicht Hektor, sondern den Griechen Ajax als seinen Mörder nennt. Mit der ›Rache‹ der Trojaner an dem unschuldigen Griechen ist der ›legale‹ Anlass zum Krieg gegeben.

La guerre de Troie n'aura pas lieu gilt als das brillanteste Stück des Autors. Bei seiner Uraufführung hatte es großen Erfolg, da seine Handlung kurz vor dem Einmarsch der deutschen Wehrmacht in das entmilitarisierte Rheinland (1936) hochaktuell wirkte. Die beiden kriegführenden Staaten des Stücks verweisen auf Deutschland und Frankreich. Mit beißendem Spott entlarvt Giraudoux hohlen Patriotismus, verlogene Phrasen der Diplomatie, Chauvinismus und falsches Pathos. Die Sinnlosigkeit des Krieges sowie die Bloßstellung der Mythologie des Krieges als Hauptmotiv des Stücks finden ihren schärfsten Ausdruck in Hektors Rede an die Gefallenen. In diesem Stück gibt sich Giraudoux als Zyniker und Pessimist, der Kassandra das über Europa hereinbrechende Unheil ankündigen lässt.

▪ Lit.: R. Kloepfer: Anmerkungen zu G.s Stück ›Der trojanische Krieg findet nicht statt‹, in: Ares und Dionysos, Hg. H. J. Horn/H. Laufhütte, 1981, 177–187. ▪ I. Nolting-Hauff: Mythenrenaissance und Episierung in G.s ›La guerre de Troie n'aura pas lieu‹, in: Zeitschrift für französische Sprache und Literatur 93, 1983, 131–150. *KLL*

Électre

(frz.; *Elektra*, 1959, H. Rothe) – Das 1937 erschienene zweiaktige Schauspiel unterscheidet sich wesentlich von den älteren *Elektra*-Versionen, deren Kenntnis der Autor bei seinem Publikum zu einem gewissen Grade voraussetzt. Ist Elektras Rache dort das Ergebnis von Vorwissen und langer Planung, so vermeidet Giraudoux diese Motivierung und formt den Elektra-Stoff zu einer Tragödie über das Thema der kompromisslosen Integrität.

20 Jahre sind vergangen, seit Ägisth und Klytämnestra Agamemnon ermordet haben. Alle Spuren des Verbrechens scheinen verwischt. Ägisth regiert ein friedvolles und reiches Land mit Hilfe seiner Philosophie des Kompromisses und der Zweckmäßigkeit. Doch Elektra, das »reine Wesen«, das verhindern will, dass große Verbrechen vertuscht werden, das Verbrecher an ihre Verbrechen erinnert und Sünder zur Beichte treibt, bedroht mit ihrem ständigen, stummen Protest seine Macht. Elektra weiß nichts über die Vergangenheit und die Schuld des Herrscherpaares. Sie empfindet jedoch seit früher Kindheit einen wilden unüberwindlichen Hass gegen ihre Mutter, ohne die Ursache dafür zu kennen. Ägisth spürt die Bedrohung und will das seiner Kräfte noch unbewusste Mädchen durch die Heirat mit einem Gärtner vom Hof entfernen. Klytämnestra verweigert jedoch ihre Zustimmung zu der geplanten Mesalliance.

Mit Orests Erscheinen in Argos entwickelt sich die Tragödie. Elektra erfährt von ihrem Bruder die vergangenen Verbrechen, und dieses Wissen bestimmt das bisher passive Mädchen dazu, das auszuführen, was es als seine Mission begreift. Elektra drängt ihren Bruder zum rächenden Mord an Klytämnestra und Ägisth, obwohl sie weiß, dass die Stadt von den Korinthern belagert wird und in dieser Situation der Tod Ägisths gleichbedeutend sein würde mit dem Untergang von Argos. Als sie erfährt, dass Orest das Herrscherpaar umgebracht hat und, dem Wahnsinn nahe, geflohen ist, empfindet sie keine Reue. Die Stadt wird vom Feind verwüstet, doch Elektra verteidigt sich den Eumeniden gegenüber mit den Worten: »Ich habe die Gerechtigkeit, ich habe alles.« Eine alte Bettlerin fragt: »Wie nennt man das, wenn der Tag aufgeht wie heute und alles verdorben und vernichtet ist und überall der Himmel hereinschaut?« Die ironische Antwort, die der Bettler anstelle von Elektra gibt, während der Vorhang fällt, lautet: »Das heißt Morgenröte.«

Giraudoux' Tragödie erwächst aus dem Erwachen Elektras zu sich selbst und aus der Erkenntnis ihrer Bestimmung. Seine Elektra ist die Verkörperung des unstillbaren Hungers nach dem Absoluten. Das Stück enthält aber noch ein zweites, auf die zeitgenössische politische Lage anspielendes Thema: den Gegensatz zwischen ›Staatsräson‹ und kompromisslos die menschliche Integrität fordernder Haltung. Die politischen Ereignisse in Frankreich um 1936/37 – die drohende Kriegsgefahr aus dem nationalsozialistischen Deutschland, innenpolitische Konfrontationen während der Volksfrontregierung – bildeten für das zeitgenössische Publikum einen aktuellen Bezugsrahmen. Elektra, die auf ihrem Standpunkt, dass man »nur mit reinen Händen ein Vaterland retten kann«, beharrt, spielt darin den unversöhnlichen Gegenpart zu Ägisth, der sich als Retter des Vaterlandes in Not präsentiert, obwohl er durch Schuld derart vorbelastet ist, dass letztlich Elektra allein über das Schicksal ihrer Familie und Argos entscheidet.

Die Bewahrung absoluter Reinheit in einer Welt der Kompromisse und Unvollkommenheiten ist ein Thema, das Giraudoux' ganzes Werk beherrscht und das auch ↗ Anouilh von ihm übernommen hat. Ägisth zu töten und damit an der Erfüllung seiner Aufgabe, der Sorge für das Wohlergehen seiner Untertanen, zu hindern, hat das Unglück Tausender unschuldiger Menschen zur Folge. Da Giraudoux auch diese destruktive Seite des Strebens nach Gerechtigkeit betont, ist nicht anzunehmen, dass die hoffnungsvollen Schlussworte des Bettlers einer kompromisslosen, doch nicht nur unrealistischen, sondern im Effekt sogar zerstörerischen Haltung Recht geben sollen.

▪ Lit.: Sur ›Amphitryon 38‹, ›Intermezzo‹, ›Électre‹, in : Cahiers J. G. 5, 1976. ▪ M. Raimond: Sur trois pièces de G., 1982. *KLL*

L'impromptu de Paris

(frz.; *Impromptu de Paris*, 1956, H. Rothe) – Das 1937 erschienene einaktige Schauspiel ist ein formal reizvolles kleines Theaterexperiment in der Tradition jener szenischen Improvisationen, wie sie seit dem spanischen Barocktheater immer wieder als Forum zur poetologischen Präsentation theaterästhetischer Ideen genutzt wurden. Pate stand vor allem ↗ Molière, der in *L'impromptu de Versailles* (1663) die Schauspieler des Hôtel de Bourgogne ebenso boshaft aufs Korn nahm.

Bevor sich am 4. Dezember der Vorhang hob zu einer Aufführung von *La guerre de Troie n'aura pas lieu*, 1935 *(Der trojanische Krieg findet nicht statt)*, inszenierte Giraudoux ein höchst amüsantes Frage- und Antwortspiel zwischen den Akteuren der Schauspieltruppe Louis Jouvets und Monsieur Robineau (der Hauptfigur von Giraudoux' *Siegfried*), der sie im Auftrag der Regierung über den Sinn der dramatischen Kunst und ihren Nutzen für die Gesellschaft interviewt und dabei einige von Giraudoux schon 1931 im »Discours sur le théâtre« (Über das Schauspiel) formulierte Thesen erörtert.

Im Zentrum der Kritik stehen die zeitgenössischen Theaterkritiker. Ihnen wirft Jouvet vor, die von ihrer Zunft so gern geübte, doch durch nichts gerechtfertigte Unterscheidung zwischen literarischem und volkstümlichem, d. h. dem Volk verständlichen Theater beweise nicht nur ihre Geringschätzung des Zuschauers, sondern habe ihnen darüber hinaus den Blick für den einzig gültigen Wertmaßstab der dramatischen Kunst getrübt, die wie alle Kunst nur nach der Qualität ihres Stils zu beurteilen sei. Stil, das bedeutet für Giraudoux verzauberndes Wort, phantasievolles Spiel der Assoziationen; sein Plädoyer zugunsten des »Sire le mot« aber stellt zugleich die Rückbesinnung auf ein zuweilen in Vergessenheit geratenes, aber nie ernstlich angefochtenes Dogma der literarischen Tradition Frankreichs dar, die in einem vollkommenen, d. h. adäquaten Stil niemals nur ein Accessoire der Wahrheit, sondern immer ihre unerlässliche Bedingung gesehen hat.

Nicht als langweiligen Traktat, sondern als charmantes Wortgeplänkel in bester französischer Boulevardtradition hat Giraudoux so ein theaterästhetisches Manifest im eigentlichen Wortsinne ›verwirklicht‹.

■ Lit.: T. Kowzan: Les trois ›Impromptus‹. Molière, G. et Ionesco face à leur critiques, in: Revue d'Histoire du Théâtre 32, 1982, 261–280. ■ C. Duée/B. Fernández: ›L'Impromptu‹. Una reflexión teórico-práctica sobre el teatro, in: Les chemins du texte, Hg. T. Garcia-Sabell Tormo, 1998, 138–182. *KLL*

Ondine

(frz.; *Undine*, 1949, A. Schoenhals) – Das 1939 veröffentlichte und uraufgeführte dreiaktige Schauspiel folgt inhaltlich der gleichnamigen Erzählung von Friedrich de La Motte Fouqué (*Undine*, 1811). Der Wasserkönig hat die Nixe Undine als Kind einem Fischerehepaar untergeschoben und dessen Tochter Bertha gleichzeitig an den (irdischen) Königshof entführt. In der Hütte des Fischers erliegt Ritter Hans von Wittenstein, der sich im Minnedienst eben jener königlichen Pflegetochter Bertha im Fabelwald verirrt hat, dem Zauber Undines und nimmt sie mit an den Hof.

Nachdem dort Undines Versuch, Bertha wieder ihren wahren Eltern zuzuführen, am Hochmut der arrivierten Rivalin gescheitert ist, zieht sich das ungleiche Paar mitsamt der von der Hofgesellschaft verstoßenen Bertha auf die Wittensteinsche Stammburg zurück. Hans wird der Nixe bald überdrüssig, wendet sich wieder der ehemaligen Geliebten zu und will sie heiraten, doch er muss seine Untreue teuer bezahlen: Da Undine ihr Ziel – die Vereinigung mit dem Menschen – nicht erreicht hat, erfüllt sich der Pakt, den sie mit dem Wasserkönig geschlossen hat: Hans muss sterben, Undine kehrt in ihr Element zurück.

Giraudoux' Auslegung der Fabel kehrt gegenüber der Vorlage die Rangordnung zwischen Mensch und Elementarwesen um. Nicht Undine sucht nach Erlösung vom Zustand bloßer Natur durch eine liebende Seele, die sie durch das Bündnis mit dem höher stehenden Menschen gewinnt; vielmehr strebt der in seine Welt und individuelle Seele schicksalhaft eingeengte, seiner wahren Natur entfremdete Mensch nach Erweiterung, als deren Vermittlerin Undine erscheint. Tragik erwächst aus dem Widerspruch zwischen seinem Schicksal, dem Allzumenschlichen und den Spielregeln seines jeweiligen sozialen Raumes verhaftet zu sein, und seiner Natur, die ein Ideal erstrebt, etwas, »was nicht gemein, alltäglich, abgenutzt« ist, das Vollkommene und das Schöne. Undine verkörpert vor ihrem »Fall« in die Menschenwelt dieses Ideal. Bei ihr gibt es keinen Bruch zwischen Innen und Außen, zwischen Wesen und Erscheinung; sie lebt zugleich in der Zeit und in der Ewigkeit. Am Hof trifft sie eine von Routine und Kompromissen getrübte Menschenwelt an, in der der Riss zwischen Sein und Schein, zwischen Wort und Wahrheit unübersehbar ist.

Das Urteil über den unbedarften Hans, er sei der schönste der Menschen, hält ihn gefangen, gerade weil es in Wahrheit nur seiner Eitelkeit schmeichelt. Doch auch die unbedingte Liebe erweist sich, Rechte und Freiheiten des andern nicht schonend, als Vergewaltigung; der Pakt, abgeschlossen im Vertrauen darauf, dass die ästhetische Überzeugungskraft der absoluten Idee verhindere, ihn einlösen zu müssen, ist Ausdruck dieses mörderischen Zwangs. Was Hans unternimmt, um ihm zu entgehen, gerät ihm zum Unheil. Um der menschlich normalen Hochzeit mit Bertha willen hat er Undine verjagt, die, der narzisstischen Idee der Liebe unterworfen, etwas zu sehr sich selbst genügt, als menschlicher Liebe zuträglich ist. Doch der Pakt erfüllt sich auf seltsame Weise: Der sterben soll, weil er sie verließ, weiß nun, dass er stirbt, wenn sie ihn verlässt. Dem Wesen verfallen, das seine menschlichen Kreise sprengt, findet er nicht mehr ins gewöhnliche Leben zurück. Sein Ende greift das urromantische Motiv auf, dass, »wer die Schönheit angeschaut mit Augen, [...] dem Tode schon anheim gegeben« ist (A.v. Platen).

Das Stück gestaltet nicht zuletzt einen absoluten Gegensatz: Hofetikette, Doppelzüngigkeit und Konvention stehen dem Naturwesen, der Spontaneität und Unbestechlichkeit Undines gegenüber. Der Fatalismus der Gnadenwahl, die magisch und unangefochten über ihre Helden bestimmt, verkörpert sich in einer allmächtigen Figur, dem Wasserkönig, Undines Oheim, Herrscher in ihrem und des Theaters idealem Reich. In der Maske des Illusionisten bei Hof ist er Regisseur und Autor eines Stücks, das den Kontrast von Ideal und Wirklichkeit in unvereinbar aufeinander bezogenen Figuren ohne psychologische Wahrscheinlichkeit entwirft und in einer Handlung entwickelt, die der Entscheidungsfreiheit und dem Willen des Menschen keinen Spielraum lässt und so die Vieldeutigkeit des schwierigen Lebens aufhebt.

In der Epoche des epischen Theaters, das im Illusionsbruch die Reflexion des Betrachters freisetzen will, bemüht sich Giraudoux um die Harmonisierung von theatralischer Illusion und Intellekt. Er betört mit der Sprache eines Glücks, an dem der Mensch stirbt, und die doch das Unglück der Welt vergessen lassen will. Wie die Magie seiner Kunst zum »wahren Publikum« spricht, das »nicht versteht, sondern mitempfindet«, so wendet sich Undine dem dummen Hans zu und gesteht Königin Isolde, gerade er sei ihre einzige Chance gewesen, da er nicht so schnell merkte, dass er mit Dichtung abgespeist wurde, wo er den Reflex der Wirklichkeit erwartet hatte.

Ingeborg Bachmanns lyrische Skizze »Undine geht« (in *Das dreißigste Jahr*, 1961) schließt an Giraudoux' ideelle Konzeption an, ohne »das Vollkommene, das Unmögliche, Unerreichbare, sei es der Liebe, der Freiheit oder jeder reinen Größe« mit Dichtung selbst gleichzusetzen und damit als konkrete Utopie der Wirklichkeit zu entziehen.

■ Lit.: W. F. Feuser: Das Undinenmotiv bei Friedrich de la Motte-Fouqué, J. G. und Elechi Amadi, in: Semper Aliquid Novi, Hg. J. Riesz, 1990, 55–65.

Klaus Babel / KLL

La folle de Chaillot

(frz.; *Die Irre von Chaillot*, 1946, W.M. Treichlinger) – In der ersten Szene des 1945 erschienenen zweiaktigen Stücks wartet eine Gruppe skrupelloser Geschäftsleute – ein Baron, ein Makler und ein Prospektor, angeführt von einem »Präsidenten« –, vor einem kleinen Café gespannt und ungeduldig auf einen jungen Mann namens Pierre. Sie wollen Paris zerstören, um die unter der Stadt vermuteten Erdölvorkommen zu erschließen, und konnten ihn wegen eines ungedeckten Schecks dazu erpressen, ein Bombenattentat auf den staatlichen Ingenieur zu verüben, der sich den Ölbohrungen widersetzt.

In seiner Verzweiflung hat Pierre versucht, sich durch einen Sprung in die Seine seinem Auftrag zu entziehen, wird aber von seinem triumphierenden Retter ebenfalls zu einem Café gebracht, vor dem inzwischen auch Aurélie Platz genommen hat, eine Frau aus dem Armenviertel in schäbig gewordener, einst mondäner Kleidung. Diese exzentrische und reizende alte Dame, die in einer Traumwelt lebt, die ihr verwirrter Geist sich geschaffen hat, regiert souverän, selbstsicher und mit heiterer Güte die kleinen Leute, von denen sie respektvoll »die Gräfin« genannt wird. Aurélie nimmt sich des Unglücklichen an, und es gelingt ihr tatsächlich, ihn davon zu überzeugen, dass das Leben schön und ein großes Glück ist. Zum Dank erzählt er ihr von dem Vorhaben und den Praktiken des Präsidenten und seiner Komplizen, die aus Geld- und Machtgier bereit sind, die Stadt und damit die Kultur selbst zu vernichten. Niemand wage, etwas gegen diese Ausbeuter zu unternehmen, die die Lust am Leben vergiften, die Individualität töten und den Menschen zum uniformen Wesen machen wollen. Einzig die Kellner, Lumpensammler, Kloakenreiniger und die anderen armen Leute hätten sich noch ein wenig Freiheit bewahren können, weil die Hyänen in Menschengestalt sich bisher nicht für sie interessierten.

Als die armen Freunde der Gräfin Pierres Darstellung bestätigen, beschließt sie, die Welt sofort und ein für allemal von jenen unmenschlichen Kreaturen zu befreien. Sie lädt alle Manager, Industriebosse und sonstigen Erdölinteressenten der Stadt schriftlich ein, sich zu einem bestimmten Zeitpunkt in ihrer Kellerwohnung in der Rue de Chaillot einzufinden, um sich persönlich von einem unter ihrer Wohnung entdeckten Erdölvorkommen zu überzeugen. Von ihrer Behausung führt nämlich, wie ihr einer der Kloakenreiniger gezeigt hat, unter einer Falltür eine Treppe in das Labyrinth der Kanäle, in dem jeder elend zugrunde gehen muss, der sich dort nicht auskennt.

Während ein Taubstummer die Briefe an die Finanzleute verteilt, bittet Aurélie ihre Freundinnen, Constance, die Irre von Passy, Gabrielle, die Irre von Saint-Sulpice, und Joséphine, die Irre von La Concorde, zu sich, um ihnen ihren Plan zu unterbreiten. Meinungsverschiedenheiten der Damen über die Rechtmäßigkeit eines solchen Vorgehens führen dazu, dass die Zusammenkunft zu einer Gerichtssitzung wird, in der der Lumpensammler die Verteidigung der Beschuldigten in absentia übernimmt. Doch tritt er nicht als Anwalt, sondern als Ausbeuter vor Gericht, der sich demaskiert, indem er sich verteidigt. Seine Rede, in ihrer absurden Beweisführung ein rhetorisches Meisterwerk, führt dazu, dass er von den Damen einstimmig verurteilt wird. Kurz darauf erscheinen die »Herren Prospektoren der Gesellschaften zur Erschließung von Bodenschätzen« in einzelnen Gruppen, von denen jede eine andere Interessensgemeinschaft vertritt. Durch Scheinverträge versuchen sie, die Irre von Chaillot um ihren Anteil an dem erwarteten Erdölfund zu betrügen und verschwinden anschließend, berauscht von dem aus der Tiefe dringenden Petroleumgeruch, eilends in die unterirdischen Kloaken. Als der letzte Delinquent die Treppe hinuntersteigt, schließt die Gräfin die Tür, und ihre Freunde drängen sich in die Kellerwohnung, um ihr zu danken und ihr zu sagen, dass die Tauben wieder fliegen, das Gras wieder wächst und Höflichkeit und Freiheit zurückgekehrt sind.

La folle de Chaillot ist in mancher Hinsicht Giraudoux' pessimistischstes Stück; aber es ist auch ein Märchen, dazu bestimmt, ein großes Ja zum Leben auszusprechen – wenn auch aus dem Munde einer schrulligen, ›irren‹ alten Dame und nicht mehr, wie in früheren Stücken, aus dem Munde einer charmanten jungen Frau. Das märchenhafte Schauspiel bietet eine Hauptrolle, die große Schauspielerinnen und ihr Publikum immer von neuem fasziniert.

▪ Lit.: Sondernummer Cahiers J. G. 25, 1997. *KLL*

Edmond Louis Antoine Huot de **Goncourt** / Jules Alfred Huot de **Goncourt**

Edmond Louis Antoine Huot de Goncourt

- geb. 26. 5. 1822 Nancy (Frankreich)
- gest. 16. 7. 1896 Champrosay (Draveil bei Paris, Frankreich)

Jules Alfred Huot de Goncourt

- geb. 17. 12. 1830 Paris (Frankreich)
- gest. 20. 6. 1870 Auteuil bei Paris (Frankreich)

Söhne eines napoleonischen Offiziers; Reisen nach Algier, Belgien, Italien; bedeutende und finanziell unabhängige Sammler, Kunsthistoriker und -kritiker, die gemeinsam ein umfangreiches literarisches Werk schufen; neben zahlreichen Arbeiten zu Kunst, Gesellschaft und den Sitten der Zeit schrieben sie nuancenreiche psychologische Romane am Übergang zum Naturalismus; vor allem die von Edmond allein verfassten Romane zeigten eine Neigung zur Ästhetik des Hässlichen und zur Sublimierung von Wirklichkeit; beider umfangreiche Tagebücher zählen zu den bedeutendsten des 19. Jh.s; in seinem Testament verfügte Edmond die Gründung einer Académie Goncourt, die sich 1903 konstituierte; obwohl die Goncourts in Europa weithin bekannt sind, werden ihre Werke kaum noch gelesen.

▪ Ausg.: Œuvres completes des frères G., Hg. A. Montandon, 2013 ff.

▪ Lit.: J.-L. Cabanès: Les frères G., 2000. ▪ O. Goncourt: Un siècle de G., 2003.

Germinie Lacerteux

(frz.; *Germinie Lacerteux*, 1928, B. Jolles) – Der 1864 erschienene Roman, der den Übergang zum französischen Naturalismus markiert, versteht sich als eine »klinische Studie der Liebe« von wissenschaftlicher Genauigkeit und überdies – noch vor Zolas Romanen – als eine Analyse der untersten Gesellschaftsschicht: »Das Publikum liebt verlogene Romane; dies ist einer, der wahr sein will. Es liebt die Bücher, die, sozusagen, zur guten Gesellschaft gehören; dieses Buch kommt von der Straße«, heißt es provozierend im Vorwort.

Das Werk schildert in krasser Deutlichkeit, ohne Sentimentalität, aber nicht ohne Mitleid, die verschiedenen Phasen des moralischen und körperlichen Verfalls des Dienstmädchens Germinie. Die Fatalität dieses unaufhaltsamen Abstiegs wird dem Leser ebenso wie der Protagonistin selbst immer deutlicher bewusst. Als 14-Jährige kommt Germinie aus ihrem Dorf nach Paris, unerfahren, trotz grober Physiognomie attraktiv und von erstaunlicher Widerstandskraft angesichts der Demütigungen einer korrupten Umwelt. Als sie in den Dienst der alten, wohlmeinenden Mademoiselle de Varandeuil tritt, die ein schweres Leben hinter sich hat, scheint ihre Situation erträglicher zu werden. Doch die Liebe zu dem wesentlich jüngeren Taugenichts Jupillon, Sohn einer heuchlerischen Händlerin, wird ihr zum Verhängnis. Ohne Mitleid nutzt Jupillon die Hörigkeit Germinies, die lange Zeit an die Möglichkeit einer Ehe glaubt, skrupellos aus. Er betrügt sie und treibt sie zu verzweifelter Eifersucht. Sie kämpft um ihn, lauert ihm auf, und versucht, ihn durch Geld an sich zu fesseln. Sie bekommt ein Kind von ihm, das sie unter grauenvollen Umständen heimlich zur Welt bringt und das stirbt, nachdem es ihr für kurze Zeit ungeahnte Freude bereitet hat. Sie wird alkoholabhängig. Um Jupillon vom Militärdienst loszukaufen, bringt sie innerhalb einer Woche die für ihre Verhältnisse ungeheure Summe von 2300 Franken auf. Ihrem sexuellen Begehren hilflos ausgeliefert, lässt sie sich vorübergehend mit einem Alkoholiker ein und sinkt schließlich zur Prostituierten herab. Mit Energie und Geschicklichkeit gelingt es ihr, alle Ausschweifungen, ihre Kränklichkeit und ihre Schulden vor Mademoiselle de Varandeuil zu verbergen. Sie will in den Augen ihrer Herrin, die sie nicht enttäuschen möchte, weiterhin ›rein‹ und anständig erscheinen. Erst nach Germinies Tod durchschaut das alte Fräulein – zunächst voller Entsetzen, am Ende nicht ohne nachträgliches Mitgefühl – das Doppelleben ihres Dienstmädchens.

Trotz seiner Kritik an sozialen Missständen sollte der Roman, dessen objektivistischer Stil von ↗ Flaubert beeinflusst ist, nicht als Anklageschrift aufgefasst werden. Die Schilderung des Hässlichen und Pathologischen entspringt vielmehr der ästhetischen und ›wissenschaftlichen‹ Neugierde der aristokratischen Brüder, die zu diesem Roman durch das Schicksal ihres eigenen Dienstmädchens Rose Milinge angeregt wurden. *Germinie Lacerteux* übte auf den angehenden Naturalisten ↗ Zola großen Einfluss aus. Zu einem Markstein in der Entwicklung des europäischen Romans wurde das Werk auch durch das hellsichtige Vorwort, in dem neue Entfaltungsmöglichkeiten der Gattung aufgezeigt werden: Der Roman, so heißt es dort, habe an Ausdehnung und Bedeutung gewonnen, er sei die ernsthafte, leidenschaftliche, lebendige Form der literarischen Studie und der sozialen Forschung; er werde durch seine Analysen und psychologischen Untersuchungen zur zeitgenössischen Sittengeschichte.

▪ Lit.: E. Caramaschi: Le réalisme des Goncourt. ›Sœur Philomène‹, ›Renée Mauperin‹, ›Germinie Lacerteux‹, 1964. ▪ Y. Mauban: Les romans des frères G. ou le second empire de la description, 2000. *Volker Roloff / KLL*

Journal

(frz.; *Tagebuch der Brüder Goncourt*, 1947, H. Uhde-Bernays) – Die 1887 bis 1896 in neun Bänden erschienenen Tagebuchaufzeichnungen stammen aus der gemeinsamen Zeit der beiden Brüder. 13 weitere Bände des Tagebuchs hingegen, das Edmond Goncourt nach Jules' Tod weiterführte, wurden erst 1956 bis 1958 veröffentlicht.

Die »allabendliche Beichte« der Brüder setzt am 2. Dezember 1851 ein, dem Tag des Staatsstreichs von Napoleon III., und gilt wegen des in ihr ausgebreiteten umfangreichen Materials als eines der aufschlussreichsten Dokumente zur Geschichte des literarischen Lebens im Frankreich des Zweiten Kaiserreichs und der Dritten Republik. Sie erfüllt so exakt die Aufgabe, die die Verfasser – und Mitbegründer des Naturalismus – ihr zugedacht hatten: »Unsere Bemühungen waren darauf gerichtet, bei der Nachwelt das beseelte Erscheinungsbild unserer Zeitgenossen wieder aufleben zu lassen.« Es war den Brüdern wohl bewusst, dass ihre im Positivismus gründende Überzeugung, in den täglich mit Detailfreude festgehaltenen Episoden aus ihrem persönlichen Lebenskreis – der Quelle, aus der sie auch die Stoffe für ihre Romane schöpften – jeweils einen Aspekt der Wahrheit beleuchtet zu haben, sich nicht immer mit ihren höchst eigenwilligen Urteilen vertrug. Sie versuchten, den Widerspruch durch die Versicherung zu mildern, dass sie nie vorsätzlich eine Lüge ausgesprochen hätten.

Der gesellschaftliche Klatsch, der im Umkreis der literarischen Zirkel gedieh – erwähnt seien vor allem der Salon der Prinzessin Mathilde, einer Cousine Napoleons III., und die berühmten Magny-Zusammenkünfte, wo sich ↗ Flaubert, ↗ Gautier, Renan, Sainte-Beuve, Taine und Turgenev beim Souper zu Diskussionen trafen – sollte zukünftigen Moralisten als Anschauungsmaterial dienen. So porträtierten die Goncourts Flaubert in einem Augenblick, als er mit »indifferenter Sorglosigkeit« von der unheilbaren Krankheit eines Bekannten spricht, und distanzieren sich dabei fühlbar von einer Haltung, die die »impassibilité« (Ungerührtheit), das von Flaubert proklamierte erste Gebot künstlerischer Aktivität, auf die zwischenmenschlichen Beziehungen überträgt.

Einig sind die Brüder freilich mit Flaubert im Unvermögen zur Identifikation mit der eigenen Zeit und ihrer zugleich sentimentalen und utilitaristischen Sinnesart. Ihre Liebe gehört dem 18. Jh., jener Epoche, in der ein Schriftsteller noch als ein ›Mann von Welt‹ galt, während er nun als Antipode des bürgerlichen Parvenu zu einer rein privaten Existenz verurteilt ist. Die Empfänglichkeit für den Geist des aristokratischen 18. Jh.s lässt sie das literarische Rokoko als Kunstform entdecken, die Fremdheit in der eigenen Umwelt aber schärft ihnen auch den Blick für die ersten Zeichen einer neuen Ästhetik, die sich der Allgemeinverständlichkeit und dem Durchschnittsempfinden verweigern wird.

Ihr Gespür für eine ästhetische Neuorientierung, die Ortega y Gasset später *Die Vertreibung des Menschen aus der Kunst* (*La deshumanización del arte*, 1925) genannt hat, wird erklärbar aus einer Lebenseinstellung, die sich in der Leidenschaft bekundet, tatsächlich Geschehenes auch unter dem Gesichtspunkt der literarischen Verwertbarkeit zu sammeln und ihm so die Unmittelbarkeit zu nehmen.

▪ Übers.: Journal. Erinnerungen aus dem literarischen Leben 1851–1896, 11 Bde, C. Hasting u. a., 2014.
▪ Lit.: R. Kempf: L'indiscretion de frères G., 2004.
Rose Bachem-Alent / KLL

Julien Gracq

▪ geb. 27.7.1910 Saint-Florent-le-Vieil/Maine-et-Loire (Frankreich)

▪ gest. 22.12.2007 Angers (Frankreich)

(d.i. Louis Poirier) – Studium an der École Normale Supérieure; ab 1948 Geographie-und Geschichtslehrer in Paris; 1951 Verweigerung der Annahme des Prix Goncourt; Außenseiter im Literaturbetrieb; Dramatiker, Essayist und vor allem Erzähler; Weiterentwicklung von Verfahren und Ästhetik des Surrealismus.

▪ Ausg.: Œuvres complètes, 2 Bde, Hg. B. Boie, 1989–1995.

▪ Lit.: P.C. Hoy: J.G. Œuvres et critique, 1992.

Au château d'Argol

(frz.; *Auf Schloß Argol*, 1987, E.M. Thimme) – Schon in dieser ersten eigenartigen und kunstvollen Erzählung, die 1938 erschien, erweist sich Gracq als ein Schriftsteller, der nach Thematik und Stil abseits der zeitgenössischen Literatur steht. Szenisch-atmosphärischer Hintergrund sind eine alte bretonische Burg inmitten einsamer, nebelverhangener Wälder, ein verlassener Friedhof am Meer und eine halbverfallene »Kapelle über dem Abgrund«, das Thema ist die Verbindung von Dämonie und hoher Geistigkeit, von Traum und Bewusstheit.

Ein sonderbar ambivalentes Verhältnis zwischen Freundschaft und Feindschaft verbindet Albert, dem eine ausgeprägt intellektuelle Veranlagung schon früh den Beinamen »Doktor Faust« eingebracht hat, mit Herminian, der eine mephistophelische Vorliebe für Intrigen und Skandale hat. Wie Gut und Böse, Geist und Fleisch, Tag und Nacht sind die beiden jungen Männer als zwei Seiten derselben Sache einander zugeordnet: untrennbar verbundene und zugleich zutiefst gegensätzliche Naturen. Als Versucherin und Erlösungssuchende zugleich steht zwischen ihnen die auffallend schöne und geistvolle Heide. Von Herminian vergewaltigt, wendet sie sich von ihm ab und sucht bei Albert Erlösung und ›reine Liebe‹. Nachdem auch Albert, ein Opfer des Versuchers Herminian, sich an ihr vergangen hat, nimmt sie sich das Leben. Als Herminian in der Nacht nach dem Begräbnis das Schloss verlässt, tötet Albert ihn mit einem Dolchstoß, der ihn erlöst, der den Erlösenden aber selbst schuldig macht.

Gracq geht, wie stets auch in seinen späteren Erzählungen, von einem romanhaft konkreten Geschehen aus, das aber gerade in seinen entscheidenden Phasen nur angedeutet ist. Alles ist so angelegt, dass ein geheimnisvolles Geschehen durch die konkreten Vorkommnisse hindurchleuchtet. Dieses Bestreben, zusammen mit seiner reichen und noch in ihrer Sinnlichkeit vergeistigten Sprache, verbindet ihn mit den Surrealisten, zu denen er in seiner Frühzeit Kontakte pflegte, vor allem aber auch mit deren ›Ahnen‹, den deutschen Romantikern. Romantisch ist dabei nicht nur der Schauplatz, sondern vor allem auch die mit Mythen durchwobene Erzählform: Sündenfall, Faust und Parzival werden Teil eines geistigen Bezugssystems, das Gedanken des deutschen Idealismus, insbesondere Hegels Auslegung des Sündenfalls, in das Bild von der Selbstwerdung des Geistes durch das Denken fasst. So kreist der Text um die Frage nach dem Verhältnis von Geist, Schuld und Erlösung. Nicht umsonst wird das Motto »Erlösung dem Erlöser« aus Wagners *Parsifal* auf die Gestalt Alberts bezogen und so seine Erlösungsbedürftigkeit thematisiert.

▪ Lit.: A. Peyronie: La pierre de scandale du Château d'Argol de J.G., Paris 1972. ▪ P. Marot: Dramaturgie de la connaissance dans trois œuvres de J.G., 1988. *Anneliese Botond*

Le rivage des Syrtes

(frz.; *Das Ufer der Syrten*, 1952, F. Hagen) – In diesem 1951 erschienenen Roman wird der imaginäre, überdifferenzierte Kulturstaat Orsenna vorgestellt, der seit 300 Jahren im Kriegszustand mit dem halbbarbarischen orientalischen Staat Farghestan lebt. Aber dieser Krieg ist seit langem eingeschlafen, so wie Orsenna selbst von Wohlstand, Weisheit und Mäßigung eingelullt ist. Aus Überdruss lässt sich der junge Patrizier Aldo als »Beobachter« an das öde, neblige Ufer des Syrtenmeers versetzen, wo in einer halbverfallenen Burg die »Admiralität« fast nur noch in symbolischer Präsenz die Wacht gegen Farghestan versieht. Der alte Marino, der die Admiralität befehligt, Freund und Gegenspieler Aldos, wacht hier über dem geschichtslosen Schlaf des Staates Orsenna.

In einem viel tieferen Sinn, als er sich zunächst bewusst macht, erfüllt Aldo sein Amt als Beobachter. In einer Art zielloser Erwartung studiert er die Kriegsarchive, an die schon lange niemand mehr gerührt hat, beugt sich lauschend über Gerüchte und schwer zu deutende Vorzeichen. Er riecht den Kadavergeruch eines scheinbar blühenden Staates und nimmt zugleich ein geheimes Verlangen nach der Katastrophe wahr, das wie ein Fieber seine Umgebung, das Land und ihn selbst ergriffen hat. Als Abgesandter nicht der Menschen, sondern einer Sehnsucht nach einem befreienden Tod, der das Leben vor seinem Ende noch einmal zur Größe erweckt, überquert er in einer Erkundungsfahrt auf dem Syrtenmeer die Demarkationslinie zu Farghestan und löst so, Verräter oder Erlöser seines Vaterlandes, die Katastrophe aus. So befreit er das Volk, das »niemals geneigt war, tragisch zu denken«, aus seiner »anstößigen Lebensbejahung«. Seine Freundin, Prinzessin Vanessa, die einem berühmten Geschlecht von Aufwieglern und Verrätern entstammt und die ihm bewusst die neue Wendung der Dinge vorbereiten hilft, erklärt ihm seine Handlung: Diejenigen, die das Volk mit Abscheu Verräter nennt, obgleich sie meist nur die geheimsten Wünsche dieses Volkes in die Tat umsetzen, seien in Wahrheit die »Dichter der Ereignisse«.

Man könnte dieses Werk ein Vorspiel zum Untergang eines Kulturstaates nennen. Der Verfall verwirklicht sich in einem merkwürdig aktiven Todestrieb, der zusammenfällt mit einem Verlangen nach Reinigung und Erlösung, durch das Gracqs Werk sich auf die Welt des Grals zurückbezieht. Die Verwandtschaft mit dem Thema von Ernst Jüngers *Auf den Marmor-Klippen* (1939), einem Werk, von dem Gracq bekannte, dass er wünschte, es geschrieben zu haben, ist unverkennbar. Gracq nannte *Auf den Marmor-Klippen* ein symbolisches Werk, »allerdings nur unter der Bedingung, dass man die Symbole hier nur als Rätsel und Spiegelungen versteht. Indem es sich jeden Augenblick der Interpretation entzieht, genau so offensichtlich aber dauernd Analogien hervorruft, verdeutlicht es, dass die Welt der Kunst nicht unsere Welt ist.«

Aus Sicht des Autors verbietet sich die Herstellung eines aktuellen Zeitbezugs zum Zweiten Weltkrieg, da er den Todestrieb der Einwohner Orsennas als viel universelleren Ausdruck einer »systematischen Verdrängung irrationaler Werte« des neuzeitlichen Individuums und der Gesellschaft sieht. Vielleicht lässt sich aus der Skepsis gegen die »offiziellen Werte« auch die Ablehnung des Prix Goncourt verstehen, den Gracq für *Le rivage des Syrtes* erhalten sollte.

▪ Lit.: G. Cogez: J. G. ›Le Rivage des Syrtes‹, 1995.

Anneliese Botond

Un balcon en forêt

(frz.; *Ein Balkon im Wald*, 1959, H. Scheffel, G. Scheffel) – Die Handlung des 1958 erschienenen Romans spielt im Zweiten Weltkrieg an der deutsch-französischen Front. Dort erhält Grange, ein Leutnant der französischen Armee, den Befehl, mit ein paar Untergebenen bei einem befestigten Blockhaus Stellung zu beziehen, das der Panzerabwehr dienen soll, dessen strategischer Wert jedoch zweifelhaft ist. Es ist die Zeit zwischen der Kriegserklärung im Jahr 1939 und dem Beginn der Kampfhandlungen im Frühling 1940. Grange und seine Männer leben völlig abgeschieden, ihre Verbindung mit der Außenwelt ist auf die gelegentlichen Gänge zum Versorgungslager beschränkt. Noch herrscht Ruhe an der Front. Nur das sporadische Auftauchen eines Aufklärungsflugzeugs am Himmel oder das Brummen eines Panzerfahrzeugs erinnern an den heraufziehenden Krieg.

Die unmittelbare Nähe der Natur nimmt Grange zusehends gefangen. Er fühlt sich verwandelt und beginnt, den Zustand der Abgeschiedenheit zu lieben. Die notwendigen Märsche zum Versorgungslager sind bald keine Abwechslung mehr, sondern nur noch unliebsame Pflicht. Als er hört, dass er versetzt werden soll, bittet er seinen Vorgesetzten, ihn auf seinem Posten zu belassen, und verzichtet damit auf eine militärische Karriere. Der Krieg ist fern und unwirklich, und bei seinen Gängen durch den Wald ist Grange nicht Soldat, sondern »Waldhüter«. Ihn erfüllen die einfachen Ereignisse in der Natur: das Heraufziehen der Dämmerung, die Geräusche der Nacht, das Anbrechen des Tages, der Regen, der Schnee. Selbst seine Liebesbeziehung zu Mona, die in einem Dorf in der Nähe wohnt, ist nur Teil dieses einfachen Lebens, der Verzauberung durch die Natur. Zugleich liegt jedoch über allem die Angst vor dem Krieg, der jeden Tag losbrechen kann, eine latente Bedrohung, die die Idylle zu zerstören droht. Als eines Tages tatsächlich ein Angriff erfolgt, ist Granges kleine Befestigungsanlage in kurzer Zeit vernichtet. Zwei seiner Soldaten sind tot, er selbst ist verwundet. Er schleppt sich in Monas verlassenes Dorf und in ihr Haus. Der ›Balkon im Wald‹ ist für immer verloren.

Un balcon en forêt ist kein Kriegsbuch im üblichen Sinn, da Gracq der Krieg selbst nicht interessiert. Ihm geht es vor allem um die Grenzsituation angesichts des nahenden Krieges: Die Gefahr bannt und verzaubert gleichzeitig den Menschen und die Dinge. Alles erscheint fremd, unwirklich und dabei doch von qualvoller Eindringlichkeit. Die Stille der Natur wird zur stummen, unheilvollen Drohung, in der sich die Spannung und die Angst vor dem Unabwendbaren aufs äußerste verdichten.

▪ Lit.: R. Michel: Lectures d' ›Un balcon en forêt‹ de J. G. L'écriture de la fiction, 1997.

Alfred Karnein

Julien Green

▪ geb. 6. 9. 1900 Paris (Frankreich)
▪ gest. 13. 8. 1998 Paris (Frankreich)

Zweisprachig aufgewachsen; 1915 Konversion zum Katholizismus; mit 17 Jahren Kriegsfreiwilliger; 1919 Philologiestudium in Charlotteville; Konversion zum Buddhismus; ab 1922 in Paris; 1939 zweite Konversion zum Katholizismus; während der Okkupation Emigration in die USA, von dort Unterstützung der Résistance; Dramatiker, bedeutender katholischer Romancier mit realistisch-psychologischer Erzähltechnik.

▪ Ausg.: Œuvres complètes, 7 Bde, Hg. J. Petit, 1972–1994.
▪ Lit.: W. Matz: J. G., 1997. ▪ U. Erzgräber: Zur Psychoanalyse bei J. G., 2001. ▪ D. Fabiani: Formes de l'écriture autobiographique dans l'œuvre de J. G., 2003.

Épaves

(frz.; *Treibgut*, 1967, E. Rechel-Mertens) – Der 1932 erschienene Roman handelt von dem reichen jungen Industriellen Philippe Clercy, der in seinem Pariser Stadthaus seit mehr als elf Jahren mit Henriette, seiner Frau, und deren älterer Schwester Eliane zusammenwohnt. Philippe gerät in einen inneren Konflikt, als er es bei einem Spaziergang an der Seine unterlässt, einer um Hilfe rufenden Frau beizustehen. Nach Hause zurückgekehrt, spricht er mit seiner Schwägerin, ohne ihr den Vorfall mitzuteilen. In diesem Gespräch verrät jeder Blick und jedes Wort von Eliane ihre unerwiderte Liebe zu Philippe. Philippe kehrt in derselben Nacht an den Platz an der Seine zurück und versucht, seine Angst zu überwinden. Doch wieder behält seine Feigheit die Oberhand. Henriette, die erst gegen Ende des ersten Teils die Szene betritt, sucht ihr Vergnügen auf Festen und hat einen Liebhaber; ihre Schwester dient ihr als eine Art vertrauter Dienstbote.

Die Teile zwei und drei des symmetrisch gebauten Romans sind im Gegensatz zum ersten in Kapitel unterteilt, in deren Mittelpunkt jeweils einer dieser drei Menschen steht, zu denen sich der aus dem Internat zurückgekehrte Sohn Robert gesellt. Von den Frauen bevormundet, ist auch er unfähig zu einer spontanen Äußerung. Im Mittelteil wechseln innere Monologe, Dialoge, Ensembles und Schauplätze – vor allem Innenräume – einander ab. Das Geschehen verdichtet sich in einer Stummfilmvorführung: Der Film spiegelt in grotesken Bildern die Misere Philippes und der anderen Romanfiguren. Von nun wird das Kino der Ort, an dem Philippe der Langeweile zu entrinnen sucht, während Henriette weiterhin Trost bei ihrem Geliebten sucht. Für Philippe verbindet sich die Langeweile mit einer existenziellen Angst, die ihn allen Gebieten versagen lässt. Auf der Suche nach einem Mitwisser seiner Verzweiflung unterwirft er den kleinen Robert seltsamen Mutproben, unter denen beide leiden. Während Vater und Sohn auf diese Weise immerhin eine Beziehung zueinander aufbauen, flieht Eliane aus dem Haus des Schwagers, wird durch ihre Liebe jedoch wieder zurückgezogen.

Der letzte Teil des Romans schildert eine Reihe von Versuchen, der konfliktbelasteten Dreiecksbeziehung, der Apathie und Langeweile zu entkommen. Doch all diese Ansätze zur Tat münden in Feigheit oder Resignation. Eliane spielt mit dem Gedanken an Selbstmord. Auch Henriette ist im Begriff, sich umzubringen, wird aber durch das Kind daran gehindert. Eliane informiert Henriette über ihre Liebe; Philippe will mit Robert den Liebhaber seiner Frau aufsuchen, kehrt aber unverrichteter Dinge um. Als er in einer Zeitung liest, eine Ertrunkene, die monatelang im Wasser gelegen habe, sei aus der Seine gezogen worden, teilt er sich Eliane mit, die sich die Schwäche des Geliebten zunutze macht: »Plötzlich, mit der Gier eines Tigers, warf sie sich auf seine Lippen, ohne Mitleid für das schmerzliche Stöhnen, das ihr Biß dem Besiegten entrang.« Doch auch dieses Vorkommnis bleibt ohne Folgen. Im letzten Kapitel machen Philippe und Robert einen Spaziergang an der Seine. Auch Philippe trägt sich nun mit Selbstmordabsichten, und schon der Gedanke daran gibt ihm Eliane gegenüber das Gefühl »moralischer Überlegenheit«. Doch er taucht nur seine Hand in den Fluss, »und auf einmal war ihm, als fürchte er sich nicht mehr«. Das weitere Schicksal der Romanpersonen bleibt offen.

In diesem Roman signalisiert kein dramatisches Ereignis, wie etwa ein Mord, den Sieg der Sünde, und kein Opfer zeigt Erlösung an. Am Ende des Buches müssen die Personen, die wie in einem Glashaus leben, ihre triste Existenz weiterführen. Nie hat Green mit geringerem Aufwand an Personen und Ereignissen das ›Arge‹ so alles beherrschend dargestellt: die Unfähigkeit, sich mitzuteilen, die Lustlosigkeit, dem anderen zuzuhören, die Fesseln der Konvention. Die Sprache, mit der diese ebenso lebendigen wie leblosen Figuren geschildert werden, ist von höchster Präzision und zeugt von einer umfassenden Beobachtungsgabe, doch werden nur solche Details zur Darstellung gebracht, die einen magisch-verstrickten Bezug zueinander erkennen lassen.

Der meisterhafte Aufbau des Buches mit seinem Wechsel von inneren und äußeren Ereignissen, seinen Rückblenden und Träumen, dem Höhepunkt der Kino-Groteske und seiner Abfolge von genau gesteuerten szenischen Auftritten verrät Greens dramatische Ambition und zeugt von einem hohen Formbewusstsein. Ursprünglich hätte das Buch »Crépuscule« (Dämmerung) heißen sollen, »des Bürgertums natürlich«, wie Green hinzufügt, womit er jene gehemmten, neurotischen, zur Mitteilung unfähigen Gestalten meint. Nur das Kind Robert bringt einen Funken Hoffnung, eine linkische, doch aufrichtige Zärtlichkeit in dieses düstere Buch.

■ Lit.: V. Catelain: La voie initiatique dans l'œuvre de J. G., 1996.

Manuel Thomas

Moïra

(frz.; *Moira*, 1952, G. Goyert) – Hauptfigur des 1950 erschienenen Romans ist der junge Joseph Day, Theologiestudent an einem amerikanischen College, der aufgrund eines uneinlösbaren Keuschheitsanspruchs versucht, alle sexuellen Regungen zu unterdrücken, und dies umso rigoroser, je stärker sich das Begehren in ihm äußert. Religiöser Fanatismus und die Kompromisslosigkeit, mit der er glaubt, seiner Sexualität Herr werden zu können, tragen ihm bei seinen Kameraden den Spitznamen »Würgeengel« ein. Seine unbewusste Sehnsucht nach Bewahrung des Kindseins ist letztlich eine Form von Lebensangst. In der Religion errichtet sich Joseph Day ein Bollwerk gegen die eigene Sexualität und gegen die Versuchungen von außen.

Doch zieht seine Haltung gerade das an, was er verabscheut. Während ihn diejenigen seiner Kameraden, die er durch seine Abwehr provoziert, mit Anzüglichkeiten reizen, bringen ihm homosexuelle Kommilitonen – unter ihnen der Theologiestudent David – eine Sympathie entgegen, die Joseph beunruhigt, ohne dass er sie durchschaut. Das verführerische Mädchen Moïra (mit dem Namen der griechischen Schicksalsgöttin) ist für Joseph die Verkörperung weiblicher Sinnlichkeit, die Sünde, das schlechthin Böse. Seine ambivalenten Empfindungen – Begehren und Abscheu – vermag er nicht zu kontrollieren. Als er sie nach der ersten gemeinsamen Nacht tötet, füllt sich der bislang harmlose Spitzname »Würgeengel« mit einer grausamen Bedeutung. Joseph Day verschmäht den Fluchtweg, den ihm ein Mitstudent anbietet, und liefert sich der Polizei aus.

Moïra ist der einzige Roman, in dem Green das Grundthema all seiner Werke in einer so direkten Weise dargestellt hat: den Kampf zwischen geistigem und sexuellem Verlangen, der mit dem Sieg der Sünde endet. Durch die detailreiche Darstellung sexueller Verdrängung und den Versuch ihrer Sublimierung durch Josephs Puritanismus erhält das Werk den Charakter eines pathologischen Falles. In der Tat erinnert es an eine detaillierte psychoanalytische Studie, ohne sich stilistisch und strukturell wesentlich von früheren Werken zu unterscheiden. Aber der psychologische Aufbau der Romangestalten, vor allem der Hauptperson, erscheint noch logischer und nuancenreicher. Ekel an der Welt und verzweifeltes Ringen um Erlösung werden in einer Sprache von schwerer, bedrückender Düsternis gestaltet. Mit gutem Grund hat die Kritik hier von Greens Virtuosität in der psychologischen Darstellung gesprochen, die indes der religiösen Dimension keinen Abbruch tut.

▪ Lit.: P. Thiell: ›Moïra‹ et le problème de la culpabilité, 1983. ▪ J. Spyrou: Religion et création romanesque dans ›Moira‹ et ›L'Autre‹ de J. G., 1983.

Anneliese Botond

Les étoiles du sud

(frz.; *Die Sterne des Südens*, 1995, H. Kossodo, E. Edl) – Der 1989 erschienene Roman, ein monumentales Alterswerk des Autors, ist eine mehr als 2000 Seiten umfassende Trilogie über die Zeit des Amerikanischen Bürgerkriegs (1861–1865). Das Werk umfasst die Teile *Les pays lointains*, 1987 (*Von fernen Ländern*, 1991), *Les étoiles du sud*, 1989 (*Die Sterne des Südens*, 1990), und *Dixie*, 1995 (*Dixie*, 1995). Den Begriff ›historischer Roman‹ vermied Green für das Werk und zog es vor, von einer Erziehung des Herzens, einer »éducation sentimentale«, vor der Folie der historischen Ereignisse zu sprechen.

Das Werk vernetzt die persönlichen Schicksale der Figuren mit politischen Ereignissen einer dem Untergang geweihten Welt, die Green über einen Zeitraum von fast zwei Jahrzehnten nachzeichnet. Der erste Band spielt zehn Jahre vor Ausbruch des Sezessionskriegs, der zweite Band endet mit einer Schlacht im Jahr 1861; im Schlussteil zeichnet sich der Zusammenbruch der Südstaatenarmee ab. Am Ende von *Les Étoiles du sud* bleibt Elizabeth Jones allein mit dem kleinen Sohn Ned zurück, nachdem sich ihr Ehemann Ned Jones mit ihrem Geliebten Jonathan Armstrong ein Duell geliefert hatte, das für beide tödlich endete. Für Elizabeth, die 22-jährige Witwe, ist Ned, der den symbolbefrachteten Namen Jonathan erhält, die Verkörperung der schuldhaften Liebe zu ihrem Geliebten. Miss Llewelyn wird ihre Wirtschafterin und rät zu einer neuen Heirat. Charlie Jones, ihr Schwiegervater, berichtet Elizabeth vom Tode ihres Verwandten William Hargrove, der ihr ein Smaragd-Collier hinterließ. Sie heiratet schließlich Billy Hargrove, einen Enkel des Verstorbenen. Der kleine Ned flüchtet sich gemeinsam mit dem irischen Gärtner Pat in eine Phantasiewelt, doch trägt die Einrichtung eines neuen Kinderzimmers zum Verlust der Kindheit bei. Aus dem lispelnden Kind wird ein »Visionär voller beunruhigender Phantasien«. Jonathans Witwe Annabel, Laura Hargroves Tochter, wird auf einem Fest in die Gesellschaft Savannahs eingeführt.

Der an dieser Stelle eingeflochtene, von Miss Llewelyn erzählte Abschnitt »Laura oder Das verlorene Paradies« schildert die Lebensumstände William Hargroves und seiner Tochter Laura auf Haiti um 1824. Er stellt eine innere Doppelung der Werkkomposition dar, da Lauras Schicksal die Strukturen von Elizabeths Leben repetiert. Laura liebte den schwarzen katholischen Offizier Régis, sie konvertierte, ließ ihre heimliche Hochzeit mit ihm von Miss Llewelyn arrangieren und erwartete ein Kind. Wegen sozialer Unruhen, in deren Verlauf der daran beteiligte Régis vermutlich von Hargrove ermordet wurde, musste die Familie fliehen. Mutter und Tochter wurden getrennt. Nun zieht sich Annabel, genau wie ihre Mutter, in ein Kloster zurück. Elizabeth gesteht sich nach dieser Erzählung ein, bei ihrer zweiten Heirat dem »Irrtum der Sinne« erlegen zu sein, doch sie bekommt ein Kind.

Erst im letzten Teil des Buches zeigt Green verstärkt die fortschreitende Sezession der Südstaaten, wobei er den ersten Kommentar zwei schwarzen Dienern überlässt. Die Ereignisse verdichten sich nun auf den sich abzeichnenden Krieg hin. Elizabeth flieht mit Charlie Jones und ihrem Sohn nach Great Lawn. Die Plantage erscheint ihr unwirklich und mit Erinnerungen besetzt, es wirkt wie ein symbolisches Ereignis, als ein Vogelschwarm den Ort verlässt. Aus drei Perspektiven (Billy und Mike Hargrove, Algernon Steers) wird die erste große Schlacht beschrieben, in der Billy fällt. Erneut zur Witwe geworden, verliert Elizabeth endgültig den Sinn für die politische Realität.

Den handlungsarmen Abschluss der Trilogie bildet *Dixie*. Im Jahr 1862 heiratet Elizabeth überstürzt Joël Owen, einen einfachen Soldaten, der als »Symbol des Südens« fungiert. Einige Ereignisse wie die für den Süden erfolgreiche Schlacht am Ende des Romans können nicht darüber hinwegtäuschen, wie aussichtslos der Widerstand der Südstaatenarmee ist. Elizabeths Lebensweg bleibt trotz scheinbarer Festigung offen.

Nur oberflächlich liegt eine thematische Verwandtschaft mit Margaret Mitchells Roman *Gone with the Wind*, 1936 *(Vom Winde verweht)*, vor. Viel stärker nutzt Green den historischen Hintergrund als Kulisse für das Arrangement seiner Lebensthemen. In der Figur Elizabeths ist es der ungelöste Konflikt von Liebe und Sexualität. Als positive Kräfte wirken die Mutterliebe und die Kindheit als Symbol der Unschuld. Frauenfiguren wie Souligou und Miss Llewelyn, zu denen Elizabeth sich hingezogen fühlt, sind Katalysatoren des Okkulten und der Welt des Todes. Daneben zeigt sich – verhalten wie in anderen Werken des Autors – die Frage nach der Religion. Diese metaphysische Dimension des Romans (neben der historischen: das Sternenbanner der Südstaaten) zeigt sich auch in der Sternensymbolik. Das irdische Dasein ist angesichts des unbegreiflichen Universums absurd. Die erzählte Welt dagegen erscheint als stilisierte Hölle, hervorgebracht durch die Leidenschaften derer, die sie bewohnen. Elizabeth kann nicht unterscheiden zwischen Begehren und Liebe, sie ist daher Opfer und Täterin zugleich. Das verbindet sie mit den Frauenfiguren anderer Werke Greens.

▪ Lit.: H. Chen: Étude de l'espace dans la trilogie sudiste de J. G., 2003.

Andrea Petruschke

Souvenirs des jours heureux

(frz., engl.; *Erinnerungen an glückliche Tage*, 2008, E. Edl) – Die Lebenserinnerungen entstanden 1941/42 im US-amerikanischen Exil und erschienen 1942 in den USA zunächst in der von dem amerikanisch-französischstämmigen Autor selbst verfassten englischen Redaktion unter dem Titel *Memories of Happy Days*. Da Green 1963 seine vierbändige Autobiographie in Angriff nahm, deren erster Band sich zeitlich mit *Souvenirs des jours heureux* deckt, hielt er es zunächst nicht für nötig, die früheren Memoiren erneut zu publizieren. Die französische Rückübersetzung durch den Autor entstand erst 1972, wurde in Auszügen in den Essayband *Le langage et son double* (1985) aufgenommen und 2007 aus dem Nachlass veröffentlicht. Der amerikanischen Ausgabe war ein – in der späteren französischen Fassung nicht publiziertes – Vorwort beigefügt, das die Entstehungsumstände des Werks erläutert; ein Epilog von 1972 erhellt die komplizierte Text- und Übersetzungsgeschichte: Green hatte Paris im Mai 1940 unter dem Eindruck des Krieges verlassen und sich zu Verwandten in die USA begeben, wo er bis 1945 blieb. Da er absehen konnte, dass die USA sich früher oder später im Weltkrieg engagieren mussten, entschloss er sich, ein literarisches Werk in Angriff zu nehmen, mit dem er den Amerikanern seine okkupiertes Vaterland näherbringen wollte: »Das Einfachste war, von meiner ungewöhnlichen Kindheit zu erzählen, als kleiner Amerikaner, der in Paris geboren und mit doppeltem Glück aufgewachsen war, instinktiv zwei Sprachen zur Verfügung hatte. […] Ich musste meinen Landsleuten zeigen, was Frankreich für mich bedeutete und somit für sie bedeutete.«

Green erzählt knapp die Vorgeschichte der Familie in den Südstaaten, die seine Eltern 1895 verlassen, als dem Vater der Posten eines Repräsentanten einer Ölgesellschaft in Paris angeboten wird, wo Julien 1900 zur Welt kommt. Mit der Ironie und Akribie eines ↗ Proust, mit dem er die häufig literarisch überformte Wirklichkeitssicht teilt, schildert Green im ersten Teil das familiäre Ambiente, den langsamen Aufstieg in der bürgerlichen Welt der Belle Epoque aus kindlicher Perspektive: Die »glücklichen Tage« bestehen in den Streichen, Spielen und Phantastereien, mit denen Julien und seine Schwestern das Haus erfüllen, im Musizieren und ausgedehnten Lektüren, die neben der *Bibel* vor allem den Klassikern – ↗ La Fontaine, ↗ Corneille und ↗ Hugo – und daneben Zeitgenossen wie ↗ Daudet gelten. Deutlich wird dabei immer wieder die Perspektive einer doppelten Fremdheit, die den in Frankreich geborenen Amerikaner nach seinen amerikanischen Wurzeln forschen, ihn aber auch Idiosynkrasien der Franzosen hinterfragen lässt. Zugleich mischen sich in der Retrospektive des Entstehungsjahres 1941 bereits in die Erzählung vermeintlich »heiterer« Jugendjahre die Wahrnehmung jener revanchistischen Misstöne, die die deutsch-französischen Beziehungen von 1871 bis zum Zweiten Weltkrieg beeinflussten. Nicht als geringstes Verdienst von Greens doppelter Perspektive darf gelten, dass er, zwischen den Kriegen mit deutschen Künstlern und Intellektuellen wie Klaus Mann und Kurt Wolff befreundet, noch im Exil die damit verbundenen germanophoben Hysterien zu relativieren vermag.

Ein Drittel des zweiten Teils behandelt Greens Erfahrung des Ersten Weltkriegs, dessen Gefährlichkeit für die alte Welt anfangs von allen unterschätzt wird. Die Pariser finden sich zunächst mit dem Exodus aus der Hauptstadt ab, und Julien, der jeden Tag weite Strecken dorthin zu Schule fahren muss, macht aus der Not eine Tugend, indem er während der langen Bahnfahrten Buch um Buch verschlingt. Wenngleich der Krieg Paris nie erreicht, ist er »für alle eine *idée fixe* geworden und ist es unmöglich, dieser Obsession zu entkommen«. Am Wendepunkt (»Amerika trat gerade noch rechtzeitig in den Krieg ein, um die Welt vor einer ungeheuren Katastrophe zu retten«), nach dem Abitur, meldet sich Julien freiwillig zum Sanitätsdienst beim amerikanischen Korps, ebenso seine Schwester Retta, die bei der Arbeit im Lazarett an Entkräftung stirbt. Als Julien, seiner ursprünglichen Neigung, Maler zu werden, folgend, mit Gertrude Stein und ihrem Bruder Mike bekannt wird, die ihn in die aktuelle Kunst einführen sollen, gerät der erste Kontakt mit zeitgenössischer Ästhetik zum Schock: »Mein Einwand gegen Matisse war nicht, dass er einer Frau ein grünes Gesicht gemalt hatte [...]. Ich wusste im Innersten: so würde ich nie malen können.« Ohne Überzeugung setzt Julien seine Malstudien fort, gelangt dadurch in Kreise, die ihn, der sich nun immer mehr dem Schreiben zuwendet, mit zeitgenössischer Literatur bekannt machen. Er setzt sich mit ↗Giraudoux, ↗Proust und Lacretelle auseinander, lernt ↗Mauriac und ↗Cocteau, später ↗Gide persönlich kennen. Der Weg als Schriftsteller ist vorgezeichnet, als er Gaston Gallimard kennenlernt, der seine erste Erzählung in der *Nouvelle Revue Française* druckt. Es folgen die ersten großen Werke, bis Julien Green 1926 in eine Schreibkrise gerät, in der er sein zentrales Lebensthema, das Gefangensein seiner Protagonisten, entdeckt und in dem Roman *Adrienne Mesurat* (1927) darstellt, dessen Erfolg in Frankreich und den USA zu spät eintritt, um den gerade verstorbenen Vater noch daran teilhaben zu lassen: »Vor allem bedauerte ich, dass [...] mein Vater nichts mehr davon erfahren hatte. Mein Leben begann.«

Ursprünglich bis zum Beginn des Zweiten Weltkriegs konzipiert, endet die Autobiographie 1927 vorzeitig, da Green, 1941 zur US-Armee einberufen, die Arbeit liegen ließ und sein Verleger sie umgehend zum Druck brachte. Mehrere Preise und eine baldige zweite Auflage zeugen von der großen Resonanz, die das Buch in den USA hatte. Vom historischen Ort des in der Neuen Welt Exilierten sind sie zugleich Zeugnis der Sehnsucht nach einer unerreichbaren Welt und insofern eine Liebeserklärung an Frankreich. Hierin vergleichbar mit Prousts *À la recherche du temps perdu*, künden sie gerade von diesem historischen Ort aus von einer versunkenen Welt. Besonderen Wert dürften die *Souvenirs* insofern künftig auch als Dokument einer Pariser Kindheit und Jugend in der ausgehenden Belle Epoque erlangen.

■ Lit.: R. Ziegler: Authored Child, Fathered Text. A Reading of J. G.'s Memories of Happy Days, in: Essays in French Literature 24, 1987, 51–60. ■ W. Matz: J. G. Das Jahrhundert und sein Schatten, 1997.

Gerhard Wild

Guillaume de Lorris / Jean de Meung

Guillaume de Lorris

- geb. um 1200 Lorris-en-Gâtinais/Loiret (Frankreich)
- gest. um 1240 Frankreich

Mitte des 13. Jh.s in Nordfrankreich lebender Verfasser der ersten 4000 Verse des *Roman de la rose*; kaum Anhaltspunkte in Bezug auf Herkunft und Lebensumstände vorhanden; Ausbildung an der Universität Orléans; kultivierter Autor, strebte für den zeitgenössischen Adel eine literarische ›Liebeskunst‹ in der Nachfolge von Andreas Capellanus an.

Jean de Meung

- geb. um 1240 Meung-sur-Loire (Frankreich)
- gest. um 1305 Frankreich

(auch: Jean Clopinel de Meung) – Aus dem Loiretal stammender Autor bürgerlicher Herkunft; gründlicher Kenner des zeitgenössischen Bildungskanons; Vertreter eines vom Averroismus beeinflussten Rationalismus, der die Krise des mittelalterlichen Denkens problematisiert; Übersetzer bedeutender Werke aus Antike (Vegetius' *De re militari* und Boethius' *De consolation philosophiae*) und Mittelalter (Abaelards *Historia calamitatum*).

Le roman de la rose

(afrz.; *Der Rosenroman*) – Der von Guillaume de Lorris begonnene und von Jean de Meung fortgesetzte allegorische Versroman entstand etwa 1230 bis 1240 (erster Teil) und 1275 bis 1280 (zweiter Teil). Zusammen mit den Werken ↗Chrétien de Troyes' und dem Lancelot-Prosaroman gilt der *Roman de la rose* unbestritten als das Hauptwerk der altfranzösischen Literatur. Wie an dem sich über Generationen erstreckenden Bau einer gotischen Kathedrale haben zwei Verfasser, die ihrer dichterischen Absicht nach so verschieden waren, dass man von zwei getrennten Werken sprechen könnte, unabhängig voneinander daran gewirkt. Jeder von beiden beeinflusste auf seine Art entscheidend das Denken und die Dichtung des Mittelalters bis in die Frühe Neuzeit hinein.

In der Form des Gedichts, das aus paarweise gereimten Achtsilblern besteht, lehnt sich der *Roman de la rose* an die höfische Dichtung an; seine Liebesauffassung entspricht dem geltenden Minneideal. Die Darstellung der Liebe ist in die Form einer Traumallegorie gekleidet, die der Dichter »in seinem zwanzigsten Lebensjahr« erfahren haben will: An einem Maienmorgen geht er auf dem Lande spazieren und befindet sich plötzlich vor einer hohen Mauer, die einen Garten umschließt. Auf die Mauer gemalte allegorische Gestalten verteidigen symbolisch den Zugang zum Garten. »Oyseuse«, die Verkörperung des höfischen Müßiggangs, öffnet dem Dichter jedoch den Garten und erzählt über »Sinnenlust«, seinen Besitzer, der hier mit seiner Freundin »Fröhlichkeit« und anderen allegorischen Figuren ein höfisches Fest feiert. Von der Atmosphäre der allgemeinen Freude und dem Gesang der Vögel ist der Dichter ganz entzückt. Schließlich fällt sein Blick im Wasserspiegel eines verzauberten Brunnens (Brunnen des Narziss) auf eine herrliche Rose, Sinnbild der Geliebten. Amor, mit seinen Pfeilen »Schönheit«, »Einfachheit«, »Aufrichtigkeit«, »Geselligkeit« und »Schöne Erscheinung«, erklärt dem Dichter nun in einer Ovid nachgeahmten Schlüsselszene in allen Einzelheiten, wie er sich der Geliebten zu nähern habe. Er müsse aller Niedrigkeit entsagen, sich dem Dienst an der Frau ergeben, seinen Körper pflegen sowie Treue und Freigebigkeit zeigen. Doch die Wache, die der Rose beigegeben ist, »Verleumdung«, »Dangier« (die Hindernisse, die sich der Leidenschaft entgegenstellen), »Scham« und »Angst«, verbieten dem Dichter die Annäherung; und die »Vernunft«, die von einem hohen Turm alles überblickt, rät ihm von der Liebe ab. Er will jedoch nicht aufgeben, und »Freund« gibt ihm Ratschläge, wie er die Wächter beschwichtigen könne. Dies gelingt, doch nun verbietet »Keuschheit« ein weiteres Vordringen, bis sich schließlich Venus einmischt und der Dichter durch einen Kuss die Geliebte an sich binden kann. Nun werden die Wächter zornig: »Verleumdung« ruft »Eifersucht«, die einen Turm und eine Mauer um das Rosenbeet errichtet, und auch den Helfer des Dichters, den »Guten Empfang«, der wahrscheinlich das höfische Liebesspiel verkörpert, mit einschließt. Mit einem Klagemonolog endet hier die Erzählung Guillaumes.

Die Allegorie war für den Leser der damaligen Zeit ein vertrautes Medium zur verallgemeinernden Darstellung abstrakter Gehalte. Die Geliebte wird im Symbol der Rose zum Typ der höfischen Frau. Die ihr zugeteilten Eigenschaften wie Schamgefühl, Angst und Keuschheit sind keine persönlichen Charakterzüge, da sie auch auf andere Personen projiziert werden können. Auch der Liebhaber existiert nicht mehr als selbständig handelnde Person, sondern ist ein Konstrukt verschiedener Eigenschaften und Regeln, die miteinander im Widerstreit liegen. Dieser innere Kampf wird durch die Metaphorik der Liebe als Kampfspiel manifestiert.

Jean de Meung, der Verfasser des mit 18 000 Verszeilen ungleich größeren zweiten Teils, knüpft zwar an die traditionelle Form an, gibt ihr jedoch, gemäß der historischen Distanz eines halben Jahrhunderts, die ihn von Guillaume trennt, einen völlig anderen Inhalt. Der bürgerlichen Tradition entsprechend wird die Frau nun zur Gefahr, und der unerfahrene Liebhaber kann nur aufgrund seiner Jugend für seinen Leichtsinn entschuldigt werden. Auch »Freund« hält nochmals einen längeren Monolog, in dessen Verlauf er sich als kühner Freigeist entpuppt. Da aber die Anwendung dieser Theorien dem Liebhaber nur Enttäuschungen bringt, tritt nun »Liebe« auf, die mit ihrem Hofstaat die Mauer erstürmen will. Bei ihr befindet sich die »Heuchelei« der Priester und Mönche, die im bekanntesten Teil des Werks von Jean de Meung eine Erklärung ihrer Handlungsweise gibt. Sie ist ein Lügner, der keine Buße tut und der durch seine Skrupellosigkeit nicht nur über die ahnungslosen Guten, sondern auch über die Hochmütigen, die Ehrgeizigen und die Verschlagenen Macht hat. Unter heiligem Gewand und hinter frommen Worten, so erklärt sie der »Liebe«, könne sich die größte Niedertracht mühelos verbergen. Auf die Aufforderung von »Liebe«, fortzufahren, weitet sich diese Tirade zu einer allgemeinen Kritik an den Mönchen aus, die in einer Apologie von Guillaume de Saint-Amour und seiner Verteidigung der weltlichen Hochschullehrer gipfelt. Danach kehrt der Dichter wieder zur ursprünglichen Handlung zurück: »Heuchelei« ist die ideale Verbündete von »Liebe«; sie erwürgt »Verleumdung« und befreit den »Guten Empfang«. Schon will der Dichter die Rose pflücken, als wiederum »Angst« und »Scham« erscheinen. Fast hätte Venus den Kampf zwischen den allegorischen Gestalten entschieden, als der Autor schnell wiederum das Thema wechselt und den Leser in die Schmiede der Natur führt, wo diese, die Schöpferin des Lebens, ihrem Vorgesetzten »Genius« Rechenschaft ablegt. »Natur« legt dar, dass alles auf dieser Welt ihren Gesetzen untergeordnet ist, und philosophiert gelehrt über den freien Willen, die Bedeutung der Träume und den Wert der Astrologie. Die Antwort des »Genius« verliert sich in komplexen Erörterungen. Nach diesem Einschub wird die Handlung hastig zu einem Ende geführt: Die Burg wird erstürmt, und der Dichter pflückt die begehrte Rose.

In ideologischer Hinsicht steht der von Jean de Meung verfasste Teil in extremem Gegensatz zur Dichtung seines Vorgängers. Demgemäß wird das Werk seit seiner Entstehung kontrovers diskutiert. Möglicherweise war der Autor von der neoaristotelischen Geistesströmung des Averroismus (Ibn Rusd) beeinflusst, für den die Liebe nur ein zweitrangiges Phänomen ist, das nicht an sich, sondern nur in seinen physischen und moralischen Folgen von Bedeutung ist, da es durch die rational aufgefassten Gesetze der Natur bestimmt wird. Im Zentrum des Interesses stehen daher nicht der Liebende und die Rose, sondern Allegorien wie »Vernunft« und »Heuchelei«, durch die der Dichter sein Wissen aggressiv und kritisch darlegen kann. Seine Dichtung gleicht eher einer Enzyklopädie, in der unterschiedlichste Themen behandelt werden, auch so ›unpoetische‹ wie Probleme der Scholastik oder philosophisch-moralische Streitfragen.

In vielem ist Jean de Meung seiner Zeit weit voraus: Die Verwendung antiker Texte und seine kritische Einstellung zu der weltlichen und religiösen Hierarchie verweisen auf die anbrechende Neuzeit. Der Einfluss dieses Werks ist folglich vor allem in der Zeit des Humanismus und der Aufklärung spürbar. Vom 14. bis zur Mitte des 16. Jh.s war der *Roman de la rose* des Jean de Meung sogar das meistgelesene Werk der französischen Literatur. Noch 1399 war er so bekannt, dass Christine de Pizan heftig gegen Jean de Meungs polemisches Bild der Frau protestierte. Auch Jean Gerson, der Kanzler der Sorbonne, verurteilte die Kühnheiten in seiner *Vision de Gerson* (1402). Die Dichter der Pléiade hingegen, die sonst in ihrer Beurteilung mittelalterlicher Literatur sehr streng waren, schätzten den *Roman de la rose* hoch ein. 1527 veröffentlichte Clément Marot eine neufranzösische Übersetzung, die in der Folgezeit den altfranzösischen Text verdrängte.

Den nachhaltigsten Einfluss außerhalb Frankreichs übte der *Roman de la rose* auf die englische Literatur aus. Für Geoffrey Chaucers gesamtes Werk stellte der *Roman de la rose* wohl die wichtigste Quelle dar. Nicht zuletzt deshalb sind entscheidende Anstöße der Forschung immer wieder von der englischen Kritik ausgegangen. Sie akzentuieren die zentrale Einsicht, dass beide Teile des Romans, thematisch gesehen, eine Einheit bilden, dass die Liebe auch bei Jean de Meung das zentrale Thema bleibt und er ebenso wie sein Vorgänger einen ›Liebesspiegel‹ verfasst hat. Seine beständigen Digressionen erweisen sich so als Mittel der kommentierenden Ausweitung, mit denen der Autor das Thema der Liebe in seiner gesamten Komplexität zu erfassen sucht. Auf diese Weise sei es ihm gelungen, das Werk sinngemäß fortzusetzen und zugleich ganz im Sinne mittelalterlicher rhetorischer Traditionen mit einer kommentierenden disputatio zu versehen. Hervorzuheben ist ferner der durchaus umstrittene Versuch, den Roman christlich auszudeuten. In neuerer Zeit ist von K. A. Ott der bis dahin unbestrittene höfische Charakter des ersten Teils des *Roman de la rose* in Frage gestellt worden. Demnach sei nicht nur Jean de Meung, sondern auch Guillaume de Lorris bereits ein ›bürgerlicher‹ Dichter. Das Werk weiche in wesentlichen Zügen vom klassischen Modell des höfischen Romans ab. Die besondere Art, in der höfisches Wesen dargestellt werde, vor allem aber die vollständige Allegorisierung höfischer Werte, erweise sich bei näherer Betrachtung bereits als eine bürgerlich reflektierte Form einer so lediglich in der Literatur manifesten höfischen Weltsicht.

▪ Ausg.: Le Roman de la Rose, 5 Bde, Hg. E. Langlois, 1914–1924.
▪ Übers.: Der Rosenroman, 3 Bde, K.A. Ott, 1976–1979 [afrz.-dtsch.].
▪ Lit.: H. M. Arden: The Romance of the Rose, 1987. *KLL*

Guillaume de Machaut

▪ geb. um 1300 Machaut/Champagne (Frankreich)
▪ gest. April 1377 Reims (Frankreich)

Studium der Theologie; ab etwa 1323 Kaplan und Sekretär Johanns von Luxemburg; danach am Hof Karls II. von Navarra; ab 1337 Domherr in Reims; bedeutendster Dichter-Musiker des Mittelalters (Hauptvertreter der Ars Nova); verbindet in der Umgestaltung ganzer Partien des eigenen Werks zur poetisierten Autobiographie die fiktive Biographie der Troubadours mit der allegorischen Dichtung des *Rosenromans*; beherrscht alle gängigen lyrischen Gattungen.

▪ Ausg.: Œuvres complètes, Hg. E. F. Desonay, 1935 ff.
▪ Lit.: M.'s World. Science and Art in the Fourteenth Century, Hg. M. Pelner Cosman/B. Chandler, 1978.

Das lyrische Werk

(afrz.) – Zu Recht hat man das späte 14. Jh. als das »Zeitalter Machauts« bezeichnet, da kaum ein Autor einen derartig großen Einfluss auf seine literarische Nachwelt ausgeübt hat wie der Dichter-Musiker Machaut.

Machauts Meisterschaft offenbart sich in der virtuosen Beherrschung eines großen Spektrums lyrischer Formen der altfranzösischen Dichtung, die er selbst vertont hat: Kleinformen wie Rondeau, Ballade, Lai, Virelai, Chanson Royale und Complainte finden sich neben den lyrischen Großformen. Die enge Verschränkung von Wort und Klang zeichnet seine Lyrik ebenso aus wie das Ineinander von poetischer Struktur und einem im fast neuzeitlichen Sinne sich theatralisch inszenierenden dichterischen Subjekt. So trugen zum Fortleben von Machauts vielgestaltigem Werk nicht nur die frühen Bewunderer seiner Musik bei, sondern in erster Linie auch der Dichter selbst, der bereits zu Lebzeiten sein Werk in aufwendig illuminierten Handschriften sammeln und verbreiten ließ. Neben dichterischen und musikalischen Werken verdanken wir diesen Codices auch zwei zeitgenössische Porträts des Poeten, der am Anfang des neuzeitlichen Mythos vom Künstlerhelden so auf einer Stufe mit seinen Mäzenen, Jean de Berry, Karl von Navarra und Johann von Böhmen, stehen wollte.

Der Werksammlung Machauts ist in einer Reihe von Manuskripten ein später abgefasster Prolog beigegeben. In vier Balladen führt »Nature« dem Dichter ihre Kinder, die allegorischen Gestalten »Sinn«, »Beredsamkeit« und »Musik« zu. Es gesellen sich die Allegorien »Liebreiches Gedenken«, »Gefallen« und »Hoffnung« als Gaben »Amours« hinzu. Hier schließt sich jeweils eine Ballade an, in der Machaut seinen Dank an Nature und Amour bekundet. In einem längeren Gedicht aus gereimten Achtsilblern erläutert Machaut sodann den

Nutzen dieser Geschenke für seine Kunst und stellt sein eigenes poetisches System, die Gattungen seiner Dichtung und den Vorzug der Musik im Rahmen dieser Kunst heraus. Darauf kündigt er als erstes seiner Werke den *Dit du vergier* (Das Gedicht vom Garten) an, ein Werk von rund 1300 Versen, das als eines der frühesten Werke Machauts betrachtet und dessen enge Abhängigkeit zum *Roman de la rose* verschiedentlich hervorgehoben wird.

Im *Dit du vergier* findet sich der Poet an einem wunderschönen Aprilmorgen in einem Garten, den er durchwandert. Völlig unter dem Eindruck der Erinnerung an seine spröde Geliebte hat der Dichter eine Vision, die den größten Teil des allegorischen Gedichts einnimmt: Er erblickt sechs junge Frauen und sechs Jünglinge. Es sind dies die Allegorien von »Freier Wille«, »Gedenken«, »Süßes Vergnügen«, »Treue«, »Heimlichkeit«, »Verlangen«, »Gnade«, »Mitleid« »Hoffnung«, »Erinnerung«, »Freimütigkeit« und »Ungestüm«, die zwölf Eigenschaften der Liebe. In ihrer Gesellschaft befindet sich der geflügelte und blinde Liebesgott, der sich an den Dichter wendet, um mit ihm über die Liebe zu diskutieren. Die sechs Gegner der Liebe – »Gefahr«, »Grausamkeit«, »Starrsinn«, »Zweifel«, »Schmach« und »Furcht« – werden mit den sechs allegorischen Frauengestalten in ein Streitgespräch verwickelt, aus dem diese, und damit Amour, als Sieger hervorgehen. Es folgen einige Empfehlungen von Amour an den Dichter, der wegen seiner eigenen unglücklichen Liebesangelegenheit um Rat fragt. In einem kurzen Epilog befindet sich der Dichter wieder im Garten, wo er sich vornimmt, die Ratschläge von Amour zu beherzigen.

Anders als der *Dit du vergier* greift das vor 1346 entstandene, etwa 2000 Verse umfassende *Jugement dou Roy de Behaingne* (Das Urteil des Königs von Böhmen) auf die Form des Disputs aus der Minnekasuistik zurück. Der Dichter beobachtet bei einem Spaziergang eine Dame, deren Ritter starb, und einen Ritter, den seine Geliebte wegen eines anderen Mannes verließ. Beide disputieren über ihr Los und darüber, wessen Schicksal bitterer sei. Der Dichter schlägt beiden vor, den König von Böhmen urteilen zu lassen. Wiederum unterstützt von einer Reihe allegorischer Figuren (»Verstand«, »Liebe«, »Jugend«), fällt dieser das Urteil zugunsten des Ritters.

Präziser als in früheren Werken bezieht der Autor die zeitgenössische Wirklichkeit in die Fiktion seines *Jugement dou Roy de Navarre* (Das Urteil des Königs von Navarra) ein, das als Fortsetzung und Erwiderung des vorangegangenen kasuistischen Diskurses zu deuten ist. Deutlich sind hier die intertextuellen Echos des vorangegangenen *Jugements*, dessen Resultat nun nochmals untersucht wird. Der Charakter des Streitgesprächs über einen Liebeskasus wird so vom einzelnen Text explizit auf einen Teil des Gesamtwerkes ausgeweitet. Am »9. November« des Pestjahres 1349 hat sich der Dichter, der im Lauf des *Jugements* mehrmals als »Guillaumes de Machault« benannt wird, vor dem Schwarzen Tod und der Winterskälte in seine Stube zurückgezogen, die er erst im Frühling wieder verlässt. Hier macht »Bonneürté«, eine Allegorie des Glücks, dem Poeten das Urteil in dem vorausgegangenen *Jugement dou Roy de Behaingne* zum Vorwurf. Eine Wiederaufnahme des ›Kasus‹ soll unter dem Vorsitz des Königs von Navarra stattfinden, der unterstützt von seinen allegorischen Beratern (»Rat«, »Augenmaß«, »Kenntnis«, »Vernunft«) das Urteil zugunsten der Dame fällt, deren Liebhaber starb. Beide *Jugements* stellen den reinsten Ausdruck einer deutlich reflektierten Dichtungsanschauung dar, in der allegorische Verfahren zugleich dem sinnstiftenden Prinzip des dialogischen Widerstreits von Texten dienen.

Über 4000 Verse umfasst das gegen 1356 entstandene *Remède de fortune* (Heilmittel gegen das Geschick). Stärker spürbar ist hier die Tendenz zur Dramatisierung der Handlung, die den allegorischen Kernteil umrahmt und die auf topische Weise das Motivrepertoire des *Dit du vergier* wieder aufnimmt. Auch hier ist der Dichter in eine Dame verliebt, der er ein ›Lay‹ widmet. Dieses Gedicht fällt zufällig in die Hände der Angebeteten. Auf ihre Frage, wer das Werk verfasst habe, flüchtet der tief verletzte Dichter weinend in einen Garten, wo er sich in einem Gedicht über »Amour« und »Fortune« (Geschick) beklagt, bis die Allegorie von »Esperance« (Hoffnung) erscheint, um ihm Trost zu spenden. Er kehrt aus dem Garten in das Haus der angebeteten Dame zurück und bekennt ihr seine Liebe. Schließlich akzeptiert sie ihn als ihren Verehrer.

Die allegorische Bildwelt des Mittelalters, die am deutlichsten sichtbar in den Pariser Tapisserien des Musée de Cluny *(La dame a la licorne)* erhalten geblieben ist, begegnet in den beiden folgenden ›Dits‹. In dem um 1341 entstandenen *Dit dou lyon* (Die Erzählung vom Löwen), der mit den mittelalterlichen Bestiarien und Chrétiens de Troyes *Le chevalier au lion* in Verbindung steht, wird der Dichter von einem Löwen attackiert, der ihn dann zu einer Dame auf eine Insel bringt. Der Dichter erkennt schließlich, dass der Löwe selbst in seine Herrin verliebt ist. Im *Dit de l'alerion* (Erzählung vom Adler) werden die verschiedenen Jagdvögel, die der Dichter einst besaß, in eine allegorische Beziehung zu den Frauen gestellt, die er verehrte.

Im *Dit de la harpe* (Harfengedicht) vergleicht der Dichter seine Geliebte einmal mit einer Harfe, deren 25 Saiten allegorisch auf Eigenschaften seiner Dame bezogen werden. Im *Dit de la marguerite* (Gedicht von der Margerite) und im *Dit de la fleur de lis* (Gedicht von der Lilie) setzt er die Geliebte zu Blumen in Beziehung. Der

Dit de la rose (Gedicht von der Rose) nimmt den allegorischen Rosentopos wieder auf, der von Alain de Lille über den Lancelot-Prosaroman bis zur zentralen Allegorie des *Roman de la Rose* in mittelalterlichen Texten immer wieder Verwendung fand.

Das späte *Dit de la fonteinne amoureuse* (Erzählung vom Liebesquell) nimmt ein Thema des Märchens und der mittelalterlichen Romanliteratur auf: Der Dichter und ein junger Mann, der voller Schmerz an seine ferne Geliebte denkt, schlafen in einem Garten nah bei einer Quelle ein. Hier träumen sie, wie der unglückliche Jüngling von Venus selbst Trost empfängt, indem sie ihm seine Geliebte zuführt.

Das über 8000 Verse zählende *Livre du voir dit* (Buch von der wahren Begebenheit) ist Machauts bekanntestes Werk, in dem man gerne das ›Journal intime‹ der Liebe des bald sechzigjährigen Machaut zu der gerade achtzehnjährigen Peronelle d'Armentières sehen wollte. Es entspinnt sich ein Briefwechsel zwischen dem Mädchen Toute-Belle, das die Liebe des Dichters durch ein Rondeau entflammt, und dem greisen Machaut. Diese Briefe und Gedichte dokumentieren die einzelnen Stationen der Liebesbeziehung.

Das letzte große Werk Machauts, das 8800 Verse zählende Gedicht *La prise d'Alexandrie*, fügt sich in den Rahmen der bisher dargestellten allegorischen Texte nur schwer ein. Es nimmt eine Mittelstellung zwischen Heldenepos, Ritterbiographie und Kreuzzugschronik ein. Es hat die Lebensgeschichte des Pierre aus der traditionsreichen Kreuzfahrerfamilie der Lusignan zum Thema. Der aufopferungsreiche Kampf Pierres, dem die Krone von Armenien angetragen wird, endet mit seiner Ermordung durch die eigenen Leute.

Als Vollender und Neuerer hat Machaut gleichermaßen musikalisch wie literarisch einen bedeutenden Einfluss auf das Spätmittelalter ausgeübt. Er beschränkt sich einerseits nicht darauf, sich der genannten dichterischen Gattungen zu bedienen, um Einzelwerke zu schaffen, sondern fasst mehrere Texte unterschiedlicher Form und Gattung zu neuen größeren Werken zusammen, deren hervorstechendes Merkmal ihr gleichzeitiger Anteil an lyrischer, dramatischer und narrativer Dichtung ist, und die zur Entstehung neuer Gattungen innerhalb der spätmittelalterlichen Literatur geführt haben. Zum anderen ist Machaut einer jener volkssprachlichen Dichter, die nicht nur über die poetologischen Grundlagen der eigenen Kunst, sondern auch über den Stellenwert der Texte im Leben des Autors (eine vielleicht rein fiktive) Auskunft geben. Indem er in seiner Verserzählung *Livre du voir dit* eine autobiographische Reinterpretation seines Werkes vornimmt, weist Machaut seinem Œuvre den Sitz im Leben in doppelter Weise zu: Als Produkt der Selbstinszenierung kleidet Mauchaut privateste Erfahrung mit dem Mittel der Allegorie und den Verfahren der Gerichtsrede (Débat, Jugement) in eine objektive Sprachform. Zugleich verleiht der Autor seinem lyrischen Werk einen Öffentlichkeitsanspruch, der auf ein elitäres Publikum aus aristokratischen Kennern zugeschnitten scheint, in welchem der Poet ohne falsche Bescheidenheit auftritt. Mit einem fast neuzeitlichen Medienbewusstsein verdeutlicht Machaut in den Pariser Prachthandschriften den Status, den er als Schiedsrichter in Dingen der Liebeskasuistik beansprucht. Die Gattungen der kasuistisch-rhetorischen Jugements und Débats und der narrativ-allegorischen ›Dits‹ werden von seinen Nachfolgern weiterhin gepflegt.

Den Ruhm des hochberühmten Poeten und Musikers mehrten schon die Zeitgenossen. So erwies etwa François Andrieu mit der Doppelballade *Armes, amours / O flour des flour* nach Worten von Eustache Deschamps anlässlich von Machauts Tod diesem eine Ehre, wie sie bis dahin nur Fürsten und höchsten Kirchenherren zukam. Noch der Marqués de Santillana, der erste spanische Dichtungstheoretiker von Rang, bezeugt seine Hochachtung Mitte des 15. Jh.s in seiner *Carta Prohemio* neben Guillaume de Lorris / Jean de Meung und Alain Chartier auch Guillaume de Machaut.

■ Lit.: W. Hülk: Schrift-Spuren von Subjektivität. Lektüren literarischer Texte des französischen Mittelalters, 1999.

Gerhard Wild

Guillaume le Clerc

- geb. vor 1200 Frankreich
- gest. Mitte 13. Jh. Frankreich

Autor champagnischer oder burgundischer Herkunft; unter mehreren nachweisbaren nordfranzösischen Autoren in der Hälfte des 13. Jh.s nicht eindeutig zuzuordnen; seinem Stil nach überdurchschnittlich gebildeter Verfasser, der sich an ein anspruchsvolles Publikum wendete; Verfasser des letzten Artusromans im 13. Jh.

Fergus

(afrz.; Fergus) – Artusroman in etwa 6900 Versen, entstanden nach 1230. Die Handlung des Werks ist im Norden Englands und in Schottland angesiedelt. Der Held Fergus ist der Sohn eines ›vilains‹, des Bauern Soumillot, und einer Mutter von Stand. Wie ↗ Chrétien de Troyes' Perceval verlebt Fergus eine Kindheit fern der höfischen Welt, ohne an ritterliche Taten zu denken. In ähnlicher Weise wie in den *Contes del Graal* vollzieht sich auch das Initialerlebnis des künftigen Helden: Bei der Feldarbeit begegnet Fergus dem Gefolge von König Artus, das in der Nähe von Kardigan den »weißen Hirsch« jagt. Durch die höfische Pracht beeindruckt, will der Junge sich von Artus in Carduel zum Ritter schlagen lassen. Trotz einer deutlichen Warnung Gauvains lässt sich der junge Ritter von Keu, der ihn ins Verderben schicken will, den Weg nach Nouquetran weisen. Dort wartet ein wunderbares Abenteuer, das speziell auf Fergus zugeschnitten scheint und das ihm nach Art der klassischen Artushelden Gelegenheit gibt, sich als Ritter zu qualifizieren.

Durch das Nouquetran-Abenteuer, das vor ihm zahlreiche Ritter das Leben kostete, bringt Fergus einen Wimpel und ein Horn an sich, die vorher ein Löwe aus Elfenbein um den Hals trug, und tötet den Schwarzen Ritter, der bis zur Ankunft von Fergus über die Aufrechterhaltung des grausamen Brauches von Nouquetran wachte. Es bahnt sich eine Liebesbeziehung zwischen Fergus und der schönen Galiene an, die jedoch durch die Unerfahrenheit des Helden, der Liebe und Ritterschaft noch nicht als Einheit ansieht, zunächst verhindert wird. Fergus erkennt seinen Fehler und irrt – in deutlicher Anlehnung an Chrétiens *Yvain* – als Wahnsinniger umher. Schließlich zieht er geläutert nochmals aus, um Galiene zu suchen. Doch wird diese Suche zunächst durch weitere Ritterabenteuer unterbrochen: So erwirbt sich Fergus in dem Turm von Dunostre einen wunderbaren Schild, der künftig alle Gefahr von ihm wendet. Als er nach zahlreichen Abenteuern Galiene wiederfindet, wird diese von Arthofilas bedrängt, einem König, der sich ihre Ländereien aneignen möchte. Fergus besiegt ihn und seinen Neffen zugleich in einem Zweikampf und kann Galiene heiraten.

Die Reminiszenzen an ↗ Chrétiens *Contes del Graal* sind in der Konzeption des Helden (Fergus/Perceval) wie auch der weiblichen Hauptfigur (Galiene/Blanchefleur) klar erkennbar. Unbeholfen und unhöfisch wirkt denn auch der Held Fergus in den ersten Episoden. Das Motiv der lediglich mütterlicherseits aristokratischen Abstammung wird nicht problematisiert, vielmehr handelt es sich bei *Fergus* um die Geschichte eines sozialen Aufstiegs, der durch die adlige Herkunft des Helden legitimiert scheint. Der Weg Fergus' zum Ritter und Territorialherren vollzieht sich ohne bedeutende Hindernisse. Das für Perceval charakteristische Problem der Identitätssuche fehlt in diesem Werk ebenso wie die heilsgeschichtliche Dimension, die Percevals Laufbahn durch die Gralsthematik erhält. Stattdessen bestätigt sich in *Fergus* der Vorrang der adligen Abstammung vor der bäuerischen Erziehung, die dem Helden in seiner Kindheit zuteil wurde.

Das Werk Guillaumes ist bemerkenswert als Beispiel eines Artusromans, der in mancherlei Hinsicht gegen die Konventionen dieser Gattung geschrieben scheint. Gelegentlich drängt sich der Verdacht auf, dass der Autor sein subtiles parodistisches Spiel mit Motiven aus den Werken Chrétiens treibt, was sich in einer beträchtlichen Anzahl an deutlichen Motivübereinstimmungen und expliziten Anspielungen manifestiert. Stärker als andere Werke der Artusversdichtung führt *Fergus* mitunter einen regelrechten Dialog mit den Vorbildern der Gattung.

■ Ausg.: The Romance of Fergus, Hg. W. L. Frescoln, 1983.
■ Lit.: B. Schmolke-Hasselmann: Der arthurische Versroman von Chrestien bis Froissart, 1980.

Gerhard Wild

Franz Hellens

▪ geb. 8.9.1881 Brüssel (Belgien)
▪ gest. 20.1.1972 Brüssel (Belgien)

(d. i. Frédéric van Ermenghem) – Jurastudium in Gent; 1906 Bibliothekar des belgischen Parlaments in Brüssel; später freier Schriftsteller in Paris; weite Reisen; Entdecker von Henri ↗ Michaux; im Umkreis des belgischen Symbolismus beginnend, entwickelte er sich zu einem der führenden Vertreter der phantastischen Literatur Belgiens; später auch Autor psychologischer Romane.

▪ Lit.: Les écritures poétiques de F. H., Hg. S. Ben Ali, 2003.

Nouvelles réalités fantastiques

(frz.; *Das Phantom der Freiheit*, 1983, S. Gross, E. Kalbhenn, C. Kellermann) – Der 1941 erschienene Band vereinigt Erzählungen aus unterschiedlichen Schaffensphasen. Bereits der Titel ist Programm: Mit dem Oxymoron »fantastique réel« wurden bereits 1910 in einer Rezension Hellens' erste Erzählungen, *Les hors-le-vent* (Die da draußen) charakterisiert. Der Autor wählte diesen Begriff 1967 auch als Titel eines Essaybands zur phantastischen Literatur, und so entwickelt er sich zum klassischen Topos der Hellens-Kritik. Nur eine der frühen Erzählungen, »Tempète au Colisée«, 1925 (»Sturm im Kolosseum«), greift eindeutig ein Motiv der traditionellen phantastischen Literatur auf, das magische Objekt, das in ähnlicher Form schon ↗ Balzac in *Le peau de chagrin* behandelt: Ein Stein raubt für jeden Wunsch, den er seinem Besitzer erfüllt, einem Mitmenschen das Leben. Eine weitere frühe Erzählung, »Le double«, 1919 (»Der Doppelgänger«), kann vordergründig als Variation des Doppelgängermotivs gelesen werden, doch verbirgt sich dahinter die für die Phantastik genutzte Interpretation einer Persönlichkeitsspaltung.

In »Au repos de la santé«, 1923 (»Zur Erholung der Gesundheit«), gleitet die Handlung nahezu unmerklich aus dem Wachzustand in eine nur durch geringfügige Verzerrungen erkennbare Traumsphäre, eine Idealwelt, vergleichbar der in Mythen dargestellten. Der Ich-Erzähler setzt in einem Park mit einem kleinen Boot zu einer Insel in einem See über, wo er eine hübsche schwarzhaarige Frau in einem roten Kleid sieht. Da er sich fiebrig fühlt, kehrt er jedoch bald zurück. Nachts fällt ihm die Einladung des Fährmanns ein, zu dessen Gasthaus ›Au Repos de la Santé‹ zu kommen. Dort begegnet er in einer seltsamen, aber dennoch angenehmen Atmosphäre erneut der Schönen. Am nächsten Morgen ist ihm unklar, wie er vom Gasthaus nach Hause gekommen ist. Nun aber ist er genesen. »Un voyant«, 1938 (Ein Seher), angeregt durch ein Porträt, das Modigliani von Hellens malte, nimmt Momente von Poes *Oval Portrait* und Wildes *The Picture of Dorian Gray* auf: Die Geschichte handelt von einem Gemälde, das mit dem Porträtierten wenig Ähnlichkeit aufweist, obwohl dieser während der Sitzungen den Eindruck gewonnen hatte, der Maler habe sein Innerstes erkannt. Nach Jahren erweist sich das Bild als Porträt des erst nach dem Malen geborenen Sohns des Modells. Auch »Ce lourd silence de pierre« (»Diese drückende steinerne Stille«) verbindet das Motiv des belebten Kunstwerks mit dem Motiv der Hellseherei zu einem Spiel mit der Mehrdeutigkeit von Sprache und Wahrnehmung. »La mort est une récompense« (»Der Tod ist eine Belohnung«) ist eine psychoanalytische Studie über Grenzphänomene. In einem Todestraum, wie er zum Beispiel auch Hellens' Roman *Moreldieu* (1946) abschließt, werden die Ängste eines Vaters um seinen seit langem vermissten Sohn und seine Erinnerungen an seine Mutter gezeigt. Der Traum als Welt der Psyche stellt hier eine höhere Ebene der Realität dar.

Die thematische Heterogenität ist ein typisches Merkmal von Hellens' Erzählkunst. Es geht ihm darum, das Phantastische schon in der Realität des Alltäglichen aufzuspüren oder die Ebene des Realen allein durch geringfügige Verfremdungen zu verlassen. Phantastische Wirklichkeiten schafft auch die Subjektivität des Protagonisten; in diesem Fall ist der Traum ein wichtiges Mittel der Darstellung. In seinem programmatischen Vorwort zu *Nouvelles réalités fantastiques* betont Hellens, gerade in den späteren Erzählungen seine Vorstellungen von einem ›menschengerechten Phantastischen‹ realisiert zu haben.

▪ Lit.: R. Frickx: F. H. ou le temps dépassé, 1992. ▪ G. Klatte: Wege zur Innenwelt. Träume im fiktionalen Prosawerk von F. H., 1994.

Gerlinde Klatte

José-Maria de Heredia

▪ geb. 22.11.1842 La Fortuna Cafayera (Kuba)
▪ gest. 2.10.1905 Bourdonnet (Frankreich)

Studium der Paläographie; Freundschaft mit Leconte de Lisle; 1886 Mitarbeit an der *Revue Wagnérienne*; 1894 Akademiemitglied, 1901 Direktor der Arsenalbibliothek in Paris; verfasste vor allem Lyrik; eine der bedeutenden Gestalten im Umkreis des Parnasse.

▪ Ausg.: Œuvres poétiques complètes, Hg. S. Delaty, 1984.
▪ Lit.: A. Harms: J.-M. de H., 1975.

Les trophées

(frz.; *Trophäen*, 1906, R. Schaukal) – Die 1893 erschienene Sammlung von Sonetten und Verserzählungen begründete den Ruf des Autors als bekanntestes Mitglied der École parnassienne.

Die Anthologie enthält einerseits zwei kurze Verserzählungen, von denen die erste, »Romancero«, den in Frankreich durch ↗ Corneilles Tragikomödie berühmt gewordenen Cid-Stoff in Terzinenform behandelt, während die zweite, »Les conquérants de l'or« (Die Eroberer des Goldes) das Eldorado-Motiv am Schicksal des Konquistadoren Pizarro neu gestaltet. Damit beabsichtigte Heredia offensichtlich, seiner eigenen Abkunft – er entstammte einem spanischen Konquistadorengeschlecht in Kuba – literarische Reverenz zu erweisen. Zum anderen vereinigt die Sammlung als größeren und gewichtigeren Teil des Werks 118 Sonette, die bereits in den drei Bänden des *Parnasse contemporain* und diversen Zeitschriften veröffentlicht waren.

Die Sonette gliedern sich in fünf Themenbereiche. In einer ersten Gruppe, »La Grèce et la Sicile« (Griechenland und Sizilien) schildert Heredia Herkules und seine Abenteuer und evoziert eine Welt von Faunen und Nymphen. Auch will er das Epigramm in seinem ursprünglichen Charakter als Grabinschrift wiederbeleben. Dem ersten Abschnitt ganz ähnlich ist der zweite, »Rome et les barbares« (Rom und die Barbaren), in dessen Mittelpunkt drei Gedichte über Antonius und Kleopatra stehen. Neben einer Reihe von Sonetten zum Thema »Les conquérants« (Die Eroberer) hat der Dichter im dritten Teil, »Le moyen âge et la renaissance« (Mittelalter und Renaissance), sehr verschiedenartige Gedichte zusammengestellt. In »L'orient et les tropiques« (Orient und Tropen) bringt er nun Szenen und Miniaturbilder aus geographisch fernen Zonen, aus Ägypten, Japan oder Abessinien. Der fünfte Teil, »La nature et le rêve« (Natur und Traum), führt den Leser nach Frankreich zurück, insbesondere in die Bretagne. »Die leuchtenden Stechginster, Schmuck des Granits, vergolden den rauhen Gipfel, den die untergehende Sonne entzündet. In der Ferne, wo die Erde aufhört, beginnt das grenzenlose Meer, das noch mit seinen Schaumkronen leuchtet« (»Soleil couchant«, Sonnenuntergang).

Schon aus dieser Übersicht über die Themen der *Trophées* wird die parnassische Dichtungskonzeption erkennbar, die die beschreibende oder episierende Wiedergabe von Szenen und Motiven vergangener Kulturen und exotischer Naturschönheit in den Mittelpunkt dichterischer Aussage stellte. In Ablehnung des Ich-Kults der romantischen Vorgänger und andererseits dem parnassischen Prinzip der ›impassibilité‹ (Ungerührtheit) verpflichtet, vermeidet Heredia weitgehend die Kundgabe eines lyrischen Ichs. Bezeichnend für sein Lyrikverständnis ist die Vorliebe für das Sonett: Zu einer Zeit, da die Poesie begann, formale Fesseln zu sprengen, bemühte er sich wie kein anderer Dichter des Parnasse, das formstrenge reguläre Sonett zu beleben. Stand er hinsichtlich der Wahl seiner Themen in einer weitgehenden Abhängigkeit zu seinem Lehrer und Freund Leconte de Lisle, so lässt sich seine Formbewusstheit auf den in Théophile ↗ Gautiers ›Art poétique‹ (Dichtkunst) geäußerten Grundgedanken zurückführen, wonach der unfeste, ja entfliehende Stoff eines Gedichts einer rigorosen formalen Bearbeitung seitens des Dichters bedürfe; weshalb der Dichter dem Bildhauer oder Goldschmied verwandt sei. Nicht ohne Grund hat Heredia diesen Künsten einige Sonette wie »Le vieil orfèvre« (Der alte Juwelier) und »Émail« (Emaille) gewidmet. Das Ziel solch formstrenger Poesie ist die dichterische Unsterblichkeit. Diesen durchaus traditionellen Gedanken fand er auch bei ↗ Ronsard, dem er mit dem Sonett »Sur le livre des amours de Pierre de Ronsard« (Ronsards Liebesgedichte) ein literarisches Denkmal gesetzt hat.

Dank ihrer hohen formalen Anstrengung ragen Heredias *Trophées* über den Rang eines bloßen literarhistorischen Dokuments hinaus. Sie sind in ihrer differenzierten argumentativen Struktur und stets klaren Gedankenführung repräsentative Beispiele der Sonettform, obgleich ihre Lektüre mitunter durch ein mythologisch oder fachsprachlich überfrachtetes Vokabular erschwert wird.

▪ Lit.: Y. Mortelette: J.-M. de H., 1999. *Hermann Lindner*

Michel **Houellebecq**

▪ geb. 26. 2. 1958 La Réunion/Indischer Ozean (Frankreich)

(d. i. Michel Thomas) – Wächst bei Großeltern in Crécy-la-Chapelle auf; 1980 Diplom als Agraringenieur, im EDV-Bereich tätig; seit den 1980er Jahren drei Lyrikbände, die weitgehend unbeachtet blieben; literarischer Erfolg erst durch seine Romane ab 1994; lebt derzeit auf Lanzarote und in Irland; einer der Hauptvertreter eines auf Publikumsprovokation hin orientierten zeitgenössischen französischen Romans.

▪ Lit.: S. van Wesemael: M. H., 2004. ▪ D. Horst: H. der Philosoph, 2006. ▪ D. Demonpion: M. H. Die unautorisierte Biographie, 2006.

Les particules élémentaires

(frz.; *Elementarteilchen*, 1999, U. Wittmann) – Der 1998 erschienene Skandalroman schildert die zeitgenössische französische Informationsgesellschaft und den Zusammenbruch ihrer sozialen Sinnstrukturen. Das Buch traf den Nerv einer ganzen Generation.

Die chronologisch angelegte, episodische Schilderung des Lebens der Halbbrüder Bruno und Michel gliedert sich in drei Teile. Der erste, »Le royaume perdu« (»Das verlorene Reich«), erzählt von den in der Kindheit erlittenen Versehrungen: Sie wurden von Mutter und Vater verlassen, lebten dann bei der Großmutter bis zu deren Tod. Die beiden ungleichen Außenseiterfiguren befinden sich literarisch in bester Gesellschaft: ↗ Camus, ↗ Céline und ↗ Sartre lieferten die Prototypen. Der Naturwissenschaftler Michel verlässt am Anfang des Romans seine Stelle an einem mikrobiologischen Forschungszentrum, um nach Irland zu gehen. Der Leiter Desplenchin ist für ihn eine Art Ersatzvater. Dieser lässt ihn schweren Herzens gehen, doch er vertraut seinen Fähigkeiten. Michels Lebensantrieb ist die Erforschung der Welt in Begriffen wissenschaftlicher Logik; die eingangs geschilderte Quantentheorie von Niels Bohr bildet die Grundlage des Romans.

Wie der Titel »Les moments étranges« (»Die seltsamen Augenblicke«) andeutet, thematisiert der zweite Teil Erfahrungen radikaler Entfremdung. Der Wendepunkt der Handlung ist Brunos Aufenthalt im »Lieu du changement« (»Ort der Wandlung«). Dieses esoterisch-therapeutische Sommercamp ist Treffpunkt von Menschen, die auf spirituelle Erneuerung hoffen. Houellebecq kritisiert damit die Vermarktung der Esoterik. Das New Age erscheint als Farce, als weiterer Bereich der Kampfzone, in der die Spiritualität ein sexuelles Herrschaftssystem kaschiert. Ausgerechnet dort macht der stets von sexueller Begierde getriebene Bruno eine Glückserfahrung: Er lernt Christiane kennen. Aus dieser Begegnung entwickelt sich seine erste dauerhafte Beziehung, in der Liebe, Sex und Begehren in einem ausgewogenen Verhältnis zueinander stehen.

Die nun folgende Annäherung der beiden Brüder, die sich ihr Leben und ihre Lektüren erzählen, führt zu Houellebecqs literarischen Modellen: Julian und Aldous Huxley, insbesondere zur gesellschaftskritischen Anti-Utopie *Brave New World* (1932). Bruno berichtet dem Bruder vom Scheitern seiner Ehe, von seinem Entsetzen über die Geburt des Sohnes, von der seine Beziehung zum Sohn belastenden Kommunikationslosigkeit und seiner ersten Einlieferung in die Psychiatrie; verbunden damit ist eine bitterböse Kritik an der Gefühlskälte der Psychiater. Schließlich zerbricht Bruno am Tod Christianes, die (wie alle Frauenfiguren Houellebecqs) sterben muss, und begibt sich freiwillig in die Psychiatrie.

Der dritte Teil handelt überwiegend von Michel, dessen lebenslanger Freundin Anabelle und dem Wissenschaftler Walcott, seinem zweiten Ersatzvater in Irland. Annabelle vermittelte dem liebesunfähigen Michel zumindest eine Vorstellung von der Liebe. Obwohl sie nie eine längere Beziehung führten, hält sie seit den Jugendjahren zu ihm. Nach ihrem Tod entwickelt er in den Jahren 1999 bis 2009 die Grundlagen zum Klonen von Menschen, um dann vermutlich Selbstmord im Meer zu begehen. Etwas abstrahiert läuft die Binnenhandlung darauf hinaus, dass weder die bürgerliche noch alternative Welten Halt geben: 1968, New Age, Familie, Kirche, Psychotherapie – die Menschheit ist nicht zu retten. Dank Michels Erfindung ist sie jedoch ans ›Ende der Nacht‹ gelangt, wie es in einer Anspielung auf Célines Roman heißt: »C'est à peine si nous sortons de la nuit« (»Gerade, dass wir der Nacht entkommen«).

Ein im Jahre 2079 angesiedelter Epilog führt zurück in die utopische Rahmenhandlung des Anfangs. Die »wunderbare, endlose und wechselseitige Verknüpfung« der Elementarteilchen führt die Wissenschaft und die ihr zugrunde liegende Neugierde zurück zur Liebe. Diese wunderbare Auflösung stellt die Dominanz der deprimierenden Binnenhandlung keineswegs in Frage. Die einzelnen Episoden der Ausweglosigkeit folgen einer Erzählstrategie, bei der die einzelnen Lebensausschnitte an verschiedene Hörer gerichtet sind. Mit diesem dialogischen Prinzip wird die gescheiterte zwischenmenschliche Kommunikation dargestellt. In der von Frustrationen bestimmten Binnenhandlung erfolgt keine Sinnstiftung vom Ende her. Brunos Leben ist eine von Krisen geprägte Jagd nach Lust, vereinzelte Glücksmomente ändern daran nichts. Michel ist als Forscher zwar erfolgreich, doch unfähig zu lieben. Das Fehlen einer verbindenden Kausalität kommt in der Titelmetapher ›Elementarteilchen‹ zum Ausdruck.

Im Gegensatz zum ersten Roman, *La extension du domaine de la lutte* (1994), hält der Erzähler hier in realistischer Tradition die Fäden in der Hand. Damit kommt ein Vertrauen in die Sprache zum Ausdruck: Sie ist fähig, Wirklichkeit wiederzugeben. Inhaltlich dominiert hingegen ein naturalistischer Skeptizismus.

Stilistisch ist der Roman höchst heterogen. Neben der Umgangssprache und dem naturwissenschaftlichen Diskurs in Quantenmechanik und Biotechnologie sind die poetischen Passagen besonders bedeutsam. Als Spuren von Sinn in einem auf die Zersetzung sinnstiftender Weltbilder angelegten Text verwandeln sie den Schmerz des Lebendigseins. Sämtliche Räume sind mit Isolation und Auflösung konnotiert: Reale, utopische und heterotopische Orte bilden ein Beziehungsgeflecht, in dem die zeitgenössische Welt als unrettbar verlorene erscheint.

Die Verlagerung des Erzählstandpunkts in eine Zukunft weit nach dem Ende der Ereignisse der Haupthandlung bewirkt eine fragwürdige Sinnstiftung. Das rückblickende Erzählen aus der Zukunft ermöglicht die utopische Umkehrung der durch Grausamkeit und Egoismus geprägten Wirklichkeit. Das Ende des Menschen und seine Erlösung erfolgen durch die Gentechnologie. Nachdem im ersten Roman Sexualität als sekundäres wirtschaftliches System dargestellt wurde, verschwindet diese Quelle des Leids am Ende gänzlich. Die genetisch gleichgeschaltete Menschheit ist mit Tod und Geschlechterdifferenz von den Ursachen allen Unglücks befreit. Selbstironisch weist der Erzähler am Ende darauf hin, dass diese Glücksvision einer gentechnologischen Einheitswelt eine Fiktion sei.

▪ Lit.: P. Varrod: De la lutte des classes au marché du sexe. A propos de ›Les particules élémentaires‹ de M.H., in: Le Débat 102, 1998, 182–190. ▪ R. Schober: Weltsicht und Realismus in M.H.s utopischem Roman ›Les particules élémentaires‹, in: Romanistische Zeitschrift für Literaturgeschichte 25, 2001, 177–211. ▪ R. Spiller: Sex, Lust und Depression. M.H. Kult elementarer Energien, in: Kultbücher, Hg. R. Freiburg/M. May/R. Spiller, 2004, 201–221.

Roland Spiller

Plateforme

(frz.; *Plattform*, 2002, U. Wittmann) – Der 2001 erschienene Roman knüpft an die Grundthematik seiner Vorgängertexte an: die Einsamkeit des modernen Menschen und die damit verbundene sexuelle Frustration.

Der 40-jährige Michel – wie in *Les particules élémentaires*, 1999 *(Elementarteilchen)*, sind Autor- und Protagonistenname identisch –, der neben der eintönigen Arbeit als Beamter im Kulturministerium seine Zeit mit Peepshows und Quizsendungen verbringt, erbt nach dem Tod seines von einem arabischen Emigranten erschlagenen Vaters dessen Geld. Auf einer Gruppenreise nach Südostasien entflieht er dem tristen Alltag. In Thailand kuriert er mit gekauftem Sex seine vernachlässigte Libido. Nebenbei lernt er die 27-jährige Französin Valérie kennen, die später in Paris seine Freundin wird. Die gebürtige Bretonin erfüllt besser als alle thailändischen Prostituierten Michels sexuelle Träume – und ist dabei auch noch gebildet, mächtig und geschäftstüchtig. Als Reisemanagerin übernimmt Valérie die Aufgabe, die umsatzschwachen Clubhotels einer Ferien-Kette zu sanieren. Das Konzept beruht auf der so realistisch wie einfachen Rechnung, das materielle und gesundheitliche Elend in den Entwicklungsländern und die sexuell-emotionale Frustration der westlichen Welt gewinnträchtig zu verbinden: Einheimische Prostituierte und Callboys erhalten freien Zugang zu den Clubs, um sich an die Besucher aus der westlichen Welt, »die keine sexuelle Befriedigung mehr finden«, zu verkaufen. Wie zu erwarten, wird die Geschäftsidee sofort begeistert aufgenommen: Die Ferienressorts füllen sich mit Liebeshungrigen. Valérie und Michel beschließen, nach Thailand zu ziehen. Doch bei einem gemeinsamen Inspektionsaufenthalt in einem Club wird dieser von radikal-islamistischen Terroristen überfallen, die mit ihren Maschinenpistolen und einer Bombe über 100 Menschen umbringen, darunter auch Valérie. Michel bleibt allein zurück, seine erfüllte Liebe war nur von kurzer Dauer. Nach einem mehrmonatigen Aufenthalt in einer französischen Psychiatrie beschließt er, den Rest seines Lebens in Pattaya zu verbringen und ein Buch über Valérie zu schreiben. Obwohl er weiterhin die Dienste junger Prostituierter in Anspruch nimmt, verspürt er keine sexuelle Lust mehr.

Houellebecq muss seinem Image als Skandalautor gerecht werden, was durchaus kommerzielle Hintergründe hat; so dominieren eine saloppe Swinger-Club-Philosophie und ein plakativer Rassismus, der dem Werk in der postindustriellen französischen Gesellschaft Erfolg verheißt. Stößt man sich als Leser nicht an seiner vulgären, flachen Sprache, an seinem Stil und Konstruktionsprinzip, abstrahiert man von der Masse an detaillierten, mechanistischen Sexualitätsdarstellungen, übergeht man Provokationen wie: »Der Islam konnte nur im Stumpfsinn einer Wüste entstehen, inmitten dreckiger Beduinen, die nichts anderes zu tun hatten – entschuldigen Sie den Ausdruck –, als ihre Kamele zu ficken«, scheinen aber auch mildere Töne durch – so wenn Michel beispielsweise seiner ausweglosen Verzweiflung über die Zivilisation Raum gibt: »Ich empfinde keinen Hass auf die westliche Welt, höchstens tiefe Verachtung. Ich weiß nur, dass wir alle, die wir sind, von Egoismus, Masochismus und Tod durchdrungen sind«, oder aber wenn die Aporie der heutigen Liebesbeziehungen im Spannungsfeld von überformten Sexualansprüchen und moderner Bindungsunfähigkeit angesprochen wird. Doch Michels letzte Worte, »Man wird mich vergessen. Man wird mich schnell vergessen«, haben prophetischen Charakter.

Die in *Plateforme* formulierte Zivilisationskritik weist zumal in der französischen Literatur bis auf ↗ Rousseau zurück, bietet aber nichts Neues. Auch erreicht der Roman nicht die sprachliche und metaphorische Schärfe seines Vorbilds Louis-Ferdinand ↗ Céline. Er erschien allerdings kurz vor den Terroranschlägen vom 11. September 2001 und erhielt schnell den Nimbus eines prophetischen Abgesangs auf die westliche Zivilisation.

▪ Lit.: J. Meizoz: Le roman et l'inacceptable, in: Etudes de Lettres 4, 2003, 125–148. ▪ M.L. Clément: Masculin versus féminin chez M.H., in: Esprit Créateur 44, 2004, 28–39. ▪ A. Ní Loingsigh: Tourist Traps. Confounding Expectations in M.H.'s ›Plateforme‹, in: French Cultural Studies 16, 2005, 73–90.

David Freudenthal

La possibilité d'une île

(frz.; *Die Möglichkeit einer Insel*, 2005, U. Wittmann) – Der 2005 erschienene Roman setzt den Erfolgsroman *Les particules élémentaires*, 1999 *(Elementarteilchen)*, gleichsam fort. Der endete als Utopie im 21. Jh. mit dem Beginn einer von allem Geschlechtlichen befreiten

Menschheit, die in das Zeitalter des Klonens eingetreten ist: Seine Protagonisten leiden an der Schwelle zum dritten Jahrtausend an ihrer sexuellen Unzufriedenheit und warten in einer kaltherzigen Gesellschaft einsam auf den sicheren Tod. In *La possibilité d'une île* geht der französische Skandalautor sogar bis ans Ende des vierten Jahrtausends. Doch nun sind die Menschen so gut wie ausgestorben und durch emotionslose Klon-Wesen ersetzt. Diese Neo-Menschen reproduzieren sich fortlaufend als kongruente Kopien. Bei einem Generationswechsel übertragen sie auf elektronischem Wege ihr Bewusstsein und ihre Erinnerung an den Folgeklon. So gelangen Daniel 24 und 25 (die Zahl steht für die jeweilige Generation) auch an die Aufzeichnungen ihres Vorfahren, des Menschen Daniel 1, eines zynischen, einsamen und abgrundtief traurigen Erotomanen, der als Komiker ein Vermögen gemacht hat. Als seine große Liebe die 40 überschreitet, wird er mit den Schrecken des Alterns konfrontiert: Isabel wird übergewichtig, prüde, depressiv und körperlich abstoßend. Sie verweigert schließlich jeden Körperkontakt, und die beiden trennen sich.

Daniel 1 versucht, dem eigenen Vergehen mit einer 22-jährigen Schauspielerin (»Wie alle hübschen Mädchen war Esther im Grunde nur zum Vögeln da«) Einhalt zu gebieten. Doch bald holt ihn, der keine Freuden mehr empfindet, seine biologische Zeit ein. Auch sein höchstes sexuelles Glück, das er als Liebe bezeichnet, verlässt Daniel in dem Maße, wie sein Körper verfällt und seine Potenz nachlässt. Er sehnt sich nun gleichermaßen nach dem Tod und der Unvergänglichkeit. In diesem Zustand gerät der Komiker an eine abstruse Sekte, die sich erfolgreich auf dem Gebiet des Klonens engagiert. Sie ermöglicht es Daniel, sich auf gentechnischem Wege in Daniel 2 zu verwandeln und damit unsterblich und frei vom Prozess des Alterns zu werden. So klont sich Daniel 2 bis zu Daniel 25 weiter fort und gibt dabei alles Menschliche auf: Lachen, Weinen, Glück und Schmerz. Der Erzähler leitet den Blick des Lesers von der emotionalen Kälte der im vierten Jahrtausend in isolierten Sicherheitszonen lebenden Neo-Menschen mittels einer nostalgische Retrospektive zu dem an Daniel 1 exemplifizierten gegenwärtigen menschlichen Leiden zurück, das aber lebenswerter erscheint als die apathische Indifferenz der nur noch über elektronische Kanäle miteinander kommunizierenden Generation 25. Doch auch diese geklonte Generation wird sich noch auf die Suche nach einer Insel paradiesischen Glücks begeben, freilich ohne Erfolg.

Der Roman wechselt zwischen längeren Passagen, die die biblischen Nummerierungen Daniel 1. 1 usw. tragen, und kürzeren Stücken, in denen die Neo-Menschen den gelesenen Lebensbericht von Daniel 1 reflektieren, und hat streckenweise jenen typischen Houellebecq-Stil, der jede Eleganz vermissen lässt, doch umso mehr beeindruckt, je depressiver, hoffnungsloser und leiser seine Töne werden. Die häufigen Verweise auf geistesgeschichtliche Größen wie Kleist, Schopenhauer und ↗ Proust, oder die intertextuellen Anspielungen auf ↗ Céline (»Ce souvenir [...] me conduisit vers la fin de la nuit«; »Die Erinnerung brachte mich ans Ende der Nacht«) sind ein Indiz dafür, dass aus dem ›enfant terrible‹ der französischen Literatur mit fortschreitendem Alter – analog zum Wunsch von Daniel 1 nach Unvergänglichkeit – ein Klassiker zu werden scheint.

David Freudenthal

La carte et le territoire

(frz.; *Karte und Gebiet*, 2011, U. Wittmann) – Der 2010 erschienene Roman lässt sich in vielfacher Hinsicht als Fortschreibung erzählstrategischer Mittel seiner Vorläufer begreifen, besonders der *Particules élémentaires*. Eine narrative Stimme der mittelbaren Zukunft erzählt die Lebensgeschichte des fiktiven französischen Malers und Fotografen Jed Martin, der nach seinem Aufstieg zum hochdotierten Künstler den Schriftsteller Michel Houellebecq – literarisches Alter ego des Autors – porträtiert, der wiederum kurz darauf einem bestialisch ausgeführten Mord zum Opfer fällt. Der Roman endet in den späten 2030er Jahren. Der Schwerpunkt der Handlung liegt allerdings auf der Begegnung des Künstlers mit Houellebecq und auf seiner mittleren Schaffensphase, die ungefähr der historischen Realität bei Erscheinen des Romans entspricht.

Der Roman besteht aus einem Auftakt, drei Teilen und einem Epilog. Der erste Abschnitt berichtet, teils in Rückblenden, vom Werdegang des Architektensohns Jed Martin. Schon vor und während seiner Studienzeit, die er ohne finanzielle Sorgen verbracht hat, widmet sich Jed der Fotografie. Einschneidend für seine künstlerische Entwicklung ist sein Werk, die bearbeitete Fotografie einer Michelin-Karte, die im Rahmen einer Sammelausstellung die Aufmerksamkeit des Kartenverlegers erregt. Dabei wird die Karte in der Schräge so abgelichtet und digital weiterverarbeitet, dass sie – vom Effekt her – mit dem von ihr repräsentierten Gebiet überblendet erscheint, was an eine Wendung aus einem Roman von Lewis Carroll, *Sylvie and Bruno* (1889/93) aber auch an eine Erzählung von Jorge Luís Borges (»Del rigor en la ciencia«, 1960) erinnert. Seine spätere Geliebte Olga, leitende Public-Relations-Mitarbeiterin von Michelin France, vermittelt Jed den Kontakt zum Konzern, der eine große Einzelausstellung und die Vermarktung seiner Fotoserie der Karten organisiert. Diese Ausstellung wird ein großer Erfolg, ihr Titel lautet: »Die Karte ist interessanter als das Gebiet«. Die Karte lässt sich dabei metaphorisch als eine durch menschliche Intervention und Produktion versiegelte Lebenswelt auslegen. Nach Vollendung und Ausstellung dieser Serie, aber auch nach der Trennung von Olga, beginnt Jed mit der Produktion von meist großformatigen Gemälden, auf denen zunächst Berufe dargestellt, sodann größere ökonomische Zusammenhänge thematisiert werden.

Der zweite Teil berichtet von mehreren Treffen des Künstlers mit Houellebecq, der ein Vorwort für seinen Ausstellungskatalog schreiben soll. Die Vernissage verhilft Martin zum endgültigen Durchbruch und finanziellem Erfolg. In dem kursorischen Dialog mit Houellebecq werden Fragen der Malerei, des Schreibens und der Abbildung von Wirklichkeit erörtert. Jed porträtiert ihn und schenkt ihm das Gemälde.

Im Mittelpunkt des dritten Teils steht die Aufklärung des Mordes an Michel Houellebecq, der eines Tages in seinem Haus enthauptet und in lange Stücke geschnitten aufgefunden wird. Der Gang der Ermittlungen wird von Hauptkommissar Jasselin geleitet, aus dessen Perspektive Teile der Handlung erzählt werden. Diese Perspektive wird mit derjenigen Jed Martins in dem Augenblick zusammengeführt, als der Künstler – nunmehr Zeuge – die Untersuchung durch den Hinweis vorantreibt, dass sein Porträt aus der Wohnung gestohlen worden sei. Der Teil endet mit dem Tod des krebserkrankten Vaters von Jed, der bei der Schweizer Organisation Dignitas – äußerst kritisch dargestellt – Sterbehilfe in Anspruch nimmt.

Der Mord an Houellebecq wird erst im Epilog aufgeklärt. Zudem erhält der Leser weitere Hinweise zu Jed Martins Spätwerk und zum Alter des Künstlers. In einer Rückblende werden abschließend die Erinnerungen an eine frühere Deutschlandreise zeitdiagnostisch und prophetisch überhöht. Hier gerät das Ruhrgebiet zum Emblem einer postindustriellen Epoche, in dem die Vegetation das Territorium der Kohle- und Metallproduktion zurückerobert und das Zeitalter des produzierenden Menschen seinem Ende zuführt.

Anders als in den zuvor publizierten Romanen wird in *La carte et le territoire* ein stärkerer Akzent auf die künstlerische Abbildung und Darstellung von gesellschaftlicher Wirklichkeit gelegt; somit steht der Text in der Tradition des Künstlerromans des 19. Jh.s. Darüber hinaus adaptiert der Autor das Genre der erfundenen Biobibliographie eines Borges oder der fiktiven Autoren- oder Künstlervita eines Roberto Bolaño, indem er die Lebensbeschreibung Martins mit fingierten Kommentaren der Kunstkritik flankiert und diese Simulation mit Elementen des Kriminalthrillers verbindet. Während das bei Houellebecq geläufige Mittel der Provokation in den Hintergrund gerät, sind kulturessayistische Passagen ausgeweitet, die den Figuren qua Fokalisierung nur schwer zuzurechnen sind und folglich Reflexion und Kommentar der Erzählinstanz darstellen.

La carte et le territoire ist vor allem ein Versuch über Malerei, Fotografie und Literatur im Zeitalter des untergehenden postindustriellen Kapitalismus. Dabei werden die erwähnten Medienverbünde gegeneinander gehalten, gespiegelt und im Kontext ihrer modernen Belohnungssysteme beleuchtet. Letztlich jedoch schwebt über dem Roman die Frage nach Repräsentation und Referenz: Das erfundene Personal bewegt sich wie selbstverständlich neben literarischen Repräsentationen empirischer Personen wie Frédéric ↗ Beigbeder oder Jean Piere Pernaut. So legt sich die Narration selbst wie eine Karte auf das Gebiet einer empirischen Lebenswelt des Lesers mit allen daraus hervorgehenden und wohlkalkulierten Irritationen.

Jan-Henrik Witthaus

Hue de Rotelande

- geb. vor 1149 Rhuddlan/Nordwales (Großbritannien)
- gest. um 1191 Großbritannien

Anglonormannischer Abkunft; adelige Adressaten seiner Werke in Wales im letzten Viertel des 12. Jh.s nachweisbar; Verfasser zweier höfischer Abenteuerromane, Einfluss auf ↗ Chrétien de Troyes.

■ Lit.: N.D. Legge: Anglo-Norman Literature and Its Background, 1963, 85 ff.

Ipomedon

(afrz.; Ipomedon) – Höfischer Roman in 10 580 Versen, um 1180 entstanden, eines der seltenen erhaltenen Zeugnisse der literarischen Gattung jener höfischen Abenteuerromane, die parallel mit dem Aufkommen der Artusromane von ↗ Chrétien de Troyes vor allem im anglonormannischen Raum gepflegt wurden. Die Handlung ist im normannischen Sizilien der Epoche situiert, das jedoch lediglich einen skizzenhaften äußeren Rahmen abgibt.

Nach dem Tod ihrer Eltern herrscht die schöne Tochter des Königs von Kalabrien an dessen Stelle. Da sie sich geschworen hat, nur den besten Ritter der Welt zu heiraten, wird sie allgemein La Fière (die Stolze) genannt. Der apulische Königssohn Ipomedon begibt sich inkognito an den kalabrischen Hof, wo er zunächst jedoch in den Ruf der Feigheit gerät, da er sich lediglich der Jagd und nicht der Ritterschaft widmet. Obgleich beide einander zugetan sind, weist La Fière Ipomedon zurück, woraufhin er den Hof heimlich verlässt. Da La Fière ihren Stolz bald bereut, nimmt sie sich vor, keinen anderen als Ipomedon zu heiraten. Dieser hat mittlerweile aus dem Munde seiner sterbenden Mutter von der Existenz seines verschollenen Halbbruders erfahren. Seine Mutter gibt Ipomedon noch einen Ring, mit dessen Hilfe er seinen Halbbruder erkennen könne. Zwei Jahre lang durchstreift er nun das Abendland und besteht dabei zahlreiche Kämpfe, während die heiratsunwillige La Fière von ihren Baronen zunehmend unter Druck gesetzt wird. Sie schlägt vor, ihren Onkel Meleager aufzusuchen, damit dieser entscheide. In der Hoffnung, Ipomedon möge davon erfahren, lässt sie zu einem dreitägigen Turnier aufrufen, dessen Gewinner sie heiraten will. Ihr Favorit ist als Ritter im Gefolge Meleagers, mit dessen Neffen Capaneüs er enge Freundschaft geschlossen hat, nach Kalabrien zurückgekehrt. An drei aufeinanderfolgenden Tagen siegt Ipomedon unerkannt in weißer, roter und schwarzer Ritterrüstung, wobei er zuvor jeweils vorgibt, aus Desinteresse an dem Turnier auf die Jagd zu reiten, und sich in einer Einsiedelei dann heimlich zum Kampf rüstet. Nach seinem Erfolg verlässt er stillschweigend das Land.

In Apulien ist unterdessen sein Vater verstorben, so dass die Barone des Landes nun ihm huldigen. Statt sich krönen zu lassen, tritt er jedoch, als einfacher Schildknecht getarnt, in den Dienst des Königs Atreus und schlägt einen Angriff von dessen Bruder Daire, des Königs von Lothringen, und seiner Verbündeten zurück. Als er erfährt, dass La Fière von dem bereits äußerlich widerwärtig gezeichneten heidnischen Fürsten Leonin bedrängt wird, begibt er sich, als Narr verkleidet, an Meleagers Hof, wo er unter allgemeinem Gelächter erreicht, dass man ihm die nächste Aventure, die sich einstellt, überträgt. So kann er gegen Leonin antreten, als La Fières Botin Ismeine Meleager um einen Verteidiger für ihre Herrin anfleht, sich jedoch enttäuscht wieder abwendet, als lediglich der vermeintliche Narr dazu bereit ist.

Als Ipomedon dennoch Ismeine begleitet, hat er auf dem Weg zu La Fière dreimal Gelegenheit, Verwandte Leonins zu besiegen, die Ismeine nachstellen. Daraufhin verliebt sich Ismeine selbst in den Unbekannten, der es jedoch ablehnt, mit ihr das Nachtlager zu teilen. In Candre bezwingt dieser den indischen Fürsten, der schwer verwundet in seine Heimat zurückkehrt. Da La Fière fälschlicherweise fürchtet, nun Leonin heiraten zu müssen, der ebenfalls eine schwarze Rüstung trug, sticht sie mit ihren Getreuen in See. Als ihr Vetter Capaneüs nach Candre gelangt, wird er über den Hergang der Dinge ebenso falsch unterrichtet und sucht mit einer Reitereskorte nach dem vermeintlichen Leonin, in dessen Maske Ipomedon noch immer unterwegs ist, stellt ihn zum Kampf und erkennt Ipomedon an dem Ring, den ihre Mutter diesem am Sterbebett gab. Ein Bote holt La Fière zurück, und die Reihe von Ipomedons Selbstmystifikationen wird aufgedeckt. Nach einer Doppelhochzeit und der Thronbesteigung Ipomedons in Apulien rundet der Autor sein Werk mit der abschließenden Deutung ab, sein Roman sei als Appell an alle Liebenden zu Aufrichtigkeit und Treue zu verstehen.

Trotz der stärker realistischen Orientierung verwendet der Verfasser noch wenig Sorgfalt auf die Zeichnung seiner Charaktere, die vor dem Interesse am spannend erzählten Stoff und der Liebeshandlung in den Hintergrund treten muss. Der Zwang, durch Waffentaten Ruhm zu erwerben, bildet die Motivation für das Reiseschema, das den Helden zu einem der ersten wirklichen ›chevaliers errants‹ macht. Der Autor verwendet zahlreiche Motive, die als Gemeingut der zeitgenössischen Literatur angesehen werden können: Das mehrtägige Turnier muss hierbei ebenso genannt werden wie der Kampf der einander unbekannten Halbbrüder. Elemente des Antikenromans der Epoche, die in den Ritternamen am deutlichsten werden, gehen eine eigenartige Verbindung mit dem Ambiente des normannischen Süditalien ein. Manches deutet auf ein regelrechtes Spiel mit dem höfischen Roman hin, so dass man dem Autor auch parodistische Absichten unterstellt hat. Immerhin äußert sich der Erzähler in respektloser, mitunter auch obszöner oder humoristischer Weise über seinen Stoff, an einigen Stellen auch über andere Werke und Autoren. Durch ↗ Chrétiens Meisterwerke scheint diese Gattung des Abenteuerromans verdrängt worden zu sein.

▪ Ausg.: Ipomedon, Hg. A. J. Holden, 1979.

▪ Lit.: R. M. Spensley: The Structure of H. de R.s Ipomedon, in: Romania 95, 1974, 341–351.

Gerhard Wild

Protheselaus

(afrz.; Protheselaus) – Hue de Rotelandes zweiter höfischer Abenteuerroman (12741 Achtsilbler) war als unmittelbare Fortsetzung des Romans *Ipomedon* geplant. Den *Protheselaus* hat Hue dem Herrn von Monmouth, Gilbert Fitz-Baderon, gewidmet, der zwischen 1176 und 1191 in Wales nachweisbar ist; eine Romanfiktion im Stil der Zeit ist freilich, dass Hue das folgende Werk nach einem »lateinischen Werk« aus der reichen Bibliothek seines kunstsinnigen Mäzens »übersetzt« habe. Wie der vorausgegangene Roman spielt auch dieses Werk im normannischen Unteritalien, doch anders als in *Ipomedon* liegt der Akzent in *Protheselaus* stärker auf der Abenteuerhandlung als auf dem Liebessujet.

Nach Ipomedons Tod soll sein Sohn Protheselaus die Herrschaft über Kalabrien erhalten, während sein älterer Sohn Daunus in Apulien herrschen soll. Daunus bringt seinen Bruder jedoch um das Erbe, da er die Macht fürchtet, die Protheselaus durch eine Verbindung mit Medea, der Königin von Sizilien, zufallen würde. Protheselaus flüchtet außer Landes, unterstützt von den treuen Vasallen seiner Vaters. Gleich mehrmals hat er sich liebestoller Frauen zu erwehren, die sich dem unbekannten attraktiven Jüngling hingeben wollen. Als so Candace, die Frau eines dieser Helfer, ihre Zuneigung zu Protheselaus nicht erwidert sieht, verrät sie ihn an Daunus' Gefolgsmann Pentalis, der ihn auf der Flucht mit einem vergifteten Wurfspieß verletzen kann. Der schwer verwundete Protheselaus gelangt nach Rhodos, wo ihn ein Freund Ipomedons jedoch nicht heilen kann. Dies gelingt erst Melander, der ihn findet und zu seiner Tante Sibile, einer Schwester des Pentalis, bringt. Unter dem falschen Namen Prothes schleicht er sich als Schildknappe an Medeas Hof ein, wo er seine Geliebte kurzzeitig sehen kann. Da er jedoch aufgrund eines von Pentalis gefälschten Briefes glaubt, dass Medea ihn hasst, zieht er sich resigniert zurück.

In verschiedenen Ländern hat der Held nun zum Teil wunderbare Abenteuer zu bestehen. In der Lombardei kämpft er gegen den Chevalier Faé, dessen unterlegene Gegner an Lepra erkranken. Protheselaus heilt durch das Blut dieses getöteten Zauberers den Dardanus, einen Getreuen Ipomedons, der im Kampf gegen den Chevalier Faé unterlag. Später kann er ein Fräulein mit ihrem Ritter, dem Blois Chevalier, versöhnen, der sich von ihr einst hintergangen sah. Protheselaus gelangt nach Frankreich, wo er Ismeine, die ebenfalls aus dem *Ipomedon* bekannte einstige Vertraute seiner Mutter, im Kampf gegen einen Thronräuber unterstützt. Im Tal von Moriane gerät er in Gefangenschaft einer merkwürdigen Frau, der Pucelle de l'Isle, die sich in ihn verliebt und ihn mit dem Tod bedroht, falls er diese Liebe nicht erwidere. Medea und Melander kommen dem Gefangenen zu Hilfe und belagern die Burg der Pucelle, während Pentalis diese mit seinem Entsatzheer zu unterstützen versucht.

Während dieser Auseinandersetzungen führen Medea und der gefangene Protheselaus eine besondere Form des Liebesdialogs, indem sie Briefe wechseln, die sie durch einen dressierten Beizvogel übermitteln lassen, bis Protheselaus von seinem Wächter gegen Ehrenwort zeitweise freigelassen wird. Als sich die Pucelle de l'Isle in den Belagerer Melander verliebt, wendet sich schließlich dieser Konflikt zum Guten, und beide heiraten. Der Verräter Pentalis kann besiegt werden, und es gelingt Protheselaus, den Bruder in einem gewaltigen Zweikampf zu bezwingen, auf den Thron seines Landes zurückzukehren und Medea zu heiraten. Es kommt zur Versöhnung der feindlichen Brüder. Mit dem späteren Tod des Daunus ist für Protheselaus auch in Apulien der Weg zur Herrschaft offen. Der Erzähler verspricht zum Schluss, ein weiteres, indes nicht ausgeführtes Werk über die neu gegründete Familie von Protheselaus und Medea zu schreiben, und beendet das Werk mit einem überschwänglichen Lob auf die Großzügigkeit seines Mäzens.

Mit dem vorausgegangenen Werk verbindet der Autor diesen Roman nicht nur durch gemeinsame Leitmotive, sondern vor allem durch die Verwendung von wiederkehrenden Figuren. Durch den Bezug beider Texte aufeinander stiftet der Autor einen internen fiktionalen Kosmos, der dem der Karlsepik oder arthurischen Romane mit ihren gattungsspezifischen Handlungssituationen, Schauplätzen und Figuren in Konkurrenz tritt.

Diesem zweiten Roman Hues ist das Forschungsinteresse, das *Ipomedon* zuteil wurde, bislang versagt geblieben. Dabei soll freilich nicht übersehen werden, dass beide Werke dasselbe Repertoire von erzählerischen Möglichkeiten unter verschiedenen Blickwinkeln variieren. Der Bruderkampf und der Auszug des Helden um der Liebe einer schönen Frau willen werden im *Protheselaus* unter noch stärker realistischem Aspekt behandelt, während das Motiv des Ritters, der vor mehreren liebestollen Frauen das Weite sucht, hier seinen burlesken Charakter verliert. So kann man sagen, dass gegenüber *Ipomedon* eine Art von Umgewichtung der vormals eher arbiträren Elemente stattgefunden hat, die nun zu strukturellen Kernen ganzer Erzählpartien, im Falle des Bruderzwistes sogar zum äußeren Rahmen des gesamten Werks, umgestaltet werden. Die Struktur des *Protheselaus* erweist sich bei näherer Betrachtung als planvoll komponiert, liegt doch der auf den Helden hin zentrierten Erzählung das im Mittelalter beliebte Muster eines Verbannungs- und Verfolgungsmärchens zugrunde, das dem Reise- und Abenteuerschema eine stärkere Kohärenz verleiht.

▪ Ausg.: Protheselaus, 3 Bde, Hg. A. J. Holden, 1991.
▪ Lit.: J. Weiss: A Reappraisal of H.'s Protheselaus, in: Medium Aevum 52, 1983, 104–111.

Gerhard Wild

Victor **Hugo**

▪ geb. 26. 2. 1802 Besançon (Frankreich)
▪ gest. 22. 5. 1885 Paris (Frankreich)

Nach kurzem Studium an der École Polytechnique freier Schriftsteller; mit seinem Traktat »Préface de Cromwell« (Vorwort zum Drama *Cromwell*) Begründer der antiklassizistischen Ästhetik und dadurch ›Sprecher‹ der französischen Romantik; 1848 Abgeordneter; 1851–1870 nach dem Putsch Louis Napoleons Exil in Belgien und auf den englischen Kanalinseln; zahlreiche bedeutende Dramen, Romane und Gedichte, die heute noch als Hauptwerke der klassischen französischen Dichtung gelten; produktivster der romantischen Dichter.

▪ Ausg.: Œuvres complètes, 9 Bde, Hg. P. A. Ward/B. Lintz Murphy/M. Grimaud, 1985–1990.
▪ Übers.: Sämtliche Werke, 21 Bde, 1839–1843.
▪ Lit.: H. P. Lund: L'œuvre de H. entre fragments et œuvre totale, 2003. ▪ J. Gaudon: V. H., 2003.

Das lyrische Werk

(frz.) – Wie für viele romantische Dichter ist auch für Hugo, der noch immer die Verkörperung romantischen Schreibens in Frankreich ist, die Lyrik das Ausdrucksmedium par excellence. Sein lyrisches Schaffen umfasst an die 20 Gedichtsammlungen, die in einem sechs Jahrzehnte umspannenden Zeitraum entstanden sind und teils erst ein Jahrzehnt nach seinem Tode veröffentlicht wurden. Ähnlich dem lyrischen Werk eines Goethe oder Rilke wird so das Schreiben von Gedichten zum künstlerisch verdichteten Korrelat eines Tagebucheintrags, zum Gradmesser psychischer, ästhetischer und – dies ist bei Hugo so neuartig wie bei Heine – politischer wie sozialer Befindlichkeit.

Hugos erste dichterische Versuche in den *Odes et poésies diverses*, 1822 (Vermischte Oden und Gedichte), und den *Odes nouvelles*, 1824 (Neue Oden), nutzen noch die seit Ronsard klassischen Formen der französischen Poesie. Im Ton unverkennbar klingen die Vorbilder Chénier, Chateaubriand und Lamartine durch.

Auch der eindrucksvollste Band der Jugendlyrik, die *Odes et ballades*, 1826, erweitert 1828 (*Oden und Balladen*, 1841, H. Elsner), bewegt sich in diesen Bahnen. Unter Rückgriff auf deutsche und englische Vorbilder zeigt er aber bereits die Spannweite von Hugos späteren Themen. Traditionelle Themen französischer Lyrik – Melancholie, Vergänglichkeit und Liebesschmerz – werden als literarische Konventionen aufgegriffen. Genuin romantische Lyrik als Sprache der Seele offenbart sich erst in den Liebesgedichten an die spätere Frau Adèle.

Die *Odes et ballades* markieren zugleich den Übergang zu den reifen Werken der Romantik und kündigen zentrale Motive, Themen und Strukturen an. Neben der zeittypischen Gelegenheitspoesie enthalten die fünf Bücher auch politische Lyrik und Erlebnisdichtung. Einige der Texte, in denen Hugo über die Situation des Dichters reflektiert, gehören zu einem thematischen Übergangsbereich, der deutlich autoreferenzielle Züge trägt – eine Tendenz, die sich in späteren Werken verstärken soll.

Texte wie »La mort du Duc de Berry« (Der Tod des Herzogs von Berry) und »Les funérailles de Louis XVIII.« (Die Bestattung Ludwigs XVIII.) nehmen auf tagespolitische Ereignisse Bezug. Thematisch bezieht Hugo sich damit auch auf jene zeitgenössische politisch konservative romantische Strömung, die vergangene Größe zum ästhetischen und ethischen Referenzpunkt des eigenen Dichtens macht. Der Gegenpol zu solch politischer Nostalgie findet sich etwa in der Ode »Buonaparte« (Bonaparte): Hier verdammt Hugo den nur zwei Jahre zuvor auf Sankt Helena verstorbenen und bereits in den Rang eines Nationalheiligen erhobenen Napoleon als Antichrist und Geißel Gottes. Ein Wandel des Hugo'schen Blicks auf die napoleonische Zeit äußert sich aber bereits in der Ode »À mon père« (Für meinen Vater), der in Bonapartes Armee General war. Vollends ambivalent erscheint die Ode »Les deux îles« (Die zwei Inseln), in der Hugo über die Äquivalenz der zwei ›Schicksalsinseln‹ Bonapartes – des Geburtsorts Korsika und des Sterbeorts Sankt Helena – einerseits den Bogen des Lebens spannt, dabei andererseits zur Apotheose der Schicksalsgestalt auf Argumentationsmuster zurückgreift, die ins Repertoire einer vorrevolutioären, klerikal beeinflußten Rhetorik gehören. In denselben Bereich einer vorrevolutionär modellierten Hagiographie gehört auch »À l'Arc de Triomphe de l'Étoile«, 1823/24 (Auf den Triumphbogen am Place de l'Étoile). Vollends zum Wortführer der napoleonischen Ära wird Hugo – der so akzeptiert, das Kind einer von Umwälzungen erschütterten Menschheitsepoche zu sein – mit der »Ode an den Obelisken«, 1827 (»Ode à la Colonne de la Place Vendôme«). Das Monument, das aus dem Eisen von in der Schlacht von Austerlitz erbeuteten Kanonen gegossen wurde, ist für Hugo Medium des Dialogs mit einer Epoche von uneinholbarer Größe.

Die 15 Balladen der Sammlung greifen auf englische und deutsche Vorbilder zurück, auf frühromantische Motive und gar Elemente der Schauerromantik. Überblickt man die fünf Bücher der Sammlung als Ganzes, so wird ein Wandel von den politischen zu stärker persönlich inspirierten Themen deutlich.

Der Folgeband, *Les orientales*, 1829 (*Aus dem Morgenlande*, 1903, H. Stradal), zählt zu den herausragenden Leistungen romantischer Lyrik. Das Erlebnis eines Sonnenuntergangs im Sommer 1828, der die Sammlung inspiriert haben soll, macht sie zum Produkt genuin romantischer Selbstmythisierung. Zugleich ist sie eines der frühen literarischen Zeugnisse französischer Orientbegeisterung. Doch obwohl Hugo mit dem Orientalisten Fouinet bekannt war, ist der Orient Hugos kein erfahrener, sondern ein imaginierter Raum, der das bis in die Antike zurückreichende literarische Wissen als Ersatz für die fehlende reale Anschauung nimmt.

Vielfältig sind die Quellen dieser imaginierten Fremde. Die Wurzeln des Orientalismus reichen bis weit ins 18. Jh. zurück, als Galland den Europäern die Erzählungen aus *Tausendundeine Nacht (Alf laila wa-laila)* nahebrachte. Doch auch der Einfluss der zeitgenössischen Literatur ist spürbar: Chateaubriands *Itinéraire de Paris à Jérusalem*, Goethes *Der west-östliche Divan* und vor allem Byrons *Childe Harold* und *Mazeppa*. Wie Byrons Werke sind diese Gedichte zugleich dichterischer Ausdruck des persönlichen Engagements für ein von den Osmanen befreites Griechenland. Anregungen erfuhr Hugo hier nicht nur durch die von Claude Fauriel 1824/25 herausgegebenen *Chants populaires de la Grèce moderne* (Zeitgenössische griechische Volkslieder). Selbst Friedrich Schlegels Text *Über das Studium der griechischen Poesie*, den Germaine de Staël in Frankreich bekannt gemacht hatte, wirkt in den hellenisierenden Gedichten der *Orientales* nach. Die französische Begeisterung für Spanien schließlich, die in Mérimées *Carmen* ihren Höhepunkt erreichen wird, nimmt Hugo in einigen Gedichten vorweg, die in unmittelbarer Auseinandersetzung mit dem altspanischen *Romancero* entstanden.

Der romantische Blick auf einen fiktiven Orient erzeugt allerdings ein neuartiges Repertoire der literarischen Mittel, deren Raffinement zum Ausgangspunkt wegweisender Entwicklungen der französischen Lyrik im späten 19. Jh. wird. Lautmalereien, ungewohnte Reimbildungen und rhetorische Klangfiguren befreien den französischen Vers aus seiner klassizistischen Strenge. Wenngleich nach wie vor klassische Versmaße durchscheinen, ist Hugo auf dem Weg zum freien Vers. Die Verslänge passt sich dem Inhalt an, der im Bann der spanischen Romanzendichtung vermehrt balladenhaft-narrative und deskriptiv-pittoreske Elemente aufnimmt. Der Versuch, orientalische Formen zu fingieren, führt, wie so oft im abendländischen Exotismus, zu rhetorischer Manieriertheit: Antithese, Oxymoron und Paradoxon machen diese Lyrik zu einem Ausdrucksmedium sui generis, das sich der ›poésie pure‹ der Parnassianer und Symbolisten annähert. In inhaltlicher Hinsicht erweist sich diese imaginierte Wirklichkeit als Anhäufung von Klischees, die aus dem Fundus des europäischen Orientdiskurses übernommen sind: Dschinns, Derwische, Odalisken, Paschas und Basare. Zu diesen Requisiten gesellen sich die Mentalitätsklischees des Arabismus: Erotik – in »La douleur du pacha« (Der Schmerz des Paschas) –, islamische Askese – in »Le voile« (Der Schleier) – und urwüchsiges Temperament stehen neben sensualistischer Verfeinerung und Dekadenz. Ein Leitmotiv bilden die Reize der Orientalinnen (»Sara la baigneuse«, Die badende Sara).

Die Hybridie von Hugos Orient wird in der Vermengung unterschiedlicher geographischer und geschichtlicher Räume evident. Der Themen- und Bildbereich des biblischen Orients steht neben Texten über den Freiheitskampf der Griechen gegen die Osmanen (»La bataille perdue«, Die verlorene Schlacht). Auch die orientalische Landschaft und die exotische Natur haben keinen Eigenwert, sondern dienen in frühromantischer Tradition nur dazu, das romantische Ich zu reflektieren. Hugos Orient ist vor allem Projektionsmedium seelischer Regungen. Hugo wird hier zum Mitbegründer der französischen Orientnostalgie, die zur selben Zeit von Musikern wie Félicien David und Malern wie Eugène Delacroix in Frankreich propagiert wurden. Kein Geringerer als Hector Berlioz hat einige der *Orientales* – etwa 1831 die berühmt gewordene »Captive« (Die Gefangene) – vertont; Wagner, Liszt, Fauré, Franck, Saint-Saëns, Bizet, d'Indy öffneten Hugos fingiertem Orient die Salons und Konzertsäle Europas.

Die 1831 erschienenen *Feuilles d'automne* (*Herbstblätter*, 1836, H. Fournier) entstanden gleichzeitig mit den *Orientales*. Wie der fiktive Orient ist auch der Weltschmerz lediglich Rohstoff, aus dem sich das romantische Ich die Projektionsflächen der Selbstbespiegelung formt. Hugo selbst verweist im Vorwort auf das Fallen des Laubes im Herbst und den damit evozierten Tod des Kreatürlichen. Zugleich wird durch die Mehrdeutigkeit von »feuilles« (Blätter als Medium von Schrift) und »Herbst« (als Zeit poetischer Stimmungen) die Grundlage des Dichtens selbst zum Thema und verknüpft so den vorgeblichen Anlaß des Naturerlebens mit einem poetologischen Moment.

Äußerer Anlass einiger Gedichte waren aber auch die Lebenskrisen des Dichters (Tod der Eltern, Ehebruch der Frau Adèle mit seinem Dichter-Freund Sainte-Beuve). Diese gehen in einigen der 40 hier versammelten Texten in Stimmungsbildern auf, deren einheitlicher lyrischer Ton dem Bekenntnischarakter und der Auffassung von romantischer Subjektivität widersprechen. Bereits das Einleitungsgedicht »Ce siècle avait deux ans« (Dies Jahrhundert war zwei Jahre alt) stellt als artifizielle Inszenierung des Ichs die Auffassung von romantischer Bekenntnisdichtung in Frage. Auch die folgenden Texte sind weniger Ausfaltungen denn Produktion der romantischen Seele. Inneres Erleben (»Oh pourquoi te cacher«, Warum versteckst du dich) und die Reflexion darüber (»Ô mes lettres d'amour!«, Ach, meine Liebesbriefe) dienen als Inspirationsmomente, die Wortkunstwerke hervorrufen sollen. Daneben finden sich aber auch Beispiele jener Gelegenheitslyrik, die das familiäre Idyll des Dichters in nostalgischen Bildern entwickelt.

Weitere zentrale Themen sind der Traum (»La pente de la rêverie«, Neigung zur Träumerei) und poetische Visionen, wie sie die Natur hervorruft. Das Gedicht »Ce qu'on entend sur la montagne« (Was man auf dem Berg vernimmt), in dem die Klage der Menschheit dem romantischen Subjekt gegenübergestellt wird, inspiriert Jahre später Liszt zu einer Orchesterdichtung. Manche dieser schon in Hugos Jugendlyrik angelegten romantischen Stimmungsbilder, die aus der Zwiesprache des lyrischen Ichs mit der Natur hervorgehen, deuten bereits auf die Seelenlandschaften voraus, die wenige Jahre später Baudelaire entwerfen wird. Dessen metaphysischen Anspruch indes erreichen Hugos Texte kaum. Spürbar wird in diesen Gedichtzyklen auch sein soziales Pathos. Das Engagement für eine leidende Menschheit wirkt in seinem Schaffen bis in die Alterswerke fort und wird sich – vor allem im englischen Exil der 1850er Jahre – noch verstärkt artikulieren. Auch die Gedichte des Zyklus *Les chants du crépuscule*, 1835 (Lieder der Dämmerung), entstanden parallel zu der früher veröffentlichen

Sammlung, wurden aber aus Gründen der Zyklusgestaltung, die sich dem Vorurteil romantischer Spontaneität widersetzt, nicht dort aufgenommen. Mit diesem und dem Folgeband *Les voix intérieures*, 1837 (Die inneren Stimmen), bewegt sich Hugo thematisch und formal weiterhin in den bekannten Bahnen.

Auch *Les rayons et les ombres*, 1840 (Strahlen und Schatten), fügt der Lyrik der 1830er Jahre wenig Neues hinzu. Texte wie das Melancholiegedicht »Tristesse d'Olympio« sind zwar in den klassischen Schatz französischer Dichtung eingegangen, werden indes durch die thematisch vergleichbaren, oft fast zeitgleich entstandenen Texte Gautiers, Nervals und vor allem Baudelaires an poetischer Intensität bei Weitem übertroffen. Stärker als in den früheren Zyklen formuliert Hugo hier schon die auf die lyrische Produktion der 1850er Jahre vorausdeutenden metaphysischen Fragen nach der Bestimmung und Stellung des Menschen im Kosmos. Mit stärkerer Emphase stilisiert er sich nun in die Rolle des Visionärs oder gar Priesters, der jenseits einer politischen Ideologie aufgrund seiner imaginativen Begabung zum Vorbild und Wegweiser der Menschheit wird.

Les châtiments, 1853 (Die Züchtigungen), korrespondiert in thematischer Hinsicht mit dem biographischen Bruch, den das Exil für den seit dem Staatsstreich Louis Napoléons (1851) im Ausland lebenden Dichter und Patrioten bedeutete. Spott und Zorn sind die neuen Motive von Hugos umfangreichem Werk, das dramatische mit lyrischen und epischen Elementen verbindet. Ziel der Satire ist der Usurpator, für den der Abgeordnete Hugo sich wenige Jahre zuvor noch in journalistischen Arbeiten stark gemacht hatte, bevor er dessen wahre Absichten erkannte. Auf der Kanalinsel Guernsey überzieht er ihn – freilich ohne politische Wirkungsmöglichkeit – mit Polemiken, die den altbekannten Mustern der Herrschersatire entlehnt sind. Louis Napoléon wird als Affe, Kannibale und Vampir verunglimpft; bald erscheint er als Despot Nero, bald als Brudermörder Kain.

Die Überschriften der sieben Bücher sind unverkennbar ironisch: »Die Gesellschaft wird gerettet«, »Die Ordnung wird wiederhergestellt«, »Die Familie wird erneuert«, »Die Religion wird verherrlicht«, »Die Autorität wird geheiligt«, »Die Stabilität wird gesichert«, »Die Retter werden sich retten«. Die Titel nehmen Bezug auf die Pfeiler staatlicher Macht, auf jene gesellschaftlichen Komponenten, deren Rolle im Unterdrückungsapparat der Diktatur zwei Jahrzehnte später Zola in den einzelnen Bänden seines *Rougon-Macquart-Zyklus* mit der Akribie des Soziologen darstellen wird. Wie in den – bemerkenswerterweise gleichzeitig entstandenen – Persiflagen Offenbachs gehen die satirischen Verfahren zur Dekonstrution des imperialen Größenwahns bis auf Iuvenalis und Petron zurück, so etwa, wenn sich in »Cette nuit-là« (Diese Nacht) das zur Hure personifizierte Second Empire nach verrichteter Arbeit mit dem Liebeslohn aus dem Staub macht.

Drei Texte gliedern den Zyklus: das einleitende Gedicht »Nox« (Nacht), das eher epische Gedicht »Expiation« (Sühne) und abschließend »Lux« (Licht), das den Geist Bonapartes evoziert, den Garanten der gesellschaftlichen Utopie, die nach der Diktatur folgen soll. Damit unterlegt Hugo dem Zyklus *Les châtiments* eine symbolische Konstruktion, die nach dem geschichtstheologischen Schema ›durch die Finsternis zum Licht‹ politische Inhalte als Heilswissen verkündet.

Mit dem 1856 erschienen Band *Les contemplations* (Betrachtungen) kehrt der nach wie vor im Exil ausharrende Dichter wieder zur romantisch-meditativen Bekenntnisdichtung zurück. Äußerer Anlaß ist nicht mehr das nationale Drama, sondern die Bewältigung individuellen Leidens, das ein Jahrzehnt zuvor mit dem Tod seiner Tochter und seines Schwiegersohns bei einem Bootsunglück auf der Seine hereinbrach. Strukturiert sind die Texte wie ein fiktives Tagebuch, das durch fingierte Entstehungsdaten schlaglichtartig Situationen vergangenen gemeinsamen Lebens memoriert: »Aurore« (Aurora), das erste der sechs Bücher, handelt von den Freuden des Vaters, das eigene Kind zu erleben. Das zweite Buch, »L'âme en fleur« (Seele in Blüte), ist ein Echo der Liebesbeziehung Hugos zu Juliette Drouet. Das dritte Buch, »Les luttes et les rêves« (Kämpfe und Träume), wendet sich wieder der Frage nach der Stellung des Menschen zur Natur zu und reflektiert über die Conditio humana. Die Gedichte des vierten Teils, »Pauca meae« (Wenig für die Meine) sind ausschließlich der geliebten Tochter gewidmet, auf deren Todestag der Zyklusteil datiert ist. »En marche« (Unterwegs), der fünfte Teil, fängt die Stimmung der Kanalinseln ein, deren urwüchsige Natur den exilierten Dichter neue Hoffnung schöpfen lässt. Wie *Les châtiments* liegt auch den *Contemplations* der Zweischritt von einer unbefriedigenden Gegenwart zu einer glückhaften Zukunft zugrunde, wenn Hugo im letzten Teil der Sammlung, den jungen Rimbaud antizipierend, sich als einen den Kosmos beschwörenden Seher darstellt.

In den folgenden Jahrzehnten schreibt Hugo in weiteren Gedichten und Sammlungen die bekannten Themen fort, wobei sich die spiritualen Tendenzen, die sich seit den 1840er Jahren abzeichneten, verstärken. In ein breiteres Bewußtsein gedrungen sind diese Bände freilich nicht, hatten dem produktivsten unter den romantischen Dichtern doch längst die Vertreter der nächsten Generationen – Baudelaire, Leconte de L'Isle, Verlaine und Mallarmé – den Rang abgelaufen. Bedenkt man allerdings, dass im 19. und frühen 20. Jh. nach Texten der *Orientales*, der *Odes et ballades* und der *Contemplations* weit über 1000 Lieder vertont wurden, dass andere Texte dieser Sammlungen als Anregung zu Gemälden und Orchesterwerken dienten, so darf man den Lyriker Hugo gerade hinsichtlich seiner außerliterarischen Wirkung mit Dichtern wie Goethe und Heine auf eine Stufe stellen.

▪ Lit.: A. Glauser: V. H. et la poésie pure, 1957. ▪ C. Rétat: X ou le divin dans la poésie de V. H. à partir de l'exile, 1999. ▪ L. Aguettant: H. poète de la nature, 2001. ▪ H. Meschonnic: H. la poésie contre le maintien de l'ordre, 2002. *KLL*

Cromwell

(frz.; *Cromwell*, 1830, J. B. Werner) – Das 1827 erschienene fünfaktige Versdrama galt aufgrund seiner Länge und des ungewöhnlichen dramaturgischen Aufwands als unspielbar und wurde erst 1956 im Ehrenhof des Louvre vollständig uraufgeführt. Hugos Erstlingswerk griff eine Idee Balzacs auf, der bereits 1820 den Plan zu einer Tragödie über Cromwell entwickelte.

Der historische Cromwell wird in diesem Drama nicht als religiöser Eiferer, sondern als besonnener und gnädiger Herrscher dargestellt. Cromwell, Protektor Englands und erfolgreicher Feldherr, soll am 25. Juni 1657 zum König von England gekrönt werden. Eine Gruppe von Verschwörern, enge Vertraute Cromwells, will diese Krönung verhindern: Er soll bei den Krönungsfeierlichkeiten in der Westminsterabtei ermordet werden. Dann jedoch wird ein anderer Plan favorisiert: Er soll in der Nacht mit Hilfe eines Schlaftrunks eingeschläfert, entführt und ermordet werden. Cromwell wird gewarnt und verdächtigt irrtümlicherweise seinen Sohn Richard, an der Verschwörung gegen ihn beteiligt zu sein. Ein Pergament mit genaueren Angaben zur geplanten Ermordung gerät in die Hände seiner Tochter Francis, die ihn darüber informiert. Als der an der Intrige beteiligte Lord Rochester ihm ein mit einem Schlafmittel versetztes Getränk anbietet, zwingt der misstrauische Cromwell den verräterischen Lord, es selbst zu trinken. Der ohnmächtige Rochester, dessen Gesicht mit einem Tuch verdeckt ist, wird von den Verschwörern, die ihn für Cromwell halten, davongetragen. Cromwell indessen hat sich als Soldat verkleidet, um das Treiben der Entführer zu beobachten. Als sein Sohn Richard hinzukommt und vom Plan der Verschwörer erfährt, seinen Vater zu ermorden, wirft er sich im letzten Augenblick, in der Absicht, seinen Vater zu schützen, auf den immer noch ohnmächtigen Rochester. Cromwell, der von der Loyalität seines Sohnes überrascht und gerührt ist, bereitet der Szene ein rasches Ende, indem er die Verschwörer von königstreuen Soldaten festnehmen lässt. Die an der Intrige gegen ihn Beteiligten will er hinrichten, sich selbst wie geplant am kommenden Tag zum König krönen lassen. Dieses große Ereignis steht ganz im Mittelpunkt des letzten Akts. Auf dem Weg zur Krönung in der Westminsterabtei erreichen ihn erneut Warnungen vor einer möglichen Ermordung. Im letzten Augenblick verzichtet er auf die Krone und begnadigt die in der Nacht gefangen genommenen Verschwörer.

Seine Berühmtheit verdankt das Stück ausschließlich seinem Vorwort, der »Préface de Cromwell«, die zum Kanontext der neuzeitlichen poetischen Theorie wurde. Hugo gibt seiner Poetologie einen geschichtsphilosophischen Rahmen, danach entspreche der primitiven Zeit die Ode, der Antike das Epos und der Moderne das Drama. Den Ursprung der Ode sieht er in der *Bibel*, den Beginn des Epos bei Homer, und den Ursprung des Dramas bei Shakespeare. Während sich die Ode primär durch ihre Naivität und das Epos durch seine Einfachheit auszeichne, sei das Hauptmerkmal des Dramas seine ›Wahrheit‹. Dem Wahrheitsbegriff aber kämen weder die herkömmlichen Gattungsschemata noch die klassischen Einheitsregeln bei, sie stünden im Widerspruch zur Natur und somit zur Wahrheit der Kunst und zur reklamierten Freiheit der modernen Kunst. Als für den Wahrheitsbegriff zentral postuliert Hugo, dass die moderne Dichtung nicht nur das Schöne anerkennen solle, sondern »daß das Hässliche neben dem Schönen existiert, das Ungeregelte neben dem Anmutigen, das Groteske als Kehrseite des Erhabenen, das Schlechte mit dem Guten, der Schatten mit dem Licht«.

Das Groteske, das sich vornehmlich im Schauspiel manifestiere, zeichne die romantische, moderne Dichtung gegenüber der klassisch-antiken aus. Das Groteske stelle die reichhaltigste Quelle dar, die die Natur der Kunst bieten könne. Denn, so Hugo, das Schöne hat nur eine, das Hässliche aber tausend Erscheinungsformen. Das Groteske in *Cromwell* ist durch verschiedene Figuren und komische Elemente (z. B. die missglückte Brautwerbung Rochesters) gegeben. Solche Elemente schließen Hugos Werk an die vor allem durch Shakespeare repräsentierte ›offene‹ Dramenform an. Anders als im streng gebauten klassischen Theater ergebe sich das Wirkliche (»le réel«) des Dramas, das hierin dem Leben und der Schöpfung gleiche, aus der Mischung von Erhabenem und Groteskem: »Alles, was in der Natur ist, ist auch in der Kunst.« Daher sollen in einem Drama Tragisches und Komisches ineinander übergehen. Die wahre, vollständige Poesie hat für Hugo ihren Platz in der »Harmonie der Gegensätze«, deren Ausdruck er in *Cromwell* verwirklicht sah.

▪ Lit.: M. Descotes: L'obsession de Napoléon dans le ›Cromwell‹ de V. H., 1967. ▪ S. Robardey-Eppstein: La constellation de Thespsis. Présence du théâtre et dimension métathéâtrale dans l'œuvre dramatique de V. H., 2004. *Gottfried Schwarz*

Hernani ou L'honneur castillan

(frz.; *Hernani oder Die kastilische Ehre*, 1968, H. Beltz) – Das 1830 erschienene fünfaktige Versdrama entstand in weniger als einem Monat. Noch im selben Jahr wurde es uraufgeführt.

Schauplatz der Handlung ist Spanien zu Beginn des 16. Jh.s. Der geächtete Hernani, der als Anführer einer Räuberbande in den Bergen haust, liebt die schöne Doña Sol de Silva, aber er schreckt davor zurück, sie zu entführen und in sein friedloses Leben zu ziehen. Sie soll die Frau ihres Onkels, des alten, ehrwürdigen Herzogs Ruy Gomez, werden, und auch der junge König Don Carlos (der künftige Kaiser Karl V.) wirbt um sie. Doch Doña Sol liebt Hernani und weist Don Carlos zurück. Als er eines Nachts Hernani in ihren Räumen überrascht, schont er ihn ritterlich. Eine zweite Begegnung gibt Hernani Gelegenheit, sich zu revanchieren, indem er den wehrlosen König vor seiner Räuberbande schützt. Ruy Gomez, der Doña Sol für die bevorstehende Hochzeit auf sein Schloss geführt hat, gewährt dem verfolgten, als Pilger verkleideten Hernani Einlass und verbirgt ihn vor dem König, der auf den Kopf seines Rivalen eine große Geldsumme ausgesetzt hat. Da der Herzog sich aus Respekt vor dem Gebot der Gastlichkeit weigert, Hernani auszuliefern, entführt Don Carlos aus Rache Doña Sol. Ruy Gomez und Hernani schließen daraufhin ein Bündnis: Gemeinsam wollen sie den König töten, aber Hernani muss schwören, Selbstmord zu begehen, sobald er das Horn von Ruy Gómez vernimmt. In der Pfalzkapelle zu Aachen gelingt es Don Carlos, Hernani samt allen Verschwörern in seine Gewalt zu bekommen. Doch nach seiner Wahl zum Kaiser lässt er Gnade vor Recht ergehen und erlaubt ihm, der in Wirklichkeit Jean d'Aragon heißt und aus edlem spanischem Geschlecht stammt, Doña Sol zu heiraten. Doch in der Hochzeitsnacht ertönt das Horn des eifersüchtigen Ruy Gomez. Hernani ist durch seinen Eid verpflichtet, sich zu töten, und mit ihm vergiftet sich Doña Sol. Aus Verzweiflung und Reue über seine Tat begeht Ruy Gomez ebenfalls Selbstmord.

Der ›spanischen Mode‹ seiner Zeit entsprechend, hat Hugo dieses Drama um die schicksalhafte Macht der Liebe und die ritterlichen Tugenden mit allen Requisiten der französischen Romantik ausgeschmückt. In einem Nachwort gibt er genaue Anweisungen für die Gestaltung der Hauptrollen. Der Schauspieler des Hernani soll die Wildheit des Geächteten mit dem Stolz des spanischen Granden, der Don-Carlos-Darsteller die Unbekümmertheit und Kühnheit des jugendlichen Liebhabers mit der Besonnenheit des späteren Kaisers, der des »homerischen Greises« Ruy Gomez Leidenschaft und Eifersucht mit Würde und Ehrfurcht vor der Tradition verbinden. Die für das klassische Theater undenkbare Vereinigung von Verwerflichem und Edlem in ein und derselben Person ermöglicht dem Schauspieler eine differenzierte psychologische Interpretation. Der Autor verstößt ebenso gegen die starre klassische Einheitenregel wie gegen die Formstrenge des Alexandriners und verwendet stattdessen den unregelmäßigen ›vers coupé‹, der ihm sprachlich mehr Freiheit lässt. »Man bricht die Verse in der Mitte entzwei und wirft sie zum Fenster hinaus«, entrüsteten sich die »akademischen und klassischen Schädel« im Publikum.

Deutlich ist der Einfluss von Corneilles *Cid* (1636) und Schillers *Die Räuber* (1782) spürbar. Doch als eigentliche Quelle bezeichnete Hugo selbst den altspanischen *Romanzero general*. Théophile Gautier berichtet in seiner *Histoire du romantisme*, 1874 (Geschichte der Romantik), dass es bei der Premiere des Stücks zu einem lautstarken Streit zwischen den jungen Romantikern und den an das klassische Theater gewöhnten Zuschauern kam. Die Kritik in der Presse fiel heftig und zum großen Teil polemisch aus, der Premierenskandal und der anhaltende Streit um das Stück sicherten den folgenden Aufführungen aber ein großes Publikumsinteresse. Den Sieg in dieser als ›Bataille d'Hernani‹ (Schlacht um Hernani) in die Literaturgeschichte eingegangenen Polemik trugen die Romantiker unter Führung Gautiers davon. Den nächsten Generationen galt *Hernani* als Hugos dramatisches Meisterwerk. Die Vertonung durch den jungen Giuseppe Verdi tat 1844 das Ihre zu seiner Popularisierung.

■ Lit.: A. Ubersfeld: Le roi et le bouffon. Étude sur le théâtre de H. de 1830 à 1839, 2001. ■ E. Blewer: La campagne d'Hernani, 2002.

KLL

Notre-Dame de Paris. 1482

(frz.; *Der Glöckner von Notre-Dame*, 1986, H. Meier) – Nach Absicht seines Autors sollte der 1831 erschienene Roman Walter Scott in der noch jungen Gattung des historischen Romans übertreffen. Damit hatte Hugo sein wohl erfolgreichstes Werk geschaffen, das durch Opernfassungen und zahlreiche Verfilmungen im kulturellen Bewusstsein verankert ist. Zwar wurde für *Notre-Dame de Paris. 1482* umfangreiches Quellenmaterial ausgewertet; doch handelt es sich eher um einen Ideenroman und einen ›roman poème‹ (poetischen Roman), der mit der Einbettung seiner melodramatischen Handlung in einen breit angelegten historischen Rahmen einem wohlüberlegten ästhetischen Konstruktionsprinzip folgt.

So zeigen die ersten beiden Bücher zunächst das spätmittelalterliche Paris mit seinem bunten Treiben am Tag des Narrenfestes (6. Januar). Im Palais de Justice fällt der Dichter Pierre Gringoire mit seinem Mysterienspiel durch, während Quasimodo, der missgestaltete Glöckner der Kathedrale Notre-Dame, auf Anregung eines Maître Coppenole zum Narrenpapst gewählt wird. Auf der Suche nach einem Quartier für die Nacht folgt Gringoire der elfenhaften Zigeunerin Esmeralda, die durch ihren anmutigen Tanz immer aufs neue begeisterte Zuschauer gewinnt, zugleich aber den ständigen Nachstellungen durch den düsteren Dompropst von Notre-Dame, Dom Claude Frollo, ausgesetzt ist. Gringoire wird bei seiner nächtlichen Wanderung Zeuge, wie Quasimodo Esmeralda zu entführen versucht, durch das Dazwischentreten einer Streife königlicher Bogenschützen unter dem Hauptmann Phoebus de Châteaupers aber daran gehindert wird. Schließlich gerät er in die berüchtigte »cour des miracles«, die damalige von den »truands« bewohnte Pariser Unterwelt, und wird nur durch das Eingreifen Esmeraldas vor dem Galgen bewahrt.

Das dritte Buch enthält eine Beschreibung der Stadt Paris und der Kathedrale Notre-Dame, in der entscheidende Teile der Handlung spielen und die Ausdruck des mittelalterlichen Geistes sein und Summe aller individuellen Existenzen des Romans darstellen soll. Im vierten Buch wird die Beziehung Frollos zu Quasimodo enthüllt und ein genaueres Bild beider Charaktere entworfen. Der im Ruf eines Hexenmeisters stehende Frollo hatte das Findelkind Quasimodo aufgezogen und zum Glöckner von Notre-Dame gemacht. Seitdem ist die Kathedrale von geheimnisvollem Leben erfüllt. Das fünfte Buch – ebenfalls eine Rückblende – zeigt, wie König Ludwig XI. in seiner Eigenschaft als Abt von St. Martin Frollos Schüler auf dem Gebiet der Alchimie wird. Indem er sich auf die für die Romanhandlung zeitgenössische Erfindung des Buchdrucks bezieht, entfaltet Hugo hier außerdem eine seiner grundlegenden Konzeptionen zur Kulturgeschichte: Auf die von der Architektur bestimmten Zeitalter werden die vom Buch geprägten Epochen folgen, die die große (immer religiös ausgerichtete) Architektur wie die Religion selbst zerstören werden. Im sechsten Buch wird das Geschehen der ersten beiden Büchern fortgeführt: Quasimodo wird für den von ihm unternommenen Entführungsversuch bestraft; und eine Bürgerin aus Reims erzählt die Geschichte der armen Prostituierten Paquette la Chantefleurie, deren Kind 20 Jahre zuvor von Zigeunern gestohlen worden sei.

Vom siebten Buch bis zum Ende des Werks (mit Buch 11) steht das eigentliche Melodrama im Vordergrund, das von März bis etwa Juli 1482 spielt und über dem das von Frollo beschworene Fatum lastet. Da Dom Claude sich Esmeraldas nicht bemächtigen kann – sie liebt den konventionellen Châteaupers –, lässt er sie als Hexe und Mörderin in die Fänge der Inquisition geraten. Sein Angebot, mit ihm zu fliehen, lehnt sie ab. Quasimodo bringt Esmeralda kurz vor ihrer Hinrichtung in die Kathedrale, wo sie Asyl genießt. Doch ein Parlamentsurteil, bei dem Frollo seine Hand im Spiel hat, hebt das Kirchenasyl auf. Die »truands« versuchen mit einem großen Angriff, Esmeralda aus der Kathedrale zu befreien. Als König Ludwig feststellt, dass dieser Aufruhr nicht der feudalen, sondern der königlichen Gerichtsbarkeit gilt, lässt er ihn niederschlagen. Esmeralda, in der die Einsiedlerin Gudule – niemand anders als Paquette la Chantefleurie – gerade die langverlorene Tochter wiedererkannt hat, wird auf der Place de Grève als Hexe gehängt. Quasimodo, der den Anteil seines Meisters am Verfahren gegen Esmeralda erkennt, stürzt Frollo von einer der Turmgalerien der Kathedrale in die Tiefe und stirbt selbst an Esmeraldas Grab.

Die poetische Größe des Werks, das eine Mischung und Synthese kühner Visionen und Bilder von barocken Dimensionen darstellt, ist unbestritten. Man hat Hugo zum Vorwurf gemacht, er habe die anderen seiner Anforderungen an den idealen Roman, Realismus und historische Wahrhaftigkeit, in seinem Werk weitaus schlechter erfüllt. Tatsächlich dürfte es sich jedoch um den größten historischen Roman der Romantik handeln. Das Kolorit des späten Mittelalters ist sowohl in der Schilderung von Massenszenen als auch in der von einzelnen Lebensbereichen (Klosterwesen, Geheimwissenschaften, Justiz), schließlich auch in der Zeichnung historischer Persönlichkeiten wie des dämonischen Ludwig XI. gegenwärtig.

Dass die Psychologie Hugos neben realistisch gezeichneten Durchschnittstypen höchst exzentrische Charaktere vorführt, die in monomanischer Besessenheit oder als potenzierte Verkörperung einer bestimmten Tugend den Rahmen des Gewöhnlichen sprengen, spricht eher für die Kühnheit des Autors, als dass es einen Einwand gegen ihn darstellte. Die Schilderung der zwischen Unerfülltheit und Grausamkeit schwankenden Liebe Frollos, seiner ausweglosen Einsamkeit und ungeheuren Entfernung von Esmeralda ist ein Höhepunkt psychologischer Darstellungskunst. Lamartine hat Hugo nach Erscheinen des Werks emphatisch als den »Shakespeare des Romans« bezeichnet. Unter dem Einfluss des Werks fand vor allem in Frankreich eine Neuorientierung des künstlerischen Geschmacks von der Klassik hin zu den Idealen der Hochromantik und zum Mittelalter statt.

■ Lit.: V. Kay-Robillard: Pictures into Words. Theoretical and Descriptive Approaches to Ekphrasis, 1998. ■ S. Le Men: La cathédrale illustrée de H. à Monet. Regard romantique et modernité, 1998.

Christian Schäfer

Le roi s'amuse

(frz.; *Eine Königslaune*, 1881, H. v. Löhner) – Das 1832 erschienene fünfaktige Versdrama erregte bei seiner Uraufführung wegen seiner politischen Botschaft Entrüstungsstürme; Weltberühmtheit hat es vor allem durch Giuseppe Verdis *Rigoletto* (1851) erlangt.

König Franz I. erscheint in diesem Drama als galanter, vergnügungssüchtiger Monarch, den sein missgestalteter Hofnarr Triboulet zu immer neuen Exzessen anstachelt. Für seine physischen und seelischen Leiden rächt Triboulet sich mit Hofintrigen, Scharfzüngigkeit und Spott, die ihn allen Höflingen verhasst machen. Als diese von der angeblichen Existenz einer Geliebten erfahren, planen sie deren Entführung. In Wahrheit handelt es sich jedoch um Triboulets Tochter Blanche, die dieser in einem abgelegenen Haus in Paris verborgen hält, um sie vor den Nachstellungen der Höflinge zu schützen. In ihrer Nähe vergisst Triboulet die täglichen Qualen, in ihr findet er alle Schönheit verkörpert, nach der er sich sehnt. Trotz seiner Vorsichtsmaßnahmen ist es einem Unbekannten gelungen, sich Blanche während ihrer Kirchgänge zu nähern. Das junge Mädchen liebt diesen vermeintlichen armen Studenten, hinter dem sich in Wahrheit der König verbirgt. Es gelingt den Höflingen, Blanche in Gegenwart ihres überlisteten Vaters zu entführen und sie zum König zu bringen. Triboulets Verzweiflung lässt sie dabei ungerührt. Der Narr schwört grausame Rache für die Entehrung seiner Tochter, doch kann er den Widerstand Blanches, die den König immer noch liebt und seinen Schwüren vertraut, erst brechen, als er sie zur Zeugin einer frivolen Liebesszene zwischen Franz und Maguelonne, der Schwester des von ihm gedungenen Mörders Saltabadil, macht.

Saltabadil soll den König in einem Wirtshaus ermorden, in die Maguelonne ihn gelockt hat, und Triboulet den in einen Sack gehüllten Leichnam übergeben. Doch Blanche, für die das Leben sinnlos geworden ist, opfert sich anstelle des Königs. In seiner Rache triumphierend, will Triboulet den Sack mit dem Leichnam in die Seine werfen, als er von weitem die trällernde Stimme des Königs vernimmt: »Wankelmütig ist die Frau! / Ein Tor, wer ihr vertraut!« Ahnungsvoll öffnet er den Sack und entdeckt die zu Tode verwundete Blanche. Er bricht mit dem Aufschrei: »Ich habe meine Tochter getötet!« über ihrer Leiche zusammen.

Inspiriert zu dem Stück wurde Victor Hugo bei einem Besuch des Loireschlosses Chambord, wo er einen Zweizeiler von der Hand des französischen Königs Franz I. fand: »Souvent femme varie! / Bien fol est qui s'y fie!« (»Wankelmütig ist die Frau! / Ein Tor, wer ihr vertraut!«) Eine Affäre seiner Frau Adèle zu Sainte-Beuve ließ ihn 1831 voll Bitterkeit an jene Verse zurückdenken, die zu einem Motto des Dramas um Franz I. wurden. Der Stoff kam Hugos Plädoyer für das historische Drama entgegen; zugleich konnte er mit der Charakteristik des Renaissanceherrschers seine antimonarchische Gesinnung zum Ausdruck bringen.

Die melodramatische Handlung akzentuiert zwei in Hugos Ästhetik zentrale Motivbereiche: das romantische Thema einer Liebe, der gesellschaftliche Schranken entgegenstehen, und der fremdartige Reiz des Grotesken, das in Triboulet verkörpert ist. Wie Quasimodo in *Notre-Dame de Paris. 1482* (1831) vereint Triboulet äußere Hässlichkeit mit großen Gefühlen. Die Beziehung zu Blanche symbolisiert wie Quasimodos Liebe zu Esmeralda jenes Nebeneinander von Groteskem und Sublimem, wie es Hugo in seiner auf Stilmischung zielenden Dramentheorie im Vorwort zum Drama *Cromwell* (1827) forderte. Das Groteske verbindet sich in der Gestalt des unglücklichen Hofnarren, entgegen der klassischen Poetik, nicht mit dem Komischen: Triboulet ist eine tragische Figur, die zudem Hugos Interesse und Mitgefühl für die gesellschaftlich Verfemten bezeugt.

Die wachsende Sozialkritik des Autors zeigt sich vor allem in der literarisch freien Darstellung des leichtfertigen Monarchen, der sich auf Kosten seiner Untertanen amüsiert. Am Tag nach der Uraufführung wurde das Drama wegen angeblicher Verletzung der Sittlichkeit verboten. Hugo verlor den anschließenden Prozess, obwohl er sich eindrucksvoll zu verteidigen wusste.

▪ Lit.: D. O'Grady: Piave, Boito, Pirandello. From Romantic Realism to Modernism, 2000. ▪ A. Ubersfeld: Le roi et le buffon. Etude sur le théâtre de H. de 1830 à 1839, 2001. *Heide Eilert*

Ruy Blas

(frz.; *Ruy Blas*, 1902, K. Bleibtreu) – Das 1838 erschienene Versdrama wurde im selben Jahr anlässlich der Einweihung des Théâtre de la Renaissance uraufgeführt. Bei der Stoffwahl zu seinem bedeutendsten Drama spielte außer literarischen Quellen (einer Episode aus Rousseaus *Confessions*) Hugos Verehrung für Helene von Mecklenburg-Schwerin, die Schwiegertochter Louis-Philippes, eine Rolle; sie scheint sich in der Liebe des Ruy Blas zur Königin von Spanien widerzuspiegeln. Seinen historischen Rahmen bildet die im Niedergang begriffene spanische Monarchie. Das Drama spielt in Madrid um 1695. Motor der Handlung ist der Racheplan Don Sallustes de Bazan gegen die Königin von Spanien, Maria de Neubourg, die ihn einer Liebesaffäre wegen seiner hohen Ämter enthoben und aus Madrid verbannt hat.

Don Salluste versucht zunächst, seinen Vetter Don César, der – halb Dichter, halb Narr – nach seinem finanziellen Ruin die Maske des Bohemiens Zafari angenommen hat, für einen Aufstand der Madrider Unterwelt gegen die Königin zu gewinnen. Als Don César die heimtückische Rache an einer Frau empört ablehnt, lässt Don Salluste ihn ergreifen und an afrikanische Korsaren verkaufen, denn ein heimlich belauschtes Gespräch zwischen seinem Lakaien Ruy Blas und Don

César hat in ihm inzwischen einen teuflischen Plan reifen lassen: Ruy Blas soll durch seine verzweifelte Liebe zur Königin das ahnungslose Werkzeug seiner Rache werden. Vor seiner Abreise aus Madrid stellt er dem Königshof Ruy Blas als den aus Indien heimgekehrten Don César vor, Ruy Blas aber befiehlt er, der Königin »zu gefallen und ihr Liebhaber zu werden«. Von ihrem schwachsinnigen Gemahl Karl II. allein gelassen, ist die der Langeweile und dem Zwang der Hofetikette ausgelieferte Königin für die heimlichen Liebesbeweise Ruy Blas' empfänglich. Ihre Gunst lässt ihn innerhalb von sechs Monaten zum mächtigsten Minister am Hofe emporsteigen, und seine Klugheit, sein selbstloser Einsatz für das Wohl der Monarchie nötigen auch seinen Feinden Achtung ab. Auch die Königin sieht in ihm den eigentlichen Herrscher, dem sie ihre Liebe gestehen kann. Die überraschende Rückkehr Don Sallustes reißt Ruy Blas aus seinen Glücksträumen. Don Salluste lockt die Königin um Mitternacht durch eine List in Ruy Blas' Haus. Der drohende Skandal soll sie zum Verzicht auf den Thron und zur Flucht zwingen. Um die Ehre der Königin zu retten, gibt Ruy Blas sich zu erkennen. Der in seiner Rache triumphierende Don Salluste ist in seinem eigenen Netz gefangen: Ruy Blas tötet ihn und vergiftet sich selbst. Sterbend dankt er der Königin, als sie ihn bei seinem richtigen Namen nennt.

Wie in keinem anderen seiner Dramen verbindet Hugo hier Bühnenwirksamkeit und ausgewogene Komposition mit der Verwirklichung seiner romantischen Dramentheorie. So sind in die ohnehin verwickelte Handlung entsprechend der Forderung nach Stil- und Gattungsmischung aus dem Vorwort zu *Cromwell* mehrfach komische Szenen eingelagert, am ausgedehntesten im vierten Akt, der zwischen die Rückkehr Don Sallustes und das tragische Ende Ruy Blas' eine Reihe burlesker Verwechslungsszenen um den echten Don César einschiebt. Auch die Stillage wechselt von Akt zu Akt, je nachdem, welche der Hauptfiguren, denen Hugo jeweils einzelne dramatische Gattungen zuordnet (Don Salluste das Drama, Don César die Komödie, Ruy Blas die Tragödie), im Vordergrund steht. Die Personen sind antithetisch aufeinander bezogen: Die Königin, die nur Frau sein will, liebt den Lakaien mit den Gesinnungen und »Leidenschaften eines Königs«. Ruy Blas steht Don Salluste so diametral gegenüber wie auf der anderen Seite Don César, der, Symbol für Hugos Ideal einer Verbindung von Sublimem und Groteskem, unter seinem zerlumpten Äußeren das Ehrgefühl des spanischen Granden bewahrt, das der Intrigant Don Salluste seiner Machtgier geopfert hat.

Doch dokumentiert sich in *Ruy Blas* stärker als in den früheren Dramen neben dem Interesse an historischen Themen Hugos zunehmendes politisches und sozialkritisches Engagement. Er habe, so Hugo in seinem Vorwort, in der Gestalt des Lakaien Ruy Blas dem dekadenten Adel Spaniens den Genius des aufstrebenden Volks entgegenstellen wollen. Indem die Figuren des Dramas zugleich geschichtsphilosophische, literarische und menschliche Aspekte verkörpern sollen, werden sie in einem Maße zu Bedeutungsträgern, dass ihnen weithin jede psychologische Glaubwürdigkeit fehlt. Hugo wollte auf diese Weise das psychologische Raffinement der klassischen Tragödie vermeiden, wie er sich auch mit der Wahl eines Niedriggeborenen als Held einer tragischen Handlung von der klassischen Poetik der Stiltrennung abwandte. Doch täuschen auch die theoretischen Begründungen nicht darüber hinweg, dass Hugo in keinem seiner Dramen der 1830er Jahre das Handlungs- und Figurenschema der zeitgenössischen Melodramen verlässt. Zwar bildet in *Ruy Blas* die besonders gelungene Versgestaltung ein künstlerisches Gegengewicht, doch die Unwahrscheinlichkeit der Handlung und die mangelnde psychologische Analyse dienten schon der zeitgenössischen Kritik als Hauptangriffspunkte.

Ein Anfangserfolg des Dramas war vor allem dem Hauptdarsteller Frédérick Lemaître zuzuschreiben. Das Pariser Publikum stand allerdings den romantischen Dramen mehr und mehr ablehnend gegenüber, zumal zu der Zeit bereits die junge Schauspielerin Rachel der klassischen Tragödie zu neuem Ansehen verhalf.

■ Lit.: K. Wren: ›Hernani‹ et ›Ruy Blas‹, 1983. ■ A. Ubersfeld: Le rois et le bouffon. Étude sur le théâtre de H. de 1830 à 1839, 2001.

Heide Eilert

Les misérables

(frz.; *Die Elenden*, 1998, P. Wiegler, W. Günther) – Dieser in fünf Teilen zwischen 1845 und 1862 erschienene Roman ist das berühmteste französische Sozialepos und mit mehreren Verfilmungen und Musicalfassungen eines der erfolgreichsten Werke der französischen Literatur. Hugo behandelt darin vor dem historischen Hintergrund der Restauration, der Julirevolution, des Bürgerkönigtums und der Pariser Arbeiteraufstände von 1832 bis 1834 die beispielhafte Geschichte des entlassenen Galeerensträflings Jean Valjean, der durch Opfer und Reue hindurch den Weg innerer Läuterung und Heilung geht.

Nach 19 Jahren aus dem Zuchthaus entlassen, findet Valjean im Haus des mildtätigen Bischofs Myriel Aufnahme (um 1815). Dessen Menschlichkeit gibt ihm nicht nur den Glauben an das Gute zurück, sondern ermöglicht ihm auch die Rückkehr in geordnete Verhältnisse. Als »Monsieur Madeleine« bringt Valjean es schon nach kurzer Zeit zum wohlhabenden Industriellen und beliebten Bürger, ja sogar zum Bürgermeister der kleinen Stadt Montreuil-sur-Mer. Kontrapunktisch zu Valjeans

Aufstieg schildert Hugo im ersten Teil des Romans den Abstieg der Arbeiterin Fantine, die durch eine Schwangerschaft ins Elend gerät und, von Valjean vor dem Gefängnis bewahrt, im Krankenhaus an Tuberkulose stirbt. Valjean befreit Fantines Tochter Cosette aus der Gewalt der niederträchtigen Pflegeeltern Thénardier und sorgt für sie wie ein Vater. Um einen Unschuldigen, den die Polizei mit ihm verwechselt, vor lebenslänglicher Sklaverei zu retten, stellt er sich. Erneut verurteilt, entkommt er bald und verbringt in Paris unter falschem Namen einige Jahre in erfüllter Zurückgezogenheit, auf die lediglich das heimtückische Misstrauen des Polizisten und Spitzels Javert einen Schatten wirft. Die herangewachsene Cosette verliebt sich in den angehenden Advokaten Marius Pontmercy. Um sich nicht von ihr trennen zu müssen, verbirgt Valjean das Mädchen vor Marius und verbietet die Heirat, als dieser das Versteck entdeckt.

Nach dem Ausbruch der Aufstände von 1830 überstürzen sich die Ereignisse. Valjean rettet den verwundeten Marius – der sich aus Verzweiflung in die Straßengefechte gestürzt hat – aus den umkämpften Barrikaden und bewahrt auch Javert vor dem Tod. Als dieser sich in heilloser Verwirrung über solche Großmut selbst tötet, lastet auf dem Helden nur noch die Gewissensqual, Cosettes gesunden Verlobten Marius die eigene unrühmliche Vergangenheit beichten zu müssen. Marius ist entsetzt und möchte Cosette von Valjean entfernen, obgleich sie dessen einziger Trost und Lebensinhalt ist. Im Gedanken an seinen einstigen Wohltäter Myriel ringt sich Valjean zum höchsten Opfer durch, dem Verzicht auf Cosette. Bald darauf (im Jahr 1833) erkrankt er schwer. Angesichts des Todes hinterlässt er dem Paar die Botschaft: »Es gibt nur eines auf der Welt: einander zu lieben.«

Vom philanthropisch-sozialistischen Ideengut der französischen Romantik durchdrungen, konzipierte der Autor das Werk als die Lebensbeschreibung von vier Märtyrern der Gesellschaft: Myriel, Valjean, Fantine und Cosette gelingt es, sich im Elend ihrer Existenz und Umgebung mit ›reinem Herzen‹ zu bewähren. Aber auch die wunderbare Rettung Cosettes soll nicht darüber hinwegtäuschen, dass in der Welt das Elend meist nur Ursache für immer neue Verbrechen und neues Elend ist.

Das groß angelegte Zeitbild der französischen Restauration lässt Einflüsse des Romanwerks von Balzac, der Sozialromane G. Sands, des Feuilletonromans E. Sues, aber auch sozialistisch-utopischer Theorien (Proudhon, Fourier) erkennen. Der Autor durchsetzt seine Fiktion mit historischen Elementen. Er entwirft eindrucksvolle Bilder von Paris und der Pariser Unterwelt. Arme und Arbeiter, die Bewohner des Faubourg Saint-Marceau und des Faubourg Saint-Antoine sind ein wichtiger Teil seines Romans.

In ästhetischer Hinsicht handelt es sich um eine Mischform, die Walter Scott mit Homer versöhnen, Drama und Epos zugleich sein will. Das ausdrückliche Streben nach Volkstümlichkeit, Eingängigkeit und Wirkungsintensität lässt ihn nicht nur konsequent dem romantischen Prinzip der Vermischung der Gattungen folgen, sondern auch nicht selten zu Mitteln der Trivialliteratur, des Abenteuerromans greifen, zu Schauermotiven, simpler Symbolik, Rührseligkeit und plumper Schwarzweißmalerei, zu leerer Deklamation, hohlem Pathos und zu Überraschungseffekten, die an bare Unwahrscheinlichkeit grenzen. Beharrlich wird die Fiktion historischer Authentizität aufrechterhalten, ohne dass die Darstellung dadurch aber die realistische Kraft und Dichte eines Balzac oder Maupassant erreicht. Das ideologische Programm, das der Forderung nach seelischer Erneuerung des Menschen an die Seite gestellt wird, trägt die schwärmerischen Züge einer religiösen Heilsbotschaft. Wiederholt wird betont, dass sich eine endgültige Ausrottung des menschlichen Elends nur von einer tiefgreifenden Veränderung der Gesellschaftsstruktur selbst erhoffen lässt.

▪ Lit.: P. Heidenreich: Textstrategien des französischen Sozialromans im 19. Jh. am Beispiel von Eugène Sues ›Les mystères de Paris‹ und H.s ›Les misérables‹, 1987. ▪ J. M. Phillips: Representational Strategies in ›Les misérables‹ and Selected Drawings by V. H., 1999. ▪ M. V. Llosa: V. H. und die Versuchung des Unmöglichen. 2006. *KLL*

Quatre-vingt-treize

(frz.; *Dreiundneunzig*, 1968, A. Wolfenstein) – Der 1874 erschienene historische Roman war als Abschluss einer Trilogie geplant, in deren Rahmen außer der Französischen Revolution auch das englische aristokratische Staatswesen des Barock – das der Roman *L'homme qui rit*, 1869 *(Der Mann, der lacht)*, schildert – und die französische Gesellschaft unter dem Ancien régime dargestellt werden sollten. Dieser letzte Teil wurde jedoch niemals geschrieben, und eine geplante Fortsetzung von *Quatre-vingt-treize* kam nicht zustande.

Wie bei allen historischen Romanen Hugos weist die Konstruktion der erzählten Welt auf Walter Scott zurück: In ein historisches Tableau wird eine vom Dichter erfundene Handlung eingefügt. Die historische Situation, die in *Quatre-vingt-treize* dargestellt werden sollte – der Höhepunkt, den die revolutionäre Bewegung in Frankreich 1793 erreicht hatte, die absolute Herrschaft des Konvents und des Wohlfahrtsausschusses – war durch eingehendes vorheriges Quellenstudium erhellt worden, insbesondere der *Mémoires* (1803) des Joseph du Puisaye, J. Duchemin-Descepaux' *Lettres sur l'origine de la chouanerie* (1825), der *Révolution française* von L. Blanc (1866) und schließlich E. Hamels *Histoire de Robespierre*

(1865). Dennoch erinnert die beschworene Atmosphäre weniger an das 18. Jh. als an die düstere spätmittelalterliche Welt der Königsdramen Shakespeares.

Hauptfiguren der um den Bürgerkrieg in der Vendée zentrierten Handlung sind der als Führer des bretonischen Bauernaufstands für die Wiederherstellung des Königtums kämpfende Marquis de Lantenac; sein Neffe, der Vicomte Gauvain, Führer der zur Unterdrückung des Aufstands eingesetzten republikanischen Truppen; besonders aber dessen ehemaliger Lehrer, der Priester Cimourdain, der zum leidenschaftlichen und unerbittlichen Anwalt der Revolution geworden ist und der die in die Vendée entsandten Truppen als (politischer) Delegierter des Wohlfahrtsausschusses begleitet. Nach einer gefährlichen Überfahrt von England und nach seiner Landung wird Lantenac zum Hochverräter erklärt. Seine Truppen haben nur anfangs Erfolg und werden in der Schlacht bei Dol (ein historisches Ereignis) zurückgedrängt; schließlich wird der Marquis mit wenigen Getreuen in der düsteren Familienburg Tourgue eingeschlossen. Die Royalisten haben drei kleine Kinder als Geiseln genommen, die – dies ist das melodramatische Element von *Quatre-vingt-treize* – von einem republikanischen Bataillon adoptiert und dann von ihrer Mutter, einer armen Bretonin, getrennt worden sind. Die rastlos nach den Verlorenen suchende Mutter findet ihre Kinder in eben dem Moment wieder, in dem die letzten Verteidiger durch einen geheimen Gang aus der brennenden Burg entfliehen. Auf den Schmerzensschrei der Mutter kehrt Lantenac um, der als Einziger den Schlüssel zur unzugänglichen Schlossbibliothek besitzt, wo sich die Geiseln befinden. Er rettet die Kinder und wird danach von den Republikanern inhaftiert. Sein Todfeind Gauvain lässt auf diese vom Mitleid diktierte Tat hin Lantenac fliehen. Er wird darauf von einem Kriegsgericht unter Vorsitz Cimourdains zum Tod verurteilt und hingerichtet. Cimourdain, der den Tod des einzigen von ihm geliebten Menschen nicht ertragen kann, endet gleichzeitig mit Gauvain durch Selbstmord.

Quatre-vingt-treize stellt, wie schon *Les misérables* (1845–1862), eine reich differenzierte Ausformung der sozialen und politischen Ansichten des reifen Hugo dar. Der Roman sollte noch einmal die Größe und Notwendigkeit der Französischen Revolution vorführen. Über den revolutionären Tugenden steht aber für den Dichter die reine, gesellschaftliche Gegensätze überschreitende Humanität –womit auch der sonst schwer verständliche Selbstmord Cimourdains gerechtfertigt ist. Pendant dieser reinen Humanität ist die große, romantisch gesehene Natur wie die unverstellte Lebensweise des ›einfachen Volkes‹. Mit Betonung dieser Sicht hat Hugo seinen Roman freilich entschieden entpolitisiert.

In einer Zeit, in der der realistische Roman seine Reife längst erreicht hatte und der Naturalismus aufkam, ist *Quatre-vingt-treize* die überreife Spätblüte des romantischen Romans. Freilich hat Hugo hier auch mit plakativen Mustern gearbeitet und das Individuelle nicht genügend erfasst. Dies manifestiert sich in der Kritik von Zeitgenossen wie Flaubert, der meinte, es habe Hugo trotz seines Genies an Talent gefehlt, menschliche Charaktere zu zeichnen.

■ Lit.: S. Arias: Étude sur V.H. ›Quatre-vingt-treize‹, 2002.

Christian Schäfer

La légende des siècles

(frz.; *Die Weltlegende*, 1861, L. Seeger) – Die beiden Teile des epischen Zyklus erschienen in drei Bänden 1859, 1877 und 1883. Plan und Vorarbeiten gehen bis ins Jahr 1840 zurück. Das monumentale Werk war als ›Menschheitsepos‹ konzipiert, aber nur lediglich ein Drittel des Plans konnte ausgeführt werden. Im Vorwort nennt Hugo die *Légende* »eine Art von Gedicht [...], in dem sich das eine Problem, das Sein, unter seinem dreifachen Gesicht darstellt: die Menschheit, das Böse, das Unendliche; das Fortschrittliche, das Relative, das Absolute«. Diesen Kategorien entsprechen die Titel der drei Gesänge »La légende des siècles« (Legende der Jahrhunderte), »La fin de Satan« (Ende Satans) und »Dieu« (Gott). Die beiden letzten, nur fragmentarisch erhaltenen Teile, denen Hugo den Titel »Ascension dans les ténèbres« (Aufstieg in der Finsternis) geben wollte, erschienen postum 1886 und 1891.

Hugo möchte »die Menschheit in einer Art zyklischen Werks ausdrücken, sie nach und nach und zugleich unter allen ihren Gesichtspunkten – Geschichte, Mythologie, Philosophie, Religion, Wissenschaft – zeichnen«. Alle Gedichte entsprängen der geschichtlichen Wirklichkeit, die er nicht verfälscht habe. Hugo deutet die Geschichte dabei als Fortschrittsgeschichte. Die *Légende* soll demzufolge »das Aufblühen des menschlichen Geschlechts von Jahrhundert zu Jahrhundert, den Aufstieg des Menschen von der Finsternis zum Ideal« zeigen. Dieser Gedanke eines kontinuierlichen Fortschreitens zu »Glück und Wissen« durch »Nächstenliebe« manifestiert sich im Gang der Geschichte. Geschichte wird stilisiert zum mythischen Kampf zweier feindlicher Prinzipien. Hugo, in der Pose des Seher-Dichters, hat den erklärten Ehrgeiz, im Gegensätzlichen die höhere Einheit und im Widersprüchlichen die verborgene Tendenz zur Versöhnung zu entdecken. Um diese Zentralidee gruppieren sich selbständige, meist in Alexandrinern verfasste Einzelgedichte, die in episodenartigen Bildausschnitten ein farbenprächtiges historisches Panorama entwerfen.

Hugo schrieb den ersten Teil auf der Kanalinsel Guernsey im Exil, das er trotz der politischen Amnestie von 1859 nicht verließ. Die Widmung »An Frankreich« und der polemisch-zeitkritische Ton, der immer wieder in das hohe elegische Pathos eindringt, sind gegen das Regime Napoleons III. gerichtet. Das ursprünglich dem nach seiner Rückkehr entstandenen zweiten Teil vorangestellte Eingangsgedicht »La vision d'où est sorti ce livre« (Die Vision, aus der dieses Buch hervorgegangen ist) erklärt die Entstehung des Zyklus aus Hugos Vision des Dichters von der »Mauer der Jahrhunderte«, in die »das bittere Epos der Menschheit« eingemeißelt ist. Ein Hymnus, »La terre« (Die Erde), gleichsam Schöpfungsbericht, und acht Gedichte mit biblischen Themen eröffnen den Zyklus. »La conscience« (Das Gewissen) zeigt den Brudermörder Kain auf der Flucht vor dem allgegenwärtigen Auge Gottes. Ein anderes berühmtes Glanzstück romantischer Stimmungslyrik ist die ins Mystisch-Feierliche verklärte Szene vom »Schlafenden Booz« (»Booz endormi«; vgl. Ruth-Buch, Kap. 3). Es schließen sich Bilder aus der griechischen Mythologie an.

Mit deutlichem Gegenwartsbezug lobt Hugo dann den Widerstand der Griechen gegen jede Form politischer Tyrannis in »Chanson de Sophocle à Salamis« (Lied des Sophokles in Salamis). Nach einem kürzeren Abschnitt über die römische Geschichte nimmt die Darstellung des Mittelalters breiten Raum ein. Der Orient, die Kreuzzüge und das Spanien zur Zeit der Reconquista bilden den finsteren Hintergrund einer in grellen Farben ausgemalten Epoche der Inhumanität, in der sich das Gute nur in wenigen Einzelgestalten (Aymerillot, Cid) behauptet. Das Gedicht »Le satyre« (Der Satyr) deutet das wiedererwachende Heidentum der Renaissance als verheißungsvollen Lichtpunkt. Als eines der herausragenden Gedichte des Zyklus, dessen kompositorische Mitte es zugleich darstellt, übte es nachhaltigen Einfluss auf die Lyrik von Parnasse und Fin de Siècle aus.

Der lyrischen Verarbeitung der jüngsten Geschichte im letzten Teil des Zyklus vorangestellt ist eine Gruppe von Gedichten, »Le groupe des idylles«, die an frühere Dichter von der Antike bis hin zu Diderot, Beaumarchais und Chénier erinnert. »Le cimetière d'Eylau« (Friedhof von Eylau) und »Les pauvres gens« (Die Armen) deuten die heroischen Leiden der Soldaten Napoleons I. und der sozial entrechteten Klassen als Symbole eines Triumphs der Menschlichkeit, der in dem Gedicht »Vingtième siècle« (Zwanzigstes Jahrhundert) als Utopie der Völkerfreundschaft gefeiert wird. Das Schlussgedicht »Abîme« (Abgrund) wendet die absolute Negativität, in der diese Metapher in der Lyrik des 19. Jh.s erscheint, ins Positive: Fluchtpunkt aller Perspektiven ist hier ein guter, allmächtiger Gott, der Freiheit, Glück und kosmische All-Einheit stiftet.

Das Werk besticht durch hohe lyrische Qualität, ohne jedoch das seit Baudelaire oder gar Rimbaud erreichte neue Ausdrucksniveau der Lyrik zu erreichen. Als Antwort auf die drängenden Fragen der Zeit war es bei aller visionären Kraft untauglich, da es sich bei der dichterischen Konzeption des ›Weltgedichts‹, das es sein wollte, doch nur um den letztlich verspäteten Ausdruck eines frühromantischen poetischen Programms handelte.

▪ Lit.: C. Millet: Le mur des siècles, 1995. *Gert Sautermeister*

Joris-Karl **Huysmans**

- geb. 5.2.1848 Paris (Frankreich)
- gest. 12.5.1907 Paris (Frankreich)

(d.i. Charles Marie Georges Huysmans) – 1866–1898 Angestellter des Innenministeriums in Paris, das er bis auf wenige Reisen und Klosteraufenthalte nicht verließ; 1876 Freund und Schüler ↗ Zolas; 1885 Mitarbeit an der *Revue Wagnérienne*; ab 1880 Entwicklung erzählender, supranaturalistischer Prosa mit Dekadenzthematik; Prosagedichte in ↗ Baudelaires Nachfolge; 1892 Übertritt zum Katholizismus; spätere Romane spiritualistisch inspiriert; mit seiner überartifiziellen Prosa Wegbereiter der französischen Moderne, bedeutender Kunstkritiker.

▪ Ausg.: Œuvres complètes, 23 Bde, Hg. L. Descaves, 1928–1934.
▪ Lit.: M. Smeets: J.-K. H., 2003.

A rebours

(frz.; *Gegen den Strich*, 1929, H. Jacob) – Der 1884 erschienene Roman setzt dem berühmtesten Dandy des Fin de Siècle, dem Dichter und Ästheten Robert de Montesquiou, den auch ↗ Proust in *A la recherche du temps perdu*, 1913 bis 1927 *(Auf der Suche nach der verlorenen Zeit)*, porträtierte, ein höchst ambivalentes Denkmal.

Der Held des Romans, Jean Des Esseintes, ist der letzte Nachkomme einer hochadeligen, zunehmend der Dekadenz verfallenden Familie. Schon als Jesuitenschüler zeigt er auffallende ästhetizistische Neigungen, die sich zu immer stärkerer Verachtung alles Bürgerlich-Durchschnittlichen und zu hypochondrischer Menschenverachtung steigern. Aus unwiderstehlichem Einsamkeitsbedürfnis erwirbt er ein Haus in Fontenay bei Paris, das er nach seinem bis in pathologische Grenzbereiche verfeinerten Geschmack ausstattet. Er neigt dazu, die Natur als absoluten Gegensatz zur Kunst zu sehen und sich all ihren Erscheinungsformen so weit wie möglich zu entziehen. So versucht er konsequent, sich eine Welt zu schaffen, die es ihm erlaubt, »die Abstraktion bis zur Halluzination zu treiben und den Traum von der

Wirklichkeit an die Stelle der Wirklichkeit zu setzen«. Da ihm die Natur nicht genügt, schafft er sich, teilweise mit Hilfe von ›künstlichen Paradiesen‹ – Rauschgiften und Alkohol – einen Kosmos aus Farb- und Geruchssynästhesien, in den er seine neurotische Sensibilität einbettet. Literarische, künstlerische und intellektuelle Reize dienen ihm zum Aufbau dieser aus Traum und Wirklichkeit gewobenen Scheinwelt.

Die meisten Kapitel des an äußerer Handlung armen Werks widmen sich den ästhetischen und erotischen Vorlieben dieses dekadenten Musterhelden. Seine literarischen Neigungen gelten vor allem Dichtern, die wie er aus der Banalität der menschlichen Gesellschaft ihrer Zeit auszubrechen suchen, an erster Stelle den ›poètes maudits‹, jenen skandalösen Autoren, die in den 1870er und 1880er Jahren Kultgestalten einer ästhetischen Elite waren: ↗ Baudelaire und ↗ Verlaine, aber auch ↗ Barbey d'Aurevilly, E. und J. de ↗ Goncourt, ↗ Flaubert und ↗ Zola. Diese Dichter stillen seinen Hunger nach künstlerischer Überformung der Wirklichkeit. In der Malerei schätzt er besonders die Phantasmagorien Gustave ↗ Moreaus und Odilon Redons; und er gibt sich der ›Nervenmusik‹ eines Berlioz, Wagner oder Schubert hin. Mit diesen Mitteln versucht er, eine spirituelle Gegenwelt zu der als unbefriedigend erlebten Wirklichkeit des bourgeoisen Kommerzes und der von ihm als vulgär abgelehnten Demokratie zu schaffen. Die so angestrebte Transzendenz des als trivial empfundenen Lebens freilich mündet stets nur in halluzinatorischer Anstrengung, ohne einem religiös fundierten Urgrund näher zu kommen.

Jeans ästhetizistische Existenz wird immer neurotischer und pathologischer, bis ihm sein Arzt erklärt, dass ihn nur die Rückkehr ins gesellschaftliche Leben von Paris retten könne. Obwohl er den Gedanken verabscheut, »so zu sein wie alle anderen«, beugt sich dieser Notwendigkeit und beschließt, nach London – für ihn die Hauptstadt der Exzentriker – zu reisen, doch kehrt er unverrichteter Dinge wieder in seine alte Welt zurück, nachdem er angewidert das Treiben in einer Pariser Kneipe erlebt hat. Zum Schluss regt sich in ihm eine religiöse Erlösungssehnsucht. Nach Darstellung des Autors in einem 20 Jahre später verfassten Vorwort spiegelt sich darin seine persönliche Hinwendung zum christlichen Glauben.

Das Werk ist ein Dokument, das die kritische Einstellung zur literarischen ›Dekadenz‹ in einer Zeit artikuliert, als diese gerade ihre volle Entfaltung erreichte: 1883 war ↗ Bourgets berühmter Dekadenztraktat *Essais de psychologie contemporaine* entstanden. Zugleich wird das Werk durch sein für die Erzählliteratur des 19. Jh.s untypisches Verhältnis von erlebter und äußerer Handlung zum Muster eines neuen Romantypus, der in seinen ästhetischen Exkursen und seiner Detailverliebtheit auf die Erzählexperimente des 20. Jh.s vorausweist. So erscheint *A rebours* im Rückblick Lesern weniger als Dokument der Dekadenz, denn als Entfaltung eines neuen Prosastils, jenes von Flaubert intendierten ›Buchs über nichts‹, dessen Ausläufer bis zu den Erzählexperimenten des nouveau roman reichen.

▪ Lit.: D. Grojnowski: Le sujet d'›A rebours‹, 1996. ▪ A. Amend-Söchting: Ich-Kulte, 2001. ▪ G. A. Cevasco: The Breviary of the Decadence, 2001. *Werner Arnold*

Là-bas

(frz.; *Tief unten*, 1987, G. Gugitz) – Dem 1891 erschienenen Roman geht ein fiktiver Dialog zwischen dem Schriftsteller und späteren Protagonisten Durtal und dessen Freund Des Hermies über die Zukunft der Literatur und der Kunst nach dem Naturalismus voraus. Gegen die materialistischen und anti-aristokratischen Zielsetzungen des Naturalismus formuliert Des Hermies seine Kunstauffassung der Dekadenz, die in der Forderung eines »spiritualistischen Naturalismus« gipfelt. Wie der Fortgang des Romans zeigt, dient dieses Schlagwort als ästhetische Prämisse zur realistischen Darstellung von künstlerisch kaum gebändigten geistigen wie körperlichen Ausschweifungen im Spannungsfeld von Schwarzer Messe und echt empfundener Religiosität gemäß ↗ Baudelaires Motto, aus dem Hässlichen ästhetischen Gewinn zu beziehen.

Der Fiktion zufolge arbeitet der Schriftsteller Durtal an einer kulturgeschichtlichen Studie über Gilles de Rais, den historischen Blaubart, der in Flandern im 15. Jh. für seine zahllosen Verbrechen, vor allem an Kindern, zum Feuertod verurteilt wurde. Seine Biographie, verfasst von Eugène Bossard und René de Maulde, war 1886 erschienen. Gleichermaßen besessen von den historischen Ausdrucksformen des Satanismus wie von seinen zeitgenössischen Spielarten, befasst sich Durtal mit den Pseudowissenschaften Astrologie und Alchimie, die im Paris des 19. Jh.s noch im Geheimen betrieben werden. Durch die Begegnung mit der schönen Madame Hyacinthe Chantelouve, einer Frau »mit schwefelgelben Augen und dem Mund eines Vampirs«, wird er schließlich ganz in eine satanistisch inspirierte Parallelwelt hineingezogen. Die dem Satanskult zugetane, hysterische Frau eines renommierten katholischen Schriftstellers macht Durtal mit dem exkommunizierten Priester Docre bekannt. Dieser füttert weiße Mäuse mit geweihten Hostien und trägt auf seinen Fußsohlen das Kreuzeszeichen, um es bei jedem Schritt in den Staub treten zu können. Den Höhepunkt der mannigfachen satanischen Exzesse bildet die Teilnahme an einer Schwarzen Messe. Von Ekel überwältigt, kehrt Durtal in die Einsamkeit zurück. Innerlich zerrissen und haltlos, bleibt ihm nur die bittere Erkenntnis, dass ihm im Gegensatz zu seinem Wahlverwandten Gilles de Rais, der schließlich doch ein »reuiger Sünder und Mystiker« war, die Tröstung des Glaubens und der erlösenden Vergebung versagt ist.

Zeitgenössischen Berichten zufolge zeigte Huysmans größtes Interesse an »ausgefallene[n] Begebenheiten und Geschichten, wie man sie an den Toren der Hölle erzählen könnte«. Sie bilden den Rohstoff vieler Episoden nicht nur dieses Werks und sind, wenigstens teilweise, der zeitgenössischen Wirklichkeit entnommen: Handelte es sich bei dem Helden des Romans *A rebours* (1884) um ein Porträt des Dichters und Dandys Montesquiou, so glaubte der Schriftsteller Léon Bloy, sich selbst in dem »katholischen Schriftsteller« und seine ehemalige Geliebte Henriette Maillat in der Beschreibung Madame Chantelouves wiederzuerkennen. Zugleich handelt es sich bei diesem ersten Durtal-Roman um ein neuerliches Beispiel jener die Geschichte nivellierenden Erzählungen, denen im Sinne von Hegels Theorie des neuen Romans ein Minimum an äußeren Ereignissen nur noch als Gerüst für zahllose Exkurse dient. Nach der bis an die Grenzen der Ironie vorangetriebenen Zuspitzung des dekadenten Ich-Kults im vorangegangenen Roman *A rebours*, leitete *Là-bas* die ›katholische Periode‹ in Huysmans' Schaffen ein, deren Hauptwerk, *La cathédrale*, 1898 *(Die Kathedrale)*, das Prinzip eines ›Buchs über Nichts‹ vorantrieb.

■ Lit.: W. G. Klee: Leibhaftige Dekadenz. Studien zur Körperlichkeit in ausgewählten Werken von J.-K. H., 2001. *KLL*

La cathédrale

(frz.; *Die Kathedrale*, 1923, H. Eulenberg) – Zusammen mit *En route*, 1895 (*Unterwegs*, 1910, H. Sleumer), und *L'oblat*, 1903 (Der Laienbruder), bildet der 1898 erschienene Roman eine Trilogie, die die ›katholische‹ Schaffensperiode Huysmans markiert.

Der Protagonist des Romans, der Schriftsteller Durtal, erinnert sich an einen – in *En route* dargestellten – Aufenthalt in einem Trappistenkloster. Er zieht sich daraufhin aus seinem unsteten Pariser Bohemeleben zurück und hofft, in Chartres seinem Leben einen neuen Sinn geben zu können. Die intensive Beschäftigung mit der Architektur und den kunsthistorischen Charakteristika der Kathedrale sowie Gespräche mit seinem Freund Abbé Gévresin lösen ein religiöses Erweckungserlebnis aus. Durtal erwägt sogar den Eintritt in ein Benediktinerkloster, kann sich aber trotz Zuredens seines Freundes und des Abbé Plomb nicht entscheiden und reist weiter nach Solesmes.

Die Darstellung der religiösen Entwicklung Durtals nimmt nur einen kleinen Teil des Romans ein. Im Vordergrund stehen ästhetische Betrachtungen, die allerdings wiederum eng mit der theologischen Thematik verbunden sind. Die intensive Beschäftigung mit der Kathedrale führt Durtal von der rationalistischen Analyse der Kunstschätze zu deren mystischer Anbetung. Die ganze Kathedrale wird nach und nach zum Symbol des »mystischen Weges«. So führt der Weg des Kirchgängers vom Dunkel des Eingangsbereiches, der die ›via purgativa‹ der Mystik symbolisiert, durch die Helle des Querschiffs, die mystische ›via illuminativa‹, bis hin zum strahlenden Licht des Chors, das die ›unio mystica‹ versinnbildlicht. Der horizontalen Lichtmetaphorik entspricht eine vertikale, die sich vom dunklen Bodenbereich über die immer heller erscheinenden Säulen bis hin zur Lichtapotheose des Deckengewölbes erstreckt. So wie die Kathedrale im ganzen ein »Buch aus Stein« verkörpert, so ordnen sich auch ihre architektonischen und bildhauerischen Details, alle Farben der Fenster, die Klänge der Orgel und der Duft des Weihrauchs zu einer ›Summe‹ des Mittelalters und zugleich zu einem Abbild der erlösenden Kraft der christlichen Religion.

Durtals seelische Entwicklung spiegelt sich auch in der Verwendung bestimmter metaphorischer Felder wider. So ist der Bildbereich des Feuchten bei der Beschreibung äußerer Gegebenheiten vorwiegend positiv konnotiert, während die trockene Hitze der Sonne negativ mit erotischen Phantasmen in Zusammenhang gebracht wird. Es gelingt Huysmans jedoch, die einzelnen Bildfelder nicht zu plakativen Symbolen erstarren zu lassen, denn er lädt sie je nach Kontext mit unterschiedlichen Bedeutungen auf. Die Feuchtigkeit etwa erhält bei der Darstellung innerer Stimmungen einen negativen Wert, etwa wenn Entschlussunfähigkeit als Manifestation einer »weichen und feuchten Seele« verurteilt wird.

Wie bereits mit *A rebours* (1884) sprengt Huysmans auch mit *La cathédrale* die Gattung des Romans. Sein Interesse konzentriert sich vollständig auf die minutiöse Beschreibung der Kathedrale von Chartres, genauso wie in *A rebours* die Beschreibung der dekadenten Ästhetik der eigentliche Gegenstand des Romans ist. Die Tendenz zur exakten Beschreibung und das gleichzeitige Zurückdrängen der Handlung lassen Huysmans als einen der wichtigsten Wegbereiter des nouveau roman erscheinen. Die detaillierten kunsthistorischen Ausführungen haben manche Herausgeber veranlasst, als Anhang einen Index zu erstellen, der *La cathédrale* als literarischen Kunstreiseführer nutzbar macht.

■ Lit.: M. Viegnes: Le milieu et l'individu dans la trilogie de H., 1986. *Ulrich Prill*

Eugène Ionesco

▪ geb. 26.11.1912 Slatina (Rumänien)
▪ gest. 28.3.1994 Paris (Frankreich)

Kindheit in Paris; Literaturstudium in Paris und Bukarest; Gymnasiallehrer in Curtea de Arges (Rumänien); Literatur- und Theaterkritiker; ab 1938 in Paris; zunächst Verfasser surrealistisch beeinflusster Lyrik, danach fast ausschließliche Konzentration auf Theaterstücke; Begründer des Absurden Theaters.

▪ Ausg.: Théâtre, 7 Bde, 1954–1981.
▪ Übers.: Werke, 6 Bde, Hg. F. Bondi/I. Kuhn, 1985.
▪ Lit.: W. Kluback: The Clown in the Agora, 1993. ▪ S.A. Kocaman: Les sources du comique chez I., 2000.

La cantatrice chauve

(frz.; *Die kahle Sängerin*, 1985, S. Stauffer) – Das »Anti-Stück« in zwölf Szenen wurde 1950 uraufgeführt und erschien 1953. Die ausführliche Regieanweisung zu Beginn des Stücks gibt den Ton an: »Ein gutbürgerliches englisches Interieur mit englischen Fauteuils. Eine englische Abendunterhaltung. Mr. Smith, ein Engländer, mit seinen englischen Pantoffeln, sitzt in seinem englischen Fauteuil, raucht eine englische Pfeife und liest eine englische Zeitung an einem englischen Kaminfeuer. Er trägt eine englische Brille, einen kleinen grauen englischen Schnauz. – Neben ihm, in einem zweiten englischen Fauteuil, Mrs. Smith, eine Engländerin, die englische Socken strickt. – Ein langes englisches Schweigen. Die englische Wanduhr schlägt siebzehn englische Schläge.«

Die Aufdringlichkeit des Wortes »englisch« ist Ausdruck für die Monotonie eines Abends zwischen Eheleuten. »Sieh mal an, es ist neun Uhr«, sagt Mrs. Smith und leitet damit eine Unterhaltung mit ihrem Ehemann ein, die sie mit dem mechanisch-monotonen Geklapper ihrer Stricknadeln scharf skandiert. Die Unterhaltung ist von äußerster Banalität und Trivialität – der unsinnige Dialog zweier einander völlig entfremdeter Ehepartner, die sich wie Bahnreisende zugleich gelangweilt und neugierig miteinander unterhalten.

Mr. und Mrs. Martin kommen zu Besuch. Während sie auf die Hausherrin warten, entspinnt sich ein sonderbares Gespräch zwischen ihnen. Mit den immer gleichen Formeln »mir scheint«, »ich weiß nicht« und unter den immer gleichen Ausrufen »wie seltsam«, »wie merkwürdig«, »welches Zusammentreffen« entdecken die beiden, dass sie aus derselben Stadt stammen, im gleichen Zug nach London gefahren sind, im gleichen Hause wohnen, im gleichen Zimmer, im gleichen Bett schlafen, das gleiche Kind haben. Sie entdecken durch einen Zufall ihr gemeinsames Leben oder vielmehr, ironisch-tragisch, ihre Gemeinsamkeit als ein indifferentes Nebeneinander in der Einsamkeit.

Es folgt, gleichsam unter der Lupe gesehen, die schwierige, mit vielen »hm, hm« beginnende und mit peinlichem Schweigen durchsetzte Konversation zwischen den Besuchern und den Smiths, in der jeder x-beliebige Gegenstand zum rettenden Strohhalm wird, an den sie sich klammern, bis er ihnen wieder davonschwimmt. Dann taucht ein Feuerwehrmann auf, erkundigt sich höflich, ob ein Feuer ausgebrochen sei – nein, diesmal leider nicht –, und treibt mit seinen stupiden Witzen die tödliche Langeweile bis zu einem Punkt, an dem sie in eine völlig ungezügelte, unkontrollierbare, nervöse Überspanntheit umschlägt. Die Langeweile entlädt sich in einem wilden Durcheinander von Sprichwörtern, Wörtern, Sätzen, die nur noch, wie bei spielenden Kindern, aus sinnlosen Wortassoziationen bestehen – ein Durcheinander, das in einem ekstatischen Chorus endet, in dem die Vokale des Alphabets und dann die Konsonanten aufgesagt werden oder ein besessenes »tsch, tsch, tsch«, das zugleich wieder anmutet wie die phonetische Quintessenz eines von fern gehörten allgemeinen Gesprächs.

Der Vorhang fällt und öffnet sich nochmals für das Anfangsbild. Allerdings sind jetzt die Martins an die Stelle der Smiths getreten, die nun denselben, seit Jahrhunderten abgegriffenen Dialog über Gemüse, Wetter, Verwandte und Vermischtes aufnehmen und in die Haut dieses ausgewalzten Lebens hineinschlüpfen.

Der ganz beiläufige Titel des Stücks ist eine Anspielung auf die vorletzte Szene, wo der Feuerwehrhauptmann Mrs. Smith unvermittelt fragt: »Was macht die kahle Sängerin?« Die Antwort lautet: »Sie trägt immer noch die gleiche Frisur!« Ionesco hat sich von den burlesken Wirkungen des Puppentheaters anregen lassen. In der Übertreibung wird die Absurdität menschlicher Existenzen sichtbar. Der Autor drückt es in seinen »Ganz einfachen Gedanken zum Theater« so aus: »Die Groteske und die Karikatur waren radikal zu verstärken und in Gegensatz zur blassen Geistreichelei der Salonkomödie zu setzen. Keine Salonkomödie, sondern Farcen, äußerste parodistische Übertreibung. Humor, ja! Doch mit den Mitteln des Burlesken. Das Komische hart, übertrieben, ohne Zartheit. […] Alles bis zum Paroxysmus treiben, dahin, wo sich die Quellen des Tragischen öffnen. Ein Drama der ursprünglichen Mächtigkeit schaffen: ursprünglich mächtige Komik steht neben ursprünglich mächtiger Tragik.« Dem entspricht die Sprache: antiintellektuell, arational, bis »zum Bodensatz der verschliffensten Klischees« und zu den »äußersten Grenzen der Alltagssprache« vorstoßend, vermag sie genau den Punkt zu bezeichnen, an dem das Alltägliche in das Groteske und das Absurde umschlägt.

▪ Lit.: E. Egerding: Absurde Transzendenz. Interpretationen ausgewählter Theaterstücke von E. I., 1989. *Anneliese Botond*

La leçon

(frz.; *Die Unterrichtsstunde*, 1960, F. Bondy, I. Kuhn) – Das zweite Stück des Autors, ein »komisches Drama«, wurde 1951 uraufgeführt und erschien 1954 im Druck. Ein alter Professor, der in seiner Wohnung Privatunterricht erteilt, empfängt seine neue Schülerin, ein 18-jähriges Mädchen. Er prüft sie zuerst in Mathematik, dann in Philologie, wobei er gänzlich unsinnige Lehrsätze aufstellt und eine höchst merkwürdige didaktische Methode entwickelt. Die Schülerin, zu Beginn noch heiter und gutwillig, wird zunehmend verwirrt und apathisch, bis sie sich der Diktatur des Professors völlig unterwirft, der schließlich mit ihr »wie auf einem Instrument spielt, ganz wie es ihm gefällt«. Zuletzt ersticht er das willenlose Opfer mit einem riesigen Messer. Das Dienstmädchen Marie, das den Professor seinerseits tyrannisiert, legt die Tote zu den 39 Leichen anderer ehemaliger Schülerinnen. Kurz darauf meldet sie das Eintreffen der nächsten Schülerin.

Die ungeachtet der unerbittlichen Konsequenz der Parabel mit burlesken und pantomimisch-komischen Zügen durchsetzte Farce lässt sich auf mehreren Ebenen interpretieren: literarisch als Parodie auf das realistische Problem- und Argumentationstheater, philosophisch als Sieg des Absurden und Irrationalen über die Erkenntnis, kulturkritisch als Satire auf abstraktes Pseudowissen und Bildungsgeschwätz, politisch als Darstellung der Terrorisierung und Zerstörung des Schwächeren durch den Stärkeren, psychologisch als exemplarische Gestaltung des Kampfs der Geschlechter. Der Mord deutet den Akt einer (imaginären?) Vergewaltigung des im Autoritätsrausch wütenden alten Professors an. In diese Richtung deutet auch eine Regieanweisung, die von dem auf einen Stuhl gesunkenen toten Mädchen verlangt, die Beine, »schamlos gespreizt zu beiden Seiten« herabhängen zu lassen.

An die Stelle der zur Verständigung untauglich gewordenen Sprache tritt ein sadistischer Zerstörungstrieb, der über den psychologischen Sachverhalt hinaus in eine metaphysische Dimension führt, durch die sich nach Meinung des Autors das »absurde Theater« dem »amputierten Realitätsbegriff« des einseitig am sozialen Verhalten orientierten Brecht'schen Theaters überlegen erweist.

■ Lit.: G. Bergfelder-Boos: Apprendre sur scène, 1996.

Urs Jenny

Les chaises

(frz.; *Die Stühle*, 1959, J. u. U. Seelmann-Eggebert) – Der 1952 uraufgeführte und 1954 im Druck erschienene Einakter zeigt ein von Wasser umgebenes, schon lange von der Welt abgeschnittenes Haus, in dem die »Alten« leben. In innigem Einverständnis nennen sie sich mit kindlichen Kosenamen. Ihr Verhältnis ist wie das zwischen Mutter und Sohn. »Der Alte« gleicht dem zwischen Überheblichkeit und Beängstigung schwankenden Jungen, der des Schutzes und der Bestätigung bedarf; »die Alte«, Semiramis, bewundert ihn und versteht ihn mit Worten zu trösten, die aus Torheit und Liebe gemischt sind wie die, die man an Kinder richtet. Er ist Hausmeister, aber Semiramis sagt: »Ach ja, bestimmt bist du ein großer Gelehrter, du hättest Chefpräsident werden können, Chefkönig oder gar Chefarzt oder Chefmarschall, wenn du gewollt hättest.«

Seit undenklicher Zeit hat der Alte an einer Botschaft für die Menschheit geschrieben. Nun hat er alle eingeladen, damit sie die Botschaft empfangen: »Die Wächter, die Bischöfe, die Chemiker, die Kupferstecher, die Geiger, die Abgeordneten, [...] die Gebäude, die Federhalter, die Chromosomen.« Und tatsächlich erscheinen eine Dame, eine alte Bekannte, dann ein Oberst, die Schöne und ihr Mann. Die beiden Alten öffnen ihnen die Tür, holen ihnen Stühle und unterhalten sich mit diesen Personen, die nur für sie sichtbar und nur durch sie für die Zuschauer Präsenz haben. Unablässig hört man die Klingel, und die Alten eilen, um die Tür zu öffnen, immer neue Stühle zu holen und Plätze anzuweisen. Überwältigt von diesem Ansturm drehen sie sich, in kopfloser Geschäftigkeit, schließlich nur noch im Kreis und suchen sich, durch das Publikum, das den Saal überflutet, voneinander getrennt, ängstlich mit der Stimme.

Schließlich öffnet sich das Portal und (unsichtbar) kommt der Kaiser herein. Schluchzend vor Freude und Rührung begrüßt ihn der Alte, in abgerissenen, aus Sinn und Unsinn gemischten Worten, die Semiramis am anderen Ende des Saales als Echo wiederholt. Endlich kann der Alte sich vor dem allerhöchsten Ohr rechtfertigen: »Ich bin nur ein Hausmeister, ich habe viel erlitten... Ich war der Sammler aller Bankrotte, der Blitzableiter aller Katastrophen... Um zu vergessen, Majestät, wollte ich Sport treiben... Bergsteigen... in den Alpen... man zog mich an den Füßen, damit ich stürzte... ich wollte über die Pyrenäen, da gab es keine Pyrenäen mehr.« Dann kündigt er die »Botschaft« an und den Redner, der »alles, alles« sagen wird. Sie selbst, die Alten, wollen nun abtreten, in dem Bewusstsein, dass ihr Leben zur ruhmvollen Legende werden wird. Das Publikum, die Welt, ist da, der Redner ist gekommen: Die Alten stürzen sich aus dem Fenster ins Wasser. Vor dem unsichtbaren Publikum auf der Bühne steht nun allein sichtbar der Redner. Aber aus seinem Mund kommen nur die gutturalen, heiseren Laute eines Taubstummen. Auf eine Wandtafel schreibt er einige Schriftzeichen, darunter als einziges lesbares Wort »Adieu« und geht ab. »Die Bühne ist leer – mit ihren Stühlen, der Brüstung, dem Boden voller Konfetti und Papierschlangen. Die Tür im Hintergrund ist weit geöffnet – auf das schwarze Nichts« heißt es in der letzten Regieanweisung.

Über den »Sinn« dieses Theaters schreibt Ionesco in einer Vorbemerkung: »Die Welt erscheint mir mitunter leer von Begriffen und das Wirkliche unwirklich. Dieses Gefühl der Unwirklichkeit, die Suche nach einer wesentlichen, vergessenen, unbenannten Realität, außerhalb derselben ich nicht zu sein glaube, wollte ich ausdrücken – mittels meiner Gestalten, die im Unzusammenhängenden umherirren und die nichts ihr eigen nennen außer ihrer Angst, ihrer Reue, ihrem Versagen, der Leere ihres Lebens. Wesen, die in ein Etwas hinausgestoßen sind, dem jeglicher Sinn fehlt, können nur grotesk erscheinen, und ihr Leiden ist nichts als tragischer Spott. Wie könnte ich, da die Welt mir unverständlich bleibt, mein eigenes Stück verstehen? Ich warte, daß man es mir erklärt.«

Diese »tragische Farce« wirkt wie eine Parodie auf das ewig menschliche Verlangen nach Transzendenz, Weltbeglückung und Rechtfertigung des eigenen Scheiterns. Exemplifiziert wird es an einem alten Ehepaar, das das letzte Stadium des Verfalls erreicht hat, und dem – wie naiven und wundergläubigen Kindern – das Verlangen zum Wunschtraum und der Wunschtraum zur Wirklichkeit wird.

■ Lit.: S. Homan: The Audience as Actor and Character, 1989.

Anneliese Botond

Tueur sans gages

(frz.; *Mörder ohne Bezahlung*, 1960, C. Bremer) – Protagonist des 1957 in London uraufgeführten und 1958 im Druck erschienenen dreiaktigen Stücks ist – wie in einigen weiteren Stücken Ionescos – Bérenger, der in die »cité radieuse« flieht, um »einen vollkommenen Einklang des inneren und äußeren Ich« wiederherzustellen. Aber die helle, an Le Corbusiers städtebaulichen Projekte erinnernde »Sonnenstadt«, für Bérenger Inbegriff alles Guten und Reinen, hat einen Makel: Sie beherbergt einen Mörder, der angeblich nicht zu fassen ist, obwohl man viel über ihn weiß – er wartet als Bettler verkleidet am Eingang der »cité radieuse« auf seine Opfer, bietet ihnen Kleinigkeiten zum Verkauf an und zeigt ihnen das Foto eines Offiziers, bevor er sie in einen Brunnen stößt.

Die Indizien würden zum Erfassen des Täters ausreichen, aber man hat sich mit seiner Anwesenheit abgefunden, mehr noch, alles deutet auf eine geheime Komplizenschaft mit ihm hin. Der Architekt der Sonnenstadt ist zugleich der Polizeikommissar. Eine geheimnisvolle schwarze Aktentasche mit dem Foto des Offiziers taucht überall auf, selbst in den Händen von Bérengers Freund Édouard. Bérenger, der isolierte Individualist, ist der einzige Unwissende.

Kernstück des Dramas ist der große Schlussmonolog des dritten Aktes, »tout un petit acte« (ein kleiner Akt für sich), in dem Bérenger ein kretinhaftes Ungeheuer als Mörder stellt. Im Verlauf dieses Monologs, der nur ab und zu vom höhnischen Gelächter des Mörders unterbrochen wird, spürt Bérenger das ganze Ausmaß seiner Ohnmacht. Nach erfolglosen, naiven Versuchen, den Mörder, der die Sinnlosigkeit des Todes und damit das Inhumane schlechthin verkörpert, mit Argumenten kleinbürgerlicher Ideologie zur Rückkehr in die Gesellschaft zu bewegen, entdeckt er plötzlich das Böse in sich selbst und übernimmt, wie alle Figuren des Stücks, die Doppelrolle, Opfer und Komplize zugleich zu sein. »Bérenger findet tatsächlich in sich, wider Willen, gegen sich selbst Argumente, die für den Mörder sprechen«, heißt es in einer Regieanweisung. In blutrünstigem Mordrausch zieht er zwei altmodische Pistolen, aber ein Messer in der Hand des Mörders zwingt ihn zur Kapitulation.

Mit diesem Theaterstück stellte sich zum ersten Mal auf der Bühne der ›andere‹ Ionesco vor, der Mystiker und Visionär des Todes, dem manche Kritiker und Theaterbesucher freilich den Verfasser absurder Grotesken und Clownerien vorziehen. Nach Ionescos frühen absurden Kammerspielen ist *Tueur sans gages* das erste der großen Wander- und Fluchtdramen, in denen der einzelne aus der familiären Enge ausbricht, mit der sozialen Umwelt konfrontiert wird, utopische, visionäre Räume durchmisst und am Ende wiederholt erkennen muss, dass auch sein Individualismus nur eine Spielart des Konformismus ist, dass sein letztlich in der Allmacht des Todes begründetes Leiden an der Welt unaufhebbar bleibt. Der Individualismus des hier zum ersten Mal in einem Drama Ionescos auftauchenden Bérenger ist resistenter Natur. Er beabsichtigt, weniger durch den Willen zur Veränderung zu überleben als durch die Flucht.

■ Lit.: K. Engelhardt: Une source roumaine du ›Tueur sans gages‹ de I., in: Die Neueren Sprachen 21, 1972, 9–14. ■ R. J. Parish: I.'s ›Tueur sans gages‹. A Pascalian Reading, in: Nottingham French Studies 15, 1976, 32–47.

Helgard Brauns

Les rhinocéros

(frz.; *Die Nashörner*, 1960, C. Bremer, C. Schwerin) – Die Handlung des 1959 erschienenen dreiaktigen Dramas setzt an einem Sonntagmittag ein. Vor dem Restaurant einer Provinzstadt treffen sich die Freunde Bérenger und Jean. Bérenger, ein vom Leben gelangweilter, müder Mensch kann seine Arbeit als Büroangestellter nur noch mit zunehmendem Alkoholkonsum ertragen. Jean, ein Karrierist, für den es keine Probleme gibt, drängt seinen Freund, eine positive Einstellung zu Beruf und Leben zu finden. Da galoppiert ein Nashorn über den Platz. Bevor sich die Aufregung der Passanten gelegt hat, erscheint es erneut (oder ein zweites) und zertrampelt ein Kätzchen. Das allseits geäußerte Mitleid mit dem Tier weicht bald einer absurden Diskussion über das Rassenproblem. Schließlich geraten Jean und Bérenger in Streit über die Frage, ob das Nashorn ein- oder zweihörnig gewesen sei, und gehen im Zorn auseinander.

In der Kanzlei, in der Bérenger arbeitet, wird die Nashorn-Diskussion am Montagmorgen weitergeführt, und auch die Rassenfrage wird erneut aufgeworfen. Der Sozialist Botard bestreitet zunächst die Existenz von Nashörnern in der Stadt und bezeichnet sie dann als propagandistische Machenschaft der Partei des Assessors Dudard. Der Bürochef und die Sekretärin Daisy, die Bérenger heimlich liebt, bemühen sich um Vermittlung. Da erscheint die Frau des Angestellten Bœuf (Ochse), der nicht zur Arbeit erschienen war, und meldet, ihr Mann habe sich in ein Nashorn verwandelt. Das Nashorn Bœuf wütet im Parterre des Bürohauses und zerstört die Treppe. Daisy empfindet Mitleid mit dem Tier, die anderen sind entsetzt. Frau Bœuf stürzt sich zu ihm hinab und wird ebenfalls ein Nashorn.

Aus allen Stadtteilen werden neue Nashörner gemeldet. Die Bürobelegschaft flieht aus dem Fenster. Am Nachmittag besucht Bérenger Jean, um sich mit ihm zu versöhnen. Er muss erleben, wie sich dieser, von einer mysteriösen Wut gepackt, vor seinen Augen in ein Nashorn verwandelt und das Mobiliar zertrümmert. Am nächsten Tag erhält Bérenger in seinem Zimmer Besuch von Dudard. Die »Rhinozeritis« hat weiter um sich gegriffen, und hat auch den Bürovorsteher erfasst. Während Bérenger nichts von den Nashörnern wissen will, versucht Dudard »objektiv« zu sein. Da erscheint Daisy und meldet, dass die Nashörner Behörden und Rundfunk erobert hätten. Auch Botard sei zu ihnen übergelaufen, gemäß der Parole: »Man muß mit der Zeit gehen!« Dudard verteidigt ihn: »Jeder hat das Recht, sich weiterzuentwickeln!« Auch er selbst kann dem »Gemeinschaftsgeist« nicht länger widerstehen: »Es ist meine Pflicht, Vorgesetzten und Kameraden in guten wie in schlechten Tagen zu folgen.« Als einzige Menschen bleiben Daisy und Bérenger zurück. Trotz ihrer Liebe gewinnt schließlich auch bei Daisy die Angst die Oberhand. Mit den Worten: »Die Nashörner singen, sie spielen, sie tanzen! Sie sind schön!«, geht sie zu ihnen über. Bérenger bleibt allein, verzweifelt: »Ich habe kein Horn, leider! Oh, wie gerne wäre ich wie sie!« Aber dann ergreift er sein Gewehr: »Ich bin der letzte Mensch! Ich werde es bleiben bis zum Ende! Ich kapituliere nicht!«

Es ist Ionesco gelungen, die Entindividualisierung des Menschen, die Uniformierung des Lebens, die Barbarei jedes ideologischen Massenwahns in einer geradlinigen, unmittelbar überzeugenden und doch poetischen Parabel zu gestalten. In glänzend geführten, satirisch knappen Dialogen voller Doppelsinn, in zahlreichen scharf umrissenen Figuren zeigt er in den ersten Szenen die latenten Neigungen zu einer Massenbewegung (sentimentale Pseudo-Humanität, Gedankenlosigkeit, Ressentiments gegen Minderheiten usw.) und die Symptome des Ausbruchs. Die Handlung konzentriert sich zusehends auf Bérenger. Dieser abseits stehende ›Individualist‹ wird zum letzten Helden, zum Repräsentanten und Verteidiger der bedrohten Humanität.

▪ Lit.: E. Frois: I. ›Rhinocéros‹, 1984. ▪ A. Kamyabi Mask: I. et son théâtre, 1987. *Urs Jenny*

Le roi se meurt

(frz.; *Der König stirbt*, 1964, C. Bremer, H. R. Stauffacher) – Hauptperson des 1963 erschienenen einaktigen Theaterstücks ist Bérenger, der bereits in *Tueur sans gages*, 1957 *(Mörder ohne Bezahlung)*, *Les rhinocéros*, 1959 (Die Nashörner), und *Le piéton de l'air*, 1963 *(Fußgänger in der Luft)*, begegnet.

Bérenger ist König geworden, aber ein Herrscher ohne Land, ohne Untertanen, ohne Macht. Um ihn herum zerfällt die Welt. Er selbst stirbt einen allmählichen Tod, gegen den er sich noch wehrt, als es bereits sinnlos ist, denn der Zeitpunkt seines Todes steht schon fest: »Du stirbst in anderthalb Stunden. Am Ende der Vorstellung bist du tot.« Bérenger ist ein geistiger Bruder von ↗ Becketts Hamm und die Gegenfigur zu Dürrenmatts grotesk-komischem Dr. Schwitter *(Der Meteor)*, der aus Überdruss und grenzenloser Langeweile am Leben sterben möchte, aber selbst auf dem Totenbett noch daran gehindert wird. Wie Hamm erlebt Bérenger seinen eigenen Verfall. In anderthalb Stunden Bühnengeschehen durchmisst er alle Phasen des Sterbens, vom körperlichen Zerfall bis zur vollkommenen, durch ein Entkleidungsritual symbolisierten Auflösung ins Nichts. Am Beginn steht die grotesk-irreale Auffassung, ein König könne alles, auch den Zeitpunkt seines Todes, selbst bestimmen, und am Ende die Erkenntnis: »Ich sterbe!« Das von Ionesco immer wieder umkreiste Phänomen des Todes wird in diesem Stück absolut gesetzt. Hinter Bérenger steht die Figur Richards II., der für Ionesco zur Parabel aller sterbenden Könige und ihrer Ideale wurde: »Mit den entthronten Königen zusammen sehe ich unsere verbrauchten, zerstörten und entheiligten Glaubensgehalte [...] Richard II. macht mir eine ewige Wahrheit hell bewußt [...] die im Grunde genommen einfach und beinahe banal ist: Ich sterbe, du stirbst, er stirbt.« Diese Wahrheit wird in dem Stück durch überdeutliche Symbolik (sinnentleerte Embleme königlicher Macht, Rollstuhl als Thronersatz, ein zunehmend breiter werdender Riss in der Wand) ausgedrückt.

Der Einakter inszeniert insofern auch das Sterben Jedermanns, wie es vor Ionesco Hofmannsthal im Rückgriff auf die alte Form des mittelalterlichen Mysterienspiels und Beckett mit den Mitteln des Absurden Theaters darstellten. Das Nebeneinander von Ausdrucksformen verschiedener Epochen (gotische Spitzbögen, englischer »livingroom«, Zentralheizung, »lächerlich-königliche Musik des 17. Jahrhunderts«) verdeutlicht den Jedermann- und Jederzeit-Charakter von Bérengers Schicksal. Die beiden weiblichen Hauptpersonen sind ebenfalls überindividuelle Symbolfiguren. Die junge Königin versucht Bérenger auf die Seite des Lebens zu ziehen, erweist sich aber als ohnmächtig gegenüber der alten Königin, die ihn zwingt, sich seines Sterbens bewusst zu werden. Die bestürzende Erfahrung des Todes wird jedoch wiederholt relativiert: In der ersten Phase durch das kindisch-senile Gebaren des sich noch widersetzenden Bérenger, dann durch die ›Presseberichte‹ des Wächters und die familiären Kommentare der Haushälterin. Die dem Stück immanente Idee, den Vorgang des Sterbens als eigentlich absurd darzustellen, wird erst in der Schlussphase, dem großen Ritual zwischen der alten Königin und Bérenger, in vollem Umfang erkennbar.

■ Lit.: M. Doering-Kluesmann: Theater der Vergänglichkeit, 1974. ■ P. Charvet: ›Le roi se meurt‹ de I., 1977.

Helgard Brauns

Macbett

(frz.; *Macbett*, 1973, L. Kornell) – Figuren und Handlungsschema der 1972 erschienenen einaktigen Tragikomödie sind aus Shakespeares *Macbeth* entlehnt. Die beiden Lehnsträger Cawdor und Glamis steigern sich in eine Hetztirade gegen König Duncan hinein, die das symbiotische Verhältnis zwischen der Macht und dem Bösen hervorhebt. In wütendem Hass auf den König beschließen sie aus eigennützigen Motiven den Aufstand.

Während der Niederschlagung der Revolte berauschen sich die beiden königstreuen Generäle Banquo und Macbett an den gigantischen Ausmaßen der Vernichtung. Durch ihre gleichlautende Schlachtbeschreibung und ihre äußere wie innere Ähnlichkeit werden sie als blind gehorsame ›Maschinen‹ charakterisiert. Nicht für politische Werte kämpfen sie, sondern für die Belohnung, die Duncan ihnen im Falle des Sieges in Aussicht gestellt hat. Da dieser ein opportunistischer Feigling ist, delegiert er alle Kriegsgeschäfte an seine Generäle und hält sich – stets fluchtbereit – nur am Rande des Kampfgeschehens auf. Nach gewonnener Schlacht ordnet er die Guillotinierung Cawdors und seiner 137 000 Soldaten an. Während der folgenden Massenhinrichtung vergnügen sich die königlichen Herrschaften mit ihren Generälen bei Tee und Kuchen. Lady Duncan flirtet intensiv mit Macbett. Als ein Offizier meldet, dass Glamis entkommen sei, wird er kurzerhand ebenfalls guillotiniert.

Der blinde Gehorsam von Banquo und Macbett findet sein Ende, als Duncan das Versprechen einer Belohnung rückgängig machen will. In ihrem Machthunger werden die beiden von zwei Hexen bestärkt, die Macbett die Königswürde prophezeien und Banquo, dass er der Stammvater von Königen werde. Vor den Augen Macbetts verwandeln sich die beiden Hexen in aufreizender, erotischer Manier in Lady Duncan und ihre Zofe. Erstere stiftet Macbett zum Königsmord an und stellt ihm dafür ihre Gunst in Aussicht. Als Macbett den ursprünglich Banquo zugedachten Titel erhält, sinnt der Benachteiligte auf Rache. Er und der von Liebes- und Machthunger geradezu besessene Macbett stacheln sich gegenseitig in einem Dialog auf, das den gleichen Wortlaut hat wie die Hetzrede von Cawdor und Glamis zu Beginn des Stückes. Als Kranke verkleidet, nähern sie sich gemeinsam mit Lady Duncan dem König. Macbett ermordet ihn, um sich selbst zum neuen König zu ernennen, nicht ohne zuvor seinen Rivalen Banquo mit einem Dolchstoß aus dem Wege geräumt zu haben.

Als während der Krönungsfeierlichkeiten der Geist Duncans und kurz darauf auch der Banquos erscheinen und Macbett des Mordes anklagen, erkennt dieser auf dem Höhepunkt seiner Macht, dass er in Wirklichkeit nur Werkzeug dieser Macht war: »Die Geschichte ist listig. Alles entgleitet uns. Wir sind nicht Herr dessen, was wir ausgelöst haben. [...] die Ereignisse beherrschen den Menschen und nicht der Mensch die Ereignisse.« Unmittelbar auf diese Erkenntnis folgt Macbetts Niedergang: Kurz nachdem er vom Verschwinden Lady Macbetts, ehemals Lady Duncan, erfahren hat, erscheint diese im Saal und verkündet, dass sie noch immer Lady Duncan sei und dass Macbett einem Hexenwahn aufgesessen sei. Da betritt Malcolm, Duncans Adoptivsohn, die Szene und gibt sich als Banquos leiblicher Sohn zu erkennen. In einer Art Opernparodie erdolcht er nun seinerseits Macbett und kündet in einem Originalzitat aus Shakespeares Stück eine noch grausamere Tyrannenherrschaft als die seiner Vorgänger an – Drohworte, die bei Shakespeare Malcolms Partner auf die Probe stellen sollen, bei Ionesco aber blutiger Ernst sind. Macht und Machtstreben setzen einen Automatismus der Grausamkeit in Gang, der auf der Ebene des Individuums die existenzielle Bedeutung des Todes und damit zugleich des Lebens unsichtbar macht, auf der Ebene des Kollektivs indes jede Entwicklung verhindert.

Ionesco demonstriert hier seinen pessimistischen Blick auf eine Geschichte, in der Mord, Gewalt und Infamie einander abwechseln. Die Reden verfeindeter Protagonisten haben oft den gleichen Wortlaut; zudem definieren sich die austauschbaren Figuren einzig über ihr Machtstreben. Jedoch fehlt hier der bei Shakespeare trotz aller blutrünstigen Raserei noch erhaltene moralische Grundantrieb: »In meinem Stück geht es um das Problem der Macht, des Ehrgeizes und der bösen Aktion. [...] Was mir wirklich keine Ruhe gelassen hat, ist zum Beispiel, dass ein treuer und tugendhafter General zum Verbrecher, zu einem Monstrum wird.«

▪ Lit.: B. Croneberger: ›Macbett‹ von E. I., 1976.

Evelyn Detterbeck

Edmond Jabès

- geb. 16.4.1912 Kairo (Ägypten)
- gest. 2.1.1991 Paris (Frankreich)

In Ägypten aufgewachsen; in den 1930er Jahren Philosophiestudium in Paris, Bekanntschaft mit Max Jacob; 1957 von Präsident Nasser gezwungen, Ägypten endgültig zu verlassen; bedeutender Lyriker und Essayist, Mittler jüdischen Denkens in Frankreich mit großem Einfluss auf die Philosophie Derridas.

▪ Lit.: D. Lançon: J. L'égyptien, 1998. ▪ S. Jaron: E.J. The hazard of exile, 2003.

Das lyrische Werk

(frz.) – Schon als Student korrespondierte Edmond Jabès mit dem Dichter Max Jacob, der einen tiefen Einfluss auf ihn ausübte und den er 1935 in Paris persönlich kennenlernte. Doch bestand die dichterische Unterweisung dieses Lehrmeisters im Wesentlichen in der Warnung vor Imitation, auch und besonders des bewunderten Vorbildes, und der Aufforderung zur Suche nach dem eigenen Weg. Auf Vermittlung von Jacob lernte Jabès 1937 Paul Éluard kennen, den zweiten Dichter, der auf sein frühes Werk Einfluss hatte.

Sieht man von Jabès' Frühwerk der späten 1930er Jahre ab, so sieht man sich bei einer Betrachtung seines dichterischen Werks mit der Frage konfrontiert, ob es sich beim Großteil seiner Texte überhaupt um Lyrik im engeren Sinne handelt – oder nicht vielmehr um eine besondere Form von Prosa: um Philosophie, Metaphysik, Theologie gar oder Mystik. Die frühesten Gedichte, von denen sich Jabès 1943 distanziert hatte, seien hier außer acht gelassen; in ihnen ist noch der Einfluss Jacobs dominant.

Der 1947 veröffentlichte Zyklus *Chansons pour le repas de l'ogre* (Lieder für das Mahl des Menschenfressers) ist dem Andenken Max Jacobs gewidmet. Gedichte wie »Chanson pour le roi de la nuit« (Lied für den Nachtkönig) sind in ihrer bewussten naiv-abgründigen Liedhaftigkeit noch der Atmosphäre der Lyrik Jacobs nahe. Tod, Abschied, Einsamkeit, unerwiderte Liebe – in »Chanson pour un soir de pluie« (Lied für einen Regenabend) –, Fremdheit und Entfremdung – in »Chanson de l'étrangère« (Lied der Fremden) – und der Schatten des Kataklysmus der Gegenwart – in »Chanson du dernier enfant juif« (Lied des letzten jüdischen Kindes) – durchziehen thematisch diese in der Form noch zurückhaltend und streng konstruierten, in ihrer Bildersprache verständlichen und eindringlichen Gedichte.

In den späteren Sammlungen – *Le fond de l'eau*, 1947 (Der Grund des Wassers), *La voix d'encre*, 1949 (Die Tintenstimme), *La clef de voûte*, 1950 (Der Schlussstein), oder *Les mots tracent*, 1951 (Die Worte ziehen Spuren) – treten diese Eigenschaften allmählich zurück. Zunehmend tritt Reflexion über das Problem Wort/Sprache an die Stelle der Beschwörung von Bildern, und das lyrische Ich verliert sich in der Vervielfältigung der Standorte. Die Struktur der Gedichte wird vielstimmig, wie z.B. in »Le rocher de la solitude« (Der Fels der Einsamkeit) aus *La clef de voûte*, wo sechs »Stimmen«, das »Echo« und »fremde Stimmen« einander abwechseln.

Mehr und mehr lösen sich in dieser Schaffensperiode Vers und Strophe auf. Die einzelnen Aussagen atomisieren sich zu aphoristischen Sätzen über das Wesen von Wort und Schrift, von Signal, Mitteilung, Dichtung. So wechseln sich in »Portes de secours« (Notausgänge), aus *Les mots tracent*, schon Sentenzen und Prosatext ab. Einzelne Bilder können, ohne syntaktischen oder semantischen Zusammenhang, geradezu emblematisch eingefügt werden; meist aber sind die Aussagen abstrakt und aphoristisch universell: »Nur der Leser ist wirklich« (»Portes de secours«).

In den Sammlungen der 1950er Jahre – *L'eau du puits*, 1955 (Das Wasser aus dem Brunnen), *L'écorce du monde*, 1955 (Die Weltenrinde), oder *L'absence du lieu*, 1956 (Die Abwesenheit des Ortes) – lösen sich Schritt für Schritt, Frage für Frage, die Formen der traumhaft-surrealen Bildwelt auf. Immer häufiger hält der Dichter im Strom der Zeichen inne. Doch bleibt auch in diesen Gedichtsammlungen der Zauber einer kraftvollen, gerade in ihrer Disziplin suggestiven dichterischen Sprache erhalten, und immer wieder ist es der Tod, der zu den stärksten Bildern inspiriert, wie z.B. in »Deux poèmes de l'amitié en deuil« (Zwei Gedichte der trauernden Freundschaft) oder »Paul Éluard zum Gedächtnis« (aus *L'écorce du monde*): »Die Wege haben Trauer angelegt / Die Lampe das Bewußtsein der Nacht [...] Die Nacht / hat sich in der Nacht Deines Todes verborgen [...] Unsere Narben sind in unseren Augen / Die Zeit – schwere Lider – / macht uns nicht blind.«

Jabès' gesamtes dichterisches Schaffen seit 1943 wurde 1959 in dem Band *Je bâtis ma demeure* (Ich baue mir meine Bleibe) – nach dem Refrain des Gedichtes »L'auberge du sommeil« (Des Schlafes Herberge) aus *La voix d'encre* – im Druck zusammengefasst. Doch mit der Ausbürgerung aus Ägypten (1957) tritt Jabès' Werk in eine neue Phase. Was vorher liegt, ist in den Augen vieler Kritiker noch nicht der ›eigentliche Jabès‹. Stellte das Jahr 1943 eine erste Krise dar, so brachte 1957 die zweite: die reale Erfahrung der Fremdheit und Vertreibung, und die Ablösung von der Lyrik im herkömmlichen Sinne. Nun schrieb er Texte, die sich einer klaren Gattungszuordnung entziehen. Dieses spätere Werk gliedert sich einerseits in zwei große Textzyklen – *Le livre des questions* und *Le livre des ressemblances* –, andererseits publizierte Jabès noch die kleineren Sammelbände *Ça suit son cours*, 1975 (*Das nimmt seinen Lauf*, 1981, F. P. Ingold), *Le petit livre de la subversion hors de soupçon*, 1982 (*Das kleine unverdächtige Buch der Subversion*, 1985, F. P. Ingold), *Récit*, 1981 (Erzählung), und *Le parcours*, 1985 (*Der vorbestimmte Weg*, 1993, M. Rauschenbach).

Die Form all dieser späteren Texte ist unregelmäßig. Sie baut vor allem auf den alten überlieferten Strukturen jüdischer Kommentarliteratur zur *Bibel* auf. Um ein Thema, ein Motiv gruppieren sich Fragen, Dialoge, Kommentare und Überlegungen. Am Anfang einer Unterteilung – um nicht von ›Kapiteln‹ zu sprechen – kann ein Zitat, ein Aphorismus, eine Frage stehen. Der Text kann sich teilen, durch kursiv gedruckte Einschübe unterbrechen lassen, Abschnitte in einem Buch können sich auf ein früheres Buch beziehen. Ihrer spezifischen Form wegen hat man diese seit 1957 entstandenen Gedichte als ›Jabèstext‹ bezeichnet: Dieser ist eine homogene Masse, in der die Unterteilungen nach Büchern oder Zyklen lediglich etwas über die Gewichtung der Fragestellungen aussagen und keine klare Trennung mehr bedeuten. Hier drängt sich die Analogie zu den Traktaten der *Talmudim* auf. Doch so wie im *Talmud* das Gesetz Moses und seine Auslegung das Zentrum der Überlegung bildet, so steht hier in der Mitte der Betrachtungen das ›Buch an sich‹, die Schrift, das Wort, der Buchstabe. Auf einer Ebene des Textes deutet sich eine nie narrativ dargestellte, aber doch im Hintergrund allgegenwärtige Handlung an. Auf einer zweiten Ebene setzt sich der Autor mit der Handlung einerseits, und ihrer schriftlichen Fixierung andererseits in Gestalt von Fragen und Bemerkungen imaginärer Rabbiner einer imaginären Jeschiva (Talmudschule) auseinander. Diese metatextuelle Strategie dient dazu, die Protagonisten und sich selbst, das Buch, den Leser und den Leseakt zu kommentieren.

So handelt der Zyklus *Le livre des questions I–IV*, 1963–1983 (*Das Buch der Fragen*, 1988, H. Beese) von der Liebe eines jungen jüdischen Paares, Sarah und Yukel, zur Zeit des Holocaust. Jabès kommentierte selbst später das Werk doppelt: »*Le livre des questions* ist das Buch der Erinnerung. Den quälenden Fragen über Leben, Wort, Freiheit, Wahl, Tod, antworten imaginäre Rabbiner, deren Stimme die meine ist« – und gleichzeitig sagt er in *Le parcours*: »Der Roman von Sarah und Yukel ist, durch verschiedene Dialoge und Meditationen imaginärer Rabbiner hindurch, die Erzählung einer Liebe, die die Menschen und die Wörter zerstört haben.« Im weiteren Verlauf des Zyklus treten neue Gestalten auf, die in anagrammatischem Zusammenhang miteinander stehen: Yaël, »das Wort, wo der Mensch ohne Botschaft ist«, und gleichzeitig die Frau, deren Kind tot geboren ist; Elya, dieses totgeborene Kind, der »Lebenstraum des Todes«; Aely, »das Auge des Alles und des Nichts«; bis schließlich das »letzte Buch« nur El heißt (*El ou Le dernier livre*, 1980; El oder das letzte Buch), wobei »El« eine Ableitung der vorigen Namen war und gleichzeitig im Hebräischen ›Gott‹ bedeutet.

Le livre des ressemblances, 1980 (Das Buch der Ähnlichkeiten), kommentiert die Handlung des *Livre des questions* und weist darüber hinaus auf tiefere metaphysische und erkenntnistheoretische Sinnzusammenhänge. Es wirft neue Fragen auf: »Liest sich ein Buch durch seine Ähnlichkeit mit dem verlorenen Buch? Ist nicht jedes Buch ein Buch der Ähnlichkeiten?«. Es bietet Paradoxa: »Gott wiederholt nur Gott: aber der Mensch? Ach, der Mensch wiederholt Gott auch«. Oder es liefert philosophische Aphorismen: »Jeder Leser ist der Auserwählte eines Buches.«

Doch so wie der Autor sein Schreiben in den Zwischenfragen der »Rabbiner« hinterfragt, so lässt er am Ende auch dieses Fragen richten, stellt sich dem Vorwurf, die »Weisen des Judentums geschmäht«, ihre Namen »parodiert« zu haben. Seine Antwort ist eine Re-Interpretation seines Jude-Seins: »Ich sagte, Jude sein heißt alle Bücher aufzunehmen durch die Hingabe an das Eine Buch.« Das Judentum, das Dasein in der Welt als Jude, wird für Jabès zum Paradigma der Conditio humana zwischen Sein und Wort, zwischen Erlebnis und Sprache, zwischen Geist und Buch; die Fremdheit des Juden, sein Exil, deckt sich mit dem essentiellen Exil, das Jabès schon in seinen frühen Gedichten als Charakteristikum des Dichters, des Schreibenden schlechthin erkannt hat. Zugleich verbleichen mit zunehmender Entfaltung der charakteristischen Schreibart Jabès' in seinen Texten die lyrischen Bilder aus dem Symbolschatz des individuellen Unterbewusstseins im Lichte einer kompromisslosen Fragestellung, die auch vor den letzten Selbstverständlichkeiten und Gewohnheiten nicht halt machen will: »Freiheit des Geistes – Du Spannung des Nichts – besteht in der Ächtung jedes stützenden Punktes.« *(El ou le dernier livre)*

Die Rezeption der Schriften Jabès' in Frankreich wurde im Wesentlichen bestimmt von zwei Interpretationsmustern: einem poetologisch-philosophischen, von J. Derrida und den Dekonstruktivisten inspirierten Ansatz, und einem judaisierenden, der die Verwurzelung Jabès' in den Traditionen des *Talmud* und der *Kabbala* und die prägende Bedeutung des Holocaust in den Vordergrund stellt.

Schon Jabès' frühe Dichtung war reich an Zitaten, an literarischen Bezügen, und erstaunlich frei von Lokalkolorit. Sie war vom Umkreis des Surrealismus, von dessen Methoden und Formen, beeinflusst und bewegte sich zusehends weiter ins Innere: jenseits der Zone, wo die Bilder des Unbewussten im freien Strom hervorbrechen, hin zu den Geheimnissen von der Entstehung der Wahrnehmung, der Vorstellung, des Wortes. Jabès ist insofern – und dies gilt für sein Gesamtwerk – ein Autor, dessen Welt das Buch ist, ein Bewohner der »Bibliothek von Babel« des Jorge Luis Borges, der Bibliothek, die die Welt ist.

■ Übers.: Vom Buch zum Buch, F. P. Ingold, 1989. ■ Ein Fremder mit einem kleinen Buch unterm Arm, J. Ritte, 1993. ■ Der vorbestimmte Weg, M. Rauschenbach, 1993. ■ Wenn unsere Verantwortung auf die Probe gestellt wird, H. Zischler, 1994.

■ Lit.: M. Schmitz-Emans: Zwischen weißer und schwarzer Schrift. E. J. Poetik des Schreibens, 1994. ■ W. Kluback: E. J. The poetry of the Nomad, 1998. ■ J. Michel: Jouissance des déserts dans la poésie contemporaine. Andrée Chedid, Jacques Dupin, E. J., Philippe Jaccottet, Lorand Gaspar, Jean Tortel, 1998.

Christoph Dröge

Max Jacob

■ geb. 1. 7. 1876 Quimper (Frankreich)
■ gest. 5. 3. 1944 Konzentrationslager Drancy (Frankreich)

(Pseudo. Morven le Gaëlique) – Bis 1894 École Coloniale; Bohemeleben, Maler und Autor, der zahlreiche Maler und Schriftsteller der Zwischenkriegszeit anregt; mit ↗ Picasso, ↗ Leiris und ↗ Apollinaire befreundet; Gelegenheitsberufe (Kunstkritiker, Verkäufer, Astrologe); zwischen 1909 und 1914 zwei Visionen und Konversion zum Katholizismus; 1921 Rückzug in das Kloster Saint-Benoit-sur-Loire; nach der Okkupation wegen jüdischer Herkunft verhaftet und später umgebracht; vielseitiges Werk (Romane, Gedichte, Dramen); gilt als erster Surrealist.

■ Lit.: U. Pfau: Zur Antinomie der bürgerlichen Satire. Untersuchung über Leben und Werk M. J.s, 1975. ■ M. Green: Bibliographie de M. J., 1988.

Le cornet à dés

(frz.; *Der Würfelbecher*, 1969, F. Kemp) – Die 1917 erstmals erschienene Sammlung wurde 1923 in erweiterter Fassung publiziert. Die darin enthaltenen Prosagedichte sind größtenteils vor dem Ersten Weltkrieg entstanden. Verwandte Stücke waren bereits in den *Œuvres burlesques et mystiques de Frère Matorel*, 1912 (Burleske und mystische Werke von Bruder Matorel), veröffentlicht worden, weitere frühe Texte finden sich in *La défense de Tartufe*, 1919 (Die Verteidigung des Tartuffe).

Max Jacobs Prosagedicht kann aus den verschiedensten Ingredienzien bestehen; darf sich nahezu jeden Stiles, auch jeden Stilbruchs bedienen. Seine Skala reicht von Wortspiel und ›pastiche‹ bis zu Legende, Betrachtung und Gebet. Jeder Ton, jeder Tonwechsel ist erlaubt; nur eines wird gefordert: der grundsätzliche Verzicht auf alle überlieferten Mittel und Techniken des Gedichts – auf regelmäßig wiederkehrende Rhythmen, metrische Gliederung und Reime. Das Prosagedicht singt nicht, es spricht; es ist nicht Gesang, sondern Rede. Es prunkt auch nicht, wie noch bei den Symbolisten, mit reichen, ausgefallenen oder weit hergeholten Bildern und Vergleichen. Max Jacob will zwar verzaubern, doch eher wie ein Taschenspieler durch unauffällige Künste.

Max Jacob war der Überzeugung, mit diesem Buch über seine Vorgänger (↗ Baudelaire, ↗ Rimbaud, ↗ Mallarmé) hinaus einen entscheidenden Schritt getan zu haben, und die Folgezeit hat ihm Recht gegeben. Sein poetisches Credo hat er wiederholt formuliert; zum ersten Mal in der 1916 geschriebenen Vorrede des *Cornet à dés*, dann in dem kleinen Aphorismenband *Art poétique*, 1922 (Dichtungslehre), bei jeder sich bietenden Gelegenheit in zahlreichen Briefen an jüngere Freunde und zuletzt in den *Conseils à un jeune poète*, 1945 (Ratschläge für einen jungen Dichter). Was in seinen Augen den Wert eines Kunstwerks bestimmt, ist seine Situation – der Ort, der Abstand, der Rang, die Höhe, die es gewinnt und behauptet. Entäußern, setzen, versetzen nennt er das. Je weiter hinausgerückt dieser Ort ist, desto besser; wobei immer vorausgesetzt wird, dass etwas des Hinausstellens, Abrückens und damit Zeigens Würdiges in dem Künstler vorhanden sei. Dieses heißt Emotion. Deshalb rät Max Jacob seinen Freunden, sie möchten nicht mit dem Kopf, sondern »mit der Brust schreiben«, und empfiehlt als besten Stil den »Style du ventre«: »Der gute Stil ist Vergeistigung von unten herauf. Es gibt eine Reinheit aus dem Bauch, die selten und vortrefflich ist.« *(Art poétique)*

Die Prosagedichte des *Cornet à dés* werden häufig als eine Vorwegnahme des Surrealismus und gewisser neuerer Übungen im Absurden gedeutet. Im Hinblick auf die angewandte Technik wird man dem beistimmen. Nur sind die Voraussetzungen dieser Technik bei Max Jacob gänzlich andere. Er beabsichtigt keineswegs, eine zu enge Wirklichkeit durch radikale Verfremdung auf eine Überwirklichkeit hin zu sprengen; er weigert sich nur, zwischen den verschiedenen Wirklichkeitsbereichen die allgemein geltenden Grenzen anzuerkennen. Er unterscheidet nicht zwischen Menschen und Geistern, Engeln, Teufeln oder Dämonen, zwischen Mitlebenden und historischen oder mythologischen Gestalten, zwischen konkreten sinnlichen Erfahrungen und Vorstellungen, Träumen, Halluzinationen, zwischen Diesseits und Jenseits, zwischen Gestern, Heute und Morgen; alles kann jetzt und hier sich manifestieren. Hinzu kommt, dass in diesem durchgehenden Zusammenhang von allem mit allem jede Einzelgestalt leicht etwas anderes bedeutet, als sie darzustellen scheint.

Was diesem Dichter begegnet, ist verdächtig oder wunderbar, jedenfalls stets fragenswürdig und der Auslegung bedürftig. Das erklärt die immer lauernde Angst in Max Jacobs Dichtungen, seinen Hang zur Astrologie, Chiromantie, Kabbala und anderen Geheimwissenschaften; macht auch begreiflich, warum er sich selber, als seiner Identität keineswegs versichert, oft unheimlich war und warum er seine Zuflucht zum Gebet, als der einzigen erlaubten und unfehlbaren Magie, nahm. Diesem für ihn selbstverständlichen Sachverhalt eines mehr oder minder verborgenen Ineinanders aller möglichen Wirklichkeiten entlockte er nicht nur hohe, herzerweiternde und herzbeklemmende Wirkungen; er trieb auch allerlei Allotria und erheiternde Gaukelkünste damit und steigerte seine Sprache durch die lebhafteste Mimik und Gestik zu Leistungen, die, wie manches bei seinem Freund Guillaume ↗ Apollinaire, der Analyse wie der Nachahmung spotten.

▪ Lit.: S. Lévy: The Play of the Text. M. J.'s ›Le cornet à dés‹, 1981.

Friedhelm Kemp

Alfred Jarry

▪ geb. 8. 9. 1873 Laval/Mayenne (Frankreich)
▪ gest. 1. 11. 1907 Paris (Frankreich)

Bohemeexistenz in Paris; Alkoholismus; Tod durch Tuberkulose; Verfasser von Essays, vor allem aber Romancier im Kontext der Fin de Siècle-Dichtung; Vorläufer des surrealistischen Theaters.

▪ Ausg.: Œuvres complètes, 3 Bde, Hg. M. Arrivé, 1972–1988.
▪ Übers.: Gesammelte Werke, 6 Bde, Hg. F. Heibert, 1987.
▪ Lit.: J.-R. Siebauer: A. J., Marcel Duchamp. La machine, le verbe et la pataphysique, 1995. ▪ A. Brotchie: A. J. A Pataphysical Life, 2011 [dtsch. Übers. 2014].

Ubu roi

(frz.; *König Ubu*, 1988, M. u. P. Pörtner) – Mit der Hauptfigur des 1896 erschienenen fünfaktigen Dramas schuf der Autor eine mythische Gestalt in einer Welt grotesker archetypischer Bilder und wurde damit zum Vorläufer der Dadaisten und Surrealisten. *Ubu roi* geht auf den Schülerulk »Les Polonais« zurück, den der spätere Artillerieoffizier Charles Morin gegen seinen Physiklehrer in Rennes verfasst hatte und den der 15-jährige Jarry 1888 zu einer grotesken Komödie, ursprünglich für Marionetten, umschrieb. Das spätere Stück *Ubu roi* wurde jedoch mehr als die Karikatur eines einfältigen und egoistischen Bürgers.

Polen, »das heißt Nirgendwo«, ist das Land von Vater Ubu, dem Exkönig von Aragon und hochdekorierten Vertrauensoffizier des polnischen Königs, der bei seinem ersten Erscheinen auf der Bühne einen Theaterskandal auslöste. Auf Drängen der Mutter Ubu usurpiert er nach einem Gemetzel den polnischen Thron. König Ubu, der von seinen Launen, seiner Brutalität und seinen niederen Instinkten geleitet wird, richtet nach einer kurzen Zeit der Popularität seine habsüchtige Bestialität auch gegen das einfache Volk. Bordure, sein ehemaliger Günstling, überredet den russischen Zaren zum Krieg gegen den Usurpator. Während Ubu mit seinen Kumpanen nach Russland aufbricht, stürzt Bougrelas, der einzige überlebende Thronaspirant, die »Regentin« Mutter Ubu. Der Schlacht mit dem russischen Heer und dem überall aufflammenden Widerstand entkommt König Ubu dank seiner Feigheit. Mit seiner Frau, die vergeblich versucht hat, den Schatz des polnischen Königs zu rauben, gelingt ihm die Flucht in sein Heimatland Frankreich.

Dieser Bürger, der zum Bürgerschreck wird und in dessen ↗ Rabelais imitierender Sprache sich niedrigste Instinkte und höchste Machtbesessenheit spiegeln, besteht aus Idiotie, Geilheit, Fresslust und aus der Gemeinheit des Instinkts, aus der Prüderie, den Tugenden, dem Patriotismus und dem Ideal der Leute, die »gut zu Abend gegessen« haben. Das monströse Puppenspiel überträgt in parodistischer Übertreibung psychische Vorgänge direkt auf die Bühne und wird somit zum Vorläufer des modernen Absurden Theaters. Dramaturgisch ist das Stück als bewusste Persiflage der Theaterkonventionen konzipiert und von literarischen Parodien, vor allem auf Shakespeare-Figuren, durchsetzt. Unverkennbar sind die Bezüge zwischen Ubu und Lear, Mutter Ubu und Lady Macbeth.

Die Gestalten des Vater Ubu und seiner Schar, in denen das Tragische in verzerrter Komik gespiegelt ist, begleiten Jarrys gesamtes Werk. 1899 entstand als Gegenstück und Fortsetzung das ebenfalls fünfaktige Drama *Ubu enchaîné*, 1900 (*Ubu in Ketten*, 1970, M. u. P. Pörtner), das Ubu im Exil in Frankreich zeigt: Wenn er hier freiwillig die Rolle eines Sklaven angenommen hat, so behauptet er sich auch in dieser Rolle mit derselben Brutalität wie als König. »Ich bin Sklave, Dreiteufelswanst, niemand wird mich hindern, meine Sklavenpflicht zu tun. Ich werde erbarmungslos dienen. Mordet, zermanscht die Gehirne.« Ubu, dem Verkünder einer neuen Freiheit, der totalen Versklavung, gelingt die freiwillige Unterwerfung der Menschen, die das Leben in Ketten bequemer finden und sich wie Ubu ganz ihrem »Wanst« widmen können. Die Satire ist hier direkt und beißend, doch fehlt diesem Drama die Ursprünglichkeit des ersten Stücks und dessen Präzision im dramatischen Aufbau.

Das eigenartige Spannungsverhältnis von Farce, Vision und Symbolik charakterisiert auch das dritte, zur selben Zeit wie *Ubu roi* konzipierte Stück *Ubu cocu*, 1944 (*Ubu Hahnrei*, 1987, H. Schwarzinger), in dem die Titelfigur als Doktor der »Pataphysik« auftritt, der sein Gewissen, dessen Ratschläge er jedoch stets ablehnt, in einem Koffer mit sich schleppt. Ubu will Achras, einen Wissenschaftler, der an einer Abhandlung über die »Sitten der Polyeder« schreibt, pfählen, um diese Methode später auch bei dem Ägypter Memnon anzuwenden, mit dem ihn Mutter Ubu betrügt. Doch das hilfsbereite Gewissen befreit Achras und bewahrt auch Ubu später vor dessen Rache. Beißende Ironie verbindet sich mit surrealistischen Effekten, so als Memnon als Säule das »Enthirnungslied« singt. Ubu etabliert sich inzwischen im Haus des Achras als vollendeter Bürger. In seiner Unangreifbarkeit und Gewissenlosigkeit ist er das Symbol makabrer menschlicher Abgründe, die sich hinter einer grotesken Grimasse vor dem Publikum verbergen, das schockiert und zu schöpferischer Phantasie ermuntert werden sollte.

▪ Lit.: C. van Schoonbeek: Les portraits d'Ubu, 1997.

Hanne Gedeon

Messaline

(frz.; *Messalina*, 1971, B. Weidmann) – Den Stoff für den 1901 erschienenen »Roman aus dem alten Rom« entnahm der Autor vor allem dem 11. Buch der *Annales* des Tacitus. Weitere Anregungen fand er bei Sueton, Iuvenalis und anderen Autoren der römischen Kaiserzeit.

Messalina, die dritte Gemahlin des Kaisers Claudius, ist wegen ihrer sexuellen Unersättlichkeit berüchtigt. Bei Jarry ist sie um eben dieses unbedingten Glücksverlangens willen »Augusta« und »lupa«, Herrscherin und Prostituierte, die Verkörperung der Stadt Rom, ihrer Schutzgottheit Venus und ihrer mythischen Wölfin. Locker, fast ohne psychologische Motivierung, reihen sich einzelne Episoden aneinander: Messalina im Bordell, Messalina bei der Morgentoilette, Messalina in den Gärten des Lucullus, nachdem deren Besitzer, Valerius Asiaticus, durch einen erzwungenen Selbstmord aus dem Wege geräumt wurde. Der Pantomime Mnester, ein Günstling des gestorbenen Caligula, tanzt zu dessen Ehre im Zirkus und weigert sich, Messalina zu Willen zu sein. In Abwesenheit des Kaisers heiratet Messalina den jungen Konsul Caius Silius. Aus Furcht, dieser ›legitime‹ Rivale könnte ihm die Herrschaft streitig machen, lässt Claudius ihre sämtlichen Liebhaber und zuletzt sie selbst töten.

Diese nach der Überlieferung zusammengestückelte Handlung ist nur der Vorwand für eine Reihe phantastischer Szenen, bei denen Kostüm, Attitüde, exotische Gerätschaften und allerlei symbolisches Beiwerk einem halb magischen, halb blasphemisch-parodistischen Ritual dienen. Die umflehte und ständig sich entziehende Mitte dieses Rituals ist der Phallus, ein »tierisches und göttliches Emblem«; Priapus, der Gott der Gärten, mit dem mächtigen Glied und mit drohender Sichel; der zeugende Große Pan und zugleich der Gott, der »den Tod sät«; Kind, Jüngling, Mann; Wurm und Sonnen-Phönix; zuletzt das gereckte Schwert, das Messalina verzückt in ihrem Leib empfängt.

↗ Baudelaires und ↗ Mallarmés Kult der ›kalten Schönheit‹ wird hier zu einer burlesk-manieristisch ironisierten Apotheose der in sich selber seligen, starren, bösen, doch »göttlichen Obszönität«. Diesem ironischen Moment entspricht die überaus artifizielle Diktion mit ihrer überdehnten Syntax, den nicht immer leicht durchschaubaren Anzüglichkeiten und den weit hergeholten Neubildungen (endromide, xystes, jectigation, usucapion, sphingitique, ablepsique, éoplipyle), die wie lauter falsche Steine klirren und glitzern. Einen Gipfel des beklemmend Absonderlichen erreicht der Darstellungsstil bei der Schilderung von Mnesters akrobatischer Darbietung, wie er, auf dem Nacken kreiselnd, »die Sonne zerlegt« und eine jähe Nacht in Gestalt einer Sonnenfinsternis ertanzt.

Als Roman erinnert *Messaline* zunächst an die Sittengemälde einer vitalistisch-orgiastischen Antike, wie sie schon ↗ Flaubert (*Salammbô*, 1863) Anatole ↗ France (*Thaïs*, 1890) und Pierre ↗ Louÿs (*Chansons de Bilitis*, 1894–1898) in der Nachfolge der Parnassiens verherrlicht hatten. Manches erinnert auch an Péladan, ↗ Mendès, ↗ Mallarmé, ↗ Villiers de L'Isle-Adam und ↗ Lautréamont, deren dekadenten Tendenzen auch Jarrys kaum beschreibbare stilistische Mischung aus Tiefsinn und Farce, aus Feierlichkeit und Trivialität zu entspringen scheint.

▪ Lit.: E. Riewert: Individuation und Okkultismus im Romanwerk von A. J., 1988.

Friedhelm Kemp

Le surmâle

(frz.; *Der Übermann*, 1987, H. Becker) – Der 1902 erschienene Roman reiht in lockerer, zum Teil achronologischer Folge einige bezeichnende Episoden aus der Welt der Technik und des Eros aneinander. In beiden, eigentlich inkommensurablen Lebensbereichen ist das ausschließlich an Leistungssteigerung orientierte Kalkül an die Stelle authentischen Lebens getreten.

Die vermeintliche adlig-bürgerliche Geborgen- und Gediegenheit des 19. Jh.s wird in der Gestalt des auf Schloss Lurance lebenden 30-jährigen André Marcueil in ihrer Scheinhaftigkeit enthüllt und ins Groteske verzerrt. André hält an den leeren Hülsen der Konvention fest (geistvolle Salongespräche), huldigt andererseits aber als »der Supermann« bis zum Exzess der fortschreitenden Mechanisierung des Lebens, hinter der die universelle Dominanz des bloß Numerischen spürbar wird. In einem »10 000-Meilenrennen« – einem Wettkampf zwischen fünf Radrennsportlern auf einem Fünfsitzerrad und einer Lokomotive –, dessen Ablauf teils spielzeugartig, teils ins Monströs-Makabre übergehend, bis ins Detail geschildert wird, stellt Jarry die lebensbedrohende Abhängigkeit des modernen Menschen von der Technik dar. Das Phänomen Technik wird von ihm jedoch noch als überschaubarer Bestandteil der Umwelt eingegrenzt, wenngleich die Bedrohlichkeit der beginnenden Usurpation des Lebensalltags durch die Technik nirgends verkannt oder gar verharmlost wird. Wie bei dem portugiesischen Autor Eça de Queirós wird auch hier der dämonisch-maschinelle Aspekt der Technik durch metaphorische Verschiebungen in den Bedeutungsbereich der Natur ironisiert. Auch gelingt es ihm gelegentlich, in bestechend komischer Weise, technische Vorgänge im mechanischen Vollzug festzuhalten, wie es etwa in den Kunstobjekten des Surrealisten M. Duchamp geschieht. Die Maschine wird teilweise noch als liebenswert, teilweise bereits als Furcht erregend dargestellt.

In einen ähnlichen Traditionszusammenhang lässt sich die alte Frage nach der sexuellen Potenz des Mannes einordnen, die im Mittelpunkt des zweiten Romanteils steht. Aus einem bloßen Gesprächsthema (»Der Liebesakt ist ein Akt ohne Bedeutung, da man ihn unendlich fortsetzen kann.«) entwickelt sich ein wissenschaftliches Experiment, um die sexuelle Potenz des als legendärer »Indianer« verkleideten »Supermanns« zu testen.

In zum Teil parodistischer Weise als Zukunftsroman für das Jahr 1920 konzipiert, enthält dieser die eigene literarische Gattung ironisierende ›roman moderne‹ in der Nachfolge von ↗ Villiers de L'Isle-Adams *Ève future* (1886) den Versuch, den auf technische Perfektion ausgerichteten Rekordwahn der Jahrhundertwende zu persiflieren. Die gegenseitige Durchdringung von Rationalität und Irrationalität, die Verschränkung von Natur und Psyche wird vom Autor teils dokumentiert, teils kritisiert. Dichtung erweist sich in diesem satirisch angelegten, aber in der Ausführung surrealen Roman ganz im klassischen Sinne als ein kreativer Akt, dessen Ergebnis autonomen Charakter besitzt.

▪ Lit.: A. Taeger: Die Kunst, Medusa zu töten, 1987, 61–72.

Georg Heintz

Gestes et opinions du docteur Faustroll, pataphysicien

(frz.; *Heldentaten und Ansichten des Doktor Faustroll, Pataphysiker*, 1987, K. Völker) – Der Roman erschien 1911 postum nach Zeitschriften-Vorabdrucken einzelner Kapitel in den Jahren 1898 bis 1903. Jarry bekräftigte damit seinen Ruf als clownesk-exzentrischer Sonderling. Er bemerkt in einer Notiz am Schluss des Manuskripts, das Werk werde erst veröffentlicht werden, »wenn sein Verfasser genug Erfahrungen gesammelt hat, um alle seine Schönheiten voll auskosten zu können«.

Der Titelfigur dieses Romans und der von ihr erfundenen absurden Geheimwissenschaft der »Pataphysik« kommt im Gesamtwerk des Autors entscheidende Bedeutung zu. Der aus zwei Teilen kombinierte Name Faustroll lässt verschiedene Assoziationen zu: Faust (der titanische Gelehrte), der nordische Wald-»Troll« oder »Faust-drôle« (Faust, der Närrische) dient als Führer durch eine ebenso groteske wie phantastisch-halluzinatorische Welt, die am ehesten den skurrilen Asteroiden-Landschaften von Jarrys deutschem Geistesverwandten Paul Scheerbart zu vergleichen ist.

»Dr. Faustroll wurde 1898 in Tscherkessien geboren (das XX. Jahrhundert war damals – [2] Jahre alt), und zwar im Alter von dreiundsechzig Jahren. In diesem Alter, das er sich das ganze Leben hindurch bewahrte, war Dr. Faustroll durchschnittlich groß, d. h. um ganz genau zu sein, er bestand aus (8 × 1010 + 109 + 4 × 108 + 5 × 106) Atomdurchmessern; von goldgelber Haut, mit bartlosem Gesicht, von einem meergrünen Schnurrbart abgesehen, wie ihn König Saleh trug; das Haar war Borste für Borste abwechselnd aschblond und tiefschwarz in kastanienbrauner Zwitterhaftigkeit, die sich mit dem Stand der Sonne veränderte; die Augen, zwei Kapseln mit einfacher Schreibtinte, nach Art des Danziger Goldwassers zubereitet, mit darin herumschwimmenden Goldsamen.«

Als Faustrolls Wohnung wegen Mietschulden gepfändet wird, macht er sich zusammen mit zwei Gefährten, dem Gerichtsvollzieher René-Isidore Panmuphle und »Bosse-de-nage« (Schwimmbuckel), einem »weniger hunde- als wasserköpfigen« Pavian, auf die Suche nach einem neuen Domizil, und zwar in seinem zwölf Meter langen Bett aus lackiertem Kupfer, das jedoch kein Bett, sondern ein als Boot dienendes langes Sieb ist, dessen mit einer Glasur aus gehärtetem Paraffin überzogene Maschen wohl wasserdurchlässig sind, die Bett-Arche aber gleichzeitig unsinkbar machen. Natürlich findet diese Reise nicht zu Wasser, sondern auf dem Festland statt – genauer: »de Paris à Paris par mer«. Es ist eine an die ›voyages extraordinaires‹ des 16. und 17. Jh.s, an die ›wunderbaren Reisen‹ Münchhausens erinnernde Fahrt zu den Eilanden einer diktatorischen Phantasie, die Faustroll mit Hilfe seiner pataphysischen Wissenschaft entdeckt. Diese versteht Jarry als eine gegen das rationale Induktionsmodell des Positivismus gerichtete, skurrile Verfahrensweise. Die Pataphysik befähigt Faustroll zu phantastischen Taten – so lässt er sich etwa auf die Größe einer Milbe schrumpfen, um die wechselseitigen Beziehungen der Größenunterschiede zu untersuchen, und kollidiert dabei auf einem Kohlblatt mit einem Wassertropfen.

In Anlehnung an das sechste Kapitel von Cervantes' *Don Quijote* beginn der Roman mit einer gravitätischen, von Panmuphle vorgenommenen Pfändungszeremonie. Zu den 27 dem Werk »gleichrangigen« gepfändeten Büchern zählen das Lukas-Evangelium, ↗ Rimbauds *Illuminations*, Vernes *Le voyage au centre de la terre*, Grabbes *Scherz, Satire, Ironie und tiefere Bedeutung* (die Jarry ins Französische übersetzte), ↗ Rabelais' *Gargantua*, ↗ Lautréamonts *Chants de Maldoror*, der eigene *Ubu roi* und die Märchen aus tausendundeiner Nacht.

Wie Faustrolls Bibliothek den geistigen Spielraum des Autors repräsentiert, so bieten auch die einzelnen Stationen der Odyssee des großen Pataphysikers versteckte Huldigungen an die imaginären Kunstwelten von Jarry bewunderter Schriftsteller und Freunde: »Le pays de Dentelles« (das Spitzenland) ist aus Szenerien und Motiven von Aubrey Beardsley gewoben, die »île fragrante« ist Paul ↗ Gauguin, die »île de Ptyx« – eine aus einem einzigen makellosen Edelstein bestehende Insel vom »erhabenen, durchschimmernden Glanz des weißen Saphirs« – Stéphane ↗ Mallarmé, die »grande église de Muflefiguière« dem Maler Laurent Tailhade und die »île sonnante« dem Musiker Claude Terrasse gewidmet, der die Musik zu *Ubu roi* schrieb.

Jarrys Sprachkomik hat entscheidende Züge mit Rabelais' monströser, ›pantagruelischer‹ Drastik gemein, dessen *Gargantua* der Autor bewunderte und den er während der Entstehungszeit des *Faustroll* intensiv las. Rabelais' Hang zu Übertreibungen findet seine Entsprechungen bei Faustroll, der sich plötzlich, aus divinatorischem Übermut, in grotesk-komischen Szenen von einer bizarren Kombinatorik entlädt, die Jarry – neben Lautréamont und Rimbaud – zu einem der Väter des Dadaismus und Surrealismus werden ließ. Jarrys Werk hat nach den Surrealisten eine eigene literarische Bewegung begründet, in deren Zentrum 1950 die Pataphysik als ›seriöse‹ Wissenschaft in Form des ›Collège de Pataphysique‹ etabliert wurde: Unter den Mitgliedern der Pataphysiker hat die höchste Stufe der Einweihung der Autor Raymond ↗ Queneau erreicht, der – ebenso wie drei Jahrzehnte später Jacques ↗ Roubaud – an der freilich nie wirklich ernst zu nehmenden Weiterentwicklung der Lehre arbeitete.

▪ Lit.: C. Bök: Pataphysics, 2002. *Hans-Horst Henschen*

Bernard-Marie **Koltès**

- geb. 9.4.1948 Metz (Frankreich)
- gest. 15.4.1989 Paris (Frankreich)

Ausbildung im Jesuiten-Internat Metz; 1967 Journalismus-Schule; 1970 Stipendium an der École du Théâtre National de Strasbourg; Bühnen-Adaptationen und Stücke für das Théâtre du Quai in Straßburg; ab 1976 in Paris; 1977 Durchbruch mit der eigenen Inszenierung von *La nuit juste avant les forêts*; 1979 Stipendium des Centre National des Lettres; 1982 Begegnung mit Patrice Chéreau; zahlreiche Reisen, starb an Aids; schrieb 14 Stücke, einen Roman, ein Romanfragment und Übersetzungen.

■ Lit.: A. Voß: Ästhetik der Gegenwelten. Der Dramatiker B.-M. K., 1993. ■ A. Ubersfeld: B.-M. K., 1999. ■ J. Bessen: B. M. K., in: Kritisches Lexikon zur fremdsprachigen Gegenwartsliteratur.

Das dramatische Werk

(frz.) – Das dramatische Werk von Bernard-Marie Koltès umfasst 14 Dramen und das für Patrice Chéreau entworfene, bis heute nicht verfilmte Drehbuch *Nickel Stuff*, 1984 (Nickel-Material). Seine ersten Arbeiten schrieb Koltès für die von ihm mitbegründete Studentenbühne ›Théâtre du Quai‹ in Straßburg: zunächst Bearbeitungen literarischer Werke, aus denen er bereits seine späteren Themen entwickelte. So stehen in dem 1970 entstandenen und uraufgeführten Stück *Les amertumes*, 1998 (*Bitternisse*, 2003, S. Werle/C. Frey), einer Adaptation von Maksim Gor'kijs *Meine Kindheit*, die familiären Konflikte im Mittelpunkt. Das im selben Jahr entstandene und 1971 uraufgeführte Stück *La marche*, 2003 (Die Stufe/der Marsch), benutzt das biblische Hohelied, um ein glücklich liebendes Paar mit einem unglücklichen zu konfrontieren.

Im 1971 geschriebenen und erstmals aufgeführten *Procès ivre*, 2001 (Der trunkene Prozess), nach Dostoevskijs *Schuld und Sühne*, verzichtet Koltès auf die Negativ-Ethik, mit der Raskolnikov den Mord an der alten Wucherin rechtfertigt; die Figuren überraschen durch ihre Unberechenbarkeit. *L'héritage*, 1998 (*Das Erbe*, 1992, S. Werle), entstanden 1972, im selben Jahr von der ORTF gesendet und erst 1992 in Bonn uraufgeführt, nimmt mit dem jungen a-moralischen Pahiquial und seinem familiären Umfeld die Figurenkonstellation von *Sallinger* vorweg. *Récits morts* (Totenberichte), 1973 entstanden und uraufgeführt, *Le jour des meurtres dans l'histoire de Hamlet* (Der Tag des Blutvergießens in Hamlets Geschichte) und das provinzielle Familiendrama *Des voix sourdes* (Dumpfe Stimmen, von S. Werle für die Grazer Uraufführung 1992 übersetzt), entstanden 1974, wurden (jedenfalls bis 2006) nicht publiziert.

Koltès' Durchbruch kam mit dem 1977 entstandenen und uraufgeführten Stück *La nuit juste avant les forêts*, 1980 (*Die Nacht kurz vor den Wäldern*, 1980, H.-J. Ruckhäberle). Es war das letzte Stück, das er selbst inszenierte. *La nuit* ist eine Monologie, d. h. ein dramatischer Text, in dem ein einziger Schauspieler eine Person anspricht, die stumm bleibt. Der Protagonist ist Immigrant, arbeitslos, ausgeraubt und ohne Unterkunft. Er behauptet, nicht homosexuell zu sein, und erzählt zum Beweis seine Liebesgeschichte mit einer Prostituierten, aber sein Ringen um Sympathie und die Sexualsymbolik in seiner Rede deuten darauf hin, dass er den Angesprochenen verführen will. Die Spannung, die aus dem ungeklärt bleibenden Verhältnis der beiden erwächst, ist die wichtigste Ursache für die Bühnenwirksamkeit des Stücks. Formal besteht der Text aus einem einzigen Satz mit vielen Digressionen und Einschüben; sprachlich reicht das Spektrum von gewähltem Stil bis zu Argot.

Im selben Jahr entstand und wurde uraufgeführt *Sallinger*, 1995, (*Sallinger*, 1995, C. Frey/S. Werle). Das Stück handelt vom Selbstmord eines jungen Amerikaners und den Reaktionen seiner ihn vergötternden Angehörigen. Le Rouquin hat sich in einen Mann verliebt, was in seinen Kreisen kein Problem wäre. Er erschießt sich aber, als er erkennt, dass seine Macht über den Freund Grenzen hat. Vergleicht man dieses Suizid-Motiv mit jenem der unerfüllten homosexuellen Liebe einer Nebenfigur namens Henry, wirkt sein Selbstmord wie eine jener grundlosen Handlungen, deren ›Schönheit‹ Koltès verherrlicht. Das Drama ist von Bruno Boeglins Theaterprojekt über Jerome David Salinger inspiriert und basiert auf Motiven aus *Catcher in the Rye*, *Franny and Zooey* und *A Perfect Day for Bananafish*, die auf reizvolle Weise mit solchen aus Mozarts *Don Giovanni* und Hitchcocks *The Birds* verschränkt sind. Das Stück kann tragisch oder komisch, amerikafeindlich, gesellschaftskritisch, als bizarrer Traum mit Rückblicken und imaginierten Episoden oder gar als parodistisches Spiel mit ›Texten‹ inszeniert werden.

Combat de nègre et de chiens, 1980 (*Kampf des Negers und der Hunde*, 1990, S. Werle), entstanden und erstmals aufgeführt 1979, spielt auf der Baustelle einer französischen Firma in Westafrika. Der schwarze Alboury ist in die streng bewachte Enklave eingedrungen und fordert den Leichnam seines Bruders, den dessen Mörder, der Ingenieur Cal, beseitigt hat. Unbestechlich wie Antigone lehnt er die Vergleichsangebote des Baustellenleiters Horn und die Avancen von dessen Verlobter Léone ab und erreicht, dass sich seine Rache an den ›Hunden‹ vollzieht, ohne dass er auch nur einen Finger rührt: Cal wird von den Wachen erschossen, Léone reist ab, Horns Baustelle steht die Schließung bevor. In *Combat* verarbeitet Koltès eigene Afrika-Eindrücke. Obwohl er sich in einem Brief an Hubert Gignoux kritisch, wenn nicht gar verächtlich über die entwurzelten, chauvinistischen Weißen äußert, behandelt er sie im Drama mit ebenso viel Respekt wie ihren Gegner. Auch sie haben kulturelle und private Mythen, die von jenen der Schwarzen infiltriert werden (z. B. Cals Phantasie von der sintflutartig ansteigenden Negerspucke aus einem afrikanischen Schöpfungsmythos). Sprachlich – bei Koltès hat jede Person ihr eigenes Idiom – fällt Albourys grammatikalisch einwandfreies, mit Bildern und Redewendungen aus seiner Muttersprache durchsetztes Französisch auf. Sehr wirkungsvoll ist auch die Szene, in der er das westafrikanische Ouolof spricht und Léone mit Versen aus Goethes »Erlkönig« antwortet.

Quai Ouest, 1985 (*Quai Ouest*, 1986, M. Gignoux-Prucker/H. Müller), 1983 geschrieben und gespielt, handelt von einem bürgerlichen Paar, dem Geschäftsmann Koch und seiner Sekretärin Monique, die mit ihrer Luxuslimousine zweieinhalb Tage lang in einer heruntergekommenen Hafengegend festgehalten werden. Eine Migranten-Sippe versucht, von ihnen Geld zu erpressen. Koch, der ursprünglich nach einer aufgeflogenen Veruntreuung Selbstmord begehen wollte, und der kleinkriminelle Charles werden erschossen, dessen Schwester entjungfert, seine Mutter stirbt. Dennoch ist das Stück nicht tragisch, sondern albtraumhaft und komisch wie Absurdes Theater: Dinge verschwinden, die Sonne gehorcht Befehlen, und die Morde werden ausgerechnet vom vormaligen Lebensretter bzw. dem besten Freund begangen.

Tabataba, 1990 (*Tabataba*, 1990, S. Werle), 1986 entstanden und uraufgeführt, nennt den Ort, in dem der Einakter spielt. Maïmouna und ihr Bruder Petit Abou, den sie aufgezogen hat, streiten. Sie schilt ihn, weil er nicht wie ›anständige‹ junge Männer raucht, trinkt und herumhurt, sondern zu Hause sein Motorrad pflegt. Er hält ihr vor, dass sie ledig ist und jung aussieht. Die Auseinandersetzung endet damit, dass beide einträchtig die Harley Davidson – das Ersatz-Liebesobjekt, das sogar im Personenregister aufscheint – polieren. Koltès schafft das Kunststück, eine Inzest-Geschichte als Komödie zu erzählen. Die Geschwister werfen einander Dinge vor, die ihnen in Wirklichkeit lieb sind, und empfehlen ein Verhalten, das ihnen selbst – und dessen Folgen dem anderen – nicht gefallen würden: Petit Abou sollte mit Fatoumata schlafen oder gar zu den Dirnen gehen und Maïmouna einen alten Mann heiraten und ihn bedienen. Das Stück wurde von Koltès' Bruder François verfilmt.

1985 entstand *Dans la solitude des champs de coton*, 1986 (*In der Einsamkeit der Baumwollfelder*, 1986, S. Werle), das 1987 erstmals aufgeführt wurde. Es spielt wie *La nuit* im Rotlichtmilieu und handelt von einem Deal, der nicht zustande kommt. Der ›Händler‹ – ein Schwarzer – bietet dem ›Kunden‹ etwas an, das nicht genannt wird. Koltès skelettiert die Situation der Geschäftsanbahnung und zeigt nur die Transaktionen auf der Beziehungsebene. Da der, der (mehr) begehrt, in der schwächeren Position ist, bemüht sich der Kunde, sein Begehren seinem Machtstreben unterzuordnen, was mehr oder minder gelingt. So entspinnt sich ein zähes Ringen, ein Rangordnungskampf, wie ihn Ethologen und Ethnologen beschreiben, mit Einschüchterung und Degradierung des Kontrahenten durch Imponiergehabe bzw. Beschwichtigung und Manipulation durch Demutsgesten. Während jedoch solche Kämpfe bei Tieren Selbstzweck sind und zu einem Waffenstillstand führen, gibt es in *Solitude* zusätzlich einen Konflikt, der nur durch Eliminierung eines der beiden Gegner zu lösen ist: Der Kunde ignoriert den Dealer in seiner Eigendefinition als Dealer, d. h. sein Selbstbild, was Koltès (und System-Psychologen) zufolge die »schrecklichste Grausamkeit« ist, die ein Mensch begehen kann. Reizvoll sind in *Solitude* intellektuelle Spielereien wie die Übersetzung einer Wegbeschreibung in die Sprache der Geometrie oder die Umdeutung einer Situation homosexueller Werbung in eine Erkenntnissuche. Vor allem aber besticht der Kontrast zwischen der Eleganz des Benehmens und der Ausdrucksweise der Dialogpartner und dem Milieu, in dem das Gespräch stattfindet.

Le retour au désert, 1988 (*Rückkehr in die Wüste*, 1988, S. Werle), uraufgeführt 1988, entstand im Gefolge von Koltès' Übersetzung von Shakespeares *The Winter's Tale (Ein Wintermärchen)*. Die Komödie spielt in einer Provinzstadt. Im Zentrum steht das Geschwisterpaar Serpenoise, das sich zum Leidwesen von Familie und Angestellten lustvoll bekämpft. Mathilde wurde nach dem Krieg als ›Soldatenhure‹ gebrandmarkt, ging schwanger nach Algerien und kehrt nun, ähnlich wie Dürrenmatts alte Dame, in ihr Elternhaus zurück. Ihre Rache beschränkt sich allerdings darauf, dem Polizeipräsidenten den Schädel kahl zu scheren. Die derzeitige Frau ihres Bruders Adrien ist eine bigotte Alkoholikerin. Seine erste, die er möglicherweise, einer ›Familientradition‹ folgend, umgebracht hat, erscheint ihrer Nichte Fatima als Geist, strebt aber offenbar nicht nach Rache. Im Hintergrund tobt der Algerienkrieg; ein arabisches Café wird von der OAS gesprengt; Fatima wird – vielleicht – von einem schwarzen Fallschirmspringer geschwängert und gebiert schwarze Zwillinge. Ihr Bruder Edouard entschwindet nach Spekulationen über Erdbewegung, Erdanziehung und Fliehkraft mit einem Sprung ins All, und die Geschwister Serpenoise beschließen, gemeinsam nach Algerien auszuwandern.

In seinem letzten, 1989 entstandenen, von Peter Stein 1990 postum in Berlin uraufgeführtem Stück *Roberto Zucco*, 1990 (*Roberto Zucco*, 1990, S. Werle), erzählt Koltès (unter Verwendung von Tonbandmitschnitten seiner Verhöre) die wahre Geschichte des Serienmörders Zucco. Der nach dem Mord an seinem Vater aus dem Gefängnis ausgebrochene Protagonist tötet seine Mutter, ein Kind, einen Polizeiinspektor und schließlich sich selbst. Das Stück schockiert deshalb so sehr, weil – Ethologen zufolge – nicht im ›normalen‹ Verhaltensrepertoire unserer Spezies verankert ist, dass ein junger Mann Frauen und Kinder tötet, stärkere Menschen angreift, jemanden hinterrücks niedermacht. Zuccos Bildung (er zitiert Dante und Victor Hugo) verhindert außerdem, dass der Zuschauer sozialpsychologisierende Entschuldigungen geltend machen kann, wie er dies offenbar – unabhängig vom Text – im Fall des schwarzen, subproletarischen Doppelmörders Abad tut; denn gegen *Quai Ouest* gab es keine Proteste.

Koltès' letztes Drama variiert sein aus *Sallinger*, *Quai Ouest* und *Solitude* bekanntes Thema: (Selbst-)Mord oder Mord-Versuch als Antwort auf eine narzisstische Kränkung. Sein Zucco tötet die Mutter, weil sie ihm zu verstehen gibt, er existiere nicht mehr für sie, den Polizei-Inspektor, weil dieser ihn nicht bemerkt, das Kind, weil es sich der Gewalt zwar beugt, aber sich von ihm nicht beeindrucken lässt. Den ›Gorilla‹ attackiert er, weil dieser ihn nicht ernst nimmt, aber da bezieht er Prügel. Menschen hingegen, die ihn lieben, brauchen, fürchten (wie Mädchen, Dame und alter Mann), d. h. sein gefährdetes Selbstbild bestätigen, tut er nichts an. Dieses pathologische Mordmotiv unterscheidet sich im Übrigen nur graduell von jenem der biederen Provinz-Bürger in *Retour*, die Bombenattentate gegen Migranten unterstützen. Koltès verzichtet generell darauf, die Genese der ›Charaktere‹ seiner Figuren und die Motive für ihr Handeln darzulegen. Zudem sagen seine Figuren oft nicht die Wahrheit. Er erzeugt dadurch Situationen, die ebenso verwirrend und unvorhersehbar verlaufen wie Begegnungen mit Asozialen und Verbrechern in der Realität.

Koltès' Dramaturgie beruht auf der Konfrontation von Figuren, die ständig über ihren Status innerhalb der gegebenen Situation verhandeln. Das tut im Grunde jeder gute Dramatiker, nur werden in herkömmlichen Dramen die Rangordnungskämpfe im Subtext (den der Schauspieler spielt) durch Konfrontationen ideologischer oder moralischer Natur verdeckt. Bei Koltès hingegen sind die Mitteilungen auf der Sachebene oft ebenso trivial, verschleiernd oder irreführend wie im Absurden Theater. Die Heftigkeit der Konfrontationen steigert er, indem er seine Stücke häufig in einem Niemandsland oder im Deckungsgebiet sich überschneidender Territorien ansiedelt, was ihm erlaubt, Figuren wie Koch und die Migranten, Zucco und den alten Mann zusammenstoßen zu lassen, die einander unter normalen Umständen nie begegnen würden.

Damit verstößt er gegen literarische und dramaturgische Konventionen und gegen die Vorstellungen der Theaterbesucher von Psychologie – einer Psychologie, die das Individuum und seine Probleme isoliert betrachtet und den einzelnen nicht als Teil eines Systems sieht. So erklären sich die teilweise vehementen Publikumsreaktionen gegen das vermutlich bedeutendste französische dramatische Werk des ausgehenden 20. Jh.s.

▪ Lit.: J. Bessen: B.-M. K., in: Kritisches Lexikon zur fremdsprachigen Gegenwartsliteratur. ▪ E. Freund: Gefährdetes Gleichgewicht. Das Theater des B.-M. K., 1999. ▪ S. Tschörner: B.-M. K.' traumdurchflochtene Welten, in: Traum und Wirklichkeit in Theater und Musiktheater, Hg. P. Czobádi u. a., 2006.

Sylvia Tschörner

Agota Kristof

▪ geb. 30. 10. 1935 Csikvaud (Ungarn)
▪ gest. 27. 7. 2011 Neuchâtel (Schweiz)

1956 Emigration in die Schweiz; Tätigkeit als Verkäuferin, Uhrmacherin und Zahnarzthelferin; Verfasserin von Gedichten und mehreren Romanen, ab den 1980er Jahren zunehmend positive öffentliche Resonanz, wegen der Darstellung von Sexualität und Grausamkeit aber auch Widerspruch und Eingriffe der Justiz.

▪ Lit.: D. Röseberg: A. K., in: Kritisches Lexikon zur fremdsprachigen Gegenwartsliteratur. ▪ A. Kroh: L'aventure du bilinguisme, 2000. ▪ A. K., Hg. M.-T. Lathion, 2009.

Le grand cahier

(frz.; *Das große Heft*, 1990, E. Moldenhauer) – Das viel beachtete Romandebüt im Jahr 1986 war der Auftakt zu einer Trilogie, die mit den Bänden *La preuve*, 1988 (*Der Beweis*, 1989, E. Tophoven), und *Le troisième mensonge*, 1991 (*Die dritte Lüge*, 1993, E. Tophoven), abgeschlossen wurde.

Bei *Le grand cahier* handelt sich um ein erzählerisches Experiment in der Wir-Form, geschrieben aus dem Blickwinkel jugendlicher Zwillinge. Schauplatz des Textes ist »die kleine Stadt«, in die die Mutter die beiden Jungen aus der »großen Stadt« bringt, zu ihrer Großmutter, zum Schutz vor einem beginnenden Krieg. Titel und ›Gattungsbezeichnung‹ des Texts sind identisch: »Le grand cahier« ist das große Heft, in dem die namenlosen Zwillinge ihre Erlebnisse gemeinsam aufschreiben.

Die zeitliche Einordnung des Geschehens ist nicht eindeutig, doch legt der Text nahe, dass der Zweite Weltkrieg gemeint ist. Es werden Deportationen beschrieben, die deutlich an die Judentransporte der Nazis erinnern. Der Krieg, dessen Beschreibung sich bis kurz vor Schluss des Texts fortsetzt, wird durch den Einmarsch einer von vielen als »Freunde« empfangenen, dann plündernden, mordenden und vergewaltigenden »Befreiungsarmee« beendet. Nach Etablierung der neuen Macht ist die Grenze unpassierbar: »Unser Land ist mit Stacheldraht umgeben, wir sind völlig abgeschnitten von der übrigen Welt.«

Die Jugend der Zwillinge wird nach dem Schema einer ›Éducation sentimentale‹ dargestellt, einer Art von negativem Bildungsroman. Schon bevor sie mit kriegerischer Gewalt in Kontakt kommen, verfügen sie über eine Intelligenz, die ihren Vater, einen Journalisten und Kriegsberichterstatter, beunruhigt. So zeigt sich die Außergewöhnlichkeit der Jungen in ihrer Reaktion auf das Verhalten der Großmutter, die gleich nach ihrer Ankunft beginnt, einzelne ihrer Kleidungsstücke zu verkaufen, und die Zwillinge »mit ihren knochigen Händen«, mit einem Besen oder nassen Lappen schlägt. Sofort bemühen sich die beiden um eine radikale Anpassung an die Wirklichkeit: »Die Schläge tun weh, sie bringen uns zum Weinen. [...] Wir beschließen, unseren Körper abzuhärten, um den Schmerz ertragen zu können, ohne zu weinen.« Die nun folgende negative Selbsterziehung der beiden ist jedoch nicht nur gegen gewalttätige Aggression gerichtet. Sie beinhaltet auch die Abwehr jeglicher intensiver Emotionalität: Ausdrücke wie »meine Lieblinge«, die ihre Mutter früher gebraucht hat, tun den Zwillingen jetzt weh. Aber indem sie positiv besetzte, jetzt vermisste Begriffe ständig wiederholen, »verlieren die Wörter allmählich ihre Bedeutung, und der Schmerz, den sie in sich tragen, läßt nach«. Verbalisierte »Gefühle« und »Meinungen« stören die beiden generell, weil sie notwendigerweise immer unpräzise bleiben: »Es ist besser, man vermeidet sie und hält sich an die Beschreibung der Dinge, der Menschen und von sich selbst, das heißt an die getreue Beschreibung der Tatsachen.«

Die Zwillinge nehmen die Welt als verhaltenspsychologisches Forschungsfeld wahr. Sie betteln, wollen dann aber nichts von den verärgerten Passanten annehmen. Sie betteln »nur, um zu wissen, wie das ist, und um die Reaktion der Leute zu beobachten«. Auf der Basis der *Bibel* und eines Wörterbuchs ihres Vaters schreiben sie Aufsätze, die sie sich gegenseitig mit »gut« oder »nicht gut« bewerten. »Gut« ist der Aufsatz, wenn er »wahr« ist. Wahr ist er, wenn es gelingt, abstraktionsfrei zu »beschreiben, was ist, was wir sehen, was wir hören, was wir machen«. Dieser Versuch, vorurteilsfrei zu betrachten, hat eine scheinbar wertfreie Moral zur Folge: Als die beiden Jungen ein Mädchen sehen, das sich von einem Hund sexuell befriedigen lässt, reagieren sie nur beobachtend. Als ein Offizier die beiden bittet, ihn zu schlagen, tun sie es und schlagen ihn blutig. Denn, was die Menschen für sich selber wollen, kann ein anderer nicht bewerten. Im Verhalten gegenüber anderen stellen sie trotz pessimistischer Grundannahmen Unterschiede fest, die zu radikal verschiedenen Verhaltensweisen führen: Vom Schuster, der ihnen Schuhe schenkt, weil sie kein Geld haben, sind sie nur positiv überrascht.

Während ihrer Selbsterziehung haben sie die *Bibel* als Sprachlehrbuch benutzt und adaptieren nun deren Regelsystem für ihre Verhaltensweise, indem sie Verstöße sanktionieren: Eine hübsche, freundliche Pfarrersmagd führt die beiden in die Sexualität ein; doch als sie sich gegenüber einem Zug von Gefangenen zynisch verhält (das sei nicht schlimm, das seien »bloß Tiere«), töten sie das Mädchen: Ein Verstoß gegen die grundsätzlichen Normen der Nächstenliebe und Mitmenschlichkeit muss drakonisch bestraft werden. Nach Ende des Kriegs lassen sie ihren Vater, der sie jahrelang allein ließ und auch jetzt nur zu ihnen kommt, um sich zu erkundigen, wie man über die Grenze gelangen kann, wissentlich in eine Mine laufen. Daraufhin flieht einer der beiden Zwillinge aus dem verminten Land durch die vom Vater »freigemachte« Lücke. Der andere geht nach Hause zurück.

Die spröde Prosa des Romans wurde nicht zuletzt wegen ihrer mit dem Inhalt korrespondierenden stilistischen Konsequenz einhellig gelobt. Die beiden Folgebände der Trilogie stießen allerdings beim Publikum auf eine geringere Resonanz.

■ Lit.: V. Petitpierre: D'un exil à l'autre. Les détours de l'écriture dans la trilogie romanesque d'A. K., 2000. ■ M. Bacholle: Un passé contraignant. Double Bind et Transculturation, 2000. ■ M. N. Riboni-Edme: La trilogie d'A. K. Écrire la division, 2007.

Hans-Peter Kunisch

L'analphabète

(frz.; *Die Analphabetin*, 2005, A. Springler) – Die kurze »autobiographische Erzählung« erschien in Einzelbeiträgen erstmals 1989 in der schweizerischen Kulturzeitschrift *du*; die Buchausgabe folgte erst 2004. Ergänzend zu der parallel entstandenen Romantrilogie bildet *L'analphabète* einen betont unprätentiösen Versuch, sich der eigenen lebensgeschichtlichen Entwicklungsbedingungen zu vergewissern. Der Titel greift einen bis auf Ovids *Tristia* zurückgehenden Topos der Exilliteratur auf, den drohenden Verlust der Sprache in der Emigration. So zieht sich die identitätsstiftende Funktion von Lektüren und des Schreibaktes denn auch als ein Leitthema durch die elf locker verbundenen Prosaskizzen, die den erlebenden Blick mit dem distanziert-reflektierten Beobachtungsstandpunkt des schreibenden Ichs verbinden.

Bereits während der Kindheit in der ungarischen Provinz, ausgehend von der frühreifen »Lesekrankheit«

des vierjährigen Mädchens (»Ich steige aus dem Bett, ich sage zu Großmutter: ›Ich erzähle die Geschichten, nicht du‹«), entstehen erste literarische Versuche in der von Armut und Einsamkeit geprägten Internatszeit zu Beginn der 1950er Jahre, »wenn der Silberfaden der Kindheit zerrissen ist, wenn die schlechten Tage kommen, und die Jahre, von denen ich sagen werde: ›Ich mag sie nicht‹«: Gleichsam als Echo auf die in Kristofs Romanen behandelte Möglichkeit des Schreibens als Leidensbewältigung verarbeiten die frühen Gedichte und literarischen Skizzen die fundamentale Erfahrung von Orientierungslosigkeit und Heimweh, in die sich zugleich die wachsende Erkenntnis in die Unwiederbringlichkeit des Vergangenen mischt.

Zum Schlüsselerlebnis wird der Autorin die überstürzte Flucht aus Ungarn im November 1956. Der jahrelangen Verdrängung der traumatischen Erfahrungen entspricht eine nur lückenhafte, immer wieder durch retrospektive Einschübe unterbrochene Schilderung (»Als weigerte sich mein Gedächtnis, sich an diesen Moment zu erinnern, in dem ich einen großen Teil meines Lebens verloren habe«). So bleibt der tatsächliche Grund der Emigration, die politische Verfolgung von Kristofs Ehemann nach dem niedergeschlagenen Volksaufstand, ausgespart. Die ersten Jahre in der französischen Schweiz erlebt die junge Erwachsene, die sich zunächst als Fabrikarbeiterin verdingt, als soziale und kulturelle Isolation; symbolhaft deutet der Verlust der frühen, noch in ungarischer Sprache verfassten Texte bereits auf die zunehmende Entfremdung von der Muttersprache hin, die die Konfrontation mit der französischen »Feindessprache« zur existenziellen Bedrohung werden lässt: »Ich bin wieder zur Analphabetin geworden. Ich, die ich mit vier Jahren lesen konnte.«

Die Entscheidung, erst nach Jahren Französischkurse an der Universität von Neuchâtel zu besuchen, stellt schließlich den aus einem Akt der Selbstbestimmung hervorgehenden Wendepunkt dar: Analog zu dem entscheidenden Schritt »vom Lesen zum Schreiben« in den Kindheits- und Jugenderinnerungen erwächst aus der Lektüre französischer Klassiker die Herausforderung, erste literarische Versuche in der Fremdsprache zu wagen und ab 1970 ausschließlich auf Französisch zu schreiben. Mit dem »Kampf um die Eroberung dieser Sprache« beginnt schließlich Kristofs schriftstellerischer Karriere: Dicht gedrängt behandeln die letzten Abschnitte den Weg von den frühen Texten für schweizerische Theater- und Rundfunkproduktionen bis zu der in viele Sprachen übersetzten Erfolgsautorin. Kristofs schonungsloser Blick auf die vielfältigen Zusammenhänge von Lebensweg und Lebenswerk stellt weniger ein Bekenntnis zu dem dar, »was man ›Integration‹, ›Assimilation‹ nennt«, als eine gelungene Schilderung der inneren Konsequenz eines Lebens für die Literatur: »Was ich sicher weiß, ist, daß ich überall und in jeder Sprache geschrieben hätte.«

■ Lit.: D. Zimmer: Ungarinnen im Schweizer Exil. Drei Annäherungen, in: Arcadia 42, 2007, 2, 385–396. *Volker Schneider*

Marie-Madeleine Pioche de la Vergne de **La Fayette**

▪ geb. 16. oder 18.3.1634 Paris (Frankreich)
▪ gest. 25.5.1693 Paris (Frankreich)

Fundierte humanistische Bildung; 1655 Ehe mit François Comte de La Fayette, den sie später verließ; 1659 Eröffnung eines Salons in Paris; daneben diplomatische Missionen; Kontakte mit Huet, ↗ La Rochefoucauld, der von 1665 bis zu seinem Tode bei ihr lebte, und J.R. Segrais; bedeutende Erzählerin des Grand Siècle und Begründerin des psychologischen Romans.

▪ Ausg.: Œuvres complétes, Hg. R. Duchêne, 1990.
▪ Lit.: F. Gevrey: L'esthétique de Madame de L., 1997.

Zayde
Histoire espagnole

(frz.; Zaïde) – Dem 1670 und 1671 in zwei Bänden erschienenen Roman, verfasst unter Mitarbeit von Jean Regault de Segrais (1625–1701) und François VI., Duc de ↗ La Rochefoucauld (1613–1680), ging der poetologische Traktat *Traité de l'origine des romans* (1670/71) von Pierre Daniel Huet (1630–1721) voraus. Der Roman ist zunächst unter dem Namen Segrais' erschienen, doch wurde die Autorschaft der Madame de La Fayette sowohl von Segrais als auch von Huet bestätigt.

Das vom zeitgenössischen Publikum mit Wohlwollen aufgenommene Werk spielt im mittelalterlichen Spanien, zur Zeit der Vertreibung der Mauren durch die Spanier. Die kriegerischen Auseinandersetzungen zwischen Katholiken und Mohammedanern, weitgehend Loys de Mayerne-Turquets *Histoire générale d'Espagne,* 1587 (Allgemeine spanische Geschichte), entnommen, spielen im Handlungsgefüge eine nicht unbedeutende Rolle. Gewichtiger als diese sind indes, in Verbindung mit religiösen Motiven, Ehrgeiz und Eifersucht, die galanten Liebesabenteuer zwischen spanischen und maurischen Edelleuten. An wechselnden Schauplätzen in Spanien und Arabien, zu Land und auf dem Meer, wird die Geschichte des schönen, tugendhaften und tapferen Consalve verfolgt, der aus enttäuschter Liebe und wegen politischer Intrigen dem spanischen Hof den Rücken kehrt.

Als er am Ufer des Mittelmeers die Einsamkeit sucht, lernt er Zayde kennen, eine Christin arabischer Herkunft, die ein Schiffbruch an spanische Gestade verschlagen hat, und verliebt sich sogleich in sie. Ohne Klarheit zu erlangen, ob sie seine Liebe erwidert, wird er bald von ihr getrennt und glaubt sie für immer verloren zu haben, da sie von ihren Angehörigen wiedergefunden, er jedoch zu neuen Heldentaten an den Hof zurückgerufen wird. Doch als er kurze Zeit später eine in arabischer Hand befindliche Stadt der spanischen Krone zurückerobert, entdeckt er Zayde unverhofft unter den Gefangenen. Obwohl sie ihm deutliche Zeichen ihrer Zuneigung gibt, wird Consalve von Eifersucht und Zweifeln gepackt, da er den mohammedanischen Prinzen Alamir für einen ebenbürtigen Rivalen hält. Erst nach Aufklärung mancher Missverständnisse, nach Überwindung äußerer Hindernisse und einem Duell, in dem Alamir tödlich verwundet wird, erfährt Consalve, dass Zayde ihm seit ihrer Begegnung gleichfalls tiefe Liebe entgegenbringt.

Zayde ähnelt in mancher Hinsicht dem berühmteren Werk der Mme de La Fayette, der *Princesse de Clèves* (1678), da auch hier amouröse Verwicklungen in einer höfischen Gesellschaft dargestellt werden. Die Menschen erweisen sich als ihrer Leidenschaft ausgesetzt und finden in der erwiderten oder verweigerten Liebe Erfüllung oder Vernichtung. Zugleich ist *Zayde* durch die bis ins 18. Jh. beliebten griechischen Trennungsromane (Heliodoros, Achilleus Tatios) beeinflusst. Die häufig wechselnden Schauplätze sind hier nur äußeres Zeichen des Getriebenseins der Protagonisten, deren Aktivitäten vom blinden Zufall bestimmt scheinen. Im Vergleich zur *Princesse de Clèves* liegt in der *Zayde* der Schwerpunkt noch weniger auf der psychologischen und moralischen Analyse der Liebe als einer unentrinnbaren Fatalität als vielmehr auf der kunstvoll verwickelten Erzählung mit zahlreichen Ereignissen, Nebenepisoden und Rückblenden. Obwohl einige Nebenfiguren bereits die heillose Wirkung der Eifersucht und die selbstzerstörerischen Aspekte der Liebe vorführen, leben seine beiden Helden noch in einer Welt, die von einer allgewaltigen, oftmals launischen, am Ende aber doch mildtätigen Fortuna regiert wird, welche die Liebenden nach Trennung, Gefahren, Missverständnissen und Zweifeln wieder zur glücklichen Vereinigung zusammenführt.

▪ Lit.: A. Green: Privileged Anonymity: The Writings of Madame de L., 1997.

Hermann Lindner

La princesse de Clèves

(frz.; *Die Prinzessin von Clèves*, 1946, G. Hess) – Der Roman wurde 1678 anonym veröffentlicht. Nach den umfangreichen historisierenden, heroisch-galanten oder in eine idealisierte Schäferwelt verlegten Romanen der ersten Hälfte des 17. Jh.s steht das in Fabel und Komposition dialektisch strenge und novellistisch gedrängte Werk am Beginn einer neuen Entwicklung des französischen Romans.

La princesse de Clèves bildet innerhalb des zeitgenössischen Kurzromans eine Ausnahme durch die Darstellung seelischer Konflikte. Aus der Zusammenarbeit mit François de ↗ La Rochefoucauld und Jean de Segrais entstanden im Laufe der 1670er Jahre im Pariser Salon der La Fayette jene »mémoires«, die, gestützt auf die gemeinsame gründliche Beschäftigung mit historischen Quellen – u. a. den Lebenserinnerungen von Pierre de ↗ Brantôme (1535–1614) und Michel de Castelnau (1520–1592) – entsprechend dem gewandelten Geschmack die nicht allzu ferne Geschichte mit der dichterischen Fiktion im Sinne der ›vraisemblance‹ verbanden. Diesem Streben nach größerer Wahrscheinlichkeit entspricht die Situierung der beiden erfundenen Hauptfiguren in einem Ambiente, das von zahlreichen historisch nachweisbaren Gestalten bevölkert ist.

Das Geschehen spielt am glanzvollen, aber auch intrigenreichen, die hochabsolutistische Zeit sinnfällig widerspiegelnden französischen Hof gegen Ende der Regierungszeit Heinrichs II. (regierte 1547–1559), wo das überaus anmutige und reiche, von der Mutter wohlbehütete Fräulein von Chartres eingeführt wird. Ohne den Prinzen von Clèves wirklich zu lieben, heiratet die Hofdame ihn, weil sie dem Rat ihrer Mutter vertraut. Kaum vermählt, begegnet sie dem schönen Herzog von Nemours. Beide entbrennen in heftiger Liebe, verbergen aber unter dem Zwang der Konventionen ihre Zuneigung voreinander, obwohl sie sich in der höfischen Gesellschaft oft treffen müssen. Ahnungsvoll beschwört die Mutter noch auf dem Sterbebett ihre Tochter, sich vom Hof zurückzuziehen, um »Pflicht« und »Tugend« gerecht werden zu können. Die gesellschaftlichen Bindungen der Prinzessin lassen jedoch ein abgeschiedenes Leben in der Provinz nicht zu. In höchster Gewissensnot flieht sie, getrieben sowohl von dem Bewusstsein, Nemours zu lieben, als auch von der Angst, am Hof durchschaut zu werden, aufs Land und gesteht dem Gemahl ihre Liebe zu einem anderen Mann. Der Verdacht des Prinzen fällt sogleich auf Nemours, den er überwachen lässt. Dabei erfährt er, dass sich dieser zwei Nächte lang im Park in der Nähe seiner Frau aufgehalten hat. Er war sogar heimlich Zeuge eines Gesprächs zwischen den Eheleuten. Während sich Nemours Leidenschaft zu Frau von Clèves steigert und er durch Zeichen ihrer Liebe beglückt, zugleich aber auch von Zweifeln und Eifersucht gequält wird, stirbt der Prinz, den seine Gemahlin aufopfernd umsorgt, innerlich gebrochen. Obwohl dieser Tod sie freimacht für Nemours, verzichtet Frau von Clèves ungeachtet seines flehentlichen Werbens auf die Ehe mit ihm. Sie zieht sich aus der Welt zurück, um sühnend allein dem Andenken ihres verstorbenen Gatten zu leben, und gibt bis zu ihrem Tod ein »Beispiel unübertroffener Tugend«.

Eine neue, bereits in den *Lettres portugaises* (1668) erkennbare Auffassung von der Liebe bestimmt die an ↗ Racine erinnernde Tragik dieses Meisterwerks mit seiner einzigartigen Motivverkettung und psychologischen Vertiefung. Anders als im heroisch-galanten Roman der Epoche wird das Thema der Liebe beständig von dem sich anbahnenden Unheil überschattet, das trotz des Wunsches der Hauptfiguren, vernunftgemäß zu handeln, durch das tragische Ende bestätigt wird. Die Liebe wird hier als Schwäche empfunden, was auf cartesianischen Einfluss hindeutet. Vor dem Hintergrund der das Menschenbild des 17. Jh.s prägenden anthropologischen Grundanschauungen entwickelt der Roman mit einem unerbittlichen Drang nach Bewusstheit den Widerstreit von »passion« und »raison«, »devoir«, »vertu« und »gloire« sowie »cœur«, »bonheur« und »bienséance« folgerichtig aus seinen gesellschaftlich-geschichtlichen Bedingungen und kommt dabei ohne jede religiöse Anspielung und moralisierende Kommentierung aus.

Das Werk thematisiert das Problem, das menschliche Dasein durch eine rigide Beherrschung der menschlichen Affekte zu ordnen, und zeigt darin seine Nähe zur Lehre des zeitgenössischen Neostoizismus, der die Gefühle strikt dem Willen und der Vernunft unterordnet. So erklärt sich der spätere Verzicht der Heldin nicht so sehr als Triumph des Willens und der Vernunft in platonischer Tradition, sondern erscheint als Kampf um die Behauptung des Vernunftideals, das beständigen Gefährdungen ausgesetzt ist. Denn trotz ihres Bemühens, die »vertu« zu erhalten, ist die in ihrer Leidenschaft keineswegs blinde Frau schuldig geworden, auch der Einsatz von Vernunft und Willen vermochte die Katastrophe nicht aufzuhalten. Die rationalen Beweggründe gegen die Heirat mit Nemours erschienen ihr »schwerwiegend im Hinblick auf ihre Pflicht«, jenem »Gespenst der Pflicht« gegenüber dem Prinzen, ihrem Stand und sich selbst, sowie »unüberwindlich im Hinblick auf ihre Ruhe«, jenes prekäre Gleichgewicht von »Herz« und »Vernunft«, das durch Eifersucht und die Erfahrung, dass die besitzende Liebe erkaltet, stets gefährdet bleibt.

Der erfolgreiche Roman, dessen Verfasserschaft sowohl La Rochefoucauld als auch Mme de La Fayette mehrmals leugneten, beschäftigte schon die zeitgenössische Kritik und die Diskussionen in den Salons. Seine Probleme und Charaktere waren typisch für die damalige Zeit. Vor allem erregte das Geständnis, ein in der zeitgenössischen Literatur wiederholt vorkommendes Motiv, Anstoß. Die Antworten auf die erste Leserumfrage in der Zeitschrift *Mercure Galant* bewegten sich vorwiegend um dieses, zusammen mit dem Verzicht, für das Verständnis des Werkes zentrale Geschehen.

Die nachhaltige Wirkung des Romans beruht auf der Darstellung der tragischen Entfremdung, die der Verzicht zwei Menschen gerade auf dem Höhepunkt ihrer Leidenschaft auferlegt. Wegen der »science du cœur« (Theorie der Gefühle), die den Prozess der Desillusionierung gnadenlos offenlegt, wird das Werk vielfach als Beginn des modernen psychologischen Romans verstanden. Gestaltung und Deutung der Liebe in ↗ Prévosts *Histoire du chevalier des Grieux et de Manon Lescaut* (1731) und Laclos' *Liaisons dangereuses* (1782) wären ohne die *Princesse de Clèves* kaum verständlich. Nach ↗ Rousseaus *Nouvelle Héloïse* (1761) stellt *Adolphe* (1816) von Benjamin ↗ Constant einen bedeutsamen Fortschritt in der Entwicklung des ›roman d'analyse‹ dar. In den Betrachtungen *De l'amour* (1822) verhehlt ↗ Stendhal nicht seine Bewunderung für das Werk und die Einsichten der La Fayette. In der neueren Literatur erinnert neben Paul ↗ Bourget (1852–1935) mit seinen psychologischen Romanen vor allem *Le bal du comte d'Orgel* (1924) von Raymond ↗ Radiguet an dieses Meisterwerk des französischen Klassizismus.

▪ Lit.: E. Köhler: La F.s ›La princesse de Clèves‹. Studien zur klassischen Form des Romans, 1959. ▪ D. Beyerle: ›La princesse de Clèves‹ als Roman des Verzichts, 1967, 154–197. ▪ R. Pommier: Études sur ›La Princesse de Clèves‹, 2000.

Dietrich Briesemeister / KLL

Jean de La Fontaine

▪ geb. 8.7.1621 Château-Thierry/Champagne (Frankreich)
▪ gest. 13.4.1695 Paris (Frankreich)

Studium der Theologie und der Rechte in Reims; 1647 Forstmeister in seinem Geburtsort; seit 1658 in Paris Günstling Fouquets und anderer hochgestellter Persönlichkeiten; bedeutender Satiriker der Epoche Ludwigs XIV., besonders geschätzt wegen seiner Fabeln, Verssatiren und Erzählungen.

▪ Ausg.: Œuvres complètes, 2 Bde, H. J.-P. Collinet, 1991.
▪ Lit.: M.-O. Sweetser: L., 1987.

Contes et nouvelles en vers

(frz.; *Sämtliche Novellen in Versen*, 1981, G. Fabricius) – Die zumeist von 1664 bis 1674 entstandenen 64 Verserzählungen erschienen in mehreren kleinen Bänden zwischen 1665 und 1696. Teil 1 (1665) enthält die elf Geschichten der *Nouvelles en vers tirées de Boccace et de l'Arioste*, Teil 2 (1666) die 16 Geschichten der *Deuxième partie des contes et nouvelles en vers*, Teil 3 (1671) die 13 Geschichten der *Contes et nouvelles en vers*, Teil 4 (1674) die 16 Geschichten der *Nouveaux contes* und Teil 5 (1696) acht Erzählungen aus verschiedenen 1682 bis 1696 erschienenen kleineren Veröffentlichungen.

La Fontaine greift auf Material zurück, das sich einer Zuordnung zu bestimmten Gattungen widersetzt: Die Renaissancenovellistik ist mit Boccaccio, ↗ Marguérite de Navarre, den 1456 bis 1467 entstandenen *Cent nouvelles nouvelles*, G. Bruno und anonymen Quellen vertreten, daneben gehen die Vorlagen der Erzählungen auf antike Autoren (Petronius, Anakreon) zurück; doch man findet auch die heroisch-komische Epik Ariosts und Umarbeitungen dramatischer Stoffe (Machiavelli). Zumeist handelt es sich um die allzeit beliebten frivolen Erzählungen oder derb-komischen Schwänke von betrogenen Ehemännern, untreuen Gattinnen, naiven Freiern, lüsternen Mönchen und Nonnen. Die Obszönitäten dieser Stoffe hat La Fontaine dem Bedürfnis der Zeit angemessen reduziert und den Forderungen des galanten Stils angepasst. So wird er zum Mittler, der dem klassischen Zeitalter die Erzählstoffe des Spätmittelalters und der Renaissance näherbringt. Dabei führt der Wechsel der Gattungen häufig zu Vereinfachungen der Handlungsstruktur, wie etwa im Falle der Bearbeitung von Machiavellis Komödie *Mandragola*. La Fontaines Version bedient sich ausschließlich des Verses anstelle der Prosa. Dabei nimmt er sich die Freiheit, nach Gutdünken selbst bekannte, feststehende Themen abzuwandeln, auszuschmücken und ihnen mit eigenen Zügen den Stempel seiner Epoche aufzudrücken.

Nach Stil und Versrhythmus lassen sich bereits in der ersten Sammlung zwei Gruppen unterscheiden: die eine, zu der etwa *Joconde* gehört, nimmt die natürlichen, der Prosa nahen freien Verse der *Fables* auf, die andere, vertreten etwa durch *Le cocu battu et content*, steht mit ihrer bewusst archaisierenden Sprache und fester zehnsilbiger Versfügung in der Tradition ↗ Marots – eine Unterscheidung, die übrigens der Autor selbst bereits in seinem *Avertissement* vornimmt.

La Fontaine versäumte seit dem Erscheinen der ersten *Contes* nicht, sich für seine frivolen, galanten, gelegentlich sogar obszönen Themen zu entschuldigen. Damit konnte aber nicht verhindert werden, dass durch polizeilichen Erlass Druck und Verkauf der Sammlungen verboten und sie als Werke »voller indiskreter und unanständiger Ausdrücke« gebrandmarkt wurden. Noch Brunetière empfiehlt, die *Contes* in den Bibliotheken unter Verschluss zu halten. La Fontaine verteidigte sich gegen den Vorwurf der Obszönität – unter Verweis auf die offenkundige Unwahrscheinlichkeit der Sujets – durchaus selbstbewusst: »Weder in ihrer Wahrheit noch in ihrer Wahrscheinlichkeit besteht die Schönheit dieser Erzählungen, sondern nur in der Art, wie sie erzählt werden.« Mit dieser Betonung des artistischen Moments entfernt sich La Fontaine von den klassischen Kunstdoktrinen.

▪ Lit.: C. M. Grisé: Cognitive Space and Patterns of Deceit in L.'s ›Contes‹, 1998.

Ingrid Peter / KLL

Fables

(frz.; *Sämtliche Fabeln*, 1978, E. Dohm, G. Fabricius) – Die erste Ausgabe der zwischen 1668 und 1694 erschienenen Versfabeln hatte mit 124 Fabeln so großen Erfolg, dass sie noch im selben Jahr neu aufgelegt werden musste. La Fontaine, der 1666 mit seinen *Contes* einen Skandal erregt und sich das Missfallen Ludwigs XIV. zugezogen hatte, wurde nun von Boileau als »französischer Aesop« gefeiert.

Von den insgesamt 237 Fabeln der zwölf Bücher hat der Dichter kaum eine selbst erfinden müssen. Seine Quellen, die er zum Teil in den Einleitungen zu den einzelnen Sammlungen nennt, sind vor allem die Fabeln Äsops in der Bearbeitung des Griechen Babrios (3. Jh.), wie sie die Vierzeiler eines gewissen Ignatius im 9. Jh. in Umlauf brachten, und die lateinischen Fabelversionen von Phaedrus und Avianus. Aber auch Horaz, Ovid, die mittelalterlichen französischen ›fabliaux‹, der ↗ *Roman de Renart*, der *Ysopet* der ↗ Marie de France und die französischen Fabeldichter des 16. Jh.s (Guéroult, Corrozet, ↗ Marot und Regnier) wurden von La Fontaine als Quellen genutzt. Die Sujets der zweiten Sammlung entstammen meist orientalischen Märchen, die im 17. Jh. in Übersetzungen erschienen waren. Der Autor beschränkt sich jedoch nicht auf die zeitgerecht angepasste Nacherzählung der Stoffe, sondern nimmt Umstellungen und Ausweitungen der einfachen Handlungen vor, die mitunter den Umfang ganzer Erzählungen annehmen.

Mit Recht hat man darauf verwiesen, dass die *Fables*, was den Reichtum an Motiven angeht, mit den Erzählungen aus *Tausendundeine Nacht (Alf laila wa laila)* in einer Reihe zu nennen wären. Die handelnden Figuren der Fabeln sind meist Tiere, Naturgewalten oder Götter: Der allegorische Sinn der Stücke ermöglicht hier entgegen den Forderungen der klassischen Poetik auch Erzählungen unwahrscheinlichen Gehalts. Neu ist indessen, wie La Fontaine die stereotypen Allegorien zu lebensechten Personen konkretisiert. Die Gestalten der antiken Fabel werden zu lebendigen Inkarnationen menschlicher Charakterzüge, die dürre Handlungsabbreviatur wird zum echten Drama mit Exposition, Peripetie und – meist tragikomischer – Lösung, zur Miniaturkomödie mit maliziösen satirischen Anspielungen. Musterbeispiel unter vielen ist die Fabel von den pestkranken Tieren (»Les animaux malades de la peste«), die nach einem öffentlichen Schuldbekenntnis aller, einschließlich des Königs, den harmlosen Esel für den Zorn der Götter verantwortlich machen.

Gelegentlich nimmt die Fabel auch die Form anderer literarischer Gattungen an – der Novelle, der Idylle oder der Abhandlung. Die primäre Absicht La Fontaines ist die Darstellung typischer Charaktere und ihrer psychologischen Reaktionen und damit zugleich die Vermittlung praktischer Lebens- und Menschenkenntnis; die moralpädagogische Tendenz tritt in den Hintergrund, wenn auch meist eine moralische Belehrung die Erzählung abschließt oder ihr als Programm voransteht. Gelegentlich fehlt sie jedoch ganz, und in der berühmten Fabel *La cigale et la fourmi (Die Grille und die Ameise)* wird die vordergründige Moral (»Wer nicht arbeitet, soll auch nicht essen«) sogar in Frage gestellt, indem der Autor in einem beiläufigen Nebensatz die fleißige Ameise des Geizes und noch schlimmerer Laster beschuldigt und so als selbstgerechten Banausen kennzeichnet, der für die Lebensformen des Künstlers kein Verständnis hat.

Es ist La Fontaines Absicht und ausschließliches Verdienst gewesen, die ursprüngliche Form der Beispielerzählung aus der Rhetorik zu einer literarisch angesehen, eigenständigen Gattung aufgewertet zu haben. In seiner Gestaltung vereinigen sich Klarheit und Einfachheit der Konturierung, charakteristische Merkmale der antiken Fabel, mit moderner Sensibilität und Beobachtungsgabe. So entstehen bei nicht zu unterbietender Knappheit des Ausdrucks Charakter- und Milieubilder von äußerster Intensität. Doch die Tiere als solche interessieren den Autor nicht, eine exakte Beobachtung ihrer Lebensgewohnheiten liegt ihm, dem Stadtmenschen, fern. Wenn auch einige Fabeln unverhohlen auf den Hof Ludwigs XIV. anspielen, reicht die Satire doch weit über den zeitgenössischen politischen Bereich hinaus. Tyrannei der Mächtigen, Ausbeutung der Schwachen und Kriechertum der Untergebenen sind zeitlose Fehlformen des sozialen Lebens, und auch menschliche Schwächen wie Eitelkeit, Heuchelei oder Gier sind nicht auf dieses Jahrhundert beschränkt.

La Fontaine hat dem Verfremdungseffekt, der in der Übertragung menschlicher Eigenschaften auf Tiere angelegt ist und ein reizvolles Oszillieren zwischen Wahrheit und Phantasie, Realem und Irrealem, Ernst und Spiel erzeugen kann, zu voller Wirkung verholfen mit einer einzigartig variierten Sprache, die exakt und leichtfüßig, pittoresk und pointiert, keck, elegant und musikalisch ist. Stets bleibt die Kritik menschlicher Schwächen in die Rede eines elegant plaudernden, bisweilen schalkhaft augenzwinkernden Erzählers eingebettet, dessen auktoriale Rolle in nahezu jeder der Fabeln zum Vorschein kommt. Selbst die Moral der Geschichten wird häufig den zu neuer Selbsterkenntnis gelangten Figuren in den Mund gelegt. So bleibt die moralische Tendenz stets vage angesichts schwebender Unbestimmtheit und Ironie. La Fontaine verfügt über das reichste Vokabular unter seinen Zeitgenossen, da er ohne Rücksicht auf die von der Akademie gezogenen Grenzen, immer aber mit Maß und Geschmack, volkstümlichen Jargon, Provinzialismen, ↗ Rabelais'sche Wendungen oder Neubildungen verwendet. Der Originalität des Wortschatzes und der Formulierung entspricht auch die Versstruktur. La Fontaine verwendet den klassischen Alexandriner ebenso wie die liedhafte Kurzzeile, setzt die Zäsur jedoch eigenmächtig und scheut vor kühnen Enjambements nicht zurück. Damit wendet er sich deutlich von den in Prosa verfassten Fabeln vom Beginn des 17. Jh.s ab.

Die Unmittelbarkeit und Frische der Fabeln wurde indes nicht immer und nicht von allen Lesern empfunden. ↗ Rousseau wollte die Fabeln verboten wissen, während ↗ Lamartine, Goethe und noch ↗ Gide sie außerordentlich schätzten.

■ Lit.: J. v. Stackelberg: War La F. ein politischer Dichter?, in: Tijdschrift voor de Studie van de Verlichting en van het vrije denken 13, 1985, 159–179. ■ J. Grimm: Les fables de La F., leur représentation figurée, in: Die neueren Sprachen 86, 1987, 37–47.

KLL

François de La Rochefoucauld

■ geb. 15. 9. 1613 Paris (Frankreich)
■ gest. 17. 3. 1680 Paris (Frankreich)

(auch: Duc de la Rochefoucauld, François VI. Prince de Marcillac) – Aus altem Adel, ab dem 17. Lebensjahr Oberst, kämpfte in Italien und Flandern; beteiligte sich an Intrigen gegen Richelieu und an der Fronde; zog sich 1652 verwundet auf seine Güter zurück; 1656 nach der Generalamnestie in Paris; bekannt mit Madeleine de Scudéry, Madame de ↗ La Fayette und Mademoiselle de Montpensier; literarischer Ruhm im Alter, bedeutendster Moralist des 17. Jh.s, dessen Maximen bis in die Moderne wirkten.

■ Ausg.: Œuvres complètes, Hg. L. Martin-Chauffier/J. Marchand, ²1964.
■ Lit.: H.C. Clark: La R. and the Language of Unmasking in Seventeenth Century France, 1994. ■ J. Lafond: La R. L'homme et son image, 1998.

Réflexions ou sentences et maximes morales

(frz.; *Maximen und Reflexionen*, 1948, F. Hörlek) – Der Autor der 1665 erschienenen Aphorismen charakterisierte sich in einem 1659 erstmalig veröffentlichten Selbstporträt als ›melancholisch‹. Eine solche Gestimmtheit ist nicht nur privater Natur, sondern steht in Bezug zu einer bestimmten gesellschaftlichen Situation. Sie bezeichnet repräsentativ die Resignation der im Aufstand der Fronde (1648–1653) gescheiterten Adeligen, deren Entmachtung durch den Sieg der absoluten Monarchie endgültig wurde. Für die bei Hofe in Ungnade Gefallenen wird der ›Salon‹ zum neuen Sammelort, wo sie gemeinsam literarische Beschäftigung gleichsam als Handlungsersatz betreiben. Die Bitterkeit der Maximen erklärt sich nicht unwesentlich aus dieser erzwungenen Wandlung, die aus dem Soldaten den Schriftsteller und Moralisten La Rochefoucauld machte.

»Unsere Tugenden sind meist nur verkappte Laster.« Dieses von La Rochefoucauld für die letzten beiden Ausgaben seines Werks ausgewählte Motto sahen seine Zeitgenossen und er selbst als das Hauptthema der Maximen an. Es zeigt beispielhaft die Verfahrensweise des Moralisten, der nicht predigt, wie der Mensch sein soll, sondern beschreibt, wie er ist. Das wahre Wesen des Menschen ist jedoch verborgen. Erst die demaskierende Analyse trennt Sein und Schein und enthüllt die Inkongruenz von vorgeblichem Motiv und Tat. Die Ursprünge einer solchen Entlarvungspsychologie sind dort zu suchen, wo sie als Gegenbewegung herausgefordert wird: im Rollenspiel und der Etikette der aristokratischen Rangkultur, für die das Repräsentieren und taktische Verhalten Voraussetzungen des Erfolgs sind. Die Triebfeder des trügerischen Scheins ist für La Rochefoucauld die in unzähligen Masken sich verhüllende Eigenliebe (›amour-propre‹). Sie stammt aus den emotionalen Tiefenschichten des Menschen und entzieht sich rationaler Kontrolle: »Immer hält das Herz den Verstand zum besten.« Diese Spannung von ›Herz und Verstand‹ gehört zu den Hauptthemen der französischen Moralisten, die er immer wieder neu zu lösen versuchte. Im Gegensatz zur späteren Rechtfertigung der Gefühlskräfte vor allem durch ↗ Rousseau und die Romantik erhält der Begriff des ›Herzens‹ bei La Rochefoucauld einen negativen Akzent. Eine solche Abwertung ist christlicher Herkunft und findet sich in den Erbauungsschriften des 17. Jh.s, wo ›cœur‹ stellvertretend für ›chair‹ (Fleisch) als Sitz der Sünde eintreten kann.

In neuerer Zeit fanden auch andere Themen der *Réflexions* Beachtung. Eine größere Anzahl von Maximen steht in der Tradition der subtilen Gefühls- und Liebesdiskussionen, die in den zeitgenössischen Romanen breiten Raum einnahmen. Bemerkenswert ist, dass auch La Rochefoucauld sich auf das für seine Zeit gültige Leitbild des ›honnête homme‹ (Weltmann) bezieht: »Ein Weltmann weiß seine Bildung zu verbergen.« Das Ideal eines urbanen, beherrschten, auf Geselligkeit gerichteten Verhaltens bleibt auch für den gescheiterten Frondeur verbindlich. Von dem Rückzug des empfindsamen Einzelnen in die Innerlichkeit und Natur ist La Rochefoucaulds Melancholie ohne Weltflucht noch weit entfernt.

Die Quellenforschungen zu den einzelnen Maximen zeigen, in welch hohem Maße diese von bereits vorformuliertem Gedankengut abhängig sind. Zudem steht La Rochefoucaulds Pessimismus nicht allein in seiner

Epoche. Auch der Jansenismus, vor allem ↗ Pascal, und die französische Klassik zeichneten kein schmeichelhaftes Bild vom Menschen. Erst La Rochefoucaulds hohe künstlerische Gestaltungskraft, die ihn zum Begründer der literarischen Gattung ›Maxime‹ machte, verschaffte seinen Aussagen ihre besondere Durchschlagskraft. Die Maxime hat als literarische Kunstform keinen normativen Charakter und ist somit nicht Leitregel des Handelns. Als eine auf die allerkürzeste Formel gebrachte subjektive Erfahrungseinheit lebt sie geradezu vom Widerspruch und Mitdenken des Lesers, der ihr unbewiesenes Urteil prüfen soll. Die der aphoristischen Denkform eigene Systemlosigkeit der Maximensammlung ist nicht mit Zusammenhanglosigkeit zu verwechseln. Auch hier ist es Aufgabe des Lesers, den Abwandlungen eines Themas nachzugehen und Bezüge herzustellen.

Im Gegensatz zu der einem aufblitzenden Einfall entspringenden Form des Aphorismus, etwa bei Lichtenberg, sind La Rochefoucaulds Maximen meist das Ergebnis langwieriger Gestaltung. Ein Vergleich der fünf verschiedenen von ihm selbst herausgegebenen Fassungen seines Werks gibt einen Eindruck von dieser Kunst, die Nietzsche einmal als »Sentenzenschleiferei« bezeichnete. Die in den Maximen wesentlichen Stilmuster wie Antithese, Paradoxon, Vergleich, Parallelismus erzeugen Präzision und Brillanz, verführen jedoch dazu, bisweilen der Wirkung die Wahrheit zu opfern. Manche der kühlen, gleichsam mathematischen Gleichungen gehen nicht auf, und die unermüdliche Entlarvung der Eigenliebe mag monoton wirken. Umso mehr berühren in diesem Werk Formulierungen, die über das Gesagte hinaus etwas von der Betroffenheit ihres Verfassers spürbar machen. Obgleich das Wort ›ich‹ durch das verallgemeinernde ›man‹ oder ›wir‹ ersetzt ist, haben manche der meisterhaft ausbalancierten Sätze den unnachahmlichen Tonfall tiefgründiger Resignation. Als Beispiel mag die Maxime dienen, die der Makler Gosch in Thomas Manns *Buddenbrooks* (IX, 4) zitiert: »Die Hoffnung, so trügerisch sie auch ist, dient doch wenigstens dazu, uns auf einem angenehmen Weg ans Ende des Lebens zu führen.«

■ Lit.: L. Ansmann: Die ›Maximen‹ von La R., 1972. ■ P.E. Lewis: La R. The Art of Abstraction, 1977. ■ S.R. Baker: Collaboration et originalité chez La R., 1980. ■ K. Stierle: Die terra incognita der Selbstverfallenheit, in: Französische Klassik. Theorie, Literatur, Malerei, Hg. K. Stierle/F. Nies, 1985, 91–99. ■ C. Strosetzki: Hieroglyphentradition und Devisenkunst als Hintergrund der ›Maximen‹ von La R., in: Romanistisches Jahrbuch 36, 1985, 104–121. ■ J. Weiser: Vertextungsstrategien im Zeichen des ›désordre‹, 2004.

Paul Mog

Antoine de **La Sale**

- geb. 1388 vermutlich Arles (Frankreich)
- gest. um 1460 vermutlich Châtelet-sur-Oise (Frankreich)

Sohn eines Condottiere, erzogen als Page am Hof Ludwigs XII. von Anjou; Italienreisen; 1415 Teilnahme an einem Feldzug gegen die Mauren; 1432 Erzieher im Haus Anjou, ab 1148 bei Louis de Luxembourg; ab 1458 am Hof Philipps des Guten von Burgund; Verfasser einer Erziehungsschrift *(La Salade)* und kleinerer Werke; repräsentiert am Übergang zur Neuzeit einen zynischen Blick auf die Ideale des ausgehenden Mittelalters.

■ Ausg.: Œuvres complètes, 2 Bde, Hg. F. Desonaym, 1935–1941.
■ Lit.: F. Desonay: A. de La S. Aventureux et pédagogue, 1940.

L'hystoire et plaisante cronicque du petit Jehan de Saintré et la ieune dame des belles cousines sans autre nom nommer

(afrz.; *Johann von Saintré. Eine Geschichte nach einer provensalischen Urschrift*, 1797, L.-E. de la Vernge de Tressan) – Dieser Roman, entstanden um 1456, erschienen 1518, ist nicht nur das bedeutendste Werk seines Verfassers, sondern ein wichtiges Zeugnis über den Verfall der Ideale des Mittelalters, da er bereits vier Jahrzehnte vor dem katalanischen Ritterroman *Tirant lo Blanc* und anderthalb Jahrhunderts vor Cervantes' *Don Quijote* die Liebes- und Abenteurerideologie der zeitgenössischen Ritterromane parodiert.

Der Protagonist Jehan ist ein schüchterner und linkischer Page am Hof Johanns des Guten. Er verliebt sich in die schöne Ellinde, »la dame des belles Cousines«, die sich aus nicht ganz selbstlosen Motiven seiner Erziehung annimmt und ihn in die Geheimnisse der Liebe einweiht. Hinter der konventionellen Rhetorik ihrer Lektionen verbirgt sie Sinnlichkeit und Egoismus. Jehan aber entwickelt sich zu einem Ritter ohne Furcht und Tadel, der nach abenteuerlichen Heldentaten dürstet. Er kämpft auf Turnieren und in Feldzügen, und bald ist sein Name in aller Munde. Als er jedoch ruhmbedeckt in die Arme seiner Herrin eilen will, muss er erfahren, dass die untreue Schöne inzwischen Damp Abbé, einen dicken, frivolen Priester, erhört hat. Die Rivalen, von denen der eine ein Streiter Gottes, der andere ein Streiter des Königs sein sollte, stellen sich zum Zweikampf. Damp Abbé ist Jehan zwar an Körperkraft überlegen, muss aber schließlich vor der Waffenkunst des Ritters kapitulieren. Der aber zögert nicht, seiner Dame, die die Chance zur Rechtfertigung nicht wahrgenommen hat, das blaue Band der Treue zurückzugeben.

Mit dem hier angedeuteten Handlungsschema nimmt der Autor das Muster eines negativen Bildungs-

und Desillusionsromans vorweg. Die zynische Stoßrichtung Antoine de La Sales gegen die moralischen Konventionen des Ritterromans ist eindeutig. Die höfische Liebe, die Jehan de Saintré zu seinen Taten motiviert, wird als ein Wertekodex demaskiert, der unzeitgemäß und unhaltbar geworden ist.

So artikulieren sich im *Jehan de Saintré* in verschiedenster Weise die Echos von einander widersprechenden Normsystemen, wie dem der Scholastik, des Rittertums und des Bürgertums. Wie Julia Kristeva zeigen konnte, gehen die auseinanderstrebenden Normen in dem Werk um den Preis ihrer Eindeutigkeit in dem Text auf, der die Themenbereiche des idealistisch überformten Ritterromans und der antihöfischen Kultur auf karnevaleske Weise miteinander konfrontiert und aus ihrer hierarchischen Struktur löst. Neben der literarischen Struktur des Ritterromans diskreditiert Antoine de la Sale aber auch die ihr vorausgehende Lebenswelt des Spätmittelalters: So eignet dem Werk bereits jene Tendenz zur Kritik am Kriegshandwerk, die im Humanismus vollends zur Geltung gelangen sollte.

Ansätze zu einer psychologischen Entwicklung der Charaktere sowie eine nuancenreiche, trotz rhetorischer Stilelemente natürlich wirkende Sprache unterstreichen den realistischen Zug des Romans. Hervorzuheben ist ferner der Detailreichtum des geschichtlichen Hintergrunds.

Bis ins 16. Jh. gehörte der *Jehan de Saintré* zur Lieblingslektüre des Adels, geriet dann allerdings völlig in Vergessenheit und wurde erst gegen Ende des 18. Jh.s wiederentdeckt. Im Zuge einer Neubewertung des Spätmittelalters ist das Werk in jüngerer Zeit als besonders eindrucksvoller Abgesang auf das sterbende Rittertum aufgewertet worden.

▪ Ausg.: Jehan de Saintré, Hg. Joël Blanchard, 1995.
▪ Übers.: Johann von Saintré. Eine Geschichte nach einer provensalischen Urschrift, L.-E. de la Vergne de Tressan, 1797.
▪ Lit.: J. Kristeva: Le texte du roman, 1970. *Gerhard Wild*

Louise Labé

▪ geb. um 1524 Parcieux/Lyon (Frankreich)
▪ gest. 25. 4. 1566 Parcieux/Lyon (Frankreich)

(d. i. Louise Charly) – Humanistische Bildung; als La Belle Cordière Mittelpunkt der künstlerischen Gesellschaft Lyons und Mitglied der Lyoner Dichterschule um Maurice de ↗ Scève und Pernette Du Guillet; bedeutendste französische Renaissancedichterin.

▪ Ausg.: Œuvres complètes, Hg. E. Giudici, 1981.
▪ Übers.: Das lyrische Gesamtwerk, F. v. Rexroth, 1957.
▪ Lit.: E. Schulze-Witzenrath: Die Originalität der L. L., 1974. ▪ K. Cameron: L. L. Renaissance Poet and Feminist, 1990. ▪ F. Rigolot: L. L. Lyonnaise ou la Renaissance au féminin, 1997.

Œuvres

(frz.; *Sonette und Elegien*, 1981, M. Fahrenbach-Wachendorff) – Das 1555 veröffentlichte dichterische Werk umfasst drei Teile: die Elegien, die Sonette und den Dialog »Débat de folie et d'amour« (Streit zwischen Narrheit und Liebe). Diese unterschiedlichen Formen werden durch die Liebesthematik zusammengehalten, deren Wahl die Dichterin in dem berühmten Einleitungsbrief zu ihren *Œuvres* begründet. Der an Clémence de Bourges, eine vornehme Lyoneserin, gerichtete Brief enthält einen Aufruf an das ganze weibliche Geschlecht, sich auf die eigenen Fähigkeiten und Werte zu besinnen und nach besten Kräften auch auf dem Gebiet der Künste und der Wissenschaften tätig zu werden. Das eigene Werk, wie sie es in seiner Gesamtheit vorlegt, versteht die Dichterin als einen ersten Beitrag dazu. Die von ihr präsentierte Liebeslehre, eine in der zeitgenössischen Diskussion ausgiebig behandelte Thematik mit umfassenden metaphysischen, ästhetischen und sozialpsychologischen Dimensionen, gewinnt so programmatischen Anspruch. Labé tritt für einen eigenständigen weiblichen Humanismus ein. Unter dieser Voraussetzung müssen die verschiedenen Teile ihres Gesamtwerks – entgegen der seit dem 19. Jh. üblich gewordenen ausschließlichen Hochschätzung der Sonette – als einander ergänzend begriffen werden.

Während der »Débat« mit seiner eigenwilligen Deutung des Liebeserlebens den philosophischen Traktaten oder Dialogen zuzuordnen ist, in denen damals die Amor-Lehre erörtert wurde, greift Labés Lyrik auf zwei unterschiedliche Ausdrucksformen der erotischen Poesie zurück: auf die antike Liebeselegie und die petrarkistische Sonettdichtung. Dabei existiert in beiden Bereichen schon eine weibliche Tradition, die Labé in ihrem eigenen Schaffen zusammenführen will. Das Ergebnis ist innerhalb der französischen Dichtung neuartig. Die Synthese der antikisch-sinnlichen und der petrarkistisch-spirituellen Liebesauffassung prägt beide Sammlungen in unterschiedlicher Gewichtung. Schon die Zeitgenossen feierten die Dichterin als neue Sappho, und der anhaltende Erfolg ihres Werks zeigt, dass sie dem neuzeitlichen Empfinden gelungenen Ausdruck verliehen hat. Die weibliche Variante der römischen Liebesdichtung, auf die sich die Autorin in ihren Elegien berufen kann, sind die Gedichte der Sulpicia aus dem *Corpus Tibullianum*. Die Sonette des petrarkistischen Zyklus haben ihr Vorbild in der italienischen Lyrik – bei Vittoria Colonna (1490–1547), Veronica Gambara

(1485–1550) und Gaspara Stampa (1523–1554). Die Aneignung italienischer Modelle in Frankreich setzt, bevor sie von der Pléiade zu vollem Erfolg gebracht wurden, bei der Lyoner Schule ein, der Labé zugerechnet wird und als deren Mitglied auch die der früheren französischen Dichtung noch stark verhaftete Pernette Du Guillet (1520–1545) zu nennen ist.

Die drei »Élégies« in paarweise gereimten Zehnsilblern, jeweils über hundert Verse lang, sind als Briefe konzipiert. Die erste Elegie setzt ein mit der Apostrophe an die Dichtkunst, an die »Lyre de l'amour lesbienne«. Darin ist bereits die nachfolgende Anrede an die Frauen als die eigentlichen Adressaten des Gedichts enthalten. Das ganze weibliche Geschlecht soll so zum Zeugen dessen aufgerufen werden, was die Liebende durchleidet, wodurch sie aber auch zur Wissenden, zur Dichterin, geworden ist. Sie will wie die antiken Vorbilder, deren Topik sie variiert, ihre subjektive Betroffenheit darstellen. Als ›puella docta‹ teilt sie sich den Frauen mit, um für ihre Liebesverfallenheit Verständnis zu gewinnen, zugleich aber auch mit ihrer Freude und ihrem Leid ein Beispiel zu geben. Anrede und Aussageabsicht des Einleitungsgedichts werden in der dritten Elegie wieder aufgenommen. Dadurch bilden beide Texte den Rahmen für das Kernstück der kleinen Sammlung, den Brief, den die verlassene Frau an den fernen Geliebten schreibt. Auf knappem Raum will dieses Gedicht, das Klage und Hoffnung, Erinnerung an das verflossene Glück und Sorge um den endgültigen Verlust thematisiert, eine Darstellung des weiblichen »contr'amour«, also der erotischen Erfahrung aus der Sicht des anderen Geschlechts, vorführen. Mehr noch als die ihn flankierenden Gedichte zeigt dieser Text, dass Labé sich in Anlage und Durchführung ihrer Elegien an einer berühmten Nebenform des römischen Gattungsvorbilds, an Ovids Heroidenbriefen orientiert hat. Zu ihnen zählt auch die Epistel der verlassenen Sappho an den geliebten Phaon (*Heroides* XV), die lange Zeit als bedeutendstes, wenngleich nur mittelbares Zeugnis aus der Antike die Erinnerung an die Dichterin von Lesbos wach hielt.

Die »Sonnets« werden, wie die Briefform deutlich macht, durch die Elegien vorbereitet. Aber auch die Wiederaufnahme der Adressen verstärkt die Verklammerung zwischen beiden Sammlungen. Die Sonette setzen gleichfalls mit einer Anrufung Amors, des Gottes der Liebe und der Liebesdichtung, ein, und an ihrem Schluss wird die Anrede an die »Dames« wiederholt. Die Apostrophe in dieser allgemeinen Form dient zugleich als literarische Technik eines vermittelten Sprechens, durch die ein Abstand zum spontanen Erleben und ein nur uneigentlicher Bezug zum Inhalt der Aussage erzeugt werden.

Diese Sprechhaltung bleibt in den Elegien durchaus vereinbar mit einem konventionellen weiblichen Rollenverständnis, wonach emotionale Spontaneität, vor allem im erotischen Bereich, als unkontrollierbar und gefährlich galt und zu unterdrücken war. Die Dichterin als liebende Frau stellt sich und ihr Erleben daher zunächst aus einer gewissen Distanz heraus dar, was auch durch die Fiktion der räumlichen Trennung von dem Geliebten begründet ist. Erst die Sonette verzichten auf das Bemühen um Bewältigung und Kontrolle und geben der bedrängenden Gegenwärtigkeit des Erlebens unverhüllt Ausdruck. Das Bittgedicht an Amor, der erste dieser 24 Texte, macht bereits die abgründige, nicht zu bezwingende Antithetik des Liebeserlebens, wie sie für die weitere Gedichtfolge konstitutiv ist, zum Thema.

Im Unterschied zu den eher argumentierenden Elegien wird in den Sonetten die Geschichte der Liebe vom ersten Ergriffensein bis zum qualvollen Verzicht in einer Unmittelbarkeit mitgeteilt, die den kurzen Texten ihre suggestive Spannung verleiht, und die Dichterin schon zu Lebzeiten – etwa bei den sittenstrengen Calvinisten – zum Skandalon werden ließ. Allerdings bleibt die große Unmittelbarkeit des Sprechens, die der Sammlung dann auch seit der Romantik anhaltenden Erfolg als originale Schöpfung und Erlebnisdichtung gesichert hat, in einen festen Zusammenhang eingefügt. Die Abfolge von Stimmungen, Beobachtungen und Haltungen, in die das erotische Erleben aufgesplittert ist, gehorcht den Bauprinzipien petrarkistischer ›canzonieri‹, deren zyklische Form von einem geschlossenen Deutungsmuster bestimmt ist: Der Liebeskampf ordnet sich, wenn er nur verantwortungsbewusst ausgetragen wird, als ein unablässiges Ringen gegensätzlicher Gefühle um Wahrheit schließlich doch sinnvoll in das Gesetz des Lebens ein. Bereits das Einleitungssonett signalisiert dadurch, dass es in italienischer Sprache abgefasst ist, die ideelle und dichtungstheoretische Filiation. Die Errungenschaften des humanistischen Denkens jenseits der Alpen sollen auch zur Selbsterkenntnis und -befreiung der Frauen in Frankreich eingesetzt werden.

Ihre Bekanntheit im deutschen Sprachraum verdankt die Autorin vor allem der Nachdichtung der Sonette durch Rilke. Seit man wieder erfasst hat, dass die Sonette den naiven Konfessionscharakter, den man ihnen lange unterstellte, gar nicht beanspruchen, wird es als die eigentliche künstlerische Leistung Labés angesehen, dass sie die von ihr ausgewählten Dichtungsmodelle zeitgemäß und glaubwürdig auf die weibliche Perspektive übertragen hat. Das Interesse der neueren Forschung konzentriert sich denn auch auf die ästhetische Qualität ihrer Texte, in denen typische Themen, Formen und Verfahrensweisen des Petrarkismus verarbeitet sind. Genauer zu klären bleibt allerdings noch, wie sich die Sonderstellung dieser Dichtung und die eigentümliche Kombination unterschiedlicher Traditionsbezüge – etwa in dem Kussgedicht (Sonett

XVIII) – begründen lassen. Erst so aber können auch die Grundlagen weiblichen Selbstverständnisses in der frühen Neuzeit, als deren Zeugnis die Gedichte Labés schließlich zu verstehen sind, aufgehellt werden.

■ Lit.: G. Demerson: L. L. Les voix du lyrisme, 1990. ■ D. Martin: Signe(s) d'Amante. L'agencement des ›Œuvres‹ de L. L. Lionoize, 1999.

Klaus Ley

Jacques **Lacan**

■ geb. 13. 4. 1901 Paris (Frankreich)
■ gest. 9. 9. 1981 Paris (Frankreich)

Studium der Medizin, 1932 psychiatrische Dissertation über Paranoia, ab 1934 psychoanalytische Praxis; während des Kriegs keine Publikationen; 1951–1979 Seminare; Erneuerung der Psychoanalyse mit Akzentuierung des Unbewussten und seiner Sprachstruktur; nach verschiedenen institutionellen Brüchen 1964 Gründung einer eigenen Schule; 1980 wurde die École freudienne de Paris von Lacan selbst aufgelöst; zahlreiche Neugründungen nach seinem Tod.

■ Ausg.: Écrits, 1966. ■ Autres écrits, 2001. ■ Le Séminaire, 1973–2005.
■ Übers.: Schriften, 3 Bde, 1973–1980. ■ Das Seminar, Bücher I, II und XI 1978–1980. Bücher VII und XX 1986–1996. Bücher III und IV 1997–2003.
■ Lit.: G. Pagel: L. zur Einführung, 1989. ■ E. Roudinesco: J. L. Bericht über ein Leben, Geschichte eines Denksystems, 1996.

Les quatre concepts fondamentaux de la psychanalyse

(frz.; *Die vier Grundbegriffe der Psychoanalyse. Das Seminar Buch XI*, 1978, N. Haas) – Die besonderen Umstände dieses Seminars, das 1964 in Paris gehaltenen wurde und – von J. A. Miller transkribiert – 1973 als Buch erschien, bestimmen seinen Gegenstand grundlegend. Lacan wurde Ende 1963 auf Drängen der International Psychoanalytic Association (IPA) aus der Société française de Psychoanalyse ausgeschlossen. Daraufhin setzte er sein ursprünglich angekündigtes Seminar »Les Noms-du-père« ab und bekräftigte mit einem neuen Seminar zu den Fundamenten der Psychoanalyse seinen Anspruch auf das Erbe Freuds, welches ihm von der IPA streitig gemacht wurde. In der ersten Sitzung vergleicht Lacan diese Vorgänge mit der Exkommunikation Spinozas und somit die IPA mit der Institution der Kirche. Er stellt die Frage der Autorisierung und behandelt den Status der Psychoanalyse zwischen Religion und Wissenschaft. Mit der Religion teilt sie die Anerkennung einer grundlegenden Alienation des Subjekts, doch konzeptualisiert sie den Anderen, auf den das Subjekt bezogen ist, nicht religiös, sondern wissenschaftlich.

Den roten Faden des Seminars bildet das Objekt der Psychoanalyse: das ›Objekt Ursache des Begehrens‹ oder ›Objekt a‹. Lacan entfaltet sein theoretisches Gerüst entlang der vier Grundbegriffe: das Unbewusste, die Wiederholung, die Übertragung, der Trieb. Das Unbewusste entzieht sich allerdings dem begrifflichen Zugriff; als Kluft, als die abwesende Ursache ist es negativ konzipiert. Nach Lacans berühmtem Diktum, »das Unbewußte ist strukturiert wie eine Sprache«, sind seine Spuren in den Lücken und Ausständen des Sprach- bzw. Signifikantennetzes zu entziffern. Das Unbewusste ist nicht ontisch, sondern vielmehr ethisch verfasst. In der Lacan'schen Terminologie ist es das ›Reale‹, auf das durch das Dazwischentreten der Sprache allein als Verlorenes geschlossen werden kann.

Die Wiederholung wird von Lacan auf die Insistenz des Traumas bezogen, das in der Konstituierung des Unbewussten immer seine Narben hinterlässt. Sie ist unwillkommene, dabei verfehlte Begegnung mit dem Realen bzw. dem Trauma, »jenseits des Lustprinzips« (Freud). Lacan erfasst sie mit dem aristotelischen Begriff der ›tyche‹. Hier folgen die berühmten Sitzungen zum Blick, der von Lacan, neben Brust, Fäzes und Stimme, zu den ›Objekten a‹ gezählt wird, d. h. zu den fundamental verlorenen Objekten, deren Schicksal das Begehren eines Subjektes prägt. Lacan entfaltet seine Theorie des Blicks in Auseinandersetzung mit M. Merleau-Ponty, J.-P. ↗ Sartre, R. Caillois und der Malerei (besonders Holbein, *Die französischen Gesandten*, 1533). Der Blick ist nicht an das Organ des Auges gebunden, von diesem vielmehr grundsätzlich gespalten. Er entzieht sich da, wo er gesucht wird. Strukturell tritt der Blick als Störung oder Fleck im Bild auf.

Der Übertragung hatte Lacan bereits 1960/1961 ein Seminar gewidmet. Er begreift sie nicht als Schatten alter Liebesenttäuschungen, auch nicht als Affektgeschehen, sondern als jeweils aktuelles »Ins-Werk-setzen der sexuellen Realität des Unbewußten«, das durch die Präsenz des Anderen ausgelöst wird und die Relation des Subjekts zu ›seinem‹ ›Objekt a‹ hervortreten lässt. Gestützt auf seine grundlegende Formel »das Begehren ist das Begehren des Anderen« rückt Lacan die Frage nach dem Begehren des Analytikers in den Vordergrund.

Den Trieb unterscheidet Lacan deutlich vom biologischen Instinkt. Er betont die von Freud am Trieb unterschiedenen Elemente (Drang, Quelle, Objekt, Ziel) und akzentuiert das Zusammengesetzte, ja Montagehafte im Sinne der Surrealisten am Trieb. Trieb ist wesentlich Partialtrieb. Er ist geschlechtlich und als solcher auf den Tod des Individuums bezogen (vgl. Freuds Todestriebkonzeption). Topologisch gesehen legt sich die Kreisbahn des Triebes wie eine Schlinge um das ›Objekt a‹

bzw. dessen Stellvertreter. Lacan betont die ›rein topologische Realität‹ dieses Objektes und greift im Seminarverlauf zunehmend auf topologische Modelle zurück.

Zuletzt widmet Lacan sich der Subjektkonstitution, für die er zwei aufeinander folgende Operationen beschreibt: Die Alienation bezeichnet die konstitutive Spaltung, das Schwinden des Subjekts auf der Seite des Seins (fading, Aphanisis), die Separation die Verwindung und Hereinnahme der Spaltung ins Subjekt selbst. Lacan schließt das Seminar mit einem hoch verdichteten Kommentar zum 20. Jh., in dem er das Auftreten der sogenannten Massenmedien, vor allem aber das Drama des Nazismus von der Frage des Begehrens her zu situieren sucht.

Lacans aus höchst heterogenem Material gewebter Text wie auch sein mäandernder und überraschender Stil entfernen sich weit von wissenschaftlichen Konventionen. Das Seminar kennzeichnet die Öffnung des Lacan'schen Diskurses für nicht psychoanalytisch Praktizierende, die gleichwohl seine Hauptadressaten bleiben. Länderspezifisch ist die psychoanalytische Praxis nach Lacan unterschiedlich stark verbreitet. In Literatur-, Kunst- und Kulturwissenschaften hat sein Werk zunächst im Strukturalismus, dann weit darüber hinaus starke Wirkungen entfaltet.

■ Lit.: B. Fink u. a. (Hg.): Reading Seminar XI, L.'s ›Four Fundamental Concepts of Psychoanalysis‹, 1995. ■ S. Leclaire: Psychoanalysieren. Ein Versuch über das Unbewußte und den Aufbau einer buchstäblichen Ordnung, 2001 [frz. Ausg. 1968].

Mai Wegener

Jules **Laforgue**

■ geb. 16. 8. 1860 Montevideo (Uruguay)
■ gest. 20. 8. 1887 Paris (Frankreich)

1879 Redaktionssekretär der *Gazette des Beaux Arts*; Kontakt mit Symbolistenzirkeln, vor allem mit Mallarmé; befreundet mit Bourget, der ihm 1881 eine bescheidene Stellung am Preußischen Hof (1881–1886) verschaffte; jung an Tuberkulose gestorben; beeinflusst von Schopenhauer und E. v. Hartmann; einer der Hauptvertreter der symbolistischen Lyrik in Frankreich.

■ Ausg.: Œuvres complètes, 3 Bde, Hg. J.-L. Debauve, 1986–1988.
■ Lit.: H. Scepi: Poétique de J. L., 2000.

Das lyrische Werk

(frz.) – Wie viele seiner französischen Zeitgenossen vom epistemologischen Denken seiner Epochen affiziert, beschäftigte sich Laforgue mit modernen Denkern und Naturwissenschaftlern: C. Darwin, H. L. F. Helmholtz und vor allem dem Philosophen Eduard von Hartmann (1842–1906), dessen *Philosophie des Unbewußten* (1869) bereits 1877 ins Französische übersetzt wurde. Hartmanns »Unbewußtes«, als der in allem waltende Weltgrund, ist dem Schopenhauer'schen »Willen« verwandt und wie dieser etwas blind Unvernünftiges, von dem der zur Vernunft Erwachte sich zu befreien versucht. Diese Welt ist zwar, nach Hartmann, die beste aller möglichen Welten, aber immer noch so schlecht, dass es besser wäre, es gäbe überhaupt keine Welt.

Schon als 19-jähriger entwarf Laforgue einen umfangreichen Zyklus philosophischer Gedichte, *Le sanglot de la terre (Das Schluchzen der Erde)*, von dem einige Stücke in die späteren Gedichtsammlungen Eingang fanden, andere postum veröffentlicht wurden. Diese Werke lassen bereits den Geist von Pessimismus und Dekadenz ahnen, der bestimmend für Laforgues Schaffen werden sollte: »Erster Teil: das Schluchzen der Erde, des Gehirns, des Erdbewußtseins. In einem zweiten Band will ich alles Elend, allen Schmutz des Planeten in der Unschuld der Himmel versammeln, die Bacchanalien der Geschichte, Asiens Pracht, die Drehorgeln von Paris, den Karneval des Olymp, die Morgue des Musée Dupuytren, das Hospital, die Liebe, den Alkohol, den Spleen, die Massaker, die Thebaiden, den Wahnsinn, die Salpêtrière.« Besessen von der Idee des Todes, gab er dieser allerdings auch mitunter tändelnd ironischen, manchmal gar sarkastischen Ausdruck. Nicht ohne Grund zählt man unter Laforgues erklärte Vorgänger und Vorbilder neben den symbolistischen Zeitgenossen Jean Richepin (1849–1926) und Charles Cros (1842–1888) auch Heinrich Heine und vor allem Paul Verlaine, der seine Melancholien unter volksliedhafter Eleganz zu verbergen wusste.

Laforgues wichtigste lyrische Werke entstanden in seiner Berliner Zeit, als er am preußischen Hof Vorleser der Kaiserin war. Dort entstanden zwischen 1881 und 1886 die einzigen beiden Gedichtsammlungen, die er selber zu Lebzeiten zum Druck beförderte. In *Les complaintes*, 1885 *(Die Bänkelgesänge)*, zeigen sich die formalen Besonderheiten, die ihn als Lyriker bekannt machten: Er mischt Versformen wie den Alexandriner mit dem freien Vers (›vers libre‹); auch experimentierte er mit Strophenformen und Refrains; Formen religiöser Dichtung wie die Litanei stehen neben Balladen und Volksliedern. Auch thematisch ist sein Werk beherrscht vom Prinzip der Kombinationskunst. So mischt er die gehobene Stillage mit alltäglichen, bald parodistischen, ironischen, zynischen Tönen, verschmäht auch nicht den Gassenhauer, den er mit liturgischen Formeln durchsetzt: Nichts scheint ihm heilig, alles ist verwendbar: irisierende Klänge, Verfärbungen, feierliche und karikierende Wortprägungen. Er schafft ein Feuerwerk überraschender Augenblickseffekte, das allerdings auch dazu bestimmt scheint, durch sein Geprassel etwas zu verbergen oder doch nicht allzu deutlich werden zu lassen: den unheilbaren ›ennui‹, die Verstörtheit, das Ungenügen, die Verzweiflung über die Nichtigkeit des Lebens, das Nichts des Alls.

Eine seiner Hauptgestalten ist Pierrot, der als ein melancholischer Dandy des Mondes durch seine Verse geistert: »Wie nachts im Parke sie die leisen / Bildsäulen aus dem Schlafe stören, / Doch ihre Gunst und Liebesschwören / Den wenigst nackten nur erweisen, // So tun, mit einer Frau allein, / Sie so, als wären sie ein Dritter, / Verwechseln ›zuckersüß‹ und ›bitter‹, / Fordern ein Nichts mit wildem Schrein, // Reden von Lieb wie aus dem Grab / Mit tiefer Stimme in Ekstasen, / Und schließen ihr verzwicktes Rasen / Mit einem Lassen wir das! ab, // Bis trunken sich die Frau vergißt, / Betört von irgend einer stillen / Begier nach Mond, ihnen zu Willen / Jenseits der Konventionen ist.« (»Pierrots III«)

Der fast gleichzeitig entstandene Zyklus *L'imitation de Notre-Dame la Lune*, 1886 *(Die Nachfolge Unserer Lieben Frau Mond)*, forciert die Durchmischung von Profanem und Heiligem. Das Unbewusste bringt ein unaufhörliches Gaukelwerk immer neuer Illusionen hervor; dementsprechend entwickelt Laforgue die Ästhetik einer sich ständig erneuernden, gebrochenen, in irritierenden Sprüngen und Umschwüngen sich fortbewegenden Poesie.

Laforgue gilt zusammen mit seinem Freund Gustave Kahn (1859–1936), dem Herausgeber von *La Vogue* und der *Revue Indépendante*, als Erfinder des ›vers libre‹, einer Verstechnik, die sich von der strengen Silbenzählung befreit, auf den Reim zwar noch nicht verzichtet, doch auch ›unreine‹ Reime zulässt. Laforgue verwendet diesen ›freien Vers‹ gerne in unregelmäßig gebauten längeren Gedichten, in denen ein Zug zum Erzählenden sich durchsetzt; so in dem nachgelassenen »Solo de lune« (Solo bei Mondenschein), einem kleinen Meisterwerk der Zärtlichkeit und ironisch gebrochenen Stimmung.

Die Liebe ist eines der Hauptthemen des Autors, der sich gerne als Misogyn und Lebemann gibt und den es doch nach nichts anderem verlangt als nach der einen, einzigen Geliebten. Einerseits ist die Liebe »eine ewige Farce, schmutzig und lächerlich«, andrerseits bleibt die Frau ein Idol, wenn möglich ein unberührtes (das erspart Ärger und unliebsame Folgen). »Pierrot fumiste« heiratet Colombinette, doch er lebt enthaltsam. Als ihre Mutter und deren Hausarzt auf Scheidung klagen, »verweigerte Pierrot jede ärztliche Feststellung, verlor seinen Prozeß, aber [...]. // Er machte von seiner letzten verheirateten Nacht ausgiebigsten Gebrauch, umarmte und besaß seine Frau verliebt wie ein brünstiger Stier, und am nächsten Morgen pfiff er, pfiff, wie wenn nichts passiert wäre, packte seine Koffer und reiste nach Kairo. // Gab ihr die Hand, küßte sie unter Tränen: Ich habe dich so geliebt! Du hättest die glücklichste aller Frauen sein können, aber man hat mich nicht verstanden. Was hast du davon? Jetzt bist du eine unwiederverheiratbare Witwe. Und hohnlächelnd reiste er fidel ab.« So erscheint die Frau bei Laforgue als »Agentin des Lebenstriebes, dem Unbewußten näher als wir. Sie ist das verführerische Wesen, die Zofe der Maja, das Rätselhafte in tausend fernen Allegorien. Ihre Jungfräulichkeit empört sich gegen den begehrenden Mann. Oder sie wird ersehnt, sie soll befreundete Gefährtin sein. Oder nur kurze Genüsse auslösen. Oder sie rettet Gott [...]. In verwirrenden Kadenzen tun sich alle Möglichkeiten auf, mit allen spielt der Dichter, alle schlingen sich in seinen Reigen burlesker Heiterkeit ein [...].« (M. Brod) Dahinter verbirgt sich schamhaft eine unheilbare Traurigkeit.

Trotz seines quantitativ bescheidenen Werks ist Laforgue zu einem der Leitsterne dekadenten Dichtens am Ende des 19. Jh.s geworden. Noch Gide und T.S. Eliot haben sich auf ihn berufen.

■ Übers.: Poetische Werke, Hg. F. Stückemann, 2002.
■ Lit.: D. Kim: L'univers stylistique des éléments contradictoire de J. L., 1998. *Friedhelm Kemp / KLL*

Alphonse-Marie Louis Prat de Lamartine

■ geb. 21. 10. 1790 Mâcon (Frankreich)
■ gest. 28. 2. oder 1. 3. 1869 Passy bei Paris (Frankreich)

1803 bis 1807 Jesuitenkolleg; 1814 Militärdienst, Abschied aus gesundheitlichen Gründen; 1820 Diplomat in Neapel, 1825 in Florenz; 1832 Orientreise; 1833 Abgeordneter der Kammer; humaner Sozialist; 1848 Außenminister der provisorischen Regierung; nach dem Staatsstreich von 1851 Rückzug aus der Politik; wurde aus Geldnot zum Vielschreiber; erster großer romantischer Lyriker Frankreichs.

■ Ausg.: Œuvres poétiques complètes, Hg. M.-F. Guyard, 1977.
■ Übers.: Sämtliche Werke, 30 Bde, G. Herwegh, 1839–1853.
■ Lit.: C. M. Lombard: L., 1973.

Méditations poétiques

(frz.; *Poetische Betrachtungen*, 1826, G. Schwab) – Die 1820 anonym erschienene Gedichtsammlung bestand zunächst aus 24 Oden, Elegien und Episteln, wurde aber bis 1849 auf 41 Gedichte erweitert und mit Kommentaren meist autobiographischen Inhalts versehen. Lamartines Erstlingswerk vereinigt Gedichte unterschiedlicher Inspiration, die während der politisch unsicheren Jahre 1815 bis 1820 entstanden sind. Auf die allgemeine Unruhe einer Generation, die gerade die Niederlage Napoleons erlebt hatte, antwortet Lamartine mit einer Dichtung der Besinnung und inneren Einkehr. Neben Jugendgedichten stehen philosophisch-religiöse Gedankenlyrik sowie rationaldidaktische Dichtungen in der philosophischen Tradition des späten 18. Jh.s (↗ Rousseau, ↗ Bernardin de Saint-Pierre, ↗ Chateaubriand), die Lamartine in der späteren Gedichtsammlung *Harmonies poétiques et religieuses*, 1830 (Religieuse und poetische Meditationen), wieder aufnehmen sollte. Selbst in der lehrhaften Gedankenlyrik ist jenes »Ich, das [...] in sich selbst zurückgezogene, geheimnisvolle Ich« in seinem »Alleinsein und Fremdsein der realen Welt gegenüber« das eigentliche Thema.

Den Erfolg der *Méditations* begründeten die berühmten Gedichte »L'isolement« (»Einsamkeit«), »Le soir« (»Abend«), »Le vallon« (»Das Tal«), »Le souvenir« (»Erinnerung«), »Le lac« (»Der See«), »L'invocation« (»Anrufung«), »Le temple« (»Der Tempel«), »L'automne« (»Herbst«). Sie entstanden in der tiefen seelischen Krise, in die der frühe Tod (1817) seiner Geliebten Julie Charles – die »Elvire« seiner Dichtungen – Lamartine stürzte.

Mit wenigen Strichen vage angedeutete Naturbilder werden zu Symbolen der Melancholie und Trauer, der Todessehnsucht, aber auch einer mystischen Verklärung (Einflüsse von Edward Young und James Macphersons »Ossian«). Der Dichter wird nicht müde, die schmerzliche Erinnerung an die Geliebte in elegischen Versen zu beschwören. Dabei verbindet sich in seiner Sprache auf eigenartige Weise eine viel gerühmte, gesanglich strömende Melodik mit klassizistischer Rhetorik; vorherrschendes Versmaß ist der Alexandriner.

Lamartines Bildwelt jedoch hat sich von den Beschränkungen der klassisch-mythologischen Tradition befreit. Ein neuartiges Naturgefühl speist die Dichtung, in der nun Landschaft als psychologisches Zeichensystem, als Seelenlandschaft aufgefasst wird. Alle greifbaren Inhalte sind so weit unterdrückt, dass nur noch das lyrische Erlebnis, die Bewegtheit der Seele selbst, vermittelt wird. »Ich bin der erste, der die Dichtung vom Parnaß herabgeholt hat und dem, was man die Muse nannte, statt einer Leier mit sieben konventionalen Saiten die Fibern des menschlichen Herzens selbst gab, die von den zahllosen Schwingungen der Seele und der Natur berührt und erregt werden.«

Die Neuheit dieser unmittelbar sprechenden Dichtung und der harmonische Fluss ihrer Verse sicherten dem Werk die enthusiastische Zustimmung der frühen Romantiker, die in den *Méditations* eine richtungweisende Verwirklichung ihrer literarischen Ziele begrüßten.

■ Lit.: A. Kablitz: A. de L.s ›Méditations poétiques‹, 1985. ■ N. Courtinat: N.C. présente ›Méditations poétiques‹ d'A. de L., 2004.

Klaus Engelhardt / KLL

Jocelyn

(frz.; *Jocelyn. Tagebuch eines Dorfpfarrers*, 1880, J. Bernhard) – Das 1836 erschienene Versepos ist Schlussteil einer geplanten, aber Fragment gebliebenen Menschheitsgeschichte, von der außer dem letzten nur der erste Teil, *La chute d'un ange*, 1838 *(Der Fall eines Engels)*, verwirklicht wurde.

Während der jakobinischen Schreckensherrschaft flüchtet Jocelyn aus dem Priesterseminar. In einer Grotte in den Bergen der Dauphiné finden er und ein ihm anvertrauter Schützling Unterschlupf. Aus Freundschaft wird Liebe, als sich herausstellt, dass Laurence in Wahrheit ein Mädchen ist. Die lyrischen Partien, in denen Lamartine den Zauber der Alpenlandschaft nachzeichnet, korrespondieren mit der Idylle dieser »Minnegrotte«, deren utopischer Charakter in Gegensatz zur politischen Wirklichkeit tritt. Doch dieses Paradies ist nur von geringer Dauer, denn der Ruf des zum Tod verurteilten Bischofs von Grenoble, der Jocelyn zum Priester ordiniert, um von ihm die Sterbesakramente empfangen zu können, zerstört alle Hoffnungen und trennt die beiden Liebenden. Während Laurence in Paris Vergessen sucht, übt Jocelyn sein Amt in dem Bergdorf Valneige aus, bis man ihn eines Tages an ein Krankenlager ruft und er in der Sterbenden seine Geliebte erkennt. Nach ihrem Tod widmet er sich aufopfernd der Pflege von Pestkranken und wird schließlich selbst von der Seuche hinweggerafft. Nahe der Berggrotte begräbt man ihn neben Laurence.

In der Konzeption ↗ Hugos *Légende des siècles*, 1859 *(Legende der Jahrhunderte)*, ähnlich, sollte das Epos Aufstieg und Rückkehr des menschlichen Geistes zu seinem göttlichen Ursprung darstellen. Der gefallene Engel, Symbol des Menschen nach dem Sündenfall, muss mehrere Leben durchlaufen, ehe er sein ursprüngliches Wesen wiedererlangt. In *Jocelyn* erreicht die Titelfigur das Heil dieser paradiesischen Ursprünglichkeit im Tod, dessen Unausweichlichkeit die vorangegangenen Episoden des Glücks nur als ephemer erscheinen lässt.

Deutliche Anklänge an eine Legende durchdringen sich in *Jocelyn* mit Zeitbezügen. Doch bleiben beide thematischen Komplexe dem geschichtsphilosophischen Konzept Lamartines untergeordnet, das die politischen Grundanschauungen des Autors zum Ausdruck bringt. Die überzeitliche und überindividuelle Symbolik des Gedichts verschränkt sich mit der aktuellen Fragestellung nach dem Sinn der Revolution. Lamartine, zunächst überzeugter Monarchist, später gemäßigter Liberaler, verhehlt seinen Widerwillen gegen einen radikalen Umsturz nicht. Statt Aufruhr und Empörung predigt er soziales Mitleid und Ergebenheit in Leid und Schmerz, Tugenden einer restaurativen Gesellschaftsordnung, der die Idylle als dichterisches Szenarium vollkommen entspricht. Besonders hervorzuheben ist an dem Werk trotz gewisser kompositorischer Mängel die unnachahmliche Musikalität des Verstons, den unter den französischen Romantikern nur Lamartine mit solcher Empfindsamkeit zu treffen verstand.

▪ Lit.: M. Engelhardt: L'évolution spirituelle de ›Jocelyn‹, in: Proceedings of the Pacific Northwest Conference on Foreign Languages 26, 1975, 74–77. *Ingrid Peter / KLL*

Valéry Larbaud

▪ geb. 29.8.1881 Vichy (Frankreich)
▪ gest. 2.2.1957 Vichy (Frankreich)

Nach Erbschaft eines beträchtlichen Vermögens Reisen nach Deutschland, Russland, ins Osmanische Reich; Philologiestudium an der Sorbonne; Mitarbeit an *La Phalange* und *Nouvelle Revue Française*; Freundschaft mit Joyce, Bekanntschaft mit ↗ Gide und Rivière; Essays über spanisch- und englischsprachige Autoren; Entwicklung von Lyrik und Prosa aus der parnassischen Dichtung, Wechsel von den traditionellen realistischen zu experimentellen Schreibweisen.

▪ Ausg.: Œuvres complètes, 10 Bde, 1950–1955. ▪ Œuvres, 1977.
▪ Lit.: J.L. Brown: V.L., 1981. ▪ N.C. Gagne: De l'espace réel á l'espace imaginaire dans l'œuvre de V.L., 2000.

A.O. Barnabooth

(frz.; *Sämtliche Werke des A. O. Barnabooth*, 1986, G. Goyert) – Der ab 1903 entstandene und in seiner endgültigen Gestalt 1913 erschienene Romanessay ist eines jener formal extravaganten Produkte des französischen Fin de Siècle, die die Erzählexperimente des modernen Romans vorbereiteten. Die zwischen lyrischer, epischer und essayistischer Erzählweise changierende ›deambulatorische‹ Erzählform integriert vom Tagebuch über erzählende Prosa und Gedichte bis hin zum fingierten Sachtext alle diese Gattungen und verweist durch ständigen Rückbezug auf Literatur, Kunst und Philosophie auf das eigene ›Gemachtsein‹. Der Roman wird so zum Dokument einer Geistesbeschäftigung, die stärker die Bildungsgeschichte des wahrnehmenden Subjekts als die wahrgenommene Welt reflektiert. So erweist sich schon die Gestalt des Protagonisten A.O. Barnabooth als gefilterte Selbstdarstellung des kultivierten, sich selbst niemals allzu ernst nehmenden Weltenbummlers Larbaud, der sich in jedem Land, jeder Stadt, jeder Sprache, jeder Literatur und jedem Milieu zu Hause fühlte. Auch sein fiktives Alter ego ist ein Weltbürger im besten Sinn des Wortes, sein Name zusammengesetzt aus Literaturzitaten. »Barnes«, ein Ort in der Nähe Londons, und »Booth«, der fiktive Firmenname eines englischen Pharmazieunternehmens, spielen an auf drei Werke Larbauds: Die »Poemes par un riche amateur«, 1908 (Gedichte eines reichen Dilettanten), »Le pauvre chemisier. Conte morale«, 1908 (Der arme Hemdenmacher. Moralische Erzählung), und das »Journal d'un milliardaire« (späterer Titel: »Son journal intime«, Sein persönliches Tagebuch), 1913 (*Der arme Hemdenmacher und Tagebuch eines Milliardärs*, 1956, G. Goyert).

In einer »Biographie de M. Barnabooth«, die nur in der Erstausgabe (1908) enthalten ist, wird Archibaldo Olson Barnabooth, ein südamerikanischer Milliardär, vorgestellt als »ein charmanter junger Mann von knapp vierundzwanzig Jahren, klein von Gestalt, immer einfach gekleidet, schlank, mit Haaren, die ins Rote spielen, blauen Augen und sehr blasser Gesichtsfarbe«. Seine Leidenschaft gilt »gleichermaßen der Kunst, der Literatur, dem Reisen und den Frauen«, er ist überdies »ein großer kosmopolitischer Patriot«. Die Konzeption dieser Gestalt reicht in Larbauds Jugendjahre zurück. Anregungen empfing er dabei durch Louis Boussenards *Le secret de Monsieur Synthese* (Das Geheimnis des Herrn Synthese), durch Victor Duruys *Histoire romaine* (Römische Geschichte), wobei ihn vor allem die Gestalten der in frühester Jugend bereits über absolute Macht verfügenden römischen Kaiser der Verfallsepoche faszinierten, sowie durch das wahre Schicksal des Milliardärs Max Lebaudy, der 1896, erst 23-jährig, eines aufsehenerregenden Todes gestorben war.

In der Erzählung »Der arme Hemdenmacher«, die später dem Tagebuch vorangestellt wurde, wird Barnabooth dem Leser erstmals vorgestellt als ein »armer Reicher, den niemand liebt« und der an der Liebe verzweifelt, weil sie zwar teuer, aber immerhin käuflich ist. Die »Poésies de A.O. Barnabooth« (A.O. Barnaboths Gedichte) und das »Journal d'un milliardaire« entstanden während und nach Larbauds Europareise in den Jahren 1902 bis 1908. In Barnabooths Gedichten kristallisiert sich das ›deambulatorische‹ Grundprinzip des flanierenden Autors auch thematisch, bearbeiten sie doch vor allem Impressionen der Streifzüge durch Europa; der Rhythmus der Verse ist von den eilenden Luxuszügen, Orientexpress und Südbrennerbahn, mitgeprägt. In bewusster Distanz lässt Larbaud den Dichter Barnabooth sprechen: »ein Träumer, der für die Verschiedenheit der Rassen, Völker, Länder, empfänglich ist«. Der »Ausländer«, Globetrotter und »Dilettant« scheut sich nicht,

Worte aus anderen Sprachen, ungewöhnliche, schockierende Formulierungen und Zitate zu gebrauchen, und es gelingt ihm, »die Ironie eines ↗ Laforgue, die Heftigkeit eines ↗ Rimbaud und den Lyrismus eines Whitman zu vereinen«.

Das »Journal« schließlich zeigt den Milliardär auf Reisen. Barnabooth hat alle sozialen und materiellen Bindungen gelöst, seinen gesamten Besitz verkauft und macht nun seine »erste Reise als freier Mann«. Teils im »Salonwagen«, teils im »Kilometerfresser« seines Freundes rollt er von Land zu Land, von Weltstadt zu Weltstadt. Auf der Suche nach sich selbst, nach dem »Absoluten«, nach Freiheit hält er seine Abenteuer, Begegnungen und Erinnerungen schriftlich fest, beschreibt Städte und Landschaften, studiert seine Freunde und ihre Spleens, porträtiert zärtlich oder boshaft von ihm geliebte, nicht mehr geliebte und nie geliebte Frauen und betreibt dabei eifrig Selbstanalyse.

Dem Konzept entsprechend, verbietet sich geradezu eine einsinnige Lektüre des Werks, an dem seine pittoresken Momente ebenso zu faszinieren vermögen wie die treffende, an der französischen Moralistik geschulte Beobachtung. Doch ist der Roman durch seine emphatisch zur Schau gestellte Heterogenität vor allem Ausdruck der Unmöglichkeit und des Unwillens, in den Bahnen der Erzählkunst des gerade ausgeklungenen 19. Jh.s zu verharren. So kündigt Larbauds Meisterwerk nicht nur die literarischen Spaziergänge surrealistischer Träumer wie ↗ Picabia (vgl. dessen erst 1974 publizierten Roman *Caravanserail*), ↗ Aragon (*Le paysan de Paris*, 1926) und ↗ Breton (*Nadja*, 1928) an, sondern auch die Erzählexperimente des nouveau roman.

■ Lit.: D. Lückoff: Der ideale Leser bei V. L., 1994.

Ingrid Peter / Gerhard Wild

Comte de **Lautréamont**

■ geb. 4. 4. 1846 Montevideo (Uruguay)
■ gest. 24. 11. 1870 Paris (Frankreich)

(d. i. Isidore-Lucien Ducasse) – Sohn eines französischen Konsulatsbeamten in Uruguay; ab 1860 in Frankreich (Tarbes und Pau); 1867 École Polytechnique Paris; ab 1868 freier Schriftsteller; Tod durch Tuberkuloseerkrankung; literarischer Einzelgänger mit großem Einfluss auf die Avantgarde, von ↗ Apollinaire und vor allem den Surrealisten entdeckt.

■ Ausg.: Œuvres complètes, Hg. L. Genonceaux, 1987.
■ Übers.: Werke, W. Schmidt, 1985. ■ Das Gesamtwerk, R. Soupault, 1988.
■ Lit.: J.-L. Lefrère: Isidor Ducasse, 1998.

Les chants de Maldoror

(frz.; *Die Gesänge des Maldoror*, 1954, R. Soupault) – Das umfangreiche epische Prosagedicht in sechs Gesängen erschien 1869 in einer retuschierten Fassung, da der Verleger strafrechtliche Konsequenzen fürchtete. Erst die postum erschienenen Ausgaben machten ein Werk bekannt, das ↗ Gide in seinen *Éloges*, 1948 (Lobgesänge), mit den Werken ↗ Rimbauds auf eine Stufe stellte.

Ein destruktiver Antrieb bestimmt die infernalische Grausamkeit der Bilderwelt dieser Gesänge: »Meine Dichtkunst wird nur darin bestehen, den Menschen, dieses Raubtier, mit allen Mitteln anzugreifen und mit ihm den Schöpfer, der ein solches Ungeziefer nicht hätte erzeugen sollen. Bände auf Bände werden sich türmen bis ans Ende meines Lebens, und doch wird man darin immer nur diesen einzigen meinem Bewußtsein dauernd gegenwärtigen Gedanken finden.«

Der Name des ›Helden‹ Maldoror erlaubt verschiedene Deutungen: »die aufgehende Sonne des Bösen« (»l'aurore du mal«) oder »der Vergolder des Bösen«. In ähnlicher Weise bildete Lautréamont sein Pseudonym aus einer Wortumstellung, das auf den Erfolgsautor ↗ Sue zurückgeht: Der Titel seines heute nicht mehr gelesenen Romans *L'autre Amon*, 1837 (Der andere Amon), bezeichnet den Engel des Bösen und verweist so auf die apokalyptische Wirkungsabsicht.

Das sprechende Ich der Gesänge verbirgt sich hinter unzähligen, vielfältigen Gestalten und Masken. Es ist die Verkörperung des absolut »Bösen«, ein negatives Gegenprinzip des »Schöpfers«. Bald »strenger Zensor« der »unlauteren Taten Gottes«, bald der »Vampir«, der »Bruder des Blutegels«, ist der luziferische Rebell Maldoror Phantom und räuberisches Ungeheuer zugleich, der fiktive Herrscher über eine lemurenhaft-nächtliche Szenerie, in der Bilder aus dem animalischen Bereich vorherrschen. Erbe de ↗ Sades und ↗ Baudelaires, vergeht er sich vorzugsweise an den Schwachen und Hilflosen: »Ich bediene mich meines Geistes, um die Wonnen der Grausamkeit zu schildern, keine flüchtigen, künstlichen Wonnen, sondern solche, die mit dem Menschen begonnen haben, die mit ihm enden werden.« Sein Hass auf den Menschen, diesen »sublimen Affen«, entlädt sich in einer Flut von archaischen, quälend-präzisen Bildern, deren Aggressivität alle literarischen Konventionen des 19. Jh.s sprengt: »Ich habe das Leben wie eine Wunde empfangen und habe dem Selbstmord verboten, die Narbe zu heilen. Ich will, daß der Schöpfer in jeder Stunde seiner Ewigkeit den klaffenden Riß betrachte. Das ist die Sühne, die ich ihm auferlege.«

Die sechs Gesänge bilden nur äußerlich eine Einheit. In zahlreiche selbständige ›Strophen‹ gegliedert, verbinden sie die verschiedensten Elemente: flutende Hymnen wie die an die »strenge Mathematik«, an die

»unbegreiflichen Päderasten«, an den Ozean. Es herrschen die Prinzipien der Stil- und Gattungsmischung, die verschiedenste Textsorten einzugliedern erlaubt: dramatische Dialoge wie Maldorors Gespräch mit dem Totengräber oder lyrische »Nachtstücke« und traumhafte Visionen; Maldorors Traum, im Körper eines Schweins zu leben, epische Kurzszenen wie Maldorors Kampf mit dem Drachen, reflektierende Abschnitte mit exakter, nahezu sophistischer Rhetorik, ja schließlich sogar einen poetologischen Essay, der eine ausformulierte Theorie der Metapher enthält. Alle diese Elemente begründen eine neue, von Baudelaires Prosagedichten inspirierte epische Form, deren bewusste Heterogenität über das sich ankündigende Fin de Siècle hinaus bis weit in die Avantgarden weist.

Diesem Ausblick auf literarische Entwicklungen des 20. Jh.s entspricht auch, dass Maldorors »Ich« sich im Verlauf der Gesänge keineswegs als stabil erweist. An die Stelle einer einheitlichen Erzählperspektive tritt der sprunghaft übergangslose Wechsel vom »Er« zum »Ich«, der den Protagonisten zugleich zum Subjekt und Objekt poetischer Wahrnehmung werden lässt. Dieses aufreizende Vexierspiel steht im Dienst der auf vollkommene Deformation, auf Verrätselung des Geschehens und Verwirrung des Lesers gerichteten labyrinthischen Anlage eines Werkes, das eine mögliche – und vielleicht sogar gewünschte – Identität des Autors und seines Geschöpfes lauernd umkreist. Dieser Mimikry entspricht auch der metamorphe Charakter der erzählten Welt: Maldoror wechselt häufig die Gestalt und tritt als Krake, Adler, Taschenkrebs oder Hai auf; ein Haar, das Gott bei einem Besuch in einem irdischen Bordell verlor, »groß wie ein Mann«, beginnt einen langen Monolog.

Selbst Interpreten aus dem Umkreis der literarischen Décadence wie Remy de Gourmont haben diese stilistischen Eigentümlichkeiten zu der Auffassung gebracht, es habe sich beim Verfasser der Gesänge um einen Geistesgestörten gehandelt. Dagegen spricht allerdings die Bewusstheit, mit der der Autor seine sprachlichen Mittel handhabt. So finden sich, besonders im dritten und vierten Gesang, Satzkonstruktionen von außerordentlicher Kühnheit und großer rhythmischer Intensität.

Dass auf Lautréamonts Bedeutung für die moderne Literatur gerade die Surrealisten aufmerksam machten, liegt in der Kühnheit seiner metaphorischen Konstruktionen begründet, deren Verkettungen an die rhetorischen Phantasien des Renaissancemanierismus gemahnen. Schon die ersten Gesänge bieten zahllose Beispiele für Ketten von Bildern und Metaphern, deren entferntere Glieder immer mehr den Zusammenhang mit dem Ausgangspunkt verlieren. Ebenfalls in manieristischer Tradition steht Lautréamonts ironisches Bewusstsein, das die eigene dichterische Produktion gleichsam durch ein umgekehrtes Fernglas betrachtet und die illusionistische Wirkung der eigenen Rede zerstört: »Wer ihr auch seid, entfernt euch; aber wenn ihr ein Zeichen von Schmerz oder Furcht auf meinem Hyänenantlitz zu sehen glaubt (ich benutze diesen Vergleich, obwohl die Hyäne schöner ist als ich und angenehmer zu betrachten), dann seht euren Irrtum ein: er trete näher.«

Geradezu exemplarisch entfalten die *Chants de Maldoror* Elemente der »kühnen Metapher«: »Zwei Pfeiler, die für Affenbrotbäume zu halten nicht schwierig und noch weniger unmöglich wäre, zeigten sich, größer als zwei Stecknadeln, im Tale.« In zunehmendem Maße werden Metaphern mit übermäßiger Bildspanne verwendet. Das bekannteste Beispiel – »er ist schön wie die Einziehbarkeit der Raubvogelkrallen; oder auch wie die Unschlüssigkeit der Muskelbewegungen in den Wunden der Weichteile der hinteren Genicksgegend; oder vielmehr wie jene perpetuelle Rattenfalle, die, von dem gefangenen Tier selbst immer von neuem gespannt, allein und unaufhörlich Nagetiere fangen kann und die sogar unter Stroh versteckt arbeitet; und vor allem wie die unvermutete Begegnung einer Nähmaschine und eines Regenschirms auf einem Seziertisch«.

Gerade die Unwillkürlichkeit dieser Metaphorik hat die Surrealisten ↗ Reverdy und ↗ Breton zu einer der grundlegenden Produktionshypothesen des Surrealismus angeregt: Das Bild gehe nicht aus dem vergleichenden Nebeneinander und der Ähnlichkeitsbeziehung hervor, sondern aus der »Annäherung von zwei mehr oder weniger voneinander entfernten Wirklichkeiten. Je entfernter die Beziehungen dieser Wirklichkeiten zueinander sind, desto stärker wird das Bild sein« (Breton: *Manifeste du surréalisme*, 1924).

Im Gefolge dieser übermäßigen Bildspannen tritt auch die freigesetzte und damit austauschbare Metapher auf: So heißt Maldoror im sechsten Gesang in kurzen Abständen »der Mensch mit den Jaspislippen«, »der Korsar mit den goldenen Haaren«, »der Mensch mit den Schwefellippen«. Dennoch scheint es nicht zwingend, schon bei Lautréamont die später vom Surrealismus entwickelte automatische Schreibweise verwirklicht zu sehen, wenn auch der sechste Gesang – und er allein – mit seinen frei schwebenden Assoziationen stellenweise daran erinnert.

In den grauenhaften und monströsen Scheußlichkeiten der *Chants de Maldoror* macht sich eine alle Dämme sprengende, entfesselte Phantasie daran, ein Inferno zu gestalten, in das verdrängte, infantile Wunschvorstellungen des Autors ebenso eingehen wie die Ängste eines »kollektiven Unbewußten«, die sich in »grausame Lust« umsetzen und die klassische Hierarchie der Bewusstseinszustände umstülpen, aus der Traum und Vision bisher verbannt waren. Man hat darauf hingewiesen, in welchem Ausmaß amphibische, überhaupt tierische Monstrositäten (Hai, Krake, Taschenkrebs, Nacktschnecken, Kröte, Spinne, Laus, Nachtvögel, Glühwurm usw.) jene Aggressivität entwickeln, die der Autor als langjähriger Schüler von Internaten unterdrücken musste – eine psychologische Erklärung, die durch zahllose Textstellen bestätigt wird: »Ich warne den, der mich liest, davor, sich unklare und, mit noch besserem Grund, sich falsche Vorstellungen von der literarischen Schönheit zu machen, die ich in der äußerst schnellen Abwicklung meiner Sätze entblättere.«

Lautréamonts radikale Empörung gegen die »Utopie der großen, universellen Menschheitsfamilie« hat zwar literarische Vorbilder, vor allem Byron und Edward Young, ja selbst Dante und Milton, auf die er im Vorwort eingeht. Doch in dem Maße, in dem sich seine gesuchten Kühnheiten über deren ästhetisch-ethische Grenzen hinwegsetzen, ist er zum Einflüsterer ganzer Generationen von literarischen Rebellen im 20. Jh. geworden.

■ Lit.: D. Rieger: Der Esel und die Feige. L.s literarische Quellen und die Inauthentizität der ›Chants de Maldoror‹, in: Romanische Forschungen 88, 1976, 43–56. ■ L. Nathan: Le scripteur et ses signifiants en six chants ou le miroir brisé de Maldoror, 2002.

Hans-Horst Henschen

Jean-Marie Gustave **Le Clézio**

■ geb. 13. 4. 1940 Nizza (Frankreich)

Sohn eines Bretonen mit englischer Staatsbürgerschaft; Literaturstudium, anschließend Lektor an den Universitäten Bristol, London und Aix-en-Provence; Reisen in die USA, nach Mexiko und Ostasien mit großem Einfluss auf sein erzählerisches Werk; bedeutender Vertreter des französischen nouveau roman der zweiten Generation; 2008 Nobelpreis für Literatur.

■ Lit.: S. Bieker: L. C., in: Kritisches Lexikon zur fremdsprachigen Gegenwartsliteratur. ■ S. Jollin-Bertocchi: J. M. L. C., l'érotisme, les mots, 2001. ■ N. Pien: L. C., la quête de l'accord originel, 2004.

Désert

(frz.; *Wüste*, 1989, U. Wittmann) – Das inhaltliche Zentrum des 1980 erschienenen Romans bilden zwei Handlungsstränge, die auf unterschiedlichen Zeitebenen angesiedelt sind, thematisch jedoch eine Einheit bilden. Zum einen erzählt der Roman vom Leben marokkanischer Nomadenstämme, das durch das Eindringen der Kolonialmächte in den Jahren 1909 bis 1912 gewaltsam verändert wird: Auf die Unterwerfung der Nomaden folgt die verzweifelte Suche nach einem ihnen versprochenen fruchtbaren Gebiet. Hunger, Durst und schließlich erneute Angriffe der übermächtigen Kolonialherren machen diesen Traum jedoch zunichte. Anstelle des verheißenen Landes bleiben den »Wüstenkriegern« nur Tod und Zerstörung.

Im Mittelpunkt steht zum anderen die in der Gegenwart spielende Geschichte der jungen und schönen, von Nomaden abstammenden Lalla, die in einem Dorf an der marokkanischen Mittelmeerküste lebt. In dem Romanteil »Le bonheur« (»Das Glück«) wird Lallas einfaches, in fast mythischem Gleichmaß ablaufendes Leben beschrieben: Ihr Alltag ist erfüllt vom Zusammensein mit ihren Freunden und ihrer Amme, vor allem jedoch von einer als glückhaft erfahrenen elementaren Wahrnehmung der Natur (Licht, Feuer, Wasser). Dieses Leben findet ein jähes Ende, als Lalla sich auf die Flucht vor einem fremden Mann begibt, der bei ihrer Amme mit Geschenken um sie wirbt. Sie kommt nach Marseille und macht dort Erfahrungen, die in krassem Gegensatz zu ihrer bisherigen Existenz stehen: »La vie chez les esclaves« (»Das Leben bei den Sklaven«) ist gekennzeichnet von Angst, Armut, Hunger, von Einsamkeit und Entfremdung. Ein Höhepunkt des Romans ist Lallas albtraumhafter Gang durch Marseilles Armenviertel. Hier werden bekannte Objekte – verfallene Häuser, dunkle Gänge, Prostituierte – durch die außereuropäische Perspektive auf verfremdete Weise wahrgenommen. Schließlich verbessert sich Lallas Situation. Doch selbst ihre plötzliche Entdeckung als Fotomodell und ihr kometenhafter Aufstieg zum Star ändern nichts an der grundlegenden Fremdheit der zivilisierten Welt: Sie kehrt zurück nach Marokko, wo sie, wie ihre Mutter, allein in der Wildnis ein Kind zur Welt bringt.

Die beiden Handlungsebenen sind nicht nur vordergründig durch die marokkanische Geschichte miteinander verknüpft, sondern vor allem durch ein tiefer liegendes Anliegen des Autors. Le Clézio übt mittelbare, aber harte Kritik an der sogenannten westlich-zivilisierten Welt und wertet dabei Formen von nicht zivilisierter, glücklich-naiver Existenz auf. Aus diesem postkolonialen Blickwinkel stellt der Roman einerseits das Leben im Einklang mit der Natur als ideale Seinsform dar und beklagt andererseits den Verlust der Natürlichkeit durch das Leben in der modernen Gesellschaft. Der Erzähler setzt die Thematik des Romans in einem leicht verständlichen und scheinbar einfachen Stil um. Das Geschehen wird aus der Perspektive der Protagonisten erzählt. Die unterschiedliche Wahrnehmung beeinflusst die Darstellung, was mitunter zu virtuos inszenierten Verfremdungen von Altbekanntem führt. Der vordergründig schlichte Roman lässt bei genauerer Betrachtung eine in hohem Maße ästhetische Formung erkennen.

■ Lit.: E. Mariotte: Imaginaire et mémoire du désert chez T. E. Lawrence, Paul Bowles et J. M. G. L. C., 2000.

Gottfried Schwarz

Das Mauritius-Projekt

(frz.) – »Abreisen und ein Anderer werden«, dieses Credo aus dem frühen Roman *Le livre des fuites*, 1969 (Das Buch der Fluchten), kann als Leitmotiv über der Gruppe von Reisetexten stehen, in denen es um die Suche nach ›mythischen Ahnen‹ auf der Insel Mauritius geht. Zu ihr gehören bislang vier Werke: der Abenteuerroman *Le chercheur d'or* (1985), das Reisetagebuch *Voyage à Rodrigues* (1986), der Familienroman *La quarantaine* (1995) sowie der autobiographische Roman *Révolutions* (2003). Zentrales Thema des Mauritius-Projekts ist die Verbindung von Familiengeschichte und Kolonialgeschichte, von privatem Mythos und kollektiver Vergangenheit. In verschiedenen Varianten erzählt ein zeitgenössisches Ich von einem unbekannten Vorfahren (Vater, Großvater, Urahne) und dessen legendärem Leben auf Mauritius. Von Text zu Text wird der ›pacte autobiographique‹ neu geschlossen, die Genealogie mythisch verschleiert, erst in *Révolutions* wird sie offengelegt.

Le chercheur d'or (*Der Goldsucher*, 1987, R. und H. Soellner) ist ein Initiationsroman, in dem auf der Grundlage des literarischen Mythos von Robinson und der antiken Argonautensage das Thema vom Abenteuer gestaltet wird. Die Handlung umfasst einen Zeitraum von 30 Jahren (1892–1922). Bereits in der Widmung »Für meinen Großvater Léon« wird die Leitfigur des gesamten Projekts genannt. Der Rahmenerzähler Alexis L'Étang ist etwa 38 Jahre alt. Er kehrt in die Umgebung seines ehemaligen Elternhauses nach Mauritius zurück, um nach Spuren seiner Vergangenheit zu suchen. Vor dem Hintergrund des rauschenden Meeres überlässt er sich seiner Erinnerung. Die Binnenhandlung, aus der Ich-Perspektive von Alexis erzählt, setzt ein mit der paradiesischen Kindheit in der exotischen Naturidylle von Mauritius. Nach dem literarischen Vorbild des frühromantischen, an Rousseaus Philosophie orientierten Romans *Paul et Virginie* (1788) von Bernardin de Saint-Pierre werden die Beziehung zur Schwester Laure, die Freundschaft zum Fischerjungen Denis, die Initiation in Abenteuergeschichten geschildert. Die Kehrseite des kindlichen Glücks zeigt sich jedoch schon bald: Aufstände indischer Landarbeiter, Verwüstungen durch einen Orkan und Animositäten des Onkels gegenüber dem Vater. Infolge seines beruflichen Misserfolgs muss die Familie ins Landesinnere übersiedeln. Nach dem Tod des Vaters vollzieht Alexis den Bruch mit der bürgerlichen Gesellschaft und verfolgt die fixe Idee des Vaters, den legendären Schatz des Korsaren zu finden.

Mehrere Jahre verbringt er als ›Robinson‹ auf der Nachbarinsel Rodrigues. In der Vorstellung, wie Jason das goldene Vlies zu erobern, studiert er Pläne, durchmisst wieder und wieder die Felsenlandschaft. Erst eine ›edle Wilde‹ namens Ouma befreit ihn von der Illusion, Gold zu finden – zwei Verstecke sind leer. Als Abkömmling des indischen Nomadenvolkes der Manaf verkörpert Ouma jene Natürlichkeit und Weisheit, die Alexis durch die Fixierung auf materielle Werte abhanden gekommen sind. Durch sie findet er ein Stück verlorener Kindheit, Sinnlichkeit und damit Freiheit wieder. In der Abgeschiedenheit der Wildnis von Rodrigues leben sie eine scheinbar zeitlose Utopie, die abrupt endet, als sich Alexis als Kriegsfreiwilliger meldet.

Nach Kriegsende kehrt er aus Frankreich zurück und nimmt seine Suche nach Ouma wieder auf, ohne sie zu finden. Er wird Plantagenwächter auf Mauritius, und zufällig erblickt er bei der Überwachung indischer Arbeiter von weitem Ouma. Vom schlechten Gewissen getrieben gibt er seine Anstellung bei den Kolonialherren auf und versucht, sich als Landarbeiter durchzuschlagen. Nach dem Tod der Mutter beginnt für Alexis die letzte Phase im Prozess zunehmender Desillusionierung. Im Hinterland von Mauritius trifft er Ouma ein letztes Mal. Sie verleben einige Tage des Glücks, ehe Ouma Alexis für immer verlässt.

Mit dem Pessimismus einer nicht einlösbaren Utopie endet das Abenteuer: Am Strand verbrennt Alexis alle Dokumente seiner Goldsuche, Tagebücher, Skizzen, Pläne. Sein Versuch, sich auf die ›andere Seite‹ der Unterdrückten zu schlagen, gelingt nicht. Alexis bleibt Teil der europäischen Gesellschaft. Mit dem Meeresrauschen mündet das Ende des Romans – in Anlehnung an Prousts *Recherche* – wieder in den Anfang: Der Rahmenerzähler gewinnt das verlorene Paradies einzig als Erinnerung zurück.

Der Reisebericht *Voyage à Rodrigues* (Reise nach Rodrigues) erschien ein Jahr nach *Le chercheur d'or* als Tagebuch und kann als Komplementärtext zu diesem Roman gelesen werden. Ein namenloses Autor-Ich der Gegenwart reist auf den Spuren seiner ›Ahnen‹. Der Text ist undatiert und setzt ›in medias res‹ auf Rodrigues ein. Der Reisende, der mehr von seinem ›unbekannten Großvater‹ und dessen legendärer Goldsuche verstehen möchte, ist durch Lektüren vorbereitet: Reiseberichte, historische Quellen zur Siedlungsgeschichte der Insel, Tagebücher und Karten des Vorfahren. Der Weg beginnt dort, wo er auch endet: in der Bucht ›aux Anglais‹; am ehemaligen Flusslauf entlang führt er durch die Schlucht hinauf in Richtung der Quelle. In diesem Werk wird, in der Tradition von Petrarcas Besteigung des Mont Ventoux, weniger die Außenwelt als die Innenwelt beschrieben. Schritt für Schritt eröffnet sich dem Wanderer ein geistiges Universum. Der symbolische Aufstieg entspricht einem Erkenntnisprozess: Je weiter das Ich in die Dunkelheit der Schlucht vordringt, desto gegenwärtiger scheint die Vergangenheit. Auf dem Höhe- und Endpunkt des Weges findet die ›unio mystica‹, die scheinbare Identität von ›Ich‹ und

›Anderem‹ statt. Beim Abstieg wird der Neoromantiker von der Realität eingeholt, seine Suche entpuppt sich als sinnloses Unterfangen, von dem am Ende nur ein Karton mit »wertlosen Papieren« übrig bleibt – möglicher Stoff für ein weiteres, imaginäres Abenteuer.

Mit dem Familienroman *La quarantaine* (*Ein Ort fernab der Welt*, 2000, U. Wittmann) erschien 1995 der dritte Baustein des Mauritius-Projekts. Während *Le chercheur d'or* und *Voyage à Rodrigues* noch Roman und Reisetagebuch für sich waren, fügt Le Clézio in *La quarantaine* beide Gattungen zu einem monumentalen, nun rein fiktionalen ›Reiseroman‹ zusammen. *La quarantaine* ist ein Erinnerungsroman, in dem zwei Handlungsstränge aus der Ich-Perspektive erzählt werden: in der kurzen Rahmenhandlung die Geschichte des ›modernen‹ Léon Archambau, der 1980 als Tourist von Paris nach Mauritius reist, und in der umfangreichen Binnenhandlung die Geschichte des ›Ahnen‹ Léon Archambau, der 1891 mit seinem Bruder von Paris über Aden nach Mauritius zurückreist.

Gemeinsam ist den Protagonisten die literarische Leitfigur Arthur Rimbaud, Dichter und Rebell. Rimbauds poetologische Formel »Ich ist ein Anderer« machen sich beide zu eigen – um sich im Medium von Reise und ›écriture‹ zu verwandeln.

In der Rahmenhandlung erzählt Léon Archambau, Alter ego des Autors, von seiner Reise im Sommer 1980 von Paris nach Mauritius. Er ist 40 Jahre alt, geschieden und arbeitet als Arzt in Vincennes. In Paris besucht Léon legendäre Orte des »poète maudit«, des verfemten Dichters, wie das Bistro, in dem der Großvater Rimbaud und Verlaine begegnet sein soll. Auf Mauritius sucht er authentische Personen und Orte der Familiengeschichte: die letzte noch lebende Tante, die Kolonialvilla, die ehemalige Zuckerfabrik, das Grab des Großvaters. Ein Tagesausflug führt den Touristen auf die Inseln Plate und Gabriel. Der Reisende gewinnt – wie in *Voyage à Rodrigues* – vor Ort den Eindruck, eins mit seinem Ursprung zu sein. Doch bereits auf dem Rückweg wird ihm klar, dass er nur einer Chimäre erlegen, dass der Inselausflug nichts anderes als eine touristische Robinsonade gewesen ist. Die Reise endet in Marseille, in der Nähe des Krankenhauses, in dem Rimbaud 1891 starb, im selben Jahr, in dem der ›Ahne‹ Léon für immer verschwunden sein soll. Einen Moment lang scheinen literarischer und privater Mythos eins.

In der Binnenhandlung beschreibt Léon Archambau die Zeit der Quarantäne vor Mauritius im Jahr 1891. Er ist das Ideal-Ich Le Clézio'scher Prägung. Die Geschichte der Brüder Jacques und Léon, die sich auf der Rückreise nach Mauritius befinden, wird zunächst aus der Perspektive des erinnernden Rahmenerzählers geschildert. Jacques, der Ältere, ist auf Mauritius geboren, von Beruf Arzt. Er ist mit Suzanne verheiratet und hat die vergangenen Jahrzehnte in Paris verbracht. Der Jüngere, Léon, ist in Frankreich geboren, in Schulheimen aufgewachsen. Von Mauritius hat er nur als verlorenem Paradies geträumt.

Kurz vor dem Ziel Mauritius bricht unter den Reisenden eine Epidemie aus – dem Schiff wird die Einreise verwehrt, alle Passagiere werden auf die Insel Plate evakuiert und, nach Klassen getrennt, in zwei Lagern untergebracht. Das datierte Tagebuch von Léon setzt mit diesem Abschnitt der Reise ein. Léon zieht es von Anfang an auf die ›andere Seite‹; vor allem zur Inderin Suryavati, Kindfrau und Fischerin. Heimlich durchschwimmt er die Lagune, um sie zu sehen, oder er phantasiert sie in Gedanken herbei. Im Vergleich zur Sterilität des europäischen Lagerlebens empfindet Léon die Gemeinschaft der Inder als Idylle.

Durch die Beziehung zu Suryavati zeigt sich bald, dass Léon innerlich wie äußerlich eine Metamorphose durchlebt: Er distanziert sich von seiner Familie, seine Haltung den Weißen gegenüber wird feindlich und offensiv. Suryavati bindet Léon in ihre Familie und die Geschichte ihrer mütterlichen Ahnen ein. Wie Ouma in *Le chercheur d'or* hat sie die Funktion einer Kindgöttin: Sie führt den Europäer ein in das naturnahe Leben, in die Sexualität, vermittelt ihm orientalische Weisheitslehren und Rituale.

Nachdem bei Suzanne Symptome der Infektion entdeckt werden, isoliert man die Archambaus auf der Nachbarinsel Gabriel, in einem Grenzraum von Wahnsinn, Krankheit und Tod. In diesem Unterweltszenario vollziehen Suryavati und Léon ihre ›heilige Hochzeit‹. Als sich der Zustand von Suzanne verbessert hat, werden die Verbannten aus der Quarantäne entlassen. Léon reist ohne seinen Bruder, mit Suryavati, nach Mauritius. Er ist Teil des indischen Kollektivs geworden, hat sich seines Namens entledigt und sich dadurch von der Identität des weißen Kolonialabkömmlings befreit.

Während Léon anno 1980 ein nostalgischer Tourist ist, der Schauplätze wie Relikte einer verlorenen Vergangenheit aufsucht und sich nur nach einem Neuanfang sehnt, vollzieht ihn Léon im Jahre 1891. Er ist Rebell und Aussteiger, ihm gelingt der endgültige Übergang auf die ›andere Seite‹ der kolonisierten Gesellschaft. Seine neue Identität als ›indischer Arbeiter‹ spiegelt auch den Wunsch des Autors Le Clézio, Kolonialgeschichte rückgängig zu machen, um sich von persönlicher wie kollektiver Schuld freizusprechen.

In dem monumentalen Roman *Révolutions*, 2003 (*Revolutionen*, 2006, U. Wittmann), dem vierten Baustein des Projekts, geht der Autor wichtigen Stationen seiner Biographie nach: Nizza, London, Mexiko, Mauritius. Verwoben in die Zeitgeschichte, in zentrale gesellschaftliche Umbrüche der Nachkriegszeit, wird die Geschichte des Urahnen hier erstmals offengelegt.

Der Roman hat sieben Kapitel, in denen parallel zwei Handlungsstränge erzählt werden: aus der Perspektive der dritten Person die Geschichte des ›modernen‹ Jean Gildas im Frankreich der Ära de Gaulle um 1950 bis 1969 (33 Abschnitte); aus der Ich-Perspektive die Geschichte des ›postrevolutionären‹ Jean Eudes in den Jahren 1792 bis 1825, der kurz nach der Französischen Revolution aus der Bretagne nach Mauritius auswandert (16 Abschnitte).

Der moderne Jean Gildas Marro, unverkennbar das Alter ego des Autors, verbringt seine Kindheit und Jugend in den 1950er Jahren unter dem Eindruck des Algerienkrieges in Nizza. Nach dem Abitur gelingt es ihm, den Wehrdienst in Algerien zu umgehen und in London Medizin zu studieren. Anschließend verlässt er Europa und schlägt sich in Mexiko-Stadt als Sprachlehrer durch. Dort erlebt er 1968 die blutige Niederschlagung der Studentenbewegung. Nach seiner Rückkehr heiratet er in Frankreich die Algerierin Mariam Chérifa. Gemeinsam reisen sie auf den Spuren des Vorfahren nach Mauritius.

Parallel dazu wird die Geschichte des Jean Eudes Marro erzählt. Er ist der Protagonist der Revolutionszeit, stammt aus ärmlichen Verhältnissen und lebt in einem bretonischen Dorf. 1792 zieht er für die revolutionären Ideale freiwillig in den Krieg. Er kommt erstmals nach Paris, von dort zieht er in langen Märschen mit den Truppen an die Front. Nach der Schlacht von Valmy ist seine anfängliche Euphorie in Ernüchterung umgeschlagen: 1798 verlässt er mit seiner Frau Marie Anne Europa, um als Kaufmann auf der Insel Mauritius eine neue Existenz zu gründen. Statt einer exotischen Idylle erwartet die Aussiedler der konfliktgeladene Alltag einer französischen Kolonie. Da die Marros entgegen der von Napoleon wieder legalisierten Sklaverei die ihnen zugeteilten Sklaven freilassen, ziehen sie die Feindschaft anderer Europäer auf sich. Und als sie sich öffentlich für die Schulbildung der ehemaligen Sklaven einsetzen, müssen sie den Konflikten ausweichen, sie ziehen ins Landesinnere. Dort gründen die Marros 1825 das legendäre Anwesen »Rozilis«.

Die Figuren beider Handlungsstränge leben im Zeitalter gesellschaftlicher Umbrüche, beide unterscheiden sich aber grundlegend in ihrer Haltung gegenüber diesen: Jean Gildas ist ein passiver Held, der den Befreiungskampf der Algerier, den Vietnamkrieg, die Studentenrevolte zwar verfolgt, aber keine Initiative darin ergreift. Erst als sein Schulfreund in Algerien getötet wird, rückt auch ihm die Brisanz politischen Geschehens näher. Dennoch bleibt er unbeteiligter Beobachter; in sein sogenanntes »Kristallheft« trägt er kommentarlos Daten und Fakten ein. Von dem kleinbürgerlichen Milieu der Eltern und dem Schulunterricht angeödet, durchstreift er die Straßen oder trifft sich mit Freunden am Stadtrand von Nizza. Darin gleicht Jean den Protagonisten des Frühwerks – Verdruss treibt ihn zu ziellosen Fluchten. Wichtigste Bezugsperson der Jugend ist die Tante. Die langsam erblindende Cathy Marro erzählt Jean aus ihrem vergangenen Leben auf Mauritius. Ihre Geschichten sind für den Jungen der Inbegriff des verlorenen Glücks. Der Topos vom verlorenen Paradies bildet auch hier das Zentrum des Abenteuers. Mauritius ist das Ziel der Suche: Mit Jeans Rückkehr auf die Insel der Ahnen endet der Roman. – Die Fixierung auf die Idee, die mythische Vergangenheit wieder einholen zu können, ist der Grund für Jeans Indifferenz gegenüber der Außenwelt, auch gegenüber Frauen. Er stolpert von einer Beziehung in die andere, lässt sich treiben von der Suche nach Bestätigung, ohne sich seelisch oder geistig zu engagieren.

Der Urahne Jean Eudes Marro ist als ›Kind der Revolution‹ die Gegenfigur zum begriffsstutzigen und nostalgischen Bürgersohn aus Nizza. Der Bretone verkörpert die Eigenschaften, die dem suchenden Helden des 20. Jh.s fehlen. Jean Eudes ist ein engagierter Sozialrevolutionär, der Ideale und Visionen hat, für die er sich persönlich mit allen Konsequenzen einsetzt. Für die Idee von Freiheit, Gleichheit und Brüderlichkeit zieht er freiwillig in den Krieg, dem Fanatismus der Jakobinerherrschaft aber verweigert er sich; er beschließt, dem Land der Revolution den Rücken zu kehren. Und im reaktionären Klima der Kolonialgesellschaft handelt er nach eigenen Vorstellungen, nicht nach bestehenden Vorschriften.

In den Lebensläufen der beiden Marros spiegeln sich gegenläufige Charaktere: zum einen die Dynamik von Visionären, die Revolutionen verursachen können, zum anderen die Gleichgültigkeit der Entwurzelten, die nur noch davon träumen, verlorene Ideale wiederzufinden.

Gemeinsam ist allen vier Büchern der widersprüchliche Versuch des Autors Le Clézio, zum einen das verlorene Paradies Mauritius als geistige Heimat wiederzugewinnen, zum anderen Kritik an der europäischen Kolonialgeschichte zu üben. Das Thema Reise wird in allen Werken als Erfahrung zwischen Illusion und Desillusion geschildert. Alle Protagonisten sehnen sich nach Sozialrevolution und Utopie: Sie streben, erfolglos oder erfolgreich, danach, die bürgerliche Gesellschaft zu verlassen und Teil der ›anderen Seite‹, der kolonisierten Gesellschaft zu werden.

■ Lit.: B. Thibault: La métaphore exotique. L'écriture du processus d'individuation dans ›Le chercheur d'or‹ et ›La quarantaine‹ de L. C., in: French Review 73, 1999/2000, 845–861. ■ L. Devilla: Autobiographie et fiction. L'élément autobiographique dans ›Le chercheur d'or‹ et ›Voyage à Rodrigues‹ de L. C., in: Il Confronto letterario 18, 2001, 171–195. ■ J. La Mothe: L'autre extrémité du temps, une lecture de ›La quarantaine‹ de L. C., in: French Prose in 2000, Hg. M. Bishop/C. Elson, 2002, 209–223. ■ L. Rimpau: Reisen zum Ursprung. Das Mauritius-Projekt von J.-M. G. L. C., 2002. ■ J. Dutton: ›Le chercheur d'or‹ et d'ailleurs. L'utopie de J. M. G. L. C., 2003.

Laetitia Rimpau

Michel **Leiris**

▪ geb. 20.4.1901 Paris (Frankreich)
▪ gest. 30.9.1990 Saint-Hilaire (Frankreich)

Studium der Ethnologie; 1924–1929 im surrealistischen Zirkel von Breton aktiv; Mitarbeit an *La révolution surréaliste*; danach mehrere ausgedehnte Forschungsreisen; 1938 mit Bataille und Caillois Gründer des Collège de Sociologie in Paris; neben wichtigen kulturanthropologischen Arbeiten Verfasser von Gedichten im Umkreis des Surrealismus; stark autobiographisch beeinflusste experimentelle Erzähltexte, Dramen und Essays.

▪ Lit.: M. Nadeau: Sur M.L., 2002. ▪ S. Hand: M.L. Writing the Self, 2002.

Das lyrische Werk

(frz.) – Von 1924 an bis ins hohe Alter verfasste Leiris lyrische Texte, teils in Versen, teils in Prosa. Das Frühwerk – *Simulacre*, 1925 (Simulakrum), *Glossaire j'y serre mes gloses*, 1925, erweitert 1939 (Glossar, ich umschließe meine Überlegungen), und *Le point cardinal*, 1927 (Fixpunkt) – steht noch ganz im Zeichen der Begegnung des Autors mit den Surrealisten um André Breton. Das gleiche gilt für eine Reihe von Traumprotokollen in lyrischer Prosa, welche, erstmals erschienen 1925/26 in der Zeitschrift *La révolution surréaliste*, die wichtigste Textgrundlage für die Sammlung *Nuits sans nuit et quelques jours sans jour*, 1961 (*Lichte Nächte und mancher dunkle Tag*, 1981, D. Leube), bilden.

Unter den genannten Werken ist *Glossaire j'y serre mes gloses* (1925) besonders aufschlussreich für die Arbeitsweise des Dichters Leiris. Als Ausgangspunkt dienen darin nämlich volltönende Schlüsselvokabeln, die durch ähnlich klingende Wörter zu jeweils paronomastischen Reihen erweitert werden, die den Aspekt der herkömmlichen Wortbedeutung weitgehend ignorieren und eher durch die lautliche Seite der Sprache zusammengehalten werden. Dadurch entstehen aber auch neue Sinnbezüge, denen sich eine bis dahin verborgene Bedeutungsschicht des aufgerufenen Wortmaterials entnehmen lässt.

Mit einer solchen dichterischen Praxis orientiert sich Leiris am magischen Sprachkonzept des Symbolismus bzw. an Mallarmé. Während dieser aber die eigene Subjektivität im absoluten Klang der Dichtung aufheben will, versteht Leiris seine Poesie immer auch als individuelle Selbstaussprache. Das zeigt sich besonders in den Jahren nach 1930, da das lyrische Werk des Autors in enger Wechselbeziehung zum autobiographischen steht. So verweisen etwa die Stücke, die in *Miroir de la tauromachie*, 1938 (*Spiegel der Tauromachie*, 1982, V. von der Heyden-Rynsch), enthalten sind, kaum zufällig auf die Poetik, die der Autor unter dem Titel »De la littérature considérée comme une tauromachie« (Literatur als Stierkampf) 1946 als Einleitung zur zweiten Ausgabe seiner Autobiographie *L'âge d'homme*, 1939 *(Mannesalter)*, formuliert. Und die Gedichte bzw. die lyrischen Prosaskizzen aus *Le ruban au cou d'Olympia*, 1981 *(Das Band am Hals der Olympia)*, *Langage tangage ou ce que les mots me disent*, 1985 (Sprache, Stampfen, oder was mir die Wörter sagen), und *À cor et à cri*, 1988 (Für Horn und Geschrei), muten an wie ergänzende Seitenstücke zu *La règle du jeu*, 1976 *(Die Spielregel)*, dem zweiten großen autobiographischen Werk, das Leiris hinterlassen hat.

▪ Übers.: Wörter ohne Gedächtnis. Prosa, Glossar, Poesie, S. Werle, 1984.

▪ Lit.: G. Genette: Signe. Singe, in: G.G.: Mimologiques. Voyageurs en Cratylie, 1976. ▪ M. Calle-Gruber: Anamorphoses textuelles. Les écarts de la lettre dans le Glossaire de M.L., in: Poétique 42, 1980, 234–249. ▪ W. Gölter: Langage tangage. Schriften zur feministischen Psychoanalyse, zur Autobiographie und zu M.L., Hg. C. Liebrand/U. Renner, 2003. ▪ S. Goumegou: Traum, Tod und Theater. Strategien der Inszenierung in ›Nuits sans nuit et quelques jours sans jour‹, in: M.L. Szenen der Transgression, Hg. I. Albers/H. Pfeiffer, 2004, 185–205. *Peter Ihring*

L'Afrique fantôme

(frz.; *Phantom Afrika*, 1980, R. Wintermeyer) – Das 1934 erschienene Reisetagebuch entstand zwischen 1931 und 1933 während einer ethnographischen Expedition, die im Auftrag der französischen Regierung unternommen wurde und von Dakar an der afrikanischen Westküste in östlicher Richtung bis zum Indischen Ozean führte. Mit geringfügigen Änderungen erschien das Werk unmittelbar nach der Rückkehr der Reisenden. Nach dem Ende von Leiris' früher Schaffensphase, die unter dem Eindruck der surrealistischen Avantgarde stand, eröffnet *L'Afrique fantôme* die lange Reihe der ethnographischen Schriften des Autors. Gleichzeitig weist der Text jedoch die Gattungsmerkmale des ›journal intime‹ auf und liefert insofern den ersten Beweis dafür, dass bei Leiris subjektive Betrachtung eigener Individualität und ethnographische Erforschung fremder Kulturen Hand in Hand gehen. Von hier aus erklärt sich auch der im Text mehrfach explizierte Bezug auf Rimbaud und andere Zivilisationsflüchtlinge der Vergangenheit, die aus der Begegnung mit dem Schwarzen Kontinent neue Kraft schöpfen wollten.

Aus der Tagebuchform ergeben sich eine streng chronologische Darstellungsweise und ein ostentativ spontaner, vor allem in den berichtenden Passagen durch zahllose Ellipsen extrem verknappter Prosastil. An der Reihe der Eintragungen, die für die einzelnen Tage teils sehr kurz und teils sehr lang sind, lässt sich der Weg der Reisegruppe quer durch Afrika geographisch exakt verfolgen. Sorgfältig dokumentiert Leiris die Kultur der Eingeborenen, indem er ihre rituellen Handlungen sowie einzelne, besonders markante Fetischobjekte ausführlich beschreibt. Daneben stehen introspektive Passagen zur eigenen subjektiven Befindlichkeit, Traumsequenzen und politisch argumentierende Kommentare zur kolonialen Situation. Ausgehend von Beobachtungen des sozialen Alltags der Eingeborenen und von Begegnungen mit den europäischen Regierungsvertretern entwickelt der Reisende eine differenzierte Kolonialismuskritik.

Aber auch seine im engeren Sinne ethnographischen Äußerungen sind bis weit in die zweite Texthälfte hinein von Ernüchterung angesichts einer ihrer Ursprünglichkeit entfremdeten und insofern als enttäuschend banal erfahrenen Folklore geprägt. Erst die Ankunft in der äthiopischen Stadt Gondar markiert für Leiris den Eintritt in das genuine, eigentlich interessante Afrika. Im Umgang mit den magischen Ritualen der dortigen Eingeborenen entwickelt er einen revolutionär neuen, subjektivistischen Zugriff auf seinen ethnographischen Gegenstand: »Gerade durch die (bis zum Paroxysmus getriebene) Subjektivität stößt man zur Objektivität vor.« Mit einem solchen Ansatz, der im radikal Fremden das radikal Eigene erkennt und sich ihm daher bedenkenlos unterwerfen kann, wurde Leiris zu einem wichtigen Gewährsmann der postmodernen Ethnographie, die sich vom Eurozentrismus und allen anderen Formen objektivistischer Erkenntnisgewissheit verabschieden will.

▪ Lit.: S. Ferreri: ›L'Afrique fantôme‹, quête de l'autre, quête de soi, in: Écrits d'ailleurs. Georges Bataille et les ethnologues, Hg. D. Lecoq/J. Lory, 1987, 177–187. ▪ R. Larson: Ethnography, Thievery and Cultural Identity. A Rereading of M. L. ›L'Afrique fantôme‹, in: Publications of the Modern Language Association of America 112, 1997, 229–242. ▪ K. Geldof: Entre exorcisme et possession. Littérature, ethnologie et autobiographie dans ›L'Afrique fantôme‹, in: Romanistische Zeitschrift für Literaturgeschichte 23, 1999, 145–169.

Peter Ihring

L'âge d'homme

(frz.; *Mannesalter*, 1963, K. Leonhard) – In der 1939 erschienenen autobiographischen Schrift, dem bekanntesten Buch des Autors, verbinden sich erstmals literarische Errungenschaften seines surrealistischen Frühwerks (wie Collagetechnik, Wortglosse oder Traumprotokoll) mit den psychoanalytischen und ethnologischen Fragestellungen seiner ›realistischen‹ Phase der 1930er Jahre, die auf die Erfahrungen einer abgebrochenen Psychotherapie sowie praktischer Forschungsarbeit in Afrika verweisen: »Aus dem Ich der Poesie habe ich dasjenige der Autobiographie gemacht.« *L'âge d'homme* präsentiert sich somit als literarisch avancierte Verarbeitung autobiographischen Materials, in dessen Zentrum der traumatische Übergang »aus dem wundervollen Chaos der Kindheit zur grausamen Ordnung des Mannesalters« steht.

Im einleitenden Selbstporträt stellt sich das erinnernde Ich als ausgebrannter Literat vor, der mit 34 Jahren die glückliche Zeit seines Lebens längst hinter sich hat und nun, ein Jahr nach einem Selbstmordversuch, einige jener »Obsessionen seelischer oder sexueller Art« aufzurollen gedenkt, die ihn von klein auf geprägt haben. Über die Funktion eines solchen Rückblicks gibt Leiris in seiner Abhandlung »De la littérature considérée comme une tauromachie« (Literatur als Stierkampf) Aufschluss, die dem Werk in der zweiten Auflage von 1946 vorangeht. Mit seiner schonungslosen Selbstentblößung habe er sich der gleichen tödlichen Gefahr wie ein Torero, mithin dem »Schatten eines Stierhorns« aussetzen wollen, um so in einem Akt subjektiven Engagements gewisse Traumata für immer zu liquidieren – ein Bruch mit der eigenen Vergangenheit, der sich in der Folge freilich als illusorisch erwiesen habe.

Die damit aufgerufenen Erinnerungen gliedern sich in vier thematische Blöcke: eine »Metaphysik der Kindheit«, die den subjektiven Ursprung gewisser philosophischer Begriffe (Seele, Unendlichkeit, Subjekt) in einer spezifisch präpubertären Weltsicht verortet; Theater- und Opernerlebnisse, in denen sich eine immer schon bewusste Faszination durch die Abschnitte »tragische Figuren« (I) und »Altertümer« (II) manifestiert; Reminiszenzen an eine dunkle Faszination durch Gewaltakte und Opfervorgänge, die sich erst unter dem Eindruck eines Cranach-Gemäldes zum Komplex »Judith/Lucrezia/Holofernes« zusammenschlossen (III–VI); schließlich die Geschichte zweier erotischer Bindungen (VII) und Protokolle diesbezüglicher Träume (VIII).

Die Selbstdeutung des Autobiographen kreist vor allem um die initiatorischen Erfahrungen des zweiten und dritten Blocks. Während sich ihm die Tragödie mit ihrer charakteristischen Spannung von stilisierter Form und exzessiver Thematik als Metapher des autobiographischen Unterfangens selbst anbietet, in dem das erinnernde Ich das erlebende Ich sozusagen theatralisch agieren lässt, um eine kathartische Wirkung zu erzielen, glaubt er in den archetypischen Figuren der Mittelkapitel eine gültige Illustration seiner sexuellen Traumata gefunden zu haben. Denn so wie sich hinter der vordergründigen Polarität von Lucrezia und Judith, von rührender Märtyrerin und schrecklicher Femme fatale »tiefe Analogien« verbergen, so sind auch scheinbar konträre Aspekte in der Psyche des Erzählers eng miteinander verknüpft. Die Todesangst, die er nach wie vor beim Liebesakt empfindet und mit Bildern verletzter Männer assoziiert (V), ist nur die Kehrseite seiner sadistischen Neigungen, wie sie etwa in den »Geschichten von verletzten Frauen« (III) zutage treten; seine Wahrnehmung der Welt verrät eine tiefe Kastrationsangst. So lautet zumindest die psychoanalytische Interpretation seiner bisherigen Existenz, die Leiris freilich nicht ohne Skepsis vorträgt und in der zweiten Auflage endgültig zugunsten einer »metaphysischen« Deutung aufgibt. Die Ambivalenz der erotischen Erfahrung ist dort weniger pathologisches Symptom als vielmehr »psychologisches Zeichen« des Sakralen, das dem Liebenden im Sinne Batailles als »kleiner Tod« begegnet: Der Selbstmord droht nicht mehr als symbolische »Strafe«, sondern verheißt einen Moment größtmöglicher Entgrenzung.

Dieser Paradigmenwechsel ist nur ein Aspekt jener permanenten Problematisierung der Rückschau, die Leiris als Autobiographen neuen Typs erscheinen lässt. Der Ich-Erzähler stellt unentwegt die Frage nach der Authentizität seiner Rekonstruktion, etwa nach dem Verhältnis von psychologischer Stichhaltigkeit und ästhetischer Willkür in der thematischen Anordnung von Erinnerungsfragmenten (die gegen Ende des Werks einer chronologischen Ordnung weicht), und reflektiert bereits (wenn auch nicht so ausführlich wie später in *La règle du jeu*) die fundamentale Sprachlichkeit seiner Erfahrung: »Das einzig Klare, das ich wahrnahm, war das Wort ›suicide‹ selbst.« So konnte *L'âge d'homme*, »die Negation eines Romans«, nicht nur zum Skandalerfolg und in der Folge zum Modell einer modernen ›Anti-Literatur‹ werden, die aus selbsttherapeutischen Gründen auf Fiktionalität verzichtet, sondern auch Autoren des nouveau roman wie M. Butor oder C. Simon inspirieren, die in Leiris' Technik der literarischen ›Fotomontage‹ und seinen metasprachlichen Kommentaren eine Alternative zum traditionellen Erzählen entdeckten.

■ Lit.: P. Lejeune: Lire L. Autobiographie et langage, 1975. ■ C. Masson: L'autobiographie et ses aspects théâtraux chez M. L., 1995. ■ C. Maubon: ›L'âge d'homme‹ de M. L., 1997.

Wolfram Nitsch

La règle du jeu

(frz.; *Die Spielregel*, 1982–1999, H. Therre) – Das zwischen 1948 und 1976 erschienene vierbändige Hauptwerk des Autors setzt jenes monumentale autobiographische Projekt fort, das mit *L'âge d'homme*, 1939 *(Mannesalter)*, begonnen wurde und mit der Programmskizze »Le sacré dans la vie quotidienne«, 1938 (»Das Heilige im Alltagsleben«), eine entscheidende Neuorientierung erfahren hatte. Nicht mehr archetypische Figuren und die von ihnen repräsentierten sexuellen Traumata sollen im Mittelpunkt der weiteren Lebensdeutung stehen, sondern bestimmte Manifestationen des »Alltagssakralen« wie Kultgegenstände einer in der Kindheit entworfenen Privatmythologie und vor allem irritierende »sprachliche Fakten«, deren prägende Verflechtungen es mit kultursoziologischen Methoden (etwa einem eigens entwickelten Karteikartensystem) zu rekonstruieren gilt. Angetrieben wird diese bohrende, über vier Jahrzehnte ausgreifende Selbsterforschungsarbeit von der Suche nach einer subjektiven »Spielregel«, die als existenzielle den Spielraum des Autobiographen abstecken und seine Lebenskunst verfeinern, als ästhetische hingegen seinem Werk eine nachträgliche Einheit geben soll.

Der erste, weitgehend der Pariser Kindheit gewidmete Band *Biffures*, 1948 (*Streichungen*, 1982), hat die Form einer subjektiven Enzyklopädie. Eine Reihe von Schlüsselwörtern, zu deren sprachlich vorgegebener Mehrdeutigkeit oft noch vermeintliche, durch freie Motivation oder Fehlleistungen wie Versprechen und Verhören erzeugte Bedeutungen treten, stellt die »Weichen« (»bifurs«) für eine Fülle von Anekdoten, die gleichsam als autobiographische Lexikoneinträge fungieren. Erzählt wird von den »Streichungen« (»biffures«) einer schmerzlichen Alphabetisierung, die dem Kind den Weg in die entzauberte Sprache der Erwachsenen wiesen, von der Herausbildung seiner bürgerlichen Fassade als sozialer Identität und von seiner »negativen Berufung« zum Kulturbürokraten und »Sonntagsschriftsteller«. Besonderer Rang kommt dem Kapitel »Persephone« zu, in dem die Ausdeutung eines mythologischen Namens auf die Fährte akustischer Todesobsessionen führt: Stimmen und Geräusche aus dem Phonographen erscheinen als Signale aus der Unterwelt, die als Inbegriff des Fremden die Faszination bestimmter Naturerscheinungen immer schon überschattet hat.

Auch der Folgeband *Fourbis*, 1955 (*Krempel*, 1985), verfolgt diese Spur, indes die Sprachthematik an Bedeutung verliert. Der Abschnitt »Mors« unterstellt den ›Krempel‹ scheinbar zusammenhangloser Erlebnisse der zentralen Erfahrung des Todes, die sich bei unheimlichen Geräuschen oder in Höhlenräumen ebenso einzustellen vermag wie beim Anblick von Leichen und Mumien. In »Sieh dort den Engel...«, einem Höhepunkt der Tetralogie, wird eine derartige Schwellenerfahrung narrativ breit entfaltet: Eine Liebesnacht mit der algerischen Prostituierten Khadidja, die den Soldaten Leiris mit dem drohenden Verlust seiner sexuellen Potenz konfrontiert, präsentiert sich rückblickend als sakrale Opferszene und Vereinigung mit dem Engel des Todes. Eine thematische Neuorientierung bahnt sich hingegen im Mittelteil des Bandes an: Ausgehend von seiner jugendlichen Einstellung zum Sport, in der Kontemplation und Trägheit stets überwogen, stellt sich Leiris die Frage nach dem politischen Engagement und einer von Illusionen befreiten Solidarität mit dem Anderen.

Diese Öffnung auf soziale Phänomene setzt sich fort in *Fibrilles*, 1966 (*Fibrillen*, 1991), und geht dort mit einer zunehmenden Entgrenzung des Erfahrungsraumes einher; die aus den französischen Wörtern für »Fieber« und »Wildnis« gebildete Beschwörungsformel »La fière, la fière« überschreibt ausgedehnte Reflexionen über die

Mythologie der Reise, in die erstmals auch stärker zeitgeschichtliche Bezüge eingehen. Aus der Gegenüberstellung der Reiseziele China und Afrika entwickelt Leiris die Opposition von »sozialer« und »solitärer« Reise und später von ethischer Faszination durch politische Mythen und ästhetischer Faszination durch Ursprünglichkeit, die er zuletzt freilich dekonstruiert: Ein »poetisches« Weltverhältnis zeichnet im Grunde auch seine Hinwendung zur Gesellschaft aus. Diese skeptische Einsicht verdankt er dem kritischen Ausnahmezustand nach einem Selbstmordversuch, in dem er anhand von Träumen und Phantasmen seine künstlerische Identität rekonstruiert. Als Identifikationsfigur erscheint ihm eine verwandte Opernsängerin, in deren Aufführungen sich Liebe, Tod und Kunst aufs Engste verschränkt haben. Wie schon im Epilog zu *Fibrilles* angekündigt, verzichtet Leiris schließlich auf die Verklammerung der Autobiographie zu einem geschlossenen Ganzen.

Der letzte Band ist daher *Frêle bruit*, 1976 (*Wehlaut*, 1999), und nicht wie ursprünglich geplant »Fibules« (Fibeln), betitelt. Aus der losen Konstellation von Fragmenten, die weiterhin um sprachliche Phänomene und das Faszinosum der kubanischen Revolution (Mai 1968) kreisen, ragt ein größerer Versuch über das Wunderbare hinaus, der ein letztes Mal die Verflechtungen von ästhetischer Euphorie und Todeserfahrung ins Auge fasst.

Von den großen Modellen der autobiographischen Tradition (von Rousseau bis Proust) übernimmt *La règle du jeu* die zeitliche Spreizung von Erleben, Erinnern und Erzählen, gibt ihr aber eine spezifisch moderne Prägung. Einerseits drängt sie die chronologische Ordnung des autobiographischen Materials zugunsten einer thematischen zurück und gibt damit dem erzählenden Ich ständig Gelegenheit, Ereignisse nachzutragen, sie neu zu deuten und den inneren Abstand zum erlebenden Ich auszumessen. Vergleichsweise früh begonnen, unterwirft sie andererseits auch das erzählende Ich dem geschichtlichen Wandel, konfrontiert es mit der lähmenden Rückwirkung des bislang Publizierten und verschafft ihm so einen »verrückten Vorsprung« vor der eigenen Vergangenheit, den eine wachsende Distanz zu sich selbst verdoppelt. Leiris' insofern ›dialektische Autobiographie‹ reflektiert jedoch nicht allein ihre Zeitstruktur, sondern permanent auch ihre sprachliche Verfasstheit. Das vor allem von Mallarmé und R. Roussel inspirierte, als Kompositionstechnik genutzte Spiel mit dem sprachlichen Zeichen wirft immer wieder die Frage auf, ob es psychische bzw. gegenständliche Ordnungen enthülle oder lediglich die Unhintergehbarkeit des Sprachsystems demonstriere; ähnlich werden die »parasitären Gebilde« der weit ausgreifenden, von Parenthesen und Umstellungen geprägten Syntax einmal als barocke Arabesken, ein andermal als Modelle einer unermüdlichen geistigen Suchbewegung kommentiert.

Am Ende solcher Überlegungen steht wiederholt die Kardinalfrage nach der Funktion des Werks. Dient es noch der Selbstaufklärung über die letzten Dinge der Lebensführung, oder ist es nicht längst zum Lebenszweck geworden, wie die Metaphern von Statue, Grabmal und Testament nahelegen? Selbststilisierung und Selbstkritik stehen als gleich bedeutsame Tendenzen des Autobiographen in einem unauflösbaren Widerstreit, den er einmal mit Jakobs »Kampf mit dem Engel« vergleicht. Die ästhetisierende Tendenz, die eigene Vergangenheit zum »gelebten Mythos« zu stilisieren, scheint in zahllosen Theatermetaphern und Mythenzitaten auf, wobei Oper und Stierkampf als wichtigste Bildquellen fungieren. Sie gipfelt in der Feier rauschhafter Verausgabung, wie sie den Paroxysmen von Liebe, Tod und Kunst eigen ist, und damit in einer Art dionysischem Credo, das Leiris in die Nähe von Nietzsche und G. Bataille rückt. Ihr steht (insbesondere in den späteren Bänden) die moralistische Tendenz entgegen, tragische Stilisierungen solcher Art als »spektakuläre Attitüde« zu entlarven, als sprachliche Fassade, die ihre materielle Entsprechung in Leiris' Stil- und Kleidungsfetischismus findet. Dieser selbstkritische Gestus wurzelt im schlechten Gewissen des bürgerlichen Literaten, der seine körperliche Trägheit als »Sündenfall« und seine sprachliche Lebensbewältigung als ästhetische Kompensation eines unüberwindlichen »Exils« erkennt, und gewinnt in der Auseinandersetzung mit der Kriegs- und Okkupationszeit (und unter dem Einfluss Sartres) eine zunehmend politische Dimension. Freilich gewinnt keine dieser Tendenzen jemals die Oberhand; auch etwa die nachträgliche Demystifikation der Prostituierten Khadidja zum Opfer eines »esprit colonial« (kolonialistischen Geistes) tilgt nicht die Authentizität des stilisierten Porträts in einem bestimmten Moment der eigenen Geschichte.

In *La règle du jeu* verbindet sich die ebenso offene wie diskrete und oft ergreifende Lebensbeschreibung des Dichters und Anthropologen Leiris mit hochkomplexen Reflexionen über sprachliche und ästhetische Probleme der literarischen Moderne. So konnte dieses beispiellose Werk nicht nur eine Ethnographie des Alltags anregen und der zeitgenössischen Autobiographie neue Impulse geben, sondern auch zum Bezugspunkt moderner Kultur- und Diskurstheorie (C. Lévi-Strauss, M. Foucault, J. Derrida, M. Augé) sowie von Autoren wie M. Butor oder C. Simon werden, die ihren nouveau roman als Forschungsinstrument begreifen.

■ Lit.: M. Sheringham: M.L. Styles of Self-Writing in ›La règle du jeu‹, in: M.S.: French autobiography. Devices and Desires, 1993, 246–287. ■ N. Barberger: M.L. L'écriture du deuil, 1998. ■ W. Nitsch: Der Schreibtisch als Rennplatz. Sport und Spiel in ›La règle du jeu‹, in: M.L. Transgression und Inszenierung, Hg. I. Albers/H. Pfeiffer, 2004, 51–68. *Wolfram Nitsch*

Le ruban au cou d'Olympia

(frz.; *Das Band am Hals der Olympia*, 1983, R. Wintermeyer, S. Werle) – Das 1981 erschienene autobiographische Werk, das in den 1970er Jahren verfasst wurde, bildet in seiner lockeren Anordnung gewissermaßen einen Annex zu *La règle du jeu*, dem Hauptwerk des Autors. Als Édouard Manet 1865 im Salon des Indépendants seine *Olympia* ausstellte, erregte das Bild, das sich heute im Louvre befindet, seines gleichmütigen ›Realismus‹ wegen, der als Provokation empfunden wurde, einen geschichtsnotorisch gewordenen Skandal. Dargestellt ist eine nackte junge Frau, der eine Farbige einen großen Strauß präsentiert, den ein Verehrer oder Kunde geschickt haben dürfte. Die in ihrer Kühle anstößige Nacktheit der liegend aufgestützten Person, deren Haltung von ferne an Tizians Venus erinnert, wird noch unterstrichen durch einige kaum sehr kostbare Accessoires, darunter als auffälligstes ein schwarzes Band, das um ihren Hals geknotet und an dem ein kleines Schmuckstück befestigt ist. Dieses banale Detail gewinnt für Leiris einen obsessionellen Charakter und liefert ihm das Leitmotiv für seine kurzen oder längeren Prosastücke (Erinnerungen, Betrachtungen, Träume, Improvisationen).

Der alternde Mann mit seinen Gebrechen und Gefährdungen, der hier gegen den Tod anschreibt, legt sich wieder und wieder die Frage vor: Warum eigentlich höre ich nicht auf zu schreiben, wenn es am Ende doch – meiner Überzeugung nach – mit mir und der Welt auf totale Vernichtung, auf absolute Leere hinausläuft? Ist dieses schon zur Gewohnheit gewordene unablässige Tun, das ich als passionierter Schreiber praktiziere, vielleicht kaum mehr als der Zeitvertreib eines Jägers: die Lust, das Akzidens, das eben in seiner Banalität signifikante Detail zu erhaschen, zu erlegen und als in meinen Sätzen eingefangene Beute vorzuweisen?

Das Schreiben über das eigene Ich wird relativiert angesichts der Probleme der äußeren Welt. Man stellt sich dar, indem man sich und sein Schreiben in Frage stellt. Sehr unterschiedlich, bunt gemischt, sind die Techniken dieser Kunst: kleine genaue Bilder; Erinnerungen und erinnernd umständlich Rekonstruiertes; Assoziationen, Phantasmen; Wortspiele, verzerrte, entstellte, erfundene Wörter.

In dem längsten Stück des Bandes, das das Thema Modernität und »Ewigkeit« behandelt, geht es um das, was Leiris »Präsenz« nennt, um die Frage nach der Selbstvergewisserung im Schreibakt: Wie gewinne ich durch dieses beharrliche Fügen von Satz an Satz vielleicht so etwas wie ein zweites, wahrhaftigeres Leben? Die Paradoxie ist die gleiche wie bei Manets *Olympia*. Deren Präsenz ist nicht die des Modells, nicht die des Malers, sondern die einer Figur »im Spiegel der Leinwand, auf der etwas erscheint, was nirgendwo sonst Gestalt angenommen hatte«. In ähnlicher Weise wie in Manets Werk wird der Schreibende im Text gegenwärtiger und echter sein, als er es in der Realität je war.

Bei allem Solipsismus, Narzissmus und Dandytum ist Leiris doch immer bereit, die Welt nicht nur gelten zu lassen, sondern sich ihr zu stellen, sie in der Begegnung zu erfahren und sie auf seine unverwechselbare Weise, in seinem hochartifiziell dressierten Stil, neu zu formulieren um der Aussicht willen, derart »zu einer Präsenz zu gelangen, zu einer Kommunikation, die jede Distanz aufhebt«.

▪ Lit.: C. Masson: L'autobiographie et ses aspects chez M.L., 1995.

Friedhelm Kemp

Alain-René **Lesage**

▪ geb. 13.12.1668 Sarzeau/Bretagne (Frankreich)
▪ gest. 17.11.1747 Boulogne-sur-Mer (Frankreich)

Jurastudium; Advokat; später Lebensunterhalt in Paris durch Literatur; zunächst Übersetzer spanischer Stücke ins Französische, so die *Don Quijote*-Fortsetzung des Fernández' de Avellaneda; produktiver Theaterautor (100 Komödien) und Verfasser satirischer Unterhaltungsromane nach spanischen Vorbildern.

▪ Ausg.: Œuvres complètes, 1935.
▪ Lit.: A. Rodriguez: Théâtralité et romanesque dans l'œuvre d'A.R.L., 2002.

Le diable boiteux

(frz.; *Der hinkende Teufel*, 1967, W. Hoyer) – Vorlage für den 1707 erschienenen Roman – das berühmteste Werk des Autors – war der spanische Schelmenroman *El diablo cojuelo*, 1641 (Der hinkende Teufel), von Luis Vélez de Guevara y Dueñas, eines der letzten klassischen Werke dieser Gattung, deren Ziel es war, ohne allzu kohärente Episodenverknüpfung einen kritschen und zugleich amüsanten Blick auf die damalige spanische Gesellschaft zu werfen. Lesage übernahm aus diesem satirischen Roman eine Reihe von Episoden, straffte jedoch die Gesamthandlung und fügte zahlreiche neue Teile hinzu. Erst in der Bearbeitung durch den französischen Autor wurde das Werk, das bereits die Auflösungserscheinungen des spanischen pikaresken Genres zeigt, weltberühmt. Neben Guevaras *El diablo cojuelo* hat Lesage auch die satirische Novelle über das spanische Hofleben, *Dia y noche de Madrid*, 1688 *(Tag und Nacht in Madrid)*, von Francisco Santos herangezogen. Außerdem haben eigene Anschauungen und Erfahrungen zur Bereicherung des Episodenkaleidoskops beigetragen.

Die Handlung ist im Madrid des ausgehenden 17. Jh.s in einer Oktobernacht angesiedelt: Don Cleophas Perez Zambullo, ein Student aus Alcalá, muss nach einem nächtlichen Rendezvous in eine Dachkammer flüchten, die von einem Zauberer und Astrologen bewohnt wird. Beim Durchstöbern der Behausung des abwesenden Magiers findet er ein Gefäß, in dem ein kleiner Teufel eingesperrt ist, den er befreit. Der Geist aus der Flasche entpuppt sich als der hinkende Teufel Asmodeus, »der lächerliche Heiraten stiftet, in der Welt den Luxus, die Ausschweifung und das Glücksspiel eingeführt hat«. Asmodeus berichtet dem Studenten von seinem Leben unter den Teufeln und nimmt ihn auf den Turm der Salvatorkirche mit. Aus Dankbarkeit deckt er einige der zu ihren Füßen liegenden Häuser ab und gewährt seinem Befreier so einen Blick hinter die Mauern der bürgerlichen Wohlanständigkeit. Bei Lesages Darstellung der Lüstlinge, Spieler, alternden Prostituierten, Goldmacher, Pfaffen, Geizkrägen und Säufer wird der Einfluss der Charakterporträts der französischen Moralisten (La Bruyère, ↗ La Rochefoucauld) spürbar. Cleophas wird u. a. Zeuge, wie ein Arzt sich sein Einkommen sichert, indem er nachts Menschen brutal überfällt und verwundet, um sie am Tage wieder zu kurieren; ein Wucherer verhält sich heuchlerisch, indem er in der Messe seelenruhig eine Predigt gegen den Wucher verfolgt, nur um anschließend seine Schuldner umso unerbittlicher auszusaugen.

Heimlich nimmt Cleophas auch an der Heirat von Graf Belflor und Donna Leonore von Cespedes teil, deren dramatische Liebesaffäre der hinkende Teufel in folgender Geschichte erzählt: Der bei Hof angesehene Belflor will die schöne Leonore verführen, wird jedoch abgewiesen. Leonores Beschützerin Marcela lässt den Frauenhelden gegen Bestechung wiederholt nachts in Leonores Haus, bis ihr Widerstand schwindet. Als Leonores Vater von der ›Schande‹ erfährt, ruft er seinen Sohn, den Studenten Pedro, aus Alcalá herbei. Belflor soll nach Leonores Willen zu einer letzten Aussprache nochmals zu ihr nach Hause kommen. Durch unglückliche Zufälle gerät Pedro mittlerweile in Madrid in ein Duell, aus dem er nur mit der Hilfe eines Unbekannten (es handelt sich um Belflor) entkommen kann. Zum Dank begleitet Pedro den Unbekannten auf dessen Wunsch zu Leonore, wo im Beisein des Vaters zwar Belflors Identität gelüftet wird, dieser jedoch von Pedro zunächst gegen den eigenen Vater in Schutz genommen wird. Ein für den kommenden Tag angesetztes Duell der beiden um Leonores Ehre unterbleibt, da sich Belflor schließlich doch bereit erklärt, sie zu heiraten. Während die Kupplerin Marcela in einem Kloster dahinsiecht, kommt es zur Doppelhochzeit, da sich eine geheimnisvolle Geliebte Pedros als Belflors Schwester erweist.

Nacheinander lässt der Teufel nun ein Gefängnis, ein Tollhaus und ein Hotel vor Leandros Augen Revue passieren. Als in dem Haus des Pedro de Escolano ein Brand ausbricht, bittet der Student den Teufel, das Leben von Escolanos schöner Tochter Seraphine zu retten. In weiteren Visionen zeigt Asmodeus ihm die Schicksale zweier Sklaven und die Träume von Schlafenden. Die Schau wird unterbrochen, als der Teufel von dem Zauberer beschworen wird, der ihn in die Phiole bannte. Asmodeus verschwindet und lässt den Studenten zurück, der nicht weiß, ob das Erlebte Traum oder Realität war. Erst als er in Escolanos Haus gelangt, wird ihm zur Gewissheit, dass die phantastischen Szenen, deren Zeuge er wurde, tatsächlich so stattgefunden haben: Escolano gibt Leandro Seraphine zur Frau, die dem Studenten und der Hilfe des hinkenden Teufels Asmodeus ihr Leben verdankt.

In einer Widmung an Vélez de Guevara vermerkt Lesage mit einigem Stolz, *Le diable boiteux* sei sowohl das Produkt Guevaras als auch sein eigenes Werk. Zwar lobt er die Originalität seines Vorbilds, doch rechtfertigt er gleichzeitig die eigenen Eingriffe: »Ich begreife sehr wohl, daß Euer Gebrauch der figürlichen Rede, Eure bizarren Bilder und Eure außergewöhnlichen Einfälle in Eurem Land Bewunderung gefunden haben. Ihr werdet auch verstehen, daß unter einem andern Himmel geborene Menschen anders darüber urteilen. Die Franzosen, deren Erbteil Peinlichkeit und Natürlichkeit ist, finden keinen Geschmack hieran.« Lesage hat gerade die in der spanischen Prosa des 17. Jh.s so charakteristischen kühnen und dunklen Metaphern und die manieristische Bildwelt für den klassischen Geschmack der Franzosen reduziert. Wenngleich er in satirischer Absicht menschliche Schwächen und Torheiten verspottet, gilt sein Hauptanliegen trotz der moralistischen Tradition, der er verpflichtet ist, der Unterhaltung seiner Leser.

■ Lit.: V. Holtz: ›Der hinkende Teufel‹ von Guevara und L., 1970.

Sabine Wild

Turcaret

(frz.; *Der Schieber*, 1933, A. Kuckhoff) – Die Titelfigur der 1709 erschienenen Prosakomödie in fünf Akten ist ein neureicher, großsprecherischer Steuerpächter und raffgieriger Wucherer in Paris, der sich vom einfachen Bediensteten zum mächtigen Finanzmann hochgearbeitet hat. Obwohl seine Ehefrau fern von ihm in der Provinz ein armseliges Leben führt, gibt er sich mit Vorliebe als Witwer aus, um vor allem Witwen mit Heiratsanträgen näher zu treten. Insbesondere hofiert er eine nicht mehr ganz junge, schöne Baronin. Diese wiederum heuchelt nur Zuneigung, um mit Hilfe von Turcarets Geschenken ihren Geliebten, einen heruntergekommenen Chevalier, aushalten zu können.

Der Edelmann nützt seinerseits die Baronin gewissenlos aus. Die Zofe Marine durchschaut das Treiben allerdings und warnt ihre Herrin, worauf sie entlassen wird. Um sich zu rächen, verrät sie Turcaret das Verhältnis der Baronin mit dem Chevalier.

Der bislang bei dem Chevalier beschäftigte gerissene Frontin – neben Scapin (aus ↗ Molières *Les fourberies de Scapin*) und Figaro (von ↗ Beaumarchais) die berühmteste Dienergestalt der französischen Komödie – muss nun in den Dienst Turcarets treten, um den Parvenü gehörig zu schröpfen: »Wir ziehen einer Koketten das Geld aus der Tasche; die Kokette ruiniert einen Geschäftsmann; der Geschäftsmann plündert seine Kollegen aus: Das gibt eine allerlustigste Kette von Betrügereien.«

Frontin erkennt die Gunst der Stunde und überredet die Baronin, an Stelle der hinausgeworfenen Zofe sein ›Liebchen‹ Lisette einzustellen. Beide arbeiten vorzüglich Hand in Hand. Nachdem ein Haftbefehl gegen Turcaret ergangen ist, der vor dem finanziellen Zusammenbruch steht, gelingt es Frontin, die Reste des Vermögens an sich zu bringen, während alle anderen, die darauf spekuliert haben, leer ausgehen. Der witzige, durch Schulden völlig in die Abhängigkeit von Turcaret geratene Monsieur Rafle dient dazu, dessen geschäftliche Machenschaften zu enthüllen.

Mit dieser Gesellschaftssatire auf die »financiers«, »partisans« oder »traitants« und ihr mit offizieller Billigung zum Schaden vieler Bürger betriebenes Finanzgebaren wendet sich Lesage von seiner bislang an spanischen Intrigenmustern ausgerichteten Komödientechnik ab. In der *Critique de Turcaret*, 1709 (Kritik des Turcaret), und der *Suite de la critique de Turcaret* (Fortsetzung der Kritik des Turcaret) begegnet er anschließend nicht nur den Einwänden gegen sein Stück, sondern erläutert auch seine Auffassung der Komödie. Der aus locker aneinander gefügten Szenen bestehende *Turcaret* karikiert mit meisterhafter realistischer Darstellungsgabe und Schärfe die moralischen und wirtschaftlichen Verhältnisse des Ancien régime.

Wenngleich schon bei Molière *(L'avare* und *Le bourgeois gentilhomme)*, im *Banqueroutier* von Nolant de Fatouville (1687) und in *Le légataire universel* (1708) von Jean-François Regnard ähnliche Typen aus der Finanzwelt auf der Bühne dargestellt worden waren, hatte vor Lesage niemand gewagt, dem Protest der Ausgebeuteten so deutlichen Ausdruck zu verleihen. Mit seltsam prophetischen Worten triumphieren Frontin und Lisette am Schluss dieses Panoptikums des Lasters und der Gemeinheit.

▪ Lit.: R. Heyndels: La Finance et la fiction: ›Turcaret‹ d'A.-R. L., in: L'Autre au XVIIème siècle, Hg. B. Woshinsky, 1999, 107–115. ▪ M. Cardy: A Trumpet Obbligato. Contextualisation of a Passage from L.'s ›Turcaret‹, in: Essays on French Comic Drama from the 1640s to the 1780s, Hg. D. Connon, 2000, 87–98.

Dietrich Briesemeister

Histoire de Gil Blas de Santillane

(frz.; *Geschichte des Gil Blas von Santillana*, 1941, K. Thorer) – Der 1715 bis 1735 in vier Teilen erschienene Roman erzählt die Geschichte von Gil Blas, dem Sohn eines Stallmeisters und einer Kammerdienerin. Da seine Eltern nicht in der Lage sind, ihm eine angemessene Erziehung zu geben, lebt er in Oviedo unter der Obhut seines Onkels, des Kanonikus Gil Perez, der ihn mit 17 Jahren auf die Universität von Salamanca schickt, um ihn loszuwerden. Gil Blas bricht bereitwillig auf, wird jedoch schon bald ein Opfer seiner Unerfahrenheit: Er fällt in die Hände von Straßenräubern, die ihn zu ihrem Handwerk rekrutieren. Es gelingt ihm schließlich, mit einer von den Banditen ebenfalls festgehaltenen vornehmen Frau zu fliehen. Er bringt sie nach Burgos, wo er von ihr aus Dankbarkeit eine große Geldsumme erhält, die ihm aber von einem betrügerischen Dienerpaar wieder abgelistet wird.

In Valladolid nimmt er eine Stelle als Diener an; zunächst bei dem Lizentiaten Sedillo, der ihm nach seinem Tod nur eine kümmerliche Bibliothek hinterlässt, dann bei dem Arzt Sangrado, dessen mörderische, lediglich aus Aderlässen und Wassertrinkkuren bestehende Kunst er schnell selbständig auszuüben lernt. Als ihm dieses Gewerbe zu anrüchig wird, begibt er sich nach Madrid, wird Kammerdiener des eitlen jungen Don Mathias de Silva, dessen Gehabe er mit den Dienern der Freunde seines Herrn frech nachahmt. Don Mathias fällt im Duell, und Gil Blas erhält die Stellung eines Vermögensverwalters bei der berühmten Schauspielerin Arsenia. Ihre Leichtlebigkeit und Zügellosigkeit fesseln ihn längere Zeit. Ihrer überdrüssig, wechselt er zu einem älteren Hidalgo, dessen Tochter er mittels einer Verkleidungsintrige hilft, einen Gatten einzufangen, danach zu Don Gonzalo Pacheco, einem eitlen Lustgreis, schließlich zur Marquise von Chaves, die einen schöngeistigen Salon unterhält.

Einer Liebesaffäre wegen entlassen, geht er nach Toledo. Zu ihm gesellt sich ein junger Adeliger, Don Alphonso, dessen Gutsverwalter er wird. Doch vertreibt ihn die leidenschaftliche Zuneigung eines ältlichen Fräuleins. Er avanciert zum Günstling des Bischofs von Granada und erhält schließlich eine einflussreiche Stellung als Sekretär des Herzogs von Lerma, die er nutzt, um sich durch Bestechungsgelder ein bedeutendes Vermögen zu erwerben. Mit Hilfe seines pfiffigen Dieners Scipio leistet er sogar Kupplerdienste für den Kronprinzen, den späteren Philipp IV. Nachdem er dem Prinzen jedoch unwissentlich die Geliebte Don Rodrigos, des anderen Sekretärs des Herzogs, zugeführt hat, betreibt der Betrogene erfolgreich Gils Sturz. Gil wird in Segovia eingekerkert und verliert seinen gesamten Besitz. Wieder in Freiheit, erhält er von Don Alphonso ein kleines

Landgut, auf dem er von den Anstrengungen des Hoflebens auszuruhen beschließt. Er heiratet eine Pächterstochter, die jedoch im Kindbett stirbt. Auf Betreiben Scipios kehrt er wiederum an den Hof zurück, wird Sekretär des ersten Staatsministers, des Grafen von Olivares, der ihm den Adelstitel verschafft, ihm dafür aber, um den König von den Staatsgeschäften abzulenken, eine neue Liebesintrige aufbürdet. Olivares wird jedoch bald gestürzt, und Gil Blas zieht sich mit Scipio endgültig auf sein Landgut zurück, wo er noch einmal heiratet.

Mit diesem Werk erreicht die französische Schelmenliteratur ihren nationalen Höhepunkt. Lesage benutzt dieses Gattungsmodell, um die zeitgenössische französische Realität des frühen 18. Jh.s mit dem spanischen Lokalkolorit der Zeit Felipes III. zu überdecken, und zwar so täuschend, das sein *Gil Blas* lange Zeit als Adaptation eines älteren spanischen Schelmenromans galt.

Tatsächlich hat Lesage aus älteren Quellen geschöpft, z. B. aus Vicente Martínez Espinels *Relaciones de la vida del escudero Marcos de Obregón*, 1618 *(Berichte aus dem Leben des Junkers Marcos de Obregón)*, und der Flut spanischer Dramen des 17. Jh.s. Besonders in den eingefügten Lebensberichten der Nebenfiguren zeigen sich diese Anleihen. Mehr als vier Fünftel des Gesamtwerks beruhen aber unzweifelhaft auf Lesages eigener Erfindung. Mit dem älteren spanischen Schelmenroman teilt *Gil Blas* die gesellschaftliche Wirklichkeit, aus der er hervorging: die des feudalistischen Absolutismus mit seinen ungeheuren Klassenunterschieden und einem in allen öffentlichen Positionen korrupten Staatswesen.

Das undurchdringliche Dickicht von Bestechungsgeldern, Pensionen und Benefizien, die Arroganz von Schauspielerinnen, denen eine parasitäre Gesellschaft von galanten Aristokraten nachstellt, Privilegienkauf, Polizeispionage, die sittliche Verwahrlosung von Adel und Klerus, der Verfall von Wissenschaften wie der Medizin – das sind Hauptansatzpunkte für Lesages realistische, satirische Kritik. »Wer du auch seist, mein teurer Leser [...], wenn du meine Abenteuer liest, ohne der moralischen Lehren zu achten, die sie enthalten, wirst du keinen Nutzen aus diesem Werk ziehen; wenn du sie aber aufmerksam liest, so wirst du in ihnen nach Horazens Vorschriften das Nützliche finden, gemischt mit dem Angenehmen.« Diese gesellschaftliche Wirklichkeit wird von Willkür und Zufall regiert, die nicht nur Gil Blas' Lebenslauf bestimmen, sondern zugleich das Kompositionsprinzip des Romans. Die Unbekümmertheit, mit der schon im älteren spanischen Schelmenroman kurze Episoden in lockerer Form aneinandergereiht wurden, kennzeichnet auch *Gil Blas*. Der angehängte vierte Teil des Romans steht den vorangegangenen Teilen an Dichte und Originalität zwar nach, doch macht er andererseits deutlich, wie sehr sich der Schelmenroman für nachträgliche Erweiterungen und Einschübe eignet, in welchem Maße er eine offene, fortsetzbare Form ist.

▪ Lit.: B. Didier: D'une gaîté ingénieuse. ›L'Histoire de Gil Blas‹, roman de L., 2004. *Hans-Horst Henschen*

Jonathan **Littell**

▪ geb. 10. 10. 1967 New York/N. Y. (USA)

Studium der Literaturwissenschaften an der Universität Yale; 1989 Veröffentlichung seines ersten Science-Fiction-Romans *Bad Voltage*; (private) Übersetzungen von Michel ↗ Blanchot, Jean ↗ Genet und de ↗ Sade ins Englische; 1993 Engagement in Sarajewo; für die ›Action contre la Faim‹ insgesamt sieben Jahre Arbeit in Krisengebieten; seit 2006 in Barcelona.

Les Bienveillantes

(frz.; *Die Wohlgesinnten*, 2008, H. Kober) – Mit seinem Debütroman, der bei seinem Erscheinen 2006 in Frankreich als Meisterwerk gefeiert und unter anderem mit dem Prix Goncourt ausgezeichnet wurde, hat sich Jonathan Littell an ein Tabu gewagt: Erstmals wird in drastischer Form der Massenmord der europäischen Juden aus der Perspektive eines Täters erzählt. Vergleichbares hatte einzig Robert Merle mit seinem Roman *Der Mord ist mein Beruf* (1952) versucht, der sich dabei allerdings streng auf Aufzeichnungen des Auschwitzkommandanten Rudolf Höß bezog. Bei *Les Bienveillantes* handelt es sich indes um die vollständig fiktiven Memoiren des ehemaligen Obersturmbannführers Dr. Maximilian Aue, dem es nach dem Krieg gelungen ist, sich im Norden Frankreichs unter falscher Identität niederzulassen und in eine lügenhafte, bürgerliche Existenz zu flüchten.

Die Erzählsituation legt Littell in der »Toccata« betitelten Exposition des Romans dar: Der Ich-Erzähler, mittlerweile Direktor einer Miederwarenfabrik, verheiratet und Vater von Zwillingen, wird Jahre nach Kriegsende immer noch von bösen Erinnerungen heimgesucht, weshalb er sich entschließt, sein Gewissen durch die Erzählung seiner Lebenserinnerungen zu erleichtern: »Brüder der Menschheit, lasst mich erzählen, wie es wirklich war.« Mit diesen Worten beginnt der Ich-Erzähler seine Lebensbeichte, macht aber sehr schnell deutlich, dass er zwar von Albträumen und körperlichen Beschwerden, nicht aber von Schuldgefühlen geplagt wird: »Ich bereue nichts: Ich habe meine Arbeit getan, das ist alles.«

Durch seinen Bericht will sich der Ich-Erzähler offensichtlich den Rachegöttinnen entziehen, die ihn wie einst Orest verfolgen. Dem antiken Muttermörder war es nämlich gelungen, die Eumeniden durch seine Lebensbeichte zu beschwichtigen. Deshalb spielt der Titel *Les Bienveillantes* zweifelsfrei auf diesen dritten, »Eumeniden« überschriebenen Teil von Aischylos' *Orestie* an. Doch noch ein zweites Anliegen hat dieser Ich-Erzähler: Er möchte dem Leser deutlich machen, dass dieser sich in einer vergleichbaren Lage genauso hätte verhalten können. Die Bestialität des Protagonisten, das macht der Autor von Anbeginn an deutlich, ist exemplarisch für die Natur des Menschen.

Nach der Exposition folgen weitere sechs Kapitel, die die Titel von barocken Tänzen tragen und in denen der Ich-Erzähler chronologisch seine Erlebnisse als Offizier der Einsatzgruppen in der Ukraine erzählt, seine Strafversetzung nach Stalingrad, wo er schließlich schwer am Kopf verletzt wird und wie durch ein Wunder überlebt. In die detailgenauen Schilderungen der Massaker flicht der Erzähler seine eigene Familiengeschichte ein: Der gebildete Jurist Aue wird als Sohn eines Deutschen und einer Französin 1912 im Elsass geboren. Im Alter von sieben Jahren verschwindet sein Vater spurlos. Max beginnt ein inzestuöses Liebesverhältnis mit seiner Zwillingsschwester Una, von der er schnell getrennt wird, mit der er aber, wie sich sehr viel später herausstellen wird, ebenfalls Zwillinge gezeugt hat. Um die Liebe zur Schwester unangetastet zu lassen, beschränkt er sich auf homosexuelle Abenteuer und entwickelt sich zu einer Art schwulem Nazidandy, dessen Lebensstil indes weit von der Realität der Homosexuellen im ›Dritten Reich‹ entfernt ist. Aue erscheint anfangs als überzeugter Nationalsozialist und vorbildlicher Technokrat der Vernichtung, der gern über Literatur sinniert und es peinlichst meidet, seine Uniform mit Blut zu beschmutzen, während er die Massaker an der ukrainischen Zivilbevölkerung befehligt oder später die Effizienz des Vernichtungslagers Auschwitz verbessert. Doch schnell wird aus diesem Protagonisten, an dem sich Hannah Arendts These von der »Banalität des Bösen« demonstrieren ließe, eine psychologisch überkomplexe Figur, bei der sich Homosexualität, Inzest und Muttermord in einer seltenen Verdichtung von psychologisch-mythologischen Motiven überlagern. Im weiteren Verlauf der Handlung ermordet Aue nicht nur seinen Liebhaber, seinen besten Freund, er erdrosselt auch seine Mutter und erschlägt seinen Stiefvater mit der Axt.

Littells Roman ist angelegt wie ein historisches Fresko nationalsozialistischen Grauens, das einerseits deutlich auf historischen Standardwerken zum Holocaust, beispielsweise Raul Hilbergs *La destruction des juifs d'Europe*, 1988 (*Vernichtung der europäischen Juden*, 1990), aufbaut, andererseits die extreme Ästhetisierung nationalsozialistischer Gräueltaten nicht scheut. Dennoch gelingt es dem Autor nur bedingt, die Unmenschlichkeit des Beschriebenen durch einen sprachmächtigen Stil zu überhöhen und auf diese Weise für den Leser überhaupt erträglich zu machen. Widersprüchlich ist auch die Erzählsituation: Aue, der angeblich keinerlei Erinnerung hat (»Ich wusste nicht einmal mehr, was das war, eine Erinnerung«), breitet diese auf mehr als 900 Seiten aus. – Der Filmemacher Claude Lanzmann (»Shoah«) kritisierte diesen Grundwiderspruch: Henker wollen sich nicht erinnern, sie verdrängen. Die enthusiastische Rezeption des Romans seitens der französischen Kritik erklärt sich vor allem durch den gewaltigen Tabubruch.

▪ Lit.: P.-E. Blanrue: Les Malveillantes. Enquête sur le cas J.L., 2006. ▪ N. Casanova: La Chevauchée des Erinyes, in: La Revue des deux mondes, Dezember 2006, 104–111. ▪ M. Lemonier : Les Bienveillantes décryptées, 2007. ▪ E. Husson/M. Terestchenko: Les complaisantes. J.L. et l'écriture du mal, 2007.

Martina Meister

Jean Lorrain

▪ geb. 9.8.1855 Fécamp/Seine-Maritime (Frankreich)
▪ gest. 1.7.1906 Paris (Frankreich)

(d.i. Paul Alexandre Martin Duval) – Erziehung in einer Dominikanerschule; religiöse Krise; Militärdienst; Aufgabe des Entschlusses, Maler zu werden, zugunsten der Literatur; zunächst Rezensent und Verfasser ironisch-glossenhafter Feuilletons in namhaften Pariser Zeitungen; neben Dramen und Ballettentwürfen vor allem erzählende Prosa (Romane, Erzählungen), anfangs im naturalistischen Umkreis, später eine der Schlüsselfiguren der dekadenten Literatur in Frankreich.

▪ Lit.: T. d'Anthonay: Lumières et ombres chez J.L., 1997.

Histoires de masques

(frz.; Maskenerzählungen) – Die 1900 erschienene Novellensammlung umfasst die neun Erzählungen »Lanterne magique« (Laterna magica), »L'un d'eux« (Einer der ihren), »Trio des masques« (Maskentrio), »La reine Maritorne« (Königin Maritorne), »La dame aux portraits« (Die Frau mit den Porträts), »Le masque« (Die Maske), »Les trous du masque« (Das Loch in der Maske), »L'impossible alibi« (Das unmögliche Alibi) und »Un crime inconnu« (Ein unbekanntes Verbrechen). Als Spätwerk Lorrains stellen sie eine grundlegende Auseinandersetzung mit den Hauptwerken und -themen der Décadence in Frankreich dar. Der Autor erweist sich hier jedoch noch stärker der romantischen

Literatur verpflichtet, vor allem E.A. Poe und dem im Frankreich des späten 19. Jh.s viel gelesenen und von ihm als »Meister des Unheimlichen« verehrten E.T.A. Hoffmann. Übernatürliches, Hexerei, Somnambulismus, Hypnose und Vampirismus gehören folglich noch ebenso zum thematischen Repertoire der Novellen wie der Wahnsinn.

Ein Teil der Geschichten ist dem Genre der phantastischen Erzählung zuzuordnen, eine andere Gruppe nähert sich bereits dem Prosagedicht an. Eine stark symbolistische Prägung aller Erzählungen wird bereits im Titel deutlich. Dieser ist dadurch gerechtfertigt, dass alle Texte der Sammlung das um die Jahrhundertwende in Malerei (Ensor, ↗ Gauguin, Munch) und Musik (Debussy, Fauré, Skrjabin, Szymanowski, Schönberg) besonders virulente Maskenthema in mannigfacher Weise variieren. Zum einen bezieht es sich auf die skurrilen Gestalten, deren groteskes Aussehen die Vorstellung einer Karnevalsgesellschaft evoziert. Zum anderen macht sich der Erzähler die Perspektive des Maskenträgers zu eigen: In »Un crime inconnu« wird ein Hotelbewohner, der durch ein Loch in der Wand späht, Zeuge homosexueller Handlungen und eines Mordes im Nachbarraum. In »La dame aux portraits« fungiert der wertvolle Halsschmuck einer Frau als Maske, die nicht über den physischen Verfall der Besitzerin hinwegtäuschen kann. »Heures de villes d'eaux« schildert, wie der Kadaver eines Schwans durch die regennassen Straßen einer Stadt zum Präparator gebracht wird, um dort zur Maske gewesener Existenz zu werden. Anders als in den späteren Erzählbänden (z.B. *Princesse d'ivoire et d'ivresse*, 1902; Fürstin von Elfenbein und Trunkenheit), die dem Bedürfnis nach Evasion durch die Wahl exotischer, zumeist orientalischer, Schauplätze entgegenkommen, sind diese Erzählungen noch an ein realistisches Milieu gebunden, wodurch der Reiz der symbolistischen Überhöhung alltäglicher Gegenstände zu maskenartigen Chiffren noch gesteigert wird.

Wie in dem Prototyp dekadenter Novellistik – den *Contes cruels*, 1883 (Grausame Erzählungen), von ↗ Villiers de L'Isle Adam – artikuliert Lorrain in diesen Erzählungen eine radikal skeptische Weltsicht, die sich von der Fortschrittsgläubigkeit des positivistischen Zeitalters durch die Betonung des Individuellen und zugleich Bizarren absetzt. Im Zuge der Wiederentdeckung und Neubewertung der Fin-de-Siècle-Literatur seit den 1970er Jahren bringt man auch diesem Werk als besonders typischer Schöpfung der Jahrhundertwende zunehmendes Interesse entgegen.

▪ Lit.: W.L. McLendon: La signification de la masque chez L., in: Nineteenth-Century French Studies 7, 1978, 104–114.

Gerhard Wild

Monsieur de Phocas

Astarté

(frz.; Monsieur de Phocas) – Nicht ohne Grund hat man diesen 1901 erschienenen Roman als die »bizarrste Schöpfung der französischen Dekadenzliteratur« bezeichnet. Die Handlung ist in eine Rahmenerzählung eingebettet: Der Erzähler, ein Schriftsteller, erhält das Manuskript eines gewissen Herzogs von Fréneuse, der sich als Ich-Erzähler und Protagonist eines Berichts erweist, in dem er den byzantinisierenden Namen Monsieur de Phocas angenommen hat. Phocas' Ausschweifungen und Verbrechen bilden den eigentlichen Inhalt des Werks, das dem Muster eines Initiationsromans folgt.

Als Elfjähriger wird Phocas Zeuge des Todes von Jean Destreux, der bislang alle Kinder der Umgebung mit der Erzählung abenteuerlicher Geschichten erfreute. Der Anblick der weit geöffneten strahlend blauen Augen des unter einem umgestürzten Heuwagen begrabenen Destreux wird für Phocas zur Obsession, die auf seine uneingestandenen päderastischen Neigungen hindeutet. Phocas will sich davon befreien, indem er nach dem strahlenden Blick sucht. So glaubt er die smaragdenen Augen der Göttin Astarte bei seiner Geliebten wiederzufinden, der Schauspielerin Willie Stephenson. Den größten Teil seines Lebens widmet der Décadent der Suche nach dem Absoluten. Eine echte Welterkenntnis bleibt ihm nicht nur deshalb versagt, weil er letztlich die Wirklichkeit und die ihn umgebende Gesellschaft ablehnt, sondern auch weil er bei seiner Selbstsuche immer nur aufs Neue sein eigenes Ich in die Welt projiziert, ohne deren tatsächliche Qualitäten wahrzunehmen. Vom ›gewöhnlichen‹ Leben angewidert, gibt er sich seinem Sammlertrieb hin. Hier breitet Lorrain das gesamte Spektrum des Ästhetizismus der Jahrhundertwende aus. Phocas versucht, die Kunst des Fin de Siècle in ihrer Spannung zwischen pervertierter Erotik und überzüchteter Ästhetik in sein Leben zu holen: O. Wildes *Salomé*, A.C. Swinburnes *Laus Veneris* und die Bilder Gustave ↗ Moreaus bezieht er imitierend und plagiierend auf seine Existenz zurück.

Mit dem Maler Claudius Ethal tritt ein bereits völlig vom Ästhetizismus korrumpiertes Individuum in Phocas' Leben. Dieser der Gestalt Lord Henrys aus Wildes *The Picture of Dorian Gray* nachempfundene Ästhet wird zu seinem negativen Alter ego, zu seinem ›Seelenführer‹, der ihn mit Hilfe der Kunstwerke Ensors, Goyas und des holländischen Symbolisten Jan Toorop (1858–1928) in die Sphäre der Perversion zu ziehen versucht. Die Abfolge der Kunstwerke, mit denen er seinen Schüler konfrontiert, zeichnet den allmähliche Abstieg in die Abgründe der eigenen Seele nach, deren ›Nachtseite‹ Ethal durch alle nur erdenklichen sinnlichen Genüsse verstärkt. Den Höhepunkt stellt eine Opiumorgie dar, in der Phocas sich schließlich in der Rolle eines Gilles de Rais, des historisch bezeugten Kindsmörders ›Blaubart‹, sieht.

Die Wende auf dem Weg in eine immer größere Verkommenheit tritt ein, als Welcôme, ein Freund Ethals, dem Protagonisten eine Statue der Astarte schickt, die ihm anzeigt, dass er zwischen skrupellosem Hedonismus und einem völligen Rückzug aus seiner dekadenten Existenz zu wählen habe. Phocas lässt sich bei dieser Entscheidung nicht von der Moral leiten, sondern allein durch die Ästhetik. Noch einmal unternimmt es Ethal, Phocas in seinen Bann zu ziehen. In seiner Bildergalerie zeigt er ihm Moreaus Aquarell *Der Triumph Alexanders*, den allegorischen Konflikt von Orient und Okzident. Die Allegorie des Moreauschen Bildes wird für Phocas zur moralischen Handreichung, durch die er erkennt, dass er sich von der Bevormundung durch Ethal befreien muss. Auch bei der Realisierung dieses Entschlusses dient ihm ein Bild Moreaus, *Die Freier oder: Die Heimkehr des Odysseus*, als Leitfaden. Er zwingt Ethal, Gift zu nehmen, und erweist sich hierdurch als dessen völlig autonom gewordener Schüler, der einen egoistischen Amoralismus vertritt. Nach dem Mord an Ethal bricht er zu Welcôme in den Orient auf, wo er sein unmoralisches Handeln frei von allen Skrupeln fortsetzt.

Der Text erweist sich nicht nur durch seine ausschweifende Phantasie als typisches Produkt seiner Epoche, sondern mehr noch durch die Dichte, in der fremde Zitate (A. ↗ Musset, A. Ch. Swinburne, O. Wilde, J.-K. ↗ Huysmans) in den Romantext eingearbeitet sind. Unter dieser vielstimmigen Oberfläche jedoch nimmt der Leser immer wieder die Skepsis und den ›ennui‹ (Lebensüberdruss) wahr, der schon für Oscar Wildes *The Picture of Dorian Gray* und Huysmans' *A rebours* bestimmend war. In Hinblick auf die Bedeutung dieser Kunstwerke für die Lebensführung des Protagonisten geht Lorrain jedoch noch weit über Huysmans hinaus. Wie dieser hat er sich den Pariser Schriftsteller und Dandy Robert de Montesquiou (1855–1921) als Vorbild genommen, dessen Züge Phocas eindeutig trägt. Insofern stellt Lorrains Roman ein literarhistorisches Bindeglied in der Reihe der literarischen Montesquiou-Porträts dar, deren wirkungsmächtigstes Marcel ↗ Proust in der Gestalt des Barons Charlus abgegeben hat. Daneben scheinen autobiographische Züge in die Gestaltung der Figur eingegangen zu sein.

Wenngleich der Erfolg des Romans beim breiten Publikum eher gering war, fand Lorrain zumindest in Literatenkreisen Anerkennung. Besondere Beachtung verdienen die zahlreichen Beschreibungen von Kunstwerken, die zusammen mit der Darstellung der Opiumorgie zu den Kabinettsstücken ›dekadenter‹ Prosa gerechnet werden müssen und den Roman zu einem Musterbeispiel jener extrem handlungsarmen ›deambulatorischen‹ Prosa machten, die sich seit 1880 als Mischung aus Essay, psychologischem Roman und Tagebuch in Frankreich etablierte.

▪ Lit.: P. Wynn: Sexualités décadentes chez J. L., 1997.

Gerhard Wild

Le vice errant

(frz.; Verirrungen des Lasters) – Protagonist dieses 1902 erschienenen Romans ist der Graf Noronsoff – degenerierter Abkömmling eines russischen Aristokraten, der seine Linie bis ins Spätmittelalter zurückverfolgen kann, und einer Florentinerin –, der einen skrupellosen Hedonismus auslebt und dabei die Würde seiner Mitmenschen völlig missachtet. Anders als die Hauptfiguren zeitlich vorausgehender dekadenter Romane, deren Misanthropie mit ihrer Introversion korrespondierte, degradiert Noronsoff seine gesamte Umwelt zu Sklaven seiner persönlichen Belustigung. Seine Geliebte jüdisch-polnischer Abstammung hasst ihn und sucht nach Möglichkeiten, sich seiner zu entledigen und sich zugleich für die zahllosen Demütigungen zu rächen. Noronsoff vereint in sich alle Kennzeichen der abendländischen Dekadenz: Prunksucht und Verschwendung kennzeichnen seinen Lebensstil; ein Nervenleiden, das auf seine maßlosen Ausschweifungen zurückzuführen ist, lässt er durch einen persönlichen Leibarzt kurieren, der ihn verachtet, jedoch auf die finanziellen Zuwendungen nicht verzichten will. Noronsoff hat den jungen Matrosen Marius aufgelesen und in seine Villa bei Nizza aufgenommen, wo dieser aufgrund seines besonderen Talents im Geschichtenerzählen zur Unterhaltung des Grafen beitragen muss. In die dekadenten Vergnügungen dringt als Bote aus der Fremde Lord Férédith ein, der mit seiner Jacht in der Nähe vor Anker gegangen ist. Um Férédith zu beeindrucken, arrangiert Noronsoff im Park der Villa ein Adonisfest, zu dem bei Fackelschein und in einem Meer von Rosen eine antikisierende Apotheose von Noronsoffs eigener Dekadenz inszeniert wird. Diese gigantische Selbstästhetisierung des Grafen sabotiert Férédith jedoch durch sein striktes Desinteresse. Noronsoffs Geliebte gibt sich mit Férédith auf dessen Jacht Ausschweifungen hin. Darauf bricht der Graf zusammen, während sich die unzufriedenen Akteure des von ihm inszenierten Schauspiels in hemmungslose Bestien verwandeln und den Lohn für ihre Beteiligung an seinen Lustbarkeiten fordern. Noronsoff stirbt in geistiger Verwirrung, während der Raserei der entfesselten Komparsen kein Einhalt mehr geboten werden kann.

Le vice errant knüpft thematisch an Lorrains Auseinandersetzung mit den zentralen Themen der aristokratischen Dekadenz an, die in seinem früherem Roman *Monsieur de Phocas* (1901) noch eine Rettungsmöglichkeit des dekadenten Protagonisten in der von ihm verachteten bürgerlichen Welt zuließ. Dort waren außerdem noch die Selbstentdeckung in der Wahrnehmung der Kunstwerke und ihre allegorisch-moralische Deutung wesentliche Aspekte der Textstruktur, die eine grenzüberschreitende Überführung der Werke in andere Medien und in das Leben selbst beinhaltete. In dem ein Jahr später entstandenen *Le vice errant* ist Phocas' Ästhetentum im Zynismus Noronsoffs aufgegangen, der die menschliche Gesellschaft zum Bestandteil von Kunstwerken herabwürdigt. Man kann den Roman hinsichtlich seiner Thesenbildung insofern als konsequente Fortsetzung des früheren Werks lesen. Das hedonistische Streben nach radikaler Selbsterforschung, das im Verbrechen mündet, ist die Voraussetzung für die unausweichliche Katastrophe: Die Revolte des Mobs erscheint von vornherein als logischer Ausgang der narzisstischen Selbstvergewisserung.

Der Text weist jenes epochentypische Übermaß an Verfeinerung des Erzählstils auf, der sich gleichermaßen in den minutiösen Deskriptionen von exotisch-phantastischen Dekors wie in den zahllosen intertextuellen Anspielungen auf fremde Werke zeigt: Zitate aus den Hauptwerken der Großen des 19. Jh.s (↗ Flaubert, ↗ Huysmans, Wilde, Swinburne, ↗ Baudelaire, ↗ Villiers de L'Isle Adam, ↗ Bourget) und entlegenerer Modeautoren (Lombard, Rachilde, ↗ Mendès, Péladan, ↗ Louÿs) machen diesen Roman zu einer literarischen Enzyklopädie der Epoche und damit zu einem Musterroman des Fin de Siècle. Zugleich wird das unterschätzte Werk durch die Frage nach der Möglichkeit einer selbst gesetzten Seinsbestimmung zu einer Art von negativem Initiationsroman, dessen skeptizistische Grundhaltung sich in die zeitspezifische Kritik an der abendländischen Zivilisation einfügt.

■ Lit.: D. Droit: La séduction et la fascination dans l'œuvre narrative de J. L., 2000. *Gerhard Wild*

Pierre Loti

- geb. 14. 1. 1850 Rochefort-sur-Mer/Charente-Maritime (Frankreich)
- gest. 10. 6. 1923 Hendaye/Pyrénées-Atlantiques (Frankreich)

(d. i. Julien Viaud) – Aus hugenottischer Familie; 1867–1873 Marineschule; Marineoffizier; 1883 Expedition nach Tonking, Boxerkrieg; 1889 in Indien und 1900 in China; 1910 Pensionierung als Kapitän; Kriegsfreiwilliger im Ersten Weltkrieg; geschätzt für seine Romane im kolonialen und orientalischen Milieu, Hauptvertreter des französischen Exotismus.

■ Lit.: A. Buisine: P. L. L'écrivain et son double, 1998.

Aziyadé

Extrait des notes et lettres d'un lieutenant de la marine anglaise entré au service de la Turquie le 10 mai 1876, tué sous les murs du Kars, le 27 octobre 1877

(frz.; *Aziyadé*, 1982, A. El-Moulei-Semler) – Hintergrund des 1879 erschienenen autobiographischen Romans sind die historischen Ereignisse der Jahre zwischen 1876 und 1878, als sich das langwierige Tauziehen zwischen Russland und Österreich-Ungarn um die Vormachtstellung im Balkangebiet, die Unabhängigkeitsbestrebungen der einzelnen Balkanvölker und die schweren Fehler der türkischen Verwaltung auf folgenschwere Weise verdichteten. 1876 schickten die Großmächte Flotteneinheiten in die türkischen Gewässer, um ihre nationalen Interessen zu sichern. Als französischer Marineoffizier nahm Loti zunächst in Griechenland, später in der Türkei an den blutigen Auseinandersetzungen teil. Im Mai 1876 erblickte er hinter den Gittern eines Fensters das schöne Gesicht einer Haremsdame. Aus dieser Begegnung entspann sich eine Liebesgeschichte, die er in seinem Tagebuch festhielt und die zusammen mit den Kriegserlebnissen des Autors den Inhalt dieses Romans bildet.

Durch Vermittlung eines Schiffers namens Samuel gelingt es dem Offizier – im Roman ist er englischer Herkunft –, sich nachts mit Aziyadé auf dem Meer zu treffen. Dann bricht seine Heereseinheit nach Konstantinopel auf. Dort verbringt er mehrere Monate, und obwohl er sich nach Möglichkeit von der orientalischen Welt beeindrucken lässt, gelingt es ihm nicht, Aziyadé zu vergessen. Die Erinnerung an sie wird durch Samuels Gegenwart wachgehalten. Ein glücklicher Zufall bringt Aziyadé nach Konstantinopel. Noch ein Jahr lang können die Liebenden sich nachts heimlich treffen, bis der Befehl zum Aufbruch die Trennung erzwingt. Aziyadé stirbt vor Schmerz, und der Offizier findet bald darauf im Kampf für das Vaterland der Geliebten den ersehnten Tod. In diesem Romanschluss klingen Themen an, die dem Autor von jeher am Herzen lagen: Tod, Melancholie, der Trennungsschmerz, der Adel des Leides. Dennoch erscheint hier sein Weltbild erheblich verdüstert. Seine religiöse Zuversicht ist einer bitteren Skepsis gewichen, sein Vertrauen zum Leben ist durch die Einsicht in das Elend dieser Welt gebrochen. Die Unmöglichkeit, glücklich zu sein, erscheint ihm nunmehr als das einzig Gewisse. Er spielt mit Selbstmordgedanken und sucht vergeblich Trost und Ablenkung in sinnlichen Genüssen.

Aziyadé ist fast gänzlich aus Lotis Tagebuchaufzeichnungen hervorgegangen; lediglich die Namen wurden geändert. Einige wenige Stellen sind hinzugefügt, andere weggelassen oder überarbeitet, doch wurden diese Änderungen mehr aus Diskretion als aufgrund literarischer Erwägungen vorgenommen.

▪ Lit.: Z. A. Khalek: La poétique de l'orient dans l'œuvre de P. L., 1997. *Judith H. Kaufmann*

Pêcheurs d'Islande

(frz.; *Islandfischer*, 1985, C. Silva) – Schauplatz des 1886 erschienenen fünfteiligen Romans, der das harte und gefährliche Leben der »islandais« – der bretonischen Fischer, die im Frühjahr in isländische Gewässer fahren – schildert, ist der Hafen Paimpol in der Bretagne. Der Autor, der alle Weltmeere kannte, Island aber nie gesehen hat, unternahm im Jahr 1870 eine Fahrt in norwegische Gewässer. Detaillierte Auskünfte über die Islandfischer erhielt er von einem Kapitän aus Paimpol, Monsieur Huchet du Guermeur, dessen Name auch im Roman auftaucht.

Gaud, die Tochter eines reichen und angesehenen Händlers, die sich in Paris an das elegante städtische Leben gewöhnt hat, kehrt mit dem Vater in ihre bretonische Heimat zurück. Auf einem Fest begegnet sie dem Fischer Yann Gaos, für den sie seither eine tiefe Zuneigung empfindet. Yann, ein eigenwilliger Charakter, entzieht sich ihr jedoch aus Eigensinn und Stolz, da er weiß, dass sich seine Lebensverhältnisse nicht mit ihren vergleichen lassen. Der Fischer Sylvestre Moan, der Verlobte von Yanns Schwester, wird während des französisch-chinesischen Krieges (1884) schwer verwundet und stirbt auf dem Lazarettschiff, das ihn nach Frankreich bringen sollte. Seine Großmutter, die alte Yvonne, trifft die Nachricht von seinem Tod schwer. Gaud, die nach dem plötzlichen Tod ihres Vaters ohne Vermögen zurückgeblieben ist, widmet sich nun fürsorglich der alten Frau und findet sich gut in der neuen Situation zurecht. Da gibt auch Yann seine Bedenken auf und hält um ihre Hand an. Doch das Glück der beiden ist nur von kurzer Dauer: Die Schiffe fahren in der folgenden Woche wieder aus, und als die Fischer am Ende des Sommers heimkehren, ist Yann nicht unter ihnen. Er bleibt verschollen.

Loti, dem es nicht um die Analyse komplizierter Seelenvorgänge zu tun ist, lässt die inneren Motive seiner Figuren aus ihren Handlungen, ihren Gesprächen und kurzen Äußerungen sichtbar werden. Seine eigentliche Begabung entfaltet er in den Naturschilderungen. Erstmalig in der französischen Literatur wird das Meer zum aktiven Mittelpunkt der Handlung und spielt nicht mehr nur die Rolle eines zufälligen Dekors. Gestützt auf unmittelbare, präzise Erfahrungen und mit offenem Sinn für Nuancen und Harmonien, Töne und Farben beschreibt Loti die Naturgewalt der Stürme und die Ruhe der Windstille. Anders als etwa in Texten der Romantik ist das Meer hier nicht Projektionsfläche des reflektierenden Subjekts oder Allegorie des Transzendenten, sondern wird durch eine Schreibweise von impressionistischer Unmittelbarkeit entmythisiert.

▪ Lit.: T. Chifflot: P. L. face aux civilisations de religions non-révélées, 1998. *Renate Luscher*

Jean-Baptiste **Louvet de Couvray**

▪ geb. 12. 6. 1760 Paris (Frankreich)
▪ gest. 25. 8. 1797 Paris (Frankreich)

Während der Revolution Mitglied des Konvents und 1795 des Rates der 500; später Buchhändler im Palais Royal; während des Direktoriums Konsul in Palermo; Verfasser galanter Liebes- und Abenteuerromane.

▪ Lit.: P. Hartmann: Entre libertinage et révolution. J.-B. L., 1999.

Les amours du chevalier de Faublas

(frz.; *Die Liebesabenteuer des Chevalier de Faublas*, 1984, anonym) – Der 1787 bis 1790 in drei Teilen erschienene Roman spielt im vorrevolutionären Paris und handelt von den Abenteuer des Chevalier Faublas und seiner Geliebten Sophie, die nach zahlreichen von der ebenso gerissenen wie eitlen Marquise de B*** eingefädelten Intrigen zusammenfinden. Im ersten Teil, »Une année de la vie du chevalier de Faublas« (»Ein Jahr aus dem Leben des Chevalier de Faublas«), berichtet Faublas, wie er im Alter von etwa 16 Jahren mit seinem Vater und seiner Schwester Adelaïde, die in ein Kloster eintreten soll, nach Paris kommt. Im Hause des Monsieur Du Portail überredet ihn Graf Rosambert, der die Eifersucht der Marquise de B*** erwecken will, auf einem Fest in Frauenkleidung zu erscheinen. Die Marquise durchschaut jedoch das Spiel und verführt ihrerseits den Jüngling.

Als Faublas im Konvent seine Schwester besucht, lernt er Sophie de Pontis kennen. Ihretwegen will er das Verhältnis mit der Marquise lösen. Sein Vater, nach dessen Willen er Dorliska, die Tochter seines aus Polen vertriebenen Freundes Du Portail, heiraten soll, tut sein Möglichstes, um die Zusammenkünfte der Liebenden zu verhindern, und sperrt seinen Sohn in ein Landhaus außerhalb von Paris ein, aus dem ihn später allerdings die Diener der Marquise befreien. Bei einem Duell mit dem eifersüchtigen Ehemann der Marquise wird Faublas verwundet. Er entführt Sophie aus dem Konvent und flüchtet zusammen mit ihr und Du Portail. Faublas' Vater und Baron Görlitz, der vermeintliche Vater Sophies, überraschen die Liebenden in eindeutiger Situation. In einer Aussprache zwischen Du Portail und dem Baron klärt sich jedoch auf, dass Sophie in Wirklichkeit Du Portails verschollene Tochter Dorliska ist. Mit der Heirat von Faublas und Dorliska/Sophie endet der erste Teil.

Der zweite Teil, »Six semaines de la vie du chevalier de Faublas« (»Sechs Wochen aus dem Leben des Chevalier de Faublas«), setzt nach der Hochzeit ein. Sophie wird von ihrem Vater, der seine Tochter vor den Intrigen der Marquise de B*** schützen will, nach Polen gebracht. Faublas erkrankt und wird von seinem Vater in Paris gesundgepflegt, wo ihn jedoch die Marquise de B*** aufspürt und zeitweilig erneut in ihren Bann zieht. Auf der Suche nach Sophie erlebt Faublas weitere galante Abenteuer, darunter das besonders folgenreiche mit der gerade 16-jährigen Madame de Lignolle, die mit einem 50-jährigen Mann verheiratet ist, den sie nicht liebt und zu dem sie aufgrund seiner Impotenz nie eine sexuelle Beziehung hatte. Als Faublas erfährt, dass Sophie sich in einem Pariser Kloster aufhält, versucht er, sich dort einzuschleichen. Am Ende des zweiten Teils unternimmt er einen Befreiungsversuch, wird jedoch ertappt und für vier Monate in die Bastille gesperrt.

In »La fin des amours du chevalier de Faublas« (»Die letzten Liebesabenteuer des Chevalier de Faublas«) kommt Faublas durch Vermittlung der Marquise de B*** frei, die ihre Ansprüche auf den einstigen Geliebten ebensowenig aufgibt wie Madame de Lignolle. Um Faublas von der Rivalin zu isolieren, erwirkt sie beim König, dass Faublas in Nancy als Offizier eingestellt wird. Auf dem Landgut der Marquise bei Nancy ertappt der Ehemann seine Frau und Faublas in flagranti. Es kommt erneut zu einem Duell, in dessen Verlauf die Marquise verhindern kann, dass ihr Mann Faublas tötet, selbst indes tödlich verletzt wird. Als Du Portail schließlich Sophie und Faublas wieder zusammenführt, verliert die von falschen Versprechungen getäuschte Madame de Lignolle den Verstand und stürzt sich ins Wasser. Geschwächt durch den vergeblichen Versuch, sie zu retten, erkrankt Faublas und kann nur durch Sophies aufopfernde Pflege und Zuneigung geheilt werden. Das glückliche Paar verlässt Paris, um am Hof in Warschau eine glückliche Ehe zu führen.

Das Werk partizipiert erkennbar an den beliebtesten Topoi der Erzählliteratur des ausgehenden 18. Jh.s, was sicherlich auch den Erfolg des Romans mitbegründet hat. In der Gestalt Faublas' wird das Motiv der ›verführten Unschuld‹ – sonst ein junges Mädchen – auf originelle Weise variiert. Die konstante Gegenspielerin Marquise de B*** erinnert in mehr als einem Punkt an die Intrigantin Madame de Merteuil aus Laclos' *Les liaisons dangereuses*, 1782 *(Gefährliche Liebschaften)*. In der Handlungsführung machen sich Einflüsse des hellenistischen Romans mit seinem aus Trennung, Verfolgung und Wiedervereinigung des Liebespaares bestehenden Schema bemerkbar. Auch ansonsten führt Louvet einen subtilen Dialog mit den erzählerischen Hauptwerken des 18. Jh.s, wobei sich zahlreiche Referenzen zu S. Richardsons *Clarissa*, zu ↗ Rousseaus *Julie* sowie zu den Werken H. Fieldings und L. Sternes ergeben.

Erotische Szenen erreichen hier niemals die Eindeutigkeit eines Andréa de Nerciat oder C.-P. J. de ↗ Crébillon. Vielmehr lässt Louvet einmal mehr die galante Welt von ↗ Casanova erstehen. In seiner Intrigenführung, die bereits auf den Feuilletonroman des 19. Jh.s vorausdeutet, vereinigt er die Erzähltechniken unterschiedlicher Gattungen: Breit angelegte epische Passagen und Reflexionen des Helden, wie sie der empfindsame Roman kennt, wechseln mit Einlagen in Lied- und Briefform, die wiederum auf die Vorbilder Rousseau und Laclos verweisen. Elegant und zugleich spannend erzählt so der Aristokrat und Politiker Louvet in seinem einzigen bedeutenden literarischen Werk von den Mechanismen, denen sich die Führungsschicht des Ancien régime unterworfen hat, um einem selbstsüchtigen Hedonismus und zugleich einem skrupellos unmoralischen Rationalismus zu frönen. Die aristokratischen Verhaltensweisen werden hier – wie auch in Laclos' Roman – keiner direkten Kritik unterzogen, weisen aber bereits alle Verfallserscheinungen auf, die noch vor Abschluss der Veröffentlichung des *Faublas* zum Sturz der alten Ordnung führen sollten.

■ Lit.: M. Tomaszewski: Les fortunes de Lodoïska, in: Romanica Wratislaviensia 20, 1983, 214–222. *Gerhard Wild*

Pierre Louÿs

■ geb. 10. 12. 1870 Gent (Belgien)
■ gest. 4. 6. 1925 Paris (Frankreich)

Verkehrte in den 1880er und 1890er Jahren in Literatenzirkeln der Symbolisten und des Parnasse; enge Freundschaft mit Debussy, der einige seiner Werke vertonte; Gründer verschiedener (kurzlebiger) literarischer Zeitschriften; Kontakte zu ↗ Gide, ↗ Valéry und Oscar Wilde; vornehmlich Lyriker; auch Verfasser dekadenter (*Astarté*, 1891; *Léda*, 1893; *Ariane*, 1894) und kommerzieller pornographischer Romane (*Aphrodite*, 1896); damit Vorbild für ↗ Apollinaire.

■ Lit.: J.-P. Goujon: P. L. Une vie sécrète (1870–1925), 2002.

Les chansons de Bilitis

(frz.; *Die Lieder der Bilitis*, 1896, R. Dehmel) – Als die Sammlung lyrischer Prosagedichte 1894 (in erweiterter Fassung 1898) erschien, gab der Autor sie als aus dem Griechischen übersetzte Werke der Dichterin Bilitis, einer Schülerin der Sappho, aus. Dem Text schickte er eine fingierte Biographie der vermeintlichen Urheberin voraus, die ihm zufolge im 6. Jh. v. Chr. gelebt hatte, und stattete den Text mit gelehrten Fußnoten aus, die er noch um den Bericht der Auffindung von Bilitis' Grab vermehrte. Um das Spiel mit der kaschierten Autorschaft auf die Spitze zu treiben, sandte er ein Exemplar dieser ›Übersetzungen‹ einem zu dieser Zeit renommierten Altertumswissenschaftler zur Beurteilung, der den Schwindel offenbar nicht durchschaute und eine ernst gemeinte Würdigung dieser Texte verfasste, mit denen er sich »bereits früher anhand des griechischen Originaltextes« beschäftigt habe.

Tatsächlich handelt es sich um Texte, die ihren Ursprung in der Parnasse-Lyrik nicht verleugnen. So ist die neohellenistische Präsentationsform der *Chansons de Bilitis*, die an die durch Louÿs übertragenen altgriechischen Epigrammatiker der *Anthologia Palatina* (Paulos von Silene und Meleagros von Gadara) denken lässt, zugleich Zeugnis seiner immer wieder geäußerten Begeisterung für die griechische Poesie und eine dichterische Maskerade, die sich in die lange Tradition der antibourgeoisen Ästhetik einfügt. Louÿs zählte zum Kreis der Spätsymbolisten, deren bürgerfeindliche Grundhaltung auch in den Themen der Bilitis-Gesänge thematisiert wird. Antike Sinnesfreude und unverkünstelt schrankenlose Erotik stehen hier im impliziten Kontrast zum sexuellen Viktorianismus und zur bürgerlichen Prüderie des ausgehenden 19. Jh.s. Zumal in seinen erzählerischen Werken hat Louÿs teils in der Manier des Rokoko (Aphrodite), teils in humoristisch-satirischer Weise, sowohl in dekadent-spätsymbolistischer Form als auch eindeutig kommerziell-pornographisch, die Ausdrucksmöglichkeiten der erotischen Dichtung erprobt.

Hauptthema der Gedichte ist die Liebe in ihren vielfältigen Erscheinungsformen. Im Vordergrund steht die Beziehung zwischen Bilitis und dem jungen Lykas. Doch erstreckt sich die thematische Spannbreite der Sammlung auch auf die gleichgeschlechtliche Liebe: Louÿs kann hier auf eine Reihe prominenter literarischer Vorbilder zurückgreifen: so auf Giacomo Leopardis »La morte di Saffo« (Sapphos Tod), ↗ Verlaines »Les amies« (Die Freundinnen) und »Sappho«, auf Swinburnes »Anactoria« und »The Ballad of Melicertes« (Ballade von Melicertes), schließlich ↗ Baudelaires »Les femmes damnées« (Die verdammten Frauen) und »Lesbos«. Der Themenbereich der lesbischen Liebe, der sich zumal in der Literatur des Fin de Siècle großer Beliebtheit erfreut, taucht bei Louÿs bereits in den früheren Gedichten auf (»Les sœurs incestueuses«, Inzestuöse Schwestern).

Die Sammlung gliedert sich in drei Teile. Nach den »Bucoliques en Pamphilie« (»Pamphilische Bukolika«) mit der Liebesgeschichte des Lykas folgt der Hauptteil, der die nach dem Vorbild altgriechischer Elegien gestalteten 30 »Élégies de Mytilène« (»Elegien von Mytilene«) enthält. Ihr Thema ist Bilitis' homoerotische Liebe zu Mnasidika, »Le vice idéal et pur« (»Das ideale und reine Laster«), die mit dem Aufbruch Bilitis' nach Zypern endet. Die Liebesszenen- und Dialoge werden dabei immer wieder von stärker deskriptiven Partien und mitunter fast gekünstelten Landschaftsdarstellungen unterbrochen.

Der dritte Teil behandelt eine weitere Liebesepisode der Bilitis. Aus dieser biographischen Abfolge ergibt sich der deutlich erzählende, zyklische Charakter des Gesamtwerks. Dabei gehorchen die Gedichte eigenen Formgesetzen, die sich nicht ohne weiteres aus der Tradition des Prosagedichts herleiten lassen: Wenn Louÿs den von Baudelaire in den *Fleurs du mal* immer wieder besungenen modernen Liebesbegriff mit seiner Flüchtigkeit und das daraus resultierende neue Frauenbild aufnimmt, so siegt in den Elegien und Epigrammen doch immer wieder ein eigentümlicher Klassizismus, der die Bilitis-Gedichte als ein besonders typisches, wenn nicht gar als das Hauptwerk der Parnasse-Dichtung ausweist.

Bald nach dem Erscheinen der ersten Ausgabe vertonte Claude Debussy zunächst drei Lieder aus der Sammlung. Später komponierte er zu dem gesamten Zyklus Zwischenmusiken und ließ sich durch die Gedichte zur Komposition seiner »Six épigraphes antiques« (Sechs antike Inschriften) inspirieren. Richard Dehmel machte die Lieder in Deutschland bekannt.

▪ Lit.: D. J. Niederauer: P. L., 1979. *Gerhard Wild*

Les aventures du roi Pausole

(frz.; *Die Abenteuer des Königs Pausol*, 1900, A. Schwarz) – In dem 1901 erschienenen Roman wendet sich der Autor der erotischen Thematik auf satirische Weise zu. Nachdem dem ›Bürgerschreck‹ Louÿs mit seinen erotischen Prosagedichten *Chansons de Bilitis*, 1898 *(Lieder der Bilitis)*, der Durchbruch gelungen war, folgten teils seriöse, teils humoristische Schriften wie *Plaidoyer pour la liberté morale*, 1897 (Für Freizügigkeit), und *Liberté pour l'amour et le mariage*, 1900 (Freiheit für Liebe und Ehe), die bei einigen Zeitgenossen heftige Abwehr hervorriefen.

Der Roman *Les aventures du roi Pausole* steht in der direkten Nachfolge der Offenbachiade, jener frivolen Singspielgattung, mit der im zweiten Kaiserreich die erotischen Sitten des Großbürgertums mit beißendem Spott ironisiert worden waren. Das zentrale Thema jedoch bleibt die Frage nach der physischen Erfüllung in der Liebe und damit der Kampf gegen die bourgeoise Doppelmoral, wenngleich die Antwort ins Lächerliche transponiert scheint. Die komische Diskrepanz zwischen dem bürgerlichen Anspruchsdenken und einer sittlich degenerierten Wirklichkeit ist in Louÿs' Roman durch die dargestellte Wirklichkeit selbst bereits ins Groteske überhöht: Ort der Handlung ist das Phantasiereich Tryphême, eine utopische Alternative zur bestehenden Gesellschaft: »Ein bewundernswertes Land, dessen Fehlen auf der Landkarte ich notfalls erklären könnte, indem ich zu behaupten wage, daß in demselben Sinne wie glückliche Völker keine Geschichte, glückliche Länder keine Geographie besitzen.« Die Bildung des Namens und die innere Struktur von Tryphême scheint Louÿs in Anlehnung an die hedonistisch desorganisierte Abtei Thélème (griech. thelēma = Wille) in ↗Rabelais' *Gargantua et Pantagruel* vorgenommen zu haben: Als begeistert dilettierender Gräzist wies Louÿs seinem Phantasiereich durch die altgriechische Namensgebung von vornherein das Attribut der Schwelgerei, des Überflusses und der Unbekümmertheit zu (griech. tryphaō = im Überfluß leben). Auch die Regeln, nach der die sozialen Beziehungen jenes glücklichen Landes gestaltet sind, lehnen sich an Rabelais' Antikloster an: Lebte man dort nach der Ordensregel »Tue, was du willst«, so gilt für die Tryphematen der Grundsatz: »1. Schade nicht deinem Nächsten. 2. Ansonsten tue, was dir gefällt.«

Erotische Libertinage bestimmt das Leben in Tryphême, das in jeder Hinsicht den utopischen Gesellschaftsentwurf von Rabelais zu übertreffen versucht: Schöne Frauen müssen grundsätzlich nackt sein. Dass von dieser Regel lediglich König Pausoles hübsche Tochter Aline ausgenommen wird, der dies strengstens untersagt ist, mag man als eine der zahlreichen Spitzen gegen die bürgerliche Doppelmoral werten. Pausole selbst verfügt über einen Harem von 366 Frauen, für jeden Tag des Jahres eine und zusätzlich eine weitere für die Schaltjahre. Bezeichnend für Pausoles Amtsauffassung ist es, dass er eine Krone aus Aluminium trägt, deren geringes Gewicht gegenüber den herkömmlichen Kronen aus Gold für den König der Hedonisten einen geradezu unschätzbaren Vorteil darstellt.

Das wesentliche Ereignis in der burlesken Handlung des Romans stellt die Entführung der schönen Aline dar, die während einer Ballettaufführung durch die als Mann verkleidete Mirabelle dem Einfluss des Vaters entzogen werden soll: Mit der Gestalt Mirabelles greift der Autor auf das in seinen früheren Werken zentrale Thema der lesbischen Liebe zurück. Auf einem Esel nimmt Pausole die Verfolgung auf. Dabei begleiten ihn zwei nicht minder groteske Hofschranzen, der Eunuch und Haremswächter Taxis – dessen Züge den mit Louÿs befreundeten jungen André ↗Gide zu karikieren scheinen – und der anarchistisch veranlagte Page Giglio. Einen besonderen Reiz der folgenden burlesken Episoden bilden die ständigen Streitereien zwischen dem strengen Hugenotten Taxis und dem frechen, stets zu Streichen und Obszönitäten aufgelegten Giglio. Die solchermaßen komisch degradierte Abenteuerfahrt des Trios endet bereits nach wenigen Kilometern in der Rue des Amandines 22, wo eine »tryphemische Union zum Schutze der Jugend« die Tochter vor dem autoritären Vater behüten will. Hier nimmt Louÿs' ansonsten heiterer Text einen philosophisch-ernsten Ton an: Die Konfrontation mit Alines Entführern stellt das Recht der elterlichen Erziehung als Relikt der antiken Sklavenwirtschaft in Frage: »Nachdem die Menschheit selbst die Rechtsansprüche über die Freigelassenen aufgegeben hat, [...] bewahrt sie dennoch allerorten die Macht über die Person des Kindes und [...] mißbraucht sie, um sich für den Verlust der anderen Rechte schadlos zu halten.« Dennoch endet das Werk operettenhaft versöhnlich: Mirabelle, die sich eine Romanze mit der schönen Aline erhofft hat, wird abgewiesen und muss sich mit einem anderen Mädchen, Galathée, begnügen. Pausole erkennt seine Fehler und gelobt Besserung. In einem Nachwort harmonisiert der Autor schließlich die möglichen Interpretationen des vieldeutigen Werks, das weder nur Phantasie, noch Traum, noch Utopie sei.

Le roi Pausole bildet nicht nur den Abschluss von Louÿs' Erzählwerk, sondern stellt auch die Summe der Auseinandersetzung des Autors mit den Mythen der Décadence dar. Louÿs erweist sich hier als Erbe einer um Ausgleich bedachten Aufklärung, die in der Nachfolge ↗Rabelais' keiner Ideologie das Wort zu reden versucht. Dank seiner zahlreichen Anspielungen und witzigen Einfälle erfreute sich der Roman gerade in Literatenkreisen großer Beliebtheit.

▪ Lit.: R. Fleury: Le mariage de Pausole, 1999.

Gerhard Wild

Pierre Mac Orlan

- geb. 26.2.1883 Péronne/Somme (Frankreich)
- gest. 28.6.1970 Saint-Cyr-sur-Morin/Seine-et-Marne (Frankreich)

(d.i. Pierre Dumarchey) – Korrektor in Rouen; Sänger; Radrennfahrer in Paris; Bohemeleben am Montmartre; Kontakt zu ↗ Apollinaire und Max Jacob; nach dem Ersten Weltkrieg Maler; Reisen nach Holland und Nordafrika; danach zurückgezogenes Leben in Saint-Cyr-sur-Morin; Journalist und Humorist; Erfolg mit Romanen aus dem Mileu der Pariser Halbwelt, der Häfen und der Fremdenlegion; Vertreter eines poetischen Realismus mit phantastischen Elementen.

■ Lit.: J.-C. Lamy: M.O. L'aventurier immobile, 2002.

Le quai des brumes

(frz.; *Hafen im Nebel*, 1988, F.v. Ritte) – Dieser 1927 erschienene Roman ist der erfolgreichste Titel im Erzählwerk des sehr produktiven Autors. Unter dem Eindruck der Vorkriegszeit und des Ersten Weltkriegs verzichtete Mac Orlan auf die topographische Exotik seiner früheren Abenteuerromane von Piraten und Seefahrern und wandte sich der für ein bürgerliches Lesepublikum nicht minder exotischen Pariser Großstadtszene von Marginalisierten, Verbrechern und Prostituierten zu. *Le quai des brumes* kann als Musterbeispiel einer neuen Schreibweise gelten, die der Autor selbst ›fantastique social‹ (phantastische Geschichten aus der Boheme und der Unterwelt) nannte. Eine ästhetische Vorbildwirkung für diese Schreibweise kommt dabei dem deutschen expressionistischen Film und den Karikaturen von George Grosz zu.

Ort der Handlung ist Montmartre. Gemeinsam mit Francis Carco trug Mac Orlan Entscheidendes zum literarischen Mythos der ›Butte‹ bei. In einer verschneiten Winternacht kurz vor dem Ersten Weltkrieg führt der Erzähler seine Figuren, fünf verschiedene gescheiterte Existenzen, bei dem Wirt Frédéric im berühmten (und oft gemalten) »Lapin Agile« zusammen: Jean Rabe, ein junger Gelegenheitsarbeiter, in dem Hungerphantasien mit dem verletzten Stolz eines vom Leben Gedemütigten kämpfen; Michel Kraus, ein junger deutscher Maler, in dessen Kopf das Rheinland lebt, das der romantisierten »Rhénanie« ↗ Apollinaires verwandt ist; ein Soldat, der nach zehn Dienstjahren eine höchst lyrische Theorie des ›cafard‹ (der populären Variante der Melancholie) entwickelt hat; Nelly, eine junge Prostituierte. Ferner erscheint ein der Gruppe Unbekannter, der finstere Metzger Zabel, der über Blut und Töten meditiert und von einer bewaffneten Bande verfolgt wird. Zabels Doppelexistenz als Metzger und als nächtlicher Mörder verweist auf den von Mac Orlan bewunderten Roman *Dr. Jekyll und Mr. Hyde* von Stevenson.

Die im »Lapin Agile« punktuell vereinten Schicksalswege werden getrennt weiterverfolgt. Die vier Männer scheitern auf eine jeweils andere Weise: Michel Kraus erhängt sich in seinem Atelier in Montmartre; der Soldat desertiert, doch materielle und seelische Not treiben ihn bald in ein Rekrutierungsbüro der Fremdenlegion; die Mordtat des Metzgers Zabel, die sich dem Leser in der Art eines Detektivromans allmählich enthüllt, wird aufgeklärt, und der Täter endet auf der Guillotine. Das erbärmlichste Schicksal erleidet die Figur des Jean Rabe: Bei einer Truppenübung richtet er kurz vor der Mobilmachung in einem verzweifelten Racheakt die Waffe gegen einen vorgesetzten Offizier, verfehlt ihn jedoch und wird selbst erschossen. Nur Nelly bringt die Nacht im »Lapin Agile« samt ihrer unerwiderten Liebe zu dem Pechvogel Rabe Glück: Dessen bescheidenes Geldgeschenk ist der Anfang ihrer Karriere im Prostituiertenmilieu, in dem sie es zu Wohlstand und Ansehen bringt. Der Roman endet mit dem »noch immer süßlich-schalen Blutgeruch« der ersten Nachkriegsjahre und zeigt eine strahlende Nelly bei der Feier der Überlebenden in einem Jazz-Lokal: Die einzige – naive – Siegerin ist eine genuine Tochter Montmartres.

Obwohl die Handlung zum Großteil vor 1914 spielt, bringt der Roman, der mehr Stimmungen und Milieus darstellen als einen komplexen Plot erzählen will, das Lebensgefühl der ›Lost Generation‹ zum Ausdruck. Als charakteristisch für die 1920er Jahre sind zwei literarische Typen anzusehen: der Typus der mit einer ›Naturkraft‹ verglichenen Prostituierten und der Mörder Zabel, dessen Handeln instinktgeleitet scheint, und der in die Reihe der zahlreichen ›Jack the Ripper-Figuren‹ dieses Jahrzehnts zu stellen ist. Beschrieben wird eine gewalttätige Gesellschaft, in der Gewalt nicht nur Mittel zum Zweck, sondern auch ein Faszinosum ist, das durch das Kriegsende keineswegs gebannt wurde. In vielen Passagen tendiert der Roman zu einem schwarzen Lyrismus, der das Markenzeichen des Autors ist und sein Werk über die reine Unterhaltungsliteratur hinaushebt.

Der suggestive Titel ist eine einem Gedicht von Max Jacob entliehene Metapher für Montmartre. Erst die Verfilmung des Romans durch Marcel Carné (1938) verlegte die Handlung in die Hafenstadt Le Havre.

■ Lit.: B. Baritaud: P.M.O., 1971. ■ R.W. Baines, ›Inquiétude‹ in the Work of P.M.O., 2000.

Birgit Wagner

Maurice Maeterlinck

- geb. 29.8.1862 Gent (Belgien)
- gest. 6.5.1949 Orlamonde/Nizza (Frankreich)

(d.i. Maurice Polydore Marie Bernard Maeterlinck) – Jurastudium; ab 1886 in Paris; Umgang mit Dichtern der Décadence wie ↗ Villiers de L'Isle-Adam und Symbolisten wie Saint-Paul Roux; 1940–1946 im Exil in Nordamerika; viel gelesene Essays über moralische Fragen; erfolgreichster Dramatiker des Symbolismus; starke Wirkung auf das Musiktheater (Debussy, Dukas, Wolff, Scott, Honegger, Humperdinck).

- Ausg.: Œuvres, Hg. P. Gorceix, 1999 ff.
- Übers.: Werke, 6 Bde, F. v. Oppeln-Bronikowski, 1924.
- Lit.: P. Gorceix: M.M. Le symbolisme de la différence, 2000.

Les aveugles

(frz.; *Die Blinden*, 1897, L. v. Schlözer) – Das symbolistische Drama, 1890 erschienen und im folgenden Jahr uraufgeführt, ist durch Statik und den fast gänzlichen Verzicht auf Handlung gekennzeichnet. Maeterlinck gelingt es, das Ausgeliefertsein des Menschen an ein unbekanntes Schicksal im Schwanken zwischen Angst und Hoffnungslosigkeit darzustellen. Zwölf blinde Männer und Frauen sind von einem Priester aus ihrem Hospital, das sich auf einer Insel befindet, in den angrenzenden Wald geführt worden. Irgendwann unterwegs hat sich ihr Begleiter, angeblich nur für kurze Zeit, von ihnen getrennt. Nun warten sie in einer Waldlichtung auf seine Rückkehr. Der Priester aber ist bereits vor Erschöpfung gestorben; sein Leichnam lehnt nur wenige Meter von der Gruppe entfernt an einem Baum. Die Blinden sind, auf diese Weise sich selbst überlassen, völlig hilflos. Sie wissen nicht, wo sie sich befinden, aus welcher Richtung sie gekommen sind, wohin der Priester gegangen ist und ob er wiederkommen wird. Tastend und fragend versuchen sie, sich trotz ihrer Blindheit über ihre Lage klar zu werden.

Sie beschwichtigen ihre Sorge über das Fernbleiben des Priesters mit der Hoffnung, dass man sie im Hospital vermissen werde. Schließlich taucht der Hund des Hospitals auf, der den Ältesten der Blinden zur Leiche des Priesters führt. Voller Entsetzen werden sie sich ihrer völligen Verlassenheit bewusst. Der Hund, der sie hätte zu ihrer Heimstätte zurückleiten können, will den Toten nicht verlassen. Die Nacht nähert sich, es wird kälter, ein Schneesturm zieht herauf. Die Blinden rücken näher zusammen, um sich gegenseitig zu wärmen und wach zu halten. Ein junges Mädchen schürt mit seinen Worten die Hoffnung auf Rettung: Es hört Schritte, die sich der Gruppe nähern. Doch nur ein Kind erkennt in dem Herannahenden den Tod. Der älteste Blinde bittet ins Dunkel: »Erbarme dich unser.«

Maeterlincks Absicht war, zu zeigen, dass Zärtlichkeit, Liebe und alles Mitleid unter den Menschen nichts gegen das feindliche Dunkel vermögen, das sie umgibt. Als letzter und endgültiger Sieger, dem niemand entrinnen kann, erscheint am Ende der Tod. Einige Theaterhistoriker halten dieses Stück für Maeterlincks bedeutendstes und bestes symbolistisches Bühnenwerk: Niemals habe der Symbolismus mit größerer Kühnheit versucht, in Wort und Bild das Unsichtbare sichtbar zu machen. Zugleich stellt die Thematik des Stücks einen Vorgriff auf die nihilistische Hoffnungslosigkeit, auf die Welt Kafkas, die Existenzphilosophie und das Theater des Absurden dar. Sensibilität und Wahrnehmung, die Hauptthemen des Werks, dienen nur noch dazu, eine feindliche Umwelt und das aus ihr resultierende Unheil zu erkennen. Ungeachtet der formalen Qualitäten des Werks, seiner inneren Symmetrien und sprachlichen Strenge, war *Les aveugles* nur ein geringer Erfolg beschieden.

- Lit.: C.J. Lambert: The Empty Cross. Medieval Hopes, Modern Futility in the Theater of M.M., Paul Claudel, August Strindberg and Georg Kaiser, 1990. *Mechthild Heine / KLL*

Pelléas et Mélisande

(frz.; *Pelleas und Mélisande*, 1983, S. Gross) – Das 1892 erschienene symbolistische Drama in fünf Akten gehört der ersten Schaffensperiode des Dichters an und ist nach *Princesse Maleine*, 1889 (Prinzessin Maleine), ein weiterer Höhepunkt seiner symbolistischen Dramenkunst.

Die Handlung ist denkbar geradlinig: Prinz Golaud verirrt sich auf der Werbefahrt zu seiner ihm aus Gründen der Staatsräson bestimmten Braut und trifft in einer fast unzugänglichen Waldgegend auf die schöne Mélisande, die nichts über ihre Herkunft weiß. Golaud nimmt sie zur Frau und bringt sie an den Hof seines Großvaters Arkel, der seinem Enkel das eigenmächtige Vorgehen verzeiht, wenngleich er negative Vorahnungen hat. Die Atmosphäre in Arkels Residenz, einem düsteren Wasserschloss, bedrückt Mélisande schwer. Einziger Lichtblick ist ihre Beziehung zu Golauds Bruder Pelléas, zu dem sie sofort eine tiefe, ihr allerdings nur undeutlich bewusste Zuneigung gefasst hat.

Die Beziehung zwischen Pelléas und Mélisande entwickelt sich in unschuldigem Spiel. Dennoch reagiert Golaud mit Eifersucht und glaubt seinen Verdacht bestätigt, nachdem er seinen kleinen Sohn Yniold ausgefragt hat. Als Pelléas vor einer langen Reise im Schlossgarten von Mélisande Abschied nimmt, erschlägt ihn Golaud. Die Erschütterung über diese Tat aber führt nach einiger Zeit auch zu Mélisandes Tod. Golaud bittet die Sterbende um Verzeihung, fragt sie aber dennoch, ob sie Pelléas geliebt habe, da er die Dimension der Beziehung zwischen beiden immer noch nicht erfassen kann. Mélisande dagegen versteht den Sinn dieser Frage und den Unterschied zwischen gesellschaftlich erlaubter und verbotener Liebe nicht. Ihre Gedanken gelten nur ihrer gerade geborenen Tochter, die in dieser von Grauen erfüllten Welt leben muss.

Pelléas et Mélisande ist reicher an dramatischen Höhepunkten als die vorangegangenen Werke: Der Verlust von Mélisandes Trauring, der in einen Brunnen fällt, bereitet den tragischen Konflikt vor. Mélisande als reine Verkörperung der Liebe, Pelléas als Verkörperung der Unschuld, Mélisandes kurzes Leben, die bösen Vorahnungen des Kindes Yniold, Golauds Irrfahrt, das düstere Wasserschloss und die lange Reise, die Pelléas antreten will, sind symbolistische Metaphern.

Die Überwindung des Absurden durch die Geduld der Liebe scheitert freilich: Insofern ist Maeterlincks Symbolismus ein getreues Bild der weltanschaulichen Verfassung am Ende des 19. Jh.s. Der Mensch als böses Naturwesen scheint zu siegen. Die moralischen Probleme der alle gesellschaftlichen Bindungen übersteigenden Liebeskraft einerseits, und die sozialen Probleme einer durch negative Kräfte und Wertvorstellungen bestimmten Welt andererseits werden von Maeterlinck nur gestreift, nicht aber gelöst. Dennoch deuten die verlöschende Liebe (Mélisande) und die resignierende Altersweisheit (Arkel) negativ auf das Bild einer Ordnung hin, die anders und besser sein könnte als die bestehende. In einer Epoche, in der das symbolistische Bühnenkonzept sich durchzusetzen begann, wurde die psychologische Komponente des Werks indes vom zeitgenössischen Publikum übersehen.

In theatertechnischer und psychologischer Hinsicht ist *Pelléas et Mélisande* um einige Grade ›realistischer‹ als *Princesse Maleine*. Aber auch hier sind die dramatischen Entwicklungen insgesamt geheimnisvoll unbestimmt, die Charaktere mit ihrem komplizierten Seelenhaushalt vieldeutig: Die Sehnsucht nach der Nacht als chthonischem Refugium wird zum beherrschenden poetischen Prinzip. Wieder wird das Geschehen durch die Angst vor irgendeinem entsetzlichen zukünftigen Ereignis bestimmt. Das Mysterium, das in *Pelléas et Mélisande* enthüllt werden soll, ist jedoch nicht wie in *Princesse Maleine* der Tod, sondern die gewöhnliche irdische Dimensionen übersteigende erotische Liebe. Durch diese Zielsetzung lässt sich *Pelléas et Mélisande* als – freilich weit lyrischeres – Gegenstück zu Wagners *Tristan und Isolde* begreifen.

Anders als *Princesse Maleine* wurde *Pelléas et Mélisande* bald nach seiner Veröffentlichung aufgeführt und hatte bereits im ersten Jahrzehnt nach seinem Erscheinen als Sprechdrama großen Erfolg, der dann durch die Musik Debussys, der den Text etwas kürzte, noch verstärkt wurde. Die Popularität des Werkes nutzend, gelang es Debussy dabei, zum Teil gegen den Widerstand des Autors, eine spezifisch französische Form des Musikdramas zu schaffen, durch das die französische Oper zu Beginn des Jahrhunderts aus dem Bann Wagners befreit werden konnte. Zu Maeterlincks Nachteil wird daher *Pelléas et Mélisande* heute eher mit Debussys Musik als mit dem symbolistischen Drama assoziiert.

■ Lit.: P. McGuinness: M. M. and the Making of Modern Drama, 2000. *Christian Schäfer / KLL*

Ariane et Barbe-Bleue

(frz.; *Blaubart und Ariane*, 1901, F. v. Oppeln-Bronikowski) – Das 1899 erschienene dreiaktige symbolistische Märchendrama in Prosa nimmt das oft behandelte Thema des spätmittelalterlichen Territorialherrn Gilles de Rais auf, der als historisch bezeugtes Vorbild der Blaubart-Gestalt gelten darf. C. Perraults Märchenfassung von 1697, in der die Geschichte dieses Kindsmörders aus der Epoche des Hundertjährigen Krieges mit einem älteren, in ganz Europa verbreiteten Initiationsmärchen kombiniert wird, schwächt die Figur des ursprünglich homosexuellen Täters zur Gestalt des Frauenmörders Blaubart ab, den die beiden Brüder der Braut im letzten Augenblick enthaupten. Mit Bezug auf eine ältere Opernfassung A. E. M. Grétrys (Text von M. J. Sédaine, 1789), deutete J. Offenbach 1867 mit seiner ›Opéra-bouffe‹ *Barbe-bleue* (Libretto von H. Meilhac und L. Halévy) den Stoff mit zahlreichen deutlich satirischen Zeitbezügen von der grotesk-komischen Seite. Im Klima der Décadence aktualisiert J.-K. ↗ Huysmans in seinem Roman *Là-bas* die Gestalt des historischen Gilles de Rais. Demgegenüber greift die Fassung Maeterlincks erkennbar auf Perraults Märchen zurück, bereichert dieses jedoch mit neu ausgebildeten Elementen des Fin-de-Siècle-Dramas.

Schauplatz ist Blaubarts Burg, vor der sich die Untertanen zusammenrotten, nachdem sie erfahren haben, dass ihr Landesherr nun schon zum sechsten Mal eine schöne junge Frau, Ariane, als Braut auf sein Schloss führt, wo ihre Vorgängerinnen auf mysteriöse Weise ums Leben gekommen sein sollen. In Begleitung ihrer Amme betritt Ariane die große Burghalle. In den Händen hält sie die sieben Schlüssel zum Brautschatz: Sechs davon sind aus Silber, der siebte jedoch aus Gold, und seinen Gebrauch hat Blaubart ihr streng untersagt. Nacheinander öffnet Ariane die Türen der Schatzkammern, aus denen ihr gewaltige Mengen von Juwelen entgegenquellen, die »nur dazu dienen, vom Eigentlichen abzulenken, das man zu entschlüsseln hat«. Zu allem entschlossen, öffnet Ariane, dem Verbot zum Trotz, auch die letzte Tür mit dem goldenen Schlüssel.

Aus der Finsternis dringt ihr ein Klagegesang entgegen, den Blaubarts eingekerkerte Frauen, »die fünf Töchter von Orlamonde«, angestimmt haben. Als Blaubart die Kammer betritt, erkennt er sofort, dass seine Frau das Gebot gebrochen hat. Auf ein Zeichen hin dringen die Bauern in die Burg ein und stellen sich schützend zwischen Ariane und Blaubart, der zum Schwert greift. Doch Ariane kann einen Kampf mit der Versicherung verhindern, ihr Ehemann habe ihr kein Leid zugefügt.

Im zweiten Akt begegnet Ariane den fünf Frauen in den Kellern des Schlosses und verschafft ihnen einen Blick in die Freiheit, indem sie ein vor Staub blindes Fenster mit einer Spindel zerschlägt. Gleißendes Licht strömt in die modrige Finsternis, und erstmals seit langer Zeit dringen das Tosen des Ozeans, Vogelgezwitscher und Glockengeläut wieder an die Ohren der Eingekerkerten, die Ariane in die Freiheit hinausführt. Zu Beginn des dritten Akts befinden sich die Frauen wieder in der großen Halle, da die Zugbrücke geschlossen ist. Sie schmücken sich mit dem kostbaren Schmuck aus Blaubarts Schatzkammer. Als der Burgherr zurückkehrt, greifen die Bauern ein und bezwingen Blaubart mit Mistgabeln und Sensen. Doch dem Besiegten sinken seine fünf ihm nach wie vor hörigen Frauen zu Füßen. Ariane schickt die Frauen nach Hause und pflegt Blaubarts Verwundungen. Als dieser sie anschließend am Verlassen der Burg hindern will, kann sie sich ihm entziehen. Orlamondes Töchter jedoch ziehen es vor, in der Burg zu bleiben, und verriegeln das Tor, nachdem Ariane hinausgegangen ist.

Das zentrale Thema des Werks ist der Kontrast von Arianes Wunsch nach Selbstbestimmung und der abgestumpften, dämonischen Hörigkeit, die Blaubarts Frauen handlungsunfähig macht und vom äußeren Leben abschließt. Die Anwesenheit ihres Peinigers und Kerkermeisters lässt sie alle Sehnsucht vergessen. Die Hell-Dunkel-Symbolik durchzieht alle drei auf die Thematisierung dieses Kontrasts hin strikt parallel konstruierten Akte, die jeweils durch ein Lichtsymbol – das Leuchten der Juwelen, das Eindringen des Tageslichts und Arianes Gang in die Freiheit – gekennzeichnet sind.

Die symbolistische Künstlichkeit dieses von einer melancholischen Grundstimmung durchzogenen Dramas inspirierte bereits 1907 Paul Dukas zur Komposition der gleichnamigen Oper, die Debussys kongenialer Vertonung von Maeterlincks *Pelléas et Mélisande* kaum nachsteht. Im Gegensatz zu einer 1920 entstandenen Fassung des Blaubart von E. N. v. Reznicek (Text: H. Eulenberg) erfreut sich Dukas' Vertonung gleichbleibender Beliebtheit, die auch diejenige von Maeterlincks Stück übertrifft.

■ Lit.: M. J. Hanak: M.'s Symbolic Drama, 1974. ■ L. B. Konrad: Modern Drama as Crisis: The Case of M. M., 1986.

Gerhard Wild

L'oiseau bleu

(frz.; *Der blaue Vogel*, 1984, S. Gross) – Das bereits 1905 vollendete, aber erst 1909 erschienene Märchendrama in sechs Akten markiert den Beginn der zweiten Schaffensperiode des Dichters, die durch einen freilich sehr gedämpften Optimismus und durch ein mühsam der Daseinsangst abgerungenes Vertrauen in die Ordnung des Kosmos bestimmt ist.

Tyltyl und Mytyl, Bruder und Schwester, Kinder des armen Holzhauerehepaares Tyl, beobachten am Weihnachtsabend von ihrem Fenster aus, wie das Fest bei den reichen Kindern gefeiert wird. Da erscheint eine hässliche alte Frau, die Fee Bérylune. Sie schenkt Tyltyl einen Zauberstab, mit dem er die Geheimnisse der Welt und die Seele von Tieren und Dingen erkennen kann. Die ärmliche Hütte der Holzhauer erstrahlt nun in einem nicht gekannten Glanz; die Seelen verschiedener Tiere und Dinge erscheinen als Personen. Tyltyl und Mytyl (Repräsentantin des Körpers und der Frau) ziehen daraufhin mit den Seelen des Lichts (Symbol der dem Guten verbundenen Ratio), des Wassers (die dem Menschen neutral gegenüberstehenden Bereiche der Natur), des Feuers (der unbeständige Gehilfe des Menschen), des Brotes und des Zuckers (die Versuchungen des Wohllebens), des Hundes (Symbol der Treue) und der Katze (Symbol des Bösen) in die Welt hinaus, um für die aus Glücksverlangen krank gewordene Tochter der Fee Bérylune den blauen Vogel zu suchen.

Tyltyl und Mytyl finden ihn weder im Land der Erinnerung, wo sie ihre toten Großeltern und Geschwister treffen, noch im Palast der Nacht, die alle Übel, Schrecken, Krankheiten und Kriege hütet und zugleich einen herrlichen Wundergarten mit Mond, Planeten und Nachtigallengesang bewacht. Auch im tiefen Wald finden sie den Vogel nicht, wo die Seelen des gesamten Baum- und Tierreichs sie als Repräsentanten des die Natur beherrschenden und ausbeutenden Menschen erschlagen wollen. Der Friedhof erweist sich als ein herrlicher Zaubergarten: Das Totenreich existiert nicht. Aber weder im Garten der Freuden und des Glücks, wo, als Tyltyl den Zauberstab geschwenkt hat, die groben Freuden des Reichtums verschwinden, um den moralisch hoch zu bewertenden – dem Glück der Mutterliebe, der erfüllten Pflicht – Platz zu machen, noch im Reich der Zukunft, wo die Ungeborenen in einem azurnen Palast spielen oder die Gestalt ihres künftigen Lebens bestimmen (etwa an den Erfindungen basteln, die sie machen werden), ist der geheimnisvolle Vogel zu finden.

Am Morgen des Weihnachtstags erwachen die Kinder in ihren Betten. Gemessen an der Welt der äußeren Realität (verkörpert durch die Eltern Tyl), war Tyltyls und Mytyls einjährige Suche nach dem blauen Vogel nur der Traum einer Nacht. Aber da erscheint eine alte

Nachbarin, die aussieht wie die Fee Bérylune und erbittet für ihre kranke Tochter den Vogel, den Tyltyl in einem Käfig pflegt. Tyltyl sieht zu seinem Erstaunen, dass dieser Vogel ganz und gar blau ist. Er erfüllt den Wunsch des kranken Mädchens, das daraufhin gesund wird. Der Vogel aber fliegt fort, als die Kinder ihn füttern wollen.

Ursprünglich war *L'oiseau bleu* als Weihnachtsgeschichte für eine Zeitschrift bestimmt, so dass sich Maeterlinck anfangs kaum um szenische Notwendigkeiten kümmerte. Erst später versuchte der Autor, das so entstandene Lesedrama mit seinen zahlreichen Personen und Schauplatzwechseln den Erfordernissen der Bühne anzupassen. Die Symbolik des Stücks ist stellenweise zu einer sehr effektvoll arrangierten, aber mitunter auch problematischen Scheinnaivität gesteigert. Maeterlincks Weltsicht ist nunmehr ein philosophisch vager, auch von positivistischen und utilitaristischen Elementen bestimmter Pantheismus, der sich in den Essaybänden der 1890er Jahre ankündigt. Spürbar sind die Einflüsse frühchristlicher Denker, den im Fin de Siècle viel gelesenen mystischen Autoren Swedenborg, Böhme, Coleridge und Emerson sowie den Aphorismen des Novalis. Wie bei Swedenborg ist der blaue Vogel ein Symbol für die höchste Wahrheit, »das große Geheimnis der Dinge und des Glücks«. Anregungen für die Handlungsführung seines Dramas fand Maeterlinck in Grimms »Hänsel und Gretel« und J.M. Barries *The Little White Bird* (Der kleine weiße Vogel); das Märchen *L'oiseau bleu* der Gräfin Aulnoy dagegen hat einen gänzlich anderen Inhalt.

Der Bruch mit den eigenen Traditionen, der sich in *L'oiseau bleu* ankündigt, weist voraus auf das Versiegen von Maeterlincks Inspiration: Nach 1910 verwaltete der Autor nur noch den Ruhm seiner symbolistischen Prosa. Das Werk wurde jedoch bei seinem Erscheinen von der literarischen Welt überaus positiv aufgenommen und war maßgeblich für die Verleihung des Nobelpreises an Maeterlinck.

■ Lit.: P. McGuinness: M.M. and the Making of Modern Drama, 2000. *Christian Schäfer / KLL*

Xavier de **Maistre**

■ geb. 8.11.1763 Chambéry/Savoyen (Frankreich)
■ gest. 12.6.1852 St. Petersburg (Russland)

Angehöriger des sardinischen Heers; 1799 in russischem Militärdienst, Generalmajor; ab 1817 im Ruhestand, abwechselnd in Sankt Petersburg und Frankreich; Verfasser origineller, teils ironischer, teils sentimentaler Unterhaltungsprosa im Stil der französischen Spätaufklärung.

■ Ausg.: Œuvres, 3 Bde, 1825–1892.
■ Lit.: C.M. Lombard: X. de M., 1977.

Voyage autour de ma chambre

(frz.; *Die Reise um mein Zimmer*, 1968, K. Bindel) – Die 1795 erschienene Erzählung gehört mit ihrem leichten und spöttischen Ton noch deutlich dem 18. Jh., in mancher Hinsicht sogar dem Rokoko an. Xavier de Maistre gibt an, das kleine Werk 1794 zu seinem Zeitvertreib während eines Arrests in Turin verfasst zu haben, der wegen eines Duells über ihn verhängt worden war. Er ließ es anonym, vorgeblich 1794 in Turin, erscheinen; in Wirklichkeit wurde es 1795 in Lausanne veröffentlicht.

Nach einer Einladung an den Leser, sich auf diese besondere Art der Reise einzulassen, setzt der Bericht mit der genauen Vermessung eines Zimmers ein und erstreckt sich, über einzelne Kapitel verteilt, auf zahlreiche Einrichtungsgegenstände. Die Beschreibung der Möbel und Bilder ist für den Erzähler Anlass, sich den durch sie evozierten Gefühlen und Erinnerungen an Landschaften und Menschen, auch an seine Liebe zu Madame de Hautcastel, hinzugeben oder bei der Betrachtung eines italienischen Stiches Gedanken über Kunst, insbesondere die Malerei, niederzuschreiben.

Die Reise durch das Zimmer nimmt selbst nur einen kleinen und unwesentlichen Teil des Berichts ein. Sie dient vielmehr zum Ausgangspunkt für Bemerkungen über die Literatur des Zeitalters (Sterne, Richardson, ↗ Prévost, Goethe) und über historische Ereignisse. Ein besonderes Gewicht gewinnt in diesem Zusammenhang der in eine Traumvision der Französischen Revolution eingebettete Aufruf zur Abschaffung von Königtum und Gott. Auch eine ganze Reihe sozialkritischer Anmerkungen sind in den Bericht eingeflossen. Auffallend sind die zahlreichen Anspielungen auf Turiner Persönlichkeiten und auf lokale Ereignisse.

Die eigentlichen Themen der lose aneinandergereihten Kapitel sind der Dialog zwischen Seele und Körper und die daraus resultierende Erfahrung des Dualismus des Menschen. Unter diesem Vorzeichen entfaltet der Erzähler die breite Palette seiner Bildung. Der Bericht endet mit einer naturwissenschaftlichen Variante des seit Perraults Streitschrift das 18. Jh. durchziehenden Streites zwischen den Anhängern der Antike und den »Modernen«. In einem imaginären ›Totengespräch‹ verteidigt ein kurz zuvor verstorbener berühmter Turiner Arzt die Fortschritte von Naturwissenschaft und Medizin gegenüber seinen antiken Fachkollegen.

Mit *Voyage autour de ma chambre* hat Maistre in deutlicher Anlehnung an Laurence Sternes *Sentimental Journey* den literarischen Typus der ›flânerie‹, des Gedankenspaziergangs, geschaffen, den später der Genfer Rodolphe Toepffer mit seinen *Nouvelles genevoises* (1840) meisterhaft weitergeführt hat.

■ Lit.: J. Rebotton: Études maistriennes, 1974.

Christiane Leube

Maître Pierre Pathelin

(frz.; *Meister Pathelin*) – Die bekannteste unter den Farcen des französischen Spätmittelalters, entstanden um 1464 und 1489 erstmals gedruckt, erzielt ihre komische Wirkung vor allem mit sprachlichen Mitteln und findet deshalb als dankbares Demonstrationsobjekt für neueste literaturwissenschaftliche Theorien wieder verstärkte Beachtung. So kann *Maître Pierre Pathelin* geradezu als Musterbeispiel für die sogenannte ›karnevaleske Literatur‹ des Mittelalters angesehen werden, wie sie der russische Literaturwissenschaftler M. Bachtin in seinem Werk *Rabelais und seine Welt* (1987) beschreibt.

Der längere erste Teil (ca. 1000 von ca. 1600 Versen) zeigt, wie der Winkeladvokat Pathelin einen Tuchhändler übervorteilt: Pathelin (der, wie man später erfährt, wegen seiner Betrügereien schon einmal am Pranger stand) macht durch Verschlagenheit seinen Mangel an Gelehrsamkeit wett, aber es fehlt ihm an Klienten, und seine Frau Guillemette wirft ihm vor, dass kein Geld im Haus ist. Den Tuchhändler Guillaume Joceaulme beschwatzt Pathelin mit Lobreden auf seinen verstorbenen Vater. Dann möchte er sechs Ellen teuren Stoff kaufen, fordert den Händler auf, das Geld bei ihm zu Hause abzuholen, und verspricht ihm zusätzlich ein gutes Essen, besteht aber darauf, den Stoff gleich selbst mitzunehmen. Guillemette erzählt er voller Stolz, wie er Guillaume geschmeichelt hat.

Der Tuchhändler kommt und fordert sein Geld, aber Pathelin stellt sich krank und lässt Guillemette erklären, er sei seit sechs Wochen bettlägerig. In gespieltem Delirium sieht er in Guillaume zunächst seinen Arzt und informiert ihn genauestens über seinen Stuhlgang. Als der Tuchhändler noch einmal zurückkommt, mischt Pathelin verschiedene Sprachen und Dialekte mit erfundenen Wörtern zu Tiraden, die an Formen der zeitgenössischen Unsinnspoesie erinnern, und schließt in makkaronischem Latein. Der Tuchhändler, der an seiner eigenen Wahrnehmung zu zweifeln beginnt, zieht düpiert von dannen.

Im zweiten Teil droht Guillaume seinem Schäfer Thibault mit dem Gericht, weil dieser regelmäßig Schafe aus seiner Herde getötet hat, um sie zu verzehren. Dabei vermischt er seine beiden Vorwürfe und spricht gegenüber Thibault von den sechs Ellen Stoff. Der Schäfer wendet sich an Pathelin und gesteht, dass Guillaume im Recht ist. Pathelin rät ihm, vor Gericht auf alle Fragen nur wie ein Schaf »bee« zu antworten. Als der Tuchhändler sich bei der Verhandlung Pathelin gegenübersieht, kann er sich nicht mehr auf seine Klage gegen Thibault konzentrieren und redet beständig von Pathelins Betrug. Der verzweifelte Ausruf des Richters »revenons a ces moutons« (»Kommen wir auf die Hammel zurück!«) ist im Französischen bis heute sprichwörtlich. Pathelin erklärt den »bee«-machenden Schäfer zum Idioten, und der Richter spricht ihn frei. Als der Anwalt aber das vereinbarte Honorar fordert, antwortet Thibault auch ihm nur mit »bee« und betrügt so den Betrüger, der nun ebenfalls mit leeren Händen zurückbleibt.

Die bildhafte Sprache enthält viele Sprichwörter und umgangssprachliche Wendungen. Für einige Passagen wurde in der umfangreichen *Pathelin*-Literatur bis heute keine überzeugende Deutung gefunden. Vermutlich dürfte aber die Sprache der unteren Schichten mit Elementen der Gaunersprache hier in realistischer Weise abgebildet sein, wozu Pathelins delirierende sprachliche Kreativität in Kontrast tritt.

Wiederholt wurde versucht, bedeutenden oder weniger bedeutenden Autoren des 15. Jh.s die Autorschaft des *Pathelin* zuzuschreiben (zuletzt Triboulet, dem Hofnarren des Herzogs René von Anjou, 1409–1480), doch keine dieser Zuschreibungen ist allgemein anerkannt. Die letzte Episode der Farce ist als Volkserzählung in weiten Teilen Europas sowie in Nord- und Südamerika bis heute lebendig. Im deutschen Sprachraum haben u. a. J. Reuchlin und H. Sachs die Farce nachgedichtet.

■ Ausg.: Maître Pierre Pathelin. Farce du 15e siècle, Hg. D. Maddox, 1984.
■ Übers.: Meister Pathelin, A. Graf Wickenburg, 1883.
■ Lit.: D. Hüe: ›Maistre Pierre Pathelin‹. Lectures et contextes, 2000.

Albert Gier

François de **Malherbe**

■ geb. 1555 Caen (Frankreich)
■ gest. 16.10.1628 Paris (Frankreich)

Studium in Paris und Heidelberg; Konversion zum Katholizismus; 1576 Sekretär des Herzogs von Angoulême; 1595 in Aix; 1605 von Henri IV. an den Hof berufen; 1609 offizieller Hofdichter und Schatzmeister, von Marie de Médici und Louis XIII. geschätzt; bedeutender Sprach- und Dichtungstheoretiker, der die Poetik der französischen Klassik vorbereitete.

■ Ausg.: Œuvres, Hg. A. Adam, 1971.
■ Lit.: F. Ponge: Pour un M., 1977.

Das lyrische Werk

(frz.) – Das mit rund 130 Texten und gut 4000 Versen relativ schmale lyrische Werk erschien als selbständige Veröffentlichung erst postum 1630. Zu Lebzeiten des Autors zirkulierten die Texte in Manuskriptform, ab 1596 erschienen einzelne Gedichte in verschiedenen

Lyriksammlungen. Seine offizielle Hof- und Staatslyrik, die den weitaus größten Teil seines Werks umfasst, wurde meist in Form loser Einzelblätter bzw. ›plaquettes‹ (›Kladden‹) publiziert. Malherbe betreibt in seinen panegyrischen Oden auf die Herrschenden (Heinrich IV., Marie de Médici, Ludwig XIII., Richelieu) die Legitimation und Repräsentation der im Zeichen einer gegen die Opposition der Protestanten und des Adels sich formierenden politischen und religiösen Ordnung, mit der er sich zeitlebens – ohne befriedigenden Erfolg – eine gut bezahlte Stellung am Hof bzw. eine Pension zu erarbeiten hoffte.

Malherbes Poetik steht im Zeichen von Klarheit und Ordnung und richtet sich gegen die als verwildert diagnostizierte Dichtungspraxis der Renaissance und besonders seines Rivalen Desportes. Seine Sprach- und Dichtungskritik, die er in Form von Anmerkungen und Anstreichungen in einer 1605 erschienenen Ausgabe von Desportes' Lyrik äußerte, formuliert zwar kein systematisches Dichtungsprogramm, wurde aber bald als ›Doktrin von Malherbe‹ zum normativen Grundstein der Dichterschule um Mainard und Racan und zu einer der Grundlagen der französischen Klassik.

Die Doktrin wirkt im Sinne einer Regularisierung und Fixierung der französischen Sprache und erfasst dabei vor allem die Bereiche der Syntax und Lexis. Neben der obligatorischen Setzung des Subjektpronomens äußert sich dies insbesondere in einer rigorosen Reduktion des Wortschatzes. Gegenüber dem humanistischen Programm der Sprachbereicherung (vgl. noch ↗ Ronsards *Abregé de l'art poétique françois*, 1565, Abriß der französischen Dichtungslehre) propagiert Malherbe die Ausschließung von Wörtern, die aufgrund ihrer Fremdheit (Gräzismen, Latinismen, Italianismen), ihrer mangelnden Allgemeinverbindlichkeit (Archaismen, Regionalismen) sowie ihres Verstoßes gegen das Gebot der »honnêteté« (fachsprachliche Termini, familiäre, ›niederen‹ Registern zugehörige Ausdrücke) die Klarheit der Kommunikation beeinträchtigen, und richtet sich zugleich gegen die Verwendung sinnleerer Wörter, wie rein schmückender Epitheta, und redundanter Ausdrucksdoppelungen. Auf diese Weise werden Wortschatz und Satzbau einfacher und präziser; dem neuen Ideal der Eindeutigkeit entspricht des Weiteren der Abbau von Polysemie und Synonymie. Indem versucht wird, Sprache und Wirklichkeit in die Eins-zu-eins-Relation unmittelbarer Abbildung zu bringen, überschreitet Malherbes frühklassizistische Sprachkonzeption die entscheidende Schwelle in dem von Michel Foucault beschriebenen Übergang: von der das Mittelalter und die Renaissance fundierenden Episteme der Ähnlichkeit zu der die Klassik kennzeichnenden neuen Episteme der Repräsentation. Gegenüber einer sprachlichen Undurchsichtigkeit etabliert sich nunmehr das Ideal der Transparenz.

Die Dichtungskonzeption ist gleichfalls durch das Streben nach allgemeinverständlicher, rationaler Ordnung und Klarheit geprägt. Im Bereich der Metrik wird die Beachtung der Zäsur vorgeschrieben, Enjambement, Hiat und die als kakophonisch empfundene Wiederholung gleichlautender Silben werden verworfen. Im Bereich der rhetorischen »dispositio« wird die lineare Abbildung außersprachlicher Erfahrung gefordert; kühne Metaphorik, entlegene mythologische Anspielungen, Paradoxien und Oxymora werden abgelehnt. Diese in bewusster Opposition zu barockem Überschwang auf Beschränkung, Konzentration und Disziplinierung angelegte Konzeption wurde Malherbe von zeitgenössischen Gegnern (M. de Gournay, M. Regnier, R. Garnier, A. Hardy) als Pedanterie und als Verarmung der Sprache wie der Erfindungskraft angelastet, von Boileau hingegen in *L'art poétique* (1674) mit dem Diktum »Enfin Malherbe vint« (Schließlich erschien Malherbe) als entscheidender Schritt hin zur Klassik und ihrer normativen Regelpoetik gefeiert.

Vor dem Horizont seiner theoretischen Äußerungen zur Sprache erweist sich Malherbe in seiner Dichtungspraxis als erheblich konservativer. Dies gilt nicht nur für die von ihm später verworfene frühe Lyrik wie *Les larmes de Saint-Pierre*, 1587 (Die Tränen von Sankt Petrus), sondern in gewissem Maß auch für die Dichtung nach 1605, die nicht immer frei von Archaismen, redundanten Synonymendoppelungen und weit hergeholten mythologischen Anspielungen ist. Im Wesentlichen entstand seine Lyrik an konkrete Anlässe gebunden als Gelegenheits- und Auftragsdichtung. Thematisch nimmt sie dieselben drei konventionellen Bereiche auf, die bereits für seine unmittelbaren Vorgänger in der Spätrenaissance (↗ Ronsard) und seine Zeitgenossen (Desportes, Bertaut, Du Perron) typisch sind: politisch-enkomiastische Staatslyrik, religiöse Lyrik und Liebeslyrik.

Mit seiner offiziellen Staatslyrik leistet Malherbe die Wiederbelebung der Ode im hohen Stil, die nach den Bemühungen des frühen Ronsard zunehmend in Vergessenheit geraten und durch die neue, schlichtere, gattungshierarchisch niedriger angesiedelte, wenn auch in vielem der Ode verwandte Gattung der Stanzen ersetzt war. Sieht man ab von der relativ frühen Ode »Au Roi Henri le Grand, sur la prise de Marseille«, 1596 (An Heinrich den Großen, anlässlich der Einnahme Marseilles), so besteht das dichterische Hauptwerk aus sechs jeweils mit der impliziten Bitte um finanzielle Unterstützung an das Königshaus gerichteten Oden: »A la Reine sur sa bien-venue en France« (An die Königin zu ihrem Willkommen in Frankreich; offizielles Preisgedicht, das Malherbe 1600 beim Empfang der zukünftigen Königin Marie de Médici bei ihrer Ankunft in Aix-en-Provence vortrug); »Ode sur l'attentat commis en la personne de Sa Majesté, le 19 décembre 1605« (Ode anlässlich des Attentats auf Seine Majestät am 19. Dezember 1605); »Ode au feu roi sur l'heureux succès du voyage de Sedan« (Ode an den König über den glücklichen Erfolg der Reise nach Sedan, die das kampflose Sich-Fügen aufständischer Adliger vor der militärischen Macht Heinrichs IV. vor Sedan 1607 zum Gegenstand hat); »A Monseigneur le duc de Bellegarde« (An den Herzog Bellegarde, den Gönner und unmittelbaren Vorgesetzten Malherbes, 1609); »A la Reine sur les heureux succès de sa régence« (An die Königin über ihre glückliche Regentschaft, ein Lobpreis der Regierung der verwitweten Regentin Marie, 1611); »Pour le Roi allant châtier la rébellion des Rochelois« (An den König, der die rebellierenden Einwohner von La Rochelle züchtigt, die den Sieg Ludwigs XIII. über die von den Engländern unterstützten Protestanten im Jahre 1628 preist). Zur offiziellen Repräsentationslyrik gehören daneben anlässlich von Hochzeiten, Geburten und Todesfällen im Herrscherhaus bzw. von Hofdivertissements (Feste, Ballette, Ritterspiele) verfasste und zum Teil vertonte Stanzen, Madrigale, Sonette, Chansons und Elegien.

Die religiöse Lyrik im engen Sinn umfasst die barocken »Larmes de Saint-Pierre« und zeittypische Psalmenparaphrasen. Daneben verfasste Malherbe mehrere Trostgedichte (»Consolations«) für Freunde und Gönner, in denen sich im Zeichen der Vernunft stoisches und christliches Gedankengut verbinden.

Die weitgehend petrarkistische und neoplatonistische Liebeslyrik ist Frauenpreis- und Werbungsdichtung, die sich an die Vicomtesse d'Auchy (Caliste) oder an die Comtesse de la Roche bzw. an die Marquise de Rambouillet (Rodanthe) richtet. Daneben schreibt Malherbe Liebesgedichte im Auftrag von Bellegarde an die junge Angélique Paulet (Chrysante) und, auf Bestellung von Heinrich IV. (Alcandre), an die mit dem Prince de Condé verheiratete Charlotte de Montmorency (Oranthe) bzw. an die Königin Marie. Zur Liebeslyrik sind schließlich auch fünf obszöne Sonette zu zählen, die geschickt den petrarkistischen Redegestus von Lobpreis und Klage mit den sonst ausgegrenzten Themen der Kopulation und Masturbation verbinden. Über diese drei Schwerpunkte hinaus liegen einige Preisgedichte auf Künstlerfreunde (häufig als Einleitung bzw. Ausklang zu deren Sammlungen) bzw. bissige Epigramme gegen persönliche oder politische Gegner vor.

Malherbes Lyrik ist keine individuelle Gefühls- bzw. Erlebnisdichtung (selbst nicht in dem Sonett über den Tod seines Sohnes von 1628), sondern der herrschenden ›imitatio‹-Poetik verpflichtete, intertextuell gebundene (vor allem auf Horaz, Seneca, Petrarca, Tasso, Marino, Tansillo, Góngora, ↗ Ronsard und Desportes anspielende) Gelegenheitsdichtung. Auch ist Malherbe kein origineller Erfinder, vielmehr verwertet er Vorgegebenes wie ein Architekt von klar strukturierten Texten: Mit diesen Werken erreichte er nicht nur offizielle Anerkennung als Hofdichter, sondern er war auch von ihrer Bedeutung überzeugt: »Ce que Malherbe écrit dure éternellement« (»Was Malherbe schreibt, besteht ewig«). Aufgrund seiner normierenden poetologischen Aktivität sowie – in geringerem Maße – seiner Dichtungspraxis wurde er in der französischen Klassik als entscheidender Neuerer begrüßt, seit der Romantik hingegen (vor allem von ↗ Gautier) scharf abgelehnt. Erst im 20. Jh. setzt mit seiner Wiederentdeckung durch Vertreter intellektueller bzw. sprachspielerischer Dichtungskonzeptionen (Paul ↗ Valéry und vor allem Francis ↗ Ponge) eine neue Phase der Aneignung seiner Werke ein.

▪ Lit.: J. M. Monod: La férocité littéraire de M. à Céline, 1983. ▪ T. Eastridge: Stoic Doctrine and M. on Ode, 1985.

Horst Weich

Stéphane **Mallarmé**

▪ geb. 18. 3. 1842 Paris (Frankreich)
▪ gest. 19. 9. 1898 Valvins bei Fontainebleau (Frankreich)

Ab 1864 Englischlehrer an Gymnasien in Tournon, Besançon, Avignon, ab 1871 in Paris; 1874–1875 Herausgeber von *La dernière mode*; 1884 durch Huysmans bekanntgemacht; zu seinen ›Dienstagsgesprächen‹ trafen sich Verlaine, Redon, Debussy, Verhaeren, Gide, Valéry, A. Reyes, S. George und G. A. Moore; ab 1894 in seinem Landhaus in Valvins; bedeutende Essays zu Poetik und Ästhetik; Lyrik von hermetischer Dunkelheit; Hauptvertreter des Symbolismus.

▪ Ausg.: Œuvres complètes, 2 Bde, Hg. B. Marchal, 2003.
▪ Übers.: Werke, 2 Bde, G. Goebel/B. Rommel, 1998.
▪ Lit.: P. Laupin: S. M., 2004.

Das lyrische Werk

(frz.) – Abgesehen von seiner erstmals 1888 in Brüssel erschienenen Übersetzung von Gedichten E. A. Poes *(Les poèmes d'Edgar Poe)*, der zweiten französischen Poe-Übersetzung nach der Baudelaires, hat Mallarmé lediglich drei Gedichtsammlungen veröffentlicht.

1887 erschienen in den Sammlungen *Poésies* und *Album de vers et de prose* (Vers- und Prosaalbum) knapp 60 seiner 400 lyrischen Texte in einer Auflage von nur 40 Exemplaren. 1893 folgte die Sammlung *Vers et prose*, in der ebenfalls lyrische und Prosatexte vereint sind.

Das lyrische Gesamtwerk lässt sich zwei relativ klar zu unterscheidenden Schaffensperioden zuordnen, deren Grenze Mallarmés Übersiedlung nach Paris (Ende 1871) markiert. Seine Texte sind seit den 1880er Jahren durch hochgradige semantische und syntaktische Komplexität gekennzeichnet. Wegen der daraus resultierenden Unverständlichkeit wird die zweite Schaffensphase als ›dunkle Phase‹ charakterisiert.

In den 1860er Jahren veröffentlichte Mallarmé unter dem direkten Eindruck der Lektüre von Baudelaires *Fleurs du mal*, 1857 *(Die Blumen des Bösen)*, erste Gedichte in Zeitschriften, vornehmlich im *Parnasse contemporain*, so die berühmten Gedichte »L'azur« (»Blau«), »Les fenêtres« (»Die Fenster«) und »Soupir« (Seufzer). Zu dieser Zeit arbeitete Mallarmé bereits an der Ekloge »L'après-midi d'un faune«, 1876 (»Der Nachmittag eines Fauns«), sowie an dem szenischen Gedicht »Hérodiade« (1871), die neben »Un coup de dés jamais n'abolira le hasard«, 1897 (»Ein Würfelwurf hebt den Fall nicht auf«), als Mallarmés wichtigste Werke gelten. In den 1870er Jahren wandte sich Mallarmé erstmals der Gattung der ›tombeaux‹, der Grabgedichte, zu: »Le tombeau d'Edgar Poe«, 1877 (Grabinschrift für Poe), »Le tombeau de Charles Baudelaire«, 1893 (Baudelaires Grabinschrift), und »Tombeau«, 1897 (Grabinschrift für Verlaine), sind zum Teil poetologischen Inhalts. Auch verfasste er die ersten seiner berühmten Gelegenheitsgedichte, vornehmlich Preisgedichte auf bedeutende Schriftsteller und bildende Künstler seiner Zeit, die fast zwei Drittel seines lyrischen Werks ausmachen.

Im Vergleich zu den sehr produktiven 1880er und 1890er Jahren nimmt sich der Umfang der in den 1870er Jahren verfassten Gedichte eher bescheiden aus. Mallarmé war zu dieser Zeit hauptsächlich mit der Herausgabe einer kurzlebigen Modezeitschrift beschäftigt und schrieb eine Studie über die englische Sprache: *Les mots anglais*, 1878 (Der englische Wortschatz), in der über anglistische Untersuchungen hinaus sprachphilosophische Überlegungen angestellt werden.

An der Publikationslage seiner Lyrik wird Mallarmés Zurückhaltung sichtbar, einem breiten Publikum eigene Werke zugänglich zu machen. Grund solcher Zurückhaltung ist das isolationistische Literaturkonzept, das Mallarmé in seinen poetologischen Schriften erläutert hat. In seiner Jugendschrift »L'art pour tous«, 1862 (Kunst für alle), charakterisiert er Dichtung als Kunst, die nur unter Poeten rezipiert werden kann und soll: »Die Massen können die Moral lesen, aber um Gottes willen, laßt sie nicht unsere Poesie verderben. Oh ihr Dichter, stolz wart ihr doch schon immer; seid noch mehr: werdet geringschätzig!« Das bei Mallarmé zum Ausdruck kommende Programm einer dem politisch-sozialen Leben entzogenen, letztlich zweckfreien Literatur trug ihm die scharfe Kritik J.-P. Sartres, des Verfechters einer engagierten Literatur, ein. Im Umkreis der durch den Lebensüberdruß gekennzeichneten Décadence-Bewegung traf Mallarmés elitäre Poetik indes auf Verständnis und Anerkennung. Im 14. Kapitel von J.-K. Huysmans Roman *A rebours*, 1884 *(Gegen den Strich)*, ist Mallarmé für dessen Protagonisten des Esseintes gerade wegen seines Rückzugs aus der gesellschaftlichen Wirklichkeit ein bevorzugter Autor. Neben Huysmans würdigte auch P. Verlaine Mallarmé. Seine Untersuchungen über die »verfemten Dichter«, *Les poètes maudits* (1884–1888), enthalten eine Studie über Mallarmé, die zusammen mit Huysmans Roman entscheidend zum Bekanntwerden des Dichters beitrug.

Mallarmé wird neben Verlaine als Vater des literarischen Symbolismus angesehen. Der literarische Symbolismus stellt eine Gegenbewegung zur durch T. Gautier, T. de Banville und C. Leconte de Lisle vertretenen Parnasslyrik dar. Das Verhältnis von poetischer Sprache und Wirklichkeit war bei den Parnassiens ein mimetisches gewesen: Gegenstände wurden in den sogenannten ›parnassischen Beschreibungsgedichten‹ minutiös abgeschildert. Bei den Symbolisten steht dagegen nicht die ästhetische Qualität der Objekte im Vordergrund, sondern die Zustände der Seele, die ›états d'âme‹, die mit Hilfe von Gegenständen beschrieben oder sogar hervorgerufen werden können. Um der komplexen Uneindeutigkeit der Seelenzustände gerecht zu werden, lehnten die Symbolisten die in der traditionellen Lyrik bevorzugte rhetorische Figur der Allegorie zugunsten des Symbols ab, da das Symbol im Gegensatz zur Allegorie nicht auf einer eindeutigen Entsprechung von Konkretum und Abstraktum basiert, sondern auf eine Vielzahl von Bedeutungen verweisen kann. Prägnant formuliert Mallarmé, wie dieses Konzept eng mit der Ablösung des mimetischen Bezugs zwischen poetischer Sprache und Gegenständen bei den Parnassiens durch Anspielungstechniken zusammenhängt: »Einen Gegenstand zu benennen bedeutet, drei Viertel der Freude zu unterdrücken, die man aus einem Gedicht gewinnen kann und die aus dem schrittweisen Erraten des Gegenstandes entstehen würde: den Gegenstand nur zu suggerieren, darin besteht das Ziel. Der vollendete Gebrauch dieses Geheimnisses macht das Symbol aus: einen Gegenstand Stück für Stück darstellen, um einen Seelenzustand zu zeigen, oder, umgekehrt, ein Objekt wählen und über eine ganze Reihe von Entschlüsselungen einen Seelenzustand freisetzen.«

In Mallarmés Gedichten immer wieder auftauchende Symbole sind »Fenster«, »Spiegel«, »Fächer«, »Schwan«, »Flügel«, »Haar«. Sein Verfahren zur Darstellung dieser Gegenstände – ihre Benennung ohne eindeutig herauszulesende Abgrenzung und räumliche bzw. sinnstiftende Bezüge – steht in Analogie zum Impressionismus in der Malerei. Auch in der impressionistischen Kunst entstehen so auf der Grundlage der empirischen Wirklichkeit neue, über diese Wirklichkeit hinausweisende Perspektiven. Mallarmé war mit impressionistischen Malern wie Édouard Manet, Berthe Morisot und James

McNeill Whistler befreundet, denen er einige seiner Gedichte widmete. Die Unverständlichkeit oder ›Dunkelheit‹ der Gedichte Mallarmés, seine Programmatik einer Gleichwertigkeit möglicher Lesearten individueller Rezipienten, hat zu einer Spaltung der Literaturwissenschaft in zwei Forschungsrichtungen geführt: Die eine hält die Geheimnishaftigkeit der Texte Mallarmés für nicht auflösbar; die andere sieht in Mallarmés Gedichten Rätsel, die, findet man nur den angemessenen interpretatorischen Ansatz, durchaus aufgelöst werden können.

Mallarmé beeinflusste französische Dichter wie A. Gide, M. Blanchot und vor allem P. Valéry, dessen Poetik explizit auf Mallarmé aufbaut. In Deutschland rezipierten R.M. Rilke und S. George, die beide Gedichte von Mallarmé übersetzt haben, seine Werke und begründeten den deutschen Symbolismus. Die ›Dunkelheit‹ seiner Gedichte hat Mallarmé darüber hinaus zu einem Musterautor für Anhänger der poststrukturalen Texttheorie gemacht: Hervorzuheben ist insbesondere J. Kristeva mit der Studie *La révolution du langage poétique*, 1974 *(Die Revolution der poetischen Sprache)*. Die Möglichkeit eindeutiger Sinnzuweisung für einen Text wird im Rahmen dieser Theorie als grundsätzlich ideologisch abgelehnt. Propagiert wird das alternative Konzept einer sinnoffenen Literatur, bei der jeder Leser die Verknüpfungen zwischen den nicht von vornherein systematisierten Elementen des Textes selbst vornehmen muss und so durch seine eigenen Assoziationen eine individuelle Sinnstiftung für den betreffenden Text leistet.

■ Übers.: Poésies, poèmes en prose, R. Görner, 2007 [frz.-dtsch.]. ■ Lit.: G. Regn: Konflikt der Interpretationen. Sinnrätsel und Suggestion in der Lyrik M.s, 1978. ■ H. Meschonnie: Crise de vers, 2003. ■ D. Evans: Rhythm, Illusion and the Poetic Idea, 2004.

Tamara Trautner

Igitur

(frz.; *Igitur*, 1957, C. Fischer) – Dem 1869/70 entstandenen, aber erst 1925 in der *Nouvelle Revue Française* erschienenen Prosafragment kommt als dramatisch-theatralischem Entwurf entscheidende Bedeutung zu. Das Werk besteht aus vier bzw. sechs größeren Bruchstücken, deren Anordnung umstritten ist, wenn auch ein vom Autor selbst festgehaltener Plan (»argument«) sie definitiv zu bestimmen scheint.

Die wenigen ausgeführten bzw. erhaltenen Bruchstücke, denen ein stimmiger Interpretationszusammenhang nur sehr schwer abzugewinnen ist, haben – als Momente eines »inneren Dramas« – deutlich szenischen Charakter, den verschiedene Randbemerkungen des Autors darüber hinaus explizit hervorheben, wenn er auch an »Aufführbarkeit«, ja an Eignung des Werks für das zeitgenössische Theater, so wenig wie andere Fin de Siècle-Autoren bei ihren dramatischen Entwürfen (vgl. Villiers *Axël*) gedacht haben dürfte: »Diese Erzählung wendet sich an das Verständnis des Lesers, das selber die Dinge in Szene setzt« (Motto). Ein Brief des jungen Mallarmé an Cazalis (14. November 1869) erwähnt die im Entstehen begriffene Arbeit als eine »Erzählung, durch die ich das alte Gespenst der Ohnmacht überwinden will«.

Ihr Protagonist, der junge Igitur, letzter Nachfolger des alten Geschlechts der Elbehnon, einsamer Bewohner eines nur durch prunkvoll-verblichene Interieurs vage und geheimnisvoll angedeuteten Schlosses, ist ein Geistesverwandter des von Mallarmé als theatralisches Urbild bewunderten Hamlet von Shakespeare. Wie die Protagonisten der Fin de Siècle-Literatur ist er durch eine krankhafte »maladie d'idéalité« (»Drang zur Vollkommenheit«) gefährdet. Er sehnt sich nach reinem, zeitlosem, absolutem Sein, nach »Urreinheit« jenseits von Werden und Vergehen, Vergangenheit und Zukunft. Die ihn umgebenden Zierfiguren und Vorhänge sind – wie der Spiegel, dessen er bedarf, um nicht an sich selbst zu zweifeln – Bilder und Symbole der aufbewahrten Zeit, in die sich »die aus seinen Ahnen verstandene Vergangenheit, die als Gefühl des Endlichen auf ihm lastet« geflüchtet hat. Wo aber Vergangenheit ist, die sich als verpflichtendes Erbe Anerkennung erzwingt und ihm die schattenhaften Zeichen früherer menschlicher Möglichkeiten und Einwirkungen ins Bewusstsein ruft, da ist auch ihr Gegenpol: »die Vollendung von Zukunft« und das leere Metrum der Uhr – ein Zirkel, aus dem Igitur, »unfähig zum Überdruß«, verzweifelt herauszutreten versucht.

Die erste Szene, »Le minuit« (Mitternacht), beschreibt eine nächtliche Meditation des Protagonisten, der das Symbol der Mitternacht als Zäsur zwischen dem Nicht-Mehr und dem Noch-Nicht des Tageszyklus, als unmittelbares Bild der Zeitabgelöstheit, zugrunde liegt. Daraus entsteht die Vision eines zeitenthobenen Raums, in dem Igitur sein Ziel – das reine, attributlose Sein – erlangen könnte. Zwei weitere bezeichnende Symbole – die brennende Kerze und »die Bleiche eines auf dem Tisch aufgeschlagenen Buches«, der Familienchronik, in der Igiturs Seite leer ist und, seinem Ideal entsprechend, auch leer bleiben soll – verdeutlichen die Bindung des Protagonisten an jene Mächte, denen er als letztes Glied der Kette entkommen möchte, um ein eigenes, freies Selbst zu werden.

Die Szene »Der Würfelwurf« ist zugleich die Keimzelle von Mallarmés ingeniösem Alterswerk *Un coup de dés jamais n'abolira le hasard (Ein Würfelwurf hebt den Zufall nicht auf)*. In der Ahnengruft seines Geschlechts, dessen Weiterleben von einer alten Prophezeiung abhängt, zögert Igitur, den Zufall, »diesen alten Feind, den

Widerstreit von Finsternis und geschaffener Zeit«, durch einen Würfelwurf zu überwinden, in der Einsicht, dass selbst die Annullierung des Zufalls durch den höchsten Wurf Zufall wäre. Das abschließende Bruchstück zeigt den Tod als einzige Möglichkeit, Igiturs Sehnsucht nach dem Absoluten aufzuheben.

■ Lit.: F. Bünde: Imagination und Realität. Zur Phänomenologie der frühen Dichtungen ›Faune‹ und ›Igitur‹ von S. M., 1994. ■ Y. Delègue: M. le suspens, 1997.

Hans-Horst Henschen

Hérodiade

(frz.; *Herodias*, 1957, C. Fischer) – Das dramatische Versfragment, das zwischen 1865 und 1887 entstand, nach Teilabdrucken in den Jahren 1869 und 1913 aber erst 1926 in der definitiven Gestalt veröffentlicht wurde, präsentiert eine sehr individuelle Auffassung des Salome-Mythos. Mallarmé entfernt sich damit weit von den spektakulären literarischen Vorstellungen, mit denen Autoren wie Cazalis, Wilde oder Villiers de L'Isle-Adam die biblische Salome-Johannes-Episode für den Antagonismus von Sinnlichkeit und Askese aktualisiert hatten. Seine Hérodiade – die Figur der Salome verschmilzt mit der ihrer Mutter Herodias, und die mythische Figuren- und Handlungskonstellation wird weitgehend ignoriert – hat sich der »kalten Klarheit« eines Ideals von körperloser, traumbildhafter Jungfräulichkeit verschrieben. Einer von Robert de Montesquiou übermittelten mündlichen Äußerung des Autors zufolge sollte der eigentliche Konflikt des Werks aus der »künftigen Verletzung von Herodias' geheimnisvollem Sein durch einen Blick des Johannes« hervorgehen, »der es bemerkt und allein wegen dieser Entweihung sein Leben einbüßt; denn die wilde Jungfrau wird sich erst dann wieder unberührt und völlig unversehrt fühlen, wenn sie in ihren Händen das abgeschlagene Haupt hält, in dem die Erinnerung, die Jungfrau flüchtig überrascht zu haben, fortzudauern wagte«.

Ein längerer Monolog der Amme der Herodias beschwört zu Beginn in dunklen Bildern die Anzeichen künftigen Unheils. Das »eisig keusche kind« hat sich in einen öden Turm inmitten verlassener Gärten zurückgezogen, um seiner Sehnsucht nach »sternenfernem glanz und diamantnem sein«, nach Unberührbarkeit, nachzugehen, und wird mit einem sterbenden schwarzen Schwan verglichen, der, sein Haupt im Gefieder verbergend, seine Schwingen nicht mehr regt. Gespenstische Symbole einer schattenhaften Zurückgezogenheit – alte Säle mit verblasstem heraldischem Prunk, welkende Blumensträuße, die »sinnlose faltenpracht« verhängter Fenster – verdichten die Aura dieses unirdischen, in seiner Reinheit tödlichen Strebens nach einem leeren, nur im Untergang zu erreichenden Absoluten, das die Amme in einem düsteren Sinnbild heraufziehen sieht: An einem am Fenster erscheinenden drohenden Finger entzündet das heraufziehende Morgenrot ein steiles Kerzenflämmchen, das das »wachs des leibes« verzehrt. Der zeitlich unmittelbar anschließende szenische Dialog zwischen Herodias und der Amme setzt diese Charakteristik der jungen Fürstin zunächst fort: Sie, deren Leib sogar vor der Berührung des eigenen Haars im Bad schaudert, weist herrisch die einschmeichelnde Vertraulichkeit der Amme zurück, die versucht, ihren Ring zu küssen, ihr Haar mit duftenden Essenzen zu salben und die verwirrten Zöpfe zu ordnen. Gegen Ende der Szene erwacht jedoch, sich zunehmend verstärkend, in ihr das Bewusstsein der Unhaltbarkeit, der Grausamkeit ihres Ideals, als sie sich im Spiegel betrachtet: »O klares glas! / Erstarrten leides flut vor deinem kalten eise / Wie lange stunden saß ich oft und weinte leise / In meine schwindenden erinnrungen die nun / Gleich welken blättern tief auf deinem grunde ruhn«. Als die Amme sie mit dem Hinweis auf die einmal doch unvermeidliche Hingabe an einen »Herrn« zu erweichen sucht, löst sich ihr erneutes Aufbäumen in der Ahnung auf, das ihr Trotz als »letzter und zerquälter schmerzensschrei der kindheit« an einem unbekannten Geheimnis werde brechen müssen.

Der abschließende »Cantique de saint-Jean«, ein siebenstrophiger Choral des Märtyrers im Augenblick seiner Enthauptung, bildet lediglich das lyrische Schlussstück einer im Fragment nur angedeuteten Entwicklung. Sein Lobgesang preist demütig den großen »sensenzug [...] in der großen ernte«, Symbol eines erst im Untergang sein Ziel (die Heiligkeit) erreichenden Menschentums, dessen Ideal dieselbe absolute Reinheit ist wie die der Herodias. Unklar bleibt, wie die von Mallarmé angedeutete Überraschung Herodias' durch Johannes in ihrem Schwächezustand dramaturgisch hätte gelöst werden mögen. Ein letzter geplanter Monolog sollte das Motiv (»pourquoi de la crise«) durchsichtig machen und die Verbundenheit von Herodias und Johannes in einer mystischen Hochzeit – dem Tod – verdeutlichen, die die Unbedingtheit jenes Ideals nicht verletzt.

■ Lit.: M. Robillard: Le désir de la vierge. Hérodiade chez M., 1993.

Hans-Horst Henschen

Variations sur un sujet

(frz.; Variationen über ein Thema) – Die elf Prosastücke, die 1895 bis 1896 in der *Revue Blanche* und in revidierter Fassung in dem 1896 veröffentlichten Prosaband *Divagations* (Abschweifungen) erschienen, umkreisen den Begriff einer »idealen Kunst«. Zeitgenössische Kunstpraxis, ihre gesellschaftlichen Begleitphänomene und andere auf die gedachte ideale Kunst beziehbare Erscheinungen (wie Staatsformen, religiöser Kult, Natur) werden zum Anlass eines kritisch analysierenden und dichterisch interpretierenden Denkens, das sich einer vom Normalfranzösisch erheblich abweichenden, mit Symbolwörtern durchsetzten Individualsprache bedient und seine bisweilen verstiegen anmutenden Kühnheiten mit selbstironischen Akzenten versieht.

»L'action restreinte« (Begrenztes Handeln) und »La cour« (Der Hof) thematisieren die äußeren und inneren Bedingtheiten künstlerischer Produktion und die gesellschaftsformende Macht von Kunstwerken. In »Catholicisme« (Katholizismus) versucht Mallarmé, im Messopfer konstitutive Züge einer zukünftigen Bühnenkunst zu ermitteln, zu der ihn die Beschäftigung mit dem Musikdrama Wagners, namentlich dem ›Bühnenweihfestspiel‹ *Parsifal*, angeregt hat. »Sauvegarde« (Schutz) behandelt die mögliche Rolle der Académie française als einer Schutzmacht für Autoren, die mit der bestehenden Gesellschaft in Konflikt geraten. »Bucolique« (Bukolik), einer der schönsten Prosatexte Mallarmés, ist eine Meditation über das Verhältnis von Kunst und Natur, unausgesprochen geleitet von der Frage, wie Dichtung gelingen kann. Im Anblick eines Sonnenuntergangs, in dessen Licht alle Dinge aufflammen, sich dem Betrachter zeigen und zugleich entziehen, wird Natur als der Ort erfahren, an dem Transzendenz als »tastbare Idee« zur Erscheinung kommt und das Geheimnis aller Kunst sich entschleiert. Doch zeigt das Bild der vor ihm liegenden Landschaft dem Dichter auch, dass die Natur seiner nicht bedarf, um ihre Mannigfaltigkeit in der Einheit einer Buchseite geordnet zu sehen. Sie selbst ist »page rurale« (ländlicher Text), und die von der Natur erwirkte Evidenz übersteigt das, was die poetische Sprache leisten kann. Der Schreibakt soll Sachverhalte aussprechen und potenzieren. Dichtung gelingt, indem sie ihr Versagen eingesteht.

In »Le livre, instrument spirituel« (Das Buch, geistiges Instrument) umkreist Mallarmé gedanklich ein Buch, das die Idee des Buches überhaupt verwirklichen würde, und versucht, dessen konstitutive Eigenschaften durch einen Vergleich zwischen Buch und Zeitung zu ermitteln. Von der Feststellung ausgehend, dass eine endliche Menge von Buchstaben – die des Alphabets – eine unendliche Menge von Worten zu bilden erlaube und das gedachte Buch sich als erweiterte Anwendung dieses gleichsam rituellen Werdevorgangs aller geschriebenen Sprache darstellen müsse, werden die wesentlichen Merkmale benannt: eine das Sinngefüge der Sätze abbildende Typographie (statt der üblichen mechanischen Zeilenabfolge, die als Prinzip des Kolumnendrucks nur der Zeitung gemäß sei) und die »Rhythmisierung« des ganzen Textes durch die Seiten- bzw. Bogenlagenfolge des noch unaufgeschnittenen Bandes. J.L. Borges greift später in seinen Essays und Erzählungen bewusst auf Mallarmés hier entwickelte Ideen zurück.

Die Stellung des Dichters in der Gesellschaft haben insbesondere drei Texte dieser Serie zum Gegenstand: »Conflit« (Konflikt) und »Cas de conscience« (Gewissensfrage; später: »Confrontation«, Konfrontation) sind Meditationen über das Verhältnis zwischen Dichter und Proletarier. »Particularités« (Besonderheiten; später: »Solitude«, Einsamkeit) handelt von der notwendigen sozialen Isolierung der dichterischen Existenz. »Averses ou Critique« (Regenschauer oder Kritik, später eingearbeitet in »Crise de vers«, Verskrise), enthält die sprachtheoretische Überlegung, die Unvollkommenheit der Sprachen dieser Welt liege in ihrer Verschiedenheit; es fehle jene eine, höchste Sprache, deren Worte die wahren Namen der Dinge aussprächen. Für diese Unvollkommenheit zu entschädigen, sei die Funktion des Verses.

In »Le mystère dans les lettres« (Das Geheimnis im Schrifttum) rechtfertigt Mallarmé eine Sprache, die analog zur Musik das Gemeinte nicht einfach benennt, sondern erahnbar zu machen sucht. Als Stilmittel nennte er einen »stammelnden« Satzbau, der das Verstehen syntaktischer Strukturen in eine innere Nähe zu »Urblitzen der Logik« bringt, und die Isolierung von Einzelworten aus gewohnten Sprachzusammenhängen mit dem Ziel, ihnen neue Bedeutungsnuancen abzugewinnen. Das solcher Sprache angemessene Lesen wird als kreativer Vorgang charakterisiert, der den Text als bloße Gruppierung von Fragmenten versteht und die den Text begleitende weiße Fläche der Buchseite als »unsichtbare Gegenwart der Idee«.

In den Texten werden zwei einander ergänzende Gedankenbewegungen erkennbar. Die eine, analytisch-kritische, gibt dem Unbehagen des Künstlers in einer kunstfernen Zeit Ausdruck und weist auf die Schwierigkeiten in den bestehenden Beziehungen zwischen Kunst und Gesellschaft hin. Die zweite, synthetisch-utopische, deutet voraus auf eine ersehnte ideale Kunst, die aus reinem Vollzug bestünde und gesellschaftsformende Wirkung hätte – doch im gleichen Augenblick, in dem sie sich verwirklichen würde, ihrem eigenen Anspruch, absolute Kunst zu sein, untreu werden müsste. Die philologische Aufarbeitung dieser Texte ist noch keineswegs abgeschlossen und insofern auch grundsätzlich unabschließbar, als die hier verwendete Sprache durch absichtsvolle Verständniserschwerungen und Mehrdeutigkeiten den Leser zum schöpferischen Mitvollzug zwingt und somit schon zu verwirklichen sucht, wovon sie spricht: eine Kunst, die ihren Inhalt wesentlich im Prozess ihres Werdens findet.

Zu den von Mallarmé beeinflussten Autoren gehört in erster Linie Paul Valéry, doch hat seine ästhetische Theorie auch eine über den Bereich der Literatur hinausgehende Bedeutung für die zeitgenössische Kunstpraxis gewonnen. Er konzipierte Kunst als Prozess in Form eines (als Buch bzw. als Theaterspiel gedachten) Werks, das aus einer augenblicksgebundenen Konstellation permutierbarer Teile hervorgehen soll. Unter dem Titel einer zufallsgelenkten Kunst sind diese Vorstellungen vor allem von modernen Komponisten, z. T. unter ausdrücklicher Berufung auf Mallarmé, verwirklicht worden.

▪ Lit.: H. Williams: M.'s Ideas in Language, 2004.

Dieter Steland

Un coup de dés jamais n'abolira le hasard

(frz.; *Ein Würfelwurf hebt den Zufall nicht auf*, 1966, M. Erlenmeyer) – Das Gedicht, 1897 und 1914 in zwei typographisch stark voneinander abweichenden Fassungen erschienen, übte auf Literatur und Malerei des 20. Jh.s einen kaum hoch genug einzuschätzenden Einfluss aus, der vor allem in seiner typographischen Anordnung liegt: Die herkömmliche Textanordnung im Blocksatz, die die Buchseite nur zu etwa einem Drittel ausnutzt, wird zugunsten einer absichtsvollen Verteilung von Wörtern und Wortgruppen um einen ›latenten Leitfaden‹ – den »Titelsatz« – aufgegeben. Für die erste Veröffentlichung des Gedichts (in der Zeitschrift *Cosmopolis*) legte Mallarmé noch die einzelne Seite als Leseeinheit zugrunde, für die zweite, postum erschienene, jedoch die Fläche zweier Seiten; zudem ordnete er verschiedene Wortkomplexe so an, dass sie über den Bund des Buches laufen.

Diese Anlage will der Sprache Bildcharakter geben und inhaltliche Elemente des Textes optisch ausformen: »Die Anordnung soll, genau gesetzmäßig und soweit es im Druck möglich ist, die schicksalhafte Erscheinung eines Sternbilds bieten. Denn hier liegt der Blickpunkt. (In einer Zeitschrift mußte ich darauf verzichten). Erst dann bietet eine Satzaussage über ein Geschehen oder sogar über einen Gegenstand einen davon kündenden sinnvollen Rhythmus, sofern sie diesen Inhalt nachahmt«, so schrieb der Dichter an den jungen André Gide. Der Titelsatz des Gedichts erscheint, in vier Bruckstücke aufgeteilt – un coup de dés / jamais / n'abolira / le hasard –, in Majuskeln; er wird syntaktisch zwar nicht angetastet, aber mit einer Vielzahl von Einschüben, Parenthesen und sich verselbständigenden Bildern umsponnen. »Die Verschiedenheit der Drucktypen – je für das Hauptthema, ein Nebenthema und Angrenzendes – drückt deren Bedeutung für das laute Vorlesen aus, und die Stellung oben oder unten auf der Seite notiert sein Steigen oder Fallen der Tongebung.« (Vorbemerkung zur Fassung von 1897). Aus den wechselnden Zeilenhöhen lässt sich zudem noch auf eine Nebenabsicht des Autors schließen, nämlich die Unbestimmtheit der »Leserichtung«. Sie erlaubt, besonders im vierten Abschnitt, verschiedene Möglichkeiten der Kombination von Wortkomplexen, wie überhaupt die syntaktische Freiheit innerhalb der einzelnen Abschnitte ein Netz von Bezügen und Verschränkungen schafft.

Hauptthema des Gedichts ist die Unmöglichkeit, das Absolute durch den Zufall zu bezwingen. Der »Meister«, eine rätselhafte Gestalt mit eisgrauem Bart und schwarzem Barett, um Mitternacht an ein sturmgepeitschtes Riff gelehnt, zögert, den Würfel in der geballten Faust, den Wurf zu tun, der den tobenden Abgrund vor ihm erlöst durch die »einzige zahl die jede andere ausschließt« – »Esprit / pour le jeter / dans la tempête / en reployer la division et passer fier« (»Geist / im wurf / gegen den sturm / zu glätten den zwist und kühn zu segeln«). »Solcher sternenstunde höchste wahl« wird ihm nicht vom persönlichen Willen, sondern von »uralten erwartungen« auferlegt. Damit er sie erfüllen könne, vermählte sich sein »Ahn« mit dem Meer, das jetzt – typographisch im Bilde des sich zur Seite neigenden Schiffes ausgedrückt – mit »niedergebrochener schwinge« ohnmächtig rast. Der »Meister« jedoch zaudert immer noch. Eine kleine Feder, »une insinuation simple« (»ein schlichtes sinnbild«), taucht im zweiten Abschnitt auf und schwebt, ohne zu steigen oder zu fallen, über dem Abgrund, bis sich der »Meister« mit ihr schmückt.

Aber seiner Unentschlossenheit wegen wird er mitsamt seinem Felsen »qui / imposa une borne à l'infini« (»der / widerpart war wider das absolute«) von einer aus dem Meer aufsteigenden sirenenhaften »mädchenhaft düsteren gestalt« (»stature mignonne ténébreuse«), dem Symbol der auf ihn hoffenden Ahnen, vom Riff gepeitscht und zerstiebt im Nebel. Sein Zögern und Scheitern jedoch entstammte nicht der Schwachheit, sondern der Einsicht, dass selbst der glückhafte Würfelwurf als »Ausnahme« den Zufall nicht aufhebt, sondern nur bestätigt: Das »Geheimnis« darf nicht erzwungen werden. Das abschließende Bild des Gedichts lässt als Zeichen der dem Zufall entrückten, zu sich selbst gekommenen »vollendeten Ordnung« das Siebengestirn des Großen Bären aufleuchten.

Die Esoterik dieses Gebildes setzt der Übertragung, zumal in den beiden Mittelabschnitten, ungewöhnliche Widerstände entgegen. Alle deutschen Mallarmé-Übertragungen – durch Nobiling, von Schaukal, Reidemeister, Netzer, Usinger, Hausenstein – lassen den »Coup de dés« außer Acht, eine Ausnahme bildet die hier zitierte Übertragung von Fischer, der dem Geist Georges verpflichtet ist. Mallarmés theoretische Bemerkungen über das Gedicht lassen erkennen, dass die neue Art des Lesens, die das Werk über die traditionelle typographisch-verbildlichende Dimension hinaus ermöglichen soll, stark von musikalischen Vorstellungen beeinflusst ist, die im Kontext der Wagnerrezeption der Symbolisten zu sehen sind: »Schnell, gemäß der Beweglichkeit der Schrift, streicht das Dichterische um das stockende, bruchstückhafte Abrollen des schon vom Titel an eingeführten Grund-Satzes und verstreut sich ebenso rasch. Alles verläuft abgekürzt, hypothetisch; Erzählung wird vermieden. Zu ergänzen. Aus dieser Darbietung des Gedanklichen im Rohzustand mit allem Zurücknehmen, Hinausziehen, fugenartigen Entweichen ergibt sich für einen, der laut lesen mag, eine Partitur.«

Diese späte Dichtung ist an den Grenzverschiebungen im Verhältnis zwischen Schrift und Bild innerhalb der modernen Kunst maßgeblich beteiligt. Beispiele dieser von Mallarmé eingeleiteten Entwicklung sind neben den ›Bild‹-Gedichten in Apollinaires *Calligrammes* die Versuche der Futuristen, Dadaisten und Surrealisten mit dem ›poème objet‹. Doch auch die Bildende Kunst (Picasso, Ernst, Klee) und die Musik (Lourié, Boulez, Cage) berufen sich auf Mallarmés richtungweisendes Formexperiment.

▪ Lit.: N. d'Origny Lübecker: Le sacrifice de la sirène. ›Un coup de dés‹ et la poétique de M., 2003. *Hans-Horst Henschen*

André Malraux

▪ geb. 3.11.1901 Paris (Frankreich)
▪ gest. 23.11.1976 Créteil bei Paris (Frankreich)

Archäologie-, Sanskrit- und Chinesischstudium; 1923 archäologische Expedition nach Indochina, Kambodscha und Siam; 1926 an der chinesischen Revolution beteiligt; 1927 Bruch mit Tschiangkaischek und Rückkehr nach Frankreich; Lektor und Redakteur bei Gallimard; 1934 Entdeckung der legendären Stadt Scheba in Arabien; 1937 Kampfflieger in Spanien; 1939 Bruch mit dem Kommunismus, Freiwilliger im Zweiten Weltkrieg; 1940 Flucht aus deutscher Gefangenschaft, Résistance-Mitglied; unter De Gaulle mehrmals Minister; Kunsttheoretiker und neorealistischer Romanautor, teils Vorwegnahmen des Existenzialismus.

▪ Ausg.: Œuvres complètes, 3 Bde, 1989–1996.
▪ Lit.: R. Kauffer: A.M. 1901–1976. Le roman d'un flambeur, 2001. ▪ J. Machabéis: M. La tentation du sacré, 2001.

Les conquérants

(frz.; *Die Eroberer*, 1953, F. Hardekopf) – Der 1928 erschienene erste Roman des Autors ist ein Beispiel für die ›littérature engagée‹. Bereits in dem Essay *La tentation de l'Occident*, 1926 (Die Verführung des Westens), hatte sich Malraux mit dem Problem der kulturellen Krise und des Autoritätsverlustes befasst, der von Europa auf die asiatischen Völker überzugreifen drohte. *Les conquérants* setzt die zunächst essayistisch verarbeiteten Erfahrungen in romanhafter Form um. Malraux begreift die Ursprünge der gewaltsamen Veränderungen in Ostasien aus der Verbreitung des revolutionären Ideengutes europäischer Herkunft als Folge der westlichen Bewusstseinskrise seit der Jahrhundertwende.

Wie die fünf Jahre später veröffentlichte *Condition humaine* behandelt auch *Les conquérants* Vorgänge während der chinesischen Revolution, an der sich der Autor auf Seiten der Kuomintang beteiligte. In Tagebuchform berichtet Malraux vom Aufstand in Kanton, der 1925 die kommunistische Revolution in China einleitete und dessen unmittelbares Ziel es war, durch Generalstreik und Blockade den englischen Hafen Hongkong stillzulegen.

Der erste Teil, »Les approches« (Zufahrten), in dem der Erzähler seine Anreise über Saigon und Hongkong schildert, gibt anhand von Radiomeldungen, geheimen Informationen und Gesprächen mit kommunistischen Agenten Einblick in die politische Lage und die noch unübersichtlichen Vorgänge. Der zweite Teil, »Puissances« (Gewalten), vergegenwärtigt die politische Atmosphäre in Kanton, dem Sitz der provisorischen Kuomintang-Regierung und Zentrum des revolutionären Kampfes, der nicht nur gegen die Engländer und die von ihnen bezahlten chinesischen Truppen, sondern auch innerhalb der Nationalpartei geführt wird. Die Kräfte, die hier miteinander um die Herrschaft ringen, werden vertreten durch den entschlossenen Tatmenschen Borodin, den russischen Komintern-Abgesandten, durch den Terroristen Hong, dessen Herkunft aus der untersten Gesellschaftsschicht einen tödlichen Hass auf die Selbstherrlichkeit der Reichen hat entstehen lassen, durch Tscheng Dai, den gebildeten ehemaligen Mandarin, der zum passiven Widerstand aufruft, und schließlich durch den Schweizer Garine, der als Propagandaleiter der eigentliche Anführer und die Triebkraft des Aufstandes ist.

Der dritte Teil, »L'homme« (Der Mensch), vollendet das Bild dieses Mannes, der Hauptgestalt des Buches, die durchaus Züge des Autors trägt. Nicht Mitleid oder andere humanitäre Gefühle, sondern Machtgelüste und Tatendrang trieben Garine auf die Seite der Aufständischen. Als ein ›Asozialer‹ und Atheist ohne persönliche Bindungen, ist er weniger ein Revolutionär als ein Abenteurer auf der Suche nach der absoluten Verwirklichung seines Selbst, in der allein er den Sinn des Lebens sieht. Aus der Absurdität der menschlichen Existenz flüchtet er in die »Aktion«, die er noch angesichts des Todes (Garine ist schwer tropenkrank und muss China verlassen) an jenem Land bewundert, dessen Macht er bekämpft: England. »Jetzt weiß ich, was das Empire bedeutet. Eine hartnäckige, unablässig wirkende Gewalttat. Lenken! Entscheiden! In Zwang halten! Das ist das Leben!« Garine hat in Kanton gesiegt; doch in den Augen Moskaus ist er nur ein Eroberer, eine jener gefährlichen egozentrischen Führerpersönlichkeiten, die nach getaner Arbeit durch andere, blind gehorchende Funktionäre ersetzt werden, denn nur diese gelten als fähig, eine neue Gesellschaft aufzubauen. Garine aber gehört zur Garde jener, deren Dasein nicht vom Gedanken an die Zukunft, sondern von strikter Gegenwärtigkeit bestimmt ist.

Trotz des reportagehaften Charakters konzentriert sich das Werk hauptsächlich auf Garine, in dem die divergierenden Linien des Romans zusammenlaufen. Individuelles Abenteuer und Weltgeschichte werden hier nicht bloß zu einer wahrscheinlichen Fiktion zusammengeführt. Gezeigt wird vielmehr, wie die durch die Protagonisten vertretenen Gegensätze den differenzierten Begriff der Revolution in den geschichtlichen Prozess einbringen. Mitunter artikuliert Malraux dabei einen Antiintellektualismus, der Wagemut und Tatmenschentum über die soziale Reflexion stellt.

■ Lit.: C. Moatti: ›Les conquérants‹. Mythe, politique et histoire, 1987. ■ A. Chiheb: L'esthétique romanesque chez A.M. et Jean-Paul Sartre, 1993. *Anneliese Botond / KLL*

La condition humaine

(frz.; *Conditio humana*, 1948, F. Hardekopf) – Der 1933 erschienene Roman, der den literarischen Ruhm des Autors begründete, schildert die Eroberung der Stadt Schanghai im Frühjahr 1927 durch die Truppen der chinesischen Nationalpartei (Kuomintang) unter Führung des Generals Tschiangkaischek. Dieser hatte mit den Kommunisten ein taktisches Bündnis geschlossen, begann aber nach diesem Sieg unverzüglich mit ihrer brutalen Ausrottung. Innerhalb weniger Tage entschied sich das Schicksal der Hauptstadt und mit ihm das Schicksal Chinas.

Malraux stellt die Ereignisse aus der Sicht der Kommunisten dar. Der Roman vermittelt den Eindruck einer Chronik, die die soziale Realität in ihrer Gesamtheit einzufangen versucht. Im Mittelpunkt stehen nicht einzelne Figuren, sondern ganze Gruppen, und die Charaktere sind nur skizzenhaft gezeichnet. Zwei Personengruppen stehen einander gegenüber: die nationalistisch gesinnten Anhänger Tschiangkaischeks und die Sympathisanten des Kommunismus. Kyo Gisors, Sohn eines Pekinger Soziologieprofessors, ist als Kommunist in Schanghai zuständig für die »Tschons«, die Kampforganisationen. Sein Freund Tschen hat den Befehl, das Schiff »Schantung« zu überfallen und die darin lagernden Waffen zu rauben. Nach langem inneren Konflikt erdolcht er den schlafenden Waffenmeister. Aber mit sieben Gewehren, 13 Revolvern und 42 Granaten lässt sich kein Aufstand durchführen – die Hälfte aller Aufständischen ist ohne Waffen. In der Stadt herrschen chaotische Zustände: In den Straßen liegen Verwundete und Tote, die Luft ist verpestet. Meuternde Hungrige, Teufelsanbeter und Rauschgiftsüchtige erschweren die Versuche der Revolutionäre, die Organisation zu straffen und dadurch zu stärken.

Katow, ein aus Moskau emigrierter Russe, empfiehlt den Kommunisten äußerste Vorsicht gegenüber der Nationalpartei und Tschiangkaischek. Nach erbitterten, verlustreichen Kämpfen fällt Schanghai in die Hände der Revolutionäre. Sofort beginnt der General mit der Entwaffnung und Ausrottung aller ehemaligen Verbündeten. Kyo wird verhaftet und nimmt Zyankali; Katow verschenkt sein Gift und erträgt mutig die Folterungen, die zu seinem Tod führen. Tschen, zum Attentat auf Tschiangkaischek ausersehen, begegnet auf dem Wege seinem alten Lehrer, einem christlichen Pfarrer, der ihn erfolglos von der Tat abzuhalten versucht. Er wirft sich mit einer Ladung Dynamit auf das Auto des Generals, aber sein Tod ist sinnlos: Der General saß nicht im Wagen.

Der Roman verknüpft die politischen Ereignisse eng mit dem Lebensweg einzelner Figuren: Die Schicksale von Kommunisten, Intellektuellen, romantischen Revolutionären, machtbesessenen Kaufleuten und machtlosen Diplomaten dienen als Anlass für gesellschaftliche und historische Analysen. So wird am Beispiel von Tschiangkaischek die Verflechtung konservativ-nationalchinesischer Interessen mit der Bourgeoisie von Schanghai gezeigt, die sich am frankoasiatischen Wirtschafts- und Machtdenken orientiert.

Eindringliche Milieubeschreibungen und Objektivität in der Darstellung der verschiedenen politischen Einstellungen und menschlichen Haltungen machen dieses Werk zu einem faszinierenden und erschütternden Dokument. Sein eigentliches Thema, das auch in Malraux' späteren Romanen begegnet, ist die absolute Einsamkeit des Menschen. Die dargestellte Massentragödie ist in Wirklichkeit die Tragödie Einzelner, deren Versuch, der Sinnlosigkeit ihres Lebens Taten entgegenzusetzen, immer von neuem ad absurdum geführt wird. Der Kommunismus nimmt hier das Gesicht eines neuen Humanismus an, der die individuellen Gegensätze überwinden soll. Die existenziellen Fragen aus Malraux' früheren Romanen werden infolgedessen von den Hauptfiguren selbst gestellt, ohne freilich beantwortet zu werden.

■ Lit.: J. Loehr: Répétitions et variations chez A.M., 2004.
Ernst Herhaus / KLL

Marguérite de Navarre

■ geb. 11.4.1492 Angoulême (Frankreich)
■ gest. 21.12.1549 Odos bei Tarbes (Frankreich)

(d.i. Duchesse d'Alencon et de Berry Marguérite d'Angoulême) – Schwester von François I.; 1509 Ehe mit dem Herzog von Alençon, 1527 mit dem König von Navarra; Großmutter von Henri IV.; hohe Bildung; Förderin des Humanismus und reformatorischer Ideen in Frankreich, Protektorin verfolgter Autoren (↗ Marot, Despériers); Verfasserin der wichtigsten französischen Novellensammlung.

■ Ausg.: Œuvres complètes, 9 Bde, Hg. G. Hasenohr/S. Lardon, 2001 ff.
■ Lit.: J.-L. Déjean: M. de N., 1987.

L'heptaméron des nouvelles de tresillustre et tresexcellente princesse Marguerite de Valois, royne de Navarre

(frz.; *Das Heptameron*, 1960, W. Widmer) – Die 1542 bis 1549 entstandene berühmteste französische Novellensammlung erschien 1558 in einer stark verfälschten anonymen Teilausgabe unter dem Titel *Histoires des amans fortunez*. 1559 wurden die 72 Novellen von Claude Gruget in einer textgetreueren Version unter dem Titel *L'heptaméron* (Siebentagewerk) ediert. Erst modernere Ausgaben halten sich genau an die Originalmanuskripte.

Angeregt durch die 1542 in Frankreich erschienene Übersetzung von Boccaccios *Decamerone* entschloss sich Marguérite, dem bewunderten italienischen Vorbild ein französisches Pendant zur Seite zu stellen, »in einem nur von Boccaccio verschieden: Jegliche dieser Novellen sollte ausschließlich wahre Vorfälle behandeln«. Wie bei Boccaccio geht die poetische Imagination aus der zeitweiligen Isolation hervor. Wie das italienische Vorbild bezieht auch Marguerites Sammlung ihre Spannung aus der Diskrepanz zwischen literarischem Zeitvertreib und einer Erzählsituation, der die Katastrophe einbeschrieben ist: Durch ein Unwetter wird eine Gesellschaft von fünf Damen und fünf Herren für zehn Tage in einem Pyrenäenkloster festgehalten. Um die Langeweile zu vertreiben, einigt man sich auf einen gemeinsamen Tagesablauf, bei dem geistliche und weltliche Beschäftigungen einander ablösen sollen. Nach der Messe muss »jeder eine Geschichte erzählen, die er entweder selbst erlebt oder von vertrauenswürdiger Seite gehört hat. In zehn Tagen kann das Hundert voll sein.« Im Anschluss an jede Geschichte diskutieren die Zuhörer über deren Aussage und moralischen Wert, man äußert Kritik oder spendet Beifall.

Diese Erzähltechnik entspricht der Tradition der italienischen Novellisten, während ältere Erzählzyklen wie *Les cent nouvelles nouvelles*, 1486 *(Die hundert neuen Novellen)*, auf Rahmenhandlung und Diskussionen verzichten. Außer dem *Decamerone* kannte Marguerite aus eigener Lektüre oder mündlicher Überlieferung die meisten anderen italienischen Novellensammlungen, vor allem die von Masuccio de' Guardati, Franco Sacchetti, Poggio Bracciolini sowie die noch nicht gedruckten Arbeiten ihres Zeitgenossen und Konkurrenten Matteo Bandello. Allerdings ist der Einfluss dieser Erzählungen auf ihr Werk im Einzelnen schwer nachzuweisen, da kaum inhaltliche Übereinstimmungen bestehen. Eine Ausnahme bildet die 70. Novelle, eine Nachgestaltung der im ausgehenden Mittelalter weit verbreiteten anonymen Verserzählung *La Chastelaine de Vergi (Die Kastellanin von Vergi)* aus dem 13. Jh.

Hauptthema fast aller Erzählungen ist die Liebe in ihren verschiedensten Spielarten, doch erreicht die Verfasserin durch die Kommentierung in der Erzählgemeinschaft eine ebenso große Variationsbreite der gesellschaftlichen, ethischen und philosophischen Aussage. Dabei spielt die Tradition der spätmittelalterlichen Farce mit ihrer oft rohen Auffassung von der Liebe eine gewichtige Rolle. In vielen Episoden handelt es sich um ausgesprochene Derbheiten, die aus einer grotesken Entartung natürlicher Gefühle entspringen. Auch die rein und vollkommen erscheinende Liebe steigert sich gelegentlich zu fast psychopathischen Formen. Vulgär und brutal verhalten sich meist die Geistlichen, die von der Autorin mit besonderem Spott bedacht werden. In den anschließenden Kommentaren wird deutlich, dass die Königin für das Ideal der Liebe als Quelle der Tugend eintritt, eine Konzeption, die über Ficinos Werk auf den Platonismus zurückweist und gelegentlich fast quietistische Tendenzen annimmt. Marguérite tritt hier in klaren Gegensatz zur landläufigen Auffassung: Selbst die Ehe wird gegenüber dem platonischen Ideal der keuschen Liebe oft diskreditiert. Der Kontrast zwischen schlüpfrigen Geschichten und der ständigen Gegenwart eines christlichen Gewissens verleiht dem Werk einen besonderen Reiz. Einige Mitglieder der erzählfreudigen Gesellschaft, die auf reale Vorbilder in Marguérites Hofstaat verweisen, erlangen dabei besondere Konturen: Die Matrone Oisille predigt Askese, der Adlige Dagoucin und die schöne Parlamente, hinter der sich die Verfasserin selbst verbirgt, propagieren platonische Ideale. Hircan erweist sich als kluger Anwalt der Sinnenfreude.

Was das *Heptaméron* von den meisten früheren Novellensammlungen unterscheidet, ist die deutliche Absicht der Autorin, nicht nur zu unterhalten, sondern auch zu belehren. Man spürt ihr Bemühen um Wahrscheinlichkeit und Einfachheit der Handlung. »Denn der Herr Dauphin wollte keinesfalls, dass Kunstinteressen sich einmischten und die schöne Phrase irgendwie die geschichtliche Wahrheit beeinflusse.« Marguérite schildert das Leben des 16. Jh.s mit vielen Details aus ihrer unmittelbaren Umgebung am Hof. Sie zeigt die Verschiedenheit der sozialen Klassen, die Freiheit der Sitten, die Anfänge des mondänen Lebens, das ganz der Liebe und dem Vergnügen geweiht ist. Gefühle werden eingehend analysiert und Handlungen psychologisch motiviert. Die später weit verbreitete und in viele Sprachen übersetzte Sammlung galt lange als unzüchtig und wurde einer anderen Marguérite, nämlich der ›sittenlosen‹ Marguérite de Valois, der Gemahlin von Henri IV., zugeschrieben, die sich ebenfalls schriftstellerisch betätigte.

■ Lit.: M. Tétel: ›L'Heptaméron‹ de M. de N. Thèmes, langage et structure, 1991. *Ingrid Peter / KLL*

Marie de France

■ geb. um 1130 Île-de-France (Frankreich)
■ gest. um 1200 Frankreich

Eine der frühesten namentlich bekannten Autorinnen Frankreichs; Mitte des 12. Jh.s am englischen Hof von Henri II. Plantagenêt; verschmilzt Motive der keltisch-englischen Sagenwelt mit antiken Bildungselementen und französisch-aristokratischem Bildungsgut; unsichere Identität bezüglich der Autorschaft der ihr zugeschriebenen Lais.

■ Ausg.: Œuvres complètes, Hg. Y. Otaka, 1987.
■ Lit.: S. Burgess: M. de F. An Analytical Bibliography, 1977.

Les lais

(afrz.; *Die Lais*) – Die Versnovellen »Guigemar«, »Equitan«, »Le Fresne«, »Bisclavret«, »Lanval«, »Les deus amanz«, »Yonec«, »Laüstic«, »Milun«, »Chaitivel«, »Chievrefeuil«, und »Eliduc« entstanden vermutlich zwischen 1155 und 1189.

›Lai‹ (altirisch ›laid‹: Lied) bezeichnete ursprünglich die von bretonischen Spielleuten zu harfenähnlichen Instrumenten vorgetragenen episch-lyrischen Lieder, die Stoffe des keltischen Sagenkreises zum Inhalt hatten. Die in kunstvoller Form (Achtsilbler) gefassten Novellen (ihre Länge schwankt zwischen 100 und 1000 Versen) greifen Motive dieser, uns nicht erhaltenen, Lieder auf, z. B. das Werwolfmotiv in »Bisclavret« oder der Volksglaube, dass Zwillingsgeburten auf die Untreue der Frau hindeuten in »Le Fresne«, (einem Lai, das Verwandtschaft mit dem Griseldis-Stoff zeigt). Die Lais sind zwar nicht der eigentlichen Artus-Epik zuzurechnen, weisen aber zahlreiche Motivparallelen auf, die sie als Vorstufen zum Artusroman ausweisen.

»Lanval«, die Geschichte eines Königssohns, der sich König Artus' Frau gegenüber seiner Geliebten, einer schönen Fee, rühmt und damit die ihm auferlegte Schweigepflicht bricht, behandelt das Motiv der ›magischen Ehe‹. Es deutet damit auf einen Typus des Zaubermärchens hin, der in unterschiedlichster Form für die Entwicklung des Romans im späten Mittelalter bedeutsam wurde. Teilweise basieren darauf auch epische Großformen wie der Lancelot-Prosaroman, *Partonopeu de Blois* und die Melusine-Sage.

Die sonst nicht überlieferte Tristan-Episode des »Lai de chievrefueil« (Geißblattlai), in der Isolde an einem von einem Geißblatt umschlungenen Haselnusszweig die Nähe des verbannten Tristan erkennt, kann zur Artus-Literatur im engeren Sinn gerechnet werden.

Hauptmerkmal der Erzählweise Maries ist die Verschränkung von märchenhaften Elementen der bretonischen Sagenwelt (z. B. die sprechende weiße Hindin im »Guigemar«) mit der Schilderung des Abenteuers als Existenzform des ritterlichen Menschen und einer subtilen Darstellung der Liebe als eines spontanen Gefühls, das selten oder nur im letzten Augenblick glückhafte Erfüllung findet (Parallelen zur Liebestheorie des *Roman d'Eneas*, 1160, sind unverkennbar).

In »Milun« kann der blutige Kampf zwischen Vater und Sohn erst beendet werden, als sie einander wieder erkennen und dann gemeinsam die von einem anderen Ritter gefangene Mutter bzw. Geliebte befreien. Dem Verzicht im »Eliduc« (Motiv der Doppelehe), der sich inhaltlich stark mit dem Roman *Ille et Galeron* von Gautier d'Arras berührt, steht der tragische Ausgang im »Yonec« gegenüber: Eine von ihrem eifersüchtigen Gatten in einem Turm eingeschlossene Dame empfängt einen Ritter, der die Gestalt eines Habichts annimmt, um durch das Fenster zu ihr gelangen zu können. Der misstrauische Mann lässt jedoch Zinken am Fenster anbringen, an denen der Vogel sich tödlich verletzt. Sterbend übergibt er der Dame, die seiner Blutspur gefolgt ist, in einem prächtigen Schloss einen Ring, der ihren Mann alles vergessen macht, und ein Schwert, das sie dereinst ihrem gemeinsamen Sohn Yonec übergeben soll. Als der Knabe herangewachsen ist, führt ihn die Mutter zum Grabe seines Vaters, enthüllt ihm das Geheimnis seiner Geburt und stirbt wenig später. Der eifersüchtige Gatte aber findet den Tod durch das Schwert seines Nebenbuhlers.

Obgleich als in sich geschlossene Erzählungen konzipiert, sind die Lais in der uns überlieferten Form durch Prolog, Anfangs- und Schlussformeln verbunden und bilden so ein zyklisches Ganzes. Die zu ihrer Zeit vom adligen Publikum hochgeschätzten Versnovellen wurden auf Veranlassung von König Hákon (1217–1263) ins Altnordische übersetzt *(Strengleikar eða Lióðabók)*. Erhalten sind außerdem englische Bearbeitungen einer verloren gegangenen Übersetzung des »Lanval« und drei weitere Fragmente englischer Bearbeitungen.

■ Ausg.: Les lais, Hg. A. Micha, 1994.
■ Übers.: Die Lais, R. Kroll/D. Rieger, 1980.
■ Lit.: P. Ménard: Les lais de M. de F., 1979. *KLL*

Pierre Carlet de Chamblain de **Marivaux**

■ geb. 4. 2. 1688 Paris (Frankreich)
■ gest. 12. 2. 1763 Paris (Frankreich)

Jurastudium in Paris; Besuch literarischer Salons, Schriftsteller zum Zeitvertreib; 1720 Ruin durch Finanzspekulationen, danach erfolgreich professioneller Verfasser von aufklärerischen Komödien, Romancier, Herausgeber der Zeitschriften *Le Spectateur français* (1722), *L'indigent philosophe* (1728) und *Le cabinet du philosophe* (1734).

■ Ausg.: Théâtre complet, 2 Bde, Hg. H. Coulet/M. Gilot, 1993–1994.
■ Lit.: F. Salaün: Pensée de M., 2002.

La surprise de l'amour

(frz.; *Der Betrug der Liebe*, 1747, J.C. Krüger) – Mit der 1723 erschienenen dreiaktigen Komödie löste sich der Autor aus der Tradition der Intrigen-, Charakter- und Sittenkomödie ↗ Molières und begründete das psychologische Lustspiel.

Lélio hat von einer koketten Dame der Pariser Gesellschaft den Laufpass bekommen und ist als geschworener Frauenfeind mit dem gleichfalls misogynen Diener Arlequin aufs Land gezogen. Seine Nachbarin ist eine jung verwitwete Comtesse, die ihrerseits den Männern nicht wohl gesonnen ist. Der Heiratswunsch des bäuerlichen Paares Pierre und Jacqueline macht eine Unterredung der beiden »Liebesfeinde« notwendig, und da beide ihre nur allzu gefährdete Sprödigkeit durch Aggressivität zu schützen suchen, entwickelt sich ein Wortduell, in dem ein hinzutretender Freund zu ihrer Verwirrung die Symptome beginnender Trotzliebe erkennt. Man trennt sich in mühsam gewahrter Fassung mit dem Versprechen, freundschaftlich-nachbarlichen Umgang zu pflegen. Nur Stunden später hat die Comtesse sich anders besonnen und bittet Lélio, sich zum Heiratswunsch Jacquelines schriftlich zu äußern, da ihm weitere Begegnungen vermutlich lästig seien. Lélio stimmt zu, doch mit verräterischem Ingrimm; auch bei einer zweiten Begegnung mit der schönen Witwe, die nach einer verlorenen Porträtschatulle sucht, begreift er nicht, dass sie unbewusst seine Empfindungen erkunden möchte. Es bedarf noch der kräftigen Nachhilfe der sich als kluge Psychologin erweisenden Zofe Colombine und des nicht mehr misogynen Arlequin, um die unbewusst Verliebten zu bewegen, ihre innere Wandlung erst sich selbst und schließlich voreinander einzugestehen.

Die Handlung wird auf eine innere Entwicklung der Figuren verlagert, die zugunsten einer subtilen Gefühlsanalyse äußerlich stärker stilisiert sind. Hauptmerkmale dieses Komödienstils sind wandelbare Charaktere, eine in seelische Bewegung zurückgenommene und einem inneren Ziel zustrebende Handlung sowie eine zur indirekten Mitteilung unterschwelliger Motive fähige Sprache. Anders als in der barocken Liebeskomödie erwächst hier die Intrige aus der Thematik der Liebe selbst. Da Marivaux die gegen innere Widerstände sich durchsetzende Liebe selbst zum Thema macht, entfällt die Zweigleisigkeit von Charakterenthüllung und Liebesintrige; die ungewollt Verliebten demaskieren sich selbst. Im Laufe einer seelischen Veränderung, die sie zunächst nicht wahrnehmen, dann dem eigenen Bewusstsein gegenüber zu leugnen versuchen, geraten sie in den komischen Konflikt und schließlich wieder aus ihm heraus. Die Zeit, in der die Verwandlung beginnt und zum Abschluss kommt, wird zum konstitutiven Element dieser Komödienstruktur, denn jede Phase der Verwandlung fördert neue komische Momente zutage und bringt doch zugleich den inneren Vorgang seinem notwendigen Ende näher – bis mit dem Bewusstwerden der Liebe und der Aufgabe des Widerstands die komische Situation sich selbst aufhebt. Aus der dem Thema selbst innewohnenden dramatischen Energie erwächst so eine formale Struktur, die in vergleichbarer Geschlossenheit der Komödie bis dahin fremd war.

Eine entscheidende Voraussetzung für die Entstehung dieses Komödientyps war, dass der Regent Philippe d'Orléans 1716 erneut eine italienische Schauspieltruppe nach Paris geholt hatte, nachdem die ›Ancienne Troupe‹ 1697 auf Betreiben der Mme de Maintenon des Landes verwiesen worden war. Marivaux erhielt so die Möglichkeit, Typenkanon und Spielweise der Commedia dell'arte für die Ausbildung eines dramatischen Stils zu nutzen, der in besonderem Maß die mimische Interpretation des gesprochenen Worts verlangte. 1727 schrieb er für das angesehene Ensemble des Théâtre-français eine zweite *Surprise de l'amour*, mit der er an den früheren Erfolg anknüpfen wollte.

■ Lit.: I. Ajlan: La représentation de la femme dans le théâtre de M., 1998. *Dieter Steland / KLL*

La double inconstance

(frz.; *Verführbarkeit auf beiden Seiten*, 1982, G. Scheffel) – Die 1724 erschienene Prosakomödie in drei Akten hatte bereits bei der Uraufführung (1723) durch die Truppe der ›Comédie Italienne‹ trotz ihrer artifiziellen Konstruktion beträchtlichen Erfolg, so dass die Italiener das Stück in ihr Repertoire übernahmen.

Thema ist die Manipulation der Gefühle zweier Liebender, Arlequin und Silvia, durch Intrigen, die sie zur Untreue verführen sollen. Der Prinz eines Phantasiereiches liebt Silvia und beauftragt Flaminia, die Tochter eines Bediensteten, sie für sich zu gewinnen. Flaminia gelingt es mit psychologisch geschicktem Vorgehen, die Liebenden einander zu entfremden. Sie lenkt Silvias Aufmerksamkeit auf den ins Auge fallenden Unterschied zwischen dem bäuerischen Arlequin und einem hübschen Offizier, der in Wirklichkeit der Prinz ist, und weckt damit ihren Ehrgeiz. Zugleich spielt sie vor Arlequin zunächst die Beschützerin seiner Liebe, um dann in der Maske einer armen, hilflosen »Verbannten« erfolgreich an seinen männlichen Beschützerinstinkt zu appellieren. Flaminias Liebesgeständnis an Arlequin entlockt ihm schließlich das seine, während Silvia, erfreut, sich an den dünkelhaften Hofdamen rächen zu können, sich für ihren »Offizier« entscheidet, der sich nun als Prinz zu erkennen gibt. Zwei Eheschließungen sanktionieren die »doppelte Untreue«.

Eine Fülle von romanesken Zwischenfällen, Verkleidungen und Interventionen durch mehr oder weniger episodische Randfiguren lassen die Handlung sprunghaft fortschreiten. Wohl lenkt Flaminia das Spiel nach einem durchdachten Plan, der aber, da er dem Zuschauer nicht mit der geringsten Andeutung verraten wird, sich in einer zufälligen Folge glücklicher Ereignisse entfaltet. Viel Gewicht liegt auf der allmählichen psychologischen Entwicklung der Charaktere. Ein besonderer Reiz ist die Kombination so heterogener Elemente wie der Gestalt des Märchenprinzen, der Figuren der Commedia dell'arte und zeitspezifischer Details. Spürbar ist eine deutliche Kritik an Adel, Reichtum und privilegierter Faulheit. Zumal Arlequin übernimmt die Rolle eines Sprachrohrs des Autors, der sich ein Leben lang in seinen Bühnenwerken mit sozialen Problemen auseinandergesetzt hat.

Die für die von Marivaux bevorzugte Schauspielerin Gianetta Benozzi geschriebene Rolle der Silvia – interessant durch die sorgfältig registrierten Gefühlsnuancen, die sie schrittweise von einer Leidenschaft zu andern wechseln lassen – ist eine überaus dankbare Bühnenrolle, die dem Stück Charme und Grazie verleiht und einen guten Teil seines Erfolgs sicherte. Eine weibliche Kontrastfigur ist die Drahtzieherin der Intrigen, Flaminia, bei der eher der Verstand als das Gefühl dominiert. Der Prinz dagegen gibt sich als gutartiger, etwas fader, seufzender Liebhaber. Nicht vernachlässigt sind die Randfiguren: die kokette Lisette, der beschränkte Seigneur, dem es nicht gelingt, Arlequin von der Erhabenheit des Adels zu überzeugen, und der zugleich hochmütige und servile Trivelin, die bösartige Karikatur eines Höflings. Die typischen Requisiten der Intrigenkomödie – Verstellung, Betrug und Verkleidung – spielen eine untergeordnete Rolle. Die Sprache der Personen variiert je nach Herkunft und Stand. Arlequin wirkt am überzeugendsten, weil er seine Repliken knapp und treffend vorbringt.

■ Lit.: D. J. Culpin: The French Theatre. Revolution and Renewal, 1984. ■ B. Doucey: ›La double inconstance‹, 1999.

Ingrid Peter / KLL

Le jeu de l'amour et du hasard

(frz.; *Das Spiel von Liebe und Zufall*, 1985, G. Scheffel) – Die 1730 erschienene Komödie in drei Akten gilt als bedeutendstes Werk des Autors und verrät wie kein anderes seiner Dramen die Herkunft aus der Tradition der Commedia dell'arte.

Silvia und Dorante sollen auf Wunsch ihrer Väter miteinander verheiratet werden. Da sie sich jedoch noch nie gesehen haben, wird ihnen freigestellt, den Partner bei Missfallen abzulehnen. Um ihre Gefühle nicht anderen offenbaren zu müssen, kommen sie beide unabhängig voneinander und ohne die geheime Entsprechung zu ahnen, auf dieselbe Idee: Silvia will mit ihrer Zofe Lisette, Dorante mit seinem Diener Arlequin die Rollen tauschen, um den ausersehenen Partner inkognito kennenzulernen. Nur Silvias Vater, M. Orgon, und ihr Bruder Mario sind durch einen Brief von Dorantes Vater in den Doppelplan eingeweiht und versprechen sich viel davon.

Aus dem Gegensatz von vorgetäuschter Rolle und dem scheinbaren gesellschaftlichen Stand der Figuren nicht entsprechenden inneren Qualitäten entwickelt sich die Intrige des Werkes, die zunächst Neugierde, später Liebe in den einander betrügenden Betrügern entstehen lässt. Schon bei der ersten Begegnung finden die verkleideten Verlobten, nach gegenseitigem Erstaunen über die Anmut und den Geist des anderen, Interesse und bald auch immer stärkere Zuneigung füreinander, während Arlequin sich auf tölpelhaft-preziöse Weise um die vermeintliche Tochter des Hauses, die nicht wenig entzückte Lisette, bemüht. Da Silvia, um eigene Gefühle zu unterdrücken, zu dem werbenden Dorante von Ehebestrebungen über die Dienstbotenklasse hinaus spricht, gibt er sich ihr zu erkennen. Vorübergehende Komplikationen ergeben sich durch Marios Einmischung als Silvias angeblicher Liebhaber und durch Dorantes zeitweilige Resignation nach dieser Eröffnung.

Obwohl Silvia ihrer Sache sicher ist, will sie sich noch ein letztes Mal der Aufrichtigkeit ihres Zukünftigen versichern. Sie nötigt dem immer noch im Dunkeln tappenden Dorante trotz des Standesunterschieds einen Heiratsantrag ab und lässt dann die Maske fallen. Das eigentliche Hindernis für die Liebe ist hier die von der konventionellen Ordnung bestärkte Eigenliebe, die sich durch Koketterie (das Spiel als Selbstschutz) vor der Bedrohung der Liebe zu bewahren sucht. Für Marivaux ist Koketterie ein zutiefst weiblicher Charakterzug und ein Motiv, das die Intrige erst vorantreibt. So erzwingt Silvia Dorantes im Grunde überflüssiges Geständnis, er werde eine Kammerzofe heiraten, vor allem um des persönlichen Triumphs willen, als Bestätigung ihrer Selbstliebe, die sie im Gegensatz zu Dorante nie eigentlich zu überwinden hatte.

Wenn soziale Schranken vorübergehend ignoriert werden, zeugt das weniger von einer revolutionären oder prophetischen Absicht als von der absoluten Geltung, die der Dichter für die Liebe, die Unbedingtheit des Gefühls in Anspruch nimmt. In Übereinstimmung mit seiner Zeit erscheint in seinen Dramen die Liebe nie als voll entfaltete Leidenschaft, sondern stets als im Entstehen begriffen. Die Charaktere tragen deutlich individuelle Züge. Das Gesellschaftliche spielt in dem Stück keine wesentliche Rolle. Was den Autor fesselt, sind psychologische Vorgänge und Übergänge im Spannungsfeld eines oft symmetrischen Handlungsgefüges. In der psychologischen Wahrheit und Genauigkeit seiner subtilen Analyse von Seelen im Zustand entstehender Liebe ist er unübertroffener Meister. Die Gestaltung der Figuren Arlequin und Lisette bezeugt, dass er auch das realistische Detail beherrscht. Die Diskrepanz zwischen ihren Rollen und ihrem Wesen wird nie zur Karikatur, und selbst die preziösen Elemente und literarischen Echos werden der handfesten Vulgarität Arlequins anverwandelt.

Die Handlungsstruktur der virtuos geführten vierfachen Verkleidungs- und doppelten Verwechslungsintrige diente noch Mozart als Muster für *Così fan tutte* (1790). Eine nuancenreiche, aus geistvoller Beweglichkeit und realistischer Präzision – aus Realem und Irrealem – harmonisch gemischte Prosa ist das tragende Element dieses schnellen, nie sich ausruhenden Spiels, dessen Dialogstil unter dem neuen, von ↗ Diderot eingeführten Begriff der ›Marivaudage‹ in die Literatur eingegangen ist. In seiner Geschlossenheit und Variabilität, in der Sparsamkeit der Mittel und ihrer freien Beweglichkeit ist dieses Stück der vollkommenste Ausdruck von Marivaux' Kunst.

▪ Lit.: F. Rubellin: M. dramaturge, 1996.

Klaus Ensslen / KLL

Le paysan parvenu

(frz.; *Der Bauer im Glück*, 1968, P. Baudisch) – Der 1734 mit vier Teilen und 1735 mit dem fünften Teil erschienene Roman blieb unvollendet. Der Ich-Erzähler Jacob, der es trotz bäuerlicher Herkunft zu Reichtum und Ansehen als Steuerpächter gebracht hat, berichtet von seinem bewegten Leben, da er nach seinem Rückzug aufs Land die Distanz hat, die Ereignisse zur moralischen Belehrung der interessierten Leser niederzuschreiben, und weil er sich und andere damit unterhalten will.

Durch gutes Aussehen und gewitztes Verhalten hat Jacob Erfolg bei den Frauen, und in jeder der sich entspinnenden erotischen Beziehungen zeigen sich Sinnlichkeit und Herzlichkeit, Selbstsucht, Eitelkeit und Ehrgefühl in einer so vertrackten Mischung, dass der Leser dem Helden weder seine Sympathie versagen noch dessen Moral vorbehaltlos billigen kann. Mit einer Fuhre Wein zum Herrn des heimatlichen Dorfs nach Paris geschickt und dort als Diener eingestellt, erobert er eine Kammerzofe, spürt aber, dass seine Zuneigung zu ihr erkaltet, als er die wohlwollenden Blicke der Hausherrin wahrnimmt, und schlägt die Hand der hübschen Geneviève rundweg aus, weil sie ihre reiche Mitgift vom Hausherrn nur unter ehrenrührigen Bedingungen erhält. Stellungslos geworden, begegnet er Mlle Habert, die mit ihrer schlecht gelaunten älteren Schwester zusammenwohnt und unter der geistlichen Führung eines M. Doucin für den Glauben lebt. Sie bricht mit ihrer Schwester und Doucin und heiratet Jacob, der sich nun M. de la Vallée nennt. Vergeblich hat die ältere Schwester versucht, durch hochgestellte Verwandte die nicht standesgemäße Heirat zu verhindern. Aber auch in diesem Milieu gewinnt Jacob die Sympathien derer, auf die es ankommt. Mme de Ferval, eine verwitwete Dame von Stand, ist zu Gunsterweisen rascher bereit, als ihre zur Schau getragene Unnahbarkeit und Frömmigkeit erwarten ließen; Mme de Fécour wiederum versieht Jacob mit einem Empfehlungsschreiben an ihren Bruder in Versailles. Dieser bietet ihm die Stelle des erkrankten M. d'Orville an, doch Jacob ist so bewegt von der Schönheit der jungen Mme d'Orville, die gleichzeitig bei M. de Fécour vorstellig wird, dass er den Posten ausschlägt. Da gute Taten in der Welt dieses Romans nicht unbelohnt bleiben, gewinnt Jacob tags darauf einen noch einflussreicheren Gönner. Er rettet einem jungen Adligen, der von drei Männern angegriffen wird, das Leben: Es ist der Comte d'Orsan, Sohn eines Ministers.

Jacob ist trotz aller schelmenhaften Elemente als Tugendheld konzipiert, obwohl er häufig die Initiative ergreift, was bei aller Ernsthaftigkeit der Intention als Anachronismus in einer korrumpierten Welt wirkt. Anders als *La vie de Marianne*, durch die sich Samuel Richardson ab 1740 zu *Pamela* und *Clarissa Harlowe* anregen ließ, weist der *Paysan parvenu* nicht auf weitere Entwicklungen des Romans voraus, sondern bringt diese zum Abschluss. Titel und Anlage des Werks lassen eine zeitsatirische Erzählabsicht in der Art von ↗ Lesages Schelmenroman *Histoire de Gil Blas* (1715–1735) vermuten. Indes entfaltet sich die künstlerische Substanz auch hier nicht in der Beschreibung gesellschaftlicher Zustände, sondern in der psychologischen Analyse einzelner – allerdings gesellschaftlich determinierter – Charaktere durch die stilistischen Mittel des literarischen Porträts, durch Reflexion und Rollensprache. Schauplatz ist stets ein realistisches Paris, in dessen Intrigen der Held ohne eigene böswillige Teilnahme verwickelt wird, um alsbald durch die über allem waltende Vorsehung wieder daraus befreit zu werden.

Der soziale Unterschied ist für Marivaux nur ein Faktor unter vielen, die seinen psychologischen Scharfsinn beschäftigen. So interessiert ihn vornehmlich die seelische Situation, die sich ergibt, wenn eine Frau dem erotischen Charme des jungen Bauernburschen erliegt und der Ausdruck ihrer Liebesbereitschaft nur unter Gefährdung ihrer äußeren und inneren Würde möglich ist. Jacob wird zum idealen Partner dieser Frauen, weil er verstohlene Winke sofort aufzufangen weiß und die Sprache versteht, die der verliebten Frau die schrittweise Mitteilung ihrer Wünsche erlaubt. Diese Sprache, die herzhafte Sinnlichkeit zugleich mit witzig-einfältiger Treuherzigkeit auszudrücken vermag – und in vielen Zügen an die Redeweise der Dienerfiguren in Marivaux' Komödien erinnert –, muss Jacob indes verlernen, wenn er sich der gehobenen Gesellschaft anzupassen beginnt.

Obgleich Fragment geblieben, darf *Le paysan parvenu* daher als in sich vollendetes Meisterwerk gelten, das die Traditionen des ›roman comique‹ (↗ Sorel, ↗ Scarron, Furetière, ↗ Lesage) und der französischen Moralistik ↗ La Rochefoucaulds zu einem psychologischen Realismus bis dahin unbekannter Art zusammenführt. Trotz dieser realistischen Tendenz war dem Roman ein größerer Erfolg als *La vie de Marianne* (1731–1742) beschieden. Dennoch scheint sich Marivaux in den 1730er Jahren endgültig vom Roman abgewandt zu haben, auch aufgrund der zunehmenden Schwierigkeiten, die die Zensur den Autoren in den Weg legte.

▪ Lit.: J. Mander: Circles of Learning. Narratology and the Eighteenth-Century French Novel, 1999. *Dieter Steland / KLL*

Les fausses confidences

(frz.; *Die falschen Entdeckungen*, 1774, F.W. Gotter) – Die 1738 erschienene, ein Jahr zuvor uraufgeführte Komödie in drei Akten gilt als eines der Meisterwerke des Autors, obgleich ihr bei der Uraufführung nur ein Achtungserfolg beschieden war.

Im Zentrum der Handlung steht das im 18. Jh. beliebte Motiv, durch Verkleidung Treue und Wert des Geliebten zu prüfen. Der freilich auf den finanziellen Bereich beschränkte gesellschaftliche Unterschied der Liebenden führt hier zusätzlich zu Komplikationen. Wie in der herkömmlichen Intrigenkomödie hat ein Diener die Fäden des Spiels in der Hand. Seine Ahnenreihe reicht über den Harlequin der Commedia dell'arte bis zum Gracioso der spanischen Comedias zurück. Er agiert mit Raffinesse als Regisseur der Intrigenhandlung und verhilft dem mittellosen und wenig gewandten Dorante zu Ansehen, Vermögen und zur geliebten Frau.

Dubois, Diener von Araminte, einer hübschen und reichen Witwe, setzt sich aus Anhänglichkeit an seinen früheren Herrn, Dorante, dafür ein, dass dieser bei Araminte als Verwalter eingestellt wird. Er ermutigt den mittellosen, aber edlen und sympathischen jungen Mann, der es von sich aus kaum wagen würde, um Araminte zu werben, und sorgt dafür, dass Araminte von Dorantes Liebe zu ihr erfährt und sich ihrerseits in ihn verliebt. Eine Reihe zufälliger und inszenierter Missverständnisse und nicht zuletzt der beiderseitige Stolz halten die Liebenden auf Distanz. Erst als Aramintes Mutter nachdrücklich auf eine Heirat mit einem Grafen drängt und verlangt, der ihr wegen seines guten Aussehens und liebenswürdigen Wesens verdächtige Dorante solle sich entfernen, entscheidet sich Araminte für ihren Verwalter und bekennt sich zu ihren Gefühlen. Diese Selbstüberwindung beantwortet Dorante mit dem Eingeständnis der Intrige, die Dubois eingefädelt hat, um der Liebe seines Herrn zum Sieg zu verhelfen, und Araminte verzeiht ihm.

Die in ihrer Handlungsführung verwickelte und komplizierte Komödie lebt aus den schon im Titel genannten falschen Geständnissen, dem für Marivaux so charakteristischen Spiel, das die Protagonisten, vor allem Dubois, zur Erreichung ihrer Ziele gegen ihre Mitspieler in Szene setzen: Falsche Vertraulichkeiten, Halblügen, Täuschungen und konventionelle Redensarten, die im gewöhnlichen Leben nicht nur die wahren Beweggründe der Menschen verbergen, sondern auch Beziehungen vergiften, erhalten einen durchaus positiven Sinn, indem sie eine im Entstehen begriffene Zuneigung schützen.

Neu an Marivaux' Umgang mit der Komödie ist zum einen die Verfeinerung der Rolle des Dieners, der nicht mehr der Grobian der Commedia dell'arte ist, zum anderen die differenzierte Durchdringung der rationalen Intrige mit Gefühl, das von Dubois ebenso wie von den anderen Figuren Besitz ergreift.

▪ Lit.: P.-L. Assoun: M. ›Les fausses confidences‹. L'être et le paraître, 1987. *KLL*

La vie de Marianne

(frz.; *Das Leben der Marianne oder Die Abenteuer der Gräfin* ***, 1968, P. Baudisch) – Der 1731 bis 1742 in elf Teilen erschienene Roman blieb unvollendet. Zwei apokryphe Schlusskapitel wurden 1739 als neunter und 1745 als zwölfter Teil veröffentlicht. 1761 erschien ein von Mme Riccoboni verfasstes Fortsetzungskapitel. Gemäß der im 18. Jh. gängigen Konvention gibt der Autor sein Werk nicht als eigene Erfindung aus, sondern behauptet, beim Kauf eines Hauses in einem Wandschrank das Manuskript mit der Lebensbeichte Mariannes gefunden zu haben, die als 50-Jährige ihre Jugendabenteuer berichtet.

Marianne ist ein Findelkind. Räuber haben eine Postkutsche überfallen, Bauern finden das etwa zweijährige Mädchen von vermutlich adliger Herkunft inmitten der toten Reisenden. Marianne wird von einem Pfarrer und dessen Schwester sorgfältig erzogen, unternimmt mit 15 Jahren zusammen mit ihrer Pflegemutter eine Reise nach Paris und sieht sich dort nach dem plötzlichen Tod ihrer Pflegeeltern mittellos sich selbst überlassen. Der frömmelnde Wohltäter, M. Climal, nimmt sich des schönen Mädchens an und gibt sie bei einer Putzmacherin, Mme Dutour, in Pension. Bald zeigt sich, dass Climals Großzügigkeit nicht uneigennützig ist. Marianne gelingt es zunächst, seinen vorsichtigen Liebesbekundungen auszuweichen und erwachende Skrupel zu verdrängen. Doch die folgenden Ereignisse, die in wenigen, breit entfalteten Tagesreihen erzählt werden, verwickeln sie in immer schwieriger zu bewältigende Situationen, deren psychologische Bewegtheit bis in feinste Halbtöne sprachlicher und mimischer Äußerungen und der sie begleitenden bewussten und unbewussten Regungen nachgezeichnet wird.

M. de Valville, ein vornehmer junger Mann, verliebt sich in Marianne, die die demütigende Wahrheit ihrer sozialen Stellung und die Verbindung mit Climal, der sich als Valvilles Onkel erweist, vergeblich vor ihm zu verbergen sucht. Wohl wissend, dass ein Diener Valvilles ihr gefolgt ist, um ihr Elternhaus auszukundschaften, wird sie zur ohnmächtig leidenden Zeugin eines vulgären, peinlich-komischen Streits zwischen einem Kutscher und Mme Dutour. Stunden später sucht Climal seinen Schützling auf, lässt Marianne, die vergeblich versucht, die Selbstdemaskierung ihres Wohltäters zu verhindern, keine Möglichkeiten mehr, seine Absichten misszuverstehen, und macht ihr ein beleidigendes Angebot, das sie empört zurückweist. Auf dem Höhepunkt der erregten Szene erscheint Valville und zieht sich rasch zurück.

Von Climal verstoßen und in den Augen Valvilles kompromittiert, irrt Marianne verzweifelt durch Paris. Durch einen glücklichen Zufall findet sie eine neue Wohltäterin in Valvilles Mutter, Mme de Miran. Mariannes Entscheidung gegen eine ›unstandesgemäße‹ Heirat überzeugt Mme de Miran davon, dass dieses Mädchen die Ehe mit ihrem Sohn verdient. Durch eine Entführung versuchen Valvilles standesstolze Verwandte, die ›Mesalliance‹ zu verhindern. Doch wiederum gewinnt Marianne durch eine Verzichtserklärung, was sie zu verlieren drohte. Beeindruckt von ihrem ›Herzensadel‹, gibt das Oberhaupt der Familie, ein Minister, die Waise in die Obhut der Mme de Miran zurück. Die Aufhebung der Standesgrenzen zugunsten einer Tugend, die alle empfindsamen Menschen zu Tränen rührt, wird gleichsam staatlich sanktioniert. Damit scheint die Hochzeit – und der Fortgang des Romans in den Bahnen romanesker Tradition – gesichert. Doch Valville wird seiner Geliebten untreu, und Marianne hat neuen Anlass, den Adel ihrer Gesinnung und die Klugheit ihres weiblichen Instinkts unter Beweis zu stellen. Sie gibt einem älteren Offizier, der sie heiraten möchte, eine ausweichende Antwort und teilt einer mit ihr befreundeten Nonne, Mlle de Tervire, ihre Absicht mit, ins Kloster zu gehen. Mlle de Tervire erzählt ihr daraufhin die Geschichte ihres Lebens, die, ihrerseits unabgeschlossen, die letzten drei Teile des Romanfragments füllt.

Mit der Geschichte der Mlle de Tervire verflacht der Stil und verdüstert sich das Klima des Romans. Psychologisierende Kommentare treten ganz zurück hinter der Entfaltung eines verwickelten Handlungszusammenhangs, an dessen Zustandekommen die Ungunst blinder Zufälle ebenso beteiligt ist wie eine große Zahl überraschend bösartiger Personen, die im Vergleich zur Marianne-Handlung nur sehr summarisch charakterisiert werden. Ursprünglich bereits im vierten Teil der *Vie de Marianne* als Schilderung des klösterlichen Lebens angekündigt, ist die Erzählung der Tervire keineswegs als tröstliche Episode und Aufschub des konfliktlösenden Endes gestaltet. Als eingelegte Geschichte nimmt die Tervire-Handlung nochmals das in der Haupthandlung entfaltete Thema der verfolgten Unschuld auf, das nun jedoch eine pessimistische Behandlung erfährt: Nicht der gesunde Eigennutz Mariannes, sondern der zur Selbstaufgabe bereite Altruismus der Mme de Tervire wird in dem klösterlichen Leidensbericht immer wieder auf die Probe gestellt.

Der Roman kombiniert Elemente des empfindsamen Liebesromans und des Schelmenromans mit dem Motiv der ›verfolgten Unschuld‹: Besonders bedeutsam ist in diesem Werk der Anteil der Moralistik, die einer vom allgemeinen gesellschaftlichen Bewusstsein akzeptierten normativen Ethik die Beschreibung tatsächlichen menschlichen Verhaltens entgegensetzt und die Impulse dieses Verhaltens sowohl in einem unterbewussten Geltungswillen als auch in physiologischen und sozialen Charakterprägungen zu entdecken sucht. Marivaux interessiert nicht die Auflösung der Ereignisstruktur des traditionellen Romans, sondern die Destruktion klischeehaft erstarrter Romancharaktere. Für dieses Vorhaben erweisen sich gerade altvertraute Romansituationen, wie die der Begegnung in der Kirche, der Liebe über Standesgrenzen hinweg und die der bedrängten Unschuld, als überaus ergiebig. So gelingt es Marivaux, in ihnen ein Charakterporträt zu entfalten, das auch den mit psychologischen Kenntnissen ausgestatteten modernen Leser zu faszinieren und zu überzeugen vermag.

▪ Lit.: J.-P. Sermain: Le singe de Don Quijotte. M., Cervantes et le roman postcritique, 1999. *Dieter Steland / KLL*

Jean-François **Marmontel**

▪ geb. 11.7.1723 Bort-les-Orgues/Corrèze (Frankreich)
▪ gest. 31.12.1799 Ablonville/Saint-Aubin-sur-Gaillon, Eure (Frankreich)

Ab 1743 in Pariser Salons, protegiert von ↗ Voltaire und Madame de Pompadour; 1758 Herausgeber des *Mercure de France*; 1771 königlicher Historiograph; 1783 Sekretär der Académie française; schrieb für ↗ Diderots *Encyclopédie*, Tragödien und Libretti für Grétry; in Romanen und Erzählungen Plädoyers für eine aufklärerische Ethik; 1804 *Mémoires d'un père pour servir à l'instruction de ses enfants* (Lebenserinnerungen).

▪ Ausg.: Œuvres complètes, 1819–1820. ▪ Opera omnia, Hg. P.-J. Bernard/J.-F. Marmontel, 1996 ff.
▪ Lit.: J. Renwick: M. (1723–1799). Dix études, 2001.

Contes moraux

(frz.; *Moralische Geschichten*, 1921, F. Schulz) – Die erste Folge der Erzählsammlung erschien zunächst 1755 bis 1759 in dem vom Autor herausgegebenen *Mercure de France*, eine zweibändige Buchausgabe folgte 1761, eine stark erweiterte Fassung 1792. Marmontels Geschichten unterscheiden sich von Erzählungen ↗ Voltaires und ↗ Diderots nicht so sehr durch die philosophische Wirkungsabsicht als vielmehr durch die Bauform, der eine anekdotische Begebenheit zugrunde liegt, die durch leitmotivische Wiederholungen auf einen zentralen Aspekt hin strukturiert und durch eine überraschende Peripetie pointiert wird.

In der Erzählung »Heureusement« (»Zum Glück«) berichtet die alte Marquise de Lisban ihrem Bekannten, dem Abbé de Châteauneuf, von den Gefahren, denen ihre Tugend im Laufe ihres Lebens immer wieder ausgesetzt war. Sie zählt einige verfängliche Situationen auf, bei denen es im entscheidenden Moment der Verführung aufgrund eines glücklichen Zwischenfalls »heureusement« doch nie zum Äußersten gekommen sei. Der Gesprächspartner stimmt der Erzählerin dabei stets zu, indem er ein zustimmendes »heureusement« in ihren Bericht einwirft, bis ihm am Schluss aufgeht, dass er selbst einer der im kritischen Augenblick gescheiterten Liebhaber war. Entsprechend der didaktischen Tradition des Exempels sind Marmontels Figuren weniger Charaktere als vielmehr exemplarische Typen, Allegorien, die bestimmte moralische Qualitäten oder Mängel repräsentieren: Marmontel selbst benennt als Vorbild dieses Panoptikums der menschlichen Schwächen ↗ Molière. Doch ist ihm ein raffiniert angelegtes Meisterwerk gelungen: Die Dialogsituation zwischen dem Abbé und der Marquise, die zunächst nur den Rahmen der Geschichte zu bilden scheint, wird zum Zielpunkt der narrativen Bewegung selbst. Der Abbé muss erkennen, dass er nicht mehr der süffisante Zuhörer des erotischen Scheiterns anderer ist, sondern ebenfalls auf der Liste der durch die Marquise frustrierten Verehrer steht.

Marmontel verfährt bei fast allen übrigen Erzählungen ebenso. Die Absicht moralischer Besserung durch das Erzählen findet sich durchgängig. So geht es in »Bon mari« (»Idealer Gatte«) darum, den »Wunsch, um seiner selbst willen geliebt zu werden«, als anmaßend abzuqualifizieren, oder um die Demonstration der Tatsache, »daß ein Ehemann, auch unfreiwillig, der beste Komplize seiner Frau bleibt«. »L'école des pères« (»Die Schule der Väter«) handelt von den Klagen der Väter über die Schliche ihrer allzu wissbegierigen Töchter und die zeittypische Kritik an der Romanlektüre. »Le philosophe soidisant« (»Der Möchtegernphilosoph«) ironisiert die am Ende der Aufklärung grassierende Unsitte, jemanden aufgrund einer einzigen guten Idee zum »Philosophen« zu erheben.

Bei aller didaktischen Absicht bleiben die *Contes moraux* vor allem unterhaltende Literatur, die durch ihre Handlungsfügung und novellistische Technik überzeugt und nur selten von moralisierenden Sentenzen, die ethische Normen propagieren, unterbrochen wird. Und so bleibt Marmontel auch bei aller moralischen Absicht, die er in einem kurzen Vorwort zu jeder einzelnen Erzählung erläutert, stets ein wirkungssicherer Erzähler, der – ganz ein Kind des galanten Zeitalters – auf einer Gratwanderung zwischen Frivolität und Rührseligkeit ohne Strenge gefällig bleiben will. Gerade deshalb konnten die *Contes moraux* auch eine breitere Wirkung in dem an bedeutenden Erzählern so reichen späten 18. Jh. entfalten. Sie begründeten eine eigene Tradition didaktischer Literatur, die vor allem in Jugendbüchern nachwirkte: Stéphanie Félicité Ducrest de Saint-Aubin de Genlis (1746–1830) griff in ihren Werken immer wieder darauf zurück.

Der Erfolg der *Contes moraux* war beträchtlich. Das Werk wurde innerhalb kürzester Zeit in mehrere Sprachen übersetzt, so dass es bis 1765 in 23 verschiedenen

Ausgaben vorlag. Während der Französischen Revolution erweiterte Marmontel sein Werk nochmals um eine Reihe von Erzählungen. In neuerer Zeit hat der Regisseur Eric Rohmer in seiner Filmserie »Moralische Erzählungen« die vorübergehend fast vergessene Gattung der moralischen Geschichten aktualisiert.

▪ Lit.: M. Bellot-Anthony: Les constantes d'un genre. Le conte moral de M. à Eric Rohmer, in: Frontières du conte, Hg. F. Marotin, 1982, 79–88. *Gerhard Wild*

Clément **Marot**

▪ geb. 23.11.1496 Cahors/Lot (Frankreich)
▪ gest. 12.9.1544 Turin (Italien)

Sohn eines Hofpoeten und Chronisten; ab 1506 am Hof der Königin Anna von Bretagne erzogen, 1527 Kammerdiener und Hofdichter François I.; 1525 Teilnahme an der Schlacht von Pavia; mehrmals wegen religiöser Verstöße in Haft; unter dem Verdacht, Anhänger der Reformation zu sein, Zuflucht bei Marguerite de Navarre, später in Venedig; 1536 Rückkehr; 1542 Häresieverdacht wegen seiner Psalmenübersetzung; Flucht nach Genf; zuletzt nach Savoyen und Piemont; bedeutender Lyriker der Frührenaissance.

▪ Ausg.: Œuvres poétiques complètes, Hg. G. Defaux, 1990 ff.
▪ Lit.: F. Preisig: C. M. et les métamorphoses de l'auteur à l'aube de la Renaissance, 2004.

Das lyrische Werk

(frz.) – Marot verfasste sein gesamtes Werk im Zeitalter des französischen Königs Franz I. und befand sich dabei überwiegend im höfischen Umfeld der Herrscherfamilie. Seine Position in der unmittelbaren Nähe der Regierungsmacht war indes nie unangefochten, zumal sich der Autor das provozierende Gedankengut der Reformation zu Eigen machte und in seiner Lyrik auch offen vertrat. Sein dichterischer Werdegang stand daher phasenweise im Zeichen direkter Bedrohung durch Polizei und Gerichtsbarkeit. In literarhistorischer Hinsicht markiert seine Poesie den Übergang von der spätmittelalterlichen Praxis der sogenannten ›grands rhétoriqueurs‹ des späten 15. Jh.s zur eigentlichen Renaissancedichtung, die im Werk der ›Pléiade‹ (Ronsard, Du Bellay etc.) ihren idealtypischen Ausdruck fand. Zu Lebzeiten galt Marot als der bedeutendste Lyriker Frankreichs. Seine literarischen Anfänge waren zunächst noch gänzlich durch Vorbilder aus der Vergangenheit bestimmt.

Die Minneallegorie »Le temple de Cupido« (Der Tempel Cupidos) etwa, mit der er 1515 sein Debüt als Hofdichter gab, steht in der Motivtradition des Rosenromans von Guillaume de Lorris und Jean de Meung. Das Stück entstand aus einem konkreten höfischen Anlass: der Vermählung des nachmaligen Königs Franz I. mit Claude de France. Erzählt wird eine Traumvision, die in die Begegnung des sprechenden Ich mit der Allegorie des ›ferme amour‹ (Wahre Liebe) mündet, in dessen Namen sich das Paar nun auf ewig verbunden hat.

Als nächstes größeres Werk ist das 1526 entstandene, aber erst 1539 publizierte allegorische Gedicht »L'enfer« (Die Hölle) zu nennen, in das die Erfahrungen des Dichters mit der Gerichtsbarkeit und dem Strafvollzug seiner Zeit einflossen. Marot war nämlich für kurze Zeit im Châtelet, einem berüchtigten Pariser Gefängnis, eingekerkert und macht nun diese schaurige Stätte zum Handlungsort einer visionär geschauten Unterweltfahrt, die den Inhalt der Dichtung bildet. Der Höllenwanderer begegnet zahlreichen furchterregenden Figuren, die zwar in mythologischer Gestalt auftreten, etwa als Zerberus, Minos oder Rhadamanthys, die jedoch unzweifelhaft für jene Repräsentanten des zeitgenössischen Rechtssystems stehen, unter denen Marot zu leiden hatte und gegen die sein Zorn sich richtet. In »L'enfer« füllt der Dichter mittelalterliche Motivtraditionen mit einem autobiographischen Inhalt und entwickelt aus diesem originellen Verfahren einen offensiv satirischen Impetus, der über eine bloß individuelle Perspektive weit hinausgeht.

Der Schwerpunkt von Marots literarischem Schaffen liegt indes nicht auf größeren Versdichtungen, sondern auf lyrischen Kleinformen. Die Sammlung *Adolescence clémentine* (Cléments Jugend), die er 1532 selbst herausgab, enthält alle Gedichte, die bis 1526 entstanden waren. Sie umfasst Versepisteln, Balladen, Rondeaus und Chansons, d. h. lyrische Formen, die der Dichter im literarischen Gattungssystem seiner Zeit bereits vorgefunden hatte. In der Sammlung überlagern sich zwei verschiedene Gliederungsprinzipien: Zum einen erscheinen die Gedichte in der zeitlichen Abfolge ihres Entstehens, zum anderen sind sie auch nach lyrischen Subgenres angeordnet. Die *Adolescence* ist die erste Anthologie der französischen Literaturgeschichte, in der die Gattungszugehörigkeit der einzelnen Stücke zu einem strukturierenden Kriterium wird. Das lässt Marots ausgeprägte Sensibilität für poetologische Fragen erkennen. Von seinen Vorgängern, insbesondere von den ›grands rhétoriqueurs‹, unterscheidet sich der Autor aber dadurch, dass er auf virtuoses Formenspiel verzichtet und einfachen Wortwitz anstrebt, jenen ›badinage marotique‹ (Marots Getändel), der auch in späteren Jahrhunderten noch als sein Markenzeichen gelten wird. Diese ostentative Leichtigkeit bestimmt sein Werk jedoch nur in der frühen Schaffensphase, d. h. bis etwa 1526.

Danach fand Marot zu neuen literarischen Gegenständen, vor allem aber auch zu einem neuen, eher emphatisch getragenen Ton, der ihm angesichts der ernsten Situation im Zeitalter des Glaubenskampfes wohl angemessener erschien. Dem Genre der Versepistel blieb Marot auch in dieser Phase treu, von den anderen oben genannten lyrischen Gattungen wandte er sich dagegen ab, um sich mehr auf den Typus des sinnspruchhaften Epigramms zu konzentrieren. Mit seiner Epigrammdichtung, deren Sujets fast durchgängig der höfischen Welt entnommen sind, knüpfte er einerseits an Vorbilder aus der Antike an, andererseits folgte er damit dem von Erasmus in die humanistische Literatur eingeführten Stilideal des ›sermo quotidianus‹ (Alltagssprache) bzw. den rhetorischen Vorgaben der aristokratischen Gesprächskultur seiner Zeit.

In die Literaturgeschichte ging Marot auch durch seine Übersetzungstätigkeit ein. Er legte eine – freilich unvollendet gebliebene – französische Fassung von Ovids Metamorphosen vor. Ungleich bedeutsamer sind jedoch seine von evangelischer Glaubensüberzeugung inspirierten Psalmenübersetzungen aus dem Lateinischen. Zunächst erschien eine Ausgabe von *Trente pseaulmes de David*, 1538 (30 Psalmen Davids). Danach übersetzte Marot noch zahlreiche weitere Stücke, so dass bei seinem Tod immerhin ein Drittel des gesamten Psalters in französischer Sprache vorlag. Für die Übersetzung der Psalmen musste der Autor einen erhabenen lyrischen Sprachduktus kreieren, denn seine Vorläufer hatten ihm einen solchen nicht hinterlassen. Noch zu seinen Lebzeiten wurden die von ihm übertragenen Psalmen vertont und auch in calvinistischen Gottesdiensten gesungen. Seine profanen Dichtungen dagegen bildeten in ihrer schmucklosen Leichtigkeit genau das literarische Modell, von dem sich die Repräsentanten der ›Pléiade‹ absetzen wollten. Marots Wortwitz blieb jedoch unvergessen, so dass noch im 18. Jh. die Überzeugung vorherrschte, jene spezifisch französische Form des Esprit, die den Gesprächston in den zeitgenössischen Salons bestimmte, sei letztlich aus den geistreichen Gedichten der *Adolescence clémentine* hervorgegangen.

■ Lit.: P.A. Becker: C.M., sein Leben und seine Dichtung, 1926. ■ C.A. Mayer: C.M., 1972. ■ A. Williams: C.M. Figure, Text and Intertext, 1990. ■ M.A. Screech: C.M. A Renaissance Poet Discovers the Gospel, 1994. ■ G. Defaux: Le poète en son jardin, 1996.

Peter Ihring

Roger Martin du Gard

■ geb. 23.3.1881 Neuilly-sur-Seine (Frankreich)
■ gest. 23.8.1958 Bellême/Orne (Frankreich)

1906 Archäologiestudium an der École des Chartes; Laufbahn als Archivar; Teilnahme am Ersten Weltkrieg; Freundschaft mit Gide und Rivière; ab den 1920er Jahren zurückgezogenes Leben auf seinem Landgut; führte als Romancier realistische und psychologische Traditionen zusammen.

■ Lit.: H. Emeis: L'œuvre de R. M. du G., 2003.

Les Thibault

(frz.) – Der 1922 bis 1940 erschienene Romanzyklus besteht aus acht Teilen: *Le cahier gris*, 1922 (*Das graue Heft*, 1928, E. Mertens); *Le pénitencier*, 1922 (*Die Besserungsanstalt*, 1928, E. Mertens); *La belle saison*, 1923 (*Sommerliche Tage*, 1928, E. Mertens); *La consultation*, 1928 (*Die Sprechstunde*, 1929, E. Mertens); *La Sorellina*, 1928 (*Sorellina*, 1959, E. Mertens); *La mort du père*, 1929 (*Der Tod des Vaters*, 1929, E. Mertens); *L'été 1914*, 1936 (*Der Sommer 1914*, 1961, F. Lehner); *Épilogue*, 1940 (*Epilog*, 1961, F. Lehner).

Der Autor knüpft bewusst an die Tradition des großen bürgerlichen Romans an, zumal an Thomas Mann und Marcel Proust, und bettet das Schicksal der Hauptfiguren in die Zeitgeschichte ein. Die Flucht des 14-jährigen Jacques Thibault und seines Freundes Daniel de Fontanin, deren gegenseitige Zuneigung zu Unrecht als Homosexualität gedeutet wäre, wird von dem autoritären Vater Oscar Thibault mit der Unterbringung seines Sohnes in einer von ihm selbst gegründeten katholischen Besserungsanstalt beantwortet. Jacques' älterer Bruder Antoine, ein Kinderarzt, bewirkt nach einem Jahr die Entlassung des völlig verstörten Jungen und übernimmt fortan seine Erziehung. Jacques erreicht 20-jährig die begehrte Aufnahme in die ›École Normale‹, flieht aber – die Familie vermutet einen Selbstmord –, da ihm sein heftiges Temperament die Fesseln universitärer Ausbildung unerträglich macht. Zudem glaubt er, dass Jenny de Fontanin, die Schwester seines Freundes, seine Gefühle nicht erwidere. Antoine hat inzwischen Karriere gemacht und spürt Jacques, der sich revolutionären sozialistischen Kreisen angeschlossen hat, in der Schweiz auf. Beim Tod des Vaters kehrt er kurz nach Paris zurück, 1914 erneut mit politischen Aufträgen. Zufällig trifft er Jenny wieder und gewinnt sie für sich. Sie hat nun kurze Zeit teil an seinen pazifistischen Aktivitäten. Gemeinsam werden sie Zeugen des Mordes an dem Sozialisten Jean Jaurès. Als Jacques bei Kriegsausbruch mit einer Flugblattaktion eine Massendesertion einzuleiten versucht, findet er den Tod.

Antoine erleidet 1917 in der Champagne eine Gasvergiftung. Als sein Tod unaufhaltsam näherrückt, setzt er 1918 seinen Qualen selbst ein Ende. Das Tagebuch, in dem er sein Leben kritisch und sehnsuchtsvoll zugleich reflektiert, ist für Jean-Paul geschrieben, den Sohn von Jenny und Jacques, von dessen Existenz Jacques nicht mehr erfahren hat.

Die Charaktere der beiden Brüder weisen komplementäre Züge auf. Während Jacques als Verkörperung von Aufruhr, Nonkonformismus und gesellschaftlicher Evasion dargestellt wird, erscheint Antoine als Inbegriff maßvollen Verhaltens, der Verweigerung extremistischer Haltung und eines unbedingten Ordnungswillens. Antoine und Jacques sind determiniert durch ihr Verhältnis zum Vater. Dieser, eine lebendige Statue seiner selbst, hat die rücksichtslose Energie und Willenskraft aller Thibaults. Durch streng katholische Gläubigkeit zu unverrückbaren moralischen wie politischen Maßstäben gelangt, thront er patriarchalisch über allen. Nur im Betstuhl fällt die Maske von ihm ab, nur hier zeigt er seine Todesangst, und der Beichtvater kann seine Selbstgefälligkeit und Eigenliebe überwinden. Antoines Opposition gegen den Vater bleibt latent. Da er sich in den Rahmen bürgerlicher Lebensweise fügt, toleriert ihn der Vater. Aber auch Antoines Triebfedern sind Überlegenheitsbewusstsein, Eitelkeit und Stolz. Durch die Naturwissenschaften dem Katholizismus entfremdet, gründet sich sein Leben auf einen Mythos der Tatkraft, dem zufolge er seine eigene Rolle entwirft und als Arzt Hervorragendes leistet. Die Begegnung mit Rachel, seiner einzigen großen Liebe, verändert ihn zwar, aber erst das Engagement seines Bruders und das alle Werte erschütternde Erlebnis des Weltkriegs bringen den erklärten Positivisten zu innerer Einkehr.

In diesem Personendreieck prallen die Fronten von Katholizismus, naturwissenschaftlichem Denken, Positivismus und politischem Engagement aufeinander. Hinzu kommt die Welt des Protestantismus (die Fontanins), gefärbt von den Lehren der Christlichen Wissenschaft (Gregory). Überdies durchzieht den Roman, dessen Komposition und Stil eher traditionell sind, das Thema der Sexualität, häufig gepaart mit den Motiven der Einsamkeit und des Todes: Der vordergründige Eindruck ungeheurer Lebensfülle und Lebensbejahung korrespondiert in Martin du Gards Werk mit der Einsamkeit und Kommunikationsarmut seiner Helden. Der Gedanke an den Tod ist stets präsent, angefangen bei einem verendenden Pferd, das Jacques und Daniel auf ihrer Flucht nach Toulon sehen, bis hin zu Antoines qualvollem Sterben. Der Wunsch, das eigene Sein in der Existenz des anderen zu verlängern, »sich zu überleben«, wird Antoine als Motivation seines ganzen früheren Handelns bewusst; auch sein Tagebuch ist ein solcher Versuch. Standhafte Ablehnung metaphysischer Glaubenssätze und die ruhige Vorstellung vom Tod als Zurücknahme des Individuums in die Materie (»Ich – ein unendlich kleines und uninteressantes Materieteilchen«) kennzeichnen Antoines letzte Lebenstage genauso wie ein unablässiges Aufbegehren gegen diese Situation. Der vermeintlichen Sinnlosigkeit des menschlichen Lebens aber steht der Glaube an die Zukunft entgegen, das Bewusstsein von der Kontinuität und dem Fortschritt der Spezies, die das Individuum überdauern.

In den beiden späteren Bänden zeichnet sich eine künstlerische Neukonzeption des Werks ab, die sowohl zur Umwertung der Personen führt als auch zum Umbau der Familienchronik in einen Zeitroman vor dem Hintergrund der Kriegsproblematik. Diese Zyklusteile sind mit politischen Gesprächen und Ereignissen aller Art angereichert, den sozialistischen Diskussionen der Schweizer Revolutionäre, dem Kulissengeflüster eines französischen Diplomaten, Demonstrationen und Kundgebungen in Berlin, Paris und Brüssel. So zieht *L'été 1914* den Leser in die überhitzte Atmosphäre der Wochen vor und nach Kriegsausbruch. *Epilogue* schließlich versucht, Bilanz zu ziehen und stellt ein abschließendes Plädoyer des Autors für die Wiederbelebung humanistischer Traditionen dar.

■ Lit.: H. Kim: L'art de la déscription dans ›Les Thibault‹ de R. M. du G., 1991. ■ I. Pak: Rapprochement comparatif de deux romans familiaux français et coréens, 1995. *Erika Höhnisch / KLL*

Jean-Michel **Maulpoix**

■ geb. 11.11.1952 Montbéliard (Frankreich)

Literaturwissenschaftliches Studium; Veröffentlichungen zu René ↗ Char, Henri ↗ Michaux und Jacques ↗ Réda sowie zahlreiche kritisch-essayistische Schriften; ab 1978 regelmäßige Publikation von Gedichtbänden; im Zuge der französischen Lyrik-Diskussion der 1980er und 1990er Jahre Theoretiker des ›lyrisme‹ (Lyrismus); seit 1995 Direktor der Literaturzeitschrift *Le Nouveau Receuil*; Dozent für moderne und zeitgenössische Poesie an der Université Paris X – Nanterre.

Une histoire de bleu

(frz.; *Eine Geschichte vom Blau*, 2009, M. Millischer) – Das im lyrischen Werk des Autors – der zugleich einer der führenden Essayisten und Literaturtheortiker Frankreichs ist – dominierende Erkunden von Grundfragen des menschlichen Daseins setzt sich in dem 1992 publizierten Prosagedichtzyklus fort.

Ähnlich wie in den Gedichtbänden *Les abeilles de l'invisible*, 1990 (Die Bienen des Unsichtbaren), und *Portraits d'un éphémère*, 1990 (Portraits eines Vergänglichen), entfalten sich aus den Leitmotiven Himmel und Meer Reflexionen über existentielle Erfahrungsbereiche an der Grenze des real Sicht- und eindeutig Sagbaren: »Wir hören in uns den unerschöpflichen Gesang des Meeres aufsteigen, in unsere Köpfe strömen und sich wieder zurückziehen, wie das ständige Kommen und Gehen unserer seltsamen Sehnsucht nach dem Himmel und nach der Liebe und nach allem, was wir niemals mit Händen greifen können.«

Dieser im Werk mehrfach evozierten metaphorischen Wellenbewegung (»Der regelmäßige Fluss und Rückfluss des Herzens wird erforscht«) entspricht auf struktureller Ebene der streng symmetrische Aufbau des Zyklus in neun Gruppen zu jeweils neun Prosagedichten: In steigender Intensität, erzeugt durch den Rhythmus sowie den Wechsel von hypo- zu parataktischen Satzkonstruktionen und -fragmenten, bereiten die ersten vier Gruppen das zentrale Kapitel »Le grand pavois« (»Flaggengala«) vor, das einzige mit Texten in freien Versen sowie ohne Interpunktion; die rückwärtige Bewegung erfolgt in den letzten vier Gruppen, in denen neben den stetig umkreisten Themenkomplexen Liebe und Tod, Sehnsucht und Erinnerung, Identität und Alterität auch die existentielle Relevanz der Sprache und die Bedeutung der Poesie selbst in den Vordergrund treten. Wie auch in anderen lyrischen Werken des Autors ist das wahrnehmende Subjekt zugleich ein schreibendes, das sich im Dichtungsakt seiner selbst versichert: »Mit den Dingen, mit den Tagen bilde ich Sätze. Ein Papiermensch bin ich. Durch das Werken im Unendlichen bin ich, so scheint mir, mit meiner Endlichkeit etwas besser vertraut.«

Als abstrakte Wahrnehmungsgröße sowie poetischer Schlüsselbegriff fungiert die titelgebende Farbe Blau: Gleichsam als Antwort auf das dem Werk als Motto vorangestellte Zitat aus Rilkes *Briefe über Cézanne* (postum 1952) wird über ein selbstreflexives Spiel aus intertextuellen Andeutungen eine ganze ikonologische, farbpsychologische und wahrnehmungsästhetische Tradition aufgerufen, aus der heraus das Blau – neben Referenzen auf die Blau-Symbolik der Romantiker oder auf das ›Azul‹ ↗ Mallarmés – als »Farbe des Blicks, des Inneren von Seele und Denken«, als »ein besonderes Klingen der Luft«, als Chiffre des »ins Unendliche verflüchtigten« schlechthin erscheint. Aus dieser Vielfalt der Stimmen resultiert jedoch zugleich die Suche nach dem Ungesagten, das die Kette von Stereotypen in »einer unerhörten Art Gedicht« aufheben soll: »So viele reiche Reime und hinkende Verse [...]. Bis zum Überdruss wurde das Blau schon abgenutzt.«

Eng verwoben mit seinem kritisch-essayistischen Werk, spiegelt sich hier die Dichtungskonzeption des Autors, der sich in der französischen Debatte um eine Neufundierung des Lyrikverständnisses seit den 1980er Jahren als Theoretiker des ›lyrisme‹ (Lyrismus) einen Namen gemacht hat. Unter dem vagen und vieldiskutierten Begriff ›Lyrismus‹, als dessen poetisches Hauptwerk *Une histoire de bleu* denn auch gilt, versteht Maulpoix ebenso einen Geisteszustand wie eine Schreibpraxis, die den »anderen Bereichen« jenseits des real Erfahrbaren »eine Stimme verleihen« soll (*Du lyrisme*, 2000, Vom Lyrismus). Die mit dieser postuliert zelebratorischen »Reformulierung der Frage der Identität« verbundene Problematik der Darstellbarkeit verlagert sich dabei in eine kontinuierliche Neuformulierung, Auswertung und Umstrukturierung jener motivgeschichtlich hochdeterminierten Begriffe und Gemeinplätze, »die das Subjekt mit sich herumschleppt«; neben den Begriffen Himmel, Meer, Tod und Liebe beruft sich Maulpoix in seiner theoretischen Schrift *Du lyrisme* auch auf die zentrale Rolle der Farbe Blau: »Beim Schreiben ist *Liebe* ein appellierendes Wort. *Blau*, die Farbe dieses Appels. *Lyrismus*, das Wort, das diesen Appel bezeichnet.«

■ Lit.: M. Collot: Lyrisme et réalité, in: Littérature. Revue trimestrielle 110, 1998, 13–21. ■ S. Druet: J.-M. M. dans le domaine public de la poésie. Une nouvelle quête d'impersonnalité, in: Contemporary French Poetics, Hg. M. Bishop/C. Elson, 2002, 113–124. ■ U. Schneider: Dichtungspraxis im Zeichen des ›lyrisme‹. J.-M. M.s Antwort auf die ›Krise der Poesie‹ im ausgehenden 20. Jahrhundert, in: Sprachen der Lyrik, Hg. K. W. Hempfer, 2008, 429–449.

Volker Schneider

Guy de **Maupassant**

■ geb. 5. 8. 1850 Schloss Miromesnil/Seine-Inférieure (Frankreich)
■ gest. 7. 7. 1893 Passy bei Paris (Frankreich)

(d. i. Henry René Albert Guy de Maupassant) – 1869 Jurastudium, 1870 Abbruch des Studiums wegen Teilnahme am Krieg gegen Preußen; ab 1871 in Paris als kleiner Beamter im Marine-, später im Kultusministerium; infizierte sich mit Syphilis; literarische Versuche unter Anleitung von Gustave Flaubert; ab 1876 Verschlechterung des Gesundheitszustands; 1880 mit der Novelle *Boule de suif (Fettklößchen)* Durchbruch als Schriftsteller; 1890 Selbstmordversuch, Tod in geistiger Umnachtung; Meister des französischen Realismus (Romane, Erzählungen), Vollender der phantastischen Novelle.

■ Ausg.: Œuvres de G. de M., 6 Bde, 1987 ff.
■ Übers.: Gesammelte Werke, 10 Bde, 1964.
■ Lit.: P. Bayard: M., juste avant Freud, 1994. ■ N. Satiat: M., 2003. ■ M. Johnston: G. de M., 2012.

Die realistischen Novellen

(frz.) – Maupassant hat zwischen 1880 und 1893 rund 300 Novellen verfasst, die zu Lebzeiten in 15 Sammlungen – teils nach vorheriger Publikation in Zeitschriften – erschienen: *La maison Tellier* (1881), *Mademoiselle Fifi* (1883), *Contes de la bécasse* (1883), *Yvette* (1884), *Les sœurs Rondoli* (1884), *Miss Harriett* (1884), *Monsieur Parent* (1884), *Contes du jour et de la nuit* (1885), *La petite Roque* (1886), *Le Horla* (1887), *Le rosier de Madame Husson* (1888), *La main gauche* (1889), *L'inutile beauté* (1890) und *Qui sait?* (1890).

Der überwiegende Teil dieser Geschichten ist einer realistischen Tradition verpflichtet; zugleich hat Maupassant die Gattung der Novelle zur Vollendung gebracht, die in Frankreich bis dahin nicht im gleichen Maße heimisch war wie der große bürgerliche Roman. Anders als in den narrativen Summen Balzacs und Zolas begleiten diese oft nur wenige Seiten umfassenden Momentaufnahmen in kritischer Weise die Entwicklung des französischen Bürgertums im späten 19. Jh.: Nahezu alle Berufe und Gesellschaftsschichten werden in den Erzählungen in jener unparteilichen Kälte ins Visier genommen, die seit Flaubert als ›impassibilité‹ das Ideal realistischer Autoren war: »Was man auch sagen will, es gibt nur ein Wort, es auszudrücken, nur ein Verb, es zu beseelen, und nur ein Adjektiv, es zu qualifizieren.« Vielleicht: Charakteristisch für Maupassants erzählerische Behandlung dieses fiktiven Kosmos ist die besondere Art der novellistischen Zuspitzung. Die überraschende Wendung gründet in einem psychologischen Realismus, der die Begriffe von Oberfläche und Tiefe dergestalt aufgreift, dass das erzählte ›vordergründige‹ Geschehen über erzählerisch ausgelotete innere Motivation vorbereitet wird. Stets lässt sich der Ausgang der Handlung im Nachhinein aus dem Charakter der sorgsam gezeichneten Protagonisten ableiten.

Maupassants erste – und nach wie vor die bekannteste – Novelle, *Boule de suif (Fettklößchen)*, erschien 1880 in dem von Zola als Exempel der naturalistischen Poetik gedachten Sammelband *Les soirées de Médan*. Die Erzählung über das Schicksal der Prostituierten »Boule de suif« machte den Autor über Nacht bekannt. Bereits hier zeigt sich sein im novellistischen Schaffen künftig zentrales Interesse an der Verknüpfung eines erotischen Aspekts mit der Kritik bourgeoiser Normen. Im preußisch-französischen Krieg reist das Freudenmädchen Adrienne Legay, genannt »Boule de suif«, gemeinsam mit honorablen Bürgersfrauen durch Ostfrankreich, bis ein preußischer Offizier die Reisegruppe zwingt, in einer Kaschemme abzusteigen mit der Maßgabe, die Weiterreise erst zu erlauben, wenn Adrienne sich ihm hingibt. Von den Mitreisenden überredet, verbringt sie die Nacht mit dem Offizier. Zwar kann die Gruppe am folgenden Tag weiterreisen, Adrienne indes wird fortan von den Reisenden geschnitten.

Dass eine derartige Verwertung des ›Aufstiegs‹ einer Randexistenz zur Märtyrerin kein singulärer Fall in Maupassants Schaffen ist, entspricht einer antibourgeoisen Normagitation, die sich u. a. auch in der Titelgeschichte der Sammlung *Mademoiselle Fifi*, 1882 *(Mamsell Fifi)*, äußert, wo wieder eine Prostituierte im Ambiente des Krieges von 1870 zur patriotischen Heldin stilisiert wird.

Auch die Titelgeschichte des ersten selbständigen Novellenbandes, *La Maison Tellier*, 1881 *(Das Haus Tellier)*, thematisiert das erotische Ambiente am Rande der Bourgeoisie. Das Haus Tellier ist ein Bordell im normannischen Fécamp, in dem sich die angesehensten Männer versammeln. Exemplarisch zeigt Maupassant am Ausflug der Bordellchefin zur Erstkommunion ihrer Nichte die chiastische Struktur von moralischer Ordnung in der Halbwelt und ihrem Gegenteil in der bürgerlichen Sphäre.

Auch die meisten Geschichten des Sammelbandes, dem die phantastische Erzählung »Le Horla« (»Der Horla«) den Titel gab, pointieren erotische Fälle – zumeist Ehebruch –, die eine überraschende Wendung nehmen. »Le signe« (»Das Zeichen«) behandelt die Camouflage einer Bürgersfrau, der es gelingt, wie eine Prostituierte Männer anzulocken. In »Sauvé« (»Gerettet«) arrangiert eine betrogene Ehefrau eine Situation, in der sie den Ehemann in flagranti ertappt, um so die Scheidung zu erzwingen. In »Joseph« übertrumpfen sich zwei angetrunkene Aristokratinnen in den Berichten ihrer Seitensprünge, vorzugsweise mit Niedriggestellten.

Eine andere Gruppe von Erzählungen behandelt das zentrale Moment der Kritik bürgerlicher Verhaltensweisen aus dem juristisch-kriminalistischen Blickwinkel. Die 1884 erstmals in *Le Gaulois* erschienene Geschichte »Le baptême« (»Die Taufe«) handelt von einer Kindstaufe in der Bretagne, bei der der Täufling jämmerlich erfriert, weil sich die Taufgäste haltlos betrinken und so das Kleinkind ›vergessen‹. Die junge Mutter, die im Eis zu ertrinken droht, soll mit Brennspiritus wiederbelebt werden, woran sie zugrunde geht. Subtil hat Maupassant die zur Peripetie führende Funktion des Alkoholismus bereits in der Rahmenhandlung der Geschichte thematisiert, die ausdrücklich auf *L'assommoir (Der Totschläger)*, Zolas Romanstudie über den Alkoholismus, anspielt.

Mit nicht minder unbarmherzigem Blick beobachtet Maupassant in anderen Erzählungen das Anspruchsdenken der Spießer, so in »Mon oncle Jules« (»Mein Onkel Jules«, in *Miss Harriet*, 1884), wo der Protagonist sich seinem zum Austernverkäufer herabgesunkenen Onkel Jules aus Scham nicht zu erkennen gibt: War Jules ursprünglich der Hoffnungsträger der Familie, da er nach Amerika gegangen war, um sein Glück zu machen, so wendet sich die Aggression der bürgerlichen Selbstgefälligkeit gegen den ›Halunken‹, der als Versager nach Frankreich zurückzukehren wagte.

Das bürgerliche Geltungsbedürfnis kritisiert auch »Le trou« (»Das Loch«, in *Le Horla*, 1887). Hier wird in einer Gerichtsverhandlung der Hergang eines tödlichen Unfalls rekonstruiert, der aus der Rivalität zweier Angler und ihrer Ehefrauen entstand. Anlass eines Streits mit unbeabsichtigt tödlichem Ausgang ist ein typischer ›fait divers‹, die Eifersüchtelei um den angestammten Uferplatz eines Hobbyanglers.

In vielen Novellen Maupassants herrscht insofern eine bittere Einsicht in die fatalistische Unwandelbarkeit seiner Figuren, die der Autor selbst formulierte: »Ich sehe nur Farcenhaftes und Trauriges; und die Menschen sind dumm, dumm, dumm.«

■ Lit.: J. Lecarme: M. Miroir de la nouvelle, 1988. ■ M. MacNamara: Style and Vision in M.'s Nouvelles, 1986. ■ S. Weipert: Die Novellen M.s, 1989. ■ C. J. Stivale: The Art of Rupture, 1994. ■ M. L. Poteau-Tralie: Voices of Authority, 1994. *Gerhard Wild*

Une vie

(frz.; *Ein Leben*, 1981, H. Kauders) – Im Mittelpunkt des 1883 erschienenen Romans steht Jeanne, das einzige Kind eines liberalen Landadligen aus der Normandie. 1819 kehrt sie aus dem Pensionat nach Hause zurück und heiratet, jung und unerfahren, ihren ersten Verehrer, den mittellosen Edelmann Julien de Lamare. Auf das Glück der Hochzeitsreise folgen bald Einsamkeit und Enttäuschung. Bittere Erfahrungen, Leid und Verzicht bestimmen fortan Jeannes Leben, ohne jedoch ihr der Liebe und der Natur zugewandtes Wesen zu zerstören. Zu spät erkennt sie ihren Mann als rücksichtslosen Egoisten. Die Entdeckung seiner Beziehung mit ihrer Hausangestellten Rosalie trifft sie zutiefst.

Neuen Sinn gewinnt ihr Leben durch die Geburt ihres Sohnes Paul, dem von nun an all ihre Liebe gehört. Nach dem Tod ihres Mannes – Julien verunglückt tödlich mit einer weiteren Geliebten, der Baronin eines benachbarten Guts – und ihres Vaters verliert Jeanne Vermögen und Landsitz, sie verarmt und vereinsamt. Trotzdem unterstützt sie ihren Sohn nach Möglichkeit, obwohl er sich früh ihrer Fürsorge entzieht und eigene Wege geht. Jeannes einziger Trost ist Rosalie, die schuldbewusst zu ihrer Herrin zurückgekehrt ist. Gemeinsam widmen sich die beiden Frauen der Erziehung von Pauls Tochter, deren Mutter gestorben ist.

Une vie ist ein Zeit- und Gesellschaftsroman mit autobiographischen Zügen. Vor dem Hintergrund seiner eigenen Familie, Heimat und Zeit entwirft Maupassant das Porträt einer gewöhnlich-ungewöhnlichen Frau: Jeanne erfährt und erträgt ihr Leben ohne Sentimentalität und Selbstmitleid. Der Autor verhält sich zurückhaltend: Absicht und Plan des Ganzen bleiben verborgen, nichts wird verfremdet, gedeutet oder symbolisiert. Dennoch sind die Geschehnisse keineswegs kunstlos wiedergegeben. Zahlreiche Beschreibungen, wie sie in Maupassants Novellen selten sind, dienen der erhellenden Charakterisierung von Personen und Vorgängen. Gerade diese Details sind immer wieder mit malerischen Techniken verglichen worden. In der Darstellung verfährt Maupassant ebenso wie sein Lehrer Flaubert. Beide lehnen Moralisieren und Psychologisieren ab. Die Suche nach Gründen und Ursachen scheint bedeutungslos angesichts von Fakten. Indem er sich an die Chronologie der Ereignisse hält, beschreibt und registriert Maupassant, was sinnlich erfahrbar ist, vor allem das, was er sieht und beobachtet; auf eine kommentierende Analyse wird verzichtet. Wie Stendhal wollte Maupassant nur ›die Wahrheit‹ beschreiben.

■ Lit.: J. u. V. Ehrsam: ›Une vie‹ de M., 1986.

Hildegard Müller / KLL

Bel Ami

(frz.; *Bel Ami*, 1964, G. Goyert) – Der 1885 erschienene Roman um einen Verführer, dessen Spitzname »Bel Ami« sprichwörtlich geworden ist, hat den literarischen Weltruhm des Autor begründet.

Die Handlung spielt im Milieu von Presse und Politik. Erzählt wird die Geschichte des erfolgreichen Journalisten George Duroy, »das Leben eines Abenteurers, der all denen ähnlich ist, die wir täglich in Paris treffen und denen man in allen Berufen begegnet«. Vom Typus des Don Juan unterscheidet sich Bel Ami vor allem dadurch, dass er als ›verbürgerlichter‹ Schürzenjäger erotische Abenteuer als notwendige Stufen auf seiner Karriereleiter ansieht. Er steht noch auf der untersten Sprosse, als er durch Vermittlung seines alten Freundes Forestier einen Journalistenposten bei der »Vie Française« annimmt. Bedenkenlos setzt er nun Charme und Instinkt ein, um an die Schalthebel des Machtinstruments Presse zu gelangen. Chef seiner Zeitung ist der südfranzösische Jude Walter, der das Blatt zur Unterstützung seiner Börsenspekulationen und anderer Geschäfte benutzt. Duroy wird nach dem Tod seines Freundes Forestier politischer Leitartikler und heiratet dessen schöne und kluge Witwe Madeleine. Er betrügt sie und wird von ihr betrogen: Er ertappt sie in flagranti mit dem Außenminister, was zu dessen Sturz und der Scheidung seiner eigenen Ehe führt. Wohlüberlegt entführt Duroy Walters verwöhnte junge Tochter und sichert sie sich dadurch mit ihrem unschätzbaren Erbe als Ehefrau. Für Walter entwickelt er sich zu einem immer brauchbareren Mann und wird daher als Schwiegersohn nicht ungern akzeptiert: »Der Mann hat Zukunft. Er wird Abgeordneter und Minister werden.« Das erscheint ihm als das begehrenswerteste Glück in seiner Welt der zweideutigen Spekulationen.

Im anonymen Getriebe von Paris entfaltet Bel Ami seine kriminellen Fähigkeiten. Erotische Abenteuer markieren dabei seinen unaufhaltsamen Aufstieg. Es wäre falsch, den Roman als Angriff auf die Pariser Presse deuten zu wollen, wie es bei seinem Erscheinen geschehen ist, oder ihn nur als eine Sammlung einprägsamer Liebesabenteuer anzusehen, wie es Generationen seither taten. Für Duroy sind die Zeitung und seine Affären lediglich Mittel auf dem Weg zu Macht, Erfolg und Reichtum. In der radikalen Kritik der journalistischen Praxis und ihrer Verflechtung mit dem korrupten Staatsapparat hat Maupassant zugleich ein brisantes Bild nicht nur von den politischen Zuständen seiner eigenen Epoche gezeichnet. Er entlarvt den Patriotismus als scheinheilige Maske und zeigt, wie hohle Phrasen von Journalisten und Politikern zur furchtbaren Waffe im Kampf um die Macht werden.

Aus Gründen der besseren Analyse hat er seinen »Schurken« in »einem ihm würdigen Milieu entwickelt« – ein Hinweis auf die Struktur eines Romans, in dessen Mittelpunkt der einzelne Mensch als bestimmter Typ mit individuellen Zügen vor dem Relief des ihm eigentümlichen sozialen Hintergrundes klar konturiert wird. Es handelt sich um den Typus des Karrieremenschen, der keineswegs auf die französische Literatur beschränkt bleibt. Zumal in der Literatur des 20. Jh.s wird Bel Ami zum Archetyp des glatten und skrupellosen Parvenus. Der kühl-distanzierte Erzähler vergleicht ihn mit den Schurken aus dem Feuilletonroman. Zugleich ist er aber ein repräsentativer Vertreter der korrupten Gesellschaft der dritten Republik, die Maupassant scharfsichtig durchschaut. Wie bei Flauberts *Éducation sentimentale* (1870) handelt es sich um die Geschichte eines jungen Mannes und seiner Ambitionen. Das im Stil einer strengen, sorgfältigen Beobachtung vorgetragene pessimistische Sittenbild wird durch den leicht hingeworfenen Witz und die zündende Ironie seiner ungewöhnlichen, ja paradoxen Wortspiele so aufgelockert, dass die Handlung in eine ironische Heiterkeit getaucht erscheint.

▪ Lit.: C. Lloyd: M. ›Bel-Ami‹, 1988. *Ingrid Peter / KLL*

Mont-Oriol

(frz.; *Mont-Oriol*, 1964, W. Widmer) – Der 1886/87 in zwei Teilen in *Le Gil Blas* erschienene Roman, der dritte des Autors, ist als »eine sehr exaltierte, sehr glühende und sehr poetische Liebesgeschichte« konzipiert und sollte sich von der zeitkritischen Tendenz des vorangegangenen *Bel Ami* (1885) deutlich abheben. Doch trat auch in der Geschichte eines auvergnatischen Heil- und Modebades schnell der gesellschafts- und zeitkritische Ansatz in den Vordergrund. In seiner Novelle *Tristan* (1903) griff T. Mann auf Motive und Figurenkonstellationen aus *Mont-Oriol* zurück.

Der jüdische Geschäftsmann und Großkapitalist William Andermatt, dessen junge, bisher kinderlose Frau Christiane, Tochter eines Marquis, sich in dem kleinen Thermalbad Enval zur Kur aufhält, wird Zeuge der zufälligen Freilegung einer neuen, ergiebigeren Quelle auf dem Weinberg des Großbauern Oriol und fasst den kühnen Entschluss, den Fund zur Grundlage eines kommerziellen Riesenunternehmens zu machen: der Errichtung des modernen, luxuriös ausgestatteten Badezentrums »Mont Oriol«, das die alte, längst vom Konkurs bedrohte Bädergesellschaft verdrängen soll.

Während er mit unermüdlicher Tatkraft und geschäftlichem Instinkt seinen Plan verfolgt, entwickelt Christiane eine romantisch-schwärmerische Liebe zu dem reichen, exzentrischen Paul Brétigny, einem Freund ihres leichtfertigen, verschuldeten Bruders Gontran. Auf Spazierfahrten vertieft sich die jäh und stürmisch aufgeflammte Leidenschaft, die die von ihrem Mann vernachlässigte Frau eine ihr bisher unbekannte Sehnsucht und Liebesfähigkeit erleben lässt. Als zu Beginn der nächsten Saison die neuen Anlagen und Gebäude festlich eingeweiht werden, erwartet Christiane von Paul ein Kind. Der ahnungslose Andermatt führt sein vermeintliches Vaterglück auf die günstige Wirkung der Bäder zurück. Brétignys poetisch überspanntes Gefühl aber, das in der Schwangerschaft der Geliebten eine Entstellung ihrer Schönheit erblickt, erkaltet rasch. Mehr dem Zwang der Ereignisse gehorchend als aus Berechnung heiratet er eine der beiden Töchter Oriols. Zutiefst enttäuscht bringt Christiane ihr Kind zur Welt: Bei einer letzten Aussprache mit Paul entzieht sie es eifersüchtig seinem Blick.

Mit dieser Haupthandlung verflochten ist eine Reihe von locker verknüpften Episoden, die stark satirische Züge tragen. Ein komisches Begleitmoment des Aufstiegs von Mont-Oriol zum mondänen Badeort sind die Berufspraktiken der verschiedenen Kurärzte, deren Scharlatanerie mit Molière'scher Bissigkeit gezeichnet wird; hierher gehört auch eine burleske ›Wunderheilung‹, die an dem ›lahmen‹ Vater Clovis, einem simulierenden Obdachlosen, zum Beweis der Heilwirkung des Wassers vorgenommen wird. Im Einklang mit der naturalistischen Forderung nach Lebenswahrheit vermeidet Maupassant jede Überzeichnung der zeittypischen Gestalten. *Mont-Oriol* wird von einem zweifachen Plan bestimmt, der aus dem Gegensatz zweier ideologischer Konzepte herrührt: Die bereits aus *Bel Ami* bekannte Welt der Politik, der Hochfinanz und der Wirtschaft geht eine konfliktreiche Beziehung mit der Welt der

Kreatürlichkeit, des Lebens und dem Geborenwerden ein.

Für Maupassants Blick auf die erzählte Welt ist die Aufbruchsstimmung der französischen Gründerjahre prägend, einer Ära der hemmungslosen Boden- und Börsenspekulation. In diesem kritischen Zeitbild treten Hochfinanz, Großbauerntum und Adel – wie in Zolas *Rougon-Macquart*-Zyklus – zu einer gesellschaftsfeindlichen Allianz zusammen. Wissenschaft spielt in Gestalt der hochstaplerischen Ärzte und des wirklich fähigen Geologen Aubry-Pasteur nur eine zweitrangige Rolle. Die Genauigkeit in der soziologischen Gruppierung der Romangestalten, die bewusste Häufung und detaillierte Beschreibung kommerzieller Handlungsmotivationen entspricht einer dichterischen Perspektive, die das Verhalten des Individuums aus seinen gesellschaftlichen Voraussetzungen deutet.

Kennzeichnend für die Komposition ist die Verflechtung der privaten und öffentlichen Sphäre in der Parallelführung von Liebesgeschichte und geschäftlichem Projekt. Mit bitterer Ironie werden beide Bereiche verbunden, wenn der betrogene Andermatt stolz von seinen Quellen sagt: »Ich selbst durfte ihre Wirkung an jemand erfahren, der mir sehr nahesteht, und wenn mein Geschlecht nicht erlischt, so verdanke ich das Mont-Oriol.« Beides, die nüchterne Geschäftswelt Andermatts und der überschwängliche, aber gefühlsleere Ästhetizismus des Dandys Paul, ist Gegenstand der Satire. Hier wie dort gibt es unmenschliche Verirrungen und Verabsolutierungen, deren Opfer eine wirklich menschliche, liebende Frau wird. Im Leid ihrer Verlassenheit enthüllt sich das Elend der hilflosen und schwachen Kreatur; Christianes Erfahrung der Einsamkeit ist elementar: »Sie begriff, daß alle Menschen nebeneinander durch die Ereignisse gehen, ohne daß zwei Leben jemals wirklich eins werden. [...] Sie ahnte die ohnmächtige, unaufhörliche Anstrengung der Menschen seit den ersten Tagen der Welt, die unermüdliche Anstrengung, die Hülle zu zerreißen.«

▪ Lit.: A. Abbaouy-Fahem: La relation espace-personnages dans les romans de G. de M., 1998. *Richard Mellein / KLL*

Pierre et Jean

(frz.; *Die Brüder*, 1983, E. Weiss) – Im Zentrum dieses 1887/88 in *La Nouvelle Revue* erschienenen Romans, der in der französischen Provinz spielt, stehen die beiden Titelfiguren – Pierre Roland, der dunkle, hagere, nervöse und verschlossene »Doktor«, und sein um fünf Jahre jüngerer Bruder Jean, der gleichzeitig mit dem Bruder ein Jurastudium abgeschlossen hatte.

Beide halten sich vorübergehend bei den Eltern auf, die ihren Lebensabend im Kreis pensionierter Kapitäne und ausgedienter Matrosen verbringen. Nach einer Angelausfahrt erreicht sie eines Abends eine notarielle Mitteilung: Léon Maréchal, ein fast vergessener Freund der Familie, ist gestorben und hat Jean als Erben seines beträchtlichen Vermögens eingesetzt. Ein ungeheuerlicher Verdacht steigt in dem zurückgesetzten Bruder auf. Alles weist darauf hin, dass Maréchal der langjährige Liebhaber der Mutter und der wahre Vater des so ganz anders gearteten Jean war. Vergebens kämpft Pierre gegen die Befürchtung an, die sich immer hartnäckiger in ihm festsetzt. Verbissen und selbstquälerisch stellt er Nachforschungen an, die seinen Argwohn bestätigen. Die Konfrontation mit der Mutter, die seinen Verdacht längst ahnt, bleibt zwar aus, doch nach einer heftigen Auseinandersetzung der beiden Brüder gesteht sie Jean den Ehebruch ein. Sein optimistisches Naturell erleichtert es dem Jüngeren, über die fatalen Begleitumstände der Erbschaft hinwegzukommen und sich über die materiellen Vorteile zu freuen. Als Jean die repräsentative Wohnung bezieht, in der Pierre seine zukünftige Praxis einrichten wollte, und auch die 23-jährige Kapitänswitwe Rosémilly für sich gewinnen kann, an der beide Interesse hatten, fasst Pierre der Entschluss, für mehrere Jahre als Schiffsarzt auf See zu gehen. Vater Roland, ganz von seiner Angelleidenschaft und einem fanatischen Seefahrtskult in Anspruch genommen, hat keine Ahnung von den Hintergründen und unterstützt diesen Plan begeistert.

Als einziger Roman Maupassants spielt *Pierre et Jean* nicht in der gehobenen Pariser Gesellschaft. In der Nachfolge von Balzacs Skizzen aus dem Sittenleben der Provinz zeichnet er das normannische Kleinstadtmilieu nach. Die doppelsträngige Handlungsstruktur resultiert aus einer für den Autor typischen Antinomie: Die beiden Brüder repräsentieren die Polarität von romantischer und realistischer Welthaltung. Der sterilübersteigerten, von einem leeren Ideal genährten Liebe Pierres zu seiner Mutter, die in Wirklichkeit nichts als eine »etwas zur Sentimentalität neigende, spießbürgerliche Hausfrau mit der zärtlichen Seele einer Kassiererin« ist, steht Jeans instinktiv-zärtliche Mutterliebe gegenüber. Das Werk bezeichnet in Maupassants Romanschaffen den Schnittpunkt von Sittenroman und psychologischem Roman. Die Analyse der Charaktere, vor allem des ›komplizierten‹, skeptischen älteren Sohnes, orientiert sich an der realistischen Forderung nach Objektivität. So konzentriert sich der Erzähler auch ausschließlich auf die Beschreibung ihres Charakters, während die im Realismus so typischen Details und Interieurs zurücktreten. Seelische Vorgänge werden stets in äußeres Geschehen umgesetzt.

Als Vorwort wurde dem Roman die für das Verständnis Maupassants aufschlussreiche theoretische Abhandlung »Le roman« beigegeben, in der er die realistische Schule gegen die vorwiegend klassizistisch eingestellte Kritik in Schutz nimmt. Er distanziert sich aber auch – darin mehr Flaubert als Zola folgend – von orthodoxen realistischen Programmen, die letztlich den Unterschied zwischen künstlerischer Wirklichkeitsgestaltung und der Wirklichkeit selbst aufheben wollen.

▪ Lit.: R. Lethbridge: M. ›Pierre et Jean‹, 1985.

Richard Mellein / KLL

Fort comme la mort

(frz.; *Stark wie der Tod*, 1964, C. Hoeppener) – Hauptthema des 1889 erschienenen Romans ist die schmerzhafte Erfahrung des Alterns. Bertin, ein Künstler von hoher technischer Meisterschaft, hat sich unter dem Einfluss seiner verheirateten adeligen Geliebten Any de Guilleroy, der er sich auch nach zwölf Jahren noch eng verbunden fühlt, zu einem bekannten Gesellschaftsmaler der eleganten Welt entwickelt. Er ist dem Bedürfnis nach leichten Erfolgen allzu widerstandslos erlegen, ohne sich selbst im Alter von 50 Jahren über Wesen und Ziel seiner Kunst klar geworden zu sein: »Seit zwölf Jahren betonte sie [Any] seine Neigung zur distinguierten Kunst; bekämpfte seine Rückfälle in die einfache Wirklichkeit und drängte ihn durch ihre Ansichten von mondäner Eleganz zu einem etwas manierierten und künstlichen Ideal von Grazie.«

Das Problem dieses fragwürdigen und gebrochenen Künstlertums wird jedoch lediglich als Folie und Voraussetzung für die Tragödie des Alterns genutzt. Aus seinem beinahe glücklichen, an gesellschaftlichen Ehrungen reichen Dasein reißt Bertin die überraschende Ankunft der bei ihrer Großmutter erzogenen Tochter seiner Geliebten, der jungen Annette, die einem vor zwölf Jahren von ihm gemalten Porträt ihrer Mutter täuschend ähnlich sieht. Ohne dass er sich zunächst Rechenschaft darüber ablegt, gerät sein Empfinden für Vergangenheit und Gegenwart zusehends in Verwirrung. Mutter und Tochter verschmelzen im Bild der einen leidenschaftlich geliebten Frau seiner Jugend, die der Alternde nicht missen kann. Any begreift schneller als er, was in ihm vorgeht, und zwingt ihn, es zu erkennen, selbst bitter leidend. Bestürzt versucht er, seiner Leidenschaft Herr zu werden, doch gelingt ihm das nur äußerlich. Ein Gefühl unbestimmter Trauer über die Versäumnisse seiner Jugend, die Erkenntnis, dass er immer den mühelosen Erfolg gesucht hat, und ein immer deutlicheres Bewusstsein von der eigenen ›Sterilität‹ treiben ihn, sich an das Trugbild ewiger Jugend zu verlieren, an Eros, der stärker ist als Alter und Tod: »Ich gehöre ihr, wie ein brennendes Haus dem Feuer gehört.« Erst Bertins vermutlich selbst herbeigeführter Unfalltod beendet die ausweglose Qual: Ziellos durch die Straßen irrend, wird er von einem Omnibus erfasst und stirbt kurz darauf.

In Maupassants Werk nimmt der Roman eine Sonderstellung ein, weil er zahlreiche Themen vereint, die nicht dem Gesichtskreis des Realismus, sondern dem Umfeld der Dekadenzliteratur entstammen. Die Problematik des Künstlertums in einer alternden Welt und die Geschichtsresistenz der Werke gegenüber dem physischen Altern variiert Maupassant dabei auf originelle Weise. Erst O. Wildes *The Picture of Dorian Gray* (1891) setzte in diesem Problemkreis abermals neue Akzente. Das mondäne Milieu der Pariser Aristokraten und der gesellschaftlich arrivierten Künstler, in dem die Lebensäußerungen zu stilisierten Gebärden erstarren, veranlasste Maupassant, in seine Darstellung eine differenzierte Gesellschaftskritik mit zuweilen komischen Effekten einzuarbeiten. Er kritisiert dabei auch den Mystizismus, der am Ende des krisenreichen Jahrhunderts als bestimmendes literarisches Thema des Fin de Siècle von den Menschen Besitz ergriffen hatte. Gerade von diesem In-der-Schwebe-Belassen setzt sich der Autor jedoch ab: Der präzise, auf Genauigkeit und Prägnanz bedachte Stil verrät eine außerordentliche sprachliche Sorgfalt. Ungewöhnlich ist allerdings, dass die erzählenden Partien von oft gedanklich überfrachteten analytischen Einschüben unterbrochen werden.

▪ Lit.: C. A. Giacchetti: M. Espaces du roman, 1993.

Ingrid Peter / KLL

Notre cœur

(frz.; *Unser Herz*, 1956, W. Wilhelm) – Der 1890 in der *Revue des Deux Mondes* in drei Teilen erschienene Roman erzählt die Geschichte der schmerzlichen Liebe des kunstliebenden Privatiers Mariolle zu einer mondänen, geistvollen jungen Witwe, die in Paris einen namhaften Künstlerkreis um sich versammelt hat. Mariolle verkörpert den Typ des Junggesellen, dessen Arroganz gegenüber dem »schwachen Geschlecht« auf Schopenhauers Einfluss zurückverweist.

Ungern folgt Mariolle der Einladung in den Salon der umschwärmten Michèle de Burne, in die sich der skeptische und schüchterne Junggeselle jedoch bald leidenschaftlich verliebt. Die Warnung des Literaten Lamarthe, sich nicht über das kokette Wesen der Angebeteten zu täuschen, bewirkt nur eine vorübergehende Ernüchterung. In der Tat erweist sich Michèle als Idealtyp einer unwiderstehlichen Schönheit, die jedoch zu emotionaler Wärme unfähig ist. Während eines Landaufenthalts in der Normandie findet Mariolles Liebe zunächst Erfüllung. Die regelmäßigen Rendezvous in einem Pariser Vororthäuschen können seinem Glück jedoch nichts mehr hinzusetzen: Je mehr er die Geliebte besitzt, desto weniger kann er an ihre Liebe glauben. Als sie sich, an der eigenen Gefühlskälte leidend, seinen eifersüchtigen Forderungen zunehmend widersetzt, entschließt sich Mariolle, tief verwundet, endgültig zur Trennung.

In der Abgeschiedenheit des Waldes von Fontainebleau sucht er Vergessen und Heilung. Die selbstlose Liebe der treuen und hübschen Élisabeth beschert ihm eine Zeit idyllischen Glücks, bis die Sehnsucht nach der ›Anderen‹ wieder übermächtig wird. Er telegraphiert, und Michèle stattet ihm einen überraschenden Besuch ab. In einer klärenden Aussprache stellt sie fest: Die unwandelbare Anhänglichkeit und Zuneigung, die sie für Mariolle hege, seien zwar nicht die Liebe, wie er sie verstünde, doch immerhin »auch etwas wert«. Indem er ihrem Ruf nach Paris folgt, aber zugleich Élisabeth als Mätresse bei sich behält, resigniert er an der Wirklichkeit. Den Traum von einer Frau, die »die Liebe der einen und den Zauber der anderen« in sich vereint, hat er als Illusion erkannt.

Wie in *Fort comme la mort* (1889) ist eines der zentralen Motive des Romans die Ästhetik sowie der Einfluss, den die von der Kunst bestimmte Wirklichkeitssicht des Helden auf sein Seelenleben ausübt: Mariolle nimmt Michèle aus der Perspektive des Ästheten als lebendiges Kunstwerk wahr und verliebt sich so in sie. Zeittypisch wie das Thema selbst ist auch die Lösung dieses Konflikts in der Literatur des ausgehenden 19. Jh.s: Die Desillusionierung des Helden führt nicht zur zynischen Anpassung an eine Welt, die dem Skrupellosen Aufstiegschancen bietet, sondern endet in privater Resignation. Die Vergeblichkeit seiner mit einem unerfüllbaren Absolutheitsanspruch auftretenden Leidenschaft – kontrapunktisch gespiegelt in Élisabeths analogem Schicksal – lässt Mariolle die tiefe Vereinsamung des Individuums erfahren. Die »armseligen Erfüllungen« des Lebens, die das erwartete »Ganz« immer in das »Beinah« verkehren, lehren ihn die Grenzen erkennen, die dem menschlichen »Herzen« in seinen Sehnsüchten und Träumen gesetzt sind. Dennoch ist der Roman nicht frei von zeitkritischen Akzenten. Die Protagonistin repräsentiert eine Spielart des ›modernen‹ emanzipierten Frauentypus, der mit seiner geistigen und gesellschaftlichen Gewandtheit kokettiert. In polemischem Sinn verkörpert Michèle eine der zeittypischen ›Liebeskomödiantinnen‹ der höheren Gesellschaft.

In Bezug auf die Zeichnung der Nebenfiguren und Zeitumstände bleibt *Notre cœur* hinter anderen Romanen zurück, erweist sich allerdings hinsichtlich der psychologischen Durchdringung des Geschehens als singuläres Meisterwerk im Gesamtschaffen Maupassants.

▪ Lit.: L. A. Gregorio: M.'s Fiction and the Darwinian View of Life, 2005. *Richard Mellein / KLL*

François **Mauriac**

▪ geb. 11. 10. 1885 Bordeaux (Frankreich)
▪ gest. 1. 9. 1970 Paris (Frankreich)

Literaturstudium in Bordeaux, ab 1906 an der École des Chartes, Paris; 1912 Gründung der katholischen *Cahiers;* während der Okkupation Verfasser von Texten für die Résistance; 1945 Leitartikler von *Le Figaro*, Feuilletons für *L'Express*; bedeutender Romancier der katholischen Erneuerungsbewegung Frankreichs (›renouveau catholique‹); 1952 Nobelpreis für Literatur.

▪ Ausg.: Œuvres romanesques et théâtrales complètes, 5 Bde, 1979 ff. ▪ Œuvres autobiographiques, 1990.
▪ Lit.: V. Massenet: F. M., 2000.

Thérèse Desqueyroux

(frz.; *Die Tat der Thérèse Desqueyroux*, 1980, M. Dessauer) – Den Anstoß zu diesem 1927 erschienenen Roman gab die Erinnerung an eine »dürre Giftmischerin«, die Mauriac in einem Schwurgerichtssaal gesehen hatte. Das Interesse des Autors gilt dabei nicht dem Verbrechen als solchem; es gibt vielmehr Anlass zu Erörterungen über sein zentrales Thema, das »Elend des Menschen ohne Gott«.

Thérèse Desqueyroux hat versucht, ihren Mann Bernard zu vergiften. Der Roman beginnt mit ihrer Rückkehr zu ihm, nachdem der Prozess auf Betreiben der Familie, die einen Skandal vermeiden möchte, eingestellt wurde. Während der Zug sie Bernard immer näherbringt und sie sich bemüht, Worte der Rechtfertigung und Erklärung zu finden, zieht ihr bisheriges Leben an ihr vorbei. Um einen Platz in der Gesellschaft einnehmen zu können, war ihr Ziel eine frühe Ehe gewesen, und Bernard war die einzig passende Partie für die reiche Erbin. Es zeigte sich jedoch bald, dass zwischen der ironisch-klugen, leidenschaftlichen Thérèse und dem geistig-trägen, selbstzufriedenen Bernard keine Verständigung möglich war. Thérèses Abneigung gegen ihren Mann und die Familie, die sie zu einem leeren und freudlosen Dasein verdammten, nahm zu. Eines Abends nahm Bernard aus Versehen die doppelte Menge seiner arsenhaltigen Medizin, ohne dass Thérèse, die ihn beobachtete, dies verhinderte. Sie erhöhte vielmehr heimlich seine Dosis, bis ein herbeigerufener Spezialist die Ursache von Bernards schwerem Leiden erkannte und seine Frau als die Schuldige entlarvt wurde. Nach ihrer Rückkehr eröffnet Bernard ihr, dass sie auf Beschluss der Familie allein in ihrem Landhaus zurückbleiben soll. Nach ein paar Monaten der Einsamkeit lässt er sie frei. In Zukunft wird sie allein in Paris leben.

Mauriacs Hauptwerk besticht durch die eindringliche Analyse der menschlichen Natur und seine künstlerische Intensität. Der Aufbau des Romans gleicht dem unmittelbar vorangegangenen *Le désert de l'amour*, 1925 *(Die Einöde der Liebe)*. In beiden Fällen bildet das ›Herzstück‹ des Romans ein Bericht, dessen geraffte Erzähltechnik hohe dramatische Spannung erzeugt. In der Gestalt der Protagonistin, die Mauriac im Vorwort »ein noch verwerflicheres Geschöpf als meine anderen Helden« nennt, zeigt sich sein Bestreben, den Roman aus dem Bereich reiner Unterhaltung und formaler Kunstfertigkeit zu lösen. Nach Aussagen des Autors sollte der Roman Ausdrucksmittel einer »Metaphysik sein, die im Gegenständlichen abgehandelt wird«. So wird der Mordversuch, wenn nicht gerechtfertigt, so doch als Konsequenz des verzweifelten und aussichtslosen Bemühens erklärt, »die unermeßlich gefrorene Oberfläche, in der hier alle Seelen gefangen sind«, zu durchstoßen.

Mauriac nahm 1935 die Gestalt der Thérèse wieder auf. In dem Roman *La fin de la nuit (Das Ende der Nacht)* schildert er die Rückkehr zu ihrer Familie. Sie erscheint 1938 außerdem als Hauptfigur der beiden Novellen *Thérèse chez le docteur* (Therese beim Arzt) und *Thérèse à l'hôtel* (Therese im Hotel).

▪ Lit.: V. Anglard: F. M. ›Thérèse Desqueyroux‹, 1992.

Ingrid Scherf / KLL

Charles **Maurras**

▪ geb. 20.4.1868 Martigues (Frankreich)
▪ gest. 16.11.1952 Tours (Frankreich)

(Pseudo. Pierre Garnier, Octave Martin, Leon Rameau) – Soziologie- und Philosophiestudium in Paris; Journalist; Sekretär von Anatole ↗ France; 1890 Gründung der rechtsnationalen Action française mit Léon Daudet, Bainville, Lemaître und ↗ Bourget; 1940–1945 Unterstützung der Kollaborationsregierung; 1945–1948 Gefängnishaft; Erzähler, Lyriker und Literaturkritiker der nationalen Rechten in Frankreich.

▪ Ausg.: Œuvres capitales, 4 Bde, 1954 ff.
▪ Lit.: B. Goyet: C. M., 2000. ▪ G.-P. Wagner: C. M. en justice, 2003.

Les amants de Venise

(frz.; Die Liebenden von Venedig) – Der 1902 erschienenen literarhistorischen Prosastudie liegt ein biographisches Detail aus dem Leben des romantischen Dichters Alfred de ↗ Musset zugrunde: Dieser – ein frühreifes Genie – hatte nach einer Italienreise den Winter 1835 mit George ↗ Sand in Venedig verbracht, wo er schwer erkrankte, ohne bei seiner Geliebten das erwartete Verständnis zu finden. So kam es in Venedig zu einem Zerwürfnis, das Musset nie verwand und in *La confession d'un enfant du siècle* (1836) literarisch verarbeitete.

Maurras geht es weder um die Darstellung der Liebesaffäre noch um die ernsthafte Auseinandersetzung mit dem literarischen Wesen Musset. Vielmehr handelt es sich bei *Les amants de Venise* um ein Pamphlet, mit dem der Autor nach eigener Aussage »die Überreste der romantischen Krankheit ausmerzen« will. Maurras' heftige Aversion gegen die Romantik, die auch in seinem Erzählungsband *Le chemin du paradis*, 1895 (Der Weg ins Paradies), zum Ausdruck kommt, greift auf gängige Klischees der konservativen Romantikkritik des 19. Jh.s zurück: Das Romantische empfindet er als krankhaft, seine künstlerischen Produkte als Inbegriff des Chaos, geschaffen aus dem Bewusstsein einer seelischen Unordnung und der Freiheit der Leidenschaften. Die romantische Liebe suche im anderen nur das eigene Ich. Gerade in der Exaltiertheit der Gefühle liege die Hauptgefahr; und zwar im Übermächtigwerden des Individuums, das, frei von gesellschaftlichen und moralischen Schranken, ständig mit den althergebrachten Normen kollidiere und diese umzustürzen trachte. So musste die Beziehung zwischen Musset und Sand scheitern, weil sie die soziale Ordnung der Ehe negierte und zugleich den Bezug zur Gesellschaft verlor.

Das romantische Individuum zerrütte sich infolge seiner Neigung zur permanenten Selbstbespiegelung, ohne zu einem Fortschritt zu gelangen, der die Seele bereichere: »Indem sie sich Gelegenheit zur Liebe suchten, das Verlangen nach ihr wach halten und ihre Melancholie und Verzweiflung pflegen wollten, haben sie das Bild des antiken Gottes eher verhüllt als entflammt und eher erniedrigt als erhöht. Aber was bedeutet Liebe, die nur sich selbst sucht und in sich selbst ruht, anstatt sich zu fliehen? Ist das die Liebe?«

Maurras' Angriffe gegen das romantische Weltgefühl stehen in einer Traditionslinie mit der Verdammung der Moderne, wie sie zumal in den 1880er und 1890er Jahren verbreitet war. Die Basis bildet hierfür das von P. ↗ Bourget in seinen *Essais de psychologie contemporaine* (1884) von der zeitgenössischen Kultur entworfene Bild, wobei Bourget jedoch den Prozess des »Zerfalls« einer Gesellschaft subtiler und unpolemischer analysierte.

Bereits vor Maurras hatten sich andere pessimistische ›Kulturkritiker‹ – in Deutschland etwa Max Nordau, dessen Hauptwerk *Die Entartung* bereits 1893 ins Französische übersetzt wurde – mit Bourgets Thesen auseinandergesetzt. Wie Nordaus reaktionäre Uminterpretation der Moderne in Deutschland Ansatzpunkte für präfaschistische Ideen lieferte, so lässt sich an Maurras' weiterer geistiger Entwicklung die parallele Entstehung analoger Ideen im nationalfranzösischen Kontext aufzeigen. Maurras vertrat eine deutlich reaktionäre Position, wandte sich angesichts der Dreyfus-Affäre (1898) der Politik zu und polemisierte als Herausgeber der Zeitschrift *Action française* zugleich gegen das Judentum, gegen die Kirche und gegen die Überfremdung Frankreichs durch »Barbaren«. Mit dem Ziel einer nationalen Erneuerung gründete er mit Maurice ↗ Barrès die nationalkonservative Ligue de la Patrie Française, später die ultrarechte Action française. In seinen späteren schriftstellerischen Arbeiten setzte er konsequent die hier eingeschlagene Linie fort.

▪ Lit.: P. Boutang: M. La destinée et l'œuvre, 1993.

Sabine Wild

Catulle **Mendès**

▪ geb. 22.5.1841 Bordeaux (Frankreich)
▪ gest. 9.2.1909 Paris (Frankreich)

1861 Gründung der *Revue fantaisiste*, die ↗ Villiers, ↗ Baudelaire und ↗ Gautier propagierte; 1866, 1871 und 1876 Herausgabe des *Parnasse contemporain*; 1885–1886 Mitarbeiter der *Revue Wagnérienne*; Libretto zu Debussys unvollendeter Jugendoper *Rodrigue et Chimène*; Romane und Lyrik im Umkreis des Symbolismus; Chronist zeitgenössischer poetischer Strömungen (*Rapport sur les mouvement poétique français de 1867–1900*; Über die literarischen Richtungen in Frankreich 1867–1900).

▪ Lit.: J. F. Herlihy: C. M. Critique, dramatique et musical, 1936.

Le roi vierge

(frz.; Der jungfräuliche König) – Der 1881 erschienene Roman spiegelt den trotz aller Deutschlandfeindlichkeit außerordentlich starken Einfluss Richard Wagners auf die intellektuelle Szene Frankreichs im letzten Drittel des 19. Jh.s. Mendès – zusammen mit ↗ Mallarmé und J. Péladan ›Anführer‹ der französischen Wagnerianer – hatte sich durch seine rege publizistische Tätigkeit (*Richard Wagner*, 1886; *L'œuvre wagnérienne en France*, 1899; *Revue wagnérienne*, 1886/87) in besonderer Weise für Wagner engagiert. Im Zuge einer sich am Rande des offiziellen französischen kulturellen Lebens vollziehenden Auseinandersetzung mit seinem ›Abgott‹, begann das geistige Frankreich sich auch mit dessen weltanschaulichem Umfeld zu befassen. Dem Umstand, dass dabei nicht nur die Hauptwerke der romantischen Dichter Novalis und E. T. A. Hoffmann, sondern auch die Philosophie G. W. F. Hegels, A. Schopenhauers und F. Nietzsches Eingang in die romanische Welt fanden, verdankt auch Mendès' reichhaltiges Romanschaffen manche Anregung. Bevor er in Romanen wie *Zo'har* (1886) in der Nachfolge von Élémir Bourges' *Le crépuscule des dieux* (1884) die aus Wagner'schen Opern her bekannten Motive der Geschwisterliebe, des Ehebruchs, der Weltflucht und des Weltenuntergangs umsetzt, wendet er sich mit *Le roi vierge* der Lebenswelt Wagners und seines Mäzens Ludwig II. von Bayern zu und nimmt die mit der Figur des bayerischen Märchenkönigs verbundenen Klischees auf, die im Kontext der französischen Décadence eine eigentümliche Faszination erwecken: Ludwig II. wird als Repräsentant eines dekadenten Gegenreiches begriffen, der sich auf der Flucht vor bürgerlichem Fortschrittsglauben, plattem Utilitarismus, Demokratie und Wissenschaft in die opiumgeschwängerte Atmosphäre Wagnerscher Musik rettet.

Mendès' *Le roi vierge* erschien in diesem kulturhistorischen Klima noch zu Lebzeiten des bayerischen Monarchen aus nachvollziehbaren Gründen als Schlüsselroman: Neben Frédérick II. von Thüringen (Ludwig) treten dessen Jugendfreundin Lisi (Elisabeth von Österreich), Hans Hammer (Wagner), der Abbé Glink (Liszt) und die Tänzerin Mona Karis (Lola Montez) hervor, deren Inkognito ebenso wie das der königlichen Familie Mittelsbach (Wittelsbach) unschwer zu lüften sind. In dem frommen Land Thüringen, das die Alpen und den Passionsspielort Oberammergau umfasst, herrscht Frédérick von Mittelsbach als Spross eines degenerierten Geschlechts. Bereits der Name seiner Residenzstadt Nonnenburg verweist auf den zentralen Mangel des Königs, der zum Entsetzen der alten Königin Thekla keinerlei Interesse an Frauen zeigt. Wie Ludwig II. unterstützt Frédérick stattdessen in einer für die Staatsfinanzen ruinösen Weise die Opernprojekte von Hans Hammer, der stets in Geldnot »weder etwas zu gewinnen noch zu verlieren hat«. Wie Ludwig lebt Frédérick die Wagner'schen Opern, wenn er sich auf einem künstlichen See in einem von Schwänen gezogenen Boot als Lohengrin herumfahren lässt. Der Oberhofmeister Flédro-Schlèmyl versucht, ihm die spanische Sängerin Gloriane zuzuführen, die mit ihrem am Rande der Legalität operierenden Theateragenten Bracassou ein heimliches Regiment am Hofe führen will.

Deutlich wird hier auf die Affäre zwischen Lola Montez und Ludwig I. angespielt. Doch nicht nur dieser Femme fatale gegenüber erweist sich der junge König, der sich mit einem Messer zur Wehr setzt, als resistent, sondern auch gegenüber seiner Jugendfreundin Lisi, die Thekla mit ihm verkuppeln möchte. Geradezu prophetische Züge im Hinblick auf das tragische Ende Ludwigs im Starnberger See erlangt Mendès Werk in der Verführungsszene: Während einer Bootspartie kentert das Schiff; durch den Sturz ins Wasser erkrankt Lisi und stirbt an den Folgen einer Lungenentzündung. Sein Entsetzen über die vehementen weiblichen Annäherungsversuche lässt den weltfremden Träumer vollends resignieren. Er steckt sein Schloss in Brand, kastriert sich eigenhändig und begibt sich nach Oberammergau, wo er einen Untergebenen mit der außerplanmäßigen Inszenierung eines Passionsspiels (eine Anspielung auf Ludwigs private Wagneraufführungen) beauftragt, bei dem er in der Rolle des Erlösers gekreuzigt wird und stirbt, mit Gloriane als Maria-Magdalena zu seinen Füßen.

Mendès lässt nie einen Zweifel daran, dass sein jungfräulicher Held ein pathologischer Fall ist, und verdeutlicht die ironische Intention auch durch zahlreiche Zitate aus Wagneropern, die als Versatzstücke für Szenarien und Handlungsdetails herhalten müssen. Die mehr als deutlichen Anspielungen auf zeitgenössische Prominente in einer trivial-operettenhaften Handlung führten dazu, dass die im selben Jahre entstandene Übersetzung des Romans unterdrückt wurde.

Das Werk begründet die Mythisierung Ludwigs II., an der sich später auch R. de Montesquiou, J. K. ↗ Huysmans, und G. D'Annunzio beteiligen sollten. Wieder aufgegriffen wurde das Thema von G. Kahn mit *Le roi fou* (1896), J. Lemaître mit *Rois* (1905) und M. ↗ Barrès mit *Amori et dolori sacrum* (1903), einem Roman über die heimliche Beziehung Ludwigs zu Elisabeth von Österreich.

■ Lit.: J. Birkett: The Sins of the Fathers. Decadence in France 1870–1914, 1987, 50 ff. *Gerhard Wild*

Louis-Sébastien **Mercier**

- geb. 6.6.1740 Paris (Frankreich)
- gest. 25.4.1814 Paris (Frankreich)

Rhetoriklehrer am Collège von Bordeaux; danach in Paris im Theatermilieu und in Literatenzirkeln; Engagement für die Französische Revolution, Freundschaft mit Robespierre und Desmoulins; unter dem Einfluss von ↗ Diderot etablierte er bürgerliche Prosadramen; auch Verfasser theoretischer Schriften und erzählender Prosa mit Einfluss auf die folgende Generation.

■ Lit.: E. Rufi: L.-S. M., 1996.

L'an deux mille quatre cent quarante, rêve s'il en fut jamais

(frz.; *Das Jahr 2440*, 1982, C. F. Weisse) – Der 1768 entstandene utopische Roman erschien 1770 in Amsterdam und 1785 in einer erweiterten Fassung in London. Das für die Entwicklung der utopischen Literatur bedeutsame Werk schildert die Erlebnisse eines Pariser Bürgers im Jahr 2440. 1768 eingeschlafen, muss er beim Erwachen feststellen, dass er ein Greis geworden ist und fast sieben Jahrhunderte verschlafen hat. Befriedigt nimmt der Ich-Erzähler zur Kenntnis, dass die Ideale der Aufklärung inzwischen verwirklicht wurden. Es herrschen Vernunft und Toleranz, die Moral hat sich gebessert, die Enzyklopädie ist zur Pflichtlektüre in den Schulen geworden, der Griechisch- und Lateinunterricht dagegen abgeschafft, und an der Universität darf Anatomie betrieben werden. Die Religion hat man durch eine Art Wissenschaftskult ersetzt, die Astronomen enthüllen mit ihren Teleskopen die Größe des Schöpfers, und die Dichtung dient allein »dem Fortschritt unserer naturwissenschaftlichen und politischen Erkenntnisse und dem moralischen Anliegen«.

Dieser zivilisatorische Fortschritt hat sich, wie der Erzähler berichtet, auch überaus positiv auf den Pariser Alltag ausgewirkt: Die Straßen sind breiter und sauberer, überall herrscht »mustergültige Ordnung«, kein Verkehrschaos behindert die Fußgänger, die Luft ist sauberer; die Bastille, das »entsetzliche Schloss«, das »Palais der königlichen Rache«, ist bis auf die Grundmauern niedergerissen, das Feudalsystem abgeschafft, »gute und ausführliche Gesetze« haben dem Luxus und der Willkür der Begüterten ein Ende gemacht, die Häuser sind nur noch mit den nützlichsten und notwendigsten Gegenständen ausgestattet, dagegen hat die Stadtverwaltung Gärten auf den flachen Dächern anlegen lassen. Der Preis des Fortschritts ist die unermüdliche Arbeit des ganzen Volkes. »Der Mensch darf keinen Tag untätig bleiben. […] Untätigkeit fügt dem Vaterland einen direkten Schaden zu, und das Verlassen der Arbeit ist eigentlich nur ein gemäßigterer Ausdruck für den Tod. Die Zeit für das Gebet ist genau festgelegt; es genügt, das Herz zu Gott zu erheben.« Die kirchlichen Feiertage sind abgeschafft, die Freizeit dient allein der Erhaltung der Arbeitskraft und der Weiterbildung. Der Bürger dieses Idealstaats muss weitgehend auf persönliche Freiheit verzichten, hat aber dafür die Gewissheit, in einer Gesellschaft zu leben, in der das größtmögliche Maß an Vollkommenheit erreicht ist.

Mit seinen Vorstellungen vom idealen Staatsgebilde geht Mercier nicht über Campanella oder Bacon hinaus. In dieser Hinsicht unterscheidet sich das Werk kaum von der Menge der Utopien, die im 17. und 18. Jh. in Frankreich – und in den Niederlanden, wohin viele Autoren der Aufklärung emigriert waren – erschienen. Sie alle spiegeln die wachsenden Spannungen, die Hoffnungen und Sehnsüchte der vorrevolutionären Gesellschaft. *L'an 2440* ist jedoch von besonderem literatur- und philosophiegeschichtlichem Interesse, weil es der erste Roman ist, der in der Zukunft spielt. Mercier war zwar nicht der erste, der die Idee hatte, literarisch mit dem Vorgriff auf die Zukunft zu spielen, aber als erster verlegte er die gesamte Erzählhandlung in die Zukunft. Dieser Kunstgriff erlaubte es ihm, das vertraute Paris als Modell zu benutzen, um den Kontrast zwischen der zeitgenössischen und einer utopischen Gesellschaft besonders deutlich zu machen. Vor allem darin lag vermutlich der sensationelle Erfolg des Buches begründet. Bisher hatten die Autoren utopischer Romane ihre Idealstaaten in noch unerforschte Gegenden der Erde verlegt (Morus, Campanella) oder waren in den planetaren Raum ausgewichen (Godwin, ↗ Cyrano de Bergerac).

Dass die Utopie ihren eigentlichen ›Spielraum‹, die Zukunft, so spät entdeckt hat, mag vor allem zwei Gründe haben: Das menschliche Denken war bis ins 18. Jh. hinein viel stärker auf die Vergangenheit und Gegenwart fixiert. Die Zukunft, und erst recht die fernere Zukunft, wurde nur unter dem Gesichtspunkt der Eschatologie und religiösen Heilserwartung betrachtet. Erst durch die Aufklärung drang allmählich der Begriff des Fortschritts, die Vorstellung einer zivilisatorischen Weiterentwicklung, einer Verbesserung der Welt durch wachsende Beherrschung der Natur und Veränderung der politischen und sozialen Verhältnisse, ins Bewusstsein breiterer Schichten. Bezeichnend ist auch, dass der erste Zukunftsroman zu einem Zeitpunkt erschien, als der größere Teil der Erde bereits kartographiert und mit größeren Entdeckungen nicht mehr zu rechnen war. Auf der Suche nach neuen Möglichkeiten fand die Utopie in der Zukunft einen schier unbegrenzten Aktionsraum. Tatsächlich setzte wenige Jahre später eine wahre Flut von Zukunftsromanen ein, die im 19. Jh. noch zunahm.

■ Lit.: E. C. Wilkie: M.'s ›L'an 2440‹, in: Harvard Library Bulletin 32, 1984, 5–35.

Wolfgang Jeschke

Tableau de Paris

(frz.; *Tableau de Paris. Bilder aus dem vorrevolutionären Paris*, 1990, W. Tschöke) – Die zwölfbändige Sammlung von Feuilletons und Tatsachenberichten, einer der Bestseller des späten 18. Jh.s, erschien von 1781 bis 1788. Die erste vollständige Ausgabe – sie umfasste nahezu 2500 Seiten – hatte einen überwältigenden Erfolg, weil das europäische Publikum hier sein brennendes Interesse an der Weltstadt Paris befriedigt fand. So konnte Mercier seiner ersten Sammlung 1798 bis 1800 die zweibändige Ergänzung *Le Paris nouveau* (Das neue Paris) folgen lassen. In insgesamt 100 000 Exemplaren war das *Tableau* in ganz Europa verbreitet.

Das Bild von Paris entsteht bereits bei Mercier aus einem Kaleidoskop von literarischen Porträts, Fragmenten und Skizzen, die in ihrer willkürlichen Anordnung die chaotische Vielfalt, die anarchische Vielfalt der künftigen ›Hauptstadt der Moderne‹ spiegeln. Von unersättlicher Neugier getrieben, flaniert der Erzähler tagelang und Nächte hindurch in Paris, das er bis in seine letzen Winkel und bis zu den Ärmsten und Verkommensten seiner Einwohner studiert. Wie später in den Erzählwerken ↗ Balzacs und den Stadtdichtungen ↗ Baudelaires wird kein ästhetischer Bereich des zeitgenössischen Lebens ausgegrenzt: Gefängnisse und Armenkrankenhäuser, die Pariser Unterwelt, Prostituierte und Zuhälter, Abbés, Grisetten, Ärzte, Kammerzofen, Taschendiebe und Straßenmusikanten schildert er mit großer Aufmerksamkeit und Beobachtungsgabe.

Am Ende der eleganten Literatur des Aufklärungszeitalters tritt bei ihm zum ersten Mal die städtische Bevölkerung ins Blickfeld. Doch sein Bild der Weltstadt bietet nicht Tatsachen und Sensationen um ihrer selbst willen. Mercier, der Freund Robespierres und Desmoulins', bewahrt sich auch im *Tableau de Paris* einen kritischen, an der Veränderbarkeit und Beseitigung von Missständen interessierten Blick auf das Chaos der französischen Metropole. Nach heutigen Begriffen ein linksliberaler Intellektueller, veranlassten ihn Gefühl und Engagement, nachdrücklich auf unhaltbare Zustände hinzuweisen und Korruption und Ausbeutung zu kritisieren. Die rücksichtslose Ehrlichkeit seiner Reportagen wurde von einigen zeitgenössischen Kritikern mit Missfallen aufgenommen, doch vom breiten Publikum genossen und von ihm selbst mit der einfachen Erklärung gerechtfertigt: »Wenn ich beim Stoffsammeln in den Mauern der Hauptstadt auf mehr abstoßendes Elend als gediegene Wohlhabenheit, auf mehr Gram und ängstliche Unruhe als Freude und Unbeschwertheit gestoßen bin, so schreibe man diese beherrschende Dunkelfarbigkeit nur ja nicht mir zu: ich wollte lediglich wahrheitsgetreu bleiben [...].«

Mercier wurde durch seine Pariser Bilder zum Ahnherrn der neuzeitlichen Stadtliteratur, die von ↗ Balzac und ↗ Sue über E. T. A. Hoffmann, Poe und ↗ Baudelaire bis zu Léon-Paul Fargue, ↗ Breton, ↗ Aragon und schließlich Raymond ↗ Queneau reicht. Zu seinen begeisterten Lesern in Deutschland zählte Friedrich Schiller, der sich viele Jahre mit dem Plan zu einem großen Kriminaldrama mit dem Titel »Die Polizei« beschäftigte und das Material dazu aus *Tableau de Paris* und den Sittenromanen von Merciers Freund ↗ Restif de la Bretonne beziehen wollte.

Lange Zeit als Produkt eines unseriösen Journalismus und als zu sorglos und ungeformt zusammengestelltes Konglomerat von Sittenbildern abgetan, wurde Merciers Hauptwerk von der Literaturgeschichte der Zeit stiefmütterlich behandelt, bis im Zuge der Auseinandersetzung mit W. Benjamins Arbeiten über Paris als »Hauptstadt des 19. Jahrhunderts« seine themengebende und formbildende Bedeutung erkannt wurde. Doch während seine fast 50 larmoyanten Familiendramen und historischen Schauspiele weitgehend vergessen sind, begegnen die »mit den Beinen geschriebenen« Berichte seiner Großstadtwanderungen steigendem Interesse.

▪ Lit.: H. D. Hayer: Paris dans les Caractères de La Bruyère et dans les ›Tableaux de Paris‹ de M., in: Paris au 19e siècle, 1984, 27–46.
Jörg Drews

Prosper Mérimée

▪ geb. 8. 7. 1805 Paris (Frankreich)
▪ gest. 23. 9. 1870 Cannes (Frankreich)

(Pseudo. Clara Gazul) – Studierte Archäologie und Philologie, frequentierte literarische Salons; befreundet mit Stendhal; reiste 1831 als Inspektor der Baudenkmäler Frankreichs durch die Provinzen und durch Spanien, Italien, Griechenland, Kleinasien; ab 1853 Senator und häufiger Gast Napoleons III.; letzte Lebensjahre überschattet von Einsamkeit; bedeutender romantischer Erzähler.

▪ Ausg.: Théâtre de Clara Gazul. Romans et nouvelles, 1978.
▪ Übers.: Gesammelte Werke, 4 Bde, Hg. A. Schurig, 1924–1926.
▪ Lit.: A. Fonyi: P. M. Écrivain, archéologue, historien, 1999. ▪ C. Requena: Unité et dualité dans l'œuvre de P. M., 2000. ▪ X. Darcos: P. M., 2004.

Die Novellen

(frz.) – Das Novellenwerk umfasst insgesamt 18 Erzählungen, die zwischen 1829 und 1866 entstanden und in Sammelbänden (z. B. *Colomba. Suivi de La Mosaïque et autres contes et nouvelles*, 1850) oder einzeln in Zeitschriften veröffentlicht wurden. Mérimée gehört zu den Meistern der Novellistik des 19. Jh.s. In der Literaturgeschichte hat er zu Unrecht eine Außenseiterstellung. Hervorgegangen aus dem literarischen Zirkel um Hugo und Musset, erwies er sich schon bald als ›enfant terrible‹ der Romantik. Er war vertraut mit ihren Themen und Motiven, misstraute aber ihrer Philosophie. Insofern gehört er zu der Gruppe von Literaten, die – wie Poe, Baudelaire und Stendhal – im Zeitalter der Hochromantik eine ›Entromantisierung der Romantik‹ betrieben.

In Mérimées Novellen schlägt sich diese Skepsis vor allem in zwei narrativen Verfahren bewusster Distanznahme nieder: in der aufgewerteten Rolle des betont objektiven Erzähler-Beobachters und in der Ironie als konstantem Stilmittel. Mérimée erzählt »aus einer gewissen objektiven Ferne und gleichsam mit Ironie« (Goethe). In seinem erzählerischen Werk, hinter dem kein Programm, keine Theorie, keine Doktrin, kein expliziter Anspruch auf Umbruch oder Neuorientierung steht, finden sich viele Spielarten zeitgenössischer Novellenkunst, die stets mit Bedacht auf Effekt und Lesererwartung hin inszeniert werden.

Die einzelnen Novellen variieren stark in der Länge (von ca. 20 bis ca. 200 Seiten); in folgende Themengruppen lassen sie sich einteilen: Texte, deren Handlung im Banditenmilieu von Korsika angesiedelt ist *(Mateo Falcone, Colomba)*, die eine unerkannte Leidenschaft zwischen Mann und Frau zum Thema haben *(Le vase étrusque, La double méprise, Arsène Guillot)*, in deren Mittelpunkt eine Femme fatale steht *(La Vénus d'Ille, Carmen)* oder die ein ›phantastisches Phänomen‹ entmystifizieren (*Il vicolo di Madama Lucrezia*, »La chambre bleue«).

Bereits mit *Mateo Falcone*, 1829 (dtsch. 1943), der ersten ›korsischen‹ Erzählung, gelang Mérimée der Durchbruch als Novellenautor. In einer kurzen, auf psychologische Effekte angelegten Skizze wird die Rache eines Grundbesitzers an seinem Sohn geschildert. Im Innern der Insel, dem Maquis, herrschen eigene Gesetze – ein strenger Ehrenkodex und die Vendetta, skrupellose Rache. Fortunato, der zehnjährige Sohn des angesehenen Mateo Falcone, hütet während der Abwesenheit der Eltern das Haus und gewährt dem Banditen Gianetto Sanpietro Unterschlupf in der Scheune. Als der Offizier Gamba und ein Trupp von Scharfschützen den Hof erreichen, kann der Junge den Nachfragen zunächst widerstehen, das verlockende Geschenk einer silbernen Uhr aber verführt ihn zum Verrat. Der zurückgekehrte Vater rächt sich an der verletzten Familienehre auf grausame Weise: Kaltblütig erschießt er seinen kleinen Sohn in einer Schlucht.

In *Le vase étrusque*, 1830 (*Die etruskische Vase*, 1948), wird die tragische Geschichte von Auguste Saint-Clair erzählt, der versucht, seine romantische Empfindsamkeit vor der oberflächlichen Salongesellschaft zu verbergen. Erst als seine Zuneigung für die geistvolle Gräfin Mathilde de Coursy bekannt wird, gelingt es, Saint-Clair zur Preisgabe seiner Gefühle zu provozieren. Die Gräfin habe, so wird behauptet, eine Liaison mit dem dümmlichen Massigny unterhalten. Eine etruskische Vase, das Geschenk von Massigny, wird zum Zielpunkt von Saint-Clairs blinder Eifersucht. Kurz nach der klärenden Aussprache, bei der Mathilde ostentativ die Vase zerschmettert, wird Saint-Clair in einem Duell getötet. Aus Gram über den Verlust des Geliebten stirbt Mathilde einige Jahre später.

In *La double méprise*, 1833, (*Zwiefacher Irrtum*, 1928), wird die zu spät erkannte Zuneigung aus der Sicht der Frauenfigur, Julie de Chaverny, geschildert. Julie entspricht dem Typus der Flaubert'schen Emma Bovary, der unglücklich verheirateten Ehefrau, die vergebens in eine Ersatzwelt zu flüchten versucht. Von ihrem Mann erniedrigt und angewidert, verbietet sich die liebeshungrige Frau aus Stolz, dem früheren (aus Konstantinopel zurückgekehrten) Verehrer und Diplomaten Darcy ihre wahren Gefühle preiszugeben. Während einer Kutschfahrt fällt sie ihm weinend um den Hals; Darcy versteht diesen plötzlichen Gefühlsausbruch aber falsch. Aus Enttäuschung will sie zu ihrer Mutter fliehen, stirbt jedoch auf der Reise. Darcy heiratet, ohne sich über Julies tragische Lage bewusst geworden zu sein, »auf vorteilhafte Weise«.

La Vénus d'Ille, 1837 (*Die Venus von Ille*, 1947) zählt zu den bekanntesten Novellen und gehört zu den ›contes fantastiques‹, also jenen Erzählungen, in denen ein ›überwirkliches‹ Ereignis nicht rational erklärt wird. Der Rahmenerzähler, ein Altertumsforscher aus Paris, verbringt einige Tage in Ille, einem Dorf in den Pyrenäen, um dort nach antiken Denkmälern zu suchen. Die Bewohner stehen im Bann einer jüngst ausgegrabenen bronzefarbenen Venusstatue, die ein fatales Eigenleben zu führen scheint (Anklänge an den Pygmalion-Mythos sind unverkennbar). Die kleinbürgerliche Familie de Peyrehorade ist dem Venusbildnis verfallen, besonders der Vater, der die Trophäe als materielles wie ideelles Dokument seiner Leidenschaft ansieht. Der Sohn Alphonse, der seiner zukünftigen Braut leidenschaftslos gegenübersteht und nur an seinen Sport denkt, steckt der Statue ahnungslos einen Tag vor seiner Trauung den Ehering der Frau an. Als er ihn abziehen möchte, hat die Venus ihren Finger gekrümmt. Am Tag nach seiner Hochzeit findet man Alphonse tot in seinem Ehebett. Das Rätsel um die dämonische Wirkmacht der schwarzen Venus bleibt auch nach dem Tod des Vaters und der Beseitigung der Statue für die Bewohner von Ille, den Erzähler und den Leser bestehen.

Arsène Guillot, 1844 (dtsch. 1948), gehört zur Gruppe der ›Prostituiertennovellen‹, wie sie später von Maupassant verfasst wurden. Die sterbenskranke, verarmte und von ihrem Liebhaber verlassene Arsène Guillot stürzt sich aus Verzweiflung aus dem Fenster. Die Adlige Madame de Pienne nimmt sich ihrer aus Mitleid an. Neben ärztlicher Hilfe sorgt sie, unterstützt von einem Geistlichen, vor allem für Arsènes moralisches Seelenheil. Die Lage der verstörten Arsène scheint sich zunächst zu bessern, spitzt sich aber dramatisch zu, als der Dandy und Freigeist Max de Saligny nach Paris zurückkehrt. Er ist der ehemalige Verehrer von Madame de Pienne, der sich einst, von ihr verkannt, mit dem Straßenmädchen Arsène getröstet hat. Letztere wiederum hatte wahre Gefühle für den jungen Dandy. Arsène ist es, die die verborgenen Gefühle der beiden erkennt und benennt: »Er liebt sie!« Getarnt durch bigotte Frömmigkeit, zeigt Madame de Pienne ihre Liebe nicht, Max spricht sie nur indirekt aus – freiwillig möchte er im griechischen Freiheitskampf den Tod suchen. Das Ende der Novelle bleibt offen – über das weitere Schicksal des ›Paares‹ erfährt der Leser nichts. Aufgrund der deutlichen Kritik an der falschen Frömmelei des bürgerlichen Christentums löste die Novelle einen Skandal aus.

Carmen, 1845 (*dtsch.* 1948), ist, auch durch die spätere Opernfassung von G. Bizet (1875), die berühmteste Novelle. Die fatale Wirkung von wilder Schönheit und stolzer Abweisung, die die Zigeunerin Carmen auf ihr männliches Umfeld hat, begründet den Carmen-Mythos. Der Rahmenerzähler, ein Archäologe auf Studienreise in Spanien, gibt vor, dem Banditen Don José und Señorita Carmen persönlich begegnet zu sein. Kurz vor seiner Verurteilung beichtet Don José dem Erzähler seine tragische Geschichte. Für ihn, den Basken Don José Lizzarrabengoa, ist die Begegnung mit Carmen, die in einer Zigarrenfabrik in Sevilla arbeitet, schicksalhaft, seine blinde Leidenschaft für die »Tochter der Hölle« wird beiden zum Verhängnis. In der Armee wird er degradiert, später entlassen und schlägt sich, um in der Nähe Carmens bleiben zu können, schließlich als Schmuggler durch. Je mehr er gesellschaftlich verfemt ist, desto krankhafter wird sein Anspruch, Carmen besitzen zu wollen. Offen zeigt ihm Carmen ihre Abneigung und den Entschluss, sich für ihre Unabhängigkeit zu opfern. In rasender Verzweiflung tötet er sie.

In *Il vicolo di Madama Lucrezia*, 1846 (*Das Gäßchen der Madama Lucrezia*, 1984), und »La chambre bleue«, 1866 (*Das blaue Zimmer*, 1947), bricht Mérimée noch deutlicher mit der Tradition von Schauerromantik und ›conte fantastique‹: An die Stelle von Tragik tritt Komik, an die des Unheimlichen tritt das Banale. In *Il vicolo di Madama Lucrezia* ist es das ›geheimnisvolle‹ Haus (Anleihen an E.T.A. Hoffmanns »Das öde Haus« sind offensichtlich), in dem der junge Rom-Reisende den ›dämonischen Geist‹ der Lucrezia Borgia vermutet. Es stellt sich als nichts anderes als ein getarntes Liebesnest heraus. In »La chambre bleue« ertönen nachts aus dem Nachbarzimmer in einem Hotel ›unheimliche‹ Geräusche, eine rote Lache strömt unter der Tür hervor. Ursache ist aber nur die umgekippte Weinflasche eines weinseligen Engländers.

In *Colomba*, 1841 (dtsch. 1872), wird noch einmal das Thema der korsischen Vendetta, nun in epischer Breite, behandelt. Die kapriziöse Engländerin Lydia Nevil, die mit ihrem vermögenden Vater, einem irischen Oberst, gelangweilt durch Italien reist, macht während der Überfahrt die Bekanntschaft des korsischen Leutnants Orso della Rebbia. Von den Matrosen erfährt sie, dass sich dieser auf der Heimfahrt nach Pietranera befindet, um den schon Jahre zurückliegenden Mord an seinem Vater zu rächen. Da Orso eine starke Zuneigung für Lydia empfindet, verspricht er ihr, sich zu keiner Blutrache hinreißen zu lassen. Colomba, Orsos böse Schwester, hat sich hingegen ganz der Vendetta verschrieben. Geschickt verstrickt die Listenreiche den Bruder Schritt für

Schritt in ihren überhitzten Plan, an den Verdächtigen – dem Nachbarn Barricini und seinen Söhnen – die Ehre des Vaters zu rächen. Bei einem Ausritt wird Orso durch Schüsse aus dem Hinterhalt verletzt, im Schusswechsel tötet er die Angreifer, die zwei Barricini-Söhne. Der verletzte Orso findet Unterschlupf im Maquis bei von Colomba unterhaltenen Banditen; er kehrt erst nach Pietranera zurück, als ›juristisch‹ bewiesen ist, dass er in Notwehr gehandelt hat. Anlässlich der Hochzeit von Orso und Lydia findet Colombas fanatische Rachsucht ihre letzte Genugtuung: Zufällig trifft sie in Pisa auf den Barricini-Vater, der über dem Tod seiner Söhne wahnsinnig wurde.

Literaturgeschichtlich stehen Mérimées Novellen zwischen den Epochen Romantik und Realismus: Seine Texte verarbeiten zutiefst romantische Themen – verkannte Liebe, Weltschmerz, Lokalkolorit, Phantastik –, stellen das dahinter liegende romantische Weltbild jedoch in Frage, sie verstehen sich als »Dekonstruktion hoffmannesken Erzählens« (W. Preisendanz). Gleichzeitig spiegeln sie, nach Maßgaben von teilnahmsloser Objektivität, gestörte gesellschaftliche Strukturen und Verhältnisse. Die Kunst Mérimées besteht darin, uns möglichst nahe an den Abgrund zu bringen, ohne je das Gefühl wirklicher Gefährdung aufkommen zu lassen. Rahmenhandlung und auktorialer Erzähler – Reisende, Historiker, Archäologen mit wissenschaftlichem Anspruch – gewährleisten die sichere Haltung gegenüber dem ›unerhörten Ereignis‹. Insofern sind in Mérimées Novellen zentrale Aspekte von Flauberts Realismuskonzeption bereits vorweggenommen.

▪ Lit.: P. Trahard: P.M. et l'art de la nouvelle, [3]1952. ▪ W. Preisendanz: Das Prinzip der Ironie in M.s Erzählprosa, in: Romantik. Aufbruch zur Moderne, Hg. K. Maurer/W. Wehle, 1991, 101–126. ▪ W. Albes: P.M., ›Mateo Falcone‹ (1829) und ›Carmen‹ (1845), in: 19. Jh. Drama und Novelle, Hg. F. Wolfzettel, 2001, 231–266.

Laetitia Rimpau

Henri **Michaux**

▪ geb. 24.5.1899 Namur (Belgien)
▪ gest. 17.10.1984 Paris (Frankreich)

Abbruch eines Medizinstudiums; Matrose; Sekretär von ↗ Supervielle; 1926 Mitarbeiter der *Nouvelle Revue Française* und des *Commerce*; 1937 Redakteur von *Hermès;* 1940 Förderung durch ↗ Gide; Maler und Zeichner; beeinflusst durch den Surrealismus, einer der bedeutendsten französischen Lyriker des 20. Jh.s.

▪ Ausg.: Œuvres complètes, 3 Bde, Hg. R. Bellour, 1998–2004.
▪ Übers.: Dichtungen und Schriften, 2 Bde, Hg. P. Celan/K. Leonhard, 1966–1971.

▪ Lit.: E. Geisler: H.M., in: Kritisches Lexikon zur fremdsprachigen Gegenwartsliteratur. ▪ E. Grossmann: H.M., le corps de la pensée, 2002.

Un barbare en Asie

(frz.; *Ein Barbar auf Reisen*, 1998, D. Hornig) – Die 1933 erschienenen Reiseaufzeichnungen fassen Eindrücke einer Reise zusammen, die den Autor nach Indien, Nepal, Ceylon, China, Japan und Indonesien führte. Das Wort »Barbar« im Titel meint ohne Ironie den Nicht-Einheimischen im ursprünglichen Sinn, denjenigen also, dessen Fühlen und Urteilen nicht durch Sprache und Tradition des Landes geformt sind, das ihn Barbar nennt. In diesem Sinn ist Michaux Barbar par excellence; er steht nicht nur den Denk- und Gefühlskonventionen Asiens, sondern auch denen des europäisch-amerikanischen Kulturkreises in souveräner Freiheit gegenüber. Seine Urteile und Vergleiche überraschen, ja schockieren daher oft durch eine Eigenwilligkeit, die zuweilen auch surrealistische Sichtweisen mit größter Unbefangenheit einbezieht.

Wer in dem Buch die Beschreibung von Landschaften, Städten, Monumenten, von zivilisatorischen, politischen, kulturellen Einrichtungen sucht, wird enttäuscht sein: Es fehlt fast alles, was im Allgemeinen von einem Reisebericht erwartet wird, alles nur Informative ebenso wie spannende Abenteuer und unterhaltsame Anekdoten. Nicht Indien, China oder Japan als geographische Kuriosa sind das Ziel der Reise, sondern die Inder, Chinesen und Japaner; nur als unablösbares Korrelat einer spezifischen Erscheinungsform des Menschen ist die jeweilige geographische und zivilisatorische Umwelt von Bedeutung. Konkrete Fakten und Begebenheiten werden nicht um ihrer selbst willen aufgeführt, sondern nur insofern, als in ihnen typische Antriebe und Reaktionen eines bestimmten Volkes sinnlich fassbar werden. Die Absicht des Autors, die überindividuelle Wesensstruktur der Inder, der Chinesen usw. freizulegen, wird durch ein dem Kubismus verwandtes Verfahren verwirklicht, bei dem durch Wechsel der Standpunkte eine möglichst totale Ansicht des Objekts zustande kommt. So beleuchtet Michaux in scheinbar unzusammenhängenden Betrachtungen das Verhältnis der einzelnen asiatischen Völker zur Musik, zur Zahl, zu den Tieren, der Liebe, dem eigenen Körper, den Göttern, dem Denken, dem Geld usw. Im Kreuzungsfeld solcher sich überschneidenden Perspektiven ersteht vor den Augen des Lesers die geistige und somatische Gestalt eines Hindu, Nepalesen oder Malaien. Nicht durch psychologische Analyse deduktiv gewonnen, sondern aus Anschauungsdaten intuitiv integriert, hat diese Gestalt die unmittelbare und absichtslose Überzeugungskraft, die transparente Komplexität eines Kunstwerks.

Direktheit, Transparenz und Subtilität kennzeichnen auch die Sprache, die sich der einfachsten Syntax, auf weiten Strecken eines Stakkatos kurzer Hauptsätze bedient. Expressivität erlangt das Werk durch einen Wortschatz, der dem Umgangsfranzösisch angehört und auch Argot-Ausdrücke nicht verschmäht. Adjektive werden selten und niemals nur dekorativ oder emotional verwendet, sondern immer präzise, oft auch befremdend. Es ist eine Sprache, die mehr das Gehör als das Auge des Lesers anspricht. Ihre Suggestivkraft beruht auf einer höchst subtilen Rhythmisierung der Sätze mit Hilfe von Wiederholungen und Lautverdichtungen, die einer Folge banaler Wörter plötzlich die Magie eines Zauberspruches verleihen.

Am Ende des Werks wird die Summe aus den Reiseerfahrungen gezogen: Alle Kulturen, die europäische nicht ausgenommen, sind Sackgassen. Doch Befreiung ist nicht von der äußeren Verschmelzung der Rassen und Religionen zu erhoffen. Der Weg zu einem reineren Menschsein jenseits geschichtlicher Bedingtheiten führt nach innen. Es ist der Weg der Selbstfindung des Individuums durch Kontemplation.

▪ Lit.: D. Hamdan: Victor Segalen et H. M. Deux visages de l'exotisme, 2002. *Gisela Hesse*

Voyage en Grande Garabagne

(frz.; *Reise nach Groß-Garabannien*, 1989, T. König u. a.) – Die 1936 erschienenen Prosatexte verfasste ein Reisender in ferne, unbekannte, unerschaute Länder; in solche, die auf der Landkarte, etwa Südamerikas oder Asiens, zu finden sind, und in solche, die nur er allein entdeckt, erforscht und beschrieben hat. In Garabannien hat er sich, wie er im Vorwort zu *Ailleurs*, 1948 (Anderswo), vorgibt, zwei Jahre aufgehalten, etwa ebenso lang im »Lande der Magie« (*Au pays de la magie*, 1941) und etwas kürzere – vielleicht auch sehr viel längere – Zeit in Poddema (*Ici, Poddema*, 1946).

Diese seltsamen Länder, deren Geographie, deren Einwohner, Staatsformen, Bildungseinrichtungen, Sitten und Gebräuche Michaux beschreibt, sind seiner Überzeugung nach »vollkommen natürlich [...] natürlich wie die Welt der Planeten, der Atome, der Insekten, natürlich vor allem wie die Lust zur Verwandlung, Umgestaltung, Grenzüberschreitung, wie das Verlangen danach, die Atome zu zersprengen, sein Vaterland zu verlassen [...] die Millionen von Möglichkeiten zu vermehren«. All diese Reisen sind auch Fluchtversuche, Exorzismen, Schöpfungen von Gegenwelten, weil die vorhandene und gegebene Welt als bösartig, feindselig und unannehmbar empfunden wird. Es ist, als sei bei Michaux das Verlangen nach einem Jenseits, einer (höheren, reineren, liebenswürdigeren) Überwirklichkeit umgeschlagen in die Erfindung von Abgelegenheiten, Abseitigkeiten, die nun mit großer Präzision und unerschöpflichem Vergnügen am wunderlichen Detail geschildert werden.

Wie die meisten Beschreibungen von Reisen in wirkliche oder imaginäre Länder enthalten auch Michaux' Berichte eine mehr oder minder offene Kritik an der Welt, aus der er kommt und in die zurückzukehren er genötigt ist; demnach an der menschlichen Beschaffenheit überhaupt, der gegenwärtigen Gesellschaft, ihrer Kultur und Technik insbesondere. Auf seinen Entdeckungsfahrten in diese unerhörten Gegenden verlässt Michaux jedoch nicht nur den Bereich der ›konventionellen‹ Geographie, er ist, wie nach neuen Wesen, so auch nach einer neuen Sprache unterwegs.

Fortwährend erfindet er Namen von Ländern und Völkerschaften; Namen, die nicht sonderbarer anmuten als die von den Ethnologen verzeichneten. Die Aufzeichnungen über Groß-Garabannien beispielsweise handeln von den »Hacs, Emanglons, Omobuls, Epalus, Orbus, Omanvus, Ecoravettes, Rocodis, Nijidus« und zwei Dutzend weiteren Stämmen. Darüber hinaus aber will Michaux auch der ihm aufgenötigten Sprache entrinnen, und so bildet er gern neue Vokabeln, die man aufgrund von Klangassoziationen mehr oder minder zu verstehen glaubt, oder er erläutert gewisse Wörter aus der Umgangssprache der Oudemaïs in Poddema. Noch merkwürdiger als die Ureinwohner bisher unbereister Kontinente sind die Meidosemen, Halbwesen von so schwacher Konsistenz, dass sie fast nur im Zustand unaufhörlicher Metamorphose vorkommen (»Portrait des Meidosems«, in *La vie dans les plis*, 1949).

Und schließlich genügt Michaux auch die Sprache nicht mehr: Er greift zur Feder und zum Tuschpinsel und lässt in den *Peintures et dessins*, 1946 (Malereien und Zeichnungen), und *Mouvements*, 1951 (Bewegungen), wortlose Gebilde in Scharen übers Papier spazieren: »fluidische« Wesen, Gestaltungen eher als Gestalten, Trajekte, Suggestionen, Anspielungen eines graphischen und malerischen »Fantomismus«.

▪ Lit.: J. P. Giusto: Écritures – aventures, 1998.

Friedhelm Kemp

Vents et poussières. 1955–1962

(frz.; Winde und Staubkörner. 1955–1962) – Die 1962 erschienenen Prosatexte, ein Gedicht und Zeichnungen wollen wie Michaux' Reisen in ferne oder imaginäre Länder, seine verbalen und graphischen Experimente keineswegs nur als unterhaltsame, unverbindlich »poetische« Exkursionen in die Bereiche des Phantastischen, des Absonderlichen und Absurden verstanden werden, sondern als Erkundungen der Wirklichkeit;

als Beschreibungen, zwar nicht der Außenwelt, doch der Struktur ihrer Wahrnehmung. Zugleich sind diese Texte Attentate auf eine Realität, die das Bewusstsein des Alltags unbefragt akzeptiert. Als ein solcher Angriff sind auch Michaux' Versuche mit halluzinogenen Drogen aufzufassen, die er 1955 begonnen und deren literarische und graphische Ergebnisse er in bisher sechs Veröffentlichungen vereinigt hat. Schon die Titel lassen erkennen, worum es geht: *Misérable miracle*, 1956 (Erbärmliches Wunder), *L'infini turbulent*, 1957 (Turbulenz im Unendlichen), *Connaissance par les gouffres*, 1961 (Erkenntnis aus den Abgründen), *Vents et poussières* und *Les grandes épreuves de l'esprit, et les innombrables petites*, 1966 (Die großen Prüfungen des Geistes, und die unzähligen kleinen).

Bei all den hier so meisterhaft geschilderten und analysierten Erfahrungen geht es in erster Linie nicht um das Erlebnis der Entrückung, des Rausches, der Befreiung von den Schranken des Bewusstseins, sondern um Erkenntnis. Michaux ist kein Süchtiger. Er nennt sich selber einen »Wassertrinker, der keinen Alkohol, außer hie und da ein Glas Wein, auch weder Kaffee, Tee noch Tabak zu sich nimmt«. An paradiesischen Entzückungen ist ihm nichts gelegen. Wem es aber wie ihm um Erkenntnis zu tun ist, der benutzt die Droge, um sich gründlichere Auskünfte über die Natur des menschlichen Geistes zu verschaffen, um die »normalen« Funktionen des Bewusstseins aus den »anomalen« zu begreifen. »Ich möchte das ›Normale‹ enthüllen, das verkannte, das ungeahnte, das unglaubliche, das ungeheure Normale. Das Anomale hat es mich kennen gelehrt.« Die »Ver-rückungen« und Grenzüberschreitungen, die Sinnes-, Seelen- und Geistestäuschungen freilich, die die Droge hervorruft, sind so außergewöhnlich, so »unsagbar«, dass sie ein Äußerstes an Wendigkeit, Beweglichkeit, Treffsicherheit fordern, um dem Leser mit allen flüchtigen und vertrackten Nuancen mitgeteilt zu werden. Hier kommen Michaux die an imaginären Modellen gewonnenen Fertigkeiten seiner Sprache zugute. Vor ihm hatte schon De Quincey seine Erfahrungen als Opiumesser mitgeteilt, hatte ↗ Baudelaire seine *Les paradis artificiels* geschrieben; Michaux aber gelingt es als Erstem, das der Kontrolle entlaufene Unbewusste auf dem Wege der analytischen Deskription und auf dem der poetischen Identifikation (unter Zuhilfenahme zeichnerischer ›Oszillogramme‹) in seiner ganzen Fremdheit zu ›übersetzen‹ und als das abgründige Substrat unseres Bewusstseins zu beschreiben.

So sind die Texte der Sammlung Seismogramme einer übersteigerten Selbstwahrnehmung. Davon zeugen vor allem das in der Zerbrochenheit sich und den Schreiber rekonstituierende Gedicht »Paix dans les brisements« (Frieden zwischen den Brüchen), der »Inviji« überschriebene Monolog einer weiblichen Stimme, die aus Zerrüttung um Erwachen ringt. Nicht minder faszinierend und einzigartig sind die Stücke, in denen Michaux unter dem Einfluss des Meskalin Erscheinungen beschreibt, die der Liebesverzauberung in »Connaissance par les gouffres« (Erkennen in den Abgründen) oder den Theophanien asiatischer Einweihungsriten in »L'infini turbulent« (Wirbelnde Unendlichkeit) gleichkommen. Immer bleibt das Bestreben, sich dem Experiment hinzugeben und es zugleich zu überwachen, ja mehr noch, es zu zergliedern und darüber hinaus der Droge ›nachzusprechen‹.

▪ Lit.: E. Grossmann: La défiguration, 2004.

Friedhelm Kemp

Octave Mirbeau

▪ geb. 16.2.1850 Trévières/Calvados (Frankreich)
▪ gest. 16.2.1917 Paris (Frankreich)

Ab 1871 ungeregeltes Leben in Paris; Jurastudium; Umgang mit Literatenzirkeln; konservativer, später radikaler Journalist; Engagement in der Dreyfus-Affäre; schließlich zurückgezogenes Leben auf seinem Landsitz Cheverchemont; umfangreiches dramatisches und erzählerisches Schaffen am Übergang vom Naturalismus zur Décadence.

▪ Ausg.: Œuvres romanesque, 3 Bde, Hg. P. Michel, 2001.
▪ Lit.: S. Lair: M. et le mythe de la nature, 2004.

Le journal d'une femme de chambre

(frz.; *Tagebuch einer Kammerzofe*, 1965, B. Kloeß) – Der 1900 erschienene satirische Gesellschaftsroman wurde vor allem durch die Verfilmungen von Jean Renoir (1945) und Luís Buñuel (1963) über Frankreich hinaus bekannt. Das fiktive Tagebuch beginnt mit dem letzten der vielen Stellungswechsel Célestines, einer klugen und ungemein anziehenden Pariser Kammerzofe, die es in die tiefste Provinz verschlägt, in die Familie eines feigen, täppischen Monsieurs, der ihr nachstellt, mit einer keifenden, geizigen Madame, einer fetten, immer betrunkenen Köchin und einem brutalen, einsilbigen Hausknecht. In der trostlosen Eintönigkeit dieser Umgebung fasst sie den Entschluss, ihr Leben aufzuzeichnen.

Man erfährt, dass sie nach einer schweren Kindheit nach Paris kam, wo ihre hübschen Augen, ihr munteres, gelehriges Wesen, vor allem aber das »gewisse Etwas«, das sie ausstrahlt, ihr bald Stellungen in vornehmen und großen Häusern verschafften. Dass sie in der Welt dieser skrupellosen Bourgeoisie nicht zerbricht, verdankt sie allein der ›Vorbereitung‹ durch die unglücklichen

Lebensumstände in ihrer Jugend. Sie begehrt nicht auf, denn »die Kraft reicht gerade zum Leiden«. Immerhin bewahrt sie sich vor dem verlockenden Abgleiten ins »galante Gewerbe«, und mit einem leisen Gefühl des Stolzes kann sie von sich sagen: »Ich bin zu sehr in die Liebe verliebt, um jemals daraus einen Gewinn schlagen zu können.« Joseph, den Hausknecht ihrer letzten Herrschaft, dem sie schließlich als Ehefrau nach Cherbourg folgt, liebt sie sehr. Was ihr diesen fanatischen Patrioten und Antisemiten, den sie eines Sexualmordes an einem elfjährigen Mädchen und eines perfekten Einbruchs verdächtigt, trotz allem so anziehend macht, dass sie sich ganz seinem Willen unterwirft, ist weniger die Aussicht auf eine gesicherte bürgerliche Existenz als vielmehr die Faszination, die von ihm als Mann, von seiner beängstigenden Verschlossenheit, bohrenden Zielstrebigkeit und undurchsichtigen Grausamkeit ausgeht. Es bedeutet eine totale Absage an das bürgerliche Ideal der Wohlanständigkeit, dass Célestine sich ausgerechnet diesem Mann anvertraut und bei ihm ein Gefühl der Geborgenheit und sogar ein bescheidenes Glück erlebt.

In einer einleitenden Widmung an Jules Huret kündigt der Autor ein unverfälschtes Porträt der zeitgenössischen Gesellschaft an – »ein Buch ohne Heuchelei, so wie das Leben ist« –, und er versucht im Sinne dieses naturalistischen Programms, die vorgeführten Charaktere und Schicksale als Resultat der Einflüsse von Herkunft, Milieu und Zeit begreiflich zu machen. Die Unmenschlichkeiten, Laster und Perversionen, die die Seiten des Tagebuchs füllen, sind deshalb nicht Selbstzweck, sondern Bestandteil der Diagnose psychischer und sozialer Bedingungen, aus denen sich die verschiedenen Formen moralischen Fehlverhaltens erklären lassen. Wie sein Zeitgenosse ↗Zola erweist sich Mirbeau als scharfer und kritischer Beobachter der spätbürgerlichen Gesellschaft des Fin de Siècle, ist aber bitterer, polemischer und auch etwas klassenkämpferischer. Seine vielen Neuauflagen verdankt das *Journal d'une femme de chambre* freilich eher den pikanten Details, die darin ausgebreitet werden, dazu dem unverfälschten, lebendigen Pariser Argot. Erst dadurch gewinnen Célestines Wärme und Menschlichkeit volle Glaubwürdigkeit.

■ Lit.: L.R. Schehr: Figures of Alterity. French Realism and Its Others, 2003.

Richard Mellein

Patrick **Modiano**

■ geb. 30.7.1945 Boulogne-Billancourt (Frankreich)

Sohn einer flämischen Schauspielerin und eines italienischen Geschäftsmannes; in Savoyen aufgewachsen; durch den Tod seines Bruders im Alter von zehn Jahren persönliche Krise, die als Kern seines tragischen Weltgefühls und seines Schreibens angesehen wird; durch ↗Queneau in literarische Kreise eingeführt; 2014 Nobelpreis für Literatur.

■ Lit.: K. Wright: P.M., 1995. ■ M. Heck: P.M., 2012. ■ E. Gerritzen: (Kon-)Fusionen von Film und Buch. Momente des Filmischen in ausgewählten Romanen von P.M., 2014.

Rue des boutiques obscures

(frz.; *Die Gasse der dunklen Läden*, 1979, G. Heller) – Der 1978 erschienene Roman kreist um das Thema, dem sich schon der erfolgreiche Erstling des Autors, *La place de l'étoile*, 1968 (Der Platz des Sterns), widmete: die Qual und die Angst, die mit dem Fehlen einer sozial anerkannten, durch Ausweispapiere und eine erzählbare Vergangenheit verbürgten Identität verbunden sind. Den verzweifelten Versuch, die ›eigene‹ Vergangenheit und damit jenes Datum, von dem sich eine dauerhafte Konsistenz der eigenen Person herleiten ließe, wiederzufinden, entlarvt Modiano als Illusion.

»Ich bin nichts. Nichts als eine blasse Silhouette« lautet die Selbstbeschreibung des Ich-Erzählers, der während des Zweiten Weltkriegs an Amnesie erkrankt ist. Den gefälschten Ausweispapieren zufolge, die er von einem Freund erhalten hat, ist sein Name Guy Roland. Auf der Suche nach der verlorenen Zeit vor seiner Amnesie versucht er – detektivisches Subjekt und Objekt zugleich –, Spuren seiner früheren Anwesenheit auf alten Fotos, in verblichenen Schriftstücken, Zeitungsausschnitten und Briefen oder im trüben Gedächtnis anderer Menschen zu entdecken.

Der Roman spielt in Pariser Straßen, Hotels, Büros, Cafés und Restaurants. Als Detektivgeschichte angelegt, inszeniert er diese Suche, als würden die Spuren eines Verbrechers verfolgt. In der Hoffnung, erkannt zu werden, nimmt der Ich-Erzähler probeweise verschiedene Eigennamen an – Freddie, Pedro oder auch »Strandmensch« – und arrangiert Begegnungen mit verschiedenen Personen und Orten. So erweckt etwa der Anblick leerer, schwarzer Fenster und Wache stehender Polizisten in der hereinbrechenden Dämmerung in ihm ein merkwürdiges Echo – »ein Gefühl wie bei einem fast vergessenen Lied oder einem vertrauten Parfüm«. In die Geschichten, die ihm von den befragten Personen erzählt werden, schlüpft er hinein, zieht sie über wie Kleidungsstücke.

Im Verlauf seiner Suche wird »Guy« allmählich zu einem Archiv, das verschiedenste Dokumente und Geschichten aufbewahrt, die ihm von den jeweiligen Besitzern überlassen werden. Und er wird zum identitätslosen Ort des Gedächtnisses selbst, an dem sich viele fremde Stimmen sammeln und überschneiden.

»Wahrscheinlich bin ich nie Pedro McEvoy gewesen, ich war nichts, aber Wellen durchdrangen mich, schwache, die von weither kamen, und stärkere, und alle diese verstreuten Echolaute, die in der Luft schwebten, verdichteten sich und wurden ich.« Nicht Fragmente seiner ›eigenen‹ Vergangenheit erhellen sich so, sondern Bruchstücke der Geschichten jener Menschen, denen er im Lauf seiner detektivischen Suche begegnet. Aus den gesammelten Informationen und Eindrücken fügt sich schließlich eine zusammenhängende Erzählung zusammen, die jedoch immer noch Fragment bleibt. Sie führt ins Zentrum der Okkupationszeit – einer Zeit der Bedrohung, des Wartens und des unbedingten Zwangs, unsichtbar zu werden: Drei Männer und zwei Frauen flüchten aus dem besetzten Paris in das französische Bergdorf Megève, wo sie hoffen, unerkannt und unversehrt die Okkupation überstehen zu können. Zwei aus der Gruppe, Pedro und Denise, versuchen, über die Grenze in die Schweiz zu entkommen. Sie werden verraten und laufen in eine Falle. An diesem Punkt bricht die Erzählung ab, legt sich undurchdringlicher Nebel über die Geschichte. »Guy« glaubt, mit der verschollenen Figur Pedro identisch zu sein – ob dies der Wahrheit entspricht, bleibt für ihn selbst ebenso wie für den Leser ungeklärt. Die Grenzlinie zwischen Erinnerung, Imagination und Fiktion bleibt verschwommen.

In diesem Roman, in dem eine Fülle von parodistischen Literaturzitaten (u. a. ↗ Proust, Simenon, ↗ Aragon) steckt, verzichtet Modiano ähnlich wie in seinen anderen Werken vollständig auf eine psychologisierende Darstellung. Vielmehr ist es die Materialität des mnemotechnischen Prozesses selbst, die zum Stoff der Erzählung wird. Zugleich ist der Text aber auch als eines der wichtigsten und frühesten Zeugnisse für eine Auseinandersetzung mit dem Résistance-Mythos lesbar.

■ Lit.: S. Schutz: Une sale histoire. Die unbewältigte Occupation bei P. M., 1998. *Birgit R. Erdle*

Une jeunesse

(frz.; *Eine Jugend*, 1985, P. Handke) – Wie schon die früheren Werke des Autors kreist auch dieser 1981 erschienene Roman um das Thema der Rettung des Vergangenen, der Suche nach Spuren der eigenen Vergangenheit, und um die Frage, wie eine Lebensgeschichte zur Grundlage einer verlässlichen Identität werden kann. Im Mittelpunkt des Romans stehen Louis und Odile, die seit 13 Jahren gemeinsam mit ihren Kindern in einem Dorf in den französischen Alpen ein von ruhigem Gleichmaß und Sicherheit geprägtes Leben führen. Der Romananfang unterstreicht diese Klarheit mit seinen Hinweisen auf die Eindeutigkeit der Landschaftsfarben – das »kräftige Rot der Kabine« der Bergbahn, welches sich »vom sommerlichen Berggrün« abhebt. Der zufällige Anblick geläufiger Alltagsgegenstände, welche die vergangene Zeit überdauert haben – ein Schokoladenautomat und eine Schallplatte mit dem Titel »Rosen von Hawaii« – löst bei Odile und Louis einen Strom von Erinnerungen aus, die sich zu einzelnen, statischen Bildern verdichten.

Louis und Odile begegneten einander im Paris der frühen 1960er Jahre an der Gare Saint-Lazare, einem Ort, der »sozusagen die tiefstgelegene Stelle in Paris« bildet, »eine Senke, eine Art Trichter, in den alle schließlich hineinrutschen. Man braucht nur zu warten [...].« Beide führten ein ungesichertes Leben, der Waise Louis als Nachtwächter in einer Garage, Odile als Sängerin in einem schäbigen Café – ein Leben, das mit der Zwielichtigkeit und der latenten Gewalt der Stadt verschmolz: »Später, wenn sie sich an diese Periode ihres Lebens erinnern, werden sie Kreuzungen sehen und Hauseingänge: jeder einzelne Lichtreflex da ist auf sie übergegangen. Sie waren nichts als die in den Farben dieser Stadt spielenden Blasen: grau und schwarz.«

Während die übrigen Figuren des Romans meist in ihrer Vergangenheit gefangen bleiben – Odiles Freund Georges Bellune, ein aus Naziösterreich geflüchteter Komponist, der früher Georg Blüne hieß, begeht Selbstmord in demselben Hotel, in dem er einst als Emigrant wohnte – gelang es Odile und Louis, nicht in der Suche nach ihren Eltern und in der Fiktion immer neuer Ersatzidentitäten zu verharren, sondern sich aus Momenten, die zu Erinnerungen werden, eine ›eigene‹ Vergangenheit zu schaffen und ein ›eigenes‹ Leben zu beginnen. Zeichenhaft ist dieser kreative Akt der Umformung in der Musik verdichtet, die auf der alten Schallplatte, Relikt aus der vergangenen Zeit, bewahrt bleibt.

Modiano vermeidet jede psychologisierende, auf die Innenperspektive konzentrierte Betrachtung des Erinnerungsprozesses seiner Protagonisten. Seine am klassischen Stilideal orientierte und häufig mit der Ästhetik von Filmbildern verglichene Darstellungstechnik beschränkt die Beschreibung strikt auf die Oberfläche der in knappe Bilder aufgelösten, erinnerten Episoden. Der Roman erprobt, wie sich eine zuverlässige Position gewinnen ließe, aus der heraus das Erzählen eines Lebens überhaupt erst möglich wird; er unterschlägt aber nicht die Ambivalenz einer Selbstsetzung, die den Zufall und die Unbestimmtheit des Lebens in einem ihm nachträglich unterstellten Plan und Umriss verschwinden lässt.

■ Lit.: P. M., Hg. J. Bedner, 1993. ■ W. VanDerWolk: Rewriting the Past: Memory, History and Narration in the Novels of P. M., 1997. *Birgit R. Erdle*

La Petite Bijou

(frz.; *Die Kleine Bijou*, 2003, P. Handke) – Wie fast allen Texten Modianos ist auch diesem 2001 erschienenen Roman die Topographie von Paris als präzise konfiguriertes Grundmuster unterlegt. Er verbindet zwei Zeitschichten, die Zeit der 1940er und der 1950er Jahre.

»La Petite Bijou« ist ein Künstlername, den Thérèse, die weibliche Hauptfigur, aus deren Perspektive der Roman erzählt wird, von ihrer Mutter als Kind erhielt. Dieser Name und die verblichene gelbe Farbe des Mantels einer älteren Frau, der das junge Mädchen zufällig in der Pariser Metro begegnet, legen schon in den ersten Sätzen des Romans eine Erinnerungs- und Affektspur in die Kindheit der Ich-Erzählerin in den 1940er Jahren.

Der konzentrische Kern dieser Kindheit, dessen Wirkung bis in das gegenwärtige Leben Thérèses hineinreicht, ist das unerklärt gebliebene Verlassenwerden von der Mutter. Es wird nicht deutlich, ob diese inzwischen gestorben oder unter anderem Namen noch am Leben ist. Als kleinem Mädchen wurde Thérèse gesagt, die Mutter, eine Tänzerin, sei »gestorben in Marokko« – für die Ich-Erzählerin »einer jener Sätze aus der Kindheit«, von welchen »einem allein der Klang im Gedächtnis« bleibt. Die Frau im abgetragenen Mantel, dessen gelbe Farbe Thérèses Aufmerksamkeit erregt, ähnelt dem Bild der verschollenen Mutter so sehr, »dass ich dachte: Sie ist es.« Der Schock dieses Wiedererkennens löst einen Erinnerungssog aus – Modiano selbst bezeichnet ihn als einen »Wachtraum«, der sich bisweilen in einen Albtraum verwandle. Thérèse, die angstvoll und im verzweifelten Wunsch, der Ungewissheit ein Ende zu machen, die Frau auf ihren Wegen durch die Vorstadt von Paris verfolgt, erscheint selbst als eine Verfolgte.

Die schlichte, kunstvolle Sprache Modianos vermittelt in extremer Anspannung und Dichte den Schmerz, verlassen worden zu sein, die Verzweiflung des Dahintreibens ohne einen Fixpunkt, die Anstrengung des jungen Mädchens, gegen Ausweglosigkeit und Traurigkeit anzukämpfen. Thérèses Einsamkeit wird durchbrochen von weiteren Figuren, die im Roman auftauchen: eine Apothekerin, die ihr sanft und bestimmt zur Seite steht, ein junger Übersetzer namens Moreau-Badmaev, der 20 Sprachen kennt, darunter das »Persisch der Steppen«, und ein kleines Mädchen, das sie betreut, um Geld zu verdienen. Die Heimatlosigkeit dieses Kindes und das Desinteresse seiner großbürgerlichen Eltern an ihm werden zu Spiegelmomenten ihrer eigenen Kindheit.

Die systematischen Unschärfen, die den Text strukturieren – z. B. wird die Mutter in den 1940er Jahren »La Boche« genannt, ohne dass klar würde, ob sie sich während der Besatzungszeit mit den Deutschen eingelassen hat – tragen dazu bei, dass sich die Verwirrung im Lauf des Romans nur vertieft. Die Grenze dieser Vertiefung markieren ein Selbstmordversuch, eine Rettung und der Anfang des Erzählens: »Lange war ich eingeschlossen gewesen in Eis, und jetzt schmolz es und floss weg.«

Vor allem die betörende Sprache des Romans, die Kunst der Aussparung und Andeutung und die einfühlsame poetische Gestaltung der weiblichen Erzählstimme fanden das einmütige Lob der Kritik.

▪ Lit.: W. Vanderwolk: Rewriting the Past. Memory, History and Narration in the Novels of P. M., 1997. ▪ D. Cooke: Present Pasts: P. M.'s (Auto)Biographical Fictions, 2005. *Birgit R. Erdle*

Molière

▪ geb. 13. oder 14. 1. 1622 Paris (Frankreich)
▪ gest. 17. 2. 1673 Paris (Frankreich)

(d. i. Jean-Baptiste Poquelin) – Sohn eines königlichen Teppichwirkers; 1636–1641 Schüler des renommierten Jesuitenkollegs Clermont in Paris; Verzicht auf den väterlichen Hofposten; 1646 Beitritt zur Theatergruppe ›L'Illustre Théâtre‹, Wanderleben in Languedoc und Provence; ab 1652 Komödienschreiber und Leiter der Truppe; 1658 Theatertruppe des Duc d'Orléans in Paris; in der Gunst Ludwigs XIV.; ab 1661 Auftritte im Palais Royal; befreundet mit ↗ Racine, ↗ La Fontaine, Boileau; 1664 Hofautor, zugleich Regisseur und Schauspieler; 1665 mit seiner ›Troupe du Roi‹ unter persönlichem Schutz des Königs; Wegbereiter der späteren Comédie française; 32 authentische Stücke erhalten; Ausbau der Komödie zum Medium gesellschaftlicher Kritik; durch die spezifische Verschmelzung von Commedia dell'arte, spanischer ›comedia‹ und antiken Bühnentraditionen bedeutendster Komödienschreiber der französischen Literatur.

▪ Ausg.: Œuvres complètes, 2 Bde, Hg. R. Jouanny, 1980 f. ▪ Œuvres complètes, 2 Bde, Hg. G. Forestier, 2010.
▪ Übers.: Komödien, 7 Bde, Hg. H. Weigel, 1975.
▪ Lit.: J. Grimm: M., 2002. ▪ G. McCarthy: The Theatres of M., 2002. ▪ Z. Polsky: The Comic Machine, the Narrative Machine, and the Political Machine in the Works of M., 2003. ▪ H.-G. Coenen: M. – der Klassiker, 2010.

Les précieuses ridicules

(frz.; *Die lächerlichen Schwärmerinnen*, 1975, H. Weigel) – Die Uraufführung dieser 1660 erschienenen Prosakomödie in 17 Szenen am 18. November 1659 in Paris bedeutete den Durchbruch des Autors dort, wohin er nach 13-jähriger Abwesenheit in der Provinz wieder zurückgekehrt war.

Die zwei Protagonisten seines Stücks, Madelone und Cathos, streben nach Erfolg und Anerkennung in der guten Gesellschaft von Paris: Aus den Romankompendien der Mademoiselle de Scudéry haben die Landkinder Kunde vom stilisierten Leben in den Pariser Salons gewonnen und sich den modischen Zierrat der Sprache und des Gebarens so unreflektiert angelesen, dass sie von ihrer glanzvollen Aufnahme in die mondäne Welt fest überzeugt sind. Dieser Blitzkarriere scheinen die beiden Edelleute Du Grange und Du Croisy im Weg zu stehen, die sich in den Augen der Provinzschönen nicht an die von der Literatur diktierten Spielregeln der Konvention halten und denen deshalb, schon ehe das Spiel einsetzt, eine grobe Abfuhr zuteil wird. Das Motiv der Rache wird zum Movens des Geschehens: Die wutentbrannten Edelleute schicken sich an, den Mädchen ihre Anmaßung in der Form einer entlarvenden Komödie heimzuzahlen, indem sie ihre Diener, die sich ebenfalls zu Höherem berufen glauben, als preziöse Grafen à la mode verkleidet, bei ihnen vorstellig werden lassen.

So hält Mascarille in einer Sänfte seinen Einzug, verteilt geläufige Komplimente, rühmt Paris und seine Salons, in denen er selbstverständlich zu verkehren vorgibt, rezitiert und interpretiert genüsslich ein dürftiges Gedicht aus eigener Feder. Gerade in dem Moment, als ihm das Repertoire ausgeht und ihm nur noch Wiederholungen einfallen, wird der zweite Diener als »Vicomte de Jodelet« angemeldet. Nun spielen sich die alten Kriegskameraden, Jodelet allerdings noch durchsichtiger als Mascarille, so lange die Stichworte für ihr Eigenlob zu, bis sie sich schließlich mit ihrer Rolle identifizieren, während die Damen bei der vermeintlichen Begegnung mit der großen Welt nur noch in den Atempausen des ›Wettrühmens‹ Zeit für Beifallsfloskeln finden. Als man einen Ball improvisieren will, werden die vier selbstvergessenen Imitatoren des preziösen Stils recht unsanft aus ihren Illusionen gerissen: Die wahren Herren Du Grange und Du Croisy decken das Spiel auf, Stockschläge begleiten die Entkleidung der beiden falschen Grafen; vor den Augen des Publikums fällt der lächerlich gemachten Preziösen Maske eitler Anmaßung.

Das Stück weist einerseits traditionelle Züge der Farce auf. Andererseits kritisiert Molière hier zum ersten Mal die zeitgenössischen Entartungen des Preziösentums: Preziösität war eine barocke Erscheinungsform, die mit ihrem raffinierten Kanon der Galanterie das gesamte Hof- und damit Geistesleben des 17. Jh.s entscheidend prägte. Allerdings barg diese Lebensform, in der Überhöhung und selbstbewusste Stilisierung Trumpf waren, stets die Gefahr, in klischeehaft leerem Pomp und sinnlosen Phrasen zu erstarren. Der hieraus entstandene sprachliche Bombast war ein naheliegendes Angriffsziel für einen Komödiendichter.

Wenngleich das Preziösentum sich historisch durch den politischen und militärischen Funktionsverlust des Adels seit der Zerschlagung der Fronde erklärt, zielt die Komik Molière vorzugsweise auf eine Kritik barocker Kommunikationsformen ab. Ungeklärt ist die Frage, ob Molière auch konkrete Gestalten der literarischen Welt – z. B. Mademoiselle de Scudéry – im Auge hatte.

Die Reaktion auf das Stück war, auf dem Höhepunkt der Preziösenmode, merklich kritisch. Zum einen wurde Molière vorgeworfen, er habe Stücke von ↗ Scarron und Chappuzeau ausgebeutet, zum anderen kritisierte ↗ Corneille, der Autor diskreditiere mit seiner Komödie die ›hohe‹ Tragödie. Dennoch war dem Stück, das eine Flut von Publikationen zum Preziösentum auslöste, ein großer Erfolg beschieden.

▪ Lit.: P. Gaillard: M. ›Les précieuses ridicules‹, ›Les femmes savantes‹, 1984. ▪ D. Shaw: ›Les précieuses ridicules‹, 1986.

Helmut Steinkogler / KLL

Sganarelle ou Le cocu imaginaire

(frz.; *Sganarelle oder Der vermeintlich Betrogene*, 1975, H. Weigel) – Im Mittelpunkt der 1660 erschienenen Verskomödie in 24 Szenen steht ein Liebespaar: Célie liebt den abwesenden Lélie, wird aber von ihrem Vater Gorgibus in autoritärer Weise zur Heirat mit Valère bestimmt. Als ihr Protest nichts fruchtet, wird sie ohnmächtig; der hilfsbereite Sganarelle schleppt sie ins Nebenzimmer. Dabei entfällt ihr, von Sganarelle unbemerkt, ein Porträt ihres Geliebten Lélie.

Nun setzt das Karussell der Missverständnisse ein: Sganarelle wird von seiner Frau beobachtet, als er sich um die ohnmächtige Célie bemüht, und prompt der Untreue verdächtigt. Bei seiner Rückkehr findet er sie mit dem Porträt Lélies in der Hand und schöpft seinerseits Verdacht. Dem ahnungslos auftauchenden Lélie bedeutet er energisch, er möge die Finger von seiner Frau lassen. Lélie muss glauben, er meine Célie, die während seiner Abwesenheit geheiratet habe, und lässt die vermeintlich Treulose seine Enttäuschung spüren. Célie erfährt von Sganarelle, Lélie stelle seiner Frau nach, glaubt darin die Ursache seines verletzenden Verhaltens entdeckt zu haben und ist ihrerseits empört. Im ersten Affekt teilt sie ihrem Vater mit, sie habe nunmehr gegen eine Verbindung mit Valère nichts mehr einzuwenden. Die Katastrophe wird aber noch einmal abgewendet: Zum Glück stellt sich heraus, dass Valère sich ohne Wissen seines Vaters bereits anderweitig verheiratet hat; die Irrtümer klären sich dank des energischen Eingreifens der Zofe auf, und der Hochzeit Célies mit ihrem geliebten Lélie steht nichts mehr im Wege.

An die Stelle des eher lockeren und episodischen Aufbaus der frühen Farcen Molières tritt hier ein komplexes und kunstvoll konstruiertes Gebäude von einander bedingenden Missverständnissen und Verwechslungen. Die Doppelbödigkeit und Absurdität bestimmter Situationen wird durch Antithesen, Paradoxa und witzige Pointen überhöht. Mit der Eleganz des höfischen Stils kontrastiert wirkungsvoll die prekäre Farcenhaftigkeit des Themas und seine Formulierung.

Bemerkenswert ist an dem Stück, neben seiner sprachlichen Brillanz und der dramaturgischen Meisterschaft, die sich in der aberwitzigen Intrigenfolge zeigt, vor allem die Personengestaltung. Mit Sganarelle schafft Molière zum ersten Mal eine vielschichtige und differenzierte Theatergestalt, die bereits auf die Hauptfiguren der späteren großen Charakterkomödien verweist. Das Werk enthält Molières ersten großen Theatermonolog, der Sganarelles subtiles und von Widersprüchen geprägtes Persönlichkeitsbild zeichnet.

Das Stück beeinflusste Jean Donneau de Visés *Les amours d'Alcippe et de Céphise ou La cocue imaginaire*, 1661, sowie eine ganze Reihe englischer Theaterstücke. Im Gegensatz zum Eklat um die *Précieuses ridicules*, 1659 *(Die lächerlichen Schwärmerinnen)*, fiel die Kritik zu *Sganarelle* überwiegend positiv aus und wurde Molières zweiter großer Bühnenerfolg: Der Uraufführung vom 28.5.1660 folgten in kurzem Abstand fast 40 weitere Aufführungen, und bis zu seinem Tode war das Stück mit 123 Aufführungen das meistgespielte seines Repertoires.

▪ Lit.: P. Dandrey: La médecine et la maladie dans le théâtre de M. ›Sganarelle‹ et la médecine ou De la melancholie érotique, 1998.

Kurt Reichenberger / KLL

L'escole des maris

(frz.; *Die Schule der Ehemänner*, 1975, H. Weigel) – Die 1661 gedruckte und uraufgeführte Verskomödie in drei Akten handelt von Sganarelle und seinem Bruder Ariste. Sie haben zwei Waisen, Isabelle und Léonor, adoptiert, die sie sich – wenn auch mit gänzlich verschiedenen Methoden – zu Ehefrauen heranziehen wollen. Während der kluge Ariste mit Geduld, Verständnis und Zärtlichkeit ans Werk geht, übt Sganarelle als wortreicher Verteidiger der ›guten alten Sitten‹ und schwatzhafter Moralprediger tyrannische Strenge. Der Schlussakt lässt den bescheidenen, sanften Erzieher triumphieren, denn Léonor ist freiwillig zur Ehe mit ihm bereit, während die widerspenstige Isabelle ihren Peiniger mit allen erdenklichen Listen hintergeht und einem jungen Liebhaber nachseufzt, der sie endlich mit Erfolg entführt. Nicht grobe Späße und humoristische Episoden machen das Komödiantische dieses Stücks aus. An die Stelle der reinen Intrigenkomödie tritt die Ironisierung Sganarelles, dessen Charakter der Lächerlichkeit preisgegeben wird.

Das zugrunde liegende Handlungsschema entnahm Molière der ihrerseits auf Menander zurückgehenden Terenz-Komödie *Adelphoe*, die einen Choleriker und einen Schwächling nebeneinander stellt und beide als Erzieher scheitern lässt, und Pierre Lariveys *Les esprits*, 1579, einer Komödie, die Motive aus Stücken von Terenz und Plautus kombiniert. Ein Vergleich zeigt aber, dass Molière trotz solcher Anregungen ein neues und originelles Stück geschrieben und aus einer »Schule der Väter« eine »Schule der Ehemänner« mit nahezu individuellen Charakteren gemacht hat.

Wie die eineinhalb Jahre später aufgeführte *Escole des femmes*, 1663 *(Die Schule der Frauen)*, setzt auch dieser Dreiakter die damals oft diskutierte Frage der Ehe und der freien Gattenwahl in ein dramatisches Pro und Contra um. Beide Dramen führen vor, dass die um Verständnis, Vertrauen und kooperativen Austausch bemühte Erziehung der ›negativen‹ Erziehung überlegen ist, die auf Unterdrückung und Autorität beruht und primär auf das Fernhalten schädlicher Einflüsse setzt.

Im Gegensatz zur *Escole des femmes* blieb hier eine vergleichbare Kritik aus. Das Stück wurde begeistert aufgenommen und vor gekrönten Häuptern und allen bedeutenden Persönlichkeiten des Landes gespielt. Molière, bescheiden im Bewusstsein seines Ruhmes, widmete es dem Duc d'Orléans.

▪ Lit.: D.N. Losse: Multiple Masks in ›L'école des maris‹ in: Romance Notes 12, 1970/1971, 142–148.

Ingrid Peter / Gottfried Schwarz

L'estourdy ou Les contretemps

(frz.; *Der Wirrkopf*, 1975, H. Weigel) – Die Grundidee für diese 1663 erschienene Verskomödie in fünf Akten ist Barbieris Stück *Inavvertito*, 1629 (Der Unverständige), entnommen. Schauplatz der Handlung ist Messina. Der junge Lélie ist verliebt in Célie, die Sklavin von Truffaldin, der sie angeblich von Zigeunern gekauft hat. Um sie zu gewinnen, muss er sie diesem abhandeln, was aber nicht einfach ist: Erstens braucht er dazu Geld, zweitens muss er sich vor seinem Vater in Acht nehmen, der ihn mit Hippolyte verheiraten will, und drittens hat er einen Rivalen, Léandre, der ebenfalls in Célie verliebt ist. Lélies Diener Mascarille, ein Pendant zu dem unermüdlichen Possenreißer Scappino der Commedia dell'arte, ersinnt eine Menge Listen, um Geld aufzutreiben und die Schwierigkeiten, die sich der Verbindung seines Herrn mit seiner Angebeteten entgegenstellen, zu überwinden. Doch es ist nicht zuletzt der unbesonnene Lélie selbst, der den Erfolg von Mascarilles Gaunereien und Intrigen immer wieder verhindert. Der erboste Mascarille droht, seinen Herrn zu verlassen, ist dann aber bereit, bei ihm zu bleiben – nicht nur aus Anhänglichkeit, sondern auch, um sich nicht als besiegt erklären zu müssen. Als sich herausstellt, dass Célie Truffaldins Tochter ist, darf Lélie sie heiraten, während Léandre Hippolyte, die ihn immer geliebt hat, zur Frau nehmen wird.

Mascarille ist die beherrschende Figur des aus lose aneinandergereihten, zum Teil austauschbaren Episoden aufgebauten Stücks. Die übrigen Personen dienen nur als Zielscheibe seiner mit Phantasie und Frechheit ausgeheckten Streiche. Sein Witz, seine Selbstpersiflage und vor allem seine originelle Sprache – eine Mischung aus Gassenjargon, Küchenlatein und Patois – verfehlen nie ihre Wirkung. In *Les fourberies de Scapin*, 1671 *(Die Gaunereien des Scappino)* hat Molière den Mascarille-Typus in der Gestalt des Scapin wieder aufgenommen und ihm nach dem Vorbild der Plautus-Komödien einen zweiten, weniger gewitzten Diener an die Seite gestellt. Molière hat *L'estourdy*, mit dem er seinen ersten respektablen Erfolg als Bühnendichter feierte, besonders geliebt und die in der Erstfassung noch störenden Ungeschicklichkeiten in mehreren Bearbeitungen weitgehend ausgemerzt.

■ Lit.: C. Bourqui: M. à l'école italienne, 2003. *KLL*

L'escole des femmes

(frz.; *Die Schule der Frauen*, 1975, H. Weigel) – Dieser 1663 erschienenen Verskomödie in fünf Akten, dem ersten Meisterwerk ihres Verfassers und der französischen ›hohen Komödie‹ überhaupt, liegen mehrere Quellen zugrunde, u. a. ↗ Scarrons Novelle »La précaution inutile«, die Novellensammlung *Le piacevoli notti* (1551) von Giovanni Straparòla und die Komödie *Le galant doublé* (1660) von Thomas ↗ Corneille.

Ein tief verwurzeltes Misstrauen gegen die weibliche Moral hat Arnolphe, einen alten, verknöcherten Junggesellen, dazu gebracht, sein Mündel Agnès im Kloster in völliger Unkenntnis des gesellschaftlichen Lebens erziehen zu lassen und dann in die Obhut von Bauersleuten zu geben. Auf diese Weise glaubt er, Agnès' Unschuld und Tugendhaftigkeit zu erhalten und sich eine treue Ehefrau zu sichern. Unerfahren und arglos, wie sie ist, begegnet Agnès in einem unbewachten Moment einem jungen Herrn namens Horace und verliebt sich in ihn. Die folgende Intrige beruht allein darauf, dass Arnolphe sich aus Eitelkeit einen adligen Namen zugelegt hat und sich gern »Monsieur de la Souche« nennen lässt. Die Streiche, die Agnès und Horace bei ihren Versuchen, zueinander zu kommen, dem eifersüchtigen Alten spielen, vertraut Horace ahnungslos dem »verständnisvollen« Arnolphe an, der dadurch zu Gegenmaßnahmen greifen kann, die die beiden Verliebten wiederum schlau für ihre eigenen Pläne nutzen. Arnolphes Moralpredigten und Zwangsmaßnahmen scheitern an der naiven Zielstrebigkeit, mit der das junge Mädchen auf seiner Liebe besteht. Schließlich kommt den Liebenden das Schicksal in Gestalt von Agnès' totgeglaubtem Vater Enrique zu Hilfe, der seine väterlichen Rechte genau in dem Augenblick wieder übernimmt, als Arnolphe das Mädchen mit Gewalt seinen Wünschen gefügig machen will. Voll Freude stimmt Enrique – nach einer genretypischen Wiedererkennungsszene – der Heirat zwischen Agnès und Horace, dem Sohn seines Freundes, zu.

Molière greift hier die in *L'escole des maris*, 1661 *(Die Schule der Ehemänner)*, noch ganz im Stil der alten Typenkomödie behandelte Frage der weiblichen Erziehung auf höherer Ebene wieder auf, mit größerem dramatischen Geschick und mit bei aller Komik oder gar Lächerlichkeit doch ernstzunehmenden Figuren. Arnolphe ist Molières erste lebenswahre und differenzierte Charaktergestalt. Seine Tragik ist, dass er aus bösen Lebenserfahrungen törichte Prinzipien ableitet, während seine Gegenspielerin, die in Unwissenheit aufgewachsene Agnès, im richtigen Augenblick gesunden Menschenverstand zeigt. Freilich verzichtet Molière auch in diesem Stück nicht auf bewährte Lustspieleffekte und das obligatorische Finale: Wieder siegt die pfiffige Schläue über den verbohrten Geist, und der vermeintlich Listige ist am Ende der Angeführte.

Molières Charakterkomödie war ein sofortiger und anhaltender großer Erfolg beschieden. Dennoch entbrannte eine heftige öffentliche Diskussion um die neuartige Komödie, in der die Charakterdarstellung Vorrang vor der Intrige bekommen hatte. Argumentiert wurde dabei auf unterschiedlichen Ebenen: Einerseits wurde der Figurendarstellung Inkohärenz vorgeworfen, andererseits die Vermischung von Tragödien- und Farceelementen kritisiert. Vor allem aber zielte die Polemik der Preziösen, der literarischen Konkurrenten und der Kirche auf die in der *Schule der Frauen* vorgebrachte Kritik an der traditionellen Auffassung von ehelicher Liebe als Pflicht und erzwungener Treue.

Ludwig XIV. selbst hingegen ergriff gemeinsam mit Boileau Partei für den Dichter: zum einen, da er sich durch die Figur der »libertinen« Agnès in seiner leidenschaftlichen Liebesaffäre mit Louise de Vallière unterstützt sehen konnte, zum anderen wohl auch aufgrund der politischen Implikationen der Lösung, die als Affirmation des noch jungen aufstrebenden Handelsbürgertums verstanden werden kann.

Der Autor selbst ging 1663 mit der *Critique de l'escole des femmes (Die Kritik der Schule der Frauen)*, einer einaktigen Prosakomödie, die zum ersten Mal im Théâtre du Palais-Royal und später zusammen mit der *Escole des femmes* aufgeführt wurde, zum Gegenangriff über. Ohne sich um eine konkrete Handlung zu bemühen, bringt Molière eine amüsante Salonkonversation auf die Bühne, in der sich zwei Parteien über die *Escole des femmes* unterhalten. Der Wortführer der Kritiker ist ein extravaganter, beschränkter Marquis. Aus seinem Gefolge kommt ihm Clymène zu Hilfe, die den damals neuen Ausdruck »obscénité« in die Debatte wirft. Noch lächerlicher wirkt der pedantisch-mondäne Lysidas, der die *Escole des femmes* zum Anlass nimmt, mit herablassender Bosheit den Erfolg »unernster Komödien« zu verdammen und das Lob der Tragödie und ihrer heilig zu haltenden Regeln zu singen. Zur Partei der für den gesunden Menschenverstand eintretenden »honnêtes gens« gehören die spottlustige Élise und die ernsthaft-vernünftige, aber auch witzige Uranie, eine vollkommene Dame von Welt. Dorante schließlich, ein Edelmann von umfassender Bildung und ausgesuchten Manieren, verteidigt als Sprachrohr des Autors den Geschmack des Publikums, das mit Witz unterhalten sein will, gegen einen leeren, formelhaften Dogmatismus. Während er dem Marquis und Clymène nur mit Ironie begegnet, macht er sich die Mühe, den hochtrabenden Dichterling Lysidas ernst zu nehmen und sich Punkt für Punkt mit den von ihm vorgetragenen Einwänden auseinanderzusetzen.

Die Dialoge halten sich an den Konversationston der guten Gesellschaft, ohne doch jemals langweilig oder schleppend zu werden. Molière gelingt hier ein glückliches Zusammenspiel von Scherz, sarkastischem Spott und feinsinniger Eloquenz. Auf die von der *Critique de l'escole des femmes* provozierten weiteren Anfeindungen reagierte Molière mit einer letzten Stellungnahme, dem Einakter *L'impromptu de Versailles*, 1663 *(Vorspiel in Versailles)*.

▪ Lit.: J. Butin: ›L'école des femmes‹ – M. analyse critique, 1984.

Ingrid Peter / Gottfried Schwarz

L'impromptu de Versailles

(frz.; *Vorspiel in Versailles*, 1975, H. Weigel) – Diese 1682 in der ersten postumen Ausgabe der Komödien im Druck erschienene, 1663 im Palais Royal uraufgeführte Prosakomödie in 11 Szenen ist eine Gelegenheitsarbeit, die Molière selbst nicht einmal drucken ließ. Sie markiert, als quasi theatralische Polemik, eine weitere Etappe in dem öffentlichen Streit um die *Escole des femmes*, 1662 *(Die Schule der Frauen)*, und schließt direkt an die *Critique de l'escole des femmes*, 1663 *(Die Kritik der Schule der Frauen)*, an. Im Unterschied zur *Critique*, welche sich an eine breitere Öffentlichkeit richtete, stellt das *Impromptu* eine gezielte Reaktion gegen die Angriffe der eifersüchtigen Schauspielerkollegen dar. Es war Molières letztes und schärfstes Wort in der Rivalität zwischen seiner Truppe und dem Hôtel de Bourgogne, die mit Boursaults polemischem Stück *Le portrait du peintre* ihren Höhepunkt erreicht hatte.

Im *Impromptu* macht Molière die Kulissen seines Theaters zum Schauplatz der Handlung, tritt als Autor, Schauspieler und Leiter der Truppe selbst in Erscheinung, stellt seine Mitspieler vor und geht anschließend dazu über, die Rivalen mit boshafter Schärfe und aggressiver Deutlichkeit zu parodieren. Er erinnert an seine schon im *Estourdy*, 1655 *(Der Wirrkopf)*, angedeutete Forderung, dass auf der Bühne so natürlich gesprochen werden solle wie im Leben, und setzt sich mit seinen Kritikern auseinander. In jeder gezielten Attacke, jeder direkten Anspielung oder Apostrophe und in der stolzen Verteidigung seiner Position bei Hofe ist heftigstes persönliches Engagement spürbar.

Die lebhafte und eindeutige Anteilnahme des adeligen Publikums bei der Versailler Uraufführung und der Erfolg der Pariser Vorstellungen riefen neue Angriffe gegen Molière hervor. Boursault druckte sein *Portrait du peintre* mit einem giftigem Vorwort, Donneau de Visé verhöhnte Molière als Hahnrei in seiner Parodie *Réponse à L'impromptu de Versailles*, und sein »Lettre sur les affaires du théâtre« (Sendschreiben über Theaterangelegenheiten) wurde zur Apologie der Figur des Marquis, den Molière an Stelle des alten Dieners kühn als den neuen »Spaßvogel der Komödie« deklariert hatte. *L'impromptu de l'hôtel de Condé* des jungen Montfleury karikierte Molière in tragischen Rollen, während Montfleury der Ältere sich dazu hinreißen ließ, Molière als Ehemann der Tochter seiner Geliebten zu denunzieren. Auch Molières Parteigänger engagierten sich eifrig, während er selbst nach dem *Impromptu* striktes Schweigen bewahrt und am *Tartuffe*, 1664, arbeitete.

Wiewohl das Impromptu durch seine Aktualität zündende Wirkung hervorrief, als ›Theater im Theater‹ durchaus moderne Züge besitzt und darüber hinaus von zeit-, kunst- und sozialhistorischem Interesse ist, wurde es nur wenige Male aufgeführt. Die öffentliche Auseinandersetzung mit dem Komödienwerk Molières hatte ihren Höhepunkt indes noch längst nicht erreicht, wie der Kampf um den *Tartuffe*, der dem *Impromptu* als nächstes Stück folgte, alsbald zeigen sollte.

▪ Lit.: C. Deschamps de Villiers: La vengeance des marquis ou ›Réponse à L'impromptu des Versailles‹, 1968.

Ingrid Peter / Gottfried Schwarz

Le Tartuffe ou L'imposteur

(frz.; *Tartuffe*, 1983, H. Stenzel) – Die Verskomödie in fünf Akten, in einer ersten Fassung 1664 aufgeführt und in der endgültigen Form 1669 erschienen, ist das zu Lebzeiten umstrittenste Werk des Autors. *Tartuffe* hat eine komplizierte Entstehungsgeschichte, die von Eingriffen der Zensur und Anfechtungen durch kirchliche Stellen bestimmt war. Träger der Kampagne gegen das Stück war die religiösen Vereinigung ›Compagnie du Saint-Sacrement‹, die um so mehr Anlass dazu fand, als Molière mit seiner Darstellung auf skandalöse Exzesse (profitgeleitete Einmischung in angesehene Familien und illegitime Einflussnahme auf Testamentsbestimmungen) anspielte, durch die sich die Compagnie um das Jahr 1660 vor der Öffentlichkeit diskreditiert hatte. Damit das Verbot des *Tartuffe* aufgehoben wurde, bedurfte es erst einer Entspannung des kirchlich-politischen Klimas, die ein Kirchenfriede zwischen Ludwig XIV., der zu einer separatistischen Kirchenpolitik neigte, und Papst Clemens IX. beförderte. Das Stück wurde der einträglichste Erfolg in Molières gesamter Theaterlaufbahn.

Dem undurchsichtigen Frömmler Tartuffe ist es gelungen, sich durch Vorspiegelung eines exemplarischen religiösen Lebensstils eine einflussreiche Stellung im Hause des reichen, bornierten Pariser Bürgers Orgon zu erschleichen. Orgon, taub gegen alle vernünftigen Einwände, die vor allem von seinem Schwager Cléante erhoben werden, und blind gegenüber augenscheinlichem Betrug, steigert sich in eine fanatische Eingenommenheit für Tartuffe hinein, die für seine ganze Familie zur unmenschlichen Tyrannei ausartet und in der er lediglich von seiner noch einfältigeren Mutter, Madame Pernelle, bestärkt wird. Um den ›Stolz‹ seiner Familie zu brechen, will er eine Heirat zwischen Tartuffe und seiner Tochter Mariane durchsetzen, die jedoch mit Valère verlobt ist. Marianes Dienerin Dorine, die sich durch ihre freimütige und einsichtige Kritik an Tartuffe bei Orgon verhasst macht, übernimmt es, diesen Plan zu vereiteln. Orgons blindes Vertrauen zu Tartuffe nimmt groteske Formen an. Als sein Sohn Damis ihm von den selbst beobachteten kompromittierenden Übergriffen Tartuffes auf Orgons Gattin Elmire berichtet, verjagt und enterbt er den Sohn und glaubt lieber der demütig-heuchlerischen Verteidigung des Schwindlers, dem er überdies sein gesamtes Vermögen überschreibt. Damit sind Tartuffes Einfluss keine Grenzen mehr gesetzt.

Im Einverständnis mit Dorine inszeniert Elmire geschickt eine Szene, in welcher Orgon, als Zeuge unter dem Tisch versteckt, den wahren Tartuffe kennenlernt, den undankbaren Lüstling, der alle Moralbegriffe beiseite schiebt, um zu seinem Ziel zu gelangen, und sich über die beschränkte Leichtgläubigkeit seines Wohltäters mokiert. Als Orgon jedoch die Konsequenz ziehen will, bekommt er die gefährlichen Folgen seiner Dummheit zu spüren, denn nun weist Tartuffe Orgon samt seiner Familie aus dem ihm übereigneten Haus. Der Fall droht dadurch zur Katastrophe zu geraten, dass Orgon Tartuffe eine Kassette mit Papieren eines politisch verfolgten, ins Exil geflüchteten Freundes anvertraut hatte, der dieses Belastungsmaterial nun gegen ihn ausspielt. Nur die unvermutet ausgesprochene Gnade des Königs, der das falsche Spiel des ohnehin gesuchten Verbrechers durchschaut hat und mit Gefängnis bestraft, bringt im letzten Augenblick die rettende Wendung. Sie wird besiegelt durch die Heirat Marianes mit Valère, dessen Loyalität gegenüber Orgon sich gezeigt hat, als er alles unternahm, um diesen vor dem Zugriff der Justiz zu retten.

Die Brisanz der von Molière behandelten Thematik wird durch die Entstehungs- und Wirkungsgeschichte des Werks unmittelbar sichtbar. In Anwendung seiner moralistischen Komödienpoetik rückte der Autor auch im *Tartuffe* eine akute soziale Gefahr ins Bewusstsein der Zeitgenossen: die Molière aus eigener Anschauung bekannten parasitären Existenzen einer pseudoklerikalen Halbwelt, die aus der Frömmigkeit ihrer Opfer Profit zu schlagen wussten. Wie groß der Einfluss der religiösen Hochstapler war, lässt sich aus den erregten Kabalen gegen die Komödie ablesen.

Für den Stoff der Heuchlerkomödie gab es eine Reihe literarischer Vorbilder: die Komödie *Lo hipocrito* von Aretino (1541/42), den Roman *Les amours d'Aristandre et de Cléonice* von d'Audiguier (1624), das Drama *Arbiran* von d'Ouville; die Novelle *Les hypocrites* von Paul ↗ Scarron (1655); die Verssatiren *Les Pharisiens du temps ou Le dévot hypocrite* von Garaby de la Luzerne und die Satire *Macette* von Mathurin Régnier. Ferner weist ein anonym erschienenes Verspamphlet zum gleichen Thema, *Le livre abominable* (1663/64), Korrespondenzen mit Molières Komödienkonzeption auf.

Die Handlung der Komödie ist daher gegenüber der Thematik relativ unbedeutend. Molière benutzt die konventionellen Schemata der Intrige. Inhaltlich sind zwei Ebenen zu unterscheiden: Der illustrierenden, zur Aktionsarmut tendierenden Typendarstellung des religiösen Heuchlers als Intention der Sittenkomödie steht eine sich verselbständigende Intrige gegenüber, die am Ende die dramatische Lösung des Deus ex machina in Gestalt des gerechten Königs nicht verschmäht. Dieser Schluss ist auch insofern bedeutsam, als er eine indirekte Huldigung an Ludwig XIV. darstellt, da der König als Zentrum der Macht und Garant der richtigen Ordnung auf den Plan tritt, die in dialektischer Weise für den Bestand des Theaters garantiert. Molières Gesellschaftskritik macht dementsprechend Halt vor der Figur des absoluten Herrschers. Ungeachtet des ästhetischen Anspruchs der ›hohen Komödie‹ integriert Molière in die Formkonzeption des *Tartuffe* auch Mittel der Farce und verwendet gleichermaßen drastische Komik und gehobene Reflexion, vordergründige szenische Effekte und subtilen Wortwitz. Molières satirische Intention erreichte mit dieser auf Wirkung berechneten Stillage alle Bildungsschichten des zeitgenössischen Theaterpublikums. Bewunderung fand die ungewöhnliche Expositionstechnik, die den ersten Auftritt der Titelfigur bis zum dritten Akt aufschiebt.

Diese ebenso brillante wie komplexe Komödie nimmt in der Statistik der Comédie française als meistgespieltes Stück der französischen Klassik einen Spitzenplatz ein. Molières literarischer Ruhm war seinerzeit durch die Affäre um die Komödie befördert worden. Die ungewöhnliche Nachfrage führte dazu, dass der sogleich vergriffenen ersten Buchausgabe noch im selben Jahre eine zweite folgte. Mag auch der damals brisante religionsgeschichtliche Bezug inzwischen verblasst sein, so hat doch die Thematik von Aufrichtigkeit und Täuschung, Natürlichkeit und Maske und damit letztlich von Sein und Schein nichts an Aktualität eingebüßt.

▪ Lit.: G. Ferreyrolles: M. ›Tartuffe‹, 1987.

Ulrich Hubert / Gottfried Schwarz

Dom Juan ou Le festin de pierre

(frz.; *Don Juan*, 1975, H. Weigel) – Die 1682 in der ersten Ausgabe der gesammelten Komödien erschienene Prosakomödie in fünf Akten, 1665 im Palais Royal uraufgeführt, nimmt sich des von Tirso de Molina mit dem Schauspiel *El burlador de Sevilla*, 1630 *(Der Spötter von Sevilla und der steinerne Gast)*, in die Literatur eingeführten Don-Juan-Themas an. Dieses hatte bereits einige Abwandlungen erfahren, als Molière es aufgriff. Während Tirso die Legende zu einem barocken Lehrstück gestaltete, in dem Don Juan als hartnäckiger und schließlich dem Strafgericht Gottes anheimfallender Sünder dargestellt wird, interessierten sich die nachfolgenden italienischen Bearbeiter (Cicognini, um 1650; Giliberti, um 1658) weniger für den moralischen Gehalt als für die komödiantischen und theatralischen Aspekte des Stoffs. Durch Commedia-dell'arte-Aufführungen wurde er in Frankreich bekannt, wo er vor Molière zwei Bearbeiter fand, Dorimond und Villiers, die um 1660 Don Juan wieder in den Mittelpunkt der Handlung stellten, ihm jedoch brutale Züge verliehen. Es ist nicht sicher, ob Molière die Fassung Tirso de Molinas gekannt hat. Von Molière stammt der in der langen Geschichte des Stoffs wichtige und später von Mozarts Librettisten Da Ponte aufgegriffene Gedanke, Don Juan mit einer Frau von Geist (Donna Elvira) zu konfrontieren.

Eine nur locker aneinandergereihte Folge von Szenen dient der Charakterisierung des Protagonisten. Der atheistische Don Juan, der Elvira aus dem Kloster entführt, geheiratet und wieder verlassen hat, gibt sich erneut Ent- und Verführungsbestrebungen hin. Der zwiespältige Charakter des durchaus eleganten und mutigen Freigeists offenbart sich, als er einen angegriffenen Edelmann rettet und sich einem Bettler gegenüber als wohltätig erweist. Nachdem er die Kritik seines Vaters an seinem Lebenswandel zunächst ignoriert hat, spielt er, scheinbar reumütig, diesem schließlich die innere Umkehr vor. Seinem Diener Sganarelle gibt er sich jedoch als Heuchler zu erkennen. Seine Strafe ereilt ihn, als sich schließlich die Erde auftut und ihn verschlingt.

Im Vergleich zu Tirsos Stück hat Molière die Don-Juan-Gestalt und den dramaturgischen Bau verkompliziert. Sein Don Juan ist nicht mehr nur der Frauenjäger, der seine gesellschaftliche Stellung bei jeder sich bietenden Gelegenheit skrupellos zur Verführung ausnützt. Die Erotik des Molière'schen Don Juan ist raffinierte Lasterhaftigkeit, seine Leidenschaft reflektiert, seine Haltung unmetaphysisch und antireligiös.

Erst im letzten Akt stellt Molière ihn als vollkommen verderbten Menschen dar, der sich nach außen hin den religiösen und sittlichen Vorschriften unterwirft, um im Geheimen desto ungestörter seinen verwerflichen Neigungen nachgehen zu können. Nirgendwo wird der geistige Abstand zur Don-Juan-Gestalt Tirsos deutlicher als hier: Dem hartnäckigen Sünder wider die (außer Zweifel stehende) christliche Ordnung steht der areligiöse Libertin gegenüber, der sich dieser Ordnung nur anpasst, um sich ihrer Gesetze zu seinem Vorteil zu bedienen.

Folgerichtig tritt bei einer so bewusst handelnden Gestalt der Monolog in den Vordergrund. Molières Don Juan denkt über sich selbst nach und kommentiert sein Verhalten. Seinen Entschluss, sich fortan heuchlerisch der Maske des rechtschaffenen Mannes zu bedienen, begründet er Sganarelle gegenüber folgendermaßen: »Das ist heute doch keine Schande mehr [...]. Die Rolle des ehrbaren Mannes ist die beste von allen Rollen, die man spielen kann. Heutzutage bietet der Beruf des Heuchlers uns die größten Vorteile. Das ist eine Kunst, die gerade um ihrer Verlogenheit willen aufs höchste geschätzt wird [...]. Nur die Heuchelei ist ein privilegiertes Laster, das mit eigener Hand der ganzen Welt das Maul stopft und sich einer behaglichen Straflosigkeit erfreut.« Die Warnungen und Drohungen der von ihm Betrogenen, die ihn an das Strafgericht Gottes erinnern, belustigen ihn nur, und seine letzte Antwort darauf lautet: »Nein, es soll nicht heißen, daß ich imstande wäre zu bereuen, geschehe, was da will!« Bei einem solchen Helden verliert die Erscheinung der Statue ihre bei Tirso noch vorhandene religiöse Funktion. Ihr Fehlen wird deutlich in der Reaktion des eher abergläubischen als gläubigen Dieners Sganarelle sichtbar, der nach dem schrecklichen Höllensturz seines Herrn am meisten den ihm entgangenen Lohn beklagt: »Mes gages! Mes gages! Mes gages!«

Diese und einige vergleichbare Stellen, in denen die antireligiöse Einstellung Don Juans besonders deutlich wird, musste Molière nach der ersten Aufführung streichen. Um das ganze Stück (dessen Szenen, aus bäuerlicher Farce, ernstem Drama, Charakter- und Gesellschaftssatire kühn gemischt, bis zu einem gewissen Grad austauschbar sind) entbrannte eine heftige Polemik, ausgehend von einer klerikalen Kabale, die schon den *Tartuffe*, 1664, unterdrückt hatte. Mit Billigung des Königs wurde *Dom Juan* in zensierter Form 15-mal aufgeführt. Danach verschwand die Komödie vom Spielplan und wurde zu Lebzeiten Molières auch nicht gedruckt. 1677 beauftragte Molières Witwe Thomas ↗ Corneille mit einer Bearbeitung des Stücks. In dieser versifizierten Fassung wurde es bis 1847 von der Comédie française gespielt. Erst dann stellte man anhand zweier illegaler Drucke vom Ende des 17. Jh.s (Amsterdam, 1683, und Brüssel, 1684) den ursprünglichen Text wieder her.

■ Lit.: C. Bourqui: Polémiques et stratégies dans le ›Dom Juan‹ de M., 1992. ■ J. Massin: Don Juan. Mythe littéraire et musical, 1993. ■ G. Dotoli: Le jeu de Dom Juan, 2004.

Mechthild Heine / Gottfried Schwarz

L'amour médecin

(frz.; *Die Liebe als Arzt*, 1752, S. Bierling) – Als Ludwig XIV. der neu ernannten ›Troupe du Roi‹ für ein bevorstehendes Hoffest ein neues Stück in Auftrag gab, musste diese 1666 erschienene Ballettkomödie in drei Akten innerhalb von fünf Tagen geschrieben und einstudiert werden; die Uraufführung fand im September 1665 in Versailles statt. Die Intrige entnahm Molière früheren Farcen, u. a. seinem *Médecin volant (Der fliegende Arzt)* und dem *Pédant joué*, 1654 (Der gefoppte Schulmeister), von ↗ Cyrano de Bergerac.

Sganarelle, der tyrannische Vater der liebeskranken Lucinde, wird hintergangen; denn deren Vertraute Lisette bringt gegen seinen Willen den jungen Liebhaber Clitandre, als Arzt verkleidet, ins Haus und lässt den der Wissenschaft vertrauenden Alten einen, wie er glaubt, fingierten, in Wirklichkeit aber durchaus gültigen Ehevertrag für seine Tochter unterzeichnen. Lucinde und Clitandre können heiraten.

Sganarelle ist keine bloße Karikatur, sondern ein realistisch gezeichneter Mensch von komplexer Lebendigkeit. Ein wenig grob, allzu leichtgläubig, seiner Tochter in naiv-egoistischer Liebe zugetan, voll Bewunderung für die großen Worte der Herren Doktoren, besitzt er doch eine solide Lebensweisheit. Was dem Stück zu seiner Zeit so immensen Erfolg eintrug, waren jedoch die Randfiguren, vor allem jene Berufsgruppe, gegen die sich schon seit der Antike der Spott der Dichter richtete: die Ärzte. Wie die Bosheiten gegen die medizinische Wissenschaft seit Aristophanes und Plautus, seit ↗ Rabelais und ↗ Montaigne sind auch Molières Karikaturen noch von erheiternder Wirkung. Molière hatte sich kühn die fünf bekanntesten zeitgenössischen Pariser Ärzte zum Modell genommen, die Physiognomie der weisen Herren gut nachgebildet und sie gewissermaßen persönlich das Ärzte-Unwesen zur Schau stellen lassen. Seine Kritik gleitet dabei nie in direkte Anspielungen ab, sie trifft nur die Medizin seiner Zeit im Allgemeinen, ihr pedantisches Reglement, ihre Zeremonien, ihren Kult mit der hippokratischen Tradition und ihren Glauben an die eigene Unfehlbarkeit. Seine beißende Ärztesatire, die sowohl die Methoden der Medizin als auch das blinde Vertrauen des Laien in sie anprangert, hat dabei an Aktualität nichts eingebüßt.

■ Lit.: U. Yi: Les jeux et les tourments de l'amour dans le théâtre de M., 1992.

Ingrid Peter / KLL

Le médecin malgré lui

(frz.; *Der Arzt wider Willen*, 1975, H. Weigel) – Die 1667 erschienene Prosakomödie in drei Akten wurde 1666 uraufgeführt. Ein Ehestreit zwischen dem Holzsammler Sganarelle, einem groben Trunkenbold, und seiner Martine endet mit heftigen Stockschlägen für die Ehefrau. Da kommt der Rachedurstigen der Zufall in Gestalt der Diener Valère und Lucas zu Hilfe, die einen Arzt für die kranke Tochter ihres Herrn Géronte suchen. Martine gibt ihnen zu verstehen, dass Sganarelle ein solcher sei, seinen Beruf allerdings nur widerwillig ausübe und notfalls mit Schlägen dazu gezwungen werden müsse. Tatsächlich bezieht Sganarelle seine Tracht Prügel und, um weiteren Hieben zu entgehen, schickt er sich in die ihm aufgezwungene Rolle und wird zum Arzt.

In seiner neuen Eigenschaft erscheint er im Haus der vermeintlich kranken Lucinde: Durch die Diener weiß er bereits, dass sie an plötzlicher Stummheit leidet, gibt beiläufig dem Hausherrn eine Ohrfeige, nützt geschickt Amt und Würde seines neuen Standes, um sich der wenig prüden Amme Jacqueline handgreiflich zu nähern, stellt sodann unter latinisierenden Wortkaskaden durch Befühlen des Pulses sofort die richtige Diagnose und steckt ein schönes Honorar dafür ein.

Von Léandre, dem vom Vater wegen seiner Armut abgewiesenen Liebhaber Lucindes, erfährt er, dass es sich bei ihrer Stummheit nur um ein simuliertes Leiden handelt, das Lucinde vor der Ehe mit einem anderen, ungeliebten Mann bewahren soll. Mittels eines Verkleidungstricks verhilft Sganarelle dem Liebespaar zur Flucht, wird aber ertappt. Vor dem Galgen kann ihn nur der Zufall retten: Auf der Flucht erfährt Léandre, dass ihm eine Erbschaft zugefallen ist, die das Glück aller besiegelt.

Das an sich banale Sujet wurde aus mittelalterlichen Fabeln zu einer Posse umgestaltet. In der mimischen Fülle zeigt sich der Einfluss der Commedia dell'arte. Anders als in Molières ›hohen‹ Komödien zielt das Geschehen unmittelbar auf Bühnenwirksamkeit. Die offensichtliche Drastik, die bewusst wirklichkeitsfernen Übertreibungen und die pausenlose Situationskomik sind aber nicht selbstzweckhafte und isolierte Momente. Sie erscheinen vielmehr als funktionale Elemente einer Satire, die das Arzt-Patient-Verhältnis aufs Korn nimmt. Anders als in *L'amour médecin*, 1666 *(Die Liebe als Arzt)*, trifft Molières Spott hier weniger den Ärztestand als vielmehr die vorbehaltlose Leichtgläubigkeit der Klientel, die in ihrer Ignoranz selbst die größte Kurpfuscherei als medizinisches Wunderwerk bestaunen. – Seit Beginn des 19. Jh.s ist dies das meistgespielte Stück Molières in der Comédie française.

▪ Lit.: H. H. Christmann: M.s ›Médecin malgré lui‹ und der Stoff vom Bauern als Arzt, in: Die neuen Sprachen 15, 1966, 7–20. ▪ E. J. Potter: Faith and the Absurd in ›Le médecin malgré lui‹, in: Neophilologus 58, 1974, 368–371. ▪ J. I. Donohoe: Restructuring a Comic Hero of M. ›Le Médecin malgré lui‹, in: Approaches to Teaching M.'s Tartuffe and Other Plays, Hg. J. F. Gaines, 1995, 90–96. *Helmut Steinkogler / KLL*

Le misanthrope

(frz.; *Der Menschenfeind*, 1979, H. M. Enzensberger) – Hauptfigur dieser 1666 uraufgeführten und im folgenden Jahr publizierten Komödie in fünf Akten ist Alceste, der erbitterte, selbstquälerische Ankläger einer Gesellschaft, die sich, wie es ihm scheint, einer perfekten Heuchelei in allen menschlichen Beziehungen verschrieben hat. Als Lohn für die Weigerung, sich den Spielregeln seiner mondänen Umgebung anzupassen, muss er eine leidvolle Erfahrung nach der anderen hinnehmen. Da er das schlechte Sonett des Verseschmieds Oronte nicht lobt, sondern unerbittlich kritisiert, macht er sich diesen zum Feind; weil er es ablehnt, die Richter zu bestechen, verliert er seinen Prozess. Alle gut gemeinten Ratschläge seines ihm treu ergebenen Freundes Philinte, der in seiner klugen und liebenswürdigen Urbanität das genaue Gegenteil zu dem fanatisch um Aufrichtigkeit bemühten Alceste darstellt, verhallen ungehört. Die schwerste Niederlage aber erfährt der seiner moralischen Überlegenheit allzu sichere Alceste in der Liebe: Die von ihm umworbene Célimène, bei aller Oberflächlichkeit eine bezaubernd kokette und geistvolle Königin der Salons, lehnt es ab, zusammen mit ihm die Einsamkeit zu suchen und das Alleinsein mit einem mürrischen Menschenverächter gegen das reizvolle Spiel wechselnder Flirts einzutauschen. Das Hinauszögern der endgültigen Entscheidung, die Alceste dazu bestimmt, die Flucht aus einer verachteten Gesellschaft allein anzutreten, konstituiert nicht zuletzt eine die ganze Komödie durchziehende Spannung.

Alles deutet darauf hin, dass Alceste als komische Figur konzipiert wurde. Sein grundsätzlicher Fehler, die übersteigerte Welt- und Menschenverachtung, war nach zeitgenössischer Auffassung ein sozialer Defekt und musste einer Epoche prononcierter Geselligkeit als anomales Verhalten erscheinen. Dies äußert sich nicht zuletzt in Alcestes kauzigen Eigentümlichkeiten: Einerseits will er die Welt korrigieren, insbesondere aber seine geliebte Célimène auf den Pfad der Tugend leiten, andererseits spricht er beständig von seiner bevorstehenden Weltflucht. Kaum kann er die Freude über seine Niederlage im Prozess verhehlen, materialisiert sie doch seinen dauernden Anklagezustand gegen die Gesellschaft und dient ihm als bestätigendes Aushängeschild seiner von der Welt beleidigten Prinzipien. Folgerichtig liebt er auch ausgerechnet eine Frau, die die Inkarnation all dessen ist, was er verabscheut.

Das Werk darf als äußerst ambivalente Komödie gesehen werden, die sich aus einem Minimum an äußerer Handlung entwickelt. Die souveräne Beherrschung künstlerischer Mittel bekundet sich in der Natürlichkeit, mit der sich das stilisierende Versgewand den mehrschichtigen Gesprächssituationen anpasst, in der Zwanglosigkeit, mit der der klassische Regelkodex des französischen 17. Jh.s verwirklicht wurde, und schließlich im Verzicht auf die Effektapparatur des literarischen Komödienvorrats. An seine Stelle tritt die Entfaltung der Konflikte aus den Charakteranlagen der Hauptfiguren, die alle in der großen Welt der Pariser Salons zu Hause sind.

Die großen Hoffnungen, die der Autor auf dieses Drama setzte, wurden enttäuscht: Das zeitgenössische Publikum, von wenigen Ausnahmen wie Boileau abgesehen, konnte gerade diesem Werk, das den Kennern späterer Epochen zum Ausweis von Molières Meisterschaft wurde, nichts abgewinnen. Zu der anfänglichen Ablehnung und der späteren Wertschätzung mag entscheidend die Tatsache beigetragen haben, dass der *Misanthrope* nicht auf einen tradierten und bekannten Stoff zurückgeht, wenngleich auch zahlreiche Einzelbezüge zu verschiedenen früheren Texten nachgewiesen werden können. Die Zwiespältigkeit der Figur des Alceste zeigt sich nicht zuletzt in der Rezeptionsgeschichte des *Misanthrope*, in der die verschiedenen Seiten des Helden immer wieder unterschiedlich akzentuiert und bewertet werden. Die grundlegende Zweideutigkeit des *Misanthrope* wurde bereits von A. W. Schlegel erkannt, zugleich jedoch kritisiert. Erst neuere Deutungen erkennen die Ambivalenz Alcestes als grundlegendes und tragendes Moment des Stücks an. Hofmannsthals Replik (*Der Schwierige*, 1921) hat die Problematik in das Fin de Siècle transponiert.

▪ Lit.: P. Dandrey: M. Trois comédies morales. ›Le misanthrope‹, ›George Dandin‹, ›Le bourgeois gentilhomme‹, 1999.

Helmut Steinkogler / KLL

Amphitryon

(frz.; *Amphitryon*, 1975, H. Weigel) – Der Stoff dieser 1668 erschienenen Verskomödie ist der klassischen Mythologie entnommen. Als Quelle benutzte der Autor das gleichnamige Stück von Plautus, das Doppelgänger-

Motiv mag auch durch Rotrous *Les Sosies*, 1638 *(Die Sosiasse)*, angeregt worden sein.

Während der thebanische Feldherr Amphitryon gegen die Feinde kämpft, verbringt Jupiter, der die Gestalt Amphitryons angenommen hat, mit dessen schöner Gattin Alkmene die Nacht. Als Amphitryon am nächsten Morgen nach Hause zurückkehrt, empfängt ihn eine Gattin, die meint, ihren eben erst entschwundenen Ehemann wiederzusehen. Es entspinnt sich ein heftiger Ehestreit, da sich Amphitryon betrogen wähnt. Das Verwirrspiel findet seinen Höhepunkt, als die Doppelgänger sich schließlich gegenüberstehen. Merkur klärt nun die Menschen über das Treiben der Götter auf. Jupiter versöhnt Amphitryon mit Alkmene, indem er den Ehebruch entschuldigt: »Was sie mir gewährt, in Wahrheit gab sie es ja doch nur dir!«

Das Stück ist, nach dem Vorbild ↗Corneilles, in freien Versen geschrieben. Auffallend ist die sprachliche Determinierung der Personen – preziös bei Jupiter, tragisch bei Amphitryon, fast elegisch bei Alkmene, dagegen ironisch bei Merkur und rein komisch beim Diener Sosias –; darin zeigt sich Molières stilistische Vielseitigkeit wie in kaum einem anderen seiner Stücke. In *Amphitryon* ist die Herkules-Thematik völlig an den Rand gedrängt. Aus dem an sich heroisch-tragischen Stoff wird hier eine köstliche Satire auf Amphitryons eheliches Missgeschick, über das sich der in allen Verführungskünsten bewanderte Jupiter und der liebenswert unmoralische Merkur amüsieren.

Die Struktur des Stücks wird durch mehrere raffinierte Verdoppelungen und Spiegelungen bestimmt. Zum einen wird die Doppelgängerthematik zweifach durchgespielt (Jupiter-Amphitryon, Merkur-Sosias), zum anderen spielt sich die Handlung zweifach, nämlich auf der Herr- und auf der Diener-Ebene, ab (Amphitryon-Alkmene, Cleanthis-Sosias). Grundlegender als die vordergründige Ehebruchsthematik ist für Molière die durchgängige Frage nach der Identität der menschlichen Akteure, die durch das Doppelgängerspiel der Götter schließlich so weit verwirrt werden, dass sie ihre eigene Existenz in Zweifel ziehen. Das Stück treibt insofern die Widersprüche des Rationalismus bis zur Aporie.

Das zeitgenössische Publikum wollte in der Komödie Anspielungen auf Ludwigs XIV. galante Beziehung zur Marquise de Montespan erkennen, was den großen Erfolg des Stücks mitbegründete. Auch heute noch zählt *Amphitryon* zu Molières bedeutendsten Werken.

▪ Lit.: H. Höller: Der Amphitryon von M. und der von Kleist. Eine sozialgeschichtliche Studie, 1982.

Ingrid Peter / Gottfried Schwarz

George Dandin ou Le mari confondu

(frz.; *George Dandin*, 1978, T. Dorst) – Die 1671 erschienene Ballettkomödie in drei Akten, 1668 mit Musik von Jean-Baptiste Lully uraufgeführt, hat ihre erste Anregung wohl aus Boccaccios *Il Decamerone* (VII, 4) erhalten. Schon um 1646 wurde der Stoff in einer Molière zugeschriebenen Farce verwertet. Doch geht das Thema des törichten Verhaltens neureicher Bürger bis auf eine Komödie von Plautus zurück – in *Le bourgeois gentilhomme*, 1670 *(Der Bürger als Edelmann)*, nahm es Molière dann nochmals auf; das zentrale Motiv des gehörnten Ehemanns verweist auf den unmittelbar vorausgegangenen *Amphitryon* (1668).

Der reiche Bauer George Dandin hat aus Standesehrgeiz die adelige Angélique de Sotenville, Tochter eines armen Landjunkers, geheiratet. Von vornherein ist ihm klar, dass er ein Opfer seiner Eitelkeit geworden ist. Die dünkelhaften Schwiegereltern haben es nur auf sein Geld abgesehen und nutzen jede Gelegenheit, ihn mit seiner niedrigen Herkunft zu kränken, während die kokette Angélique sich ein Vergnügen daraus macht, ihren Mann mit dem Höfling Clitandre in immer frecherer Weise zu hintergehen. Dandin durchschaut nur zu gut das frivole Spiel seiner Frau, die ihre leichtfertige Lebensauffassung mit den Worten »Ich möchte die süßen Freiheiten, die die Jugend mir erlaubt, auskosten« rechtfertigt. Seine wiederholten Versuche, ihre Treulosigkeit den Eltern vor Augen zu führen, scheitern aber stets an Angéliques überlegener Raffinesse. Es gelingt ihr selbst in den heikelsten Situationen, ihren Eltern gegenüber den Anschein der gekränkten Unschuld zu wahren: Dandin ertappt sie z. B. bei einem nächtlichen Rendezvous mit ihrem Liebhaber im Garten, verriegelt das Haus von innen und schickt sogleich nach den Schwiegereltern. Als Angélique die Tür verschlossen findet, gelingt es ihr durch einen vorgetäuschten Selbstmordversuch, den beunruhigten Dandin aus dem Haus zu locken und unbemerkt selbst hineinzuschlüpfen. So steht Dandin beim Erscheinen der Schwiegereltern als der scheinbar Schuldige draußen und muss Angélique kniefällig um Verzeihung bitten, statt die Ungetreue der gerechten Strafe zuführen zu können. Aus Verzweiflung über sein Missgeschick erwägt er, sich ins Wasser zu stürzen.

Dandin ist die eigentlich lächerliche Figur des Stücks. Seine Komik beruht hauptsächlich auf der wiederholten, aber immer drastischeren Darstellung als Betrogener und seiner vergeblichen Bemühungen, auch die Familie Sotenville von der Richtigkeit seiner Anklagen zu überzeugen. Dabei ist er keineswegs bestrebt, diesen Makel seiner Ehre wirklich zu rächen, sondern er wünscht sich nur »die Gnade, den Leuten zeigen zu können, daß er entehrt wird«. Mehr noch als sein eheliches Missgeschick empört ihn die Einsicht, mit seiner Heirat ein schlechtes Geschäft gemacht zu haben. Auch als Monsieur de la Dandinière bleibt er der tölpelhafte Bauer (»dandin« bedeutet »Einfaltspinsel«), dessen zahlreiche Monologe die Tragikomik seiner Position immer wieder in den Vordergrund rücken. Hinzu kommen derbe Posseneffekte im Stil der Commedia dell'arte (Stockschläge, die versehentlich den Falschen treffen, Stolpern, Aneinandervorbeitappen im nächtlichen Dunkel).

Die Stärke des Stückes liegt in der treffsicheren Zeichnung und Ironisierung menschlicher Schwächen wie Ehrgeiz, Dünkel, Eitelkeit und Habsucht. Molière begnügt sich nicht mit der unmittelbar von der Fabel ausgehenden unterhaltenden Wirkung. Er erhebt den Inhalt ins Typische und lässt Dandin sagen: »Meine Heirat ist ein sprechendes Beispiel für alle Bauern, die sich über ihre Verhältnisse erheben wollen.«

Bourdaloue und Bossuet kritisierten an dem Stück, dass der Ehebruch nicht nur in vielen Spielarten vorgeführt wird, sondern die ehebrecherische Angélique auch bis zum Schluss triumphiert. Im Ambiente von Versailles wurde allerdings die bittere, auf dem Verlachen des Bauern Dandin beruhende Komik und das Fehlen eines »positiven« Helden keineswegs als störend empfunden. Die Ballettkomödie wurde bei ihrer Uraufführung – mit Molière in der Titelrolle – vom königlichen Hof sehr beifällig aufgenommen. Es musste den adeligen Zuschauern schmeicheln, dass der Ehrgeiz eines Bauern verspottet wurde, während die Dreistigkeit einer Aristokratin unbestraft blieb.

▪ Lit.: C. Mazouer: M. ›Le Misanthrope‹, ›George Dandin‹, ›Le Bourgeois Gentilhomme‹, 2000. *KLL*

L'avare

(frz.; *Der Geizhals*, 1973, G. Goyert) – Hauptquelle für die 1668 uraufgeführte, aber erst 1682 im Druck erschienene Prosakomödie in fünf Akten war die unvollständig überlieferte Komödie *Aulularia* des Plautus. Als Anregung dienten ferner Ariostos *I suppositi* (1509), Boisroberts *La belle plaideuse* (1654), und Lariveys *Les esprits* (1579).

Molière zeigt die bösen Folgen des Geizes am Beispiel des Monsieur Harpagon, bei dem der Geiz alle natürlichen Empfindungen und Reaktionen ausgelöscht zu haben scheint. Der Inhalt seiner Geldkassette bedeutet ihm mehr als das Glück seiner Kinder. So verspricht er seine Tochter Élise dem alten Anselme zur Frau, nur weil dieser bereit ist, auf die Mitgift zu verzichten, und sein Sohn Cléante soll aus ähnlichen finanziellen Gründen »eine gewisse Witwe« ehelichen. Auch sonst ist Harpagon zu allerlei unsauberen Geschäften bereit, sofern sie nur seinen Beutel füllen. Überdies hat Molière seinem Protagonisten neben diesen hassenswerten Zügen auch eine Reihe von lächerlichen Gewohnheiten mitgegeben: so seine unaufhörliche, krankhaft-panische Angst, bestohlen zu werden, seine höchst umständlichen, ausgeklügelten Sparmaßnahmen und schließlich seine naive Greisenverliebtheit in Mariane, die er zu heiraten gedenkt. Dem alten Geizhals stehen zwei junge Paare gegenüber: Cléante und Mariane, die die Liebe des Jungen dem Geld des Alten vorzieht, sowie Élise und Valère, der Harpagons Hofmeister geworden ist, um in der Nähe seiner heimlichen Verlobten leben zu können. Im Gegensatz zu Harpagons kalter Habgier werden die jungen Leute nur von ihrer wechselseitig beteuerten Liebe geleitet. Sie allein veranlasst Cléante, sich gegen den Vater aufzulehnen, Élise, sich der aufgezwungenen Ehe zu widersetzen, und Valère, die für einen Adligen wenig schmeichelhafte Rolle des Dienstboten und Prügelknaben auf sich zu nehmen.

Das Dienervolk ist mit im Bunde, um den Geizkragen hinters Licht zu führen: La Flèche stiehlt Harpagons geliebte Geldkassette, um ihn unter Druck zu setzen, während fälschlicherweise Valère von dem Advokaten Jacques dieses Diebstahls bezichtigt wird. Auf dem Höhepunkt der Verwicklungen führt das Auftreten des alten Anselme zu einer phantastischen Lösung des Konfliktes. Es stellt sich heraus, dass Anselme der Vater Valères und Marianes ist, die nun nicht mehr arme Waisenkinder, sondern dank der Freigebigkeit ihres Vaters in der Lage sind, auch ohne finanzielle Unterstützung von Seiten des Schwiegervaters zu heiraten. Harpagon bekommt seine Geldkassette zurück und gibt sich damit zufrieden.

Obwohl der *Avare* neben dem *Tartuffe* zu Molières meistgespielten Stücken gehört, rief er beim zeitgenössischen Publikum zunächst kaum Begeisterung hervor. Zum einen mag dies an der für damalige Verhältnisse ungewohnten Prosaform des Stücks liegen, zum anderen wohl auch daran, dass es in den Augen der Kritiker die Regeln der klassischen Einheiten nicht erfüllte. Vor allem jedoch hatte das Publikum Schwierigkeiten mit der Komik des *Avare*. Noch ↗ Diderot warf Molières Figuren vor, sie seien überzeichnet, und forderte im Schauspiel alltäglichere Charaktere, welche die ernst zu nehmende Seite der menschlichen Natur zeigen sollten. ↗ Rousseau wiederum bemängelte das respektlose Verhalten Cléantes gegenüber seinem Vater und urteilte, dass das Publikum zum Lachen über etwas angehalten werde, worüber es sich zu entrüsten habe. Goethe hingegen hob das Tragische hervor, das sich für ihn gerade im Konflikt zwischen Vater und Sohn manifestierte.

▪ Lit.: S. Dauvin: M. ›L'avare‹, 1984.

Ingrid Peter / Gottfried Schwarz

Le bourgeois gentilhomme

(frz.; *Der Bürger als Edelmann*, 1986, T. Dorst) – Die 1671 erschienene Ballettkomödie in fünf Akten, die 1670 mit der Musik von Jean-Baptiste Lully im Schloss Chambord vor dem König uraufgeführt wurde, handelt von Monsieur Jourdain, dem neureichen, selbstgefälligen Bürger, der es dem Adel gleichtun will. Ein Opfer seines eigenen Größenwahns, von manischer Eitelkeit besessen, sonnt er sich in den Schmeicheleien all derer, die es auf seine Taler abgesehen haben. Dies sind vor allem sämtliche Lehrmeister, die zu seinem gesellschaftlichen Aufstieg beitragen sollen: der Musik- und Tanzlehrer, der Fechtmeister, der Schneidermeister und der Magister für Rhetorik. Zu diesen relativ harmlosen Beutelschneidern gesellt sich der wesentlich gefährlichere Blutsauger Dorante, ein Adliger, der sich die Naivität des bürgerlichen Gernegroß skrupellos zunutze macht, um seine eigenen Taschen zu füllen. Neben dem tragikomischen Helden stehen als Kontrastgestalten die rechtschaffene, einfache und vernünftige Madame Jourdain und ihre Vertraute, die Dienerin Nicole, die beide die glanzvolle Metamorphose des Hausherrn mit großer Skepsis verfolgen.

Die eigentliche Intrige tritt, wie häufig bei Molière, zugunsten des Porträts zurück. Auch hier entfernt sich die Handlung äußerlich nicht vom Schema der italienischen Komödie. Da Jourdain wünscht, seine Tochter Lucile mit einem Adligen zu verheiraten, gibt sich ihr Liebhaber Cléante als Sohn des Großtürken aus und gewinnt die Hand Luciles dadurch, dass er dem auf Adelstitel versessenen Jourdain in prunkvoller Zeremonie die erdachte Würde des »mamamouchi« verleiht. Die türkische Maskerade am Schluss des Stücks hatte sich Ludwig XIV. eigens gewünscht. Der König gedachte sich auf diese Weise für die Überheblichkeit eines türkischen Gesandten zu rächen, der sich durch den Glanz von Versailles nicht hinreichend hatte blenden lassen.

Sich in satirischer Form über die Bourgeoisie lustig zu machen, die sich vergeblich bemüht, die Grenze zwischen Bürgertum und Adel zu passieren, war lange Zeit ein beliebtes Vergnügen. Doch erweckt Jourdain, so gering seine geistigen Gaben, so gewöhnlich seine Manieren sein mögen, eher Mitleid als Verachtung; er hat die Sympathie seines Autors und des Publikums auf seiner Seite. Dagegen mag der zeitgenössische Adel in dem hassenswerten Bösewicht Dorante sehr wohl den Angriff gegen elegant getarnte Schurkerei gespürt haben.

Häufig hat man die Inkonsistenz der Charaktere und eine zu locker geknüpfte Intrige als dramaturgische Schwächen des Stücks genannt. Dabei wird indes übersehen, dass der *Bourgeois gentilhomme* aus einem komplexen Zusammenspiel von Sprache, Gestik und Mimik mit Musik und Tanz hervorgeht. Der musikalische Rahmen dieser ›comédie-ballet‹, die in der französischen Klassik eine einzigartige Blütezeit erlebte, hat dabei keineswegs nur dekorative Funktion: Komödien- und Rahmenhandlung reflektieren sich wechselseitig, die Gefährdung der gesellschaftlichen Ordnung findet ihre Entsprechung auf musikalischer Ebene. Grundlegend ist hier der platonische Gedanke, dass Musik und Tanz eine höhere kosmische Ordnung spiegeln und als Vorbild konfliktfreier staatlicher Organisation zu dienen haben. Die offene Kritik am Adel, durch die Gestalt Dorantes sinnfällig gemacht, wird durch die Gesamtkonzeption des Stücks wieder aufgefangen: Das Zusammenwirken von Sprache, Tanz und Musik wird von dem den Absolutismus implizit legitimierenden Gedanken getragen, dass die statische Ordnung der Gesellschaft der Ordnung der Musik entspreche, welche sich ihrerseits aus der unveränderlichen Ordnung des Kosmos herleite.

■ Lit.: C. Mazouer: M. ›Le Misanthrope‹, ›George Dandin‹, ›Le Bourgeois Gentilhomme‹, 2000.

Ingrid Peter / Gottfried Schwarz

Les fourberies de Scapin

(frz.; *Die Gaunereien des Scappino*, 1975, H. Weigel) – Für diese 1671 erschienene Prosakomödie in drei Akten griff der Autor – nach mehreren in Eile verfassten Auftragswerken für den Hof – zur Verwunderung seiner Freunde auf ein anspruchsloses, derbkomisches Sujet im Stil der Commedia dell'arte zurück. Das Stück, das zwischen Farce und Intrigenkomödie steht, fällt durch seine komplizierte Handlungsführung auf. Anders als in den Charakterkomödien fehlt hier gänzlich der aktuelle Zeitbezug.

Octave, Sohn des Argante, und Léandre, Sohn des Géronte, knüpfen während der Abwesenheit ihrer Väter Liebesbande. Octave heiratet Hyacinte, ein armes Mädchen unbekannter Herkunft; Léandre verliebt sich in Zerbinette, die unter fahrendem Volk aufgewachsen ist. Scapin, Octaves Diener, soll den beiden helfen: Er soll sich zum einen darum bemühen, dass Argante Octaves Eheschließung seinen Segen gibt, zum anderen dafür sorgen, dass Géronte die Summe zur Verfügung stellt, die nötig ist, um die als Kind von Zigeunern entführte Zerbinette loszukaufen.

Indem er Hyacinte einen rauflustigen Bruder andichtet, der gegen Bezahlung die Heirat der Schwester zunichte machen würde, entlockt Scapin Argante, der diese unstandesgemäße Heirat natürlich mit allen Mitteln verhindern will, eine beträchtliche Geldsumme. Bei Géronte gibt er vor, sein Sohn sei von einem Türken entführt worden, der Lösegeld verlange, und erleichtert so den Alten um fünfhundert Taler. Seine Erfolge verleiten den Diener zu immer neuen schlimmen Streichen. Auf dem Höhepunkt seiner Intrigen veranlasst er Géronte, sich aus Furcht vor Raufbolden in einen Sack zu verkriechen, in dem er dann von Scapin verprügelt wird.

Doch alle diese Bosheiten kommen schließlich ans Licht, und Scapin entgeht der Strafe nur, weil er zufällig entdeckt, dass Hyacinte Gérontes Tochter und Zerbinette das Kind Argantes ist. Die Verwicklungen lösen sich in Wohlgefallen auf: Die Väter verzeihen ihren Kindern das Ränkespiel – und ihnen zuliebe auch dem Schelm Scapin, der es eingefädelt und tatkräftig zum guten Ende geführt hat.

Die *Fourberies* sind angelehnt an eine kleine Farce, die Molières Truppe zehn Jahre zuvor gespielt hatte. Der Autor hat die Figur des Dieners nach dem Vorbild der Commedia dell'arte gestaltet. Mit Sylvestre stellte er ihm, analog zur Figurenkonstellation bei Plautus, einen weniger gewandten Kollegen an die Seite. Verschiedene Handlungselemente und bühnenwirksame Szenen übernahm er aus dem *Phormio* des Terenz, aus ↗ Cyrano de Bergeracs *Le pédant joué* (1645), aus Rotrous *La sœur* (1647) und anderen beliebten zeitgenössischen Lustspielen, reicherte die Dialoge mit viel Witz an und hatte nun das, was er brauchte: einen Kassenschlager für die nächste Saison.

Zeitgenössische Kritiker wie der ihm sonst gewogene Boileau verübelten Molière den Rückfall in die italienische Manier. Das breite Publikum aber hatte Spaß an dem quicklebendigen, einfallsreichen Verstellungskünstler Scapin, seinem Übermut und seiner Lebensfülle. Bis heute gehört er zu den Lieblingsrollen jugendlicher Vollblutkomödianten mit artistischer Körperbeherrschung und pantomimischer Begabung.

▪ Lit.: P. Ronzeaud: M. des ›Fourberies de Scapin‹ au ›Malade imaginaire‹, 1993. *KLL*

Les femmes savantes

(frz.; *Die gelehrten Frauen*, 1672, H. Weigel) – Nach mehreren Auftragsstücken und den als Rückfall in die italienische Manier getadelten *Fourberies de Scapin*, 1671 *(Die Gaunereien des Scapin)*, brachte der Autor mit dieser 1672 erschienenen Verskomödie in fünf Akten eine Charakterkomödie auf die Bühne. Vier Jahre hatte Molière an diesem Stück gearbeitet, in dem er das nach wie vor aktuelle Thema der 1659 entstandenen *Précieuses ridicules (Die lächerlichen Schwärmerinnen)* aufgriff und die Auswirkungen der übersteigerten Bildungsbeflissenheit der Frauen weiter ausführte. Die ›Schwärmerinnen‹ des neuen Stücks wollen noch höher hinaus: Sie umgeben sich nicht nur mit geschwätzigen Salonliteraten und Pseudophilosophen, sondern üben sich auch selbst in der Dichtkunst und betreiben physikalische, vor allem aber grammatikalische Studien. Nur von ihren Pflichten als Gattinnen, Mütter und Hausfrauen wollen sie nichts wissen.

Im Hause des Monsieur Chrysale stehen sich zwei Parteien gegenüber: die blaustrümpfigen Schöngeister samt ihren Verehrern und die Vertreter des gesunden Menschenverstandes. Trissotin, ein Leidenschaft und Bildung vortäuschender Mitgiftjäger, versteht es, durch sein vornehmes Wesen, speziell aber durch seine Dicht- und Deklamationskunst, Chrysales Frau Philaminte so für sich einzunehmen, dass sie ihm die Hand ihrer Tochter Henriette verspricht. Armande, Philamintes älteste Tochter und eifrige Nachahmerin ihres Getues, unterstützt den Plan der Mutter, weil sie hofft, auf diese Weise ihren früheren Geliebten Clitandre zurückzugewinnen, der sich, abgestoßen von ihrer Affektiertheit und Männerfeindlichkeit, der liebenswürdigeren Henriette zugewandt hat.

Gegen die schamlose Intrige und das Schreckensregiment der gelehrten Frauen – zu denen als Dritte im Bunde Bélise, Chrysales über allem »Studieren« närrisch gewordene Schwester, gehört – begehrt der von soviel ›Geist‹ eingeschüchterte Hausherr erst auf, als seine Frau eigenmächtig den Notar kommen lässt, damit er den Ehevertrag zwischen Henriette und Trissotin aufsetzt. Chrysale kann auf die Unterstützung seines pfiffigen Bruders Ariste und der wackeren Köchin Martine rechnen, die ihrer »etymologischen Verbrechen« wegen – sie hat u.a. »grammaire« (Grammatik) mit »grand'mère« (Großmutter) verwechselt – von Philaminte fortgejagt wurde. Gemeinsam beschließen sie, dem Liebespaar Henriette und Clitandre, das um sein Glück betrogen werden soll, beizustehen.

Die List, auf die Ariste verfällt, wirkt prompt: Zwei fingierte Briefe melden den vollständigen Ruin der Familie, und sogleich zieht Trissotin seine Werbung um Henriette zurück. Als Ariste daraufhin bekannt gibt, dass die Hiobsbotschaften gefälscht seien und nur die wahren Absichten des habgierigen Erbschleichers ans Licht bringen sollten, gehen Philaminte die Augen auf; sie straft den käuflichen, »unphilosophischen« Dichterling mit Verachtung und willigt in die Hochzeit Henriettes mit dem treuen, biederen Clitandre ein.

Molière hat sich zu dieser Komödie von anderen Bühnenwerken inspirieren lassen und aus ihnen Episoden und Charakterzüge bestimmter theaterwirksamer Figuren entlehnt. Wahrscheinlich hat eine Komödie von Samuel Chappuzeau, *Le cercle des femmes* (1656), den Anstoß gegeben, wobei Molière das dankbare Sujet dann wesentlich tiefgründiger und dennoch satirischer behandelt. Einzelne Motive soll er aus Calderóns Lustspiel *No hay burlas con el amor* (1637), aus Saint-Évremonds *Comédie des académistes* (1650), aus Pierre ↗ Corneilles *La suivante* (1634) und aus Desmarets de

Saint-Sorlins erfolgreicher Sittenkomödie *Les visionnaires* (1637) übernommen haben.

In Trissotin und seinem nicht weniger lächerlich-geistvollen Rivalen, dem Philosophen Vadius, karikiert Molière zwei zeitgenössische Autoren, vor allem den von Boileau scharf angegriffenen Abbé Cotin, dessen *Œuvres galantes* (1663) das Sonett entnommen ist, mit dem Trissotin seine Zuhörerinnen entzückt, und Gilles Ménage, einen in den Salons der Mme de ↗ La Fayette und der Mme de Sévigné verkehrenden Literaten und Sprachforscher, der mit Cotin eine viel beredete literarische Fehde ausgetragen hatte; sie wird in dem Stück frech persifliert.

Molières Satire ist kein vordergründig antiemanzipatorisches Plädoyer. Dem steht entgegen, dass Molière nicht nur in dieser Komödie engagiert für die freie Gattenwahl Stellung bezieht. Vor allem aber dominiert in dem Stück der Gegensatz von Natürlichkeit und Herzensgüte auf der einen, und aufgesetzter Bildung auf der anderen Seite. Wie in *Tartuffe* (1669) wird somit die Frage nach der Möglichkeit bzw. Unmöglichkeit einer authentischen intersubjektiven Verständigung verhandelt.

Molières vorletztes Stück hatte seines treffsicheren Witzes und der differenziert gezeichneten Charaktere wegen großen Erfolg, zumal bei der aristokratischen Gesellschaft, die in der naiv-selbstbewussten Annahme, den Geist für sich gepachtet zu haben, den Bildungseifer der bürgerlichen Frauen nur allzu gern belachte.

▪ Lit.: P. Gaillard: M. ›Les précieuses ridicules‹, ›Les femmes savantes‹, 1984. *KLL*

Le malade imaginaire

(frz.; *Der eingebildete Kranke*, 1978, T. Dorst) – Titelfigur dieser 1673 erschienenen Ballettkomödie in drei Akten, die im Palais Royal mit Musik von Marc Antoine Charpentier uraufgeführt wurde, ist Argan, der von zwei Scharlatanen – Purgon, seinem Arzt, und Fleurant, seinem Apotheker – ausgebeutet wird. Umgeben von zahllosen Arzneifläschchen, bietet der von tausend eingebildeten Leiden Geplagte das Bild eines ebenso bedauernswerten wie unerträglichen Menschen. Denn in dem Maße, wie seine Krankheiten echter Angst um das eigene Wohl entspringen, verhindern sie das echte Leben, stören den Familienfrieden und die menschliche Ordnung überhaupt. Während Béline, Argans zweite Frau, ihre besten Jahre damit vertut, scheinheilig schmeichelnd auf den Tod ihres Mannes zu warten, möchte dieser aus allzu durchsichtigen Gründen seine Tochter Angélique zwingen, einen Arzt zu heiraten. Der Herzenswunsch des Mädchens, einen jungen Mann namens Cléante zu ehelichen, kümmert ihn wenig. Zwar vermag sich Cléante in der Rolle eines Musiklehrers in das Haus Argans einzuschleichen, dort aber muss er ohnmächtig zusehen, wie der vom Vater auserkorene Schwiegersohn, der pedantische Thomas Diafoirus, der entsetzten Angélique seine medizinische Dissertation, ein autoritätsgläubiges Traktat im Sinne des Aristoteles, als Hochzeitsgeschenk zu Füßen legt. Die beiden Verliebten können sich zwar in einem improvisierten Wechselgesang ihre Gefühle gestehen, aber für ihr gemeinsames Ziel ist damit wenig gewonnen.

Ins rechte Lot kommt die für das liebende Paar aussichtslos scheinende Sache erst durch das Dienstmädchen Toinette und Argans Bruder Béralde. Er versucht, Argan von der Ignoranz der Ärzte zu überzeugen, da diese die Natur beim Heilungsprozess doch nicht unterstützen könnten. Toinette wiederum unternimmt es, die Übel durch Verkleidung und drastische Verstellung zu heilen. Als sie in der Maske eines Doktors dem eingebildeten Kranken einen Arm amputieren und ein Auge ausstechen will, wird Argan zurückhaltend. Es fällt ihm wie Schuppen von den Augen, als er sich auf Toinettes Veranlassung zunächst vor Béline, sodann vor seiner Tochter Angélique totstellt. Béline macht aus ihrer Freude kein Hehl, während Angélique ihren Vater aufrichtig beweint. Er ist gerührt und gibt den Liebenden seinen Segen, will aber dennoch eines Arztes, der ihm allzeit zur Verfügung steht, nicht entbehren. Die einfachste Lösung scheint zu sein, selbst Arzt zu werden. So organisiert Béralde die medizinische Promotion seines Bruder, die sich als reine Farce erweist: Ohne eigentliche Vorbildung braucht Argan beim Examen lediglich vorgefertigte Antworten abzulesen, wodurch sich der akademische Ritus als hohler Formalismus erweist.

Mit dem Vater-Tochter-Konflikt, der in der nahenden Heirat der Tochter angelegt ist, steht ein traditionelles Handlungsmuster im Vordergrund dieser Charakterkomödie. Zugleich jedoch wird die Thematik von Medizin und Ärzteschaft, von Krankheit und Tod, die sowohl generell in der Komödiengeschichte wie auch speziell in Molières Komödien breiten Raum einnimmt, auf mehreren Ebenen entfaltet. Molière karikiert in den Figuren des Diafoirus und des Béralde verschiedene Positionen der zeitgenössischen medizinischen Diskussion: den Gegensatz zwischen dem Formalismus der akademischem Medizin und dem empirischen Umgang mit den Selbstheilungskräften der Natur. Mit der Figur des Argan und zumal mit der Szene seiner Promotion stellt Molière die Medizingläubigkeit und Autoritätshörigkeit seiner Zeit parodistisch an den Pranger, so wie er es auch in früheren Stücken, z. B. im *Médecin malgré lui*, 1666 *(Arzt wider Willen)*, schon getan hatte.

Diese an sich ernsten Hintergründe sind indes in der überschäumenden Heiterkeit der Ballettkomödie aufgehoben, welche die Beschäftigung mit Krankheit und Tod spielerisch mit der Liebesthematik des Stücks verbindet. Zahlreiche Elemente der Farce sind in das Lustspiel eingegangen. In der die Komödie beschließenden Ballettszene wird die Verbindung von Komödienhandlung und satirischem Zeitbezug in aller Schärfe deutlich. Wie in anderen großen Charakterkomödien Molières liegt hinter der vordergründigen Handlung und hinter den aktuellen Zeitbezügen die barocke Problematik der Erkenntnis von Sein und Schein: Argan ist mit Blindheit geschlagen, denn er durchschaut weder den Scheincharakter seiner Krankheit noch die heuchlerische Liebe Bélines. Seine Heilung erfolgt bezeichnenderweise im Medium des Scheins, durch die Travestie Toinettes und die doppelte Fiktion des Todes. Mit der Möglichkeit des fingierten Sterbens wird Argan bereits in jener berühmten Szene konfrontiert, in der seine achtjährige Tochter Louison sich tot stellt. Der Vater geht auf das kindliche Spiel ein, aber er sieht zugleich, dass dieses Spiel eine zweckdienliche Finte sein kann, und willigt deshalb später sofort ein, sich seinerseits tot zu stellen.

Molière, der nach der vierten Aufführung des *Malade imaginaire* an den Folgen eines Blutsturzes starb, hat in seiner letzten Komödie Krankheit und Tod spielerisch ihre existenzielle Bedrohlichkeit genommen. Bis heute spricht dieses Stück von allen Komödien Molières das breiteste internationale Publikum an.

■ Lit.: P. Ronzeaud: M. des ›Fourberies de Scapin‹ au ›Malade imaginaire‹, 1993. *Helmut Steinkogler / Gottfried Schwarz*

Michel Eyquem, Seigneur de **Montaigne**

■ geb. 28. 2. 1533 Schloss Montaigne/Dordogne (Frankreich)
■ gest. 13. 9. 1592 Schloss Montaigne/Dordogne (Frankreich)

Spross einer reichen, spät geadelten Kaufmannsfamilie; ohne Zwang nach fortschrittlichen humanistischen Prinzipien (zunächst ausschließlich auf Lateinisch) erzogen; Jurastudium in Bordeaux und Toulouse; Steuerrat in Périgueux, 1557–1570 Parlamentsrat, später Bürgermeister in Bordeaux; eng befreundet mit La Boétie; 1571 Rückzug auf den Familiensitz, um nur der Literatur und Meditation zu leben; Begründer der moralistischen Tradition und bedeutendster Renaissance-Essayist Frankreichs.

■ Ausg.: Œuvres complètes, Hg. A. Thibaudet, 1997.
■ Lit.: A. Hartle: M. de M. Accidental Philosopher, 2003. ■ H. Stilett: Von der Lust, auf dieser Erde zu leben, 2008.

Essais

(frz.; *Essais*, 1998, H. Stilett) – Die Essays, entstanden seit 1572, erstmals 1580 in zwei Büchern erschienen, sind das Hauptwerk des Autors. Während die nächsten Auflagen nur geringfügige Veränderungen enthalten, bietet die fünfte (1588) neue Essays in einem dritten Buch sowie zahlreiche, zum Teil den Sinn verändernde Korrekturen und Zusätze der schon vorhandenen Essays. Bis zu seinem Tod trug Montaigne in sein Handexemplar weitere Verbesserungen und Ergänzungen ein, die seine Adoptivtochter Marie de Gournay 1595 veröffentlichte.

Gegenstand der Betrachtung sind nahezu alle sittlichen Fragen, die den Menschen bewegen, seine Tugenden und Schwächen als »einzelnes und geselliges Wesen wie auch die Herkömmlichkeiten, Einrichtungen, Gesetze, die ein geordnetes Zusammenleben in Familie, Gemeinde und Staat schaffen und aufrechterhalten«. Die Vielfalt der Themen ist schon deswegen überraschend und sogar verwirrend, weil sie ohne jede erkennbare Ordnung behandelt werden und willkürlich in Kapitel aufgeteilt scheinen, die wiederum in offenbar beliebiger Reihenfolge zusammengestellt sind. Literarisches, Alltägliches, Naheliegendes und Sonderbares stehen bunt gemischt nebeneinander.

Die Überschriften sagen nicht viel über den Inhalt der Kapitel aus. Manche aber verraten die Absicht des Autors, einige enthalten bereits die Quintessenz des Essays. Gegenüber den sentenzartigen Titeln des ersten Buches werden im zweiten Buch die Überschriften kürzer und allgemeiner. Ob Montaigne aber über Kindererziehung spricht oder über die Sinnlosigkeit der Folter, über die klassischen Redner oder über die Trunksucht – stets lässt er sich von Einfall zu Einfall treiben, zitiert viel und resümiert geschichtliche oder geistige Entwicklungen; vor allem aber unterbricht er den logischen Gedankengang immer wieder, um von sich selbst zu erzählen. »Ich selbst«, bekennt er, »bin der einzige Inhalt meines Buches«. Voller Selbstironie stellt er fest: »Wieviel verschiedene Kräuter es auch geben mag, alle lassen sich unter der Bezeichnung ›Salat‹ zusammenfassen.«

»Salat« ist noch das mildeste Wort, das Montaigne für seine Sammlung verwendet; er nennt sie auch »schlechtes Ragout«, »verworrenes Geschwätz«, »groteske Missgeburten« oder »Phantastereien eines Menschen, der von den Wissenschaften nur die oberste Kruste probiert hat«. Den Gang seiner Gedanken vergleicht er mit der Fahrt eines gebrechlichen Schiffes auf den Wogen des Meeres. Solche Vergleiche sind nicht als »affektierte Bescheidenheit« eines im Grunde selbstbewussten Autors aufzufassen, sondern Bestandteil einer wohlüberlegten Darstellungsweise, die ihm jeder kategorischen wissenschaftlichen Behandlung der Themen überlegen scheint.

Montaigne hat die Essays nämlich nicht als allgemeingültige philosophisch-moralische Traktate, sondern, wie er immer wieder betont, in erster Linie als »Versuche an sich selbst«, als Selbstbildung durch Selbstdarstellung verstanden: »Ich habe mein Buch nicht mehr gemacht, als es mich gemacht hat; – ein seinem Autor wesenseigenes Buch, nur mit mir selbst beschäftigt, Glied meines Lebens, und nicht mit einem fremden Zweck beschäftigt wie alle anderen Bücher.«

Hinter der Lässigkeit der äußeren Form und der eingestandenen Ichbezogenheit verbirgt sich eine eigenwillig konsequente und vernünftige Methode. Montaigne geht davon aus, dass der Mensch, dieses »merkwürdig wechselhafte, schwankende und eitle Wesen«, durch eine unsystematische, allein vom Zufall bestimmte Darstellung am besten zu erfassen sei. In der »hüpfenden, springenden Gangart« seines Stils sieht er eine Entsprechung des menschlichen Daseins, das so unbeständig ist, dass jede Fixierung von vornherein misslingen muss. Montaigne begnügt sich mit der Beschreibung dieser Gegebenheit und überlässt anderen das »Unmögliche«: »Ich male nicht das Sein, ich male den Wechsel.«

Nüchtern-alltäglich ist auch seine Sprache, aber doch nicht ohne Charme und Schwung – zwei Eigenschaften, die er sich selbst abspricht. »Alles ist bei mir ungeschliffen, es fehlt an Anmut und Schönheit. Den Dingen weiß ich nicht mehr Wert beizumessen, als sie besitzen.« In dieser Feststellung liegt indessen deutlich mehr Kritik als Selbstkritik.

Die prätentiöse Rhetorik Catos, der Formalismus der Scholastik, die angestrengt gelehrte Ausdrucksweise der Pléiade sind ihm zuwider. Andererseits gibt er zu, dass auch er »eine nachäfferische Ader« habe und es in seinen ersten Essays »nach fremdem Eigentum« rieche. Tatsächlich sind die im ersten Buch enthaltenen Betrachtungen mit allzu vielen Zitaten klassischer Autoren durchsetzt, zum Teil sogar nur Exzerpte und Wiedergaben ihres Gedankenguts.

Im Unterschied zu einem echten Eklektiker identifiziert er sich jedoch fast nie mit den probaten »Weisheiten« der Philosophen, sondern spielt deren eingängige und bedeutsame Erkenntnisse vielmehr gegeneinander aus. Montaigne ist dem Geist der Renaissance verpflichtet und beeinflusst von den großen Humanisten. Unverkennbar ist seine Sympathie für die ruhige und gelassene Lebensauffassung der Stoa, deutlich auch seine geistige Verwandtschaft mit dem Skeptiker Pyrrhon, die in dem viel zitierten Wahlspruch »Was weiß ich?« gipfelt. Doch handelt es sich hier nicht um Übernahme eines Prinzips, sondern um Übereinstimmung der Erfahrungen: Der Zweifel erlaubt gerade im Wissen um das Nichtwissen die ironische Distanzierung von einer ›absoluten‹ Skepsis, die die Möglichkeit des Glaubens versperrt.

Der bedeutendste und längste Essay, die »Apologie des Raymond Sebon«, hält in merkwürdiger, für Montaigne typischer Weise die Schwebe zwischen Skepsis und christlichem Glaubensbekenntnis. Die *Theologia naturalis* des spanischen Philosophen Raimundus Sebundus, eine Art Laientheologie aus der Mitte des 15. Jh.s, die Montaigne auf Wunsch seines Vaters 1569 ins Französische übersetzt hatte, ist in dieser Abhandlung nur Anlass zu einer Denkbewegung, die von der Verteidigung eines vernünftigen Christentums unversehens in einen verwirrenden Relativismus hinübergleitet: »Wir sind Christen in der gleichen Weise, wie wir Bewohner des Périgord oder Deutsche sind.« Der unaufhörliche und unergiebige Streit der Theologen und Philosophen ist für Montaigne Grund genug, Überzeugungen und Dogmen prinzipiell kein Vertrauen zu schenken: »Was man uns auch predigt, was wir auch lernen, wir dürfen nie vergessen, dass es der Mensch ist, der gibt, und der Mensch, der empfängt; es ist eine sterbliche Hand, die es uns überreicht, und eine sterbliche Hand, die es annimmt.«

Die Frage nach dem rechten Glauben, die in dieser Zeit so verbissen diskutiert wurde, ist für Montaigne, den Christen mit der Moral eines Heiden, jedoch sekundär, verglichen mit dem entscheidenden Problem des Lebens, dem Tode: »Wer die Menschen lehrte zu sterben, würde sie lehren, wie man lebt.« Nur das Bewusstsein, sterben zu müssen, gibt die nötige Freiheit und Unabhängigkeit gegenüber dem oft misslichen Leben; dazu gehört auch die Freiheit zum Selbstmord.

Das Ideal der Freiheit liegt auch den pädagogischen Ratschlägen zugrunde, die Montaigne besonders in dem Essay über die Kindererziehung gibt. Er hat als einer der ersten die Bedeutung der freien Entfaltung des Kindes und der Erziehung zu selbständigem Denken erkannt; er wendet sich gegen Pedanterie und den Zwang der Schule und vertraut auf die Kraft der Natur, die ein besserer Ratgeber als jede Wissenschaft sei – kühne Einsichten, die erst im 20. Jh. Früchte tragen.

Im Kapitel »Über die Kannibalen«, die vermeintlichen »Barbaren der Neuen Welt«, verteidigt er – hierin ein Vorläufer ↗ Rousseaus – die Eingeborenen, die im Urzustand leben und bei denen die Gesetze der Natur noch Geltung haben. »Wir haben den Reichtum und die Schönheit ihrer Werke durch unsere Empfindungen so überdeckt, dass wir sie vollständig erstickt haben.« Diesen Gedanken greift er immer wieder auf und schließt die Sammlung der Essays im 107. Kapitel (Über die Erfahrung) auch mit einer entsprechenden Maxime ab: »Gib dich zufrieden! Die Natur hat alles gut gemacht.«

Es ist nicht verwunderlich, dass Montaigne, der neben ↗ Rabelais als der bedeutendste Repräsentant der französischen Renaissance und als einer der ersten liberalen Denker gilt, bald ins Kreuzfeuer der etablierten und verfestigten philosophisch-theologischen Anschauungen geriet. Besonders im Urteil der Kirche und bei den Jansenisten galten die *Essais* als moralisch bedenklich. ↗ Pascal, der zunächst viele Gedanken Montaignes aufgriff, kritisierte später die *Essais* als ein »antichristliches Werk der eitlen Selbstgefälligkeit«.

Montaigne hat mit den *Essais* eine neue literarische Gestaltungsform kreiert, und der lapidare Titel, den er seinen »Versuchen« gab, wurde von anderen Autoren spontan anerkannt, für eigene Betrachtungen ähnlichen Charakters übernommen (zuerst von Bacon, 1597) und auf diese Weise schon nach kurzer Zeit zum Gattungsbegriff. Vor allem für die Moralisten des 17. Jh.s (↗ La Rochefoucauld, La Bruyère) waren die *Essais* ein bewundertes Vorbild.

Seit der Zeit der Aufklärung, in der besonders ↗ Montesquieu und ↗ Voltaire auf Montaigne hinwiesen, zeigt sich der Einfluss der *Essais* in der gesamten europäischen Literatur. Neben P. Gassendi, ↗ Molière und ↗ La Fontaine ist der Einfluss von Montaignes Denkweise auch bei so gegensätzlichen und zeitlich weit auseinander liegenden Autoren wie Goethe, Schopenhauer, Sainte-Beuve, ↗ Balzac und Nietzsche spürbar. Auch im 20. Jh. ist Montaignes Wirkung, zumal auf ↗ Proust, unbestritten. Schließlich haben sich die großen Essayisten unterschiedlicher Fachrichtungen (P. ↗ Valéry, C. Debussy, C. Saint-Saëns, K. Kraus, W. Benjamin) immer wieder zu ihm bekannt und auf ihn gestützt.

▪ Lit.: K. Westerwelle: M. Die Imagination und die Kunst des Essays, 2002. ▪ A. Compagnon: Un été avec M., 2013 [dtsch. Übers. 2014].

Volker Roloff

Charles-Louis de Secondat Baron de la Brède et de **Montesquieu**

▪ geb. 18. 1. 1689 Schloss La Brède/Dordogne (Frankreich)

▪ gest. 10. 2. 1755 Paris (Frankreich)

Erzogen im Oratorianerkolleg von Juilly; 1714 Parlamentsrat; 1716–1726 Senatspräsident in Bordeaux; seit 1721 Zugang zu literarischen Salons; seit 1728 Mitglied der Académie française; 1728–1731 Studienreisen durch Europa; in späten Lebensjahren erblindet auf dem Stammsitz La Brède; als Staatstheoretiker geistiger Vater der neuzeitlichen Demokratien; bedeutender Erzähler und Philosoph der Aufklärung.

▪ Ausg.: Œuvres complètes, 13 Bde, Hg. R. Minuti/A. Masson/R. Caillois u. a., 1950 ff.

▪ Lit.: C. Volpilhac-Auger: M. 2003.

Lettres persanes

(frz.; *Die Perserbriefe*, 1986, J. v. Stackelberg) – Der 1721 anonym erschienene satirische Roman in Briefform ist nach einer Reihe wissenschaftlicher Arbeiten das erste literarische Werk des Autors. Es handelt sich um eine lockere Folge fingierter Briefe, in denen die europäische Lebensart aus der Sicht einer fremden, exotischen Kultur geschildert wird.

Rica und Usbek, zwei persische Aristokraten, schildern in Briefen ihre Eindrücke von einer Reise durch Europa, besonders Frankreich, die sie während der letzten Regierungsjahre Ludwigs XIV. und den ersten Tagen der Régence (1711–1720) unternehmen. Die ohne Zwischentexte und Erläuterungen aneinandergereihten 160 Briefe, deren vielfältige Thematik oft sprunghaft wechselt, erhalten einen inneren Zusammenhang durch die Serailgeschichte, die die gesamte Korrespondenz durchzieht. Während seiner Abwesenheit bricht in Usbeks Harem in Isphahan ein Aufstand der Frauen gegen die Unterdrückung aus. Usbeks Lieblingsfrau Roxane bringt sich um, nachdem sie ihm einen hasserfüllten Abschiedsbrief geschrieben hat, der den zwischen orientalischer und abendländischer Lebensart schwankenden Usbek schwer trifft.

In mancher Hinsicht dem orientalisierenden Zeitgeschmack verpflichtet, ist der Roman eine kunstvoll und elegant vermittelte Kritik an zeitgenössischen Denk- und Lebensweisen. Gerade hierfür erweist sich die gewählte Form als fruchtbar. Die gewohnte, anscheinend selbstverständliche eigene Welt erscheint – durch die Augen der Exoten gesehen – verfremdet und wird von einem Punkt außerhalb des eigenen Vorstellungsbereichs reflektiert. So kann Montesquieu – der sich mehr als sein Zeitgenosse ↗ Voltaire um ein immer abwägendes, gerechtes Urteil bemüht hat – seine Zeitkritik objektivieren. Dass auch der Blickwinkel der fremden Besucher an Vorurteile gebunden ist, mildert Montesquieus Kritik.

Die oft mit beißendem Spott, aber auch mit wissenschaftlichem Ernst behandelten Themen formieren sich zu einem Sittenbild der Pariser Gesellschaft des beginnenden 18. Jh.s. Bedeutender als die zahlreichen, an La Bruyère orientierten Typenschilderungen (der Steuerpächter, der arme Poet, der Veteran, der Großgrundbesitzer, der Schöngeist) sind die Abhandlungen über Religion, Absolutismus, Kolonialismus, Klassengegensätze oder Frauenemanzipation. Moden, Salons, der Literaturbetrieb, vor allem aber öffentliche Institutionen und deren Repräsentanten werden kritisch untersucht und dem Gelächter preisgegeben. Die stilistische Schulung an der Moralistik ↗ Montaignes, La Bruyères und ↗ La Rochefoucaulds wird deutlich, wo Montesquieu seine Urteile in aphoristischer Knappheit pointiert. Doch im Gegensatz zu den Moralisten des 17. Jh.s ist Montesquieu durchdrungen von seiner politischen Wirkungsabsicht, die auch vor der Verunglimpfung des vermeintlich Erhabenen nicht Halt macht. So heißt es über Ludwig XIV.: »Ich habe seinen Charakter studiert und darin Widersprüche gefunden, die ich unmöglich lösen kann. Etwa: er hat einen Minister von achtzehn und eine Geliebte von achtzig Jahren.« Über den Papst: »Der Papst ist das Oberhaupt der Christen, ein altes Götzenbild, das man aus Gewohnheit beweihräuchert.« Über Stände: »Ein Standesherr ist ein Mann, der den König zu Gesicht bekommt, mit Ministern spricht, Vorfahren, Schulden und Ruhegelder hat.« Über das Christentum: »Du kannst sicher sein, dass es in keinem anderen Reich so viele Bürgerkriege gegeben hat wie in dem Reich Christi.« Über die Académie française: »Dieser Körper hat vierzig Köpfe, angefüllt mit Floskeln, Metaphern und Widersprüchen. So viele Münder reden fast nur in Ausrufen. Seine Augen? Keine Frage, er scheint gemacht, um zu reden, und nicht, um zu sehen.«

Montesquieu schreibt einen knappen, präzisen, von jeder rhetorischen Weitschweifigkeit gereinigten Stil. Witz und Pointen ergeben sich vor allem aus dem Sinn für Widersprüchliches, der auch die trockeneren, mehr um wissenschaftliche Erhellung bemühten Passagen durchdringt. Sein Interesse gilt weniger den Einzelwesen als vielmehr den gesellschaftlichen Verhältnissen, die er nicht unter einem abstrakten Sittenbegriff anklagt, sondern für die er die institutionellen Einrichtungen verantwortlich macht. Damit weisen die *Lettres persanes* schon auf das Hauptwerk *De l'esprit des loix*, 1748 *(Über den Geist der Gesetze)*, voraus und machen Montesquieu zu einem Mitbegründer einer kritischen Demographie. In den Briefen XI bis XIV entwirft Montesquieu das Modell des Troglodyten-Staates als utopisches Gegenbild zu der von ihm kritisierten Gesellschaft. Die Idee eines von natürlicher Güte getragenen Sozialwesens weist auf ↗ Rousseau hin. Dennoch galt der Autor der *Lettres persanes* – im Gegensatz zu ↗ Voltaire – in der Französischen Revolution nicht als einer ihrer Wegbereiter, sondern als Reaktionär.

Die *Lettres persanes*, die ihren Autor schlagartig berühmt machten und schon im 18. Jh. eine Vielzahl rasch aufeinander folgender Neuauflagen erfuhren, sind das bedeutendste Beispiel dieser Gattung und machten sie zu einer literarischen Mode. Aus der Nachfolge hervorzuheben sind vor allem Françoise de Graffignys *Lettres d'une Peruvienne,* 1747. Auch in der spanisch- und portugiesischsprachigen Welt wurde mit einem halben Jahrhundert Verspätung das aufklärerische Modell mit vergleichbaren Intentionen, doch geringerer Wirkung adaptiert: Fast zeitgleich entstanden in Spanien als Hauptwerk der Aufklärungsliteratur Cadalsos *Cartas marruecas*, 1793, und in Brasilien die aus Zensurgründen erst lange nach dem Tod ihres Verfasser Tomas Antônio Gonzaga veröffentlichten *Cartas chilenas*, 1845.

▪ Lit.: J. Goldzink: C.-L. de M. ›Lettres persanes‹, 1989. ▪ C. Spector: M., les ›Lettres persanes‹. De l'anthropologie à la politique, 1997. ▪ J. Order: Briefroman und Gesellschaftstheorie bei M., 2001.

Hans-Horst Henschen

Henry de **Montherlant**

▪ geb. 21.4.1896 Neuilly-sur-Seine (Frankreich)
▪ gest. 21.9.1972 Paris (Frankreich)

Schüler des katholischen Kollegs Sainte-Croix in Neuilly; mit 15 Jahren Stierkämpfer; Freiwilliger im Ersten Weltkrieg, mehrmals verwundet; 1925–1933 Reisen durch Italien, Spanien, Afrika; im Zweiten Weltkrieg Kriegskorrespondent; danach in Paris, dort 1972 Selbstmord; aus dem Fin de Siècle hervorgegangener, von Nietzsche, Barrès und Gide beeinflusster bedeutender Romancier, Dramatiker und Essayist.

▪ Ausg.: Romans et œuvres de fiction non théatrales, Hg. S. Secrétain, 1959.

▪ Lit.: P. O'Flaherty: H. de M. (1895–1972). A Philosopher of Failure, 2003.

Les jeunes filles

(frz.) – Die von 1936 bis 1939 erschienene Romantetralogie besteht aus den Teilen *Les jeunes filles*, 1936 (*Die jungen Mädchen*, 1957), *Pitié pour les femmes*, 1936 (*Erbarmen mit den Frauen*, 1957), *Le démon du bien*, 1937 (*Der Dämon des Guten*, 1957), und dem abschließenden *Les lépreuses*, 1939 (*Die Aussätzigen*, 1957). Romain Rolland und Stefan Zweig zählten *Les jeunes filles* zu den bedeutendsten Büchern des Abendlandes.

Beherrschendes Thema des Zyklus ist das Verhältnis des Schriftstellers Pierre Costals, eines Freidenkers und Frauenhelden, zum weiblichen Geschlecht. Die in früheren Romanen angedeuteten Probleme werden in der Tetralogie voll entfaltet. Costals' aristokratisches Bewusstsein ist geprägt durch das Erbe der Dekadenz, egoistische Glückssuche und intellektuellen Hochmut. Sein Egoismus nimmt keine Rücksicht auf das Seelenleben derer, die ihn lieben; er empfindet nur »Mitleid« für sie, wie es der Titel des zweiten Bandes bereits ankündigt.

Les jeunes filles ist ein Briefroman, in den jedoch wiederholt Tagebucheintragungen und Costals' ironische Kommentare eingefügt werden. Im Mittelpunkt steht die seelische Entwicklung von zwei Verehrerinnen des erfolgreichen Schriftstellers, die aus der Bewunderung für sein Werk eine schwärmerische Liebe zu seiner

Person entwickelt haben. Die eine, Thérèse Pantevin, ist ein unattraktives Bauernmädchen mit einem Hang zum Mystizismus, das schon bald keine klare Unterscheidung mehr zwischen seinen religiösen Gefühlen und seiner Liebe zu Costals treffen kann und schließlich in einer psychiatrischen Anstalt endet. Die andere, Andrée Hacquebaut, sensibel und belesen, aber ohne erotische Reize und Erfahrung, sieht in Costals den einzigen Mann, der sie verstehen könnte, und lässt sich auch durch dessen ablehnende Haltung nicht von der Überzeugung abbringen, dass er insgeheim ihre Liebe erwidert. Kurze Aufenthalte in Paris, die ihre Beziehung zu ihm intensivieren sollen, aber meist erfolglos bleiben, unterbrechen gelegentlich ihr eintöniges Leben. Schließlich bietet sie sich ihm an, doch Costals lehnt entsetzt ab und wendet sich Solange Dandillot zu, einem jungen Mädchen aus guter Familie, das ihn durch Schönheit, Sanftmut, Natürlichkeit und das Fehlen jeglicher geistiger Ambition bezaubert.

Ab dem zweiten Band, *Pitié pour les femmes*, dominiert die Form des epischen Berichts. Im Mittelpunkt steht die Liebesbeziehung zwischen Costals und Solange, die sich anfangs sehr harmonisch entwickelt. Ein unvermuteter Besuch Andrée Hacquebauts fordert erneut Costals' Zynismus heraus. Er lässt sie in seine Wohnung kommen, um sie hier auf grausame Weise zu demütigen. Im Anschluss an diese Szene erläutert er Solange, die auf seinen Wunsch die Auseinandersetzung belauscht hat, seine Theorie des »Mitleids«, das er den Frauen gegenüber wegen ihrer psychologischen Eigentümlichkeiten und ihrer gesellschaftlichen Stellung empfinde und das diese irrtümlicherweise für Liebe hielten. Im weiteren Verlauf des Werks dominiert neben Costals' Zynismus vor allem das beständige Thema der Heirat, die der Dichter mit allen Mitteln zu umgehen versucht.

Im dritten Teil, *Le démon du bien*, sieht sich Costals dem Dämon der Barmherzigkeit und des Mitleids ausgeliefert. Solange hat ihn um eine Legalisierung ihrer Verbindung gebeten, Costals aber fürchtet vor allem die Unauflösbarkeit einer katholischen Ehe. Obwohl Solange und ihre Mutter zu großzügigen Konzessionen bereit sind, teilt ihnen Costals schließlich – nach langem Schwanken und quälenden Selbstreflexionen – seine endgültige Weigerung mit. Er reist nach Genua, lässt jedoch aus Mitleid wenig später die unglückliche Solange nachkommen. Da seine Gefühle inzwischen merklich abgekühlt sind, Solange ihm frigide, uninteressiert und langweilig erscheint und ihn nicht mehr zu fesseln vermag, wird ihm ihr Besuch zur Qual. Nach ihrer Abreise stürzt er sich in einen Schaffensrausch, der ihn seelisch von ihr befreit.

Der erste Teil des folgendes Bandes, *Les lépreuses*, berichtet von Costals' Rückkehr nach Paris. Unter dem Eindruck des physischen Verfalls von Solange, die über die Liebe zu ihm nicht hinwegkommt, verspricht er ihr ein zweites Mal die Ehe. Doch die Langeweile, die er in ihrer Gegenwart empfindet, die Tatsache, dass er ihretwegen gezwungen ist, seine Zeit in Luxusrestaurants und Kinos und mit dem Austausch von Platitüden zu verbringen, töten den letzten Funken Sympathie. Zum endgültigen Bruch aber entschließt er sich, als er Solange ein Foto seines zärtlich geliebten unehelichen Sohnes Brunet zeigt und diese ihn unsympathisch findet. Costals sucht seine Geliebte Rhadidja in Marokko auf, die er deswegen so besonders schätzt, weil ihr die physische Liebe vollauf genügt und sie ihn nicht zur Analyse von Seelenregungen zwingt. Selbst die Entdeckung, dass Rhadidja mit Lepra infiziert ist, lässt ihn nicht vor der körperlichen Berührung zurückschrecken. In dem irrtümlichen Glauben, angesteckt worden zu sein, kehrt er schließlich nach Paris zurück. Solange, die Costals immer noch nicht aufgeben will, bedrängt ihn nun ähnlich wie einst Andrée mit Briefen und Anrufen, ohne seine kühl ablehnende Haltung zu beachten. So sieht er in ihr allmählich nur noch eine Variante Andrées, die für ihn zum Typus der Frau schlechthin wird. Andrée hingegen hat sich in eine Traum- und Phantasiewelt gerettet, in der ihre Liebe zu Costals Erfüllung gefunden hat. Bei einem von ihm vorgeschlagenen Treffen verfehlt sie ihn, und damit endet ihre Beziehung. Costals' zynische Reflexionen über die Frauen und die moderne Gesellschaft, im Anhang mitgeteilt als Vorüberlegungen zu seinem neuen Roman, beschließen das Werk.

In der Tetralogie reicht die Skala der Stilebenen vom Lyrischen über eine witzig-trockene Alltagssprache bis zum Satirischen und bezieht auch das biblische Pathos mit ein. In *Les jeunes filles* mischen sich verschiedene Erzählweisen. Teils wird vom Standpunkt des allwissenden Erzählers aus berichtet, der häufig kommentiert, aber auch selbst im Roman auftritt, teils aus der Perspektive der verschiedenen Romanpersonen. Briefe und Tagebuchauszüge dieser Personen wechseln mit Zeitungsausschnitten und Betrachtungen des Autors oder seines Helden über Themen verschiedenster Art.

Les jeunes filles ist Montherlants populärstes Werk. Es begründete seinen Ruf als Frauenfeind, aber auch als Kenner der weiblichen Psyche. Die große Resonanz, die der Roman zunächst fand, beruhte jedoch größtenteils auf dem Interesse an autobiographischen Details, die man darin zu finden meinte. Der Autor selbst hat sich indes entschieden gegen eine Identifikation mit seinem Helden verwahrt, wie das *Le démon du bien* vorangestellte Interview bezeugt. Trotzdem ist seine Tendenz zur Selbststilisierung in der Charakteristik des arroganten Zynikers Costals unverkennbar. Das einseitige und zynische Bild, das die Tetralogie von Frauen entwirft, ist äußerst fragwürdig und wurde u. a. von Simone de Beauvoir heftig kritisiert. Für seinen Helden Costals hat eine Frau kein eigenes Profil, sie ist eine Hohlform, unfähig, durch sich und für sich zu existieren; erst der Mann und die Liebe machen aus ihr eine Persönlichkeit. Aus dieser Abhängigkeit erklären sich für Protagonist (und Autor?) typisch weibliche Eigenschaften wie Eitelkeit und Koketterie, Bejahung des Leidens, Sentimentalität und Irrealismus als Negation der Wirklichkeit. Dass es aus diesem Dilemma keinen Ausweg gibt, soll am Beispiel der klassischen »jeune fille« (Solange), der Frommen (Thérèse) und der Intellektuellen (Andrée) nachgewiesen werden. Alle drei klammern sich an Costals und erwarten von ihm im Namen der Liebe die Sinngebung für ihr Leben, die Offenbarung ihrer selbst.

In der misogynen Tendenz des Romans, in seiner Heroisierung der männlichen Stärke und Intellektualität, ist der Einfluss von Nietzsche und Gide ebenso unverkennbar wie die Ideen von M. Barrès und der europäischen Décadence. Costals geht es nicht um eine ernsthafte Analyse und um das Verstehen der von ihm ausgebeuteten Frauen; sie sind lediglich Referenzobjekte seiner eigenen Ideen. Die weiblichen Charaktere erscheinen als Projektionen des Mannes, als Reflexe eines Schriftstellers, der sich in der Pose des blasierten und geistreichen Spötters gefällt. Der gesellschaftskritische Ansatz, der sich vor allem in der Idealisierung der ›unverbildet natürlichen‹ Rhadidja dokumentiert, weist in den Bereich jenes Exotismus, von dem die französische Literatur der ersten Hälfte des 20. Jh.s durchdrungen war.

▪ Lit.: B. Simon-Schaefer: Die Romane H. de M.s, 1975.

Ingrid Scherf / KLL

La reine morte

(frz.; *Die tote Königin*, 1947, C. Wegner) – Das 1942 erschienene dreiaktige Drama bildet den ersten Teil der vom Autor selbst so bezeichneten »katholischen Trilogie« mit den weiteren Teilen *La ville dont le prince est un enfant*, 1951 (*Die Stadt, deren König ein Kind ist*, 1953), und *Port-Royal*, 1954 (*Port-Royal*, 1956).

Ferrante, der alternde König von Portugal, hat zugestimmt, seinen Sohn Don Pedro mit der stolzen Infantin von Navarra zu vermählen. Don Pedro weigert sich, diesen Erwägungen der Staatsräson folgenden Plan zu erfüllen, da er Inès de Castro, die von adliger, wenn auch illegitimer Abstammung ist, liebt und seit zwei Jahren heimlich mit ihr verheiratet ist. Ferrante hofft, seinen Sohn umstimmen zu können, und bittet die in ihrer Ehre verletzte Infantin zu bleiben. Als er von der Frau seines Sohnes die Wahrheit erfährt, bestraft er ihn, indem er ihn gefangen setzen lässt. Durch Inès' Liebe gerührt, zögert er, entgegen dem Drängen seiner Ratgeber, sie töten zu lassen. Von den Mordplänen unterrichtet und dem Wankelmut des Königs misstrauend, versucht auch die edelmütige Infantin von Navarra, Inès zu retten, und drängt sie, an ihrem Hof Asyl zu suchen. Inès möchte jedoch in der Nähe ihres gefangenen Mannes bleiben, für den auch Ferrantes Vorschlag unannehmbar ist, sie neben der Infantin als Mätresse zu halten. Nachdem der Plan des Königs, die Ehe seines Sohnes durch den Papst annullieren zu lassen, gescheitert ist, offenbart er Inès in einem langen Gespräch seine eigentlichen Motive, worauf sie ihm das Geheimnis mitteilt, dass sie ein Kind von Don Pedro erwartet. Inès' Freude auf ihr Kind bewirkt jedoch einen Umschwung in der Stimmung des Königs. Er befiehlt einem Hauptmann, sie auf dem Heimweg zu töten. Während er seinem Hofstaat mitteilt, Inès sei im Interesse des Staates exekutiert worden, erleidet er selbst einen jähen Zusammenbruch. Im Tumult um den sterbenden König wird der Leichnam der Ermordeten hereingetragen. Don Pedro legt die Krone auf ihren Leib und zwingt alle, vor ihr niederzuknien. Der tote König bleibt allein zurück.

Das handlungsarme Drama entwickelt sich aus dem widersprüchlichen Erleben und Fühlen seiner Hauptfiguren. Der Vorrang psychologischer Vorgänge führt jedoch zu keiner natürlichen, realistischen Charakterisierung. So widersprechen die Geradlinigkeit und Eindeutigkeit der weiblichen Hauptpersonen ebenso wie die Inkohärenz und Mehrdeutigkeit der männlichen Figuren einer »normalen« Psychologie. Die Infantin von Navarra verkörpert einen starken, klugen, doch schuldlosen Herrscherwillen; sie gleicht einem übermenschlichen Wesen, unberührt von Liebe und Eifersucht. Der König dagegen erscheint als ein Herrscher, den Skepsis, Menschenverachtung und seine »ungeheure Gleichgültigkeit« in immer größeren Widerspruch zu sich selbst geraten lassen. Von Inès' Unschuld überzeugt und zur Milde geneigt, beschließt er dennoch ihren Tod. Namentlich die Brutalität des Vorgehens von Ferrante wurde im Jahr der Uraufführung als Parabel auf die deutsche Besatzungsmacht missverstanden.

In der Einteilung in Akte und Bilder sowie in den Grundzügen der Handlung und Personencharakterisierung folgt Montherlant dem auf einer Episode der portugiesischen Geschichte des 14. Jh.s basierenden Stück *Reinar después de morir*, 1604 (Herrschen nach dem Tod), des Spaniers Luis Vélez de Guevara (1579–1644), formt daraus jedoch ein eigenes, in der Substanz mit dem Vorbild nicht vergleichbares Werk. Die Verlegung des dramatischen Geschehens in den seelischen Bereich sowie der klare Aufbau verweisen auf das Vorbild des klassischen französischen Dramas. Der Generationenkonflikt zwischen Ferrante und Don Pedro und der Konflikt zwischen Pflicht und Neigung tragen jedoch keine unausweichliche tragische Konsequenz in sich. Die Beziehungslosigkeit der Personen wird nur in seltenen Augenblicken durchbrochen, um sich dann desto stärker zu manifestieren. Das Stück baut sich aus wenigen großen Dialogen auf, doch münden diese häufig in parallel laufende Monologe, die zu keiner Verständigung mehr führen. Der Mangel an kohärenter Psychologie, die Isolation der Personen, ihr Nebeneinandersprechen und die Absurdität ihrer Entscheidungen sind bereits Charakteristika einer nicht mehr klassischen, sondern modernen Dramaturgie.

▪ Lit.: W. Hempel: M. ›La reine morte‹, in: Das französische Theater vom Barock bis zur Gegenwart, Hg. J. v. Stackelberg, Bd. 2, 1968, 253–279. ▪ M. Bruézière: ›La reine morte‹ de M., 1973.

Johanna Woltmann-Zeitler / KLL

Port-Royal

(frz.; *Port-Royal*, 1956, R. Schnorr) – Das bereits 1940 bis 1942 in einer ersten Fassung entworfene und 1954 erschienene einaktige Schauspiel ist der dritte Teil der sogenannten »katholischen Trilogie«, zu der noch die Stücke *La reine morte*, 1942 (*Die tote Königin*, 1942), und *La ville dont le prince est un enfant*, 1951 (*Die Stadt, deren König ein Kind ist*, 1953), zählen.

Montherlant wurde durch die Lektüre von Sainte-Beuves *Port-Royal* (1840–1859), einem Werk über das jansenistische Nonnenkloster bei Paris, zu seinem Drama angeregt. Von unbedeutenden Änderungen abgesehen, folgt er den historischen Geschehnissen des Jahres 1664, als von jesuitischer Seite ein neuer Versuch unternommen wurde, den Widerstand von Port-Royal, das sich vor allem durch seine Prädestinations- und Gnadenlehre vom herrschenden Dogma der katholischen Kirche entfernt hatte, zu brechen. Bereits 1653 waren von Papst Innozenz X. in einer Bulle fünf Glaubenssätze für ketzerisch erklärt worden, die Cornelius Jansenius (1585–1638) in seinem Hauptwerk *Augustinus* (1640) aufgestellt hatte. Auch die nachfolgenden Päpste Alexander VII. und Clemens IX. bestanden auf der Widerrufung dieser Glaubenssätze, die in Montherlants Drama mit der Unterzeichnung des umstrittenen »Formulaire« geleistet werden soll.

Montherlant konzentriert die historischen Ereignisse des 21. und 26. August 1664 auf einen einzigen Tag und erfüllt damit neben der ohnehin gewahrten Einheit von Handlung und Ort auch die klassische Forderung nach der Einheit der Zeit. Die Handlung spielt in einem nüchternen Empfangsraum von Port-Royal. Auf den Insassinnen des Klosters lastet die Ungewissheit ihres künftigen Schicksals, die in der Unentschlossenheit einzelner Nonnen, ob sie das »Formulaire« unterzeichnen sollen oder nicht, zum Ausdruck kommt. Schwester Angélique Arnauld, die Nichte des Begründers von Port-Royal, bestärkt die Nonnen in ihrem Widerstand, obwohl sie selbst am Beginn einer schweren Glaubenskrise steht und den kommenden Ereignissen mit Furcht entgegensieht. Ihre Zweifel kontrastieren mit der Glaubensgewissheit ihrer Beschützerin, der früheren Äbtissin Agnès, die in allen Heimsuchungen die Vorsehung Gottes sieht und bejaht. Ebenso unverstanden fühlt sich Angélique auch von ihrer Schülerin, der jungen, empfindsamen Schwester Françoise, einer Mystikerin, die den unmittelbaren Weg zu Gott sucht und den Buchstabenstreit der Dogmatiker als »pedantisch« ablehnt. Angéliques Isolation wird noch verstärkt durch den Hass der Schwester Flavie, die aus dem Gefühl ihrer Unterlegenheit ehrgeizig die Herrschaft in Port-Royal anstrebt. Ihre Tragik vollzieht sich unabhängig von den äußeren Geschehnissen, die mit der unerwarteten Ankunft des Erzbischofs Péréfixe einsetzen und der Ungewissheit der Nonnen ein Ende bereiten. Nach der erneuten Weigerung der Nonnen, das »Formulaire« zu unterzeichnen und damit ihre geistige Sonderstellung und ihren Widerstand gegen die päpstliche Autorität aufzugeben, demonstriert Péréfixe, der Typus des opportunistischen Kirchenfürsten im 17. Jh., seine Macht durch ein starkes Polizeiaufgebot und den Befehl, aus den Reihen der opponierenden Nonnen zwölf festzunehmen, unter ihnen Schwester Angélique, die in einem Pariser Jesuitenkloster in Einzelhaft gehalten werden soll. Schwester Flavie hatte Péréfixe die Namen dieser zwölf Nonnen genannt. Bei ihrem Abschied bestärkt Schwester Angélique die zurückbleibende Schwester Françoise, die unter dem Eindruck des geschehenen Unrechts ihre kontemplative Haltung aufgegeben hat, in ihrer Glaubensgewissheit und verbirgt ihr die eigenen Zweifel. Beider Weg ist gegenläufig: Während Schwester Françoise den »Toren des Lichts« entgegengeht, hat Angélique die »Tore der Finsternis« durchschritten.

Dem äußeren Geschehen, das in der Verbannung der zwölf Nonnen durch den Erzbischof gipfelt, steht das seelische Erleben Schwester Angéliques gegenüber, deren Tragik – ihre Einsamkeit auch unter ihren nächsten Vertrauten – wie bei Racines Gestalten psychologisch begründet ist. Leid und Verzweiflung des hervorragenden Menschen, die aus seiner Vereinsamung, seinem Exil unter den Mitmenschen resultieren, sind bevorzugte Themen im Werk Montherlants. In *Port-Royal* finden sie durch die Kontrastierung der seelischen Krise Angéliques mit der rohen Machtentfaltung des Erzbischofs eine besonders bühnenwirksame Gestaltung. Dies ist umso bemerkenswerter, als Montherlant nach den Misserfolgen seiner vorangegangenen Bühnenstücke ursprünglich die Absicht hatte, sich von der Theaterschriftstellerei zurückzuziehen. Darüber hinaus glaubte er, durch betont archaische Wendungen und das unzeitgemäße Thema sein Publikum zu verschrecken. Der beträchtliche Erfolg des Stücks widerlegte die Befürchtungen des Autors.

▪ Lit.: S. Park: Les personnages et l'espace dans l'œuvre dramatique d'H. de M., 1995.

Heide Eilert / KLL

Don Juan

(frz.; Don Juan) – Laut Aussage des Autors entstand das 1958 erschienene dreiaktige Drama aus Widerspruch gegen eine literarische Überlieferung, die aus der Don-Juan-Gestalt ein dämonisches Wesen auf der Suche nach dem Absoluten gemacht und damit einen neuen Mythos geschaffen hatte. Montherlant nimmt für sich in Anspruch, Don Juan wieder entmythologisiert und als moderne und unkomplizierte Figur dargestellt zu haben.

Der 66-jährige Don Juan hat sich nach der erfolgreichen Verführung von Kommandeur de Ulloas Tochter nach Sevilla geflüchtet und bemüht sich, begleitet von seinem Sohn Don Alcacer, auf dem Marktplatz von Sevilla um ein 15-jähriges Mädchen. Der negative Ausgang dieses Flirts berührt ihn kaum, da eine neue Affäre mit einem Landmädchen in Aussicht steht. Don Alcacer versucht, seinen Vater zum Verlassen der Stadt zu bewegen, die er wegen seiner früheren Amouren besser meiden sollte. Zudem wohnt in der Nähe Sevillas der Kommandeur de Ulloa, der hier sein prunkvolles Grab errichten lässt. Doch Don Juan beharrt auf dem Vorhaben, sein nahe der Stadt gelegenes Landhaus aufzusuchen. Auf dem Weg dorthin trifft er mit dem Kommandeur selbst zusammen, der von der Besichtigung seines Grabmals kommt. De Ulloa erzählt Don Juan von der Verführung seiner Tochter Ana und seinem Verdacht, auf Grund dessen ein Herzog verbannt wurde. Im Hintergrund verfolgen und kommentieren drei »carnavaliers« (Maskierte) diese Szene.

Einem plötzlichen Einfall folgend, gibt sich Don Juan als der allein Schuldige zu erkennen, kann aber durch seine ungezwungene Haltung und sein elegantes Geschwätz den Kommandeur verwirren und besänftigen. Die Szene steigert sich ins Groteske: Der Kommandeur verzichtet nach einem anfänglichen Zornesausbruch nicht nur auf jede Genugtuung, sondern bekundet sogar Mitleid mit dem von quälender Gier nach Frauen beherrschten Don Juan. Nachdem ihn dieser über die Theorie der Libertinage aufgeklärt hat, bittet de Ulloa ihn schließlich, ihm doch auch noch einmal ein Liebeserlebnis zu verschaffen. Er nimmt die Einladung Don Juans an, bei ihm zu dinieren, um die Bekanntschaft entsprechender Frauen zu machen, und zeigt sich für kosmetische Ratschläge dankbar. Als seine Frau erscheint, lässt er sich im Zuge gutmütigen Einverständnisses mit Don Juan nicht davon abhalten, ihn ihr als den tatsächlichen Verführer ihrer Tochter vorzustellen. Gräfin de Ulloa verlangt sofortige Rache.

In dem daraufhin vorgetäuschten Duell stürzt der Kommandeur durch eine unglückliche Bewegung in Don Juans Degen und stirbt. Don Juan flieht und verbirgt sich auf seinem Landsitz. Eine reiche, erotisch interessierte Witwe und Ana de Ulloa bieten ihm ihre Hilfe an. Die Witwe tritt mit drei gelehrten Begleitern auf, sogenannten »Denkern-die-Ideen-über-Don-Juan-haben«: Die drei gelehrten Herren von den namhaftesten Universitäten Europas diskutieren den Mythos von Don Juan, und geben dem Autor so Gelegenheit, sich über die romantisierende Auslegung eben dieses Mythos lustig zu machen. Anschließend wird auch die aus Tirso de Molinas und Molières Dramen bekannte Erscheinung der Komturstatue ironisiert: Die »carnavaliers«, die die Unterredung zwischen Don Juan und dem Kommandeur belauscht haben und den unfreiwilligen Mörder in Furcht versetzen wollen, treten als Denkmalstatue auf. Auf diese Weise wird die barocke Geisterszene zur Farce umgedeutet. Der Schluss jedoch, den der Autor dem Stück anstelle des seit Molière bekannten gibt, ist nicht weniger unheimlich und unnatürlich: Don Juan entschließt sich allen Warnungen zum Trotz, weiterhin in Sevilla auf Frauenjagd zu gehen. Dazu setzt er seine gewohnte Maske auf, die plötzlich das Aussehen eines Totenkopfes annimmt und sich fest um sein Gesicht schließt. Ohne dass jemand ihm helfen kann, bricht er zu neuen Liebesabenteuern auf.

Das Stück konzentriert sich auf eine Figur, deren hervorstechende Eigenschaft eine opportunistische Beweglichkeit ist. Kennzeichnend für diesen Don Juan ist der Satz: »Ein Mann sagt, was ihm gerade einfällt.« Montherlants Don Juan ist ein teils amüsanter, teils sympathischer, teils unerträglicher Schwätzer. Obwohl der Autor seinen Helden der traditionellen Dämonisierung entziehen möchte, entfernt er sich nicht wesentlich von dem kritisierten Vorbild. Sein Schicksal ist schließlich das gleiche. Montherlant stellt es dem des ›ewigen Juden‹ zur Seite. Zugleich zeigt das Stück eine interessante Mischung der Gattungen, vor allem der Farce, der Komödie und des epischen Theaters. Ebenso wie die Abwandlung des beliebten Stoffes mag auch diese Kombination zur Ablehnung des Stückes beigetragen haben.

▪ Lit.: R. Griffiths: Reality and Myth in M.'s ›Don Juan‹, in: Myth and Its Making in the French Theatre, Hg. E. Freeman, 1988, 177–189. ▪ M. Masure-Williams: In Defense of H. de M.'s ›Don Juan‹, in: College Language Association Journal 32, 1989, 466–483.

Mechthild Heine / KLL

Jean **Moréas**

▪ geb. 15.4.1856 Athen (Griechenland)
▪ gest. 31.3.1910 Paris (Frankreich)

(d.i. Yannis Papadiamantopulos) – Gebürtiger Grieche, von französischer Gouvernante erzogen; erste dichterische Versuche in griechischer und französischer Sprache; ab 1879 in Paris; Umgang mit zeitgenössischen

Dichtern; 1885 und 1886 Publikation von zwei Manifesten zur Dichtung in *Le Figaro*, die den Begriff des Symbolismus mit etablierten; 1886 Gründung der Zeitschrift *Le symboliste*; 1891 Mitbegründer der École romane; bedeutende symbolistische Gedichte und das Versdrama *Iphigenie en Aulide*, 1903 (Iphigenie in Aulis).

▪ Ausg.: Œuvres, 1923–1926, Nachdr. 1977.

▪ Lit.: R. A. Jouanny: J. M. Écrivain français, 1969.

Les stances

(frz.; *Die Stanzen*, 1922, R. v. Ungern-Sternberg) – Der zwischen 1899 und 1920 erschienene lyrische Zyklus in Stanzen gilt als das Meisterwerk seines Autors. Den 1899 in einer zweibändigen Luxusausgabe veröffentlichten 34 Stanzen folgten, gesondert in Zeitschriften publiziert, die Bücher drei bis sechs. 1905 wurden alle Teile in einem Band vereinigt. Ein 1920 postum veröffentlichtes siebentes Buch lässt Moréas als Epigonen seiner selbst erscheinen.

Man hat Moréas als »aventurier de la poésie« (Abenteurer der Poesie) bezeichnet: Er war Theoretiker des Symbolismus und ein diesem verpflichteter Lyriker – das zeigen *Les Syrtes*, 1884 (Syrtren), und *Les cantilènes*, 1886 (Kantilenen) –; er schrieb Dichtungen, die sich an der von ihm mitbegründeten École romane (Manifest im *Figaro;* 1891) orientierten; schließlich bildete er mit den *Stances* eine spezifische Form des Neoklassizismus aus.

Die dem Zyklus seine innere Kohärenz verleihende »vision du monde« (Weltsicht) ist von gewollter Einfachheit: Das menschliche Leben ist unter das Zeichen des Todes gestellt; »le néants« (Das Nichts) ist letztes Ziel und nicht mehr ein Neues verheißendes Unbekanntes wie bei den Symbolisten im Anschluss an ↗ Baudelaire. Eine stoizistische Haltung, signalisiert durch das leitmotivisch wiederkehrende »qu'importe« (egal) als Antwort auf alle Wechselfälle des Seins, als Wissen um die Vergänglichkeit von Glück und Unglück – »Et comme le bonheur s'envole l'infortune« (»und wie das Glück verflüchtigt sich das Unglück«) –, eröffnet dem lyrischen Ich die Möglichkeit zur Bewältigung der existenziellen Grunderfahrung. Diese Dichtung von verhaltenem Pathos will sich nicht als Bekenntnislyrik verstanden wissen, sondern als objektiver Ausdruck eines Weltgesetzes. Die Einfachheit der »vision du monde« richtet sich programmatisch gegen den komplexen Subjektivismus des Symbolismus; gegen dessen Versuch, Unsagbares – das Absolute – mittels der literarischen Technik des Symbols annäherungsweise auszudrücken, steht eine auf direkte Kommunikation zielende Lyrik.

Die »vision du monde« manifestiert sich entweder in abstrakter Benennung oder in einfachen, nur schwach variierten Motivparadigmen. Das erste Paradigma zentriert sich um die Dichterexistenz, deren Peripetien als allgemeine Gesetzlichkeit sichtbar werden. Naturbilder konstituieren ein zweites Paradigma; sie dienen dazu, vom Besonderen aus das Allgemeine verständlich zu machen. Zentrale Bedeutung kommt dabei dem Motiv vom Zyklus der Jahreszeiten zu. Das traditionell damit verbundene Thema der ewigen Wiederkehr und des neuen Lebens bleibt jedoch bezeichnenderweise ausgespart. Ein drittes Paradigma fügt sich aus Stadtmotiven zusammen, vornehmlich solchen, die das Paris der Vorortsbezirke und der Viertel am linken Seineufer evozieren. Das Nebeneinander von modernen Stadtbildern und oft aus antikisierenden Naturtopoi montierten Landschaftsbildern soll im Rahmen des Zyklus die Unwandelbarkeit der »vision du monde« verdeutlichen: Diese überspannt die Geschichte, ist Dauer im Wechsel.

Dem überindividuellen Charakter der »vision du monde« entspricht ein neoklassizistischer Stil, dem der Wille zur Klarheit zugrunde liegt. Wesentliche Strukturkomponente ist die Gliederung in Vergleichendes und Verglichenes, deren Ausdehnungsverhältnis in den einzelnen Gedichten stark variiert. Im Bildaufbau dominiert die logische Kohärenz unter Wahrung der gewohnten Raum-Zeit-Ordnung im Gegensatz zu der inhärenten, assoziativen Kohärenz bei den Symbolisten. Das Vokabular der *Stances* ist wenig individualistisch, dem allgemeinen Begriff wird der Vorzug gegeben. Verglichen mit den frühen *Syrtes*, zeigt sich ein starker Abbau der sinnlichen Qualitäten: Farbadjektive treten zurück, Wörter, die eine Atmosphäre des Sinnlichen evozieren, verschwinden, die Zahl der Abstrakta dagegen nimmt zu. Eine Reihe von regelmäßig wiederkehrenden Stilistika, wie die in der Manier des 17. und 18. Jh.s gebrauchten Inversionen, signalisieren Klassizität. Dem sentenzenhaften Charakter der *Stances* entspricht ihre relative Kürze: Die meisten Gedichte sind aus zwei Vierzeilern gebaut, beliebtestes Versmaß ist der Alexandriner mit Mittelzäsur. Sinneinheit und metrisch-strophische Einheit kommen nach klassizistischem Vorbild weitgehend zur Deckung.

Ein zu enger Zusammenhang zwischen den Prinzipien der École romane und den *Stances* sollte nicht gesehen werden. Die Zielsetzung der École romane in ihrer ersten Phase, also zur Zeit der Abfassung des *Pélerin passionné* (1891), ist im Wesentlichen linguistischer Natur. Die Rückkehr zu den Quellen national-mediterraner Dichtung erweist sich als eine archaisierende Abweichung des Symbolismus, der in einer vergleichbaren Weise lexikalische Experimente praktizierte. In den *Stances* aber wird gerade der archaisierende Stil zugunsten klassizistischer Einfachheit abgebaut, da er dem Kommunikationsideal dieser Dichtung widersprechen würde. Von größerem Gewicht war wohl die in der zweiten Phase der École romane unter dem Einfluss von

Maurice ↗ Barrès vollzogene Ideologisierung, die sich in den *Stances* im Postulat vom Primat der Vernunft und der intellektuellen Sensibilität vor der romantischen Sensibilität äußert.

■ Lit.: N. Richard: M., in: N.R. Profils symbolistes, 1978, 203–239.

Gerhard Regn

Gustave **Moreau**

■ geb. 6.4.1826 Paris (Frankreich)
■ gest. 18.4.1898 Paris (Frankreich)

Sohn eines Architekten, lernte Malerei im Atelier von Picot, mit Chassereau befreundet; beschickte 1852 erstmals den Pariser Salon, Erfolge ab den 1860er Jahren; bekannt mit Degas, Puvis de Chavannes; arbeitete in den letzten Lebensjahrzehnten in seinem Haus in der Rue de la Rochefoucault in Paris, 1892 Professur an der Akademie; vor allem von Dichtern (Chéneau, Paul de Saint-Victor, ↗ Gautier, ↗ Huysmans) gefeiert; ca. 8000 überwiegend literarisch inspirierte Kunstwerke (Homer, ↗ La Fontaine, *Bibel*, Wilde, ↗ Baudelaire) und ein Konvolut symbolistischer Schriften; gemeinsam mit Redon wirkungsmächtigster Maler des französischen Fin de Siècle mit Einfluss auf Fauvismus und Surrealismus.

■ Ausg.: L'assembleur de rêves. Écrits complets, Hg. P.-L. Mathieu, 1984.

■ Lit.: J.K. Huysmans: L'art moderne, 1883. ■ J.K. Huysmans: Certains, 1889. ■ P.-L. Mathieu: La bibliothèque de G.M., in: Gazette de Beaux-Arts, April 1978, 155–162. ■ J. Kaplan: The Art of G.M., 1982. ■ V. Segalen: G.M., 1985. ■ P. Cooke: G.M. et les arts jumeaux. Peinture et littérature au dix-neuvième siècle, 2003.

L'assembleur de rêves

(frz.; Der Traumarrangeur) – Die Mehrzahl der etwa 180 zumeist kürzeren Prosastücke entstand zwischen 1870 und 1890, wurde aber erst 1984 aus dem umfangreichen Nachlass des Künstlers geordnet und herausgegeben.

Charles ↗ Baudelaire hatte aus den Händen Poes als Erbe der ersten romantischen Generation die Konzeption einer die Künste übergreifenden Ausdrucksform empfangen, als deren Boten er neben Delacroix vor allem Richard Wagner feierte. Doch in dem Maße, in dem sich infolge des von der Romantik eingeforderten Synästhesiekonzepts die Künste einander annäherten, geriet gerade diese Literarisierung der Malerei (Delacroix), ebenso wie die Bildlichkeit der Musik (Berlioz) und die Musikalisierung der Literatur (↗ Mallarmé), unter Druck durch eine orthodoxe Kritik, die mit dem Plädoyer für eine Trennung der verschwisterten Künste auf eine Rückkehr zu klassischen ästhetischen Idealen abzielte. Auch der Maler Gustave Moreau sah sich im Zuge einer allgemeinen Kritik an den Prinzipien der sich formierenden ersten ästhetischen Moderne Frankreichs derartigen Angriffen ausgesetzt. Als Maler mythologischer, biblischer und literarischer Sujets treibt Moreau umfassende historische, philologische und archäologische Quellenstudien, die die darstellende Kunst aus der Sicht seiner Kritiker literarisieren: »Zu lange habe ich darunter gelitten, dass man mich in dummer und ungerechtfertigter Weise als zu ›literarisch‹ für einen Maler bezeichnet hat.« So entsteht das literarische Werk eines wahrhaft ›philologisch gebildeten‹ Malers der Epoche aus dessen Rechtfertigungsbewegung heraus, die letztlich Malerei und Literatur umso enger zusammenführt.

Nichtsdestoweniger ist Ausgangspunkt der teils nur wenige Zeilen, selten mehr als eine Druckseite umfassenden Texte stets die Malerei selbst, zumeist gar nur Moreaus eigene. So berichtet der mutmaßlich früheste Text von einem Ateliergespräch, das Moreau mit Kollegen führt. Bereits hier nehmen Traum und Literatur eine zentrale Rolle ein. So definiert Moreau am Beispiel seiner Arbeit *Les Prétendants* die Aufgabe, »unverbrüchliche Poesie und gewaltige Überlegenheit« zu verbildlichen.

Moreaus Reflexionen über die Kunst im Allgemeinen und über klassische und zeitgenössische Malerei nehmen ein Drittel der Textsammlung ein. Wenn die kunsttheoretischen Reflexionen mit den in der Kunstkritik der Epoche gängigen Argumenten (Klassik/Moderne, Tradition/Innovation, Kontinuität/Bruch, Bestätigung/Protest) operieren, so überrascht der Künstler vor allem mit einer Indignation, die oft weder vor Kunst, Literatur und Musik anerkannter Urheber (↗ Lamartine, ↗ Chateaubriand), doch erst recht nicht vor Zeitgenossen (↗ Nerval, Fromentin) haltmacht.

Bemerkenswert in Hinblick auf Moreaus malerische Verfahrensweise, aber auch mit Blick auf die ästhetische Überschreibepraxis des späten 19. Jh.s ist seine Verteidigung des Konzepts der Nachahmung fremder Werke, die er gegen den Einwand mangelnder Originalität ins Recht setzt, nicht ohne gleichzeitig und an mehreren anderen Stellen ein Prinzip der Innovation einzufordern. Zugleich setzt er sich dezidiert von der älteren Mimesiskonzeption, der Nachahmung der Natur um der getreuen Abbildung willen, ab: Am Beispiel der Maler der Frühen Neuzeit bemerkt er hierzu, sie hätten zu keinem Zeitpunkt sklavisch und vulgär nachgeahmt, »die malerischen Möglichkeiten […] waren stets Mittel der Interpretation und der Transformation des Sujets, ohne in reine Abbildung zu verfallen.«

Gegenüber diesen poetologisch orientierten Arbeiten weisen die späteren Texte Moreaus, zumal die aus seinen letzten Lebensjahren, eine andere Faktur auf, die auf dem Umweg der Versprachlichung des Bildlichen doch den literarischen Maler ins Recht setzt. Ursprünglich wohl als Erklärung für die Mutter des Künstlers entstanden, lösen sich die Texte von der klassischen Bildbeschreibung. So generieren die Deskriptionen der Herkules-Gemälde allmählich eine traumhafte Paraphrase, die den Prinzipien der zeitgenössischen Rêverie, der träumerischen Improvisation über ein wahrgenommenes Werk, gehorcht. Aus dem Versuch der neuerlichen Wahrnehmung des einst gemalten, nun geschauten Werks entsteht eine intermediale Bewegung, die Moreaus eigenen Bildwerken sprachliche Kunstwerke an die Seite stellt.

Zumal bei den in den späten 1890er Jahren verfassten Texten entsteht aus Bild und Text ein Medienverbund, der optische Wahrnehmung durch gezielte rhetorische Praxis nicht vergegenwärtigen oder erklären möchte, sondern vielmehr auf die schon in Moreaus Bildern angelegten Unbestimmtheiten abzielt. Anders als bei der in dieser Epoche entstehenden Stummfilmkunst, der das geschriebene Wort der Zwischentitel als Verdichtung und Verdeutlichung diente, operiert Moreau in ähnlicher Weise mit den Echos der Wörter, wie es die symbolistische Poetik seiner Zeit forderte, um dem Rezipienten den Weg in eine Welt des nicht mehr Sichtbaren aufzuschließen. Gemäß den Überschreibetechniken der Epoche erzeugt der schreibende Maler so kleine Sprachkunstwerke, Muster jener Prosagedichte, die seit A. ↗ Bertrand, dem späten Baudelaire und Mallarmé als eigentliche mediale Neuerung vorangetrieben wurden. Bedenkt man, dass manche dieser Bildparaphrasen in ihrem literarischen Anspielungsreichtum der optischen Komplexität der Bilder antworten, so scheint Moreau also noch hier seinem Ruf als malender Literat – wenngleich womöglich wider Willen – gerecht zu werden.

■ Lit.: P.-L. Mathieu: Les écrits de G. M., in: G. M.: L'assembleur de rêves, 1984, 19–33. ■ P. Cooke: G. M. et les arts jumeaux. Peinture et littératur aux XIXe siècle, 2003. *Gerhard Wild*

Henri Murger

■ geb. 24.3.1822 Paris (Frankreich)
■ gest. 28.1.1861 Paris (Frankreich)

Aus kleinbürgerlichen Verhältnissen; Studium der Malerei; Sekretär des russischen Botschafters A. Graf Tolstoj, dem er nach Genf folgte; danach ausschließlich Journalist; Herausgeber verschiedener Zeitschriften, Mitarbeiter der renommierten *Revue des deux mondes*; Bohemeleben; früher Tod infolge einer entbehrungsreichen Existenz; Verfasser von Lyrik und erzählender Prosa; Chronist der Pariser Boheme.

■ Ausg.: Œuvres complètes, 1855–1861, Nachdr. 1971.
■ Lit.: F. Maillard: Les derniers bohêmes, 1995.

Scènes de la bohème

(frz.; *Boheme. Szenen aus dem Pariser Künstlerleben*, 1967, E. Sander) – Dieser 1851 erschienene Roman verdankt einen guten Teil seiner fortdauernden Bekanntheit der nach ihm entstandenen Oper Giacomo Puccinis *La bohème* (1896). Murger hatte seit 1845 in der Zeitschrift *Corsaire* Anekdoten, humorvoll-sentimentale Skizzen und Genreszenen aus dem Pariser Boheme-Milieu, in dem er selbst lebte, veröffentlicht. 1849 machte er daraus zusammen mit Théodore Barrière ein Theaterstück mit dem Titel *Vie de Bohème* (Bohemeleben), das auf der Bühne für einige Zeit sehr erfolgreich war, aber nicht den Ruhm und die Verbreitung des Romans erreichte. Die Vorgeschichte dieses bekanntesten in Künstlerkreisen spielenden Romans ist wichtig, weil sie seine episodenhafte Struktur erklärt; seine Handlung läuft erst sehr spät auf eine abschließende Wende hin und endet mit dem Rückblick zweier Protagonisten auf ihre Boheme-Jahre.

Der Musiker Alexandre Chaunard, der Maler Marcel, der Philosoph Gustave Colline und der Dichter Rodolphe lernen sich zufällig kennen. Sie verleben über sechs Jahre miteinander als Besucher der kleinen Künstlerkneipen und des »Café Momos« im Quartier Latin. Bekannt unter dem Namen der »Vier Musketiere«, in einem dauernden fröhlichen Kampf gegen Schulden, Hunger und Kälte, immer wieder in stereotype Geld- und Liebesnöte verstrickt, leben sie genial improvisierend in den Tag. Mit den weiblichen Lebenskünstlern ihres Milieus machen sie Bekanntschaft für eine Nacht oder höchstens für einige Monate; wenn man einander überdrüssig ist oder die Mädchen einen reichen bürgerlichen oder adligen Liebhaber gefunden haben, trennt man sich schnell wieder. Diszipliniert arbeiten können die jungen Leute nicht, sie leben auf Pump oder verkaufen gelegentlich ihr Talent, malen einem Spießbürger das gewünschte Porträt, liefern einer Dame schmachtende Verse oder einem Kritiker, der eine Theateraufführung versäumt hat, ein Feuilleton. Wenn es nicht mehr anders geht, versetzen sie ihren Frack oder heizen mit ihren Stühlen ein.

Die Schicksale der vier Helden werden kaum linear entfaltet. Erst am Ende verknüpfen sich die Fäden der Handlung etwas strenger: Rodolphe, mit dem »heiligen und wenig einträglichen Beruf eines elegischen Dichters«, verliebt sich unsterblich in Mimi, von der er sich mehrfach trennt und die er wieder findet, als sie unheilbar an Schwindsucht erkrankt ist, und die er schließlich endgültig verliert: ausgezehrt vom entbehrungsreichen Leben der armen Künstler stirbt sie im Armenhospital.

Alle sind den ihnen vorgezeichneten Weg gegangen: Colline ist bürgerlich geworden und gibt »Soireen mit Musik und Kuchen«; Marcels Freundin Musette heiratet einen Postmeister; Marcel, Alexandre und Rodolphe sind arrivierte Künstler, die ihre Jugendjahre in wehmütiger Erinnerung verklären: »Es ist aus mit uns, mein Alter, wir sind tot und begraben. Die Jugend kehrt nicht wieder. Wo dinierst Du heute?« Sie haben die »Probezeit des Künstlerdaseins«, wie Murger im Vorwort die Boheme definiert, hinter sich und enden »in der Akademie, im Hospital oder im Leichenschauhaus«.

Murgers Roman ist eine geschickte Mischung aus Romantik und Realismus, er kennt das Milieu und urteilt zugleich streng und sentimental über die Boheme als Lebensform; sie ist eine Sackgasse, aus der man sich durch Flucht, Tod oder Erfolg retten muss. Kennzeichnend für seine Helden ist ihr Desinteresse an Politik; während der Revolution von 1848 »verschränkten unsere Freunde die Arme, schauten aus dem Fenster und sahen dem Spektakel ohne großes Interesse zu«. Zu dieser ahistorischen und apolitischen Verklärung des künstlerischen Hungerleiderdaseins passt die erzbürgerliche Ansicht, dass das wirkliche Talent sich am Ende durchsetzen werde: »Alle wirklich starken Geister haben etwas zu sagen und sagen es in der Tat früher oder später.«

▪ Lit.: R. Miller: Bohemia. The Protoculture Then and Now, 1978, 44–58.

Jörg Drews

Alfred de **Musset**

▪ geb. 11.12.1810 Paris (Frankreich)
▪ gest. 2.5.1857 Paris (Frankreich)

Aus adliger Familie, trotz früh erkannter schriftstellerischer Neigungen Studium von Jura und Medizin; mit dem Duc d'Orléans befreundet; jüngstes Mitglied im romantischen Zirkel um V. Hugo; 1831 Beginn der schriftstellerischen Karriere, umschwärmter Dandy; krisenreiche Liebesbeziehung mit George Sand, die während der gemeinsamen Italienfahrt (1833–1835) endete; nach Bohemeleben 1836 Pension vom Duc d'Orléans, Bibliothekarsposten; lyrische, epische und dramatische Werke, in denen sich Literatur und Leben zur genuin romantischen Existenz verbinden.

▪ Ausg.: Poésies complètes, Hg. M. Allem, 1980. ▪ Œuvres complètes en prose, Hg. M. Allem, 1982. ▪ Théâtre complet, Hg. S. Jeune, 1990.

▪ Übers.: Gesammelte Werke, 5 Bde, A. Neumann, 1925.

▪ Lit.: F. Lestringant: A. de M., 1998. ▪ G. Saint Bris: A. de M., 2010 [Biographie].

Das dramatische Werk

(frz.) – Von der dramatischen Produktion der französischen Romantik fanden lediglich Mussets zwischen 1830 und 1855 entstandene Stücke einen dauerhaften Platz im europäischen Theater-Repertoire. Der Autor ist allerdings nur insofern Romantiker, als er den Typus des Dandy und problematischen Künstlers verkörpert und wie Victor Hugo traditionelle Gattungsgrenzen und die aristotelischen Einheiten ignoriert. Im Hinblick auf Bildung, Geist, Geschmack und Stil ist er Klassizist, und vermutlich eben deshalb überlebten seine Stücke die der anderen Romantiker.

Dabei konzipierte er sie meist als Lesedramen, musste also keine Rücksicht auf den Publikumsgeschmack und die Möglichkeiten der zeitgenössischen Bühne nehmen. Sie lassen sich in zur Aufführung bestimmte und »Lehnstuhl«-Stücke (»spectacles dans un fauteuil«) einteilen. Viele sind im weitesten Sinn »proverbes« (Sprichwörter), d.h. frivole, ursprünglich improvisierte, später ausgeschriebene Komödien, die ein (anfänglich vom Publikum zu erratendes) Sprichwort illustrieren, das später oft den Schlusssatz bildete. Diese Form kam im 18. Jh. auf und war zwischen 1820 und 1830 äußerst beliebt. Außer Musset schrieben Carmontelle, Scribe und Theodore Leclercq »proverbes«.

Der Dichter debütierte 19-jährig mit dem Versdrama *Les marrons du feu*, 1829 (Die Kastanien aus dem Feuer), das sich an die Hermione-Handlung in Racines *Andromaque* (1668) anlehnt. Die Theater-Diva Camargo verlangt von einem Verehrer, ihren untreuen Liebhaber zu töten. Er tut es, sieht sich aber um seinen Lohn betrogen, weil sie ein Beweisstück verlangt, das er nicht beschaffen kann.

La quittance du diable, 1830 (Die Quittung des Teufels), verfasste Musset, um seinem Vater zu beweisen, dass Schreiben auch Geld einbringen könne. Das »Stück in drei Tableaux mit Musik« wurde vom Théâtre des Nouveautés angenommen, aber nicht aufgeführt. Es basiert auf einer Geschichte aus Walter Scotts *Redgauntlet*. Der junge Steenie muss seinen verstorbenen Herrn in der Hölle aufsuchen, um die Quittung für seine Pachtzahlung zu erhalten, und bekommt, nachdem der Teufel auch den Erben geholt hat, dessen hübsche Nichte zur Frau. Das Stück enthält zahlreiche Couplets und hätte mit entsprechender Musik einen amüsanten »opéra comique« im Sinne Offenbachs abgegeben.

In *La nuit vénitienne ou les noces de Laurette*, 1830 (*Eine venetianische Nacht oder Lauretta's Hochzeit*, 1888, H. v. Löhner), liebt die Titelheldin den zwielichtigen Razetta, der ihr einen Dolch aufdrängt, mit dem sie den ihr aufgezwungenen Verlobten, den Fürsten von Eysenach, töten soll. Dieser versteht es jedoch, sie mit Charme, Esprit und Großzügigkeit für sich zu gewinnen. Schnell getröstet stürzt sich Razetta ins Karnevalstreiben. Die Uraufführung war ein Misserfolg. Die überraschende Konfliktlösung irritierte, und der hohe Stil überforderte das vorwiegend jugendliche Publikum. Als Reaktion darauf bemühte sich Musset nicht mehr um Aufführungen seiner Stücke.

Dem Versdrama *La coupe et les lèvres*, 1832 (*Zwischen Lipp und Kelchesrand*, 1910, F. Schultz), geht ein Selbstporträt des Dichters (Widmung an Alfred Tattet) und eine Hymne an den Ort der Handlung (ein idealisiertes Tirol) voraus. Der glücklose Jäger Frank provoziert die wohlmeinenden Bergbewohner, brennt sein Elternhaus nieder und verlässt das Dorf. Die Maitresse eines im Duell getöteten Gegners wird seine Geliebte. Er gewinnt im Spiel und erwirbt Kriegsruhm, bringt sich dann aber selbst beim Volk in Misskredit. Die Erinnerung an ein Bauernmädchen namens Déidamia hält ihn vom Selbstmord zurück. Sie wird seine Braut, aber am Hochzeitstag erdolcht seine Ex-Geliebte die Rivalin und bestätigt so das titelgebende Sprichwort »Zwischen Kelch und Lippen bleibt immer noch Raum für ein Unglück.« Frank sollte wie Faust oder der Byron'sche Manfred Übermenschentum und rastloses Streben verkörpern, wirkt aber eher wie ein verzogenes Kind.

In der Verskomödie *A quoi rêvent les jeunes filles*, 1832 (*Wovon die jungen Mädchen träumen*, 1875, C. Bentlage), sucht Herzog Laerte, mit Serenaden, Briefen, Verkleidungen und einem fingierten Duell das Interesse seiner Töchter für seinen Wunsch-Schwiegersohn Silvio zu wecken. Dieser kommt über all den Intrigen nicht einmal dazu, sich die Zwillingsschwestern richtig anzusehen, und überlässt seinem Nebenbuhler Irus die Wahl der Braut. Dass dieser ironischerweise abgewiesen wird, so dass die bevorzugte Heiratskandidatin leer ausgeht, ist in einer autoreflexiven Komödie, die mit Gefühlen ebenso spielerisch umgeht wie mit den romanesken Versatzstücken amouröser Intrigen, kein Grund zur Trauer.

Das Sujet von *André del Sarto*, 1833 (*André del Sarto*, 1947, N. Ferber), fand Musset in einem Museumskatalog. Der Renaissance-Maler André del Sarto hat Gelder des französischen Königs veruntreut, um seiner jungen Frau ein Leben in Luxus zu ermöglichen. Sie betrügt ihn mit einem seiner Schüler, und das Paar flieht nach einem Duell, das wie Andrés Selbstmord auf offener Bühne stattfindet. Im Sinne der romantischen Dramentheorie mischt der Dichter Tragik mit Komik, Pathos mit Trivialem und arbeitet mit spektakulären Effekten wie der blutigen Hand, die einen Mörder verrät, ohne die Grenzen zur Lächerlichkeit zu überschreiten. Nebenher wird auch Lokalkolorit erzeugt.

Les caprices de Marianne, 1833 (*Die Launen einer Frau*, 1847, G. Ritter), spielt (wie auch viele Dramen Shakespeares) an einem Phantasieort mit dem Namen einer real existierenden Stadt, im Neapel des frühen 16. Jh.s. Die Namen der Figuren stammen aus Shakespeare-Komödien oder der Commedia dell'arte. Octave wirbt für Coelio bei der unglücklich verheirateten Marianne und erreicht, dass sie ihm ein Stelldichein anbietet. Er versteht sie absichtlich falsch und schickt den Freund zu ihr. Dieser wird im Auftrag des Ehemanns ermordet. Auffallend sind die Parallelen zu *Twelfth Night, or What You Will* (Viola/Celio, die für Orsino um Olivia wirbt) und *Measure for Measure* (die Claudio untergeschobene Mariana). Das Stück ist der erste Höhepunkt in Mussets dramatischem Schaffen. Brillant ist vor allem Mariannes psychologische Entwicklung dargestellt, ebenso ihre äußerst modern anmutenden Diskussionen mit dem Skeptiker Octave.

Die Anregung zu *Fantasio*, 1833 (*Fantasio*, 1925, A. Neumann), lieferte möglicherweise ein historisches Ereignis: die erzwungene Heirat einer Tochter des Königs Louis-Philippe mit dem belgischen König Léopold. Der verschuldete Protagonist wird Hofnarr und verhindert die geplante Eheschließung einer bayerischen Prinzessin mit dem Fürsten von Mantua. Musset übernimmt und variiert Motive von Marivaux, Shakespeare, E. T. A. Hoffmann *(Kater Murr)* und Jean Paul. Das Stück beeinflusste Büchners *Leonce und Lena* (1836) und diente 1872 als Vorlage für Offenbachs gleichnamigen »opéra comique«.

Lorenzaccio, 1834 (*Lorenzaccio*, 1925, A. Neumann), basiert auf George Sands Szenario *Une conspiration en 1537* über die in der *Storia fiorentina* (Florentiner Chronik) Benedetto Varchis geschilderte Verschwörung gegen Alexander von Medici. Bei Musset tritt die Figur des Lorenzo de' Medici in den Vordergrund, der ohne jedes politische Kalkül einen Tyrannenmord begehen will. Um das Vertrauen seines Opfers zu gewinnen, wird er zum Lüstling, Kuppler, Intriganten und Verräter. Auch die Florentiner Adeligen wollen Alexander beseitigen, sind aber nicht in der Lage, die Situation für sich auszunutzen. Lorenzo, der durch die Tat wieder – oder endlich – er selbst werden wollte, erkennt, dass er nur eine Mordmaschine war, die ihren Zweck erfüllt hat, und läuft mehr oder weniger absichtlich seinem eigenen Mörder ins Messer. *Lorenzaccio* ist das wohl gelungenste Beispiel eines romantischen Historiendramas im Stil von Shakespeare. Nicht nur die Träger der Handlung sind brillant gezeichnet, sondern auch Randfiguren wie die Verschwörer, die sich durch Gunstbeweise des Herzogs kaufen lassen, oder die beiden Humanisten, die politische Fragen in Sonetten sublimieren, während sich ihre Zöglinge deshalb prügeln.

In *On ne badine pas avec l'amour*, 1834 (*Spielt nicht mit der Liebe*, 1888, H. v. Löhner), sollen Perdican und seine Cousine Camille nach dem Willen ihrer Eltern heiraten. Das Mädchen, das sich keine Illusionen über die Neigung ihres Verlobten zur Untreue macht, will lieber ins Kloster gehen. Als Reaktion auf diese narzisstische Kränkung macht Perdican ihrer Pflegeschwester Rosette den Hof und erreicht dadurch, dass ihm die eifersüchtige Camille ihre Liebe gesteht. Der Selbstmord der tief gekränkten Rosette veranlasst sie jedoch, ins Kloster zurückzukehren. *On ne badine pas avec l'amour* ist genre-untypisch wegen des tragischen Endes, der subtilen Charakterzeichnung, des zugrunde liegenden ideologischen Konflikts zwischen idealer und pragmatischer Liebeskonzeption, der Verortung zwischen Schein und Wirklichkeit und der ausgefeilten Dramaturgie. Es gibt Einflüsse von Aristophanes (die Chöre), Shakespeare (die Ebenen der ernsten und der grotesken Figuren), Marivaux (die geistvolle Argumentation) und Carmontelle (das Sujet).

La quenouille de Barberine, 1835 (Barberines Spinnrad), basiert auf der Novelle XXI von Bandello, die Musset auf die wesentlichen Handlungselemente reduziert und durch Verzicht auf die grausame Strafe (Verbannung) und Transposition in ein galanteres Milieu in eine Komödie verwandelt. Graf Ulrich will bei Hof zu Geld kommen. Provoziert durch den jungen Baron von Rosemberg, schließt er eine Wette auf die Treue seiner Frau Barberine ab. Diese sperrt den eingebildeten Bewerber um ihre Gunst prompt in den Turm, wo er sich seinen Unterhalt mit Spinnen verdienen muss, bis ihn der Schiedsspruch der Königin befreit. In der erweiterten Bühnenversion *Barberine* wird das Spinnen zu einer Allegorie redlichen Broterwerbs, den der Baron gering schätzt, und somit zu einer angemessenen Strafe im Rousseau'schen Sinn.

Le chandelier, 1835 (*Der Leuchter*, 1925, A. Neumann), spielt in der Provinz. Nachdem Jacquelines Liebhaber Clavaroche vor ihrem misstrauischen Ehemann in den Schrank flüchten musste, schlägt er ihr vor, den Verdacht auf einen anderen Verehrer zu lenken. Für diese Rolle wählt sie Fortunio aus, einen in sie verliebten Kanzleigehilfen ihres Mannes, dem es zuletzt gelingt, Clavaroche zu verdrängen. Anregungen für diese Komödie waren Mussets Verhältnis zu seiner ›Patin‹ Madame Jaubert und ein entsprechendes Jugenderlebnis mit einer Madame Beaulieu. Für die Aufführung der Comédie française vertonte Offenbach das Lied des Fortunio, das 1861 die Keimzelle seiner Operette *La chanson de Fortunio* wurde.

In der 1848 uraufgeführten Sprichwortkomödie *Il ne faut jurer de rien*, 1836 (*Man soll nichts verschwören*, 1902, P. Goldmann), verlegt Musset das Sujet von der Wette und Prüfung einer Frau in seine Gegenwart. Seinem Bruder Paul zufolge stellte er sich in der Figur Valentins und in dessen Onkel Van Buck, der diesem Vorwürfe über seinen Lebenswandel macht, selbst dar. Valentin wettet mit Van Buck, dass er die ihm bestimmte Braut in 48 Stunden verführen könne: Wenn ihm dies gelingt, braucht er sie nicht zu heiraten. Er fingiert einen Unfall, um unerkannt bei ihr aufgenommen zu werden, scheitert aber, weil Cécile ihn von einem Ball her kennt und sein bizarres Verhalten auf die Lektüre zu vieler Romane zurückführt.

Die letzten zwei Seiten des Manuskripts von *Faire sans dire*, 1836 (Handeln, ohne darüber zu reden), sind von George Sand geschrieben: Ungeklärt ist, ob Musset ihr diktierte, ob sie sein Werk vollendete oder ob es sich um eine Gemeinschaftsarbeit handelt. Der Abbé Fiorasanta und die von ihm entführte Julie werden vom Bruder der jungen Frau verfolgt und bitten den Musiker Mariani um Unterschlupf. Fiorasanta begibt sich allein zu seinem einflussreichen Onkel, von dem er sich Hilfe verspricht. Mariani tötet den Bruder im Duell und bietet Julie, weil er nun selbst fliehen muss, seine Habe und seinen Namen an. Als ihr Geliebter zurückkehrt, teilt sie ihm mit, dass sie Mariani ihr Erbe vermachen und selbst ins Kloster gehen werde.

Die Aufführung von *Un caprice*, 1837 (*Eine Caprice*, 1847, G. Ritter), die die Schauspielerin Madame Allan durchsetzte, brachte den Durchbruch des Dichters auf dem Theater. Die Protagonistin Mathilde hat einen Geldbeutel in Filetarbeit (wie er Musset anonym von seiner späteren Geliebten Aimée Alton geschickt worden war) für ihren Mann angefertigt, dem aber bereits eine andere Frau einen ähnlichen geschenkt hat. Mathildes Freundin, Madame Léry, macht ihm Avancen, nimmt ihm das ›corpus delicti‹ ab und führt ihm vor Augen, was er an seiner Ehefrau hat.

Im Zweipersonenstück *Il faut qu'une porte soit ouverte ou fermée*, 1845 (*Zwischen Tür und Angel*, 1874, E. Ferrari), macht ein Graf einer Marquise den Hof, kann sich aber nicht zu einem Heiratsantrag durchringen. Sie bringt ihn dazu, im wortwörtlichen wie im übertragenen Sinn, die Tür zu schließen. Vorlage für den geschliffenen Dialog war möglicherweise die zehnte Szene von Marivaux' *Le legs*. Das reizende Dramolett *L'habit vert*, 1848 (Der grüne Frack), schrieb Musset zusammen mit dem Dramatiker Émile Augier. Zwei junge Bohemiens und eine kleine Näherin übertölpeln aus Rache einen Lumpenhändler. Sie verkaufen ihm einen grünen Gehrock, in dessen Tasche sich jedoch eine Uhr befindet, wie sie nach Geschäftsabschluss entdecken.

Louison (1848) ist eine für die Bühne geschriebene Verskomödie. Protagonistin ist die Haushälterin eines Herzogs, der ihr nachstellt und einen Ring aufdrängt, woraufhin seine Mutter sie entlassen will. Berthaud möchte Louison heiraten, findet aber kein Gehör bei der Herrschaft. Erst auf einem Maskenball, auf dem das Mädchen den Herzog im Auftrag seiner Frau überwachen soll, gelingt es dem Paar, diesem die Zustimmung zur Hochzeit abzuringen. Die Aufführung war ein Misserfolg, vermutlich, weil die Zeit für das Sujet ›sexuelle Belästigung‹ noch nicht reif war.

Die Sprichwortkomödie *On ne saurait penser à tout*, 1849 (Man kann nicht an alles denken), entstand für eine Wohltätigkeitsveranstaltung. Es lehnt sich an Carmontelles *Le distrait* an. Der Marquis de Valberg ist in die Comtesse de Vernon verliebt, aber so zerstreut, dass die Kammerzofe ihn mittels eines Zettels erinnern muss, dass er der Gräfin einen Heiratsantrag machen wollte. *Carmosine* (1850) geht auf eine Novelle von Boccaccio (*Decamerone* X, 7) zurück, die Namen der Protagonistin und des Advokaten Perillo stammen von Bandello. Bei einem Turnier hat Carmosine den sizilianischen König Pedro III. von Aragon gesehen. Seitdem ist sie ›liebeskrank‹ und möchte sterben. Bei Hof trägt Minuccio d'Arezzo eine Romanze vor, die er Carmosine in den Mund legt. Daraufhin sucht das Herrscherpaar sie auf, der König bezeugt ihr seine Sympathie und rät, sie solle ihren Jugendfreund Perillo heiraten. Hinzu erfunden hat Musset eine kupplerische Mutter und den eitlen, selbstbezogenen Ser Vespasiano.

Bettine (1851) wurde für die Schauspielerin Rose Chérie geschrieben. Die Protagonistin, eine berühmte Sängerin, steht vor der Heirat mit dem Baron de Steinberg, der sein Vermögen verspielt hat, aber trotzdem nicht möchte, dass sie auf die Bühne zurückkehrt. Nach einem Streit wegen eines Diamanten-Colliers, das ihr ein Verehrer, der Marquis Stéfani, als Hochzeitsgeschenk geschickt hat, verlässt er sie. Dennoch weist sie ihren Bankier an, Steinbergs Spielschulden zu bezahlen. In einem sarkastischen Dankschreiben teilt er mit, dass er mit einer anderen Frau nach Rom fahren werde. Stéfani macht ihr einen Heiratsantrag und rät ihr, wieder zu singen.

Le songe d'Auguste, 1853 (Der Traum des Augustus), war ein Auftragswerk des Unterrichtsministers und sollte mit Chören von Charles Gounod und den besten Schauspielern des Landes in den Tuilerien aufgeführt werden. Der Kaiser Augustus diskutiert mit Livia, Octavia und Maecenas über die Werte, an denen sich seine Herrschaft ausrichten soll. Die Befragten plädieren für Frieden, Krieg und Kunst. Wechselseitige Lobpreisungen des Herrschers und der Musen beschließen das Werk.

Das ebenfalls für das Hoftheater bestimmte »proverbe« *L' âne et le ruisseau*, 1855 (Der Esel und der Bach), wurde nicht aufgeführt; es gab nur eine Lesung vor Kaiserin Eugénie. Das Sujet und einige Repliken stammen aus Carmontelles *L'amant malgré lui* (Der Liebhaber wider Willen). Beatrice und Benedict, das streitlustige Paar aus Shakespeares *Viel Lärm um nichts*, standen Pate für Marguerite und den Marquis de Berny. Die beiden sind einander eigentlich versprochen, wie auch die verwitwete Gräfin und der Baron de Valbrun; aber auf Grund negativer Erfahrungen scheut dieser vor einer Bindung zurück. Erst eine fingierte Affäre zwischen der Comtesse und seinem Freund veranlasst ihn zu einer Entscheidung.

Musset wurde zu seinen Lebzeiten vor allem als Lyriker geschätzt. Sein Durchbruch als Dramatiker erfolgte erst spät und in zwei Schüben: 1847 mit *Un caprice* und 1896, also 39 Jahre nach seinem Tod, mit der verspäteten Uraufführung von *Lorenzaccio*. Bezeichnenderweise wurden beide Aufführungen von prominenten Schauspielerinnen, die jeweils eine bestimmte Rolle spielen wollten, gegen die Meinung der Fachleute durchgesetzt, die Mussets Stücke für unspielbar hielten. So waren die vielen Dekor-Wechsel (40 in *Lorenzaccio*) mit der damaligen Bühnentechnik nicht zu bewerkstelligen. In den Bearbeitungen früherer Stücke für das Theater und in den nach 1847 im Hinblick auf eine Aufführung geschriebenen Dramen reduzierte der Autor deshalb die Spielorte, erfand neutrale Einheitsräume – und forderte damit prompt die Kritik der Anhänger des Wahrscheinlichkeitspostulats heraus. Weiter nahmen die Zensoren Anstoß an Mussets Frivolität, die auf der Bühne bedenklicher schien als bei einsamer Lektüre. Auch war die Zeit noch nicht reif für manche der angeschnittenen Probleme, wie Karriereverzicht der Frau, Männer mit besser verdienenden Frauen (*Bettine*), Infragestellung der Ehe, Antiklerikalismus (*On ne badine pas avec l'amour*) usw. Schließlich stehen bei Musset (wie schon bei Marivaux) der Liebe eines Paares fast nie äußere Hindernisse, sondern Zweifel und Unsicherheit des einen Partners (oder beider) entgegen – und der damit verbundene ›marivaudage‹ (ein geistreiches Geplänkel, das erotische Perspektiven auslotet) – hatte zu allen Zeiten wenig Erfolg beim breiten Publikum.

Musset ist feinsinnig und deutet nur an, was Laclos, Louvet de Couvray oder Crébillon fils aussprechen. Seine Gesellschaftskritik wird nie polemisch, er zeichnet Sittenbilder, ohne seine Figuren zu denunzieren. (Der Herzog in *Louison* mag der Soubrette nachstellen und ebenso lange für seine Toilette brauchen »wie ein Tänzer der Oper« – letztendlich erweist er sich doch als Grandseigneur.) Seine Provinzbürger drücken sich aus wie Grafen oder wirken wie ›femmes galantes‹ des 18. Jh.s.

Musset ist nicht nur ein Psychologe, der die Männer, die Frauen und die Spiele der Erwachsenen kennt, sondern auch ein Meister der Dramaturgie. Durch Änderungen der Personenkonstellation oder Verlagerung des Sujets in ein anderes Milieu schafft er oft Serien von Stücken über ein Grundthema (wie der Treueprobe in *Quenouille*, *Chandelier* und *Il ne faut jurer de rien*) oder eine Zentralfigur (wie den verhinderten Liebhaber in *Il faut qu'une porte*, *On ne saurait penser à tout*, *L'âne*). Er findet mit sicherem Instinkt den idealen Spielort und glückliche Zufälle, ist ein Meister des Beginns ›medias in res‹, der szenischen Übergänge, der Farben und Töne. So wurde er zum Marivaux eines 19. Jh.s, das sich in vieler Hinsicht moderner zeigt als die Moderne.

▪ Lit.: A. Lebois: Vues sur le théâtre de M., 1966. ▪ M. Crouzet: Jeu et serieux dans le théâtre de M., 1978. ▪ P.-G. Castex: Études sur le théâtre de M., 2 Bde, 1978/1979. ▪ C. Malthus u. a.: M. et Shakespeare, 1988. *Sylvia Tschörner*

La confession d'un enfant du siècle

(frz.; *Bekenntnisse eines Kindes seiner Zeit*, 1980, M. Spiro) – Dieser 1836 erschienene autobiographische Roman kann als literarische Transposition der Liebesbeziehung des Dichters zu George Sand und ihrer unglücklichen Trennung in Venedig gelesen werden. Der Held des Romans, Octave, ist geprägt von einer Epoche, die einer verlorenen großen Vergangenheit nachtrauert und auf eine Freiheit verheißende Zukunft nicht zu hoffen wagt. Einem teils frivolen, teils verzweifelten Skeptizismus verfallen, ist Octave in seiner Vitalität gelähmt. Der Autor analysiert in ihm die historischen und soziologischen Hintergründe des ›mal du siècle‹, der romantischen Melancholie, mit auf eigenen Erfahrungen beruhendem Einfühlungsvermögen und kritischem Verständnis. Die Melancholie des Jahrhunderts begreift Musset als Erbe der napoleonischen Ära, deren Ende zugleich die Abkehr vom Heroismus und den revolutionären Idealen bedeutet. Die »Kinder des Zeitalters« gehen an diesem Verlust Identität stiftender Ideale zugrunde.

Von seiner Geliebten verraten, von der Liebe und den Frauen enttäuscht, führt Octave das Leben eines ausschweifenden, zynischen Dandys. Als er nach dem Tod seines Vaters eine Zeit lang auf dem Land lebt, begegnet er dort in Brigitte Pierson einer einige Jahre älteren Frau, die er wirklich zu lieben vermag. Er gewinnt ihre Zuneigung, doch nach einer kurzen Zeit des Glücks zeigt sich, dass er nicht mehr an menschliche Lauterkeit und Liebe glauben kann; misstrauisch und eifersüchtig beginnt er, ihre Vergangenheit zu erforschen, und findet ein selbstquälerisches Vergnügen daran, sie überdies auch noch durch Erzählungen aus seinem eigenen wüsten Leben zu peinigen. Brigitte, die für ihn alles zu tun bereit ist, die seine Launen, seine Eifersucht, seine Zweifel hinnimmt, ihn bedauert und ihn von seinen selbstzerstörerischen Neigungen durch ihre Geduld zu heilen hofft, will sich zunächst nicht eingestehen, dass er ihre Gefühle zerstört. Doch wird die Geliebte schließlich von einem anderen Mann umworben, dessen höfliche, zurückhaltende Besorgtheit ihr wohltut. Er erringt ihre Liebe und ist auch in den Augen Octaves der Mann, der ihrer wahrhaft würdig ist. Seinen eigenen Schmerz über die ihm von George Sand zugefügte Enttäuschung sublimierend, lässt Musset seinen Helden sich zu einsichtigem Verzicht durchringen.

Anders als der Protagonist seines autobiographischen Romans hat Musset die Trennung von George Sand nie wirklich überwunden. Der Roman, der eine Wende im Leben des Protagonisten, die Bejahung des Stoizismus, propagiert, artikuliert zugleich die Sehnsucht der romantischen Generation.

▪ Lit.: S. M. Levin: The Romantic Art of Confession, 1998. *Ingrid Peter / KLL*

Les nuits

(frz.; *Die Nächte*, 1960, F. Schäfer) – Die Sammlung der *Poésies nouvelles*, in der diese vier Gedichte 1840 nach Vorabdrucken in der *Revue des Deux Mondes* veröffentlicht wurden, enthält auch die zwischen 1835 und 1840 entstandenen Gedichte »Lettre à Lamartine« (Brief an Lamartine), »L'espoir en Dieu« (Hoffen auf Gott) und »Souvenir« (Erinnerung).

Die Gedichte »La nuit de mai«, 1835 (»Mainacht«), »La nuit de décembre«, 1835 (»Dezembernacht«), »La nuit d'août«, 1836 (»Augustnacht«), und »La nuit d'octobre«, 1837 (»Oktobernacht«), sind die ersten dichterischen Zeugnisse Mussets nach dem Bruch mit George Sand. Bereits Paul de Musset, der Bruder Alfreds, wies jedoch darauf hin, dass nicht alle Gedanken und Gefühle der Gedicht-Serie mit der Erinnerung an George Sand zu verknüpfen sind. Ihr eigentliches Thema ist die Rolle, die sich der Dichter als Ausnahmemensch zuweist: Der Konflikt zwischen Leben und Dichten war seit dem 18. Jh., seit der Entdeckung der Dichterpersönlichkeit in ihrer für die Menschheit stellvertretenden – weil geistig autonomen – Rolle, Konstante des literarischen Bewusstseins. Die gesuchte und genossene Erfahrung des Leids wirkt als Erkenntnisinstrument und ›Adelsprädikat‹ der romantischen Seele und erlaubt es dem sensiblen Dichter, sich als Märtyrer der Menschheit zu fühlen. Hervorzuheben ist an den *Nuits* vor allem die untergründige Tendenz zur Zyklusbildung, die den Weltschmerz bewältigen helfen soll.

Die *Nuits*, in denen in alternierenden Gesängen nächtliche Zwiesprache mit der dichterischen Muse gehalten wird, haben die Grunderfahrung der Romantiker, den Konflikt zwischen Leben und Dichten, zum Thema; eine Spannung, die nur in der poetischen Verewigung schattenhaften, zerbrechlichen Glücks oder aber der Beschwörung einer reinen Phantasiewelt überwunden werden kann. Der Gedichtzyklus fasst Mussets Gedanken über Liebe, Religion, Dichtung und Ruhm poetisch zusammen. In dem Dialog des Dichters mit seiner Muse übernimmt diese die Rolle eines Seelenführers, der die positiven Eigenschaften Aktivität und Kreativität verkörpert.

Die »Nuit de mai«, nach dem Zeugnis von Paul de Musset in zwei Tagen und einer Nacht im Taumel dichterischer Begeisterung niedergeschrieben, ist der erste Dialog zwischen dem schöpferischen Genie des Dichters Musset und dem in der Liebe verratenen, von Schmerz durchdrungenen Menschen. »Die am meisten von Verzweiflung getragenen Lieder sind die süßesten«, lautet der berühmteste Vers dieses Gedichts. Er wird von der Muse gesprochen, die den Dichter vergeblich zur Überwindung des Leids durch neues Schaffen auffordert. Die Muse versucht, dem Dichter Schaffenskrisen als wichtigen Bestandteil der poetischen Inspiration zu vermitteln.

Das aus der christlichen Kunst übernommene, von Napoleon aktualisierte Bild des Pelikans, ein Sinnbild der Opferbereitschaft, wird in diesem Kontext zur Allegorie des Dichters, der um der Kunst willen den Annehmlichkeiten des Lebens und der menschlichen Gesellschaft entsagt. Die sich anschließende »Nuit de décembre« setzt diese Ideen poetisch um. Hier tritt als halluzinatorischer Doppelgänger des Dichters die »Einsamkeit« auf, eine melancholische, stets in Schwarz gekleidete Gestalt. In der »Nuit d'août«, der unmittelbarsten Umsetzung des Konflikts zwischen Musset und George Sand, wirft die Erscheinung ihm sein Schweigen vor, seinen Verzicht darauf, das Unabänderliche im Wort zu bannen. Seine Antwort gibt der epikureischen Freude am Dasein und der Intensität des Erlebens – unter Einschluss der Schmerzen – den Vorzug. Im letzten Gedicht, der »Nuit d'octobre«, gelangt der Dichter zu einer Art Wiedergeburt an der Seite der Muse und damit zu erneuter Kreativität.

■ Lit.: P. Brunel: A. de M. ›Premières poésies‹, ›Poésies nouvelles‹, 1995. *Renate Luscher / KLL*

Mademoiselle Mimi Pinson

(frz.; *Mimi Pinson*, 1925, A. Neumann) – Diese 1845 erschienene Novelle war vom Autor als Beitrag zu der von seinem Verleger veranstalteten Sammlung mit dem Titel *Le diable à Paris* (Der Teufel in Paris) gedacht und spiegelt das Ende der ›Grisettenliteratur‹ wieder, die in den 1830er Jahre ihre Blütezeit hatte. Dieses Genre behandelte den Typus des leichtlebigen und leicht zu erobernden Mädchens aus der Unterschicht, das sich – im Gegensatz zu den Töchtern des Bürgertums – seinen Lebensunterhalt selbst verdienen musste. Das von dieser literarischen Strömung geprägte Bild der Grisette ist keineswegs eindeutig. Mussets Novelle weicht vom Schema der Grisettenliteratur ab und folgt dem der erfolgreichen ›Tugendprüfung‹.

Marcel und der schüchterne Eugène, zwei Medizinstudenten, erörtern in einem längeren Gespräch Vor- und Nachteile der Grisetten-Existenz und vertreten dabei grundsätzlich verschiedene Ansichten: Marcel lobt die Grisetten enthusiastisch, während Eugène glaubt, sich vor ihnen hüten zu müssen. Bei einem Souper, zu dem Marcel die Mädchen Zélia und Mimi Pinson eingeladen hat, kommt Eugène zum ersten Mal mit leibhaftigen Grisetten in Berührung. Im Verlauf des ausgelassenen Abends singt die eher zurückhaltende Mimi Pinson ein ihr gewidmetes Chanson mit einem Refrain, der davor warnt, sein einziges Kleid zu verpfänden.

Auf dem morgendlichen Heimweg trifft Eugène eine verzweifelte junge Frau, die ihn bittet, einen Brief zu bestellen, den er indes heimlich öffnet. Er erkennt in der Schreiberin Rougette, eine Freundin Mimis, von der diese am Vorabend gesprochen hatte. Eugène entschließt sich, Rougette, die nach einer längeren Krankheit völlig mittellos ist und in ihrem Brief einen alten Bekannten um Hilfe bittet, selbst zu unterstützen.

Seine eigene Geldknappheit zwingt ihn zum Weg ins Pfandhaus; dort trifft er seinen Freund Marcel, dem er sich anvertraut. Marcel rät ihm zunächst, sich nicht einzumischen, wird aber von dem erfahrenen Pfandleiher beschämt, der Mimi Pinson auf ihr einziges Kleid bereits eine kleine Summe geborgt hat. Die beiden Studenten lösen das Kleid aus und treffen Mimi, als sie, nur mit einer alten Gardine bekleidet, aus der Messe kommt. Es stellt sich heraus, dass das geborgte Geld für Rougette bestimmt war. Als die beiden Freunde zusammen mit Mimi Rougette aufsuchen, hat sie sich bereits erholt. So sieht sich Marcel in seinem Lob der Grisetten bestätigt. Als Marcel und Eugène wenig später an einem Café vorbeischlendern, sehen sie die beiden Mädchen Eis essen und ihnen vergnügt zuwinken.

Musset bemüht sich darum, das Genre, das damals bereits der Trivialliteratur angehörte, zu poetisieren. Realistische und kritische Züge, wie sie etwa in Balzacs Porträt *La grisette* (1831) auftauchen, fehlen hier zwar nicht völlig, verblassen jedoch angesichts der anmutig-ironischen Heiterkeit, von der dieses kleine Tableau beherrscht wird. Der komisch-absurde Streit der beiden Studenten hat nicht die Funktion einer exemplarischen Beweisführung, sondern ist der Rahmen um das nur angedeutete Porträt eines jungen Mädchens, das idealisierte Ausnahme bleibt und bleiben soll.

■ Lit.: J. Lietz: Studien zu den Novellen M.s, 1971. *KLL*

Irène Némirovsky

▪ geb. 11. 2. 1903 Kiew (Ukraine)
▪ gest. 17. 8. 1942 Konzentrationslager Auschwitz

Großbürgerlich russisch-jüdischer Familienhintergrund; 1919 Emigration nach Paris; Literaturstudium an der Sorbonne; ab 1923 literarische Veröffentlichungen; zwei Töchter: Denise Epstein und Élisabeth Gille; 1939 Konversion zum Katholizismus; 1942 Verhaftung und Deportation ins KZ Auschwitz-Birkenau; Verfasserin erfolgreicher Romane, Erzählungen und Novellen der Zwischenkriegszeit, u. a. *David Golder* (1929), *Le bal* (1930), *Le vin de solitude* (1935); ab 2000 literarische Wiederentdeckung im Zuge der Veröffentlichung von Élisabeth Gilles *Le mirador* (fiktive Autobiographie ihrer Mutter).

▪ Lit.: E. Gille: Le mirador. Mémoires rêvés, 1992 [Biographie]. ▪ J. Weiss: I. N., 2005. ▪ O. Philipponnat/P. Lienhardt: La vie d'I. N., 2007 [dtsch. 2010].

Destinées
et autres nouvelles

(frz.; Schicksale) – Der 2004 erschienene Band versammelt 13 Novellen, die zwischen 1933 und 1941 veröffentlicht wurden. Die ursprünglich in Zeitschriften wie *Gringoire* oder *Revue des Deux Mondes* abgedruckten Texte werden ergänzt durch ein Foto, das die Familie Némirovsky-Epstein bei Ausbruch des Zweiten Weltkriegs an ihrem Ferienort zeigt, sowie ein Vorwort von Denise Epstein, in dem diese das Leben ihrer Mutter umreißt. Auf diese Weise wird das Schicksal der Autorin zu einer Erzählung, die sich zu den anderen Texten fügt; die Grenze zwischen dem Schreiben und Leben Irène Némirovskys verschwimmt.

Im Zentrum der Erzählungen stehen Menschen und ihre Schicksale. So wird in der titelgebenden Novelle »Destinées« die Nacht des 10. Mai 1940 evoziert, als sich bei der Ich-Erzählerin in Paris spanische und russische Exilanten zusammenfinden, um, während in der Stadt Bombenalarm herrscht, über Kriege und Revolutionen zu reden – und darüber, welch unvorhersehbare Konsequenzen mitunter ein einziges Wort oder eine bestimmte Geste für ein Leben haben können. »Glaubst du, dass wir von Geburt an unserer Bestimmung entgegengehen, den Kräften des Guten und des Bösen unterworfen?«, überlegt die Ich-Erzählerin am Ende der Nacht. »Nur bestimmte, außergewöhnliche Seelen«, antwortet ihre Freundin, »die anderen folgen ihnen nach«. Einige solcher außergewöhnlicher Seelen inszeniert Némirovsky in ihren Novellen: Figuren der mondänen Welt, deren Jugend in den ›goldenen‹ 1920er Jahren lag (»Un déjeuner en septembre«, Ein Mittagessen im September), russische Emigrantinnen, die ganz in der Vergangenheit leben und sich an ihre Jugendliebe erinnern (»La confidence«, Das Geständnis; »… Et je l'aime encore«, Und ich liebe ihn immer noch) eine alte Engländerin, die Whisky trinkend in einer Pariser Bar von einem mysteriösen Mord erzählt, den sie selbst begangen haben dürfte (»Épilogue«, Epilog). All diesen Figuren haftet etwas Besonderes an, ein prägendes Erlebnis in der Vergangenheit, ein Geheimnis, das im Erzählen erst nach und nach an die Oberfläche gelangt.

Andere Novellen drehen sich um das Leben von Familien und Ehepaaren. Beziehungsangelegenheiten werden dabei aus verschiedenen Perspektiven beleuchtet, mitunter wird wie der Novelle »Espoirs« (Hoffnungen) in Form von inneren Monologen die jeweilige Sichtweise dargestellt. Immer wieder wird auch die Perspektive der Kinder eingenommen und deren Blick auf die Welt imaginiert (»Jour d'été«, Sommertag, oder »Le départ pour la fête«, Aufbruch zum Fest).

Insgesamt kennzeichnet die Texte eine melancholische Grundstimmung, die häufig mit Reflexionen über Krankheit und Tod bzw. die Vergänglichkeit des Glücks einhergeht. Die Erfahrungen der Vergangenheit und die Ahnung, was zukünftig sein wird, verdichten sich in bestimmten schicksalhaften Momenten, in denen sich die Komplexität, aber auch die Brüchigkeit der menschlichen Existenz widerspiegeln. So ist der Ferienstimmung an der baskischen Küste bereits der drohende Kriegsausbruch eingeschrieben (»Comme de grands enfants«, Wie große Kinder), ebenso wie umgekehrt die besondere Stimmung der ersten Kriegsnacht hervorgehoben wird (»La nuit en wagon«, Die Nacht im Waggon).

Als exemplarisch für den Band kann die Novelle »Un déjeuner en septembre« (Ein Mittagessen im September) gelten: Erzählt wird hier vom unerwarteten Zusammentreffen der 40-jährigen Thérèse Dallas mit Raymond Cazeneuve, einem alten Freund ihres Mannes, in den sie früher einmal verliebt war. Während des gemeinsamen Essens in einem feudalen Restaurant in der Umgebung von Paris erinnert sich Thérèse an die Vergangenheit und all das, was damals sein hätte können, jedoch nie war. Wie eine späte Form der Kompensation erscheint nun die Hingabe, mit der Thérèse und Raymond sich dem mehrgängigen, luxuriösen Menü widmen. Das Wesentliche jedoch bleibt zwischen den beiden auch weiterhin ungesagt; an die Vergangenheit kann nicht mehr angeknüpft werden. Und so sommerlich der Tag begonnen hat, macht sich plötzlich ein kalter Wind bemerkbar. Als die beiden nach Paris zurückkehren, riecht die Luft bereits nach Herbst.

▪ Lit.: A. König: ›Pour redonner à la vie ce goût âpre et fort‹. I. N. – Autorin der dreißiger Jahre, in: Gender Studies in den romanischen Literaturen, Hg. R. Kroll/M. Zimmermann, Bd. 2, 1999, 95–113. ▪ M. Stemberger: I. N. Phantasmagorien der Fremdheit, 2006.

Monika Neuhofer

Suite française

(frz.; *Suite française*, 2005, E. Moldenhauer) – Eigentlich hätte der 2004 publizierte Roman fünf Teile umfassen sollen. Schreiben konnte die Autorin jedoch nur die beiden ersten. Während der Arbeit an dem Text wurde sie verhaftet und nach Auschwitz deportiert. Als *Suite française* erschien, war seine Verfasserin bereits seit über 60 Jahren tot. Das Manuskript befand sich in einem Koffer, den ihre Tochter aufbewahrt hatte. Die vorliegende Ausgabe umfasst nun die beiden Textteile »Sturm im Juni« und »Dolce« sowie einen Anhang, bestehend aus Notizen, der Korrespondenz aus den Jahren 1936 bis 1945 und einem Nachwort.

»Sturm im Juni« schildert in 31 Kapiteln ein Land auf der Flucht vor den deutschen Truppen im Juni 1940. Am Beispiel verschiedener Pariser Familien- und Einzelschicksale wird das allgemeine Chaos dieser Wochen veranschaulicht. Nacheinander werden Handlungsstränge eingeführt, in späteren Kapiteln wieder aufgenommen und weitergeführt. Auf diese Weise entfaltet sich ein Panorama menschlicher Verhaltensweisen, das von Egoismus, Doppelmoral und Naivität dominiert wird.

Im Mittelpunkt des Geschehens steht die großbürgerliche Familie Péricand, die sich, ebenso wie zahllose andere, aus Paris in Richtung Süden aufmacht. Was der fünffachen Mutter Charlotte zunächst noch wie eine Ferienreise anmutet, entpuppt sich als Aufbruch in eine feindselige Welt, in der es gilt, zuallererst auf die eigene Familie zu schauen. So wird den beiden jüngeren Kindern angesichts leerer Lebensmittelläden die bis dato geförderte Bereitschaft zum Teilen sogleich ausgetrieben, und der im Rollstuhl sitzende Schwiegervater wird bei einer überstürzten Flucht vor Bombenangriffen schlichtweg vergessen. Dieser wiederum verfasst kurz vor seinem Tod ein Testament, ohne zu merken, dass er in seinen Gedanken in die Realität des Ersten Weltkriegs zurückgekehrt ist.

So wie für den alten Péricand ist die Erinnerung an den Großen Krieg im ganzen Land allgegenwärtig und hindert die Menschen daran, sich über die aktuelle Lage bewusst zu werden. Auf diese Weise formt sich der Eindruck von einer Nation, die nicht annähernd begreift, was vor sich geht. Ähnliches gilt auch für die älteren Söhne der Péricands: Bei Hubert, dem zweitältesten, ist es nicht die Vergangenheit, aber eine nicht minder realitätsferne Sehnsucht, das eigene Heldentum unter Beweis zu stellen, die sein Handeln leitet. In jugendlichem Überschwang reißt er aus und versucht, das Land auf eigene Faust zu verteidigen. Und der Abbé Philippe, ältester Spross der Familie, versinkt in einem Sumpf, ohne dass ihm einer seiner Zöglinge zu Hilfe kommen würde. Der untergehende und gedemütigte Geistliche stellt eines jener symbolträchtigen Bilder dar, die charakteristisch für den Roman sind.

Ebenso wie die Péricands entschließen sich auch Gabriel Corte, ein gleichermaßen mondäner wie eitler Schriftsteller, sowie der reiche Porzellanhändler Charles Langelet dazu, Paris zu verlassen. Beiden gemeinsam ist die Abscheu, sich unter das einfache Volk mischen zu müssen. Während sich Corte vor allem um sein Manuskript sorgt und davon ausgeht, dass sich für ihn, den berühmten Mann, der sich jedoch recht ungeschickt anstellt, immer ein Platz findet, weiß sich der abgeklärte Charles schnell aus misslichen Lagen zu befreien. Ohne Skrupel bietet er einem jungen Liebespaar an, in der Nacht auf ihren Wagen aufzupassen, um sich umgehend damit aus dem Staub zu machen. Dass er nach seiner Rückkehr nach Paris bei einem Autounfall zu Tode kommt, erscheint wie eine Ironie des Schicksals.

Ergänzt wird dieses Gesellschaftsbild durch das Ehepaar Michaud, Bankangestellte, die verzweifelt versuchen, sich im Auftrag ihrer Dienstherren nach Tours durchzuschlagen, und bei ihrer Rückkehr trotz ihrer Redlichkeit entlassen werden. Obwohl Spielball der Mächtigen, sind die beiden gestärkt durch ihren Zusammenhalt sowie ihre Fähigkeit, Dinge und Menschen zu durchschauen und sich ihre innere Freiheit zu bewahren. Ihre wirkliche Sorge gilt ihrem zum Militär eingezogenen Sohn Jean-Marie, von dem sie seit langem keine Nachricht mehr haben.

Jean-Maries Schicksal stellt die Verbindung zum zweiten Teil des Romans her. Da steht jenes Dorf im Mittelpunkt des Geschehens, in dem er nach seiner Verwundung Aufnahme fand und von einer Bauernfamilie gesund gepflegt wurde. Ein Jahr nach der Niederlage wird dieses Dorf von deutschen Truppen besetzt, wobei jeder Familie ein deutscher Soldat zugewiesen wird. Die anfänglich geschlossen feindselige Haltung der Bevölkerung beginnt schon bald zu bröckeln, und zutage treten komplexere Beziehungsgeflechte und Interessen. Deren Spektrum reicht von unreflektiertem Hass auf alles Deutsche bis hin zu beginnender Kollaboration.

Wie im ersten Teil werden verschiedene Handlungsstränge erzählt und nun auch stärker miteinander verwoben. Neben der bäuerlichen Madeleine Labarie und der adeligen Vicomtesse de Montmort steht vor allem die bürgerliche Lucile Angellier im Zentrum des Erzählten. Ihr Mann Gaston befindet sich in deutscher Gefangenschaft, sie lebt allein mit ihrer Schwiegermutter. Schon bald stellt sich zwischen ihr und dem deutschen Offizier Bruno Sympathie ein. Während für die alte Madame Angellier ein Deutscher im Haus per se ein verabscheuungswürdiger Zustand ist, verhält sich Lucile unvoreingenommener. Leitmotivartig taucht in diesem Zusammenhang die Frage nach dem Verhältnis von Individuum und Gesellschaft auf: »Alle, die Deutschen, die Franzosen, die Gaullisten sind sich in einem Punkt einig: man muss mit den anderen leben, denken, lieben, bezogen auf einen Staat, ein Land, eine Partei. O mein Gott! Ich will nicht!« – so verweigert sich Lucile in Gedanken dem herrschenden Zeitgeist.

Die Lage verkompliziert sich, als Benoît, der bereits zurückgekehrte Mann Madeleine Labaries, einen Deutschen erschießt. Auf Bitte Madeleines versteckt Lucile Benoît in ihrem Haus. Wieder zeigt sich hier die Diskrepanz zwischen Individuum und Kollektiv. Während das eigentliche Tatmotiv Eifersucht war, ist Benoît nun für die einen ein Held und für die anderen ein Krimineller. Für Lucile jedoch bedeutet die Notwendigkeit, Partei zu ergreifen, den Verlust ihrer persönlichen Freiheit und das Ende einer bis dahin möglichen Beziehung mit Bruno. Übrig bleibt schließlich ein Gefühl der Melancholie, die das gesamte Dorf beim Abzug der deutschen Soldaten ergreift: Die Präsenz der Deutschen, der fremden Männer, war für die Dorfbewohner auch ein Abenteuer, ein ungewöhnliches Spektakel.

Aus den Notizen geht hervor, dass Némirovsky ihren Text überarbeiten wollte, um u. a. deutlichere Verbindungen zwischen den einzelnen Teilen zu schaffen. Der Roman bietet so gewissermaßen Einblick in die Werkstatt der Autorin. Durch die im Anhang abgedruckte Korrespondenz kommt noch eine ethische Dimension hinzu: Das plötzliche Verschwinden der Autorin verleiht dem Roman den Status eines Zeitzeugnisses, das Stück Literatur wird zum Mahnmal.

Die ästhetische Bedeutung des Textes aber reicht weit über solche historischen Umstände hinaus. Die gleichermaßen exakte wie sinnliche Erzählweise Némirovskys erzeugt ein eindrucksvolles Gesellschaftspanorama von überzeitlicher Relevanz. Der Roman vermittelt einen ungewöhnlichen Blick auf die Anfangszeit des Zweiten Weltkriegs und korrigiert so die im Rückblick entworfene und inzwischen fest eingeschliffene Geschichtsperspektive. Mittels der intensiv genutzten Technik der Innenschau werden menschliche Verhaltensweisen in ihrer Komplexität dargestellt. Zudem werden durch die multiperspektivische Form Ereignisse und Besonderheiten einer Epoche von verschiedenen Seiten beleuchtet und ebenso subtil wie hellsichtig beschrieben. Die Autorin selbst war sich der Bedeutung ihres Romans sicher. Im April 1942 notierte sie: »Sich keine Illusionen machen: Es ist kein Text für heute. Also braucht man sich nicht zurückzuhalten, sondern muß mit aller Kraft dreinschlagen, wo man will.«

■ Lit.: B. Fauconnier: I. N. Chronique d'une guerre perdue, in: Le magazine littéraire 437, 2004, 66–67. ■ C. Klünemann: Die Erinnerung vergeht nicht. Die ›années noires‹ in Roman und Historiographie, in: Dokumente 62, 2006, 2, 88–95.

Monika Neuhofer

Le maître des âmes

(frz.; *Der Herr der Seelen*, 2009, E. Moldenhauer) – Der Fortsetzungsroman erschien von Mai bis August 1939 unter dem Titel »Les échelles du levant« in der Pariser Wochenzeitschrift *Gringoire*. Der vom Original abweichende Titel *Le maître des âmes* wurde für die französische Neuerscheinung 2005 gewählt, um einer Verwechslung mit dem gleichnamigen Roman von Amin Maalouf vorzubeugen.

Dario Asfar kommt in den 1920er Jahren von der Krim nach Nizza, in einer Zeit, in der Frankreich eine große Einwanderungswelle erfährt, insbesondere aus der arabischen Welt. Zusammen mit seiner Frau Clara, die ein Kind von ihm erwartet, versucht er, sich eine Existenz als Arzt aufzubauen. Er ist im Besitz der französischen Staatsbürgerschaft und eines Arztdiploms, stößt jedoch aufgrund seiner Herkunft in der Bevölkerung immer wieder auf Misstrauen und Ablehnung. Der Zugang zu den Häusern der wohlhabenden Familien bleibt ihm verwehrt. Dario ist immer wieder gezwungen, um Geld zu betteln, damit er sich und seine Familie ernähren kann. Gezeichnet von den durchlittenen Qualen, ist er bereit, jeden Auftrag anzunehmen, der ihm Geld einbringt. Er willigt ein, eine Abtreibung bei einer Amerikanerin namens Elinor vorzunehmen. Die Abtreibung und die Geburt von Darios Sohn Daniel fallen zeitlich zusammen und markieren den Anfang seiner beruflichen Skrupellosigkeit, die sich aus dem Willen nährt, seinem Kind ein besseres Leben zu bieten.

Eine entscheidende Wendung im Leben Dario Asfars bringt die Bekanntschaft mit Philippe Wardes, einem reichen, spielsüchtigen und nervenkranken Geschäftsmann. Durch ihn erkennt er das Bedürfnis der Menschen, ihre Ängste und Laster mitzuteilen, ohne dafür verurteilt zu werden. Eine weitere neue Bekanntschaft ist Sylvie Wardes, die Ehefrau von Philippe, von deren Eleganz und Ausstrahlung Dario sich angezogen fühlt. Die Anwesendheit von Sylvie weckt in ihm eine Wehmut, die ihn seine eigene Abstammung, sein Wesen, seine eigene Seele verdammen lässt. Er stilisiert Sylvie zu einer perfekten unerreichbaren Frau. Von der Missachtung durch ihren Ehemann und dessen zahlreiche Affären gekränkt, zieht Sylvie allein nach Paris. Einige Jahre später findet sich auch Dario Asfar mit seiner Familie dort ein. Durch Elinor, die nun die Geliebte und später die Ehefrau von Philippe Wardes ist, wird er in die Kreise der wohlhabenden Pariser Bürger eingeführt. Der entwurzelte Arzt, der seine Vorfahren nicht kennt und immer der Fremde, der »métèque«, bleiben wird, versteht es, aus seiner Außenperspektive Kapital zu schlagen. Unter dem Deckmantel der Freud'schen Psychoanalyse entwickelt sich Asfar zu einem »Herrn der Seelen«. Er hört den Menschen zu, nimmt ihnen ihre ›Beichte‹ ab, lindert ihre Ängste, ohne sie mit ärztlichen Verboten weiter zu belasten, und lässt sie dafür gut bezahlen.

Parallel zu Darios finanziellem Erfolg wendet sich sein Sohn Daniel von ihm ab. Nach dem Tod seiner Frau heiratet Dario Elinor, die als Witwe von Wardes ein großes Vermögen verwaltet. Darios Sohn verlässt enttäuscht von dem korrupten Verhalten seines Vaters das Haus.

Némirovsky beschreibt die Gesellschaft Frankreichs zwischen den beiden großen Weltkriegen als grausam und gehetzt. Die Menschen sind in ihren Rollen gefangen, die Seele jedes einzelnen ist an ein Schicksal gebunden, dem keiner der Protagonisten entfliehen kann. Jeder ist einer auswegslosen Determination ausgeliefert. Sie alle – ob reich oder arm, Franzose oder Einwanderer – gleichen sich in ihrem Bedürfnis nach Anerkennung, Sicherheit und Geborgenheit. *Le maître des âmes* bietet eine Reihe von erzählten Variationen des Abhängigkeitsverhältnisses der Menschen voneinander, ist eine Erzählung wie ein Gleichnis: Der Mensch wird dem Menschen zum Wolf. Auf diese Natur des Menschen, die an vielen Stellen des Romans synonym zum Begriff der »Seele« gelesen werden kann, reduziert die Autorin die Charaktere. Die stereotype Beschreibung des Juden Dario Asfar, die in der literarischen Diskussion auch immer wieder Antisemitismusvorwürfe gegenüber der Autorin provoziert hat, ist dabei nur eine narratologische Konsequenz. Der Name Asfar bedeutet »reisen« und weist auf die universelle Gestalt des ›Ewigen Juden‹ hin, die für den Fremden, den Heimatlosen steht. Némirovsky beobachtet den Menschen, nicht den Juden, der als Fremder in einer Gesellschaft um Annerkennung kämpft. Der finanzielle Erfolg wird zum Absolutum, zum Ersatz für wahre Wertschätzung. Dario Asfars abschließende Worte, die sich auf das Verschwinden seines Sohnes beziehen, »Er wird zurückkommen, wegen der Erbschaft«, schließen sich an die ersten, ebenfalls von Dario gesprochenen, Zeilen des Romans »Ich brauche Geld« an. Die Erzählung kann von neuem beginnen. *Eva Christina Hamann*

Gérard de **Nerval**

- geb. 22.5.1808 Paris (Frankreich)
- gest. 25.1.1855 Paris (Frankreich)

(d. i. Gérard Labrunie) – Sohn eines Militärarztes; mutterlose Kindheit im Valois; in den 1830er Jahren in romantischen Literatenzirkeln in Paris; seit 1841 häufiger auftretende Wahnzustände und Aufenthalte in Heilanstalten; 1843 Orientreise; Wanderleben, Dandyexistenz in Paris; Selbstmord; kleines, aber bedeutendes Œuvre: neben wichtigen Übersetzungen (Fragmente aus Goethes *Faust*) phantastische Erzählungen und romantische Lyrik, die den dunklen Stil des Fin de Siècle vorbereitet.

- Ausg.: Œuvres complètes, 3 Bde, Hg. J. Guillaume, 1989–1993.
- Übers.: Werke, 3 Bde, F. Kemp, 1986–1989.
- Lit.: D. Wieser: N. Une poétique du deuil à l'âge romantique, 2004.

Voyage en Orient

(frz.; *Reisen im Orient*, 1953, E. Sander) – Den 1851 erschienenen Reisebericht vollendete der Autor acht Jahre nach seiner 1843 zusammen mit dem Ägyptologen Théodore de Fonfrêde von Marseille aus unternommenen einjährigen Orientreise, die ihn nach Ägypten, Syrien, Zypern, in die Türkei und auf der Rückreise nach Italien geführt hatte. Nervals Reisebericht enthält in der Einleitung (»Vers l'Orient«) auch Erinnerungen an frühere Reisen nach Genf, München und Wien. Teile des Werks erschienen seit 1844 als Feuilleton-Artikel in Pariser Zeitschriften, später veröffentlichte Nerval auch Zusammenfassungen größerer Abschnitte unter dem Titel *Scènes de la vie orientale. Les femmes du Caire*, 1848 (Orientalische Szenen. Die Frauen von Kairo), und *Scènes de la vie orientale II. Les femmes du Liban*, 1850 (Orientalische Szenen. Die Frauen des Libanon), in Buchform. Erst in der definitiven und vollständigen Fassung der *Voyage en Orient* von 1851 sind Zusammenhang und künstlerische Absicht des Werks zu erkennen: die Umrisse eines Ich-Romans, in dem die realen Erlebnisse einer Orientreise als Stationen einer mythischen Suche nach der verlorenen religiösen Einheit erscheinen.

Nerval, der sich selbst einen reisenden Enthusiasten nannte, folgt einer romantischen Neigung. Schon für ↗ Hugo, ↗ Chateaubriand, ↗ Lamartine, ↗ Gautier, Maler wie Delacroix und Decamps und andere Zeitgenossen war der Orient exotischer Reiz, künstlerisches Motiv und oft auch Reiseziel gewesen – umso mehr für Nerval, der die Reise, wie schon die Anregungen seiner Deutschlandreisen zeigen, als Möglichkeit der Selbstverwandlung und als schöpferisches Prinzip noch intensiver empfinden konnte. Deutlicher als die Reiseberichte Gautiers lässt das Erfahrene jedoch auch die mangelhafte Wirklichkeit der bereisten Länder hervortreten. An die Stelle der exotisch empfundenen anderen Welt, die als poetisches Stimulans wirken kann, tritt die pessimistische Sicht einer Welt, die mit der subjektiven Wahrheit des Traumes nicht konkurrieren kann. Mit der platten Suche nach dem Romantisch-Pittoresken hat dies nichts mehr zu tun.

In *Voyage en Orient* finden sich in lockerer Folge Tagebuchnotizen, Lektüre-Erinnerungen, Reportagen im Feuilletonstil, stilisierte Dialoge, wissenschaftliche und poetische Exkurse, kulturgeschichtliche Anmerkungen, Märchen, Träume und Erlebnisberichte. Dem Anschein nach ist das Buch wie die Reise selbst ein Werk der Improvisation, wechselnder Neugierde und unbestimmter Planung, ein Bilderbuch, das Eindrücke von Schweizer Landschaften, von Wiener Theater- und Kaffeehausbesuchen und flüchtige Impressionen von griechischen Inseln vermittelt, das Kairoer Alltagsszenen, einen Haremsbesuch, die Besichtigung von Pyramiden und Beobachtungen in einem Haschisch-Café sowie beim Bazar- und Theaterbummel in Konstantinopel und anderes mehr schildert.

Die verschiedenen Rollen des Erzählers, der sich als »Heide in Griechenland, Muselman in Ägypten und Pantheist inmitten der Drusen« fühlt und sich gern nach Landessitte kleidet, wirken zunächst wie ein komödiantisches Spiel. Auch der Kauf der javanischen Sklavin Zeylab in Kairo und das Intermezzo einer Verlobung mit Salema, der Tochter eines Drusen-Scheichs, dessen Gastfreundschaft Nerval gewonnen hat, lassen sich als Nachahmung orientalischer Märchen deuten. Schwerer wiegen dann die Enttäuschungen und die Trauer über die Unmöglichkeit, die Antizipationen der dichterischen Phantasie in der Wirklichkeit wiederzufinden. Literarische und mythologische Anspielungen unterstreichen das Motiv des tragischen Verlusts oder Verzichts: Erinnerungen an Orpheus und Isis, den Venuskult der Insel Kythera, die Reiselektüre von Colonnas *Hypnerotomachia Poliphili* (1499), vor allem aber die eingeschobene Erzählung von Salomo, Adoniram und Balkis, der Königin von Saba, in der auch die Vermischung antiker, biblischer und islamischer Mythen auffällt.

Der Orient wird aus der ambivalenten Sicht des europäischen männlichen Reisenden auch zum Ort eines andersartigen Umgangs zwischen den Geschlechtern, als deren Chiffren die mythologischen Gestalten neu gedeutet werden. Dem entsprechen die Argumente für religiöse Toleranz (besonders in dem Kapitel über die Drusen und Maroniten) und die Aufnahme einiger Freimaurerideen. Es bleibt dem Leser überlassen, die mystischen Leitmotive der Reise – Initiation, Verwandlung und Einheit von Liebe und Tod – als Chiffren der dichterischen Existenz Nervals zu verstehen.

Voyage en Orient wurde lange Zeit als Reisetagebuch und autobiographisches Dokument nur oberflächlich gedeutet. Tatsächlich geht es dem Reisenden Nerval nicht um die essayistische Präsentation touristischer Höhepunkte; er versucht vielmehr, unter die Oberfläche der geschauten Dinge vorzudringen, in denen er sein eigenes Ich sucht. Mittlerweile gilt der Reisebericht als erste bedeutende Prosadichtung Nervals, in Thematik und nuancenreicher Stilisierung als Präfiguration der späteren Meisterwerke *Sylvie* (1853) und *Aurélia* (1855).

▪ Lit.: C. Aubaude: Le voyage en Égypte de G. de N., 1997. ▪ J.-N. Illouz: Clartés d'Orient. N. ailleurs, 2004. *Volker Roloff*

Sylvie

(frz.; *Sylvie. Erinnerungen aus dem Valois*, 1953, E. Sander) – Die 1853 erschienene Novelle, zuerst in der *Revue des Deux Mondes* abgedruckt, schildert die Verehrung des Ich-Erzählers für die Schauspielerin Aurélie und nimmt das urromantische Thema vom Tod der Geliebten auf. Eine Zeitungsnotiz über ein Volksfest im heimatlichen Loisy löst bei ihm einen Erinnerungsstrom aus, der die Techniken einer fingiert automatischen Schreibweise vermeidet, wie sie Nerval in seinen Prosatexten entwickelt hat. Nachts ersteht vor ihm die Jugendzeit, seine Zuneigung zu Sylvie, dem Mädchen aus dem Nachbardorf – unvermittelt überdeckt von der strahlenden Schönheit Adriennes, die er bei einem ähnlichen Fest kennenlernte, die aber bald darauf ins Kloster ging.

Dem Erzähler wird plötzlich bewusst, dass er in der Schauspielerin Aurélie die Adrienne seiner Jugend wiederzuerkennen glaubt. Der Gedanke an Sylvie steigt erneut in ihm auf; er entschließt sich, nach Loisy zurückzukehren, um zu sehen, was aus ihr geworden ist. Auf der Fahrt überkommen ihn abermals traumhafte Erinnerungen an die Jugendliebe, die ihre Fortsetzung und Entsprechung in der erneuten Begegnung mit Sylvie finden. Die wiederholten Anspielungen auf ↗ Rousseaus *Nouvelle Héloise* (1761) und der Besuch am Grab des Dichters in Ermenonville nehmen zeichenhaft das Scheitern des Bemühens vorweg, die alte Zuneigung zu Sylvie mit neuem, dauerhaftem Leben zu erfüllen. Immer steht das Bild der so unvermittelt in seinen Lebenskreis getretenen und ebenso rasch wieder daraus verschwundenen Adrienne zwischen ihnen. Sylvie wählt das ›kleine Glück‹: Sie heiratet einen jungen Mann aus dem Dorf.

Der Erzähler gewinnt schließlich die Freundschaft von Aurélie. Er spricht zu ihr von der geheimnisvollen Identität, die er zwischen ihr und Adrienne zu sehen glaubt. Aurélie nimmt ihm seine Illusionen: Wo er Liebe zu ihr zu empfinden wähne, suche er in Wirklichkeit nur eine außergewöhnliche Erfahrung. Adrienne ist, wie sich herausstellt, schon vor Jahren im Kloster gestorben.

Stets zu poetischen Experimenten bereit, hat Nerval in *Sylvie* den Stoff eines Bewusstseinsromans auf 40 Seiten konzentriert, der in der dichterischen Selbstanalyse eine spätere Erkenntnis der Psychoanalyse – das Moment der »Spaltung« – literarisch vorwegnimmt: In den drei Frauengestalten findet sich in ›gespaltener‹ Form jene ideale Geliebte, die in Nervals reifstem Werk *Aurélia* (1855) in die Titelfigur der verlorenen Geliebten projiziert wird.

Die Erzählung hat, wie viele Dichtungen Nervals, autobiographische Züge: Sie spiegelt seine Verbindung mit der Schauspielerin Jenny Colon wider, die er auch in anderen Werken künstlerisch gestaltet hat. Die literarische Stilisierung des Berichts, das Ineinandergreifen von Traumerlebnis und Wirklichkeitserfahrung kennzeichnen *Sylvie* dennoch als reine Dichtung.

▪ Lit.: M. Bercot: Le rêve et la vie. ›Aurélia‹, ›Sylvie‹, ›Les Chimères‹ de G. de N., 1986. ▪ P. Montupet: Poétique de l'écart dans ›Sylvie‹ de G. de N. [et al.], 1993. *Eberhard Leube / KLL*

Les chimères

(frz.; *Chimären*, 1981, M. Krüger) – Der 1854 erschienene Zyklus von zwölf Sonetten enthält auch die bereits separat veröffentlichten Gedichte »El desdichado« (Unstern), »Myrtho«, »Delfica« und »Le Christ aux oliviers« (Christus an die Ölbäume). In Nervals Nachlass fanden sich noch neun weitere Sonette, die unter dem Titel *Autres chimères* (Weitere Chimären) als Fortsetzung des Zyklus betrachtet werden.

Oft verdanken diese Gedichte ihre Entstehung der Lektüre literarischer Werke: So geht das Sonett »Le Christ aux Oliviers« auf Jean Pauls *Rede des toten Christus* zurück und ist eines der Zeugnisse für Nervals intensive Auseinandersetzung mit der deutschen Literatur. Zu dem nihilistischen Inhalt dieses wie einiger weiterer Sonette – etwa »El desdichado« – steht »Vers dorées« (Vergoldete Verse) als Verherrlichung eines pythagoräisch beeinflussten Pantheismus in krassem Gegensatz. Diese synkretistische Weltsicht wird von den Gedichten »Myrtho« und »Delfica« zur pluralistischen Religion zwischen Christentum und Antike erweitert, während »Antéros« den biblischen Mythos von Kain evoziert. Besonders charakteristisch für Nervals assoziativ-eklektische Schreibweise ist Horus, dessen aus ägyptischen, christlichen und hellenistischen Komponenten bestehende Göttlichkeit als Symbol für die komplexe Überlagerungstechnik in den *Chimères* stehen kann.

In seinem Vorwort weist der Autor selbst auf das Fremdartig-Geheimnisvolle seiner Gedichte hin, die kaum weniger dunkel seien als die Metaphysik Hegels und die Visionen Swedenborgs und die ihres Zaubers beraubt wären, könnte und wollte man sie erklären. Zwar hat man in geduldiger Interpretationsarbeit mythologische, literaturgeschichtliche, philosophische und biographische Anspielungen in ihnen nachgewiesen; daneben sind Referenzen aus der okkulten Literatur in den Texten zu finden, die in ihrem Hermetismus symbolistische Unauslotbarkeit und Dunkelheit vorwegnehmen; doch selbst moderne philologische Kommentare, die versuchen, den vielfältigen intertextuellen Beziehungen nachzuspüren, vermögen keine eindeutigen Interpretationen zu liefern.

So markieren die *Chimères* nach einhelliger Meinung den Anfang des ›dunklen‹ Stils in der französischen Lyrik; auch wurden sie als Musterbeispiele reiner Poesie im Sinne ↗ Mallarmés oder der ›écriture automatique‹ André ↗ Bretons, ja sogar als alchimistische Verschlüsselungen interpretiert, doch alle logisch-rationalistischen Versuche der Deutung und Klassifizierung führen über bloße Hypothesen nicht hinaus. Analog zur Chiffrierungsweise des Unterbewusstseins im Traum lassen sich in den Texten anhand der erhaltenen Vorstufen gelegentlich die oft nur über Klangassoziationen gelenkten Schritte des Dichters bei der allmählichen Verschleierung des unmittelbar einsichtigen Sinns nachvollziehen.

Die Vieldeutigkeit und Vielschichtigkeit der Gedichte ist also beabsichtigt und schlägt sich bereits im Titel nieder, der das gebrochene Wirklichkeitsverständnis Nervals umschreibt. Ihm erschien auch die Wirklichkeit vieldeutig, und in seinem eigenen Leben waren Traum, Aberglaube und Realität seltsam vermischt. Geheimlehren aus Antike und Neuzeit, Orient und Okzident faszinierten ihn, der Neuplatonismus so gut wie die Kabbala oder die in der Freimaurerei fortwirkenden antiken Mysterien. Die Zeugnisse dieses religiösen Synkretismus kristallisieren sich ebenso zu strenger, kunstvoll gebauter poetischer Form wie die Bilder aus der orientalischen Mythologie, wissenschaftliche Begriffe, alchimistische Formeln und persönliche Erfahrungen. Religiöse Intuition, Träume, Erinnerungen an exotische Länder, an Liebe und Enttäuschungen, an Krisen drohenden Wahnsinns – das alles verschmilzt in den Gedichten zu einer Einheit, die sich jeder Analyse entzieht, den Leser jedoch mit dem geheimnisvollen Wohllaut ihrer Sprache berückt.

Elliptische Verkürzung und zugleich ein ins Extreme getriebener Anspielungsreichtum machen *Les chimères* zu einem der bedeutendsten Werke der französischen Lyrik. Nach den Worten Théophile ↗ Gautiers hat Nerval in den zwölf Sonetten bereits den Symbolismus vorweggenommen: »Man hört unter seinen Fingern bereits die Laute der Symbolisten klingen.«

▪ Lit.: K. Schärer: Pour une poétique des ›Chimères‹ de N., 1981. *KLL*

Les filles du feu

(frz.; *Die Töchter der Flamme*, 1989, A. Aigner-Dünnwald, N. Miller, F. Kemp) – Das 1854 erschienene Werk besteht aus zwei Teilen, einer Novellensammlung (»Die Töchter der Flamme«) und einem Sonett-Zyklus (»Die Chimären«). Es handelt sich um den letzten zu Lebzeiten des Autors vollständig publizierten Text. Bis auf vier Sonette wurden alle Erzählungen und Gedichte bereits ab 1839 in Zeitschriften, Zeitungen oder als Teil anderer Werke veröffentlicht.

Literaturgeschichtlich ist Nervals Werk, das lange verkannt blieb, nicht einer Schule, sondern verschiedenen Strömungen zuzuordnen: In der Auffassung von Künstlertum, Traum und Liebe ist es zutiefst der Romantik und damit auch dem Mittelalter verpflichtet (Dolce stil novo, Dante, Petrarca). Die Vorliebe für Reiseskizzen geht auf den englischen Realismus zurück (Dickens), als Feuilletonschreiber ist Nerval von ↗ Dumas père beeinflusst. Das strenge, metrische Formbewusstsein hat er mit ↗ Baudelaire gemein.

In dem programmatischen Vorwort, es ist an Alexandre Dumas (père) gerichtet, formuliert der Autor – in ironischer Replik auf den Vorwurf, er habe einen »mit Träumen und Halluzinationen getränkten Geist«, »unmögliche Theorien in unschreibbaren Büchern« – zentrale poetologische Prämissen. Neben der empirischen Wirklichkeitserfahrung stehe für ihn gleichbedeutend die Erfahrung von Überwirklichkeit und Phantastik. Die »Chimères« seien »in diesem Zustand ›übernatürlicher‹ [...] Träumerei verfasst«. Die Erinnerung habe einen wesentlichen Anteil an der dichterischen Phantasietätigkeit – »Erfinden heißt im Grunde sich wiedererinnern«. Nerval gilt als Wegbereiter der Moderne – ↗ Proust und die Surrealisten werden sich in ihrer Imaginations- und Schreibtheorie explizit auf Nervals Dichtungskonzeption beziehen.

Die *Filles du feu* schließen formal an das Prosimetrum, die Zusammenstellung von Texten in Prosa und Poesie, an (vgl. Dantes *Vita nova*). Der Autor fügt einen auf die Wirklichkeit bezogenen Prosateil und einen der Wirklichkeit abgewandten Lyrikteil zu einem ›Ganzen‹ zusammen. In den Novellen steht ein Subjekt (in Zeit und Raum), in den Sonetten das Unpersönliche (außer Raum und Zeit) im Vordergrund. Es ist Nervals Absicht, seine »Erinnerungen in einem Meisterwerk zu verdichten«. In der Werkkomposition spiegelt sich Nervals Konzeption einer dualen Welt: In ihr stehen Realität und Traum als äquivalente Existenzformen nebeneinander.

Die Novellen tragen als Titel weibliche Vornamen. Sie werden in verschiedenen Genres präsentiert, in der Reihenfolge: historischer Briefroman im feuilletonistischen Stil von Sterne oder ↗ Diderot (»Angélique«), autobiographische Novelle mit deutlichen Anklängen an ↗ Rousseau (»Sylvie. Souvenirs du Valois«), volkstümliche Lieder- und Legendensammlung (»Chansons et Légendes du Valois«), exotische Indianer-Novelle nach ↗ Chateaubriand (»Jemmy«). Drei Erzählungen thematisieren die Italienreise, insbesondere den Pompeji-Mythos: in Form der Novelle (»Octavie«), der Kulturstudie (»Isis«) und eines Theaterstücks (»Corilla«). Eine dramatische Erzählung (»Emilie«) bildet den Abschluss der Sammlung.

Zentrales Thema der acht Prosatexte sind Liebesbeziehungen in verschiedenen Epochen und sozialen Kontexten, vorwiegend aus der Perspektive männlicher Protagonisten erzählt. Der Titel *Töchter der Flamme* – eine steht im Mittelpunkt jeder Erzählung – deutet auf die zentrale Bedeutung hin, die der ›Mythos des Weiblichen‹ im Werk Nervals hat. Der symbolische Zusammenhang von Imagination und Liebe, Göttin und Feuer, steht ganz in der Tradition der italienischen Liebeslyrik. Nach dem romantischen Muster kontrastiv gestalteter Figurenbeziehungen sind die Frauenfiguren Heilige oder Femmes fatales, werden die Liebesbeziehungen idealisiert oder missglücken. In drei Erzählungen wird die Liebe erfüllt oder idealtypisch beschrieben (»Angélique«, »Jemmy«, »Isis«), in drei Fällen bleibt die Liebe unerfüllt (»Sylvie«, »Octavie«, »Corilla«), in einem Fall endet sie tragisch (»Émilie«).

Im Gegensatz zur formalen Vielfalt der Prosatexte ist der Sonett-Zyklus einheitlich als Abfolge von acht (bzw. zwölf) Gedichten konzipiert. Im Sinne des Nerval'schen Dualitätsprinzips wird auch in der Wahl der metrischen Form eine Zweiteilung (Quartett/Terzett) favorisiert. Die Mehrzahl der Gedichte trägt Namen aus Literatur und Mythologie: »El Desdichado«, »Myrtho«, »Horis«, »Antéros«, »Delfica«, »Artémis«, »Le Christ aux oliviers« (bestehend aus fünf Sonetten), »Vers dorés«.

Während die Texte in Prosa einen Sinngehalt besitzen, zeichnet sich die Lyrik durch Sinnverweigerung aus. »Die Sonette«, schreibt der Autor am Ende des Vorworts, »sind kaum weniger dunkel als Hegels Metaphysik oder Swedenborgs *Denkwürdigkeiten* und verlören ihren Reiz, wenn man sie erklären wollte, sofern dies überhaupt möglich ist [...].« Das Hermetische hat zur Folge, dass sich die Gedichte eindeutigen Erklärungen entziehen. »Bin ich Amor oder Phöbus?... Lusignan oder Biron?« (»El Desdichado«): Die Technik aneinandergereihter Bildbereiche aus Mythologie, Märchen und Literatur stellt geheime Korrespondenzen und Sinnüberlagerungen her. Gleich den »Chimären«, jenen mythischen Ungeheuern aus Löwen,- Ziegen- und Drachenleib und imaginären Trugbildern, zielen die Texte nicht auf Ein-, sondern auf Vieldeutigkeit.

Aus unterschiedlichsten Perspektiven wurden Interpretationsversuche der Sonettsammlung unternommen: Mythologische, philosophische und literarische Anspielungen wurden aufgegriffen, intertextuelle Bezüge zu Mystik, Alchimie, Kabbala, Pantheismus und Okkultismus hergestellt. In der literarischen Bewertung ist man sich allerdings einig über den herausragenden Status der Nerval'schen Sprache mit ihrem Klang- und Assoziationsreichtum, die gerade durch die Sinnverweigerung als ›Sprache des Unsagbaren‹ die Leser in ihren Bann zieht: Nervals Dichtung ist eine von allen Referenzen freie Dichtung, eine ›poésie pure‹.

In der älteren Forschung wurden Nervals Werke ausschließlich in Zusammenhang mit seiner ›geistigen Umnachtung‹ gestellt, vornehmlich biographisch gedeutet, man sprach ihm die Vorrangstellung in der Geschichte der lyrischen Moderne ab. Heute gilt *Les filles du feu* als ein genau kalkuliertes, in seinen Wirkungen und in seiner gedanklichen Zielstrebigkeit auskomponiertes Kunstgebilde. Nerval wird nicht nur als Verfasser nuancierter, klassisch-durchsichtiger kurzer Prosastücke und als Meister des zur Kunstform erhobenen Feuilletons angesehen, sondern angesichts des ›dunklen Stils‹ seiner Lyrik allgemein als Vorläufer von ↗ Rimbaud und ↗ Mallarmé gewürdigt.

▪ Lit.: N. Miller: N.s bukolische Hades-Fahrten. Zur Topographie des Spätwerks, in: G. d. N.: Die Töchter der Flamme. Erzählungen und Gedichte, 1989, 601–668. ▪ J. Bony: Introduction, in: G. d. N.: Les filles du feu, Les chimères. Sonnets manuscrits, 1994, 7–61. ▪ G. Séginger: N. au miroir du temps. ›Les filles du feu‹, ›Les chimères‹, 2004. *Laetitia Rimpau*

Aurélia

(frz.; *Aurelia oder Der Traum und das Leben*, 1910, H. Kubin) – Diese 1855 erschienene Prosadichtung kann gleichsam als Vermächtnis des Autors gelten, der sich das Leben nahm, ohne die Endredaktion des Werks in der *Revue de Paris* abzuschließen. *Aurélia* rekonstruiert den inneren Lebensweg dieses durch und durch romantischen Dichters seit der schicksalhaften Begegnung mit der Schauspielerin Jenny Colon und beschreibt und deutet im einzelnen die visionären Bilder seiner Halluzinationen und Träume.

Durch eigene Schuld hat Gérard seine Geliebte verloren, deren Bild ihn bis in den Schlaf verfolgt und in einen Wahnsinnszustand versetzt, in dem sich Realität und Irrealität vermischen. In seinen Visionen findet er die Bestätigung für seinen Glauben, dass es jenseits dieser Wirklichkeit eine Welt gibt, in der sich die enttäuschten Hoffnungen erfüllen.

Nachdem die wirkliche Aurélia gestorben ist, nimmt ihr Bild erst recht göttliche Züge an. In die Ewigkeit entrückt, ist Aurélia unverlierbar geworden. Diese Gewissheit aber wird durch eine neue Bewusstseinskrise zerstört, in der Gérard seinen teuren Besitz durch einen Doppelgänger gefährdet sieht. Erst später erkennt er in dieser Gestalt den göttlichen Boten, der ihm Aurélia entführte – zur Strafe dafür, dass er sie zu seinem Götzenbild erhoben hat, anstatt sie in Gott zu lieben. Neue Visionen belehren ihn, dass Erkenntnis und Reue zu spät kamen, und so ist ihm denn Aurélia ein zweites Mal entrissen. Dann aber erscheint ihm eines Nachts in strahlender Gestalt die Göttin seiner Träume, in der sich in für Nerval charakteristischer Weise Züge der christlichen Madonna, der antiken Eurydike und der selbstbewusst modernen Schönheit seiner verlorenen Geliebten und der früh verstorbenen eigenen Mutter synkretistisch überlagern. »Ich bin Aurélia und Maria, bin Maria und deine Mutter, bin die Frau, die du in allen Frauen liebtest. In all deinen Heimsuchungen habe ich von Mal zu Mal eine der Masken abgelegt, die meine wahre Gestalt verhüllen, und bald nun wirst du mich sehen, wie ich wahrhaft bin.« Durch diese Offenbarung findet Gérard endlich Ruhe. In einem letzten Traum erscheint ihm die wiedergewonnene Aurélia als glanzvoller Stern am Horizont.

Wie schon in *Voyage en Orient*, 1851 *(Reise in den Orient)*, geht es dem Autor auch in *Aurélia* darum, das geheime Band zu finden, das die innere Welt der Seele mit der äußeren Existenz zusammenhält. Autobiographische Erlebnisse, Halluzinationen und vor allem die Wirklichkeitsgestaltung des Traums ermöglichen es dem Ich-Erzähler, den Verlust der Geliebten vielleicht nicht zu bewältigen, aber doch in der literarischen Form einer fingierten ›écriture automatique‹ zu sublimieren.

Das Werk nimmt die Tradition der Unterweltsfahrten, wie sie im Orpheus-Mythos Gestalt gewinnt, auf, die jedoch im Sinne von Nervals romantischer Hypertrophie zur Suche nach dem eigenen Ich stilisiert wird: Von dieser romantischen Literarisierung, die den Text von einer platten Tagebuchfiktion abhebt, zeugen zahlreiche Anspielungen, die das Werk in ehrgeiziger Weise mit den prominentesten Vertretern der abendländischen Selbstanalyse typologisch verknüpfen. Nerval hat gleichsam beiläufig Swedenborgs *Memorabilia*, Dantes *Vita nova*, Goethes *Faust*, die Unterweltfahrt in Apuleius' *Goldenem Esel*, die Orpheus-Mythologie, die Apokalypse des Johannes und Ideen aus dem Werk von Lukrez in den Bericht eingeflochten. Sie sollen den Text als Nervals Reise in die Unterwelt der eigenen Seele ausweisen, die in romantischer Tradition den Status eines autonomen Reichs jenseits der defizitär empfundenen Realität beansprucht. So kann der erste Satz des Textes gleichsam als Motto und Axiom der revolutionären Schreibweise in Aurélia stehen: »Der Traum ist ein zweites Leben.«

Als deutlich autobiographische Dichtung geplant, sollte *Aurélia* ursprünglich einen Teil der Briefe Nervals an die reale »Aurélia« Jenny Colon enthalten; doch fügten sich die Liebesbriefe nicht in das Konzept der visionären Dichtung. So wurden sie von ↗ Gautier und Houssaye unter dem Titel *Lettres à Jenny* veröffentlicht und bilden eine wesentliche Hilfe zum Verständnis des Werks, das jene als ›rêverie‹ (Träumerei) bekannt gewordene Gattung vorwegnimmt, die im späteren 19. Jh. in ihrer Mittelstellung zwischen Lyrik und Prosa die Moderne vorbereitet.

▪ Lit.: C. Leroy: ›Les filles du feu‹, ›Les chimères‹ et ›Aurélia‹ ou ›La poésie est-elle tombée dans la prose?‹, 1997. *KLL*

Roger Nimier

■ geb. 31.10.1925 Paris (Frankreich)
■ gest. 28.9.1962 Garches/Hauts-de-Seine (Frankreich)

Studium der Philosophie in Paris; 1944 Eintritt in die französische Armee; 1945 Demobilisierung als Kriegsverletzter, Arbeit an seinem ersten Roman *L'Etrangère* (postum 1968); ab 1951 Chefredakteur einer Wochenzeitschrift; 1957–1962 Literaturberater bei Gallimard; wichtigster Vertreter der literarischen Gruppierung der ›Husaren‹.

■ Lit.: P. Vandromme: R.N. Le Grand d'Espagne, 2002.

Les épées

(frz.; Die Schwerter) – Der 1948 erschienene Roman will ein getreues, wenn auch überscharf akzentuiertes Porträt der »verlorenen Jugend« der zweiten Nachkriegszeit, zu der der Autor selbst zählt, entwerfen. Sanders, der junge Held des Romans, wendet sich, von Ekel und Hass erfüllt, von der Generation der Väter ab. Ihm erscheint die Menschheit zweigeteilt: »Ich habe immer geahnt, dass die Welt eine große Zahl geheimnisvoller Schwerter in sich birgt. Jedes von ihnen ist gegen eine Brust gerichtet. Man kann selbstverständlich mit ein wenig Geschicklichkeit und Vorsicht solchen Gefahren sehr leicht aus dem Wege gehen. Das Leben erweist sich all denen gnädig, die eine gelenkige Seele und einen geschmeidigen Körper besitzen, und auch jenen, die kein Schwindelgefühl kennen, sei es aus einem Mangel an Festigkeit, sei es, weil ihnen die Einbildungskraft fehlt. Es gibt aber noch andere Menschen – jene, die ihre Blicke von den zitternden Schwertspitzen nicht lösen können.« In diesem recht jugendlichen Weltbild sind die »gelenkigen Seelen« mit den Vätern identisch, die längst die einstmals gültigen Ideale verkauft und sich irgendwelchen vagen Ideologien verschrieben haben, was ihren völligen Charakterverfall zur Folge hatte. Sanders will sich von all den bürgerlichen ›Pseudowerten‹ wie Arbeit, Einkommen, Ordnung, Gesundheit unwiderruflich lossagen, um einer von jenen zu werden, die sich den auf sie gerichteten Schwertern ausliefern. Aus solchem Widerspruchsgeist tut er das, was die Väter gerade nicht tun würden: Er tritt 1944 in die Miliz des Pétain-Regimes ein. Während der Vater sich als Angehöriger der Résistance in einem deutschen Konzentrationslager befindet, schließt sich der Sohn den Kollaborateuren an. Er sieht darin die beste Möglichkeit, sein ›Spiel‹ gegen die konformistischen Ideologien in Szene zu setzen.

In diesem ›Spiel‹ hat der Tod eine wichtige Rolle. Das wird schon in dem Prolog zu dem Roman deutlich, der einen Selbstmordversuch des erst 14-Jährigen beschreibt. Die gefährliche Nähe zum Abgrund prägt auch sein weiteres Handeln, so etwa, als er nach der Befreiung von Paris durch die Stadt gejagt wird. Er kann sich schließlich retten, indem er durch einen Müllschlucker gleitet. Während die Verfolger weiterhetzen, versucht der Erschöpfte, auf dem Abfallhaufen wieder zu Atem zu kommen. Quer durch den Müll geht die Suche nach der Wahrheit; wird sie nicht gefunden, bleibt nichts als Verzweiflung, als Selbstverurteilung übrig. Sanders ist ein Desperado im Bereich des Existenziellen, von nervöser Gespanntheit und gleichmütigem Fatalismus gezeichnet. Von der Idee besessen, zynisch-kompromisslos die falschen Mythen der Väter wie Luftballons durchstechen zu müssen, wird er zum wahren, keiner Parteidoktrin verschriebenen Widerstandskämpfer.

In jugendlichem Überschwang redet Nimier einer idealistischen Opposition das Wort, die sich den Vorwurf gefallen lassen muss, mit dem reaktionären Opportunismus paktiert zu haben. In seinem Roman, dessen glasklarer Stil an den geschliffenen Sentenzen eines Vauvenargues und eines Rivarol orientiert ist, spiegelt sich das Schicksal einer tödlich enttäuschten Jugend.

■ Lit.: K. Märtz: ›Les épées‹ ou vivre en paix, in: Cahiers Nimier 3, 1982/1983, 103–112. ■ X. Coupry: Contribution à la redécouverte de l'œuvre critique et romanesque de R.N., 1998.

Christian Barth

Paul Nizan

■ geb. 7.2.1905 Tours (Frankreich)
■ gest. 23.5.1940 Recques-sur-Hem bei Dünkirchen (Frankreich)

Sohn eines Ingenieurs, Studium an der École Normale Supérieure, Freundschaft mit ↗ Sartre; 1926 Reise nach Aden; nach dem Hochschulabschluss Philosophielehrer; Eintritt in die KP; Journalist für *L'Humanité* und *Le Soir*; Austritt aus der KP infolge des Hitler-Stalin-Pakts; bei Dünkirchen gefallen; bedeutender Essayist und Romancier der Zwischenkriegszeit.

■ Lit.: B. Alluin: P.N. écrivain, 1988. ■ L. Husung: P.N., 1997. ■ R. Thornsberry: Les écrits de P.N., 2001.

Aden Arabie

(frz.; *Aden. Die Wachhunde. Zwei Pamphlete*, 1969, T. König) – Der 1930 erschienene zivilisationskritische Reiseessay, der den jungen Autor schlagartig bekannt machte, schöpft seine Anregungen aus zwei Quellen, die als Hauptlinien das Werk durchziehen. Dies sind zum einen die Reiseerinnerungen Nizans aus dem Jahr 1927, zum anderen ist es die Zivilisationsskepsis des gerade

22-Jährigen, seine zugleich kritische und melancholische Reflexion über den Zustand der europäischen Gesellschaft. Diesen Anregungen entsprechend und als Vertreter eines kommunistischen Humanismus polemisiert Nizan gegen die Bourgeoisie, um ihr die Utopie eines neuen Menschenideals entgegenzusetzen.

Zu Beginn des Essays skizziert Nizan das Lebensgefühl seiner Generation, deren geistige Haltung vor allem durch die elitäre und rigide Erziehung an der École Normale Supérieure derart geprägt ist, dass der exotische Ort in Südarabien zum idealtypischen Fluchtpunkt der Melancholie dieser französischen ›Jeunesse Dorée‹ wird: »Ich war zwanzig. Soll bloß keiner sagen, das wäre das schönste Alter.« Das neue »mal de siècle« der Zwischenkriegsjugend beschreibt er als ein Chaos, das den »Anfang vom Ende des tatsächlichen Endes« ahnen lässt. Unruhe und Hoffnungslosigkeit kennzeichnen die Weltsicht des hochbegabten jungen Mannes ebenso wie eine unüberwindliche Abscheu gegen die fest gefügte Welt der Vorbilder und Väter – Pasteur, Taine, Lemaître, ↗ Giraudoux, François-Poncet –, für deren Ideen die »verhaßte und lächerliche« École Normale steht. Auch an der Sorbonne findet er »nur Narren«.

Anschließend betreibt der Autor die allmähliche Dekonstruktion bürgerlicher Werte, namentlich des Fortschritts und der Zivilisation. Den Zwängen der bürgerlichen Welt durch Religion, Kunst, Romantizismus, Skeptizismus oder selbst durch den Freitod zu entgehen, verwirft er. So bietet sich als traditionelles Medium der Zivilisationsflucht die Reise in entlegene geographische Räume an, die jedoch ebenso kritisch beurteilt wird. Hierfür stehen bereits die dem Essay vorangestellten Motti aus der grundlegenden Beschreibung Arabiens des Archäologen und Orientalisten Carsten Niebuhr: Dessen Absage an das Klischee des pittoresken Orients, der als rein touristische Attraktion betrachtet wird, markiert auch Nizans Voreinstellung: »Junge Leute, die ihren Komfort und eine delikate Tafel lieben und ihre Zeit gern in angenehmer Damengesellschaft verbringen, brauchen nicht nach Arabien zu gehen.«

Während Nizan den Reisebeschreibungen des späten 19. Jh.s jenen mystifizierenden Hang zum Exotischen und Pittoresken vorwirft, stellt er sich selbst in die Tradition eines ↗ Montaigne oder ↗ Descartes. Deskriptive Nüchternheit hebt seine Darstellung von der bürgerlichen Reiseliteratur im traditionellen Sinn ab. So entgeht ihm nicht, dass die Reise keine Fluchtmöglichkeit aus der Fremdbestimmung durch den Spätkapitalismus bedeuten kann, da dieser in Gestalt des Kolonialismus nun auch von den exotischen Räumen Besitz ergriffen hat: »Die Paradiese sind Wirtschaftsunternehmen um Kobalt, Erdnüsse, Kautschuk, Kopra; die edlen Wilden sind Kunden und Sklaven.« Da Nizan erkennt, dass er den Zwängen der europäischen Zivilisation selbst in Aden nicht entgehen kann, entromantisiert er die Klischees der Zivilisationsmüdigkeit: Europa wie Arabien werden beherrscht von einer degenerierten Spezies des Menschen, des Homo Ökonomikus, der – hier argumentiert Nizan ganz in der Nachfolge von Marx – seinem natürlichen Menschsein entfremdet und vom sozialen Leben abgelöst ist. Dabei existiert kein Unterschied zwischen Herren und Sklaven, da beide Gruppen nicht frei über ihr Leben bestimmen können. Der Essay schließt mit Nizans Rückkehr nach Frankreich und einem Porträt des Landes, das die anfängliche Zivilisationskritik in eine Polemik gegen die Dekadenz des Kapitalismus ausweitet, dem alle bürgerlichen Bestrebungen untergeordnet werden: »Der Homo Ökonomikus glaubt sich dann zufrieden, wenn er sich von seinen armen Verwandten beneidet wähnt.«

Die Invektive gegen Frankreich kulminiert in der Folgerung, künftig zwar weiterhin unter »seinen Feinden« zu leben, doch auf die Zerstörung der kapitalistischen Gesellschaftsordnung mit der gleichen Hartnäckigkeit hinzuarbeiten, mit der »unsere Alten 1913 an Deutschland dachten [...]. Poesie und Frauen gehen vorüber, die Revolution ist noch nicht vorbei.«

Über die gängige Zivilisationskritik ↗ Rimbauds oder ↗ Gauguins, die im 19. Jh. bereits durch den Kontrast von Orient und Okzident vermittelt werden konnte, geht Nizan durch seine Parallelisierung der Dekadenzerscheinungen in den exotischen und zivilisierten Räumen, vor allem aber durch seine Kapitalismuskritik hinaus, die in der polemischen Aufforderung zum Sturz des Kapitalismus gipfelt. Weniger analytisch deduzierend als vielmehr moralistisch pointierend, trachtet Nizan in seinem Erstlingswerk danach, die bürgerlich-kapitalistische Ideologie nicht innerhalb ihrer Diskursregeln anzugreifen. So folgt das Werk nicht einer logischen rhetorischen Struktur, sondern möchte den Leser durch eine Summe brillanter Kernsätze überzeugen, die in der Tradition der Essayistik ↗ Montaignes und der Moralistik des 17. Jh.s stehen. Wenn man dem Werk diese stilistische Eigenart auch als Schwäche angelastet hat, so zeugt es in seiner sprachlichen Vehemenz von den Anliegen Nizans, der seine Kapitalismuskritik zwei Jahre später mit *Les chiens de garde (Die Wachhunde)*, einer Polemik gegen die bürgerliche Philosophie, fortsetzte. Durch Nizans frühen Tod in Vergessenheit geraten, entfaltete der Essay erst in der Epoche der Entkolonialisierung durch J.-P. ↗ Sartres Vorwort zur Neuauflage von 1960 seine ganze Wirkung. Die Studentengeneration der 1960er Jahre erkannte in Nizan den Rimbaud ihrer Epoche und erhob *Aden Arabie*, zumal während der Pariser Studentenunruhen von 1968, zu einem ihrer Kultbücher.

■ Lit.: J. Leiner: ›Aden Arabie‹, in: J. L.: Imaginaire, langage, identité culturelle, négritude, 1980, 47–56. ■ M. Arpin: La fortune littéraire de P. N., 1995.

Sabine Wild

La conspiration

(frz.; *Die Verschwörung*, 1975, L. Baier) – Der 1938 erschienene, nach den beiden vorangegangenen Werken *Antoine Bloyé* (1933) und *Le cheval de Troie*, 1935 (Das trojanische Pferd), letzte Roman des Autors trägt deutlich autobiographische Züge und gilt gemeinhin als sein bedeutendstes Werk.

Seine Handlung ist im Pariser Intellektuellenmilieu Ende der 1920er Jahre angesiedelt. Nizan greift damit in romanhafter Form auf die gesellschaftskritische Problematik zurück, die er in seiner zivilisationskritischen Studie *Aden Arabie* (1930) behandelt hatte. Im Zentrum der Geschehnisse steht eine Gruppe junger Studenten an der Pariser Eliteschule École Normale Supérieure, gut situierte und saturierte Söhne aus dem gehobenen Bürgertum, deren Zivilisationsmüdigkeit in Verantwortungslosigkeit umzuschlagen droht. Bei ihnen ist keine Grenze zwischen gesellschaftlichem Handeln und reinem Kunstwillen mehr auszumachen. So werden von Nizan die diffusen Ideen einer jugendlichen Elite problematisiert, die ebenso wenig eine Grenze zwischen Politik und Ästhetik ziehen kann wie sie sich bei der Durchführung ihrer Pläne von ethischen Normen leiten lässt. Was wie ein Studentenscherz beginnt, schlägt alsbald in staatsgefährdende Aktivitäten um.

Zunächst haben die Studenten André Simon, Bernard Rosenthal, Serge Pluvinage und Philippe Laforgue den Plan, eine philosophisch-gesellschaftskritische Zeitschrift mit dem Titel »La Guerre civile« zu veröffentlichen, müssen jedoch erkennen, dass ihre Theorien und Polemiken trotz des aufklärerisch-enzyklopädischen Anspruchs in der Nachfolge von Spinoza, Hegel und Marx »keine ernsthafte Chance hätten, den Kapitalismus ins Wanken zu bringen«. So wenden sich die frustrierten Bürgersöhne nach drei Monaten einem größeren Projekt zu. In der Überzeugung, dass der proletarischen Weltrevolution weder durch Manifeste noch durch Bombenattentate zu helfen ist, verlegen sie sich auf konspirative Aktionen. Aus dem Spiel wird eine handfeste Verschwörung, als sie darangehen, die Verteidigungspläne von Paris zu entwenden. Zugleich beginnt Rosenthal eine Liaison mit der Frau seines Bruders, Catherine. Als dieses Verhältnis, das ihn die anarchistischen Pläne vergessen lässt, entdeckt wird, begeht Rosenthal Selbstmord. Serge Pluvinage wird schließlich zum Verräter, der den schon länger verfolgten Kommunisten Charré der Justiz preisgibt. Als André Simon, der dazu ausersehen war, die Pläne zu stehlen, ertappt und inhaftiert wird, ist die Verschwörung gescheitert.

Nizan hat diese Handlung in eine dreiteilige Form gebracht, die multiperspektivisch den Vorfall der Verschwörung darstellt und auf die drei Hauptfiguren Rosenthal, Serge und Catherine konzentriert ist. Immer wieder zieht sich der Erzähler aus dem Bericht zurück, um seine Antihelden durch ihre theoretischen Aufzeichnungen, ihre Tagebücher und Briefwechsel zu Wort kommen zu lassen. Als berühmtes zeitgenössisches Vorbild hierfür ist André ↗ Gides Roman *Les faux-monnayeurs* (1925) zu nennen.

Das Thema der jugendlichen Verschwörerbande, die eine Staatskrise auslöst, hat erstmals schon der römische Historiker Sallust in *De coniuratione Catilinae*, 63 v. Chr. *(Die Verschwörung des Catilina)*, behandelt. Stärker noch als dem antiken Autor geht es Nizan darum, die Handlungen seiner Protagonisten als Effekte gesellschaftlicher Frustration einsichtig zu machen. Gerade in der Hauptfigur Rosenthal konvergieren deutlich die unverdaute philosophische Erziehung, die soziale Standortlosigkeit und die Befriedigung erotischer Bedürfnisse, die ebenfalls als Teil des anarchistischen Projekts umgedeutet werden. Die Flucht in die Beziehung mit Catherine ist hierfür zweifach bedeutsam, denn Rosenthal muss sie zunächst als Kampf gegen die bürgerlichen Institutionen der Ehe und der eigenen Familie rechtfertigen, bevor er sich, wenngleich nur für kurze Zeit, in dieser Liaison verwirklichen kann.

Literarhistorisch führt Nizan die Tradition des gesellschaftskritischen Bildungsromans fort, der mit ↗ Stendhals *Le rouge et le noir* (1830) eingeleitet wurde und seinen Höhepunkt mit der exemplarischen Analyse einer ganzen Jugendgeneration in ↗ Flauberts *Éducation sentimentale* (1869), erreichte. Daneben haben auf Nizan vor allem die zeitkritisch-psychologischen Problemromane ↗ Mirbeaus und ↗ Bourgets und vor allem Maurice ↗ Barrès' *Les déracinés* (1897) gewirkt. Themen wie der aus intellektueller Überheblichkeit geplante Hochverrat, die psychische Zerstörung der Mitmenschen oder selbst Mord bezeugen die Wirkung der Fin-de-Siècle-Literatur. Doch sind die geistigen Drogen der verführten Jugend nun nicht mehr die Gedichte ↗ Baudelaires und ↗ Mallarmés oder die Essays Bourgets, sondern die Schriften von Karl Marx, an dessen Ausführungen über den Warenfetischismus die jugendlichen Protagonisten ihre Umwelt messen.

▪ Lit.: J. E. Flower: P. N. ›La conspiration‹, 1999. *Sabine Wild*

Lorette **Nobécourt**

▪ geb. 1968 Paris (Frankreich)

Schulausbildung bei den Ursulinen; nach dem Abitur kurzzeitige Versuche am Theater; abgebrochenes Wirtschaftsstudium, gefolgt von einem Journalistikstudium; Chefredakteurin des Antiquitätenmagazins *Trouvailles*; 1994 Veröffentlichung ihres ersten Romans; 2002 Trennung von ihrem Mann, Umzug mit ihrem Kind nach Rom in die Villa Médicis; vollzog nach ihrer autofiktionalen Trilogie in den 1990er Jahren einen radikalen literarischen Wandel hin zum philosophischen Märchen.

▪ Lit.: S. Jordan: Contemporary French Women's Writing, 2004. ▪ K. Struve: Les artistes de l'intime, 2005.

Die frühen Romane

(frz.) – Die Autorin bezeichnete ihr Schreiben einmal »als Mittel, um das Leben zu bewältigen«. Ihr frühes Werk ist besonders durch eine wilde, leidenschaftliche und schonungslose Sprache gekennzeichnet, die die Notwendigkeit und Dringlichkeit ihres Schreibens offensichtlich macht. Sie rebellierte gegen ihre Umwelt, ihren Körper und mit ihm gegen eine rohe, menschenverachtende Gesellschaft. Sie reihte sich neben u. a. Marie Darrieussecq in eine Gruppe von Autorinnen ein, die in den 1990er Jahren mit einer neuen, körperlichen Ästhetik die französische Literaturbühne eroberten, auf die Wiederinbesitznahme des weiblichen Körpers abzielten und ihn als ›Zeugen‹ auftreten ließen. Mit Christine Angot verbindet sie der besondere Ansatz einer Autofiktion, der ebenfalls in den 1990er Jahren Furore machte. Fiktion und Biographie vermischen sich und gehen fließend ineinander über, die Wahrheit entsteht erst aus der Lüge.

Die anfängliche Revolte gegen den eigenen Körper entwickelte sich im Laufe ihrer frühen Texte kontinuierlich zu einem Angriff auf die Gesellschaft. Themen wie die Frage nach Schuld, Wahrheit und einem kollektiven Gedächtnis ziehen sich ebenso durch ihre ersten Romane wie die angespannte Beziehung zur Familie und der Umgang mit Sprache. Dabei experimentierte sie mit Erzählweise und -perspektive und wechselte vom Monolog zur Polyphonie.

Der Debütroman *La démangeaison*, 1994 (Die Krätze), beschreibt die Suche der jungen Irène nach dem Sinn ihres Leidens, indem sie auf die Gewalt ihrer Familie und der Gesellschaft mit der Gewalt und Freiheit des Schreibens antwortet. Irènes Leben wird maßgeblich durch eine Hautkrankheit bestimmt: Nachdem bereits nach der Geburt eine Körperhälfte kurzzeitig gelähmt war, entwickelt sich ab dem dritten Lebensjahr unaufhaltsam eine Krätze, die sich vom Gesicht über den gesamten Körper bis an die intimsten Stellen ausbreitet und sie entstellt. Die einzige Erleichterung gegen den starken Juckreiz erfährt sie im Abkratzen der Haut. Auf sehr anschauliche und plastische Weise beschreibt die Erzählerin Ausmaß und Auswirkungen der Krankheit auf ihr ganzes Leben. Sie fühlt sich als Außenseiter: Als Kind wird ihr die Liebe der Eltern verwehrt, sie muss auf zärtliche Umarmungen oder einen Kuss auf die Wange verzichten. Ihre Mitschüler und Gleichaltrigen verspotten oder meiden sie wegen ihres Andersseins. Der Liebesentzug führt zu psychischen Störungen, die ihr bereits ab dem dritten Lebensjahr einen Besuch beim Psychiater einhandeln. Eigens für sie wird eine Kinderfrau engagiert, die ihrerseits durch Wachstumsstörungen gezeichnet ist und das Mädchen zunächst doppelt ins Abseits stellt. Kurzzeitig wird sie durch die Gemeinsamkeit ihrer Hässlichkeit zu ihrer Verbündeten. Als sie jedoch ihrer Krankheit erliegt, ist Irène wieder allein. Sie fühlt sich bedroht und beschreibt Angriffe auf ihr Leben.

Eine normale Kommunikation ist nicht möglich, stattdessen wird ihre Haut als eine beschreibbare, also auch lesbare Oberfläche, auf der »verhasste Hieroglyphen« eingraviert sind, zum Sprachrohr. Auf Irènes Haut zeigt sich eine Botschaft für ihre Familie, über die die Erzählerin keine Kontrolle hat. Ihr Körper wird zum Spiegel ihrer Seele, der ihre innersten Gedanken und Geheimnisse offenlegt. Für kurze Zeit verschwindet die Krankheit, was sie auf ihren neuen Lebensmut zurückführt, den ihr die Lektüre von Büchern und ihr eigenes Schreiben verschaffen. Sie kann sich in die Gesellschaft eingliedern, einer Arbeit nachgehen und einen normalen Lebensrhythmus entwickeln.

Doch die vermeintliche Freiheit ist von kurzer Dauer, die Krätze meldet sich zurück und mit ihr alle Ängste und Probleme. An diesem Punkt setzt Irène neu an: Fortan wird sie die Krankheit dazu benutzen, sich Freiheit vom familiären Joch zu verschaffen. Aus der ursprünglich aufgezwungenen Ausgeschlossenheit wird ihre bewusste Entscheidung, endgültig mit der Familie zu brechen und nicht mehr in eine normale Welt zurückzukehren. Indem sie ihre Wunden durch ständiges Kratzen unterhält, gelingt es ihr, sich von der Familie zu befreien. Einen letzten Wendepunkt erlebt sie, als sie einen jungen Mann kennenlernt, der ihr Äußeres nicht nur zu akzeptieren scheint, sondern ihr durch das Abkratzen der kranken Haut Gefühle der Lust verschafft. Ihr Leidensweg führt sie schließlich in eine psychiatrische Klinik.

Nach dem Abhorchen des individuellen Lebens konzentrierte sich Nobécourts zweiter, 1998 erschienener Roman *La conversation* (*Gespräch mit Anna*, 2001, H. Fock/S. Müller), auf die Untersuchung des sozialen Gefüges. Hier ging die Autorin einen Schritt weiter und projizierte über den Körper der Protagonistin, seinen Geruch und seine Befindlichkeit, ihre Stimmung auf die Seiten.

Die 28-jährige Ich-Erzählerin, die erneut den Namen Irène trägt, lernt Anna durch Zufall in einem Pariser Café kennen und legt im Laufe des Abends und der Nacht bei ausschweifendem Alkoholgenuss ihre Lebensbeichte ab: Sie berichtet über ihre zahlreichen Erfahrungen mit Männern, ihre unentwegten vergeblichen Versuche, dem Leben einen Sinn abzugewinnen, ihren Hass auf eine unmenschliche Gesellschaft. Es bricht förmlich aus ihr heraus: Ihre Sorgen, Ängste, die glücklichen Momente und die Desillusionierung. Der Vater ihrer Tochter ist eines Tages nicht wiedergekommen. Der Kampf gegen eine unmenschliche Gesellschaft bleibt ihr allein überlassen. Auch mit einer Abtreibung muss sie ohne Hilfe fertig werden. Die Suche nach Wahrheit, Wirklichkeit, Treue und Vertrauen zieht sich durch die gesamte Beichte hindurch.

Im Zentrum dieser oft völlig zusammenhangslosen Aneinanderreihung von Momentaufnahmen scheint »das Geschehen mit dem jungen Mann« zu stehen, auf das sie immer wieder andeutungsweise zu sprechen kommt und der mutmaßlich Opfer eines Gewaltverbrechens durch Irène geworden ist. Nach der Untersuchungshaft will sie nicht mehr ins Gefängnis zurück und nicht mehr von ihrer Tochter getrennt werden. Die zunächst zufällige Bekanntschaft verwandelt sich in eine Beziehung zwischen Angeklagter und Pflichtverteidigerin. Anna soll sich ein Bild von ihr machen: »Sie müssen verstehen, wer ich bin, was mir zugestoßen ist und warum ich soweit gekommen bin.«

Anders, als es der Titel vermuten lässt, handelt es sich nicht um einen Dialog, keinen Austausch im Gespräch, sondern einen Monolog. Die sprechende Irène benötigt die physische Präsenz von Anna, um ihren Aufschrei formulieren zu können. Anna übernimmt stellvertretend die Rolle des Lesers, der Irènes Monolog gebannt zuhört. Die Anrede wechselt vom Du ins Sie hin und her: »Wissen Sie, weißt Du, Anna.« Dabei gibt es keine direkten Figurenbeschreibungen. Annas Gestalt nimmt erst über die Darstellung der Ich-Erzählerin, die Fragen, die Irène ihr in den Mund legt und von sich aus beantwortet, allmählich Konturen an. Die omnipräsente Gesellschaftskritik wird noch verstärkt durch Irènes Kommentare zu den Gesprächen, die sie am Nachbartisch verfolgt.

Im Zentrum von Nobécourts drittem Romans *Horsita* (1999) schließlich steht das Versagen der Gesellschaft und der Spezies Mensch an sich. Hier wird die Suche nach Wahrheit über das Verhalten der Elterngeneration im Zweiten Weltkrieg thematisiert. 50 Jahre danach will die Erzählerin Hortense herausfinden, welche Rolle ihr 20-jähriger Vater 1940 gespielt hat. War er Opfer oder Täter? Hat er aktiv am Unrechtsregime mitgearbeitet oder es als Kollaborateur einfach nur unterlassen, Fragen zu stellen? Oder trifft alles in einem gewissen Maße zu? Wessen hat er sich schuldig gemacht? Um sich zu entlasten, schenkt er ihr sein Jugendtagebuch, das jedoch nicht von Hand geschrieben ist und in Hortense Zweifel an dessen Authentizität aufkommen lässt. Hortense stellt Nachforschungen innerhalb der Familie, bei Freunden, Bekannten und in Archiven an. Von der Unerträglichkeit der Ungewissheit und der erdrückenden Fakten gequält, erfindet sie eine Doppelgängerin. Sie führt einen inneren Monolog mit ihrem eigenen Ich ihrer Kindheit, einem kleinen, unschuldigen Mädchen, das sie Horsita nennt und ihr den nötigen Abstand zur Verarbeitung der Fakten verschafft. Ihre Stimme schwankt zwischen sie, ich, Hortense und Horsita hin und her. Diese Polyphonie und die Aneinanderreihung von Textfragmenten, die eine konkrete Formzuordnung unmöglich machen, fordern dem Leser seine uneingeschränkte Konzentration ab.

Lorette Nobécourt begab sich auf die Suche nach einer Sprache, die diesen Ungeheuerlichkeiten gerecht wird. Sie untersuchte ihre Grenzen, wollte herausfinden, was sie ausdrücken konnte und wo sie zwangsläufig scheitern musste: Trotz des Unvermögens der Sprache, die Fragen der Generation danach zu beantworten, lässt sich ihr etwas Positives abgewinnen, denn sie bleibt, wenn bereits alles verloren ist, »l'ultime témoignage de l'humain« (»das letzte menschliche Zeugnis«).

Die Aufarbeitung der Kriegsschuld, die Infragestellung der eigenen Rolle während des Zweiten Weltkriegs, der besondere Blick auf die Rolle der Väter wurde in der französischen Literatur lange ausgeblendet. So schildert der Text die ohnmächtige Liebe einer Tochter zu ihrem Vater und versucht gleichzeitig, ein Stück Geschichte aufzuarbeiten und zum Nachdenken über eine verdrängte Kollektivschuld anzuregen. Der Aufschrei einer Tochter über die unmögliche Liebe zu ihrem Vater, die durch Misstrauen, Zweifel und Enttäuschung zerfressen wird, wird zum Aufschrei der Entrüstung über eine Gesellschaft, die jegliche Schuld von sich weist und verdrängt.

■ Lit.: N. Morello: ›La démangeaison‹ et ›La conversation‹ de L. N. Quand ›le parler chair‹ devient révolte … féministe?, in: Romance Studies 20, 2002, 65–76. ■ M. Borgomano: Ouvrir Hortense ou l'écorchée vive. ›Horsita‹ de L. N., in: Nouvelles écrivaines. Nouvelles voix?, Hg. C. Rodgers, 2002, 233–251. ■ N. Morello: La culpabilité dans la fiction de L. N., in: Dalhousie French Studies 66, 2004, 89–99. ■ K. Robson: L'écriture de peau. The Body as Witness in L. N.'s ›La Démangeaison‹, in: Nottingham French Studies 45, 2006, 66–77.

Maja Lenz

En nous la vie des morts

(frz.; Die Toten leben in uns weiter) – Mit dem 2006 veröffentlichten Roman meldete sich die Autorin nach mehrjähriger Veröffentlichungspause mit einem neuen Stil auf der französischen Literaturbühne zurück. Die Ausgangssituation ist bestimmt von Abschied: Fred, der beste Freund von Nortatem, hat Selbstmord begangen. Von seiner Freundin Georgia hat Nortatem sich getrennt. Guita, eine gute Freundin und wichtige Bezugsperson, ist wie jedes Jahr über die Sommermonate nach Frankreich gefahren. Um mit der Situation fertig zu werden, beschließt der knapp 30-jährige New Yorker, aus dessen Perspektive die Geschichte erzählt wird, sich vorübergehend nach Vermont in eine abgeschiedene Hütte zurückzuziehen. Ohne Nachbarn und Telefon, nur in der Gesellschaft von Guitas Hamster, wird er mit der absoluten Stille und also mit sich selbst konfrontiert. Seine Sinne werden geschärft, er wird empfänglich für Begegnungen und Bekanntschaften mit eigentümlichen und wundersamen Personen: einer alten Indianerin, die ihm ihr Mofa leiht und mit ihm schläft, dem Vermieter seiner Hütte und dessen Familie, insbesondere der Tochter Laura, die ihm bei seiner Suche nach dem Weg zu sich selbst entscheidend weiterhilft. Der einzige Kontakt zu seiner bisherigen Welt erfolgt über e-Mails, die er aus einem Internet-Café im nächstgelegenen Ort verschickt.

Parallel zu seinen Alltagserlebnissen kann der Leser Nortatems Lektüre mitverfolgen. Aus Guitas Wohnung hat er zwei Bücher mitgenommen, an deren Interpretation sie arbeitete: zum einen das anonyme hebräische »Buch 7« (»Le livre 7«), in dessen Kern sich ein achtes, nur aus Ziffern bestehendes Buch befindet, zum anderen einen 2006 veröffentlichten Roman, »En nous la vie des morts«, der eine Interpretation dieses geheimnisvollen achten Buches versucht. Nortatem beginnt mit der Lektüre des auf acht Kapitel angelegten Romans und begibt sich dabei auf eine spirituelle Reise. Sukzessive erscheinen ihm mystische und mythologische Gestalten und Personen, die ihm Lektionen über das Leben erteilen und ihm jeweils Themen wie die Grausamkeit der Menschen, Geschwisterliebe, Trennung, die Geburt eines Kindes, Liebe und Tod vor Augen führen.

Auf jedes Kapitel aus dem Buch folgt eine Episode aus Nortatems Gegenwart. Die ›mise en abyme‹, das Buch im Buch, führt dazu, dass Parallelwelt und Realität allmählich ineinander übergehen. Nortatem gelangt zu der Einsicht, dass die Geschichten als Schlüssel zu seiner eigenen Existenz zu lesen sind. Nur über die Lektüre, die ihn bereichert und grundlegend verändert, gelingt es ihm, zu begreifen und weiterzukommen. Sie wird zur Therapie und verhilft ihm zu einer Art Wiedergeburt, indem er mit dem alten Leben abschließt, um für ein neues, lebensbejahendes, glückliches Dasein bereit zu sein.

Die Autorin arbeitet mit Metaphern und Zahlenspielen. Nortatem ist einerseits das Ananym von Metatron, einem hochrangigen Engel aus der jüdischen Mythologie, »Verteidiger der Menschen und der Welt vor dem göttlichen Tribunal«. Die Kurzform »Nort.« erinnert gleichzeitig an das französische ›la mort‹, der Tod, mit dem der Protagonist konfrontiert wird. Ebenso bedeutungsgeladen sind die im ganzen Buch omnipräsenten Ziffern. Nortatem erfährt, dass im Hebräischen jeder Buchstabe einer Ziffer entspricht. Zentral sind die Zahlen 7, die für ›heilig‹ steht, und 8, die das hebräische Wort ›Existenz‹ symbolisiert. In einer der Geschichten lernt der kleine Joselito, dass jeder Mensch sieben Mal in seinem Leben die Chance für einen Neuanfang bekommt, und das immer, wenn die Quersumme seines Alters eine 7 ergibt. Im siebten, dem Alter 34 gewidmeten Kapitel des Romans und gleichzeitig letzten Kapitel des Buches, erkennt der Protagonist, dass das Leben aus unendlich vielen Facetten besteht und in jedem der verschiedenen Gestalten ein Teil von ihm selbst steckt. Erst wenn die innere Reise abgeschlossen ist, ist der Mensch in der Lage, mit sich selbst ins Reine zu kommen. Diese Einsicht ermöglicht ihm einen Neubeginn mit Guita.

Lorette Nobécourt stellt in diesem Roman, der mit seinen zahlreichen Aphorismen und mythologischen Anspielungen viel eher einem philosophischen Märchen gleichkommt, die ewig wiederkehrenden Fragen nach der eigenen Identität und dem Sinn des Lebens. Wie geht man mit Verlusten um, wie kann man sie überwinden? Sie beschreibt, dass sich zwar die Wirklichkeit nicht ändern lässt, wohl aber der Blickwinkel, aus dem man sie betrachtet. Gleichzeitig wird die spirituelle Suche zu einer Hymne an die Freundschaft. Die Autorin bezeichnet ihr siebtes Buch als einen Neuanfang ihres Schaffens, der aus der Verarbeitung ihrer persönlichen Veränderungen und der Lektüre über alle Religionen der Welt resultierte. Ihre frühen Romane aus den 1990er Jahren – *La démangeaison* (1994), *La conversation* (1998) und *Horsita* (1999) – bilden dafür das Fundament und lassen ihren neuen Ansatz erst verständlich werden. Ihr Stil hat sich gegenüber ihren vorangehenden Werken wesentlich verändert, die Sprache ist zugleich einfacher und poetischer, der Ton optimistischer und nicht mehr durch Bitterkeit und Trauer bestimmt. *Maja Lenz*

Charles Nodier

- geb. 29.4.1780 Besançon (Frankreich)
- gest. 27.1.1844 Paris (Frankreich)

Ausbildung als Advokat; 1803 wegen einer Satire auf Napoleon verfolgt; 1812 Bibliothekar in Laibach; 1815 Journalist beim *Journal des Débats*; 1821 Schottlandreise, Begegnung mit Sir Walter Scott; 1824 Leiter der Bibliothèque de l'Arsenal; in den 1820er Jahren Mittelpunkt der romantischen Literatenkreise, mit ↗ Musset, ↗ Hugo und ↗ Vigny bekannt; Engagement für Shakespeare und die englischen Frühromantiker; Erzähltexte märchenhaften und phantastischen Charakters; Wegbereiter der romantischen Bewegung in Frankreich.

■ Ausg.: Œuvres, 12 Bde, 1832–1837.
■ Lit.: B. Ochsner: C.N., 1998. ■ G. Zaragoza: N., 1998.

Smarra ou Les démons de la nuit

(frz.; *Smarra oder die Dämonen der Nacht*, 1979, H. Hofer) – Die 1821 erschienene Erzählung ist in fünf Kapitel und einen Anhang gegliedert; ihre Rahmenhandlung spielt am Lago Maggiore: Soeben ist Lorenzo mit seiner Freundin Lisidis von einem Ball heimgekehrt; er spricht von den Albträumen, die ihn in den letzten Nächten befallen haben und die er auf die Lektüre des *Goldenen Esels* von Apuleius zurückführt, eines Buchs, das seine Einbildungskraft lebhaft beflügelt.

Der Leser wird nun Zeuge dieser Träume: Lorenzo hat sich in Lucius verwandelt, Schauplatz ist das antike, seiner Hexen wegen berüchtigte Thessalien. Chöre singender Mädchen rufen in dem am Peneios entlangreitenden Helden zunächst angenehme sinnliche Eindrücke hervor, die bald von Bildern des Schreckens abgelöst werden. Unter den Gespenstern, die die Gegend bevölkern, erkennt Lucius seinen Freund Polémon, der einst in einer Schlacht gefallen war; er erzählt ihm, wie ihn die Zauberin Méroé dem Dämon des Albtraums, Smarra, ausgeliefert hat. Lucius wird des Mordes an Polémon angeklagt, er wird Zeuge der eigenen öffentlichen Enthauptung. Méroé und Smarra peinigen ihn. Da weckt Lisidis Lorenzo und befreit ihn von den Erinnerungen an seine schrecklichen Träume.

Charakteristisch für Nodier ist der Rückgriff auf antike und moderne Quellen. Die fünf Kapitel werden jeweils von einem Shakespeare-Zitat und Versen aus der lateinischen Dichtung eingeleitet. Deutlich ist die Inspiration durch Apuleius zu erkennen. In der ersten Auflage behauptete der Autor, nur der Übersetzer des angeblich in serbokroatischer Sprache verfassten Werks zu sein. Wenngleich er später auf diese Mystifikation verzichtete, besagte doch das Vorwort zur Neuauflage von 1832, *Smarra* sei nur ein Pastiche klassischer Autoren wie Homer, Theokrit, Vergil, Catull, Statius, Lukian, Dante, Shakespeare und Milton. Bei allen erkennbaren Anleihen sollte auch diese Behauptung eher als affirmativer Bezug auf die visionären Traditionen der abendländischen Literatur verstanden werden.

Smarra ist eines der ersten Werke, die Eindrücke des Traums gleichberechtigt neben jene des Wachseins stellen und versuchen, das Hinübergleiten aus dem einen in den anderen Zustand dichterisch zu fassen. Die Schilderung des Albtraums rückt *Smarra* zugleich in die Nähe des 1803 veröffentlichten graphischen Zyklus *Caprichos* von Francisco de Goya. Trotz seines anfänglichen, von Nodier selbst bezeugten Misserfolgs hat *Smarra* einen festen Platz in der französischen Literaturgeschichte.

■ Lit.: C. Wehr: Imaginierte Wirklichkeiten. Untersuchungen zum récit phantastique von N. bis Maupassant, 1997.

Eberhard Leube

Trilby ou Le lutin d'Argail

(frz.; *Trilby oder der Kobold von Argail*, 1979, H. Hofer) – Die 1822 erschienene phantastische Erzählung handelt von der zwischen Mitleid, Faszination und Schuld schwankenden Liebe einer Frau zu einem Dämon: Trilby ist der koboldartige Geist, der in der Hütte des Fischers Dougal und seiner Frau Jeannie sein freundliches Wesen treibt. Jeannie sind die Spiele und heimlichen Liebkosungen des Kobolds, der ihr in ihren Träumen seine Liebe gesteht, zur angenehmen Gewohnheit geworden. Als sie eines Tages ihrem Mann von den Nachstellungen des geheimnisvollen Liebhabers erzählt, lässt Dougal den Geist durch den Mönch Ronald aus der Hütte vertreiben: Unter Androhung tausendjähriger Verbannung wird ihm untersagt, sich Jeannie zu nähern, es sei denn, sie und Dougal widerriefen gemeinsam Ronalds Bann. Im Traum erscheint Trilby Jeannie nun in der Jünglingsgestalt von John Mac-Farlane, dem letzten Sproß einer verwunschenen Sippe. Beunruhigt pilgert sie mit ihrem Mann zum Kolumbanskloster nach Balva, wo sie ein Bildnis entdeckt, das die Züge ihrer Traumgestalt hat. Der Mönch Ronald spricht gegen alle Geister einen feierlichen Bann, dem Jeannie sich jedoch nicht anschließt; sie gelobt vielmehr Liebe und Barmherzigkeit gegenüber dem bedrohten Geist. Wenig später setzt sie in ihrem Boot einen alten Zwerg über, der alsbald seine Verkleidung abwirft: Es ist Trilby in der strahlenden Gestalt Mac-Farlanes. Trilbys Doppelgestalt als Hüttenkobold und junger Clan-Häuptling entspricht auch seine metaphysische Ambivalenz: Verdammt wie alle Glieder seines Geschlechts, hat er doch in Kolumban, seinem Bruder, einen himmlischen Fürsprecher, der trotz des Banns die Begegnung mit Jeannie auf dem Wasser ermöglicht hat. Trilby fleht sie an, ihn durch das Bekenntnis ihrer Liebe zu erlösen. Aber selbst die Verheißung einer schuldfreien Zuneigung und Vereinigung im Jenseits und das Erinnern an ihr früheres Gelöbnis können Jeannie nicht zu dem entscheidenden Wort bewegen. Auf dem Friedhof wird Jeannie Zeuge der endgültigen Verfluchung Trilbys, der für immer in den Stamm einer Birke verbannt wird. Entseelt stürzt sie in ein frisches Grab, das neben der Birke ausgehoben ist.

Im Vorwort der Erstausgabe behauptet Nodier, den Stoff in einem Roman Walter Scotts gefunden zu haben, im Vorwort von 1832 nennt er hingegen einen Bericht von Amédée Pichot als Quelle. In der Wahl Schottlands, der traditionellen Heimat des Hexenglaubens, als Schauplatz wird trotz gegenteiliger Äußerungen Nodiers das Zugeständnis an den Zeitgeschmack erkennbar.

Unter dem Einfluss ↗ Cazottes gestaltet Nodier das in der Literatur häufige Thema des in ein menschliches Wesen verliebten Teufels, geht jedoch durch die stärkere Psychologisierung der Erzählmotive darüber hinaus. Charakteristisch für Nodier sind die Aufwertung des Traums gegenüber der normalen Existenz des Wachseins und die Grenzverwischung zwischen beiden Eindrucksbereichen. Nodier nimmt hier eine besondere Stellung als Begründer einer Variante der phantastischen Erzählung ein, die uneingestandene Wünsche der Protagonisten in einer neuartigen Weise literarisch manifest werden lässt. Nodiers Erzählung entwirft insofern in poetischer Form eine Strukturierung des Unbewussten, wie sie erst am Ende des Jahrhunderts durch Freuds Theorien wissenschaftlich gefasst werden sollte. Zumal die neuere Erzähltheorie (Todorov) hat sich deshalb gern auf Nodiers Erzählwerk bezogen.

▪ Lit.: H. Lafon: Espaces romanesques du XVIIIe siècle 1670–1820: de Madame de Villedieu à N., 1997. *Christiane Leube*

Emmanuelle **Pagano**

▪ geb. 15.9.1969 Rodez/Aveyron (Frankreich)

Studium der Filmwissenschaft und -ästhetik in Montpellier; unabgeschlossene Doktorarbeit zum *Cinéma cicatriciel* (Kino der Narben); Abschluss in Bildender Kunst; wissenschaftliche Publikationen u. a. über Hervé Guibert und Pasolini; seit 2002, zunächst unter dem Pseudonym Emma Schaak, Tätigkeit als Schriftstellerin; erster Erfolg mit dem Roman *Le tiroir à cheveux*, 2005 (*Die Haarschublade*, 2009, N. Mälzer-Semlinger); zahlreiche internationale Auszeichnungen.

Les adolescents troglodytes

(frz.; *Der Tag war blau*, 2008, N. Mälzer-Semlinger) – In ihrem vierten Roman von 2007 knüpft die Autorin an eine thematische Konstante ihres Schaffens an: die Metamorphosen des Körpers und der schwere Weg des Erwachsenwerdens. Seit Jahren beobachtet die Ich-Erzählerin Adèle, eine introvertierte Schulbusfahrerin, auf ihren täglichen Fahrten durch die Dörfer der südfranzösischen Hochebene mit genauem Blick das Beziehungsgeflecht der kleinen Gruppe von Schülern und zugleich deren körperliche Entwicklung am Übergang zur beginnenden Adoleszenz, für die das raue »Niemandsland« der Bergregion eine textdominierende Metapher darstellt (»Niemandsland, weil man in diesem schwierigen Alter so jäh und so brutal vergeschlechtlicht wird«). Immer wieder werden Adèles tagebuchartige Betrachtungen von Erinnerungen an die eigene Jugend überblendet: Niemand weiß, dass auch sie aus der Region stammt, wo sie – als Junge geboren – mit ihrem jüngeren Bruder Axel auf dem elterlichen Bauernhof aufwuchs, ohne sich mit ihrer Geschlechterrolle zu identifizieren. Mit den Bildern der Vergangenheit nähert sich die Erzählerin schrittweise einer langjährigen sexuellen Identitätssuche an, wobei der beschwerliche Weg über die Bergpässe einer fragmentarisch-digressiven Darstellungsweise auf erzähltechnischer Ebene entspricht (»Alles gerät durcheinander in meinen Serpentinen und Gedanken«): Im Laufe eines mühevollen Prozesses, ein »einigermaßen passendes Geschlecht« zu finden und sich allmählich als Frau zu fühlen, fasste Adèle erst in der Stadt, in die sie mit ihrem Bruder nach dem Tod der Mutter gezogen war, den Entschluss für eine operative Geschlechtsangleichung; kurz darauf kehrte sie unerkannt an den Heimatort zurück, um eine Stelle als Schulbusfahrerin anzunehmen.

In vielfältigen Interferenzen von Landschaftsbeschreibung und Körperzeichen – wie es für sämtliche Texte Paganos charakteristisch ist – reflektieren die »vernarbten Straßen« des kargen Hochplateaus nicht nur Adèles schwierige Auseinandersetzung mit der schmerzhaften Metamorphose zur Frau, die in ihrer Selbstwahrnehmung als Befreiungsakt und »Lebenslüge« zugleich präsent ist; die metaphorisch stets über sich hinausweisende »rissige« Natur spiegelt auch das gestörte Verhältnis zu ihrem Bruder: Jahrelang überfordert mit Adèles sexueller »Andersartigkeit«, hatte Axel nach der entscheidenden Operation den Kontakt abgebrochen.

Der Einbruch des Winters markiert schließlich den Wendepunkt in Adèles Selbstaussprache, der die rückblickende Perspektive mit der präzisen Erkundung der sich überstürzenden Ereignisse verbindet: Adèle verliebt sich in den Jäger Tony, ohne ihr Geheimnis preiszugeben; gleichzeitig kehrt auch Axel in die Region zurück, um als professioneller Bergsteiger die Sicherheitsnetze der Felsabhänge zu warten. Als er nach einem Arbeitsunfall im Krankenhaus liegt, kommt es zur vorsichtigen Annäherung zwischen den Geschwistern. Mit der Rückkehr des Bruders entstehen in den Dörfern aber auch erste Gerüchte über Adèles Herkunft. Als sie mit den Schülern bei einem Schneetreiben Schutz in einer verlassenen Höhle sucht, ist es ausgerechnet der schüchterne Sylvain, der in der intimen und vertrauten Runde Adèles Geheimnis verrät. Unerwartet stößt Adèle bei den »heranwachsenden Höhlenbewohnern« (so der wörtlich übersetzte Originaltitel des Romans) auf vertrauensvolle Unterstützung, die sie, in einer Mischung aus Wut und Dankbarkeit, zuversichtlich für die künftigen Ereignisse macht: »Ich weiß, das Gerücht wird die ganze Landschaft erfassen, wie die Schneeschmelze, voller Schmutz. Aber es wird schön sein, es wird wahr sein, auf dem Boden der Tatsachen, die Wahrheit wird den Boden erobern, Schritt für Schritt.«

Bei *Les adolescents troglodytes* handelt es sich um eine unprätentiöse – und bewusst vom genderspezifischen Muster eines ›Diskursromans‹ abweichende – Auseinandersetzung mit den Problembereichen einer »Vergeschlechtlichung«, die sich auf verschiedenen Ebenen des Textes entfaltet (Adoleszenz, Transsexualität, Geschlechtsangleichung). Der Roman soll verfilmt werden.

Volker Schneider

Blaise **Pascal**

▪ geb. 19.6.1623 Clermont-Ferrand (Frankreich)
▪ gest. 19.8.1662 Paris (Frankreich)

(Pseudo. Louis de Dettonville, Amos Tultie, Salomon de Montalte) – Sohn eines höheren Beamten, 1626 Tod der Mutter, 1631 Übersiedlung nach Paris, 1639 in Rouen, 1647 in Paris; frühreife mathematische Begabung, 1642–1645 Konstruktion einer Rechenmaschine;

1646 religiöse Annäherung der Familie an das Kloster Port-Royal; physikalische Experimente (Luftdruck, Vakuum), mathematische Arbeiten (Pascal'sches Dreieck) und wissenschaftliche Diskussionen; 1652 Eintritt der Schwester Jacqueline ins Kloster Port-Royal; 1654 intensive religiöse Wendung, 1655–1657 Beteiligung am Streit um die Gnadenlehre des Jansenius *(Provinciales)*, Vorbereitung einer Apologie des Christentums *(Pensées)*.

■ Ausg.: Œuvres complètes. Hg. L. Lafuma, 1963 [Neuausg. 1993]. ■ Übers.: P. im Kontext: französisch-deutsche Parallelausgabe, U. Kunzmann, 2003 [CD-ROM]. ■ Lit.: J. Steinmann: P., 1959. ■ A. Beguin: B. P., [12]1992. ■ W. Schmidt-Biggemann: B. P., 1999.

Pensées sur la religion et sur quelques autres sujets

(frz.; *Gedanken über die Religion und einige andere Themen*, 2004, U. Kunzmann) – In seinen letzten Lebensjahren beschäftigte sich Pascal mit dem Projekt einer Apologie des Christentums; im Nachlass fanden sich dazu scheinbar völlig ungeordnete Papiere, aus denen man 1670 eine erste Ausgabe gestaltete. Das Ordnungsproblem wurde erst durch L. Lafuma verobjektiviert, der aufwies, dass zwei erhaltene Kopien den Zustand des Nachlasses exakt dokumentieren, die erste als Arbeitsinstrument in Einzellagen (Ausgabe von L. Lafuma, 1963), die zweite fest gebunden (Ausgabe von P. Sellier, 1976).

Kopie 1 ordnet die Fragmente in 27 Kapitel. Dazu kommen 24 Serien nicht geordneter Fragmente. Nach Überlegungen zur ›Ordnung‹ folgt der suggestivste Teil der Apologie: In Anschluss an ↗ Montaigne, aber vielfach paradox zugespitzt, stilistisch pointiert, ironisch gewendet und eigenständig in der Tendenz wird die problematische Seinslage des Menschen dargestellt, der von Einbildung, Mode, Meinung und Gewohnheit beherrscht wird und dessen Elend in Tyrannei, der Relativität des Rechts (»Wahrheit diesseits der Pyrenäen, Irrtum jenseits«) und Phänomenen wie der Langeweile und dem Versuch, durch Zerstreuung der Einsicht in seine Lage zu entfliehen, deutlich wird. Seiner Widersprüchlichkeit und Schwäche wird die unverkennbare »Größe« des Menschen entgegengestellt: »Denkendes Schilfrohr. […] Durch den Raum umgreift mich das All und verschlingt mich wie einen Punkt; im Denken ergreife ich es.«

Die ernsthafte Wahrheitssuche führt zu den »Philosophen«, die negative kathartische Funktion haben: »Suche nach dem wahren Gut. – Der Durchschnitt der Menschen verlegt das Gute in den Reichtum und die äußeren Güter oder zumindest in die Zerstreuung. Die Philosophen haben die Eitelkeit von alldem dargetan und es dorthin verlegt, wohin sie konnten.« Sie werden aber durch ihre widersprüchliche Vielfalt relativiert. Der Streit um das höchste Gut führt notwendigerweise zu einer Selbstbeschränkung der Vernunft, zur »Anerkennung, dass es unendlich viele Dinge gibt, die sie übersteigen. Sie ist so lange schwach, als sie nicht bis zu dieser Einsicht gelangt. Und wenn schon die natürlichen Dinge sie übersteigen, was soll man dann erst von den übernatürlichen sagen?« Dies ermöglicht, in einem Vorblick die Angemessenheit der Gotteserkenntnis durch Jesus Christus aufzuweisen: »Die Erkenntnis Gottes ohne die Erkenntnis des eigenen Elends führt zu Hochmut. Die Erkenntnis des eigenen Elends ohne die Erkenntnis Gottes führt zur Verzweiflung. Die Erkenntnis Jesu Christi steht in der Mitte, weil wir in ihr sowohl Gott wie auch unser Elend finden.« Damit ist der »Übergang von der Erkenntnis des Menschen zu der Gottes« angezeigt.

Eine grundsätzliche Reflexion über die Mittelstellung des Menschen zwischen dem unendlichen All und dem unendlich Kleinen bietet Pascal in dem zentralen Fragment »Missverhältnis des Menschen«. Danach beginnt die Suche im Raum der Religionen: Die »Falschheit der anderen Religionen« zeigt sich in ihrem Ungenügen, die menschliche Natur zu erklären. Pascal stellt sich die Aufgabe, »die Religion liebenswert zu machen« und die »Grundlage der Religion und Antwort auf die Einwände der Atheisten« zu reflektieren. Das führt zur Erkenntnis der Sonderstellung des Judentums: Es ist so alt wie die Welt und bietet die im Christentum erfüllten dogmatischen Schlüssel zur Deutung der Widersprüche der menschlichen Existenz im Gedanken von Fall und Erlösung. In einem vorangestellten Kapitel muss Pascal jedoch erst eine Hermeneutik der *Bibel* entwickeln; er vertritt eine bildliche Auslegung mit dem zentralen hermeneutischen Satz: »Alles, was sich nicht auf die Liebe bezieht, ist Figur.« Mit *Bibel* und rabbinischer Theologie wird die Finalität des Alten Testaments auf Christus hin erwiesen und in einem eigenen Beweisgang aufgrund der Prophezeiungen die Besonderheit Jesu Christi aufgewiesen. – Von großer Bedeutung sind auch die Hinweise zu einer Auslegung der Gestalt Christi selbst, etwa im Fragment über die drei voneinander unableitbaren Ordnungen der Körper, des Geistes und der Liebe. Die Apologie zielt auf die Konversion. So folgen am Schluss Kapitel über die christliche Moral und über die Bekehrung.

Die nicht in den Gesamtplan eingeordneten 34 Serien enthalten Fragmente, die sich diesen Kapiteln zuordnen lassen, und solche, die nach Pascals Hinweisen eine Funktion im Gesamtwerk übernehmen könnten, als Vorwort (der Text gegen die Indifferenz der Atheisten) oder als Hinführung, wie das Skizze gebliebene berühmte »Wette«-Fragment, das die Frage behandelt, wie eine Entscheidung vor dem Problem der Religion bei

Voraussetzung der Unzulänglichkeit der theoretischen Vernunft möglich sei – nämlich mittels pragmatischer Überlegungen und unter Beiziehung der Erkenntnisqualität der christlichen Lebensform als solcher. Solche Zuordnungen nimmt die Leseausgabe von P. Sellier (»d'après l'›ordre‹ pascalien«) vor (2003). Schließlich enthalten diese Kapitel Sammlungen von Bibelstellen und -exzerpten, die u. a. die Bedeutung der Schrifthermeneutik für Pascal gegenüber den anthropologischen Ausführungen aufzeigen.

In den *Pensées* werden traditionell auch Erbauungstexte mitgedruckt, darunter das »Mémorial«, das Zeugnis gnadenhafter Erfahrung des Gottes der *Bibel*, datiert vom 23. November 1654, das Pascal als Erinnerungszeichen in seinen Rock eingenäht hatte. Eine Gesamtinterpretation der *Pensées* muss vom Zustand des Materials ausgehen. Die Fragmente beruhen oft auf Lesefrüchten, die erst durch Herkunft und Kontext erklärbar sind. Ferner ist der apologetische Plan als Rahmen zu beachten. Dadurch wird eine Überbewertung der vor allem aus ↗Montaigne geschöpften skeptischen Seite der Anthropologie vermieden, die vielmehr den Zustand des gefallenen, erbsündlichen Menschen skizziert und den Boden für eine Erlösungsreligion bereiten soll. Als theologischer Hintergrund sind die ›jansenistisch‹ verschärfte biblische Aussage von der Verborgenheit Gottes und die neoaugustinische, die Souveränität Gottes betonende Gnadenlehre bedeutsam. Da der erste, anthropologische Teil des Werkes stärker ausgearbeitet und auch literarisch packender ist, liegt in ihm vor allem die Wirkung der *Pensées* begründet. Wegen der Brillanz seiner häufig ironischen und paradoxen Wendungen besonders in diesen Abschnitten gehört das Werk zur moralistischen Weltliteratur.

■ Lit.: U. Kirsch: B. P.s ›Pensées‹ (1656–1662), 1989. ■ J. Mesnard: ›Les pensées‹ de P., [2]1993. ■ P. Ernst: ›Les pensées‹ de P., 1996. ■ Croisements d'anthropologies. P.s ›Pensées‹ im Geflecht der Anthropologien, Hg. R. Behrens u. a., 2005.

Albert Raffelt

Daniel **Pennac**

■ geb. 1. 12. 1944 Casablanca (Marokko)

(d. i. Daniel Pennachioni) – Kindheit in Afrika und Südostasien; Literaturstudium in Nizza, Französischlehrer; Veröffentlichung von Kinderbüchern unter Pseudonym, um dem Ansehen seines Vaters nicht zu schaden; nach Brasilienaufenthalt ab 1985 sehr erfolgreiche und in viele Sprachen übersetzte Kriminalromane.

■ Lit.: S. Janssen: Comme un roman policier, 2001.

Die Malaussène-Romane

(frz.) – Der erfolgreiche Zyklus der 1985 bis 1996 entstandenen Kriminalromane, die Pennac zu einem der bekanntesten unter den jüngeren französischen Autoren machten, begann mit *Au bonheur des ogres*, 1985 (*Im Paradies der Ungeheuer*, 1989, E. Passet). Der Erfolg bei Publikum und Kritik erklärt sich zum einen aus Pennacs ausgeprägtem Talent als Geschichtenerzähler, zum anderen aus seinem Versuch, Elemente postmodernen Erzählens in das populäre Genre des ›roman noir‹ zu integrieren. Diese Vermischung von anspruchsvoller und populärer Literatur wird von den Vertretern des von J.-P. Manchette begründeten französischen ›Néopolar‹ (Argotbezeichnung für den neuen Kriminalroman) eher skeptisch betrachtet. Angeregt durch die Studie *Le bouc émissaire*, 1982 *(Der Sündenbock)*, des Historikers René Girard, schuf Pennac mit der Figur des Sündenbocks Benjamin Malaussène eine der originellsten Gestalten der Kriminalliteratur. Er und seine Verwandten, wohnhaft im multikulturellen Pariser Stadtteil Belleville, stehen im Zentrum der Romanserie. Im Wechsel von Ich-Erzählung (Malaussène) und auktorial erzählten Abschnitten ergibt sich eine durch die Vielzahl der Personen und Handlungsmomente schier überbordende Saga über das Leben der kleinen Leute im ethnischen Schmelztiegel Belleville, den rücksichtslose Geschäftemacher wegzusanieren drohen. Doch trotz der Attacken gegen alten Nazismus, neuen Rassismus und Politikversagen ist Pennac nicht primär von einem politischen Anliegen geleitet.

In *La fée carabine*, 1987 (*Wenn alte Damen schießen*, 1990, E. Passet), arbeitet Benjamin als ›Sündenbock‹ für die »Königin Zabo« vom Verlag Talion (unschwer als das Verlagshaus Gallimard zu erkennen) und tröstet gegen ein gutes Einkommen frustrierte Autoren des Hauses. Doch macht ihm vor allem sein Familienclan zu schaffen. Dieser besteht aus seiner wieder einmal von einem unbekannten Liebhaber schwangeren Mutter, seinen zahlreichen Geschwistern, dem epileptischen Hund Julius, vier von der Sippe ›adoptierten‹ Großvätern, dem Schachgenie Stojilkovicz und schließlich seiner Freundin Julie, einer engagierten Journalistin, die über einen politischen Skandal recherchiert. Außerdem wird Belleville von einer Serie von Raubmorden an alten Frauen heimgesucht – hier stützt sich der Autor auf authentische Vorfälle. Ein rechtsradikaler Polizist wird von einer alten Dame erschossen; Julie liegt nach einem Mordanschlag im Koma. In den von ihr aufgespürten Skandal um Immobiliengeschäfte und Drogenhandel sind hohe Politiker und Polizeibeamte verstrickt.

Nach vielerlei spannenden Wendungen, aber auch komischen Situationen wird das Knäuel der Handlungsfäden auf etwas unglaubwürdige Weise entwirrt.

Nachdem zunächst Malaussène unfreiwillig als Sündenbock für alle vorgefallenen Verbrechen herhalten muss, gelingt es dem Kriminalbeamten Pastor, die Affäre aufzuklären. Am Ende quittiert er den Dienst in einer korrupten Behörde und reist mit Benjamins Mutter, die ein brüllendes Baby geboren hat, nach Venedig, um für die weitere Vergrößerung der Sippe zu sorgen.

Pennac geht es um das Erzählen von Erinnerungen und Geschichten, das in einem rauschenden Fabulierfest gefeiert wird. Er fühlt sich der angloamerikanischen »Hard Boiled Novel« verpflichtet, ist aber auch in der Tradition der märchenhaften Kriminalromane von Pierre Véry und der Grotesken eines Pierre Siniac anzusiedeln. Doch ist die Struktur des ›roman noir‹ lediglich Vehikel für ein humorvolles Spiel mit den Möglichkeiten des Erzählens um des Erzählens willen. Stilmittel sind die Anlehnung an Märchenmotive (die Titelgestalt zitiert die böse Fee Carabosse, Julie erscheint als Dornröschen, das von seinem Prinzen Benjamin wachgeküsst werden soll), die Verwendung grotesker Elemente und eine Fülle keineswegs gängiger Zitate der Weltliteratur (Belyj, Gogol, Majakovskij, Zola, Joyce, Patrick Süskind). Hinzu kommt das für postmoderne Erzähltexte typische Spiel mit den Strukturen des Kriminalromans und den kreativen Möglichkeiten der französischen Sprache, das in der deutschen Übersetzung kaum wiederzugeben ist. Bewusst werden Erwartungshaltungen getäuscht und Genreregeln konsequent auf den Kopf gestellt. Opfer der Drogenhändler sind die alten Leute, die ebenso wie der gute Beamte Pastor ungestraft Lynchjustiz üben dürfen. Postmodern ist auch der an surrealistische Transformationsverfahren erinnernde Umgang mit Erzählelementen – am sinnfälligsten, wenn zerschossene Menschenschädel sich zu blumenartigen Gebilden wandeln. Das sozialanarchische Potenzial der Romane entstammt den manieristischen Phasen der europäischen Kultur: Ein Kommissar leitet seine Kinder zum Diebstahl an; einer geht freiwillig ins Gefängnis, um in aller Ruhe Vergil ins Serbokroatische übersetzen zu können, und ein Krimineller will die Literatur vor dem Untergang retten. Pennacs Antwort auf eine heillos gewordene Welt ist die reinigende Kraft des durch das Erzählen inszenierten Gelächters: der Humor als letzte Bastion der Humanität.

La petite marchande de prose, 1989 (*Sündenbock im Bücherdschungel*, 1991, E. Passet), erschien in der renommierten Collection blanche von Gallimard. Obwohl Pennac den Sündenbocktypus ursprünglich nicht kommerziell ausbeuten und die Serie mit der vierten Folge als »Belleville-Quartett« abschließen wollte, ließ er später auf gelungene Romane wie *Monsieur Malaussène*, 1995 (*Monsieur Malaussène*; 1997, E. Passet), mit *Monsieur Malaussène au théâtre*, 1996 (Malaussène im Theater) einen etwas faden fünften Teil folgen, so dass die Möglichkeiten der Belleville-Saga ausgeschöpft schienen und er sich anderen Themen und Genres zuwandte. Zwischenzeitlich legte er allerdings einige kürzere Malaussène-Geschichten vor wie *Des chrétiens et des maures*, 1997 (*Vorübergehend unsterblich*, 2000, E. Passet), und *Au fruit de la passion*, 1998 (*Adel vernichtet*, 2000, E. Passet), die zunächst im Stil der Feuilletonromane in Fortsetzungen im *Nouvel Observateur* erschienen. Andere Autoren wie Jerome Charin haben mit eigenen Malaussène-Geschichten an den Erfolg anzuschließen versucht.

▪ Lit.: D. Schmidt-Supprian: Spielräume authentischen Erzählens im postmodernen französischen Roman, 2003.

Franz Loquai

Comme un roman

(frz.; *Wie ein Roman*, 1994, U. Aumüller) – Der 1992 erschienene, international viel rezipierte Essay ist ein wichtiges Beispiel für die selbstreflexiven Tendenzen der seinerzeit aktuellen Literatur, die sich mit einer zunehmenden Analphabetisierung einer potenziellen Leserschaft und der Mediatisierung von Texten konfrontiert sah.

In elegantem Plauderton skizziert Pennac den theoretischen Hintergrund für seine Romane. Sein beherrschendes Thema ist das Geschichtenerzählen und die Begeisterung für die Literatur. Er greift Ansätze und Denkmodelle der modernen Literaturtheorie auf und votiert für eine neue Lust am Lesen. Damit trägt er einer in Frankreich in den 1980er Jahren einsetzenden Tendenz Rechnung, sich nach der Überwindung des nouveau roman und dessen Theoriebildung verstärkt auf die Wiederentdeckung des Erzählens und also eine Wiedergewinnung der Leser zu besinnen.

Der Essay ist in vier Abschnitte gegliedert. Einleitend wird unter der Überschrift »Die Geburt des Alchimisten« und in kritischer Auseinandersetzung mit Jean-Jacques Rousseaus »inakzeptablen« Erziehungskonzepten eine Form der Literaturpädagogik evoziert, bei der die Lehrer gleichsam als Zauberer zur Vermittlung der Literatur und der »Lust am Text« im Sinne von Roland Barthes erscheinen. Der zweite Teil gilt dem Widerspruch gegen das kategorische »Dogma«, dass man unbedingt lesen müsse. Der Gedanke nützlicher Lektüre wird verworfen zugunsten der ›Spaßkategorie‹ im Sinne des Träumens und des Rechts der freien Phantasie, so dass im dritten Abschnitt das Lesen nicht mehr als lästige Pflicht erscheint, sondern als »Geschenk«. Als Beispiele für die lustvolle Art des Lesens und für Bücher, die Lesehunger verursachen können, werden die Romane von Gabriel García Márquez und Patrick Süskind genannt. Der Abschnitt endet mit der Auflistung der zehn »unantastbaren Rechte des Lesers«, die im vierten Teil der Reihe nach behandelt werden. Ausgehend von den Urbildern allen Bücherwahns, Don Quijote und Emma Bovary, erläutert Pennac die Rechte des Lesers, zu denen Leseverweigerung, das kursorische und das laute Lesen sowie das »Recht zu schweigen« gehören. Die interessanteste Forderung gilt dem von ihm in erneuter Anlehnung an Gustave Flaubert postulierten »Bovarysmus«, dem Recht auf lesepathologisches Verhalten, auf die »Krankheit«, das Lesen als Simulation des Lebens zu verstehen bzw. das Lesen als Leben misszuverstehen. Am Ende des Essays bekennt sich Pennac entschieden zur »Freiheit« des Lesers.

Der pädagogische Eifer des Autors erklärt sich aus seiner früheren Berufstätigkeit. Die aufklärerische Doktrin über Nutzen bzw. Schaden von Lektüre, die seit dem Strukturalismus erneut geführte Diskussion um die Lust am Text bis hin zu den postmodernen Debatten über die spielerischen Qualitäten der Literatur greift er mit einem fast naiven Optimismus auf. Fragen nach dem Verhältnis von Lebenserfahrung und Lektüreerfahrung, nach der Relation von Simulation und Wirklichkeit oder nach der Problematik einer Diagnose der Lesepathologie bleiben unberührt. Pennac propagiert Lektüre als Spiel und Spaß und neigt in seiner Popularisierung des Lesens zu populistischen Simplifikationen.

▪ Lit.: P. Verdaguer: La séduction policière. Signes de croissance d'un genre réputé mineur, 1999. *Franz Loquai*

Georges Perec

▪ geb. 7.3.1936 Paris (Frankreich)
▪ gest. 4.3.1982 Paris (Frankreich)

Eltern Opfer des Holocaust; Soziologiestudium in Paris; Mitarbeiter verschiedener Zeitschriften; 1960 Soziologe am Centre National de la Recherche Scientifique; 1970 Mitglied der von ↗ Queneau gegründeten Literatengruppe Oulipo; Autor der sprachkritischen Nachkriegs-Moderne in der Tradition Raymond Queneaus und Jacques ↗ Roubauds; Hörspiele, Lyrik, Filmskripts, Parodien wissenschaftlicher Texte und experimentelle Romane.

▪ Lit.: D. Bellos: G. P. – A Life in Words, 1999. ▪ S. Düwell: Fiktion aus dem Wirklichen. Strategien autobiographischen Erzählens im Kontext der Shoah, 2004. ▪ B. Magné: G. P., 2005.

Les choses

(frz.; *Die Dinge*, 1966, E. Helmlé) – Die 1965 erschienene Erzählung, das erste literarische Werk des Autors, erzählt von den Wünschen, den Glücksvorstellungen und dem Prozess der Desillusionierung einer Gruppe junger Leute zu Beginn der 1960er Jahre. Im Zentrum der Erzählung steht das in Paris lebende Paar Jérôme und Sylvie. Beide haben ihr Studium abgebrochen, um Geld zu verdienen und ihre Vorstellungen vom materiellen Wohlstand zu verwirklichen.

Der Erzähler entlarvt mit schonungsloser Ironie die Diskrepanz zwischen Jérômes und Sylvies Phantasien und der sozialen Wirklichkeit ihres Alltags, für die beispielhaft die Enge ihrer 35-Quadratmeter-Wohnung steht, zeigt ihre Gleichgültigkeit gegenüber Freunden, bei ihrer Arbeit als Demoskopen und bei ihren politischen Aktivitäten, die sie ohne jedes innere Engagement ausüben. Ihr Leben ist allenfalls ein mittelmäßiger Kompromiss zwischen dem Wunsch nach Ungebundenheit und Müßiggang und dem Verlangen nach Reichtum. Als sich der Kreis der Freunde, die sich für eine Karriere entschieden haben, auflöst, und Jérôme und Sylvie ihre Wünsche nach Luxus nach wie vor unbefriedigt sehen, empfinden sie ihre Situation als unerträglich. Sie versuchen, aus dem Alltag auszubrechen, und ziehen nach Tunesien, wo Sylvie eine Stelle als Lehrerin annimmt. Ihre Existenz erscheint ihnen dort, in einer kleinen Provinzstadt, ohne Möglichkeit der Zerstreuung und ohne sozialen Kontakt, allerdings noch sinnentleerter. Früher, so der resignative Blick zurück, hatten sie wenigstens noch den Wunsch nach Besitz. Der Epilog gibt einen Ausblick darauf, was auf diese »Suche, die sie nirgendwohin geführt hat«, folgen wird: Sie werden nach Paris zurückkehren, ihr Leben dort bald wieder für unerträglich halten und sich schließlich, wie ihre Freunde, dazu entschließen, ihre Ungebundenheit zu opfern und Karriere zu machen.

Im ersten Abschnitt von *Les choses* findet sich ein Textverweis auf ↗ Flauberts *Éducation sentimentale*, und in der Tat ist die Parallele zwischen Perecs Erzählung und dem großen Vorbild kaum zu übersehen. In beiden Texten wird mit innerer Teilnahmslosigkeit des Erzählers (›impassibilité‹) der optimistische Aufbruch, aber auch das Scheitern einer Generation erzählt sowie auf die Unfähigkeit der Protagonisten hingewiesen, den fremdbestimmten Charakter ihrer Wünsche zu durchschauen. Perec problematisiert den Materialismus, ohne ihn eindeutig zu denunzieren. Die Erzählung enthält sich jeglicher Parteinahme und beschreibt lediglich in ironischer Distanz den Werdegang der Protagonisten in seiner historischen Gebundenheit an die Situation der 1960er Jahre.

▪ Lit.: U. Schleypen: Schreiben aus dem Nichts. Gegenwartsliteratur und Mathematik – das Ouvroir de littérature potentielle, 2004. *Gottfried Schwarz*

W ou le souvenir de l'enfance

(frz.; *W oder die Kindheitserinnerung*, 1982, E. Helmlé) – Der 1975 erschienene autobiographische Roman hat zwei Erzählstränge, die von Kapitel zu Kapitel alternieren: zum einen den autobiographischen Bericht Perecs von seiner Kindheit, wie er sie aus Fotos und Informationen rekonstruieren kann, zum anderen die Geschichte einer Lagerwelt auf einer Insel namens »W« in der Nähe von Feuerland, auf der beständig olympische Spiele stattzufinden scheinen.

Kristallisationspunkt beider Erzählungen ist, wie auch für den »W«-Strang klar erkennbar wird, das Leben des Autors. Als Sohn polnisch-jüdischer Einwanderer in Frankreich geboren, verliert er im Mai 1940 seinen Vater im Krieg, drei Jahre später auch die Mutter in einem KZ, und überlebt teils versteckt, teils unter falschem Namen den Zweiten Weltkrieg und die Judendeportationen. Erst viele Jahre später kann er sich ein ungefähres Bild von der Geschichte seiner Familie machen, von seiner Kindheit und von dem, was er erstmals kurz nach dem Krieg in einer Ausstellung erfahren hat: von der Welt der Konzentrationslager, in der seine Mutter verschwand.

Was die Rekonstruktion von Perecs Kindheit als Waise in Internaten in den Alpen und dann in Paris bewegend macht, ist die trockene, nur andeutende und ›tiefstapelnde‹ Art, mit der er die Geschichte seiner Eltern und sein eigenes Schicksal rekapituliert. Nachdem seine verschleppte Mutter ihn in Paris hatte zurücklassen müssen, entkam er selbst nur knapp den Nazis. Nonnen ließen ihn taufen und führten ihn in ihren Registern als Bretonen. Bis zur Abfassungszeit des Romans um 1975 hatte der Autor nicht wahrhaben können oder wollen, dass er Jude war – nicht zuletzt weil er gar nicht wusste, was die jüdische Identität eigentlich bedeutete. Nun, Mitte der 1970er Jahre, gab er sich zum ersten Mal Rechenschaft über seine Herkunft. Allerdings ist in diesen Prozess der Selbstfindung und Selbstwerdung auch eingeschrieben, dass es sich um eine seltsam ungreifbare Identität handelt, die nicht allein mangels Daten nur ungenau zu erfassen ist.

Rätselhaft bleibt bei der Lektüre zunächst, welche Verbindung zwischen dem autobiographischen Bericht und der Insel-Phantasie besteht. Doch es stellt sich heraus, dass jener »Gaspard Winckler«, auf den Identität und Papiere eines verschwundenen Gaspard Winckler übergegangen sind, ein Phantasieprodukt des (realen) jungen Georges Perec war, der so seine eigenen Identitätsprobleme zu verarbeiten versuchte. Aus fasziniertem Abscheu vor dem Sport malte er sich eine Welt totalen sportlichen Wettbewerbs aus und siedelte sie auf einer Südseeinsel an, die eine Mischung aus Sportlerdorf und Konzentrationslager darstellt, wo dauernd gekämpft, gerannt und, falls die Leistungen nicht ausreichend sind, am Galgen gestorben wird. Mit dem distanzierten Ton eines Ethnologen, der eine seltsame fremde Gesellschaft beschreibt, wird von diesem jugendlichen Phantasma berichtet, das wie eine zwanghafte Narretei beginnt und dann methodisch immer unbarmherziger zum Entwurf eines riesigen, von Sadismus beherrschten Trainingslagers voll heimtückischer Regeln wird: das Olympiadorf als KZ, als auf den Begriff gebrachte tödliche Konkurrenzinstitution: »Schneller, höher, weiter« ist die mörderische Devise.

Der Roman ist zugleich von einer zeichentheoretischen und sprachspielerischen Raffinesse, die ihn auch aus anderen als inhaltlichen Gründen interessant macht. Das »W« des Titels erweist sich als subtil aufgeladenes, aussagestarkes Zeichen: »Double v«, die französische Art, den Buchstaben W zu bezeichnen, meint zunächst ein zweifaches V. Wenn man weiß, dass »Serge Valène« eines der Pseudonyme des jungen Schriftstellers Perec war, ist »W« also der »gedoppelte Valène«: der Perec der verifizierbaren Lebensdaten und jener, der sich eine Phantasiewelt zurechtgemacht hatte, die seine realen Erfahrungen reflektierte. Zugleich ist das W der erste Buchstabe von »Winckler« (dessen Vorname Gaspard an Caspar Hauser erinnert, das Findelkind). Schließlich kann man, wie Perec erklärte, das W auch um 90 Grad drehen und erhält dann ein »E«, das im Französischen für einen besonders flüchtigen, schwachtonigen Vokal steht – in Perecs Roman *La disparition*, 1969 (*Anton Voyls Fortgang*, 1991), kommt zur Markierung einer Leerstelle kein einziges Mal der Buchstabe e/E vor. Und damit nicht genug: V ist auch der Buchstabe, der die Herkunft von Perecs Vater (Varsovie, Warschau), die langjährige Pariser Wohnung der Familie (rue Vilin) und den Überlebensort des kleinen versteckten Perec signalisiert: Villard-de-Lans.

■ Lit.: C. de Ribeaupierre: Le roman généalogique Claude Simon et G. P., 2002.

Jörg Drews

La vie mode d'emploi

(frz.; *Das Leben. Gebrauchsanweisung*, 1982, E. Helmlé) – Gegenstand und zugleich Struktur des 1978 erschienenen Romans bildet ein fiktives zehnstöckiges Haus in der Rue Simon-Crubellier in Paris. Der Erzähler durchschreitet in 99 Kapiteln 99 Räume des Hauses, listet deren Intérieurs auf und erzählt mit deutlich erkennbarer Ironie von darin noch oder ehemals dort lebenden oder mit den Räumen metonymisch verknüpften Personen: Geschichten von Mord (XXXI, L) und der Gestapo (XLIII), von gescheiterten Wissenschaftlern (XLVI, XCVI), einem transsexuellen Popsänger (XLI), einem verschollenen Ethnologen (XXV), von Hexen (LXV), einem kleptomanischen Ehepaar (LXXXIII), von Hotelfusionen (LXXXVII) und einem Trapezkünstler, der sein Trapez nicht mehr verlassen möchte (XIII) – um nur einige Beispiele zu nennen aus der Fülle von Geschichten, für die Perec die Gattungsbezeichnung »romans« wählt und die das Kaleidoskop einer modernen Comédie humaine bilden.

Eine Geschichte ragt aus allen anderen hervor: die des Milliardärs Bartlebooth, der im Alter von 25 Jahren ein Projekt beschließt, das ihn für den Rest seines Lebens beschäftigen soll: Nach zehn Jahren Unterricht bei dem Maler Valène reist er 20 Jahre lang rund um die Welt, um alle zwei Wochen an einem neuen Schauplatz Aquarelle von Seehäfen zu malen, so dass insgesamt 500 Bilder entstehen. Diese Bilder werden nach Paris geschickt und von dem von Bartlebooth angestellten Winckler zu 750-teiligen Puzzles verarbeitet. 20 Jahre will Bartlebooth der Lösung dieser Puzzles widmen und sie danach vom Holzgrund lösen, um die wiedergewonnenen Aquarelle in den Häfen, in denen sie gemalt wurden, ins Meerwasser zu versenken, so dass von dem ganzen Unternehmen keine Spur übrig bleibt. Er gerät mit der Zusammensetzung des Puzzles jedoch in Verzug, da Winckler die Puzzles immer komplizierter gestaltet, und stirbt, bevor das Projekt vollendet ist. Sein Leichnam wird vor dem 439. Puzzle gefunden (XCIX). Die einzige freie Stelle im Puzzle hat die Form eines X, das Puzzle-Teil, das der tote Bartlebooth in der Hand hält, jedoch die Form eines W.

Die raffinierte Konstruktion von *La vie mode d'emploi* lässt sich an dieser Stelle paradigmatisch aufzeigen: Die Leerstelle X und das Puzzleteil W verweisen einerseits auf Winckler als Verantwortlichen für das Scheitern Bartlebooths, andererseits auf den toten Valène des Epilogs, dessen Hände sich auf der Brust kreuzen, und schließlich in besonderem Maße auf die Gesamtkonzeption des Romans als Puzzle. Die vielschichtige Semantik des Romans, die die durch die Puzzle-Metapher skizzierte immanente Poetik übersteigt, wird durch Doppelungen und Spiegelungsverfahren konstituiert. In einem Spannungsverhältnis zu diesen Strategien steht die strenge formale Konzeption des Texts, die auf den Einfluss zurückzuführen ist, den Perec durch die 1960 um R. ↗ Queneau und F. Le Lionnais gebildete Gruppe von Literaturexperimentalisten Oulipo (Ouvroir de littérature potentielle; Werkstatt für potentielle Literatur) erhielt: Zum einen ist die Reihenfolge der besprochenen Räume nach dem Prinzip der Figur des Pferdes im Schachspiel so angeordnet, dass kein Raum zweimal besetzt sein darf, zum anderen gehorcht die Auswahl der beschriebenen Objekte, der erzählten Geschichten, ja sogar der Intertexte einem von der jüngeren Mathematik entwickelten algorithmischen System, das für jedes Kapitel eine bestimmte Anzahl konstitutiver Elemente vorgibt.

Das Vergnügen, das die Lektüre der einzelnen grotesken Erzählstränge macht und dem weder die komplexe formale Anlage des Romans noch die zahlreichen Sinnhybridisierungen Abbruch tun, markiert einen Unterschied zum nouveau roman. Perecs bislang nur zaghaft erforschtes Text-Labyrinth ist in seiner Vielschichtigkeit eines der irritierendsten Erzählwerke der modernen französischen Literatur.

▪ Lit.: S. Steiner: G. P. und Deutschland. Das Puzzle um die Leere, 2001.

Gottfried Schwarz

Francis **Picabia**

▪ geb. 22. 1. 1879 Paris (Frankreich)
▪ gest. 30. 11. 1953 Paris (Frankreich)

1898 Kunststudium; Gründung der Avantgardeblätter *291* (New York) und *391* (Paris); Bekanntschaft mit Marcel Duchamp, Apollinaire, Man Ray, Breton, Tzara; Mitbegründer des Dadaismus; realisierte mit René Clair und Satie den Avantgardefilm *Entr'acte*; bedeutender Maler und Autor des Surrealismus (Lyrik, graphische Poesie, Aphorismen, Essays, Erzähltexte, Szenen).

▪ Ausg.: Dits, 1960. ▪ Écrits, 2 Bde, Hg. O. Revault d'Allonnes, 1975–1978.
▪ Übers.: Schriften, 2 Bde, P. Galissaire, 1981–1983.
▪ Lit.: P. de Massot: F. P., 1966. ▪ C. Boulbès: Les écrits esthétiques de F. P. entre révolution et réaction (1907–1953), 1993.

Écrits

(frz., engl.) – Picabias gesammelte Schriften erschienen 1975 und 1978 in zwei Bänden (*Schriften*, 2 Bde, 1981/1983, P. Gallisaires, H. Mittelstädt). Als unermüdlicher Propagandist der Avantgarden verfasste er von 1913 bis in sein Todesjahr 1953 Texte der verschiedensten Genres. Sie wurden in teils von ihm begründeten Zeitschriften, *Camera Work* (1915), *Cannibale* (1920), *291* (1915/16) und *391* (1917–1924), teils in selbständigen Publikationen, teils in Zeitschriften wie Bretons *Littérature*, im *Journal des arts* und *L'art vivant* veröffentlicht. Sieht man von den frühesten für ein New Yorker Publikum in Englisch verfassten Arbeiten ab (z. B. »Toward Amorphism«, »Manifesto of the Amorphist School«, 1913), so verfasste Picabia in den folgenden vier Jahrzehnten seine Texte vorzugsweise in Französisch, wobei die Publikationsorte – Paris, Barcelona, New York, Lausanne – dem Internationalismus der von ihm vorangetriebenen Bewegungen Dada und Surrealismus ebenso gerecht wurden wie die zwischen Medien changierende Ästhetik, die mit der teils provokant arrangierten Typographie und bewusst anarchisch gesetztem Bildmaterial wenigstens zwei zusätzliche Aussageebenen neben dem sprachlichen Elaborat des literarischen Textes eröffneten.

Allein über 100 Arbeiten, zumeist in der für ihn so charakteristischen Mischung aus optischer und sprachlicher Botschaft veröffentlichte Picabia in der Zeitschrift *391*, an der u. a. auch E. Varèse, E. Pound, Apollinaire, Max Jacob, Tristan Tzara, Ribemont-Dessaignes, L. Aragon, Man Ray, Soupault, W. Serner, P. Éluard, Cocteau, Arp, Duchamp, Satie, Ernst, Desnos, Magritte und Breton mitwirken. In dem durch die Wegbereiter der Moderne bedingten Klima überrascht nicht, dass sich die über 600 literarischen Arbeiten Picabias einer Vereindeutigung durch Gattungszuweisungen widersetzen: Neben ausgesprochen ästhetisch-politischen Kampfschriften (Manifeste, Erklärungen, Statements, offene Briefe) finden sich essayistische Arbeiten (Porträts, literarische Skizzen) und literarische Arbeiten im engeren Sinne (Dialoge, Prosastücke), ein umfangreiches lyrisches Werk und eine nicht minder große Sammlung von Aphorismen, gerade Letztere sind gemeinsam mit Duchamps *Rrose Sélavy*-Texten ein wesentlicher Beitrag zur Erneuerung dieses Genres in Frankreich.

In seinen Manifesten und Deklarationen zeigt sich Picabias Begabung für paradoxe Formulierungen und aphoristische Zuspitzungen. Leitmotiv aller dieser zum Teil am Rande einer Publikumsbeschimpfung angesiedelten Kurzprosa ist der Kampf gegen geschmackliche Konventionen des Bürgertums: »Man muss die Quelle von Männern und Frauen austrocknen, die Kunst wie ein Dogma betrachten.« Ein weiteres Leitmotiv war der Protest gegen jeglichen Nationalismus, der sich gerade auch gegen literarische Institutionen wie die Edelpornographin der Belle Époque, Rachilde, richtete: »Wilhelm II. und seine Freunde waren gute Patrioten, genau wie Sie, Madame.« (Erschienen in *Cannibale*, 1920)

Mit den Dada-Manifesten Tristan Tzaras verbindet Picabias Produktion die – vorgebliche – Aversion gegen den traditionellen Kunstbegriff (»Kunst ist ein Pharmazeutikum für Schwachköpfe«) einerseits und gegen die etablierten Avantgardebewegungen andererseits: »Der Kubismus stellt die Ideenknappheit dar« (»Dada-Manifest«, 1920; erschienen in *391*). Freilich konnte auch der erklärte Nicht-Künstler Picabia nicht der Dialektik der Anti-Kunst entgehen. Weit gefehlt, wer in den späteren Manifesten kämpferische Äußerungen zur Begründung einer neuen Ästhetik suchte. So wies bereits das Breton zugeeignete Manifest »Dada philosophique« (1920, in *Littérature* erschienen) zusehends ästhetische Tendenz auf, die den Begriff der Kampfschrift unterminierte, indem Picabia mit einer Kraft der poetischen Bilder aufwartete, die über den Mangel an theoretischer Explizitheit hinwegtröstete: »DADA hat ein Gehirn wie eine Seerose.« Bereits das »Festival-Manifest« (1920, in *Cannibale* erschienen) ist als fingierter Dialog zwischen einem Propagandisten von Dada und einem Bourgeois angelegt. Als Letzterem die Argumente gegen die Nonsensdialektik des Dadaisten ausgehen, erschießt er ihn kurzerhand.

Leitmotivisch kehrten selbst in der Übergangsphase von Dada zum Surrealismus Invektiven gegen jegliche Form von Dogmatismus wieder. So veröffentlichte Picabia in *391* einen fingierten Brief Bretons, ironischerweise als »Brief meines Großvaters« bezeichnet, in dem sich dieser darüber mokierte, dass die Zeitschrift *391* offenbar doch weiter erscheine. Lakonisch direkt fiel Picabias Antwort aus: »Wenn ich Zigaretten geraucht habe, ist es nicht meine Gewohnheit, die Kippen aufzuheben.«

Wie andere französische Intellektuelle der Zwischenkriegszeit veröffentlicht auch Picabia zahlreiche kleinere Skizzen und Porträts berühmter Zeitgenossen, vor allem von Künstlern und Literaten, die dezidiert die Vorlieben und Abneigungen des ästhetischen Nestbeschmutzers zum Ausdruck brachten. Beispiele für diese Textsorte sind die Porträts von Apollinaire und Proust, die – Anziehung (Apollinaire) und Abstoßung (Proust) artikulierend – gegensätzlicher nicht sein könnten. Es war auch hier wiederum weniger Kritik an Proust, die Picabias respektlose ›écriture‹ vor sich her trieb, als vielmehr eine selbstgefällige Heiligenverehrung selbsternannter Sachwalter des großen Romanciers: »[...] ein geniales Werk kann sich besser allein schützen, und bestimmte Hände werfen, indem sie es berühren, nur einen Schatten auf den Rand einer noch nicht aufgegangenen Sonne«.

Das frühe lyrische Werk umfasst *Poésie ron-ron* (1919), sowie die 1920 erschienenen Texte *Unique eunique* (»Der einzige Eunuch«) und *Jésus-Christ rastaquouère* (»Jesus Christus Rasta«); hinzu kommen zahlreiche in *391* veröffentlichte Gedichte, die erst in den späteren Sammlungen *Choix de poèmes* (1947), *Petits poèmes* (1949) und *Poèmes* (2002) in Buchform erschienen. Gemeinsam ist den lyrischen Texten der vorsurrealistischen Zeit bereits eine dezidiert antibürgerliche Tendenz, die sich nicht zuletzt in einem vehement zur Schau gestellten sexistischen Moment äußerte. So entlarvt das graphische Gedicht »Revolver« (1917) die idealistisch moderierte bürgerliche Erotik offen als »Besoin sexuel« (sexuelles Bedürfnis) und antwortet der Wohlanständigkeit mit unkontrollierbarer Anarchie: »Kirchen / Mädchenschulen / Öffentliche Anlagen / Jungfern leiden nicht an Syphilis«. Neben Invektiven gegen ein als heuchlerisch empfundenes Liebesideal transportieren manche der Texte (»Horreur du vide«, »Elle«, »Sperme cheminée«) unverhohlen misogyne Aspekte. Seltener sind dagegen selbstbezogen meditative Gedichte, die den unsicheren Standort des Ichs am Ende des Ersten Weltkriegs umkreisen.

Wenngleich der radikalen Dada-Periode entstammend, erweisen sich die Gedichte weder als form- noch als sinnlos. Vielmehr öffnete Picabia häufig eine zusätzliche Bedeutungsebene durch eine wohlüberlegte typographische Strukturierung, die von konventionellen Mustern (Terzett, Quartett) bis zu komplexen graphischen Gedichten reicht.

Die über phonetische und semantische Parallelismen hervorgebrachten Wortspiele – gelegentlich auch regelrechte ›Kalauer‹ – zielen auf die Entmystifikation bürgerlicher Werte ab: »La peinture la musique / la littérature / ont le sourire / qui abrite / la nouvelle coiffure.« (Malerei Musik / Literatur / haben das Lächeln / das die neue Frisur bedeckt.) Dieser Strang von Picabias Lyrik weist hinüber zu seiner aphoristischen Produktion, die gesammelt in den *Dits* (1960) erschien.

Nähe zum Aphorismus zeichnet auch das frühe Dada-Werk *Jésus-Christ rastaquouère* aus, dessen individual-anarchistisches Moment der Autor selbst in einem Reklamezettel für *391* zusammenfasste: »Der Hochstapler frisst am liebsten Diamanten. Er verfügt über verschiedensten Tand und schlichte Gefühle, er ist einfach und zartfühlend; er jongliert mit Dingen, die ihm in die Hände fallen, da er nicht damit umzugehen weiß, will er nur jonglieren; er hat nichts erlernt, aber er erfindet. Der Hochstapler ist alles andere als ein Equilibrist.« Das Werk vereinigt intellektuelle Pointiertheit mit der Aggressivität der nicht etablierten Avantgarden. Das Resultat ist eine dadaistische Metaphysik im Taschenformat. Ihr Streitgegenstand ist die Polemik gegen bürgerliche Werte: »Alle Professionellen schleudern Sch... heraus. [...] Alle Maler in Museen sind Versager. Die menschliche Gerechtigkeit ist verbrecherischer als das Verbrechen. [...] Gott war Jude. Die Katholiken haben ihn aufgemischt. [...] Vergiftungen sind stets moralischer Art.«

Auf dem Gipfel von Dada erschien 1920 *Unique eunuque* als erste Publikation der ›Collection Dada‹ in Paris. Der Umstand, dass es von dem jungen André Breton in sein – erst kürzlich bekannt gewordenes – persönliches *Dossier Dada* (angelegt 1916 bis 1924, erschienen 2005) aufgenommen wurde, deutet darauf hin, wie in den frühen 1920er Jahren die avantgardistischen Moden auseinander hervorgingen. So weist das etwa 500 Verse umfassende Werk auf Schreibweise und Ästhetik des Surrealismus voraus, wenn Tristan Tzara in seinem Vorwort anmerkte: »Vernünftig sind immer die anderen. Das Bedürfnis, Erklärungen für etwas zu suchen, das aus keinem anderen Grund entstand, als einfach nur gemacht zu werden, ohne Diskussionen mit einem Minimum an Kriterien und Kritik, das grenzt an Autokleptomanie.« Dabei ist *Unique eunuque* keineswegs uninterpretierbar. Vielmehr erlebte die offen sexistische Tendenz von Picabias früheren Arbeiten (wie auch jene Marcel Duchamps und Max Ernsts) hier in mehrfacher Hinsicht einen Höhepunkt. Der mit phonetischen Äquivalenzen kalauernde Titel (»unique« = einzig, »eunuque« = Eunuch) enthält bereits eine Aufforderung zur Suche nach erotischen Anspielungen, deren erste bereits mit der ambivalenten Widmung »Á mon meilleur ami« (Meinem besten Freund) gesetzt wird. Auch im Weiteren erfolgen erotisch konnotierte Verweise, die vor dem Hintergrund von Picabias malerischer Produktion wenigstens teilweise erschließbar werden. Auf Verfahrensebene ist das Werk von einer Schnitttechnik bestimmt, die das surrealistische Montieren von Zufälligem und Assoziativem (»Cadavre exquis«) vorwegnimmt. Häufig entstehen Assoziationsketten durch Klangfiguren (Alliteration, Assonanz, Homonymie) und Gedankenfiguren (Metapher, Paradoxon). Auch die Synästhesie erfährt eine qualitative Umwertung: »Die Ragtimes leuchten als Düfte der Verstimmung.«

Wenngleich den Kurzversen kein Handlungssubstrat zugrunde zu liegen scheint, so zeichnen sich in diesem tagträumerischen Gang durch eine moderne Metropole doch zwei rivalisierende semiotische Strukturen ab. Zum einen ist es die über explizite erotische Anspielungen oder auch sprachliche Ambivalenzen signalisierte Frustration der zeitgenössischen Geschlechterbeziehungen, zum anderen die Uneinholbarkeit der Erfahrungswirklichkeit durch ein in der modernen Welt ausgesetztes Ich. Zumal Letztere ist wenigstens ansatzweise auf Picabias Lebensumstände (Paris, Kuba, New York) autobiographisch zurückführbar. So entstand ein Simultantext, der die Gleichzeitigkeit von Gedachtem und Erlebtem durch das Nacheinander des Schreib- und Lektürevorgangs konterkariert. Zu vergleichbarer poetischer Kühnheit wagte sich Picabia in seinen späten Werken kaum mehr vor. Spätere Gedichtzyklen – *Poèmes de Dingalari* (1953) und *Thalassa dans le désert* (1945) – bewahren zwar die aphoristische Schärfe und den aggressiven Witz, reduzieren jedoch, zumeist unter Wahrung der Syntax, die formale Brisanz. Zeitschriftenprojekte in der Nachfolge des fast mythischen Dada-Organs *391* trieb Picabia bis in seine letzten Jahre (*491*, *591*, *691*) voran.

▪ Lit.: C. N. Edlund: P.'s Ply over Ply, in: Paideuma 16, 1987, 99–109. ▪ W. Bohn: Visualizing Women in ›291‹, in: Women in Dada. Essays on Sex, Gender, and Identity, 1998, 240–261, N. Sawelson-Gorse. ▪ B. Eruli: F. P. Il pensiero messo a nudo . ›Poèmes et dessins de la fille née sans mère‹, in: Rivista di Letterature Moderne e Comparate 51, 1998, 409–433. ▪ W. van Reijen: Dynamics of Subjectivity in the Historical Avant-Garde, in: Subjectivity. Avant Garde Critical Studies, Hg. W. G. Weststeijn, 2000, 3–27.

Gerhard Wild

Caravansérail

(frz.; *Caravanserail*, 1988, G. Roßler) – Entstanden 1924, wurde dieser erste surrealistische Roman nach dem Tod des Autors wiederentdeckt und 1974 erstmals veröffentlicht. Der Maler Picabia betätigte sich während seines gesamten Lebens auch intensiv auf literarischem Gebiet, »weil Literatur Malerei« sei, wie er 1927 bemerkte. Von dieser literarischen Aktivität zeugt nicht nur seine von 1916 bis ein Jahr vor seinem Tod sich erstreckende, unermüdliche Tätigkeit als Begründer und Herausgeber avantgardistischer Zeitschriften, in denen er Apollinaire, Tzara, Breton, Pound, Satie, Desnos, Duchamp, Ribemont-Dessaignes und anderen mehr ein Forum schaffte. Sein literarisches Œuvre umfasst neben Essays und Kommentartexten auch ein umfangreiches aphoristisches Werk, Lyrik und experimentelle Prosa.

In zwölf in sich abgeschlossenen (aufgrund der Textgeschichte fragmentarisch überlieferten) Kapiteln berichtet der Ich-Erzähler, hinter dem man aufgrund zahlreicher Äußerungen Picabias Alter ego vermuten darf, die Geschichte seiner Beziehung zu Rosine Hauteruche, vor allem aber vom Zeitvertreib der »jeunesse dorée« in den ›wilden‹ 1920er Jahren, vom Glücksspiel und von Alkohol- und Rauschgiftexzessen. In wahnwitzigen Autofahrten, die bis an Frankreichs Grenzen führen, fordert der Protagonist beständig das Schicksal heraus, gleichsam um jeden Tag die Liaison mit Rosine, mit der ihn wenig verbindet, aufs Spiel zu setzen.

Vor allem aber beherrscht die Konversation ihr Dasein, charmant zweideutiges Geplauder, das sich von der Oberflächlichkeit des ›small talk‹ immer wieder zur Gedankenschärfe jener Aphorismen aufschwingt, für deren Bissigkeit Picabia bekannt war und die gleichermaßen sein spanisches (Gracián) und französisches (La Rochefoucauld) Erbteil ausmachen. Nichts ist dem Spötter heilig, es sei denn die Kunst; und auch hier wiederum nur die von ihm jeweils favorisierte Avantgardemode: »Dada ist das Benzin, das Publikum der Motor.« Weite Strecken des Romans erweisen sich so als immanente Poetik des Maler-Dichters Francis Picabia, der mit verratenen Idealen, falschen Heiligen und heruntergekommenen Modeerscheinungen ins Gericht geht.

Die Liaison der beiden Protagonisten wird von vornherein überschattet durch ihre unterschiedliche Wertschätzung für den jungen Dandyliteraten Lariencay. Dieser versucht nicht nur, den Ich-Erzähler unermüdlich von der Qualität seiner Werke zu überzeugen, indem er unablässig daraus rezitiert, sondern schafft es auch, Rosine zu verführen. Sie wendet sich dem charmanten Schwätzer zu, heiratet ihn und geht mit ihm auf eine Weltreise. Ein Jahr später trifft der Erzähler das Paar zufällig in Begleitung des jungen Literaten Jacques, der nun Claude Lariencays frühere Rolle eingenommen hat und die Anwesenden mit seinen Rezitationen langweilt.

Picabias umfangreichster Erzähltext und einziger Roman entstand noch vor den surrealistischen Romanexperimenten Chiricos, Bretons, Aragons und vor Dalís surrealistischem Gesellschaftsroman *Visages cachés* (engl. 1944; frz. 1973). Wie Dalís Roman – jedoch merklich respektloser – ist auch *Caravansérail* ein Schlüsselroman, der die intellektuelle Szene der 1920er Jahre karikiert: Duchamp, Cocteau, Tzara, Desnos, Peret und zahlreiche Wegefährten und Rivalen Picabias treten in einen dem gesellschaftlichen Ideal des Surrealismus inhärenten fiktiven Karneval oder aber formieren sich zu einem literarischen Gruppenbild ähnlich demjenigen, das Max Ernst nicht ohne Ironie von Bretons Zirkel in dem Gemälde *Au rendezvous des amis* verewigt hat.

Die den Medienkünstler und Literaten Picabia prägende Begeisterung für die Moderne kennzeichnet Thematik und Erzählform des Werks: Technik und Geschwindigkeit, die neuen Medien (Grammophon, Fotographie und Film) sowie die Attribute eines neuen Lebensstils (Drogen und Jazz), vor allem aber die Großstadt mit dem durch sie beförderten Zerfall von Individuum und Gesellschaft und einer darin gründenden neuen Erfahrung erotischer Dissoziation rufen Fragmentierungen und Überblendungen der Erzählabläufe hervor. Von der Anstrengung, das Ich emphatisch gegen die eigene Heimatlosigkeit zu setzen, zeugt hier die erzählerische Struktur: Das surrealistische Subjekt fokussiert sein Bewusstsein multipler Erfahrung, indem es Reiseroman, Schlüsselroman, Konversationsstück, Bildungsroman, Dialogroman, Literaturroman, Trivialliteratur und selbst Pornographie ineinander spiegelt.

Dieser Erzählform ist das Titelmotiv »Caravanserail« eingeschrieben. Im fiktiven Karawanenlager (Paris) kreuzen sich die Wege, um wieder auseinanderzugehen. Durch das zufällige Zusammentreffen moderner Zivilisationsnomaden mit ihren nur noch fragmentarischen Schicksalen wird die Karawanserei zum Zentrum einander aufhebender, überlagernder und konterkarierender Erzählintentionen, zum paradigmatischen Nicht-Ort: »Das größte Paradox ist Ihre Logik! Sie glauben doch nur deshalb in Paris zu sein, weil sie ein Schild mit diesem Namen bei der Ankunft am Bahnhof gesehen haben.«

Wenn Picabia in dem etwa 100 Seiten umfassenden semiautobiographischen Text Verfahrensweisen und Themen der Décadence, des Futurismus und des Dadaismus in eins setzt, zeichnet er damit nicht nur seine eigene intellektuelle Entwicklung nach, die zugleich die stilistische Genealogie des Surrealismus umgreift, sondern nimmt auch Verfahrensweisen und Themen surrealistischer Prosa vorweg.

■ Lit.: E. Orth: Das dichterische Werk von F. P., 1994.

Gerhard Wild

Pablo Picasso

■ geb. 25.10.1881 Malaga (Spanien)
■ gest. 8.4.1973 Mougins (Frankreich)

(d.i. Pablo Ruiz y Picasso) – Malereistudium im Umkreis katalanischer Modernisten; ab 1900 in Paris, Initiierung nahezu aller Kunstrichtungen der ersten Hälfte des 20. Jh.s; in den 1930er Jahren politisches Engagement gegen die Falangisten im Spanischen Bürgerkrieg; Kontakt mit ↗ Apollinaire, ↗ Cocteau, Stravinsky; Herausgabe der literarischen Zeitschriften *Révolution Surréaliste* und *Minotaure*; ab den 1930er Jahren schriftstellerische Produktion (Lyrik, Theater, Prosa, Tagebücher, Essay).

■ Lit.: J. Richardson: A Life of P., 3 Bde, 1991–2007. ■ A. Jiménez Millán: La letteratura ludica di P., in: Ludus, Hg. G. Morelli, 1994, 113–120. ■ G. Morelli: P. ¿Una escritura surrealista?, in: Ínsula. Revista de letras y ciencias humanas 592, 1996, 26–27.

Le désir attrapé par la queue

(frz.; *Wie man Wünsche beim Schwanz packt*, 1954, P. Celan) – Das 1945 erschienene sechsaktige Drama entstand 1941 und wurde zunächst in der Zeitschrift *Messages* (1944) veröffentlicht. Während der Okkupation von Paris war Picasso als Franco-Gegner mit einem Ausstellungsverbot belegt, seine Kunst damit gesellschaftlich wirkungslos geworden, woraus er die für sein Spätwerk geltende Konsequenz ableitete, Kunst fortan fern aller gesellschaftlichen Erfordernisse zu verabsolutieren. Dem zweckfreien Spiel mit den Materialien verdanken sich zumal in den 1940er Jahren eine Reihe literarischer Werke. Nach eigenen Angaben verfasste Picasso *Le désir attrapé par la queue* vom 14. bis zum 17. Januar 1941. Den Text bestimmt dieselbe improvisatorische Leichtigkeit, die auch in seinen Gemälden dieser Epoche zunehmend das präzise ausgeführte, bis ins Detail vollendete Werk ersetzt.

Picassos literarisches Werk ist deutlich vom Surrealismus beeinflusst, dessen Grundprinzip – das Herauslösen alltäglicher Gegenstände aus ihrem jeweiligen Kontext – sich auch in seinen Gemälden und Skulpturen spiegelt. Bereits ein Blick auf die groteske Personenliste von *Le désir attrapé par la queue* lässt dieses wichtigste Verfahren des Surrealismus erkennen: Auf der Bühnen erscheinen »die Zwiebel«, »das Klümpchen«, »die Torte«, »der Plumpfuß«, »das Schweigen« oder »die Gardinen«. Ihre Dialoge changieren in hintergründig verspielter Weise zwischen der Normalität bürgerlicher Konversationsregeln und den für den Surrealismus charakteristischen Schocks, die sich vor allem auf metaphorischer Ebene vollziehen: »Die Rosen ihrer Finger riechen nach Terpentin. [...] In meiner zerschlissenen Hose trage ich den kandierten Zuckerschirm des ausgespannten schwarzen Sonnenlichts.«

Anstelle klar nachzuzeichnender Handlungslinien lassen sich nur noch vereinzelte Handlungskerne aufzeigen, die aus den Relationen zwischen den Mitspielern herrühren, ohne eine zusammenhängende nacherzählbare Geschichte zu ergeben. Die meisten dieser rudimentären Aktionen sind auf das im Werktitel anklingende Leitmotiv »désir« (Verlangen, Wunsch) bezogen – in der Pariser Intellektuellenszene aufgrund der damals zirkulierenden Theorien des Psychoanalytikers Jacques ↗ Lacan ein viel strapazierter Schlüsselbegriff. Zugleich werden in den Handlungskernen die archetypischen Szenen des bürgerlichen Boulevardtheaters in derber, grotesk-komischer Weise ins Lächerliche gezogen.

Der Künstler »Plumpfuß«, in dem man eine Selbstkarikatur Picassos vermuten mag, erscheint als ausgesprochener Charmeur, der allen Frauen, aber bevorzugt »Torte«, den Hof macht. Im Hotel »Zum Unrat« finden sich »Torte«, »Plumpfuß«, die zwei »Wauwaus« und eine Reihe weiterer Personen in einer mit Seifenschaum gefüllten Badewanne wieder. Nach einem Nonsensdialog entsteigen sie alle im Straßenanzug der Wanne, mit Ausnahme von »Torte«, die bis auf ihre Strümpfe nackt ist. Man trägt Speisen zusammen und arrangiert Manets Gemälde *Frühstück im Freien* als lebendes Bild. Schließlich betreten zwei Leichenträger die Bühne und stecken alles in Särge, die sie hinaustragen. Die »Torte« ist unsterblich in den »Plumpfuß« verliebt, doch ihr Versuch, sich ihm zu nähern, endet am Schluss des dritten Akts in einem Fiasko. Während alle Personen im vierten Akt ihr Glück bei einer Lotterie versuchen, werden im Souffleurkasten der Bühne Kartoffeln frittiert, bis der Qualm den ganzen Zuschauerraum bis zum völligen Ersticken erfüllt. »Kusine« und »Zwiebel« ertappen »Plumpfuß« und »Torte« in flagranti auf dem Fußboden des Ateliers von »Plumpfuß«. Im letzten Akt treffen alle Personen im Haus von »magere Angst« und »fette Angst« zu absurden Gesellschaftsspielen zusammen, bis ein goldener Ball durch das Fenster hereinfliegt, auf dem ein Schriftzug erkennbar wird: »Niemand«.

Eine erste private Aufführung erlebte das Stück am 14. Mai 1944 als szenische Lesung in der Pariser Wohnung des Autors Michel ↗ Leiris unter der Regie von Albert ↗ Camus und der Mitwirkung von Jean Paul ↗ Sartre, Simone de ↗ Beauvoir und Raymond ↗ Queneau. Wie diese Liste der literarischen Prominenz der Epoche bereits nahe legt, handelte es sich bei dem Stück um ein ›Divertimento‹, um einen jener Atelierspäße, die sich in der intellektuellen Szene in Paris seit jeher großer Beliebtheit erfreuten, ohne dass eine Breitenwirkung dieser Werke jemals beabsichtigt wurde. Die deutschsprachige Erstaufführung fand 1956 im Kleintheater Bern statt.

Über den Reiz hinaus, den das Stück als dramaturgischer Spaß für einige wenige Eingeweihte hatte, ist *Le désir attrapé par la queue* als Zeitdokument ein Protest gegen die Entbehrungen der Okkupationszeit, die ein durchgängiges Motiv des Dramas sind (»Ihr Imbiß bitte. Kein Wasser in der Leitung [...] Kein Brot, kein Eingemachtes dazu«), ohne dass es dadurch eine eindeutige politische Aussage bekäme. In seinen späteren Stücken dämpft Picasso das anarchisch-surrealistische Potenzial weitgehend, ohne dass das Handlungsgefüge konsolidiert würde. So erweist sich die Grundsituation der Féerie *Les quatre petites filles*, 1948 (*Vier kleine Mädchen*, 1970), in der vier Mädchen spielend, singend und erzählend in einem Gemüsegarten sitzen, als Transportvehikel reiner Sprachhandlung, die dieses zweite Stück zu einem Lesedrama voll virtuoser Wortspielereien macht.

▪ Lit.: L. Attoun: Picasso et le théâtre, in: Europe. Revue Littéraire Mensuelle 1970, 211–213, 492–493. ▪ D. Milhau: P., la réalité et le théâtre, in: Europe. Revue Littéraire Mensuelle 1970, 214–228. ▪ D. Zinder: Coc-Tail. An Evening of Plays by P. and Cocteau at the Cocteau Centenary Conference, in: Studies in the Theatre 1990, 117–140.

Gerhard Wild

André **Pieyre de Mandiargues**

▪ geb. 14.3.1909 Paris (Frankreich)
▪ gest. 13.12.1991 Paris (Frankreich)

(d.i. André Paul Edouard Pieyre de Mandiargues) – Archäologiestudium an der Sorbonne; dann Schriftsteller; Reisen in Europa und dem Nahen Osten; in den 1930er Jahren Kontakt mit den Surrealisten; während der deutschen Okkupation Flucht nach Monaco; umfangreiches essayistisches Werk, das in unkonventionelle Bereiche der Kunsttheorie (Manierismus, ethnologische Fragen, Surrealismus) vorstößt; von Surrealismus und Romantik beeinflusste Romane und Erzählungen.

▪ Lit.: S. Grossmann: L'œil du poète. P. de M. et la peinture, 1999. ▪ A. Castant: L'image dans l'œuvre d'A. P. de M., 2000.

Le musée noir

(frz.; Das schwarze Museum) – Der 1946 erschienene Erzählband ist das dritte Prosawerk des Autors. Er präsentiert sieben Erzählungen, die den Leser aufgrund ihrer Mischung fantastischer, grausamer und erotischer Motive in ein »schwarzes Museum« insbesondere romantischer und surrealistischer Bild- und Texttraditionen führen.

Nachdem der jungen Marceline Caïn in »Le sang de l'agneau« (Das Blut des Lamms) ihr geliebter Hase als Lammragout zum Abendessen serviert worden ist, verlässt sie nachts in schlafwandlerischem Zustand das Haus ihrer Eltern. Als der Schlachter Pétrus sie zu seinen Schafherden bringt, kommt es inmitten von beißenden Gerüchen und Bergen von blutiger Schafswolle zu einem ohnmächtigen Sinnesrausch, an dessen Ende der Selbstmord des Mannes steht. Mit dem Messer des Toten in der Hand erreicht Marceline das Schlafzimmer ihrer Eltern, die am nächsten Morgen tot aufgefunden werden.

Bei einem abendlichen Spaziergang begibt sich der Ich-Erzähler aus »Le passage Pommeraye« (Die Pommeraye-Passage) in die geheimnisvolle Welt bizarrer Schaufensterauslagen, wo er nach langem Umherstreifen einer betörenden Frau gegenübersteht. Gefangen von ihren Augen, folgt er ihr schweigend zu einem Haus am Quai und jagt ihr die Treppen hinauf unter das Dach hinterher. In einer Zimmerecke kauernd, weist sie zu einem Tisch, von dem ihm ein groteskes Wesen mit traurigem Blick entgegensieht. Er spürt augenblicklich, dass dessen Eisenketten für ihn vorbereitet sind.

Im Dunkel der Nacht gleitet »L'homme du parc Monceau« (Der Mann im Park Monceau) durch die engen Gitterstäbe des Parks und windet sich dort in das Innere einer Pyramide. Er wird empfangen von Florentin, der ihn von zwei alten Frauen waschen lässt und, von deren Verwünschungen begleitet, durch Gänge und Säle zu Chat Mammon führt. Von zitternder Wut erfasst, stürzen die zuvor von jungen Mädchen liebkosten und aufrecht gehaltenen Pfeiler der Pyramide ineinander. Signor Molle ertrinkt voller Wonne in einem Meer goldener Haare.

In »Le pont« (Die Brücke) trifft Damien nach einer Liebesnacht mit Camille de Hur in ihrem verfallenen Schloss auf deren Ehemann. Er begleitet ihn zu einer Brücke im Wald, deren Pfeiler den weißen Beinen der Geliebten gleichen. Als die Brücke von dem Ehemann und seinen Begleitern gesprengt wird, macht sich Damien Blut spuckend auf den Weg nach Hause.

In »Le casino patibulaire« (Das Galgencasino) erinnert sich der Comte de Numa an die Bilder eines beinahe vergessenen Traums, in dem er statt einer Braut den bereits verwesenden Körper einer Witwe im Arm hält. In dem glanzvollen Saal eines Casinos ruft ihm der Anblick einer seltsam trällernden »roten Prinzessin« zitternd das Ende dieses Traums, die Verwandlung des Altars in ein Schafott, ins Gedächtnis zurück.

Die in formaler Hinsicht an traditionellen Mustern Poes, ↗ Barbey d'Aurevillys und ↗ Villiers de l'Isle-Adams orientierten Erzählungen beziehen ihre Spannung, neben ihrem Anspielungsreichtum, aus einer überaus bilderreichen Sprache, der Betonung der Sinneswahrnehmungen und der unklaren Grenze zwischen Realem und Irrealem.

■ Lit.: T. Baquedano Morales: Ces bêtes des femmes. Analyse du personnage féminin dans ›Le Musée Noir‹ de A. P. de M., in: Cuadernos de filología francesa 15, 2003, 89–117. ■ S. Laroque-Texier: Lecture de M., 2005. *Andrea Stahl*

Soleil des loups

(frz.; Sonne der Wölfe) – Die Erzählungen des 1951 erschienenen Bandes haben formal und inhaltlich klar strukturierte Handlungen und setzen meist ein mit genauen Beschreibungen konkreter Ausgangssituationen: einer visuell erlebten banalen Umwelt – einer Landschaft, einer Stadt, einem Zimmer –, die leer und fast unmenschlich wirkt, sich aber mit dem Auftritt der Protagonisten in eine Welt des Phantastischen, Überdimensionalen, Makabren und Grotesken verwandelt.

In »Le pain rouge« (Das rote Brot) wird der Held, der nach einer Liebesnacht in einem schäbigen Hotelzimmer erwacht, auf ein winziges Maß verkleinert und erlebt in einem Stück roten Brotes eine Wunderwelt. In »L'étudiante« (Die Studentin) vermischen sich Phantasie und Realität in der Beobachtung der Marie Mors, die vom Balkon eines trostlosen Zimmers aus ihrer eigenen Inkarnation beiwohnt. In »La vision capitale« (Die Haupt-Vision) beobachtet die Heldin im Zimmer eines alten Schlosses, wie ein Geistesgestörter mit dem Schädel einer Ermordeten ein makabres Spiel treibt.

Der Archäologe Conrad Mur in »L'archéologue« (Der Archäologe) sieht in dem Mädchen Bettina die Verkörperung des Festen und Unvergänglichen antiker Statuen, ein Ideal, das den Gegensatz zu menschlicher Hinfälligkeit bedeutet. Auf einer Reise durch Italien, dessen klare, geometrisch gezeichnete Landschaft den Prototyp einer enthumanisierten Umwelt darstellt, sehen die Liebenden durch Zufall die überdimensionale Wachsfigur einer Frau, aus deren aufgeschlitztem Bauch Erdbeeren quellen. Dieses Erlebnis markiert für beide nicht nur den Rückfall in die Welt des Gemeinen, sondern darüber hinaus den Tod: Bettina erkrankt; Conrad flieht, wird auf der Suche nach dem verlorenen Ideal von Kröten erdrückt und zerbissen und unterliegt so der abstoßenden Welt des Organischen.

Die Verbundenheit des Autors mit den Surrealisten, dokumentiert durch die Freundschaft mit A. ↗ Breton und die Teilnahme an ihren politischen Aktivitäten, hat die ersten literarischen Werke Mandiargues' geprägt. Allerdings entfernt er sich mit seinen Prosatexten von Prinzipien des Surrealismus wie der automatischen Schreibweise und dem freien Spiel der Assoziationen. Traumgesichten gleich erinnern viele der von ihm verwendeten Bilder und Verfahren an Gemälde surrealistischer Maler: Lieblingsmotive ↗ Dalís und ↗ Chiricos – Statuen, Ungeziefer, Inseln, Zypressen – sind in eine traumhaft überwirkliche Leere projiziert, die kalt und unheimlich wirkt.

■ Lit.: N. Koreicho: Un concept psychoanalytique à l'origine d'une œuvre littéraire. Le narcissisme comme principe d'engendrement textuel dans les romans de A. P. de M., 1997. *Ulrich Fleischmann*

Francis **Ponge**

■ geb. 27. 3. 1899 Montpellier (Frankreich)
■ gest. 6. 8. 1988 Bar-sur-Loup/Alpes-Maritimes (Frankreich)

Aus alter provenzalischer Hugenottenfamilie; Schulzeit in Caen; Studium an der École Normale Supérieure; 1923 Mitwirkung an Rivières *Nouvelle Revue Française*; 1937–1947 Mitglied der Kommunistischen Partei; Konzept einer Poetik der Sprachanalytik, die in seinen Prosagedichten zentral ist und Einfluss auf den nouveau roman hatte.

■ Lit.: E. Walther: F. P., 1965. ■ G. Butters: F. P., 1995. ■ A. Fritz-Smead: F. P., 1997. ■ B. Wilczek: F. P., in: Kritisches Lexikon zur fremdsprachigen Gegenwartsliteratur.

Le parti pris des choses

(frz.; *Einführung in den Kieselstein und andere Texte*, 1986, G. Henniger, K. Spann) – Die 1942 erschienenen kurzen Prosaskizzen, die das Hauptwerk des Dichters ausmachen, stellen einen neuen Typus von Prosa dar. Ponge beschreibt darin nächstliegende Dinge: »Auf jeden Fall soll man so wenig vorgefaßte Ideen haben wie möglich. Das Beste ist, einen unmöglichen Gegenstand zu nehmen: das sind die nächstliegenden: das Frottiertuch […]. Über Gegenstände dieser Art gibt es keine vorgefaßten Meinungen, keine, die man schön einleuchtend hinstellen kann.« (»Tentative orale«)

Ponges schriftstellerischer Umgang mit seinen Gegenständen ist allerdings mit dem Wort ›Beschreiben‹ nicht richtig bezeichnet. Es handelt sich eher um ein gegenseitiges Durchdringen von Gegenstand und Sprache, als ob sich der Gegenstand selbst die Sprache schaffte oder umgekehrt die Sprache den Gegenstand. »Wie der Schwamm neigt auch die Orange dazu, nach der Prüfung durch Ausdrücken zum alten Zustand zurückzufinden.« (»Les oranges«) Oder: »Die Kruste des Brotes ist wunderbar, schon wegen des panoramaähnlichen Eindrucks, den sie verschafft: als hätte man, wie es einem beliebt, die Alpen, den Taurus oder die Anden unter den Händen.« (»Le pain«) Und: »Im Gegensatz zu den Schlacken (»escarbilles«), den Gästen der heißen Asche, lieben die Schnecken (»escargots«) die feuchte Erde.« (»Escargots«)

Ponge gehört in die Reihe der Dichter seit ↗ Mallarmé, die Reflexionen über die Sprache in ihre Arbeit mit einbeziehen und für die das Verhältnis des Menschen zur Welt wesentlich auf Sprache beruht; Sprache wird also nicht als Ausdruck, als Vehikel für Inhalte und Erkenntnisse, als Mittel der Verständigung gesehen, sondern als ein aktives Element des Lebens. So sind Ponges Texte als Teile einer sprachlichen Neuschöpfung der Welt zu verstehen und haben einen eindeutig moralischen Sinn: »Die großen Gedanken kommen aus dem Herzen. Vervollkommne dich sittlich, und du wirst große Verse schreiben. Moral und Rhetorik vereinen sich im Ehrgeiz und Verlangen des Weisen«, heißt es in »Escargots«.

Wichtig sind dabei für Ponge die Gelassenheit, die Ironie und das Spielerische. Von daher rührt auch seine Kritik an ↗ Camus' Vorstellung einer absurden Welt. Ponge nimmt sie zur Voraussetzung, doch ist sie ihm keine Quelle des Leids. In ↗ Robbe-Grillets Literaturkritik rücken Camus und Ponge allerdings dicht zusammen. Beide sind Moralisten, beide glauben an die Veränderbarkeit des Menschen durch die Kraft des Wortes. Robbe-Grillets eigener Ding-Roman dagegen steht in der Tradition deskriptiver Dichtung, die in Frankreich vor allem durch ↗ Proust an den nouveau roman vermittelt worden ist. Ponge hatte in den zwanziger Jahren Kontakt mit den Surrealisten. Wie viele von ihnen vollzog er eine Entwicklung vom militanten Marxismus-Kommunismus zu einem sich durch den Geist der Sprache artikulierenden Humanismus.

▪ Lit.: C. Feldmann: Rerum natura. Lukrez, Belleau, P., 1997.

Knut Nievers

Le grand recueil

(frz.; *Lyren*, 1965, G. Henninger, K. Spann) – Die 1961 erschienenen gesammelten Vers- und Prosatexte wurden zwischen 1926 und 1953 nur in Zeitschriften oder meist kleineren Drucken veröffentlicht. In den 1960er Jahren ordnete Ponge sie in drei umfangreichen Sammelbänden an: *Le grand recueil. Tome premier*, 1965 (Die große Sammlung I), *Nouveau recueil*, 1967 (Neue Sammlung), und *Pièces* (Stücke). Dieser letzte Teil enthält vor allem Texte über Gegenstände, wie Ponge sie zum ersten Mal in der Sammlung *Le parti pris des choses*, 1942 *(Einführung in den Kieselstein)*, vorgelegt hatte, die hier jedoch nicht mehr wie gewohnt knapp, sondern zunehmend ausführlicher fomuliert werden.

Le grand recueil enthält in den ersten beiden Teilen, *Lyres* und *Méthodes*, 1964 *(Die literarische Praxis)*, vorwiegend Texte über Dichter und bildende Künstler und zur Poetologie. *Tome premier* vereinigt sechs der wichtigsten früheren Veröffentlichungen, von den *Douze petits écrits*, 1926 (Zwölf kleine Schriften), bis hin zu *La Seine* (1950); der *Nouveau recueil* enthält im ersten Teil verstreute Texte aus den Jahren 1921 bis 1958 und im zweiten Teil die seit 1959 entstandenen Texte.

Ponge beginnt damit, dass er sich selbst ausklammert, um den Dingen eine leidenschaftlich-zärtliche Aufmerksamkeit zuzuwenden. Dinge sind für ihn alle nur irgend anzutreffenden Gegenstände, Lebewesen, Naturerscheinungen, Werke: ein Kieselstein, eine Nelke, eine Wespe, eine Wiese, die Sonne, die Elektrizität, Paul ↗ Claudel, eine Waschmaschine, ein Stück Seife, ein Stillleben von Chardin. Alle diese Dinge wollen nicht so sehr beschrieben oder gar gedeutet sein, als vielmehr in ihrer Fremdheit, ihrer Differenz zur Sprache kommen. Ponge unternimmt es, sie zur Sprache zu bringen, indem er die Sprache an sie heranbringt, eine anfangs karge, später immer üppiger und ausgreifender sich entfaltende Sprache, deren ganze »semantische Dichte« mitsamt ihren lautlichen, orthographischen und bisweilen auch typographischen Besonderheiten aufgeboten wird, »um die Welt wiederherzustellen«, um sie in ihrer Frische zu erneuern.

Ponges beliebtestes Verfahren ist das der Notiz, des wiederholten Ansatzes; weshalb er es auch gelegentlich nicht verschmäht, dem Leser die verschiedenen Stadien seines Annäherungs- und Einkreisungsprozesses als eine Folge von Variationen darzubieten oder durch eine lückenlose Dokumentation des ganzen Weges das Machen selber als Wachstumsprozess vorzuführen.

Am Ende läuft es auf eine Kosmogonie hinaus, bei der Gegenstand und Sprache sich in beständiger Osmose ununterscheidbar durchdringen: Die Welt kommt gleichsam zu sich selbst in jedem neuen Text über die Welt. Dass es dabei in letzter Instanz nicht eigentlich um die Dinge, sondern um den Menschen, um seine Lebendigkeit, um Anmut und Adel, um Freude und Genuss geht, hat Ponge betont. Was aus Protest und Verzweiflung als Askese begann, entwickelte sich zu einer Methode der Exuberanz, zur Rekreation der Welt in jedem neuen poetischen Text durch nichts als die aufs äußerste gesteigerte Konkretion seines jeweils einmaligen Idioms.

▪ Lit.: F. Simonis: Nachsurrealistische Lyrik im zeitgenössischen Frankreich, 1974.

Friedhelm Kemp

Pour un Malherbe

(frz.; *Praxis der Sprache aus Malherbe*, 1967, E. Walter) – Die 1965 erschienenen Prosatexte dokumentieren die Beschäftigung des Autors mit François de ↗ Malherbe

(1555–1628), der die Dichtung von Schwulst und Manierismus befreite, einen strengen, hohen Stil begründete und seit Boileau als Vater der französischen Klassik gilt. 1951 bat die Redaktion der Zeitschrift *Cahiers du Sud* Ponge um einen Beitrag über Malherbe für eine von Jean Tortel vorbereitete Sonderpublikation: *Le préclassicisme français* (1952). Im Oktober 1953 entstand eine vorwiegend historisch-biographische Rundfunksendung über Malherbe, und im Hinblick auf dessen 400. Geburtstag beschäftigte sich Ponge lange Zeit mit den Plänen zu einer illustrierten Monographie (Malherbe par lui-même) und zu einer repräsentativen Ausgabe seiner Gedichte. Der Beitrag für Tortels Sammelband und das Sendemanuskript kamen zustande; die beiden anderen Projekte scheiterten.

Pour un Malherbe, ein Quartband von über 330 Seiten, enthält nun sowohl die beiden ausgearbeiteten Stücke als auch das gesamte Material der Notizen, Entwürfe, Vorstudien, Varianten, tagebuchartigen Einfälle, Erwägungen und Improvisationen vom 21. Juni 1951 bis zum 24. Juli 1957. Es ist Ponges umfangreichste Werkstattdokumentation, die an vielen Stellen durch ihren Gegenstand hindurch oder über ihn hinaus zu axiomatischen Formulierungen gelangt und bisweilen einem Manifest ähnelt.

Wesentliche Überlegungen gelten dem Verhältnis von Tradition und Moderne sowie dem »Vorrang der Literatur vor jeder anderen Tätigkeit«. Gleichzeitig geht es Ponge um eine Standortmarkierung seines Schreibens im Felde der französischen Dichtung seit ↗ Lautréamont, ↗ Rimbaud und ↗ Mallarmé. Malherbe wird zum Anlass genommen, die eigene Poetologie energisch voranzutreiben. Qualitäten, Werte, Verhaltensweisen, Lebensäußerungen werden verherrlicht und verteidigt: Freude, Begeisterung, Jubel, Springen und Tanzen, starkes Verlangen, hohe Gesinnung und das Lob des Schönen. Die Dichtung verwirklicht dies als ein »freies und virtuoses Spiel« im »Zusammenklang (»concert«) der Vokabeln«, als das »Paradies der widerstreitenden Gründe«, die nicht nur Schlüsse (»raisons«), sondern Klänge, Vibrationen (»résons«) und alles in allem Ponges Antwort auf die uns umgebende »stumme Welt der Dinge« sind.

Das Buch endet mit einer Folge von Variationen und Erweiterungen eines einzigen kurzen Textes: der »Einführung« zu der erträumten Ausgabe der Gedichte ↗ Malherbes, wobei die Prosa sich unversehens zu Versen ordnet und diese Verse wiederum sich in Prosa zurückverwandeln; auch Zitate von Malherbe und ihm zeitgenössischen Dichtern werden als Leitthemen eingeflochten. Noch einmal rechtfertigt Ponge seine umständliche Veranstaltung: »Liebe und Bewunderung für einen Gegenstand sind wunderbare Zustände; befriedigen aber können sie nur, scheint mir, wenn sie zur Tat fortschreiten. Und die einzige edle Tat besteht gewiß darin, diesen Gegenstand allen zur Bewunderung und zur Liebe vorzustellen.«

▪ Lit.: M. Robillard: ›Pour un Malherbe‹ ou L'autobiographie nouée, in: Études Françaises 17, 1981, 192–242. ▪ S. Koster: Autoportrait de P. en Malherbe, in: Magazine littéraire 260, 1988, 38–40.

Friedhelm Kemp

Jacques Prévert

- geb. 4. 2. 1900 Neuilly-sur-Seine (Frankreich)
- gest. 11. 4. 1977 Omonville-la-Petite/Manche (Frankreich)

Nach dem Gymnasium in Neuilly und dem Militärdienst in Lunéville 1920 Hinwendung zur Literatur; Umgang mit ↗ Bretons Zirkel, nach dem Bruch mit diesem dem Surrealismus weiterhin nahe; 1928 Gründung der Gruppe ›Octobre‹ zur Erneuerung des Theaters; Dialoge für Filme von Marcel Carné und Jean Renoir, später für den Trickfilmer Paul Grimault; surrealistisch beeinflusste Lyrik, Chansons und Theaterstücke.

▪ Ausg.: Œuvres, 1992.
▪ Lit.: W. E. Baker: J. P., 1967.

Paroles

(frz.; *Gedichte und Chansons*, 1962, K. Kusenberg) – Die 1945 und in erweiterter Form 1947 erschienene Sammlung (mit 79 bzw. 95 Texten) enthält Dialoge, rhythmisierte Prosa, Chansons und Gedichte, deren Länge von zwei Zeilen bis zu zwölf Druckseiten reicht. Bereits im Titel kündigt sich der auf größtmögliche Einfachheit zielende Gebrauch der Alltagssprache an. Narrative Elemente und ein eigenwilliger Sinn für Sprachwitz sind ebenfalls kennzeichnend für die Texte. Sie entstanden zwischen 1930 und 1944 und sind bis auf wenige Ausnahmen chronologisch geordnet, wobei bestimmte Themen während dieser Schaffensperiode häufig wiederkehren.

Die subversivsten unter ihnen stammen aus der Zeit, als sich Mitte der 1930er Jahre die Volksfront formierte. Nicht selten hat Préverts Sarkasmus die Religion zum Gegenstand, angefangen bei kirchlichen Würdenträgern, etwa in dem antiklerikalen Pamphlet »La crosse en l'air« (»Krummstab ins Blaue«), bis hin zu Gott selbst in »Écritures Saintes« (»Heilige Schriften«) und dem blasphemischen Pater Noster: »Unser Vater, der du bist im Himmel / Bleib dort / Und wir werden auf der Erde bleiben / die mitunter so herrlich ist.«

Auch im Diesseits bieten Repräsentanten und Institutionen der bürgerlichen Gesellschaft Anlass für

Erbitterung. »Le temps des noyaux« (»Es ist aus«) klagt die unheilvolle Komplizenschaft von nationalistischer Kriegslüsternheit und Familie an. Diese bietet keinen Schutz, sondern ist, wie die Schule, Bestandteil eines gewaltsam repressiven Systems, so in Texten wie »Le cancre« (»Der schlechte Schüler«).

Dem entgegen steht das Streben nach persönlichem Glück (»Je suis comme je suis«, »Ich bin wie ich bin«), nach Freiheit und Liebe, wie es in »Barbara, cet amour« (»Liebe«), »Paris at Night« zum Ausdruck kommt. Aber auch das Leid wird nicht ausgespart, wie etwa die Eifersucht in »Rue de Seine« oder die Trennung in »Déjeuner du matin« (»Frühstück«). Nüchtern und eindrucksvoll wird der schmerzhafte Kreis des Lebens – Geburt und Tod (»Premier jour«, »Erster Lebenstag«) – als elementare Realität evoziert.

Einige längere Gedichte, so »Evénements« (»Geschehnisse«) aus dem Jahr 1937, beinhalten mehrere Motive einer irrealen und zugleich vertrauten Landschaft, die sich aus einzelnen Erzählsträngen konstituiert. Diese Form der scheinbar willkürlichen Montage entlehnt Prévert dem Surrealismus. Prévert stand der Bewegung nahe, obgleich er ↗ Bretons autoritäre Haltung ablehnte. Er verdankt dem Surrealismus aber immerhin den Protest gegen jedwede Spießbürgerlichkeit und stimmt mit der surrealistischen Poetik überein in der Vorliebe für Wortspiele, den schwarzem Humor und die unkonventionelle Kombinatorik von Wörtern und Dingen, ohne aber den reinen psychischen Automatismus und das Streben nach dem Wunderbaren zu teilen. Stattdessen verbindet Prévert poetische Dichte mit erzählerischen Strukturen, wie sie im Roman vorkommen. Unterstützt wird dieser Charakter seiner Gedichte von ihrem natürlichen Rhythmus und von Formulierungen aus der Alltagssprache. An die Romantradition erinnert auch die sozialkritische Tendenz, die allerdings, obwohl politisch intendiert, nicht im Dienste einer Parteidoktrin steht. Der sprachliche Witz verhindert selbst bei der Darstellung von Not und Ausweglosigkeit jegliche Larmoyanz und stellt, in Verbindung mit provokativer Lebensbejahung, eine unsentimentale Distanz zum Beschriebenen her.

Auch in den von Wortspielen bestimmten Gedichten ist die sprachliche Virtuosität nie Selbstzweck, sondern dient der Entlarvung kultureller bzw. gesellschaftlicher Absurditäten. So wird in »La brouette ou Les grandes inventions« (»Der Schubkarren oder Die großen Erfindungen«) der Begriff der Evolution verspottet: Gott fällt die Rolle eines Parasiten zu, dem sich der Mensch in seiner Dummheit unterjocht: »Der Pfau macht das Rad / Der Zufall den Rest / Gott setzt sich hinein / Und der Mensch schiebt ihn.«

Auch wenn die meisten seiner Themen sich seiner gerade auch politischen Zeitgenossenschaft verdanken, haben sie doch ihre Gültigkeit bewahrt; denn der besondere Reiz seiner Texte liegt eben in der Verbindung von Engagement und spielerischem Humor. Die Vertonung zahlreicher Chansons durch den Komponisten J. Kosma und ihre Verbreitung durch Interpreten wie Yves Montand und Juliette Gréco haben zu dem lang anhaltenden Erfolg Préverts beigetragen.

▪ Lit.: A. Laster: P. ›Paroles‹. Analyses critiques des grandes œuvres, 1984. *Ernst Mannheimer*

Spectacle

(frz.; *Schauspiel*, 1962, K. Kusenberg) – Die Sammlung von Stücken und Gedichten erschien 1949. Prévert hat immer versucht, einer Einordnung seiner Person und seines Werkes in die formalen Kategorien der Literaturwissenschaft zu entgehen; sein Widerstand dagegen, die zunächst in Zeitschriften veröffentlichten Gedichte in dem Band *Paroles*, 1946 (*Gedichte und Chansons*, 1962, K. Kusenberg), gesammelt herauszugeben, entstand aus der Befürchtung, er könnte damit als ›Dichter‹ klassifiziert in die Literaturgeschichte eingehen und sein Werk würde, zum geschichtlichen Ereignis abgestempelt, an sozialer und menschlicher Aktualität verlieren. Obgleich in *Spectacle* die wichtigsten szenischen Werke des Autors seit 1932 zusammengestellt sind, steht dieser Titel nicht nur für eine literarische Gattung, sondern er belegt darüber hinaus Préverts Vorliebe für das Wortspiel: ›spectacle‹ kann die Theateraufführung bezeichnen; es ist aber auch ein von allen begafftes und besprochenes Ereignis, ein Spektakel im deutschen Wortsinn.

Den Verfremdungseffekt, den Prévert schon in *Paroles* anwendet, indem er ›Worte‹ aus ihrem alten, gewohnten, schon phrasenhaften Zusammenhang herausnimmt, um ihnen einen neuen, oft als absurd empfundenen Stellenwert zu geben, überträgt er nun auf das Ereignis: Er verfremdet das dargestellte Geschehen, sei es historisch oder alltäglich, indem er es aus einem Blickwinkel sieht, der nicht der gewohnten Betrachtungsweise des Zuschauers entspricht, oder indem er disparate Situationen, Gegenstände und Personen assoziativ verbindet.

In dem bekannten Stück »La bataille de Fontenoy«, 1932 (»Die Schlacht von Fontenoy«), betreten Generäle, Politiker, historische Gestalten, einfache Zeitgenossen sowie die Herren Krupp und Schneider die Bühne. Sie sind Zuschauer der im Hintergrund ablaufenden »Schlacht von Fontenoy«, von der man hauptsächlich Kanonendonner vernimmt. Ihre Kommentare zu der Schlacht ergeben ein Inferno von Phrasen, in denen sich Blutrausch, Heroismus, Geschäftssinn und Banalitäten vermischen; der gleiche Effekt wird an anderen Stellen dadurch erreicht, dass Prévert seitenlang Zitate von Schriftstellern, Politikern und Journalisten zum gleichen Thema aneinanderreiht.

Im ersten Teil der ironisch-atheistischen »Transcendance« (»Göttliches Melodrama«) raufen sich Ratten mit einem zerrupften Engel um ein Stück kalten Rattenbratens.

Im »Tableau des merveilles«, 1935 (»Bild der Wunder«), am Ende der Sammlung enthüllen sich die humanitären Phrasen der Mächtigen in absurd-komischen Situationen als Lüge. Zwischen die einzelnen, meist aus mehreren unregelmäßigen Szenen bestehenden Stücke sind Gedichte, Lieder und kleine Essays gesetzt, die gelegentlich durch Titel und Regieanweisungen einem großen, imaginären Schauspiel zugewiesen werden; durch Wortspiele und Bildassoziationen wiederum sind die Theaterszenen den Gedichten verwandt.

Das Theater muss für Prévert nicht erst geschaffen werden: »Er bewegt sich ohne Maske durch das Kasperletheater der Welt« (R. ↗ Queneau), er macht es nur sichtbar und schafft durch Verfremdung kritische Distanz. Eine vergleichbare Technik charakterisiert auch den Filmautor Prévert (in *Drôle de drame*, 1937; *Les enfants du paradis*, 1944): Die Realität, die er in einer Szene zeigt, wird durch eine Schwenkung des Blickpunktes mit einer anderen Realität in Verbindung gebracht, wodurch sie interpretierbar wird, ohne dass der Autor die Ebene der reinen Darstellung verließe.

Insofern darf in der Form des Absurden bei Prévert der Einfluss des Surrealismus, dem er einmal nahestand, nicht überschätzt werden: Die auf den ersten Blick wahllos erscheinenden Gedankenverbindungen sind in ihrem Effekt sorgfältig abgestimmt, sie zielen oft auf sozialkritische Verhöhnung von phrasenhaften Reden, Situationen und Reaktionen. Das Gleiche gilt für die zunächst willkürlich erscheinende Vielfalt des Bandes. Immer werden die gleichen Themen wie Krieg, Tod, Armut und die Inhaltslosigkeit der bürgerlichen Vergnügungen und Lebensformen angesprochen. In diesem Zusammenhang kommt auch der politische Hintergrund von Préverts Werk zum Tragen: Wie viele seiner Zeitgenossen war er Kommunist, eigentlich noch eher Anarchist. Ein stärkerer formaler Zusammenhang unter den Texten des Bandes ist nicht gegeben, da die einzelnen Teile unabhängig voneinander entstanden sind. Die meisten der Theaterstücke wurden vom ›Groupe Octobre‹ zur Aufführung gebracht; die Gedichte wurden als Liedtexte für Filme konzipiert und von H. Crolla und J. Kosma vertont.

▪ Lit.: R. Queneau: P., le bon génie, in: R. Q.: Bâtons, chiffres et lettres, 1965, 243–257. ▪ Y. Courrière: J. P., 2000.

Ulrich Fleischmann

Abbé Prévost

▪ geb. 1.4.1697 Hesdin/Artois (Frankreich)
▪ gest. 23.11.1763 Courteuil/Chantilly (Frankreich)

(d. i. Antoine-François Prévost d'Exiles) – Bürgerlicher Herkunft; 1713–1720 Novize im Jesuitenorden; Soldat, Benediktinermönch, 1726 Priester; 1727 Flucht aus dem Orden, Exil in England und Holland; Gründer und Leiter der Zeitschrift *Le pour et le contre* (1733–1740); 1735 wieder Benediktiner, Geistlicher und Sekretär des Prince de Conti; 1754 Prior des Klosters St. Georges de Gesnes; Verfasser empfindsamer und galanter Romane; Memoiren.

▪ Ausg.: Œuvres, 3 Bde, Hg. J. Sgard, 1977.
▪ Lit.: R. A. Smernoff: A. P., 1985. ▪ J. Sgard: Labyrinthes de la mémoire. Douze études sur l'A. P., 2010.

Histoire du chevalier Des Grieux et de Manon Lescaut

(frz.; *Manon Lescaut*, 2013, J. Trobitius) – Der Erfolg des 1731 erschienenen Romans wird bis in jüngste Zeit nicht nur durch verschiedenste Dramatisierungen und Verfilmungen bestätigt, sondern auch durch die Opernfassungen von Auber, Massenet, Puccini und H. W. Henze.

Der 17-jährige Chevalier Des Grieux, von seinem Vater zu einer standesgemäßen Laufbahn als Ritter des Malteserordens bestimmt, lernt unmittelbar vor seiner Abreise aus Amiens, wo er seine philosophischen Studien beendet hat, die reizende Manon Lescaut kennen, die von ihren Eltern gegen ihren Willen ins Kloster geschickt wird. Der junge Mann, dessen ausgeglichene, zarte Natur ihn Abenteuer bisher völlig hat meiden lassen, fasst eine leidenschaftliche Zuneigung zu Manon, die von ihr ebenso heftig erwidert wird, und beschließt, sie unter Verzicht auf seine Karriere nach Paris zu entführen und dort zu heiraten. Nach einigen Wochen ungestörten Glücks, das nur durch ihre sich ständig verschlechternde finanzielle Lage getrübt wird, betrügt ihn Manon jedoch mit einem wohlhabenden Steuerpächter, Herrn von B., der, um sich des Rivalen zu entledigen, dem alten Des Grieux den Aufenthaltsort seines Sohnes verrät. Gewaltsam in elterliche Obhut zurückgebracht, versucht dieser, die erzwungene Trennung von Manon zu überwinden. Des Grieux lässt sich zum Theologiestudium überreden, das er in Paris auch fortsetzt, bis er, als Manon überraschend seiner ersten öffentlichen Disputation vor der Fakultät beiwohnt, wiederum seiner alten Leidenschaft verfällt, ihr ihre Untreue verzeiht und, dem geistlichen Stand leichten Herzens entsagend, mit ihr in einem Vorort von Paris eine idyllische Zuflucht findet.

Manons Hang zum Vergnügen, dem sie, ohne verschwenderisch zu sein, mit anmutiger Sorglosigkeit nachgibt, beschwört eine finanzielle Krise herauf, zumal ihr plötzlich aufgetauchter, leichtlebiger Bruder sich entschlossen hat, an ihrem Wohlergehen teilzuhaben und aus ihrem Lebenswandel Vorteil zu ziehen. Des Grieux lässt sich von Lescaut erfolgreich zum Falschspieler ausbilden. Der Diebstahl seines gesamten, leicht zusammengerafften Vermögens veranlasst Manon und ihren Bruder jedoch, nach neuen Erwerbsmöglichkeiten Ausschau zu halten. Ein ältlicher Lüstling, Herr von G. M., ist bereit, für Manons Gunst einen hohen Preis zu zahlen. Der Versuch, ihn mit Beihilfe des vor Eifersucht nahezu wahnsinnigen Des Grieux zu prellen, misslingt. Manon wird auf Betreiben des einflussreichen G. M. ins Arbeitshaus gesteckt, Des Grieux mehrere Monate im Gefängnis Saint-Lazare inhaftiert. Mit Unterstützung Lescauts gelingt es Des Grieux, nach Beseitigung eines Wärters, zu fliehen und auch Manon zu befreien; dabei stirbt ihr Bruder.

Einige Monate ruhigen Lebens in einem Versteck bei Paris bringen Des Grieux und Manon einander wieder näher. Bald aber fasst der Sohn des Herrn von G. M. eine Zuneigung zu Manon und bietet ihr heimlich sein Haus und eine große Geldsumme an. Des Grieux stellt Manon zur Rede und stiftet sie zur Rache an dem Sohn jenes Mannes an, der ihre lange Kerkerhaft verschuldet hat. Sie begibt sich also in das Haus des jungen G. M., schickt jedoch Des Grieux, anstatt nach Empfang des Geldes zu ihm zurückzukehren, ein junges Mädchen als ›Ersatz‹ für sich selbst.

In seiner Verzweiflung besticht der Betrogene einige Gardisten, seinen Rivalen für eine Nacht zu entführen, eilt in dessen Haus zu Manon, die ihm seine Eifersucht auszureden versteht, und hält, erneut mit ihr versöhnt, seinen Racheversuch schon für gelungen, als einige von dem alten G. M. gedungene Häscher beide verhaften und in polizeilichen Gewahrsam nehmen. Des Grieux wird durch Vermittlung seines Vaters befreit, Manon aber auf Betreiben des alten G. M. und des Vaters von Des Grieux zusammen mit Prostituierten und Landstreichern nach Amerika deportiert. Als alle Befreiungsversuche auf dem Wege zum Hafen Le Havre scheitern, folgt Des Grieux ihr nach New Orleans. Sie geben sich als Ehepaar aus und erwerben sich bald die Achtung des französischen Gouverneurs. Gerade als Manon ihren Gefährten zu heiraten bereit ist, wirbt ein Neffe des Gouverneurs, Synnelet, um ihre Gunst. Des Grieux fordert ihn zum Duell, verwundet ihn und flieht im Glauben, ihn getötet zu haben, zusammen mit Manon, die den Strapazen der Flucht zu Fuß bald erliegt. Halb wahnsinnig vor Schmerz und Trauer, erholt sich Des Grieux nur langsam, wird aber endlich von seinem einzigen Freund Tiberge abgeholt und nach Europa zurückgebracht.

Der literarische Topos vom ›fühlenden Herzen‹ und seiner Wehrlosigkeit und passiven Leidensfähigkeit, wie er die empfindsam-larmoyante Literatur in der zweiten Hälfte des 18. Jh.s beherrschte, ist in der Gestalt von Des Grieux um so deutlicher vorgeprägt, als er ihn mit dem weiblichen Gegentypus Manon zusammentreffen lässt, die noch von ↗ Maupassant mehr als 100 Jahre später als Inbegriff weiblicher Faszinationskraft bezeichnet wurde.

Dieser berühmteste unter Abbé Prévosts Romanen steht in einem geistesgeschichtlichen Zusammenhang, der von den älteren Abenteuerromanen und Robinsonaden des 17. Jh.s bis zu den englischen empfindsamen Romanen der Mitte des 18. Jh.s reicht. Darüber hinaus ist Prévost ein direkter Vorläufer von J.-J. ↗ Rousseau und dessen gegenaufklärerischer Philosophie der Legitimität von Leidenschaft und Affektivität.

▪ Lit.: C. M. Lazzaro-Weis: Confused Epiphanies. L'Abbé Prévost and the Romance Tradition, 1991. *Hans-Horst Henschen*

Marcel **Proust**

▪ geb. 10. 7. 1871 Paris (Frankreich)
▪ gest. 18. 11. 1922 Paris (Frankreich)

Aus einer Familie angesehener Ärzte, vermögende Mutter jüdischer Abkunft; glückliche Kindheit und Jugend in Paris, Illiers und Cabourg; ab dem neunten Lebensjahr wegen Asthmas unregelmäßiger Schulbesuch; Jurastudium in Paris; kurze Zeit Anwalt, dann finanziell unabhängig; 1892 Mitbegründer der Zeitschrift *Le Banquet*; hochkultivierter Dandy in mondänen Kreisen; 1905 Tod der Mutter; Verschlimmerung des Asthmas, Rückzug aus der Gesellschaft; artifizielle, nur auf sein literarisches Werk ausgerichtete Lebensweise; Essays, erzählende Prosa, Überwindung der Fin de Siècle-Ästhetik; bedeutendes Romanwerk französischer Sprache mit Wirkung auf Surrealismus, nouveau roman und Postmoderne.

▪ Übers.: Werke, Hg. L. Keller, 1988 ff.
▪ Lit.: E. R. Curtius: M. P., 1961. ▪ G. D. Painter: M. P., 1980. J.-Y. Tadié: M. P. 1987 [dtsch. 2008]. ▪ K. H. Biermann: P., 2005.

Les plaisirs et les jours

(frz.; *Freuden und Tage*, 1989, L. Keller) – Über diese 1896 erschienene Sammlung von Erzählungen und Prosaskizzen, bei Calmann-Lévy in Paris auf Kosten des Autors gedruckt, schrieb Anatole France in einem lobenden Vorwort: »Sein Buch ist wie ein junges Gesicht voll seltenen Reizes und feiner Grazie.« Die Luxusausgabe schmücken Illustrationen von Madeleine Lemaire und Klavierstücke von Prousts Freund Reynaldo Hahn.

Die Texte sind zwischen 1891 und 1895 entstanden und zum Teil schon in Zeitschriften erschienen, sie bilden ein vielfältig gegliedertes, von Noten, Illustrationen und Gedichten, teils preziösen Kapitelüberschriften und zahlreichen Motti umranktes Kalendarium. Der Band fand wenig Beachtung bei der Kritik, er gab seinem Autor vielmehr Grund, sich mit Jean Lorrain, der ihn auf verletzende Weise parodiert hatte, zu duellieren.

Erst 1923 wies André Gide darauf hin, dass in *Les plaisirs et les jours* schon fast alle Themen des Romans *A la recherche du temps perdu* im Keim enthalten seien, so der Themenkreis um die Liebe, ihre Subjektivität und zwanghafte Verknüpfung mit der Eifersucht; die Bindung an die Mutter; die Thematik von Krankheit, Tod und der Verweigerung der Gesunden gegenüber dem Sterbenden (in der Novelle »La mort de Baldassare Silvande, Vicomte de Sylvanie«); die Fragen nach Selbstentfremdung und psychischer Wandlung durch die Zeit; schließlich die Kluft zwischen dem Wirklichen und dem Imaginären und die Überwindung des Ungenügens der Wirklichkeit durch die Erinnerung.

Dieses Thema durchzieht vor allem die melancholischen Natur- und Seelenschilderungen der »Regrets, rêveries couleur du temps« (»Trauer und Träume in allen Regenbogenfarben«), kurze Skizzen, die sich formal am Prosagedicht seit Baudelaire orientieren. Daneben steht die scharfe Kritik des jungen Proust an der zeitgenössischen Gesellschaft. Seine Analysen stehen in der Tradition der französischen Moralisten und geißeln Oberflächlichkeit, Ehrgeiz und Seelenlosigkeit, jene »wütende Seuche des Snobismus«, die Adelsschicht und Großbürgertum heimsucht.

Die berühmteste Erzählung der Sammlung ist »La confession d'une jeune fille« (»Die Beichte eines jungen Mädchens«). Die Mutter dieses Mädchens sieht zufällig durch ein Fenster und in einem Spiegel ihre Tochter in einer unerlaubten Umarmung mit einem jungen Mann und stirbt an einem Herzanfall. Aus Schuldgefühl und um die geliebte Mutter nicht überleben zu müssen, unternimmt das Mädchen einen Selbstmordversuch. Bevor sie an dessen Folgen stirbt, legt sie eine schriftliche Beichte ab. Darin schildert sie die glückliche Verbundenheit mit der Mutter in der Kindheit, die Zerrissenheit ihres späteren Lebenswegs zwischen Triebhaftigkeit und der vergeblichen Anstrengung, »eine Neuschöpfung meines Lebens von mir selbst aus und in mir selbst« vorzunehmen.

Die kurzen Texte sind, wie A. France hervorgehoben hat, von »mit Genie erfundenen Schmerzen«, von »künstlichen Leiden«, ja von einer regelrechten »Treibhausatmosphäre« geprägt. Diese hier dominierenden »douleurs d'art« (Kunstschmerzen) zeigen deutlich den Einfluss von Dekadenz und Symbolismus auf den jungen Proust. Der Vielfalt der Texte und Themen entspricht ihre stilistische Unterschiedlichkeit; sie mag der jugendlichen Verehrung für die literarischen Vorbilder entspringen. So stark jedoch wie seine Belesenheit bezeugen sie die künstlerische Sensibilität des Autors. Auch wenn sich Proust später von diesen frühen Versuchen distanziert hat, ist doch sein Stil in der Weichheit der Diktion, der Vermischung der Sinnesbereiche, dem symbolistisch verfremdeten Bild und in der abstrakten Antithetik stellenweise ein vollkommener Ausdruck des Fin de Siècle, der aber auf die spätere Meisterschaft vorausweist.

▪ Lit.: M. P. Bezüge und Strukturen, Hg. L. Keller, 1987.

Johanna Woltmann-Zeitler / KLL

Jean Santeuil

(frz.; *Jean Santeuil*, 1965, E. Rechel-Mertens) – Dieser frühe, von 1896 bis 1904 entstandene und 1952 aus dem Nachlass veröffentlichte Roman enthält bereits nahezu alle thematischen Elemente, die der Kosmos von *A la recherche du temps perdu*, 1913–1927 *(Auf der Suche nach der verlorenen Zeit)*, versammelt: Sein Protagonist, der junge Jean Santeuil, einer großbürgerlichen Familie des ausgehenden 19. Jh.s entstammend, einziger Sohn eines höheren Verwaltungsbeamten, den die Ausübung zahlreicher öffentlicher Ehrenämter mit einer »majestätischen Würde« umkleidet, wächst – ein Kind von zarter Gesundheit, gesteigerter Sensibilität und nahezu krankhafter Willensschwäche – unter der Obhut seiner zärtlich geliebten Mutter in Paris auf. Während seiner Schulzeit am Gymnasium Henri Quatre macht er die Bekanntschaft eines jungen Adligen, des Sohnes des Herzogs von Réveillon, dem er sich umso enger anschließt, als er ihm Zugang zu einer Gesellschaftsschicht verschafft, deren Lebensstil ihn fasziniert. Gelegentliche Reisen mit seiner Familie in die Provinz und Aufenthalte auf dem Landsitz der Réveillons oder in der Bretagne erweitern die Szenerie des Romans, einige bedeutende historisch-politische Ereignisse wie der Dreyfus-Prozess, an dem Jean als mit Zola sympathisierender Beobachter teilnimmt, stecken den zeitgeschichtlichen Horizont ab. Um den väterlichen Ansprüchen zu genügen, nimmt Jean eher lustlos ein Jurastudium auf, wechselt zur École des Sciences politiques, betreibt seine Berufsvorbereitungen jedoch nachlässig, weil er sich zu einer literarischen Laufbahn entschlossen hat.

Der Roman schließt abrupt mit zwei Kapiteln, in denen der Ablauf der im Werk durchmessenen Zeitspanne sich im Rückblick auf eine ›verlorene Zeit‹ unvermittelt objektiviert. Jean Santeuil orientiert sich noch stärker als die *Recherche* am Konzept des Bildungsromans; das entscheidende Strukturelement, die Bindung des »erinnerten« Stoffes an ein sich erinnerndes Ich und die unendlich verschlungene, vom unwillkürlichen Gedächtnis in Bewegung gesetzte Dialektik von Einst und Jetzt fehlt hier noch völlig.

Die zentrale Intention, die verschüttete Wirklichkeit des Vergangenen im Spiegel reiner Subjektivität ohne alle willkürlich arbeitende Fiktionalität wiederzubeleben, geht aus der im Gedächtnis und im Vergessen konstituierten Einheit des erinnernden und des erinnerten Ichs hervor. Diese in der *Recherche* geleistete Einheit ist im *Jean Santeuil* noch nicht realisiert; da gibt es einen Helden (Jean) und einen Erzähler, der überdies in einer dürftig motivierten Rahmenhandlung als Schriftsteller eingeführt wird, den zwei junge Pariser in einem bretonischen Dorf kennenlernen und der ihnen mehrere Jahre später auf dem Totenbett ein Romanmanuskript anvertraut – eben die Geschichte Jean Santeuils. »Unser Ich besteht aus der Schichtung aufeinanderfolgender Zustände«, schreibt Proust in der *Recherche*. Deren aus der Überlagerung verschiedener Zeit- und Erlebnisebenen und ihrer wechselseitigen Durchdringung und Aktualisierung entstehende Einheit zerfällt in *Jean Santeuil* noch in eine flächige, als objektivistische Erzählung dargebotene, den chronologischen Ablauf weitgehend respektierende, minuziöse Chronik und deren distanzierte Spiegelung durch ihren Erzähler. Diese Trennung verhindert selbstverständlich auch die Verknüpfung aller Zeitschichten, wie dann in der wiedergewonnenen Zeit der *Recherche*, und bewirkt, dass der Fortgang der Handlung sich in eine lockere Folge von Szenen auflöst.

Proust stellt bereits im *Jean Santeuil* fest, dass vergangenes Leben nur in der Subjektivität der Erinnerung seine Realität habe. Während er dieser Überlegung in der *Recherche* im Zusammenspiel von erinnerndem und erinnertem Ich Rechnung trägt, fehlt in der objektivierenden Darstellung durch den Erzähler im *Jean Santeuil* dieser subjektive Aspekt. Und es fehlen eine Komposition und wenigstens ein Minimum an Fabel, da die Romanhandlung nur sporadisch mit auftauchenden und wieder verschwindenden Personen durchsetzt ist, so dass die Zeit hier lediglich in traditioneller Weise durch die Chronologie fassbar, nicht aber sinnlich anschaulich wird. Der Roman ist ein Konvolut einzelner, mehr oder weniger zusammenhängender Teile geblieben, ein nicht zu Ende geführtes Werk, dem gleichwohl hinsichtlich des *Contre Saint-Beuve*-Projekts wie auch der *Recherche* die Funktion eines ›Vortextes‹ zukommt.

In Prousts Worten, die dem *Jean Santeuil* vorangestellt sind, klingt jene Skepsis gegenüber den ›deambulatorischen‹ Romanexperimenten des Fin de Siècle an, dessen allmähliche Entstrukturierung des Erzählten mit einer immer weiter fortschreitenden Ausweitung der Reflexion über das Erzählen selbst einherging: »Kann ich dieses Buch einen Roman nennen? Es ist vielleicht weniger und zugleich mehr, nämlich die Essenz meines Lebens, das ohne fremde Beigabe, in seiner zeitlichen Zerrissenheit, seinem Ablauf gemäß, abgefaßt wurde.« Und das Scheitern an *Jean Santeuil* begründete Proust so: »Dieses Buch wurde niemals gemacht, es wurde geerntet.«

Der Roman, dessen Existenz Proust weitgehend verschwiegen und dessen Manuskript er teils zerrissen, teils achtlos aufbewahrt hatte, stand lange Zeit im Schatten seines Hauptwerks. *Jean Santeuil* verhält sich zur *Recherche* wie ein Entwurf, der zwar die thematischen Materialreserven enthält, jedoch in formaler Hinsicht an jenen älteren Romankonzepten des 19. Jh.s ansetzt, deren ästhetische Voraussetzungen sein Autor bereits während der Arbeit daran hinter sich ließ.

■ Lit.: E. Zeblewski: P.s Bildsprache in ›Jean Santeuil‹, 1957. ■ M. Marc-Lipiansky: La naissance du monde proustien dans ›Jean Santeuil‹, 1974. ■ C. Stambouli: Les structures temporelles de ›Jean Santeuil‹ de M. P., 1998. *Hans-Horst Henschen / KLL*

Contre Sainte-Beuve

(frz.; *Gegen Sainte-Beuve*, 1962, H. Scheffel) – Lange Zeit war in der Forschung umstritten, ob dieser literaturästhetische Essay, 1908 bis 1910 entstanden, aber erst 1954 veröffentlicht, lediglich als unvollendeter Aufsatz zu betrachten sei oder ob bei einer postum erfolgenden Textedition der ursprünglichen Absicht des Autors Rechnung getragen werden sollte, einen Roman von 400 bis 500 Seiten mit dem Titel *Contre Sainte-Beuve. Souvenirs d'une matinée* (Gegen Sainte-Beuve. Erinnerungen an eine Matinée) zu schreiben, der einen essayistischen Kern enthalten sollte. Die verschiedenen, heute höchst umstrittenen Textausgaben dokumentieren diese Problemlage; bereits die Erstausgabe enthielt neben essayistischen Teilen auch narrative Fragmente aus derselben Zeit.

Thematisch stehen die Essaytexte in direkter Vorläuferschaft zu Prousts Hauptwerk *A la recherche du temps perdu*, 1913–1927 *(Auf der Suche nach der verlorenen Zeit)*. Es finden sich in ihnen Reflexionen zur Homosexualität, neben dem Artikel im *Figaro* und der Unterhaltung mit der Mutter über die Wirkung dieses Artikels sind das Hôtel de Guermantes sowie Venedig und der englische Kunsthistoriker John Ruskin präsent.

1913 sprach Proust von dem »alten Wunsch, über Sainte-Beuve zu schreiben«, der nicht in Erfüllung gehen könne, da ihn die Arbeit an seinem Roman daran hindere. Seit V. Roloffs Untersuchungen kann *Contre Sainte-Beuve* definitiv nicht mehr als eigenständiges Werk betrachtet werden, es handelt sich vielmehr um eine Reihe von Texten aus den *Cahiers*, die unter bestimmten Gesichtspunkten ausgewählt wurden und als

Entwicklungsstufen der *Recherche* zu gelten haben. Der Titel war für Proust also nur ein provisorischer Oberbegriff zur Bezeichnung der zwischen 1908 und1910 entstandenen Texte. Neue Proust-Editionen tragen dem Rechnung, indem sie die *Sainte-Beuve*-Texte mittlerweile als ›Avant-textes‹, als Vortexte zur Recherche behandeln.

Die eigentlich essayistischen Partien beschäftigen sich mit Sainte-Beuve, dem berühmten Kritiker des 19. Jh.s. Prousts Einwände gegen diesen erschöpfen sich nicht in dem Vorwurf, der Kritiker habe die wahren Genies seiner Zeit verkannt und sie neben Autoren vierten Ranges gestellt, sondern sie kritisieren vor allem seinen methodischen Ansatz: Sainte-Beuve verstehe die Texte, über die er schreibe, als eine Art Salon, in dem er sich aufhalte und gepflegte, aber unbedeutende Konversation betreibe; und die Ergebnisse dieser Plaudereien seien nicht nur durchweg zufällig und oberflächlich, sondern aufgrund ihres anekdotischen Charakters und des wechselhaften Verhältnisses des Kritikers zu den kritisierten Autoren auch wenig aussagekräftig, weil widersprüchlich.

Proust billigt Sainte-Beuve zwar Aufgeschlossenheit, literarisches Interesse und umfassende Kenntnis – besonders der Klassiker – zu, spricht ihm aber jegliches Verständnis für den künstlerischen Schaffensprozess ab. Kernpunkt seiner Kritik ist, dass Sainte-Beuve nicht zwischen dem historischen Autor und dem Erzähler-Ich, das sich in den Büchern zeige, unterscheide. Sainte-Beuves Interesse gelte nicht Texten, deren Qualität er im Übrigen häufig verkenne, sondern zumeist kontingenten und bedeutungslosen Anekdoten aus dem Leben der Autoren. Beispielsweise habe Sainte-Beuve Stendhal persönlich gekannt, dessen Werke aber mitnichten verstanden, denn er habe sie als »offen gesagt abscheulich« bezeichnet. Seine »Plaudereien« bestehen nach Proust aus Klischees, Spitzfindigkeiten, schöngeistigem Geschwätz und stilistischen Ungeschicklichkeiten.

Als Beispiele greift Proust Sainte-Beuves Ausführungen über Baudelaire, Nerval und Balzac heraus, denen er jeweils ein eigenes Kapitel widmet. Proust weist nach, dass Kritik für Baudelaire nicht, wie für Sainte-Beuve, Kommentieren und Beurteilen hieß, sondern Nacherleben und Nachschaffen kraft der Intuition. Die Werke Nervals zeigen Proust gerade das, was Sainte-Beuve nicht an ihnen zu würdigen verstand: die wichtige Rolle der Phantasie und des Traums, besonders in Nervals Analyse der Liebe. Und während Sainte-Beuve den Stil Balzacs rühmt, nennt ihn Proust, der seinen Stilbegriff an Flaubert ausgebildet hat, ausgesprochen stillos. Für Proust besteht die große Leistung Balzacs in der zyklischen Abfassung der *Comédie Humaine*. Im Gegensatz zu Balzac richtet sich Prousts Interesse aber nicht auf eine möglichst vorbildgetreue Wiedergabe von Wirklichkeit, sie hält Proust für überflüssig und tautologisch. Überzeugend bei Balzac sei hingegen die Charakterisierung der verschiedenen sozialen Typen, das kunstvolle Gefüge vieler mit übersinnlichen und mysteriösen Elementen planvoll durchsetzter Einzelschilderungen, die zeigen, dass der Mensch ausschließlich von der Zeit geformt und umgeformt wird.

Die in den essayistischen Partien ausgeführten Reflexionen und Kritiken über Sainte-Beuve und große Autoren des 19. Jh.s stellen ein wichtiges Dokument der Auseinandersetzung Prousts mit literaturkritischen und poetologischen Positionen dar. Während die narrativen Fragmente als Skizzen der Recherche gewertet werden können, sind die essayistischen Teile von *Contre Sainte-Beuve* sowohl hinsichtlich ihrer stilistischen Brillanz als auch in ihrer argumentativen Stärke ein Höhepunkt im kritischen Schaffen Prousts.

▪ Lit.: B. Sichère: Le dieu des écrivains, 1999. ▪ M. P. und die Kritik, Hg. D. Ingenschay, 2000. *Gottfried Schwarz*

Pastiches et mélanges

(frz.; *Nachgeahmtes und Vermischtes*, 1989, L. Keller) – Die 1919 erschienene Sammlung ist die einzige dieser Art, die Proust selbst zusammengestellt und veröffentlicht hat. Sie besteht aus zwei Abteilungen: den *Pastiches*, in denen Proust Stil und Eigenart französischer Autoren des 19. Jh.s nachahmt, und den *Mélanges* mit Artikeln und Essays über vorwiegend ästhetische Fragen. Ihr Kernstück ist die Auseinandersetzung mit dem englischen Kunsthistoriker und Schriftsteller John Ruskin (1819–1900). Proust hatte dessen Werke *The Bible of Amiens* (1885) und *Sesame and Lilies* (1865) ins Französische übersetzt und seine Vorworte dazu in leicht veränderter Form in die *Mélanges* aufgenommen.

Die *Pastiches* entstanden in den Monaten Januar bis März 1908. Sie enthalten Pasticcios im Stile von Balzac, Flaubert, Sainte-Beuve, Régnier, den Brüdern Goncourt, Michelet, Faguet, Renan und Saint-Simon über die sogenannte ›Affaire Lemoine‹ (1907), die ähnlich wie die Dreyfus-Affäre die französische Öffentlichkeit erregte: Ein Hochstapler namens Lemoine hatte mit der Behauptung, künstliche Diamanten herstellen zu können, einer Diamantenschürfgesellschaft, an der viele wohlhabende Bürger, unter ihnen auch Proust, Aktienanteile besaßen, hohe Summen entlockt. Proust parodiert die genannten Autoren mit einer stilistischen Virtuosität und Sicherheit ohnegleichen, mit unnachahmlichem Gefühl für Individual- und Epochenstile: Balzac lässt er die Affäre in einem Romanausschnitt mit dem unverwechselbaren Personal der *Comédie humaine* darstellen; Flaubert wird mit einer akribischen Beschreibung von Ort und Atmosphäre der Gerichtsverhandlung vorgeführt, die wiederum Sainte-Beuve mit positivistischer Detailsucht rezensiert; Saint-Simon erörtert die Affäre in einer breit angelegten Salonplauderei und Michelet vergleicht den Fall des Juden Lemoine aus historischer Perspektive mit der Dreyfus-Affäre. Die Parodien auf große, für Proust vorbildliche Schriftsteller des 19. Jh.s sollten indessen nicht nur eine virtuose Stilübung sein, sondern auch ein Mittel, durch ironische Zersetzung den eigenen Stil zu finden – Proust übertreibt die Schwächen bzw. Eigenarten der Autoren und bezieht sich selbst mitunter in die Handlung ein.

Die Beiträge der *Mélanges* entstanden in den Jahren 1900 bis 1907. In den »Journées en automobile«, einer ›Psychologie des Autofahrens‹, wird der später für Prousts *Recherche* wichtige Perspektivenwechsel beim Durchfahren einer Landschaft meisterhaft geschildert, die »Sentiments filiaux d'un parricide« enthalten Reflexionen über die Tat eines Muttermörders, der Proust eine »religiöse Atmosphäre von moralischer Schönheit« nicht abspricht, weil er in ihr eine ähnlich erhabene Tragik zu erkennen glaubt wie in den Schicksalen von Ajax, Ödipus und King Lear.

Die bemerkenswertesten Artikel der *Mélanges* sind die Ruskin-Studien: »Ruskin à Notre Dame«, die leicht veränderte Vorrede zu *The Bible of Amiens*, »John Ruskin« sowie »Journées de lecture«, die ebenfalls leicht bearbeitete Vorrede zu *Sesame and Lilies* (zuerst unter dem Titel »Sur la lecture«). In den Texten über Ruskin hat Proust Hinweise auf seine Ästhetik gegeben, die Voraussetzung seiner *Recherche* werden sollte. So fand er bei diesem »Propheten des Schönen« eine Antwort auf die für ihn zentrale ästhetische Grundfrage nach dem Ursprung des Schönen in der Vorstellung, dass Wahrheit und Schönheit einer Aussage einander bedingen, dass jedes Schönheitserlebnis die Berührung mit der Wahrheit und der eigentlichen Wirklichkeit vollzieht und das Wesen der Dinge aufzudecken vermag. Hingegen teilte Proust nicht Ruskins Auffassung, dass die Schönheit dem Künstler nur durch Inspiration vermittelt werde und dass ihr nur eine transzendente Wirklichkeit zukomme. Prousts Kritik an Ruskin setzt dort ein, wo die Kunstbetrachtung zur Idolatrie, der ästhetische Genuss zum Selbstzweck wird und den Bezug zum Leben außer Acht lässt.

In »Ruskin à Notre Dame« umreißt Proust die Aufgabe des Kritikers. In zahlreichen Fußnoten macht er den Leser durch ausführliche Zitate auf Analogien zu anderen Werken Ruskins aufmerksam, da nur durch Sammlung und Vergleich von Einzelzügen und in immer größerer Ausweitung des Stoffes ein Gesamtbild des dichterischen Werkes verdeutlicht werden könne. Der Kritiker soll den Leser in den Stand des Wiedererkennens versetzen, ihn die wesentlichen Züge des dichterischen Genies erfassen lassen. Der nächste Schritt des Kritikers muss die Rekonstruktion des »einzigartigen geistigen Lebens« des Autors aus seinem Werk sein.

In allen Artikeln der *Mélanges* gibt es bereits Anklänge an das Romanwerk: In den »Journées en automobile« sind es die sich perspektivisch verschiebenden Kirchtürme von Saint-Étienne, der Chauffeur Agostinelli, die geistige Sublimierung eines realen Geschehens durch die Erinnerung an ein Kunsterlebnis. Im letzten Beitrag der *Mélanges*, den »Journées de lecture«, ist bereits das Anfangskapitel von *Du côté de chez Swann* (1913) konzipiert, da hier bereits das zentrale Kindheitserlebnis des Erzählers, das Erlebnis des Lesens beschrieben wird, das Proust »die seelische Urszene« nennt.

Eine Serie postum herausgegebener *Nouveaux mélanges*, 1970, enthalten Artikel aus den Jahren 1895 bis 1919, und zwar die kunstästhetischen Aufsätze »Sur le goût« (Über Geschmack), »Poète et romancier« (Dichter und Romancier), »Le déclin de l'inspiration« (Der Niedergang der Inspiration), »La contemplation artistique« (Künstlerische Versenkung), »La foi esthétique« (Ästhetischer Glaube) sowie Maler- und Dichterporträts über Chardin, Moreau, Monet, Goethe, Chateaubriand, Stendhal, Tolstoj, Montesquieu und Léon Daudet. Obwohl von unterschiedlicher Qualität und teils nur Fragmente, haben diese Artikel wie die der *Pastiches et mélanges* eine bedeutsame Funktion im Hinblick auf Prousts späteres Hauptwerk. In fast jedem von ihnen sind Details zu finden, die im Roman wieder auftauchen. Die in den beiden Sammlungen vereinigten stilistischen und ästhetischen Studien zeigen einmal mehr, dass Proust vor allem der Dichter des »einen« Buches – *A la recherche du temps perdu* – war.

▪ Lit.: F. Rosengarten: The Writings of the Young M. P., 2001. ▪ S. Duval: L'ironie proustienne, 2004.

Helgard Brauns

A la recherche du temps perdu

(frz.) – Der von 1913 bis 1927 in 15 Bänden erschienene Romanzyklus *A la recherche du temps perdu* umfasst die sieben Teile *Du côté de chez Swann*, 1913 *(Swanns Welt)*, *A l'ombre des jeunes filles en fleurs*, 1918 *(Im Schatten junger Mädchenblüte)*, *Le côté de Guermantes*, 1920–1921 *(Die Welt der Guermantes)*, *Sodome et Gomorrhe*, 1921–1923 *(Sodom und Gomorrha)*, *La prisonnière*, 1923 *(Die Gefangene)*, *Albertine disparue*, 1925 *(Die Entflohene)*, und *Le temps retrouvé*, 1927 *(Die wiedergefundene Zeit)*. Alle Bände wurden von E. Rechel-Mertens ins Deutsche übertragen; ihre Übersetzung wurde von Luzius Keller und Sybilla Laemmel revidiert.

Auf 2000 Seiten handelt Prousts Hauptwerk, Ergebnis eines nahezu zwanzig Jahre währenden, angestrengten Kunstwollens, von Wahrnehmung und deren Erinnerung und von der Unmöglichkeit, diese beiden Faktoren im Kunstwerk angemessen wiederzugeben. Das Scheitern dieser Bemühungen trägt letztlich das Werk selbst. Die paradoxe Situation dessen, der bestrebt ist, Objektivität und Wahrheit dieser vergangenen Wirklichkeiten aus der spontanen, unwillkürlichen und zufälligen Wieder-Erinnerung des Subjekts aufleuchten zu lassen, kündigte sich schon in Prousts *Les plaisirs et les jours*, 1896 *(Freuden und Tage)*, an.

Es ist beinahe unmöglich, den Roman auf das Minimum an Fabel zu reduzieren, auf das er trotz aller Vorbehalte gegen den traditionellen realistischen Roman nicht verzichten kann. Eigentliches Thema sind keine linear und überschaubar verlaufenden Ereignisse, sondern das komplexe Nebeneinander verschiedener zeitlicher Ebenen – Kindheit und spätere Altersstufen – im Bewusstsein des Erzählers Marcel, den mit der Person des Autors Proust zu verwechseln man sich hüten sollte: »Der Ich sagt, der ich aber nicht immer bin.«

Dieser verwöhnte, kränkliche Sohn vermögender Eltern im Paris der Jahrhundertwende zeigt schon früh ein ausgeprägtes Interesse für die Künste, eine Neigung, die er später in den großbürgerlichen und aristokratischen Pariser Salons kultivieren wird. Außerhalb dieses Lebensraumes spielen nur die nähere Umgebung, Combray, Balbec, Doncières, Tansonville – Kleinstädte in der Normandie –, und ausnahmsweise einmal Venedig eine Rolle. Seine gefährdete Gesundheit macht das Kind zum umhegten Mittelpunkt der Familie; die Großmutter, die Mutter und das ältliche Dienstmädchen Françoise wetteifern in zärtlicher Fürsorge. Sein Leiden zwingt den Heranwachsenden zu verschiedenen Sanatoriumsaufenthalten, und der Schmerz, mit dem er schon früh in Berührung kommt, begleitet ihn später in verwandelter, sublimierter Form, vor allem in seiner durch Eifersucht vergifteten Liebe zu Albertine. Nachdem sie ihn zunächst abgewiesen hat, gewinnt er schließlich ihr leidenschaftsloses Interesse. Er trägt sich vorübergehend mit dem Gedanken, sie zu heiraten, um sie von ihrem ›Laster‹ – er vermutet, dass Albertine Lesbierin ist – zu heilen. Der ewigen Auseinandersetzungen müde, hält er sie schließlich als seine Gefangene, um sie ganz als »Besitz« zu haben.

Eines Tages kann Albertine entfliehen. Nach verzweifeltem vergeblichen Suchen muss er erfahren, dass sie bei einem Unfall ums Leben gekommen ist. In diesem Augenblick des quälenden Zweifels – der Verzweiflung an sich selbst – entdeckt Marcel seine dichterische Berufung, die ihn am Ende des Werkes den Plan fassen lässt, den der Roman inzwischen realisiert hat. Dergestalt repräsentiert die Marcel-Figur den Künstler, dessen Lebenslauf einerseits Aspekte einer Bildungs- und Entwicklungsgeschichte aufweist, andererseits indes als zielloser Weg erscheint, der die Berufung auf den wunderbaren Zufall der »unwillkürlichen Erinnerung« zurückführt.

Das ist der dünne Faden der mit dem Erzähler unmittelbar verbundenen Handlung, mit der sich noch viele andere Handlungsstränge und Episoden und die verschiedenen Motive und Themen einer musikalischen Komposition verknüpfen. Sie dehnen sich wie konzentrische Kreise zu beinahe selbständigen Romanen im Roman aus. So entsteht eine komplexe dichterische Welt voll verschlungener und verflochtener Wechselbeziehungen, die eine erste Annäherung zwar erschweren, aber die Dichte und ästhetische Faszination des Werkes erhöhen. Proust entwirft eine individuelle Lebensgeschichte und zugleich einen großen Gesellschaftsroman, darin Balzac ähnlich, der in seiner *Comédie humaine* ein ganzes fiktives Universum gegenüber der Wirklichkeit geschaffen hatte. In der Welt der *Recherche* begegnen dem Leser vielfältige Personen, die zudem häufig aufgegeben und erst nach Hunderten von Seiten wieder eingeführt werden.

Dabei meidet Prousts Werk jede Tendenz zu naturgetreuer Reproduktion im Sinn des traditionellen psychologischen Romans: »Die Größe der wahren Kunst [...] lag darin beschlossen, jene Wirklichkeit, von der wir so weit entfernt leben, wiederzufinden, wieder zu erfassen und uns bekannt zu geben, die Wirklichkeit, von der wir uns immer mehr entfernen, je mehr die konventionelle Kenntnis, die wir an ihre Stelle setzen, an Dichte und Undurchdringlichkeit gewinnt, jene Wirklichkeit, ohne deren wahre Kenntnis wir am Ende noch sterben und die doch ganz einfach unser Leben ist.«

An der Spitze der gesellschaftlichen Pyramide seiner Welt steht eine Aristokratie, deren Verfall und langsame Auflösung Proust fasziniert, obwohl er sie doch in dem deutlichen Bewusstsein beschreibt, dass diese Klasse nur noch ein »Reich des Nichts« ist. Hierher gehören der Herzog Basile de Guermantes, seine Gattin Oriane, Cambremer, Norpois, Robert de Saint-Loup und vor allem die dominierende Gestalt eines Bruders des Herzogs, des Baron de Charlus, die großartige Verkörperung eines ästhetisierenden, aber zugleich in seiner ethischen Morbidität fragwürdigen Dandytums.

Dieser Aristokratie steht ein Großbürgertum mit starkem jüdischem Einschlag gegenüber: der künstlerisch veranlagte, sensible Swann, dann Vater und Sohn Bloch, die ein Gegengewicht zum Clan der Familie Verdurin bilden. Die politische Konkurrenz beider Klassen ist, im Rahmen strenger Spielregeln, auf das Niveau rivalisierender Salons zurückgefallen, in denen sich die Bourgeoisie mit der intellektuellen Elite zu verbinden sucht. So gehört etwa der berühmte Arzt Cottard zum Kreis der Madame Verdurin, der es die politischen und gesellschaftlichen Umwälzungen im Gefolge der nahezu

15 Jahre andauernden Dreyfus-Affäre und des Ersten Weltkrieges möglich machen, einen Prince de Guermantes zu heiraten – wie überhaupt am Schluss des Werkes eine Reihe von Ehen zwischen beiden Schichten entstehen, die zu Beginn noch undenkbar gewesen wären. Der soziologische Hintergrund des Romans demonstriert also die fortschreitende Vermischung beider Gesellschaftsklassen unter dem Einfluss der Zeit.

Als unabhängige Gruppe führt Proust, der selbst immer wieder die Frage nach der weltverwandelnden Kraft des produktiven Geistes umkreist, eine Reihe von Künstlern ein: den großen Maler Elstir, den Schriftsteller Bergotte, die Schauspielerin Berma und den Musiker Vinteuil. Diese politisch-gesellschaftliche Schichtung setzt Proust, dem man die ausschließliche Darstellung einer dekadenten, ästhetisierenden Oberschicht und ihrer snobistischen Ideologien vorgeworfen hat, einer zwar nicht expliziten, aber doch deutlichen Kritik aus, die in gesellschaftlich bedingten und verhärteten Verhaltensweisen wie Lüge, Heuchelei, Verstellung und Entfremdung die Zeichen individueller Repression aufspürt. Diese Kritik verbindet sich zudem noch mit der für Proust charakteristischen Einsicht in die prinzipielle Unerkennbarkeit des ›Anderen‹: »Der Mensch ist das Wesen, das die anderen nur in sich selber kennt, das nicht aus sich heraus kann und lügt, wenn es das Gegenteil behauptet.«

Auf seiner Entdeckungsfahrt in die unbekannten Tiefen der Erinnerung ist es Proust unmöglich, im Voraus ein Material zu ordnen, das sich ihm erst beim weiteren Schaffensvorgang enthüllen kann. Ein solcher Prozess ist mit keiner vorgegebenen, von außen an das Werk herangetragenen Konstruktion kompatibel. Dieses Universum, in dem jedes Ding sich fortwährend, wie im Schein einer Laterna magica, in unzählige farbige Schatten- und Lichtnuancen auflöst, kann offensichtlich nur festgehalten werden, wenn man die geschlossene Einheit des traditionellen Kunstwerks preisgibt. Die problematisch gewordene Einheit der *Recherche* wird lediglich durch die Fiktion des Erzählers selbst erreicht, eines Ichs, das den gesamten Roman zusammenhält.

Die Erforschung der Vergangenheit als Erinnerung, der Gewohnheit und Vergessen entgegenarbeiten, wird durch optische, Geruchs- und Gehöreindrücke in Gang gebracht. Das wohl berühmteste Beispiel, die »Madeleine«-Episode, beschreibt, wie das Aroma eines in Lindenblütentee getauchten Gebäcks die bei der Tante Léonie in Combray verbrachte Jugendzeit wieder heraufbeschwört. Um diese im Unterbewusstsein versunkene Welt wiederzufinden, geht Proust systematisch vor. Der Prozess des Wiederheraufholens stellt sich in drei Momenten dar: Seine erste Stufe ist das Erinnern, wobei Erinnerung wiederum als die durch zufällige Sinneseindrücke ausgelöste, ›intuitive‹ (im Gegensatz zur geläufigen ›logischen‹) Erinnerung zu verstehen ist. Nur auf dem Weg über diese Gefühlserinnerung kann längst Vergessenes wiederbelebt werden. Das geschieht auf dieser ersten Stufe durch »Illumination«, die blitzhafte Erleuchtung durch den Geschmack der »Madeleine«. Dieses zufällige Aufblitzen führt Proust dann zur verstandesmäßigen Bewältigung und Ausdehnung des Bewusstseinsinhaltes, und so folgt auf die »Illumination« die zweite Stufe, die Analyse. Die dritte Stufe fordert endlich die Formung, den Ausdruck. Die erinnerten Zustände in ihren vielfältigen Bezügen müssen mit Worten bewältigt und in Form übersetzt, also neu erschaffen werden. Beinahe jede dichterische Aussage durchläuft bei Proust diese drei Phasen.

Über allem aber steht der zentrale Begriff der Zeit. Im Roman wirkt sich Zeit zunächst so aus, dass der äußere Raum – Paris und einige Orte der Umgebung – unverändert bleibt, die Entwicklung der geschichtlichen Welt jedoch fortschreitet. Das Wirken der Zeit erfährt der Leser en passant als einen mediengeschichtlichen Wandel: Elektrizität verbannt die alte Petroleumlampe, das Auto löst die Kutsche, das Flugzeug den Ballon ab. Diese Beobachtungen Prousts bleiben keineswegs oberflächlich, denn sie lassen implizit die allmähliche Umschichtung der Gesellschaft deutlich werden. Aber der Autor geht weiter: Wenn das Vergangene die Fähigkeit hat, im Gedächtnis wieder aufzuleben – und zwar in freier Abfolge und in vielschichtigen Überlagerungen –, so entzieht es sich unserem geläufigen, mathematisch fixierten Zeitbegriff. Die spontan rückerinnerte Vergangenheit strömt in die Gegenwart ein; fast immer ist es ein unwillkürlicher Gedächtnisakt, der das erinnerte, frühere Ich zurückbringt. Nicht die äußere, chronometrisch messbare Zeit hat Bedeutung, sondern ausschlaggebend ist allein die seelische Wirklichkeit, die innere Zeit. Fallen beide im Moment seltener Identität von Gegenwart und Vergangenheit zusammen, so leuchtet jenes »kleine Quantum reiner Zeit« auf: »Eine aus der Ordnung der Zeit herausgehobene Minute hat in uns, damit er sie erlebe, den von der Ordnung der Zeit freigewordenen Menschen wieder neu erschaffen.«

Da diese fortwährend neu erschaffene innere Zeit auch die Substanz unseres Ichs ist, sieht sich Proust notwendig auch zur Auflösung des herkömmlichen psychologischen Persönlichkeitsbegriffes gezwungen, wodurch der Autor zum Wegbereiter eines in der Postmoderne voll erkannten Zerfalls des Subjekts wurde. Die Geschichte Swanns zeigt besonders deutlich die Vielschichtigkeit und Disparität der Persönlichkeit, in der einzelne Bewusstseinslagen verschiedener Vor-Bilder zusammenfließen. Das führt u. a. zum oben erwähnten Verzicht auf abbildende Darstellung, im Gegensatz etwa zu Balzac. Von der schlafenden Albertine sagt Proust:

»Mir, der ich mehrere Albertinen in einer einzigen kannte, kam es vor, als sähe ich noch viele andere ebenfalls neben mir ruhen [...]. Jedesmal, wenn sie den Kopf bewegte, schuf sie eine neue, für mich oft ganz ungeahnte Frau. Es schien mir, als besäße ich nicht nur eines, sondern zahllose junge Mädchen.«

Die Fluchtbahn der verschiedenen Bilder führt an die Grenze der Unerkennbarkeit selbst der nächsten Person, der Geliebten. »Sogar bei einem Wesen, das sich selbst unaufhörlich ablöst, schafft das Gedächtnis so etwas wie eine Identität.« Und so gelangt Proust zur Konzeption einer Psychologie der Zeit und in der Zeit, die diese verschiedenen Momente des atomisierten Individuums auffängt: »Wie es eine Geometrie im Raume gibt, gibt es auch eine Psychologie in der Zeit, in der die Berechnungen einer Oberflächenpsychologie nicht mehr stimmen würden, weil man darin die Zeit und eine ihrer Formen, die sie annimmt, nämlich das Vergessen, nicht genügend berücksichtigt hätte – das Vergessen, dessen Macht ich zu spüren begann und das ein so gewaltiges Werkzeug der Anpassung an die Wirklichkeit ist, weil es allmählich in uns die überlebende Vergangenheit zerstört, die zu jener in beständigem Widerspruch steht.«

Proust entwickelt mit bewundernswerter Genauigkeit Grenzbereiche und Nuancen menschlicher Empfindungen und Gefühle, er entdeckt ihre Wandelbarkeit, ihre Verwirrungen, ihre Unaufrichtigkeit und Mehrdeutigkeit ebenso wie ihren Adel. Er legt die irrationale Motorik des Trieblebens bloß und beschreibt die Liebe in all ihren Erscheinungsformen, vom ersten zarten Erwachen bis zur Hölle der von Eifersucht getriebenen Leidenschaft. Es gelingt ihm, flüchtigste Gefühlsübergänge, die sich bisher der sprachlichen Darstellung entzogen, zu erfassen und hinter alltäglichsten Vorgängen die »Essenz der Dinge« aufleuchten zu lassen. Die sinnliche Wahrnehmung, auf die sich Proust konzentriert und die eine mikroskopisch präzise stilistische Darstellung erforderlich macht, verschmilzt augenblicklich mit einer seelischen Empfindung.

Diese Genauigkeit nötigt Proust zur Häufung von Epitheta, zum Heranholen immer neuer Spezifikationen; so spricht er etwa vom »klebrig faden, vibrierenden, unbekömmlichen und doch fruchtig vollen Geruch einer geblümten Bettdecke«. Stil und Satzrhythmus vollziehen das Strömen der Erinnerung mit. Die Sätze sind oft überlang, bis zur Unentwirrbarkeit verflochten, zum Zerreißen gedehnt, dann aber doch meisterhaft zu Ende geführt.

In einem bemerkenswerten Symmetrieverhältnis stehen der erste Band der *Suche nach der verlorenen Zeit* und der letzte Band *Die wiedergefundene Zeit*. Der Anlass, der bei Marcel die blitzartige, schockhafte Erkenntnis der ihm gestellten Aufgabe auslöst, ist einfach genug: Bei einem Empfang im Hause der Herzogin von Guermantes sieht er nach vielen Jahren frühere Bekannte wieder. Der gealterte d'Agencourt macht für ihn plötzlich die Zeit sichtbar, er ist »gleichsam eine Offenbarung der Zeit«. Die Gäste erscheinen dem Erzähler wie »eine Puppenmaskerade, übergossen von den nichtstofflichen Farben der Jahre, Puppen, die die Zeit nach außen treten lassen, die Zeit, die gewöhnlich nicht sichtbar ist, die, um sichtbar zu werden, nach Körpern sucht und überall da, wo sie sie findet, sich ihrer bemächtigt«. In einsamer Meditation in der Bibliothek findet er unter dieser Erschütterung den Begriff der Zeit wieder, einer Zeit, die sich vom Zifferblatt ablesen lässt. Wenn aber der Tod das allgemeine Gesetz allen Lebens ist, gibt es doch etwas, das er verschonen muss: das Kunstwerk. Diese Entdeckung verleiht dem angespannten Kreisen des Erzählers im Labyrinth der Erinnerung nachträglich seine Bedeutung. Er hat auf diese Weise die »der Zeit entzogenen Fragmente des Daseins« wieder gefunden und kraft der Erinnerung die verlorene Zeit der Vergangenheit entrissen.

Die *Recherche* ist als Kunstwerk zugleich eine Theorie des Kunstwerkes, das in Abweichungen und Verschiebungen die Grenzen der vor allem in *Le temps retrouvé* entworfenen Poetik immer wieder infrage stellt, das die literarische Produktion selbst zum Thema macht und das nicht zuletzt die Aufmerksamkeit auf das Schreiben als prinzipiell unabschließbaren Prozess lenkt. In welchem Grade Prousts Romanzyklus als Summe sämtlicher Vortexte durch eine fundamentale Offenheit und Unabschließbarkeit charakterisiert ist, hat die neuere Forschung in Zusammenhang mit der intensiv betriebenen Manuskriptforschung und insbesondere der Erschließung der Skizzenhefte *(Cahiers)* nachgewiesen. Unter diesem Vorzeichen erscheint das Universum der *Recherche* als ein jeder Totalisierung abholdes, multiples und fragmentarisches Zeichensystem, das über die Funktion der Zeichen und die Möglichkeiten ihrer Entzifferung reflektiert.

In *Le temps retrouvé* spricht der Erzähler im Blick auf sein Leben und das Buch, das zu schreiben er beabsichtigt, von einem »inneren Buch mit unbekannten Zeichen«, dessen Lektüre nur als ein »Schöpfungsakt« möglich sei. Das kreative Spannungsverhältnis zwischen dem Akt des Lesens und dem Prozess des Schreibens kennzeichnet nicht nur Prousts Methode, es verweist auch auf einen wesentlichen Aspekt einer Schreibweise, die sich selbst »als eine Form des Ins-Werk-Setzens einer Ästhetik der Lektüre begreift« (V. Roloff).

Diesem Strukturprinzip des ›offenen Kunstwerks‹, eines Schreibens ohne Ende, das letztlich nur mit dem Tod des Verfassers aussetzen konnte, trägt die zwischen 1987 und 1989 erschienene Neuausgabe der *Recherche* in der Bibliothèque de la Pléiade zumindest teilweise Rechnung. Entwürfe, Notizen und bislang nicht zur Kenntnis genommene Autorkorrekturen werden berücksichtigt und somit verschiedene Möglichkeiten des keineswegs definitiv zu nennenden Romantextes vorgestellt, um im Interesse einer neuen Akzeptanz des Fragmentarischen der Tendenz einer von Proust nicht mehr intendierten Einheit und Verbindlichkeit des Werkcharakters entgegenzusteuern.

■ Ausg.: Auf der Suche nach der verlorenen Zeit, 7 Bde, Frankfurter Ausgabe, Hg. L. Keller, 1994–2002.

■ Lit.: V. Roloff: Werk und Lektüre. Zur Literarästhetik von M. P., 1984. ■ H. R. Jauss: Zeit und Erinnerung in M. P.s ›A la recherche du temps perdu‹, 1986. ■ U. Link-Heer: ›A la recherche du temps perdu‹ und die Form der Autobiographie, Amsterdam 1988. ■ J. Theis: Individuum und Individualität in M. P.s ›A la recherche du temps perdu‹ und Robert Musils ›Der Mann ohne Eigenschaften‹, 2004.

Herbert Müller / KLL

Raymond Queneau

▪ geb. 21. 2. 1903 Le Havre (Frankreich)
▪ gest. 25. 10. 1976 Paris (Frankreich)

Bankbeamter und Handelsvertreter; Militärdienst in Algier und Marokko; 1924 Mitglied der Surrealisten, 1929 Bruch mit ↗ Breton; Verlagslektor, seit 1936 Verlagschef bei Gallimard; 1954 Leitung der Encyclopédie de la Pléiade; 1951 avantgardistisches Collège de Pataphysique; Begründer der Dichtergruppe Oulipo; Romane, Gedichte, experimentelle Prosa.

▪ Ausg.: Œuvres complètes, Hg. C. Debon, 1989 ff.
▪ Lit.: M. Lécureur: R. Q. biographie, 2002. ▪ M. Bourdette-Donon: Q. Le trouvère polygraphe, 2003.

Exercices de style

(frz.; *Stilübungen*, 1964, L. Harig, E. Helmlé) – Die 99 kurzen Prosastücke der 1947 erschienenen Sammlung sind sprachliche Variationen über ein erzählerisches Thema. Sie beschreiben, jeweils unter einem bestimmten syntaktischen, zeitlichen oder stilistischen Aspekt, einen ebenso banalen wie verwandlungsfähigen Sachverhalt, den die erste Fassung – »Notations« (Anmerkungen) – folgendermaßen mitteilt: »Im Autobus der Linie S, zur Hauptverkehrszeit. Ein Kerl von etwa sechsundzwanzig Jahren, weicher Hut mit Kordel anstelle des Bandes, zu langer Hals, als hätte man daran gezogen. Leute steigen aus. Der in Frage stehende Kerl ist über seinen Nachbarn erbost. Er wirft ihm vor, ihn jedes Mal, wenn jemand vorbeikommt, anzurempeln. Weinerlicher Ton, der bösartig klingen soll. Als er einen leeren Platz sieht, stürzt er sich drauf. Zwei Stunden später sehe ich ihn an der Cour de Rome, vor der Gare Saint-Lazare, wieder. Er ist mit einem Kameraden zusammen, der zu ihm sagt: ›Du solltest dir noch einen Knopf an deinen Überzieher nähen lassen.‹ Er zeigt ihm, wo (am Ausschnitt) und warum.«

Was der Autor in den folgenden achtundneunzig »Stilübungen« zu demonstrieren versucht, ist die prinzipielle Offenheit dieses einfachen ›Tatbestandes‹ für Sprachspiele aller Art. Einem großen Teil der Variationen liegt die Absicht zugrunde, das Thema mit einem speziellen, auf fest umrissene Anwendungsbereiche beschränkten Vokabular zu erfassen. Der ursprüngliche Sachverhalt wird dabei in analoge, metaphorische Beziehungen übersetzt und in einigen Abschnitten völlig unkenntlich gemacht – so etwa ›botanisch‹: »Nachdem ich unter einer vortrefflich aufgeblühten Sonnenblume nahezu ausgedorrt war, pflanzte ich mich auf einen Kürbis, der unterwegs war nach dem Felde Perret. Dort grabe ich eine Schwarzwurzel aus, deren Stängel in Samen geschossen war und auf deren Birne eine lianenumschlungene Melone saß. Später fasste er (der Spargel) eine Linse in Höhe seiner Mandelblüte ins Gerstenkorn«. Oder ›medizinisch‹: »Nach einer kleinen heliotherapeutischen Sitzung fürchtete ich, in Quarantäne zu kommen, stieg jedoch schließlich in eine mit Bettlägerigen belegte Ambulanz [...].«

Diesen Variationen, die ein eng umgrenztes Wortreservoir ausschöpfen – z. B. gastronomische, geruchliche, geschmackliche, visuelle, auditive, taktile, philosophische, mathematische, zoologische Wortfelder –, stehen andere gegenüber, die traditionelle rhetorische Stilfiguren (Verdoppelung, Polyptoton, Litotes) oder dialektgebundene Sprachformen (Hellenismen, Küchenlatein, Anglizismen, Javanisch, Italianismen) durchspielen, einige, die sich konsequent einer bestimmten Erzählzeit bedienen (Präsens, Plusquamperfekt, Perfekt), und schließlich mehrere, die sogar vor dem Wort als letzter Einheit nicht haltmachen und Buchstaben- und Wortpermutationen (mit wechselnden ›Codes‹), Konsonantenversetzungen, Synkopen und Neologismen der Wortbildung und -zusammensetzung anwenden. Hier schließt sich Queneau experimentellen Richtungen der modernen Literatur an, die, teilweise mit Hilfe von programmgesteuerten elektronischen Rechnern, statistische Kriterien der Wortselektion ausgearbeitet haben.

Die parodistisch-spielerische Absicht tritt deutlicher zutage in den Nachbildungen der Autobus-Begebenheit in klassischen Vers- und Strophenformen (freier Vers, Haiku, Alexandriner, Sonett): »Mit langem Hals ein jämmerlicher Schemen, / von Hut geflochten und von Schnauze kahl, / bequemte sich zur täglich neuen Qual, / den meistens vollbesetzten Bus zu nehmen.« Sie erreicht ihren Höhepunkt in Stücken, die bestimmte Verhaltensweisen und mit ihnen verknüpfte Sprachklischees abbilden (Klappentext, ›reaktionär‹, ›weiblich‹).

Typisch für Queneau ist die Vorliebe für jene umgangssprachlichen Misch- und Reduktionsformen, die die eigentliche Literatursprache ausschließt. Der Autor unterzieht seinen Gegenstand eben jenen Prozeduren, denen Sprache heute in großstädtischen Zivilisationsmilieus ausgesetzt ist, und bietet über die spielerische und häufig polemische Absicht hinaus einen Katalog von Formulierungsmöglichkeiten, die die Sprache immer von neuem bereithält.

▪ Lit.: C. Lorente: Citation et mémoire. Q., Pérec, Bénabou, 2000.

Hans-Horst Henschen

Zazie dans le métro

(frz.; *Zazie in der Metro*, 1960, E. Helmlé) – Der 1959 erschienene Roman ist in seiner charakteristischen Mischung aus nachsurrealistischer Anarchie und unaufdringlicher Zitatenkultur Queneaus bekanntestes Werk, das bereits 1960 von Louis Malle verfilmt wurde und zu den Marksteinen der ›Neuen Welle‹ des französischen Nachkriegskinos wurde.

Die altkluge zwölfjährige Göre Zazie, in einem französischen Provinzstädtchen aufwachsend, besucht in Begleitung ihrer Mutter Jeanne Lalochère, die sich mit ihrem Liebhaber treffen will, für anderthalb Tage Paris. Schon am Bahnhof wird sie, damit die Mutter freie Bahn bei ihrem amourösen Abenteuer hat, ihrem Onkel Gabriel zur Beaufsichtigung übergeben, den sie mit vorwitzigen Fragen und frechen Bemerkungen an den Rand der Verzweiflung treibt, da sie schnell herausfindet, dass er einen ungewöhnlichen Beruf ausübt: Er tritt im Kostüm einer Sevillanerin in einem Homosexuellenlokal auf. Die anderen Bewohner des Hauses, in dem Zazie wohnt, sind kaum weniger seltsam; da sind der verrückte Wirt Turandot, der wirre Schuster Gridoux, außerdem Onkel Gabriels geheimnisvoll-sanfte Ehefrau Marceline und – unten im Haus, im Bistro Turandots – der in alle Gespräche hineinkrächzende Papagei Laverdure. Ironisch wird Paris so dargestellt, wie Zazie es sich in ihrer Erwartung ausmalte: sensationell, monströs, verrückt, und sie hält mit deftigen Kommentaren nicht zurück; alle Pariser sind »Arschlöcher«, besonders deshalb, weil die Metro, auf die sie sich gefreut hat, gerade wegen eines Streiks lahmgelegt ist. Zazie sieht auch ohne die Metro genug von Paris: Sie läuft aus Onkel Gabriels Wohnung weg, wird von einem Sittenstrolch angeredet, lässt sich von diesem ein Paar Blue Jeans kaufen, reißt ihm wieder aus, besucht mit Onkel Gabriel den Eiffelturm und macht die Bekanntschaft der nymphomanen Witwe Mouaque und des Polizisten Trouscaillon.

Je länger ihr Besuch dauert, desto mehr verwirren sich für sie die Figuren; mit verzerrter Wahrnehmung, wie im Halbschlaf oder im Traum, registriert sie noch, dass es bei der Verlobung von Charles, dem Taxifahrer und Freund Onkel Gabriels, mit der Bedienung aus Turandots Bistro zu einer riesigen Schlägerei kommt, in die die Polizei schlichtend eingreift. Völlig überdreht findet sie sich morgens um sechs Uhr im Zug in den Armen ihrer Mutter wieder; sie erinnert sich gar nicht mehr, dass sie doch noch Metro gefahren ist, aber auf die Frage ihrer Mutter, was sie denn in Paris getan habe, antwortet sie philosophisch und tiefsinnig: »Ich bin älter geworden.«

Zazies weit überfordertes Aufnahmevermögen ist das Bewusstseinszentrum dieses surrealistischen Kaleidoskops; daher die grotesken Verzerrungen und Umformungen der äußeren Wirklichkeit. Zugleich ist das Buch aber ein Roman über die Geheimnisse des modernen Paris und die Travestie eines Romans über den Generationenkonflikt; mit ihren respektlosen und amoralischen Fragen bringt Zazie ihre Umgebung in Verlegenheit und zu erschüttertem Aufseufzen über die heutige Jugend. Die Erwachsenen ihrerseits sind eine ewig plappernde, konfuse Gesellschaft – damit beschäftigt, sich gegenseitig hereinzulegen, Touristen zu neppen und sich sentimental in Erinnerungen an die Kriegszeit zu verlieren.

Als Kommentator des ganzen Geschehens fungiert der Papagei Laverdure, der bei jeder Gelegenheit krächzt: »Du quasselst, du quasselst, das ist alles, was du kannst.« Gequasselt wird auf mehreren Stilebenen, die Queneau blitzschnell wechselt: gestelzt-objektive Kunstsprache, Argot, ironisches Zitat stereotyp gewordener sprachlicher Wendungen wie die Bezeichnung der Sainte-Chapelle als »Perle gotischer Baukunst« und phonetisch getreue Wiedergabe umgangssprachlich verschliffener Sätze (»Fonwostinktsnso«: »Von wo stinkt's denn so?«).

Es ist ein Wechselbad von gesprochenem und literarischem Französisch, angefüllt mit Anspielungen auf Werke und Stellen aus den Werken von Homer, Shakespeare und ↗ Sartre, die der einfachen und vordergründigen Story eine Dimension prätentiöser Gelehrsamkeit hinzufügen.

■ Lit.: R. Barthes: Zazie et la littérature, in: Critique 15, 1959, 675–681. ■ S. Laußmann: ›Zazie dans le métro‹. Karnevaleske Komik in Roman und Film, in: Literaturverfilmungen, Hg. F.-J. Albersmeier/V. Roloff, 1989, 367–386. *Jörg Drews*

François Rabelais

- geb. 1494 Gut La Devinière bei Chinon/Touraine (Frankreich)
- gest. 9.4.1553 Paris (Frankreich)

Sohn eines Advokaten; 1511 Novize im Franziskanerorden, 1520 Mönch in Fontenay-le-Comte; 1524 Wechsel zum Benediktinerorden, Chorherr in Maillezas; um 1527 Weltgeistlicher; seit 1530 Medizinstudium in Paris und Montpellier; 1532 Arzt in Lyon; Korrespondenz mit Erasmus und Budé; 1537 Arzt in Montpellier, Doktorgrad; 1546 Flucht vor kirchlicher Verfolgung nach Metz; 1534, 1536 und 1548 Aufenthalte in Rom, Sekretär und Leibarzt von Kardinal Jean Du Bellay; 1551 Kanoniker in Meudon; erfolgreicher Romanautor, teils als Häretiker von der Sorbonne verboten; medizinische Schriften und Humanistenbriefe; schrieb den wichtigsten Roman der französischen Renaissance.

▪ Ausg.: Œuvres complètes, 2 Bde, Hg. P. Jourda, 1978–1980.
▪ Lit.: F.R. Haussmann: F.R., 1979. ▪ The R. Encyclopedia, Hg. E. Chesney Zegura, 2004.

Gargantua et Pantagruel

(frz.; *Gargantua und Pantagruel*, 1841, G. Regis) – Den heute geläufigen Kurztitel haben spätere Herausgeber dem von 1532 bis 1564 erschienenen fünfteiligen Romanzyklus gegeben, um den inhaltlichen Zusammenhang der einzelnen Teile zu verdeutlichen, die alle die merkwürdigen Abenteuer der beiden Riesen Gargantua und Pantagruel schildern. Die Originaltitel der ursprünglich getrennt erschienenen fünf Bücher sind wesentlich skurriler und weitschweifiger; so lautet der vollständige Titel des ersten Bandes: *Les horribles et espoventables faictz et prouesses du tresrenomme Pantagruel Roy des Dipsodes, filz du grand geant Gargantua, Composez nouvellement par maistre Alcofrybas Nasier* (Die schrecklichen Heldentaten von Pantagruel, König der Dipsodier und Sohn des großen Riesen Gargantua, neukomponiert von Meister Alcofrybas Nasier [Anagramm von François Rabelais]).

Anregung für die ersten beiden Bücher des Werks, das Rabelais in Lyon in Angriff nahm, war das Erscheinen eines anonymen Volksbuches, der *Grandes et inestimables croincques du grant et enorme geant Gargantua*, 1532 (Unschätzbare, bedeutende Chronik des gar gewaltigen Riesen Gargantua), von dem die Buchhändler, wie Rabelais vermerkt, in zwei Monaten mehr Bände abgesetzt hatten als *Bibeln* in neun Jahren. Dieser durch seine komischen Züge volkstümliche Abenteuerroman, in dem ein anonymer Autor Elemente der Artusepik und mittelalterlichen Volksdichtung (Riesenmärchen) miteinander verbindet, beschreibt die geheimnisvolle Herkunft und die kuriosen Heldentaten des Riesen Gargantua, dessen Pferd mit einer Bewegung seines Schweifes ganze Wälder verwüstet. Als Artusritter besiegt Gargantua das Volk von Gog und Magog, ferner Iren und Holländer, wobei er Gefangene in seinem durch Karies ausgehöhlten Zahn verstaut. Rabelais präsentiert sein Werk als eine Fortsetzung der Gargantua-Geschichte aus »demselben Guß« wie das Volksbuch.

Die Herkunft des Namens Pantagruel – in einem spätmittelalterlichen Mysterienspiel der Name eines kleinen Teufels, der den Menschen während des Schlafs Salz in den Mund streut, um sie durstig zu machen – deutet an, dass Rabelais weitere literarische Quellen benutzt hat, neben der französischen Epik und Dramatik des Mittelalters vor allem antike und neuere italienische Werke, Lukians Satiren und heroisch-komische Epen wie Pulcis *Morgante* und Folengos *Baldus*.

Das Grundschema entspricht dem Aufbau eines mittelalterlichen Abenteuerromans. Geschildert werden die wunderbare Geburt, Erziehung und Waffentaten des riesenhaften Helden Pantagruel. Bereits die Genealogie (eine Parodie der langen biblischen Ahnenlisten) sprengt den vernünftigen Erzählzusammenhang und bereitet den Leser vor auf die folgenden Eskapaden, Exkurse, Anekdoten, Sprachorgien und Stilparodien, all die komischen, grotesken und manchmal absurden Einfälle, die den Hauptteil eines Werks ausmachen, das jeder Nacherzählung zu spotten scheint. Der traurige Vorfall, dass Gargantua bei der Geburt seines Sohnes Pantagruel seine Frau Badebec verliert, ist Anlass, ein sophistisches Problem zu erörtern: Gargantua, der »zwischen zwei Gefühlen wie die Maus in der Falle zappelt«, weiß nicht, ob er über den Tod seiner Frau weinen oder über die Geburt des Kindes lachen soll. Nach einigem Zögern heult er zuerst »wie eine Kuh«, lacht dann aber »wie ein Kalb« aus Freude über seinen Sohn und lädt die Hebammen zu einem Festmahl ein.

Das Riesenkind Pantagruel zeigt sich trotz bedenklicher Gefräßigkeit und Trinklust als ein gelehriger Schüler, der von dem besorgten Vater nach den Prinzipien einer fortschrittlichen Pädagogik erzogen wird. In dem berühmt gewordenen Brief Gargantuas an seinen Sohn (Kap. VIII) bekennt sich Rabelais zu den Idealen der Renaissance, denen er als Naturwissenschaftler und Humanist selbst verpflichtet war. Mit der Begeisterung für die Künste und Wissenschaften, die Frankreich ergriffen hat, empfiehlt Gargantua seinem Sohn die harmonische und universale Ausbildung nach dem Vorbild der Antike, die gleichmäßige Übung von Körper und Geist, das Studium möglichst vieler Fakultäten, Sprachen und Künste. Die Beschreibung der zu seiner Zeit bedeutenden Bibliothek von Saint-Victor in Paris, die Pantagruel besucht, lässt indessen jede humanistische Ehrfurcht vor den Büchern vermissen: In einer ausführlichen Liste der dort vorhandenen, meist theologischen Werke sind sämtliche Titel ins Komische, zum Teil Obszöne verdreht (VII).

In Paris trifft Pantagruel einen heruntergekommenen Scholaren, der ihn durch die Kenntnis von sieben bekannten und noch einigen selbsterfundenen Sprachen verblüfft: Panurge (griech. panurgos, etwa: der mit allen Wassern Gewaschene), »ein Tunichtgut, Falschspieler, Zechbruder und Räuber wie nur je einer zu Paris, im übrigen aber der beste Mensch auf der Welt«, ist von diesem Augenblick an Pantagruels Freund und die vielleicht wichtigste Figur in Rabelais' Werk, ein komplexer Charakter, ein ebenso gelehrter Mann wie verschlagener Schelm, liebenswürdig und grausam zugleich, höfisch gebildet und ordinär, eine im Gegensatz zu dem eher biederen Pantagruel ›hermetische‹, undurchschaubare Figur, die den Leser durch immer neue Streiche zugleich verärgert und amüsiert. Bei einer pantomimischen Zeichen-Disputation mit einem englischen Theologen (einer Parodie auf die scholastischen Streitgespräche) siegt Panurge, indem er den Gegner durch unanständige Gesten verwirrt; nicht weniger unverschämt sind die Streiche, die er einer vornehmen Dame spielt, die ihn abgewiesen hat.

Die Pariser Studentenabenteuer werden jäh unterbrochen, als Pantagruel, von seinem Vater gerufen, in den Krieg gegen »Loup Garou« und seine Riesen eingreifen soll. Die grausig-komischen Kämpfe, in denen Pantagruel Sieger bleibt, haben ein merkwürdiges Nachspiel: Der tote Epistemon, ein Gefährte Pantagruels, wird durch die magischen Künste Panurges wieder zum Leben erweckt und berichtet von seinem Aufenthalt in der Hölle (XXX) – fast eine Parodie auf die biblischen Auferstehungsberichte. Am Ende des Pantagruel-Buches erlebt der Erzähler und Weggefährte Alcofrybas »die Welt in Pantagruels Mund«, in dem ganze Landschaften mit Gebirgen und Städten verborgen sind. Das schon bei Lukian und in den Volksbüchern auftauchende Motiv hat Rabelais auf seine Weise gestaltet: Die »neue Welt«, die der verwunderte Autor im Munde des Riesen vorfindet, ist so alltäglich wie die nur allzu bekannte wirkliche Welt – absurde Farce und ein ernüchternder Realismus liegen bei Rabelais eng beieinander.

Das 1534 erschienene zweite Buch, *Gargantua. La vie inestimable du grand Gargantua, pere de Pantagruel, iadis composee par L'abstracteur de quinte essence. Livre plein de pantagruelisme* (Gargantua. Das unglaubliche Leben des großen Gargantua, Vater Pantagruels, verfasst vom Abstraktor der Quintessenz. Ein Werk voller Pantagruelismus), ist nicht die Fortsetzung des ersten. Es bringt vielmehr die Vorgeschichte des Pantagruel-Buchs und steht daher in allen späteren Ausgaben am Anfang des Gesamtwerks. Sein Aufbau ähnelt dem des *Pantagruel.* Gargantua, der durch das linke Ohr Gargamellas zur Welt kommt (Anlass zu der Bemerkung, dass der Leser das Unwahrscheinliche ruhig glauben darf, »denn die Sorbonnisten behaupten, daß der Glaube Beweis sei für das Unwahrscheinliche« – ein Zusatz, den Rabelais 1542, vorsichtiger geworden, strich) und mit Wein gesäugt wird, verbringt die ersten Jahre, wie die übrigen Kinder seines Landes, abwechselnd mit Essen, Trinken und Schlafen, vor allem aber mit Trinken.

Durch den Lateinunterricht bei dem »Doctor theologiae« Holofernes, streng nach scholastischer Methode, wird Gargantua so blöde, dass ihn der enttäuschte Vater zum Studium nach Paris schickt. Zwischen den üppigen, dem Riesenbauch Gargantuas angemessenen Mahlzeiten bleibt indessen nur wenig Zeit für den Besuch der von Rabelais verspotteten Sorbonne: »Pro Tag studierte er eine schwache halbe Stunde, die Augen starr aufs Buch geheftet; aber seine Seele war, wie der Komödiendichter sagt, in der Küche« – oder mit dem Ersinnen neuer Unterhaltungsspiele beschäftigt, von denen der Dichter in einer seiner lexikographischen Orgien nicht weniger als 217 namentlich aufzählt (XXII). Erst durch den Einfluss des fortschrittlichen Pädagogen Ponokrates legt Gargantua die »verkehrte Lebensart« ab (XXIII), verlässt diesen aber bald wieder, um seinen Vater Grandgosier zu unterstützen, der in einen der Ursache nach lächerlichen, aber durchaus handfesten Krieg mit dem Nachbarn Picrochole verwickelt ist. Der eifrigste Kämpfer auf der Seite Gargantuas ist Frère Jean des Entommeures, ein mutiger, robuster, lebenslustiger und nicht sehr frommer Mönch.

Zur Belohnung seines unermüdlichen Einsatzes erhält dieser Bruder von Gargantua die Abtei Thélème (griech. thelema: Wille, Wunsch), ein vornehm ausgestattetes, einem Idealschloss ähnliches ›Anti-Kloster‹, ein Wunschbild selbstbestimmten Zusammenlebens, dessen einzige Regel nach der Devise des Erbauers Gargantua lautet: »Tu, was du willst.« Trotz dieser ganz auf das Individuum und seine Bedürfnisse ausgerichteten, nahezu anarchistischen Regel leben die Mitglieder der Gemeinschaft in uneingeschränkter Harmonie.

Besonders im dritten Buch, *Tiers livre des faictz et dictz heroiques du noble Pantagruel,* 1546 (Drittes Buch der Heldentaten und Meinungen des edlen Pantagruel), spielt der Gedanke der Willensfreiheit eine entscheidende Rolle. Zu Beginn überlegt Panurge, ob er nicht heiraten solle, aber die Furcht, betrogen zu werden, und Zweifel, ob seine Ehe glücklich verlaufen werde, lassen ihn zu keinem Entschluss kommen. Von seiner Ängstlichkeit und Willensschwäche selbst geängstigt, konsultiert Panurge nacheinander einen Philosophen, Mediziner, Juristen, Theologen, Okkultisten, sogar ein Orakel und einen Hofnarren; doch der Versuch, sich gegen die Fährnisse der Ehe abzusichern, wird jedes Mal ad absurdum geführt. Die scheinbar nichtssagende Antwort des Sophisten Trouillogan auf Panurges nun schon resignierte Frage »Was soll ich tun?« – »Was du willst!« – enthält die Quintessenz dieses Buches, nämlich die Einsicht, dass nur der selbstbewusste Wille die Zukunft meistern kann. Nach zahlreichen Abschweifungen des Erzählers – wie dem Besuch bei dem hoch angesehenen Richter Bridoye, der nach langem Aktenstudium seine Prozesse mit dem Würfel entscheidet – endet der dritte Teil mit den Vorbereitungen auf die große Reise zu einem Orakel, der »Göttlichen Flasche« (»Dive Bouteille«), das die Heiratsfrage endgültig lösen soll.

Das vierte Buch, *Le quart livre des faictz et dictz heroiques du noble Pantagruel*, 1552 (Viertes Buch der Heldentaten und Meinungen des edlen Pantagruel), schildert die sonderbaren Erlebnisse Pantagruels und seiner Gefährten auf der Schiffsreise zu besagtem Orakel. Einige Episoden zeigen den Einfluss der kurz vorher erschienenen Reiseberichte des Seefahrers Jacques Cartier; das meiste jedoch entspringt der krausen Phantasie Rabelais', der in diesem Buch noch weniger als in den vorangegangenen einem planvollen Handlungsablauf zu folgen scheint. Die Inselabenteuer sind oft nur Vorwand für scharfe Satiren, die mehr als in den ersten Büchern zur bitteren Anklage werden: gegen religiösen Fanatismus, die römische Kurie und die Justiz.

Zu den Meisterstücken der Sprachkunst Rabelais' gehört die Beschreibung eines Seesturms (eine Sturzflut von Worten, in denen der Leser selbst zu ertrinken droht), dem Pantagruel und seine Mannschaft nur mit knapper Not entrinnen (XVIII ff.). Das umfangreiche und bizarre vierte Buch bricht unvermittelt ab, ohne dass die Reisenden das Ziel, das Orakel der »Göttlichen Flasche«, erreicht haben.

Der Anteil Rabelais' an dem fünften Buch, das unvollständig mit dem Titel *L'Isle sonante*, 1562 (Die tönende Insel), und endgültig als *Le cinquiesme et dernier livre des faicts et dicts heroiques du bon Pantagruel*, 1564 (Füntes und letztes Buch der Taten und Meinungen des guten Pantagruel), elf Jahre nach dem Tod des Dichters erschien, ist umstritten. Einige Teile können aus historisch-chronologischen Gründen nicht von Rabelais stammen; vieles spricht aber dafür, dass er Entwürfe für den Fortgang seines Romans hinterlassen hat, die ein geschickter Bearbeiter mit zahlreichen Interpolationen und Ergänzungen in die vorliegende Form fasste. Höhepunkt des fünften Buches ist das feierliche Orakel der »Göttlichen Flasche«, das auf Panurges Frage, ob er heiraten solle, ein deutsches, Rabelais wohlbekanntes Wort summt: »Trinch!« (»Trinke!«). Die Priesterin Bacbuc erläutert den überraschenden Spruch: »Deutet Euer Vorhaben selbst.«

Rabelais wählt die offene und bewegliche Form des Romans, den er »chronique« oder »histoire« nennt, aber nicht nur, um seiner unbändigen Erzählfreude frönen zu können, sondern auch in der Absicht, unter dem Deckmantel der unterhaltsamen Geschichte möglichst viele Erscheinungen seiner Zeit kritisch darzustellen: Der politische, soziale, religiöse und wissenschaftliche Aufbruch der französischen Renaissance ist, wenn nicht das eigentliche Thema, so doch der durch eine Fülle von Anspielungen lebendige Hintergrund des Romans.

Auf der Suche nach dem Kern des Werks sind denn auch die vielen Interpreten, dem Rat der Priesterin folgend, recht eigenwillige Wege gegangen und zu gegensätzlichen Auffassungen gelangt. Während einige das ganze Werk nur als einen »Riesen-Spaß« im wörtlichen und übertragenen Sinn, als eine geistreiche Unterhaltung ansahen (so schon ↗ Montaigne), betonten andere den »Realismus« und die historische Bedeutung oder suchten nach einem verschlüsselten oder allegorischen Sinn; doch jeder Versuch, den Autor auf eine bestimmte politische, religiöse oder philosophische Tendenz oder eindeutige stilistische Konzeption festzulegen, ist bisher gescheitert. Das grotesk-komische Moment Rabelais' ist von dem russischen Literaturwissenschaftler M. Bachtin in seiner umfangreichen Studie *François Rabelais a lidová kultura středověku a renesance*, 1965 *(Rabelais und seine Welt)*, in neuer Weise gedeutet worden, die der Rabelais-Forschung der 1970er und 1980er Jahre den Weg weisen sollte. Das aus dem Begriff des ›Karnevals‹ (in dem der Mensch die Gottesfurcht sowie die mystische und natürliche Furcht zeitweise zu überwinden vermag) abgeleitete Lachen, bei dem die Konzeption des auf seine Extremitäten und Körperöffnungen reduzierten ›grotesken Leibs‹ eine große Rolle spielt, erreicht laut Bachtin bei Rabelais den Höhepunkt einer jahrtausendealten Tradition, bevor das Komische zunehmend in die niederen literarischen Gattungen verdrängt wird. Diese Tradition hat im antiken Mimus, der menippeischen Satire, den mittelalterlichen Fabliaux, Soties, Farces usw. mannigfaltigen Niederschlag gefunden und bedient sich einer spezifischen Formelsprache, die durch Ambivalenz und Freizügigkeit gekennzeichnet ist. Dadurch wirkt sie profanierend und befreiend zugleich.

Die ungewöhnlich starke literarische Nachwirkung Rabelais', die sich noch zu seinen Lebzeiten abzuzeichnen begann (Bonaventure ↗ Des Périers, Noël Du Fail), ließ in Frankreich im 17. und 18. Jh. nach, um in der Romantik (↗ Balzac, ↗ Gautier, ↗ Hugo, ↗ Nodier usw.) umso lebhafter wieder einzusetzen. Doch auch im 17. Jh., dem vom Standpunkt der klassischen, auf Maß und Regel bedachten Literaturtheorie aus Rabelais' Werk diffus, monströs und anstößig vorkommen musste (noch ↗ Voltaire hielt Rabelais für »extravagant«), zeigen einige der besten Dichter den Einfluss des großen Humoristen, z. B. ↗ Molière und besonders ↗ La Fontaine. In Deutschland und England fand das Werk bald durch hervorragende, wenn auch recht freie Übersetzungen begeisterte Interpreten und Nachahmer, unter ihnen Sterne und Swift, Wieland, Goethe und vor allem Jean Paul, später Arno Holz und Arno Schmidt.

▪ Lit.: M. Bachtin: R. und seine Welt, Hg. R. Lachmann, 1987. ▪ C. Durvye: Étude sur F. R.: Gargantua, 2003.

Volker Roloff

Jean Baptiste **Racine**

- geb. 21.12.1639 La Ferté-Milon/Champagne (Frankreich)
- gest. 21.4.1699 Paris (Frankreich)

Sohn eines Anwalts, mit drei Jahren Vollwaise; von den Jansenisten in Port-Royal erzogen; Philosophiestudium, Bruch mit seinen früheren Lehrern; von ↗ La Fontaine und Boileau am Hof eingeführt; Aufführung seiner ersten Tragödie durch ↗ Molière; Bruch mit Molière wegen privater Differenzen; 1672 Mitglied der Académie française; 1674 königlicher Rentmeister; persönliche Krise wegen Intrigen um seine Tragödie *Phèdre*, zwölfjähriger Rückzug von der Bühne; Hinwendung zum Glauben, erneute Annäherung an Port-Royal; 1677 Hofhistoriograph; neben Lyrik (Oden, Epigramme, geistliche Gesänge) umfangreiche dramatische Produktion; bedeutendster Tragödiendichter der französischen Klassik.

▪ Ausg.: Œuvres complètes, 2 Bde, Hg. R. Picard, 1999.
▪ Übers.: Dramatische Dichtungen und geistliche Gesänge, 2 Bde, W. Willige, 1957.
▪ Lit.: R. Barthes: Sur R., 1963. ▪ A. Le Gall: R. 2004.

La Thébayde ou les frères ennemis

(frz.; *Die feindlichen Brüder*, 1846, H. Viehoff) – Die Hauptquellen für die 1664 erschienene Tragödie waren Rotrous *Antigone* (1637) und trotz des abschätzigen Kommentars in der Vorrede die *Phoenissae* von Seneca; wie schon bei Rotrou gehen Einzelheiten auch auf Statius' *Thebais* zurück.

Jocaste befürchtet eine bewaffnete Auseinandersetzung um die Macht zwischen Polinice und König Étéocle, ihren Söhnen aus dem Inzest mit Ödipus. Étéocle gestattet ihr eine Unterredung mit Polinice. Dieser widersetzt sich der Onkel Créon in der Hoffnung, dass sich die Brüder gegenseitig töten. So glaubt er, die Herrschaft über Theben erlangen und Antigone heiraten zu können. Sein Sohn Hémon liebt Antigone ebenfalls und unterstützt auf ihren Wunsch hin Polinice. Im Gespräch mit Antigone erfährt Hémon von einem Orakelspruch, dem zufolge der letzte Spross der königlichen Rasse sterben müsse, bevor Frieden in Theben einkehren werde.

Als Polinice vor Jocaste erneut seinen Herrschaftsanspruch artikuliert, trifft die Kunde ein, Créon habe die Waffenruhe gebrochen. Vergebens opfert Ménécée, der jüngere Sohn Créons, sein Leben, um dem Willen der Götter Genüge zu tun. Der Kampf wird zwar unterbrochen, und Polinice kehrt in die Stadt zurück, doch kann die Mutter keinen Frieden zwischen den Söhnen stiften, die sich beide auf Leben oder Tod gegenüberstehen. Hémon fällt beim vergeblichen Versuch, die feindlichen Brüder zu versöhnen. Die über ihre Söhne klagende Jocaste verübt zusammen mit Antigone Selbstmord, noch bevor jene sich schließlich gegenseitig umbringen: Als sich Polinice über den niedergestreckten Bruder beugt, im Glauben, ihn erschlagen zu haben, ersticht Étéocle ihn unter Aufbietung seiner letzten Kraft. Auf die Nachricht von Antigones Selbstmord will Créon sich nun voller Schuldgefühl ebenfalls den Tod geben. Seine Wachen versuchen, ihn daran zu hindern.

Von dem grausigen Ende der Tragödie, in der immerhin sieben Menschen ihr Leben lassen müssen, hat sich Racine später distanziert: In der Vorrede zu der *Thébayde* stuft er sein Stück als »vielleicht ein wenig zu blutig« ein. Wie kein anderes seiner Stücke entstand dieses Jugendwerk unter dem Einfluss ↗ Corneilles. So steht das kriegerische Geschehen im Mittelpunkt, während sich eine Liebeshandlung nur am Rande entfalten kann. Racine schließt mit dem Aufgreifen des Ödipus-Stoffes nicht nur thematisch an Corneilles *Oedipe* (1659) an, auch der schwelgerische Ton, die politischen Erörterungen und Maximen, der Gebrauch von Stanzen und kurzer Wechselrede lassen den Einfluss Corneilles erkennen. Von dessen Tragödientradition hebt sich dieses frühe Stück Racines jedoch insofern ab, als in ihm nicht mehr, wie noch in den Dramen Corneilles, der Mensch seine Entscheidungen in Freiheit selbst treffen kann. Vielmehr zeichnet sich hier zum ersten Mal das Thema der Fatalität ab, das in Racines großen Tragödien grundlegende Bedeutung erhalten wird: Racine nähert sich hier erstmalig dem altgriechischen Schicksalsdrama an, wenn er Jocaste gegen den Willen der Götter aufbegehren lässt.

In seinem Vorwort kritisiert Racine, dass Rotrou (wie vor ihm Robert Garnier, *Antigone*, 1580) den Antigonestoff mit dem Streit der feindlichen Brüder um die Herrschaft über Theben verknüpft und so »in einem einzigen Stück zwei verschiedene Handlungen vereinigt hatte«. Daher folgte er Rotrous Werk nur bis zum dritten Akt und führte dann das Ränkespiel Créons, seine Liebe zu Antigone sowie deren Selbstmord als eigene dramatische Erfindung ein.

Möglicherweise hat Racine in seinem ersten erhaltenen Bühnenwerk den »tragischsten Stoff der Antike« auf ↗ Molières Vorschlag hin behandelt. Unzeitgemäße Konflikte und geringe dramaturgische Originalität sind deutliche Mängel des Stückes. Trotz seiner offensichtlichen Schwächen war dieser frühen Tragödie zunächst ein beachtlicher Erfolg beschieden. Die nachfolgenden großen Tragödien Racines ließen sein Erstlingswerk jedoch rasch in Vergessenheit geraten.

▪ Lit.: R.L. Myers: R.'s ›La Thébaïde‹, 1981.

Dietrich Briesemeister / KLL

Alexandre le Grand

(frz.; *Alexander der Große*, 1956, W. Willige) – Als Quellen der 1666 erschienenen Tragödie in fünf Akten, die bereits 1665 im Palais Royal uraufgeführt wurde, gibt der Autor die Alexanderbiographien von Plutarch, Curtius Rufus und Arrian sowie die *Historiae Philippicae* des Iustinos an.

Alexander nähert sich Indien, in erster Linie, um zu der von ihm geliebten Cléofile, der Schwester des indischen Herrschers Taxile, zu gelangen. Taxile und Porus, ein weiterer indischer König, werben um die Gunst der indischen Königin Axiane. Cléofile kann ihren Bruder dazu überreden, sich Alexander kampflos anzuschließen; Porus und die indische Königin Axiane drängen dagegen auf Kampf. Porus wird von Alexander besiegt, jedoch nicht getötet. Taxile macht Anstalten, sich mit Alexander bezüglich der Herrschaft über Indien zu arrangieren. Doch Axiane hetzt Taxile in einen Kampf gegen den zuvor noch favorisierten Porus. Als Taxile im Zweikampf fällt, erhält Porus von Alexander die Krone und die Hand Axianes. Alexander trägt Cléofile erneut seine Liebe an.

Das Stück war von ↗ Molières Theatertruppe mit großem öffentlichem Erfolg uraufgeführt worden. Jedoch entzog Racine, offensichtlich unzufrieden mit dieser Aufführung, Molière das Stück und ließ es im Hôtel de Bourgogne aufführen, ein Vorfall, der die beiden Autoren für immer entzweien sollte.

Trotz des großen Erfolgs beim Publikum wurde das Stück heftig von Saint-Évremonds (1614–1703) kritisiert, der Racine in seiner *Dissertation sur Alexandre de Racine*, 1666 (Abhandlung über Racines Alexander), vorwarf, er sei weder Alexander noch Porus gerecht geworden, sondern habe deren großartigen Kampf verharmlost. ↗ Corneille hingegen kritisierte an dem Stück die Dominanz der Liebeshandlung. In der Tat ist im *Alexandre* die äußere historische Begebenheit zugunsten einer inneren Verknüpfung in den Hintergrund gedrängt, da Racine das Schicksal der Völker in Abhängigkeit von den individuellen Leidenschaften der Herrscher darstellt. Indes ist gerade der Einfluss Corneilles offensichtlich: Die Milde Alexanders erinnert an die Haltung des Augustus in Corneilles *Cinna* (1642). Auch ist Racines Stil noch von preziösen Wendungen, wie sie bei Corneille zu finden sind, geprägt. Racine bricht jedoch insofern mit der Tragödientradition Corneilles, als er die individuelle Entwicklung seiner Charaktere den geschichtlichen Ereignissen überordnet. Racine verteidigte sich im 1666 gedruckten Vorwort gegen die Angriffe mit dem Hinweis, sein Stück könne »mit nur wenig Vorfällen und Stoff« das Publikum packen, das die maßgebliche Instanz zur Beurteilung von Wahrheit, Wahrscheinlichkeit und ästhetischem Wert sei.

▪ Lit.: T.C. van Stockum: Die Erstlingstragödien Corneilles und R.s und ihre antiken Vorbilder, in: Neophilologus 43, 1959, 2–16. ▪ J.W. Kirkness: The Language of R.'s ›Alexandre‹ and Its Lexical Links with ›Cinna‹ and ›Attila‹, in: French Studies 42, 1988, 33–49.

Gottfried Schwarz

Andromaque

(frz.; *Andromache*, 1986, S. Werle) – Die 1668 erschienene Tragödie in fünf Akten ist das erste namhafte Bühnenwerk Racines und stellt in dramen- und theatergeschichtlicher Hinsicht einen Wendepunkt dar. Als Quelle des Stücks zitiert Racine im Vorwort einige Verse aus Vergils *Aeneis* (III, 292–332), in denen der Hof des Pyrrhus als Schauplatz sowie die vier Hauptgestalten genannt werden. Aus der *Andromache* des Euripides ist allein das Motiv der Eifersucht Hermiones übernommen.

Andromache, die Witwe Hektors, lebt als Gefangene am Hof des Königs Pyrrhus, der mit dem Tod ihres Sohnes Astyanax droht, um sie zur Heirat zu zwingen. Hermione, die ehemalige, nun verschmähte, von rasender Eifersucht gequälte Braut des Pyrrhus, wird von Orest in hoffnungsloser Leidenschaft begehrt. Um das Leben ihres Sohnes zu retten, willigt Andromache schließlich in die Heirat mit Pyrrhus ein, fasst jedoch – um ihrem toten Gatten treu zu bleiben – den Vorsatz, sich unmittelbar nach der Eheschließung zu töten. Hermione, die zwischen Liebe und Rachsucht schwankt, treibt Orest zum Mord an Pyrrhus und erdolcht sich. Orest verfällt dem Wahnsinn.

Das Thema der Tragödie ist nicht, wie noch bei ↗ Corneille, der Konflikt zwischen Pflicht und Neigung. Die Protagonisten werden nicht von der Außenwelt, sondern einzig und allein von ihren Leidenschaften bestimmt. Die Dramaturgie wird durch das für klassische Stücke bezeichnende Prinzip der Liebeskette vorangetrieben: Orest liebt Hermione, Hermione liebt Pyrrhus, Pyrrhus liebt Andromache, Andromache liebt den toten Hektor. Jeder liebt unabdingbar, und die Lösung kann offenbar nur durch ein gewaltsames Zerreißen der Kette erfolgen. Die Möglichkeit eines freien Entschlusses, in dem Corneilles Protagonisten zu Helden von tragischer

Größe werden, ist hier ausgeschlossen. Liebe wird als schicksalhafte Macht begriffen und lässt den Akteuren keinen Handlungsspielraum. Doch gerade deshalb empfängt die Handlung ihre entscheidenden Impulse aus den Dramenfiguren selbst. Das Phänomen des Tragischen gründet damit in einer an die Protagonisten herangetragenen Schicksalhaftigkeit, die sich nicht aus dem Charakter der Individuen ableiten lässt. Racines Modernität besteht darin, dass er die Abhängigkeit des Menschen von seinen Leidenschaften von einem christlichen Schuldbegriff ablöst und als absolute Setzung begreift.

Aber auch durch sein Streben nach Einfachheit setzt sich Racine schon früh vom Theater Corneilles ab. Die kunstvolle und melodische Schlichtheit seiner neuen Bühnensprache verdrängt den pompösen, oft deklamatorischen Stil Corneilles und seiner Anhänger. Neu ist auch Racines kühne Verdichtung der Bühnenhandlung, die er fortan erst kurz vor der dramatischen Katastrophe beginnen lässt. In stärkerem Maße als Corneille folgt er damit der klassischen dramaturgischen Forderung nach der Einheit von Ort, Zeit und Handlung. Beim zeitgenössischen Publikum war das Stück umstritten: Ludwig XIV. und sein Hof verteidigten es, während die Anhänger Corneilles sich von der Heftigkeit der dargestellten Leidenschaften schockiert zeigten.

▪ Lit.: H. Weinrich: Tragische und komische Elemente in R.s ›Andromaque‹, 1958. ▪ H. R. Jauß: R.s ›Andromaque‹ und Anouilhs ›Antigone‹, in: Die Neueren Sprachen 9, 1960, 428–444. ▪ J. Rohou: J. R. ›Andromaque‹, 2000.

Gottfried Schwarz

Les plaideurs

(frz.; *Die Kläger*, 1956, W. Willige) – Zu seiner einzigen, 1669 erschienenen, Komödie aus drei Akten in gereimten Alexandrinern wurde der Autor durch die Lektüre der *Sphekes* (*Wespen*) des Aristophanes inspiriert. Weitere Anregungen entnahm er Furetières *Roman bourgeois* (1666), ↗ Molières Komödie *L'amour médecin* (1665) und Episoden aus *Gargantua et Pantagruel* (1532–1564), in denen ↗ Rabelais auf die im Mittelalter und der frühen Neuzeit literarisch besonders produktive Juristensatire zurückgriff. Die Verspottung der Justiz war auch in Racines Epoche noch ein beliebtes Komödienthema, was Stücke wie Chevreaus *Avocat dupé* (1637) und *La belle plaideuse* (1654) von Le Métel belegen. Als Hintergrund zu Racines Justizsatire dürfte nicht zuletzt die unmittelbare Erfahrung seines Onkels Sconin zu sehen sein, der einen jahrelangen Prozess führte, der nach Beendigung des Verfahrens neu aufgenommen wurde.

Farcenartig angelegt wie die Stücke des frühen Molière, weist die Komödie keine zusammenhängende Intrige auf, sondern eine ständig durch Zufälle unterbrochene Scheinhandlung, die die wahnhafte, in sinnleeren Ritualen ablaufende zeitgenössische Rechtsprechung diskreditiert. Deren Personifikation ist der Richter Dandin, der in seiner Prozesswut sich schließlich in den Schlingen der Juristerei verfängt. Eingearbeitet in die Episodenreihe ist die Liebesgeschichte zwischen Dandins Sohn Léandre und der schönen Isabelle, die den streitsüchtigen Richter überlistet, indem sie ihn um einen Rechtsspruch in einer Heiratsangelegenheit bittet. Ungewollt gibt er mit seiner Antwort die Einwilligung zur Heirat Léandres mit Isabelle.

Die Handlung lebt weniger von dieser schwach ausgeprägten Intrige als vielmehr von den Auftritten burlesker Typen, die dem Farcenrepertoire der Epoche entstammen: der seufzende junge Liebhaber Léandre, die charmante und maliziöse Isabelle, der argwöhnische Geizkragen Chicanneau, schließlich Petit Jean und L'Intimé, die typischen Bühnenlakaien. Chicanneau vertritt am reinsten den Typus des unheilbar Prozesssüchtigen; die beiden Diener karikieren, als Advokaten verkleidet, mit ihrer Pedanterie, Emphase, Zitiersucht und selbstgefälligen Weitschweifigkeit die juristische Eloquenz.

Wenn Racine im Vorwort betont, er habe eine Komödie ohne »schmutzige Zweideutigkeiten« und »unehrenhafte Späße« verfassen wollen, so richtet sich diese Spitze gegen den erfolgreichen Molière. Die Sprache Racines zeichnet sich in den *Plaideurs* durch eine der Komik angepasste Geschmeidigkeit aus, zudem durch eine ungewöhnliche Freiheit der Versstruktur und eine Fülle witziger Reimeinfälle. Der Uraufführung des Stücks war zwar nicht der erwartete Erfolg beschieden, doch eine Aufführung am Hofe, die den herzlichen Beifall des Königs fand, sicherte der Komödie dauernde Anerkennung. Die *Plaideurs* gelten nach wie vor als eine der schwungvollsten und stilistisch meisterhaften Komödien des französischen Theaters.

▪ Lit.: R. Jasinski: Le sens des ›Plaideurs‹, in: Mercure de France 331, 1957, 424–467. ▪ M. Slater: R.'s ›Les plaideurs‹ – a Tragedian's Farce, in: Themes in Drama 10, 1988, 83–97.

Gottfried Schwarz

Britannicus

(frz.; *Britannicus*, 1958, R. A. Schröder) – Die 1670 erschienene Tragödie entlehnte den *Annalen* des Tacitus die düstere Vision eines korrupten, dekadenten römischen Kaiserhofs und die Geschichte des Machtstreits zwischen dem berühmt-berüchtigten Kaiser Nero und seiner klugen, stolzen und herrschsüchtigen Mutter Agrippina.

Um sich selbst größtmöglichen politischen Einfluss zu sichern, hat Agrippina Nero anstelle seines Halbbruders Britannicus, des rechtmäßigen Thronfolgers, zur Herrschaft verholfen. Nero entzieht sich allerdings zunehmend dem Einfluss seiner Mutter, die nun Britannicus in seiner Liebe zu Junie unterstützt. Der ebenfalls von heftiger Leidenschaft zu Junie befallene Nero versucht mit allen Mitteln, den Rivalen auszuschalten. Um seine uneingeschränkte politische Herrschaft zu sichern und Junie für sich allein zu gewinnen, lässt er Britannicus vergiften. Junie jedoch findet Schutz vor Nero im Tempel der Vestalinnen.

Racine scheint sich zwar durch den historisch-politischen Gehalt des Stücks der Tragödienkonzeption ↗ Corneilles angenähert zu haben, wurde aber von dessen Anhängern dennoch kritisiert. Dem *Britannicus* wurden vor allem historische Ungenauigkeiten vorgeworfen. Im ersten Vorwort zu seinem Stück verteidigt sich Racine gegen diese Vorwürfe, indem er indirekt auf die ›Poetik der Wahrscheinlichkeit‹ verweist: Das historisch Unwahre lasse nicht selten die Dichtung wahrscheinlicher erscheinen. Im Vordergrund dieser Tragödie steht indes ganz eindeutig nicht die Historie, sondern die Psychologie der Hauptfiguren, da das Stück auch den Vorwurf der Corneille-Anhänger widerlegen sollte, Racines Theater diene allein der Glorifizierung der Leidenschaft und entbehre jeglichen moralischen Gehalts: Die besondere Aufmerksamkeit des Autors gilt der »Entstehung des Monsters« und der akribischen Inszenierung seines Sadismus.

Das Stück konnte sich unter dem Einfluss Ludwigs XIV. und des Hofes durchsetzen. Vor allem sein Dialogstil wurde gelobt. Racine stellt seine an lateinischen Vorbildern geschulte Verssprache hier bewusst in den Dienst der einzelnen Charaktere und des jeweiligen Emotionsmoments. Die Diktion wechselt zwischen knapper Information und schwungvoller Eloquenz und behält im ruhigen wie im pathetischen Dialog dieselbe Überzeugungskraft.

Bezüglich des tragischen Gehalts divergieren die Meinungen: Dass Junie die Flucht vor Nero gelingt, deutet Lucien Goldmann ebenso wie das Scheitern Neros als Eingriff eines »verborgenen Gottes« im Sinne des Jansenismus. Für einen Augenblick werde die verlorene Gemeinsamkeit von Gott und Welt wiederhergestellt. In der psychoanalytisch begründeten Deutung Roland Barthes' (*Sur Racine*, 1963) ist Junie die Inkarnation der Frau als Versöhnungs- und Friedensstifterin, der Nero als bloßer Widerschein und Spiegel der Mutter gegenüberstehe.

Das Stück gehört zu den meistgespielten klassischen Werken der Comédie française und wird in Zeiten der Auseinandersetzung mit Tyrannenherrschaft wohl immer eine gewisse Aktualität bewahren, obwohl Racine es gewiss nicht in politischer Absicht, sondern als künstlerische, psychologische und moralische Darstellung und Deutung eines historischen Geschehens geschrieben hat.

▪ Lit.: L. Goldmann: Weltflucht und Politik. Dialektische Studien zu Pascal und R., 1967. ▪ V. Schröder: La tragédie du sang d'Auguste. Politique et intertextualite dans Britannicus, 1999.

Ingrid Peter / Gottfried Schwarz

Bérénice

(frz.; *Berenize*, 1964, R. A. Schröder) – Die 1671 erschienene Tragödie in fünf Akten stand in unmittelbarer Konkurrenz zu ↗ Corneilles nur eine Woche später uraufgeführter Tragödie *Tite et Bérénice*, die denselben Stoff behandelte, doch beim Publikum schlechter ankam.

Racine beruft sich bei der Abfassung dieses Stücks auf eine Randepisode in Suetons *Cäsarenleben*: »Wider seinen und ihren Willen verbannte Titus die Königin Bérénice, der er die Heirat versprochen hatte, aus der Stadt.« In Suetons lapidarem Hinweis »wider seinen und ihren Willen« liegt denn auch der dramatische Kern für einen tragischen Konflikt zwischen Liebe und Pflicht: Titus ist soeben zum römischen Kaiser ernannt worden und wird vom Senat genötigt, Bérénice, die ihm anverlobte orientalische Fürstin, aus Rom zu verbannen, da das römische Volk sie nicht an seiner Seite dulden will. König Antiochus, zugleich Freund des Titus und Rivale um Bérénices Gunst, nimmt als beider Vertrauter eine Schlüsselrolle ein: Da Titus nicht wagt, der Geliebten selbst mitzuteilen, dass er zur Trennung entschlossen ist, überträgt er Antiochus die Rolle des Vermittlers. Da dieser aber seine eigenen Gefühle vor Bérénice nicht verheimlichen kann, hält sie seine Worte für eine eifersüchtige Intrige. Titus muss seiner Geliebten also selbst gestehen, dass sein Amt ihre Trennung erfordert. Bérénice in ihrer Verzweiflung erwägt, sich zu töten. Als Titus davon erfährt, droht er seinerseits, sich zu töten. Eine Intervention des ebenfalls von Selbstmordgedanken erfüllten Antiochus bewirkt eine unblutige Lösung in der nun auch von Bérénice geteilten Entsagung. Die Liebe gibt ihr die Kraft dazu; sie verlässt Rom und überlässt den jungen Kaiser seinem einsamen Ruhm.

Roland Barthes deutet in *Sur Racine* (1963) das Überleben der beiden Protagonisten als »Zeichen des Scheiterns der tragischen Erfahrung« und Bérénices Trennung von Titus als »Entfernung aus der Tragödie«. Dessen ungeachtet bleibt *Bérénice* eine Tragödie der Liebe, und die Entsagung geschieht weniger zugunsten des Kaiserthrons als zugunsten der Reinheit dieser Liebe, die in der Erinnerung bewahrt bleibt.

Wenn ↗ Voltaire sich auch an »Rosenwasser« erinnert fühlte und ↗ Rousseau beanstandete, dass die Vernunft den Sieg über die »Schwächen der Liebe« davontrage, das romantische Zeitalter den geringen Aufwand an Personen und Handlung und schließlich die Kritik aller Zeiten immer wieder den Mangel an wesentlichen dramatischen Elementen tadelte – stets vermochte das Schicksal der beiden Liebenden Titus und Bérénice das Theaterpublikum zu rühren.

Im Vorwort antwortete Racine auf die Vorwürfe der zeitgenössischen Kritik, er habe die Geschichte verfälscht, und verweist auf seine ästhetischen Grundsätze: Einfachheit, Gefallen und Rührung. Diese Prinzipien Racines sind, unter all seinen Tragödien, am radikalsten in *Bérénice* verwirklicht, und so gilt dieses Stück als sein künstlerisch vollkommenstes. Alles Geschehen ist immer psychologisches Geschehen, ohne Aufwand an äußeren Ereignissen. Dadurch gewinnen die Personen ein hohes Maß an Wahrscheinlichkeit. Eine reiche poetische Sprache und die Melodik der Alexandriner kommen in diesem Stück dank der reduzierten äußerlichen Handlung besonders eindringlich zur Geltung. *Bérénice* war nicht nur beim zeitgenössischen Publikum erfolgreich.

▪ Lit.: J. Schérer: Les personnages de ›Bérénice‹, in: Mélanges Raymond Lebègue, 1969, 279–291. ▪ K. Vossler: ›Bérénice‹, in: R., Hg. W. Theile, 1976, 11–20. ▪ M. Sambanis: Die sprachliche Realisierung exemplarischer Schlüsselbegriffe im Werk von J. R., 2001. *Ingrid Peter / Gottfried Schwarz*

Bajazet

(frz.; *Bajazet*, 1804, A. Bode) – Als Quelle für diese 1672 erschienene Tragödie in fünf Akten führt der Autor im Vorwort das Zeugnis des französischen Botschafters in Konstantinopel an, der über die gewalttätige Herrschaft Murads IV. berichtet hatte. Bereits J. R. de Segrais hatte diesen Stoff in seiner Novelle *Floridon* (1656) verarbeitet, die Racine jedoch nicht verwendet zu haben scheint.

Schauplatz ist das Prinzenserail in Konstantinopel, in dem Machtstreben und Eifersucht aufeinanderprallen. Bajazet, dem zweitgeborenen Bruder des Osmanenherrschers, der ständig mit seiner Ermordung rechnen muss, bietet sich, während der Sultan gegen Babylon kämpft, eine Chance: Roxane, die mit allen Vollmachten ausgestattete Favoritin des Sultans, verliebt sich in ihn; er aber fühlt sich der Prinzessin Atalide verbunden, die seine Liebe erwidert; gegen die Gefühle der drei Personen steht die Staatsräson des Wesirs Acomat, der, die Liebe Roxanes ausnützend, Bajazet als lenkbaren Herrscher auf den Thron heben will.

Acomats politische Aktionen bringen das tragische Geschehen ins Rollen; bis zuletzt bleibt er in dem Irrtum befangen, er könne die weiblichen Gefühle seinen Plänen dienstbar machen; aber sie erweisen sich als stärker, und die Fäden gleiten ihm aus den Händen. Durch Zufall bekommt Roxane einen Brief Bajazets an Atalide zu lesen, in dem er Atalide seiner Liebe versichert. Roxanes Leidenschaft verwandelt sich in Eifersucht. Das berühmt gewordene »Gehen Sie« (V. Akt) verdammt Bajazet zum baldigen Tode. Die Ermordung Roxanes auf Befehl des Sultans rettet ihn nicht mehr: Auch Bajazet wird dem Mörder preisgegeben. Dem Intriganten Acomat bleibt nur die Flucht und Atalide der Tod.

Wenn man von ↗ Molières *Le bourgeois gentilhomme* (1670) absieht, so wird mit Racines Stück die Türkei zum ersten Mal literarisches Thema im französischen Drama. Zeitgenossen kritisierten, Racine habe mit seinem Stück mangelnde Geschichtstreue bewiesen und das Leben der Türken verfälscht. Tatsächlich überzeichnete er die historischen Vorgänge, war indes selbst der Meinung, »an Sitten und Gebräuchen der Nation« nichts verändert zu haben. Zu dem Vorwurf, seine Tragödie habe – entgegen der klassischen Doktrin – ein zeitgenössisches Thema zum Gegenstand, nahm Racine im zweiten Vorwort zu *Bajazet* Stellung: Die räumliche Ferne mache die mangelnde zeitliche Distanz wett. Er beruft sich überdies auf *Die Perser* von Aischylos, der ebenfalls ein zeitgenössisches Thema in Verbindung mit einem fernen Schauplatz gewählt habe.

Wie in keiner anderen Tragödie Racines ist das Phänomen des Tragischen in *Bajazet* an einen einzigen Handlungsschauplatz gebunden. R. Barthes hat in seiner Studie *Racine* (1963) das Serail als Instrument der Tragik aufgefasst: Dieser geschlossene Ort repräsentiere in seiner grundsätzlichen Zweideutigkeit als ›goldener Käfig‹ beispielhaft den Raum von Racines Universum. Dem handlungs- und ereignisreichen Stück war beim Publikum ein großer und dauerhafter Erfolg beschieden. Es gehört bis heute zum klassischen französischen Repertoire.

▪ Lit.: P. Ronzeaud: La Romaine, la Turque et la Juive. Regards sur ›Bérénice‹, ›Bajazet‹, ›Athalie‹, 1986. *Gottfried Schwarz*

Mithridate

(frz.; *Mithridates*, 1956, W. Willige) – Der Überlieferung zufolge war diese 1673 erschienene Tragödie in fünf Akten das Lieblingsstück Ludwigs XIV. Der Stoff geht auf antike Quellen zurück, von denen Racine im Vorwort Annaeus Florus, Plutarch, Cassius Dio und Appian nennt.

Im Mittelpunkt des Dramas steht Mithridates, König von Pontus, einer der erbittertsten und tapfersten Feinde des römischen Imperiums; doch bestimmt den tragischen Handlungsverlauf nicht das politische Geschehen (die Vernichtung des mithridatischen Heeres durch Pompeius im Jahre 66 v. Chr.), sondern die Rivalität des Königs und seiner Söhne um dieselbe Frau. Mithridates hat eine Niederlage gegen die Römer erlitten und wird von seinen Untergebenen für tot gehalten. Da erscheint er mit einer Flotte im Hafen von Nymphée, wohin sich Monime, die von ihm leidenschaftlich begehrte griechische Sklavin, und seine Söhne Xipharès und Pharnace zurückgezogen haben. Durch Verrat und eine List erfährt Mithridates, dass auch seine Söhne die schöne Sklavin begehren. Als sich Monime das Geheimnis ihrer Liebe zu Xipharès entlocken lässt, beschließt er, die Schuldigen zu bestrafen. Der römerfreundliche Pharnace zieht, unterstützt von römischen Truppen, gegen seinen Vater und steigert Zorn und Schmerz des Königs aufs äußerste. Zwar kann der treue Xipharès die Feinde zurückdrängen, doch glaubt Mithridates sich besiegt und stürzt sich verzweifelt in sein Schwert. Sterbend überwindet er seine Eifersucht und billigt die Vereinigung der Liebenden.

Racine wollte mit der Wahl des historischen Stoffes dem Vorwurf der ›Weichheit‹ entgegentreten, der von den Anhängern ↗ Corneilles erhoben worden war. Er legte bei der Gestaltung des Stoffes sein Hauptaugenmerk auf die Darstellung zwischenmenschlicher Beziehungen und der Konflikte, die aus einem komplexen Ineinander von Individualpsychologie und politisch motivierter Vernunft hervorgehen. Der Vater-Sohn-Konflikt, der in einer verkomplizierten ödipalen Struktur gründet, und der daraus herrührende Antagonismus von Staatsräson und subjektivem Begehren ist die Triebfeder des Tragischen. Römerhass, die Verschlagenheit des Orientalen und die Unmöglichkeit, mit den eigenen Leidenschaften umzugehen, bestimmen das Charakterbild des alternden Herrschers.

Jedoch wird Mithridates als jeder Alltäglichkeit enthobene tragische Persönlichkeit in seiner vergeblichen Leidenschaft zu einer jungen Frau keinen Augenblick lang der Lächerlichkeit preisgegeben. Im Schatten des mächtigen Feldherrn stehen seine beiden Söhne. Der seinem Vater auch im Unglück ergebene Xipharès, aufrichtig, tapfer, bereit, seiner Liebe zu Monime zu entsagen, verkörpert wie die meisten jungen Racine-Helden das Ideal des wohlerzogenen Jünglings edler Abstammung aus der Zeit Ludwigs XIV. Dramatischer ist der Charakter seines römerfreundlichen Bruders Pharnace, der sich nicht ohne politisches Geschick seinem Vater widersetzt. Monime, die anmutige Griechin in einer barbarischen Umwelt, fügt sich in stoischer Manier in ihre Abhängigkeit von dem allmächtigen König, ohne die Freiheit ihres Gefühls zu opfern. Gerade durch die Verschränkung von historischem Stoff und einer im Begehren gründenden individuellen Tragik aller vier Hauptfiguren, aber vor allem durch den Titelhelden, der sich im Sterben selbst überwindet, steht *Mithridate* dem Theater Corneilles nahe.

Racines Werk war mit La Calprenèdes *La Mort de Mithridate* (1635) eine Bearbeitung des Mithridates-Stoffes vorausgegangen. Doch erweist sich Racines Stück diesem gerade in stilistischer Hinsicht als weit überlegen. Indem Racine nicht auf die Vielfalt der geschichtlichen Details, sondern vielmehr auf die psychologische Transparenz seiner Charaktere und die Konzentration der Handlung abzielt, erweist sich sein *Mithridate* als vollkommene Verwirklichung der ästhetischen Normen der französischen Klassik. Selbst der notorische Racine-Kritiker Donneau de Visé musste einräumen, dass dieses Drama die Herzen der Zuschauer zu rühren verstehe. Vor allem beim zeitgenössischen Publikum war *Mithridate* mit seiner eigenwilligen Mischung aus heroisch-militärischer Geschichte und Liebesthematik ein triumphaler Erfolg beschieden.

▪ Lit.: R. et Rome. ›Britannicus‹, ›Bérénice‹ et ›Mithridate‹, Hg. S. Guellouz, 1995. *Ingrid Peter / KLL*

Iphigénie

(frz.; *Iphigenie*, 1961, A. Luther) – Als Quellen für die 1675 erschienene Tragödie nennt der Autor neben der *Iphigenie in Aulis* des Euripides die Fassungen des Iphigenienstoffes von Aischylos, Sophokles, Lukrez, Horaz, Ovid und Stesichoros. Die Figur der Eriphile, der in Racines tragischem Konzept eine zentrale Rolle zukommt, führt er auf die Anregung Pausanias' zurück.

Agamemnon befiehlt seine Tochter Iphigenie und seine Frau Klytämnestra nach Aulis, denn er meint aufgrund eines falsch verstandenen Orakelspruchs, seine Tochter zur Besänftigung der Götter opfern zu müssen, um günstige Winde für die Fahrt des griechischen Heeres nach Troja zu erhalten. Zunächst ahnungslos, treffen Iphigenie und Klytämnestra in Aulis ein, gefolgt von der schönen Eriphile, einer Waise unbekannter Herkunft, die – wie auch Iphigenie – Achill leidenschaftlich begehrt und darum Iphigenies Tod wünscht.

Agamemnons wahre Absicht wird jedoch bekannt. Iphigenies würdevolle Fassung und die heftigen Anklagen Achills und Klytämnestras beeindrucken den König so sehr, dass er der Tochter vorschlägt, aus dem Lager zu fliehen. Nun setzt die eifersüchtige Eriphile hiervon den Deuter des Orakelspruchs, Kalchas, in Kenntnis; dieser wiegelt das Heer gegen Agamemnon auf. Um das Ansehen ihres Vaters zu retten, beschließt Iphigenie, sich dem Orakelspruch zu fügen. Da erkennt Kalchas im letzten Augenblick den wahren Willen der Götter: Nicht auf die Tochter Agamemnons bezieht sich der Orakelspruch, sondern auf eine andere Iphigenie »aus dem Blut Helenas«, die, über ihre Herkunft bisher im Ungewissen, unter dem Namen Eriphile lebt. Noch ehe Kalchas mit Zustimmung der Griechen den Götterwillen vollstrecken kann, nimmt sich Eriphile auf dem Opferaltar das Leben.

Im Vorwort begründet Racine seinen Abweichungen gegenüber dem Mythos: Weder die griechische Überlieferung des Stoffes, der zufolge Iphigenie geopfert wird, noch die Version des Euripides, bei der Iphigenie im letzten Augenblick durch göttliche Intervention gerettet wird, sei dem Geist der Zeit angemessen. Die Hinrichtung verletze das klassische Prinzip der ›bienséance‹, der Schicklichkeit und Wohlanständigkeit, während die wunderbare Rettung dem Grundsatz der Wahrscheinlichkeit widerspräche. Mit Hilfe der Figur der Eriphile, der ihre Leidenschaft zum Verhängnis wird, verleiht Racine dem Stück einen Schluss, der seiner Auffassung vom Tragischen entspricht. In ihrer Passion für Achill, den Feind ihres Vaterlands, erkennt Eriphile von Anfang an eine unheilvolle Schickung der Götter. So wenig wie andere Protagonisten Racines kann sie den Konsequenzen einer unerwiderten Liebe entgehen: der verzehrenden Eifersucht, die sich auf die Zerstörung des eigenen Lebens und des Liebesglücks anderer richtet. Am überraschenden Ende des Dramas lässt sich einmal mehr Racines ›Kunst der klassischen Dämpfung‹ beobachten: Gemäß der Forderung der ›bienséance‹ darf sich Eriphiles Selbstmord nicht auf offener Bühne vollziehen, sondern wird als ›Mauerschau‹ aus dem Munde des Odysseus referiert.

Racines Umdeutung des Iphigenie-Mythos wurde kontrovers diskutiert. Während Lucien Goldmann im Freitod Eriphiles lediglich einen Reflex christlicher Weltsicht erkennt, interpretiert Hans Robert Jauß (1982) den tragischen Konflikt im Grunde als nicht gelöst: Die wahre Tragik des Stücks bestehe darin, dass das unschuldige Kind die Verfehlung des Vaters auf sich nehme. Diese latent häretische Annäherung an den Opfertod Christi werde durch das Ende dieser Tragödie allenfalls überdeckt.

Iphigénie war indes ein großer Erfolg beschieden. Das Publikum zeigte sich zutiefst gerührt, und ↗ Voltaire, ansonsten ein unnachsichtiger Kritiker der klassischen Literatur, lobte das Stück gar als »das Meisterwerk des Theaters«.

■ Lit.: H. R. Jauß: R.s und Goethes Iphigenie, in: Rezeptionsästhetik, Hg. R. Warning, 1975, 353–400. ■ R. Engert: Iphigenien-Dichtungen von der Antike bis zur Gegenwart, 2001.

Gottfried Schwarz

Phèdre et Hippolyte

(frz.; *Phädra*, 1958, R. A. Schröder) – Die 1677 erschienene fünfaktige Tragödie, nach heutiger Einschätzung der Höhepunkt des französischen Theaters, war das letzte weltliche Drama des Autors, der sich infolge eines Theaterskandals um eine von Nicolas Pradon (1644–1698) eilends verfasste Tragödie zum gleichen Thema vom Theater zurückzog.

Neben zahlreichen Vorlagen aus Antike und früher Neuzeit griff Racine vor allem auf Senecas Übersetzung von Euripides' verlorenem Drama *Hippolyteos kalyptomenos*, 428 v. Chr. *(Hippolytos)*, zurück. In der Vorrede zur Tragödie rechtfertigt Racine mehrere bemerkenswerte Eingriffe in die lateinische Vorlage, die er bei seiner gründlichen klassisch-philologischen Bildung mit sicherem Sinn für dramatische Wirkungen vorgenommen hatte, um die Gestalt der Phèdre »etwas weniger verabscheuenswürdig« erscheinen zu lassen.

Vor dem königlichen Palast in Troizen teilt Hippolyte seinem Erzieher Théramène den Entschluss mit, fortzuziehen, um seinen Vater Thésée zu suchen, der bereits seit Monaten in unbekannter Ferne weilt. Indessen vertraut Phèdre, Thésées zweite Gemahlin, der Amme Oenone verzweifelt an, dass sie den Hass auf Hippolyte nur vortäusche und er deshalb aus ihrer Gegenwart verbannt werden solle, damit ihre unglückselige Liebe zum Stiefsohn geheim bleibe. Dieses Geständnis begründet den tragischen Konflikt der Handlung, da alle Mitwisser in einander bedrohende Abhängigkeiten geraten. Als die fälschliche Kunde vom Tod Thésées eintrifft, tröstet die eben noch bestürzte Kreterin ihre Herrin mit dem Gedanken, dass deren Liebe zu Hippolyte nun kein Frevel mehr sei. Überdies könne sich der spröde Jüngling solchem Antrag kaum widersetzen, da er auf ihr Wohlwollen für die Sicherung seiner Ansprüche gegenüber den Miterben, zumal der Aricie, angewiesen sei.

Im zweiten Akt gewährt Hippolyte der von seinem Vater mit Bann belegten athenischen Prinzessin Aricie jedoch wieder volle Freiheit und bekennt ihr sogar seine Zuneigung. Damit weicht Racine erneut wesentlich von der griechischen Überlieferung der ursprünglichen Fabel ab. Als es schließlich zur Unterredung zwischen Phèdre und Hippolyte kommt, gesteht sie rückhaltlos ihre Liebe. Da Hippolyte in Aricie verliebt ist, bedeutet Phèdres Verlangen keine Versuchung für ihn. Er weist sie unter dem Vorwand des Respekts vor dem Vater zurück. Rasend fordert sie ihn auf, ihr den Tod zu geben, entreißt ihm das Schwert und flieht.

Im dritten Akt wird bekannt, dass Thésée lebt. Hippolyte will strengstes Schweigen über die Selbstenthüllung Phèdres bewahren, die, nicht nur beschämt über ihr wahnsinniges Geständnis, sondern auch bestürzt über die unverhoffte Rückkunft des Gemahls, Oenone Vorhaltungen macht, sie habe sie in eine so schmachvolle Lage gebracht. Racine distanziert sich hier deutlicht von allen anderen Versionen des Mythos: Die gewissenlose Amme rät der Herrin, den Auftritt mit Hippolyte vor Thésée so darzustellen, als habe der Stiefsohn ihr nachgestellt. Als Thésée, von Hippolyte begleitet, Phèdre gegenübertritt, weicht sie schuldbewusst vor ihm aus, während sich auch der Sohn betroffen zurückzieht.

Der vierte Akt beginnt mit Oenones verleumderischem Bericht über Hippolytes angebliche Absichten, indem sich die Amme vor Thésée als Retterin Phèdres aufspielt. Nun meint der Heimgekehrte, sich das befremdliche Verhalten Hippolytes erklären zu können. Mit den Vorwürfen konfrontiert, durchschaut Hippolyte zwar das Verhalten des Vaters als Folge der Verleumdung, bewahrt jedoch Stillschweigen über das Geständnis der Stiefmutter. Thésée bittet Poseidon, an dem verstoßenen Sohn Rache zu üben. Inzwischen erfährt Phèdre mit Bestürzung sowohl von der Liebe Hippolytes zu Aricie als auch von dem mit Poseidons Hilfe heraufbeschworenen Fluch. Erneut beklagt sie Oenones verderbliche Ratschläge und fühlt umso tiefer ihre unausweichliche Verstrickung in Schuld.

Vergebens fleht Aricie zu Beginn des fünften Aktes Hippolyte an, dem Vater die Wahrheit zu enthüllen. Hippolyte jedoch will, mit Aricie vermählt, entfliehen. Auch Aricie ist es nicht gelungen, Thésée mit ihren Beteuerungen umzustimmen. Um Gewissheit zu gewinnen, sucht der König nach Oenone und erfährt, dass sich die von Phèdre Verstoßene ins Meer gestürzt hat. Auch Phèdre sehnt völlig verstört den Tod herbei. Zu spät wird Thésée unsicher und bittet Poseidon, den Fluch nicht zu vollstrecken. Doch kurz darauf berichtet Théramène bereits vom grauenvollen Tod Hippolytes auf dem Weg nach Mykene. Nunmehr von der Unschuld seines Sohnes überzeugt, sieht er in dessen Verderben die Folge von Phèdres schändlichem Treiben. Phèdre nimmt Gift und gesteht ihrem Gemahl sterbend ihre verzehrende, ehebrecherische Leidenschaft.

Racines Rückgriff auf Senecas lateinische Bearbeitung des Euripides-Stücks ist unverkennbar. Wesentlich ist, dass er mit seiner *Phèdre* gegen die ein Jahrhundert währende französische Bearbeitungstradition des Stoffes anschrieb, die mit Robert Garniers *Hippolytee* (1573) einsetzt und über Pierre Guérin de La pinelière (*Hippolytee*, 1635), Gabriel Gilbert (*Hypolyte ou Le garçon insensible*, 1647) und Matthieu Bidar (*Hippolytee*, 1675) bis zu Philippe Quinaults motivverwandtem *Bellérophon* (1671) reicht. Wenn die genannten Werke heute nur noch historisches Interesse beanspruchen können, so ist dies auch auf die herausragende Leistung Racines zurückzuführen.

Racine stellt in seiner Tragödie zum ersten Mal die Figur der Phèdre ganz in den Vordergrund. Sie ist weder, wie bei Euripides, eine edelmütige Frau, die zum eher beklagenswerten Opfer ihrer eigenen Leidenschaften wird, noch, wie bei Seneca, eine rasende, von tierischen Instinkten getriebene Liebeshungrige. Racines Anliegen ist es, seine Phèdre »weder ganz schuldig noch ganz unschuldig« zu gestalten. Er entlastet sie zum Teil von ihrer Schuld durch die Figur der Kupplerin Oenone sowie dadurch, dass er Phèdres Eifersucht mit der Liebe Hippolytes zu Aricie motiviert.

Die Zeitgenossen rezipierten *Phèdre* vor allem im Hinblick auf ihre Leidenschaftsthematik. Die Idee der Einheit von Welt und Gottheit, die das Drama Racines in bemerkenswerte Nähe zur antiken Tragödie rückt, wurde dagegen kaum zur Kenntnis genommen. Auch bemängelte man, der Autor habe mit der Darstellung einer Ehebrecherin und ihrer verkommenen Seele gegen das Gesetz der ›bienséance‹ verstoßen. Die Beurteilung des dichterischen Eigenwertes des Stücks stand dabei immer wieder im Zeichen ständiger Vergleiche mit Euripides, auf den sich Racine in seinem Vorwort sehr nachdrücklich bezieht. Dort betont Racine auch, dass er nach antikem Vorbild mit seiner Tragödie die Leidenschaften darstelle, um die Tugenden zu stärken und das Laster zu bekämpfen. Er verleiht seiner Hoffnung Ausdruck, so zu einer Versöhnung zwischen Theater und Kirche beitragen zu können.

Racines Meisterschaft zeigt sich in einer singulären Verdichtungsleistung, die sparsamste Bilder mit einer ebenso kontrollierten wie eleganten Diktion zu einer feierlich-musikalischen Verskunst verbindet. Rede und Gegenrede werden beziehungsreich miteinander verwoben und stehen im Dienst der Charakterdarstellung. Wohlgeformte große Tiraden legen durch ihre sprachliche Gewalt die innere Tragik der Hauptgestalten frei. Die Szenenfolge weist eine großartig proportionierte, straffe Architektonik auf, in die auch der lange dramatische Bericht des Théramène wirkungsvoll eingeflochten wird. Racines *Phèdre* hat das griechische Verständnis von Tragik für das Trauerspiel der Neuzeit in unnachahmlicher Weise neu entdeckt.

In Deutschland spiegelt sich, zumal seit der Übersetzung durch Friedrich Schiller (1805), in den Auseinandersetzungen um Racine das Ringen um die ideale Bestimmung der nationalen Eigenart des deutschen Theaters gegenüber der französischen Vorbildhaftigkeit, die seit Lessing und im Zuge der Shakespeare-Rezeption in Frage gestellt wurde.

Mit Blick auf Racines Erziehung in dem jansenistischen Kloster Port-Royal haben Lucien Goldmann und später Erich Köhler *Phèdre* als ›jansenistische‹ Tragödie gedeutet, in der der Grundgedanke der menschlichen Verdammung durch die Götter in der Fatalität der Eifersuchtsproblematik repräsentiert sei. Roland Barthes hingegen weist in seiner wichtigen Studie *Sur Racine* (1963) auf die Bedeutung der Sprache selbst als innerfiktionales und metapoetisches Ausdrucksmittel hin, dem als Medium des Verschweigens und Sagens (»dire ou ne pas dire«) eine fundamentale Bedeutung bei der Produktion des tragischen Konflikts zukomme.

■ Lit.: J. P. Short: R. ›Phèdre‹, 1983. ■ M. Sambanis: Die sprachliche Realisierung von exemplarischen Schlüsselbegriffen im Werk von J. R., 2002.

Dietrich Briesemeister / KLL

Esther

(frz.; *Esther*, 1956, W. Willige) – Die 1689 erschienene Tragödie in drei Akten entstand auf Wunsch der Marquise de Maintenon für die Schülerinnen des von ihr gegründeten Erziehungsinstituts Saint-Cyr, denen die eigene Aufführung dramatischer Werke »Anmut geben, das Gedächtnis stärken, das Herz erheben und den Geist mit schönen Dingen füllen« sollte. Die Auftraggeberin hatte »eine Art moralisches oder historisches Gedicht« gefordert, »aus dem die Liebe gänzlich verbannt« sei. So griff Racine auf einen Stoff des alttestamentarischen Esther-Buches zurück, das von der Verfolgung des auserwählten Volkes und dem Aufstieg einer Jüdin zur Perserkönigin erzählt. Der Perserkönig Asveros (Xerxes I.) wählt, nachdem er seine Gattin Vasthi wegen Ungehorsams verstoßen hat, die Jüdin Hadassa (Esther) zur Gemahlin. Ihr Onkel, Vormund und Beschützer Mardochai erfährt von einer Verschwörung gegen den König und informiert Esther, die Asveros warnt. Wegen einer Beleidigung durch Mardochai will sich der Adjutant des Königs, Haman, am ganzen Volk der Juden rächen. Wieder kann Esther den König warnen, und Haman ereilt die Strafe, die er Mardochai zugedacht hatte. Das im Buch Esther überlieferte Blutbad zwischen Persern und Juden fehlt gemäß dem Postulat der klassischen Dämpfung in Racines Drama.

Wie Racine im Vorwort schreibt, habe er den Stoff nicht verändert, weil es sich doch um einen »von Gott vorbereiteten Entwurf«, um eine »überlieferte Wahrheit« handelte. Dennoch modifiziert er gemäß den Bedürfnissen seiner frommen Auftraggeberin und ihrer Zöglinge die Charaktere der biblischen Handlung. Asveros ist der unberechenbare, wankelmütige orientalische Despot, der melancholisch über absolutes Herrschertum philosophiert und sich als Wahrheitssucher und Tugendverehrer gibt. Die Grausamkeit und Eitelkeit des Wesirs Haman führt Racine auf seine Herkunft aus dem Sklavenstand zurück.

Die Titelheldin zeigt nicht nur einen sanfteren Geist als ihr biblisches Vorbild, sie erscheint jetzt bar der verführerischen Erotik, die sie in der biblischen Vorlage zur Königin aufsteigen lässt. Racine stellt dagegen das patriotische Moment in den Vordergrund. Er lässt keinen Zweifel an ihrer charakterlichen Integrität aufkommen, und als Symbol der Tugend, Frömmigkeit und Vaterlandsliebe soll sie offensichtlich Ähnlichkeit mit der Auftraggeberin, Madame de Maintenon, zeigen. In dramaturgischer Hinsicht entfernt sich Racine hier von der asketischen Geometrie seiner klassischen Werke. Um den Schülerinnen »das Schauspiel durch einige Abwechslung in den Dekorationen angenehmer zu machen«, ist die klassische Einheit des Ortes aufgegeben. Im dritten Akt soll die Bühne sogar in zwei Schauplätze aufgeteilt werden (Esthers Garten und den Festsaal).

Die Annäherung der Bühnenform an das geistliche Spiel und sensualistische Inszenierungstypen des Barockdramas sind unverkennbar. Bereits in der biblischen Vorlage werden zwei Hoffeste beschrieben, die Racines Bestreben entgegenkamen, möglichst viele Schülerinnen an der Aufführung zu beteiligen. Diese Ausweitung des Personals gibt dem Autor auch Gelegenheit, nach antikem Vorbild einen Chor einzusetzen und ihn »zu Lobgesängen auf den wahrhaftigen Gott zu verwenden«. Anders als bei griechischen Vorbildern ist der Chor hier nicht Kommentar von Außenstehenden, sondern wird eng mit der Handlung verknüpft. Die Gesänge (vertont von Jean-Baptiste Moreau, 1656–1733) sind bewusst den Psalmen und prophetischen Texten aus dem AT nachgestaltet.

Racine schrieb das Stück nach zwölfjähriger Abkehr vom Theater und fand darin zu einer Synthese zwischen griechischem und christlichem Drama, zwischen antiker und humanistischer Weltanschauung. Formal übertrifft *Esther* beinahe alle seine anderen Tragödien. Dem Wechsel des Sprachduktus – bescheiden, anmutig, majestätisch, herausfordernd – entspricht die rhythmische Vielfalt der metrischen Kombinationen. Voltaire urteilte: »Nirgends ist sein Stil so elegant, so untadelig wie in ›Esther‹.«

Den Reiz und Glanz der ersten, vom Dichter selbst einstudierten, sehr aufwendig gestalteten Aufführung durch die Mädchen von Saint-Cyr vor Ludwig XIV., Madame de Maintenon und einem auserlesenen Kreis geistlicher und weltlicher Würdenträger sollte *Esther* nie mehr erreichen. 32 Jahre lang blieb das Stück exklusives Eigentum der Schule, erschien erst 1721 auf einer öffentlichen Bühne (Théâtre françois, Paris) und geriet dann in Vergessenheit, bis es 1887 von der Comédie française ins Repertoire aufgenommen wurde.

▪ Lit.: H. Mayer: Die Esther-Dramen, ihre dramaturgische Entwicklung und Bühnengeschichte von der Renaissance bis zur Gegenwart, 1958. ▪ R. Jasinski: Autour de l'›Esther‹ racinienne, 1985.

KLL

Athalie

(frz.; *Athalia*, 1956, W. Willige) – Die 1691 erschienene Tragödie in fünf Akten, das letzte Werk des Autors, war wie die vorausgegangene, *Esther* (1689), im Auftrag der Marquise de Maintenon verfasst worden und der frommen Erziehung, Bildung und Unterhaltung ihrer Schülerinnen, der jungen Damen von Saint-Cyr, zugedacht.

Thema des Stückes ist der Triumph Gottes durch die Rache seiner Diener an seinen Verächtern und Feinden. Athalie, die Dienerin Baals, versucht in anmaßender Tyrannei und heidnischem Frevel, die Juden ihrem Gott zu entfremden. Ihr Schicksal erfüllt sich, als der Hohepriester Joad den heimlich im Tempel aufgezogenen rechtmäßigen Erben des Hauses David, den jungen Joas, zum König salbt, die Leviten bewaffnet und das Volk zum Aufstand ruft. Die herrschsüchtige, mörderische Königin wird erschlagen.

Als Vorlage diente Racine neben dem biblischen Bericht (Könige, 2, 11) Bossuets Bibelkommentar im *Discours sur l'histoire universelle* (1681), der in einem lebendigen, wenn auch etwas verzerrten Porträt Athalie als ein vor Verbrechen nicht zurückschreckendes, von Machtgier berauschtes Weib darstellt. Racine gelingt es aus reifer Erfahrung und tiefer Überzeugung, eine stets Staunen und Bewunderung erregende Synthese zwischen christlicher Heilslehre und antiker Schicksalstragik zu schaffen.

Ein literarischer Kunstgriff trägt von Akt zu Akt zur stetigen Steigerung der Spannung bei: Das Publikum, das von Anfang an um die geheime Existenz des David-Erben weiß, bangt vor dessen Entdeckung. Schon im zweiten Akt weist ein Traum Athalie auf die richtige Spur, aber ihr besessener Hochmut macht sie blind. Aus dem Mund des Priesters, der in seiner Rache klare, unwiderrufliche Pläne befolgt, vernimmt sie am Ende ihren Untergang. Obwohl über dem Geschehen die göttliche Vorsehung zu walten scheint, motiviert Racine auch hier alles Geschehen aus den Charakteren seiner Hauptfiguren und sichert damit die innere Logik des Stücks.

Stärker als in den früheren Werken Racines hat in *Athalie* die Szenerie selbst ein Eigengewicht. Das Stück erfordert eine barocke Kulisse von thematisch bedingter Opulenz. Das gewaltige, spektakuläre Bühnenbild, das den Tempel Salomos in seinem ganzen zeremoniellen Prunk, den hohen Glanz der biblischen Vergangenheit vor Augen führen soll, ist noch heute eine große und dankbare Aufgabe für talentierte Bühnenbildner. Ein Chor, der dem Drama den opernhaft-grandiosen Charakter verleiht, vertritt das jüdische Volk, das durch seine Stimme an der Handlung teilhat.

Für Racines letztes Werk lässt sich zum einen eine Deutungstradition ausmachen, welche den Aspekt der Versöhnung als wesentlich herausstellt: Während die zeitgenössische Kritik in erster Linie ihre eigene religiös bestimmte Weltanschauung bestätigt fand, erkannte die Aufklärung (↗ Voltaire) die inhaltlichen Grausamkeiten des Stückes als Barbarei, stellte aber ein moralisches Interesse an der Tragödie in den Vordergrund. Geschichtsphilosophische Deutungen (Schlegel, Sainte-Beuve) akzentuierten die Wirkung eines uneinsehbaren Heilsplans, aus dem sich eine Übereinkunft von Tragödie und Heilsgeschichte herleite.

Eine zweite Interpretationsrichtung geht auf Nietzsche zurück, dem bedeutende neuere Interpreten folgten. So betonte Erich Auerbach den Kampf der Machtinstinkte. R. Barthes, der das Stück als den Höhepunkt im Gesamtwerk Racines verstand, griff auf Freuds Theorie zurück und bezog das Gegeneinander von Athalie und Joad auf archaische Auseinandersetzungen, die in der Urhorde stattgefunden haben.

Im Vergleich mit dem klaren, erhaben-klassischen Ton der früheren Dramen Racines zeigt dieses Stück eine dem biblischen Stoff entsprechende, farbenreichere Bewegtheit und Ausdruckskraft. *Athalie* ist zwar nicht das populärste oder meistgespielte Bühnenwerk Racines, gilt aber literarhistorisch als eine der bedeutendsten und größten Schöpfungen der gesamten französischen Klassik.

▪ Lit.: P. Ronzeaud: La Romaine, la Turque et la Juive. Regards sur ›Bérénice‹, ›Bajazet‹, ›Athalie‹, 1986. ▪ L.-G. Benguigui: R. et les sources juives d'›Esther‹ et d'›Athalie‹, 1995.

Ingrid Peter / Gottfried Schwarz

Raymond **Radiguet**

▪ geb. 18.6.1903 Saint-Maur-des-Fossés/Val-de-Marne (Frankreich)
▪ gest. 12.12.1923 Paris (Frankreich)

Jugend in Paris, befreundet mit Satie, M. ↗ Jacob und Jean ↗ Cocteau, der ihn förderte; anfangs von Jacob und ↗ Apollinaire beeinflusste Gedichte; bedeutende Gesellschaftsromane, die das geistige Klima der Belle Époque einfangen.

▪ Ausg.: Œuvres complètes, 1993.
▪ Lit.: J.P. McNab: R., 1985. ▪ M. Nemer: R.R., 2002.

Le diable au corps

(frz.; *Den Teufel im Leib*, 2007, H. Schmidt-Henkel) – Der 1923 erschienene, in Teilen wohl autobiographische Roman entstand zwischen 1919 und 1921.

Radiguet beginnt seinen Bericht eines 15-Jährigen mit einer Skizze der Gemütsverfassung, in die sein Held François durch den Kriegsausbruch 1914 versetzt wird. »Die leidenschaftlichen Verwirrungen, in die mich jene ungewöhnliche Zeit stürzte, glichen gewiß nicht den Gefühlen, die man sonst in diesem Alter empfindet [...]. Wer mir das schon im voraus verdenkt, vergegenwärtige sich doch, was der Krieg für so viele Halbwüchsige bedeutete: vier Jahre große Ferien.« Das heißt Ungebundenheit, Unbekümmertheit, erhöhte Wachheit und Empfindsamkeit und Offenheit gegenüber allem Ungewöhnlichen.

Im dritten Kriegsjahr lernt François auf einem Familienausflug Marthe kennen. Ihn interessiert das um drei Jahre ältere Mädchen, dessen Lieblingsbeschäftigung das Malen ist. Vorsichtig versucht er, Marthes Charakter und Geschmack zu ergründen und Gemeinsamkeiten herauszufinden. Unangenehm überrascht von der Bemerkung, dass sie mit einem Soldaten verlobt sei, macht er sie zu seiner Komplizin, indem er sie in ihrer Neigung für ↗ Verlaine und ↗ Baudelaire bestärkt, deren Werke zu lesen ihr Verlobter ihr verboten hat. Äußere Umstände verhindern zunächst weitere Zusammenkünfte. Kurz vor ihrer Hochzeit jedoch begegnet François Marthe in Paris. Anstatt zur Schule zu gehen, lädt er sie zum Spaziergang ein und überredet sie anschließend, mit ihm in einem Restaurant zu essen. Am Nachmittag begleitet er sie bei ihren Einkäufen für den neuen Hausstand, wobei er ihre Wünsche und ihren Geschmack raffiniert dirigiert. Sie kauft schließlich nur, wozu er seine Zustimmung gibt, von der Wäsche bis zum Schlafzimmer. Mit einem gewissen Sadismus rät er ihr hierbei zu einem Stil, der weder ihr noch ihrem künftigen Ehemann gefällt.

Einige Zeit nach der Hochzeit – Marthes Mann musste nach der Kriegshochzeit sofort wieder an die Front – erhält François von Marthe einen Brief, in dem sie ihn auffordert, sie zu besuchen. Von diesem Moment an verlieren sich die beiden jungen Menschen an eine zunächst reine und unschuldige Zärtlichkeit, die dann aber immer mehr in eine jede Rücksicht ausschließende Leidenschaft übergeht: »Eines Tages, als ich ihr allzu nahe kam, ohne daß mein Gesicht jedoch das ihre berührte, ging es mir wie der Nadel, die den Bannkreis um einen Millimeter überschreitet, und schon hat der Magnet sie ergriffen.«

François erlebt alle Stadien einer erfüllten, aber verbotenen und bedrohten Liebe und scheitert schließlich an der eigenen Jugend, Unerfahrenheit und Labilität. Als Marthe ein Kind von ihm erwartet, zeigt er sich weder den psychischen noch gar den äußeren, finanziellen Anforderungen, die diese Situation an ihn stellt, gewachsen. Marthe, die ihr persönliches Leben bisher vor ihren Eltern und ihrem Mann, den sie nur bei kurzen Urlaubsbesuchen wieder sah, hatte verbergen können, kehrt seelisch und körperlich krank zu ihren Eltern zurück. Die vertuschen, was geschehen ist, und lassen Marthes Mann in dem Glauben, er sei der Vater ihres Kindes. Wenige Tage nach der Geburt eines Sohnes stirbt Marthe. Ihr Tod stürzt François in tiefste Verzweiflung. Erst nach Monaten gibt ihm der Anblick von Marthes Mann die lebensnotwendige Ruhe wieder.

Der Roman machte bei seinem Erscheinen Skandal. Dass die beiden Liebenden ihr Glück bewusst dem Krieg verdanken, dass eine junge Frau ihren Mann, der an der Front steht, bedenkenlos betrügt, dass ihr Geliebter ihr auch noch die zärtlichen Briefe an diesen Mann diktiert – all dies musste wie Zynismus wirken, wenn man nicht die Unschuld spürte, mit der hier die Unentrinnbarkeit des Eros gestaltet wurde: François, der seine Geschichte selbst erzählt, beschreibt den »Egoismus zu zweit«, das Glück der Liebenden, ihre Grausamkeit, ihr Versagen und ihre Schuld ohne die geringste Beschönigung, aber auch ohne zu moralisieren; er schildert einen Sachverhalt, der in sich so überzeugend ist, dass die Frage nach Recht oder Unrecht sich gar nicht mehr stellt: So war es, so musste es sein.

Die in der Folgezeit wachsende Bewunderung für den Roman gilt vor allem dem genialen Kunstgriff des jungen Autors: Er erzählt die Überwältigung durch den Eros aus der Sicht eines Liebenden, der zu jung ist, um seiner Leidenschaft gewachsen zu sein, aber alt genug, um sie mit kühler Schärfe zu analysieren.

■ Lit.: M. C. Bertoletti: Le diable au corps de R. Structures narratives spatio-temporelles, 1981. *KLL*

Jean Ray

■ geb. 8. 7. 1887 Gent (Belgien)
■ gest. 17. 9. 1964 Gent (Belgien)

(d. i. Raymondus Joannes Maria de Kremer; Pseudo. John Flanders) – 1910–1919 städtischer Angestellter in Gent; 1919–1940 Journalist; ab 1925 Veröffentlichungen von phantastischen Erzählungen, anfangs in der Nachfolge von H. H. Ewers, später auch Kriminalerzählungen; einer der großen phantastischen Autoren Belgiens.

■ Ausg.: Œuvres, 9 Bde, 1978–1981.
■ Lit.: J. B. Baronian: J. R., 1981. ■ J. Carion: J. R., 1986. ■ A. Verbrugghen: Bibliographie J. R. – John Flanders, 1993.

Malpertuis

(frz.; *Malpertuis*, 1974, R. A. Zondergeld) – Zur Bekanntheit des 1943 erschienenen phantastischen Romans über Belgien hinaus trug vor allem die spektakuläre Verfilmung durch Harry Kümel (1971) bei.

Ein Dieb hat bei einem Einbruch im Kloster der Weißen Patres eine Schatulle mit einem Bündel handgeschriebener Blätter entwendet. Durch den Verkauf von Diebesgut zu allgemeinem Wohlstand gelangt, beschließt er die Veröffentlichung der von ihm geordneten Texte, die zusammen die Geschichte des verfluchten Hauses Malpertuis erzählen. Hiermit ist der fiktive Rahmen der Erzählung konstituiert. Die aus verschiedenen Perioden des 19. Jh.s stammenden Berichte des Malpertuis-Manuskripts werden nicht in die Form einer linear erzählten Handlung gebracht, sondern ergänzen sich gegenseitig.

Insgesamt lernt der Leser fünf Erzähler kennen. Das gibt Ray die Möglichkeit, seine stilistische Virtuosität, seine barock wirkende Vorliebe für ungewöhnliche oder ungebräuchliche Wörter und Sprachformen in oft rhythmisierten, dem Prosagedicht nahestehenden Wortkaskaden auszuleben, die zu den sehr konkreten, umgangssprachlich gestalteten Dialogen einen faszinierenden Kontrast bilden. Im Zentrum der Handlung steht das Schicksal des jungen Jean-Jacques Grandsire. Durch ein Vermächtnis seines verstorbenen Großonkels Cassave ist Jean-Jacques, wie seine Schwester Nancy und eine Reihe unheimlicher Verwandter, verpflichtet, seinen Wohnsitz in Malpertuis zu nehmen, dem beängstigenden Riesenhaus Cassaves, um die Aussicht auf die gewaltige Erbschaft nicht zu verlieren. Seine beklemmenden und absolut rätselhaften Erfahrungen in Malpertuis – eine alte Bezeichnung für einen Fuchsbau, aber auch das »Haus des Bösen« – schildert er in einem Tagebuch, das den größten Teil des Manuskripts umfasst.

Was sich hinter den vielen Rätseln, den tödlichen Ausbrüchen des Dämonischen und den bizarren Hausbewohnern verbirgt, kann der Leser erst am Schluss durch Kombination der unterschiedlichen Manuskriptteile erkennen: Anfang des 19. Jh.s sandte der Rosenkreuzer Cassave ein Schiff in die Ägäis. Der Kapitän war Anselme Grandsire, Jean-Jacques' Großvater. Ihn begleitete der abtrünnige Priester Abbé Doucedame, der, wie sein Nachkomme Doucedame der Jüngere, zu den Verfassern der Texte gehört. Sie sollten mit Hilfe von Zauberformeln die noch immer auf einer Insel dahinvegetierenden, einst so berühmten griechischen Götter holen und Cassave übergeben. Nach dem Erfolg dieses monströsen Unternehmens ließ Cassave diesen ihrer Göttlichkeit nicht völlig beraubten Schemen von seinem Diener, dem geisteskranken Präparator Philarète, menschliche Form geben. So verbargen sich hinter den kleinbürgerlichen Schwestern Cormélon die Eumeniden, hinter dem hübschen Mathias Krook Apoll und hinter Euryale Medusa, die Gorgo. Auch Jean-Jacques stammt von diesen Göttern ab, da Kapitän Anselme ein Verhältnis mit einer der Göttinnen hatte. In Jean-Jacques verlieben sich Euryale, deren grüne Augen nach wie vor versteinern können, und Alice Cormélon, in Wirklichkeit die Eumenide Alecto. Ihr Kampf nimmt nahezu kosmische Ausmaße an und führt nicht nur zu Jean-Jacques' Tod durch Versteinerung, sondern auch zum Untergang aller daran beteiligten Sterblichen. Die Götter aber werden den ersehnten Tod nicht finden, solange es Menschen gibt, die an sie glauben.

Jean Ray hat eine außerordentliche Vielfalt von literarischen Motiven zu einer Geschichte von frappierender Komplexität verwoben: Das Gespensterhaus, die Rückkehr der Götter, die geheimnisvollen esoterischen Lehren der Rosenkreuzer, der kosmische Kampf zwischen Gut und Böse, die Femme fatale, deren Liebe tötet, bilden einen Reigen der Klischees, die auf den Leser eine surreale Wirkung ausüben. Zitate aus entlegensten literarischen, okkulten und theologischen Quellen erhöhen den hermetischen Charakter des Romans, dessen klaustrophobische Atmosphäre mit seinem Entstehen während des Zweiten Weltkriegs in Verbindung gebracht wurde. Entwürfe zum Roman *Malpertuis*, der zu Recht als Rays Hauptwerk und als einer der großen phantastischen Romane des 20. Jh.s gilt, gehen schon auf die frühen 1920er Jahre zurück. Die komplizierte Struktur des Romans hat die auch vom Autor selbst genährte Vermutung aufkommen lassen, das Werk sei auf seine Bitte vom Verlag erheblich gekürzt worden. Diese These scheint jedoch angesichts der zwar äußerst vertrackten, aber mit mathematischer Präzision konstruierten Handlung kaum haltbar.

Zunächst blieb die Wirkung des Romans begrenzt auf den Kreis der Phantastik-Liebhaber, aber noch zu Rays Lebzeiten erfolgte eine Renaissance seines Werks. Wiederholt wurden Vergleiche mit Kafkas *Das Schloss* (1926) gezogen, größere Übereinstimmung freilich besteht mit dem etwa zur gleichen Zeit geschriebenen Roman *Opętani*, 1939 *(Die Besessenen)*, von Witold Gombrowicz, der wie Ray Muster des phantastischen Groschenromans zu seinem eigenen, höchst beunruhigenden Universum in Beziehung setzt.

■ Lit.: M. Vuylsteke: J. R. oder die Erfahrung einer vielgestaltigen Schreibe, in: Phaicon 4, 1980, 120–135. *Rein A. Zondergeld*

Jacques Réda

■ geb. 24. 1. 1929 Lunéville/Lothringen (Frankreich)

Studium der Rechtswissenschaften; danach Arbeit in verschiedenen Berufen, u. a. als Verlagslektor und Jazzkritiker; ab 1968 regelmäßige Veröffentlichung von Lyrik- und Prosabänden, ab 2002 auch von Romanen; 1987–1995 Herausgeber der *Nouvelle Revue Française*; erhielt 1993 den ›Grand Prix de l'Académie française‹.

■ Lit.: Lire R., Hg. H. Micolet, 1994. ■ P. Rougé: Aux frontières. Sur J. R., 2002. ■ M. Joqueviel-Bourjea: J. R. La dépossession heureuse, 2005.

Les ruines de Paris

(frz.; *Die Ruinen von Paris*, 2007, Gruppe ›Transports‹) – Die 1977 erschienene erste Sammlung von Prosagedichten des Autors ist das bekannteste Werk aus seinem rund 50 Bände umfassenden Œuvre. Wie bereits der Titel erkennen lässt, führte er darin zwei Traditionslinien französischer Lyrik zusammen. Zum einen knüpfte er an die von ↗ Baudelaire begründete Parisdichtung an, die im 20. Jh. vor allem von den Surrealisten (↗ Aragon, ↗ Breton, L.-P. Fargue) fortgeführt wurde, zum anderen griff er auf die Ruinenpoesie der Renaissance (J. ↗ Du Bellay) und der Romantik (V. ↗ Hugo) zurück. Beide Traditionen verbanden sich erstmals in der Mitte des 19. Jh.s unter dem Eindruck einer radikalen Neugestaltung der Innenstadt von Paris durch den Präfekten Haussmann, die man seither als ›Haussmannisierung‹ bezeichnet.

Handelte die Großstadtlyrik Baudelaires und seiner Zeitgenossen von den Ruinen des mittelalterlichen Paris, das vielerorts den neuen Boulevards zum Opfer fiel, so geht es bei Réda um die Ruinen des damals neu entstandenen Stadtbilds, das durch groß angelegte städtebauliche Maßnahmen in der Nachkriegszeit seinerseits stellenweise zertrümmert wurde. Zu den auffälligsten Veränderungen im Zuge dieser sogenannten ›neuen Haussmannisierung‹ gehörte neben dem Abriss des Markthallenviertels die weiträumige Neugestaltung der südlichen Vorstädte im langen Schatten der Tour Montparnasse. Genau dieser von Touristen eher selten betretene Bereich vom 13. bis zum 15. Arrondissement bildet den Hauptschauplatz der *Ruines de Paris*.

Beschrieben werden darin entsprechend vor allem Orte im Wandel: Abbruchhäuser, leere Schuppen, stillgelegte Bahnhöfe und tote Gleise. Die Neubauten selbst, gesichtslose Nicht-Orte, kommen allenfalls am Horizont oder als Baustellen in den Blick. Im Vordergrund stehen ›terrains vagues‹, leere Gelände ohne konkrete Funktion, an der Schwelle zwischen einem untergehenden und einem neu entstehenden Paris gelegen. Auch die im zweiten Teil geschilderte französische Provinz bietet ein ähnliches Bild: Ihre Industrieruinen und Durchgangsräume wirken wie ferne Ausleger der Rand- und Übergangszonen, die in der Hauptstadt den Monumenten der ›neuen Haussmannisierung‹ gegenüberstehen.

Erschlossen werden all diese Orte von einem lyrischen Ich in ständiger, erkennbar zentrifugaler Bewegung. Nur im ersten Gedicht der Sammlung durchwandert der Sprecher das Zentrum der Kapitale, dann zieht er sich in die Randbezirke und Vororte zurück, um den Großraum Paris schließlich ganz zu verlassen. In der Stadt tritt er als rast- und zielloser Spaziergänger auf, meistens zu Fuß unterwegs wie die Flaneure ↗ Balzacs oder Baudelaires, manchmal aber auch auf einem ›Vélo Solex‹, einem schwach motorisierten Zweirad, das dadurch, ähnlich wie das Fahrrad im Werk des von Réda bewunderten Lyrikers C.-A. Cingria, zu einem poetischen Vehikel gerät. Bei seinen Ausflügen ins Umland und in die Provinz wiederum benutzt er vorzugsweise die Bahn, an deren Strecken er schon seine Wege als Fußgänger und Zweiradfahrer ausrichtet: »Ich liebe die Schienen, den Schrott, den Rost«. Mehrfach kreuzen seine Wege die Gleise des stillgelegten Stadtbahnringes, der sogenannten ›Petite Ceinture‹, die nun ein riesiges, verwildertes ›terrain vague‹ an der Stadtgrenze bildet.

Bei aller Sensibilität für den Wandel des städtischen Raums und Verkehrs wirft dieser mobile Beobachter jedoch weniger einen urbanistischen als vielmehr einen ästhetischen Blick auf seine Umgebung. Mit einiger Verwunderung musste Réda zur Kenntnis nehmen, dass die englische Übersetzung der *Ruines* in einer Schriftenreihe zu Städtebau und Architektur erschien, denn mit den äußeren Bewegungen des lyrischen Ichs gehen durchweg innere Regungen einher, die sich manchmal bis zu heftiger Erregung steigern. In solchen Momenten kommt der von Réda gerne ausgespielte Doppelsinn des Wortes ›transport‹ zur Geltung, das im Französischen sowohl ›Beförderung‹ als auch ›Aufwallung‹ bedeutet. Bei der Schilderung seiner ortsabhängigen Empfindungen greift der Ruinenbetrachter auf sehr unterschiedliche und manchmal rasch umschlagende Tonarten zurück. Auf der einen Seite zeigt er sich immer wieder ergriffen von profaner Erleuchtung im Sinne der Surrealisten, erfährt er die ›Schwellenorte‹ diesseits und jenseits der Stadtgrenzen als moderne Reservate des Heiligen, das sich hier wie schon in den Passagen und Parks von Aragons *Paysan de Paris* (1926) in die Niederungen des Alltags herabbegeben hat. Andererseits profaniert er diese quasi religiöse Raumerfahrung oft postwendend durch einen an Borges' Vorstadtlyrik geschulten ironisch-lakonischen Tonfall, der sich nicht selten durch umgangssprachliche Wendungen, gelegentlich sogar durch comicartige Lautmalereien (»Vrummm!«) auszeichnet. So kann von einer Seite, ja von einer Zeile zur nächsten die poetische Andacht vor Gleisanlagen oder Fabrikruinen übergehen in eine rabiate Schimpfkanonade des Zweiradfahrers gegen den übermächtigen Autoverkehr: »Ich komme mir vor wie eine alte Spad [ultraleichter Doppeldecker] aus Holz und Stoff, die sich vom Feind absetzt, nachdem sie einen Zeppelin beschossen hat.«

Der in *Les ruines de Paris* erprobte ›zwieschlächtige‹ Sprechgestus für einen unbeständigen urbanen Erfahrungsraum wird in späteren Bänden wie *Châteaux des courants d'air*, 1986 (Luftzugschlösser), oder *Le citadin*, 1998 (Der Städter), ständig abgewandelt, aber nicht grundlegend verändert. Rédas dort und andernorts gesammelte Prosagedichte bilden zusammen das zweifellos bedeutendste poetische ›tableau de Paris‹ des ausgehenden 20. Jh.s.

■ Lit.: M. Sheringham: City Space, Mental Space, Poetic Space. Paris in Breton, Benjamin, and R., in: Parisian Fields, Hg. M.S., 1996, 85–114. ■ R.s Paris. Topographien eines späten Flaneurs, Hg. A. Mahler/W. Nitsch, 2001.

Wolfram Nitsch

Henri François Joseph de **Régnier**

■ geb. 28.12.1864 Honfleur/Calvados (Frankreich)
■ gest. 23.5.1936 Paris (Frankreich)

(Pseudo. Hugues Vignix) – Gab eine Diplomatenkarriere zugunsten der Literatur auf; heiratete 1896 die Tochter des symbolistischen Lyrikers Heredia; war mit Gide befreundet; schrieb für verschiedene symbolistische Zeitschriften; um die Wende zum 20. Jh. in Venedig, dann USA-Reise; nach ersten lyrischen Versuchen in spätromantisch-parnassianischer Tradition Romane und Erzählungen dekadent-melancholischen Gehalts; bedeutender Erneuerer der symbolistischen Lyrik in Frankreich.

■ Ausg.: Œuvres, 7 Bde, 1930.
■ Lit.: M. Maurin: H. de R., 1972. ■ G. Schmidt: H. de R. als Erzähler, 1976.

Das lyrische Werk

(frz.) – Wenngleich der Autor in den Jahrzehnten um die Wende zum 20. Jh. verstärkt die erzählende Prosa pflegte, ist er den Zeitgenossen wie der Nachwelt vor allem als Lyriker im Bewusstsein geblieben. Er schuf ein gutes Dutzend Gedichtsammlungen, deren früheste *Les lendemains*, 1885 (Abende), und deren späteste die mit lateinischen Titeln sich gewissermaßen maskierenden Büchlein *Vestigia flammae*, 1920 (Flammenspur), und *Flamma tenax*, 1928 (Hartnäckige Flamme), waren.

Auf der Höhe seines Erfolgs als Lyriker widmete ihm Léautaud 1904 einen Essay, Eugénio de Castro machte ihn in Portugal bekannt. Kein Geringerer als Stefan George, der ihn schon 1889 in Paris aufgesucht hatte, übertrug einige seiner Gedichte erstmals in den *Blättern für die Kunst*, schließlich abermals im zweiten Teil seiner *Zeitgenössischen Dichter* (1923), und stellte ihn damit den Größten seiner Zeit – Verlaine, Mallarmé, Verhaeren, Rimbaud – an die Seite. 1911 wählte Maurice Ravel – und sieben Jahrzehnte nach ihm noch Alejo Carpentier in seinem Ballettroman *La consagración de la primavera* (1978) – in seiner Tanzdichtung *Valse nobles et sentimentales* ein Régnier'sches Motto, das einem poetologischen Programm der ästhetischen Moderne gleichkommt: »le plaisir délicieux et toujours nouveau d'une occupation inutile« (»das lockende und stets neue Vergnügen einer nutzlosen Beschäftigung«). Dem Dandytum dieser prononciert zur Schau getragenen Nutzlosigkeit entsprach es nicht nur, dass Régnier wie vor ihm Baudelaire und Mallarmé die Poesie gleich der Musik als interesselos Schönes begriff, in dem letztlich kein Materialbegriff mehr substantiierbar war: »Der Weise ist der, der auf Sand baut.« Getreu den Postulaten der symbolistischen Schule um Mallarmé verstand Régnier seine Verse als quasi-musikalisches, absolutes Kunstwerk, dessen Ausdrucksanspruch überzeitliche Gültigkeit reklamierte: »Die Poesie hat weder ein Gestern noch ein Morgen, noch ein Heute.« Von daher erklärt sich auch die Vorliebe, die George für den eher unzeitgemäßen Dichter in der Epoche immer radikalerer, einander immer rascher ablösender Avantgardemoden hegte.

Die ersten Gedichtsammlungen – *Les lendemains* (1885); *Apaisements*, 1886 (Linderungen); *Sites*, 1887 (Orte) – stehen zwar noch im Bann romantischer Erlebnisdichtung, doch diese Stimmungsbilder künden vom dichterischen Willen, die Überlagerung der Sensationen Sprache werden zu lassen. Es war Baudelaires ›Korrespondenzlehre‹, die der junge Régnier aus den Händen Verlaines empfing: Gemäß der symbolistischen Forderung, die Malerei und die Poesie musikalischer werden zu lassen, werden visuelle in akustische Eindrücke übersetzt. Den Seheindruck überlagert eine spezifische Musikalität, die – gleich den Gemälden Redons und Whistlers – ›Bilder über nichts‹ erzeugen will: In den *Lendemains* findet sich eines der Gedichte, das George seiner Auswahl voranstellte. Hier inszeniert sich das lyrische Ich als melancholischer Liebender in der Abenddämmerung, der sich am Teich Klängen hingibt: »Kein fuss zertrat der graden rohre stolz / kein zug in der verletzten bäume holz / begräbt die flüchtigen erinnerungen.« Ein Hirsch, der den Lockungen der Flöte folgt, wird zum Liebesboten: »Er reicht gekniet sein ästiges geweih / woran ich eine rosenbotschaft hänge / Dir, Süsse, deine diener sind wir zwei.« (Übers. S. George)

In *Episodes*, 1888 (Episoden), dienen die Formen uneigentlichen Sprechens – Symbol, Metapher, Allegorie – dem Ausdruck psychischer Zustände. Unverkennbar ist in diesen frühen Gedichten das Vorbild Baudelaires, vor allem der Hang zur Personifikation und zur Allegorie. Das Fortspinnen einer aus antikem Geist belebten Natur weist auf die orchestralen Effekte zurück, die in den *Fleurs du mal* Naturerleben in Seelenlandschaften umkodierten.

In »Die großen Winde von jenseits des Meeres« betreten die stürmischen Nordwinde »erbitterten Fremdlingen« (»étrangers amers«) gleich Paris. Die Giganten bevölkern eine marmorne Idealstadt, deren Vorbild das entvölkerte Paris von Baudelaires *Rêve Parisien* sein könnte: Die von einer überirdischen Naturgewalt heimgesuchte Stadt wird zur verheerten Spleenlandschaft. In seinem Hang, Personifikationen und Metaphern konsequent durchzuführen, schuf Régnier auch geradezu surreale Effekte: »und ihre Sandalen bestreuen mit Sand den Marmor der Platten. Wie mit Krücken in ihrer mächtigen Faust schlagen sie an Vordach und Tür, hinter der die Uhr tot ist.«

Es ist gerade das Beharren auf der Konkretheit der sprachlichen Ausdrucksform, das Régniers Verse wie

Wortgemälde erscheinen lässt. In »Tapisserie« (Gobelin) erzeugt er aus der Beschreibung einer feudalen Parklandschaft ein Emblem der Melancholie. Wieder ist es die Personifikation, die das statische Bild in eine phantastisch anmutende Bewegtheit verschiebt, wenn die Abenddämmerung zum Akteur eines Dramas wird, dessen Gegenstand die Vergänglichkeit ist: »Der Dämmerung leises, stufenweises Niederfallen hüllt ein den schönen Park und überdeckt von allen den lang versunknen Festen die erstorbene Pracht.« Gemäß den dichterischen Intentionen der parnassianischen Dichterschule wird Zeitlichkeit dabei in der Einmaligkeit der lyrischen Momentaufnahme bewahrt.

Nur selten griff Régnier dabei auf das Dialoggedicht zurück, die Baudelaire'sche ›causerie‹. Und selbst dort, wo die Sprechsituation das Gegenüber impliziert, wird die angesprochene Person nicht präsent. In dem Sonett »La promenade« (Der Spaziergang) lässt sich nur erahnen, wer der Adressat des alternden Ichs ist, das da durch einen Wald wandert, um sein Gegenüber in die Welt zu entlassen: »sei ganz dir selbst zueigen und denk des Schattens nicht, in dem ich wartend steh.«

In den *Poèmes anciens et romanesques*, 1890 (Alte und romanhafte Gedichte), verstärkt sich die erzählerische Tendenz, die unmittelbar aus dem Symbolvorrat der Gedichte hervorgeht, ohne dabei ins banal Balladenhafte abzugleiten. Die mitunter ausgesprochen visuelle Phantasie ordnet in diesen Gedichten den Bildvorrat zu fast filmischen Handlungsketten, etwa wenn in dem Sonett »Nachwort« das lyrische Ich sich zum Zauberlehrling stilisiert, der den Meister tötete, um in den Besitz des Geheimwissens über die Zauberkraft der Edelsteine zu gelangen. Es ist, als würden aus den Topoi der dekadentistischen Dichtung – Zauberei, Edelsteine, Eros, Tod – thematische Generatoren, die zu Geschichten verkettet werden.

Mit *Tel qu'en songe*, 1892 (Wie im Traum), erreichte Régnier den Höhepunkt seiner symbolistischen Phase, die seinen internationalen Ruhm begründete. Das Thema des Traumes, das eine ganze Dichtergeneration schon vor Sigmund Freud in ihren Bann schlug, nahm auch von ihm vorübergehend Besitz. In den Stimmungslandschaften dieser Zeit trieb er die Verselbständigung der Sprache gegenüber der äußeren Wirklichkeit in immer neue Bereiche. Unter dem Einfluss Mallarmés lösen sich Symbol und Metapher aus der referentiellen Bindung an die Welt. Innersprachliche Gesetzmäßigkeiten treten demgegenüber noch stärker in den Vordergrund.

An der Wende zum 20. Jh., in *Les jeux rustiques et divins*, 1897 (Ländliche und göttliche Spiele), verwendete Régnier unter dem Einfluss der Parnassiens den freien Vers. Die Vergänglichkeit, die Flüchtigkeit der menschlichen Wahrnehmung und der diese Themen vorantreibende Fin de Siècle-Sensualismus blieben bis über die Jahrhundertwende hinaus erhalten.

Das spätere Werk – beginnend mit *La sandale ailée*, 1906 (Die geflügelte Sandale), stellt gegenüber der parnassischen und symbolistischen Phase eine Reduktion der sprachkritischen Dichteraktivität dar. Vorherrschend sind nun die traditionellen Dichtungsformen des Sonetts und der Ode, gelegentlich im Diminutiv als »Odelette« bezeichnet, die auf die klassischen Autoren Frankreichs – vor allem auf Ronsard – zurückdeuten.

▪ Übers.: Verse, P. H. u. T. Tesdorp, 1932.

▪ Lit.: M. Maurin: H. de R., 1972. ▪ P. Laude: Les odelettes d'H. de R. Une esthétique de l'allusion, in: Les Lettres Romanes 42, 1988, 73–84. ▪ R. Cardwell: Symbolist Dream and Difference. H. de R.'s ›Allégorie‹, in: Romance Studies 18, 1991, 7–19.

Gerhard Wild

Jean Renart

▪ geb. spätes 12. Jh. Île-de-France (Frankreich)
▪ gest. erste Hälfte 13. Jh. Île-de-France (Frankreich)

Nähere Lebensumstände unbekannt; Verfasser eines vielfältigen Werks unterschiedlicher Gattungen vorzugsweise narrativen Charakters: Artusroman (*Escoufle; Galeran de Bretagne*, Verfasserschaft unsicher), Abenteuerroman *(Le roman de la rose ou de Guillaume de Dôle)*, Lais; geschätzt für detaillierte Beschreibungen und seine realistische Charakterdarstellung.

▪ Lit.: R. Lejeune: L'œuvre de J. R. Contribution à l'étude du genre romanesque au moyen âge, 1935.

L'escoufle

(afrz.; Der Weih) – Der Abenteuerroman entstand um 1200. Richard de Montivilliers, ein normannischer Adeliger, besucht auf dem Rückweg von einer Pilgerfahrt ins Heilige Land in Rom den Kaiserhof und wird mit der Zeit ein unentbehrlicher Berater des Kaisers. Richards Sohn Guillaume und die Tochter des Kaisers, Aélis, werden zur gleichen Zeit geboren, gemeinsam erzogen und beginnen, einander zu lieben. Es ist beschlossen, dass sie heiraten werden, doch Richard stirbt, und das kaiserliche Paar will unter dem Einfluss schlechter Ratgeber nun plötzlich nichts mehr von diesem Plan wissen. Guillaume und Aélis sind darüber tief traurig, und Aélis überredet Guillaume, nachts mit ihr zu fliehen. Ständig in Angst vor Verfolgern, gelangen die beiden bis in die Gegend um Toul. Während einer Rast entreißt ein Raubvogel (Weih) Guillaume die Tasche mit dem Ring, den Aélis ihm zum Zeichen ihrer Liebe geschenkt hat. Nach kurzem Zögern beschließt Guillaume, dem Vogel nachzureiten. Inzwischen wacht Aélis auf, findet sich verlassen und glaubt, ihr Freund sei von den Häschern ihres Vaters gefangen worden. Sie geht nach Toul und wird dort von einer Familie aufgenommen. Als Guillaume sie bei seiner Rückkehr an dem Rastplatz nicht mehr findet, erschrickt er über das Verschwinden seiner Geliebten und reitet den Weg, den sie gekommen waren, zurück, um sie zu suchen. Von nun an verbringen beide ihr Leben im Dienste fremder Herren. Eines Tages fängt Guillaume als Falkner des Grafen von Saint-Gille einen Weih und reißt ihm, um sich für den Diebstahl, mit dem sein Unglück begann, zu rächen, das Herz aus dem Leib. Als der Graf von dieser Tat erfährt, bittet er Guillaume um eine Erklärung, und dieser erzählt ihm seine Geschichte. Unter den Zuhörern ist auch Aélis, die im Dienste der Gräfin von Saint-Gille steht. Mit wachsender Spannung verfolgt sie den Bericht und fällt schließlich dem Wiedergefundenen in höchster Freude um den Hals. In Rouen, der Heimat Guillaumes, wird die Hochzeit festlich begangen, in Rom findet später die Kaiserkrönung statt.

Kennzeichen von Renarts Stil sind Realistik in der psychologischen Motivierung, leichter, anmutiger Fluss der Erzählung und eine gewisse Ironie. Auch im *Escoufle*, den man jetzt für das früheste Werk Renarts hält, zeigen sich diese Stilmerkmale, besonders in der Beschreibung der Natur und der Liebe des jungen Paares. Renart orientierte sich wohl an anderen zeitgenössischen Liebesgeschichten (z. B. *Floire et Blancheflor*), erzählt aber doch selbständig.

▪ Ausg.: L'Escoufle, Hg. F. Sweetser, 1974.

▪ Lit.: D. Poirion: Fonction de l'imaginaire dans L'escoufle, in: Mélanges de langue et littérature françaises du Moyen Age et de la Renaissance, 1980, 287 ff. *Gerhard Wild*

Le roman de la rose ou de Guillaume de Dôle

(afrz.; *Der Roman von der Rose oder Wilhelm von Dôle*, 1982, H. Birkhan) – Der höfische Roman in 5655 Achtsilblern mit lyrischen Einlagen entstand um 1212, möglicherweise jedoch erst um 1228. Das dem späteren Bischof von Beauvais, Milon de Nanteuil, gewidmete Werk hieß ursprünglich »Le roman de la rose«. Um Verwechslungen mit dem berühmteren *Roman de la rose* von ↗ Guillaume de Lorris / Jean de Meung zu vermeiden, wurde der Titel in späterer Zeit um den Namen der Hauptperson erweitert.

Der junge Kaiser Konrad, der von seinen Rittern und Untertanen hoch geschätzt wird und dessen Hof ein Zentrum höfischen Lebens ist, weigert sich, trotz der Bitten seiner Umgebung, eine Heirat einzugehen. Eines Tages berichtet ihm jedoch sein Spielmann Jouglet von Guillaume de Dôle, einem mit allen höfischen Tugenden ausgestatteten Ritter, und dessen außergewöhnlich schöner Schwester Lïenor, die mit ihrer Mutter auf dem Familiensitz in Dôle ein zurückgezogenes Leben führt. Allein aufgrund der Beschreibung des Spielmanns empfindet der Kaiser Liebe zu Lïenor und beschließt, ihren Bruder Guillaume an seinen Hof zu holen. Im Verlauf eines Turniers zeichnet sich Guillaume auch tatsächlich durch Tapferkeit und Großmut aus. Daraufhin teilt ihm der Kaiser seinen Entschluss mit, Lïenor zu heiraten, und versammelt seine Barone in Mainz, um deren Zustimmung zu erhalten. Ein missgünstiger Seneschall jedoch, der fürchtet, zugunsten Guillaumes an Einfluss zu verlieren, begibt sich heimlich auf das Schloss der Auserwählten, um die Heirat zu verhindern. Zwar gelingt es ihm nicht, zu Lïenor vorzudringen, doch erschleicht er sich das Vertrauen ihrer Mutter, einer etwas geschwätzigen alten Dame, die ihm törichterweise ein bislang streng gehütetes Geheimnis verrät. Die schöne Lïenor trägt auf dem Oberschenkel ein Muttermal in Form einer roten Rose. Als der Kaiser dem Seneschall von seinen Heiratsplänen berichtet, heuchelt dieser Verlegenheit und behauptet schließlich, zu Lïenor eine sexuelle Beziehung gehabt zu haben, wobei er als Beweis die Kenntnis ihres Rosenmals anführt. Schweren Herzens nimmt der Kaiser Abstand von seinen Heiratsplänen. Guillaume, dem Konrad die Freundschaft nicht entzogen hat, versinkt daraufhin in Melancholie.

Als einer seiner Neffen das ahnungslose Mädchen in Dôle zur Rede stellt, kommt die Wahrheit schnell ans Tageslicht. Um ihre Unschuld vor der Gesellschaft zu beweisen, muss Lïenor jedoch erst zu einer List greifen: Nachdem sie dem Seneschall unter dem Namen einer Burgherrin, die seine Liebe einst nicht erwidert hatte, Schmuck und einen Gürtel gesandt hat, begibt sie sich nach Mainz und klagt dort vor versammeltem Hof den Seneschall an, ihr Gewalt angetan zu haben. Der verblüffte Seneschall beteuert zwar seine Unschuld; als jedoch der Gürtel bei ihm gefunden wird, muss er seinen Schwur, Lïenor noch nie begegnet zu sein, in einem Gottesurteil bekräftigen, das Lïenors Untadeligkeit bestätigt. Sie gibt daraufhin Namen und Herkunft preis, und der Heirat mit Kaiser Konrad steht nun nichts mehr im Wege. Der geständige Übeltäter wird zwar auf Lïenors Fürsprache hin begnadigt, muss aber zu einer Kreuzfahrt ins Heilige Land aufbrechen.

Das romaneske Thema, die Liebe zu einer unbekannten Schönen, verbindet sich in diesem Roman mit dem in der französischen Literatur häufig gestalteten Motiv der verleumdeten Unschuld, das auch im *Roman du comte de Poitiers*, um 1222 (Roman des Grafen von Poitiers), und im *Roman de la violette*, um 1229 (Veilchenroman), auftritt. Eine formale Neuheit des *Guillaume de Dôle*, die von Gerbert de Montreuil im *Roman de la violette* nachgeahmt wurde, bilden die geschickt in die Handlung eingefügten Lieder (48 Fragmente) verschiedenster Autoren, Balladen und zwei provenzalische Kanzonen. Das von Renart in allen alltäglichen Details entworfene realistische Bild höfischen Lebens unterscheidet sich von den idealisierenden Darstellungen der Artus-Romane auch durch die Ironisierung und die eindeutige zeitliche und örtliche Fixierung der Handlung.

■ Ausg.: Le roman de la rose ou de Guillaume de Dôle, Hg. G. Servois, 1893 [Nachdr. 1965].

■ Lit.: J.C. Payen: Structure et sens de Guillaume de Dôle, in: Der altfranzösische Roman, Hg. E. Köhler, 1978, 170–188. ■ E. Baumgartner: Les citations lyriques dans le Roman de la rose de J.R., in: Romance Philology 35, 1981/1982, 260–266. *Wolfgang Rössig*

Nicolas Edme **Restif de la Bretonne**

■ geb. 23.11.1734 Sacy bei Auxerre/Yonne (Frankreich)
■ gest. 3.2.1806 Paris (Frankreich)

Druckereilehre in Auxerre; danach in Paris, abenteuerliches Leben ohne geregelte Tätigkeit; lebte offensichtlich vom Verkauf seiner zahllosen, heute meist vergessenen Werke, die er zum Teil selbst setzte und herausgab; Verfasser spätaufklärerischer Unterhaltungsprosa; geschätzt wegen seiner erotischen Skandalgeschichten.

■ Ausg.: Œuvres complètes, 42 Bde, 1782–1785 [Nachdr. 1988].

■ Lit.: N. Baruch: N.E.R. de la B., 1996.

Le paysan perverti ou les dangers de la ville

(frz.; *Der verführte Bauer oder Die Gefahren der Stadt*, 1994, K.L. Leonhardt) – Der 1776 erschienene Briefroman, »eine Geschichte aus unserer Zeit, herausgegeben nach den Originalbriefen der einzelnen Personen«, begründete den Ruhm des Autors. Im Zentrum der Geschichte stehen der wohlerzogene, ›unverdorbene‹ Junge Edmond und seine Schwester Ursule. Geschildert werden die stark autobiographisch geprägten Erlebnisse des Protagonisten, der mit 16 Jahren, in ländlicher Kleidung, mit hervorragendem Bibelwissen sowie Latein- und Griechischkenntnissen, aus seinem Heimatdorf in der Bourgogne in das Atelier des Künstlers Paragon in Auxerre kommt, um die Malerei zu erlernen. Die Verführungskünste der koketten Manon und ihrer Zofe sowie das schlechte Beispiel seines Meisters üben einen negativen Einfluss auf ihn aus. Bevor Ursule in Auxerre eintrifft und ebenfalls durch das städtische Leben verändert wird, kommt der Graveur Cordelier, genannt Gaudet d'Arras, ins Haus. Der skrupellose Lebenswandel dieses Libertins und sein alle Sitten und Gesetze verspottender Zynismus bestärken die Geschwister auf dem bereits von ihnen eingeschlagenen Weg.

Nachdem Edmond Paragons Frau vergewaltigt hat, verschlägt es ihn nach Paris, wo er Ursule aus den Händen eines Marquis befreien will. Er duelliert sich, muss aber zuletzt doch in die entehrende Beziehung der Schwester einwilligen. Ursule wird zwar nach unzähligen Liebesabenteuern und einer Zwangsheirat mit einem Wasserträger doch noch Marquise, fällt später jedoch einem Mord zum Opfer. Edmond, der inzwischen einen Arm und ein Auge verloren hat, wird angeklagt, seine Frau, die er wegen ihres Geldes geheiratet hatte, vergiftet zu haben, und deshalb für neun Jahre auf die Galeeren geschickt. Die ehrenhaften bäuerlichen Eltern sterben inzwischen aus Kummer und Scham. Auch Edmond stirbt. Die Familie ruft zur Gründung eines genossenschaftlich geführten Musterdorfes auf, das durch seinen Wohlstand und seine Vorzüge junge Bauern in Zukunft befähigen soll, der Anziehungskraft der Städte zu widerstehen.

Sowohl in der Form des Briefromans, hier der chronologisch geordneten Korrespondenz der Hauptfiguren, wie auch in der moralisierenden Tendenz äußert sich der Einfluss Richardsons. So geht eine faszinierende Wirkung von der Gestalt des Gaudet aus, der an Richardsons schurkischen Verführer Lovelace erinnert und die satanischen Verführergestalten der Spätaufklärung, wie Laclos' Valmont oder ↗ Sades Dolmancé, vorwegnimmt. Im Vorwort richtet Restif einen eindringlichen, ↗ rousseauistisch getönten Appell an die landmüde Bauernjugend, den ›Verlockungen der Stadt‹ zu widerstehen. Das abschreckende Ende der Geschwister unterstützt die erzieherische Intention.

Der Erfolg ermunterte Restif, Ursules Stadtabenteuer zu dem ebenfalls vierbändigen Werk *La paysanne pervertie*, 1784 (Das verführte Bauernmädchen), auszuweiten. Beide Romane wurden 1787 unter dem Titel *Le paysan et la paysanne pervertis* zu einem monumentalen Werk von über 2000 Seiten vereinigt.

■ Lit.: F. Bassani: R. de la B. et la ville, 1993. *Richard Mellein*

Pierre **Reverdy**

■ geb. 13.9.1899 Narbonne (Frankreich)
■ gest. 21.6.1960 Solesmes/Sarthe (Frankreich)

Ab 1910 in Paris; ab 1911 Freundschaft mit ↗ Picasso, ↗ Apollinaire und Braque; 1916 mit Max ↗ Jacob und Apollinaire Gründer und allein Leiter der Zeitschrift *Nord-Sud;* 1926 Konversion zum Katholizismus; bis zu seinem Tod zurückgezogenes Leben in der Nähe des Klosters Solesmes; bedeutender Essayist und Lyriker, Wegbereiter des Surrealismus.

■ Ausg.: Œuvres complètes, 11 Bde, 1974–1989.
■ Lit.: Y. Leclerc: Lire R., 1990.

Plupart du temps

(frz.; *Quellen des Windes* [Auswahl], 1970, M. Hölzer, F. Kemp) – Die frühen Gedichte des Wegbereiters des Surrealismus entstanden 1915 bis 1922 und erschienen 1945, als der Dichter seine zahlreichen größeren und kleineren Gedichtsammlungen in zwei Bänden herausgab. Die Vers- und Prosagedichte bestehen meist aus einfach gebauten Sätzen, die parataktisch gereiht und miteinander nur locker verbunden sind. In den Versgedichten erfolgt eine weitere Gliederung, unter Verzicht auf jegliche Zeichensetzung, durch unterschiedliche Einrückungen, bisweilen auch durch unregelmäßig auftretende Reime oder Assonanzen. Die Texte wahren häufig einen Zug zur Improvisation; sie wirken weniger gebunden als fortziehend – als flüchtige, leicht sich verschiebende Strukturen oder auch als punktuelle Einzelheiten, die, statisch, fragmentarisch, zu einem Gebilde zusammenzutreten scheinen und wieder zerfallen.

Was dem Leser geboten wird, sind keine Fakten, Erlebnisse, exakte Orte und Stunden, sondern eher Evokationen, Beschwörungen, Annäherungs- und Fluchtversuche in einer gleitenden, schwindenden, brüchigen Welt. Der Dichter ist allein, der Gefangene einer feindlichen Wirklichkeit, an der er leidet und die ihm den Blick auf das Absolute verstellt. Nur dieses Absolute (Gott, die Wahrheit) zählt; es ist die einzige unbestreitbare Wirklichkeit, tief und einfach zugleich. Der Dichter ist der Mensch, der für diese allenthalben verborgen anwesende geistige Wirklichkeit ein Organ, einen Sinn besitzt. Er nähert sich ihr durch Bilder.

Reverdy hat eine Lehre vom poetischen Bild entwickelt, die den Surrealismus nachhaltig beeinflusst hat. Er hat diese Lehre in den Aphorismen der Sammlungen *Self-defence*, 1919 (Selbstverteidigung), und *Le gant de crin*, 1927 (Der Rosshaar-Handschuh), sowie mehrfach in einzelnen Essays vorgetragen: »Das Bild ist eine reine Schöpfung des Geistes. Es entspringt nicht einem Vergleich, sondern dem Zusammenrücken zweier mehr oder minder entfernter Wirklichkeiten. Je ferner und richtiger die Beziehungen der beiden zusammengebrachten Wirklichkeiten sind, desto stärker wird das Bild sein, desto größer seine Wirkung auf die Empfindung und seine poetische Wirklichkeit. Groß ist nicht das Bild, sondern die Empfindung, die es hervorruft.« Mit Nachdruck betont Reverdy, dass die Verbindung der beiden Wirklichkeiten, aus der diese kühnen Metaphern hervorgehen, in ihrer Stimmigkeit gründen. Diese Stimmigkeit aber ist umso spannungsreicher, je weiter die im poetischen Bild zur Übereinstimmung gelangenden Elemente sonst auseinanderliegen. Richtigkeit und Stimmigkeit ist durch nichts als durch sich selbst verbürgt; ihr Prüfstein ist nicht die Empfindung, von der sie zeugt, sondern die, die sie hervorruft. Das Urteil über ein Gedicht liegt demnach beim Leser, in dem es sich erst konstituiert. Dies erklärt, warum die Ratlosigkeit angesichts einzelner Gedichte Reverdys oft so groß und die Einschätzung des Gesamtwerks so widersprüchlich ist. Unverkennbar aber bleibt überall ein unstillbares Verlangen nach Reinheit und Transparenz, nach einer überwirklichen Eleganz, die aber nur im Kontrast mit dem Dunklen, Spröden und Schroffen erfahren wird.

■ Lit.: Y. Kim: Le blanc chez P.R., 1991. ■ M.-L. Filliol: Secret, échec et écriture chez P.R., 1997. *Friedhelm Kemp*

Yasmina Reza

■ geb. 1.5.1957 oder 1959 Paris (Frankreich)

Tochter einer ungarischen Pianistin und eines aus Russland emigrierten Geschäftsmannes iranisch-jüdischer Herkunft; verschiedene begonnene Studien, Ausbildung zur Schauspielerin; internationale Erfolge als Dramatikerin; Neubelebung des Boulevardstücks mit sozialkritischer Dimension; Satirikerin der Spaßgesellschaft; seit 1997 Erzählprosa, z. B. *Hammerklavier* und *Une desolation (Eine Verzweiflung)*.

■ Lit.: B. Kuhn: Y. R., in: Kritisches Lexikon zur fremdsprachigen Gegenwartsliteratur. ■ Y. R./U. Schrimpf: Das Lachen als Maske des Abgründigen. Gespräche mit U. S., 2004.

Das dramatische Werk

(frz.) – Gleich Yasmina Rezas erstes Stück *Conversations après un enterrement*, 1986 (*Gespräche nach einer Beerdigung*, 1987, C. B. Sucher), sorgte für volle Theater und erhielt den wichtigsten französischen Theaterpreis, den Prix Molière: Obwohl Elisa ihr Verhältnis mit Alex gelöst hat, weil sie seinen Bruder Nathan liebt, erscheint sie beim Begräbnis von Vater Weinberg auf dem Landgut der Familie. Ein Defekt an ihrem Wagen zwingt sie, den Abend mit den Angehörigen des Verstorbenen zu verbringen. Der eifersüchtige Alex lässt seine Aggressionen an ihr und – mit mehr Erfolg – an Julienne aus, die in dritter Ehe seinen Onkel geheiratet hat. Nach heftigen Szenen klingt das Stück versöhnlich – einen klassischen Komödienschluss zitierend – mit der Aufforderung zu einem gemeinsamen Essen aus.

Wie alle Stücke der Autorin spielt auch *Conversations* in einem kunstsinnigen, großbürgerlich-jüdisch-aufgeklärten Milieu; die Konflikte sind nicht existenzbedrohend und die Botschaft, dass diejenigen glücklicher leben, die das Unabänderliche hinnehmen, ist wenig spektakulär. Das Urteil der Kritik war bei diesem Dramenerstling gemischt – und blieb es. Die linke Presse warf Reza Nähe zum Boulevardtheater vor, die rechte verglich sie mit Čechov, Schnitzler und Sarraute und lobte ihre Dramaturgie und Dialogführung.

Ihre nächste Arbeit war das 1987 uraufgeführte Stück *La Métamorphose* (Die Verwandlung), die französische Fassung der Kafka-Adaptation von Stephen Berkoff.

Für *La traversée de l'hiver*, 1989 (*Reise in den Winter*, 1988, C. B. Sucher), erhielt Reza ihren zweiten Prix Molière. Das Stück spielt in einem Schweizer Hotel, wo der Büromöbel-Fabrikant Avner aus Buenos Aires jedes Jahr seine in Paris lebende Schwester Emma trifft und Wanderungen mit anderen Gästen unternimmt. Avner hat sich in die verheiratete Suzanne verliebt, deren Tochter Ariane in ihn und der junge Keltenforscher Balint in Ariane. Man redet über Ausflüge, Kirchenkonzerte und Herrn Blensk, der Emma verehrt, Anschluss sucht und allen auf die Nerven geht. Avner reist ab, überlegt es sich während eines Reifenwechsels anders und kehrt zurück. Das Stück atmet die Atmosphäre von Schnitzlers Novellen, Suzannes Urlaubs-Lektüre.

Art, 1994 (*Kunst*, 1995, E. Helmlé), war das erste ganz außerordentlich erfolgreiche Stück der Autorin. Der Dermatologe Serge hat sich darin ein monochromes Gemälde geleistet, eine weiße Leinwand, auf der lediglich Pinselspuren zu erkennen sind. Für seinen Freund Marc bedeutet dies eine Absage an Integrität und Authentizität; er findet, Serge sei überheblich und biedere sich bei den oberen Zehntausend an, kurz, er gefährde ihre Freundschaft. Nach nervenzerreißenden Auseinandersetzungen, bei denen auch der friedfertige Yvan Grobheiten zu hören bekommt und sogar geohrfeigt wird, drückt Serge Marc einen Permanentschreiber in die Hand, und dieser malt einen Skiläufer auf die weiße Leinwand. Angeregt dürfte diese Wendung durch Cuno Amiets Gemälde *Paysage de neige, dit aussi le grand hiver*, 1904 (im Pariser Musée d'Orsay) worden sein. Durch den Akt von Vandalismus ernüchtert und gerührt, weil Serge an seiner Freundschaft offenbar mehr liegt als an dem 200 000 Francs teuren Bild, hilft Marc ihm anschließend, es zu reinigen. Reza nimmt in diesem Stück keine Stellung zur modernen Malerei. Sie zeigt indes, dass das Wertempfinden höchst subjektiv ist, dass sich hinter ideologischen Differenzen persönliche Konflikte verbergen oder – umgekehrt – Überzeugungen und ästhetische Vorlieben wichtiger werden können als zwischenmenschliche Bindungen.

L'homme du hasard, 1995 (*Der Mann des Zufalls*, 1994, E. Helmlé), spielt in einem Zugabteil. Parsky, ein berühmter Schriftsteller, und Martha, eine Frau mittleren Alters, die seine Bücher über alles liebt und gerade dabei ist, das neueste zu lesen, hängen ihren Gedanken nach und beginnen langsam, sich für einander zu interessieren. Erst nach einer Reihe von Selbstgesprächen ergibt sich eine Unterhaltung. Der an sich undramatische Text wird spannend durch die Art, wie Reza die Biographien der beiden Personen entwickelt und die Hoffnung auf ein Happy End nährt. Im Zentrum stehen Parsky, der (abgesehen davon, dass er nicht auf seine Heimat schimpft) Ähnlichkeit mit Thomas Bernhards griesgrämigen Protagonisten hat, und seine Ansichten über das Schreiben, die sich mit Äußerungen der Autorin decken.

1998 entstand der Monolog für eine Schauspielerin »Aujourd'hui« (Heute). Das ebenfalls 1998 von Didier Martiny verfilmte Drehbuch *Le pique-nique de Lulu Kreutz*, 1999 (Das Picknick der Lulu Kreutz), spielt größtenteils in und um den Kurort Évian; Geschichte und Milieu erinnern an *La traversée de l'hiver*.

Rezas zweiter ganz großer Theatererfolg war *Trois versions de la vie*, 2000 (*Dreimal Leben*, 2000, E. Helmlé). Henri, Forscher am Institut für Astrophysik in Paris, und seine Frau Sonia, eine Juristin, bekommen Besuch vom Ehepaar Finidori. Hubert ist ein arrivierter Wissenschaftler, der für Henris Karriere wichtig ist. Da die Gäste infolge eines Missverständnisses erst für den folgenden Tag erwartet wurden, ist kein Abendessen vorbereitet, das Kind der Gastgeber will nicht schlafen gehen, und Hubert macht Henri zu allem Überfluss darauf aufmerksam, dass die Studie, an der dieser seit Jahren arbeitet, vielleicht schon durch eine neue Publikation vorweggenommen worden ist. Dieser Albtraum-Abend wiederholt sich mit geringfügigen Variationen in jedem der drei Akte.

Trois versions de la vie ist nicht einfach ein Stück über einen Erfolgsmenschen und einen Versager, sondern eine Satire auf den Wissenschaftsbetrieb und das Leben von Forschern. Komik entsteht vor allem dadurch, dass sich diese vier Menschen maßlos über Dinge aufregen, die kaum Auswirkungen auf ihre abgesicherte Existenz haben werden. Warum die Geschichte in drei Varianten erzählt wird, bleibt offen. Wie Kurosawa in *Rashomon*, Ayckbourn in *The Norman Conquests* oder Priestley in den »Time Plays« will Reza offenbar die Relativität von Wirklichkeitsauffassungen zeigen oder (wie Boals Forumtheater) bewusst machen, dass sich Situationen durch minimale Modifikationen des Verhaltens der Beteiligten verändern. Der Umstand, dass sich auch in der dritten Version, in der Henri selbstbewusst auftritt, an den Machtverhältnissen nichts ändert, zeugt, je nach Sichtweise des Rezipienten, von Pessimismus und Reaktionismus oder aber von Realismus und politischem Bewusstsein, denn die Rangordnung bleibt bestehen, und Sonia macht die Image-Verbesserung ihres Mannes heimlich dadurch zunichte, dass sie Huberts Werben nachgibt.

Une pièce espagnole, 2004 (*Ein spanisches Stück*, 2004, F. Heibert/H. Schmidt-Henkel), beruht auf dem Kunstgriff des Spiels im Spiel. Eine erste Realitäts-Ebene bezieht sich auf die Entstehung einer Theaterproduktion. Die Akteure sprechen über ihr Verhältnis zum Autor, über Regisseure, Rollen und andere berufsspezifische Dinge. Die zweite Ebene bildet das titelgebende spanische Stück, das von einem Witwer, Fernan, und einer geschiedenen Frau, Pilar, handelt, die sich gefunden haben. Zwei von Pilars Töchtern sind Schauspielerinnen. Aurelia bewegt sich in der Off-Szene und leidet unter dem ständigen Vergleich mit der viel erfolgreicheren Nuria; ihr Mann Mariano ist Gymnasiallehrer und hat ein Alkoholproblem. Bei einem Familientreffen kommt es zu heftigen Szenen zwischen den drei Frauen. Während Aurelia die Rolle einer Klavierlehrerin in einem bulgarischen Drama einstudiert, kippt die zweite Realitätsebene in dem Maße, wie sie sich mit der Rolle identifiziert, in eine dritte: jene des (eben erwähnten) Stücks. Es gibt noch andere Überschneidungen der Wirklichkeitsebenen. Der Interpret des Mariano verschmilzt beispielsweise in einer Szene mit der Figur, spricht dann aber als Schauspieler den Autor des spanischen Stücks an.

Une pièce espagnole erlaubt einen reizvollen Blick hinter die Kulissen des Theaters und auf die Probleme derer, die in Show-Berufen arbeiten. Da ist etwa die Bedeutung von Wirkung und Alter (angesichts eines im Theatermilieu besonders ausgeprägten Schubladendenkens: Nuria war zuerst zu schön, um die Sonja in *Onkel Wanja* zu spielen, und jetzt ist sie zu alt dafür) oder die Ohnmacht des Schauspielers gegenüber Regisseuren und Kostümbildnern (Pilar) oder einem schlechten Text (Mariano).

Dans la luge d'Arthur Schopenhauer, 2005 (*Im Schlitten Arthur Schopenhauers*, 2005, F. Heibert/H. Schmidt-Henkel), ähnelt in seiner Anlage Rezas Stück *L'homme du hasard*. Es besteht aus acht »Monologien«, d. h. Reden, die sich an einen stumm bleibenden Partner richten. Es sprechen die Ehefrau des depressiven Spinoza-Spezialisten Chipman, dieser selbst, ein Freund der Familie und Chipmans Psychiaterin. Durch die unterschiedlichen Blickwinkel entsteht das anschauliche Bild einer depressiven Erkrankung. Der Patient erklärt, dass er nur physisch und psychisch angegriffen, geistig jedoch intakt sei. Er zeigt denn auch Interesse an der Physiologie seiner Krankheit und spricht mit Humor über die Verehrer seiner Frau. Hilfsangebote von Gesunden, deren Wirklichkeits-Konstruktionen mit der seinen kollidieren, lehnt er ab. Durch den alten Roger Cohen, dem es, objektiv gesehen, ungleich schlechter geht als ihm und der sich trotzdem seine Lebensfreude und sein Engagement erhalten hat, wird sein negatives Weltbild allerdings in Frage gestellt. Die bodenständig-pragmatische Frau des Wissenschaftlers sieht sich in ihrem alten Verdacht bestätigt, dass die Philosophie keine brauchbare Lebenshilfe anbieten könne, ja dass sie im Grunde nur dazu diene, das Beste in uns, »das wilde Tier«, zu zähmen.

Der optimistisch-zukunftsorientierte Hausfreund ist ein Dummkopf. Paradoxerweise gibt aber gerade er durch sein lächerliches Plädoyer gegen das Schlafrocktragen Chipman den entscheidenden Anstoß, den Kampf gegen die Krankheit aufzunehmen. Die Schimpftirade der Psychiaterin über eine vor ihm herhumpelnde, schwer beladene alte Frau erinnert schließlich daran, dass es Formen psychischer Erkrankung gibt, die nie als solche diagnostiziert werden, obwohl sie viel mehr der landläufigen Vorstellung von Verrücktheit entsprechen als eine Depression. Im Gegensatz zu Satiren, die die Rituale der Psychotherapie aufs Korn nehmen, befasst sich *Dans la luge d'Arthur Schopenhauer* mit den Reaktionen der Umwelt auf die Depression und der Interaktion zwischen dem Kranken und seiner Umgebung. Darüber hinaus erfährt man einiges über die Mechanismen einer Depression und das Kollusionsverhalten zwischen dem Depressiven und seinen Helfern.

Rezas abendfüllender Einakter *Le dieu du carnage* (*Der Gott des Gemetzels*, 2006, F. Heibert/H. Schmidt-Henkel, frz. Erstaufführung 2008) wurde 2006 in Zürich uraufgeführt und u. a. mit dem Nestroy-Preis ausgezeichnet. Der elfjährige Ferdinand Reille hat seinem Schulkollegen Bruno Houille bei einem Streit zwei Schneidezähne ausgeschlagen. Annette und Alain treffen sich mit Veronique und Michel, den Eltern des Opfers, in deren Wohnung, um sich über ihr Vorgehen den Kindern gegenüber zu beraten. Obwohl alle vier tolerante, aufgeklärte Menschen und besten Willens sind, entgleist die Unterhaltung bereits bei der Formulierung des Tatbestands für den Unfallbericht, ob Ferdinand mit einem Stock »bewaffnet« oder »ausgestattet« gewesen sei. Nach und nach brechen zwischen den Anwesenden Konflikte in jeder möglichen Konstellation auf und spitzen sich unter dem Einfluss von Alkohol zu. Das Geräusch des Föhns, mit dem die Kunstbände getrocknet werden, auf die sich Annette übergeben hat, und die ständigen Unterbrechungen durch Telefonanrufe heizen die Situation zusätzlich auf. Veronique bricht in Tränen aus und greift ihren Mann tätlich an, Alains Handy landet in einer Blumenvase, Annettes Handtasche und die entblätterten Tulpen auf dem Boden. Das Drama bzw. die individuellen Dramen gehen einher mit einem Feuerwerk von Pointen und komischen Situationen. Der schwarze Humor der Autorin zeigt sich vor allem darin, dass es im Hintergrund ärgere Probleme gibt als etwa den banalen Ehefrust der beiden Paare, nämlich Brunos Schmerzen oder den Kummer der kleinen Camille, deren Hamster der entnervte Vater in der Nacht ausgesetzt hat – gar nicht zu reden von dem Arzneimittelskandal, den Alain gerade zu vertuschen hilft, oder von den Zuständen in Afrika, die Veronique in ihren Büchern behandelt.

In Rezas Stücken sind nicht die Themen entscheidend. Wenn über die Diaspora, klassische Musik, moderne Malerei oder wissenschaftliche Probleme gesprochen wird, geht es nur sekundär um Informationsvermittlung oder die Klärung von Sachverhalten. Das Interesse der Autorin gilt den Figuren und den ständigem Wechsel unterworfenen Beziehungen zwischen ihnen. Sie kennt und zelebriert die ›Spiele der Gesellschaft‹ – Rituale, Statuskämpfe, Koalitionen, subtile Formen des Mobbings usw. – und sie ist eine Meisterin in der Inszenierung von Streit und Eklat. Als Schauspielerin weiß sie um die Bedeutung des Subtexts, jenes emotionalen Substrats, das sich fast immer unter der explizit ausgesprochenen Botschaft verbirgt und die Nahrung für die szenische Darstellung liefert. Sie setzt diese Kenntnis ein, um Missverständnisse hinsichtlich der emotionalen Anliegen des Senders oder des Empfängers einer Botschaft zu erzeugen, die (wie es die Transaktionsanalyse beschreibt) zu Streit führen. Mehrdeutigkeit im Sinn verschiedener möglicher Lesarten gibt es nicht. Die linke Presse wirft Reza Rechtslastigkeit vor, vielleicht, weil sie trotz ihrer ungarisch-russisch-iranisch-jüdischen Herkunft nicht in die Schublade der benachteiligten Migrantin passt, weil sie die Unsitte verurteilt, Künstler zu Themen zu befragen, die nur Experten beurteilen können, und weil sie Nicolas Sarkozy in ihrem Buch *L'aube, le soir ou la nuit*, 2007 (*Frühmorgens, abends oder nachts*, 2008, F. Heibert/H. Schmidt-Henkel) zwar nicht sympathisch darstellt, aber auch nicht verurteilt.
Zwei neuere Stücke wurden für Deutsche Bühnen geschrieben: *Comment vous racontez la partie*, 2011 (*Ihre Version des Spiels*, 2011, F. Heibert, H. Schmidt-Henkel) wurde 2012 in Berlin und *Bella Figura*, 2015 (*Bella Figura*, 2015, T. Ostermeier, F. Borchmeyer) wurde 2015 ebenfalls in Berlin uraufgeführt.

Damit gehört Reza, Anfang des 21. Jh.s eine der weltweit meistgespielten Autorinnen, zu den wenigen, die nicht nur gegen den Jugendkult der westlichen Gesellschaften wettern, sondern bevorzugt gute Rollen für Schauspielerinnen im ›schwer vermittelbaren Alter‹ (jenseits der 35) und für ältere Kollegen schreiben – Figuren, die oft aufgeschlossener und lebenslustiger sind als die Jungen im Stück.

■ Übers.: Stücke, 2 Bde, 2010.

■ Lit.: A. Grewe/M. Zimmermann: Die Kunst der Männerfreundschaft: Y. R.s ›Art‹, in: Theater Proben. Romanistische Studien zu Drama und Theater, Hg. A. G./M. Z., 2001, 174 ff. ■ H. Jaccomard: Les fruits de la passion. Le théâtre de Y. R., 2013.

Sylvia Tschörner

Georges **Ribemont-Dessaignes**

■ geb. 19.6.1884 Montpellier (Frankreich)
■ gest. 9.7.1974 Saint-Jeannet/Alpes-Maritimes (Frankreich)

Entgegen dem Willen der Familie Künstler (Musiker, Regisseur, Schriftsteller und Maler); 1915 Gründung der ersten dadaistischen Gruppe mit Duchamp und Picabia; Interesse an Kinematographie und japanischer Poesie, Einfluss Jarrys; 1920 Mitarbeit an Picabias Zeitschrift *391*; bislang unterschätzte Romane; Annäherung an den Surrealismus.

■ Lit.: F. Jotterand: G. R.-D., 1966. ■ G. Losseroy: G. R.-D. romancier, 1995.

Das dramatische Werk

(frz.) – Das 1921 publizierte Stück *L'empereur de Chine* entstand 1915/16, wohl angeregt von Jarrys *Ubu roi* (1896); die dort aber vorwiegend grotesk-komische Darstellung des hemmungslosen und blutgierigen Spießbürgers wird in die Nähe der Muster des späteren absurden Theaters weiterentwickelt. Das zeigt sich schon in der ersten Szene, in der mehrere Stenotypistinnen Texte, die sie abschreiben müssen, in Buchstaben und Leerformeln zerlegen, und es setzt sich fort in dem Spiel von Sadismus, Krieg, Macht und Tod, das die drei Akte des Dramas entwickeln: ein Spiel, in dem nur bruchstückhaft Handlungsstränge ausgemacht werden können.

Espher, der Regierungschef Chinas, lässt sich von seinen Ratgebern und seiner Tochter Onane dazu bewegen, die Kaiserkrone Chinas anzunehmen, wobei er unmittelbar davor bei einem Bankett die Ratgeber sozusagen zum Aperitif erstechen lässt und sich dann an der Schwelle zwischen Sein und Nichtsein selbst zum Kaiser macht, indem er sich mit der Schlinge, an der das Täfelchen mit seinem neuen Titel hängt, erdrosselt. In den danach folgenden Szenen des Stücks ist er daher auch nur noch als inkommunikables Symbol anwesend. Zuvor hat er seine Tochter vergewaltigt, nachdem diese mit dem Gedanken des Vatermords an dem betrunken schlafenden Espher gespielt hatte.

Der zweite Akt gehört dieser Tochter Onane, die auf der Suche nach der Kenntnis der letzten Dinge, vor allem des Todes, eine Reihe seltsamer Begegnungen hat: am Höhepunkt eine mit dem Echo ihrer eigenen Stimme in einem »Goldzimmer«, und schließlich mit der lüsternen Begierde zahlreicher Männer verschiedenen Alters, vor der sie Prinz Verdict errettet. Nun will sie mit ihm schlafen, er aber ist »so tierisch«, dass er nicht einmal Begierde kennt, sondern nur Aktion, und entwindet sich ihr.

Den dritten Akt schließlich prägt der Krieg, den die kaiserlichen Truppen letztlich verlieren, weil Verdict zum Gegner übergelaufen ist. In einer wahren Blutorgie werden ununterbrochen Menschen sadistisch ermordet oder zu Tode gequält, woran sich sowohl die unterlegene Onane als auch der Sieger Verdict beteiligen, der am Ende der schwangeren Onane den Kopf abschneidet, ihn an den Haaren aufhängt und vor dem hin und her pendelnden Prinzessinnenhaupt meditiert.

Den Kontrast zu diesem (Artauds Theater der Grausamkeit vorwegnehmenden) Horror- und Blutszenario bilden zwei seltsame Kommentator-Figuren (die wohl als Ahnherren von Becketts Estragon und Vladimir aus *En attendant Godot*, 1952, anzusehen sind): Die beiden Einäugigen Ironique und Equinoxe sind Onane vom König der Philippinen im Käfig als Geschenk übersandt worden. Sie geben teils absurde, in dadaistischer Form Sprachmaterial zusammenhanglos kombinierende Kommentare ab, teils präsentieren sie akrobatische und auf der Bühne nur schwer realisierbare Clownnummern (so soll einmal Equinoxes Kopf ein paar Meter in die Höhe schweben und dann wieder auf seine Schultern zurückfallen). Die Schlussszenen kommentieren sie überhaupt schräg mit dem Kopf nach unten schwebend und enden in einer ironischen Anspielung auf die Schreibweisen des Naturalismus plötzlich mit dem verständlichen, aber abgedroschenen Satz: »Eine alte Frau ist Hungers gestorben, gestern, in Saint-Denis.«

Das Stück war zu seiner Entstehungszeit unaufführbar, obwohl etwa Apollinaire in seinen *Les mamelles de Tirésias* (1917) ähnliche clowneske Effekte – aber ohne die Ästhetik der Grausamkeit, die Ribemont-Dessaignes Werk kennzeichnet – versucht hatte. Erst 1925 wurde das Stück uraufgeführt, nachdem Ribemont-Dessaignes dazwischen sehr aktiv an den Dada-Abenden teilgenommen und einige wesentliche Texte (etwa das »Manifest in Öl« und »Die Freuden Dadas«), vor allem aber das Kurzdrama *Le serin muet* (Der stumme Kanarienvogel) beigesteuert hatte, das 1920 unter anderem mit den Schauspielern André Breton und Philippe Soupault inszeniert und 1921 in den Dada-Editionen gemeinsam mit *L'empereur de Chine* veröffentlicht wurde.

In *Le serin muet* kommt Ribemont-Dessaignes dem Theater des Absurden noch näher: Riquet verabschiedet sich von seiner Frau Barate, die zur Messalina werden möchte, weil er »auf Löwenjagd gehen« will. Er steigt aber letztlich bloß auf eine Leiter und setzt sich auf deren oberste Sprosse, von wo aus er nun völlig unkommunikativ Monologe hält, in denen er sich als Weltenherrscher proklamiert. Unterdessen tritt unten ein ›Neger‹ mit dem Namen Ocre (Ocker) auf, der sich als der Komponist Gounod vorstellt und behauptet, der Kanarienvogel in seinem Käfig sei zwar stumm, könne aber alle seine Opernmelodien auswendig. Den Annäherungsversuchen der zur Messalina gewordenen Barate setzt er seine Gretchenarie »Seule, chaste et pure« (»Einsam, keusch und rein«) entgegen; als Barate dennoch über ihn herfällt, beschließt Riquet oben, nun doch auf die Jagd zu gehen, und erschießt »zwei Panther« beim Liebesspiel: Ocre und Barate. Daraufhin steigt er herab und nimmt den Käfig mit dem stummen Vogel mit.

Auch in dieser kleinen ›synthèse‹, dem typisch avantgardistischen Kurzdrama, ist also die Ästhetik der Grausamkeit neben der totalen Kommunikationslosigkeit gestaltet. Nach weiteren Dada-Versuchen (»Zizi de Dada«; »Larmes de couteau« [Messertränen]) ließ Ribemont-Dessaignes 1926 noch einen weiteren Versuch in Richtung ›Theater der Grausamkeit‹ folgen, der in beklemmender Weise das nationalsozialistische Vernichtungssystem vorauszuahnen scheint: *Le bourreau du Pérou* (Der Henker von Peru). Beinahe zufällig gelangt dort das peruanische Staatssiegel, das von einem Amtsträger zum anderen wegen Urlaubs weitergegeben wird, in die Hände des bürokratisch-präzisen, eiskalten Henkers Victor, der größenwahnsinnig wird und eine absurde Blutorgien-Gewaltherrschaft errichtet. Sein Sekretär Amour, der ständig Schreibmaschine schreibt, stiftet ihn nicht nur zu vielen Morden an (darunter zur Tötung von Victors eigener Frau), er schreibt zudem ständig statistische Berichte darüber, in denen er nachweist, dass infolge der zahlreichen Hinrichtungen Krankheiten als Todesursache prozentual stark zurückgegangen sind und das ›normale‹ Verbrechen beinahe vollständig ausgerottet werden konnte. Victor gelingt es jedoch trotz allen Blutrausches nicht, wie Espher den Sprung in eine andere Bewusstseinsebene zu tun. Selbst die Tötung eines unschuldigen kleinen Mädchens, das keine Angst vor ihm hat, genügt dem Henker nicht in seiner Suche nach dem Absoluten: Am Ende erhängt er sich, weil er das Gefühl hat, trotz allen Schreckens noch nicht das angestrebte Extrem des Unerhörten erreicht zu haben; der zynische Amour dagegen heiratet nun Victors kapriziöse Tochter Alcaline, findet das Staatssiegel und übernimmt die Macht.

So sehr Ribemont-Dessaignes' Dramen tatsächliche Schrecken des 20. Jh.s vorausahnen und ästhetische Neuerungen vorwegnehmen – der Autor, der nach der Spaltung zwischen Dada und den Surrealisten als einer der wenigen Dada treu blieb, geriet aufgrund dieser Parteinahme in der Hochzeit des Surrealismus in Vergessenheit. Sowohl mit *Le bourreau du Pérou* als auch mit *L'empereur de Chine* darf er als Ahnherr sowohl des ›Theaters der Grausamkeiten‹ als auch des absurden Theaters gelten; seine Stücke harren freilich noch immer der Entdeckung durch moderne Regisseure, vor allem im deutschen Sprachraum. Hellsichtiger, verzweifelter, poetischer als Ribemont-Dessaignes hat kaum einer in dieser Zeit die Abgründe kollektiven Blutrausches, der organisierten Vernichtung, der Schattenseite der Aufklärung vorausgeahnt.

■ Lit.: H. Béhar: Le théâtre dada et surréaliste, 1979. ■ J. Grimm: Das avantgardistische Theater Frankreichs 1895–1930, 1982.

Michael Rössner

Arthur **Rimbaud**

■ geb. 20.10.1854 Charleville (Frankreich)
■ gest. 10.11.1891 Marseille (Frankreich)

(d. i. Jean Nicolas Arthur Rimbaud) – Mehrere Fluchtversuche aus dem Elternhaus; 1871 in Paris gemeinsame Wohnung mit Verlaine, der ihn im Streit mit der Pistole verletzte; Wanderleben durch Europa; 1874 Ende der literarischen Produktion; 1876 Desertion von der holländischen Armee auf Sumatra; Handelsvertreter, später Waffenhändler in Aden; 1891 Rückkehr nach Marseille, Amputation eines Beines wegen Tumors; Tod auf dem Rückweg nach Afrika; einer der ›poètes maudits‹ und Begründer der modernen Lyrik in Frankreich.

■ Ausg.: Œuvres complètes, 4 Bde, Hg. S. Murphy, 1983–2002.
■ Übers.: Sämtliche Dichtungen, T. Eichhorn/R. Kiefer/U. Prill, Hg. T. E., 1991.
■ Lit.: J. Rivière: R., 1930 [Nachdr. 1977]. ■ M. Butor: Improvisations sur R. Essai, 1989. ■ P. Brunel: R. Biographie, étude de l'œuvre, 1995. ■ C. Jeancolas: R., 1999. ■ D. Rauthe: Ich ist ein anderer. Die deutschsprachige Rezeption A. R.s, 2002. ■ D. A. Graaf: A. R., sa vie, son œuvre, 2005. ■ S. Fumet: A. R., mystique contrarié, 2005. ■ S. Whidden: Leaving Parnassus: The Lyric Subject in Verlaine and R., 2007.

Das lyrische Werk

(frz.) – Zu seinen Lebzeiten publizierte Rimbaud nur einige seiner Gedichte, vereinzelt in Zeitschriften. Erst im Todesjahr 1891 erschienen die Bände *Le reliquaire* (Das Reliquiar) und *Poèmes*. Eine Erstausgabe der *Poésies complètes* betreute Paul Verlaine 1895. Die Manuskriptdatierung der ersten Gedichte von 1869 bis 1871 ist weniger problematisch als bei späteren Texten, da sie in der Regel als Autographen oder Abschriften vorliegen. Rimbauds Entwicklung von der metrisch gebundenen lyrischen Tradition mit gattungstypischen Strophenformen bewegt sich in unruhigen Schritten auf die späteren Prosagedichte zu, bis Rimbaud Mitte der 1870er Jahre endgültig als Dichter verstummte.

Das schmale, doch explosive Werk des Jugendlichen entstand zwischen dem 15. und 19. Lebensjahr. Die Entwicklung des Werks dieses Dichters der Brüche verlief in diesen lediglich vier Schaffensjahren formal wie inhaltlich hochkomplex. Die Beherrschung poetischer Formarbeit zeigt sich in den *Poésies* (1869–1871) und den »Vers nouveaux et chansons« (Neue Verse und Lieder; auch unter dem Titel »Derniers vers«, »Letzte Verse«, überwiegend 1872). Aber auch noch in die Sammlung der Prosagedichte *Une saison en enfer*, 1873 *(Ein Aufenthalt in der Hölle)*, streut Rimbaud Poesie ein, zumindest um sich in »Délires II. Alchimie du verbe« (»Delirien II. Alchimie des Wortes«) Rechenschaft über das bisherige künstlerische Ungenügen abzulegen.

Infolge der Diskontinuitäten lässt sich Rimbauds Œuvre eher durch negative Kategorien bestimmen: durch Grenzen, die er gesprengt, durch dichterische Traditionen, die er verhöhnt, sprachliche Formen, die er aufgelöst hat. In Ermangelung eines geschlossenen Werks neigt die Forschung entweder zu akribischen Mikrostudien einzelner Texte oder zu weit ausgreifenden Mythenbildungen. Statt eines kontinuierlichen Stils, eines leitmotivischen Temperaments oder eines thematischen Kerns, vergleichbar etwa Baudelaires antiromantischem Pessimismus, findet sich bei Rimbaud die Vielgestaltigkeit »brodelnder Erregung«. Auch frühe Vorbilder wie die Parnassiens geraten ihm bald zur Negativfolie »poetischen Trödels« (»Alchimie du verbe«, »Alchimie des Worts«), d. h. Rimbauds eigene formbewusste Dichtung, die noch nicht wie seine Prosagedichte mit aller Anstrengung die »rauhe Wirklichkeit« in Verse zu bringen sucht. Rimbauds Weg setzt allerdings schulrhetorisch glänzend mit einer Epistel in 60 lateinischen Alexandrinern ein; er beginnt als ehrgeiziger Musterschüler des selbst dichtenden Rhetoriklehrers G. Izambard, dessen Mahnungen zur Mäßigung und dessen Positionsnahmen für die subjektive Dichtung der Zeit Rimbaud bald nicht mehr erreichen. Das erste in einer Zeitschrift publizierte Gedicht »Les étrennes des orphelins« (»Die Neujahrsgeschenke der Waisenkinder«) zeigt noch deutliche Einflüsse u. a. von Coppée und Hugo, drei Gedichte schickte Rimbaud mit einer noch respektvollen Bitte um Förderung im Mai 1870 an den Parnassien Théodore de Banville.

Gängige Motive zeitgenössischer Dichtung lässt Rimbaud langsam hinter sich. Der antibürgerliche Spott wird schärfer, die metaphysische Revolte des späteren Waffenhändlers Rimbaud kündigt sich in derben Bildern eines lächerlichen Bürgerdefilees beim Charleviller Militärmarsch in »Á la musique« (»Bei der Musik«) an – grinsende Straßenjungen stehen hier für das Gegenbild der Freiheit –, und in den Gedichten »Sensation« (»Empfindung«) und »Ma Bohème« (»Meine Bohème«) ähnlich der einsam und frei durch die Natur Streifende.

In diese Zeit fallen drei Fluchtversuche Rimbauds aus dem Bereich der mütterlichen Autorität (wo er doch lebenslang immer wieder Zuflucht sucht) – sie misslingen: Im Sommer 1870 wird er als Schwarzfahrer bereits im Zug festgenommen, im Herbst vagabundiert er zu Fuß durch die Ardennen, bis er auch von dort wieder zurückgebracht wird. Die Idylle des (ob deutschen oder französischen, bleibt unklar) Soldaten auf der grünen Talwiese (»Le dormeur du val«, »Der Schläfer im Tal«) kippt brüsk, wenn durch die Hand auf dem Herzen des schlafend Scheinenden das rote Blut des Toten quillt. Kathartisch reagiert sich in Rimbauds Sprache »der bittere Hohn der Dinge« ab.

Als sich der Volksaufstand der Commune in Paris ankündigt, ziehen politische Elemente in Rimbauds Dichtung ein und verändern die Bilder der Revolte: »L'éclatante victoire de Sarrebruck« (»Der glanzvolle Sieg von Saarbrücken«) ironisiert ein Propagandabild. »Chant de guerre parisien« (»Pariser Kriegsgesang«) konfrontiert den blutigen Kriegsmai mit Frühlingsmotiven. Im zweiten poetologischen *Voyant*-Brief nennt Rimbaud dieses Gedicht einen »Psalm der Aktualität«. Bei Rimbauds dritter Flucht und einem vierzehntägigen Aufenthalt in Paris erlebt er die Belagerung der Hauptstadt und formuliert kurz darauf in den *Voyant*-Briefen sein poetologisches Manifest. Rimbauds Bezug auf den Pariser Volksaufstand ist indes nicht realpolitisch; die Diskurse der Commune infizieren seine Sprache und treiben seine Poetik der Revolte voran. Die erhoffte politische Revolution scheitert, Rimbaud bittet Demeny, seine Gedichtmanuskripte zu verbrennen.

Nun werden die erstarrten Wirklichkeitsbezüge nicht mehr durch die einfache Parodie von Tradition und Autoritäten, sondern in komplexerer Weise aufgebrochen. In »Accroupissements« (»Kauerungen«) setzt Rimbaud zwar überkommene Textmuster ein, doch dekonstruiert er hierbei die feierlich-fromme Erhebung Lamartine'schen Dichtens. »Lange, gewaltige und planvolle Entregelung aller Sinne« ist als Anstrengung zu lesen, poetische Wirklichkeitsräume zu schaffen, mit der sich der Dichter-Seher nicht auf den Weltverlust der Ästhetizisten zurückzieht.

Bis dahin blieb Rimbauds Dichten durchaus auf bekannte poetische Formen bezogen, wie die gereimten Triolett-Strophen in »Un cœur volé« (»Das gestohlene Herz«) zeigen. Konventionell wiederholt er hier den ersten Vers in der vierten Zeile, den ersten und zweiten Vers in der siebten und achten.

Wieder wendet sich Rimbaud mit einer Widmung an Th. de Banville, aber nun kündigt bereits der Titel »Ce qu'on dit au poète à propos de fleurs« (»Was man dem Dichter sagt, Blumen betreffend«) die Ironie der ›schneienden Rosen‹ an: »Quand Banville en ferait neiger, / Sanguinolentes, tournoyantes, / Pochant l'œil fou de l'étranger / Aux lectures mal bienveillantes!« (»Wenn Banville welche schneien ließ, / Wirbelnde, bunt von Blute, / Und ins tolle Auge des Fremdlings stieß, / Der Bücher liest, bösartig-gute!«)

Das viel kommentierte poetologische Gedicht »Voyelles« (»Vokale«) setzt auf die synästhetisch-metaphorische Befreiung der Dichtung – aber nicht solche neuen Texte, sondern seine Parodien zitiert Rimbaud, um seine Entwicklung zu markieren. Das vielleicht meistbesprochene Gedicht am Ende der Sammlung, »Le bateau ivre« (»Das trunkene Schiff«), lässt die Übergangsphase satirischer Parodie weit hinter sich.

Seit der zehn Jahre ältere Paul Verlaine den jungen Dichter im Herbst 1871 eingeladen hat bis zu dem 10. Juli 1873, da er seine Revolverschüsse auf Rimbaud abgibt, bilden die beiden ein irritierendes Paar, irritierend nicht nur für Verlaines Frau Mathilde, und nicht nur als Homosexuelle, sondern auch wegen ihrer so differierenden Charaktere: Verlaine als sentimentaler Parnassien und Rimbaud als wütender Bauernjunge – mit diesen Stereotypen werden sie gern charakterisiert. Ihre Reisen nach Belgien und zu den Exil-Revolutionären in England – als Sprachlehrer verdienen sie ihr Geld – bilden den Hintergrund von Rimbauds Schaffen in dieser Zeit.

Ungefähr 1872 entstehen die »Vers nouveaux et chansons«. Es sind keineswegs nur berauscht-bewegte, sondern auch innerlich-betrachtende, doch zugleich verschlossen-spröde Texte. In »Larme« (»Träne«) wählt Rimbaud einen unerbittlichen Schluss: »Tel, j'eusse été mauvaise enseigne d'auberge. / Puis l'orage changea le ciel, jusqu'au soir. / Ce furent des pays noirs, des lacs, des perches, / Des colonnades sous la nuit bleue, des gares.« (»Wär so ein schlechtes Gasthausschild gewesen / Da hat das Gewitter den Himmel verwandelt / Das ergab schwarze Länder, Ruten, Seen / Säulen, nächtliche, und Bahnhofshallen.«)

Die raffinierte Schlichtheit des Volkslieds, die auf Einflüsse Verlaines schließen lässt, verliert sich, der Ton der Gedichte verdunkelt sich zusehends. Es entstehen die »impairs«, Verse mit ungeraden Silbenzahlen, die einen freieren rhythmischen Effekt erzielen. Rimbauds Selbstbefragung fällt insbesondere in der »Comédie du soif« (»Komödie des Dursts«) hart aus, wenn er in fünf Gedichten sich zunächst von den Vorfahren abwendet, auch von der geistigen Reinheit (»Non, plus ces boissons pures, / Ces fleurs d'eau pour verres; / Légendes ni figures / Ne me désaltèrent«; »Nichts von diesen reinen Tränken, / Blüten für das Wasserglas; / Weder Bilder noch Legenden / Machen meine Kehle naß«); auch nicht die Verführung der Freunde zum Absinth im nächsten Text kann die Qual des Dürstenden lindern – Rimbauds Fazit im nächsten Teil ist die Absage eines Armen ans hoffnungsvolle Träumen, und im letzten Bild dürsten die Waldtiere unter einer Regenwolke, die sich ziellos auflöst.

Die gestörte Hirtenidylle der »Bonne pensée du matin« (»Guter Gedanke am Morgen«) aus dem Mai 1872 eröffnet eine ganze Reihe von Motiven mit Opferlämmern und heulenden Wölfen – begleitet von schwachen Appellen, die Scheinidylle zu beenden und die Revolte fortzusetzen wie im Gedicht »Michel et Christine«.

In denselben Wochen entstehen die »Fêtes de la patience« (»Feste der Geduld«) mit einem melancholischen »Chanson de la plus haute tour« (»Lied vom höchsten Turm«), einem tänzerischen Klagelied zwischen Vanitas und Ewigkeit (»L'éternité«). Ehethemen – man denkt an den »époux infernal« Verlaine – ebenso wie bittere Familienbilder – der angeschossene und ausgewiesene Rimbaud kehrt wieder einmal nach Charleville zurück – schließen die »Derniers vers« mit einer Haltung, die Rimbaud zu einer Revision seines Schaffens in den Prosagedichten *Une saison en enfer* führen wird.

Die Erforschung der frühen bis mittleren Texte von Rimbaud hat in den letzten Jahren ein überraschend gelehrtes Schreiben mit einer Vielzahl von Verweisen auf andere Dichterschulen präsentieren können, die den Mythen vom jugendlichen Zerstörer eine kalkuliert-präzise Formarbeit entgegenhält.

▪ Übers.: Das poetische Werk, M. Burkert, 2002. ▪ Poésies, R. Görner, 2007.

▪ Lit.: M. Murat: L'art de R., 2002. ▪ N. Bertolino: R. ou la poésie objective, 2005. ▪ G. Bayo: L'autre R., 2007. ▪ Die Erfindung des Unbekannten, Hg. T. Greiner/H. H. Wutzel, 2007.

Kai Nonnenmacher

Die Prosadichtungen

(frz.) – Die einzige Sammlung mit Prosagedichten, die Rimbaud zu seinen Lebzeiten publizieren wollte, *Une saison en enfer (Ein Aufenthalt in der Hölle,* 2001, T. Eichhorn, B. Albers), hat er 1873 zwar drucken lassen, da er aber dem Verlag die Druckkosten nicht bezahlen konnte, kamen die ca. 500 Exemplare des Bandes nicht zu Rimbauds Lebzeiten auf den Buchmarkt, sondern erst postum 1901 nach ihrer Wiederentdeckung. Die 44 Prosagedichte der *Illuminations* (*Illuminationen,* 2004, R. G. Schmidt) entstanden zwischen 1872 und 1874, wurden aber erst 1886 ohne Rimbauds Wissen in Teilen in der symbolistischen Zeitschrift *La Vogue* publiziert.

Mit Baudelaire, Verlaine und Mallarmé gilt Rimbaud als einer der Vorläufer der Symbolisten. Die Diskussion der Symbolisten um den ›vers libre‹ gegen 1886 wird von Gustave Kahn vertreten, der überhaupt keine Silben mehr zählt und die Strophen nicht mehr in eine schematische Form pressen will. In erster Linie durch seine Prosagedichte gilt Rimbaud als einer der radikalsten Neuerer der poetischen Sprache in der literarischen Moderne. Während man Rimbauds Gedichte als die Lyrik des 19. Jh.s imitierende und parodierende Stilübung lesen kann und seine »Derniers vers« als Anwendung von Verlaines raffinierter musikalischer Einfachheit auf die eigenen dunkleren Themen, ist mit den Prosagedichten *Une saison en enfer* und *Illuminations* ein bis dato nicht erreichter Grad formaler wie inhaltlicher Befreiung erreicht.

Die Prosagedichte formulieren die metaphysische Ambition, über die Dekonstruktion sprachlichen Materials eine neue Welt zu schaffen: »Ankommen im Unbekannten« – dieses Dichtungsprogramm wurde als Ausdruck einer sich absolut setzenden Phantasie gelesen, was einzelne Kritiker zur der Ansicht veranlasste, es lohne nicht, sich mit philologischem Aufwand der späten, hermetischen Prosatexte anzunehmen. Aber auch wenn die Gedichte in rhythmisierter Prosa die Exegeten vor Herausforderungen neuer Art stellen, ist es keineswegs so, dass hier wie in der abstrakten Malerei nur mehr Zeichen ohne Verweis auf die Wirklichkeit angeordnet wären; auch bieten die Texte dem Leser faszinierende, hochsinnliche Erfahrungen, sofern er sich den Sinnangeboten und der ästhetischen Fülle der Texte öffnet.

Einige erhalten gebliebene Entwürfe aus früheren Arbeitsstadien liefern wichtige Aufschlüsse über die Textgenese von *Une saison en enfer*. Der Beginn der Sammlung konstatiert den ästhetischen Bruch: »Jadis, si je me souviens bien, ma vie était un festin où s'ouvraient tous les cœurs, où tous les vins coulaient. / Un soir, j'ai assis la Beauté sur mes genoux – Et je l'ai trouvée amère. – Et je l'ai injuriée.« (»Einst war, entsinn ich mich recht, mein Leben ein Fest, da sich das Herz auftat eines jeden und flossen alle Weine. / Eines Abends nahm ich die Schönheit auf meine Knie. – Und ich fand, sie war bitter. – Und ich beschimpfte sie.«)

»Délires I«, eine »Beichte eines Gefährten in der Hölle«, wurde gelesen als Versuch, die Liebe neu zu erfinden: Die »törichte Jungfrau« gilt als Verlaine, der »Höllengemahl« als Rimbaud. »Délires II« will die Dichtung neu erfinden: Dem poetischen Trödel schwört er hier ab; das Ich ist eine ›Oper der Mythen‹ geworden. – »L'impossible« (»Das Unmögliche«) wird insbesondere für die Zeit nach Rimbauds Verstummen herangezogen. Hier verabschiedet der Dichter das abendländische Europa: »[...] je retournais à l'Orient et à la sagesse première et éternelle« (»Ich bin ins Morgenland zurückgekehrt und zur ersten und ewigen Weisheit«).

Das Schlussgedicht »Adieu« (»Abschied«) thematisiert Rimbauds Scheitern: »Moi! Moi qui me suis dit mage ou ange, dispensé de toute morale, je suis rendu au sol, avec un devoir à chercher, et la réalité rugueuse à éteindre! Paysan!« (»Ich! Ich, der ich mich Magier oder Engel nannte, enthoben aller Moral, ich bin dem Boden zurückgegeben, um meine Pflicht zu suchen und die rauhe Wirklichkeit zu umarmen! Ein Bauer!«) So wurde »Adieu« als Verabschiedung einer bestimmten Art zu dichten, wenn nicht als das Ende der Literatur überhaupt gelesen. Allerdings kündigt sich hier die Wende von einer Poetik der Phantasmagorien hin zum dichterischen ›Beackern‹ der Wirklichkeit an, und damit zur Poetik der *Illuminations*.

Die Forschung über die *Illuminations* hat in den letzten Jahrzehnten zugenommen. Davon betroffen ist die Frage, ob diese Texte als persönliche Lebensbilanz eines Scheiternden zu lesen seien oder als absolute Prosastücke, die sich auf Sprachwelten des modernen Lebens beziehen: Thematisiert werden gesellschaftliche Autorität und Ökonomie (»Royauté«, »Démocratie«, »Les ouvriers«, »Solde«), urbane Lebensräume (»Villes«, »Ville«, »Métropolitain«), randständige Figuren (»Barbare«, »Vagabonds«), Vernunftkritik (»À une raison«, »Mystique«, »Dévotion«), Mythen, Antike und Götzen (»Après le déluge«, »Enfance«, »Conte«, »Ornières«), utopisch-visionäre Einbildungskraft (»Génie«, »Veillées«, »Aube«), Bewegung (»Mouvement«, »Scènes«, »Parade«, »Marine«).

Wenn auch die irrealen Bildwelten der *Illuminations* nicht mehr zwischen absoluter Kunst und gesellschaftlicher Realität vermitteln wollen, so sind sie dennoch keine ›Elfenbeintürme‹ eines autonomen Dichtertums, sondern beziehen sich auf die äußere Welt zurück, indem sie die totale Verfügungsgewalt über das zerstörte sprachliche Material demonstrieren. Die Worte werden verdichtet, bis ihre Aussage regelrecht kippt. Erkennbar wirkt in den *Illuminations* eine Poetik des Fragments – ein ähnlich romantisches Konzept wie das des Sehers in den *Voyant*-Briefen. Vom Prosagedicht schreitet die Entwicklung zum inkohärenten Fragment fort, das den Erzählverlauf unterwandert, und von diesem Fragment zum vereinzelten Wort. In »Barbare« wollte man der Wiederholungsstrukturen wegen eine musikalische Fuge erkennen, die durchaus auf eine klassische poetische Formsprache verweise. Der traditionelle Vers weicht insgesamt aber einer rhythmisierten Prosa mit Ausrufen, assonierenden Reihungen und elliptischen Strukturen. Dabei stiftet Rimbaud neue Verknüpfungen keineswegs nur über formale Überstrukturierungen, sondern indem er gängige prosaische, technizistische und politische Sprachregister zersetzt, neu montiert, dabei auch die Kontexte und Bedeutungshierarchien neu ordnet: »Aube« (»Morgendämmerung«) kombiniert bekannte, aber weit auseinanderliegende Tagesanbruch-Motive, »Barbare« spielt mit Bildern archaischer Bedrohung, »Soir historique« ruft Stimmungsbilder des Feierabends und des Weltschmerzes auf. Vor allem aber treibt Rimbaud hier die hermetische Fragmentierung bis an ihr Ende, er hat die Poesie erschöpfend zerlegt und wieder neu zusammengesetzt.

Als ›Nummernrevue‹ verfremden die *Illuminationen* – Verlaine zufolge in der englischen Bedeutung (›coloured plates‹) als »Farbdrucke« zu verstehenden – sprachliche Klischeestrukturen der Epoche, die hier lautliche und generische Überlappungen produzieren, die Freuds Theorie sprachlicher Fehlleistungen – und somit die surrealistische Poetik – vorwegzunehmen scheinen: So klingt etwa in »Fête d'hiver« (Herbstfest) ›fait divers‹ (Vorfall) mit. Die Forschung hat aus solchen Wortverschiebungen den Terminus einer ›poétique du glissement‹ abgeleitet. Gesellschaftliche Wirklichkeiten und fiktive neue Welten stehen gleichberechtigt nebeneinander. In »Marine« (Seestück) hat sich nicht nur der metrische Rahmen gelockert, sondern sogar Wasser und Land überlagern sich: »Les courants de la lande, / Et les ornières immenses du reflux / Filent circulairement vers l'est« (»Die Ströme der Heide / Und die gewaltigen Rinnen der Ebbe / Fliehen in Kreisen gen Osten«). Noch gesteigert findet sich dies bei urbanen Raumüberlagerungen in »Villes« und »Métropolitain«.

Die Bildwelt wird zugleich verdichtet und wieder aufgelöst: »Oh! Le pavillon en viande saignante sur la soie des mers et des fleurs arctiques; (elles n'existent pas)« (»Oh! Die Flagge aus blutendem Fleisch über Meer-Seide und arktischen Blumen; [die es nicht gibt]«). Dieses Montageverfahren unterwandert Leseerwartungen ebenso wie ideologische Wirklichkeitsdeutungen, noch gesteigert durch Bild- und Klangeffekte, Anspielungen, preziöse Wortwahl. Hinzu kommt eine ungeheure abstrakte Dynamik, etwa der Beginn von »Mouvement« (»Bewegung«): »Le mouvement de lacet sur la berge des chutes de fleuve, / Le gouffre à l'étambot, / La célérité de la rampe, / L'énorme passade du courant, / Mènent par des lumières inouïes / Et la nouveauté chimique / Les voyageurs entourés des trombes du val / et du strom.« (»Die Schlängelbewegung auf dem Steilufer der Flußfälle, / Der Abgrund am Hintersteven, / Die Raschheit des Abstiegs, / Der gewaltige Zug der Strömung / Leiten die Reisenden, umkreist von Taltromben / Und dem fleuve, / Durch unerhörte Helligkeiten / Und das chemisch Neue.«)

Rimbaud warnte am Schluss von »Parade« die Deuter seiner Texte: »J'ai seul la clef de cette parade sauvage.« (»Ich allein habe den Schlüssel zu dieser wilden Schau.«) Der Mythos vom ›poète maudit‹ hat die Lektüre mehr verstellt als erhellt, wie die deutschsprachige Rezeption zeigt. Der Dichter der *Voyant*-Briefe wurde bei Stefan George zum Ästhetizisten, bei Paul Zech zum Expressionisten und bei Johannes R. Becher zum Sozialisten. Gottfried Benn, Wolfgang Hilbig und Volker Braun sind einige weitere wichtige Autoren als Rimbaudleser. Nicht selten musste Rimbaud als ›Kirchenvater‹ für Avantgarden herhalten, die sich mit aus dem Zusammenhang gerissenen Schlagworten der Rimbaud'schen Poetik auf ihn ohne wirkliche Textkenntnis beriefen. Die originalen Stellen aus Rimbauds Werk büßten vielerorts durch solche Usurpation ihre Ambivalenz oder ihren ursprünglichen Sinn ein. Ein Beispiel hierfür sei das viel zitierte »Man muss ganz und gar modern sein«; kaum jemand zitierte freilich, wie bei Rimbaud dieses vermeintliche Schlagwort der Avantgarden weit weniger enthusiastisch ausklingt: »Schluss mit den frommen Gesängen: den erreichten Schritt halten. Harte Nacht!«

Mythen der älteren Rimbaud-Forschung – Hugo Friedrichs »leere Transzendenz«, »sinnüberlegene« »Sprachmagie« – wurden später durch strukturalistische Deutungen modifiziert: »Sekundäre« Sprachstrukturen (etwa Laut, Satzbau, Wortbildung, Rhythmus) überlagerten demnach die Darstellung von Welt, »Poetizität«, »Inkohärenz« waren nicht mehr wie bei Hugo Friedrich »enthumanisiert« und »abnorm«, sondern gesetzmäßige, beschreibbare Abweichungen von der Normalsprache. K. Stierle zeigte, dass Rimbauds Visionen nicht mit lebensweltlicher Erfahrung zu verbinden, sondern nur sprachlich existente, fiktive Konstruktionen sind. H. Wetzel verstand die Radikalisierung der poetischen Verfahren keineswegs als Wirklichkeitsabkehr, sondern im Gegenteil als verzweifelte Anstrengung Rimbauds, Wirklichkeitserfahrung und ihre sprachliche Vermittlung in einer zeitgemäßen Dichtung darstellbar zu machen. Heute wäre es nötig, die Krise der Avantgarden von der Rimbaud-Deutung wieder deutlicher zu trennen: Die Rezeption von Rimbaud wurde bald durch seine Erben, Symbolisten wie Surrealisten, gesteuert, letztere fanden in den *Illuminations* die ›écriture automatique‹, die das ›Andere‹ zur Sprache kommen lasse.

Wie soll man mit Rimbauds Verstummen umgehen? Rimbaud verbrachte seine letzten elf Lebensjahre in Alexandria, Zypern, im äthiopischen Harar. In neuerer Zeit erscheinen immer mehr Bücher und Bildbände über den Kolonial- und Waffenhändler Rimbaud. Wird hier das Leben selbst poetisch – oder im Gegenteil auf zynische Weise antipoetisch? Auf jeden Fall hatte Arthur Rimbaud das Schreiben in kurzer Zeit ausgereizt; und wie an seinem Schweigen fasziniert und irritiert an den Texten seine Freiheit zur Negation. Rimbaud starb letztlich nicht, wie oft behauptet, am Krebsgeschwür in seinem Knie und an der Beinamputation, sondern an seiner Ungeduld: Viel zu früh schon wieder auf einer Beinprothese voranschreitend, starb der Verletzer poetischer Formen, nach Frankreich zurückgekehrt, an Wundbrand.

▪ Lit.: H: Friedrich: Die Struktur der modernen Lyrik, 1956, 59–94. ▪ K. Stierle: Möglichkeiten des dunklen Stils in den Anfängen moderner Dichtung in Frankreich, in: Immanente Ästhetik – ästhetische Reflexion, Hg. W. Iser, 1966, 157–194. ▪ T. Todorov/B. Johnson: Eight Seasons in the Life of R. Poetry without Verse, in: The Prose Poem in France, Hg. H. Riffaterre, 1983, 60–78. ▪ R. Little: Verlaine et R. Un témoignage oublié, in: Revue d'Histoire Littéraire de la France 83, 1983, 617–620. ▪ Traduction = interprétation, interprétation = traduction. L'exemple R. Actes du colloque international (1995), Hg. T. Klinkert/H. Wetzel, 1998. ▪ D. Décarie: Pariade. Poésie et prose chez R., in: Nineteenth-Century French Studies 32, 2004, 253–266. ▪ P: Brunel: Éclats de la violence. Pour une lecture comparatiste des ›Illuminations‹ d'A. R., 2004 [Komm. Krit. Ausg.].

Kai Nonnenmacher

Lettres du voyant

(frz.; *Briefe zur Poesie*, 1980, H. Therre, R.G. Schmidt) – Die beiden berühmten Briefe, in denen der Autor seine revolutionäre Dichtungstheorie entwickelt, entstanden 1871, erschienen aber erst 1912 und 1926 im Druck.

Rimbaud gibt der seit dem Platonismus geläufigen Deutung des Dichters als eines von den Göttern begnadeten Sehers (»voyant«) eine neue Wendung. In Opposition zu allen »Verskünstlern« von der Antike bis zur Romantik fordert er die Abschaffung des empirischen Ichs durch »langes, grenzenloses, vernunftgelenktes Verwirren aller Sinne«. Dieser Akt willentlicher Zerstörung der herkömmlichen dichterischen Kommunikationsmöglichkeiten soll psychische Schichten freilegen, die in einem logisch gesteuerten Schreibvorgang bisher unzugänglich blieben: »Je est un autre« (»Ich ist ein Anderer«).

Indem Rimbaud der poetischen Imagination ungeahnte Wirklichkeitsbereiche eröffnet, nimmt er die automatischen Schreibweisen der Surrealisten um ein halbes Jahrhundert vorweg: »Ich mache einen Strich mit dem Bogen: schon regt sich die Symphonie in der Tiefe. Es ist falsch, zu sagen: ich denke. Es müsste heißen: es denkt mich.«

Eingetreten in dieses chaotische Kräftefeld, erfährt der Dichter ein Geheimnis, das wohl mit der mystischen Erfahrung des Transzendenten darin korrespondiert, dass es als inhaltsleer gedacht wird: »Der Dichter definiert das Maß an Unbekanntem, das sich in der Allseele seiner Zeit regt [...], und selbst wenn er seine eigenen Visionen schließlich nicht mehr begriffe, so hat er sie doch geschaut. Mag er zugrunde gehen an seinem riesigen Sprung durch die ungehörten und unnennbaren Dinge: andere furchtbare Arbeiter werden kommen und an jenen Horizonten anfangen, wo er selbst zusammengebrochen ist.«

Sprache ermöglicht hier in einem vorlogischen Zustand die Verkehrung aller natürlichen Ordnungsbezüge. Diesen Ausbruch vermag nur eine »universale Sprache« zu beschreiben, die das »Befremdende, Unergründliche, Widerliche und Entzückende« dissonierend durcheinanderwirft. Der Dichter erscheint als »die zur Norm werdende Abnormität«. Er ist »der große Kranke, der große Verbrecher, der große Verfemte – und der höchste aller Wissenden«. Rimbaud übersetzt hier dichterische Verfahrensweisen und Intentionen Baudelaires, den er selbst für den bis dahin bedeutendsten ›Seher‹

hielt, in verschärfter Form in die Theorie. Sie erhellt zentrale Formzüge in seinem eigenen poetischen Werk und solche im Schaffen späterer Dichter. So gründet in seinem visionären Sprachkonzept jene dunkle Lyrik, die sich durch Verfremdung und schockierende Dissonanz dem allgemeinen Verständnis vorsätzlich entzieht. Zumal Breton und die Surrealisten haben sich mit ihrer bewussten Freisetzung des Unbewussten auf ihn berufen.

■ Lit.: M. Eigeldinger: La voyance avant R., 1975. ■ J.-L. Cornille: L'épitre du voyant, 1997. *KLL*

Le bateau ivre

(frz.; *Bateau ivre: Das trunkene Schiff*, 1958, P. Celan) – Das bekannteste Gedicht Rimbauds entstand 1871 und wurde zum ersten Mal im November 1883 durch Paul Verlaine in dessen Studie *Arthur Rimbaud* in der Zeitschrift *Lutèce* veröffentlicht. – Diese 25 vierzeiligen Alexandrinerstrophen des früh vollendeten Lyrikers gelten als Meilenstein in der Literaturgeschichte. In den reißenden Bildkatarakten dieser poetischen Vision, die sich der strengen überlieferten Form nur mehr als eines wirkungsvollen Kontrastmittels bedient, bricht die Stimme der modernen surrealen Lyrik durch.

Selbstbewusst, aber zugleich auch voller Resignation sagte der junge Dichter selber, er habe hier etwas geschrieben, das in der bisherigen Poesie nicht seinesgleichen habe. Das Gedicht ist von der Ambivalenz aus Trauer und Aufbruchsstimmung angesichts der von ihm erfahrenen und hier zu Sprache werdenden neuen Seelenräume und neuen Grenzenlosigkeit erfüllt. Objektiviert erscheint dieses Gefühl im Bild des vagabundierenden Schiffes, eines der ältesten Symbole für die ausgesetzte menschliche Existenz, das in der unmittelbaren Konkretisierung dieses Gedichts jedoch kaum mehr Symbol ist, vielmehr allein sich selbst zu meinen scheint. Auch gibt Rimbaud dem alten Topos neue Qualitäten. Kein stolzes Segelschiff legt sich hier vor den Sturm, sondern eine verlassene Pinasse, deren Mannschaft niedergemacht wurde. Steuerlos und aller Fracht ledig – passiv und verantwortungsfrei – treibt das für den Ozean untaugliche Schiff die Flüsse hinab und aufs Meer hinaus, hingegeben einer Bewegung, die in Rausch und Vernichtung, Verzauberung und Entsetzen führt. Die Seelandschaften, die dabei durchfahren werden, entziehen sich jedem Vergleich sowohl mit der Realität als auch mit literarischen Vorlagen. Die Bilder dieses Gedichts wollen auf nichts übertragen werden, wollen keine Metaphern sein.

Zwar sind manche Details aus der literarischen Tradition bekannt und einzelne Bilder sind geradezu bedrängend realistisch, d.h. von höchster sinnlicher Anschaulichkeit; doch eine alle Schranken sprengende Phantasie kombiniert sie zu Angst- und Wunschhalluzinationen, zu chaotischen Urvisionen, in denen Meeresgrund und Firmament ineinander zu stürzen scheinen. Der trunkenen Entgrenzung folgt – ähnlich den Erlebnisabläufen mystischer Entrückung – ein erschöpftes Zurücksinken: eine müde Sehnsucht nach Europas Begrenzungen steht am Schluss; eine Sehnsucht, die sich selbst aber als Wunsch nach einer traurigen, kleinen Kinder-Idylle durchschaut: »Such' ich Europens Wasser, ist es eine Lache, / Geschwärzt und kalt; im Duft der Dämmerung biegt / Der Trauer voll ein Kind sich nieder, seine schwache / Fregatte schwankt, wie wenn der Mai den Falter wiegt.«

Deutlich lässt sich aus dem »Bateau ivre« ein Vorgefühl des Scheiterns, eine frühe Ahnung von der Vergeblichkeit des Willens zum zutiefst Unvereinbaren lesen, einer Vergeblichkeit, die das Stigma der dichterischen Existenz Rimbauds werden sollte, der das Dichten aufgab, als er mit dem Mannesalter ein anderes Bewusstsein von Welt und Wirklichkeit erlangte.

■ Lit.: B. Weinberg: The Limits of Symbolism, 1966. ■ R. Kloepfer: Das trunkene Schiff. R., Magier der kühnen Metapher?, in: Romanische Forschungen 80, 1968, 147–167. ■ M.-P. Beranger: 12 poèmes de R. Analyses et commentaires, 1994.

Gerda Utermöhlen

Alain Robbe-Grillet

■ geb. 18.8.1922 Brest (Frankreich)
■ gest. 18.2.2008 Caen (Frankreich)

Studium der Agrarwissenschaft in Paris; Angestellter am Institut national de la statistique, dann am Institut de recherches sur les fruits tropicaux; Reisen nach Marokko, Guinea, Martinique, Guadeloupe; Programmdirektor der Éditions de Minuit, Paris; Essayist, Erzähler und Filmemacher; Hauptvertreter des nouveau roman.

■ Lit.: V. Simon: A.R.-G. Les sables mouvants du texte, 1998. ■ H. Spreitzer: A.R.-G., in: Kritisches Lexikon zur fremdsprachigen Gegenwartsliteratur.

La jalousie

(frz.; *Die Jalousie oder Die Eifersucht*, 1959, E. Tophoven) – Der dritte, 1957 erschienene Roman des Autors verwirklicht mit nahezu dogmatischer Strenge die theoretischen Überlegungen zur Struktur des nouveau roman, mit denen Robbe-Grillet darauf abzielt, den affektive Analogien und Korrespondenzen zwischen Menschen und Dingen nahelegenden Weltbezug des traditionellen Romans aufzuheben. Sein Werk baut sich aus einer Folge von Szenen auf, in denen Menschen und Dinge ausschließlich aufgrund visueller Eindrücke beschrieben werden. Bereits der Titel enthält eine bezeichnende Äquivokation: »Jalousie« bedeutet zunächst jenen regulierbaren Sonnenschutz, der Durchsicht nur in eine Richtung ermöglicht. *La jalousie* ist in der Tat auch ein Roman über das Phänomen der Eifersucht, ohne dass diese nach Art des traditionellen psychologischen Realismus psychologisierend beschrieben würde.

Eine offensichtlich in einer französischen Kolonie gelegene Bananenpflanzung mit ausgedehnten, in geometrischer Regelmäßigkeit trapezförmig bebauten Feldern schließt ein auf drei Seiten von einer überdachten Terrasse umgebenes Haus ein. Dieses Haus wird von einem Ehepaar bewohnt, bei dem sich der benachbarte Plantagenbesitzer Frank häufig zu Besuch einfindet. Zwischen ihm und A. (der Ehefrau) scheint sich eine Beziehung anzubahnen, die von A.s Mann misstrauisch beobachtet wird. Das entscheidend neue Strukturelement des Romans ist jedoch, dass Frank als Person ungreifbar bleibt. Seine An- oder Abwesenheit lässt sich lediglich aus dinglichen Spuren (z. B. drei Stühlen auf der Terrasse) und aus der differenzierten Folge von Beobachtungselementen erschließen, die unter Vernachlässigung der realen Chronologie in der Anordnung wiederkehren, wie sie ein menschliches Bewusstsein unter dem Zwang der Eifersucht reproduzieren kann. »Die leichten Schuhe mit den Gummisohlen machen kein Geräusch auf den Fliesen des Flurs. Der Türflügel dreht sich, ohne in den Angeln zu knarren.« Ohne dass auf die Gegenwart eines sich ruhelos durchs Haus bewegenden Beobachters verwiesen würde, wird der ›Zuschauer‹ allein durch die Anordnung der in den Blick tretenden Gegenstände präsent.

Das traditionelle Handlungskontinuum ist aus dem Roman verbannt. In welchem Ausmaß der psychische Prozess des Entstehens und Anwachsens von Eifersucht nicht lediglich suggestiv beredet, sondern konkret dargestellt wird, mag eine der in zahllosen Abwandlungen und Repetitionen wiederkehrenden Szenen des Romans verdeutlichen: Die Tapete des Speisezimmers wird durch einen sich deutlich abhebenden Fleck verunreinigt. Er bewahrt die Umrisse eines Tausendfüßlers, den Frank bei einer der gemeinsamen Mahlzeiten zerdrückt hat: »Sie [A.] hatte ihren Kopf gerade wieder in die Achse des Tisches zurückgedreht und schaute vor sich hin auf die Wand, wo ein schwärzlicher Fleck die Stelle des Tausendfüßlers kennzeichnet, der dort vorige Woche, Anfang des Monats, vorigen Monat oder später zerquetscht wurde.« Im weiteren Verlauf des Romans wird diese Szene in bezeichnender Weise abgewandelt – das getötete Objekt wächst von Variation zu Variation: »Mit seinen langen Fühlern und seinen enormen, rund um den Leib ausgebreiteten Beinen bedeckt er beinahe die Fläche eines gewöhnlichen Tellers.« Der psychologische Mechanismus von Zwangsvorstellungen, wie der der Eifersucht, wird von Robbe-Grillet visualisiert und so objektiviert, dass er nicht als Bewusstseinsprozess nachempfunden, sondern nur aus sich verändernden dinglichen Konstellationen erschlossen werden kann.

▪ Lit.: P. A. Fortier: Structures et communications dans ›La jalousie‹ d'A. R.-G., 1981. ▪ B. Kuhn: A la recherche du livre perdu. Der Roman auf der Suche nach sich selbst, 1994.

Hans-Horst Henschen

Dans le labyrinthe

(frz.; *Die Niederlage von Reichenfels*, 1960, E. Tophoven) – Ein Jahr vor dem 1959 erschienenen Roman hatte der Autor in dem Essay *Nature, humanisme, tragédie* (Natur, Humanismus, Tragödie) eine Theorie entworfen, wonach menschliche Wahrnehmung von vornherein dazu tendiere, der Objektwelt menschliche Affekte einzubeschreiben. Das in der Sprache sich äußernde naive Verhältnis des Menschen zu den Dingen führe zu einer Art solidarischer Beziehung zwischen beiden, die Robbe-Grillet aufkündigen möchte. Er versucht, diesem ›Anthropozentrismus‹ durch eine Darstellungstechnik zu begegnen, die die Distanz, das Trennende zwischen Menschen und Dingen, betont. »Die Welt um uns herum wird wieder eine glatte Oberfläche ohne Bedeutung, ohne Seele, ohne Werte, der wir nie mehr beikommen können. Wie der Arbeiter, der den Hammer, den er nicht mehr braucht, niedergelegt hat, befinden wir uns wieder einmal den Dingen gegenüber.«

Dem Protagonisten seines Romans kehren die Dinge lediglich ihre Oberfläche zu, ohne auf Resonanz Anspruch zu erheben. Der Autor präsentiert eine streng »materielle« Wirklichkeit, der keinerlei »allegorischer Wert« zukommen soll, wie eine Vorbemerkung ganz im Sinne der »Theorie des Abstandes« verlangt. Eine Fabel oder Geschichte lässt sich nur an den veränderten Konstellationen ablesen, in die Menschen und Dinge eintreten. Die Handlung im herkömmlichen Sinn bleibt rudimentär: Ein ermüdeter Soldat sucht nach Auflösung seines Regiments in einer stündlich den Einmarsch der feindlichen Truppen erwartenden, von den Einwohnern zum größten Teil verlassenen Stadt nach dem Treffpunkt, an dem er die Hinterlassenschaft eines toten Kameraden, die er in einer Blechschachtel ständig bei sich trägt, übergeben soll. Die »große, symmetrische und eintönige Stadt mit ihren von einem Lineal gezogenen und sich rechtwinklig schneidenden Straßen«, verschneit und unbelebt, verwirrt ihn jedoch; er verfehlt die Richtung (oder sie ist ihm nie richtig bezeichnet worden) und irrt umher, fieberkrank und erschöpft. Mehrmals trifft er ein Kind, das ihn begleitet und ihn zu einem Restaurant und zu einem provisorischen Militärkrankenhaus führt, in dem er eine Nacht verbringt. Die Mutter des Kindes nimmt ihn für kurze Zeit auf und bemüht sich, ihm bei seiner erfolglosen Suche zu helfen. Immer wieder führt sein Weg an schwach beleuchteten Häuserfluchten vorbei zu leeren Straßenkreuzungen, bis er endlich von einer patrouillierenden feindlichen Motorradstreife, die eine unvorsichtige Bewegung des Kindes an seiner Seite missdeutet, angeschossen wird. Von der Mutter des Kindes und von einem Arzt gepflegt, stirbt er, ohne die Schachtel, die, wie sich später herausstellt, lediglich einige Briefe enthält, übergeben zu haben.

Der hier vorgenommene Versuch einer präzisen Handlungsbeschreibung widerspricht jedoch Robbe-Grillets Intention: Sein ›Labyrinth‹ hat keinen Ariadnefaden. Der Roman baut sich aus einzelnen ›Szenen‹ auf, die vor allem die visuellen Eindrucke der Objektwelt beschreiben: eine Zimmereinrichtung, einen Stahlstich, der »Die Niederlage von Reichenfels« darstellt, die Häuserfassaden, das Äußere und Innere einer Kaserne, sich kreuzende Fußspuren im Schnee, Gaslaternen, die Einrichtung eines Restaurants usw. Seine Vorliebe für Konturen und sichtbare Oberflächen begründet Robbe-Grillet mit seiner »Theorie des Abstandes«: »Das Sehen läßt, solange es bloßes Sehen bleiben will, die Dinge an ihrem Platz. Die optische Beschreibung ist nämlich jene, die am leichtesten die Fixierung der Abstände zustandebringt.« Sofern sich Menschen in diesen Räumlichkeiten bewegen, ist ihre An- oder Abwesenheit lediglich an den dinglichen Spuren zu erraten, die sie hinterlassen – an sich häufenden Zigarettenstummeln im Aschenbecher, an mehr oder weniger verwischten Staubspuren auf einem Schreibtisch und einem gebohnerten Fußboden, an klebrigen Rändern von Trinkgläsern auf einem Wachstuch oder veränderten Platzierungen der Schachtel, die den Nachlass des Kameraden enthält.

Die einheitliche Erzählperspektive des traditionellen Romans wird, wenngleich nicht völlig, aufgehoben. Aus der Anordnung und Reihenfolge, mit der die Dinge in den Blick treten, lässt sich wenigstens die räumliche Position des registrierenden Subjekts erschließen, ja es scheint sogar, als ob noch ein Rest des traditionellen Erzählers in einem stummen, zuschauenden Ich fortdauere, das zu Beginn und am Schluss des Romans hervortritt. Doch sobald das Labyrinth sich zu entwirren scheint, verrätselt der Autor die Geschehnisse von neuem durch Aufhebung der Zeitdimensionen. Es gibt weder ›frühere‹ noch ›spätere‹ Szenen, d. h., sie werden frei kombiniert. Alle diese fixierten, dinglichen ›Stillleben‹ sind gleichermaßen zeit- und bewegungslos, werden mit geringfügigen Abwandlungen wiederholt, verschränkt oder in Widerspruch zueinander gebracht. »Draußen schneit es. Draußen hat es geschneit, es schneite, draußen schneit es.« – »Es mag sogar sein, daß die Straßenlaternen gar nicht angezündet wurden, heute Abend, diese Nacht, in jener Nacht.«

Das Labyrinth sind die Dinge selbst. Das Herumirren, das Suchen spielt sich weniger in einem Bewusstsein ab, als vielmehr im beschreibenden Umkreisen der Dingwelt, der kein zeichenhafter Charakter mehr eignet. Gerade in dieser völligen Erosion eines symbolischen Gehalts unterscheidet sich *Dans le labyrinthe* von den labyrinthischen Romanen Franz Kafkas, dessen Einfluss der Autor nachdrücklich hervorhebt.

▪ Lit.: J.-P. Vidal: Dans le labyrinthe de R.-G., 1975.

Hans-Horst Henschen

Pour un nouveau roman

(frz.; *Argumente für einen neuen Roman*, 1965, M.-S. Morel u. a.) – Der 1963 erschienene Sammelband enthält eine Reihe kurzer, manifestartiger Essays aus den Jahren 1955 bis 1963, in denen der Autor polemisch mit den Vorbehalten traditionell gesinnter Literaturkritiker abrechnet und zugleich einer breiten Leserschaft die experimentelle Poetik des nouveau roman allgemeinverständlich erläutert.

Robbe-Grillet bricht mit dem vorherrschenden Erzählmodell des realistischen Romans ↗ Balzac'scher Prägung. Angesichts der veränderten Stellung des Menschen in der Welt und des Zuwachses an philosophischer, naturwissenschaftlicher und psychologischer Erkenntnis sei die herkömmliche, auf Identifikation und Illusion beruhende Repräsentation von Person und Welt unmöglich geworden. Wenn der Roman auf der Höhe seiner Zeit sein wolle, dürfe er sich nicht mehr als Ausdruck vorgegebener Wahrheiten und Wirklichkeiten verstehen, sondern müsse eigenen Gesetzen folgen, seine Schreibweise zum Gegenstand der Darstellung erheben und den Leser stärker zur Mitwirkung auffordern.

Im medialen Realitätseffekt des Films sieht Robbe-Grillet ein Vorbild für das, was der ›neue Roman‹ im Kampf gegen »die alten Mythen der ›Tiefe‹« mittels präziser sprachlicher Beschreibung leisten soll: die Dinge und Gesten in ihrer physischen Erscheinung zeigen, herausgelöst aus den Bedeutungsrastern, in die sie selbst noch in den existenzialistischen Romanen ↗ Sartres und ↗ Camus' eingepasst sind. Das Credo dieser antihermeneutischen Ästhetik der Präsenz lautet: »Die Welt ist weder sinnvoll noch absurd. Ganz einfach: sie ist.« Konsequenterweise macht Robbe-Grillets Plädoyer für radikale Zeitgenossenschaft auch vor der eigenen Position nicht halt, wenn er am Ende die Überwindung des nouveau roman durch einen ›nouveau nouveau roman‹ in Aussicht stellt.

Pour un nouveau roman ist neben Nathalie ↗ Sarrautes Essaysammlung *L'ère du soupçon* (1956) die bedeutendste poetologische Schrift der Bewegung des nouveau roman, zu deren weltweitem Erfolg sie entscheidend beitrug. Als eines der letzten großen Programme der literarischen Avantgarde des 20. Jh.s zeugt sie eindrucksvoll von einem noch ungebrochenen Vertrauen in die ästhetische Erneuerungskraft der literarischen Moderne.

Weitere Äußerungen Robbe-Grillets zu Geschichte und Ästhetik des nouveau roman finden sich in seiner autobiographischen Romantrilogie *Romanesques* (1984–1994) und in dem Sammelband *Le voyageur*, 2001 (Der Reisende).

■ Lit.: F. Dugast-Portes: A. R.-G. Le pape du nouveau roman?, in: Magazine littéraire 402, 2001, 40–43. ■ R.-M. Allemand: R.-G. à minuit. Editoring et lancement du nouveau roman (1955–1963), in: Travaux de littérature 15, 2002, 319–348. ■ G. Yanoshevsky: Les discours du nouveau roman. Essais, entretiens, débats, 2006.

Christian von Tschilschke

La maison de rendez-vous

(frz.; *Die blaue Villa in Hongkong*, 1966, H. u. R. Soellner) – Die Handlung des 1965 erschienenen Romans ist in einer aus Kolportageromanen bekannten Atmosphäre fernöstlicher Hafenstädte angesiedelt, in einem Milieu von Prostitution, anrüchigen Bordellsoireen, Mädchenhandel, Rauschgiftschmuggel, Spionage und Verbrechen. Einige wenige statische Handlungsmotive kehren immer wieder, oft nur wenig modifiziert oder auch sich gegenseitig ausschließend: sexuelle Reizimpressionen, das sado-erotische Kabarett, die jungen eurasischen Tänzerinnen, die einander zum Verwechseln ähnlich sehen und einmal einem Europäer oder Asiaten »in den ersten Stock« folgen und ein andermal nicht, der Mord an dem reichen, nekrophil veranlagten Opiumhändler Manneret, die im Auto aufgefundene Leiche des vermutlich integren Kaufmanns Marchat, die Razzia der Polizei im Nightclub (der »Blauen Villa«) der Lady Ava und der rätselhafte Gifttod dieser Bordellchefin, die womöglich eine Agentin ist.

Bruchlos und mit einer verwirrenden Akribie der Zeit- und Ortsangaben werden diese Handlungsrudimente aneinandergereiht, ohne dass ein kausaler Zusammenhang oder eine bestimmte zeitliche Abfolge erkennbar würden. Vor die konturlos-unwirklichen Vorgänge schiebt sich gelegentlich ein ebenso schattenhaftes Person-Bewusstsein, das sich aber aus der Ichform auch in die Figur des Amerikaners und Ostagenten Ralph Johnson zurückziehen kann. Spielerisch-parodistisch wie vieles in dem Roman wirkt die Dekoration des unter tropischer Hitze vibrierenden Schauplatzes mit schwüler Exotik und nicht weniger schwülen Plüschinterieurs aus der Kolonialzeit. Dem durch monotone Repetitionen undurchsichtigen und ermüdenden Geschehen wird damit eine gewisse kriminalistische Spannung verliehen.

Wie Robbe-Grillets vorausgegangene Romane handelt auch *La maison de rendez-vous* ausschließlich von sinnlich wahrnehmbaren Dingen. Doch stellt der Autor hier nicht mehr nur die traditionell-realistische Romanfiktion in Frage, sondern er dekonstruiert generell die dargestellte Wirklichkeit als in ihrem Klischeecharakter uneinsehbar: Die benutzten Motive und Situationen entstammen dem Kriminalroman und dem pornographischen Roman und sogar dem noch drastischeren Arsenal der Comic Strips. Als subliterarische Versatzstücke, die nach Belieben zusammengesetzt werden können, spiegeln sie nicht eine Realität, sondern parodieren allein sich selbst, soweit sie nicht Ausfluss eines fast romantisch übersteigerten Subjektivismus sind, denn das Erzählerbewusstsein erscheint von sexuellen und sadistischen Obsessionen geprägt.

Im Unterschied zu früheren Werken wird jedoch nun selbst auf jene spannungsreiche Wechselbeziehung zwischen einem wahrnehmenden Bewusstsein und seinem Gegenstand verzichtet: Wo das vage Bewusstsein des Erzählers sich als Realität konkretisiert, erweist sich diese von vornherein als Abstraktion, gar als Medium. Die personale und faktische Ungewissheit des Erzählten heben sich gewissermaßen gegenseitig auf, so dass zuletzt sogar dem parodistischen Vorhaben die notwendigen Voraussetzungen entzogen werden. Als formalistisches »Spiel mit Spielregeln« führt das Werk den modernen französischen Roman an die Grenze eines rein artifiziellen Perfektionismus.

■ Lit.: J. Dhaenens: ›La maison de rendez-vous‹ d'A. R.-G. Pour une philosophie sociologique, 1970. ■ A. de Toro: Texto – mensaje recipiente. Análisis semiótico-estructural de textos narrativos, dramáticos y líricos [...] con un excurso sobre ›La maison de rendez-vous‹ de A. R.-G., 1988.

Richard Mellein

Projet pour une révolution à New York

(frz.; *Projekt für eine Revolution in New York*, 1971, H. u. R. Soellner) – Der 1970 erschienene Roman knüpft strukturell und thematisch direkt an *La maison de rendez-vous* (1965) an. Er schildert in aleatorisch beliebiger Reihe Verfolgungen, Vergewaltigungen und Sexualmorde, die sich in einem zeitlos-zwielichtigen, unter- und hintergründigen Raum abspielen, in Wohnungen, Straßen und U-Bahn-Schächten eines in Trümmern liegenden imaginären New York. Leitmotivisch durchsetzt die Signalfarbe Rot als Zeichen für Feuer, Blut, Gewalt, Opfer und Revolution den gesamten Text, analog zur Farbe Blau in *La maison de rendez-vous*.

Das Strukturprinzip des von Roland Barthes als bewegliches Leibniz'sches Modell bezeichneten Romans entspricht der darin beschriebenen »trompe-l'œil«-Tür, einer Öffnung, die Teil eines Plakatmotivs ist und ein papiernes Abbild zu sein vorgibt, während sie in Wirklichkeit den Durchgang zu einem dahinter liegenden, unsichtbaren Raum markiert. Sie täuscht also ihre Wirklichkeit vor, ist zugleich aber auch deren Vortäuschung. Vergleichbar mit Reihenstrukturen der seriellen Musik, setzt sich die Handlung aus wenigen Grundelementen zusammen, die in unterschiedlichen Mutationen wiederkehren, etwa als Zitat aus einem Kriminalroman, als Tonbandaufnahme, als Probe zu Filmaufnahmen, als Reklame, Schaufensterdekoration oder Buchumschlag. In einem diskontinuierlichen, repetitiven Erzählduktus wird ein vollkommen autonomes und selbstreflexives Gefüge wechselnder Zeichen entworfen, aus ineinander geschachtelten Fiktionen gebildet, die eine labyrinthische, in geometrische Segmente zerschnittene Topographie ergeben. Auch die Figuren selbst verwandeln sich blitzschnell ineinander. Die ständige Gegenwart perfekter Imitationen und Fälschungen problematisiert die generelle Unterscheidbarkeit von Fiktion und Wirklichkeit. In diese Poetik der Halb-Identitäten ist auch der Ich-Erzähler einbezogen; auch er verschwindet, um in anderer Gestalt wieder zu erscheinen. Dieses Erzähler-Ich ist selbst ein variables Zeichen geworden; jede Figur kann es verwenden und momentweise zum Mitschöpfer der Geschichte werden.

Man hat in dem Werk eine Parodie auf P. Réages pornographischen Roman *Histoire d'O*, 1954 (*Geschichte der O.*, 1977), vermutet. Unverkennbar ist in dieser, gleich einem synthetischen Albtraum im Bewusstsein des Lesers abrollenden, ziel- und sinnlosen Sequenz einander fortzeugender Halluzinationen auch die Ästhetik von Comics, Pop-Art und Trickfilmen. Als Konsequenz der Forderung, die Gegenstände sollten ihre »verdächtige Innerlichkeit« und ihren Verweisungsanspruch verlieren, verschreibt sich Robbe-Grillets umstrittenes Werk ganz der Darstellung der materiellen Oberfläche. Denn, so bemerkt der Autor: »Mit dem Zusammenbruch der essentialistischen Auffassungen vom Menschen und mit der Auflösung des ›Naturbegriffs‹ durch den Bedingtheitsbegriff hörte für uns die Oberfläche der Dinge auf, die Maske ihres Herzens zu sein.«

Projet pour une révolution à New York liefert Beschreibungen von sich stets erneut maskierenden Oberflächen und rückt so das Motiv des Pastiche sowohl thematisch als auch strukturell in den Mittelpunkt. Der Roman, in dem der Voyeurismus wiederum ein Hauptmotiv darstellt, brachte Robbe-Grillet von Seiten einiger Kritiker den Vorwurf ein, er erzeuge Apathie und erweise sich als schlechter de ↗ Sade. Der Autor selbst sah in seinem Werk den fortgesetzten Versuch, das kollektive Unbewusste der modernen industriellen Mediengesellschaft zu rekonstruieren. Die in allen möglichen Formen der Kolportage benutzten narrativen und ikonographischen Schemata, die in dem Maße, wie ihre Zeichen die Fassade einer Stadt bedecken, auch die populären Bildwelten bevölkern, dienen Robbe-Grillet als Material für seine Inszenierung dieses kollektiven Unbewussten.

▪ Lit.: D. Nelting: A. R.-G. ›Projet pour une révolution à New York‹. Untersuchungen zur intertextuellen Verknüpfung von urbanem und literarischem Text, 1996. *Birgit R. Erdle*

Topologie d'une cité fantôme

(frz.; *Ansichten einer Geisterstadt*, 1977, H.-H. Henschen) – Der 1976 erschienene Roman entwirft eine geometrisch gestaltete, albtraumhafte Welt, die sich aus rätselhaften Ritualen, Schreien, Morden, nackten oder in weite Gewänder gehüllten weiblichen Körpern, geheimnisvollen Instrumenten und Schriftzeichen zusammensetzt. Der Grundriss dieses kubistisch gebauten Textes – fünf Räume, eingerahmt von einem »Incipit« und einer »Coda« – verweist auf das ihm zugrunde liegende musikalische und architektonische Kompositionsprinzip.

Der Schauplatz ist eine verbrannte, verstümmelte und erstarrte, wie eingefroren wirkende imaginäre Stadt, in der einzelne Gebäude unversehrt blieben – so z. B. ein Gefängnis, ein Theater und ein weitläufiges Wohnhaus. Diese Gebäude sind wiederum unterteilt in verschiedene Räume – etwa eine Gefängniszelle, ein Zimmer, einen Gang oder eine Krypta. Das gesamte Raum- und Zeitkontinuum wie auch die ›Handlung‹ selbst sind in voneinander getrennte Segmente zerlegt, die Raum, Zeit und ›Handlung‹ zu flächenhaften Momentaufnahmen erstarren lassen. Der textimmanente Zusammenhang wird nicht von einer Handlung oder einer Person erzeugt, sondern von den homologen Bezügen zwischen abstrakten geometrischen Formen, Ereignissen, Gesten oder Räumen. Die Szenen und Motive des Romans haben ihren Ursprung in Gemälden von René Magritte, Paul Delvaux und Robert Rauschenberg, aber auch in Fotographien von David Hamilton und in früheren Werken des Autors selbst. So handelt es sich etwa bei dem oft wiederkehrenden Motiv des Bildnisses (Gemälde, Fotographie, Gravur, Spielkarte) und des Theaters (Theatervorhang, Bühnenbild, Zuschauerraum, Requisiten) um Elemente des Magritte-Gemäldes *La belle captive* (1967). Auch der Erzählstil kommt dem Surrealismus Magrittes nahe.

Vom Kompositionsprinzip des kurz zuvor publizierten Bilderromans *La belle captive*, 1975 (*Die schöne Gefangene*, J. Ebeling, 1984), einer Vertextung mehrerer Gemälde Magrittes, deren erstes Kapitel in den Fünften Raum der Topologie eingearbeitet ist, weicht die Erzählstruktur kaum ab. »Die Figuren beleben sich, die Wiederholung eines Themas wird zum diachronen Ablauf«: Ein Bild wird zur Allegorie, erweist sich sodann als Spielkarte, die sich wiederum als Theaterszene ausgibt. Bildnis und ›wirkliche‹ Szene lösen sich ineinander auf und trennen sich wieder. Abgeschnittene Szenen finden ihre Fortsetzung erst in nachfolgenden Gravuren und Fotographien. Die Wiederholung von Handlungssegmenten, z. B. der Schrei einer weiblichen Stimme, das Ausgießen von Wasser aus einem Krug oder die auf dem Boden eine Lache bildende Flüssigkeit sowie deren kontextgebundene Konkretisierung – eine Wasser- oder Blutlache etwa –, konstituieren inventarisierte Situationen, die immer wiederkehren und so gewissermaßen als Figuren fungieren. Auch die im Text auftretenden Personen bilden sich aus gleichbleibenden Grundelementen (z. B. eine Mutter mit zwei Kindern, ein langhaariges Mädchen), die kontextabhängig unterschiedliche Erscheinungsformen oder ›Rollen‹ annehmen. Dasselbe gilt beispielsweise für Kleidung oder Körperhaltungen. Handlung und Personen werden dadurch zu variablen Zeichen. Es entsteht ein dichtes Netz von intratextuellen Homologien.

Auch die vom Text betriebene Mythisierung der geometrischen Form, welche die Grundlage der topologischen Diskussion des Romans bildet, verhilft dazu, das Gebäude aus Trugbildern – die »cité fantôme« – zu errichten und zu stabilisieren. Kreis und Linie sowie Kugel und Dreieck konstituieren ein Spannungsfeld, das wiederum als variables Zeichen fungiert. Auch diese geometrischen Grundfiguren treten in verschiedenen Erscheinungsformen auf: Kreis und Kugel als Kieselstein, als Papierball, als Melonenfrucht oder als weibliche Brust, Linie und Dreieck als Stilett, als Messer, als Delta oder als vektoriale Bewegung. Indem der bisweilen in ein Ich oder in eine der Personen schlüpfende Erzähler seine Wahrnehmungen als Fragmente und Rätsel schildert, die er zu vervollständigen und zu deuten bemüht ist, betreibt er eine Persiflage auf seine eigene Rolle. Der Leser übernimmt indessen, wie meist bei Robbe-Grillet, die Rolle des Voyeurs: Für seinen Blick wird ›Wirklichkeit‹ zu einem starren Tableau arrangiert, z. B. der Körper eines ermordeten blonden Mädchens, der zu einem Kunstwerk bzw. zu einer rätselhaften Hieroglyphe gestaltet wird. Der Leser betrachtet den inszenierenden, versteinernden oder auch entsetzten Blick der im Roman auftretenden Malerin, Fotographin oder Theaterzuschauerin und ahmt ihn zugleich nach. Die Analogisierung von Texterstellung, Theateraufführung, Kunstinszenierung und Architektonik verleiht dem heftig diskutierten Roman überdies eine metapoetische Dimension.

▪ Lit.: J. Steiner: Les jeux de l'écriture dans ›Topologie d'une cité fantôme‹ de R.-G., 1981. *Birgit R. Erdle*

Le miroir qui revient

(frz.; *Der wiederkehrende Spiegel*, 1986, A. Spingler) – Die vermutlich im Jahr 1977 begonnene Autobiographie erschien 1984. Ihr liegen jene epistemologischen und poetologischen Prinzipien zugrunde, die Robbe-Grillets gesamtes literarisches Werk kennzeichnen und die für den unter dem Einfluss von Strukturalismus, Semiologie und Existenzialismus entwickelten nouveau roman bedeutsam sind. Robbe-Grillets Bemerkung, zwar seien »die einzelnen Ereignisse historisch faßbarer«, aber ansonsten sei das Buch »keinesfalls realer, wirklicher als meine Romane«, betont seine Abgrenzung von herkömmlichen Mustern autobiographischen Schreibens. Er verzichtet auf die Fiktion der Kohärenz und Identität von Geschehen, Person und Zeit und auf die Synthetisierung der einzelnen Bruchstücke zu einem bezeichnenden Ganzen. Vielmehr wird die Berührung der ineinander verwobenen Ebenen des Autobiographischen, des Fiktionalen und der kritischen Reflexion rekonstruiert, also gleichsam die Textur des Erinnerns und Erfindens: »Ich knüpfe unablässig die zerrissenen Fäden auf einem Stoff, der sich gleichzeitig auflöst, so daß man kaum noch das Muster sieht.«

Vom Autor als »Text-Operatoren« bezeichnete Erinnerungsbruchstücke, wie etwa das vor dem Einschlafen beängstigend zum Leben erwachende Tapetenmuster des Kinderzimmers, Erlebnisse des Autors als junger Mann in einem deutschen Arbeitslager bei Nürnberg oder das Pétain-Porträt über der Anrichte in seinem Elternhaus, überkreuzen sich mit politischen, erzähltheoretischen und romangeschichtlichen Reflexionen. Durchzogen wird der ganze Text von der schillernden Gestalt des »Henri de Corinthe« – vielleicht ein Freund seines Vaters, möglicherweise aber auch eine literarische Figur oder ein Produkt der Kinderphantasie des Autors –, an die sich verschiedene legendäre Geschichten knüpfen. Eine dieser Geschichten erzählt vom wiederkehrenden Spiegel, dessen Fläche nur das eigene Suchen reflektiert. Die schemenhafte, fließende Gestalt dieses Corinthe materialisiert sich erzählerisch, indem der erwachsene Robbe-Grillet dem Kind, das er war, über seine Phantasiegestalt Geschichten erzählt, Geschichten über die Gespenster und über das Erfinden literarischer Fiktionen.

Der Prozess des Ordnens, der Hierarchisierung und der Klassifizierung erscheint als zentrales Motiv der Erzählung. Der politisch-gesellschaftlichen Dimension dieses Themas geht Robbe-Grillet am Beispiel des nationalsozialistischen Ordnungssystems nach, während seine erzähltheoretische Diskussion sich an dem mit dem Namen ↗ Balzacs verbundenen realistischen Romans orientiert. Das Motiv des Todes wird als geheimes Zentrum jeder Autobiographie eingeführt. Das realistische Erzählen stelle eine kontinuierliche und geschlossene, kausale und chronologische Ordnung her, mit dem Ziel, »den Schein zu wahren, indem man das unbegreifliche Aufblitzen der verstreuten Kerne, der schwarzen Löcher und der Sackgassen durch eine beruhigende, klare, eindeutige und so dicht gewebte Konstellation ersetzte, daß man den Tod nicht mehr ahnt, der zwischen den gerissenen und hastig wieder zusammen geknüpften Fäden aufheult«. Demgegenüber wird in Anknüpfung an ↗ Flaubert ein lückenhaftes Erzählen favorisiert, das auf dem Wissen beruht, dass »das Wirkliche genau in dem Augenblick beginnt, da der Sinn wankt«.

In die Erzählung selbst ist stets eine Analyse und Persiflage der Erzählmuster und des Genres eingeflochten. So ist *Le miroir qui revient* zugleich die Parodie einer Autobiographie, versucht also durchaus nicht, den Mythos der Identität, den »Mythos der Tiefe« und den »Mythos der Repräsentation« zu neuer Unschuld zu erwecken. Indessen parodiert Robbe-Grillet das Konzept der Authentizität insgesamt, wenn er einzelne Schilderungen in späteren Passagen der Erzählung demontiert oder dementiert. Die Auswahl und das Arrangement des Erzählten reflektiert stets die vom Autor verfolgte und kommentierte Strategie, deren Zweck es ist, Ordnung und Sinn zu erstellen. Teil einer solchen Strategie mögen ebenso die Anspielungen auf die französische nouvelle philosophie sein wie die Klage, der nouveau roman sei zum Dogma erstarrt und habe aufgehört, »Ferment der Freiheit der Entdeckung« zu sein.

Die Autobiographie, die den kulturell-politischen Hintergrund des nouveau roman sichtbar macht und mit dem Auftritt von Roland Barthes, Jean-Paul ↗ Sartre und Albert ↗ Camus auch den philosophischen Diskussionszusammenhang verdeutlicht, löste bei der Kritik erstaunte, zum Teil sogar erbitterte Reaktionen aus.

■ Lit.: C. Milat: R.-G. Romancier alchimiste, 2001.

Birgit R. Erdle

La reprise

(frz.; *Die Wiederholung*, 2002, A. Spingler) – Man kann den 2001 erschienenen Roman zunächst als Agentenroman im Nachkriegsberlin nach 1945 lesen. Robbe-Grillet hat selbst einen Kriegsaufenthalt in Deutschland erlebt und wählt die in Sektoren geteilte, in Trümmern liegende Hauptstadt als historischen Moment schöpferischer Euphorie, die zur Voraussetzung seiner neuen Poetik wurde: Da nichts mehr festgefügt sei, könne (und müsse) der Schriftsteller eine Welt erschaffen, die dieser Instabilität eine adäquate Form gebe, nämlich Fragmentierung, Lückenhaftigkeit und Widersprüchlichkeit.

Die buchstäbliche Lektüre steht deshalb vor einem zunächst verwirrenden Handlungsgeflecht. Schnell stößt da das Nacherzählen von *La reprise* an seine Grenzen, wie Ulrike Schneider im Detail aufzeigt: Henri Robin (der in französischer Aussprache der Initialen auch »Ascher« heißt) soll am Gendarmenmarkt Beobachtungen anstellen und wird dabei Zeuge eines Mordes. Auf der Suche nach dem verschwundenen Opfer quartiert er sich in einem Ostberliner Hotel ein, in dem man ihn seltsamerweise bereits zu kennen scheint. In einem Puppengeschäft berichtet die zweite Frau des Toten von dessen Vorleben, unter anderem von seinen angeblich toten Zwillingsbrüdern aus erster Ehe. Der Name dieser Frau, Joëlle Kastanjevica, verweist auf Jokaste, der ihrer Tochter Gigi auf Antigone; auf Mutter wie Tochter lässt sich der Protagonist erotisch ein. In den fremden Kleidern von Gigis Halbbruder wird Ascher von der Polizei als mutmaßlicher Mörder verhört, schließlich stellt sich heraus, dass die Zwillinge noch leben. Der eine, Walther (der eine Augenverletzung hat), hält ihn für seinen Bruder Markus und will ihn umbringen. Während sich Ascher im Krankenhaus davon erholt, tötet Gigi ihren Halbbruder Walther, der zugleich Vater und Zuhälter war. Zwar reist Ascher nun unter Walthers Identität mit Gigi nach Rügen, will aber im Anschluss ihre Mutter Joëlle heiraten. Das immer wieder auftretende Doppelgängermotiv setzt Robbe-Grillet auch erzähltechnisch um, indem er zwei Erzählstimmen miteinander kämpfen lässt.

Nach 20 Jahren Schreibpause erregte das Erscheinen des Romans insbesondere aus literatursoziologischen Gründen Aufsehen. Der Romantitel aber verweist darauf, dass Robbe-Grillet mit seinem Spätwerk mehr als ein Anliegen verfolgte: erstens den Anspruch des Alterswerks, das Anliegen der Neoavantgarde im historischen Abstand noch einmal zu bekräftigen, vor allem im Schlagabtausch mit Michel ↗ Houellebecq, der für die Ermüdung der Moderne in einer skandalträchtigen Schule des Mittelmäßig-Hässlichen steht. Zweitens werden ständig wiederkehrende Motive Robbe-Grillets, die ihrerseits Verdopplungen und Doppelgänger thematisieren, weiter ausgebaut. Robbe-Grillet hatte stets versucht, dem modellhaften Erstarren seines Schreibens entgegenzuarbeiten, die minimalistischen Veränderungen seiner bekannten Motive (z. B. Namensspiele, Blindheit, Schuhe, sadomasochistische Bilder, Spiegelung, »trompe-l'œil«) öffnen und erweitern die Sinnperspektiven. Der Roman ist außerdem wie eine griechische Inzesttragödie in fünf Teile plus Pro- und Epilog gegliedert, was Brigitte Burrichter als Kommentar zu Antikedeutungen der Psychoanalyse liest. Drittens werden präzise Bezüge zum gleichnamigen Text des dänischen Philosophen Søren Kierkegaard hergestellt, der auch eine Liebesgeschichte in Berlin zum Ausgangspunkt nimmt.

Der deutsche Komponist Heiner Goebbels verwendete für sein Stück *Die Wiederholung* (1995) u. a. Texte von Robbe-Grillet und Kierkegaard. Er schenkte dem französischen Autor eine Neuübersetzung des dänischen Philosophen unter neuem Titel: Als *Wiederaufnahme* wurde Kierkegaards Text in Frankreich neu herausgebracht, dies meint im Gegensatz zur Wiederholung eine Verwandlung der Vergangenheit in Richtung Zukunft. Der Name Ascher findet z.B. seine Entsprechung bei Kierkegaard, weil die Reise bei ihm an einem Aschermittwoch stattfindet, weitere Motivfelder haben mit einer Philosophie der Wiederholung zu tun, so die Berührung, das Blut, die Theaterbühne. Die intertextuellen Bezüge sind zum Teil sehr eng, so ist Kierkegaards Raumanordnung mit Spiegeln in der Wohnung am Gendarmenmarkt bei Robbe-Grillet wiederholt. Vor allem aber wird Kierkegaards Drei-Stadien-Theorie (ästhetische und ethische Existenz, Sprung in den Glauben) in der Handlung von *La reprise* präzise aufgegriffen.

Robbe-Grillet hatte bereits seinen Text über Henri de Corinthe (*Les derniers jours de Corinthe*, 1984) zum allerletzten erklärt. Der ›letzte‹ Roman von 2001 ist nun Bekräftigung, Epilog und Überschreitung seines Werks. Da er zeitgleich auch einen ›letzten‹ Film produziert und die Textgrundlage *C'est Gradiva qui vous appelle* (Gradiva ruft dich), eine Sammlung programmatischer Schriften (*Le voyageur*, 2001) und Filmszenarien (*Scénarios en rose et noir 1966–1983*, 2005) publiziert hat, kann man von einer vierten Werkphase sprechen: Der nouveau roman hatte sich auf kühle Formarbeit und brüchige Sinnstrukturen konzentriert, außerstande, wie ↗ Balzac'sche Realisten oder engagierte Autoren noch eine stabile Botschaft zu kommunizieren. Der ›nouveau nouveau noman‹ der 1970er Jahre fand neue Themen (wie Populärkultur und Sadomasochismus) und nahm literaturtheoretische Debatten auf (u.a. Ricardou, Tel Quel), in den 1980er Jahren überraschte das Programm der ›nouvelle autobiographie‹, das biographische Authentizität und fiktionale Subversion mischte. Der Roman Robbe-Grillets – mittlerweile in die Académie française gewählt, ist er zum Klassiker der Moderne geworden – ordnet sein Lebenswerk, verwebt seine Texte mit Gründungstexten der Moderne (Kierkegaard, Freud), reflektiert in neuer Weise über Geschichte, Alter und Tod und hebt all dies in einer Bekräftigung des Avantgardeanspruchs wieder auf.

▪ Lit.: T. Bishop: Topologie d'une reprise ou le retour de R.-G., in: Critique 651–652, 2001, 595–604. ▪ M. Calle-Gruber: A.R.-G. ou la reprise en-avant, in: Critique 651–652, 2001, 605–618. ▪ B. Burrichter: Der deutsche Zwilling. Doppelgänger und Zwillinge in A.R.-G.s Roman ›La Reprise‹, in: Poetica 35, 2003, 213–229. ▪ U. Schneider: Die Figur des ›untoten Autors‹. A.R.-G. und die Reprise des Nouveau Roman, in: Zeitschrift für Französische Sprache und Literatur 2, 2005, 126–152. ▪ K. Nonnenmacher: Vollendung der Wiederholung. R.-G.s ›La Reprise‹ als Hommage an Kierkegaard, in: Kippfiguren der Wiederholung, Hg. S. Flaßpöhler, 2007, 128–147.

Kai Nonnenmacher

Georges Rodenbach

▪ geb. 16.7.1855 Tournai (Belgien)
▪ gest. 25.12.1898 Paris (Frankreich)

Jugend in Brügge; Jurastudium in Gent; Freundschaft mit ↗ Verhaeren; bis 1887 Rechtsanwalt in Belgien, danach freier Schriftsteller in Paris; vom Symbolismus und Parnasse beeinflusster Lyriker und Romanschriftsteller.

▪ Ausg.: Œuvres, 1923.

▪ Lit.: J.-P. Bertrand: Le monde de R., 1999. ▪ P. Gorceix: G.R., 2006.

Bruges-la-morte

(frz.; *Das tote Brügge*, 1903, F. v. Oppeln-Bronikowski) – Der Autor nennt das 1892 erschienene Werk, das gattungstypologisch zwischen Novelle und Roman angesiedelt ist, im Vorwort eine »étude passionelle«, eine Studie oder Versuchsanordnung also, die zugleich ein Leiden wie auch eine leidenschaftliche Liebe zum Gegenstand hat. Der Protagonist Hugues Viane hat sich nach dem Tod seiner über alles geliebten Frau, deren Haar er in einem Reliquienschrein aufbewahrt, nach Brügge zurückgezogen, eine Stadt, die ihm mit ihren labyrinthischen Kanälen, ihrem Nebel und Regen als Spiegel seiner eigenen Melancholie erscheint.

Die ersten beiden Kapitel kreisen um die »mysteriöse Gleichung« zwischen Hugues' Psyche und der Stadt. Hier wird – wohl unter dem Einfluss ↗ Baudelaires – das aus der Romantik (und von Petrarca) bekannte Schema der Projektion von Gefühlen in die Natur auf die Stadt Brügge übertragen, mit der die seelische Befindlichkeit der Hauptfigur nahezu vollständig verschmilzt. Alles in dieser Stadtlandschaft wird ihm zur Chiffre seiner selbst, seiner Trauer, seiner Einsamkeit, seiner dekadenten Todessehnsucht. Die Stimmung ändert sich schlagartig, als er bei einem seiner abendlichen Spaziergänge eine Art Offenbarungserlebnis hat: Er glaubt, der Toten begegnet zu sein. Von nun an ist er vom ›Dämon der Analogie‹ besessen, sieht eine Reinkarnation seiner Frau in Jane, die sich hinter der Erscheinung verbirgt, und überträgt auf sie seine kultische Verehrung der Toten. Eines Abends folgt er Jane, deren vulgäres Benehmen er zunächst nicht bemerkt und findet heraus, dass sie als Tänzerin arbeitet. Er erkennt von nun an immer deutlicher, wie unähnlich sich die beiden Frauen tatsächlich sind. Die Kleidung der Toten, die er Jane anziehen lässt, verstärkt diese Erkenntnis. Der von Hugues in Gang gesetzte idealistische Mechanismus von Bild und Abbild versagt: Jane kann die Stelle der Toten nicht länger einnehmen. Als sie schließlich auch noch die Reliquie, das Haar der Toten, »entweiht«, erdrosselt Hugues sie damit und fällt in den Zustand der alten tiefen Melancholie zurück.

Der Roman thematisiert ein im Grunde religiöses Existenzverständnis von Kult, Sündenfall und Läuterung. So ist der Katholizismus in Gestalt der Haushälterin Barbe und auch in den Beguinenhöfen von Brüssel als moralisches Regulativ ständig präsent. Der Roman scheint spätere Erkenntnisse Freuds vorwegzunehmen: Aus dem Blickwinkel der Psychoanalyse erscheint Brügge als das die Normen repräsentierende Über-Ich, das zugleich typische Züge der ›Großen Mutter‹ trägt, die gebiert und beschützt, aber auch straft und tötet. *Bruges-la-Morte* enthält, im Kontext der Literatur des Fin de Siècle betrachtet, eine ganze Reihe typischer Themen und Motive der Décadence: den dandyhaften Melancholiker, die Femme fatale, die Stimmung des ›ennui‹, die von der Philosophie Schopenhauers beeinflusste Todessehnsucht und schließlich den Topos von der Stadt als Ort einer sterbenden Kultur. Dennoch ist der Roman kein typischer Text der Décadence, denn Hugues bleibt ein dem Katholizismus verhafteter, zutiefst moralisch denkender Mensch, dem die Lust am Bösen und an der Sünde gänzlich fehlt. Er ist sich vielmehr seines verfehlten Handelns stets bewusst und leidet auch unter dieser Sünde.

Der Text ist um das zeitgenössische Thema der ›ressemblance‹, der Ähnlichkeit, herum entworfen. Vor allem auf dem Hintergrund der von Baudelaire in seinem berühmten Sonett »Correspondances« (»Entsprechungen«) entwickelten Vorstellung von der gegenseitigen Durchdringung aller Sinneswahrnehmungen, der Synästhesie, spinnt Rodenbach ein ganzes Netz von Ähnlichkeitsbeziehungen, in dem sich die Figuren des Romans bewegen, in dem sie aber auch – das gilt in ganz besonderem Maße für Hugues – gefangen sind. Für ihn wird seine gesamte Umwelt zum Gleichnis der Toten, vor allem aber Brügge und Jane. Sein Scheitern kann von hier aus auch verstanden werden als ein Scheitern an der Realität, die dem selbst entworfenen Idealbild nicht standhalten kann.

Seit ↗ Mallarmés Lob gilt *Bruges-la-Morte* als Gipfelpunkt symbolistischer Prosa. Das an Baudelaire erinnernde Bemühen um ein ›poème en prose‹, um eine Mischform zwischen Lyrik und Prosa, führt zur Verwendung von rhythmisch markierten Passagen, von kühnen Metaphern, die die Bildbereiche ›Geliebte‹ und ›Stadt‹ ineinander fließen lassen, von einer verblosen und dadurch polyvalenten, oft verschachtelten Syntax, von Neologismen und von Präpositionalwendungen, die dem geläufigen französischen Gebrauch fremd sind und dadurch ebenfalls den Eindruck des Ungenauen und Schwebenden erzeugen. Rodenbach traf mit seinem zwischen Décadence und Symbolismus schwankenden Text sehr genau den Geschmack des zeitgenössischen Publikums, das *Bruges-la-Morte* zu einem wahren Bestseller der Jahrhundertwende machte. 1920 kulminierte die Popularität des Werks in der Vertonung durch Erich Wolfgang Korngold *(Die tote Stadt)*.

■ Lit.: W. M. Malinowski: Le roman du symbolisme, 2003.

Ulrich Prill

Romain **Rolland**

■ geb. 29.1.1866 Clamecy/Nièvre (Frankreich)
■ gest. 30.12.1944 Vézelay/Burgund (Frankreich)

1886–1889 École Normale Supérieure; 1889 Staatsexamen in Geschichte; 1889–1891 École Française in Rom; beeinflusst von Tolstoj, Nietzsche und Wagner; befreundet mit R. Strauss, C. Péguy, ↗ Claudel; 1891–1912 Professor für Musikgeschichte in Paris; Pazifist mit Sympathie für die Oktoberrevolution; 1915 Nobelpreis für Literatur; 1935 Reise nach Moskau zu Gor'kij; 1937, nach 26 vorwiegend in der Schweiz verbrachten Jahren, Rückkehr nach Frankreich; Dramen, später Romane und Künstlerbiographien; Mitbegründer der Zeitschrift *Europe*; in essayistischen Schriften Einsatz für Völkerverständigung; bedeutender französischer Musikschriftsteller.

■ Lit.: R. A. Francis: R. R., 1999. ■ M. Klepsch: R. R. im Ersten Weltkrieg. Ein Intellektueller auf verlorenem Posten, 2000. ■ B. Duchatelet: R. R. tel qu'en lui-même, 2002 [Biographie, dtsch. 2007].

Jean-Christophe

(frz.; *Johann Christof*, 1914–1917, E. u. O. Grautoff) – Das zwischen 1904 und 1912 in den von C. Péguy herausgegebenen *Cahiers de la Quinzaine* erschienene zehnbändige Werk gilt als Hauptvertreter der vom Autor geprägten Gattungsbezeichnung des ›roman fleuve‹: »Das Leben eines Menschen lässt sich nicht in den Rahmen einer literarischen Form einschließen. Es trägt sein Gesetz in sich [...]. Seine Norm ist die einer Naturkraft [...]. Johann Christof ist mir als ein Strom erschienen [...]«. Von den Anfängen des sich formenden Bewusstseins bis zu dessen Auflösung und Tod wird das Leben des fiktiven Komponisten Jean-Christophe Krafft erzählt, in dem sich autobiographische Züge erkennen lassen sowie Anklänge an Beethoven, Wagner und andere Künstler.

Der aus einer Musikerfamilie stammende hochbegabte Jean-Christophe wächst in einer deutschen Residenzstadt am Rhein auf. Aus seiner von der Trunksucht des Vaters überschatteten Kindheit und der von einer unglücklichen Liebe geprägten Jugend strahlt die Lichtgestalt des Onkels Gottfried hervor: Von seiner Familie als gescheiterte Existenz verachtet, verkörpert er zugleich die Harmonie eines nach persönlichen Maßstäben erfüllten Lebens und vermittelt durch seine Kritik an Jean-Christophs gefälliger Musik die dem Spießbürgertum entgegengesetzten Ideale, nach denen dieser fortan im Leben wie in der Kunst suchen wird – Schlichtheit, Aufrichtigkeit und Authentizität.

Doch mit seinen Versuchen einer Reform der deutschen Musik weckt Jean-Christophe nur Hass und wird von seinem Gönner, dem Großherzog, entlassen. Als er bei einem Streit zwischen Bauern und Soldaten eingreifen will und dabei einen Mann erschlägt, flieht er nach Paris, wo er zu seiner Enttäuschung nur Oberflächlichkeit vorfindet: »Klingende Worte, tönende Sätze, metallisches Aufeinanderklirren von Ideen im Leeren, Geistreicheleien, von Sinnlichkeit besessene Gehirne und klügelnder Verstand« bestimmen das dekadente Paris um die Jahrhundertwende.

Dank seinem Freund, dem Dichter Olivier Jeannin, lernt Jean-Christophe das ›wahre‹ Frankreich und dessen durch Idealismus, Katholizismus und Arbeiterverbände geprägte Erneuerungstendenzen kennen. Das komplementäre Freundespaar trennt sich erst, als Olivier heiratet. Die Ehe scheitert, und Olivier kehrt zurück zu Jean-Christophe. Beide schließen sich der revolutionären Arbeiterbewegung an und werden am 1. Mai in eine Straßenschlacht verwickelt. Olivier kommt um, Jean-Christophe tötet einen Polizisten und flieht in die Schweiz; eine Affäre mit der Frau seines Gastgebers verschärft seine durch Oliviers Tod ausgelöste innere Zerrüttung. Erst der den Frühling ankündigende Föhn löst die seelische Starre und weckt erneut Jean-Christophs Lebens- und Schaffenskraft.

Seiner Jugendfreundin Grazia nach Rom folgend, findet der Komponist durch Verbindung französischer, italienischer und deutscher Elemente zu einer Art europäischer Harmonie. Mit der neuen Generation, die er bei seiner Rückkehr nach Paris antrifft, verbindet ihn nichts mehr. Sein Glaube an das Leben als sich beständig erneuernde Bewegung, wie sie der Rhein, der leitmotivisch das gesamte Werk durchzieht, symbolisiert, gibt ihm auch im Sterben inneren Frieden: das Ende des Romans setzt ihn in Analogie zu Sankt Christophorus, der allen Spöttern zum Trotz den Strom durchquert hat.

Der weltweit übersetzte Roman, der in einer Reihe mit Rollands heroischen Künstlerbiographien (Beethoven, Michelangelo, Tolstoj) steht, trug mit seinem idealistisch-humanitären Gedankengut wesentlich zur Verleihung des Nobelpreises 1915 an den Autor bei, während nationalistische Kreise ihn scharf kritisierten: Die »Tragödie einer Generation [...], die im Schwinden begriffen« war, wurde einerseits zum Spiegelbild der vom Ersten Weltkrieg gezeichneten Generation, doch als Plädoyer für ein geistiges Weltbürgertum im Sinne Goethes wies der Roman weit über seine Epoche hinaus. Er wurde von C. Koechlin teilweise vertont und 1978 von F. Villiers verfilmt.

■ Lit.: B. Duchatelet: La Genèse de J.-C. de R. R., 1978. ■ M. Hülle-Keeding: R. R.s visionäres Beethovenbild im Jean-Christophe, 1997. ■ M. Haroux: R. R. et les itinéraires de formation dans Jean-Christophe, le cheminement d'une œuvre fleuve, 2005. ■ T. Picard: Wagner, une question européenne, 2006.

Fedora Wesseler

Le roman de Perceforest

(afrz.; Der Roman von Perceforest) – Ritterroman eines unbekannten Verfassers aus dem Hennegau, entstanden um 1330; 1528 zum ersten Mal gedruckt und 1531 ins Italienische übersetzt. Am Übergang zur Frühen Neuzeit steht dieser Roman für die Tendenz zur Kompilation von gewaltigen, ursprünglich getrennten Stoffkomplexen wie des Artusromans, der Gralsthematik, der Antikenromane und des Alexanderromans. Entsprechend diesem Anspruch handelt es sich beim *Perceforest* um das umfangreichste zusammenhängende Romanwerk des Mittelalters, das mit seinen etwa 7000 Seiten noch einer vollständigen Edition und erst recht einer gründlichen wissenschaftlichen Erschließung harrt.

Wie in vielen Werken des Spätmittelalters zeigt sich auch hier das Bestreben, Lücken im tradierten Erzählstoff zu füllen. Ganz im Sinne spätmittelalterlicher Großepik werden Erzählstoffe wunderbaren Gehalts in ein historiographisches Gesamtkonzept eingebunden und gehen so in einem weltgeschichtlichen Denkmodell christlicher Prägung auf. Keine Geringeren als die Helden um Alexander den Großen macht der Verfasser zu Vorfahren der Artusritter. Dies war zwar ansatzweise bereits im 12. Jh. in der *Historia Regum Britanniae* des anglonormannischen Historikers Geoffrey of Monmouth geschehen, in dem die Geschichte Englands auf die Nachkommenschaft des aus Troja geflüchteten Aeneas zurückgebunden wurde. Doch bietet demgegenüber der *Perceforest* eine literarisch anspruchsvolle Ausweitung und Neukombination der Artusgeschichte mit den anderen genannten Stoffkreisen.

Alexander landet bei einem seiner Eroberungszüge mit einem Gefolge junger Ritter und deren Frauen in England. Seit dem Tod des letzten Herrschers wird die verödete Insel zum Schrecken der Bevölkerung von bösen Zauberern beherrscht. Betis, einem der Ritter, gelingt es, in den undurchdringlich scheinenden Wald von Darmante einzudringen und dort einen der unheilvollen Zauberer zu töten. Zum Lohn für seine Tat bestimmt ihn Alexander unter dem Namen Perceforest (›Durchdringt-den-Wald‹) zum König von England. Zusammen mit dem ebenfalls neu ernannten König von Schottland befriedet er nach der Abreise Alexanders, der bald darauf in Babylonien stirbt, das eroberte Land. Die beiden Herrscher werden unterstützt von einer Ritterschaft, die dem Ideal der Tapferkeit als höchster Wertvorstellung huldigt. Ein dem obersten Gott geweihter Tempel, zu dem die besten Ritter auf geheimnisvolle Weise geführt werden, ist als Vorausdeutung auf das Christentum zu verstehen. Die Invasion der Römer beendet gewaltsam diese erste heroische Periode. Dem Massaker der Eroberer entgehen nur einige Kinder, die, als sie herangewachsen sind, einen verfeinerten Lebensstil pflegen, ohne den Idealen ihrer Väter untreu zu werden. Während dieser zweiten Phase, die durch einen Einfall aus dem Norden ihr Ende findet, mehren sich die Zeichen, die auf eine christliche Ära vorausdeuten. In der dritten Zeitspanne schließlich ist die Welt bereit, die Wunder des Gral zu empfangen.

Trotz der Fülle der Episoden – darunter die schöne Geschichte der ›Belle au bois dormant‹ (Dornröschenmotiv) – gelingt es dem Autor immer wieder, die Handlungsstränge souverän zu entwirren. Auch in formaler Hinsicht erweist sich der Roman als vielgestaltig, da Verspartien die Prosa auflockern. Ähnlich wie der Lancelot-Prosaroman, der eines der Vorbilder des Verfassers war, ist *Perceforest* in prächtigen Manuskripten überliefert, die auf die adlige Rezipientenschicht – der burgundische Hof ist vor allem zu nennen – zurückweisen, die sich mit der verfeinerten und zugleich abenteuerlichen Welt des Werks identifizierte. Wegen der genauen Angaben konkreter Details – z. B. die Beschreibung der Ritterrüstung oder der Regeln bei Schwert- und Lanzenspielen – wurde der Roman auch als Wissensquelle geschätzt. Als Handbuch höfischen Verhaltens erlangte das Werk ebenso bedeutsamen Einfluss auf die Lebenswelt wie etwa der ritterliche Erziehungsroman *Jouvencel* von Jehan de Bueil und im 16. Jh. der *Amadís*-Roman. Die eigentliche Intention des Autors, die Wiederbelebung eines Rittertums, das sich im Zeichen der alten Ideale den gewandelten gesellschaftlichen Voraussetzungen anpassen sollte, geriet darüber in Vergessenheit.

▪ Ausg.: Le roman de Perceforest, Hg. J. H. M. Taylor/G. Roussineau u. a., 1979 ff.

▪ Lit.: J. Lods: Le roman de Perceforest. Origines, composition, caractères, valeur et influence, 1951.

Werner Hupka / Gerhard Wild

Le roman de Renart

(afrz.; Roman von Renart) – Das bedeutendste Tierepos des französischen Mittelalters entstand zwischen 1174 und 1250. Unter der Bezeichnung *Roman de Renart* fasst man eine Reihe heroisch-komischer Tierfabeln zusammen, die von verschiedenen, in vielen Fällen anonymen Autoren stammen. Die wesentlichen Elemente und zahlreiche Episoden gehen auf das in lateinischen Distichen gefasste Versepos *Ysengrimus* (1152) des flämischen Magisters Nivardus zurück. Die einzelnen Teile, »branches« (Zweige) genannt, werden heute durch 27 römische Ziffern gekennzeichnet, deren Abfolge jedoch weder ihrem inhaltlichen Zusammenhang entspricht noch die chronologische Reihenfolge ihrer Entstehung wiedergibt. Die überlieferten Sammlungen enthalten jeweils eine Anzahl dieser Branches in unterschiedlicher Reihenfolge. Branche II und Branche Va werden heute als die ältesten und ursprünglichsten Teile des Romans angesehen. Durch ihre lebendige Sprache und die gelungene Ausgestaltung von Situationskomik sind diese Partien auch vom literarischen Standpunkt aus von besonderem Wert. Die ersten altfranzösischen Bearbeitungen stammen aus einer Zeit, in der sich ein gewisser Überdruss an der traditionellen höfischen Dichtung bemerkbar machte. Sie waren Unterhaltungsstücke, die den höfischen Lebensstil und die höfische Literatur parodieren.

Renart wird als verschlagener Bösewicht dargestellt, der die Dummheit und Eitelkeit der anderen ausnutzt, um bei seinen Räubereien Erfolg zu haben: Der Hahn Chantecler schläft trotz der Träume, die ihn vor Renart warnen; und nachdem er mit knapper Not dem Fuchs entkommen ist, lässt er sich von diesem überreden, die Augen zu schließen. Er will dem schmeichelnden Fuchs beweisen, dass er mit geschlossenen Augen genauso schön schreien kann wie sein Vater. Renart schnappt ihn nun, lässt sich aber seinerseits überreden, auf die beleidigenden Zurufe der ihn verfolgenden Dorfbewohner zu antworten, und als er seinen Mund öffnet, kann der Hahn entfliehen. Nun versucht der hungrige Fuchs, eine Meise zu übertölpeln: Sie solle ihn küssen, denn Noble, der König, habe allgemeinen Frieden verkünden lassen. Doch die Meise ist auf der Hut: In einer witzigen Szene foppt sie zweimal den Fuchs, der schließlich fliehen muss, als Jäger mit Hunden nahen. Am nächsten Morgen ist Renart noch immer hungrig. Durch Schmeicheleien kann er den Raben Tiécelin überreden, seinen Käse fallen zu lassen, und Tiécelin selbst entgeht nur mit knapper Not den Fängen des Fuchses. Erst in der folgenden Episode taucht zum ersten Mal das Thema auf, das die späteren Dichter des *Roman de Renart* immer wieder gereizt hat: die Quälereien, deren Opfer der Wolf Ysengrin durch die Ränke des Fuchses wird. Renart gelangt an die Höhle Ysengrins, in der nur Dame Hersent mit ihrem Wurf liegt. Durch eine List gelingt es Renart, die Wölfin zu verführen, anschließend misshandelt und beleidigt er die kleinen Wölfe. Trotz der Lügen Hersents findet Ysengrin die Sache heraus und verfolgt den Fuchs, der sich in seinen Bau flüchtet. Ysengrin verirrt sich bei der Verfolgung, und Hersent bleibt mit dem Vorderteil ihres Körpers im Eingang des Fuchsbaus stecken. Renart, der seinen Bau durch einen anderen Ausgang verlassen hat, verhöhnt und vergewaltigt nun die hilflose Wölfin, bis der rasende Ysengrin hinzukommt und seine Frau befreit.

Die Darstellung dieser Untaten führt zu dem Prozess hin, der in Branche Va gegen Renart am Hofe des Königs Noble ausgetragen wird. Dieses Thema wurde auch von späteren Dichtern immer wieder aufgegriffen, da die Darstellung einer aus Tieren bestehenden Hofgesellschaft und ihrer Prozessordnung eine ausgezeichnete Möglichkeit bot, den im höfischen Roman immer wieder gestalteten Zwist zwischen den Vasallen und dem König parodistisch zu verfremden. Nachdem Ysengrin am Hof des Königs Klage gegen Renart erhoben hat, wird über den Fuchs verhandelt. Zwar stehen seine Untaten fest, doch kann man sich nicht zur Bestrafung entschließen, denn Renart habe ja unter dem Zwang der Liebe gehandelt. Man fragt einen Gesandten des Papstes, das Kamel Musart, das nach einer langen, in einer lateinisch-französisch-italienischen Mischsprache gehaltenen und von leeren juristischen Formeln erfüllten Rede den einfachen Schluss zieht, dass eine Bestrafung notwendig sei, wenn das Vergehen erwiesen ist. Die Kontrahenten sollen sich nun dem Schiedsspruch der Bulldogge Roonel unterwerfen, doch als sich der Hund, gemäß einer Absprache mit dem Wolf, tot stellt, macht man Renart zur Auflage, seine Unschuld beim Zahn der nun heilig gesprochenen Dogge zu beschwören. Als diese sich jedoch bewegt, flieht Renart und kann sich nach einer Verfolgungsjagd mit letzter Kraft in sein Schloss flüchten.

Die unmittelbar im Anschluss an die ersten Branches bis 1190 entstandenen Teile, die entweder durch meist ungeschickte Anschlüsse in das ursprüngliche Werk eingefügt wurden oder unabhängig blieben, werden als die »erste Periode« des Werks bezeichnet. Sie umfasst neben dem bereits geschilderten Teil u. a. folgende Branches in ihrer wahrscheinlichen chronologischen Reihenfolge: die Branche V, in der Renart einen Schinken stiehlt, den jedoch Ysengrin frisst; die ihr ähnliche Branche XV, in der Tibert, der Kater, Renart eine gestohlene Wurst wegnimmt, jedoch dann einige Abenteuer mit zwei Geistlichen bestehen muss, die auf seinen Pelz aus sind. In Branche III werden die im ersten Buch des Ysengrimus enthaltenen bekannten Episoden verarbeitet: Der hungrige Renart stellt sich tot und wird von Kutschern auf einen Wagen mit Aalen geworfen, an denen er sich gütlich tut und von denen er noch einige mitnehmen kann. Um von dieser Speise etwas zu bekommen, willigt der Wolf ein, Mönch zu werden. Renart tonsuriert ihn mit kochendem Wasser und schickt ihn zum Fischen. Zu diesem Zweck taucht Ysengrin seinen Schwanz in das eiskalte Wasser, friert fest und wird von den Bauern fast zu Tode geprügelt, bevor er sich unter Verlust seines Schwanzes retten kann. Auch Branche IV ist sehr geschickt gestaltet: Renart stürzt in einen Brunnen und rettet sich in den Schöpfeimer. Als Ysengrin vorbeikommt, gelingt es dem Fuchs, den Wolf in den anderen Eimer zu locken und sich durch das Gewicht des sinkenden Wolfes ziehen zu lassen. Ysengrin ist gefangen und muss sich wiederum von Menschen, diesmal von Mönchen, verprügeln lassen.

Um 1180 entstand eine weitere Episode, deren künstlerische Qualität sie den Branches der anderen Nachahmer weit überlegen macht. Die hier gestaltete Epsiode, die als »Le plaid« (Der Prozess) bekannte Branche I hat große stoffgeschichtliche Bedeutung. Nachdem Renart dem Schwur ausgewichen ist, muss der Hofstaat des Königs Nobel wieder zusammentreten, um den Streit zu schlichten. Da Ysengrin unbedingt seine Frau als Ehebrecherin bestraft sehen will, erklärt sich die Dame Hersent seufzend und errötend bereit, in einem Gottesurteil bei Feuer und heißem Wasser ihre Unschuld zu beweisen. Nun beginnt Ysengrin am günstigen Ausgang zu zweifeln und will selbst die Untat rächen, was wiederum den König ärgert, da er allgemeinen Frieden hat ausrufen lassen. Renart scheint gerettet zu sein, doch da taucht eine neue Anklägerin auf: Dame Pinte, die Henne, zusammen mit dem Hahn Chantecler. Sie bringen eine ihrer Schwestern, Dame Coupée, die wie viele andere von Renart gemordet worden ist. Bewusst übertrieben werden die große Trauer der Anwesenden und das pompöse Begräbnis von Dame Coupée, der Märtyrerin, geschildert. Ihr Grabstein erhält Wunderkraft und heilt den Hasen Coarz von seinem Fieber und auch den Wolf, der über vorgebliche Ohrenschmerzen klagt.

Nun ist der Zorn des Königs nicht mehr zu bändigen: Er beauftragt zuerst den Bären, später den Kater Tibert, Renart vor den Hof zu laden; doch beiden Abgesandten wird von Renart übel mitgespielt. Nun wird Renarts Vetter, der Dachs Grimbert, geschickt, und ihm gelingt es, dem Fuchs ins Gewissen zu reden. Zusammen mit dem zitternden Baron macht er sich auf die Reise, doch schnell erweist sich, dass der Gesinnungswandel Renarts nur von kurzer Dauer war: Schon unterwegs schielt er gierig nach jedem Hühnerstall, und vor dem Hof tut er sich durch eine zynische und hochfahrende Rede hervor. Der Tod des aufsässigen »hohen Barons« ist beschlossen, da verspricht Grimbert, dass sein Vetter im Falle einer Begnadigung mit den Kreuzfahrern ziehen werde, und schon ist Renart rehabilitiert und erhält sogar den Ring der Königin. Doch kaum befreit, entledigt er sich der Kreuzfahrerinsignien und beschimpft den König. Aufgeregt verfolgen die Barone den Fuchs, der mit letzter Kraft sein Schloss erreicht.

In der »zweiten Periode« der Abfassung (1190–1205) entstand Branche XII, die zu den wenigen zählt, deren Dichter bekannt ist: Richard de Lison, von dem man annimmt, dass er Geistlicher war, da er seine Spottlust vor allem gegen die Kirche richtet, über die er sich sehr gut informiert zeigt. Er greift die aus früheren Branches bekannten Motive der Abenteuer Ysengrins und Tiberts mit Geistlichen auf; seine Erzählung ist jedoch auf viel direktere Weise satirisch als die seiner Vorgänger. Branche IX zeichnet sich durch ausführliche Schilderung des bäuerlichen Lebens aus, in der nun auch der Mensch in Gestalt des Großbauern Lietard eine Rolle spielt. Die anderen Branches dieser Periode sind bedeutungslose Variationen der schon bekannten Motive. Die zehn Branches, die zwischen 1205 und 1250 entstanden sind, zeigen schließlich den allmählichen künstlerischen Verfall des Tierepos. Zu ihnen gehören die Branches XIII, XXII, XXIII und XXIV (die in einigen Sammlungen an den Anfang gesetzt ist, da in ihr die Erschaffung der Tiere und die ersten Abenteuer Renarts erzählt werden) sowie die Branches XXV und XXVI. Die noch später entstandenen Branches handeln nur noch von Ysengrin.

Da das Werk eine der beliebtesten Dichtungen des Mittelalters darstellt, wurden die Erzählungen um Renart auch nach 1250 weiter bearbeitet. Diese späteren Variationen erschienen jedoch als eigene Werke und haben mit dem parodistischen Charakter des Originals nicht mehr viel gemeinsam: Renart ist hier nicht mehr der schlaue, aufsässige Baron, sondern ein Symbol des Bösen an sich. In anderen Werken wird Renart zum moralisch-didaktischen Beispiel. Im *Renart le contrefait* (ca. 1319–1342) dient das Renart-Motiv nur noch als Vorwand für eine Enzyklopädie mit allegorischem Beiwerk. Außerdem entstanden schon bald nach den ersten Branches Übersetzungen, die zu der weiten Verbreitung des Renart-Motivs über ganz Europa beitrugen. Als bekannteste Branche wurde »Le plaid« häufig nachgeahmt und diente indirekt noch Goethe als Vorlage für seinen *Reineke Fuchs*.

▪ Ausg.: Le roman de Renart, 6 Bde, Hg. M. Roques, 1948–1963.
▪ Übers.: Le roman de Renart, H. Jauss-Meyer, 1965 [afrz.-dtsch.].
▪ Lit.: J. Batany: Scène et coulisses du ›Roman de Renart‹, 1989.

Gerhard Wild / KLL

Pierre de **Ronsard**

▪ geb. 10. oder 11. 9. 1524 oder 1525 Schloss La Possonnière/Vendômois (Frankreich)
▪ gest. 27. 12. 1585 Saint-Cosme/Touraine (Frankreich)

Page in Schottland, Flandern, Elsass; 1542 nach schwerer Krankheit halb taub; Schüler des Hellenisten Dorat, 1541–1548 humanistisch geprägtes Studium mit Baïf und Du Bellay am Collège Coqueret in Paris; ab 1560 Exponent des kulturellen Lebens in Frankreich; 1560 bis 1574 Hofdichter unter Karl IX; unter Heinrich III. durch Desportes vom Hof verdrängt; lebte krank und zurückgezogen auf seinen Besitzungen; Mitglied der Dichtergruppe Pléiade, bedeutendster französischer Renaissance-Lyriker.

▪ Ausg.: Œuvres complètes, 2 Bde, Hg. J. Céard, 1993–1994.
▪ Lit.: A. Gendre: R. poète de la conquête amoureuse, 1998. ▪ C. O. Mayer: P. de R. und die Herausbildung des ›premier champ littéraire‹, 2001.

Das lyrische Werk

(frz.) – Mit Ronsard gelangte die Reihe der ›offiziellen‹ Dichter am französischen Königshof, die von Marot begründet und von Mellin de Saint Gelais weitergeführt worden war, zu einem ersten Höhepunkt. Von seinen Vorgängern, deren Lyrik durch Thomas Sebillet in *Art poëtique françoys* (1547) ihre poetologische Bestimmung erhalten hatte, setzte sich Ronsard mit dem ihm eigenen ausgeprägten Selbstbewusstsein ab. Er wurde zum Haupt der sogenannten Pléiade (neben Ronsard noch P. de Tyard, J.-A, de Baïf, R. Belleau, J. Du Bellay, È. Jodelle, J. Dorat), einer am Vorbild der antiken und italienischen Literatur orientierten Dichterschule, deren theoretisches Programm Ronsards Freund Du Bellay in der *Deffence et illustration de la langue françoise* (1549) formulierte. Die beiden lernten sich am Collège de Coqueret kennen, wo der Humanist Jean Dorat einen talentierten Schülerkreis in die klassische Antike einführte. Die dichterischen Anfänge Ronsards stehen im Zeichen seiner Horaz-Rezeption. Nach diesem Vorbild verfasste er überwiegend strophische, in stilistischer Hinsicht jedoch betont einfache Oden, die konkrete Erfahrungen bzw. Sachverhalte zum Inhalt haben und an mehr oder weniger bekannte Personen aus der persönlichen Umgebung des Dichters gerichtet sind. Daneben stehen Ronsards erhabene Oden, die sich auf das Vorbild des griechischen Sängers Pindar zurückführen lassen und in denen bedeutende Zeitgenossen emphatisch gefeiert werden.

In den *Quatre premiers livres des odes*, 1550 (Die ersten vier Odenbücher), ist die frühe Odendichtung des Autors zusammengefasst. Mit diesem Werk etablierte

Ronsard die Ode als ein formal unspezifisches, aber dennoch bedeutendes lyrisches Subgenre in der französischen Literatur. Dem heutigen Verständnis ist die Sammlung indes nicht leicht zugänglich, weil der Dichter einen großen Teil seiner Informationen nur in mythologischer Verkleidung liefert. Auch die inhaltliche Originalität mancher Stücke ist nicht immer einfach zu bestimmen, weil sich Ronsard oft sehr eng an seine antiken Vorbilder hält. Das kann in Einzelfällen dazu führen, dass der französische Wortlaut streckenweise nicht mehr ist als eine Paraphrase oder sogar eine bloße Übersetzung aus der klassischen Originalsprache.

Die 1552 erschienenen *Amours* (*Amoren für Cassandre*, 2006, G. Holzer) sind klar als eine allerdings sehr eigenständige Adaptation von Petrarcas *Canzoniere* zu erkennen. Während sich Ronsard am Beginn seiner Dichterkarriere vor allem an antiken Vorbildern orientiert hatte, fand er die Inspirationsquelle für sein zweites Sammelwerk in Italien. Die einzelnen Stücke der Sammlung, 221 an der Zahl und fast ausschließlich Sonette, spannen einen narrativen Bogen: Dieser führt von der ersten Begegnung mit der besungenen Cassandra Salviati, einer Italienerin, die der Autor kennengelernt hatte, bis zu ihrer späteren Verheiratung mit einem anderen Mann, wodurch sie für das sprechende Ich der Gedichte unerreichbar wird. Der Zyklus ist in einem erhabenen Ton gehalten, und die für den Petrarkismus spezifischen Motive, etwa das Bekenntnis zu unverbrüchlicher Liebestreue oder die Lust an der emphatischen Klage, bzw. die entsprechenden Bilder – Rosen, Elfenbein, Sonne, Eis, Feuer etc. – sind mehr oder weniger vollständig präsent. Immer wieder betont der Sprecher, dass er von einem dichterischen Furor bewegt ist, und beruft sich insofern auf die bereits in Du Bellays *Deffence* programmatisch verkündete Inspirationspoetik, wonach das Dichten kein erlernbares Handwerk ist. Vielmehr sei es das Privileg einzelner Ausnahmefiguren, die, gleichsam in höherem Auftrag, die göttliche Wahrheit zu den Menschen bringen, und zwar auf die einzig angemessene Weise, nämlich vermittelt über den Schein des Schönen. Die entsprechende Dichtungstheorie war aus dem Umkreis des Florentiner Neuplatonismus nach Frankreich gekommen.

Durch zwei weitere Lyrikbände, die *Continuation des amours*, 1555 (Fortsetzung der Liebesgedichte), und die *Nouvelle continuation des amours*, 1556 (Zweite Fortsetzung der Liebesgedichte), wurde die Sammlung von 1552 fortgesetzt. Im Vergleich zur älteren Sammlung sind die beiden jüngeren Werke weniger durch narrative Geschlossenheit bestimmt. Die Gestalt der Geliebten ist darin nur schwach konturiert. Sie trägt zwar den Namen Marie, es ist der Forschung aber nicht gelungen, eine konkret identifizierbare Figur als historisches Vorbild auszumachen. Die rein monologische Redehaltung der *Amours* wird in der *Continuation* bzw. der *Nouvelle continuation* des öfteren ersetzt durch einen Dialog des sprechenden Ich mit der besungenen Dame. Nicht zuletzt dadurch wird auch die stilistische Homogenität des Ganzen immer wieder aufgebrochen. Häufige Anleihen aus der anakreontischen Tradition führen dazu, dass der erhabene Ton auf einen ›style bas‹ herabgestimmt wird. Außerdem ist die Reihe der Sonette in der *Nouvelle continuation* mit zahlreichen Oden durchsetzt, so dass auch die Kontinuität der Gedichtformen verloren geht.

Der Verstyp ändert sich ebenfalls: Hatte Ronsard für die Stücke der ersten Sammlung noch den herkömmlichen Zehnsilbler gewählt, so bevorzugte er für die beiden Fortsetzungen den Alexandriner, der bis zu diesem Zeitpunkt im Rahmen traditioneller Liebesdichtung noch nicht verwendet worden war. Insgesamt gesehen sind die drei Werke als Beleg dafür gedeutet worden, dass ihr Autor den Petrarkismus als lyrische Liebessprache nicht einfach nur passiv übernommen, sondern ihn gewissermaßen aufgefächert hat in ein heterogenes Diskursgeflecht, in dem sich neben der italienischen Tradition noch das Erbe der lateinischen Erotiker sowie Elemente aus dem Neuplatonismus behaupten.

Unter dem Titel *Livret de folastries*, 1553 (Büchlein der Tändeleien), verfasste Ronsard anonym etwa zeitgleich mit den Liebesgedichten, die in die genannten Sammlungen Eingang gefunden haben, derbe, die Sexualität unverhüllt thematisierende, ja obszöne Liebeslyrik, die auf neulateinische Vorbilder aus dem Umkreis des Humanismus zurückzuführen ist. Das Werk folgt einem offensiv antipetrarkistischen Impuls.

Les hymnes (Hymnen), in zwei Teilen 1555 und 1556 erschienen, entstand im selben Zeitraum wie das *Livret*, ist jedoch bedeutsamer, denn damit führte Ronsard einen neuen Typus von Lyrik in die Dichtungstradition Frankreichs ein: den doktrinär erhabenen Hymnus, wie er ihn bei Kallimachos, Theokrit und anderen Autoren der griechischen Antike vorfand. Freilich ist die pagane Mythologie der Vorbilder bei dem französischen Dichter ins Christliche gewendet. Das betrifft insbesondere das Weltbild, das in kosmologischen Hymnen wie »Hynne du ciel« (An den Himmel) oder »Hynne des étoiles« (An die Sterne) entfaltet wird; demgegenüber tritt die christliche Grundierung in den übrigen, eher enkomiastischen und insofern auf die Diesseitigkeit bezogenen Hymnen weniger offen zutage.

Am Ende der 1550er Jahre, nach dem Tode seines Vorgängers Mellin de Saint-Gelais, avancierte Ronsard zum ›offiziellen‹ Hofdichter des französischen Königs. Aus dieser ehrenvollen Position heraus veröffentlichte er 1560 die erste Gesamtausgabe seiner Werke, die bereits bei ihrer Publikation als eine Art poetische Bilanz der Pléiade betrachtet werden konnte, denn der Autor galt schon zu jener Zeit als unumstrittenes Haupt der Gruppe. Der politisch bewegte Epochenhintergrund brachte es jedoch mit sich, dass Ronsard sich von einem bestimmten Moment an nicht mehr ausschließlich auf seine rein literarischen Interessen konzentrieren konnte: Als Sprachrohr des französischen Königs musste er in dem seit 1562 wieder erbittert ausgefochtenen Glaubenskrieg Partei für die katholische Seite ergreifen.

Er tat dies in den *Discours des misères de ce temps*, 1560–1570 (Über das gegenwärtige Elend), einer Sammlung von rund einem Dutzend propagandistischer Plädoyers in Versform, die als Beginn einer satirisch engagierten politischen Dichtung in Frankreich gelten. Bis ans Ende seines Lebens wurde der Autor fortan als herausragender Polemiker des französischen Katholizismus gefürchtet.

Ronsard konnte seinen Rang als privilegierter Hofdichter des französischen Königs bis zum Ende der Regentschaft Karls IX. behaupten. Als dessen Nachfolger Heinrich III. 1574 den Thron bestieg, musste er sich jedoch mit einem echten Konkurrenten auseinandersetzen: Philippe Desportes machte ihm seine herausgehobene Position bei Hofe streitig.

Mit den *Sonnets pour Hélène*, 1578 (*Sonette für Helene*, 1923, I. Kafka), einer neuen Sammlung von Liebesgedichten, reagierte Ronsard auf diese Herausforderung. Historisches Vorbild der in dem Zyklus besungenen Frau ist die Hofdame Hélène de Surgères, deren Vorname einen vom Autor in mehreren Gedichten, freilich nur ironisch, hergestellten Bezug zur schönen Helena aus der antiken Trojalegende motiviert. Das sprechende Ich ergreift das Wort als alter Mann, dem am Ende seines Lebens noch einmal das berauschende Erlebnis einer sehnsuchtsvollen Liebe zuteil wird. Die Sonette sind zwar in ihrer Gesamtheit nicht narrativ kohärent, dennoch lässt sich ihrer Abfolge in Umrissen ein Handlungsbogen entnehmen. Dieser reicht von der Liebesverwirrung des Sprechers am Anfang bis zu dem Zeitpunkt, da er schließlich zur Besinnung kommt, indem er der vergeblich umworbenen Dame eine selbstbewusste Absage erteilt. Gerade dieser betont unpathetische Schluss ist ein Indiz dafür, dass Ronsard am Ende seiner Karriere jenen Bruch mit dem Petrarkismus vollzogen hat, der sich ja schon in der *Continuation des amours* von 1555 anzudeuten schien. Die *Sonnets pour Hélène* sind der schöne Schwanengesang eines Dichters, der den Höhepunkt seiner Karriere deutlich überschritten hatte.

Ronsards Ruhm verblasste nach seinem Tode 1585 schnell: Am Beginn des 17. Jh.s legte François de Malherbe die französische Lyrik auf rational symmetrische Formen fest und präsentierte in diesem Zusammenhang Ronsards Gedichte mit ihrer metrischen Vielfalt als abschreckendes Beispiel. Erst die Romantiker begeisterten sich im Anschluss an Sainte-Beuve wieder für den bedeutendsten Renaissancelyriker Frankreichs.

▪ Übers.: Amoren für Marie, G. Holzer, 2010.

▪ Lit.: G. Cohen: R. Sa vie et son œuvre, 1956. ▪ M. Dassonville: R., 4 Bde, 1968–1985. ▪ Sur des vers de R., Hg. M. Tetel, 1990. ▪ Y. Bellenger: Lisez la ›Cassandre‹ de R., 1997. ▪ J. Balsamo: Le ›Pétrarquisme‹ des ›Amours‹ de R., in: Revue d'histoire littéraire de la France 98, 1998, 179–193. *Peter Ihring*

Edmond **Rostand**

▪ geb. 1. 4. 1868 Marseille (Frankreich)
▪ gest. 2. 12. 1918 Paris (Frankreich)

Studium der Philosophie und Geschichte in Paris; nach ersten Versuchen mit Lyrik früh Hinwendung zum Theater; Erfolgsdramatiker der Belle Époque; aus Gesundheitsgründen 1900–1910 zurückgezogenes Leben auf seinem Gut in Cambo/Pyrenäen; weltberühmt durch sein Stück über ↗ Cyrano de Bergerac.

▪ Ausg.: Théâtre, 6 Bde, 1926.

▪ Lit.: P. Espil: E. R. Une vie, 1998. ▪ J. B. Manuel: E. R. Écrivain imaginaire, 2003.

Cyrano de Bergerac

(frz.; *Cyrano de Bergerac*, 1898, L. Fulda) – Die 1897 erschienene fünfaktige Verskomödie blieb in verschiedenen Bearbeitungen für die Opernbühne (F. Alfano, 1936) und Film (M. Gordon, 1950; J.-P. Rappeneau, 1990) bis in die Gegenwart hinein erfolgreich und populär.

Rostands berühmtestem Werk liegt die Lebensgeschichte des Gascogner Dichters, Philosophen, Soldaten, Haudegens und Phantasten ↗ Cyrano de Bergerac (1619–1655) zugrunde. Bekannt war Cyrano sowohl durch sein abenteuerliches Leben und sein groteskes Äußeres als auch durch seinen Doppelroman *Histoire comique contenant les éstats et empires de la lune – L'histoire comique des éstats et empires du soleil* (1657 und 1662), das erste Meisterwerk der utopischen Literatur in Frankreich. Cyrano, der Draufgänger, ist schüchtern, aber von geistvoll-witziger Beredsamkeit und damit der Prototyp des romantischen Helden. Rostand machte aus dem Leben, in dem sich ›Feder und Schwert‹ verbanden, eine romantische Komödie, eingebettet in das bunte Treiben des Pariser Lebens im 17. Jh. Der erste Akt bildet eine zeitgenössische turbulente Commedia-dell'arte-Aufführung im Hôtel de Bourgogne, einem beliebten Pariser Volkstheater, getreu ab. Die vergnügte, einem Pastiche ähnliche Szene wird jedoch überschattet vom Auftreten Cyranos, eines tragikomischen Helden, der unter den Bühnenfiguren der Theatergeschichte nicht seinesgleichen hat.

Der geistvolle Mann, wegen seiner überlangen Nase von unansehnlichem Äußeren, verliebt sich in seine schöne Cousine Roxane. Sie bittet ihn, ihren jungen Freund, den im selben Regiment dienenden Christian de Neuvillette, unter seine Obhut zu nehmen. Der schöne Jüngling wendet sich nun ausgerechnet an seinen Beschützer Cyrano, er möge ihm helfen, geistreiche Liebesbriefe an Roxane zu verfassen und seinen wenig kultivierten Geist ein wenig aufzupolieren. In schweigsamer Aufopferung leiht der missgestaltete, verlachte Cyrano dem immer siegreichen, aber ungebildeten Jüngling seine Sprache und seine Feder. Er sieht sogar zu, wie Roxane, nachdem sie Cyranos aus dem Schutz der Dunkelheit hervorgestammelte Liebeserklärung gehört hat, dem vermeintlichen Sprecher Christian überwältigt um den Hals fällt. Die beiden ungleichen Liebhaber werden von einem dritten Rivalen, dem Hauptmann des Regiments, zu den Truppen abkommandiert, die Arras belagern. Cyrano führt aus dem Feldlager den Briefwechsel zwischen Christian und Roxane weiter, und als Christian verwundet wird, drückt Cyrano dem Sterbenden noch den Text einer letzten innigen Liebeserklärung in die Hand, die die eilig herbeigereiste Roxane erschüttert liest. Sie ist untröstlich und zieht sich in ein Kloster zurück. Ihr Vetter Cyrano, der sie jeden Samstag besucht und mit Klatschgeschichten zu erheitern sucht, bringt es nicht übers Herz, sie über die Täuschung aufzuklären; er unterstützt sie sogar noch darin, das Andenken an den geliebten Christian, dessen letzten Brief sie stets bei sich trägt, hochzuhalten. So geht es 15 Jahre lang, bis Cyrano eines Samstags etwas verspätet, bleich und schwankend, bei ihr erscheint. Einer seiner vielen Feinde hat den kühnen und unvorsichtigen Freidenker hinterrücks angegriffen. Als er in Roxanes Armen stirbt, gesteht er ihr seine Liebe und spricht die Schlusszeilen aus dem letzten Liebesbrief von Christian. Da erkennt Roxane, dass sie in der Gestalt Christians stets Cyranos Geist geliebt hat. Fallende Blätter hüllen den Sterbenden ein, der seine letzte Kraft daran wendet, heiter zu erscheinen: »Das ist nun mein ganzes Leben: Während ich unten stand im schwarzen Schatten, stiegen andere auf, um die Küsse des Ruhmes einzusammeln! Das ist die Gerechtigkeit, und ich billige sie, jetzt am Rande des Grabes! Molière hatte Genie, Christian aber war schön!«

Das Stück verbindet Wehmut und Scherz, geistreiche Wortgefechte und volksliedhafte Einlagen. Cyranos aufrüttelnde Tiraden über ›aufrechte Gesinnung‹ und ›Mannesmut‹ wurden im Zusammenhang mit der alle Gemüter bewegenden Dreyfus-Affäre, in der sich auch Rostand aktiv für den zu Unrecht Verurteilten eingesetzt hatte, als gezielter Appell an das Gewissen der Nation verstanden, da die Aufführung wenige Tage vor der Veröffentlichung von ↗ Zolas berühmtem offenen Brief »J'accuse« (Ich klage an) stattfand.

Cyrano de Bergerac brachte seinem Autor Ruhm ein, wie ihn zu Lebzeiten nur wenige Dramatiker vor ihm genossen. Man feierte ihn als den nationalen Dichter, der das schon totgesagte französische Versdrama zu neuem Leben erweckt und dem französischen Theater, das sich seit längerer Zeit in einer Krise befand, neue Impulse verliehen hatte.

■ Lit.: U. Schulz-Buschhaus: R. ›Cyrano de Bergerac‹, in: Das moderne französische Drama, Hg. W. Pabst, 1971, 70–80. ■ P. Jerndorff-Jessen: ›Cyrano de Bergerac‹, 1985. ■ C. de Margerie: E.R. ou le baiser de la gloire, 1998. *KLL*

Jacques **Roubaud**

■ geb. 4.12.1932 Caluire/Rhône (Frankreich)

Studium der Mathematik, ab 1966 Mitglied der von ↗ Queneau initiierten Dichtergruppe OuLiPo; Verfasser einer Fortsetzung zu ↗ Perecs *Voyage d'hiver* unter dem Titel *Voyage d'hier*; zahlreiche Erzähltexte, auch in Zusammenarbeit mit anderen Autoren der OuLiPo-Gruppe (F. Delay, M. Challou); neben Lyrik, Theater und vielgelesenen Erzähltexten Arbeiten zu Mathematik und Wissenschaftsgeschichte.

■ Lit.: D. Moncond'huy: R., 1997.

La belle Hortense

(frz.; *Die schöne Hortense*, 1989, E. Helmlé) – Der 1985 erschienene Kriminalroman, der die Reihe der ›Hortense-Romane‹ einleitet, wurde trotz seiner zahlreichen literarischen Anspielungen und seines komplexen Aufbaus ein großer internationaler Erfolg. Er bildet die praktische Umsetzung von theoretischen Postulaten der Dichtergruppe OuLiPo (Werkstatt für potenzielle Literatur), der Roubaud angehört. *La belle Hortense* ist ein nach strengen mathematischen und sprachspielerischen Regeln gebauter Krimi und zugleich eine Hommage an den OuLiPo-Gründer Raymond ↗ Queneau.

Die schöne Hortense, Studentin der Philosophie und Verkaufshilfe in der Bäckerei Groichant, verliebt sich in »den jungen Mann aus dem Autobus T« (eine Anspielung auf den Autobus S aus Queneaus *Exercices de style*, 1947). Er nennt sich Morgan, ist in Wahrheit aber niemand anderes als der verschwundene poldevische Prinz Gormanskoi, der in der komplizierten Rangfolge der Poldeven-Prinzen (die, für sich genommen, ein raffiniertes numerologisches Problem darstellt) demnächst die erste Stelle einnehmen soll. (Das Motiv der poldevischen Prinzen entstammt Queneaus Roman *Pierrot mon ami*, 1942.) Die vom Erzähler detailreich ausgemalte Liebesgeschichte nimmt ein jähes Ende, als Hortense entdeckt, dass ihr feuriger Liebhaber, von Beruf »nächtlich ambulanter Antiquitätenhändler«, seine Einbrüche nicht nur bei fremden Leuten verübt, sondern auch ihr einige elegante Kleider und Schuhe gestohlen hat. Der Leser geht nicht fehl in der Annahme, dass er auch mit dem »Schrecken der Haushaltswarenhändler« identisch ist, zumal dieser sich bei seinen Überfällen auf kleine poldevische Tonstatuetten spezialisiert und schon 53 davon erbeutet hat, »mittelmäßige Tonrepliken der berühmten poldevischen Venus oder der Venus mit der Schnecke«.

Roubaud hat das kriminalistische Rätsel in den Lektüreprozess selbst verlegt, indem er dem Leser eine falsche Lösung anbietet und ihn so zum Indiziensammler macht, während der Detektiv im Roman zusammen mit seinem Gehilfen Arapède (ein ironisches Pendant zu Sherlock Holmes und Mr. Watson) einer falschen Spur aufsitzt, weil er, wie Professor Orsells feststellt, »eine kartesianische Deutung suche, während die Lösung natürlich nur auf poldevischer Seite zu finden sei«. Im Roman wird ausgerechnet Hortenses ›Magistervater‹ Philibert Orsells (hinter dem sich anagrammatisch der Schriftsteller Philippe ↗ Sollers verbirgt) als Täter überführt. Dabei hat Alexander Wladimirowitsch, ein Kater von ebenfalls prinzlich-poldevischer Abstammung, seine Pfote im Spiel. Er ist der Held einer weiteren Liebesgeschichte, diesmal zwischen zwei Katzen, die in einer »Spezialfrage« und einer mehrteiligen »Antwort auf die Spezialfrage« dargelegt wird und implizit des Rätsels Lösung enthält.

Dies ist einer der erzählerischen Tricks des Romans, der auch als ein Roman über das Lesen und Schreiben von Romanen gelesen werden kann. Dabei lässt Roubaud den Autor, den Erzähler, den Herausgeber, den Verleger und den Leser zu Wort kommen. Der Erzähler namens Mornacier (ein Anagramm von ›Romancier‹), der zugleich eine Figur des Romans ist und am Schluss sogar die Protagonistin heiraten darf, liegt in ständiger Fehde mit dem im Pluralis majestatis sprechenden Autor, der seine Bemerkungen in boshaften Parenthesen kommentiert. Ein weiteres Stück humoristisch angewandter Erzähltheorie sind die sogenannten »Zwischen-zwei-Kapiteln«, »Grünflächen des Romans«, in denen mögliche Leserfragen in einer Art Zwischenbilanz resümiert werden, und die Schlusskapitel, wo mit dem »Entsetzen der chemischen Reinigungen« unter leicht veränderten Vorzeichen alles von vorn beginnt und der Roman in eine Art Endlosschleife gerät.

Wenngleich Roubaud den Roman ironisch einen »richtigen Krimi« genannt hat, ist er in Wirklichkeit eine Krimiparodie. Das Verbrechen ist eine methodisch konstruierte, mehrfach wiederholte und systematisch ausgeführte Absurdität. Der »Schrecken der Haushaltswarenhändler« überfällt nacheinander 36 Haushaltswarengeschäfte, schüttet alle Putzmittel auf den Boden, reißt die Borsten aus den Besen und hängt 53 Kochtöpfe, in Form einer Spirale angeordnet, an die Decke, die er dann mittels einer kleinen Sprengladung geräuschvoll herabstürzen lässt. Die Spirale ist als Zeichen der »Pataphysik« einerseits Hommage an den geistigen Vater von OuLiPo, Alfred ↗ Jarry. Sie bezeichnet aber auch den Weg des Verbrechers, der sich rückwärts auf das Zentrum einer Spirale zubewegt, welches in der Rue des Citoyens Nr. 53 liegt. (Die Zahl 53, eine ›Queneauzahl‹, die im Roman immer wiederkehrt, war auch titelgebend für ↗ Perecs nachgelassenen Roman *53 jours*, den Roubaud zusammen mit Harry Matthews herausgegeben hat.) Der Ort des Geschehens, auf einem »Plan der Örtlichkeiten« genau verzeichnet, hat sein Vorbild in einem kleinbürgerlichen Viertel im Pariser Marais, rund um die Kirche Notre Dame des Blancs-Manteaux, im Roman Sainte Gudule benannt. Hierher hat Roubaud die Poldeven-Kapelle aus ↗ Queneaus Roman verlegt, hier befindet sich die Rue des Milleguiettes (Anagramm für ›Rue des Guillemites‹), ein lächerlich kurzes Straßenstück, wo auf dem Höhepunkt des Romans ein neues, noch abenteuerlicheres Verbrechen stattfindet, und hier leben die Hauptfiguren dieser seltsamen Kriminalgeschichte.

La belle Hortense war der erste in einer Reihe von sechs projektierten Romanen, von denen bis Ende 2005 noch zwei weitere erschienen sind. Nachdem Autoren wie Calvino und Perec die Tauglichkeit der oulipistischen Methode für große Erzählwerke unter Beweis gestellt haben, zielt Roubaud damit erstmals auf ein mehrbändiges Werk. *L'enlèvement d'Hortense*, 1987 (*Die Entführung der schönen Hortense*, 1991), ist die Geschichte von Hortenses Entführung und parodiert Elemente des Abenteuerromans. *L'exil d'Hortense*, 1990 (*Das Exil der schönen Hortense*, 1994), spielt mit dem Doppelgängermotiv und der Montage von Shakespeare-Zitaten. Poldevien mit seiner Hauptstadt Queneau'stown ist ein Land, in dem es keine Feuerwaffen gibt und in welchem statt Autos nur Fahrräder und Pony-Cabs verkehren, ein Gegenbild zur realen Welt, das die Lese- und Lebensgewohnheiten in Frage stellt. Ganz im Sinne der Lehre des Pythagoras von der Übereinstimmung der Poesie mit den Zahlen ist das Hauptanliegen des Mathematikers Roubaud nicht der Roman, sondern die Poesie als Verbindung von Mathematik und Literatur. In einer auf die Theorien von OuLiPo zurückgehenden Konstruktion werden in den bislang erschienenen Romanen gewissermaßen Poesie und Prosa versöhnt, und darin erweist sich das Reflexionsniveau dieses scheinbar so leichtfüßigen Erzählens.

■ Lit.: S. Setzkorn: Vom Erzählen erzählen. Metafiktion im französischen und italienischen Gegenwartsroman, 2003. ■ É. Lavault: J.R. Contrainte et mémoire dans les romans d'Hortense, 2004. *Tatjana Michaelis*

Jean-Jacques **Rousseau**

■ geb. 28.6.1712 Genf (Schweiz)
■ gest. 2.7.1778 Ermenonville (Frankreich)

Vom Vater in republikanischem Geist erzogen; verließ Genf mit 16 Jahren, Konversion zum Katholizismus; Abenteurerleben in Sardinien und Frankreich; in Savoyen von Mäzenin gefördert, umfassende Ausbildung in Musik und Philosophie; beteiligte sich an Kontroversen um den Komponisten Rameau, komponierte französische Singspiele; ab den 1740er Jahren in Paris; als Gesandtschaftssekretär Reisen nach England und Italien; enger Austausch mit den Enzyklopädisten, schicksalhafte Begegnung mit ↗ Diderot im Staatsgefängnis Vincennes; in den 1750er Jahren zeitweilige Rückkehr in die Schweiz, von dort vertrieben; öffentliche Verbrennung seiner Hauptwerke zur politischen Philosophie in Genf und Paris; 1757 Bruch mit den Enzyklopädisten; 1762 Rückzug aus Paris; 1766/67 bei David Hume in England; letztes Lebensjahrzehnt als Gast bei adligen Förderern, wo die literarischen Hauptschriften entstanden; kaum zu überschauendes Gesamtwerk (Literatur, Ästhetik, Musikwissenschaft, Politologie, Moral, Pädagogik); neben ↗ Voltaire und Diderot bedeutendster Literat und Philosoph der französischen Aufklärung.

■ Ausg.: Œuvres complètes, 4 Bde, Hg. B. Gagnebin, 1969–1979. ■ Lit.: G. May: R. par lui-même, 1961. ■ G. Waterlot: R. Religion et politique, 2004. ■ B. H. F. Taureck: J.-J. R., 2008.

Julie ou La nouvelle Héloïse

(frz.; *Die neue Heloise. Briefe zweier Liebenden in einem Städtchen am Fuße der Alpen*, 1920, F. Braun) – In diesem 1761 erschienenen Briefroman macht sich der Bürger Rousseau zum Anwalt des unbedingten Gefühls, weil er im Prozess der Intellektualisierung eine der wesentlichen Ursachen der sozialen Ungleichheit und aller ihrer im moralischen Sinne verwerflichen Folgen erkannte. Nur notgedrungen, so der fiktive Herausgeber, habe er diese Briefe veröffentlicht: »Warum habe ich nicht in einem Jahrhundert gelebt, wo ich sie hätte ins Feuer werfen müssen?« Aber: »Verdorbene Völker brauchen Romane.«

Gesellschaftliche Schranken verbieten eine Ehe zwischen Julie d'Étanges und ihrem Hauslehrer, dem bürgerlichen Saint-Preux. Obwohl sie ihrer großen Leidenschaft bedingungslos nachgibt, entschließt sich Julie im Einverständnis mit Saint-Preux, Herrn de Wolmar zu heiraten, um im Schutze des Ehesakraments ihrem Geliebten treu bleiben zu können. Bei der Hochzeitsfeier in der Kirche hat sie das entscheidende, ihr die Richtigkeit des Verzichts bestätigende religiöse Erlebnis; Saint-Preux aber, dem Selbstmord nahe, wird von Milord Edouard, seinem englischen Freund, zu einer Reise um die Welt bewogen, die mehrere Jahre dauert.

Die erste Hälfte des sechsteiligen Romans wird fast ausschließlich bestritten vom Austausch leidenschaftlicher, freudiger und verzweifelter Briefe der beiden Liebenden, in denen die Natur als Stimulans romantischer Seelenregungen eine hervorragende Rolle spielt. Im zweiten Teil des Romans ist der Dialog zwischen Julie und Saint-Preux fast ganz verstummt. Die Zahl der Briefschreiber und -empfänger – und damit der Anteil der Gesellschaft – vergrößert sich, das antisoziale Leidenschaftsthema tritt mehr und mehr in den Hintergrund zugunsten der Utopie eines Weltzustands, in dem die ursprüngliche Reinheit des Menschen wieder erreicht werden soll.

In Clarens, am Ostufer des Genfer Sees, scheint Julie im Kreise ihres Mannes und ihrer beider Kinder »zu sich selbst gefunden« zu haben. In seiner Großherzigkeit lädt Herr de Wolmar, der »gerne in den Herzen der Menschen liest«, Saint-Preux ein, nach der Rückkehr von seiner Reise bei ihnen zu leben, um auch ihn endgültig zu »heilen«. »Ich weiß wohl«, schreibt er an Saint-Preux, »daß mein Benehmen seltsam anmutet. Aber ich begriff, daß zwischen Euch Bindungen herrschen, die man keinesfalls zerbrechen darf, daß Eure gegenseitige Zuneigung mit soviel lobenswerten Dingen verbunden ist, daß man sie lieber ordnen als auflösen sollte und daß keiner der beiden den andern vergessen könnte, ohne selbst viel von seinem Wert zu verlieren.« Die Gegenwart Julies stellt zwar eine Gefahr für Saint-Preux dar, sie ist aber auch die Bedingung für seine Heilung, die darin besteht, die frühere Leidenschaft mit den gegenwärtigen Realitäten zu versöhnen. »Nicht in Julie de Wolmar ist er verliebt«, schreibt Herr de Wolmar an Julies Kusine Claire, »sondern in Julie d'Étanges [...]. Er liebt sie in der vergangenen Zeit; das ist des Rätsels wahre Lösung. Nimm ihm die Erinnerung, und er hat keine Liebe mehr.«

Tugend ist also kein innig-friedlicher Zustand, nicht Resultat; Tugend ist vielmehr die dauernde Anstrengung im Durchgang durch die Leidenschaft, die selbst wiederum im Verzicht ihre eigentliche Verklärung erfährt. In seiner Funktion als Vermittler und Erzieher könnte man den leidenschaftslosen de Wolmar als Verkörperung des Gesetzgebers im *Contrat social* auffassen.

Im Kreis um Julie ist eine (Rousseaus) ideale Welt verwirklicht: soziale Gleichheit, gerechte Verteilung der

Aufgaben, die allen Müßiggang ausschaltet und jedem Glück und Erfüllung durch nützliche Arbeit verschafft. Gesellschaft und Natur sind keine Gegensätze mehr: »Die süße Gleichheit, die hier herrscht, stellt die Ordnung der Natur wieder her, und alles atmet die Luft antiker Einfachheit.« Die heimliche Stifterin und Herrscherin dieser festlichen und glücklichen Welt aber ist Julie. Gleichwohl bereitet die Apotheose Julies schon auf das tragische Ende vor. Immer mehr sucht sie Trost und Hilfe im Gebet; zu Unrecht jedoch wirft ihr Saint-Preux Mystizismus und Quietismus vor. Mit der Einsicht aber, dass die Leidenschaft nie völlig zu heilen ist, wächst auch Julies Leiden an ihr. Ein plötzlicher Unfall führt das Ende herbei: Bei einem Spaziergang nach Chillon fällt ihr Sohn Marcellin in den See. Es gelingt ihr, ihn zu retten, sie selbst aber zieht sich eine tödliche Krankheit zu. Vor ihrem Tod schreibt sie einen letzten Brief – er knüpft an den Dialog zu Beginn des Romans an – und gesteht Saint-Preux ihre Liebe. In der Hoffnung, ihn dann schuldlos lieben zu können, erwartet sie mit Freuden den Tod.

Die Dichter der Vorromantik und der Romantik haben die *Nouvelle Héloïse* in erster Linie wegen der Verherrlichung und moralischen Rechtfertigung des spontanen Gefühls zu ihrem literarischen Modell erklärt. Die offenkundige Diskrepanz zwischen Wirklichkeit und Illusion führte unmittelbar zur Tragik Werthers und zum pessimistischen Grundgefühl eines ↗ Stendhal, ↗ Flaubert und ↗ Baudelaire. Mit der Entwertung einer der subjektiven Persönlichkeitsentfaltung abträglichen Realität geht aber bereits bei Rousseau die Aufwertung der schöpferischen Phantasie Hand in Hand: »Das Land des Wahns ist auf dieser Welt das einzige, das bewohnt zu werden lohnt; so nichtig ist das Menschenleben, daß nur das schön ist, was nicht ist.« Sprachliche Ausdruckskraft (lyrisches Pathos in den Briefen der Liebenden, ruhige Sachlichkeit in den Mitteilungen der anderen) und Aktualität der Gedanken auf der Grundlage eines gegen die zeitgenössische Gesellschaftsstruktur gerichteten Lebensentwurfs bewirkten eine in der Geschichte des Romans beispielhafte geistige Ausstrahlung und Nachwirkung.

■ Lit.: Y. Séité: Du livre au lire. ›La nouvelle Héloïse‹, roman des lumières, 2002.

Günter Karcher

Émile ou De l'éducation

(frz.; *Emile oder Von der Erziehung*, 1979, S. Schmitz) – Das 1762 erschienene, aus fünf Büchern bestehende Werk stellt eine Mischform aus Roman und pädagogisch-philosophischem Traktat dar. Rousseau flankiert darin seine These, dass der Mensch von Natur aus gut sei und nur durch Zivilisation und Gesellschaft korrumpiert werde, durch die Schilderung des Weges, auf dem diesem Übel entgegenzusteuern und die Gesellschaft von Grund auf zu heilen sei.

Da die Wurzel der Fehlentwicklung in einer falschen Erziehung liege, müsse eine Reform der Pädagogik die erste und wichtigste Maßnahme zur Schaffung besserer Verhältnisse sein. Rousseau fordert, dass die »natürliche Erziehung« des Kindes an die Stelle der schädlichen traditionellen Erziehungsmethoden treten solle. Voraussetzung sei ein genaues Studium der kindlichen Wesensart, eine Forderung, die schon J. Locke erhoben habe, den Rousseau deshalb bis zu einem gewissen Grade als seinen einzigen Vorläufer anerkennt. Da die natürlichen Instinkte, die ersten Eindrücke und Gefühle und die spontanen frühesten Schlussfolgerungen, mit denen der Mensch auf seine Umwelt, die Natur, reagiert, seine besten Lehrmeister und Führer zu richtigem Verhalten seien, komme es vor allem darauf an, diese instinktiven Reaktionen des Kindes zu beobachten, sie zu fördern und zu entwickeln, statt sie, wie man es bisher tat, durch eine falsche Erziehung zu unterbinden.

Diese Überlegungen führen Rousseau zum Begriff der »negativen« Erziehung, worunter er die Abschirmung des Kindes gegen schädliche Einflüsse versteht, seiner Ansicht nach die erste und wichtigste Aufgabe des Erziehers. Er polemisiert heftig gegen die im 18. Jh. praktizierte »positive« Erziehung, die eine zu frühe Entfaltung der Intelligenz begünstige und das Kind zu früh über seine Pflichten als Erwachsener aufkläre. Rousseau dagegen möchte »die Organe des Erkennens vervollkommnen […] und den Weg zur Vernunft durch eine richtige Übung der Sinne ebnen«. Diese »negative Erziehung« vermittelt keine Tugenden, doch schütze sie gegen das Laster, sie lehrt keine Wahrheiten, doch bewahre sie vor Irrtümern; sie entwickele im Kind die Fähigkeit, der Wahrheit und dem Guten zu folgen, sobald sein Verstand in der Lage sei, beide zu erkennen und zu lieben.

Den grundsätzlichen Erwägungen folgt die Beschreibung eines exemplarischen Bildungsweges: Rousseau teilt ihn in vier Abschnitte ein, in denen die Entwicklung des Körpers, der Sinne, des Gehirns und des Herzens an einem individuellen Fall – Émile – demonstriert wird. Bis zum fünften Lebensjahr geht es um das körperliche Wachstum des Kindes. Eltern und Erzieher müssen sich bemühen, das Kind ohne äußeren Zwang körperlich zu kräftigen, und sie dürfen seine geistige und sittliche Entwicklung nicht zu forcieren versuchen. Während der zweiten Periode, vom fünften bis zum zwölften Lebensjahr, folgt die Auseinandersetzung des Kindes mit seiner Umwelt.

Durch ein Leben auf dem Lande, in enger Berührung mit der Natur, gewöhnt es sich daran, seine Sinnesorgane und seine Beobachtungsgabe zu schärfen. Es lernt, die richtigen Schlüsse aus seinen Erfahrungen zu ziehen, und übt damit ungezwungen seine Verstandeskräfte. Das in der freien Luft aufgewachsene, einfach und gut ernährte Geschöpf wird auf diese Weise zu einem »prächtigen Tier«.

Als dritten Erziehungsabschnitt sieht Rousseau das Alter zwischen 12 und 15 Jahren. Hier muss die Ausbildung der geistigen Fähigkeiten erfolgen; denn auf dieser Stufe ist das Kind zwar voller Lebenskraft, ein scharfer Beobachter und durchaus in der Lage, sich mit Hilfe seines Denkvermögens selbst zu bilden, doch ist es immer noch unwissend. Begeisterungsfähigkeit und Aufnahmebereitschaft sind die natürlichen Gaben dieses Alters, und es kommt nur darauf an, dem Kind Gelegenheit zu geben, sie zu betätigen. Auf keinen Fall darf man ihm gestatten, mit einem Wust mechanisch erlernter Fakten zu brillieren. Richtig angeleitet, wird es sich sehr schnell weiterbilden.

Dazu bedarf es nur weniger Bücher: Defoes *Robinson Crusoe* (1719) wird als Darstellung eines mit natürlicher Energie begabten Menschen warm empfohlen. Das wissenschaftliche Studium (z. B. der Geographie und der Mathematik) soll durch das Erlernen eines Handwerks ergänzt werden.

In der vierten Periode, im Alter von 15 bis 20 Jahren, muss sich die Einordnung des Individuums in die menschliche Gemeinschaft vollziehen und sein sittliches und religiöses Bewusstsein entwickelt werden, im Grunde die Aufgabe, die den Menschen zeit seines Lebens beschäftigt. Eine gesunde Selbsterkenntnis hilft dem jungen Menschen zur Erkenntnis seines Mitmenschen, und so wandelt sich die Eigenliebe in Nächstenliebe.

Das religiöse Gefühl entsteht nach Rousseau ganz natürlich aus der Beobachtung der Natur. In einer der berühmtesten Episoden des Romans schildert er, wie Émile beim Anblick der Sonne auf die Knie sinkt und spontan seinen Schöpfer anbetet. Religiöse Ideen sollen dem jungen Menschen nur mit Maßen und erst vom 18. Jahr an nahegebracht werden; lernt er sie früher kennen, bestehe die Gefahr, dass sie für ihn bloße Abstraktionen bleiben. Rousseau fügte dem vierten Buch ein in sich selbständiges Bekenntnis zur natürlichen Religion ein, das zwar an Émile gerichtet ist, aber den Rahmen eines Erziehungsromans sprengt.

Nach diesen Prinzipien erzogen, kann der junge Émile nun in die Gesellschaft entlassen werden, ohne dass man fürchten muss, dass er ihrem schädlichen Einfluss erliegen werde. Der Roman schließt mit seiner Heirat – man hat ihm ein junges Mädchen zugeführt, das nach den gleichen Grundsätzen erzogen worden ist wie er.

Wie kühn Rousseaus Thesen zu ihrer Zeit waren, kann heute, da sie zum großen Teil praktisch verwirklicht sind, kaum noch nachempfunden werden. Seine Idee, die Eigenart der kindlichen Psyche systematisch zu erforschen und die experimentelle Methode auf den Bereich der Erziehung zu übertragen, leitete eine Revolution der Pädagogik ein; alle bedeutenden Erzieher des 19. Jh.s (Pestalozzi, Herbart, Fröbel) setzten sich mit ihr auseinander.

■ Lit.: L. Mall: Émile ou les figures de la fiction, 2002. *KLL*

Les confessions

(frz.; *Bekenntnisse*, 1985, E. Hardt) – Die postum in zwei Teilen 1782 und 1788 erschienene Autobiographie entstand auf Anregung von Rousseaus Verleger M.-M. Rey. Dieser hatte den Autor schon vor 1760 um eine kurze Lebensbeschreibung gebeten, die die Gesamtausgabe seiner Werke einleiten sollte. Rousseau begab sich 1765, nach mehreren Anläufen, an die Niederschrift des ersten Teils: 1761 hatte er einige Fragmente verfasst, die erst 1861 unter dem Titel *Mon portrait* (Mein Porträt) veröffentlicht wurden, 1762 schrieb er die *Lettres à M. de Malesherbes* (Briefe an Herrn de Malesherbes), eine Art Entwurf zu den *Confessions*. Den zweiten Teil vollendete er nach seiner Vertreibung aus der Schweiz und der Rückkehr aus England 1770 in Paris.

Dass er an seinen Memoiren arbeitete, wurde 1766 durch Äußerungen seines englischen Gastgebers David Hume bekannt, mit dem er sich entzweit hatte. Rousseaus Gegner nahmen diese Nachricht mit begründeter Besorgnis auf. Als er im Winter 1770/71 im Salon der Comtesse d'Egmont aus seinem Manuskript vorzulesen begann, erhob sich ein Sturm der Entrüstung. Die Polizei griff ein und verbot die Lesungen. Rousseau ordnete später an, seine *Confessions* nicht vor der Jahrhundertwende zu veröffentlichen, also erst nach seinem und seiner Feinde Tod. Der erste Teil erschien jedoch, gleichzeitig mit den *Rêveries du promeneur solitaire (Träumereien eines einsamen Spaziergängers)*, schon 1782, kaum vier Jahre nach seinem Tod.

Ursprünglich hatte Rousseau die *Confessions* als ein allgemeines Lehrbuch über den Menschen geplant. Die schonungslose Generalbeichte und Selbstanalyse sollte zu neuen Erkenntnissen über den menschlichen Charakter beitragen. »Dies ist das einzige naturgetreue Abbild eines Menschen, das es gibt und das es je geben wird.« Während der Niederschrift wurde daraus jedoch ein Werk der Selbstverteidigung, ja der Selbstverherrlichung. Insofern unterscheiden sich diese Bekenntnisse grundlegend von denen des Augustinus, ohne die sie freilich nicht denkbar wären.

Rousseau bekennt nicht demütig, sondern klagt trotzig an; er sieht keine Schuld, sondern nur Verführung. Er stellt sich als sensiblen, gutherzigen, phantasie- und geistbegabten Menschen dar, den eine schlechte Welt fehlgeleitet und ins Elend gestoßen habe. Sein Verfolgungswahn verführt ihn dabei zu einer weitgehend verzerrenden Wiedergabe der Tatsachen, zu ungerecht scharfen Urteilen über seine Feinde und zu angreifbaren philosophischen Auslassungen, deren Gegenstand die Inkongruenz von natürlichem Menschen (dem Kind) und zivilisatorischer Umwelt ist.

Der erste Teil der *Confessions* (Buch 1–6) berichtet über die Zeit von der Geburt Rousseaus bis zur Ankunft in Paris (1741) und behandelt besonders ausführlich seine abenteuerlichen Lehr- und Wanderjahre als Graveur, Gelegenheitsarbeiter und Autodidakt. Im zweiten Teil (Buch 7–12) beschreibt er sein Leben in Paris, seine kurze Freundschaft mit den Enzyklopädisten (besonders mit ↗ Diderot), berichtet von seinen gesellschaftlichen und intimen Beziehungen zur Damenwelt, über die Entstehung seiner einzelnen Schriften und den plötzlichen, vielfach angefochtenen Ruhm, den sie ihm einbrachten. Er erzählt ferner, Mitleid heischend, von seiner kümmerlichen Existenz als Notenschreiber und vom Zusammenleben mit der Wäscherin Thérèse, ihren gemeinsamen fünf Kindern, die er, der Vorkämpfer eines neuzeitlichen Erziehungs- und Humanitätsideals, ins Findelhaus gab.

Der Stil des ersten Teils wird von Rousseau selbst als »unregelmäßig und natürlich, mal lebhaft und mal umständlich, mal gelassen und mal verrückt« bezeichnet. Ununterbrochen greift der Verfasser vor und zurück oder schweift ganz von seiner Lebensgeschichte ab, indem er Exkurse über seinen Geschmack, seine hervorstechenden Charakterzüge, über die Pädagogik oder das Reisen zu Fuß hält.

Im zweiten Teil wird der Stil polemisch und sogar aggressiv. Dabei ist Rousseau seinem Wesen nach alles andere als ein Verleumder oder Demagoge. Er ist nur ein Widerspenstiger, den mancherlei unglückliche Umstände, nicht zuletzt seine widerspruchsvollen Anlagen und seine körperlichen Gebrechen, zu einem Leben in äußerster Einschränkung zwingen. Darum schmäht er eine Gesellschaft, die nur noch im Luxus, mit Hilfe von Lüge und Ungerechtigkeit zu existieren vermag. Der »arme Jean-Jacques« dagegen sucht das Glück in der Natur. Seine Landschaftsbilder und Schilderungen des Lebens auf dem Lande gelten als Höhepunkte der literarischen Genredarstellung.

Die *Confessions* wurden wegen ihrer Uneinheitlichkeit, ihrer gedanklichen und stilistischen Nachlässigkeit, vor allem aber wegen des Mangels an Selbstkritik und des ständigen Wechsels von Zartgefühl und Zynismus, Natürlichkeit und Schwulst oft kritisiert. Dennoch übten sie besonders auf die Hauptvertreter der Romantik – ↗ Chateaubriand und ↗ Hugo – große Wirkung aus.

▪ Lit.: S. Kuwase: ›Les confessions‹ de J.-J. R. en France 1770–1794, 2003. ▪ T. Klaiber: Ce triste système. Anthropologischer Entwurf und poetische Suche in R.s autobiographischen Schriften, 2004.

KLL

Les rêveries du promeneur solitaire

(frz.; *Die Träumereien eines einsamen Spaziergängers*, 1978, D. Leube) – Das 1782 erschienene autobiographische Werk wurde erst kurz vor dem Tod des Autors abgeschlossen. Die *Rêveries* sollten das Selbstporträt der *Confessions* als abschließende Lebensbeichte ergänzen. Die Notizen, die die Grundlage für ihre Niederschrift bilden, waren als Produkte spontaner Einfälle im Herbst 1777 auf der Rückseite von Spielkarten festgehalten worden; ihre Datierung ist im Einzelnen umstritten.

Das menschliche Leben erscheint Rousseau am Ende des eigenen Lebens als ein langes, nur durch Spaziergänge unterbrochenes Träumen; daher die extreme Hingabe an die Spontaneität, die sich in der scheinbaren – von der Kritik häufig negativ bewerteten– Wahllosigkeit der Themen ebenso äußert wie in der relativen Kürze der zehn Promenaden, deren Gliederung in der Sicht Rousseaus die zeitliche Ordnung der menschlichen Existenz beschreibt.

Noch konsequenter als in den *Confessions* wird der positive Wert des Gefühls und des Traums gegenüber der als unproduktiv verworfenen Reflexion herausgestellt, wenn auch die leidenschaftliche Aussage in den früheren Werken nunmehr angesichts des Todes einer abgeklärteren Sprache gewichen ist. Rousseaus Welt ist auch in den *Rêveries* extrem ichbezogen. Mit Ausnahme des Wahrheitsproblems werden individuell bedingte Aussagen, soweit sie Wesenseigenschaften der menschlichen Psyche und das Verhältnis des Menschen zur Welt in erkenntnistheoretischer Hinsicht betreffen, ohne Weiteres als allgemeinverbindlich hingestellt. Obwohl Rousseau behauptet, die *Rêveries* nur für sich selbst geschrieben zu haben, ist das Werk seiner Anlage nach durchaus für die Öffentlichkeit bestimmt.

In der ersten Promenade klagt Rousseau, dass die Gesellschaft ihn, den Kontaktwilligen, zurückstoße. Die Hoffnung auf eine Verbesserung der sozialen Verhältnisse ist geschwunden. Zwar mag der individuelle Hass gegen den Propheten einer besseren Gesellschaft vergehen, der kollektive werde bestehen bleiben. Da die eigene Seele das Einzige ist, was die Gesellschaft nicht zerstören kann, tritt das Selbstgespräch an die Stelle des Dialogs.

In der zweiten Promenade wird ein Unfall, den Rousseau durch einen aus einer Kutsche fallenden Bernhardiner erleidet, zur Metapher der menschlichen, d. h. Rousseaus eigener Existenz. Rationale Planung konnte das Unglück nicht verhindern; aus der Bewusstlosigkeit erwacht, geht der verletzte Philosoph wie traumwandlerisch nach Hause. Seine Wunden sind abstoßend und schmerzhaft, doch nicht gefährlich; dennoch laufen Gerüchte über seinen Tod um, die seine Berühmtheit, aber auch den Hass der Gesellschaft bezeugen.

Umrissen die ersten beiden Promenaden die eigene Lebenssituation, so befasst sich die dritte mit dem Nutzen des Wissens, einem zentralen Thema der Philosophie Rousseaus. Für ihn ist der Erwerb von Wissen ein mit Mühe und Schmerzen verbundener und mit dem Verlust der Unschuld bezahlter Vorgang. Überdies werde das meiste Wissen zu spät erlangt, um zum Glück des Menschen beizutragen. Zweifel peinigen ihn, ob das eigene, auf Intuition gegründete und gegen die herrschenden Tendenzen der Zeit gerichtete System nicht doch falsch sein könne. Aber diese Zweifel sind vorübergehender Natur: Keine noch so hohe Anhäufung von Wissensfakten könne die ursprünglichen, richtigen Einsichten des Herzens erschüttern.

Die vierte Promenade ist der Ethik gewidmet. Im Gegensatz zu den *Confessions*, in denen die Romane der eigenen Zeit als wichtigste Lektüre angesehen werden, stellt Rousseau nun die Geschichtsdeutung und Moral Plutarchs an die Spitze der ihn formenden Kräfte. Das »Erkenne dich selbst« wird Ausgangspunkt für die Behandlung des Problems der Lüge. Rousseau unterscheidet abstrakte und individuelle Wahrheit, letztere wiederum wird daran gemessen, ob sie für ein bestimmtes Individuum von Belang ist oder nicht. Nur der Verstoß gegen die ersten beiden Arten von Wahrheit ist in Rousseaus Augen Lüge. Die Wahrheitspflicht ist für ihn das höchste ethische Gebot. Nach einer Jugendsünde, einer schweren Lüge, über die er merkwürdigerweise zunächst keine Reue empfunden hatte, die ihn später aber in die schmerzlichsten Gewissensqualen stürzte, habe er das Wahrheitsgebot stets eingehalten.

Die fünfte und berühmteste Promenade beschreibt das Leben auf der Insel St. Pierre im Bieler See, das durch die Hingabe an die Muße und die Natur, besonders aber durch die Beschäftigung mit der Botanik das denkbar glücklichste gewesen sei.

Die sechste und siebte Promenade pendeln zwischen Erkenntnistheorie und einer psychologisch untermauerten Ethik. Allein das freie Handeln wird als moralisch vertretbar angesehen, wobei Rousseau entschieden der Theorie der abstrakten Willensfreiheit zuneigt. Die Motive des eigenen Handelns sind damit freilich nicht vollständig erschlossen. Doch lag das auch nicht im Sinn des Autors: Nicht eine Darstellung des Seelenmechanismus, wie sie in der Folge die Ideologen (insbesondere Destutt de Tracy) vornahmen, ist beabsichtigt, sondern eine Anthropologie, die das Ich zur eigenen Seele finden lässt und menschliches Glück ermöglicht.

Die achte Promenade setzt die Ethik in Beziehung zur Gesellschaft. Anstelle der gesellschaftlichen Notwendigkeiten und der daraus resultierenden falschen Eigenliebe müsse die wahre Selbstliebe treten.

Als Abschluss wird in der neunten und zehnten Promenade die Ethik mit einem weiten anthropologischen Hintergrund konfrontiert. Rousseau erscheint es notwendig, das Bindeglied zwischen der physischen Sensibilität und der Empfänglichkeit für moralische Werte zu finden. Erst dann könne die wahre Moral, die »morale sensitive«, gefunden werden, die im Gefühl, nicht in irgendeinem unbewiesenen metaphysischen System ihre Grundlage habe. In diesem Punkt werden Ähnlichkeiten zwischen Rousseau und F. Nietzsche sichtbar. Allerdings ist bei Rousseau die Moral nicht direkt auf die Physiologie zurückgeführt, lediglich auf dem Umweg über die »sensibilité physique« dringen einige physiologische Bestimmungselemente in seine Ethik ein.

Insgesamt pendeln die *Rêveries* zwischen Traum und Gewissenserforschung. Der beherrschende und entscheidend neuartige Gesichtspunkt ist der Ersatz einer rationalen Deutung des Daseins durch das Erfühlen der Existenz. Damit wurden die *Rêveries* bis zu ↗ Proust und zur Lebens- und Existenzphilosophie bedeutsam. Ihr von Weltschmerz beseelter Gestus war für die Romantik, insbesondere ↗ Chateaubriand, bestimmend, zumal das Adjektiv ›romantisch‹ bereits in den *Rêveries* erscheint, ohne dort freilich mehr zu bezeichnen als die Wirkung, die die als bizarr gesehene Natur auf den Menschen ausübt.

▪ Lit.: J. Dönne: Asketisches Schreiben. R. und Flaubert als Paradigmen literarischer Selbstpraxis in der Moderne, 2003. ▪ H. Meier: Über das Glück des philosophischen Lebens, 2011.

Christian Schäfer

Raymond Roussel

▪ geb. 20.1.1877 Paris (Frankreich)
▪ gest. 14.7.1933 Palermo (Italien)

Finanziell unabhängiger Exzentriker und Dandy; erster Roman in Alexandrinerversen; erzählende Prosa stark experimentellen Charakters, dem Surrealismus nahe und den nouveau roman vorwegnehmend; viele Reisen bis in die letzten Lebensjahre; Selbstmord wegen literarischen Misserfolgs.

▪ Ausg.: Œuvres, Hg. A. LeBrun, 1994 ff.
▪ Lit.: F. Caradec: R. R., 1997.

Impressions d'Afrique

(frz.; *Eindrücke aus Afrika*, 1980, C. Freund) – Das 1910 erschienene Prosawerk lässt besonders klar die auf den Surrealismus vorausweisende Methode des Autors erkennen.

In der Abhandlung *Comment j'ai écrit certains de mes livres*, 1935 (Wie ich einige meiner Bücher geschrieben habe), hat Roussel selbst sehr genau über sein dichterisches Verfahren Auskunft gegeben. Er geht von Homonymen und Assonanzen, ähnlich lautenden, aber bedeutungsverschiedenen Wörtern, aus, im Falle der *Impressions d'Afrique* von »billard« (Billard) und »pillard« (Plünderer); jedes von ihnen verbindet er dann mit stets derselben Wortreihe. Das Ergebnis sind zwei satzähnliche Gebilde, in denen dank dieser Verbindung dieselben Wörter jeweils eine andere Bedeutung entfalten. In *Impressions d'Afrique* lauten die beiden Schlüsselsätze: »Les lettres [Die Lettern] du blanc [des Stücks Kreide] sur les bandes [auf den Banden] du vieux billard [des alten Billardtischs]« und »Les lettres [Die Briefe] du blanc [des Weißen] sur les bandes [über die Kriegerhorden] du vieux pillard [des alten Räubers]«. Der Autor stellt sich die Aufgabe, zwischen dem ersten und den zweiten Satz einen Roman zu komponieren. Beide Sätze werden zu einer Folge von Assoziationen entwickelt, die den Sinn der Wörter beständig ändern. »Dieses Verfahren ist dem Reim verwandt. In beiden Fällen entsteht ein unvorhergesehenes Gebilde aufgrund von Lautkombinationen.«

Die *Impressions d'Afrique* sind, ebenso wie der Roman *Locus solus* (1914), ausschließlich ein Werk der Einbildungskraft. Roussel sagt selbst, dass er in seinen Büchern nie die Eindrücke verarbeitet habe, die er auf seinen zahlreichen Reisen empfing. Dass er seine Einbildungskraft durch eine fast mechanische Verfahrensweise in Gang bringt und die frei werdenden Assoziationsketten unmittelbar und automatisch ins Wort umsetzt, erklärt die Sympathie der auf ähnliche Weise dichtenden Surrealisten für diesen Außenseiter.

Der Schiffbruch einer Gruppe von Europäern an der Küste Afrikas ist der Vorwand für Roussels Experimente. Ein Historiker, eine alte Livländerin, ein junger Sänger aus Marseille, ein Fabrikant von Feuerwerkskörpern, ein Architekt, ein Erfinder, eine Sängerin und einige Zirkusleute werden von Männern des schwarzen Kaisers Talou VII. gefangen genommen. Bis in alle Einzelheiten beschreibt Roussel die seltsamen Feste am Kaiserhof und die zahllosen Palastintrigen, in die die Weißen verwickelt werden. Mit einer an Manie grenzenden Exaktheit schildert er die absurden Mechanismen, die der Erfinder konstruiert; auch beschreibt er mit sadistischer Sorgfalt die Missbildungen der Zirkusleute. Um einen logischen Erzählzusammenhang geht es dabei nicht. Vielmehr geben die assoziativen Abschweifungen, die er durch sein dichterisches Verfahren freisetzt, dem Geschehen einen den Leser ständig irreführenden Verlauf.

1932 veröffentlichte Roussel die *Nouvelles impressions d'Afrique* (*Neue Eindrücke aus Afrika*, H. Grössel, 1980) – eine Sammlung langer, fast ausschließlich in Alexandrinern abgefasster Gedichte, die mit dem vorhergehenden Werk nur so viel gemein haben, dass die zugrunde liegenden – in diesem Fall realen – Impressionen dem Autor wiederum nur als Wortmaterial dienen, das er für seine sprachlichen Experimente benötigt.

▪ Lit.: A.-M. Amiot: R.R. and the Republic of Dreams, 2001. ▪ C.E. Weller: Zwischen schwarz und weiß. Schrift und Schreiben im selbstreferentiellen Werk von Edgar Allan Poe bis R.R., 2001. *KLL*

Locus solus

(frz.; *Locus Solus*, 1968, C. Freund) – Der Titel des 1914 erschienenen Romans nennt den ausgedehnten Park »Locus solus« unweit von Paris, den sein Besitzer Martial Canterel mit sieben »Wundern« geschmückt hat: den phantastischen Erfindungen seines ingeniösen, spielerischen Geistes.

Canterel, der sich in der Kunst der Wettervorhersage eine ans Unglaubliche grenzende Meisterschaft erworben hatte, war es dank dieser Fähigkeit beispielsweise gelungen, einen Apparat zu konstruieren, der in der Lage ist, »lediglich durch die kombinierte Wirkung von Sonne und Wind ein Kunstwerk hervorzubringen«. Unter bestimmten, genau berechneten Witterungseinflüssen schwebt das einer Handramme ähnliche Gebilde über einen ungeordneten Haufen von Zähnen hin, aus dem es vermöge der Anziehungskraft zweier Metalle einzelne Zähne herausgreift und zu einem eigenartigen Bild zusammenträgt. »Gelb und Braun herrschten in diesem seltsamen Zahnmosaik vor. Die Taube, aus prächtigen weißen Zähnen gebildet, war in anmutigem und schnellem Flug dargestellt; was die Ausstattung des Kriegsknechts betraf, so formten geschickt angeordnete Zahnwurzeln hier eine rote Feder auf einem dunklen Hut [...], dort einen weiten Purpurmantel mit einem metallenen Verschluß aus Goldplomben.«

Auf einem niedrigen künstlichen Felsen ließ Canterel eine andere Erfindung, einen riesigen, mit Wasser gefüllten Behälter befestigen, der das Aussehen eines wunderbar leuchtenden Diamanten hat. In der Flüssigkeit – sie besitzt die geheimnisvoll anmutende, tatsächlich durch das Zusammenwirken zahlreicher physikalischer Phänomene herbeigeführte Eigenschaft, dass Menschen und Tiere darin frei atmen können – bewegt sich die anmutige Tänzerin Faustine, deren Haar durch Reibungseffekte verführerische Töne hervorbringt. Am Ende einer langen Allee befindet sich auf einer großen Fläche ein Glaskäfig, in dem unter Kälteeinwirkung präparierte Leichen durch Elektroschocks vorübergehend in den Zustand künstlichen Lebens versetzt werden. Von außen lässt sich beobachten, wie die Toten gewisse entscheidende Augenblicke ihres Daseins minuziös bis in einzelne Gesten stets von neuem wiederholen.

Die magische Ausstrahlungskraft, die von den rätselhaften Erscheinungen ausgeht – alle »Erfindungen« erscheinen den Gästen, die sie unter der Führung des »Meisters« besichtigen, zunächst unerklärlich –, weicht, nach der nicht selten ermüdend präzisen, physikalische, technische, historische und mythologische Fakten überraschend in Beziehung setzenden, in sich schlüssigen Deutung, einer Faszination, die scheinbar an bestimmte Erkenntnisse und Überlieferungen der Wirklichkeit anknüpfende Phänomene in der Enthüllung ihres imaginären und fiktiven Charakters ausüben.

Die Wertschätzung, die der zu Lebzeiten verkannte und verspottete Autor seitens der Surrealisten und später der Theoretiker des nouveau roman erfuhr, erklärt sich aus Roussels in *Comment j'ai écrit certains de mes livres*, 1935 (Wie ich einige meine Bücher geschrieben habe), programmatisch formuliertem schriftstellerischen Verfahren, das Worte wie Gegenstände aus den verbrauchten Sinnbezügen lösen will und allein die Phantasie als schöpferische und ordnende Kraft walten lässt. Seinem Bemühen, die Wörter durch überraschende Verknüpfungen, Analogien und Assoziationsketten, die im Deutschen naturgemäß nicht wiederzugeben sind, aus den konventionellen Zusammenhängen zu lösen, fehlt indes die formprägende Kraft. In einem durchgängig traditionell-akademischen Stil bleiben die Sprachexperimente ebenso Fremdkörper wie die künstlichen Wunder in der Natur von »Locus solus« und wie das Werk als Ganzes innerhalb der Literatur.

▪ Lit.: B. Douvier Gromer: Nature et élaboration de la fiction dans l'œuvre de R. R., 1998.

Irene Schwendemann-Osterkamp

Donatien Alphonse François Marquis de **Sade**

■ geb. 2.6.1740 Paris (Frankreich)
■ gest. 2.12.1814 Charenton-Saint-Maurice/Val-de-Marne (Frankreich)

Aus altem Adel; Kavallerieoffizier im Siebenjährigen Krieg, Generalleutnant; ausschweifendes Leben; heiratete 1763 gegen seine Neigung Mademoiselle de Montreul, deren jüngere Schwester er liebte; mehrere Haftstrafen (1763, 1768); unter der Anklage des Giftmords 1772 zum Tode verurteilt; Flucht nach Italien; 1777 Rückkehr, Verhaftung, bis 1790 im Staatsgefängnis Vincennes, der Irrenanstalt Charenton und der Bastille; 1801 wegen eines politischen Delikts verhaftet und auf Befehl Napoleons bis zu seinem Tod wieder in Charenton.

■ Ausg.: Œuvres complètes, 15 Bde, Hg. A. Le Brun, 1986–1991.
■ Übers.: Werke, 5 Bde, Hg. B. Hesse, 1995 ff.
■ Lit.: C. Michael: The Marquis de S., the Man, His Works, and His Critics. An Annotated Bibliography, 1985. ■ S. de Beauvoir: Faut-il brûler S.?, 1955. ■ P. Klossowski: S. mon prochain, 1967. ■ L. W. Lynch: The Marquis de S., 1985. ■ S. Zweifel/M. Pfister: Shades of S., 2015.

Les cent-vingt journées de Sodome ou L'école du libertinage

(frz.; *Die hundertzwanzig Tage von Sodom oder Die Schule der Ausschweifung*, 1908, K. v. Haverland) – Das 1785 entstandene Romanfragment konnte erst 1904 im Druck erscheinen. Die Überlieferungsgeschichte dieses Frühwerks gleicht selbst einem Roman: Das Manuskript besteht aus einer elf Zentimeter schmalen und über zwölf Meter langen Papierrolle, die de Sade während seiner Haft beschrieb. Nur so konnte es der Marquis vor den Wärtern der Bastille verborgen halten. Nach dem Sturm auf das Staatsgefängnis war das Manuskript verschwunden und tauchte erst 1904 wieder auf.

Dieser seit über 200 Jahren skandalumwitterte Text ist eines der Hauptwerke der europäischen ›Gefängnisliteratur‹. Zur Zeit der Niederschrift schon lange in Haft, erträumte sich de Sade kein Paradies der Freiheit; seine ungeheuerliche Phantasie errichtet in den Mauern der Bastille vielmehr eine Zitadelle schrecklicher Lüste: »Jetzt, lieber Leser, mußt du dein Herz und deinen Geist auf die unzüchtigste Erzählung vorbereiten, die jemals geschrieben wurde, seit die Welt besteht«, warnt de Sade sein Publikum.

42 Frauen und Knaben werden auf dem Schloss des Herzogs von Blangis gefangen gehalten. Sie sind der Willkür dieses Herrn und seiner drei gleichermaßen vornehmen wie psychopathischen Spießgesellen – ein Kirchenfürst, ein Richter und ein Financier – wehrlos ausgeliefert. Der Herzog proklamiert die Alleinherrschaft des Terrors. »Überlegen Sie sich, was Sie sind und was wir sind, und diese Überlegungen mögen sie erzittern lassen. [...] Sie sind in einer unzugänglichen Zitadelle eingesperrt. Niemand weiß, daß Sie hier sind; Sie sind ihren Freunden entzogen und Ihren Eltern – Sie sind für die Welt schon gestorben.«

Nicht weniger deutlich als in den ungleich populäreren Romanen setzt sich de Sade hier mit der Theorie totalitärer Systeme auseinander, die gerade in der Spätaufklärung ein zentraler Diskussionsgegenstand war. Die Figurenkonstellation der vor keiner Grausamkeit zurückschreckenden Minorität und der in den folgenden 600 Perversionen brutal gequälten Untertanen greift auf ein archetypisches Schema der Literatur des Ancien régime zurück, ohne dass es mit ähnlich weitreichenden Konsequenzen von einem Zeitgenossen (Laclos, ↗ Louvet de Couvray, Radcliffe) oder Nachfolger (Byron, P. B. Shelley, Lewis, ↗ Huysmans, Rachilde, ↗ Lorrain) verarbeitet worden wäre.

Parallel zur älteren Bewertung de Sades als Psychopath entwickelte sich, ausgehend von den gerade durch de Sade inspirierten romantischen Schreckensromanen, eine gegensätzliche Interpretationslinie, die in den emphatischen Schriften Jules Janins, ↗ Baudelaires und Huysmans' kulminierte, um als direkte Reaktion auf den de Sade-Kult im Fin de Siècle in Schriften zeitgenössischer Gelehrter als Belege einer »Psychopathologia Sexualis« vereindeutigt zu werden.

Wie stark diese problematische Verurteilung von de Sades philosophischer Konzeption des Zusammenhangs von Macht und Grausamkeit bis weit ins 20. Jh. hineinwirkte, wird an der vehementen Diskussion um P. P. Pasolinis Romanverfilmung *Salò* (1975) evident: Konsequenterweise verlegt Pasolini die Szenerie aus dem Ancien régime in die letzten Tage des Mussolini-Regimes von Salò, um die hedonistische Dekadenz seiner eigenen Epoche zu kritisieren. In einer Art von ›typologischem Dreischritt‹ (Ancien régime – Faschismus – Spätkapitalismus) wird so de Sades Roman von dem überzeugten Kapitalismuskritiker Pasolini auf die Unterdrückungsmechanismen der spätbürgerlichen Gesellschaft hin ausgedeutet.

■ Lit.: A. Petrowski: Weltverschlinger, Manipulatoren und Schwärmer. Problematische Individualität in der Literatur des späten 18. Jh.s, 2002.

Gerhard Wild

Aline et Valcour ou Le roman philosophique

(frz.; *Aline und Valcour oder Der philosophische Roman*, 1963, H. Wichmann) – Der 1793 erschienene philosophische Briefroman, eine »Frucht jahrelanger Nachtarbeit«, entstand vermutlich während de Sades Gefängnisaufenthalt zwischen dem 28. November 1785 und dem 1. Oktober 1788.

Die erzählte Geschichte behandelt in zwei durch einige Figuren verbundenen Teilen ein und dasselbe Thema – das Schicksal zweier Liebespaare. Präsident de Blamont will seine Tochter Aline deren Verlobten Valcour abspenstig machen und mit dem Finanzspekulanten Dolburg verheiraten, um zusammen mit diesem das wehrlose Mädchen zu verführen. Blamonts eigene Frau, die diesen Plänen im Wege steht, wird kurzerhand vergiftet, während Valcour nur durch die Hilfe der zufällig hinzukommenden Polizei einem Anschlag in Paris entgeht. Aline, die von Blamont auf einen entlegenen Landsitz entführt wird, nimmt sich, da ihre Bitten bei ihrem eigenen Vater nichts bewirken, kurz vor der erzwungenen Hochzeit das Leben. Valcour tritt in ein Kloster ein.

Der zweite Teil des Romans behandelt das Thema der Trennung eines Liebespaars mit anderer Intention am Beispiel von Alines Schwester Leonora und ihrem Liebsten Sainville. Sainville wird bei der abenteuerlichen Suche nach seiner verschollenen Geliebten in verschiedene exotische Reiche verschlagen, an deren Beispiel de Sade staatsphilosophische Ansichten erläutert.

Vom König des Landes Butua an der Goldküste, in dem Kannibalismus und die Entrechtung der Frau an der Tagesordnung sind, wird Sainville gezwungen, Haremswächter zu werden. Er kann schließlich dieses rückständige Land primitiven Aberglaubens verlassen, um in Tamoe in der Südsee das utopische Gegenteil, einen paradiesischen Idealstaat, zu finden, dessen weiser Herrscher Zamé als Jüngling, angewidert vom moralischen Verfall Europas, seinen Inselstaat reformierte, indem er die Quellen aller Missstände – Privatbesitz, Klassenunterschiede, Religion und die traditionelle Struktur der Familie – beseitigte und ein am Ideal von Platons *Politeia* orientiertes Gemeinwesen einrichtete: An die Stelle der Familie tritt als Erzieher der Kinder der Staat, der auch ein Eigentumsmonopol besitzt; es existieren weder Kriminalität noch Strafen. Statt einer organisierten Religion gibt es nur eine vage theistische Naturverehrung.

Ein letzter, umfang- und handlungsreicher Teil berichtet von den Abenteuern der schönen Leonora, die in den fernsten Winkeln der Erde durch ihre Reize immer wieder das Begehren der Männer – lüsterner Mönche, gewalttätiger Bettler oder Mörder – herausfordert und, obgleich dem männlichen Geschlecht nicht abgeneigt, trotz aller Kalamitäten ihre Unschuld bewahrt.

Das Werk ist Erzählkonventionen – Briefroman, Dialog, Trennungsroman – des 18. Jh.s verhaftet, die eine Verbindung philosophischer Thesen mit Form und Inhalt des Romans vorsehen. Das von de Sade unterschiedlich variierte Grundthema der ›verfolgten Unschuld‹ steht aber dennoch bereits hier im Dienst einer bis zur letzten Konsequenz vorangetriebenen radikalen aufklärerischen Rationalität.

Trotz seiner philosophischen Intentionen ist *Aline et Valcour* ein Roman, der das Ziel der Unterhaltung nicht zugunsten des philosophischen Konzepts opfert. Weniger spektakulär in der Darstellung von Exzessen jeglicher Art als die berühmteren Texte de Sades, bleibt *Aline et Valcour* seinen literarischen Ambitionen verhaftet, deren Vorbild – Laclos' Skandalerfolg *Les liaisons dangereuses* (1782) – der Autor unumwunden zu erkennen gibt. Dass die Entsprechungen zu Laclos durchaus beabsichtigt sind, wird an den Namen seiner Figuren evident, deren Kontamination mit Laclos' Protagonisten unübersehbar ist: Valmont/Blamont; Merteuil/Merceuil; Gercourt/Valcourt. Auch das Schema des Briefromans, in dem zwei Intriganten einander über die Fortschritte ihrer Intrigen berichten, weist ebenso wie zahlreiche Handlungsdetails auf Laclos zurück. Auf diesen – und Richardson – geht auch das für den spätaufklärerischen Roman zentrale Thema der ›verfolgten Unschuld‹ zurück, das zur selben Zeit u. a. ↗ Louvet de Couvray behandelte.

Die späteren Partien, in denen de Sade mit den Worten des Ozeaniers Zamé die Abschaffung der Tyrannei und die Revolution in Frankreich prophezeit, mögen in der Restaurationsepoche nach 1815 zur zeitweiligen Zensur des Werks geführt haben. Da sich das Augenmerk der de Sade-Forschung bislang fast nur auf dessen skandalöse Werke konzentrierte, wurde die spezifische literarische Qualität von *Aline et Valcour* erst seit den 1970er Jahren eingehender gewürdigt. Das Muster des hellenistischen Verfolgungsromans mit seinem Schema der Trennung und gegenseitigen Suche der von allen möglichen Widrigkeiten heimgesuchten Liebenden wird von de Sade in interessanter Weise mit den literarischen Modellen des Reiseromans und der literarischen Utopie kombiniert. So handelt es sich hier zugleich um ein bedeutendes französisches Beispiel der Robinsonadenliteratur, das in der Nachfolge von J. Swifts *Gulliver's Travels* (1726) und L. Holbergs *Nicolai Klimii iter subterraneum* (1741) mit ↗ Casanovas *Icosaméron* (1788) in einer Reihe zu sehen ist. Das Motiv des weisen Exoten, aus dessen fremder Perspektive europäische Missstände gesehen werden, wurde von ↗ Bernardin de Saint-Pierre und ↗ Montesquieu aufgegriffen.

Eine grotesk-komische Wiederaufnahme erfuhr das Werk um die Wende zum 20. Jh. durch P. ↗ Louÿs' *Le roi Pausole* (1901), der nicht nur den Namen der Titelfigur Aline, sondern auch Handlungsmotive beider Romanteile sowie die Thematik des utopischen Staates mit zügelloser Sexualmoral und die Tendenz zur Verachtung des weiblichen Geschlechts in operettenhafter Form persiflierte.

■ Lit.: M. Delon: S. en toute lettres. Autour d'›Aline et Valcour‹, 2004.

Gerhard Wild

La philosophie dans le boudoir ou Les instituteurs libertins

(frz.; *Die Philosophie im Boudoir oder Die lasterhaften Lehrmeister*, 1972, R. und H. Soellner) – Die sieben 1795 erschienenen moralphilosophischen Dialoge fassen de Sades rationalistische Philosophie eines radikalen Egoismus in geschlossener Weise zusammen. Die Theorien, die der Autor seine Wortführer über die Verlogenheit und Falschheit aller religiösen und sittlichen Wertsysteme vortragen lässt, bilden die zynische Umkehrung der traditionellen Fürstenspiegel- und Erziehungsliteratur, der im 18. Jh. der platonische Dialog als wichtigstes Darstellungsmedium zur Verfügung steht.

Hauptfigur der philosophischen Gespräche über die Wollust ist Madame de Saint-Ange, eine Libertine, in deren Salon und Boudoir die Gespräche geführt werden. Außerdem beteiligen sich ihr Bruder Chevalier de Mirvel, Dolmancé sowie die Diener Augustin und Lapierre daran; diese Personen sind durch diverse inzestuöse, sodomitische und andere Perversionen miteinander verbunden. In der de Sades Romankonzeption kennzeichnenden Dualität stehen ihnen als ›Opfer‹ Madame de Mistival und deren Tochter Eugénie gegenüber.

In einer Serie von Unterweisungen soll Eugénie in das »Reich der Venus« eingeführt werden. Höhepunkt dieser für de Sade typischen Pervertierung der klassischen Initiationsthematik ist die Defloration der 15-jährigen Eugénie. Schon das Vorwort macht kein Hehl aus der ›pädagogischen‹ Absicht des Buchs: »Sinnenmenschen jeden Alters und jeden Geschlechts, für euch allein sei dieses Werk geschrieben. Labt euch an seinen Grundsätzen, sie begünstigen eure Leidenschaften. Diese Leidenschaften, vor denen euch kalte und platte Moralisten Angst machen, sind nur die Mittel, die die Natur anwendet, um den Menschen dahin zu bringen, wo sie ihn sehen will.« Die geschilderten Vorgänge steigern sich im Sinne der von Dolmancé entworfenen Systeme sexueller Befriedigung: Der Libertin unterscheidet drei Arten der Lust, die konventionelle, die perverse und, als höchste Steigerung: die »sadistische«.

In den fünften Dialog ist ein ursprünglich selbständiger, pamphletartiger Traktat, »Français, encore un effort si vous voulez être républicains« (Franzosen, noch eine Anstrengung, wenn ihr Republikaner sein wollt), eingefügt, in dem Dolmancé seine Philosophie der vollständigen Befreiung des Individuums thesenartig zusammenfasst. Jede Bindung, sei sie nationaler, familiärer oder freundschaftlicher Art, sowie die Todesstrafe als staatlich sanktionierter Verwaltungsmord werden abgelehnt. In einer utopischen Gesellschaft, die den Frauen die totale sexuelle Freiheit in Aussicht stellt, sollen nicht der Ehebruch, sondern Prüderie und Sprödigkeit bestraft werden. Atheismus, Blasphemie, Besitzgier, Rache, Lustmord, Promiskuität, Ehebruch, Inzest und Sodomie sind die Basis einer Weltsicht, die zwar moralische Normen negiert, dieser aber, im Sinne eines manichäischen Dualismus von Gut und Böse, bedarf, um sich über sie erheben zu können. Die Umkehrung der christlichen Moral und des Theismus vermittelt konsequent Einblicke in die Nachtseiten der menschlichen Psyche.

Das Schema von Laclos' *Liaisons dangereuses* (1782), des Hauptwerks über die moralische Dekadenz der Spätaufklärung, liegt auch den Dialogen der *Philosophie dans le boudoir* kaum verschlüsselt zu Grunde. Dabei geht de Sade weniger durch stilistische Qualität über sein Vorbild hinaus als durch die Überzeichnung der Ausschweifung ins Monströse. Die Tendenz zum Perversen ist der letzte Schritt, den der Autor über das zynische Intrigenspiel seines Vorbildes Laclos hinaus noch gehen kann, um die Subtilität und Raffinesse der erotischen Kabalen, die im Ancien régime an der Tagesordnung waren, in ihrer Morbidität zu enthüllen.

▪ Lit.: H. Chung: Philosophie et littérature chez S., 1997. ▪ C. Warman: S. From Materialism to Pornography, 2002.

Gerhard Wild

La nouvelle Justine ou Les malheurs de la vertu, suivie de l'histoire de Juliette, sa sœur

(frz.; *Justine oder die Leiden der Tugend, gefolgt von Juliette oder die Wonnen des Lasters*, 1987, R. Haller) – Quellen des umfangreichen, 1797 anonym erschienenen philosophischen Abenteuerromans waren de Sades nachgelassene, 1787 im Gefängnis entstandene Erzählung *Les infortunes de la vertu* (Das Missgeschick der Tugend) und der Roman *Justine ou Les malheurs de la vertu*, 1791 (*Justine oder Das Unglück der Tugend*, K. Hock, 1967). Ein Jahr zuvor war de Sades *Histoire de Juliette ou Les prospérités du vice (Geschichte der Juliette oder Die Vorteile des Lasters)* separat erschienen.

Der Roman stellt antithetisch das Schicksal zweier ungleicher Schwestern gegenüber: der tugendhaften, frommen Justine, deren Leben nur aus Leid und Qualen besteht, und der lasterhaften und gottlosen Juliette, die Verbrechen auf Verbrechen häuft und zuletzt zu höchsten gesellschaftlichen Ehren kommt. Während die erste Fassung der *Justine* noch larmoyante Züge der barocken Märtyrertragödie trägt und der Tugend nur die sichere Hoffnung auf Belohnung nimmt, erscheint die »Odyssee der Unschuld«, in Anlehnung an Laclos' *Liaisons dangereuses* (1782), in der zweiten Fassung bereits als satirisch-zynische Glorifizierung des Lasters.

Die radikale Umkehrung der gültigen Moralvorstellungen, an deren Stelle das ausgeklügelte System der Begierden und Instinkte tritt, wird dann in *La nouvelle Justine* konsequent vollzogen. Die Heldin hat nicht mehr wie in den vorausgegangenen Fassungen selbst das Wort. Erzählerisch gestrafft und mit traktatähnlichen Exkursen ausgestattet, ist das Werk nun eine Apologie des Bösen. Die Schöpfung erscheint als das Werk einer teuflischen Gottheit, die – als einzig adäquate Antwort – die Lust am kühl berechneten Verbrechen herausfordert. Die Geschichte Justines stellt die ins Monströse zugespitzte Variante des zeitgenössischen Romanmotivs der ›verfolgten Unschuld‹ dar.

Justines Leiden beginnen mit ihrem 14. Lebensjahr, als sie, verwaist und unerfahren, aus dem Kloster entlassen wird. Schmach, Schändung, Misshandlung und Folter sind hinfort ihr tägliches Los, als ›Lohn‹ ihrer Tugend und Frömmigkeit. Im Schloss des Kindermörders Bandole, im Kloster Sainte-Marie-des-Bois und dann beim Falschmünzer Roland wird sie Opfer und Zeugin phantastischer Ausschweifungen. Schuldlos wird sie am Ende ins Gefängnis geworfen.

Die Geschichte ihrer Schwester Juliette wird aus der Perspektive der Titelheldin berichtet. Blasphemie, Notzucht, Inzest, Erpressung und Mord scheinen sich ins Ungeheuerliche zu vervielfältigen. Noirceuil (Juliettes ›Mentor‹), der Minister Saint-Fond, Delcour (der Henker von Nantes) und Sbrigani, die Juliettes steile Verbrecherlaufbahn kreuzen oder begleiten, sind ins Überdimensionale gesteigerte Abbilder der Verbrecher des ersten Teils. Als der Minister Frankreich verwüsten und bedenkenlos zwei Drittel der Bevölkerung aushungern will, schreckt selbst Juliette zurück. Sie flieht nach Italien und trifft auf den kannibalischen Russen Minski, der mit einer ausgeklügelten Maschine vom Bett aus 16 Menschen zugleich auf verschiedene Weise morden kann, auf den ausschweifenden Papst Pius VI., der ihr zuliebe im Petersdom eine schwarze Messe zelebriert, auf den Räuberhauptmann Brisa-Testa, der mit Lady Clairwil, seiner Schwester und Komplizin Juliettes, im Inzest lebt, und auf König Ferdinand von Neapel, der für seine und seiner Gemahlin blutige Orgien in den Ruinen von Pompeji ein »Theater der Grausamkeit« eingerichtet hat.

In einer Art Apotheose des Lustmords und Verbrechens wirft die Heldin die eigene Tochter nach unsäglichen Folterungen ins Feuer. Inhalt und Prinzip ihres Lebens resümiert sie: »Ich gestehe, daß ich das Verbrechen leidenschaftlich liebe und daß nur das Verbrechen allein meine Sinne erregt. […] Was kümmern mich die Opfer, es wird solche immer geben. […] Nur durch Missetaten erhält sich die Natur und erobert sich die Rechte zurück, die die Tugend ihr genommen hat. Wir gehorchen ihr also, indem wir uns dem Bösen hingeben: unser Widerstand ist das einzige Verbrechen, das sie uns niemals verzeihen darf.«

Die unglückliche Justine wird von Juliette geopfert und in der allgemeinen Erwartung eines Gottesurteils einem infernalischen Gewitter preisgegeben. Als sie wirklich vom Blitz erschlagen wird, schänden die Libertins noch ihre entstellte Leiche. Am selben Tag wird Noirceuil vom König zum neuen Premierminister berufen, und Juliette wie seine anderen Komplicen gelangen mit ihm zu Reichtum und Ansehen.

De Sades Hauptwerk übte eine erstaunliche Faszination auf die Nachwelt aus, die von der schwarzen Romantik über den Feuilletonroman bis in das Fin de Siècle (↗ Huysmans, Wilde, ↗ Lorrain, Rachilde) reichte. Auch der Surrealismus (↗ Artaud, ↗ Breton, Buñuel, ↗ Dalí) bekannte sich zum ästhetischen Erbe de Sades und gab es an lateinamerikanische Autoren (Sábato, Carpentier) weiter.

Vorurteilsfrei wurde die weittragende geistesgeschichtliche Bedeutung de Sades erst seit Horkheimers und Adornos zentraler Abhandlung *Dialektik der Aufklärung* (1947) bewertet. Demnach sei das Werk »die Enthüllung des mythologischen Charakters, der Prinzipien, auf denen nach der Religion die Zivilisation beruht. […] Jedes einzelne der Zehn Gebote erfährt den Nachweis seiner Nichtigkeit vor der Instanz der formalen Vernunft. Sie werden ohne Rest als Ideologien nachgewiesen.«

In einem vor allem gegen die Philanthropie ↗ Rousseaus gerichteten Denkansatz nahm de Sade den Immoralismus eines Stirner und Nietzsche um mehr als ein halbes Jahrhundert vorweg. »Denn die chronique scandaleuse Justines und Juliettes […] ist […] die Geschichte des Denkens als Organ der Herrschaft. Indem es nun im eigenen Spiegel vor sich selbst erschrickt, eröffnet es den Blick auf das, was über es hinaus liegt. Nicht das harmonische Gesellschaftsideal, das für Sade in der Zukunft dämmert, […] sondern daß Sade es nicht den Gegnern überließ, die Aufklärung sich über sich selbst entsetzen zu lassen, macht sein Werk zu einem Hebel ihrer Rettung« (Horkheimer/Adorno). Die geistesgeschichtliche Bedeutung der *Nouvelle Justine* liegt insofern in der Warnung vor den Konsequenzen, die der aufklärerische Rationalismus als letztlich rigoros totalitäre Strömung nach sich ziehen muss.

▪ Lit.: V. Richter: Gewaltsame Lektüren, 2000. ▪ J.-M. Kehrès: S. et la rhétorique de l'exemplarité, 2001. ▪ C. Weber: Terror and Its Discontents, 2003. *Richard Mellein / KLL*

Les crimes de l'amour, nouvelles héroïques et tragiques, précedées d'une idée sur les romans

(frz.; *Verbrechen der Liebe. Eine Reihe heroisch-tragischer Gemälde* [Auswahl], 1962, K. Hock, M. Unruh) – Die elf Erzählungen der 1787/88 entstandenen und 1800 erschienenen Novellensammlung scheinen auf den ersten Blick dem Genre der moralisierenden Novelle des 18. Jh.s anzugehören, und die Figuren scheinen sich nach den vertrauten rationalistischen Maximen zu verhalten. Aufgeklärt im Sinne der Enzyklopädisten sind jedoch nur noch Vokabular und Form, nicht aber Inhalt und Ziel der von de Sade selbst als »sophistisch« bezeichneten Argumentation, die auf die Widerlegung des Menschenbildes der Aufklärung zielt.

Das Böse – im Sinne der christlichen Psychologie die Summe der entfesselten Leidenschaften – trägt zwar nicht den Sieg davon, aber es reißt bei seinem Sturz das Gute unweigerlich mit, weil es von ungleich stärkerer Vitalität ist als die Tugend. Diese Anschauung de Sades sowie ihre Illustrierung durch abnorm düstere Szenerien und unglückselige Schicksalsverknüpfungen ist nicht originell, sie war vielmehr seit Richardson in Mode. Daneben hat der zeitgenössische ›schwarze Roman‹ de Sade beeinflusst, wie etwa deutlich wird, wenn in der Erzählung »Florville et Courval« die Titelheldin einen solchen englischen Roman von geradezu Schrecken erregender Düsterkeit liest.

Sowohl in dieser Geschichte wie auch in der ersten Erzählung, »Eugénie de Franval«, bestimmt das Inzestmotiv die Handlung. »Eugénie de Franval« erweist sich wohl als die dämonischste Parodie auf das ›pädagogische Jahrhundert‹: De Sade setzt sich hier mit dem aus Laclos' *Liaisons dangereuses* (1782) übernommenen Thema der Erziehung zur Verworfenheit auseinander, die die philanthropischen Intentionen der Aufklärung in zynischer Offenheit verhöhnt: Die von Monsieur de Franval systematisch betriebene Verführung der leiblichen Tochter führt zum Untergang der ganzen Familie. In »Florville et Courval« dagegen zerbricht die Protagonistin an der ödipalen Suche nach ihrer eigenen Identität. Dreimal wird sie unwissentlich das Opfer inzestuöser Beziehungen: als Geliebte ihres Bruders, als Angebetete ihres Sohns und als Frau ihres Vaters. Weiß sie am Ende auch, wer sie ist, so doch nur um den Preis eines Schuldbewusstseins, das sie zum Selbstmord treibt. Von den übrigen Erzählungen der Sammlung sind besonders »Dorgeville«, »Rodrigue« und »La comtesse de Sancerre« hervorzuheben, in denen das Motiv der Identitätssuche und der unheimlichen Schicksalsfügung vielfältig variiert wird.

Seit den 1970er Jahren neigt man dazu, das literarische Werk de Sades nicht einfach als monströses Produkt eines abnormen Geistes abzutun. Hierfür können auch die frühen Erzählungen Zeugnis ablegen. In ihrer Anlage entsprechen sie im Kern bereits seinen großen ›philosophischen Romanen‹ und variieren das zentrale Thema, die Identitätsfindung des modernen Subjekts und seine Erziehung durch eine an den äußersten Rand des Möglichen vorangetriebene, folglich bereits pervertierte Pädagogik. So erklärt sich auch jene stets fast gleichbleibende inhaltliche Struktur, die das Schema des Initiationsromans in den Dienst von de Sades Antiaufklärung stellt.

▪ Lit.: P. Seminet: S. in His Own Name. An Analysis of ›Les crimes de l'amour‹, 2003. *Christian Barth / KLL*

Antoine-Marie-Roger de **Saint-Exupéry**

▪ geb. 29. 6. 1900 Lyon (Frankreich)
▪ gest. 31. 7. 1944 vor Nizza (Frankreich)

Aus adliger Familie des Limousin; seit 1904 vaterlos auf Schloss de La Mole erzogen; 1909–1914 Jesuitenkolleg Le Mans; 1917–1919 Architekturstudium in Paris; 1921 Dienst bei der Luftwaffe; Handelsvertreter; Pilot einer französischen Luftfahrtgesellschaft, seit 1927 Direktor des Flugplatzes Cap Juby in Rio de Oro, dann der Aeroposta Argentina in Buenos Aires, seit 1934 bei der Air France; Flugzeugunfall in Guatemala; im Zweiten Weltkrieg Pilot einer Aufklärungsstaffel; 1940 nach New York, 1943 in Nordafrika; seit 31. Juli 1944 nach Flug von Korsika vermisst; verbindet in seinen Romanen Humanismus mit neuzeitlichem Abenteuergeist.

▪ Ausg.: Œuvres complètes, 2 Bde, 1994–1999.
▪ Übers.: Gesammelte Schriften, 2 Bde, O. v. Nostitz, 1985.
▪ Lit.: F. Gerber: De la rive gauche à la guerre, 2000. ▪ N. des Vallières: Man sieht nur mit dem Herzen gut. A. de S.-E., 2003. ▪ A. de S.-E. in Bildern Dokumenten, Hg. A. Vircondelet, 2013. ▪ J. Hanimann: A. de S.-E., 2013 [Biographie].

Courrier sud

(frz.; *Südkurier*, 1949, P. Graf Thun-Hohenstein) – Der 1929 erschienene Roman, eines der besten Werke der um 1925 aufgekommenen Fliegerliteratur (littérature de l'air) geht auf Exupérys Erstlingswerk, die Novelle *L'aviateur*, 1926 (Der Flieger), zurück. Ein Freund erzählt die Liebesgeschichte des Südkuriers Jacques Bernis, ergänzt durch Aufzeichnungen aus dem Bordtagebuch des jungen Fliegers, der in der »heroischen Zeit« des ersten regelmäßigen Flugverkehrs Postflugzeugpilot auf der Strecke Toulouse–Dakar–Buenos Aires war.

Bernis ist ein schwärmerischer junger Mann. Auf einem Nachflug lässt er das Geschehen der letzten Monate noch einmal an sich vorüberziehen. Der Erzähler, klarsichtiger Beobachter seines Helden, blendet in seinen Bericht über Bernis' Start in Toulouse und den anschließenden ruhig verlaufenden Flug Briefe und Selbstgespräche des Piloten sowie Reflexionen über das gefahrvolle Fliegerleben ein. Bernis hatte nach langer Dienstzeit ein paar Tage Urlaub in Paris gemacht, dabei aber feststellen müssen, dass er nach seinem abenteuerlichen Leben, dem gleichmäßigen, kleinlich-geschäftigen Treiben der Großstadt entfremdet war. Er empfindet das bürgerliche Leben als steril und erstarrt: »Er hatte befürchtet, die Dinge verändert zu finden, nun litt er darunter, daß sie gleich geblieben waren.«

Bernis besucht seine Jugendfreundin Geneviève, die, mit einem wenig profilierten Mann verheiratet, unverstanden dahinlebt. Nach dem Tod ihres kleinen Sohnes ist sie bereit, Paris zu verlassen und mit Bernis fern ihrer bisherigen Umgebung ein neues Leben anzufangen. Auf der beschwerlichen Flucht wird die verwöhnte, seelisch wunde Frau jedoch krank und muss sich eingestehen, dass sie für eine ungesicherte Existenz zu schwach ist. Bernis bringt sie nach Paris zurück. Durch dieses Erlebnis ernüchtert, erscheint ihm die Liebe nicht mehr als Hauptwort (»maître mot«), als eigentlicher Sinn des Lebens. Niedergeschlagen fährt er nach Toulouse zurück, um seinen Dienst wieder aufzunehmen. Auf dem Weg dorthin besucht er nochmals Geneviève und findet sie, schon ohne Bewusstsein, auf dem Sterbebett.

Das Bordtagebuch berichtet weiter von dem Piloten, der, wie stets ganz auf seine verantwortungsvolle Aufgabe konzentriert, durch Erfüllung seiner Pflicht wieder Ordnung in sein Leben bringt. Nach einer planmäßigen Zwischenlandung in Cap Juby startet er mit dem Ziel Saint-Louis du Sénégal, trifft dort jedoch nicht ein. Der Erzähler nimmt an der Suchaktion teil, man findet die Absturzstelle und erfährt, dass Bernis von aufständischen Arabern getötet wurde. Die ihm anvertraute Post aber ist unversehrt geblieben.

Pflichterfüllung bis zur Selbstaufgabe ist die strenge Forderung dieses Buches, das über Liebe, Glaubensfragen und zwischenmenschliche Beziehungen nur Wehmütig-Pessimistisches sagt. Der Stil wechselt zwischen sachlichem Bericht und einer poetischen Beschreibung und Deutung des Liebesverhältnisses und der geheimen Gedanken Bernis'.

Saint-Exupéry zeigt sich schon in diesem frühen Roman als ausgezeichneter Beobachter des Himmels und der überflogenen Landschaften. In ihm kündigt sich auch die Mystifizierung der Dinge an, die Saint-Exupérys spätere Romane auszeichnet; alles ist beseelt und durchscheinend: »Jedes Ding trägt im Inneren das Geheimnis, das seine Seele ist.« Am Ende sagt der Erzähler am Grab seines Freundes: »Hier also ist der Schatz gewesen; du hast ihn lange gesucht! Auf dieser Düne, die Arme gekreuzt, das Gesicht dem dunkelblauen Golf zugewandt, über dir das Sternenvolk – in dieser Nacht hast du nicht schwer gewogen. [...] Als du hinabflogst, nach dem Süden, da lösten sich leise alle Taue, die dich hielten: Ein Luftgeist warst du schon.«

■ Lit.: J. R. Harris: Chaos, cosmos, and S.-E.'s Pilot Hero, 1999.

KLL

Vol de nuit

(frz.; *Nachtflug*, 1932, H. Reisiger) – Der 1931 erschienene Roman ist eher ein Erlebnisbericht und führt den Leser nach Argentinien, in die Pionierzeit der Nachtflüge. Im Mittelpunkt steht der Chef der südamerikanischen Fluglinien, Rivière, eine Nachzeichnung Didier Daurats, des Lehrers Saint-Exupérys und Chefs der Fluglinien in Frankreich, der zur Beschleunigung der neuen Postverbindung seit 1928 den Nachtflug angeordnet hatte. Von Oktober 1929 bis Januar 1931 war Saint-Exupéry selbst Betriebsdirektor der argentinischen »Aeropostale« und richtete eine neue Flugverbindung nach Patagonien ein, die Linie Buenos Aires – Punta. Das Thema, das seinen Bericht durchzieht, ist die Problematik der Entscheidung für eine heldenhafte Tat, die menschliches Leben gefährdet.

In einer Nacht, als drei Flugzeuge unterwegs sind, wartet Rivière als Verantwortlicher voll Ungeduld auf Nachrichten. Der Verlust einer Maschine könnte sein Werk bedrohen, um dessentwillen er von seinen Männern das Äußerste verlangt, ein Werk, das in seiner Größe den einzelnen, der sich ihm aufopfert, überdauern soll. Ein solches Opfer vermag in den Augen Rivières nur scheinbar Glück zu zerstören, denn das wahre Glück liege in der Erfüllung der Tat – ein Gedanke, der das Frühwerk Saint-Exupérys durchzieht und sich stark an Nietzsche anlehnt. Die Angst allein kann die Tat gefährden, und deshalb hat sich Rivière zur Aufgabe gemacht, den Fliegern die Angst zu nehmen, indem er sie die Geheimnisse der Nacht und die Erkenntnis von der Schönheit des Universums lehrt, ihnen das Gefühl vermittelt, Auserkorene zu sein. Die Beschreibung ihres Kampfes mit den Elementen, vermischt mit lyrischen Passagen über deren Schönheit, verstärkt den Eindruck eines überhöhten heldenhaften Bewusstseins, in dem sich Mystik und Realität vermischen.

Der Flieger Pellerin trifft, aus Chile zurückkehrend, als erster ein. Erschöpft berichtet er von einem gefährlichen Schneesturm, der ihn über den Anden überraschte. Auch der Flieger aus Paraguay schafft den Rückflug. Nur zu Fabien, dem Kurier aus Patagonien, reißt plötzlich die Verbindung ab. Er ist über den Anden in einen Zyklon geraten. Seinen aussichtslosen Kampf führt er weiter, bis der Treibstoff zu Ende geht. Am Flughafen wartet verzweifelt seine Frau, die, wie alle Frauengestalten Saint-Exupérys, ausgeschlossen von der Welt der Tat in einer Sphäre lebt, in der alltägliches Glück und Stille herrschen.

Rivière gibt sich nicht geschlagen. Der Verlust einer Maschine ist ihm nur Opfer auf dem Weg des Fortschritts, er wird das Werk, mit dem er sich identifiziert, fortsetzen.

■ Lit.: M.T. Young: ›Vol de nuit‹, 1971. ■ G. Quénelle : ›Vol de nuit‹ de S.-E., 1973.

Hanne Gedeon

Terre des hommes

(frz.; *Wind, Sand und Sterne*, 1939, H. Becker) – Wie *Courrier Sud* (1929) und *Vol de nuit* (1931) sind die 1939 unter dem Titel *Terre des hommes* erschienenen Erlebnisberichte ein Hymnus auf die Fliegerei, die Saint-Exupéry für seine Berufung hielt. Er erlebte nicht nur »das Herrengefühl für einige Stunden«, wenn er nachts Post- oder Aufklärungsflüge unternahm, sondern sah darin einen tiefen humanistischen Sinn: »Die Größe eines Berufes besteht vielleicht vor allem darin, daß er Menschen zusammenbringt.« So ist ihm auch das Flugzeug »kein Zweck, sondern ein Werkzeug, ein Gerät, nicht anders als der Pflug«.

Terre des hommes enthält in locker aneinandergereihten Kapiteln Abenteuer und Begegnungen Saint-Exupérys auf seinen Flügen in Europa, Afrika und Südamerika in den Jahren 1926 bis 1935, der Pionierzeit der Luftfahrt, sowie Erinnerungen an Flugkameraden wie den tödlich verunglückten Guillaumet, dem das Buch gewidmet ist, und abschließend seine Erlebnisse als Berichterstatter im Spanischen Bürgerkrieg (»Les hommes«, »Die Menschen«). Höhepunkt ist zweifellos »Au centre du désert« (»Mitten in der Wüste«), der Bericht von einer Bruchlandung in der libyschen Wüste auf einem Flug nach Indochina, wo Saint-Exupéry und sein Kopilot fast verdurstet wären.

Umfangreiche Reflexionen und Meditationen des Autors zeigen das Schwärmerisch-Unzeitgemäße seiner Erlebnisberichte. Die immer wieder geschilderten Situationen höchster Gefahr und der Bewährung oder Rettung sind für ihn notwendig, um sich der vollen Tiefe des Lebens bewusst zu werden, »um sich selbst zu finden«. Saint-Exupéry vergleicht das Leben des Fliegers mit dem Dasein des Mönchs; doch ist er nicht frei von Eitelkeit, wenn er als einer der wenigen Auserwählten zwischen Himmel und Erde schwebt, der Natur und den Geheimnissen der Welt so nahe wie kaum ein anderer.

In lyrischen Passagen, die an die traumhafte Situation des *Petit prince* (1943) erinnern, romantischen Evasionen aus der realen Welt, erfühlt er »das Wunder des Menschen«. Die Armut einer argentinischen Familie, deren Gastfreundschaft er genießt, wird zu herrlicher Größe überhöht, ihr Haus zu einem Märchenschloss. Szenen von elementarer Symbolkraft – Nacht, Wüste, Wind, Sand, Sterne – sollen eher Intensitätsmomente als sachliche Vorstellungen vermitteln.

Die Berichte vom Spanischen Bürgerkrieg erschöpfen sich in allgemeinen Reflexionen und kleinen sentimentalen Begebenheiten. Wenngleich in den authentischen Berichten keine geschlossene Illusionswelt zum Ausdruck kommt, spiegelt sich in der emphatisch vorgetragenen Mystifizierung der Fliegerei letztlich doch die Skepsis des Autors gegenüber der Gegenwart.

▪ Lit.: M. Bell: Gabrielle Roy and A. de S.-E., ›Terre des Hommes‹, 1991. *KLL*

Pilote de guerre

(frz.; *Flug nach Arras*, 1949, F. Montfort) – Saint-Exupéry versucht in diesem 1942 erschienenen Roman, persönlichen Kriegserlebnissen allgemeine Bedeutung zu verleihen mit dem Ziel, Frankreich in seiner demütigenden politischen Lage Rückhalt zu geben und seine geistigen Kräfte zu sammeln. Er erzählt die Geschichte eines Aufklärungsflugs, den er 1940 unternehmen musste, als der Krieg für Frankreich schon so gut wie verloren war.

Seine Staffel befindet sich auf dem Rückzug, ihre Verluste werden von Tag zu Tag größer. Man opfert die Soldaten in einem sinnlos gewordenen Kampf. Auch der Auftrag, den Major Alias dem Beobachtungsoffizier Dutertre und Saint-Exupéry erteilt, ist ein Himmelfahrtskommando. Sie sollen in 700 m Höhe die feindlichen Panzerverbände in der Gegend von Arras überfliegen. Dem Generalstab können die Resultate kaum noch zugeleitet werden, da alle Verbindungen abgeschnitten sind; trotzdem wird der Auftrag erfüllt, und gegen alle Wahrscheinlichkeit kommt die Mannschaft noch einmal heil vom Einsatz zurück.

Die Absurdität eines Unternehmens, für das es keine andere Rechtfertigung gibt, als dass ein Spiel gespielt werden muss, auch wenn seine Regeln gefälscht sind, ist das eigentliche Thema des Buchs: »Keiner gesteht sich ein, daß dieser Krieg mit nichts zu vergleichen ist, daß an ihm alles sinnlos ist, kein Schema auf ihn paßt, daß in allem Ernst an Fäden gezogen wird, die nicht mehr zu den Marionetten führen.«

Als beispielhaftes Bild der allgemeinen Auflösung schildert Saint-Exupéry die Kolonnen heimatloser Flüchtlinge, die er überfliegt. Er weiß, dass sie ohne Ziel und Leitung blindlings der Straße folgen, und dieser totale Zusammenbruch, der »die Führer in ihrer Ohnmacht, die Männer als Treibgut, die Massen in ihrer Trägheit« zeigt, bringt den Flieger der Verzweiflung nahe. Bald jedoch, mit steigender Höhe, nimmt das Flugzeug ihn mit den »unmittelbaren und gesunden Sorgen« des Fliegens ganz in Anspruch. Auch als feindliche Jäger ihn verfolgen, die Flak ihn unausgesetzt unter Beschuss nimmt, fühlt Saint-Exupéry eigenartigerweise keine Angst mehr wie noch beim Ankleiden vor dem Flug. Vielmehr genießt er eine »unerwartete Muße«, wie sie sich auch bei seinen Kameraden unter der unmittelbaren Drohung des Todes einzustellen pflegt. Auf das Bewusstsein, vielleicht schon im nächsten Augenblick nicht mehr zu sein, antwortet der Wunsch, sich an Bleibendem zu orientieren.

Bilder aus der Kindheit tauchen auf. Die Betrachtungen entfernen sich immer mehr vom aktuellen Geschehen. Der Flieger Saint-Exupéry, der »seine Wahrheit in den Sternen sucht«, spricht seine »geistigen Gewissheiten« über Wesen und Berufung des Menschen aus. »Sinn der Dinge«, »menschliche Beziehungen«, »Kultur« – das sind die Schlüsselworte eines Versuchs, mit der Absurdität des Krieges fertig zu werden. Am Ende kann er dem realitätsfernen Auftrag wieder einen Sinn abgewinnen, wenn er zu Major Alias bemerkt: »Sie trieben uns instinktiv nicht mehr zum Siegen, das war unmöglich, aber zur Selbstvollendung.«

■ Lit.: J. R. Harris: Chaos, cosmos, and S.-E.'s Pilot Hero, 1999.

KLL

Le petit prince

(frz.; *Der kleine Prinz*, 1950, G. Leitgeb, J. Leitgeb) – Das 1943 erschienene Märchen ist einer der größten Bucherfolge der Nachkriegszeit.

Der leidenschaftliche Flieger Saint-Exupéry macht nach einer Flugzeugpanne in der Einsamkeit der Wüste die Bekanntschaft des kleinen Prinzen. Der Prinz (»ein kleiner, ganz außergewöhnlicher Herr«) hat seinen winzigen Heimatplaneten mit den drei Kratern vor Jahresfrist verlassen, weil er mit der stolzen und eitlen Rose in »Schwierigkeiten« geraten war und an ihrem Wert zu zweifeln begonnen hatte.

Die einzelnen Stationen seiner Reise zu anderen Planeten, von denen er dem Flieger erzählt, sind als eine Folge von Parabeln zu verstehen, die Verhaltensweisen bestimmter negativer Menschentypen umreißen: Der kleine Prinz trifft den einsamen, Autorität heischenden König, den Bewunderung fordernden Eitlen, den dumpfen Trinker, den Geschäftsmann, den Laternenanzünder und den Geographen. Er sieht in ihnen Wesen, die allein mit der eigenen Person beschäftigt sind und sich nur an die Äußerlichkeit der Dinge halten. Auf Empfehlung des Geographen reist er zur Erde. Hier trifft er zuerst die Schlange, die ihm erzählt, dass man unter den Menschen einsam sei. Doch der Fuchs lehrt ihn das Geheimnis der Freundschaft und Liebe, das darin besteht, dass ein Mensch für den anderen Verantwortung trägt (»man kennt nur die Dinge, die man gezähmt hat«, d. h. zu denen man Bindungen geschaffen hat).

Der kleine Prinz, der einen Garten voller Rosen gesehen und den Verlust der Einzigartigkeit seiner Rose beweint hat, erkennt nun seinen Irrtum. Da er sie pflegte, mit Wasser versorgte und vor dem scharfen Wind schützte, wurde sie einzig für ihn. Damit sie nicht verdurstet, muss er nun auf seinen Planeten zurückkehren. Die Schlange beißt ihn in den Knöchel, und er fällt lautlos auf den Wüstensand; am nächsten Morgen ist sein Körper verschwunden. Saint-Exupéry, der inzwischen das Flugzeug repariert hat, wird in seine Welt zurückkehren. Auch er hat einen Freund gewonnen, den er nun irgendwo in den Sternen weiß.

Das zentrale Thema dieses Märchens ist die Aufhebung der Einsamkeit in der Freundschaft. Der kleine Prinz ist nichts anderes als jener Teil von Saint-Exupéry selbst, der der rationalen Sehweise der Erwachsenen, ihrer Art der Beweisführung und ihrer Logik in den Parabeln von der Rose und vom Fuchs das Gebot der Mitmenschlichkeit entgegenhält. »Man sieht nur mit den Augen des Herzens in der richtigen Weise. Das Wesentliche ist unsichtbar für die Augen.«

Die gedankentiefe und zart empfundene Geschichte vom kleinen Prinzen, die Saint-Exupéry selbst illustriert hat, ist die von unmittelbarer Lebenserfahrung geprägte dichterische Darstellung einer moralischen Erkenntnis. Die einfache Diktion dient der Absicht des Autors, die Sprache und Sichtweise des Kindes wiederzugeben, das mit dem Herzen das Innere der Dinge ergreift, ohne sich von der äußeren Erscheinung beirren zu lassen, und ist nicht zuletzt aus Saint-Exupérys Achtung vor der Wahrheit und dem Ernst des Wortes zu verstehen.

■ Lit.: A.-I. Bougro-Mourier: De l'autre côté du miroir, 1990.

Renate Luscher

Citadelle

(frz.; *Die Stadt in der Wüste*, 1951, O. v. Nostitz) – An der 1948 erschienenen philosophischen Erzählung hatte ihr Autor seit 1936 gearbeitet. Die 219 Kapitel enthalten Meditationen, lehrhafte Anekdoten und Parabeln aus dem Mund eines alternden Berberfürsten, der über seine Erfahrungen, Grundsätze und Absichten spricht. Er beschreibt seine Herrschaft als das Schaffen und Erhalten der »Wohnung«, des strukturierten, sinnhaltigen Daseinsraums, dessen Integrität von inneren wie äußeren Gegebenheiten in Frage gestellt wird. Allein die Sinnhaltigkeit ihrer Welt – nicht materielle Güter – garantiert das Glück der Menschen.

Sinnhaltig werden der Raum durch seine Abgrenzung und Zuordnung als »domaine« (Gebiet), die Zeit durch wiederkehrende Rituale, das Zusammenleben durch die zwischen den Menschen in ihrer Verschiedenheit bestehenden Beziehungen. Die Gesellschaft, die der Fürst errichten und erhalten will, ist fest in ihren Traditionen, Sitten und Autoritäten begründet, darin steht der Herrscher, von einigen wenigen Wissenden umgeben, dem Volk gegenüber, das zwar grundsätzlich nach Bewusstwerdung und Hingabe an etwas strebt, das aber vom Führer vor den vielfältigen Versuchungen und

Ablenkungen geschützt und notfalls auch mit harter Hand geführt werden muss.

Den Führer darf nur Liebe zu seinem »Stamm«, niemals bloßer Machtwille bewegen. In der Erfüllung seiner Aufgabe ist der Fürst unendlich einsam, doch für jede Tat in seinem Volk verantwortlich, das er der wahren menschlichen Vollendung, der Herrschaft des Geistes und der Seele, entgegenführt. Über dem Fürsten steht ein schweigender Gott, der sich freilich gerade in seinem Schweigen als wirklicher Gott erweist und die Einsamkeit des Herrschers insofern mildert, als er sich zumindest nicht als dessen Reflex, wie die Ratgeber, offenbart. Als einigende Zentralperspektive stellt Gott die einzig mögliche Garantie der Verbindung zwischen den Menschen dar, ist somit Voraussetzung der Kultur und damit der Ewigkeit der Menschen.

Citadelle darf nicht als Lobpreis einer bestimmten vorindustriellen Zivilisation verstanden werden. Vielmehr bezeichnet die Zitadelle als Netz der sie belebenden Symbole einen Raum, der seine poetische Kraft durch die Vielstimmigkeit der in die Rede des Fürsten verwobenen Textreminiszenzen erhält, die auf Nietzsches *Zarathustra*, ↗ Gides *Nourritures terrestres*, ↗ Claudel und ↗ Saint-John Perse zurückgehen und durch eine archetypisch geformte Sprache – durch Urworte wie Quelle, Brunnen, Gold, Fels, Sand, Sterne und Wüste – Zeitlosigkeit suggerieren.

Wesentliche Positionen der Kritik an *Citadelle* betreffen Religion und Gottesbegriff. Bei allen Übereinstimmungen mit christlichen Vorstellungen fällt das Fehlen entscheidender christologischer Inhalte (Gottessohn, Erlöser) auf. Kritik an Saint-Exupérys Botschaft entzündete sich überdies an der Mystik des »Führers«, seinem Übermenschentum, seinem Paternalismus, seiner Anmaßung, nach eigener Intuition mit Zwang und Gewalt »den Menschen schmieden« zu dürfen, aber auch an dem prinzipiell anti-individualistischen Gesellschaftskonzept.

Im Verhältnis zu den vorhergehenden Werken Saint-Exupérys tritt in *Citadelle* dichterisches Erleben und bildhafte Gestaltung weitgehend zurück zugunsten der konzeptuellen, didaktischen Diskussion von Strukturen. Insgesamt darf der Text wohl als Synthese des Denkens Saint-Exupérys gelesen werden, in der sich zwei zentrale, bisher getrennt erscheinende Themenkomplexe verbinden: die Reflexion auf die Gesellschaft und das persönliche Fragen nach Gott. Saint-Exupéry hat *Citadelle* im Hinblick auf die zu erwartende lange Bearbeitungszeit als sein »postumes« Werk bezeichnet. In der vom Existentialismus beherrschten unmittelbaren Nachkriegszeit konnte es nicht in dem Maße wirken wie andere Werke des Autors.

▪ Lit.: P. Nguyen-van-Huy: Le devenir de la conscience cosmique chez S.-E., 1995.

Winfried Kreutzer

Saint-John Perse

▪ geb. 31.5.1887 Saint-Léger-les-Feuilles/Guadeloupe (Frankreich)
▪ gest. 20.9.1975 Giens/Hyères, Var (Frankreich)

(d. i. Marie-René-Alexis Saint-Léger) – Aus alter Juristenfamilie; Jugend auf den Antillen; 1898 nach Frankreich; mit V. ↗ Larbaud und F. Jammes befreundet; Jurastudium in Bordeaux; ab 1914 im diplomatischen Dienst, vor allem in Asien; in den 1920er Jahren in Paris enger Mitarbeiter von A. Briand; 1929 Außenstaatssekretär, 1933–1940 Generalsekretär des Außenministeriums; verließ auf eigenen Wunsch den diplomatischen Dienst; 1940 in England, danach in den USA, Bibliotheksrat an der Library of Congress; 1959 Rückkehr nach Frankreich; 1960 Literaturnobelpreis; Lyriker von hoher Bildung und Eleganz.

▪ Ausg.: Œuvres complètes, 1972.
▪ Übers.: Das dichterische Werk, 2 Bde, F. Kemp, 1978.
▪ Lit.: H. Levillain: S.-J. P., 1995. ▪ J. Gardes-Tamine: S.-J. P. ou la stratégie de la seiche, 1996. ▪ C. Camelin: èclat des contraires: la poétique de S.-J. P., 1998.

Éloges

(frz.; *Preislieder*, 1957, F. Kemp) – Die 1911 erschienene Sammlung von Prosagedichten enthält außer der Gruppe der eigentlichen *Éloges* noch drei andere, z. T. früher veröffentlichte Zyklen – die 1904 entstandenen *Images à Crusoé*, 1909 *(Bilder für Crusoe)*, *Pour fêter une enfance*, 1910 *(Einer Kindheit zur Feier)*, und *La gloire des rois (Der Ruhm der Könige)*, die zeitlich weit auseinander liegende Texte vereinigen –, also alle Jugendarbeiten des Autors bis zum großen Prosagedicht *Anabase* (1924).

Diese ersten Veröffentlichungen des Autors zeigen schon alle stilistischen Merkmale der lyrischen Prosa seiner späteren großen Gedichte, vor allem den weit ausgreifenden, hallenden, freirhythmischen Hymnentonfall, der sich mit Elementen der kirchlich-liturgischen Rhetorik verbindet (Anrufungen, Wiederholung kleinerer Versgruppen in größeren Abständen, psalmodierende Reihungen), und den wohl unter dem Einfluss seines Jugendfreundes Francis Jammes entwickelten unregelmäßigen, langzeiligen Vers.

Die *Éloges* preisen eine glückliche, auf den väterlichen Pflanzungen in einer französischen Kolonie verbrachte Kindheit; es sind sehnsüchtige Gesänge über den Verlust der kindlichen Weltvertrautheit. »Wenn nicht die Kindheit, was war denn damals, das nicht mehr ist? / Flächen! Abhänge! Es war / mehr Ordnung! Und alles war nur Reiche des Lichts und leuchtende Grenzen. Und Dunkel und Helle waren näher daran, ein und dasselbe zu sein […].« (*Pour fêter une enfance*, III) Diese geschwundene Kindheitswelt findet sich im beschwörenden Anruf jener »preiswürdigen Dinge« wieder, an denen die kindliche Seligkeit hing: ein Pferd, die Palmen am Strand, die exotischen Früchte und Pflanzen des Gartens.

Während diese kindliche Weltberührung sich in *Pour fêter une enfance* und *Éloges* im vertrautesten Umgang mit den bizarren, dennoch »reinen« Elementen einer nicht entstellten, halb exotischen Natur vollzieht, konfrontieren die *Images à Crusoé* den aus seiner »lichten Verbannung« zurückgekehrten, gealterten Robinson Crusoe mit Bildern einer verwesenden städtischen Zivilisation, für die er sein fesselloses Inseldasein hat eintauschen müssen. Zumal das Gedicht »Die Stadt« stellt beide Bildbereiche einander gegenüber: Der Anfangsteil setzt bereits Chiffren einer zivilisatorischen Entfremdung von Natur und Mensch, wie sie zehn Jahre später deutsche Expressionisten in ihren Großstadtdichtungen benutzten, der zweite Teil Bilder einer wuchernden, üppigen, quellenden Natur der Insel Crusoes – eine rückwärtsgewandte Utopie, wie sie auch in den anderen Zyklen häufig anklingt.

Die subtropischen Umweltbedingungen dieser Kindheit haben entscheidenden Anteil an der in hohem Maße aus animalischen, pflanzlichen und olfaktorischen Details aufgebauten Bildwelt des Autors, deren flutende, sinnliche Konkretheit eines der bezeichnenden Merkmale seiner Dichtungen ist. Wie die für Saint-John Perse charakteristische Tonlage dunkler Ergriffenheit beginnen sich hier auch jene leitmotivische Bild- und Symbolkomplexe – das Meer, das Licht, das Salz, der Wind – herauszuformen, die ihren Stellenwert in allen späteren Texten bewahren.

■ Lit.: J. P. Giusto: Écritures – aventures, 1998.

Hans-Horst Henschen

Exil

(frz.; *Exil, Gedicht an eine Fremde, Regen, Schnee*, 1949, W. Rüttenauer, L. Gescher) – Die vier 1944 unter dem Obertitel *Exil* erschienenen Dichtungen stellen gleichsam Saint-John Perses poetischen Abschied von Frankreich dar.

»Exil«, dem Dichter Archibald MacLeish gewidmet, entstand 1941 auf Long Beach. Mit dieser Dichtung setzt, nach langem Schweigen, das Spätwerk ein, das sich, immer weiter ausholend, dann wieder verknappend, über einen Zeitraum von mehr als 30 Jahren erstreckt. Auf amerikanischem Boden »dem Ufer seiner Herkunft zurückerstattet«, vertrieben, einsam, besitzlos, empfindet der Dichter sich auch hier als Fremdling, doch den Elementen wieder nahe, heimgesucht aufs Neue von der heischenden Gewalt eines »Atems über die Welt hin«, der ihn das Exil und die »Fürsten des Exils« zu preisen antreibt – zu preisen das hinfällig Vergebliche in seinem steten Wandel, und, dem entgegen, die Gründungen, Stiftungen und bewahrenden Taten der Menschen. Schon *Anabase* (1924) enthielt im letzten Gesang eine friesartig sich entfaltende Aufzählung »vieler lebendiger Dinge auf Erden«, um durch Nennung und Evokation ihre Vortrefflichkeit zu rühmen. Solche breit und farbenreich prozessionsartig sich entwickelnde Reihung scheinbar heterogener Einzelheiten ist ein Verfahren, das Saint-John Perse wohl nicht erfunden, doch aufs höchste gesteigert und in immer neuen Abwandlungen aus seinem Schatz erfahrener Welt mit großer Meisterschaft gehandhabt hat. »Exil« ist kein Gedicht der Verwerfung und des Verzichts, sondern des Aufbruchs, der Verheißung: »Verhüllt das Antlitz unsrer Frauen; richtet das Antlitz unsrer Söhne auf; und Weisung ergeht, den Stein eurer Schwellen zu waschen. [...] Ich will euch leise den Namen sagen der Quellen, darin wir morgen ein reines Zürnen baden werden.«

1942 entstand in Washington eines seiner persönlichsten Gedichte, die drei ›Strophen‹ des »Poème à l'étrangère« (»Gedicht an eine Fremde«), der Kubanerin Lilita Abreu (1886–1955) gewidmet, mit der ihn Anfang der 1930er Jahre in Paris ein leidenschaftliches Verhältnis verbunden hatte.

»Pluies« (»Regen«) wurde 1943 in den Südstaaten geschrieben, deren geographische und klimatische Verhältnisse die Bilderwelt des Gedichts bestimmen. Es preist die reinigende Kraft »der Regen weltüber unterwegs« und nimmt damit ein Thema auf, das schon in »Exil« anklingt. »Neiges« (»Schnee«), 1944 in New York mit Blick auf die Stadt entstanden, hat Saint-John Perse seiner in Frankreich zurückgebliebenen Mutter zugeeignet: ein Gedicht der Abwesenheit, der Löschung, der Lösung und Erlösung.

■ Lit.: C. Camelin: Éclat des contraires: La poétique de S.-J. P., 1998.

Friedhelm Kemp

Amers

(frz.; *See-Marken*, 1959, F. Kemp) – Die 1957 erschienene lyrische Dichtung ist das umfangreichste Werk aus der amerikanischen Epoche des Autors.

In der Nachfolge der *Bibel*, Whitmans und ↗ Claudels bedient Saint-John Perse sich des ›verset‹, einer rhythmisch gegliederten, reimlosen Langzeile. Seine wichtigsten poetischen Verfahrensweisen sind Nennung, Aufzählung, Evokation, die in heftig sich steigernder Anrufung und Rezitation eine Kultur, ein Zeitalter, einen Erdteil beschwören. Trotz der Überfülle der andrängenden Bilder bleibt die Diktion gezügelt und kontrolliert. In ihr vereinigen sich zwei einander meist ausschließende Prinzipien: der auf lange Strecken durchgehaltene Atem des antiken Rhapsoden und die bewusste

Knappheit des modernen Lyrikers, die nach der jeweils kürzesten Formel strebt. Dem Widerstreit dieser beiden Prinzipien entspringt die ruhelose Spannung seiner Dichtung. Hinzu tritt eine gleichsam symphonische Behandlung von Haupt- und Nebenthemen, mit Variationen, Impromptus und einem erfindungsreichen Spiel melodischer Verzierung, bei dem bisweilen auch ein Ton lyrischen Humors mitschwingt.

Die Dichtung erschien in einer geistig wie politisch chaotischen Zeit. Sie ist in ihrer feierlichen, archaisch prophetischen Sprache eine Anrufung, die aus ungewöhnlichen Tiefen des Weltverständnisses zu dem sich selbst fremd gewordenen Menschen dringen möchte. Auch hier, wie in fast allen Werken von Saint-John Perse, sind die lyrischen Bilder dem Grenzraum zwischen Land und Wasser entnommen.

Der Dichter führt die Tragödinnen, die Sprecherinnen der Strophen, deren »Ekel hinter den Masken« unerträglich geworden ist, aus dem »steinernen Theater« der überlebten Tradition an die Küsten des Meeres, und auf einmal wissen sie, »was uns das Leben anhielt mitten in unseren Strophen«. An den Grenzen des Festgefügten zeigt er ihnen die »Seemarken, diesen größeren Traum einer anderen Kunst«. Angesichts des Meeres, der gleichnishaften Weite und Fülle des Unerforschten, entledigen sich die Schauspielerinnen aller Insignien ihres ausschließlich der Tragödie dienenden Amtes. Sie hoffen, die großen »Geständnisse des Traums und der Seele«, die wie »Feuer über die offene See hineilen«, neu auszusprechen und den Küsten zuzutragen. Ungeduldig warten die Wasser auf das Wort, das auszusprechen die Aufrührerinnen noch zaudern. Sie lauschen, leise angerufen, dem, was ihnen sehr nahe ist und doch sehr fern. Sie rufen in den Abend hinein, über die See hin, die der Meerwind aufstört; und der Mann vom Meer, »der Fremdling, dessen Segel so lange an ihren Küsten entlangstrich«, bemächtigt sich ihrer Träume.

»Vieles ist zu sagen zugunsten unserer Zeit«, spricht die Stimme des Dichters in diesem rhapsodischen Drama der Auflehnung gegen den Stillstand einer Welt, die sich gegen die Gesetze des Schicksals auflehnt und erfahren muss, dass der Mensch innerhalb der großen Ordnung nur nach seinem Maße leben kann. In seiner Nobelpreisrede sagte Saint-John Perse, die Poesie sei nicht allein eine Weise des Erkennens, sondern mehr noch eine Weise des Lebens, keinesfalls aber die Kunstfertigkeit des Leichenschminkers und Dekorateurs. Gerade sein eigenes Werk zeigt, welches Maß an Weltaneignung und wacher Skepsis gegenüber der Zufälligkeit des literarischen Produkts notwendig ist, um den Zusammenhang des Menschen mit der Erde in sprachlichen Bildern glaubhaft zu machen.

▪ Lit.: A. Henry: ›Amers‹ de S.-J. P., 1963.

Friedhelm Kemp / Ernst Herhaus

Saint-Pol-Roux

▪ geb. 15.1.1861 Marseille (Frankreich)
▪ gest. 18.10.1940 Brest (Frankreich)

(d. i. Paul-Pierre Roux) – Abbruch der schulischen Ausbildung, um Theaterstücke zu verfassen; verkehrte in ↗ Mallarmés Salon, ließ eines seiner Stücke von Sarah Bernhardt aufführen, wurde Rosenkreuzer; bekannt mit Péladan, Huret und anderen ›Dekadenten‹; redigierte das Libretto zu Charpentiers *Louise*; verfasste auch Lyrik und Prosa; stand dem Symbolismus nahe; beeinflusste ↗ Céline und die Surrealisten; ↗ Aragon, ↗ Breton und Vercors widmeten ihm Werke; starb, nachdem ein betrunkener deutscher Soldat in sein Haus in Brest eingedrungen war, seine Tochter vergewaltigt, auf sie und die Gouvernante geschossen sowie das Haus mit allen schriftstellerischen Arbeiten in Brand gesteckt hatte.

▪ Übers.: Werkausgabe, 16 Bde, Hg. J. Schultz/R. A. Burkart, 1992 ff.

▪ Lit.: L. Aragon: S.-P.-R. ou l'espoir, 1945. ▪ P. Pelleau: S.-P.-R., le crucifié, 1946. ▪ A. Bergot: Le Solitaire de Camaret. Poésia, 1947. ▪ A. Bergot: Épaves du Magnifique, Poésia, 1950. ▪ T. Briant: S.-P.-R., 1951. ▪ J. Schultz: Über S.-P.-R. Hefte für Angewandte Literaturwissenschaft, 2004, 6/7.

La randonnée

(frz.; *Der Ausflug*, 1986, J. Schultz, C. Strasser) – Der poetische Reisebericht über eine Autofahrt vom Wohnsitz des Autors in Camaret nach Brest und zurück erschien erstmals als Sondernummer der *Revue de l'Ouest* im August 1932 in Brest.

Saint-Pol-Roux' gesamtes Werk kann man zwei Schaffensperioden zuordnen. In der ersten Periode (1885–1914), die er zuerst in Paris, dann in den belgischen Ardennen, ab 1898 bereits in der Bretagne verbrachte, schrieb er die Werke, die ihn als extravaganten Symbolisten und als Vorläufer der Moderne bekannt gemacht haben. In Bezug auf seine Dichtung sprach er zuerst vom ›magnificisme‹: Die Dinge des Alltags sollten in der Dichtung verherrlicht und verklärt werden. Doch schon im Vorwort zur ersten einbändigen Ausgabe von *La reposoirs de la procession*, 1893 (*Die Stationen der Prozession*, in: *Werkausgabe*, Bde 2,1, 1992 und 3,2, 1997), verwendete er den Begriff ›ideorealisme‹, den er immer wieder neu definierte. Er wollte den Ideen, die sich in oder hinter den Dingen der Wirklichkeit verbergen, auf die Spur kommen und sie in seiner Dichtung zum Ausdruck bringen. Dabei berief er sich ausdrücklich auf Hegel und den deutschen Idealismus.

Ab dem Beginn des Ersten Weltkrieges zog sich Saint-Pol-Roux immer mehr vom öffentlichen literarischen Leben zurück, abgesehen von Kontakten zu jungen Dichtern der Moderne. Er beschäftigte sich sowohl mit esoterischen Geheimlehren als auch mit den Errungenschaften des modernen Lebens, insbesondere mit dem Film, und fasste den Plan, seinen ›Ideorealismus‹ in einer alles umfassende Poetik darzustellen: *Res poetica. La répoétique* lautete der Titel dieses Werks, von dem er zu Lebzeiten nur einige Seiten im *Mercure de France* veröffentlichte. Bei der Plünderung und Zerstörung seines Hauses wurden viele Manuskripte zerstört, so dass diese Poetik nur in Fragmenten, thematisch geordnet, postum veröffentlicht werden konnte.

Der Reisebericht *La randonnée* kann jedoch als eine vorläufige Zusammenfassung all der Ideen und Vorstellungen betrachtet werden, die Saint-Pol-Roux in seiner Poetik zum Ausdruck bringen wollte. Es ist zudem ein leicht lesbarer Text von knapp 100 Seiten, in dem das Ich von den Gegebenheiten der bretonischen Landschaft und ihrer Geschichte immer wieder zu seinen poetologischen Reisen in das Reich der Vorstellungskraft aufbricht. Metaphern des Fliegens und der Geschwindigkeit beherrschen den Text, doch wird zwischen einer ›mechanischen‹ und einer ›geistigen‹ Geschwindigkeit unterschieden. Die Geschwindigkeit der Maschinen war für Saint-Pol-Roux nur ein Ersatz. Wichtiger war für ihn die Fähigkeit des Geistes, blitzschnell die entferntesten Dinge zusammenzubringen. Mit einer Geschwindigkeit von mehr als 1000 Kilometern in der Sekunde ist der Gedanke in der Lage, ein Ende der Welt mit dem anderen zu verbinden. Der Reisebericht, der stellenweise in Geistesblitze und Aphorismen zerspringt, ist wohl das beste Beispiel für Saint-Pol-Roux' ›Ideorealismus‹: Landschaft, Geschichte, Menschen und die Ideen des Dichters werden zu einem einheitlichen Bild, dessen verschiedene Ebenen mehrfach miteinander verbunden sind. Eine dieser Ebenen ist die Poetik selbst, die sich in der Landschaft, in ihren festen und beweglichen Gegebenheiten, widerspiegelt.

Der Autor fand hierfür die geeigneten Gesetze der Metrik und verwendete die von ihm bevorzugte poetische Prosa, den freien Rhythmus, das freie künstlerische Schaffen, das sich wie »die Lerche im Flug« von allen Gesetzen befreit. Nach seiner Vorstellung müsste es einen ›Ideorealisator‹ geben, der, ähnlich einem Filmprojektor, die Wirklichkeit, künstlerisch überhöht und für alle Sinne wahrnehmbar, auf eine mehrdimensionale Leinwand projiziert. Er entpuppte sich somit als einer der letzten Vertreter eines künstlerischen Totalismus.

▪ Lit.: J. Schultz: Ein vergessener Vorläufer. Zu S.-P.-R.' Stellung in der Literatur des 20. Jh.s, in: Neohelicon 14, 1987, 67–88. ▪ J. Schultz: Der Dichter ist radioaktiv. Anmerkungen zu S.-P.-R., in: Akzente 38, 1991, 186–191.

Joachim Schultz

Louis de Rouvroy, Duc de Saint-Simon

- geb. 16.1.1675 Versailles (Frankreich)
- gest. 2.3.1755 Paris (Frankreich)

Offizier, verließ 1702 die Armee (da bei einer Beförderung übergangen); unter Louis XIV. Höfling in Versailles, 1715 unter dem Duc d'Orléans im Regentschaftsrat; 1721 Botschafter in Madrid; 1723 nach dem Tod des Regenten Rückzug aus den Ämtern; wichtiger Zeitzeuge der letzten Jahre des ›Sonnenkönigs‹.

▪ Lit.: G. Poisson: Monsieur de S., 1987. ▪ M. Stefanovska: S., un historien dans les marges, 1998. ▪ E. LeRoy Ladurie: S. ou le système de la cour, 1998.

Mémoires

(frz.; *Die Memoiren des Herzogs von Saint-Simon*, 1977, S. von Massenbach) – Die autobiographischen Aufzeichnungen entstanden zwischen 1694 und 1752 und wurden 1829/30 teilweise, vollständig allerdings erst 1879 bis 1928 veröffentlicht. Nach dem Tod des Autors wurde die Publikation des insgesamt 173 Hefte umfassenden Manuskripts aus politischer Rücksichtnahme zunächst verhindert.

Die Memoiren berichten vorwiegend über den Zeitraum von 1692 bis 1723, also über die letzten Jahre Ludwigs XIV. (reg. 1643–1715), in die der gesellschaftliche Aufstieg Saint-Simons fällt, und über die ›Régence‹ (1715–1723). Im Entstehungsprozess des Werks lassen sich drei Stufen unterscheiden: Ab 1694 schrieb der Autor – angeregt durch die Memoiren Bassompierres – seine Erlebnisse und Eindrücke in Tagebuchform nieder. Um 1730 erhielt er vom Herzog von Luynes den unveröffentlichten Text des »Journal von Dangeau« – den peinlich genauen Bericht eines kritiklosen Höflings über die Vorgänge am Hof während der Jahre von 1684 bis 1720. Saint-Simon kommentierte zunächst das Journal in oft abfälligem Ton. Seit 1740 arbeitete er an seinem eigenen Memoirenwerk. Neben dem Journal und den eigenen Niederschriften, die diesen Erinnerungen zugrunde liegen, zog er auch die Eintragebücher des Marquis de Dreux und des Zeremonienmeisters Sainctot sowie die diplomatischen Schriftstücke de Torcys und eine ganze Reihe anderer, nicht veröffentlichter Berichte heran.

Der unbestrittene literarische Rang des Werks liegt vor allem in den unvergleichlichen Porträts und Szenenschilderungen. Der auf seine ererbte, jedoch noch junge Herzogswürde mimosenhaft stolze, gegenüber Ludwig XIV. gereizt und zugleich devot reagierende, in seiner politischen Karriere allzu kurz gekommene und gekränkte Saint-Simon hatte 1702 zum Unwillen des Königs wegen zu langsamer Beförderung den Militärdienst quittiert und sich 1723 ganz vom Hof zurückgezogen. Der kleingewachsene, missgestaltete Mann achtete peinlich auf die Einhaltung des Zeremoniells und entdeckte mit untrüglichem Instinkt die unter der Etikette verborgenen Schwächen der Höflinge, um sie in seinen entlarvenden Porträts festzuhalten. Er zeichnete das Bild des hochmütigen, vom Tod seiner designierten Nachfolger schwer getroffenen, verbitterten ›Sonnenkönigs‹, der zum Spielball der Schmeichler geworden war und vor dessen mäßiger Intelligenz alle sich zu erniedrigen hatten: »Verstand, Adel, gegenseitige Achtung, ein edles Herz, all das wird ihm verdächtig und bald hassenswert.«

Der despotische Absolutismus sowie die Verbrechen Ludwigs an den Hugenotten infolge der Aufhebung des Toleranzedikts von Nantes (1685) und an den Jansenisten im Zusammenhang mit der Auflösung des Reformklosters Port-Royal (1702) gaben Saint-Simon Anlass zu unerbittlicher Kritik. Auf eine Herrschaft der Ehre unter Ludwig XIII. sei unter Ludwig XIV. eine Herrschaft des Geldes gefolgt, das nicht etwa aus einem blühenden Handel in die königliche Kasse fließe, sondern dem Volk durch Parteigänger, Verwalter und Steuern abgepresst werde.

Der Autor schildert den Hof, den eine lange und am Ende schreckliche Herrschaft erschöpft hat, den Machtbegierde und das um die mutmaßliche Thronfolge entstehende Cliquenwesen entzweit haben; schließlich die nur noch von oben gebändigte überschäumende Lebenslust, die Gewissenlosigkeit, die Machenschaften und die Machtgelüste, die sich während der ›Régence‹ voll entfalten. Er hasst die allmächtige Witwe Paul ↗ Scarrons; den dicken Sohn des Königs überschüttet er mit seinem Sarkasmus, wirft ihm Unfähigkeit und Fettsucht vor, ja sogar seinen langen Todeskampf. Mit dem Großteil des Hofs überworfen, hielt Saint-Simon dennoch stets zu seinen wenigen Freunden. In seinem glänzendsten Porträt bewundert er den Erzbischof von Cambrai (↗ Fénelon), aus dessen »Augen Feuer und Geist wie ein Sturzbach hervorbrechen«.

Obgleich man in keinem Literaturwerk der Zeit ein so vollständiges und lebendiges Bild des französischen Adels, des Königshauses und des Hofs findet, ist der historische Quellenwert des Werks begrenzt. Wie dem Herzog der politische Weitblick in der Praxis fehlte, so überschreitet er auch in den Memoiren nur selten den Bereich seiner ausgeprägt subjektiven Beobachtungen und seiner Gefühle. Nur am Rande befasst er sich mit außen- und innenpolitischen Vorgängen. Wenngleich ihm fortschrittliche Ideen nicht ganz fremd waren, so war seine Grundeinstellung doch durchaus traditionell. Den bürgerlichen Intellektuellen, die von Ludwig XIV. als Minister herangezogen wurden, brachte er nur Geringschätzung entgegen. Sein Wohlwollen für das Volk war durchaus feudal-patriarchalischer Natur, sein Bild des Sonnenkönigs ebenso einseitig an der verklärenden, von Ritterromanen geprägten Folie eines Ludwig XIII. gemessen, wie der französisch-holländische Krieg auf die Rivalität zwischen Colbert und Louvois trivialisierend zurückgeführt wird. In einer so glanzvollen Epoche der Literatur und der Künste spricht er nur am Rand einer Anekdote über ↗ Racine; ↗ La Rochefoucauld erscheint lediglich in der Eigenschaft des königlichen Historiographen; ↗ Voltaire würde nicht erwähnt werden, »wenn er nicht eine Art Persönlichkeit im Bereich der Literatur geworden wäre«.

Das schmälert jedoch nicht den literarischen Wert der Memoiren. Die meisterhaften Porträts von Zeitgenossen überstürzen sich in ihrer Fülle. Malerei und Sensibilität sind ihre bezeichnendsten Züge. Nicht so sehr auf Vollständigkeit, sondern auf das Charakteristische bedacht, hob Saint-Simon die oft zu dunkel, aber stets lebendig gezeichneten Einzelzüge in aller Schärfe hervor. Von großer Unmittelbarkeit sind die Schilderungen seelischer Qualen. So fand er beispielsweise für die Selbstbeherrschung Ludwigs, des Herzogs von Burgund, angesichts des Todes die erstaunlichen Worte: »In dieses furchtbare Leiden mischte sich nichts Niedriges, Kleinliches, Anstößiges. Man sah einen Menschen, der außer sich war, der sich zu einem ruhigen Äußeren zwang und der daran starb.« Lange vor den ersten naturalistischen Romanen beschrieb Saint-Simon das Schreckliche. Dieses Unterfangen war beispiellos in seiner Zeit, archaisch und modern zugleich. Frei wie die Schriftsteller des 19. Jh.s, unkorrekt, aufbrausend, weitschweifig, voller Zweideutigkeiten, dann wieder von höchster Klarheit, steht sein Stil im Gegensatz zur Klassik. Die Romantiker entdeckten ihn als Schriftsteller. Honoré de ↗ Balzac und Marcel ↗ Proust wurden entscheidend von ihm beeinflusst, und noch zu Beginn des 21. Jh.s haben die Memoiren nichts von ihrem Glanz und ihrer Strahlkraft verloren.

▪ Lit.: D. Van der Cruysse: Le portrait dans les ›Mémoires‹ du duc de S., 1971. ▪ J. Cabanis: S. Ambassadeur ou le Siècle des Lumières, 1987. ▪ D. de Garidel: Poétique de S. Cours et détours du récit historique dans ›Les mémoires‹, 2005.

KLL

Danièle **Sallenave**

■ geb. 28.10.1940 Angers (Frankreich)

Studium der Literaturwissenschaften an der École Normale Supérieure; lehrte seit Anfang der 1970er Jahre Literatur- und Filmwissenschaft an der Universität Paris X (Nanterre); 1974 Mitbegründerin der Literaturzeitschrift *Digraphe*; Übersetzerin italienischer Literatur (u. a. Calvino, Pasolini); seit 1975 als Schriftstellerin tätig; verbindet in ihrem literarischen und essayistischen Werk Literaturtheorie und -praxis; journalistische Tätigkeit u. a. für *Le Messager Européen*, *Les Temps Modernes* und *Le Monde* in den Bereichen Literaturkritik, Politik (insbesondere Osteuropa und Nahost) und Bildungsfragen.

■ Lit.: M. Neuhofer: D. S., in: Lexikon zur fremdsprachigen Gegenwartsliteratur. ■ D. S. Visages d'une œuvre, Hg. J. Le Marinel, 2000. ■ B. Thibault: D. S. et le don des morts, 2004.

Die Erzählungen

(frz.) – Das Werk Danièle Sallenaves umfasst Texte unterschiedlicher Gattungen: Neben Romanen, Essays, dramatischen Texten, Reiseberichten und literaturtheoretischen Schriften finden sich von Anfang an auch kürzere Texte, Novellen, dialogisch inszenierte Gespräche und autobiographische Berichte, die sich unter dem Sammelbegriff ›Erzählung‹ subsumieren lassen. Gemeinsam ist diesen Texten die Auseinandersetzung mit Themen wie Alter, Tod, Vereinzelung und Entwurzelung sowie die Beschreibung des Lebens ›einfacher‹ Menschen, die von Sallenave meist in Form von Porträtskizzen in den Blick genommen werden. Indem sie in ihren Erzählungen insbesondere Figuren entwirft, deren Leben gleichermaßen gewöhnlich-alltäglich wie abgetrennt von geistig-persönlicher Entfaltungsmöglichkeit erscheint, wirken diese Texte sowohl gedächtnisstiftend als auch emanzipatorisch. Als impliziter Fluchtpunkt der Erzählungen zeichnet sich dabei von Anfang an ab, was in *D'amour*, 2002 (Mit Liebe), schließlich explizit wird: die Verbindung von bewahrender Erinnerung und (Selbst-)Befreiung durch das Erzählen.

Der 1983 erschienenen Erzählsammlung *Un printemps froid* (*Ein kalter Frühling*, 1989, B. Paul), ist als Motto »in memoriam« vorangestellt, eine für das gesamte literarische Werk Sallenaves programmatische Aussage. Die elf novellenartigen Erzählungen inszenieren Momente und Daseinsformen, die verschiedene Formen von Selbstentfremdung, Einsamkeit oder (Ab-)Trennung aufweisen. So erlebt der Protagonist in der titelgebenden Erzählung »Un printemps froid« einen Augenblick der Erstarrung, der absoluten Leere in sich, der in unterschiedlicher Ausprägung charakteristisch für die Existenz sämtlicher Figuren in dem Band erscheint. Symptomatisch hierfür ist das in »Louise« in berichtend-teilnahmslosem Stil gezeichnete Porträt einer Frau, deren Leben keine Entfaltungsmöglichkeit bietet, die aber auch keinerlei Anzeichen einer Auflehnung erkennen lässt. Aus einfachen Verhältnissen stammend und ohne Zugang zu höherer Bildung, bleibt ihr ein selbstbestimmtes Leben versagt. Ihre kinderlose Ehe macht zudem jene Lebensform unmöglich, welche die erste Hälfte des 20. Jh.s für Frauen standardmäßig bereithält. Solcherart eingeschränkt, gehen auch spätere gesellschaftliche Veränderungen wie die Möglichkeit zu reisen oder mittels Fernsehen an der Welt zu partizipieren an Louise vorbei, ohne ihr Leben zu bereichern oder gar zu erfüllen.

Auch an dem namenlos bleibenden männlichen Protagonisten der Erzählung »L'accomplissement« (Die Erfüllung) scheint das Leben vorüberzuziehen. Die substanzlose, auf das bloße Verstreichen der Zeit reduzierte Existenz spiegelt sich im zweiten Teil der Erzählung in einem trostlosen, von kulturgeschichtlicher Verankerung abgetrennten ›Banlieue‹-Lebensraum wider. Anders als in »Louise« scheint hier am Ende durch das gesteigerte Bewusstsein des Protagonisten eine – wenngleich reduzierte – Form der Erfüllung zumindest möglich. So sehr der Erzählband insgesamt von einer morbiden und desillusionierenden Stimmung durchzogen ist, lässt sich gegen Ende hin doch auch eine gewisse Tendenz zum Tröstlichen feststellen: »Eternellement joyeux« (Auf ewig freudevoll) lautet etwa der Titel der letzten Erzählung.

Auch in *Adieu* (1987) sowie in *Viol*, 1997 (*Das Schweigen der Mütter: Mißbraucht und für immer zerstört*, 1999, C. Steinitz), beschreibt Sallenave einfache, im Leben zu kurz gekommene Menschen. Allerdings wird den Hauptfiguren nun eine reflektierende, gebildete Figur zur Seite gestellt, die sich für das Leben dieser Menschen interessiert, es festhält, sei es durch Fotos *(Adieu)* oder ein Aufnahmegerät *(Viol)*. Auf diese Weise wird die Auseinandersetzung mit dem ›gewöhnlichen Leben‹ um die entscheidende Dimension der Anteilnahme erweitert, wo in *Un printemps froid* zumeist eine neutral-distanzierte Erzählweise dominierte. – So erscheint die Erzählung *Adieu* geprägt von der empathischen Haltung des Ichs, eines jungen Mannes, der seinen Großonkel einige Wochen lang täglich besucht und über sein Leben befragt. In *Viol* wiederum, einer Zusammenstellung von Interviews und Briefen zwischen einer Soziologin und Mado, deren Tochter Marie-Paule von Lucien, dem Ehemann Mados, missbraucht wurde, entwickelt sich im Lauf der Gespräche eine Form von Verständnis zwischen der Interviewerin und Mado. Deutlich zeigt sich in beiden Erzählungen der Wunsch, Menschen, die aufgrund ihrer Biographien und persönlichen Dispositionen den Interviewpartnern zunächst fremd sind, zu verstehen.

Fortgeführt und radikal ausgebaut wird die Dimension der affektiven Anteilnahme in der autobiographischen Erzählung *D'amour*, 2002 (Mit Liebe), in der sich Sallenave mit dem Leben zweier ihr wichtiger Menschen auseinandersetzt. Über das Motiv des frei gewählten Todes verknüpft sie das Porträt von Odette, der Frau ihres Onkels, mit jenem ihres langjährigen Geliebten Pierre. Während Erstere sich selbst offenbar zu sehr liebt und es im Alter angesichts des verfallenden eigenen Körpers vorzieht, ihr dadurch sinnentleertes Leben zu beenden, indem sie sich vor einen Zug wirft, erscheint der langsame Selbstmord Pierres durch verweigerte Essensaufnahme umgekehrt motiviert: Die mangelnde Wertschätzung des eigenen Ich führt schließlich zur Selbstaufgabe. Mittels dieser beiden Figuren zeichnet Sallenave im kunstvollen Umgang mit verschiedenen Sprachregistern (von gesprochener, mit Regionalismen durchsetzter, bis hin zu literarischer Sprache) ein genaues Bild geschlechtsspezifischen Rollenverhaltens in der französischen Gesellschaft bis in die späten 1960er Jahre und reflektiert, indem sie ihr eigenes Leben vor dem Hintergrund des Lebens der beiden Figuren betrachtet, sowohl ihre Herkunft als auch ihr Dasein als Schriftstellerin, Intellektuelle und Frau.

Die Gliederung des Textes in 50 kurze Kapitel lässt eine Dreiteilung erkennen: Am Anfang wird das Leben Odettes bzw. Pierres beschrieben und deren Selbsttötung reflektiert, im mittleren Teil wird das eigene Ich mit den beiden Figuren verknüpft, in den letzten Kapiteln schließlich sucht die Ich-Erzählerin den Dialog mit den beiden Figuren, insbesondere mit Pierre, um sich von ihnen zu verabschieden und sich so selbst von der Vergangenheit befreien zu können. Als Angelpunkt der Erzählung erweist sich der Zweite Weltkrieg, weniger aufgrund der Kriegsereignisse als vielmehr aufgrund des fundamentalen gesellschaftlichen Umbruchs, den dieser nach sich zog. Sowohl Odette als auch Pierre scheinen in der modernen Gesellschaft mit ihren veränderten Geschlechterverhältnissen keinen Ort mehr zu finden. Der Krieg wird so zum Erklärungs- und Verstehensmuster für das Leben und Handeln aller beteiligten Figuren. Fast genau in der Mitte des Textes heißt es hierzu: »Auch mich erklärt der Krieg. Und er erklärt, wie ich sie, diejenigen, von denen ich spreche, kennen gelernt habe, wie ich sie verstanden, geliebt habe. Mit Liebe.«

▪ Lit.: B. Coenen-Mennemeier: Raison et pitié, in: Intertextualität und Subversivität. Studien zur Romanliteratur der achtziger Jahre in Frankreich, Hg. W. Asholt, 1994, 95–110. ▪ K. Schoell: Der Versuch, das Böse zu verleugnen, in: Blumen und andere Gewächse des Bösen in der Literatur, Hg. U. Mathis-Moser/B. Mertz-Baumgartner/G. Fuchs/D. Eibl, 2000, 389–398.

Monika Neuhofer

Les portes de Gubbio

(frz.; *Die Türen von Gubbio*, 1989, W. Vaisse) – Die Rahmenhandlung des 1980 erschienenen Romans schildert die Übergabe der Tagebücher von S., Komponist und Dozent, an einen Übersetzer in einer Atmosphäre nicht näher definierter politischer Bedrohung in einem osteuropäischen Land. In der Hoffnung, aus der Distanz zu sich selbst ein einzigartiges Werk zu komponieren, beantragt S. Beurlaubung von seiner Lehrtätigkeit und lässt sich dafür auf eine dubiose Gegenleistung ein: zu Forschungen nach produktionssteigernder Musik. Doch stattdessen nehmen seine Nachforschungen zur Biographie Kaerners, eines verfemten und am Ende seines Lebens zunehmend dem Wahnsinn verfallenen Komponisten der Vorkriegszeit, immer mehr Raum ein. Mit in direkter Rede wiedergegebenen Gesprächen, transkribierten Interviews, zitierten Briefen und Zeitungsartikeln setzen die Tagebucheintragungen von S. zwischen Oktober 1966 und Juni 1967 das Bild eines Künstlers zusammen, den die Annäherung an den »absoluten Ausdruck«, an »das Eine, die Ewigkeit« in seinem Werk dem Spannungsfeld von Tod und Wahnsinn ausgeliefert hat.

Sallenaves emphatischer und metaphysischer Begriff von Kunst zeigt sich an der Mythisierung des Künstlers als von der Kunst auserwählten Vermittlers einer Transzendenzerfahrung. Indem Lesen und Schreiben die gegenwärtige reale Welt durch eine imaginäre und unsichtbare Welt verdoppeln, kommt eine Form der Zeitlosigkeit ins Spiel, die aus einer von Gedächtnis und Vergangenheit gestifteten Kontinuität hervorgeht. S. erachtet sein Schreiben als eine Art archäologische Arbeit, die das Leben seiner zeitlichen Begrenztheit entzieht und für die Objektivität und Universalität des Sinns als allen Lesern gemeinsame Referenz öffnet. Deswegen verschachteln sich im Tagebuch mehrere Textebenen mit biographischen Fragmenten: die Gespräche mit S.' todkrankem Freund F., einem Archäologen, die Interviews mit Clara, der Pianistin und Gefährtin Kaerners, sowie eigene Erinnerungen des Übersetzers, die durch die tägliche hautnahe Auseinandersetzung mit der Sprache ins Bewusstsein gelangen.

Unter Bezug auf die Poetik des Aristoteles ordnet Sallenave dem Autor die Position des ›auctor‹ zu. Er erschafft und ordnet Handlung und Charaktere nach seinen Prinzipien und ist somit Garant für die Wahrheit der Aussage. Das Leiden an dem geteilten, endlichen Dasein wird, nach Paul Ricœurs philosophischer Lektüre der Poetik, im aristotelischen ›Mythos‹ als zeitliche Anordnung von Handlungen durch den ›auctor‹ zu einer Ordnung der Einsicht und des Verstehens transformiert.

»Eine gewisse Idee vom Dasein als Suche nach Sinn«, wie Sallenave in ihren Aufsätzen über Literatur betont, bestimmt das Lesen und Schreiben. Die Lektüre der Tagebücher von S. durch den Übersetzer partizipiert an der Unterwerfung der chronologischen Zeit durch den Autor und damit an ihrer Auslöschung. S.' Schreiben schafft einen Ort des Austauschs zwischen dem Lebenswerk von Künstlern als Teil des kulturellen Erbes der Vergangenheit und seinem Gedächtnis: Dieser Ort hat, wie die Häuser von Gubbio, eine Tür für die Lebenden und eine für die Toten.

In der fiktionalen Struktur dieses Romans sind Sallenaves zentrale, literaturtheoretische Überlegungen, die später in *Le don des morts. Sur la Littérature*, 1991 (Die Gabe der Toten. Über die Literatur), weiter ausgeführt werden, bereits vollständig angelegt: Das Werk eines Künstlers bzw. Autors müsse die Erfahrung der Begrenztheit des menschlichen Daseins mittels der imaginären Welt der Bücher transzendieren. Im Sinne Schopenhauers (*Die Welt als Wille und Vorstellung*, 1819) entsteht in der geistigen Welt der Fiktion eine Form der Kontinuität zwischen den Lebewesen, ein »Ausschnitt reiner Zeit«. Das literarische Werk birgt die Vorahnung einer möglichen anderen Ordnung hinter der sichtbaren des Todes.

▪ Lit.: E. Giesenhagen: Stadtvisionen in der französischen Erzählliteratur des 20. Jh.s, 2002.

Barbara Loreck

George Sand

▪ geb. 1. 7. 1804 Paris (Frankreich)
▪ gest. 7. 6. 1876 Nohant/Indre (Frankreich)

(d. i. Amandine-Aurore-Lucile Dupin de Francueil) – Tochter eines Offiziers und einer Modistin; früh vaterlos; 1821 nach dem Tod der Großmutter finanziell unabhängig; Ehe mit François-Casimir, Baron Dudevant, den sie 1831 mit zwei Kindern verließ; zog mit dem Schriftsteller J. Sandeau nach Paris, mit dem sie mehrere Romane unter dem Namen J. Sand schrieb; 1833 Freundschaft mit A. de ↗ Musset, gemeinsame Italienreise; bekannt mit Liszt, Berlioz, Delacroix, ↗ Balzac; 1838–1846 Liaison mit Chopin; sozialrevolutionäres Engagement; nach Scheitern der Revolution 1848 Rückzug nach Schloss Nohant, das Treffpunkt von Schriftstellern und Künstlern wurde; bedeutendste romantische Romanautorin Frankreichs.

▪ Ausg.: Les œuvres, Hg. M. Hecquet, 1991.
▪ Übers.: Sämtliche Werke, 15 Bde, G. Julius, 1843–1846.
▪ Lit.: F. Massardier-Kenney: Gender in the Fiction of G. S., 2000. ▪ A. Stromeyr: G. S., 2004. ▪ E. Harlan: G. S., 2004.

Lélia

(frz.; *Lelia*, 1981, A. Wheill) – Der 1839 in neuer Fassung veröffentlichte Roman erschien erstmals 1833 und gehört mit *Indiana*, 1832 (*Indiana*, 1980, A. Seubert), *Valentine*, 1832 (*Valentine*, 1844, L. Meyer), und *Jacques*, 1834 (*Jacques*, 1844, L. Meyer), in die Reihe der frühen, autobiographisch gefärbten Romane der Autorin, in denen sie das Recht der Frau auf Leidenschaft mit besonderem Nachdruck verficht.

Die komplizierte Handlung erzählt das Lebensschicksal einer Frau, die sich in dem quälenden Streben nach Selbsterkenntnis zermürbt. Die Erinnerung an eine unglückliche Jugendliebe überschattet Lélias Leben und versagt ihr die Verbindung mit dem jungen Dichter Stenio, der sie glühend verehrt (hinter ihm verbirgt sich der Gelehrte Ajasson, dessen Mätresse George Sand 1827 wurde). Zu Unrecht sieht er den Grund für Lélias Zurückhaltung in einer vermeintlichen Liebesbeziehung zu Trenmor, einem ehemaligen Galeerensträfling, der im Alter zu abgeklärter Lebensweisheit gefunden hat und zum geistigen Vorbild Lélias geworden ist. In ihrer Sehnsucht nach Ausgeglichenheit und Frieden zieht sich Lélia in ein Kloster zurück; bald wird sie dort Äbtissin. Stenio spürt sie nach langem Suchen auf und gewinnt nun endlich Klarheit darüber, dass ihm Lélia nicht indifferent gegenüberstand, sondern in Wahrheit eine leidenschaftliche Liebe zu ihm empfand, die sie nun Gott geopfert hat. Zutiefst erschüttert von dieser Erkenntnis nimmt sich Stenio das Leben. Der Eremit Magnus findet den Leichnam und lenkt den Verdacht auf Lélia, die er mit glühendem Fanatismus verfolgt, da sie eine heftige Leidenschaft in ihm entfacht hat. Sie wird zu lebenslanger Gefangenschaft in einer Kartause verurteilt. Nach ihrem Tod bestattet sie ihr alter Freund Trenmor am Ufer eines Sees, gegenüber dem Platz, wo Stenio begraben liegt. – In der ursprünglichen Konzeption, die der Erstausgabe von 1833 entspricht, wird Lélia von Magnus getötet, ohne dass zuvor noch eine Aussprache mit Stenio stattfindet.

Das Werk wurde ein Publikumserfolg. Hierzu trug wesentlich das von Sainte-Beuve in Umlauf gesetzte Gerücht bei, es handle sich um einen Schlüsselroman. Tatsächlich sind Züge einzelner Liebhaber nachweisbar, jedoch kombiniert oder auf verschiedene Figuren verteilt. Auch Lélia selbst ist nicht ohne Weiteres mit der Autorin zu identifizieren.

Skeptizismus, Naivität, Stoizismus und Sensualismus werden als Lebenshaltungen gegeneinandergestellt und am Phänomen ›Liebe‹ auf ihre Tauglichkeit hin erprobt. George Sand versucht auf diese Weise, ihre wiederholte Erfahrung enttäuschter Liebe auf eine metaphysische Gesetzlichkeit, den »Antagonismus von Poesie und Zweifel«, zurückzuführen. Die klinisch exakte Analyse psychischer Extremvorgänge weist den Roman als wichtiges Zeugnis der zeitgenössischen Weltschmerzdichtung aus. Die resignierte Apologie von Schmerz und Tod spiegelt die wachsende Entfremdung des Individuums in einer vom Materialismus erschütterten Gesellschaft.

■ Lit.: C.M. Peebles: The Psyche of Feminism, 1988. ■ J. Wright: Romancing the Dead; Death and Desire in G.S.'s Lélia, in: Irish Journal of French Studies 1, 2001, 57–66. ■ I. Hoog Naginski: Lélia, ou l'héroïne impossible, in: Etudes Littéraires 35, 2003, 87–106. *Gert Sautermeister / KLL*

Consuélo

(frz.; *Consuélo*, 1893, W. Platschek) – Der 1843 erschienene Roman, ein Hauptwerk der Autorin, erschien zunächst in Fortsetzungen ab Januar 1842 in der *Revue indépendante* gleichzeitig mit dem ungleich populäreren Reisetagebuch *Un hiver à Majorque* (*Ein Winter auf Mallorca*, 1999, M. Dessauer), das ihren Mallorcaaufenthalt mit Frédéric Chopin beschreibt. Auch *Consuélo* entstand während Sands Beziehung zu Chopin und spielt in Musikerkreisen. Die Protagonistin trägt weitgehend die Züge der damals berühmten Sängerin Pauline Viardot, mit der die Autorin eng befreundet war. Die Handlung ist jedoch ins 18. Jh. verlegt, Schauplatz des ersten Teils ist Venedig.

Consuélo, eine kleine Bohemienne und Sängerin, macht auf der venezianischen Opernbühne überraschend Karriere. Ihre künstlerischen Erfolge bezahlt sie mit dem Verlust ihres einfachen Lebens. Ihr Bräutigam Anzoleto, ein venezianischer Fischer, der sich ebenfalls, allerdings erfolglos, als Sänger versucht, quält sich und sie mit Neid und Eifersucht und beschleunigt so ihre Trennung. Vom Theaterleben enttäuscht, verlässt Consuélo auf dem Höhepunkt ihrer Karriere Venedig und übernimmt in Böhmen die Stelle einer Gesangslehrerin im Schloss des Grafen von Rudolstadt. Ihr Schüler, der junge Graf Albert, leidet unter Zwangsvorstellungen, in deren Bann er oft für mehrere Tage das Schloss verlässt und sich halb wahnsinnig in den Wäldern herumtreibt. In diesem Zustand wird er von Consuélo eines Tages in einer abgelegenen Gebirgshöhle aufgefunden. Bei ihrem Anblick findet Albert zu sich selbst zurück, gesteht ihr seine Liebe und bittet sie um ihre Hand. Aber Consuélo hat nicht die Kraft, diesen Antrag anzunehmen; sie verlässt das Schloss und begibt sich nach Wien, wo sie Kaiserin Maria Theresia vorgestellt und ans Hoftheater engagiert wird. An Alberts Sterbelager gerufen, kehrt sie für kurze Zeit ins Schloss Rudolstadt zurück und zieht nach dem Tod ihres Freundes einsam und ohne noch etwas vom Leben zu erwarten in die Welt hinaus.

Besonders hervorzuheben ist das gut getroffene Kolorit des Musikmilieus. Der mit anspruchslosen Mitteln erzielte romantisch-sentimentale Reiz des Romans bewirkte seinen lang anhaltenden Erfolg. Daran versuchte die Autorin noch im selben Jahr mit einer Fortsetzung anzuknüpfen, legte den Akzent in dem Romanmelodram *La comtesse de Rudolstadt* (*Die Gräfin von Rudolstadt*, 1844, J. Scherr) jedoch auf soziale Fragen. Vor allem die darin eingeflochtenen, schwerfällig vorgetragenen Theorien des Sozialphilosophen Pierre Leroux (1797–1871) zur Besserung der Menschheit verhindern, dass der zweite Teil die poetische Leichtigkeit von *Consuélo* erreicht.

■ Lit.: H. Yun: L'art de persuader dans Consuelo de G.S., 1995. ■ R. Winegarten: Brilliant Nebula: G.S.'s Views of the Eighteenth Century, in: G.S. Studies 18, 1999, 87–93. ■ K. Lokke: Children of Liberty. Idealist Historiography in Staël, Shelley, and S., in: Publications of the Modern Language Association of America 118, 2003, 3, 502–520. *Clara Mori Castelnuovo / KLL*

La mare au diable

(frz.; *Das Teufelsmoor*, 1986, H.u.H. Kühn) – Die 1846 in *Le Courrier Français* erschienene Erzählung gehört, zusammen mit dem fast gleichzeitig entstandenen *François le champi* (*François das Findelkind*, 1994, G. Meister), zu den Werken Sands, die heute noch gelesen werden. Held der fast nur in Dialogform geschriebenen bäuerlichen Idylle ist Germain, ein junger, einfacher Landmann; aus seinem Mund will die Erzählerin die Geschichte seiner zweiten Eheschließung erfahren haben.

Als Witwer mit drei Kindern erhält Germain von seinem Schwiegervater Maurice den Rat, sich wieder nach einer Frau umzusehen, die ihm die Hauswirtschaft führen könne. Gehorsam folgt er dem Vorschlag, um die Hand der ihm unbekannten wohlhabenden Witwe Cathérine anzuhalten, und macht sich auf die Reise in das Dorf der Auserwählten, begleitet von seinem jüngsten Kind und dem Mädchen Marie, das die Not zwingt, bei einer auswärtigen Familie in Dienst zu treten. Vor einem Unwetter suchen die drei Reisenden Unterschlupf in einer Waldschlucht, dicht neben dem »Teufelsmoor«. Die romantische Kulisse, die nächtliche Stille und das flackernde Lagerfeuer schaffen eine Atmosphäre inniger Vertrautheit, die in Marie und Germain eine uneingestandene Neigung füreinander weckt. Am Morgen trennen sie sich, treffen sich aber noch am gleichen Tag – Germain enttäuscht von der Leichtfertigkeit Cathérines, Marie auf der Flucht vor den Nachstellungen ihres Dienstherrn – in ihrem Heimatdorf wieder. Sie gestehen einander ihre Gefühle und feiern bald darauf Hochzeit.

La mare au diable leitete die dritte Schaffensphase George Sands ein. Nach ihrer von Schmerz und Unruhe erfüllten romantischen und der sozial engagierten, humanitären Periode wandte sie sich dem Bauernroman zu, in den sie das folkloristische Kolorit ihrer ländlichen Heimat (das Landgut Nohant im mittelfranzösischen Berry) einarbeitet. Dennoch besteht ein innerer Zusammenhang mit ihren früheren Werken: Weder sind die naiv-rustikalen Motive neu, noch wird das sozialkritische Engagement völlig aufgegeben. Die Darstellung des ländlichen Lebens soll vielmehr beim städtischen Leser ein Gefühl der Sympathie mit diesen einfachen und aufrichtigen, aber gesellschaftlich diskriminierten Menschen hervorrufen. Die auf eine lange Tradition – von Vergil *(Georgica)* und Longos *(Poimenika kata Daphnin kai Chloên)* bis zu d'↗ Urfé *(Astrée)* und Goldsmith *(The Vicar of Wakefield)* – zurückblickende Form der ländlichen Idylle dient dem Zweck, die einfache Schönheit und Wahrheit, die echte Poesie der bäuerlichen Wirklichkeit unter Beweis zu stellen. Schließlich war 1844 ↗ Balzacs Roman über das Landleben, *Les paysans (Die Bauern)*, erschienen, der soziale Belange stärker hervorkehrte. Sand lässt sich indessen von einer die Natur (»die Reize des primitiven Lebens«) bewusst idealisierenden Tendenz leiten, so dass ihr Werk der biedermeierlichen Restauration enger verbunden ist als dem entstehenden naturalistisch-realistischen Roman: »Die Kunst ist nicht eine Studie der erfahrbaren Wirklichkeit; sie ist vielmehr eine Suche nach der Wahrheit des Ideals.« (»L'auteur au lecteur«, »Der Autor an den Leser«). In dem gleichzeitig erschienenen, ihrem Freund Frédéric Chopin zugeeigneten Nachtrag »Les noces de campagne« (»Die Bauernhochzeit«) mündet die ↗ Rousseau'sche Naturverherrlichung in ein beinahe klassizistisches Tableau-Idyll.

▪ Lit.: R.B. Grant: G.S.'s La Mare au diable. A Study in Male Passivity, in: Nineteenth-Century French Studies 13, 1985, 4, 211–223. ▪ K. Koberstein: From Phallocentrism to Pyrocentrism. The Daughters of Prometheus in ›La Mare au Diable‹, in: G.S. Studies 14, 1995, 87–98. ▪ L. Frappier-Mazur: Genèses du roman, 2004.

KLL

François le champi

(frz.; *François das Findelkind*, 1994, G. Meister) – Der Roman erschien 1847, in einer Phase, da die Autorin zur Berufsschriftstellerin geworden war und ihre Arbeit an den Erfordernissen des literarischen Marktes auszurichten hatte. Darauf dürfte der über weite Strecken idyllische Charakter des Werks zurückzuführen sein. Schauplatz der Handlung, die zahlreiche autobiographische Bezüge hat, ist George Sands Heimat, die Landschaft des Berry.

Der Titelheld kommt als sechsjähriger Knabe in die Obhut der Gutsherrin Madeleine, nachdem er von seinen leiblichen Eltern ausgesetzt und zunächst von einer fremden Pflegemutter aufgezogen worden war. Dank Madeleines liebevoller Zuwendung verlebt er eine unbeschwerte Kindheit. Das Glück findet jedoch ein Ende, als François heranwächst: Blanchet, der herzlose Ehemann seiner Gönnerin, hat eine frivole Geliebte, die ein Auge auf den hübschen Jüngling geworfen hat, von diesem jedoch empört zurückgewiesen wird und sich dann an ihm rächen will. Sie hetzt Blanchet auf, der den Schützling seiner Frau daraufhin vom Hof jagt, obwohl ihm dessen Tüchtigkeit bis dahin immer sehr willkommen war. Der vertriebene François findet schnell Arbeit als Knecht auf einem anderen Gut, lebt dort aber freudlos, weil er sich nach seiner alten Heimat und vor allem nach Madeleine sehnt. Es vergehen jedoch einige Jahre, bis Blanchet stirbt und François dorthin zurückkehren und die verwitwete Gutsherrin heiraten kann.

Der Roman ist nicht nur mit seinem Sujet im ländlichen Leben verankert, sondern auch mit dem narrativen Rahmen, in den das Ganze eingebettet ist: Als Erzähler werden zwei bäuerliche Figuren präsentiert, die auf einem Dorfplatz abwechselnd das Wort ergreifen und sich an einen größeren Hörerkreis wenden. Die Narration ist mithin über eine fiktive Mündlichkeit vermittelt. Der Prosastil ist dementsprechend betont einfach; er soll die Redeweise der Landbevölkerung widerspiegeln, wobei freilich keine dialektalen Elemente zum Einsatz kommen. Erzählton und Handlung lassen gleichermaßen an die Gattung des Märchens denken. Es finden sich aber auch detailgenaue Schilderungen zur gesellschaftlichen bzw. ökonomischen Realität des Landlebens. Hierzu gehört die Findelkindproblematik, auf die sich die humanitäre Botschaft des Textes bezieht: Die Autorin setzt sich damit gegen die soziale Ächtung der – auf dem Land besonders zahlreichen – Findelkinder ein.

Der Roman, von dem auch eine dramatisierte Fassung existiert, ist eines der wenigen Werke George Sands, die noch lange nach ihrem Tod begeistert gelesen wurden. So war er etwa Lieblingslektüre des kindlichen Marcel aus ↗ Prousts *Recherche*.

▪ Lit.: B. Didier: G.S. et les structures du conte populaire, in: G.S., Hg. S. Vierne, 1983, 101–114.

Peter Ihring

Maurice **Sandoz**

▪ geb. 2.4.1892 Basel (Schweiz)
▪ gest. 5.6.1958 Lausanne (Schweiz)

Sohn des Gründers des Pharmakonzerns Sandoz; Studium der Chemie in Lausanne, Promotion 1920; Augenleiden als Folge spektroskopischer Untersuchungen, Aufgabe der wissenschaftlichen Studien; unternahm, finanziell unabhängig, ausgedehnte Reisen; Mäzen; neben musikalischen Kompositionen Erzählungen phantastischen Inhalts – *Contes et nouvelles*, 1931 (Erzählungen und Novellen), *Souvenirs fantastiques et Nouveaux souvenirs*, 1937 (Phantastische Erinnerungen und Neue Erinnerungen) – sowie Romane wie *Le labyrinthe*, 1941 (Das Labyrinth), und Theaterstücke, die, beeinflusst von ↗ Dalí, den er in den 1940er Jahren kennenlernte, Anklänge an den französischen Surrealismus aufweisen.

▪ Lit.: R. A. Zondergeld: Die Labyrinthe der Erinnerung. Die nostalgische Welt des M. S., in: Phaïcon 4, 1980, 106–119.

La maison sans fenêtres

(frz.; *Das Haus ohne Fenster*, 1948, N. O. Scarpi) – Der 1943 erschienene Roman ist das Hauptwerk des Autors und vervollkommnet die von ihm in seinen Erzählungen entwickelte Form der ›phantastischen Erinnerungen‹. Der Erzähler erinnert sich an bestimmte Ereignisse, die er entweder selbst erlebt oder aus den Erzählungen anderer erfahren hat. Diese Ereignisse sind zwar immer bizarr, werden aber auf natürliche Weise erklärt. Freilich heben die Erklärungen genauso wenig den phantastischen Charakter der Texte wieder auf, wie dies die von Ann Radcliffe und ihren Nachfolgern vorgenommenen prosaischen Umwandlungen gespenstischer Realität am Ende der umfangreichen ›gothic novels‹ tun. Das Prinzip ist hier allerdings ein anderes: Während dort die vorher angesammelte »Masse an Übernatürlichem« die blasse Deutung erschlägt, übersteigert bei Sandoz die ›natürliche‹ Erklärung noch die beim Lesen angenommene ›phantastische‹ Deutung. Die Realität erweist sich als phantastischer als die menschliche Phantasie.

In *La maison sans fenêtres* erinnert sich der etwa 40-jährige Erzähler an ihn prägende und verzaubernde Ereignisse aus seiner Jugend. Er hatte in einer geheimnisvollen Villa am Bodensee, der Villa Nirwana, deren Fassade fensterlos war, den jüdischen Professor Kascha kennengelernt. Erst Jahrzehnte später erfährt er nähere Einzelheiten über das Leben und das tragische Schicksal dieses steinreichen Kunstkenners, Gelehrten, Philosophen und Revolutionärs, der sein Haus mit allen ihm zur Verfügung stehenden Mitteln der Technik und der Kunst in ein fast perfektes ›paradis artificiel‹ verwandelt hatte. Auch wenn Kascha allen Frauen in seinem Leben zum tödlichen Verhängnis wurde, seiner Frau und deren Schwester ebenso wie einem ihm bekannten jungen Mädchen, war ihm eine Schuld an den rätselhaften Todesfällen nie nachzuweisen. Allmählich verwandelt sich das mildernde Licht der Erinnerung, das für den Erzähler anfänglich das bewunderte Idol seiner Kindheit umstrahlt, in ein unheimliches Zwielicht. Das Rätsel des Magiers Kascha, der von einem Lastkraftwagen überfahren wurde und dessen Kopf unter den schweren Rädern wie ein Nichts zerplatzte, bleibt ungelöst.

Im Charakter der Hauptfigur vereinigen sich Züge eines genialen, an Cagliostro oder den Grafen von Saint Germain erinnernden Abenteurers mit dem dekadenten Ästhetentum des Esseintes in ↗ Huysmans *A rebours* (1884), dessen Tradition Sandoz weiterführt. Auch wird Sandoz nicht nur im naiven, seinen Jugendträumen nostalgisch nachhängenden Erzähler, sondern deutlicher noch in Professor Kascha verborgen sein, dessen »Villa Nirwana« Parallelen zur legendären römischen Villa »Vigna Pepoli« des reichen Schweizer Autors aufweisen dürfte. Der Roman ist keine Abrechnung mit dem Ästhetizismus, sondern eine in die Form eines phantastischen Kriminalromans transponierte Reflexion über Gefahr und Lohn eines sich den gesellschaftlichen Forderungen verweigernden Lebens. Dass Sandoz sich hier mit dem Kernproblem seiner eigenen Existenz auseinandersetzt, mag die tragische Intensität mancher Passagen bewirken, die in seinem übrigen Werk nicht ihresgleichen finden.

Sandoz schuf eine völlig neue Art phantastischen Erzählens. Da die häufig bibliophilen Ausgaben seiner Werke – die Illustrationen zu *Le maison sans fenêtres* schuf Salvador ↗ Dalí – meist nur in kleinen Auflagen erschienen, blieb der Ruhm dieses wohl bedeutendsten phantastischen Erzählers der Schweiz bisher eher begrenzt.

▪ Lit.: R. A. Zondergeld: M. S., in: Lexikon der phantastischen Literatur, 1998, 304 f. *Rein A. Zondergeld*

Nathalie Sarraute

▪ geb. 18. 7. 1900 Ivanovo-Voznesensk (Russland)
▪ gest. 19. 10. 1999 Paris (Frankreich)

Geborene Natascha Tscherniak, Kindheit abwechselnd in St. Petersburg und Paris, ehe der Vater 1907 aus politischen Gründen nach Frankreich übersiedelte; 1920–1922 studierte sie englische Literatur, Geschichte, Soziologie und Jura in Paris, Oxford und Berlin; bis 1939 Rechtsanwältin in Paris; neben ↗ Robbe-Grillet und ↗ Butor Hauptvertreterin des nouveau roman.

▪ Ausg.: Œuvres complètes, Hg. J.-Y. Tadié, 1996.
▪ Lit.: R. Kroll: N. S., in: Kritisches Lexikon zur fremdsprachigen Gegenwartsliteratur. ▪ J. Lassalle: N. S. ou l'obscur commencement, 2002. ▪ D. Wendt: N. S., 2014.

Tropismes

(frz.; *Tropismen*, 1959, M. Hölzer) – Die 1939 erschienenen Prosaskizzen waren das erste Werk von Sarraute, der Wegbereiterin und Hauptvertreterin des nouveau roman, und zugleich das erste Beispiel des französischen ›Anti-Romans‹. In die Neuausgabe von 1957 wurde ein Text nicht wieder übernommen, zehn weitere, zwischen 1939 und 1941 entstandene Texte kamen hinzu. »Tropismen«, so Sarraute in der Einleitung zur englischen Ausgabe, »sind undefinierbare Bewegungen, die sehr schnell den Grenzen unseres Bewusstseins entgleiten; sie sitzen am Ursprung unserer Gesten, unserer Worte, unserer Gefühle, die wir äußern, die wir empfinden und definieren zu können glauben.«

Wie im Zeitlupentempo, wie überbelichtet entfaltet jeder der Texte das Zustandsbild einer anonymen bürgerlichen Familie in Paris. Durch banale Alltagsgespräche oder, besser, Alltagszitate mit ihren schatten- und maskenhaft auftauchenden Mitspielern dekuvrieren sich die Familienmitglieder gegenseitig bzw. verbergen sie sich voreinander. ›Man‹ kennt sich und kennt sich doch nicht. Die Familie ist Refugium und gleichzeitig der Ort, wo einem aufgelauert wird, wo man sich, dem Blick der anderen ausgesetzt, verraten kann. Im Kampf dieser Freund-Feindschaft steht keine Person für sich allein, jede ist Ausdruck und Produkt einer allseitigen und sich stets fortspinnenden unbewussten gegenseitigen Abhängigkeit. Im Kräftefeld dieser geschlossenen Gesellschaft erforscht Sarraute einen von den Schöpfern des modernen Romans erahnten Mikrokosmos, jenen dunklen Bereich, wo Ahnungen und Gedanken entstehen.

Um die mimosenhaften Reaktionen und dunklen Bewegungen auszudrücken, tritt an die Stelle eines kursorischen Textes, der Fabel und der Allwissenheit des traditionellen Erzählers eine kolloquiale, bildliche, den »armseligen Extrakt ihres Daseins« widerspiegelnde Sprechweise.

»Das Beste an Nathalie Sarraute«, schreibt Jean-Paul ↗ Sartre, »das ist ihr zaudernder, zögernder, so redlicher, sich selbst korrigierender Stil, der sich dem Objekt mit den feinsten Vorsichtsmaßnahmen nähert, sich plötzlich von ihm gleichsam aus Scham oder aus Furchtsamkeit vor der Komplexität der Dinge entfernt und der schließlich das Ungetüm in seiner ganzen Qualligkeit ausliefert, aber fast ohne es zu berühren, durch die magische Kraft eines Bildes.« (Vorwort zu Sarraute: *Portrait d'un inconnu*)

▪ Lit.: A. Fontvieille: N. S. Du tropisme à la phrase, 2003.

Günter Karcher

Portrait d'un inconnu

(frz.; *Porträt eines Unbekannten*, 1962, E. Tophoven) – Den 1941 bis 1946 entstandenen, 1948 erschienenen ersten Roman der Autorin definiert J.-P. ↗ Sartre in seinem richtungweisenden Vorwort als »Antiroman«, als einen Roman, der »im Begriff ist, über sich selbst nachzudenken, [...] den Roman durch den Roman in Frage zu stellen, ihn in der Zeit seines Entstehens vor unseren Augen zu zerstören, den Roman eines Romans zu schreiben, der nicht gelingt und nicht gelingen kann«.

Mit dieser destruktiven Absicht verbindet der Erzähler in Sarrautes Roman eine Kritik am herkömmlichen Roman, zu dessen Darstellungsmanier er auf Distanz geht. In zwei Personen – einem alten Mann und seiner nicht mehr jungen Tochter – spürt der Erzähler jene geheimen, verschwiegenen, halb unbewussten Regungen auf, die hinter den gewöhnlichen Verhaltensweisen, Worten und Gesten lauern. Es ergibt sich auf diese Weise ein unaufhörliches Hin und Her zwischen der reglementierten, der Umwelt zugekehrten Außenseite dieser Personen und ihrem verdeckten, aus uneingestandenen Wünschen, Vorstellungen und Affekten zusammengesetzten Innenleben – ein Hin und Her, das jede klare und konturierte Figurenzeichnung verhindert.

Dingfest macht der Erzähler jene Außenseite vor allem in einer Unzahl fester Redewendungen und alltäglicher Parolen – es handelt sich geradezu um eine Phänomenologie des Geschwätzes und des Geredes, deren geschichtsphilosophischen Ort Heidegger einst durch den Begriff des »Man« bestimmen wollte. Sarraute wirft auf dieses »Man« ein kritisches Licht: Sie stellt es dar als ein verunsichertes Kleinbürgertum, das sich manisch an äußeren Objekten festklammert, um die sogenannten inneren Probleme, aufgestiegen aus dem Bereich der geheimen Regungen und Strömungen (von Sarraute als »tropismes« bezeichnet), zu verdrängen.

Ein faszinierendes Beispiel für diese verzweifelte Flucht vor sich selbst ist die Schilderung einer Nacht aus dem Leben des alten Mannes: In staccatohaften atemlosen Sätzen vergegenwärtigt der Erzähler, wie der Alte seine Angst vor dem Tod vertreibt, indem seine Einbildungskraft sich wie besessen auf einen Diebstahl richtet, den seine Tochter an einem Stück Seife, das ihm gehört, begangen haben könnte.

Diese die Innenwelt des alten Mannes aufdeckende Beschreibung wird dem Erzähler erst relativ spät möglich: Zunächst hatte er nur tastend, unsicher seine Figuren umkreist, gewissermaßen im stummen Protest gegen die traditionelle, selbstbewusste Personendarstellung; dann hatte er sich von seinen beiden Figuren zurückgezogen, an der Möglichkeit einer analytischen Vergegenwärtigung gründlich zweifelnd, bis er auf einer Reise durch Holland das »Bildnis eines Unbekannten«, den »Mann mit dem Wams« wiedersieht und in diesem Bildnis die Objektivierung und Rechtfertigung seiner eigenen künstlerischen Methode entdeckt.

Von nun an gewinnen seine Figuren, denen er sich abermals zuwendet, an Dichte, an beschreibbarer innerer Substanz, wobei unsicher bleibt, ob der Erzähler auf objektiv nachprüfbare Einblicke sich stützt oder einfach seinem Einfühlungsvermögen und seiner Einbildungskraft größere Freiheit gewährt. Jedenfalls entfaltet er nun auf fassliche und höchst nuancierte Weise jenen Bereich verschleierter, halb unbewusster Empfindungen, der als eine Art »sousconversation« (ein von Sarraute verwendeter Begriff, dem der »tropismes« verwandt) permanent das Gespräch zwischen dem Alten und seiner Tochter begleitet und die Fassade ihrer Vorwände, Scheinargumente, Beteuerungen und Klischees brutal durchbricht. Was ↗ Mauriac und Bazin an Egoismus und Hass in familiären Beziehungen ausgekundschaftet haben, überbietet und differenziert Sarraute durch die Analyse dialektisch ineinander verschlungener Empfindungsweisen; so wenn sie das Bedürfnis und zugleich den Ekel aufspürt, sich selbst im anderen dargestellt zu sehen, oder wenn sie das wechselnde Herr-Knecht-Verhältnis zwischen dem Alten und seiner Tochter aufdeckt und darin etwas von einem pervertierten Elektra-Komplex auskristallisiert.

Doch unversehens bricht der Erzähler seine Analyse ab – so, als hätte er sich zu weit vorgewagt, als wäre er im Begriff, eine für ihn unfassbare Welt zu vergegenständlichen und sie willkürlich mit den subjektiven Entwürfen seiner Vorstellungskraft zu identifizieren. Ein für den nouveau roman typischer Zweifel an der Beschreibbarkeit von Dingen und Personen setzt sich durch und erzwingt vom Erzähler einen Kunstgriff: Er führt eine neue Gestalt ein, die einzige in diesem Roman, die er mit einem Namen versieht und zugleich mit einem festen konventionellen Attribut ausstattet. Dieses Attribut – die neue Gestalt ist der Verlobte des alternden Mädchens – ist mit der normalen, klischeehaften Wirklichkeit identisch und versperrt dem Erzähler den Einblick in tiefer liegende Wahrheiten. Die Welt der Uneigentlichkeit behauptet sich. So entzieht sich der Erzähler selbst den Boden, er wird sprachlos und entlässt den Leser in die flache Ebene der normierten, aus erstarrten Formeln und kleinbürgerlichen Redewendungen zusammengesetzten Sprache, die er ständig konfrontiert hatte mit seiner eigentlichen, von ihm erfundenen Sprache, ausgezeichnet nicht nur durch weit ausschwingende Sätze, deren Rhythmus die geheimsten Regungen der Figuren nachzuahmen sucht, sondern auch durch überraschende, aus dem animalischen Bereich (Spinne, Schlange, Blutegel, Mistkäfer) entlehnte Bilder, die das hohe Maß an Aggressions- und Abwehrreflexen und egoistischen Identifikationsversuchen in menschlichen Beziehungen zur Geltung bringen.

Der Roman fand zunächst wenig Anklang. Inzwischen ist *Portrait d'un inconnu* zu einem Hauptwerk des nouveau roman avanciert und beleuchtet beispielhaft die Schwierigkeit, im Medium der Kunst eine ›neue‹, von Psychoanalyse und Soziologie noch nicht ausgelotete Wirklichkeit darzustellen.

■ Lit.: E. B. Tobiassen: Vers l'instant. Lecture de ›Portait d'un inconnu‹ de N. S., 2003. *Gert Sautermeister*

Martereau

(frz.; *Martereau*, 1959, E. Tophoven) – In dem 1953 erschienenen Roman berichtet der anonyme Erzähler, ein junger Mann, in der Form des inneren Monologs von den Ängsten und neurotischen Zwangsvorstellungen, die ihn bei seinen zaghaften Versuchen der Kontaktnahme mit der Umwelt befallen. Er ist lungenkrank und hält sich zur Heilung bei der Familie seines Onkels in Paris auf, in einem Milieu, dessen böser Banalität er sich nicht gewachsen fühlt. Eine Ausnahme bildet nur Martereau, der auf ihn den Eindruck eines gesunden, kräftigen und charakterfesten Mannes macht und in allem das Gegenbild zu ihm selbst zu sein scheint. Als einzige Gestalt dieser Aufzeichnungen erhält Martereau festere Umrisse und einen Namen. Der Erzähler ist in eigenartiger Weise von ihm fasziniert und versucht, ihn als Freund und Beschützer zu gewinnen. Er schlägt deshalb dem Onkel Martereau als Mittelsmann für eine Steuerhinterziehung vor: Martereau soll mit dem Geld des Onkels ein Haus erwerben. Der Neffe überbringt die Kaufsumme, verzichtet aber auf die Ausstellung einer Quittung. Der Onkel wird misstrauisch, und die Vorwürfe gegen den ungeschickten Neffen vermehren sich, als Martereau mit seiner eigenen Familie das Haus bezieht, angeblich um dort Reparaturen zu überwachen. Auf Vorhaltungen reagiert er außerordentlich erbost und weigert sich, die Quittung nachträglich zu unterschreiben. Doch das Haus wird fertig und an den Onkel übergeben; die Versöhnung folgt auf dem Fuß. Auch der Erzähler erneuert die alten freundschaftlichen Gefühle, aber ein leichtes Misstrauen bleibt zurück: Die Kluft zwischen dem armen, schwer arbeitenden Martereau und dem reichen, müßiggängerischen Rekonvaleszenten bleibt unüberbrückbar.

In *Martereau* schildert die Autorin durch das Medium der überreizten, übersensiblen Sinne und Nerven eines Kranken eine Welt der Passivität, des Leidens an der eigenen Schwäche und an der boshaften Stumpfheit der Umgebung. Sarraute atomisiert gleichsam die Gefühle und Gedanken ihrer Geschöpfe. Mit desillusionierender Unbestechlichkeit reproduziert sie die platten

Redewendungen und das unsäglich nichtssagende Geschwätz alltäglicher Unterhaltungen.

Die weitgehende Entpersönlichung der Figuren sowie die Vagheit, ja Unwirklichkeit des angedeuteten sozialen Hintergrunds geben den Blick frei auf die psychischen und gesellschaftlichen Mechanismen, denen Sarraute unter der Oberfläche des Seins und der Sprache nachspürt. Die Allgegenwärtigkeit lauernden Scharfsinns und die nervöse Gereiztheit des Ich-Erzählers beherrschen das Buch: Es gibt da keine Liebe, keinen Humor, keine Traurigkeit und keine Freude, sondern nur den fluktuierenden, rhythmisch gegliederten Strom jener bewussten, halb- oder unterbewussten »Regungen«, die die Autorin 1939 als »Tropismen« (so auch der Titel ihres Erstlingswerkes) bezeichnet hat. Eine Folge ist, dass der Handlungsablauf zerstückelt und nahezu verdeckt wird: Scheinbar handelt es sich bei *Martereau* um einen Rechtskasus, der sich allerdings am Ende in nichts auflöst und durch die Ereignislosigkeit den Anspruch des traditionellen Romans auf wirkungsvolle Handlung unterläuft.

▪ Lit.: A. Jefferson: N.S. Fiction and Theory, 2000.

Richard Mellein

Le planétarium

(frz.; *Das Planetarium*, 1960, E. Tophoven) – Die kargen Handlungsfragmente dieses 1959 erschienenen Romans gruppieren sich vor allem um drei Personen: Alain Guimiez, einen Studenten der Kunstwissenschaft, der sich auf eine Karriere als Kritiker vorbereitet, die arrivierte Schriftstellerin Germaine Semaire, um deren Gunst und Anerkennung Alain sich kriecherisch bemüht, und Tante Berthe, seine Gegenspielerin.

Alain und seine Frau Gisèle spekulieren auf die große, in einem vornehmen Stadtviertel gelegene Wohnung von Tante Berthe. Alain glaubt, ein Recht auf eine solche Wohnung zu haben, und wird darin von Germaine Semaire bestärkt. Als die Tante sich seinem Ansinnen widersetzt, drohen die jungen Leute mit einem Gerichtsprozess. Ebenso launisch, wie sie sich zuerst geweigert hat, gibt Tante Berthe schließlich nach.

Diese harmlose Familiengeschichte dient nur als Gerüst für die Analyse der »sousconversation«: Dieser sprachliche Bereich, in dem sich nach Sarrautes Auffassung das Bewusstsein artikuliert, besteht aus subjektiven, verborgenen und verschwiegenen Regungen, die unterschwellig das durch Redensarten und Konventionen regierte Gespräch begleiten. Hinter herkömmlichen Vorstellungen und starren Klischees registriert die Erzählerin die unsicheren Reaktionen der Personen auf die Umwelt und ihre unbewussten, unkontrollierten Versuche, sich an ihr festzuklammern. So symbolisiert die Autorin das kleinbürgerliche Bedürfnis der Tante Berthe nach Ordnung und Repräsentation in einer Tür von ganz bestimmtem Aussehen. Dass nun die Türklinke ihren Vorstellungen heftig widerspricht, stürzt sie in heillose Unruhe. Auch Germaine Semaire vermag sich nicht fraglos zu behaupten: Suggeriert die Erzählerin dem Leser Germaines unangefochtene literarische Position von Anfang an als Schein, so ziehen ihre Bewunderer sie schließlich selbst in Zweifel, als Germaines ästhetisches Urteilsvermögen versagt: Sie ›übersieht‹ die unschöne spätere Ergänzung einer mittelalterlichen Skulptur.

Die psychologische Schicht, die Sarraute an ihren Figuren aufdeckt, hat nur wenig mit dem zu tun, was die Tiefenpsychologie als das Unbewusste erforscht. Vielmehr werden die durch diese Wissenschaft vermittelten, aber unzureichend assimilierten Kenntnisse selber zu einer Quelle von Angst und Unsicherheit der Romanfiguren. Stilistisch schlägt sich das in jenen Gemeinplätzen und Platitüden des psychologisierenden bürgerlichen Intellektualismus nieder, die Sarraute ironisch ins Erzählgeschehen einmontiert. Ihrer Ironie verfällt auch die ›Übersensibilität‹ in Sachen Kunst, mit der die Figuren in einer äußerst literarischen, künstlerischen Sprache eitel voreinander aufwarten und sich in steriler Sicherheit wiegen, kaum je ahnend, dass ihr Unbewusstes sie dauernd Lügen straft und sie längst einer allgemeinen Unsicherheit überantwortet hat: »Alles, was wir von den Menschen wissen, hat jetzt eine Qualität des Anonymen. Wir wissen, daß alle Menschen, wenn man sie in einer tiefen Schicht sieht, dieselben Regungen haben.« Sarraute hat diese Auffassung zwar erst einige Jahre nach dem Erscheinen von *Le planétarium* formuliert, sie bestimmt aber ihre schriftstellerischen Versuche insgesamt.

▪ Lit.: R. MacLure: S. ›Le planétarium‹, 1987. *KLL*

Les fruits d'or

(frz.; *Die goldenen Früchte*, 1964, E. Tophoven) – Die Autorin bemüht sich in dem 1963 erschienenen Roman nicht nur um neue formale Mittel der Wirklichkeitsbeschreibung, sondern vor allem um die Erweiterung des Wirklichkeitsbereichs selbst. Sarraute sieht die Aufgabe des modernen Romans nicht mehr in der Aufreihung von Situationen, Charakteren und Konflikten, sondern darin, einen »neuen Seelenstoff« jenseits der vorerst von ↗ Proust abgesteckten Grenzen zutage zu fördern. Der traditionelle psychologische Realismus hat zwar gewisse Differenzierungen der Dialoggestaltung adaptiert, wie sie hauptsächlich die vor allem von Joyce angewandte Technik des inneren Monologs nahelegte, ohne sich jedoch der direkten Voraussetzungen anzunehmen, deren Resultat erst der gesprochene Dialog von Romanfiguren ist, jenes »schier unüberschaubaren Anwachsens von Empfindungen, Bildern, Gefühlen, Erinnerungen, Impulsen von winzigen versteckten Handlungen, die keine innere Sprache auszudrücken vermag: sie drängen sich an der Schwelle des Bewußtseins, fügen sich zu dichten Gruppen und tauchen ganz plötzlich empor, lösen sich wieder auf, kombinieren sich auf andere Weise«. Der konventionelle Romandialog zerfällt für Sarraute in eine Reihe »winziger Dramen«, von denen »jedes seine Peripetie, sein Geheimnis und die unvorhergesehene Lösung des Konflikts enthält«.

In dem Roman wird dieser »Mikrorealismus« an den individuellen und gesellschaftlichen Reaktionen erprobt, die das soeben erschienene Buch »Les fruits d'or« des Autors Bréhier in literarisch interessierten Kreisen von Paris hervorruft. Der Roman löst die gerade zu Ende gehende Phase der Begeisterung für ein Bild von Courbet ab, in der einige snobistische Zirkel sich gefielen, wird allmählich zum beherrschenden Gegenstand zahlloser Diskussionen, ruft heftige Auseinandersetzungen von Parteigängern und Kritikern des Verfassers hervor, zwingt Unentschiedene zur Anpassung oder zur Auflehnung gegen eine öffentliche Geschmacksdiktatur und büßt endlich alles Interesse ebenso schnell ein, wie er es erregte.

Man hat in *Les fruits d'or* eine Phänomenologie des literarischen ›Geschwätzes‹ sehen wollen. Tatsächlich bietet die Autorin alle erdenklichen sprachlichen Gemeinplätze und Leerformeln auf, um die Mechanismen eines immer weiter um sich greifenden automatischen Kommunikationsprozesses aufzudecken. Aber nicht die offen zutage liegende Schicht bewussten, wenn auch banalen Geredes trägt das Buch, sondern die Wechselwirkung zwischen jener »anonymen Materie« des Bewusstseins und ihren objektiven Äußerungen als Dialog. Es gibt in *Les fruits d'or* keine individualisierten Gestalten mehr. Die Roman-›Figur‹ hat ihre traditionellen Spezifika eingebüßt und ist zum inhaltlosen Schema geschrumpft. Alle »ich«, »du«, »wir« usw. sind lediglich leere Indizes, die der Individualisierung schon deshalb nicht mehr bedürfen, weil die »winzigen Dramen«, die sich zwischen den Nahtstellen der Dialoge abspielen, die zeremoniöse Distanz, die der herkömmliche Erzähler zwischen seinen Figuren, dem Leser und sich selbst aufzubauen liebte, vollkommen absorbieren.

Anders als bei ↗ Proust ist diese psychische »Materie« nicht aus der Erinnerung fixiert und analysiert, sondern erschließt sich dem Leser als unmittelbarer Prozess. Die aufgehobene Distanz zum Erzählten erlaubt außerdem einen ständigen freien Wechsel der Perspektive – so etwa bei einer der zahlreichen Diskussionen in kleinen Zirkeln zwischen dem Kollektiv (der Zuhörer) und dem Individuum (dem jeweiligen Sprecher). Die Autorin erlangt mit diesem Verzicht auf Fabel, Figuren und zeitliche Kontinuität einen Zuwachs an Präzision in der Gestaltung jener »unterirdischen Aktionen«, die an die Stelle des Bereiches treten, aus dem im modernen Roman die Handlung sich zurückzuziehen beginnt.

■ Lit.: N. Frey: Temps et transgression dans les œuvres romanesques de Virginia Woolf et N. S., 1999.

Hans-Horst Henschen

L'usage de la parole

(frz.; *Der Wortgebrauch*, 1984, E. Tophoven) – Die 1980 erschienene Folge von zehn kurzen Prosastücken ist in ihrer poetischen Form der Textsammlung *Tropismes* verwandt, mit der Sarraute 1939 debütierte und die seitdem als Archetyp ihres Gesamtwerks gilt.

Jeder der Texte sondiert eine dialogische Situation, die sich in einem öffentlichen Raum zwischen zwei Gesprächspartnern abspielt: zwischen zwei Freunden, die sich regelmäßig in einem Restaurant zum Mittagessen treffen, einem verliebten Paar in einer Bahnhofsgaststätte, einer Mutter und ihrem kleinen Sohn in einem Speisesaal oder auf der Terrasse eines Hotels. Doch auch die Erzählsituation selbst, die fiktive und reflexive Passagen vermischt, eröffnet ein dialogisches Spiel zwischen dem imaginären Leser und dem als anonymer und unbeteiligter Beobachter agierenden Erzähler, dessen Gehör wie eine indifferente Membran von zufälligen, aus dem Kontext gerissenen Gesprächsfetzen getroffen wird.

Den Erzählkern jedes Prosastücks bilden ein unbedeutender Moment, eine unscheinbare Redensart, Wörter, die unbeachtet im Strom der Rede vorbeifließen, aber dennoch Dramen und Intrigen auslösen – Wörter und Sätze wie »Warum eigentlich nicht?«, »Wenn du so weitermachst, Armand, wird dein Vater deine Schwester vorziehen«, »Überall dieser Mangel an Ästhetik«, »Erzählen Sie mir nichts darüber!«

Die Schwingungen und Assoziationen, die diese unbedachten Wörter wie konzentrische Kreise um sich bilden, werden in mikroskopischer Genauigkeit beschrieben, um verdeckte Strukturen der Konversation freizulegen. Die von den Texten entworfenen Bewegungsbilder dienen dazu, über Gebrauchsformen der gesprochenen Sprache Aufschluss zu geben: über Automatismen und autoritäre Mechanismen, die sie durchziehen, und über Konventionen des Antwortens, in denen sich Gefühls- und Verhaltensordnungen abbilden. Zugleich ist die Autorin auf der Suche nach einem poetologischen Ort, an dem die Sprache vor Konformismus und Feigheit geschützt ist.

Eine Randposition innerhalb der Sammlung nimmt der einleitende Text ein, der um die Worte »Ich sterbe« kreist. Dieser letzte Satz, der dem 1904 in einem Badenweiler Hotelzimmer gestorbenen Schriftsteller Anton Čechov zugeschrieben wird, fällt auf Deutsch, in einer dem Text fremden Sprache. Das Prosastück fängt nur ein paar der zahllosen Resonanzen und Erschütterungen auf, welche von diesen Worten hervorgerufen werden, die »aus so weiter Ferne und mit so großer Gewalt [...] in uns fallen«. Die Wörter »Ich sterbe« öffnen eine Aporie; sie werden niemals »überbrücken können, was sich nun zwischen uns auftut, sich weitet«. Hier hat die von Sarrautes Texten minutiös erforschte Spannung zwischen der schematisierten Rede, dem Gemeinplatz, und dem, was unterhalb und innerhalb des Gesagten vor sich geht, einen äußersten Punkt erreicht.

■ Lit.: V. Minogue: ›L'usage de la parole‹, in: Romance Studies 2, 1983, 35–52. ■ S. M. Bell: The Figure of the Reader in ›L'usage de la parole‹, in: Romance Studies 2, 1983, 53–68. ■ N. S., éthiques du tropisme, Hg. P. Foutrier, 2000. *Birgit R. Erdle*

Enfance

(frz.; *Kindheit*, 1984, E. Tophoven) – Die Literaturkritik und auch die Autorin selbst haben die Kontinuität unterstrichen, die die 1983 erschienene Roman-Autobiographie mit Sarrautes Gesamtwerk verbindet, obwohl ihre Schreibkonzeption bis dahin jede persönliche oder gar autobiographische Akzentuierung in der Darstellung intersubjektiver Prozesse und Konstellationen ausschloss. Doch auch hier geht es Sarraute darum, spontane Empfindungen dort aufzuspüren, wo sie entstehen, und Bilder freizulegen, in denen Augenblicke intensiven Lebens kondensiert sind. Das dafür gewählte narrative Verfahren splittert die Erzählperspektive in zwei verschiedene Stimmen auf, die einander anregen, unterbrechen und widersprechen, und verwandelt so den Erinnerungsprozess in einen imaginären Dialog zwischen einem spontanen Ich, das sich den in ihm aufsteigenden Empfindungen und Bildern hingibt sowie zu Dramatisierungen neigt, und seinem zweifelnden, distanzierten, kritisch prüfenden ›Double‹. Dem Akt der Rekonstruktion wird so eine poetologische Dimension eingefügt, die auch den Modus des autobiographischen Sprechens über sich selbst kritisch reflektiert.

Der Bogen der Erzählung umfasst die frühen Kindheitsjahre in Russland bis zum Beginn des ersten Schuljahrs im Pariser Lycée Fénelon. Diese Zeitspanne bedeutet für das Kind Natascha/Nathalie, das zwischen den in Trennung lebenden Eltern, zwischen Ivanovo, Petersburg und Paris hin und her reist, einen schmerzhaften, von Zurückweisung, aber auch intensiven Glücksgefühlen begleiteten physischen, kulturellen und sprachlichen Zwiespalt. Aus der dichten, von Worten noch unberührten Schutzschicht, von der die Bilder der Kindheit eingehüllt sind, taucht eine diskontinuierliche Folge einzelner Szenen, Momente und Bewegungen auf: das tiefe Luftholen vor dem Überqueren der Strasse an der Hand des Kindermädchens, um den Essiggeruch ihres Haares nicht einatmen zu müssen; die dunkle Stimme der Mutter, die dem kranken Kind widerwillig vorliest; das unwandelbare Bild eines schneebedeckten russischen Holzhauses, verknüpft mit der dünnen, aufrechten Gestalt des Vaters, der später vor der Polizei des Zaren nach Paris flüchten muss; auf einer Parkbank des Jardin du Luxembourg der Augenblick nie gekannter Freude im Gefühl, mit den umgebenden Dingen zu verschmelzen; der erste, zögernde Versuch, einen Roman zu schreiben wie die Mutter, die Schriftstellerin ist; die Empfindlichkeit, oft auch Angst vor Bildern und Wörtern, verbunden mit der Erfahrung ihrer Macht, ihrer verletzenden Wirkung; die tiefe Verwundung durch den Satz »Es ist nicht dein Haus«, der das Gefühl, ein Zuhause zu besitzen, verbietet; schließlich die Schule, das Schreiben, das Spiel mit Wörtern als befreiende, schützende Gegenwelt, die geprägt ist von Gerechtigkeit, Transparenz und Fassbarkeit, und die dem heranwachsenden Kind erlaubt, sich allmählich der französischen Sprache und Kultur anzupassen.

Sarrautes autobiographischer Entwurf bietet weder ein Arrangement schöner Kindheitserinnerungen, die dem Modell einer glücklichen, harmonischen Kindheit entsprechen könnten, noch dient er der Konstruktion einer kontinuierlichen, sinnvollen Identitätsentwicklung. Er erprobt vielmehr neue literarische Verfahrensweisen im Feld autobiographischen Schreibens; gleichzeitig ist er lesbar als aufschlussreicher Komplementärtext zum Schaffensprozess der Autorin.

■ Lit.: M. Schmutz: ›Enfance‹ de N. S. comme autobiographie, 1999. ■ R. Boué: ›Enfance‹, N. S., 2000. ■ L. Himy-Piéri: ›Enfance‹ (1983), N. S., 2001. *Birgit R. Erdle*

Jean-Paul Sartre

■ geb. 21.6.1905 Paris (Frankreich)
■ gest. 15.4.1980 Paris (Frankreich)

Aus gutbürgerlicher Familie, Vetter von A. Schweitzer; 1924 École Normale Supérieure; 1929 Staatsexamen in Philosophie; anschließend Studium an der Sorbonne; Lehrer in Le Havre; 1933 Studium der deutschen Gegenwartsphilosophie in Berlin; 1940/41 Kriegsgefangenschaft; Mitglied der Résistance; 1945 Direktor von *Les Temps modernes*; Austritt aus der KPF nach der Intervention der UdSSR 1956 in Ungarn; ab 1960 politisch aktiv für revolutionäre Bewegungen in der Dritten Welt; 1964 Ablehnung des Literaturnobelpreises; bedeutender

Philosoph, Dramatiker, Essayist und Romancier, Begründer des Existenzialismus.

▪ Übers.: Gesammelte Werke in Einzelausgaben, T. König, V. von Wroblewsky u. a., 1991 ff.

▪ Lit.: P. Kampits: J. P. S., 2004.

La nausée

(frz.; *Der Ekel*, 1981, U. Aumüller) – Der 1938 erschienene Roman ist als fiktives Tagebuch abgefasst. Antoine Roquentin führt es im Februar des Jahres 1932 bis zum Tag seiner Abreise aus Bouville, wo er sich seit drei Jahren zu historischen Studien über die – wohl ebenfalls fiktive – Gestalt des skandalumwitterten Marquis de Rollebon aufhält.

Roquentin beginnt mit der Niederschrift, um einem beunruhigenden, mit Entsetzen gemischten Seinsgefühl auf den Grund zu kommen, das ihn seit kurzem krisenhaft überfällt. Unsicher, ob dieser »Ekel«, den er zunächst bei der Berührung bestimmter Dinge, später vor den Menschen und der Körperlichkeit überhaupt empfindet, von außen herrührt oder in ihm selbst begründet ist, will er Schritt für Schritt seine Umgebung abtasten, Tag für Tag den zähen Fluss seines ereignisarmen Lebens aufzeichnen, dessen immer wiederkehrende Stationen das Hotel, der Lesesaal der Bibliothek, das Café Mably, die Rue Tournebride und das »Eisenbahnerstübchen« sind. In dem zum Normalzustand gewordenen Gefühl des Ekels enthüllt sich Roquentin allmählich das Wesen der Existenz. Die Einsicht in die Überflüssigkeit alles Existierenden lässt ihn die unbegrenzte Freiheit des Individuums erkennen. »Aber diese Freiheit ähnelt ein wenig dem Tod.« Wie für Heidegger in der Angst, so stellt sich für Roquentin – fünf Jahre vor der theoretischen Grundlegung in Sartres philosophischem Hauptwerk *L'être et le néant*, 1943 *(Das Sein und das Nichts)* – im Ekel die unmittelbare und radikale Existenzerfahrung ein.

Die Welt, in der Roquentin vom Ekel überfallen wird, ist eine mittelmäßige und schmutzige Provinzstadt (»Bouville«: Dreckstadt), hinter der sich Le Havre verbirgt. Mit teils surrealistischen Mitteln verfremdet der Autor diese geordnete und vertraute, aber nur scheinbar harmlose Welt der Langeweile und Selbstzufriedenheit ins Unheimliche und Obszöne. Sogar im sonntäglichen Promenieren und Plaudern der Bürger wird für Roquentin die kleinliche, böse Verlogenheit ihres Daseins sichtbar. Die panegyrischen Bildnisse der städtischen Ehrengalerie können dem unbestechlichen Blick Roquentins nicht standhalten. Die wenigen schärfer konturierten Nebenfiguren – der infantile Autodidakt und Philanthrop, der die Bestände der Bibliothek alphabetisch durcharbeitet, und die gealterte Geliebte Anny, mit der Roquentin in Paris noch einmal zusammentrifft – heben sich kaum heraus aus der schlaffen, klebrigen Masse, zu der hier die Vielheit und Individualität des Lebendigen zusammengeschrumpft ist.

Trotz einiger psychopathisch-misanthropischer Momente im Persönlichkeitsbild des Helden, die die antihumanistische Tendenz des Werks etwas abschwächen, stellt *La nausée* vor dem Ausbruch des Zweiten Weltkriegs ein repräsentatives Dokument der Resignation und des Pessimismus dar. Die Krise wissenschaftlicher Erkenntnis überhaupt und des Historismus insbesondere erweitert sich zur Krise des Humanismus. Das Erkenntnisstreben des vormarxistischen Sartre ist auf ein Absolutes gerichtet, auf etwas, »was über der Existenz«, hinter allem Bewusstsein und aller Psychologie »sein« könnte. Wenn überhaupt, so ist eine Lösung – Spekulation und Fazit des Purgatoriums, durch das Roquentin hindurch muss – von der künstlerischen Gestaltung zu erhoffen. Die Kunst reinigt »von der Sünde, zu existieren«.

In der meisterhaften Darstellung des Grauens, das sich in dem hellsichtigen, neurotischen Bewusstsein Roquentins spiegelt, und des – geradezu sinnlich gegenwärtigen – »Ekels« liegt die literarische Bedeutung des Werks. Die rationale Klarheit des Stils, die Prägnanz der realistischen und psychologischen Details üben auf den Leser eine unbestreitbare Faszination aus und wirkten beispielhaft im nouveau roman nach. Das Thema der Sinnlosigkeit wurde von Sartre anhand anders gearteter Grenzsituationen in seinen späteren Werken weiterentwickelt.

▪ Lit.: P. Reed: S. ›La nausée‹, 1987. ▪ P. V. Zima: Der gleichgültige Held. Textsoziologische Untersuchungen zu S., Moravia und Camus, 2004. ▪ G. Wild: ›Some of these days you'll miss me, honey‹, in: S. und die Medien, Hg. M. Lommel/V. Roloff, 2008, 171–187.

Anneliese Botond / KLL

Le mur

(frz.; *Die Mauer*, 1985, U. Aumüller) – In dieser frühen, 1939 erschienenen Erzählung lässt Sartre den spanischen Freiheitskämpfer Pablo Ibbieta über die letzte Nacht berichten, die der von den Falangisten zum Tode Verurteilte mit zwei Kameraden und einem Arzt, der sie beaufsichtigt, in einem eiskalten Kellerraum verbringt. Während Ibbieta versucht, über seine Situation Klarheit zu gewinnen, um »anständig zu sterben«, flüchtet sich der »Materialist« Tom Steinbock vor seiner Furcht ins Reden. Der junge Juan Mirbal, der statt seines Bruders zum Tode verurteilt wurde, ist vollkommen von Angst und Selbstmitleid besessen. Zu seinem Entsetzen bemerkt Ibbieta an sich selbst dieselben Spuren physischer Angst, die er an den beiden anderen mit Abscheu beobachtet (»Wir glichen uns und waren schlimmer als Spiegel füreinander«) und die er gern vor dem Arzt verbergen möchte, der die Symptome der zum Tode Verurteilten mit wissenschaftlicher Akribie registriert. Die Körper verselbständigen sich, die Dinge fallen aus dem gewohnten Bezug heraus und werden fremd. Die Vergangenheit, der Kampf für die Freiheit, die Liebe, alles verliert seinen Sinn, löst sich von der eigenen Person, so dass es sich gleichsam von außen betrachten lässt.

Die Erschießungsmauer wird zum Symbol dieser Situation, sie bezeichnet die Unausweichlichkeit des Geschehens wie auch die Begrenztheit des Lebens. Am Morgen werden Tom und Juan abgeführt, Pablo wird noch einmal verhört, da er den Falangisten das Versteck des Anführers Ramon Gris verraten soll. Nur »um ihnen eine Posse zu spielen«, nennt Pablo den Falangisten ein falsches Versteck, den Friedhof. Er, der auf seine Erschießung wartet, wird zu seinem Erstaunen in ein Gefangenenlager gebracht; denn ohne es zu wissen, hat er Ramon Gris, der sein Versteck gewechselt hatte, verraten. Die Falangisten haben Gris auf dem Friedhof gefunden.

Diese Erzählung, geschrieben in einer knappen, harten Sprache, enthält im Keim eine Reihe von Themen und Motiven, die Sartre in seinen späteren Werken immer wieder aufgenommen und variiert hat, so das Eingesperrt- oder Abgeschlossensein, das Ausweglose, Unausweichliche eines Lebens ohne Transzendenz, ohne Sinngebung. In *Le mur* wird zum ersten Male auch ein existenzialistisches Grundgefühl beschrieben, das in einer solchen Situation von materiellen, festen Dingen ausgeht: der Ekel, den Sartre zum Hauptthema seines ersten Romans *La nausée* (1938) machte. Im Gegensatz zu den späteren Werken des ›humanistischen‹ Sartre zeigt *Le mur* noch keinen Ausweg durch einen existenzialistischen Akt der Befreiung, es ist noch keine Rede von einer Verantwortung gegenüber einer sinnentleerten Existenz.

■ Lit.: G. Idt: ›Le mur‹ de J.-P. S., 1972. *Knut Nievers*

Les mouches

(frz.; *Die Fliegen*, 1947, G. Baerlocher) – Das 1943 erschienene Drama in drei Akten ist eine radikale Umgestaltung des in der französischen Literatur mehrfach bearbeiteten Atriden-Stoffs. Das Stück will Sartres These vermitteln, dass Unterdrückung nur durch den Freiheitswillen des Volkes überwunden werden könne.

Orest betritt in Begleitung eines philosophischen Lehrers seine Heimatstadt Argos, die er seit der Ermordung des Vaters Agamemnon nicht wieder gesehen hat. Das Volk wird von dem Usurpator Ägisth durch fiktives Schuldbewusstsein in Unfreiheit gehalten, wofür die »Fliegen«, von denen die Stadt voll ist, sichtbares Zeichen sind. Dieser unwürdige Zustand sowie die Hassreden Elektras lassen in Orest den Entschluss reifen, das Schreckensregime zu beseitigen, das Ägisth mit Billigung und Unterstützung Jupiters aufrechterhält. Als Zeuge eines Toten- und Sühnefests, das der Herrscher und sein Oberpriester jährlich veranstalten, tötet Orest seine Mutter Klytämnestra, die mit dem Mörder seines Vaters eine schändliche Ehe eingegangen ist, und den wehrlosen König. Während Elektra Opfer der Erinnyen wird und sich, von Reue gepeinigt, dem Schutz Jupiters anvertraut und Sühne gelobt, weist Orest jedes Schuldgefühl weit von sich. Im vollen Bewusstsein der ›Freiheit‹ steht er zu der grausigen, aber als richtig und notwendig erachteten Tat. Nach einer Rede an ›sein‹ Volk nimmt er dessen Schuld auf sich. Von den Fliegen, den entarteten Rachegöttinnen, begleitet, begibt er sich – als rechtmäßiger König – ins ungewisse Exil.

Ohne mit der Zensur im okkupierten Frankreich in Konflikt zu kommen, proklamiert das Stück den Widerstand gegen die deutsche Besatzungsmacht. In einem späteren Vorwort betont der Autor, dass er der nach der militärischen Niederlage verbreiteten nationalen »Selbstverleugnung« entgegenwirken und den Franzosen die Erniedrigung bewusst machen wollte.

Der in *Les mouches* entwickelte Freiheitsbegriff steht in engem Zusammenhang mit der Existenzphilosophie Sartres, wie sie etwa gleichzeitig in dem philosophischen Hauptwerk *L'être et le néant*, 1943 *(Das Sein und das Nichts)*, entworfen wird. Orest vollzieht modellhaft den darin geforderten »Akt der Freiheit«, zu dem er, der Götterlose, »verurteilt« ist. So realisiert er die totale Autonomie und Selbstverantwortlichkeit des Menschen im Kampf gegen das Götterwesen und die Mächte, die es repräsentieren; denn für Orest enthüllt sich der repressive Charakter der mit der politischen Macht verbündeten Religion. Mit Ägisths Hilfe gelingt es Jupiter, Gottesfurcht, d. h. Schuldbewusstsein in den Menschen wach zu halten. Das schlechte Gewissen und die Angst sind »ein angenehmes Düftchen für die Nasen der Götter«. Durch Ägisth funktioniert Jupiters, des Weltenherrschers, System der Unterdrückung. »Wir beide lassen die Ordnung herrschen, du in Argos, ich in der Welt«, verkündet der Gott dem König. Beider Macht basiert darauf, dass die Menschen nicht wissen, dass sie eigentlich frei sind. Nur Orest kennt das Geheimnis; weder Jupiter noch Ägisth haben daher über ihn Gewalt. Die Zerschlagung des Angst- und Reueterrors in der Stadt bedeutet das Ende der himmlischen und der irdischen Unterdrückung, bedeutet Götterdämmerung und politische Revolution in einem.

■ Lit.: P. Royle: L'enfer et la liberté. Étude de ›Huis clos‹ et des ›Mouches‹, 1973. ■ J.-L. Louette: S. contra Nietzsche, 1996.

Richard Mellein

Huis clos

(frz.; *Geschlossene Gesellschaft*, 1986, T. König) – Der 1945 erschienene Einakter, der als eines der besten Theaterstücke Sartres gilt, wurde bereits 1944 uraufgeführt.

Drei Personen, ein Mann und zwei Frauen, werden in den im Empire-Stil eingerichteten Salon eines schäbigen Hotels geführt, den Ort ihrer Verdammnis. Für alle Ewigkeit in ihrem Sein festgelegt, müssen sie wechselseitig die nach Sartre existenznotwendige und zugleich unmögliche Beherrschung des Anderen anstreben und in auswegloser Situation die Erfahrung durchleiden, einander heillos ausgeliefert zu sein. Die lesbisch veranlagte Ines sucht die kokette Estelle an sich zu fesseln, die mit weiblicher Verführungskunst nur danach trachtet, den Mann für sich zu gewinnen. Garcin, bei Ausbruch des Kriegs auf der Flucht erschossen, drängt die unbestechlich kluge Ines in die Rolle der Richterin, in der vergeblichen Hoffnung, von dem quälenden Selbstvorwurf der Feigheit freigesprochen zu werden. Ebenso wie Estelle, die Kindsmörderin, die eine rührende Lebensgeschichte erfindet, muss er erkennen, dass die Aufhebung der Selbsttäuschung und der Unaufrichtigkeit den Anderen gegenüber – Unwahrhaftigkeit entspringt nach Sartre der menschlichen Freiheit – ein wesentlicher Faktor der Verdammnis ist. So schließt sich der Teufelskreis, in dem jeder zum Peiniger und zum Gepeinigten wird: »[...] die Hölle, das sind die andern.« Dass sie das erst werden, wenn die anderen sie sich zur Hölle machen; darauf hat Sartre mehrmals hingewiesen.

Im dritten Teil von *L'être et le néant*, 1943 *(Das Sein und das Nichts)*, hat Sartre erklärt: Die Tatsache, dass der Mensch bei dem Versuch, den Spielraum seiner Möglichkeiten abzuschreiten, am Freiheitsanspruch des Anderen seine Grenze findet, gestatte es, als negative existenzielle Erfahrung, dem Einzelnen nicht, das Dasein des Mitmenschen anders denn als tödliche Bedrohung der eigenen Selbstverwirklichung zu verstehen. Folgerichtig vollzieht sich daher das aus der philosophischen Theorie entwickelte dramatische Geschehen an einem Ort, der keine Möglichkeit zu freiheitlichem Handeln bietet und den Sartre in Anlehnung an die christliche Jenseitsvorstellung ›Hölle‹ nennt. Der Verzicht auf die dramatische Funktion der Zeit, die Entwicklungen erst ermöglicht hätte, erforderte ein anders geartetes Spannungsmoment: die im Fortgang des Stücks den Akteuren wie den Zuschauern sich aufdrängende Einsicht, dass die zunächst als Totenreich vorgestellte Hölle in Wahrheit ihren Ort im Erfahrungsbereich der zwischenmenschlichen Beziehungen hat.

▪ Lit.: B. Lecherbonnier: S. ›Huis clos‹, 1984. ▪ I. Galster: Le théâtre de J.-P. S, 1986. *KLL*

La putain respectueuse

(frz.; *Die ehrbare Dirne*, 1949, E. Cella) – Schauplatz des 1946 erschienenen Stücks in zwei Bildern, das kurz nach Sartres erster Reise in die USA entstand, ist »irgendwo im Süden der Vereinigten Staaten«. Der Autor problematisiert mit dem Stück den irrationalen, mystifizierten und mit sexueller Begierde gemischten Hass weißer Südstaatler auf die schwarze Bevölkerung.

Die Prostituierte Lizzie wurde während einer Bahnfahrt Zeugin eines Mordes an einem Schwarzen: Betrunkene Weiße hatten zwei Schwarze beleidigt und aus ihrem Abteil hinauszuwerfen versucht; so kam es zu einem Handgemenge, bei dem einer der Schwarzen erschossen wurde. Der andere entkam. Da der Mörder ein angesehener, wohlhabender junger Mann aus einer einflussreichen Familie ist, soll der Vorfall vertuscht werden. Man verbreitet, dass die Schwarzen Lizzie vergewaltigen wollten und der Weiße bei dem Versuch, Lizzie beizustehen, aus Notwehr geschossen habe. Während die weiße Bevölkerung bereits aufgeregt nach dem entkommenen Schwarzen fahndet, sucht man Lizzie zu zwingen, vor dem Richter die Vergewaltigung zu bezeugen. Zu diesem Zweck hat Fred, der Vetter des Mörders, eine Nacht mit ihr verbracht und zwei Polizisten in ihre Wohnung bestellt, die ihr mit Gefängnis drohen, weil sie nun der Prostitution überführt ist. Voller Wut über Freds Durchtriebenheit und mit starrsinniger Ehrlichkeit besteht Lizzie indessen darauf, dem Richter die Wahrheit sagen zu wollen.

Was Fred nicht erreicht, gelingt jedoch seinem Vater, dem Senator. Er begegnet Lizzie väterlich, akzeptiert ihr Rechtsgefühl und fängt sie ein, indem er die Mutter des Mörders erwähnt. Von der Vorstellung, dass eine verehrungswürdige Frau aus der ihr verschlossenen Gesellschaft voller Dankbarkeit an sie denken werde, lässt sich Lizzie verleiten und unterschreibt die falsche Zeugenaussage. Als ihr der Senator von der Mutter des Mörders als Dank 100 Dollar statt des erwarteten persönlichen Geschenks bringt, wird Lizzie klar, dass sie betrogen wurde. Sie verspricht dem entflohenen Schwarzen, der ihre Wohnung ausfindig gemacht hat und sich bei ihr vor seinen Verfolgern verbergen will, Hilfe: »Seit fünfundzwanzig Jahren wickeln sie mich mit ihren alten weißhaarigen Müttern und Kriegshelden und der amerikanischen Nation ein. Aber jetzt habe ich es begriffen. Jetzt ist Schluß damit.« Doch der Schwarze nimmt den Revolver, den Lizzie ihm zu seiner Verteidigung geben will, nicht an: »Ich kann nicht auf Weiße schießen.« Als Fred in die Wohnung zurückkehrt, flieht er.

Fred hat inzwischen zusammen mit anderen Weißen einen Schwarzen gelyncht und fühlt sich nach diesem Erlebnis in pervertierter Begierde zu Lizzie hingezogen: »Was hast du mit mir gemacht, du Hexe? Ich sah den

Neger an und sah dich. Ich sah dich über den Flammen hängen. Da habe ich geschossen.« Lizzie, die ihn zunächst erschießen will, überlässt ihm schließlich willenlos den Revolver. Fred: »[...] ein Mädchen wie du kann nicht auf einen Mann wie mich schießen. Wer bist du? Was machst du auf dieser Welt? Hast du auch nur deinen Großvater gekannt? Ich habe ein Recht zu leben: Es gibt viele Dinge, die ich unternehmen muß, und man wartet auf mich.« Ohne Begeisterung geht Lizzie auf Freds Versprechen ein, der ihr ein Haus einrichten will, um sie ganz allein besitzen zu können.

Angelsächsische Literaturhistoriker wollten das schockierende Stück als Satire verstehen; andere warfen Sartre Unglaubwürdigkeit vor, da ein Einzelfall nicht ohne Weiteres als typisch für eine gesellschaftliche Konstellation hingestellt werden dürfe. Tatsächlich zeigt Sartre mehr als einen Einzelfall. Ihm ging es um die Darstellung eines unbefreiten und in Konventionen verhafteten Individuums, eines handlungsunfähigen Subjekts, das gegen die repressive Gesellschaft, aus der es ausgeschlossen bleibt, wider besseres Wissen nicht zu revoltieren vermag. Alle Maßstäbe, die Lizzie für ihr Handeln besitzt, werden ihr von den Wohlhabenden, die dank ihrem Vermögen auch im Besitz der Moral sind, nahegelegt. Lizzies einziges Argument gegen Fred und den Senator ist, dass sie die Wahrheit sagen will. Dieses Argument wird leicht entkräftet, denn der Senator kann ihr »mehrere Arten von Wahrheiten« nennen, so z. B. die, dass die amerikanische Nation auf den weißen jungen Mann nicht verzichten kann. So wird Lizzie auch von dem Schwarzen getrennt, dessen Inferiorität letztlich auch die ihre ist. Die Situation des Schwarzen, der nicht in der Lage ist, sich selbst anders als mit den Augen derer zu sehen, die ihn unterdrücken, beleuchtet eine der verhängnisvollen Auswirkungen des Rassismus, die Sartre in seinen 1945 erschienenen *Réflexions sur la question juive (Betrachtungen zur Judenfrage)* eingehend erörtert hat. *La putain respectueuse* ist insofern mehr als eine Dokumentation des US-amerikanischen Rassenproblems.

■ Lit.: B. O'Donohoe: S.'s Theatre. Acts for Life, 2005.

Erika Bartolomäus / KLL

Les chemins de la liberté

(frz.) – Der von 1945 bis 1949 erschienene Romanzyklus blieb unvollendet.

Der erste Band, *L'âge de raison, 1945* (*Die Zeit der Reife*, 1949, H. G. Brenner), schildert den Versuch eines Intellektuellen, sich einer selbstverschuldeten, misslichen Lage zu entziehen. Mathieu will seine langjährige Freundin Marcelle verlassen, die ein Kind von ihm erwartet. Als er das Geld für die Abtreibung, das er, weil er es anders nicht bekommen konnte, einer Bekannten gestohlen hat, zu Marcelle bringt, hat diese sich entschlossen, das Kind zu behalten und Daniel zu heiraten. Für Daniel, den Invertierten, bedeutet diese Verbindung zugleich ein masochistisches Martyrium und eine Art Rache an Mathieu, dem Starken, der, wie es scheint, das Leben so leicht zu meistern versteht. Mathieus Freiheit ist teuer erkauft, aber er will frei sein – nicht für das extravagante, ungebundene Mädchen Ivich, das ihm nahesteht, sondern um der Freiheit selbst willen.

Im Rahmen des Gesamtwerks, das den Weg zu einer bewusst geschichtlichen, geschichtsbezogenen Existenz aufzeichnet, ist dieser erste Band nur ein Vorspiel. Mathieu ist einer der vielen, die mit dem Rücken zur Geschichte leben. Angesichts des drohenden Krieges wird er erkennen, dass diese Zukunft, die er nicht vorhergesehen, auf die er nicht hin gelebt hat, seine private Vergangenheit zu einer beliebigen Summe missglückter Entwürfe entwertet. Erst der Krieg wird ihn in diesem Sinn frei machen, aber frei wozu?

Der zweite Band, *Le sursis*, 1945 (*Der Aufschub*, 1950, H. G. Brenner), ist in formaler Hinsicht besonders interessant. Hier geht es Sartre darum, den Krieg gleichsam in seiner Entstehung sichtbar zu machen. Er beschreibt zeitlich nur die sieben Tage höchster Kriegsgefahr, die dem Münchner Abkommen vorausgingen. Der Autor versucht, die Beschränkung des Raums durch die Zeit und der Zeit durch den Raum aufzuheben, indem er zeigt, was die verschiedensten Menschen, vom Staatsmann bis zum einfältigen Hirten, in den verschiedensten Ländern in ein und demselben Augenblick tun oder lassen, wie sie, indifferent, Anteil nehmend oder aktiv, alle an diesem Ereignis mitwirken. Er versucht einen »Realismus der Zeitlichkeit« zu entwerfen, in dem jede Zeiteinheit die ganze Fülle des in ihr gelebten Lebens enthält. Hinsichtlich der Beziehung zwischen Situation und Freiheit aber erscheint der Krieg als ein tragisches Paradox: »Jeder ist frei, und doch ist der Verlauf des Spiels festgelegt.« Alle machen den Krieg, und doch vermag keiner etwas über ihn. Der Krieg ist, wie jedes Ereignis, gleich der Summe des Bewusstseins aller Beteiligten, und dennoch existiert er, undurchsichtig, konsistent wie ein Gegenstand.

Der dritte Band, *La mort dans l'âme*, 1949 (*Der Pfahl im Fleische*, 1951, H. G. Brenner), beleuchtet die Niederlage Frankreichs im Jahr 1940. In der allgemeinen Auflösung setzt sich langsam die Erkenntnis durch, dass, wie Mathieu als einzelner, Frankreich als Ganzes seine Freiheit verfehlt hat. Zugleich aber machen sich mitten im Chaos erste Anzeichen des bewussten Widerstands, wenn auch vorerst auf verlorenem Posten, bemerkbar. So setzt Mathieu zusammen mit anderen von ihren Offizieren verlassenen Soldaten sein Leben ein, um von einem Kirchturm aus den feindlichen Vormarsch wenigstens an dieser Stelle, und sei es nur für eine Viertelstunde, aufzuhalten; so versucht der kommunistische Redakteur Brunet unter seinen Mitgefangenen, die alle nur den einen Wunsch haben, möglichst bald heimkehren zu können, gleichviel unter welchen Umständen, ein Bewusstsein für die Situation und die künftigen Aufgaben zu wecken. Aber Brunet weiß, dass erst die Schmach einer langen Gefangenschaft im fremden Land das Bewusstsein dieser nicht nur militärisch, sondern auch existenziell Gescheiterten frei machen wird zum Neinsagen und zu Taten, die einen Wiederaufstieg ermöglichen.

Der unvollendete vierte Bandes *La dernière chance*, 1981 (*Die letzte Chance*, 1986, U. Aumüller), berichtet über das Leben im Kriegsgefangenenlager. Ein Fragment dieses Bandes erschien unter dem Titel *Drôle d'amitié* (Eine komische Freundschaft) schon 1949 in *Les Temps modernes*.

Zwischen seinem ersten Roman *La nausée*, 1938 *(Der Ekel)*, und diesem technisch kühnen Werk liegt Sartres Auseinandersetzung mit den großen Romanciers der Moderne, vor allem mit Joyce, Dos Passos und Faulkner; dazwischen liegen aber vor allem der Krieg und Sartres Beschäftigung mit dem Problem der Geschichtlichkeit. Die Personen seines Romans sind Zeitgenossen dieses Krieges. Sartre zeigt sie aus der Perspektive der geschichtlichen Situation, in der sie leben. Die Freiheit des Menschen besteht darin, dass er eine Situation annehmen oder verwerfen kann, sie also in diesem Sinn auch schafft. Der Mensch steht nicht nur in der Geschichte, er macht sie auch. Personen aus dem Blickpunkt ihrer unmittelbaren geschichtlichen Situation zu zeigen, bedeutet in technischer Hinsicht, dass der Schreibende die Distanz, die ihn von dem dargestellten Geschehen trennt, aufheben und auf die ›höhere Warte‹ des Autors verzichten muss. Gelingt ihm das, steht auch der Leser unmittelbar in der evozierten Situation und erlebt sie in derselben Relativität wie die Romanfiguren.

▪ Lit.: P.S. Nichols: Paris as Subjectivity in S.'s ›Roads to Freedom‹, in: Critical Essays on J.-P.S., Hg. R. Wilcocks, 1988, 236–253.

Anneliese Botond

Les jeux sont faits

(frz.; *Das Spiel ist aus*, 1952, A. Dürr) – Bekannt wurde das 1947 erschienene Szenario durch die erfolgreiche Verfilmung von Jean Delannoy. Er realisierte das Drehbuch textnah als Theaterfilm mit melodramatischem und komischem Gestus im Stil der französischen Filmtradition der 1930er und 1940er Jahre. Bereits 1943 war das erste Drehbuch Sartres im Auftrag der französischen Produktionsfirma Pathé entstanden: ein Text, der zwischen Filmdrehbuch, Theaterstück, philosophischem Essay und zeitkritischem Dokument changiert.

Auftakt des Szenarios, das auf filmtechnische Anmerkungen gänzlich verzichtet, bildet eine effektvolle Parallelmontage kurzer narrativer Sequenzen, die die Illusion vermittelt, an zwei Orten gleichzeitig zu sein. Während Eve Charlier, die Frau des Polizeichefs, im Schlafzimmer ihres Hauses von ihrem Mann, einem gewissenlosen Mitgiftjäger, vergiftet wird, stirbt zeitgleich mit ihr der Arbeiter Pierre Dumaine, der mit seinen Kameraden einen Aufstand gegen die faschistische Diktatur plant; er wird auf einer Straße der Vorstadt hinterhältig von einem Polizeispitzel erschossen. Eve und Pierre treffen sich im Reich der Toten und entdecken allmählich die Spielregeln ihres Schattendaseins: Sie sind einerseits ungebunden und frei von gesellschaftlichen Zwängen, ihnen bleibt aber jede Möglichkeit versagt, wirklich zu handeln und sich sozial oder politisch zu engagieren. Bei Sartre wandeln die Toten zwischen den Lebenden, können von diesen jedoch nicht gesehen werden. Sie sind auf die Rolle des Zuschauers reduziert, während sich vor ihren Augen die Welt als ein Schauspiel vollzieht, in dem Schein und Lüge regieren. Wenn Sartre hier auf den barocken Topos des Welttheaters zurückgreift, so geschieht dies unter den Vorzeichen eines farcenhaften Spiels, in dem die göttliche Perspektive parodistisch verschoben wird und die Figuren in ihren alltäglichen Zwängen, Verstellungen und Eitelkeiten als Marionetten entlarvt werden.

Ungeachtet ihrer unterschiedlichen sozialen Herkunft verlieben sich Eve und Pierre ineinander und erhalten die Chance, gemeinsam noch einmal ein neues Leben zu beginnen. Einzige Bedingung, die ihnen von der bürokratischen »Direktion« auferlegt wird, ist, sich innerhalb von 24 Stunden ohne jeden Vorbehalt zu lieben. Sartre inszeniert hier vordergründig den alten Traum des Menschen, die Zeit zurückzudrehen und alles noch einmal (anders) leben zu können, und veranschaulicht wesentlich das existenzielle Spiel des Menschen in den paradoxen Strukturen von Freiheit und Determination. Mit dem Vorsatz, die ihnen auferlegte Probezeit zu bestehen, kehren Eve und Pierre ins Leben, aber auch in ihre frühere Umwelt mit ihren alten Problemen zurück. Pierre, der im Jenseits erfahren hat, dass der Diktator über den geplanten Aufstand genau unterrichtet ist, versucht verzweifelt, seine Kameraden an der Ausführung des Plans zu hindern. In dem Augenblick, da der Treffpunkt der Revolutionäre von Truppen umstellt ist, läuft die Stundenfrist ab. Pierre kehrt zurück zu den Toten; ebenso Eve, die ihn zwar wiederholt an die Bedingung der »Direktion« erinnert, diese aber selbst auch missachtet. Mit allen Mitteln hat sie versucht, ihre jüngere Schwester dem verhängnisvollen Einfluss ihres Ehemanns und Mörders zu entziehen.

Eve und Pierre scheitern, da sie in die Denkmuster und Automatismen ihrer alten Rollen zurückfallen. Sie sind nicht in der Lage, ihren ›Grundentwurf‹ durch eine neue Wahl zu ändern und bleiben in der gegenwärtigen Zeit Gefangene ihrer Vergangenheit. Paradoxerweise zeigt *Les jeux sont faits* mit der Aufhebung der zeitlichen Zwangsläufigkeit zugleich den absurden Mechanismus einer zwangsläufigen Wiederholung an, die dasselbe Schicksal und denselben Zeitlauf nach sich zieht. Das Spiel ist aus. »Wenn die Kugel einmal rollt, kann man seinen Einsatz nicht mehr ändern« – und doch liegt gerade in dem strategischen Spiel des Zeitsprungs und der poetischen Simultaneität verschiedener Zeitläufe der Schlüssel für eine mögliche Umkehr des Spiels und für das Bewusstsein von Freiheit, Verantwortung und Engagement. Der Existenzialismus, so Sartre, »läßt keineswegs zu, daß das Spiel jemals aus ist«. Die Roulette-formel als vermeintliche Existenzformel funktioniert als Einsatz für ein hier erprobtes literarisches Spiel, das, wie auch *Huis clos*, 1944 *(Geschlossene Gesellschaft)*, mit den Ideen des Existenzialismus und des Determinismus spielt und den Leser als bewussten, handelnden Akteur neu herausfordert.

■ Lit.: F.-J. Albersmeier: Theater, Film und Literatur in Frankreich. Medienwechsel und Intermedialität, Darmstadt 1992, 234–242. ■ T. Malachy: Playwright and Scriptwriter. ›Huis clos‹ and ›Les jeux sont faits‹, in: Theatre Research International 20, 1995, 37–41. ■ C. Davis: S. and the Return of the Living Dead, in S. Studies International 11, 2005, 222–233. *Scarlett Winter*

Les mains sales

(frz.; *Schmutzige Hände*, 1967, E. Rechel-Mertens) – Das 1948 erschienene Drama in sieben Bildern, Sartres erfolgreichstes Bühnenstück, variiert die existenzialistische Problematik der Entscheidungsfreiheit am Beispiel eines politischen Mordes.

Der junge Hugo ist in die kommunistische (das Wort fällt im Stück allerdings nicht) Partei des fiktiven Balkanstaates Illyrien eingetreten, um mit seiner ihm verhassten bürgerlichen Herkunft zu brechen. Die journalistische Arbeit im Kreis um den Parteichef Louis befriedigt ihn nicht. Er will sich bewähren, will eine Tat, die vollen Einsatz verlangt; denn Hugo hofft, dadurch die ersehnte Anerkennung der Kameraden zu gewinnen. Mithilfe seiner Freundin Olga kann Hugo Louis davon überzeugen, dass er fähig ist, den geplanten Mord an dem Parteisekretär Hoederer auszuführen. Hoederer nämlich will mit dem Regenten des von den Deutschen besetzten Landes paktieren, um unnötiges Blutvergießen zu verhindern.

Das Stück beginnt mit der Rückkehr Hugos aus dem Gefängnis. Die Tat ist vor Gericht als Eifersuchtstat geahndet worden. Von Olga erfährt Hugo, dass Hoederer inzwischen rehabilitiert worden ist und dass auf Befehl Moskaus nach seiner politischen Konzeption taktiert wird. Hugo soll deshalb als unliebsamer Zeuge beseitigt werden.

Eine lange Rückblende stellt die Ereignisse bis zum Mord dar: Hugo tritt mit seiner Frau Jessica als Sekretär bei Hoederer an. Es zeigt sich schnell, dass der unerfahrene Idealist dem Machtpolitiker nicht gewachsen ist. Während Hoederer ihn fasziniert und politisch überzeugt und die kühle, in der Liebe enttäuschte Jessica ihn demoralisiert, zögert Hugo den Mord immer mehr hinaus. Nach einem missglückten Bombenanschlag Olgas verrät Jessica Hugos Absichten an Hoederer. Und als Hugo den Mord auch dann nicht begeht, als Hoederer ihm absichtlich die Gelegenheit dazu gibt, ist Hugo völlig überwunden. Erst als er Jessica in den Armen des Parteisekretärs findet, tötet er Hoederer.

Das letzte Bild blendet wieder zu Olga und Hugo über. Da Hugo offensichtlich aus Eifersucht und nicht aus politischen Gründen getötet hat, kann Olga ihn den draußen wartenden Kameraden als wieder »verwendungsfähiges« Parteimitglied empfehlen. Aber Hugo will seine Tat auf sich nehmen, zum politischen Mord stehen: »Ich habe Hoederer noch nicht getötet, Olga. Noch nicht. Doch jetzt werde ich ihn töten. Und mich selbst mit ihm.« Mit den Worten: »Nicht verwendungsfähig« öffnet er Louis die Tür in der Gewissheit, erschossen zu werden.

Der Ausgang des Stückes provozierte Kontroversen in der Literaturkritik. So kann Hugos Selbstmord als Möglichkeit einer Identitätsfindung, als Durchbruch zur Freiheit gedeutet werden, aber auch als Zeichen der Inauthentizität, Flucht und Selbsttäuschung. In keinem anderen Drama hat Sartre die existenzialistische Problematik so stark politisiert. *Les mains sales* zog ihm die schärfste Kritik der Marxisten zu; der Erfolg des Stücks im Westen dürfte hingegen auf von Sartre nicht beabsichtigten antikommunistischen Wirkungen beruhen. Sartre hat daraufhin vor allem in der Zeit um den Wiener Weltfriedenskongress von 1952 Aufführungen des Stücks verhindern wollen. Tatsächlich unternimmt das Schauspiel, in dem das Schicksal Hoederers bis in Einzelheiten hinein dem Schicksal Lev Trockijs während seines mexikanischen Exils nachgebildet ist, den Versuch, die marxistische Ideologie, wie sie sich in der Verwirklichung durch eine kommunistische Partei darstellt, einer existenzialistischen Kritik zu unterziehen. Hugos Akt der Selbstfindung, der dem Mord Sinn verleihen soll, führt zu seinem Tod. Hugo muss sterben, weil die Partei sich der Selbstbefreiung in den Weg stellt. Dabei erscheint er jedoch durchaus als kritische, umstrittene Figur. Sein Verhalten steht im Gegensatz zu den existenzialistischen Prinzipien des Engagements und der Verantwortlichkeit. Authentizität zeigt sich jedoch nicht im einmaligen Handlungsakt, sondern im »totalen Engagement«. In seinem bewussten Handeln erscheint dagegen allein Hoederer als positive Figur, die Züge von Authentizität trägt.

In *Les mains sales* hat Sartre – wie kaum in einem anderen seiner dramatischen Werke – die existenzialistische Problematik theatralisch umsetzen können. Die partielle Vorwegnahme der Schlusssituation verbindet sich mit der darauf folgenden langen Rückblende zu einem äußerst gespannten Handlungsbogen und führt zu einer dem »epischen Theater« Brechts verwandten Wirkung; der in der Rückblende szenisch gegliederte Bericht erläutert die in der Exposition angedeutete Grundsituation.

Von besonderer Bedeutung erscheinen die komödienhaften Szenen zwischen Hugo und Jessica, die an Albees ›Ehespiele‹ erinnern. Die Beziehung zwischen Hugo und Jessica realisiert sich als kindliche irreale Spielwelt. Die Spielsituationen, die sie sich verschaffen, enthüllen gerade in der Maskierung die Schwächen, die sie verbergen wollen. Alles wird Spiel und Illusion, soweit, dass ihnen das Leben selbst als Komödie erscheint. Daneben entsteht in den ideologischen Auseinandersetzungen zwischen Hoederer und Hugo Diskussionstheater, aber es entwickeln sich auch Szenen von kriminalspielhafter Spannung.

▪ Lit.: S. Weitz: Die Sinnbezirke in S.s ›Les mains sales‹ und in ›Les justes‹ von Camus, 1970. *KLL*

Le diable et le bon dieu

(frz.; *Der Teufel und der liebe Gott*, 1951, E. Rechel-Mertens) – In diesem 1951 erschienenen dreiaktigen ›Stationendrama‹ gestaltet Sartre die Entwicklung des Individualisten Götz vom idealistisch gesinnten Gottsucher zum Gott verneinenden Existenzialisten. Diese Entwicklung vollzieht sich vor dem Hintergrund der religiösen und sozialen Unruhen in Deutschland zu Beginn des 16. Jh.s.

Als uneheliches Kind eines adligen Vaters und als Söldnerführer unabhängig von allen gesellschaftlichen Bindungen und Gruppeninteressen, führt Götz einen privaten Kampf mit Gott, den er zunächst durch das absolut Böse, später durch das absolut Gute seiner Handlungen zur Antwort herausfordern will. Götz belagert im Auftrag des Wormser Erzbischofs die Stadt, die sich gegen die Geistlichkeit erhoben hat. Als das von ihm geführte Heer vor dem Sieg steht, wollen seine Gegner bei ihm intervenieren und einen Kompromiss herbeiführen, um die Stadt vor der Zerstörung zu bewahren. Götz wird dadurch in seinem Entschluss bestärkt, die Stadt zu verwüsten.

Die Möglichkeit dazu gibt ihm der Schlüssel zur Stadt, den ihm der Armeleutepriester Heinrich im Auftrag seines ermordeten Bischofs überbringt. Dieser Priester, der zwischen seiner Gehorsamspflicht gegenüber der Kirche, seinem Mitleid mit den Armen und seiner Ohnmacht gegenüber dem sozialen Elend hin und her gerissen ist, bemüht sich, Götz an der Ausführung seines Vorhabens zu hindern. Intuitiv erfasst er Götzens Wesen und ruft ihm zu, es sei leicht, das Böse zu tun, während noch nie ein Mensch das Gute vollbracht habe.

Götz fühlt sich herausgefordert und beschließt, das Leben eines Heiligen zu führen. Er schont Worms und begibt sich auf die Güter seines gefallenen Bruders Konrad, um das Gute innerhalb des kleinen Kreises der dort lebenden Menschen zu praktizieren. Er verteilt das ererbte Land unter seinen Bauern und bemüht sich um den Aufbau einer christlichen Lebensgemeinschaft, unbekümmert um die möglichen sozialen und politischen Folgen seines eigenwilligen Vorhabens. Seine private Sozialreform löst eine Revolte der Bauern gegen den Landadel aus. Götz, der als ehemaliger Soldat von den Bauern aufgefordert wird, die militärische Führung des Kampfes zu übernehmen, lehnt das getreu seiner neu gewonnenen pazifistischen Einstellung ab. Die ersten Opfer der Aufrührer werden seine ehemaligen, von ihm zu eben solch absoluter christlicher Haltung angewiesenen Untertanen. Nach dieser Niederlage zieht Götz sich in die Einsamkeit zurück, um stellvertretend für alle Sünder Buße zu tun. Doch auch so gelingt es ihm nicht, Gott zu einer Antwort herauszufordern. In einer letzten Unterredung mit dem Priester Heinrich, der sich verzweifelt an seinen Glauben klammert, bekennt er, dass all sein Bemühen um das Unbedingte nichts anderes war als persönlicher Hochmut, ein Versuch, sich mit Gott zu verbinden, um der Gemeinschaft der Menschen zu entgehen.

Aus dem Scheitern dieses Versuchs folgert er: »Gott existiert [...] nicht. Nichts außer der Erde bleibt da [...]. Keine Möglichkeit mehr, den Menschen zu entrinnen. Es ist aus mit den Ungeheuern und den Heiligen. Aus mit dem Stolz. Nur die Menschen sind da.« Seinem Ruf: »Gott ist tot«, antwortet Hilda, die Frau, die ihm helfend, wenn auch nicht zustimmend zur Seite steht, mit den viel einfacheren Worten: »Tot oder lebendig, was macht das mir! Ich kümmere mich längst nicht mehr um ihn.« Nachdem Götz in seiner Vorstellung Gott getötet hat, wird er sich seiner Einsamkeit bewusst und folgt nun der erneuten Aufforderung der Bauern zum Kampf gegen den Adel. Sartre selbst kommentierte diesen Schritt so: »Götz verzichtet auf jegliche Forderung nach dem Unbedingten, weil das Gute in einer auf Ungerechtigkeit gegründeten Gesellschaft unmöglich ist.«

Das formal uneinheitliche Stück wurde in Paris skeptisch aufgenommen, während es in Deutschland in den 1950er Jahren großen Erfolg hatte.

▪ Lit.: F. Laraque: La révolte dans le théâtre de S., 1976. ▪ K.-B. Byun: La violence dans le théâtre et les romans de J.-P. S., 1995.

Mechthild Heine

Kean

(frz.; *Kean oder Unordnung und Genie*, 1969, M. Wentzel) – Das 1954 erschienene, ein Jahr zuvor im Théâtre Sarah-Bernard in Paris uraufgeführte Theaterstück hat seine Ursprünge in der Romantik. Auf Anregung Pierre Brasseurs adaptierte Sartre die Komödie *Kean ou désordre et génie* (1836) von Alexandre Dumas, gab dem Intrigenspiel um den Schauspieler Kean (eine Hommage an den englischen Schauspieler Edmond Kean) neue dramaturgische Einfälle und versah es mit existenzphilosophischen Akzenten.

Im Mittelpunkt des Fünfakters steht der Schauspieler Kean, der auf der Londoner Bühne des frühen 19. Jh.s in den komischen und tragischen Rollen Shakespeares brilliert und sich wie seine Helden Falstaff, Othello oder Hamlet in den Flüchtigkeiten und Verwirrungen des Lebens und der Liebe verfängt. Das komplexe und paradoxe Doppelleben des Schauspielers wird zum Auslöser nicht nur für eine spannungsreiche dramatische Handlung, sondern auch für eine Reflexion über die Mechanismen der Schauspielkunst und die Spielregeln einer grundlegenden lebensweltlichen Theatralität.

Bereits die ersten Szenen signalisieren den Rollenkonflikt Keans zwischen ›Schauspieler‹ und ›Mensch‹, Leben und Bühne, der im gesellschaftlichen Szenario festgeschrieben ist. Als Komödiant, der unterhält und amüsiert, ist Kean in den vornehmen englischen Kreisen gern gesehen, nicht jedoch als Mensch in seiner sozialen Realität, die ihn zum »Gaukler« degradiert. In dem Versuch, die Liebe der adeligen Elena zu gewinnen, glaubt Kean den »wahren Menschen« näherzukommen, von denen er in seinem Status als Schauspieler weit entfernt scheint. Keans Leidenschaft löst ein verwirrendes Intrigen- und Liebesspiel aus, in das sowohl Elenas Gatte als auch der Prinz von Wales verstrickt ist, der aus Faszination für den Schauspieler nicht nur Keans Garderobe, sondern auch seine Liebesabenteuer kopiert. Höhepunkt des Stückes bildet die Theater-auf-dem-Theater-Szene im vierten Akt: Kean und Anna (die Kean liebt) spielen die dramatische *Othello*-Szene, in der Othello Desdemona aus Eifersucht tötet. Als Kean Elena in ihrer Loge zusammen mit dem Prinzen erblickt, fällt er in einem wahren Eifersuchtsanfall aus der Rolle und beschimpft den Prinzen. Ungeachtet des Skandals tritt er aus dem Schein des Bühnenspiels und demaskiert sich. Er streift sowohl seine Schauspielrolle Othello als auch die von der Gesellschaft geprägte Lebensrolle Kean ab und zeigt sich unverhüllt: »Ja, hier ist der Mensch. Seht ihn an. Ihr applaudiert nicht? Das ist aber doch merkwürdig: Ihr liebt nur, was falsch ist.« Kean entlarvt die Sehnsüchte des Publikums nach Täuschung und Illusion und enthüllt die Wirkungsmechanismen des Theaters, das die Lüge des Lebens spiegelt.

Mit dieser metadramatischen Enthüllungsszene reiht Sartre sich nicht nur in die lange Theatertradition des Spiels-im-Spiel ein – von Calderón und Shakespeare bis zu Pirandello und Genet – , er steigert die Diskrepanz zwischen Sein und Schein bis an die Grenzen des Absurden und markiert zugleich die grundlegende Rollenproblematik menschlicher Existenz, die sein dramatisches Werk mit philosophischem Denken vernetzt. Das Stück endet auf der Handlungsebene zwar mit einem Happy End, hält aber den Identitätskonflikt weiterhin offen. Vom Gefängnis verschont, wird Kean Anna heiraten und mit ihr nach Amerika reisen. Hier will er sein Leben fortan nicht mehr als Schauspieler, sondern als Juwelier Edmond Kean führen. Doch welch ein Spiel der Illusionen: »Und wenn ich Kean wäre, hä? Kean, der sich eben für Herrn Edmond hält?«

In Sartres Adaptation wie in Dumas' Stück spielt die Gesellschaftskritik eine zentrale Rolle. Sartre geht jedoch über den gesellschaftskritischen Aspekt der Schauspielerexistenz hinaus und weitet ihn zum Identitätskonflikt zwischen Leben und Rolle, Authentizität und Entfremdung. Das heitere Boulevardstück der Verwechslungen und Verwirrungen versetzt Sartre mit Fragestellungen seines existenzialistischen Denkens. Im Verweis auf die berühmte Szene des Kaffeehauskellners aus *L'être et le néant*, 1943 *(Das Sein und das Nichts)*, entdeckt sich die komödiantische Heiterkeit, aber auch die dramatisch präzise Schärfe des Stückes. Alle Figuren des Stückes entlarven sich als Spieler, Täuschende und Getäuschte, die zu sein nur spielen. Bestätigt die existenzielle Revolte Keans einmal mehr die Theatralität des Gesellschaftsspiels, öffnet sie gleichwohl den ironisch kritischen Blick für die Erkenntnis des eigenen theatralen Seins, das im Spiel und im Wechsel der Rollen sich erst entdeckt und immer wieder neu entwirft.

▪ Lit.: C. S. Brosman: S.'s Kean and Self-Portrait, in: French Review 1982, 109–122. ▪ L. F. Luce: Alexandre Dumas' Kean. An Adaptation by J.-P. S., in: Modern Drama 28, 1985, 355–361. ▪ L. M. Ashdon Lecointre: Le mythe de Kean selon Dumas père et S., in: New Zealand Journal of French Studies 15, 1994, 12–23.

Scarlett Winter

Nekrassov

(frz.; *Nekrassow*, 1956, S. Lepsius, W. Wolfradt) – Das 1956 erschienene Schauspiel in acht Bildern entstand 1952.

In Paris gibt sich der von der Polizei verfolgte Hochstapler Georges de Valéra für den geflohenen sowjetischen Minister Nekrassov aus. Sein einziger Mitwisser ist Sibilot, Redakteur der Zeitung »Soir à Paris«. Sibilot soll seine Arbeit verlieren, wenn ihm nicht eine durchschlagende Idee für eine antikommunistische Kampagne kommt. Um zu verhindern, dass Sibilot, in dessen

Wohnung er sich versteckt hat, ihn der Polizei ausliefert, überzeugt Valéra den Redakteur von seinem Einfall, als Nekrassov aufzutreten. Sibilot führt den Hochstapler bei der Zeitung als sowjetischen Minister ein. Der Chefredakteur Jules Palotin, der selbst um seine Stellung bangt, greift die Sensation begierig auf. Mit immer neuen Enthüllungen versetzt Nekrassov-Valéra die Pariser Gesellschaft in Schrecken. So nennt er die Namen all derer, die im Fall einer sowjetischen Besetzung Frankreichs erschossen werden sollen, und berichtet von russischen Arbeitslagern. Die Auflage des »Soir à Paris« vervielfacht sich. Bei einer Departementswahl tritt der Kandidat mit den größten Chancen, ein strikter Gegner der deutschen Wiederbewaffnung, aufgrund von Nekrassovs Enthüllungen zurück. Ganz Frankreich fällt in den Taumel einer wilden Kommunistenhetze. Auf der Höhe von Nekrassovs Macht erfüllt sich ein Traum Valéras: Endlich hält er alle Fäden in der Hand und gängelt die Spitzen der Gesellschaft, zu denen er immer so gern gehören wollte.

Da macht ihm Véronique, Sibilots Tochter, die für die kommunistische Zeitung »Libérateur« arbeitet, klar, dass er nicht den Reichen, sondern den Armen Schaden zufüge, sie aller Hoffnungen beraube und dass in Wirklichkeit er der Gegängelte sei. Als Nekrassov sich weigert, zwei kommunistische Redakteure, die man wegen Landesverrats anklagen will, zu beschuldigen, greift der französische Geheimdienst ein. Dort hat man Valéras Identität durchschaut und will ihn nun zwingen, seine Rolle weiterzuspielen.

Das selbst gewählte freie Rollenspiel entgleitet Valéra; es verselbständigt sich und grenzt seine eigene Freiheit ein: Valéra wird Opfer seiner eigenen Mystifikation. Es gelingt dem Hochstapler, mit Véronique zu fliehen. In einem Interview mit dem »Libérateur« will er den Betrug vor der Öffentlichkeit aufdecken. Der für ihn peinlichen Enthüllung will der »Soir à Paris« mit der Falschmeldung zuvorkommen, Nekrassov sei von den Russen entführt worden.

Die Motivation für die Thematik des Stücks lag in der aktuellen Situation der 1950er Jahre, in der Entwicklung der Ost-West-Beziehungen. Sartre sah die Gefahr der Meinungsmanipulation seitens der Presse, die durch die Art ihrer Informationslenkung ein Klima des Misstrauens hervorrief. Er reagierte mit einer Pressesatire, die den Antikommunismus, wie er von der konservativen und liberalen Presse betrieben wurde, anprangert und als Institution der Heuchelei entlarvt. Das Stück entstand im selben Jahr, in dem die Auseinandersetzung über Berichte von sowjetischen Arbeitslagern zum Bruch zwischen Camus und Sartre und zur Aufspaltung der Linken führte. Sartre hatte sich strikt gegen eine Veröffentlichung gewandt, um dem Antikommunismus US-amerikanischer Prägung keinen Vorschub zu leisten.

Von Sartres übrigen Stücken unterscheidet sich *Nekrassov* vor allem durch die komödienhafte Behandlung des hochbrisanten politischen Stoffs, doch geht es Sartre nicht darum, Ideologien zu widerlegen, sondern daraus resultierende Verhaltensweisen zu durchleuchten und lächerlich zu machen. So dominieren Situationskomik und satirische Züge in dieser ›farce-satire‹, deren Protagonisten als marionettenhafte Spielfiguren mit karnevalesken Zügen erscheinen. Diese Verknüpfung verschiedener Elemente der Komödie, Farce, Clownerie und des Guignol wurde anfangs kritisiert; inzwischen rückt sie als dramaturgische Originalität verstärkt ins Interesse.

▪ Lit.: I. Galster: Le théâtre de J.-P.S., 1986.

Knut Nievers / KLL

Les séquestrés d'Altona

(frz.; *Die Eingeschlossenen von Altona*, 1989, T. König) – Das 1960 erschienene Theaterstück in fünf Akten spielt in Deutschland 13 Jahre nach Kriegsende. Die von Gerlachs, eine Familie reicher Industrieller, die während des Kriegs im Rüstungsgeschäft tätig waren, leben in einer Villa in Altona. Der unheilbar kranke alte Gerlach hat seine Tochter Leni, den Sohn Werner und dessen Frau Johanna um sich versammelt, um sie seinen letzten Willen wissen zu lassen. Bei der Testamentseröffnung fehlt nur der ältere Sohn Franz. Offiziell totgesagt, lebt er, hermetisch von der Außenwelt abgeschlossen, seit seiner Rückkehr von der Kriegsfront in einem Zimmer des Hauses, trägt eine zerrissene Uniform und empfängt nur seine Schwester, die mit ihm im Inzest lebt.

Johanna kommt bei ihrem Bemühen, die Übertragung des Konzerns auf ihren Mann zu verhindern, dem Familiengeheimnis auf die Spur. Sie will sich und ihrem Mann ein von größerer Verantwortung freies bürgerliches Leben sichern und sucht Franz in der Absicht auf, ihn als Konzernerben und damit dem realen Leben zurückzugewinnen. Franz, der im Russlandfeldzug Gefangene gefoltert und sich in die Vorstellung von Kollektivschuld und -sühne gerettet hat, weigert sich. Seit Jahren glaubt er, Deutschland liege noch immer in Trümmern – die ungeheure Schuld des Naziregimes, seine eigenen Verbrechen eingeschlossen, sei damit gesühnt. Mit dieser bewussten Selbsttäuschung hat er sich über ein Jahrzehnt dem Eingeständnis persönlicher Schuld entzogen. Als Johanna ihn mit der Wirklichkeit, einem scheinbar rehabilitierten Deutschland, konfrontiert, wird seine Abkapselung sinnlos. Jetzt ist er zu einer Aussprache mit dem Vater bereit.

Dieses Gespräch und der Dialog (eine Rückblende) zwischen Vater und Sohn um die Frage der individuellen und kollektiven Schuld im ersten Akt sind die Angelpunkte des Stücks. Am Schluss bekennt sich der

Vater verantwortlich für die Tat des Sohnes, weil er sich schuldig fühlt an dessen Existenz und damit an dessen Schicksal. Nach dieser Klärung bewegt Franz den Vater zu dem Entschluss, gemeinsam Selbstmord zu begehen. Das Stück endet mit einem auf Tonband gesprochenen Monolog, in dem Franz sein Jahrhundert verflucht.

Les séquestrés d'Altona verdankt seine Entstehung dem Plan Sartres, das Thema des Algerienkriegs zu dramatisieren. Nachdem Genets *Les paravents* (entstanden 1959; *Die Wände*) der Zensur zum Opfer gefallen war, verlegte Sartre die Handlung nach Deutschland, ohne damit den Appell an das französische Gewissen abzuschwächen.

Les séquestrés d'Altona hinterlässt einen zwiespältigen Eindruck. Trotz inhaltlicher Inkonsequenz und formalen Schwächen (vor allem der langatmigen Dialoge der Rückblende im ersten Akt) gibt es darin so eindrucksvolle Stellen wie die letzte Szene zwischen Vater und Sohn. Das Stück gehört zu den Vorläufern des politischen Dokumentartheaters deutscher Schriftsteller wie Kipphardt, Hochhuth und Weiss.

▪ Lit.: M. Contat: Explication des ›Séquestrés d'Altona‹, 1968. ▪ I. Galster: Le théâtre de J.-P.S., 1986. *Helgard Brauns*

Les mots

(frz.; *Die Wörter*, 1965, H. Mayer) – Die erste Fassung der 1964 erschienenen Autobiographie entstand 1954 und trug den Titel *Jean sans Terre* (Johann ohne Land). Erst nach einer Überarbeitung 1963, in der er die Schärfen übertriebener Selbstkritik abmilderte, veröffentlichte Sartre den Text in zwei Teilen in der Zeitschrift *Les Temps modernes*. Die Buchpublikation 1964 war Anlass für die Verleihung des Nobelpreises, den Sartre ablehnte.

Die stilistische Brillanz der über weite Strecken ironischen, selten nostalgischen Kindheitsbeschreibungen täuschte das Publikum von 1964, das darin einen Tribut an die große französische Literaturtradition sah. Für Sartre waren *Les mots* keine Rückkehr zur, sondern ein Abschied von der Literatur. Das Selbsterforschungsprojekt war Teil seiner philosophischen Bemühungen um eine Erneuerung der Anthropologie und gehört daher in die Reihe der Schriftstellerbiographien.

Les mots bestechen durch eine kühle, lakonische Präzision. Eine bei Sartre ungewöhnliche Hermetik des Stils erschwert es Lesern und Forschern, sich ein eigenständiges Bild von dem beschriebenen Kind zu machen. Während in seiner Literaturtheorie und auch Schreibpraxis Sartre der Freiheit des Lesers einen besonderen Platz einräumt, ist er hier ganz ›Meisterdenker‹, der keinen Zweifel an seiner Botschaft aufkommen lassen will.

Während die meisten Autobiographien mit der eigenen Geburt beginnen, geht Sartre weit in die familiäre Vorgeschichte zurück. Sein Familienstammbaum ist kein Lob der Herkunft, sondern liefert mit der einleitenden Beschreibung der Urgroßeltern ein zentrales Lebensmotiv ihres Urenkels: den Verrat. Sein Urgroßvater verrät den Lehrerberuf, um Krämer zu werden; sein Großvater verrät die Familie und wird nicht Pastor, sondern Lehrer. Auch am Anfang der eigenen Lebensgeschichte steht ein nach Sartre befreiender Verrat: der frühe Tod des Vaters. »Jean-Baptistes Tod wurde das große Ereignis meines Lebens; er legte meine Mutter von neuem in Ketten und gab mir die Freiheit.« Die verwitwete Mutter kehrt ins Vaterhaus zurück. Aufwachsend bei seinem Großvater, einem patriarchalischen, strengen Gymnasialprofessor, empfindet sich der kleine »Poulou« als geduldeter Fremder. Dieses Lebensgefühl hat Sartre geprägt. Der Großvater übernimmt eine entscheidende Rolle in seiner Entwicklung.

In dessen Bibliothek lernt das Kind die Welt der Bücher kennen. Zunächst reizen sie den noch leseunkundigen Poulou in ihrer Materialität: Größe, Farbe, Geruch. Er ahmt die Geste des Lesens nach, indem er die Blätter langsam umwendet. Als er endlich selbst lesen kann, interessiert er sich besonders für ausgefallene, schwierige Wörter. Er versteht sie zwar nicht, aber sie beeindrucken ihn aus Klanggründen. Träumerische Identifikation mit den Helden der Literatur (das Kind verschlingt gleichermaßen klassische Werke und Groschenhefte) genügt dem Jungen angesichts seiner realen Schwierigkeiten mit Gleichaltrigen bald nicht mehr und führt zum Übergang vom Lesen zum Schreiben.

Die theatralischen Gesten und das Posieren des Großvaters bestimmen auch seine ersten Schreibversuche, die er unternimmt, um die Bewunderung seiner Mutter zu erregen. Die Doppeldeutigkeit des existenzialistischen Grundmotivs der Rollenhaftigkeit menschlichen Verhaltens wird hier als biographisch bestimmendes Detail vorgeführt. Aus der wichtigtuerischen Nachahmung der Rolle des großen Schriftstellers wird eine frei gewählte Bestimmung des Erwachsenen. Das Schreiben entwickelt sich langsam zu einer Ersatzreligion, in der Poulou kraft seiner Macht über die Wörter als Erlöser fungiert. Der Ausbruch des Ersten Weltkriegs, der entgegen seinen literarischen Friedensprognosen erfolgt, führt ihm zwar seine reale Machtlosigkeit vor, heilt ihn aber nicht von seiner Literaturneurose.

Über die spätere Schul- und Studentenzeit finden sich kaum noch Spuren in *Les mots*. Die kontinuierliche Erzählung hört etwa 1917 auf, wobei die Wiederverheiratung der Mutter von entscheidender Bedeutung gewesen sein dürfte. Um sie nicht zu verletzen, wollte er zu ihren Lebzeiten seine Animositäten gegen den Stiefvater nicht öffentlich machen. So endet der Text mit Überlegungen zu seiner Situation 1963, in denen er die Grenzen der Literatur beschreibt. »Lange hielt ich meine Feder für ein Schwert: nunmehr kenne ich unsere Ohnmacht. [...] Die Kultur vermag nichts und niemanden zu erretten, sie rechtfertigt auch nicht.« Kunstreligion und engagierte Literatur als Heilslehre sind Überbleibsel eines theologischen Weltbildes. Mit dessen Zerbrechen wird das Schreiben eine Tätigkeit, die nicht mehr wert ist als andere. Das bringt die berühmte Schlussbemerkung des Textes ohne Resignation zum Ausdruck. »Was bleibt, wenn ich das unmögliche Heil in die Requisitenkammer verbanne? Ein ganzer Mensch, gemacht aus dem Zeug aller Menschen, und der soviel wert ist wie sie alle und soviel wert wie jedermann.«

Les mots ist ein Markstein zur Erneuerung der Autobiographie im 20. Jh. An ihrer Rezeption lässt sich vielleicht am deutlichsten ablesen, welchen Veränderungen das Sartre-Bild in den zweiten Hälfte des 20. Jh.s unterworfen war. Standen zunächst die enthüllten biographischen Einzelheiten im Vordergrund der Rezeption und wurde die extrem literarische Form als Widerspruch zu seinem politischen Engagement empfunden, wird inzwischen die anthropologische Tragweite dieser unerbittlichen Selbsterforschung sichtbar, die als Fingerübung für die Flaubert-Studie wichtige methodische Konzepte vorwegnimmt. Mit größerem Abstand verstärkt sich der Eindruck, dass *Les mots* der wohl bedeutendste Text Sartres ist.

■ Lit.: M. Contat: Pourquoi S. a écrit ›Les mots‹, 1997.

Rainer Wannicke

Paul Scarron

■ geb. 4.7.1610 Paris (Frankreich)
■ gest. 7.10.1660 Paris (Frankreich)

Nach abenteuerlicher Jugend seit 1640 durch rheumatische Krankheit gelähmt; in Pariser Literatenkreisen geschätzt; heiratete 1652 Françoise d'Aubigné (die spätere Madame de Maintenon); schrieb Prosa und zahlreiche Dramen nach spanischem Muster, wichtiger Vertreter des humoristischen Romans.

■ Ausg.: Œuvres complètes, 1877.
■ Lit.: F. A. de Armas: S., 1970.

Le roman comique

(frz.; *Die Komödianten. Ein komischer Roman*, 1983, H. Coenen) – Der 1651 und 1657 in zwei Teilen erschienene Roman blieb unvollendet. Er reiht in lockerer Folge die Abenteuer einer Gruppe von Provinzschauspielern aneinander, ohne dass dabei ein Held im eigentlichen Sinne auftritt und ohne dass sich die Handlung auf ein bestimmtes Ziel hin entwickelt. Vielmehr lässt der Autor seiner Phantasie freien Lauf. Seine Komödianten werden immer wieder mit der allgemeinen Missachtung ihres Berufsstandes, der Willkür der Wirtshausbesitzer und dem bornierten Unverstand des Provinzpublikums konfrontiert.

Der Zufall hat die Mitglieder der Truppe zusammengewürfelt: Le Destin, Sohn eines verarmten Edelmannes, der aus Not Schauspieler geworden ist und dessen Talent, solide Bildung und sympathischer Charakter ihn zum allseits geliebten Haupt der Truppe gemacht haben; Mlle de L'Étoile – auch sie von vornehmer Herkunft –, die von Le Destin aus großer Gefahr gerettet worden war und nun sein Leben teilt; La Caverne und ihre Tochter Angélique, die beide als Schauspieler aufgewachsen sind; der ehemalige Klosterschüler Léandre, Erbe eines beträchtlichen Vermögens, der um der schönen Angélique willen Schule und Elternhaus verlassen hat und sich als Diener Le Destins ausgibt, um in der Nähe Angéliques sein zu können; schließlich La Rancune, dessen beziehungsreicher Name seinen missgünstigen und Ränke spinnenden Charakter kennzeichnet, auch er sein Leben lang Mitglied von Wandertruppen. Um die eigentlichen Schauspieler gruppiert sich eine Reihe von Nebenfiguren. Der ›Poet‹ der Truppe, Roquebrune, dessen lächerliche Eitelkeit ihn fest davon überzeugt sein lässt, dass vor seinem Ruhm Namen wie ↗Corneille verblassen werden, der aber im übrigen gutmütig alle derben Späße La Rancunes über sich ergehen lässt. Eine der gelungensten Figuren ist der kleine dicke Ragotin (frz. ragot: klein und dicklich), der Provinzschöngeist; in ihm hat Scarron die ganze Lächerlichkeit des provinziellen Snobismus, der in allen Dingen möglichst großstädtisch wirken möchte, unbarmherzig karikiert. Ein »kleiner Advokat von Beruf, der eine kleine Aufgabe bei einem kleinen Gericht in der Nähe versieht«, entdeckt er seine künstlerische Ader und spielt, von dem boshaften La Rancune eifrig darin bestärkt, mit dem Gedanken, selbst Schauspieler zu werden. Er wird zu einer Art Hanswurst im Roman, ihm gelten die Ränke La Rancunes, er erlebt die überraschendsten Abenteuer, die stets einen für ihn misslichen, für den Leser erheiternden Ausgang nehmen.

Der *Roman comique* unterscheidet sich nicht nur im Umfang von den zeitgenössischen, oft 20-bändigen Opera, die, meist heroisch-erhabenen Inhalts, entweder Heldentaten, wie der sogenannte ›roman héroïque‹, oder komplizierte Herzensregungen, wie der Schäferroman, zum Gegenstand haben. Dagegen zogen die Vertreter der Burleske und des sogenannten ›bürgerlichen‹ Romans wie Charles ↗Sorel oder Antoine Furetière zu Felde. Nicht zufällig entstanden Burlesken und Travestien, die sich gegen die vom Hof diktierten stilisierten Lebensformen wenden, in besonders großer Zahl zur Zeit des Frondeaufstandes (1648), in dem sich der Parlamentarismus des Adels gegen den Absolutismus des Hofes zur Wehr zu setzen suchte. Scarron lässt seine Gestalten in greifbarer Nähe und nimmt ihnen alles romanhaft Entrückte. Gleichzeitig gelingt ihm die Ehrenrettung eines allgemein gering geachteten, von der Kirche verketzerten Berufsstandes, denn seine Personen entsprechen in nichts dem Klischee von der zweifelhaften Moral der Schauspieler.

Die in den Roman eingestreuten Novellen sind vom Autor aus dem Spanischen übersetzt, und zwar mit der Begründung, dass den Spaniern das größere Lob in der Novellenform gebühre, während die Franzosen sicherlich Meister in der Romanform seien. Hier wie in seinen Kapitelüberschriften und im episodischen Aufbau seines fortschreitenden Romans offenbart sich die Verwandtschaft zu Cervantes, dessen *Don Quijote* Scarron im spanischen Original gelesen hat.

Der *Roman comique* hat unter den Zeitgenossen Scarrons ein lebhaftes Echo gefunden. Zahlreiche Plagiate machten 1655 eine vom Autor revidierte Fassung des ersten Teils nötig. Auch bemühte man sich seit dem Erscheinen des Buches mehr oder weniger erfolgreich um eine Entschlüsselung der auftretenden Personen. Selbst Boileau, der strenge Richter über das Burleske, konnte sich dem Reiz dieses Werks nicht verschließen. Für den Erfolg Scarrons sprechen auch die zahlreichen Versuche, den fragmentarischen *Roman comique* zu Ende zu schreiben; die bekannteste dieser »Fortsetzungen« stammt von einem anonymen Autor; sie erschien 1663 bei Antoine D'Offray, erreicht aber nicht die spielerische Leichtigkeit des Originals. Scarron selbst charakterisierte die Absicht, die er mit seinem bedeutendsten Werk verfolgte, so: »Mein Buch ist nur eine Anhäufung von Narreteien, aber ich hoffe, jeder Narr findet ein wenig von seinem eigenen Charakter darin, sofern er nicht vor Eigenliebe blind ist.«

▪ Lit.: B. L. Merry: Menippean Elements in S.'s ›Roman comique‹, 1998. ▪ L. Pirroux: Le livre trompe-l'œil, ou le jeu de la dédicace, 1998.

Annegret Martin

Maurice **Scève**

▪ geb. um 1500 Lyon (Frankreich)
▪ gest. um 1564 Lyon (Frankreich)

Jurastudium in Avignon; glaubte, dort das Grab von Petrarcas Geliebter Laura entdeckt zu haben; vielseitig begabt (Maler, Architekt, Astronom, Musikexperte, Gelehrter); zahlreiche Nachdichtungen und Übersetzungen italienischer Werke; bedeutender Repräsentant der Lyoner Dichterschule.

▪ Ausg.: Œuvres complètes, 1974.

▪ Lit.: C. Skenazi: M. S. et la pensée chrétienne, 1992. ▪ J. C. Nash: A S. Celebration, 1994.

Délie, obiect de plus haulte vertu

(frz.; *Delie, Inbegriff allerhöchster Tugend*, 1962, F. Kemp) – Der erste nach dem Muster von Petrarcas *Canzoniere* in französischer Sprache geschriebene, 1544 erschienene Gedichtzyklus besteht aus 449 zehnsilbigen ›dizains‹ (Zehnzeiler). Diese sind, außer den ersten fünf und den letzten drei, in Neunergruppen geordnet, die wiederum eingeleitet werden von jeweils einem Sinnbild, das seinerseits von einem zumeist auf die letzte Zeile des darauf folgenden Dizain Bezug nehmenden Motto umrahmt wird.

Der Zyklus, der in seiner Komplexität und seiner meist ungewollten, durch die zeitlich bedingte Geschmacksänderung verursachten Obskurität beim heutigen Leser immer noch viele Fragen aufwirft, stellt den als autobiographisch angesehenen (wenngleich Petrarcas Liebe für Madonna Laura nachempfundenen), von Lust und Leid gezeichneten Liebesweg des Dichters mit einer Dame der Lyoner Gesellschaft dar. Andererseits schildert er einen von Sehnsucht, Zweifel, Leidenschaft, Todesverliebtheit bis hin zur Sublimation und Transzendenz geprägten psychologischen Werdegang mit neuplatonischen Zügen.

Überdies enthält das Buch zahlreiche naturwissenschaftliche, historische und politische Bezüge, mythologische und hermetisch-esoterische Anspielungen, fabulistische und gnomische Referenzen, für das 16. Jh. typische preziös-manieristische Wort- und Buchstabenspielereien sowie intertextuelle Reminiszenzen an Dichter der eigenen oder früheren Zeit, vor allem an italienische Petrarkisten.

Auch ist *Délie*, obwohl nur bedingt, ein Emblembuch, vornehmlich aber eine Gedichtsammlung mit zum Teil emblematischen Formen, denn nur 50 der 449 Gedichte sind mit Vignetten versehen, im Gegensatz zu der üblichen emblematischen Buchgestaltung, in der jedem Gedicht ein Bild gegenübersteht. Allerdings folgt diese Gedichtsammlung keinem einheitlichen Strukturplan; in jeder einzelnen der Neunergruppen nicht minder als in der gesamten Sequenz wiederholen, widersprechen und überkreuzen sich die Themen und Motive, frei von einem festen Rhythmus. Manche Dizains werden von Sinnbildern begleitet, andere, die ebenso bildträchtig oder gnomisch konstruiert sind, aber nicht. Immerhin sind die meisten Gedichte, auch wenn manche nur Übersetzungen, Umarbeitungen oder Wiederholungen von fremdem oder eigenem älteren poetischen Material sind, gleichwertig.

Délie stellt einen privilegierten Moment in der französischen Dichtung des 16. Jh.s dar: Scève befreite sich von den inzwischen antiquierten, als gekünstelt und poetisch ›unbeholfen‹ geltenden Formen der älteren Rhétoriqueurs und ließ sich noch nicht von den programmatischen Regeln der Pléiade einengen, ihm glückte ein Werk von großem künstlerischen Reichtum, das dem Leser die Zugangsschwierigkeiten vielfältig entlohnt: eine schöne, große Dichtung, die intime Einblicke in die Dichterseele ebenso wie intellektuelle Herausforderungen bereithält und den manchmal obskuren Sinn mit anmutiger Sprachmusik und dekorativen Bildern entgilt. Seine noch von Latinismen und petrarkistischen Formen geprägte Sprache bewegt sich zwischen dichterischer Selbstzucht und hingebungsvoller Leidenschaft.

Scève wurde als Dichter geschätzt, seine Mitarbeit bei verschiedenen poetischen Unternehmungen wurde besonders hoch gewertet. Doch statt Ruhm in der breiten Öffentlichkeit wünschte er sich die kennerhafte Wertschätzung durch einen kleinen, auserwählten Leserkreis. *Délie* genoss als einziges seiner Werke nachhaltiges Ansehen bei den Zeitgenossen, geriet aber bald in Vergessenheit. Wiederentdeckt wurde *Délie* erst im 19. Jh. unter dem Einfluss der französischen Symbolisten, und verstärkt wurde es im 20. Jh. wahrgenommen, wo es unterschiedliche und oft originelle literaturkritische Deutungen erfuhr.

▪ Lit.: N. M. Frelick: Délie as Other. Toward a Poetics of Desire in S.'s Délie, 1994. ▪ A. Glauser: Écriture et désécriture du texte poétique, 2002.

Monika Grünberg-Dröge

Éric-Emmanuel **Schmitt**

▪ geb. 28. 3. 1960 Sainte-Foy-lès-Lyon (Frankreich)

Eliteuniversität École Normale Supérieure; Agrégation in Philosophie; Dissertation zu Diderot; daneben Ausbildung zum Pianisten; gab angesichts des Erfolges seines zweiten Stücks *Le visiteur* seine Stelle am philosophischen Institut der Université de Savoie auf; dramatische und epische Werke.

▪ Lit.: M. Meyer: É.-E. S. ou les identités bouleversées, 2004. ▪ T. Durand: É.-E. S. De Dieu qui vient au théâtre, in: Journal of the American Association of Teachers of French 78, 2005, 3, 506–521.

Das dramatische Werk

(frz.) – Éric-Emmanuel Schmitt hat Romane, Erzählungen, einen Essay und Übersetzungen veröffentlicht, seine besondere Begabung liegt jedoch im Bereich der Theaterdichtung. Auch seine Erzählprosa hat so viel dramatisches Potenzial, dass sie sich ohne große Eingriffe in den Text inszenieren oder für die Bühne adaptieren lässt, wie z. B. *Oscar et la dame rose* (*Oskar und die Dame in Rosa*, 2005, A. und P. Bäcker) und *L'Évangile selon Pilate* (*Das Evangelium nach Pilatus*, 2005, B. Große). 2006 wurde sogar *Ma vie avec Mozart*, 2005 (*Mein Leben mit Mozart*, 2005, I. Koebel), sein imaginärer Briefwechsel mit dem Komponisten, aufgeführt.

Der Durchbruch als Schriftsteller gelang ihm mit seinem Don-Juan-Drama *La nuit de Valognes*, 1991, Neufassung 2005 (Die Nacht von Valognes). Auf einem Landsitz der Herzogin von Vaubricourt treffen sich sechs Ex-Geliebte des großen Verführers, um ihm den Prozess zu machen. Don Juan erklärt sich einverstanden, im Fall seiner Verurteilung sein letztes Opfer, die kleine Angélique, zu heiraten. Er hat sich unter dem Eindruck seiner ersten wahren Liebe (zu ihrem Bruder) verändert und will versuchen, sie glücklich zu machen, obwohl er sie nicht liebt. Angélique kann mit diesem neuen Don Juan ebenso wenig anfangen wie die Femme fatale, die Preziöse und die Nonne. Sie reisen ab. Zurück bleiben jene Frauen, die Mütterlichkeit und Freundschaft verkörpern. Sie entlassen den »Neugeborenen« in seine ungewisse Zukunft – ein Ende, das an *Jedermann* und Ionescos *Le roi se meurt* (Der König stirbt) erinnert. Bereits dieser Dramenerstling weckte mit seiner ausgefeilten Charakterzeichnung und den geschliffenen Dialogen die Hoffnung, dass der Autor dem französischen Literaturtheater neue Impulse geben würde.

Le visiteur, 1993 (*Der Besucher*, 1994, A. und P. Bäcker), brachte Schmitt die wichtigste französische Bühnenauszeichnung, den Prix Molière, ein. Im Zentrum des Stückes steht der Nazi-Repressalien ausgesetzte Sigmund Freud kurz vor seiner Emigration nach London. Ein Gestapomann nimmt seine Tochter Anna nach einer Auseinandersetzung aufs Revier mit. Da erscheint ein wie ein Dandy gekleideter Unbekannter und verwickelt den Analytiker in ein langes Gespräch, in dessen Verlauf Freuds Atheismus zu wanken beginnt. Es bleibt offen, ob der Mann Gott ist oder ein Verrückter. Eine Opernfassung des *Visiteur* mit der Musik von Stavros Xarhakos wurde im Théâtre Impérial de Compiègne uraufgeführt.

Golden Joe, 1995, basiert auf dem Plot von *Hamlet*. Der Protagonist ist ein beinharter Finanzstratege und unermesslich reich und seine Verlobte ein eiskalt-steriles Society-Girl. Das ehebrecherische Mörder-Paar wirkt im Kontrast zu den beiden geradezu sympathisch.

Nachdem Joe den Tod eines Kindes verursacht hat, ist er plötzlich in der Lage (nichts Verderbtes wie Marcellus bei Shakespeare, sondern) den Geruch von Menschlichem wahrzunehmen, was bei ihm einen Sinneswandel bewirkt. Im Eiltempo versucht er eine soziale Utopie zu verwirklichen und scheitert kläglich. *Golden Joe* ist Schmitts einziges pessimistisches Stück. Es zeigt, dass weder Wohltätigkeit, noch humanitäre Maßnahmen, Sozialismus oder Kommunismus das kapitalistische System erschüttern können.

L'école du diable, 1999 (Die Schule des Teufels), wirkt wie eine Fortsetzung von Primo Levis Einakter *Il sesto giorno* (»Der sechste Tag«). Der Teufel ist depressiv; seine Berater machen Vorschläge, wie man das Böse in der Welt zu neuer Blüte bringen könne, nämlich indem man drei Philosophien propagiert: den Idealismus, der die Existenz des Bösen ignoriert, den Pragmatismus, der es relativiert und den Psychologismus, der die persönliche Verantwortung leugnet.

Der Titel *Variations énigmatiques*, 1996 (*Enigma*, 1997, A. und P. Bäcker), verweist auf Edward Elgars *Enigma-Variationen*, Variationen über eine geheimnisvolle Melodie, die sich genauso wenig fassen lässt wie Frauen – »Melodien, die man träumt und nicht versteht«. Das Stück spielt auf einer norwegischen Insel zur Zeit der Wintersonnenwende. Der exzentrische Literatur-Nobelpreisträger Abel Znorko empfängt Erik Larsen, der sich als Journalist ausgibt. Dieser hat ihm nach dem Tod seiner Frau, die zuvor Znorkos Geliebte gewesen war, in ihrem Namen 15 Jahre lang Briefe geschrieben. Schmitt nennt *Enigma* sein »autobiographischstes« Stück, weil er die Erfahrungen beider Männer gemacht und einmal ein ähnlich ambivalentes Verhältnis gehabt habe. Die Protagonisten vertreten konträre Liebeskonzeptionen, Znorko eine idealistische, inhumane und Larsen eine realistische, menschliche. Andere Themen sind die Koexistenz einer fiktiven und einer realen Wirklichkeit und eine Liebe, die sexuellen Präferenzen zuwiderläuft.

Die Veröffentlichungen von Schmitts Dissertation *Diderot ou la philosophie de la séduction* (Diderot oder die Philosophie der Verführung) und jene der Komödie *Le libertin*, 1997 (UA 1997; *Der Freigeist*, 1997, A. und P. Bäcker), fanden im selben Jahr statt. In diesem Stück soll Diderot den Artikel »Moral« für die *Encyclopédie* schreiben, eine Aufgabe, an der er kläglich scheitert, weil ihm eine Reihe von Begegnungen mit begehrenswerten Frauen die Diskrepanz zwischen seinen privaten und seinen ›offiziellen‹ Ansichten und deren Abhängigkeit vom jeweiligen Augenblick bewusst machen. Er kommt zu dem Schluss, dass es keine Regel gibt, dass von Fall zu Fall entschieden werden muss, ob dem Individuum größtmögliche Freiheit einzuräumen ist, ob die traditionelle, bürgerliche Moral der Gesellschaft gilt oder gar eine, die nicht zwischen gut und böse sondern zwischen schönen und hässlichen Handlungen unterscheidet. Das Stück wurde von Gabriel Aghion verfilmt.

Schmitt schrieb den Monolog *Milarepa 1997* (UA 1996; *Milarepa*, 1997, A. und P. Bäcker), für den Schauspieler Bruno Abraham Kremer. Simon, der Erzähler, erfährt, dass er der wiedergeborene böse Onkel des berühmten tibetanischen Eremiten Milarepa ist. Nur wenn er die Geschichte der beiden Männer erzählt und sich in gleicher Weise mit ihnen identifiziert, kann er die Reihe der Wiedergeburten beenden. Dieser Text, der das Weltbild von Buddhisten zu vermitteln versucht, brachte Schmitt auf die Idee, einen Erzählzyklus über Religionen zu schreiben, in denen Gott abwesend ist, den *Cycle de l'invisible* (Zyklus des Unsichtbaren), den er mit *Monsieur Ibrahim* (Judentum und Islam), *Oscar et la dame rose* (Atheismus und Christentum) und *L'enfant de Noé* (Judentum und Christentum) fortsetzte. Zu glauben, bedeutet in allen diesen Werken, sich auf etwas Unsicheres einzulassen und dafür mit einem Gefühl der Geborgenheit belohnt zu werden. Regelmäßig angesprochen wird das Problem der Theodizee, einer Rechtfertigung Gottes angesichts des Bösen in der Welt. Schmitt löst es dahingehend, dass er sagt, Gott habe nach der Erschaffung der Welt dem Menschen die Freiheit gegeben und damit die Verantwortung übertragen, das beste daraus zu machen.

Der Protagonist des für den Filmstar Jean-Paul Belmondo geschriebenen Dramas *Fréderic ou le boulevard du crime*, 1999 (*Frédérick oder Boulevard des Verbrechens*, 1998, A. und P. Bäcker), ist der Schauspieler Frédéric Lemaître, der Lieblingsinterpret Victor Hugos und anderer Romantiker, der zwar den Sprung an die Comédie française nicht schaffte, aber an Boulevardtheatern große Erfolge als Hamlet und als Melodramenheld verzeichnete. In Schmitts Stück ist er ein höchst unverlässliches, zügelloses Subjekt, das sich in die Ministertochter Bérénice verliebt, aber auf sie verzichtet, weil ihr Vater ihm vor Augen hält, dass er sie unglücklich machen würde. Zehn Jahre später erscheint die Geliebte an seinem Totenbett. Sie hat sich ebenfalls geopfert, weil sie erkannte, dass privates Glück seine Gestaltungskraft zum Erliegen gebracht hätte. Sie kommt gerade noch zurecht, um ihm die Möglichkeit zu verschaffen, wie Molière auf der Bühne zu sterben. Themen des Melodramas, bzw. der Melodramen-Parodie, sind u.a. der Konflikt Leben-Theater, die Identitätsschwäche und Geltungssucht von Schauspielern und das, was Schmitt (zu Unrecht) die Erfindung des volkstümlichen Theaters nennt. Das Stück übernimmt Handlungsstränge und Szenen und spielt mit Motiven aus Racines *Bérénice*, Goldonis *Il teatro comico*, *Anthony* und Dumas' *Dame aux camélias* und Lemaîtres eigenen *Robert Macaire*-Stücken, die Honoré Daumier zeichnerisch verewigte.

Das *Hôtel des deux mondes*, 1999 (*Hotel zu den zwei Welten*, 1999, A. und P. Bäcker), im gleichnamigen Stück bezeichnet einen Ort, an dem sich der Geist von Koma-Patienten aufhält, bis die Entscheidung fällt, ob ein Lift sie ins Jenseits oder in ihren Körper zurück befördern wird. Nach einem Verkehrsunfall lernt Julien dort die herzkranke Laura, für die ein Spenderherz gesucht wird, kennen und lieben. Eine andere Figur, der Magier, erreicht, dass ihr das seine zur Verfügung gestellt wird. Er macht damit eine alte Schuld wieder gut und fährt glücklich ins Jenseits auf, während der Lift sie nach unten bringt. Was mit dem durch die Begegnung mit Laura geläuterten Julien geschehen wird, bleibt offen. Die Geschichte erinnert an Primo Levis Kurzgeschichte *Procacciatori d'affari* (Geschäftsvermittler), in der es einen ähnlichen Ort für Seelen zwischen Sein und Nicht-Sein gibt, und an das Hölty-Schubert-Lied »Seligkeit«, wo ein Liebhaber sich die Freuden des Himmels ausmalt, dann aber doch ein Erdendasein mit seiner Laura vorzieht. Dem Autor zufolge geht es in dem Stück um Hingabe an und Vertrauen in das, was er Mysterium nennt. In dem Monolog *Le bâillon*, 1999 (Der Knebel), erzählt ein junger Bauer von seiner Liebesbeziehung zu einem Holzfäller, die ihm Aids und das Erwachen seiner als negativ empfundenen Phantasie eingebracht hat, weil er sich nun vorstellt, dass sein Freund allein sterben wird.

Wie schon *Milarepa* war auch *Monsieur Ibrahim et les fleurs du coran*, 2001 (*Monsieur Ibrahim und die Blumen des Korans*, 2000, A. und P. Bäcker), für Bruno Abraham-Kremer bestimmt. Vorbild für die Titel-Figur war der Sufi-Mystiker Rumi aus dem 13. Jh. Im Zentrum des Stückes steht Momo, ein kleiner jüdischer Junge, der in dem Gemischtwarenhändler und Alltags-Philosophen M. Ibrahim einen idealen Erzieher und schließlich einen Adoptiv-Vater findet. Schmitt will zeigen, dass Islam nicht automatisch Fanatismus bedeutet und dass der Nahostkonflikt nur einen Aspekt der vielfältigen Beziehungen zwischen Arabern und Juden darstellt. Der Monolog wurde von François Dupeyron mit Omar Sharif in der Titelrolle verfilmt. *Mille et un jours*, 2000 (Tausend und ein Tag), ist der Monolog einer Frau am Bett ihres im Koma liegenden Mannes und seine Antwort darauf.

Oscar et la dame rose (2002) ist eine Brief-Erzählung. Mamie-Rose (Oma Rosa) macht ehrenamtlich Krankenbesuche in der Abteilung, wo der unheilbar an Leukämie erkrankte Oscar behandelt wird. Sie unterhält den kleinen Jungen mit Geschichten aus ihrer erfundenen Catcherinnen-Laufbahn, rät ihm, die ihm verbleibende Zeit so zu nützen, dass er, gleichsam im Zeitraffer, ein volles Menschenleben durchläuft, alles in den erwähnten Briefen an den lieben Gott zu notieren und in Postskripta seine Wünsche festzuhalten. Mamie Roses Ziel, Oscar dazu zu bringen, Krankheit und Tod fröhlichen Herzens anzunehmen, ist hoch gesteckt. Aber der schwarze Humor, mit dem der Protagonist und seine Freunde dem Grauenhaften begegnen, indem sie etwa einen Knaben mit Verbrennungen Bacon oder einen mit einem Wasserkopf Einstein nennen, verhindert, dass die Geschichte zu einer Heiligen-Vita gerät.

Nach einem Unfall scheint Gilles, der Protagonist von *Petits crimes conjugaux*, 2003 (*Kleine Eheverbrechen*, 2003, A. und P. Bäcker), unter Gedächtnisschwund zu leiden. Er behauptet, sich an nichts zu erinnern, was seine Person betrifft. Seine Frau Lisa beschreibt ihn als idealen Ehemann, aber vielleicht tut sie das nur, um sein künftiges Verhalten zu beeinflussen. Schließlich erfährt man, dass Gilles die Amnesie nur vorgetäuscht hat, um zu erfahren, warum Lisa trinkt und warum sie versucht hat, ihn zu ermorden. Es folgen das Selbstporträt einer narzisstisch gestörten Alkoholikerin, Selbstbeschuldigungen von Gilles und ein falscher Abgang Lisas. Das ›happy ending‹ indes wirft die Frage auf, ob angesichts von Lisas Alkoholpegel von einem »Sich-Einlassen auf das Mysterium der Liebe« (Kommentar des Autors) gesprochen werden kann, und ob eine Frau, die auf mäßige Abnützungserscheinungen ihrer Beziehung nach 15 Ehejahren mit Alkoholmissbrauch und einem Mordversuch reagiert, nicht eine andere Therapie benötigt als gute Worte. Das Stück ist in dramaturgischer und sprachlicher Hinsicht brillant und war ein großer Publikumserfolg.

Unter dem Obertitel *Mes Évangiles* erschienen *La nuit des oliviers*, 2004 (*Die Nacht der Ölbäume*, 2005, A. und P. Bäcker), und die Bühnenadaptation des Briefromans *L'Évangile selon Pilate*, 2000/2004 (*Das Pilatus-Evangelium*).

In dem Monolog *La nuit* lässt Jesus kurze Zeit vor seiner Verhaftung sein Leben Revue passieren. Er schildert, wie er sich allmählich seiner Sendung bewusst wurde, bleibt aber dennoch bis zuletzt von Zweifeln geplagt. Der Titel des Zweipersonenstücks *L'Évangile selon Pilate* spielt auf die zahlreichen apokryphen Evangelien an. In einer Serie von Briefen berichtet der römische Statthalter seinem Bruder in Rom von einem Grabraub, den er aufzuklären bemüht ist, um zu verhindern, dass Lokalpolitiker aus dem Fall Kapital schlagen. Angesichts von Auferstehungs-Meldungen versucht er zunächst, eine rationale Erklärung zu finden. Er befragt zu diesem Zweck Herodes und den Hohepriester, einige Jünger, Ärzte und andere, gerät immer mehr in den Sog des Mysteriums und begibt sich schließlich auf eine Wanderschaft durch Galiläa. Die Intention hinter Schmitts Auseinandersetzung mit Inkarnation und Auferstehung ist erklärt missionarisch, allerdings auf eine undogmatische Weise. Er betont stets den hypothetischen Charakter religiöser Inhalte – selbst ein Wahrheitssuchender, zweifelt Jesus an seiner Gottheit – und präsentiert Religion als Lebenshilfe.

Sein bislang letztes Stück *La tectonique des sentiments*, 2005 (*Die Tektonik der Gefühle*, 2006, A. und P. Bäcker), basiert auf der Geschichte der Marquise de la Pommeraye in Diderots *Jacques le fataliste*. Diane ist eifersüchtig. Jeder Zoll eine moderne Andromache (vgl. Racine), macht sie eine Reihe von Personen, darunter zwei Prostituierte, zu Werkzeugen ihrer Rache an Richard. Während die Geschichte im ursprünglichen Kontext ein spektakulärer Einzelfall (in der Art von Bandellos Novellen-Sujets) ist, wird sie in Schmitts Nachdichtung zum Beispiel für »diese unabhängigen Frauen, [...] die in ihrem Berufsleben Erfolg hatten, aber in ihrer Paarbeziehung gescheitert sind« (Kommentar des Autors).

Schmitt ist kein Neuerer, was seine philosophische und seine ästhetische Position betrifft: seine Leitsterne sind der Metaphysiker Pascal und der Schriftsteller Diderot. Ansonsten schließt er an das französische Sprechtheater der Mitte des 20. Jh.s an. Er ist ein Meister in der Aufbereitung philosophischer oder theologischer Fragen für ein großes Publikum. Dazu lässt er im *Cycle de l'invisible* einfache Menschen und Kinder sprechen (Momo, Oscar, Joseph) oder er stellt den Repräsentanten einer philosophischen oder weltanschaulichen Richtung (z. B. Freud, Don Juan, Diderot, Jesus am Ölberg) in eine Grenzsituation, in der dieser sich selbst und seine Grundsätze zu hinterfragen gezwungen ist. Seine Schwäche ist die Erfindung einer Intrige; er macht dies wett, indem er seine Geschichten oft in postmoderner Manier aus älterer Literatur entlehnt *(Golden Joe, Frédéric, Évangile, Tectonique)* bzw. stereotype Schlussformeln anwendet, z. B. falscher Abgang mit anschließender Versöhnung *(Le libertin, Enigma, Tectonique)* oder ein Schuss, der das Opfer nicht endgültig beseitigt *(Le visiteur, Golden Joe, Enigma)*. Dagegen hat er ein außerordentliches Gespür für dramaturgisch dankbare Situationen und beherrscht die Kunst, Dialoge zu schreiben. Insofern sind seine Stücke eine erfreuliche Gegenentwicklung zu einem Theater, in dem der dramatische Text immer mehr an Bedeutung verliert.

■ Lit.: M. van Overbeke: De la part de l'autre à la part de l'auteur, in: Lettres romanes 55, 2001, 3/4, 331–351. ■ Y. Yvonne: Entre deux équinoxes. Variations énigmatiques d'É.-E. S., in: Dalhousie French Studies 58, 2002, 143–151. ■ M. Meyer: É.-E. S. ou les identités bouleversées, 2004. *Sylvia Tschörner*

Marcel **Schwob**

■ geb. 23. 8. 1867 Chaville/Seine-et-Oise (Frankreich)
■ gest. 12. 2. 1905 Paris (Frankreich)

Literaturstudium an der Sorbonne; seit 1890 journalistische Tätigkeit; befreundet mit O. Wilde, der ihm *Salome* widmete; seit 1895 Morphinist; Reise nach Samoa; vielfältiges Prosawerk (Romane, Zukunftsromane, Legenden, Essays, Novellen); bedeutender, zu Unrecht unterschätzter Erzähler des Fin de Siècle.

■ Ausg.: Œuvres, 2002.
■ Lit.: S. Goudemare: M. S. ou les vies imaginaires, 2000. ■ C. Berg: M. S., 2002.

Cœur double

(frz.; *Das gespaltene Herz*, 2005, G. Krämer) – Die 1891 erschienene Sammlung umfasst 34 zuerst in der Zeitschrift *L'Écho de Paris* veröffentlichte Novellen. Ihr Autor begründete mit diesem ersten Erzählband, dem innerhalb weniger Jahre fünf weitere folgten, seine literarische Karriere. Die experimentelle Energie der Erzähltexte hat, ebenso wie ihre intertextuelle Dichte und ihr virtuoses Gleiten zwischen präzisem historischen Detail und dem Phantastischen, auch für gegenwärtige Leser nichts von ihrer Faszination verloren.

Der dem Abenteuergeschichtenerzähler Robert Louis Stevenson gewidmete Band versammelt Geschichten, die Weltgeschichte als ein Kuriositätenalbum vorführen, von Kriegsabenteuern und Schelmenstreichen handeln und zum Genre der phantastischen Erzählung in der Tradition ↗ Baudelaires, ↗ Nervals und ↗ Villiers de l'Isle-Adams gehören: Gespenstergeschichten, historische Kriminalfälle, Parabeln und Grotesken, Texte, deren Erzählstruktur durch zahlreiche intertextuelle Bezüge geprägt ist – u. a. zu Edgar Allan Poe und zu Schwobs engem Freund Oscar Wilde.

In einem programmatischen Vorwort erläutert der Autor die ästhetischen und philosophischen Überlegungen, die seinen Texten zugrunde liegen, wobei er die Erzählkunst seiner Zeit ausführlich analysiert. »Das Herz des Menschen ist gespalten: Egoismus und Nächstenliebe halten einander die Waage.« Schrecken und Mitleid bilden die Triebkräfte der ewigen geschichtlichen und seelischen Tragödie. Mit einem kritischen Seitenhieb auf den naturalistischen Roman (vor allem Émile ↗ Zolas) fordert er, Literatur solle die Krisen der äußeren und der inneren Welt in ihrer Wechselbeziehung beschreiben. Nicht die Darstellung des Allgemeinen sei die Aufgabe der Kunst, sondern die Beschreibung der Einzelheit, die Darstellung des Vieldeutigen und Regelwidrigen. Schwob sucht, wie die im Vorwort entwickelten poetologischen Grundlinien zeigen, Realismus und Symbolismus zu verschmelzen.

In *Cœur double* entfaltet sich die spezifische Doppelbegabung des Autors: Einerseits agiert er als phantastischer Erzähler; andererseits aber verarbeitet er, der aufgrund seiner immensen Belesenheit in mehreren Sprachen gelegentlich als wandelnde Bibliothek apostrophiert wurde, eine Vielzahl kulturhistorischer Details – z. B. Folklore verschiedener Länder, antike und moderne Kriegsführung. Dieses detaillierte, präzise Wissen schöpft er aus seiner kosmopolitischen Erfahrung und seiner enzyklopädischen Bildung.

Mit Guillaume ↗ Apollinaire, auf dessen Erzählband *L'Hérésiarque et Cie* (1910) *Cœur double* vorausweist, verbindet Schwob die Sehnsucht, der festgefügten Einheit des Ich zu entkommen – oder, wie der Erzähler in einer der Novellen formuliert: »Ich empfand die schmerzliche Sehnsucht, mich mir selbst zu entfremden: oft wollte ich Soldat sein, ein armer Mann oder ein Kaufmann oder die Frau, die ich vorübergehen sah.«

▪ Lit.: M. Jutrin: M.S.: Cœur double, 1982. ▪ G. Krämer: M.S. Werk und Poetik, 2005.

Birgit R. Erdle

Vies imaginaires

(frz.; *Der Roman der zweiundzwanzig Lebensläufe*, 1925, J. Hegner) – Der 1896 erschienene Roman besteht aus 22 Erzählungen über Bekannte und Unbekannte aus Geschichte und Mythologie. Ihr Verfasser nennt sich im Vorwort »Biograph«, sein Werk »Biographie«, bewusst im Gegensatz zu Geschichtsschreibung und Geschichtsschreibern: »Der Biograph [...] wählt aus dem menschlich Möglichen das Einmalige aus.« Aus dem »ungefügen Haufen von Zeitberichten, Denkwürdigkeiten, Briefen und Anmerkungen nimmt er den Stoff zu einer Gestalt, die keiner anderen gleicht. [...] Sie muß einmalig sein.« In der ›Einmaligkeit‹ ist auch Schwobs Kunstauffassung begründet: »Die Kunst stellt Einzelwesen dar, will nur das Einmalige. Sie reiht nicht ein, sie reiht aus. [...] Kunst widerstrebt den Allgemeinbegriffen.«

Schwob überschreibt jedes dieser kurzen Lebensbilder, die auf umfangreiche historische, mythologische und literarische Kenntnisse zurückgehen, mit dem Namen des jeweiligen Helden, ergänzt durch eine allgemeine Apposition, die sich in der folgenden Erzählung als exemplarisch erweist. Gaukler, Zauberer, Hexen und Heilige treten auf in diesem Lebens- und Totentanz. Er beginnt »an den goldenen Ufern des Flusses Akragas« in mythischer Zeit in Sizilien, führt weiter nach Kleinasien, Griechenland und Rom, nach Frankreich, England und Amerika und endet in einer Zeit, in der man sich besonders mit der Anatomie beschäftigt. Daten scheinen unwesentlich. Die wichtigsten Stätten und Epochen der abendländischen Geschichte stellen nicht mehr dar als den Hintergrund, auf dem die einzelne Biographie bedeutsam wird.

Die Auswahl beginnt mit »Empedokles, ein Mann von göttlicher Natur«, der als Sänger, Tröster und Heilender den Menschen erschien, bis er sich im Lichte des Ätna auflöste. Es folgen »Herostrat, ein Feind des Heiligen«, jener vom Feuer Besessene, der 356 v. Chr. den Artemis-Tempel zu Ephesus in Brand setzte, und »Krates, ein Zyniker«, der als Schüler des Diogenes dessen Ratschläge radikal verwirklichte: »Diogenes konnte beißen wie die Hunde, Krates aber ganz so leben wie sie.« Krates lebt sich selbst, indem er die Bedürfnisse des Leibes auf das geringste Maß reduziert.

»Septima, eine Zauberin« ist Anteros untertan, dem Gegner der Liebe, und doch Eros verfallen. »Lukrez, ein Dichter« weiß um den Ursprung der Trauer, der Liebe und des Todes, und dennoch lässt er nicht ab, zu weinen, zu begehren, den Tod zu fürchten, bis dieser ihn endlich verwandelt. »Clodia«, eine zuchtlose Frau, die Tochter des römischen Konsuls Clodius Pulcher, lebt ruhelos zwischen Liebe und Hass. »Petron, ein Geschichtenerzähler« schreibt die Geschichten der Sklaven und Zirkusleute; als er versucht, das Leben seiner Gestalten zu leben, verlernt er völlig die Kunst des Schreibens.

Für »Sufra, ein Geomant« erfüllt sich eine dunkle Zauberverheißung, die er im Wüstensand entdeckt hat: Er fällt wie König Salomo in einen Schlummer irdischer Unsterblichkeit. »Frate Dolcino, ein Ketzer«, »Cecco Angiolieri, ein Dichter des Hasses«, »Paolo Uccello, ein Maler« und »Klaus Loyseleur, ein Richter« sind besessen von Liebe, Hass odeFrancesco d'Assisiten, die sie radikal verwirklichen. Sie sind Zeitgenossen des heiligen Franziskus (Francesco d'Assisi), Dantes, der Jeanne d'Arc. »Kathrein, die Spitzenklöpplerin, ein Straßenmädchen« lebt um die Mitte des 15. Jh.s in Paris, gerät in die Gosse und verliert dort ihren Namen und ihr Leben. »Alain, der Nette, ein Soldat« – zur Zeit Karls VII. in Frankreich – stiehlt, mordet, wird bestohlen und gehenkt. Ein ähnliches Schicksal erleidet »Gabriel Spenser, ein Schauspieler« im England von Elisabeth I. Die zarte »Pokahontas, eine Fürstin«, Tochter eines Indianerhäuptlings und Frau eines englischen Ritters, geht an der Liebe zu John Smith, dem Seefahrer, zugrunde. »Cyril Tourneur, ein Tragiker«, der Sohn eines unbekannten Gottes und eines Freudenmädchens, hasst die Mächtigen und die Götter. Nacht, Licht und Blut sind seine Lebens- und Todeszeichen. »William Phips, ein Schatzsucher« und die drei Freibeuter-Biographien: »Der Kapitän Kid, ein Freibeuter«, »Walter Kennedy, ein Freibeuter ohne Bildung« und »Major Stede Bonnet, ein Freibeuter zu seinem Vergnügen«, weisen Parallelen auf. Ihnen gemeinsam ist die Bewunderung für die Seepiraterie und jene »ungebundenen Männer, die alles miteinander teilen, leben, Güter und Glück und Unglück«. Sie alle enden im Kerker oder am Galgen. Der letzte Lebenslauf, »Die Herren Burke und Hare«, handelt von zwei Mördern und enthüllt »die gewaltige Schöpferleidenschaft« zu töten, der zwei Geistesverwandte verfallen sind.

Der Roman der 22 Lebensläufe lässt sich, wenn überhaupt, nur einordnen in die Gruppe der ›ironischen‹ Romane, die zwischen Symbolismus und Surrealismus geschrieben wurden. Sie scheinen der Gattung ›Roman‹ sowohl in ihrer Form als auch in ihrer Empfindsamkeit, Ironie und erzählerischen Distanz zu widersprechen.

Die Biographien dieser Außenseiter und Sonderlinge verlaufen parallel und werden nicht zu einer Romanhandlung verwoben. Doch bewirken die geschichtliche Chronologie wie auch die einfache poetische Sprache und der sparsame Gebrauch stilistischer Raffinessen die Einheit des Werks. Schwob psychologisiert nicht, sondern erzählt scheinbar distanziert, schreibt Berichte. Sensibilität und Intuition lassen ihn das Einmalige dieser so unterschiedlichen Leben aufspüren: jene große Sehnsucht und Leidenschaft, die eigenen Grenzen zu sprengen, deren unvermeidliche Tragik die Konsequenz dieser Leben ist.

▪ Lit.: A. Lhermitte: Palimpseste et merveilleux dans l'œuvre de M. S., 2002. *Hildegard Müller*

Victor (Ambroise Désiré) **Segalen**

▪ geb. 14. 1. 1878 Brest (Frankreich)
▪ gest. 21. 5. 1919 Huelgoat/Bretagne (Frankreich)

(Pseudo. Max Anély) – Medizinstudium; Schiffsarzt, Archäologe, Ethnologe; Reisen in den Fernen Osten und nach Ozeanien (Tahiti); China (1909, 1914 und 1917); beginnt mit Romanen und Lyrik im Umkreis des französischen Symbolismus; angeregt durch seine Reisen Vertreter eines Exotismus, der über das Dekorative hinaus im Fremden ein alternatives Lebensgefühl sucht.

▪ Ausg.: Œuvres complètes, Hg. H. Bouillier, 1995.
▪ Lit.: C. Fourgeaud-Laville: S. ou l'expérience des limites, 2002.

Les immémoriaux

(frz.; *Die Unvordenklichen*, 1986, E. Tophoven-Schöningh) – Der 1907 unter dem Pseudonym Max Anély erschienene Roman ist den »Maori aus vergessenen Zeiten« gewidmet; er wurde während eines Aufenthaltes auf Tahiti und dem polynesischen Archipel 1903/04 konzipiert und in Frankreich 1906 vollendet. Segalen hatte als Marinearzt das Elend des psychisch und physisch durch die Präsenz der Europäer dezimierten und in seiner Existenz bedrohten Volkes der Maori kennengelernt. Als regelrechte Offenbarung traf ihn jedoch das Werk Paul ↗ Gauguins, das Segalen drei Monate nach dem Tod des Malers auf der Marquesas-Insel Hiva-Oa vorfand und zum Teil vor der Versteigerung vor Ort gerade noch retten konnte.

Neben der Publikation von journalistischen Berichten zur Situation der polynesischen Bevölkerung und über Gauguin, dessen Kunst und politisches Engagement, begann Segalen, seinen ersten Roman zu schreiben, den er als eine ästhetische Umsetzung des Exotismus Gauguins in die Literatur und als Plädoyer gegen den Kolonialismus verstand. Er brachte darin seine spezifische Konzeption des Exotismus als »Ästhetik des Diversen«, d. h. des von der eigenen Wahrnehmungsform Verschiedenen, als »Fähigkeit, anders aufzufassen«, zum Ausdruck. In seinen parallel dazu niedergeschriebenen, fragmentarisch gebliebenen theoretischen Aufzeichnungen, *Essai sur l'exotisme* (Versuch über den Exotismus), hat Segalen die ästhetische Grundlage seiner »exotischen Prosa« als »direkte Darstellung des exotischen Stoffes mit Hilfe einer Übertragung der Form« definiert.

Die Handlung erzählt die Geschichte der Missionierung Tahitis durch englische Methodisten zu Beginn des 19. Jh.s, die in der Biographie des Protagonisten Terii gespiegelt wird. Als Anwärter auf die Mitgliedschaft in der Kaste der Arioi, der Träger der memorierten Geschichte ihres Volkes, ihrer Religion und Schöpfungsmythen, verkörpert Terii die Krise der tahitianischen Kultur bei der Ankunft der Europäer dadurch, dass er beim feierlichen Rezitieren der heiligen Genealogien versagt. Darin kommt ein von Segalen stark rezipiertes Element der Philosophie Friedrich Nietzsches zum Ausdruck, wonach der Sieg der Akkulturation eine Schwäche der autochthonen Kultur bedinge.

Nach dem »Verlust der Worte« wird Terii ausgestoßen und muss von der Insel fliehen. Zusammen mit seinem Lehrmeister Paofai, der von Segalen ursprünglich vorgesehenen Hauptfigur des Romans, unternimmt er eine Reise quer durch den Pazifik auf der Suche nach dem »alten Reden«, den Mythen und der Kunst ihrer Tradierung. Die kulturelle Krise der Tahitianer soll durch eine Pilgerfahrt zum Ursprung behoben werden, der auf der heiligen Insel Savai (bei Samoa) lokalisiert ist. Diese Initiationsfahrt scheitert jedoch kurz vor dem Ziel und führt Terii erst nach einer 20-jährigen Odyssee zurück.

Auf Tahiti ist die Bevölkerung in der Zwischenzeit weitgehend zum Christentum konvertiert, ein König hat mit fremder Macht die Herrschaft usurpiert. Terii assimiliert sich jedoch so rasch und vollkommen, dass er unter neuem Namen – Iakoba – und mit einer neuen Identität Diakon werden und somit seine alte, gescheiterte Priesterkarriere in neuem Gewande fortsetzen kann. Die Einflussnahme von außen – durch die Europäer – findet somit ihr Gegenstück in der Selbstverleugnung der Tahitianer, der die zweite Hälfte des Romans gewidmet ist; nun stehen sich Terii/Iakoba und der an seiner alten Religion festhaltende Paofai antagonistisch gegenüber. In satirischer Weise desavouiert Segalen darin die Heuchelei, auf der das »Neue Gesetz« der christlichen Moral beruht und die in dieser Situation besonders krass zum Ausdruck kommt. Tatsächlich findet keine wirkliche »Akkulturation« der Polynesier statt, vielmehr verbleiben sie in einem Zustand der »Dekultuation«, weil ihnen das nur oberflächlich übernommene Wertesystem der Europäer keinen Sinn zu vermitteln vermag.

Der zum Zeitpunkt seiner Veröffentlichung weitgehend unverstandene Roman gilt heute als erstes wirklich antikolonialistisches Werk, weil darin die fremde Sicht des Kolonisierten nicht als Kuriosität, sondern als Realität zum Ausdruck kommt. Denn Segalen erzählt die Kolonisierung Tahitis zu Beginn des 19. Jh.s aus der Sicht eines selbst am Geschehen teilnehmenden Tahitianers. Der Exotismus des Romans beruht ganz und gar auf dieser fremden Erzählperspektive, die zahlreiche lexikalische Elemente der polynesischen Sprache, vor allem aber auch deren syntaktische Struktur stilistisch verfremdend in die französische Sprache eingewoben hat. Der dadurch erzielte Effekt ist keine ›Ausländersprache‹, sondern eine in sich gelungene Adaption des Französischen an die mündliche Erzähltradition einer fremden Kultur, deren sprachliche Eigenheiten die französische Prosa streckenweise einer lyrischen Struktur von fremdartiger Ausdruckskraft unterwirft.

▪ Lit.: M. Ollier: L'écrit des dits perdu. L'invention des origines dans ›Les immémoriaux‹ de V. S., 1997. *Wolfgang Geiger*

Jorge Semprún

▪ geb. 10. 12. 1923 Madrid (Spanien)
▪ gest. 7. 6. 2011 Paris (Frankreich)

Sohn eines Diplomaten und Juraprofessors; seit dem Bürgerkrieg in Paris, wo er zur Schule ging und Philosophie studierte; während der Okkupation in der Résistance; 1943–1945 ins KZ Buchenwald deportiert; 1946–1950 bei der UNESCO; 1964 aus der KP ausgeschlossen; 1988 bis 1991 spanischer Kultusminister; Drehbücher für Alain Resnais und Costa Gavras; Gedichte, autobiographische Texte und vom nouveau roman beeinflusste Romane.

▪ Lit.: C. Delory-Momberger/T. König/M. Strausfeld: J. S., in: Kritisches Lexikon zur fremdsprachigen Gegenwartsliteratur. ▪ G. P. dell'Acqua: La biblioteca di Buchenwald. Storia di J. S., intellettuale europeo, 2001. ▪ W. F. Schoeller: J. S., 2006. ▪ F. Augstein: Von Treue und Verrat. J. S. und sein Jh., 2008.

L'Algarabie

(frz.; *Algarabía oder Die neuen Geheimnisse von Paris*, 1985, T. König, C. Delory-Momberger) – In dem 1981 erschienenen Roman entwirft Semprún ein fiktives Universum, das er zeitlich und räumlich auf einen einzigen Tag reduziert: den 31. Oktober 1975 in Paris, »der Hauptstadt aus Traum und Schmerz«, wo sich im Anschluss an die als erfolgreich gesetzte »Revolution« vom Mai 1968 eine autonome »Zone der Volksutopie« etabliert hat, eine Stadt in der Stadt, ein von einer Mauer umgebenes, von Machtkämpfen und sexuellen Ausschweifungen gezeichnetes negatives Paradies der Anarchisten, Maoisten, Autonomisten, ehemaligen Spanien-Kämpfern, Linksintellektuellen, Erotomanen und Kriminellen.

Erzählt wird zugleich der letzte Tag im Leben des Protagonisten Artigas. Der im Exil lebende Schriftsteller macht sich frühmorgens auf, um sich einen auf seinen richtigen Namen, den niemand mehr kennt, ausgestellten Pass zu besorgen, in der Absicht, unverzüglich nach Spanien zurückzukehren: Dort liegt zur selben Zeit Franco im Sterben, gegen den er und seine ebenfalls in dieser zweiten Pariser Commune lebenden Freunde in der Illegalität kämpften, ohne das Ende des Franco-Regimes auch nur im geringsten beschleunigt zu haben. Mit dem Tod Francos endet für Artigas »die schlaflose Nacht des Exils«, doch er wird nicht in die »unerreichbare Heimat« zurückkehren; denn als er am Ziel seiner an abenteuerlichen Hindernissen reichen Tagesreise und am Ende des Romans angekommen ist und seine wieder gefundene Identität in Form eines Reisepasses in Aussicht steht, wird er noch am selben Tag von einer Gangsterbande erschossen werden.

Die zeitliche und räumliche Geschlossenheit dieser in die Vergangenheit projizierten Zukunftsvision erinnert einerseits an eine Utopie mit negativen Vorzeichen, andererseits kontrastiert sie mit der erzählerischen Vielfalt der Figuren und Episoden, die nicht fortlaufend, sondern diskontinuierlich erzählt werden und bis ins Unermeßliche ineinander verschachtelt sind; sie kontrastiert mit der demonstrativen Mehrsprachigkeit und mit der Vielschichtigkeit der Zeitebenen. »Algarabía«, Titel- und Schlüsselwort, bezeichnet im Spanischen »verworrenes Gerede, Durcheinander«; auf die Struktur des Romans bezogen verweist »Algarabía« auf den Kunstgriff des Erzählers, den linearen, finalen Erzählvorgang durch Simultaneität, Vor-, Rück- und Überblendungen, nachgeholte Vorgeschichten, philosophische und politische Reflexionen aufzubrechen und so eine mehrfach perspektivierte Erzählstruktur zu erreichen.

In ironischen Bemerkungen unterhält sich der Erzähler mit dem Leser, von dem erwartet wird, dass er mit den Gattungsregeln des Schelmenromans, der erotischen Erzählung, der im 19. Jh. herausgebildeten Gesellschafts-, Abenteuer- und Großstadtromane ebenso vertraut ist wie mit den Romanen von ↗ Gide, ↗ Proust, Joyce oder dem nouveau roman. Der fiktive Leser erscheint als Double des Erzählers, dessen »Zuverlässigkeit« immer wieder in Zweifel gezogen wird, denn es ist die Herausforderung an den Leser, die intertextuellen Bezüge dieses Panoptikums literarischer Figuren und historischer bzw. zeitgenössischer Personen herzustellen. Der ironische Pakt zwischen Erzähler und Leser verdoppelt sich auf der Ebene der Romanfiguren, die auch als Leser eingeführt werden und sich im wörtlichen und im übertragenen Sinn unablässig paaren. Mit Artigas korrespondiert als Alter ego Carlos María Bustamente, dem Artigas sein »Gedächtnis« vermacht und dem der Erzähler die Rolle des Miterzählers zuschreibt. Schließlich wird er zusammen mit der letzten Geliebten Artigas', Anna-Lisa, einer deutschen Studentin, die Artigas' Lebensgeschichte, insbesondere seine Erinnerungen an die Kindheit in Spanien und im Exil, auf Tonband festhält, den Roman an Stelle von Artigas schreiben, so dass sich auch die Rolle des Erzählers vervielfacht. Artigas ist einer der Decknamen, deren sich Semprún während seiner illegalen Parteiarbeit in Spanien bediente – einer der zahlreichen Hinweise auf autobiographische Aspekte des Protagonisten.

Carlos fungiert als Raisonneur, der das Geschehen in der zweiten Pariser Commune kommentiert. Jede Erinnerung an eine revolutionäre Situation fällt dem Spott des Erzählers anheim, der seine Enttäuschung über das Scheitern linker Politik in sarkastische Bilder transponiert. An die Stelle eines utopischen Gesellschaftsentwurfs tritt hier das ausschweifende Erzählen zum Teil recht kruder Geschichten, die sich wie die zufällig aneinandergereihten Bilder eines imaginären Museums der Literaturgeschichte lesen. Die in Libertinage, Verführung, Entführung und politische Diskussionen verstrickten Romanfiguren demonstrieren ihre Belesenheit, zitieren ausführlich – je nach Situation – die Klassiker der Erotika, oder sie spielen die Rollen der Helden aus den Trivialromanen, deren Prototyp, *Les mystères de Paris* von E. ↗ Sue, just an diesem 31. Oktober 1975 in der Commune verfilmt wird. Einsam wie der Held eines trivialen Wildwestfilms endet auch die literarische Existenz des Protagonisten Artigas, der in dem Augenblick stirbt, als er den Beschluss gefasst hat, den Roman seines Lebens zu schreiben. Die Gesamtkomposition seines Romans vor Augen, der mit der wiedergefundenen Zeit der Kindheit beginnen könnte, kommt Artigas sterbend zu sich selbst und verschwindet zugleich als Autor seiner eigenen Geschichte.

Rückblickend erschließt sich »Algarabía« als Bild für das phantastische, von der Lust am Fabulieren gekennzeichnete Protokoll der politischen Enttäuschung eines aus der Geschichte entlassenen Subjektes, für das es nicht mehr nur die eine Wahrheit gibt, sondern eine vielstimmige: die der Geschichten, die der Literatur.

▪ Lit.: E. Bouju: Réinventer la littérature. Démocratisation et modèles romanesques dans l'Espagne post-franquiste, 2002.

Brunhilde Wehinger

La montagne blanche

(frz.; *Der weiße Berg*, 1987, E. Moldenhauer) – Der 1986 erschienene Roman greift wie oft in Semprúns Werk die Problematik des Vergessens, Erinnerns und Erzählens seiner Erfahrungen als Überlebender des Konzentrationslagers auf.

An einem Aprilwochenende im Jahre 1982 treffen sich drei Künstler in einem Landhaus in der Normandie. In den einzelnen Kapiteln stehen abwechselnd der aus dem Baltikum stammende Maler Antoine de Stermaria, der Bühnenautor Juan Larrea in Begleitung seiner Freundin Nadine Feierabend und der exiltschechische Theaterregisseur Karel Kepela im Vordergrund. Sie teilen die Liebe zu derselben Frau, Franca Castellani, Ehefrau des Gastgebers Antoine, die Leidenschaft für Kunst und Philosophie sowie die politische Enttäuschung angesichts des gescheiterten europäischen Kommunismus. Obwohl ihre künstlerischen Erfolge und mondänen Abenteuer im Pariser Exil angesiedelt sind, konvergieren ihre Erinnerungen, die sie an diesem Wochenende austauschen, in der mitteleuropäischen Metropole: in Prag, der Stadt Kafkas, dessen Leben und Werk die drei Künstler beschäftigt, der Stadt des Inzests, der Hunde, der Selbstmorde, der verbotenen Leidenschaften. Prag figuriert als Kristallisationspunkt von Wahrheit und Ideologie, von Liebe und Perversion, die zum Albtraum einer Bourgeoisie wurden, der Antoines und Karels Familien angehörten. Ohne im einzelnen Namen und Daten zu exemplifizieren, gibt der Autor dem Leser eine Fülle von Hinweisen auf Ereignisse der europäischen Geschichte, wobei die Vorstellung von der Vernunft und der Dialektik der Geschichte in der Darstellung der Lebenserfahrung der drei Protagonisten ad absurdum geführt wird.

Der Romananfang erinnert an eine mondäne Erzählung vom Wiedersehen auf dem Lande, wo in luxuriöser Zurückgezogenheit die Kunst der Konversation gepflegt wird und die Liebe zur Kunst, zu den Frauen und die alles übertreffende Freundschaft unter Männern im

Mittelpunkt steht. Mit dem Eintreffen des leidenschaftlichen Geschichtenerzählers Karel Kepela beschleunigt der Autor das Erzähltempo und erweitert den kulturellen Horizont, indem er den Blick auf die Kultur der Metropolen in Mittel- und Osteuropa lenkt.

Ähnlich wie die Liebe dieser drei Männer zu der einen Frau (aus dem Süden) treffen sie sich in ihren literarischen und philosophischen Vorlieben in der europäischen ›Mitte‹. Sie diskutieren über das Verhältnis von Kunst und Leben, entdecken Übereinstimmungen und Wiederholungen von Ereigniskonstellationen; dabei entsteht der Eindruck, ihre abenteuerlichen Lebenswege schlössen sich zu einem Kreis, in dem das Wirkliche keinen Sinn mehr hat.

Da die politischen Experimente gescheitert und die amourösen Eroberungen der drei Männer um die Sechzig nur noch Wiederholung des Immergleichen sind, begeben sie sich auf die Suche nach einem Ausweg. Während der Maler Antoine sich die Exploration der Farbe Blau zur Aufgabe macht, findet Karel dank des wieder gefundenen Gedächtnisses im Laufe der nächtlichen Unterhaltung im Freundeskreis eine »geniale Idee« für eine Bühnenproduktion mit dem Titel »Der Weiße Berg«. (Der Titel des Romans, »Der Weiße Berg«, verweist auf eine Straßenbahnstation in Prag, die an jene Schlacht erinnert, in der die böhmischen Protestanten 1620 von den österreichischen Katholiken geschlagen wurden.)

Dem Schriftsteller Juan hingegen, der dem Vorrang des Imaginären misstraut und der nicht auf den Realitätsgehalt seiner Texte verzichten will, werden Mitternachtsnachrichten des Fernsehens, in denen der Deportation französischer Juden und Antifaschisten in die Konzentrationslager (1942) gedacht wird, zum verhängnisvollen Auslöser verdrängter Erinnerungen: Juan, der seine Erinnerung an die Zeit im KZ jahrzehntelang durch bewusstes Schweigen aus seinem Leben zu verbannen versucht hat, wird von der Todesvision ergriffen, die die Dokumentaraufnahmen im Fernsehen in ihm wachrufen. Jetzt erst hat er den Mut, sein Schweigen zu brechen und sich vom Druck des Gedächtnisses zu befreien, indem er zu seinen Freunden spricht. Die Erinnerung an die Internierung im KZ Buchenwald treibt Juan schließlich in den Tod. Der Roman endet mit seinem Selbstmord bei Sonnenaufgang.

Das Motiv des Selbstmords ist von Anfang an präsent und strukturiert auf unterschiedliche Weise die Biographien der drei Künstler, die unterschiedlich ausgeprägte autobiographische Züge tragen. In Gestalt des Schriftstellers Juan thematisiert Semprún noch einmal die Einsamkeit dessen, der trotz treuer Freundschaften und leidenschaftlicher Liebesbeziehungen mit der unsagbaren Erinnerung an das Konzentrationslager leben muss. Der Schluss des Romans wirft seinen Schatten auf die Gesamtheit des Textes und führt dem Leser die Ausweglosigkeit und Absurdität des Lebens angesichts dessen vor Augen, was trotz Kunst und Philosophie in Europa historisch möglich geworden war.

▪ Lit.: T. Heydenreich: Ce qu'aurait pu être la vie. J. S. und sein Roman ›La montagne blanche‹ (1986), in: Spanische Literatur – Literatur Europas, Hg. F. Baasner, 1996, 516–532.

Brunhilde Wehinger

L'écriture ou la vie

(frz.; *Schreiben oder Leben*, 1995, E. Moldenhauer) – Der 1994 erschienene autobiographische Roman gehört neben *Le grand voyage*, 1963 (*Die große Reise*, 1964; A. Christaller), *Quel beau dimanche!*, 1980 (*Was für ein schöner Sonntag!*, 1981, J. Piron), und *Le mort qu'il faut*, 2001 (*Der Tote mit meinem Namen*, 2002, E. Moldenhauer), zu jenen Büchern des Autors, die seine Gefangenschaft im Konzentrationslager Buchenwald bei Weimar zum Gegenstand haben. Der Text berichtet von der Rückkehr aus dem Lager und dem langen Weg, der den Erzähler vom zunächst überlebensnotwendigen Vergessen zur späteren Unausweichlichkeit der Erinnerung und des Schreibens führt.

Die Handlung setzt einen Tag nach der Befreiung des Lagers ein, am 12. April 1945. Die ersten fünf Kapitel erzählen von den Ereignissen der Wochen zwischen der Befreiung und der Rückkehr des Erzählers nach Paris. Der spanische Exilant Semprún, der aufgrund seines Engagements in der französischen Résistance 1943 von der Gestapo verhaftet und deportiert worden war, begegnet Soldaten und Offizieren der alliierten Streitkräfte. Diese Männer und Frauen führen ihn einerseits in die Normalität des Lebens zurück, machen ihn aber andererseits unfreiwillig auf die unüberbrückbare Kluft aufmerksam, die ihn, den KZ-Überlebenden, für immer von den anderen Menschen, die das Lager nicht erlebt haben, trennen wird. Die in Gesprächen mit Mitgefangenen sich einstellende Erkenntnis, dass die singuläre Erfahrung des Lagers an Außenstehende nicht dokumentarisch, sondern nur literarisch vermittelt werden kann, führt den schriftstellerisch ambitionierten Semprún – dies ist Gegenstand der Kapitel sechs und sieben – in eine lebensbedrohende Aporie. Um zu schreiben, muss er sich erinnern, die Erinnerung an die traumatischen Erfahrungen der Lagerhaft aber stürzt ihn in existenzgefährdende Depressionen. Daher entscheidet er sich im Dezember 1945 gegen das Schreiben und für das Weiterleben, was aber die Preisgabe seiner Identität voraussetzt: »Ich bin ein anderer geworden, um ich selbst bleiben zu können.«

Nach einer Latenzphase von 15 Jahren, in der er von Erinnerungen weitgehend unbehelligt unter wechselnden Identitäten im kommunistischen Widerstand gegen das Franco-Regime gekämpft hat, wird er von seinem Trauma eingeholt. Zwar gelingt ihm mit *Le grand voyage* eine erste literarische Gestaltung seiner Erfahrungen, doch muss er dafür die dauerhafte Rückkehr der früheren existenziellen Ängste in Kauf nehmen. Aus dem kommunistischen Aktivisten Federico Sánchez ist der Schriftsteller Jorge Semprún geworden, der seine Erfahrungen schreibend zu bewältigen versucht. In den Kapiteln acht bis zehn handelt der Text nach einem Zeitsprung von über 40 Jahren von seiner eigenen Entstehung: Der gealterte, mittlerweile weltberühmte Autor stellt sich anlässlich des Freitods des Auschwitz-Überlebenden und Schriftstellerkollegen Primo Levi am 11. April 1987, dem Jahrestag der Befreiung Buchenwalds, erneut seiner Vergangenheit und beschließt, ein weiteres Buch über das Lager zu schreiben. Im letzten Kapitel des Romans kehrt Semprún 1992 zum ersten Mal nach 47 Jahren nach Buchenwald zurück, wo er erfährt, dass er einst nur durch die schützende Hand eines kommunistischen Genossen dem sicheren Tod entgangen ist.

Wie in seinen früheren Romanen bedient Semprún sich auch in diesem Text eines assoziativen, mit zeitlichen Vorgriffen und Rückblenden operierenden Montageverfahrens, das einen textuellen Gedächtnisraum erzeugt, der Ereignisse aus über 50 Jahren miteinander verklammert. Die Handlung wird nicht linear und im Zusammenhang erzählt, sondern durch den permanenten Wechsel der zeitlichen Bezugsebenen fragmentarisiert. Kurze, wiederkehrende Handlungselemente fungieren als Erinnerungsauslöser, die den durch ausgreifende psychologische, politische und poetologische Erzählerreflexionen geprägten Text strukturieren. Die Allgegenwärtigkeit der Erinnerungen drängt die Primärhandlung in den Hintergrund. Damit steht Semprún, ähnlich wie der Franzose Claude ↗ Simon oder der Spanier Juan Goytisolo, in der Tradition der modernen Erinnerungserzählung in der Nachfolge Marcel ↗ Prousts und William Faulkners. Wie diese Autoren stellt auch er die Frage, in welcher Weise gelebte Erfahrung unter den Bedingungen modernen Sinnverlustes literarisch vermittelt werden kann. Bei ihm erscheint aber die Frage noch verschärft in ihrer existenziellen Brisanz, denn anders als bei Simon oder Goytisolo etwa ist bei Semprún die Realität des Erlebten – aufgrund der Unauslöschlichkeit der Lagererfahrung – unstrittig. Doch die Substanz dieser Erfahrung zu vermitteln, wird nur denjenigen gelingen, »die es verstehen, aus ihrem Zeugnis ein Kunstwerk zu machen, den Ort einer Schöpfung«. Die gewählte Form des Collage-Roman-Essays ist eine der singulären Erfahrung des KZs angemessene künstlerische Form, nicht zuletzt aufgrund ihrer Offenheit und Unabschließbarkeit, die sich darin zeigt, dass Semprún seinen 1963 erschienenen ersten Buchenwald-Roman im Laufe von 38 Jahren dreimal umschrieb, ohne dadurch die Erfahrung in ihrer Totalität und Monstrosität auch nur annähernd ausgeschöpft zu haben.

■ Lit.: T. Klinkert: Quand la ›neige d'antan‹ efface la ›langue originaire‹. À propos du bilinguisme de J. S., in: Écrire aux confins des langues, Hg. J. Bem/A. Hudlett, 2001, 128–137. ■ M. Neuhofer: Écrire un seul livre, sans cesse renouvelé. J. S.s literarische Auseinandersetzung mit Buchenwald, 2006. *Thomas Klinkert*

Étienne Pivert de **Senancour**

■ geb. 16. 11. 1770 Paris (Frankreich)
■ gest. 10. 1. 1846 Saint-Cloud bei Paris (Frankreich)

Floh 1789 in die Schweiz, als der Vater verlangte, er solle Priester werden; 1790 unglückliche Ehe, 1802 Trennung; 1794 nach Robespierres Sturz Publizist in Paris; durch die Revolution verarmt, seit 1799 Hauslehrer; Lähmung durch Unfall; den Illuminaten nahestehender Gegner des Christentums; französischer Romancier der frühen Romantik.

■ Lit.: A. Bimonte: S. Un solitario romantico dell'Ottocento, 1988.

Oberman

(frz.; *Oberman. Roman in Briefen*, 1982, J. P. Walser) – Der 1804 erschienene stark autobiographisch gefärbte Briefroman hatte großen Einfluss auf die romantische Generation.

Dem der Form nach empfindsamen Briefroman fehlen Handlungsgefüge und Personal eines traditionellen Romans; die rund neunzig Briefe des Titelhelden an verschiedene Adressaten, deren Entstehung aus tagebuchartigen Aufzeichnungen deutlich sichtbar ist, stellen den bekenntnishaften Monolog eines einsamen Ichs dar. Wie die Biographie des Autors führt der Weg Obermans von Paris in die Schweiz, von der Gesellschaft in die Natur, ohne dass der Verfasser dabei auf eine epigonale Inszenierung der Anthropologie ↗ Rousseaus hinarbeitet: »Da wir durch die rasche Bewegung [der Liebe] fortgerissen und durch diese Energie, die uns alles verspricht und der wir noch nicht zu mißtrauen gelernt haben, verführt werden, so suchen, so fühlen, so lieben, so wollen wir alles, was die Welt für den Menschen enthält. Jedoch die Schwierigkeiten des Lebens drücken uns nieder und zwingen uns zum Rückzug in unser Inneres. Dabei geben wir die Dinge am Rande preis und sind mit dem Naheliegenden allein zufrieden. Nun haben wir den traurigen Punkt erreicht, wo der stille Schmerz unserem Herzen schon vor dem Tod ein Grab bereitet hat, in dem alles, was es an Unschuld,

Anmut, Sehnsucht und natürlicher Güte in sich schloß, eine Ruhestätte findet.«

An der in Extremen verlaufenden Erlebniskurve des Briefschreibers – passive Aufnahmebereitschaft, hochfahrender Beginn, Griff nach dem All, erlöschender Wille, Flucht in die Innerlichkeit, Leere des isolierten Ichs – wird die für das nachrevolutionäre Großbürgertum repräsentative Situation Senancours ablesbar, die zugleich auf eine der Wurzeln der europäischen Romantik verweist: die geistige und soziale Heimatlosigkeit des gebildeten Sohnes aus großbürgerlichem Haus, der durch die Revolution jeden, auch wirtschaftlichen Halt verloren hat.

Allerdings ist die erstrebte Heilung durch Natur für eine solche »Krankheit zum Tode« nicht möglich, obschon in *Oberman* die Begegnung des Menschen mit der Natur mit einer trotz ↗ Rousseau und ↗ Bernardin de Sainte-Pierre bis dahin in der französischen Literatur nicht gekannten Intensität geschieht. Senancours Held gibt der Natur sein innerstes Wesen in einem mystischen Schauder hin. Nur für Augenblicke jedoch erfährt er das ersehnte Glück: »Es gibt Augenblicke, in denen ich das Gefühl von Hoffnung und Freiheit habe, die Zeiten und die Dinge steigen in majestätischer Harmonie vor mir hernieder, und ich fühle mich glücklich [...].« Immer stärker empfindet er die Unerfüllbarkeit seines Verlangens nach der Kommunikation von Ich und All; die Natur, deren Sprache er in genuin romantischer Weise als die eigentliche Sprache des Menschen erkennt, wird ihm zum Abbild seiner inneren Öde, zum »Phantom der Langeweile«.

Gerade in dieser eindringlichen Beschreibung des Lebensüberdrusses (›ennui‹), die in vielen Details die Erfahrungen der Generation Kierkegaards und ↗ Baudelaires vorwegnimmt, liegt die Bedeutung des Romans. Für Oberman, der statt der Unendlichkeit das Nichts erfahren hat, bleibt nur noch die Resignation. Der zur Bewältigung der großen Realitäten unfähige idealistische Bürgersohn weist also, um sich vor der letzten Konsequenz zu bewahren, die das Nichts verlangen würde, den Weg in das kleinbürgerliche Biedermeier.

Schon in seinem heute vergessenen idyllischen Roman *Aldomen ou Le bonheur dans l'obscurité*, 1795 (Aldomen oder Das Glück im Verborgenen), hatte Senancour die Unverdorbenheit des Menschen im Naturzustand der pervertierten modernen Zivilisation entgegengesetzt; in *Oberman* kehren diese Rousseau'schen Gedanken in verstärkt pessimistischer Ausprägung wieder, durch die er auf das ›mal de siècle‹ (Weltschmerz) der Autorengeneration nach 1830 vorausdeutet. Der Roman zählt daher zu den gewichtigsten Dokumenten der europäischen Romantik, wenngleich er bei seinem Erscheinen völlig übersehen wurde. Erst die von Sainte-Beuve besorgte Neuausgabe verschaffte dem Roman Widerhall in einem exklusiven Kreis von Pariser Literaten.

▪ Lit.: B. Didier: S. romancier: ›Oberman‹, ›Aldomen‹, ›Isabelle‹, 1985. ▪ S. Muller: La mal de vivre des héros romantiques chez ›René‹ de Chateaubriand, ›Oberman‹ de S., ›Corinne‹ de Madame de Staël, 2003. *Christian Barth*

Claude Simon

▪ geb. 10.10.1913 Tananarive (Madagaskar)
▪ gest. 6.7.2005 Paris (Frankreich)

Offizierssohn; kam 1914 nach Frankreich, Kindheit in Salces (Roussillon); Schule in Paris, Studium in Paris, Oxford und Cambridge; zeitweilig Malschüler; 1940 Kriegsgefangenschaft, Flucht; danach zurückgezogen auf seinem Weingut bei Salces; umfangreiches hochkomplexes Romanschaffen, Erneuerer des französischen nouveau roman.

▪ Ausg.: Œuvres, Hg. A. B. Duncan, 2006.
▪ Lit.: S. Jiménez-Fajardo: C. S., 1975. ▪ C. S. A Retrospective, Hg. J. H. Duffy/A. Duncan, 2002.

Le vent

(frz.; *Der Wind*, 1959, E. Rechel-Mertens) – In dem 1957 erschienenen Roman tritt an die Stelle einer überschaubaren Geschehnisfolge der mühsame Versuch des fiktiven Erzählers, Ereignisse zu rekonstruieren, von denen er ebenso wie die Hauptakteure nur eine »bruchstückhafte, unvollkommene Kenntnis« besitzt und die er in der gleichen Lückenhaftigkeit wiedergibt, in der er selbst sie, zumeist im Gespräch mit der Hauptfigur, erfahren hat: als kurze Szenen, abgebrochene Dialoge, Augenblicksbilder, Berichte oder Objektbeschreibungen. Zwar versucht er, die »leeren Stellen« durch »Phantasie und Logik halbwegs mit einer Folge von Schlüssen auszufüllen«, immer jedoch unter dem Vorbehalt, dass alles sich auch »ganz anders« zugetragen haben könne und dass jeder Bericht über vergangene Ereignisse als solcher bereits »falsch und künstlich« sei.

Im Mittelpunkt seiner Nachforschungen und Deutungsversuche steht der Fotograph Antoine Montès, den er zufällig in seiner südfranzösischen Heimatstadt kennengelernt hat. Montès war im Februar dorthin gereist, um nach dem Tod seines Vaters über sein Erbe – Weinberge im Wert von mehreren Millionen – zu verfügen. Gegen den Rat seines Notars hatte er sich nicht zum Verkauf entschließen können, sondern den habgierigen Verwalter seines Vaters entlassen. Dieser führt daraufhin einen Prozess gegen ihn, dessen ungünstiger

Ausgang Montès im September zum Verkauf seiner Besitzungen zwingt. Währenddessen spielt sich jene Kette von Ereignissen ab, die Montès entfesselt, obwohl er selbst in der Rolle eines bis zum Lebensüberdruss apathischen Beobachters verharrt.

In seiner vagabundenhaften Aufmachung, dem »Clownhaften, Bizarren« in seinem »alterslosen, trostlosen Antlitz« und dem »ganz Ungewöhnlichen, das ihm nun einmal anhing«, tritt er als das Fremdartige schlechthin in die feindseligen, in sich geschlossenen Kreise der Stadt ein und bringt die dort schwelenden Konflikte zum Ausbruch. Die knabenhafte, kapriziöse Cécile, eine entfernte Cousine aus gutbürgerlichem Milieu, verfällt seiner »unbegreiflichen Anziehungskraft« und löst ihre Verlobung mit dem Sohn eines reichen Geschäftsmannes. Unbekümmert um den Stadtklatsch, sucht sie Montès mehrmals in seinem schäbigen Vorstadthotel auf. Er aber nimmt sie kaum wahr, denn seine Gedanken kreisen um die attraktive Rosa, die als Servierkellnerin in seinem Hotel arbeitet: eine Frau »von einer sozusagen versehrten Schönheit«. Er verwöhnt ihre beiden kleinen Töchter und bemüht sich, ihr auch in einer Diebstahlaffäre beizustehen, in die sie durch ihren Geliebten Jep, einen Zigeuner und heruntergekommenen Boxer, verwickelt ist.

Der Handlungsreisende Maurice versucht, aus seiner Kenntnis dieser Affäre durch Erpressung Kapital zu schlagen und sich gleichzeitig an Montès zu rächen. Durch ihn erhält Céciles Familie einen Brief, den das gegen ihr Milieu ankämpfende junge Mädchen an Montès geschrieben hat. Céciles engstirnige Schwester Hélène erstattet daraufhin Anzeige gegen Jep, dessentwegen sie Rosa bereits früher aus ihren Diensten entlassen hatte. Jep ersticht Rosa, als die Polizei in ihre Wohnung eindringt, und wird von Polizisten erschossen. Montès erkennt erst beim Anblick von Rosas Leichnam seine Leidenschaft für sie. Sein Versuch, ihre beiden Töchter zu adoptieren, scheitert. Sie werden in ein Waisenhaus gebracht und verschwinden später, ohne dass man Montès ihren Aufenthaltsort mitteilt. Cécile gibt sich ihrem Verlobten unter entwürdigenden Umständen hin, um ihn anschließend voll Trotz und Zynismus davonzujagen. Im September begegnet der Erzähler zum letzten Mal Montès, einem »Bild des Jammers«, ort- und ruhelos wie der Wind, dessen monotones Geräusch alle Ereignisse des vergangenen Sommers untermalt hatte.

Der Versuch, aus dem Mosaik von Erinnerungsfragmenten eine zusammenhängende Handlung herauszukristallisieren, verdeckt die Intentionen des Autors, der gerade die Unmöglichkeit jeder Orientierung wie jeder objektiven Erkenntnis darstellen will, den »Wahnsinn«, da eine »logische Folge von Ursachen und Wirkungen« entdecken zu wollen, »wo doch alles, was die Vernunft zu erkennen vermag, nur ein Umherirren ist, ein Umhergeworfensein von rechts nach links«.

Der ›nouveau romancier‹ Simon demonstriert, dass die Wirklichkeit nicht mehr von einem übergeordneten Bezugssystem her gedeutet, sondern nur noch aus der Perspektive des Einzelnen, in Bruchstücken und Ausschnitten, erfahren werden kann. So soll der sprunghafte Erzählstil von *Le vent* die Erlebnisse eines Menschen widerspiegeln, der alle äußeren Ereignisse nur in der »ganz zusammenhanglosen Form eines brutalen, dem Anschein nach absurden Nebeneinanders von Empfindungen, Gesichtern, Reden, Handlungen«, als »sich überstürzende Folge von verworrenen, bunten, disharmonierenden Bildern« an sich vorbeirollen sieht. Indem der Erzähler streng die Perspektive seiner Hauptfigur einhält, verzichtet er auf die traditionelle ›Innenschau‹ eines Romanautors, der immer auch Auskunft über die psychischen Reaktionen seiner Figuren zu geben vermochte. An die Stelle psychologischer Analysen tritt eine fast wissenschaftlich präzise Beschreibung der Einzelgegenstände, die Montès wie durch das Objektiv einer Kamera registriert. Auf diesem indirekten Weg einer minuziösen Erfassung der Objektwelt, die Simon mit ↗ Robbe-Grillet verbinden könnte, werden paradoxerweise wieder höchst differenzierte Einblicke in seelische Zustände möglich: So geht etwa Montès' Verzweiflung nach Rosas Tod allein aus der Art hervor, in der er nach und nach das Inventar der Kirche, in die er sich geflüchtet hat, wahrnimmt, bis sein Auge schließlich an dem Wort »Gnade« haften bleibt. Durch diese Zerlegung der Außenwelt in eine Folge von Bewusstseins- und Erinnerungsprozessen hat Simon am konsequentesten unter den neueren französischen Romanautoren die Nachfolge ↗ Prousts angetreten.

■ Lit.: C. Genin: L'expérience du lecteur dans les romans de C. S., du vent à l'acacia, 1995. *Heide Eilert*

La route des Flandres

(frz.; *Die Straße in Flandern*, 1961, E. Tophoven) – Der 1960 erschienene Roman gibt sich schon von seinem Druckbild her als Zeugnis einer Literaturströmung zu erkennen, die mit den traditionellen Formen des Romans brechen will: Bei äußerster Reduzierung der Interpunktion erstrecken sich die von langen Parenthesen durchflochtenen Sätze oft über viele Seiten. An die Stelle des objektiven allwissenden Erzählers tritt ein abwechselnd als »ich« oder »er (Georges)« bezeichneter ›subjektiver‹ Erzähler, der alle äußeren Geschehnisse so wiedergibt, wie sie sich in seinem Bewusstsein spiegeln: als Erinnerungen, Assoziationsketten, Traumvorstellungen und Bilderreihen. Dem Verzicht auf ein ordnendes Erzählerbewusstsein entspricht die Absage an jede chronologische Geschehnisfolge. Das Assoziieren zeitlich weit auseinanderliegender Ereignisse soll deren Gleichzeitigkeit im Bewusstsein des Erzählenden oder Sich-Erinnernden suggerieren. Aus dieser Verschränkung der Zeitebenen resultiert weiterhin das Fehlen der traditionellen Erzählsituation; zumeist herrscht Unklarheit über den jeweils Sprechenden oder Angesprochenen.

Mit Michel ↗ Butor teilt Simon die Auffassung des Romans »als Suche«, als Frage nach dem hinter der oberflächlichen Realität verborgenen Rätsel. So spürt er in *La route des Flandres* den Hintergründen eines als Soldatentod getarnten Selbstmords nach, der als eine Art kriminalistisches Moment am Beginn des Romans steht: Im Mai 1940 gerät der adelige Rittmeister de Reixach mit den wenigen Überlebenden seiner Kavallerieschwadron auf einer verlassenen Straße in Flandern in das Schussfeld deutscher Maschinengewehre und wird aus dem Hinterhalt getötet. Das Bild des Rittmeisters, der gemessen und unter Verzicht auf alle Vorsichtsmaßnahmen dem Tod entgegenreitet, jedoch in einer sinnlosen Reflexbewegung noch seinen Degen hebt, bevor er niederstürzt, prägt sich dem Dragoner Georges – er ist der ›Erzähler‹ des Romans – so tief ein, dass es ihn in den langen Jahren der Kriegsgefangenschaft zu immer neuen Mutmaßungen und Deutungsversuchen veranlasst.

In einem Gefangenenlager in Sachsen begegnet er Iglésia, dem Burschen und früheren Jockei de Reixachs. Gemeinsam mit seinem Kameraden Blum versucht er, aus dem verschlossenen Jockei Aussagen über Reixach und seine junge verführerische Frau Corinne hervorzulocken, »Fetzen der Wirklichkeit«, an Hand derer die beiden Gefangenen die Vorgeschichte rekonstruieren bzw. »erdichten«. Als Gegenwelt zu ihrem trostlosen Gefangenendasein erschaffen sie sich in ihrer Phantasie eine Ersatzwelt, indem sie in immer neuen Variationen versuchen, »die leuchtenden, schillernden Bilder mittels der ephemeren, beschwörenden Magie der Sprache, mittels erfundener Worte hervorzuzaubern in der Hoffnung, das genießbar zu machen [...], was ihre unsägliche Wirklichkeit war«.

Im Mittelpunkt ihrer meist erotischen Phantasiebilder steht die lebenshungrige Corinne, die de Reixach vier Jahre vor Beginn des Krieges geheiratet hat. Auf ihren Wunsch quittiert er den Militärdienst und erwirbt einen Rennstall. De Reixach steht den Capricen Corinnes, der er nicht hat Herr werden können, nach außen hin gelassen gegenüber; auch von ihrem Verhältnis mit dem Jockei Iglésia scheint er nicht Notiz nehmen zu wollen. Doch im Krieg ergreift er »diskret und bequem« die »sich bietende Gelegenheit« und begeht aus Verachtung und Enttäuschung Selbstmord.

Sein Tod spiegelt sich in einem 150 Jahre zurückliegenden Vorfall wider, dem skandalumwitterten Selbstmord eines seiner Vorfahren, von dem Georges über seine Mutter, eine entfernte Cousine de Reixachs, gehört hat. Eine weitere Spiegelfigur de Reixachs ersteht aus Georges' und Blums Erinnerungen an einen »gehörnten« Bauern, den sie zu Beginn des Krieges in einem Ardennendorf beobachtet haben. Erinnerungsbilder dieser Art werden pausenlos mit anderen Assoziationsreihen durchsetzt: So vermischen sich Georges' Erinnerungen an seinen Vater, an Rückzug und Flucht, an den Transport in einem Bahnwaggon und an das Gefangenenlager mit farbenprächtigen Rennplatzszenen, die ihrerseits wieder mit Bildern verwesender Pferdekadaver oder apokalyptisch wirkender Reiterscharen konfrontiert werden. Während der Schilderung eines Hindernisrennens, bei dem de Reixach das Feld anführt, kann sich das Bild unvermittelt in eine Kavallerieschwadron oder in jene vier Reiter auf der »Straße in Flandern« verwandeln, die, wiederum mit dem hoch aufgerichteten de Reixach an der Spitze, dem Tod oder der Gefangenschaft entgegenreiten. Darüber hinaus werden in das Assoziationsnetz physiologisch genaue Details eines Liebesakts eingeblendet, der sich nach Kriegsende zuträgt: Georges, den der Gedanke an das »junge pralle freche Fleisch« von de Reixachs Frau während der langen Kriegs- und Gefangenenjahre nicht losgelassen hat, sucht die inzwischen wieder verheiratete Corinne nach seiner Heimkehr auf und verbringt mehrere Nächte mit ihr. Dann verlässt ihn Corinne, enttäuscht, weil sie erkennt, dass er nicht sie, sondern seine Wunschvorstellungen geliebt hat.

Hinter diese nur vom Romanende her zu erschließende Handlung setzt der Autor ein Fragezeichen: »Aber wer kann es wissen?« Von den drei Erzählschichten – den Erlebnissen des Erzählers, den Berichten seiner Mutter und Iglésias und den Phantasien von Georges und Blum – ist nur die erste faktisch; im Übrigen herrschen Vermutungen vor, der Verdacht, »daß das einzig Wirkliche an alledem vielleicht nur vage Verleumdungen [...] und die Prahlereien waren zu denen zwei gefangene phantasievolle Jünglinge die keine Frauen zu Gesicht bekamen ihn [Iglésia] getrieben hatten oder vielmehr die sie ihm abgenötigt hatten«.

Die konsequente und äußerst artifizielle Auflösung einer einfachen Handlung in Bruchstücke, in Wirklichkeits-»Fetzen«, ist die formale Entsprechung des Themas von Zersetzung und Verwesung, das den Roman beherrscht: Wie der Zerfall einer Persönlichkeit (de Reixach) der allmählichen Verwesung eines Pferdes korrespondiert, so kehrt die in subjektive Vermutungen zerlegte Wirklichkeit als perspektivisch verzerrte Abbildung der Außenwelt im Auge eines sterbenden Pferdes oder in den Reflexen eines Brillenglases wieder, und ebenso wird die traditionelle ›Handlung‹ mosaikartig in blitzartig auftauchende Momentaufnahmen von Reitern, Pferden, Jockeis und bunten Kleidern zerstückelt.

Am Ende des Romans steht nicht nur eine rätselhafte und hintergründige, sondern eine zertrümmerte Welt: »[…] die Welt stand still erstarrt zerbröckelnd sich häutend zusammenbrechend allmählich zerfallend wie ein verlassenes, unbrauchbares, dem zusammenhanglosen, fahrlässigen, unpersönlichen, zerstörerischen Wirken der Zeit preisgegebenes Gebäude«.

▪ Lit.: B. Dauer: Ein alter Nouveau Roman. C.S.: ›La route des Flandres‹ (1960), in: Französische Literatur in Einzeldarstellungen, Hg. P. Brockmeier/H.H. Wetzel, Bd. 3, 1982, 304–331. ▪ D. Viart: Une mémoire inquiète: ›La route des Flandres‹ de C.S., 1997.

Heide Eilert

Le palace

(frz.; *Der Palast*, 1966, E. Tophoven) – Der 1962 erschienene Roman ruft in stilisierten Situationen nach 15 Jahren Momente aus dem Spanischen Bürgerkrieg in die Erinnerung zurück. Der Palast im »stereotypen, kosmopolitischen, am Vorabend einer Revolution erdachten« Trianon-Stil ist das Gebäude, in dessen Umkreis der Roman spielt. Indem die Zeit dem Palast Wandlungen aufnötigt, wird dieser zugleich zum Symbol des im Erzählvorgang eingeschlossenen geschichtlichen Wandels: Einst war er das Hauptquartier der Republikaner; als der Erzähler wieder an die alten Schauplätze zurückkehrt, ist er ein modernes Bankhaus.

Die Bewusstmachung der Gesetzlichkeit dieser Verwandlungen ist das Thema dieses Romans, die Methode ist rein phänomenologisch: »Revolution«, so lautet die vorangestellte Definition nach dem Larousse-Wörterbuch, ist »Bewegung von etwas Beweglichem, das, einen geschlossenen Kreis beschreibend, nacheinander dieselben Punkte berührt«. Das Agens, das den Roman in ›Umlauf‹ bringt, ist die Ermordung eines Funktionärs, wobei die Frage, inwiefern die Hauptfiguren des Romans – der Amerikaner, der Schulmeister, der Mann mit dem Gewehr, der, der eine Offiziersuniform anhatte, und er, der Student – damit in Zusammenhang zu bringen sind, bewusst offen bleibt.

Was den Roman bestimmt, ist die völlige Verweigerung jeder Zusammenschau oder zusammenhängenden Inhaltlichkeit zugunsten der Inventarisierung von wiederkehrenden Dingen und kurzen Momenten, die – überdehnt – als statische Bilder erscheinen, »als ob die Regungslosigkeit […] eine paradoxe und notwendige Komponente der Geschwindigkeit wäre«. Dem entsprechen vollkommen die unüberschaubaren Sätze, Partizipien, Appositionen, Parenthesen, Negationen und Relativierungen des Gesagten, besonders aber die kunstvollen Parallelschaltungen von einst und jetzt, wodurch die ›Geschichte‹ in eine quasi zeitneutrale Schwebe gerät. Die Fülle der sinnlosen Ereignisse, die abstoßende Atmosphäre, die in dieser »leblosen, wimmelnden Stadt« [Barcelona] herrscht, zwingt Simons Kunst eine akribisch ordnende, beschwörende Monotonie ab, die gleichzeitig das Chaotische bewahrt.

▪ Lit.: J. Guichardet: Barcelone malade de la guerre dans ›Le Palace‹ de C.S., in: Littérature et pathologie, Hg. M. Milner, 1989, 167–179. ▪ E. Sturm-Trigonakis: Barcelona und Alterität. Der Blick des Fremden bei C.S. und André Pieyre de Mandiargues, in: Zeitschrift für Katalanistik 11, 1998, 79–100.

Günter Karcher

Histoire

(frz.; *Geschichte*, 1999, E. Moldenhauer) – Der 1967 erschienene Roman setzt die Serie autobiographisch geprägter Erinnerungsromane fort, in denen Simon eine begrenzte Anzahl von wiederkehrenden Figuren und Motiven zu immer neuen, jeweils in einem erzählenden oder wahrnehmenden Subjekt verankerten Textkonstellationen verarbeitet, weist aber auch auf seine experimentellen Beschreibungsromane der 1970er Jahre voraus, in denen er psychologische ›Schlacken‹ zugunsten einer antirealistischen Montagetechnik zu tilgen sucht. In einer epischen Breite, wie sie sonst nur seine großen Alterswerke auszeichnet, greift Simon auch hier seine zentralen Themen auf: die traumatische Erfahrung der individuellen und kollektiven Geschichte, die darin wurzelnde Entgrenzung von Erinnerung und Imagination, von eigener und anderer Identität, sowie die davon geprägte Auseinandersetzung mit der Sprache und den technischen Bildmedien der Moderne, namentlich der Fotographie.

Die äußere Handlung des Romans umfasst wie Joyce' *Ulysses* einen einzigen Tag. An einem Sommermorgen, irgendwo in Südfrankreich, erwacht der namenlose Ich-Erzähler im alten Haus seiner Eltern und Großeltern, das ihm als Erbteil zugefallen ist; tagsüber bereitet er den Verkauf des Anwesens vor, beginnt mit der Räumung und liegt schließlich noch lange wach in seinem Bett. Im Zuge seiner banalen Verrichtungen begegnet er verschiedenen Personen, die alsbald zu Zielscheiben aggressiver Kritik werden. In den Gestalten eines aufdringlichen Alten und einer gefräßigen Tischnachbarin schlägt ihm bodenloses Alltagsgeschwätz entgegen; ein Bankangestellter und die »Finanz- oder Marktgottheiten« der Banknoten repräsentieren den verhassten ökonomischen Diskurs; der politische Diskurs demaskiert sich auf der Wahlkampfkundgebung eines ehemaligen Schulfreundes, der mit »zugleich sportlicher und kirchlicher Geste« gegen seine früheren Überzeugungen wettert. Die Auflassung des traditionsreichen Hauses konfrontiert den Protagonisten jedoch auch mit seiner eigenen Geschichte. Bestimmte Räume und Bilder, vor allem aber ein Stapel alter Postkarten lösen vielfältige Erinnerungen und Assoziationen aus, die als innere Handlung das Tagesgeschehen begleiten. Die »von Zeit und Tod geknebelten Phantome« der Großmutter und ihrer Verwandten zeugen noch gespenstisch vom Verfall großbürgerlicher Salonkultur; der hinterlassene Krimskrams der Mutter evoziert ihren Leidensweg als allzeit wartende Gattin eines die Welt bereisenden Kolonialoffiziers und als Witwe, die wie ein »Postsack« von Traumwelten übersättigt ist. Fotos aus den wilden Jahren des Onkels und Gutsverwalters Charles schließlich legen nahe, in der Pariser Boheme eine nur scheinbare, ihrerseits völlig marode Gegenwelt zur provinziellen Großbourgeoisie zu sehen.

Indem er Charles' Geschichte imaginiert, arbeitet der Erzähler indirekt auch seine eigene Vergangenheit auf. Wie der Onkel hat auch er alle künstlerischen und politischen Illusionen verloren; wie die Frau des Onkels, die nach dessen Affäre mit einem Ateliermodell verstarb, ist auch seine Frau Hélène aus seinem Leben verschwunden – Selbstmord aus eifersüchtiger Verzweiflung? Aus einer Abrechnung mit der Familiengeschichte, wie sie im Verschachern des Erbes sinnfällig wird, entfaltet sich somit eine Konstellation analoger Rätsel, die den Erzähler wieder auf seine Geschichte zurückwirft und dem Romantitel erst seine volle Bedeutung verleiht. Mit »Histoire« ist nicht allein die ›Geschichte‹ im welthistorischen und genealogischen Sinne aufgerufen, sondern auch die Suche nach dieser Geschichte auf den Wegen mehr oder weniger fiktiver Rekonstruktion und jener »verschwiegene Gegenstand« tragischer Natur, den der betroffene Erzähler offensichtlich verdrängt und nur unwillkürlich andeutet.

Was sich hinter dem Titel mithin nicht verbirgt, ist eine lückenlose, logisch-chronologisch geordnete Geschichte. Die von Faulkner inspirierte Form des Erinnerungsmonologs schließt Fragmente unterschiedlichster Zeitebenen in oft »ungeheurer Diskontinuität« zu zwölf thematisch motivierten Blöcken zusammen und modelliert damit ein unkontrollierbares Gedächtnis, das seiner Auflösung entgegentreibt. Wie das Rilke-Motto »Uns überfüllts. Wir ordnens. Es zerfällt. / Wir ordnens wieder und zerfallen selbst« andeutet, hängt die Identität des Subjekts an der Bewältigung seiner Evokationen. Der problematischen Einheit von erlebendem, erinnerndem und erzählendem Ich entspricht die Durchbrechung syntaktischer und typographischer Konventionen; abgeschnittene und erst Absätze später wieder aufgegriffene Sätze signalisieren Interferenzen.

Solchen negativen Strategien stehen freilich Kohärenzangebote anderer Art gegenüber. Die ungeordneten, doch minuziös beschriebenen Postkarten etwa, an denen sich die Rekonstruktion der Familiengeschichte entlangarbeitet, belegen nicht nur Simons Interesse an einer ›dynamischen‹ Deskription fotographischer Bilder, sondern bewirken zudem eine Spiegelung (›mise en abyme‹) der Romankomposition, die damit nachträglich als Folge analogisch geordneter Erinnerungsbilder Prägnanz gewinnt. Der irritierende Wechsel der Erzähleridentität in den letzten Kapiteln – plötzlich spricht der Onkel in der ersten Person – findet in der dort eingeführten fotographischen Thematik eine Erklärung: Wie sich auf einem mehrfach belichteten Atelierfoto die Gesichter überlagern, so vermischen sich im Projektionsvorgang der Erinnerung die Figuren von Neffe und Onkel.

Die zahlreichen intertextuellen Zitate schließlich, etwa aus Apuleius' *Metamorphosen*, erweisen sich als Reminiszenzen an frühere Kultbücher, bei deren Lektüre dem erlebenden Ich die »zweideutige, vielfältige Macht der Wörter« besonders deutlich wurde. Von der andauernden Faszination der Wörter, die auch die traumatische Erfahrung der Sprachlosigkeit in zwei Kriegen nicht zerstören konnte, zeugt ein immer wieder durchbrechender sprachkritischer Gestus, der die Motiviertheit und das unerschöpfliche Erlebnispotenzial des sprachlichen Zeichens beschwört.

Als gegen realistische Erzählkonventionen anschreibender Text steht *Histoire* in der Tradition des nouveau roman (↗ Butor, Pinget, ↗ Robbe-Grillet): Als Erinnerungsroman knüpft das Buch an moderne Formen autobiographischen Schreibens (↗ Proust, ↗ Leiris) an. Diese souveräne Verbindung von experimentellem Montageverfahren und existenziellem Einsatz, von permanenter Sprachreflexion und unbändiger, auch aus Mythen schöpfender Metaphorik hat zum Enthusiasmus der Kritik ebenso beigetragen wie zur Irritation der Interpreten.

■ Lit.: A.C. Pugh: S. Histoire, 1982. ■ W. Nitsch: Sprache und Gewalt bei C.S., 1992, 145–193. ■ I. Albers: Photographische Momente bei C.S., 2002, 181–218.

Wolfram Nitsch

La bataille de Pharsale

(frz.; *Die Schlacht bei Pharsalos*, 1985, H. Scheffel) – Auch in seinem 1969 erschienenen neunten Roman, der Themen, Motive und Szenen aus früheren Werken – Krieg, Erinnerung, Indifferenz und Irreversibilität der Zeit – wieder aufnimmt, ähnelt Simons Erzählweise dem feinen Bleistiftstrich eines Zeichners. Der wiederholt Ideogramme, Gemälde und kunsthistorische Kommentare, eine Schilderung des historischen Kampfes zwischen Caesar und Pompejus bei Pharsalos samt Kommentaren und andere Texte (etwa von ↗ Proust) zitierende Roman setzt den Versuch Simons fort, die Linearität des Erzählens zugunsten einer Simultaneität aufzuheben, wie sie etwa einem Bild oder einer Skulptur eigen ist. Dem Autor geht es dabei nicht um die Darstellung eines subjektgebundenen Bewusstseinsstroms, sondern um die Beschreibung der Materialität des gewissermaßen von den Realien selbst betriebenen Erinnerungsprozesses.

Simon hat seinem Roman die Struktur einer musikalischen Komposition gegeben. In der Exposition werden die verschiedenen Motive des Textes als gleichwertige stoffliche Bestandteile vorgeführt und installiert: eine Griechenland-Reise (auf der Suche nach dem Ort Pharsalos), die Wort-für-Wort-Übersetzung eines die historische Schlacht bei Pharsalos schildernden lateinischen Textes, eine Kampfszene, eine Maschine, ein Krieger, eine Koitusszene, ein Spiel, ein verlassenes Schlachtfeld, das auch als Schrottplatz oder als ein mit Steinquadern übersätes Feld auftaucht.

Diese Motive fungieren als thematische Generatoren, die sich verbildlichen, also zu Zeichnungen, Gemälden, Skulpturen oder Fotographien erstarren, und im »Lexikon« genannten Mittelstück des Romans variiert werden. Am Ende dieses Mittelteils hat sich in der Gestalt der Figur »O.« eine kreisförmige Durchgangsstelle gebildet, die zu der ironischerweise »Chronologie der Ereignisse« überschriebenen Reprise überleitet. Dieser abschließende Teil versammelt die zu Beginn eingeführten Motive und deren Derivate, durchmischt sie und verknüpft sie zu einer durch Analogien und Kontrapunkte strukturierten simultanen Polyphonie, deren Rhythmus immer schneller, heftiger und abgehackter wird.

Der aus mehreren, zum Teil typographisch unterschiedenen Schichten aufgebaute Text, dessen Lektüre einer archäologischen Suche gleichkommt, markiert den Beginn einer veränderten Ästhetik im Werk Simons. Im Romanverlauf selbst spielt sich der Übergang vom nouveau roman zum ›nouveau nouveau roman‹ ab. Er vollzieht sich durch die Figur des »O.« – zugleich Buchstabe, Zahl, symbolisches Zeichen und abstrakte Form, vielleicht auch andeutender Hinweis auf den blinden Orion der nachfolgenden Werke –, welche einen Ort der Polyphonie bezeichnet. Der von »O.« eingeleitete, durch die Zeitform des Präsens und eine strengere Formalisierung charakterisierte dritte Teil des Romans endet mit dem Beginn des Schreibaktes der ›Figur‹ »O.«, welche die den Roman einleitende Wortfolge niederschreibt. So vollzieht der Roman eine Bewegung von dem historischen Ort Pharsalos über denselben Ort im heutigen Thessalien zu dem leeren Blatt, auf das »O.« zu schreiben beginnt. Der Schauplatz des Krieges wird zum Ort der Textentstehung. Dies enthüllt das Doppelgesicht des Wortes »bataille«: Es bezeichnet einerseits den Kampf der Körper und Waffen, andererseits aber den Kampf von Bildern, Wörtern und Lautfolgen, dessen Schauplatz die sich erinnernde und wiederholende Sprache selbst ist. Zwar besteht eine enge poetologische Verknüpfung zwischen dem geschilderten Chaos des Krieges und der Explosion von Ordnung und Sinn in der Sprache. Die sprachliche und erzählerische Struktur wie die eindringliche Beschreibung des mit dem Krieg verbundenen Grauens jedoch, welche von den Erlebnissen des Autors während des Spanischen Bürgerkriegs und seiner deutschen Kriegsgefangenschaft herrühren mag, verhindern eine Metaphorisierung oder gar Ästhetisierung des Krieges.

Der von den als ›Wegkreuzungen‹ erscheinenden Wörtern erzeugte Text entwirft eine Poetik, deren Gesamtsystem man sich »als ein Mobile vorstellen muß, das sich unablässig um einige feste Punkte herum verändert« (so etwa um den Namen »Pharsale«). Diese sprachtheoretisch, epistemologisch und produktionsästhetisch reflektierte Poetik, die das Bild des »Orion aveugle«, des blinden, verblendeten und tastenden Sehers repräsentiert, wird grundlegend für die nachfolgenden Werke Simons.

▪ Lit.: N. Steals: Liquid. A Source of Meaning and Structure in C. S.'s ›La Bataille de Pharsale‹, 1983. *Birgit R. Erdle*

Les corps conducteurs

(frz.; *Die Leitkörper*, 1985, I. Reblitz) – Der 1971 erschienene Roman stellt die veränderte und erweiterte Fassung des mit 20 Illustrationen versehenen Bild-Textes *Orion aveugle*, 1970 (Blinder Orion), dar, dessen Mittelpunkt das 1685 entstandene Gemälde *Paysage avec Orion aveugle* des Barockmalers Nicolas Poussin bildet. Es zeigt den sich einer aufgehenden Sonne entgegentastenden, geblendeten Orion, der das Ziel seines Suchens niemals erreichen wird, weil sich seine Gestalt als Nachtgestirn im Licht der Sonne verflüchtigt. Das ergebnislose Umherirren des blinden Orion, der die Poetik des späteren Simon symbolisiert, knüpft den thematischen Zusammenhang des kompakten, weder durch Absätze noch durch Kapitel oder Zwischentitel gegliederten Romantextes.

Als Zentrum des formalistisch-strengen Erzählens fungiert das schmerzhafte, zerfasernde Bewusstsein eines kranken Mannes, der sich in unterschiedlichen Räumen und Situationen befindet: im Behandlungszimmer eines Arztes, in einer belebten Straßenschlucht, vor Schaufensterauslagen und Baustellen, inmitten von Passanten und Autoverkehr, in der Telefonzelle einer Hotelhalle, an der Haltestelle einer U-Bahn, in der Wohnung einer Frau, bei einem lateinamerikanischen Schriftstellerkongress und, lesend und Bilder betrachtend, im Flugzeug. Für den Erzählduktus ist nicht nur die Aufsplitterung und Gleitbewegung der Perspektive charakteristisch, sondern auch die Simultaneität von Statik und Bewegung.

Der als »fiktionale Enzyklopädie« bezeichnete Text setzt sich aus ineinandergleitenden, räumlich und zeitlich voneinander weit entfernten, doch durch die strukturellen Bezüge einzelner Wörter miteinander verfugten Motiven zusammen (z. B. knüpft sich an die Schilderung von durch Fenster unterbrochene Wolkenkratzer-Säulen eine Beschreibung von vertikalen Spalten dicht gedrängter Buchstaben). Den beschriebenen Materialien liegen Prä-Texte zugrunde, die sich in unterschiedlicher Deutlichkeit abzeichnen, etwa Gemälde von ↗ Picasso und Poussin, Passagen eines alten Anatomiebuches und einer Naturkunde, Fotographien und Plakate, eine Briefmarke, die Tagesordnung eines Kongresses, Schrifttafeln. Diese Materialien werden aber nicht als Fertigteile aneinandermontiert, sondern ihrer strukturellen Maserung folgend so aneinandergefügt, dass ein geschlossenes System fein verzweigter Aderläufe entsteht, in dem die Bedeutungen unablässig zirkulieren. Aufgrund der durch die Variation von Motiven entstehenden Resonanzbezüge und der vielfältigen intratextuellen Spiegelungen (z. B. Analogie und Kontrapunkt von Laut- und Schriftbildern) wird die Linearität des Textes aufgebrochen und zu einem simultanen Bilder-Raum entfaltet.

Die Verzweigung fungiert als zentrales Strukturmotiv des Textes und bildet in ihm mehrere topographische Fixpunkte: als Netzhaut des Auges, als Holzmaserung, als sich verästelnde Blutadern eines menschlichen Organs, als rote Linien einer Landkarte, als Straßenläufe und -kreuzungen, als Schriftbild oder als Sternbild. Ebenso stellen die Wörter, Wortfolgen und Prä-Texte Verzweigungen dar – Leitkörper, die es ermöglichen, die einzelnen Bilder und Motive nicht im Sinne des Realismus oder, wie in früheren Werken Simons, durch Grammatik und Zeichensetzung miteinander zu vernetzen, sondern durch die rhetorische Struktur. Die mikroskopische, Entfernungseinstellungen unablässig – oft innerhalb eines Satzes – verändernde Beschreibungsweise dient dazu, durch ›Längsschnitte‹ Realien und Bilder zu öffnen und die Materialität ihres Innern zu zeigen. Das vivisezierende Schreiben Simons betreibt eine Phänomenologie, die sich jeglicher Spielart des Idealismus enthält. Die dem erzählerischen Versuch, gewissermaßen die Bedeutung in den Stand des Passanten zu erheben, inhärente Ideologie-Kritik zielt auf Sprachklischees und Stereotype, wie sie die von Simon ironisch zitierten Bruchstücke einer Diskussion über die gesellschaftliche Funktion von Schriftsteller und Literatur während des lateinamerikanischen Kongresses darstellen.

■ Lit.: K. Stierle: Histoire und Discours in S.s Roman ›Les corps conducteurs‹, in: Nouveau Roman, Hg. W. Wehle, 1980, 168–199. ■ L.A. Gregorio: Prométhée et la croix. Mythe et métatexte dans ›Les corps conducteurs‹, in: Romance Notes 23, 1982, 3–9. ■ S. Bikialo: Les images chez C.S. Les mot pour le voir, 2004.

Birgit R. Erdle

Triptyque

(frz.; *Triptychon*, 1986, E. Moldenhauer) – Der 1973 erschienene, die ikonographische Form des dreiflügeligen Altarbildes nutzende und zugleich parodierende Roman, zu dem Simon durch ein Triptychon des Malers Francis Bacon angeregt wurde, ist das Resultat des Projekts, einen jegliches realistische Bezugssystem verlassenden, sujetlosen Text zu konstruieren. In drei gleichwertigen und ineinandergeblendeten Handlungsräumen werden banale Alltagsszenen geschildert: In einer nordfranzösischen Industriestadt wendet sich ein junger Mann seiner früheren Freundin statt seiner Braut zu; irgendwo in der ländlichen Provinz vergnügt sich eine Hausangestellte in einer Scheune mit ihrem Liebhaber, beobachtet von zwei Jungen, während das ihr anvertraute Kind in einen Fluss fällt; eine Frau trifft sich in einem Badeort am Mittelmeer heimlich mit einem Mann.

Diese drei Handlungssequenzen sind in unzählige Einzelpartikel unterschiedlichen Umfangs zerstückelt, deren Nahtstellen weder auf eine psychologische oder dia- bzw. synchrone Kombinationslogik noch auf die thematische Ähnlichkeit von Situationen und Motiven rückführbar sind. Nur noch Farbe, Struktur und Rhythmus stellen Bezüge zwischen den einzelnen ›séries‹ (Reihen) oder ›ensembles‹ her. Das Kohärenz-Konzept realistischer Erzähltexte wird damit persifliert und der Roman als Parodie eines Puzzles enthüllt: »Es besteht kein Zusammenhang zwischen den verschiedenen Elementen der Zeichnung.«

Die Verknüpfung der Holzmaserung einer Scheunenwand mit einem in Kurven verlaufenden Fluss durch die akribisch beschriebene wellige Struktur von Wasser- und Holzzeichnung, die in das Bild eines in eine Decke gehüllten weiblichen Körpers übergleitende Form eines gehäuteten Kaninchens unter einem faltigen Tuch, oder die ohnmächtigen Lendenstöße eines am Genick gepackten, zur Schlachtung bestimmten Kaninchens, die sich mit den ekstatischen Bewegungen eines sich liebenden Paares verschlingen, formen eine Poetik der konkretisierten Metaphern. In einem raschen Wechsel von Nah- und Totalperspektive und von Statik und Bewegung lässt die fein gezeichnete Tableaux aneinanderfügende Beschreibung den Text als einen vielschichtigen Resonanzraum entstehen, in welchem »das blinde Auge« (ein wieder einmal auf den »Orion aveugle« der vorhergehenden Werke anspielendes Selbstzitat) »nach und nach bewegliche Formen« erkennt. Sekundärbilder – ein Kupferstich, ein Film, eine Ansichtspostkarte, ein Zirkusplakat, eine Fotographie, ein Kinoplakat – fungieren wie schon in früheren Werken Simons als Binnentexte, welche die einzelnen ›ensembles‹ weiterführen und ineinanderschichten.

Zwischen diesen als Schichten übereinander geklebter Plakatbilder erscheinenden Textebenen – dem Primärbild der Realität, dessen Künstlichkeit vor allem durch die beschriebene Kolorierung unterstrichen wird, den eingebauten Sekundärbildern und den in diese eingelagerten Bildern – besteht kein hierarchisches Verhältnis, sondern entsprechend der ikonographischen Struktur des Triptychons ebenfalls eine parataktische Beziehung. Durch sie konstituiert sich die völlige Gleichwertigkeit der drei Bildräume und damit die Simultaneität des Gesamtbildes; darüber hinaus aber führt sie zu einer Persiflage der gewohnten Vorbild-Abbild-Relation.

Die ländliche Szenerie, mit deren Beschreibung der Roman beginnt, enthüllt das Ende des Textes als ein von einer männlichen Figur zusammengefügtes Puzzle-Bild, das schließlich zerstört wird und in einen wirren, schillernden Pointillismus zerfällt – eine Szene, die sich wiederum als Schluss-Sequenz eines Spielfilms erweist. Dieses Romanende eröffnet mehrere Lesarten: Der Text karikiert gleichsam seine eigene Künstlichkeit, enthüllt sich als ein keinerlei Realität oder Vor-Bild verbergendes Simulacrum und hebt sich vor den Augen des Lesers selbst auf. Zugleich aber wird deutlich, dass der Roman eine »Konkretisierung der Stille, der dimensionslosen Zeit« darstellt.

Mit dem opaken, alle Hinweise auf eine Bewertung und Bedeutung von Dargestelltem und Darstellung verweigernden und jede Art des Dahinter verbannenden Text hat Simon, der von sich behauptet, er habe im Sinne ↗ Sartres nichts zu sagen, einen Roman geschaffen, der sich bewusst der Frage nach bedeutungsvoller Tiefe verweigert.

▪ Lit.: I. Albers: Photographische Momente bei C. S., 2002.

Birgit R. Erdle

Les Géorgiques

(frz.; *Georgica*, 1992, D. Butz-Striebel, T. Lejoly) – Mit dem 1981 erschienenen Roman greift der Autor die Form der Erinnerungserzählung wieder auf, die er in den Romanen der 1950er und 1960er Jahre in der Nachfolge ↗ Prousts und Faulkners entwickelt hatte. Der Text markiert eine partielle Abkehr von den experimentellen ›Beschreibungsromanen‹ der 1970er Jahre. Zahlreiche rekurrente thematische Elemente und Figuren der älteren Romane werden wieder aufgenommen, etwa der Spanische Bürgerkrieg, der Flandernfeldzug, die Kriegsgefangenschaft, die Figur des seine verlorene Identität suchenden Kavalleriesoldaten und die seines Onkels Charles. Sie werden erweitert um die Dimension der Genealogie des Kavalleristen, der sich in der Gestalt eines entfernten Vorfahren aus der napoleonischen Zeit selbst zu erkennen sucht.

Der zeitlich und räumlich weit ausgreifende Roman erzählt die Geschichten dreier Figuren, die einander trotz aller Unterschiede in zwei grundlegenden Merkmalen gleichen: Alle drei sind an Kriegen beteiligt und treten als Schreibende auf. Es handelt sich um den Kavalleristen, der während des Flandernfeldzugs 1940 in einen Hinterhalt und später in deutsche Gefangenschaft gerät, den englischen Schriftsteller O., der als Freiwilliger am Spanischen Bürgerkrieg auf der Seite der Republikaner teilnimmt, und den Abgeordneten und späteren napoleonischen General L. S. M. Der General, dessen Geschichte im Mittelpunkt steht, ist Verfasser zahlreicher Dokumente von historischer wie familiengeschichtlicher Bedeutung, aus denen hervorgeht, dass die Stimme von L. S. M. im Nationalkonvent für die Hinrichtung Ludwigs XVI. ausschlaggebend war und dass er für ein Gesetz votierte, das seinen eigenen Bruder, einen zurückgekehrten adligen Exilanten, das Leben kostete. Diese Dokumente benutzt der Kavallerist, um die Lebensgeschichte seines Vorfahren zu rekonstruieren, wobei er auch auf die durch Großmutter und Onkel mündlich tradierte Familiengeschichte sowie auf materielle Erinnerungsträger wie die Ruine des von L. S. M. erbauten Schlosses oder das Grab von dessen erster, früh verstorbener Frau Marianne zurückgreifen kann.

Ziel der Rekonstruktion ist der – letztlich scheiternde – Versuch, den nach dem Tod von L. S. M. einsetzenden Niedergang der Familie aus den Tabubrüchen des Königs- und Brudermörders L. S. M. heraus zu verstehen und somit das eigene Dasein historisch zu perspektivieren. Trotz der Erfahrung, dass die Geschichte den in ihr gesuchten Sinn verweigert, wird L. S. M. zur faszinierenden Figur, an der Größe und Scheitern der modernen Ideale und Utopien sinnfällig werden. Besonders eindringlich zeigt sich die Gebrochenheit dieses von den Idealen der Revolution überzeugten Machtmenschen, der kompromisslos handelt, ja sogar tötet, um seine Ideale durchzusetzen, in seiner lebenslangen Trauer um Marianne.

Schon früher einmal hat der Kavallerist ein Buch über seine Kriegserlebnisse verfasst, in dessen Zentrum jener Hinterhalt steht, bei dem seine Schwadron von deutschen Panzern vernichtet wurde. Wie der Erzähler-Protagonist Georges in Simons *La route des Flandres*, 1960 (*Die Straße in Flandern*, 1961, E. Tophoven), ist der Kavallerist durch seine Erlebnisse als Soldat und Kriegsteilnehmer traumatisiert. Während Georges von sich noch teilweise in der Ich-Form, teilweise schon in der den Ich-Verlust anzeigenden Er-Form erzählte, ist der Kavallerist nicht nur namenlos, sondern auch unfähig, »Ich« zu sagen, und hat somit seine Selbstpräsenz als Erzähler vollends verloren. Dass er mit großer Wahrscheinlichkeit der Erzähler des Gesamttexts ist, lässt sich daraus erschließen, dass allein er über alle zur

Rekonstruktion von L. S. M.s Leben erforderlichen Unterlagen verfügt. Diese wurden ihm von seinem Onkel Charles mit der Aufforderung anvertraut, sich eines Tages näher damit zu befassen.

Die vom Onkel gewünschte Auseinandersetzung erfolgt in Form einer Überlagerung des eigenen durch fremde Texte. Denn sowohl die von L. S. M. hinterlassenen Schriftstücke als auch der Bericht des englischen Schriftstellers O. (hinter dem sich George Orwell als Verfasser des autobiographischen Berichts *Homage to Catalonia*, 1938 [*Mein Katalonien*, 2000, W. Rieger] verbirgt) werden in den Text der *Géorgiques* teils montagehaft eingefügt, teils palimpsestartig überschrieben. Die im vierten Buch erfolgende ›Abrechnung‹ mit O., dessen sozialistische Ideale der Kavallerist, einst selbst Spanienkämpfer, nach dem Bürgerkrieg nicht mehr teilen kann, ist bisweilen stark polemisch gefärbt und betont vor allem, dass die von O. gewählte Form des traditionellen, chronologisch geordneten Berichts der bestürzenden, chaotischen Wirklichkeit des modernen Krieges nicht gerecht werden könne. Durch die Kritik an einer traditionellen, nicht gegenstandsadäquaten Erzählform wird der Wert der dem Text eigenen Erzählweise hervorgehoben: Der Roman zeichnet sich durch avantgardistische Erzählverfahren und Sprachexperimente aus, die jedoch – wie schon in Simons Romanen der 1960er Jahre – niemals formaler Selbstzweck sind, sondern unmittelbar aus dem Gegenstand der Erzählung abgeleitet und dadurch gerechtfertigt werden.

Durch den Rückgriff auf die autobiographisch grundierte Erinnerungserzählung – die der historischen Rekonstruktion zugrunde liegenden, ausgiebig zitierten Materialien sind authentisch und stammen von einem Vorfahren des realen Autors – und die im Vergleich zu den 1970er Jahren deutlich sparsamere Verwendung ›skripturaler‹ Erzählverfahren stellt der Roman eine Synthese der von Simon früher erprobten Schreibweisen dar. Die wichtigsten Themen des Autors werden in eine Form gebracht, die stärker noch als die Romane der 1960er Jahre den Akt des Schreibens und seine vielfältigen Produkte in den Vordergrund rückt. Durch das ausgiebige Zitieren fremder Texte (neben dem von L. S. M. überlieferten Corpus und Orwells Bericht sind insbesondere der im Titel zitierte Vergil und der durch das dem Text vorangestellte Motto aufgerufene ↗ Rousseau zu nennen) wird der Roman zu einem metaliterarischen Archiv, zu einer Reflexion über die Entstehung eines Romans aus eigener Erfahrung und fremden Texten.

Das zentrale Thema ist der Tod, der nicht nur inhaltlich allgegenwärtig ist, sondern auch die von L. S. M. stammenden Dokumente betrifft, die jahrzehntelang in einem Wandschrank verborgen waren, »eingegraben wie ein Leichnam«. Die Analogie von Schrift und Leiche verweist auf die Entstehung des Textes aus dem Tod. Sie durchzieht den gesamten Roman und wird in jener den Erzählakt allegorisch repräsentierenden Szene des dritten Buches sinnfällig, in der der nunmehr gealterte einstige Kavallerist die verwitterte Schrift auf Mariannes Grabstein zu entziffern versucht. Damit wird der Text selbst zum vieldeutigen Epitaph: auf den seiner selbst verlustig gegangenen Kavalleristen, auf die Ideale der Revolution, schließlich auf die Literatur, die den der Wirklichkeit abhanden gekommenen Sinn nicht mehr wiederherstellen kann.

▪ Lit.: T. Klinkert: S. ›Les Géorgiques‹, in: T. K.: Bewahren und Löschen. Zur Proust-Rezeption bei Samuel Beckett, C. S. und Thomas Bernhard, 1996, 169–242. ▪ D. Schmidt: Schreiben nach dem Krieg. Studien zur Poetik C. S.s, 1997. ▪ S. Orace: Le chant de l'arabesque. Poétique de la répétition dans l'œuvre de C. S., 2005.

Thomas Klinkert

L'acacia

(frz.; *Die Akazie*, 1991, E. Moldenhauer) – Der 1989 erschienene Roman erzählt die Geschichten zweier Generationen. Im Mittelpunkt stehen ein Berufsoffizier, der im August 1914, zu Beginn des Ersten Weltkriegs, in Nordfrankreich fällt, und dessen Sohn, der als Rekrut im Zweiten Weltkrieg, im Mai 1940, dort nur knapp dem Tod entgeht, danach in deutsche Kriegsgefangenschaft gerät und sich schließlich in den unbesetzten Teil Frankreichs retten kann.

Wie schon *Histoire*, 1967 (*Geschichte*, 1999, E. Moldenhauer), und *Les Géorgiques*, 1981 (*Georgica*, 1992, D. Butz-Striebel/T. Lejoly), ist der autobiographische Text als genealogische Identitätssuche in einem apokalyptischen Zeitalter angelegt. Der namenlose Brigadier aus dem Jahr 1940 nimmt die Stelle des binnenfiktionalen Erzählers ein. Während der Zugfahrt an die Front im August 1939 lässt er Stationen eines, wie er glaubt, vergeudeten Lebens Revue passieren. 1913 geboren, kann er sich an seinen Vater nicht erinnern. Als Sechsjähriger begleitete er seine Mutter auf der vergeblichen Suche nach den sterblichen Überresten des Vaters über die Schlachtfelder des Ersten Weltkriegs. Sein Leben stellt sich ihm als Folge von Verkleidungen dar: von der Schuluniform des Elfjährigen zur Anarchistenjacke des schon nach kurzer Zeit enttäuscht zurückgekehrten Spanienkämpfers, von der eleganten Kleidung des Osteuropareisenden zur Künstlerausstattung des kubistischen Malers – stets waren es nur Ersatzidentitäten, wie ihm angesichts des möglichen Soldatentodes klar wird; nun, da sein Leben zu enden droht, bevor es richtig begonnen hat. Nach seiner Flucht aus der Kriegsgefangenschaft versucht er das Erlebte zu verstehen, indem er es einer Prostituierten erzählt. Doch scheitert dieser frühe Erzählversuch an der Konventionalität der Erzählform, »welche mehr oder weniger klare, geordnete, voneinander geschiedene Bilder hervorbrachte, während das Erlebte doch in Wirklichkeit weder eindeutige Formen, noch Namen, noch Adjektive, noch Subjekte, noch Objekte, noch Interpunktion (auf jeden Fall keine Punkte), noch eine genaue Zeitstruktur, noch Sinn, noch Konsistenz besaß«.

Wenngleich der Text auf der letzten Seite durch das wörtliche Zitieren des Beginns von *Histoire* eine Schreibsituation konstituiert, die zeitlich im Winter 1940/41 angesiedelt ist, muss der Brigadier, um den vorliegenden Text schreiben zu können, doch noch vier Jahrzehnte warten. Erst nachdem er sich 1982 durch die Befragung zweier Tanten über die Ereignisse des Kriegsjahres 1914 Klarheit verschafft hat, kann es zur Niederschrift kommen. Gegenstand derselben ist nämlich nicht nur das eigene Leben, sondern auch die Geschichte der Eltern, insbesondere des Vaters, der wie der Sohn Opfer von Krieg und Vernichtung wurde.

Der Vater stammt aus einer Bauernfamilie und soll nach dem Wunsch seines Vaters eigentlich studieren, doch beschließt er nach einem Unfall, der seine Aufnahme auf das Polytechnikum stark verzögern würde, Berufssoldat zu werden. Als Kolonialoffizier heiratet er nach vierjähriger Verlobungszeit eine ›Tochter aus gutem Hause‹, die von dem aus *Les Géorgiques* bekannten napoleonischen General abstammt. Damit überkreuzen sich zwei Genealogien, die des sozial aufsteigenden Vaters bäuerlicher Herkunft und die der Mutter, deren adlige Familie seit der Zeit Napoleons im Niedergang begriffen ist. Nach weiteren vier Jahren, die das Ehepaar gemeinsam in Übersee verbringt, kehrt es mit dem inzwischen geborenen Sohn nach Frankreich zurück; dort ist der Erste Weltkrieg ausgebrochen, und der Mann muss an die Front, wo er nach wenigen Wochen getötet wird.

Diesen Teil der Geschichte rekonstruiert der Sohn auf der Grundlage der Erzählungen seiner Verwandten und mit Hilfe von Dokumenten (Briefen, Postkarten). Die eigene Geschichte wird ebenfalls als die Geschichte eines Fremden, in der dritten Person, erzählt. Insgesamt gibt sich der Text trotz der für Simon typischen, stark verschachtelten Satzstrukturen und der nichtchronologischen, montageartigen Anordnung der Geschichtselemente relativ konventionell. Die zwölf Kapitel sind abwechselnd um die Ereignisse des Ersten und die des Zweiten Weltkriegs zentriert, wobei zeitlich teilweise bis ins Jahr 1880 zurück- bzw. ins Jahr 1982 vorgegriffen wird. Ein wichtiger Effekt der alternierenden Darstellung der beiden Generationen ist die Parallelisierung von Vater und Sohn, die so weit geht, dass der Vater stellvertretend für den Sohn stirbt. An den am Schluss des zweiten Kapitels beginnenden, doch von der Erzählung suspendierten, erst im vierten Kapitel fortgesetzten tödlichen Hinterhalt schließt sich die Erzählung vom Tod des Vaters im dritten Kapitel an. Umgekehrt lebt somit der Sohn stellvertretend für den Vater weiter und setzt ihm schreibend ein Denkmal.

Deutlich weniger als in früheren Texten wird das Erzählen problematisiert. Der Text stellt sich über weite Strecken als literarisch stilisierter historischer Bericht dar, der Wahrheitsgehalt wird weniger als sonst bei Simon in Frage gestellt, das Erzählen verliert tendenziell den Charakter des Hypothetischen. Erst vor dem Hintergrund von Simons Gesamtwerk gewinnt der Text an Tiefenschärfe. Tatsächlich handelt es sich hier um »Zusatzinformationen« – »Compléments d'informations«, wie der Roman ursprünglich heißen sollte. Diese Neuperspektivierung der bisherigen Werke ist indes innerhalb von Simons Gesamtwerk keine künstlerisch innovative; sie erfolgt nicht auf formaler, sondern auf inhaltlicher Ebene, ist also mehr als Ergänzung der früheren Werke von Interesse denn als formale Weiterentwicklung.

▪ Lit.: W. Nitsch: Von einer Katastrophe zur anderen. C.S. und sein neuer Roman ›L'Acacia‹, in: Merkur 44, 2, 1990, 588–592. ▪ A. Duncan: ›L'Acacia‹. Myths of History, Family and Self, in: A.D.: C.S. Adventures in Words, 1994, 128–152. ▪ F. Calin: Les marques de l'Histoire (1939–1944) dans le roman français: ›L'invitée‹, ›Un balcon en forêt‹, ›L'acacia‹, ›Le silence de la mer‹, ›La peste‹, 2004.

Thomas Klinkert

Le Jardin des Plantes

(frz.; *Jardin des Plantes*, 1998, E. Moldenhauer) – In dem 1997 erschienenen Roman lotet der Autor die Möglichkeiten der literarischen Darstellung seiner Erinnerungen aus. Er greift dabei Episoden aus früheren Werken wieder auf, z. B. seinen Aufenthalt in Barcelona zu Beginn des Spanischen Bürgerkriegs (aus *Le palace*; *Der Palast*), die Erfahrung unmittelbarer Todesnähe als Kavallerist im Zweiten Weltkrieg (aus *La route des Flandres*; *Die Straße in Flandern*) oder die Einladung zu einem Schriftstellerkongress in der Sowjetunion (aus *L'invitation*, 1987; *Die Einladung*, 1988, C. Stemmermann), kommentiert sie und fügt neues Material hinzu, so dass der Roman als die kritische Summe von Simons autobiographischem Schreiben bezeichnet werden kann.

Jardin des Plantes besteht aus einer losen Folge kurzer Erinnerungsbruchstücke, in der die Kontinuität von Zeit und Ort aufgehoben ist. Von Simons Erlebnissen als Internatsschüler bis zu denen des älteren, etablierten Autors reicht die zeitliche Spanne; auch die Schauplätze variieren ständig, da Berichte von Reisen (nach Russland, Ägypten, Indien, Japan oder in die USA) einen bedeutenden Raum einnehmen. Eingefügte Zitate und Episoden aus dem Leben anderer Persönlichkeiten, seien es Künstler (Gastone Novelli, ↗ Picasso), Autoren

(Dostoevskij, ↗ Stendhal und vor allem ↗ Proust) oder historische Persönlichkeiten (Churchill, Rommel), erweitern den Erfahrungshorizont um andere Perspektiven und beziehen die Lektüreerfahrungen Simons mit ein.

Zu Beginn des Romans stößt der Leser auf eine kleinteilige Montage von Textblöcken, Einzelsätzen und Satzfragmenten, die nebeneinanderstehen, sich umschließen, auseinander hervorgehen oder sich ineinanderschieben. Gemäß dem vorangestellten ↗ Montaigne-Zitat, in dem die Bruchstückhaftigkeit des menschlichen Lebens betont wird, gliedert Simon seine Lebensgeschichte inhaltlich wie typographisch in kleine Textflächen und verweist so auf den Titel des Romans, der das Bild eines Gartens der Erinnerung evoziert, durch dessen Parzellen der Leser streift. Die kleinteilige und zuweilen parallele Textanordnung weicht zwar nach und nach längeren Abschnitten, eine zentrale oder auch nur chronologische Handlung bildet sich dabei jedoch nicht heraus. Immer wieder schießen kurze Erinnerungen ein und schieben sich zwischen Ereignisse, deren Schilderung sich durch den gesamten Roman zieht.

Dieses auf den ersten Blick chaotische Porträt eines Gedächtnisses ist strukturiert durch ein filigranes Netz von Motiven und Verweisen. Auf diese Weise verknüpft Simon etwa betont poetische Passagen aus Prousts *Sodome et Gomorrhe* (1921–1923) mit Auszügen aus den Kriegserinnerungen Rommels. In der ästhetischen Durchformung unterscheidet sich *Jardin des Plantes* nicht nur von mimetischen Literaturmodellen, sondern hebt sich auch von herkömmlichen Autobiographien ab. So erklärt sich auch die Gattungsbezeichnung ›Roman‹, die gleichzeitig eine Distanzierung vom autobiographischen Authentizitätsanspruch meint.

Zur Distanzierung bedient sich Simon noch weiterer Stilmittel. So schreibt er über sich selbst ab dem zweiten Kapitel in der dritten Person Singular, bezeichnet sich lediglich mit dem Kürzel »S.« und hebt so den zeitlichen Abstand hervor, der zwischen den Ereignissen und ihrer Beschreibung liegt. Dokumente wie Aufzeichnungen von Truppenbewegungen oder Briefe von ehemaligen Soldaten, die Simon einfügt, lassen allerdings auch die Grenzen einer solchen Distanzierung aufscheinen. Zwar vermitteln die Dokumente den Eindruck von Objektivität, sie sind aber inadäquat zur Darstellung persönlicher Erfahrungen.

Denn für Simon sind es die individuellen Gefühle und Gedanken, die allein das Erlebte stimmig und nachvollziehbar erscheinen lassen und die er daher als bestimmend für sein autobiographisches Schreiben ansieht. Diese Ansicht findet ihren Niederschlag nicht nur in einer subjektiven Perspektive auf die Ereignisse, sie wird auch explizit thematisiert in der Schilderung eines Interviews, das ein jüngerer Journalist mit S. über dessen Kriegserlebnisse führt. Im Zentrum dieses Interviews steht die Frage, wie S. im Mai 1940 mit der Todesangst leben konnte, als er, nachdem er die Vernichtung seines Regiments miterlebt hatte, mit zwei Vorgesetzten und einem weiteren Soldaten den deutschen Truppen entgegenritt. Alle Erklärungsversuche scheitern jedoch, die Empfindungen lassen sich nicht stimmig in die Lebenswelt des jungen Journalisten überführen. So ist *Jardin des Plantes* auch ein Zeugnis der Skepsis Simons gegenüber den Möglichkeiten autobiographischen Schreibens.

Die Spannung zwischen Autobiographie und Roman, zwischen exakter Schilderung und Ungenügen an den reinen Fakten prägt auch Simons Schreibstil, der über weite Strecken als Aneinanderreihung von Erinnerungsbildern beschrieben werden kann. Simon verbindet detaillierte, wie fotographische Schnappschüsse wirkende Beschreibungen mit der subjektiven Wahl der Perspektive.

Die anschließende Montage der Bilder erzeugt den Eindruck der Simultaneität: Sprünge zwischen weit auseinanderliegenden Ereignissen, die für *Jardin des Plantes* kennzeichnend sind, werden erst durch die Aufhebung der zeitlichen Abfolge in der Erinnerung möglich. Bezeichnenderweise endet der Roman mit dem Entwurf zu einem Drehbuch für die Verfilmung seiner Kriegserlebnisse und deutet so den Sprung in ein anderes Medium an, der aufgrund von Simons stark visualisierendem Schreiben naheliegend erscheint.

▪ Lit.: C.S. et ›Le Jardin des Plantes‹, Hg. S. Houppermans, 2001. ▪ C.S. A Retrospective, Hg. J.H. Duffy/A.B. Duncan, 2002.

Carsten Schwedes

Le tramway

(frz.; *Die Trambahn*, 2002, E. Moldenhauer) – Wie schon der Titel und das von ↗ Proust entliehene Motto des 2001 erschienenen Romans anzeigen, nimmt darin ein Verkehrsmittel die Stelle einer menschlichen Hauptfigur ein: die Trambahn, die zu Beginn des 20. Jh.s das Zentrum einer südfranzösischen Kleinstadt (allem Anschein nach Perpignan) mit einem nahe gelegenen Strandbad verband. Sie steht im Zentrum der Beschreibungen des greisen Ich-Erzählers, der sich während eines Klinikaufenthaltes schlaglichtartig Momente seiner dort verbrachten Jugend vergegenwärtigt, dem Leser mithin abwechselnd als erinnerndes und als erinnertes Ich entgegentritt. Auf beiden Zeitstufen ist er auf Fahrzeuge angewiesen.

Das erinnerte Ich, Halbwaise aus gutem Hause, nimmt regelmäßig die Trambahn, um in die Schule oder ans Meer zu fahren, während seine Mutter daheim im Sterben liegt; das erinnernde Ich, seinerseits von einem schweren Leiden gezeichnet, bewegt sich im Krankenhausbett oder im Rollstuhl fort. Solchermaßen zum Analogon unentbehrlicher Prothesen gestempelt, tritt die Trambahn in den erinnerten Passagen als ein die Wahrnehmung veränderndes Medium hervor. Zunächst ermöglicht sie eine an ↗ Balzac und Proust geschulte Beobachtung sozialer Unterschiede, da in ihr Menschen ganz verschiedener Herkunft auf engstem Raum zusammentreffen. Auf seinen Fahrten begegnet der Schuljunge im Fahrer und in zahlreichen Fahrgästen Angehörigen einer von seinesgleichen verachteten »niederen Kaste«, von der gleichwohl eine geradezu sakrale Faszination ausgeht; so erlebt er schon die verbotene Fahrerkabine als profane Kultstätte, als Schauplatz einer Initiation in tabuisierte Bereiche. Ferner stellen aber auch die von der Tramlinie erschlossenen Orte solche in die provinzbürgerliche Welt eingelassenen Tabuzonen dar. An den beiden Endstationen befinden sich ein Kino mit reißerischen Plakaten, eine aufs örtliche Kriegerdenkmal zurasende Achterbahn und ein Strandcasino, in dem man »unwirklichen und heimlichen Vergnügungen« mit manchmal tödlichen Folgen nachgeht; im Sommer schließlich, wenn dem Triebwagen ein offener Ausflugswagen angehängt wird, verwandelt sich sogar die Straßenbahn selbst in eine fahrbare Bühne lustvoller Übertretung. Dadurch führt sie nicht nur das im Milieu des Protagonisten Verfemte vor Augen, sondern weist auch auf transgressive Akte im benachbarten Landsitz seiner Vorfahren hin – so etwa auf die Rattenmassaker des Dienstmädchens oder auf den lange vergangenen Königsmord eines Ahnen, von dem schon in *Les Géorgiques*, 1981 (*Georgica*, 1992), die Rede ist.

Insofern erfüllt das beschriebene Vehikel eine ähnliche Funktion wie die beschreibenden Metaphern, die dem Familien- und Gesellschaftsleben im Elternhaus des Erzählers die dunklen Züge barbarischer Rituale verleihen; das moderne Transportmittel wird lesbar als Allegorie metaphorischer Übertragung, ohne dadurch die auf Naturalismus und Surrealismus zurückweisende Semantik des Promisken und Transgressiven zu verlieren. Wie Simons Romane insgesamt zeichnet sich somit auch dieses Alterswerk dadurch aus, dass es avancierte Sprach- und Medienreflexion mit der suggestiven Evokation von Szenen der Übertretung verbindet; durch seinen ungewöhnlich schmalen Umfang und ein hohes Maß an historischer Anschaulichkeit bietet es den vielleicht besten Zugang zu seinem Œuvre.

■ Lit.: J.-Y. Laurichesse: Tout au bord du réel. Sur quelques noms propres dans ›Le tramway‹, in: Littératures 46, 2002, 57–75. ■ W. Nitsch: La ligne des espaces autres. Le tramway, véhicule de l'imagination moderne, in: C. S. Allées et venues, Hg. J.-Y. Laurichesse, 2004, 23–40.

Wolfram Nitsch

Philippe Sollers

■ geb. 28.11.1936 Talence/Var (Frankreich)

Erzogen von Jesuiten in Versailles, später École Superieure des Sciences Économiques et Commerciales; 1960 Mitbegründer der Literaturzeitschrift *Tel Quel*, die eine Ablösung von den traditionellen Erzählformen in Theorie und Praxis betreibt; Vertreter einer besonders avancierten Spielart des nouveau roman mit ironisch metatextuellem Einschlag.

■ Lit.: R.A. Champagne: P.S., 1996. ■ P. Louvrier: P.S.: mode d'emploi, 1996. ■ M. Bourdette-Donon: Le rhythme du corps, 2002.

Le parc

(frz.; *Der Park*, 1963, E. Schneider) – Mit diesem 1961 erschienenen Roman hat sich Sollers ein inhaltlich scheinbar klar umrissenes Ziel gesetzt: Ein Mann, allein in seinem Zimmer, beschreibt während einer ganzen Nacht und am darauffolgenden Tag, was er sieht – sein eigenes Zimmer, den Park, die Stadt, die er von seinem Balkon aus beobachtet – und woran er sich erinnert: eine Frau, die er liebte, einen Freund, den er im Krieg verlor, und ein Kind. Namen werden nicht genannt. Dieses dichte Geflecht aus traumhafter Reflexion und minuziöser Vergegenwärtigung entbehrt jedoch jeder linearen Ordnung, denn im Ablauf dieser 24 Stunden verwandeln sich die Bruchstücke von Wirklichkeit in Erinnerung, werden Realität und Fiktion gegenseitig austauschbar. »Der Himmel ist blau zum Beispiel« – so wird vom Freund berichtet – »verwandelte sich in Bilder, in Erinnerungen, in Reisen oder Empfindungen vielfachen transversalen Daseins; das Ganze bewegte sich auf der Stelle, verschlang sich in abreißender Folge nach allen Richtungen [...].«

Das Buch ist in 54 Text-Felder aufgeteilt, in denen das Spiel dieser aus der Ferne gelenkten, zum Leben erweckten Gestalten variiert wird, mit einer alle Einzelheiten umfassenden Genauigkeit, »obwohl man nichts nachprüfen kann«. Die Erzählung stellt gleichwohl einen Hohlraum von Ungesagtem oder Unsagbarem her, und genau der ist ihr Zentrum. Somit kommt zu Bewusstsein die Beschreibung einer Beschreibung, etwas, das sich »auf schwarzem Grund abspielt«. Das immer wiederkehrende orangefarbene Heft mit den Aufzeichnungen des Freundes, das auf dem Schreibtisch liegt, hat die Mittlerfunktion zwischen dem projizierten Schauspiel und dem Schreiben dieses Buches selbst. Das Buch verweigert sich jeder summarischen Inhaltsfixierung und will durch aufmerksames mikroskopisches Lesen sich in seiner ganzen Bewegung bewusst machen, in der der »Fluß der Sätze [...] immer mehr die Stelle jeder

Möglichkeit einer Handlung einzunehmen und ein unabhängiges Leben zu haben scheint«. Und: »Interessant wären diese Blätter vielleicht, wenn man sie in einem bestimmten Rhythmus läse und damit, das Grundmotiv enthüllend, eine voranschreitende Kreisbewegung gestaltete«, wenn man die Bilder entdeckte, »auf denen der Zauber einer gefesselten Reglosigkeit liegt und die zugleich auf einem leise strömenden Grunde ruhen«.

▪ Lit.: C. Lynes: Production et théorie romanesques chez P.S., in: Kentucky Romance Quarterly 19, 1972, 99–121. ▪ E. Kafalenos: P.S.'s Nombres. Structure and Sources, in: Contemporary Literature 19, 1978, 320–335. *Günter Karcher*

Logiques

(frz.; Logiken) – Der Autor des 1968 erschienenen Essays steht wie die Gruppe ›Tel Quel‹ in der Tradition der historischen Avantgarde, besonders aber in einer Linie der Verbindung von Erzählpraxis und Reflexion, die von ↗ Mallarmé über die Surrealisten bis zu Maurice ↗ Blanchot reicht. Sollers behauptet freilich, durch die endgültige Überwindung Hegel'scher Konzepte in Richtung auf eine materialistische Sprachkonzeption über diese Tradition hinausgegangen zu sein. Auch in seinem Werk fallen Text und Texttheorie weitgehend zusammen, insbesondere in dem ersten Essayband *L'intermédiaire*, 1963 (Der Vermittler).

Logiques ist dem gegenüber weit klarer als essayistische Textsorte gekennzeichnet. In diesem Band geht Sollers von dem Begriff der ›rupture‹, des Bruchs mit dem traditionellen literarischen Diskurs, aus. Rein terminologisch drückt sich das in dem Verzicht auf Begriffe wie ›Literatur‹ und ›Autor‹ aus: An deren Stelle stehen ›écriture‹ (Schreibvorgang) und ›scripteur‹ (Schreiber). Der lediglich auf sich selbst verweisende Text wird so zum dynamischen Prozess und bringt – im Sinne der von Sollers' damaliger Ehefrau Julia Kristeva entwickelten Intertextualitätskonzeption – ständig neue Texte hervor. Damit ist jeder mimetische Zusammenhang zwischen Text und Welt zerbrochen, der ›signifiant‹, die materielle Hälfte des sprachlichen Zeichens, ist endgültig selbstmächtig geworden; andererseits sind die Grenzen zwischen Schreib- und Lesevorgang aufgehoben in diesem neuen Typus der ›écriture‹, die »allen und niemandem gehört, die kein fertiges Produkt sein kann, sondern im Gegenteil der Ausgangspunkt einer Produktivität, die auch die eigene Vernichtung beinhaltet«.

Diese theoretischen Ansätze entwickelt Sollers an Werken von Autoren, die, wie er meint, von der traditionellen Literaturgeschichte durchaus im psychoanalytischen Sinne ›verdrängt‹ worden sind: Dante, Mallarmé, kanonische Autoren der Avantgarde wie ↗ Sade, ↗ Lautréamont, ↗ Artaud und schließlich Bataille. Dennoch ist klar, dass auch, ja sogar in erster Linie von seinem eigenen literarischen Werk die Rede ist: Die Romane *Nombres* (1968), *H* (1973) und schließlich *Paradis* (1970) erscheinen geradezu wie Exemplifikationen der hier dargelegten Thesen.

Ab der Mitte der 1970er Jahre wendet sich Sollers von Marxismus und Psychoanalyse ab. Stattdessen betont er immer deutlicher den Zentralbegriffs der ›jouissance‹, des (Lese- bzw. Schreib-)Genusses, ja kommt allgemein zu einer theoretischen Haltung, die man wohl nur unter einen so unscharfen Begriff wie ›postmodern‹ fassen kann. Diese Abkehr und Umorientierung äußert sich in Kurzessays, die in dem Band *Théorie des exceptions*, 1986 (Theorie der Ausnahmen), zusammengefasst sind.

▪ Lit.: M. Rössner: P.S., in: Französische Literatur des 20. Jh.s. Gestalten und Tendenzen, Hg. W.-D. Lange, 1986, 398–409. ▪ B. Sprenger: Neoavantgardistische Theorienbildung in Italien und Frankreich. Das emanzipatorische Literaturkonzept von Edoardo Sanguineti und P.S., 1992. *Michael Rössner*

Paradis

(frz.; Paradies) – Der zwischen 1974 und 1981 zunächst in Fortsetzungen in der Zeitschrift *Tel Quel*, in Buchform 1981 erschienene Roman stellt den Höhepunkt der formalen Experimente des Autors im Rahmen der Gruppe Tel Quel dar, die sich am nouveau roman und den theoretischen Ansätzen der Surrealisten orientiert. Von *Le parc* (1961) über *Drame* (1965) und *Nombres* (1968) bis zu *H* (1973) hat Sollers als ›Anführer‹ dieser literaturkritischen Gruppierung die experimentelle Kühnheit seiner Texte in Richtung auf Aufhebung logischer Strukturen, Syntax und Interpunktion immer mehr gesteigert.

Bei *Paradis* sieht sich der Leser des Romans schließlich einem 254 Seiten langen, auf jede Interpunktion sowie Groß- und Kleinschreibung verzichtenden Textcorpus ohne Kapitel- oder Abschnittsgliederung gegenüber (der Autor selbst vergleicht seine Technik mit einem Möbiusband oder einer tibetanischen Gebetsmühle). Auch thematisch gibt es kaum Ansätze zu einer Gliederung. Die zahlreichen Sprachen entstammenden, in freier Assoziation aneinander gefügten Wörter (neben Französisch verwendet der Autor auch Englisch, Deutsch, Italienisch, Spanisch, Latein, Sanskrit usw.) erreichen manchmal tatsächlich so etwas wie die von den Futuristen geforderte Unabhängigkeit der ›parole in libertà‹, der ›Wörter in Freiheit‹; manchmal lassen sich jedoch auch größere syntaktische Strukturen erkennen, bisweilen findet sich sogar so etwas wie Personenrede oder eine zusammenhängende Erzählung.

Wichtig ist jedoch, dass sich für den Gesamttext kein den Text hervorbringendes Subjekt mehr dingfest machen lässt. Nur stellenweise gibt es etwas wie einen Erzähler, an anderer Stelle scheinen die Wörter einfach aus dem Unbewussten einer in surrealistischer Tradition stehenden automatischen Schreibweise oder aus dem Klangsystem der Sprache hervorzuquellen. Es sind – hierin ganz Sollers' in den 1970er Jahren vertretener ›materialistischer‹ Sprachtheorie entsprechend – reine Signifikanten, verweislose Sprachzeichen, die dennoch aus sich selbst heraus so etwas wie eine ›jouissance‹, einen ästhetischen Genuss, zu produzieren vermögen – sei es nun durch die humoristischen Laut- und Sprachspiele (allen voran Homonyme und Reime), durch die – ironische – Intertextualität oder einfach durch die Kraft dieser nie versiegenden Wortflut, die sich bisweilen wie eine Schallplatte mit Sprung in einer ewig scheinenden Wiederholung fängt, um dann überraschenderweise doch weiterzulaufen (z. B. »et après je donne un dîner et après je donne un dîner et après je donne un dîner et après je donne un dîner et après je reçois amablement quelques jeunes ambitieux«). Alles wird, so Sollers' eigener Kommentar im Klappentext, »nunmehr gleichzeitig erzählt und in Rhythmen gefasst, nicht mehr in der engen Ordnung der alten irdischen Küchenlogik, sondern in der wunderbar klaren und kontinuierlichen, sprunghaften Logik der Wellen und der Satelliten«.

Der hauptsächliche Bezug der intertextuellen Verweise ist Dantes »Paradiso«, der dritte Teil der *Divina commedia*. Daraus ergibt sich die für Sollers neue Bedeutung des religiösen, ja in vielen Textabschnitten sogar des liturgischen Moments (in Interviews aus den frühen 1980er Jahren spricht er von der »erotischen Faszination des Katholizismus«). Mit der katholischen Litanei, mit den liturgischen Wiederholungsmustern und Beschwörungsformeln des Mythos, aber auch anderer Weltreligionen wie des Buddhismus sind viele Textabschnitte ebenso verwandt wie mit den erwähnten Assoziationstechniken der historischen Avantgarde. Die dabei behandelten Themen sind recht vielfältig. Am häufigsten ist von Erotik die Rede, und die Verbindung Orgasmus/Paradies wird vom Text in längeren und kürzeren Sequenzen immer wieder vorgeführt.

Das zweithäufigste Thema ist der Text selbst, das heißt dieser Text und seine ungewöhnliche Machart. Er wird auch zum Gegenstand der Schlusserzählung, in der ein »Reisender« ein Buch (offenbar *Paradis* selbst) in einer mysteriösen Szene durch die ganze Stadt schleppt, um es schließlich in der Säule einer Kirche einzumauern. Dazwischen ist die Rede von Geschichte und Philosophie, von Physik und Computern, von alltäglichen, banalen Dingen, von Sprachkritik und Weltpolitik, vom Marxismus und der Psychoanalyse, den beiden Diskurstypen, die Sollers in den Jahren des Entstehens von *Paradis* nach eigener Aussage durchlebt und überwindet, schließlich auch von nichts, von dem Nichts, der Selbstaufhebung von Denken und Sprechen. Diese nihilistische Anwandlung findet sich aber bezeichnenderweise nicht am Ende des Romans, sondern mittendrin, denn sonst könnte der Roman nicht – bei aller Schwierigkeit der Lektüre – durch das Prinzip der ›jouissance‹, des Genusses, eine paradiesische Lebenseinstellung wiedergeben. Diese Lebenseinstellung begründet Sollers wie folgt: »Weil ich den Eindruck habe, durch Zufall in den unermesslichen Humor des Nicht-Seins eingetreten zu sein.«

Dieser Extrempunkt der experimentellen Technik markiert zugleich einen Wendepunkt in Sollers' Entwicklung: Mit *Femmes* (1983) und den nachfolgenden Romanen *Portrait du joueur* (1984) oder *Les folies françaises* (1988) wendet er sich wieder einer viel traditionelleren Erzählweise mit stark autobiographischen Elementen zu.

▪ Lit.: H. Finter: Vom Übersetzen zum Übertragen. ›Paradis‹, in: Akzente 5, 1977, 416–419. *Michael Rössner*

Femmes

(frz.; Frauen) – Der 1983 erschienene Roman erzählt in der Ich-Form die Erlebnisse des amerikanischen Journalisten Will, der für eine französische Zeitschrift arbeitet und dessen Texte von dem französischen Autor S. redigiert und in ein korrektes Französisch gebracht werden. Das Hauptthema wird gleich zu Beginn angegeben und im Laufe des fast 600 Seiten umfassenden Romans leitmotivartig wiederholt: »Die Welt gehört den Frauen. Das heißt: dem Tod. Was das betrifft, lügt die ganze Welt.« Die international operierende Frauenorganisation WOMANN (World Organisation for Men Annihilation and for New Natality) will aus dem kulturellen und politischen Leben alle sexistischen und machistischen Tendenzen eliminieren (über Ausnahmen wie Mozart kann verhandelt werden) und führt einen erbitterten Kampf gegen das jüdisch-christliche Wertesystem, das als Wurzel des die Frauen unterjochenden Patriarchats angesehen wird. Der Ich-Erzähler beobachtet skeptisch den unaufhaltsamen Aufstieg dieser Frauenbewegung, die er als Apokalypse heraufdämmern sieht. Die Zukunft des Mannes in dieser matriarchalischen Gesellschaft stellt sich Will als Mischung aus Sex- und Spülmaschine mit Babysitterverpflichtungen vor.

Zugleich schreibt Will einen Roman mit dem Titel »Femmes«, der erstaunliche Parallelen zu dem Sollers-Roman gleichen Titels aufweist; nach dem Inhalt seines Romans gefragt, antwortet Will, es gehe um Frauen, Terrorismus, Politik, Journalismus und Geld. Zum Thema ›Frauen‹ beschreibt Will mit pornographischer Genauigkeit eine Vielzahl seiner erotischen Abenteuer; entgegen der offiziellen Linie von WOMANN zeigen sich die Frauen dabei als nymphomanische ›Sexbomben‹. Sollers spielt hier mit den Klischees der Frauenbewegung und gefällt sich zugleich in einer Macho-Pose, die, darauf wird im Roman hingewiesen, gerade wieder in Mode sei.

Zum Thema ›Terrorismus, Politik‹ verweist Sollers immer wieder auf politische Ereignisse wie das Attentat auf den Papst, den Ausbruch des Libanon-Krieges und terroristische Anschläge auf jüdische Einrichtungen, die die Personen diskutieren oder die der Erzähler kommentiert. Dabei werden die gängigen Politklischees einer intellektuellen Szene ironisiert, die ihren politischen Standpunkt je nach Mode wechselt – in der Gegenwart des Romans ist ein modischer Rechtsruck zu verzeichnen (womit Sollers vermutlich auf die Schriften André Glucksmanns zielt). Zum Thema ›Journalismus, Geld‹ nimmt den breitesten Raum die Parodie der Schickeria ein. Sollers spielt mit den Topoi des intellektuellen Jet-Sets der Postmoderne und schreckt auch hier vor keinem Klischee zurück. In New York wohnt ›man‹ natürlich in einem Loft im Village, nimmt seine Drinks in der Bar Top of the Sixes, besucht die Frick Collection und das Museum of Modern Art; in Florenz delektiert ›man‹ sich an Kunstwerken und findet natürlich das Licht der Toskana einzigartig; in Barcelona lässt ›man‹ sich auf den Ramblas treiben; selbstverständlich kann ›man‹ nach Venedig nur im Oktober fahren, wenn es kaum noch Touristen gibt, wenn die Lagunenstadt in Nebel gehüllt und dann auch wieder angenehm warm ist; und in Paris schließlich kann ›man‹ Langusten und Austern einfach nur in der Closerie des Lilas zu sich nehmen und sich ansonsten bei Lipp treffen. ›Man‹ diskutiert über die Filme Fassbinders (die ›man‹ natürlich überragend findet), schätzt *Rosemary's Baby*, Francis Scott Fitzgerald, *Moby Dick*, James Joyce (nicht den konventionellen *Ulysses*, sondern *Finnegan's Wake*), William Burroughs und Charles Bukowski.

Sollers dehnt seine ironische Grundhaltung auch auf die metafiktionale Ebene aus, die in seinen Romanen immer eine große Rolle spielt. Immer wieder erhält Will gut gemeinte Ratschläge zu seinem Roman »Femmes«, der auf Seite 130 von Sollers' Roman *Femmes* etwa 100 Seiten umfasst, auf Seite 452 bei Sollers auch gerade auf Seite 452 angekommen ist und kurz vor Schluss von Sollers' Text kurz vor seinem Abschluss steht. Man rät ihm davon ab, den Arbeitstitel »Femmes« beizubehalten, man ist empört darüber, dass eine fast realistische Geschichte erzählt wird (ganz anders als S. in seinem interpunktionslosen Roman »Comédie«, hinter dem sich Sollers' *Paradis* verbirgt), die pro-katholische Tendenz stößt auf Unverständnis (obwohl Will versichert, die Theologie sei der letzte Schrei) und befürchtet einen Eklat wegen der frauenfeindlichen und pornographischen Passagen. Die stilistische Orientierung an ↗ Céline schließlich erscheint in der Szene völlig indiskutabel.

Femmes wurde ein Bestseller. Der Erfolg lässt sich zum einen wohl durch die satirische Analyse der sogenannten Intellektuellenszene und den Wiedererkennungseffekt der verwandten Klischees erklären, zum anderen aber auch durch den geradezu einfachen Stil und die realistische Erzählhaltung. Die Wertung des Romans liefert Sollers innerhalb des Textes gleich mit: »Alte Klischees, aber immerhin.«

■ Übers.: Women, B. Bray, 1990 [engl.].

■ Lit.: S. Setzkorn: Vom Erzählen erzählen. Metafiktion im französischen und italienischen Roman der Gegenwart, 2003.

Ulrich Prill

Le lys d'or

(frz.; Die goldene Lilie) – War das Erotische, für den Autor eines der Kernthemen der Literatur, bereits in seinen gesamten Veröffentlichungen der 1980er Jahre präsent, wird es im 1989 erschienenen Roman zur Allegorie der Literatur selbst.

Simon Rouvray, Professor der Sinologie am Zentrum für religiöse Studien, trifft in einem Antiquitätengeschäft eine wohlhabende Adelige mit dem sprechenden Namen Reine (»Königin«), die gerade eine goldene Lilie aus einer Verkündigungsdarstellung erwirbt. Rouvray verliebt sich in sie, doch abgesehen von einem einzigen Kuss bleibt Reine kühl und distanziert. Statt seine Gefühle zu erwidern, schließt sie mit ihm einen Vertrag: Sie bezahlt ihn zwei Jahre lang dafür, dass er eine Erzählung mit dem Titel »Le lys d'or« verfasst, in der er unzensiert sein Leben und seine Gedanken schildern soll.

Rouvray zieht sich auf eine Insel zurück und beginnt zu schreiben. Seine Aufzeichnungen sind ebenso fragmentarisch wie heterogen: Neben autobiographischen Skizzen (die Beschreibung seiner Ehe, seiner Geliebten, seiner Kollegen sowie seines Alltags auf der Insel) stehen Traumprotokolle, Reflexionen über das Schreiben, taoistische Texte und seine (meist erotischen) Vorstellungen von Reine.

Reine hingegen gibt kaum etwas von sich preis und bewahrt Rouvrays erotischen Avancen gegenüber eine ambivalente Haltung. So willigt sie zwar ein, ihm beim Sex mit seiner amerikanischen Geliebten Leslie und zwei Studentinnen zuzusehen, zeigt dabei jedoch keinerlei Regung. Rouvray bleiben nur seine Phantasien von Reine, die ihn mehr und mehr einnehmen. Als es schließlich zum ersehnten Besuch Rouvrays auf Reines Schloss kommt, finden sie zwar zueinander, die Realität aber kann den angespannten Erwartungen beider nicht standhalten. Mit der Erkenntnis, dass die erotische Spannung vor allem aus ihren Phantasien entstanden ist, setzen sie ihre Beziehung fort. An diesem Punkt brechen Rouvrays Aufzeichnungen mit einer Anmerkung des fiktiven Herausgebers ab.

Die Parallele zwischen Literatur und Erotik, die Sollers im Spiel mit Sein und Schein ansiedelt, ist auch das zentrale Thema dieses Romans. Hinter dem erotischen Rollenspiel von Reine und Rouvray, das wie eine moderne Variante der höfischen Liebe erscheint, verbirgt sich ein allegorischer Diskurs über die Macht der Fiktion.

Sollers verweist auch explizit auf den metafiktionalen Aspekt des Romans, indem er Rouvray immer wieder Überlegungen über das Schreiben anstellen lässt. Diese Spannung zwischen dem Durchschauen des Spiels und engagiertem Mitspielen, das Bewusstsein von Fiktionalität in Verbindung mit existenziellem Engagement ist kennzeichnend für Sollers' Literatur wie Erotik. Gegen die Abbildfunktion von Literatur tritt Sollers für das Inszenierte ein, dessen Ernstnehmen die Möglichkeit zu neuen Erfahrungen öffnet. In diesem Punkt berühren sich Sollers' Literaturtheorie und die zahlreichen taoistischen Gedichte, die *Le lys d'or* durchziehen. Das Tao steht – wie die Realität – jenseits der Begrifflichkeit, und die von Sollers zitierten chinesischen Autoren versuchen eher, es zu evozieren als es zu beschreiben.

Die Verknüpfung von literarischen Reflexionen, Erotik und Taoismus ist nur ein Beispiel aus dem dichten Netz von Verweisen und Anspielungen, das Sollers in *Le lys d'or* webt. Das zentrale Dingsymbol ist die mit Reine assoziierte goldene Lilie, die religiös-erotische, historische und wirtschaftliche Konnotationen in sich vereint. Hiervon ausgehend durchzieht etwa der Subtext des Marienlebens von der Verkündigung bis zur Himmelfahrt den Roman. Reine und Leslie verkörpern paradigmatisch Alte und Neue Welt, Adel und Wirtschaft. Solche Mehrfachcodierungen fügen den auf den ersten Blick disparat und bruchstückhaft erscheinenden Roman zu einem geschlossenen Werk, das traditionelle und moderne Elemente in sich vereinigt.

▪ Lit.: S. Setzkorn: Vom Erzählen erzählen. Metafiktion im französischen und italienischen Roman der Gegenwart, 2003.

Carsten Schwedes

Charles **Sorel, Sieur de Souvigny**

▪ geb. um 1602 Paris (Frankreich)
▪ gest. 7.3.1674 Paris (Frankreich)

(Pseudo. Nicolas de Moulinet Sieur du Parc) – Studium am Collège de Lisieux, 1621 Sekretär des Grafen von Cramail, 1622 beim Grafen Marcilly, später beim Grafen de Baradat; 1663 erster Historiograph Frankreichs; in späten Jahren in finanziell bescheidenen Verhältnissen; Antischäferroman *Le berger extravagant*, 1627 (Der wahnsinnige Schäfer), das unvollendete Sittengemälde *Polyandre*, 1648; Verfasser antiklassischer Unterhaltsromane.

▪ Lit.: A. G. Suozzo: The Comic Novels of C. S., 1982.

La vraye histoire comique de Francion

(frz.; *Wahrhaftige und lustige Historie vom Leben des Francion*, 1967, C. Hoeppener) – Der Roman erschien 1623 in sieben und 1626 in elf Büchern anonym und 1633 in zwölf Büchern unter dem Pseudonym Nicolas de Moulinet, Sieur du Parc.

Der erste Teil des Romans, veröffentlicht gegen Ende jener Periode relativ unbehinderter Meinungsfreiheit, die den französischen Religionskriegen folgte, stellte sich als Rahmenerzählung um eine fiktive Autobiographie dar, deren lustig verwegener Held gar manches moralische, soziale und religiöse Vorurteil über den Haufen warf. Einige Monate nach seinem Erscheinen setzte mit dem Prozess gegen Théophile de Viau die Unterdrückung des Freidenkertums ein. Der Autor des *Francion* sah sich durch sein Anonymat nur ungenügend geschützt und legte 1626 eine auf elf Bücher vervollständigte Fassung vor, in der alle zu weit gehenden Kühnheiten des ersten Teils getilgt oder abgeschwächt worden waren.

Der unbefangene, großmütige und freidenkerische Held der ersten Bücher hatte sich in der Fortsetzung zu einem braven romanesken Liebhaber geläutert, dessen gelegentliche Schelmenstreiche nur der Züchtigung menschlicher Laster und Schwächen dienten. Der Autor schilderte Francions Geschicke nun unter der Maske eines Freundes und Biographen des Helden und relativierte dessen bisherige Taten nachträglich als Jugendtorheiten. Aber damit nicht genug, schrieb Sorel einige Jahre später das 12. Buch als neuen Schluss, in dem Francion durch die finsteren Machenschaften seiner Rivalen als Betrüger und Heiratsschwindler angeklagt wurde, um in den Augen seiner Geliebten – und des Lesers – desto überzeugender rehabilitiert werden zu können. Auch wurden alle bisherigen Bücher mit moralisierenden Erzählerkommentaren durchsetzt. Dennoch fühlte sich der Autor gezwungen, die Urheberschaft an seinem besten Roman bis an sein Lebensende zu verleugnen.

In ihrer vollständigen Fassung ist der *Francion* die Geschichte eines durch Armut deklassierten Adligen, der nach einer bewegten Jugend vermögende Freunde findet, sein Glück macht und schließlich eine vornehme Italienerin heiratet. Wie in den spanischen Schelmenromanen, an die die Ich-Form im ersten Teil erinnert, lässt der Autor seinen Helden die verschiedensten Bereiche, auch die von der preziösen Literatur ignorierten niedrigen Milieus durchlaufen: die ländliche Welt, die

Welt des Gymnasiums, der Justiz, des Hofes, die Kreise der Literaten und Bohemiens, das Milieu der Kurtisanen usw. Das so entstehende satirische Panorama bildet ein wichtiges Dokument über das Alltagsleben zur Zeit Ludwigs XIII. Doch ist Francion kein Picaro; von diesem unterscheiden ihn sein Adel, sein aristokratischer Sittenkodex und sein unablässiges Streben nach Liebeserfüllung, das dem spanischen Schelm fremd ist. Besonders in der Traumerzählung des dritten Buches – einer der frühesten realistischen Traumdarstellungen – bricht das erotische Moment mit provozierender Kühnheit durch.

In seiner reichen, volkstümlichen, unpreziösen Sprache bewahrt sich das Werk eine philosophische Kühnheit, denn die Menschen sollen lernen, »wie Götter zu leben«, indem sie sich durch eine rationalistische Kritik von ihren Vorurteilen befreien. Sorel schuf mit *Francion* den ersten bedeutenden komischen Roman der französischen Literatur seit ↗ Rabelais.

■ Lit.: P. Dandrey: Le premier Francion de C. S., 2003.

Gerhard Goebel-Schilling

Melchior Frédéric **Soulié**

■ geb. 23. 12. 1800 Foix/Ariège (Frankreich)
■ gest. 23. 9. 1847 Bièvres/Essonne (Frankreich)

Erste literarische Versuche im Fahrwasser ↗ Balzacs schlugen fehl; wurde Leiter einer Schreinerei; verfasste nach Erfolg eines Schauerromans volkstümliche Dramen und Romane; Melodramen in Zusammenarbeit mit ↗ Dumas père; einer der frühesten Autoren von Feuilletonromanen.

■ Lit.: A. Lascar: F. S., lecteur et rival de Balzac, in: Année Balzacienne 20, 1999, 1, 375–393.

Les mémoires du diable

(frz.; Die Memoiren des Teufels) – Der 1838 in Buchform erschienene Feuilletonroman wurde bereits von September 1837 bis Januar 1838 in der Zeitschrift *Revue de Paris* veröffentlicht. Er zeigt neben Einflüssen des Schauer- und Schreckensromans die Wirkung von Goethes *Faust*, der in Frankreich vor allem durch G. de ↗ Nerval (und H. Berlioz' Vertonung) bekannt wurde.

Im Mittelpunkt des 1200 Seiten starken Hauptwerks von Soulié steht der Teufelspakt des Protagonisten François Armand Luizzi. Eine Familientragödie, der Inzest, überschattet das Schicksal der heruntergekommenen Adelsfamilie Luizzi, die seit dem Mittelalter mit den Mächten des Bösen paktiert. Um alle Leidenschaften des Menschen zu durchleben, überlässt Luizzi dem Teufel seine Seele unter der Bedingung, zehn Jahre lang uneingeschränktes Glück zu erfahren. Bei Bedarf kann Luizzi mittels eines Glöckchens den Satan herbeizitieren, der als eigenartige Mischung aus Verbrecher und zeitgenössischem Dandy mit bisexuellen Ambitionen erscheint. Der Teufel erweist sich als Psychagoge, der dem vom »Willen zum Wissen« getriebenen Baron Luizzi die Nachtseite der menschlichen Existenz und Gesellschaft offenbart. Bald wird der Teufel zum heimlichen Beherrscher des Barons, der seinerseits glaubt, der Unterwelt zu gebieten.

Den größten Teil des Romans nimmt Luizzis Abstieg in die Abgründe der eigenen Psyche ein, der ihn zu sexuellen Exzessen führt und, stets geleitet durch sein satanisches Faktotum, ihn auch vor Gewalttaten nicht zurückschaudern lässt. In direkter Nachfolge des Marquis de ↗ Sade lässt Luizzi tugendhafte Frauen wie seine Schwester Caroline und selbst seine Mätresse in Folterkeller werfen oder mit Irren in eine Zelle stecken. Dieser Anhäufung »aller scheußlichen Verbrechen« ist breitester Raum gewidmet in einer Handlungsfolge, die das Ziel hat, in reißerischer Weise Tugendhaftigkeit und Unschuld zu denunzieren und den universellen Sieg des Bösen in der Welt zu verkünden. In diesem Sinn ist denn auch die spektakuläre Schlussszene des Romans zu deuten, in welcher der nach zehn Jahren der Ausschweifung auf sein Schloss heimgekehrte Libertin Luizzi – in der Nachfolge Don Juans – mit dem Stammsitz der Familie in die ewige Verdammnis stürzt, ohne dass die drei von ihm malträtierten unschuldigen Frauen für ihn im Himmel Verzeihung erlangen können.

Anders als in den Darstellungen des Don Juan-Stoffes geht es nicht eigentlich um die Bestrafung des Wüstlings, sondern um die letzte frenetische Apotheose des Bösen: Luizzi sieht sich von seinem vermeintlichen Gehilfen hintergangen und wird das Opfer des Satans, der damit einmal mehr demonstriert, dass der gefallene Engel Luzifer die Herrschaft auf Erden angetreten hat.

Neben Goethe und de ↗ Sade hat der Autor eine beträchtliche Anzahl von literarischen Quellen eingearbeitet; auf die Hauptwerke der Teufelsliteratur (A.-R. ↗ Lesage, *Le diable boiteux*, 1707; Jean Paul, *Auswahl aus des Teufels Papieren*, 1789; W. Hauff, *Mitteilungen aus den Memoiren des Satan*, 1826) und des ›schwarzen Romans‹ (C. R. Maturin, *Melmoth the Wanderer*, M. G. Lewis, *The Monk*) greift Soulié ebenso zurück wie auf die radikalen Schriften der Spätaufklärung (↗ Voltaire, J. B. ↗ Louvet de Couvray, Choderlos de Laclos), um die These von der Macht des Bösen umzusetzen, ohne freilich deren philosophischem Anspruch noch ihrer literarischen Qualität gerecht werden zu können.

Neben den Romanen E. ↗ Sues und A. ↗ Dumas' waren die *Mémoires du diable* einer der wichtigsten

Erfolge der französischen Massenliteratur, der sich in der Restaurationszeit aus der sozialen Ventilfunktion des Feuilletonromans verstehen lässt, wenngleich Soulié die soziale Problematik – etwa die implizierte Idee des allmählichen Ruins der Menschheit – lediglich als Vorwand für die aktionsreiche, aber völlig unwahrscheinliche Geschichte nimmt: »Anders als Sue in den *Mystères de Paris* befindet sich Soulié in der Rolle eines Totengräbers auf dem Friedhof einer Gesellschaft, für die er das Geschäft eines Archäologen übernommen hat.« (H. Hofer)

Selbst das kritische Bild des dekadenten, allen Niedrigkeiten des Daseins huldigenden Aristokraten Luizzi, unter dessen Exzessen die Gesellschaft zu leiden hat, erweist sich angesichts der offenkundigen Trivialität des Romans als problematisches Identifikationsangebot. Das Werk fand zahlreiche Bewunderer, darunter J. Janin, J. ↗ Barbey d'Aurevilly und selbst Dostoevskij.

■ Lit.: H. Hofer: Les mémoires du diable de S., in: Richesses du roman populaire, Hg. R. Guise/H.-J. Neuschäfer, 1986, 281–291.

Gerhard Wild

Philippe **Soupault**

■ geb. 2.8.1897 Chaville/Seine-et-Oise (Frankreich)
■ gest. 12.3.1990 Paris (Frankreich)

Jugend in Paris; 1919 Mitbegründer der Zeitschrift *Littérature*, wichtige Texte des frühen Surrealismus in Verbindung mit ↗ Breton, mit dem er *Les champs magnétiques*, 1920 *(Magnetfelder)*, verfasste; 1929 von den Surrealisten ausgeschlossen; Journalist, befreundet mit Joyce, den er übersetzte; gründete 1938 in Tunis einen Rundfunksender; 1942 von der Regierung Pétain inhaftiert, nach der Befreiung zwei Jahre in den USA; 1945 Leiter des Auslandsdienstes des französischen Rundfunks; Reisen in Europa, Afrika und im Orient im Auftrag der der UNESCO; Lyrik, Essays (Literatur, Kunst und Kino), Romane; Mitbegründer und wichtiger Vertreter des Surrealismus.

■ Lit.: S. Nowotnik: P. S., der vergessene Surrealist, 1988. ■ K. Aspley: The Life and Works of Surrealist P. S. (1897–1990), 2001.

Les dernières nuits de Paris

(frz.; *Die letzten Nächte von Paris*, 1982, R. Soupault) – Im Zentrum des 1928 erschienenen surrealistischen Romans stehen die Streifzüge eines Ich-Erzählers, der im Verlauf der Handlung namen- und konturlos bleibt. Fast alle der 14 Kapitel spielen im nächtlichen Paris, durch das der Erzähler zunächst ziellos flaniert, bis er die Prostituierte Georgette sieht, deren Schönheit ihn fasziniert, die aber, wie er später entdeckt, allein ein Effekt des nächtlichen Paris ist. Der Erzähler folgt Georgette und wird so Zeuge eines grausigen Verbrechens im Zuhälter- und Ganovenmilieu: Einige Verbrecher schlagen eine Frau nieder und schleppen einen Sack mit sich fort. Aus der Zeitung erfährt der Erzähler, dass die zerstückelte Leiche eines Unbekannten gefunden worden sei. Fortan wird er gemeinsam mit seinem Freund Jacques zum Detektiv: Einerseits versucht er, das Verbrechen aufzuklären, andererseits der faszinierenden Georgette, in die sich Jacques ohne Wissen ihrer Identität verliebt hat, bei ihren Aktivitäten in der Stadt zu folgen.

Anlässlich des Besuchs in der Wohnung von Georgette lernt der Erzähler deren Bruder Octave, den begabten, aber psychisch gefährdeten Maler, kennen, später den Herrn der Pariser Unterwelt Volpe, der mit eiserner Hand die Prostituierten und Ganoven regiert, mit Ausnahme von Georgette, die sich ihm erfolgreich widersetzt. Von einem von Volpes Adjutanten, dem »Lexikon«, erfährt der Erzähler weitere Details der Vorgeschichte des Verbrechens: Das Mädchen Marie hatte sich einen Matrosen als Liebhaber gesucht und ließ sich nur in dessen Abwesenheit von einem anderen – dem zu Beginn der Geschichte Ermordeten – beschützen. Der Mord sollte sie einschüchtern, um Volpes Macht zu erhalten.

Weitere skurrile Gestalten aus Volpes Entourage bevölkern diese nächtliche Unterwelt, in der sich – ausgelöst durch Georgettes Unabhängigkeitswillen – immer deutlichere Bestrebungen äußern, Volpes Macht zu untergraben. Am Höhepunkt der Querelen zwischen den Gaunern und Zuhältern kommt es zu einem Brand in einem Schuppen, ausgelöst durch Octave, der in den Flammen zugrunde geht, ohne dass seine Leiche später gefunden wird. Vergebens sucht die Polizei nach Verdächtigen oder gar Schuldigen, vor allem nach Marie und dem Matrosen, die sich ebenso wie Georgette aus Paris absetzen. Volpes Ansehen als alleiniger Verbrecherchef indes ist ein für allemal gebrochen.

Mit dem Rückgriff auf die Handlungsmuster einer Kriminalgeschichte offenbart Soupaults Roman in augenfälliger Weise die Vorliebe der Surrealisten für den ›fait divers‹, das banale Ereignis, das sich selbst aus den Versatzstücken der populären Literatur – etwa den Fantômas-Romanen von ↗ Souvestre/Allain – extrahieren und zu Poesie veredeln lässt, sobald diese trivialen Einsprengsel in einen – surrealen – Kontext gesetzt werden.

Die so aus der Spannung des Banalen und des Poetischen erzeugten Intensitätsmomente erweisen sich insbesondere in *Les dernières nuits de Paris* als in noch stärkerem Maße literarisiert als in den Romanen ↗ Chiricos *(Hebdomeros)*, ↗ Picabias *(Caravansérail)*, ↗ Bretons *(Nadja)* und ↗ Aragons *(Le paysan de Paris)*. Denn zugleich mit dem Griff in das Klischeearsenal des Trivialen bediente sich Soupault der Muster der frühen Kriminalgeschichte, die wesenhaft Großstadtliteratur war: Das Motiv der Verfolgung einer unbekannten Person durchs Dickicht der Stadt ist unschwer als Echo von Poes *The Man in the Crowd*, die erste Geschichte einer literarischen ›Flânerie‹, erkennbar. Die Verfolgung der schönen Georgette durch ein aufgrund seiner nächtlichen Eigengesetzlichkeiten fremdartiges Paris wird so zu einer surrealistischen Replik auf die frühe Großstadtliteratur ↗ Balzacs und vor allem auf Eugène ↗ Sues Feuilletonroman *Les mystères de Paris*.

Umwoben sind diese vergleichsweise schlichten ambientalen und narrativen Anleihen von einem spezifischen Lyrismus, der sich bis auf ↗ Baudelaires *Les fleurs du mal* zurückverfolgen lässt: Im surrealistischen Motiv des Zufalls, der den Erzähler und Georgette zusammenführt, scheint wie von fern jene schöne Unbekannte auf, die in »À une passante« (»Für eine Passantin«) zur Allegorie einer nur noch im Augenblick großstädtischer Arbitrarität lebbaren Liebe gerinnt. Leitmotivisch rekurriert Soupault auf die schon bei Baudelaire geradezu obsessiv eingearbeiteten Uhrenmotive, die ebenso wie die Witterungseinflüsse, die Geräusche und Gerüche der Stadt und die flüchtigen visuellen Eindrücke auf die Trauer über die Zeitlichkeit modernen Lebens hingeordnet sind. Nicht umsonst ist fast die gesamte Handlung in einem Paris situiert, das der Zeitlichkeit eines bürgerlichen Produktionsprozesses nahezu enthoben scheint und an dessen Stelle die in ihrer Geheimnishaftigkeit poetischen Aktivitäten einer städtischen Gegenwelt treten.

■ Lit.: M. Boucharenc: L'échec et son double. P.S. romancier, 1996. ■ K. Ishikawa: Paris dans quatre textes narratifs du surréalisme. Aragon, Breton, Desnos, S., 1998. *Gerhard Wild*

Pierre **Souvestre** / Marcel **Allain**

Pierre Souvestre

- geb. 1.6.1874 Plomelin/Finistère (Frankreich)
- gest. 26.2.1914 Paris (Frankreich)

Anwalt, nebenberuflich Theaterkritiker und Sportjournalist, Organisator von Autorennen; lernte 1910 seinen späteren Mitautor Marcel Allain kennen; schrieb neben den Kriminalromanen Reisebücher, eine der frühesten Geschichten des Automobils (1907) und über die Pioniere der Luftfahrt.

Marcel Allain

- geb. 15.9.1885 Paris (Frankreich)
- gest. 25.8.1970 Saint-Germain-en-Laye/Paris (Frankreich)

Studierte Jura, danach Journalismus; lernte darüber seinen literarischen Partner, den Sportjournalisten Pierre Souvestre, kennen; 1909 veröffentlichen beide ihr erstes gemeinsames Buch, 1911 startete die erfolgreiche Fantômas-Serie; nach Souvestres Tod setzte er die Reihe erst 1919 fort; später weniger erfolgreiche Kriminalreihen *Tigris* und *Miss Téria*; lebte ab 1939 in Andrésy, dem vorgeblichen Geburtsort des Krimihelden Arsène Lupin; schrieb über 400 Romane.

Die Fantômas-Romane

(frz.) – Dem ersten, 1911 erschienenen Fantômas-Roman *La main coupée* (*Fantomas: Mord in Monte Carlo*, 1986, E. Tophoven-Schöningh), sollten ursprünglich nur vier weitere Titel folgen; doch schon bis 1913 wuchs die Fantômas-Serie auf 32 Bände an und sollte im selben Jahr mit *La fin de Fantômas* (Fantômas' Ende) abschließen. 1925 jedoch erstand die Titelfigur mit *Fantômas est-il ressuscité?* (Ist Fantômas auferstanden?) für acht weitere Bände wieder auf, deren letzte *Oui, c'est Fantômas*, 1934 (Ja, es ist Fantômas), und *Fantômas joue et gagne*, 1935 (Fantômas spielt und gewinnt), waren. Zwei weitere Bänden nach dem Zweiten Weltkrieg – als letzter *Fantômas vole des blondes*, 1947 (Fantômas bestiehlt blonde Frauen) – brachten nicht mehr den gewohnten Erfolg, mit dem ›Nachzügler‹ *Fantômas mène le bal*, 1963 (Fantômas führt zum Tanz) wurde die Reihe endgültig eingestellt.

Im Zentrum der Kriminalromane steht der Kampf des Pariser Polizeiinspektors Juve gegen den Verbrecher Fantômas, der als Genie des Bösen und als Verwandlungskünstler die vornehme Gesellschaft in Schrecken versetzt und die Polizei in Atem hält.

Zu Beginn des ersten Bandes, *La main coupée* rätselt man auf einer feinen Abendgesellschaft der Marquise de Langrune über das Schicksal von Lord Beltham, dessen ominöses Verschwinden mit Fantômas in Verbindung gebracht wird, dessen Namen aber kaum jemand auszusprechen wagt. Als man kurz darauf die Marquise erstochen auffindet, richtet sich der Verdacht gegen den jungen Charles Rambert, der wiederum wenige Tage später unter mysteriösen Umständen ertrinkt, wofür sein Vater Étienne verantwortlich gemacht wird. Später wird die Leiche des verschwundenen Lord Beltham in einem Koffer im Appartement eines gewissen Monsieur Gurn, eines Geliebten der Lady Beltham, gefunden. Weitere scheinbar planlose Verbrechen folgen: Der Verwalter der Marquise wird aus einem fahrenden Zug gestoßen, die Fürstin Danidoff in ihrem Pariser Hotelzimmer beraubt. Als Inspektor Juve von der Sûreté den Fall übernimmt, muss er zunächst die Unschuld seines späteren Assistenten Fandor beweisen. Der tot geglaubte Charles Rambert taucht wieder auf. Juve lässt Gurn verhaften und versucht vergeblich, das Gericht zu überzeugen, dass Gurn, Fantômas und Étienne Rambert eine Person sind. Zwar wird Gurn für den Mord an Beltham verurteilt, doch gelingt ihm mit Hilfe des Schauspielers Valgrand, den Lady Beltham dazu anstiftet, Gurn-Fantômas' Stelle in der Zelle einzunehmen, die Flucht.

Jede Folge – allein in den ersten fünf Jahren 9000 Seiten – wartet mit Spezialitäten auf, seien es besondere Schauplätze wie dem Zirkus Barzum, an dem sich die Handlung von *Le train perdu*, 1912 (*Fantômas: Ein Zug verschwindet*, 2011, L. Rachwitz), abspielt; sei es die Maskierung des Titelschurken, den in *Le jockey masqué*, 1913 (Der maskierte Jockey), jeder Beteiligte unter einer anderen Identität kennt. Manche der sinnlos grausig wirkenden Morde erweisen sich im nachhinein als Angelpunkt raffinierter Intrigen, so wenn in *L'amour d'un prince*, 1912 (Die Liebe eines Fürsten), die schöne Firmaine ihren Geliebten Maurice zerstückelt und ohne Kopf auffindet, der vermeintlich Tote sich aber später wieder wohlauf befindet und seine Liebste der Erbschleicherei bezichtigt. Diese geschickt kalkulierte Kombination von unerwarteten Umschwüngen, Enthüllungen und grausigen Verbrechen prägt auch die folgenden Bände der Serie.

Fantômas steht einerseits in der Tradition der französischen Feuilletonromane, nimmt andererseits kontrapunktierend die angelsächsischen Detektivromane auf, vor allem A. Conan Doyles *Sherlock-Holmes*-Erzählungen. Deren harmonistische Tendenz bekommt allerdings insofern eine geradezu revolutionäre Wendung, als das Verbrechen über das Recht immer wieder den Sieg davonträgt und Fantômas nie gefasst wird. Dieses Fehlen des wunschbildhaften Happy Ends verleiht dem märchenhaften Grundmuster eine pessimistische, aber auch innovatorische Komponente.

Da Inspektor Juve an Intelligenz dem »génie du crime« in nichts nachsteht, so dass er allen Anschlägen von Fantômas, z. B. einer dressierten Riesenschlange oder einem Sprengstoffattentat, glücklich entgeht, ist für Spannung gesorgt, die durch zahlreiche Ortswechsel in ganz Europa noch gesteigert wird Ein Übriges leisten die in großer Zahl auftretenden Personen, die teils durch doppelte Identitäten die weitere Verunsicherung des Lesers garantieren. Auch legen die teils ziemlich unwahrscheinlichen bzw. grotesken Mordanschläge und Verbrechen eine für das Genre des Populärromans bis dahin untypische Affinität zur Darstellung von Grausamkeit bloß: »Mit der Fantômas-Serie gehen Schema und Effekte des literarischen Sadismus [...] zum ersten Mal in die Sphäre des Trivialromans ein, um sich in einem Stil, der von jeglicher Bildungsassoziation unbelastet ist, prononciert gerade an die Massen zu wenden.« (U. Schulz-Buschhaus)

Zumal in den frühen Bänden der Serie herrscht eine Tendenz zum Auskosten von Gewalttaten vor, die nicht mehr das intellektuelle Vergnügen des Detektivschemas anvisiert, sondern beständig das zugleich mythische und pseudoerotische Verhältnis des Textes zur Gewalt vorführt. So wird etwa in minutiöser Weise die Guillotinierung des vermeintlichen Fantômas geschildert, nach der Inspektor Juve anhand des blutigen Schädels nur feststellen kann, dass ein Unschuldiger an Stelle des Verbrechers sein Leben lassen musste. Fantômas füllt Parfümflaschen in einem Pariser Kaufhaus mit Schwefelsäure oder bringt pestverseuchte Ratten auf ein Passagierschiff. Wie in den philosophischen Romanen des Marquis de Sade wird der Triumph des Bösen bis in die letzte Konsequenz verfolgt. Der Unterschied zu de Sade und den ebenfalls in großem Maße ausgebeuteten Schauergeschichten der Romantik (vgl. P. Borels *Contes immoraux*) und der Décadence (etwa J. Barbey d'Aurevillys *Les diaboliques*) ist in der Motivation der negativen Hauptfigur zu sehen: Anders als die genannten literarischen Vorfahren betreibt Fantômas – wie ein Jahrzehnt später das in vielem verwandte deutsche »Genie des Bösen«, Dr. Mabuse – das Böse aus reiner Gewinnsucht. Der kommerzielle Sadismus von *Fantômas* erscheint so als zeittypisches Produkt der wirtschaftlichen Prosperität jener ›Belle Époque‹, die ihn hervorgebracht hat.

Großen Einfluss übten die Fantômas-Romane auf Élémir Bourges aus, und vor allem auf die Autoren des Surrealismus: B. Cendrars (vgl. *Moravagine*), J. Cocteau, G. Apollinaire und R. Desnos, der eine *Grande complainte de Fantômas*, 1933 (Große Klage des Fantômas), verfasste, bekundeten ihre Begeisterung für den unkonventionellen Peripetienreichtum, der ihnen wie ein Vorläufer der ›écriture automatique‹ erscheinen musste: Nach Aussagen der Autoren entstand ein Roman in der kurzen Zeit von zehn Tagen.

Ein beachtlicher Erfolg war die Verfilmung durch Louis Feuillade, der damit in der Frühzeit des Stummfilms einen Klassiker des Kinoserials schuf (1913/14). Der Mythos vom Genie des Bösen, der in Fantômas inkarniert scheint, wurde von nun an im Film reaktualisiert. Nach den Remakes durch P. Fejos (1931), J. Acha (1947) und André Hunebelle (1964–1967) schufen Juan-Luis Buñuel und Claude Chabrol 1979 mit beträchtlichem technischen Aufwand eine Fantômas-Tetralogie, die stets auf dem schmalen Grat zwischen Kriminalstück und Komödie changiert und durch die Akkumulation von Grausamkeiten das Böse ins Groteske überhöht.

▪ Ausg.: Fantômas, 3 Bde, Hg. F. Lacassin, 1987–1989.
▪ Lit.: M. Angenot: Rhétorique et structure narrative de ›Fantômas‹, in: M. A.: Le roman populaire, 1975, 103–122. ▪ U. Schulz-Buschhaus: Formen und Ideologien des Kriminalromans, 1975, 78–85.
Gerhard Wild

Madame de **Staël**

▪ geb. 22. 4. 1766 Paris (Frankreich)
▪ gest. 14. 7. 1817 Paris (Frankreich)

(d. i. Anne Louise Germaine Baronne de Staël-Holstein) – Tochter des Bankiers Jacques Necker, des Finanzministers Ludwigs XVI.; im literarischen Salon ihrer Mutter erzogen, bekannt mit M. Grimm und Buffon; heiratete 1786 den schwedischen Diplomaten Baron de Staël; 1792 Flucht nach Coppet/Genfer See, Liaison mit B. ↗ Constant; 1795 Rückkehr nach Paris; seit Bonapartes Kaisertum dessen Gegnerin; von diesem 1803 aus Paris verbannt; Deutschlandreise, Liaison mit A. W. Schlegel, mit Fichte, Schiller, Goethe und F. Schlegel befreundet; 1810 von Bonaparte aus Frankreich verbannt; 1812 Flucht nach Petersburg, Schweden und England; nach 1815 wieder in Paris; bedeutende Vermittlerin deutschen Geisteslebens und Mitbegründerin der Romantik in Frankreich.

▪ Ausg.: Œuvres complètes, S. Balayé, 2000 ff.
▪ Lit.: C. Herold: M. de S. Herrin eines Jahrhunderts, 1982. ▪ F. du Plessix Grey: M. de S. The First Modern Woman, 2008. ▪ S. Appel: M. de S., 2011 [Biographie].

Corinne ou l'Italie

(frz.; *Corinne oder Italien*, 1979, D. Schlegel) – Lord Oswald Nelvil, der Protagonist des 1807 erschienenen Romans, reist, seelisch und körperlich krank, im Winter 1794 nach Italien, um sich zu zerstreuen. Auf dem Kapitol in Rom macht er die Bekanntschaft Corinnes, einer berühmten Dichterin, und ist hingerissen von ihren glänzenden Gaben und ihrem persönlichen Charme. Auf gemeinsamen Streifzügen durch die Vergangenheit und Gegenwart Italiens kommen sie einander näher, was Corinne nicht davon abhält, alles, was sie sieht und erlebt – Kirchen, Monumente und Paläste, einen Ball oder eine Soiree – zum Anlass zu nehmen, sich mit dem Charakter und den Sitten der Italiener, ihrer Literatur, Kunst, Philosophie und ihrem Alltag, zu befassen. Ihr Gefühl füreinander vertieft sich dennoch, und Oswald möchte Corinne heiraten, doch diese zögert. Sie gesteht ihm, dass sie englischer Abstammung ist, sich nach einem Familienkonflikt über die starren gesellschaftlichen Konventionen Englands hinweggesetzt hat und nun in Italien ihren künstlerischen Neigungen leben will.

Hier endet der mit vielen kulturhistorischen Exkursen durchsetzte erste Teil, und es beginnt die psychologisch analysierende Darstellung einer tragischen Liebe: Als Oswald von seinem Regiment nach England zurückgerufen wird, reist er ab mit dem Plan, Corinne mit ihrer Familie zu versöhnen, sie zu heiraten und vor der Welt zu rehabilitieren. Doch im moralischen Klima seiner Heimat, fern von der geliebten Frau, erliegt er wieder dem ihm anerzogenen Respekt vor der Konvention und den gesellschaftlichen Vorurteilen. Obwohl er Corinne, die sich ohne sein Wissen gleichfalls in Schottland aufhält, immer noch liebt, neigt er mehr und mehr dazu, den Wunsch seines verstorbenen Vaters zu erfüllen und Corinnes liebenswürdige Halbschwester Lucile zu heiraten. Als Corinne gerüchtweise von der bevorstehenden Verlobung hört, schickt sie ihm seinen Ring zurück und erkrankt danach schwer. Erst Jahre später, in der Stunde ihres Todes, gelingt es Oswald, der nie aufgehört hat, sie zu lieben, zu ihr vorgelassen zu werden und ihre Verzeihung zu erlangen.

Der Roman, der seine Entstehung einer Italienreise und der Liebesbeziehung Staëls zu dem jungen Diplomaten Souza-Holstein verdankt, war für eine romantische, leidenschaftliche Generation das Buch einer idealen Liebe. Die Betrachtungen und Schilderungen Italiens brachten den Franzosen Vergangenheit und Gegenwart dieses Landes gerade in dem Augenblick nahe, als die Napoleonischen Eroberungen es ihnen erleichterten, die Halbinsel zu bereisen. Wenn Staëls Urteile auch oft so oberflächlich und irrig sind, dass sie den Zorn Ugo Foscolos hervorriefen, so vermitteln ihre Schilderungen doch einen starken Eindruck nicht nur von der Größe der italienischen Vergangenheit und der Melancholie der römischen Ruinen, sondern auch von der Eigenart eines Volkes, dessen vielseitige Kräfte sie mit bewunderungswürdiger Einfühlungsgabe erkannte.

Der zweite Teil nimmt mit fast religiöser Inbrunst das Thema wieder auf, das die Autorin schon in *Delphine* (1802) entwickelt hatte: den Verzicht der liebenden Frau, die den Gesetzen der Gesellschaft zum Opfer fällt, obwohl sie dieser an Großherzigkeit und Genie weit überlegen ist. Beide Werke sind, zumindest in der Charakterisierung der Hauptperson, stark autobiographisch. Staëls Darstellung der romantisch exaltierten weiblichen Gefühlswelt ergänzt im übrigen aufschlussreich das Bild der romantischen männlichen Psyche, das als erster ↗ Senancour in *Oberman* (1804) und schließlich auch Germaine de Staëls langjähriger Lebensgefährte Benjamin ↗ Constant 1806 in dem autobiographischen Roman *Adolphe* entworfen hatten. Auch auf die deutschen Romantiker machte das Werk Eindruck; es wurde unmittelbar nach Erscheinen von Dorothea Schlegel übersetzt.

▪ Lit.: M. Gutwirth: M. de S., Novelist, 1978. ▪ B. Kendler-Száder: M. de S. Liebe, Ehe und feministische Tendenzen in den Romanen ›Delphine‹ und ›Corinne‹, 2002. *Anna Maria Speckel*

Stendhal

▪ geb. 23.1.1783 Grenoble (Frankreich)
▪ gest. 23.3.1842 Paris (Frankreich)

(d. i. Marie-Henri Beyle) – Sohn eines Anwalts, der ihn nach dem frühen Tod der Mutter erzog; schlug Studium an der École Polytechnique in Paris zugunsten der Literatur aus; Stelle im Kriegsministerium; 1800–1802 Unterleutnant im Italienfeldzug; unstetes Leben in Paris, 1805 als Kaufmannsgehilfe in Marseille; 1806 wieder im Kriegsministerium; mehrere Jahre in Deutschland und Österreich, 1810 Auditeur des Staatsrats, 1813 Intendant; in der Nachhut des Russlandfeldzugs; 1814 Übersiedlung nach Mailand; bekannt mit Byron, Germaine de ↗ Staël, Manzoni; 1821 in Paris mit ↗ Mérimée befreundet; Reisen nach England und Italien; Kritiker des *Journal de Paris*; Stelle als königlicher Bibliothekar; 1830 Konsul in Triest, 1831 in Civita Vecchia; 1836 Reisen durch Frankreich mit Mérimée; gab aus Gesundheitsgründen Ämter auf; umfangreiches kunst- und musikkritisches Werk; bedeutendster Romancier der ersten Generation der Realisten.

▪ Ausg.: Œuvres complètes, 50 Bde, Hg. V. Del Litto/E. Abravanel, 1967–1974.
▪ Übers.: Gesammelte Werke, 5 Bde, Hg. M. Naumann, 1985.
▪ Lit.: F. Manzini: S.'s Parallel Lives, 2004. ▪ J. Willms: S. Biographie, 2010.

Armance ou Quelques scènes d'un salon de Paris en 1827

(frz.; *Armance oder Einige Szenen aus einem Pariser Salon im Jahre 1827*, 1981, A. Elsaesser) – Octave de Malivert, Protagonist des 1827 erschienenen Romans, verkehrt in den Salons der hohen Pariser Gesellschaft der Restaurationszeit. Der begabte Jüngling mit überaus melancholischem und bizarrem Gemüt empfindet aufrichtige Freundschaft nur für seine Cousine Armance. Nachdem Octave durch eine Erbschaft unvermutet reich geworden ist, zieht sich Armance von ihm zurück, um nicht den Eindruck zu erwecken, sie liebe ihn seines Vermögens wegen. Erst durch diese Trennung wird Octave bewusst, dass er seine Cousine leidenschaftlich liebt. Er schwört sich jedoch, seinen Gefühlen niemals Ausdruck zu geben. Schließlich gelingt es seiner Mutter, die Liebenden doch zusammenzuführen. Doch ihr Glück findet keine Erfüllung: Octave glaubt, Armance habe ihn nur aus Mitleid und materiellem Interesse geheiratet. Er zieht als Freiwilliger in den griechischen Unabhängigkeitskrieg und findet schon während der Überfahrt den ersehnten Tod.

Der erste Roman Stendhals ist ohne Kenntnis seiner Entstehungsgeschichte nur schwer verständlich. Die Duchesse de Duras (1778–1828) hatte ihr bereits in zwei erfolgreichen Romanen erprobtes Thema – das Scheitern einer Liebe – in einer kleinen unedierten Novelle nochmals aufgenommen und ihren Helden Olivier nunmehr nicht an den Schranken der Gesellschaft, sondern an Impotenz in der Liebe scheitern lassen – ein pikanter Stoff, der in dem 1826 von Latouche (1785–1851) anonym veröffentlichten Roman *Olivier* einen Skandal hervorrief.

Stendhal übernahm das Thema, nannte aber, auf ↗ Mérimées Rat, seinen Helden Octave und das Buch *Armance*. Als der Roman erschien, war jedoch die ›Affäre Olivier‹ bereits vergessen, und da in Stendhals Werk Octaves Impotenz nur noch zu erahnen ist, fügt sich Octave letztlich in die Reihe der zugleich rebellierenden und grüblerischen Helden Stendhals ein. Die Krankheit, die der Autor sehr verhalten andeutet, kann nur bedingt als Erklärung für Octaves Scheitern herangezogen werden.

Stendhal bereichert das Sujet um eine Vielfalt von historischen, psychologischen und ideologischen Motiven. Die Handlung wird bei ihm zum Vorwand für eine satirische Sittenschilderung, in deren Zentrum er den in Luxus und Untätigkeit lebenden Restaurationsadel kritisiert. Die verstaubte und dekadente Atmosphäre, in deren Rahmen sich das Spiel einer Aristokratie mit ihren Bosheiten, Berechnungen und kleinen Lächerlichkeiten entfaltet, bildet den sozialen Hintergrund, von dem sich Octave de Malivert als Vertreter einer neuen, aber durch den Fluch der Vergangenheit gezeichneten Generation abhebt. Octave durchschaut zwar die Gesellschaft, gleichzeitig ist er aber ein Kranker und Ausgeschlossener, ein zur Untätigkeit Verdammter am Rande der normalen Welt.

Die Gesellschaftssatire verliert angesichts seines persönlichen inneren Dramas – Streben nach Vollkommenheit einerseits und unverschuldete Schwäche andererseits – an Bedeutung. Als begabter Misanthrop, für den Menschen- und Weltverachtung erstes aristokratisches Lebensprinzip ist, jeder Vulgarität abhold und fähig, die flüchtigsten Nuancen des Glücks wahrzunehmen und zu genießen, wird er nicht müde, selbst die kleinsten Pflichten mit beinahe wissenschaftlichem Eifer zu erfüllen. Nur im Tode findet er die Erfüllung seiner Sehnsucht nach vollkommener Unsinnlichkeit.

Seine Krankheit ist aber auch Sinnbild der Sterilität jener Gesellschaftsschicht, der er angehört. Die Darstellung Octaves lässt bereits jenen psychologischen Scharfsinn spüren, mit dem Stendhal seine Helden von nun an erfasst. Er ist ein vollkommen charakterisiertes ›soziales Produkt‹, das nur einem bestimmten Viertel des Faubourg Saint-Germain zwischen 1823 und 1827 entstammen kann.

Beim breiten Publikum stieß der erste Roman Stendhals auf wenig Interesse, während der Adel auf die kritische Darstellung aristokratischer Kreise feindselig reagierte.

▪ Lit.: P. Bayard: Symptôme de S., 1979. *Ingrid Peter / KLL*

Le rouge et le noir

(frz.; *Rot und Schwarz*, 1945, W. Widmer) – Der Roman, eines der Hauptwerke der Weltliteratur, erschien nach zweijähriger Arbeit 1830.

Julien Sorel, der Sohn eines Zimmermanns in Verrières in der Franche-Comté, steht von Kindheit an in Gegensatz zu seiner Umwelt. Hübsch und ungewöhnlich begabt, jedoch für alle körperlichen Arbeiten ungeeignet, ist er dem Spott und den Misshandlungen seiner Familie ausgesetzt. Das Bewusstsein seiner Besonderheit in Verbindung mit äußerer Demütigung entwickelt in ihm grenzenlosen Ehrgeiz, den Wunsch nach Macht und gesellschaftlichem Aufstieg um jeden Preis. Menschliche Größe und die Überwindung gesellschaftlicher Schranken sieht er in seinem Idol Napoleon verkörpert; Las Cases' *Mémorial de Sainte-Hélène*, das Bulletin der Großen Armee und die *Confessions* ↗ Rousseaus prägen sein Weltbild. In der nachnapoleonischen Ära gezwungen, seine Verehrung für den Kaiser zu verheimlichen, lernt er schon früh die Kunst der Verstellung, die Waffe des Machtlosen.

Da gesellschaftlicher Aufstieg in der Epoche nur über den Priesterstand möglich ist, entwickelt sich Julien zum Frömmler. Seine hervorragenden Lateinkenntnisse verhelfen ihm zu einer Stelle als Hauslehrer bei Herrn de Rênal, dem konservativen Bürgermeister von Verrières, der ihn aus Prestigegründen einstellt. Das Provinzbürgertum lernt er schnell zu verachten und auszunutzen. Kalt und berechnend ist auch sein Verhalten der schönen und sanften Frau de Rênal gegenüber, die sich in Julien verliebt. Das Verhältnis zu ihr nutzt Julien zunächst nur zum sozialen Aufstieg. Als seine Beziehung zu Frau de Rênal zum öffentlichen Skandal zu werden droht, begibt sich Julien in das Priesterseminar nach Besançon.

Auch hier entlarvt Stendhal die Mechanismen seines Zeitalters. Julien, bei Lehrern und Mitschülern gleichermaßen verhasst, macht weitere Fortschritte in der Taktik der Verstellung. Juliens väterlicher Freund Abbé Pirard vermittelt ihm eine Stellung als Sekretär im Hause des Marquis de la Mole in Paris. Damit erhält Julien Einblick in die Salons des Faubourg Saint-Germain. Er erwirbt sich das Vertrauen des Marquis in einem Maße, dass dieser ihm die Abwicklung schwieriger Geschäfte überlässt und ihn mit diplomatischen und politischen Missionen betraut. Julien entwickelt sich zum Weltmann und eleganten Dandy, der es sich erlauben kann, Liebe für die einflussreiche Marschallin de Fervaques vorzutäuschen. In de la Moles Tochter begegnet er einem Frau de Rênal entgegengesetzten Frauentyp, ihm selbst an Hochmut und Willensstärke ebenbürtig. Von den Vertretern ihrer Gesellschaftsschicht gelangweilt und voller Widerwillen gegen das banale Glück, das sie in ihrer Stellung erwartet, träumt Mathilde de la Mole sich auf der Suche nach heroischen und leidenschaftlichen Taten ins 16. Jh. zurück, indem sie einen phantastischen Totenkult mit einem ihrer Vorfahren treibt, der 1574 enthauptet worden war. In Julien sieht sie in erster Linie den Menschen, der sich von ihrer Umgebung unterscheidet und sie sogar zu verachten wagt. Sie erhofft in ihm einen neuen Danton. Für Julien dagegen ist ihre Hörigkeit nur Machtbeweis und Befriedigung seines gesellschaftlichen Ehrgeizes. Von diesen unterschiedlichen Voraussetzungen belastet, geht ihre Leidenschaft zeitweilig in Hass über und ähnelt auf weite Strecken einem Machtkampf, aus dem Julien schließlich aufgrund einer genau berechneten Strategie als Sieger hervorgeht. Als Mathilde ein Kind von Julien erwartet, erreicht sie von ihrem widerstrebenden Vater, dass er ihrem Geliebten zu Adel und militärischem Rang verhilft. Julien wird Chevalier de la Vernaye und Husarenleutnant.

Jäh endet seine Karriere durch einen Brief, den Frau de Rênal unter dem Zwang ihres Beichtvaters an den Marquis de la Mole geschrieben hat und der Julien als skrupellosen Emporkömmling bloßstellt. Außer sich vor Zorn und Enttäuschung, jagt Julien nach Verrières und schießt auf Frau de Rênal. Erst im Gefängnis wird Julien bewusst, dass er diese Frau liebt. Trotz ihrer Fürsprache (sie wurde nur leicht verwundet) und einem groß angelegten Rettungsplan Mathildes wird Julien zum Tode verurteilt, weil er in seiner Verteidigungsrede die Standesinteressen der Geschworenen verletzte. Julien erlebt zusammen mit Frau de Rênal im Gefängnis nun, da Ehrgeiz und Machttrieb bedeutungslos geworden sind, die glücklichsten Augenblicke seines Lebens. Frau de Rênal stirbt drei Tage nach seiner Hinrichtung.

Dem Werk liegt neben einem Pariser Entführungsskandal die ›Affäre Berthet‹ zugrunde: 1828 wurde Antoine Berthet, der gesellschaftlich arrivierte Sohn eines Hufschmieds aus der Dauphiné, wegen versuchten Mordes an Madame Michoud, in deren Familie er als Hauslehrer tätig war, zum Tod durch die Guillotine verurteilt. Berthets Geschichte dient als Muster, um einen ungewöhnlichen Menschen im Kampf gegen seine Zeit darzustellen. Nicht auf kriminelle Fakten richtete sich Stendhals Interesse. Im Mittelpunkt seines Romans stehen vielmehr Charakter und Entwicklung Julien Sorels, der wie die Helden seiner anderen Romane autobiographische Züge trägt. Vor allem Wesenszüge des jungen Stendhal spiegeln sich in Juliens revolutionärer Gesinnung, in seinem Widerstand gegen Zeit und Gesellschaft, die ihn zur Frömmelei zwingen, wie in seinem Hass gegen Klerus und Monarchie. Der Werktitel bezieht sich insofern auf die tragenden Stützen dieser französischen Gesellschaft, das Militär (Rot) und den Klerus (Schwarz), über die der Antiheld Karriere macht. Julien trägt vor allem auch durch seine Tendenz zur verdeckten Aufsässigkeit in einer von Anpassung dominierten Umgebung wunschbildhafte Züge seines Autors. Hierin ist Julien Ausdruck jener »Jagd nach dem Glück«, die die Erfüllung des Strebens nach Selbsterhaltung und Selbstverwirklichung groß angelegter Naturen jenseits einengender moralischer Schranken postuliert. Diesen bewunderten Menschentyp fand Stendhal in der Renaissance und im Italien der Carbonari verwirklicht.

Im Gegensatz zu anderen Romanfiguren Stendhals stehen dem Niedriggeborenen Julien Sorel nicht nur das Mittelmaß der Zeit, sondern auch die gesellschaftlichen Schranken seiner Epoche entgegen. Die Darstellung seines Aufstiegs bietet die Möglichkeit, die Schwächen der einzelnen Lebenskreise und sozialen Schichten, in die Julien eintritt, zu beleuchten. Damit weitet sich der individualpsychologische zum zeitkritischen Roman. Die gesellschaftliche Wirklichkeit der Epoche wird durch die enge Verflechtung mit einem persönlichen Schicksal wie nie zuvor Gegenstand eines Romans, der somit seinen Untertitel zu Recht trägt. Stendhals Bemühungen richteten sich auf eine Darstellung von Sachverhalten, die vor 1789 unmöglich gewesen wäre.

Der Bezug auf die Realität bestimmt den Stil Stendhals, der knapp und konzis die einzelnen Begebenheiten nachzeichnet, sie zum Teil episodenhaft isoliert, gleichsam als psychologisches Belegmaterial zur Vervollständigung eines Charakterbildes aneinanderreiht und dabei auf Emphase und Pathos verzichtet, die Stendhal bei seinen Zeitgenossen verabscheute. Sein Ideal war die Nüchternheit des *Code civil*. Die exakte Wiedergabe des Tatsächlichen, des »Wahren«, auf das es ihm ankam, rechtfertigte in seinen Augen auch stilistische Mängel. Die Hingabe an das »wahre« Faktum verhindert jedoch nicht die ständige persönliche Anwesenheit des Erzählers, der die Realien nicht nur auswählt und – meist in Bezug auf seinen Hauptthelden – anordnet wie später ↗ Flaubert, sondern bald mit ironisierenden Kommentaren oder Leseranreden den episch objektivierten Geschehnisablauf durchbricht, bald durch seine aphoristischen Einlagen in der Tradition der französischen Moralistik ihn analytisch durchdringt. Diese Qualitäten haben unter den späteren Lesern vor allem ↗ Proust beeindruckt und angeregt.

Bei den zeitgenössischen Lesern stieß der Roman, den Stendhal den »happy few« gewidmet hatte, den einzigen, denen er Verständnis zutraute, vor allem wegen seiner satirischen Züge auf Ablehnung. ↗ Balzac äußerte über *Le rouge et le noir*, er habe »das menschliche Herz verletzt«. Hippolyte Taine war der erste, der 1865 in seinen *Nouveaux essais de critique et d'histoire* den Roman Stendhals würdigte.

▪ Lit.: C. Klein: S. ›Le rouge et le noir‹, 1984.

Heide Eilert / KLL

Vie de Henry Brulard

(frz.; *Das Leben des Henry Brulard*, 1956, W. Widmer) – Der 1835/36 entstandene autobiographische Roman erschien 1890. Hatte Stendhal bereits im Sommer 1832 mit den *Souvenirs d'égotisme* (postum 1892) den Versuch einer Selbstdeutung unternommen, so ließ ihn der immer heftigere Wunsch nach Selbsterkenntnis noch im Herbst des gleichen Jahres den Plan zur Niederschrift seiner Autobiographie fassen. Als Selbstdeutung seiner Kindheit beleuchtet das unvollendete, aber später nicht überarbeitete Werk mit großer Unmittelbarkeit nicht nur Stendhals Leben, sondern vor allem auch die Psyche seiner – stets autobiographisch konzipierten – Romanhelden.

Vor allem von einer systematischen Aufzeichnung seiner Kindheitserinnerungen erhoffte sich der Dichter wichtige Aufschlüsse über seinen Charakter und die Motive für seine spätere Handlungsweise. Doch ließen ihm seine Amtsgeschäfte als französischer Konsul in Civitavecchia erst vom November 1835 an genügend Zeit zur Niederschrift. Eines bevorstehenden Urlaubs in Paris wegen musste er dann am 26. März 1836 sein autobiographisches Werk mit dem Jahre 1800 abbrechen lassen.

Das Resultat seines schwierigen Unterfangens, sich weit zurückliegende Erlebnisse und Empfindungen ins Gedächtnis zurückzurufen und sie »wirklich wahrheitsgemäß und den Tatsachen entsprechend« darzustellen, sollte schon bald alle Erwartungen Stendhals übertreffen. Er schildert zunächst seine Kindheit in Grenoble, die sich nach dem frühen Tod der Mutter zu einer »Zeit ununterbrochenen Unglücks«, zu einer »Folge von Hassgefühlen und immer ohnmächtigen Rachegelüsten« gestaltet habe. Der Tyrannei seiner frömmelnden Tante Séraphie, einem pedantischen Vater und dem heimtückischen Abbé Raillane, seinem Hauslehrer, ausgeliefert, wächst der junge Stendhal in einer Widerstandshaltung gegen seine Umwelt auf; er wird »finster, verschlossen, tückisch, missvergnügt«. Freundliche

Eindrücke empfängt er nur von seinem Großvater mütterlicherseits, dem Doktor Gagnon, der seine Liebe zur Literatur und den schönen Künsten weckt, und von dessen Schwester Elisabeth, einer »spanischen Seele«, die ihm »alles Ehrgefühl, alle hohen, ja verstiegenen Empfindungen der Familie« vermittelt.

Im November 1799 ebnet ihm seine Begabung für Mathematik den Weg nach Paris. Doch der ersehnte Ausbruch in die Freiheit wird zur großen Enttäuschung. Einsam und in seinen literarischen Ambitionen unverstanden, langweilt sich der junge Henry in den Salons, zu denen er durch seinen Vetter Zugang erhielt. Auch die Bürotätigkeit im Kriegsministerium verabscheut er: »Paris ist also nichts weiter als das? [...] Wo ist denn das Glück auf Erden?« Die »Jagd nach dem Glück«, die seine Handlungen zeitlebens bestimmte, findet bald darauf eine erste Erfüllung in Rolle, am Ufer des Genfer Sees, wo er im Mai 1800 auf seinem Weg nach Italien verweilt. In Begleitung des Rittmeisters Burelviller überquert er sodann den Sankt Bernhard, um sich dem sechsten Dragonerregiment Napoleons anzuschließen. Er erlebt am Fort Bard seine Feuertaufe und erreicht am 10. Juni 1800 Mailand, das für ihn fortan zur »schönsten Stadt der Welt« wird. Hier nimmt seine Begeisterung für die Musik ihren Anfang, und hier begegnet er mit Angela Pietragrua zum ersten Mal der Liebe.

Schon während der Niederschrift seiner Autobiographie kann Stendhal feststellen, dass mit der Fülle der auf ihn einströmenden Erinnerungen auch die Einsicht in seinen eigenen, ihm bislang rätselhaften Charakter wächst. Er fühlt sich seinem Ziel nahe, aufgrund der planmäßigen Rekonstruktion der Vergangenheit zu einer umfassenden Selbstdeutung zu gelangen: »Ich kenne diesen Charakter erst, seit ich ihn mit der Feder in der Hand mit dreiundfünfzig Jahren studiere. [...] Mir ist, als mache ich Entdeckungen an einem andern.« Durch diese Objektivität und kritische Distanz gegenüber sich selbst, die auch in der Wahl des Decknamens Brulard zum Ausdruck kommt, ist der Dichter ständig in zweifacher Weise gegenwärtig: als der junge Stendhal, dessen Erlebnisse und Seelenzustände den eigentlichen Gegenstand des Romans bilden, und als der gealterte, rückblickende Schriftsteller, der die erinnerten Begebenheiten kommentiert und sie aufgrund der inzwischen gewonnenen Übersicht beurteilen und einordnen kann. Um seinem Ideal rückhaltloser Offenheit und »Wahrheit« in der Selbstdarstellung nahezukommen, sucht Stendhal vor allem die »Schönfärberei« seiner literarischen Vorläufer zu vermeiden: Ihm geht es weder um den egozentrischen Anspruch ↗ Rousseaus noch um die Larmoyanz der melancholischen Selbstzerfaserung ↗ Chateaubriands.

Immer wieder weist er deshalb den Leser auf die möglichen Irrtümer hin, die ihm durch den großen zeitlichen Abstand, durch die Überlagerung der ursprünglichen Eindrücke mit späteren Eindrücken, vor allem aber durch die veränderte Gefühlslage unterlaufen sein können. So unterzieht er sein Erkenntnis- und Erinnerungsvermögen einer ständigen kritischen Kontrolle.

Stendhal war sich der völligen Neuartigkeit seines autobiographischen Verfahrens bewusst. Er wandte sich mit seinen Aufzeichnungen an den »Leser von 1880« und sagte damit fast genau den Zeitpunkt der Erstveröffentlichung des *Henry Brulard* voraus, der nach der begeisterten Aufnahme durch Paul ↗ Bourget vor allem auf ↗ Barrès, ↗ Gide und ↗ Proust großen Einfluss ausübte.

▪ Lit.: T. Michaelis: Kindheit und politische Revolte. S. ›La vie de Henry Brulard‹, in: T. M.: Der romantische Kindheitsmythos, 1986, 125–155. ▪ V. Brombert: ›Vie de Henry Brulard‹, Irony and Discontinuity, in: V. B.: The Hidden Reader, 1988, 183–190.

Heide Eilert / KLL

La chartreuse de Parme

(frz.; *Die Kartause von Parma*, 2007, E. Edl) – Der 1839 erschienene Roman weist keinerlei Einheit in der Komposition auf, obgleich diese sich einem langen Reifeprozess verdankte. Sinnfälligster Aspekt der Handlung ist das Schicksal von Fabrice del Dongo, dem jüngeren Sohn des Marquis del Dongo, der in der Epoche Bonapartes heranwächst. Früh distanziert er sich von seiner reaktionären, Österreich treuen Familie und schließt sich seiner jungen Tante, der Witwe eines napoleonischen Offiziers, an; Ginas stolze, zärtliche und melancholische Liebe wird ihn zeit seines Lebens beschützen und begleiten. Seine Teilnahme an der Schlacht von Waterloo führt zum endgültigen Bruch mit Vater und Bruder. Gina, die, um die Form zu wahren, den alten Herzog Sanseverina geheiratet hat, dann aber die Geliebte des Grafen Mosca geworden ist, des mächtigen Ministers am absolutistischen Hof zu Parma, rät ihm, da die Zeit militärischen Glanzes vorbei ist, die geistliche Laufbahn einzuschlagen, nicht etwa, um ein vorbildlicher Priester zu werden, sondern um mit Hilfe des Grafen Mosca eines Tages als Erzbischof zu Macht und Ansehen zu gelangen.

Als der junge Geistliche in politische Intrigen und Liebeshändel verwickelt, verhaftet und in der Zitadelle von Parma eingekerkert wird, vollzieht sich in ihm eine entscheidende Wandlung: Der leichtfertige, charmante, launenhafte junge Mann verliebt sich in Clelia Conti, die Tochter des Kerkermeisters. Diese große Leidenschaft bestimmt von nun an das Leben der beiden. Die schrankenlose Bewunderung der Gina Sanseverina für ihren schönen Neffen und die zärtlichen Gefühle des Grafen Mosca für Gina tragen dazu bei, dass Fabrice schließlich tatsächlich zu den höchsten geistlichen Würden gelangt.

Clelia heiratet wider Willen einen aristokratischen Stutzer. Sie empfängt Fabrice, den »Freund ihres Herzens«, nur in der Dunkelheit, da sie der Madonna gelobt hat, ihn nicht wieder zu sehen. Ihre nächtliche Liebe bleibt völlig geheim. Doch als Fabrice, der einsame Priester, in einer unbesonnenen Anwandlung ihrer beider Sohn entführen will, bahnt sich ein von Clelia als Strafe Gottes empfundenes Unglück an: Der Knabe erkrankt und stirbt, und aus Verzweiflung folgt ihm die Mutter in den Tod. Fabrice zieht sich in die Kartause von Parma zurück und stirbt selbst in Jahresfrist; die Herzogin Sanseverina überlebt ihn nur kurze Zeit.

Der Roman ist eine Synthese all jener Themen, Motive und Stilelemente, die Stendhal in den zwischen 1837 und 1839 erschienenen, unter dem Titel *Chroniques italiennes* (*Italienische Chroniken*, 1959, E. Schneider) zusammengefassten Novellen erprobte. Zwar hat Stendhal eine romantische Entstehungsgeschichte des Romans erfunden und in einem Vorwort mitgeteilt; eine Randbemerkung in einem seiner italienischen Manuskripte verrät jedoch, wo der wahre Ursprung des Romans zu suchen ist: in dem kurzen und trockenen Bericht *Origine della grandezza della famiglia Farnese* (Ursprung der Größe der Farnese), der bereits in groben Zügen die Figuren skizziert und die wesentlichen Begebenheiten erzählt.

Ein besonderer Reiz ist die Mischung der Epochen: Menschen des ›aufgeklärten‹ 19. Jh.s handeln mit der Leidenschaft von Renaissancetemperamenten, lieben und morden wie die Borgia. Das Werk ist zugleich ein Zeugnis für Stendhals ausgeprägte und beständige Liebe zu Italien. Die italienische Wesensart, so wie er sie erfahren und immer wieder, besonders in *Rome, Naples et Florence*, 1817 (*Rom, Neapel und Florenz*, 1988, K. Scheinfuß, B. Frank), analysiert hat, kommt Stendhals Interpretation des Daseins als »Jagd nach dem Glück« im Zeichen einer ungebrochenen Willensstärke und Energie hier sehr entgegen. Seine italienischen Helden verlangen vom Leben mit hartnäckiger Leidenschaft ein Höchstmaß an Glück. Diesem Bedürfnis folgen sie bedingungslos ohne Rücksicht auf soziale und moralische Normen; sie leben gefährlich und skrupellos, fürchten weder den Tod noch die Notwendigkeit zu töten und sehen ihre Anmaßung durch das Risiko, das sie eingehen, gerechtfertigt.

La chartreuse de Parme ist eine glückliche Mischung aus Abenteuergeschichte, psychologischer Analyse und Dichtung. Von der lakonischen Knappheit seines kompositorisch einheitlicheren Meisterwerks *Le rouge et le noir* (1830) unterscheidet sich dieser Roman durch einen Stil, der sich durch ausholende, überaus geschmeidige Satzfügung auszeichnet. ↗Balzacs begeisterte Rezension in der *Revue Parisienne* (Oktober 1840) empfahl eine stilistische Überarbeitung und Straffung des Werkes, die Stendhal mit einiger Skepsis begann, jedoch nicht mehr vollendete.

▪ Übers.: Die Kartause von Parma, E. Edl, 2007.

▪ Lit.: L. Bauer: Ein italienischer Maskenball. S.s ›Chartreuse de Parme‹ und die ›commedia dell'arte‹, 1998.

Ingrid Peter / KLL

Lucien Leuwen

(frz.; *Lucien Leuwen*, 1960, W. Widmer) – Der unvollendete Roman erschien in einer alle Manuskripte berücksichtigenden, definitiven Form erst 1947. Die ersten Kapitel waren in der Sammlung *Les nouvelles inédites* (1855) unter dem Titel »Le chasseur vert« (Der grüne Jäger) erschienen. Ein Manuskript mit dem Titel *Le lieutenant*, das Stendhal 1833 von einer Freundin zur Beurteilung erhielt und in dem er in Grundzügen die Handlung des ersten Teils des späteren *Lucien Leuwen* vorfand, gab ihm den endgültigen Anstoß zur Abfassung des eigenen Romans, der ihn seit 1825 beschäftigte. 1836 bis 1839 entstand dann – nur unterbrochen durch die Arbeit an dem autobiographischen Werk *Vie de Henri Brulard* (1890) – die zu einem guten Teil autobiographisch gefärbte Geschichte des idealistischen, sensiblen Lucien Leuwen.

Lucien wird seiner republikanischen Gesinnung wegen »an einem der berühmten Junitage« des Jahres 1832 von der École Polytechnique relegiert und begibt sich wenig später, nachdem sein reicher Vater, ein Repräsentant des großbürgerlichen ›juste milieu‹, ihm ein Leutnantspatent verschafft hat, in die trostlos langweilige Garnisonsstadt Nancy. Hier entfaltet der Autor eine romanhafte Umsetzung der Theorie des Dandytums, jener Flucht in die Selbstzensur, wie sie für die Restaurationsphase typisch ist. Der tägliche Kontakt mit den selbstzufriedenen, geistig beschränkten Vertretern eines legitimistischen Bürgertums und einer Armee, die sich willig als Machtinstrument der Regierung missbrauchen lässt, vermittelt dem noch Lebensunerfahrenen die exemplarische, den Entwicklungsgang aller Helden Stendhals entscheidend bestimmende Einsicht in die konstitutive Disharmonie von Mensch und Umwelt, die einerseits als Bedrohung der eigenen verletzlichen Persönlichkeit empfunden wird, andererseits aber gerade den sensibel und großherzig Veranlagten zur äußerlichen Anpassung an die Verhaltensnormen der Gesellschaft zwingt.

Lucien wählt – wie andere Helden Stendhals – die schützende Maske der Verstellung und lernt, mit überlegener Verachtung für seine durch Ehrgeiz und kleinliche materielle Interessen korrumpierte Umwelt, aber auch mit wachsender verzweifelter Resignation das Leben eines charmanten, von den Frauen bewunderten, von Kameraden und Vorgesetzten beargwöhnten reichen jungen Mannes zu führen. Auch das einzige echte Gefühl, das ihn an einen anderen Menschen bindet, die Liebe zu der verwitweten Mme Chasteller, die ebenso klug und zartfühlend wie zur Heuchelei unfähig ist, wird durch mannigfache seelische Hemmungen belastet. Lucien war bei seiner Ankunft in Nancy vor ihren Augen vom Pferd gestürzt. Sein dadurch verletztes Selbstgefühl hindert die glückliche Entfaltung der gegenseitigen Liebe nicht weniger als Mme Chastellers Anhänglichkeit an das Haus der 1830 aus der politischen Arena ausgeschiedenen Bourbonen.

Durch eine Intrige – die Vortäuschung einer Entbindung von einem unehelichen Kind – wird die Beziehung jäh gestört. Lucien kehrt Hals über Kopf nach Paris zurück und beginnt dort eine vielversprechende politische Karriere im Innenministerium. Auf einer Wahlkampfreise in die Provinz wird er als Opfer eines Missverständnisses von der aufgebrachten Volksmenge, die ihn als Polizeispitzel verdächtigt, mit Kot beworfen, ein Erlebnis, das ihn die Hässlichkeit der Realität unmittelbar fühlen lässt und so tief verstört, dass er erwägt, nach Amerika zu gehen. Stattdessen bricht er eines Tages nach Nancy auf, um Mme Chasteller wiederzusehen, die seine plötzliche Abreise nicht hatte begreifen können.

Die Ereignisse während des zweiten Aufenthalts in Nancy fehlen im Manuskript. Einigen Notizen zufolge hatte Stendhal die Versöhnung der beiden geplant. Ein Nachtrag berichtet vom plötzlichen Tod des alten Leuwen, der seine Finanzen so ungeordnet hinterlassen hat, dass es zum Bankrott kommt. Lucien nimmt das gleichgültig hin, regelt die Erbangelegenheiten für seine Mutter, verzichtet selbst auf seinen Anteil und lässt sich als Botschaftssekretär nach Capel (vermutlich ist hiermit Rom gemeint) schicken, froh darüber, weit von Paris entfernt zu sein. Mit der Ankunft in Capel bricht der Roman ab.

Die Kritik an der bürgerlichen Mittelmäßigkeit der Restaurationsgesellschaft und ihrer Politik ist hier nicht weniger bitter als in *Le rouge et le noir* (1830), obwohl Lucien als Sohn eines Millionärs nicht um seine soziale Anerkennung ringen muss. Wie *Le rouge et le noir* zeichnet sich auch *Lucien Leuwen* durch einen Stil von spröder Schmucklosigkeit und einen leidenschaftslosen Blick auf die Gesellschaft der Restaurationsepoche aus.

▪ Lit.: P. Berthier: Le plus méconnu des romans de S. ›Lucien Leuwen‹, 1983.

KLL

Eugène Sue

▪ geb. 10.12.1804 Paris (Frankreich)
▪ gest. 3.8.1857 Annecy/Haute-Savoie (Frankreich)

(d.i. Marie-Joseph Sue) – Sohn eines bekannten Arztes, Patenkind der Kaiserin Josephine; Medizinstudium, Marinearzt; durch Erbschaft finanziell unabhängig; seit 1829 ausschließlich Literat; beeinflusst von den Theorien der utopischen Sozialisten; als Republikaner 1851 von Louis Napoléon III. verbannt; zog sich nach Savoyen zurück; erfolgreicher Verfasser von in viele Sprachen übersetzten Feuilletonromanen.

▪ Lit.: B. Svane: Le monde de E.S., 1986.

Les mystères de Paris

(frz.; *Die Geheimnisse von Paris*, 1988, H. Kossodo) – Der erfolgreiche Feuilletonroman erschien 1842/43 im *Journal des Débats*.

Rodolphe von Gerolstein ist als junger Mann den Verführungskünsten der adligen Abenteurerin Sarah Seyton aus Schottland erlegen und geht heimlich eine Ehe mit ihr ein. Als sie schwanger wird, spricht Rodolphe mit seinem Vater; in der folgenden Auseinandersetzung greift er ihn mit der Waffe an, sein Erzieher Murph verhindert Schlimmeres. Ein Brief Sarahs enthüllt Rodolphe, dass sie ihn nicht liebt. Er trennt sich von ihr, sie heiratet kurz darauf den Grafen Mac Gregor. Rodolphes Kind, eine Tochter, gibt sie in Pflege; einige Jahre später teilt man ihr mit, das Mädchen sei gestorben. Um die Schuld gegenüber seinem Vater zu sühnen, erlegt Rodolphe sich die Verpflichtung auf, künftig die Tugend zu belohnen und das Laster zu bestrafen.

Die komplizierte Romanhandlung setzt erst nach dieser Vorgeschichte, im Dezember 1838, ein: Rodolphe hat Gerolstein verlassen und lebt inkognito in Paris, wo er, als Arbeiter verkleidet, durch das verrufene Viertel auf der Ile de la Cité streift. Eines Abends macht er die Bekanntschaft des »Chourineur« (Messerstecher), der als Soldat im Jähzorn einen Vorgesetzten getötet hatte und nach Verbüßung seiner Strafe ehrlich geworden war. Außerdem trifft er Fleur-de-Marie, eine 17-jährige Prostituierte, die niemand anders ist als seine tot geglaubte Tochter. Der Notar Jacques Ferrand, in dessen Obhut sich das Mädchen befand, hatte Fleurs Tod vorgetäuscht, um eine große Geldsumme an sich zu bringen, die für ihren Unterhalt bestimmt war. Fleur-de-Marie kam zu einer bösartigen Alten, der »Chouette« (Eule), die sie so lange quälte, bis sie weglief. Als Vagabundin wurde sie für mehrere Jahre ins Gefängnis gesteckt, mit 16 wurde sie entlassen und fand sich kurze Zeit später als Straßenmädchen wieder.

Alle Figuren der Geschichte stehen untereinander in schicksalhaften Verbindungen: Die Chouette, die Fleur-de-Marie zufällig wiedertrifft, ist mit dem Ex-Sträfling »Maître d'École« (Schulmeister) zusammen, dem Ehemann von Madame Georges, die Rodolphe aus einer Notlage befreit und zur Verwalterin eines Musterguts in Bouqueval bei Paris gemacht hat. Rodolphe versucht, im Gaunermilieu etwas über den Sohn der Madame Georges zu erfahren, der ihr als Kind vom Maître d'École entrissen worden war. Dieser junge Mann, der sich Germain nennt, arbeitet in der Kanzlei von Jacques Ferrand. Seine letzte bekannte Wohnung ist ein Haus in der Rue du Temple, aber er ist weggezogen, ohne eine Adresse zu hinterlassen, weil ihn Freunde seines Vaters zur Teilnahme an einem Verbrechen zwingen wollten. Rodolphe mietet Germains altes Zimmer in der Hoffnung, den Aufenthaltsort des jungen Mannes zu erfahren. So macht er nicht nur die Bekanntschaft des Hausmeisterehepaars Pipelet, das für eine Reihe komischer Szenen sorgt, und der jungen Näherin Rigolette, er wird auch aufmerksam auf die verzweifelte Lage des Edelsteinschleifers Morel und seiner Familie. Morel ist ein weiteres Opfer Jacques Ferrands. Der Notar, der hinter der Maske strengster Redlichkeit Geilheit und Habgier verbirgt, hat ihm Geld geliehen, um Morels Tochter Louise erpressen zu können. Rodolphe kann nicht verhindern, dass Ferrand Germain und Louise ins Gefängnis bringt, doch schleust er die Kreolin Cecily ins Haus des Notars ein. Sie bringt Ferrand durch ihre Verführungskünste dazu, die Beweise für seine Verbrechen aus der Hand zu geben. So kann ihn Rodolphe dazu zwingen, sein Unrecht wieder gut zu machen und sein gesamtes Vermögen für einen wohltätigen Zweck zur Verfügung zu stellen. Das unbefriedigt bleibende Verlangen nach Cecily treibt Ferrand in den Wahnsinn.

Rodolphe hat Fleur-de-Marie, an deren Schicksal er Anteil nimmt, ohne zu ahnen, dass sie seine Tochter ist, aus ihrer verzweifelten Lage befreit und auf sein Mustergut gebracht. Die mittlerweile verwitwete Sarah Seyton, die immer noch auf eine Verbindung mit dem Großherzog hofft, sieht in dem jungen Mädchen eine mögliche Rivalin und gibt den Auftrag, sie zu beseitigen.

Ebenso hatte sie versucht, die Comtesse d'Harville, die von ihrer boshaften Stiefmutter zur Ehe mit einem Epileptiker gezwungen worden war und Rodolphe heimlich liebt, ins Verderben zu stürzen, indem sie sie zum Ehebruch veranlasste; Rodolphe, der die Gefühle der Comtesse erwidert, sich aber strengste Zurückhaltung ihr gegenüber auferlegt, konnte sie im letzten Augenblick vor der Entdeckung durch ihren Mann bewahren. Als dieser erkennt, dass seine Frau nur Mitleid, nicht aber Liebe für ihn empfindet, tötet er sich.

Die Chouette und der Maître d'École, den Rodolphe als Strafe für seine Verbrechen hatte blenden lassen, entführen Fleur-de-Marie aus Bouqueval und sorgen dafür, dass sie ins Gefängnis Saint-Lazare gebracht wird. Als die Chouette Sarah berichtet, dass ihr Auftrag ausgeführt sei, erkennt die ehrgeizige Frau an verschiedenen Details in Fleur-de-Marie ihre Tochter. Sie triumphiert, denn sie weiß, dass Rodolphe sie heiraten wird, um die Geburt seines Kindes nachträglich zu legitimieren; die Chouette aber sticht sie nieder, um ihren Schmuck zu stehlen. Kurz darauf wird die Alte vom Maître d'École getötet, den sie in ein Kellergewölbe eingesperrt hatte, weil er seine Verbrechen zu bereuen begann.

Fleur-de-Marie ist von der Haushälterin Ferrands aus dem Gefängnis geholt und auf eine Insel in der Seine gebracht worden, wo die Witwe Martial (deren Mann auf der Guillotine gestorben ist) und zwei von deren Kindern auf sie warten, um sie im Auftrag Ferrands zu ertränken. Sie wird von einer ihrer Mitgefangenen aus Saint-Lazare gerettet, der »Louve« (Wölfin), die eben entlassen worden ist und ihren Geliebten, den ältesten Sohn der Witwe Martial, sucht. Dieser, ein Wilderer, ist an den Verbrechen seiner Familie nicht beteiligt; weil seine Anwesenheit stört, haben seine Geschwister ihn in seinem Zimmer eingeschlossen, um ihn dort sterben zu lassen. Die Louve rettet auch ihn; unterdessen werden seine Geschwister und seine Mutter beim Versuch, einen Raubmord zu begehen, verhaftet; alle werden zum Tode verurteilt.

Rodolphe, der Fleur-de-Marie für tot hält, erfährt von Sarah, dass das junge Mädchen seine Tochter ist; seine Verzweiflung kennt keine Grenzen, aber die Comtesse d'Harville führt ihm kurz darauf die gerettete Fleur-de-Marie zu. Rodolphe heiratet Sarah, die unmittelbar darauf an den Folgen der Verletzung stirbt, die ihr die Chouette beigebracht hatte. Der Großherzog kehrt mit Fleur-de-Marie und der Comtesse d'Harville nach Deutschland zurück. Er heiratet die Comtesse, die an der jetzt Prinzessin Amélie genannten Fleur-de-Marie die Mutterstelle vertritt. Doch kann das Mädchen die Schande ihrer Vergangenheit nicht vergessen. Sie fühlt sich nicht würdig, einen jungen Mann zu heiraten, der sie ehrlich liebt und dessen Gefühle sie auch erwidert; selbst in einem Kloster kann sie keinen Frieden finden, sie stirbt an dem Tag, an dem sie ihr Gelübde ablegt.

Fleur-de-Marie sieht in ihrem Wohltäter Rodolphe, von dem sie noch nicht weiß, dass er ihr Vater ist, ein quasi göttliches Wesen; ähnlich empfinden es all jene, die er für ihre Redlichkeit belohnt oder vor Schaden bewahrt. Der Chourineur, dem Rodolphe durch ein paar gute Worte seine Selbstachtung zurückgegeben hat, möchte nichts weiter sein als der ›Wachhund‹ des Großfürsten: Als er ihm zum zweiten Mal das Leben rettet, wird er selbst tödlich verwundet, aber er stirbt zufrieden.

Die Macht, die Rodolphe über andere hat, macht ihn zum Übermenschen; er setzt sie ein, um dem Guten zum Sieg zu verhelfen, doch hat ihm K. Marx zu Recht Heuchelei vorgeworfen. Sue selbst scheint mit Rodolphes Ansichten im Wesentlichen übereinzustimmen: In der zweiten Hälfte des Romans fügt er etliche Szenen ein, die nur den Zweck haben, eine allgemeine Wahrheit zu illustrieren und zu Veränderungen aufzurufen. Der Verfasser beklagt, dass die Gesellschaft zwar die Bösen straft, nicht aber die Guten belohnt. Dem Autor geht es um Wohltätigkeit, nicht um soziale Gerechtigkeit: Ehrlichen Arbeitern, die durch Krankheit oder Verlust ihrer Beschäftigung in Not geraten, soll eine »Bank« zur Verfügung stehen, die zinslose Darlehen vergibt; eine ihr angegliederte Pfandleihe soll auf hohe Gebühren verzichten und ohne Profit arbeiten.

Sue räumt (nicht ohne Koketterie) ein, dass sein Buch nach künstlerischen Kriterien schlecht sei, verweist aber auf den moralischen Nutzen seiner Geschichte. Nach den Briefen an den Autor zu urteilen, scheint der Roman tatsächlich dazu beigetragen zu haben, das Bewusstsein der Besitzenden für das Elend des städtischen Proletariats zu schärfen.

Vorrangig befriedigt die Geschichte freilich sentimentale Bedürfnisse der Leser. Da Sue zwar zwischen ehrlichen Arbeitern und Verbrechern trennt, aber die materielle Not als ständige Gefährdung für die Rechtschaffenheit der kleinen Leute darstellt und ein Milieu schildert, in dem Ehrliche und Unehrliche unterschiedslos zusammenleben, bestätigt er seine bürgerlichen Leser in ihren Vorurteilen. Auch in den häufigen Hinweisen auf das Wirken der göttlichen Vorsehung ist wohl eine Konzession an den Publikumsgeschmack zu sehen.

■ Lit.: W. Hülk: Als die Helden Opfer wurden, 1985. ■ C. Prendergast: For the People by the People? E.S. ›Les mystères de Paris‹, 2003.

Albert Gier

Sully Prudhomme

■ geb. 16.3.1839 Paris (Frankreich)
■ gest. 7.9.1907 Schloss Chatenay bei Paris (Frankreich)

(d.i. René François Armand Prudhomme) – Wegen schwerer Augenentzündung Unterbrechung des Studiums; arbeitete in den Schneider-Creuzot-Werken, dann Studium von Jura und Philosophie; Notariatstätigkeit in Paris; verkehrte mit den Autoren des Parnass; Kriegsdienst 1870; schwere Krankheit, die die späteren Lebensjahre beeinträchtigte; dem Parnass nahe stehender Lyriker mit philosophischem Anspruch.

■ Ausg.: Œuvres, 1917.
■ Übers.: Gedichte, J. Schnitzler, 1903.
■ Lit.: G. d'Aubarède: Leben und Werk S.P.s, 1967.

Das lyrische Werk

(frz.) – Das dichterische Schaffen Sully Prudhommes bewegt sich am Rand der lyrischen Entwicklung, die von Baudelaire über den Parnass zum Symbolismus führt. Kann man seine Werke der ersten Phase noch im Gravitationsfeld des Parnass angesiedelt sehen, so stehen seine heute weithin vergessenen wissenschaftlich-philosophischen Lehrgedichte, *Les destins*, 1872 (Die Schicksale), *La justice*, 1878 (Die Gerechtigkeit), *Le prisme*, 1886 (Das Prisma), und das Menschheitsepos *Le bonheur*, 1888 (Das Glück), denen eine Übersetzung des ersten Buches von Lukrez' *De rerum natura* (*De la nature des choses*, 1866–1868; Von der Natur der Dinge) vorausgegangen war und die wesentlich zu seiner offiziellen Anerkennung beitrugen, weitgehend allein im literarischen Kontext ihrer Epoche. Postum erschien noch die Sammlung *Épaves*, 1909 (Strandgut), mit Gedichten aus der Zeit zwischen 1861 und 1900.

Mit den frühen Sammlungen *Stances et poèmes*, 1865 (Stanzen und Dichtungen), *Les épreuves*, 1866 (Die Proben), *Les solitudes*, 1869 (Die Einsamkeiten), und *Les vaines tendresses*, 1875 (Die eitlen Zärtlichkeiten), stieß er zum Parnass, in dessen drei Anthologien von 1866, 1869 und 1876 er vertreten ist. Doch unterscheiden sich seine Gedichte vom parnassischen Ideal durch die intensive Thematisierung des Gefühls, z.B. im Ausdruck von Zärtlichkeit, Mitleid, verhaltener und nicht eingestandener Liebe sowie in der Notierung subtiler Gefühlsnuancen, zu der bereits früh, trotz deklariertem Atheismus, die Suche nach metaphysischer Erfüllung des Daseins, nach Gott, tritt, wie sie in *Les vaines tendresses* explizit erscheint.

Parnassisch sind Formwille und Formstrenge der Gedichte sowie, als charakteristischer Stilzug, die Wahl gewisser Dingsymbole, die freilich oft allegorisch, gleichnishaft, jedenfalls eindeutig auflösbar und in der Regel explizit gedeutet, einen didaktischen Ansatz bei Sully erkennen lassen. Während etwa »Le cygne« (Der Schwan) mit Eleganz und Ruhe ein ästhetisches Ideal evoziert, illustrieren »Les Danaïdes« (Die Danaiden) oder »Le vase brisé« (Das zerbrochne Gefäß) psychische Verfasstheiten, Mut und Mutlosigkeit bzw. unmerkliche Verletzungen einer Seele. Die einsam strahlenden Sterne des Nachthimmels erinnern an die Einsamkeit der Individuen (»La voie lactée«, Die Milchstraße), und die Augen – »Blau oder schwarz, alle geliebt, alle schön« – stehen für das verflossene Leben unzähliger Menschen, an dessen Ende der Dichter nicht glauben kann.

Sullys Gedicht »Le Zénith« (Der Zenith; erschienen im dritten *Parnasse contemporain*, 1879), das die Tat der Ballonfahrer Sivel, Crocé-Spinelli und Tissandier feiert, die bei einem Aufstieg im April 1875 8600 Meter Höhe erreichten, ein Unternehmen, das nur Tissandier überlebte, markiert den Übergang zur Phase der didaktisch-philosophischen Gedichte. Sullys naturwissenschaftliche Ausbildung, seine vorübergehende Tätigkeit als Ingenieur, sein immerwährendes Interesse an der Wissenschaft, die er explizit höher bewertete als die Literatur, aber auch eine tiefgründige, wenngleich nicht originelle, epistemologische Reflexion (z. B. Vorwort zu *De la nature des choses*) machen ihn zu einem den außerliterarischen Interessen seiner Zeit verbundenen Dichter, stehen aber auch in ihrer positivistischen Ausrichtung in einem für Sully nicht lösbaren Gegensatz zu seiner subjektiv-metaphysischen Spekulation als »Konflikt von Kopf und Herz«, dessen Emblemfigur für ihn zeitweilig B. Pascal ist.

In den Dichtungen dieser zweiten Phase werden Themen wie die Welt als Ergebnis des Widerstreits zwischen Gut und Böse und als ihr Kampfplatz, die Natur als Prinzip der Gewalt und des Unrechts, als das die Wissenschaft sie erkennt und das Herz sie ablehnt, die Frage nach der Erträglichkeit eines idealen Daseins angesichts des Leids der Welt, aber auch die nach der Erlösbarkeit der Welt abgehandelt. Die Skepsis der Philosophie Sullys drückt sich nicht zuletzt in der häufig bemerkten Inkonsequenz aus, mit der das Gute, sei es als Stimme des Herzens, sei es als Erlösung, gegen die Logik des vorher ausgebreiteten Befundes durchgesetzt wird. Als Dichtung leiden die Werke dieser Phase, wenn sie auch, wie etwa *Le bonheur*, durchaus Lyrisches, Episches und Dramatisches enthalten, doch unter der didaktischen Intention, der Umsetzung von Philosophie in diskursive gereimte Verse und in traditionelle gattungsspezifische Stilformen wie säuberliche Antithesen oder Periphrasen. Mit dieser Dichtung, die sich neben den zeitgenössischen Philosophen immer wieder u. a. auf Pascal, Spinoza und Kant bezieht, schließt Sully Prudhomme in Frankreich eine Tradition ab, in der ihm die Lehrgedichte André Chéniers, auf den er sich gelegentlich auch beruft, und in gewissem Sinn die philosophische Dichtung A. de Vignys vorausgehen.

Das poetische Werk Sully Prudhommes, dessen Einheit bei aller Heterogenität vor allem durch die spezifische Verbindung von parnassischer Form, positivistischer Weltanschauung und ständiger metaphysisch orientierter ›Unruhe des Herzens‹ gegeben ist, erfuhr schon in den letzten beiden Jahrzehnten des 19. Jh.s neben viel Anerkennung der traditionellen Kritik auch abschätzige Qualifizierungen, vor allem seitens der Symbolisten. Die neuere Kritik sieht Sullys Dichtung im Wesentlichen als historisches Dokument einer weltanschaulichen Beunruhigung im Bereich des Positivismus. Im Leserbewusstsein haben allenfalls einige Gedichte seiner ersten Phase durch ihren Platz im Lektürekanon der Schulen und ihre häufige Aufnahme in Anthologien überlebt.

■ Lit.: M. Grimaud: Aimez-vous S. P.?, in: Teaching Language through Literature 20, 1981, 3–16. ■ A. Fongaro: Apollinaire et l'ombre de Dieu, in: Littératures 15, 1986, 153–159. ■ G. Levy: S. P. Le génie et le hasard, in: Règles du genre et inventions du génie, Hg. Y. Martineau, 1999, 189–201. *Winfried Kreutzer*

Jules Supervielle

■ geb. 16. 1. 1884 Montevideo (Uruguay)
■ gest. 17. 5. 1960 Paris (Frankreich)

Baskischer Abstammung, früh Vollwaise; Schule in Paris; Studium der Rechte und Politologie; aus dem Umkreis der Surrealisten, von denen er sich später distanzierte; schuf Lyrik und Romane von hohem poetischen Gehalt.

■ Ausg.: Œuvres complètes poétiques, 1996.
■ Lit.: Y.-A. Favre: S., 1981.

Gravitations

(frz.; Gravitationen) – Die Gedichtsammlung erschien 1925. Um 1920 fand Supervielle seinen eigenen Ton als Lyriker. Wie Rilke ist er ein Dichter der Dinge, der Kinder, der jungen Mädchen, der Tiere, der Toten, ein Dichter der Mythen, Träume und Phantome, der unaufhörlichen, flüchtigsten Verwandlungen in einer Welt, in der Tag und Nacht, Innen und Außen, Geist und Leib, Schmerz und Freude, Anwesenheit und Abwesenheit heimlich im Einverständnis stehen und austauschbar sind. Sternenräume, Meere, Kontinente, Gebirge, Wolken draußen – ihnen entspricht im Innern des Menschen eine organische Geographie und Geologie mit Herz, Gehirn, Knochen und Adern.

Beide Welten sind durchlässig füreinander, beide verschwiegen, beide sprechend und voller Stimmen. Der Dichter versucht, sie mit einfachsten, unverstellten Worten transparent zu machen. Seine Grundempfindung ist: Die Dinge brauchen mich, um zu existieren; indem ich die Dinge (Gott, Welten, Wesen und alles, was irgend vorstellbar wäre) in mich hineinnehme und sie im Gedicht zu Wort kommen lasse, verhelfe ich ihnen zu einer kräftigeren Wirklichkeit, zu einem Anflug von Dauer im hinfällig Schwindenden.

Rilke rühmte Supervielle, der ihm 1925 die Erstausgabe der *Gravitations* zugeschickt hatte, als einen »großen Brückenbauer im Raum«, der »das Geheimnis der großen Konstrukteure« besitze: »la nuance«, das Vermögen, die schwersten Massen zu bewegen, sie genau am gewählten Ort abzusetzen und sie dabei so wenig zu behelligen, dass ihr eigenes Wollen in ihnen überlebt.

Tatsächlich wirken Supervielles Gedichte, als bedienten unbekannte, doch befreundete Mächte sich seiner, um durch ihn hindurch, halb vertraulich, halb abweisend, sich vernehmbar zu machen: flüsternd meist oder wie im Traume redend und hörbar wieder verstummend.

Sein Bilderreichtum, seine Erfindungskraft sind beachtlich, doch liebt er es, das Neue, Fremdartige, Überraschende eher zu dämpfen, es wie etwas Selbstverständliches vorzutragen, als lebten alle Menschen in einer Welt der täglichen Wunder. Obwohl Supervielle etwas vom Zauberer, vom Totenbeschwörer und vom Dompteur an sich hat, beträgt er sich doch meist wie ein Herr auf Besuch, der nicht aufzufallen und die Gastgeber möglichst wenig zu inkommodieren wünscht.

Supervielle ist auch als Lyriker Erzähler, eine Art Fabeldichter; viele seiner Gedichte berichten ein kleines Ereignis oder bieten ein Fragment aus einer größeren, zu erratenden Geschichte. Die einzelnen Stücke treten bisweilen zu einem Zyklus zusammen, oder sie stiften, wie im ersten Teil von *La fable du monde*, 1938 (Fabel von der Welt), einen eigenen mythischen Zusammenhang: eine Kosmogonie und Erdenschöpfung, in der Gott selber sprechend eingeführt wird.

In seinen frühen Gedichtbänden – *Débarcadères*, 1922 (Landungsbrücken), *Le forçat innocent*, 1930 (Der schuldlose Häftling), *Les amis inconnus*, 1934 (Die unbekannten Freunde) – bevorzugt Supervielle die freie Langzeile, später nach Silben gezählte Verse mit oder ohne Schlussreime und Assonanzen. Unmittelbar spürbar und verführerisch ist von Anfang an seine Kunst der unaufdringlichen Phrasierung, das Portamento der bei aller Angefochtenheit niemals ängstlichen Stimme.

▪ Lit.: J. Robichez: ›Gravitations‹ de S., 1981. ▪ L. Aubry: Langage oblique et récomposition d'univers dans l'écriture poétique de J. S., 1999.

Friedhelm Kemp

Thomas d'Angleterre

▪ geb. zweite Hälfte 12. Jh. (Ort unbekannt)
▪ gest. vor 1200 (Ort unbekannt)

(auch: Thomas von England) – Der Sprachform seines Werks nach Anglonormanne; vermutlich ein klerikal gebildeter Beamter am Hof von Henri II. Plantagenêt, dessen Frau, Alienor d'Aquitaine (die ›Königin der Troubadoure‹) Mäzenin und Auftraggeberin verschiedener Autoren der höfischen Literatur war.

▪ Ausg.: Le roman de Tristan par Thomas, 2 Bde, Hg. J. Bédier, 1902–1905.

Tristan

(afrz.; *Tristan und Isolde im europäischen Mittelalter*, 1991, D. Buschinger, W. Spiewok) – Thomas – so nennt der Dichter sich im Epilog – schuf den ersten repräsentativen höfischen Tristanroman, der eine ältere, nicht erhaltene Version des keltischen Sagenstoffes im Geist der Liebesideologie der ritterlichen Gesellschaft umformte. Rückschlüsse auf diese Fassung lassen sich aus dem ihr am nächsten stehenden *Tristrant* von Eilhart von Oberg ziehen. Die Forschung datiert das Werk in die Zeit der Regierung Heinrichs und Eleanores. Hierfür spricht nicht nur die anglonormannische Sprachform des Textes, sondern auch, dass Thomas eine Preisrede auf London eingeflochten und Tristan das Wappen des Hauses Anjou, den goldenen Löwen auf rotem Grund, zugewiesen hat.

Der Text ist nur fragmentarisch in fünf Handschriften überliefert. Zufällig schließt der Beginn des Fragments an das Werk Gottfrieds von Straßburgs an, der den *Tristan* als Quelle benutzt hat, so dass wir den deutschen Text neben der *Tristramsaga*, einer 1226 abgefassten norwegischen Prosanacherzählung, und der freien Versübertragung des mittelenglischen *Sir Tristrem* (vor 1300) zur Rekonstruktion des Romans von Thomas heranziehen können. Auf ihm fußen auch die *Folie Tristan d'Oxford* und die italienische *Tavola rotonda* aus dem 13. Jh.

Von einem kurzen, isolierten Fragment abgesehen, setzt die Überlieferung des Textes mit der Hochzeit zwischen Tristan und Isolde Weißhand (Ysolt as Blanchesmaines) ein. Der Gleichklang ihres Namens mit dem Isoldes der Blonden hat Tristan zu dieser Liebe verführt. In der Brautnacht jedoch bemerkt er beim Auskleiden den Ring, den ihm die blonde Isolde zum Abschied geschenkt hat. Aus Treue zur einzigen Geliebten vollzieht er die Ehe nicht. Um der Blonden nahe zu sein, erbaut er in einem verschwiegenen Wald einen unterirdischen Kuppelsaal, in dem er das täuschend lebensechte Standbild der fernen Geliebten inmitten von Figuren ihrer gemeinsamen Erlebnisse erstellt. Thomas präsentiert diese Minne noch einmal im Hintergrund des sukzessiven Geschehens als Tableau von bizarrer Statuarik. Als Kaherdin, der Bruder der Isolde Weißhand, Tristan wegen der unvollzogenen Ehe zur Rechenschaft ziehen will, führt dieser ihn in den Bildersaal, und der Freund muss gestehen: Isolde, die Blonde, ist weit schöner als seine Schwester. Da ihn auch das Bild der Brangäne, der Zofe Isoldes, bezaubert, machen sich beide auf in Markes Land. Die Kette der Rückkehrabenteuer beginnt. Die Episode der ›folie‹ (Narrheit), welche in der Vorlage drastisch ausgemalt war, hat Thomas getilgt, sei es, weil ihr Eigengewicht die Komposition am Ende allzu sehr beschwert hätte, sei es, weil dem Publikum eine ausgearbeitete ›folie‹ als eigenständiges Werk (vgl. *La folie Tristan*) schon vorlag.

Das Ende des Romans, den Liebestod, versucht Thomas strikt vom inneren Zentrum des Geschehens her in einer neuen symbolischen Konstellation zu motivieren. Tristan empfängt die tödliche Giftwunde im Kampf mit einem Entführer, der einem anderen Tristan, genannt »le Naim« (der Zwerg), die Dame geraubt hat. Isolde die Blonde, von Kaherdin geholt, kommt zu spät, um den Geliebten zu heilen. Eine Windstille lässt das Schiff, welches verabredungsgemäß das weiße, glückverheißende Segel gesetzt hat, kurz vor der Küste nicht vorwärtskommen. Die Gattin verkündet dem Wartenden aus Eifersucht, das Segel sei schwarz. Tristan stirbt. Endlich gelandet, eilt Isolde zum toten Geliebten, legt sich neben ihn auf die Bahre und stirbt Mund an Mund mit ihm. So beendet Thomas seine Erzählung für »alle Liebenden«.

▪ Ausg.: Tristan et Yseut, Hg. J. C. Payen, 1974.
▪ Übers.: Tristan und Isolde im europäischen Mittelalter, D. Buschinger/W. Spiewok, 1991.
▪ Lit.: E. Baumgartner: Tristan et Iseut. De la légende aux récits en vers, 1987.

Gerhard Schindele

Michel Tournier

▪ geb. 19. 12. 1924 Paris (Frankreich)
▪ gest. 18. 1. 2016 Choisel (Frankreich)

Aus wohlsituierter Familie; Schule in St.-Germain-en-Laye; Jura- und Philosophiestudium in Paris und Tübingen; 1949–1954 beim O. R. T. F., 1958 Presseattaché bei Radio Europe, 1964 Verlagslektor; Autor von Romanen, die europäische Kulturmythen in gefälliger, aber literarisch anspruchsvoller Weise zu postmodernen Konglomeraten verbinden.

▪ Lit.: Relire T., Hg. J.-B. Vray, 2000. ▪ C. Röhrbein: M. T., in: Kritisches Lexikon zur fremdsprachigen Gegenwartsliteratur.

Vendredi ou les limbes du Pacifique

(frz.; *Freitag oder Im Schoße des Pazifik*, 1968, H. Osten) – In seinem 1967 erschienenen ersten Roman knüpft Tournier an das durch Daniel Defoes *The Life and the Adventures of Robinson Crusoe* (1719) initiierte Strukturmuster der Robinsonade an. Wie im Fall anderer moderner Versionen des Stoffs erfolgt auch bei Tournier eine zivilisationskritische Umdeutung. In diesem Zusammenhang entwickelt er in *Vendredi* die für ihn typische Thematik einer entgrenzten Sexualität und einer aus ihr hervorgehenden mythischen Naturverbundenheit.

Vor allem im ersten Teil des Romans lehnt sich Tournier eng an das Vorbild Defoes an. Wie dessen Robinson gelangt auch Tourniers Protagonist nach einem Schiffbruch auf eine unbewohnte Insel. Ähnlich verlaufen die ersten Etappen des Inseldaseins: die Bergung von Vorräten und Handwerkszeug aus dem Wrack, der Bau einer Hütte, die allmähliche Kultivierung der Insel durch Anbau von Getreide und Viehhaltung, schließlich die Begegnung mit kannibalischen Eingeborenen, aus deren Händen Robinson seinen künftigen Diener Vendredi befreit.

Doch ist Vendredi nicht wie Defoes Freitag ein gefügiger und gelehriger Schüler, sondern entwickelt sich aufgrund seines teils spielerischen, teils rebellischen Verhaltens und seiner für Robinson fremden Mentalität bald zum Störfaktor des Zivilisationsprojekts. Diese Entwicklung kulminiert in einer von Vendredi ausgelösten Explosion der Pulvervorräte, die das ganze Aufbauwerk vernichtet. Die Zerstörung wird jedoch nicht nur für Vendredi, sondern auch für Robinson zur Befreiung. Mit Hilfe von Vendredi, der nun gemäß der bereits im Titel signalisierten Umkehrung sein Lehrmeister wird, gelangt Robinson zu einem ebenso naturnahen wie spirituellen Dasein, das in einem durch die Erfahrung der kosmischen Harmonie bedingten Glückserleben gipfelt. Auch der Schluss des Romans steht im Zeichen einer ironischen Verkehrung. Als ein Schiff an der Insel anlegt, ist es Vendredi, der den Verführungen der Zivilisation erliegt, während Robinson mit einem entflohenen Schiffsjungen auf der Insel verbleibt.

Bezeichnenderweise hat Tournier die Handlung um exakt 100 Jahre ins 18. Jh. verschoben, um so das aufklärerische Naturverhältnis und damit zugleich das heutige Herrschaftsverhältnis zwischen Europa und der Dritten Welt zu kritisieren und durch einen utopischen Entwurf zu überwinden. Entsprechend der kritischen Absicht wird Robinson im ersten Teil des Romans zum Repräsentanten eines gespaltenen Naturverhältnisses stilisiert. Einerseits werden seine Zivilisationsbemühungen dadurch ins Groteske gesteigert, dass er im Gegensatz zu Defoes Protagonisten, der eine maßvolle Bewirtschaftung der Insel betreibt, dem kapitalistischen Prinzip der Güterakkumulation huldigt und seinem Herrschaftsanspruch über die Insel durch die schriftliche Fixierung von Verfassung und Strafgesetz Ausdruck verleiht. Andererseits wird jedoch – wiederum im Gegensatz zu dem von geschlechtlichen Beunruhigungen verschonten Helden Defoes – bei Tourniers Robinson die Auseinandersetzung mit der wilden Inselnatur von der Bedrohung und Faszination durch die eigene geschlechtliche Natur begleitet. Robinson macht einen sexuellen Entwicklungsprozess durch, der ihn von regressiven sexuellen Erfahrungen in einem Schlammbad und in einer Höhle zur Begattung der Erde in einer Bodenmulde führt.

Mit der Wendung von der Parodie zur Utopie im zweiten Teil wird diese Dialektik von zivilisatorischer Naturbeherrschung und geschlechtlicher Naturverfallenheit aufgehoben. Mit der Aufgabe des Zivilisationsprojekts machen die spezifisch sexuellen Praktiken einem globalen sinnlichen Naturerleben Platz. Das sich wandelnde Verhältnis zu Vendredi als äußerem Repräsentanten einer naturgemäßen Existenz findet somit im gewandelten Umgang mit der eigenen Sexualität seine Entsprechung.

Im Gegensatz zu Defoe, der das Schicksal Robinsons in Form einer Ich-Erzählung präsentiert, wählt Tournier die Er-Form. Wie Defoe lässt aber auch er seinen Robinson ein Tagebuch führen, wobei die Eintragungen von Tourniers Helden einen sehr viel breiteren Raum einnehmen. Ihre Funktion besteht vor allem darin, das Schicksal Robinsons zu kommentieren und zu reflektieren.

Allerdings hat Tournier sich nur in geringem Maße bemüht, seinen Helden mit einer seiner historischen Situation entsprechenden Perspektive auszustatten. Robinsons Deutung seiner Einsamkeitserfahrung und seiner sexuellen Entwicklung verweist deutlich auf ein aus modernen Quellen bezogenes psychologisches und philosophisches Wissen, insbesondere auf den Einfluss von Freud und ↗ Sartre. Dass Tournier auf diese Weise seinen Ehrgeiz, philosophische Romane zu schreiben, recht direkt zu erkennen gibt, kann als Schwäche des Textes angesehen werden, was indirekt auch durch den Erfolg der vom philosophischen Überbau befreiten Kinderbuchfassung *Vendredi ou la vie sauvage*, 1971 (*Freitag und Robinson im Bann der wilden Insel*, R. und H. Soellner, 1973), bestätigt wird.

▪ Lit.: M.-H. Weber: Robinson et les robinsonades, 1993. ▪ B. Schmitz: Robinsons ästhetische Utopie, 2003.

Wolfgang Matzat

Le roi des aulnes

(frz.; *Der Erlkönig*, 1972, H. Waller) – Der 1970 erschienene Roman ist eine Mischform aus Tagebucheintragungen des Helden und einer Erzählung in der dritten Person, immer aus Sicht der Hauptperson Abel Tiffauges. Die erste Eintragung datiert vom 3. Januar 1938. Über die politischen Ereignisse jener Zeit erfährt der Leser jedoch nichts. Tiffauges' Aufzeichnungen handeln von ganz persönlichen Dingen. Er ist Automechaniker; sein Verhältnis zu seiner Geliebten, Rachel, ist gestört. Einmal hat sie ihn »ogre«, Ungeheuer oder Menschenfresser, genannt. Damit ist eines der Leitworte gegeben, die wie »Phore« (in der Bedeutung von »Träger« – Christo-phore) und andere Wörter mit symbolischer Kraft das ganze Werk durchdringen.

In die täglichen Erlebnisse blendet der Tagebuchschreiber Erinnerungen aus seiner Gymnasialzeit ein, wobei die früheren Erlebnisse in die Gegenwart hineinwirken. So hatte ein Spiel auf dem Schulhof des nach dem Christusträger Sankt-Christoph genannten Collège ihm den Sinn für die »eu-phorie cadente« – das »fallende Glücksgefühl« – geöffnet. Das Spiel bestand darin, dass ein Schüler einen anderen auf die Schulter nahm und sie wie im Turnier aufeinander losgingen, bis eines der Kinder von den Schultern fiel.

Dieses »Porte-Enfant«-Spiel sollte eine tiefe Bedeutung für das weitere Leben Tiffauges' gewinnen. Seine Neigung zu Kindern erregt Argwohn, sittlichen Anstoß und führt eines Tages zu seiner Festnahme. Der Ausbruch des Krieges rettet ihn vor weiterer Strafverfolgung. Er wird eingezogen und gerät in deutsche Kriegsgefangenschaft.

Hier erst erfüllt sich das eigentliche Schicksal Tiffauges'. Im äußersten Osten und Norden »enthüllte Deutschland sich ihm wie ein Gelobtes Land«. Er fühlt sich im mythischen Einklang mit dessen geheimen Kräften, fernen Ursprüngen und Legenden. Im Lager gewinnt er bald das Vertrauen der Wachmannschaft und genießt außergewöhnliche Freiheiten. Nachts verlässt er die Unterkunft und streift durch das Moor und die Forsten. Eines Tages findet man im Moor den völlig erhaltenen Körper eines Germanenfürsten. Ein Altertumsforscher nennt ihn in einem Vortrag den Erlkönig. Dabei wird Goethes Ballade zitiert. Das Bild des Vaters, der das Kind trägt, erweckt in Tiffauges die Erinnerung an den »Porte-Enfant«-Mythos. Sein eigener Name wird ihm etymologisch als »Tief-Auge« (Tiefblick) erklärt.

Über den Oberförster, der ihn als Fahrer und Wagenpfleger freistellen lässt, kommt er in das große Jagdrevier der Rominter Heide. Dort herrscht der »Ogre von Rominten«, Göring, in dessen Gefolge er an Treibjagden, großen Gesellschaften, Ess- und Trinkgelagen auf Karinhall teilnimmt. Wieder durch Vermittlung des Oberforstmeisters gelangt er schließlich auf die »Ordensburg« Kaltenborn. Er hat die Aufgabe, in den weißruthenischen Dörfern reinrassige, blonde Knaben für die dortige SS-Schule zu rekrutieren. Die Bauern nennen ihn den »Ogre von Kaltenborn«. Er aber hat das Hochziel seines Lebens erreicht. Während die Armeen Hitlers aus Russland zurückweichen, lebt er in nächster Nähe von 400 Jungmannen. Ihr Tagesablauf, der unerbittlich harte Dienst vom Morgengrauen bis zum Zapfenstreich, wird mit der Anschaulichkeit eines Erlebnisberichtes geschildert, obwohl der Verfasser zu jung war, um am Krieg teilzunehmen. Hitler, der Großogre, hat diese blonden Junggermanen, in deren Schlafsaal Tiffauges einem Hochgefühl erotischer Faszination erliegt, alle dem Tode geweiht. In einer Art Nibelungentreue verteidigen die Jungen die Burg vor den nahenden russischen Panzern. Tiffauges sieht sie, wie einst im Schlafsaal, hingestreckt liegen, und er ruft sie beim Namen. In diesem letzten Kapitel, »L'astrophore« (»Der Sternenträger«), erfüllt sich auch sein Schicksal. Er hat einen jüdischen Knaben, der auf einem Transport von KZ-Häftlingen liegengeblieben war, halbtot aufgelesen und eine Zeit lang auf der Burg versteckt gehalten. Jetzt macht er sich mit ihm auf. Ephraim trägt den Davidstern, er trägt Ephraim. So irren sie zwischen Panzern, Soldaten und Flüchtlingen herum und geraten ins Moor: »Als er zum letzten Mal den Kopf zu Ephraim erhob, sah er nur einen goldenen Stern mit sechs Zacken, der langsam am dunklen Himmel kreiste.«

Dem Autor ist vor allem von der deutschen Kritik vorgeworfen worden, er lasse seine Helden manchmal in gefährliche Nähe zur Nazi-Ideologie geraten. Der Autor selbst hat diese Vorwürfe stets zurückgewiesen. Der Erlkönig Goethes, der versucht, ein Kind zu verführen, notfalls auch mit Gewalt, ist für Tournier das Symbol des Nazi-Regimes. Auch wenn die geschilderten Ereignisse nur als Aufweis für die universellen Analogien von Mythen und Symbolen dienen sollen, hat der Autor die entsetzlichen Folgen nazistischer Herrenideologie, deren ästhetische, nebulös-wagnerianische Faszination in manchen Passagen des Romans eher zwiespältige Gefühle hinterlässt, in seinen Kommentaren zu *Le roi des aulnes* selbst verdeutlicht.

■ Lit.: M. S. Fischer: Probleme internationaler Literaturrezeption. T.s ›Le Roi des Aulnes‹ im deutsch-französischen Kontext mit einer Lettre-préface von T., 1977. ■ L. Korthals Altes: Le salut par fiction? Sens, valeurs et narrativité dans ›Le roi des Aulnes‹ de M. T., 1992.

Josef Theisen / KLL

Les météores

(frz.; *Zwillingssterne*, 1977, H. Waller) – Der 1975 erschienene dritte Roman des Autors stellt sich als Summe und Überbietung der vorhergehenden Texte dar: Wie in

Vendredi ou les limbes du Pacifique, 1967 (*Freitag oder Im Schoß des Pazifik*, 1968), und in *Le roi des aulnes*, 1970 (*Der Erlkönig*, 1972), bildet die Opposition zwischen gesellschaftlicher Normalität und ihr widersprechenden Erfahrungsbereichen – insbesondere sexueller Art – den Ausgangspunkt für die Suche nach der eigenen Bestimmung. Doch verbindet sich die thematische Kontinuität mit einer Erweiterung der Figurenkonstellation, einer Ausdehnung der räumlichen Dimension und einer Steigerung der strukturellen Komplexität.

Der wenige Jahre vor dem Zweiten Weltkrieg einsetzende Roman entfaltet zunächst eine familiäre Figurenkonstellation. Sie besteht aus dem bretonischen Unternehmerehepaar Maria-Barbara und Édouard, ihren beiden jüngsten Kindern, dem Zwillingspaar Jean und Paul, und aus Édouards unverheiratetem Bruder Alexandre. Als Repräsentanten eines den gesellschaftlichen Konventionen entsprechenden heterosexuellen Daseins haben die Eltern, die früh sterben, vor allem die Funktion einer Folie für die eigentlichen Protagonisten des Buches, die Zwillinge und Onkel Alexandre, die wie die Hauptfiguren der vorangegangenen Romane durch verschiedene Formen des abweichenden Sozial- und Sexualverhaltens charakterisiert sind. Dabei ergibt sich zwischen diesen Figuren eine zusätzliche Opposition: Der homosexuelle und ständig neue Abenteuer suchende Alexandre ist beispielhaft für eine sozial und sexuell dezentrierte Existenz; Jean und Paul hingegen, die eine hermetische Zwillingsbeziehung mit einer homosexuell-inzestuösen Komponente entwickeln, verkörpern den Gegenpol eines narzisstisch selbstzentrierten Begehrens. Alexandres sexuelle Außenseiterposition wird durch eine entsprechende berufliche Position ergänzt. Als Direktor einer Firma für Abfallbeseitigung inspiziert er die großen Mülldeponien Frankreichs, was ihm immer wieder Anlass zu soziologischen und ästhetischen Reflexionen gibt, in denen er sich mit der Welt des Mülls als gesellschaftlicher Außen- und Gegenwelt identifiziert.

Alexandres Lebensphilosophie wird dementiert, als er seine Neffen zufällig beim Liebesspiel beobachtet und dabei seine extravertierte Homosexualität als degradiertes Zerrbild der von den Neffen praktizierten selbstgenügsamen Zwillingssexualität erkennt. Auch das weitere Schicksal der Zwillinge, die nach Alexandres Tod als alleinige Hauptfiguren übrig bleiben, ist durch die Opposition zwischen narzisstischer Fixierung und unstetem Nomadentum geprägt. Nachdem die Zwillingsbeziehung ein Verlöbnis hat scheitern lassen, macht sich Jean allein auf eine Reise, die ihn um die ganze Welt führt. Paul, der sich von Kind an als Hüter der Zwillingsgemeinschaft verstanden hat, folgt ihm, ohne ihn je zu einzuholen.

Die Reise kommt in Berlin zum Zeitpunkt des Mauerbaus an ihr Ende. Bei dem Versuch, durch einen Stollen zu seinem im Westteil der Stadt weilenden Bruder zu gelangen, wird Paul verschüttet, was nach seiner Rettung die Amputation der linken Gliedmaßen notwendig macht. Doch wird diese physische Einschränkung, die den endgültigen Verlust des Zwillingsbruders symbolisiert, gerade zur Voraussetzung einer sublimierten Form der von den Zwillingen praktizierten totalen Kommunikation. Ähnlich wie Robinson in *Vendredi ou les limbes du Pacifique* tritt der an den Rollstuhl gefesselte Paul am Schluss in einen unmittelbaren Austausch mit den Elementen ein.

Der Text präsentiert auf seinen verschiedenen Ebenen die Opposition zwischen einer dezentrierten, entgrenzten Subjektivität und dem Ideal einer in sich selbst ruhenden Identität. Zu der kontrastierenden Anlage der Figuren, zu den heterogenen Strukturelementen des Familienromans und des Reiseromans kommt eine analoge Gestaltung der Erzählebene. Wie in den vorangegangenen Romanen wird auch in *Les météores* der Erzählerbericht immer wieder durch tagebuchartige Selbstzeugnisse der Figuren unterbrochen, wobei sich die Vielfalt von Erzählstimmen und Erzählperspektiven gegen Ende weitgehend auf Pauls Perspektive verengt. In diesen Selbstzeugnissen stellen die Figuren, insbesondere Alexandre und Paul, ähnlich wie schon Tiffauges in *Le roi des aulnes*, ausgehend von den im Handlungsverlauf angelegten motivischen Wiederholungen symbolische Bezüge zu ihrem Leben her: Alexandre, indem er eine vom Elefantenrüssel bis zum Eiffelturm reichende Kette von Verweisen auf seine phallische Fixierung konstruiert, Paul, indem er in den verschiedenen Stationen seiner Reise immer wieder Zeichen seines Schicksals erkennen will und dabei eine neue Zwillingsmythologie entwickelt. Der Text stellt sich hier wie der französische nouveau roman als ein Zeichensystem dar, dessen Status aber ambivalent bleibt, da es dem Interpretationsbedürfnis der Figuren selbst zu entspringen scheint. Insbesondere in Pauls Fall wird damit die Grundopposition des Romans erneut thematisch, da er die in der Reise angelegte Erfahrung der Kontingenz in einen identitätsstiftenden Initiationsweg umzudeuten versucht.

Die besondere Qualität des Romans besteht darin, dass er eine häufig auch ins Abseitige zielende, lebhafte Diskussionen herausfordernde Fabulierlust in reizvoller Weise mit der philosophisch-intellektuellen Spekulation verbindet. Er kann damit als weiterer Schritt auf Tourniers Weg von einer philosophisch-thesenhaften Präsentation zu einer spielerisch-ästhetischen Reflexion seiner Lebensphilosophie gelten.

▪ Lit.: E. Wilson: Textuality and (Homo-)sexuality in T.'s. ›Les météores‹, in: Romanic Review 86, 1995, 115–127. ▪ C. Besa: Dans les marges du texte, in: Études Françaises 31, 1995–1996, 127–140. ▪ A. Bouloumié: ›Les météores‹ de M. T., in: Compar(a)ison 1–2, 2000, 153–161.

Wolfgang Matzat

Le vent Paraclet

(frz.; *Der Wind Paraklet*, 1979, H. Waller) – In dem nach seinen ersten drei Romanen 1977 publizierten Text verbindet Tournier Elemente einer Autobiographie mit essayistischen Reflexionen zu einem poetologischen Kommentar seines literarischen Werks.

Die Linie der autobiographischen Erzählung (vor allem Kapitel I und III) hat Tourniers Kindheit und seinen intellektuellen Werdegang zum Gegenstand. Nach der Evokation einer provinziellen Kindheitswelt, die immer wieder zu kritischen Reflexionen über die moderne Erziehung Anlass gibt, wird vor allem die jugendliche Begeisterung für das Philosophiestudium hervorgehoben. Wichtige Einflüsse gehen von dem gleichaltrigen Gilles Deleuze und dem bereits arrivierten ↗ Sartre aus. Aus Tourniers weiterem Lebensweg – am Eintrittsexamen für die angestrebte Professorenlaufbahn ist er gescheitert – werden die Tätigkeiten als literarischer Übersetzer, seine Beschäftigung bei dem Radiosender Europe I und schließlich sein mit dem Erfolg von *Vendredi ou les limbes du Pacifique* (1967) endgültig vollzogener Eintritt ins Schriftstellerdasein herausgegriffen.

Dies führt in Kapitel III zum Kernstück des ganzen Textes, zur Darstellung von Tourniers Dichtungsauffassung. Als wichtigste Merkmale seiner Romane nennt Tournier den philosophischen Gehalt, die erzählerische Vermittlung dieses Gehalts durch Geschichten mit mythischer Dimension sowie das Nebeneinander von komischer Subversion und preisender Lebensbejahung. Tourniers Poetik stellt sich damit als eigenartige Verbindung einer aufklärerisch-didaktischen Zielsetzung mit dem Mythos als tendenziell gegenaufklärerischem Medium dar.

Der autobiographische Strang endet im letzten Kapitel (VI) mit einem Bekenntnis zur antiken Weisheit und – ähnlich einigen Romanschlüssen – mit der Evokation von Momenten des absoluten Welterlebens. Die übrigen Kapitel (II, IV, V) bieten einen Kommentar zur Genese und zu den wichtigsten Themen der bis dahin erschienenen Romane.

Aus deutscher Sicht ist das Kapitel zu *Le roi des aulnes* (1970) von besonderem Interesse, weil Tournier darin seine enge, schon durch das Elternhaus angeregte Beziehung zu Deutschland darstellt. Trotzdem ist das hier geschilderte Deutschlandbild, das sich aus Wanderungen im Schwarzwald, der Studienzeit in Tübingen, dem Bildungsgut der Weimarer Klassik und der idealistischen Philosophie zusammensetzt, nicht frei von Klischees.

Im Kapitel über *Vendredi* (IV) geht Tournier auf die Gattungstradition der Robinsonade und die von ihm intendierte Umdeutung des Stoffes ein. Im Falle von *Les météores*, 1975 (*Zwillingssterne*, H. Waller, 1977), hebt er vor allem die Implikationen des Zwillingsthemas und der Grundopposition des Romans zwischen Sesshaftigkeit und Nomadentum hervor.

Entsprechend dem Genre der Autobiographie liest sich der Essay vor allem in seinem ersten Teil auch als interessantes zeitgeschichtliches Dokument, so etwa die Schilderung der Weltkriegserlebnisse und die Darstellung der Tübinger Zeit. Daneben bietet der Text eine Reihe von poetologischen Aussagen, die für das Verständnis von Tourniers Romanen sehr erhellend sind. Demgegenüber sind die essayistischen Exkurse (Erziehung, Verhältnis von Milieu und Vererbung, Verfall der antiken Konzeption der Weisheit) unterschiedlicher Qualität. Beim Kommentar seiner eigenen Texte, der die schon in den Romanen selbst enthaltene Tendenz zur Selbstauslegung fortsetzt, hat Tournier möglicherweise des Guten zuviel getan.

■ Lit.: F. L. Luk: Le détournement de l'autobiographie chez M. T., 2001.

Wolfgang Matzat

Gaspard, Melchior & Balthazar

(frz.; *Kaspar, Melchior & Balthasar*, 1983, H. Waller) – Als Grundlage für den Stoff seines 1980 erschienenen Romans wählte Tournier die Anbetung Jesu durch die Heiligen Drei Könige. Angeregt durch Henry Van Dyke (*The Story of the Other Wise Man*, 1896) und Edzard Schaper (*Der vierte König*, 1961), an die er im Postskript zu seinem Roman explizit anknüpft, erfindet Tournier die Geschichte eines vierten königlichen Wallfahrers nach Bethlehem, die Geschichte Taors, des Prinzen von Mangalore. Jeder der vier hat ein eigenes Motiv für seinen Aufbruch nach Bethlehem und berichtet darüber in einer abgeschlossenen Erzählung.

Kaspar sieht in dem Kometen das Haupt seiner blonden Sklavin Biltine. Weil Biltine ihr Herz an den ebenfalls weißen Sklaven Galeka verloren hat und Kaspars Liebe verschmäht, ist ihm sein »Negertum [...] verhasst« geworden. Auf den Rat seines Astrologen hin macht sich der König auf den Weg, um dem Kometen zu folgen. Im Reisegepäck befindet sich ein Stück Weihrauch, dessen Duft schon den Liebesnächten, die Kaspar mit Biltine und Galeka verbracht hatte, »eine Atmosphäre des Kultischen, des Religiösen« verliehen hatte.

In Hebron trifft er Balthasar, einen leidenschaftlichen Kunstsammler mit einer Vorliebe für »die bildhafte Darstellung eines Lebenden oder Verstorbenen«, wie sie indes bei den semitischen Völkern abgelehnt wird. Die Ausmaße dieser Bilderfeindlichkeit erfährt Balthasar nicht nur dadurch, dass sein »Balthasarritter«, ein präparierter Schmetterling, dessen Flügelmusterung seinen Zügen ähnlich sah, zerstört wurde: auch sein Museum für griechische Skulpturen fiel den fanatischen Priestern zum Opfer. In dem Kometen hat Balthasar seinen

Schmetterling wiedererkannt. Seine Reise ist getragen von der Hoffnung, an ihrem Ziel endlich wieder Bild und Gleichnis, »die vergängliche, aufwühlende menschliche Wahrheit und die göttliche Größe des Ewigen in ein und demselben Bild verschmolzen«, vorzufinden. Er nimmt auf seine Fahrt einen Brocken Myrrhe mit, für Balthasar »das Unterpfand für eine Lösung des Gegensatzes, der [ihn] so schmerzhaft entzweit«.

Einige Tage später trifft auch Melchior, der Prinz von Palmyrenien, dort ein. Politische Intrigen haben ihn und seinen alten Lehrer Baktiar zur Flucht gezwungen. Dazu genötigt, sich als Bettler durchzuschlagen, ist Melchior das ersten Mal in seinem Leben mit der Armut konfrontiert worden, was in ihm den Traum von einer demokratischen Gesellschaft geweckt hat, »in der weder ein König noch ein Räuber noch ein Bettler Platz hat«. Melchior trägt ein Goldstück mit dem Bildnis seines Vaters mit sich, den einzigen Beweis für seinen Anspruch auf den Thron von Palmyrenien.

Ohne seine wahre Identität preiszugeben, gelingt es Melchior, sich unter Balthasars Gefolge zu mischen und an dem Gastmahl teilnehmen zu können, das König Herodes für Balthasar, Kaspar und deren Gefolge veranstaltet. Herodes, der private wie politische Probleme grundsätzlich mit Gewalt löst, hat sogar seine Söhne getötet, als er seine Macht durch sie bedroht sah, und sucht nun einen Thronfolger. So befiehlt er seinen königlichen Gästen, Auskünfte über den neuen König der Juden einzuholen und in seinem Namen vor ihm niederzuknien.

Kaspar, Melchior und Balthasar kommen Herodes' Auftrag jedoch nicht nach. Nachdem sie vor dem neugeborenen Jesus niedergekniet sind, begegnen sie auf der Rückreise Taor, dem Prinzen von Mangalore, der ebenfalls auf dem Weg nach Bethlehem ist, und berichten ihm, was sie in der Krippe vorfanden: Balthasar hat in Jesus »die Versöhnung von Bild und Gleichnis, das Heilwerden des Bildes durch die Wiedererweckung seiner verborgenen Gabe, Gleichnis zu sein« gesehen, ihm den Myrrheblock »als Symbol dafür, daß das Fleisch in die Ewigkeit eingehen kann«, zu Füßen gelegt und will sich nun ganz der neuen, christlichen Kunst verschreiben. Melchior erfuhr »die Kraft der Schwachheit [...], die unwiderstehliche Sanftmut der Gewaltlosen«; er hat sein Goldstück und somit seinen Anspruch auf seine Rolle als Monarch zurückgelassen und will nun die erste christliche Gemeinschaft gründen, »eine Gemeinschaft freier Menschen, denen nur ein Gesetz gemeinsam ist: das Gesetz der Liebe«. Auch Kaspar hat in Bethlehem die christliche Nächstenliebe kennengelernt und möchte nun deren Lehre verbreiten. Dass Jesus sich ihm als schwarzes Kind zeigte, ist für Kaspar ein »exemplarisches Bild« für die Grundlage dieser Form von Liebe, in der der Unterschied zwischen den Hautfarben und der Gegensatz zwischen Anbetendem und Angebetetem aufgehoben sind. Kaspar hat dem Jesuskind sein Weihrauchkästchen dargeboten und angeordnet, Biltine und Galeka freizulassen, denn zur Nächstenliebe gehört wesentlich, im Glück des anderen die Grundlage für das eigene Glück zu sehen.

Den beschwerlichsten Weg zum Ziel seiner Reise muss Taor zurücklegen. Als passionierter Liebhaber von Süßigkeiten hat er sich ursprünglich auf die Reise gemacht, um bei einem geheimnisvollen »Göttlichen Konditor«, von dessen bevorstehender Geburt die Kunde ging, das Rezept für eine Praline, das »Rahat Lukum mit Pistazien«, in Erfahrung zu bringen. Als er in Bethlehem ankommt, ist die Heilige Familie jedoch bereits nach Ägypten geflohen, und schon bald wird ihm klar, dass »das Rezept [...], um dessentwillen er eigentlich sein Schloß in Mangalore verlassen hatte, immer mehr verblaßte [...], oder so etwas wie ein Symbol wurde, dessen Sinn erst noch zu entschlüsseln war«.

Um dieses Symbol entschlüsseln zu lernen, muss sich Taor einer harten Prüfung unterziehen; er, der bisher nur das Element des Zuckers kennengelernt hat, opfert sich, um für einen Dieb die Strafe in den Salzminen abzubüßen. Als er nach 30 Jahren Zwangsarbeit frei ist, hört er die Geschichten von Jesus. In Jerusalem angelangt, findet er das Haus Josephs – aber Jesus und seine Jünger sind bereits aufgebrochen. Doch für seinen mühevollen Weg wird er mit der heiligsten, »süßesten« Speise belohnt: Er nimmt die Reste des Abendmahls zu sich und ist somit der erste Mensch, der das Sakrament der Eucharistie empfängt.

Interessant ist Tourniers Roman nicht nur inhaltlich, als moderne Auseinandersetzung mit dem Christentum, sondern auch poetologisch. Liest man das Werk als Kommentar zu den wenigen Zeilen über die Anbetung der Könige, so steht der Roman im Zeichen der Entgrenzung eines Diskurses, die sich darin manifestiert, dass sich »viele Primärtexte verdunkeln und verschwinden und manchmal Kommentare den ersten Platz [übernehmen]«.

Mit der Aufsplitterung seines Textes in mehrere, von unterschiedlichen Sprechern erzählte Abschnitte, stellt sich Tournier in den Kontext der poststrukturalen Erzähltheorie, die sich dem traditionellen Modell auktorialen Erzählens und damit einer einheitlichen Sinnproduktion widersetzt.

■ Lit.: M. Koopman-Turlings: Vers un autre fantastique, 1995.

Tamara Trautner

La goutte d'or

(frz.; *Der Goldtropfen*, 1987, H. Waller) – Anhand der Geschichte des 15-jährigen nordafrikanischen Schafhirten Idris, der nach Paris auswandert, problematisiert

Tournier in dem 1986 erschienenen Roman die Rolle visueller Medien in der westlichen Welt. Die Oase Tabelbala, in der Idris aufwächst, ist eine archaische, vom Aberglauben bestimmte Welt. Als Moslems bringen ihre Bewohner vor allem dem Bild größtes Misstrauen entgegen: »Sie schreiben ihm eine unheilvolle Kraft zu; sie meinen, es verkörpere gewissermaßen den bösen Blick.« Als Idris eines Tages von einer blonden französischen Touristin fotographiert wird, sein Foto dann aber entgegen ihrem Versprechen nicht von ihr zugeschickt bekommt, beschließt er, nach Paris zu reisen: »Da ist ein Stück von dir selbst fort«, sagt Idris' Mutter, und so ist seine Suche nach dem Foto zugleich eine Suche nach seiner Identität.

Als Talisman nimmt Idris auf seine Reise einen Goldtropfen mit, den die schwarze Tänzerin Zett Zobeida während einer Hochzeitszeremonie in Tabelbala verloren hat. Der Goldtropfen hat eine doppelte Symbolik: Als »reines Zeichen, absolute Form«, steht er einerseits für die bilderfeindliche Welt, der Idris entstammt, ist »Gegensatz und vielleicht Gegengift zu der platinblonden Frau mit dem Photoapparat«. Wie Idris erfährt, war die ›bulla aurea‹ andererseits bei den Römern ein Symbol des Erwachsenwerdens. Als Idris in Marseille, einer der Stationen dieser Initiationsreise, den Goldtropfen an eine Prostituierte verliert, lässt er die Unbefangenheit seiner Kindheit in einer bilderlosen Welt hinter sich.

Auf jeder Etappe seiner Reise wird Idris mit neuen Bildern von sich bzw. seiner Heimat konfrontiert: Im Sahara-Museum von Béni Abbès sieht er sein Spiegelbild im Glas eines Schaukastens, dessen Auslagen das typische Leben in einer Oase veranschaulichen sollen; in Béchar arbeitet er zwei Tage lang bei einem Fotographen, der Touristen vor einer idealisierten Wüstenlandschaft knipst und dann auch Idris posieren lässt – vor der Leinwand mit dem nächtlichen Paris. In der Hafenstadt Oran möchte ihn die alte Lala Ramirez adoptieren, weil er ihrem verstorbenen Sohn ähnelt, wie das Foto auf seinem Grabstein tatsächlich zeigt. Ebenfalls in Oran lässt sich Idris in einem Fotoautomaten ablichten, hält aber dann das Passbild seines Vorgängers in den Händen, das wiederum in seinen Ausweis geklebt wird. In Marseille schließlich fällt Idris' erster Blick auf ein Werbeplakat, das eine auf westliche Klischees reduzierte Wüstenoase zeigt.

Paris, das »Meer der Bilder«, zieht Idris schnell in seinen Bann. Der Filmregisseur Achille Mage engagiert ihn als Statisten und überträgt ihm dann eine Rolle in einem Werbespot für ein Getränk namens »Palmenhain«. Étienne Milan, ein Fotograph aus der Rue de la Goutte d'or (in der überwiegend nordafrikanische Gastarbeiter leben), macht aus seinem Abguss eine Schaufensterpuppe. Unerbittlich wird Idris im Sinne der Konsum fördernden Rolle des Bildes im Westen missbraucht und droht durch die Reproduzierbarkeit seiner selbst seine Persönlichkeit immer mehr zu verlieren.

Zu einer »Heilung« seines durch das Foto verursachten Selbstverlustes kommt es erst, als Idris die Schule des Meisterkalligraphen Abd el Ghafari besuchen kann. Anhand der gleichnishaften »Legende von der blonden Königin« erläutert Abd el Ghafari die seiner Kunst zugrunde liegende Philosophie: Jedes Bild sei in Wirklichkeit eine »Gesamtheit ineinander verhedderter Zeichen«. Wer lerne, diese Zeichen zu lesen – und der beste Weg zu dieser Fähigkeit sei die Kalligraphie –, sei davor gefeit, der unheilvollen Macht des Bildes, dem »Opium des Okzidents«, zu verfallen.

Am Ende des Romans hat Idris zwar nicht das Foto gefunden, dafür aber seine Freiheit. Mittlerweile arbeitet er auf einer Baustelle an der Place Vendôme und entdeckt dort in einem auf Schmuck aus Afrika und dem Nahen Osten spezialisierten Juweliergeschäft einen Goldtropfen, der dem ähnelt, den er in Marseille verlor. Mit seinem Presslufthammer zerbricht Idris die Schaufensterscheibe, um sich den Talisman anzueignen und sich damit wieder zur Welt der reinen Zeichen zu bekennen. Die anrückenden Polizisten, die ihn verhaften, können ihn seiner inneren Freiheit nicht berauben: Er tanzt vor dem Juweliergeschäft den Tanz Zett Zobeidas und versteht wohl jetzt ihren geheimnisvollen Refrain, der ihm die ganze Zeit über nicht aus dem Kopf gegangen war und der den Roman leitmotivisch durchzieht: »Die Libelle ist ein Libell und vereitelt des Todes Hinterlist, eine Schrift ist die Grille und entschleiert des Lebens Geheimnis.«

Tournier verfolgte das erklärte Ziel, einen philosophischen Roman zu schreiben, der auch einem Zehnjährigen verständlich sein soll. Trotz der insgesamt freundlichen Aufnahme durch die Kritik wurde dem Autor jedoch vorgehalten, er habe mit der Gegenüberstellung der »guten« bilderfeindlichen östlichen Welt mit der »bösen«, von Bildern überfluteten westlichen Welt seinem Roman eine zu simple Opposition zugrunde gelegt. Bemängelt wurden darüber hinaus eine Verharmlosung der Situation ausländischer Arbeiter in der französischen Hauptstadt sowie die heterogene Struktur des Romans.

▪ Lit.: J.-R. Austin: T. ou le retour au sens dans le roman moderne, 1992.

Tamara Trautner

Journal extime

(frz.; Extimes Tagebuch) – In dem 2002 veröffentlichten Tagebuch, das er seinem Schriftstellerkollegen und Kenner seines Werks, Serge Koster, widmete, erinnert der Deutschland-Kenner in Notaten, Aufzeichnungen und Maximen an alltägliche wie außergewöhnliche Begebenheiten aus seinem Leben.

Den Unterschied zwischen einem konventionellen Tagebuch und seiner persönlichen Herangehensweise erläutert Tourniers Vorwort: Seine Wortneuschöpfung ›extime‹ stehe in Opposition zu ›intime‹, und im Gegensatz zu einem herkömmlichen Tagebuch, das sehr persönliche Gedanken enthalte, sei bei einem ›extimen‹ Tagebuch die Außenwelt von Interesse. Der Autor notiert keine Gemütszustände, sondern Beobachtungen über Besucher, über Einzelheiten aus seinem Garten und über das Wetter. Seine Vorgehensweise sei mit einer Chronik zu vergleichen, mit einem ›livre de raison‹, in das die Landbevölkerung die Ernten, Geburten, Hochzeiten, Todesfälle und Wetterveränderungen eingetragen habe.

Tournier verweist auf seinen Schriftstellerkollegen Michel ↗ Butor, der seinerseits zwischen den Begriffen ›Exploration‹, d. h. Entdeckung, Eroberung, und ›Imploration‹, d. h. einem Rückzug nach Innen, unterscheidet. Er begibt sich auf die ständige Suche nach der Wirklichkeit, der Aneignung des Existierenden, um es zu überhöhen, zu sublimieren und so die Metaphysik zu nähren. Die Sokrates-Maxime »Kenne dich selbst« lehnt Tournier grundsätzlich ab. Er strebt einen Ansatz an, der wegführt von der ›Nabelschau‹, weg vom Ich, weg vom Narzissmus und der reinen Selbstdarstellung. Für den Autor seien drei Schritte relevant, die in enger Beziehung zueinander stehen und vom Lateinischen ›invenire‹ abzuleiten sind: entdecken, erfinden, schaffen. Ein Entdecker, so Tournier, werde als Erfinder bezeichnet, und dies zu Recht, da vor seinem Eingreifen der Schatz nicht existiert habe. Die Entdeckung lasse das Entdeckte im Nachhinein existieren, und erst, indem die Beobachtungen aufgeschrieben würden, werde das Beschriebene Wirklichkeit. Dasselbe gelte für Länder und Landschaften, die erst durch das beobachtende Auge existieren würden.

Strukturiert werden die Aufzeichnungen durch die Aufteilung in zwölf Monate eines fiktiven Jahres. Wichtiger als eine chronologische Schilderung historischer Fakten sind die Veränderungen in der Natur. Die vier Jahreszeiten sowie die vier Elemente sind omnipräsent. Tournier beschreibt mit viel Humor und Ironie, großer Neugierde und Offenheit, was um ihn herum geschieht. Die Aufzeichnungen sind dabei keiner Hierarchie unterworfen, das Leben der Schwimmvögel ist ebenso erwähnenswert wie der Besuch eines berühmtesten Gastes, des Staatspräsidenten François Mitterand, ein Kinderreim, poetologische Überlegungen oder die Erinnerung an eine vergangene Liebe. Der Ton wechselt von anrührend über traurig bis hin zu komisch. Tournier empfahl dieses ständige Notieren auch seinen Schülern, die in seinen Beobachtungen immer wieder eine Rolle spielen. Das Ergebnis sei nicht nur eine bessere Schreibweise, sondern ein geschärfter Blick auf die Welt. Je mehr sich die Einträge dem Jahresende nähern, desto häufiger findet der Leser Eintragungen über das Altern und den Tod, über den Verlust seiner Freunde, die ihn einsam zurücklassen.

Die Auseinandersetzung mit dem Lebensende wird in einem Nachwort unter dem Titel »Euphorie« fortgeführt. Der Christophorus-Mythos dient als Ausgangspunkt für Reflexionen über den Tod. Tournier erläutert die Etymologie des Wortes ›pherein‹ (griech. ›tragen‹, Bestandteil des Namens Christophorus), und bezeichnet den Tod als das Ende einer Reise. Betrachtet man die Geburt als brutales Eintreten ins Jetzt und Hier, so wird der Tod zur Befreiung, zur Erlösung von der Existenz aus Raum und Zeit.

Die Konzeption des *Journal extime* wurde auch von Internet-Bloggern aufgegriffen, die in Tourniers Definition von ›journal extime‹ die Aufgabe eines Weblogs (Blogs; öffentliches Tagebuch im Internet) erfüllt sehen.

Maja Lenz

Le bonheur en Allemagne?

(frz.; Glückbringendes Deutschland?) – Die 2004 publizierte Essaysammlung reflektiert biographisch, literarisch und kulturhistorisch über die jahrhundertelangen deutsch-französischen Beziehungen. In sechs Kapiteln lässt Tournier die Geschichte des deutsch-französischen Paares Revue passieren, ausgehend vom Ende des 18. Jh.s über Bismarck bis in die Gegenwart. Er legt zunächst sein persönliches Verhältnis zu Deutschland und zur deutschen Sprache offen und lässt eine Analyse der historischen Beziehungen zwischen Frankreich und Deutschland folgen. Nach einem Exkurs über die Schweiz und Berichten über seine Bekanntschaft mit dem französischen Präsidenten François Mitterand kommt er noch einmal auf die Geschichte Preußens zurück.

Aufgewachsen in einer germanophilen Familie, konnte er bereits als Kind erste Erfahrungen mit dem Nachbarland sammeln, die sich in seiner Studienzeit in Tübingen fortsetzten. Von einer Deutschen aus dem thüringischen Werra miterzogen, unterhielt er von Jugend an Kontakte zur späteren DDR und war einer der wenigen französischen Schriftsteller, die in die Ostberliner Akademie der Künste aufgenommen und dafür kritisiert wurden. Tournier verglich beide Länder, beispielsweise die jeweiligen Fernseh- und Zeitschriftenprogramme, und stellte eine völlig unterschiedliche Gewichtung der Berichterstattung in Deutschland und Frankreich fest. Auf Europa bezogen räumte er mit gängigen Klischees auf und behauptete, die einzelnen Länder würden für sich genau die Eigenschaften beanspruchen, die ihnen fehlten.

Den Grundstein für die Geschichte der Beziehung zwischen Frankreich und Deutschland situiert Tournier in den Entwicklungen der Jahre zwischen 1770 und 1830. Während Frankreich in diesem Zeitraum die Französische Revolution und das Französische Empire mit all seinen politischen Aktionen und Wirrungen durchlebte, konstatiert er in Preußen eine politische Leere, die durch eine kulturelle Blütezeit kompensiert wurde. Schriftsteller, Musiker und Philosophen fanden die Bewunderung der französischen Intellektuellen, wie es beispielsweise Madame de ↗ Staël in *De l'Allemagne* zum Ausdruck brachte. Umgekehrt herrschte in Deutschland eine Napoleonverehrung.

Das vereinigte Deutschland sei Frankreich kräftemäßig immer überlegen gewesen, zum einen durch die Einwohnerzahl, zum anderen durch die um zwei Jahrzehnte weiter vorangeschrittene Industrialisierung. Jegliche Auseinandersetzung beider Staaten hätte zwangsläufig zur Niederlage Frankreichs führen müssen, wie man 1870 und 1940 habe sehen können. Den Sieg Frankreichs im Jahr 1918 bezeichnet Tournier als Paradox, das sich aus dem übersteigerten Interesse Wilhelm II. für die Marine erklären lasse. Er stellt die These auf, dass ohne diese Flotte, deren Konstruktion Unsummen des Militärbudgets verschlang, weder die Engländer noch die Amerikaner die Notwendigkeit für eine Einmischung in den Krieg gesehen hätten. Hitler hätte den Hauptgrund seiner Daseinsberechtigung verloren, umgekehrt aber wäre in einem besiegten Frankreich der Machtkampf zwischen Linken und Rechten zugunsten Letzterer ausgefallen und Pétain schon in den 1920er Jahren an die Macht gekommen.

Humorvoll, faktenreich und anekdotenhaft schildert Tournier sein ambivalentes Verhältnis zu Deutschland, das ihm in jeder Lebensphase Leid und Freude, »unwiederbringliche Verluste und unglaubliche Bereicherungen« beigebracht habe. Die Schweiz hingegen verkörpert für ihn ein Ideal, ein Deutschland ohne Schattenseiten. Umso mehr verwahrt er sich gegen Angriffe bezüglich der Rolle der Schweiz im Zweiten Weltkrieg.

▪ Lit.: S. Nies: M. T. ›Le bonheur en Allemagne?‹, in: Dokumente 1, 2005, 104–106.

Maja Lenz

Jean-Philippe **Toussaint**

▪ geb. 29.11.1957 Brüssel (Belgien)

Ab 1971 in Paris; studierte Politikwissenschaft und Neuere Geschichte; 1978 Diplom u.a. an der Sorbonne; 1982–1984 Lehrer in Algerien; danach in Brüssel und auf Korsika; ab 1985 mehrere Romane, ein Band mit Reisenotizen und ein Essay; fünf Filme (Regie und/oder Drehbuch), teilweise von den Romanen ausgehend; fotographiert; besonderes Kennzeichnen seiner minimalistischen Romane ist ihre Ironie.

▪ Lit.: M. F. Schmidt: Erzählen und Verschweigen, 2001. ▪ U. Lindemann: J-P. T., in: Kritisches Lexikon zur fremdsprachigen Gegenwartsliteratur. ▪ Anja Kauß: Der diskrete Charme der Prokrastination. Aufschub als literarisches Motiv und narrative Strategie bei J.-P. T., 2008.

Faire l'amour

(frz.; *Sich lieben*, 2003, B. Schwibs) – Einen Unterschied zu früheren Werken des Autors markiert schon der Titel des 2002 erschienenen Romans, der zum ersten Mal ein Verb einführt und inhaltlich-formal auf *Fuir*, 2005 (*Fliehen*, J. Unseld, 2007), vorausweist. Tatsächlich bricht *Faire l'amour* mit der antipsychologischen Darstellung passiver Nicht-Helden der zuvor erschienenen minimalistischen Romane. Das distanzierte, medial geprägte Weltverhältnis des Protagonisten erinnert gleichwohl an Toussaints Medienromane: Die von Ideogrammen und Neonlichtern geprägte japanische Metropole erscheint durch die Scheiben des Hotelzimmers als Theaterkulisse; Blickkontakte vollziehen sich indirekt via Bildschirm.

Ein Ich-Erzähler begleitet seine als Modemacherin erfolgreiche Lebensgefährtin Marie, die in Tokio eine Museumsausstellung vorbereitet. Die intimen Begegnungen, auf die der Titel anspielt, sind Teil eines sich wiederholenden Spiels detailliert beschriebener geschlechtlicher Annäherungen und Distanzierungen, das den anstehenden Beziehungsbruch hinauszögert. Erzählerisch fallen Rückgriffe auf das literarische und kinematographische Inventar amouröser Rhetorik auf: Eruptive sexuelle Kontakte und eine nächtliche Odyssee durch die winterliche Stadt inszenieren Liebe als Passion und ›amour fou‹, wobei die ständig in Tränen aufgelöste Marie mit ihrer Theatralik und ihren extravaganten Roben melodramatische Akzente setzt.

Zwar lässt die Erzählung den Zitatcharakter der Liebesrhetorik erkennen, die für die älteren Romane Toussaints charakteristische spielerische Ironie fehlt aber weitgehend: Wenn grelle Fernsehsignale ein eingehendes Fax ankündigen und den Liebesvollzug im Hotelzimmer torpedieren, mündet die Szene in Aggression und Melancholie. Gemeinsam mit einer handlungsbegleitenden Bedrohung in Form eines mysteriösen Flakons mit Salzsäure und zweier Erdbeben macht diese Mischung das Stimmungsbild von *Faire l'amour* aus. Eine kurzfristige Flucht nach Kyoto birgt einzelne Ironiemomente, die sich aber aufheben, als der Protagonist, am Ende des Romans wieder in Tokio, eine Blume mit Salzsäure vernichtet.

Das minuziöse Protokoll einer endenden Liebe, das der Erzähler hier aufzeichnet und dabei, für Toussaint ungewohnt, eigene Empfindungen preisgibt, entspricht einer Trauerarbeit mit metaliterarischen Zügen: So wie die Romanfiguren alten Gesten und Mustern verfallen und die Trennung aufschieben, ist der Text selbst von Wiederholungen und Rückbezügen auf jene literarischen Konventionen gekennzeichnet, die der nouveau roman verabschiedet hatte.

▪ Lit.: S. Loignon: Romanesque: le retour de la flamme, ou comment faire l'amour avec J-P. T.?, in: Christian Oster et ›Cie‹. Retour du romanesque, Hg. A. Mura-Brunel, 2006, 25–34.

Susanne Schlünder

Henri **Troyat**

▪ geb. 1. 11. 1911 Moskau (Russland)
▪ gest. 2. oder 3. 3. 2007 Paris (Frankreich)

(d. i. Lev Tarassov) – 1920 als Emigrant nach Paris; Jurastudium an der Sorbonne; Staatsexamen, Verwaltungslaufbahn an der Préfecture de la Seine, ab 1941 freier Schriftsteller; Verfasser von erfolgreichen Biographien russischer Schriftsteller, Theaterstücken und psychologischen Romanen.

▪ Lit.: N. T. Hewitt: T., 1984.

L'araignée

(frz.; *Die Giftspinne*, 1950, H. Eulenberg) – Der Roman erschien 1938. Sein Protagonist Gérard Fonseque ist ein fragwürdiger, phantasieloser Bücherwurm und bei Weitem nicht so intelligent, wie er glaubt. Er verehrt in Nietzsche den Anwalt des reinen Egoismus und der aggressiven Willkür und erlaubt sich als Jünger des also missverstandenen Meisters Eingriffe in das Schicksal seiner Mitmenschen, zu deren Richter er sich bestellt fühlt. So stiftet er Unruhe und Verwirrung im Kreise derer, die das Unglück haben, in seiner Nähe zu leben.

In seinen eigenen Augen ist er scharfsinnig und von überlegener Boshaftigkeit, obwohl ihm Nietzsches Intelligenz völlig abgeht und er es höchstens zum lästigen Störenfried bringt. Da es ihm als Einzelgänger an Vergleichsmöglichkeiten fehlt, fällt es ihm leicht, sich für ein Genie zu halten. Natürlich verachtet er grundsätzlich so bourgeoise Einrichtungen wie die Ehe und sieht in der Liebe nicht mehr als eine physiologische Notwendigkeit. Die Hauptantriebe seines Denkens und Handelns sind Zorn und Ekel, trotzdem lebt er im Grunde nur von der Anteilnahme, die seine drei Schwestern ihm und seinem Leben entgegenbringen. Er will ihr einfaches, bürgerliches Leben nach seinen Ideen umgestalten. Doch kann man nicht behaupten, dass er seine Schwestern liebe; sie sind nur die nächst besten Opfer seines Machtwillens und genauso mittelmäßig wie er selbst.

Lucie ist faul, kleinlich, beschränkt: genau die richtige Frau für ihren Gatten Paul, dem es ebenfalls an Charakterstärke mangelt. Elisabeth hat Glück gehabt, dass sie Tellier fand; die farblosen Jahre ihres bisherigen Lebens haben sie zu einer strengen, schweigsamen, allzu nüchternen Frau gemacht. Die törichte, eitle und gedankenlose Marie-Claude aber hat kaum einen besseren Mann verdient als den amoralischen, geistig labilen Vigneral. Beim Versuch, seine Schwestern aus ihrem öden Dasein banaler Alltäglichkeit zu erlösen, zwingt Gérard ihnen unnötige und unsinnige Probleme auf, die zu bewältigen sie nicht berufen sind. Er vermag nicht einzusehen, dass anspruchslose Naturen auf die Selbstbestätigung, die sie in einem ähnlichen Partner finden, angewiesen sind. So werden alle seine Anstrengungen zunichte, und indem er sich zum Richter der Menschheit aufspielt, bewirkt er seinen eigenen Untergang. Er verwechselt seinen Egoismus mit Charakterstärke und Mut, und seine extremen Ideen machen ihn aller Sinnenfreude unfähig. Aus dem Bedürfnis, andere seelisch zu tyrannisieren, täuscht er am Ende einen Selbstmord vor, der ihm – Ironie des Schicksals – wirklich gelingt.

Die frühen Romane Troyats, zu denen *L'araignée* gehört, verraten vor allem in den psychologischen Tendenzen die russische Herkunft des Autors. In diesem Sinn bezeugt der Held dieses Romans den Einfluss Dostoevskijs, während in stilistischer Hinsicht Tolstojs *Krejcerova sonata* Pate gestanden haben mag.

▪ Lit.: K. E. George: The Role of the Suffix in T.'s ›L'Araignée‹, in: Modern Languages 50, 1969, 107–111. ▪ D. Boak: The Case of H. T., in: International Fiction Review 1, 1974, 143–146.

Judith H. Kaufmann

Tristan **Tzara**

▪ geb. 4. 4. 1896 Moinesti (Rumänien)
▪ gest. 25. 12. 1963 Paris (Frankreich)

(d. i. Sami Rosenstock) – Während des Ersten Weltkriegs in der Schweiz; gründete 1916 Dada in Zürich; 1919 nach Paris; befreundet mit Duchamp, Man Ray, Arp, Huelsenbeck und H. Ball; Wendung zum Surrealismus; Begründer des Dadaismus.

▪ Ausg.: Œuvres complètes, 6 Bde, Hg. H. Béhar, 1975–1991.
▪ Übers.: Die frühen Gedichte, O. Pastior, 1984.
▪ Lit.: F. Buot: T. T. L'homme qui inventa la révolution Dada, 2003. ▪ M. Hentea: Tata Dada, 2014 [Biographie].

Sept manifestes dada

(frz.; *Sieben dadaistische Manifeste,* 1976, P. Gallissaires) – Der retrospektiv zusammengestellte Band erschien 1924. Er stellt die Manifeste der Jahre 1916 bis 1920 sowie einen Vortrag Tzaras von 1922 zusammen und machte so die ursprünglich in okkasionellen Dada-Publikationsorganen (Tzaras *DADA,* ↗ Bretons *Littérature,* ↗ Picabias *391,* Schwitters' *Merz*) publizierten, aktionistisch-gewalttätigen Texte erneut zugänglich, als die Kulturgeschichtsschreibung die Urgründe der Avantgarde zu entdecken begann.

Das Manifest gehört zu den genuinen Bestandteilen der avantgardistisch-aporetischen Rede. »Tzara manifeste, [...] Huelsenbeck manifeste, Ball manifeste«, so skizzierte Tzara in seiner *Chronique Zurichoise* (1920, Buchausgabe 1979) den Inhalt der Dada-Soiree am 14. Juli 1916. Das dadaistische Manifest klagt eine Attitüde ein, ohne sie einlösen zu wollen. Hatte bereits die Romantik, der die dadaistische Avantgarde in vielem verpflichtet bleibt, den Werkbegriff auf das Fragment hin erweitert, so öffnen die Avantgardisten – ausgehend von den Manifesten der Futuristen – diesen in Richtung auf das Projekt, das bloße Gedankenspiel. Im Manifest wird die mittelbare Sinnlichkeit des ästhetischen Werkes einer Reihe von Veränderungen unterworfen, die sein Selbstverständnis bestimmen sollen. Das Kunstwerk entrückt in einen Bereich der Idee, des Entwurfes, der von nichts weiter entfernt sein will als von seiner Einlösung. Der Verlautbarungsstil, die Attitüde, die Demonstration einer Weltanschauung als Werk rückt an den Platz des ästhetisch autonomen Werkes und des Wahrheitsgehaltes der Kunst. Diese will zunächst sich selbst proklamieren und für sich selbst werben: »Auch Reklame und Geschäft sind Bestandteile von Poesie« heißt es im »Manifest Dada 1918«.

Gibt der Dadaist auch vor, die Kunst und ihren Begriff zertrümmern zu wollen, so tritt doch gerade seine eigene, mittels des Manifestes fiktiv vorgeführte Person an deren Platz. Mit seinem eigenen Körper garantiert so der Dadaist paradoxerweise für den Fortbestand der Kunst.

Wenn es daher wenig verblüffen mag, dass kaum Werke des Dadaismus, aber desto mehr Dadaisten und Dokumente ihrer Absichten existieren, gilt es, umso genauer die in den Manifesten sich formulierende, sich quasi aus dem Nichts selbst schöpfende Bestimmung einer Kunstepoche ohne Kunstwerke zu beachten. Dabei liegt die Bedeutung und Besonderheit des dadaistischen Manifests weniger in der provokatorischen Geste, die auch die Futuristen sich bereits virtuos zu eigen gemacht hatten, als vielmehr in ihrer konsequenten Abstinenz von jeglicher oberflächiger Inhaltlichkeit.

Gerade der Grad an in sich widersprüchlicher Diffusion macht den Rang des Dada-Manifests aus. Wenn der Dadaist die bisherige Mittelbarkeit der Kunst durch die gewalttätige Direktheit der Manifeste ersetzt, so rettet diese die letztendliche Unbestimmbarkeit der ästhetischen Aussage durch die Konstruktion paradoxaler Standpunkte.

Dem Titel von Tzaras Buch entsprechen eigentlich nur die ersten drei, dem Züricher Dadaismus entstammenden Manifeste. Im Januar 1920 schloss sich die Künstlergruppe um L. ↗ Aragon, ↗ Breton und ↗ Soupault dem Dadaismus an. Die vier weiteren in diesem Jahr in Paris entstandenen Texte benutzen den mittlerweile als Textkategorie etablierten Begriff des Manifests nur noch als Spielfeld für Textexperimente, in deren Vordergrund Tzaras Inszenierung einer Sichtbarkeit der Sprache durch die körperhafte Präsentation auf Dada-Veranstaltungen stand. Diesem Narzissmus sowie dem auf den ersten Blick destruktiven Charakter von Dada und Tzaras Schöpfungen standen die Pariser Dadaisten zunehmend skeptisch gegenüber.

Entwickelte sich aus deren auf dauerhaftere Kunst gerichtetem Impetus ab 1924 die surrealistische Bewegung, so markieren Tzaras Manifeste von 1920 eher einen Markstein in deren Frühgeschichte. Sie ersetzen konsequenterweise die Vokabel »Dada« durch »Aa«. Zur Begründung heißt es im Manifest des Herrn Aa, des Antiphilosophen: »die tarife und das teure leben haben mich dazu gebracht / die D's zu verlassen / es stimmt nicht daß die falschen dadas sie mir entrissen / haben da die zurückzahlung beginnt.« Es gelang Tzara aber bei Weitem nicht, in Paris die propagandistische Führerrolle zu gewinnen, die er in Zürich noch innehatte. Die von ihm geförderte Gruppenbildung präludierte jedoch dem Surrealismus, nachdem das destruktive Begehren des Dadaismus sein Ziel zu erreichen drohte.

In *En avant Dadas* (1920), seiner Geschichte des Dadaismus, charakterisierte R. Huelsenbeck Tzara als »jene romantisch-internationale Type, deren propagandistischem Eifer wir eigentlich die ungeheure Verbreitung des Dadaismus zu verdanken haben«. Weil Tzara eher zu den Ideologen, Konzeptualisten und Organisatoren der dadaistischen Bewegung gehört hat, muss sein Stellenwert auf einer anderen Ebene als der der überlieferten Texte bemessen werden. Der Dadaismus als Gesamtheit und Epoche ist Tzaras eigentliches ›Kunstwerk‹.

Tzaras 1922 auf dem »Internationalen Kongress der Konstruktivisten und Dadaisten« am Bauhaus in Weimar gehaltener Vortrag wirkt wie der altersweise Erklärungsversuch einer längst vergangenen Jugendeuphorie, von der man weiß, dass sie Geschichte gemacht hat. Insbesondere diese traurige Geste inmitten des dadaistischen Lärms mag den ebenfalls anwesenden und in diesem Punkt geistesverwandten Kurt Schwitters veranlasst haben, den Vortrag in seiner Zeitschrift *Merz* zu veröffentlichen. Der Vortrag zeichnet sich bereits durch eine beachtliche Distanz zu den Inhalten und der Diktion Dadas sowie durch eine bemerkenswerte Souveränität im Umgang mit ihnen aus. Weitaus deutlicher als die Manifeste vermittelt dieser Text – in einer Selbstinterpretation Tzaras – Einblick in die latent immer schon vorhandenen Paradoxien der Avantgarde und die Zusammenhänge zwischen Aggressivität und Traurigkeit, zwischen plakativem Selbstverlust und melancholischer Selbstbehauptung.

▪ Lit.: M. Sanouillet: Dada à Paris, 1977. ▪ R. Huelsenbeck: Dada siegt. Bilanz und Erinnerung, 1985. *Andreas Ammer*

L'homme approximatif

(frz.; Der annähernde Mensch) – Während der Hochblüte des Surrealismus gab der Autor mit dem 1931 erschienenen Gedichtzyklus seiner Wandlung zum Surrealisten dichterischen Ausdruck. In 19 großen Gesängen, deren Charakter durch die refrainartige Wiederkehr bestimmter Wortgruppen unterstrichen wird, erscheint das Bild des »annähernden« Menschen auf der Suche nach dem verlorenen Ideal. Das lyrische Ich bezieht in dieser Suche sich selbst, aber auch das Du, ja alle Menschen mit ein: »die tauben Straßen verloren ihre Flügel / und der Mensch wuchs unter der Schwinge des Schweigens / approximativer Mensch wie ich wie du und wie alles Schweigen«.

Die Sprache wird zur Geliebten, ihre Eroberung zu einem dichterischen Liebesakt: »und dass die Tür sich öffne wie die erste Seite eines Buches / dein Zimmer voller ungezähmter, amouröser heiterer oder trauriger Zufälligkeiten / [...] und jedes Wort wird ein Zauber sein für das Auge und von Seite zu Seite / [...] deiner Nacht wird sich das geheime Streben erhellen und von Seite zu Seite / werden die Flügel deines Wortes mir zu Fächern und von Seite zu Seite / Fächer, um die Nacht von deinem Gesicht zu scheuchen [...].«

Tzara teilt mit ↗ Claudel und ↗ Saint-John Perse den eigenwilligen Rhythmus freier, ungereimter Verse; auch deren große, ins Kosmische gewendete Themen klingen an: Geburt, Liebe, Tod und Verwandlung. Die gesuchte Dunkelheit, das Fehlen jeglicher Interpunktion und die unterschiedslose Kleinschreibung aller Wörter erschweren das Verständnis der lyrischen Gesänge.

Die Bilderflut erinnert noch an die von ↗ Breton verkündete »écriture automatique«: »die Ziegenmelker zähmen das enge Geräusch / und die Kronen aus altem Eisen, bis auf die Knochen verblichen / sind aufgehängt in Höhe des Zorns, der den Fjorden entströmt«. Tzaras Bilder sind von einer kühnen Schönheit: »der Herbst schleppt auf Krücken den stotternden Wind / und die Flossen der Büsche weinen nicht mehr unter dem Mantel«. In die offene Textur der Verse ist der dichterische Vorgang, Sprache und Kritik, wie bei den Symbolisten mit einbezogen. Der Dichter selbst ist der approximative Mensch, der seine Hoffnung gesetzt hat »auf die oxydierte Wüste der Qual / auf die robuste Ankunft ihrer Flamme«.

▪ Lit.: D. Combe: T.T. et l'épopée antihumaine de ›L'homme approximatif‹, in: Euresis. Cahiers Roumains d'Études Littéraires 1/2, 1994, 104–110. ▪ A. Rodríguez López-Vázquez: Vicente Huidobro y T.T. La elaboración del lenguaje poético en la vanguardia, in: De Baudelaire a Lorca, Hg. K. Reichenberger, 1995, 819–827. *Josef Theisen*

Honoré d' **Urfé**

- geb. 11. 2. 1567 Marseille (Frankreich)
- gest. 1. 6. 1625 Villefranche-sur-Mer/Alpes-Maritimes (Frankreich)

Aus altem Adel, im Kolleg von Tournon erzogen; während der Religionskriege Parteigänger der Heiligen Liga; bis 1599 verbannt; am Aufstand gegen die Spanier in Valtellina 1625 beteiligt; Begründer des höfisch-galanten Romans in Frankreich.

■ Lit.: A. Sancier-Château: Une esthétique nouvelle, H. d'U., 1995.

L'Astrée

Où par plusieurs histoires et sous personnes de bergers et d'autres sont déduits les divers effets de l'honneste amitié

(frz.; Astrea, darin anhand von mehreren Geschichten und am Beispiel von Schäfern und anderen die verschiedenen Wirkungen ehrsamer Freundschaft dargelegt werden) – Der wahrscheinlich schon vor 1590 begonnene Schäferroman erschien zunächst in drei Teilen von 1607 bis 1627. Einen hinterlassenen vierten Teil publizierte 1627 d'Urfés Sekretär Baro. Ein gewisser Borstel de Gaubertin verfasste 1625 einen apokryphen fünften und sechsten Teil, für den er nachgelassene Papiere d'Urfés benutzt haben dürfte.

Urfé schätzte Platon wegen seines ausgeprägten Abstraktionsvermögens besonders hoch. Diese Neigung zu abstraktem Denken zeigt auch der Roman. Abgesehen von mutmaßlichen autobiographischen Elementen sind die Quellen dieser ›Hohen Schule der Galanterie‹ hauptsächlich in den italienischen, spanischen und französischen Schäferromanen Tassos, Guarinis, Boccaccios, Montemayors, Sannazaros, Cervantes' und Pasquiers, aber auch in Rodríguez de Montalvos Ritterroman *Amadís de Gaula* und den Novellen aus dem *Heptaméron* der ↗ Marguerite de Navarre zu suchen.

Zahllose Anleihen aus diesen Hauptwerken der Epoche sind kunstvoll zu einer Folge von Episoden verknüpft, deren Grundfabel leicht zu resümieren ist: Céladon ist aufgrund einer Verleumdung von der geliebten Astrée verbannt worden und gewinnt erst – nach einige tausend Seiten füllenden – harten Prüfungen ihre Gunst zurück, während neben ihm ein Silvandre um eine Diana seufzt, ein Hylas sich seiner Flatterhaftigkeit in der Liebe rühmt, ein weiser Druide namens Adamas sich unermüdlich durch gute Worte und hilfreiche Dienste hervortut.

In verzweigten Handlungen und ausführlichen Diskussionen demonstrieren und erläutern, unter Einbeziehung der gesamten Kultur- und Sittengeschichte der Epoche, ungezählte Schäfer und Schäferinnen die verschiedenen Wirkungen der Liebe. Aus den spanischen Vorbildern stammt dabei vor allem der Hang zum Ethos des Mittelalters: Heroische Abenteuer und ritterlicher Minnedienst, Verfeinerung der Sitten, Reinheit, Beständigkeit des Gefühls und Unabhängigkeit von Stimmungen und Ereignissen sind die Ideale, für die d'Urfé in leicht moralisierendem Ton plädiert; in diesem Sinne ist die *Astrée* als Wegbereiterin des ↗ Corneille'schen Theaters gedeutet worden.

Als umfassende theoretische Erörterung der Fragen der Liebe wurde der Roman in der Folge zum galanten Lehrbrevier der Salons: eine Art literarisches Modell des mondän-gepflegten Lebensstils. Im Gegensatz zu seinen sich im Irrealen ergehenden italienisch-spanischen Vorbildern macht d'Urfé aus der arkadischen Pastorale beinahe einen historischen Roman. Seine präzise Angabe von Ort und Zeit – die Handlung spielt im 5. Jh. n. Chr. in der Landschaft des Forez am Oberlauf der Loire – erscheint einerseits als groteske Inkonsequenz, andererseits aber als erste Andeutung des späteren, auf Wirklichkeit und Wahrscheinlichkeit bauenden Romans. Zukunftweisend ist auch der im Vergleich mit den lyrischen Intermezzi eines Tasso oder Montemayor geradezu prosaische Ton der *Astrée*. Mit ihrem Reichtum an Episoden diente sie den mittelmäßigen Literaten der Folgezeit als unerschöpfliche Quelle. Wesentlich positiver ist der Einfluss zu bewerten, den d'Urfés Bemühen, seelische Vorgänge darzustellen, auf die Autoren seiner Zeit hatte.

Zahlreiche, zum Teil gekürzte und bearbeitete Ausgaben sowie die für die Unterweisung der Jugend vorgesehene Bearbeitung der Comtesse de Molitor bezeugen das anhaltende Interesse, das dieser Roman weit über seine Zeit hinaus genoss. Sein Einfluss auf die gesellschaftlichen Umgangsformen der Salons ist offenkundig. In Deutschland bewirkte seine Lektüre gar die Gründung einer ›Académie de parfaits amants‹.

■ Lit.: L. Hinds: Narrative Transformations from ›L'Astrée‹ to ›Le berger extravagant‹, 2002.

Ingrid Peter

Paul Valéry

▪ geb. 30.10.1871 Sète (Frankreich)
▪ gest. 20.7.1945 Paris (Frankreich)

Korsischer Abstammung; Vater Beamter, Mutter aus großbürgerlicher Genueser Familie; Schule in Sète, seit 1884 in Montpellier; Jurastudium; Freundschaft mit P. ↗ Louÿs, bekannt mit ↗ Mallarmé und ↗ Gide; 1896 in Londoner Pressebüro, 1897–1900 im französischen. Kriegsministerium; 1937 Professur für Poetik am Collège de France; als Essayist und Lyriker Vollender des Symbolismus, einer der bedeutendsten Lyriker des 20. Jh.s.

▪ Ausg.: Œuvres, Hg. J. Hytier, 1987–1993.
▪ Übers.: Werke, 7 Bde, Hg. J. Schmidt-Radefeldt, 1992–1995.
▪ Lit.: D. Bertholet: P. V., 1871–1945, 1995 [Biographie, dtsch. 2011]. ▪ L. De Nardis: P. V. Existence du symbolisme, 2002.

Introduction à la méthode de Léonard da Vinci

(frz.; *Einführung in die Methode des Leonardo da Vinci*, 1960, K. A. Horst) – Den 1895 in der von Léon Daudet herausgegebenen Zeitschrift *La Nouvelle Revue* erschienenen Essay publizierte Valéry 1919 in überarbeiteter Form mit dem einführenden Aufsatz »Note et digression« (Anmerkung und Abschweifung); 1933 fasste Valéry die beiden Leonardo-Essays mit einem dritten, »Léonard et les philosophes«, 1928 (Leonardo und die Philosophen), in einem Band zusammen, in dem auch alle von 1929 bis 1930 entstandenen kommentierenden Randbemerkungen mit abgedruckt wurden.

Valéry hatte 1894, im Entstehungsjahr dieses frühen theoretischen Essays, seine erste – lyrische – Entwicklungsphase bereits hinter sich gelassen und die dichterische Produktion aus einem entschiedenen Misstrauen gegen ihre illusionistisch-verschleiernden Wirkungen vorübergehend gänzlich aufgegeben. 1894 beginnt er auch mit seinem Lebenswerk, den *Cahiers*. Valéry geht es fortan darum, ein möglichst präzises »Bewußtsein von der Arbeitsweise des Geistes« zu gewinnen. Er ignoriert dabei weitgehend den qualitativen Unterschied zwischen der wissenschaftlich-philosophischen und der künstlerisch-produktiven geistigen Tätigkeit, den er lediglich in einer »andersartigen Verfügung über eine gemeinsame geistige Habe« gegeben sieht. Im Zuge dieser Entwicklung wird ihm Leonardo da Vinci bewundertes Vorbild für jene geistige Universalität, die »die Leistungen der Erkenntnis wie die Taten der Kunst gleichermaßen ermöglicht«.

Valéry bezieht sich nur insoweit auf Person und Werk des Malers, Architekten, Naturwissenschaftlers und Ingenieurs, als sie ihm ein »Modell zu entwerfen« ermöglichen – ein apollinisches »Gedankengeschöpf«, das dem jungen Autor, seinem späteren offenen Eingeständnis zufolge, vor allem als Projektionsbasis für eigene, ähnliche Bestrebungen dient: »In Wahrheit habe ich Mensch und Leonardo genannt, was ich in jener Zeit unter dem Vermögen des Geistes verstand.«

Valéry führt die Spannweite von Leonardos Denken auf ein großartiges Identifikationstalent zurück, das jedem wahrgenommenen Einzelding – und schon die bloße sinnliche Anschauung ist bei Leonardo, wie seine Skizzenbücher zeigen, ungleich präziser als bei andern – seinen Platz innerhalb eines umfassenden Systems zuweist und sich mit Hilfe eines ausgeprägten Sinns für Symmetrien und Analogien den Weg »von der Unordnung zur Ordnung« bahnt – eine für Valéry bezeichnende und auch in seinen späteren Werken immer wieder auftauchende Formulierung. Leonardos Hauptziel ist die »Erkenntnis der regelmäßigen Kombinationen«, der Konstanten im Gefüge aus regelmäßigen und unregelmäßigen Anordnungen, die die Welt – sowohl die des Geistes als auch die der Natur – bietet. Dieses epistemologische Prinzip führt ihn zu einer prinzipiellen »Erweiterung der Kontinuität durch Metaphern, Abstraktionen und Sprachen«: ein »symbolischer Geist«, der die »Freuden der Konstruktion« allen Abenteuern mit dunklen Offenbarungen und deren zufälligen Ergebnissen vorzieht.

Leonardos beispielhafte, konstruktiv-methodische Anstrengung und die Anzahl »verborgener Analysen«, die das Zustandekommen seines Werks erst ermöglichen, befriedigen Valérys hartnäckiges Bedürfnis nach Genauigkeit. Der lebenslange Abscheu des Autors vor einem kunsttheoretischen Irrationalismus, der sich unausrottbarer Begriffe wie ›Inspiration‹, ›Genie‹, ›Geheimnis‹ und ›tief‹ als fetischisierter Wortmünzen bedient, findet in den Leonardo-Essays wie beständig in den *Cahiers* seinen deutlichsten Ausdruck.

▪ Lit.: A. Minvielle: Retombée d'étincelles, 1970.

Hans-Horst Henschen

La soirée avec Monsieur Teste

(frz.; *Herr Teste*, 1927, M. Rychner) – Das 1896 in der Zeitschrift *Le Centaure* erschienene Romanfragment wurde 1926 zusammen mit einem Vorwort und drei anderen Stücken unter dem Titel *Monsieur Teste* als Prosazyklus veröffentlicht, der 1946 um eine Auswahl von fünf nachgelassenen Fragmenten vermehrt wurde. Andere »Testiana« finden sich verstreut in den *Cahiers*.

Die *Soirée avec Monsieur Teste* ist ein Abend des jungen Valéry mit sich selbst. Das Erzähler-Ich, das sich mit dem berühmten Satz »Dummheit ist nicht meine Stärke« einführt, verleugnet nirgends seinen Autor, der als erster den Intellekt zu einem Objekt der Literatur machte. Der Gesprächspartner des Erzählers, Herr Teste, ist die bis ins Unmenschliche gesteigerte Möglichkeit dieses Ichs, eine Kunstfigur, deren Existenz »in Wirklichkeit sich nicht über die Dauer einiger Viertelstunden hinausdehnen ließe«. Eine solche Ich-Verdoppelung hat mit eitler Selbstbespiegelung nichts gemein; der Wunsch, anderen zu gefallen, veräußert und verrät die Essenz des Geistes, intellektueller Stolz dagegen, d. h. der Wille, sich selbst zu gefallen, treibt aus dem zufälligen Ich der Person ein immer reineres Bewusstsein hervor. Dieser im Übergang vom Denken zum Denken des Denkens erreichte Selbstbesitz, der Verzicht auf die Wirkung nach außen und damit auf Entäußerung der geistigen Potenz, kennzeichnen Herrn Teste.

Valéry hat seine Symbolfigur abendländischer Rationalität in eine anonyme Pariser Durchschnittsexistenz versetzt. Herr Teste ist ungefähr vierzig Jahre alt, lebt von kleinen Börsenspekulationen und wohnt in einem kahlen Allerweltszimmer – ohne ein einziges Buch. Die ganz sich selbst lebende Intelligenz hat die Fehler des Menschlichen, die Leerformeln der Sprache, Emotionen und Meinungen hinter sich gelassen. Nicht das, was er weiß, sondern das, was er kann, interessiert Herrn Teste. Alle Denkinhalte werden von ihm formalisiert und in reine Methodologie aufgelöst. »Sein starkes und kurzes Leben verströmt sich in der Überwachung des Mechanismus, durch den die Verhältnisse zwischen dem Bekannten und dem Unbekannten eingesetzt und geregelt werden.« (Vorwort) Dieser Systematiker seines Ichs, der lediglich den körperlichen Schmerz nicht bewältigen kann, tritt nie handelnd aus seiner Einsamkeit heraus. Bei Valérys Ablehnung des im traditionellen Sinn Romanhaften ist es nicht verwunderlich, dass die *Soirée* in ihrer provozierenden Abstraktheit statt äußerer Handlung gerade noch ironische Versatzstücke des Epischen enthält. Das eigentliche Geschehen ist potenzierte Reflexion: die Beobachtung eines sein Denken beobachtenden Ichs.

Dieser Versuch eines ›Romans des Gehirns‹ hat Valéry nach seiner langen Schweigeperiode zu einer Fortsetzung gereizt. Fast dreißig Jahre später veröffentlichte er weitere »Testiana«, die durch die Eigenart ihres Anti-Helden und die ganz ins Innere verlagerte Handlung jene ›deambulatorischen‹ Tendenzen aufgreifen, durch die der Roman des Fin de Siècle auf die erzählende Dichtung der Avantgarde und noch den nouveau roman vorausweist: Bar jeder äußeren Handlung verwirklicht sich Erzählen in der puren Geistesbeschäftigung eines intellektuellen Flaneurs, nunmehr jedoch reflektiert durch die Doppelung eines Beobachters. Nicht ohne Erstaunen erfährt der Leser von der inzwischen erfolgten Heirat Testes. In dem 1924 veröffentlichten »Brief von Frau E. Teste« schildert die Ehefrau die beunruhigenden Gewohnheiten ihres Mannes. Wieder ist Teste Objekt der Beobachtung und nur indirekt sichtbar. Insbesondere seine animalische Sinnlichkeit und der leere Transzendenzbezug des »gottlosen Mystikers« werden herausgehoben. Der im gleichen Jahr erschienene, an Teste gerichtete »Brief eines Freundes« enthält eine ironische Kritik an der Selbstüberschätzung und Originalitätssucht der Pariser Intellektuellen, von denen sich die stolze, im Unbekannten bleibende Selbstgenügsamkeit des fiktiven Briefempfängers umso wirkungsvoller abhebt. Für die »Extraits du log-book de M. Teste«, 1926 (Auszüge aus dem Logbuch des Herrn Teste) hat Valéry zum Teil Reflexionen aus seinen eigenen Notizbüchern, den *Cahiers*, übernommen.

In dem postumen Fragment »Pour un portrait de M. Teste« (Für ein Porträt des Herrn Teste) wird der Name »Teste« mit lat. testis (Zeuge) zusammengebracht und damit die wichtige Rolle der Beobachtung innerhalb des Zyklus erhellt. »Herr Teste ist der Zeuge«, d. h. ein Beobachter, der ein reines Sehen verwirklicht, das von jeder subjektiven Bedingtheit und Trübung frei ist. Im letzten Fragment mit dem Titel »Fin de M. Teste« (Ende des Herrn Teste) lässt Valéry seine Gestalt so sterben, wie sie gelebt hat – abstrakt. Der Tod ist für Teste ein erschreckender und zugleich verlockender Gedanke; erschreckend, da das Bewusstsein seine endgültige Unterdrückung nicht begreift, verlockend, weil das Denken, das notwendigerweise immer ein Denken von etwas ist, mit dem Tod in die Reinheit des Nichts eingeht.

Der Ruhm dieser fiktiven Gestalt erklärt sich daraus, dass sie trotz ihrer isolierten, monadenhaften Existenz nicht nur sich selbst spiegelt. In Valérys Prosazyklus hat das Subjekt als Ort emphatisch postulierter Individualität bereits abgedankt. Testes Formalisierung aller individuellen Denkinhalte, seine unpersönliche Beobachterhaltung, die betonte Beliebigkeit seiner Zimmereinrichtung kennzeichnen den vordringenden Menschentyp des rationalen Technikers, dessen funktionale Planungsstrategien Ergebnis und Voraussetzung moderner Zivilisation sind. Indem Teste sich allerdings jeglicher gesellschaftlicher Verantwortung versagt, bleibt er ein, wenngleich nur fiktives, so doch typisches Geschöpf des Fin de Siècle.

▪ Lit.: J. Starobinski: Herr Teste und der Schmerz, in: Individualität, Hg. M. Frank/A. Haverkamp, 1988, 93–119. ▪ V. Patinella: Dissolizione dell'ego e illusorietà del soggetto nel ›Monsieur teste‹ di P. V., 1989.

Paul Mog

La jeune parque

(frz.; *Die junge Parze*, 1960, P. Celan) – Das 1913 bis 1917 entstandene Gedicht erschien im April 1917 in der von ↗ Gide und Rivière betreuten *Nouvelle Revue Française* (und 1921 separat mit einer Lithographie von ↗ Picasso). Es ist Gide gewidmet und umfasst 512 paarweise gereimte, überwiegend streng zäsurierte Alexandriner in 16 Strophen von unregelmäßigem Umfang. Das Gedicht, das die Reihe der ingeniösen lyrischen Alterswerke des späteren Bandes *Charmes* (1922) eröffnet, ist eines der bedeutendsten und dunkelsten Werke Valérys.

Das lyrische Ich ist ein junges, unberührtes Mädchen, das nachts, an einer Felsenklippe ruhend, aus dem Schlaf auffährt und sich einer quälenden Unruhe ausgesetzt sieht, deren es nicht Herr zu werden vermag, bis es, gedemütigt, als Ursache ihrer Unruhe den Biss der Schlange erkennt, Allegorie für das seinem ruhigen, keiner Begierde unterworfenen Geist-Sein entgegen gesetzte Prinzip der Verführung und Überredung zu Lust, Sensibilität und Bewusstsein von Sensibilität. Der Bezug auf die im Titel gesetzte allegorisch-mythische Bedeutungsschicht ist sehr locker und wird im Verlauf des Gedichts nur ein einziges Mal explizit aufgenommen; den definitiven Titel wählte Valéry erst sehr spät aus einer großen Anzahl weiterer in Aussicht genommener Möglichkeiten.

Der Biss der Schlange weckt in der Parze eine unbestimmte Angst vor künftigen, ihr bislang unbekannten, zunächst noch stolz abgewehrten »Giften«, die sie in die »Kreisbahn« von Werden und Vergehen drängen, »wo Milch fließt, Blut und Same«. Der sich auftuende Zwiespalt beherrscht den gesamten Mittelteil des Gedichts als Kampf ihres alten, verschlossenen, jungfräulich-narzisstischen Ichs mit dem vorerst nur undeutlich erahnten, sinnlichkeitsoffenen und liebebereiten harmoniebedürftigen Ich: ein Zwiespalt, der mit seiner Verschränkung von erwachender, dennoch zunächst verdrängter Sexualität mit dem bezeichnenden Antagonismus von Sensibilität und Intelligenz ↗ Mallarmés *Hérodiade* unmittelbar wieder aufzunehmen scheint, die Valéry zweifellos vertraut war. »Daß hier, in diesem Fruchtfleisch, blond unterm Sonnenlicht, / ein Sterbenwollen reifte – das hört, das ahnt ich nicht. / Das Bittere im Innern, der Saft war noch nicht gar.«

Aus der Lüge des alten, schwesterlich-feindlichen Ichs befreit sich die Parze bald, ohne doch der ihr gerade bewusst werdenden Körperlichkeit, ihres »Bluts geheimer Regung« bereits den Sinn von lebenspendender Fruchtbarkeit und Mutterschaft abgewinnen zu können. Die quälende Vision ungeborener Kinder, die ihrer als Eingang ins Leben bedürfen, flößt ihr neue Verzweiflung und Todessehnsucht ein. Erst als sie sich von der Klippe ins Meer stürzt und sich, erwachend, am Strand den »jungfräulichen Müttern« – den unter dem Strahl der aufgehenden Sonne zu neuem Leben erwachenden Inseln – gegenübersieht, erlischt ihr Widerstand.

Die abschließende Strophe des Gedichts bietet einen rauschhaften Hymnus der Parze an das Meer, den Wind, das Licht und die Sonne, denen sie sich – anders als im Gefängnis ihres abgestreiften Ichs, dem Sonne und Sterne als Symbole reiner, zeit- und gestaltloser Geistigkeit zugeordnet waren – jetzt als sterbliches, sinnenhaft-einwilligendes Wesen zuwendet.

Die Vieldeutigkeit des Gedichts legt die Möglichkeit von abweichenden, sogar einander widersprechenden Deutungen nahe. Dass Valéry sich dieses hermeneutischen Problems bewusst war, zeigt seine in »Le philosophe et la jeune parque« (Der Philosoph und die junge Parze) dokumentierte Selbstauslegung, die Eindeutigkeit grundsätzlich ausschließt: »Meine Verse haben den Sinn, den man ihnen gibt. Es wäre ein Irrtum, der dem Wesen der Poesie widerspräche und für sie sogar tödlich sein könnte, zu behaupten, daß jedem Gedicht ein wirklicher, einmaliger und einem bestimmten Gedanken des Autors konformer oder identischer Sinn entspricht.« (»Commentaire de ›Charmes‹«, 1929)

■ Lit.: J.-M. Maulpoix: Major Poems. The Voice and the Subject, in: Reading P. V., Hg. P. Gifford, 1998, 170–186.

Hans-Horst Henschen

Eupalinos ou L'architecte

(frz.; *Eupalinos oder Über die Architektur*, 1927, R. M. Rilke) – Der kunsttheoretische Dialog erschien 1923 zusammen mit dem Dialog *L'âme et la danse* (*Die Seele und der Tanz*, 1927, R. M. Rilke).

In der Abgeschiedenheit des Hades führen Sokrates und sein Gefährte Phaidros ein Gespräch über die Kunst – vor allem über Architektur und Musik –, das sich zu einer abstrakten, aber dennoch präzisen Analyse des Unterschiedes zwischen »Bauen« (Kunst) und »Erkennen« (Philosophie) und der Bedingungen möglicher vollkommener Schönheit ausweitet. Zu Beginn des Dialogs erinnert Phaidros Sokrates an ein Bauwerk, das sie, noch als Lebende, am Piräus unter der Leitung des Architekten Eupalinos von Megara entstehen sahen. Er rühmt die Sorgfalt und Strenge, mit der Eupalinos sein Vorhaben ausführte, als Zeichen eines erstaunlichen Geistes, in dem sich etwas von der Kraft des Orpheus erhalten habe. »Er sagte diesem unförmigen Haufen von Steinen und Balken, die um uns herumlagen, ihre gestaltete Zukunft voraus.« Wie der Dichter, der nach Valérys Kunsttheorie das ungeordnete Material in einen Zustand höherer Ordnung überführt, wendet auch Eupalinos alle schöpferische Anstrengung an jene eigentümliche Verbindung des »Regelmäßigen mit dem Unregelmäßigen«, die im vollendeten Werk ebenso zwingend wie unbeschreibbar in Erscheinung tritt. Sokrates, von Phaidros mit dem Vorwurf bedacht, ihm habe zu Lebzeiten nur eine Begabung gefehlt, nämlich die tiefe »Leidenschaft für die Gestaltungen und Erscheinungen«, zeigt sich überrascht über die dem Denken Hindernisse entgegensetzende, komplexe Verkettung von geistigen Akten, die das Kunstwerk hervorbringen. Eupalinos' Bemerkung »Je mehr ich über meine Kunst nachdenke, desto mehr übe ich sie aus«, in der sich die von Valéry so häufig betonte Einheit von Reflexion und Praxis ausdrückt, leitet zur Unterscheidung zwischen drei Arten von Bauwerken über – den stummen, den redenden und denen, die »singen«. Diese Unterscheidung setzt die Einsicht voraus, dass Kunst ihrem Stoff zur Dauer verhilft, indem sie ihn, »das bewegliche Leben selbst«, der Zeit entzieht.

Im folgenden Abschnitt wendet sich das Gespräch den Unterschieden zwischen den einzelnen künstlerischen Disziplinen zu. Sokrates gibt vor allen anderen der Architektur und der Musik den Vorzug, deren Gemeinsamkeit darauf beruhe, dass beide »verständliche Formen dem Stein auferlegen, der Luft mitteilen, nur wenig den Dingen der Natur entlehnen, so wenig wie nur möglich nachahmen« und etwas für sich Bestehendes zu sein scheinen, das den Menschen in sich selbst einschließt. Diese Künste drücken sich mit Vorliebe in geometrischen Figuren und Zahlenbeziehungen aus, deren reine Harmonie die Seele so klärt und aktiviert, dass sie darauf mit einem »unerschöpflichen Überfluss von Auslegungen und Mythen« antwortet. So erklärt sich Sokrates die Bemerkung des Eupalinos, es gebe Bauwerke, die sängen. Der Mittelteil des Dialogs wendet sich einem »armseligen«, vom Meer ans Land gespülten Gegenstand zu, den Sokrates in früher Jugend gefunden hatte und der sein Schwanken zwischen »Bauen« und »Erkennen« zugunsten der Philosophie entschied. Dieser rätselhafte Gegenstand – »Stoff für Zweifel« – erregte seine angestrengte Aufmerksamkeit: War er ein Spiel der Natur, Knochenstück eines Fisches, von einem Menschen geschliffenes Elfenbein oder das Bildnis eines unbekannten Gottes? An ihm schien die »ewige Arbeit der Wellen«, die Wirksamkeit der »unendlichen« Zeit zufällig und blind dieselbe Form erzeugt zu haben, die der Künstler »unmittelbar«, mit »fortgesetztem Willen« hervorzubringen sich bemüht.

Von diesem Gegenstand ausgehend, an dem sich nicht ablesen lässt, ob er (von Menschen) »gemacht« oder (von der Natur) »geschaffen« worden ist, erörtert Sokrates den Gegensatz zwischen »natürlicher« und »menschlicher« Produktivität, deren reine, von »Zwecken« abgelöste Form der Künstler verkörpert. Während in der Natur der Stoff, aus dem alle »Wesen« zusammengesetzt sind, und die Formen, die sie annehmen, in geheimer Beziehung stehen, tut der Mensch dem ihm ungleichen Stoff durch einen fremden »Tyrannen« – den Gedanken und seine handelnden Akte – Zwang an, und während sich die Natur unausgesetzt aufzulösen und umzugestalten trachtet, sucht er im objektivierten Werk Bestand und Dauer. Andererseits hat sich der Mensch den Widerständen und der eigenen Gesetzlichkeit des Materials zu beugen, um – auch und gerade als Künstler – die Natur zu überlisten, sie nachzuahmen, »sie mit sich selbst in Zwiespalt zu bringen und ihr Geheimnisse zu entreißen, die sich dann gegen ihr eigenes Mysterium kehren würden«. Diesen Erörterungen fügt Phaidros einen Bericht über den – Eupalinos geistig verwandten – Schiffsbauer Triton von Sidon hinzu, der die besten Schiffe bauen wollte und sich dabei nicht auf die unmittelbare »Plünderung der Natur« verließ, sondern sich für eine bestimmte Form deshalb entschied, weil sie ihre Funktion, zugleich aber die Forderung nach Überwindung ihrer Nützlichkeit erfüllte.

Dieses Beispiel des Phaidros beantwortet Sokrates mit einer abschließenden Rede, in der er, als Gewandelter, als ›Anti-Sokrates‹, die Bauwerke beschreibt, die er, wäre er Architekt, aufführen würde. Das Bauen, das ihm jetzt als der vollkommenste aller auf Handlung gerichteten geistigen Akte erscheint, vollzog sich ursprünglich für den gesetzgebenden Demiurgen als ordnende, trennende Auflösung und Entwirrung des Chaos, der Baumeister aber, der Sokrates zu sein wünscht, betrachtet »als Chaos und Rohstoff eben diese Ordnung der Welt, die der Demiurg aus der ursprünglichen Unordnung gezogen hat« – er »nimmt den Punkt selbst, wo der Gott stehen geblieben war, zum Ausgangspunkt seines Handelns«. Und die Zeit soll dem Handelnden gewähren, was der Denker Sokrates nicht für sich in Anspruch nimmt: das, was er schuf, »so dauerhaft und so schwerverdaulich« zu finden, dass sie es nur in Jahrhunderten zerschlagen könnte.

■ Lit.: H. Sckommodau: ›Eupalinos‹, in: Sprachen der Lyrik, Festschrift für Hugo Friedrich, Hg. E. Köhler, 1975, 815–830. ■ M. Parent: P.V. et l'architecture, in: Travaux de littérature 12, 1999, 173–183.

Hans-Horst Henschen

L'âme et la danse

(frz.; *Die Seele und der Tanz*, 1928, R.M. Rilke) – Der Dialog erschien 1923 zusammen mit »Eupalinos ou L'architecte« (»Eupalinos oder Der Architekt«).

L'âme et la danse ist der faszinierendste unter den Dialogen Valérys, die sich, wie auch viele seiner Essays, nahezu ausschließlich um das Geheimnis der Verfahrensweise produktiver Einbildungskraft, der ›techné‹, bemühen. Das dichterische Verfahren Valérys ist gekennzeichnet durch die Ablehnung gerade des Elements, das im Allgemeinen als Quell der Poesie gilt: des Gefühls. Was sich in seinem Werk als Empfindung zeigt, gehört der Sphäre des Geistes an, ist Sensibilität und Reizbarkeit des Denkens. Seine Dichtungen präsentieren die unmittelbare und vollkommene Einheit von Idee und Empfindung ohne die Vermittlung subjektiv bestimmter und in dieser subjektiven Leere zugleich vollkommen abstrakter Gefühle, die für Valéry mit den Bedingungen rein künstlerischen Gestaltens unvereinbar sind. Der Dialog stellt diese Einheit im poetischen Bild des Tanzes dar, in dem der Tanz Symbol des schöpferischen Prozesses und die Tänzerin Verkörperung der Idee ist. Damit wird der Titel des Werks verständlich: Seele und Tanz werden zu Synonymen für den Begriff des reinen Geistes und seiner Metamorphosen.

Anlass des Dialogs ist ein Gastmahl; die Gesprächspartner sind Sokrates, Phaidros und der Arzt Euryximachos. Wie gerufen von Sokrates' Worten, betritt ein beschwingter Chor von Tänzerinnen den Saal, während Musik erklingt. Hier, im Tanz – legt Sokrates dar –, hat Erkenntnis ihre Verwirklichung im Handeln gefunden, ist Intelligenz mit natürlicher Anmut gepaart. Die im ganzen menschlichen Sein und Tun angelegte Poesie, die sich im Tanz enthüllt, wird Symbol für die reine Dichtung, die uns in die ihr eigene Raum-Zeit entrückt, wo, wie im Tanz, aus den Elementen des Rhythmus und der poetischen Verdichtung ein vollkommenes Ganzes entsteht, das nichts außerhalb seiner selbst, das als »reiner Vorgang« der Verwandlungen nur sich selbst meint.

Der begeisterten Deutung des Phaidros, der dem Tanz die Qualitäten des Traums zuspricht, hält Sokrates (als Sprecher Valérys) entgegen, dass Kunst das Gegenteil von Traum sei: Sie kenne den Zufall nicht. Der Tänzer gehorcht wie der Dichter verborgenen Gesetzen und macht so den schöpferischen Augenblick zu einem Zustand geistiger Präsenz, in dem Bestimmtheit des Denkens und Schönheit sich zu vollkommen ausgewogener Bewegung verbinden. So geschieht es im Tanz, aus dem jede zufällige Bewegung verbannt ist, der keinen anderen Zweck hat als Selbsterfüllung. Der Tanz wird zum Modell des Gedichts in seiner reinsten Gestalt. Aus dem Chaos der Empfindungen erzeugt der schöpferische Akt des Künstlers Ordnung, indem er das Unreine, Verworrene zu Reinheit und Transparenz läutert.

Doch der Tanz hat noch eine zweite Funktion. Auf Sokrates' Frage, ob es gegen das schrecklichste aller Übel, den weder aus Unglück noch aus Hinfälligkeit, sondern aus Hellsichtigkeit geborenen Lebensüberdruss, kein Heilmittel gebe, antwortet Euryximachos mit einer der für Valéry so bezeichnenden ironischen Aussagen: Nichts sei der menschlichen Natur mehr zuwider, als die Dinge im kalten, makellosen Licht der Vernunft zu sehen. Der Mensch wolle zwar das Leben erkennen, aber gerade diese kalte und vollkommene Klarheit wirke wie ein Gift, welches sich nicht bekämpfen lasse. »Die Idee mischt in das, was ist, die Hefe dessen, was nicht ist«, und macht es dadurch erträglicher. Sobald die Wahrheit zutage trete, stehe sie in peinlichem Widerspruch zu den Trugbildern der Phantasie, und keine Kur könne den daraus folgenden verzweifelten Zustand des Überdrusses heilen. Sokrates aber setzt dem die These entgegen: Das Universum selbst schafft sich aus Furcht vor seinem eigenen Wesen Masken, und diese Masken sind die Sterblichen, die mit ihren Illusionen und Missverständnissen seine unerträgliche Reinheit beleben. Der Mensch schützt sich vor der Wirklichkeit des Seins durch das, was er Erkenntnis nennt, was in Wahrheit jedoch nichts als ein System »grenzenloser Irrtümer« ist. Er kann jedoch einen Zustand innerer Klarheit erreichen, in dem die wesentlichen Antriebskräfte unter jenem System von Täuschungen wahrgenommen werden und der Weltekel sich in den Willen zu schöpferischer Tat, zur »Bewegungsfreiheit« des Tanzes wandelt. Im Zustand solcher geistiger Wahrnehmung wird das Denken leicht, subtil, der Dichter erreicht wie der Tänzer uneingeschränkte Herrschaft über sich selbst, einen Grad der Vollkommenheit, der nur in Augenblicken verwirklicht werden kann. Der Tanz ist dann das höchste, zum Absoluten verdichtete Kunstwerk.

▪ Lit.: E. Phitoussi: Désemparer la figure, in: Bulletin des études Valéryennes 28, 2000, 7–32. ▪ A. Niderst: P.V. peintre de Degas, in: Œuvres et critiques 29, 2004, 108–115.

Gisela Hesse / KLL

Charmes

(frz.; *Charmes*, 1925, R.M. Rilke) – Die 1917 bis 1922 entstandene Gedichtsammlung erschien in definitiver Fassung 1926.

Das Gedicht »La jeune parque« (»Die junge Parze«) war von Valéry als sein Abschied von der Poesie gedacht. Aber noch im Jahr seiner Erstveröffentlichung entstehen die Strophen des Gedichtes »Aurore« (»Morgenröte«), das später den Gedichtband *Charmes* einleiten sollte. Der Titel *Charmes* ist mehrdeutig; er soll an das lateinische ›carmina‹ (Lieder) erinnern und weckt doch zugleich Vorstellungen des Be- und Verzaubernden.

In der ersten Fassung enthielt der Gedichtband 22 Gedichte; eines davon, »Air de Sémiramis«, wurde später zu Recht in das »Album des vers anciens« (Album alter Verse) zurückverwiesen. Sechs längere Gedichte gliedern das Ganze, kürzere Stücke verteilen sich dazwischen in Gruppen von zwei bis fünf Gedichten. Dadurch entsteht eine architektonische Gliederung, die der Lektüre zugute kommt: »Aurore« eröffnet den Band; »Palme«, in der gleichen Strophenform abgefasst und diesem einleitenden Gedicht von jeher nahe stehend, beschließt ihn; die wichtigsten Stücke sind »La Pythie« (»Die Pythia«), »Ébauche d'un serpent« (»Entwurf einer Schlange«) und »Le cimetière marin« (»Der Friedhof am Meer«).

1919 schreibt Valéry, er habe diese Gedichte außerhalb all dessen ausgearbeitet, was seine Zeit und seine Zeitgenossen beschäftige, als eine Verpflichtung gegenüber großen Dingen, die »entweder im Sterben liegen oder bereits gestorben sind«. Dementsprechend wählte er strenge Strophenformen, wie das 17. Jh. sie entwickelt hatte. In vier Gedichten verwendet er eine zehnzeilige Odenstrophe, derer vor ihm auch ↗ Lamartine und ↗ Hugo sich bedient hatten. In einem anderen Gedicht, »La platane« (Platane), verwendet er eine Strophenform, die jedem Schulkind aus ↗ Malherbes »Consolation à M. Du Perrier« bekannt war. In metrischer Hinsicht also schreibt Valéry keine ›modernen‹ Gedichte. Er ist kein Neuerer, allenfalls ein Erneuerer.

Auch sind seine Gedichte, dem ersten Anschein entgegen, nicht locker assoziativ angelegt, sondern in wiederholten Umarbeitungen und Neufassungen höchst kunstvoll durchkomponiert. Diese Texte haben ein Thema, das sie entwickeln, abwandeln und durchführen. Er selbst betrachtete sie als Exerzitien, und fast noch wichtiger als das, was dabei am Ende als »Form« zustande kam, war ihm das, was ihm während des Herstellens widerfuhr, was er als beharrlicher Zeitvergeuder erfuhr.

Als einem Kopf, den alle technischen Fragen des Machens beschäftigten, waren ihm Probleme der Rhetorik, der Poetik und der Poetologie interessanter als alles, was er unter Umständen dem Einfall, der Inspiration, dem Unbewussten verdankte, jenen Mächten und ihren Impulsen, für die er nur halb verantwortlich war und die er nicht selber nach Belieben modifizieren konnte. So sind auch nicht wenige seiner Gedichte Parabeln des ›Ereignisses Poesie‹, und sie wollen mit seinen theoretischen Äußerungen über das Handwerk des Dichters zusammen gelesen werden. Oft sind bei Valéry Begriffe nur Behelfe, die dazu dienen, den Leser davon abzulenken, dass es ihm – seit der »Jeune parque« – darum geht, dem abgelehnten Vitalen, Elementaren, Kontingenten die Initiative zu überlassen, das Für-sich-Sein des reinen Geistes zu sprengen und, wenn schon keinen Gott, so doch ein unvorhersehbar und unbeherrschbar Gnadenhaftes anzuerkennen.

»Aurore« evoziert das langsame Erwachen der Ideen, der »heimlichen Spinnen in deinen innerlichen Finsternissen«. Dann sucht der Dichter »im Wald seiner Sinne die Orakel seines Gesanges«. In »Palme« rühmt er die Geduld des Wartens und Reifenlassens, bis der leiseste Anstoß, ja ein Hauch genügt, jenen Regen der Früchte niederprasseln zu lassen, wo ein ganzes Volk sich auf die Knie wirft, um ihn einzusammeln.

Der Dichter besitzt Sprache, weil er zuerst Ohr, Bereitschaft, Aufmerksamkeit ist. Und zuletzt – in den Schlussstrophen des »Cimetière marin« – geht es nicht darum, sich von der Welt abzuschirmen, sondern darum, sich ihr auszuliefern und ihr Recht zu geben: »Nein, nein! […] Auf, auf! Im Nacheinander! Zerbrich, mein Leib, dies Gehäuse des Denkens! Trinke, meine Brust, die Geburt des Windes! Eine Frische, die das Meer aushaucht, gibt mir meine Seele zurück […] O salzige Gewalt! Laßt uns eilen, uns in die Flut zu stürzen, ihr lebendig aufs neue zu entspringen.« »Cimetière marin« ist Valérys berühmtestes und wahrscheinlich meistkommentiertes Gedicht. Jacques Rivière, dem Valéry das Gedicht 1920 zu lesen gab, entriss ihm das Manuskript, um es in der Juninummer der Zeitschrift *Nouvelle Revue Française* zu veröffentlichen. Die frühesten Niederschriften zu diesem Gedicht fallen noch in die Zeit von »Jeune parque«. Das Erste, was sich Valéry aufdrängte, war das Metrum, der in neuerer Zeit wenig gebräuchliche Zehnsilbler. Sollte es nicht möglich sein, das, was sonst die zwölf Silben des Alexandriners beanspruchte, ohne Verluste in diesem kürzeren Vers zu verdichten? Leitend bei der Ausarbeitung war dann die Vorstellung einer »melodischen Führung«, der das Gedankliche sich unterzuordnen hatte, um womöglich von ihr zu profitieren.

■ Lit.: R. Pickerung: V. Les deux poétiques de ›Charmes‹, in: Revue d'Histoire littéraire de la France 91, 1991, 57–90. ■ S. Bösch: Poèmes ›en acte‹. Une approche de cinq poèmes de ›Charmes‹, in: Forschungen zu P. V. 12, 1999, 137–144. *Friedhelm Kemp*

›L'idée fixe‹ ou Deux hommes à la mer

(frz.; *Die fixe Idee oder Zwei Männer am Meer*, 1965, F. Wurm) – Der in Dialogform geschriebene, 1932 erschienene Essay wird ab 1936 gewöhnlich mit einem anderen Dialog des Autors – »Socrate et son médecin«, 1936 (»Sokrates und sein Arzt«) – verbunden, der ihm inhaltlich nahe steht.

Ein Arzt und ein Schriftsteller treffen an einer steil abfallenden Felsenküste zusammen und gestehen einander, an derselben ›Krankheit‹ zu leiden, nämlich nicht ohne ein zweckmäßiges Tun – und sei es ein geistiges – sein zu können, einer Art von Besessenheit also, der jede zufällige Bemerkung oder Analogie, jede Wahrnehmung überhaupt zu einem »fordernden Gegenüber«, zu einem »Dorn im Geiste« wird. Dieser Zustand wird zunächst dem des Leidens an einer ›fixen Idee‹ gleichgesetzt; aber Valéry will diesen Begriff problematisieren. Kennzeichen des gesunden, also nicht offensichtlich pathologisch deformierten Geistes sind nicht Ruhe und Kontinuität, sondern die »Labilität – das Sprunghafte – die Unregelmäßigkeit […] der Zustand des Nichtaufmerkens«, kurz: Veränderung, Verwandlung. Da eine Idee nicht ›fix‹ sein kann, liegt es in ihrer Natur, Konstanten aufzulösen und die Kontinuität zu unterbrechen. Die ›fixe Idee‹ ist also keineswegs durch besondere Festigkeit ausgezeichnet, sondern dadurch, dass sie »öfter, als ihr zusteht« wiederauftaucht, dass sie im geistigen

Bühnengeschehen eine Hauptrolle beansprucht und erhält.

Fixe Ideen sind also Ideen von »abnormer Häufigkeit«, die sich der verschiedensten Vehikel bedienen können. Jenes »Kranken am Tun«, von dem seine beiden Akteure ausgingen, definiert der Autor später als das Resultat antizipierender, imaginativer Bewusstseinsakte, die ein – beispielsweise bei Kindern und Tieren – selbstverständliches Bedürfnis nach unmittelbarer Nützlichkeit oder Nutzlosigkeit einer Handlung ausschließen. »Statt sich der Zerstreuung zu überlassen [...] sondern sie Künftiges ab, dem keinerlei Bedürfnis entspricht.« Daraus resultiert eine tiefgehende Dissoziation, die geradezu zwei Typenreihen von »Lebensgefühlen« hervorbringt: auf der einen Seite »äußerste Gegenwärtigkeit des [...] Augenblicks«, auf der anderen »äußerste Gegenwärtigkeit des [...] Möglichen«.

Im Fortgang des Dialogs wird der psychologische Sachverhalt der ›fixen Idee‹ differenziert und im Rahmen des komplizierten Verhältnisses von Organismus und Geist oder des abstrakteren von Ordnung und Unordnung auf naturwissenschaftlich-technische, psychologische, medizinische und historische Zusammenhänge – die der Autor mit weit intensiverem Interesse aufsucht als etwa literarische – übertragen, wobei der beständige Wechsel der aufgeworfenen Fragen, nicht aber eine erschöpfende, diskursive Beantwortung die Hauptsache ist. Valéry abstrahiert aus allen berührten Problemkreisen korrespondierende Beziehungen, die er als Ergebnisse jener methodisch-schöpferischen Arbeit des Geistes auffasst, die seit den *Cahiers* von 1894 und dem frühen Essay *Introduction à la méthode de Léonard de Vinci*, 1895 *(Einführung in die Methode des Leonardo da Vinci)*, im Zentrum seines theoretischen Denkens steht: »Ich bin der Meinung, daß der Geist bestrebt ist, von der Unordnung zur Ordnung überzugehen... Um funktionieren zu können, braucht er den Gegensatz Ordnung-Unordnung ebenso, wie jede Maschine und überhaupt jeder Vorgang einen Wärmeunterschied braucht!«

▪ Lit.: A. Lazaridès: V. Pour une poétique du dialogue, 1978.

Hans-Horst Henschen

Degas, danse, dessin

(frz.; *Tanz, Zeichnung und Degas*, 1952, W. Zemp) – Mustergültig zeigt dieser 1937 erschienene Essay, dass der Autor ästhetische Fragestellungen bewusst und diszipliniert wie kaum ein anderer Lyriker dokumentiert hat. Seine entschiedene Neigung zur kunsttheoretischen Reflexion über Probleme des eigenen Werks, der schriftstellerischen »Verfahrensweise« und des Verhältnisses von Literatur und anderen künstlerischen Disziplinen zueinander fand er im Werk des ihm befreundeten Malers Edgar Degas gespiegelt, dessen nahezu asketischer Stilwille mit seinen eigenen künstlerischen Absichten zu korrespondieren schien. Was Valérys Essay an Materialien und Beobachtungen zum Werk und zur Person Degas' zusammenträgt, hat wenig mit einer herkömmlichen kunsthistorischen Biographie oder Werkanalyse gemein.

Mit Degas' Bildern ragt für Valéry eine vergangene, ungleich erfinderischere Epoche über die Jahrhundertschwelle. Seine Erinnerungen an den großen Maler gleichen einem lockeren Monolog, in dem die zahlreichen Impulse deutlich werden, die Valéry seinem Werk verdankt. Der Lyriker bewundert an dem Freund vor allem die Strenge und dauernde Unzufriedenheit mit sich selbst, die spirituelle Reinheit seiner Kunstauffassung und seinen Widerwillen gegen alle künstlerischen Lösungen, die nicht mühsam erkämpft werden mussten. »Ein Werk war für Degas das Ergebnis einer unbegrenzten Anzahl von Studien, sowie einer Reihe von rechnerischen Operationen. Er war der Ansicht, man könne von einem Werk niemals sagen, es sei ›fertig‹, und der Künstler blieb ihm unverständlich, der eines seiner Werke nach einiger Zeit zufällig wiederum zu Gesicht bekommt, ohne das Bedürfnis zu empfinden, es zurückzufordern, sich neuerdings damit abzugeben.«

Valéry, dessen Arbeitsprinzipien aufs genaueste des Malers durch nichts zu befriedigender Ungenügsamkeit entsprechen – er bewundert diesen verfeinerten »Jansenismus in der Malerei und Dichtung« auch an Ingres, ↗ Flaubert und ↗ Mallarmé –, wird nicht müde, Degas' Kunst polemisch einer falschen Kunstreligion der subjektivistischen »Unmittelbarkeit« entgegenzusetzen: »Der Künstler tritt vor und zurück, er neigt sich bald nach dieser, bald nach jener Seite, er benimmt sich, als sei sein ganzer Körper nur ein Zubehör seiner Augen, er selber vom Scheitel bis zur Sohle ein bloßes Instrument im Dienste des Zielens, Punktierens, Linierens, Präzisierens.« In diesem Zusammenhang entwickelt Valéry auch seine berühmt gewordene »technologische« Vorstellung vom modernen Maler als einem »peinlich in Weiß gekleideten, mit Gummihandschuhen versehenen Herrn in seinem Mal-Laboratorium [...], der sich an einen strikten Stundenplan hält, über streng spezialisierte Apparate und ausgesuchte Instrumente verfügt«.

Degas, danse, dessin ist nur zum Teil ein Essay über Degas – vieles, was der Autor etwa über die Beziehung von Sehen und Zeichnen, Arbeit und Misstrauen, über die Landschaft als Gegenstand der Malerei, über ›moderne‹ Kunst und ›große‹ Kunst, über das Problem der Präzision von Sonder- und Geheimsprachen (der Kunstkritik, des Atelierjargons, u. a.) in zahlreichen Exkursen ausbreitet, lässt den Gegenstand des Buches weit hinter sich. So bietet etwa ein Abschnitt eine abstrakte Analyse des Tanzes als »Verschwendung von Bewegung selbst«, die, ohne eindeutig auf ein Ziel gerichtet zu sein, im Dienste einer trunkenen »Veränderung des Energiebewußtseins« steht: Wenn ›Bewegung‹ aber im Bereich des gewöhnlichen Lebens nur als »Übergang« aus einer Ruhelage in die andere definiert werden kann, erscheint die tänzerische Bewegung aus lauter »Grenzwerten unserer Fähigkeiten« zusammengesetzt, die die seltensten Augenblicke des menschlichen Seins in sich zu fassen vermögen. Das Phänomen des Tanzes als einer Kunst der Bewegung reizte Degas, den ›Maler der Tänzerinnen‹, in gleichem Maße wie Valéry, der schon mehr als zehn Jahre vor der Publikation dieses Essays, wohl unter dem Einfluss der Zeichnungen seines Freundes, einen Dialog mit dem Titel *L'âme et la danse*, 1923 (*Die Seele und der Tanz*, 1928, R. M. Rilke) geschrieben hatte.

▪ Lit.: F. Fosca: V., in: F. F.: De Diderot à V. Les écrivains et les arts visuels, 1960, 269–283. ▪ A. Niderst: P. V. peintre de Degas, in: Œuvres et critiques 29, 2004, 108–115.

Hans-Horst Henschen

Mon Faust

(frz.; *Mein Faust*, 1957, F. Kemp) – Die zwei dramatischen Skizzen einer Faustdichtung erschienen 1941: »Lust. La demoiselle de cristal« (»Lust. Das Fräulein von Kristall«), Komödie, und »Le solitaire ou Les malédictions d'univers« (»Der Einsame oder Die Verfluchungen des Universums«), Zauberposse.

So tiefgreifend die Wirkung von Goethes Faust war, den Valéry in der Übersetzung von G. de ↗ Nerval kannte, so eigenwillig heben sich die beiden unvollendeten Faustdichtungen von ihrem Vorbild ab. »Der Schöpfer des Faust und des Anderen hat diese beiden mit solcher Mächtigkeit begabt, daß sie nach ihm zu Werkzeugen des Weltgeistes wurden. [...]. Er hat sie auf immer zu Prototypen gewisser Extreme des Menschlichen und Unmenschlichen gemacht. Also habe ich mich ihrer zu bedienen gewagt [...] ohne festen Plan entwarf ich die folgenden Akte zweier sehr ungleicher Stücke, wenn man das überhaupt Stücke nennen kann. Insgeheim nährte ich dabei den unbestimmten Plan zu einem III. Faust, der eine beliebige Anzahl mehr oder weniger für die Bühne geeigneter Werke hätte umfassen können [...] nebeneinander herlaufende, doch voneinander unabhängige Hervorbringungen, von denen ich dennoch allzugut wußte, daß sie niemals existieren würden«, schreibt Valéry im Vorwort.

Valérys tiefe Skepsis den »Hervorbringungen« des Geistes gegenüber, seine Scheu, dem Denkprozess Gestalt zu geben und so den Wahrheitsgehalt seiner unendlichen Beziehungsmöglichkeiten zu verunklären, war eine als stete Herausforderung empfundene Voraussetzung seines schriftstellerischen Selbstbewusstseins, die auch dann immer neu reflektiert wurde, als die mehr als zwanzigjährige Unterbrechung der dichterischen Produktion – mit »La jeune parque«, 1913 (»Die junge Parze«) – wieder in die Poesie einmündete. Der Einsame – »Le solitaire« –, Verkörperung eines zum Erkenntnisnihilismus getriebenen reinen Denkens, den Faust in der eisigen Höhe einer Gletscherwelt trifft, erteilt ihm auf seine Frage nach der Würde der Form gewordenen Schöpfungen des menschlichen Geistes, der »diamantenen Wahrheiten, der Wunderbauten der Schlußfolgerungen, der Herrlichkeiten der Rede«, die schneidende, das Wahngebilde menschlicher Eitelkeit höhnisch zerreißende Antwort: »Alles, was sich sagen läßt, ist null. Nichts Reines aber, nichts Wesenhaftes, nichts Kostbares und Wirkliches ist übertragbar. Das Wirkliche ist absolut nicht mitteilbar.« Faust, Extremfall des Menschlichen in der vollkommenen Ausbildung seiner denkerischen Kräfte, aber auch Prototyp des unbedingt Kreatürlichen, bedarf der Mitteilung und Hingabe. Was er sich in einem Buch zu verkünden anschickt, das seine wahren und ersonnenen Erinnerungen, seine Hypothesen und imaginären Erfahrungen umfassen und sich »als Ausdruckswille, als Erwachen des Denkens zu sich selbst« zu erkennen geben soll, stößt freilich so weit über die Grenzen des Möglichen hinaus, dass er sich dazu der Hilfe des Teufels versichert. Mephisto, Geistwesen ohne Geist, d. h. ohne die Gabe des zweifelnden und forschenden Gedankens und somit dem Menschen unendlich unterlegen, bezwingt Faust gleichwohl durch die Macht der Verführung. Im Bunde mit Lust, dem Fräulein von Kristall, Fausts Sekretärin, beugt er das Denken unter das Gesetz der Sensibilität, der zärtlichen Hingabe an die sinnliche Schönheit des Irdischen.

Fausts höchster Augenblick (»Ich lebe sonst nichts. Jetzt aber gewinnen der geringste Blick, die geringste Empfindung, die geringsten Akte und Funktionen des Lebens in meinen Augen die gleiche Würde wie die Entwürfe und inneren Stimmen meines Denkens«) ist zugleich ein Augenblick höchster Gefährdung. Das Gleichgewicht von Sein und Erkennen ist zu spannungsvoll, zu labil, als dass sich der dialektische Umschlag in die Verweigerung nicht einstellen müsste. »Ich weiß zuviel, daß ich noch liebte oder haßte / Und bin es überdrüssig, ein Geschöpf zu sein«, sagt Faust voll Resignation in der letzten Szene von »Le solitaire«, in der ihm die Feen die Macht des Wortes noch einmal vorspiegeln möchten: »›Weiß ich denn eines dieser Worte?‹ Darauf die Fee: ›Dein erstes Wort war Nein.‹«

So wie das Fragmentarische dieser Faustszenen, deren symbolisch verschlüsselte Sprache sich dem Zuschauer noch schwerer erschließt als dem Leser, nicht Zeichen des Unvermögens, sondern Signum eines Geistes ist, der sich der Fixierung stets zu entziehen suchte, so meint auch dieses letzte Wort nicht endgültige Selbstaufhebung, vielmehr Rückzug auf das Nichts als einer Denkposition, die für Valéry immer den vollgültigen Wert der Null innerhalb des mathematischen Systems gehabt hat.

■ Lit.: F. Mies: ›Mon Faust‹ de P.V. Persistance de la question du mal par delà l'épassement de ses figures traditionelles, in: Le Mal dans l'imaginaire littéraire français, Hg. M. Watthee-Delmotte, 1998, 101–110. *Irene Schwendemann-Osterkamp*

Tel quel

(frz.; *Windstriche, Schlimme Gedanken und andere*, 1991, J. Schmidt-Radefeldt) – Die 1941 und 1943 erschienenen Aphorismensammlungen enthalten im ersten Band »Choses tues« (Verschwiegenes), »Moralités« (Moralia), »Littérature« (Literatur) und »Cahier B 1910« (Heft B 1910) und im zweiten Band »Rhumbs« (Windstriche), »Autres Rhumbs« (Weitere Windstriche), »Analecta« (Nachlese) und »Suite« (Fortsetzung).

In *Tel quel* bleibt wie in allen von Valéry getroffenen Auslesen aus den *Cahiers* deren unsystematische Anlage bewahrt. Dem kaleidoskopartigen Wechsel der Themen und Bewusstseinslagen entspricht ein fein abschattiertes Spektrum von Kleinformen der Prosa. Der Aphorismus ist am schärfsten, wenn er mit formelhafter Prägnanz eine beweislose und originelle Behauptung aufstellt, z.B.: »Der Gegenstand eines Werks ist das, worauf ein Werk, wenn es schlecht ist, zusammenschrumpft.«

Wortspiele, die Stilmuster der Antithese, des Paradoxons, des Vergleichs usw. verleihen solchen Definitionen eine oft schneidende Eleganz. Die längeren Fragmente, Glossen und Notizen geben statt des geronnenen Resultats den tastenden Prozess des Denkens wieder. Die aphoristische Prosa und der in *Tel quel* auftauchende Untertitel »Moralités« scheinen Valéry als einen Nachfolger der französischen Moralisten auszuweisen. Sein Forschungsgegenstand ist jedoch kaum noch der Mensch im traditionellen Sinn der Moralistik. Die Reflexion richtet sich vielmehr gerade auf das, was das Allzumenschliche übersteigen soll: auf sich selbst und das eigene Funktionieren. Von besonderem Interesse sind zahlreiche kunsttheoretische Fragmente, da Valéry seine Ästhetik nirgends systematisch dargestellt hat.

Viele Aphorismen bestätigen die geläufige Vorstellung von einem Denker, der wie ein Großinquisitor cartesianischer Ratio herrisch darüber wacht, dass der Geist seiner selbst mächtig werde. Unübersehbar ist jedoch auch die Selbstkritik dieses Cartesianismus. »Denken ist brutal, es kennt keine Schonungen. Was ist brutaler als ein Gedanke?« Immer wieder stößt Valéry auf die Nichtidentität von Begriff und Wirklichkeit, auf die Zwänge der gesellschaftlichen Umwelt, die die erstrebte Reinheit des Bewusstseins illusorisch machen. Die Zusammenhänge von Überbewusstheit und Selbstentfremdung entgehen ihm ebenso wenig wie die Gefahren der Allianz von entfesselter Wissenschaft und einer verabsolutierten Intellektualität. Eine längere Reflexion darüber mündet in den berühmten Satz: »Die Unmenschlichkeit hat vielleicht eine große Zukunft.«

Valérys häufige Attacken gegen den Begriff der Inspiration und die romantische Flucht ins Gemüt verdecken nicht, dass auch für ihn Ursprung und Wirkungsbereich der Kunst im nicht auslotbaren Bereich der Psyche liegen. Versunkenheit und geistige Abwesenheit, d.h. ein das alltägliche Normalbewusstsein verwandelnder poetischer Zustand, führen aus der Welt der Zeichen und Ziele in die der Bedeutungen. Paradoxerweise ist damit der Zufall der nicht-rationalen Abweichung Ursprung der Kunstwerke, deren Dauer, Regelhaftigkeit und Ordnung Valéry gegen den »Reiz des Neuen« auszuspielen pflegte.

In der Kunst zählen jedoch nicht die Träume, sondern ihre Verwertung. Ein Gedicht soll ein »Fest des Intellekts« sein und bedarf beim Prozess seiner Genese einer mitwissenden Bewusstheit zweiten Grades, die die Traumproduktion der ›absence‹ organisiert und überwacht. Inspiration wird eine »so bewegliche, geordnete, scharfsinnige, unterrichtete und berechnende Kraft, daß man sie ebenso gut Intelligenz oder Kenntnis nennen könnte«. Dies sprengt die insbesondere in Deutschland sich behauptende Trennung von Denken und Intuition.

Man kann auch in *Tel quel* ›gefährliche‹ Sätze finden, z.B.: »Politik ist die Kunst, die Leute daran zu hindern, sich um das zu kümmern, was sie angeht.« Wer aber Valéry deswegen einen Reaktionär nennt, greift zu kurz. T.W. Adorno hat die Widersprüche dieses seinen Konservatismus immer wieder hinter sich lassenden Denkens analysiert. Es ist kein Zufall, dass in dem Essay »Der Artist als Statthalter« gerade Valéry zum Anlass wird, »um mit der sachlichen Kraft, die seinem Werke innewohnt, der sturen Antithese von engagierter und reiner Kunst zu Leibe zu rücken«.

■ Lit.: A. Sonnenfeld: Eros and P.V., 1974, 141–151. ■ S, Guerlac: Literary Polemics. Bataille, Sartre, V., Breton, 1997.

Paul Mog

Variété

(frz.; *Zur Zeitgeschichte und Politik*, 1992, M. Rychner, G. Steiner u.a.) – Den 1924 erschienenen Aufsätzen und Vorträgen zur Literatur- und Kulturkritik, Philosophie und Ästhetik folgten vier weitere Bände (1929, 1936, 1938, 1944).

Valérys literaturkritische Arbeiten bezeugen die intime Kennerschaft des auf die Bedingungen seines Metiers reflektierenden Dichters, der Kunstwerke in der Logik ihres ›Gemachtseins‹ zu sehen vermag. Einer sich als adäquat ausgebenden ›objektiven‹ Interpretationsmethode hält er die »Unmöglichkeit, den Beobachter vom Beobachteten zu trennen« entgegen. Seine eigene Literaturkritik ist bewusst »egozentrisch«, insofern sie sich auf das für ihn Wichtigste, das Funktionieren des Geistes, konzentriert. Sie ist jedoch nicht willkürlich, da sie ihre subjektiven Voraussetzungen und Ansprüche mit in den Ansatz nimmt und damit seiner Methode der höchsten Bewusstseinsübung, dem Denken des Denkens, entspricht.

Fiktionales Erzählen, das den Leser an eine »falsche Realität« glauben lässt und damit einem »Anfall von Leichtsinn« unterwirft, genügt nicht den Ansprüchen dieser strengen Bewusstseinsbildung. Valéry wirft ↗ Flaubert in »Die Versuchung des (heiligen) Flaubert« ohne Umschweife vor, die eigentliche Dimension seines Themas verfehlt zu haben. Selbst die respektvolle Würdigung von ↗ Prousts Werk verbirgt kaum, dass für ihn die »Suche nach der verlorenen Zeit« verlorene Zeit war.

Umso erstaunlicher ist Valérys Rede über ↗ Voltaire aus dem Jahre 1944. In der »Komödie des Intellekts«, dem »Drama derer, die sich dem Verstehen und Erschaffen verschrieben haben«, erhält der »oberflächliche« Aufklärer einen ehrenvollen Platz. Voltaires Verdienst ist es, das Wirkungsfeld des geschriebenen Wortes erweitert zu haben. Die in *La soirée avec monsieur Teste*, 1896 *(Herr Teste)*, in die Privatheit des Intellekts zurücklenkende Frage »Was vermag ein Mann des Geistes?« wird nun auf die öffentliche Verantwortung des Schriftstellers bezogen. Valérys bissige Polemik gegen ↗ Stendhal gilt generell einer Literatur, die sich als »aufrichtige Konfession« versteht. »In der Literatur ist das Wahre nicht denkbar«, formuliert Valéry und beschreibt Stendhal als einen Schauspieler der Aufrichtigkeit, dessen Ichbezogenheit literarisch und eitel bleibt und sich nicht zur Reinheit transzendentaler Ichbezogenheit erhebt.

Mit ungewöhnlicher Schärfe hat Valéry mehrfach ↗ Pascal angegriffen. In Variation über einen Gedanken Pascals ist dessen berühmter Satz »In dem ewigen Schweigen der unendlichen Räume ergreift mich ein Gefühl des Entsetzens« Ausgangsbasis einer raffiniert aufgebauten Kritik an Pascals Kunstfeindlichkeit, apologetischer Religiosität und vor allem an seinem Verzicht auf das unabschließbare Forschen des Geistes zugunsten des Seelenheils.

Bewundernde Verehrung kennzeichnet hingegen Valérys zahlreiche Arbeiten über ↗ Mallarmé. Was er an seinem Lehrer rühmt, ist dessen Versuch, »die Dichtung intellektuell mündig zu sprechen« und sie von allem ihrer Essenz Wesensfremden zu befreien. In mehreren Essays, »Situations de ↗ Baudelaire« (»Die Situation Baudelaires«), kennzeichnet er mit souveräner Sicherheit die Stationen der poetischen Theorien von der Romantik bis hin zum Symbolismus.

Valérys Ablehnung einer unkontrollierten Erlebnis- und Stimmungsdichtung erklärt auch seine Affinität zur Dichtung der Klassik, deren strenge Formkunst ihm beispielhaft die kalkulierte Bewältigung des Eindrucks durch den Ausdruck zu verwirklichen schien. In einem Essay über ↗ La Fontaine verteidigt er die Konventionen der Metrik, hinter deren Objektivität Hegels Einsicht steht, dass das Beste an den Kunstwerken nicht das ist, was vom Künstler in das Kunstwerk eingeht, sondern gerade das, was vom Künstler im Kunstwerk untergeht.

Die Valérys Literaturkritik leitende ästhetische Theorie wird in seinen Aufsätzen und Vorträgen zur Ästhetik und Theorie der Dichtkunst skizzenhaft dargelegt. Von zentraler Bedeutung sind insbesondere die Überlegungen zum Problem der ›poésie pure‹. Das unerreichbare Vorbild der ›reinen Poesie‹ ist die autonome, amimetische Musik, die im Gegensatz zur Sprache nicht als Medium, als Zeichen für etwas Bezeichnetes fungiert. Eine absolute Poesie müsste den semantischen Dienstwert der Sprache und damit sich selbst aufheben. Möglich ist nur die »Tendenz auf Vieldeutigkeit« (H. Blumenberg), die Annäherung an den Umschlag in bedeutungslose Undeutbarkeit. Indem die ästhetische Rückverwandlung des Wirklichen in vieldeutige Möglichkeiten sich der funktionalisierten und normierten Allgemeinsprache widersetzt, behauptet sich die poetische Freiheit des Subjekts. Ursprung und Ziel der Kunst bleibt die Empfindung, »zwischen diesen äußersten Enden aber« kann und muss »der Intellekt samt allen Hilfsmitteln des Denkens, auch des abstraktesten [...] zur Anwendung kommen«. Valéry bekennt, »Werke nur als Arbeitsvorgänge zu schätzen«. Das methodisch organisierte und kontrollierte Produzieren erscheint ihm wichtiger als das abgeschlossene Werk selbst.

Insbesondere seine Essays über ↗ Descartes lassen seinen Verzicht auf gelehrte Diskussion und überkommene Fragestellungen erkennen. Die bewusst subjektive Interpretation konzentriert sich auf das berühmte »Cogito, ergo sum«, das für ihn nur als Begründung des Selbstbewusstseins durch den Willensentschluss zur Selbstreflexion Sinn und Aktualität zu haben scheint.

Zumal in seinen späten Reflexionen setzt sich Valéry auch mit Größe und Niedergang Europas auseinander; doch geschieht dies nicht in Gemeinplätzen düsterer Kulturkritik. Der »Krise des Geistes« setzt er das entgegen, was er selbst vorbildlich leistete: die Anstrengung des Denkens.

■ Lit.: T. W. Adorno: Der Artist als Statthalter, in: T. W. A. Noten zur Literatur 1, 1958, 175–195. ■ H. Blumenberg: Sprachsituation und immanente Poetik, in: Immanente Ästhetik. Ästhetische Reflexion, Hg. W. Iser, 1966, 145–155. ■ I. Langlet: Le recueil comme condition, ou déclaration de littérarité, in: Études littéraires 30, 1998, 23–35.

Paul Mog

Cahiers

(frz.; *Cahiers/Hefte*, 1987–1991, H. Köhler, J. Schmidt-Radefeldt) – Von 1894 an bis zu seinem Tode 1945 füllte Paul Valéry Tag für Tag in den frühen Morgenstunden Schreibhefte mit Aufzeichnungen. Was er den 261 Heften, insgesamt annähernd 27000 Seiten, anvertraute, betrachtete er als den wichtigsten Teil seines Werkes. Die Einträge in rascher, aber zumeist gut leserlicher Handschrift bewegen sich zwischen kurzen Aphorismen oder Aperçus und Entwicklungen von mehreren Seiten Umfang; vorherrschend sind etwa zehn bis zwanzig Zeilen umfassende Beobachtungen, Reflexionen oder Analysen, zumeist ganz der Intuition folgend, bisweilen auch ausgefeilt. Hinzu kommen zahlreiche Werkentwürfe, kleine abstrakte Gedichte, graphische Darstellungen von Problemen sowie Feder- oder Tuschzeichnungen und einige ganzseitige Aquarelle von durchaus künstlerischem Wert. Zu Lebzeiten des Autors nur einzeln gedruckt, wurden die 29 Bände erst 1957 und 1961 der Öffentlichkeit zugänglich gemacht.

Einzigartig in der europäischen Literatur- und Geistesgeschichte, entziehen die *Cahiers* sich in ihrer konzeptuellen Vielfalt der Zuordnung zu einer herkömmlichen Textsorte wie Tagebuch, Aphorismus oder Essay. Ihr Hauptgegenstand ist die Untersuchung der geistig-seelischen Vorgänge, von den Empfindungen, Gefühlen, Emotionen und Wünschen und dem großen Kapitel des Traums über die Willensbildung und Handlungsvorbereitung bis zum sprachlichen Ausdruck und den begrifflichen Operationen; dies wird verfolgt auf dem Weg der Introspektion, mit den Mitteln vielfältiger, vorwiegend naturwissenschaftlicher Modellformen und Analogieschlüsse und mit dem Ziel, die Funktionsweise des Geistes erkennbar und so weit wie möglich auch beherrschbar zu machen.

Der Anlass zum Schreiben kann in einer Adoleszenzkrise gesehen werden, die durch Triebhemmungen und daraus genährten Selbstzweifeln angesichts kaum erreichbarer Vorbilder (vor allem ↗ Mallarmé und Wagner) ausgelöst wurde und in einem psychotischen Anfall gipfelte, der als »Nacht von Genua« bekannt wurde (4./5. Oktober 1892). Daraus erwuchs der Entschluss zur »Idolzertrümmerung« und zu radikaler Neubegründung eines persönlichen Wertesystems unter den Auspizien der Präzision, orientiert an dem cartesianischen Willen zur Errichtung unerschütterlicher Fundamente der Erkenntnis.

Eine rigorose Analyse der Bewusstseinsvorgänge sollte sämtliche Quellen der Illusion verstopfen, alles unkontrollierte physiologische, perzeptive, induktive Geschehen, alle »anthropomorphe« Selbsttätigkeit unterbinden helfen. In den Anfängen von mechanistischen Denkformen, von einer Leonardo da Vinci abgewonnenen Zielvorstellung der Maschinenhaftigkeit fasziniert, später durch kybernetische und aleatorische Modelle aufgelockert, entsteht im Laufe der Jahre eine phänomenologische Erkenntniskritik von hohen Graden, deren besondere Stärke in einer dynamisch offen konzipierten Kohärenz wie auch in der Unvoreingenommenheit, entdeckerischen Vielfalt, Anschauungskraft und nicht zuletzt sprachlichen Eleganz liegt.

Nachdem Valéry sich in jungen Jahren von Freunden in die Grundlagen der Mathematik hatte einführen lassen, erarbeitete er sich autodidaktisch weitere Wissenschaftsbereiche, die dann je nach Bedarf in oft überraschender, aber stets scharfsinniger Weise für die eigenen Analysen fruchtbar gemacht wurden. In der Mathematik sind es vor allem Topologie, analytische Geometrie und Funktionstheorie, in der Physik Thermodynamik und später Relativitäts- und Quantentheorie, die ihn fesseln, weitere Anstöße bezieht er aus Neurologie und Zytologie. Entsprechend findet der Leser der *Cahiers* Namen wie Leibniz, Cantor, Riemann, Poincaré, sodann Lagrange, Newton, Faraday, Laplace, Maxwell, Thomson, Gibbs, Helmholtz, Einstein, Heisenberg, de Broglie und zahlreiche weitere.

Soweit philosophische Traditionen aufgenommen werden, bieten die Erörterungen, abgesehen von bestimmten positiven Bezugnahmen auf Augustinus, ↗ Descartes und Leibniz, eine hauptsächlich kritische, zum Teil sogar vehemente Absetzung von Positionen ↗ Pascals, aber auch Kants, Nietzsches und Bergsons. In Vorwegnahme der analytischen Philosophie des Wiener Kreises wie auch einiger Spielarten der Semiotik verfolgte Valéry, ausgehend von einer systematischen sprachtheoretischen Kritik der überkommenen metaphysischen Anschauungen, das monistische Ideal einer Rückführung aller Erkenntnis, der natur- und geisteswissenschaftlichen wie auch der ästhetischen Erfahrung, auf die funktional verstandene Tätigkeit des einen menschlichen Geistes.

Eine erste Einschätzung, wonach Fragen der Literatur und gar des dichterischen Schaffens aus den *Cahiers* verbannt seien, hat sich als unhaltbar erwiesen. Einerseits sind zahlreiche Schriftstellergestalten häufig präsent, ob ↗ Racine oder ↗ Baudelaire, ob ↗ Voltaire oder ↗ Hugo, vor allem aber ↗ Mallarmé. Andererseits lässt sich die Entstehungsgeschichte ausnahmslos aller literarischen Werke Valérys in besonderer Weise gespiegelt auf diesen Seiten erkennen, in vielen Fällen sind die entsprechenden Einträge sogar ausdrücklich durch Siglen gekennzeichnet: so etwa »T« (Monsieur Teste), »JP« (La jeune parque) usw., wobei manches auf liegen gebliebene Entwürfe verweist.

Mit der Sigle »B« (für Beatrice) bezeichnet der Schreiber schließlich ein zum ständigen Begleiter gewordenes Vorhaben einer Abhandlung über das Wesen des Eros. Die Beziehungen zu Frauen, in allen Höhen und Tiefen durchlebt, sind zweifellos ein »energetisches« Zentrum seiner Erkenntnisanstrengung. Sie erscheinen als Gegenstand der erkennenden Praxis in einem ungewöhnlichen, bald grausamen, bald glücklichen Licht. Damit schließt sich der Kreis, der von der »Nacht von Genua« seinen Ausgang genommen hatte: für den Leser ein wohl einzigartiger Einblick in die Verwirklichung eines Lebensentwurfes, in den Prozess eines Traumas und seiner lebenslangen Heilung.

Die Übersicht wäre unvollständig ohne den Hinweis auf das Theta, Sigle für die göttlichen Dinge (Ta ton theon). Die Durchdringung der Frage nach Formen und Möglichkeiten des Glaubens durch den »Mystiker ohne Gott« bleibt dauerhaft unabgeschlossen. Die Nähe von Glaube und Liebe aber erscheint in den *Cahiers* als etwas ganz neu Entdecktes.

Ein konstitutiver Zug der Unabgeschlossenheit wird durch alle typographischen Ausgaben notwendig verwischt: der Akt des Schreibens als unmittelbar angeschlossen an das Denken – das Wort ›angeschlossen‹ zeitlich wie technisch verstanden. Die zeitgleiche Einformung des individuellen, ›nackten‹ Denkvorgangs in die konventionelle Materie der Sprache, ein faszinierendes Thema für so viele Schreibende des 20. Jh.s, ist durch die Existenz der Handschrift in besonderer Weise dokumentierbar geblieben. Der Federzug als Indiz für das ›wahre‹ Denken, das Studium der Verschriftung als des Stadiums der größten Nähe zum Gedachten, das daher in nicht wenigen Fällen auch als Verständnishilfe für das Gemeinte gelten kann, ist freilich den Benutzern der Originalhandschriften (bzw. der Faksimile-Ausgabe) vorbehalten.

Nach der Phase der materiellen und thematischen Erschließung hat die Wirkungsgeschichte der *Cahiers* inzwischen in ersten Ansätzen die interdisziplinäre Dimension erreicht, die ihr gebührt.

▪ Lit.: J. Ouzounova-Maspero: V. et le langage dans les Cahiers, 2003. *Jürgen Schmidt-Radefeldt / Hartmut Köhler*

Jules Vallès

▪ geb. 11. 6. 1832 Le Puy-en-Velay/Haute-Loire (Frankreich)
▪ gest. 14. 2. 1885 Paris (Frankreich)

Ab 1849 Studium in Paris; Sekretär, Lehrer, Expeditionsbeamter; Mitarbeiter von *Le Figaro*, seit 1867 Redakteur der Wochenschrift *La Rue;* wegen Angriffen gegen Napoleon III. mehrfach vor Gericht; 1870 Mitglied von La commune, Exil in England, 1872 in Abwesenheit zum Tode verurteilt; Rückkehr 1880, Anarchist; sozial engagierter Journalist und Romancier.

▪ Ausg.: Œuvres, 2 Bde, Hg. R. M. Rychner/G. Steiner u. a., 1975–1990.
▪ Lit.: D. Zimmermann: J. V. L'Irrégulier, 1999.

Jacques Vingtras

(frz.; *Jacques Vingtras*, 1964, H. Wolf) – Die sozialkritische Romantrilogie – *L'enfant*, 1879 *(Das Kind)*, *Le bachelier*, 1881 *(Der Baccalaureus)*, und *L'insurgé*, 1886 *(Der Rebell)* – hat deutliche autobiographische Züge, die durchgehend die Grundlage für eine prononcierte Kritik an der französischen Gesellschaft des 19. Jh.s bilden.

Im ersten, allen von ihren Eltern misshandelten Kindern gewidmeten Teil schildert der Autor die freudlose Kindheit Jacques'. Erlittenes Unrecht führt nach seiner Ansicht lediglich zur Unterdrückung der Schwachen, zu Trotz und Auflehnung der Starken.

Der zweite Teil behandelt das karge Leben des Baccalaureus, der sich als Privatlehrer, Gelegenheitsjournalist und kleiner Angestellter durchschlägt. Seine Situation öffnet ihm die Augen für soziale Probleme. Obgleich er Napoleon III. und die Restauration von 1848 verabscheut, sieht er, dass der Tyrannenmord allein nicht zur Beseitigung der gesellschaftlichen Missstände ausreicht. Was man töten müsste, grübelt er, ist all das Übel, das die soziale Frage hervorbringt. Er fühlt sich solidarisch mit den Armen, fühlt sich reif zur Rebellion und wird schließlich ein Hitzkopf, der nur auf seine Stunde wartet. Während dieses endlosen Wartens entdeckt er sein literarisches Talent, das sich in einem eigenwilligen, farbigen Realismus und einer lebensnahen Sprache zu verwirklichen trachtet.

Im dritten Teil treten romanhafte Züge zugunsten der Schilderung der historischen Ereignisse am Ende des zweiten Kaiserreichs zurück. Der in blutigen Straßenkämpfen niedergeschlagene Aufstand der Pariser Kommune wird ohne dichterische Einkleidung in einer an Tagebuchnotizen erinnernden Form aufgezeichnet.

Die impressionistische Darstellungskunst des Autors hat ihren Höhepunkt in der Schilderung der auflodernden Klassengegensätze, des politischen Umsturzes und

Zusammenbruchs. Vallès' unbedingtes Engagement für die Kommune, die in der übrigen Literatur des 19. Jh.s kaum einmal Verständnis gefunden hat, lässt nie einen Zweifel an der Sache aufkommen. Doch muss der Held des Romans, der junge Revolutionär, schließlich fliehen.

Vallès verfügt über eine ungewöhnliche sprachliche Ausdruckskraft, die an die der Brüder ↗ Goncourt und ↗ Zolas erinnert. Allerdings geht es nicht um die künstlerische Gestaltung des Milieus der Armen, sondern um die Hervorhebung der Missstände in der damaligen Gesellschaft. Diese Aktualität verleiht dem Werk ebenso einen journalistischen Grundzug wie die leidenschaftliche, von einem objektiven Standpunkt weit entfernte Stellungnahme für die unteren Schichten. Doch bleibt der Autor im Rahmen seiner Gesellschaftskritik Individualist, der weder selbst umfassendere Verbesserungsvorschläge entwickelt noch sich irgendeiner anderen sozialistischen Lehrmeinung anschließt, gleichzeitig jedoch den einzelnen im Zusammenhang mit der Klasse sieht und wertet. Manches in diesem Roman weist schon auf die antibürgerliche sozialistische Literatur voraus.

▪ Lit.: R. Langford: J. V. and the Narration of History, 1999. ▪ S. Disegni: La trilogie de J. V. Du roman populaire à l'autobiographie, in: Mélodrames et romans noirs, Hg. S. Bernard-Griffiths, 2000, 479–497.

KLL

Félix **Vallotton**

▪ geb. 28.12.1865 Lausanne (Schweiz)
▪ gest. 29.12.1925 Paris (Frankreich)

Aus alteingesessener Familie im schweizerischen Vallorbe; mit 17 Jahren Malereistudium in Paris, anfangs von Rousseau, Toulouse-Lautrec und van Gogh, später von Gauguin beeinflusst, der Malergruppe der Nabis nahestehend, 1885 im Salon des Indépendants; ab 1900 französischer Staatsbürger; persönliche Weiterentwicklung der nachimpressionistischen Malerei; verkehrte im Kreis um Verlaine, frequentierte die Séancen von Mallarmé; verfasste fünf – noch unveröffentlichte – Theaterstücke, darunter »Un rien« (Ein Nichts) und »L'homme fort« (Der starke Mann) 1907/1908; Komödie *Au sein de la famille* (Im Schoß der Familie) in Paris aufgeführt; seine erzählende Prosa in der Nachfolge des Naturalismus wurde bislang von der Literaturkritik unterschätzt.

▪ Lit.: F. Jourdain: F. V., 1953. ▪ G. Guisan/D. Jakubec: F. V., Eduard Vuillard et leurs amis de la Revue Blanche. Lettres et documents, in: Etudes de lettres 8, 1975, 3–33.

Das Romanwerk

(frz.) – Félix Vallotton hat drei Romane hinterlassen, die ihn als gewandten Erzähler ausweisen, der durch seinen kalt-ironischen Blick dem nachimpressionistischen Maler kaum nachsteht.

Die Entstehung des frühesten Romans, *Les soupirs de Cyprien Morus*, 1945 (Die Seufzer des Cyprien Morus), lässt sich kurz vor 1907 datieren. Der Roman schildert in einer boshaften Satire das neureich-jüdische Milieu seiner Zeit. Dieses hatte der Maler-Romancier durch die Heirat mit der verwitweten Tochter des Pariser Kunsthändlers Bernheim kennengelernt.

Von ganz anderem Zuschnitt ist der zweite Roman, *La vie meurtrière*, 1979 (*Das mörderische Leben*, 1985, M. Dessauer), dessen Entstehung sich anhand des Manuskripts auf 1907/08 datieren lässt. Das Werk mischt Züge des Desillusionsromans Stendhals und Flauberts und der Künstlernovellistik mit ästhetisch-ideologischen Tendenzen des damals noch herrschenden Naturalismus. In eine Rahmenhandlung um die Auffindung der Leiche eines Selbstmörders integriert ist dessen fiktive Beichte in Gestalt seiner von der Kriminalpolizei durchgearbeiteten Autobiographie. Äußerlich an dem im späten 19. Jh. florierenden Genre des ›journal intime‹ (Amiel, Bashkirtseff) orientiert, das psychologische Selbsterforschung mit einem zynisch-kühlen Blick auf die äußere Wirklichkeit verbindet, handelt es sich um den Lebensbericht, den der 28-jährige Jacques Verdiers kurz vor seinem Freitod verfasst und dem er den von den späteren fiktiven Herausgebern in »La vie meurtrière« abgeänderten Titel »Un amour« gegeben hatte. Verdier wächst in der französischen Provinz heran. Begabt mit enormem künstlerischen Talent, scheint er zugleich von Geburt an verdammt, anderen Unglück zu bringen: Nacheinander reißt er mehrere Menschen aus seiner Nachbarschaft und Verwandtschaft in den Tod, sein Vater landet in einer Irrenanstalt. Verdier kommt nach Paris, wo er in Künstlerkreisen verkehrt und Bekanntschaft mit dem dandyhaften Bildhauer Darnac macht. Dieser führt ihn bei dem Verleger Montessac ein, für dessen Zeitschrift *Parthenon* er Artikel über Architektur verfasst.

Auch für einen tragischen Unfall in Darnacs Atelier ist Verdier mitverantwortlich: Das blutjunge Modell Jeanne Bargueil muss danach mit schwersten Verbrennungen eine lange Zeit im Krankenhaus zubringen. Um sein Gewissen zu beruhigen, unterstützt Verdier das durch die Verletzungen entstellte Mädchen, das sich in ihn verliebt. Doch Verdier strebt ›höhere‹ Ziele an: Mittlerweile durch die Erfolge seiner publizistischen Arbeit zu Geld und Ansehen gelangt, macht er keiner Geringeren als der Frau seines Auftraggebers, Madame Montessac, nach alle Regeln der Kunst den Hof. Dass er dabei in ihrem alten Schulfreund Joseph einen Nebenbuhler hat, bringt Verdier derart in Rage, dass er, alten Gewohnheiten folgend, eine Prostituierte aufsucht, bei der er sich mit einem venerischen Leiden infiziert.

Zwischenzeitlich siecht die physisch wie psychisch verstümmelte Jeanne dahin. Da er den direkten Kontakt mit seinem ›Opfer‹ meidet, erfährt er erst später durch einen Brief Darnacs von ihrem Tode. Verdier betreibt weiterhin anfangs mit geringen Erfolgsaussichten die Verführung von Madame Montessac. Als sie ihn in seiner Wohnung aufsucht, bedrängt er sie so stark, dass sie sich ihm hingibt. Dabei infiziert Verdier sie unwissentlich mit der Krankheit, die er sich bei der Prostituierten zugezogen hat. Madame Montessac zieht sich ganz zurück, verfällt zusehends, wird aus ihrer Lebensbahn geworfen und stirbt schließlich. Verdier wechselt die Wohnung und verfasst seinen Bericht, womit sich der Kreis zum Beginn des Romans hin schließt.

Fälschlicherweise hat man in *La vie meurtrière* ein Zeugnis des Naturalismus erkennen wollen. Doch verweigert sich Vallotton bewusst dessen medizinisch-wissenschaftlichem Impetus ebenso wie dem aufklärerischen Pathos. Erzähltechnisch kunstvoller als die Werke Zolas, bezieht sich Vallottons Roman auf die Traditionen des Künstler- und Literaturromans zurück. So steht sein Protagonist den satanischen Intellektuellen Huysmans', Bourgets und der Brüder Goncourt ungleich näher als Zolas Bürgern und Proletariern. Das Moment der Fatalität, das dem Naturalismus entnommen scheint, hat der Autor in *La vie meurtrière* auf fast ironische Weise gesetzt, indem er die Massierung von menschlichen Katastrophen nicht auf biologische Determinierung zurückführt, sondern als Hervorbringung ›selbst erfüllender Prophezeiungen‹ enthüllt, die ihrerseits auf die zeittypischen Topoi der ›vie factice‹ und des Satanismus zurückgehen.

In Vallotons letztem, um 1920 entstandenen Roman *Corbehaut*, 1970 (*Corbehaut*, 1973, F. Bäschlin), darf man die erzählerische wie erzähltechnische Summe seines literarischen Schaffens erkennen. Den literarischen Kunstgriff der Rahmenerzählung, der auf bildnerischer Ebene mit der gerade im Spätimpressionismus überaus gängigen Form der Bildgestaltung durch Enkadrierung und Betonung des Ausschnitthaften korrespondiert, verwendet Vallotton nun wesentlich gekonnter und mehrfach gebrochen. Wie die Rahmung des Bildes durch sich selbst den Zweifel des Betrachters an einer fluktuierenden Realität wecken soll, so verweist Vallotons letzter Romantitel bereits auf das Moment der Verunsicherung, geht es doch in *Corbehaut* nur mittelbar um die äußere Realität. Bereits der Titel des Werks reflektiert das Moment der medialen Brechung, da Corbehaut keine reale Gestalt der dargestellten Wirklichkeit mehr ist, sondern der fiktive Held eines reißerischen Fortsetzungsromans: Um den Feuilletonroman »Corbehaut« zu schreiben, hat sich der Protagonist Pierre Cortal in die bretonische Provinz zurückgezogen. Die Bewohner von Prestel-sur-Mer liefern dem Schreiberling bereitwillig Stoff nicht nur für diese Schauergeschichte aus den Jahren der Französischen Revolution, die einen durchaus ironischen Seitenblick auf thematisch gleiche Werke Balzacs, Sands und Dumas' wirft. Als eigentlicher Zulieferer profiliert sich der Apotheker Honoré, der Cortal mit der Dorfgeschichte vertraut macht; ein besonderer Kunstgriff Vallottons sind hier die zahlreichen fiktiven ›Dokumente‹ – Briefe, Tagebücher und Fotographien –, über die der Apotheker seinem stoffhungrigen Zuhörer eine Authentizität andient, die von Cortal immer wieder um des literarischen Effekts willen gebrochen wird. Über fast 400 Seiten wird nicht nur die Entstehung des fiktiven Romans »Corbehaut« unter dem Blickwinkel von objektiver Realität und künstlerischer Transformierung, sondern auch einer Reihe literarischer Nebenprodukte verfolgt, die aus den bretonischen Familiengeschichten entstehen. Zugleich dekonstruiert die Spiegelung von erlebter und erzählter Welt die erlebte Realität als trügerischen Schein. Denn sobald Cortal mit seinem kundigen, aber dennoch naiven Führer Honoré hinter die Fassaden der provinziellen Normalität blickt, tun sich die Abgründe von Lasterhaftigkeit, Rachsucht und Perversion auf.

Wie in *La vie meurtrière* ist eine angedeutete Liebesbeziehung – zwischen dem Schriftsteller und der sich in seinem Œuvre spiegelnden Madame Braquehage, deren Verführung Cortal misslingt – ein Fluchtpunkt, den die Romanhandlung aber nie einholt. Wieder laufen intellektuelle Produktion und wirkliches Leben aneinander vorbei. Stärker noch als *La vie meurtrière* thematisiert *Corbehaut* daher die Reflexion über die Produktionsbedingungen sekundärer Wirklichkeiten. Narratologisch betrachtet ist *Corbehaut* ein Abkömmling des ›Schubladenromans‹, ein in seiner überzüchteten ästhetischen Autoreflexivität planvoll gegen den Erwartungshorizont einer zeitgenössischen Unterhaltungskultur gesetztes *Decamerone* der französischen Provinz.

In dem Maße, in dem sich der Maler Vallotton aus dem engeren Kreis der realistischen Schule auf immer stärkere postimpressionistische Abstraktionstendenzen hinbewegte, adaptierte er diese auch in seinem erzählerischen Schaffen, so dass die drei im Laufe von etwa 15 Jahren entstandenen Romane den Weg von der sprachlichen Abbildung der Wirklichkeit hin zu einer vielfältig fragmentierten und sich selbst bespiegelnden Schreibweise dokumentieren, die dem modernen Roman des 20. Jh.s wesentlich näher steht als der darstellenden Literatur des bürgerlichen Zeitalters.

■ Lit.: R. Koella: Nachwort, in: F. V.: Corbehaut, 1973, 389–405.

Gerhard Wild

Emile Verhaeren

- geb. 21.5.1855 Saint-Amand-les-Puers/Antwerpen (Belgien)
- gest. 27.11.1916 Rouen (Frankreich)

Besucht mit ↗ Maeterlinck und ↗ Rodenbach die Jesuitenschule Sainte-Barbe in Gent; Jurastudium in Löwen; 1881 Advokat in Brüssel; Mitbegründer der Bewegung der Jeune-Belgique; schreibt für *L'Art moderne*; 1887 seelische Krise, die er durch soziales Engagement überwindet; stirbt bei Eisenbahnunglück; bedeutender Lyriker des belgischen Symbolismus.

■ Ausg.: Œuvres, 9 Bde, 1912–1930 [Nachdr. 1977]. ■ Poésie complète, 3 Bde, Hg. M. Otten, 1994–2001.
■ Lit.: D. Gullentops: E. V. et l'Europe, 1999.

Les villes tentaculaires

(frz.; *Die Verführung der Städte*, 1923, S. Zweig) – Die 1895 erschienene Gedichtsammlung bildet zusammen mit *Les campagnes hallucinées*, 1893 (Die geträumten Landschaften), und dem Drama *Les aubes*, 1898 (Die Morgendämmerungen), eine vom Autor intendierte ›soziale Trilogie‹, die der etwa gleichzeitig entstandenen lyrisch-intimen Trilogie der *Heures* gegenübersteht und mit ihr zusammen die dichterische Spannweite Verhaerens auf dem Höhepunkt seines Schaffens bezeichnet. Die Behandlung der brennenden gesellschaftlichen Probleme in Flandern (Landflucht, Proletarisierung) in einer bildstarken, visionär überhöhenden Verssprache verschaffte dem Werk einen jahrzehntelangen europäischen Erfolg. Von ↗ Baudelaire, ↗ Hugo, Ghil und Whitman ausgehend, erschien es kommunistischen und anarchistischen Dichtern in Russland, deutschen Expressionisten, italienischen Futuristen und dem Unanimismus Jules Romains' als fortschrittliches Dichtertum; aber bereits ↗ Mallarmé schrieb bewundernd, er habe die Gedichte »mit dem Ohr der Menge« gelesen, so unendlich sei ihre Stimme. Henri de ↗ Régnier hatte sich beim Anhören einiger Proben so beeindruckt gezeigt, dass Verhaeren ihm den Band zueignete.

Die Prägung »villes tentaculaires« – Riesenstädte, die mit Polypenarmen alles in sich hineinziehen – ging in die Allgemeinsprache ein. Die Vorstellung findet sich bei Verhaeren bereits in einem Bericht von einer 1891 unternommenen Reise durch norddeutsche Städte, die ihre Hafenanlagen »wie ungeheure Arme vor sich ins Meer hinausschieben«. »La ville« (Die Stadt), das den *Campagnes hallucinées* vorangestellte Gedicht, wurde 1892 in England geschrieben. Diese Reise und die seit 1886 verschärfte Wirtschaftskrise in Belgien wurden bestimmend für Verhaerens Annäherung an die sozialistische Bewegung. Die Anziehungskraft der Stadt – sein wichtigstes Vorbild ist Antwerpen, in dessen Nähe er aufwuchs – auf das verödende Land schildern Verse wie: »dort hinten in der Ferne, unter Himmeln schwer von fettem Ruß, Mit ihrer Stirn wie der Berg Thabor, Mit ihren schwarzen Saugern und ihrer roten Atemglut, ein Wahnbild und Magnet für alle Landbewohner« (»Le départ«, Der Auszug).

»Herb und tief« wird die Stadt genannt in ihrer Sonnenferne. Schwefel, Ruß und Phosphor machen die Atmosphäre der proletarischen Arbeit aus, an der »hasserfüllten Börse« drängt sich der »Großbürger von Gottes Gnaden«. Dessen Statuen überragen draußen schon die des heiligen Stadtgründers und stehen herausfordernd inmitten der übrigen Massenhaftigkeit und Anonymität, deren Gesicht Verhaeren – als ob er ein ↗ Zola der Lyrik werden wollte – zu gestalten unternimmt: Fabriken mit ewig schwarzen Fenstern, lärmerfüllte Vorstadtbasare, Massenandachten in Kathedralen, von vorbeiratternden Zügen überdonnert; Die Revolte – eine wilde Schlächterei, Music Halls: »Alkohol für Blicke und Gedanken«, Hafenbordelle (Die Fleischbank), Museen: »voll bleicher Herrscherköpfe«. Der Tod als allegorische Riesenfigur fegt alles in ein Loch. Am Ende stehen die Allegorien des Fortschrittsglaubens: Die Ideen – Wissenschaft, Gerechtigkeit und Mitleid – schweben unsichtbar über der Stadt, ganz zuoberst die Schönheit. Dieser Hang zur abstrakten Anschauung und der Mangel an gedanklicher Tiefe und erneuter Deutbarkeit beeinträchtigen den künstlerischen Wert des Werkes. Seine Stärke liegt in der Intensität der Bilder (die Stefan Zweig nachdichtend noch zu überbieten trachtete) sowie in einem trotz weitgehender Verwendung von Reim und geradzahligen Versen originellen, suggestiven Rhythmus.

■ Lit.: C. Challot: Trains vapeur vitesse, in: La Licorne 12, 1986, 23–36. ■ J. Higgins: Difference and Transition in E. V.'s ›Les campagnes hallucinées‹ and ›Les villes tentaculaires‹, in: Uncertain Relations. Some Configurations of the ›Third Space‹ in Francophone Writings of the Americas and of Europe, 2005, 179–191.

Hartmut Köhler

Les heures claires

(frz.; *Lichte Stunden*, 1907, E. Rehwoldt) – Die 1896 erschienene Gedichtsammlung bildet zusammen mit den beiden später veröffentlichten Zyklen *Les heures d'après-midi*, 1905 (Die Nachmittagsstunden), und *Les heures du soir*, 1911 (*Die Abendstunden*, 1938, E. Martersteig), eine Trilogie, die der Autor seiner Frau Marthe Massin als lyrisches Epitaph seiner Dankbarkeit widmete. In Verhaerens gerade um die Wende zum 20. Jh. vielgelesenen frühen Gedichtbänden – *Les soirs*, 1888 (Die Abende), *Les débâcles*, 1888 (Die Zusammenbrüche), und *Les flambeaux noirs*, 1891 (Die schwarzen Fackeln) – herrscht eine düster-melancholische Grundstimmung vor, die an

↗Baudelaires Spleen-Gedichte und an die Traumwelt der frühen Romane ↗Huysmans' erinnert. Am Ende einer mentalen Krise, die bis Anfang der 1890er Jahre dauerte, wendet sich Verhaeren in der Dichtung wie im Leben neuen Themen zu. Die Verse der *Heures claires* blicken wie über einen überwundenen, fernen Abgrund auf diese Krise zurück. In die drei Bände gehen, in Analogie zu den schwindenden Stunden der Tageszeiten, Reflexe von nahezu 20 Jahren gemeinsamen Lebens ein, die im immer wieder beschworenen Bild eines blühenden Gartens und seiner jahreszeitlichen Metamorphosen – als einer Enklave privaten Glücks – sinnbildlich aufgefangen werden.

Unter dem Einfluss René Ghils und seiner Theorie der »poésie scientifique« entwickelte Verhaeren eine neue Form des freirhythmischen, prosaähnlichen Verses von variabler Länge, eine Form, die, ohne konventionellen metrischen Schemata zu folgen, mit dem immanenten Rhythmus eines lyrischen Gehalts korrespondiert und – etwa in Gedichten aus *Les visages de la vie*, 1899 (Die Gesichter des Lebens) – Langzeilen von strömender Bewegtheit ermöglicht. Diese flutende Dynamik, die Verhaeren in Deutschland später als Vorläufer des Expressionismus erscheinen ließ, ist in *Les heures*, wenn auch zurückgedämmt, ebenfalls spürbar.

»Le beau jardin fleuri de flammes / Qui nous semblait le double ou le miroir / Du jardin clair que nous portions dans l'âme, / Se cristallise en gel et or, ce soir.« (»Der schöne Garten, in Flammen blühend, / Der uns erschien als Doppel oder Spiegel / Des hellen Gartens, den wir in der Seele trugen, / Verhärtet, diesen Abend, sich zu Frost und Gold.«; XXIX) Diese wenigen Zeilen versammeln nahezu den ganzen Kanon von Bildern, Bildzusammenhängen und Stimmungen, dessen sich Verhaeren in *Les heures* bedient: die Blumen- und Pflanzensymbolik, die Symbolik organischen Wachstums überhaupt, wie sie der Symbolismus liebte; die schwebenden, sensitiv erfühlten »Zusammeneinklänge« (↗Baudelaire) von Natur und Seele, die auf die Direktheit des expliziten Vergleichs zumeist verzichten; die zumal in den beiden letzten Bänden stärker hervortretende Entsprechung von Tages- und Jahreszeiten und Lebensaltern; schließlich die intime Zärtlichkeit und die Dankbarkeit für die mütterliche Güte der Geliebten. Verhaerens bezeichnende Vorliebe für jene sanften Übergänge, für das dämmernde Zwielicht des Nicht-mehr und Noch-nicht der *Heures d'après-midi*, rückt die Sammlung in den Umkreis eines lyrischen Impressionismus.

Im letzten Band, den *Heures du soir*, überwiegen Bilder des sich schließenden Kreises von Wachstum und Verfall. Vor dem Hintergrund unverminderter Zuneigung zu der geliebten Frau sind diese Texte – wie Gedicht VII – durchtränkt von Resignation, Müdigkeit und Todessehnsucht: »Und ich verstand: daß in dem müden Garten, / vor dem die Winterwinde drohend warten, / Ihn zu verheeren mit ihrem Wüten, / Du unsre Jugend, die dort verloht, / Zum Ring geschlossen, wie jene Blüten, / Weihtest dem Tod.«

■ Lit.: P. Gorceix: Fin de siècle et symbolisme en Belgique, 1998.

Hans-Horst Henschen

Paul Verlaine

■ geb. 30.3.1844 Metz (Frankreich)
■ gest. 8.1.1896 Paris (Frankreich)

Offizierssohn; erste Jahre in Metz, dann in Montpellier, seit 1851 in Paris; wird Beamter; verfällt dem Alkohol, verlässt 1872 seine Ehefrau wegen homoerotischer Liaison mit Rimbaud, den er im Streit durch Pistolenschüsse verletzt; 1873–1875 Haft in Mons; danach als Clochard in Nordfrankreich, Belgien und England; Konversion zum Katholizismus; 1879 Lehrer in England, später Bauer; nimmt regellose Existenz wieder auf, lebt in Kneipen, Bordellen, Obdachlosenasylen; Essays über Autoren des Fin de Siècle, einer der bedeutendsten Lyriker Frankreichs.

■ Ausg.: Œuvres en prose complètes, Hg. J. Borel, 1972. ■ Œuvres poétiques complètes, Hg. Y.-G. Dantec, 1995.
■ Übers.: Gesammelte Werke, 2 Bde, S. Zweig, 1922.
■ Lit.: O. Bivort: V., 1997. ■ M. Sintichakis-Plakas: L'image poétique dans la poésie symboliste du XIXe siècle. P. V., 1998. ■ S. Murphy: Marges du premier V., 2003.

Das lyrische Werk

(frz.) – In der Spannung zwischen ästhetizistischer Genialität und antibourgeoiser Rebellion verkörperte Verlaine jenes moderne Künstlertum, das er selbst mit Blick auf Poe, Baudelaire und Rimbaud als Typus des verfemten Dichters (»poète maudit«) bezeichnete. Dennoch bereits zu Lebzeiten als einer der bedeutendsten Lyriker Frankreichs anerkannt (»le prince des poètes«), hat er im letzten Drittel des 19. Jh.s ein Dutzend Gedichtbände unterschiedlichen Umfangs und vermischter Gattungen veröffentlicht, die ihm den Ruf eines Wegbereiters des Symbolismus und eines Verbalmusikers einbrachten. In prononciert volksliedhafter Schlichtheit verweigern sich Verlaines Verse der Rhetorik eines Victor Hugo ebenso wie den kalten Manieriertheiten der parnassianischen Dichtung und dem expressiven Pathos Baudelaires. Es nimmt nicht wunder, dass Verlaine – mehr noch als Baudelaire und Mallarmé – zum favorisierten Textlieferanten zweier Generationen französischer Musiker aufstieg, unter denen Fauré, Debussy, Hahn, Vierne,

Schmitt, Milhaud, Ravel, Tournemire und Chausson nur als wichtigste genannt seien, während Verlaine selbst im Ausland Vertonungen durch Reger, Marx, Mengelberg, Sorabji und noch Stockhausen inspirierte. Elegante Rhythmen, Wohlklang des Verses und metrische Virtuosität paaren sich hier mit semantischer und syntaktischer Klarheit zu einer formalen Vollkommenheit, wie sie ein Kennzeichen der französischen Renaissancepoesie der Pléiadedichter gewesen war; diese Klarheit der Aussage zog so gegensätzliche Übersetzer wie Stefan George und Karl Krolow an.

Bereits im Titel des frühesten Bandes, *Poèmes saturniens*, 1866 (*Saturnische Gedichte*, 1911, O. Hauser), äußern sich jene zarte Melancholie und die träumerische Rückwärtsgewandtheit, die Verlaines Lieder durchweht. Das Einleitungsgedicht »Nevermore«, das den berühmt gewordenen Refrain von Poes »The Raven« zitiert, ruft die aus etlichen Baudelaire-Gedichten überkommene Situation des Liebesdialogs auf, der aber hier nur mehr aus der wehmütigen Retrospektive beschworen wird. Von dem himmelstürmerischen Empörergeist Baudelaires und Rimbauds setzt sich der junge Verlaine ebenso ab wie von der gelehrsamen Brillanz und zeitlos-abstrakten Dunkelheit Mallarmés. Vielmehr ist es eine nostalgische Stimmungsmalerei, die sich in ein idealisiertes 18. Jh. zurückträumt. Titel wie »Promenade sentimentale« (»Gefühlvoller Spaziergang«), und »L'heure du berger« (»Schäfers Stunde«), »Paysages tristes« (»Traurige Landschaften«) und »Chanson d'automne« (»Herbstlied«) setzen jenen melancholischen Grundton, der Verlaines Lyrik als Vorbild aller Fin de Siècle-Poesie ausweist. Stärker als die späteren Dichtungssammlungen sind diese – fast ausschließlich in klassischer Sonettform verfassten – 26 Gedichte noch mit literarischen Anspielungen befrachtet, über die sich der »saturnische«, d. h. melancholisch-gelehrte Gestus als bewusste Stilisierung erweist: sei es das Góngora-Motto in »Lassitude« (Erschöpfung), das auf Poesie und Erotik autoreferentiell kurzschließt, sei es das drittletzte Gedicht, das neuerlich Poes »Nevermore« aufruft. Oft thematisiert sich der Sprecher weniger als Liebender denn als Schreibender, dem Erotik nicht gelebte – und insofern vergängliche – Realität ist, sondern ein Inzitationsmoment zur Evokation einer Idealität, die sich jeglicher Alltäglichkeit entzieht: »Ist sie braun, goldrot oder blond? Ich weiß es nicht. Nur ihr Name ist süß […]. Ihr Blick ist wie von Statuen, fremd und eigen, und in der Stimme, welche ruhig klingt und lind, hat sie den Ton von jenen Stimmen, die schweigen.« (»Mon rêve familier« – »Mein häuslicher Traum«).

Die im Anschluss entstandenen 22 Gedichte der *Fêtes galantes*, 1869 (*Galante Feste*, 1948, W. R. Berger), überhöhen diese melancholische Szenerien in dem nostalgischen Ambiente eines idealisierten Ancien régime, dessen stimmungsvolle Zartheit den Gemälden Fragonards, Bouchers und Watteaus nachempfunden scheint. Jene Maler, die Baudelaire in »Les Phares« (in *Les fleurs du mal*) noch als »Leuchttürme« seiner Ästhetik der Andeutung und Medium einer höheren Wirklichkeit galten, liefern nun Inspirationsmomente einer idealisierten bukolischen Heiterkeit. In dem so heraufbeschworenen Rokoko vereinigt sich die Verspieltheit der Commedia dell'arte mit der Rationalität französischer Gartenarchitektur. Dabei sind die Landschaftsbilder nicht selten – in romantischer Tradition – als Seelenlandschaft konzipiert. Verlaine gliedert die Sammlung durch eine Motivik, die die dargestellte Welt als ästhetische Inszenierung, ja als abgekartetes Spiel begreift und dies auch immer wieder thematisiert, denn er kennt die Tändeleien der Schäfer (»Mandoline«) und das Maskenspiel (»Clair de lune« – »Mondschein«) ebenso nur mehr aus zweiter Hand, wie sich der Faun (»Le Faune«), selbst nur noch eine antike Terrakottastatue, als imaginatives Surrogat erweist.

Mit Resignation ob einer uneinholbaren Vergangenheit beschließt Verlaine den Zyklus durch das oft vertonte Schlussgedicht »Colloque sentimental« (»Empfindsames Zwiegespräch«). Es ist gleichsam Verlaines Antwort auf Baudelaires erotische Causerien: Zwei »Schemen« versuchen sich ihrer »Ekstase von einst« zu versichern, die nur noch benannt, nicht aber vergegenwärtigt werden kann. »Im einsamen Park, einsam und verhangen, erweckten zwei Gespenster, was vergangen.« Trotz ihres elegant-spielerischen Titels vermitteln so die *Fêtes galantes* eine Melancholie, die im Verlust der Selbstvergewisserung durch das Du gründet und ihre moderne Wirkung aus einer kalt-ironischen Verfremdung gewinnt, der die Entfremdung ihrer Mitspieler vorausgeht: »Siehst du mich noch im Traume? – Nie.«

Die 21 Gedichte des im Folgejahr veröffentlichte Zyklus *La bonne chanson*, 1870 (Das gute Lied), scheinen unmittelbar daran anzuknüpfen. Sie erfuhren keine einhellige Beurteilung, da man in ihnen allzu gern einen unmittelbaren poetischen Reflex von Verlaines persönlicher Situation – er hatte sich gerade mit Mathilde Mauté de Fleurville verlobt – sehen wollte. Zugleich verweisen die Gedichte auf Verlaines Absicht einer unprätentiöseren Schreibweise als in den vorangegangenen Sammlungen. Die kurzen, titellosen Gedichte ordnen sich unterschiedlichsten Gattungen zu, und an die Stelle der musikalisch durchdachten Versmaße tritt ein ›Sich-Verströmen‹, das manchmal fast den Charakter von lyrischer Prosa evoziert. Zwei gegensätzliche Ausdrucksbereiche verweisen auf ihre Genese aus der jeweiligen biographischen Situation Verlaines. Die Motive entstammen weiterhin dem romantischen Repertoire der Liebesdichtung (Mondschein, Feen, Sternenhimmel), doch wird dieses nicht selten durch Einbrüche des modernen Lebens gestört: »Die Landschaft ringsum eingefaßt von Fensterrahmen, flieht wild vorbei [...] drein fallen jählings schmale Telegraphenstangen, zu denen, wie verschlungen, wie verschlungene Schnörkel, Drähte hangen.«

Bereits solche Verfremdungseffekte machen deutlich, dass Spontaneität und Gefühl selbst nur prätentiöse Inszenierung sind. Es ist nicht die Heroisierung des modernen Daseins, wie sie Baudelaire in seinen »Tableaux Parisiens« anstrebte, sondern Verstörung durch ein Ambiente, das den Dichter von der Geliebten trennt. So beschreibt er in »Le bruit des cabarets« – fast mit den Mitteln einer subjektiven Kamera – seine Wanderung durch den »Lärm der Straßenkneipen, Schlamm auf Bürgersteigen [...] den Omnibus Orkan aus Eisen und aus Kot«. Erst der letzte Vers offenbart das verheißungsvolle Ziel dieser Großstadtodyssee durch eine Welt des Banalen und Hässlichen: »Jedoch am End: das Paradies«.

Mit der 1867 veröffentlichten Sammlung *Les amies*, 1867 (*Die Freundinnen*, 1922, C. Moreck), der später in den Band *Parallèlement*, 1889 (Gleichlaufend), einging, wendet sich Verlaine vorübergehend wieder der strengen Form des Sonetts zu. Inhaltlich bewegt er sich in derselben dekadentistisch schwül anmutenden Erotik, die einst Baudelaire mit »Lesbos« und »Les femmes damnées« (in *Les fleurs du mal*) literaturfähig machte. So schildern »Sur le balcon« (»Auf dem Balkon«), »Les pensionnaires« (»Die Zöglinge«) und »Per amica silentia« – in für ihre Zeit gewagten Andeutungen – das homoerotische Begehren junger Mädchen und die Bewusstwerdung ihrer Körperlichkeit bis hin zur Initiation. In »Sappho«, das den Selbstmord der griechischen Dichterin am leukadischen Felsen thematisiert, wird eine bewusst gegen die lyrische Tradition arrangierte Sonettform, in der die Terzette den Quartetten vorausgehen (also 3–3–4–4), zum Zeichenträger des Lesbianismus als einer ›invertierten‹ Variante imaginierter Erotik.

Die *Romances sans paroles*, 1874 (*Lieder ohne Worte*, 1959, H. Hinderberger), gelten gemeinhin als das erste Hauptwerk des Symbolismus. Die Texte – darunter einige der bekanntesten Gedichte nicht nur Verlaines, sondern der gesamten französischen Dichtung! – entstanden in jener bewegten Lebensphase Verlaines, da er, von einer homoerotischen Neigung zu Rimbaud ergriffen, seine Frau verließ, um mit dem jungen Freund durch England und Belgien zu vagabundieren. Ausdruck findet die äußere Bewegtheit, die in der berühmt gewordenen Brüsseler Pistolenattacke auf den Geliebten kulminierte, in einer konsequenten Überlagerung von innerer Regung und umgebendem Ambiente. Die romantische Seelenlandschaft transformiert er zum musikalisch unterlegten Gemälde: In »Il pleure dans mon cœur comme il pleut dans la ville« (»Es weint in meinem Herzen wie es weint in der Stadt«) scheint die Melancholie des lyrischen Ichs auf die dargestellte Welt auszustrahlen, und eine unsagbare erotische Frustration wird vermittelt über die dumpfe Sonorität, die mit Binnenreimen, Assonanzen, Alliterationen und einer absichtsvollen metrischen Gleichförmigkeit die Monotonie des Regens zum Klingen bringt. Die stets gerühmte Musikalität seiner Verse steigert Verlaine durch die Vorliebe für kurze – meist ein- oder zweisilbige – Wörter. Ähnliche Skizzen melancholischer Befindlichkeit enthalten die Gedichte »Green« und »Spleen«, »Birds in the night« und »Aquarelles«, in denen immer wieder die Erinnerung an die verlassene Ehefrau aufscheint: »jung bist du, meine kühle Schwester, und dein Herz muß hart und fühllos gehen«.

Trotz der formalen Vollkommenheit und der literarischen Voreinstellung auf die melancholische Tradition abendländischer Lyrik sind diese Gedichte nicht abstrakt. Vielmehr nähert sich Verlaine in seinen »Paysages belges« (»Belgische Landschaften«), einem der Subzyklen der *Chansons sans paroles*, der impressionistischen Technik der fotographisch inspirierten Momentaufnahmen an. Die Reisebilder »Walcourt«, »Charleroi«, »Malines«, »Bruxelles« und »Estaminet du jeune renard« etwa erwecken durch Kurzverse und bewusst elliptische Satzmuster den Eindruck von Stenogrammen. Zehn Jahre vor Zolas *Germinal* (1885) ist Verlaine mit »Charleroi« eine Poetisierung der Industriewelt Nordfrankreichs gelungen.

Beruht der subjektive Blick des Dichters auf die moderne Welt auf den Vorgaben der *Fleurs du mal*, so erweist sich Verlaine auch mit einer anderen Facette der *Romances sans paroles* als Nachfolger Baudelaires und Leconte de Lisles: Mit Gedichten wie »Chevaux de bois« (»Karussellpferde«) nähert er sich jenen interesselos schönen Wortkunstwerken an, an denen Mallarmé zur selben Zeit feilt und die zugleich die Rilke'schen Dinggedichte vorbereiten.

Mit *Sagesse*, 1881 (Weisheit), manifestiert sich die biographische Wende Verlaines, die in seiner Hinwendung zum Katholizismus zu sehen ist. Teils im Gefängnis entstanden, markieren diese Gedichte seinen bewussten Weg in eine bürgerliche Normalität unter christlichen Vorzeichen.

Mit der Hinwendung zur religiösen Lyrik erfolgt zugleich die Ausbeutung allegorischer Schreibweisen: In der einleitenden Ballade »Bon chevalier masqué« (Der vermummte Reiter) gibt Verlaine ein allegorisch verbrämtes Bild seines Leidenswegs. Ritter Unglück hat das Herz des Dichters durchbohrt und dringt mit seinem eisernen Finger in die Wunde ein. Ein »heiles junges Herz« erwächst dem Dichter. Der vermummte Ritter reitet von dannen mit der Warnung: »Hüt dich zum mindesten, künftig! Dies tat ich nur einmal!«

Die zehn Sonette des zweiten Teils stellen einen mystischen Dialog zwischen dem Sünder und Gott dar, der die mutlose Seele zur Hingabe heranführen will. Der dritte, überzeugendste Teil der Sammlung weist auf die »Belgischen Bilder« der *Romances sans paroles* zurück. Er enthält stimmungsvolle Gedichte mit Schilderungen von Winter- und Abendlandschaften.

Formal bewirkt die Wende Verlaines eine Rückkehr zu traditionelleren Schreibweisen, was sich in der Verwendung klassischer Verse wie des Alexandriners und der gelegentlichen Verwendung des Sonetts zeigt. Wie das Beispiel des »Chevalier masqué« andeutet, dringen epische Elemente in die Dichtung ein; das repetitive Moment, das die Sangbarkeit der früheren Dichtung prägte, dient nun vor allem didaktischen Zielen. Überwiegend bewirkt die Rückkehr zur biographischen Normalität eine poetische Nivellierung, so dass der Band kaum überzeugende Gedichte enthält. Anders als die sensualistischen frühen Gedichtzyklen fanden diese lyrischen Dokumente eines Zerknirschten auch nur vereinzelt deutsche Übersetzer. Wenngleich die religiöse Wende mit dem bewussten Ausbrechen aus einer seit den Jugendwerken vorgezeichneten poetischen Bahnen korrespondiert, greift Verlaine im folgenden Jahrzehnt doch immer wieder auf Vermischtes der Jugendjahre zurück, was dem Veröffentlichungen der 1880er Jahre eine eigentümliche Heterogenität verleiht.

In dem Spätwerk *Jadis et naguère*, 1885 (*Einst und jüngst*, 1959, H. Hinderberger), vereinigt Verlaine 43 Gedichte, die 1866 bis 1874 – also schon zur Zeit der *Poèmes saturniens* und der *Fêtes galantes* – entstanden, jedoch separat in Zeitschriften publiziert worden waren. Noch einmal beschwört Verlaine die Welt der *Fêtes galantes* in dem als »comédie« bezeichneten und Theodore de Banville gewidmeten einaktigen Schäferspiel *Les uns et les autres* (*Die einen und die anderen*, 1908, F. Wolters).

Die Sammlung ist unterteilt gemäß dem Motto »einst und jüngst«, wobei die weit auseinanderliegenden Entstehungszeiten der Gedichte der Sammlung etwas Hybrides verleihen. Mit dem 1883 erstveröffentlichten Gedicht »Langueur« (»Sehnen«) schreibt sich Verlaine in die Mentalität der Epoche hinein, die einst Gautier mit seinem »Préface« (1869) zur zweiten Ausgabe von Baudelaires *Fleurs du mal* eingeläutet hatte, jene Dekadenzstimmung, die das melancholische Gefühl einer ›Katastrophe in Permanenz‹ zum Inspirationsmoment einer ganzen Generation von Künstlern umstilistiert. Ansonsten findet sich die aus den Werken vor Verlaines Krise von 1874 bekannte Spannweite, die stimmungsvolle Reisebilder wie das »Sonnet boiteux«, 1873 (»Hinkendes Sonett«), ebenso einbezieht wie die aus den *Fêtes galantes* gängigen neobarocken Tändeleien (z. B. »Pierrot«).

Unter den Gedichten ragt »Art poétique« (»Dichtkunst«) heraus, das – auf den Spuren von Horaz' *Ars poetica* – eine Poetologie des Symbolismus in Gedichtform enthält: Die Dichtung muss »Musik in erster Linie« werden, soll das Vage, Unbestimmte ausdrücken. Die Sprache soll sich um die »Nuance« (statt der Farbe) bemühen. Um das Ungefähre auszudrücken, muss der Dichter die Beredsamkeit zerbrechen und soll die Pointe wie auch die »falschen Feilenstriche« des Reimes meiden. Misstrauen soll er allem Konventionellen, sein »Vers sei kühnes Wagnis bloß«.

Verlaine wechselt in seinen späten Zyklen also zwischen religiöser und weltlicher Thematik, woraus sich eine – wohl biographisch angelegte – Verlaufsstruktur der einzelnen Gedichtzyklen ergibt: Handelt *Sagesse* von der Bekehrung, so propagiert *Amour* (1888) die Konstanz des Glaubens. *Parallèlement*, 1889 (Nebeneinander), die lyrische Verarbeitung eines Rückfalls in die Sünde, beinhaltet nicht umsonst die frühen sensualistischen Werke aus dem Band *Amies*. Es folgt die ebenfalls mit älteren Texte ausgestattete Sammlung *Femmes*, 1890 (1919, C. Moreck). Der Band *Bonheur*, 1891 (Glück), handelt vom Trost im Glauben. Auch der Band der *Liturgies intimes*, 1892 (Intime Liturgien), fügt diesem Bild nichts Neues hinzu. Der biographische Einschnitt bewirkt also den Abstieg von der Originalität und formalen Perfektion der *Fêtes galantes* und *Romances sans paroles* zur Trivialität eines religiös inspirierten Spätwerks. Der Nachwelt blieb Paul Verlaine freilich nicht als der geläuterte Wüstling in Erinnerung, als der er sich in seiner späten religiösen Dichtung präsentiert. Vielmehr fasziniert auch heute vor allem der morbide Zauber, dessen er sich bedient, um der Sehnsucht nach einem schöneren Leben – in einem Utopia irgendwo zwischen der Venusinsel Kythera und den Gärten des Sonnenkönigs – Ausdruck zu verleihen.

▪ Übers.: Poetische Werke, S. Löffler, 1977. ▪ Ausgewählte Gedichte, W. v. Kalckreuth, 1983.

▪ Lit.: C. Chadwick: V., 1975. ▪ R. Ferreres: V. y los modernistas españolas, 1977. ▪ P. Petitfils: V., 1981. ▪ V. à la loupe, Hg. J.-M. Gouvard, 1996. ▪ M.L. Premuda Perosa: V. e gli altri, 1999. ▪ A. English: V. Poète de l'indécidable. Etude de la versification verlainienne, 2005.

Gerhard Wild

Les poètes maudits

(frz.; Die verfemten Dichter) – Die 1884 und 1888 in zwei Teilen erschienenen sechs literarischen Studien wurden in der Zeitschrift *Lutèce* vorabgedruckt.

Verlaine entschloss sich Anfang der 1880er Jahre zur Karriere eines Literaten. Seinen ersten Studien über damals unbekannte Dichter war eine äußerst folgenreiche Wirkung beschieden. Die ersten drei Aufsätze über Tristan Corbière, Arthur Rimbaud und Stéphane Mallarmé erschienen 1883/84. 1885 bis 1887 folgten die Aufsätze über Marceline Desbordes-Valmore, Villiers de l'Isle-Adam und eine Selbstdarstellung Verlaines.

Allen sechs Studien liegt eine ähnliche Konzeption zugrunde: Auf eine biographische Einleitung folgt jeweils eine chronologisch geordnete, nur kurz kommentierte Auswahl aus dem dichterischen Werk. Sechs Gedichte von Rimbaud erschienen hier zum ersten Mal im Druck. Eine besondere literarhistorische Relevanz sollte der Titel »poètes maudits« erlangen. Er wurde zur Bezeichnung für jene Dichtergeneration, die sich seit Baudelaire als die ›verfemte‹ begriff. Die Wortverbindung faszinierte, schien sie doch jene Selbstinterpretation des Künstlers zu enthalten, der um des Kunstideals willen in absolute Gesellschaftsferne, in Wahnsinns- und Todesnähe getrieben wird, dessen selbst auferlegte, allgemeine Entfremdung das poetische Schaffen zum Martyrium werden lässt.

Verlaine selbst gab dem Titel jedoch keine präzise Bedeutung. Er beklagt in erster Linie die äußere Verkennung der »poètes maudits« und bezeichnet sie deshalb auch als die Unverstandenen. Diese Missachtung legt er einem gebildeten, doch bornierten Publikum zur Last, dem »gewöhnlichen Leser der gesellschaftlichen Elite«. An anderer Stelle nähert aber auch er sich dem heutigen Wortverständnis. Er spricht von den »poètes absolus« – »absolut durch die dichterische Einbildungskraft, absolut im Ausdruck« (vgl. auch den Brief an Mallarmé vom 16. August 1882) – und erkennt in Mallarmés Gedicht »Le tombeau d'Edgar Poe« (»Das Grab von Edgar Poe«) ein Schrecken erregendes Symbol für den Dichter.

Verlaine erfasst die Qualität eines Autors eher intuitiv, als dass er sie genau analysiert. In »Pauvre Lelian«, einer Selbstdarstellung, bekennt Verlaine denn auch, dass es sich in seinen Aufsätzen nicht um wirkliche Kritik, sondern vielmehr um exaltiertes Lob handle. Er begnügt sich mit begeisterten Ausrufen oder der Schmähung gegenteiliger Meinungen. Sein Stil, impulsiv, pathetisch oder nonchalant, ist stets Ausdruck des Verlaine'schen Temperaments. Doch charakterisiert er die dargestellten Autoren treffend: Er erkennt bei Rimbaud die Verbindung von Anmut und Kraft, in die sich Fremdes und Bizarres mischen, er nennt das Gedicht »Bateau ivre« (»Das trunkene Schiff«) »ein Reich der glänzenden Gewaltsamkeit, in das der Zauberer einlädt«; er findet bei Marceline Desbordes-Valmore eine starke, reine Leidenschaftlichkeit und, gleichsam als Bestätigung seines eigenen Stilideals, die glückliche Verwendung ungewohnter Rhythmen; Corbières Vers »lebt, lacht, weint nur wenig, spottet gut und scherzt noch besser«, er ist »bitter [...] und salzig wie sein geliebter Ozean«. Verlaines Verdienst bleibt es, als Erster auf die verfemten Poeten aufmerksam gemacht zu haben, unter denen doch die größten der Epoche sich finden: Rimbaud und Mallarmé.

▪ Lit.: H. Pérard: Les poètes maudits. Réflexions sur les poètes français du second Empire et du début de la troisième République, 1993. *Johanna Woltmann-Zeitler*

Mes prisons

(frz.; *Meine Gefängnisse*, 1927, E. Sander) – Der Titel der kurzen, 1893 erschienenen autobiographischen Prosaschrift spielt, ähnlich wie *Mes hôpitaux*, 1891 (Meine Hospitäler), auf das damals populäre Werk *Le mie prigioni*, 1832, von Silvio Pellico an, der in seinem Bericht detailliert seine langjährige politische Haft in österreichischen Gefängnissen schildert. Darüber hinaus bestehen allerdings kaum Ähnlichkeiten zwischen beiden Werken. Verlaine wusste sehr wohl, dass zwischen dem Leidensweg des italienischen Freiheitskämpfers und seiner eigenen, selbstverschuldeten, durch kein Ideal sublimierten Haft kein echter Vergleich möglich war, und bagatellisierte mit dem ironisch gemeinten Titel seine Erlebnisse ganz bewusst. Ähnlich verfuhren neben Verlaine auch andere Autoren, wie etwa Musset und G. de Nerval in Gedichten desselben Titels.

Die in liebenswürdigem, aber literarisch anspruchslosem Plauderstil geschriebene Autobiographie schildert fünf Einkerkerungen Verlaines. Vier davon sind kriminalistisch absolut unerheblich und literarisch unergiebig. Einzig die knapp zweijährige Haft im Anschluss an den Anschlag auf Rimbaud in Brüssel (1873), bei dem der angetrunkene Verlaine seinen Freund leicht verletzte, ist von größerer Bedeutung. Die Schilderung der Jahre in Brüssel und Mons bildet denn auch das Kernstück des Buches. Alles in allem hat Verlaine unter dem Freiheitsentzug kaum gelitten. Im Gegenteil: Zwang zur Inaktivität, mangelnde Gelegenheit zu Ausschweifungen und übermäßigem Alkoholgenuss und ein regelmäßiger Tagesablauf führten ihn zur schöpferischen Selbstbesinnung. In Mons fand seine religiöse Konversion statt, und dort entstanden zahlreiche Gedichte der bedeutenden Sammlung *Sagesse*, 1880. Mehrmals betont Verlaine seine glückliche Verfassung in jenem belgischen Gefängnis, dessen Ruhe und Einfachheit so stark mit den turbulenten Tagesereignissen kontrastierte, in die Verlaine sofort nach seiner Entlassung wieder verstrickt wurde.

Die Prosabeschreibung des Gefängnisses in *Mes prisons* (Kap. 10) findet eine lyrische Transposition im Gedicht »Écrit en 1875«, das er seinem Freund Edmond Lepelletier gewidmet hat. Der rote Backsteinbau wird zum sehnsüchtig beschworenen »magischen Schloss«; die Erinnerung daran haftet wie der Nachgeschmack einer saftigen Frucht auf den Lippen des dürstenden Dichters.

Die anderen vier Inhaftierungen haben auch für Verlaine nur episodischen Charakter. Nacheinander beschreibt er einen kurzen Aufenthalt im Karzer während der Schulzeit am Lycée Bonaparte, eine zweitägige Strafe nach einer Nachlässigkeit beim Militärdienst, ein Verhör =nach einem in Rimbauds Begleitung begangenen groben Unfug und einen Arrest nach Bedrohung der Mutter.

Die Aufzählung der 1893 aus der Retrospektive ungenau geschilderten Ereignisse ist als solche weniger relevant. Wichtig sind *Mes prisons* als Schilderung von Einflüssen, die auf den Lyriker Verlaine gewirkt haben.

■ Lit.: G. Mombello: Breve nota su mes prisons di P. V., in: Studi Francesi 6, 1962, 293–294. *Peter Müller*

Boris Vian

■ geb. 10.3.1920 Ville-d'Avray/Hauts-de-Seine (Frankreich)
■ gest. 23.6.1959 Paris (Frankreich)

(Pseudo. Vernon Sullivan) – Aus großbürgerlicher Familie; Ausbildung in Versailles und Paris; 1942–1947 Ingenieur, Jazzkritiker und -trompeter (trat u. a. mit Sydney Bechet auf); daneben freier Übersetzer (Strindberg), Schriftsteller und Chansonnier; aufgrund dieser vielfältigen Aktivitäten noch unterschätzt; vielfältiges Werk (Romane, Chansons, Theaterstücke, Novellen, Erzählungen, Gedichte); den Surrealisten, Pataphysikern und OuLiPo nahe stehend.

■ Übers.: Werke in Einzelausgaben, 12 Bde, H. Grössel/A. Pehnt u. a., Hg. K. Völker, 1995 f.,
■ Lit.: U. Kröning: B. V., in: Kritisches Lexikon zur fremdsprachigen Gegenwartsliteratur. ■ C. M. Jones: B. V. Transatlantic. Sources, Myths and Dreams, 1998. ■ C. Plas: B. V., 2010.

L'automne à Pékin

(frz.; *Herbst in Peking*, 1979, E. Helmlé) – Der im Anschluss an *L'écume des jours*, 1947 (*Der Schaum der Tage*, 1979, A. Pehnt), geschriebene und ebenfalls 1947 erschienene Roman besteht aus den Kapiteln A bis D (gewissermaßen der Vorgeschichte) und dem Hauptteil, der in drei »mouvements« (Sätze) unterteilt ist, die wiederum von vier »passages« (Übergängen) eingerahmt werden.

Weder um den Herbst noch um Peking geht es, wohl aber um den Bau einer Eisenbahnlinie in der Wüste von Exopotamien. Die Leute gehen in die Wüste, um zu »versuchen, dort wieder die Dinge zu tun, die sie überall sonstwo taten, und die ihnen hier neu erscheinen«. Die Sinnlosigkeit dieses Tuns tritt in der Wüste besonders hervor und führt zum Tod der meisten Personen. Im letzten Übergang wird angedeutet, dass eine neue Gruppe entsandt werden soll, um die Eisenbahn weiterzubauen, und dass trotz gewonnener Erfahrungen ungewiss ist, wie das Ganze ausgehen wird: »Es ist sinnlos, den Versuch einer Beschreibung zu unternehmen, denn alle möglichen Lösungen sind denkbar.« *L'automne à Pékin* erweist sich als Ausschnitt aus einer Geschichte in Serien, die bereits vor Beginn des Romans stattgefunden hat und möglicherweise nach seinem Ende weitergeht.

Der eigentliche Abenteuerroman mit »pataphysischem« Charakter beginnt mit einem Zufall: Amadis Dudu gerät auf seinem Weg ins Büro mit einem Autobus der Linie 975 in die Wüste Exopotamiens (A), wo er eine Eisenbahnlinie projektiert. Claude Léon erschießt zufällig einen Radfahrer; im Gefängnis besucht ihn Abbé Petitjean und verschafft ihm eine Einsiedelei in Exopotamien (B). Die Ingenieure Anne und Angel und die Sekretärin Rochelle müssen die vertragliche Verpflichtung von Cornélius Onte nach Exopotamien übernehmen, den sie angefahren haben (C). Professor Mangemanche (»Frißtfrist«), bereits bekannt aus *L'écume des jours* als Chloés Arzt (somit die einzige Person, die ›Geschichte‹ hat, und zwar die eines anderen Romans von Vian), behandelt Onte, der ihn als Lagerarzt nach Exopotamien anwirbt (D).

Ironie, Phantastik und Melancholie durchdringen das Werk, dessen Gliederungselemente der Musik entnommen sind: »mouvements« und »passages«. Der erste Satz des Hauptteils berichtet vom allmählichen Eintreffen aller am Eisenbahnprojekt beteiligten Personen. In der Wüste, die aus hellen und schwarzen Zonen besteht, befinden sich bereits Athanagoras, ein Archäologe, mit seiner Gruppe, Barrizone, der Wirt des einzigen Hotels, und Abbé Petitjean, der Eremitenbezirksinspektor.

Im zweiten Satz, dem Kernstück des Romans, bahnen sich die ersten Katastrophen an. Barrizone wird durch das Modellflugzeug Mangemanches getötet. Mangemanche fährt in die schwarze Zone der Wüste, aus der keiner wiederkommt. Angel liebt Rochelle, die ihrerseits Anne liebt.

Der dritte Satz führt konsequent zum Zusammenbruch der ganzen Konstruktion. Angel verursacht den Tod von Anne und Rochelle, und schließlich bricht die Eisenbahn bei ihrem Probelauf ein: Darunter lag der Tunnel des Archäologen, der nach der »Richtlinie« gegraben hatte. Alle Eisenbahner kommen ums Leben außer Angel, der den 975er zurück in die Stadt nimmt. Demselben Bus entsteigt bereits Amadis Dudus Nachfolger Antenne Pernot.

L'automne à Pékin erzählt, ähnlich wie R. Daumals *Le mont Analogue* (1952), von der Suche der Menschen in Form einer Expedition; jede beteiligte Person sucht etwas anderes, die Lehren der Vergangenheit helfen nicht weiter, allein die Gegenwart zählt. Der letzte Übergang verweist auf ein ›da capo‹, dessen ›fine‹ man sich aber wegen der Vielfalt der Möglichkeiten nicht ausdenken kann. Die Übergänge – Spiegelungen und Binnenkommentare des Romangeschehens, die über den Fortgang der Ereignisse spekulieren – rücken *L'automne à Pékin* in die Nähe des nouveau roman. Verwirrungen, Anspielungen und ein A. ↗ Jarry verwandter Humor sind charakteristisch für dieses Werk; so ist die Episode, in der Claude Léon zum Mörder wird, eine Persiflage auf den Roman *L'étranger*, 1942 *(Der Fremde)*, von Albert ↗ Camus.

Als der Roman mit Unterstützung ↗ Queneaus 1947 in Paris erschien, erregte er keine besondere Aufmerksamkeit. Erst seit 1968 wird Vian als Autor in Frankreich entdeckt und geschätzt. Vian hat drei weitere Romane ähnlicher Art verfasst, die durch Personennamen und Gegenstände unterirdische Verbindungen haben.

▪ Lit.: A. C. Rolls: The Flight of the Angels. Intertextuality in four Novels of B. V., 1999. *Lilo Schweizer*

L'écume des jours

(frz.; *Chloé*, 1965, A. Pehnt) – Der 1947 erschienene Roman Vians wurde sein erfolgreichster, der deutsche Titel lautet seit 1979 *Der Schaum der Tage*. Der Roman erzählt die Liebesgeschichte von Chloé und Colin, die im Zeichen von Jazzmusik, Jugend und Schönheit traumhaft beginnt und mit dem Tod von Chloé endet. Zauber und Phantastik liegen über dem Anfang, dessen Glanz nach und nach trübe wird, um sich schließlich in Unglück, Krankheit und Tod zu verwandeln.

Colin, jung und wohlhabend, und sein Freund Chick – wie alle Personen Vians ohne Vergangenheit und ohne Pläne für die Zukunft – verlieben sich: Chick in Alise, die Nichte von Colins Koch Nicolas, Colin in Chloé, die ihm zunächst als Jazzmusikstück begegnet als »Chloé« im Arrangement von Duke Ellington. Colin heiratet Chloé und gibt Chick Geld, damit dieser Alise heiraten kann. Chick ist aber passionierter Sammler von Jean-Sol Partres Werken und gibt das ganze Geld dafür aus. Auf der Hochzeitsreise erkrankt Chloé. Professor Mangemanche (Frißtfrist) entdeckt eine Seerose in ihrer Brust und empfiehlt eine Behandlung mit Blumen. Blumen, Medikamente und eine Kur ruinieren Colin finanziell, aber Chloé geht es nur wenig besser. Colin muss schließlich Arbeit annehmen und findet immer unmenschlichere Arbeitsplätze. Chick frönt zunehmend seiner Sammelleidenschaft, was Alise veranlasst, Jean-Sol Partre mit dem »Herzausreißer« umzubringen und sämtliche Buchhandlungen der Stadt in Brand zu setzen. In den Flammen der letzten kommt sie um. Chick wird von Steuereintreibern erschossen.

Nach Chloés Tod verbringt Colin seine Tage an einem Seeufer und betrachtet das Wasser. Seine »Lieblingshausmaus« befürchtet, er werde sich eines Tages zu weit vorlehnen. Sie selbst lässt sich von einer Katze fressen, die erst zubeißt, wenn ihr jemand auf den Schwanz tritt.

Vians Personen agieren in einer geschlossenen Welt, die eigenen Gesetzen gehorcht. Eine Sprache voller Wortspiele stellt diese poetische Welt her. In Colins Wohnung scheint an jeder Seite des Ganges eine Sonne, »denn Colin liebt das Licht«. Vom Moment der Hochzeit an wird dieses Licht trüber, die Räume, in denen Colin und Chloé leben, schrumpfen in dem Maße, wie Glück und Lebenslust abnehmen – ein Thema, das Vian auch in seinem Theaterstück *Les bâtisseurs d'empire ou le Schmürz*, 1960 (Die Reichsbaumeister oder Der Schmürz), entwickelt hat. Diese Veränderung macht sich auch im Rhythmus des Erzählflusses bemerkbar: von ausgewogen, beschwingt und detailreich über knapp und atemlos bis hektisch-grotesk. Sie ist der Katalysator für die allmähliche Verschlechterung der Zustände vom »Alles ist möglich« des Anfangs hin zum »Nichts ist möglich« am Ende. Sie gehört zur wesenhaft pflanzlichen Welt von *L'écume des jours*: Eine zerbrochene Fensterscheibe wächst wieder zu, die Wände der Wohnung wachsen nach innen, ein Aal kommt aus der Wasserleitung.

1946 erschien ein Teilabdruck des Romans in Jean-Paul ↗ Sartres Zeitschrift *Les Temps Modernes* – ohne die Anspielungen auf Sartre (Jean-Sol Partre) und Simone de ↗ Beauvoir (Duchesse de Bovouard) in der späteren Fassung, die sich als Satire auf den Existenzialistenzirkel lesen lassen.

Das Werk, das von Raymond ↗ Queneau als »der ergreifendste zeitgenössische Liebesroman« bezeichnet wurde, ist der einzige von Vians Romanen, der zum Publikumserfolg wurde (abgesehen vom Skandalruhm von *J'irai cracher sur vos tombes*, 1946 *(Ich werde auf eure Gräber spucken)*. Diesen Erfolg mag *L'écume des jours* der leichten Zugänglichkeit und den vielen möglichen Lesarten verdanken sowie dem zentralen Thema Vians in diesem Werk: Liebe und Tod – oder die Schwierigkeit (bzw. Unmöglichkeit), Liebe zu leben, ohne dass sie sich abnützt und erstirbt.

▪ Übers.: Der Schaum der Tage, A. Pehnt, 1979.

▪ Lit.: J. K. L. Scott: From Dreams to Despair. An Integrated Reading of B. V., 1998. *Lilo Schweizer*

Théophile de Viau

■ geb. 1590 Clairac/Agen, Lot-et-Garonne (Frankreich)
■ gest. 25.9.1626 Chantilly/Oise (Frankreich)

Sohn eines hugenottischen Advokaten; abenteuerliche Jugend; 1615 in Paris, Hausdichter und Protégé des Grafen von Candale, später der Herzöge von Liancourt und Montmorency; 1623 wegen Veröffentlichung antireligiöser Gedichte angeklagt, zum Scheiterhaufen verurteilt, zwei Jahre im Gefängnis, starb entkräftet nach Entlassung; bedeutender freidenkerischer Lyriker.

■ Ausg.: Œuvres complètes, 4 Bde, Hg. G. Saba, 1978–1987.
■ Lit.: G. Saba: T. de V. Un poète rebelle, 1999.

Das lyrische Werk

(frz.) – Théophile de Viau war der letzte bedeutende Lyriker aus dem Kreis der Freidenker in der frühen Neuzeit und einer der beliebtesten Dichter seiner Zeit. 1621 erschienen seine Gedichte in der dreibändigen Ausgabe der *Œuvres complètes*, die bis zum Ausgang des Jahrhunderts zahlreiche Neuauflagen erlebte. Erst der ›geläuterte‹, ›vernünftige‹ Geschmack des Klassizismus vertrieb ihn aus der Gunst des Publikums. Wie François Villon, wie Christian Günther war Théophile Viau einer jener genialen jungen Poeten, denen ihr Freimut und Unabhängigkeitsdrang immer wieder einen Streich spielten.

Ein Grundzug seines Charakters wie seiner Poesie war ein entschiedener Sensualismus, das, was man, dem Sprachgebrauch der Zeit folgend, tadelnd seinen ›Epikurismus‹ nannte. Er war beliebt, er war unbesonnen, verwegen und verzagt; er gehörte nicht zu den Wohlanständigen, und man hätte ihm, wie anderen, wohl manches hingehen lassen, wenn gewisse Keckheiten und vor allem einige Ungeniertheiten in Glaubensfragen nicht die Hüter der Moral auf den Plan gerufen hätten, die nun jede böswillige Nachrede ausschlachteten, um an ihm als einem erfolgreichen Autor ein Exempel zu statuieren.

Wenngleich er die technische Finesse seines Zeitgenossen Malherbe bewundert, lehnt er doch dessen poetologischen Rigorismus zugunsten der freien Inspiration ab, was ihm die Kritik der Anhänger Malherbes einträgt. Freilich umfasst auch de Viaus Formenrepertoire das ganze Spektrum der Renaissancepoesie: Ode, Sonett, Epistel, Epigramm, Elegie und Kanzone.

Sowohl gegenüber der Dichterschule der Pléiade als auch gegenüber Malherbe, in dessen Werk sich die Formstrenge der Klassik ankündigt, nimmt Théophile de Viau für sich das Recht in Anspruch, ›à sa façon‹ zu schreiben: »La règle me déplaît, j'écris confusément, / Jamais un bon esprit ne fait rien qu'aisément« (»Die Regel mißfällt mir, ich schreibe ohne Ordnung; ohne Bequemlichkeit hat noch nie ein guter Geist etwas Rechtes zustande gebracht«), heißt es in der »Élégie à une dame« (Elegie für eine Dame). Und später: »Je veux faire des vers qui ne soient pas contraints, / Promener mon esprit par des petits desseins, / Chercher des lieux secrets où rien ne me déplaise, / Méditer à loisir, rêver tout à mon aise, / Employer toute une heure à me mirer dans l'eau, / Ouïr comme en songeant la course d'un ruisseau, / Écrire dans les bois, m'interrompre, me taire, / Composer un quatrain sans songer à le faire« (»Zwanglos wolln meine Verse sich bewegen: Nach strengem Plan mag sich mein Geist nicht regen; Drum such ich nach dem Reiz verschwiegener Plätze, Um mich sinnend und träumend zu ergötzen. Dort seh ich stundenlang mein Bild im Teiche, Oder hör Wasser rauschen wie im Traum, Schreib unter Bäumen, halte inne, schweige, Dichte vier Verse, und bemerk es kaum«).

Théophile de Viau ist kein Bukoliker, kein Dichter der galant-sentimentalen Schäferei, doch wie wenige seiner Epoche ein Dichter der Muße, der Einsamkeit und jener kunstvoll hergerichteten Zurückgezogenheit, wie sie die Eremitage der Herzogin von Montmorency in Chantilly bot, die er in den zehn Oden seines Zyklus »La maison de Sylvie« gefeiert hat. Neben Liebesgedichten an eine Cloris und eine Caliste finden sich Gedichte an seine Freunde und Gönner.

Eine eigene Gruppe bilden die Gedichte aus der Zeit seiner Flucht und seiner Haft; sie haben nichts von ihrer Unmittelbarkeit eingebüßt, sie bleiben nahe, drängend, zu Herzen gehend. Wo beide Themen sich verbinden, das Elend der Gefangenschaft und die sehnsüchtige Erinnerung an die ländlichen Freuden des väterlichen Gutes von Boussères, da entsteht im »Lettre de Théophile à son frère« (Brief Theophiles an seinen Bruder) eines der schönsten und bewegendsten Gedichte der französischen Poesie.

■ Lit.: C. L. Gaudiani: The Cabaret Poetry of V., 1981. ■ J. Kohls: Aspekte der Naturthematik und Wirklichkeitsauffassung bei T. de V., Saint-Amant und Tristan L'Hermite, 1981. ■ T. de V., Hg. R. Duchène, 1991.

Friedhelm Kemp

Alfred Comte de Vigny

- geb. 27.3.1797 Schloss Loches/Indre-et-Loire (Frankreich)
- gest. 17.9.1863 Paris (Frankreich)

Aus königstreuer Adelsfamilie; 1814–1827 Offizierskarriere; lebt ab 1840 zurückgezogen in Paris oder im Landhaus LeMaine-Giraud; kandidiert 1848 und 1849 erfolglos für das Parlament; Dramen, Lyrik, erzählende Prosa; eine der einsamen Dandyexistenzen der französischen Romantik.

- Ausg.: Œuvres complètes, 2 Bde, 1986–1993.
- Lit.: A. Jarry: A. de V., 2 Bde, 1998.

Das lyrische Werk

(frz.) – Mit 18 Jahren begann Vigny Gedichte zu schreiben. Sein erstes Gedicht »Le bal« (Der Ball) wurde 1820 gedruckt. 1822 erschien der Band *Poèmes* mit dem Gedicht in drei Gesängen »Héléna«. Der um neue Texte erweiterte Band bekam 1826 den Titel *Poèmes antiques et modernes* (Antike und zeitgenössische Gedichte), unter dem Vigny auch die Ausgabe letzter Hand von 1837 veröffentlichte, mit weiteren zuvor einzeln veröffentlichten Gedichten: Unter der Überschrift »Le livre mystique de Alfred de Vigny« (Alfred de Vignys mystisches Buch) fasste Vigny die drei Gedichte »Moïse« (Moses), »Eloa ou la chute d'un ange« (Eloa oder der Sturz eines Engels) und »Le déluge« (Die Sintflut) zusammen; in den ›antiken Gedichten‹ finden sich »La Dryade« (Die Dryade), »Smétha« (Smetha), »Le somnambule« (Die Nachtwandlerin), »Le bain d'une dame romaine« (Bad einer Römerin), »La fille de Jephté« (Jephtas Tochter), »La femme adultère« (Die Ehebrecherin) und »Le bain« (Das Bad); das »Livre moderne« schließlich vereinigt Texte mittelalterlicher Inspiration – »Le cor« (Das Horn), »La neige« (Der Schnee) –, Dichtungen im spanischen Dekor – »Dolorida«, »Le trappiste« (Der Trappist) – sowie Schilderungen zeitgenössischer französischer Begebenheiten – »La frégate La Sérieuse« (Die Fregatte La Sérieuse), »Paris«, »Les amants de Montmorency« (Die Liebenden von Montmorency). 1841 erscheinen sie erneut, nun unter dem Titel *Poésies complètes*.

Obwohl der Einfluss von André Chénier, Lord Byron und Chateaubriand in diesen Gedichten spürbar ist, haben sie eine eigene Argumentationsstruktur: Ein »philosophischer« Gedanke wird, wie Vigny im Vorwort schreibt, in epischer oder dramatischer Weise inszeniert. Diese philosophischen Gedanken selbst sind allerdings keine Reflexionen zu Sein, Seiendem und Erkenntnis, sondern pathetisch aufbereitete Fragen nach der Befindlichkeit des Menschen: echtes Mitleiden und Liebeskraft, die Einsamkeit des Genies, die Beziehung zwischen Gott und Menschheit, von Zufall und Notwendigkeit. So erleidet Moses das Mysterium der göttlichen Gerechtigkeit; Eloa, die »Schwester der Engel« und aus einer Träne Christi geboren, verzehrt sich in Mitleid zu dem gefallenen Engel Luzifer, dessen Charme sie erliegt, bis er ihr die kalte Teufelsfaust entgegenstreckt. »Le déluge« orientiert sich stark an Lord Byrons »Heaven and Earth« (1823): Ein junges Paar wird das Opfer seiner zu großen Liebe und ertrinkt in den Fluten.

Das »Livre antique« war ursprünglich in »Poèmes antiques« (klassisch-antike Stoffe) und »Poèmes judaïques« (Stücke biblischer Inspiration) unterteilt und enthält heterogene Elemente. So ist »La Dryade« Bukolik in der Art des Theokrit-Imitators André Chénier: ein Dialog zweier Schäfer über ihre Geliebte. Und wenn in »Smétha« ein Liebender den Schutz der Gottheiten für die Seefahrt seiner Geliebten von Athen nach Lesbos erfleht, ist André Chénier als Horaz-Imitator präsent. Auch in den Gedichten »Le somnambule« und »Le bain d'une dame romaine« wandelt Vigny auf Chéniers Spuren. »La fille de Jephté«, »La femme adultère« und »Le bain« haben biblische Themen und sind mit der angemessenen sprachlichen Patina ausgestattet.

Leichter zugänglich ist das balladenhafte »Livre moderne« mit den Gedichten über Rolands Horn (»Le cor«), über die tragische Liebe Emmas, der Tochter Kaiser Karls des Großen (»La neige«), über die melodramatische Geschichte einer eifersüchtigen Ehefrau (»Dolorida«), über den fanatischen Royalismus eines spanischen Mönchs zur Zeit Ferdinands VII. (»Le trappiste«), über das Schicksal der Fregatte »La Sérieuse«, die von den Engländern unter Admiral Nelson 1798 vor Abukir versenkt wurde, schließlich über den Selbstmord eines jungen Paares in Werther-Stimmung (»Les amants de Montmorency«).

Vignys Nachruhm als Dichter gründete sich im Wesentlichen auf die elf Stücke der 1864 von Louis Ratisbonne postum herausgegebenen Sammlung *Les destinées*, von denen sechs schon zu Lebzeiten Vignys in der *Revue des Deux Mondes* erschienen waren.

Das Gedicht »Les destinées« (Die Schicksale) – der Herausgeber und nicht Vigny hat danach die ganze Sammlung bezeichnet – stellt die Schicksalsgöttinnen der Antike vor, die bei der Ankunft des Heilands in den Himmel zurückkehrten, aber durch das jansenistische Theorem der christlichen Gnadenwahl wieder ihren alten Platz im irdischen Getriebe einnehmen konnten. »La maison du berger« (Das Haus des Schäfers) enthält eine Fülle von Themen, die ohne eindeutige logische Stringenz aneinandergereiht sind: Einer Einladung zum »otium cum dignitate«, zur würdevollen Muße, folgt eine Diatribe gegen die Eisenbahn als Symbol der materiellen Zivilisation, auf die Reflexion über das wahre

Wesen der Dichtung jenseits von Galanterie und politischer Oberflächlichkeit ein Lob der Frau, unterbrochen durch einen Bannspruch gegen die Natur und gekrönt durch die Verherrlichung der Liebe.

»Les oracles« (Die Orakel) wendet sich gegen politisches parlamentarisches Geschwätz in der Juli-Monarchie und verherrlicht die »großen Seelen«, die den »Kristall« und »Diamant« ihres Genies zu bewahren vermögen. In »La sauvage« (Die Wilde) wird den bei Rousseau noch als edel qualifizierten Wilden der Prozess gemacht und die Humanität der christlichen Weltanschauung gefeiert. Eine von den Huronen ihres Stammes und ihrer Familie beraubte Indianerin findet Unterschlupf bei einem Quäker.

In »La colère de Samson« (Samsons Zorn) rechnet Vigny vor dem Hintergrund der bekannten biblischen Geschichte mit der genuinen Untreue der Frauen ab. Das wohl populärste Gedicht der Sammlung, »La mort du loup« (Der Tod des Wolfs), verherrlicht die einsame Freiheit des Genies angesichts tödlicher Mediokrität, die ihn schicksalhaft bedrängt. »La flûte« (Die Flöte) ist eine Abhandlung über den Leib-Seele-Konflikt, über die Unzulänglichkeit irdischer Existenz, die die Entfaltung des Genies stört.

In »Le mont des oliviers« (Der Ölberg) revoltiert Jesus gegen die Gleichgültigkeit und Antwortlosigkeit Gottes. Der Schwäche des christlichen Glaubens wird gegen Ende andeutungsweise die meditative Kraft orientalischer Religionen (besonders des Buddhismus) gegenübergestellt. »La bouteille à la mer« (Die Flaschenpost) verkündet, dass Leben und Werk eines wahren Dichters Zukunftsperspektiven haben. »Wanda« erzählt vom Opfermut einer russischen Dame, die ihren vom tyrannischen Zaren verbannten Ehemann nach Sibirien begleitet.

»L'esprit pur« (Der reine Geist) schließlich berichtet von den Dichtern und Philosophen als Bürgern einer idealen Republik des Geistes, die alle existenziellen Frustrationen kompensiert und das Menschengeschlecht in eine glänzende Zukunft führt. Dieses einige Monate vor Vignys Tod konzipierte Gedicht gilt als sein geistiges Testament.

Wenn der Kulturphilosoph Benedetto Croce Vigny als den »wahrscheinlich größten Dichter des 19. Jh.s« bezeichnete, wollte er auf dessen Originalität hinweisen, mehr als alle anderen ein Denker gewesen zu sein. Mit Vigny löst sich die philosophische Poesie aus ihrer Unterordnung unter die didaktische und wird ein eigenständiges Genre. Vignys Philosophie ist ein reflektierter Pessimismus, der von der Einsamkeit besonders des ausgezeichneten Menschen in der Welt (»Moïse«), von seiner Naturferne (Gegensatz zu Lamartine; vgl. »La maison du berger«), der Flüchtigkeit der Affekte, besonders der Liebe (»La colère de Samson«), schließlich von der göttlichen Leidenschaftslosigkeit handelt, die den Menschen im Stich gelassen hat (»Le mont des oliviers«).

Gegen Isolierung und Ohnmacht des Menschen setzt Vigny in »La mort du loup« eine stolze Resignation (»Nur das Schweigen ist groß, alles übrige Schwäche«) und in »La maison du berger« einen duldnerischen Stoizismus (»J'aime la majesté des souffrances humaines« – »Ich liebe die Majestät der menschlichen Leiden«), nicht ohne auch ein Wort des Trostes für die Gramerfüllten und Verzweifelten zu haben (»La flûte«; »La sauvage«, »Les oracles«, »Wanda«) und das Licht der Hoffnung leuchten zu lassen (»La bouteille à la mer«; »L'esprit pur«).

Gewiss sind Vignys Gedichte »erarbeitete Gedichte« (vgl. Horaz' Wort von den »laboriosa carmina«), und seine sehr rhetorisch gefärbte Inspiration fließt nicht so bilderreich wie die von Lamartine und Victor Hugo, aber er ist durchaus auch ein ›geborener‹ Dichter, dem das poetische Handwerk selbstverständlich war. Das bezeugen seine vielen Gelegenheitsgedichte.

Vignys metrische Fähigkeiten sind beachtlich, und er sucht, sie von Gedicht zu Gedicht zu variieren. In *Les destinées* verwendet er allerdings ausschließlich den Alexandriner, der in dem Gedicht »Les destinées« sogar zur strophischen Form der ›terza rima‹ nach dem Vorbild Dantes gebündelt erscheint; in »La maison du berger« wählt er die ungewöhnliche siebenzeilige Strophe.

Vignys Sorgfalt bei der Ausarbeitung der Ausdrucksebene geht einher mit seiner Theorie des »L'art pour l'art avant la lettre« und der These von der »vérité de l'art«, die sich selbst genügen muss (vgl. Kap. 39 seines Romans *Stello*, 1832). Zwar hat Vigny wohl als erster von der »seelenbedrohenden Macht der Technik« (»Maison du berger«) gedichtet, aber dieser Aspekt vom durch sein selbstgeschaffenes Werkzeug entmündigten Menschen bleibt als zukunftsträchtige Problemschau ephemer gegenüber einem sehr allgemeinen Schicksalsbegriff, den Vigny mit einer eklektischen Religionsphilosophie antiker, jüdischer und christlicher Provenienz untermauerte.

Vigny war zu sehr Melancholiker aus Leidenschaft, als dass er unmittelbare Reflexe seiner Umwelt anders als im Lichte seiner Idiosynkrasien aufzunehmen vermochte. So verwundert es nicht, dass Vignys postume Renaissance als Dichter mit dem Aufstieg der Parnassiens begann und die fortschreitende Laizisierung des politischen Lebens den Agnostizismus des Dichters rehabilitierte. Dass sich seine dichterische Reputation gegenüber dem 19. erst im 20. Jh. gesteigert hat, liegt wohl dennoch weniger an der Kraft seiner Gedanken als an der veränderten Form des Literaturkonsums. Wegen seiner aus dem verallgemeinerbaren christlich-humanistischen Fundus geschöpften Gedanken wurde Vigny ein Pfeiler des schulischen Literaturunterrichts.

■ Lit.: G. Chamarat-Malandain: Le christ aux Oliviers. V. et Nerval, in: Revue d'Histoire littéraire de la France 98, 1998, 417–428. ■ P. Bénichou: Un Gethsémani romantique. ›Le mont des Oliviers‹ de V., in : Revue d'Histoire littéraire de la France 98, 429–436. ■ J.-M. Bailbé: V. et l'orchestre intérieur, Poésie et musique, in : Revue d'Histoire littéraire de la France 98, 473–484.

Henning Mehnert

Cinq-Mars ou Une conjuration sous Louis XIII

(frz.; *Cinq Mars*, 1969, N.O. Scarpi) – Der Titelheld des 1826 erschienenen historischen Romans, der junge Henri d'Effiat, Marquis de Cinq-Mars, begibt sich aus Liebe zu der Prinzessin Marie de Gonzague an den Hof Ludwigs XIII., um Karriere zu machen. Er rückt schnell zum besonderen Günstling des Königs auf und wird sein erster Stallmeister. Doch dadurch macht er sich den allmächtigen Kardinal Richelieu zum Feind. Als Richelieus Gegenspieler schließt er sich der um die Königin und den Bruder des Königs organisierten ›Fronde‹ an. Weil er aber diesen mit den Waffen der Intrige und des Verrates ausgefochtenen Kampf an der Unentschlossenheit der anderen und der Treulosigkeit des unfähigen und ängstlichen Monarchen scheitern sieht, unternimmt er einen letzten verzweifelten Versuch, durch ein Bündnis mit Spanien Frankreich von Richelieu, seinem Tyrannen, zu befreien. Damit gibt er dem Kardinal die Möglichkeit, den Kopf des Landesverräters zu fordern; Cinq-Mars stirbt unter dem Schwert des Scharfrichters, während der triumphierende Sieger dem Hof ein prächtiges Fest gibt und Marie de Gonzague zur Königin von Polen lanciert.

In diesem Klassiker unter den romantischen historischen Romanen gibt Vigny mittels der Geschichte einer Verschwörung die Atmosphäre einer ganzen Epoche wieder. Er beweist genaue Kenntnis zeitgenössischer Quellen wie der Biographien und Prozessakten und der Memoiren der Madame de Motteville, des Kardinals de Retz und Richelieus. Er macht sie allerdings zu Objekten seiner Kritik und seiner Vorurteile: Aus den Fakten entwickelt er eine Art höhere Romanwahrheit, die er in den seit 1827 dem Roman als Vorwort beigegebenen »Réflexions sur la vérité dans l'art« (»Gedanken zur Wahrheit in der Kunst«) näher erläutert. Er jongliert mit Daten und Fakten und formt die Charaktere nach seiner Vorstellung, macht Richelieu zu einem ehrgeizigen und machtgierigen Machiavellisten, den Père Joseph zu einer Karikatur des ordinären Zynismus und Atheismus und idealisiert den ungeschickten Verschwörer Cinq-Mars zu einem romantischen Helden. Diese deutliche Parteinahme geschieht nicht etwa aus ästhetischen Motiven, sie ist der Ausdruck ganz persönlicher Ideen und Leidenschaften des Menschen Vigny, über die auch sein Leben und seine anderen Werke Auskunft geben. Er überhöht seinen Cinq-Mars zum Symbol des Adels als der geistigen und moralischen Elite Frankreichs, er verleiht ihm den kritischen Geist der Voltairianer und unterstellt ihm ein an Montesquieu orientiertes politisches Konzept. Er benutzt die historische Gestalt zur Kritik am zeitgenössischen Restaurationsadel und hält, wie auch in *Stello* (1832), *Chatterton* (1835) und der Novellensammlung *Servitude et grandeur militaires*, 1835 (Dienst und militärische Größe), ein Plädoyer für die verkannte Elite der Gesellschaft.

Ungeachtet der Tendenzen zur Geschichtsklitterung sind die künstlerischen Qualitäten des Romans unverkennbar. Der umfangreiche Stoff ist zu einer dramatischen Handlung geballt und sorgfältig psychologisch ausgearbeitet, so dass die einzelnen Kapitel spannende Akte werden. An Stelle deskriptiver Charakterisierung bevorzugt Vigny eine überaus lebendige Selbstoffenbarung der Personen in Dialog und Monolog, wobei jede ihre eigene, typische Sprache führt. Solche bis ins Detail reichende stilistische Nuancierung macht diesen historischen, ein wenig tendenziösen Roman zu einem großen Sprachkunstwerk. Die Wahl des historischen Stoffes zeigt Vignys Kenntnis des literarischen Geschmacks seiner Epoche; er schätzte Walter Scott über alles, hatte eine Vorliebe fürs melodramatische Genre und verschlang die Schauerromane der Anne Radcliffe und Maturins. Der Erfolg blieb auch nicht aus: *Cinq-Mars* wurde zum Bestseller des Genres.

■ Lit.: F. Lampart: Zeit und Geschichte. Die mehrfachen Anfänge des historischen Romans bei Scott, Arnim, V. und Manzoni, 2002.

Ingrid Peter

Chatterton

(frz.; *Chatterton*, 1880, F.D. Fenner) – Held des 1835 erschienenen Prosadramas in drei Aufzügen ist der 18-jährige Thomas Chatterton, der wunderschöne Dichtungen in altem Englisch verfasst und sie als Werke eines Mönchs aus dem 15. Jh., den er Thomas Rowley nennt, veröffentlicht hat. Arm und verzweifelt lebt er unter einem falschen Namen in London bei dem reichen Kaufmann John Bell. Frau Kitty Bell liebt den jungen Mann insgeheim und versucht, ihm zu helfen. Ein Studienkamerad aus Oxford, Lord Talbot, erkennt Chatterton und verrät den Bells seinen wahren Namen, deutet dabei aber an, dass er sich inkognito in ihr Haus eingeschlichen haben könnte, um Kitty zu verführen. Die junge Frau ist entsetzt und lässt den Dichter ihr Misstrauen fühlen. Dieser leidet darunter so sehr, dass er beginnt, sich mit Selbstmordgedanken zu tragen.

Um ihn zu retten, verrät ihm ein mit den Bells befreundeter alter Quäker, der die Verhältnisse durchschaut, dass Kitty ihn in Wirklichkeit liebt. Chatterton will weiterleben, wenn der Lord-Mayor von London, der für den Dichter der Repräsentant Englands ist und an den er sich gewandt hat, ihm Hilfe gewährt. Der Bürgermeister, der sich mit herablassender Anerkennung über die Dichtkunst im Allgemeinen und die Werke Chattertons im Besonderen äußert, deren gesellschaftliche Nutzlosigkeit er dem jungen Dichter vorhält, bietet ihm eine Stellung als erster Diener in seinem Hause an. Im gleichen Augenblick fällt dem ohnehin schon tief gedemütigten Chatterton ein kritischer Artikel in die Hände, der die Echtheit seiner Werke bezweifelt und sie einem gewissen Rowley zuschreibt, der tatsächlich gelebt hat. Nachdem er in tiefster Verzweiflung seine Manuskripte vernichtet hat, vergiftet er sich mit einer Überdosis Opium. Kitty stirbt vor Kummer in den Armen des Quäkers.

Das Stück behandelt ein Thema, das dem Autor besonders am Herzen lag und das er bereits in dem Roman *Stello* (1832) bearbeitet hatte: die untergeordnete Stellung des Dichters in der Gesellschaft und sein daraus resultierendes Elend. Vigny hoffte, mit Hilfe des Theaters ein größeres Publikum zu erreichen, und das Drama beeindruckte tatsächlich die Öffentlichkeit und besonders die intellektuelle Jugend. Diese leidenschaftliche, romantische Verteidigung der Poesie gegen eine Welt, die nichts von ihr wissen will, ist eines der besten und erfolgreichsten Stücke des romantischen Theaters in Frankreich: Die Sprache ist einfach und natürlich, der Stil von zurückhaltender Schlichtheit. In Kitty Bell, die von Marie Dorval, der Freundin des Dichters, wunderbar dargestellt wurde, hat Alfred de Vigny eine glänzende Verkörperung des gefühlvollen Frauenideals der Romantik auf die Bühne gebracht.

▪ Lit.: V. Roloff: Torquato Tasso, Chatterton, Un auto de Gil Vicente, in: Arcadia 19, 1984, 34–51. ▪ R. Buss: ›Chatterton‹, 1984. ▪ Y. Legrand: A. de V. Un souffle dramatique, 1998. *KLL*

Auguste, Comte de **Villiers de L'Isle-Adam**

▪ geb. 7.11.1838 Saint-Brieuc/Côtes-d'Armor (Frankreich)
▪ gest. 18.8.1889 Paris (Frankreich)

Aus altem bretonischen Adel; nach Verarmung der Familie ab 1857 einsam und in großer Armut in Paris; befreundet mit ↗ Baudelaire und ↗ Mallarmé; von Poe, Baudelaire, ↗ Barbey d'Aurevilly, Richard Wagner, Schopenhauer und Hegel beeinflusste Lyrik, Dramen und erzählende Prosa; einer der wichtigster Erzähler der Décadence.

▪ Ausg.: Œuvres complètes, 2 Bde, Hg. A. Raitt, 1986.
▪ Übers.: Die gesammelten Werke von A. de V. de L'I.-A., 7 Bde, H. H. Ewers, 1920.
▪ Lit.: J. P. Bourre: V. de L'I.-A., 2002.

L'Ève future

(frz.; *Die Eva der Zukunft*, 1920, H. H. Ewers) – Im Mittelpunkt des 1886 erschienenen Romans steht der junge Lord Celian Ewald, ein Ausbund an Schönheit, Eleganz, romantischem Idealismus und britischem Spleen. Er ist von einer unheilbaren Leidenschaft ergriffen, die ihn dem Selbstmord nahe bringt: Der Gegenstand seiner unwiderruflich einzigen Liebe ist die 20-jährige Sängerin Alicia Clary, in deren vollkommenem Körper die Venus von Milo inkarniert scheint. In diesem physischen Wunderwerk wohnt jedoch eine mittelmäßige, gewöhnliche, platt vernünftige Seele. Alicia ist eine Sphinx ohne Rätsel, die ihren Liebhaber allein durch ihre unwiderstehliche Schönheit fesselt. In seiner Not wendet Lord Ewald sich an den Erfinder Thomas Alva Edison, den er in dessen Laboratorium in Menlo Park bei New York besucht. Edison, der dem Lord aus früheren Jahren als seinem Lebensretter verpflichtet ist, erbietet sich, innerhalb von drei Wochen einen weiblichen Automaten für ihn herzustellen, der Miss Alicia aufs Haar gleicht. Dieses elektro-magnetische Geschöpf, dieses Kunstgespenst, das sich, außer Betrieb, in einem mit schwarzer Seide ausgeschlagenen Ebenholzsarg transportieren lässt, soll dem verzweifelten Liebhaber Miss Alicias täuschend ähnliches Double liefern – und ihn zugleich von deren unerträglich dürftiger Seele erlösen.

Höhepunkt des Romans ist die Szene, in der Lord Ewald von der Geliebten Abschied nimmt, wobei er zum ersten Mal in ihren Mienen und Worten so etwas wie Geist und Gemüt zu entdecken glaubt; bis er erfährt, dass er sich bereits in der Gesellschaft der von ihrem Erfinder untergeschobenen ›Andreide‹ befindet. Freilich hat es mit diesem zauberhaften Wesen noch eine besondere Bewandtnis: Hadaly, die »Androsphynge«, ist nicht nur ein in materieller Hinsicht vollkommen überzeugender Mechanismus, sie scheint darüber hinaus von einem geheimnisvollen Prinzip beseelt, das dem »großen Elektriker« zu Hilfe kommt: vom Geist einer mit Edison befreundeten unglücklichen Frau, die in den unterirdischen Räumen seines Laboratoriums in kataleptischem Schlaf liegt.

Technik und Okkultismus arbeiten hier, wie schon bei E. T. A. Hoffmann und E. A. Poe, einander in die Hände; die eine liefert den magnetometallischen, von elektrischen Fluiden durchpulsten künstlichen Organismus, der andere haucht ihm eine Seele ein. Kaum hat Lord Ewald von Edison Abschied genommen, entdeckt dieser, dass seine schlummernde Gehilfin gestorben ist. Auf der Überfahrt nach England wird Hadaly bei einem Schiffsunglück eine Beute der Flammen.

Der Roman besteht größtenteils aus Gesprächen zwischen Lord Ewald und Edison in dessen phantastischem Laboratorium, wo man unter anderen sinnreichen Erfindungen von singenden Blumen umgeben ist, an denen man seine Zigarre in Brand setzen kann. Die Herstellung der Andreide und ihr Funktionieren werden bis in alle Einzelheiten dargelegt, wobei Mechanik und Magie sich ununterscheidbar vermischen. Technik bleibt hier ganz im Bereich des Wunderbaren, und das Wunder zeigt seinen technischen Aspekt. Ihren höchsten Triumph feiern beide in dem Künstlichen als dem letzten Idol, der letzten Zuflucht des Metaphysischen in einer Welt, die sich ganz dem materiellen Fortschritt und dem wirtschaftlichen Erfolg verschrieben hat.

Schon Villiers' Freund ↗ Mallarmé verstand den Roman als ein Pamphlet – als idealistischen Protest gegen den herrschenden Positivismus. Hadaly als utopischer Fetisch ist kein perfekter Roboter und Computer, sondern ein poetischer Entwurf, eine Verherrlichung der höheren Wirklichkeit des Imaginären. Neuere Interpretationen deuten das Werk einerseits als Vorläufer der Science Fiction, andererseits wird der Roman als willkommenes Interpretationsobjekt der feministischen Literaturtheorie ausgewertet.

▪ Lit.: G. Ponnau: L'Ève future ou l'œuvre en question, 2000.

Friedhelm Kemp

Axël

(frz.; *Axel*, 1914, H.H. Ewers) – Bis zu seinem Tod arbeitete der Autor an diesem postum 1890 erschienenen Drama in vier Akten, das im Februar 1894 in Paris uraufgeführt wurde. Villiers sah das Stück als den Gipfel und die Synthese seines Schaffens, so dass selbst die veröffentlichte Form noch nicht der vom Autor imaginierten Dramenfassung entsprochen haben dürfte.

Die Handlung ist um 1820 angesiedelt. Der erste Teil spielt in einem Kloster in Flandern. Sara, der letzte Spross des Geschlechts derer von Maupers, soll gegen ihren Willen den Schleier nehmen und ihr großes Vermögen dem Kloster überlassen. Der für die Zeremonie angereiste Erzdiakon reflektiert über das Wappen der Familie Maupers (zwei goldene Sphingen vor einem Sternenhimmel mit geflügeltem Totenkopf), das identisch ist mit dem Wappen des Geschlechts derer von Auersperg, das auf den mittelalterlichen Zauberer Janus zurückgeht. Die entscheidende Frage des Erzdiakons, ob Sara bereit sei, »das Licht, die Hoffnung und das Leben anzunehmen und der Welt zu entsagen«, beantwortet die Novizin mit ›nein‹ und flüchtet unter dramatischen Umständen durch ein Fenster.

Schauplatz des zweiten Aktes ist die abgelegene Burg Auersperg im Schwartzwald [sic!]. Hier herrscht eine düstere Atmosphäre. In einem Gespräch zwischen drei alten Dienern des jungen Axël von Auersperg wird man über die Familiengeschichte, Charaktereigenschaften Axëls, den Zauberer Janus und den Kommandeur Kaspar, einen Vetter Axëls, informiert. Gespannt hört Kaspar der sich nun anschließenden Erzählung des Schlossverwalters zu, der gegen den Willen Axëls von einem in der Nähe des Schlosses verborgenen Schatz berichtet. Kaspar versucht, Axël von dessen Okkultismus und Passivität abzubringen und stilisiert seinen eigenen Hedonismus zum Prinzip des »wahren Lebens«. Als er dann das Gespräch auf den Schatz bringt, verliert Axël die Contenance, desavouiert Kaspars Vorstellung vom Leben als »ekelerregende Lust«, dem er sein eigenes »Recht auf Stille« entgegensetzt, und tötet ihn schließlich in einem Duell mit dem Degen. Da erscheint im Bühnenhintergrund, von Blitz und Donner begleitet, der Magier Janus.

Zu Beginn des dritten Aktes offenbart Axël, von der lebensbejahenden Philosophie Kaspars nicht unberührt geblieben, dem Zauberer, auch er wolle nun endlich leben. Janus sagt daraufhin die vorbereitete letzte und schwierigste Prüfung voraus. Die von ihm Erwählten, Sara und Axël, sollen nun bald zusammenkommen, »auf daß durch die einfache und jungfräuliche Menschlichkeit der zweifache Wahn – Gold und Liebe – besiegt werde«. Axël soll den Kreislauf von Werden und Vergehen durchbrechen und so, in vollkommener Isolation von der Welt, ein Gottwesen werden, das sich selbst und seine Welt schafft. Als Axël die schon Sara gestellte Frage mit einem pathetischen ›nein‹ beantwortet, erscheint, von Axël zunächst unbemerkt, die schwarz verschleierte Sara. Der Akt endet mit Janus' Worten: »Schleier und Mantel, beide Verweigerer, kommen zusammen: das Werk wird vollendet.«

Schauplatz des letzten Aktes ist die nur spärlich beleuchtete, reich geschmückte Familiengruft. Die Diener bereiten die Beisetzung Kaspars vor. Da geht Sara auf das beide Familien so eng verbindende Wappen zu, sticht mit einem Dolch zwischen die Augen des Totenkopfes, die Wand versinkt in der Erde und gibt den unermesslichen Schatz frei, der die Frau wie ein Fluss aus Gold und Edelsteinen umflutet. Als Sara den sie beobachtenden Axël bemerkt, feuert sie aus zwei Pistolen auf ihn, verwundet ihn aber nur leicht. Wild entschlossen greift der von Saras Schönheit bereits verwirrte Axël die Frau mit einer Eisenkette an. Sara indes umarmt ihn leidenschaftlich, löst ihr Haar und macht ihm deutlich: »Dies hier sind stärkere Ketten – und... nun bist du mein Gefangener.« In einem langen lyrischen Monolog evoziert sie die Wonnen eines gemeinsamen Lebens in Reichtum. Doch all die »Sternenträume«, so Axëls Urteil, wozu sollen sie realisiert werden? Die banale Wirklichkeit würde sie nur zerstören: »Leben? Das sollen die Dienstboten für uns besorgen.« Auch Sara wird von seiner Todessehnsucht erfasst. Sie legt prächtigen Schmuck aus dem Schatz an, öffnet ihren Ring, der ein Gift enthält, das sie mit Tau benetzt. Beide trinken davon und sterben in höchster Verzückung.

Villiers Drama repräsentiert idealtypisch das Lebensgefühl des Fin de Siècle, den gewollten Verzicht auf alles Natürliche. Die Künstlichkeit ist das eigentliche Signum des ›décadent‹, aus dem sich fast alle weiteren Phantasmagorien herleiten lassen. Axëls letzte Entscheidung, der Banalität der zeitgenössischen Welt und Gesellschaft zu entfliehen, sich nicht von der Sexualität an sie ketten zu lassen, seine zum quasi-religiösen Ideal stilisierte Verweigerung, seine Kontemplation, Passivität und Verfeinerung der Sinne in einem artifiziellen Universum – das alles macht Villiers' Axël zum Muster aller symbolistischen Helden seiner Zeit.

Der dramatische Liebestod und das Schatzmotiv erinnern an Wagners Opern, eine weitere Konstante der Fin de Siècle-Literatur: eine spezifische Aneignung Wagnerscher Themen wie des Liebestods als Ausdruck höchster Lust, des Inzests oder der für die dekadente Erotik charakteristischen Verquickung von Heiligem und Sexuellem. Dazu kommt der zeitspezifische Hang zum Okkultismus (hier der Rosenkreuzer).

Über allem schwebt der Geist ↗ Baudelaires, wobei etwa der lange Monolog Saras als eine ausschmückende Paraphrase von dessen Gedicht »Invitation au voyage« interpretiert werden kann. Ein weiteres Vorbild war zweifelsohne ↗ Mallarmé, dessen »Igitur« dann auch unübersehbare Spuren in Villiers Drama hinterlassen hat. Für Villiers typisch ist auch die Rezeption Victor ↗ Hugos, dessen *Burgraves* und *Les misérables* bei einigen Szenen des *Axël* Pate gestanden haben.

Die Reaktion auf die Uraufführung im Jahre 1894 war durchaus zwiespältig und reicht von hymnischem Lob (W.B. Yeats, G. Kahn) bis hin zum spöttischen Verriss durch einige Kritiker. Tatsächlich dürfte der *Axël* schon wegen seiner wagnerianischen Aufführungsdauer von etwa fünf Stunden und seiner – im Gegensatz zu Wagner nicht in Musik gesetzten – endlosen Argumentationen und Monologe recht schnell zu Ermüdungserscheinungen beim Publikum und auch bei den Schauspielern führen. Dennoch darf *Axël* in seiner völligen Weltverneinung zusammen mit *A rebours*, 1884 *(Gegen den Strich)*, von J.K. ↗ Huysmans und *Le crépuscule des dieux*, 1884 (Götterdämmerung), von É. Bourges zu den paradigmatischen Zeugnissen des Fin de Siècle gerechnet werden.

▪ Lit.: E. Wilson: Axel's Castle, 1931. ▪ B. Vibert: Le langage dramatique de V. de L'I.-A. dans ›Axël‹, 1989. ▪ C. Collion Diérickx: La femme, la parole et mort dans ›Axël‹ et ›L'Ève future‹, 2001.

Ulrich Prill

François Villon

▪ geb. vermutlich 1431 Paris (Frankreich)
▪ gest. nach 1463 (Ort unbekannt)

(d. i. François de Montcorbier) – Aus armer Familie, genannt nach seinem reichen Wohltäter Kaplan Guillaume de Villon; dieser ließ ihn erziehen und an der Sorbonne studieren; 1449 Baccalaureus, 1452 Magister; ausschweifendes Studentenleben, Kontakte zur Halbwelt; tötete 1455 im Streit einen Priester; 1456 begnadigt; Gauner- und Vagantenleben; 1461 im Kerker von Meung-sur-Loire, amnestiert durch Ludwig XI.; 1463 wegen Messerstecherei zum Tode verurteilt, abgemildert zu Verbannung aus Paris, seitdem verschollen; bekanntester Dichter des französischen Spätmittelalters, dessen Lyrik bis in die Gegenwart Grundlage für Chansons bildet.

▪ Ausg.: Œuvres, Hg. A. Lanly, 1992.
▪ Übers.: Sämtliche Werke, C. Fischer, 1991.
▪ Lit.: G. Pinkernell: F.V., 2004.

Le grand testament et le petit

(afrz.; *Die lasterhaften Lieder. Die Balladen aus dem kleinen und großen Testament*, 1959, P. Zech) – Von dieser erstmals 1489 gedruckten Sammlung von Chansons und Balladen, dem Hauptwerk Villons, sind vier Handschriften von unterschiedlichem Wert und Umfang überliefert.

Die romantische Stilisierung Villons zum ›poète maudit‹, mit dem sich Dichter wie ↗ Rimbaud und ↗ Verlaine, später auch Übersetzer wie Paul Zech oder H.C. Artmann, dann Schauspieler und Rezitatoren wie Klaus Kinski und Ernst Stankovsky identifiziert haben, verdankt sich vor allem der Tatsache, dass die Kritiker Villons Biographie aus dem Werk ergänzt, das Werk dann aber wieder im Licht eben dieser Biographie gedeutet haben.

In den 2343 Versen der beiden ›Testamente‹ ist fast das gesamte uns bekannte Werk Villons enthalten. Das *Petit testament* entstand 1456. In vierzig Strophen zu je acht Achtsilblern mit dem Reimschema ababbcbc »vermacht« der Sprecher den Menschen seiner Umgebung, die ihm im Guten wie im Bösen nahe standen, Gegenstände seines persönlichen Besitzes sowie solche ideeller Art, aber auch die Wirtshausschilder von Pariser Kneipen, wobei er sich jeweils mit ironischem Witz entweder auf Episoden bezieht, die den eingeweihten Lesern bekannt waren, oder persönliche Schwächen der Betroffenen – wie Trunksucht, Bestechlichkeit, Geiz – bloßstellt oder auf sein eigenes Schuldverhältnis zu manch einem anspielt.

Auf diese Weise entsteht ein eindringliches satirisches Zeitgemälde, in dem man das Paris des ausgehenden Mittelalters mit seinen großen sozialen Spannungen und Umschichtungen wiedererkennt. Trotz des farcenhaften Inhalts hält der Testator die Fiktion des ›Letzten Willens‹ bis zum Ende aufrecht, indem er die juristischen Formeln des Testaments nicht ohne komischen Effekt beibehält. Auch wird der lockere Ton, im Gegensatz zum *Grant testament*, nicht von anders gestimmten Einschüben unterbrochen, so dass ein zwar vielschichtiges, aber einheitlich durchgeformtes Gedicht entsteht. Mit einer Parodie auf die subtilen Unterscheidungen scholastischer Psychologie – statt zu beten, schlummert er langsam ein und erwacht wieder – beschließt der Sprecher das *Petit testament*. Er selbst nennt sein erstes Werk »Le lais« (Das Legat), und im *Grant testament* wendet er sich gegen den Namen *Petit testament*, der offenbar schon im Umlauf war und auch im ersten Druck erscheint.

Das 1461 entstandene *Grant testament* ist in 186 Strophen zu je acht Achtsilblern mit dem Reimschema ababbcbc, in die 16 Balladen und drei Rondeaux eingestreut sind, abgefasst. Es ist weit komplexer angelegt als das *Petit testament*.

Man kann darin folgende fünf Teile unterscheiden: In den Versen 1–88 nimmt der Testator den Ton des »Lais« wieder auf und charakterisiert sich selbst: »Kein ganzer Narr, doch auch nicht Weiser«. Die sich anschließende Polemik gegen den Bischof von Orléans, der ihn gefangen hielt, und der Dank an den König für seine Befreiung lassen ein Testament im Stile des »Lais« erwarten.

In den Versen 89–328 tritt der burleske Ton vollkommen zurück. An der Schwelle zum Alter überblickt der Sprecher sein Leben. Er findet Töne der Trauer und Reue über seine vertane Jugend, hadert mit dem Schicksal, das ihm, anders als dem Seeräuber Diomedes, der in die Gefangenschaft Alexanders des Großen geraten war, keine Glückschance geboten hat. Er sinnt über seine früheren Gefährten nach, die ihn, nachdem sie reich geworden sind, vergessen haben. Gedanken an den Tod, vor dem alle wieder gleich werden, bilden den Schluss dieses Abschnitts.

In den Versen 329–568 variiert das lyrische Ich das Thema des Todes, der Vergänglichkeit und des Verfalls weiblicher Schönheit. Hier stehen erstmals in sich geschlossene lyrische Gebilde, die Balladen. Die zwischen sie gestellten Verse haben offenbar nur die Funktion, die Balladen zu verbinden, woraus man schließen will, dass diese früher entstanden sind und bei der Redaktion des *Grant testament* von Villon mit aufgenommen wurden, gleichsam den Kern seines poetischen Testaments bildend.

Villon bedient sich der herkömmlichen Balladenform: Drei meist achtzeilige Strophen werden abgeschlossen durch den vierzeiligen ›envoi‹ (Refrain). Ein Kehrreim bezeichnet das Ende jeder Strophe, er spricht meist den Grundgedanken der Ballade in der Art einer Sentenz aus. Formal wird hier also ein neues Element eingeführt, während sich die Themen eng an den Inhalt des zweiten Teils anschließen: den Totentanz in den ersten beiden Balladen (Kehrreime: »Wohin ist der Schnee des letzten Winters?« und »Wohin ist Karl der Große?«) sowie Klagen alternder Dirnen über den Verfall ihrer Schönheit.

Im vierten und fünften Teil (Verse 569–712) vermischen sich beide Formelemente, Achtsilbler und Ballade, in immer stärkerem Maße. Der vierte Teil, gefüllt mit Reflexionen über Freud und Leid und die Natur der Frauen, enthält allerdings nur eine einzige Ballade, die sich thematisch kaum von der Umgebung unterscheidet. Obgleich Villon hier eine alte Tradition der höfischen und neuplatonischen Literatur fortsetzt, bleiben auch diese Betrachtungen nicht ohne eine stark persönliche Note, wenn der Dichter Beispielen aus der alten Geschichte eine Schilderung eigener schlechter Liebeserfahrungen folgen lässt.

Erst mit Vers 713 beginnt das eigentliche Testament, das sich wieder genau an die übliche Form der Testamente hält. Dank der eingestreuten Balladen, die der Testator ebenfalls als Legate vermacht, wechselt nun oft die Stimmung. Während der Sprecher seinem Gönner ein – nicht überliefertes – Romanmanuskript vererbt, erhält seine Mutter in Form einer Ballade ein Gebet an die Jungfrau Maria. Einen bitteren Ton schlägt er in der folgenden Ballade an eine Freundin an, die seine Liebe nicht erwiderte. Die nächsten Legate sind, ebenso wie die Ballade für den großen Trinker Jehan Cotart, ganz in der Art des »Lais« abgefasst.

Den Gipfel der Burleske erreicht der Testator, wenn er in einer Ballade als Rezept eines berüchtigten Koches ein phantastisches Gemisch von Scheußlichkeiten zusammenbraut, um darin die bösen Zungen seiner Verleumder zu braten. Weitere Balladen besingen das bequeme Leben, das unnachahmliche Geschwätz der Pariserinnen, die dicke Margot, deren Zuhälter der Sprecher zu sein vorgibt; Glücksspielern und Falschmünzern rät er zur Umkehr, da sie das unredlich erworbene Geld doch nur zu den Mädchen und in die Schenken trügen und vergeudeten. Gegen Ende klingt mit dem Bild des Beinhauses noch einmal das Totentanz-Thema an. Der Testator hinterlässt Anordnungen für die Art und Weise seines Begräbnisses, er entwirft eine eigene Grabschrift, und schließlich wird sogar ein Testamentsvollstrecker bestellt. Zwei Balladen bilden den Schluss des Gedichts;

eine, in der der Verfasser alle um Verzeihung anfleht, und eine, in der noch einmal die Themen Liebe, Tod, Wanderschaft und Armut anklingen und deren wehmütiger Unterton bei aller Heiterkeit nicht zu überhören ist.

Außer dem Epitaph (»La ballade des pendus«; »Ballade der Gehenkten«) finden sich noch Villons Beitrag zu einem Dichterturnier, das Charles d'Orléans 1457 in Blois ausgeschrieben hatte, daneben andere Beispiele kunstvoller Rhetorik sowie verschiedene Gelegenheitsdichtungen, fast immer in Balladenform. In den Jargonballaden schließlich verwendet Villon als erster den Argot von Paris als Sprache der Dichtung. In den meisten dieser Stücke warnt er seine Zunftbrüder vor der Polizei und den Gerichten und rät ihnen, ein besseres Leben zu beginnen. Da kaum andere zeitgenössische Argotquellen vorhanden sind, harren einige Textstellen noch einer verbindlichen Deutung.

Die Form der Dichtungen ist traditionell, es gibt unmittelbare Vorläufer sowohl für die Form des literarischen Testaments als auch für die der Ballade. Beispiele für literarische Testamente mit ganz ähnlichen Legaten finden sich im Werk des Eustache Deschamps sowie des Jean de Meung (↗ Guillaume de Lorris / Jean de Meung). Auch für das starke persönliche Element in der Dichtung gibt es Vorbilder, wie etwa das Werk Rutebeufs, wenn auch diese Selbstbezogenheit im Zeitalter der rhetorischen Dichtung eines Charles d'Orléans nicht gerade alltäglich war. Andererseits hatte in Frankreich noch nie jemand die Sprache so souverän zum Instrument der Satire oder gar die Geheimsprache einer Verbrecherorganisation zum Medium der Dichtung gemacht. Seine kurzen, eine lyrische Situation schlaglichtartig erhellenden Formulierungen haben bis heute nichts von ihrer Frische eingebüßt, so dass man nicht müde wurde, Villon als den ersten modernen Lyriker Frankreichs zu bezeichnen.

Im Zeitalter der französischen Klassik war Villons Werk wenig bekannt. Erst nachdem 1783 in Paris Dokumente entdeckt worden waren, die eine zuverlässige Villon-Biographie zu ermöglichen schienen, trat auch das Werk des Dichters stärker ins Blickfeld. Es inspirierte nicht nur Théodore de ↗ Banville zur Nachahmung in den *Trente-six ballades joyeuses* (1873), sondern wirkte auch stark auf ↗ Rimbaud, in dessen Werk sich zahlreiche wörtliche Entlehnungen aus Villon nachweisen lassen. In neuerer Zeit stand besonders der frühe Brecht unter Villons Einfluss. Auch in die *Dreigroschenoper* übernahm Brecht Teile aus verschiedenen Balladen.

▪ Lit.: D. Ingenschay: Alltagswelt und Selbsterfahrung. Ballade und Testament bei Deschamps und V., 1986. ▪ N.-N. Patel: La problématique religieuse dans le ›Testament‹ de F. V., 1988. ▪ R. Pensom: Le sens de la métrique chez F. V., 2004.

Klaus Engelhardt / KLL

Voltaire

▪ geb. 21.11.1694 Paris (Frankreich)
▪ gest. 30.5.1778 Paris (Frankreich)

(d. i. François-Marie Arouet) – Notarssohn; 1704–1711 Jesuitenschüler; ab 1710 Gast der libertinistischen Kreise des Pariser ›Temple‹; 1717 Haft in der Bastille; 1718 Erfolg seiner Tragödie *Œdipe*; Pensionär des Königs und des Regenten; 1726 Auseinandersetzung mit dem Chevalier Rohan-Chabot, Haft in der Bastille; 1726–1729 Exil in England; 1734 Verurteilung seiner *Lettres anglaises*; bis 1744 Gast der Marquise du Châtelet; 1745 Historiograph und Kammerherr des Königs; später als Freigeist in Ungnade; 1750–1753 am Hof Friedrichs des Großen; ab 1754 Mitarbeiter der *Encyclopédie*; kaufte 1755 das Landgut Les délices und 1758 Ferney bei Genf; dort Anwalt der wegen ihres Glaubens Verfolgten und der Leibeigenen; 1791 im Panthéon beigesetzt; alle Gattungen (Lyrik, Drama, Epik, Sachliteratur) umfassendes Werk; bekanntester Philosoph und bedeutendster Romancier der Aufklärung.

▪ Ausg.: Œuvres complètes [auch: The Complete Works of V.], 73 Bde, Hg. L. Moland/T. Bestermann/N. Cronk u. a., 1877 ff.
▪ Übers.: Sämtliche Werke, 29 Bde, 1783–1797.
▪ Lit.: P. G. Castex: V., 1982.

Zadig ou La destinée

(frz.; *Zadig oder Das Schicksal*, 1961, E. Sander) – Die philosophische Erzählung erschien 1747 anonym unter dem Titel *Memnon* und wurde unter dem neuen Titel 1748 überarbeitet und mehrfach erweitert.

Der junge Babyloner Zadig (»der die Wahrheit sagt«) ist tugendhaft, weise, reich, ansehnlich und dennoch vergeblich auf der Suche nach dem Glück. Die Frauen erweisen sich als treulos, wissenschaftliche Interessen als ungeahnt gefährlich, und ein Ausflug in die Dichtkunst kostet ihn beinahe das Leben. Zadigs Aufstieg zum Premierminister des babylonischen Königs bereitet nur seinen umso tieferen Fall vor. Die Liebe zwischen ihm und der Königin Astarte wird entdeckt, Zadig muss fliehen, wird Sklave und bald auch Freund seines Herrn und Berater des Königs von Serendib.

Umgeben von Dummheit, Bosheit und Korruption, muss Zadig nach einigen Bravourleistungen aufklärerischer List der Übermacht seiner Feinde weichen. Im vom Aufruhr erschütterten Babylon gewinnt er das Turnier, das ihn zum neuen König und Gemahl Astartes bestimmt. Kurz vor dem Ziel wird er jedoch um den Sieg betrogen. Dem Verzweifelten begegnet ein Einsiedler, der sich als der Engel Jesra entpuppt und ihn zur Ergebung in sein Schicksal mahnt. Von dem wissbegierigen Zadig näher befragt, äußert der himmlische Bote zum

Problem der Antinomie zwischen Zufall und Notwendigkeit, dem Bösen und der Vorsehung eilig einige Gedanken, die unverkennbar aus Alexander Popes *Essay on Man* (1733/34) stammen.

Selbst der Schluss der an Wechselfällen des Schicksals so reichen Laufbahn des Philosophen Zadig entbehrt in seiner Klischeehaftigkeit nicht der Ironie: Zadig unterwirft sich der Vorsehung, heiratet Astarte und wird babylonischer König.

Voltaires »orientalische Geschichte« übernimmt Themen und Strukturelemente des orientalischen Märchens, ironisiert sie jedoch, um sie im Sinne aufklärerischer Intentionen zu benutzen. Die exotische Märchenwelt ist nicht Spielraum der Einbildungskraft, sondern Mittel einer satirisch-didaktischen Verfremdung, die von Babylon spricht und Paris meint und in orientalische Weisheit aufklärerische Vernunft einschmuggelt. Antithetische Vereinfachung der Probleme und drastische Verkürzung der Perspektive, die Vereinigung des Unvereinbaren und die groteske Überbelichtung des Details sind die Verfahren, die es ermöglichen, den Stoff im Sinne aufklärerischer Polemik umzugestalten. Vorgänge und Einfälle jagen einander mit taschenspielerhafter Hurtigkeit, alles bleibt scharf zupackende, stilisierte Skizze ohne Schatten und sinnliche Dichte.

Voltaires Kunst, Abstraktes szenisch, dialogisch und anekdotisch zu beleben, lässt den Ideengehalt der philosophischen Erzählung nur selten unvermittelt an die Oberfläche treten. Locker aneinander gefügte Episoden und Kapitel werden durch die Frage nach dem Glück und der Vorsehung in einer solchen Welt thematisch miteinander verklammert. Voltaires Lösung ist hier noch gedämpft optimistisch; denn nur scheinbar herrschen das Böse und die Absurdität des Zufalls.

▪ Lit.: M. Clément: ›Zadig ou La destinée‹, 1972. *Paul Mog*

Micromégas

(frz.; *Mikromegas*, 1961, E. Sander) – Der 1752 erschienene philosophische Roman verarbeitet satirisch das aus Fontenelles *Entretiens sur la pluralité des mondes*, 1686 *(Dialoge über die Mehrheit der Welten)*, und Jonathan Swifts *Gulliver's Travels*, 1726 *(Gullivers Reisen)*, übernommene Motiv der phantastischen Reise in Riesen- oder Zwergenwelten.

Micromégas handelt von der Reise des Micromégas, eines acht Meilen hoch gewachsenen Bewohners aus der Welt des Sternes Sirius, durch das Weltall. Micromégas, ein gelehrter, wissbegieriger Geist, der auf »dem Jesuitenkolleg seines Planeten« studiert und schon am Ende seiner Kindheit, etwa um das 500. Lebensjahr, naturwissenschaftliche Werke verfasst hat, ist mit seinen Forschungsergebnissen über die substantielle Form der Flöhe ins Kreuzfeuer der Kritik kleiner Geister geraten und wird nach 120-jährigem Streit auf Betreiben des »Großmufti seines Landes« verbannt. Er nutzt nun seine Muße zu einer Kavalierstour durch das All, wobei er sich seiner genauen Kenntnis der Gesetze der Schwerkraft bedient und etwa auf Kometenstreifen oder Sternenstrahlen reitet. Schließlich kommt er auf dem Saturn an, einer Zwergenwelt für ihn, aber als philosophischer Geist »verstand er schnell, daß man nicht lächerlich zu sein braucht, wenn man nur sechstausend Fuß groß ist«, wie die Saturnier es sind. Micromégas freundet sich mit einem gelehrten Saturnier an, der sich darüber beklagt, dass auf dem Saturn das Leben nur etwa 15 000 Erdenjahre währt. Micromégas tröstet ihn damit, dass man sich sogar auf Welten, wo man tausendmal länger als auf dem Sirius lebt, über die Kürze des Daseins beklagt, lobt die Weisheit des Allschöpfers und räsoniert mit dem Saturnier über naturphilosophische Fragen. Schließlich beschließen die beiden gelehrten Freunde, durch das Sonnensystem zu reisen, gelangen nach Zwischenaufenthalten auf dem Jupiter und Mars zur Erde und landen am 5. Juli 1737 in der Ostsee.

Sie umschreiten in kurzer Zeit die Erde, durchwaten die Meere und überlegen sich, wieder am Ausgangspunkt angekommen, ob es auf diesem winzigen Planeten mit so unregelmäßigen Formen intelligentes Leben geben könnte. Der Saturnier bezweifelt es, aber Micromégas will es genau wissen. Mit einem riesigen Diamanten aus der Halskette des Micromégas als Mikroskop suchen die beiden Außerirdischen die Meeresoberfläche ab, finden zuerst einen Wal, dann aber ein Schiff mit Menschen. Dabei handelt es sich um eine Expedition von Gelehrten, die eben im Jahre 1737 im Bottnischen Meerbusen als verschollen galt. Die beiden Reisenden untersuchen ihren Fund, ähnlich wie Menschen den Bereich der Mikroorganismen erforschen würden; sie analysieren die Bewegungen der für sie unendlich kleinen Wesen, und schließlich gelingt es Micromégas, aus einem Stück Fingernagel eine Art Sprachrohr zu bauen, mit dessen Hilfe die beiden Gelehrten mit den Menschen kommunizieren können.

Aus dem Gespräch mit den Menschen erfahren Micromégas und sein saturnischer Begleiter, dass auch so winzige Wesen das Böse in sich haben können, erfahren von Kriegen und Ungerechtigkeiten, aber auch von den erstaunlichen astronomischen und mathematischen Kenntnissen der kleinen Erdenbewohner. Aber als Micromégas die menschlichen Gelehrten auffordert: »Da ihr so gut über das Bescheid wißt, was außerhalb von euch liegt, so wißt ihr doch sicher noch besser, was in euch ist. Sagt mir also, was eure Seele ist und wie ihr an eure Erkenntnisse gelangt«, da bekommt er die widersprüchlichsten Auskünfte. Der eine gibt eine aristotelische, der andere eine Leibniz'sche, der dritte eine cartesianische (↗ Descartes), der vierte eine malebranchistische, der fünfte eine Locke'sche Antwort. Mit meisterhaftem Spott karikiert Voltaire hier die Standpunkte der Erkenntnistheorien seiner Zeit; an den Antworten der Außerirdischen erkennt der Leser die Meinung des Verfassers: Eindeutig findet der Vertreter des Locke'schen Empirismus den Beifall der Besucher. Schließlich aber meldet sich noch ein kleiner Thomist von der Sorbonne, und als dieser den beiden Riesen erklärt, dass gemäß der Summa des Aquinaten (Thomas von Aquin) alles, alle Gestirne, alle Sonnen, alle Wesen, auch die beiden Besucher und ihre Welten vom Schöpfer einzig und allein für den Menschen geschaffen seien, da brechen Micromégas und der Saturnier in ein gewaltiges Gelächter aus. Dabei fällt das Schiff dem Saturnier versehentlich in die Tasche. Die Reisenden suchen es, setzen es wieder instand, und Micromégas überwindet seine Wut über die Arroganz der winzigen Wesen und schreibt ihnen ein Buch, das ihrer Größe angemessen ist: Damit würden sie alle Dinge verstehen. Aber als die menschlichen Gelehrten es nach Paris bringen und der Sekretär der Académie française – es war damals Fontenelle – es aufschlägt, da sieht er nur weiße Seiten und sagt: »Aha, das hatte ich mir gleich gedacht.«

Micromégas ist viel weniger als literarische Erzählung konstruiert als Voltaires andere ›contes philosophiques‹, die Hauptgestalten sind als Charaktere blass gezeichnet und lediglich durch ihre ins Unermessliche gesteigerte körperliche und geistige Größe hervorgehoben. Es geht Voltaire um eine karikaturhaft überspitzte satirische Darstellung der philosophischen Systeme seiner Zeit. Die vielen naturwissenschaftlichen Anspielungen belegen zudem Voltaires betontes Interesse an den empirischen Wissenschaften, von denen er weiterhin nützliche und verifizierbare Erkenntnisse erhofft, und seine auch in den anderen philosophischen Romanen bekundete tiefe Skepsis gegenüber dem metaphysisch-spekulativen Systemdenken, das seiner Ansicht nach eine Brutstätte des Irrtums und des dogmatischen Zwistes darstellt.

■ Lit.: F. Koppe: Literarische Versachlichung. Zum Dilemma der neueren Literatur zwischen Mythos und Szientismus, 1977. ■ K. Dirscherl: Der Roman der Philosophen, 1985.

Christoph Dröge

Candide ou l'optimisme

(frz.; *Candide oder der Optimismus*, 1987, J. von Stackelberg) – Der 1759 anonym erschienene philosophische Roman verspottet bald aggressiv, bald hintergründig die philosophischen Systeme Popes und Leibniz'. Zumal die aus Leibniz' Philosophie stammende Lehre von der »prästabilierten Harmonie« wird in dem kurzen Roman attackiert, indem die Setzung »alles in der Welt ist auf das Beste bestellt« durch den krassen Kontrast zu Chaos und Schrecken der dargestellten Wirklichkeit in Frage gestellt wird.

Die Handlung folgt dem wohl ältesten Romanschema der abendländischen Literatur, dem spätantiken Liebes- und Trennungsroman (vgl. Heliodors *Äthiopika*), der seit seiner Wiederentdeckung im Humanismus als Ermöglichungsstruktur einer auf Kontingenz beruhenden Weltsicht fungiert. Das peripetienreiche Spiel von Verlieren und Wiederfinden der Protagonisten und deren Geworfensein zwischen Untergang und Rettung wird von Voltaire durch eine Handlungsführung abgearbeitet, die keinen Gedanken an eine vom »allmächtigen Baumeister« in Gang gebrachten Maschinenwelt aufkommen lassen möchte. Die Bauform des Romans wird insofern zur symbolischen Form eines Rationalismus, der Wahrscheinlichkeit als innerweltliches Prinzip durch die mutwillige Verflechtung dreier aufeinander bezogener Handlungsstränge in Frage stellt.

Das erzählerische Rückgrat der karnevalesk chaotisierten Wirklichkeit bilden die drei einander immer wieder kreuzenden und am Ende des Werks zusammengeführten Schicksale des illegitimen Adelssprosses Candide (der ›Naive‹), der Fürstentochter Cunégonde und des Philosophen Pangloss (der ›Allsprachige‹). Zu Beginn des Werks leben alle drei im Schloss des Barons Thunder-ten-tronckh in Westfalen, wo Pangloss sein philosophisches System »Meta-physico-theologo-cosmologo-nigologie« entwickelt hat, dem zufolge man in der besten aller möglichen Welten lebe.

Candide, der mit dem Sohn des Barons zusammen erzogen wird, verliebt sich in Cunégonde und wird, als er vom Baron mit ihr in eindeutiger Situation überrascht wird, aus dem Schloss vertrieben. Von ›Bulgaren‹ (gemeint sind preußische Soldatenwerber) zwangsrekutiert, versucht er der Armee zu entkommen und wird für seine Fahnenflucht mit Spießrutenlauf bestraft. Als ihm die Flucht glückt, gerät er in den Krieg zwischen Awaren und Bulgaren. Halbtot vor Hunger wird er um ein Haar als Bettler ins Gefängnis geworfen und trifft den von einer Krankheit entstellten Pangloss wieder, der ihm berichtet, das Schloss sei gebrandschatzt, Cunégonde vergewaltigt und ermordet worden. Gemeinsam mit dem holländischen Wiedertäufer Jacques schiffen sich Pangloss und Candide nach Lissabon ein, doch vor der portugiesischen Küste gerät das Schiff in Seenot. Bei dem Sturm kommen fast alle Insassen des Schiffes ums Leben.

Lissabon finden sie durch das Erdbeben (1755) zerstört vor. Als Pangloss Überlebende durch seine Philosophie trösten will, kommt er in Konflikt mit der Inquisition und soll erhängt zu werden. Um ein zweites Erdbeben zu verhindern, wird ein Autodafé veranstaltet, in dessen Verlauf Candide verprügelt wird. Er wird von einer alten Frau gesund gepflegt. Auch ihre nach dem Prinzip des Schubladenromans eingefügte Lebensbeschreibung spiegelt nur Unglück und Gewalt. Mit Hilfe der Alten findet Candide Cunégonde wieder, als Sklavin verkauft, die sich der reiche Jude Isaschar und der Großinquisitor teilten.

Als Candide beide tötet, um Cunégonde weitere Schande zu ersparen, muss das Paar über Cadiz nach Buenos Aires fliehen, wo Candide zum Kommandanten der gegen die paraguayischen Jesuiten aufgestellten Soldaten aufsteigt. Hier soll Candide wegen der Morde an dem Juden und dem Großinquisitor an die Portugiesen ausgeliefert werden und läuft zu den Jesuiten nach Paraguay über. So muss er sich erneut von Cunégonde trennen, die in Buenos Aires zurückbleibt.

In Paraguay begegnet er Cunégondes Bruder, den er im Duell (vermeintlich) tödlich verwundet. Er setzt sich gemeinsam mit Cacambo, den er in Cadiz kennengelernt und als Diener angenommen hat, nach Eldorado ab, wo alle Menschen in Eintracht und Glück leben. Reiche Schätze, die er auf der Weiterfahrt nach Cayenne mitnehmen darf, verliert er unterwegs zwar teilweise wieder, doch die ihm verbleibenden Juwelen der Inka sind künftig sein unentbehrliches Reisekapital.

Von einem Spanier in Surinam erfährt er, dass der argentinische Gouverneur Cunégonde zu seiner Mätresse gemacht habe, und beschließt, sie zu befreien. Um Cacambo hierzu nach Buenos Aires zu schicken, wendet er einen Teil der verbliebenen Juwelen aus Eldorado auf. Er selbst begibt sich gemeinsam mit dem Skeptizisten Martin, der an die Herrschaft des Bösen in der Welt glaubt, nach Europa zurück. Mit Martin, der sein neuer Diener wird, gelangt er über Frankreich und England nach Venedig. Unterwegs trifft er Paquette, die Zofe aus dem westfälischen Schloss, die einst wegen Unzucht mit einem Geistlichen aus dem Schloss vertrieben wurde und dann die Geliebte von Pangloss wurde. In Venedig lernt er auf der Suche nach Cacambo, der dorthin mit Cunégonde kommen sollte, den blasierten Aristokraten Pococurrante kennen, der ihn zu einem kuriosen Mahl einlädt: Candide sitzt mit sechs ehemaligen Königen zusammen. Hier begegnet ihm endlich Cacambo, mittlerweile Diener eines durch den eigenen Bruder gestürzten Sultans. Bestürzend sind die Nachrichten über den Verbleib der Geliebten Cunégonde: Nach geglückter Flucht aus Buenos Aires wurde sie von Seeräubern geraubt und soll nun Sklavin in Konstantinopel sein. Unterwegs in die Türkei kauft Candide Cunégondes Bruder und Pangloss frei, die Galeerensklaven der Türken geworden sind. Die verbliebenen Edelsteine aus Eldorado verwendet er in Konstantinopel, um Cunégonde und die Alte aus Lissabon freizukaufen.

Cunégondes Bruder jedoch verweigert Candide aus Standesgründen eine Heirat mit Cunégonde, die mittlerweile allen Liebreiz eingebüßt hat, worauf Candide ihn auf Cacambos Rat und mit philosophischer Billigung durch Pangloss kurzerhand wieder auf eine Galeere verkauft. Von seinem letzten Vermögen pachtet er ein kleines Gut in der Türkei. Zwar heiratet er endlich Cunégonde, doch entwickelt sich diese nun zum zänkischen Weib. Auch Pangloss ist mit der jetzigen Situation unzufrieden. Die einstigen Abenteurer quälen sich nun ob der Langeweile eines Alltags, den man so lange missen musste. Man beschließt, einen Derwisch zu befragen, dessen Rat Candide zu der Einsicht bringt, sich mit Arbeit als Mittel der Existenzstiftung zu bescheiden: »Wir müssen unseren Garten bestellen.«

Das Werk entstand am Ende von Voltaires Phase intensiver Studien zur Geschichte, die hier in stärkerem Maße als in anderen Romanen unter dem Blickwinkel einer negativistischen Mechanik erscheinen. Die Wiederkehr von Gräueln und Not in der Erzählung verweist ebenso wie der Untertitel »ou l'optimisme« auf die Absage an eine theologische oder philosophische Auffassung, die der Geschichte ein vernunftmäßiges Prinzip einzubeschreiben versucht.

Weniger die zeitgenössischen Verunglimpfungen des *Candide* (Möser, Gottsched) als vielmehr die kreative Rezeption späterer Jahrhunderte dokumentiert seine Nachwirkung. In 250 Jahren bekundeten bildende Künstler, Musiker und Schriftsteller ihre Begeisterung für den ironisch-skeptizistischen Weltentwurf. Alejo Carpentier etwa bezog sich mit seinem Spätwerk *La consagración de la primavera* explizit auf Voltaire und das dem Werk zugrundeliegende Strukturmodell einer in Kontingenz nicht taxierbaren Wirklichkeit. Paul Klee illustrierte das Werk, Paisiello, Castelnuovo-Tedesco und Bernstein griffen für Musikwerke darauf zurück.

▪ Lit.: K. Dirscherl: Der Roman der Philosophen, 1985. ▪ A. Magnan: V. ›Candide ou l'optimisme‹, 1987. *Gerhard Wild*

L'ingénu

(frz.; *Der Unbefangene*, 1962, E. Sander) – Der philosophische Roman erschien anonym 1767 in Genf.

Ein junger Wilder aus Nordamerika landet eines Tages an der Küste der Bretagne, wo ihn ein Prior und dessen Schwester als ihren Neffen erkennen. Weil er »ganz naiv stets sagt, was er denkt, und tut, was er will«, nennt man ihn den Harmlosen. Da ihm die Kunst der Heuchelei fremd ist, stehen ihm viele Enttäuschungen bevor. Er wird von seiner neuen Familie zum Christentum bekehrt und erhält bei seiner Taufe den Namen Herkules. Sogleich verliebt er sich in das Fräulein von Saint-Yves, die er aber – da sie seine Patin ist – nach den Gesetzen der Kirche nicht heiraten kann.

Nachdem er sich bei einem Angriff der Engländer in der Bretagne durch Tapferkeit ausgezeichnet hat, begibt er sich nach Versailles, wo er Anerkennung für seine Verdienste und die Hand seiner Geliebten zu gewinnen hofft. Am Hof hat er jedoch keinen Erfolg und wird als Opfer einer Hofintrige in die Bastille eingekerkert. Dort teilt er seine Zelle mit einem gütigen Jansenisten, der ihm Unterricht erteilt und sich über den Scharfblick und die Treffsicherheit seiner Antworten verwundert: »Da sein Verstehen nicht durch die Irrtümer getrübt worden ist, hatte er einen aufrechten Sinn bewahrt.« Das Fräulein von Saint-Yves bricht aus dem Kloster, in das man sie gesperrt hat, aus, um Herkules zu befreien, erliegt jedoch den Einflüsterungen eines Staatssekretärs und eines Jesuiten. Entehrt und geschändet, erlebt sie zwar noch die Freilassung ihres Geliebten, stirbt aber kurz darauf vor Schmerz und Scham. Herkules von Kerkabon, den diese Erlebnisse zu einem Philosophen gemacht haben, nimmt die Stelle eines Offiziers an.

Wie schon *Candide* greift auch dieser ›philosophische Roman‹ auf das im Frankreich des 18. Jh.s beliebte Schema des hellenistischen Trennungs- und Verfolgungsromans zurück. Nicht ohne Süffisanz erhebt sich der Autor dabei über dessen stets im Happy End kulminierendes Muster, das die ›verfolgte Unschuld‹ vor jeglicher Anfechtung bewahrt und so Gottes tätiges Wirken in der Welt literarisch gestaltet: Voltaire gelingt es so, in der Tradition von ↗ Montesquieus *Lettres persanes*, 1721 *(Die Perserbriefe)*, die europäische Kultur in ihrem Zusammenstoß mit der unverbildeten Natur des Wilden lächerlich und fragwürdig zu machen. Seine scharf gezielten, sarkastischen Angriffe auf gesellschaftliche Missstände, auf Jesuiten wie Jansenisten – die Auseinandersetzung mit dem Jansenismus nimmt einen besonders breiten Raum ein – werden mit heiter überlegenem Ton in diesem kleinen Roman wirksam vorgetragen.

▪ Lit.: J. S. Clouston: V.'s Binary Masterpiece ›L'ingénu‹ Reconsidered, 1986. *KLL*

Marguerite Yourcenar

■ geb. 8.6.1903 Brüssel (Belgien)
■ gest. 18.12.1987 Mount Desert Island/Me. (USA)

(d.i. Marguerite de Crayencour) – Studium der Literatur in Frankreich, England und der Schweiz; Reisen durch Europa und die USA; Professur für französische Literatur in New York; 1980 als erste Frau in die Académie française gewählt; Übersetzerin von V. Woolf und H. James; komplexes Erzählwerk im Umkreis des nouveau roman.

■ Ausg.: Œuvres romanesques, 1991.
■ Lit.: G.S. Rousseau: Y., 2004.

Nouvelles orientales

(frz.; *Orientalische Erzählungen*, 1988, A. Botond, G. Keller) – Die aus zehn Erzählungen bestehende Sammlung erschien erstmals 1938 und in erweiterter Form 1963. Entstanden zwischen den Jahren 1928 und 1937, sind die Texte Teil des Frühwerks der Autorin und waren zum Teil bereits in verschiedenen Zeitschriften publiziert worden. Von der Kritik wurde die Erzählsammlung gegenüber den Romanen weitgehend vernachlässigt. Inhaltlich befasst sich der Band mit verschiedenen Interpretationen und Verarbeitungen von Geschichten und Mythen aus dem Orient, mit denen Yourcenar bei ausgedehnten Reisen durch Griechenland und den Nahen Osten während der 1930er Jahre in Berührung kam.

Die Erzählungen sind sehr heterogen, da der sie verbindende Begriff des Orients sehr weit gefasst ist und sich weniger auf einen geographischen Raum als vielmehr auf eine ›orientalische‹ (oder vom Westen her als solche imaginierte) Weltsicht bezieht, in der Mythos und Wirklichkeit enger beieinander liegen. Einige der Geschichten sind in eine Rahmenerzählung eingebettet, die lediglich den Vorwand zum Erzählen gibt, wiederum eine aus der orientalischen Tradition entlehnte Vorgehensweise. Häufig geht es um blutrünstige und grausame Episoden, und entsprechend dem mythischen Stoff sind die Geschichten zumeist in einer unbestimmten, entrückten Vergangenheit angesiedelt, ein Eindruck, der durch die archaisierende Sprache verstärkt wird.

Die erste und die letzte Erzählung korrespondieren miteinander, da sie das Verhältnis von Kunst und Wirklichkeit behandeln. Die erste (»Wie Wang-Fu errettet wurde«) kreist um die Figur eines Malers in China, der den Zorn des Kaisers auf sich zieht, weil dieser es nicht erträgt, dass Wang-Fus Bilder schöner sind als die Wirklichkeit. Der Maler und seine ästhetische Sicht auf die Welt erweisen sich am Ende jedoch als dem Herrscher überlegen. Die letzte Erzählung (»Die Schwermut des Cornelius Berg«) handelt von einem fiktiven niederländischen Maler, der sich in den letzten Tagen seines Lebens desillusioniert von der Malerei abwendet, weil er merkt, dass er nicht in der Lage ist, das, was er sieht, auf die Leinwand zu bannen.

Die übrigen acht Erzählungen befassen sich mit mythischen Episoden aus Griechenland, Japan oder dem Balkan, zum Teil basierend auf Legenden, zum Teil von der Autorin erdacht, in deren Zentrum meist eine der verschiedenen Facetten von Liebe steht, z.B. die Mutterliebe, die noch über den Tod hinaus wirkt (»Die Milch des Todes«) oder eine allumfassende Liebe, die auch den ›Feind‹ mit einschließt und sich damit religiösem Fanatismus widersetzt (»Unsere Liebe Frau von den Schwalben«).

■ Lit.: A. Rieger: ›Comment Wang-Fô fut sauvé‹ de M.Y., ou: Le tableau qui sauve, in: Récits, tableaux, Hg. J.P. Guillerm, 1994, 201–214. ■ P. Frederick: Mythic Symbolism and Cultural Anthropology in Three Early Works of M.Y. ›Nouvelles orientales‹, ›Le coup de grâce‹, ›Comme l'eau qui coule‹, 1995. ■ L. Brignoli: M.Y. et l'ésprit de l'analogie. L'image dans les romans des années trente, 1997.

Karen Genschow

Mémoires d'Hadrien

(frz.; *Ich zähmte die Wölfin*, 1953, F. Jaffé) – Der Roman erschien 1951, lange nachdem ein Besuch der Villa Adriana bei Rom in der knapp 20-jährigen Autorin den Wunsch geweckt hatte, eine fingierte Selbstbiographie des römischen Kaisers Hadrian (Regierungszeit 117–138) zu schreiben, von dessen eigener Lebensbeschreibung nur Fragmente (die angeblichen *Sermones*) erhalten sein sollen. Was Marguerite Yourcenar vorschwebte und was ihr nach verschiedenen, teils wieder verworfenen, teils während des Zweiten Weltkriegs verloren gegangenen Vorarbeiten in der endgültigen Fassung überzeugend gelang, war die dichterische Wiederbelebung einer Gestalt, deren Umrisse sie aus einer Vielzahl historischer Dokumente rekonstruierte und die, da sie eine hochzivilisierte Epoche gesteigerter Sensibilität und angstvollen Vergänglichkeitsbewusstseins exemplarisch zu verkörpern scheint, von vornherein mit dem Interesse moderner Leser rechnen konnte.

In seiner Villa in Tibur (dem heutigen Tivoli) schreibt der 60-jährige, unheilbar an Herzwassersucht erkrankte Kaiser an seinen Adoptivenkel Antonin, den späteren Herrscher Mark Aurel. Was er dem für seine 17 Jahre fast zu ernsten, schon ganz vom asketischen Geist der Stoa geprägten Jüngling mitteilt, gleicht einem nachdenklichen Selbstgespräch, dem Versuch des alternden Mannes, hinter den wechselnden Masken und Gesichtern des eigenen Ichs Wesenskonstanten und Sinnbezüge des Handelns zu entdecken. »Mein Inneres beherbergte den peinlich auf Disziplin haltenden Vorgesetzten, den Liebeshörigen, der für einen Augenblick der Wonne sein Leben gibt; den überheblichen Leutnant, der im Zelt beim Lampenschein über seinen Karten sitzt und im Kreis der Freunde seiner Unzufriedenheit mit dem Gang der Dinge freien Lauf läßt. [...] Nicht zu vergessen [...] den eitlen Gecken, der mit unausstehlicher Selbstsicherheit auf jede Frage eine Antwort weiß; den Schönredner, der eines guten Witzes halber den besten Freund opfert, den Soldaten, der seinen Gladiatorendienst mit stumpfsinniger Pünktlichkeit versieht.«

Dem Eroberungsgeist seines Vorgängers Traian setzt der musisch veranlagte, sensible Hadrian eine aus skeptischer Einsicht gewonnene Kraft des Maßes und des Ausgleichs entgegen, die nach außen gewandt – in seiner Friedenspolitik – die segensreichsten Wirkungen für das Reich haben sollte und im Bau des Pantheons, des Tempels für alle Götter, seinen sinnfälligen Ausdruck findet, im persönlichen Bereich aber dem Bemühen entspringt, seinem widersprüchlichen Charakter einen ideellen Richtpunkt zu geben, die Liebe zur Schönheit: »Ich wünschte glänzende, luftige, von klaren Wassern durchflossene Städte mit Menschen, die weder vom Elend verkümmert noch vom üppigen Reichtum gedunsen waren. Ich wollte, daß die Majestät des römischen Friedens unmerklich, doch allgegenwärtig wie Sphärengesang alle Menschen einhüllte, [...] daß in einer wohlgeordneten Welt die Philosophen ihren Platz fänden und die Tänzer auch.«

Zwei große Leidenschaften entsprangen seinem Sinn für Anmut und Maß: die einfühlende Bewunderung griechischer Kunst – und die Liebe zu Antinous, dem bithynischen Knaben, der mit 20 Jahren Selbstmord beging und auf Geheiß des trauernden Kaisers in zahllosen Kultstätten im ganzen Reich verewigt wurde. Hadrian selbst widersteht während seiner letzten Krankheit der Verführung, seinen Schmerzen eigenmächtig ein Ende zu setzen. Als man den Sterbenden von Tibur nach Baiae bringt, gilt noch die letzte Aufmerksamkeit des Philosophenkaisers, der die entlegensten Provinzen seines Reichs nicht nur bereist, sondern die Eigenart ihrer Menschen und Landschaften mit allen Sinnen erfasst hat, vor dem Abstieg in die Hoffnungslosigkeit des Schattenreichs »dem zärtlichen Murmeln der Wellen am Strand [...] und den langen rosigen Abenden« am Golf von Neapel.

Der Zauber, der von der Gestalt dieser »nachdenklichen, leidenschaftlichen und tatkräftigen« Persönlichkeit auf den Leser ausgeht, ist der Beweis für das Gelingen eines Werks, das Marguerite Yourcenar selbst nicht als historischen Roman, sondern als tragische Meditation bezeichnen wollte.

■ Lit.: P. A. H. Hörmann: La biographie comme genre littéraire, 1996. ■ M. Goslar: ›Mémoires d'Hadrien‹ de M. Y., 2002. *KLL*

L'œuvre au noir

(frz.; *Die schwarze Flamme*, 1969, A. Hager) – Dem 1968 erschienenen Roman liegt die in *La mort conduit l'attelage*, 1934 (Der Tod lenkt das Gespann), enthaltene Erzählung »D'après Dürer« (Nach Dürer) zu Grunde. Zenon, eine fiktive historische Gestalt (dessen Name auf den antiken Zenon von Elea verweist), trägt Züge der bedeutendsten Gelehrten seiner Zeit: Unehelich geboren als Sohn eines Kirchenmannes und einer Bürgerlichen (wie Erasmus von Rotterdam), ist ihm wie diesem zunächst die geistliche Laufbahn bestimmt. Stattdessen aber macht er (wie Paracelsus) eine dreifache Karriere als Arzt, Alchimist und Philosoph. Dabei sprengt Zenon die Grenzen seiner Zeit auf dem Gebiet der Religion ebenso wie auf dem der Medizin, durch seine naturwissenschaftlichen Experimente, die an diejenigen Leonardos erinnern, ebenso wie durch seine sexuellen Neigungen. Im Schicksal dieses Helden fokussiert die Autorin die geistigen Widersprüche seiner Zeit, die Gleichzeitigkeit von mittelalterlich-magischem und neuzeitlich-empirischem Denken, die auch im Titel des Romans in verschlüsselter Form anklingt. Dieser bezeichnet »in den alchimistischen Traktaten die Phasen der Trennung und Auflösung der Substanz [...]. Man diskutiert noch heute darüber, ob diese Formulierung sich auf kühne Experimente mit der Materie selbst bezog, oder ob sie symbolisch gemeint war und Prüfungen des Geistes einschloß, der sich von Schablonen und Vorurteilen freimacht.« Der Roman ist in drei Teile gegliedert, die an die drei Phasen des alchimistischen »Großen Werks« erinnern.

Der erste Teil erzählt fast in der Art eines Bildungsromans von Zenons Kindheit und Jugend, wobei Yourcenar die private Lebensgeschichte ihres Helden mit zentralen historischen Ereignissen der Epoche verknüpft. Zenon wächst in Brügge auf, bei seinem Onkel, dem reichen Bankier Heinrich-Justus Ligre. Nach dem Tod seines Vaters heiratet seine Mutter Hilzonde den niederländischen Kaufmann Simon Adriansen und schließt sich mit ihm den Wiedertäufern an. Beim Wiedertäuferaufstand in Münster, den Yourcenar in der Art eines großen historischen Tableaus beschreibt, kommen beide ums Leben. Ihre gemeinsame Tochter Martha wird von Simons Schwester Salome aufgenommen, die in die mächtige Familie der Fugger eingeheiratet hat. Fast die gesamte Familie fällt der Pest zum Opfer; doch Martha überlebt. In einem Augenblick der Schwäche steht ihr Zenon, dessen wahre Identität sie nur ahnt, als Pestarzt bei. Nach dem Abschluss seiner Studien reist er durch ganz Europa und in den Orient; Gerüchten zufolge soll er an der Sektion von Leichen teilgenommen, eine neue Art des griechischen Feuers erfunden und eine Stelle als Leibarzt des Dogen ausgeschlagen haben;

tatsächlich wird er wegen der Publikation häretischer Schriften verfolgt und findet auch an verschiedenen Königshöfen keine Ruhe.

Der zweite Teil bildet die Antithese zu diesen äußeren Abenteuern. Zenon kehrt nach Brügge zurück, wo er von nun an unter dem falschen Namen Sebastian Theus lebt und seine Kräfte dem Dienst am Nächsten – als Armenarzt im Sankt-Cosmas-Hospiz – und dem geistigen Abenteuer der Philosophie widmet. Die politischen und geistigen Auseinandersetzungen der Zeit spiegeln sich nur noch in den ausführlichen Gesprächen Zenons mit dem Franziskanerpater, die um die Glaubenskämpfe der Reformation und die Grausamkeiten der spanischen Besatzung kreisen. Doch Zenon interessiert sich für die Ergebnisse der Gedanken zunehmend weniger als für den Akt des Denkens selbst. Die Linearität der Zeit erscheint ihm ebenso fragwürdig wie die Polarität der Gegensätze, und einen halbherzig unternommenen Fluchtversuch gibt er auf, weil er glaubt, dass anderswo die gleichen Vorurteile und ebensoviel Bosheit herrschen. Als man ihn kurz darauf unter einer falschen Anklage festnimmt, bleibt er gelassen.

Im dritten Teil bittet der Domherr, Zenons einstiger Lehrer, dessen Halbschwester Martha, die inzwischen mit dem reichen Erben der Ligre verheiratet ist, um Hilfe, doch Martha will von ihrem Halbbruder nichts wissen. Auch einen öffentlichen Widerruf, durch den er sein Leben retten könnte, lehnt Zenon ab. Er hat eine höhere Stufe der Weisheit erreicht: »Man geht immer in irgendeine Falle; es war gleichgültig, ob es diese war.« Um nicht lebendig auf dem Scheiterhaufen verbrannt zu werden, schneidet er sich in der Nacht vor der Hinrichtung in seiner Zelle die Pulsadern auf.

Die Anerkennung der Literaturkritik galt bei Erscheinen des Werks den weitreichenden impliziten Parallelen zwischen der dargestellten Zeit und der Gegenwart und Yourcenars besonderer Kunst, aus zeitgenössischen Quellen einen historischen Roman zu konstruieren.

▪ Lit.: A. Terneuil: L'album illustré de ›L'œuvre au noir‹ de M. Y., 2003.

Tatjana Michaelis

Le labyrinthe du monde

(frz.) – Das unter dem Titel *Le labyrinthe du monde* versammelte autobiographische Werk erschien von 1974 bis 1988 in drei Büchern: *Souvenirs pieux*, 1974 (*Gedenkbilder*, 1984), *Archives du Nord*, 1977 (*Lebensquellen*, 1985), und *Quoi? L'éternité*, 1988 (*Liebesläufe*, 1989), alle in der Übersetzung von R. u. H. Soellner.

Mit dieser dreibändigen Familiengeschichte hat Marguerite Yourcenar einen eigenen Typ der Autobiographie geschaffen, eine Anti-Autobiographie, welche die Ereignisse nicht auf ein autobiographisches Ich fokussiert, sondern umgekehrt zeigt, wie dieses Ich sich durch mannigfache Beziehungen mit anderen Figuren und Situationen in ein historisches Panorama einfügt: »Jedes Leben, auch das eines Insekts, hat seine Bedeutung, und das Gefühl seiner enormen Wichtigkeit – jedenfalls für den, der es gelebt hat – oder zumindest seiner absoluten Einmaligkeit verringert sich nicht, sondern wächst, wenn man sieht, wie der Kreis sich schließt, oder, in sehr seltenen Fällen, wie die flammende Hyperbel ihre Bahn beschreibt und am Horizont verschwindet. Obwohl ich weit davon entfernt bin, meine Onkel und Tanten mütterlicherseits mit Meteoren zu vergleichen, so haben ihre Lebenskurven mich doch einiges gelehrt. Doch habe ich selbstverständlich die gesuchten gemeinsamen Nenner zwischen diesen Menschen und mir nicht gefunden. Die Ähnlichkeiten, die ich hier und da zu entdecken glaubte, verflüchtigen sich, sobald ich sie präzisieren will, und es bleiben nur jene Entsprechungen übrig, die zwischen allem bestehen, was lebt und je gelebt hat.«

Der erste Band, *Souvenirs pieux*, benannt nach den Sterbebildern, die man zum Zwecke des Andenkens und der Fürbitte für die Verstorbenen anfertigte, beginnt zwar mit Marguerite Yourcenars Geburt, blendet von dort aus jedoch in die Vergangenheit zurück, in die Geschichte der mütterlichen Familie, die aus dem belgischen Hennegau stammt. Gestützt auf Fotos, Erzählungen, persönliche Aufzeichnungen von Verwandten ebenso wie auf historische Quellen, rekonstruiert Yourcenar das Leben ihrer Mutter, die bei ihrer Geburt starb, und das Leben ihrer Vorfahren mütterlicherseits; ein Stück privater Geschichte, das zugleich auch ein Stück Universalgeschichte ist, obwohl kaum eine der Figuren historische Bedeutung im üblichen Sinn hatte. So versucht sie sich etwa das Leben der Großeltern zu vergegenwärtigen, um »bei diesem Herrn im Gehrock und dieser Dame im Reifrock, die in unseren Augen kaum noch mehr sind als Musterexemplare der Menschheit ihrer Zeit, das zu erkennen, wodurch sie sich von uns unterscheiden, oder im Gegenteil uns ähnlich sind: das komplizierte Spiel der Ursachen von damals mit ihren Wirkungen von heute«.

Das Ergebnis ist eine Mischung aus Biographie, Historiographie und Roman, denn wo die Quellen schweigen, ist die Imagination der Autorin um so beredter, insbesondere im dritten Teil dieses ersten Bandes, wo sie das Leben ihres Großonkels, des Schriftstellers Octave Pirmez, und seines Bruders Remo nacherzählt, und im vierten Teil, der von den Verlobungs- und Ehejahren der Eltern handelt, diesen »Halbrebellen«, denen sie sich vor allem durch ihr Außenseitertum verbunden fühlt.

Im zweiten Band, *Archives du Nord* – benannt nach dem Archiv in Lille, aus dem sie einige wichtige Quellen bezogen hat – schlägt die Autorin den zeitlich umgekehrten Weg ein. Das Werk beginnt in der Nähe von Lille, wo die Crayencours schon im 16. Jh. ansässig waren, und schwenkt sozusagen im Zeitraffer über die Französische Revolution ins 19. Jh. Es folgt die Geschichte der Großeltern, »das korrekte und brüchige Familienleben eines Großbürgers und einer gediegenen Bürgerin des Zweiten Kaiserreichs im Lille des 19. Jahrhunderts«. Wo immer dies möglich ist, verschränkt sie das private Erlebnis mit dem öffentlichen Ereignis, wie etwa bei der Beschreibung des ersten großen europäischen Eisenbahnunglücks, das sich 1842 auf der Strecke Paris-Versailles ereignete und dem der Großvater als einer der wenigen lebend entkam. Während das Leben des Großvaters noch in den Konventionen und Vorurteilen des 19. Jh.s befangen blieb, versucht der Vater, die Grenzen dieser aristokratisch-bourgeoisen Lebenswelt zu durchbrechen. Michel Cleenwerck de Crayencour liebt vor allem das Spiel und die Frauen, hat zahllose Liebschaften, wird zweimal fahnenflüchtig, führt ein jahrelanges Aussteigerleben in England, heiratet nach dem Tod seiner ersten Frau ein zweites Mal und verbringt Jahre seines Lebens auf Reisen. Der zweite Band endet wenige Wochen nach Marguerites Geburt, als ihr Vater, der gerade zum zweiten Mal Witwer geworden ist, den mit großen Satinschleifen auf ein weißbezogenes Kopfkissen geschnürten Säugling zur Großmutter ins Herrenhaus bringt.

Obwohl die zeitliche Entwicklung in diesem Band auf die Autobiographin selbst zuzulaufen scheint, kann von einer linearen Geschichtsauffassung bei Yourcenar keine Rede sein. Sie hat dem Band ein Motto aus dem sechsten Gesang der *Ilias* vorangestellt: »Gleich wie die Blätter im Walde, so sind die Geschlechter der Menschen.« Und sie scheint auch jeden Verdacht genealogischer Kausalität widerlegen zu wollen: »Ein griechischer Dichter oder Bildhauer, ein in Spanien geborener römischer Moralist, ein Maler, Sohn eines florentinischen Notars und einer Herbergsmagd aus einem Apenninendorf, ein Essayist aus dem Périgord, der von einer jüdischen Mutter stammt, ein russischer Romancier oder ein skandinavischer Dramatiker, ein indischer oder chinesischer Weiser haben uns vielleicht stärker geformt als diese Männer und diese Frauen, aus denen wir möglicherweise hervorgegangen sind.«

Der dritte Band mit dem aus einem Gedicht Rimbauds entlehnten Titel *Quoi? L'éternité* rundet das Werk keineswegs ab, obgleich der Text zum ersten Mal ansatzweise autobiographisch wird. Aber auch in diesem Band steht nicht Yourcenars eigene Lebensgeschichte, sondern eine andere Geschichte im Zentrum: die Liebe ihres Vaters Michel zu der schönen Jeanne von Reval, einer Internatsfreundin der Mutter, die Michel angeboten hatte, ihm bei der Erziehung seiner Tochter zur Seite zu stehen. Jeanne ist mit dem baltischen Komponisten Egon von Reval verheiratet, der sich zunehmend in homosexuelle Affären verstrickt. Obwohl Jeanne Michels Geliebte wird, hält sie an ihrer Ehe fest und praktiziert einen Begriff von Treue, der Michels Vorstellungen übersteigt. Diese liberal denkende und großmütige Frau, die über allen restriktiven Moralbegriffen steht, wird Marguerites Vorbild. Sie selbst macht bald die Erfahrung, dass ihre eigenen sexuellen Wünsche von denen der meisten Mädchen abweichen. Als sie im Alter von zwölf Jahren einmal mit einer Cousine das Bett teilte, »ließ ein Instinkt, eine Vorausahnung der wechselnden Sehnsüchte, die ich später dann im Laufe meines Lebens empfinden und befriedigen sollte, mich spontan die Haltung und die Bewegungen der Liebe zwischen zwei Frauen finden«.

Yourcenars autobiographische Trilogie ist zugleich der Abgesang auf die mit dem Ausbruch des Ersten Weltkriegs, von dem Michel und seine Tochter in England überrascht werden, untergehende Welt des Bürgertums. Das letzte Kapitel handelt von Egon von Revals Besuch während des Krieges in seiner estnischen Heimat, wo man seinen Vater und seine beiden Brüder erschlagen hat und seine Mutter im Sterben liegt.

Die Autorin konnte diesen letzten Band nicht mehr vollenden. Weitere 50 Seiten hätten folgen sollen, die vom Tod Michels und Jeannes und den darauf folgenden Jahren, von einigen Jugendwerken der Autorin und ihren Reisen bis zum Zweiten Weltkrieg gehandelt hätten. Yourcenar hat der Veröffentlichung des unvollendeten Werkes jedoch ohne Vorbehalt zugestimmt, denn es entsprach ihrer Überzeugung und der Anlage der Trilogie, dass das »Labyrinth der Welt« keinen Ausgang hat.

▪ Lit.: V. Sperti: Écriture et mémoire. ›Le labyrinthe du monde‹ de M. Y., 1999. ▪ S. Pak: La fonction du lecteur dans ›Le labyrinthe du monde‹ de M. Y., 2003.

Tatjana Michaelis

Émile **Zola**

▪ geb. 2.4.1840 Paris (Frankreich)
▪ gest. 29.9.1902 Paris (Frankreich)

(d.i. Émile Edouard Charles Antoine Zola) – Vater Ingenieur italienischer Abstammung; Kindheit in Aix-en-Provence, dort befreundet mit Cézanne; seit 1858 in Paris; Misserfolg beim Abitur im Fach Französisch; Arbeit bei der Zollverwaltung, dann im Verlag Hachette, später als Journalist; Einsatz für den Impressionismus und besonders für Manet; in Médan Zirkel junger Literaten (P. Alexis, H. Céard, ↗ Huysmans, L. Hennique, ↗ Maupassant); wegen seines publizistischen Eintretens in der Dreyfus-Affäre Verurteilung zu Gefängnis, Flucht nach England; 1899 amnestiert; wichtigster Romancier und Begründer des französischen Naturalismus.

▪ Ausg.: Œuvres complètes, 15 Bde, Hg. R. Abirached/H. Guillemin, 1966–1970.

▪ Lit.: M. Bernard: É.Z. in Selbstzeugnissen und Bilddokumenten, 1959. ▪ B. Nelson: É.Z. A Selected Analytical Bibliography, 1982. ▪ H. Mitterand: Z. et le naturalisme, 1986. ▪ A. Pagès: Guide E.Z., 2002.

Le roman expérimental

(frz.; *Der Experimentalroman*, 1904, J. Zeitler) – Die im Oktober 1879 in der Zeitschrift *Voltaire* erschienene literaturtheoretische Abhandlung erschien einen Monat zuvor in russischer Sprache als »Lettre de Paris« in der Petersburger Zeitschrift *Vestnik Evropy*.

Zolas literaturtheoretische Anschauungen entwickelten sich in drei Phasen: Die Jugendperiode (1860–1866) ist durch die Auseinandersetzung mit der Romantik, dem Kampf gegen den Akademismus in der Malerei, die Entwicklung der Theorie von der »realistischen Leinwand« unter gleichzeitiger Hervorhebung des individuellen Temperaments gekennzeichnet und schließt mit der Publikation des Sammelbandes *Mes haines*, 1866 (Meine Hassgesänge), ab. Die Erkenntnisse dieser Phase gipfeln in dem Leitsatz: »Ein Kunstwerk ist ein Stück Natur gesehen durch ein Temperament.«

Die zweite Phase (1866–1870) verläuft parallel mit der Publikation seiner ersten Romane und der Ausarbeitung der Entwürfe zum Zyklus *Les Rougon-Macquart* (1871–1893). Die Beschäftigung mit Taines Kunsttheorie und Darwins Evolutionstheorie sowie mit an der modernen Naturwissenschaft orientierten medizinischen Traktaten verstärkten Zolas Vorstellung von einer realistischen Methode, die er als »Naturalismus« bezeichnete. Quellen sind die Vorrede zu *Thérèse Raquin* (1868) und die theoretischen Vorarbeiten zu *Rougon-Macquart*.

Die dritte Periode entspricht Zolas Kampf zur Durchsetzung des Naturalismus, den er bis zu seinem Abschied vom Journalismus 1881 führte. In diese letzte Phase gehört auch der *Experimentalroman*, der unter Berufung auf C. Bernards *Introduction à la médecine expérimentale*, 1865 (Einführung in das Studium der experimentellen Medizin), den Naturalismus als die notwendige Folge des wissenschaftlichen Fortschritts des 19. Jh.s nachweisen sollte.

In Opposition zur »idealistischen« Literatur der Romantik und die zeitgenössische Poesie setzt der *Experimentalroman* an die Stelle »des Studiums des abstrakten Menschen das Studium des natürlichen Menschen« in seiner doppelten – natürlich/biologischen und sozialen – Bestimmtheit. Zola zufolge müsse sich Literatur mit dem gleichen Gegenstand wie die Medizin beschäftigen: dem Menschen und seiner durch Vererbung und soziales Milieu beeinflussten geistig-psychischen Bestimmung. Da »der soziale Kreislauf mit dem Kreislauf des Lebens identisch« sei, könnten sich Mediziner und Schriftsteller auch der gleichen Experimentalmethode bedienen. Folglich habe der Romanschriftsteller wie ein Wissenschaftler die Auswirkungen der durch Vererbung und/oder Milieu hervorgerufenen krankhaften Erscheinungen auf den sozialen Organismus im literarischen Experiment darzustellen, um dadurch Gesetzgebern und Politikern zu helfen, soziale Schäden zu vermeiden oder ihnen vorzubeugen.

Das Aufdecken sozialer Missstände, das Wühlen in den Niederungen des Daseins, das dem Naturalismus immer wieder den Vorwurf der Unmoral eingetragen hatte, wird so zur moralischen Tat, der Autor selbst mit dieser Funktionssetzung zum Moralisten. Sein der Nützlichkeit des Wissenschaftlers vergleichbares Werk reiht sich ein in das große Ringen des Jahrhunderts um Erkenntnisfortschritt und Beherrschbarkeit der Natur und der menschlichen Dinge.

Mit der Berufung auf die Experimentalmethode glaubte Zola, nicht nur dem Vorwurf der Unmoral und ästhetischen Einwänden gegen den Naturalismus begegnen zu können. Die Experimentalmethode zielte auf Veränderung der Ausgangsfakten, folglich auch der Experimentalroman: Er ist keine Fotographie der Wirklichkeit, sondern ihre Überschreibung. Der für das Experiment notwendige Versuchsaufbau bedarf in der Wissenschaft einer schöpferischen Idee. Von der Genialität dieser »idée à priori« hängt der Erfolg des Experiments ab. Das gleiche gilt für den Experimentalroman. »Die Experimentalmethode fordert vom Schriftsteller den vollen Einsatz seiner Intelligenz als Denker und seines Genies als Schöpfer. Er muß sehen, verstehen, erfinden«, das entspricht dem Dreischritt: Beobachtung, Intuition, Experiment oder in der Sprache der Handlungstheorie: Ausgangssituation – Konflikt – veränderte Schlusssituation, wie H. Mitterand Zolas Experimentalromanidee liest. Im Unterschied zum Experimentalwissenschaftler muss sich das Genie des Schriftstellers aber zugleich in der künstlerischen Form bewähren. Sie allein, erklärt Zola im Überschwang seines Wissenschaftsanspruchs, genüge, um das literarische Werk unsterblich zu machen – womit er die Sphäre des Ästhetischen auf die rein formale Seite künstlerischer Gestaltung eingrenzt und sich damit in Widerspruch zu seiner eigenen Kritik an den Formexperimenten der zeitgenössischen Poesie setzt, der gegenüber er andererseits gerade die gesellschaftliche Rolle und Verantwortung der Literatur hervorhebt.

Neu für die Romantheorie waren die Betonung der doppelten, biologisch-sozialen Determiniertheit des Menschen, die Forderung an den Romancier, auf der Höhe des wissenschaftlichen Erkenntnisstandes seiner Zeit zu stehen, und der Anspruch, mit den literarischen Werken selbst zum wissenschaftlichen Erkenntnisfortschritt beizutragen. Und vielleicht kann man den Experimentalgedanken auch als einen Versuch auffassen, den Roman als eine Art Experimentierfeld zu betrachten, auf dem eine menschliche und gesellschaftliche Problematik gleichsam im Modellfall durchgespielt werden könnte. In der Zolaliteratur und -rezeption wird der *Experimentalroman* häufig als das Manifest des Naturalismus behandelt.

Der gleichnamige Sammelband enthält außer der seinen Titel abgebenden Abhandlung fünf weitere Essays: zur Moral in der Kunst, über den Naturalismus auf dem Theater, über die Literatur als Ware und die Rolle des staatlichen Mäzenatentums, über einige zeitgenössische Romanschriftsteller und einige Eigenschaften des naturalistischen Romans, sowie über die Literaturkritik. Neben verschiedenen älteren Artikeln enthält der Band auch einen Essay über den Zusammenhang von Kunst und öffentlichem, politischem Leben, in der sich der von Zeitgenossen belächelte Satz findet: »Die Republik wird naturalistisch sein oder sie wird nicht sein«, was für Zola nichts anderes bedeutete, als dass auch die Politik sich wissenschaftlicher Methoden bedienen und auf wissenschaftliche Erkenntnisse gegründet sein müsse.

■ Lit.: H. Mitterand: Textes et intersection. ›Le roman expérimental‹ et ›Les Rougon-Macquart‹, in: Revue de l'Université d'Ottawa, 48, 1978, 415–428. ■ F. N. Mennemeier: Theorie des roman expérimental, in: F. N. M.: Literatur der Jahrhundertwende 1, 1985, 25–85.

Rita Schober / KLL

La fortune des Rougon

(frz.; *Das Glück der Familie Rougon*, 1961, M. Le Blond) – Der 1871 erschienene erste Roman des 20-bändigen Zyklus *Les Rougon-Macquart* ist zugleich die Keimzelle des gesamten Zyklus.

Die Schicksale der Familien Rougon-Macquart sind aufs engste mit den politischen Ereignissen ihrer Epoche verflochten. Die eigentliche, in dem knappen Zeitraum zwischen zwei Sonntagen sich abspielende Handlung steht in direktem Bezug zum Staatsstreich Louis Napoléons im Jahre 1851, denn die wichtigsten Mitglieder der in dem südfranzösischen Städtchen Plassans beheimateten Familie treten zu diesem Zeitpunkt in entscheidender Weise politisch in Aktion. Die sieben Romankapitel erweitern diesen festen zeitlichen Rahmen durch regelmäßige, raffiniert motivierte und übersichtlich bleibende Rückblenden auf die politische und familiäre Vorgeschichte, die das dramatisch sich entfaltende Geschehen einer Woche als logische Folge der Vergangenheit begreiflich machen. Zola entwickelt, abwechselnd zurück und nach vorn blickend, die Genealogie der Familie.

Die Stammmutter ist die reiche Bäuerin Adélaïde Fouque, die nach dem Tode ihres Mannes, des Gärtners Rougon, den Schmuggler und Trunkenbold Macquart zum Liebhaber nahm. Ihre Kinder sind Pierre Rougon und Antoine und Ursule Macquart. Zwischen dem legitimen Sohn, der die kindisch gewordene Alte skrupellos ausnutzt, und den von Pierre um ihr Erbe betrogenen illegitimen Kindern und ihren beiderseitigen Nachkommen herrscht eine Feindschaft, die mitbestimmend ist für die Vorgänge in diesem ersten Roman.

Pierre Rougon und seine Familie – er ist mit der ehrgeizigen und begüterten Félicité Fuech verheiratet, mit der er fünf Kinder hat – gehören zur Partei Louis Napoléons, in dessen mit Hilfe von Adel und Klerus geplantem Staatsstreich sie die Chance zum sozialen Aufstieg sehen, der ihnen Geld und Macht bringen soll. Von ihrem Sohn Eugène, einem Anhänger Napoléons, der in Paris sein Glück zu machen sucht, werden sie über die politischen Vorgänge auf dem Laufenden gehalten. In ihrem »gelben Salon« sammeln sie alle napoleonisch gesinnten Bürger von Plassans um sich und bereiten einen Umsturz in dem kleinen Städtchen vor.

Die Macquarts hingegen stehen auf Seiten der Republikaner. Besonders Antoine, ein Randalierer und Trinker, gebärdet sich als wütender Demokrat – allerdings mehr aus Hass gegen die Rougons als aus Überzeugung. Ursules Sohn Silvère hingegen ist ein naiver und reiner Idealist, auf den die großen Worte von Freiheit, Gleichheit und Brüderlichkeit eine solche Faszination ausüben, dass er dafür zu sterben bereit ist. Begeistert unterstützt er die Aufständischen, die sich den Absichten Louis Napoléons, sich zum Kaiser ausrufen zu lassen, widersetzen. Zusammen mit seiner noch kindlichen Freundin Miette macht er sich auf den Weg aus der Stadt. Als sie auf eine Gruppe der Aufständischen stoßen, schließen sie sich ihnen an, und Miette übernimmt die Fahne. Bald werden sie von Regierungstruppen umstellt und niedergeschossen. Silvère wird gefangen genommen und später als Rebell in Plassans vor den Augen seiner

Großmutter, die darüber vollends wahnsinnig wird, standrechtlich erschossen. Pierre Rougon indessen hat, in Kenntnis des geglückten Umsturzes in Paris, mit Hilfe des bestochenen Verräters Antoine Macquart die Gewalt in Plassans an sich gerissen. Während die Rougons als siegreiche und Belohnung erwartende Retter der Stadt sich im gelben Salon versammeln, geistert ihr Opfer Silvère durch die irren Reden der Großmutter Adelaïde.

Im ersten Teil des Romans, der am Beispiel der Familie Rougon-Macquart die zunehmende Verbürgerlichung reich gewordener Bauern vom Ende des 18. Jh.s bis 1815 und ihren Kampf um Macht und Geld erzählt, hat Zola die persönlichen Schicksale seiner Figuren mit den sozialen Veränderungen sehr überzeugend zu verweben gewußt. Den weiteren Verlauf der Handlung freilich belasten die überaus komplizierten Familienverhältnisse und Zolas Neigung, charakterliche und soziale Gegensätze so zu überspitzen, dass sie konstruiert wirken. So entstehen die lebendigsten Episoden, wo er sich ideologischer Thesen enthält und einfach erzählt – etwa wenn er die Liebe Silvères und Miettes oder den Kampf der Aufständischen gegen die Reaktionäre schildert.

■ Lit.: G. Chaitin: The Voices of the Dead. Love, Death, and Politics in Z.'s ›Fortune des Rougon‹, in: Literature and Psychology 26, 1976. ■ L. Szakács: Le sens de l'espace dans ›La fortune des Rougon‹ d'E. Z., 1990. ■ J.-L. Lioult: La fortune de Plassans, 1991.

Ingrid Peter / KLL

La curée

(frz.; *Die Beute*, 1998, A. Schwarz, A. Viviani) – Der bis zu seinem staatlicherseits erzwungenen Abbruch 1871 in der republikanischen Tageszeitung *La Cloche*, 1872 als Buch erschienene zweite Roman des Zyklus *Les Rougon-Macquart* wurde zu Anfang kaum beachtet; später jedoch verhalf das Aufsehen, das *L'assommoir* (1877) erregte, auch ihm zum Erfolg: Er galt fortan als der beste der frühen Romane Zolas, als ein bleibendes Dokument der Zustände im Paris des Zweiten Kaiserreiches. Dem Glanz, Luxus und Reichtum des Empire stehen Korruption, Spekulation, Schwindelaffären und sittliche Verkommenheit gegenüber: »Die Handvoll Abenteurer, die soeben einen Thron gestohlen hatten, brauchten auch eine abenteuerliche Regierung, anrüchige Geschäfte, feile Gewissen und käufliche Frauen.«

Repräsentant dieser Gesellschaft ist der Grundstücksspekulant Aristide Rougon, der sich ›Saccard‹ nennt und dessen Aufstieg aufs engste mit den umwälzenden Veränderungen des Stadtbildes von Paris unter Haussmann verbunden ist. Er ist als exemplarischer Emporkömmling dargestellt. Was ihn treibt, ist nicht ausschließlich brutale Geldgier, sondern zugleich ein geradezu artistischer Sinn für die Abwicklung diffiziler Finanzmanöver. Das soziale Thema verbindet Zola mit dem individuellen Drama einer Liebesaffäre zwischen Saccards aus Berechnung geheirateter reicher Frau Renée und deren Stiefsohn Maxime. Diese beiden Gestalten will Zola als Produkt und Opfer sowohl ihrer Erbanlagen als auch ihres sozialen Milieus verstanden wissen. Maxime ist der erblich belastete Nachkomme einer bereits dekadenten und zu Abnormitäten neigenden Familie, ein weichlicher und willenloser Genussmensch und blasierter, eleganter Dandy.

Renée, schon von Natur äußerst nervös und reizbar, ist dem Einfluss des Milieus, in das sie gerät, noch stärker ausgesetzt. Der Wechsel von der gutbürgerlichen, behüteten Welt ihres Elternhauses in den mondänen Trubel der Großstadt kommt einer verhängnisvollen, sozialen Entwurzelung gleich. Die ausführlich geschilderten Orgien, die sie, die eigentlich treibende Kraft des Verhältnisses, mit dem weibischen Maxime in ihrer luxuriösen Wohnung feiert, erregen in ihr einen Schauer der Sünde, dessen Extravaganz ihre Genusssucht nur noch steigert. Doch unterscheidet Renée sich von den übrigen Vertretern ihrer Kreise dadurch, dass sie sich der Verderbtheit ihrer Umgebung und ihres eigenen Lebens bewusst wird.

In besonderer Weise charakterisiert Zola beide Dienstboten, und auffällig ist auch die Gestaltung der Ambientes: Leitmotivisch wiederkehrende Elemente wie das rosa Schlafzimmer, der exotische Wintergarten oder die Aufführung lebender Bilder schreiben der Handlung eine symbolbehaftete Binnenstruktur ein. Durch Anspielungen auf ↗ Racines *Phèdre* wird die inzestuöse Problematik des Liebesverhältnisses von Renée und Maxime markiert.

Nach dem dramatischen Ende – dem Bruch zwischen Renée und Maxime – zeigt sich Zola als der souveräne Theoretiker des Naturalismus. Er fügt ein protokollarisches Kapitel an, das den Roman mit der Analyse des Geschehens und der nüchternen Mitteilung vom Tode Renées und der Bezahlung ihrer Schulden abschließt. Die dramatische Adaption des Romans, *Renée* (1887), gilt als gelungenster Versuch des naturalistischen Theaters in Frankreich.

■ Lit.: F. Wolfzettel: Vertikale Symbolik in É. Z.'s ›La Curée‹, in: Germanisch-Romanische Monatsschrift 19, 1969, 435–443. ■ D. Baguley: ›La curée‹ de Z. ou La vie à outrance, 1987.

Ingrid Peter

Le ventre de Paris

(frz.; *Der Bauch von Paris*, 1974, F. Loesch, H. Balzer) – Dem 1873 erschienenen dritten Roman des Zyklus *Les Rougon-Macquart* gingen umfangreiche Entwürfe voraus, die den Verlauf der Handlung bis in alle Einzelheiten festhalten.

Im Mittelpunkt steht Lisa Quenu aus dem Geschlecht der Macquart; der Inbegriff kleinbürgerlicher Ehrbarkeit. Das »Drama« – so nennt der Autor den erfundenen Romankonflikt – rührt daher, dass Lisas Schwager, der Halbbruder ihres Mannes, Florent Quenu, die ehrbare Familie durch ein politisches Verbrechen kompromittiert. Er war beim Staatsstreich Napoleons III. irrtümlicherweise als Barrikadenkämpfer festgenommen und auf die Teufelsinsel deportiert worden. Als er nach einer abenteuerlichen Flucht heimlich nach Paris zurückkommt, findet er seinen jüngeren Bruder und dessen Frau Lisa als wohl situierte Inhaber einer Schweinemetzgerei im Viertel der Markthallen wieder. Der aus seiner Bahn geworfene Bagnosträfling schließt sich einer dilettantischen Verschwörergruppe an. Um nicht selbst in Verdacht zu geraten, denunziert Lisa ihren Schwager, der zum zweiten Mal deportiert wird.

Diese manchmal in Kitsch abgleitende Fabel ist für Zola der Rahmen zu einem Bildausschnitt aus seiner »Natur- und Sozialgeschichte einer Familie unter dem Zweiten Kaiserreich«. Die Staffage dieses Bildes sind die Markthallen, der »Bauch von Paris«. In der Schilderung der täglichen Aufspeicherung des »Bauches«, seiner Fülle, Vielfalt und Farbenpracht zeigt sich das kompositorische Temperament des Dichters, durch das »die Natur gesehen wird«. Zwar verrät die unermüdliche Aufzählung der Feld- und Meeresfrüchte die naturalistische ›Lust am Objekt‹, doch werden die Gegenstände beseelt und in geradezu symbolistischer Manier alle Sinne angesprochen.

Bei der Personenbeschreibung geht der Autor sparsamer zu Werke; er urteilt stets vom allwissenden Standort aus, er kennt Herkunft, Schicksal, ja selbst die geheimsten Gedanken seiner Gestalten. Doch in ihrer Rede- und Handlungsweise sind sie mehr Marionetten des Erzählers als lebende Wesen. Die gesellschaftlichen Verhältnisse, die Zola »naturhistorisch« erfassen wollte, sind unter dem Aspekt der der Milieutheorie Taines und der Vererbungstheorie Darwins gesehen. Am Beispiel der Hauptgestalt Lisa Quenu sollte das gesellschaftliche Verhalten des aufstrebenden Kleinbürgertums gezeigt und die heuchlerische Ehrbarkeit dieser selbstgerechten Klasse kritisiert werden.

■ Lit.: S. Petrey: Historical Reference and Stylistic Opacity in ›Le ventre de Paris‹, in: Kentucky Romance Quarterly 24, 1977, 325–340. ■ M. Scarpa: Le carnaval des halles. Une ethnocritique du ›Ventre de Paris‹, 2000. *Josef Theisen*

La conquête de Plassans

(frz.; *Die Eroberung von Plassans*, 1965, G. Schewe) – Schauplatz im 1874 erschienenen vierten Roman des Zyklus *Les Rougon-Macquart* ist die französische Provinz während des Zweiten Kaiserreichs. Im Zentrum des Romans steht Abbé Faujas. Persönlich von vorbildlicher Bedürfnislosigkeit und Selbstzucht, besitzt er trotz seiner Verschlossenheit eine Anziehungskraft, die ihn befähigt, Menschen suggestiv zu beherrschen. Nie lässt er sich durchschauen; die eigentlichen Motive seines Handelns bleiben im Dunkeln. Zola interessiert an dieser bewundernswerten und zugleich verdächtigen Figur vornehmlich das ihr von Pariser Autoritäten übertragene Amt: Faujas ist geheimer Agent des kaiserlichen Regimes und soll die geschwätzige, vorsichtige und altmodische Bürgerschaft der monarchistisch-legitimistischen Provinzstadt Plassans (Aix-en-Provence) für den Bonapartismus zurückgewinnen. Zola durchleuchtet an diesem Beispiel die nicht zu unterschätzende Rolle eines politisch einflussreichen Klerus, auf dessen Loyalität die herrschende Macht baut. Faujas ist von einer Ansammlung von Priestern umgeben, die sich nach Überzeugung, Aussehen und Gebaren deutlich voneinander unterscheiden: »Fénil ist für Rom, Faujas für Paris, Bourrette für Gott und Surin für Nichts«, kommentiert Zola dies in seinen Vorstudien.

Da der Bischof Rousselot angesichts der Aussicht, Erzbischof zu werden, zurückhaltende Vorsicht übt, hat der politische Agent in der Soutane freies Spiel. Diese Eroberung von Plassans ist nicht zu trennen von der Katastrophe, die sich für die bislang glückliche Familie Mouret mit dem Einzug des Abbé Faujas in ihr Haus anbahnt. Die Frau, Marthe, verfällt einer unglücklichen Neigung zu dem Priester. Die erotische Spannung verbirgt sich hinter Ausbrüchen von mystischer Frömmigkeit, die zunehmend den Charakter einer gefährlichen Psychose annehmen. Der Abbé weist die Frau zwar brutal und verächtlich zurück, missbraucht aber ihre Liebe für seine Zwecke.

Psychologisch wahrscheinlich, aber von Zola nur schemenhaft ausgearbeitet, ist die Auswirkung dieses Verhältnisses auf den Ehemann Mouret, der in Depressionen verfällt und schließlich in die Irrenanstalt eingeliefert wird. Als Reaktion auf den Erfolg des Abbé Faujas bildet sich eine Gegenpartei, die dem schließlich tatsächlich wahnsinnig gewordenen Mouret die Flucht aus dem Irrenhaus ermöglicht und dem Roman einen überraschenden Schluss beschert: Mouret setzt seine Villa in Brand und kommt samt dem Priester in den Flammen um. In derselben Nacht stirbt Marthe im Hause ihrer Mutter an Schwindsucht. Ihren detailliert geschilderten Tod hat Zola später wegen seiner Unwahrscheinlichkeit verworfen. ↗ Flaubert indessen sah darin »einen Zug ins Erhabene«.

■ Lit.: N. Schor: The Delusion of Interpretation. The Conquest of Plassans, in: N. S.: Reading in Detail, 1981, 110–119, 163 f. ■ M. Watroba: Le prête, la femme, la famille. ›La conquête de Plassans‹, in: L'écriture féminin chez Z. et dans la fiction naturaliste, Hg. A. Gural-Migdal, 2003, 33–42. *Ingrid Peter*

La faute de l'abbé Mouret

(frz.; *Die Sünde des Abbé Mouret*, 1975, E. Eichholtz) – Der 1875 erschienene fünfte Roman des Zyklus *Les Rougon-Macquart* ist das erste Werk des Zyklus, das sich nur mittelbar seinen aktuellen politischen Dimensionen einfügt. Nach der ursprünglichen Konzeption sollte die Priesterthematik eingebunden werden in die Darstellung der religiösen Spannungen und Aufgeregtheiten, die die Gesellschaft im Zweiten Kaiserreich beschäftigten. Zola gliederte die Frage nach der politischen Rolle des Klerus jedoch aus und behandelte sie gesondert in *La conquête de Plassans*, 1874 *(Die Eroberung von Plassans)*.

Durch die häuslichen Verhältnisse ist Marthe Mourets Sohn Serge früh in seiner Hinwendung zum Glauben gefördert worden. Als Pfarrer der kleinen Landgemeinde »Les Artaud« lebt er in einer rückständigen Gegend der Provence. Das abgeschiedene Pfarrhaus bewohnt er mit seiner jüngeren Schwester Désirée, einem einfältigen Geschöpf, das im bäuerlichen Leben und im Umgang mit den Tieren aufgeht, während der Bruder sich ganz auf sein Seelenheil konzentriert. Bei der Verfolgung seiner mystischen Neigungen zeigt allerdings auch er eine schlichte Frömmigkeit, die seiner menschenfreundlichen Grundeinstellung und einer kindlichen Liebesbereitschaft entspringt. Sein Sündenverständnis, das sich nicht zuletzt in Nachsicht gegenüber den Pfarrkindern und ihrer ungebrochenen Triebhaftigkeit manifestiert, ist entsprechend – ganz im Gegensatz zu dem engstirnigen Rigorismus des ebenfalls im Dorf wohnenden Ordensbruders Archangias.

Das Seelendrama des jungen Abbé setzt ein, als er über seinen Onkel, den Doktor Pascal Rougon, in Kontakt kommt mit dem »Philosophen« Jeanbernat. Dieser aufklärerische Geist ist ein Einzelgänger und lebt auf einem Gut am Rande von »Les Artaud«. Zu dem Besitz gehört auch das »Paradou«, ein verwilderter Garten, in dem Jeanbernat seine Nichte Albine aufwachsen lässt, ein blondes Wesen, das – den Zwängen der Zivilisation weitgehend entzogen – in noch ungebrochener Unschuld an der Schwelle zum Erwachsenenalter steht. Die unerwartete Begegnung mit Albine versetzt den Abbé Mouret, der gekommen ist, um ihren Onkel für den Glauben zurückzugewinnen, in tiefe Verwirrung. Wenig später befällt ihn ein gefährliches Fieber, von dem er sich nur langsam erholt. Um die Gesundung durch eine Auflockerung der strengen Lebensführung zu befördern, bringt ihn der Arzt Rougon in das »Paradou«, wo ihn Albine, das Naturkind, mit unbefangener Unschuld hingebungsvoll pflegt. Dort kommt es zu Serges ›Sündenfall‹. Der Genesende, der während der Nervenkrise die Erinnerung fast ganz verloren hat, ist wie betört vom Zauber des Gartens. Nach seinem Erleben vermischt sich die sinnenstrotzende Natürlichkeit des »Paradou« mit den Reizen der erwachenden Frau. Die zarten Gefühle zwischen Serge und Albine schlagen bald in heftige Liebe um, die ihr kreatürliches Recht fordert und zur körperlichen Vereinigung der beiden führt.

Das Glück, zu dem die Liebenden in der Abgeschlossenheit des Gartens gekommen sind, wird wenig später von Frère Archangias gestört, der Serge unerbittlich seine Verfehlung vorhält und ihn zum Verlassen des »Paradou« bewegt. Im verstärkten Einsatz für ein vollkommenes Priestertum, wodurch er später – wie in *Le docteur Pascal* berichtet wird – zu strenger Selbstverleugnung gelangt, bereut Serge seine Sünde. War sein früheres kindliches Gottvertrauen von der Liebe zu Maria getragen, so lebt er jetzt in der Nachfolge des Gekreuzigten. In einem Moment der Schwäche kehrt er zwar noch einmal in das »Paradou« zurück, sagt sich dort aber endgültig von Albine los. Sie, die ein Kind von ihm erwartet, stirbt voller Todessehnsucht in einem Meer von Blumen, die sie aus dem Garten in ihr Zimmer getragen hat. Bei ihrem Begräbnis waltet der Abbé Mouret seines Amtes: erschüttert, aber im festen Vertrauen, richtig gehandelt zu haben.

Zola hat in dem Roman Anregungen aus zeitgenössischen Werken, die den damals beliebten Themenkomplex bereits behandelt hatten, verarbeitet. Die Problematik von Zölibat und Priestertum wird aber transformiert in die allgemeiner gefasste Frage nach Selbsterfahrung und -deutung des modernen Individuums. Der Ausgangspunkt von Zolas Priesterroman ist die Darstellung einer durch ihre Erziehung fehlentwickelten Persönlichkeit, die in geschlechtlicher Neutralität stehengeblieben ist. Im Alter von 25 Jahren macht der Retardierte sexuelle Erfahrungen und wird so zu einem liebenden Mann. Bedingt durch die Vorgeschichte erfolgt jedoch der Rückfall in die Geschlechtslosigkeit. In diesem Szenario wird nicht nur unvoreingenommen der Mensch mit seinen animalischen Seiten gezeigt; es geht zugleich um die Darstellung sozialpsychologischer Faktoren, die in die Entwicklung des einzelnen eingreifen und sein Erleben und Verhalten entscheidend mitbestimmen. Die mächtige bewusstseinsprägende Instanz, die Zola dazu gewählt hat, ist die Tradition des katholischen Glaubens mit seinem reichen Reservoir an suggestiven Vorstellungen und seinem großen Einfluss auf die öffentliche Moral. In der Auseinandersetzung von Körper und Geist, von sexueller Triebhaftigkeit und asketischer Selbstkontrolle bleibt der Roman auf bezeichnende Weise uneindeutig – trotz der Entschiedenheit, mit der von seinem Ende her das Verhalten des Priesters als Verrat an der Menschlichkeit bloßgestellt erscheint.

Schon bevor die Gemeinsamkeit des Paares zu dem abrupten Abbruch kommt, erweist sich das Liebesglück als flüchtig und instabil. Nicht anders als der Abbé ist auch die von religiösem Gedankengut weitgehend unbeeinflusst aufgewachsene Albine gegenüber dem Erleben der ersten Liebe und ihrer soeben erwachten Weiblichkeit gespalten. Die Frage nach dem Für und Wider von Trieb und Geist, von Natur und Religion wird daher nicht entschieden. Die beiden Liebenden erleben, jeweils der eigenen Vorstellungswelt gemäß, die Erfahrung der Sexualität als Sündenfall, als Wiederholung der Erkenntnis, die die Ureltern im Alten Testament gemacht haben. Auch für sie beginnt damit erst die Suche – nach Gott, nach der Wahrheit. Zola hat deshalb sein Romangeschehen, wie schon das Spiel mit den sprechenden Namen zeigt, der Vorlage aus der Genesis nachgebildet. Archangias, dem Engel gleich, der Adam aus dem Garten Eden vertreibt, bringt den Abbé dazu, das »Paradou« zu verlassen. Dem vorgegebenen Ablauf des biblischen Dramas ist auch die dreiteilige Anlage des Werks angepasst: Dessen Mitte bildet der Verlust der anfänglichen Unschuld unter dem Baum der Erkenntnis. Die Natur in der Gestalt des ungehemmt wuchernden Gartens ist hier jedoch selbst zum Versucher geworden, vor dessen Verführungskraft es kein Entrinnen gibt – es sei denn um den Preis des Verrats am Leben und seinen ungelösten Widersprüchen. Dieses Verrats macht sich nicht nur der Abbé Mouret schuldig, der Vorwurf trifft auch andere Romangestalten, bis hin zu Archangias, dem Inbegriff klerikaler Misogynie, und seinem Gegenbild, dem Misanthropen Jeanbernat.

Vor allem in orthodoxen Kreisen der zeitgenössischen Kritik war, wie ein Artikel ↗ Barbey d'Aurevillys belegt, die Reaktion auf das Werk heftig. Eine Anzeige wegen Verletzung von Anstand und Moral wurde aber nicht weiter verfolgt.

▪ Lit.: F. W. Hemmings: The Secret Sources of ›La faute de l'abbé Mouret‹, in: French Studies 13, 1959, 226–239. ▪ R. R. Grimm: Entmythisierung und Remythisierung der Paradieserzählung. Zu Z.s Paradou, in: Text und Applikation, Hg. M. Fuhrmann u. a., 1981, 73–96. ▪ S. Guermès: La religion de Z. Naturalisme et déchristianisation, 2003.

Klaus Ley

Son Excellence Eugène Rougon

(frz.; *Seine Excellenz Eugène Rougon*, 1975, H. Westphal) – Der 1876 erschienene sechste Roman des Zyklus *Rougon-Macquart* gehört in die Reihe der ›historischen‹ Romane, in denen Zola die Politik des Zweiten Kaiserreichs und die von dem neuen Regime profitierenden Kreise schildert.

Im Mittelpunkt steht Eugène Rougon, der älteste Sohn Pierre Rougons und der ehrgeizigen Félicité Puech aus Plassans. Einer der engsten Mitstreiter Napoleons III. bereits während des Staatsstreichs, steuerte er von Paris aus die Provinzpolitik seiner Mutter, erzählt in *La fortune des Rougon*, 1874 *(Das Glück der Familie Rougon)*. In *La curée*, 1871 *(Die Beute)*, war Eugène noch »eine geheime Macht«, von der sein Bruder Saccard nur indirekte Unterstützung bei seinen zwielichtigen Geschäften zu erwarten hatte. Mittlerweile aber ist Rougon Präsident des Staatsrats geworden. Die Handlung setzt in dem Augenblick ein, als er nach fünfjähriger Präsidentschaft seinen Rücktritt nehmen muss. Sein Fall vereitelt auch die Hoffnungen seiner Clique auf die Erreichung ihrer privaten Ziele. Clorinde, der aufreizend schönen Tochter der italienischen Gräfin Balbi, gelingt es jedoch durch eine komplizierte Intrige, die Stellung des entscheidenden Gegenspielers von Rougon, des Innenministers de Marsy, zu erschüttern. Ein Attentat auf den Kaiser, von dem Rougon rechtzeitig erfährt, veranlasst Napoleon, ihn als den Mann der eisernen Faust auf den Posten des Innenministers zu berufen. Clorinde aber hat nur auf diesen Augenblick gewartet, um Rougon erneut zu stürzen. Dieser hatte sie einen Augenblick lang begehrt, sich aber geweigert, sie zu heiraten; ja er hatte ihr sogar einen seiner Mitarbeiter, den eleganten Hohlkopf Delestang, als Mann zugedacht. In ihrer tief gekränkten weiblichen Eitelkeit wartet Clorinde nur auf eine Gelegenheit zur Rache. Sie gewinnt die Gunst des Kaisers und stürzt Rougon. Doch als Napoleon nach dem Italienfeldzug seine Innenpolitik erneut justieren muss, erscheint ihm Rougon als der einzige, der, ohne das Regime zu gefährden, die opportune pseudoliberale Richtung zu vertreten vermag. Das letzte Kapitel des Romans zeigt Rougon wieder als mächtigen Mann, diesmal als Minister ohne Portefeuille, der skrupellos »in einer einzigen Stunde sein ganzes politisches Leben Lügen straft«.

Die Handlung des Romans spielt in den Jahren 1856 bis 1861 und bezieht die wesentlichen historischen Ereignisse dieser Zeit ein. Am 14. Juni 1856 fand die im vierten Kapitel beschriebene Taufe des kaiserlichen Prinzen statt, im Juni des nächsten Jahres waren die für das Regime so erfolgreichen Deputiertenwahlen (sechstes Kapitel); dem Attentat Orsinis am 14. Januar 1858 folgte die Berufung des Generals Espinasse zum Innenminister, und 1859 schließlich führte der Italienfeldzug zu der Kursänderung der Innenpolitik Napoleons und brachte Billaut auf den Posten des Innenministers.

Die wechselnden politischen Rollen der verschiedenen Innenminister hat Zola auf seinen Titelhelden übertragen und ihm wesentliche Züge des allmächtigen Ministers des späten Kaiserreichs, Eugène Rouher, gegeben; mit dessen Lebensweg stimmen die entscheidenden Etappen von Rougons Karriere ebenso überein wie seine persönlichen Eigenschaften und seine Beredsamkeit mit dem Charakter und der Eloquenz seines historischen Vorbilds. Die große Kammerrede Rougons im letzten Kapitel ist dafür ein glänzendes Beispiel. Sie zeigt zugleich Zolas intime Vertrautheit mit dem beschriebenen Milieu. Seine jahrelange journalistische Erfahrung in Bezug auf oppositionelle Blätter, vor allem seine zweijährige Tätigkeit als Parlamentsberichterstatter (1871/1872) für das republikanische Tagesblatt *La Cloche*, kamen ihm dabei zugute. Außerdem studierte er wie immer die einschlägige Fachliteratur.

Sein Roman gilt daher auch Historikern noch als eines der besten Zeitdokumente. Zola hat auch diesmal die historisch-sozialen Widersprüche in Gegensätze verschiedener Temperamente umgesetzt und die dramatische Spannung seines Romans aus dem Kampf zwischen einer ›weiblichen‹ und einer ›männlichen‹ Intelligenz gezogen, wobei Rougon die Verkörperung des Ehrgeizes schlechthin darstellt, »die Liebe zur Macht um der Macht willen«.

Der Publikumserfolg des Romans wurde, obwohl die Pressekritik ihn freundlich aufnahm, von der gleichzeitigen Veröffentlichung des Romans *L'assommoir*, 1877 *(Der Totschläger)*, im Feuilleton überdeckt. *Son Excellence Eugène Rougon* gehört noch heute zu den verkannten Meisterwerken des Zyklus.

▪ Lit.: D. F. Bell: Généalogies and Simulacre in Z.'s ›Son Excellence Eugène Rougon‹, in: Modern Language Notes 97, 1982, 810–826. ▪ D. Baguley: Histoire et mythe dans ›Son Excellence Eugène Rougon‹, in: Les Cahiers Naturalistes 28, 1982, 46–60. ▪ I. Dardano Basso: Cronaca e invenzione in Z. ›Son Excellence Eugène Rougon‹, 2002. *Rita Schober*

L'assommoir

(frz.; *Der Totschläger*, 1975, G. Krüger) – Im 1877 erschienenen siebten Roman des Zyklus *Les Rougon-Macquart* wird das sozialkritische Interesse, das den Alkoholismus als gesellschaftliches Problem erfassen möchte, durch die experimentierende formal-künstlerische Darstellung beinah verdrängt.

Die Welt des Pariser Proletariats wandelt sich unter Zolas Hand zum Mythos. Mit großem Einfühlungsvermögen schildert er das Milieu der Tagelöhner und Fabrikarbeiter; ein Reich, in dem Primitivität, Schmutz, Haltlosigkeit und gemeine Manieren herrschen. Mittelpunkt des Geschehens ist Gervaise, eine einfache Arbeiterfrau und Wäscherin. Von ihrem Liebhaber Lantier mit zwei Kindern sitzengelassen, heiratet sie den Zinkarbeiter Coupeau und erlebt zusammen mit ihm ein kurzes, von kleinbürgerlichen Idealen beseeltes Glück. Dann aber lässt ein Unfall den Mann arbeitsunfähig, nervenkrank und zum Säufer werden. Lantier, der ehemalige Liebhaber und Vater ihrer Kinder, kehrt zu Gervaise zurück. Der dem Trunk verfallene Coupeau endet im Delirium tremens, das Zola mit fast unbarmherziger wissenschaftlicher Exaktheit in seinen einzelnen Phasen beschreibt. Durch diese Ereignisse innerlich gebrochen, ergibt sich auch die von Natur aus fröhliche, fleißige und gutmütige Gervaise dem Alkohol, versucht sich einmal sogar als Straßendirne und vegetiert bis zu ihrem Tod halb wahnsinnig dahin.

Der Kühnheit des Themas entspricht die Darstellung; ihre Eigenart besteht in der Verwendung des zum Teil aus eigenen Kenntnissen stammenden, zum Teil in Alfred Delvaus *Dictionnaire de la langue verte* (Lexikon der Umgangssprache / des Jargons) sorgfältig recherchierten Vokabulars des Pariser Argot, das indes nicht nur die direkten Reden, sondern – laut Zola »aus Gründen des Gleichgewichts und der Harmonie« – auch die rein deskriptiven und informierenden Passagen prägt. Zola war sich des experimentellen Charakters dieses Erzählstils bewusst: Er sah sein Werk als »eine rein philologische Arbeit, die historisch und sozial von lebhaftem Interesse ist«.

Weniger am Thema des Alkoholismus als an dem so wenig salonfähigen Wortschatz entzündete sich bei Erscheinen die Kritik. Die darauf abzielende Pressekampagne sicherte dem Roman allerdings seinen großen Erfolg.

▪ Lit.: P. Carles: ›L'assommoir‹, une description impressioniste de l'espace descriptif, in: Les Cahiers Naturalistes 63, 1989, 117–125. ▪ W. Hirdt: Alkohol im französischen Naturalismus, in: W. H., Abhandlungen zur Kunst-, Musik- und Literaturwissenschaft, 1991. *Ingrid Peter*

Une page d'amour

(frz.; *Ein Blatt Liebe*, 1981, E. Eichholtz) – Mit dem 1878 veröffentlichten achten Roman über die fiktive Großfamilie Rougon-Macquart wendet sich Zola dem Zweig der Familie zu, der im Bürgertum angesiedelt ist. Damit entsteht ein Kontrast zu den beiden Romanen *L'assommoir*, 1879 *(Der Totschläger)*, und *Nana*, 1880 die diesen flankieren, denn deren Protagonisten leben in den untersten Gesellschaftsschichten. Mit Themen wie Alkoholismus und Promiskuität in der Arbeiterschicht sowie Prostitution erregte Zola Aufsehen – und sicherte sich so große Publikumserfolge.

In *Une page d'amour* wird deutlich, dass für Zola ein naturalistischer Roman nicht zwangsläufig ein ›Skandalroman‹ sein muss. Extreme gesellschaftliche Gegebenheiten und Schicksale werden aufgegriffen, weil sie, genauso wie weniger spektakuläre Lebensläufe, zur gesellschaftlichen Realität gehören. Um den Vorwurf zu entkräften, gezielt ›Skandalromane‹ zu verfassen, veröffentlichte Zola gemeinsam mit diesem Roman den genealogischen Stammbaum der Familie Rougon-Macquart. Hier sind, im Einklang mit der zeitgenössischen Medizin, Theorien eingearbeitet, wie nervöse Krankheiten vererbt werden: Über die Stammmutter gelangt eine Disposition zu nervösen Krankheiten in die Familie; mehrere ihrer Nachkommen sind davon betroffen. Aus diesen medizinischen Vorgaben und dem sozialen Umfeld der Personen hat Zola die Sujets seiner Romane abgeleitet; in Grundzügen sind die Romane vorab im Stammbaum festgelegt. Allerdings hat Zola nicht alle 20 Romane bereits 1869 geplant – die älteste Fassung des Stammbaums von 1869 wurde im Zuge der Arbeit immer mehr erweitert, neue Familienmitglieder wurden hinzugefügt. Zu den Erweiterungen des Zyklus gehören neben *Une page d'amour* weitere Romane, die vergleichsweise geringen Zuspruch bei den Lesern fanden: *Le rêve* (1888), *La joie de vivre* (1884), und *Le docteur Pascal* (1893).

Der Roman über Hélène Mouret erscheint auf den ersten Blick als eine Liebesgeschichte. Wie im Titel angedeutet, handelt es sich um eine kurze Episode, eine Seite im Leben der Protagonistin, die rasch umgeblättert wird. Im vorausgegangenen Roman hatte Zola dargestellt, wie die Alkoholsucht das Verhalten seiner Protagonisten immer deutlicher bestimmte. Entsprechend plant er nun, die erwachenden Liebesgefühle seiner Protagonistin als Prozess darzustellen. Das für jeden seiner Romane notwendige dramatische Element entsteht in diesem Fall erst durch die Personenkonstellation: Hélène ist eine 32-jährige Witwe, sie hat eine kranke Tochter, Jeanne, und verliebt sich in den (verheirateten) Arzt, der ihr Kind behandelt.

Das Gefühl der Verliebtheit hat in Hélènes Leben zunächst gar keinen Platz; ihren Mann hat sie zwar geschätzt, aber nicht geliebt. Als Witwe lebt sie zurückgezogen und zufrieden in einem Pariser Vorort. Von ihren Fenstern aus eröffnet sich ein Panoramablick über Paris, doch die historischen Gebäude und das Leben dort locken sie nicht. Ihr Alltag verläuft ruhig und ereignislos. Einzige Besucher sind ein Priester, Abbé Jouve, und sein Bruder Monsieur Rambaud, die einmal in der Woche zusammen zum Abendessen eingeladen werden. Doch dann wird Jeanne krank und alles wird anders: Der behandelnde Arzt, Henri Deberle, der mit seiner Familie in der Nachbarschaft lebt, wird zu einer weiteren Figur ihres kleinen Bekanntenkreises.

Der Alltag ist fortan von Jeannes Befinden, den Phasen ihrer Krankheit geprägt. Um den Verlauf dieser Krankheit, einer ›chloro-anémie‹, in all ihren Etappen beschreiben zu können, hat sich Zola sorgfältig in die zeitgenössische Fachliteratur eingearbeitet. Zwar haben schon in vorhergehenden Romanen die Krankheiten von Protagonisten eine zentrale Rolle gespielt, doch in diesem Roman gestaltet Zola erstmals ein besonders enges Wechselspiel zwischen Krankheit und Handlung. Jeannes Krankheit führt Hélène und Deberle zusammen, sie verlieben sich, haben aber ihre Gefühle unter Kontrolle. Jeannes Eifersucht, Teil ihres krankheitsbedingten Verhaltens, zwingt die Verliebten dazu, sich zu verstellen – mit dem Ergebnis, dass ihre Gefühle nur umso heftiger hervorbrechen. Trotzdem liegt es Hélène fern, Ehebruch zu begehen. Doch dann beschließt Madame Deberle aus Langeweile, sich einen Liebhaber zu nehmen; ihre Wahl fällt auf einen Freund der Familie, Malignon. Hélène vereitelt das Rendezvous der beiden, sie informiert Deberle mit einem anonymen Brief über den Treffpunkt, warnt das Paar aber gleichzeitig – so findet Deberle Hélène statt seiner Frau vor und begeht selbst Ehebruch. Während Hélènes Abwesenheit wartet Jeanne am offenen Fenster und zieht sich eine Erkältung zu; bald treten Symptome einer Lungentuberkulose auf, an der sie kurz darauf stirbt. Hélène bezahlt ihre Liebe und ihre kurze Eskapade mit dem Leben ihrer Tochter. Die Liebe zu Deberle ist damit erloschen. Ihre Heirat mit Monsieur Rambaud, vermittelt durch Abbé Jouve, dem sie alles gestanden hat, lässt sie zwar ihren Platz im bürgerlichen Leben wieder einnehmen, allerdings ist dort für Glück und Liebe kein Raum.

So ist *Une page d'amour* nur vordergründig ›un livre bonhomme‹; ein Kind stirbt, und auf den zweiten Blick steht das Leben Hélène Mourets dem tragischen Schicksal der Wäscherin Gervaise aus *L'assommoir* (1877) nicht nach.

■ Lit.: S. Harrow: The Matter with Jeanne. Narrative and the nervous body in Z.'s ›Une page d'amour‹, in: Excavatio 12, 1999, 60–68. ■ L. Bermúdez Medina: Un lointain ronflement. Paris dans ›Une page d'amour‹, in: Excavatio 17, 2002, 67–77.

Sabine Küster

Nana

(frz.; *Nana*, 1975, G. Krüger) – Der 1880 erschienene neunte Roman des Zyklus *Les Rougon-Macquart* wurde vorab (1879 auf 1880) in *Le Voltaire* abgedruckt.

Als »blonde Venus« in der gleichnamigen Operette erobert sich die junge Titelheldin, Tochter der Wäscherin Gervaise Macquart und des Trinkers Coupeau (*L'assommoir*, 1877 – *Der Totschläger)*, nach einem armseligen Straßendirnendasein einen Platz in der korrumpierten Pariser Gesellschaft des Zweiten Kaiserreichs. Den fast vollständigen Mangel an Talent macht sie mehr als wett mit »der ganzen Macht, die ihrem Geschlecht zu Gebote stand«. Die magische Verführungskraft ihres Körpers, derer sie sich bewusst ist, lässt sie alsbald Macht über Minister, Aristokraten, Beamte und Journalisten gewinnen, von denen sie kostbare Geschenke annimmt. Ihr Ziel ist es, reich zu sein und von der vornehmen Welt einmal als ihresgleichen respektiert zu werden. Doch bei einem Souper, das sie gibt, zeigt sich, dass eben diese Gesellschaft in ihr nur die lasterhafte Kokotte akzeptieren will, die dem Vergnügen dient. Sie ist nur allzu bereit, sich auf die Stufe von Nanas Niedrigkeit hinabziehen zu lassen, jedoch weder willens noch fähig, der Emporstrebenden eine Chance zu geben. Nana durchschaut die verlogene Lasterhaftigkeit der höheren Stände, die ihr noch schlimmer erscheint als ihre eigene naive, unverhüllte Verdorbenheit.

Die einträgliche Beziehung zu dem reichen Bankier Steiner sichert ihr den Besitz des Landguts Mignotte, wohin sie sich in einer Stimmung des Überdrusses zurückzieht. Eine gefühlvolle Affäre mit dem jungen, bürgerlichen Georges Hugon endet, als ihre früheren Verehrer eintreffen. Nach Steiners Bankrott und einer ersten Liaison mit dem jesuitisch streng erzogenen Comte Muffat, der ihr trotz religiöser Gewissensnöte verfällt, bezieht sie mit dem hässlichen Schauspieler Fontan eine ärmliche Behausung am Montmartre. Fontan erwidert ihre an Hörigkeit grenzende Liebe mit Härte und Schlägen. Als das Geld knapp wird, erliegt sie der Verführung ihrer lesbischen Freundin Satin und fällt, indem sie wieder auf die Straße geht, »in den Schmutz des Anfangs« zurück. In der äußersten Not kehrt sie in den Kreis ihrer Gönner zurück, erneuert ihr Verhältnis zu Muffat und übernimmt auf der Bühne die Rolle der ehrbaren Frau.

Ein mit impressionistischer Farbigkeit geschildertes Rennen, bei dem das siegende Pferd ihren Namen trägt, rückt sie von neuem in den Mittelpunkt der Gesellschaft. In dem Gefühl der Genugtuung, das sie sogar sich selbst Beifall spenden lässt, setzt sie sich über das Muffat gegebene Treueversprechen hinweg und verschenkt ihre Gunst gegen große und kleine Geldbeträge an alle Welt. Überall verbreitet sie Zerstörung, Ruin und Tod. Gleich einem »antiken Ungeheuer« blickt sie zuletzt auf ihr Vernichtungswerk: »Sie hat ihre Welt, die Elenden und Verlassenen, gerächt.«

Nach einem Auslandsaufenthalt erkrankt Nana an den Pocken. Während draußen die fanatisierte Menge »Nach Berlin, nach Berlin!« johlt, stirbt sie in einem Hotelzimmer. Ihr Tod weist auf das Ende der ganzen Epoche voraus, das mit dem Ausbruch und Ausgang des Deutsch-Französischen Krieges der Jahre 1870/71 gekommen war.

An Nana spiegelt der Autor eine brüchige Gesellschaft, in Analogie zu der des römischen Kaiserreichs. Sowohl Nana als auch die »dekadente« Oberschicht sind von Grund auf verdorben und ziehen sich gegenseitig immer tiefer in den Schmutz. Nana, die heimtückische »Goldfliege«, symbolisiert die »Fäulnis, die man im Volk gären läßt« und die »in ihrer Person aufsteigt und die Aristokratie verdirbt«. Andererseits scheitert ihr schablonenhaft und naiv geäußertes Streben nach einer sinnerfüllten Lebensführung gerade daran, dass sie sich an der nur geheuchelten Vorbildlichkeit einer Oberschicht orientiert. Gemäß der starren Klasseneinteilung ihrer Gesellschaft glaubt sie an eine doppelte Moral. Was sie sich und ihrem niederen Stand an Freiheiten und Lasterhaftigkeit notgedrungen zugestehen muss, lässt sie keinesfalls für die respektable große Gesellschaft gelten, zu der sie hinstrebt.

Alle Bevölkerungsschichten werden unter einseitiger Hervorkehrung des Hässlichen und Gemeinen betrachtet. Mit naturwissenschaftlicher Akribie registriert Zola die organischen Funktionen, Regungen und Reaktionen der Handelnden. Sorgfältige Milieustudien charakterisieren die im Dirnen- und Zuhältermilieu des Montmartre spielenden Partien, in denen Zola die ungemein vulgären Ausdrucksformen nachzeichnet. In den Massen- wie in den Einzelszenen dominiert eine moralistische, radikalsatirische Haltung; ohne dass sich der Erzähler selbst harmonisierend einschaltet, stellt sich diese Welt des Verfalls und der Triebhaftigkeit gewissermaßen selbst dar. Die Distanz zwischen realer und künstlerischer Wirklichkeit wird so auf ein Minimum reduziert und verwischt. Der naive Leser soll das eine für das andere nehmen. Die auffällige Stilisierung der Darstellungsmittel (Motivkorrespondenzen, Vor- und Rückdeutungen, dramatische Aufgipfelungen, Kontrastierungen und ein drastischer Wortschatz) soll diesen Effekt plakativ unterstützen.

▪ Lit.: W. Hofmann: ›Nana‹. Mythos u. Wirklichkeit, [2]1987. ▪ J.-M.C. Lanskin: Z. le scénario sans amour d'une fille de joie, 1996.

Richard Mellein

Pot-Bouille

(frz.; *Ein feines Haus*, 1976, G. Krüger) – Der französische Titel des 1882 erschienenen zehnten Romans des Zyklus *Les Rougon-Macquart* hat, wenn man eine wörtliche Übersetzung ins Deutsche sucht, kein genau entsprechendes Äquivalent. Von ›pot‹ (Topf) und ›bouillir‹ (kochen) abgeleitet, bezeichnet der dem Argot entstammende Ausdruck zunächst ›Eintopf, Gekochtes‹, im weiteren Sinne die Küche bzw. den Haushalt schlechthin. Beide Vorstellungen, die von etwas Durcheinandergemischtem und die von dem kleinlichen Alltag einer bürgerlichen Familie, fließen im Titel dieses Sittenromans, der das Leben und Treiben der Einwohner eines »feinen Hauses« in der Rue de Choiseul schildert, symbolisch zusammen. *Pot-bouille* bildet gleichsam das Gegenstück zu *L'assommoir*, 1877 *(Der Totschläger)*, worin Zola den durch Unglück und Not bedingten moralischen Niedergang einer Pariser Arbeiterfamilie dargestellt hatte.

Octave Mouret, der leichtlebige Sohn François Mourets und seiner Frau Marthe, ist durch Vermittlung der ihm bekannten Architektenfamilie Campardon als Untermieter in das »feine Haus« in der Rue de Choiseul eingezogen. Anfangs schließt er von dem Ehrfurcht gebietenden Äußeren der Wohnungen und des Treppenhauses auf die Ehrbarkeit der Bewohner. Später erkennt er die Scheinmoral und Skrupellosigkeit derer, die wie der Hausherr Vabre, seine Söhne Théophile und Auguste, sein Schwiegersohn, der Herr Appellationsgerichtsrat Duveyrier und die Campardons, in den unteren Etagen das gut situierte Bürgertum repräsentieren, denen aber die Kleinbürger, wie die Familie des seinerseits grundanständigen Kassierers Josserand aus dem vierten Stock, in ihrem Streben nach gesellschaftlichem Aufstieg um jeden Preis in nichts nachstehen. Ob Ehe, Liebe, Freundschaft, politische Gesinnung oder familiäre Bindung: Jede persönliche Beziehung wird utilitaristisch geregelt, jede persönliche Haltung von Geldinteressen bestimmt. Die Sucht nach Vorteil und Gewinn steuert das Verhalten der agierenden Figuren. Wenn es um Geld geht, vergisst Campardon seine freigeistigen Anschauungen, um die lukrativen kirchlichen Aufträge zu erhalten; beruhigt Duveyrier sein Gewissen als Jurist, um sich das Erbe des alten Vabre zu erschleichen; vergisst Frau Josserand die nach außen vertretenen moralischen Grundsätze, um für ihre Kinder einträgliche Partien zu arrangieren. Die Ehe wird zu einem Geschäft wie jedes andere, Liebe und menschliche Werte spielen dabei keine Rolle. Der Ehebruch erscheint als normale Ergänzung solcher ehelichen Geschäftsbeziehungen: Duveyrier hält eine Geliebte aus; Campardon scheut sich nicht, seine Geliebte ins Haus zu bringen; der Onkel Bachelard hat sich praktisch ein junges Mädchen »gekauft«; Théophile Vabre und sein Sohn missbrauchen dasselbe Dienstmädchen. Kein Wunder, dass in den Hinterhofgesprächen der Dienstboten der Pesthauch dieses Schmutzes wie aus einer Kloake aufsteigt.

Die Antithese Vorderhaus – Hinterhof ist ein Pfeiler der Gesamtkomposition des Romans, den zweiten ergibt das räumlich-hierarchische Gliederungsprinzip der Etagen des Treppenhauses. Der Gestalt Octaves, der aufgrund seiner Freundschafts- und Liebesbeziehungen mit fast allen Familien verbunden ist, kommt damit eine kompositorische Hilfsfunktion zu. Sein gesellschaftlicher Aufstieg vom kleinen Angestellten, dessen erotische Eskapaden die vornehmen Herrschaften scharf verurteilen, zu einem der ihrigen gelingt, als er das Jawort seiner früheren Chefin, der nicht mehr ganz jungen, aber wohlhabenden Geschäftsinhaberin Frau Hédouin erhält. Diese Karriere repräsentiert nicht nur die Verwirklichung aller Träume im Sinne Frau Josserands, sondern stellt zugleich eine bittere Kritik an den Maßstäben menschlicher Wertschätzung in den porträtierten Gesellschaftskreisen dar.

Angesichts dieser Zustände erweist sich die Kumpanei der Duveyriers, Campardons, Vabres und Octaves als Politikum, als Zweckbündnis, wenn es gilt, die Forderungen des vierten Stands abzuwehren. »Die müssen sich doch verstehen«, sagt Lisa, die Zofe der Campardons am Schluss, »sonst würde es nicht lange dauern und wir kämen an die Reihe«.

Die zeitgenössische Kritik war sich einig in der Verurteilung von *Pot-Bouille* als unmoralische ›Gossenliteratur‹, ein Vorwurf, der Zolas Romanen seit *Thérèse Raquin* (1867) wegen Schreibweise, Stoff- und Themenwahl immer wieder gemacht wurde.

▪ Lit.: B. Nelson: Z. and the Bourgeois. A Reading of ›Pot-Bouille‹, in: New French studies 17, 1978, 58–70. ▪ C. Tritz: Du personnage à la personne. Contribution à l'étude psychologique de la personne, 1992. ▪ M.-A. Voisin-Fougère: Ironie et sérieux. Le bourgeois en représentation dans la littérature française en prose des années 1880, 1994.

Rita Schober

Au bonheur des dames

(frz.; *Paradies der Damen*, 1959, H. Westphal) – Der 1883 erschienene elfte Roman des Zyklus *Les Rougon-Macquart* setzt sich als wohl erstes literarisches Werk mit der Konsumwelt und dem Warenfetischismus der frühen Industriegesellschaft auseinander. Schauplatz des Geschehens in der Mitte des 19. Jh.s ist das Pariser Warenhaus »Au bonheur des dames«. Das wachsende »Monstrum«, das nach und nach die kleinen Ladengeschäfte der Straße verschlingt, weckt mit verlockenden Angeboten die Kauflust der Frauen, die schließlich unter »Konsumzwang«, »ohne Bedürfnis« kaufen. Unumschränkter Herrscher der Konsumwelt ist Octave Mouret, Inbegriff des aufstrebenden, fortschrittsgläubigen Bourgeois, dessen Unternehmergeist über alle Krisen und Schwierigkeiten triumphiert. Eine trivial-süßliche Liebesgeschichte – der Herr des ›Paradieses‹ heiratet die stolze, tugendhafte Verkäuferin Denise Baudu – verleiht dem naturalistischen Werk eine sentimentale Note.

Wie in *Le ventre de Paris*, 1873 *(Der Bauch von Paris)*, schwelgt Zola in umfangreichen Warenbeschreibungen. Eine Reklameausstellung in Weiß nimmt er zum Anlass, eine Sinfonie der weißen Stoff- und Seidenarten zu ›komponieren‹. Er begnügt sich nicht mit der Aufzählung der verschiedenen Bänder, Spitzen, Laken, Tücher und Schleier aus Seide, Wolle, Tüll und Musselin – in unerschöpflichen Vergleichen erweckt er Bilder von »weißen Flammen«, »blendenden Sternen«, »fliegenden Schwänen«, »gleißenden Felswänden«, »flatternden Schmetterlingen«, ja selbst von »Tabernakeln« und »Altären der Religion«. Die minuziöse Beschreibung des Milieus, der Arbeitsvorgänge, der Dienstverhältnisse, der Lebensgewohnheiten von Arbeitern und Angestellten beruht, wie immer bei Zola, auf genauen Beobachtungen und einem gründlichen Studium der Materie.

▪ Lit.: C. Becker/J. Gaillard: ›Au bonheur des dames‹. Z. Analyse critique, 1982. ▪ A. Bouhouhou: Les acteurs et l'illusion référentielle dans ›Au bonheur des dames‹ d'É. Z., 1998.

Josef Theisen

La joie de vivre

(frz.; *Die Freude am Leben*, 1981, E. Eichholtz) – Im Zyklus *Les Rougon-Macquart* des Autors steht der 1884 erschienene Roman an zwölfter Stelle. Die Hauptperson,

Pauline Quenu, ist ein Sprössling des Familienzweiges Macquart. Ein Blick in den genealogischen Stammbaum der Familie (1878 mit *Une page d'amour* veröffentlicht), in dem für jedes Familienmitglied Charaktermerkmale sowie das Auftreten der ›nervösen‹ Erbkrankheit vermerkt sind, zeigt, dass Paulines Charakter als besonders ausgeglichen und ehrlich konzipiert ist. Damit entsteht wiederum ein deutlicher Kontrast zwischen diesem Roman und dem vorhergehenden: In *Nana* (1880) wird der zerstörerische Egoismus der Prostituierten Nana geschildert.

Zola plant nun, seine Protagonistin mit besonders schmerzhaften Situationen zu konfrontieren, in denen sich ihr Charakter bewährt. Mit diesen Themen, die er auf die Formel ›Schmerz und Güte‹ bringt, wählt Zola ein Sujet, das nicht auf die Darstellung der Gesellschaft des Zweiten Kaiserreichs beschränkt, sondern ein zeitlich übergeordnetes, allgemein menschliches ist. Wie sehr diese Thematik Zola persönlich betraf, zeigt sich darin, dass er seine Arbeit an diesem Roman drei Jahre lang unterbrach, nachdem im Jahr 1880 seine Mutter und Gustave ↗ Flaubert starben. Er schrieb daraufhin zwei andere Rougon-Macquart Romane, bevor er sich 1883 wieder dem Roman über Pauline zuwandte.

Pauline Quenu ist die einzige Tochter von Lisa Macquart; sie ist dem Leser aus dem Roman *Le ventre de Paris* (1873) bekannt, in dem am Rande ihre Kindheit beschrieben wird. Um nun ein neues Milieu schildern zu können, lässt Zola Pauline im Alter von neun Jahren ihre Eltern verlieren. Sie wird von entfernten Verwandten, der Familie Chanteau, aufgenommen und verlebt bei ihnen an der normannischen Küste eine glückliche Kindheit. Ihre gelegentlich auftretenden Eifersuchtsgefühle und auch ihr Geiz werden als erbliche Defekte dargestellt – immerhin kommt sie aus einer in dieser Hinsicht stark belasteten Familie. Doch es gelingt ihr, diese Anwandlungen schließlich ganz zu unterdrücken. In den folgenden Jahren wird ihr Charakter gewissermaßen auf die Probe gestellt. Die Familie Chanteau ist nicht wohlhabend, und nach und nach fließt Paulines gesamte Erbschaft in den Haushalt der Familie ein. Lazare, der einzige Sohn der Familie, und Pauline verlieben sich ineinander; die Hochzeit ist bereits geplant, als Lazare unsicher wird und seine Liebe für seine Cousine Louise zu entdecken glaubt. Auch hier kämpft Pauline erfolgreich ihre Gefühle nieder und tritt zurück. Lazare und Louise heiraten; ihr Sohn bleibt schwach und kränklich, und Pauline kümmert sich um ihn.

Doch er ist nicht ihr einziger ›Patient‹: Monsieur Chanteau leidet an einer chronischen Gicht, die ihn zum Invaliden macht. Pauline betreut ihn, ebenso wie sie Madame Chanteau pflegt, bei der eine tödlich verlaufende Herzkrankheit auftritt. Lazares Krankheit ist nach den zeitgenössischen medizinischen Vorstellungen ›nervös‹ bedingt: Er wird von Ängsten geplagt, begeistert sich immer nur kurzfristig für seine Pläne, zum Beispiel für sein Medizinstudium, um sich bald darauf enttäuscht abzuwenden. Die einzige Bewohnerin des Hauses, die wie Pauline gesund zu sein scheint, ist das Hausmädchen Véronique. Daher trifft das letzte tragische Ereignis die Familie – und den Leser – völlig unvorbereitet: Véronique nimmt sich das Leben, ohne dass jemand den Grund dafür kennt. Mit der Bemerkung des schwer kranken Monsieur Chanteau zu diesem Selbstmord endet der Roman: »Wie kann man so dumm sein und sich das Leben nehmen!«

Der Titel des Romans ist also keinesfalls ironisch zu verstehen. Das Fazit, das Zola mit diesem Werk zieht, lautet, das Leben trotz Schmerz und Schicksalsschlägen zu bejahen. Aus seiner Sicht stellt sich Pauline den Herausforderungen des Lebens in idealer Weise. Ohne zu verzweifeln und ohne Zuflucht bei der Religion zu suchen (die Kirche ist durch die Figur des geistig eingeschränkten Abbé Horteur vertreten), nutzt sie die Erkenntnisse der Medizin, die sie sich im Selbststudium und durch Gespräche mit dem Arzt der Familie, Cazenove, aneignet. Während Cazenove die begrenzten Möglichkeiten der Medizin akzeptiert, lösen sie bei Lazare Verzweiflung aus.

Mit Lazares Reaktion findet eine in der Gesellschaft verbreitete Stimmung Eingang in den Roman, die jedoch nicht die Epoche des Zweiten Kaiserreichs betrifft, sondern die Entstehungszeit des Romans. Der Phase einer euphorischen Wissenschaftsgläubigkeit war eine Zeit der Ernüchterung gefolgt, in der die engen Grenzen der Medizin wieder klar vor Augen traten. Zola analysiert die unterschiedlichen Konsequenzen, die aus dieser Situation gezogen werden: Seine Protagonisten werden mit Krankheiten konfrontiert – in keinem anderen Roman der Reihe werden so viele Krankheitsverläufe so detailliert beschrieben. Über alle Krankheitsbilder hat sich Zola genau informiert, die Wiedergabe seines medizinischen Fachwissens nimmt im Roman sehr viel Raum ein. Hierin weist der Roman bereits auf *Le docteur Pascal* (1893) voraus, in dem medizinische Fachkenntnisse und die Frage, welche Erwartungen der medizinische Fortschritt geweckt bzw. enttäuscht hat, ebenfalls eine große Rolle spielen.

▪ Lit.: N.-O. Franzen: Z. et ›La joie de vivre‹. La genèse du roman, les personnages, les idées, 1958. ▪ J.-L. Cabanès: ›La joie de vivre‹ ou les créances de la charité, in: Littératures 47, 2002, automne, 125–136.

Sabine Küster

Germinal

(frz.; *Germinal*, 1976, J. Schlaf) – Der 1885 erschienene 13. Roman des Zyklus *Les Rougon-Macquart* beschreibt unter dem Eindruck des blutig niedergeschlagenen Bergarbeiterstreiks in Anzin (1884) das Leben der Bergarbeiter und ihrer Familien in einem Kohlenrevier in Nordfrankreich. Germinal – der ›Keim-Monat‹ des französischen Revolutionskalenders – deutet auf das unterirdische Gären hin, den Anbruch einer sozialen Revolution, durch die sich das Proletariat von der Unterdrückung durch die Bourgeoisie zu befreien sucht.

Im Mittelpunkt der Handlung steht der junge Mechaniker Étienne Lantier, der uneheliche Sohn der Alkoholikerin Gervaise Macquart aus *L'assommoir*, 1877 *(Der Totschläger)*. Wegen Aufsässigkeit gegenüber einem Vorgesetzten entlassen, irrt er hungernd und frierend durch das Land und findet schließlich in den Kohlegruben von Montsou Arbeit. Im Zentrum der Handlung stehen ferner die Bergarbeiterfamilie Maheu, die Familie des Grubendirektors Hennebeau und des Aktionärs Grégoires, die Gastwirtschaft von Rasseneur, einem gemäßigten Sozialisten, und immer wieder die Gruben selbst, in die die Arbeiter, auch Frauen und Kinder, einfahren. Die Arbeit unter Tage in Hitze und stickiger Luft bringt trotz des Einsatzes aller auch nur halbwegs arbeitsfähigen Familienmitglieder nur eben so viel Lohn, dass man nicht verhungert.

Das materielle und moralische Elend im Bergarbeiterdorf bewegt Étienne zum Widerstand gegen die unsichtbare Macht, der sich diese Menschen ausgeliefert fühlen. Unter dem Einfluss des russischen Anarchisten Souvarine liest er sozialistische Schriften und betreibt unter den Arbeitern Propaganda. Er gründet eine gemeinnützige Hilfskasse und wird, als die Grubengesellschaft verschleiert eine Lohnminderung ankündigt, zum Organisator eines Streiks. Obwohl ihm die Ansicht Souvarines einleuchtet, die Gesellschaft warte nur auf eine Revolte der Arbeiter, um mit Gewalt eingreifen zu können, sieht Étienne in einem Ausstand der Grubenarbeiter die einzige Möglichkeit, ihre gerechten Forderungen zu erzwingen. Im Verlauf des Streiks gelingt es ihm, zehntausend Arbeiter geschlossen für den Beitritt zur Londoner Internationale zu gewinnen, in der Hoffnung, den Streik mit Unterstützungsgeldern aus dem Ausland fortsetzen zu können. Diese Gelder treffen zwar ein, reichen aber nicht lange aus. Hunger, die Unnachgiebigkeit der Grubengesellschaft und die Tatsache, dass auf einer benachbarten Grube noch gearbeitet wird, veranlassen die Streikenden zu schärferem Vorgehen. Es kommt zu Sabotageakten auf verschiedene Gruben in der Umgebung und zu einem Protestmarsch der Hungernden zum Haus des Grubendirektors.

Immer mehr Gruben müssen die Förderung einstellen. Die Verluste der Aktiengesellschaft steigen von Tag zu Tag, die Kohlevorräte gehen zur Neige, die Förderschächte verfallen, die Maschinen rosten – schließlich werden belgische Grubenarbeiter als Streikbrecher eingesetzt und sollen unter Militärschutz einfahren. Bei einem blutigen Zusammenstoß mit den Soldaten werden einige Männer, Frauen und Kinder getötet. In den Pariser Zeitungen wird dieser Vorfall als ein Massaker dargestellt, und die Bergwerksgesellschaft sieht sich gezwungen, »diesen Streik zu beenden, dessen empörend lange Dauer eine soziale Gefahr zu werden droht«. Die Belgier werden entlassen, das Militär wird zurückgezogen und die Zeche wieder geöffnet. Mit vagen Versprechungen fordert man die Streikenden auf, zu ihrem Arbeitsplatz zurückzukehren. Wieder unter Tage, werden die Bergarbeiter von einem Wassereinbruch überrascht, den der Anarchist Souvarine, getreu seinem zerstörerischen revolutionären Konzept, ausgelöst hat. Die meisten können sich zwar noch durch den zusammenstürzenden Hauptschacht retten, doch einige werden verschüttet. Nach 15 Tagen ununterbrochener Suche wird als einziger Überlebender Étienne befreit. In seinen Armen hält er den Leichnam Cathérine Maheus, die angesichts des Todes seine Frau geworden ist. Nach seiner Genesung verlässt er Montsou, um in Paris zu helfen, die soziale Revolution vorzubereiten. Sein Abschied von den Bergleuten, die nach dem verlorenen Kampf der Grubengesellschaft bedingungslos ausgeliefert sind und noch mehr ausgebeutet werden als zuvor, wird zu einer stillen Demonstration ihres ungebrochenen Willens zum Widerstand. Bewusster als zuvor werden sie auf den Tag ihrer Befreiung hinarbeiten.

Zola schildert die Zustände im Kohlerevier ohne jeder Schwarzweißmalerei, mit großer Sachlichkeit. So zeichnet er den Grubenbesitzer Deneulin, der durch den Streik ruiniert wird, als aktiven und aufgeschlossenen Unternehmer ohne jede schablonenhafte Ausbeutermentalität; und er verzichtet insbesondere auf eine Idealisierung der Arbeiter, deren Brutalität, Trunksucht und Neigung zum Kriminellen er als Folgeerscheinungen der sozialen Misere sieht. Allerdings warf man Zola auch diesmal vor, er verleumde die Arbeiter und gebe ein unzutreffendes, polemisch verzerrtes Bild von den Zuständen im Bergbau.

Dank der Ausgewogenheit von epischer Breite und dramatischer Intensität wie auch der ausgefeilten Darstellung individueller Schicksale und ihrer Verkettung mit der allgemeinen sozialen und wirtschaftspolitischen Situation Frankreichs Ende der 1860er Jahre gehört *Germinal* unbestritten zu den Meisterwerken des Realismus. Sein Einfluss zeigt sich nicht nur in den thematisch verwandten Werken von Gor'kij, Van der Meersch und Hauptmann. In der Diskussion über die Möglichkeiten einer ›engagierten Literatur‹ spielt er von Heinrich Mann bis zu ↗ Sartre eine bedeutende Rolle.

▪ Lit.: C. Smethurst: Germinal, 1974. ▪ C. Seassau: Z., le réalisme symbolique, 1987. ▪ K. Yu: Deux romans ouvriers, 1997. *KLL*

L'œuvre

(frz.; *Das Werk*, 1976, H. Balzer) – Der 1886 erschienene 14. Roman des Zyklus *Les Rougon-Macquart* ist ein Künstlerroman. Sein Protagonist ist der Maler Claude Lantier, der älteste Sohn der Wäscherin Gervaise aus *L'assommoir*, 1877 *(Der Totschläger)*, und Bruder von Étienne Lantier aus *Germinal* (1885). Lantiers Freunde, vor allem der Architekturstudent Dubuche und der Schriftsteller Sandoz, sehen in dem jungen, leidenschaftlichen Künstler das Haupt einer neuen Richtung, der Freilichtmalerei, heranwachsen, das Genie, das alle malerischen Bestrebungen des ausgehenden Jahrhunderts »auf eine Formel bringt« und zum Höhepunkt führt. Doch beschwert diese Hoffnung Lantiers Unausgeglichenheit, die sich nicht nur in jähen Zornesausbrüchen äußert, sondern auch im zeitweiligen Verlust seiner künstlerischen Fähigkeiten. In dem Bestreben, seine Bilder zu verbessern, zerstört er oft das, was seine Freunde schon für vollkommen halten. Auch die junge Waise Christine, ein schüchternes Mädchen aus der Provinz, das – obwohl zunächst von der glutvollen, drastischen Malerei Lantiers abgestoßen – seine Kameradin und Geliebte, später seine Frau wird, vermag seine Unausgewogenheit nicht zu mildern. Vom Kunstsalon immer wieder ausgeschlossen, von zunehmender finanzieller Not bedrängt und den enttäuschten Freunden immer unverständlicher erscheinend, treibt Claude in eine völlige Isolierung hinein. Zwischen der Gewissheit seines Genies und zerstörerischem Selbstzweifel aufgerieben, vernachlässigt er Frau und Kind, jahrelang besessen von der Arbeit an einem monumentalen Bild von Paris, das ihm endlich den öffentlichen Durchbruch verschaffen soll. In der Verzweiflung, das Bild nicht beenden zu können, erhängt sich Claude vor dem Werk. Er hinterlässt kein einziges fertiges Gemälde; das Leben von Frau und Kind hat er ruiniert.

Die Veröffentlichung des Romans führte zum endgültigen Bruch der Freundschaft zwischen Zola und Paul Cézanne, der sich in Lantier wiederzuerkennen glaubte. Zola hatte an Cézanne, den er nach Paris holte und immer wieder zu seiner Kunst ermutigte, ähnliche Hoffnungen geknüpft wie Sandoz an Lantier. Er war öffentlich zunächst für Manet und die Impressionisten eingetreten. Schließlich genügte ihm diese Malerei, die nur Ausschnitte aus der Natur wiedergab, nicht mehr. Da Zola in Cézanne fälschlicherweise Ansätze zu seinem eigenen Realismus sah, blieben Cézannes künstlerische Intentionen, vor allem seine Realisationsprobleme, für Zola, der sein monumentales Romanwerk ohne Krisen verwirklichte, im Grunde unverständlich.

Der Roman ist allerdings nicht am Verständnis oder Unverständnis Zolas für Cézanne und seine Kunst zu messen. Bedeutender als durch die Zeichnung eines Künstlerporträts erscheint *L'œuvre* als Darstellung der sozialen Verhältnisse, unter denen die Künstler leben und unter denen Kunst entsteht. Dazu gehört eine intensive Milieudarstellung, etwa bei dem begabten, aber unter erbärmlichen materiellen Verhältnissen lebenden Bildhauer Mahoudeau, bei dem talentlosen Architekten Dubuche, der von seinem Schwiegervater, einem zum reichen Geschäftsmann aufgestiegenen Maurer, tyrannisiert und erniedrigt wird, und bei dem Karrieremaler Fagerolles, der in der Nippeswerkstatt seines Vaters begonnen hat und es zum Publikumsliebling der Pariser Salons bringt. Köstliche Schilderungen gibt Zola von der Boheme des Montmartre und vor allem vom Kunstbetrieb, der in zunehmendem Maße von kapitalistischen Kunsthändlern großen Stils beherrscht wird. Zu den eindringlichsten Passagen des Romans gehört die Schilderung der berühmt gewordenen Pariser Kunstausstellung von 1863, in deren Rahmen ein »Salon des Refusés«, der Abgelehnten, eingerichtet wurde und wo die Impressionisten zum ersten Mal vor ein breiteres Publikum traten. Zolas Schilderung – ein Hauptstück französischer Prosaliteratur – entlarvt die Vermassung des Kunstbetriebs und das Kunstdiktat eines bornierten Bürgertums, das – ohne echtes künstlerisches Verständnis – einer seichten, konventionellen Malerei, Eintagstalenten zujubelt und die wirklichen Neuerer der Lächerlichkeit preisgibt.

Die dargestellten sozialen Verhältnisse geben nicht nur den Hintergrund für die Künstlerschicksale (vor allem Claude Lantiers), sondern bestimmen sie ebenso entscheidend mit wie Veranlagung und Erbmasse. Damit ist auch bezeichnet, was Lantiers Schicksal von dem Frenhofers in ↗ Balzacs Erzählung *Le chef-d'œuvre inconnu*, 1831 *(Das unbekannte Meisterwerk)*, unterscheidet. Auch Frenhofer scheitert an Realisationsproblemen, die aber von ästhetischen Grundgegebenheiten (Gegensatz zwischen Zeichnung, Linie und Malerei, Farbe) herrühren. Beide Maler enden im Wahnsinn. Cézanne soll den Schluss des Romans mit der Bemerkung kritisiert haben: »Wie konnte er zu erzählen wagen, dass ein Maler Schluss macht, weil ihm sein Bild missraten ist? Wenn ein Bild misslungen ist, steckt man es in den Ofen und nimmt ein neues in Angriff.« Mag darin bei Zola ein nicht überwundenes romantisches Relikt zu sehen sein, so scheitert Lantier doch nicht an »ewigen Problemen«, sondern an erbbedingten und sozialen Gegebenheiten.

▪ Lit.: P. Brady: ›L'œuvre‹ de Z., 1967. ▪ M. Guieu: É. Z. and The Arts. Centennial of the Publication of ›L'œuvre‹, 1988.

Knut Nievers

La terre

(frz.; *Die Erde*, 1976, H. Balzer) – Der 1887 erschienene 15. Roman des Zyklus *Les Rougon-Macquart* schildert am Schicksal der Bauernfamilie Fouan aus Rognes in der Beauce das Elend, die Zwänge, die Atavismen und Grausamkeiten des Landlebens. Sie sind gleichsam Wucherungen der Erde, die wie ein mythischer Ur-Grund Mittelpunkt und unbewegter Beweger des Geschehens ist und die Menschen, die in ihr verwurzelt sind, zu Fall bringt.

Nach langem Sträuben haben sich der alte Bauer Fouan und seine Frau Rose entschlossen, den in Jahren harter Arbeit angesammelten Besitz auf ihre Söhne Buteau und Hyacinthe, der den Spitznamen Jesus Christus hat, zu überschreiben. Als sie zur Untätigkeit verurteilt sind, beginnt der Zerfall ihrer elterlichen Autorität. Die Mutter stirbt bald bei einer Auseinandersetzung, und Fouan wird häufig die zugesprochene Rente vorenthalten. Während Trunkenbold Jesus sein Erbe gleich vergeudet, von Diebstählen und Wildereien lebt und einem vagen Sozialutopismus huldigt, ist dem brutalen Egoisten Buteau jedes Mittel recht, um seinen Besitz zu vermehren. Er heiratet seine Cousine Lise Mouche, die einen kleinen Sohn von ihm hat, nicht bevor sie ihr väterliches Erbe antreten kann. Da sie es mit ihrer halbwüchsigen Schwester Françoise teilen muss, kennen Lise und Buteau bald nur noch ein Ziel: den gesamten Besitz an sich zu bringen. Es kommt zum Bruch zwischen den bisher so befreundeten Schwestern. Sie spucken sich ins Gesicht und haben »keine andere gegenseitige Bindung mehr als die feindliche Revolte ihres gleichen Blutes«.

Françoise drängt auf baldige Teilung, um mit ihrem Freund und späteren Mann Jean Macquart das Erbe allein zu bewirtschaften. Jean, den es nach zehnjährigem Aufenthalt bei den Truppen, mit denen er in Italien bei Solferino gekämpft hat, wieder zur bäuerlichen Arbeit gezogen hat, wird zum Hauptgegner Buteaus, der, gierig nach dem Erbe und nach dem Mädchen, Françoise zu besitzen versucht. Schließlich versucht Françoise selbst, Jean Macquart aus Plassans in der Provence, »den Fremden«, von dem sie ein Kind erwartet, auszuschalten, um das Land rein und ganz der Familie zu bewahren.

Françoises Hass gegen ihre Schwester Lise, ihre Gier nach Besitz – sie hat auch das elterliche Haus ersteigert – und endlich der ungeborene Erbe veranlassen Lise und Buteau zum Handeln: Schon im Mutterleib muss das Kind getötet werden, nachdem alle Exorzismen Lises fehlgeschlagen sind. Von der alten Hexe La Sapin kennt sie noch ein anderes, wirksameres Mittel, für dessen Anwendung sich bald eine Gelegenheit bietet. Françoise, die zum Grünfuttermähen aufs Feld gegangen ist, trifft auf dem benachbarten Acker Lise und Buteau. Er drängt sie in eine Scheune, vergewaltigt sie unter dem Beistand seiner Frau. In einem »Krampf von Glück« vergisst er aber, die von der Hexe genannten Kreuzzeichen zu machen und das Ave rückwärts zu sprechen. Die »Unbändigkeit dieser Liebesfreude« macht Lise plötzlich klar, dass Françoise nie einen anderen als Buteau geliebt hat. Sie stößt ihre Schwester in die Sense, die aus einem Distelstrauch herausragt. Der senile und ausgestoßene Fouan aber, der im Stroh gegen die Kälte Schutz gesucht hatte, ist zum Augenzeugen dieser Szene geworden. Die sterbende Françoise stellt Jean, der die Wahrheit freilich aus den Augen des alten Fouan ablesen konnte, alles als Unfall dar; auf alle Fragen Jean Macquarts wegen des Testaments gibt sie keine Auskunft, sie verweigert ihre Unterschrift: »Sie vergaß in diesem Augenblick ihre Feindschaft mit der Schwester; vergaß den letzten furchtbaren Kampf: sie dachte an das Haus, an das Ackerland [...]. Sie sollte es ihm lassen. Warum ihm? Was war er ihr? Was schuldete sie dem fremden Manne?« Nach ihrem Tod wird der »Fremde«, der »Usurpator«, vor die Tür gesetzt, der Hass der Dorfbewohner, die Mitwissende und Verschworene dieses offenkundigen Verbrechens sind, treibt ihn fort.

Fouans Zeugenschaft ist nicht unbemerkt geblieben, er hat Jean gegenüber geplaudert, ihn vor den »Mördern« gewarnt. Solange dieser Zeuge nicht stumm ist, sind Buteau und Lise in Gefahr. Eines Nachts töten sie ihn auf bestialische Weise: Buteau stürzt sich auf ihn, während Lise aufs Bett steigt und ihn mit »ihrem nackten Pferdehintern einer wassersüchtigen Stute« erdrückt. Als sie ihn anzünden, um einen Unfall vorzutäuschen, öffnet der halberstickte, brennende Mann noch einmal die Augen und schaut sie hasserfüllt an.

Nach einem Besuch an Françoises Grab kehrt Jean Macquart der Gegend den Rücken, resigniert und zugleich stolz darauf, der »Fremde« zu sein, nicht zu diesen »Wilden« zu gehören. Freiwillig zieht er wieder in den Krieg, der in diesen Tagen gegen Preußen erklärt worden ist. »Da er in dieser Gegend, wo die Familien sich am Blut berauschten, den Frieden nicht gefunden hatte, so konnte er ebenso gut wieder zum Massaker zurückkehren.«

Die Veröffentlichung von *La terre* hat einen Sturm der Entrüstung hervorgerufen. Unmittelbar nach dem Erscheinen des Buches distanzierten sich einige Schüler Zolas mit dem *Manifeste des cinq* (Manifest der Fünf) von der »fauligen Literatur«. Von der wissenschaftlichen naturalistischen Doktrin Zolas bleibt hier wenig übrig, will man das Ganze nicht einem simplen Vererbungsmechanismus zurechnen. Die Bedeutung dieses Romans aber liegt gerade in der archaischen Art der Darstellung, in der widersprüchlichen schwer lastenden mythischen Vision des Landlebens, in der Überzeichnung und Verdichtung der Handlung auf wenige dramatisch gegliederte Einheiten und Bildfolgen, in welche der Wust der Ereignisse zusammengeschoben und aufgegipfelt ist. Tod, Leben und Sexualität werden sich in der ewigen Wiederkehr ähnlich, sie sind nur noch ein stehendes, maskenhaftes Grinsen der ›Mutter Erde‹.

■ Lit.: J. Viens: ›La terre‹ de Z. et ›Trente arpents‹ de Ringuet, 1970. ■ R. Butler: Z. ›La terre‹, 1984. *Günter Karcher*

Le rêve

(frz.; *Der Traum*, 1981, E. Eichholtz) – Der Roman erschien 1888 als 16. Teil des Rougon-Macquart-Zyklus. Im Stammbaum der Familie ist die Hauptperson des Romans, Angélique Rougon, allerdings nicht vorgesehen. Zola fügt sie nachträglich ein – und nimmt damit einen Bruch in Kauf, denn Angélique kommt gewissermaßen aus dem Nichts: Ihre Mutter, Sidonie Rougon, ist in *Son Excellence Eugène Rougon* (1876) kinderlos. Derartige Widersprüche innerhalb seiner groß angelegten Familiengeschichte konnte Zola in den meisten Fällen vermeiden. Doch wenn ihm, wie in diesem Fall, für ein Romansujet, das sich aus der aktuellen Situation heraus ergeben hatte, kein ›Personenmaterial‹ zur Verfügung stand, ordnete er seinen Anspruch, ein im Voraus festgelegtes Konzept ›abzuarbeiten‹, unter und vergrößerte nachträglich die Familie.

Trotzdem bemüht er sich, Angélique Rougon so einzuführen, dass der Bruch für die Leser des Zyklus möglichst wenig spürbar ist, und gestaltet die Kindheit seiner Protagonistin folgendermaßen: Angélique ist nach der Geburt in eine Einrichtung für Findelkinder gegeben worden und wächst bei Pflegeeltern auf. Die Huberts finden sie an einem Weihnachtsmorgen zusammengekauert in der Türwölbung der Kathedrale, nachdem sie ihrer vorherigen Familie, die sie schlecht behandelt hatte, weggelaufen ist.

Auch dieser Rougon-Macquart-Roman ist gewissermaßen als ein Experiment aufgebaut. Die Ausgangsfrage, die Zola für diesen Roman stellt, ist, wie sich das Mädchen Angélique, das nicht völlig frei von der nervösen Veranlagung ihrer Familie ist, in einem religiösen Ambiente entwickelt. Die Huberts leben seit Generationen neben der Kathedrale, seit Generationen weben sie Messgewänder. Sie nehmen Angélique zunächst als Lehrling bei sich auf, und da sie kinderlos sind, entsteht bald der Wunsch, sie zu adoptieren. Die Vorgeschichte ihrer Kinderlosigkeit zeigt, wie tief sie in der Religion verankert sind: Hubertine Hubert hatte gegen den Willen ihrer Mutter geheiratet, die ihr auch auf dem Totenbett nicht verzieh. Am Todestag ihrer Mutter wurde Hubertines Kind geboren und starb. Seitdem ist der Wunsch des Paares nach einem Kind unerfüllt geblieben – den Grund sehen sie darin, dass die Mutter ihnen noch immer nicht verziehen hat.

Auf Angélique, die als typische Vertreterin der Familie Rougon einen ehrgeizigen und leidenschaftlichen Charakter hat, bleibt dieses Ambiente nicht ohne Einfluss: Sie wird ruhiger. Außerdem liest sie mit Vorliebe Heiligenlegenden und verinnerlicht diese, so dass ihr weiteres Schicksal einen märchenhaften Zug erhalten kann. Sie, die arme Waise, begegnet einem ›Prinzen‹, Félicien de Hautecœur. Sie verlieben sich, doch eine Heirat erscheint zunächst ausgeschlossen. Féliciens Vater, der den Tod seiner Frau nicht verwinden konnte, hat eine kirchliche Laufbahn eingeschlagen und ist nun Bischof. Der Ruf, verbittert und stolz zu sein, geht ihm voraus, und tatsächlich stellt er sich gegen die Heirat seines Sohnes mit Angélique. Er hat seinen Sohn mit einem adligen Mädchen verlobt, das dieser nicht liebt.

Als Angélique von Féliciens Verlobung erfährt, untergräbt die Verzweiflung ihre Gesundheit. Ihre Adoptiveltern, die selbst die Risiken erfahren haben, die eine gegen den Willen der Eltern geschlossene Liebesheirat birgt, verheimlichen Angélique, dass Félicien ihnen mehrfach seine Liebe für Angélique beteuert hat. Doch eines Nachts klettert Félicien durch das Fenster in Angéliques Zimmer, um sie zur gemeinsamen Flucht zu bewegen. Sie willigt zunächst ein, doch ihre Erziehung gewinnt schließlich die Oberhand über ihre Gefühle: Nur mit dem Einverständnis von Féliciens Vater werde sie heiraten.

Dies alles beschreibt Félicien seinem Vater, der die Heirat ablehnt, wenn nicht ein göttliches Zeichen für diese Ehe sprechen werde. Als Angéliques Zustand sich weiter verschlimmert, erteilt er ihr die letzte Ölung und ändert seine starre Haltung. Er erinnert sich an die Wunderheilungen seiner Vorfahren. Mit den Worten »Si Dieu veux, je veux« küsst er Angélique, die sofort die Augen öffnet – das Wunder ist vollbracht. Hubertine besucht das Grab ihrer Mutter und hat die deutliche Empfindung, dass diese ihr verziehen hat und dass sie nun auf ein eigenes Kind hoffen kann. Die Vorbereitungen für die Hochzeit werden in einer glücklichen Stimmung getroffen, aber Angélique weiß, dass sie nicht mehr lange leben wird. Mit der glanzvollen Trauung in der Kathedrale ist der Traum von der Hochzeit eines armen Mädchens mit einem ›Prinzen‹ erfüllt. Das Paar tritt nach draußen – in die Realität. Angélique hat gerade noch die Kraft, Félicien zu küssen, und stirbt.

Zola wollte ein Märchen schreiben, ein Buch, das »jedem, selbst jungen Mädchen in die Hand gegeben werden kann«. Obwohl er Angélique vordergründig positiv zeichnet und so als Identifikationsfigur für seine jungen Leserinnen erscheinen lässt, bleibt er seiner positivistischen Überzeugung treu. Denn auch hier führt er letztlich vor, dass die Religion keine tragfähige Lebensgrundlage bietet. Die Frage, ob die Religion eine Antwort auf die Sinnfrage gibt, wird eindeutig negativ beantwortet.

■ Lit.: S. Disegni/C. Duboile u. a.: Dossier littéraire. Autour du ›Rêve‹, in: Les cahiers naturalistes 76, 2002, 5–124.

Sabine Küster

La bête humaine

(frz.; *Das Tier im Menschen*, 1969, G. Krüger) – In diesem 1890 erschienenen 17. Roman des Zyklus *Les Rougon-Macquart* nimmt Zola das Thema von *Thérèse Raquin* (1867) wieder auf und nutzt seine wissenschaftlichen Kenntnisse von der Vererbungslehre, um der Hauptgestalt Jacques Lantier, dem erblich belasteten Sohn der Wäscherin Gervaise aus *L'assommoir*, 1879 *(Der Totschläger)*, gerecht zu werden.

Die Handlung spielt im Milieu des nach seinen eigenen Gesetzen funktionierenden Eisenbahnbetriebes. Ausgangspunkt ist ein Verbrechen, dessen Zeuge Jacques zufällig wurde: Ein Gerichtspräsident, der die junge Sévérine verführt hat, ist von ihr und ihrem eifersüchtigen Gatten im Abteil eines Eisenbahnwagens umgebracht worden. Als Mitwisser wird Jacques Sévérines Liebhaber und gerät damit, seiner ererbten Anlage nachgebend, selbst in den Bann des Verbrechens.

Aus dem zuverlässigen Lokomotivführer, der seine Maschine »La Lison« zärtlich liebt und pflegt, bricht das ungezähmt Tier hervor: »Es gab in seinem Wesen plötzliche Verluste des Gleichgewichts, wie Bruchstellen, Löcher, durch die sein Ich entschlüpfte, mit einer Art großer Wolke, die alles deformierte. Er gehörte sich nicht mehr selbst an, er gehorchte seinen Muskeln, dem wütenden Tier.« Der Besitz der Frau, die eine Mörderin ist, weckt seine eigenen kriminellen Triebe, und er tötet sie. Dieser Mord ist zwar nicht das einzige Kapitalverbrechen, das in diesem Buch geschildert wird, unterscheidet sich jedoch von allen anderen durch die meisterhafte Motivierung der Tat aus der psychischen Struktur des Täters.

Man hat diesen Roman wiederholt mit Dostoevskijs *Schuld und Sühne* verglichen. In Zolas Entwürfen ist auch zweimal von Dostoevskij die Rede, doch tritt an die Stelle der metaphysisch-geistigen Thematik von Schuld und Sühne bei Zola die rein naturalistische, soziologische und physiologische Argumentation. Der Mensch des frühen Industriezeitalters tritt in eine zugleich erotische und dämonische Beziehung zur Maschine, die er nicht mehr beherrscht, und wird so in Zolas Logik selbst zu einer Maschine, die allein nach den Gesetzen ihres »Triebwerks« funktioniert und bei gegebener »Anlage« sowie entsprechend mangelnder Steuerung von außen mit der Folgerichtigkeit rein mechanischer Abläufe sich selbst zerstört. In kaum zu übertreffender Symbolkraft gestaltet Zola das Finale des Romans: Im trunkenen Zustand kämpft der Lokomotivführer Jacques mit seinem Heizer, während der führerlose Truppentransportzug auf dem Weg zum Deutsch-Französischen Krieg ins sichere Verderben rast.

Eine kongeniale filmische Umsetzung erfuhr der Roman 1939 durch Jean Renoir.

■ Lit.: M. Larkin: ›La bête humaine‹, in: M. L.: Man and Society in Nineteenth-Century Realism, 1977, 123–133. ■ R. Bonneau: ›La bête humaine‹, Z. Analyse critique, 1986. *Ingrid Peter*

L'argent

(frz.; *Das Geld*, 1977, W. Günther) – Der 1891 erschienene 18. Roman des Zyklus *Les Rougon-Macquart* erzählt aus der Welt der Hochfinanz und wurde angeregt von dem für die Geschichte der Dritten Republik so bedeutsamen Zusammenbruch der ›Banque l'Union Générale‹, der auch in ↗ Maupassants *Bel ami* seinen Niederschlag fand. Zola sah sich einer von der Industrialisierung und ihren Folgen geprägten neuen sozialen und wirtschaftlichen Situation gegenüber und musste sich mit dem Phänomen des Geldes auseinandersetzen. Sein Roman zeugt von sachlichem Realismus, doch schlägt der Autor in Zeitkritik und Zukunftsahnungen gelegentlich einen etwas leidenschaftlicheren Ton an. Dramatische Auseinandersetzungen auf politischer und sozialer Ebene, eng verquickt mit finanziellen Machenschaften in großem Maßstab, verknüpfen sich mit dem Schicksal einzelner, zum Teil nach realen Vorbildern entworfener Protagonisten.

Die aktiven Teilnehmer an den Börsenspekulationen sowie ihre ahnungslosen Opfer, deren Glück die Krise zerschlägt, werden gerecht dargestellt; man versteht, dass sie im Zwang der als moralisch krank empfundenen Zeit handeln. Markant gezeichnet sind die – ebenso zeitlosen wie austauschbaren – Akteure der Börsenwelt: Ein Finanzier, für den Baron Rothschild Vorbild war, schickt wie ein Herrscher Gesandte, Konsuln und Agenten in alle Teile der Welt, kann aber als kranker Mann seinen Reichtum nicht genießen; sein Gegenspieler ist Aristide Rougon, genannt ›Saccard‹, der »Poet der Millionen«, ein genialer Planer, der seine Begabung, wirtschaftliche Zusammenhänge intuitiv zu erfassen, in großem Stil nützt. Um sie herum wimmeln die Parasiten des Börsenkrachs: eine Alte, die wertlose Papiere aufkauft und für ein paar Sous verschachert; ein Erpresser, der sich indessen liebevoll um seinen schwindsüchtigen Bruder kümmert, einen stillen Marx-Jünger mit Zukunftsvisionen; schließlich der ins Börsengetriebe geratende Wissenschaftler, ein Orientalist, dessen Fachwissen über Wirtschaft und Kultur des Nahen Ostens dort geplante Kapitalinvestitionen sichern soll. Hinter allen steht die einzigartige Kulisse der katholischen Großbank, die bis zum grotesken Schauspiel alle Mittel einsetzt, um Geldinteressen mit edlen Motiven zu verbrämen.

■ Lit.: B. Winklehner: Das Finanzwesen der Gründerzeit im Spiegel von Z.s ›L'argent‹, in: Literatur und Wissenschaft. Festschrift für Rudolf Baehr, 1987, 123–135. ■ P. Pellini: L'oro e la carta. ›L'argent‹ di Z., la letteratura finanziaria e la logica del naturalismo, 1996. *Ingrid Peter*

La débâcle

(frz.; *Der Zusammenbruch*, 1977, H. Balzer) – Der 1892 erschienene 19. Roman des Zyklus *Les Rougon-Macquart* ist zugleich der bedeutendste realistische Kriegsroman des 19. Jh.s. Er behandelt den Zusammenbruch des Zweiten Kaiserreichs aus der Sicht des Soldaten Jean Macquart als Teilnehmer am Deutsch-Französischen Krieg von 1870/71.

Im Gegensatz zur Tradition und zum Zeitgeschmack hält Zola das Kriegsgeschehen nicht in grandiosen Schlachtenbildern und Heldengeschichten fest, sondern stellt lapidar, bisweilen brutal, die Misere des einfachen Soldaten dar: Unzureichend ausgerüstet, unter einer korrupten Verwaltung und einem unfähigen Generalstab von vornherein auf verlorenem Posten, ist er das Opfer jenes Abenteuers, in das ein unentschlossener, kranker, irregeleiteter und in Selbsttäuschung befangener Kaiser die Nation geführt hat. Bazeilles, Illy und Sedan heißen die Stationen auf dem Weg in die Katastrophe. Jean wird bei Sedan leicht verwundet und gerät nach der Kapitulation der Mac-Mahon-Armee in deutsche Kriegsgefangenschaft. Zusammen mit seinem Freund Maurice gelingt ihm die Flucht aus dem Lager. Auf dem Hof seines Onkels Fouchard, dem Prototyp des Schwarzhändlers und Kriegsgewinnlers, gewährt man ihnen widerwillig Unterschlupf. Maurice hält es dort jedoch nicht lange aus. Er schlägt sich nach Paris durch. Seine Schwester Henriette pflegt Jean, mit dem sie eine zarte Liebe verbindet, bis auch er den Hof verlässt, nachdem Freischärler einen verräterischen Knecht auf bestialische Weise ermordet haben und nun eine Haussuchung durch die deutschen Besatzungsbehörden droht. Er stößt zu der noch immer kämpfenden Nordarmee und kehrt mit ihr nach Paris zurück. Die kaisertreuen Truppen sollen in der Hauptstadt den Aufstand der Kommune niederschlagen. Auch Maurice hat sich der Revolution angeschlossen und ist auf die Barrikaden gestiegen. Zu spät erkennt Jean, dass es der Freund ist, den er im Straßenkampf erschossen hat. Maurice stirbt in den Armen seiner Schwester, die Jean, dem Geliebten, nach Paris gefolgt ist.

■ Lit.: H. Petriconi: ›La débâcle‹, in: H. P.: Das Reich des Untergangs, 1958, 37–66. ■ G. Schwarz: Krieg und Roman. Untersuchungen zu Stendhal, Hugo, Tolstoj, Z. und Simon, 1992. *KLL*

Le docteur Pascal

(frz.; *Doktor Pascal*, 1977, H. Balzer, E. Eichholz) – Der 1893 erschienene Roman ist der letzte von 20 Romanen des Zyklus *Les Rougon-Macquart*.

Im Mittelpunkt des Geschehens steht das Liebesverhältnis eines recht merkwürdigen, aber doch einander harmonisch ergänzenden Paares: des fast 60-jährigen, weißhaarigen, doch an Körper und Geist jung gebliebenen Arztes Pascal Rougon und seiner 24-jährigen Nichte Clotilde. Pascal hat sie seit ihrem achten Lebensjahr erzogen, und das intelligente und sehr weibliche Mädchen ist zu einer ihm geistig ebenbürtigen Partnerin geworden. Zola spielt mehrfach auf die Patriarchen des Alten Testaments an und gibt mit der Nennung von Namen wie Abraham und Agar, Boas und Ruth, David und Bathseba biblische Parallelen für sein »blühende Jugend« und »reife Kraft« vereinendes Paar. Docteur Pascal verkörpert Zolas Idealgestalt: Der Wissenschaftler ist als Sprachrohr Zolas der Verfechter der Theorien über Vererbung und Degeneration, die ein Leitmotiv des gesamten Romanzyklus sind. Hauptgegenstand der Studien Pascals ist der Stammbaum seiner eigenen Familie. In zahllosen Aktenbündeln hat er die verschiedenen Etappen ihrer Entartung und ihres geistigen Verfalls dokumentiert.

Aufschlussreich für Zolas Anschauungen sind die Gespräche, in denen Pascal sich mit Clotildes religiösen Ideen auseinandersetzt: Er lehnt das bewusste Nichtwissenwollen, den Rückzug auf ein jenseitiges Heil als geistige Trägheit ab. Er leugnet zwar nicht das Vorhandensein von Erkenntnisgrenzen, hofft aber darauf und arbeitet daran, dass diese Grenzen in Zukunft immer mehr erweitert werden können. Das junge Mädchen flüchtet aus der verwirrenden Fülle des als wirklich Erkannten zunächst in den Glauben. Den geduldigen Belehrungen des Forschers begegnet sie mit der lapidaren Behauptung: »Es gibt keine Wirklichkeit.«

Durch das Erlebnis von Liebe, Schwangerschaft und Geburt indessen erkennt sie sich als ein Glied in der Entwicklung der Menschheit und begegnet in dieser Erkenntnis den Gedanken des geliebten Mannes. Am Schluss des Romans und damit am Ausgang dieser Serie ›schwarzer‹ Romane steht ein versöhnliches Bild: eine Mutter, die ihr Kind nährt – »ist das nicht das Bild einer dauernden und erlösten Welt?« Der nach dem Tode Pascals geborene Sohn, dieses letzte Kind der schrecklichen Familie, öffnet den Blick in eine Zukunft, in der es dem Menschen vielleicht endlich gelingt, die Welt von Übel und Leid zu befreien.

Das Erscheinen des Romans trug seinem Verfasser angemessenes, aber kühles Lob ein. Weniger aufgrund der autobiographischen Tendenz als wegen seiner eigenwilligen künstlerischen Qualitäten beansprucht *Le docteur Pascal* im Gesamtwerk eine Schlüsselstellung.

■ Lit.: S. Kellner: ›Le docteur Pascal‹ de Z., 1980.

Ingrid Peter

Anhang

Hinweise für die Benutzung

Dieses Lexikon bietet eine Auswahl von Artikeln aus *Kindlers Literatur Lexikon* (18 Bände) in seiner dritten Auflage. Dessen Daten werden für die Online-Ausgabe *www.kll-online.de* fortlaufend revidiert und ergänzt. Die vorliegende Ausgabe fußt auf dem aktuellen Datenbestand.

Die Reihenfolge der Einträge

Das Ordnungsprinzip des Lexikons ist das Alphabet der Autorennamen. Dabei werden die üblichen Sortierregeln befolgt: Buchstaben mit diakritischen Zeichen werden so sortiert, wie es dem Grundzeichen entspricht (also etwa ä wie a, ö wie o, ü wie u). Einige Sonderzeichen werden für die Sortierung folgendermaßen aufgelöst: æ = ae; ð = dh; œ = oe; ß = ss; Þ = th.

Anonyme Werke finden sich unter ihrem Originaltitel (in Einzelfällen unter ihrem geläufigen Titel), wobei bestimmte und unbestimmte Artikel am Anfang von Werktiteln bei der alphabetischen Einordnung unberücksichtigt bleiben. Motiv- oder stoffgeschichtliche Sammelartikel sind alphabetisch eingereiht.

Die Anordnung der Artikel

Die Artikel zu den Werken erscheinen unter dem Namen des jeweiligen Autors.

Biogramm: An erster Stelle steht eine kurze biographische Notiz zum Autor.

Werkgruppenartikel, die zusammengehörige Werke eines Autors darstellen, folgen in der Regel auf das Biogramm.

Werkartikel stellen Einzelwerke des jeweiligen Autors vor; diese Werkartikel sind nach der Chronologie der Erscheinungsjahre angeordnet; in problematischen Editionsfällen (wenn ein Werk sehr viel später erschienen ist, als es geschrieben wurde) auch nach den Entstehungsdaten. Bei umfangreicheren Gesamtwerken spiegelt die Anordnung der Artikel die Genese des Werks bzw. eine komplizierte Editionslage.

Das Autorenregister

Im Autorenregister sind alle Autorinnen und Autoren nachgewiesen, deren Werke in diesem Lexikon mit eigenständigen Einträgen vorkommen.

Nach dem Namen jedes Autors sind alle aufgenommenen Artikel genannt. An erster Stelle stehen die Werkgruppenartikel (markiert durch einen Spiegelstrich), es folgen die Werkartikel in alphabetischer Reihenfolge (markiert durch einen durchbrochenen Spiegelstrich). Alle Einträge im Autorenregister verweisen auf die Seitenzahl der Fundstelle.

Zusätzlich finden sich im Autorenregister auch Namensvarianten, z.B. Pseudonyme, Künstlernamen der Autorinnen und Autoren sowie Geburtsnamen von Autorinnen; ebenfalls aufgenommen wurden Namensvarianten, die sich durch unterschiedliche Transliterationssysteme ergeben.

Das Titelregister

Das Titelregister listet in einer alphabetischen Folge neben den Originaltiteln die Titel aller deutschsprachigen Übersetzungen auf sowie die Titel aller anonymen Werke. In Klammern wird auf die Originalsprache hingewiesen. Es nennt ferner alle in Werkgruppenartikeln genannten selbständigen Einzelwerke (allerdings nicht die Titel von einzelnen Erzählungen, Gedichten, Essays etc.). Zusätzlich werden Titelvarianten und Kurztitel der Werke angeführt.

Nicht im Titelregister finden sich die Titel von Werkgruppenartikeln (»Das lyrische Werk«).

Alle Einträge im Titelregister verweisen auf den Autor bzw. auf den Sammelartikel und auf die Seitenzahl der Fundstelle.

Bei der alphabetischen Anordnung der Titel werden bestimmte und unbestimmte Artikel am Titelanfang übergangen.

Weiterführende Hinweise

Detaillierte Hinweise zur alphabetischen Einordnung, zu Transliteration und Aussprache sowie zum Aufbau der Artikel und den Regeln der bibliographischen Nachweise finden sich unter www.derkindler.de

Abkürzungsverzeichnis

afrz.	altfranzösisch
Anm.	Anmerkung(en)
AT	Altes Testament
Aufl.	Auflage
Ausg.	Ausgabe
Ausw.	Auswahl
Bd. / Bde	Band / Bände
Bearb.	Bearbeitung
Beih.	Beiheft(e)
Bibliogr.	Bibliographie
d.h.	das heißt
d.i.	das ist
Diss.	Dissertation
dtsch.	deutsch
Einf.	Einführung
eingel.	eingeleitet
Einl.	Einleitung
engl.	englisch
erg.	ergänzt
erl.	erläutert
Erl.	Erläuterungen
ern.	erneuert
erw.	erweitert
f./ff.	folgende
frz.	französisch
geb.	geboren
gest.	gestorben
Hg.	Herausgeber
hg.	herausgegeben
Hs.	Handschrift
Jh./Jh.s	Jahrhundert(s)
Kap.	Kapitel
Komm.	Kommentar
komm.	kommentiert
Lfg.	Lieferung
Lit.	Literatur
N.F.	Neue Folge
Nachdr.	Nachdruck
Nachw.	Nachwort
NT	Neues Testament
o.J.	ohne Jahr
Ps.	Pseudonym
rev.	revidiert
Sp.	Spalte
Suppl.	Supplement
Tl./Tle	Teil / Teile
UA	Uraufführung
überarb.	überarbeitet
übers.	übersetzt
Übers.	Übersetzung
usw.	und so weiter
vgl.	vergleiche
vollst.	vollständig
Vorw.	Vorwort

Autorenregister

Titelregister